Schmidt-Futterer/Blank
Wohnraumschutzgesetze

Wohnraumschutzgesetze

Kündigung, Mieterhöhung
Mietwucher, Zweckentfremdung

KOMMENTAR

begründet von

WOLFGANG SCHMIDT-FUTTERER†
weiland Vorsitzender Richter
am Landgericht Mannheim

fortgeführt von

HUBERT BLANK
Richter am Landgericht Mannheim

6., überarbeitete Auflage

C. H. BECK'SCHE VERLAGSBUCHHANDLUNG
MÜNCHEN 1988

ISBN 3 406 32792 3

1988 C. H. Beck'sche Verlagsbuchhandlung (Oscar Beck), München
Satz und Druck: C. H. Beck'sche Buchdruckerei, Nördlingen

Aus dem Vorwort zur 4. Auflage

Der Begründer dieses Kommentars, Vorsitzender Richter am Landgericht Mannheim Wolfgang Schmidt-Futterer ist am 2. April 1978 während der Arbeit zur 3. Auflage einem plötzlichen Herzversagen erlegen. Seine lange richterliche und wissenschaftliche Erfahrung mit den Problemen des Mietrechts, eine humane Grundhaltung und sein persönliches Lebensschicksal vermittelten ihm die Überzeugung, daß Recht und Rechtswissenschaft nicht Selbstzweck sind, sondern Mittel zur Gestaltung sozialer Verhältnisse. Er begriff deshalb die Wohnung niemals als bloße Ware, die ausschließlich nach den Gesetzen der Marktwirtschaft gehandelt werden kann, sondern als den zentralen Lebensbereich von Menschen, die sich darin selbst verwirklichen sollen. Diese Auffassung hat auch in seinem wissenschaftlichen Werk ihren Ausdruck gefunden.

In ihm spiegelt sich das Bemühen um einen angemessenen Ausgleich zwischen den Erfordernissen des Mieterschutzes und den Interessen der Grundeigentümer. Denn einerseits gehört der Schutz der Wohnraummietverhältnisse vor ungerechtfertigten Bestandsgefährdungen und wirtschaftlicher Ausbeutung neben einer angemessenen Wohnraumversorgung der Bevölkerung zu den vorrangigsten Aufgaben eines sozialen Rechtsstaates. Nicht weniger ist der Rechtsstaat aber auch verpflichtet, das Eigentum in seinem Wesensgehalt zu gewährleisten und in die aus dem Eigentum fließenden Rechte nur in dem Maße einzugreifen, wie es die Sozialpflichtigkeit gebietet. Dieser Dualismus zwischen der möglichst uneingeschränkten Gewährleistung und der möglichst sozialen Beschränkung des Wohnungseigentums kennzeichnet seit Jahrzehnten bis in die jüngste Gegenwart das Wohnungsmietrecht in der Gesetzgebung, der Rechtsprechung und dem Schrifttum.

Vorwort zur 6. Auflage

Der vorliegende Kommentar behandelt das Mieterhöhungs- und Kündigungsschutzrecht sowie die hierzu gehörenden, ergänzenden Vorschriften über die Mietpreisüberhöhung, den Mietwucher und das Verbot der Zweckentfremdung von Wohnraum. Dieses Rechtsgebiet ist seit dem Inkrafttreten des BGB immer wieder Gegenstand zahlreicher heftiger politischer Auseinandersetzungen gewesen.

Vorwort

Nachdem die Rechtsentwicklung des Wohnungsmietrechts in den unterschiedlichen Gegebenheiten der vergangenen Jahrzehnte bis zum Jahre 1960 (Abbaugesetz) eine anhaltende soziale Ausgestaltung dieses Rechtsgebiets aufwies, war die Gesetzgebung der nachfolgenden Jahre bis 1970 durch eine zunehmende Liberalisierung gekennzeichnet. Die schon längst fällige Auseinandersetzung auf diesem sozialpolitisch bedeutsamen Rechtsgebiet zwischen einer grundsätzlich liberalistischen oder sozialen Rechtsgestaltung verschob sich somit bis zum Jahre 1971, als die hier behandelten Schutzgesetze in Kraft traten. Sie beschränken unter Berufung auf die Sozialpflichtigkeit des Eigentums vor allem das Recht zur freien Kündigung des Mietverhältnisses und zur Erhöhung des vereinbarten Mietzinses, drohen verschärfte Bußgelder und Strafen für Fälle der Mietpreisüberhöhung und des Mietwuchers an und verbieten die Verringerung des Wohnraumbestandes durch Zweckentfremdung.

Als der Gesetzgeber im Jahre 1974 vor der Entscheidung stand, angesichts des Außerkrafttretens des befristeten 1. WKSchG den zunächst eingeschlagenen Weg fortzusetzen, konnte er von einem gewandelten Rechtsbewußtsein ausgehen. War es 1971 noch höchst strittig und politisch heiß umkämpft, ob die existentielle Bedeutung der Wohnung im sozialen Rechtsstaat die Beschränkung der Verfügungsbefugnis des Vermieters zum Schutz des Mieters vor ungerechtfertigten Kündigungen und willkürlichen Mieterhöhungen gebietet, so bestand darüber 1974 kein ernsthafter Streit mehr; das 2. WKSchG wurde deshalb mit den Stimmen aller im Bundestag vertretenen Parteien gegen eine einzige Gegenstimme beschlossen und fand auch im Bundesrat trotz einzelner Bedenken keinen ernsthaften Widerstand. Die Zeit war reif, auf der Grundlage der Gebote des sozialen Rechtsstaats die Kernpunkte des Mieterschutzes als Dauerrecht neu zu bestimmen.

Der ursprünglich in einem Sondergesetz geregelte Kündigungsschutz wurde dabei im BGB verankert. Kernstück dieses Bestandsschutzes ist § 564b BGB. Nach dieser Vorschrift ist die Kündigung eines Mietverhältnisses über Wohnraum nur beim Vorliegen eines berechtigten Interesses möglich, wobei das Gesetz als Beispielsfälle die Vertragsverletzung des Mieters, den Eigenbedarf des Vermieters und die Notwendigkeit einer angemessenen wirtschaftlichen Verwertung des Hausgrundstücks aufzählt. Die tatsächliche Rechtsentwicklung nach Inkrafttreten des § 564b BGB hat allerdings gezeigt, daß dem Kündigungsgrund der Vertragsverletzung nach § 564b Abs. 2 Nr. 1 BGB nur eine untergeordnete Bedeutung zukommt. Die Praxis greift in diesen Fällen nämlich durchweg auf die rechtsähnlichen Tatbestände der fristlosen Kündigung nach §§ 553, 554 und 554a BGB zurück. Vor der Einführung des generellen Kündigungsschutzes mußten diese Kündigungstatbestände als Schutzvorschriften zugunsten des Vermieters begriffen werden. Die praktische Bedeutung dieser Vorschriften war beim unbefristeten Mietverhältnis nicht allzu groß, weil daneben immer noch die von Kündigungsgründen unabhängige, fristgemäße Vertragsbeendigung möglich war. Seit der

Vorwort

Einführung des generellen Kündigungsschutzes und der dadurch bedingten Verlagerung von der fristgemäßen auf die fristlose Kündigung gewinnen jene Kündigungstatbestände zunehmende Bedeutung auch für den Schutz des Mieters. Es ist Aufgabe der Rechtsprechung, die Tatbestände der außerordentlichen fristlosen Kündigung so auszulegen und zu konkretisieren, daß dadurch der vom Gesetzgeber gewährleistete generelle Schutz des Mieters voll erhalten bleibt. Die nunmehr vorliegende sechste Auflage des Kommentars trägt dieser Entwicklung Rechnung, indem die Tatbestände der fristlosen Kündigung ausführlich kommentiert werden.

Für den Bereich des Mietpreisrechts ist festzustellen, daß die Praxis zunehmend den Wert präziser Vertragsgestaltung erkennt, weil nur bei Ausschöpfung der vom Gesetz gestatteten Preis- und Umlagevereinbarungen eine angemessene Rendite erreicht werden kann. Das zeigt sich insbesondere bei den Mietnebenkosten, die bereits heute einen beträchtlichen Teil des Mietzinses ausmachen; bei der derzeitigen Entwicklung auf dem Wohnungsmarkt ist abzusehen, daß der Anteil der Nebenkosten am Gesamtmietzins weiter zunehmen wird. Die sechste Auflage trägt auch diesem Umstand Rechnung, indem die Kommentierung zu diesen Fragen stark erweitert worden ist. Selbstverständlich wurde auch die neueste Rechtsprechung zu den schon bisher behandelten Fragen eingearbeitet. Besondere Beachtung verdienen dabei die Rechtsentscheide des Bundesgerichtshofs und der Oberlandesgerichte, die infolge der Änderung der Vorlagevoraussetzungen durch das Gesetz vom 5. 6. 1980 (BGBl. I 657) mittlerweile in großer Zahl ergangen sind. Wegen der großen Bedeutung dieser Rechtsentscheide werden diese zum Teil ausführlich wiedergegeben und kommentiert. Die in den Jahren 1980–1985 ergangenen Entscheidungen werden dabei einheitlich nach der von Landfermann und Heerde herausgegebenen „Sammlung der Rechtsentscheide in Wohnraummietsachen" (RES) zitiert; im Anhang zum Teil G (Rdn G 40) findet sich ein Konkordanzverzeichnis, aus dem weitere Fundstellen ersichtlich sind. Daneben wurde aber auch die umfangreiche instanzgerichtliche Rechtsprechung berücksichtigt, deren Kenntnis für die richtige Beantwortung vieler Einzelfragen unerläßlich ist.

Mein besonderer Dank gilt wiederum denjenigen Benutzern dieses Kommentars, die mir wichtige, nicht veröffentlichte Entscheidungen und Problemstellungen übermittelt haben.

Mannheim, im Dezember 1987   Hubert Blank

Hinweis zur Benutzung

Der Kommentar ist in 7 Hauptteile gegliedert, die mit Großbuchstaben gekennzeichnet sind (A: Einführung, B: Kündigungsschutz, C: Mieterhöhung, D: Mietwucher, E: Zweckentfremdung, F: Materialien, G: Rechtsentscheid). Innerhalb dieser Hauptteile ist die Kommentierung (neben der systematischen Gliederung) mit jeweils fortlaufenden Randnummern versehen, die arabische Zahlen tragen und somit im nachfolgenden Hauptteil wieder neu mit Ziffer 1 beginnen. Deshalb erfolgen im laufenden Text und im Sachregister die Verweisungen auf bestimmte andere Textstellen nur durch die Angabe eines Großbuchstabens und einer arabischen Ziffer (z. B. Rdn C 12)★

★ Als *Zitierweise* empfiehlt sich dementsprechend z. B.: Schmidt-Futterer/Blank, WohnraumschutzG, 6. Aufl. Rdn C 128.

Inhaltsverzeichnis

                                                            Rdn.   Seite

Abkürzungsverzeichnis   XXIII

Teil A
Einführung

Entwicklung und verfassungsrechtliche Grundsätze des Wohnungsmietrechts

  I. Bedeutung und Rechtsentwicklung des sozialen Wohnungsmietrechts . . . .   A   1–23   1
  II. Verfassungsrechtliche Grundsätze bei der Ausgestaltung des sozialen Wohnungsmietrechts   24–31   14
  III. Übereinstimmung der Wohnraumschutzgesetze mit dem Grundgesetz   32–37   19
  IV. Wohnraumschutzgesetze als Dauerrecht   38–41   25

Teil B
Kündigungsschutz

Gesetzliche Vorschriften über die Beendigung von Mietverhältnissen über Wohnraum . . . .   B   1   30

Vorbemerkung 1
Der Begriff des Mietverhältnisses über Wohnraum
  I. Das Mietverhältnis   2   41
  II. Der geschützte Wohnraum   5   45
    1. Wohnräume   6   45
    2. Geschäftsräume   11   50
    3. Mischräume   14   51

Vorbemerkung 2
Allgemeine Grundsätze zur Beendigung von Mietverhältnissen über Wohnraum
  I. Beendigung durch Zeitablauf   21   57
    1. Mietverträge mit auflösender Bedingung   22   58
    2. Mietverträge mit Verlängerungsklausel   23   59
    3. Mietverträge mit Optionsrecht   29   60
    4. Kettenmietverträge 29a   62
  II. Beendigung durch ordentliche und außerordentliche Kündigung   30   63
    1. Erklärungsinhalt   31   63
    2. Angabe des Kündigungstermins   32   63
    3. Schriftform   33   64
    4. Angabe von Kündigungsgründen   36   66
    5. Wirksamwerden der Kündigungserklärung   43   70
    6. Mehrere Mieter oder Vermieter   44   72

Inhaltsverzeichnis

	Rdn.	Seite
7. Gegenerklärung des Mieters .... B	45	79
8. Wirkung der Kündigung...................	46	79
9. Teil-Kündigung	47	79
10. Widerruf und Zurücknahme der Kündigung	48	80
11. Ausschluß des Kündigungsrechts	49	82
12. Vermieterwechsel zwischen Kündigungsausspruch und Kündigungstermin	52	85
13. Die außerordentliche Kündigung		
a) außerordentliche fristlose und Kündigungen mit gesetzlich verkürzter Frist	55	88
b) außerordentliche fristlose Kündigungen	60	90
c) Einzelheiten	61	91
d) Kündigungsrecht aus wichtigem Grund	68	94
e) Sozialklausel, Räumungsfrist und Vollstreckungsschutz	69	95
f) Kündigungsfolgeschaden	70	95
14. Die Kosten der Kündigung	75a	99
III. Beendigung durch Tod des Mieters	76	100
1. § 569a BGB: Eintritt von Familienangehörigen	78	101
2. § 569b BGB: Fortsetzung durch den Ehegatten	83	103
3. Abweichende Vereinbarung	84	103
4. Sonderregelung für Sozialwohnungen	85	104
IV. Beendigung durch Rücktritt und Anfechtung	86	104
1. Vor Überlassung des Wohnraums	86	104
2. Nach Überlassung des Wohnraums............	87	104
a) Rücktritt	87	104
b) Anfechtung	88	105
V. Mietaufhebungsvertrag	89	108
1. Einigung der Vertragsparteien	90	108
2. Form des Aufhebungsvertrags................	94	110
3. Gegenstand des Aufhebungsvertrags	95	111
4. Aufhebungsvertrag unter Bedingung	98	113
5. Mietverträge mit Nachfolgeklausel	100	114
6. Ersatzmieter	102	116
7. Sozialklausel und Räumungsfrist	117	125

§ 553 BGB: Fristlose Kündigung bei vertragswidrigem Gebrauch

	Rdn.	Seite
I. Anwendungsbereich und Abgrenzung zu § 554a BGB ..	118	126
II. Der vertragswidrige Gebrauch	120	127
1. Begriff...............................	120	127
2. Erheblichkeit der Vertragsverletzung	123	129
3. Abmahnung	125	133
4. Verhalten des Mieters nach der Abmahnung	132	136
5. Verschulden	136	137
III. Die unbefugte Gebrauchsbelassung	137	138
1. Zulässige und unzulässige Gebrauchsüberlassung	137	138
2. Abmahnung	141	140
3. Erheblichkeit der Vertragsverletzung	142	141
IV. Die Gefährdung der Mietsache	143	142
1. Verletzung von Sorgfaltspflichten	143	142

Inhaltsverzeichnis

	Rdn.	Seite
2. Abmahnung .... B	146	142
3. Erheblichkeit der Gefährdung	147	143
V. Die Kündigungserklärung	148	143
VI. Darlegungs- und Beweislast	149	143

§ 554 BGB: Fristlose Kündigung bei Zahlungsverzug

	Rdn.	Seite
I. Die Kündigungstatbestände	150	145
1. Mietzins	151	146
2. Verzug	155	147
3. Rückstandsberechnung nach § 554 Abs. 1 Nr. 1	163	150
4. Rückstandsberechnung nach § 554 Abs. 1 Nr. 2	169	153
II. Die Kündigungserklärung	170	153
1. Allgemeines	170	153
2. Der Kündigungsberechtigte	171	153
3. Der Zeitpunkt der Kündigung	172	154
4. Der Kündigungsempfänger	175	155
III. Ausschluß der Kündigung (§ 554 Abs. 1 S. 2)	178	156
IV. Wegfall der Kündigungswirkungen	183	158
1. § 554 Abs. 1 S. 3	183	158
2. § 554 Abs. 2 Nr. 2	187	160
3. Verzicht	200a	165
V. Darlegungs- und Beweislast	201	166

§ 554a BGB: Fristlose Kündigung aus wichtigem Grund

	Rdn.	Seite
I. Allgemeines		
1. Entstehungsgeschichte und Abgrenzung zum außerordentlichen Kündigungsrecht aus wichtigem Grund ...	202	167
2. Anwendungsbereich und Verhältnis zu §§ 542, 553, 554 BGB	208	170
II. Tatbestandsvoraussetzungen	210	171
1. Störungen des Hausfriedens	210	171
a) Verhaltenspflichten	211	172
aa) Ruhe	212	172
bb) Allgemeine Ordnung	214	173
cc) Sonstiges Verhalten	215	175
b) Hausordnungsbestimmungen	218	178
aa) Einseitig erlassene Hausordnung	219	178
bb) Vertraglich vereinbarte Hausordnung	220	179
2. Sonstige Vertragsverletzungen	225	180
a) des Mieters, insbesondere die unpünktliche Zahlung des Mietzinses	225	180
b) des Vermieters	229	183
3. Erheblichkeit der Pflichtverletzung	230	183
4. Verschulden	232	186
5. Abmahnung	235	188
III. Die Kündigungserklärung	237	188
IV. Darlegungs- und Beweislast	238	189

§ 556 BGB: Rückgabe der Mietsache

	Rdn.	Seite
I. Allgemeines		
1. Zweck	239	190
2. Anwendungsbereich	240	190

Inhaltsverzeichnis

	Rdn.	Seite
II. Anspruchsvoraussetzungen (Abs. I)		
1. Die Parteien des Herausgabeanspruchs	242	191
2. Der Zeitpunkt der Rückgabe	243	192
3. Der Inhalt der Rückgabepflicht	246	194
III. Ausschluß des Zurückbehaltungsrechts (Abs. II)		
1. Zweck und Anwendungsbereich	267	211
2. Umfang des Ausschlusses des Zurückbehaltungsrechts	268	211
3. Abweichende Vereinbarungen	269	212
IV. Erfüllung		
1. Wirkung der Erfüllung	270	212
2. Nichterfüllung	271	213
3. Schlechterfüllung	272	213
V. Räumungsanspruch gegen den Untermieter (Abs. III)		
1. Allgemeines	275	215
2. Parteien des Räumungsanspruchs	277	217
3. Zeitpunkt der Rückgabe und die Geltendmachung des Rückforderungsrechts	278	218
4. Inhalt der Rückgabepflicht des Untermieters	288	222
5. Prozessuale Besonderheiten	292	222
§§ 556a–556c BGB: Fortsetzung des Mietverhältnisses nach der Sozialklausel		
I. Allgemeines		
1. Entstehungsgeschichte	294	225
2. Zweck	295	226
3. Anwendungsbereich	297	227
4. Ausschlußtatbestände (Abs. IV)	304	229
II. Sachliche Voraussetzungen	307	230
1. Härtegrund des Mieters	308	230
2. Berechtigte Interessen des Vermieters	328	238
3. Interessenabwägung	332	239
III. Formelle Voraussetzungen	334	240
1. Schriftform der Widerspruchserklärung	335	240
2. Inhalt	336	241
3. Widerspruchsfrist	337	241
4. Begründung	340	243
IV. Wirkung des Widerspruchs		
1. Antrag auf Vertragsverlängerung	341	243
2. Fortsetzung des Mietverhältnisses	345	244
V. Fortsetzung des befristeten Mietverhältnisses (§ 556b)		
1. Allgemeines	360	249
2. Sachliche Voraussetzungen	362	250
VI. Wiederholte Verlängerung fortgesetzter Mietverhältnisse (§ 556c)		
1. Allgemeines	366	251
2. Verlängerung befristet fortgesetzter Mietverhältnisse	367	251
3. Verlängerung bei Kündigung des unbefristet fortgesetzten Mietverhältnisses	376	253
VII. Abweichende Vereinbarungen	384	255

Inhaltsverzeichnis

	Rdn.	Seite
Anhang 1 **§ 308a ZPO: Gerichtliches Verfahren bei der Anwendung der Sozialklausel** (mit Erläuterungen) .... B	385	256
Anhang 2 **Räumungs- und Vollstreckungsschutz nach den §§ 721, 765a, 794a ZPO** (mit Erläuterungen)	419	267

§ 557 BGB: Ansprüche bei verspäteter Rückgabe

	Rdn.	Seite
I. Allgemeines		
1. Zweck	484	290
2. Anwendungsbereich	487	291
II. Begriff der Vorenthaltung	490	292
1. Nichtwiedereinräumung der tatsächlichen Verfügungsgewalt	491	292
2. Möglichkeit der Rückgabe	496	294
3. Widersprechender Wille des Vermieters	501	296
4. Dauer der Vorenthaltung	503	297
III. Folgen der Vorenthaltung	505	297
1. Gesetzliches Schuldverhältnis		
a) Nutzungsentschädigung (Abs. I S. 1)	506	298
b) Sonstiger Inhalt des gesetzlichen Schuldverhältnisses	523	303
2. Schadensersatz	547	310
a) Allgemeine Voraussetzungen	550	311
b) Wohnraum (Abs. II)	551	312
c) Billigkeit (Abs. II 1, 2. Halbs.)	558	314
d) Räumungsfrist (Abs. III)	561	315
IV. Nutzungsentschädigung und Schadensersatz bei Räumung zur Unzeit oder vor Ablauf einer Räumungsfrist ..	564	316
1. Räumung zur Unzeit	565	316
2. Räumung vor Ablauf einer vertraglich gewährten Räumungsfrist	566	317
3. Gerichtliche Gewährung einer Räumungsfrist	567	317
V. Abweichende Vereinbarungen (Abs. IV)	568	317
VI. Konkurrenzen	569	318

§ 564b BGB: Kündigungsschutz für Mietverhältnisse über Wohnraum

	Rdn.	Seite
I. Allgemeines	570	322
II. Berechtigtes Interesse des Vermieters an der Vertragsbeendigung	583	326
1. Konkrete Interessen	584	326
2. Übereinstimmung mit der Rechts- und Sozialordnung	585	327
3. Gebot der Rücksichtnahme	586	328
4. Ausnahme für Ein- oder Zweifamilienhäuser	587	328
III. Die gesetzlichen Kündigungsgründe		
1. Pflichtverletzung des Mieters (Abs. II Nr. 1)	589	329
2. Eigenbedarf (Abs. II Nr. 2)	608	341
3. Anderweitige wirtschaftliche Verwertung des Grundstücks (Abs. II Nr. 3)	651	371
4. Sonstige berechtigte Interessen	665	379

Inhaltsverzeichnis

	Rdn.	Seite
IV. Sonderregelung für Ein- und Zweifamilienhäuser (Abs. IV) . . . . B 694		395
V. Kündigungserklärung und ihre Wirkungen	709	405
1. Die Kündigungserklärung	710	405
2. Angabe von Kündigungsgründen und ihre nachträgliche Geltendmachung	711	405
3. Beendigung des Mietverhältnisses und Räumungsklage	720	413
VI. Weitere Schutzrechte des Mieters	721	413
VII. Abweichende Vereinbarungen	726	414
VIII. Ausschluß des Kündigungsschutzes	733	416
IX. Das gerichtliche Verfahren		
1. Klage	740	418
2. Kosten	758	423
3. Zuständigkeit und Rechtsmittel	759	423
4. Streitwert	761	424
5. Fortsetzung des Mietverhältnisses trotz Räumungstitel	762	426

Anhang 1

§§ 182–186 Baugesetzbuch (Gesetzestext) 764 427

§ 564c BGB: Zeitmietverträge

	Rdn.	Seite
I. Entstehungsgeschichte und Zweck	765	430
II. Befristete Mietverhältnisse nach § 564c I		
1. Anwendungsbereich	767	431
2. Die Fortsetzungserklärung des Mieters	773	433
3. Die Beendigungserklärung des Vermieters	780	435
4. Wirkungen der Fortsetzungserklärung und gerichtliches Verfahren	789	438
III. Qualifizierte befristete Mietverhältnisse nach § 564c II (Zeitmietverträge)		
1. Anwendungsbereich	795	439
2. Der Eigennutzungstatbestand	797	441
3. Der Modernisierungstatbestand	801	443
4. Mitteilung des Beendigungsinteresses beim Vertragsabschluß	806	445
5. Mitteilung über den Fortbestand des Beendigungsinteresses vor Vertragsende	810	448
6. Rechtsfolgen	823	453
IV. Abweichende Vereinbarungen	825	454

§ 565 BGB: Kündigungsfristen

	Rdn.	Seite
I. Allgemeines	832	458
II. Fristberechnung	836	460
III. Kündigungsfristen		
1. Bei Mietverhältnissen über Wohnraum	837	460
2. Bei Mietverhältnissen über Geschäftsräume, Grundstücke und im Schiffsregister eingetragene Schiffe	849	464
3. Bei Mietverhältnissen über bewegliche Sachen	851	465
4. Außerordentliche befristete Kündigung	852	465
IV. Abweichende Vereinbarungen	854	466

Inhaltsverzeichnis

	Rdn.	Seite
§ 565a BGB: Verlängerung bedingter und befristeter Mietverhältnisse		
I. Allgemeines … B	864	468
II. Befristete Mietverhältnisse über Wohnraum mit Verlängerungsklausel (Abs. I) …	869	469
1. Mietverträge mit Verlängerungsklausel auf unbestimmte Zeit …	870	470
2. Mietverträge mit einmaliger Verlängerung auf bestimmte Zeit …	873	471
3. Mietverträge mit mehrmaliger Verlängerung auf bestimmte Zeit …	875	471
III. Auflösend bedingte Mietverhältnisse (Abs. II)		
1. Begriff der Bedingung …	876	472
2. Kündigung des Mietverhältnisses …	877	472
3. Sozialklausel …	878	472
IV. Abweichende Vereinbarungen …	879	473
1. Allgemeines …	880	473
2. Besonderheiten bei auflösend bedingten Mietverhältnissen …	881	473
§§ 565b bis 565e BGB: Sondervorschriften für Werkwohnungen		
I. Überblick …	883	475
II. Werkmietwohnungen		
1. Begriff …	885	476
2. Kündigung vor Beendigung des Arbeitsverhältnisses .	888	477
3. Kündigung nach Beendigung des Arbeitsverhältnisses	889	478
4. Kündigungsfristen im einzelnen …	894	480
5. Verwirkung des Sonderkündigungsrechts …	897	481
6. Sozialklausel …	898	481
7. Abweichende Vereinbarungen …	908	483
8. Werkgeförderte Wohnungen …	910	484
III. Werkdienstwohnungen		
1. Begriff …	915	485
2. Kündigung vor Beendigung des Arbeitsverhältnisses .	916	486
3. Kündigung nach Beendigung des Arbeitsverhältnisses	917	486
4. Sozialklausel …	921	487
5. Rechtsverhältnis nach Beendigung des Arbeitsverhältnisses …	922	487
6. Umwandlung der Dienstwohnung in eine Mietwohnung …	923	488
7. Abweichende Vereinbarungen …	924	488
IV. Gerichtliche Zuständigkeit …	925	488
Anhang		
§ 87 Abs. I Nr. 9 Betriebsverfassungsgesetz: Mitwirkung des Betriebsrates bei der Vermietung und Kündigung von Werkwohnungen		
I. Anwendungsbereich …	927	489
II. Zuweisung von Wohnraum …	931	491
III. Kündigungen …	934	492
IV. Allgemeine Festlegung der Nutzungsbedingungen …	938	493

Inhaltsverzeichnis

	Rdn.	Seite
§ 568 BGB: Stillschweigende Verlängerung		
I. Allgemeines .... B	939	495
II. Voraussetzungen		
1. Ablauf der Mietzeit	947	497
2. Gebrauchsfortsetzung des Mieters	948	497
3. Erklärung des gegenteiligen Willens	950	498
III. Wirkungen	960	501
IV. Abweichende Vereinbarungen	967	502

Teil C
Gesetz zur Regelung der Miethöhe (MHG)

Artikel 3 bis 8 des 2. WKSchG vom 18. 12. 1974, BGBl. I S. 3603

		Rdn.	Seite
Gesetzestext	C		504
Vorbemerkung zum MHG			
Der Mietzins für Wohnraum		1	510
I. Grundmiete		2	510
II. Mietnebenkosten		5	511
III. Zuschläge		12	515
§ 1 MHG: Anwendungsgrundsätze			
I. Anwendungsbereich des Gesetzes			
1. Räumlich		13	518
2. Zeitlich		14	518
3. Sachlich		15	519
II. Zweck des MHG		20	521
1. Privatrechtliche Regelung		23	522
2. Bedingt dispositive Ausgestaltung		24	523
3. Begrenzung durch öffentliche Interessen		25	523
4. Verbot der Kündigung zwecks Mieterhöhung (§ 1 S. 1)		26	524
5. Die marktorientierte Begrenzung des Mietzinses		28	525
6. Sonderkündigungsrecht nach § 9 I MHG		30	527
III. Vertraglicher Ausschluß der Mieterhöhung (§ 1 S. 3)			
1. Die Vereinbarung		31	527
2. Bedeutung der gesetzlichen Regelung		32	528
3. Befristete Mietverträge mit festem Mietzins		33	528
4. Einzelfälle und Vertragsauslegung		34	530
5. Zustimmung des Mieters trotz Ausschluß		40	536
6. Einfluß veränderter Umstände auf den Ausschluß ...		41	536
§ 2 MHG: Erhöhung der Grundmiete			
I. Allgemeines			
1. Entstehungsgeschichte		42	542
2. Zweck		43	542
3. Anwendungsbereich		44	543
II. Die sachlichen Erhöhungsvoraussetzungen			
1. Die ortsübliche Vergleichsmiete		53	547
2. Die gesetzlichen Vergleichskriterien (§ 2 I Nr. 2)		59	555

Inhaltsverzeichnis

	Rdn.	Seite
3. Vergleichbarkeit der Objekte C	68	567
4. Ermittlung der Vergleichsmiete	75	570
5. Einjährige Wartefrist (§ 2 I Nr. 1)	76	571
6. Die Kappungsgrenze (§ 2 I Nr. 3)	80a	574
III. Die außergerichtliche Geltendmachung und die Einigung über die Mieterhöhung		
1. Schriftliches Erhöhungsverlangen	81	582
2. Begründung des Erhöhungsverlangens	88	588
3. Wirkungen des Erhöhungsverlangens	109	621
4. Zustimmung des Mieters	114	623
5. Fälligkeit der Mieterhöhung	120	627
IV. Das gerichtliche Erhöhungsverfahren	122	628
1. Überlegungsfrist	123	628
2. Klagefrist	124	629
3. Zustimmungsklage und Urteil	128	631
4. Zurücknahme der Zustimmungsklage	133	634
V. Prozessuale Besonderheiten		
1. Zuständigkeit, Rechtsmittel	134	634
2. Schlüssigkeit der Klage und Einwendungen	135	635
3. Beweiserhebung	140	645
4. Schätzung	152	650
5. Nachfolgende Zahlungsklage	153	651
6. Gerichtlicher Vergleich	154	651
7. Streitwert	155	653
8. Übergangsprobleme	155a	653
VI. Die Verpflichtung der Gemeinden zur Erstellung von Mietspiegeln		
1. Allgemeines/Zweck	156	655
2. Maßgebender Begriff des Mietzinses	156c	657
3. Die Art des Zustandekommens des Mietspiegels	156f	661
4. Sachlicher Inhalt	156h	663
5. Erhebungsverfahren	156k	670
6. Die statistischen Orientierungswerte in rechtl. Sicht ..	156m	672
7. Zeitliche Geltungsdauer und Fortschreibung der Mietspiegel	156r	674

Anhang 1
Bericht der Bundesregierung betreffend die Ermöglichung einer vermehrten Aufstellung von Mietspiegeln durch die Gemeinden v. 10. 5. 1976 .... 156t 675
Fortschreibung der Hinweise für die Aufstellung von Mietspiegeln 156u 688

Anhang 2
Wohnflächenberechnung nach DIN 283 .... 157 701

§ 3 MHG: Mieterhöhung bei baulichen Änderungen
I. Allgemeines		
1. Zweck	158	708
2. Anwendungsbereich	159	709
3. Verhältnis zu § 541 b BGB	165	711
4. Verhältnis zum ModEnG	167	722

Inhaltsverzeichnis

	Rdn.	Seite
II. Bauliche Maßnahmen		
1. Begriff C	168	725
2. Verbesserungsmaßnahmen	177	729
3. Einsparung von Heizenergie	186a	736
4. Sonstige (nicht zu vertretende) Maßnahmen	187	739
III. Umfang der Mieterhöhung		
1. Umlagefähige Kosten	190	741
2. Umlageschlüssel	200	745
3. Höhe der Umlage	202	745
4. Zeitlicher Beginn der Erhöhungsbefugnis	211	748
5. Berechnung der Mieterhöhung nach einem Beispiel ..	213a	749
IV. Hinweispflicht des Vermieters	214	750
V. Geltendmachung und Fälligkeit der Mieterhöhung		
1. Erhöhungserklärung	216	751
2. Fälligkeit des erhöhten Mietzinses	221	753
3. Gerichtliche Geltendmachung der Erhöhung	226	754
VI. Abweichende Vereinbarungen	227	756
Anhang 1		
§ 541b BGB: Maßnahmen zur Verbesserung oder Energieeinsparung (Gesetzestext)	238	759
Anhang 2		
Modernisierungs- und Energieeinsparungsgesetz (Gesetzestext)	239	760
Anhang 3		
Aufgehobene Vorschriften des ModEnG, die für die Auslegung des § 3 MHG von Bedeutung sind	239a	763
Anhang 4		
§ 136 Baugesetzbuch: Städtebauliche Sanierungsmaßnahmen (Gesetzestext)	239b	769
§ 4 MHG: Erhöhung der Betriebskosten		
I. Allgemeines	240	772
II. Sachliche Voraussetzungen des Erhöhungsanspruchs ..	249	775
1. Begriff der Betriebskosten	250	775
2. Umlagefähigkeit des Erhöhungsbetrages	252	778
3. Umlagemaßstab	254	781
4. Ausschluß des Erhöhungsrechts	255	782
III. Geltendmachung des Erhöhungsrechts	256	783
1. Erhöhungserklärung	257	783
2. Begründung der Erhöhungserklärung	259	783
IV. Fälligkeit der erhöhten Umlage und gerichtliche Geltendmachung	264	786
V. Herabsetzung der Betriebskosten	268	788
VI. Vorauszahlungen für Betriebskosten	269	789
1. Vereinbarung	271	789
2. Höhe der Vorauszahlungen	272	790
3. Fälligkeit	273	790
4. Abrechnungspflicht	274	791

Inhaltsverzeichnis

		Rdn.	Seite
5. Abweichende Vereinbarungen und Erhöhung C		281	801
6. Geltendmachung von Rückständen		282	802
VII. Nebenkostenpauschale und Pauschalmiete		283	803
VIII. Unanwendbarkeit für preisgebundenen Wohnraum		284	805

Anhang
Anlage 3 zu § 27 der II. BV: Aufstellung der Betriebskosten 286 808

Zu Nr. 1	Die laufenden öffentlichen Lasten des Grundstücks	289	813
Zu Nr. 2	Die Kosten der Wasserversorgung	291	814
Zu Nr. 3	Die Kosten der Entwässerung	297	816
Zu Nr. 4a	Die Kosten des Betriebs der zentralen Heizungsanlage	299	817
Zu Nr. 4b	Die Kosten des Betriebs der zentralen Brennstoffversorgungsanlage	325	828
Zu Nr. 4c	Die Kosten der Versorgung mit Fernwärme	326	828
Zu Nr. 4d	Die Kosten der Reinigung und Wartung von Etagenheizungen......................	328	829
Zu Nr. 5a	Die Kosten des Betriebs der zentralen Warmwasserversorgungsanlage...................	330	830
Zu Nr. 5b	Die Kosten der Versorgung mit Fernwarmwasser	331	830
Zu Nr. 5c	Die Kosten der Reinigung und Wartung von Warmwassergeräten	332	830
Zu Nr. 6	Die Kosten verbundener Heizungs- und Warmwasserversorgungsanlagen	333	830
Zu Nr. 7	Die Kosten des Betriebs des Personen- oder Lastenaufzugs	334	830
Zu Nr. 8	Die Kosten der Straßenreinigung und Müllabfuhr	340	832
Zu Nr. 9	Die Kosten der Hausreinigung und Ungezieferbekämpfung...........................	345	834
Zu Nr. 10	Die Kosten der Gartenpflege	350	835
Zu Nr. 11	Die Kosten der Beleuchtung	360	837
Zu Nr. 12	Die Kosten der Schornsteinreinigung..........	361	837
Zu Nr. 13	Die Kosten der Sach- und Haftpflichtversicherung	362	837
Zu Nr. 14	Die Kosten für den Hauswart.............	364	838
Zu Nr. 15a	Die Kosten des Betriebs der Gemeinschaftsantennenanlage	368	840
Zu Nr. 15b	Die Kosten des Betriebs der mit einem Breitbandkabelnetz verbundenen privaten Verteilanlage ...	370	840
Zu Nr. 16	Die Kosten des Betriebs der maschinellen Wascheinrichtung	371	841
Zu Nr. 17	Sonstige Betriebskosten	372	841

§ 5 MHG: Mieterhöhung bei Kapitalkostensteigerung

I. Allgemeines	373	843
II. Die sachlichen Erhöhungsvoraussetzungen	381	846
1. Erhöhung der Kapitalkosten	382	846
2. Umlagefähigkeit der Darlehenszinsen	384	847
3. Erhöhung und Fälligkeit des Zinssatzes	393	851
4. Vom Vermieter nicht zu vertretende Zinserhöhung ..	398	852

Inhaltsverzeichnis

	Rdn.	Seite
III. Geltendmachung und Wirksamwerden der Erhöhung (Abs. II) C	401	854
1. Erhöhungserklärung	402	855
2. Fälligkeit der Erhöhung	410	857
IV. Herabsetzung des Mietzinses	411	857
V. Ausschluß des Erhöhungsrechts	414	858
VI. Vermieterwechsel	420	861
§ 6 MHG: Erhöhung für öffentlich geförderten Wohnraum im Saarland		
I. Allgemeines	424	863
II. Sachliche Erhöhungsvoraussetzungen	427	864
III. Geltendmachung der Erhöhung	429	865
IV. Fälligkeit der Erhöhung	430	865
V. Herabsetzung der Kostenmiete	431	865
§ 7 MHG: Mieterhöhung für Bergarbeiterwohnungen der Ruhrkohle AG		
I. Allgemeines	432	866
II. Voraussetzungen und Fälligkeit der Mieterhöhung	435	867
§ 8 MHG: Mechanisch vervielfältigte Erhöhungserklärung		
I. Zweck und Anwendungsbereich	440	868
II. Wirksamkeitsvoraussetzungen vervielfältigter Erklärungen	443	869
§ 9 MHG: Kündigung wegen Mieterhöhung		
I. Allgemeines	448	871
II. Voraussetzungen des Sonderkündigungsrechts		
1. Sachliche Voraussetzung	454	873
2. Formelle Voraussetzung	461	874
III. Wirkungen der Kündigung des Mieters		
1. Beendigung des Mietverhältnisses	467	877
2. Unwirksamkeit der verlangten Mieterhöhung	472	878
IV. Abweichende Vereinbarungen	475	879
V. Kündigung wegen Zahlungsverzugs des Mieters (Abs. II)	476	879
§ 10 MHG: Abweichende Vereinbarungen – sachlicher Geltungsbereich des MHG		
I. Unabdingbarkeit der gesetzlichen Schutzvorschriften (Abs. I)		
1. Zweck	477	881
2. Abweichende Vereinbarungen zum Nachteil des Mieters	480	882
3. Umfang der Unwirksamkeit	485	884
4. Unwirksamkeit im einzelnen	489	886
5. Zustimmung zur Mieterhöhung im Einzelfall (Abs. I 1, 2. Halbs.)	497	889
6. Anspruch des Mieters auf Rückzahlung nicht geschuldeter Erhöhungsbeträge	510	894
II. Staffelmiete (Abs. II)		
1. Allgemeines und Anwendungsbereich	518	897
2. Laufzeit der Staffelmietvereinbarung	518a	898

Inhaltsverzeichnis

	Rdn.	Seite
3. Ausweisung der Steigerungsbeträge C	519	899
4. Einjährige Stillhaltefrist	520	899
5. Wirkung der Staffelmiete	521	900
6. Mietzeitregelungen	522	900
7. Höhe der Staffelmiete	523	901
8. Abweichende Vereinbarungen	524	902
9. Übergangsregelungen	525	903
10. Umgekehrte Staffelmiete	527	904
III. Unanwendbarkeit des MHG (Abs. III)		
1. Zweck	528	905
2. Preisgebundener Wohnraum	531	906
3. Wohnraum zu vorübergehendem Gebrauch	539	910
4. Möblierter Wohnraum	548	916
5. Studenten- und Jugendwohnheime	559	921
6. Zweitwohnungen, auf Dauer angemietete Ferienwohnungen und Wochenendwohnungen	563	923
7. Darlegungs- und Beweislast	564	925

Anhang
Art. 4 bis Art. 8 des II. WKSchG 565 925

Teil D
Die Strafbarkeit überhöhter und wucherischer Mieten für Wohnraum

Vorbemerkung zu den §§ 5 WiStG, 302a StGB .... D		1	931
I. Grundsätzliches zur gesetzlichen Neuregelung			
1. zu § 5 WiStG		2	932
2. zu § 302a StGB		3	933
3. Folgeänderungen		8	934
II. Zivilrechtliche Folgen der Mietpreisüberhöhung und des Mietwuchers		17	935
III. Ahndung von Ordnungswidrigkeiten		21	938
§ 5 WiStG: Mietpreiserhöhung			
I. Allgemeines		22	940
II. Äußerer Tatbestand			
1. Anwendungsbereich		25	941
2. Entgelt des Mieters		28	943
3. Bewertung der Vermieterleistung		33	945
III. Innerer Tatbestand		47	958
1. Vorsatz		48	958
2. Leichtfertigkeit		49	959
IV. Geldbuße und Anordnung der Abführung des Mehrerlöses		52	960
V. Verfahren		54	961
1. Zuständigkeit der Verwaltungsbehörde		55	961
2. Opportunitätsprinzip		56	961
3. Zuständigkeit der Staatsanwaltschaft		57	962
4. Verfahren nach dem OWiG		59	962

Inhaltsverzeichnis

		Rdn.	Seite
Anhang 1 **Richtlinien zur wirksameren Bekämpfung von Mietpreisüberhöhungen**	D	68	966
Anhang 2 **§ 26 WoBindG** (Gesetzestext)		105	974
Anhang 3 **Zweite Berechnungsverordnung** (Gesetzestext – Auszug)		105a	974
§ 302a StGB: Mietwucher			
I. Allgemeines		106	983
II. Äußerer Tatbestand			
1. Vermietung von Wohnraum		107	984
2. Versprechen- oder Gewährenlassen von Vermögensvorteilen		110	985
3. Auffälliges Mißverhältnis zwischen Vermieter- und Mieterleistungen		116	987
4. Ausbeutung der Zwangslage, der Unerfahrenheit, des Mangels an Urteilsvermögen oder der erheblichen Willensschwäche		121	990
III. Besonders schwerer Mietwucher (Abs. II)			
1. Wirtschaftliche Not des Mieters		125	992
2. Gewerbsmäßiges Handeln des Vermieters		126	992
3. Hingabe von Wechseln		126	992
4. Sonstige besonders schwere Fälle		127	992
IV. Innerer Tatbestand		129	993
V. Strafmaß		130	993
VI. Konkurrenzen		133	993

Teil E
Verbot der Zweckentfremdung von Wohnraum

Art. 6 MVerbG (Gesetzestext)			995
I. Grundgedanken und Rechtsentwicklung des Zweckentfremdungsverbots	E	1	996
II. Die gesetzliche Ermächtigung der Landesregierungen und ihre Durchführung			
1. Die Ermächtigung durch den Bundesgesetzgeber		5	999
2. Inhalt und Schranken der Rechtsverordnungen der Länder		14	1003
3. Die ergangenen Rechtsverordnungen der Länder		21	1007
4. Verwaltungsvorschriften der Länder und Gemeinden		22	1008
5. Zeitliche Geltung der Verbotsgesetze		26	1010
III. Inhalt und Schranken des Verbots der Zweckentfremdung		28	1011
1. Wohnraum		29	1012
2. Der Begriff der Zweckentfremdung		35	1015
3. Umbau und Renovierung von Wohnraum		54	1025
4. Maßnahmen nach dem Baugesetzbuch		58	1025

Inhaltsverzeichnis

	Rdn.	Seite
IV. Erteilung und Versagung der Genehmigung zur Zweckentfremdung . . . . E	59	1026
1. Grundsatz	63	1027
2. Öffentliche Interessen an der Zweckentfremdung	64	1029
3. Überwiegende Interessen des Verfügungsberechtigten	66	1030
4. Antrag auf Genehmigung	70	1033
5. Versagung der Genehmigung	71	1034
6. Genehmigung durch stillschweigende Duldung	72	1034
7. Persönliche und sachliche Bindung der Genehmigung	72	1034
8. Auswirkungen der Genehmigung auf das zivilprozessuale Räumungsverfahren	73	1035
V. Befristungen, Bedingungen und Auflagen	76	1036
VI. Erlöschen und Widerruf der Genehmigung	88	1043
VII. Verwaltungszwang	93	1044
VIII. Zuständigkeit und Verfahren	98	1047
IX. Ordnungswidrigkeiten	113	1052
Anhang		
Verzeichnis der Gemeinden mit Zweckentfremdungsverbot	120	1054

Teil F
Materialien aus dem Gesetzgebungsverfahren zu den Wohnraumschutzgesetzen

	Rdn.	Seite
I. 1. WKSchG vom 25. 11. 1971 (Gesetzestext) . . . . F	1	1057
II. Zusammenstellung des Entwurfs der Bundesregierung mit den Beschlüssen des Rechtsausschusses zum 2. WKSchG v. 18. 12. 1974	2	1060
III. Begründung des Entwurfs der Bundesregierung zum 2. WKSchG nebst Stellungnahmen des Bundesrats und Gegenäußerung der Bundesregierung	6	1075
IV. Begründung der Beschlüsse des Rechtsausschusses	45	1095
V. Anrufung des Vermittlungsausschusses durch den Bundesrat	67	1104
VI. Auszug aus dem Gesetzgebungsverfahren zum MVerbG v. 4. 11. 1971 betr. die §§ 302f StGB, 2b WiStG	72	1108
1. Begründung der Bundesregierung	73	1108
2. Stellungnahme des Rechtsausschusses	92	1113
VII. Zu Art. 6 MVerbG (Verbot der Zweckentfremdung): Antrag der Freien und Hansestadt Hamburg	95	1114
VIII. Antrag des Rechtsausschusses betr. die Vorlage eines Gesetzentwurfs über die soziale Sicherung des Wohnens und die Aufstellung von Mietspiegeln durch die Gemeinden. .	96	1115
IX. Begründung des Gesetzentwurfs der Fraktionen der CDU/CSU und FDP: Entwurf eines Gesetzes zur Erhöhung des Angebots an Mietwohnungen (aus BT-Drucks. 9/2079)	98	1116

Inhaltsverzeichnis

	Rdn.	Seite
X. Bericht des Rechtsausschusses (6. Ausschuß) des Deutschen Bundestages zu dem von den Fraktionen der CDU/CSU und FDP eingebrachten Entwurf eines Gesetzes zur Erhöhung des Angebots an Mietwohnungen (aus BT-Drucks. 9/2284) .... F	130	1136

Teil G
Rechtsentscheid in Wohnraummietsachen

	Rdn.	Seite
I. Allgemeines .... G	1	1141
II. Die Voraussetzungen des Vorlagebeschlusses	4	1142
III. Der Vorlagebeschluß	15	1149
IV. Der Rechtsentscheid		
1. Zulässigkeitsprüfung.....................	19	1152
2. Sachentscheidung	26	1153
V. Die Wirkungen des Rechtsentscheids	34	1155

Anhang
Übersicht über bisher ergangene Rechtsentscheide 39a 1157

Sachverzeichnis 1177

Abkürzungsverzeichnis

a. A.	anderer Ansicht
a. a. O.	am angegebenen Ort
AbbauG	Gesetz über den Abbau der Wohnungszwangswirtschaft und über ein soziales Miet- und Wohnrecht vom 23. Juni 1960
a. F.	alte Fassung
AG	Amtsgericht
AGBG	Gesetz zur Regelung des Rechts der Allgemeinen Geschäftsbedingungen vom 9. 12. 1976
AMVO	Altbaumietenverordnung
Art.	Artikel
BAG	Bundesarbeitsgericht
Barthelmess	Barthelmess, Zweites Wohnraumkündigungsschutzgesetz, Miethöhegesetz, Kommentar 3. Aufl. 1984
BauGB	Baugesetzbuch i. d. F. der Bek. vom 8. 12. 1986
Baumbach	Baumbach/Lauterbach/Albers/Hartmann, Kommentar zur ZPO, 46. Aufl. 1988
BayObLG	Bayerisches Oberstes Landgericht
BB	Betriebs-Berater (Jahr und Seite)
BBauBl	Bundesbaublatt (Jahr und Seite)
Bettermann	Kommentar zum Mieterschutzgesetz (1950)
Betr	Der Betrieb (Jahr und Seite)
BetrVG	Betriebsverfassungsgesetz vom 11. 10. 1952
Beuermann	Beuermann, Miete und Mieterhöhung bei preisfreiem Wohnraum, Kommentar (1987)
BGB	Bürgerliches Gesetzbuch vom 18. 8. 1896
BGBl.	Bundesgesetzblatt
BGH	Bundesgerichtshof
BGHSt	Entscheidungen des Bundesgerichtshofs in Strafsachen (Band und Seite)
BGHZ	Entscheidungen des Bundesgerichtshofs in Zivilsachen (Band und Seite)
BlBGW	Blätter für Grundstücks-, Bau- und Wohnungsrecht (Jahr und Seite)
BlnGrdE	Das Grundeigentum Berlin (Jahr und Seite)
BMG	1.–9. Gesetz über Maßnahmen auf dem Gebiet des Mietpreisrechts (Bundesmietengesetze)
Bormann	Bormann-Schade-Schubart, Soziales Miet- und Wohnrecht, Kommentar
BR-Drucks.	Bundesrat-Drucksache
Brecht	Kommentar zum Betriebsverfassungsgesetz (1972)
BRegBe	Bericht der Bundesregierung betreffend die Ermöglichung einer vermehrten Aufstellung von Mietspiegeln durch die Gemeinden (s. Rdn C 156)

Abkürzungsverzeichnis

BT-Drucks.	Bundestag-Drucksache
II. BV	Verordnung über wohnungswirtschaftliche Berechnungen (Zweite Berechnungsverordnung) i. d. F. der Bek. vom 5. 4. 1984
BVerfG	Bundesverfassungsgericht
BVerfGE	Entscheidungen des Bundesverfassungsgerichts (Band und Seite)
BVerwG	Bundesverwaltungsgericht
BVerwGE	Entscheidungen des Bundesverwaltungsgerichts (Band und Seite)
Dietz-Richardi	Betriebsverfassungsgesetz, 6. Aufl. 1981/82
DNotZ	Deutsche Notar-Zeitschrift (Jahr und Seite)
DÖV	Die öffentliche Verwaltung (Jahr und Seite)
Dreher	Dreher/Tröndle, Kommentar zum Strafgesetzbuch 43. Aufl.
DVO	Durchführungsverordnung
DWW	Deutsche Wohnungswirtschaft (Jahr und Seite)
Emmerich-Sonnenschein	Emmerich-Sonnenschein, Mietrecht Kommentar, 2. Aufl. 1981
Emmerich-Sonnenschein, Miete	Emmerich-Sonnenschein, Kommentar zum Zweiten Wohnraumkündigungsschutzgesetz, 3. Aufl. 1986
EMWG	Entscheidungen aus dem Miet-, Wohnungs- und Grundstücksrecht, Köln
Erman	Handkommentar zum BGB, 7. Aufl. 1981
FamRZ	Ehe und Familie im privaten und öffentlichen Recht. Zeitschrift für das gesamte Familienrecht (Jahr und Seite)
Fellner-Fischer	Wohnraumbewirtschaftungsgesetz, Kommentar, 3. Aufl. (1956)
Fitting-Auffarth-Kaiser	Betriebsverfassungsgesetz, 15. Aufl. (1987)
Forsthoff	Lehrbuch des Verwaltungsrechts, Band I Allgemeiner Teil, 10. Aufl. (1973)
FWW	Die freie Wohnungswirtschaft (Jahr und Seite)
GG	Grundgesetz für die Bundesrepublik Deutschland vom 23. 5. 1949
Gnade-Kehrmann-Schneider	Betriebsverfassungsgesetz (1972)
GeschRMG	Gesetz zur Regelung der Miet- und Pachtverhältnisse über Geschäftsräume und gewerblich genutzte unbebaute Grundstücke (Geschäftsraummietengesetz)
Gemeinschaftskommentar	Fabricius/Kraft/Thiele/Wiese, Betriebsverfassungsgesetz (1973/74)
GKG	Gerichtskostengesetz i. d. F. d. Bek. vom 15. 12. 1975
Gramlich	Gramlich, Mietrecht, Kommentar 2. Aufl. 1985
grunds.	grundsätzlich
GVBl	Gesetz- und Verordnungsblatt
GW	Gemeinnütziges Wohnungswesen (Jahr und Seite)

Abkürzungsverzeichnis

Hans	Das neue Mietrecht, Kommentar
HGE	Hamburger Grundeigentum (Jahr und Seite)
Herpers	Wohnraummietrecht 1979
h. M.	herrschende Meinung
HMR	Handbuch des gesamten Mietrechts (bis 1951)
HuW	Haus und Wohnung (Jahr und Seite)
i. d. F.	in der Fassung
i. d. R.	in der Regel
i. S.	im Sinne
i. V. m.	in Verbindung mit
i. Zw.	im Zweifel
JA	Juristische Arbeitsblätter (Jahr und Seite)
Jauernig	Jauernig/Schlechtriem/Stürner/Teichmann/Vollkommer, Bürgerliches Gesetzbuch, Kommentar, 4. Aufl. 1987
JR	Juristische Rundschau (Jahr und Seite)
JuS	Juristische Schulung (Jahr und Seite)
Justiz	Die Justiz, Amtsblatt des Justizministeriums Baden-Württemberg (Jahr und Seite)
JW	Juristische Wochenschrift (Jahr und Seite, bis 1939)
JZ	Juristen-Zeitung (Jahr und Seite)
KG	Kammergericht
KO	Konkursordnung i. d. F. der Bek. vom 20. 5. 1898
Köhler, Handbuch	Köhler, Handbuch der Wohnraummiete, 2. Aufl. 1984
Köhler, Neues Mietrecht	Köhler, Das neue Mietrecht 1983
LAG	Gesetz über den Lastenausgleich (Lastenausgleichsgesetz) i. d. F. der Bek. vom 1. 10. 1969
Landfermann	Landfermann, Gesetz zur Erhöhung des Angebots an Mietwohnungen, Erläuterungen und Materialien 1983
Larenz	Lehrbuch des Schuldrechts Bd. I, 10. Aufl. (1970); 10. Aufl. (1972)
LG	Landgericht
LK	Jeschek/Ruß/Willms, Strafgesetzbuch – Leipziger Kommentar 10. Aufl. 1978 ff.
LM	Nachschlagewerk des Bundesgerichtshof in Zivilsachen, herausgegeben von Lindenmaier und Möhring (Gesetzesstelle und Entscheidungsnummer)
MÄG	Gesetz zur Änderung mietrechtlicher Vorschriften
Maunz	Maunz-Dürig, Kommentar zum Grundgesetz, 6. Aufl. 1987
MDR	Monatsschrift für deutsches Recht (Jahr und Seite)
MHG	Gesetz zur Regelung der Miethöhe
MietrechtsÄndG 82	Gesetz zur Erhöhung des Angebots an Mietwohnungen vom 20. 12. 1982
MieWoE	Entscheidungssammlung des gesamten Miet- und Wohnrechts, herausgegeben von Ullrich
Mittelstein	Mittelstein, Die Miete nach dem Rechte des Deutschen Reiches 4. Aufl. 1932
ModEnG	Modernisierungs- und Energieeinsparungsgesetz
MM	Mietrechtliche Mitteilungen (Beilage der Zeitschrift:

XXVII

Abkürzungsverzeichnis

	Mieter Magazin-Organ des Berliner Mietervereins e. V.)
MSchG	Mieterschutzgesetz vom 15. 12. 1942
MSchG-Berlin	Mieterschutzgesetz i. d. F. für das Land Berlin (ursprünglich wie oben MSchG)
Münchner Kommentar	Münchner Kommentar zum Bürgerlichen Gesetzbuch 1978 ff.
MuMv	Vertragsmuster für Wohnraummietverhältnisse
MVerbG	Gesetz zur Verbesserung des Mietrechts und zur Begrenzung des Mietanstiegs sowie zur Regelung von Ingenieur- und Architektenleistungen vom 4. 11. 1971
m. w. N.	mit weiteren Nachweisen
n. F.	neue Fassung
NJW	Neue Juristische Wochenschrift (Jahr und Seite)
NJW-RR	Neue Juristische Wochenschrift – Rechtsprechungsreport (Jahr und Seite)
NMV 70	Verordnung über die Ermittlung der zulässigen Miete für preisgebundenen Wohnraum (Neubaumietenverordnung 1970)
OLG	Oberlandesgericht
OLGZ	Entscheidungen der Oberlandesgerichte in Zivilsachen (Jahrgang und Seite)
OVG	Oberverwaltungsgericht
OWiG	Gesetz über Ordnungswidrigkeiten
Palandt	Bürgerliches Gesetzbuch, 47. Aufl. 1988
Pergande	Wohnraummietrecht, Kommentar (Stand 1. 9. 1968)
PIG	Partner im Gespräch (Schriftenreihe des Evangelischen Siedlungswerkes in Deutschland e. V.-Hammonia Verlag, Hamburg-)
Preisedanz	Petters-Preisedanz Strafgesetzbuch, Lehrkommentar, 28. Aufl. 1974
RdErl	Runderlaß
Rdn	Randnummer
RE	Rechtsentscheide nach Art III des 3. MÄG
Rechtspfleger	Der Deutsche Rechtspfleger (Jahr und Seite)
RES	Sammlung der Rechtsentscheide in Wohnraummietsachen
RegE	Regierungsentwurf zum II. WKSchG
RMG	Reichsmietengesetz vom 24. 3. 1922
RG	Reichsgericht
RGBl	Reichsgesetzblatt
RGRK	Das Bürgerliche Gesetzbuch, Kommentar, herausgeben von Reichsgerichtsräten und Bundesrichtern, 12. Aufl. 1974 ff.
RGSt	Entscheidungen des Reichsgerichts in Strafsachen (Band und Seite)
RGZ	Entscheidungen des Reichsgerichts in Zivilsachen (Band und Seite)
Richtl.	Richtlinien zur wirksameren Bekämpfung von Mietpreisüberhöhungen nach § 5 WiStG
Roquette	Das Mietrecht des BGB, Kommentar (1966)

Abkürzungsverzeichnis

Roquette	Mieterschutzgesetz, Kommentar (1956)
Rpfl	Der Deutsche Rechtspfleger (Jahr und Seite)
Rspr.	Rechtsprechung
s.	siehe (hier nur verwendet für Textverweisungen innerhalb dieses Kommentars)
Schaub	Arbeitsrechts-Handbuch, 6. Aufl. 1987
Schönke-Schröder	Kommentar zum Strafgesetzbuch, 22. Aufl. (1985)
Schmidt-Futterer MR	Schmidt-Futterer/Blank, Mietrecht von A–Z, 11. Aufl. 1984
Soergel-Siebert	Bürgerliches Gesetzbuch, Kommentar, 11. Aufl. 1978 ff.
Staudinger	Kommentar zum Bürgerlichen Gesetzbuch, 12. Aufl. 1978 ff.
StGB	Strafgesetzbuch
Stein-Jonas	Kommentar zur ZPO, 20. Aufl. 1977
Sternel	Sternel, Mietrecht, 2. Aufl. 1979
str.	streitig
Thomas-Putzo	ZPO mit Nebengesetzen und Erläuterungen, 15. Aufl. 1987
VG	Verwaltungsgericht
VGH	Verwaltungsgerichtshof
VersR	Versicherungsrecht (Jahr und Seite)
VO	Verordnung
VwGO	Verwaltungsgerichtsordnung vom 21. 1. 1960
WBewG	Wohnraumbewirtschaftungsgesetz vom 31. 3. 1953
WEG	Gesetz über das Wohnungseigentum und das Dauerwohnrecht (Wohnungseigentumsgesetz) vom 15. 3. 1951
WiStG	Gesetz zur Vereinfachung des Wirtschaftsrechts (Wirtschaftsstrafgesetz) vom 9. 7. 1954
WKSchG	Gesetz über den Kündigungsschutz für Mietverhältnisse über Wohnraum vom 25. 11. 1971
II. WKSchG	Zweites Gesetz über den Kündigungsschutz für Mietverhältnisse über Wohnraum (Zweites Wohnraumkündigungsschutzgesetz) vom 18. 12. 1974
WM	Wohnungswirtschaft und Mietrecht (Jahr und Seite)
WoBauG	1. und 2. Wohnungsbaugesetz vom 24. 4. 1950 und vom 1. 9. 1965
WoBindG	Gesetz zur Sicherung der Zweckbestimmung von Sozialwohnungen (Wohnungsbindungsgesetz) und von Maßnahmen zur Einsparung von Heizenergie i. d. F. der Bek. vom 22. 7. 1982
2. WoGG	2. Wohngeldgesetz i. d. F. der Bek. vom 11. 7. 1985
Wolff	Lehrbuch des Verwaltungsrechts; Band I 8. Aufl. (1971) und Band II 3. Aufl. (1970)
WPM	Wertpapier-Mitteilungen (Jahr und (Seite)
ZfGemBay	Zeitschrift für das gemeinnützige Wohnungswesen in Bayern (Jahr und Seite)
ZMR	Zeitschrift für Miet- und Raumrecht (Jahr und Seite)
ZPO	Zivilprozeßordnung i. d. F. der Bek. vom 12. 9. 1950
ZwEG	Gesetze der Länder über das Verbot der Zweckentfremdung von Wohnraum gemäß Art. 6 MVerbG

Teil A. Einführung

Entwicklung und verfassungsrechtliche Grundsätze des Wohnungsmietrechts

Übersicht

	Rdn		Rdn
I. Bedeutung und Rechtsentwicklung des sozialen Wohnungsmietrechts .	1	III. Die Übereinstimmung der Wohnraumschutzgesetze mit dem Grundgesetz	32
II. Verfassungsrechtliche Grundsätze bei der Ausgestaltung des sozialen Wohnungsmietrechts	24	IV. Wohnraumschutzgesetz als Dauerrecht	38

I. Bedeutung und Rechtsentwicklung des sozialen Wohnungsmietrechts

A 1 1. Zwei Drittel der Bevölkerung der Bundesrepublik leben in Mietwohnungen. Der **individuellen und sozialpolitischen Bedeutung der Mietwohnung** für diese Bevölkerungskreise vermag an einem liberalistischen Eigentumsbegriff und der freien Wettbewerbswirtschaft orientierte Gesetzgebung nicht hinreichend Rechnung zu tragen. Für die Familie (Art. 6 GG) und den Einzelnen ist die Mietwohnung der Mittelpunkt der privaten Existenz, die er ebenso unabdingbar wie eine Erwerbsquelle zur Führung eines menschenwürdigen Daseins benötigt; die Wohnung ist deshalb für den Mieter kein Wirtschaftsgut, das er beliebig zu wechseln bereit ist, sondern der Intimbereich, in dem er gegen Übergriffe Dritter und des Staates (Art. 12 GG, § 123 StGB) besonders geschützt werden muß. Die Gewährleistung und Erhaltung dieses existentiellen Lebensbereiches ist darüber hinaus eine unabdingbare Voraussetzung für eine gedeihliche Entwicklung und ein friedfertiges Zusammenleben der Bevölkerung und somit eine sozialpolitische Verpflichtung des Staates, die er im öffentlichen Interesse wahrzunehmen hat.

A 2 Die noch heute das Zivilrecht beherrschenden Grundvorstellungen des BGB beruhen auf dem Prinzip der **Vertragsfreiheit,** das den Vertragsschließenden die individuelle Regelung des für sie geltenden Rechts mit der Zielrichtung zuerkennt, dabei möglichst weitgehend staatliche Reglementierungen auszuschließen. Diese liberalen Prinzipien haben ihren Ursprung in Vorstellungen des 19. Jahrhunderts, die seit dem Inkrafttreten des BGB in steigendem Maße anderen rechts- und gesellschaftspolitischen Grundvorstellungen gewichen sind. Das früher gültige Argument, mit der Vertragsfreiheit werde der Gerechtigkeitsgehalt der jeweiligen

A 3 Teil A. Einführung

Verträge am besten gewährleistet, hat sich bei näherer Betrachtung als fehlerhaft erwiesen, weil das dabei vorausgesetzte **freie Spiel der Kräfte** gleichstarker Partner als autonomer Regulierungsfaktor in vielfacher Weise nicht gegeben ist. Wie die Wettbewerbsfreiheit birgt die Vertragsfreiheit den Mißbrauch durch wirtschaftliche Macht oder intellektuelle Überlegenheit und die Ausnutzung unausgeglichener Marktverhältnisse in sich; die persönlichen Abhängigkeiten des Einzelnen und die unterschiedliche Bedeutung des jeweiligen Vertragsgegenstandes für die Existenz der Vertragsbeteiligten werden von dem liberalen Ausgangsprinzip nicht erfaßt. Die Wandlung der Grundvorstellungen führte deshalb seit den 20er Jahren mehr und mehr zu der Erkenntnis, daß die soziale Schutzfunktion des staatlichen Rechts mehr oder weniger starke Eingriffe gebietet. Diese **Sozialbindung** ist eine notwendige Ergänzung des insoweit gültigen Prinzips der Vertragsfreiheit, denn ohne diese Bindungen hebt sich das Prinzip selbst auf (R. Fischer DRiZ 74, 209). Im Wohnungsmietrecht spiegelt sich diese generelle Problematik vor allem in einem besonders hartnäckigen Ringen um eine möglichst uneingeschränkte Verfügungsbefugnis des Vermieters hinsichtlich der Kündigung und des gerechten Mietpreises wieder; in dem jahrzehntelangen Streit um ein ausgewogenes Maß und Ziel der Sozialbindung auf diesem Rechtsgebiet wird jedoch bis in jüngster Zeit der Wandel der rechts- und gesellschaftspolitischen Vorstellungen und die Tatsache übersehen, daß diese Auseinandersetzung schon bald nach Inkrafttreten des BGB ihren Anfang nahm.

A 3 2. Welche Wandlungen sich in der Erkenntnis zur Verpflichtung des Gesetzgebers seit dem Inkrafttreten des BGB am 1. 1. 1900 vollzogen haben, die vom Staat zu schützenden rechtlichen Grenzen existentieller Lebensbereiche mit der gebührenden sozialen Ausgestaltung zu bestimmen, läßt sich deutlich an der **Rechtsentwicklung** des Arbeitsrechts und des Wohnungsmietrechts zeigen. Für beide Rechtsgebiete ist heute anerkannt, daß die lebenswichtige Bedeutung dieser Regelungsbereiche für den Einzelnen, die Familie und die staatliche Gemeinschaft eine besondere Sozialpflichtigkeit der Vertragspartner zur Folge hat, die eine rein schuldrechtliche Ausgestaltung der beiderseitigen Rechte und Pflichten auf der Basis von Leistung und Gegenleistung und der unbeschränkten Vertragsfreiheit verbietet. Die gesetzliche Regelung dieser Rechtsgebiete im BGB vom 1. 1. 1900 in ihrer liberalistischen Ausgestaltung ließ derartige soziale Grunderkenntnisse weitestgehend außer Betracht. Die Entwicklung zu einer sozialen Ausgestaltung dieser Rechtsgebiete hat sich später mit unterschiedlicher Intensität und Schnelligkeit vollzogen und dauert bis in die Gegenwart fort. Das Arbeitsrecht entwickelte sich unter starker Einflußnahme der organisierten Arbeitnehmerschaft und der von ihr ausgehenden politischen Kraft im Laufe der Jahre durch zahlreiche Sondergesetze in Lehre und Rechtsprechung zu einem eigenständigen Rechtsgebiet, in dem der Schutz und die sonstige soziale Sicherung des

I. Bedeutung und Rechtsentwicklung des soz. Wohnungsmietrechts   **A 4, 5**

Arbeitnehmers bereits weitgehend verwirklicht worden ist. An die Stelle des Individual-Vertrags traten die von den Tarif-Partnern ausgehandelten Tarif-Verträge und Betriebsvereinbarungen zugunsten der Arbeitnehmer; ferner wurde durch gesetzliche Kündigungsschutzregelungen der Inhalt der Arbeitsverträge in zunehmendem Maße der Vertragsfreiheit entzogen. Das Spannungsfeld zwischen Vertragsfreiheit und Sozialbindung hat sich somit auf diesem Rechtsgebiet im Einklang mit den veränderten gesellschaftlichen, wirtschaftlichen und politischen Verhältnissen seit der Jahrhundertwende weitgehend von den liberalistischen Vorstellungen früherer Zeiten gelöst (dazu grundsätzlich R. Fischer DRiZ 74, 209). Die Entwicklung eines sozialen Wohnungsmietrechts blieb demgegenüber aus den verschiedensten Gründen erheblich zurück, obwohl die gleichrangige sozialstaatliche Bedeutung dieses Rechtsgebietes nicht bestritten werden kann.

So wenig das BGB in seiner ursprünglichen Fassung die sozialpolitisch **A 4** bedingte Notwendigkeit zu einer unterschiedlichen Regelung des Dienstvertrages und des eigentlichen Arbeitsvertrages erkannte und verwirklichte, so fehlte auch im Regelungsbereich des Mietrechts (§§ 535 ff BGB) die Erkenntnis der besonderen sozialen Kontakte und Verpflichtungen für die Wohnungsmiete. Immerhin ist schon beim Inkrafttreten des BGB darüber Befremden geäußert worden, daß diese gesetzliche Grundregelung unter dem Gesetzestitel der Miete so völlig unterschiedliche soziale Tatbestände unterschiedslos regele, wie die Miete einer Wohnung und eines Esels. Bereits in dieser Kritik spiegelt sich das nunmehr anerkannte Rechtsbewußtsein wieder, daß die Regelung der Rechtsverhältnisse an der Wohnung nicht dem freien Spiel der Kräfte überlassen, sondern **gesetzlich festgesetzten Schutzgrenzen** zugunsten des wohnungsbedürftigen Mieters unterworfen werden muß. Bei anderen, nicht lebensnotwendigen Mietgegenständen (z. B. Auto, Spezialgeräte, Bücher) mag es dementgegen auch heute noch gerechtfertigt sein, das Wesen der gegenseitigen Verpflichtungen und Rechte auf der Grundlage eines rein schuldrechtlichen Austauschvertrages zu beurteilen, wonach eine Sache zeitweilig gegen Entgelt zum Gebrauch überlassen wird (§ 535 BGB). Insoweit können die gesetzlichen Regelungen sowie die von der Rechtsprechung zur Inhaltskontrolle allgemeiner Geschäftsbedingungen (Formular-Mietverträge) zur Beschränkung der Vertragsfreiheit auf der Grundlage des § 242 BGB entwickelten Rechtsgrundsätze auch hier ausreichen, um mißbräuchlichen Vertragsgestaltungen zu Lasten eines Vertragspartners wirksam zu begegnen (dazu grundsätzlich R. Fischer DRiZ 74, 209–213; Schmidt-Salzer, Allgemeine Geschäftsbedingungen [1971] S. 166 ff).

3. Zu welchen Auswirkungen das Fehlen unabdingbarer sozialer **A 5** Schutzrechte für den Mieter führt, zeigte sich schon vor dem 1. Weltkrieg in Zeiten, in denen eine akute Wohnungsnot noch nicht bestand; es entwickelte sich nämlich ein derartiges Formblattunwesen (Staudinger-

A 6 Teil A. Einführung

Kiefersauer Vorbem. 267 zu § 535 BGB), daß auch in Zeiten eines völlig ausgeglichenen Wohnungsmarktes nicht mehr von einer gerechten Abgrenzung der Pflichten der Vertragspartner ausgegangen werden konnte, so lange nur dispositive Vorschriften den Schutz des Mieters gewährleisten sollten. Von den Vermieterverbänden wurden schon damals in Wahrnehmung der dem Vermieter eingeräumten Rechte solche Formularmietverträge ausgearbeitet und in den Geschäftsverkehr gebracht, in denen viele der dispositiven gesetzlichen Regelungen zum Nachteil des Mieters abbedungen und durch entlastende Vertragsklauseln zugunsten des Vermieters ersetzt wurden. Die Ablehnung solcher Mietverträge war für den Mieter neben anderen Gründen schon deshalb in der Praxis kaum vorteilhaft, weil er infolge der Verbreitung dieser Formulare damit rechnen mußte, von einem anderen Vermieter entsprechende Vertragsbedingungen gestellt zu bekommen. Schon damals in Zeiten eines ausgeglichenen Wohnungsmarktes erwies sich somit, daß der Mieter nicht nur aus wirtschaftlichen Gründen der schwächere Partner eines Wohnungsmietverhältnisses ist und die wesentlichsten Rechte und Pflichten zu seinem Schutz durch zwingende gesetzliche Vorschriften geregelt werden müssen, weil anderenfalls das freie Spiel der Kräfte keine Gewähr für eine sozial gerechte Pflichtenverteilung gibt. Fehlen solche Schutzgrenzen, ist es unrealistisch und widerspricht es der Erfahrung, vom Vermieter eine freiwillige Beachtung der von ihm meist anders beurteilten sozialen Bezüge und eine Außerachtlassung seiner Marktchancen zu erwarten; er versteht sich nicht selten auch bei der Vermietung von Wohnraum als privater Unternehmer, der mit finanziellem und persönlichem Einsatz ein Wohnhaus errichtet hat, das er sich mit möglichst geringem Kostenaufwand als Vermögensobjekt mit optimalem Gewinn erhalten will. Es ist somit Sache des Gesetzgebers und der Rechtsprechung, diesem auf Vermögenserhaltung und Gewinnerzielung gerichteten Handeln des Vermieters die aus der Sozialpflichtigkeit seines Eigentums herrührenden Grenzen aufzuzeigen und ihn durch angemessene gesetzgeberische Maßnahmen zur Rücksichtnahme auf die schutzwürdigen Interessen seiner Mieter zu veranlassen. Im Grundsatz hat das BVerfG schon in seiner Entscheidung vom 1. 7. 1964 (NJW 64, 1848) diesen auch heute noch geltenden Ausgangspunkt des sozialen Mietrechts bestätigt, in welcher es die Verfassungsmäßigkeit des Fiskusprivilegs gemäß § 32 MSchG gegenüber den damals fortgeltenden Kündigungsbeschränkungen anderer Vermieter damit begründete, daß der private Hauseigentümer nicht die Gewähr für eine vorsichtige, sachliche und sozialen Gesichtspunkten rechnungstragende Handhabung seines Kündigungsrechts biete, weil finanzielle Interessen und persönliche Abneigung seine Entscheidung beeinflussen können.

A 6 a) Die Wohnungsnot im 1. Weltkrieg und den 20er Jahren ließen die Schwäche der tatsächlichen und rechtlichen Situation der Mieter von Wohnraum sodann offensichtlich werden und veranlaßten den Gesetzgeber zu umfassenden Eingriffen in die Rechte der Vermieter. Der Gesetz-

I. Bedeutung und Rechtsentwicklung des soz. Wohnungsmietrechts **A 7**

geber erließ in den Jahren 1918–23 das **Mieterschutzgesetz**, das **Reichsmietengesetz** und das **Wohnungsmangelgesetz**, in denen zwingende zivil- und öffentlich-rechtliche Vorschriften zur Beschränkung des Kündigungsrechts, zur Begrenzung des Mietzins und über die Wohnraumbewirtschaftung enthalten waren. Bei diesen Schutzgesetzen handelte es sich nicht um reine Notmaßnahmen zur Beseitigung von Kriegsfolgen, wenn auch die damalige Wohnungsmangellage der äußere Anstoß zu ihrem Erlaß gewesen ist; der eigentliche Grund für die gesetzliche Beschränkung der Vermieterrechte und die inhaltliche Ausgestaltung dieser Gesetze war vielmehr die schon damals im Volksbewußtsein und beim Gesetzgeber gereifte Erkenntnis, daß die Sozialpflichtigkeit des Vermieters und der erforderliche Schutz des Mieters nur durch zwingende staatliche Maßnahmen gewährleistet werden können.

Wie sehr auch der Gesetzgeber dieser Jahre sich dieser sozialen Schutz- **A 7** pflichten bewußt war, zeigten die nachfolgenden Inflationsjahre, in denen trotz vieler unvermieteter Wohnungen und eines Rückganges der akuten Wohnungsnot lediglich das Wohnungsmangelgesetz zum 1. 4. 33 außer Kraft gesetzt wurde, das hoheitliche Maßnahmen zur Steuerung des Wohnungsmarktes zugelassen hatte; dagegen blieben das Mieterschutzgesetz und das Reichsmietengesetz, die mit zwingenden Vorschriften den Bestandschutz und den Preisschutz sicherten, trotz der zwischenzeitlichen Überwindung der Wohnungsnot weiterhin in Kraft, obwohl auch für diese Gesetze der 1. 4. 1933 als Zeitpunkt ihres Außerkrafttretens vorgesehen war. In Teil 2, Kapitel IV Art. VIII Ziff. 2b der 4. Notverordnung vom 8. 12. 1931 (RGBl. I 699) hatte nämlich der Gesetzgeber festgelegt, daß die genannten beiden Schutzgesetze am 1. 4. 1933 nur dann außer Kraft treten sollten, falls bis zu diesem Zeitpunkt ein anderes Gesetz in Kraft tritt, durch welches die Vorschriften des BGB über die Miete unter gebührender Berücksichtigung sozialer Gesichtspunkte neu ausgestaltet werden. Diese Regelung aus dem Jahre 1931 enthielt nicht nur die Verpflichtung durch eine **soziale Neugestaltung** des Wohnungsmietrechts die Beseitigung der insoweit unzureichenden Vorschriften des BGB, des MSchG und des RMG überhaupt zu ermöglichen, sondern forderte den nachfolgenden Gesetzgeber vielmehr dazu auf, die im MSchG und RMG zugunsten des Mieters geschaffenen sozialen Schutzrechte auch in Zeiten einer ausgeglichenen Wohnungsmarktlage in angemessener Weise beizubehalten (Mohnen, Festschrift f. Nipperdey [1965] Bd. I S. 605f). Festzuhalten bleibt somit, daß schon der Gesetzgeber jener Jahre eine soziale gesetzliche Dauerregelung des Wohnungsmietrechts in der auch heute noch geltenden Erkenntnis für erforderlich hielt, daß aus den oben dargelegten Gründen die Prinzipien der Vertragsfreiheit und des freien Wettbewerbs selbst bei einem ausgeglichenen Wohnungsmarkt den gebotenen Schutz des Mieters nicht gewährleisten; dabei hat der Gesetzgeber schon damals erkannt, daß die soziale Ausgestaltung des Wohnungsmietrechts vor allem zwingende Regelungen des Kündigungsrechts des Vermieters und des zulässigen Mietzinses erfordert (vgl. hierzu Göller, Die Entwicklung des Kündigungsschutzrechts in Deutschland, Freiburg 1974).

A 8 **b)** Die in der Notverordnung vom 8. 12. 31 ausgedrückte Erwartung einer sozialen Fortentwicklung des Wohnungsmietrechts ist in den nachfolgenden Jahren nicht erfüllt worden. Das Mieterschutzgesetz und das Reichsmietengesetz galten vielmehr mit einigen zwischenzeitlichen Änderungen bis viele Jahre nach der Beendigung des 2. Weltkriegs fort (s. Rdn A 9). Die Gründe für die unterlassene Fortentwicklung des sozialen Wohnungsmietrechts lagen nicht in der Preisgabe dieser staatlichen Verpflichtung oder einer abweichenden Beurteilung der Sozialpflichtigkeit des Vermieters; sie sind vielmehr in den politischen und tatsächlichen Verhältnissen der anderen Aufgabenbereichen zugewandten Jahre vor und nach 1933, der Kriegs- und Nachkriegsjahre und darin zu finden, daß die fortgeltenden Schutzgesetze nebst ihren Änderungsvorschriften dem Mieter hinreichenden Rechtsschutz gewährleisteten. Das galt selbst in der Zeit nach 1945, als die Wohnungsnot durch Kriegszerstörungen und die Zuwanderung von Flüchtlingen einen bisher unbekannten Höhepunkt erreichte. Obwohl nach der Währungsreform im Jahre 1948 der Wiederaufbau und der Neubau von Wohnhäusern die riesigen Wohnungsfehlbestände in zunehmendem Maße verminderten, sorgten bis heute der Bevölkerungszuwachs, die Aufnahme neuer Flüchtlinge und ausländischer Arbeitnehmer sowie die gestiegenen Wohnbedürfnisse dafür, daß ein ausgeglichener Wohnungsmarkt in weiten Teilen der BRD noch immer nicht vorhanden ist, selbst wenn überdurchschnittlich teure und ungünstig gelegene Wohnungen heute nicht selten leer stehen.

A 9 **c)** Nach dem **Inkrafttreten des Grundgesetzes** waren die fortgeltenden gesetzlichen Verfügungsbeschränkungen der Vermieter als Inhalts- und Schrankenbestimmung i. S. des Art. 14 I, 2 GG anerkannt, die weder das Eigentum in ihrem Wesensgehalt antasteten (Art. 19 II GG) noch zu sonstigen Verfassungsnormen im Widerspruch standen; es war ferner anerkannt, daß diese Beschränkung über die Reichweite des Schutzzwecks, dem sie dienten, nicht hinausgingen und somit der Grundsatz der Verhältnismäßigkeit gewahrt blieb (BGH MDR 71, 60 = ZMR 71, 212; BGHZ 6, 270 = ZMR 52, 201). Wenn sich in der Nachkriegszeit und insbesondere nach der Währungsreform infolge der damals einsetzenden regen Bautätigkeit die Verhältnisse auf dem Wohnungsmarkt immer mehr verbesserten, war die Aufrechterhaltung der fortbestehenden Schutzregelungen zu Gunsten der Wohnungssuchenden und Mieter auch bei Berücksichtigung der veränderten Verhältnisse auf dem Wohnungsmarkt durchaus gerechtfertigt, wenn nicht geradezu geboten (BGH MDR 71, 60 = ZMR 71, 212).

A 10 **4.** Der Gesetzgeber hielt es trotzdem in Anlehnung an die Erfolge der „freien Marktwirtschaft" auf anderen Marktgebieten für richtig, mit dem **„Gesetz zum Abbau der Wohnungszwangswirtschaft"** vom 23. 6. 1960 (BGBl. I 389) auch die Rechtsbeziehungen zwischen Vermieter

I. Bedeutung und Rechtsentwicklung des soz. Wohnungsmietrechts   **A 11**

und Mieter auf der vermeintlichen Grundlage eines freien Wohnungsmarktes weitestgehend von gesetzlichen Schutzrechten zu Gunsten des Mieters freizustellen, die seit vielen Jahrzehnten unter wechselnden tatsächlichen Voraussetzungen bestanden. Geht man von der Überschrift dieses Abbaugesetzes aus, so wurde der damalige Gesetzgeber von dem Ziel geleitet, ein „soziales Mietrecht" zu schaffen. Mit dem Leitziel, die freie Verfügungsbefugnis des Vermieters und die Wirtschaftlichkeit des Hauseigentums wiederherzustellen, wurden die öffentliche Wohnraumbewirtschaftung (Wohnungsämter), das öffentliche Mietpreisrecht und der Schutz des Mieters vor Kündigungen (Aufhebungsklage vor Gericht beim Vorliegen gesetzlicher Aufhebungsgründe) beseitigt. Statt dessen erhielt der Vermieter das freie Kündigungsrecht, womit er gleichzeitig in die Lage versetzt wurde, im Wege sog. Abänderungskündigungen unter Berufung auf die auch hier geltende Vertragsgestaltungsfreiheit dieses Druckmittel zur Erzielung eines ihm angemessen erscheinenden Mietzinses zu benutzen. Gegenüber dieser Konzeption des Wohnungsmietrechts konnten die dem Mieter belassenen wesentlichen Schutzrechte nur als ein praktisch unzureichendes Mindestgebot sozialer Zugeständnisse verstanden werden: zwingende Kündigungsfristen von 3–12 Monaten (§ 565 II BGB), vorübergehende Vertragsfortsetzung in Härtefällen (§§ 556a–c BGB), Räumungsfrist (§ 721 ZPO). In der Begründung zum AbbauG (BT-Drucks. IV 1234, S. 45, 54) wurden die darin getroffenen Maßnahmen damit gerechtfertigt, daß die Wohnungszwangswirtschaft Beschränkungen des Eigentums enthalte, die nur so lange vertretbar seien, als die Wohnungsnot keine andere Wahl zulasse; weder mit der Eigentumsgarantie des GG, noch mit dem Gleichheitsgrundsatz sei es vereinbar, das Grundeigentum auf die Dauer unter ein Ausnahme- und Sonderrecht zu stellen. Sowohl diesem verfassungsrechtlichen Ausgangspunkt als auch der Beurteilung der damals gegebenen tatsächlichen Wohnungsmarktlage und des Umfangs der für erforderlich gehaltenen Schutzrechte des Mieters kann nicht gefolgt werden (s. unten Rdn A 32).

Schon die tatsächliche Grundvoraussetzung, daß ein Wohnungsfehlbe- **A 11**
stand von lediglich 3% vorliegen sollte und deswegen ein alsbaldiger Ausgleich von Angebot und Nachfrage zu erwarten sei, erwies sich als unzutreffend. In der Praxis zeigte sich im Laufe der letzten Jahre deutlich, daß ein freier Wohnungsmarkt wegen den heute noch fortdauernden Wohnungsfehlbeständen nicht existiert. Nach überzeugenden Berechnungen unter Berücksichtigung der Wohnraumverluste für Sanierungsmaßnahmen und des Zusatzbedarfs für ausländische Arbeitnehmer haben nämlich die Wohnungsfehlbestände in der BRD durchschnittlich im Jahre 1960 noch 17,3%, im Jahre der letzten Bundeswohnungszählung 1968 noch immer 10,4% und im Jahre 1971 noch 8,02% betragen (Grübnau, Wedemeier DWW 72, 60ff). Der Mietzins ist im Bundesdurchschnitt nach dem amtlichen Preisindex für Lebenshaltungskosten seit dem Jahre 1962 bis zum Jahre 1968 um 48,4%, bis zum Jahre 1971 um weitere 19% gestiegen (Heep DWW 72, 96). Der fehlende Kündi-

gungsschutz, der übermäßige Mietpreisanstieg, die Zweckentfremdung des vorhandenen Wohnraums und die steigende Zahl der Obdachlosen führten unausbleiblich zu sozialem Unfrieden und einer wachsenden Beunruhigung in der Öffentlichkeit. Trotzdem half der Gesetzgeber diesem Zustand zunächst nicht wirksam ab. Das erste, zweite und dritte Gesetz zur Änderung mietrechtlicher Vorschriften (letzteres vom 21. 12. 1967, BGBl. I 1248) ließen die wesentlichen Streitfragen des unzureichenden Rechtsschutzes der Mieter unberührt.

5. Erst das **„Gesetz zur Verbesserung des Mietrechts und zur Begrenzung des Mietanstiegs** sowie zur Regelung von Ingenieur- und Architektenleistungen" vom 4. 11. 1971 (MVerbG) und vor allem das **„Gesetz über den Kündigungsschutz für Mietverhältnisse über Wohnraum"** (WKSchG) vom 25. 11. 1971 (abgedruckt unter Rdn F 1) brachten nach harten parlamentarischen Auseinandersetzungen erheblich verstärkte Schutzrechte des Mieters. Die **Entstehungsgeschichte** dieser beiden Gesetze ist für das Verständnis der darin enthaltenen Regelungen von Bedeutung und soll deshalb im folgenden kurz skizziert werden.

A 12 a) Die Bundesregierung hat Anfang November 1970 den **Entwurf** eines Gesetzes über Maßnahmen zur Verbesserung des Mietrechts und zur Begrenzung des Mietanstiegs (BR-Drucks. 605/70) beschlossen. Dieser Entwurf enthielt in Art. 1 Bestimmungen zur Änderung der §§ 556a, 564a BGB, in Art. 2 regionale Beschränkungen des Kündigungsrechts des Vermieters, in den Art. 3, 4 Vorschriften zur Änderung des StGB und des WiStG 1954, in Art. 5 ein Gesetz zur Regelung der Wohnungsvermittlung und in Art. 6 ein Gesetz zur Regelung der Ingenieur- und Architektenleistungen. Wegen der Vielzahl verschiedenartiger mietrechtlicher Maßnahmen, welche in diesem Entwurf zusammengefaßt worden sind und neben einem verstärkten Wohnungsbauprogramm der Verbesserung der Rechtsstellung des Mieters dienen sollten, ist der Ges.Entwurf allgemein als **Artikel-Gesetz** bezeichnet worden. Am 4. 12. 1970 ist der Entwurf nach einigen Änderungen und Ergänzungen dem Bundestag zugeleitet worden (BT-Drucks. VI/1549; vgl. dazu die erste Auflage Rdn V 1 ff).

A 13 b) Der Bundestag verwies den Entwurf in seiner Sitzung vom 20. 1. 1971 zur weiteren Beratung an die zuständigen Ausschüsse, federführend den Rechtsausschuß. Erst am 9. 7. 1971 ging der ausführliche schriftliche Bericht des Rechtsausschusses beim Bundestag ein, worin wesentliche Änderungen des bisherigen Gesetzentwurfs beantragt worden sind; dieser geänderte **Entwurf des Rechtsausschusses** sah erstmalig vor, verschärfte Kündigungsbeschränkungen und eine gesetzliche Begrenzung der Mieterhöhungsbefugnis im gesamten Bundesgebiet einzuführen, diese Maßnahmen aber **bis zum 31. 12. 1974** zu befristen (BT-Drucks. VI/2421).

Erst in dieser grundlegend abgeänderten Konzeption des Rechtsausschusses liegt der Ausgangspunkt für das später abgesondert beschlossene WKSchG. Der Bundestag hat das Gesetz in der durch die Beschlüsse

I. Bedeutung und Rechtsentwicklung des soz. Wohnungsmietrechts **A 14–17**

des Rechtsausschusses veränderten Fassung in seiner Sitzung vom 19. 7. 1971 beschlossen.

c) Der Bundesrat verweigerte jedoch dem Gesetz die Zustimmung; er **A 14** rief nach Art. 77 II GG den **Vermittlungsausschuß** an. Der Vermittlungsausschuß schlug auf Antrag des Bundesrats einige Gesetzesänderungen vor, denen der Bundestag in seiner Sitzung vom 29. 9. 1971 zustimmte. Auf diesem Wege ist vor allem das Gesetz über das Verbot der Zweckentfremdung von Wohnraum zu den übrigen Maßnahmen hinzugekommen (s. Rdn E 2); die vom Bundesrat nachdrücklich beantragte regionale Beschränkung des Kündigungsschutzes und der gesetzlichen Mieterhöhungsbeschränkungen ist schon vom Vermittlungsausschuß (Empfehlung vom 23. 9. 1971) abgelehnt worden. Der Bundesrat versagte daraufhin in seiner Sitzung vom 1. 10. 1971 dem Gesetz wiederum seine Zustimmung; zur Begründung machte der Bundesrat erneut geltend, daß er die neuen Vorschriften über den Kündigungsschutz und die Beschränkungen der Mieterhöhung auf Gebiete mit besonderen Mangellagen beschränkt wissen möchte. Daraufhin rief die Bundesregierung abermals den Vermittlungsausschuß an; dieser schlug am 14. 10. 1971 vor, den Gesamtkomplex in zwei voneinander getrennte Gesetze aufzuteilen: in das umstrittene Gesetz über den Kündigungsschutz für Wohnraum und das inzwischen unumstrittene Gesetz zur Verbesserung des Mietrechts und zur Begrenzung des Mietanstiegs sowie zur Regelung von Ingenieur- und Architektenleistungen. Das erstgenannte Gesetz über den Kündigungsschutz war nach dieser Trennung von den übrigen, die Länderkompetenzen berührenden Materien nicht zustimmungsbedürftig.

Der Bundestag verabschiedete sodann am 20. 10. 1971 das **Gesetz zur** **A 15** **Verbesserung des Mietrechts;** der Bundesrat stimmte diesem Gesetz am 22. 10. 1971 zu. Es wurde am 9. 11. 1971 verkündet (BGBl. I 1745) und ist am **10. 11. 1971** in Kraft getreten.

d) Der Bundestag verabschiedete am 20. 10. 1971 auch das **Gesetz A 16 über den Kündigungsschutz für Mietverhältnisse über Wohnraum** in der vom Vermittlungsausschuß am 14. 10. 1971 vorgeschlagenen getrennten Fassung. Der Bundesrat legte am 22. 10. 1971 dagegen nach Art. 77 III GG Einspruch ein. Dieser Einspruch ist sodann vom Bundestag in seiner Sitzung am 10. 11. 1971 mit Mehrheit gem. Art. 77 IV GG zurückgewiesen worden. Dieses Gesetz ist am 27. 11. 1971 verkündet worden (BGBl. I 1839) und am **28. 11. 1971** in Kraft getreten. (Das 1. WKSchG ist unter Rdn F 1 abgedruckt.)

e) Das mit dem 1. WKSchG verfolgte Ziel eines wirksamen Schutzes **A 17** des Mieters vor ungerechtfertigten Kündigungen und einem nicht marktorientierten Anstieg der Mietpreise ist im Ergebnis bis zum Ablauf dieses Gesetzes am 31. 12. 1974 weitgehend erreicht worden. Die Zahl der von den Vermietern ausgesprochenen Kündigungen verringerte sich spürbar; im gerichtlichen Räumungsverfahren legte die Rechtsprechung an die Einhaltung der gesetzlichen Kündigungsvoraussetzungen über-

A 18 Teil A. Einführung

wiegend gerechtfertigte strenge Maßstäbe an. Der Mietanstieg früherer Jahre (s. Rdn A 11) wurde erheblich gedämpft; er sank im Jahre 1972 erstmalig seit vielen Jahren mit 5,7 Prozent (im Bundesdurchschnitt) unter die Steigerungsraten für Lebenshaltungskosten (s. Rdn F 7). In der Literatur waren und blieben sowohl Grundsatzfragen als auch viele Einzelfragen im Anwendungsbereich der §§ 3, 4 I des (1.) WKSchG bis zum Ablauf des Gesetzes umstritten (vgl. zusammenfassend Fehl NJW 74, 924; Ganschezian-Finck NJW 74, 116; Löwe NJW 72, 2017, 2109; Sternel MDR 73, 265; Schmidt-Futterer ZRP 74, 153). Von der Rechtsprechung wurden die Zustimmungsklagen meist schon deshalb abgewiesen, weil die Gerichte äußerst strenge Voraussetzungen an die Einhaltung der gesetzlichen Erhöhungsvoraussetzungen stellten und diese aus den verschiedensten Gründen von den Vermietern nicht erfüllt wurden. Das **BVerfG** erklärte in seiner Entscheidung vom **23. 4. 1974** (BVerfGE 37, 140 = WM 74, 169 = NJW 74, 1499 = DWW 74, 185 = ZMR 74, 297 = MDR 74, 907) zwei landgerichtliche Urteile, in denen besonders übertriebene Anforderungen an die vom Vermieter einzuhaltenden Erhöhungsvoraussetzungen gestellt wurden, für verfassungswidrig; es erblickte darin einen Verstoß gegen das durch Art. 14 I GG gewährleistete Recht des Hauseigentümers auf die Effektivität des ihm zustehenden Rechtsschutzes, daß der Durchsetzung seines Erhöhungsrechts im Wege einer nicht verfassungskonformen Auslegung der gesetzlichen Erhöhungsvoraussetzungen solche verfahrensrechtlichen Hindernisse in den Weg gelegt werden, die der Vermieter praktisch nicht erfüllen könne und die zum Schutz des Mieters nicht geboten seien. Im übrigen erklärte aber das BVerfG a. a. O. das Prinzip der ortsüblichen Vergleichsmiete und seine gesetzliche Ausgestaltung in § 3 des (1.) WKSchG als verfassungskonform. Die Kritik des BVerfG, die sich vordergründig gegen die überwiegende Rechtsprechung der Gerichte wandte, war unausgesprochen gegen den Gesetzgeber des (1.) WKSchG gerichtet, der es angesichts des hektischen, politisch äußerst harten Gesetzgebungsverfahren verabsäumt hatte, den Schutzzweck des Gesetzes ausgewogen und klar zu bestimmen und in gebührend praktikablen, unzweideutigen Vorschriften niederzulegen (Günter WM 75, 5; Lenhard DWW 74, 228). Im Gesetzgebungsverfahren zum 2. WKSchG – dessen RegE im Verfahren des BVerfG a. a. O. bereits vorlag und in die Entscheidung einbezogen wurde – sind aus den früheren Fehlern und der Entscheidung des BVerfG wichtige Schlußfolgerungen gezogen worden.

A 18 **6. a)** Im Hinblick auf die befristete Geltungsdauer des (1.) WKSchG bis zum 31. 12. 1974 brachte die **Bundesregierung** im Frühjahr 1974 den **Gesetzentwurf zum 2. Gesetz über den Kündigungsschutz für Mietverhältnisse über Wohnraum** ein (BT-Drucks. VIII 2011; s. Rdn F 2). Der Bundesrat schlug in seiner Stellungnahme vom 5. 4. 1974 (s. Rdn F 6) einige Veränderungen und Ergänzungen vor, zu denen sich die Bundesregierung teils zustimmend, teils ablehnend in ihrer Erwiderung äußerte.

I. Bedeutung und Rechtsentwicklung des soz. Wohnungsmietrechts **A 19, 20**

Auf der Grundlage des **Berichts des** federführenden **Rechtsausschusses** vom 11. 10. 1974 (BT-Drucks. VII/2638; s. Rdn F 45) und dessen Anträgen vom 10. 10. 1974 (BT-Drucks. VII/2629) wurde das 2. WKSchG vom **Bundestag** in seiner Sitzung am 17. 10. **1974** mit den Stimmen aller im Parlament vertretenen Parteien (mit 1 Gegenstimme) **verabschiedet**. Der Bundesrat rief am 8. 11. 1974 den Vermittlungsausschuß an und beantragte verschiedene Abänderungen des 2. WKSchG vor allem mit dem Ziel, die Geltungsdauer des Art. 3 dieses Gesetzes (Regelung der Miethöhe) zu befristen; s. Rdn F 67 ff; der **Vermittlungsausschuß** lehnte diese Anträge am 14. 11. 1974 ab (BR-Drucks. VII/2812); daraufhin wurde das 2. WKSchG unter dem Datum des 18. 12. 1974 im Bundesgesetzblatt vom 22. 12. 1974 (BGBl. I 3603) verkündet; er ist am 1. 1. 1975 in Kraft getreten (s. Rdn C 517).

b) Die wesentlichsten **Änderungen** der bisherigen Rechtslage des **A 19** Wohnungsmietrechts durch das 2. WKSchG liegen in der unbefristeten Dauer und dem erweiterten sachlichen Anwendungsbereich der Schutzvorschriften. Sowohl der gesetzliche Bestandschutz, als auch das Gesetz über die Regelung der Miethöhe sind vom Gesetzgeber bewußt ohne zeitliche Befristung als **Dauerrecht** erlassen worden; beide Regelungsbereiche, die im inneren Zusammenhang stehen, sind somit fester Bestandteil des sozialen Mietrechts, können also nicht mehr als zeitgebundene, von der Wohnungsmarktlage abhängige Notgesetze beurteilt werden. Denn die gesamte Neuregelung des 2. WKSchG beruht auf der nunmehr anerkannten, lange Zeit umstrittenen Erkenntnis des Gesetzgebers, daß die existenzielle Bedeutung des Wohnraums für den Mieter einerseits und die Sozialpflichtigkeit des Vermieters andererseits solche Schutzregelungen erforderlich machen, die dem Mieter ohne Rücksicht auf die jeweilige Wohnungsmarktlage die Erhaltung seiner Wohnung zu marktorientierten Bedingungen gewährleisten (RegE; s. Rdn F 7). der verfehlte und verfassungsrechtlich äußerst bedenkliche Denkansatz des Gesetzgebers zum AbbauG aus dem Jahre 1960 (BGBl. I 389), wonach Beschränkungen der freien Verfügungsbefugnis des Vermieters zur Wiederherstellung der ,,Wirtschaftlichkeit" seines Hausbesitzes nur dann und solange gerechtfertigt seien, als die Wohnungsnotlage das gebiete, ist nunmehr also einem zeitgemäßen, an den Prinzipien des sozialen Rechtsstaats verbindlich orientierten Verständnis des Gesetzgebers und des BVerfG über ausgewogene Beschränkungen des Vermieters von Wohnraum gewichen.

Aus den gleichen Erwägungen **erweitert** das 2. WKSchG den **Anwen-** **A 20** **dungsbereich** für die Regelungen des Bestandschutzes und der Beschränkungen der Mieterhöhungsbefugnis. Mit Ausnahme des vom Vermieter selbst bewohnten Wohnraums werden nämlich jetzt auch die möbliert vermieteten Wohnräume erfaßt; das hat u. a. zur Folge, daß auch viele Mietverträge mit Heimträgern in den Schutzbereich einbezogen werden, weil Heimplätze überwiegend nur möbliert überlassen werden. Der Schutzzweck des 2. WKSchG gebietet und rechtfertigt die jetzt vollzogene Erweiterung des Anwendungsbereichs dieser Vorschriften, um Benachteiligungen weiter Kreise der Bevölkerung zu unterbinden, die auf den gesetzlichen Schutz besonders angewiesen sind (RegE; s. Rdn F 7).

A 21 Der bisher in den §§ 1, 2 des (1.) WKSchG geregelte **Bestandschutz** des Mieters ist ohne wesentliche sachliche Änderungen in den § 564b BGB als Dauerrecht übernommen worden (s. die Kommentierung in Teil B). Die erleichterte Kündigungsbefugnis des Vermieters eines Ein- oder Zweifamilienhauses, der dort wohnt und deshalb kein berechtigtes Interesse an der Vertragsbeendigung geltendzumachen braucht, erscheint angesichts der sich überschneidenden Lebensbereiche sachlich gerechtfertigt, in der Ausgestaltung des § 564b IV BGB aber zu weitgehend.

A 22 Die bisherigen Vorschriften über die **Beschränkung der Mieterhöhungsbefugnis** in §§ 3, 4 des (1.) WKSchG sind mit vielen Ergänzungen und Änderungen in das Gesetz zur Regelung der Miethöhe (MHG; Art. 3 des 2. WKSchG) übernommen worden. Darin hat der Gesetzgeber unter Berücksichtigung der bisherigen Rechtsprechung und des umfangreichen Schrifttums zu diesem wirtschaftlich höchst bedeutenden Teilgebiet im Rahmen der vom BVerfG in seiner Entscheidung vom 23. 4. 1974 (BVerfGE 37, 140) gezogenen Grenzen einerseits erleichterte Erhöhungsvoraussetzungen und erweiterte Umlagemöglichkeiten zu Gunsten des Vermieters festgelegt; andererseits hat er auf der Grundlage der Obergrenze der marktorientierten ortsüblichen Vergleichsmiete aber auch die Schutzrechte zugunsten des Mieters im wesentlichen bestätigt, teilweise sogar verstärkt (vgl. § 9 I MHG). Für Einzelheiten wird auf die Kommentierung im Teil C des Kommentars verwiesen. Die Praktikabilität des MHG und ein gerechter Ausgleich der kontroversen Interessen von Vermieter und Mieter ist bei einer am Sinn und Zweck der Regelung orientierten Auslegung der Vorschriften gewährleistet (dazu Schmidt-Futterer MDR 75, 1).

A 23 **7.** Durch das Gesetz zur Erhöhung des Angebots an Mietwohnungen vom 20. 12. 1982 – BGBl. I 1912 – wurde das Mieterhöhungs- und Kündigungsschutzrecht erneut geändert.

a) Die Novellierung erleichtert das formelle Verfahren zur Erhöhung der Grundmiete und schafft die rechtlichen Voraussetzungen zur Anhebung des Mietzinsniveaus. Die grundsätzliche Struktur des MHG blieb durch die Novellierung aber unberührt. Zu den beiden wichtigsten Neuerungen zählt dabei zum einen die Veränderung des Begriffs der ortsüblichen Miete. Nach bisherigem Recht waren unter dem Begriff „übliche Entgelte" solche Entgelte zu verstehen, die für vergleichbare Wohnungen in der Gemeinde bei bestehenden Mietverhältnissen unter gewöhnlichen Umständen tatsächlich und üblicherweise gezahlt wurden. Bei der Ermittlung dieser Entgelte waren in repräsentativer Auswahl alle Mietzinsvereinbarungen zu berücksichtigen, und zwar ohne

I. Bedeutung und Rechtsentwicklung des soz. Wohnungsmietrechts   A 23

Rücksicht darauf, wann sie vereinbart oder zuletzt geändert wurden (s. Rdn C 54). In der Praxis bedeutet dies, daß die Höhe der ortsüblichen Miete auch durch die meist niedrigen Altmieten beeinflußt worden ist. Nach nunmehr geltendem Recht dürfen diese Altmieten nicht mehr berücksichtigt werden. In der Neufassung des § 2 I S. 1 Nr. 2 MHG ist nämlich bestimmt, daß nur solche Mietzinsvereinbarungen als Vergleichsmaßstab herangezogen werden dürfen, die in den letzten drei Jahren vereinbart oder geändert worden sind. Betriebskostenerhöhungen bleiben hierbei außer Betracht.

Ob und in welchem Umfang der Wegfall der Altmieten eine Erhöhung des Mietzinsniveaus zur Folge haben wird, kann derzeit nicht abschließend beurteilt werden, weil verläßliche Daten fehlen und die auf der Basis des neuen Rechts zu erstellenden Mietspiegel noch nicht vorliegen.

Festzuhalten ist aber, daß die rechtlichen Voraussetzungen für eine derartige Entwicklung geschaffen worden sind.

Diese Aussage gilt auch für die zweite wichtige Neuregelung, die Einführung der Staffelmiete. Unter einer Staffelmietvereinbarung versteht man eine vertragliche Abrede, nach der spätere Mietsteigerungen bereits bei Vertragsschluß betrags- und datumsmäßig festgelegt werden. Auch insoweit gibt es noch keine zuverlässigen empirischen Erkenntnisse über die Höhe der vereinbarten Mietsteigerungen. Aus rechtlicher Sicht betrachtet sind allerdings jährliche Mietsteigerungen jeweils bis zur Grenze der ordnungswidrigen Mietpreisüberhöhung nach § 5 WiStG (s. Rdn D 22 ff) möglich.

b) Der bisher in einem Sondergesetz (Artikel 2 des 2. WKSchG) geregelte Bestandsschutz für befristete Mietverhältnisse wurde durch die Novellierung endlich als Dauerrecht in das BGB aufgenommen. Der nunmehr geltende § 564 c I BGB ist dabei mit dem früheren Artikel 2 des 2. WKSchG inhaltsgleich. Im Unterschied zur früheren Rechtslage können die Parteien nunmehr aber auch befristete Mietverhältnisse ohne Verlängerungsrecht des Mieters abschließen (sogenannte Zeitmietverträge; § 564 c II BGB). Die Ausgestaltung dieses Zeitmietvertrags – für den in gewissen Fällen sicher ein Bedürfnis besteht – ist jedoch unbefriedigend, weil es sich dabei um eine Regelung handelt, die auf denkbare Räumungsschwierigkeiten des Mieters keinerlei Rücksicht nimmt und deshalb im Einzelfall zu sozial unerträglichen Härten führen kann (vgl. dazu Blank, WM 83, 36). Unverständlich ist auch, warum der Bestandsschutz für Studenten- und Jugendwohnheime aufgehoben worden ist. Die von den Trägern der Studentenheime geäußerte Besorgnis, daß anderenfalls das sogenannte Rotationsprinzip nicht aufrechterhalten werden könne, was insbesondere zur Benachteiligung von Studienanfängern führe, war nach der damaligen Rechtslage jedenfalls unbegründet.

II. Verfassungsrechtliche Grundsätze bei der Ausgestaltung des sozialen Wohnungsmietrechts

A 24 Von verfassungsrechtlicher Bedeutung ist die Frage, ob und in welchem Umfang das im Grundgesetz verankerte Sozialstaatsprinzip den Gesetzgeber berechtigt und verpflichtet, den Vermieter von Wohnraum in der freien Ausübung seiner aus dem Eigentum fließenden Rechte einzuschränken und dem Mieter zur Sicherung eines existentiellen Bedürfnisses hinreichenden Schutz zu gewähren. In den außergewöhnlich harten parlamentarischen Auseinandersetzungen im Gesetzgebungsverfahren zum (1.) WKSchG wurde bis zuletzt die Meinung vertreten, die darin zum Schutz des Mieters enthaltenen Rechte führten zurück zur Zwangswirtschaft, seien ein abzulehnender Dirigismus und verletzen das in Art. 14 GG gewährleistete Eigentumsrecht des Vermieters. Unausgesprochen wird dieser Einwand von dem privatwirtschaftlichen Grundgedanken maßgeblich beeinflußt, daß eine hinreichende Wohnraumversorgung der Bevölkerung nur durch die Initiative und Investitionsbereitschaft der freien Wohnungswirtschaft sichergestellt werde, die wiederum die Einhaltung des allgemein geltenden volkswirtschaftlichen Prinzips der Profitmaximierung des dafür eingesetzten Kapitals bei geringstmöglichem Risiko voraussetzt. Von anderen wird demgegenüber die Forderung vertreten, den gesamten Bereich der Wohnraumversorgung im engen Zusammenhang mit den weithin verbreiteten Bestrebungen einer sozialen Bodenreform der Privatwirtschaft überhaupt zu entziehen und als Teil der öffentlichen Daseinsvorsorge unmittelbar dem Staat oder aber gemeinnützigen Wohnungsunternehmen zu übertragen. Diese von Art. 15 GG beeinflußte Zielsetzung hält eine nach allgemeinen sozialen Aspekten ausgerichtete Wohnungspolitik für unzureichend und lehnt eine nur normative Beschränkung der Verfügungsbefugnis des Eigentümers ab. Die Schwächen dieser beiden extremen Grundpositionen liegen sowohl im tatsächlichen als auch im verfassungsrechtlichen Bereich auf der Hand.

Schon beim Erlaß des AbbauG im Jahre 1960 war die Frage der **Verfassungsmäßigkeit mietrechtlicher Gesetze** im Hinblick auf das Sozialstaatsprinzip strittig (vgl. Hartwich, Sozialstaatspostulat und gesellschaftlicher status quo, 1970, S. 214–218; Roquette, Mieterschutz und soziales Mietrecht (1960) S. 16; Dhonau ZMR 65, 35 und 257; Wambold ZMR 65, 257). Noch lange jedoch blieben diese grundlegenden Rechtsfragen weitgehend ungeklärt, obwohl die praktische Bedeutung des Sozialstaatsprinzips und der Sozialpflichtigkeit des Eigentums nicht nur im Bereich des Wohnungsmietrechts, sondern auch in anderen sozialpolitisch bedeutsamen Sachgebieten von der Bevölkerung und in der juristischen Auseinandersetzung immer mehr anerkannt worden sind.

A 25 1. ,,Das Grundgesetz gewährleistet in Art. 14 Abs. 1 GG das Eigentum und verbindet damit in Art. 14 Abs. 2 GG das Gebot, daß **Eigentum**

II. Verfassungsrechtl. Grundsätze des soz. Wohnungsmietrechts **A 26**

verpflichte und sein Gebrauch zugleich dem Wohl der Allgemeinheit dienen soll. Das Gebot einer am Gemeinwohl orientierten Nutzung des Eigentums umfaßt auch das **Gebot der Rücksichtnahme** auf die sozialen Belange derjenigen, die auf die Nutzung des Eigentumsobjektes angewiesen sind" (BVerfGE 37, 140). Diese Forderung sozialgerechter Eigentumsnutzung ist nicht nur eine Anweisung für das konkrete Verhalten des Eigentümers, sondern in erster Linie eine **Richtlinie für den Gesetzgeber** und für diesen verbindlich (BVerfGE 21, 83; 25, 117; 34, 147). Diese bereits in der Eigentumsgarantie des Art. 153 WRV ausgesprochene Sozialpflichtigkeit des Eigentums wird heute bestärkt durch das Sozialstaatsprinzip des Art. 20 GG. Das Bekenntnis des Grundgesetzes zum Sozialstaat hat die gleiche Bedeutung wie das Bekenntnis zum Rechtsstaat. Es ist ebenfalls kein unverbindlicher Programmsatz, sondern enthält die Verpflichtung des Gesetzgebers auf die Herstellung sozialer Gerechtigkeit in allen Lebensbereichen hinzuwirken. Das Sozialstaatsprinzip fordert ,,die Betonung der allgemeinen Gleichheit, Hilfe für den sozial Schwächeren, Ausgleich der sozialen Spannungen in der Gesellschaft" (Scheuner, Rechtsstaatlichkeit und Sozialstaatlichkeit, Darmstadt 1968, S. 507; ähnlich Bogs, Gesellschaft in Geschichte und Gegenwart, Festschrift für Erich Lenz, Berlin 1961, S. 514). Die aus der Verfassung begründete Pflicht zu einem sozialstaatlichen Handeln des Gesetzgebers und anderer staatlicher Organe ist nicht auf die Beseitigung oder Verhinderung von Notständen beschränkt; sie muß vielmehr überall dort einsetzen, wo ein echtes Schutzbedürfnis des Einzelnen oder einer Gruppe besteht und dieses Bedürfnis durch die tatsächlichen Gegebenheiten des gesellschaftlichen Lebens hervortritt (BVerfGE 17, 11). Nicht zuletzt dieser durch Art. 14 Abs. 2 und Art. 20 GG gebotenen sozialstaatlichen Gestaltung der Eigentumsordnung dient die in Art. 14 Abs. 1 Satz 2 GG dem Gesetzgeber eingeräumte Ermächtigung, Inhalt und Schranken des Eigentums durch Gesetz zu bestimmen (BVerfGE 31, 240). Da der Gesetzgeber bei der Erfüllung dieses Regelungs-Auftrages (BVerfGE 37, 140) gebunden ist an die grundlegenden Wertentscheidungen der Verfassung, also sowohl an die Eigentumsgarantie selbst wie an die verbindliche sozialstaatliche Richtlinie der Art. 14 II, 20 GG, verlangt das Grundgesetz vom Gesetzgeber im Bereich des Eigentumsrechts, ein **Sozialmodell zu verwirklichen,** dessen normative Elemente sich gleichermaßen aus der Anerkennung des Privateigentums wie des Sozialstaatsprinzips ergeben. Der Gesetzgeber hat eine beiden Verfassungswerten gleichermaßen Rechnung tragende sozialgerechte Eigentumsordnung zu schaffen, die die schutzwürdigen Interessen aller Beteiligten in einen gerechten Ausgleich und ein ausgewogenes Verhältnis bringt (BVerfGE 37, 140)."

2. Die Verpflichtung des Gesetzgebers zur Schaffung einer sozialgerechten Eigentumsordnung besteht vor allem auf dem Gebiet des Wohnungsmietrechts. Die Sozialpflichtigkeit des Eigentums bezieht sich in **A 26**

erster Linie auf Grund und Boden (BVerfGE 21, 83), weil sie keine beliebig vermehrbaren Wirtschaftsgüter sind. Das gleiche gilt für die Wohnung. Sie ist der **existentielle Mittelpunkt** des Lebens des Einzelnen und seiner Familie. Jeder unfreiwillige Wohnungswechsel bedeutet in gewisser Weise eine soziale Entwurzelung der Familie und einen tiefen Eingriff in ihre gesamten Lebensumstände. Der Gesetzgeber würde seine verfassungsrechtliche Bindung an das Sozialstaatsprinzip verletzen, wollte er es gleichwohl bei der im früheren liberalen Eigentumsverständnis beschlossenen freien Verfügbarkeit über das Eigentumsobjekt belassen, ohne diesen sozialen Belangen des Mieters an einem möglichst gesicherten und dauerhaften Besitz der Wohnung gerecht zu werden. Denn eine partnerschaftliche Konfliktlösung ist dort nicht zu erwarten, wo der wirtschaftlich Stärkere diese Konfliktslage ohne weiteres zu seinen Gunsten entscheiden kann.

A 27 a) Bei der Schaffung eines **sozialen Mietrechts** besitzt der Gesetzgeber viele Gestaltungsmöglichkeiten; in seinem Ermessensspielraum liegt es, in welcher Form und mit welcher Intensität er der Wohnungsmiete etwa Bestandschutz gewähren oder die Begrenzung des Mietanstiegs regeln will. Im Rahmen des gesetzgeberischen Ermessens liegt es auch, durch gesetzliche Verbote die Zweckentfremdung von vorhandenem Wohnraum zu verhindern oder durch Maßnahmen der Steuergesetzgebung den Spekulationsabsichten bei der Veräußerung von Wohngebäuden zu begegnen. Welche Schutzrechte das Sozialstaatsprinzip zugunsten der Mieter gebietet, muß vom Gesetzgeber stets unter Berücksichtigung der Tatsache beurteilt werden, daß die Wohnung für die Vertragspartner eine unterschiedliche Bedeutung aufweist; während für den Mieter die Wohnung der existentielle Mittelpunkt seines Lebens bildet, so daß er auf ihren Besitz angewiesen ist und von ihm ein Wohnungswechsel aus wirtschaftlichen und psychologischen Erwägungen nur aus zwingenden Gründen in Betracht gezogen wird, stellt die Wohnung für den Vermieter meist eine wirtschaftliche Einnahmequelle und eine gewinnbringende Vermögensanlage dar. Deshalb darf das Wohnungsmietrecht einerseits dem Vermieter nicht derartige Lasten und Beschränkungen auferlegen, daß der Bestand seines Hauseigentums gefährdet wird; andererseits gebietet aber das Sozialstaatsprinzip, den Mieter möglichst weitgehend vor einem unfreiwilligen Verlust seiner Wohnung und solchen unangemessenen Mietbedingungen zu schützen, die der Vermieter nur infolge seiner wirtschaftlichen Machtstellung verlangen kann.

A 28 Die soziale Ausgestaltung des Wohnungsmietrechts steht auch dann im Einklang mit den Prinzipien des Grundgesetzes, wenn durch die damit verbundenen Beschränkungen des Eigentümers (Vermieters) in Grundsätze der Marktwirtschaft eingegriffen wird. Die **soziale Marktwirtschaft** ist keine reine Wettbewerbswirtschaft, sondern ein durch das Sozialstaatsprinzip erheblich gewandeltes Wirtschaftssystem (E. R. Huber, Rechtsstaatlichkeit und Sozialstaatlichkeit S. 613). Soweit und solange also sozialstaatliche Gesichtspunkte eine Abkehr vom freien Woh-

II. Verfassungsrechtl. Grundsätze des soz. Wohnungsmietrechts   **A 29**

nungsmarkt rechtfertigen oder gebieten, kann die Zulässigkeit solcher Maßnahmen nicht mit der Behauptung darin liegender zwangswirtschaftlicher Tendenzen ernsthaft in Zweifel gezogen werden. Selbst wenn also nur die völlig freie Verfügungsbefugnis des Vermieters eine schnellere oder erfolgversprechende Beseitigung der Wohnungsfehlbestände gewährleisten würde (was bestritten wird), entbindet das Prinzip der freien Marktwirtschaft den Gesetzgeber nicht von seiner verfassungsrechtlichen Verpflichtung, zum Schutze der sozial schwächeren Mieter bestimmte Beschränkungen der Vermieterrechte festzulegen. Mit dem Bekenntnis zum Sozialstaat hat sich der Grundgesetzgeber nicht für ein bestimmtes Wirtschaftssystem entschieden; das heutige System der sozialen Marktwirtschaft ist durch das Bekenntnis zum Sozialstaat nicht in dem Sinne grundsätzlich abgesichert, daß es die allein mögliche Wirtschaftsordnung darstellt. Die heute geltende Wirtschafts- und Sozialordnung ist vielmehr nur eine Ausprägung der nach dem Grundgesetz möglichen Ordnungen. Die bisherige Wirtschaftsordnung beruht auf dem Willen des Gesetzgebers, so daß sie durch eine andere Entscheidung des Gesetzgebers mit weitreichenden sozialen Pflichten abgewandelt und durchbrochen werden kann (Leibholz WM 71, 161). Auch Wirtschaftslenkungsmaßnahmen, also Eingriffe in das freie Spiel der Wirtschaft im Wettbewerb, sind deshalb grundsätzlich unter dem Blickpunkt des Art. 14 II GG zulässig (Leibholz aaO).

b) Macht der Gesetzgeber von der Ermächtigung zu einer sozialstaatlichen Regelung des Wohnungsmietrechts Gebrauch, muß er neben der Wertentscheidung zugunsten einer sozial- und rechtsstaatlichen Ausgestaltung der Schutzrechte des Mieters auch die Wertentscheidung des Grundgesetzes zum **Schutze des Privateigentums (Art. 14 I 1 GG)** beachten, das als Rechtsinstitut durch Privatnützigkeit und grundsätzliche Verfügungsbefugnis des Eigentümers gekennzeichnet ist (BVerfGE 31, 140; 37, 140). Da es gerade diese grundsätzlichen Eigentümerrechte sind, die in Art. 19 II GG der Sozialbindung unterworfen werden und deren nähere Inhaltsbestimmung in Art. 19 I 2 GG dem Gesetzgeber übertragen ist, bedeutet seine Bindung an die Eigentumsgarantie naturgemäß nicht, daß ein soziales Mietrecht in Privatnützigkeit und Verfügungsbefugnis des Eigentümers gar nicht beschränkend eingreifen dürfte. Sondern die Bindung des Gesetzgebers an Art. 19 I 1 GG bedeutet, daß die sozialen Beschränkungen der Eigentümerrechte deren **Wesensgehalt** zu wahren haben und ferner nicht weitergehen dürfen, als es durch den Schutzzweck der Regelung und die soziale Funktion des Eigentumsobjekts sachlich gerechtfertigt ist (BVerfGE 25, 117 f). Ob dies der Fall ist, ist unter **gleichgewichtiger** Berücksichtigung der Belange des Vermieters wie des Mieters zu beurteilen (BVerfGE 37, 141). Ausschlaggebend dabei ist nicht primär das Ausmaß örtlicher Wohnungsfehlbestände oder der jeweiligen Wohnungsnot, obwohl diese Kriterien das Maß und Ziel gesetzlicher Beschränkungen in der Regel beeinflussen werden. Ein wirklich soziales Mietrecht muß vielmehr in seinem Inhalt und seinen
   A 29

Schranken stets die besondere Interessenlage des Mieters gebührend berücksichtigen, sich aus persönlichen, familiären, wirtschaftlichen und sonstigen Gründen die Wohnung als existentiellen Mittelpunkt seines Lebens erforderlichenfalls mit dem gebührenden staatlichen Rechtsschutz erhalten zu können und daraus nicht ohne schwerwiegende Gründe weichen zu müssen. Auf der anderen Seite muß es aber dem Vermieter ermöglicht werden, beim Vorliegen wichtiger Gründe (§§ 553 ff BGB) oder auch sonstiger berechtigter Interessen die Beendigung des Mietverhältnisses herbeizuführen. Es ist Aufgabe der Rechtsordnung, das Interesse des Wohnungsmieters an einem möglichst langfristigen Bestand des Mietverhältnisses zu gerechten Bedingungen mit den abweichenden Interessen des Vermieters für den Konfliktfall in Einklang zu bringen und einen sozialen Ausgleich zu schaffen. Das soziale Mietrecht muß dabei in erster Linie die Rechte des Vermieters zur Kündigung, zur Festsetzung und Erhöhung des Mietzinses und zur inhaltlichen Gestaltung des Mietvertrags in der Weise regeln, daß dem Mieter angemessener Rechtsschutz gewährt wird.

A 30 Die Entwicklung des Wohnungsmietrechts seit dem Inkrafttreten des BGB im Jahre 1900 zeigt deutlich, daß die sozialen Schutzrechte des Mieters nur dann den bezweckten Rechtsschutz bieten, wenn sie für unabdingbar erklärt werden (s. oben Rdn A 5). Unausbleiblich führt ein soziales Mietrecht zu Beschränkungen des Vermieters, der sich in dem gebotenen Umfang Bindungen und Beschränkungen unterwerfen muß; darin liegt ein Wesensmerkmal jeder sozialen Schutzregelung i. S. des Art. 14 I 2 GG und **keine Enteignung.** Dies übersieht Kimminich (Die verfassungsrechtliche Beurteilung des Gesetzes über den Kündigungsschutz für Mietverhältnisse über Wohnraum [1973]), der die Wesensgehaltsschranke des Art. 14 I 1 GG bereits dann als überschritten ansieht, wenn der Vermieter auf Grund gesetzlicher Schutzvorschriften an der freien Kündigung (und dadurch auch am Abschluß) von Mietverträgen gehindert wird, weil die Vertragsbeendigung nur beim Vorliegen von berechtigten Interessen möglich ist, die der Vermieter im Streitfall zu beweisen hat. Zu dieser unzutreffenden Rechtsansicht kann Kimminich a. a. O. nur deshalb gelangen, weil er fehlerhaft davon ausgeht, daß Kündigungsbeschränkungen bereits eine Verletzung des Eigentums in seiner Substanz darstellen würden. In BVerfGE 37, 141 ist diese Auffassung mit Recht zurückgewiesen worden (s. u. Rdn A 33).

A 31 3. Da das Grundgesetz dem Gesetzgeber für die Bestimmungen des Eigentumsinhaltes in Art. 14 I 2 GG einen verhältnismäßig weiten Gestaltungsbereich eingeräumt hat (BVerfGE 21, 83), ist vorbehaltlich des Wesensgehalts der Eigentumsgarantie nun die Einhaltung der äußersten **Grenzen des Ermessensspielraums** hinsichtlich ihrer Übereinstimmung mit dem Grundgesetz durch das Bundesverfassungsgericht nachprüfbar (BGH NJW 71, 1316). So sind insbesondere bei einer gesetzlichen Beschränkung des Eigentumsrechts durch Schutzgesetze zugunsten der

III. Übereinstimmung der WohnraumschutzG mit dem GG **A 32, 33**

Mieter die Art. 14 I 1, Art. 3 I GG nur dann verletzt, wenn „sie durch die soziale Funktion des Eigentumsobjekts oder den Schutzzweck der Regelung sachlich nicht gerechtfertigt ist". Die Unsachlichkeit der getroffenen Regelung muß somit evident sein (BVerfG NJW 64, 1848; BVerfGE 12, 326 [333, 337 f] m. w. N.; BGH NJW 71, 1316; zu den Grundsätzen des gesetzgeberischen Ermessens vgl. Maunz, Art. 20 GG, Rdn 117 ff).

III. Die Übereinstimmung der Wohnraumschutzgesetze mit dem Grundgesetz

Die Rechtsänderungen vom November 1971 zur Verbesserung der **A 32** Rechtsstellung des Mieters führten nach langem Zögern des Gesetzgebers zu einer Reihe gesetzlicher Schutzmaßnahmen, deren **Übereinstimmung mit dem Grundgesetz** insoweit nicht streitig war, als sie durch das MVerbG als Dauerregelung verabschiedet wurden. Eine Ausnahme bildete insoweit das Zweckentfremdungsverbot nach Art. 6 MVerbG, welches das BVerfG in seiner Entscheidung vom 4. 2. 1975 (NJW 75, 727 = MDR 75, 465 = WM 75, 90 = FWW 75, 187) als verfassungsgemäß anerkannt hat (dazu im einzelnen Rdn E 1 ff). Dagegen waren die wichtigsten gesetzlichen Beschränkungen des Vermieters durch das **WKSchG** bis zur Verabschiedung dieses Gesetzes unter dem Blickpunkt des Sozialstaatsprinzips höchst streitig (s. oben Rdn A 15 ff). Bei der Beurteilung dieser Frage darf einerseits die rechtshistorische Entwicklung des Wohnungsmietrechts seit dem Jahre 1900 (s. Rdn A 2 ff) und andererseits die Verpflichtung des Gesetzgebers zu einer sozialstaatlichen Ausgestaltung dieses Rechtsgebiets auf Grund der Art. 14 II, 20 GG (s. oben Rdn A 24 ff) nicht außer acht gelassen werden. Von der prinzipiellen Frage der Verfassungsmäßigkeit jener Entscheidungen des Gesetzgebers müssen schließlich eindeutig die Zweifelsfragen getrennt werden, die sich aus der in vielfacher Hinsicht unklaren Ausgestaltung des Gesetzgeberwillens ergaben; hier war manche Regelung ergänzungs- und verbesserungsbedürftig. Die erforderliche Klarstellung ist weitgehend durch die Entscheidung des **BVerfG vom 23. 4. 1974** (BVerfGE 37, 140) und das **2. WKSchG vom 18. 12. 1974** geschaffen worden.

1. Kündigungsschutz. Mit dem Gesetz zum Abbau der Wohnungs- **A 33** zwangswirtschaft vom 23. 6. 1960 (BGBl. I 389) beseitigte der Gesetzgeber den Mieterschutz alter Prägung, wonach ein Mietverhältnis über Wohnraum nur beim Vorliegen gesetzlich festgelegter Kündigungsgründe auf Klage des Vermieters durch Urteilsspruch des Gerichts aufgehoben werden konnte. Der durch das Abbaugesetz entstandene Rechtszustand führte zu wachsenden Spannungen in der Öffentlichkeit, die erst nach harten Auseinandersetzungen im Parlament durch das Gesetz über den Kündigungsschutz für Wohnraum (WKSchG) vom 25. 11. 1971 (BGBl. I 1839) beseitigt worden sind; diese befristeten Regelungen

A 34 Teil A. Einführung

sind durch das 2. WKSchG im wesentlichen als Dauerrecht übernommen worden (§ 564b BGB, Art. 2 des 2. WKSchG; jetzt: § 564c BGB). Nach diesen Gesetzen steht dem Vermieter nur dann ein Kündigungsrecht zu, wenn er ein berechtigtes Interesse an der Beendigung des Mietverhältnisses nachweist und im Streitfall beweist. Die Kündigung zum Zwecke der Mieterhöhung ist nunmehr unzulässig (zur verfassungsrechtlichen Zulässigkeit der letzteren Regelung vgl. BVerfGE 37, 141). Diese Kündigungsbeschränkungen des Vermieters berücksichtigen einerseits, daß besondere Anlässe und Gründe zugunsten des Vermieters anzuerkennen sind, die sein Rückgabeverlangen rechtfertigen können; andererseits wird nunmehr aus der Sozialpflichtigkeit des Eigentums die bislang verabsäumte Konsequenz gezogen, daß dem Mieter von Wohnraum seine räumliche Existenzgrundlage nicht willkürlich, grundlos oder lediglich zur Erlangung größerer Geldvorteile entzogen werden darf. Bei der Verwirklichung sozialstaatlicher Prinzipien im Wohnungsmietrecht muß der Gesetzgeber im Hinblick auf das existentielle Interesse des Mieters am Erhalt seiner Wohnung die Frage des **Bestandschutzes** unabhängig vom Vorliegen eines Wohnungsnotstandes oder des Vorhandenseins von Wohnungsfehlbeständen in der Weise regeln, daß es dem Vermieter nicht gestattet wird, das Mietverhältnis gegen den Willen des Mieters grundlos zu lösen (zutr. AG Wiesbaden WM 73, 12; WM 72, 194). Der bloße Schutz durch die Sozialklausel des § 556a BGB hat sich ohne primäre Kündigungsbeschränkung des Vermieters sowohl aus rechtlichen als auch aus faktischen Gründen in der Praxis als völlig unzureichend erwiesen (Schultz MDR 70, 902; Schmidt-Futterer MDR 1971, 630). Der jetzt gewährleistete Bestandschutz für Wohnraummietverhältnisse beschränkt den Vermieter nicht mehr, als es in einem sozialen Rechtsstaat zur Wahrung existentieller Lebensbedürfnisse des Mieters erforderlich ist, auf den gewährten Bestandschutz kann somit weder in Gebieten mit einem ausgeglichenen Wohnungsmarkt noch hinsichtlich der Gruppe der freifinanzierten Neubauwohnungen – die vom MSchG in der zuletzt gültigen Fassung nicht erfaßt wurden – nicht verzichtet werden.

Dagegen kann eine langfristig ausgeglichene Wohnungsmarktlage bei der Ausgestaltung der weitergehenden Schutzrechte des Mieters (Kündigungsfrist, Sozialklausel, Räumungsfrist) zugunsten des Vermieters – entsprechend der geringeren Schutzbedürftigkeit des Mieters – auch unter Berücksichtigung sozialstaatlicher Gesichtspunkte im Rahmen des gesetzgeberischen Ermessens gebührende Berücksichtigung finden. Nach der Entscheidung des BVerfG vom 23. 4. 1974 a.a.O. besteht hinsichtlich der jetzt getroffenen Ausgestaltung des gesetzlichen Bestandschutzes kein Zweifel daran, daß diese Regelungen in Übereinstimmung mit dem GG stehen.

A 34 **2. Begrenzung des Mietpreisanstiegs.** Die sonst so erfolgreichen Prinzipien der freien Marktwirtschaft mußten auf dem Wohnungssektor

III. Übereinstimmung der WohnraumschutzG mit dem GG A 34

versagen und dazu führen, daß allein der Vermieter aus der fortbestehenden Mangellage die ihm bisher vom Gesetz eingeräumten Vorteile zog, während der Mieter schutzlos für seine unentbehrliche Wohnung einen immer schneller steigenden Mietzins hinzunehmen hatte. Diese Entwicklung nach der Freigabe der Mietpreise berührte nicht zuletzt auch volkswirtschaftliche Interessen, weil sie einen nicht unwesentlichen Einfluß auf den allgemeinen Preisanstieg ausübte. Folgerichtig beseitigte der Gesetzgeber im (1.) WKSchG (§§ 3, 4) somit auch das Recht des Vermieters, ohne Rücksicht auf die Belange des Mieters praktisch unbegrenzt immer weitere Mieterhöhungen durchsetzen zu können. Zwar blieb und bleibt dem Vermieter weiterhin das Recht vorbehalten, beim Neuabschluß von Mietverträgen über Wohnraum infolge seiner marktbeherrschenden Stellung einen höheren als den bisherigen Mietzins zu erzielen und im Einzelfall mit Zustimmung des Mieters auch während der Vertragszeit außerhalb der gesetzlichen Erhöhungsvoraussetzungen eine Mieterhöhung zu erreichen. Dieses Recht wird aber durch die neuen Strafvorschriften der §§ 5 Wirtschaftsstrafgesetz und 302a StGB zur Bekämpfung des Mietwuchers in der Weise beschränkt, daß die vorsätzliche oder fahrlässige Überschreitung der ortsüblichen Vergleichsmiete unter leichteren Strafvoraussetzungen als nach früherem Recht mit erheblichen Geld- und Freiheitsstrafen bedroht ist. Die Notwendigkeit und Verfassungsmäßigkeit dieser verschärften Strafvorschriften war im Gesetzgebungsverfahren und ist noch heute unbestritten (s. die Kommentierung zu diesen Vorschriften). Bei fortbestehenden Mietverhältnissen und fehlender Zustimmung des Mieters sahen die §§ 3, 4 I des (1.) WKSchG eine stärkere Beschränkung der Rechte des Vermieters bei der Mieterhöhung vor, die sich allerdings nicht an starren Tabellenmieten wie im früheren Mietpreisrecht, oder einer modifizierten Kostenmiete orientierte, sondern mit dem Maßstab der „**ortsüblichen Vergleichsmiete**" am Prinzip der sozialen Marktwirtschaft festhielt. Die Zielvorstellung des Gesetzgebers war es, einerseits dem Vermieter eine marktorientierte Miete zur Erhaltung der Wirtschaftlichkeit seines Hausbesitzes zu belassen, ihm andererseits aber zum Schutz des Mieters und der Volkswirtschaft zu verbieten, solche ungerechtfertigten Mietgewinne zu erzielen, die ihm nur auf Grund der unausgeglichenen Wohnungsmarktlage zufallen. Die Vorteile und Schwächen dieser neuen Konzeption des Mietpreisrechts für nicht preisgebundene Wohnungen (für preisgebundenen Wohnraum gelten die strengeren Bestimmungen des WoBindG 1965, der NMV 1970 und der II. BV) liegen auf der Hand. Wenn anerkannt werden muß, daß dem Vermieter im sozialen Rechtsstaat überhaupt und vor allem bei fortbestehender Wohnungsknappheit nicht das Recht zustehen darf, den Mietpreis für Wohnraum ohne gesetzliche Schranken zu diktieren und dadurch aus der Not der Mitbürger für sich eine Tugend zu machen, ist der im (1.) WKSchG und jetzt auch im 2. WKSchG (MHG; s. dazu die Kommentierung im Teil C) beschrittene Weg im Prinzip noch immer die Lösung, welche den Interessen des

Vermieters und dem System eines wirklich sozialen Mietrechts am besten gerecht wird; die Einführung von starren Tabellenmieten oder einer deutlich limitierten Kostenmiete hätten einschneidendere Folgen gehabt. Die „ortsübliche Vergleichsmiete" als Kernpunkt der zivil- und strafrechtlichen Beurteilung ist bei der derzeitigen Gesetzeslage allerdings bei genauerer Betrachtung häufig nur äußerst schwierig festzustellen und zuverlässig zu ermitteln; der Gesetzgeber mag diesen Maßstab für einen sozial gerechtfertigten Mietzins zwar rechtspolitisch und rechtstheoretisch als die beste Lösung angesehen haben, aber es scheint übersehen worden zu sein, daß die praktische Einzelfeststellung mangels verwertbaren Zahlenmaterials ohne repräsentative örtliche Erhebungen kaum möglich ist, wenn willkürliche Zufallsergebnisse vermieden werden sollen. Wenn diese Frage (z. B. durch örtliche Mietwerttabellen der Gemeinden) praktikabel gelöst werden kann, können sowohl die Interessen des Vermieters an der Erhaltung der Wirtschaftlichkeit seines Hausbesitzes als auch die gerechtfertigten Interessen des Mieters und der Öffentlichkeit an wirksamen Schutzmaßnahmen vor sozial ungerechtfertigten Mieten durch die gesetzliche Regelung hinreichend gewährleistet sein. Dabei muß auch berücksichtigt werden, daß der Staat mit den Leistungen nach dem 2. Wohngeldgesetz (Miet- und Lastenbeihilfe) bereits jetzt jährlich etwa 1,5 Milliarden DM aus öffentlichen Mitteln letztlich dafür aufbringt, daß der Mieter die von ihm geforderte Marktmiete zur Erhaltung einer angemessenen Wohnung überhaupt bezahlen kann und die dafür festgelegten Obergrenzen tunlichst auf längere Zeit nicht ohne Not erhöht werden sollten.

A 35 Die Sozialpflichtigkeit des Grundeigentums gebietet, zunächst in Zeiten eines nicht ausgeglichenen Wohnungsmarkts die Einnahmen des Vermieters aus einem Wohnhaus so zu beschränken, daß im Prinzip die Wirtschaftlichkeit des privaten Hausbesitzes zwar gewährleistet ist, wobei die sonstigen wirtschaftlich verwertbaren Vorteile des Grundeigentums (z. B. Werterhöhungen, Wertsicherheit, steuerliche Abschreibungen) zu berücksichtigen sind. Im übrigen ist aber die Wohnung auch in Zeiten eines ausgeglichenen Wohnungsmarktes als existentieller Bedarf des Mieters keine freihandelbare Ware, so daß das hierfür gerechtfertigte Nutzungsentgelt auch nicht den Wettbewerbsregeln von Angebot und Nachfrage unterworfen werden darf, sondern gesetzliche Begrenzungen im Interesse des Gemeinwohls hingenommen werden müssen, soweit und solange der Schutz des Mieters und der öffentlichen Interessen das gebieten. Deshalb darf auch der Mietpreis für freifinanzierten Wohnraum nicht den anderweitig geltenden Wirtschaftsregeln der Gewinnmaximierung des vom Vermieter aufgewendeten Kapitals folgen, selbst wenn sich bei gesetzlichen Beschränkungen des Mietpreises eine verminderte Investitionsbereitschaft des privaten Kapitals und eine dadurch bedingte Verringerung der privaten Bautätigkeit tatsächlich einstellen sollte. Trotz der Zweifler aus dem Lager der Vermieter- und Mieterschaft ist das Prinzip der ortsüblichen Vergleichsmiete nichts mehr und nichts

III. Übereinstimmung der WohnraumschutzG mit dem GG   A 36

minder als die Sichtbarmachung des bisher undurchsichtigen Mietpreisgefüges und die Koppelung des zulässigen Mietpreises an ein allgemein gültiges Wirtschaftsprinzip. Ist dieses Prinzip vom Gesetzgeber praktikabel ausgestaltet, kann es neben anderen zulässigen Beschränkungen eines sozialen Mietrechts durchaus die erforderliche Schutzwirkung zugunsten der Mieter und der öffentlichen Interessen unter Wahrung der Belange des Vermieters bewirken. Zutreffend hat deshalb das **BVerfG** in seiner Entscheidung vom **23. 4. 1974** (BVerfGE 37, 143 = NJW 74, 1499 = MDR 74, 907 = ZMR 74, 297 = DWW 74, 185 = WM 74, 169) die gesetzlichen Beschränkungen der Mieterhöhungsbefugnis auf der Grundlage des Prinzips der ortsüblichen Vergleichsmiete in der Ausgestaltung des § 3 (1.) WKSchG für verfassungsgemäß erklärt. Die gesetzliche Neuregelung dieser Erhöhungsbeschränkungen für die Zeit ab 1. 1. 1975 im MHG bietet noch weniger Anlaß zu verfassungsrechtlichen Zweifeln (Löwe NJW 75, 7; Schmidt-Futterer MDR 75, 89).

3. Beschränkung der Vertragsfreiheit. In §§ 564b VI BGB, 10 I   **A 36**
MHG entzieht das Gesetz die Regelung der Wohnungskündigung und der Mietpreiserhöhung einer abweichenden Vertragsgestaltung durch die Parteien. Damit wird die auch im Wohnungsmietrecht grundsätzlich geltende Vertragsfreiheit (§ 305 BGB) insoweit einer unumgänglichen Einschränkung unterworfen. Die rechtsgeschichtliche Entwicklung des Wohnungsmietrechts hat im Laufe der letzten Jahrzehnte immer wieder gezeigt, daß die erforderlichen Schutzrechte zugunsten des Mieters als des schwächeren Vertragspartners nur durch unabdingbare gesetzliche Regelungen durchzusetzen sind (s. oben Rdn A 4). Zwar hat der Gesetzgeber bei der Einarbeitung des Wohnungsmietrechts in das BGB auf Grund des AbbauG und der nachfolgenden Mietrechtsänderungsgesetze eine Reihe von Schutzrechten des Mieters von Wohnraum gesetzlich für unabdingbar erklärt, die bereits im Deutschen Einheits-Mietvertrag weitgehend als sog. ,,mißbilligte Klauseln" von den Spitzenverbänden der Vermieter- und Mietervereine im Jahre 1934 für unwirksam angesehen worden sind (§§ 537 III, 543, 547a III, 550a, 552a, 556a VII, 557a II, 565 II 3, 569a VII BGB). Diese Unabdingbarkeitsvorschriften haben sich aber auf der Grundlage des bisherigen Wohnungsmietrechts für einen sozialstaatlichen Rechtsschutz des Mieters als unzureichend erwiesen, weil sie die wichtigsten Vermieterrechte unberührt ließen und die im übrigen geltende Vertragsfreiheit nach den derzeit gebräuchlichen Formularverträgen weitgehend zu Lasten der Mieter ausgestaltet wurde. Diese Erkenntnis mußte den Gesetzgeber zu der Folgerung führen, daß der soziale Rechtsschutz des Mieters trotz vereinzelter Unabdingbarkeitsvorschriften für mehr oder weniger bedeutsame Regelungsbereiche des Mietrechts nicht gewährleistet ist, wenn die Kündigungs- und Mieterhöhungsbefugnis des Vermieters der Dispositionsfreiheit der Vertragsparteien anheimgestellt bleibt. Im übrigen gebietet Art. 14 II GG hier, durch gesetzliche Dauerregelungen weitergehende Beschränkungen der

Vertragsfreiheit zum Schutz des Mieters zu verankern, welche über die bisherigen Maßnahmen dieser Art erheblich hinausgehen. Nicht selten werden dem Mieter unter Berufung auf die Vertragsfreiheit so umfangreiche Zusatzverpflichtungen auferlegt und so weitreichende Haftungsausschlüsse zugunsten des Vermieters festgelegt, daß die Erhaltung der Mietsache weitestgehend dem Mieter obliegt, so daß der dann noch zu zahlende Mietzins in seiner Höhe fragwürdig erscheint.

A 37 Die früher erfolgreichen Bemühungen, durch einen zwischen den Vermieter- und Mieterverbänden frei ausgehandelten Gruppenvertrag eine gerechte Regelung der Mietvertragsverpflichtungen in einem **Mustervertrag** herbeizuführen, sind durch das im Januar 1976 vom BJM herausgegebene Vertragsmuster für Wohnraummietverhältnisse (MuMv.) nach jahrelangen Vorarbeiten mit den Interessenverbänden zeitgemäß ersetzt worden. Die im MuMv. vorgesehenen Regelungen entsprechen teilweise den gesetzlichen Vorschriften; teilweise sehen sie vor, daß anstelle der gesetzlichen Vorschrift eine davon abweichende, vorformulierte Vereinbarung gewählt werden kann; darüber hinaus werden durch den MuMv. bislang bestehende Gesetzeslücken in Anlehnung an die Rechtsprechung geschlossen. Erklärende Hinweise ermöglichen beiden Parteien, sich grundsätzlich zu orientieren; die gewählte Regelung ist anzukreuzen, abgelehnte Regelungen sind zu streichen; individuelle Ergänzungen sind zulässig und möglich. Soweit es sich aus dem MuMv. nicht ersehen läßt, ob eine dort vorgesehene Einzelregelung wirksam vereinbart wurde, gelten die gesetzlichen Vorschriften. Mit dem MuMv. soll (erklärterweise) der Vielzahl von Formularverträgen entgegengewirkt werden, die in den letzten Jahren in den Verkehr gebracht wurden und überwiegend die Interessen der Vermieter zu Lasten der Mieter zur Geltung bringen. Beim MuMv. handelt es sich um kein zwingendes Vertragsmuster, das beim Vertragsabschluß oder späteren Änderungen unter Ausschluß anderer Formulare verwendet werden muß, sondern nur um einen Vorschlag der ganz oder teilweise abgelehnt werden kann. Trotzdem ist die Verwendung des MuMv. für Vermieter und Mieter zu empfehlen, weil dieser neutrale Vorschlag eine relativ lückenlose Regelung der klärungsbedürftigen, prozeßträchtigen Probleme enthält und bei entsprechender Wahl der richtigen Einzelregelung auch eine gerechte Interessenverteilung zuläßt. Der MuMv. ist auch für Mietverträge mit Mietpreisbindung verwendbar; entsprechende Hinweise machen auf die rechtlichen Besonderheiten aufmerksam. Schrifttum zum MuMv.: Buschmann BlGBW 75, 241; Schmidt-Futterer NJW 76, 921; JR 77, 4; Weimar ZMR 76, 65.

Gegenüber diesen gebotenen Beschränkungen der Vertragsgestaltungsfreiheit können heute Beschränkungen der Abschlußfreiheit nicht anerkannt werden, wie sie in Form der Zwangsbewirtschaftung des Wohnraums in der Vergangenheit nur in besonderen Notzeiten bestanden; Ausnahmen bilden insoweit die Sicherung der Zweckbestimmung von Sozialwohnungen (WoBindG) und das Verbot der Zweckentfremdung von Wohnraum durch Art. VI MVerbG.

IV. Wohnraumschutzgesetze als Dauerrecht

1. Nach Art. 3 § 2 III des (1.) WKSchG war die zeitliche Geltungsdauer **A 38** des Gesetzes **bis zum 31. 12. 1974 befristet.** Die Erwägungen des Gesetzgebers, die unter Berücksichtigung des Schutzzwecks des Gesetzes letztlich dazu führten, sich nur zu einem Zeitgesetz mit einer Geltungsdauer von etwa 2 Jahren durchzuringen, sind mit hinreichender Klarheit nicht zu ermitteln; sie dürften überwiegend in politischen Zweckmäßigkeitsgesichtspunkten und dem Willen der Regierungsparteien zu suchen sein, trotz bestehender Meinungsunterschiede und zweifelhafter Abstimmungsergebnisse im Gesetzgebungsverfahren möglichst rasch eine praktikable Gesetzesregelung zum Schutz der Mieter zu verwirklichen. Die frühere Annahme, beim WKSchG handle es sich lediglich um ein definitiv zeitlich begrenztes Notrecht (so Häussler DWW 71, 376), so daß der Gesetzgeber somit bewußt nur zur Überbrückung einer besonderen Wohnungsnotlage eingeschritten wäre, konnte deshalb weder aus den Willensvorstellungen des Gesetzgebers noch aus der Wohnungsmarktlage oder aus dem Wortlaut des Art. 3 § 2 III WKSchG gefolgert werden. Nachdem sich während der Geltungsdauer des (1.) WKSchG die getroffenen Schutzregelungen in der Praxis sichtbare Erfolge auf dem Weg zu einer sozialstaatlichen Ausgestaltung und Entspannung der gestörten Rechtsbeziehungen zwischen Vermieter und Mieter zeigten, konnte die Wiederherstellung der unbefriedigenden früheren Rechtslage nicht in Betracht kommen. Der beschrittene Weg mußte vielmehr vom Gesetzgeber dadurch fortgesetzt werden, daß der Schutz des Mieters vor ungerechtfertigten Kündigungen und Mieterhöhungen auf der Grundlage der Regelungen des WKSchG zu einer zwingenden gesetzlichen **Dauerregelung** ausgestaltet wird; nur wenn diese wichtigsten Regelungsbereiche des Wohnungsmietrechts in einem Dauergesetz verankert sind, kann dieses sozialpolitisch wichtige Rechtsgebiet von Verzerrungen zu Lasten des schwächeren Vertragspartners gesichert und somit von der Verwirklichung eines substantiell sozialen Mietrechts gesprochen werden. Folgerichtig hat deshalb der Gesetzgeber im 2. WKSchG den Bestandsschutz und die Beschränkungen der Mieterhöhung als Dauerrecht ausgestaltet und damit diese beiden wichtigsten Kerngebiete des Wohnungsmietrechts den lange Zeit üblichen kürzerfristigen Gesetzesänderungen entzogen.

Bei diesem entscheidenden Schritt des Gesetzgebers, der im Einklang **A 39** mit der vor vielen Jahrzehnten begonnenen Entwicklung einer sozialen Ausgestaltung des Wohnungsmietrechts und dem Verfassungsgebot der Art. 14, 20 GG steht, war allerdings die in mancher Hinsicht fragwürdige Gesetzestechnik im (1.) WKSchG, die dort praktizierte Ausklammerung regelungsbedürftiger Fragen sowie die nahtlose Einordnung zum BGB-Mietrecht zu überprüfen und neu zu überdenken. Diesen Forderungen ist der Gesetzgeber auch im 2. WKSchG nur teilweise gerecht geworden. Aus vielerlei Gründen sollte bei der Neugestaltung des Wohnungsmietrechts auf längere Sicht der Zusammenfassung aller materiellen und verfahrensrechtlichen Regelungen in einem **Wohnungsmietgesetzbuch** (Schwerz ZMR 73, 33 u. 193; Weimar MDR 73, 377) der Vorrang gegeben werden, um die längst verlorengegangene Durchschaubarkeit dieses Rechtsgebiets für die davon betroffenen weiten Bevölkerungskreise wieder zu gewinnen. Eine Einarbeitung dieser Vorschriften ins BGB widerspräche wegen der schon jetzt systematisch unzureichenden und streckenweise veralteten sowie lückenhaften Regelung der §§ 535 ff BGB den Erfordernissen einer modernen Gesetzestechnik und würde den jetzt möglichen und anzuratenden Weg einer gesetzlichen Neuregelung der Wohnungsmiete verzögern oder sogar verbauen.

A 40 2. Anläßlich der Verabschiedung des 2. WKSchG am 17. 10. 1974 hat der Bundestag auf Antrag seines Rechtsausschusses vom 10. 10. 1974 (BT-Drucks. VII-2629) beschlossen, die Bundesregierung zu ersuchen, einen **Gesetzesentwurf** vorzulegen, der das derzeit geltende, in zahlreichen Vorschriften zersplitterte Recht über die **soziale Sicherung des Wohnens** bereinigt; der Entwurf soll ferner diese Vorschriften einheitlich und für die Betroffenen verständlich sowie übersichtlich zusammenfassen (Ziffer III, 1 des Antrags; abgedruckt unter Rdn F 96). Damit hat das Parlament erstmalig die in den vergangenen Jahrzehnten geschaffene Rechtsunsicherheit und Rechtszersplitterung zur Kenntnis genommen; es hat darüber hinaus aber auch im Einklang mit den neu gewonnenen verfassungsrechtlichen Erkenntnissen als Grundlage des 2. WKSchG den realen Stellenwert des sozialen Wohnungsmietrechts neu bestimmt, indem es die Beseitigung dieses Zustandes fordert. Es bleibt abzuwarten, wann und wie die Bundesregierung erste Schritte in der geforderten Richtung unternehmen wird; daneben wird sich aber auch das Parlament künftig an diese Forderungen gebunden fühlen müssen. Soweit der Beschluß anregt, die bestehenden mietrechtlichen Vorschriften darauf zu überprüfen, inwieweit diese der künftigen Situation des Wohnungsmarktes angepaßt werden müssen, kann darin eine Selbstverständlichkeit erblickt werden; wenn diese Anpassung allerdings darüber hinaus dazu führen sollte, an dem nunmehr gewonnenen Grundkonzept des sozialen Wohnungsmietrechts zu rütteln und die zu erwartende unterschiedliche Beurteilung des jeweiligen Wohnungsmarktes zum Maßstab der jeweiligen Rechtslage zu nehmen, wird eine langzeitige Beruhigung und Festigung dieses Rechtsgebietes undurchführbar sein.

A 41 3. Die zwischenzeitlichen **Erfahrungen mit den Regelungen des 2. WKSchG** sind im Ergebnis auch weiterhin **positiv** zu bewerten (s. Rdn A 38). Die Statistik über den privaten Mietwohnungsbau zeigt zwar seit langem keine Aufwärtsbewegung mehr. Die Investoren halten sich zurück. Über die Gründe gibt es unterschiedliche Meinungen. Bei sachgerechter Beurteilung ist aber anzunehmen, daß die wichtigsten Einflüsse von der Marktsättigung und dem konjunkturbedingten Nachfragerück-

IV. Wohnraumschutzgesetze als Dauerrecht   A 41

gang im Wohnungsmarkt ausgehen. Nach wie vor sehen die Vermieterverbände jedoch eine wesentliche Ursache für die Investitionsunlust in den geltenden Mieterschutzbestimmungen. Die dafür ins Feld geführten Argumente sind aber bei kritischer Betrachtung nicht überzeugend und gehen an Entwicklungstendenzen vorbei, die im wesentlichen ihre Ursache außerhalb der gesetzlichen Beschränkungen der Rechte des Vermieters von Wohnraum haben.

Im Wohnungssektor beginnen sich nämlich Marktgegebenheiten auszuwirken, die in den vergangenen drei Jahrzehnten aus vielerlei Gründen nicht sichtbar werden konnten. Der statistische Ausgleich zwischen der Zahl der Wohnungen und der Zahl der Haushalte, der seit Mitte der siebziger Jahre gegeben ist, bereinigte den Wohnungsmarkt von Ungleichgewichten, die bei der Investitionsplanung früherer Jahre eine unangemessene große Rolle spielten. Die Entwicklung eines funktionsfähigen Wohnungsmarktes, in der Angebot und Nachfrage von gleichem Gewicht sind, vermittelt zunehmend den im Mietwohnungsbau tätigen Unternehmen die oftmals bittere Erfahrung, daß nicht länger Quantität vor Qualität geht. Die Statistik über die Fertigstellungen im privaten Mietwohnungsbau zeigt, von welch tiefer Wirkung der ,,Haldenschock" für die traditionellen Investoren war. Seit dem nämlich der Marktpreis für Wohnungen eine gesetzlich relevante Qualitätsbewertung darstellt, werden Mietwohnungen überwiegend an Standorten und mit einer Ausstattung gebaut, die das Vermietungsrisiko praktisch ausschließen. Der konjunkturbedingte Nachfragerückgang war in den vergangenen Jahren wegen des ausgeglichenen Marktes besonders stark. Marktsättigung und Rezession bewirken aber zwangsläufig eine Investitionspause im privaten Mietwohnungsbau. Die geringe Nachfrage wurde weitgehend aus der ,,Halde" befriedigt.

Die Argumentation, daß der Grund für die Zurückhaltung der Investoren vor allem bei den 1975 wirksam gewordenen Mieterschutzbestimmungen zu suchen ist, geht vor diesem Hintergrund an der Sache vorbei. Der niedrige Marktpreis für Wohnungen, der unter Berücksichtigung der hohen Kostenmietsätze das Investieren in diesem Bereich derzeit zu einem Renditerisiko werden läßt, kann nicht von dem Zweiten Wohnraumkündigungsschutzgesetz, das die geltenden Mieterschutzregelungen enthält, beeinflußt werden. Denn bei der Neuvermietung einer Wohnung ist ein Hauseigentümer an keine Regelung des 2. WKSchG, sondern nur an die strafrechtlichen Wuchervorschriften gebunden; vereinbart wird im Regelfall die höchste am Markt erzielbare Miete für vergleichbaren Wohnraum. Bei ausgeglichenem Markt und geringer Nachfrage kann sie höher, aber auch durchaus niedriger sein als der Mietzins, den der Vormieter zu entrichten hatte. Auch ein Wegfall der Mieterschutzbestimmungen würde dies nicht entscheidend ändern.

Eine Beseitigung oder Veränderung der Mieterschutzregelung hätte für die Vermieter und Investoren im Wohnungsbau dennoch einen positiven Effekt, der allerdings den sozialstaatlichen Grundgedanken der jetzt geltenden Wohnraumschutzgesetze widerspräche (s. Rdn A 24 ff). Denn eine wiederum vom Gesetz eröffnete Möglichkeit, die Mietpreise bei bestehenden Vertragsverhältnissen nach Gutdünken notfalls mit Kündigungsdruck ohne marktorientierte Bindung zu erhöhen, würde zugunsten der Vermieter und Investoren alle Renditeprobleme lösen, die es für die Branche inzwischen durch den ausgeglichenen Markt und durch den konjunkturbedingten Nachfragerückgang gibt. Für die höhere Rendite zu sorgen, hätte freilich der Mieter. Die Konsequenzen einer derartigen Entwicklung liegen angesichts der Erfahrungen aus den Jahren bis 1971 auf der Hand. Sie sind auch nicht durch die Einsicht zu rechtfertigen, daß auf dem privaten Mietwohnungsbau und eine leistungsfähige private Wohnungswirtschaft nicht verzichtet werden kann; andernfalls wäre mittelfristig eine Notlücke zu erwarten, die das gesamte Mietenniveau nach oben drücken würde. Diese wirtschaftspolitischen Gesichtspunkte sollten den Gesetzgeber erforderlichenfalls veranlassen, durch staatliche Förderungsmaßnahmen die Leistungsfähigkeit der privaten Wohnungswirtschaft zu stärken, wie das z. B. im Wohnungsmodernisierungsgesetz bereits geschehen ist; sie sollten aber keinen Anlaß bieten, die Kernpunkte des sozialen Mietrechts im Bereich der Schutzrechte für den Mieter mit dem Ziel zu ändern, die sachlich und rechtsstaatlich nach wie vor gebotene Beschränkung der Verfügungsbefugnisse des Vermieters zu erweitern.

Teil B. Kündigungsschutz

Benutzungshinweis für Teil B

In diesem Teil des Kommentars werden diejenigen Vorschriften erörtert, durch die das Mietverhältnis in seinem Bestand geschützt werden soll. Nach der seit dem November 1971 geltenden Rechtslage wird dieser Bestandsschutz zunächst dadurch verwirklicht, daß die Kündigung eines Mietverhältnisses über Wohnraum nur noch beim Vorliegen besonderer Vermieterinteressen möglich ist. Neben dem allgemeinen Kündigungsschutz, der im Prinzip für alle Mieter gleichermaßen gilt, treten weitere Regelungen, nach denen eine Vertragsverlängerung auf bestimmte oder unbestimmte Zeit dann möglich ist, wenn in der Person des Mieters besondere Härtegründe vorliegen. Das System des Bestandsschutzes wird schließlich ergänzt durch solche Vorschriften, nach denen dem Mieter ein befristeter Räumungsaufschub gewährt werden kann.

B 1

Die Darstellung dieses Sachgebiets stößt auf Schwierigkeiten, weil der Bereich des Bestandsschutzes unsystematisch und unübersichtlich geregelt ist. Ein Teil der bestandsschützenden Vorschriften wie zum Beispiel die Kündigungstatbestände (§§ 553, 554a, 564b und c BGB) und die Sozialklausel (§ 556a BGB) zählt zum materiellen Recht; ein anderer Teil, wie zum Beispiel die Regelung über die Räumungsfrist (§§ 721, 794a ZPO), gehört zum Prozeßrecht. Die numerische Reihenfolge der materiellrechtlichen Vorschriften ist in manchen Fällen nicht einsichtig; aus diesem Grund muß die Regelung des Bestandsschutzes als unübersichtlich und unbefriedigend bezeichnet werden. Dennoch hat der Verfasser die ursprüngliche Absicht, dieses Sachgebiet zum besseren Verständnis in einer vom Gesetz erheblich abweichenden Systematik darzustellen aufgegeben, um dem fachkundigen, an gesetzliche Vorgegebenheiten gewöhnten Leser keine neuen, zusätzlichen Schwierigkeiten zu bereiten. Eine Ausnahme war lediglich bei den völlig falsch placierten Vorschriften der §§ 564, 564a BGB unumgänglich, die in der Vorbemerkung 2 im Rahmen der Darstellung allgemeiner Grundsätze über die Beendigung von Wohnraummietverhältnissen erläutert werden mußten. Im übrigen folgen dann die erläuterungsbedürftigen Kündigungsschutzvorschriften des BGB in der gesetzlich gegebenen Zahlenfolge; da sich der Verfasser in diesem Kommentar bewußt nicht die Darstellung des gesamten Wohnungsmietrechts zur Aufgabe gestellt hat, wurden Vorschriften zu mietrechtlichen Problemen außerhalb des Kündigungsschutzes nicht in die Kommentierung aufgenommen.

Zur besseren Orientierung des Benutzers ist an den nachfolgend abgedruckten Gesetzestexten jeweils angegeben, unter welcher Rdn die einschlägige Kommentierung zu finden ist.

Gesetzliche Vorschriften über die Beendigung von Mietverhältnissen über Wohnraum
§§ 553–570a BGB

§ 553[1] [Fristlose Kündigung bei vertragswidrigem Gebrauch]
Der Vermieter kann ohne Einhaltung einer Kündigungsfrist das Mietverhältnis kündigen, wenn der Mieter oder derjenige, welchem der Mieter den Gebrauch der gemieteten Sache überlassen hat, ungeachtet einer Abmahnung des Vermieters einen vertragswidrigen Gebrauch der Sache fortsetzt, der die Rechte des Vermieters in erheblichem Maße verletzt, insbesondere einem Dritten den ihm unbefugt überlassenen Gebrauch beläßt, oder die Sache durch Vernachlässigung der dem Mieter obliegenden Sorgfalt erheblich gefährdet.

§ 554[2] [Fristlose Kündigung bei Zahlungsverzug]
(1) Der Vermieter kann das Mietverhältnis ohne Einhaltung einer Kündigungsfrist kündigen, wenn der Mieter
1. für zwei aufeinanderfolgende Termine mit der Entrichtung des Mietzinses oder eines nicht unerheblichen Teils des Mietzinses im Verzug ist, oder
2. in einem Zeitraum, der sich über mehr als zwei Termine erstreckt, mit der Entrichtung des Mietzinses in Höhe eines Betrages in Verzug gekommen ist, der den Mietzins für zwei Monate erreicht.

Die Kündigung ist ausgeschlossen, wenn der Vermieter vorher befriedigt wird. Sie wird unwirksam, wenn sich der Mieter von seiner Schuld durch Aufrechnung befreien konnte und unverzüglich nach der Kündigung die Aufrechnung erklärt.

(2) Ist Wohnraum vermietet, so gelten ergänzend die folgenden Vorschriften:
1. Im Falle des Absatzes 1 Satz 1 Nr. 1 ist der rückständige Teil des Mietzinses nur dann als nicht unerheblich anzusehen, wenn er den Mietzins für einen Monat übersteigt; dies gilt jedoch nicht, wenn der Wohnraum zu nur vorübergehendem Gebrauch vermietet ist.
2. Die Kündigung wird auch dann unwirksam, wenn bis zum Ablauf eines Monats nach Eintritt der Rechtshängigkeit des Räumungsanspruchs hinsichtlich des fälligen Mietzinses und der fälligen Entschädigung nach § 557 Abs. 1 Satz 1 der Vermieter befriedigt wird oder eine öffentliche Stelle sich zur Befriedigung verpflichtet. Dies gilt nicht, wenn der Kündigung vor nicht länger als zwei Jahren bereits eine nach Satz 1 unwirksame Kündigung vorausgegangen ist.
3. Eine zum Nachteil des Mieters abweichende Vereinbarung ist unwirksam.

---
[1] B 118ff
[2] B 150ff

Gesetzliche Vorschriften   B 1

§ 554a[1] [Fristlose Kündigung bei schuldhafter Pflichtverletzung]
Ein Mietverhältnis über Räume kann ohne Einhaltung einer Kündigungsfrist gekündigt werden, wenn ein Vertragsteil schuldhaft in solchem Maße seine Verpflichtungen verletzt, insbesondere den Hausfrieden so nachhaltig stört, daß dem anderen Teil die Fortsetzung des Mietverhältnisses nicht zugemutet werden kann. Eine entgegenstehende Vereinbarung ist unwirksam.

§ 554b[2] [Vereinbarung über fristlose Kündigung]
Eine Vereinbarung, nach welcher der Vermieter von Wohnraum zur Kündigung ohne Einhaltung einer Kündigungsfrist aus anderen als den im Gesetz genannten Gründen berechtigt sein soll, ist unwirksam.

§ 555 [Zurückerstattung des Mietzinses] *(aufgehoben)*

§ 556[3] [Rückgabe der Mietsache]
(1) Der Mieter ist verpflichtet, die gemietete Sache nach der Beendigung des Mietverhältnisses zurückzugeben.

(2) Dem Mieter eines Grundstücks steht wegen seiner Ansprüche gegen den Vermieter ein Zurückbehaltungsrecht nicht zu.

(3) Hat der Mieter den Gebrauch der Sache einem Dritten überlassen, so kann der Vermieter die Sache nach der Beendigung des Mietverhältnisses auch von dem Dritten zurückfordern.

§ 556a[4] [Widerspruch des Mieters gegen Kündigung]
(1) Der Mieter kann der Kündigung eines Mietverhältnisses über Wohnraum widersprechen und vom Vermieter die Fortsetzung des Mietverhältnisses verlangen, wenn die vertragsmäßige Beendigung des Mietverhältnisses für den Mieter oder seine Familie eine Härte bedeuten würde, die auch unter Würdigung der berechtigten Interessen des Vermieters nicht zu rechtfertigen ist. Eine Härte liegt auch vor, wenn angemessener Ersatzwohnraum zu zumutbaren Bedingungen nicht beschafft werden kann. Bei der Würdigung der berechtigten Interessen des Vermieters werden nur die in dem Kündigungsschreiben nach § 564a Abs. 1 Satz 2 angegebenen Gründe berücksichtigt, soweit nicht die Gründe nachträglich entstanden sind.

(2) Im Falle des Absatzes 1 kann der Mieter verlangen, daß das Mietverhältnis so lange fortgesetzt wird, wie dies unter Berücksichtigung aller Umstände angemessen ist. Ist dem Vermieter nicht zuzumuten, das Mietverhältnis nach den bisher geltenden Vertragsbedingungen fortzusetzen, so kann der Mieter nur verlangen, daß es unter einer angemessenen Änderung der Bedingungen fortgesetzt wird.

(3) Kommt keine Einigung zustande, so wird über eine Fortsetzung des Mietverhältnisses und über deren Dauer sowie über die Bedingungen,

---
[1] B 202ff
[2] B 30ff
[3] B 239ff
[4] B 294ff

nach denen es fortgesetzt wird, durch Urteil Bestimmung getroffen. Ist ungewiß, wann voraussichtlich die Umstände wegfallen, auf Grund deren die Beendigung des Mietverhältnisses für den Mieter oder seine Familie eine Härte bedeutet, so kann bestimmt werden, daß das Mietverhältnis auf unbestimmte Zeit fortgesetzt wird.

(4) Der Mieter kann eine Fortsetzung des Mietverhältnisses nicht verlangen,
1. wenn er das Mietverhältnis gekündigt hat;
2. wenn ein Grund vorliegt, aus dem der Vermieter zur Kündigung ohne Einhaltung einer Kündigungsfrist berechtigt ist.

(5) Die Erklärung des Mieters, mit der er der Kündigung widerspricht und die Fortsetzung des Mietverhältnisses verlangt, bedarf der schriftlichen Form. Auf Verlangen des Vermieters soll der Mieter über die Gründe des Widerspruchs unverzüglich Auskunft erteilen.

(6) Der Vermieter kann die Fortsetzung des Mietverhältnisses ablehnen, wenn der Mieter den Widerspruch nicht spätestens zwei Monate vor der Beendigung des Mietverhältnisses dem Vermieter gegenüber erklärt hat. Hat der Vermieter nicht rechtzeitig vor Ablauf der Widerspruchsfrist den in § 564a Abs. 2 bezeichneten Hinweis erteilt, so kann der Mieter den Widerspruch noch im ersten Termin des Räumungsrechtsstreits erklären.

(7) Eine entgegenstehende Vereinbarung ist unwirksam.

(8) Diese Vorschriften gelten nicht für Wohnraum, der zu nur vorübergehendem Gebrauch vermietet ist, und für Mietverhältnisse der in § 565 Abs. 3 genannten Art.

§ 556b[1] [Fortsetzung befristeter Mietverhältnisse]

(1) Ist ein Mietverhältnis über Wohnraum auf bestimmte Zeit eingegangen, so kann der Mieter die Fortsetzung des Mietverhältnisses verlangen, wenn sie auf Grund des § 556a im Falle einer Kündigung verlangt werden könnte. Im übrigen gilt § 556a sinngemäß.

(2) Hat der Mieter die Umstände, welche das Interesse des Vermieters an der fristgemäßen Rückgabe des Wohnraums begründen, bei Abschluß des Mietvertrages gekannt, so sind zugunsten des Mieters nur Umstände zu berücksichtigen, die nachträglich eingetreten sind.

§ 556c[2] [Weitere Fortsetzung des Mietverhältnisses]

(1) Ist auf Grund der §§ 556a, 556b durch Einigung oder Urteil bestimmt worden, daß das Mietverhältnis auf bestimmte Zeit fortgesetzt wird, so kann der Mieter dessen weitere Fortsetzung nach diesen Vorschriften nur verlangen, wenn dies durch eine wesentliche Änderung der Umstände gerechtfertigt ist oder wenn Umstände nicht eingetreten sind, deren vorgesehener Eintritt für die Zeitdauer der Fortsetzung bestimmend gewesen war.

(2) Kündigt der Vermieter ein Mietverhältnis, dessen Fortsetzung auf unbestimmte Zeit durch Urteil bestimmt worden ist, so kann der Mieter der Kündigung widersprechen und vom Vermieter verlangen, das Miet-

---

[1] B 294
[2] B 294 ff

Gesetzliche Vorschriften

verhältnis auf unbestimmte Zeit fortzusetzen. Haben sich Umstände, die für die Fortsetzung bestimmend gewesen waren, verändert, so kann der Mieter eine Fortsetzung des Mietverhältnisses nur nach § 556a verlangen; unerhebliche Veränderungen bleiben außer Betracht.

§ 557[1] [Ansprüche bei verspäteter Rückgabe]

(1) Gibt der Mieter die gemietete Sache nach der Beendigung des Mietverhältnisses nicht zurück, so kann der Vermieter für die Dauer der Vorenthaltung als Entschädigung den vereinbarten Mietzins verlangen; bei einem Mietverhältnis über Räume kann er anstelle dessen als Entschädigung den Mietzins verlangen, der für vergleichbare Räume ortsüblich ist. Die Geltendmachung eines weiteren Schadens ist nicht ausgeschlossen.

(2) Der Vermieter von Wohnraum kann jedoch einen weiteren Schaden nur geltend machen, wenn die Rückgabe infolge von Umständen unterblieben ist, die der Mieter zu vertreten hat; der Schaden ist nur insoweit zu ersetzen, als den Umständen nach die Billigkeit eine Schadloshaltung erfordert. Dies gilt nicht, wenn der Mieter gekündigt hat.

(3) Wird dem Mieter von Wohnraum nach § 721 oder 794a der Zivilprozeßordnung eine Räumungsfrist gewährt, so ist er für die Zeit von der Beendigung des Mietverhältnisses bis zum Ablauf der Räumungsfrist zum Ersatz eines weiteren Schadens nicht verpflichtet.

(4) Eine Vereinbarung, die zum Nachteil des Mieters von den Absätzen 2 oder 3 abweicht, ist unwirksam.

§ 557a [Im voraus entrichteter Mietzins]

(1) Ist der Mietzins für eine Zeit nach der Beendigung des Mietverhältnisses im voraus entrichtet, so hat ihn der Vermieter nach Maßgabe des § 347 oder, wenn die Beendigung wegen eines Umstandes erfolgt, den er nicht zu vertreten hat, nach den Vorschriften über die Herausgabe einer ungerechtfertigten Bereicherung zurückzuerstatten.

(2) Bei einem Mietverhältnis über Wohnraum ist eine zum Nachteil des Mieters abweichende Vereinbarung unwirksam.

§ 558[2] [Verjährung der Ersatzansprüche des Vermieters]

(1) Die Ersatzansprüche des Vermieters wegen Veränderungen oder Verschlechterungen der vermieteten Sache sowie die Ansprüche des Mieters auf Ersatz von Verwendungen oder auf Gestattung der Wegnahme einer Einrichtung verjähren in sechs Monaten.

(2) Die Verjährung der Ersatzansprüche des Vermieters beginnt mit dem Zeitpunkt, in welchem er die Sache zurückerhält, die Verjährung der Ansprüche des Mieters beginnt mit der Beendigung des Mietverhältnisses.

(3) Mit der Verjährung des Anspruchs des Vermieters auf Rückgabe der Sache verjähren auch die Ersatzansprüche des Vermieters.

---

[1] B 484ff
[2] B 239

§§ 559–563 [Vermieterpfandrecht]

§ 564[1] [Ende des Mietverhältnisses]

(1) Das Mietverhältnis endigt mit dem Ablaufe der Zeit, für die es eingegangen ist.

(2) Ist die Mietzeit nicht bestimmt, so kann jeder Teil das Mietverhältnis nach den Vorschriften des § 565 kündigen.

§ 564a[2] [Schriftform der Kündigung]

(1) Die Kündigung eines Mietverhältnisses über Wohnraum bedarf der schriftlichen Form. In dem Kündigungsschreiben sollen die Gründe der Kündigung angegeben werden.

(2) Der Vermieter von Wohnraum soll den Mieter auf die Möglichkeit des Widerspruchs nach § 556a sowie auf die Form und die Frist des Widerspruchs rechtzeitig hinweisen.

(3) Diese Vorschriften gelten nicht für Wohnraum, der zu nur vorübergehendem Gebrauch vermietet ist, und für Mietverhältnisse der in § 565 Abs. 3 genannten Art.

§ 564b[3] [Kündigung für Mietverhältnisse über Wohnraum]

(1) Ein Mietverhältnis über Wohnraum kann der Vermieter vorbehaltlich der Regelung in Absatz 4 nur kündigen, wenn er ein berechtigtes Interesse an der Beendigung des Mietverhältnisses hat.

(2) Als ein berechtigtes Interesse des Vermieters an der Beendigung des Mietverhältnisses ist es insbesondere anzusehen, wenn
1. der Mieter seine vertraglichen Verpflichtungen schuldhaft nicht unerheblich verletzt hat;
2. der Vermieter die Räume als Wohnung für sich, die zu seinem Hausstand gehörenden Personen oder seine Familienangehörigen benötigt. Ist an den vermieteten Wohnräumen nach der Überlassung an den Mieter Wohnungseigentum begründet und das Wohnungseigentum veräußert worden, so kann sich der Erwerber auf berechtigte Interessen im Sinne des Satzes 1 nicht vor Ablauf von drei Jahren seit der Veräußerung an ihn berufen;
3. der Vermieter durch die Fortsetzung des Mietverhältnisses an einer angemessenen wirtschaftlichen Verwertung des Grundstücks gehindert und dadurch erhebliche Nachteile erleiden würde. Die Möglichkeit, im Falle einer anderweitigen Vermietung als Wohnraum eine höhere Miete zu erzielen, bleibt dabei außer Betracht. Der Vermieter kann sich auch nicht darauf berufen, daß er die Mieträume im Zusammenhang mit einer beabsichtigten oder nach Überlassung an den Mieter erfolgten Begründung von Wohnungseigentum veräußern will.

(3) Als berechtigte Interessen des Vermieters werden nur die Gründe berücksichtigt, die in dem Kündigungsschreiben angegeben sind, soweit sie nicht nachträglich entstanden sind.

[1] B 21 ff
[2] B 33, 710
[3] B 570 ff

Gesetzliche Vorschriften

(4) Bei einem Mietverhältnis über eine Wohnung in einem vom Vermieter selbst bewohnten Wohngebäude mit nicht mehr als zwei Wohnungen kann der Vermieter das Mietverhältnis kündigen, auch wenn die Voraussetzungen des Absatzes 1 nicht vorliegen. Die Kündigungsfrist verlängert sich in diesem Fall um drei Monate. Dies gilt entsprechend für Mietverhältnisse über Wohnraum innerhalb der vom Vermieter selbst bewohnten Wohnung, sofern der Wohnraum nicht nach Absatz 7 von der Anwendung dieser Vorschriften ausgenommen ist. In dem Kündigungsschreiben ist anzugeben, daß die Kündigung nicht auf die Voraussetzungen des Absatzes 1 gestützt wird.

(5) Weitergehende Schutzrechte des Mieters bleiben unberührt.

(6) Eine zum Nachteil des Mieters abweichende Vereinbarung ist unwirksam.

(7) Diese Vorschriften gelten nicht für Mietverhältnisse:
1. über Wohnraum, der zu nur vorübergehendem Gebrauch vermietet ist,
2. über Wohnraum, der Teil der vom Vermieter selbst bewohnten Wohnung ist und den der Vermieter ganz oder überwiegend mit Einrichtungsgegenständen auszustatten hat, sofern der Wohnraum nicht zum dauernden Gebrauch für eine Familie überlassen ist,
3. über Wohnraum, der Teil eines Studenten- oder Jugendwohnheims ist.

§ 564c [Zeitmietverträge][1]

(1) Ist ein Mietverhältnis über Wohnraum auf bestimmte Zeit eingegangen, so kann der Mieter spätestens zwei Monate vor der Beendigung des Mietverhältnisses durch schriftliche Erklärung gegenüber dem Vermieter die Fortsetzung des Mietverhältnisses auf unbestimmte Zeit verlangen, wenn nicht der Vermieter ein berechtigtes Interesse an der Beendigung des Mietverhältnisses hat. § 564b gilt entsprechend.

(2) Der Mieter kann keine Fortsetzung des Mietverhältnisses nach Absatz 1 oder nach § 556b verlangen, wenn
1. das Mietverhältnis für nicht mehr als fünf Jahre eingegangen ist,
2. der Vermieter
   a) die Räume als Wohnung für sich, die zu seinem Hausstand gehörenden Personen oder seine Familienangehörigen nutzen will oder
   b) in zulässiger Weise die Räume beseitigen oder so wesentlich verändern oder instandsetzen will, daß die Maßnahmen durch eine Fortsetzung des Mietverhältnisses erheblich erschwert würden,
3. der Vermieter dem Mieter diese Absicht bei Vertragsschluß schriftlich mitgeteilt hat und
4. der Vermieter dem Mieter drei Monate vor Ablauf der Mietzeit schriftlich mitgeteilt hat, daß diese Verwendungsabsicht noch besteht.

Verzögert sich die vom Vermieter beabsichtigte Verwendung der Räume ohne sein Verschulden, kann der Mieter eine Verlängerung des Mietverhältnisses um einen entsprechenden Zeitraum verlangen; würde durch diese Verlängerung die Dauer des Mietverhältnisses fünf Jahre übersteigen, kann der Mieter die Fortsetzung des Mietverhältnisses auf unbestimmte Zeit nach Absatz 1 verlangen.

[1] B 765 ff

§ 565[1] [Kündigungsfristen]

(1) Bei einem Mietverhältnis über Grundstücke, Räume oder im Schiffsregister eingetragene Schiffe ist die Kündigung zulässig,
1. wenn der Mietzins nach Tagen bemessen ist, an jedem Tag für den Ablauf des folgenden Tages;
2. wenn der Mietzins nach Wochen bemessen ist, spätestens am ersten Werktag einer Woche für den Ablauf des folgenden Sonnabends;
3. wenn der Mietzins nach Monaten oder längeren Zeitabschnitten bemessen ist, spätestens am dritten Werktag eines Kalendermonats für den Ablauf des übernächsten Monats, bei einem Mietverhältnis über Geschäftsräume, gewerblich genutzte unbebaute Grundstücke oder im Schiffsregister eingetragene Schiffe jedoch nur für den Ablauf eines Kalendervierteljahres.

(2) Bei einem Mietverhältnis über Wohnraum ist die Kündigung spätestens am dritten Werktag eines Kalendermonats für den Ablauf des übernächsten Monats zulässig. Nach fünf, acht und zehn Jahren seit der Überlassung des Wohnraums verlängert sich die Kündigungsfrist um jeweils drei Monate. Eine Vereinbarung, nach welcher der Vermieter zur Kündigung unter Einhaltung einer kürzeren Frist berechtigt sein soll, ist nur wirksam, wenn der Wohnraum zu nur vorübergehendem Gebrauch vermietet ist. Eine Vereinbarung, nach der die Kündigung nur für den Schluß bestimmter Kalendermonate zulässig sein soll, ist unwirksam.

(3) Ist Wohnraum, den der Vermieter ganz oder überwiegend mit Einrichtungsgegenständen auszustatten hat, Teil der vom Vermieter selbst bewohnten Wohnung, jedoch nicht zum dauernden Gebrauch für eine Familie überlassen, so ist die Kündigung zulässig,
1. wenn der Mietzins nach Tagen bemessen ist, an jedem Tag für den Ablauf des folgenden Tages;
2. wenn der Mietzins nach Wochen bemessen ist, spätestens am ersten Werktag einer Woche für den Ablauf des folgenden Sonnabends;
3. wenn der Mietzins nach Monaten oder längeren Zeitabschnitten bemessen ist, spätestens am Fünfzehnten eines Monats für den Ablauf dieses Monats.

(4) Bei einem Mietverhältnis über bewegliche Sachen ist die Kündigung zulässig,
1. wenn der Mietzins nach Tagen bemessen ist, an jedem Tag für den Ablauf des folgenden Tages;
2. wenn der Mietzins nach längeren Zeitabschnitten bemessen ist, spätestens am dritten Tag vor dem Tag, mit dessen Ablauf das Mietverhältnis endigen soll.

(5) Absatz 1 Nr. 3, Absatz 2 Satz 1, Absatz 3 Nr. 3, Absatz 4 Nr. 2 sind auch anzuwenden, wenn ein Mietverhältnis unter Einhaltung der gesetzlichen Frist vorzeitig gekündigt werden kann.

---

[1] B 832ff

Gesetzliche Vorschriften   B 1

§ 565 a[1] [Verlängerung des Mietverhältnisses]

(1) Ist ein Mietverhältnis über Wohnraum auf bestimmte Zeit eingegangen und ist vereinbart, daß es sich mangels Kündigung verlängert, so tritt die Verlängerung ein, wenn es nicht nach den Vorschriften des § 565 gekündigt wird.

(2) Ist ein Mietverhältnis über Wohnraum unter einer auflösenden Bedingung geschlossen, so gilt es nach Eintritt der Bedingung als auf unbestimmte Zeit verlängert. Kündigt der Vermieter nach Eintritt der Bedingung und verlangt der Mieter auf Grund des § 556a die Fortsetzung des Mietverhältnisses, so sind zu seinen Gunsten nur Umstände zu berücksichtigen, die nach Abschluß des Mietvertrages eingetreten sind.

(3) Eine zum Nachteil des Mieters abweichende Vereinbarung ist nur wirksam, wenn der Wohnraum zu nur vorübergehendem Gebrauch vermietet ist oder es sich um ein Mietverhältnis der in § 565 Abs. 3 genannten Art handelt.

§ 565 b[2] [Sondervorschriften für Dienstmietwohnungen]

Ist Wohnraum mit Rücksicht auf das Bestehen eines Dienstverhältnisses vermietet, so gelten die besonderen Vorschriften der §§ 565c und 565d.

§ 565 c[3] [Kündigung des Vermieters]

Ist das Mietverhältnis auf unbestimmte Zeit eingegangen, so ist nach Beendigung des Dienstverhältnisses eine Kündigung des Vermieters zulässig

1. spätestens am dritten Werktag eines Kalendermonats für den Ablauf des nächsten Monats, wenn der Wohnraum weniger als zehn Jahre überlassen war und für einen anderen zur Dienstleistung Verpflichteten dringend benötigt wird;
2. spätestens am dritten Werktag eines Kalendermonats für den Ablauf dieses Monats, wenn das Dienstverhältnis seiner Art nach die Überlassung des Wohnraums, der in unmittelbarer Beziehung oder Nähe zur Stätte der Dienstleistung steht, erfordert hat und der Wohnraum aus dem gleichen Grunde für einen anderen zur Dienstleistung Verpflichteten benötigt wird.

Im übrigen bleibt § 565 unberührt.

§ 565 d[4] [Widerspruch des Mieters gegen Kündigung]

(1) Bei Anwendung der §§ 556a, 556b sind auch die Belange des Dienstberechtigten zu berücksichtigen.

(2) Hat der Vermieter nach § 565c Satz 1 Nr. 1 gekündigt, so gilt § 556a mit der Maßgabe, daß der Vermieter die Einwilligung zur Fortsetzung des Mietverhältnisses verweigern kann, wenn der Mieter den Widerspruch nicht spätestens einen Monat vor der Beendigung des Mietverhältnisses erklärt hat.

---

[1] B 864 ff
[2] B 883 ff
[3] B 883 ff
[4] B 883 ff

(3) Die §§ 556a, 556b gelten nicht, wenn
1. der Vermieter nach § 565c Satz 1 Nr. 2 gekündigt hat;
2. der Mieter das Dienstverhältnis gelöst hat, ohne daß ihm von dem Dienstberechtigten gesetzlich begründeter Anlaß gegeben war, oder der Mieter durch sein Verhalten dem Dienstberechtigten gesetzlich begründeten Anlaß zur Auflösung des Dienstverhältnisses gegeben hat.

§ 565e[1] [Dienstwohnungen]
Ist Wohnraum im Rahmen eines Dienstverhältnisses überlassen, so gelten für die Beendigung des Rechtsverhältnisses hinsichtlich des Wohnraums die Vorschriften über die Miete entsprechend, wenn der zur Dienstleistung Verpflichtete den Wohnraum ganz oder überwiegend mit Einrichtungsgegenständen ausgestattet hat oder in dem Wohnraum mit seiner Familie einen eigenen Hausstand führt.

§ 566 [Schriftform des Mietvertrags]
Ein Mietvertrag über ein Grundstück, der für längere Zeit als ein Jahr geschlossen wird, bedarf der schriftlichen Form. Wird die Form nicht beobachtet, so gilt der Vertrag als für unbestimmte Zeit geschlossen; die Kündigung ist jedoch nicht für eine frühere Zeit als für den Schluß des ersten Jahres zulässig.

§ 567 [Vertrag über mehr als 30 Jahre]
Wird ein Mietvertrag für eine längere Zeit als dreißig Jahre geschlossen, so kann nach dreißig Jahren jeder Teil das Mietverhältnis unter Einhaltung der gesetzlichen Frist kündigen. Die Kündigung ist unzulässig, wenn der Vertrag für die Lebenszeit des Vermieters oder des Mieters geschlossen ist.

§ 568[2] [Stillschweigende Verlängerung]
Wird nach dem Ablaufe der Mietzeit der Gebrauch der Sache von dem Mieter fortgesetzt, so gilt das Mietverhältnis als auf unbestimmte Zeit verlängert, sofern nicht der Vermieter oder der Mieter seinen entgegenstehenden Willen binnen einer Frist von zwei Wochen dem anderen Teile gegenüber erklärt. Die Frist beginnt für den Mieter mit der Fortsetzung des Gebrauchs, für den Vermieter mit dem Zeitpunkt, in welchem er von der Fortsetzung Kenntnis erlangt.

§ 569[3] [Tod des Mieters]
(1) Stirbt der Mieter, so ist sowohl der Erbe als der Vermieter berechtigt, das Mietverhältnis unter Einhaltung der gesetzlichen Frist zu kündigen. Die Kündigung kann nur für den ersten Termin erfolgen, für den sie zulässig ist.
(2) Die Vorschriften des Absatzes 1 gelten nicht, wenn die Voraussetzungen für eine Fortsetzung des Mietverhältnisses nach den §§ 569a oder 569b gegeben sind.

---
[1] B 883
[2] B 939
[3] B 76ff

Gesetzliche Vorschriften   **B 1**

§ 569a[1] **[Eintritt von Familienangehörigen in das Mietverhältnis]**
(1) In ein Mietverhältnis über Wohnraum, in dem der Mieter mit seinem Ehegatten den gemeinsamen Hausstand führt, tritt mit dem Tode des Mieters der Ehegatte ein. Erklärt der Ehegatte binnen eines Monats, nachdem er von dem Tode des Mieters Kenntnis erlangt hat, dem Vermieter gegenüber, daß er das Mietverhältnis nicht fortsetzen will, so gilt sein Eintritt in das Mietverhältnis als nicht erfolgt; § 206 gilt entsprechend.

(2) Wird in dem Wohnraum ein gemeinsamer Hausstand mit einem oder mehreren anderen Familienangehörigen geführt, so treten diese mit dem Tode des Mieters in das Mietverhältnis ein. Das gleiche gilt, wenn der Mieter einen gemeinsamen Hausstand mit seinem Ehegatten und einem oder mehreren anderen Familienangehörigen geführt hat und der Ehegatte in das Mietverhältnis nicht eintritt. Absatz 1 Satz 2 gilt entsprechend; bei mehreren Familienangehörigen kann jeder die Erklärung für sich abgeben. Sind mehrere Familienangehörige in das Mietverhältnis eingetreten, so können sie die Rechte aus dem Mietverhältnis nur gemeinsam ausüben. Für die Verpflichtungen aus dem Mietverhältnis haften sie als Gesamtschuldner.

(3) Der Ehegatte oder die Familienangehörigen haften, wenn sie in das Mietverhältnis eingetreten sind, neben dem Erben für die bis zum Tode des Mieters entstandenen Verbindlichkeiten als Gesamtschuldner; im Verhältnis zu dem Ehegatten oder den Familienangehörigen haftet der Erbe allein.

(4) Hat der Mieter den Mietzins für einen nach seinem Tode liegenden Zeitraum im voraus entrichtet und treten sein Ehegatte oder Familienangehörige in das Mietverhältnis ein, so sind sie verpflichtet, dem Erben dasjenige herauszugeben, was sie infolge der Vorausentrichtung des Mietzinses ersparen oder erlangen.

(5) Der Vermieter kann das Mietverhältnis unter Einhaltung der gesetzlichen Frist kündigen, wenn in der Person des Ehegatten oder Familienangehörigen, der in das Mietverhältnis eingetreten ist, ein wichtiger Grund vorliegt; die Kündigung kann nur für den ersten Termin erfolgen, für den sie zulässig ist. § 556a ist entsprechend anzuwenden.

(6) Treten in ein Mietverhältnis über Wohnraum der Ehegatte oder andere Familienangehörige nicht ein, so wird es mit dem Erben fortgesetzt. Sowohl der Erbe als der Vermieter sind berechtigt, das Mietverhältnis unter Einhaltung der gesetzlichen Frist zu kündigen; die Kündigung kann nur für den ersten Termin erfolgen, für den sie zulässig ist.

(7) Eine von den Absätzen 1, 2 oder 5 abweichende Vereinbarung ist unwirksam.

§ 569b[1] **[Fortsetzung durch überlebenden Ehegatten bei gemeinschaftlicher Miete]**
Ein Mietverhältnis über Wohnraum, den Eheleute gemeinschaftlich gemietet haben und in dem sie den gemeinsamen Hausstand führen, wird

---
[1] B 76 ff

beim Tode eines Ehegatten mit dem überlebenden Ehegatten fortgesetzt. § 569a Abs. 3, 4 gilt entsprechend. Der überlebende Ehegatte kann das Mietverhältnis unter Einhaltung der gesetzlichen Frist kündigen; die Kündigung kann nur für den ersten Termin erfolgen, für den sie zulässig ist.

§ 570 [Versetzung des Mieters]
Militärpersonen, Beamte, Geistliche und Lehrer an öffentlichen Unterrichtsanstalten können im Falle der Versetzung nach einem anderen Orte das Mietverhältnis in Ansehung der Räume, welche sie für sich oder ihre Familie an dem bisherigen Garnison- oder Wohnorte gemietet haben, unter Einhaltung der gesetzlichen Frist kündigen. Die Kündigung kann nur für den ersten Termin erfolgen, für den sie zulässig ist.

§ 570a[1] [Vereinbartes Rücktrittsrecht]
Bei einem Mietverhältnis über Wohnraum gelten, wenn der Wohnraum an den Mieter überlassen ist, für ein vereinbartes Rücktrittsrecht die Vorschriften dieses Titels über die Kündigung und ihre Folgen entsprechend.

[1] B 87

Vorbemerkung 1
Der Begriff des Mietverhältnisses über Wohnraum

Übersicht

	Rdn		Rdn
I. Das Mietverhältnis	2	1. Wohnraum	6
II. Der geschützte Wohnraum	5	2. Geschäftsraum	11
		3. Mischräume	14

Das Gesetz gewährt dem Mieter einen Bestandsschutz gegen unberechtigte Kündigungen und einen Schutz gegen ungerechtfertigte Mieterhöhungen nur unter der Voraussetzung, daß ein Mietverhältnis über Wohnraum vorliegt. Andere Mietgegenstände und andere Rechtsverhältnisse werden dagegen vom Geltungsbereich der Schutzvorschriften nicht erfaßt (zum räumlichen und zeitlichen Geltungsbereich s. Rdn C 13, 14).

I. Das Mietverhältnis

1. Die dem Mieter zuerkannten Schutzrechte haben den Bestand eines **B 2** Mietverhältnisses zur Voraussetzung. Als Mietverhältnis bezeichnet man das Rechtsverhältnis, das sich auf Grund des Mietvertrages zwischen Vermieter und Mieter ergibt. Dieses Mietverhältnis beginnt mit dem wirksamen Abschluß des Mietvertrags und nicht erst mit der Übergabe des Mietgegenstandes an den Mieter. In diesem weiteren Sinne ist nach dem allgemeinen Sprachgebrauch des BGB der Begriff des Mietverhältnisses zu verstehen, was sich insbesondere aus der Regelung der Beendigungsgründe in den §§ 542, 553, 554, 564 BGB ergibt, die eine bereits vollzogene Übergabe des Mietgegenstandes nicht voraussetzen; ebenso muß dieser Begriff für den Geltungsbereich des § 564b BGB verstanden werden, weil gerade hier der gesetzlich angestrebte Bestandschutz nicht davon abhängig gemacht werden darf, daß der Wohnraum dem Mieter bereits übergeben worden ist (§ 536 BGB). Somit ist der Begriff des Mietverhältnisses im Regelungsbereich des gesetzlich gewährten Bestandschutzes nicht im engeren, sondern im weiteren Sinne zu verstehen, der das gesamte von den Vertragsparteien begründete Mietverhältnis zwischen seiner rechtswirksamen **Begründung** und seiner rechtswirksamen **Beendigung** erfaßt (vgl. zum ähnlichen Rechtsproblem des früheren § 1 MSchG; Roquette, Komm. zum MSchG [1956] § 1 Anm. 2). Für die verschiedenartigen Rechtsfragen, die sich hinsichtlich der wirksamen Begründung und des zulässigen Inhalts eines Mietverhältnisses i. S. der §§ 535 ff. BGB sowie seiner Abgrenzung zu ähnlichen Nutzungsverhält-

nissen im allgemeinen ergeben, wird auf die Ausführungen im einschlägigen Schrifttum verwiesen.

B 3 2. Die Abgrenzung der geschützten und der nicht geschützten Rechtsverhältnisse muß in der Weise erfolgen, daß die Anwendbarkeit der Schutzvorschriften vom **wirksamen Bestand** eines Mietverhältnisses abhängig ist; wenn und solange der Mieter sich darauf berufen kann, nach § 535 BGB einen Anspruch auf die Benutzung des Wohnraums zu haben, sollen etwa bestehende Rechte des Vermieters den gesetzlichen Beschränkungen unterworfen werden. Es entspricht dem vom Gesetz verfolgten Zweck, auch insoweit den Begriff des Mietverhältnisses nicht einschränkend zu interpretieren. Erfaßt werden vielmehr alle Fälle, in denen die zeitweilige Überlassung eines Raumes zum Wohngebrauch gegen Zahlung eines Entgelts ausdrücklich oder stillschweigend vereinbart worden ist. Es ist für den Bestandschutz somit grundsätzlich unbeachtlich, wann das Mietverhältnis begründet wurde, ob es sich um ein Haupt- oder Untermietverhältnis handelt, ob der Mietgegenstand gesetzlichen oder vertraglichen Zweckbindungen unterliegt, oder ob im Einzelfall der Vermieter bzw. der Mieter sozial schutzbedürftiger erscheint. Soweit diese grundsätzliche Erfassung aller Mietverhältnisse der Einschränkung bedarf, hat der Gesetzgeber diese Ausnahmen ausdrücklich geregelt. So werden durch die §§ 564b VII, 564c II BGB bestimmte Mietverhältnisse vom Bestandschutz ausgeschlossen, so schließt § 10 II MHG die allgemeinen Beschränkungen der Mieterhöhung für die dort genannten Mietverhältnisse aus und enthalten die §§ 26–32 StBFG vorrangige Sondervorschriften für die Kündigung und Mieterhöhung. Weitergehende Begrenzungen des Anwendungsbereichs der Schutzgesetze durch rechtsgeschäftliche Vereinbarungen erklärt § 564b VI BGB (§ 10 I MHG) für unwirksam.

B 4 3. Anwendbar sind somit die Schutzvorschriften auch auf sog. **Nutzungsverträge**[1] mit Wohnungsgenossenschaften (OLG Karlsruhe (RE) vom 21. 1. 1985 RES § 571 BGB Nr. 3; LG Bremen WM 75, 149), bei der Vereinbarung einer besonders niedrigen Gefälligkeitsmiete (BGH MDR 70, 1007 = ZMR 70, 268) oder bei der rechtsgestaltenden Begründung eines Mietverhältnisses durch den Hausratsrichter gem. § 5 HausratsVO zugunsten eines Ehegatten nach der Ehescheidung (teilw. abw. BayObLG 73, 2295 = MDR 74, 48; NJW 73, 2299 = WM 74, 39 für befristete Mietverhältnisse nach § 5 II HausratsVO). Dagegen gilt der Bestandschutz nicht für Dienstwohnungen der Beamten, Werkdienstwohnungen bis zur Beendigung des Arbeitsverhältnisses (§ 565e BGB), Mietvorverträge und Raumnutzungen auf Grund eines dinglichen Wohnrechts (§ 1093 BGB; LG Mannheim WM 75, 170 = DWW 75, 214; zur Unterscheidung dieser dinglichen Rechte in beschränkte persönliche Dienstbarkeiten nach § 1093 BGB, Dienstbarkeiten nach §§ 1092f BGB und Reallasten nach § 1105 BGB vgl. OLG Hamm MDR 76, 46), einer unentgeltlichen Ausstattung i. S. d. § 1624 BGB (LG Mannheim

Vorbem. 1. Der Begriff des Mietverhältnisses über Wohnraum **B 4a**

NJW 70, 2111 = MDR 70, 929 = WM 70, 172), einer unentgeltlichen Überlassung von Wohnraum bei vertragslosen Besitzverhältnissen (§§ 985 ff BGB) oder bei der Begründung eines vorübergehenden Nutzungsverhältnisses durch den Hausratsrichter nach §§ 3 I, 5 II HausratsVO zugunsten eines Ehegatten nach der Ehescheidung (BayObLG a. a. O.). Gleiches gilt für Nutzungsverhältnisse auf Grund öffentlichrechtlicher Vorschriften (z. B. gemeindeeigene Obdachlosenunterkunft.) Vor allem finden die Schutzrechte aber dann keine Anwendung, wenn ein wirksames Mietverhältnis nicht begründet worden ist, so daß der Vermieter nach § 985 BGB die Herausgabe der Räume verlangen kann (anders § 940 a ZPO, der für die nur beschränkt zulässigen einstweiligen Verfügungen nicht den Bestand eines Mietverhältnisses voraussetzt; LG Mannheim WM 86, 351).

Bei den sogenannten **Heim- und Anstaltsverträgen** kommt es auf **B 4a** den Vertragszweck an. Wird beispielsweise in einem Seniorenwohnheim ein Appartement gegen ein bestimmtes Entgelt überlassen, so liegt ein Mietverhältnis vor, auf das die Schutzvorschriften anwendbar sind. Erfolgt die Aufnahme nicht zum Zwecke des Wohnens, sondern aus Gründen der Krankenpflege, Fürsorge oder Betreuung, so richtet sich das Vertragsverhältnis nicht nach mietrechtlichen, sondern nach dienstvertragsrechtlichen Vorschriften. Die Schutzvorschriften sind in diesem Fall unanwendbar. Umfaßt der Vertragszweck sowohl mietrechtliche als auch dienstvertragsrechtli che Elemente, so ist zu fragen, in welchem Bereich der Schwerpunkt des Vertrags liegt (BGH NJW 82, 221). Es gelten die für die Beurteilung von Mischräumen entwickelten Grundsätze (s. Randnr. B 14). Überwiegt der Wohnzweck, so wird der gesamte Vertrag nach mietrechtlichen Grundsätzen beurteilt. Im anderen Fall sind die Vorschriften über die Mieterhöhung unanwendbar. Nach der Rechtsprechung des BGH ist der Rückgriff auf Vorschriften des Bestandsschutzes allerdings auch in diesem Fall nicht schlechthin ausgeschlossen (BGH NJW 81, 341). Vielmehr kommt es darauf an, ob die Anwendung bestandsschützender Vorschriften nach der Eigenart des Vertrags geboten erscheint. Dies ist in der Regel dann der Fall, wenn der Bewohner in dem Heim den Mittelpunkt seiner Lebensbeziehungen hat, wenn also der Heimplatz nicht nur vorübergehend in Anspruch genommen wird.

Das Rechtsverhältnis zwischen dem Bewohner eines **Studenten- oder Jugendwohnheims** und dem Träger dieser Einrichtung ist in der Regel als Mietverhältnis zu bewerten. Nach der gesetzlichen Neuregelung durch das Mietrechtsänderungsgesetz 82 sind diese Mietverhältnisse gleichwohl vom Kündigungsschutz und vom Anwendungsbereich der mietzinsbegrenzenden Vorschriften ausgenommen (§ 564 b VII Nr. 3 BGB, § 10 III Nr. 4 MHG); die Sozialklausel (s. Randnr. B 294 ff.) und die Regelungen über die Räumungsfrist (s. Randnr. B 419 ff.) gelten aber auch hier. Zur Auslegung des Begriffs „Studenten- oder Jugendwohnheim" wird auf Rdn. C 593 verwiesen.

B 4b Hat der Mieter ein **unbebautes Grundstück** gemietet und hierauf mit Zustimmung des Vermieters ein Gebäude errichtet, so gilt hinsichtlich der in dem Gebäude befindlichen Wohnungen folgendes: Wird das Gebäude nicht wesentlicher Bestandteil des Grundstücks (z. B. Behelfsheim, Baracke), so stehen die Wohnungen im Eigentum des Mieters. Zwischen ihm und dem Vermieter des Grundstücks besteht hinsichtlich der Wohnungen kein Mietvertrag, so daß der besondere Kündigungsschutz für Mietverhältnisse über Wohnraum keine Anwendung findet (BGH NJW 84, 2878 = MDR 84, 1019 = ZMR 84, 404; zustimmende Anmerkung Sonnenschein JZ 85, 45 und Haase JR 85, 58). Werden die Wohnungen von dem Mieter des Grundstücks weitervermietet, so ist das Rechtsverhältnis zwischen dem Grundstücksmieter und den Wohnraumnutzern aber als Wohnraummietverhältnis zu bewerten, so daß hier die Schutzvorschriften gelten. Wird das Grundstücksmietverhältnis beendet, so kann der Grundstücksvermieter auch von den Wohnungsnutzern Räumung verlangen (§ 985 BGB).

Der Gebäudeeigentümer kann mit dem Grundstücksvermieter vereinbaren, daß die Kündigung des Grundstücks nur unter den für die Wohnraummiete geltenden Voraussetzungen möglich sein soll; in diesem Fall gelten die Wohnraumschutzgesetze kraft Vereinbarung. Denkbar ist auch, daß die Parteien des Grundstücksmietvertrags nach der Errichtung des Gebäudes einen weiteren Mietvertrag über das Gebäude schließen. Dies gilt auch dann, wenn das Gebäude nur Scheinbestandteil des Grundstücks ist, weil dem Mieter auch seine eigene Sache vermietet werden kann (Mot. II S. 371, 402).

Ein solcher Mietvertrag kann auch konkludent geschlossen werden, so beispielsweise, wenn der Grundstücksmieter nach der Errichtung des Gebäudes einen höheren Mietzins zahlt. Besitzt der Mieter sein Gebäude aufgrund eines mit dem Grundstückseigentümer geschlossenen Mietvertrags, so gelten die Schutzgesetze kraft Gesetzes, wenn der Mieter das Gebäude selbst bewohnt. Im Falle der Vermietung des Gebäudes an Dritte ist das Mietverhältnis aber als Geschäftsraummietverhältnis zu bewerten; es gelten die unter B 9 dargelegten Grundsätze.

Wird das Gebäude wesentlicher Bestandteil des Grundstücks, so ist zu fragen, ob sich der Grundstücksmietvertrag nach den Vorstellungen der Parteien auch auf das Gebäude bzw. auf die darin befindlichen Wohnungen erstrecken soll. Dies ist nicht schon dann der Fall, wenn der Mieter zur Nutzung des Gebäudes berechtigt ist. Maßgeblich ist vielmehr, ob er für das Gebäude ein zusätzliches Entgelt bezahlt. Ist das der Fall, so liegt hinsichtlich des Gebäudes grundsätzlich Miete vor, wobei sich die Zuordnung zur Wohnraummiete nach dem Nutzungszweck richtet. Das Entgelt kann hier auch darin bestehen, daß der Mieter die für die Errichtung des Gebäudes erbrachten Kosten oder den Wert seiner Arbeitsleistungen „abwohnen" darf.

Vorbem. 1. Der Begriff des Mietverhältnisses über Wohnraum   **B 5, 6**

II. Der geschützte Wohnraum

Nach dem Mietgegenstand ist die Anwendung der Schutzvorschriften **B 5** auf Mietverhältnisse über Wohnraum beschränkt. Wenn man von der herkömmlichen Unterteilung der Raummietverhältnisse in solche über Wohnraum und Geschäftsraum ausgeht, werden also insbesondere letztere nicht dem Schutzbereich unterstellt; der Schutz des Mieters von Geschäftsräumen richtet sich somit insbesondere im Falle der Mieterhöhung und der Kündigung nach den allgemeinen Vorschriften des BGB. Maßgeblich für die Einordnung des Mietverhältnisses ist jeweils der Zeitpunkt zu dem die betreffende Erklärung (Mieterhöhung, Kündigung) dem Empfänger zugeht; eine nach Vertragsschluß erfolgte Zweckänderung (vgl. B 10) hat mithin auch eine Veränderung der Rechtslage zur Folge (a. A. LG Köln WM 77, 10, wonach es für die rechtliche Beurteilung auf den Zeitpunkt der Begründung des Mietverhältnisses ankommen soll; vgl. aber auch LG Köln WM 76, 163 m. Anm. Weimar). Für die hier vertretene Ansicht spricht, daß die Schutzvorschriften in erster Linie dem Mieter von Wohnraum in einer konkreten Situation vor ungerechtfertigten Mieterhöhungen und Kündigungen bewahren sollen. Die Anwendung dieser Vorschriften ist deshalb einerseits dann sinnlos, wenn während der Dauer des Mietverhältnisses Wohnraum in Geschäftsraum umgewandelt worden ist; andererseits wäre es verfehlt ihre Anwendung dann auszuschließen, wenn aus Geschäftsräumen während der Dauer des Mietverhältnisses Wohnräume geworden sind. Die Parteien des Mietverhältnisses werden hierdurch nicht beschwert, da jede Zweckänderung nur im Wege einer dahin gerichteten Vereinbarung erfolgen kann (vgl. B 10). Die einseitig erfolgte faktische anderweitige Nutzung stellt dagegen in Wahrheit einen vertragswidrigen Gebrauch der Mietsache dar; eine rechtlich relevante Zweckänderung kann damit nicht erreicht werden, so daß der ursprünglich vereinbarte Vertragszweck erhalten bleibt.

Der Anwendungsbereich der Schutzrechte für alle Mietverhältnisse über Wohnraum ist im übrigen durch ausdrückliche Regelungen in doppelter Hinsicht begrenzt; nach § 564b VII BGB, § 10 III MHG besteht kein Schutz, wenn es sich um ein Mietverhältnis zu nur vorübergehendem Wohngebrauch oder um solchen Wohnraum handelt, den der Vermieter zumindest überwiegend mit Einrichtungsgegenständen auszustatten hat und der Teil der von ihm selbst bewohnten Wohnung ist (s. Rdn B 733, C 570); gleiches gilt für Mietverhältnisse über Wohnraum, der Teil eines Studenten- oder Jugendwohnheims ist (s. Rdn B 4a).

1. Als **Wohnraum** sind solche Räume anzusehen, die **zum Wohnge- B 6 brauch bestimmt** sind, einschließlich der ausdrücklich oder stillschweigend mitvermieteten Zubehörräume. Diese allgemein anerkannte Begriffsbestimmung gilt gleichermaßen für die einschlägigen Bestimmungen des BGB wie für das MHG (zum strafrechtlichen Wohnraumbegriff s. Rdn D 107; zum Wohnraumbegriff nach dem Zweckentfremdungsgesetz s. Rdn E 29). Für die Zweckbestimmung kommt es nicht auf die Vorstellungen von Vermieter und Mieter an, soweit sie bei Vertragsschluß voneinander abweichen oder nicht Vertragsinhalt geworden sind. Entscheidend ist vielmehr die ausdrückliche oder stillschweigende **Willenseinigung** darüber, daß ein bestimmter oder bestimmbarer Raum einer einzelnen Person oder mehrerer Personen zum Zwecke des Wohnens überlassen werden soll.

B 7 a) Es ist unerheblich, ob es sich dabei um einen einzelnen Wohnraum (z. B. Untermieterzimmer) oder um eine Wohnung handelt, die eine selbständige räumlich und wirtschaftlich abgeschlossene Wohneinheit bildet, in der ein eigener Haushalt geführt werden kann. Auch Gemeinschaftsunterkünfte sind Wohnraum, soweit der Wohnzweck überwiegt. Studentenwohnheime, Lehrlingsheime, Gastarbeiterunterkünfte, Übergangswohnheime, Altenheime etc. sind deshalb i. d. R. als Wohnräume einzuordnen. Dagegen fallen Alterspflegeheime, Erziehungsheime und ähnliche Einrichtungen, bei denen der Wohnzweck anderen Zwecken untergeordnet ist, nicht unter den Wohnraumbegriff. Für Altenheime und Altenpflegeheime gilt zusätzlich das Heimgesetz, das unabhängig von der rechtlichen Einordnung als Wohnraum bestimmte Mindestanforderungen hinsichtlich der Zulassung, der Überwachung und des Bestandschutzes enthält (hierzu Finkelnburg NJW 76, 1477). Bei beruflicher oder gewerblicher Mitbenutzung von Wohnräumen ist zu unterscheiden: Von **beruflicher Mitbenutzung** spricht man, wenn der Mieter in seiner Wohnung ein Arbeitszimmer hat, in dem er ganz oder teilweise seiner Berufstätigkeit nachgeht, ohne daß dies zu Außenwirkungen oder zu verstärkter Abnutzung der Wohnung führt (z. B. Arbeitszimmer eines Schriftstellers, eines Lehrers, eines Richters).

Eine derartige Nutzung wird vom Wohngebrauch mit umfaßt, sie bedarf keiner Zustimmung des Vermieters und rechtfertigt keinen höheren Mietzins. **Gewerbliche Mitbenutzung** liegt demgegenüber vor, wenn der Mieter die gemieteten Räume in ihrer Gesamtheit sowohl zu Wohn- als auch zu Gewerbezwecken nutzt (z. B. Schneiderei; Anwaltskanzlei) und wenn hierdurch Außenwirkungen eintreten (Kundenbesuch) oder die Räume stärker beansprucht werden als beim bloßen Wohngebrauch. Die gewerbliche Mitbenutzung läßt die rechtliche Einordnung der Mietsache als Wohnraum unberührt. Ein Recht zur gewerblichen Mitbenutzung hat der Mieter allerdings nur dann, wenn dies vertraglich vereinbart ist, oder wenn der Vermieter hierzu seine Zustimmung erteilt hat. Davon abweichend ist von der früheren Rechtsprechung die Ansicht vertreten worden, daß der Mieter unter bestimmten Voraussetzungen einen Anspruch auf Gestattung der gewerblichen Tätigkeit in der Mietwohnung habe (LG Berlin HuW 48, 58; 50, 413; LG Bochum WM 50, 60). Diese Rechtsprechung berücksichtigte die besonderen Zeitverhältnisse nach Kriegsende und die damals herrschende all-

Vorbem. 1. Der Begriff des Mietverhältnisses über Wohnraum **B 8, 9**

gemeine Notlage. Heute ist diese Rechtsprechung überholt (wie hier: zum Problem der Heimarbeit LG Berlin WM 74, 258; vgl. auch Glaser NJW 56, 1265). Die Erteilung der Zustimmung steht dabei grundsätzlich im freien Ermessen des Vermieters; sie kann auch von der Bereitschaft des Mieters zur Zahlung eines besonderen Gewerbezuschlags abhängig gemacht werden. Bei der Ausgestaltung einer entsprechenden Zuschlagsvereinbarung sind die Parteien nicht an die Vorschriften des MHG gebunden. Insbesondere kann vereinbart werden, daß sich der Zuschlag unter anderem als den in § 2 MHG genannten Voraussetzungen erhöhen soll (BayObLG (RE) vom 25. 3. 86, WM 86, 205). Im Verfahren nach § 5 WiStG wird der Gewerbezuschlag nicht mitgerechnet, weil es sich insoweit um ein zusätzliches, nicht für Wohnzwecke geschuldetes Entgelt handelt.

Von der gewerblichen Mitbenutzung sind diejenigen Fälle zu unterscheiden, in denen ein Teil der Mieträume zu gewerblichen Zwecken und ein anderer Teil zu Wohnzwecken genutzt wird. Diese Mietverhältnisse werden als Mischmietverhältnisse bezeichnet, hierfür gelten die unter B 14 dargelegten Grundsätze.

Obwohl i. d. R. nur solche Räume zum Wohnen vermietet werden, die nach ihrer baulichen Anlage und ihrer Einrichtung zu diesem Zweck geeignet sind, sind als Wohnräume im hier verstandenen Sinne auch solche anzusehen, denen diese objektive Eignung insbesondere aus bau- oder gesundheitspolizeilichen Gesichtspunkten fehlt; soweit also überhaupt ein **Raum** und somit ein allseitig umschlossener Teil eines Gebäudes (Decke, Wände, Fußboden) zum Mietgebrauch überlassen wird, muß seine rechtliche Einordnung nach dem **Vertragszweck** erfolgen (Roquette § 535 BGB Rdn 137, 139; LG München ZMR 74, 49). Es ist nicht erforderlich, daß der Wohnraum wesentlicher Bestandteil eines Grundstücks (§§ 93, 94 BGB) ist (z. B. Behelfsheime, Baracken); die Innenräume beweglicher Sachen sind dagegen nicht als Wohnraum anzusehen (Wohnwagen, Schiffskajüten).

b) Die Zweckbestimmung muß in Zweifelsfällen im Mietvertrag zum **B 8** Ausdruck gebracht werden und von der Vertragseinigung erfaßt sein; ergibt sich der Wohnzweck dagegen zweifelsfrei aus den Umständen, kann die Einigung darüber auch stillschweigend erfolgen. Für die Abgrenzung des Wohnraums vom Geschäftsraum und die daraus herzuleitenden Rechtsfolgen ist somit der Vertragszweck entscheidend (LG München ZMR 74, 49).

c) Werden Räume von Firmen oder Behörden (Hauptmieter) zum **B 9** Zwecke der **Weitervermietung an Dritte** (Wohnungsnutzer) angemietet, so ist streitig, ob der zwischen dem Hauptvermieter und dem Hauptmieter geschlossene Vertrag als Wohnraummietvertrag zu beurteilen ist. Nach der Rechtsprechung des BGH kommt es auch in diesem Fall ausschließlich auf den von den Vertragsteilen gewollten Zweck an. Da der vertragsgemäße Gebrauch nicht im Wohnen, sondern in der Weitervermietung bestehe, soll das zugrunde liegende Vertragsverhältnis als Gewerberaummietverhältnis zu beurteilen sein (BGH NJW 81, 1377; BGH (RE) vom 24. 4. 1982; RES § 556 BGB Nr. 2). Dabei kommt es nicht darauf an, ob der Hauptmieter geschäftliche Interessen verfolgt. Auch ein Mietvertrag, den die Bundesrepublik Deutschland mit dem Vermieter von Wohnungseigentum abschließt, um diese Wohnungen sodann an Mitglieder der Stationierungsstreitkräfte weiterzuvermieten, ist kein Mietvertrag über Wohnraum, obwohl der Hauptmieter keinen Gewinn erzielt, sondern lediglich in Erfüllung einer völkerrechtlichen Verpflichtung handelt (BGH NJW 85, 1772 = WM 85, 288; OLG Braunschweig RE vom 27. 6. 1984 RES § 564c BGB Nr. 1; OLG Stuttgart RE vom 25. 10. 1984 RES § 564b BGB Nr. 31). Demnach liegt ein **Geschäftsraummietverhältnis** in folgenden **Fällen** vor: bei Anmietung von Wohnungen durch ein Wirtschaftsunternehmen zum Zwecke der Unterbringung von Betriebsangehörigen (BGH NJW 81, 1377); bei Anmietung mehrerer Wohnungen durch ein Studentenwerk zum Betrieb eines Studentenwohnheims (BGH WPM 82, 1390); bei Anmietung von Wohnungen durch die Bundesrepublik zur Unterbringung von Angehörigen der Stationierungsstreitkräfte (BGH NJW 85, 1772); bei Vermietung einer Eigentumswohnung an ein Vermietungsunternehmen zum Zwecke der Weitervermietung an Dritte (BGH (RE) vom 21. 4. 1982 RES § 556 BGB Nr. 2); bei Anmietung eines Hauses durch einen gemeinnützigen Verein zur Förderung der Rehabilitation psychisch Kranker, falls einzelne Zimmer an die Kranken weitervermietet werden sollen (OLG Karlsruhe RE vom 24. 10. 1983 RES § 5 WiStG Nr. 9); bei der Anmietung einer Wohnung durch einen gemeinnützigen Verein zum Zwecke der Weitervermietung an Studenten zum Selbstkostenpreis (OLG Braunschweig RE vom 27. 6. 1984 RES § 564c BGB Nr. 1); bei der Anmietung eines Hauses durch einen Verein, zum Zwecke der Weitervermietung einzelner Zimmer an Vereinsmitglieder (Pfadfinder; OLG Frankfurt RE vom 14. 7. 1986 NJW RR 86, 1211 = WM 86, 273); bei Anmietung einer Eigentumswohnung durch die Wohnungseigentümergemeinschaft zum Zwecke der Unterbringung eines Hausmeisters (BayObLG WM 85, 51); bei Anmietung von Räumlichkeiten zum Betrieb eines Wohnheims (LG Hamburg NJW RR 86, 441 = ZMR 86, 122). Hat der Mieter Räumlichkeiten angemietet, von denen er einen Teil selbst bewohnt und einen anderen Teil an Dritte untervermietet, so kommt es darauf an, ob nach dem übereinstimmenden Vertragswillen der Parteien der vorherrschende Vertragszweck im eigenen Wohnen des Mieters (dann Wohnraummiete) oder im Weitervermieten liegt (dann Geschäftsraummiete; OLG Stuttgart RE vom 7. 11. 1985 RES § 5 WiStG Nr. 12). Für die **Abgrenzung** gelten die für Mischraum entwickelten Grundsätze (s. Rdn B 14ff.). Maßgeblich für die Qualifizierung des Vertrags ist also der Vertragsinhalt gewordene Parteiwille und nicht das Verhältnis der bewohnten und weitervermieteten Flächen oder deren Mietwert. Soll durch die Anmietung der Räumlichkeiten in erster Linie der eigene Wohnbedarf des Mieters gedeckt werden und erfolgt die Untervermie-

Vorbem. 1. Der Begriff des Mietverhältnisses über Wohnraum   B 9

tung hauptsächlich zum Zwecke der Kostensenkung, so liegt zweifellos ein Wohnraummietverhältnis vor. Kommt es dem Mieter dagegen erkennbar in erster Linie auf Gewinnerzielung an, bestreitet er gar aus den Mieteinnahmen seine Existenz, so wird dieser Vertragszweck im Vordergrund stehen; in diesem Fall ist ein Geschäftsraummietverhältnis anzunehmen. Neben den hier genannten Fallgestaltungen sind Fälle denkbar, in denen die Annahme eines Geschäftsraummietverhältnisses trotz der fehlenden Absicht des Mieters zur Selbstnutzung schlechthin verfehlt wäre. Wird beispielsweise von den Eltern eines Studenten an dessen Studienort eine Wohnung angemietet und diese sodann dem Sohn überlassen, so kommt nach allgemeiner Vorstellung ein Mietvertrag über Wohnraum zustande. Dabei ist es unerheblich, ob der Sohn die Wohnung unentgeltlich nutzt, oder ob er hierfür seinerseits ein Entgelt an die Eltern bezahlen muß. Diese Einordnung kann damit begründet werden, daß die Anmietung einer Wohnung zum Zwecke der Unterbringung eines Familienangehörigen auch eine Form der Eigennutzung ist (ähnl. LG Hamburg WM 86, 317).

Die hier dargelegten Grundsätze der obergerichtlichen Rechtsprechung führen zu **rechtspolitisch bedenklichen Ergebnissen,** die nicht unterschätzt werden sollten. Eine gegen den Rechtsentscheid des OLG Braunschweig gerichtete Verfassungsbeschwerde wurde allerdings vom Bundesverfassungsgericht nicht zur Entscheidung angenommen, weil der den Kündigungsschutzvorschriften zugrunde liegende Zweck den Mieter von Wohnraum vor dem sozial nicht gerechtfertigten Verlust seiner Wohnung als des Mittelpunkts seiner Lebensinteressen zu schützen, auf den zum Zwecke der Weitervermietung handelnden Mieter nicht zutreffe (BVerfG WM 85, 335). Diese Feststellungen sind in der Sache richtig. Gleichwohl treffen sie den Kern des Problems nicht. Denn es ist bei Fallgestaltungen der vorliegenden Art nicht zu verkennen, daß der Wohnungsnutzer bei der Beendigung des Hauptmietverhältnisses nur unzureichend geschützt und damit gegenüber denjenigen Mietern, die vom Hauseigentümer gemietet haben, benachteiligt ist (s. Rdn B 286). Im Hinblick hierauf ist in der Literatur auch die Ansicht vertreten worden, daß unabhängig von der Existenz eines Zwischenmieters allein auf die Schutzwürdigkeit der Personen abzustellen sei, die die Räume im Rahmen des Untermietvertrags bewohnen (Eckert WM 84, 273; Eickhoff WM 84, 271; vgl. auch die Vorauflage). Eine Änderung der Rechtsprechung in diesem Sinne ist allerdings nicht zu erwarten, so daß nur der Gesetzgeber die derzeit bestehende Ungleichbehandlung der verschiedenen Mietergruppen beseitigen könnte.

Nach den hier dargelegten Rechtsprechungsgrundsätzen kommt es ausschließlich darauf an, welchen Vertragszweck die Parteien nach ihren tatsächlichen übereinstimmenden Vorstellungen wirklich gewollt haben. Dieser tatsächliche Vertragszweck wird durch die Vertragsformulierungen nicht immer zutreffend wiedergegeben. So kommt es in der Praxis durchaus vor, daß die Parteien ein zum Zwecke der Weitervermietung geschlossenes Mietverhältnis rechtsirrtümlich als Wohnraummietverhältnis bezeichnen oder daß sie zur Regelung ihrer Vertragsbeziehungen ein für Wohnraummietverhältnisse gedachtes Vertragsformular verwenden. Auch in diesem Fall gilt das tatsächlich gewollte und nicht der durch den Vertrag ermittelte Anschein (a. A. wohl: LG Hamburg WM 84, 319; Eickhoff WM 84, 271).

Haben die Parteien vereinbart, daß auf das Hauptmietverhältnis Wohnraummietrecht angewendet werden soll, so gelten die Schutzvorschriften kraft vertraglicher Regelung. Für die Annahme einer entsprechenden Vereinbarung müssen allerdings hinreichend klare Anhaltspunkte gegeben sein (vgl. OLG Frankfurt NJW RR 86, 1211 = WM 86, 273). Die Bezeichnung des Vertragsverhältnisses als Wohnraummietvertrag, die Verwendung eines entsprechenden Formulars oder die Vereinbarung, daß die Räume zur „Benutzung als Wohnung" bestimmt sein sollen, genügen aus den oben dargelegten Gründen nicht. Zur Frage, ob der Wohnungsnutzer ohne weiteres zur Herausgabe der Räume verpflichtet ist, wenn das Hauptmietverhältnis endet vgl. Rdn B 275, 286 (z. Ganzen s. auch Jakobs ZMR 81, 295; Mitzkus ZMR 82, 197; Finger WM 85, 71; Eickhoff WM 84, 271; Eckert WM 84 273; Nassal ZMR 84, 182; Voelskow NJW 83, 910).

B 10 **d)** Der ursprünglich vereinbarte **Vertragszweck** kann im Verlauf des Mietverhältnisses ausdrücklich oder stillschweigend durch Vereinbarung **abgeändert** werden; bei Mietverträgen von längerer Dauer als 1 Jahr bedarf die Vereinbarung über den geänderten Vertragszweck nach § 566 BGB zwingend der Schriftform (Palandt-Putzo § 566 BGB Anm. 3 c). Im Hinblick auf den Schutzgedanken des Gesetzes kann eine vertragliche Änderung des Wohnzwecks durch langdauernde Duldung als sonstige schlüssige Handlung nur unter strengen Voraussetzungen angenommen werden. Auch für die Frage, ob eine Änderung des Vertragszwecks erfolgt ist, kommt es ausschließlich auf den verwirklichten Willen der Parteien an; insoweit ist es unbeachtlich, ob eine Zweckänderung nach öffentlich-rechtlichen Gesichtspunkten zulässig ist oder ob dem das Zweckentfremdungsgesetz entgegensteht (vgl. dazu Rdn E 29; a. A. LG Berlin WM 77, 184). Die davon abweichende Ansicht führt zu dem Ergebnis, daß Wohnräume, die in Geschäftsräume umgewandelt worden sind weiterhin den Kündigungs- und Mieterhöhungsbeschränkungen unterliegen. Eine solche Rechtsfolge ist sachfremd und daher abzulehnen. Das dem Zweckentfremdungsgesetz zugrunde liegende Prinzip, wonach Wohnraum grundsätzlich als solcher erhalten werden soll, wird nicht durch eine Fiktion, sondern dadurch verwirklicht, daß eine erneute Änderung des Vertragszwecks (von Geschäftsraum im Wohnraum) herbeigeführt wird.

B 11 **2. Geschäftsräume** sind alle Räume, die zu **anderen als Wohnzwecken bestimmt** sind, selbst wenn sie nicht geschäftlich oder gewerblich benutzt wer den (z. B. private Garagen).

Vorbem. 1. Der Begriff des Mietverhältnisses über Wohnraum **B 12–14**

a) Ebenso wie für den Anwendungsbereich des BGB ist diese negative **B 12** Begriffsbestimmung des Geschäftsraums als Abgrenzungskriterium zum Wohnraum auch für das MHG maßgebend (vgl. zur Entwicklung dieses Begriffs Roquette § 535 BGB Rdn 143ff). Eine ausdrückliche **Zweckbestimmung** ist überflüssig, wenn sie sich aus der baulichen Anlage und der Ausstattung ergibt (Ladengeschäft, Lagerräume, Büro, Fabrikationsräume). Sind Räume dagegen verschieden verwendbar, muß der Vermieter ihren Zweck im Mietvertrag eindeutig bestimmen; andernfalls kann davon ausgegangen werden, daß die Bestimmung des Gebrauchszwecks dem Mieter zusteht. Die tatsächliche Verwendung des Raumes ist nach der ausdrücklichen oder stillschweigenden Einigung über die Zweckbestimmung für seine rechtliche Einordnung unbeachtlich. Kennt aber der Vermieter die vom Mietvertrag abweichende Verwendung seitens des Mieters und duldet er sie längere Zeit stillschweigend, kann darin eine wirksame Abänderung der ursprünglichen Vereinbarung liegen (z. B. Aufgabe der Arztpraxis und Weiterbenutzung der Räume als Familienwohnung).

b) Geschäftsraum liegt auch vor, wenn an sich zum Wohngebrauch **B 13** bestimmte Räume dem Mieter (oder Pächter) mit der Erlaubnis überlassen werden, diese zu Zwecken der **gewerbsmäßigen Zimmervermietung** zu verwenden (s. dazu auch Art. 6 § 1 I S. 2 MVerbG und die Kommentierung Rdn E 45); Gleiches gilt für sonstige Fälle der dauernden Fremdenbeherbergung und alle sonstigen Raumüberlassungen, bei denen der vereinbarte Verwendungszweck gegenüber dem Wohnzweck überwiegt (z. B. Altenpflegeheime, studentisches Verbindungshaus).

3. Auf **Mischräume** finden die Schutzvorschriften nur dann Anwen- **B 14** dung, wenn die Gesamtheit der vermieteten Räume nicht als Geschäftsräume zu beurteilen ist. In diesem Fall gilt insgesamt Wohnraummietrecht, und zwar im materiellen wie im prozessualen Bereich. Sind die Mischräume insgesamt als Geschäftsräume zu bewerten, so ist umgekehrt Wohnraummietrecht unanwendbar (BGH WPM 79, 148; WM 86, 274 = ZMR 86, 278 = NJW RR 86, 877). Streitig ist diese Rechtsfolge zum einen bei der Frage der sachlichen Zuständigkeit der Gerichte (**§ 29a ZPO**). Hier wird vereinzelt die Ansicht vertreten, daß die ausschließliche Zuständigkeit des Amtsgerichts nach § 29a ZPO bei allen Mischräumen gegeben sei, ohne daß es darauf ankomme, ob bei dem Mietverhältnis der Gewerberaum oder der Wohnraum überwiegt (z. B.: Gaststätte mit Wirtewohnung; LG Aachen MDR 86, 240). Es ist allerdings nicht ersichtlich, aus welchem Rechtsgrund die materiellrechtlich nicht geschützten Geschäftsraummieter im prozessualen Bereich geschützt werden sollen. Die überwiegende Meinung wendet deshalb § 29a ZPO nur dann an, wenn der Mischraum insgesamt als Wohnraum zu beurteilen ist (OLG Celle MDR 86, 324; OLG Hamm ZMR 86, 11). Zum anderen wird im Rahmen der **§§ 721, 794a ZPO** vertreten, daß dem Mieter von Mischraum auch dann eine Räumungsfrist gewährt werden kann, wenn der Geschäftsraumanteil überwiegt (LG Stuttgart WM 73, 83). Die Gegenmeinung unterscheidet auch hier zwischen solchen Mischräumen, die insgesamt als Wohnraum und solchen, die insgesamt als Geschäftsraum zu bewerten sind. Im erstgenannten Fall finden die §§ 721, 794a ZPO Anwendung, und zwar auch auf den Geschäftsraumanteil. Sind die Mischräume dagegen insgesamt als Geschäftsraum zu beurteilen, so wird dahingehend differenziert, ob die getrennte Rückgabe der Wohnräume einerseits und der Geschäftsräume andererseits tatsächlich möglich, wirtschaftlich sinnvoll und dem Vermieter zumutbar ist. Liegt ein solcher Fall vor, so kann dem Mieter bezüglich der Wohnräume eine Räumungsfrist gewährt werden. Bezüglich des Geschäftsraumanteils kommt die Gewährung einer Räumungsfrist nicht in Betracht; im Ausnahmefall ist hier aber Vollstreckungsschutz nach § 765a ZPO möglich (LG Mannheim MDR 68, 328; WM 74, 37). Die Anwendung der §§ 721, 794a ZPO beruht dabei auf der Erwägung, daß auch bei Mischräumen mit Schwerpunkt im Geschäftsraumbereich an sich unanwendbare gesetzliche Bestimmungen angewendet werden können, wenn nur dadurch die Eigenart des Gesamtvertrags richtig gewürdigt werden kann. (Vgl. dazu: BGH NJW 81, 341, wo in Erwägung gezogen wird, daß mietrechtlicher Kündigungsschutz bei Heimverträgen anzuwenden ist).

a) Mischräume sind vermietete Räume, die nicht zu einem einheitlichen Zweck sondern **teilweise zum Wohngebrauch** und teilweise zum Geschäftsgebrauch bestimmt sind. Diese Benutzungsart muß bestimmungsgemäß im Einverständnis zwischen Vermieter und Mieter erfolgen. Andernfalls liegt ein vertragswidriger Gebrauch vor, den der Vermieter untersagen oder zum Anlaß der Kündigung nehmen kann (§§ 564b II Nr. 1, 553 BGB) und der den wirklich vereinbarten Gebrauchszweck nicht rechtswirksam zu ändern vermag.

B 15 aa) Die Zusammenfassung von Wohn- und Geschäftsräumen kann durch die räumliche Verbindung und durch das Interesse des Mieters an der gemeinsamen Anmietung bedingt sein (Werkstatt oder Gastwirtschaft mit anschließender Wohnung zu Geschäftszwecken bei Arzt, Rechtsanwalt, Masseur). In einem solchen Fall liegen auch dann Mischräume vor, wenn über Wohn- und Geschäftsräume verschiedene Vertragsformulare unterzeichnet worden sind. Voraussetzung ist allerdings, daß ein enger zeitlicher Zusammenhang zwischen der Vermietung der Wohn- und Geschäftsräume besteht (AG Waiblingen ZMR 77, 327 betr. Wohnung und Garage; s. dazu auch Rdn B 20). Hiervon kann auch dann noch gesprochen werden, wenn zwischen der Anmietung der Wohnräume und der Geschäftsräume ein Zeitraum von einigen Monaten liegt (AG Kassel WM 79, 857). Derartige Fallgestaltungen kommen häufig dann vor, wenn Wohnungen in einem neuerrichteten Hause zu einem Zeitpunkt vermietet werden, zu dem die Garagen noch nicht fertig gestellt sind (s. auch Rdn B 47). Der Zusammenhang kann aber auch nur auf vertraglicher Grundlage beruhen (einheitlicher Mietvertrag über separate Wohn- und Geschäftsräume im selben Haus oder verschiedenen

Häusern desselben Vermieters) (vgl. aber unten d). Befinden sich eine Wohnung und eine Garage auf zwei verschiedenen Grundstücken, die unterschiedlichen Eigentümern gehören, so kann der Mietvertrag über die Garage nicht als Teil des Mietvertrags über die Wohnung angesehen werden. Dies gilt auch dann, wenn der Vermieter der Wohnung nicht darauf hingewiesen hat, daß die Garage im Eigentum eines anderen steht (LG Braunschweig ZMR 86, 165).

bb) Da der Begriff der Mischräume gesetzlich nicht verankert ist und dafür keine besonderen Rechtsnormen aufgestellt sind, müssen Mischräume für die Beurteilung einer Kündigung rechtlich entweder als Wohnräume oder als Geschäftsräume behandelt werden. Diese Einordnung ist nicht nur für die Anwendbarkeit des § 564b BGB sondern auch dafür entscheidend, welche Kündigungsfrist eingehalten werden muß (§ 565 BGB) und ob dem Mieter der nur für Wohnräume vorgesehene Schutz der Sozialklausel und einer Räumungsfrist zugebilligt werden kann (§§ 556a I BGB, 721, 794a ZPO; zur Problematik der Räumungsfrist bei Mischmietverhältnissen vgl. Rdn B 14). Für die Beurteilung des Mieterhöhungsrechts nach dem MHG kann eine davon abweichende Differenzierung geboten sein, wenn eine getrennte Mietzinsvereinbarung für die Wohn- und Geschäftsräume getroffen worden ist (s. Rdn B 18, C 44).

b) Haben Vermieter und Mieter **im Mietvertrag** klargestellt, daß sie die Gesamtheit der Räume als Wohn- oder Geschäftsräume ansehen, ist dieser erklärte **Parteiwille** grundsätzlich maßgebend (BGH WM 86, 274 = ZMR 86, 278 m. w. Nachw.). Dabei kommt es allerdings nicht darauf an, ob die Parteien das Mietverhältnis als Wohnraum- oder Geschäftsraummietverhältnis bezeichnen; maßgeblich ist allein, welcher Vertragszweck tatsächlich verfolgt wird. Ein diesem entgegenstehender im Vertrag vorgetäuschter Zweck wäre unbeachtlich. Bei der Feststellung des wirklichen Vertragszwecks kommt es nicht entscheidend auf die jeweiligen Flächenanteile oder den jeweiligen Mietwert an, obwohl auch diese Umstände mit berücksichtigt werden können. Nach dem Rechtsentscheid des OLG Schleswig vom 18. 6. 1982 (RES § 564b BGB Nr. 19) kann das Verhältnis der Flächenanteile allerdings dann zum entscheidenden Kriterium werden, wenn die gewerblich genutzte Fläche und der auf sie entfallende Mietzins ein Vielfaches der Wohnraumfläche darstellt. Liegen diese Voraussetzungen nicht vor, so kommt es maßgeblich darauf an, welche Art der Benutzung für die Vertragsparteien im Vordergrund steht. Wird eine Gaststätte mit Wohnung vermietet, so wird das Übergewicht im gewerblichen Bereich liegen, weil der Mieter aus der Gaststätte regelmäßig seinen Lebensunterhalt bestreitet. Gleiches gilt für die Miete eines Einfamilienhauses durch einen Rechtsanwalt, der dort sowohl seine Kanzlei betreibt als auch seine Wohnung hat, soweit der jeweilige Flächenanteil im wesentlichen gleich ist (BGH a. a. O.). Etwas anderes kann sich allerdings ergeben, wenn der Kanzleianteil flächenmäßig oder wertmäßig weit hinter dem Wohnungsanteil zurückbleibt.

Werden zunächst Geschäftsräume und später davon getrennte Wohnräume im selben Haus vermietet, so bedarf es für die rechtliche Einheit des Mietverhältnisses einer dahingehenden ausdrücklichen oder erkennbaren Vertragsregelung, für deren Vorliegen der auf Räumung klagende Vermieter beweispflichtig ist (LG Mannheim WM 75, 70).

B 18 Enthält der Mietvertrag über Mischräume ausdrücklich **getrennte Mietzinsvereinbarungen** für die Wohnräume einerseits und für die Geschäftsräume andererseits, so ist dieser erklärte Parteiwille nicht nur für die rechtliche Einordnung des Gesamtvertrags von Bedeutung. Vielmehr richtet sich dann das Recht des Vermieters zur Erhöhung des Mietzinses für die Wohnräume nach § 1 ff MHG, während die gesetzlich nicht beschränkte Mieterhöhungsbefugnis für Geschäftsräume eine freie Vereinbarung außerhalb der Erhöhungsgrenzen des MHG zuläßt (LG Mannheim MDR 74, 935 = WM 75, 16 = NJW 74, 1713). Enthält der Mietvertrag für den Mietzins der Geschäftsräume keine Mietanpassungsklausel, ist der Vermieter allerdings an einer Durchsetzung einer Mieterhöhung im Wege einer Abänderungskündigung durch Teilkündigung gehindert, wenn die Räume eine wirtschaftliche Einheit mit überwiegendem Wohnraumanteil bilden (s. Rdn B 20); deshalb muß dem Vermieter auch bei dieser Fallgestaltung trotz aufgespaltener Mietzinsvereinbarung das gesetzliche Erhöhungsrecht nach § 2 MHG auch für die Geschäftsräume zuerkannt werden, wobei die ortsübliche Vergleichsmiete entweder getrennt für die Wohn- und Geschäftsräume den Maßstab der Erhöhung darstellen, oder aber die Vergleichsmiete für die Wohnräume mit einem angemessenen Zuschlag für die gewerbliche Benutzung der Geschäftsräume verlangt werden kann (LG Mannheim ZMR 77, 27 = MDR 76, 581 = FWW 76, 171). Der Vermieter hat die Wahl, ob er ein einheitliches Erhöhungsverlangen (z. B. für Wohnung und Garage) unter Beachtung der Voraussetzungen des § 2 MHG stellt oder ob er das Erhöhungsverfahren nach § 2 MHG lediglich für die Wohnung geltend macht.

Ein auf die Garage beschränktes, isoliertes Erhöhungsverlangen ist dagegen nicht möglich, weil § 2 MHG für Geschäftsräume nicht gilt (AG Brühl WM 85, 338). Überwiegen dagegen bei dieser Fallgestaltung die Geschäftsräume, so ist der Vermieter trotz § 1 S. 1 MHG grundsätzlich berechtigt, das gesamte Mietverhältnis ohne Einhaltung der Voraussetzungen des § 564b BGB auch zum Zwecke der Mieterhöhung zu kündigen; ist diese Kündigung vertraglich ausgeschlossen (z. B. befristetes Mietverhältnis) kommt beim Fehlen einer Anpassungsklausel eine Erhöhung des Mietzinses für den Geschäftsraum nach §§ 1 ff MHG allerdings ebensowenig in Betracht, als wenn nur Geschäftsräume vermietet wären; die Zulässigkeit der Erhöhung von Mietnebenkosten ist bei einer derartigen Vertragsgestaltung dagegen nach § 4 MHG zu beurteilen, wenn im Mietvertrag insoweit nur eine einheitliche Zahlungspflicht des Mieters für die Wohn- und Geschäftsräume vereinbart worden ist (s. aber Rdn C 44).

Vorbem. 1. Der Begriff des Mietverhältnisses über Wohnraum **B 19, 20**

c) Fehlt eine zulässige Vereinbarung über die rechtliche Behandlung **B 19**
der vermieteten Wohn- und Geschäftsräume, können die Mischräume
dann als Wohnräume angesehen werden, wenn der vereinbarte Wohnzweck und der zulässigerweise ausgeübte Wohngebrauch überwiegen
(sog. Übergewichtstheorie; dazu Schmidt-Futterer a. a. O.; Weimar
MDR 72, 242; LG Mannheim DWW 73, 310 = WM 74, 37). Sind
Wohn- und Geschäftsräume gleichwertig, waren sie nach früherem
Recht in ihrer Gesamtheit als Geschäftsräume zu beurteilen (LG Mannheim WM 66, 41; a. A. Brühl FamRZ 64, 541 und Erman-Schopp § 565
BGB Anm. 1); der Schutzzweck der §§ 564b BGB, 1ff MHG gebietet
aber jetzt, auch gleichwertige Wohn- und Geschäftsräume rechtlich einheitlich als Wohnräume zu beurteilen (so auch AG Schwetzingen BB 77,
1274 = DB 77, 2374). Grundsätzlich ist die rechtliche Einordnung entsprechend dem von den Vertragsparteien verfolgten Vertragszweck vorzunehmen, soweit dieser hinreichend klar zu ermitteln ist; liegt danach
der Hauptzweck im Wohngebrauch, sind die Mischräume einheitlich als
Wohnräume zu behandeln, während sie als Geschäftsräume behandelt
werden müssen, wenn der Hauptzweck erkennbar der Geschäftsgebrauch sein soll (OLG Hamburg MDR 69, 846; Roquette § 556a BGB
Rdn 3). Den Bewertungsmaßstab bildet andernfalls der Mietwert der
Räume, während eine Beurteilung nach dem Flächenmaß nur zweitrangige Bedeutung hat.
Der Flächenanteil kann jedoch dann zum entscheidenden Kriterium
werden, wenn die gewerblich genutzte Fläche und der auf sie entfallende
Mietzins ein Vielfaches der Wohnraumfläche darstellt (OLG Schleswig
(RE) vom 18. 6. 1982 RES § 564b BGB Nr. 19). Dem Umstand, daß die
Wohnung den Lebensmittelpunkt des Mieters darstellt, soll in diesem
Fall eine untergeordnete Bedeutung zukommen (OLG Schleswig
a. a. O.).

d) Sind ausnahmsweise in einem Mietvertrag die Wohn- und Ge- **B 20**
schäftsräume nur **formell** in einem einheitlichen Vertrag zusammengefaßt, während tatsächlich und wirtschaftlich eine Trennung der Mietgegenstände möglich und die Rückgabepflicht teilbar ist (§ 266 BGB),
müssen beide Bestandteile rechtlich unterschiedlich beurteilt werden (LG
Mannheim DWW 68, 328 = ZMR 68, 190; Hans § 556a BGB
Anm. 2b). Eine derartige rechtliche Aufspaltung kann vor allem gerechtfertigt sein, wenn die Anmietung der Wohnräume einerseits und
der Geschäftsräume andererseits zeitlich getrennt erfolgte und es sich
mehr oder weniger zufällig dabei um denselben Vermieter handelt, so
daß die Annahme einer wirtschaftlichen Einheit des Mietgegenstands
weder tatsächlich noch rechtlich begründet erscheint (LG Mannheim
DWW 74, 45 = FWW 74, 147 = WM 74, 73 betr. nachträglich angemietete Garage des Wohnungsmieters). Nach dem Rechtsentscheid des
OLG Karlsruhe vom 30. 3. 1983 (WM 83, 166) kommt auch bei einem
zeitlichen Abstand von mehreren Jahren kein selbständiger Garagenmietvertrag zustande. Vielmehr wird durch die nachträgliche Anmie-

tung der Garage der bereits bestehende Mietvertrag über die Wohnung erweitert. Eine Ausnahme gilt nach dieser Entscheidung nur dann, wenn die Parteien deutlich zum Ausdruck bringen, daß ein neues selbständiges Mietverhältnis begründet werden soll. Ein solcher Fall liegt vor, wenn in dem Garagenmietvertrag vereinbart wird, daß das Mietverhältnis unabhängig vom Bestand des Wohnraummietvertrags sein soll; eine solche Vereinbarung kann auch formularmäßig wirksam getroffen werden (AG Frankfurt WM 86, 254). Die rechtliche Selbständigkeit der Verträge kann sich auch aus den sonstigen Vereinbarungen ergeben, wie z. B. aus dem Umstand, daß unterschiedliche Vertragslaufzeiten (LG Berlin ZMR 87, 18) oder Kündigungsbedingungen (LG Stuttgart WM 87, 379) vereinbart worden sind. Ein ausdrücklicher Hinweis auf die rechtliche Selbständigkeit des Garagenmietvertrags ist nicht erforderlich (a. A.: LG Duisburg WM 87, 211). Eine rechtlich getrennte Beurteilung der Wohn- und Geschäftsräume ist jedoch ausgeschlossen, wenn diese eine **wirtschaftliche Einheit** bilden und somit nur zusammen gekündigt und zurückgegeben werden dürfen (LG Mannheim ZMR 66, 107 = DWW 66, 108 = WM 66, 41; AG Aachen MDR 64, 765; a. A. AG Brühl FamRZ 64, 541 und OLG Hamburg MDR 72, 955 zu § 721 ZPO). Die Änderung tatsächlicher Verhältnisse führt i. d. R. nicht dazu, daß die Teilkündigung zulässig wäre. Deshalb kann beispielsweise eine zusammen mit der Wohnung angemietete Garage nicht deshalb gekündigt werden, weil sich der Mieter ein größeres Fahrzeug anschaffen will, für das die Garage zu klein ist (vgl. AG Dortmund NJW RR 87, 207); die ursprüngliche, zum Vertragsgegenstand gewordene rechtliche Zusammenfassung der Räume kann von einem faktischen Vorgang grundsätzlich nicht berührt werden, so daß deren Aufhebung eine Vertragsänderung erfordert (LG Mannheim ZMR 77, 27 = MDR 76, 581 = FWW 76, 171).

Vorbemerkung 2
Allgemeine Grundsätze zur Beendigung von Mietverhältnissen über Wohnraum

Übersicht

	Rdn		Rdn
I. Beendigung durch Zeitablauf	21	d) Kündigungsrecht aus wichtigem Grund	68
1. Mietverträge mit auflösender Bedingung	22	e) Sozialklausel, Räumungsfrist und Vollstreckungsschutz	69
2. Mietverträge mit Verlängerungsklausel	23	f) Kündigungsfolgeschaden	70
3. Mietverträge mit Optionsrecht	29	14. Kosten der Kündigung	75a
4. Kettenmietverträge	29a	III. Beendigung durch Tod des Mieters	76
II. Beendigung durch ordentliche und außerordentliche Kündigung	30	1. § 569a BGB: Eintritt von Familienangehörigen	78
1. Erklärungsinhalt	31	2. § 569b BGB: Fortsetzung durch den Ehegatten	83
2. Angabe des Kündigungstermins	32	3. Abweichende Vereinbarung	84
3. Schriftform	33	4. Sonderregelung für Sozialwohnungen	85
4. Angabe von Kündigungsgründen	36	IV. Beendigung durch Rücktritt und Anfechtung	86
5. Wirksamwerden der Kündigungserklärung	43	1. Vor Überlassung des Wohnraums	86
6. Mehrere Mieter oder Vermieter	44	2. Nach Überlassung des Wohnraums	87
7. Gegenerklärung des Mieters	45	a) Rücktritt	87
8. Wirkung der Kündigung	46	b) Anfechtung	88
9. Teilkündigung	47	V. Der Mietaufhebungsvertrag	89
10. Widerruf und Zurücknahme der Kündigung	48	1. Einigung der Vertragsparteien	90
11. Ausschluß des Kündigungsrechts	49	2. Form des Aufhebungsvertrags	94
12. Vermieterwechsel zwischen Kündigungsausspruch und Kündigungstermin	52	3. Gegenstand des Aufhebungsvertrags	95
13. Die außerordentliche Kündigung	55	4. Aufhebungsvertrag unter Bedingung	98
a) Begriff und Abgrenzung zur ordentlichen Kündigung	55	5. Mietverträge mit Nachfolgeklausel	100
b) außerordentliche fristlose Kündigung	60	6. Ersatzmieter	102
c) Einzelheiten	61	7. Sozialklausel und Räumungsfrist	117

I. Beendigung durch Zeitablauf

Ein Mietverhältnis endigt durch **Zeitablauf,** wenn das Ende der Mietzeit im Mietvertrag bestimmt ist (§ 564 I BGB). Diese Beendigung setzt voraus, daß das Ende der Mietzeit entweder im Mietvertrag festbestimmt oder aber aus dem Vertragsinhalt hinreichend eindeutig bestimmbar ist. Das ist insbesondere der Fall, wenn das Ende der Mietzeit kalendermäßig oder durch Angabe einer Frist festgelegt wird; einer Frist ist es insoweit gleichzusetzen, wenn der Mietgegenstand für die Dauer einer Saison, Messe oder einem ähnlichen nach der Verkehrssitte bestimmbaren Zeitraum überlassen wird. In derartigen Fällen tritt die Beendigung auf Grund des im voraus festgestellten übereinstimmenden Willens der Vertragspartner ein, so daß es weiterer vertragsbeendigender Erklärungen oder Verhandlungen nicht bedarf. Ein unbefristetes Mietverhältnis wird durch den vertraglich vereinbarten zeitlich befristeten Ausschluß des Mieterhöhungsrechts nicht zu einem befristeten Mietverhältnis (BGH BB 76, 530 = ZMR 76, 203 = DWW 76, 212; s. Rdn C 34).

Nur bei Mietverhältnissen über **Wohnraum** gewährt das Gesetz dem Mieter nach § 564 c I BGB und § 556 b BGB **beschränkten Schutz** beim Ablauf der Vertragszeit (dazu s. Rdn B 2 ff). Im übrigen sind nach § 565 a BGB dazu folgende Sonderfälle zu beachten:

B 22 1. **Mietverträge mit auflösender Bedingung** (z. B. Beendigung des Dienst- oder Arbeitsverhältnisses bei Werkwohnungen; zu letzterem AG Gelsenkirchen-Buer WM 73, 138; ZMR 74, 52; Schmidt-Futterer Betr. 74, 579 sowie Rdn B 876; Nutzungsvertrag mit Wohnungsgenossenschaft für die Dauer der Mitgliedschaft). Mietverhältnisse über Wohnraum, bei denen die Mietzeit durch ein ungewisses, aber zeitlich bestimmbares Ereignis begrenzt ist, enden entgegen § 158 II BGB nicht automatisch mit dem Eintritt der auflösenden Bedingung; vielmehr ist der Vertrag bis zu diesem Zeitpunkt als befristetes Mietverhältnis anzusehen, während er im übrigen nach § 565 a II BGB in diesem Zeitpunkt erstmalig kündbar wird, wobei die Kündigungsvoraussetzungen des § 564 b BGB und die jeweiligen Kündigungsfristen des § 565 BGB einzuhalten sind (für Einzelheiten zu § 565 a II BGB s. Rdn B 876; für auflösend bedingte Mietverhältnisse zu einem nur vorübergehenden Gebrauch s. Rdn B 866). Keine auflösende Bedingung liegt vor, wenn das Mietverhältnis für die **Dauer der Lebenszeit** des Mieters abgeschlossen worden ist; ein solcher Mietvertrag ist vielmehr als unbefristetes Mietverhältnis anzusehen (AG Bruchsal WM 83, 142), das bis zum Ableben des Mieters nicht im Wege der ordentlichen Kündigung beendet werden kann. In der Regel ist auch das Recht zur Mieterhöhung ausgeschlossen (s. Rdn. C 37). Nach dem Ableben des Mieters wird das Mietverhältnis unter den Voraussetzungen der §§ 569 ff BGB fortgesetzt (s. Rdn B 79 ff). Gegenüber dem Mietnachfolger ist der Vermieter zur Mieterhöhung berechtigt. Eine Kündigung ist möglich, falls Kündigungsgründe vorliegen (s. Rdn B 579).

Vorbem. 2. Allg. Grundsätze z. Beendigung v. Mietverhältnissen **B 23–27**

2. Mietverträge mit Verlängerungsklausel **B 23**

Bestimmt der Mietvertrag, daß sich die vereinbarte Vertragszeit auf bestimmte oder unbestimmte Dauer verlängert, falls keiner der Vertragspartner rechtzeitig der Vertragsfortsetzung entgegentritt, so ist eine unterschiedliche rechtliche Beurteilung dieser Vertragsvereinbarungen möglich (dazu Hans § 564 BGB Anm. 3). Daneben wird die Bewertung solcher Vereinbarungen dadurch erschwert, daß ihr Inhalt durch verschiedenartige Formulierungen eine einheitliche Auslegung verbietet. In der Praxis sind diese Zweifelsfragen vor allem dafür von Bedeutung, ob der Schutz des Mieters nach §§ 564b, 556a BGB oder aber nach § 564c I BGB, § 556b BGB gewährleistet sein soll.

a) **Für Mietverhältnisse über Wohnraum** (s. Rdn B 2ff) hat der Gesetzgeber in § 565a I BGB die hier wesentlichen Rechtsfragen unter Außerachtlassung des Theorienstreits geregelt. Soll ein solches Mietverhältnis mit dem Ablauf der zunächst vorgesehenen Befristung oder aber beim Ablauf eines nachfolgenden Verlängerungszeitraums beendigt werden, so ist dafür eine **Kündigung** unter Einhaltung der Kündigungsvoraussetzungen der §§ 564b, 564a I, 565 II BGB erforderlich. Abweichende Vereinbarungen sind nach § 565a II BGB unwirksam. Diese gesetzlichen Beschränkungen des Vermieters können nur unter den Voraussetzungen der §§ 565a III 2. Halbsatz, 565 III BGB ausnahmsweise entfallen. **B 24**

Daraus folgt auch, daß vertraglich geregelte kürzere Fristen für die Kündigung kraft Gesetzes ausgeschlossen sind, während vertraglich vereinbarte längere Fristen zugunsten des Mieters auch insoweit wirksam bleiben (s. Rdn B 854); für Einzelheiten zu § 565a BGB, insbesondere zu den verschiedenartigen Vertragsklauseln wird auf Rdn B 870 verwiesen. **B 25**

Ferner muß aus der gesetzlichen Regelung gefolgert werden, daß der Mieter einer Kündigung des Vermieters auch unter den Voraussetzungen des § 556a BGB widersprechen und die Fortsetzung des Mietverhältnisses verlangen kann (Hans § 564 BGB Anm. 3a); der abweichenden Ansicht von Pergande (§ 564 BGB Anm. 4), wonach es sich hier um keine echte Kündigung handeln soll und aus praktischen Erwägungen nur ein Fortsetzungsverlangen unter den eingeschränkten Voraussetzungen des § 556b BGB zulässig sei, kann nicht gefolgt werden, zumal sie weder mit dem Wortlaut des § 565a BGB noch mit den Grundgedanken des Kündigungsschutzes (Barthelmess NJW 74, 1230) in Einklang steht (unzutr. daher AG Stuttgart ZMR 73, 250). **B 26**

Zwar hat das RG (RGZ 86, 60; 97, 80; 107, 300; 114, 135) früher die Auffassung vertreten, bei einem Mietvertrag mit Verlängerungsklausel beginne nach Ablauf der ausbedungenen Frist für jeden Verlängerungsabschnitt ein neues, inhaltsgleiches Mietverhältnis (s. auch BGH NJW 75, 40); die sog. Kündigung zum Ende der festen Mietzeit sei keine Kündigung im Rechtssinne, weil sie nicht auf die Beendigung eines schon bestehenden Mietvertrages abziele, sondern die Entstehung eines **B 27** neuen Mietverhältnisses ablehne. Diese formale Betrachtungsweise, welche die wirtschaftlichen und sozialen Gegebenheiten nicht berücksichtigt, ist jedenfalls für den Bereich der Wohnraummiete nicht mehr haltbar, nachdem der Gesetzgeber in § 565 a I BGB ausdrücklich auch die durch Verlängerungsklauseln bedingten Vertragsbeendigungen als Kündigungen bezeichnet hat. Die Theorie von der sog. **unechten Kündigung** widerspricht im übrigen eindeutig dem Schutzzweck der §§ 564 b, 556 a BGB und wird heute mit Recht von der h. M. für Wohnraummietverhältnisse abgelehnt (dazu ausführlich Goch ZMR 78, 134; Lehmann NJW 74, 2117 m. w. Nachw.; Löwe NJW 72, 2109; Lutz NJW 74, 651; DWW 71, 386; Häusler DWW 71, 378; Sternel Rdn IV 175; a. A. LG Wuppertal MDR 76, 495; LG Kaiserslautern NJW 75, 1325; Pergande § 556 b BGB Anm. 7).

Daraus, daß der Gesetzgeber anläßlich des 2. WKSchG den nicht eindeutigen Wortlaut des § 565 a I BGB unverändert ließ, kann nicht gefolgert werden, daß die zumindest für Wohnraummietverhältnisse abzulehnende Theorie der sog. unechten Kündigung trotz der Einführung eines umfassenden Kündigungsschutzes ihre Bestätigung fand; dementgegen ist nämlich auch im Gesetzgebungsverfahren wiederholt die Ansicht vertreten worden, daß sich der Kündigungsschutz auf diese Vertragsgestaltungen erstreckt (unzutr. daher LG Wuppertal a. a. O.).

B 28 b) **Bei sonstigen Mietverhältnissen** – insbesondere über Geschäftsräume und nicht geschützten Wohnraum – gilt § 565 a I BGB nicht und sind nach dem Wortlaut der Verlängerungsklausel vor allem zwei Fallgruppen zu unterscheiden.

aa) Ist der Mietvertrag nach der Verlängerungsklausel für eine bestimmte Zeit unkündbar, während er später unter Einhaltung bestimmter Fristen gekündigt werden kann, so ist ein Vertrag auf bestimmte Zeit anzunehmen, der infolge der vorweggenommenen Einigung in einem Vertrag auf unbestimmte Zeit übergeht, wobei sich der Vertragsinhalt nur hinsichtlich des Kündigungsrechts ändert.

bb) Ist der Vertrag auf bestimmte Zeit abgeschlossen und eine Verlängerung für den Fall vereinbart, daß nicht innerhalb einer bestimmten Frist vor der Vertragsbeendigung gekündigt wird, so liegt ein befristeter Mietvertrag vor, der durch einen neuen, inhaltlich übereinstimmenden Vertrag ersetzt wird, falls die Kündigung ausbleibt.

B 29 **3. Mietverträge mit Optionsrecht**

Wird in einem befristeten Mietvertrag über Wohnraum vereinbart, daß einem Vertragspartner das Recht zustehen soll, durch eine einseitige Erklärung eine Verlängerung des Mietverhältnisses herbeizuführen (Optionsrecht), so endet der Vertrag nach § 564 I BGB mit dem Ablauf der Vertragszeit, falls von dem Verlängerungsrecht nicht bereits vorher Gebrauch gemacht worden ist. Wird dagegen das Optionsrecht wirksam ausgeübt, begründet das die Entstehung eines neuen Mietverhältnisses

Vorbem. 2. Allg. Grundsätze z. Beendigung v. Mietverhältnissen **B 29**

zu den in der Optionsklausel genannten Bedingungen. Von den oben unter 2. erläuterten Verlängerungsklauseln unterscheidet sich das Optionsrecht dadurch, daß sich der Berechtigte zur Wahrung seiner Rechte im umgekehrten Sinne verhalten muß: während bei der Verlängerungsklausel eine Willenserklärung erforderlich ist, um eine Vertragsverlängerung abzuwehren, muß der Optionsberechtigte hier dem Vertragspartner eine Willenserklärung zugehen lassen, um eine Vertragsverlängerung zu erreichen. Sinnvoll ist allerdings auch die Kumulation von Verlängerungsklausel, Kündigungsmöglichkeit zum Ablauf der festen Mietzeit für beide Vertragspartner und Optionsrecht zugunsten des Mieters. Kündigt nämlich keine der Mietvertragsparteien, so wird das Vertragsverhältnis schon aufgrund der Verlängerungsklausel fortgesetzt. Kündigt dagegen der Vermieter, so kann der Mieter seine Optionserklärung entgegensetzen und dadurch die Beendigung des Mietverhältnisses verhindern. In dem Unterlassen der Kündigung durch den Mieter zum Ablauf der festen Mietzeit kann aber in der Regel keine Ausübung des Optionsrechts gesehen werden (BGH ZMR 85, 260). Das Optionsrecht muß stets vor Ablauf der vereinbarten Vertragszeit ausgeübt werden, auch wenn im Vertrag vereinbart ist, daß der Mieter nach Ablauf der Vertragszeit ein Optionsrecht habe (BGH NJW 82, 2770) oder wenn für die Wahrung dieses Rechts keine bestimmte Frist vereinbart worden ist; eine Frist für die Ausübung des Optionsrechts kann sich aber aus der Auslegung der übrigen Vertragsvereinbarungen ergeben (OLG Düsseldorf NJW 72, 1674). Ist z.B. ein relativ hoher Mietzins geschuldet und eine relativ lange Kündigungsfrist vereinbart, so kann die Auslegung ergeben, daß die Option zwar nicht innerhalb der Kündigungsfrist, wohl aber unverzüglich nach Zugang der Kündigung durch den Vermieter erklärt werden muß (BGH ZMR 85, 260 bei einer Jahresmiete von 200000,– DM und einer Kündigungsfrist von zwei Jahren). Fehlen solche Anhaltspunkte, so kann die Option unter Umständen noch am letzten Tag der ursprünglichen Vertragslaufzeit ausgeübt werden (AG Hamburg-Blankenese ZMR 86, 17). Hat der Vermieter vor Ablauf der Kündigungsfrist Klage auf künftige Räumung erhoben, so kann der Mieter auch nach Eintritt der materiellen Rechtskraft des Räumungsurteils das Optionsrecht ausüben (BGH NJW 85, 2481 = MDR 85, 574 mit zustimmender Anmerkung Haase JR 85, 468 und zustimmender Anmerkung Arens JZ 85, 751). Erforderlich ist in diesem Fall allerdings, daß der Mieter die Räume noch in Besitz hat. Gegen die Zwangsvollstreckung kann der Mieter aufgrund seiner Optionsmöglichkeit Vollstreckungsgegenklage erheben. Für den Erfolg der Vollstreckungsgegenklage ist es unerheblich, ob der Mieter das Optionsrecht auch schon im Räumungsverfahren hätte geltend machen können; maßgeblich ist allein, daß nach den vertraglichen Vereinbarungen die Optionsmöglichkeit noch besteht. Ist ein unbefristetes Optionsrecht zugunsten des Mieters vereinbart, so kann dieses auch nach einer vertraglichen oder stillschweigenden Verlängerung des Mietverhältnisses auf unbestimmte Zeit (§ 568 BGB) gemäß

B 29a

der ursprünglich getroffenen Vereinbarung ausgeübt werden (BGH MDR 75, 397 = BB 75, 1413; einschränkend BGH NJW 82, 2770. Ob das neue Mietverhältnis auf Grund des rechtswirksam ausgeübten Optionsrechts auf bestimmte oder unbestimmte Zeit läuft, muß nach dem Inhalt der Optionsklausel entschieden werden; ist daraus eine Befristung des neuen Mietverhältnisses nicht herzuleiten, gilt es als auf unbestimmte Zeit geschlossen, so daß es vom Vermieter nur unter Wahrung der Kündigungsvoraussetzungen des § 564b BGB und der vereinbarten oder gesetzlich bestimmten Kündigungsfristen (§ 565 BGB) beendigt werden kann. Innere Willensvorstellungen über die Tragweite des vereinbarten Optionsrechts vermögen dessen Rechtswirksamkeit und Rechtsfolgen nicht zu beseitigen (LG Mannheim ZMR 74, 333 = WM 74, 260). Die Vorschrift des § 565a BGB sieht für Wohnraummietverhältnisse mit einem Optionsrecht keine gesetzliche Sonderregelung gegenüber sonstigen Mietverhältnissen vor. Hat die Ausübung des Optionsrechts einen neuen befristeten Mietvertrag zur Folge, so stehen dem Mieter bei Ablauf der Vertragszeit die Rechte aus § 564c I BGB, § 556b BGB zu (s. Rdn B 360, 765 ff).

B 29a **4. Kettenmietverträge**

Unter einem Kettenmietvertrag versteht man eine Vertragsgestaltung, bei der zu Beginn des Mietverhältnisses mehrere befristete, nahtlos ineinanderübergehende Mietverträge mit meist kürzerer Laufzeit abgeschlossen werden. Solche Kettenmietverträge sind wirksam (a. A. AG Tübingen WM 82, 275). Durch diese Vertragsgestaltung wird der dem Mieter zustehende Kündigungsschutz nämlich nicht tangiert. Der Mieter hat auch hier die Möglichkeit, zwei Monate vor Ablauf des ersten Vertrags die Fortsetzung des Mietverhältnisses auf unbestimmte Zeit zu verlangen (564c I BGB; s. Rdn B 773). In diesem Fall wird das Mietverhältnis auf der Grundlage des ersten Vertrags zu den dort vereinbarten Bedingungen fortgesetzt; alle weiteren Folgeverträge werden damit gegenstandslos. Dies gilt auch dann, wenn dort ein jeweils anderer Mietzins vereinbart worden ist. Für eine Umdeutung in eine Staffelmietvereinbarung bleibt kein Raum, weil die Parteien durch die Reihung mehrerer selbständiger Verträge zum Ausdruck bringen, daß jeder Vertrag nur für sich Geltung haben soll. Die Mietzinsvereinbarungen der nicht in Gang gesetzten Folgeverträge können deshalb nicht als Bestandteil des fortgesetzten Erstvertrags angesehen werden.

Macht der Mieter von seinem Fortsetzungsanspruch keinen Gebrauch, so endet der jeweilige Vertrag und das Mietverhältnis wird zu den Bedingungen des Folgevertrags fortgesetzt.

gung gesetzlich geregelten **Kündigungsfristen** zu. Zwischen dem Zugang der Kündigungserklärung (Kündigungstag) und dem Rückgabetag (Kündigungstermin) muß im Interesse von Vermieter und Mieter eine angemessene Vorbereitungszeit liegen, das ist die Kündigungsfrist. Sie soll dem Mieter zur Beschaffung einer anderweitigen Mietsache und dem Vermieter zur Weitervermietung dienen. Ein fehlender oder unrichtiger Kündigungstermin hat nach h. M. aber nicht die Unwirksamkeit der Kündigungserklärung zur Folge, sondern läßt sie lediglich zum nächsten zulässigen Termin wirksam werden. Für die Einzelheiten wird auf die ausführliche Kommentierung des § 565 BGB unter Rdn B 832 ff verwiesen (zur fristlosen Kündigung s. Rdn B 60, 61).

B 33 3. Bei Mietverhältnissen über Wohnraum macht das Gesetz die Wirksamkeit der ordentlichen und außerordentlichen Kündigung von der Einhaltung der **Schriftform** abhängig (§ 564a I BGB); dies gilt sowohl für die Kündigung des Vermieters als auch für die Kündigung des Mieters. Es ist erforderlich, daß die Erklärung eigenhändig vom Kündigenden unterschrieben wird. Eine mechanisch gefertigte Unterschrift genügt nicht (AG Dortmund ZMR 67, 15). Eine Kündigung durch schlüssiges Verhalten ist grundsätzlich ausgeschlossen; jedoch kann es Fälle geben, in denen die Berufung des Kündigungsempfängers auf die fehlende Schriftform gegen Treu und Glauben verstößt. Ein solcher Fall wird vorliegen, wenn der Kündigungsempfänger den Kündigenden in Kenntnis der Rechtslage arglistig von der Wahrung der Formvorschriften abgehalten hat. Gleiches soll nach einer Entscheidung des AG Coesfeld (WM 86, 326) gelten, wenn der Mieter aus der Wohnung auszieht und auf diese Weise eindeutig zum Ausdruck bringt, daß das Mietverhältnis nicht fortgesetzt werden soll. Ist Wohnraum, den der Vermieter ganz oder überwiegend mit Einrichtungsgegenständen auszustatten hat, Teil der vom Vermieter selbst bewohnten Wohnung, jedoch nicht zum dauernden Gebrauch für eine Familie überlassen (s. Rdn C 539), braucht die Schriftform nicht eingehalten zu werden (§ 564a III BGB; dazu Rdn C 539, 548). Wird vereinbart, daß die Kündigung durch **eingeschriebenen Brief** zu erfolgen hat, so ist die Beachtung dieser Versendungsart keine Wirksamkeitsvoraussetzung für die Kündigung. Die Versendung als Einschreibebrief soll nämlich lediglich den Zugang beweisbar machen. Der Zugang kann deshalb auch bei vereinbarter Übersendungsart in anderer Art und Weise erfolgen (so für die arbeitsrechtliche Kündigung: BAG NJW 80, 1304). Davon abweichend sieht LG Hamburg (NJW 86, 262) in einer entsprechenden Vertragsklausel eine Wirksamkeitsvoraussetzung der Kündigung. Eine formularmäßige Vereinbarung dieser Klausel verstößt allerdings gegen § 11 Nr. 16 AGBG; in diesem Fall soll die Einschreibe-Brief-Klausel nach der Ansicht des LG Hamburg in eine einfache Schriftformklausel umgedeutet werden können.

B 34   a) Der Wortlaut der schriftlichen Kündigungserklärung muß erkennen lassen, daß der Kündigende die Beendigung des Mietverhältnisses

II. Beendigung durch ordentliche und außerordentliche Kündigung

Ist die Mietzeit nicht bestimmt, so können der Vermieter und der **B 30** Mieter das Mietverhältnis unter Einhaltung der in § 565 BGB geregelten Kündigungsfristen durch eine Kündigungserklärung zur Beendigung bringen (§§ 564 II, 564a BGB). Daneben ist es auch bei Mietverhältnissen über Wohnraum in den vom Gesetz bestimmten Fällen zulässig, die Beendigung im Wege der außerordentlichen fristlosen Kündigung (§§ 553ff BGB) oder der außerordentlichen befristeten Kündigung (z. B. §§ 565c, 567, 569a V BGB) herbeizuführen; auf die Erörterung des Rechts zur außerordentlichen fristlosen Kündigung unter Rdn B 55ff wird verwiesen, soweit es sich um Grundsatzfragen im Zusammenhang mit dem Kündigungsschutz handelt. Für die von § 564b BGB erfaßten Rechte des Vermieters zur außerordentlichen befristeten Kündigung wird auf die Ausführungen unten Rdn B 577 verwiesen. Die Zulässigkeit der Kündigung setzt nicht voraus, daß der Mieter die Mietsache bereits in Besitz genommen hat. Vielmehr kann das Mietverhältnis auch zwischen Vertragsschluß und Mietbeginn wieder gekündigt werden (BGH NJW 79, 1288 = MDR 79, 574 = WM 79, 139 = ZMR 79, 271). Auch für eine solche Kündigung müssen Gründe i. S. d. § 564b BGB vorliegen (s. Rdn. B 572). Zur Frage der Berechnung der Kündigungsfrist in diesen Fällen s. Rdn B 837). Im übrigen gelten für die ordentliche und außerordentliche Kündigung folgende **gemeinsame Grundsätze:**

1. Die Kündigung ist eine einseitige, empfangsbedürftige **Willenserklä- B 31 rung.** In der Kündigungserklärung muß eindeutig zum Ausdruck kommen, daß der Erklärende die Absicht hat, das Mietverhältnis zu beendigen. Mit welchen Worten das geschieht, ist nicht entscheidend. Das Wort „Kündigung" braucht nicht verwendet zu werden. Es genügt jede Erklärung, die unmißverständlich den Wunsch erkennen läßt, das Mietverhältnis beendigen zu wollen (BGH LM § 566 BGB Nr. 2). Die bloße Absicht oder Ankündigung, sobald wie möglich eine Beendigung herbeiführen zu wollen, ist noch keine Kündigung. Die Kündigung darf nicht unter einer **Bedingung** erklärt werden, selbst wenn die Erfüllung dieser Bedingung vom Willen des Gekündigten abhängig ist (zutr. Hans § 564 BGB Anm. 5f; Roquette § 564 BGB Rdn 15; a. A. Palandt-Putzo § 564 Anm. 3e). Eine solche bedingte Kündigungserklärung widerspricht dem Bestimmtheitsgrundsatz für Gestaltungsrechte und ist deshalb unwirksam, auch wenn es sich nur um eine Potestativbedingung handelt.

2. Aus der Kündigungserklärung soll sich ergeben, zu welchem **Ter- B 32 min** die Beendigung des Mietverhältnisses verlangt wird. Ein Anspruch auf die Räumung und Herausgabe steht nämlich dem Vermieter nach § 564 II BGB grundsätzlich erst mit der Vertragsbeendigung nach dem Ablauf der für die ordentliche und die außerordentliche befristete Kündi-

B 36

die Vorschrift des § 167 II ZPO insoweit unanwendbar ist (BGH NJW 81, 1210 = MDR 81, 664). Darüber hinaus ist es erforderlich, daß dem Erklärungsempfänger ein vom Kündigenden oder dessen Bevollmächtigten eigenhändig unterschriebenes Doppel des Schriftsatzes zugestellt wird. Durch die Zustellung einer beglaubigten Kopie wird die Schriftform nicht gewahrt (LG Hamburg WM 77, 184; LG Karlsruhe MDR 78, 672 a. A. LG Berlin WM 78, 119; vgl. auch Spangenberg MDR 83, 807). Etwas anderes soll nach der obergerichtlichen Rechtsprechung allerdings dann gelten, wenn der Beglaubigungsvermerk von dem Vermieter oder dessen Bevollmächtigten eigenhändig unterzeichnet worden ist; in einem solchen Fall könne angenommen werden, daß mit dem Beglaubigungsvermerk nicht nur die Übereinstimmung der Abschrift mit der Urschrift, sondern zugleich die Tatsache der Kündigung selbst bezeugt werde (BGH NJW RR 87, 395 = WM 87, 209 = ZMR 87, 56; OLG Zweibrücken (RE) vom 17. 2. 1981 RES § 564a BGB Nr. 1; BayObLG (RE) vom 14. 7. 1981 RES § 564a BGB Nr. 2; OLG Hamm (RE) vom 23. 11. 1981 RES § 564a BGB Nr. 3; vgl. auch Deggau ZMR 82, 291; Schmid WM 81, 171). Wird die Kündigung im Verhandlungstermin zu Protokoll erklärt, so ist die Schriftform nicht gewahrt (LG Berlin MDR 82, 321). Die Gegenansicht (Spangenberg MDR 83, 807) folgert aus § 127a BGB, daß durch die protokollarische Beurkundung die Schriftform ersetzt werde (§ 126 III BGB). Dabei wird verkannt, daß § 127a BGB nur für den gerichtlichen Vergleich, nicht aber für Kündigungserklärungen gilt. Die Vorschrift steht in engem Zusammenhang mit § 160 III Ziff 1 ZPO, wonach ein Vergleich im Protokoll festzustellen ist; zur Protokollierung von Kündigungserklärungen ist das Gericht dagegen nicht verpflichtet. Ob im Falle einer wirksam im Prozeß erklärten Kündigung eine Klage auf künftige Räumung vorliegt und nach §§ 257, 259 ZPO zulässig ist, muß davon getrennt nach prozessualem Recht entschieden werden; die materielle Wirksamkeit dieser Kündigung bleibt davon unberührt, ob eine Klage auf künftige Räumung aus prozessualer Sicht zulässig ist (a. A. AG Gelsenkirchen-Buer WM 73, 138). Auch die §§ 564b, 556a I 2 BGB setzen nicht voraus, daß eine Räumungsklage nur dann zulässig ist, wenn ihr eine außerprozessuale Kündigungserklärung vorausging (a. A. AG Köln WM 74, 105). Zur Problematik des Nachschiebens von Kündigungsgründen wird auf Rdn B 714ff verwiesen.

B 36 4. Im Kündigungsschreiben muß der Vermieter nach § 564a I S. 2 BGB auch die **Kündigungsgründe** mitteilen. Zwar knüpft § 564a I S. 2 BGB an die Verletzung dieser Pflicht keine Nichtigkeitsfolge („soll"), so daß von diesem Blickpunkt aus für den Vermieter nur die nachteiligen Folgen des § 556a I S. 3 BGB eintreten; da aber § 564b III BGB für die Wohnraummietverhältnisse eine Kündigung ohne Angabe der berechtigten Kündigungsinteressen verbietet, hat das Fehlen dieser Angaben letztlich doch die Unwirksamkeit einer solchen Kündigungserklärung wünscht. Die eigenhändige Namensunterschrift des Kündigenden muß die gesamte Erklärung decken (§ 126 BGB). Werden die Erfordernisse der gesetzlichen Schriftform nicht eingehalten, ist die Kündigung unwirksam (§ 125 BGB). Bei **telegrafischer Kündigung** ist die Schriftform auch dann nicht gewahrt, wenn der Kündigende das Aufgabeformular eigenhändig unterschrieben hat. Dies hat das OLG Karlsruhe durch Rechtsentscheid vom 16. 2. 1973 (RES § 556a BGB Nr. 9) für das rechtsähnliche Problem der telegrafischen Widerspruchseinlegung nach § 556a BGB entschieden (s. Rdn B 335). Im Hinblick auf die Bedeutung der Kündigungserklärung und aus Gründen der Rechtsklarheit hat der jeweils Gekündigte ein schutzwürdiges Interesse am Zugang einer unterschriebenen Kündigungserklärung. Unwirksam sind auch solche Kündigungserklärungen, die dem Empfänger nicht im Original zugehen, wie etwa **Fotokopien oder Fernkopien**. Bezüglich beglaubigter Fotokopien oder beglaubigter Abschriften s. unten B 35; zur Kündigung durch Bevollmächtigte s. unten B 44.

b) Auch in der **Klageerhebung** oder – nach Klagerhebung – in einem an das Gericht adressierten Schriftsatz kann eine wirksame Kündigung gesehen werden (BayObLG (RE) vom 14. 7. 1981 RES § 564b BGB Nr 9). Voraussetzung ist allerdings, daß in der Klagschrift nicht nur der Räumungsanspruch begründet wird, sondern darüber hinaus eine Kündigungserklärung enthalten ist. Diese Erklärung muß so eindeutig sein, daß sie der Kündigungsempfänger als **materiellrechtliche Erklärung** verstehen kann. Eine derartige Auslegung entspricht dem Gebot der Rechtsklarheit und Rechtssicherheit. Der Kündigungsempfänger muß im Hinblick auf § 564b III BGB wissen, welche Kündigungsgründe gegen ihn vorgebracht werden, wie sich die Kündigungsfrist berechnet und ob gegebenenfalls eine Klage auf künftige Räumung (§§ 257, 259 ZPO) vorliegt. Diese Rechtsansicht wird von der neueren Literatur und Rechtsprechung überwiegend vertreten (BayObLG (RE) vom 14. 7. 1981 RES § 564b BGB Nr 9; LG Hamburg MDR 74, 584 = WM 75, 57; LG Berlin WM 78, 119 = ZMR 78, 231; LG Karlsruhe MDR 78, 672 = Justiz 78, 231; AG Friedberg/Hessen WM 79, 243; Sternel Rdn. IV 4; Schmid WM 81, 171; a. A. Mittelstein S. 454; Pergande § 564a BGB Anm 3). Der Prozeßbevollmächtigte muß dafür sorgen, daß dem Mieter neben der von ihm unterzeichneten Klageschrift gleichzeitig die **Vollmachtsurkunde** mit zugestellt wird, weil beim Fehlen der Vollmacht die Kündigung unverzüglich zurückgewiesen werden kann (§ 174 BGB, Roquette § 564a Anm. 7); die nach § 80 I ZPO zu den Gerichtsakten abzugebende Prozeßvollmacht reicht dafür nicht aus, zumal diese vom Gericht nicht an den Beklagten weiterzuleiten ist (LG Wiesbaden ZMR 72, 81). Überhaupt berechtigt die Prozeßvollmacht nicht zur Abgabe einer Kündigungserklärung (AG Düsseldorf DWW 86, 247). Die Kündigung kann auch dann zurückgewiesen werden, wenn die Vollmachtsurkunde nur in beglaubigter Abschrift beigefügt ist; dies gilt auch dann, wenn durch Vermittlung eines Gerichtsvollziehers zugestellt wird, weil

Vorbem. 2. Allg. Grundsätze z. Beendigung v. Mietverhältnissen **B 37, 38**

zur Folge (s. Rdn B 711. Ausnahmen § 564b IV, VII BGB). Die Unterscheidung der Begründungspflicht nach formellen und materiellen Kriterien ist bei der Kündigung als einseitigem Gestaltungsrecht nicht gerechtfertigt (a. A. Fehl NJW 75, 1973). Nach dem Wortlaut des Gesetzes gilt die Begründungspflicht auch für die Kündigung des Mietvertrags durch den Mieter; die Nichtangabe von Gründen bleibt hier allerdings folgenlos. Zur außerordentlichen fristlosen Kündigung s. Rdn B 118 ff.

a) Ausnahmsweise können die Kündigungsgründe im übrigen auch **B 37** dann von Bedeutung sein, wenn die zum Ausspruch der Kündigung führenden **Beweggründe** schlechthin verwerflich sind und die Kündigung deshalb als unzulässige Rechtsausübung anzusehen ist (BGH LM § 242 BGB Nr. 55). Die Kündigung ist dann nach § 138 BGB unwirksam, z. B. wenn der Vermieter aus unberechtigter Verärgerung die Kündigung ausspricht (LG Mannheim NJW 68, 1833; gleiches gilt, wenn die Kündigung erfolgt, weil der Mieter es wagte, sich auf ein vertraglich verbrieftes Recht zu berufen (AG Siegen MDR 70, 239; LG Hamburg WM 71, 115). Bei Mietverhältnissen, die dem Schutzbereich des § 564b BGB unterliegen, wird in derartigen Fällen bereits ein berechtigtes Kündigungsinteresse in der Regel fehlen (s. Rdn B 583) oder das Verbot der Kündigung zwecks Mieterhöhung nach § 1 S. 1 MHG durchgreifen (s. Rdn C 26). Wenn die gesetzlichen Voraussetzungen für eine zulässige Kündigung vorliegen, so verstößt die Ausübung dieses Rechts grundsätzlich auch dann nicht gegen Treu und Glauben, wenn der Kündigende davon keinen Nutzen und der Gekündigte dadurch erhebliche Nachteile zu erwarten hat. Zwar kann die Kündigung rechtsmißbräuchlich sein oder eine unzulässige Rechtsausübung darstellen und deshalb im Einzelfall unwirksam sein. Das setzt aber voraus, daß der Kündigende durch sein Verhalten die Kündigungslage zumindest mitverursacht (so z. B. zum Bereich des § 554 I BGB: Roquette, dort Anm. 17 m. w. Nachw.) oder seine Motive trotz formaler Kündigungslage von der Rechtsordnung mißbilligt werden.

b) Ob die Kündigungsvoraussetzungen vorlagen und eine Beendigung **B 38** des Vertrags eintrat, ist nach den Gegebenheiten im Zeitpunkt des Zugangs der Kündigungserklärung zu beurteilen. Dies bedeutet, daß die Kündigungsgründe zu diesem Zeitpunkt bereits vorliegen müssen. Die Berufung auf einen **möglicherweise später eintretenden** Kündigungsgrund ist somit grundsätzlich unzulässig (LG Hamburg MDR 74, 583; LG Stuttgart WM 76, 56; AG Mannheim WM 77, 166). Eine Ausnahme gilt nur dann, wenn mit Gewißheit feststeht, daß der Kündigungsgrund (z. B. Eigenbedarf) spätestens beim Ablauf der Kündigungsfrist vorliegen wird (LG Hamburg a. a. O.; vgl. B 482). **Spätere Änderungen** oder ein Wegfall der Kündigungsgründe bis zum Ablauf der Kündigungsfrist sind grundsätzlich unbeachtlich. Das gilt uneingeschränkt für die fristlose Kündigung und Kündigungslagen i. S. des § 564b II Nr. 1 BGB, die erhebliche, schon begangene Pflichtverletzungen zum Gegenstand haben (vgl. B 66). Anders sind solche Kündigungslagen aus dem Gesichtspunkt von Treu und Glauben (§ 242 BGB) aber dann zu beurteilen, wenn Beendigungsgründe geltend gemacht werden, die ein fortbestehendes Erlangungsinteresse des Vermieters voraussetzen, wie das bei Tatbeständen nach § 564b II Nr. 2, 3 BGB und vergleichbaren Sachlagen der Fall ist (s. Rdn B 52 ff); entfallen oder verändern sich derartige Erlangungsinteressen des Vermieters nach dem Kündigungsausspruch (z. B. beabsichtigte Aufnahme des Verwandten oder Pflegers entfällt wegen Tod), so stellt die weitere Ausübung des Kündigungsrechts einen Treueverstoß dar (**unzulässige Rechtsausübung;** OLG Karlsruhe (RE) vom 7. 10. 1981 RES § 564b BGB Nr. 10; LG Freiburg WM 78, 122; Palandt-Heinrichs § 242 BGB Anm. 2d, 4 c–d). Der Vermieter ist verpflichtet, dem Mieter den Wegfall des Kündigungsgrundes mitzuteilen; unterbleibt die Mitteilung, so kann der Mieter unter Umständen Schadensersatzansprüche geltend machen (s. Rdn. B 609; OLG Karlsruhe a. a. O.). Die Kündigung ist im Ergebnis wirkungslos; soweit sich der Mieter nicht auf den geschaffenen Vertrauenstatbestand und die Fortgeltung der Kündigung beruft, gilt der bisherige Vertrag unverändert als fortgesetzt (s. auch Rdn B 544). Das gilt auch für Veränderungen, die nach dem Kündigungstermin bis zur Erlangung eines gerichtlichen Titels eintreten (im Erg. ebenso AG Dortmund WM 74, 178; AG Gelsenkirchen WM 75, 248; LG Hamburg WM 77, 30; AG Köln ZMR 77, 239 m. zust. Anm. Weimar). Änderungen nach der Titulierung des Räumungsanspruchs sind in der Sache nicht anders zu beurteilen, weil auch die Vollstreckung nach § 242 BGB eine unzulässige Rechtsausübung darstellt (a. A.: LG Köln WM 84, 248); in der Zwangsvollstreckung ist dieser Einwand des Mieters aber nur dann beachtlich, wenn er nach §§ 767 ZPO, 826 BGB die Beseitigung des Titels (oder die einstweilige Einstellung der Vollstreckung in diesem Verfahren) erwirkt hat. Im übrigen kommt die **Verwirkung** eines titulierten Räumungsanspruchs dann in Betracht, wenn der Vermieter längere Zeit vom Titel keinen Gebrauch machte und sich der Mieter nach den Umständen des Einzelfalles auf die Erledigung des früheren Räumungsverlangens einstellen darf. Zum Schadenersatz s. Rdn B 74; 609.

Hiervon abweichend vertritt von Stebut (NJW 85, 289) die Ansicht, daß durch den nachträglichen Wegfall der Kündigungsgründe die Wirksamkeit der Kündigung nicht berührt werde. Der Mieter habe allerdings einen Anspruch gegen den Vermieter auf Fortsetzung des Mietverhältnisses zu den ursprünglichen Bedingungen. Ein solcher Fortsetzungsanspruch komme jedoch nur dann in Betracht, wenn der Mieter „die Wohnung aus anerkennenswerten Gründen nicht termingerecht" geräumt habe. Anderenfalls sei der Vermieter nicht verpflichtet, das Mietverhältnis fortzusetzen. Es gelte der Grundsatz, daß ein Recht nicht ausgeübt werden könne, wenn es durch unredliches Verhalten erworben werde. In diesem Fall besteht nach der Ansicht von Stebuts auch keine Aufklärungspflicht.

c) Läßt sich aus der Kündigungserklärung nicht oder nur mit unzureichender Eindeutigkeit entnehmen, ob es sich um eine außerordentliche Kündigung aus wichtigem Grund oder aber um eine ordentliche befristete Kündigung handeln soll, ist sie im Zweifel als ordentliche Kündigung zu bewerten. **B 39**

d) Eine fristlose Kündigung kann im Wege der **Umdeutung** (§§ 133, 140 BGB) nur dann als ordentliche Kündigung ausgelegt werden, wenn sie auch den inneren und äußeren Erfordernissen dieses Rechtsgeschäfts entspricht und daneben erkennbar vom Willen des Kündigenden mit umfaßt war; das ist nicht der Fall, wenn der Vermieter erkennbar die fristlose Kündigung nur auf das Vorliegen bestimmter Kündigungsgründe stützt (LG Essen ZMR 69, 309; LG Mannheim NJW 70, 328 = MDR 70, 240 = WM 70, 26; LG Aachen NJW 64, 1476; ebenso für die arbeitsrechtliche Kündigung BAG MDR 76, 523). Bringt der Vermieter in der Kündigung oder durch sein Verhalten erkennbar zum Ausdruck, daß er auf jeden Fall die Beendigung des Mietvertrags anstrebt, so ist eine Umdeutung gerechtfertigt (Weimar WM 66, 129). Ist dies nicht erkennbar, kann in späteren Erklärungen des Vermieters (z. B. in der Klageerhebung) eine neue Kündigung liegen (s. oben Rdn B 35; insoweit unklar LG Hannover ZMR 71, 377 = MDR 72, 330). Die Umdeutung einer nicht ausreichend begründeten außerordentlichen Kündigung in ein Angebot zum Abschluß eines Mietaufhebungsvertrags ist grundsätzlich ausgeschlossen. Die Umdeutung einer einseitigen Willenserklärung in ein annahmebedürftiges Vertragsangebot kommt nämlich nur dann in Betracht, wenn sich der Erklärende bei der Abgabe der außerordentlichen Kündigung bewußt ist, daß sie als einseitige Erklärung nicht wirksam werden kann und daß es für diesen Fall zur Herbeiführung des rechtlichen Erfolgs, gewissermaßen hilfsweise, der Zustimmung des Erklärungsempfängers bedarf (BGH NJW 81, 42 = WM 81, 57 = MDR 81, 135 = ZMR 81, 84). Eine solche Situation wird im Wohnungsmietrecht regelmäßig nicht vorliegen. **B 40**

Der Schutz des Mieters von Wohnraum läßt eine Umdeutung im übrigen nur dann zu, wenn die nach § 565 II BGB einzuhaltende Kündigungsfrist bis zum Räumungsausspruch verstrichen ist und das Recht zum Kündigungswiderspruch nach § 556a BGB voll gewahrt bleibt; im Hinblick auf die Befristung des Widerspruchsrechts nach § 556a VI BGB muß in entsprechender Anwendung des S. 2 dieser Vorschrift dem Mieter auf Hinweis des Gerichts (§ 139 ZPO) bis zur darauffolgenden mündlichen Verhandlung das Recht zum Widerspruch eingeräumt werden. Andernfalls verstößt die Umdeutung gegen § 564b V BGB. Der gesetzliche Bestandschutz verbietet aber nicht schlechthin eine Umdeutung (Hans § 564 BGB Anm. 5g; a. A. LG Gießen ZMR 75, 114; LG Braunschweig BlBGW 68, 33). **B 41**

Von der Umdeutung ist die neben einer fristlosen Kündigung oder später hilfsweise ausgesprochene ordentliche Kündigung zu unterscheiden; erklärt der Vermieter eindeutig, daß er im Falle der Unwirksamkeit **B 42** der fristlosen Kündigung die fristgemäße Beendigung des Mietverhältnisses herbeiführen will, dann ist für die Anwendung des § 140 BGB kein Raum; der Mieter ist in der Lage, seine Rechte gegen die ordentliche Kündigung voll zu wahren, wenn er die fristlose Kündigung ablehnt. Gegen die Wirksamkeit einer so **gestaffelten Kündigung** bestehen keine Bedenken, auch nicht aus dem Gesichtspunkt der Rechtsklarheit einseitiger Willenserklärungen. Ebenso ist es zulässig, daß nach einer ordentlichen Kündigung der Vermieter eine fristlose Kündigung nachschiebt. Beide Kündigungsarten unterscheiden sich qualitativ voneinander und nicht nur nach der einzuhaltenden Kündigungsfrist (s. Rdn B 55).

B 43 5. Die Kündigung wird als empfangsbedürftige Willenserklärung erst mit ihrem **Zugang** wirksam. Auf welche Weise der Kündigende den nachweisbaren Empfang des Schriftstücks sicherstellt, ist seine Sache. Er kann es dem Gekündigten persönlich aushändigen oder überbringen lassen, es in seinen Briefkasten einwerfen oder einen eingeschriebenen Brief mit der Post übersenden. Soll gegenüber einem Geschäftsunfähigen gekündigt werden, so muß das Kündigungsschreiben an dessen gesetzlichen Vertreter gerichtet werden und diesem zugehen. Die bloße Kenntnisnahme des gesetzlichen Vertreters von der an den Geschäftsunfähigen adressierten Kündigung reicht nicht aus (LG Berlin MDR 82, 321). Hat der Geschäftsunfähige keinen gesetzlichen Vertreter, so kann auf Antrag des Kündigenden ein Gebrechlichkeitspfleger mit dem Wirkungskreis „Zustellung der Wohnungskündigung und Wahrnehmung der sich in diesem Zusammenhang ergebenden Rechte der Pflegebefohlenen einschließlich ihrer Vertretung im Prozeß" bestellt werden (BGH NJW 85, 433). Zuständig hierfür ist das Amtsgericht.

a) Als zugegangen gilt die Kündigung, wenn sie derart in den Machtbereich des Gekündigten gelangt ist, daß bei Annahme normaler Verhältnisse von seiner Kenntnisnahme ausgegangen werden kann (BGH NJW 65, 96; NJW 80, 990 = WM 80, 155). Dafür reicht es aus, daß die Erklärung in den Empfangsbereich des Gekündigten gelangt. Wird das Kündigungsschreiben in den Briefkasten des Empfängers eingeworfen, so tritt der Zugang der Kündigung zu dem Zeitpunkt ein, an welchem üblicherweise mit der Leerung gerechnet werden kann. Es kommt insoweit nicht darauf an, ob der Briefkasten geleert wird und der Empfänger tatsächlich von der Kündigung Kenntnis genommen hat. Bei längerer Abwesenheit muß der Empfänger also zur Vermeidung von Rechtsnachteilen dafür Sorge tragen, daß er Kenntnis von den ihm zugegangenen Schriftstücken erhält. Hierfür reicht es aus, daß er einen Nachsendeantrag bei der Post stellt; in diesem Fall treten die Zugangswirkungen erst dann ein, wenn der Empfänger nach dem gewöhnlichen Verlauf der Dinge von der Kündigung an seinem Aufenthaltsort Kenntnis nehmen kann. Dieselben Grundsätze sind dann anzuwenden, wenn die Kündigung gegenüber einem Ausländer, der die deutsche Sprache nicht lesen kann, erklärt wird. Der Zugang der Kündigung ist in einem solchen Fall erst nach Ablauf einer für die Übersetzung erforderlichen Zeitspanne vollzogen. Für den Bereich des Arbeitsrechts ist dies weitgehend anerkannt (vgl. LAG Hamm NJW 79, 2488 m. w. Nachw.; a. A. Jauernig § 130 BGB Anm. 2a) aa).

Der Zugang eines Schriftstücks kann auch durch Übergabe an einen Haushaltsangehörigen bewirkt werden; die Zugangswirkungen treten dann mit der Übergabe ein. Dies gilt auch dann, wenn sich der Empfänger an einem anderen Ort aufhält und der Absender des Kündigungsschreibens davon Kenntnis hat. (Baumgärtel-Halbach JZ 75, 670; a. A. LG Wiesbaden JZ 75, 668 wonach die Zugangswirkungen auch in diesem Falle erst dann eintreten wenn der Empfänger von der Kündigung an seinem tatsächlichen Aufenthaltsort Kenntnis nehmen könnte).

Wird ein Kündigungsschreiben im Auftrag des Absenders durch Niederlegung bei der Post zugestellt, so wird dadurch auch dann kein Zugang bewirkt, wenn der Postbote einen Benachrichtigungszettel hinterlassen hat (BGH VersR 71, 262; a. A. Vollkommer VersR 68, 1001). Das gilt auch dann, wenn die Kündigung in der Klagschrift erklärt wird (s. Rdn B 35) und wenn die Klagschrift auf Grund des Zustellungsersuchens der Geschäftsstelle von der Post durch Niederlegung gem. § 182 ZPO zugestellt wird. Eine Zustellung durch Niederlegung reicht nur aus, wenn sie durch Vermittlung des Gerichtsvollziehers erfolgt (§ 132 I BGB; BGH NJW RR 87, 395 = WM 87, 209; AG Darmstadt WM 87, 392). Eine Ausnahme gilt dann, wenn der Kündigungsempfänger treuwidrig den Zugang der Kündigungserklärung vereitelt (BGH MDR 77, 388 = NJW 77, 194). Hiervon kann bereits dann ausgegangen werden, wenn er nach Sachlage mit rechtsgeschäftlichen Mitteilungen des Absenders rechnen mußte (BGH a. a. O.). Verweigert der Adressat in diesen Fällen grundlos die Annahme eines Einschreibebriefes, so muß er sich so behandeln lassen, als sei ihm das Schreiben im Zeitpunkt der Annahmeverweigerung zugegangen (BGH NJW 83, 929). Ein Kündigungsempfänger, der als Kaufmann oder wie ein Kaufmann am Geschäftsleben teilnimmt, ist deshalb verpflichtet, die Verlegung der Geschäftsräume seinem Vertragspartner mitzuteilen (HansOLG MDR 78, 489 = ZMR 80, 84). Zu weitgehend ist es aber, wenn LG Duisburg (WM 87, 85) fordert, ein Vermieter müsse auch während seiner Urlaubsabwesenheit dafür Sorge tragen, daß ihn Einschreibebriefe erreichen. Den Nachweis für den Zugang muß der Kündigende führen. Dabei genügt es nicht, wenn der Kündigende beweist, daß er das Kündigungsschreiben in einen Briefkasten der Deutschen Bundespost eingeworfen hat. Einen Erfahrungssatz dahingehend, daß abgesandte Briefe ihren Empfänger stets erreichen, gibt es insoweit nicht (BGHZ 24, 312; a. A.: E. Schneider MDR 84, 281 mit weiteren Nachweisen). Aus dem Umstand, daß die Wohnung einen sicheren Briefkasten hat und daß der Brief nicht an den Absender zurückgekommen ist, ergibt sich nichts anderes (LG Berlin ZMR 87, 17). Durch das Ergebnis eines Postnachforschungsauftrags kann der Zugang ebenfalls nicht bewiesen werden; insoweit handelt es sich nicht um ein Beweismittel im Sinne der ZPO (LG Berlin a. a. O.) Wird die Kündigung gegenüber einem nicht zur Entgegennahme von Kündigungen bevollmächtigten Rechtsanwalt erklärt, so gilt sie als zugegangen, wenn der Rechtsanwalt vom Adressaten beauftragt wird, ihn umfassend gegen die Kündigung zu verteidigen. In diesem Fall steht fest, daß der Adressat von der Kündigung Kenntnis genommen hat und den Zugang beim Rechtsanwalt gegen sich gelten lassen will. Etwas anderes gilt aber dann, wenn der Rechtsanwalt lediglich beauftragt wird, die fehlende Zustellung zu rügen. In diesem Fall bringt der Adressat zum Ausdruck, daß er die Kündigung wegen des fehlenden Zugangs für unwirksam hält (BGH NJW 80, 990 = WM 80, 195). Vergleichbare Grundsätze gelten, wenn die Kündigung im Verlauf eines Rechtsstreits erklärt wird. Dabei ist zu beachten, daß die allgemeine Prozeßvollmacht nicht ohne weiteres zur Entgegennahme von Kündigungserklärungen berechtigt (LG Berlin ZMR 87, 17).

b) Wird die Kündigung durch eingeschriebenen Brief vereinbart, kann sich der Gekündigte nicht auf die Unwirksamkeit der Kündigung berufen, wenn ihm die Kündigungserklärung in anderer Weise (z. B. durch Boten oder Gerichtsvollzieher) zugegangen ist. Die Vereinbarung einer strengeren Form ist nicht Wirksamkeitsvoraussetzung, sondern dient nur der Sicherstellung des Zugangs der Kündigungserklärung (BAG NJW 80, 1304). Bei der Kündigung durch Einschreibebrief ist zu beachten, daß eine Einschreibequittung nur die Abgabe eines Schreibens bei der Post, nicht aber dessen Inhalt beweist (AG Köln ZMR 77, 278).

c) Lehnt der Kündigungsempfänger die Entgegennahme des Kündigungsschreibens durch Boten oder durch die Post ab, oder will der Kündigende einen sicheren, unwiderlegbaren Nachweis für den Zugang seiner Kündigungserklärung (vgl. BGH a. a. O.; AG Köln a. a. O.) kann die Zustellung durch den Gerichtsvollzieher herbeigeführt werden (§ 132 I BGB). Ist der Aufenthalt des Kündigungsempfängers unbekannt, muß gem § 132 II BGB die öffentliche Zustellung betrieben werden.

B 44 6. Sind **mehrere Vermieter oder Mieter** vorhanden, muß die Kündigung von allen Kündigenden an alle Kündigungsempfänger ausgesprochen werden. Die weitreichenden Wirkungen der Kündigung erfordern es, daß sich aus der Kündigungserklärung der übereinstimmende Kündigungswille aller Kündigenden ergibt und allen Kündigungsempfängern davon zuverlässige Kenntnis gegeben wird. Deshalb muß die Kündigungserklärung namentlich von allen oder wenigstens im Namen aller Kündigenden unter Angabe des Vertretungsverhältnisses ausgesprochen werden, sonst ist sie unwirksam, hat also weder Einzel- noch Gesamtwirkung (LG Berlin WM 79, 25; abzulehnen Hans § 564 BGB Anm. 5i, der bei Eheleuten als Mieter die Kündigung gegenüber dem Ehemann als ausreichend ansieht). Eine Ausnahme kommt dann in Betracht, wenn die Kündigung gegenüber mehreren Gesellschaftern einer BGB-Gesellschaft ausgesprochen werden soll, die als Kaufleute, oder wie Kaufleute am Geschäftsverkehr teilnehmen. In diesem Fall rechtfertigt sich die entsprechende Anwendung von § 125 II S. 3 HGB (HansOLG WM 78, 120 = ZMR 80, 84). Danach genügt es, wenn die Kündigung einem der vertretungsberechtigten Gesellschafter zugeht. Ansonsten gilt der oben genannte Grundsatz. Dies hat zur Folge, daß z. B. einer von mehreren Mietern durch seine Weigerung zur Abgabe der Kündigungserklärung die Beendigung des Mietverhältnisses auch mit Wirkung für die übrigen – kündigungswilligen – Mieter verhindern kann. Die Vertragsbeziehungen bleiben auch zu den kündigungswilligen Mietern unverändert bestehen. Dies gilt auch dann, wenn einer der mehreren Mieter aus der Wohnung auszieht (LG Köln WM 76, 145, 182; LG Hannover ZMR 87, 18). Ein Mietaufhebungsvertrag zwischen einem von mehreren Mietern einerseits und dem Vermieter andererseits ist unwirksam, weil ein Vertragsverhältnis, an dem auf der Mieterseite mehrere Personen beteiligt sind, nur durch Mitwirkung aller Beteiligten beendet werden kann (a. A. wohl LG Hannover ZMR 87, 18). Solange das Mietverhältnis nicht im Einvernehmen aller Beteiligten aufgelöst ist oder von allen Mietern gekündigt ist, haftet auch der ausgeschiedene Mieter neben den verbliebenen gesamtschuldnerisch auf Zahlung des Mietzinses. Die Frage, ob und unter welchen Voraussetzungen ein einzelner Mieter zur Abgabe einer Kündigungserklärung verpflichtet sein kann, beantwortet sich in diesen Fällen ausschließlich nach dem zwischen den Mietern bestehenden **Innenverhältnis**. Bei **Ehegatten** sind demnach familienrechtliche Grundsätze maßgebend, wobei im Einzelfall auf den Rechtsgedanken des § 1369 II BGB zurückgegriffen werden kann. Ob die Klage des getrennt lebenden Ehemannes gegen seine an der Ehe festhaltende Frau auf Erteilung der Zustimmung zur Kündigung der von ihr allein benutzten Familienwohnung grundsätzlich rechtsmißbräuchlich ist (so LG Detmold MDR 69, 576; vgl. auch Brühl FamRZ 54, 210; Kremer FamRZ 54, 186) erscheint im Hinblick auf das nunmehr geltende neue Scheidungsrecht zumindest zweifelhaft. Leben mehrere **nicht verheiratete** Personen als Mieter in einer Wohnung zusammen (eheähnliche Gemeinschaft, Wohngemeinschaft) so wird diese Personenvereinigung teilweise als bürgerlich-rechtliche Gesellschaft (so OLG Hamm BB 76, 529), teilweise als Gemeinschaft (so LG Heidelberg WM 77, 31) angesehen. Hinsichtlich des Auflösungsanspruchs führen beide Ansichten zu demselben Ergebnis: nach § 723 BGB kann grundsätzlich jeder Gesellschafter die Gesellschaft kündigen, nach § 749 BGB kann jeder Teilhaber die Auflösung der Gemeinschaft verlangen. Ist die Personengemeinschaft aufgelöst, so sind deren ehemaligen Mitglieder also untereinander schuldrechtlich zum Ausspruch der Kündigung verpflichtet. Eine Verweigerung der Abgabe einer Kündigungserklärung führt dann zur Schadensersatzpflicht in Form eines Freistellungsanspruchs. Im Ergebnis führt dies dazu, daß der sich weigernde Mieter den Mietzins allein zu tragen hat. Allerdings können die Mieter auch davon abweichende Regelungen treffen. Diese Lösung ist sachgerecht, weil sie dem relativ schwachen rechtlichen Bindungswillen solcher Personenvereinigungen entspricht.

Die mehreren Mieter können aber generell einen von Ihnen zum Ausspruch und zur Entgegennahme von Kündigungen bevollmächtigen. Eine solche **Kündigungsvollmacht** ist formlos wirksam (§ 167 II BGB). Ebenso kann der Vermieter einen Dritten (Rechtsanwalt, Haus- und Grundeigentümerverein) zum Ausspruch der Kündigung bevollmächtigen. Beim Ausspruch der Kündigung muß zum Ausdruck kommen, daß die Kündigungserklärung im Namen aller Mieter abgegeben werden soll. Gleiches gilt, wenn die Kündigung durch einen von mehreren Vermietern erklärt wird.

Hierfür reicht es aus, wenn sich aus den Umständen ergibt daß die mehreren Mieter oder Vermieter gemeinsam kündigen wollten (z. B. Aufzählung der Mieter im Kopf des Kündigungsschreibens; Verwendung des Plurals usw.; sehr weitgehend LG Mönchengladbach ZMR 86, 438 wonach bei der Kündigung eines Mieters davon auszugehen sei, daß die Erklärung auch im Namen der Ehefrau abgegeben werde).

Wird die Kündigung nur durch einen von mehreren Mietern oder Vermietern erklärt, so ist sie unwirksam; eine Genehmigung kommt nicht in Betracht, weil § 185 BGB für einseitige Willenserklärungen nicht gilt. Wird die Kündigung im Namen aller erklärt, so hängt die Wirksamkeit der Erklärung davon ab, ob die übrigen Mieter oder Vermieter dem Erklärenden Vollmacht zum Ausspruch der Kündigung erteilt haben. Fehlt die Vollmacht, ist die Kündigungserklärung unwirksam. Die Kündigungsbefugnisse können nicht an einen von mehreren Vermietern oder Mietern abgetreten werden; es gelten auch hier die unter Rdn B 52 dargelegten Grundsätze (s. auch LG Wiesbaden WM 87, 392). In allen Fällen der Stellvertretung sollte der Kündigungserklärung eine schriftliche **Vollmachtsurkunde** des Vertretenen beigefügt werden. Eine ohne Vorlage der Vollmacht erklärte Kündigung ist zwar zunächst wirksam; der Kündigungsempfänger ist aber nach § 174 BGB berechtigt, die Kündigung wegen der fehlenden Vollmacht zurückzuweisen. Die Zurückweisung muß unverzüglich, also ohne schuldhaftes Zögern (§ 121 I 1 BGB) erfolgen. Unverzüglich in diesem Sinne ist die Zurückweisung auch dann, wenn der Mieter der Kündigung zunächst allgemein widerspricht, hierbei eine Stellungnahme seines Anwalts ankündigt, die Stellungnahme vor Ablauf von zwei Wochen nach Zugang der Kündigungserklärung abgegeben wird und dort eine Zurückweisung nach § 174 S. 2 BGB enthalten ist (AG Schöneberg MM 86, 437). Überhaupt wird man dem Mieter eine angemessene Überlegungsfrist einräumen müssen; ein Zeitraum von zwei Wochen ist dabei im allgemeinen ausreichend. Aus der Zurückweisung muß sich klar ergeben, daß sie wegen der fehlenden Vollmachtsurkunde erfolgt. Eine Zurückweisung ohne Begründung ist im Ergebnis wirkungslos. Die Kündigung kann auch dann zurückgewiesen werden, wenn die Vollmachtsurkunde nur in beglaubigter Abschrift beigefügt ist. Dies gilt auch dann, wenn die Kündigungserklärung durch Vermittlung eines Gerichtsvollziehers zugestellt wird; die Vorschrift des § 167 II ZPO ist insoweit unanwendbar (BGH NJW 81, 1210 = MDR 81, 664). Der bloße Hinweis auf das Vorhandensein einer Kündigungsvollmacht und die Möglichkeit der Einsichtnahme können die erforderliche Beifügung der Vollmachtsurkunde zum Kündigungsschreiben nicht ersetzen (LG Mannheim WM 76, 207 = Justiz 76, 511; LG Hamburg WM 87, 209). Ohne Bedeutung ist es, ob der Vertreter des Kündigenden während der Dauer des Vertragsverhältnisses vom Kündigungsgegner als Bevollmächtigter anerkannt worden ist. Dies ergibt sich bereits aus der Erwägung, daß der Erklärungsempfänger den Umfang der Vollmacht i. d. R. nicht kennt (a. A. LG Aachen NJW 78, 1387 wonach in solchen Fällen die Zurückweisung gegen § 242 BGB verstoßen soll). Für die Vollmacht des Hausverwalters gilt nichts anderes, weil diese Vollmacht nicht ohne weiteres auch die Befugnis zur Kündigung mitumfaßt (AG Schöneberg MM 86, 437; a. A. LG Hamburg WM 87, 209). Erst recht gilt dies für eine allgemeine Vollmacht des Rechtsanwalts, da dieser das Mandat im Regelfall in jedem Einzelfall neu erhält (insoweit zutr. LG Hamburg a. a. O.). Das Zurückweisungsrecht besteht selbst dann, wenn sich der Bevollmächtigte auf eine früher erteilte Kündigungsvollmacht beruft, diese Vollmacht aber nicht die Befugnis zu der erneuten Kündigung erkennen läßt (LG Mannheim WM 78, 139). Eine allgemein erteilte Vollmacht genügt nur dann, wenn aus der Sicht des Kündigungsempfängers kein vernünftiger Zweifel daran bestehen kann, daß die Vollmacht auch die Vertragsbeendigung deckt. Im Falle der wirksamen Zurückweisung wird die Kündigung wirkungslos; eine rückwirkende Genehmigung ist ausgeschlossen (§§ 174, 180, 184 BGB; dazu LG Mannheim WM 74, 149 = MDR 75, 584 betreffend eine eingeschränkte Hausverwaltervollmacht).

Eine mietvertragliche Klausel, wonach sich die Mieter gegenseitig zur Entgegennahme von Kündigungen bevollmächtigen (**Empfangsvollmacht;** vgl. § 16 Mustermietvertrag) ist wirksam, weil hierdurch die Mieter nicht benachteiligt werden. Solange die Mieträume von beiden Mietern bewohnt werden, ist die Empfangsvollmacht in der Regel bedeutungslos, weil eine Kündigung auch ohne Empfangsvollmacht bereits dann als zugegangen gilt, wenn sie in den Briefkasten eingeworfen oder einem der Mieter übergeben wird (vgl. Rdn B 43). Der Zugang an einen Mieter bewirkt nämlich regelmäßig, daß auch der andere Mieter die Möglichkeit zur Kenntnisnahme erhält. Damit liegen aber auch in der Person dieses Mieters die Zugangsvoraussetzungen vor. Anders ist es, wenn einer der mehreren Mieter aus der Wohnung auszieht (Scheidung, Getrenntleben). Auch in diesem Fall wird der ausziehende Mieter aber nicht benachteiligt, weil er die Vollmacht widerrufen kann (§§ 168 ff. BGB). Ein derartiger Widerruf kann auch stillschweigend erklärt werden (z. B. durch Mitteilung des Auszugs an den Vermieter unter Angabe der neuen Anschrift). Dies gilt auch dann, wenn die Widerrufsmöglichkeit vertraglich ausgeschlossen ist. Auch eine unwiderrufliche Vollmacht kann aus wichtigem Grund widerrufen werden. Der Ausschluß des Widerrufs bedeutet nur eine Beschränkung der freien Widerrufsmöglichkeit auf eine solche aus wichtigem Grund (BGH WPM 69, 1009 mit weiteren Nachweisen). Die mietvertragliche Empfangsvollmacht ist deshalb vor allem in jenen Fällen von Bedeutung, in denen einer der Mieter auszieht, ohne dem Vermieter die neue Anschrift mitzuteilen. Da eine derartige Mitteilung unter redlichen Vertragspartnern aber selbstverständlich ist, entspricht es auch der Billigkeit, wenn der ausgezogene Mieter bei Verletzung der Mitteilungspflicht von der nachteiligen Wirkung der Empfangsvollmacht getroffen wird. Zu beachten ist stets, daß durch die Empfangsvollmacht lediglich der Zugang der Kündigungserklärung erleichtert wird. Die Anforderungen an das Kündigungsschreiben bleiben auch bei Bestehen der Empfangsvollmacht unverändert. Insbesondere genügt es nicht, wenn nur einem von mehreren Mietern gekündigt wird. Haben beispielsweise beide Eheleute den Mietvertrag abgeschlossen, so ist eine nur gegenüber dem Ehemann erklärte Kündigung trotz Empfangsvollmacht unwirksam, weil jene Vollmacht voraussetzt, daß auch der Ehefrau gekündigt wird. Es reicht allerdings aus, wenn das Kündigungsschreiben an „die Eheleute" adressiert wird, oder wenn aus anderen Umständen ersichtlich ist, daß die Kündigung zweifelsfrei alle Mieter betrifft.

Eine mietvertragliche Vereinbarung, wonach sich die Mieter gegenseitig zur Abgabe von Erklärungen bevollmächtigen **(Erklärungsvollmacht)**, ist einschränkend dahin auszulegen, daß sie nicht für Kündigungserklärungen gilt (OLG Hamburg BlBGW 61, 334; LG Hamburg WM 77, 184; AG Hamburg MDR 71, 845; WM 73, 5; AG Mannheim WM 76, 184; AG Köln WM 78, 83 = ZMR 78, 204 m. Anm. Schulz; LG Berlin MDR 83, 757; a. A. LG Berlin MDR 70, 54); ein anderes Ergebnis kann auch nicht im Wege der Auslegung solcher Klauseln gewonnen werden, falls sie nicht ausdrücklich die Kündigung erfassen (Roquette § 535 BGB Rdn 88). Solche Kündigungsvollmachten, durch die sich die Mieter ausdrücklich zur Abgabe von Kündigungserklärungen bevollmächtigen, können allerdings nur individualvertraglich wirksam vereinbart werden. Eine unwiderruflich erteilte Vollmacht kann dennoch aus wichtigem Grund widerrufen werden (BGH WPM 69, 1009). Eine formularvertraglich erteilte Kündigungsvollmacht verstößt gegen § 9 AGBG: Die Mieter werden unangemessen benachteiligt, wenn sie sich bereits bei Vertragsschluß gegenseitig zur Aufhebung des Vertrags bevollmächtigen müssen. Die hier dargestellten Grundsätze gelten jedoch nur, wenn beide Eheleute Parteien des Mietvertrags sind. Hat ein Ehegatte die Wohnung allein gemietet, so kann er auch allein kündigen (LG Stuttgart FamRZ 77, 200); die Vorschrift des § 1369 BGB steht dem nicht entgegen, weil die Ehewohnung nicht zu den Gegenständen des ehelichen Haushalts gehört (a. A. LG Bamberg FamRZ 57, 258). Auch der Vermieter kann demzufolge nur dem Ehegatten gegenüber kündigen, der Vertragspartei ist. Werden rechtlich unbeteiligte Personen

Vorbem. 2. Allg. Grundsätze z. Beendigung v. Mietverhältnissen **B 44a, b**

(Rechtsanwälte, Hausverwalter) bei der Kündigung eingeschaltet, kommen sie nur als Vertreter oder Boten für die Übermittlung oder Entgegennahme der Kündigungserklärung in Betracht.

Eine fehlende Empfangsvollmacht hat grundsätzlich die Unwirksamkeit der Kündigung zur Folge, wenn der Erklärungsempfänger die fehlende Vollmacht rügt (z. B. Kündigung eines Mieters gegenüber dem Hauswart, der sich als Empfangsvertreter des Vermieters aufspielt). Dies gilt auch, wenn die Kündigung gegenüber einem Rechtsanwalt erklärt wird, der den Kündigungsempfänger in einer anderen Sache vertreten hat und der Rechtsanwalt die Kündigung aus diesem Grunde zurückweist. Etwas anderes soll jedoch dann gelten, wenn der Rechtsanwalt die Kündigung auch wegen des fehlenden Kündigungsgrundes zurückweist (so BGH NJW 80, 990). Diese Differenzierung ist wenig überzeugend, weil der Empfänger auch in einem solchen Fall zu erkennen gibt, daß er die gegenüber dem vollmachtlosen Vertreter erklärte Kündigung nicht gegen sich gelten lassen will.

Zahlreiche **Formularmietverträge** enthalten eine **Klausel** mit folgendem oder ähnlichem Wortlaut: „(1) Für die Rechtswirksamkeit einer Erklärung des Vermieters genügt es, wenn sie gegenüber einem von mehreren Mietern abgegeben wird. (2) Willenserklärungen eines Mieters sind auch für die anderen Mieter verbindlich." Zu dieser Klausel sind bereits mehrere Rechtsentscheide ergangen; die Rechtslage ist allerdings immer noch nicht verbindlich geklärt. Nach Ansicht des OLG Schleswig (RE vom 22. 3. 1983 RES § 2 MHG Nr. 42) stellt die Klausel (1) eine wechselseitige Empfangsbevollmächtigung der Mitmieter untereinander dar. Für Willenserklärungen des Vermieters, die auf die Beendigung des Mietverhältnisses abzielen (also für die Kündigung), soll die Klausel allerdings nicht gelten. Im übrigen sei die Klausel aber wirksam (entschieden für eine Mieterhöhungserklärung des Vermieters). Die darin enthaltene Vollmacht könne widerrufen werden, was sich „von selbst" (!) verstehe. Für den Fall, daß Eheleute, die eine Wohnung gemeinsam gemietet haben, „rechtskräftig geschieden worden sind", soll die Vollmacht ihre Wirksamkeit verlieren. – Dieser Ansicht hat sich das OLG Koblenz in dem Rechtsentscheid vom 13. 10. 1983 (RES § 2 MHG Nr. 45) im wesentlichen angeschlossen. Nach dieser Auffassung sind auf die fragliche Klausel die für die Empfangsvollmacht geltenden Grundsätze anzuwenden. Es kommt also darauf an, ob der Vermieter seine Erklärung gegenüber allen Mietern abgeben wollte oder ob die Erklärung nur gegenüber einem Mieter abgegeben werden sollte. Im erstgenannten Fall wirkt die Erklärung, die einem der Mieter zugegangen ist, auch gegenüber dem anderen Mieter, wobei Kündigungserklärungen ausgenommen werden (so der vom OLG Schleswig entschiedene Sachverhalt). Im letztgenannten Fall ist die Erklärung insgesamt unwirksam (so der vom OLG Koblenz entschiedene Fall).

Eine im Grundsatz andere Auffassung vertritt das Kammergericht in **B 44b** dem Rechtsentscheid vom 25. 10. 84 (RES § 2 MHG Nr. 56). Danach kann die Klausel (1) nicht als Empfangsvollmacht verstanden werden. Es handle sich um eine Vereinbarung besonderer Art, durch die § 425 BGB dahingehend modifiziert werde, daß die rechtsgeschäftlichen Erklärungen des Vermieters nicht Einzelwirkung, sondern Gesamtwirkung haben sollen. Eine solche Vereinbarung sei wirksam. Entschieden wurde dies im Zusammenhang mit einer Mieterhöhungserklärung des Vermieters; die Entscheidungsgründe lassen erkennen, daß für Kündigungen etwas anderes gelten soll. – Der wesentliche Unterschied zwischen beiden Auffassungen besteht darin, daß nach der Ansicht des Kammergerichts eine Erklärung des Vermieters auch dann gegenüber beiden Mietern wirkt, wenn sie nur an einen der Mieter gerichtet ist, und daß diese Rechtsfolge auch nicht durch einen Widerruf oder durch sonstige Ereignisse (Ehescheidung) beseitigt wird. Eine Widerrufsmöglichkeit (§ 168 S. 2 BGB) kann es nur geben, wenn die Klausel als Vollmacht bewertet wird; sieht man dagegen in der Klausel eine Vereinbarung besonderer Art, ist – wie immer bei Vereinbarungen – ein Widerruf nicht möglich.

B 44 c Beide Auffassungen verkennen die in den Klauseln (1) und (2) enthaltene Problematik. Die Klauseln sollen einen Rechtszustand herbeiführen, der üblicherweise durch Empfangs- und Erklärungsvollmachten geschaffen wird. Allerdings sind Vollmachten nach der gesetzlichen Regelung in § 168 S. 2 BGB widerruflich. Eine vertragliche Vereinbarung, wonach der Widerruf ausgeschlossen sein soll, ist zwar möglich; eine solche Ausschlußvereinbarung umfaßt allerdings nicht den Widerruf aus wichtigem Grund (BGH WPM 69, 1009). Ein wichtiger Grund wird dann vorliegen, wenn das Vertrauensverhältnis zwischen den mehreren Mietern tiefgreifend und nachhaltig zerstört ist. Paradigmatisch hierfür ist der Auszug eines Mieters im Falle des Getrenntlebens oder der Ehescheidung. Da die Handlungen des jeweils Bevollmächtigten unmittelbar für und gegen den jeweiligen Vollmachtgeber wirken (§ 164 BGB), setzt der Fortbestand der Vollmacht ein Mindestmaß an Vertrauen voraus. Fehlt dieses Mindestmaß oder besteht sogar eine feindselige Atmosphäre, müssen beide Mieter unabdingbar das Recht zum Widerruf haben. Diese Interessensituation wird vom Kammergericht verkannt, weshalb die in dem Rechtsentscheid vom 25. 10. 1984 geäußerte Ansicht abzulehnen ist. Die Rechtsentscheide des OLG Schleswig und des OLG Koblenz kommen zwar zu einem in der Sache vertretbaren Ergebnis: Bedenklich ist jedoch, daß dieses Ergebnis nicht durch Auslegung, sondern im Wege einer Umdeutung gewonnen wird. Eine widerrufliche Vollmacht ist vom Klauselverwender ersichtlich nicht gewollt, weil dieser sonst das herkömmliche Rechtsinstitut der Vollmacht und nicht eine Vereinbarung mit kryptogener Vollmachtswirkung gewählt hätte, bei der die Möglichkeit des Widerrufs nicht erkennbar ist. Die Umdeutung solcher Vereinbarungen in widerrufliche Vollmachtsklauseln ist deshalb ausgeschlossen. Die Klausel (1) und (2) enthalten nach richtiger Ansicht eine Erklärungsfiktion, durch die der Vertragspartner des Klauselverwenders noch stärker benachteiligt wird als durch die Zugangsfiktion;

solche Vereinbarungen verstoßen gegen § 10 Nr. 6 AGBG und sind unwirksam (vgl. zum ganzen auch OLG Hamm WM 83, 83; WM 84, 20; OLG Celle WM 82, 102; KG WM 86, 106).

7. Der Kündigungsempfänger braucht auf die Kündigung keine **Gegenerklärung** abzugeben. Sie wird schon mit dem Zugang wirksam und bedarf nicht der ausdrücklichen Annahme, soweit sie formell gültig und sachlich berechtigt ist. Aus dem Schweigen des Empfängers können deshalb keine ihm nachteilige Folgerungen (z. B. sein Einverständnis oder der Verzicht auf Einwendungen) gezogen werden. Die Gefahr der Unwirksamkeit einer Kündigung trägt der Kündigende, so daß der Kündigungsempfänger auch dann nicht zur ausdrücklichen Zurückweisung verpflichtet ist, wenn er die Kündigung als unzulässig oder unwirksam ansieht (zum Zustandekommen eines Mietaufhebungsvertrages s. Rdn B 89 ff). **B 45**

8. Die wirksame Kündigung hat die Beendigung des Mietverhältnisses zur Folge. Nach dem Ablauf der Kündigungsfrist ist der Mieter ohne weitere Mahnung zur Rückgabe der Mietsache an den Vermieter verpflichtet (§ 556 I BGB; dazu ausführlich Rdn B 239 ff). Diese Rechtsfolge tritt nicht erst durch einen Urteilsspruch des Gerichts ein, wie das nach früherem Recht der Fall war. Anders als früher das MSchG läßt nämlich § 564 b BGB kein rechtsgestaltendes Mietaufhebungsurteil durch das Gericht im Falle einer Vermieterkündigung zu. Aufgabe des Gerichts ist es nur, echte Streitigkeiten über die Wirksamkeit einer Kündigung, die Begründetheit eines Kündigungswiderspruchs oder die Gewährung einer Räumungsfrist verbindlich zu entscheiden, wenn sich Vermieter und Mieter darüber außergerichtlich nicht einigen können. **B 46**

Ist der Kündigungsempfänger der Ansicht, daß durch die Kündigung der Mietvertrag nicht oder noch nicht zu dem angegebenen Kündigungstermin beendet wurde, kann er bei Gericht eine **Feststellungsklage** mit dem Antrag erheben, das Fortbestehen des Mietvertrages zu bestätigen (§ 256 ZPO). Eine Klage auf Feststellung der Unwirksamkeit der Kündigung ist in der Regel als Klage auf Feststellung des Fortbestehens des Mietvertrags aufzufassen (BGH Warn 65 Nr. 183). Eine wirksame Kündigung kann unter den Voraussetzungen des § 568 BGB ihre Wirkung verlieren, wenn der Vermieter der ihm bekannten Gebrauchsfortsetzung des Mieters nicht binnen zwei Wochen nach Vertragsbeendigung widerspricht (dazu ausführlich Rdn B 871 ff).

9. Eine **Teilkündigung** des Mietverhältnisses ist unzulässig (LG Köln WM 68, 131), denn die vom Mietverhältnis erfaßten Sachen bilden rechtlich und in der Regel auch wirtschaftlich eine Einheit und können deshalb auch nur zusammen gekündig werden. Das gilt sowohl für einzelne Räume einer Wohnung als auch dann, wenn Wohn- und Geschäftsräume (Ladengeschäft mit dahinterliegender Wohnung) oder eine Wohnung mit einer Garage gemeinsam in einem Mietvertrag (AG Solingen WM 76, 161) vermietet sind (für Ausnahmefälle s. Rdn B 20). Gleiches **B 47**

B 48 Teil B. Kündigungsschutz

gilt, wenn über die Vermietung der Garage zwar ein gesonderter Vertrag geschlossen worden ist soweit die Vermietung im zeitlichen und räumlichen Zusammenhang mit der Überlassung der Wohnräume erfolgte (LG Waiblingen ZMR 77, 237; AG Kassel WM 79, 257; vgl. B 15; weitergehend OLG Karlsruhe (RE) v. 30. 3. 83 s. Rdn B 20). Eine beschränkte Beendigung des Mietverhältnisses kann nur im beiderseitigen Einvernehmen durch einen Aufhebungsvertrag herbeigeführt werden (s. unten Rdn B 89). Gleiches gilt für die Teilkündigung einzelner Vertragsabreden (z. B. Untermieterlaubnis). Das Verbot der Teilkündigung von einzelnen Vertragsabreden beruht auf dem Gedanken, daß der damit bezweckte Erfolg nur im Wege des Abänderungsvertrages nach § 305 BGB zu erzielen ist, soweit das Gesetz nicht ausnahmsweise eine Abweichung zuläßt. Eine solche Ausnahme enthält jetzt das MHG für den Mietzins von Wohnraum, das dem Vermieter unter den dort genannten Voraussetzungen einen Anspruch auf Zustimmung des Mieters zur Erhöhung der Grundmiete oder zur einseitigen Erhöhung des bisherigen Mietzinses wegen Verbesserungen und Betriebs- sowie Kapitalkostensteigerungen gibt (s. Rdn B 20).

B 48 10. Der **Widerruf** oder die **Zurücknahme** der Kündigung ist unzulässig (h. M.).

a) In einem Widerruf, der dem Gekündigten stets vor Ablauf der Kündigungsfrist zugehen muß, kann aber das Angebot zur Fortsetzung des Mietverhältnisses liegen und wenn der Kündigungsempfänger damit (auch stillschweigend) einverstanden ist, gilt in der Regel der bisherige Vertrag als fortbestehend (RG Recht 14, 1812; LG Mannheim vom 1. 2. 1978 – 4 S 142/77). Aus diesem Grunde bleiben sämtliche Vertragsvereinbarungen unverändert in Kraft, so daß z. B. eine genehmigungspflichtige Wertsicherungsklausel keiner erneuten Genehmigung bedarf (BGH JR 74, 375 m. Anm. Haase = NJW 74, 1081). Ein solcher Verlängerungsvertrag ist grundsätzlich formlos wirksam. Dies gilt auch dann, wenn der ursprüngliche Vertrag kraft Gesetzes (z. B. nach § 566 BGB) oder auf Grund vertraglicher Vereinbarung gem. § 127 BGB der Schriftform bedurfte (Haase a. a. O.; KG HRR 1934 Nr. 1014; Roquette § 564 BGB Rdn 29). Die Parteien wollen nämlich mit einer solchen Vereinbarung lediglich die Fortgeltung eines bereits bestehenden, also noch nicht beendeten Vertrags vereinbaren und dessen Inhalt unberührt lassen. Für derartige „Verlängerungsverträge" hätte die Schriftform keinen Sinn. Etwas anderes gilt jedoch dann, wenn die Rücknahme der Kündigung mit einer Veränderung der Vertragsbedingungen (z. B Mietzins) verbunden wird (OLG München NJW 63, 1619). In einem solchen Fäll liegt neben dem Verlängerungsvertrag auch ein Änderungsvertrag vor, dessen Wirksamkeit sich nach den allgemeinen Vorschriften richtet. Danach muß bei gesetzlicher Schriftform grundsätzlich eine schriftliche Nachtragsurkunde errichtet werden; bei vertraglich vereinbarter Schriftform kann dagegen auch eine mündliche

Vorbem. 2. Allg. Grundsätze z. Beendigung v. Mietverhältnissen **B 48a**

Vertragsänderung gültig sein, wenn die Parteien bewußt von der Schriftform abweichen und hierbei davon ausgehen, daß das mündlich vereinbarte gelten soll (BGH NJW 62, 1908; 65, 293; Seesemann FWW 75, 165; Tiedtke MDR 76, 367).

b) Wird das Angebot zur Vertragsfortsetzung erst **nach Ablauf der Kündigungsfrist** abgegeben, so liegt schon begrifflich weder ein Widerruf noch eine Zurücknahme der Kündigung vor. Gleiches gilt dann, wenn der Kündigende eindeutig zum Ausdruck bringt, daß ein neuer Vertrag abgeschlossen werden soll (vgl. dazu Herold BlGBW 72, 126). In diesen Fällen gelten die unter a) dargestellten Grundsätze nicht. Vielmehr kommt dann ein neuer Vertrag zustande (OLG Hamm ZMR 79, 249). Haben die Parteien über den Inhalt dieses Vertrags keine besonderen Vereinbarungen getroffen, so gilt nicht etwa gesetzliches Mietrecht. Vielmehr ergibt sich in der Regel aus dem Schweigen der Parteien, daß der neue Vertrag zu den Bedingungen des gekündigten Vertrags zustande kommen soll. Deshalb kann die ursprüngliche Vertragsurkunde zur Auslegung des neuen, mündlich abgeschlossenen Mietvertrags herangezogen werden. Umstritten ist die Frage, ob dann ein neuer schriftlicher Vertrag abgeschlossen werden muß, wenn der ursprüngliche Vertrag kraft Gesetzes formbedürftig war. Dies wird zum Teil mit der Begründung verneint, daß die Errichtung einer neuen Urkunde ein unnötiger Formalismus sei (OLG Hamm a. a. O.; Mittelstein S. 461). Dabei wird aber verkannt, daß die Vorschrift des § 566 BGB vor allem den Zweck verfolgt, dem rechtsgeschäftlichen Nachfolger des Vermieters Klarheit über die Bedingungen des Vertragsverhältnisses zu verschaffen. Da auf den ursprünglichen Vertrag nur noch als widerlegbare Auslegungshilfe zurückgegriffen werden kann, muß der neue Vertrag aus Gründen der Rechtsklarheit und Rechtssicherheit ebenfalls der Formvorschrift genügen (Emmerich-Sonnenschein § 566 BGB Rdn 43; Sternel Rdn IV 46).

c) Der Abschluß eines neuen Mietvertrags kann sich auch aus dem schlüssigen Verhalten der Parteien ergeben (z. B. Weiterzahlung des Mietzinses durch den Mieter und vorbehaltlose Gebrauchsgewährung durch den Vermieter; LG Hannover ZMR 79, 248). Diese Möglichkeit gewinnt insbesondere dann praktische Bedeutung, wenn die Parteien die Vorschrift des § 568 BGB vertraglich abbedungen haben (vgl. Rdn. B 939 ff).

d) Eine **Anfechtung der Kündigungserklärung** wegen Irrtums, Täu- **B 48a** schung oder Drohung nach §§ 119, 123 BGB ist zwar denkbar; die Voraussetzungen der Anfechtungstatbestände werden jedoch selten vorliegen.

Kündigt ein Mieter mit der irrigen Vorstellung, ihm stehe bereits eine Ersatzwohnung zur Verfügung, so liegt kein Anfechtungsgrund vor, weil enttäuschte Erwartungen keinen Irrtum begründen. Gleiches gilt für eine Kündigung nach § 9 Abs. 1 MHG, die der Mieter in der irrigen Vorstellung ausspricht, die Mieterhöhungserklärung des Vermieters sei wirksam. Hier handelt es sich um keinen Inhaltsirrtum, sondern um

81

B 49

einen irrelevanten Irrtum im Beweggrund. Wird ein Mieter durch einen seiner Mitmieter durch Täuschung zum Ausspruch der Kündigung veranlaßt, so wird die Anfechtung in der Regel an der fehlenden Kenntnis des Vermieters von der Täuschung scheitern (§ 123 Abs. 2 BGB). Anders ist es allerdings, wenn die Kündigung durch Drohung veranlaßt worden ist, weil § 123 Abs. 2 BGB im Falle der Drohung nicht gilt. Irrt sich ein Vermieter beim Ausspruch der Kündigung über die tatsächlichen Voraussetzungen des Kündigungssachverhalts, so ist eine Anfechtung entbehrlich, weil die Kündigung bei fehlendem Kündigungsgrund unwirksam ist.

B 49 11. a) Der **vertragliche Ausschluß** des Kündigungsrechts **auf** bestimmte oder unbestimmte **Zeit** ist zulässig und hat bei unbefristeten Mietverhältnissen zur Folge, daß eine ordentliche Kündigung i. d. R. erst wirksam nach dem Ablauf der Ausschlußfrist ausgesprochen werden kann. Der befristete Kündigungsausschluß eines unbefristeten Mietverhältnisses bewirkt nicht, daß es für den kündigungsfreien Zeitraum als befristetes Mietverhältnis zu beurteilen ist (Roquette § 535 BGB Rdn 186). Somit kann ein solches Mietverhältnis erst zum Ende der Ausschlußfrist oder ab diesem Zeitpunkt mit der dafür nach § 565 II BGB bestimmten Kündigungsfrist gekündigt werden, soweit bei einer Kündigung des Vermieters die Voraussetzungen des § 564b BGB vorliegen. Ob die Kündigung schon vor dem Ende der Ausschlußfrist unter Einhaltung der jeweils geltenden Kündigungsfrist (vgl. § 565 BGB) schon wirksam erklärt werden darf, muß bei unklaren Ausschlußvereinbarungen im Wege der Auslegung nach den Umständen des Einzelfalles beurteilt werden. Dabei wird im Zweifel davon auszugehen sein, daß die Vertragsparteien bis zum Ablauf der Ausschlußfrist nicht nur die rechtliche Beendigung sondern auch deren störende Einleitung im Wege des Kündigungsausschlusses verhindern wollten (z. B. ... ist unkündbar bis ...); somit wird eine vorher erklärte Kündigung nicht schon zum Ablauf der Ausschlußfrist, sondern erst nach Ablauf der jeweils geltenden Kündigungsfrist wirksam um dem Gekündigten eine hinreichende Vorbereitung auf die Beendigung zu ermöglichen. Ist die Ausschlußklausel hingegen so zu verstehen, daß sie lediglich einen befristeten Mindestbestand des Mietverhältnisses sichern sollte, kann bereits zum Ende der Ausschlußfrist wirksam gekündigt werden. In jedem Fall muß die Kündigung in einem zeitlichen Zusammenhang mit dem Ablauf der Ausschlußfrist stehen. Eine Kündigung, die längere Zeit vor diesem Zeitpunkt „zum nächst zulässigen Termin" erklärt wird, ist aus diesem Grunde unwirksam. Das Zustandekommen und die Geltungsdauer eines wirksamen Kündigungsausschlusses hat im Zweifel der Mieter zu beweisen, wenn er sich darauf zu seiner Rechtsverteidigung beruft. Hat der Mieter einen **abwohnbaren Finanzierungsbeitrag** erbracht (z. B. Baukostenzuschuß, Mietvorauszahlung, Mieterdarlehen mit Verrechnungsklausel), so ist nach der h. M. für die Dauer der Tilgungszeit die ordentliche Kündigung i. Zw. als vertraglich ausgeschlossen anzusehen (AG Essen ZMR 66, 332; AG Karlsruhe WM 67, 38; LG Hagen ZMR 68, 86 u. WM 67, 171; LG Frankfurt WM 65, 97; LG Dortmund WM 65, 151; LG Hannover MDR 69, 845; WM 80, 57; LG Mannheim MDR 69, 769; Palandt-Putzo Vorbem. 11b zu § 535 BGB; a. A. LG Braunschweig ZMR 67, 202; LG Stuttgart ZMR 67, 112; Burkhardt BB 64, 775). Gleiches gilt, wenn der Mieter im Auftrag des Vermieters bestimmte Sach- oder Arbeitsleistungen erbracht hat (z. B. Mithilfe beim Bau des Hauses) und wenn vereinbart ist, daß der hierfür entstehende Vergütungsanspruch über einen bestimmten Zeitraum abgewohnt werden soll (vgl. dazu AG Münster WM 80, 56 betr. den Bau einer Garage). Im zeitlich befristeten Ausschluß des Mieterhöhungsrechts liegt keine stillschweigende Befristung eines unbefristeten Mietvertrags und somit kein Ausschluß des Kündigungsrechts (BGH BB 76, 530 = ZMR 76, 203 = DWW 76, 212 = WM 78, 82; s. Rdn C 34).

Neben der zeitlichen ist auch eine **sachliche** Beschränkung des Kündigungsrechts mit der Wirkung zulässig, daß sich der Kündigende auf bestimmte Kündigungsgründe nicht rechtswirksam berufen darf (z. B. Ausschluß des Eigenbedarfs; dazu LG Mannheim WM 75, 72; AG Lahn-Gießen WM 78, 212) oder aber strengere Kündigungsvoraussetzungen vorliegen müssen, als sie das Gesetz vorsieht (z. B. nur vorsätzliche Verletzung der Mieterpflichten). Beide Arten der Kündigungsbeschränkungen gelten für die ordentliche und die außerordentliche Kündigung; sie sind sowohl zu Lasten des Vermieters als auch des Mieters (abgesehen von §§ 554b, 554a S. 2 BGB) zulässig. Denkbar ist auch, daß der Vermieter einer Wohnung in einem Ein- oder Zweifamilienhaus auf sein **Sonderkündigungsrecht** nach § **564b IV BGB** (s. dazu Rdn B 694) verzichtet. In manchen Formularmietverträgen befindet sich eine Klausel, die – in Übereinstimmung mit § 564b I BGB – besagt, daß die Kündigung des Vermieters nur beim Vorliegen berechtigter Interessen möglich ist. Durch eine derartige Klausel wird zugleich das Sonderkündigungsrecht ausgeschlossen. Dabei spielt es keine Rolle, ob das entsprechende Formular vor oder nach dem Inkrafttreten des § 564b IV BGB verwendet worden ist. Zwar gilt im allgemeinen der Grundsatz, daß die bloße Wiederholung einer Gesetzesnorm in einem Vertrag lediglich deklaratorische Bedeutung hat, weil die Norm in diesem Fall kraft Gesetzes und nicht kraft der vertraglichen Vereinbarung wirkt. Anderes gilt aber dann, wenn die Parteien ein Vertragsformular verwenden, in dem Gesetzesvorschriften enthalten sind, die für das konkrete Vertragsverhältnis zwar kraft Gesetzes nicht gelten, deren Vereinbarung aber gleichwohl sinnvoll ist. Hier bewirkt die Verwendung des Vertragsformulars, daß die Parteien einen gegebenen Dispositionsspielraum ausfüllen; in diesem Fall wirkt die Norm konstitutiv.

b) Die Wirksamkeit der ordentlichen Kündigung des Vermieters kann auch vertraglich von der **vorherigen Zustimmung** (Einwilligung) **eines Dritten** abhängig gemacht werden. Das Zustimmungserfordernis hat

B 51 Teil B. Kündigungsschutz

zur Folge, daß eine Kündigung unwirksam ist und auch durch eine nachträgliche Genehmigung nicht mehr geheilt werden kann, wenn die Zustimmung im Zeitpunkt des Kündigungsausspruchs nicht bereits erteilt worden ist (Hans § 564 BGB Anm. 8b, bb; LG Duisburg WM 66, 82; LG Karlsruhe WM 67, 167 m. w. Nachw.). Eine zustimmungspflichtige Kündigung wird insbesondere in Mietverträgen über werkgeförderte Wohnungen (Zustimmung des Arbeitgebers; BGH WPM 69, 1454) sowie über LAG-Wohnungen (Zustimmung der LAG-Behörde; Kürzel ZMR 66, 353) häufig vereinbart. Das Zustimmungserfordernis wirkt auch dann zugunsten des Mieters, wenn es nicht Gegenstand der mietvertraglichen Vereinbarung, sondern lediglich in einer Zusatzvereinbarung des Vermieters mit dem Dritten enthalten ist; die Kündigungsbeschränkung wirkt dann nämlich i. S. des § 328 BGB zugunsten des Mieters (BGH ZMR 67, 165; LG Karlsruhe a. a. O.; LG Essen WM 65, 133 u. MDR 69, 147; a. A. LG Bremen DWW 66, 295), wobei insoweit unentschieden bleiben kann, ob es sich dabei um einen echten Vertrag zugunsten Dritter oder lediglich um einen Vertrag mit Schutzwirkungen für den Mieter handelt, weil beides zum gleichen Ergebnis führt (Hans § 564 BGB Anm. 8b aa; LG Kassel WM 66, 154; LG Köln ZMR 55, 182; a. A. LG Darmstadt WM 67, 96). Weist der Vermieter bei der Kündigungserklärung das Vorliegen der Zustimmung nicht in schriftlicher Form nach, ist der Mieter berechtigt, die Kündigung unverzüglich zurückzuweisen (§ 182 III BGB), so daß sie unwirksam wird und wiederholt werden muß, mag auch eine mündliche Zustimmung vorgelegen haben. Diese Kündigungsbeschränkungen berühren das Recht des Vermieters zur außerordentlichen fristlosen Kündigung (§§ 553ff BGB) nicht. Für Werkwohnungen bestimmt § 87 I Nr. 9 BetrVG, daß die Kündigung kraft Gesetzes ferner von der vorherigen Zustimmung des Betriebsrats abhängig ist (dazu ausführlich Rdn B 927ff, insbes. Rdn B 934). Entsprechendes gilt, wenn die Kündigung des Wohnraums (d. h. der mit ihr verfolgte Zweck) kraft Gesetzes von der vorherigen Genehmigung einer Behörde abhängig gemacht wird, wie das beim Verbot der Zweckentfremdung in Art. 6 MVerbG der Fall ist (s. Rdn E 75).

Soweit die Wirksamkeit der Kündigung die Angabe der dafür maßgebenden Gründe voraussetzt (s. Rdn B 711), muß auch das Vorliegen der Zustimmung im Kündigungsschreiben dargelegt werden (s. Rdn B 712).

B 51 c) Obwohl es zulässig ist, das Kündigungsrecht auf bestimmte Zeit auszuschließen oder seine Ausübung durch besondere Bedingungen zu erschweren (z. B. Zustimmung des Betriebsrats bei Werkwohnungen, des Arbeitgebers bei Werkförderungsverträgen), ist es **unzulässig**, dieses Recht sachlich **unbegrenzt** auf Dauer auszuschließen. Soweit derartige Ausschlüsse überhaupt wirksam sind, können sie nach § 566 BGB allenfalls eine 30jährige Wirkung beanspruchen. Im übrigen widerspricht ein totaler Kündigungsausschluß dem Wesen des Mietvertrags und § 564 II BGB, weil dem Mieter lediglich ein Gebrauchsrecht auf Zeit übertragen wird. Das gilt gleichermaßen für einen Ausschluß des Kündigungsrechts des Vermieters als auch des Mieters. Das Recht zur außerordentlichen befristeten oder fristlosen Kündigung eines Mietverhältnisses kann ebenfalls ausgeschlossen werden, soweit das Gesetz nichts anderes bestimmt. So ist nach § 554a S. 2 BGB ein vertraglicher Ausschluß des Rechts zur fristlosen Kündigung wegen Unzumutbarkeit der Fortsetzung des Mietverhältnisses (Belästigungen) sowohl für die Vermieter- als auch die Mieterkündigung ausdrücklich ausgeschlossen. Nach § 10 I MHG ist das Recht des Mieters zur außerordentlichen befristeten Kündigung anläßlich einer vom Vermieter für Wohnraum beanspruchten Mieterhöhung (§ 9 I MHG) weder auf vorübergehende Zeit noch auf Dauer vertraglich abdingbar (s. Rdn C 475). Im übrigen sieht das Gesetz aber keine weitergehenden Beschränkungen dieser Art vor, so daß die Vertragsgestaltungsfreiheit es zugunsten und zu Lasten des Vermieters und Mieters gestattet, den Bestand des Mietverhältnisses durch einen totalen, bis zu 30 Jahren begrenzten Ausschluß des gesetzlichen oder vertraglichen Rechts zur fristlosen Kündigung zu sichern.

12. Findet infolge der Veräußerung des Grundstücks (bzw. der Eigentumswohnung) ein **Vermieterwechsel** statt, so ist der Erwerber aus eigenem Recht nach § 571 BGB zur Kündigung der Mietverträge jedenfalls auf Grund solcher Umstände berechtigt, die nach dem Eigentumsübergang (Grundbucheintragung) eingetreten sind. Kündigungsgründe, die bereits vor dem Eigentumsübergang vorgelegen haben, kann der Erwerber dann geltend machen, wenn sie über den Eigentumsübergang hinaus fortwirken und der Erwerber ein eigenständiges Interesse an der Vertragsbeendigung hat (Scholz WM 83, 279). Dies ist beispielsweise dann der Fall, wenn durch das störende Verhalten eines Mieters die Rechte der Mitmieter (Nachbarn) beeinträchtigt werden. Etwas anderes gilt, wenn sich das vertragswidrige Verhalten des Mieters ausschließlich gegen den Veräußerer gerichtet hat oder wenn der Mieter eine vertragliche Verpflichtung verletzt hat, die zum Zeitpunkt der Vertragsverletzung nur gegenüber dem Veräußerer bestand. Deshalb kann der Erwerber beispielsweise zur Begründung einer Kündigung nicht geltend machen, daß ihm der Mieter das Betreten der Wohnung zum Zwecke der Besichtigung vor Vertragsschluß verweigert habe (LG Mannheim, Urteil vom 18. 2. 1981 – 4 S 115/80). Einen in der Person des Veräußerers liegenden Eigenbedarf kann der Erwerber nicht geltend machen (s. Rdn B 53). An die vertraglich vereinbarten Kündigungsbeschränkungen ist der Erwerber ebenso gebunden wie der Veräußerer. Aus diesem Grunde kann der Erwerber eines Grundstücks oder Wohnungseigentums, der kraft Gesetzes in den von einem gemeinnützigen Wohnungsunternehmen geschlossenen Mietvertrag eingetreten ist, nicht kündigen, wenn nach den vertraglichen Vereinbarungen ein Kündigungsrecht nur für den

B 52 Teil B. Kündigungsschutz

Fall schuldhafter Pflichtverletzungen des Mieters möglich sein soll. Der Umstand, daß der Erwerber eine Privatperson und kein gemeinnütziges Wohnungsunternehmen ist, spielt hierbei keine Rolle (OLG Karlsruhe (RE) v. 21. 1. 1985 RES § 564b BGB Nr. 34; LG Kaiserslautern MDR 83, 56). Wegen des Übergangs der gemeinnützigkeitsrechtlichen Beschränkungen bezüglich der Miete und der Mieterhöhung vgl. Rdn C 39). Die Vermieterrechte gehen erst dann auf den Erwerber über, wenn der Eigentumserwerb vollzogen ist. Dies ist regelmäßig dann der Fall, wenn der Grundbucheintrag erfolgt ist. Eine vor dem Eintrag erfolgte Kündigung ist unwirksam (AG Köln WM 76, 203; AG Heidelberg WM 76, 15; AG Lennestadt WM 78, 175; LG Kiel WM 80, 18 (LS); AG Münster WM 80, 41 (LS); AG Friedberg WM 80, 41 (LS)). Kündigt der Grundstückserwerber vor der Eintragung ins Grundbuch, so ist er hinsichtlich der dem Mieter zur Abwehr der unwirksamen Kündigung entstehenden Anwaltskosten schadensersatzpflichtig (AG München WM 85, 121). Eine andere Frage ist es, ob der Vermieter (Zedent) bereits vor dem Eigentumsübergang sämtliche Rechte an den Erwerber (Zessionar) abtreten kann und ob in diesem Fall auch die Kündigungsbefugnis auf den Erwerber übergeht. Dies wird zum Teil bejaht (so ausdrücklich Mittelstein S. 464; Fricke ZMR 79, 65; vgl. auch BGH NJW 73, 1793 für den rechtsähnlichen Fall der Übertragung eines vertraglichen Rücktrittsrechts von einem Kaufvertrag), zum Teil verneint (vgl. z. B. Larenz § 34 VI; Seetzen AcP 169, 352f; Riebandt-Korfmacher WM 86, 127). Die erstgenannte Ansicht stützt sich zur Begründung auf allgemeine Grundsätze (so BGH a. a. O.: Vertragsfreiheit) oder praktische Erwägungen (Fricke a. a. O.). Die letztgenannte Ansicht begründet den Ausschluß der Abtretung mit der komplexen Gestaltung des zwischen dem Zedenten und dessen Vertragspartner bestehenden Vertragsverhältnisses. Dieser Ansicht ist zuzustimmen. Gerade im Mietverhältnis sind Rechte und Pflichten der einzelnen Vertragsparteien eng miteinander verknüpft. Deshalb können die Rechte des Vermieters auch nur zusammen mit dessen Pflichten auf den Erwerber übergehen.

Die hier angeschnittene Frage ist von großer praktischer Bedeutung, weil in notariellen Grundstückskaufverträgen regelmäßig vereinbart wird, daß die Nutzungen und Lasten des Grundstücks mit dem Tag der Übergabe auf den Käufer übergehen und weil die Übergabe regelmäßig vor dem Grundbucheintrag erfolgt.

Folgt man der erstgenannten Auffassung, so ist bei Kündigungen des Erwerbers zwischen Übergabe und Eintragung zu fragen, ob in dieser Vereinbarung eine Abtretung der Vermieterrechte liegt oder ob damit lediglich die (konsequente) Folgerung aus dem Gefahrübergang nach § 446 I 1 BGB gezogen werden sollte. Kommt man zum letztgenannten Ergebnis, so wirkt die Vereinbarung nur im Innenverhältnis zwischen Veräußerer und Erwerber. Der Erwerber erwirbt damit keinesfalls die Befugnis zur Kündigung. Welcher der beiden Fälle vorliegt, ist häufig nur durch Auslegung zu ermitteln.

Von dem hier dargestellten Problem ist die Frage zu unterscheiden, ob der Vermieter die sich aus einer bestimmten Sachgestaltung (z. B. Eigenbedarf) ergebende Kündigungsbefugnis isoliert, d. h. losgelöst von anderen Rechten abtreten kann. Diese Frage ist in jedem Fall zu verneinen. In der Rechtsprechung wird zwischen beiden Fallgestaltungen oft nicht exakt unterschieden.

Nach der hier vertretenen Ansicht gilt im einzelnen folgendes:

a) Hatte der Veräußerer vor Eigentumsübergang die **Kündigung nicht ausgesprochen,** so kann sich der Erwerber nicht auf Kündigungsgründe berufen, welche zwar die Vermieterrechte seines Vorgängers berührten, nicht aber seine eigenen; die bloße Berechtigung zur Kündigung ist kein übertragbares Recht und geht deshalb auch nicht kraft Gesetzes nach § 571 BGB auf den Erwerber über. Als unselbständiges Gestaltungsrecht ist die Kündigung eng mit der Vermieterstellung verbunden, eine isolierte Abtretung gem. § 413 BGB kommt deshalb nicht in Betracht (AG Köln WM 76, 203 m. zust. Anm. Weimar; AG Lennestadt WM 78, 175; AG Frankfurt WM 81, 233). Soweit die Kündigungslage über den Eigentumserwerb hinaus fortbesteht, kann bei der Wertung der berechtigten Interessen des Erwerbers die bereits früher gegebene Kündigungslage herangezogen werden.

b) Hatte der Veräußerer vor dem Eigentumsübergang **bereits die Kündigung erklärt** (vgl. Rdn B 656), so tritt der Erwerber nach § 571 BGB in die daraus erwachsenden Rechte ein; das gilt sowohl für den aus der Kündigung entstandenen Herausgabeanspruch nach § 556 BGB (fristlose Kündigung, Ablauf der Kündigungsfrist), als auch auf die darauf gerichtete Anwartschaft in der Zeit vor dem Kündigungstermin. Allerdings gelten auch für den Erwerber die Beschränkungen bei der Ausübung des Kündigungsrechts, wie sie allgemein unter Rdn B 38 dargestellt worden sind; ist somit die ausgesprochene Kündigung an den Fortbestand berechtigter Interessen gebunden, die nur in der Person des Veräußerers vorliegen, steht der Eigentumsübergang der Rechtsausübung durch den Erwerber entgegen (z. B. Eigenbedarf).

Hat der Veräußerer die Kündigung auf erhebliche Pflichtverletzungen des Mieters gestützt, steht der Vermieterwechsel grundsätzlich einer weiteren Verfolgung des Kündigungsrechts durch den Erwerber nicht entgegen; das gilt auch, wenn Mietrückstände i. S. der §§ 554, 564b II Nr. 1 BGB den Kündigungsgrund bildeten, obwohl der Zahlungsanspruch insoweit nicht nach § 571 BGB auf den Erwerber übergeht. Will der Erwerber von dem Kündigungsrecht keinen Gebrauch machen und den Mieter in den Räumen belassen, steht es ihm frei, im Einvernehmen mit dem Mieter die Kündigungswirkungen dadurch zu beseitigen, daß der Vertrag als fortgesetzt erklärt wird (s. Rdn B 48). Hat der Veräußerer vertraglich für die Freimachung der Räume zu sorgen, so kann er als Vertreter des Erwerbers die Herausgabe an diesen verlangen (§§ 556, 985 BGB); prozessual kann der Veräußerer beim Eigentumsübergang nach Rechtshängigkeit des Räumungsprozesses gem. §§ 265, 325 ZPO, anderenfalls als Prozeßstandschafter dieses Recht im eigenen Namen geltend machen. Zur Abtretung des Herausgabe- u. Räumungsanspruchs an einen Nichteigentümer vgl. BGH DWW 82, 361 = ZMR 83, 23.

B 54 c) Hat der Veräußerer vor Eigentumsübergang bereits einen **Räumungstitel auf Grund der Kündigung erworben,** so ist die Vollstreckungsklausel auf den Erwerber als Rechtsnachfolger umzuschreiben (§ 727 ZPO). Soweit die Vollstreckung aus diesem Räumungstitel seitens des Veräußerers als unzulässige Rechtsausübung anzusehen ist, muß sie auch der Erwerber unterlassen (dazu Rdn B 38).

B 54a d) Eine **Übernahme des Mietvertrags auf der Vermieterseite** ohne gleichzeitigen Eigentumswechsel (z. B. beim Wechsel eines sogenannten ,,Generalmieters") ist nur mit Zustimmung des Mieters möglich. Der Wechsel kann entweder unter Aufrechterhaltung der Identität des alten Vertrags oder durch Aufhebung des alten und Abschluß eines neuen Vertrags zu den Bedingungen des aufgehobenen vollzogen werden (BGH NJW 85, 2529). Die unterschiedlichen Gestaltungsmöglichkeiten wirken sich im wesentlichen hinsichtlich der **Mietsicherheiten** aus. Bleibt die Identität des ursprünglichen Vertrags erhalten, so erlangt der neue Vermieter auch die Rechte aus einer Mietbürgschaft, die bisher dem ursprünglichen Vermieter zugestanden haben (BGH NJW 85, 2529); der Mieter kann seinen Rückzahlungsanspruch aus der Kaution auch dann gegenüber dem neuen Vermieter geltend machen, wenn diesem die Kautionssumme nicht ausgehändigt worden ist. Wird dagegen ein neuer Vertrag zu den Bedingungen des aufgehobenen geschlossen, so gehen die Rechte aus einer Bürgschaft nicht über; bezüglich der Kaution muß sich der Mieter an den ursprünglichen Vermieter halten, es sei denn, dieser hätte die Kaution dem neuen Vermieter übergeben. Bezüglich der Kündigung führen beide Gestaltungsmöglichkeiten zum selben Ergebnis. Vertraglich vereinbarte Kündigungsbeschränkungen bleiben stets erhalten und die Kündigungsfrist berechnet sich in beiden Fällen nach der tatsächlichen Wohndauer des Mieters (s. B 843 ff).

B 55 13. **Die außerordentliche Kündigung.** Die außerordentlichen Kündigungstatbestände wegen vertragswidrigen Gebrauchs (§ 553 BGB), Zahlungsverzugs (§ 554 BGB) und schuldhafter Pflichtverletzung (§ 554a BGB) werden unter Rdn B 118–236 erörtert.

a) Für das Verhältnis der außerordentlichen zu den ordentlichen Kündigungstatbeständen gilt allgemein folgendes:

B 56 aa) Bei den praktisch bedeutsameren Fällen der **fristlosen Kündigung** liegt der Rechtfertigungsgrund für ihre Zulässigkeit in **schwerwiegenden Leistungsstörungen,** die vom Gekündigten verursacht und i. d. R. auch zu vertreten sind und dem Fortbestand des Mietverhältnisses so tiefgreifend die Grundlage entziehen, daß dem in seinen Rechten Verletzten nach Treu und Glauben im Prinzip eine sofortige Lösung vom Vertrag zugestanden werden muß. Die Vertragsfortsetzung wird dann als **unzumutbar** angesehen. Es kann sich dabei nach dem Gesetz richtigerweise um Leistungsstörungen handeln, die in der Person des einen oder des anderen Vertragsteils eintreten, wobei die gesetzlichen Kündigungsvoraussetzungen nach der jeweiligen rechtspolitischen Bewertung der essentiellen Vertragsgrundlagen und dem Grad ihrer Beeinträchtigung auch unterschiedlich festgelegt werden. Beim Vorliegen der tatbestandlich festgelegten Leistungsstörungen gestattet es das Gesetz, die grundsätzliche Bindung der Vertragsparteien an das Vertragsverhältnis durch einseitige Kündigungserklärung ohne Einhaltung jeglicher Kündigungsfrist zu lösen (Roquette § 564 BGB Rdn 22).

bb) Für die **außerordentliche befristete Kündigung** ist die Zulässigkeit in Gründen zu finden, die ihre Ursache **außerhalb von Leistungsstörungen** haben, die ein Vertragspartner zu vertreten hätte. Es handelt sich hier vielmehr um die Veränderung der für den Fortbestand des Mietvertrags wesentlichen Verhältnisse der einen oder anderen Vertragspartei, durch welche die bei der Begründung des Vertrags gegebene Interessenlage grundsätzlich geändert wird. Zwar berührt diese Änderung der Interessenlage nicht die gegenseitigen Leistungen und ist die Veränderung von keinem der Vertragsteile zu vertreten; dennoch liegt in derartigen Fällen nach allgemeinen Rechtsgrundsätzen eine Erscheinungsform der clausula rebus sic stantibus vor, wonach bei Wegfall der Vertragsgrundlage aus Gesichtspunkten des § 242 BGB die alsbaldige Lösung des Vertrags ermöglicht werden muß. Die Eigenarten des Mietvertrags als Dauerschuldverhältnis rechtfertigen es einerseits, die dafür relevanten Tatbestände im Gesetz abschließend zu regeln und andererseits den Zeitpunkt der Vertragsbeendigung im Interesse beider Partner von der Einhaltung einer kurzen, gesetzlich fixierten Kündigungsfrist abhängig zu machen (s. Rdn B 577). **B 57**

Für Mietverhältnisse über **Wohnraum** erfordert der im Gesetz verankerte Bestandsschutz darüber hinaus, daß die Kündigung des Vermieters unter dem Blickpunkt des Mieterschutzes von einem berechtigten Interesse i. S. des § 564b BGB getragen sein muß, weil dieser Schutzgedanke in den Vorschriften über die außerordentliche befristete Kündigung keine Berücksichtigung gefunden hat (s. Rdn B 577). Nach der derzeitigen Gesetzeslage haben somit außerordentlich befristete Kündigungsrechte zugunsten des Vermieters lediglich zur Folge, daß dieser trotz befristeter Mietverhältnisse oder vertraglichen Kündigungsausschlüssen zur vorzeitigen Beendigung binnen der gesetzlichen Frist berechtigt ist, wenn Kündigungsgründe i. S. des § 564b BGB vorliegen; darüber hinaus haben diese Rechte bei Wohnraummietverhältnissen keine Bedeutung, abgesehen von der ebenfalls gesetzlich bestimmten Kündigungsfrist des § 565 V BGB (s. Rdn B 785). **B 58**

cc) Diese außerordentlichen Kündigungsrechte sind auch nach der Einführung des Bestandsschutzes für Mietverhältnisse über Wohnraum durch § 564b BGB systemgerecht und sachlich gerechtfertigt; sie treten in außerordentlichen Sonderfällen neben das nunmehr für den Vermieter beschränkte Recht, im Normalfall die Vertragsbeendigung nur beim **B 59**

B 60   Teil B. Kündigungsschutz

Vorliegen berechtigter Interessen unter Einhaltung der gesetzlichen Kündigungsfrist des § 565 II BGB verlangen zu dürfen. Dabei muß der wesentliche Unterschied zwischen der außerordentlichen fristlosen und der ordentlichen Kündigung insoweit in dem sachlich zur Kündigung berechtigenden **Grund** gesehen werden. Während die außerordentliche Kündigung schwerwiegende Vertragsverstöße für eine vorzeitige Vertragsbeendigung voraussetzt, kann die Beendigung eines unbefristeten Mietverhältnisses, bei dem die Vertragspartner die jederzeit mögliche Kündigung ohnehin in Betracht ziehen müssen, von wesentlich leichteren Voraussetzungen abhängig gemacht werden, soweit der Grundsatz des Bestandschutzes das zuläßt. Der Gesetzgeber hat hierfür den Maßstab der „berechtigten Interessen des Vermieters" gewählt, die sowohl in nicht unerheblichen Leistungsstörungen seitens des Mieters als auch in Tatbeständen auf seiten des Vermieters begründet sein können, die aus dem Gesichtspunkt der Zumutbarkeit und der Eigentumsgarantie begründet erscheinen. Beide Arten der berechtigten Interessen erfordern in der Sache geringere Voraussetzungen für die Zulässigkeit der Kündigung als die außerordentliche fristlose Kündigung. Die daraus vom Gesetzgeber abgeleitete Folge entbehrlicher, kürzerer oder angemessener Kündigungsfristen unterscheidet diese Kündigungsarten nur vom Ergebnis her; auch darin kann kein wesentliches Unterscheidungsmerkmal erblickt werden, daß einerseits die motivlose Kündigung (d. h. ohne Sachvoraussetzungen) zugelassen wird (für Geschäftsräume, früher auch für Wohnraum) und andererseits die Angabe und das Vorliegen von Kündigungsgründen verlangt wird. Vielmehr liegt der entscheidende Unterschied dieser Kündigungsarten in den graduell verschiedenen Sachvoraussetzungen, die das Gesetz für ihre Zulässigkeit aufstellt. Darauf wird nachfolgend bei der Erörterung der wichtigsten Grundsätze für die außerordentliche fristlose Kündigung näher eingegangen werden.

B 60   b) Die §§ 553–554b BGB regeln die Voraussetzungen der außerordentlichen fristlosen Kündigung des Mietverhältnisses. Die §§ 553, 554 BGB sind grundsätzlich vertraglich **abdingbar,** so daß engere oder weitere Kündigungsvoraussetzungen als die der gesetzlichen Regelung vereinbart werden können; lediglich für die Mietverhältnisse über Wohnraum dürfen keine dem Mieter nachteiligeren Kündigungsvoraussetzungen vereinbart werden (§ 554b BGB). Die Regelung in § 554a BGB ist für beide Teile zwingend.

Als Dauerschuldverhältnis entstehen im Rahmen des Mietverhältnisses während der Mietzeit fortlaufend gegenseitige Leistungs- und Unterlassungsansprüche, die in einem wechselseitigen Abhängigkeitsverhältnis zueinander stehen und deren Nichterfüllung mehr oder weniger beachtliche Leistungsstörungen zur Folge hat. Das Gesetz muß für den Fall, daß Vertragsvereinbarungen über die Folgen besonders schwerwiegender Vertragsverstöße nicht getroffen worden oder unwirksam sind, eine Regelung darüber treffen, welche **Mindesterfordernisse** vorliegen müssen, daß der benachteiligte Vertragspartner die sofortige Beendigung des

Vorbem. 2. Allg. Grundsätze z. Beendigung v. Mietverhältnissen **B 61–63**

Mietverhältnisses und dadurch eine Entbindung von seiner Leistungspflicht erreichen kann. Diesen Anspruch auf eine sofortige Beendigung des Mietverhältnisses mit der Folge der sofortigen Herausgabepflicht des Mietgegenstandes (§ 556 BGB) und der Abwicklung der wirtschaftlichen Beziehungen haben die §§ 553 ff BGB zum Gegenstand. Die Vorschriften gelten entweder nur zugunsten des Vermieters (§§ 553, 554 BGB) oder aber zugunsten beider Vertragspartner (§ 554a BGB) und werden von weiteren Regelungen zugunsten des Mieters (§§ 542, 544 BGB) ergänzt. Daneben treten im Gesamtsystem des BGB-Mietrechts für die Beendigung des Mietverhältnisses aus anderen, weniger schwerwiegenden Gründen die Vorschriften über die außerordentliche befristete Kündigung und die ordentliche befristete Kündigung (§ 564b BGB).

c) Für die fristlose Kündigung gelten zunächst die **allgemeinen** **B 61** **Rechtsgrundsätze** der Kündigung (s. dazu ausführlich Rdn B 30ff). Folgende **Besonderheiten** sind zu beachten:

aa) Die fristlose Kündigung ist ein **außerordentliches Recht** zur Been- **B 62** digung des Vertragsverhältnisses außerhalb der vertraglich oder gesetzlich für den störungsfreien Vertragsablauf festgelegten Beendigungsvoraussetzung. Weil es sich bei den §§ 553 ff BGB um ein außerordentliches Kündigungsrecht handelt, besteht es auch dann, wenn der Mietvertrag auf bestimmte Zeit abgeschlossen und daher grundsätzlich für diesen Zeitraum unkündbar ist. Die fristlose Kündigung kann in ihren Voraussetzungen und Folgen gegenüber der gesetzlichen Regelung zwar beschränkt, nicht aber generell ausgeschlossen werden. Ihre rechtspolitischen Motive liegen darin, daß ihr entweder besonders schwerwiegende Pflichtverletzungen essentieller Vermieter- oder Mieterrechte oder die Unzumutbarkeit der Fortsetzung der Vertragsbeziehungen zugrunde liegen. Den hierfür in Betracht kommenden Tatbeständen muß somit nach ihrer Art und Schwere auch ein **außerordentliches Gewicht** beizumessen sein, welches über das Maß der Erheblichkeit sonstiger Vertragsverstöße hinausgeht, die möglicherweise eine ordentliche befristete Kündigung rechtfertigen können (s. Rdn B 589). Bei der Auslegung und Beurteilung der vertraglichen oder gesetzlichen Kündigungsvoraussetzungen muß diese Besonderheit angesichts der mit dem Kündigungsausspruch verbundenen schwerwiegenden unmittelbaren und mittelbaren Folgen für den Gekündigten berücksichtigt werden. Die gesetzlichen Beschränkungen des Vermieters bei der ordentlichen befristeten Kündigung eines Mietverhältnisses über Wohnraum (§ 564b BGB) lassen das Recht zur fristlosen Kündigung nach §§ 553 ff BGB unberührt; beide Kündigungsrechte haben unterschiedliche Voraussetzungen und Folgen.

bb) Das Recht, ohne Einhaltung einer vertraglichen oder gesetzlichen **B 63** Kündigungsfrist (s. Rdn B 769), die Beendigung des Mietverhältnisses herbeizuführen, hat nicht die Pflicht des Kündigenden zur Voraussetzung, die **sofortige Rückgabe** der Mietsache zu verlangen (RGZ 82, 363 [373]; BGH WM 71, 65). Er kann vielmehr die Rückgabe zu einem beliebigen Termin verlangen, bei dessen Festsetzung er an die geltende

Kündigungsfrist nicht gebunden ist; dieser Rückgabetermin kann grundsätzlich bis zum Ablauf der geltenden Kündigungsfrist hinausgeschoben werden und mit Einverständnis des Gekündigten auch darüber hinausgehen. Aus welchen Gründen die Rückgabe nicht sofort verlangt wird, ist insoweit unbeachtlich; der Kündigende kann dabei durchaus eigene Interessen verfolgen (z. B. Unmöglichkeit der sofortigen Weitervermietung), aber auch dem Gekündigten eine möglichst lange Schonfrist zugestehen. Allerdings kann ein mit der geltenden Kündigungsfrist identischer Rückgabetermin bei Zweifeln darüber, ob überhaupt eine fristlose Kündigung gewollt ist, für eine ordentliche Kündigung sprechen (s. Rdn. B 40). Im übrigen kann die Zubilligung einer großzügigen Rückgabefrist i. d. R. aber nicht vorbehaltslos dahin gedeutet werden, daß dem Kündigenden die Fortsetzung des Mietverhältnisses überhaupt zumutbar ist, weil die Zumutbarkeit insoweit primär nach anderweitigen Gesichtspunkten zu beurteilen ist; eine abweichende Beurteilung im Einzelfall ist insoweit jedoch unter Berücksichtigung des Kündigungsgrundes möglich.

Erklärt der Vermieter eindeutig das Mietverhältnis mit sofortiger Wirkung als beendigt, verlangt er aber die Rückgabe erst zu einem hinausgeschobenen Zeitpunkt, so wird darin eine Stundung des Herausgabeanspruchs oder die Gewährung einer Räumungsfrist zu erblicken sein (s. dazu Rdn B 244). Da die Räumung einer Wohnung in der Regel nicht innerhalb eines einzigen Tages vollzogen werden kann, ist der Vermieter grundsätzlich verpflichtet, dem Mieter eine kurze Räumungsfrist von etwa ein bis zwei Wochen zuzubilligen. Die Länge dieser Frist richtet sich nach den jeweiligen Besonderheiten des Einzelfalls, wobei als Mindestfrist etwa eine Woche angesetzt werden muß (so LG Hamburg WM 75, 227; AG Hamburg WM 86, 337; vgl. auch: Schläger ZMR 86, 421 der eine Frist v. 10–14 Tagen für angemessen hält).

cc) Außerordentlich umstritten ist die Frage, ob die Wirksamkeit einer außerordentlichen fristlosen Kündigung von der **Angabe von Kündigungsgründen** abhängt. Nach § 564a I BGB sollen in dem Kündigungsschreiben die Gründe der Kündigung angegeben werden. Daraus folgt, daß die Angabe von Gründen jedenfalls nicht zu den Wirksamkeitsvoraussetzungen der fristlosen Kündigung gehört. Eine andere Frage ist es, ob die Vorschrift des § 564b III BGB, wonach im Räumungsrechtsstreit nur die im Kündigungsschreiben angegebenen Gründe berücksichtigt werden (s. Rdn B 714), auch für fristlose Kündigungen gilt. In dem Rechtsentscheid des OLG Karlsruhe vom 8. 6. 1982 (RES § 564a BGB Nr. 3) wird diese Frage verneint. Danach genügt es, wenn die Kündigungsgründe beim Ausspruch der Kündigung tatsächlich vorhanden waren und bei der Begründung des Herausgabeanspruchs im Prozeß vorgetragen werden. Nach dieser Ansicht darf der Vermieter die fristlose Kündigung im Prozeß grundsätzlich auch auf Gründe stützen, die er in der schriftlichen Kündigungserklärung nicht geltend gemacht hat.

Vorbem. 2. Allg. Grundsätze z. Beendigung v. Mietverhältnissen **B 65, 66**

Auf der Grundlage dieser Ansicht ist also zunächst zu prüfen, welche Kündigungsgründe zum Zeitpunkt des Kündigungsausspruchs vorgelegen haben. Dabei kommen nur solche Gründe in Betracht, die vom Willen des Kündigenden erkennbar mitumfaßt werden. Hat beispielsweise ein Vermieter gekündigt, weil die Voraussetzungen des § 554 BGB (Zahlungsverzug) vorlagen und hat der Mieter innerhalb der Frist des § 554 II Nr. 2 BGB den Rückstand bezahlt, so wird diese Kündigung auch dann unwirksam, wenn der Vermieter nunmehr behauptet, daß die Kündigung auch auf Belästigungen der Nachbarn (§ 554a BGB) gestützt werden solle. Eine Ausnahme gilt insoweit nur dann, wenn auch diese Umstände erkennbar vom Kündigungswillen mitumfaßt worden sind. Im Streitfall hat dies der Vermieter zu beweisen. Eine Kündigung, die wegen nicht ausreichender Gründe zum Zeitpunkt des Kündigungsausspruchs unwirksam war, bleibt auch dann unwirksam, wenn nach Kündigungsausspruch neue Kündigungsgründe hinzutreten. Diese Gründe können nur dann berücksichtigt werden, wenn der Vermieter erneut fristlos kündigt. Bei einer fristlosen Kündigung ist generell ein Nachschieben von nachträglich entstandenen Kündigungsgründen nicht möglich (BGH NJW 87, 432; WM 87, 53; OLG Zweibrücken RE vom 17. 2. 1981, RES § 564a BGB Nr. 1).

Die Rechtsansicht des OLG Karlsruhe (a. a. O.) ist nicht zwingend. **B 65** Nach der hier vertretenen Rechtsauffassung gilt der Grundsatz des § 564b III BGB auch für fristlose Kündigungen (ebenso LG Mannheim MDR 71, 223 = WM 71, 24; WM 78, 68; LG Köln WM 76, 182). Danach werden im Räumungsrechtsstreit nur die im Kündigungsschreiben angegebenen Gründe berücksichtigt, soweit diese nicht nachträglich entstanden sind. Wie die Entstehungsgeschichte des § 564b III BGB zeigt, steht diese Vorschrift nämlich in unmittelbarem nicht trennbarem Zusammenhang mit der Begründungspflicht des § 564a I BGB (vgl. dazu die 1. Aufl. dieses Kommentars Rdn V 11). Mit der Begründungspflicht soll erreicht werden, daß der Mieter zum frühestmöglichen Zeitpunkt Klarheit über seine Rechtspositionen erlangt und so in die Lage versetzt wird, rechtzeitig alles erforderliche zur Wahrung seiner Interessen zu veranlassen. Dieser Zweck würde vereitelt, wenn der Vermieter im Räumungsprozeß beliebige weitere Gründe nachschieben könnte. Der Ausschluß der nichtgenannten Gründe ist deshalb eine notwendige Sanktion des Verstoßes gegen die Begründungspflicht. Wenn deshalb aus Gründen der Rechtssystematik die fristlose Kündigung im Hinblick auf die Begründungspflicht der ordentlichen Kündigung gleichgestellt wird, so muß dies auch für den Ausschluß der nicht genannten Gründe gelten (so auch LG Hamburg WM 77, 184).

dd) Die fristlose Kündigung ist dann begründet, wenn die geltend **B 66** gemachten Kündigungsgründe die vertraglichen oder gesetzlichen Kündigungsvoraussetzungen im Zeitpunkt des **Zugangs** der Kündigung erfüllen; das gilt auch, wenn nicht die sofortige, sondern eine spätere Vertragsbeendigung auf Grund einer fristlosen Kündigung erklärt wird

(s. oben Rdn B 63). Entfallen nach dem Kündigungsausspruch die Kündigungsvoraussetzungen, so hat das nicht die Unwirksamkeit der bereits eingetretenen Wirkungen der fristlosen Kündigung zur Folge (z. B. keine weiteren Belästigungen nach Klageerhebung; LG Mannheim MDR 74, 584); eine derartige Veränderung der Sachlage kann lediglich im Rahmen der Zumutbarkeitsprüfung im Einzelfall bei einer überzeugenden nachhaltigen Sachverhaltsänderung berücksichtigt werden (z. B. Tod oder Auszug des störenden Sohnes), wobei stets ein zweckgerichtetes Wohlverhalten während der Kündigungslage in Betracht zu ziehen ist. Ausnahmsweise läßt § 554 II Nr. 1 BGB eine Begleichung der Mietrückstände nach dem Kündigungsausspruch dafür genügen, daß die Kündigung nachträglich unwirksam wird. Diese Ausnahmeregelung für eine besondere Sachlage ist aber für die §§ 553, 554a BGB und andere ähnliche Pflichtverletzungen mit vereinbarter Kündigungsfolge nicht übertragbar.

B 67   ee) Wird das Recht zur fristlosen Kündigung nicht alsbald nach dem Entstehen der Kündigungsvoraussetzungen ausgeübt, kann es als **verwirkt** gelten. Nach längerem Schweigen kann die Kündigung somit nicht mehr geltend gemacht werden, wenn ihr späterer Ausspruch gegen Treu und Glauben verstößt (RGZ 82, 55 u. 373; Göckmann NJW 63, 2110; Ennecerus-Lehmann § 129 I 7; Pergande § 553 BGB Vorbem. 5; Sternel Rdn IV 239; AG Köln WM 80, 17 (LS) betr. Kündigung nach § 554a BGB, die 2 Monate nach der Vertragsverletzung erklärt wird). Zwar ist der Kündigende weder zum sofortigen noch zum unverzüglichen (§ 121 I BGB) Ausspruch der fristlosen Kündigung verpflichtet. Wenn er aber schwerwiegende Pflichtverletzungen des Vertragspartners zur Kenntnis nimmt und daraus über längere Zeit hinweg nicht die Konsequenz der eindeutig erklärten Vertragsbeendigung zieht, kann aus diesem Verhalten gefolgert werden, daß die Fortsetzung der vertraglichen Beziehungen nicht als unzumutbar empfunden wird, so daß der Vertragsgegner auf den Fortbestand des Vertrags vertrauen darf. Die möglicherweise beanstandeten, nicht aber im Wege der Kündigung verfolgten früheren Pflichtverletzungen können dann allenfalls als ergänzende Gründe für eine spätere Kündigung herangezogen werden, die auf neuen Vorfällen beruht. Kann das gleichmütige oder zögernde Verhalten des Kündigenden hinsichtlich früherer Vorfälle nach den Umständen des Einzelfalles nicht dahin gewertet werden, daß der Vertragspartner daraus nach Treu und Glauben auf einen unberührten Fortbestand des Vertrags vertrauen durfte, kann es dennoch bei der Prüfung der Zumutbarkeit der Vertragsverletzung von Bedeutung sein; im übrigen kann es gegen den Grundsatz des venire contra factum proprium (§ 242 BGB) verstoßen, wenn ein Vertragspartner ein bestimmtes, wiederkehrendes Verhalten des anderen duldet und widerspruchslos hinnimmt, dann aber ohne Abmahnung darauf die fristlose Kündigung stützt.

B 68   d) Neben den im Gesetz genannten Tatbeständen hat die Rspr. das sogenannte **Kündigungsrecht aus wichtigem Grund** entwickelt, wonach eine fristlose Kündigung eines Dauerschuldverhältnisses immer

Vorbem. 2. Allg. Grundsätze z. Beendigung v. Mietverhältnissen **B 69, 70**

dann zulässig ist, wenn durch irgendein Ereignis die Durchführung des Vertrags gefährdet oder einem Vertragspartner ein weiteres Festhalten am Vertrag nicht mehr zuzumuten ist. Dieser Kündigungstatbestand ist durch § 554a BGB teilweise kodifiziert worden; ein Rückgriff auf das übergesetzliche Kündigungsrecht kommt bei der Wohnraummiete nur dann in Betracht, wenn das Verhalten eines schuldunfähigen Mieters in Frage steht (s. Rdn B 200–205).

e) Hat der Vermieter wirksam ein Mietverhältnis über Wohnraum **B 69** fristlos gekündigt, so versagt § 556a IV Ziff. 2 BGB dem Mieter die Berufung auf den Schutz der **Sozialklausel**; Gleiches gilt, wenn der Vermieter zur fristlosen Kündigung berechtigt wäre, trotzdem aber nur die ordentliche befristete Kündigung ausgesprochen hat (s. dazu Rdn B 304). Das Gesetz geht hier davon aus, daß diese Sach- und Rechtslage eine Berücksichtigung derjenigen Interessen des Mieters verbietet, welche die fristlose Räumung des Wohnraums als besondere Härte erscheinen lassen könnte, so daß es ausnahmsweise nur auf die einseitigen Interessen des Vermieters an der sofortigen Räumung ankommt; diese Beschränkung des Schutzes durch die Sozialklausel gilt nicht für die außerordentliche befristete Kündigung, die auch insoweit wie eine ordentliche Kündigung zu behandeln ist (s. Rdn B 302). Trotzdem bleibt auch in diesem Falle die Gewährung einer **Räumungsfrist** (§§ 721, 794a ZPO; s. Rdn B 419) und von **Vollstreckungsschutz** (§ 765a ZPO; s. Rdn B 471) zur Behebung vorübergehender Räumungsschwierigkeiten bei der fristlosen Kündigung zulässig; insoweit sind die besonderen Interessen des gekündigten Mieters an einem zeitweiligen Räumungsaufschub gegenüber den Interessen des Vermieters an einer sofortigen Räumung gegeneinander abzuwägen, wobei die zur Kündigung führenden schwerwiegenden Pflichtverletzungen nicht generell zur Versagung eines Räumungsaufschubs führen können.

f) Kündigungsfolgeschaden

aa) Beendet der Vermieter oder der Mieter wegen schuldhaften Ver- **B 70** tragsverletzungen des Vertragspartners im Wege der außerordentlichen fristlosen Kündigung das Mietverhältnis, so kann er den Ersatz des Schadens verlangen, der ihm ursächlich infolge des der Kündigung zugrundeliegenden vertragswidrigen Verhaltens entstanden ist (RGZ 82, 363; BGH WM 67, 517; WRP 74, 345 = ZMR 74, 375; NJW 84, 2687; NJW 85, 1539; NJW 85, 1547; NJW 85, 2253; OLG Bamberg ZMR 84, 373, jeweils mit weiteren Nachweisen).

bb) Zwischen dem Recht zur fristlosen Kündigung und dem Anspruch auf Schadenersatz bestehen enge Beziehungen, da die Kündigung insoweit eine besonders schwerwiegende Vertragsverletzung voraussetzt. Beide Rechte stehen **nebeneinander** und schließen sich nicht aus. Haftungsbegründende Norm im objektiven Tatbestand ist diejenige Bestimmung, die das außerordentliche Kündigungsrecht gewährt (BGH a. a. O.). Der Gekündigte ist nur dann zum Ersatz des durch die vorzeitige Kündigung entstandenen Schadens verpflichtet, wenn er durch sein Verhalten dem Kündigenden einen Rechtsverlust infolge der vorzeitigen Beendigung des Mietverhältnisses zufügte, was die Wirksamkeit der Kündigung voraussetzt. Soweit das gesetzliche oder vertraglich vereinbarte Kündigungsrecht kein Verschulden des Gekündigten erfordert (z. B. §§ 542, 553 BGB) kann aus allgemeinen Haftungsgrundsätzen (§ 276 BGB) ein Schadensersatzanspruch nur bei schuldhaften Vertragsverletzungen zugebilligt werden.

B 71 Der Anspruch setzt voraus, daß zwischen der zur Kündigung führenden Vertragsverletzung und dem eingetretenen Schaden ein **ursächlicher Zusammenhang** besteht; das ist nicht der Fall, wenn die konkreten Schäden außerhalb aller Wahrscheinlichkeit liegen, weil entfernt liegende Schadensmöglichkeiten dem Haftungsbereich des Schädigers nicht zuzurechnen sind. Es liegt aber grundsätzlich im Bereich des Wahrscheinlichen, daß einem Mieter nach einer berechtigten vorzeitigen Kündigung für den Umzug, die Herrichtung der Ersatzräume zum vergleichbaren Vertragsgebrauch, die Einschaltung eines Maklers oder einen höheren Mietzins für vergleichbare Ersatzräume erhebliche Vermögensnachteile entstehen, die ihm bei vertragsgemäßem Verhalten des anderen Teils überhaupt nicht oder erst später entstanden wären.

Der BGH billigt dem kündigenden Mieter von Geschäftsräumen sogar Zwischen- und Darlehenszinsen für die vorzeitige Fertigstellung von Ersatzräumen auf dem eigenen Grundstück zu (BGH WM 74, 213). Gleichermaßen liegt es nicht außerhalb der Wahrscheinlichkeit, wenn der kündigende Vermieter die Räume zunächst leerstehen lassen muß und einen Mietausfall erleidet, von Nachfolgemieter nur einen geringeren Mietzins erzielen kann, Aufwendungen für die Suche nach einem Mietnachfolger entstehen oder eine vorzeitige Herrichtung der Räume erforderlich ist (LG Hamburg ZMR 77, 209 betr. Mietausfall für die Zeit bis zur Weitervermietung wegen Kündigung nach § 554 BGB). Der Anspruch auf Ersatz des Mietausfalls wird erst zu jenen Zeitpunkten fällig, in denen die jeweiligen Mietzinsraten fällig geworden wären (BGH WM 80, 197). Ist die Kündigung durch einen Rechtsanwalt erklärt worden, so stellen die dadurch entstandenen Kosten einen adäquaten Folgeschaden dar. Die Schadensminderungspflicht (§ 254 I BGB) gilt auch hier. Deshalb kann der Kündigende die Anwaltskosten nur dann ersetzt verlangen, wenn die Beauftragung des Rechtsanwalts zur zweckentsprechenden Rechtswahrung erforderlich war. Dies ist dann der Fall, wenn auch der Kündigungsempfänger durch einen Rechtsanwalt vertreten war („Waffengleichheit") oder wenn die Einschaltung des Rechtsanwalts wegen der Schwierigkeit der Sach- und Rechtslage geboten erscheint (BGH NJW 86, 2243).

Der Schadenersatzanspruch setzt nicht voraus, daß der Vermieter dem Mieter eine Frist setzt und Ablehnung der Leistung für den Fall des fruchtlosen Fristablaufs androht (BGH NJW 84, 2687; NJW 85, 2253). Der Anspruch richtet sich auf Ersatz des Nichterfüllungsschadens, so daß der Mieter höchstens den Betrag schuldet, den er bei normalem Ablauf der Vertragserfüllung hätte zahlen müssen (BGH NJW 85, 2253). Das Erfüllungsinteresse wird der Höhe nach durch die Leistungen begrenzt, die der Mieter bis zum nächstmöglichen ordentlichen Kündigungstermin aufzubringen gehabt hätte (BGH NJW 82, 870); denn eine vom Mieter ausgesprochene ordentliche Kündigung würde mit ihrem Wirksamwerden ausnahmslos die Kausalität für weiteren dem Vermieter durch die fristlose Kündigung entstandenen Schaden beenden (BGH NJW 85, 2253). Deshalb kann der Vermieter einen Mietausfall nur bis zu demjenigen Zeitpunkt verlangen, zu dem der Mieter das Mietverhältnis hätte kündigen können (LG Aachen WM 86, 315). Ist der Mietvertrag befristet, so ist die Schadenshöhe aus dem Betrag des innerhalb der Vertragsdauer geschuldeten Mietzinses nach oben begrenzt (BGH NJW 84, 2687). Die Schadenshöhe kann durch ersparte Aufwendungen des Vermieters und einen sonst in Betracht kommenden Vorteilsausgleich gemindert werden (BGH NJW 84, 2687; NJW 85, 1539; NJW 85, 1547; NJW 85, 2253).

Hat einer der beiden Vertragspartner das Mietverhältnis im Wege der ordentlichen Kündigung beendet, so kann eine während des Laufs der Kündigungsfrist ausgesprochene fristlose Kündigung dennoch Grundlage eines Schadensersatzanspruchs sein. Durch die erste Kündigung wurde zwar der zum Schaden führende Kausalverlauf bereits eingeleitet. Die zweite (fristlose) Kündigung greift indes in diesen Kausalverlauf ein und bewirkt einen früheren Schadenseintritt. Nach den Grundsätzen der sogenannten **überholenden Kausalität** müssen in jenen Fällen nur diejenigen Vermögensnachteile ersetzt werden, die durch den früheren Schadenseintritt verursacht werden. Es ist also festzustellen, welcher Schaden aufgrund der zweiten Kündigung eingetreten ist; hiervon sind diejenigen Vermögensnachteile abzuziehen, die aufgrund der ersten Kündigung eingetreten wären.

Im Ausnahmefall kann die Geltendmachung des Kündigungsfolgeschadens gegen **Treu und Glauben** verstoßen. Ein solcher Fall kann dann vorliegen, wenn der Kündigende zuvor durch sein Verhalten ebenfalls Anlaß zur fristlosen Kündigung gegeben hat, ohne daß der andere Teil deshalb gekündigt hätte. Hier widerspricht es dem Grundsatz von Treu und Glauben, wenn man den Empfänger der Kündigung deshalb schlechterstellt, weil er seinerseits trotz des vertragswidrigen Verhaltens des Kündigenden am Vertrag festgehalten hat (OLG Bamberg ZMR 84, 373).

Diese Grundsätze für Folgeschäden einer fristlosen Kündigung gelten nicht, wenn der in seinem Recht Verletzte zunächst keine Kündigung ausspricht und sich später auf eine zum Schadensersatz berechtigende Kündigungslage beruft; wird das Mietverhältnis durch einen Aufhebungsvertrag (s. Rdn B 89) beendet, muß eine ihr zugrundeliegende Schadensersatzpflicht den Gegenstand des Aufhebungsvertrags bilden, sonst ist sie zumindest als verwirkt anzusehen.

Unberührt von diesen Erörterungen bleibt die Frage, ob ein Vertragspartner dem anderen aus dem Gesichtspunkt der positiven Vertragsverletzung (§§ 276, 278 BGB) zum Schadensersatz wegen Pflichtwidrigkeiten verpflichtet ist, die entweder überhaupt nicht oder nur insgeheim (§ 116 BGB) zur Vertragsbeendigung führten, somit also auch nicht ihre Folgeschäden ausgelöst haben können.

B 73 Für die **außerordentliche befristete** Kündigung (s. Rdn B 57) gelten die obigen Ausführungen nicht, weil die ihr zugrundeliegenden gesetzlichen Tatbestände gerade eine Sachlage voraussetzen, nach welcher weder der Kündigende noch der Gekündigte die vorzeitige Beendigung des Vertrags zu vertreten haben. Es liegt deshalb auch außerhalb des Haftungsbereichs des Gekündigten, etwaige Folgeschäden der durch andere Ereignisse ausgelösten vorzeitigen Kündigung vertreten zu müssen.

B 74 cc) Die infolge einer **ordentlichen befristeten Kündigung** entstandenen Schäden des Kündigenden hat der Gekündigte **nicht zu vertreten**. Das gilt gleichermaßen für die Kündigung des Vermieters wie des Mieters. Wird das Mietverhältnis nicht von vornherein nur auf bestimmte Zeit abgeschlossen (befristeter Mietvertrag), so kann es von jedem Vertragsteil jederzeit unter Einhaltung der gesetzlichen (§ 565 BGB) oder vertraglich festgelegten Kündigungsfrist beendet werden (§ 564 BGB). Das entspricht der Grundstruktur des Mietvertrages, durch den dem Mieter die entgeltliche Sachnutzung (Gebrauchsrecht) auf bestimmte oder bestimmbare Zeit übertragen wird; beide Vertragsteile müssen sich somit bei entsprechender Vertragsgestaltung (nicht befristeter Mietvertrag) darüber klar sein, daß sie binnen einer Übergangszeit die Mietsache zurückzugeben oder zurückzunehmen haben. Das Risiko, sich binnen der vereinbarten oder gesetzlichen Übergangsfrist (Kündigungsfrist) auf die neue Sachlage nicht gebührend einstellen zu können und Vermögensnachteile zu erleiden, trifft beide Vertragspartner gleichermaßen. Es handelt sich hier nicht um einen vorzeitigen, schadensersatzpflichtigen Rechtsverlust des Kündigenden, der vom anderen Teil zu vertreten ist, sondern um ein in der Art des Rechtsgeschäftes liegendes und einzukalkulierendes Risiko. Der entscheidende Unterschied zwischen Vertragsverletzungen, die zur fristlosen Kündigung berechtigen und solchen, die lediglich eine befristete Kündigung ermöglichen, liegt in der Intensität der Pflichtverletzung. Im Falle der fristlosen Kündigung muß die Pflichtverletzung nach dem Wortlaut des § 554a BGB so erheblich sein, daß dem Kündigenden die Vertragsfortsetzung nicht mehr zugemutet werden kann. Allein dieser Umstand rechtfertigt es, dem Kündigenden einen Ersatzanspruch für die hierdurch entstandenen Schäden zuzubilligen. Der Umkehrschluß hieraus ergibt, daß im Falle der befristeten Kündigung die Pflichtverletzung keineswegs so erheblich sein muß, daß der Kündigende zur Vertragsbeendigung gezwungen ist; vielmehr geht das Gesetz davon aus, daß sich der Kündigende in solchen Fällen mehr oder weniger frei entscheiden kann, ob er den Vertrag fortsetzt oder beendet. Diese Möglichkeit der freien Entscheidung erlaubt es, auch das

Risiko der mit der Kündigung entstehenden finanziellen Belastung zu berücksichtigen. Deshalb ist es folgerichtig, den Schadensersatzanspruch zu versagen (so im Ergebnis auch LG Stuttgart WM 76, 262). Das gilt auch dann, wenn das Gesetz das freie Kündigungsrecht aus sozialstaatlichen Erwägungen zugunsten eines Vertragspartners beschränkt und vom Vorliegen berechtigter Interessen abhängig macht, wie das in §§ 564b BGB zugunsten des Mieters geschehen ist; selbst wenn der die Kündigung rechtfertigende Grund eine erhebliche schuldhafte Pflichtverletzung des Mieters war, wie es § 564b II Nr. 1 BGB bestimmt, ergibt sich aus der uneingeschränkt weitergeltenden Grundvorstellung des Gesetzes, daß sich der Vermieter binnen der auch zu seinem Schutz geltenden Kündigungsfristen vor nachteiligen Kündigungsfolgen grundsätzlich schützen kann und muß; ist das nicht der Fall, so hat der entstandene Schaden seine relevante Ursache in der Marktsituation oder aber in den mangelnden persönlichen, wirtschaftlichen oder sonstigen Fähigkeiten des Vermieters. Eine **unwirksame Kündigung** des Vermieters, welcher der Mieter Folge leistet, begründet eine Schadensersatzpflicht nur dann, wenn die nicht vorhandenen Kündigungsgründe vorsätzlich oder arglistig vorgetäuscht werden (s. Rdn B 609; insoweit zutr. Fehl gegen LG Kiel NJW 75, 1973; vgl. auch Löwe ZMR 75, 289).

Davon unberührt bleibt auch hier die Verpflichtung des Mieters, aus dem Gesichtspunkt der **positiven Vertragsverletzung** solche Schäden zu ersetzen, die er während der Mietzeit durch ein vertragswidriges Verhalten herbeiführte und die möglicherweise den Grund zur Vertragsbeendigung boten. Ferner bleibt die Verpflichtung des Mieters zum Schadensersatz nach § 557 BGB von den obigen Ausführungen unberührt, wenn dem Vermieter infolge der nicht rechtzeitigen Herausgabe der Mietsache nach Ablauf der Kündigungsfrist ein Schaden entsteht (s. Rdn B 547ff).

14. Die Kosten der Kündigung. Wird das Mietverhältnis infolge der Kündigung ohne Räumungsprozeß beendet, so sind die Kosten der Kündigung (Anwaltskosten, Schreibgebühren) grundsätzlich vom Kündigenden selbst zu tragen. Einen allgemeinen Grundsatz, wonach diese Kosten stets von dem unterliegenden Teil zu tragen wären gibt es nämlich nicht. Insbesondere ist die Kostenvorschrift des § 91 ZPO nicht entsprechend anwendbar. In bestimmten Fällen kann der Kündigende aber die Kosten der Kündigung vom Gekündigten nach den Grundsätzen über die positive Vertragsverletzung ersetzt verlangen. Der Anspruch setzt voraus, daß der Anlaß zur Kündigung eine vom Gekündigten zu vertretende Vertragsverletzung darstellt. Bei der Kündigung durch den Mieter kommt insoweit in Betracht: Nichtgewährung des vertragsgemäßen Gebrauchs durch den Vermieter (§ 542 BGB); gesundheitsgefährdender Zustand der Räume (§ 544 BGB) und Pflichtverletzungen durch den Vermieter (§ 554a BGB). Eine Vertragsverletzung des Mieters liegt insbesondere vor in den Fällen der unerlaubten Untervermietung (§ 549 BGB); des vertragswidrigen Gebrauchs (§ 553 BGB); des Zahlungsverzugs (§ 554 BGB) und der Pflichtverletzungen nach §§ 554a; 564b II Nr. 1 BGB.

Die **Kosten der Rechtsverteidigung** (Anwaltskosten) gegen eine unbegründete Kündigung kann der Kündigungsempfänger dann ersetzt verlangen, wenn die Kündigungserklärung als solche eine Vertragsverletzung darstellt. Ein solcher Fall liegt z. B. dann vor, wenn der Vermieter mit erfundenen Kündigungsgründen (vorgespiegelter Eigenbedarf) kündigt oder wenn der Mieter eine offensichtlich unbegründete Kündigung ausspricht. Werden dagegen tatsächlich zutreffende aber im Ergebnis nicht ausreichende Kündigungsgründe geltend gemacht, so liegt hierin keine Vertragsverletzung (AG Konstanz WM 77, 254; zweifelhaft AG Krefeld MDR 78, 1023 wonach in solchen Fällen eine Fahrlässigkeit des Kündigenden vorliegen soll).

Kommt es zum Räumungsprozeß, so richtet sich die Kostenerstattung nach den §§ 91 ff. ZPO.

III. Beendigung durch Tod des Mieters

B 76 Der Tod des Mieters gibt sowohl dem Vermieter als auch dem Erben nach § 569 BGB das Recht zur vorzeitigen außerordentlichen befristeten Kündigung des Mietvertrags. Die Kündigung muß zum nächsten zulässigen Termin erfolgen; sonst ist sie unwirksam. Sowohl der Vermieter als auch die Erben müssen deshalb nach Bekanntwerden des Todes des Mieters und Klärung der Erbfolge unverzüglich die Kündigung binnen der gesetzlichen 3-Monats-Frist des § 565 V BGB aussprechen (LG Köln MDR 73, 409). Der erste zulässige Termin ist dabei derjenige, zu dem die Kündigung ohne Verschulden des Kündigungsberechtigten bei der Fristwahrung hätte ausgesprochen werden können. Die Frist beginnt, sobald der Vermieter von dem Erbfall und der Person des Erben Kenntnis erlangt hat bzw. in zumutbarer Weise hätte Kenntnis erlangen können. Der Vermieter muß also das ihm Zumutbare tun, um sich Gewißheit über die Person des Erben zu verschaffen (OLG Hamm MDR 81, 499 = ZMR 81, 211 = WM 81, 263). Anderenfalls wird der Mietvertrag an Stelle des Verstorbenen mit dessen Erben fortgesetzt. Diese grundsätzliche Regelung gilt für alle Mietverträge, also insbesondere für Geschäftsräume.

B 77 Für die **Wohnraummiete** wird § 569 BGB weitgehend durch die Sondervorschriften der §§ 569a–b BGB zum Schutz des Mieters eingeschränkt. Die Sonderregelung für Wohnräume beim Tod eines Mieters gilt nur dann, wenn mit dem Verstorbenen dessen Ehefrau oder sonstige Familienangehörige im **gemeinsamen Hausstand** in der Wohnung gelebt haben. Für diese Personen, die auch sonst in den Schutzbereich des Mietverhältnisses (z. B. beim Schadensersatz wegen Sachmängeln) einbezogen sind, bestimmen die §§ 569a, b BGB eine **Sonderrechtsnach-**

Vorbem. 2. Allg. Grundsätze z. Beendigung v. Mietverhältnissen **B 78, 79**

folge, die sich unabhängig davon vollzieht, ob sie Erben des Mieters sind; auf Grund der engen persönlichen und wirtschaftlichen Beziehungen zu dem verstorbenen Mieter gehen sie hinsichtlich der Fortsetzung des Mietverhältnisses den Erben vor. Die Beschränkung des Kündigungsrechts des Vermieters nach § 569a V BGB auf die Kündigung aus wichtigem Grund (s. unten 1 d), dient ebenfalls dem Schutz der von dem Mieter abhängigen Personen.

1. War der Verstorbene **alleiniger Mieter** der Wohnung, so gilt nach § 569a BGB folgende Regelung:
a) Nach § 569a I BGB tritt zunächst kraft Gesetzes der **Ehegatte** in **B 78** den Mietvertrag ein, der mit dem Verstorbenen zusammengelebt hat, der Mietvertrag wird dann unverändert, wie er zwischen dem Vermieter und dem verstorbenen Mieter vereinbart wurde, zwischen dem Vermieter und dem überlebenden Ehegatten fortgesetzt. Liegt die Fortsetzung des Mietvertrags nicht im Interesse des überlebenden Ehegatten, muß dieser binnen 1 Monat nach Kenntnis des Todes dem Vermieter gegenüber erklären, daß er die Weiterführung des Mietvertrags ablehne; innerhalb dieser Monatsfrist muß dem Vermieter die unmißverständliche Erklärung über die Nichtfortsetzung des Mietverhältnisses zugehen (§ 130 BGB); soweit der Ehegatte erst später vom Tod des Mieters Kenntnis erlangt (z. B. Auslandsreise), ist der Fristbeginn entsprechend § 206 BGB bis zur Erlangung der positiven Kenntnis gehemmt (§ 569a I 2 BGB); in diesem Falle gilt sein Eintritt in den Mietvertrag rückwirkend als nicht erfolgt, und ihm sind somit auch keine Verbindlichkeiten aus dem Mietvertrag erwachsen.

b) Tritt kein Ehegatte in den Mietvertrag ein, gilt der Vertrag mit den **B 79** **Familienangehörigen** als fortgesetzt, die mit dem Verstorbenen in der Wohnung einen gemeinsamen Hausstand führten. Der Kreis der Familienangehörigen ist im weitesten Sinne zu verstehen. Der Wortlaut der Vorschrift setzt allerdings voraus, daß zwischen dem Verstorbenen und den Mitbewohnern familienrechtliche Bindungen bestehen. Darüber hinaus wird die Vorschrift aber analog auf solche Personen anzuwenden sein, die mit dem Verstorbenen zwar nicht verwandt waren, aber mit ihm einen gemeinsamen Hausstand geführt und in enger persönlicher Bindung zu diesem gestanden haben (im Ergebnis ebenso Klas ZMR 82, 289). Hierzu kann unter Umständen auch derjenige gehören, der mit dem verstorbenen Mieter in eheähnlicher Lebensgemeinschaft zusammengelebt hat (a. A.: LG Karlsruhe MDR 82, 147). Die analoge Anwendung rechtfertigt sich aus dem Zweck des § 569a BGB. Rechtsnachfolger bezüglich des Mietverhältnisses soll abweichend von allgemeinen Grundsätzen nicht der Erbe, sondern derjenige sein, der mit dem verstorbenen Mieter zusammengelebt und der deshalb engere Beziehungen zu der Wohnung hat als dritte Personen. Aus diesem Grund wendet LG Hannover (WM 86, 18) die Vorschrift des § 569a BGB dann auf Verlobte oder nichteheliche Lebenspartner an, wenn eine enge persönliche Beziehung zum verstorbenen Mieter und eine von ihm gewollte, auf Dauer angelegte Aufnahme bzw. Einbindung in den gemeinsamen Hausstand als dem gemeinsamen Mittelpunkt der Lebens- und Wirtschaftsführung vorliegt. Dem ist zuzustimmen: Die Ansichten über den Kreis der insoweit schutzwürdigen Personen haben sich seit dem Inkrafttreten des § 569a BGB im Jahre 1964 gewandelt. So ist heute beispielsweise anerkannt, daß ein Mieter berechtigt ist, seinen Lebenspartner auch dann in die Wohnung aufzunehmen, wenn er nicht mit ihm verheiratet ist (vgl. OLG Hamm (RE) vom 17. 8. 1982 RES § 549 BGB Nr. 1). Diesem Recht auf Aufnahme in die Wohnung entspricht der Schutz des Aufgenommenen durch eine analoge Anwendung des § 569a BGB. Beweispflichtig für die tatsächlichen Voraussetzungen des Fortsetzungsanspruchs (enge Lebensgemeinschaft) ist derjenige, der den Fortsetzungsanspruch geltend macht (LG Hannover a. a. O.).

Die Eintrittsberechtigten können binnen 1 Monat nach Kenntnis des Todes (oder der Ablehnung des Ehegatten) dem Vermieter gegenüber die Fortsetzung des Mietvertrags ablehnen. Soweit ein eintrittsberechtigter Ehegatte vorhanden ist, führt die in § 569a I 2 BGB infolge der dort vorgesehenen Ablaufhemmung der Erklärungsfrist (§ 206 BGB) dazu, daß die Monatsfrist für die Familienangehörigen nicht schon bei Kenntnis des Todes des Mieters, sondern erst bei Kenntnis der erteilten Ablehnungserklärung durch den Ehegatten zu laufen beginnt, so daß eine vorsorgliche Nichteintrittserklärung entbehrlich ist (a. A. Burkhardt BB 64, 776; Palandt-Putzo § 569a BGB Anm. 5). Die Ablehnung hat auch hier die Wirkung, daß der Eintritt in den Mietvertrag rückwirkend nicht als erfolgt gilt. Erklärt nur einer von mehreren Familienangehörigen die Ablehnung, so scheidet nur dieser für sich aus dem Mietverhältnis und den daraus sowohl rückwirkend als auch künftig entstehenden Verpflichtungen aus (§ 569a II 3, 2. Halbs. BGB).

B 80 c) Treten der überlebende Ehegatte oder Angehörige in den Mietvertrag ein, so **haften** sie rückwirkend auch für alle Verbindlichkeiten des Verstorbenen aus dem Mietverhältnis als Gesamtschuldner. Im Innenverhältnis haftet der Erbe (abweichend von § 426 BGB) auch für diese Verbindlichkeiten allein.

Eine Mietvorauszahlung, die der Verstorbene leistete, ist auch gegenüber dem Ehegatten oder einem Angehörigen, der den Mietvertrag fortsetzt, wirksam (§ 569a III, IV BGB).

B 81 d) Das fortgesetzte Mietverhältnis kann vom **Vermieter** unter Einhaltung der gesetzlichen 3-Monats-Frist gekündigt werden, wenn in der Person des Eintretenden ein **wichtiger Grund** dafür vorliegt (z. B. ehrloser oder unsittlicher Lebenswandel, persönliche Feindschaft, Zahlungsunfähigkeit). Nach der Ansicht des LG Nürnberg-Fürth (WM 85, 228) liegt ein wichtiger Grund auch dann vor, wenn eine Genossenschaftswohnung vermietet ist und der Eintretende bereits einen Nutzungsvertrag über eine andere Wohnung mit dieser Genossenschaft geschlossen hat. Es kommt im Einzelfall darauf an, ob dem Vermieter die Fortsetzung des Mietvertrags zumutbar ist. Die Kündigung ist nur wirksam, wenn sie zum ersten zulässigen Kündigungstermin nach dem Bekanntwerden des Eintretenden ausgesprochen wird. Maßgebend ist in diesem Zusammenhang, wann der Vermieter vom Tod des Mieters, den Namen des eintretenden Familienangehörigen sowie Einzelheiten von dessen Persönlichkeit erfährt. Der Vermieter ist auch berechtigt, Rechtsrat einzuholen, bevor er kündigt. Die Vorschrift des § 564b BGB gilt nicht, weil sich die Kündigungsvoraussetzungen (wichtiger Grund) abschließend aus § 569a BGB ergeben (LG Nürnberg-Fürth WM 85, 228). Jedoch kann sich der Eintretende auf die Sozialklausel berufen und unter den Voraussetzungen der §§ 556a–c BGB die Fortsetzung des Mietvertrags verlangen (§ 569a V BGB).

e) Treten weder der überlebende Ehegatte noch ein Familienangehöriger in den Mietvertrag ein, so wird der Mietvertrag nach § 569a VI BGB mit dem oder den **Erben** fortgesetzt. In diesem Fall findet § 569 I BGB Anwendung, so daß sowohl der Vermieter als auch der Erbe binnen der gesetzlichen Frist den Mietvertrag zum nächsten zulässigen Termin kündigen können (s. oben vor 1.). Die Vorschriften der §§ 564b, 556a ff. BGB sind anwendbar, weil auch der Erbe, der nicht mit dem Verstorbenen in einem gemeinsamen Haushalt zusammengelebt hat, schutzbedürftig sein kann. Zu einem anderen Ergebnis gelangt Hablitzel (ZMR 80, 289), der das Sonderkündigungsrecht nach § 569 BGB den erbrechtlichen Vorschriften zuordnet (vgl. im übrigen Rdn B 579).

2. Die obigen Ausführungen gelten nur dann, wenn der Verstorbene alleiniger Mieter der Wohnung war. Hat der Verstorbene dagegen die Wohnung gemeinsam mit seinem **Ehegatten** gemietet, gilt die Sonderregelung des **§ 569b BGB**. In diesem Fall tritt mit dem Tod des einen Ehegatten der überlebende Ehegatte als alleiniger Mieter in den Mietvertrag ein, wenn die Eheleute in der Wohnung einen gemeinsamen Hausstand führten. Diese Änderung des Mietvertrags tritt **kraft Gesetzes** ein. Sie ist vom Willen des Vermieters und des Überlebenden nicht abhängig. Die im Haushalt lebenden Angehörigen und Erben kommen als Mieter an Stelle des Verstorbenen hier nicht in Betracht. Der überlebende Ehegatte kann aber das Mietverhältnis unter Einhaltung der gesetzlichen 3-Monats-Frist (§ 565 V BGB) kündigen, wenn der Tod die Aufgabe der Wohnung erfordert oder wünschenswert erscheinen läßt. Diese Kündigung ist aber nur dann wirksam, wenn sie nach Kenntnis des Todes spätestens bis zum 3. Tag des darauffolgenden Monats dem Vermieter gegenüber erklärt wird. Sonst bleibt das Mietverhältnis dem Vermieter und dem überlebenden Ehegatten bis zum nächsten zulässigen ordentlichen Kündigungstermin (§ 565 II BGB) bestehen. Für die Übernahme der Mietschulden durch den überlebenden Ehegatten und die Ausgleichspflicht für eine noch nicht abgewohnte Mietvorauszahlung gilt auch hier das zu 1c Gesagte.

B 84 3. Die gesetzliche Regelung des § 569a I, II, V BGB, wonach der Ehegatte oder an dessen Stelle die Familienangehörigen in das Mietverhältnis eintreten, ist durch eine **Vereinbarung** nicht rechtswirksam auszuschließen oder abzuändern (§ 569a VII BGB); das gilt auch für den Eintritt in ein Mietverhältnis (Nutzungsvertrag) mit einer Wohnungsgenossenschaft, deren Wohnungen ihren Mitgliedern satzungsgemäß vorbehalten sind; soweit der Rechtsnachfolger nicht die Aufnahme in die Genossenschaft ablehnt. Da dieses Abänderungsverbot nicht auf nachteilige Vereinbarungen zu Lasten des Mieters beschränkt ist, gilt es hinsichtlich des Kündigungsrechts nach § 569a V BGB insoweit auch zugunsten des Vermieters; hingegen wird davon das Kündigungsrecht des Vermieters und des Erben nach § 569a VI BGB nicht erfaßt, ist also abdingbar, ebenso wie die in § 569a III, IV BGB geregelten Tatbestände der Übernahme bestehender mietvertraglicher Verpflichtungen. Dagegen ist die gesetzliche Regelung des § 569b BGB vertraglich abänderbar.

B 85 4. Hausstandszugehörigen Familienangehörigen, die in das Mietverhältnis eingetreten sind, und dem Ehegatten darf eine **Sozialwohnung** vom Vermieter auch ohne Übergabe einer Wohnberechtigungsbescheinigung weiterhin überlassen werden (§ 4 VII WoBindG), wenn der Wohnberechtigte stirbt.

IV. Beendigung durch Rücktritt und Anfechtung

B 86 1. **Vor der Überlassung** des Wohnraums können sowohl Vermieter als auch Mieter nach den allgemeinen Vorschriften vom Vertrag zurücktreten (§§ 320 ff, 347 ff BGB) oder den Mietvertrag mit ex-tunc-Wirkung durch Anfechtung auflösen (§§ 119 ff, 142 I BGB; LG Mannheim MDR 74, 672, 673). Auch die Ausübung eines vertraglich vereinbarten Rücktrittsrechtes (§ 346 BGB) ist insoweit zulässig.

Im Falle der Anfechtung nach § 119 BGB steht dem Anfechtenden ein Anspruch auf das negative Interesse nach § 121 BGB zu; im Fall des Rücktritts haften Vermieter und Mieter nach § 347 BGB auf Schadenersatz.

2. **Nach der Überlassung** des Wohnraums ist die Rechtslage unter Berücksichtigung des dem Mieter gewährten Bestandsschutzes (§ 564b BGB) bei Rücktritt und Anfechtung unterschiedlich zu beurteilen.

B 87 a) **Rücktritt**

aa) **Das vertragliche Rücktrittsrecht** ist durch die ausdrückliche Regelung des § 570a BGB zum Schutz des Mieters ausgeschlossen. Die Ausübung des Rücktrittsrechtes ist nach dieser Vorschrift als Kündigung umzudeuten, ihre Wirksamkeit bestimmt sich somit entweder nach §§ 553 ff BGB oder aber nach §§ 564a, b BGB (siehe Rdn B 570 ff).

bb) Das gesetzliche Rücktrittsrecht wird durch die Sonderregelungen über die fristlose Kündigung im Mietrecht (§§ 542 ff, 553 ff BGB) er-

Vorbem. 2. Allg. Grundsätze z. Beendigung v. Mietverhältnissen **B 88**

setzt, in denen die dort zum Rücktritt berechtigenden Leistungsstörungen unter Berücksichtigung der Besonderheiten des Mietrechts als Beendigungstatbestände mit Wirkung ex nunc ausgestaltet sind (einschränkend für Geschäftsräume BGH WM 1968, 161, 162).

Der Ausschluß des Rücktrittrechts gilt jedoch nur für die Beendigung des Mietverhältnisses, dagegen nicht für die Verletzung sonstiger mietvertraglicher Pflichten (z.B. Zahlung von Baukostenzuschüssen, Mieterdarlehen etc; BGH NJW 57, 57).

b) Anfechtung **B 88**

Umstritten ist, ob die Anfechtung gemäß §§ 119, 123 BGB mit der Rechtsfolge des § 142 I BGB neben den mietrechtlichen Kündigungsbefugnissen möglich ist. Einerseits wird vertreten, daß die Anfechtung im Rahmen des Mietverhältnisses überhaupt ausgeschlossen ist (LG Mannheim ZMR 1965, 239 = WM 1965, 96; AG Gelsenkirchen WM 84, 299; Hille WM 84, 292; Münzel WohnA 1939, 54, 55), da insoweit Kündigungs- bzw. Gewährleistungsvorschriften als Sondervorschriften vorgehen. Diese Meinung übersieht jedoch, daß zumindest jene Fälle, die die Eigenschaft der Person betreffen, nicht von den Kündigungsvoraussetzungen hinreichend erfaßt werden (vgl. LG Kassel ZMR 1967, 133, 134).

Andererseits wird davon ausgegangen, daß die Anfechtung auch bei Mietverhältnissen uneingeschränkt mit der Wirkung des § 142 I BGB zulässig sein soll (KG MDR 67, 404; Mittelstein, Die Miete S. 112 bis 115; Roquette, vor §§ 537–542 BGB, Rdn 23 ff; Soergel-Siebert Rdn 4 zu § 537).

Eine vermittelnde Ansicht hält in Anlehnung an die Rechtsgrundsätze zum Arbeitsrecht (BAG AP Nr. 18 zu § 611 BGB; BAG NJW 58, 397; BAG AP Nr. 2 zu § 123 BGB = NJW 68, 516) und zu anderen Dauerschuldverhältnissen, insbesondere dem Gesellschaftsrecht (BGH LM Nr. 19 zu § 105 HGB; BGHZ 11, 190; 13, 320; Betr. 1956, 65), die Anfechtung von Mietverträgen mit der Wirkung für zulässig, daß sie nur eine **Vertragsbeendigung ex nunc** zur Folge hat (LG Nürnberg-Fürth MDR 1966, 1004; AG Köln WM 81, 228 Kiefersauer-Glaser, Grundstücksmiete, 10. Aufl. Anm. 46 MSchG, Einleitung S. 136).

Letzterer Ansicht ist auch für das Mietrecht zuzustimmen, weil es insoweit mit dem Arbeits- und Gesellschaftsrecht in seinen Auswirkungen übereinstimmt. Die Kündigungsbestimmungen reichen einerseits nicht aus, jene Fälle befriedigend zu lösen, in denen das vertragswidrige Verhalten bereits bei bzw. vor Vertragsabschluß liegt. Andererseits führt die uneingeschränkte Anwendung des § 142 BGB mit der Folge der Rückabwicklung nach §§ 985, 812 ff BGB wegen der damit verbundenen Bewertungsschwierigkeiten mietrechtlicher Leistungen zu Ergebnissen, die in ihren Auswirkungen auch für das Mietrecht zu sachfremden Ergebnissen führen müssen. Die teleologische Reduktion des § 142 I BGB in dem hier vertretenen Sinne ist auch deshalb gerechtfertigt, weil diese Vorschrift der Irreversibilität der verstrichenen Zeit durch die An-

B 88a Teil B. Kündigungsschutz

nahme der ex-tunc-Nichtigkeit nicht hinreichend Rechnung trägt, da der Gesetzgeber in § 142 BGB die Besonderheiten der Dauerschuldverhältnisse nicht erfaßt hat (Pawlowski, Rechtsgeschäftliche Folgen nichtiger Willenserklärungen, 1966, S. 310 ff). Besondere Beachtung verdienen die Fälle der Teilnichtigkeit; täuscht der Vermieter arglistig über den Mietpreis, so kann das nur zu einer Anpassung des Mietpreises nicht aber zur Aufhebung des gesamten Vertrages führen (Pawlowski a. a. O. S. 163 ff).

Gleiches gilt, wenn der Vermieter seinerseits über Umstände getäuscht wird, die für den Mietpreis bestimmend gewesen sind, oder wenn er sich beim Vertragsschluß insoweit geirrt hat (§ 119 BGB). Anders als bei der sog. ,,Änderungskündigung" kann deshalb die Anfechtungserklärung nicht mit einem Angebot zur Vertragsfortsetzung unter geänderten Bedingungen verbunden werden. Dies hat zur Folge, daß der Anfechtungsgegner das Mietverhältnis kündigen muß, wenn er den Eintritt der Vertragsänderung verhindern will. Soll mit der Anfechtung des Vermieters eine Anpassung des Mietzinses erzielt werden, so ist die Interessenlage des Mieters ähnlich, wie bei der Mieterhöhung nach § 2 MHG. Es ist deshalb sachgerecht, ihm in entsprechender Anwendung des § 9 I MHG ein Sonderkündigungsrecht zu geben.

Ist eine Anpassung des Mietvertrags wegen der Eigenart des Anfechtungsgrundes nicht möglich, so wird das Mietverhältnis mit dem Zugang der Anfechtungserklärung mit Wirkung für die Zukunft beendet. Die Einzelheiten bezüglich der Anfechtungstatbestände sind in der Praxis außerordentlich umstritten.

B 88a Einige Vermieter machen die Vermietung einer Wohnung davon abhängig, daß der Mietinteressent in einem **Fragebogen** Auskünfte über seine persönlichen und finanziellen Verhältnisse erteilt. Diese Praxis ist insbesondere bei Vermietern mit großem Wohnungsbestand verbreitet. In diesen Fällen stellt sich die Frage, ob der Mieter verpflichtet ist, die in dem Fragebogen gestellten Fragen wahrheitsgemäß zu beantworten und ob der Vermieter bei unrichtiger Beantwortung der Fragen zur Anfechtung wegen arglistiger Täuschung – oder zur Kündigung nach § 554a BGB (AG München ZMR 86, 245) – berechtigt ist. Dies ist deshalb problematisch, weil die Fragebögen den Mieter zur Offenlegung persönlicher Daten zwingen, ohne daß dies in jedem Fall durch ein hinreichendes Interesse des Vermieters gerechtfertigt wäre. Der Mieter hat in der Regel auch keine Gewähr dafür, daß die von ihm erteilten Auskünfte vertraulich behandelt werden. Teilweise wird deshalb die Ansicht vertreten, daß derartige Fragebögen unzulässig sind und daß die Falschbeantwortung der Fragen insgesamt folgenlos sei (Lau WM 78, 61). Es ist andererseits aber auch nicht zu verkennen, daß die Überlassung einer Wohnung für den Vermieter mit einem gewissen Risiko verbunden ist, weil im Falle der Zahlungsunfähigkeit eines Mieters wegen der unter Umständen langen Dauer eines Räumungsprozesses Vermögensnachteile eintreten können. Die Zulässigkeit von Fragebögen kann deshalb nicht schlechthin verneint werden (LG Köln WM 84, 297; DWW 84, 75; LG

Landau WM 86, 133; LG Mannheim, Urteil vom 1. 8. 1979 – 4 S 47/79; Hille WM 84, 292; Simon JA 85, 450, 572; Sonnenschein NJW 86, 2731; vgl. auch Weimar ZMR 82, 196; Betrieb 82, 1259). Das BAG hat in dem rechtsähnlichen Fall der Einstellungsfragebögen von Arbeitgebern Grundsätze entwickelt, die auch für die Wohnungsmiete anwendbar sind (BAG NJW 85, 645; NZA 84, 331). Nach diesen **Grundsätzen** hat der Vermieter nur insoweit ein Fragerecht, als er ein berechtigtes, billigenswertes und schutzwürdiges Interesse an der Beantwortung seiner Frage für das Mietverhältnis besitzt. Die unrichtige Beantwortung einer in einem Fragebogen gestellten Frage rechtfertigt nur dann eine Anfechtung des Mietvertrags wegen arglistiger Täuschung, wenn die Frage zulässigerweise gestellt worden ist und wenn die Falschauskunft wesentliche Bedeutung für den Fortbestand des Mietverhältnisses besitzt. So ist es beispielsweise zulässig, wenn der Vermieter nach dem Arbeitgeber des Mieters fragt, weil das Arbeitsverhältnis in den meisten Fällen die wesentliche Einkommensquelle des Mieters darstellt (LG Köln DWW 84, 75; WM 84, 297; AG Gelsenkirchen WM 84, 299, wonach eine diesbezügliche Falschauskunft allerdings dann nicht zur Anfechtung berechtigen soll, wenn das Mietverhältnis bereits in Vollzug gesetzt worden ist). Auch unmittelbare Fragen nach den Einkommensverhältnissen müssen als zulässig angesehen werden. Ebenso sind Fragen zulässig, die sich auf den Familienstand beziehen, weil ein Vermieter durchaus ein Interesse daran haben kann, nur an Eheleute zu vermieten (LG Landau WM 86, 133). Bedenklich sind dagegen Fragen nach dem früheren Mietverhältnis (vgl. dazu LG Braunschweig WM 84, 297), nach dem Grund des Wohnungswechsels, nach der Bankverbindung, nach der Mitgliedschaft in einem Mieterverein, oder gar (bei weiblichen Mietinteressenten) nach dem Bestehen einer Schwangerschaft. Auch ohne konkrete Frage kann ein **Mietinteressent verpflichtet sein, auf mögliche Leistungshindernisse hinzuweisen.** Diese Verpflichtung besteht nicht schon dann, wenn die Fähigkeit zur Vertragserfüllung irgendwie zweifelhaft ist. Andererseits setzt die Aufklärungspflicht aber nicht voraus, daß die mangelnde Leistungsfähigkeit endgültig feststeht. Der Mietinteressent kann deshalb verpflichtet sein, auf bestehende wirtschaftliche Schwierigkeiten hinzuweisen (Hille WM 84 292). Maßgeblich sind stets die Verhältnisse des Einzelfalls (vgl. dazu AG Hagen WM 84, 296, wonach ein Anfechtungsgrund nach § 119 Abs. 2 BGB vorliegen kann, wenn ein Mietinteressent beim Abschluß des Vertrags nicht offenbart, daß er bereits die eidesstattliche Versicherung abgegeben hat; AG Miesbach WM 87, 379, wonach ein Vermieter zur Anfechtung nach § 123 BGB berechtigt ist, wenn der Mietinteressent auf Frage erklärt, er sei noch nie etwas schuldig geblieben, während er in Wirklichkeit vor kurzem die eidesstattliche Versicherung abgegeben hat; AG Kaiserslautern WM 87, 378; AG Stuttgart-Bad Cannstatt WM 86, 331 und LG Ravensburg WM 84, 297, wonach ein Mietinteressent nicht verpflichtet ist, von sich aus vor Abschluß des Mietvertrags seine Einkommensverhältnisse offenzulegen und wonach ein Irrtum über die Zahlungsfähigkeit eines Mieters nicht zur Anfechtung berechtigen soll). Der Umstand, daß verschiedene Mieter eines Hauses oder einer Wohnanlage einer Sekte angehören, berechtigt die übrigen Mieter nicht zur Anfechtung des Mietvertrages, weil die Glaubenszugehörigkeit eines Mieters keine verkehrswesentliche Eigenschaft der Mietsache darstellt (LG Köln WM 86, 81, betrifft: Baghwan-Sekte). Ein sprachunkundiger Mieter kann den Mietvertrag nicht wegen Irrtums über dessen Inhalt anfechten, wenn er das Vertragsformular gleichwohl unterschrieben hat. Mit der Unterschrift gibt der Mieter zu erkennen, daß er mit dem Vertragsinhalt einverstanden ist (vgl. dazu OLG Frankfurt ZIP 84, 302).

B 88 b Im Einzelfall kann die Anfechtung gegen Treu und Glauben (§ 242 BGB) verstoßen (vgl. dazu BGH ZMR 77, 145: Die Anfechtung eines Unterpachtvertrags wegen arglistiger Täuschung über die fehlende Unterpachterlaubnis des Verpächters verstößt dann gegen Treu und Glauben, wenn der anfechtende Unterpächter zuvor mit dem Verpächter über dieselben Räume einen Pachtvertrag zu gleichen Bedingungen geschlossen und der Pächter hierzu durch Aufgabe seiner Rechtsposition beigetragen hat).

V. Mietaufhebungsvertrag

B 89 Im beiderseitigen Einvernehmen können auch befristete Mietverträge vor Ablauf der Vertragszeit oder unbefristete Mietverträge vor Ablauf der Kündigungsfrist, ebenso wie alle schuldrechtlichen Verträge zur Beendigung gebracht werden (§ 305 BGB; Schmidt-Futterer MDR 71, 13). Für Mietverträge über Wohnraum wird diese Vertragsfreiheit durch § 564b VI BGB nur in Ausnahmefällen gesetzlich beschränkt, soweit mit dem Mietaufhebungsvertrag der dem Mieter zustehende Kündigungsschutz umgangen wird und sich diese Vereinbarung deshalb zum Nachteil des Mieters auswirkt (s. Rdn B 731); im übrigen schließen aber auch die Kündigungsbeschränkungen des Vermieters die Zulässigkeit eines Mietaufhebungsvertrages nicht aus. Für diesen Aufhebungsvertrag gelten die allgemeinen Rechtsgrundsätze, die das BGB für das Zustandekommen, die Auslegung und die sonstigen Wirkungen von Verträgen aufstellt, soweit im Aufhebungsvertrag selbst nichts anderes vereinbart wird.

B 90 1. Die vorzeitige Aufhebung eines befristeten Mietvertrages setzt vor allem die **Einigung** der Vertragspartner über alle regelungsbedürftigen Fragen voraus. Unverbindliche Vorverhandlungen über die Vertragsaufhebung sind unbeachtlich. Aus einer vorbereitenden Klärung der generellen Bereitschaft des Vermieters zur vorzeitigen Aufhebung des Vertrags kann deshalb nicht schon seine verbindliche Zusage gefolgert werden (LG Mannheim ZMR 68, 302 = WM 68, 145).

a) Im Hinblick auf die weitreichenden Folgen des Aufhebungsvertrags **B 91**
dürfen an die Voraussetzungen für sein Zustandekommen nicht zu geringe Anforderungen gestellt werden (LG Mannheim a. a. O.); er erfordert zweifelsfreie und übereinstimmende Willenserklärungen der Vertragspartner über ihren verbindlichen Entschluß, das Mietverhältnis im beiderseitigen Einvernehmen zu beendigen. Das schlüssige Verhalten eines Vertragspartners erfüllt diese Voraussetzungen nur dann, wenn aus ihm mit der gebührenden Eindeutigkeit der Wille zur Vertragsbeendigung hervorgeht. Deshalb ist das bloße Schweigen eines Vertragspartners auf eine unwirksame Kündigung des anderen Vertragspartners für das Zustandekommen eines Aufhebungsvertrages nicht ausreichend (Sternel Rdn IV 202; s. Rdn B 40). Gleiches gilt i. d. R. dann, wenn der Vermieter dem Auszug und der Schlüsselrückgabe des Mieters nicht ausdrücklich widerspricht, soweit in diesem Zeitpunkt noch Unklarheiten über die vorzeitige Vertragsbeendigung bestanden (OLG Köln WM 62, 137; LG Wuppertal MDR 72, 694 m. krit. Anm. von Gubelt) oder wenn nach Kündigung der Vermieter auf ein Räumungsfristverlangen des Mieters nicht antwortet (unzutr. AG Köln WM 74, 69). Auch daraus, daß der Vermieter seine Kündigung mit der Bitte um Angabe des Räumungstages verbindet und daraufhin der Mieter kündigt, kann ein Aufhebungsvertrag grundsätzlich nicht gefolgert werden (LG Mannheim WM 74, 175). Gleiches gilt, wenn der Mieter auf die Kündigung des Vermieters erklärt, er „bemühe" sich um eine Ersatzwohnung (AG Waiblingen WM 79, 123). Aus bloßen Unmutsäußerungen des Vermieters kann kein Angebot und aus der einige Wochen später erfolgten Räumung des Mieters keine Annahme (§§ 146, 147 BGB) zum Vertragsabschluß hergeleitet werden (LG Mannheim WM 75, 188). Bedenklich ist auch die Ansicht des LG Freiburg (WM 84, 129), wonach ein stillschweigender Mietaufhebungsvertrag dann zustande kommen soll, wenn der Vermieter dem Mieter anläßlich einer Auseinandersetzung zu verstehen gibt, es sei ihm recht, wenn der Mieter auszöge, wenn der Mieter daraufhin vorzeitig kündigt und der Vermieter nach Zugang der Kündigung längere Zeit schweigt. Abzulehnen ist die Entscheidung des AG Köln (WM 87, 145), wonach in der Erklärung des Vermieters, er benötige die Wohnung selbst, der Mieter solle sich um eine neue Wohnung kümmern, ein Angebot zum Abschluß eines Mietaufhebungsvertrags liegen soll, das der Mieter jederzeit annehmen könne. Aus derartigen Erklärungen ergibt sich allenfalls, daß der Vermieter geneigt ist, einen Aufhebungsvertrag abzuschließen und daß er insoweit verhandlungsbereit sei.

b) Dagegen ist ein Aufhebungsvertrag i. d. R. dann zustandegekom- **B 92**
men, wenn trotz **unwirksamer Kündigung des Vermieters** dieser die Räume mit Wissen und erkennbarer Billigung des Mieters ab dem Kündigungstermin anderweitig vermietet oder aber der Mieter wunschgemäß die Räumung durchführt oder wenn der nicht wirksam gekündigte Mietvertrag vom Vertragspartner ausdrücklich als beendigt anerkannt

109

wird (so im Ergebnis LG Mannheim DWW 67, 22). Obwohl es in derartigen Fällen für das Zustandekommen des Aufhebungsvertrags nicht darauf ankommt, ob die Vertragspartner die Unwirksamkeit der Kündigung erkannten, steht es einem wirksamen Vertragsabschluß entgegen, wenn der Mieter dem nachdrücklichen Räumungsverlangen widerspricht und er sich durch seinen Auszug nur dem vermeintlichen Zwang der Kündigung beugt (BGH ZMR 63, 274).

B 93 c) Ist die **Kündigungserklärung des Mieters unwirksam**, so liegt in der späteren Weitervermietung der Wohnung durch den Vermieter nicht in jedem Fall ein stillschweigendes Angebot zum Abschluß eines Mietaufhebungsvertrags. Vielmehr ist zu prüfen, ob der Vermieter die Beendigung des Mietverhältnisses will oder ob er lediglich seiner Schadensminderungspflicht genügt (§ 254 BGB; vgl. LG Köln WM 76, 202). Ein Angebot zum Abschluß eines Mietaufhebungsvertrags ist dann anzunehmen, wenn aus bestimmten Umständen der Schluß gezogen werden kann, daß der Vermieter gleichzeitig seine Ansprüche gegen den Mieter abschließend regeln will. Ein solcher Umstand liegt z. B. vor, wenn der Vermieter dem Mieter die Rückgabe seiner Kaution anbietet, weil damit zum Ausdruck gebracht wird, daß die gegenseitigen Ansprüche erledigt sein sollen. Ist umgekehrt davon auszugehen, daß der Vermieter den Mieter auch für die Zeit nach der Weitervermietung aus dem fortbestehenden Mietvertrag in Anspruch nehmen will (z. B. Klage auf Zahlung der Differenz zwischen ursprünglichem und jetzigem Mietzins) so ist anzunehmen, daß die Weitervermietung lediglich im Rahmen der Schadensminderungspflicht erfolgt ist. Bei Zweifeln über das Zustandekommen eines Mietaufhebungsvertrags gelten die allgemeinen Regeln. Danach trifft die Darlegungs- und Beweislast für das Zustandekommen eines Aufhebungsvertrags denjenigen, der daraus ihm günstige Rechtsfolgen ableiten will (LG Mannheim WM 73, 22).

B 94 2. Im Gegensatz zur Kündigung (§ 564a I BGB) setzt ein wirksamer Aufhebungsvertrag auch für Wohnräume grundsätzlich nicht voraus, daß die **Schriftform** eingehalten wird. Bestimmt aber der Mietvertrag, daß für die vorzeitige Vertragsbeendigung oder auch nur für Abänderungen der getroffenen Vereinbarungen die Schriftform eingehalten werden muß, ist ein formlos abgeschlossener Aufhebungsvertrag unwirksam (LG Mannheim ZMR 68, 302). Allerdings können die Vertragsparteien auch insoweit nach den Grundsätzen der Rspr. willentlich von der getroffenen Formvereinbarung abweichen und einen nur mündlich abgeschlossenen Aufhebungsvertrag als wirksam ansehen, wenn sie übereinstimmend das Rechtsgeschäft ausdrücklich oder stillschweigend als gültig und daher als beiderseits verbindlich ansehen (z. B. nachfolgende Korrespondenz über Ersatzansprüche auf der Grundlage des beiderseits als aufgehoben betrachteten Mietvertrags; BGH NJW 62, 1908; NJW 65, 293; a. A. LG Baden-Baden ZMR 84, 167). Die davon abweichende Ansicht des LG Köln (WM 67, 99), wonach der durch den Form-

Vorbem. 2. Allg. Grundsätze z. Beendigung v. Mietverhältnissen **B 95**

zwang bezweckte Schutz überflüssig sein soll, weil die Vertragspartner keine neuen mietvertraglichen Verpflichtungen eingehen, ist abzulehnen.

3. Welche **Verpflichtungen** sich für Vermieter und Mieter bei der **B 95** Abwicklung des Mietvertrages ergeben, muß im Aufhebungsvertrag selbst geregelt oder im Wege der Auslegung aus den getroffenen Vereinbarungen ermittelt werden (§§ 133, 157 BGB). Haben sich die Parteien lediglich über die Beendigung des Mietverhältnisses geeinigt, so richten sich die Modalitäten der Vertragsabwicklung nach den Vereinbarungen im ursprünglichen Mietvertrag. Sind dagegen darüber hinaus Regelungen über die Art und Weise der Rückgabe getroffen worden, so treten diese an die Stelle der ursprünglichen Vereinbarung. In einem solchen Fall ist bei der Auslegung des Aufhebungsvertrags davon auszugehen, daß sich die Parteien über alle Umstände der Vertragsabwicklung einig geworden sind. Enthält der Aufhebungsvertrag zu einem bestimmten Punkt keine Regelung, so gilt diesbezüglich nicht etwa das im Mietvertrag Vereinbarte, sondern die gesetzliche Rechtsfolge; der Aufhebungsvertrag ist darauf gerichtet, die frühere Vertragsgrundlage zu beseitigen und die Rechtsbeziehungen auf eine neue vertragliche Grundlage zu stellen. Daraus folgt, daß nur solche Rechte und Pflichten des bisherigen Mietverhältnisses fortbestehen können, deren Fortgeltung ausdrücklich oder aus den Umständen erkennbar im Aufhebungsvertrag vereinbart wird (LG Mannheim WM 70, 75 = ZMR 70, 305). Deshalb ist darauf zu achten, daß durch den Mietaufhebungsvertrag alle regelungsbedürftigen Punkte erfaßt werden. Soll es hinsichtlich eines Punktes bei der mietvertraglichen Vereinbarung verbleiben, so muß hierauf Bezug genommen werden.

Die Vereinbarung einer **Vertragsstrafe** verstößt gegen § 550a BGB. Diese Vorschrift gilt auch für Mietaufhebungsverträge. Zwar soll durch § 550a BGB in erster Linie verhindert werden, daß entsprechende Vereinbarungen im Mietvertrag getroffen werden. Von dem Wortlaut und dem gesetzgeberischen Zweck des § 550a BGB werden darüber hinaus aber auch die Mietaufhebungsverträge erfaßt. Denn auch bei diesen Verträgen handelt es sich um eine Vereinbarung zwischen den Parteien eines Mietverhältnisses. Das Verbot der Vertragsstrafe beruht auf der Erwägung, daß dadurch der gesetzliche Schutz des Mieters für den Fall der Beendigung des Mietverhältnisses ausgehöhlt werden könnte. Insbesondere kann ein Mieter durch das mit der Vertragsstrafe verbundene finanzielle Risiko gehindert sein, etwa eine Räumungsfrist oder Vollstreckungsschutz zu verlangen (vgl. Bundestagsdrucksache IV/2195; IV/806, 11; IV/2195, 5).

Daß diese Gesichtspunkte auch für den Mietaufhebungsvertrag zutreffen, wird insbesondere in jenen Fällen deutlich, in denen zwischen dem Vertragsschluß und dem Räumungstermin ein längerer Zeitraum liegt. Hier kann ein Mieter oftmals nicht übersehen, ob er zum vereinbarten Termin räumen kann, oder ob er hieran schuldlos gehindert ist.

Hat sich beispielsweise der Vermieter verpflichtet, dem Mieter als

Gegenleistung für den vorzeitigen Auszug eine Abstandssumme zu bezahlen, so liegt hierin eine abschließende Regelung über die Rechte und Pflichten der Parteien hinsichtlich der Beendigung des Mietverhältnisses. Der Vermieter kann den Mieter dann nicht mehr auf Schadenersatz und nicht durchgeführte Schönheitsreparaturen in Anspruch nehmen (LG Nürnberg-Fürth WM 81, 159).

B 96 a) Wenn im Aufhebungsvertrag kein bestimmter **Zeitpunkt** der Vertragsbeendigung festgelegt wird, ist grundsätzlich davon auszugehen, daß der Mieter seine bestehenden Verpflichtungen aus dem Mietvertrag so lange zu erfüllen hat, bis der Vermieter mit einem Ersatzmieter einen neuen Mietvertrag abgeschlossen hat und dessen Mieterpflichten wirksam werden (LG Köln a. a. O.). Erst dann erlischt auch die Pflicht des Mieters zur Entrichtung des Mietzinses (§ 552 S. 3 BGB). Wird die Vertragsaufhebung ausdrücklich oder stillschweigend von der Weitervermietung der Räume abhängig gemacht, darf sich der Vermieter nach § 162 BGB auf den Nichteintritt dieser Bedingung aber dann nicht berufen, wenn er die rechtzeitige Weitervermietung treuwidrig vereitelte und er dadurch den Bedingungseintritt verhinderte (LG Mannheim WM 67, 163 = ZMR 68, 74). Es obliegt bei einer derartigen Sachlage dem Mieter, zu beweisen, daß der Vermieter durch sein unentschlossenes oder zögerndes Verhalten den schon früher möglichen Vertragsabschluß mit dem Ersatzmieter und den möglichen früheren Beginn des neuen Mietvertrages schuldhaft verhindert hat; eine dahingehende Absicht des Vermieters ist nicht erforderlich. Da der Vermieter im Falle des bedingungslosen Abschlusses eines Aufhebungsvertrags das Risiko einer Weitervermietung infolge der Aufgabe seiner Ansprüche zu tragen hätte, ist i. Zw. vom Abschluß eines bedingten Aufhebungsvertrags auszugehen. Allerdings steht es dem Vermieter auch frei, den Mieter bedingungslos aus seinen Mieterpflichten zu entlassen; davon kann auszugehen sein, wenn der Vermieter beim Abschluß des Aufhebungsvertrags ein eigenes Interesse an der möglichst baldigen Rückgabe der Mietsache hat (z. B. weil er darin verwandte oder befreundete Mietnachfolger unterbringen möchte). Wenn solche besonderen Umstände nicht vorliegen, trifft den Mieter insoweit die Beweislast für den Abschluß einer bedingungslosen Aufhebung des Mietvertrages. Wird die vorzeitige Aufhebung eines längerfristigen Mietvertrags ohne Bestimmung des Beendigungstermins vereinbart, so tritt die Vertragsbeendigung erst bei Abschluß eines neuen Mietvertrags mit dem Mietnachfolger ein, wenn der Vermieter der Entlassung des Mieters ausdrücklich oder stillschweigend nur unter der Voraussetzung zustimmt, daß ihm dadurch keine wirtschaftlichen Nachteile entstehen (LG Mannheim DWW 77, 42).

B 96a b) Ob und unter welchen Voraussetzungen der Vermieter verpflichtet ist, einen **überbezahlten Mietzins** zurückzuzahlen, richtet sich ebenfalls nach den Vereinbarungen im Aufhebungsvertrag. Haben die Parteien hierüber keine Regelung getroffen, so gilt die Vorschrift des § 557a BGB (OLG Celle MDR 78, 493; Pergande § 557a Anm. 3i; a. A. Strutz NJW

68, 1955). Danach richtet sich die Rückzahlungspflicht in den Fällen, in denen die Beendigung des Mietverhältnisses vom Vermieter zu vertreten ist nach den Vorschriften über den Rücktritt vom Vertrag (§ 347 BGB). Eine vom Vermieter zu vertretende Beendigung liegt bereits dann vor, wenn die Auflösung des Mietverhältnisses von der freien Entscheidung des Vermieters abhängt. Diese Voraussetzung liegt beim Aufhebungsvertrag i. d. R. vor (vgl. aber Rdn B 114). Demnach gilt für die Frage der Rückzahlung von im voraus entrichtetem Mietzins Rücktrittsrecht (OLG Celle a. a. O.).

Auch bei Mietverhältnissen über Wohnraum können die Parteien im Aufhebungsvertrag eine von § 557a BGB abweichende Regelung treffen. Die Vorschrift des § 557a II BGB gilt nur für Vereinbarungen, die im Mietvertrag selbst getroffen worden sind.

c) Da der Inhalt des Aufhebungsvertrags der freien Vereinbarung der Vertragsparteien unterliegt, kann der Vermieter verlangen und im Vertrag festlegen, daß die Vermittlung eines zumutbaren **Ersatzmieters** die alleinige Pflicht des Mieters ist; dann braucht sich der Vermieter um die möglichst rasche Weitervermietung nicht zu kümmern und soweit er dennoch Bemühungen unternimmt, geschieht das ohne Übernahme einer Rechtspflicht. Auf die Vermittlung von Bewerbern durch einen Makler kann der Vermieter gegen seinen Willen ebenfalls nicht verwiesen werden, während es dem Mieter unbenommen bleibt, diesen Weg zu beschreiten. Im Regelfall sind jedoch Mieter und Vermieter anläßlich eines Aufhebungsvertrages verpflichtet, einen vertragsbereiten Ersatzmieter zu ermitteln (LG Mannheim WM 70, 58). In besonderen Fällen kann es aber nach dem Inhalt des Aufhebungsvertrags auch die alleinige Pflicht des Vermieters sein, unter Ausschluß des Mieters für die unverzügliche Weitervermietung der Räume durch die Suche nach einem Ersatzmieter zu sorgen; das ist etwa dann der Fall, wenn sich der Vermieter dieses Recht ausdrücklich im Aufhebungsvertrag vorbehält oder wenn er erklärt, daß ihm bereits eine Anzahl von Bewerbern zur Verfügung steht, so daß der Mieter zur Annahme berechtigt ist, er solle und brauche sich um die Weitervermietung nicht kümmern (LG Mannheim WM 67, 163). Es ist die Pflicht des Mieters, dem Vermieter zumutbare Mietnachfolger in der Weise anzubieten, daß sich der Vermieter zu bestimmten Zeiten zwecks konkreter Verhandlung bereithalten kann (LG Mannheim DWW 76, 42 = Justiz 77, 42).

4. Will der Vermieter der vorzeitigen Entlassung des Mieters aus dem Mietvertrag nur unter weiteren **Bedingungen** zustimmen, muß sich dieser Wille entweder ausdrücklich oder im Wege der Auslegung aus dem Aufhebungsvertrag ergeben. Das gilt i. d. R. auch dann, wenn die im Mietvertrag für den Fall der Kündigung vorgesehenen Rechte des Vermieters (z. B. Gesamtrenovierung der Wohnung) trotz des Aufhebungsvertrags fortgelten sollen (LG Mannheim WM 70, 75 = ZMR 70, 305). Soweit sich der Mieter im Mietvertrag oder im Aufhebungsvertrag für den Fall seines vorzeitigen Auszugs verpflichtet, an den Vermieter einen pauschal bezifferten Geldbetrag zu zahlen, kann darin im Zweifelsfalle entweder ein vertraglich vereinbarter pauschalierter Schadensersatz oder eine Vertragsstrafe zu erblicken sein (Hertin MDR 69, 816). Ob es sich um eine Schadensersatzleistung oder eine Vertragsstrafe handelt, muß sich aus dem Wortlaut der Vereinbarung ergeben oder aber im Wege der Auslegung ermittelt werden (vgl. dazu AG Pinneberg WM 79, 214; AG Bremen ZMR 83, 22, das die Vereinbarung über eine Pauschalabgeltung für den sog. Neuvermietungsaufwand zutreffend als Vertragsstrafe gewertet hat; anders: LG Itzehoe WM 80, 247). Die Vereinbarung einer **Vertragsstrafe** ist nach § 550a BGB bei der Wohnraummiete auch insoweit unwirksam.

Soweit sich der Mieter im Aufhebungsvertrag damit einverstanden erklärt, kann der Vermieter diese Vereinbarung auch von der Bedingung abhängig machen, daß an die Zumutbarkeit des Ersatzmieters besondere Voraussetzungen geknüpft werden, welche beim Fehlen einer derartigen Vereinbarung nicht vorzuliegen brauchen (z. B. nur kinderloses Ehepaar; keine Ausländer vgl. LG Mannheim DWW 77, 42; s. aber Rdn B 111).

B 99 Kommt ein wirksamer Aufhebungsvertrag überhaupt nicht zustande, kann der Vermieter den Mietzins vom vorzeitig ausgezogenen Mieter weiterhin verlangen, wenn ihm kein zumutbarer Ersatzmieter benannt oder bekannt wird (§ 552 BGB), wobei es auf die Bemühungen des Vermieters um die Beschaffung eines Ersatzmieters nicht ankommt (LG Mannheim ZMR 68, 302 = MDR 68, 1013). Auch beim Fehlen eines wirksamen Aufhebungsvertrags ist der Vermieter aber verpflichtet, auf einen beabsichtigten Wohnungswechsel des Mieters vor Vertragsbeendigung gebührende Rücksicht zu nehmen und mit einem vom Mieter ermittelten, zumutbaren Ersatzmieter einen neuen Mietvertrag abzuschließen, wenn ihm durch diesen Mieterwechsel keine unzumutbaren Nachteile entstehen; s. Rdn B 102 ff.

B 100 5. Enthält ein befristeter Mietvertrag eine **Nachfolgeklausel,** wonach eine vorzeitige Aufhebung des Vertrags eintritt, wenn der Mieter einen zumutbaren Mietnachfolger stellt und mit diesem ein Mietvertrag abgeschlossen ist, liegt darin bereits das bindende Angebot des Vermieters zum Abschluß eines Aufhebungsvertrages, so daß es dem Vermieter dann nicht mehr frei steht, den Abschluß eines derartigen Vertrages abzulehnen. Sobald der Mieter seinen Willen zum vorzeitigen Auszug bekannt gibt und dem Vermieter einen zumutbaren Ersatzmieter zuführt, mit dem ein Vertragsabschluß möglich ist, gilt der Aufhebungsvertrag als zustandegekommen. Ob der Mieter einen erheblichen Grund hat, den Mietvertrag vorzeitig aufzuheben, ist unerheblich. Ab dem Abschluß des neuen Mietvertrags oder der vom Vermieter vereitelten Möglichkeit dieses Vertragsabschlusses ist der Mieter nicht mehr verpflichtet, den Mietzins weiter zu zahlen, weil dafür die Vertragsgrundlage i. S. des § 535 BGB entfallen ist oder dem Zahlungsverlangen der Einwand der

Vorbem. 2. Allg. Grundsätze z. Beendigung v. Mietverhältnissen **B 101**

unzulässigen Rechtsausübung entgegensteht (LG Göttingen ZMR 68, 82). Die Mietnachfolgeklausel gibt dem Mieter bei vorzeitiger Auflösung des Mietvertrags die Möglichkeit, sich Ersatz für den nicht abgewohnten Teil einer Mietvorauszahlung oder eines Baukostenzuschusses durch eine dahingehende Vereinbarung mit dem Mietnachfolger von diesem zu verschaffen; der Vermieter kann dann außerhalb von § 557a BGB das zuviel erhaltene behalten und braucht sich nicht um neuen Zuschuß zu bemühen. Endet dann auch das Mietverhältnis des Nachfolgers, der seinen Vorgänger entschädigte, so hat dieser einen Anspruch gegen den Vermieter hinsichtlich des nicht abgewohnten Teils (BGH NJW 66, 1705).

Eine Mietnachfolgerklausel kann auch dahin ausgelegt werden, daß sie **B 101** dem Schutz des Mieters vor einem Verlust seiner Aufwendungen für die Wohnung im Falle eines vorzeitigen Auszugs dient (OLG Hamburg MDR 61, 148); der Mieter ist dann berechtigt, einen seinen Forderungen entsprechenden Nachfolger auszuwählen (z. B. entgeltliche Übernahme von Einrichtungen, Abstandszahlungen). Der Vermieter ist grundsätzlich ohne Rücksicht auf die finanziellen Abreden zwischen dem Mieter und dem Nachfolger unter Verlust seines ihm sonst zustehenden Auswahlrechts zur Erteilung seiner Zustimmung verpflichtet, wenn er keine erheblichen Ablehnungsgründe geltend machen kann. Auch hier gilt der Grundsatz, daß der Mieter einen vertragsbereiten Nachfolger nicht zu nennen braucht, wenn der Vermieter von Anfang an den Eintritt eines Mietnachfolgers allgemein ablehnt (LG Hamburg ZMR 61, 81). Welche Voraussetzungen und Folgen von Vermieter und Mieter für den Fall des Eintritts eines Nachfolgers vertraglich im einzelnen vereinbart werden, steht grundsätzlich in ihrem Belieben (BGH ZMR 63, 308). Letzteres gilt nicht, wenn die Verpflichtung des Vermieters zur Aufnahme eines Ersatzmieters durch eine nachträgliche Vereinbarung des Inhalts ersetzt wird, daß der Vermieter zum Abschluß eines neuen Mietvertrages mit einem zumutbaren Mietnachfolger verpflichtet ist; soweit der Mieter hier nicht ausdrücklich anderen Voraussetzungen zustimmt, ist der Vermieter verpflichtet, dem Nachfolger die Mietsache zu denselben oder annähernd gleichen, jedenfalls nicht wesentlich ungünstigeren Vertragsbedingungen zu überlassen, wie sie der ausscheidende Mieter zu erfüllen hatte; anderenfalls wäre eine Umgehung der Verpflichtung des Vermieters zur Aufnahme eines Ersatzmieters unter den Voraussetzungen Rdn B 102ff zum Nachteil des Mieters naheliegend. Die Bereitschaft des Vermieters zur Entlassung des Mieters im Falle des Neuabschlusses eines Mietvertrages mit dem Nachfolger ersetzt grundsätzlich die Verpflichtung, dem Vertragseintritt eines Ersatzmieters zuzustimmen; diese Vertragsgestaltung kann dem billigenswerten Interesse des Vermieters gerecht werden, mit dem Nachfolger ein neues, vom bisherigen Mietvertrag abweichendes Mietverhältnis zu begründen, welches auch den Belangen des Nachfolgers entspricht (z. B. langzeitiger befristeter Mietvertrag). Soweit der Mieter die Voraussetzung für seine Vertragsentlassung

115

durch die Aufnahme eines Ersatzmieters nicht erfüllt und der Vermieter eine vorzeitige Vertragsbeendigung auf diesem Wege mit Recht ablehnt (s. Rdn B 106) unterliegen die Bedingungen des Eintritts eines Mietnachfolgers jedoch der freien Vereinbarung. Im Wege der Auslegung (§§ 133, 157, 242 BGB) muß bei mehrdeutigen Mietnachfolgervereinbarungen ermittelt werden, ob der Vermieter darin bereits ein Vertragsangebot (s. Rdn B 100) oder aber lediglich eine Verpflichtung gegenüber dem bisherigen Mieter (entspr. Rdn B 109 ff) erklärt hat. Zur Auslegung einer Klausel, wonach der Mieter im Hinblick auf seine hohen Investitionen (z. B. für Röntgenarztpraxis) den Nachfolger auswählen darf, vgl. BGH MDR 77, 46 WM 77, 92 = ZMR 77, 107 = DWW 76, 259; LG Berlin MDR 84, 55).

Ist der Vermieter zum Abschluß eines neuen Mietvertrags mit einem Ersatzmieter verpflichtet, so kann der Mieter dann zur fristlosen Kündigung berechtigt sein und Schadensersatz beanspruchen, wenn es der Vermieter durch vertragswidriges Verhalten zu vertreten hat, daß der Ersatzmieter vom Vertragsabschluß Abstand nimmt; die Pflicht des Vermieters zur Mitwirkung beim Zustandekommen des Vertrags mit dem Nachfolger entfällt dann, wenn ihm dabei ein selbstschädigendes Verhalten zugemutet werden müßte; der Vermieter ist berechtigt, den potentiellen Nachfolger auf offenkundige oder naheliegende Schwierigkeiten hinzuweisen, die sich aus tatsächlichen oder rechtlichen Erwägungen beim künftigen Gebrauch der Mietsache ergeben können (LG Mannheim Urteil vom 17. 2. 1977, 4 S 117/76).

Schließlich können die Parteien auch vereinbaren, daß der Mieter zur Kündigung berechtigt sein soll, wenn der Vermieter sich weigert, einen benannten zumutbaren Ersatzmieter in den Mietvertrag eintreten zu lassen. Eine derartige Klausel enthält z. B. § 6 des Mustermietvertrags. Der Sache nach stellt eine solche Klausel kein bindendes Angebot zum Abschluß eines Aufhebungsvertrags, sondern ein außerordentliches, befristetes Kündigungsrecht zugunsten des Mieters dar. Die Rechtsfolgen dieser Klausel sind jedoch dieselben wie bei der „echten" Nachfolgeklausel.

B 102 6. Der Vermieter kann nach Treu und Glauben auch gegen seinen Willen verpflichtet sein, den Mieter **vorzeitig** aus seinen vertraglichen Bindungen **zu entlassen,** wenn für diesen das weitere Festhalten am Vertrag bei Berücksichtigung der beiderseitigen Interessen eine **unbillige Härte** bedeuten würde. Das setzt auf Seiten des Mieters jedenfalls einen erheblichen Anlaß für die vorzeitige Vertragsaufhebung sowie die Stellung eines zumutbaren Ersatzmieters voraus.

B 103 a) Es ist zulässig, daß der ursprüngliche Mieter aus dem bestehenden Mietvertrag entlassen und an seiner Stelle ein sogenannter **Ersatzmieter** aufgenommen wird. Nimmt der Vermieter den Ersatzmieter an, so tritt dieser in den bestehenden Mietvertrag ein, und für den bisherigen Mieter endet damit das Vertragsverhältnis. Es handelt sich seiner Rechtsnatur nach um einen Übernahmevertrag besonderer Art, der zwischen dem ausscheidenden und dem eintretenden Mieter geschlossen wird. Dieser Vertrag wird mit der Genehmigung des Vermieters gegenüber beiden Parteien (§ 182 BGB) in der Weise wirksam, daß der bisherige Mieter aus dem bestehenden Vertrag ausscheidet und der Ersatzmieter in den weiterhin bestehenden Vertrag mit allen Rechten und Pflichten eintritt (vgl. Bettermann MDR 58, 90, 91). Dieser Übernahmevertrag kann auch stillschweigend vereinbart werden.

Der BGH spricht bei dieser Vertragsgestaltung im Anschluß an Roquette (Mietrecht, S. 164) von einem „dreiseitigen Vertrag eigener Art" (BGH WM 70, 195; MDR 58, 90, 91). **B 104**

Nach der hier vertretenen Ansicht bedarf es jedoch grundsätzlich, im Gegensatz zur Meinung des BGH, keines mehrseitigen, gegenseitigen Vertrages, sondern nur der Genehmigung des Vermieters zu dem zwischen Mieter und Ersatzmieter abgeschlossenen Übernahmevertrag, was insbesondere zur Folge hat, daß bei langfristigen Mietverhältnissen § 566 BGB nicht beachtet zu werden braucht. Eine hiervon abweichende Gestaltung im Mietvertrag ist jedoch zulässig. (Zur Gesamtproblematik der Vertragsübernahme vgl. Planck-Siber, Kommentar zum BGB Bd. II, 1. Hälfte, 4. Aufl., Bearbeiter Siber, Berlin 1914, Vorbemerkg. 2a zu § 414; ferner Pieper, Vertragsübernahme und Vertragsbeitritt, 1963, S. 161 ff, 180, 181).

b) Das Mietverhältnis ist zwar seiner Natur nach ein „auf Dauer, jedoch nicht auf immerwährende Dauer angelegtes Schuldverhältnis" (O. v. Gierke, Deutsches Privatrecht III, S. 509). Jedoch ist nach den Grundsätzen der Rechtsprechung das Mietverhältnis im Regelfall nicht derart personenbezogen, daß eine Auswechslung der Mietparteien mit dem Wesen des Mietvertrages als unvereinbare Gestaltung anzusehen wäre (BGH MDR 58, 90 m. Anm. Bettermann; BGH LM § 535, 21a; BGH WM 67, 796; Staudinger, § 549 BGB, Anm. 50). Deshalb muß der Grundsatz pacta sunt servanda beim Mietvertrag als Dauerschuldverhältnis die Einschränkung erfahren, daß der Vermieter seinen Vertragspartner dann nicht an der Vertragserfüllung festhalten darf, wenn sein Ausscheiden aus dem Vertrag keinen Nachteil mit sich bringt und ihm deshalb ein Wechsel des Vertragspartner **zumutbar** ist (Schmidt-Futterer NJW 70, 917); wenn das bei Berücksichtigung der beiderseitigen Interessen der Fall ist, stellt das Verlangen der Vertragsfortsetzung für den Mieter eine nicht zu rechtfertigende unbillige Härte dar (LG Hamburg MDR 75, 493 m.w. Nachw.). Diese Verpflichtung ergibt sich aus Treu und Glauben unter Berücksichtigung der Besonderheiten des Mietverhältnisses (OLG Frankfurt ZMR 70, 49). Abzulehnen ist deshalb die Ansicht, wonach sich die Verpflichtung zur Annahme eines Nachmieters nur aus dem Gesichtspunkt des Schikaneverbotes (§ 226 BGB) ergeben soll (Röhrmann NJW 71, 787 f). **B 105**

c) Die Verpflichtung des Vermieters, den Mieter vorzeitig aus dem Mietvertrag zu entlassen, bedarf eines **besonderen Anlasses**. Der bloße **B 106**

B 107   Teil B. Kündigungsschutz

Wunsch des Mieters, vorzeitig aus seinen Vertragspflichten entlassen zu werden, reicht bei fortbestehendem Interesse des Vermieters an der Vertragserfüllung nicht aus. Dieser Grundsatz ist nunmehr durch mehrere Rechtsentscheide anerkannt: Nach dem Rechtsentscheid des OLG Karlsruhe vom 25. 3. 1981 (RES § 552 BGB Nr. 3) liegen dabei die Voraussetzungen für die Verpflichtung zum Abschluß eines Mietaufhebungsvertrags dann vor, wenn das berechtigte Interesse des Mieters an der Aufhebung dasjenige des Vermieters am Bestand des Vertrags ganz erheblich überragt. Beispielhaft werden in der genannten Entscheidung die Fälle der schweren Krankheit, des beruflich bedingten Ortswechsels und der wesentlichen Vergrößerung der Familie des Mieters aufgeführt (im Ergebnis ebenso: OLG Hamburg ZMR 87, 93).

Ein berechtigtes Interesse an der vorzeitigen Vertragsaufhebung liegt dagegen nicht vor, wenn der Mieter auf Grund einer auf die Veränderung seiner Wohnungssituation abzielenden freien Entscheidung das Interesse an der bisherigen Wohnung verloren hat (OLG Karlsruhe a. a. O.) oder wenn die Mietzeit ohnehin nur noch wenige Monate dauert (OLG Oldenburg (RE) v. 19. 2. 1981 RES § 552 BGB Nr. 2: zwei Monate; OLG Oldenburg (RE) v. 23. 4. 1981 RES § 552 BGB Nr. 4: drei Monate).

Diesen Rechtsentscheiden ist zuzustimmen. Die dort dargelegten Grundsätze wurden bereits von einem Teil der früheren Rechtsprechung und Literatur vertreten. In der Praxis führt dies zu folgenden Ergebnissen:

B 107   **aa)** Unproblematisch erscheinen insoweit jene Fälle, in denen der Mieter gezwungen ist, die Wohnung vor Ablauf des Mietvertrages aufzugeben, weil er beispielsweise seinem Haushalt nicht mehr vorstehen kann und deshalb in ein Altersheim muß, oder infolge von Familienzuwachs eine größere Wohnung benötigt. Gleiches gilt, wenn sich der Gesundheitszustand des Mieters verschlechtert und er aus finanziellen Gründen den Mietzins nicht mehr aufbringen kann (a. A. AG Halle/Westfalen WM 86, 314). Man wird auch die Fälle dazurechnen müssen, in denen der Mieter aufgrund der Verlegung seines Arbeitsplatzes – selbst innerhalb derselben Großstadt – eine vorzeitige Aufgabe der Wohnung begehrt. Dieselben Grundsätze müssen auch für Geschäftsräume gelten, wenn beispielsweise ein Geschäftsrückgang von erheblichem Umfang vorliegt, z. B. infolge von Planungsmaßnahmen. Der abweichenden Ansicht von Schulz (ZMR 85, 8), wonach der Geschäftsraummieter grundsätzlich keinen Anspruch auf vorzeitige Entlassung aus dem Mietvertrag habe, weil er als Sachleistungsgläubiger uneingeschränkt das Verwendungsrisiko trage, ist nicht zuzustimmen. Diese Ansicht verkennt, daß die hier behandelten Grundsätze aus § 242 BGB hergeleitet werden und deshalb immer gelten, wenn Treu und Glauben eine vorzeitige Vertragsbeendigung erfordern. Der von Hille genannte Gesichtspunkt kann aber im Rahmen der nach § 242 BGB erforderlichen Interessenabwägung zugunsten des Vermieters berücksichtigt werden.

bb) Liegt dagegen auf seiten des Mieters kein besonderer Grund vor, **B 108** sondern läßt sich der Mieter von subjektiven Motiven leiten, ist der Vermieter berechtigt, vom Mieter die Vertragseinhaltung zu verlangen (Hurst, a. a. O.; a. A. offenbar Weimar ZMR 78, 129). Der Grund dafür ist, daß dem Vermieter nur dann das Risiko eines Wechsels des Vertragspartners zugemutet werden kann und soll, wenn auf seiten des Mieters solche Gründe vorliegen, die es nach ihrer Art und Schwere rechtfertigen, auch vom Vermieter eine Angleichung an die neue Sach- und Rechtslage unter Berücksichtigung von Treu und Glauben zu verlangen. Der Wunsch allein, eine billigere, besser ausgestattete, verkehrsgünstigere Wohnung anzumieten, kann deshalb für den Vermieter nicht die Verpflichtung begründen, von der Vertragserfüllung abzusehen (OLG Frankfurt ZMR 70, 49; OLG Hamburg FWW 65, 117). Jedoch muß die Frage, ob ein begründeter Anlaß zum vorzeitigen Ausscheiden aus dem Mietverhältnis vorliegt auch danach beurteilt werden, für welche Laufzeit des Vertrags der Mieter anderenfalls an die Einhaltung seiner Verpflichtung gebunden wäre; liegen besonders langzeitige Bindungen vor, können auch Erwägungen des Mieters, die ansonsten nicht als besonderer Anlaß zu werten wären, das Ausscheiden rechtfertigen (LG Hamburg WM 76, 205). Auf der anderen Seite hat der Mieter aber dann keinen Anspruch auf Abschluß eines Mietaufhebungsvertrags, wenn der Mietvertrag ohnehin nur noch kurze Zeit währt. In solchen Fällen ist es dem Mieter auch beim Vorliegen eines besonderen Anlasses i. d. R. zumutbar, daß er die vertragsgemäße Beendigung des Mietverhältnisses abwartet (so LG Flensburg WM 76, 161 bei viermonatiger Restmietzeit; LG Hamburg FWW 75, 390 bei zweimonatiger Restmietzeit). Der insoweit maßgebliche Zeitraum läßt sich nicht allgemein festlegen; er richtet sich in erster Linie nach dem Interesse des Mieters an der Beendigung des Mietverhältnisses (s. aber auch Rdn B 113).

Eine schematische Anwendung der gestaffelten Kündigungsfristen des § 565 II BGB, wie sie vom LG Hamburg (WM 76, 205) als Richtschnur vorgenommen wird führt zu sachlich nicht gerechtfertigten Ergebnissen, da es für die Zumutbarkeit nicht auf die Dauer des Mietverhältnisses ankommen kann.

Der Grundsatz, wonach der Anspruch des Mieters auf vorzeitige Ver- **B 108a** tragsentlassung stets ein besonderes Interesse voraussetzt, gilt dann nicht, wenn sich der **Vermieter generell bereit erklärt** hat, den Mieter bei Stellung eines Nachmieters aus dem Vertrag zu entlassen.

In diesem Fall bringt der Vermieter zum Ausdruck, daß es ihm nicht auf die Person des Mieters, sondern ausschließlich auf die Vermietung als solche ankommt. Bei dieser Interessenlage werden die Parteien in der Regel einen aufschiebend bedingten Mietaufhebungsvertrag schließen. Bei dieser Vertragsgestaltung wird der ursprüngliche Mietvertrag mit dem Zustandekommen des Anschlußmietverhältnisses beendet. Kommt das Anschlußmietverhältnis nicht zustande, bleibt der ursprüngliche Mieter weiterhin verpflichtet. Aus dem Umstand, daß ein Vermieter

Verhandlungen mit möglichen Mietinteressenten aufgenommen hat, darf dagegen nicht gefolgert werden, daß der ursprüngliche Vertrag aufgehoben sein soll (so aber LG Frankfurt ZMR 84, 309). Das Interesse eines Vermieters an der Aufrechterhaltung des bestehenden Vertrags kann sich nämlich gerade daraus ergeben, daß andere Abschlüsse nicht zu verwirklichen sind.

B 109 **d)** Die Verpflichtung des Vermieters zur Entlassung aus dem Mietvertrag setzt weiter voraus, daß der Mieter einen **zumutbaren Ersatzmieter** anbietet. Die nur formale Benennung einer Person genügt nicht (§ 117 BGB), sondern es muß sich um eine ernstgemeinte Bereitschaft zur Fortsetzung des bestehenden Mietverhältnisses auf seiten des Nachfolgers handeln. Für den Vermieter besteht keine Verpflichtung, sich selbst um einen Ersatzmieter zu bemühen, da es allein im Interesse des Mieters liegt, den Mietvertrag nicht erfüllen zu müssen (BGH LM Nr. 2 zu § 30 MSchG; OLG Frankfurt ZMR 70, 49; LG Mannheim WM 67, 360; WM 70, 58). Bietet der Mieter mehrere Ersatzmieter an, so steht das **Auswahlrecht** dem Vermieter zu (LG Verden MDR 71, 761 = ZMR 72, 216). Der Mieter hat kein Recht, vom Vermieter zu verlangen, daß er einen bestimmten Ersatzmieter annimmt, etwa weil dieser ihm eine Abstandszahlung leistet (BGH NJW 63, 1299 = MDR 63, 586; LM Nr. 2 zu § 30 MSchG). Es ist die Pflicht des Mieters, dem Vermieter den ausfindig gemachten Ersatzmieter namentlich zu benennen und dafür zu sorgen, daß der Ersatzmieter zwecks Vertragsverhandlungen tatsächlich mit dem Vermieter Kontakt aufnimmt, falls dieser eine derartige Regelung nicht prinzipiell ablehnt (dazu Rdn B 110); die bloße Behauptung, es seien verschiedene Ersatzmieter ausfindig gemacht worden, reicht nicht aus (LG Mannheim DWW 77, 42). Verhindert der Vermieter die Kontaktaufnahme bzw. sachgerechte Vertragsverhandlungen seinerseits, so muß er sich so behandeln lassen, wie wenn er die Aufnahme eines Ersatzmieters überhaupt abgelehnt hätte (s. Rdn B 110). Der Umstand, daß der Vermieter den Abschluß des Mietvertrags davon abhängig macht, daß der Nachmieter eine höhere Miete bezahlt, reicht hierfür nicht aus; der Vermieter ist vielmehr berechtigt, mit dem Nachfolger neue Vertragsbedingungen auszuhandeln (OLG Hamburg WM 87, 145 = NJW RR 87, 657; LG Trier DWW 86, 246).

B 110 Lehnt der Vermieter von vornherein die Aufnahme des Ersatzmieters ab, so ist der Mieter nicht verpflichtet, dennoch seinerseits weitere zumutbare und vertragsbereite Ersatzmieter ausfindig zu machen (BGH WPM 67, 788; 63, 869; LG Köln MDR 67, 768). Im einzelnen ist zur Zumutbarkeit des Ersatzmieters folgendes zu beachten:

B 111 **aa)** Der Vermieter ist nicht verpflichtet, jeden ihm von dem vorzeitig ausziehenden Mieter vorgeschlagenen Ersatzmieter anzunehmen; so braucht sich der Vermieter nicht darauf einzulassen, daß ihm ein Ehepaar vom Mieter eines Einzimmerappartments angeboten wird (LG Hamburg MDR 66, 846). Er braucht andererseits aber auch nicht an eine alleinstehende Person mit unsicheren Einkommensverhältnissen zu vermieten, wenn er bislang eine Familie mit regelmäßigem Einkommen zum Vertragspartner hatte (LG Darmstadt DWW 76, 135). Der Ersatzmieter muß nämlich auch Gewähr dafür bieten, daß er die ordnungsgemäße Vertragserfüllung gewährleistet (OLG Köln in: Glaser, Entscheidungen 69, 129; LG Hamburg in: Glaser, Entscheidungen 69, 130; LG Verden ZMR 72, 216 = MDR 71, 761; AG Hamburg ZMR 69, 6; 69, 57; AG Hannover in: Glaser, Entscheidungen 69, 130 = ZMR 69, 240; OLG Frankfurt ZMR 70, 49; LG Köln WM 71, 92 = ZMR 71, 277; ausführliche Darstellung auch bei Röhrmann NJW 71, 787). Darüber hinaus muß der Ersatzmieter auch bereit und in der Lage sein, die bisherigen Vertragsverpflichtungen für die restliche Laufzeit des Mietvertrages zu übernehmen (Roesch WM 70, 142). Das ist aber dann nicht der Fall, wenn z. B. eine insolvente Gastarbeiterfamilie als Ersatzmieter von Geschäftsräumen angeboten wird, die jederzeit die BRD verlassen kann, um sich ihren Verpflichtungen zu entziehen (BGH MDR 70, 320; BGH LM § 535 BGB Nr. 44 = BB 1970, 105 = Betrieb 70, 201 = WPM 70, 93). Dagegen stellt die bloße Ausländereigenschaft keinen Ablehnungsgrund dar (LG Hannover WM 77, 223). Abzulehnen ist daher das Urteil des LG Frankfurt (WM 70, 115), das die Ablehnung eines Ausländers schon deshalb zuläßt, weil der Vermieter schlechte Erfahrungen mit Ausländern gemacht hat (zutr. Roquette § 552 BGB Anm. 15). Gerechtfertigt ist es hingegen, einen Ersatzmieter abzulehnen, der bisher gewerblich genutzte Räume ausschließlich zu privaten Wohnzwecken verwenden will (LG Hannover ZMR 74, 215). Ist die Wohnung bislang von einer Wohngemeinschaft genutzt worden, so darf der Vermieter die Ersatzmieter nicht deshalb ablehnen, weil diese die Wohnung ebenfalls als Wohngemeinschaft nutzen wollen (LG Hamburg WM 86, 326). Der Umstand, daß der Ersatzmieter mit einem Dritten in einem eheähnlichen Verhältnis zusammenleben will, rechtfertigt die Ablehnung grundsätzlich nicht. Mit der zunehmenden Zahl solcher Beziehungen hat sich auch die öffentliche Meinung und die rechtliche Bewertung gewandelt. Heute wird man Beziehungen der fraglichen Art als wertneutral ansehen müssen (vgl. zu dem ähnlich gelagerten Problem der Aufnahme eines Dritten in eine Mietwohnung Rdn B 605). Andererseits ist es dem Vermieter aber nicht von vorneherein verwehrt, aus Gründen seiner religiösen Überzeugung ein nicht verheiratetes Paar als Ersatzmieter abzulehnen (OLG Hamm (RE) v. 6. 4. 1983 WM 83, 228 = NJW 83, 1564).

Der Vermieter darf seine Verpflichtung zur Aufnahme eines Ersatzmieters nicht dadurch beschränken, daß er an diesen solche Voraussetzungen knüpft, die der Mieter nicht hatte (z. B. alleinstehendes kinderloses Ehepaar, Übernahme von Gartenpflege); eine solche Erhöhung der Voraussetzungen ist nur zulässig, wenn neue Umstände dies nach Treu und Glauben gerechtfertigt erscheinen lassen (LG Flensburg WM 76, 161). Stehen die Einkommens- und Vermögensverhältnisse des Ersatzmieters in Frage, so kommt es darauf an, welches Einkommen der bisherige Mieter hatte (LG Hamburg WM 86, 326). Im großen und ganzen muß sich der Vermieter an die Bedingungen des bisherigen Vertrags halten (AG Hannover WM 87, 146). Die Absicht der Selbstbenutzung rechtfertigt die Ablehnung des Ersatzmieters auch dann, wenn der Vermieter keinen Eigenbedarf i. S. des § 564 b II Nr. 2 BGB hat, weil er eine freigewordene Wohnung einschränkungslos in Benutzung nehmen kann (LG Hannover WM 75, 242); ist dieser Ablehnungsgrund jedoch nur vorgetäuscht, kann der Vermieter zum Schadensersatz verpflichtet sein (s. Rdn B 609).

B 112 bb) Bloße Ungewißheit oder Zweifel über maßgebliche Eigenschaften des konkreten Ersatzmieters reichen zu seiner Ablehnung nicht aus. Es muß sich vielmehr um sachlich begründete Gesichtspunkte handeln, die es naheliegend erscheinen lassen, daß dieser Ersatzmieter seiner Verpflichtung nicht nachkommen wird. Insoweit ist der Vermieter zur Einholung von Informationen über den Ersatzmieter berechtigt, und es muß ihm deshalb eine angemessene Zeitspanne bis zu seiner verbindlichen Zu- oder Absage gelassen werden. Bei Zweifelsfällen über die Solvenz des Ersatzmieters kann es zulässig sein, vom scheidenden Mieter eine Kaution zu verlangen, es sei denn, der Ersatzmieter ist bereits zur Leistung einer Kaution verpflichtet (Schmidt-Leichner DR 40, 1707). Eine nicht näher begründete und begründbare Antipathie gegen den Ersatzmieter reicht zu dessen Ablehnung nicht aus (a. A. AG Halle/Westfalen WM 86, 314). Eine Ausnahme kann gelten, wenn die Parteien in einem relativ kleinen Haus zusammenleben sollen.

B 113 e) Für die Zumutbarkeit zur Aufnahme eines Ersatzmieters kann auch die **Dauer der restlichen Laufzeit des Mietvertrages** beachtlich sein (s. Rdn B 106). Handelt es sich lediglich darum, eine kurzzeitige Kündigungsfrist von einigen Monaten zu überbrücken, dann braucht der Vermieter einen Ersatzmieter grundsätzlich nicht aufzunehmen, es sei denn, dieser verpflichtet sich, nach Ablauf des Mietvertrages einem Neuabschluß zuzustimmen. In Zweifelsfällen ist zu beachten, daß der Vermieter bei demnächst ablaufender Vertragszeit auf die Ausübung seines freien Auswahlrechtes Wert legen kann (z. B. Aufnahme von Freunden). Deshalb kommt i. d. R. ein vorzeitiges Ausscheiden des Mieters insoweit nur bei längerzeitigen befristeten Mietverträgen oder bei unbefristeten Mietverhältnissen mit langer Kündigungsfrist in Betracht. Welche restliche Mietzeit vom Mieter ohne Entlassung aus dem Vertrag eingehalten werden muß, kann nicht in Anlehnung an die in § 565 BGB bestimmten Kündigungsfristen beurteilt werden, weil abweichend von der dortigen Ausgangssituation auf seiten des Mieters ein besonderer Anlaß zu vorzeitiger Entlassung (s. Rdn B 106) und darüber hinaus ein von ihm gestellter zumutbarer Ersatzmieter (s. Rdn 109) vorausgesetzt wird, so daß dem Vermieter hier kein Risiko der Weitervermietung entsteht (a. A. LG Hamburg WM 76, 205). Der entscheidende Gesichtspunkt für die vom Mieter hinzunehmende Restzeit muß vielmehr sein, ob er im Hinblick auf die Erheblichkeit des Anlasses und der wirtschaftlichen Zumutbarkeit der Fortzahlung des Mietzins trotz der Belastungen für die neue

Vorbem. 2. Allg. Grundsätze z. Beendigung v. Mietverhältnissen **B 114**

Wohnung und den Umzug nach Treu und Glauben vom Vermieter die Weitervermietung verlangen kann: So ist es in Ausnahmefällen denkbar, daß ein Mieter mit geringem Einkommen aus dringenden wirtschaftlichen Gründen einen Anspruch auf eine sofortige Vertragsaufhebung geltend machen kann, wenn die Einhaltung der Kündigungsfrist für ihn eine unzumutbare Belastung darstellt und andererseits dem Vermieter keine Vorteile bringt. Eine derartige aus den Besonderheiten des Einzelfalls begründete Entscheidung verstößt nicht gegen die in den Rechtsentscheiden der OLG Oldenburg und Karlsruhe (s. Rdn B 106) dargelegten Grundsätze (LG Mannheim, Urteil v. 22. 12. 1982 – 4 S 128/82). Ebenso kann z. B. bei einem alten oder kranken Mieter, der in ein Alters- oder Pflegeheim mit einem nicht länger freistehenden Heimplatz umziehen kann, durchaus schon bei einer Restzeit von 1–2 Monaten ein berechtigtes Interesse zum Abschluß eines Mietaufhebungsvertrags vorliegen. Dies gilt gleichermaßen für die restliche Vertragszeit von befristeten und gekündigten unbefristeten Mietverhältnissen, und jedenfalls dann, wenn der Vermieter durch die sofortige Vertragsauflösung keine Nachteile erleidet. Eine Restzeit bis zu etwa 3 Monaten wird der Mieter somit trotz der damit verbundenen Doppelbelastung auch im Hinblick auf § 552 BGB dann hinnehmen müssen, wenn es ihm im wesentlichen darauf ankommt, durch die Benennung des Ersatzmieters tragbare wirtschaftliche Einbußen zu ersparen.

Aus der **Rechtsprechung:** Keine Verpflichtung des Vermieters zum Abschluß mit dem Ersatzmieter bei ein- oder zweimonatiger Restzeit eines längerfristigen Mietverhältnisses (LG Hamburg MDR 75, 493; FWW 75, 390); bei viermonatiger Restzeit eines längerfristigen Mietverhältnisses (LG Flensburg WM 76, 161); bei zweimonatiger Restzeit eines unbefristeten Mietverhältnisses auch wenn Ersatzmieter bereit ist, einen langfristigen Mietvertrag abzuschließen und die Wohnungseinrichtung des Mieters unentgeltlich zu übernehmen (LG Mannheim Justiz 77, 421).

f) Verletzt der Vermieter seine Pflicht zur Aufnahme eines Ersatzmieters, so kann er vom Mieter für die Zeit nach der Räumung der Wohnung nicht mehr die Erfüllung der mietvertraglichen Pflichten verlangen. Der ausdrücklichen Ablehnung steht es insoweit gleich, wenn der Vermieter dem angebotenen Ersatzmieter derart erschwerende Vertragsbedingungen stellt, daß dieser vom Vertragsschluß Abstand nimmt (LG Hannover WM 75, 242). Jedoch kann nicht jede vom Vermieter gewünschte Vertragsänderung als verdeckte Ablehnung angesehen werden. Hat die Vertragsänderung ihren berechtigten Grund in der Person des Ersatzmieters (z. B. bislang nicht verlangte Kaution wegen schlechter Vermögenslage des Ersatzmieters), so führt der deshalb gescheiterte Vertragsabschluß nicht zum Verlust der Ansprüche aus dem Mietvertrag. In einem solchen Fall stellt die gewünschte Vertragsänderung nämlich lediglich einen angemessenen Ausgleich für den Verlust des zahlungskräftigen Mieters dar. Der Vermieter darf nämlich durch den Mietaufhebungsvertrag nicht schlechter gestellt werden als er ohne ihn stün-

B 114

123

de. Von diesem Kriterium hängt letztlich die Entscheidung der Frage ab, ob eine vom Vermieter verlangte Vertragsänderung als verdeckte (unberechtigte) Ablehnung zu werten ist (zweifelhaft deshalb LG Darmstadt WM 76, 118).

Die sich aus der unbegründeten Ablehnung eines Ersatzmieters ergebende Rechtslage wird in Rechtsprechung und Literatur unterschiedlich begründet: Während das PrALR I Titel 21 § 376, § 377 diese Rechtsfolge ausdrücklich bestimmte, hat das BGB hierzu keine positiv-rechtliche Regelung getroffen. Die Rechtsprechung begnügt sich damit, die Rechtsfolge aus dem Grundsatz von Treu und Glauben (§ 242) abzuleiten (BGH LM Nr. 2 zu § 30 MSchG; OLG Köln in: Glaser, Entscheidung 69, 129; LG Hamburg MDR 69, 670; sowie auch Pergande § 552 Anm. 5). Naheliegender ist es aber, den Vermieter aus dem Gesichtspunkt der positiven Vertragsverletzung des Mietvertrages als schadensersatzpflichtig anzusehen. Im Falle der Ablehnung eines annehmbaren Ersatzmieters muß er den Mieter so stellen, als wenn der Ersatzmieter die Mieterpflichten übernommen hätte, was im Ergebnis auf eine Befreiung vom Mietzins, der Obhutspflicht und der sonstigen Nebenverpflichtungen hinausläuft (LG Hannover WM 75, 242). Eine Kaution ist dem Mieter ab dem Zeitpunkt zurückzuzahlen, in welchem der Vermieter zur Fortführung des Vertrages mit dem Ersatzmieter und zur Geltendmachung etwaiger Ersatzansprüche gegen den Mieter in der Lage war; ist der Mieter beim Auszug zu Schönheitsreparaturen verpflichtet, muß der Vermieter den Ersatzmieter erst nach Durchführung dieser Arbeiten aufnehmen (LG Hannover a. a. O.). Das steht auch im Einklang mit dem Grundgedanken des § 552 Satz 3 BGB (OLG Frankfurt ZMR 70, 49). Obwohl § 552 BGB keinen Schadensersatzanspruch gibt, sondern den Erfüllungsanspruch gewährt, kommt in dieser Vorschrift doch der Gedanke des Vorteilsausgleichs, einem Institut des Schadensrechts (Staudinger § 552 BGB; Rdn 8) zum Ausdruck. Zur Rückzahlung der vom Mieter geleisteten Kaution ist der Vermieter ab dem Zeitpunkt verpflichtet, in welchem der Vertragsabschluß mit dem Ersatzmieter möglich gewesen wäre (LG Hannover WM 75, 242).

Die Frage, ob und unter welchen Voraussetzungen der Vermieter einen überzahlten Mietzins zurückzuzahlen hat, beantwortet sich nach § 557a BGB (s. Rdn B 96a). Da die Beendigung des Mietverhältnisses in den hier behandelten Fällen nicht vom Vermieter zu vertreten ist, gilt grunds. Bereicherungsrecht.

B 115 Besteht hingegen keine Verpflichtung des Vermieters zur Aufnahme des angebotenen und erfüllungsbereiten Ersatzmieters (siehe oben Rdn B 106 ff), dann ist der Mieter gehalten, trotz der Räumung seine Mieterpflichten weiter zu erfüllen (§ 552 S. 1 BGB); das gilt insbesondere für die Zahlung des Mietzinses und der Nebenkosten mit der Einschränkung des § 552 S. 2 BGB. Fehlt eine vertragliche Vereinbarung über die Dauer dieser Verpflichtung, so endet sie spätestens mit dem Ablauf der jeweils geltenden Kündigungsfrist, die dem Mieter eine reguläre Vertragsbeen-

§ 553 BGB. Fristlose Kündigung bei vertragswidrigem Gebrauch **B 116, 117**

digung ermöglicht hätte, wobei § 242 BGB einschränkend zu berücksichtigen ist.

g) Die Behauptungs- und Beweislast dafür, daß der Vermieter einen **B 116** früheren Vertragsabschluß mit dem Ersatzmieter vereitelt hat, trifft den Mieter, wenn er sich darauf beruft (LG Mannheim WM 70, 58). Dasselbe gilt, wenn streitig ist, ob der Mieter überhaupt einen annehmbaren Ersatzmieter vorgeschlagen hat. Hat der Mieter mehrere Ersatzmieter vorgeschlagen und ist streitig, ob in der Person dieser Interessenten Ablehnungsgründe vorhanden waren, so trifft die Darlegungs- und Beweislast den Vermieter (AG Köln WM 87, 212).

h) Die hier behandelten Grundsätze über die Verpflichtung des Vermieters zur Aufnahme eines Ersatzmieters finden dann keine Anwendung, wenn feststeht, daß zwischen den Parteien ein Mietaufhebungsvertrag zustande gekommen ist.

7. Klagt der Vermieter auf Grund eines wirksamen Aufhebungsvertrags auf **Räumung,** kann sich der Mieter nicht mit Erfolg auf den **B 117** Schutz der **Sozialklausel** (§ 556a BGB) berufen. Das folgt bereits aus dem Wortlaut des § 556a I BGB, wonach eine Kündigung vorausgesetzt wird. Da darüber hinaus § 556a IV Nr. 1 BGB den Kündigungswiderspruch des Mieters ausschließt, falls er selbst das Mietverhältnis gekündigt hat, muß dieser Ausschluß auch im Falle der mit Einverständnis des Mieters herbeigeführten vertraglichen Beendigung des Mietverhältnisses gelten. Die Gewährung einer **Räumungsfrist** nach §§ 721, 794a ZPO ist jedoch zulässig und kann angebracht sein, wenn sich der Einzug in eine Ersatzwohnung verzögert (s. dazu Rdn B 441) vgl. z. Ganzen: Röchling NJW 81, 2782; Gather DWW 85, 197).

§ 553 BGB. Fristlose Kündigung bei vertragswidrigem Gebrauch

Der Vermieter kann ohne Einhaltung einer Kündigungsfrist das Mietverhältnis kündigen, wenn der Mieter oder derjenige, welchem der Mieter den Gebrauch der gemieteten Sache überlassen hat, ungeachtet einer Abmahnung des Vermieters einen vertragswidrigen Gebrauch der Sache fortsetzt, der die Rechte des Vermieters in erheblichem Maße verletzt, insbesondere einem Dritten den ihm unbefugt überlassenen Gebrauch beläßt oder die Sache durch Vernachlässigung der dem Mieter obliegenden Sorgfalt erheblich gefährdet.

Übersicht

	Rdn		Rdn
I. Anwendungsbereich und Abgrenzung von § 554a BGB	118	2. Erheblichkeit der Vertragsverletzung	123
		3. Abmahnung	125
II. Der vertragswidrige Gebrauch	120	4. Verhalten des Mieters nach der Abmahnung	132
1. Begriff	120	5. Verschulden	136

125

	Rdn		Rdn
III. Die unbefugte Gebrauchsbelassung	137	IV. Die Gefährdung der Mietsache...	143
1. Zulässige und unzulässige Gebrauchsüberlassung	137	1. Verletzung von Sorgfaltspflichten	143
2. Abmahnung	141	2. Abmahnung	146
3. Erheblichkeit der Vertragsverletzung	142	3. Erheblichkeit der Gefährdung	147
		V. Die Kündigungserklärung	148
		VI. Darlegungs- und Beweislast	149

Schrifttum

Korff, Unterlassene Schönheitsreparaturen: Kündigung bei beharrlicher Weigerung, BlnGrdE 84, 788
Lammel, Zu den Kündigungsvoraussetzungen nach § 553 BGB bei unbefugter Gebrauchsüberlassung an Dritte, WM 86, 8
Schwab, Interessenabwägung bei Kündigung wegen Überbelegung, ZMR 84, 115
Wangart, Die Aufnahme des Dritten in die Wohnung, ZMR 86, 73

I. Anwendungsbereich und Abgrenzung zu § 554a BGB

B 118 Die Vorschrift gewährt dem Vermieter ein Recht zur fristlosen Kündigung, wenn der Mieter ungeachtet einer Abmahnung des Vermieters einen vertragswidrigen Gebrauch der Sache fortsetzt, der die Rechte des Vermieters in erheblichem Maße verletzt oder wenn die Mietsache durch eine Vernachlässigung der dem Mieter obliegenden Sorgfaltspflicht erheblich gefährdet wird. Bezüglich des vertragswidrigen Gebrauchs überschneidet sich der Wortlaut des Kündigungstatbestandes mit dem Wortlaut des § 554a BGB. Beide Kündigungstatbestände regeln insoweit teilweise identische Sachverhalte: So erfüllt z. B. ruhestörender Lärm zugleich den Tatbestand des vertragswidrigen Gebrauchs nach § 553 BGB und den Tatbestand der Störung des Hausfriedens nach § 554a BGB. Dennoch ist die Kündigung nach den genannten Vorschriften von unterschiedlichen formellen Voraussetzungen abhängig: Die Vorschrift des § 553 BGB setzt eine Abmahnung, aber kein Verschulden voraus. Umgekehrt ist der Tatbestand des § 554a BGB verschuldensabhängig; eine Abmahnung ist hier aber – jedenfalls nach dem Wortlaut der Vorschrift – entbehrlich. Wegen dieser Unterschiede stellt sich die Frage nach dem **systematischen Verhältnis der Kündigungstatbestände.**

B 119 Nach wohl herrschender Meinung ist § 553 BGB Lex specialis; § 554a BGB soll demgegenüber ein Auffangtatbestand für die in § 553 BGB nicht geregelten Fälle sein (Emmerich/Sonnenschein § 553 BGB, Rdn 11; Köhler Handbuch § 75, Rdn 5; RGRK – Gelhaar § 554a BGB, Rdn 3; Soergel-Kummer § 554a BGB, Rdn 2; Sternel IV, 344). Wird nach dieser Ansicht wegen einer Störung des Hausfriedens ohne Abmahnung gekündigt, so ist die Kündigung unwirksam. Der Vermieter kann also nicht auf § 554a BGB ausweichen.
Nach anderer Ansicht stellt § 554a BGB eine auf die Raummiete zugeschnittene Spezialvorschrift dar; nach dieser Ansicht ist in Fällen der hier fraglichen Art § 553 BGB subsidiär, mit der praktischen Folge, daß bei

§ 553 BGB. Fristlose Kündigung bei vertragswidrigem Gebrauch **B 120**

Störungen des Hausfriedens auch ohne Abmahnung gekündigt werden kann (vgl. z. B.: Jauernig/Teichmann, Vorbemerkung zu § 553 BGB – § 554a BGB, Anm. 2b).
Schließlich wird die Meinung vertreten, daß beide Vorschriften nebeneinander angewendet werden können (Münchener Kommentar-Voelskow § 554a BGB, Rdn 4).
Dem ist zuzustimmen: Die Entstehungsgeschichte (s. Rdn B 200) und die Systematik der Vorschriften sprechen zwar für die von der herrschenden Meinung vertretene Ansicht. Andererseits ist aber nicht zu verkennen, daß § 554a BGB den Fall der Störung des Hausfriedens als typischen Fall der schuldhaften Pflichtverletzung ausdrücklich nennt. Deshalb muß § 554a BGB in Fällen dieser Art neben § 553 BGB anwendbar sein. Die Annahme des Vorranges des § 554a BGB gegenüber § 553 BGB verbietet sich mit Rücksicht auf das systematische Verhältnis zwischen § 553 BGB und § 550 BGB (s. Rdn B 123).

II. Der vertragswidrige Gebrauch

1. Der **Begriff des vertragswidrigen Gebrauchs** ist identisch mit dem **B 120** gleichlautenden Begriff in § 550 BGB.
Er umfaßt jeden Gebrauch der Mietsache, der im Widerspruch zur gesetzlichen Regelung und zu den vertraglichen Vereinbarungen steht. Beispielhaft nennt das Gesetz den Fall der unbefugten Gebrauchsbelassung, insbesondere die unbefugte Untervermietung. Daneben umfaßt die Vorschrift die Fälle des vertragswidrigen Gebrauchs im weitesten Sinne: Geschützt wird die Mietsache als solche und das Eigentum des Vermieters. Beispiele: Vernachlässigung der Wohnung, so daß Schäden an der Bausubstanz eintreten (AG Rheine WM 87, 153); beharrliche Weigerung durch den Mieter zur Durchführung von Schönheitsreparaturen, wenn dadurch das Mietobjekt wesentlich gefährdet wird und wenn die Kündigung das allein angemessene Mittel zur Wahrung der Belange des Vermieters ist (LG Hamburg WM 84, 85); mehrfache Verursachung von Wasserschäden durch Verletzung der Obhutspflicht (AG Aachen DWW 74, 237); anders bei einem erstmaligen Wasserschaden in Höhe von 650.– DM (AG Köln WM 72, 141). Da § 553 verschuldensunabhängig ist, kann ein Kündigungsgrund auch dann vorliegen, wenn der Mieter aus Alters- oder Gesundheitsgründen nicht mehr in der Lage ist, seine Pflichten zu erfüllen (LG Düsseldorf ZMR 70, 238). Allerdings wird es in Fällen dieser Art an der Erheblichkeit der Vertragsverletzung fehlen, wenn zur Sicherung der Vermieterrechte andere zumutbare Lösungen ausreichen (vgl. auch Sternel Rdn IV 257, der hier Verschulden fordert). Steht das Verhalten des Mieters im Einklang mit den vertraglichen Vereinbarungen (z. B. erlaubte Ausübung eines Gewerbes), so kann der Vermieter nicht wegen solcher Störungen oder Belästigungen kündigen, die mit dem vereinbarten Gebrauch zwangsläufig verbunden sind.

Das gilt auch für die Vermietung einer Wohnung an eine Prostituierte zum Zwecke der Ausübung der Gewerbsunzucht (AG Köln WM 84, 281). Bei untypischen Störungen kann jedoch eine Kündigung nach § 554a BGB in Betracht kommen. Bezüglich des Kündigungsrechts der Nachbarn in solchen Fällen s. Rdn B 229). Unter § 553 BGB fallen auch Störungen des Hausfriedens durch den Mieter, weil sich ein derartiges Verhalten auf die Mietsache auswirkt und einen negativen Einfluß auf die Vermietbarkeit der anderen Wohnungen im Hause und deren Mietpreise ausübt. Diese Gruppe von Vertragsverletzungen wird gleichzeitig vom Tatbestand des § 554a BGB erfaßt (Störungen des Hausfriedens). Nach der hier vertretenen Ansicht kann der Vermieter in Fällen dieser Art wahlweise nach § 553 BGB oder nach § 554a BGB kündigen. Für Verstöße gegen Verhaltenspflichten, die das persönliche Verhältnis der Vertragspartner oder das Verhältnis zu anderen Mietern betreffen, gilt § 553 BGB nicht. Beleidigungen des Vermieters durch den Mieter, tätliche Angriffe gegen den Vermieter und sonstige gegen dessen Person gerichtete Aktivitäten berechtigen deshalb nicht zur Kündigung nach § 553 BGB (RGZ 94, 234). Diese Pflichtverletzungen fallen unter § 554a (s. Rdn B 215) oder gewähren das Kündigungsrecht aus wichtigem Grund (s. Rdn B 206).

B 121 In Betracht kommen zunächst Vertragsverletzungen des Mieters. Für das Verhalten des **Untermieters** hat der Mieter nach § 549 Abs. 3 BGB einzustehen. Dabei kommt es nicht darauf an, ob der Mieter das Verhalten des Untermieters vorhersehen und beeinflussen konnte. Dem Untermieter stehen diejenigen gleich, denen der Mieter unentgeltlich die gesamte Wohnung oder einen Teil der Räume überlassen hatte. Auch für das Verhalten seiner **Familien- und Haushaltsangehörigen**, die mit ihm in der Wohnung leben, hat der Mieter einzustehen. Gleiches gilt für das Verhalten derjenigen Personen, die der Mieter in die Wohnung aufgenommen hat, ohne ihnen selbständigen Mietgebrauch einzuräumen. Für das Verhalten seiner **Besucher** hat der Mieter nur dann einzustehen, wenn er damit rechnen mußte, daß diese die Mietsache gefährden und er es verabsäumt hat, dagegen die erforderlichen Maßnahmen zu ergreifen.

B 122 Wurde die Wohnung von **mehreren Personen** angemietet, so genügt es, wenn der Kündigungstatbestand von einem der mehreren Mieter verwirklicht wird. Der Vermieter kann dann allen Mietern gegenüber kündigen, so daß das Mietverhältnis insgesamt beendet wird. Wird die Kündigung in einem solchen Fall nur gegenüber einem Mieter erklärt, so ist sie unwirksam. Im Ausnahmefall kann der Vermieter aus dem Gesichtspunkt von Treu und Glauben aber verpflichtet sein, dem vertragstreuen Mieter nach Ausspruch der Kündigung ein Angebot zur Vertragsfortsetzung zu unterbreiten (LG Darmstadt NJW 83, 52; LG Frankfurt WM 87, 21).

Ein solcher Ausnahmefall kann vorliegen, wenn mit Sicherheit feststeht, daß der störende Mieter die Wohnung verlassen und nicht mehr dorthin zurückkehren wird und wenn dem Mieter die Neubegründung

§ 553 BGB. Fristlose Kündigung bei vertragswidrigem Gebrauch **B 123, 124**

des Mietverhältnisses mit dem vertragstreuen Mieter allein zumutbar ist. Darum wird es fehlen, wenn Zweifel an der Zahlungsfähigkeit dieses Mieters bestehen.

2. Durch den vertragswidrigen Gebrauch müssen die Rechte des Ver- **B 123** mieters in erheblichem Maße verletzt werden (LG Köln WM 86, 326). Durch das **Erheblichkeitskriterium** unterscheidet sich der Kündigungstatbestand des § 553 BGB von der Vorschrift des § 550 BGB.

Die Erheblichkeit der Vertragsverletzung kann sich sowohl auf die Schuldform als auch auf das Ausmaß der Pflichtwidrigkeit (also auf die Handlung als solche) und (oder) auf das Maß der verschuldeten Auswirkungen (also auf die Folgen der Handlung) beziehen. Unproblematisch sind nach dieser Systematik jene Fälle, in denen eine vorsätzlich begangene erhebliche Pflichtwidrigkeit zu schwerwiegenden Folgen führt; sie begründen regelmäßig ein berechtigtes Interesse des Vermieters an der Vertragsbeendigung. Umgekehrt liegt kein berechtigtes Interesse vor, wenn sowohl die Schuldform als auch die Pflichtwidrigkeit und die daraus entstandenen Folgen gering sind. Schwierigkeiten bereiten jene Fälle, in denen das Maß der Pflichtwidrigkeit nicht mit den daraus folgenden Auswirkungen korrespondiert. Hier ergibt sich das Problem, ob eine nur geringfügige Pflichtwidrigkeit mit geringem Schuldgehalt die Kündigung rechtfertigt, wenn dieses Verhalten schwerwiegende Folgen nach sich zieht. Typisch hierfür sind die Fälle der Verletzung der Obhutspflicht: Der Mieter hantiert in leichtsinniger Weise mit offenem Feuer; es tritt hoher Brandschaden ein. Hier handelt der Mieter regelmäßig nur fahrlässig und der Grad der Pflichtwidrigkeit ist gering, während die Folgen seiner Pflichtwidrigkeit groß sind. Im Hinblick auf den Schutzzweck des § 553 BGB (s. Rdn B 120) ist die Erheblichkeit der Vertragsverletzung in solchen Fällen zu bejahen. Der Vorschrift liegt nämlich der Gedanke zugrunde, daß der Vermieter eine Gefährdung seines Eigentums oder Besitzes nicht hinzunehmen braucht. Entscheidendes Kriterium ist deshalb nicht das Maß der Pflichtwidrigkeit, sondern die Tatfolge. Die Tatfolgen sind allerdings nicht isoliert, sondern zukunftsbezogen zu würdigen, denn auch bei der Frage der Gefährdung der Mietsache darf eine wahrscheinliche zukünftige Entwicklung nicht außer acht gelassen werden. Dies folgt aus der Überlegung, daß bei der Prüfung des Kündigungsinteresses letzlich über die Frage der Vertragsfortsetzung entschieden wird. Eine solche Entscheidung muß aber auch die voraussichtliche zukünftige Entwicklung berücksichtigen. Pflichtverletzungen mit geringfügigen Auswirkungen berechtigen deshalb grundsätzlich nicht zur Kündigung nach § 553 BGB. In einem solchen Fall ist dem Vermieter die Unterlassungsklage nach § 550 BGB zuzumuten.

Dies gilt insbesondere in denjenigen Fällen, in denen sich die Parteien **B 124** mit vertretbaren Argumenten um **Art und Umfang des zulässigen Mietgebrauchs** oder um den Inhalt der gegenseitigen Rechte und Pflichten streiten. Ein solcher Streit kann ohne weiteres durch eine Unterlassungsklage geklärt werden. Dabei ist ein großzügiger Maßstab anzulegen, weil der Mieter in der Lage sein muß, seine Rechte ohne Furcht vor dem Verlust der Wohnung wahrzunehmen. Die Vorschrift des § 553 BGB schützt nur das Eigentum des Vermieters und dessen auf die Vermietung bezogenen Interessen; sie darf nicht als Druckmittel gegen den Mieter mißbraucht werden, um vermeintliche oder wirkliche Rechte durchzusetzen. Deshalb liegt mangels Erheblichkeit der Vertragsverletzung in der Regel **kein Kündigungsgrund** vor,

– **wenn Meinungsverschiedenheiten über das Recht des Mieters zur Mitbenutzung gemeinschaftlicher Hausteile** bestehen (Abstellen von Fahrzeugen im Hof; Trocknen der Wäsche auf dem Speicher; Anbringen einer Antenne auf dem Dachboden) und die Rechtslage wegen unklarer, lückenhafter oder rechtlich bedenklicher Vereinbarungen zweifelhaft ist.

– **wenn der Mieter vertragliche Rechte beansprucht** (Recht zur Tierhaltung, Recht zur gewerblichen Mitbenutzung der Räume, zur Musikausübung, Recht zum Betrieb einer Funkanlage) und für seine Rechtsposition sachlich vertretbare Gründe anführen kann. Maßgeblich ist dabei nicht, ob dem Mieter im Ergebnis das behauptete Recht zusteht. Vielmehr ist zu fragen, ob der Mieter aus seiner Sicht vom Bestand eines solchen Rechts ausgehen durfte. Die in Formularmietverträgen enthaltenen Tierhaltungsklauseln sind häufig zweifelhaft und lassen verschiedene Auslegungsmöglichkeiten zu (vgl. einerseits OLG Hamm (RE) vom 13. 1. 1981 RES § 535 BGB Nr 1; andererseits OLG Karlsruhe 3. MietRÄndG Nr 8; s. auch Blank WM 81, 121). So wird z. T. vertreten, daß die **Hundehaltung** durch Formularvertrag wirksam ausgeschlossen werden kann, weil zumindest in städtischen Wohngegenden die Hundehaltung nicht mehr zum vertragsgemäßen Gebrauch gehört (LG Konstanz DWW 87, 196). Nach anderer Ansicht soll das vertraglich vereinbarte absolute Hundehaltungsverbot aber dann nicht gelten, wenn nach der Natur des Tieres eine Belästigung der Mitmieter oder eine Beschädigung der Mietsache von vorneherein ausgeschlossen ist (AG Hannover WM 81, U 3; AG Köln WM 84, 78). Ist die Tierhaltung vereinbarungsgemäß von der Zustimmung des Vermieters abhängig, so darf der Vermieter die Zustimmung nach einer Meinung nach freiem Ermessen versagen (OLG Hamm a. a. O.; LG Hamburg ZMR 86, 440); nach anderer Ansicht soll die Verweigerung der Tierhaltung nur beim Vorliegen sachlicher Gründe möglich sein (LG Mannheim WM 84, 78; AG Bonn WM 87, 213; vgl. auch OLG Karlsruhe a. a. O.). Gelegentlich wird auch die Ansicht vertreten, daß bei der Erteilung oder Versagung der Genehmigung Gesichtspunkte der Gleichbehandlung eine Rolle spielen. Nach AG Lörrach (WM 86, 247) muß ein besonderer Versagungsgrund vorliegen, wenn der Vermieter selbst einen Hund hält. Halten die Nachbarn ebenfalls Hunde, so kann die Versagung jedenfalls nicht mit prinzipiellen Erwägungen begründet werden (LG Freiburg WM 86, 247; a. A. LG Hamburg a. a. O.). Durch eine rügelose Duldung der Tierhaltung über längere Zeit kann der Anspruch auf Unterlassung der Tierhaltung ver-

§ 553 BGB. Fristlose Kündigung bei vertragswidrigem Gebrauch **B 124**

wirken; in diesem Fall ist der Vermieter auch nicht mehr zur Kündigung berechtigt. Teilweise wird in diesem Zusammenhang auch die Ansicht vertreten, daß der Vermieter die Entfernung des Tiers alsbald nach Feststellung der vertragswidrigen Tierhaltung verlangen müsse (LG Essen WM 86, 117). Zu den weiteren Einzelheiten der Tierhaltung s. Schmidt/ Futterer/Blank, Mietrecht von A-Z Stichwort: ,,Tierhaltung"). Bezüglich der **gewerblichen Tätigkeit** wird die Ansicht vertreten, daß dies nur dann vertragswidrig sei, wenn hierdurch eine unzumutbare Störung für den Vermieter oder die Mitmieter eintritt, der Charakter der Wohnung verändert wird oder eine Gefährdung der Mietsache zu befürchten ist (LG Osnabrück WM 86, 94; LG Hannover ZMR 59, 168; LG Berlin Urt. v. 10. 5. 1974 – 63 S 122/73 betr. Heimarbeit); AG Lüdinghausen WM 83, 327, wonach ein Kündigungsgrund vorliegt, wenn der Mieter in der Wohnung ein Elektrogewerbe betreibt, in der Garage und im Keller das hierzu erforderliche Material lagert, wenn Kundenbesuche erfolgen und die Belange des Vermieters durch die intensive Nutzung der Räume beeinträchtigt werden. Nicht störende Tätigkeiten hat der Vermieter hinzunehmen. Dazu gehört die Benutzung einer Schreibmaschine (LG Mannheim WM 78, 91) oder die Betätigung als Hellseherin mit geringem Kundenbesuch (LG Hamburg WM 82, 263 – 1 bis 2 Besuche wöchentlich); s. auch LG Düsseldorf WM 81, U 13; LG Köln MDR 60, 52; AG Ratingen WM 81, U 13). Bezügl. des Rechts zur Musikausübung s. Rdn B 212. Bezügl. der Funkanlage s. Schmidt-Futterer/Blank, Mietrecht von A-Z Stichwort: ,,Außenantenne".

Ein Irrtum des Mieters über die richtige Auslegung kann nicht zum Verlust der Wohnung führen. Soweit entsprechende Verbote in Hausordnungen enthalten sind, gilt nichts anderes. Hier ist außerdem zu bedenken, daß sich die Rechtsanschauungen bezüglich der Wirksamkeit von Hausordnungen unter dem Einfluß des AGB-Gesetzes gewandelt haben. Nach der hier vertretenen Ansicht kann eine Hausordnung nur solche Ordnungsbestimmungen enthalten, die ohnehin gelten; der dem Mieter zustehende Mietgebrauch kann durch eine Hausordnung dagegen nicht eingeschränkt werden (Blank, Festschrift für Hanns Seuss, München 1987, S. 53 m. w. Nachw.

– **wenn der Mieter angebliche oder wirkliche Vertragspflichten trotz Abmahnung nicht erfüllt** (Pflicht zur Treppenhausreinigung; Pflicht zur Schneebeseitigung; Pflicht zur Durchführung von Schönheitsreparaturen; Pflicht zur Duldung von Instandsetzungs- oder Verbesserungsarbeiten in der Wohnung; Pflicht zur Duldung einer Wohnungsbesichtigung durch den Vermieter; AG Erkelenz WM 86, 251) und der Bestand der Verpflichtung nicht sicher feststeht. Bezüglich der Hausreinigungs- und Schneebeseitigungspflicht ist zu bedenken, daß sich derartige Verpflichtungen nur aus dem Mietvertrag selbst oder aus der Ortssitte ergeben können. Insoweit ist allerdings festzustellen, daß die Reinigung der gemeinsamen Hausteile jedenfalls in größeren, modernen Wohnanlagen nicht mehr durch die Mieter erfolgt. Wenn überhaupt von einer Üblichkeit gesprochen werden kann, so dahingehend, daß die Reinigung durch eine vom Vermieter angestellte Reinigungskraft durchgeführt wird (LG Bonn WM 86, 182).

Gleiches gilt für die Pflicht zur Schneeräumung oder für die Streupflicht im Winter. Soweit entsprechende Verpflichtungen in einer Hausordnung enthalten sind, müssen die Klauseln als unwirksam angesehen werden. Es handelt sich um überraschende Klauseln im Sinne von § 3 AGBG (Graf von Westfalen, Wohnraummiete und AGB-Gesetz; Beilage Nr 8/84 zu Der Betrieb, Heft Nr 10 vom 9. 3. 84). Ist streitig, ob der Mieter Schönheitsreparaturen durchführen muß, so kann die Wirksamkeit der mietvertraglichen Regelung und die Frage der Fälligkeit der Verpflichtung streitig sein. Das Recht des Vermieters zum Betreten der Wohnung hängt in der Regel von den Umständen des Einzelfalls ab und besteht deshalb auch dann nicht ohne weiteres, wenn der Mietvertrag eine entsprechende Vereinbarung enthält.

– **wenn streitig ist, ob bestimmte Schäden in der Mietwohnung durch ein dem Mieter zurechenbares Verhalten entstanden sind.** Hierzu gehören nahezu alle Fälle, in denen unklar ist, ob Feuchtigkeitsschäden in der Mietwohnung durch mangelndes Heizen und Lüften oder durch fehlerhafte Möblierung einerseits oder durch Baumängel oder Umwelteinflüsse andererseits verursacht worden sind, und ob der Mieter verpflichtet gewesen wäre, den Schaden durch ein anderes Wohnverhalten zu verhindern. Die Frage der Verursachung kann hier in der Regel nur mit Hilfe von Sachverständigen geklärt werden.

Die Rechtsprechung zum Umfang der Mieterpflichten ist in diesem Bereich so widersprüchlich, daß dem Mieter eine evtl. Verkennung seiner eigenen Rechtspflicht nicht zur Last gelegt werden kann.

In keinem Fall kann die Rechtsverletzung allein deshalb als erheblich angesehen werden, weil der Mieter trotz Abmahnung ein vertragswidriges Verhalten fortsetzt. Dieser Umstand gehört bereits zu den Tatbestandsvoraussetzungen des § 553 BGB und kann deshalb nicht zur Begründung des Erheblichkeitskriteriums herangezogen werden.

Die hier dargestellten Grundsätze gelten nicht, wenn die Rechtslage hinreichend klar und eindeutig ist. Ein solcher Fall liegt beispielsweise dann vor, wenn der Streitpunkt bereits in einem gerichtlichen Verfahren geklärt worden ist und der Mieter dennoch auf seiner Rechtsauffassung beharrt und das vertragswidrige Verhalten fortsetzt. Dabei ist es nicht erforderlich, daß eine betreffende Unterlassungspflicht tituliert oder daß der Mieter zu einem bestimmten Verhalten verurteilt worden ist. Es genügt, daß sich die Rechtslage aus den Gründen einer gerichtlichen Entscheidung ergibt. In einem solchen Fall darf der Mieter das von ihm dennoch für richtig erachtete Verhalten nicht fortsetzen, sondern muß seinerseits Feststellungsklage erheben, um Klarheit über seine Rechtsposition zu erhalten. Hinreichend klar und eindeutig ist die Rechtslage auch dann, wenn bezüglich der Wirksamkeit einer bestimmten vertraglichen oder gesetzlichen Regelung keinerlei Zweifel bestehen können und der

§ 553 BGB. Fristlose Kündigung bei vertragswidrigem Gebrauch **B 125, 126**

Mieter dennoch wider besseres Wissen oder aus Rechtsblindheit auf seiner Auffassung beharrt. Erheblich ist die Rechtsverletzung schließlich dann, wenn die Vertragswidrigkeit des beanstandeten Verhaltens offensichtlich ist (z. B. erheblicher ruhestörender Lärm).

3. Der Kündigung muß eine **Abmahnung** vorausgehen. Dabei handelt **B 125** es sich um eine rechtsgeschäftliche, dem Schutz des Mieters dienende Erklärung. Die Abmahnung hat Warnfunktion. Sie soll den Mieter darüber informieren, welches tatsächliche Verhalten vom Vermieter mißbilligt wird; außerdem soll der Mieter Gelegenheit zur Abhilfe erhalten. Der Zweck der Abmahnung verbietet es, daß Kündigungserklärungen oder Rücktrittserklärungen in eine Abmahnung umgedeutet werden oder daß gar in der Erhebung der Räumungsklage eine Abmahnung gesehen wird (so aber BGH WPM 69, 625; ZMR 72, 306, ohne nähere Begründung). Das Erfordernis der Abmahnung kann wegen § 554b BGB auch nicht abbedungen werden (vgl. LG Hannover WM 84, 670). Umstritten ist dabei, ob in der Abmahnung die Kündigung angedroht werden muß (so LG Hamburg WM 86, 338; LG Berlin MDR 85, 586) oder ob es genügt, daß sich aus der Abmahnung ergibt, welche konkreten Vertragsverletzungen der Vermieter beanstandet und künftig abgestellt wissen will (so Sternel Rdn II 369; Mittelstein, Die Miete S. 374; Palandt-Putzo § 550 BGB Anm. 2b; vgl. auch OLG Hamburg WM 86, 12, das einen Rechtsentscheid über diese Frage abgelehnt hat). Die letztgenannte Ansicht ist vorzuziehen, weil der Vermieter oft erst nach der Abmahnung entscheiden kann, ob er Unterlassungsklage erheben muß oder kündigen darf. Dies hängt in erster Linie davon ab, ob die Rechte des Vermieters durch die Fortsetzung des vertragswidrigen Gebrauchs in erheblichem Maße verletzt werden. Liegt das Erheblichkeitskriterium vor, besteht das Recht zur Kündigung; im anderen Fall ist der Vermieter auf die Unterlassungsklage beschränkt.

Die Abmahnung muß stets erkennen lassen, daß der Vermieter künfti- **B 126** ge Vertragsverstöße nicht mehr hinnehmen werde. Der Vermieter muß den Mieter auffordern, ein genau bezeichnetes Fehlverhalten zu ändern bzw. aufzugeben (vgl. für die rechtsähnliche arbeitsrechtliche Abmahnung BAG NJW 85, 823). Deshalb genügt es nicht, wenn der Vermieter den Mieter lediglich in mehr oder weniger allgemein gehaltenen Worten auf die Erfüllung seiner Pflichten hinweist. Abmahnungen und Rügen dritter Personen (Hausmeister, Verwalter, Familienangehörige des Vermieters) sind bedeutungslos, wenn diese Personen nicht für den Mieter erkennbar im Namen und mit Vollmacht des Vermieters handeln. Fehlt die Vollmachtsurkunde, kann die Abmahnung in entsprechender Anwendung von § 174 I BGB zurückgewiesen werden (OLG Celle WM 82, 206). Der Erwerber einer Wohnung kann erst dann aus eigenem Recht abmahnen, wenn er als Eigentümer im Grundbuch eingetragen ist. Dies gilt auch dann, wenn nach dem Kaufvertrag die Nutzungen bereits mit der Übergabe übergehen sollen und der Erwerber den Besitz an dem Hausgrundstück erlangt hat (LG Berlin BlnGrdE 85, 95).

B 127 Der oder die Adressaten der Kündigung sind identisch mit den Adressaten der Abmahnung. Deshalb muß die Abmahnung stets gegenüber dem Mieter erklärt werden. Sind mehrere Personen Mieter, so muß die Abmahnung **allen Mietern** zugehen, und zwar auch dann, wenn nur einem von mehreren Mietern ein vertragswidriges Verhalten zur Last fällt. Dies folgt aus dem Sinn und Zweck der Abmahnung, durch die alle Mieter vor dem Verlust der Wohnung gewarnt werden sollen. Der nicht störende Mieter erhält auf diese Weise Gelegenheit, auf den störenden Mieter einzuwirken und so die Kündigungsgefahr zu beseitigen.

Die Abmahnung muß auch dann gegenüber sämtlichen Mietern erklärt werden und allen Mietern zugehen, wenn in einem **Formularmietvertrag** vereinbart ist, daß es für die Wirksamkeit einer Erklärung des Vermieters genügt, wenn sie gegenüber einem von mehreren Mietern abgegeben wird. Für diese Klausel gelten auch hinsichtlich der Abmahnung die unter Rdn B 44a dargelegten Grundsätze. Nach der hier vertretenen Meinung ist jene Klausel unwirksam, so daß auch die nur gegenüber einem von mehreren Mietern erklärte Abmahnung wirkungslos bleibt. Nach dem Rechtsentscheid des OLG Schleswig vom 22. 3. 83 (RES § 2 MHG Nr 42) soll die Klausel nicht für solche Erklärungen des Vermieters gelten, die auf die Beendigung des Mietvertrages abzielen; hierzu gehört auch die Abmahnung nach § 553 BGB. Auch das Kammergericht will die fragliche Klausel nicht auf Kündigungen anwenden, ohne daß diese Frage allerdings abschließend entschieden worden wäre (KG (RE) vom 25. 10. 84 (RES § 2 MHG Nr 56). Ist im Mietvertrag dagegen eine Empfangsvollmacht enthalten, wonach jeder Mieter bevollmächtigt ist, die an die jeweils anderen Mieter gerichteten Erklärungen entgegenzunehmen, so ist die Abmahnung auch dann wirksam, wenn sie nur einem der Mieter zugeht. Erforderlich ist allerdings, daß sich die Abmahnung nicht nur an einen, sondern an alle Mieter richtet (s. Rdn B 44).

B 128 Die Abmahnung ist auch dann gegenüber dem Mieter zu erklären, wenn dieser den Mietgebrauch einem **Dritten** überlassen hatte und der Dritte von der Mietsache einen vertragswidrigen Gebrauch macht. Der Wortlaut des § 553 BGB läßt zwar auch eine Abmahnung gegenüber dem Dritten zu; auch insoweit folgt aber aus dem Zweck der Abmahnung zwingend, daß die Abmahnung demgegenüber erklärt werden muß, der später möglicher Adressat der Kündigungserklärung ist.

B 129 Die Abmahnung soll dem Mieter Gelegenheit geben, den vertragswidrigen Gebrauch zu beenden. Deshalb muß zwischen Abmahnung und Kündigung eine gewisse **Zeitspanne** liegen. Wird die Abmahnung zusammen mit der Kündigung erklärt, so ist die gesamte Erklärung wirkungslos. Der zwischen Abmahnung und Kündigung liegende Zeitraum muß angemessen sein. Die Dauer des Zeitraums richtet sich dabei nach der Art der Vertragsverletzung. Kann der Mieter das beanstandete Ver-

§ 553 BGB. Fristlose Kündigung bei vertragswidrigem Gebrauch **B 130, 131**

halten sofort einstellen (z. B. ruhestörender Lärm), so kann in der Regel anläßlich der nächsten nach der Abmahnung auftretenden Ruhestörung gekündigt werden. Sind – wie beispielsweise bei störender Tierhaltung – dazu gewisse Vorbereitungen erforderlich, so muß zwischen Abmahnung und Kündigung ein Zeitraum liegen, den der Mieter üblicherweise zur anderweitigen Unterbringung des Tieres benötigt. Muß der Mieter im Falle unberechtigter Untervermietung seinerseits eine Kündigung aussprechen, so muß zwischen Abmahnung und Kündigung in der Regel ein Zeitraum liegen, der einer bei der Kündigung des Untermietverhältnisses zu beachtenden Kündigungsfrist entspricht (LG Mannheim WM 85, 262; Sternel Rdn IV 255).

Etwas anderes kann hier gelten, wenn sich der Mieter endgültig weigert, das Untermietverhältnis zu beenden.

Ist der Mieter als Ausländer der deutschen Sprache nicht hinreichend mächtig, so muß bei der Bemessung der Frist diejenige Zeit berücksichtigt werden, die der Mieter benötigt, um eine Übersetzung zu erlangen (so für den rechtsähnlichen Fall der arbeitsrechtlichen Abmahnung: BAG NJW 85, 823). Andererseits muß sich der Mieter aber auch um eine solche Übersetzung bemühen. Die Berufung auf die fehlende Kenntnis vom Inhalt des Abmahnschreibens ist sonst rechtsmißbräuchlich (BAG a. a. O.).

Es ist nicht erforderlich, daß dem Mieter in der Abmahnung eine **B 130** bestimmte **Frist** zur Abstellung des vertragswidrigen Gebrauchs gesetzt wird. Der Vermieter muß lediglich mit der Kündigung solange zuwarten, bis ein angemessener Abhilfezeitraum verstrichen ist. Wird die Kündigung vorzeitig erklärt, so ist sie unwirksam; in diesem Fall kann die Kündigung nach Ablauf eines angemessenen Zeitraums wiederholt werden. Voraussetzung ist allerdings, daß der vertragswidrige Gebrauch zum Zeitpunkt des Zugangs der Kündigung noch besteht (LG Duisburg NJW RR 86, 1345). Die Wiederholung der Kündigung ist andererseits aber auch nicht entbehrlich, wenn der Mieter den beanstandeten Mietgebrauch fortsetzt. Wird in der Abmahnung eine zu kurze Frist gesetzt, so ist die Abmahnung nicht unwirksam. Der Vermieter muß aber auch hier mit der Kündigung zuwarten, bis der angemessene Zeitraum verstrichen ist.

Ausnahmsweise kann die **Abmahnung entfallen,** wenn die Vertrags- **B 131** verletzung des Mieters so erheblich ist, daß dem Vermieter die weitere Fortsetzung des Mietverhältnisses schlechthin nicht zugemutet werden kann. Dies ist insbesondere dann der Fall, wenn die Mietsache durch das Verhalten des Mieters nicht unerheblich gefährdet wurde und befürchtet werden muß, daß der Mieter die Vertragsverletzung wiederholt. Gleiches gilt, wenn mit Sicherheit feststeht, daß der Mieter das vertragswidrige Verhalten nicht abstellen kann oder nicht abstellen will. Weigert sich ein Mieter ernsthaft und endgültig, seine Verpflichtung zu erfüllen, so wäre eine Abmahnung leere Förmelei (BGH LM Nr. 13 zu § 553 BGB). Allerdings sind hieran strenge Anforderungen zu stellen. Eine zunächst

135

fehlende Bereitschaft des Mieters zur sofortigen Beendigung eines vertragswidrigen Zustands macht die Abmahnung nicht entbehrlich. Die Abmahnung hat Warnungsfunktion: Dem entspricht es, daß auch derjenige Mieter abgemahnt wird, der bewußt gegen seine Vertragspflichten verstößt.

B 132 4. Die Vorschrift gewährt zunächst ein Kündigungsrecht bei Dauervertragswidrigkeiten, wie z. B der nicht berechtigten Untervermietung oder der störenden Tierhaltung. Hier setzt die Kündigung voraus, daß der Mieter den vertragswidrigen Gebrauch trotz einer Abmahnung des Vermieters fortsetzt.

B 133 Weiter besteht das Kündigungsrecht bei **Einzelvertragswidrigkeiten**, wie z. B. störendem Lärm zur Nachtzeit. Hier setzt das Kündigungsrecht voraus, daß der Mieter eine Vertragswidrigkeit begangen hat, weiter, daß der Vermieter deshalb eine Abmahnung ausgesprochen und schließlich daß der Mieter auch nach der Abmahnung erneut eine gleichartige Vertragsverletzung begangen hat. An das Kriterium der Gleichartigkeit dürfen allerdings keine überhöhten Anforderungen gestellt werden. Ist die Abmahnung wegen einer Störung der Mitmieter ausgesprochen, so genügt es, wenn die Mitmieter trotz der Abmahnung erneut gestört werden, mag sich auch diese Störung von der früheren nach Art, Umfang und dem betroffenen Personenkreis unterscheiden. Die Gleichartigkeit ist allerdings dann nicht gewahrt, wenn die Abmahnung beispielsweise wegen einer Lärmbelästigung erfolgt und die Kündigung sodann wegen einer Verletzung der Hausreinigungspflicht ausgesprochen wird. Gleiches gilt, wenn der Mieter in der Abmahnung zur Unterlassung eines vertragswidrigen Gebrauchs, wie etwa einer unberechtigten Tierhaltung, aufgefordert wird und der Vermieter sodann vor Ablauf der für die Beseitigung des Tiers angemessenen Frist eine einzelne, von dem Tier ausgehende Störung zum Anlaß der Kündigung nimmt.

B 134 Ist wegen einer **Dauervertragswidrigkeit** abgemahnt worden, so muß das vertragswidrige Verhalten zum Zeitpunkt des Zugangs der Kündigung noch bestehen. Hat der Mieter den vertragswidrigen Gebrauch zu diesem Zeitpunkt bereits beendet, so ist die Kündigung wirkungslos (LG Duisburg NJW RR 86, 1345). Wird der vertragswidrige Gebrauch erst nach dem Zugang der Kündigung beendet, so hat dies auf die Wirksamkeit der Kündigung keinen Einfluß. In diesen Fällen ist aber sorgfältig zu prüfen, ob die Kündigung nicht zu früh erklärt worden ist (s. Rdn 130).

B 135 Andererseits darf der Vermieter mit dem Ausspruch der **Kündigung** aber auch **nicht zu lange zuwarten**. Hat der Vermieter zur Beendigung der Dauervertragswidrigkeit eine angemessene Frist gesetzt, so muß er zwar nicht unmittelbar nach Ablauf der Frist kündigen; vielmehr kann der Vermieter durchaus einige Zeit zuwarten. Nach Ablauf eines längeren Zeitraums kann das Kündigungsrecht allerdings nicht mehr augeübt werden. Es handelt sich hierbei nicht um einen Fall der Verwirkung, so daß es auf ein sogenanntes ,,Umstandsmoment" nicht ankommt. Vielmehr folgt aus der Struktur des Tatbestands der Vorschrift, daß zwischen Abmahnung und Kündigungserklärung ein gewisser zeitlicher Zusammenhang bestehen muß. Bei den meisten Dauervertragswidrigkeiten (unberechtigte Untervermietung, störende Tierhaltung) wird dieser zeitliche Zusammenhang nicht mehr gewahrt sein, wenn nach dem Ablauf der in der Abmahnung gesetzten Frist ein längerer Zeitraum verstrichen ist. Will der Vermieter trotz der Fristüberschreitung sich die Kündigungsmöglichkeit erhalten, so muß er gegenüber dem Mieter zum Ausdruck bringen, daß er an der Abmahnung festhalten wolle. Anderenfalls darf der Mieter davon ausgehen, daß der Vermieter von seiner ursprünglichen Haltung Abstand genommen hat. Auch bei Einzelvertragswidrigkeiten gilt der Grundsatz, daß zwischen Abmahnung und Kündigung ein zeitlicher Zusammenhang bestehen muß. Eine allgemein anerkannte, für alle Fälle gleiche Frist existiert allerdings nicht.

5. Auf ein **Verschulden** des Mieters kommt es im Rahmen des § 553 **B 136** BGB nicht an. Insoweit unterscheidet sich die Vorschrift von den Regelungen in § 554a BGB und § 564b Abs. 2 Nr. 1 BGB. Die unterschiedliche Ausgestaltung der Kündigungstatbestände ist sachlich nicht gerechtfertigt, weil durch die genannten Vorschriften vergleichbare Sachverhalte geregelt werden. Im Gegenteil ist festzustellen, daß das Nebeneinander von verschuldensunabhängigen (§ 553 BGB) und verschuldensabhängigen (§ 554a, § 564b BGB) Kündigungsgründen systematisch verfehlt ist und vom Gesetzgeber korrigiert werden sollte. Der gegenwärtige Rechtszustand läßt sich auch nur aus der historischen Entwicklung des Kündigungsrechts erklären. Nach der ursprünglichen Konzeption des BGB-Mietrechts konnten Mietverhältnisse über Wohnraum vom Vermieter ohne weiteres im Wege der befristeten Kündigung beendet werden. Durch die Tatbestände der fristlosen Kündigung sollte der Vermieter im Falle der Gefährdung seines Eigentums (§ 553 BGB) oder seines Vermögens (§ 554 BGB) zusätzlich geschützt werden. Einen besonderen Schutz des Vermieters für den Fall der Zerstörung der persönlichen Beziehungen zwischen den Vertragsparteien hielt der historische Gesetzgeber für entbehrlich. Die Rechtsprechung hat für diese Fälle den Kündigungstatbestand des wichtigen Grundes entwickelt (vgl. Rdn B 202f.), der im wesentlichen dem heutigen § 554a BGB entspricht. Allerdings war dieser Kündigungsgrund noch verschuldensunabhängig ausgestaltet. Dies war nach damaligem Rechtsverständnis durchaus folgerichtig, weil auch die gesetzlichen Kündigungstatbestände der §§ 553, 554 BGB als Schutzrechte zugunsten des Vermieters verstanden wurden (vgl. RGZ 94, 234, 235). Diese Vorstellung von der Funktion der Kündigungsvorschriften hat sich mit dem Inkrafttreten des Mieterschutzgesetzes gewandelt. Nach der Konzeption dieses Gesetzes war das Mietverhältnis grundsätzlich unkündbar; eine Aufhebung des Mietverhältnisses kam nur in Betracht, wenn ein gesetzlicher Aufhebungsgrund vorlag.

Die Aufhebungstatbestände nach § 2 Mieterschutzgesetz waren dabei im wesentlichen identisch mit § 553 BGB und dem damaligen Kündigungsrecht aus wichtigem Grund (dem heutigen § 554a BGB). Bedeutsam ist allerdings, daß nach dem Mieterschutzgesetz die Aufhebung des Mietverhältnisses von einem Verschulden des Mieters an der Vertragsverletzung abhängen sollte. Darin kommt die gewandelte Funkton der Kündigungstatbestände zum Ausdruck: Sie wurden nicht mehr als Schutzvorschriften zugunsten des Vermieters, sondern als Mieterschutzrecht begriffen.

Ein solches Verständnis entspricht auch der gegenwärtig bestehenden Rechtslage, weil durch §§ 564b, 564c BGB die grundsätzliche Unkündbarkeit des Mietverhältnisses sichergestellt werden soll. Demgemäß ist auch allgemein anerkannt, daß diese Vorschriften mieterschützende Funktion haben. Diesem Gedanken entspricht die verschuldensabhängige Ausgestaltung des Kündigungsrechts wegen einer Vertragsverletzung des Mieters nach § 564b Abs. 2 Nr 1 BGB. Folgerichtig müßte auch § 553 BGB verschuldensabhängig ausgestaltet sein, weil sich die jeweiligen Kündigungssachverhalte nicht prinzipiell, sondern nur graduell unterscheiden.

Angesichts des klaren Wortlauts des § 553 BGB ist eine Korrektur der Vorschrift dahingehend, daß eine fristlose Kündigung nur bei schuldhaftem Verhalten des Mieters in Betracht kommen soll, allerdings nicht möglich (a. A. Sternel Rdn IV 252).

III. Die unbefugte Gebrauchsbelassung

B 137 1. Die unbefugte Gebrauchsbelassung ist ein besonders geregelter Fall des vertragswidrigen Gebrauchs. Damit werden die Fälle der unbefugten Untervermietung ebenso erfaßt wie die unentgeltliche Überlassung der Mietsache an einen Dritten. Es kommt nicht darauf an, ob dem Dritten ein selbständiger Mietgebrauch eingeräumt wird, oder ob dieser nur berechtigt sein soll, die Mietsache neben dem Mieter mitzubenutzen. Nach dem Rechtsentscheid des OLG Hamburg vom 17. 12. 1981 (RES § 553 BGB Nr 1) kann der Mieter gegen den Räumungsanspruch aber den Einwand der unzulässigen Rechtsausübung erheben, wenn der Vermieter materiell-rechtlich zur Erteilung der Untermieterlaubnis verpflichtet gewesen wäre. Unerheblich ist auch, ob zwischen dem Mieter und dem Dritten vertragliche Beziehungen bestehen. Eine unbefugte Gebrauchsüberlassung liegt deshalb auch dann vor, wenn der Mieter einen Dritten in die Wohnung aufnimmt, ohne mit diesem ein besonderes Vertragsverhältnis zu begründen.

B 138 **Unbefugt** ist eine Gebrauchsüberlassung dann, wenn die Aufnahme des Dritten ohne Zustimmung des Vermieters erfolgt: Ob der Mieter einen Anspruch auf Erteilung der Zustimmung gehabt hätte, ist zunächst unerheblich (s. aber Rdn B 137). Eine Ausnahme gilt dann, wenn für die

§ 553 BGB. Fristlose Kündigung bei vertragswidrigem Gebrauch **B 139**

Aufnahme des Dritten eine Zustimmung nicht erforderlich ist. Zustimmungsfrei ist die Aufnahme von **Besuchern**, weil § 553 BGB nur die längerdauernde Gebrauchsüberlassung erfaßt. Dies gilt auch für die Beherbergung von Personen des anderen Geschlechts, wobei es unerheblich ist, ob in der Wohnung der Geschlechtsverkehr ausgeübt wird (vgl. LG Aachen ZMR 73, 330). Eine entgegenstehende Vereinbarung ist grundsätzlich unwirksam (LG Aachen a. a. O.; AG Wiesbaden WM 72, 46; a. A.: Schmid DWW 83, 214). Das Recht zur vorübergehenden Aufnahme von Besuchern findet allerdings dort seine Grenzen, wo der Besuch zur Belästigung anderer Hausbewohner führt (AG Essen ZMR 63, 238; LG Kassel WM 62, 41; LG Mannheim WM 61, 57; vgl. auch: Schopp ZMR 75, 99). Die Abgrenzung zwischen den Fällen des kürzerfristigen Besuchs zu den Fällen der längerfristigen Gebrauchsüberlassung kann im Einzelfall schwierig sein. Besucher ist, wer den Mieter aufgrund besonderer persönlicher Beziehungen aufgesucht hat und sich in dessen Wohnung für eine vorübergehende Zeit aufhält, ohne hierfür ein Entgelt zu entrichten. Der Mieter darf den Besucher auch zur Nachtzeit beherbergen und zwar auch dann, wenn es sich um eine Person des jeweils anderen Geschlechts handelt (vgl. LG Aachen ZMR 73, 330; AG Köln WM 83, 59; AG Dortmund WM 82, 86; AG Waldbröl WM 81, U 9). Eine allgemein anerkannte zeitliche Beschränkung des Besuchsrechts existiert nicht. Überschreitet jedoch die Benutzungszeit die Dauer von etwa einem Monat, so wird eine Vermutung dafür sprechen, daß die Überlassung auf Dauer angelegt ist.

Zustimmungsfrei ist weiter die Aufnahme des **Ehegatten**, AG Nürn- **B 139** berg WM 84, 295, **nahestehender Verwandter** (Kinder/Eltern) und von **Hausgehilfen**, soweit hierdurch keine Überbelegung eintritt (BGH Warn Rspr 1970 Nr 66; LG Aachen FamRZ 68, 312; LG Berlin ZMR 66, 151; LG Kassel WM 62, 37; LG Köln WM 74, 242; LG Wuppertal MDR 71, 49; AG Köln MDR 73, 764; AG Hildesheim MDR 73, 929; Hummel ZMR 75, 291). Die Aufnahme dieser Personen gehört zum vertragsgemäßen Gebrauch der Mietsache nach § 535 BGB. Entscheidend ist hier, daß der Mieter seine Rechte in einer ihm zweckmäßig erscheinenden, die Rechtslage des Vermieters nicht beeinträchtigenden Weise ausnutzt, so daß also der Gebrauch ihm dient und sich unter seiner Leitung vollzieht (BGH LM Nr 2 zu § 553 BGB). Durch die Rechtsentscheide des OLG Hamm vom 6. 10. 1982 (RES § 564b BGB Nr. 22) und des BayObLG vom 14. 9. 1983 (RES § 553 BGB Nr 2) wird dieser Grundsatz bestätigt. Nach der neueren Rechtsprechung können allerdings nur die engsten Familienangehörigen ohne Zustimmung des Vermieters in die Wohnung aufgenommen werden. Nicht zu diesem Personenkreis gehört nach dem Rechtsentscheid des BayObLG vom 29. 11. 1983 (RES § 549 BGB Nr 2) der Bruder eines Mieters (a. A. AG Köln WM 85, 262 betr. Schwester eines Mieters). Tritt durch die Aufnahme der weiteren Personen eine Überbelegung ein, so liegt ein vertragswidriger Gebrauch vor (BayObLG RE vom 14. 9. 1983; OLG Hamm RE vom 6. 10. 82; OLG

Karlsruhe (RE) v. 16. 3. 1987 WM 87, 180 m. w. Nachw.). Nach dem Rechtsentscheid des OLG Karlsruhe rechtfertigt allerdings nicht jede Überbelegung eine fristlose Kündigung nach § 553. Vielmehr kommt es im Einzelfall darauf an, ob durch die Überbelegung die Rechte des Vermieters in erheblichem Maße verletzt werden, was dann angenommen werden kann, wenn die konkrete Wohnungsnutzung ,,mit Größe und Einrichtung der Wohnung schlechterdings unvereinbar ist". Im Ergebnis stimmt das OLG Karlsruhe im wesentlichen überein mit dem zu § 564b I BGB ergangenen Rechtsentscheid des OLG Hamm, wonach es für die Kündigung auf die Umstände des Einzelfalls ankommt. Das BayObLG hat in dem Rechtsentscheid vom 14. 9. 1983 dagegen entschieden, daß im Regelfall jede Überbelegung ausreicht. Die obergerichtlichen Entscheidungen weichen also in Nuancen voneinander ab (vgl. auch LG München I WM 83, 22, wonach jedenfalls dann gekündigt werden kann, wenn durch die Überbelegung Substanzschäden zu befürchten sind; LG Düsseldorf WM 83, 141, wonach die Kündigung davon abhängt, daß nach dem Zuschnitt der Wohnung und den persönlichen Verhältnissen des Mieters die Überbelegung nicht mehr als vertragsgemäß angesehen werden kann).

B 140 Hat der Vermieter die **Zustimmung** zur Aufnahme des Dritten bereits **erteilt,** so liegt ebenfalls kein vertragswidriger Gebrauch vor, falls die Art der Gebrauchsüberlassung von der Zustimmung mitumfaßt wird. Die Zustimmung zur Gebrauchsüberlassung an eine bestimmte Person erlaubt nicht die Untervermietung an beliebige Dritte. Die Zustimmung zur Untervermietung einzelner Räume erlaubt nicht die Überlassung der gesamten Wohnung an einen Dritten; aber auch in diesem Fall liegt kein Kündigungsgrund vor, wenn der Mieter in den Räumen wohnen bleibt (LG Berlin WM 86, 30).

Erteilt der Vermieter die Erlaubnis ganz allgemein, so bringt er dadurch zum Ausdruck, daß die Person des Dritten für ihn ohne Interesse ist; dann darf er später nur im Einzelfall der Überlassung an den Dritten widersprechen, wenn wichtige Gründe vorliegen, die in dessen Person begründet sind (AG Lüneburg WM 75, 167) oder die die Art der Benutzung der Mieträume betreffen (BGHZ 89, 309 = NJW 84, 1031). Ist ein solcher Widerspruch erfolgt, so ist der Mieter verpflichtet, für die Entfernung des Dritten zu sorgen, weil im Fortbestand der Untermiete mit diesem Untermieter ein vertragswidriger Gebrauch liegt.

B 141 2. Die zur Kündigung berechtigende Vertragsverletzung liegt nicht in der unbefugten Gebrauchsüberlassung, sondern in der **unbefugten Gebrauchsbelassung** (ebenso: Sternel Rdn IV 255; Pergande § 553 BGB Anm. 4). Die unbefugte Gebrauchsbelassung beginnt nach Ablauf der in der Abmahnung gesetzten Frist. Daraus folgt, daß der Vermieter ausnahmslos abmahnen muß; eine Abmahnung ist auch dann nicht entbehrlich, wenn der Mieter den Vermieter über die Gebrauchsüberlassung getäuscht hat (a. A. LG München ZMR 85, 384).

§ 553 BGB. Fristlose Kündigung bei vertragswidrigem Gebrauch **B 142**

3. Nach dem Wortlaut des § 553 BGB ist zweifelhaft, ob bereits die **B 142** unbefugte Gebrauchsbelassung als solche den Kündigungstatbestand begründet, oder ob die Kündigung darüber hinaus eine erhebliche Verletzung der Vermieterrechte voraussetzt (so LG Frankfurt WM 81, 40; Emmerich-Sonnenschein § 553 BGB Rdn 29; Mittelstein S. 377). Nach dem Rechtsentscheid des OLG Hamburg vom 17. 12. 1981 (RES § 553 BGB Nr 1) ist die erstgenannte Auffassung maßgebend (ebenso: BGH WM 85, 88 = ZMR 85, 94; LG Berlin BlnGrdE 83, 625). Für sie sprechen insbesondere die Gesetzesmaterialien. Sieht man diesen besonderen Kündigungstatbestand aber in Zusammenhang mit § 549 Abs. 2 BGB, so wird klar, daß jene Rechtsmeinung bei der zur Zeit bestehenden Rechtslage nicht zutreffend sein kann. Eine unbefugte Gebrauchsbelassung im Sinne von § 553 BGB liegt dann vor, wenn der Mieter die Mietsache ganz oder zum Teil einem Dritten überlassen hat, ohne die hierzu erforderliche Zustimmung des Vermieters einzuholen oder wenn die Überlassung trotz verweigerter Zustimmung erfolgt ist. Folgt man der von der Rechtsprechung vertretenen Ansicht, so ergibt sich bereits hieraus die Kündigungsberechtigung, und zwar ohne daß es auf die materielle Rechtslage ankommt. Der Vermieter ist nach dieser Ansicht also auch dann zur Kündigung berechtigt, wenn er nach § 549 Abs. 2 BGB zur Erteilung der Untermieterlaubnis verpflichtet wäre. Dies kann deshalb nicht richtig sein, weil das Verhalten des Mieters hier letztlich im Einklang mit der Rechtsordnung steht. Die Rechtsprechung versucht, das hieraus folgende unbillige Ergebnis unter Rückgriff auf § 242 BGB zu vermeiden und gibt dem Mieter den Einwand der unzulässigen Rechtsausübung, wenn der Vermieter den aus der Kündigung folgenden Räumungsanspruch ohne Rücksicht auf die materielle Rechtslage weiterverfolgt (AG Hamburg WM 85, 87). Sieht man demgegenüber die unbefugte Gebrauchsbelassung und die erhebliche Beeinträchtigung der Vermieterrechte als kumulative Tabestandsvoraussetzung, ergeben sich diese Probleme nicht. Der materielle Unrechtsgehalt der Gebrauchsüberlassung kann dann bereits durch den Kündigungstatbestand vollkommen erfaßt werden.

Die unterschiedliche Problemlösung wirkt sich in erster Linie in der **Beweislastregelung** aus. Nach der hier vertretenen Ansicht trifft die Beweislast insgesamt den Vermieter. Nach der vom OLG Hamburg vertretenen Lösung muß der Mieter beweisen, daß die Voraussetzungen der unzulässigen Rechtsausübung (§ 242 BGB) vorliegen. In der Praxis sind diese Unterschiede von geringer Bedeutung. Nach der obergerichtlichen Rechtsprechung gilt, daß der Vermieter nach § 553 kündigen kann, wenn der Mieter eine nicht genehmigte Gebrauchsbelassung trotz Abmahnung fortsetzt. Gegen den Räumungs- und Herausgabeanspruch kann der Mieter einwenden, daß dessen Geltendmachung rechtsmißbräuchlich sei, weil er nach § 549 Abs. 2 BGB einen Anspruch auf Erteilung der Untermieterlaubnis habe.

IV. Die Gefährdung der Mietsache

B 143 1. Nach der gesetzlichen Regelung ist es Sache des Vermieters, die Mietsache in einem zum vertragsgemäßen Gebrauch geeigneten Zustand zu erhalten. Den Mieter trifft aber eine doppelte Sorgfaltspflicht: Er ist nach § 545 BGB zur Anzeige verpflichtet, wenn die Mietsache mangelhaft wird, gewisse Vorkehrungen zum Schutz der Sache gegen eine nicht vorhergesehene Gefahr erforderlich werden oder wenn sich ein Dritter ein Recht an der Sache anmaßt. Darüber hinaus trifft den Mieter die allgemeine Obhutspflicht: er hat die Mietsache pfleglich zu behandeln und Schäden von ihr abzuwenden, wenn der Vermieter nicht rechtzeitig tätig werden kann. Kostengesichtspunkte spielen insoweit keine Rolle, weil der Mieter für die insoweit geleisteten Verwendungen nach § 547 Abs. 1 BGB Ersatz verlangen kann. Erfüllt der Mieter die ihm obliegenden Anzeige- und Obhutspflichten trotz Abmahnung nicht, und wird die Mietsache dadurch erheblich gefährdet, so liegt der Tatbestand der fristlosen Kündigung vor.

B 144 Im einzelnen gilt: Die **Obhuts- und Anzeigepflichten** entstehen nicht mit dem Abschluß des Mietvertrags, sondern mit der Übergabe der Mietsache. Umgekehrt enden diese Pflichten mit der Rückgabe der Mietsache, und zwar auch dann, wenn das Mietverhältnis noch nicht beendet ist. Denn die Obhutspflicht begründet keine Besitzpflicht, sondern folgt umgekehrt aus dem Besitz (LG Mannheim WM 82, 298). Nutzt der Mieter die Räume über das Ende der Mietzeit hinaus, so dauert die Obhutspflicht bis zur tatsächlichen Rückgabe fort (BGH NJW 83, 1049 = MDR 83, 345).

B 145 Der Mieter einer Wohnung ist verpflichtet, die Räume zu lüften und zu reinigen, die Fenster und Türen bei Unwetter und Frost zu schließen, mit Elektrizität und Gas sorgfältig umzugehen, die sanitären Anlagen schonend zu benutzen und bei längerer Abwesenheit für die Betreuung der Wohnung zu sorgen. Zu zumutbaren eigenen Vorkehrungen ist der Mieter verpflichtet, um in seinen Mieträumen einen Schaden abzuwenden oder Gefahren zu beseitigen (z. B. Umhüllung von Wasserversorgungsleitungen mit Schutzmaterial oder zusätzliche Beheizung im Winter). Den Mieter trifft jedoch in der Regel keine Pflicht, die Räume im Winter ständig zu beheizen, wenn er dafür Vorsorge trifft, daß die Heizanlagen durch die Stillegung nicht beschädigt werden. Die Obhutspflicht kann nicht dadurch erfüllt werden, daß der Mieter dem Vermieter mitteilt, dieser möge selbst die zur Abwendung der Gefahr erforderlichen Maßnahmen treffen, weil es sich insoweit um eine dem Mieter obliegende Vertragspflicht handelt (BGH a. a. O.). Unter Umständen kann der Mieter auch verpflichtet sein, rechtswidrige Angriffe Dritter auf die Mietsache abzuwehren (vgl. dazu OLG Celle VersR 79, 264).

B 146 2. Das Erfordernis der **Abmahnung** bezieht sich auch auf den hier behandelten Kündigungssachverhalt. Dies folgt nicht nur aus dem Wort-

§ 553 BGB. Fristlose Kündigung bei vertragswidrigem Gebrauch **B 147–149**

laut des § 553 BGB, sondern auch aus der Erwägung, daß die Verletzung der Sorgfaltspflicht als besonders aufgeführter Fall des vertragswidrigen Gebrauchs anzusehen ist. Deshalb muß auch hier der Kündigung eine Abmahnung vorausgehen. Auf die Ausführungen unter Rdn B 125–131 wird verwiesen.

3. Auch bei dem hier in Frage stehenden Kündigungssachverhalt liegt **B 147** ein Kündigungsgrund nicht schon dann vor, wenn der Mieter seine Sorgfaltspflicht verletzt. Vielmehr muß die Sorgfaltspflichtsverletzung eine **Gefährdung der Mietsache** zur Folge haben. Eine Gefährdung in diesem Sinne liegt dann vor, wenn die Mietsache durch die Sorgfaltspflichtverletzung bereits geschädigt worden ist oder wenn der Eintritt eines Schadens nach der Sachlage wahrscheinlich ist. Bloße Befürchtungen reichen insoweit nicht aus. Da § 553 BGB eine erhebliche Gefährdung voraussetzt, gilt auch insoweit das oben Rdn B 123 erörterte Erheblichkeitskriterium. Die Möglichkeit des Eintritts unerheblicher Schäden berechtigt deshalb nicht zur Kündigung. Eine zweifelhafte Sach- und Rechtslage kann ebenfalls nicht im Wege des Räumungsrechtsstreits geklärt werden. Vielmehr ist die Kündigung in solchen Fällen unwirksam.

V. Kündigungserklärung

Zu den allgemeinen Kündigungsvoraussetzungen s. Rdn B 30 ff.; zum **B 148** Schriftformerfordernis, das auch bei der außerordentlichen Kündigung gilt, s. Rdn B 33; für die Kündigung durch Klageerhebung oder prozessualen Schriftsatz Rdn B 35. Zur Umdeutung einer fristlosen in eine ordentliche Kündigung s. Rdn B 40; bezüglich des Zugangs s. Rdn B 43. Für die Kündigung durch mehrere Vermieter oder bei Mietermehrheit s. Rdn B 44. Zu dem Problem der Kündigungsvollmacht s. Rdn B 44. Zur Frage, ob fristlose Kündigungen begründet werden müssen, s. Rdn B 64 f. Zum Kündigungsfolgeschaden s. Rdn B 70.

VI. Darlegungs- und Beweislast

Die Darlegungs- und Beweislast für das Vorliegen der Kündigungs- **B 149** voraussetzungen trägt grundsätzlich der Vermieter (s. Rdn B 565), jedoch gelten folgende Besonderheiten: Ist streitig, ob ein bestimmter Mietgebrauch vom Vermieter gestattet worden ist, obliegt die Beweislast hierfür dem Mieter. Ist streitig, ob eine unbefugte Gebrauchsüberlassung an einen Dritten vorliegt oder ob der Dritte lediglich als Besucher anzusehen ist, spricht nach Ablauf einer Benutzungszeit von etwa einem Monat eine tatsächliche Vermutung für eine dauernde Gebrauchsüberlassung. In diesem Fall muß der Mieter den Beweis für das Gegenteil führen. Steht die Beschädigung der Mietsache fest, ist aber streitig, ob der Schaden durch eine vom Mieter zu vertretende Sorgfaltspflichtverletzung eingetreten ist, muß der Vermieter beweisen, daß die Schadensursache in den Bereich des Mieters fällt. Dieser Beweis wird dadurch geführt, daß der Vermieter alle Ursachen, die seinem Verantwortungsbereich zuzuordnen sind, ausschließen muß. Ist dieser Ausschlußbeweis geführt, muß sich der Mieter umfassend entlasten (vgl. BGHZ 66, 349 = NJW 76, 1315; OLG Karlsruhe RE vom 9. 8. 1984 RES § 548 BGB Nr. 1).

§ 554 BGB. Fristlose Kündigung bei Zahlungsverzug

(1) Der Vermieter kann das Mietverhältnis ohne Einhaltung einer Kündigungsfrist kündigen, wenn der Mieter
1. für zwei aufeinanderfolgende Termine mit der Entrichtung des Mietzinses oder eines nicht unerheblichen Teils des Mietzinses im Verzug ist, oder
2. in einem Zeitraum, der sich über mehr als zwei Termine erstreckt, mit der Entrichtung des Mietzinses in Höhe eines Betrages in Verzug gekommen ist, der den Mietzins für zwei Monate erreicht.

Die Kündigung ist ausgeschlossen, wenn der Vermieter vorher befriedigt wird. Sie wird unwirksam, wenn sich der Mieter von seiner Schuld durch Aufrechnung befreien konnte und unverzüglich nach der Kündigung die Aufrechnung erklärt.

(2) Ist Wohnraum vermietet, so gelten ergänzend die folgenden Vorschriften:
1. Im Falle des Absatzes 1 Satz 1 Nr. 1 ist der rückständige Teil des Mietzinses nur dann als nicht unerheblich anzusehen, wenn er den Mietzins für einen Monat übersteigt; dies gilt jedoch nicht, wenn der Wohnraum zu nur vorübergehendem Gebrauch vermietet ist.
2. Die Kündigung wird auch dann unwirksam, wenn bis zum Ablauf eines Monats nach Eintritt des Rechtshängigkeit des Räumungsanspruchs hinsichtlich des fälligen Mietzinses und der fälligen Entschädigung nach § 557 Abs. 1 Satz 1 der Vermieter befriedigt wird oder eine öffentliche Stelle sich zur Befriedigung verpflichtet. Dies gilt nicht, wenn der Kündigung vor nicht länger als zwei Jahren bereits eine nach Satz 1 unwirksame Kündigung vorausgegangen ist.
3. Eine zum Nachteil des Mieters abweichende Vereinbarung ist unwirksam.

Übersicht

	Rdn		Rdn
I. Die Kündigungstatbestände	150	II. Die Kündigungserklärung	168
1. Mietzins	151	1. Allgemeines	168
2. Verzug	155	2. Der Kündigungsberechtigte	169
3. Rückstandsberechnung nach § 554 Abs. 1 Nr. 1	163	3. Der Zeitpunkt der Kündigung	170
		4. Der Kündigungsempfänger	173
4. Rückstandsberechnung nach § 554 Abs. 1 Nr. 2	167	III. Ausschluß der Kündigung (§ 554 Abs. 1 S. 2)	176

§ 554 BGB. Fristlose Kündigung bei Zahlungsverzug **B 150**

	Rdn		Rdn
IV. Wegfall der Kündigungswirkungen	181	2. § 554 Abs. 2 Nr. 2	185
		3. Verzicht	200a
1. § 554 Abs. 1 S. 3	181	V. Darlegungs- und Beweislast	201

Schrifttum

Both, Zur Auslegung des § 554 Abs. 1 Nr. 1 BGB bei Verzug mit einem Teil des Mietzinses, NJW 70, 2197
Derleder, Vertragsfreiheit, Ertragsgewährleistungen und ihre Absicherung für den Wohnraumvermieter, NJW 75, 1677
Hans, Probleme der fristlosen Kündigung wegen Zahlungsverzugs nach der Neufassung des § 554 BGB, BlGBW 65, 148
Hiendl, Räumungsurteil bei Zahlungsverzug nach § 554 BGB und Vollstreckungsgegenklage, NJW 84, 1946
Kamphausen, Zur Kündigung des Mietverhältnisses bei unberechtigter Mietminderung, ZMR 83, 113
Meier, Rechtfertigt § 554 Abs. 1 BGB auch für den Fall eine fristlose Kündigung, daß der Mieter mit der Bezahlung von Nachforderungen auf Grund der jährlichen Nebenkostenabrechnung in Verzug gerät? BlGBW 85, 102
Mezger, Gibt es für die Mietzinszahlung eine Karenzzeit? NJW 72, 2071
Oske, Die Aufrechnung im Räumungsprozeß, WM 84, 178
Pfeifer, Wenn der Mieter nicht zahlt – wie sich der Vermieter wehren kann, HamGrdE 84, 328
Roquette, Kündigung von Mietverhältnissen wegen Zahlungsverzugs, NJW 64, 377
Schläger, Von der fristlosen Kündigung des Wohnraum-Mietvertrags (§ 554 BGB) bis zur Räumung, ZMR 86, 421
Schmid, Die Kündigung von Wohnraum wegen Zahlungsrückständen des Mieters, DWW 82, 77
Schmidt-Futterer, Der Mietzinsausfall nach Rückgabe der Mietsache, ZMR 68, 161
Schneider, Der Schutz des Mieters im Räumungsprozeß wegen Zahlungsverzugs, NJW 65, 140

I. Die Kündigungstatbestände

Nach § 554 Abs. 1 Nr. 1 BGB kann der Vermieter kündigen, wenn **B 150** der Mieter für zwei aufeinanderfolgende Termine mit der Entrichtung des Mietzinses oder eines nicht unerheblichen Teils des Mietzinses in Verzug ist. In § 554 Abs. 2 Nr. 1 ist ergänzend dazu bestimmt, daß der Mietzins nur dann als nicht unerheblich anzusehen ist, wenn er den Mietzins für einen Monat übersteigt.

Die Regelung enthält also zwei Kündigungsmodalitäten, nämlich
(1) Verzug für zwei aufeinanderfolgende Termine in Höhe der Gesamtmiete und
(2) Verzug für zwei aufeinanderfolgende Termine in Höhe einer Monatsmiete + 0,01 DM.
Außerdem gibt § 554 Abs. 1 Nr. 2 BGB ein Kündigungsrecht bei
(3) Verzug über einen Zeitraum von mehr als zwei Terminen in Höhe einer doppelten Monatsmiete.
Die Vorschrift des § 326 BGB wird durch § 554 verdrängt (BGH Z 50, 312).

B 151 1. Zum **Mietzins** im Sinne von § 554 BGB gehört zunächst die **Grundmiete** in der gesetzlich zulässigen und vertraglich geschuldeten Höhe. Verstößt die Mietzinsvereinbarung gegen §§ 5 WiStG, 302a StGB, 134 BGB, so bleibt der unwirksame Teil der Mietzinsvereinbarung (Rdn D 17f) bei der Rückstandsberechnung außer Betracht. Entsprechendes gilt, wenn der Mieter zur Minderung berechtigt ist, wenn ihm ein Zurückbehaltungsrecht zusteht (LG Hamburg ZMR 84, 128) oder wenn er den Mietzins berechtigterweise hinterlegt hat (LG Kaiserslautern WM 85, 229).

B 152 Zum Mietzins gehören weiter die **Betriebskostenvorauszahlungen** im Sinne von § 4 Abs. 1 MHG. Das Recht, wegen solcher Rückstände zu kündigen, geht nicht dadurch verloren, daß die Abrechnungsperiode abgelaufen ist und die Vorschüsse sich in einen Abrechnungsposten umwandeln (LG Berlin WM 86, 94). Erreichen die rückständigen Vorauszahlungsbeträge den Betrag von 2 Monatsmieten, so kann die Kündigung auch ausschließlich hierauf gestützt werden; es ist also nicht erforderlich, daß der Mieter daneben auch mit der Grundmiete im Rückstand ist (LG Berlin NJW-RR 86, 236). Der Nachzahlungsbetrag aus einer Betriebskostenabrechnung gehört dagegen nicht zum Mietzins im Sinne von § 554 BGB (OLG Koblenz (RE) vom 26. 7. 1984 RES § 554 BGB Nr. 3). Gleiches gilt für solche Zahlungen, die der Mieter vereinbarungsgemäß von Fall zu Fall auf Anforderung des Vermieters zu leisten hat (z. B. anteilige Zahlung bei Lieferung von Heizöl oder aufgrund eines kommunalen Gebührenbescheids; LG Augsburg WM 83, 151). Dies ist darauf zurückzuführen, daß von § 554 BGB nur regelmäßig wiederkehrende Zahlungen erfaßt werden. Die beharrliche Zahlungsverweigerung kann jedoch insoweit zur Kündigung nach § 554a BGB (s. Rdn. B 223) oder zur ordentlichen Kündigung nach § 564b II Nr. 1 BGB (s. Rdn. B 598) berechtigen (ebenso: Schläger ZMR 86, 421). Erfolgt die Überlassung der Wohnung und die Lieferung bestimmter Nebenleistungen aufgrund gesonderter Verträge (z. B. Mietvertrag und Wärmelieferungsvertrag) so gehören nur die aufgrund des Mietvertrags geschuldeten Zahlungen zum Mietzins.

B 153 Weiterhin gehören zum Mietzins alle gesetzlich zulässigen, vertraglich wirksam vereinbarten und periodisch wiederkehrende Leistungen, die mit der Überlassung der Mietsache in Zusammenhang stehen, wie **Untermietzuschläge, Zuschläge für gewerbliche Nutzung** oder die besonders vereinbarte Vergütung für die Überlassung von Einrichtungsgegenständen **(Möblierungszuschlag).** Sonderleistungen wie Baukostenzuschüsse, Mietvorauszahlungen oder Kautionen gehören nicht zum Mietzins (LG Hamburg WM 74, 54). Gleiches gilt für Schadensersatzbeträge oder Ansprüche auf Bezahlung von Prozeßkosten (LG Mannheim WM 75, 97). Wird eine Mietvorauszahlung oder ein Baukostenzuschuß nicht bezahlt, so kommt vor der Überlassung der Mietsache ein Rücktritt nach § 326 BGB in Betracht (BGH LM Nr. 6 zu § 326 (A) BGB); nach der Überlassung kann u. U. nach § 564b II Nr. 1 oder § 554a BGB

§ 554 BGB. Fristlose Kündigung bei Zahlungsverzug B 154–155

gekündigt werden. Für die Nichtzahlung der Kaution gilt entsprechendes, wobei hier allerdings § 550b I BGB, wonach die Kaution in Teilbeträgen bezahlt werden darf, zu beachten ist. Da § 554a BGB – anders als § 554 – keinen formalisierten Kündigungsgrund enthält, ist in diesen Fällen zusätzlich zu prüfen, ob die Vertragsverletzung so schwer ist, daß deshalb eine Kündigung gerechtfertigt erscheint (verneinend betr. Kaution: LG Hamburg WM 74, 54). Im Falle der Nichtzahlung von titulierten Schadensersatzbeträgen, Prozeßkosten und dergleichen wird es im Rahmen des § 554a BGB maßgeblich darauf ankommen, auf welchen Gründen die Nichterfüllung beruht (s. Rdn B 226). Ist ein besonderer Mietzins für die Überlassung einer **Garage** oder eines Stellplatzes vereinbart, so ist zu unterscheiden: der für die Garage ausgewiesene Betrag gehört dann zum Gesamtmietzins, wenn bezüglich Wohnung und Garage ein einheitliches Mietverhältnis vorliegt (s. Rdn B 14ff). Liegen demgegenüber zwei getrennte Mietverhältnisse vor, so ist die Verzugsberechnung nach Wohnung und Garage getrennt vorzunehmen. Zahlungsverpflichtungen des Mieters, die zwar auf mietvertraglicher oder gesetzlicher Grundlage beruhen, aber nicht als Entgelt für die Raumüberlassung und damit zusammenhängender Zusatzverpflichtungen des Vermieters anzusehen sind (z. B.: **Kaution, Mietvorauszahlung, Mieterdarlehen, Baukostenzuschuß, Schadensersatzbeträge) gehören nicht zum Mietzins im Sinne von § 554 BGB.**

Für den Verzug mit der **Nutzungsentschädigung** nach § 557 BGB B 154 gilt § 554 BGB nicht. Eine Kündigung ist in solchen Fällen auch entbehrlich, weil das Mietverhältnis bereits beendet ist. Hat der Vermieter dem Mieter eine außergerichtliche Räumungsfrist gewährt und kommt der Mieter in dieser Zeit mit der Zahlung der Nutzungsentschädigung in Verzug, so kann der Vermieter die Wohnung sofort herausverlangen. Mit der Räumungsfristgewährung wird der Herausgabeanspruch gestundet; die Stundungsabrede kann widerrufen werden, wenn sich die Verhältnisse des Schuldners nachträglich verschlechtern (vgl. BGH WPM 74, 839) oder sonst die Geschäftsgrundlage entfällt (OLG Hamm MDR 77, 928). Eine gerichtliche Räumungsfrist kann in Fällen dieser Art verkürzt werden (§ 721 Abs. 3 ZPO), wenn sich die Sachlage nach der Entscheidung über die Gewährung einer Räumungsfrist geändert hat.

2. Der Mieter kommt in **Verzug,** wenn er den Mietzins nicht zu dem B 155 vereinbarten Zeitpunkt leistet (§ 284 Abs. 2 BGB). Einer besonderen Mahnung bedarf es nicht, es sei denn die Parteien hätten dies vertraglich vereinbart (vgl. dazu BGH ZMR 87, 292, wonach der Vermieter in einem solchen Fall selbst dann vor der Kündigung mahnen muß, wenn die entsprechende Vertragsklausel aus anderen Gründen unwirksam ist). Ist im Mietvertrag nichts Abweichendes vereinbart, so muß der Mieter den Mietzins auf seine Gefahr und seine Kosten dem Vermieter an dessen Wohnsitz übermitteln (§ 270 Abs. 1 BGB).

B 156 Dabei ist bezüglich der **Rechtzeitigkeit der Leistung** zu unterscheiden zwischen der Vornahme der Leistungshandlung und dem Zeitpunkt des Eintritts des Leistungserfolgs (Erfüllung). Die beiden Zeitpunkte fallen zusammen, wenn die Vertragsparteien am selben Ort wohnen und der Mieter den Mietzins durch Übergabe von Bargeld oder durch Einzahlung bei der Bank des Vermieters bezahlt.
In allen anderen Fällen geht die Leistungshandlung der Erfüllung voraus.

B 157 Für den **Beginn des Verzugs** kommt es auf den Zeitpunkt der Leistungshandlung, nicht auf den des Eintritts des Leistungserfolgs an (BGH NJW 69, 875). Im Barzahlungsverkehr hat der Mieter die ihm obliegende Leistungshandlung bewirkt, wenn er das Geld bei der Post einzahlt (Postanweisung oder Zahlkarte). Erfüllung tritt ein mit der Auszahlung des Geldes. Im bargeldlosen Verkehr ist die Leistungshandlung bewirkt mit dem rechtzeitigen Eingang des Überweisungsauftrags bei der Bank oder bei der Post (Überweisungsauftrag, Postscheküberweisung). Die Erfüllung tritt ein, wenn das Geld dem Konto des Vermieters gutgeschrieben wird. Eine Zahlung per Scheck gilt im Zweifel als Leistung erfüllungshalber, so daß auch hier die Leistungshandlung durch Absendung des Schecks bewirkt ist; die Erfüllung tritt dagegen erst mit der Auszahlung des Geldes oder mit vorbehaltsloser Gutschrift ein (BGH NJW 76, 1843).

B 158 Diese gesetzliche Regelung wird in **Formularmietverträgen** häufig durch eine Vereinbarung modifiziert, wonach es für die Rechtzeitigkeit der Zahlung nicht auf die Absendung, sondern auf den **Eingang des Geldes** ankommen soll (vgl. z. B. § 3 Abs. 2 des Mustermietvertrags). Eine solche Vereinbarung ist wirksam. Sie verpflichtet den Mieter, die Leistungshandlung so rechtzeitig zu bewirken, daß nach dem normalen Verlauf mit einer Gutschrift auf dem Konto des Vermieters am Fälligkeitstag zu rechnen ist. Für außergewöhnliche, nicht vorhersehbare Verzögerungen hat der Mieter auch nach dieser Klausel nicht einzustehen. Eine besondere Karenzzeit steht dem Mieter nicht zu (Mezger NJW 72, 2071; a. A. LG Berlin NJW 72, 1324).

B 159 Der Mieter kommt nicht in Verzug, solange die Zahlung infolge eines Umstands unterbleibt, den er nicht zu **vertreten** hat (§ 285 BGB). Da Geldschulden zu den Gattungsschulden gehören (§ 279 BGB), muß der Mieter eine Zahlungsverzögerung aufgrund **wirtschaftlicher Schwierigkeiten** auch dann vertreten, wenn ihn an seiner wirtschaftlichen Leistungsunfähigkeit kein Verschulden trifft (z. B. Arbeitslosigkeit, Krankheit; LG Kiel WM 84, 55). Der Mangel der zur Erfüllung erforderlichen Geldmittel schließt den Verzug also nicht aus (BGHZ 36, 345), wie überhaupt die Berücksichtigung von persönlichen Umständen und Zumutbarkeitserwägungen im Rahmen des § 554 grundsätzlich nicht in Betracht kommt (BGH ZMR 87, 289). In der Literatur wird dies vereinzelt bestritten (Derleder NJW 75, 1677); die gesetzliche Regelung erscheint insoweit allerdings eindeutig. Der Umstand, daß der Mieter sozialhilfeberechtigt ist, schließt das Verschulden am Zahlungsverzug auch

§ 554 BGB. Fristlose Kündigung bei Zahlungsverzug **B 160**

dann nicht aus, wenn sich das Sozialamt dem Mieter gegenüber zur Bezahlung des Mietzinses verpflichtet hatte. In Bezug auf die Mietzahlung ist das Sozialamt Erfüllungsgehilfe des Mieters, so daß dieser für Zahlungsverzögerungen des Sozialamts nach § 278 BGB einzustehen hat. Die gleichen Grundsätze gelten, wenn ein sonstiger Dritter für den Mieter – sei es freiwillig, sei es auf Grund vertraglicher Verpflichtungen – die Bezahlung der Miete übernommen hat. In Fällen dieser Art ist ein Zahlungsverzug des Dritten von dem Mieter allerdings dann nicht zu vertreten, wenn dieser von der Zahlungseinstellung keine Kenntnis hatte und davon ausgehen durfte, daß der Dritte rechtzeitig zahlt. Der in Fällen unverschuldeter Zahlungsunfähigkeit erforderliche Mieterschutz wird in der Regel über § 554 Abs. 2 Nr 2 BGB gewährleistet (s. Rdn B 187 ff).

Im Falle eines **unverschuldeten Rechtsirrtums** über den Umfang der **B 160** Zahlungspflicht kommt der Mieter nicht in Verzug (LG Berlin MDR 83, 843 = WM 83, 343 betr. Irrtum über die Höhe der preisrechtlich zulässigen Miete; LG Berlin WM 85, 232 bei schwieriger Rechtslage). Hierzu gehört die **übermäßige Minderung** des Mietzinses wegen Mängeln der Mietsache (LG Stade WM 83, 27; LG Braunschweig WM 85, 259; LG Kiel WM 75, 169) oder die Ausübung eines Zurückbehaltungsrechts. Zwar gilt in den Fällen des Rechtsirrtums der Grundsatz, daß ein Irrtum über die Rechtslage zum Risikobereich des Schuldners gehört und daß an den Entschuldungsbeweis strenge Anforderungen zu stellen sind (vgl. BGH NJW 74, 1903). Bei einer überschießenden Leistungsverweigerung wegen Mängeln der Mietsache kann dies allerdings nicht gelten. Bei der Berechnung des richtigen Minderungsbetrags steht dem letztlich hierüber entscheidenden Gericht ein gewisser Bewertungsspielraum zu. Eine Fehlbeurteilung des Mieters kann nicht zu seinen Lasten gehen, weil er in der Lage sein muß, seine Gewährleistungsrechte ohne Furcht vor dem Verlust seiner Wohnung geltend zu machen. Solange der Mieter davon ausgehen durfte, daß seine Minderung berechtigt ist, liegt eine schuldhafte Verletzung seiner Zahlungspflicht im Zeitpunkt der Kündigung auch dann nicht vor, wenn sich nachträglich aus tatsächlichen oder rechtlichen Gründen herausstellt, daß ihm kein oder nur ein geringeres Minderungsrecht zusteht (Sternel Rdn IV 268; Pergande § 554 BGB Anm. 5; Emmerich-Sonnenschein § 554 BGB Rdn 16; Mittelstein S. 424; Kamphausen ZMR 83, 113; AG Lüdighausen WM 80, 52; LG Kassel WM 81, 185). Mindert der Mieter wegen Lärmbelästigungen durch andere Mitmieter den Mietzins nur so geringfügig, daß ein etwaiger Rückstand weniger als eine Monatsmiete beträgt, ist die deshalb ausgesprochene Kündigung des Vermieters selbst dann unbegründet, wenn die umstrittenen Lärmbelästigungen überhaupt kein Minderungsrecht geben würden (LG Mannheim ZMR 76, 182 = WM 76, 232; LG Kiel WM 75, 169; LG Köln WM 76, 145; 76, 182). Gleiches gilt, wenn die angeblichen Mietrückstände auf einer unsicheren Rechtsgrundlage beruhen, so z. B., wenn an der Wirksamkeit einer Mieterhöhungserklärung berechtigte

Zweifel bestehen oder wenn der Mieter einer preisgebundenen Wohnung vergeblich ein begründetes Auskunftsverlangen über die Höhe der zulässigen Miete gestellt hat und bis zur Auskunftserteilung eine offensichtlich überhöhte Mietzinszahlung verweigert (AG Nürnberg WM 81, 278). Der Vermieter wird hierdurch auch nicht benachteiligt, weil er seine Ansprüche im Wege der Zahlungsklage geltend machen kann.

B 161 Ein **Irrtum** über die Höhe des Leistungsverweigerungsrechts ist allerdings dann **verschuldet**, wenn der Mieter ohne Einholung von Rechtsrat „ins Blaue hinein" völlig überzogene Beträge zurückbehält oder wenn er ein Leistungsverweigerungsrecht aufgrund offensichtlicher Bagatellmängel geltend macht.

B 162 In der Regel trifft den Mieter auch dann kein Verschulden, wenn er bei vereinbartem Leistungsverweigerungsausschluß (s. Rdn B 185 f) seine Rechte ohne Vorankündigung geltend macht. Die Rechtslage in diesem Bereich ist weitgehend ungeklärt, so daß ein Irrtum hierüber nicht zu Lasten des Mieters gehen kann.

B 163   **3. Rückstandsberechnung nach § 554 Abs. 1 Nr. 1 BGB**

a) Der Mietrückstand muß sich aus zwei aufeinanderfolgenden Terminen ergeben. Nur dann reicht der Betrag von einer Monatsmiete + 0,01 DM aus. **Zahlungstermin** im Sinne von § 554 Abs. 1 Ziff. 1 ist entweder der gesetzliche Termin (§ 551 BGB) oder der vertraglich vereinbarte Termin.

Nach der **gesetzlichen Regelung** ist der Mietzins für eine Wohnung nach dem Ablauf je eines Kalendervierteljahres am ersten Werktag des folgenden Monats zu entrichten (§§ 551 Abs. 2, 580 BGB). Sind Monatszahlungen vereinbart, ist der Mietzins jeweils nach Ablauf eines Monats am ersten Werktag des folgenden Monats zu entrichten. In der Praxis wird diese Regelung meist abbedungen. Die gebräuchlichen **Formularmietverträge** sehen fast ausnamslos vor, daß der Mietzins am dritten Werktag eines Monats im voraus zu entrichten ist. Eine derartige Vereinbarung ist wirksam, und zwar auch dann, wenn sie formularmäßig getroffen worden ist. Fehlt eine solche Vereinbarung, gilt allerdings die gesetzliche Regelung; ein davon abweichendes Gewohnheitsrecht existiert mangels allgemeiner Übung nicht. Insbesondere werden die formularmäßig getroffenen Fälligkeitsregelungen gelegentlich den besonderen Einkommensverhältnissen des Mieters angepaßt.

B 164 Sind über mehrere Monate hinweg jeweils kleinere Rückstände angefallen, so kann dennoch ein Fall des § 554 Abs. 1 S. 1 Nr 1 vorliegen, wenn der Vermieter die Mietzahlungen auf die jeweils älteste Forderung verrechnen durfte und verrechnet hat (§ 366 Abs. 2 BGB). In diesem Fall wird nämlich die jeweils älteste Forderung getilgt, so daß sich der Verzug letzlich auf die jüngsten aufeinanderfolgenden Termine bezieht. Allerdings wird eine derartige Verrechnung die Ausnahme sein, weil grundsätzlich der Mieter die Befugnis zur Tilgungsbestimmung hat (§ 366 Abs. 1 BGB) und weil eine solche Bestimmung auch stillschweigend getroffen werden kann. Eine mietvertragliche Formularvereinbarung, wonach Zahlungen des Mieters unabhängig von dessen Leistungsbestimmung stets auf die jeweils älteste Forderung zu verrechnen sind, muß beim Wohnraummietvertrag als überraschende Klausel (§ 3 AGBG) angesehen werden; individualvertraglich ist eine solche Vereinbarung allerdings zulässig. Eine Klausel, nach der die Verrechnung ohne Rücksicht auf die Leistungsbestimmung des Mieters im Belieben des Vermieters stehen soll, ist dagegen stets unwirksam (§§ 9 AGBG, 242 BGB; BGH DWW 84, 234 = ZMR 84, 370).

b) Ist der Mieter mit zwei vollen Monatsmieten in Verzug, so liegen **B 165** die Kündigungsvoraussetzungen unzweifelhaft vor. Beim Verzug mit einem Teil des Mietzinses gilt § 554 Abs. 2 Nr. 1 BGB. Danach ist der rückständige Teil nur dann als nicht unerheblich anzusehen, wenn er den Mietzins für einen Monat übersteigt. Der Rückstand muß also mindestens eine Monatsmiete plus 0,01 DM betragen.

Bei vereinbarter Vorauszahlung am dritten Werktag eines Monats gilt bei einer Grundmiete von 600,– DM und Betriebskostenvorauszahlungen von 100,– DM, daß der Vermieter kündigen kann, wenn am 5. März 1987 (dem vierten Werktag des März) von der Februarmiete und der Märzmiete ein Betrag von mindestens 700,01 DM rückständig ist.

Der Wortlaut des § 554 Abs. 2 Nr 1 BGB erweckt den Eindruck, als **B 166** gewähre das Gesetz dem Richter einen Entscheidungsspielraum hinsichtlich der Frage, wann der Rückstand als nicht unerheblich anzusehen sei. Durch die Formulierung ,,nur dann" kommt lediglich zum Ausdruck, daß ein geringerer Rückstand als eine Monatsmiete plus 0,01 DM nicht zur Kündigung berechtigen soll; ein Umkehrschluß dahingehend, daß die Kündigung stets dann möglich sei, wenn diese Grenze überschritten wird, ist dagegen nicht zwingend geboten (a. A. Both NJW 70, 2197). Dennoch entspricht dieser Umkehrschluß allgemeiner Praxis. Hierfür spricht auch das Bedürfnis nach einer klaren und prognostizierbaren Regelung.

Die Einschränkung, daß der Rückstand mindestens eine Monatsmiete **B 167** betragen muß, gilt nicht bei Mietverhältnissen über **Wohnraum zu nur vorübergehendem Gebrauch** (zum Begriff: s. Rdn C 539 ff). Hier genügt es, daß ein Verzug für zwei aufeinanderfolgende Termine vorliegt und daß der Rückstand einen nicht unerheblichen Teil des Mietzinses umfaßt. Das Erheblichkeitskriterium bezieht sich dabei nicht auf beide Termine. Es ist also nicht erforderlich, daß der Rückstand bezogen auf jeden einzelnen Termin erheblich ist; es genügt, wenn der Gesamtrückstand als nicht unerheblich bewertet werden kann. Ein geringer Rückstand im ersten Termin und ein hoher Rückstand im darauffolgenden Termin können sich also zu einem nicht unerheblichen Rückstand addieren (BGH ZMR 87, 289; MünchKomm.-Voelskow § 554 Rdn 10; Emmerich-Sonnenschein § 554 BGB Rdn 10; Palandt-Putzo § 554 BGB

B 168 Teil B. Kündigungsschutz

Anm. 2 a-aa; a. A. RGRK-Gelhaar § 554 BGB Rdn 8; Soergel-Kummer § 554 BGB Rdn 3; Roquette, Mietrecht § 554 BGB Rdn 3; Sternel Rdn IV 269). Wann der Mietzinsteil als nicht unerheblich gilt, wird für diese Mietverhältnisse nicht näher definiert. Aus dem Schutzzweck des § 554 Abs. 2 Nr 1 folgt, daß ein Rückstand von einer Monatsmiete plus 0,01 DM stets als nicht unerheblich anzusehen ist. Dies ergibt sich aus der Erwägung, daß dem Mieter der Wohnraum zu nur vorübergehendem Gebrauch gemietet hat, jedenfalls kein weitergehender Schutz zukommen kann als dem Dauermieter. Darüber hinaus kann auch ein Rückstand von weniger als einer Monatsmiete zur Kündigung berechtigen, insbesondere dann, wenn der Mietzins relativ hoch ist und kurze Zahlungstermine vereinbart worden sind. Wegen der Vielzahl der hier in Betracht kommenden Vertragsgestaltungen kann dieses Tatbestandsmerkmal allerdings nicht allgemeingültig definiert werden.

Nähert sich das Mietverhältnis zu nur vorübergehendem Gebrauch in seiner Ausgestaltung dem gewöhnlichen Dauermietverhältnis (vgl. z. B. den vom OLG Karlsruhe DWW 82, 276 – s. Rdn C 542 entschiedenen Fall), so wird es in der Regel sachgerecht sein, wenn auf die Frist des § 554 Abs. 2 Nr 1 zurückgegriffen wird.

B 168 c) Die Regelung in § 554 Abs. 2 Nr 1 BGB muß analog angewendet werden, wenn die Parteien **kürzere Zahlungstermine vereinbart** haben. Nach dem Wortlaut und der Systematik des § 554 Abs. 1 Nr. 1 liegt bei vereinbarter wöchentlicher Zahlung der Kündigungstatbestand bereits dann vor, wenn zwei volle Wochenmieten fällig geworden sind. Die Regelung in § 554 Abs. 2 Nr. 1, wonach der Rückstand eine Monatsmiete übersteigen muß, bezieht sich nämlich nur auf den Teilverzug. Der Gedanke des Mieterschutzes gebietet jedoch in Fällen dieser Art die analoge Anwendung des § 554 Abs. 2 Nr. 1 BGB mit der Folge, daß der Rückstand auch bei wöchentlicher Zahlung mindestens eine Monatsmiete übersteigen muß (a. A. wohl: Emmerich-Sonnenschein § 554 BGB Rdn 9, wonach es ausreicht, wenn der rückständige Betrag den Mietzins für eine Zahlungsperiode übersteigt). Die Schutzvorschrift ist nämlich erkennbar auf die in der Praxis übliche monatliche Mietzahlung zugeschnitten. Dies legt die Annahme nahe, daß der Gesetzgeber die sich aus der Vereinbarung von kürzerfristigen Zahlungsterminen ergebende Problematik nicht bedacht hat. Da der Mieterschutz bei längerfristigen Mietverhältnissen im Bereich des Zahlungsverzugs auch lückenlos ist, kann nicht davon ausgegangen werden, daß der Gesetzgeber ausnahmsweise dann eine Kündigung wegen verhältnismäßig geringer Rückstände zulassen wollte, wenn die Parteien eine wöchentliche (oder noch kürzerfristige) Mietzahlung vereinbart haben. Für diese Rechtsfolge gäbe es keinen sachlichen Grund. Bei längerfristigen Zahlungsterminen ergeben sich keine Probleme. Ist vereinbart, daß der Mietzins jeweils zu Beginn eines Quartals gezahlt werden soll, so liegt der Tatbestand des § 554 Abs. 1 Nr. 1 stets dann vor, wenn der Mietzins für ein Quartal nicht bezahlt worden ist und die Zahlung für das folgende Quartal fällig wird.

4. Rückstandsberechnung nach § 554 Abs. 1 Nr. 2 B 169

Dieser Kündigungstatbestand umfaßt alle Fälle, in denen der Rückstand nicht in zwei aufeinanderfolgenden Terminen eingetreten ist. Hier kann der Vermieter kündigen, sobald die Summe der Rückstände den Mietzins für zwei Monate erreicht. Es ist nicht erforderlich, daß dieser Betrag überschritten wird. Da zum Mietzins auch die Betriebskostenvorauszahlungen sowie die Untermiet-, Möblierungs- und Gewerberaumzuschläge gehören, genügt es, wenn der Mieter nur mit diesen Nebenleistungen in Verzug ist und die Summe des Rückstands den Betrag von zwei Monatsmieten erreicht (LG Berlin MDR 86, 412).

Der Mindestbetrag von zwei Monatsmieten ist auch dann maßgebend, wenn die Parteien statt monatlicher Zahlungen eine Wochenmiete vereinbart haben. Unerheblich ist die Dauer des Verzugs. **Verjährte oder verwirkte Mietzinsforderungen** müssen bei der Berechnung des Rückstandes allerdings außer Betracht bleiben. Dies ergibt sich aus dem Zweck des § 554 BGB als einer das Vermögen des Vermieters schützenden Vorschrift. Dieser Zweck gebietet die Beschränkung des Kündigungsrechts auf durchsetzbare Forderungen (im Ergebnis ebenso, jedoch mit anderer Begründung: LG Berlin MDR 83, 843 = WM 83, 343 – § 242 BGB –).

II. Kündigungserklärung

1. Allgemeines

Zu den allgemeinen Kündigungsvoraussetzungen s. Rdn B 30ff. Zum B 170
Schriftformerfordernis, das auch bei der außerordentlichen Kündigung gilt s. Rdn B 33. Für die Kündigung durch Klagerhebung oder prozessualen Schriftsatz Rdn B 35. Zur Umdeutung einer fristlosen in eine ordentliche Kündigung s. Rdn B 40. Bezüglich des Zugangs der Kündigungserklärung s. Rdn B 43. Für die Kündigung durch mehrere Vermieter s. Rdn B 44. Zum Problem der Kündigungsvollmacht s. Rdn B 44. Zur Frage, ob fristlose Kündigungen begründet werden müssen, s. Rdn B 64. Zum Kündigungsfolgeschaden s. Rdn B 70.

2. Der Kündigungsberechtigte

Kündigungsberechtigt ist der Vermieter, das heißt derjenige oder die- B 171
jenigen, die nach dem Mietvertrag die Vertragspartner des Mieters sind (s. dazu B 44). Dies gilt auch dann, wenn der Vermieter den künftigen **Mietzinsanspruch** an einen Dritten **abgetreten** hat oder wenn dieser Anspruch im Wege der Zwangsvollstreckung **gepfändet** und an den Gläubiger zur Einziehung überwiesen worden ist. Der Übergang der Forderung bewirkt nämlich nicht den Übergang des Kündigungsrechts. An der Ausübung dieses Rechts hat der Gläubiger auch kein Interesse,

weil seine Rechtsstellung durch die Ausübung der Kündigungsbefugnis nicht verbessert, sondern allenfalls verschlechtert wird. Die Kündigungsbefugnis kann auch nicht isoliert auf den neuen Gläubiger der Forderung übertragen werden oder von einem Gläubiger des Vermieters im Wege der Zwangsvollstreckung gepfändet werden. Für die Kündigung eines Erwerbers im Falle der Veräußerung s. Rdn B 52). Eine Stundungsvereinbarung oder ein Erlaßvertrag zwischen dem Mieter und dem neuen Gläubiger führt nur dann zum Verlust des Kündigungsrechts, wenn diese Rechtsgeschäfte innerhalb der Schonfrist abgeschlossen werden (abweichend: Sternel Rdn IV 272).

3. Der Zeitpunkt der Kündigung

B 172 Es ist nicht erforderlich, daß die Kündigungsvoraussetzungen des § 554 Abs. 1 S. 1 Nr. 1 und 2 zum Zeitpunkt des Zugangs der Kündigung noch vorliegen (a. A. AG Hamburg WM 85, 263).

Es genügt vielmehr, daß die Kündigungsvoraussetzungen irgendwann während der Mietzeit vorgelegen haben. In diesem Fall ist es unerheblich, wenn sich der Rückstand nach Vorliegen der Kündigungsvoraussetzungen und vor Ausspruch der Kündigung wieder verringert. Das Kündigungsrecht erlischt erst dann, wenn der Vermieter vollständig befriedigt wurde, der Rückstand also vollkommen ausgeglichen ist (§ 554 Abs. 1 S. 2 BGB).

B 173 Es ist auch nicht erforderlich, daß die Kündigung unmittelbar nach Eintritt der Kündigungsvoraussetzungen ausgesprochen wird. Vielmehr kann der Vermieter durchaus zunächst die weitere Entwicklung abwarten. Ein solches Verhalten ist dann zweckmäßig, wenn nach der Sachlage eine vorübergehende Zahlungsschwierigkeit des Mieters in Frage kommt. Erweist sich in der Folgezeit, daß die Zahlungsschwierigkeiten von Dauer sind, was bereits dann angenommen werden kann, wenn die Rückstände über längere Zeit offenstehen, so ist der Vermieter auch nach längerer Zeit zur Kündigung berechtigt, und zwar auch dann, wenn der Mieter einen Teil des Rückstands abgetragen hat. Der Einwand der **Verwirkung** wird lediglich im Ausnahmefall greifen. Dies setzt voraus, daß zwischen dem Eintritt der Kündigungsvoraussetzungen und dem Ausspruch der Kündigung längere Zeit vergangen ist und daß der Mieter aufgrund konkreter Umstände davon ausgehen durfte, der Vermieter werde von seinem Kündigungsrecht keinen Gebrauch machen. Eine längere Untätigkeit des Vermieters rechtfertigt diese Annahme für sich allein nicht. Im übrigen wäre es auch sachwidrig, dem Vermieter deshalb eine illoyale verspätete Rechtsausübung vorzuwerfen, weil er zunächst auf die Belange des Mieters Rücksicht genommen hat. Der Schutz des Mieters wird in Fällen dieser Art über § 554 Abs. 2 Nr. 2 gewährleistet. Im Ausnahmefall kann die Durchsetzung eines an sich wegen Zahlungsverzugs berechtigten Räumungsanspruchs allerdings gegen Treu und Glauben verstoßen, so z. B. wenn der Rückstand zum Zeitpunkt der

§ 554 BGB. Fristlose Kündigung bei Zahlungsverzug **B 174, 175**

Kündigung nur noch relativ gering ist und auf Grund der Umstände davon ausgegangen werden kann, daß der Mieter in Zukunft pünktlich zahlt (so LG Hannover WM 83, 263 bei zwanzigjähriger Mietzeit, geringem Rückstand und fünfmonatigem regelmäßigem Zahlungseingang).

Der Vermieter muß vor dem Ausspruch der Kündigung **nicht abmahnen**. Das gilt grundsätzlich auch dann, wenn der Mieter über eine längere Zeit mit kleineren Beträgen in Verzug war und die Höhe des Rückstands plötzlich einen zur Kündigung ausreichenden Betrag erreicht, ohne daß der Mieter dies erkennt (BGH LM Nr. 1 zu § 554 BGB). **Überraschende Kündigungen** können allerdings treuwidrig (§ 242 BGB) und damit unwirksam sein. Gleiches gilt, wenn der Vermieter ein offenbares Versehen des Mieters ausnutzt, um das Vertragsverhältnis zu beenden. Hat ein Vermieter durch arglistiges Verhalten den Mieter geschädigt und dadurch bewirkt, daß der Mieter den Mietzins nicht fristgerecht zahlen kann, so kann es sich als unzulässige Rechtsausübung darstellen, wenn der Vermieter wegen des Verzugs kündigt und auf der Kündigung beharrt (BGH LM Nr. 55 zu § 242 BGB (C d). Der Grundsatz, daß die Kündigung nach § 554 BGB keine Abmahnung voraussetzt, erfährt dann eine Ausnahme, wenn die Parteien eine formelle Zahlungsaufforderung als Voraussetzung für die fristlose Kündigung wegen Zahlungsverzugs vertraglich vereinbart haben. In diesem Fall muß die Zahlungsaufforderung eindeutig sein. Es darf aus der Sicht des Mieters kein Zweifel darüber bestehen, ob der Vermieter lediglich eine Mahnung ausspricht oder ob er mit der Erklärung die vertraglich vereinbarten Voraussetzungen für die Kündigung schaffen wollte (BGH LM Nr. 10 zu § 554 BGB).

B 174

Eine Sonderregelung gilt nach **§ 9 Abs. 2 MHG** für den Zahlungsverzug des Mieters nach Durchführung eines Mieterhöhungsverfahrens (s. dazu Rdn C 476).

4. Der Kündigungsempfänger

a) Kündigungsempfänger ist der Mieter. Diesem gegenüber muß die Kündigung ausgesprochen werden.

B 175

Sind **mehrere Personen** Mieter, so muß die Kündigung gegenüber allen Mietern erfolgen (Rdn B 44). Im Rahmen des § 554 BGB ist dies in der Regel auch ganz unproblematisch, weil mehrere Mieter gesamtschuldnerisch für den Mietzins haften. Abweichende Vertragsgestaltungen sind allerdings denkbar. Ist eine **Wohnung** beispielsweise an drei Mitglieder einer **Wohngemeinschaft** vermietet und ist mit dem Vermieter vereinbart, daß jeder der drei Mieter ein Drittel des Gesamtmietzinses zahlen soll, so kann die Auslegung ergeben, daß zwar jedem Mitglied der Wohngemeinschaft ein Recht zum Mitbesitz an der gesamten Wohnung zusteht (Mitgläubiger), daß aber dennoch jedes Mitglied von vornherein nur auf ein Drittel des Mietzinses haftet. In einem solchen Fall treten die einzelnen Mitglieder der Wohngemeinschaft dem Vermieter hinsichtlich ihrer Zahlungspflicht als Einzelschuldner einer teilbaren Leistung (§ 420 BGB) gegenüber. Die Nichterfüllung durch einen der Schuldner steht jenen Fällen gleich, in denen von mehreren Mietern nur ein einziger seine vertraglichen Pflichten verletzt. Auch hier gilt der Grundsatz, daß die Kündigung nicht mit Einzelwirkung, sondern nur mit Gesamtwirkung erklärt werden kann. Der Vermieter muß also auch hier gegenüber allen Mietern kündigen. Damit stellt sich die Frage, ob die Vertragsverletzung eines Mieters auch gegen die vertragstreuen Mieter wirkt. Dabei ist auf den Schutzzweck des Kündigungstatbestandes abzustellen. § 554 BGB schützt das Vermögen des Vermieters; der Schutzzweck der Vorschrift wird deshalb nur erreicht, wenn der Vermieter die gesamten Räume zurückerhält. Nur dann kann er diese Räume zum vollen Mietpreis weitervermieten. Die gegenteilige Ansicht führt zu dem Ergebnis, daß er den zahlungswilligen Mietern die Räume belassen müßte, obwohl er nur noch zwei Drittel des Mietpreises realisieren kann. Im Einzelfall kann der Vermieter allerdings nach § 242 BGB die Verpflichtung haben, den vertragstreuen Mietern die Räume zu belassen, wenn diese für den Mietausfall aufkommen (vgl. LG Darmstadt NJW 83, 52; LG Frankfurt WM 87, 21).

B 176 Hat der Vermieter **einzelne Zimmer** an **verschiedene Mieter** vermietet, so liegen Einzelmietverhältnisse vor, die beim Vorliegen der gesetzlichen Voraussetzungen einzeln gekündigt werden können.

B 177 b) Hatte der Mieter die Mietsache untervermietet und zugleich mit dem **Untermieter** vereinbart, daß dieser den Mietzins unmittelbar an den Hauptvermieter zahlen soll, so muß die Kündigung im Falle des Verzugs des Untermieters gegenüber dem Hauptmieter erklärt werden. Ist das Hauptmietverhältnis beendet, so kann der Hauptvermieter die Räume auch von dem Untermieter herausverlangen; einer Kündigung bedarf es nicht (§ 556 Abs. 3 BGB). Der Untermieter muß die Räume auch dann an den Hauptvermieter herausgeben, wenn ihm beim Abschluß des Mietvertrags unbekannt war, daß sein Vermieter nicht der Eigentümer der Wohnung ist. Die vom BGH in dem Rechtsentscheid vom 21. 4. 1982 (RES § 556 BGB Nr. 2) entwickelten Grundsätze (s. Rdn B 286) sind hier unanwendbar, weil die Berufung auf § 242 BGB voraussetzt, daß der Untermieter seine Zahlungspflichten erfüllt. Oder anders gewendet: Der Untermieter darf über § 242 BGB nicht bessergestellt werden als ein Mieter nach § 554 BGB stehen würde.

III. Ausschluß der Kündigung

B 178 Nach **§ 554 Abs. 1 S. 2** ist die Kündigung ausgeschlossen, wenn der Vermieter vorher befriedigt wird.
Durch die Formulierung „befriedigt wird" kommt zum Ausdruck, daß der Vermieter die **Zahlungen eines Dritten** – z. B. des Sozialamts – nicht ablehnen darf. Diese Rechtsfolge ergibt sich aus § 267 Abs. 1 BGB.

§ 554 BGB. Fristlose Kündigung bei Zahlungsverzug

Für die **Rechtzeitigkeit** der Zahlung gelten die Ausführungen unter **B 179** Rdn B 155–158: Maßgeblich ist also, daß der Mieter die Leistungshandlung rechtzeitig vorgenommen hat (a. A. Roquette § 554 BGB Rz. 14, wonach es hier auf den Eintritt des Leistungserfolgs ankommen soll; wie hier: LG Dortmund DWW 71, 328; Emmerich-Sonnenschein § 554 BGB Rdn 27; Sternel Rdn IV 271).

Die Regelung in § 554 Abs. 2 Nr. 2, Alternative 2, ist im Rahmen des **B 180** § 554 Abs. 1 S. 2 analog anwendbar: Die Kündigung ist deshalb auch dann ausgeschlossen, wenn sich eine öffentliche Stelle (Rdn B 192) vor Ausspruch der Kündigung zur Zahlung des Rückstandes verpflichtet.

Auch die **Aufrechnung** ist eine Form der Erfüllung. Deshalb ist die **B 181** Kündigung auch dann ausgeschlossen, wenn der Mieter vor Zugang der Kündigung wirksam aufgerechnet hat. Für die Aufrechnung nach Zugang der Kündigung gilt Rdn B 191.

Durch die Zahlung wird die Kündigung nur dann ausgeschlossen, **B 182** wenn der Vermieter hierdurch vollständig befriedigt wird (s. Rdn B 190; BGH ZMR 71, 27). Im Streitfall muß der Mieter beweisen, daß er nicht mehr säumig war, als ihm die Kündigung zugegangen ist. Die **Beweislast** ist nicht dergestalt aufgespalten, daß zunächst der Vermieter den Zeitpunkt des Zugangs beweisen müßte und daß es auf den Zeitpunkt der Zahlung nicht mehr ankommt, wenn der Vermieter diesen Beweis nicht zu führen vermag. Vielmehr hat der Mieter ein ihm zeitlich günstiges Verhältnis der Zahlung zur Kündigung zu beweisen. Steht freilich der Zeitpunkt der Zahlung fest, so muß der Mieter lediglich beweisen, daß später gekündigt worden ist. Steht umgekehrt der Zeitpunkt der Kündigung fest, so muß der Mieter nur noch beweisen, daß vorher gezahlt ist (BGH LM Nr 5 zu § 554 BGB). Auf **Teilleistungen** braucht sich der Vermieter nicht einzulassen. Nimmt er die teilweise Leistung dennoch entgegen, so kann die Ausübung des Kündigungsrechts verwirkt sein. Ein solcher Fall wird dann vorliegen, wenn der Mieter auf Grund der Umstände davon ausgehen durfte, daß der Vermieter im Hinblick auf die Zahlungsbereitschaft des Mieters nicht kündigen wolle und wenn der Vermieter zwischen Zahlung und Kündigung einen längeren Zeitraum verstreichen läßt (vgl. dazu Gelhaar-RGRK § 554 BGB Rdn 14; Sternel Rdn IV 271). Behält sich der Vermieter das Recht zur fristlosen Kündigung bei der Entgegennahme der Teilleistung ausdrücklich vor, so wird hierdurch der Eintritt der Verwirkung regelmäßig ausgeschlossen.

Für den Fall der Aufrechnung vor Zugang der Kündigung ist zu bedenken, daß hierdurch der Zahlungsanspruch des Vermieters rückwirkend erlischt (§ 389 BGB). Deshalb kann auch eine teilweise Aufrechnung zur Folge haben, daß infolge der Verringerung des Rückstands die Voraussetzungen des § 554 Abs. 1 Nr. 1 oder Nr. 2 nicht mehr vorliegen. Der Vermieter ist nicht verpflichtet, sich im Falle eines Zahlungsverzugs aus einer **Mietkaution** zu befriedigen, weil die Kaution zur Sicherstellung aller Ansprüche des Vermieters, also auch zur Sicherung von Schadensersatzansprüchen dient (BGH WPM 72, 335; LG Berlin MM 86, 30). Andererseits ist der Vermieter aber berechtigt, wegen der Mietrückstände auf die Kaution zurückzugreifen. In diesem Fall kann er auch Wiederauffüllung der Kaution verlangen (BGH a. a. O.). Zur Aufrechnung mit dem Rückforderungsanspruch aus der Kaution ist der Mieter nicht in der Lage, weil dieser Anspruch erst nach der Beendigung des Mietverhältnisses fällig wird (Oske WM 84, 178). Teilweise wird in diesem Zusammenhang die Ansicht vertreten, daß ein Vermieter dann auf die Kaution zurückgreifen müsse, wenn diese ausschließlich der Sicherung von Mietzinsansprüchen dient; der Ausspruch der Kündigung trotz vorhandener Kaution ist nach dieser Ansicht rechtsmißbräuchlich (Sternel Rdn IV 274). Dabei wird verkannt, daß zwischen dem Eintritt der Zahlungsunfähigkeit und der Rückgabe der Mietsache meist ein längerer Zeitraum liegt, für den der Mieter den Mietzins schuldet, aber nicht bezahlen kann. Durch die Kaution soll dieses Risiko abgewendet oder vermindert werden. Es ist dem Vermieter deshalb nicht zuzumuten, sich zuerst aus der Kaution zu befriedigen und dann erst zu kündigen.

IV. Wegfall der Kündigungswirkungen

B 183 1. § 554 Abs. 1 S. 3

Nach § 554 Abs. 1 S. 3 wird die Kündigung unwirksam, wenn sich der Mieter von seiner Schuld durch **Aufrechnung** befreien konnte und unverzüglich nach der Kündigung die Aufrechnung erklärt. Die Aufrechnungslage muß dabei bereits vor Zugang der Kündigung bestanden haben. Es genügt also nicht, wenn die Gegenforderung des Mieters erst durch die Kündigung oder nach der Kündigung entsteht (BGH NJW 59, 2017 = ZMR 59, 262). Rechtssystematisch handelt es sich dabei um eine Einschränkung von § 389 BGB. Nach dieser Vorschrift bewirkt die Aufrechnung, daß die Forderungen, soweit sie sich decken, als in dem Zeitpunkt erloschen gelten, in welchem sie zur Aufrechnung geeignet einander gegenübergetreten sind. Diese Rückwirkung hat zur Folge, daß auch die Kündigungslage rückwirkend entfällt, so daß nach allgemeinen Grundsätzen die Kündigung unwirksam wird. Da wegen der weitreichenden Folgen einer Kündigung alsbald Klarheit über deren Wirksamkeit bestehen muß, schränkt § 554 Abs. 1 S. 3 diesen allgemeinen Grundsatz dahingehend ein, daß diese Rechtsfolge nur dann eintritt, wenn die Aufrechnung unverzüglich nach der Kündigung erklärt wird. Die bloße Aufrechnungslage genügt niemals (BGH ZMR 87, 289) und zwar auch dann nicht, wenn die Forderung des Mieters auf einem arglistigen Verhalten des Vermieters beruht (RG Z 119, 360). Liegt ein Fall der unverzüglichen Aufrechnung vor, so erlischt die Forderung des Vermieters mit Rückwirkung; außerdem wird die Kündigung unwirksam. Wird die

§ 554 BGB. Fristlose Kündigung bei Zahlungsverzug   B 184–186

Aufrechnung nicht unverzüglich erklärt, so bleibt die Kündigung wirksam; die Forderung erlischt aber gleichwohl, weil diese Rechtsfolge nicht von der Unverzüglichkeit der Aufrechnungserklärung abhängt. Aus der systematischen Funktion des § 554 Abs. 1 S. 3 folgt auch, daß die Rechtsfolge dieser Vorschrift nicht eintritt, wenn der Mieter lediglich gegen einen Teil des rückständigen Mietzinses aufrechnet und den anderen Teil bezahlt (Oske WM 84, 178).

Unverzüglich im Sinne von § 554 bedeutet, ,,ohne schuldhaftes Zögern" (§ 121 Abs. 1 S. 1 BGB), nicht etwa ,,sofort". Der Mieter hat insbesondere eine angemessene Zeit zur Prüfung, Überlegung und Einholung von Rechtsrat. Die Verpflichtung zur unverzüglichen Aufrechnung gilt auch bei Wohnraum, wobei hier allerdings einige Besonderheiten zu beachten sind (s. Rdn B 193).   B 184

Sehr problematisch ist die Anwendung von § 554 Abs. 1 S. 3 bei einem **vereinbarten Aufrechnungsausschluß.** Die Vorschrift des § 552a BGB geht davon aus, daß der vertraglich vereinbarte Aufrechnungsausschluß und der Ausschluß des Zurückbehaltungsrechts im Mietvertrag grundsätzlich zulässig ist, daß aber der Mieter mit Forderungen aus § 538 BGB dennoch aufrechnen oder wegen dieser Forderungen ein Zurückbehaltungsrecht ausüben kann, wenn er diese Absicht dem Vermieter mindestens einen Monat vor der Fälligkeit des Mietzinses angezeigt hat. Dies hat zur Folge, daß eine Aufrechnung mit anderen Forderungen als Schadenersatzansprüchen aus § 538 BGB vertraglich ausgeschlossen werden kann. Dies gilt etwa für Verwendungsersatzansprüche nach § 547 BGB, Ansprüche auf Rückerstattung überzahlter Miete im Falle eines Verstoßes gegen § 5 WiStG und selbst für Schadenersatzansprüche wegen vorsätzlich begangener unerlaubter Handlung. Eine Aufrechnung mit Schadenersatzansprüchen aus § 538 BGB kann nicht ausgeschlossen werden. Ein dennoch vereinbarter Ausschluß ist nicht generell unwirksam; er hat lediglich zur Folge, daß der Mieter die Aufrechnungsabsicht einen Monat vor der Fälligkeit des Mietzinses schriftlich anzeigen muß. In der Praxis scheitert die Aufrechnung aber häufig an der fehlenden schriftlichen Anzeige. Im übrigen ist eine nach Ablauf eines Monats erfolgte Aufrechnung auch nicht mehr ,,unverzüglich".   B 185

Eine erst nach Zugang der Kündigung erklärte Aufrechnungsanzeige ist wirkungslos, weil der Mietzinsrückstand, auf den sich die Kündigung stützt, längst fällig ist: Eine nach Eintritt der Fälligkeit erklärte Aufrechnungsabsicht ist aber nach dem eindeutigen Wortlaut des § 552a BGB ohne Bedeutung.

Wird der **Aufrechnungsausschluß individualvertraglich vereinbart,** so ist diese Vereinbarung zweifellos wirksam. Streitig ist jedoch, ob und unter welchen Voraussetzungen **formularvertraglich** vereinbarte Aufrechnungsverbote wirksam sind. Nach § 11 Ziff. 3 AGBG kann nämlich die Aufrechnung mit rechtskräftig festgestellten oder unstreitigen Forderungen nicht ausgeschlossen werden. Das Zurückbehaltungsrecht darf nach § 11 Ziff. 2 AGBG weder ausgeschlossen noch eingeschränkt   B 186

159

B 187 Teil B. Kündigungsschutz

werden. Eine Formularklausel, die diesen Vorschriften nicht Rechnung trägt, ist unwirksam. Eine geltungserhaltende Reduktion solcher Klauseln auf den zulässigen Teil lehnt die Rechtsprechung ab (BGH NJW 82, 2309 m. w. Nachw.). Eine Ausnahme gilt insoweit nur dann, wenn die wirksamen und unwirksamen Teile der Klausel sprachlich trennbar sind. Die in den üblichen Formularverträgen verwendeten Klauseln sind dem § 552a BGB nachgebildet: Diese Klauseln unterscheiden bezüglich der Aufrechnung in der Regel nicht zwischen rechtskräftig festgestellten oder unstreitigen Forderungen einerseits und sonstigen Forderungen andererseits; vielmehr soll jede Aufrechnung anzeigepflichtig sein. Auch die Ausübung des Zurückbehaltungsrechts soll von einer vorherigen Anzeige abhängen (vgl. z. B. § 9 des Mustermietvertrags). Damit verstoßen diese Klauseln gegen § 11 Ziff. 2, 3 AGBG (so die h. M.: OLG Frankfurt WM 87, 142 = NJW 87, 1650; LG Berlin ZMR 86, 168 = DWW 86, 179; LG Düsseldorf WM 87, 150; LG Osnabrück WM 87, 118; LG Mannheim U. vom 8. 10. 1986 – 4 S 9/86; Schultz ZMR 87, 42). Diese Ansicht läßt allerdings außer Betracht, daß § 552a BGB eine mietrechtliche Sondervorschrift darstellt, durch die der Gesetzgeber die Interessen des Mieters an der Einstellung seiner Mietzahlungen mit den Interessen des Vermieters am regelmäßigen Mieteingang (z. B. wegen einer Fremdfinanzierung) zum Ausgleich bringen wollte. Anlaß zur gesetzgeberischen Tätigkeit war dabei der in den Mietvertragsformularen übliche uneingeschränkte Ausschluß der Aufrechnung und des Zurückbehaltungsrechts (s. BT-Drucks. IV 2195, S. 4). Diese Umstände legen die Annahme nahe, daß § 552a BGB eine für das Wohnraummietrecht geltende Sondervorschrift ist, durch die die allgemeineren Regelungen des AGB-Gesetzes ausgeschlossen werden (a. A. LG Mannheim WM 87, 317; von Westfalen, Wohnraummiete und AGB-Gesetz, Beilage Nr. 8/84 zu Der Betrieb v. 9. 3. 1984).

B 187 2. § 554 Abs. 2 Nr. 2

a) Nach § 554 Abs. 2 Nr. 2 BGB wird die Kündigung unwirksam, wenn der Vermieter bis zum Ablauf eines Monats nach Eintritt der Rechtshängigkeit des Räumungsanspruchs hinsichtlich des fälligen Mietzinses und der fälligen Entschädigung nach § 557 Abs. 1 S. 1 befriedigt wird. Diese Vorschrift gewährt dem Mieter eine sog. ,,Schonfrist" und gilt nur für die Wohnraummiete. Ob Wohnraum vorliegt, richtet sich nach den unter Rdn B 6 ff dargelegten Grundsätzen. Maßgeblich sind die vertraglichen Vereinbarungen, nicht die faktische Nutzung. Deshalb gilt Abs. 2 Nr. 2 nicht, wenn der Mieter die zu Gewerbezwecken vermieteten Räume vertragswidrig ausschließlich zu Wohnzwecken benutzt (LG Berlin BlnGrdE 83, 439).

Durch die Formulierung ,,befriedigt wird" kommt zum Ausdruck, daß der Vermieter die Zahlungen eines Dritten nicht ablehnen darf; diese Rechtsfolge ergibt sich auch aus § 267 Abs. 1 BGB. Zahlt der Mieter ,,unter

§ 554 BGB. Fristlose Kündigung bei Zahlungsverzug   B 188–192

Vorbehalt der Rückforderung", so wird hierdurch die Rechtsfolge des § 554 Abs. 2 Nr. 2 nicht ausgeschlossen (LG Frankfurt WM 87, 318; Sternel Rdn IV 278). Eine solche Zahlung ist insbesondere dann zu empfehlen, wenn Unsicherheit über Bestand und Höhe eines Minderungsrechts besteht und der Mieter jedes Risiko ausschließen will (s. Rdn B 160).

Die **Frist** des § 554 Abs. 2 Nr. 2 beginnt mit der Zustellung der Räumungsklage an den Mieter; sie endet einen Monat später um 24.00 Uhr (Beispiel: Zustellung der Räumungsklage am 5. Januar führt zum Fristablauf am 5. Februar, 24.00 Uhr). Für die Fristberechnung gelten die §§ 187 Abs. 1, 188 Abs. 2 und 193 BGB, so daß sich das Fristende verschieben kann, wenn der letzte Tag der Frist auf einen Sonntag, einen staatlich anerkannten allgemeinen Feiertag oder einen Sonnabend fällt: In diesem Fall tritt an die Stelle dieses Tages der nächste Werktag. Sind mehrere Personen Mieter, so beginnt die Schonfrist für alle Mieter am Tag der zuletzt bewirkten Zustellung zu laufen. Eine an diesem Zeitpunkt erfolgte Zahlung wirkt für alle Mieter (§ 422 Abs. 1 BGB). **B 188**

Es handelt sich um eine **Maximalfrist**. Die Wirkungen der Vorschrift treten deshalb auch dann ein, wenn der Mieter bereits vor Rechtshängigkeit des Räumungsanspruchs bezahlt (KG (RE) v. 5. 3. 1984 RES § 554 BGB Nr. 2; LG Stuttgart ZMR 85, 128). **B 189**

Wird die Kündigung während eines anhängigen Rechtsstreits erklärt, so beginnt die Schonfrist mit dem Zugang der Kündigung und endet einen Monat später. Hat der Mieter die Wohnung vor Erhebung der Räumungsklage zurückgegeben, so ist für die Anwendung des § 554 Abs. 2 Nr. 2 kein Raum. Aus der Formulierung des Gesetzes, wonach der Lauf der Schonfrist mit der Zustellung der Räumungsklage beginnt, muß entnommen werden, daß die Frist nur demjenigen zugute kommen soll, der sich die Wohnung erhalten will. Zieht der Mieter freiwillig aus, so erübrigt sich eine Räumungsklage; die Schonfrist kann deshalb weder beginnen noch enden. **B 190**

Für die **Rechtzeitigkeit der Zahlung** gelten die Ausführungen unter Rdn B 156 ff. Maßgeblich ist, daß der Mieter die Leistungshandlung rechtzeitig vorgenommen hat. Der Zeitpunkt der Erfüllung ist auch dann nicht entscheidend, wenn der Mietvertrag die unter Rdn B 158 wiedergegebene Klausel enthält: Die Vorschrift des § 554 Abs. 2 Nr. 2 stellt ein gesetzliches Schutzrecht zugunsten des Mieters dar, dessen Voraussetzungen durch vertragliche Vereinbarungen nicht zum Nachteil des Mieters modifiziert werden können. **B 919**

Die nachträgliche Zahlung führt nur dann zur Unwirksamkeit der Kündigung, wenn sie zur **vollständigen Befriedigung** des Vermieters ausreicht. Deshalb muß der Mieter auch denjenigen Rückstand bezahlen, der nicht zur Begründung der Kündigung herangezogen worden ist (LG München I WM 87, 153). Eine Ausnahme kommt in Betracht, wenn der Vermieter durch sein Verhalten einen Vertrauenstatbestand geschaffen hat, dergestalt, daß der Mieter davon ausgehen durfte, der Vermieter **B 192** werde bestimmte Beträge nicht mehr geltend machen (Scholz WM 87, 135). Zu zahlen ist demnach zunächst der fällige Mietzins einschließlich der Betriebskostenvorauszahlungen (AG München ZMR 86, 245), wobei auch hier die Ausführungen unter Rdn B 151–154 gelten. Nachzahlungsansprüche aus Nebenkostenabrechnungen bleiben hier außer Betracht, und zwar auch dann, wenn der Vermieter auch wegen dieser Beträge gekündigt hat. Zu zahlen ist weiter die Nutzungsentschädigung im Sinne von § 557 Abs. 1 BGB, die der Mieter nach Beendigung des Mietverhältnisses anstelle des Mietzinses schuldet. Die Höhe der Nutzungsentschädigung richtet sich entweder nach dem vereinbarten Mietzins inkl. der Betriebskostenvorauszahlung oder nach der ortsüblichen Miete. Dem Vermieter steht insoweit ein Wahlrecht zu (s. Rdn B 507, 508). Die Fälligkeit der Nutzungsentschädigung richtet sich nach den selben gesetzlichen Regelungen oder vertraglichen Vereinbarungen, die vor Beendigung der Mietzeit für den Mietzins gegolten haben. Dies folgt aus der Natur des Abwicklungsverhältnisses und dem Zweck des § 557 BGB.

B 193 Auch die **Aufrechnung** mit Gegenforderungen ist eine Art der Erfüllung.

Bestand die Aufrechnungslage bereits zum Zeitpunkt des Zugangs der Kündigung und rechnet der Mieter unverzüglich auf, so gilt § 554 Abs. 1 S. 3, was insbesondere im Rahmen des § 554 Abs. 2 Nr. 2 S. 2 von Bedeutung ist. Abweichend von § 554 Abs. 1 S. 3 führt die Aufrechnung mit einer bereits fälligen Gegenforderung aber auch dann zur Unwirksamkeit der Kündigung, wenn die Aufrechnung zwar nicht unverzüglich nach Zugang der Kündigung, aber noch innerhalb der Schonfrist erklärt wird. Darüber hinaus gestattet Absatz 2 Nr 2 auch eine Aufrechnung mit solchen Forderungen, die erst nach Zugang der Kündigung fällig werden. In allen Fällen ist es erforderlich, aber auch genügend, daß die Aufrechnung innerhalb der Schonfrist erklärt wird. Maßgeblich für die Fristwahrung ist dabei der Zugang der Aufrechnungserklärung beim Vermieter. Etwas anderes gilt, wenn im Mietvertrag eine wirksame **Aufrechnungsbeschränkung** im Sinne von § 552a BGB vereinbart ist. Hier ist nach der Aufrechnungsklausel eine Aufrechnung mit allen Forderungen, die sich nicht aus § 538 BGB ergeben, ausgeschlossen. Eine Aufrechnung mit Forderungen aus § 538 BGB muß der Mieter nach dem Wortlaut der Aufrechnungsklausel einen Monat vor Fälligkeit des Mietzinses anzeigen. Daraus folgt, daß der Mieter gegen den bereits fällig gewordenen Rückstand nicht aufrechnen kann (Oske WM 84, 178).

B 194 b) Der Erfüllung steht es gleich, wenn sich eine **öffentliche Stelle** zur Befriedigung verpflichtet. Öffentliche Stelle in diesem Sinn sind das Sozialamt, die Wohngeldstelle, alle juristischen Personen des öffentlichen Rechts und die Kirchen. Im Hinblick auf den Schutzweck des § 554 Abs. 2 Nr. 2 ist eine extensive Auslegung angebracht, so daß auch die großen karitativen Verbände hierzu gerechnet werden müssen (Sternel Rdn IV 280). Die Verpflichtungserklärung muß gegenüber dem Vermieter erfolgen. Eine Erklärung gegenüber dem Gericht genügt nicht. Anders ist es, wenn eine gegenüber dem Gericht abgegebene Erklärung an den Vermieter weitergeleitet wird. Auch die Verpflichtungserklärung muß binnen **Monatsfrist** dem Vermieter zugehen. Eine verspätet zugegangene Erklärung löst die Rechtsfolgen des § 554 Abs. 2 Nr. 2 BGB ebensowenig aus wie eine verspätete Zahlung. Dies gilt auch dann, wenn die Erklärung gegenüber dem Gericht abgegeben, von dort aber nicht oder verspätet an den Vermieter weitergeleietet wird. Die Regelung in § 270 Abs. 3 ZPO gilt weder unmittelbar noch ist die Vorschrift entsprechend anwendbar, weil die Behörde bei der Vermittlung der Verpflichtungserklärung nicht auf das Gericht angewiesen ist. Eine ,,Wiedereinsetzung" gegen die Fristversäumnis kommt gleichfalls nicht in Betracht. **B 195**

Die Verpflichtungserklärung muß – ebenso wie die Zahlung – den gesamten Rückstand erfassen. Dies ist andererseits aber auch ausreichend. Es ist insbesondere nicht erforderlich, daß sich die Behörde verpflichtet, auch die zukünftigen Mietforderungen zu übernehmen. Die Verpflichtungserklärung darf nicht mit einer **Bedingung** verbunden werden (etwa: falls der Vermieter die Klage zurücknimmt). Unschädlich sind allerdings sogenannte Rechtsbedingungen, das heißt solche Zusatzerklärungen, die nur die ohnehin gegebene Rechtslage wiedergeben (z. B.: falls der Räumungsanspruch nicht weiterverfolgt wird, oder: falls der Mieter im Besitz der Wohnung verbleibt). Verspätete Verpflichtungserklärungen sind insgesamt unwirksam. Sie lösen weder die Rechtsfolge des § 554 Abs. 2 Nr. 2 aus noch kann der Vermieter hieraus Rechte für sich herleiten. Gleiches gilt für solche Verpflichtungserklärungen, die wegen der Verknüpfung mit einer echten Bedingung unwirksam sind. **B 196**

c) Hat der Mieter nachträglich erfüllt, so wird die Kündigung rückwirkend unwirksam. Das Kündigungsrecht lebt auch dann nicht wieder auf, wenn der Mieter in der Folgezeit erneut in Verzug gerät. In einem solchen Fall muß der Vermieter erneut kündigen. Der Wegfall der Kündigungswirkung hat zur Folge, daß die Voraussetzungen für den Räumungs- und Herausgabeanspruch nicht mehr vorliegen. Hält der Vermieter dennoch seinen Räumungs- und Herausgabeanspruch aufrecht, so muß die Klage abgewiesen werden. Ein Fall der Erledigung der Hauptsache liegt nicht vor, weil der Mieter den geltend gemachten Anspruch nicht erfüllt hat. Die Praxis wendet dennoch die Vorschrift des **§ 91a ZPO analog** an mit dem Ergebnis, daß der Mieter die Verfahrenskosten zu tragen hat, wenn der Räumungsanspruch des Vermieters ursprünglich begründet war (LG Kassel NJW-RR 87, 788). Dieses Ergebnis ist auch sachgerecht. Hält man § 91a ZPO nicht für anwendbar, so müßte der Vermieter im Wege der Klagänderung die Kosten des Räumungsprozesses als Verzugsschaden geltend machen. Wird die Kündigung deshalb unwirksam, weil der Mieter vor Zustellung der Räu- **B 197** mungsklage gezahlt hat, so kommt eine Anwendung des § 91a ZPO nicht in Betracht. Hier kann der Vermieter allerdings auf Feststellung klagen, daß der Mieter die bis zum Zeitpunkt der Tilgung entstandenen Kosten zu tragen hat (LG Stuttgart NJW-RR 87, 660).

B 198 d) Die Rechtsfolgen des § 554 Abs. 2 Nr. 2 BGB treten nicht ein, wenn der Kündigung vor nicht länger als zwei Jahren bereits eine nach Satz 1 unwirksame Kündigung vorausgegangen ist. Maßgeblich für die Berechnung der Jahresfrist ist der jeweilige Zugang der Kündigung. Ist beispielsweise eine am 5. Januar 1987 zugegangene Kündigung durch nachträgliche Zahlung unwirksam geworden, so kann der Mieter von dem Recht aus § 554 Abs. 2 Nr. 2 erst wieder bei solchen Kündigungen Gebrauch machen, die am 6. Januar 1989 oder später zugehen. Zu beachten ist, daß § 554 Abs. 2 Nr. 2 S. 2 nur für die Fälle der nachträglichen Befriedigung gilt. Ein solcher Fall liegt nicht vor, wenn der Mieter nach § 554 Abs. 1 S. 3 aufgerechnet hat. Die Tilgung durch Aufrechnung mit einer bereits zum Zeitpunkt der Kündigung fälligen Forderung ist wegen § 389 BGB kein Fall der nachträglichen Erfüllung. Vielmehr fehlt es hier am Zahlungsverzug. Es besteht deshalb kein Grund, den Mieter zu benachteiligen, weil er mehrmals hintereinander zur Aufrechnung mit einer bereits fälligen Gegenforderung, auf deren Erfüllung durch den Vermieter er selbst Anspruch hat, in der Lage ist (LG Mannheim WM 86, 250).

B 199 Tritt der erneute Verzug noch während der Anhängigkeit des ursprünglichen Räumungsrechtsstreits ein, so muß der Vermieter erneut kündigen. In diesem Fall kann der ursprüngliche Rechtsstreit fortgesetzt werden, wobei die zweite Kündigung zu einer Klagänderung führt.

B 200 Ist der ursprüngliche Räumungsrechtsstreit durch klagabweisendes Urteil abgeschlossen worden und tritt während des Laufs der Berufungsbegründungsfrist ein zur fristlosen Kündigung nach § 554 berechtigender Zahlungsverzug ein, so genügt es nicht, wenn der Vermieter deshalb kündigt und die Berufung nur mit dem nach Erlaß des erstinstanzlichen Urteils eingetretenen Verzug begründet. Eine derartige Begründung entspricht nicht den Erfordernissen des § 519 Abs. 3 Ziff. 2 ZPO, weil sie keinen Bezug zu den erstinstanzlichen Urteilsgründen hat.

Hat der Vermieter erstinstanzlich obsiegt, weil das Gericht vor Ablauf der Schonfrist über den Räumungs- und Herausgabeanspruch entschieden hat und **zahlt der Mieter nach Erlaß des Urteils,** so führt auch dies materiellrechtlich zum Wegfall der Kündigungswirkungen. Das erstinstanzliche Urteil wird dadurch aber nicht gegenstandslos. Hat das erstinstanzliche Gericht durch Versäumnisurteil entschieden, so muß der Mieter Einspruch einlegen (s. § 767 Abs. 2 ZPO!) Ist ein Anerkenntnisurteil ergangen, so kann der Mieter Berufung einlegen; es fehlt in diesen Fällen nicht an der Beschwer, weil für den Beklagten nicht der erstinstanzliche Prozeßantrag sondern die materielle Beschwer maßgebend ist (vgl. BGH NJW 55, 545). Wahlweise kann der Mieter auch Vollstreckungsgegenklage erheben wenn der Vermieter aus dem Anerkenntnisurteil voll-

§ 554 BGB. Fristlose Kündigung bei Zahlungsverzug

streckt (§ 767 ZPO). Auch gegen erstinstanzliche Urteile, die nach streitiger Verhandlung ergangen sind kann der Mieter wahlweise Berufung einlegen oder sich mit der Vollstreckungsgegenklage zur Wehr setzen Teilweise wird in diesem Zusammenhang die Ansicht vertreten, daß der Erlaß eines Versäumnisurteils vor Ablauf der Schonfrist mit dem ,,sozialrechtlichen Gehalt des § 554 Abs. 2 Nr. 2" nicht zu vereinbaren und deshalb unzulässig sei (Sternel Rdn IV 281). Diese Ansicht ist deshalb nicht zutreffend, weil der säumige Mieter durch sein Nichterscheinen zum Ausdruck bringt, daß er sich nicht verteidigen wolle. In einem solchen Fall ist es sachwidrig das Verfahren zu Lasten des Vermieters zu verzögern. Anders ist es, wenn der Mieter erscheint und erklärt, daß er vor Ablauf der Schonfrist bezahlen oder eine Übernahmeerklärung vorlegen wolle. In diesem Fall liegt ein Vertagungsgrund nach § 227 I ZPO vor. Eine Ablehnung der Vertagung ist für den Mieter unanfechtbar; sie sollte gleichwohl nur erfolgen, wenn mit Gewißheit feststeht, daß der Mieter auch nach Ablauf der Schonfrist nicht zahlen wird. Eine Vertagung ist für den Vermieter unanfechtbar. Es ist auch abwegig, eine Richterablehnung oder Dienstaufsichtsbeschwerde darauf zu stützen, daß der Richter vertagt habe: es gehört zu den selbstverständlichen richterlichen Pflichten, dafür zu sorgen, daß die zum Schutz des Mieters gegebenen Rechte im Prozeß wahrgenommen werden können.

3. Verzicht

Liegen die Kündigungsvoraussetzungen vor, so können sich die Parteien gleichwohl dahingehend einigen, daß das Mietverhältnis fortgesetzt werden soll. Eine solche Einigung kann auch stillschweigend getroffen werden. Eine stillschweigende Einigung ist insbesondere dann naheliegend, wenn der Mieter den Rückstand nach Ablauf der Schonfrist zahlt und der Vermieter den Mieter ungestört wohnen läßt (Mittelstein S. 429 f). Fehlt es an einer solchen Einigung kann hier auch ein Fall der Verwirkung (s. Rdn B 173) vorliegen. Dieselben Grundsätze gelten, wenn der Vermieter bereits die Kündigung erklärt hat. Auch in diesem Fall können die Kündigungswirkungen durch Vertrag beseitigt werden. Wird der aus der Kündigung folgende Räumungsanspruch längere Zeit nicht weiterverfolgt und durfte der Mieter auf Grund der Umstände davon ausgehen, daß der Vermieter hiervon auch in Zukunft keinen Gebrauch machen werde, kann Verwirkung vorliegen. Ist der Räumungsanspruch tituliert, gelten die unter Rdn B 763 dargestellten Grundsätze.

Die Vorschrift des § 554 II Nr. 2 S. 2 ist unanwendbar wenn der Mieter nach einer einverständlichen Vertragsfortsetzung erneut in Verzug gekommen ist (LG Mannheim MDR 74, 935). Auch eine analoge Anwendung kommt nicht in Betracht, weil die Vertragsfortsetzung nicht entgegen dem Willen des Vermieters kraft Gesetzes sondern im Einklang mit dem Willen des Vermieters kraft der vertraglichen Vereinbarung erfolgt ist. Dabei ist unerheblich ob die Vertragsfortsetzung ausdrücklich oder stillschweigend durch schlüssiges Verhalten vereinbart wurde. Auch in denjenigen Fällen, in denen die Durchsetzung des Räumungsanspruchs als verwirkt angesehen werden muß (s. Rdn B 763) ist § 554 II Nr. 2 S. 2 nicht anwendbar, weil die Interessenlage verschieden ist. Wer den Räumungsanspruch nicht geltend macht und deshalb beim Vertragspartner den Eindruck erweckt, daß er aus dem Titel keine Rechte herleiten wolle muß sich so behandeln lassen, als wäre die dem Räumungsanspruch zugrundeliegende Kündigung nicht erfolgt.

V. Darlegungs- und Beweislast

B 201   Der Vermieter muß darlegen, daß Rückstände im Sinne von § 554 Abs. 1 bestehen, daß deswegen eine schriftliche Kündigung ausgesprochen worden ist, daß die Zugangsvoraussetzungen vorliegen und daß der Mieter die Wohnung nicht geräumt hat. Ist die Höhe des vertraglich vereinbarten Mietzinses streitig, so hat dies der Vermieter zu beweisen. Behauptet der Mieter, daß er zur Minderung berechtigt sei, muß er beweisen, daß die Mietsache mangelhaft ist und daß er den Mangel angezeigt habe (oder daß die Anzeige entbehrlich war, weil der Vermieter bereits anderweitig Kenntnis erlangt hatte). Behauptet der Mieter, daß er weitergehende Zahlungen geleistet habe, trifft ihn die Beweislast. Gleiches gilt, wenn der Mieter Erfüllung durch Aufrechnung einwendet. Ist streitig, ob die Voraussetzungen des § 554 Abs. 2 Nr. 2 S. 1 vorliegen, muß dies der Mieter darlegen und beweisen. Die Voraussetzungen des § 554 Abs. 2 Nr. 2 S. 2 muß dagegen der Vermieter beweisen. Zur Beweislast bei Zahlung vor Zugang der Kündigung s. Rdn 36 a.

§ 554a BGB. Fristlose Kündigung aus wichtigem Grund

Ein Mietverhältnis über Räume kann ohne Einhaltung einer Kündigungsfrist gekündigt werden, wenn ein Vertragsteil schuldhaft in solchem Maße seine Verpflichtungen verletzt, insbesondere den Hausfrieden so nachhaltig stört, daß dem anderen Teil die Fortsetzung des Mietverhältnisses nicht zugemutet werden kann. Eine entgegenstehende Vereinbarung ist unwirksam.

Übersicht

	Rdn
I. Allgemeines	200
1. Entstehungsgeschichte und Abgrenzung zum außerordentlichen Kündigungsrecht aus wichtigem Grund	200
2. Anwendungsbereich und Verhältnis zu §§ 553, 554 BGB	206
II. Tatbestandsvoraussetzungen	208
1. Störungen des Hausfriedens	208
a) Verhaltenspflichten	209
aa) Ruhe	210
bb) Allgemeine Ordnung	212
cc) Sonstiges Verhalten	213

Rdn		Rdn
b) Hausordnungsbestimmungen 216		b) des Vermieters 227
aa) Einseitig erlassene Hausordnung 217		3. Erheblichkeit der Pflichtverletzung 228
bb) Vertraglich vereinbarte Hausordnung 218		4. Verschulden 230
		5. Abmahnung 233
2. Sonstige Vertragsverletzungen 223		III. Die Kündigungserklärung 235
a) des Mieters, insbesondere die unpünktliche Zahlung des Mietzinses 223		IV. Darlegungs- und Beweislast 236

Schrifttum

Pfeifer, Lärmstörungen – Musiklärm und Nachbarschaft ZV Materialien Nr. 3 – Herausgegeben vom Zentralverband der Deutschen Haus- Wohnungs- und Grundeigentümer eV, Cecilienallee 45, 4000 Düsseldorf 1986
ders. Lärmstörungen im Hause durch Überschreitung der Zimmerlautstärke, DWW 85, 12
ders. Musizieren und der Anspruch auf Ruhe im Haus, ZMR 87, 361
Reichert-Leininger, Beweislast in den Fällen, in denen im Rahmen des § 554a BGB der Vertragsverstoß in einer falschen Verdächtigung oder üblen Nachrede liegt, ZMR 85, 402
Weimar, Die fristlose Kündigung eines Mietvertrags wegen schwerwiegender Vertragsverletzungen (§ 554a BGB), MDR 66, 556
ders. Die Vermieterkündigung wegen schuldhaft nicht unerheblicher Vertragsverletzungen durch den Wohnraummieter, Betrieb 72, 2452

I. Allgemeines

1. Entstehungsgeschichte und Abgrenzung zum außerordentlichen Kündigungsrecht aus wichtigem Grund

Das BGB kannte in seiner ursprünglichen Gestalt lediglich zwei Tatbestände, nach denen der Vermieter zur fristlosen Kündigung berechtigt sein sollte. Die Vorschrift des § 553 BGB umfaßte die Fälle des vertragswidrigen Gebrauchs der Mietsache im weitesten Sinne; geschützt wurde das Eigentum des Vermieters. Der Tatbestand des § 554 BGB betraf die Fälle des Zahlungsverzugs; geschützt wurde das Vermögen des Vermieters. Eine dem § 554a BGB vergleichbare Vorschrift fehlte. Die Fälle der Störung des Hausfriedens fielen allerdings unter § 553 BGB, weil sich ein derartiges Verhalten auf die Mietsache auswirkt und einen negativen Einfluß auf die Vermietbarkeit der anderen Wohnungen im Hause ausübt. Den rein persönlichen Beziehungen zwischen den Vertragspartnern hat der historische Gesetzgeber bewußt nicht Rechnung getragen, weil er der Meinung war, daß diese Umstände im Mietverhältnis keine Rolle spielen. Beleidigungen des Vermieters und selbst tätliche Angriffe gegen dessen Person berechtigten deshalb nicht zur fristlosen Kündigung (vgl. RGZ 94, 234).

Für diese Fälle hat das Reichsgericht ein **fristloses, verschuldensunabhängiges Kündigungsrecht aus wichtigem Grund** analog §§ 626, 723 BGB, 89a, 133 HGB postuliert. Die tatbestandlichen Voraussetzungen dieses Kündigungsrechts ergeben sich aus den beiden Entscheidungen des Reichsgerichts vom 27. 2. 1912 und vom 13. 12. 1918. Danach gilt der allgemeine Rechtsgrundsatz, daß bei Rechtsverhältnissen von längerer Dauer, ,,die ein persönliches Zusammenarbeiten der Beteiligten und daher ein gutes Einvernehmen erfordern, beim Vorliegen eines wichtigen Grundes jederzeit die Aufkündigung erfolgen kann (RGZ 78, 385, 389). Die fristlose Kündigung aus wichtigem Grund setzt nicht notwendig ein Verschulden desjenigen, dem gekündigt wird, voraus (RGZ 94, 234, 236). Dieser Kündigungstatbestand wurde in der Folgezeit auch auf Miet- und Pachtverhältnisse, teils in vertretbarer (RGZ 94, 234: Kündigung eines Pächters wegen Beleidigung, Beschimpfung, Bedrohung und Mißhandlung des Verpächters), teils in unvertretbarer Weise (RGZ 150, 193, 199: Kündigung eines Mieters (,,Volksschädling"), weil die Fortsetzung des Mietvertrags mit den Pflichten des Vermieters ,,gegen das Volk" unvereinbar sei) angewandt.

B 204 Für Wohnraummietverhältnisse wurde jener Kündigungstatbestand teilweise durch das Mieterschutzgesetz vom 1. 6. 1923 (RGBl. I, 754) kodifiziert. Der Aufhebungstatbestand des § 2 Mieterschutzgesetz ist unverkennbar das Vorbild für den durch Gesetz vom 29. 7. 1963 (BGBl. I, 505) in das BGB eingefügten § 554a BGB. Deshalb ist davon auszugehen, daß § 554a BGB eine teilweise Kodifikation des allgemeinen Kündigungsrechts aus wichtigem Grund darstellt.

B 205 Das **Verhältnis des § 554a BGB zum allgemeinen Kündigungsrecht aus wichtigem Grund** ist ungeklärt. Die Rechtsprechung wendet jedenfalls bei der Geschäftsraummiete beide Kündigungstatbestände nebeneinander an (BGH LM Nr. 57 zu § 242 BGB (Ba); LM Nr. 1 zu § 554b BGB). Ob dies auch bei der Wohnraummiete gilt, hat der BGH noch nicht abschließend entschieden; die Ausführungen in dem Urteil vom 7. 7. 1971 (LM Nr. 57 zu § 242 BGB (Ba) legen diese Annahme allerdings nahe. Praktische Bedeutung hat das allgemeine Kündigungsrecht aus wichtigem Grund bei der Wohnraummiete insbesondere dann, wenn das Verhalten eines schuldunfähigen Mieters in Frage steht. Gegenüber dem schuldunfähigen Mieter versagt § 554a BGB (s. Rdn 232); hier muß der Rückgriff auf das allgemeine Kündigungsrecht aus wichtigem Grund möglich sein: Im Spannungsverhältnis zwischen dem Schutz der Nachbarn sowie der Bewahrung des Hausfriedens einerseits und dem Schutz des schuldunfähigen Mieters andererseits gebührt den Gemeinschaftsbelangen der Vorrang. Deshalb kann und muß dann auf das Kündigungsrecht aus wichtigem Grund zurückgegriffen werden, wenn ein schuldunfähiger Mieter den Tatbestand des § 554a BGB erfüllt (ebenso: LG Berlin WM 86, 251). Die früher vertretene abweichende Ansicht (5. Auflage Rdn B 68) wird aufgegeben. In den Fällen des § 553 BGB spielt das Kündigungsrecht aus wichtigem Grund keine Rolle, weil es hier auf das Verschulden nicht ankommt. Gleiches gilt für § 554 BGB.

B 206 Für das **allgemeine Kündigungsrecht aus wichtigem Grund** gelten heute folgende **Grundsätze**:

§ 554a BGB. Fristlose Kündigung aus wichtigem Grund **B 206**

Ein wichtiger Grund zur fristlosen Kündigung liegt dann vor, wenn die Durchführung des Vertrags durch Zerstörung der das Schuldverhältnis tragenden Vertrauensgrundlage durch das Verhalten eines Vertragsteils derart gefährdet ist, daß sie dem Kündigenden auch bei strenger Prüfung nicht mehr zuzumuten ist (BGH LM Nr. 62 zu § 535 BGB; LM Nr. 2 zu § 242 BGB (Ba). Die Kündigung aus wichtigem Grund setzt nicht voraus, daß der Vertragspartner selbst die Vertragsgrundlage zerstört oder erschüttert. Es genügt, wenn der wichtige Grund in dem Verhalten eines nahen Angehörigen des Vertragspartners liegt (z. B. der Ehefrau) und damit in dessen engsten persönlichen Bereich fällt, so daß er sich dieses Verhalten zurechnen lassen muß (BGH LM Nr. 6 zu § 553 BGB). Die Kündigung wird nicht deshalb ausgeschlossen, weil der Kündigende sich selbst nicht vertragsgemäß verhalten hat. Allerdings ist dieser Umstand bei der Abwägung der Gesamtumstände zu berücksichtigen (BGH LM Nr. 26 zu § 242 BGB (Bc). Ein Mietverhältnis kann auch dann fristlos aus wichtigem Grund gekündigt werden, wenn ein Vertragsteil gegen Pflichten verstößt, die sich zwar aus einem anderen Vertrag ergeben, aber dennoch auf das Mietverhältnis einwirken. Hier ist aber besondere Sorgfalt bei der Prüfung der Frage geboten, ob die Fortsetzung des Mietverhältnisses unzumutbar ist. Will der Kündigende den Gekündigten an dem anderen Vertrag festhalten, obwohl die Vertragsverstöße diesen Vertrag betreffen, so spricht auch dies gegen die Unzumutbarkeit der Fortsetzung des Mietvertrags (BGH LM Nr. 21 zu § 242 BGB (Bc). Die Entscheidung über die Kündigung ist unter Abwägung der beiderseitigen Interessen nach Treu und Glauben zu treffen. Ein Verschulden dessen, dem gekündigt wird, ist nicht erforderlich (BGH LM Nr. 57 zu § 242 BGB (Ba). Ein solches Verschulden kann aber bei der Interessenabwägung zu berücksichtigen sein. Bei einem überwiegenden Verschulden des Mieters wird regelmäßig das Kündigungsrecht des Vermieters zu bejahen sein, während im umgekehrten Fall, wenn den Vermieter die überwiegende Schuld an der Zerrüttung trifft, in der Regel dem Vermieter nach Treu und Glauben eine Fortsetzung des Miet- oder Pachtvertrags zugemutet werden kann. Allerdings ist dies nicht das allein entscheidende Kriterium (BGH LM Nr. 24 zu § 581 BGB). Die Kündigung kann nicht auf solche Gründe gestützt werden, die der Kündigende selbst herbeigeführt oder zu vertreten hat (BGH LM Nr. 2 zu § 242 BGB). Gleiches gilt für solche Gründe, die sich der Einflußsphäre des Gekündigten entziehen. Eine Kündigung aus wichtigen, nur aus den eigenen Interessen des Kündigenden hergeleiteten Gründen ist nur möglich, wenn die Voraussetzungen vorliegen, die zum Wegfall oder zur wesentlichen Veränderung der Geschäftsgrundlage führen (BGH LM Nr. 57 zu § 242 BGB (Ba); vgl. auch LG Frankfurt DWW 86, 45: Keine Kündigung durch den Mieter, wenn dieser den Mietzins nicht mehr zahlen kann. Allerdings ist hier zunächst zu prüfen, ob der Vertrag den veränderten Umständen in zumutbarer Weise angepaßt werden kann (BGH LM Nr. 15 zu § 566 BGB). Eine außerordentliche Kündigung kommt bei Dauerschuldverhältnissen grundsätzlich nur nach vorheriger Abmahnung in Betracht. Eine Ausnahme gilt entsprechend § 326 Abs. 2 BGB dann, wenn die Vertrauensgrundlage erschüttert ist, weil diese auch durch eine Abmahnung nicht wiederhergestellt werden kann (BGH LM Nr. 26 zu § 242 BGB (Bc). Die Kündigung muß nicht sofort, aber doch in angemessener Frist erklärt werden (BGH LM Nr. 2 zu § 581 BGB). Die Kündigung muß schriftlich erfolgen. Die Gründe der Kündigung müssen in der Kündigungserklärung nicht angegeben werden. Werden dennoch Gründe angegeben, so ist es dem Kündigenden nicht verwehrt, im Verlauf des Rechtsstreits weitere Gründe nachzuschieben. Allerdings müssen diese Gründe bereits im Zeitpunkt der Kündigungserklärung vorgelegen haben (BGH MDR 67, 384). Sind Gründe nach dem Ausspruch der Kündigung neu entstanden, so muß erneut gekündigt werden. Das Kündigungsrecht aus wichtigem Grund kann durch Vertrag eingeschränkt, z. B. auf die Fälle des groben Verschuldens begrenzt, aber nicht völlig ausgeschlossen werden (BGH LM Nr. 24 zu § 581 BGB).

B 207 **Beispiele aus der obergerichtlichen Rechtsprechung:**
BGH LM Nr. 1 zu § 554b BGB: Kündigung wegen ständig verspäteter Mietzahlungen und teilweiser Nichtzahlung des Wassergeldes (s. dazu Rdn B 225). – BGH LM Nr. 24 zu § 581 BGB: Kündigung eines Landpachtvertrages, wenn beide Parteien auf dem Hof wohnen und die persönlichen Beziehungen völlig zerrüttet sind. – BGH LM Nr. 6 zu § 553 BGB: Kündigung eines Pachtverhältnisses wegen Strafanzeigen des Pächters gegen den Verpächter (s. dazu Rdn B 215). – BGH LM Nr. 1 zu § 542 BGB: Kündigung eines Unterpächters wegen einer Fabrik gegenüber dem Unterverpächter, wenn dieser nicht nachweist, daß die Unterverpachtung mit Zustimmung des Hauptverpächters erfolgt ist, obwohl dieser Nachweis für den Unterpächter von wesentlicher Bedeutung ist. – BGH LM Nr. 62 zu § 535 BGB: Kündigung eines Mieters eines Hotels, weil der Vermieter des Hotels nicht auf den Vermieter des Hotelinventars eingewirkt hat, Mängel des Inventars zu beseitigen. – BGH LM Nr. 57 zu § 242 BGB (Ba): Kündigung eines Mietvertrags über eine Bootslagerhalle („Bootel"), wenn dessen Benutzbarkeit aus Gründen, die keiner der Vertragspartner zu vertreten hat, eingeschränkt ist. – BGHZ 50, 312: Kündigung eines Vermieters, wenn der Mieter eine vertraglich übernommene Pflicht zum Umbau der Mietsache nicht erfüllt. – OLG Celle BB 78, 576: Kündigung eines Vermieters gegenüber der Mieterin, wenn diese eine Gründungsgesellschaft ist, die den Vermieter über die Entwicklung der Gesellschaftsverhältnisse im unklaren läßt, obwohl dieser an einer entsprechenden Information wegen der Bedeutung des Mietgegenstands (Hotel) ein besonderes Interesse an der Information hatte.

B 208 **2. Anwendungsbereich d. § 554a BGB und Verhältnis zu §§ 542, 553, 554 BGB**

Die Vorschrift gilt für Wohnräume und für Geschäftsräume. Sie gibt beiden Vertragsteilen, also dem Vermieter und dem Mieter ein Recht zur fristlosen Kündigung in den Fällen besonders schwerer Vertragsverletzungen. Die Vorschrift kann nicht abbedungen werden, und zwar auch nicht im Geschäftsraummietverhältnis, obwohl hier ansonsten eine nahezu unbeschränkte Vertragsfreiheit besteht. Diese Ausgestaltung der Vorschrift zeigt, daß dem Kündigungstatbestand des § 554a BGB eine zentrale Bedeutung zukommt. Sie beruht auf der Erkenntnis, daß das auf Dauer angelegte Mietverhältnis nur dann sinnvoll praktiziert werden kann, wenn beide Vertragsteile die ihnen obliegenden wesentlichen Vertragspflichten erfüllen.

Obwohl der Begriff der ,,Verpflichtungen" umfassend ist, gilt § 554a BGB nur für solche Vertragsverletzungen, die nicht bereits durch § 553 BGB erfaßt werden; diese Vorschrift ist **gegenüber § 554a BGB Lex specialis**. Eine Ausnahme kommt für Störungen des Hausfriedens in Betracht. Für diese Gruppe von Vertragsverletzungen ist aus den unter Rdn B 119 genannten Gründen sowohl § 553 BGB als auch § 554a BGB nebeneinander anwendbar.

Mithin ist § 554a unanwendbar auf die in Rdn B 124, 137, 143 beschriebenen Vertragsverletzungen. Unanwendbar ist § 554a auch für die in **§ 554 BGB** geregelten Fälle des Zahlungsverzugs; diese Vorschrift ist **gegenüber § 554a BGB** ebenfalls **Lex specialis**. Gleiches gilt im Verhältnis zwischen **§ 542 BGB** und § 554a.

Schließlich gilt § 554a nicht für solche Verhaltensweisen, die keinen **B 209** unmittelbaren Bezug zur Mietsache haben. Deshalb liegt kein Kündigungsgrund vor, wenn der Mieter oder der Vermieter **Straftaten** begehen, die sich weder gegen den Vertragspartner noch gegen Nachbarn richten. Die bloße Möglichkeit der Rufschädigung gibt kein Kündigungsrecht. Erst recht kann sich der Kündigende nicht auf öffentliche oder sonstige außerhalb des Mietverhältnisses liegende Interessen berufen.

II. Tatbestandsvoraussetzungen

1. Störungen des Hausfriedens   B 210

Das Zusammenleben mehrerer Parteien in einem Haus erfordert naturgemäß gegenseitige Rücksichtnahme. Darüber hinaus muß jeder Bewohner seinen Teil zum Schutz des Gebäudes und zur Aufrechterhaltung der allgemeinen Ordnung und Sicherheit beitragen. Wer Räumlichkeiten in einem Mehrparteienhaus mietet, muß sich deshalb zum einen so verhalten, daß die Mitbewohner nicht mehr beeinträchtigt werden, als dies nach den konkreten Umständen und der Ortssitte unvermeidlich ist und er muß zum anderen diejenigen Verhaltensregeln beachten, die im Interesse eines reibungslosen Zusammenlebens der Hausbewohner, zum

Schutz des Gebäudes und zur allgemeinen Ordnung und Sicherheit notwendig sind. Gleiches gilt für den Vermieter.

B 211 **a)** Diese **Verhaltenspflichten** ergeben sich aus einer an Treu und Glauben und der Verkehrssitte orientierten Auslegung des Mietvertrags (§ 157 BGB). Durch die allgemeine Beachtung dieser Pflichten wird der Hausfrieden hergestellt und aufrechterhalten. Die Nichtbeachtung einzelner Pflichten durch einen der Vertragspartner stellt eine Vertragsverletzung im Sinne von § 554a BGB dar und kann zur Kündigung berechtigen, wenn auch die weiteren Voraussetzungen des Kündigungstatbestands erfüllt sind.

Im allgemeinen gelten folgende Verhaltenspflichten:

B 212 **aa) Ruhe:** Auszugehen ist von dem Grundsatz, daß der Mieter aufgrund des Mietvertrags zum vertragsgemäßen Gebrauch der Mietsache berechtigt ist. Vertragsgemäß sind alle sozialüblichen Tätigkeiten, die in der Wohnung ausgeübt zu werden pflegen. Soweit hierdurch Lärm entsteht, ist er als unvermeidbar hinzunehmen. Störungen durch streitende Eheleute oder Paare braucht der Vermieter nicht hinzunehmen (AG Helmstedt WM 87, 63; AG Friedberg WM 78, 30). **Radios** und **Fernsehgeräte** müssen auf Zimmerlautstärke eingestellt werden; weitergehende Rücksichtnahme ist erforderlich, wenn das Haus besonders hellhörig ist. Der Mieter darf in seiner Wohnung mit denjenigen Instrumenten **musizieren,** die üblicherweise in der Wohnung gespielt werden (Klavier, Flöte, Gitarre, Violine etc; nicht aber Trompete oder Schlagzeug). Allerdings sind die **allgemeinen Ruhezeiten** einzuhalten (LG Oldenburg WM 77, 172 betr. Violinenspiel; LG Köln ZMR 67, 273 betr. Cellospiel; zu der vergleichbaren Rechtslage in Eigentumswohnungen vgl. OLG Frankfurt WM 84, 303; BayObLG WM 86, 148; OLG Hamm NJW 81, 465; DWW 86, 78). Hierzu zählt jedenfalls die Zeit zwischen 13.00 und 15.00 Uhr und die Zeit von 23.00 bis 7.00 Uhr. Je nach Ortsgepflogenheit kann die Ruhezeit auch länger sein. Gelegentliches **geselliges Zusammensein** mit Familienangehörigen oder Freunden ist sozialüblich und deshalb hinzunehmen (AG Köln MDR 61, 852). Der Bewohner muß allerdings dafür sorgen, daß sich seine Gäste möglichst ruhig verhalten, und zwar nicht erst ab 22.00 Uhr. Verursachen die Besucher dennoch Lärm, so kann dies dem Mieter nicht ohne weiteres zugerechnet werden, weil die Besucher keine Erfüllungsgehilfen des Mieters nach § 278 BGB sind (a. A. AG Köln WM 87, 21). Dem Mieter fällt aber eigenes Verschulden zur Last, wenn er gegen störende Besucher nichts unternimmt oder solche Besucher in die Wohnung läßt, von denen er weiß, daß sie den Hausfrieden stören. Ein „Recht auf Lärm" gibt es selbstverständlich nicht. Ebensowenig hat ein Mieter einen klagbaren Anspruch darauf, daß er seine Wohnung von Zeit zu Zeit lärmintensiv nutzen darf (vgl. zum Problem des Lärms insgesamt: Pfeifer, Lärmstörungen – Musiklärm und Nachbarschaft – (Materialien des Zentralverbands der deutschen Haus-, Wohnungs- und Grundeigentümer e. V. Nr. 3; ders. DWW 85, 12 und 40 sowie ZMR 87, 361). **Baden und**

Duschen bis 23.00 Uhr ist grundsätzlich zulässig; nach 23.00 Uhr nur dann, wenn dadurch die übrigen Mitbewohner nicht übermäßig gestört werden. **Baulärm** ist tagsüber hinzunehmen (etwa bis 17.00 Uhr), wenn Handwerker in der Wohnung tätig sind oder der Mieter oder Vermieter Reparaturen oder Umbauten ausführen. Das Weinen und Schreien von **Kleinkindern** ist von den Mitbewohnern hinzunehmen, (AG Bergisch-Gladbach WM 83, 236; AG Aachen ZMR 65, 75) es sei denn, daß der Lärm durch unvernünftige ,,Erziehungs"Maßnahmen der Eltern hervorgerufen wird. Daß größere Kinder gelegentlich Lärm in der Wohnung, im Treppenhaus oder im Hof verursachen, ist unvermeidlich. Gleiches gilt für das gelegentliche **Bellen eines Hundes.** Anders ist es, wenn die Hausbewohner durch das Bellen nachhaltig belästigt werden (AG Frankfurt WM 78, 127). Eine kleinliche und engherzige Betrachtungsweise ist hier unangebracht: Der Hausfrieden wird nicht durch die Unterdrückung aller Lebensäußerungen, sondern durch gegenseitige Toleranz, durch Verständnis und durch Rücksichtnahme hergestellt.

Im Streitfall muß das Gericht auf der Basis einer **Interessenabwägung** entscheiden, wobei auch die Belange der Hausbewohner mitzuberücksichtigen sind; eine solche Interessenabwägung kann nur aufgrund einer umfassenden Tatsachenkenntnis erfolgen. Sind Ruhestörungen eines Mieters darauf zurückzuführen, daß der Mieter mit seiner Familie auf zu engem Raum zusammenlebt, daß es sich bei der Wohnung um eine solche mit sehr niedrigem Komfort handelt und gehören die Mieter einem anderen Kulturkreis an als die meisten anderen Mieter im Hause, so können nicht die gleichen Anforderungen gestellt werden wie an Mieter, die alleine oder nur zu zweit in komfortablen Wohnungen leben. Im Ergebnis kann dies dazu führen, daß auch nächtliche Lärmbelästigungen nicht als schuldhafte erhebliche Pflichtverletzungen im Sinne von § 554a BGB angesehen werden können (LG Oldenburg GW 86, 331 m. Anm. Riebandt-Korfmacher). Das Ruhebedürfnis der Bewohner hat im Zweifel Vorrang vor den Interessen einzelner an einer geräuschintensiven Nutzung; dies gilt heute mehr denn je, weil die Wohnung angesichts der allgemein starken Lärmbelastung ein besonders lärmgeschützter Ort der Erholung sein soll.

bb) Allgemeine Ordnung: Der Mieter darf seine Wohnung nur dergestalt nutzen, daß die Nachbarn nicht mehr als unvermeidbar beeinträchtigt oder gefährdet werden. Innerhalb der Wohnung dürfen grundsätzlich keine Tätigkeiten ausgeübt werden, durch die das Haus beschädigt werden könnte (kein Umgang mit feuergefährlichen oder gesundheitsgefährdenden Stoffen). Der Mieter muß dafür Sorge tragen, daß sich kein Ungeziefer in der Wohnung ausbreitet und in die Nachbarwohnungen gelangen kann. Er muß Waschmaschinen, Spülmaschinen und ähnliche Geräte so instandhalten und betreiben, daß hiervon keine Gefahr für die übrigen Bewohner des Hauses ausgeht. Bei der Nutzung und Ausgestaltung seiner Wohnung hat der Mieter grundsätzlich einen weiten Spielraum. Es ist seine Sache, ob er an den Fensterscheiben Gardinen anbringt oder ob er den Balkon mit Blumen bepflanzt. Grundsätzlich kann er dort auch ein Gitter anbringen (AG Schöneberg MM 85, 277), etwa um seine Kinder vor dem Hinunterfallen zu beschützen. Zum Trocknen der Wäsche auf dem Balkon ist der Mieter berechtigt, wenn dies in der Umgebung allgemein üblich ist; ansonsten darf Kleinwäsche nur in Brüstungshöhe aufgehängt werden. Das Grillen von Fleisch oder Gemüsen auf dem Balkon wird im allgemeinen nicht zulässig sein, weil dies i. d. R. mit Geruchsbeeinträchtigungen verbunden ist (AG Hamburg MDR 73, 853). Etwas anderes kann gelten, wenn wegen der Konstruktion des Grills oder der Art des Grillguts solche Belästigungen ausgeschlossen oder nur gering sind.

Zur Wahrung der allgemeinen Ordnung gehört weiter, daß die Mitbewohner die gemeinschaftlichen Hausteile nur im Rahmen des Zulässigen in Anspruch nehmen. Im allgemeinen haben die Mieter keine Mitbenutzungsrechte im **Hof** eines Mietshauses. Deshalb dürfen dort weder Fahrzeuge abgestellt noch gewaschen werden. Ob der Hof von den Kindern der Mieter zum Spielen benutzt werden darf, hängt von den Besonderheiten des Einzelfalls ab (vgl. LG Berlin WM 87, 212; AG Darmstadt WM 86, 211). Die Frage ist dann ohne weiteres zu bejahen, wenn der Hof mit entsprechenden Einrichtungen ausgestattet ist; sie ist zu verneinen, wenn sich das Gelände – etwa wegen des dort herrschenden Verkehrs – als zum Spielen objektiv ungeeignet erweist. Der Umstand, daß sich im Hof Mülltonnen und Kellerschächte befinden reicht für diese Annahme nicht aus (LG Berlin a. a. O.). Das Fehlen eines Sandplatzes ist unerheblich. Der Vermieter kann das Spielen auch nicht mit der Begründung untersagen, daß er wegen des damit verbundenen Lärms eine Mietzinsminderung befürchten müsse. Den von einem Spielplatz ausgehenden Lärm müssen die Mieter grundsätzlich hinnehmen (LG München I WM 87, 121).

In manchen Fällen wird sich aus einer ständigen nicht beanstandeten tatsächlichen Benutzung ergeben, daß der Hof vertragsgemäß zum Spielen benutzt werden darf (AG Solingen WM 80, 112). Das Abstellen von Kinderwagen im Hausflur hängt im Einzelfall von einer Interessenabwägung ab, wobei die bauordnungsrechtliche Zulässigkeit, feuerpolizeiliche Vorschriften, die Größenverhältnisse im Hausflur und das Vorhandensein anderweitiger Abstellmöglichkeiten eine Rolle spielen kann (AG Hannover WM 87, 118). Ein Teil der Rechtsprechung hält das Abstellen des Kinderwagens allerdings bereits dann für zulässig, wenn hierdurch niemand beeinträchtigt wird (LG Berlin GE 85, 735; AG Friedberg WM 80, 85; AG Charlottenburg WM 84, 80; AG Berlin-Wedding MM 86, 366 wonach der Vermieter auch das Anbringen eines Metallrings zu Sicherungszwecken dulden muß; AG Hagen WM 84, 80, wonach dem Mieter dieses Recht auch dann zusteht, wenn in der Hausordnung gegenteiliges geregelt ist). Entsprechende Grundsätze gelten für Krankenfahrstühle (LG Darmstadt WM 85, 256), nicht aber für Fahrräder (AG Berlin-Wedding BlnGrdE 86, 509) oder sonstige Gegenstände (AG

§ 554a BGB. Fristlose Kündigung aus wichtigem Grund **B 215**

Köln WM 80, 86 betr. Schuhregal; AG Köln WM 80, 41 betr. Abfalltüten). Ein Recht zur Benutzung des Hofes zum Trocknen der Wäsche wird man heute im Gegensatz zur früheren Auffassung nicht mehr bejahen können, weil sich die Gepflogenheiten insoweit verändert haben. Befinden sich in einem Mietshaus **Waschküchen, Trockenräume** oder sonstige **Gemeinschaftseinrichtungen,** so muß jeder Bewohner die Benutzungsordnung beachten. Werden die Kosten für die Unterhaltung und den Betrieb jener Räume von Vermieter oder der Hausbewohnern gemeinsam getragen, so ist jeder Benutzer zu sparsamem und wirtschaftlichem Verhalten verpflichtet (Licht, Heizung, Wasser). Die **Hauseingangstüren** müssen ab einer bestimmten Zeit geschlossen werden. Üblich ist hierbei die Zeit nach 22.00 Uhr, falls nicht aufgrund besonderer Vorkommnisse frühere Schließungszeiten erforderlich sind. Einer besonderen vertraglichen Vereinbarung über das Schließen der Haustüre bedarf es nicht. Vielmehr führt bereits eine an Treu und Glauben orientierte Vertragsauslegung zu dem Ergebnis, daß der Mieter das Erforderliche tun muß, um Gefahren von dem Haus und den Mitbewohnern abzuwenden. Sind die Bewohner zur **Reinigung der gemeinschaftlichen Hausteile** verpflichtet (Treppen, Hausflure), so müssen sie die Reinigung turnusmäßig und ordentlich durchführen. Fehlt eine ausdrückliche vertragliche Regelung hierüber, kann sich eine entsprechende Verpflichtung aber nur aus der Ortssitte ergeben, die im Gegensatz zu früheren Zeiten heute nicht mehr einheitlich ist. Vielmehr ist im großstädtischen Bereich vermehrt festzustellen, daß die Reinigung der gemeinsamen Hausteile jedenfalls in größeren modernen Wohnanlagen nicht mehr durch die Mieter erfolgt. Wenn überhaupt von einer Üblichkeit gesprochen werden kann, so dahingehend, daß die Reinigung durch eine vom Vermieter angestellte Reinigungskraft durchgeführt wird (LG Bonn WM 86, 182).

cc) **Sonstiges Verhalten: Straftaten** eines Vertragspartners gegenüber **B 215** dem anderen Teil, gegenüber dem Hausverwalter (LG Berlin WM 87, 56), oder gegenüber den Mitbewohnern (LG Kassel WM 83, 2) sind zugleich Vertragsverletzungen im Sinne von § 554a BGB (Beleidigungen, tätliche Angriffe, Diebstähle, Geiselnahmen, Hausfriedensbruch). Sachbeschädigungen fallen i. d. R. unter § 553 BGB. Aber auch aggressives und **böswilliges Verhalten** unterhalb der Grenze des Strafbaren kann den Tatbestand des § 554a BGB erfüllen (vgl. dazu: LG Köln MDR 74, 232; LG Kaiserslautern WM 83, 263: massive Vorwürfe einer Mietpartei gegen einen Mitbewohner, die objektiv falsch sind und die den Mitbewohner in dessen Ehre beeinträchtigen; AG Köln WM 75, 37: Beleidigungen des Vermieters durch den Mieter; LG Mannheim DWW 76, 237 = WM 78, 50: Bedrohung des Vermieters mit Geiselnahme; AG Charlottenburg MM 86, 436: Ein Kündigungsgrund nach § 554a liegt vor, wenn der Mieter wegen eines Bagatellbetrags von ca 50.– die Zwangsvollstreckung in das Hausgrundstück betrieben und dabei die Eintragung eines Zwangsversteigerungsvermerks im Grundbuch erreicht hat;

B 215 Teil B. Kündigungsschutz

LG Berlin BlnGrdE 84, 83: Eintreten der Wohnungstür eines Mitmieters; LG Berlin WM 87, 56: „Götz-Zitat" gegenüber dem Hausverwalter; LG Mannheim WM 85, 264: Behauptung des Mieters gegenüber einem Handwerker, der Vermieter sei zahlungsunfähig um damit eine Modernisierung zu verhindern; LG Mannheim WM 85, 264: Drohung gegenüber dem Vermieter ihn in der Nachbarschaft wegen angeblicher sittlicher Verfehlungen anzuschwärzen um damit vermeintliche Rechte durchzusetzen; AG Schwelm WM 85, 265: öffentliche Behauptung eines Mieters, der Ehemann der Vermieterin habe einen Meineid geschworen; a. A. insoweit AG Dortmund WM 85, 286, wonach die Behauptung eines Mieters, die Ehefrau des Vermieters habe eine Unterschlagung begangen keine Verletzung mietvertraglicher Pflichten, sondern nur ein Verstoß gegen ein „allgemein gültiges Verhaltensgebot" sein soll, der nicht zur Kündigung berechtigt; AG Steinfurt WM 87, 260: unberechtigte Benutzung eines Gartens, Störung der Mitmieter durch geräuschvolles Begehen der Treppe, Zuschlagen der Wohnungstür und Benutzung eines Staubsaugers zur Mittagszeit). Andererseits sind die Vertragsteile aber durchaus berechtigt, ihre Interessen mit der nötigen Effizienz durchzusetzen. So kann ein Mieter ohne weiteres das Bauaufsichtsamt informieren, wenn Anhaltspunkte dafür ersichtlich sind, daß ein bauordnungswidriger Zustand im Haus besteht (AG Bergisch-Gladbach WM 83, 236). Ob eine **Strafanzeige des Mieters** gegen den Vermieter zur fristlosen Kündigung berechtigt, hängt von den Umständen des Einzelfalls ab. Hat der Mieter vorsätzlich oder leichtfertig eine Falschanzeige erstattet, so rechtfertigt dies i. d. R. die fristlose Kündigung (AG Friedberg WM 86, 338). Eine sachlich richtige Strafanzeige kann beim Vorliegen besonderer Umstände eine Vertragsverletzung darstellen. Umgekehrt muß eine nicht leichtfertig erstattete Anzeige selbst dann, wenn der Angeklagte freigesprochen oder das Verfahren wegen mangelnder Beweise eingestellt wird, nicht notwenig als eine schuldhafte, schwere Vertragsverletzung gewertet werden. Das Verhalten des Angezeigten ist mitzuberücksichtigen, insbesondere dann, wenn dieser selbst Strafanzeigen gegen den anderen Teil gestellt hat (BGH LM Nr. 6 zu § 553 BGB; AG Friedberg WM 86, 338). Das besondere Engagement eines Mieters im Zusammenhang mit der Interessenwahrung der Bewohner (Tätigkeit als „Mietersprecher" u. s. w. rechtfertigt eine Kündigung nicht (AG Neuköln MM 86, 405). Modernisierungsmaßnahmen des Vermieters, der beabsichtigte Verkauf des Miethauses an Wohnungsspekulanten, die Umwandlung von Miet- in Eigentumswohnungen, oder rechtlich zweifelhafte Mieterhöhungen muß der Mieter weder widerspruchslos hinnehmen noch ist er gehalten, sich auf die reine Rechtswahrung zu beschränken. Vielmehr darf er zur **Wahrnehmung seiner Interessen** auch praktische Maßnahmen ergreifen und etwa Mieterinitiativen gründen und fördern, die Öffentlichkeit informieren (AG Nürnberg WM 83, 261 betr. Zeitungsinterview) und mögliche Erwerbsinteressenten darauf hinweisen, daß er an der Wohnung festhalten wolle

(AG Nürnberg a. a. O.).) Zu diesem Zweck ist es auch zulässig, daß der Mieter entsprechende **Plakate** oder schriftliche Hinweise am Fenster seiner Wohnung oder am Balkon anbringt (AG Hamburg WM 79, 76; WM 80, 175). Außerhalb seiner Wohnung darf der Mieter keine Plakate oder Aushänge anbringen (AG Neukölln WM 83, 257 betr. Hausflur).

Wird der vertragsgemäße Gebrauch im Einzelfall überschritten, so **B 216** ergibt sich hieraus noch nicht ohne weiteres die Kündigungsbefugnis. In diesem Zusammenhang hat das BayObLG in dem Beschluß vom 25. 2. 1983 (WM 83, 129) – durch den der Erlaß eines Rechtsentscheids über die Frage der Kündigungsbefugnis in diesen Fällen abgelehnt wurde – zu Recht festgestellt, daß die Kündigung einen so schwerwiegenden Eingriff in den persönlichen Lebensbereich des Benutzers darstellt, daß an deren Voraussetzung ganz besondere Maßstäbe angelegt werden müssen. Die Feststellung, daß der Mieter vertragswidrig gehandelt hat, reicht demgemäß nicht aus; vielmehr müssen weitere, gewichtige Beendigungsinteressen hinzukommen (s. im übrigen Rdn B 228).

Auch außerhalb einer konkreten, mietbezogenen Interessenwahrneh- **B 217** mung können derartige Maßnahmen zulässig sein (AG Osnabrück WM 86, 306 betr. Aufkleber an der Wohnungstür; AG Freiburg WM 87, 144 betr. Plakat gegen Atomkraftwerke im Wohnungsfenster; LG Darmstadt WM 83, 137 betr. Plakat „keine Startbahn West"; LG Hamburg WM 86, 134 betr. Plakat gegen Nachrüstung am Balkonfenster; LG Tübingen WM 86, 116 betr. Plakat gegen Rüstungsmaßnahmen im Fenster). Hier ist allerdings besonders sorgfältig zu prüfen, ob durch die Maßnahme die Belange anderer Hausbewohner oder des Vertragspartners tangiert werden (LG Tübingen a. a. O.). Denn es ist unverkennbar, daß jedenfalls bestimmte **politische Aussagen** den Hausfrieden in massiver Weise stören können. So ist es beispielsweise für den ausländischen Mieter unerträglich, wenn einer der Mitbewohner seiner politischen Forderung nach Reduzierung des Ausländeranteils in der Bevölkerung innerhalb des Hauses an allgemein sichtbarer Stelle plakativen Ausdruck verleihen könnte („Ausländer raus!"). Das Bedürfnis nach ungehemmter Meinungsäußerung muß hier aus Gründen des friedvollen und ungestörten Zusammenlebens innerhalb des Hauses zurücktreten. Gleiches gilt, wenn der **Vermieter angeprangert** werden soll. In diesem Fall kann ein Kündigungsgrund vorliegen. Hier ist aber stets zu bedenken, daß Werturteile und Meinungsäußerungen ohne Rücksicht auf Wert, Vernünftigkeit, Richtigkeit und Rationalität dem Schutz des Art. 5 GG unterliegen. Nach der Rechtsprechung des Bundesverfassungsgerichts sind Äußerungen, die auf dem weiten Feld der gesellschaftspolitischen Auseinandersetzung erfolgen auch dann noch vom Schutzbereich des Art. 5 GG gedeckt, wenn sie als scharf, übersteigert und überzogen einzustufen sind (BVerfG NJW 72, 811; NJW 80, 2072; NJW 83, 1415, 1416). Die Freiheit der Meinungsäußerung findet erst dort ihre Grenze, wo es nicht mehr um die Sache, sondern in erster Linie um die vorsätzliche Kränkung des Betroffenen geht (BVerfG NJW 83, 1415, 1416). In Anwendung dieser Grundsätze hat das OLG München (WM 85, 55) deshalb zu recht die Äußerung eines Interessenvertreters der Mieter, der Vermieter wolle ,,die gnadenlosen Mietpreistreibereien fortsetzen", als von Art. 5 GG gedeckt angesehen. Weiter ist in diesem Zusammenhang stets zu berücksichtigen, daß sich aus der Vertragsverletzung als solcher noch nicht ohne weiteres die Kündigungsbefugnis ergibt. In den negativen Rechtsentscheiden vom 25. 2. 1983 und vom 4. 11. 1983 hat das BayObLG zutreffend festgestellt, daß die Kündigung eines Mietverhältnisses über Wohnraum regelmäßig einen so schweren Eingriff in den persönlichen Lebensbereich des Benutzers darstellt, daß hieran weitergehende Anforderungen gestellt werden müssen (BayObLG WM 83, 129; WM 84, 12; LG Tübingen NJW 86, 321 = WM 86, 116; s. auch LG München I WM 83, 263, das einen Kündigungsgrund annimmt, wenn der Mieter ein Plakat mit der Aufschrift ,,In diesem Haus stehen 4 Wohnungen leer, ca. 500 qm" an der Außenfassade des Hauses anbringt).

B 218 b) Die allgemeinen Verhaltenspflichten der Bewohner sind häufig in **Hausordnungen** geregelt. Nach einer gebräuchlichen Definition sollen die Hausordnungen dem Mieter Verhaltensmaßregeln geben, die im Interesse eines reibungslosen Zusammenlebens der Hausbewohner, zum Schutz des Gebäudes und zur allgemeinen Ordnung und Sicherheit notwendig sind (Hans, § 535 BGB Anm. 4h; Lutz, Lexikon des Miet- und Wohnungsrechts: Stichwort: ,,Hausordnung"; ähnlich Roquette, Mietrecht, S. 115). Bei der rechtlichen Behandlung der Hausordnung wird in Rechtsprechung und Schrifttum im allgemeinen unterschieden zwischen den vertraglich vereinbarten und den einseitig erlassenen Hausordnungen. Teilweise wird in diesem Zusammenhang vertreten, daß eine Hausordnung nur im Wege der vertraglichen Vereinbarung zustande kommen könne (Derleder, Alternativ-Kommentar § 536 BGB Rdn 16; Emmerich-Sonnenschein, Mietrecht, Vorbemerkung zu §§ 535, 536 BGB Rdn 142; Graf von Westfalen, Wohnraummiete und AGB-Gesetz (Beilage Nr. 8/84 zu: Der Betrieb, Heft Nr. 10, vom 9. 3. 84) Ziff. 17; Sternel, Mietrecht Rdn II 400). Nach herrschender Meinung sind aber auch einseitig erlassene Hausordnungen wirksam (Hans a. a. O.; Lutz a. a. O.; Roquette a. a. O., Erman-Schopp, vor § 535 BGB Rdn 84; Mittelstein, Die Miete, S. 149; Gramlich, Mietrecht, § 536 BGB Anm. I 3). Allerdings soll hier eine Einschränkung dahingehend gelten, daß dem Mieter ,,keine anderen als Ordnungsaufgaben" (so z. B. Lutz a. a. O.) gestellt werden dürfen oder daß die Regelungen ,,zum ordnungsgemäßen Gebrauch dringend erforderlich" (so z. B. Gramlich a. a. O.) sein müssen.

B 219 aa) Nach der hier vertretenen Ansicht sind **einseitig erlassene Hausordnungen** insoweit wirksam als dadurch der vertragsgemäße Gebrauch konkretisiert wird. Die Konkretisierung darf den Rahmen des § 157 BGB nicht überschreiten oder anders gewendet: Die Hausordnungsbestimmungen müssen sich als Ergebnisse der einfachen und ergänzenden Vertragsauslegung erweisen (ähnlich AG Friedberg/Hessen WM 80, 85; Hans a. a. O.; Erman-Schopp a. a. O., Rdn 84; Bodien-Hönisch-Leuchs,

Die Miet- und Nutzungsverträge der gemeinnützigen Wohnungswirtschaft 1969, S. 109 (zu Ziff. 1a. Vb.; vgl. im einzelnen: Blank, Festschrift für Hanns Seuss, München 1987, S. 53ff). Für den Inhalt der einseitig erlassenen Hausordnung folgt hiermit zum einen, daß die dort enthaltenen Regelungen nur Ordnungsbestimmungen enthalten dürfen und zum anderen, daß sich der Regelungsgehalt als Deklaration dessen erweist, was ohnehin nach der gesetzlichen Regelung unter Berücksichtigung der hierzu ergangenen Rechtsprechung gilt. Die Begründung besonderer Vertragspflichten oder die Einschränkung gesetzlicher Gebrauchsrechte ist durch eine einseitig erlassene Hausordnung nicht möglich. Soweit die in der Hausordnung enthaltenen Ordnungsbestimmungen von der gesetzlichen Regelung abweichen, sind sie unwirksam.

bb) Wird die Hausordnung zum Gegenstand einer **mietvertraglichen Vereinbarung** gemacht, so ergeben sich zahlreiche Beschränkungen aus den Vorschriften des AGB-Gesetzes: Aus § 2 AGBG folgt, daß Hausordnungen nur dann Vertragsbestandteil werden, wenn sie zum Zeitpunkt des Vertragsabschlusses bereits vorhanden sind. Wird in dem Mietvertrag vereinbart, daß der Vermieter zum einseitigen Erlaß einer Hausordnung berechtigt sein soll, so wird hierdurch nur auf die ohnehin bestehende Rechtslage hingewiesen. Erläßt der Vermieter nach Vertragsschluß eine Hausordnung, so muß sie den oben dargelegten Inhaltsbeschränkungen entsprechen. Von einer vertraglich vereinbarten Hausordnung kann in einem solchen Fall nicht gesprochen werden (a. A. Emmerich-Sonnenschein a. a. O. Rdn 142; Hans a. a. O.). Nach § 2 **AGBG** wird eine Hausordnung dann Vertragsbestandteil, wenn sich die Parteien darüber einig sind, daß eine bestehende Hausordnung verbindlich sein soll. Ob diese Hausordnung Teil des Mietvertragsformulars ist, ob sie dem Vertragsformular beigelegt wird oder ob sie am ,,schwarzen Brett" aushängt, ist unerheblich. Der Vermieter muß nur beim Vertragsschluß auf die Hausordnung hinweisen und der Mieter muß die Möglichkeit zur Kenntnisnahme haben.

Nach § 3 **AGBG** werden **überraschende Klauseln** nicht Vertragsbestandteil. Da der Mieter in der Hausordnung nur allgemeine Verhaltensregeln erwartet, müssen Gebote oder Verbote, durch die die gesetzlichen Rechte tangiert werden, als überraschende Klauseln angesehen werden. Das gilt etwa für ein Verbot des Aufstellens von Waschmaschinen in der Wohnung oder für die Begründung einer Verpflichtung zur gemeinschaftlichen **Hausreinigung** oder zu **Streudiensten** im Winter (Graf von Westfalen a. a. O.). Daß sich derartige Verpflichtungen in vielen Hausordnungen finden, ändert an dieser Rechtslage nichts. Eine Klausel verliert den Charakter des Ungewöhnlichen nicht bereits dadurch, daß sie häufiger verwendet wird. Vielmehr kommt es maßgeblich darauf an, ob eine Klausel unter den hier und heute bestehenden Erwartungen im Hinblick auf den konkreten Vertragsschluß so ungewöhnlich ist, daß der Wohnungssuchende nicht mit ihr zu rechnen braucht. Der Tatbestand des § 3 AGBG ist erfüllt, wenn zu der so verstandenen Ungewöhnlichkeit in subjektiver Hinsicht die Überraschung des Vertragspartners hinzukommt, der wegen des ungewöhnlichen Charakters mit der Klausel nicht gerechnet hat (Ulmer in: Ulmer-Brandner-Hensen, AGB-Gesetz § 3 Rdn 7).

B 222 Überraschend ist auch das **Verbot der Musikausübung**, weil der Mietinteressent stets davon ausgeht, daß er in der Wohnung die sozialüblichen Tätigkeiten ausüben darf. Allerdings wird es zulässig sein, wenn in der Hausordnung das Musizieren auf zwei Stunden täglich beschränkt wird. Regelungen über Ruhezeiten sind selbstverständlich auch in der vertraglich vereinbarten Hausordnung möglich, wobei allerdings ungewöhnliche Ruhezeiten unter § 3 AGBG fallen.

B 223 Nach der hier vertretenen Auffassung muß auch ein in der Hausordnung enthaltenes **Tierhaltungsverbot** als überraschende Klausel angesehen werden, weil die Beschränkung des gesetzlich gewährleisteten Mietgebrauchs einer Vereinbarung im Mietvertrag bedarf. Nach der Gegenansicht, wonach die Tierhaltung nicht mehr zum vertragsgemäßen Gebrauch gehört (s. Rdn B 124), fällt diese Klausel allerdings nicht unter § 3 AGBG, weil insoweit nur die gesetzliche Rechtslage wiedergegeben wird.

B 224 Eine weitere Schranke folgt aus **§ 4 AGBG:** Danach haben individuelle Vertragsabreden Vorrang vor Formularklauseln. Ist beispielsweise im Mietvertrag individualvertraglich bestimmt, daß der Mieter berechtigt ist, sein Fahrzeug im Hof des Hauses abzustellen, so wird ein in der Hausordnung enthaltenes Verbot für diesen Mieter gegenstandslos.

2. Sonstige Vertragsverletzungen

B 225 **a)** Außerhalb der Hausordnungsstörungen kommt § 554a dann in Betracht, wenn der Mieter den **Mietzins ständig** trotz Abmahnung (s. Rdn 125) **unpünktlich zahlt.** Dieser Kündigungstatbestand war bereits unter der Geltung des Mieterschutzgesetzes weitgehend anerkannt. Hier wurde die Ansicht vertreten, daß die ständige unpünktliche Mietzahlung eine Belästigung des Vermieters im Sinne von § 2 MSchG darstellen könne, wenn der Mieter seine Zahlungspflicht in so grober Weise vernachlässigt, daß dem Vermieter nicht mehr zugemutet werden kann, die aus dem Verhalten des Mieters sich ergebende schlechte Gesinnung weiter zu ertragen (vgl. Kiefersauer-Glaser, Grundstücksmiete, 10. Auflage § 2 MSchG Anm. 7; Roquette, Mieterschutzgesetz § 2 MSchG Rdn 59, jeweils mit weiteren Nachweisen). Nach der Aufhebung des Mieterschutzgesetzes hat sich die Auffassung durchgesetzt, daß die Gründe, die nach § 2 MSchG eine Mietaufhebung wegen erheblicher Belästigung des Vermieters rechtfertigen, auch für eine fristlose Kündigung nach § 554a BGB herangezogen werden können (Roquette, Das Mietrecht des bürgerlichen Gesetzbuches § 554a Rdn 11; Lutz, Das neue Mietrecht Anm. 2 zu § 554a BGB; Pergande, Wohnraummietrecht § 554a BGB Anm. 4a). Dieser Auffassung ist aus den unter Rdn B 200ff dargelegten

§ 554a BGB. Fristlose Kündigung aus wichtigem Grund **B 226**

Gründen zuzustimmen. Gegen die Berücksichtigung dieses Kündigungssachverhalts sprechen weder der Wortlaut des § 554a BGB noch das systematische Verhältnis dieser Vorschrift zu § 554 BGB (BGH LM Nr. 1 zu § 554b BGB; a. A.: Roquette, Das Mietrecht des bürgerlichen Gesetzbuches § 554a Rdn 11).

Es ist allerdings fehlerhaft, den Tatbestand des § 554a BGB bereits **B 226** dann anzunehmen, wenn der Mieter den Mietzins mehrmals trotz Abmahnung unpünktlich bezahlt (so aber: LG Hamburg ZMR 83, 200; LG Berlin BlnGrdE 84, 863; Soergel-Kummer § 554a Rdn 5). Die Vorschrift des § 554a BGB enthält keinen in dieser Weise formalisierten Kündigungstatbestand. Eine unpünktliche Mietzahlung rechtfertigt die Kündigung nur dann, wenn das zwischen den Parteien erforderliche Vertrauensverhältnis durch die mangelhafte Zahlungsmoral des Mieters zerstört oder jedenfalls stark gefährdet ist, oder wenn sich die Fortsetzung des Mietverhältnisses als unzumutbar darstellt (BGH LM Nr. 1 zu § 554b BGB; LG Itzehoe SchlHAnz 68, 186; AG Köln WM 83, 327; Münchener Kommentar-Voelskow § 554a Rdn 15; RGRK-Gelhaar § 554a Rdn 3; Emmerich-Sonnenschein § 554 BGB Rdn 21). Es müssen also zur unpünktlichen Zahlung **weitere Umstände** hinzutreten, die dieser Vertragsverletzung ein besonderes Gewicht verleihen. Ein solcher Fall kann gegeben sein, wenn der Vermieter wegen seiner eigenen Einkommensverhältnisse auf den pünktlichen Eingang der Zahlung angewiesen ist oder wenn sonst ein besonderes Dispositionsinteresse (LG Berlin MDR 80, 670; Sternel Rdn IV 349) vorliegt. Stets ist zu bedenken, daß § 554a BGB nicht das Vermögen des Vermieters, sondern in erster Linie den Hausfrieden und das persönliche Vertrauensverhältnis zwischen den Parteien schützen soll. Ein bloßer Zinsverlust rechtfertigt die fristlose Kündigung deshalb nicht; davon abgesehen kann diesem Umstand im Rahmen des § 288 BGB Rechnung getragen werden. Ein Grund zur fristlosen Kündigung kann in Fällen dieser Art auch dann gegeben sein, wenn der Mieter trotz ausreichender Geldmittel stets unpünktlich zahlt, weil in einem solchen Verhalten zum Ausdruck kommt, daß er die Belange des Vermieters bewußt mißachtet. Umgekehrt wird es am besonderen Kündigungsinteresse fehlen, wenn sich der Mieter aufgrund schlechter Einkommensverhältnisse in Geldnot befindet (LG Braunschweig WM 87, 201), oder wenn die verspätete Zahlung durch einen Dritten erfolgt, auf dessen Verhalten der Mieter nur bedingt Einfluß nehmen kann (z. B. bei Zahlung durch das Sozialamt oder die Wohngeldbehörde). Gleiches wird dann gelten, wenn der Mieter trotz vereinbarter Zahlung am dritten Werktag deshalb zur Monatsmitte zahlt, weil er an diesem Tag sein Gehalt bezieht und es ihm nicht gelingt, damit planvoll zu wirtschaften (im Ergebnis ebenso: AG Schöneberg BlnGrdE 83, 331). Zwar ist ein Mieter auch in einem solchen Fall nicht zur verspäteten Zahlung berechtigt; andererseits ist aber nicht zu verkennen, daß die Vertragsfortsetzung in den meisten Fällen dieser Art nicht unzumutbar sein wird.

B 227 Hat der Vermieter die verspätete Zahlung über längere Zeit widerspruchslos hingenommen, so kommt hierdurch allein keine **stillschweigende Änderung der Zahlungsvereinbarung** zustande. Wer eine Vertragsverletzung nicht rügt, bringt damit keineswegs zum Ausdruck, daß er das vertragswidrige Verhalten in Zukunft für rechtmäßig erachten werde. Eine stillschweigende Vertragsänderung kann allerdings dann gegeben sein, wenn der Vermieter gegenüber dem Mieter beispielsweise zum Ausdruck bringt, daß er auf einen bestimmten (formularmäßig vereinbarten) Zahlungstermin keinen Wert lege oder daß der Mieter den Mietzins nach Eingang seines Gehalts zahlen könne. Im übrigen ist in allen Fällen der längerdauernden widerspruchslosen Hinnahme einer verspäteten Zahlung stets sorgfältig zu prüfen, warum die verspätete Zahlung nunmehr zur Unzumutbarkeit der Vertragsfortsetzung führen soll. Wird die Miete vereinbarungswidrig vom Mieter oder von einem Dritten regelmäßig verspätet gezahlt und hat der Vermieter dies längere Zeit rügelos hingenommen, so muß der Mieter vor dem Ausspruch der Kündigung zunächst Gelegenheit zur Zahlungsumstellung erhalten (so LG Berlin WM 86, 370 bei Zahlung durch das Sozialamt).

B 228 In jedem Fall muß der Kündigung eine Abmahnung vorausgehen, wobei zum Teil die Ansicht vertreten wird, daß in der Abmahnung der Kündigungsausspruch angedroht werden muß (LG Hamburg NJW RR 86, 11; LG Berlin BlnGrdE 83, 715; LG Hamburg ZMR 85, 385). Nach der hier vertretenen Rechtsansicht reicht es allerdings aus, wenn sich aus der Abmahnung ergibt, daß der Vermieter die unpünktliche Zahlung beanstandet und künftig abgestellt wissen will (s. Rdn B 125). Hat der Vermieter wegen ständig unpünktlicher Mietzahlung wirksam gekündigt, so kommt es grundsätzlich nicht mehr darauf an, ob der Mieter nach Zugang der Kündigung sein Zahlungsverhalten umstellt (a. A. LG Ravensburg WM 84, 297; LG Frankfurt WM 73, 60; Emmerich-Sonnenschein § 554 BGB Rdn 21). Eine analoge Anwendung des § 554 II Nr. 2 BGB kommt hier – anders als in den Fällen der Nichtbezahlung einer Betriebskostenabrechnung; s. unten – wegen der gänzlich anderen Sachlage nicht in Betracht.

Diese Grundsätze sind auch dann anwendbar, wenn der Mieter eine Nachzahlung aus einer Betriebskostenabrechnung grundlos nicht bezahlt und sich aus den Gesamtumständen ergibt, daß die Zahlungsverweigerung weder wegen einer finanziellen Notlage noch deshalb erfolgt, weil der Mieter Einwendungen gegen die Betriebskostenabrechnung hat (Schläger ZMR 86, 421; LG Köln WM 85, 131 für titulierte Forderungen). Wegen der Rechtsähnlichkeit dieses Kündigungsgrundes mit den Fällen des § 554 BGB ist es sachgerecht, wenn die Schutzvorschrift des § 554 II Nr. 2 BGB hier analog angewandt wird (a. A. LG Köln a. a. O.). Wegen eines Umstands, der lediglich zu einer Vermögensgefährdung des Vermieters führt, kann nicht nach § 554a gekündigt werden (a. A. AG München ZMR 86, 245, wonach ein Kündigungsgrund vorliegen soll, wenn der Mieter vor Abschluß des Mietvertrags eine unrichtige

§ 554a BGB. Fristlose Kündigung aus wichtigem Grund   B 229, 230

Auskunft über sich selbst erteilt; wie hier: AG Gelsenkirchen WM 84, 299; s. dazu auch Rdn B 88a).

b) Der **Mieter** kann nach § 554a BGB **zur Kündigung berechtigt**   B 229
sein, wenn der Vermieter verbotene Eigenmacht begeht, indem er mit einem Nachschlüssel in die Wohnung eindringt (AG Heidelberg WM 78, 69) oder sich in den Fällen der §§ 541a, 541b BGB mit Gewalt Zutritt zur Wohnung zu verschaffen sucht; das Verschulden der von ihm beauftragten Handwerker muß sich der Vermieter zurechnen lassen. Gleiches gilt, wenn der Mieter vom Vermieter beleidigt oder tätlich angegriffen oder sonst in seinen Rechten verletzt wird (AG Kassel WM 68, 178: mehrfache Übervorteilung des Mieters bei den Nebenabgaben; BGH LM Nr. 4 zu § 554a BGB: treuwidrige Verhinderung der Ausübung des Vormietrechts durch einen Mieter). Ein Verhalten des Vermieters, durch das das Recht des Mieters zum vertragsgemäßen Gebrauch tangiert wird, fällt dagegen nicht unter § 554a, sondern unter § 542 BGB. Die Rechtsprechung läßt allerdings auch in diesen Fällen die Kündigung nach § 554a BGB zu (so AG Waldbröl WM 86, 337 bei wiederholtem Ausfall der Heizungsanlage; AG Wuppertal WM 83, 327 für den Fall, daß sich die Gasinstallationen bei Beginn des Mietverhältnisses nicht im gebrauchsfähigen Zustand befinden; ähnlich LG Heidelberg WM 77, 200; LG Köln WM 77, 200 bei nachhaltiger Weigerung des Vermieters zur Mängelbeseitigung; AG Darmstadt WM 78, 29 bei Vorenthaltung der Mietsache; LG Frankfurt ZMR 70, 201 bei Störungen durch Mitmieter). Auch das Verhalten des Vermieters bei den Vertragsverhandlungen kann nach dieser Auffassung ein Kündigungsrecht des Mieters begründen (so LG Frankfurt WM 79, 24 bei unrichtigen Angaben über die Höhe der Nebenkosten; LG Kiel WM 87, 319 bei unterlassener Aufklärung des Mieters über den Umstand, daß der Vermieter nur gewerblicher Zwischenmieter und nicht Eigentümer sei und der Mieter aus diesem Grunde an der Seriosität und Vertrauenswürdigkeit des Vermieters zweifeln durfte). Vermietet der Vermieter eine Wohnung an eine Prostituierte zum Zwecke der Ausübung der Gewerbsunzucht, so wird hierdurch der vertragsgemäße Gebrauch der übrigen Mieter beeinträchtigt. Diese können deshalb den Vermieter auf Beseitigung der Störung in Anspruch nehmen oder kündigen, wobei sich das Kündigungsrecht nach der hier vertretenen Ansicht ebenfalls aus § 542 BGB ergibt (wie hier: AG Kassel WM 84, 280; vgl. auch AG Hamburg-Wandsbeck WM 84, 280). Die Vermietung einer Wohnung an Ausländer stellt selbstverständlich keine Beeinträchtigung des vertragsgemäßen Gebrauchs der anderen Mieter dar (AG Hannover ZMR 69, 240).

3. Erheblichkeit der Pflichtverletzung

a) § 554a BGB gilt nur für Vertragsverletzungen von besonderem Ge-   B 230
wicht. Vereinzelte und leichtere Vertragsverletzungen rechtfertigen die Kündigung nicht. **Beispiele:** Keine Kündigung bei einmaliger Beleidi-

gung des Vertragspartners (LG Köln WM 77, 56; LG Mannheim ZMR 77, 306; LG Offenburg WM 86, 250; AG Friedberg WM 86, 231; insoweit a. A. AG Schöneberg BlnGrdE 86, 861); keine Kündigung bei Verletzung einer mietvertraglichen Pflicht zur Mitteilung der Zahl der Wohnungsnutzer (LG Köln WM 86, 326); keine Kündigung, wenn der Mieter eine Wohnungsbesichtigung verweigert (AG Erkelenz WM 86, 251); keine Kündigung, wenn der Mieter das von ihm auf dem Dachboden gelagerte Gerümpel nicht entfernt (AG Köln WM 86, 94); keine Kündigung, wenn der Mieter das mitvermietete Mobiliar aus der Wohnung entfernt, dieses aber ordnungsgemäß unterbringt (LG Mannheim ZMR 65, 185); keine Kündigung, wenn eine Mieterin dem vom Vermieter beauftragten Handwerker den Zutritt zur Wohnung verweigert (LG Mannheim WM 87, 320); keine Kündigung, wenn der Mieter die Haustür nicht abschließt, eine zerbrochene Fensterscheibe nicht ersetzt, eine Scheibe der Haustür beschädigt und wegen Unstimmigkeiten im Mietverhältnis bei der Hausverwaltung vorspricht (LG Landau ZMR 86, 361). Die Vertragsverletzung muß so schwerwiegend und die Störung des Hausfriedens so nachhaltig sein, daß dem anderen Teil die Fortsetzung des Mietverhältnisses nicht zugemutet werden kann. An diesem Tatbestandsmerkmal wird es regelmäßig fehlen, wenn der an sich Kündigungsberechtigte bis zum Ausspruch der Kündigung eine längere Zeit verstreichen läßt. Dann spricht nämlich das tatsächliche Verhalten des Berechtigten dafür, daß diesem die Vertragsfortsetzung zumutbar gewesen ist (LG Berlin WM 86, 251 für dreijähriges Zuwarten; LG Essen WM 86, 117 für fünfjähriges Zuwarten bei Tierhaltung; LG Koblenz WM 76, 98 für einjähriges Zuwarten). Bei der Prüfung der Zumutbarkeit ist auch auf die persönlichen Verhältnisse des Mieters gebührende Rücksicht zu nehmen. Werden die Störungen von einem Mieter verursacht, der schon lange Zeit im Haus wohnt und nunmehr infolge Alter, Krankheit oder seelischer Beeinträchtigung verhaltensauffällig geworden ist, so ist vom Vermieter und den Hausbewohnern ein erhöhtes Maß an Verständnis und Rücksichtnahme zu erwarten (AG Darmstadt WM 85, 264). Die besondere Schwere des Pflichtverstoßes kann sich aus der Schuldform (Vorsatz/grobe Fahrlässigkeit) als auch aus dem Ausmaß der Pflichtwidrigkeit (also aus der Handlung als solcher) und aus den verschuldeten Auswirkungen (also aus den Folgen der Handlung) ergeben. Unproblematisch sind nach dieser Systematik jene Fälle, in denen eine vorsätzlich begangene erhebliche Pflichtwidrigkeit zu schwerwiegenden Folgen führt. Sie begründen regelmäßig ein berechtigtes Interesse des Vermieters an der Vertragsbeendigung. Umgekehrt liegt kein berechtigtes Interesse vor, wenn sowohl die Schuldform als auch die Pflichtwidrigkeit und die daraus entstandenen Folgen gering sind. Schwierigkeiten bereiten jene Fälle, in denen das Maß der Pflichtwidrigkeit nicht mit den daraus folgenden Auswirkungen korrespondiert. Hier ergibt sich das Problem, ob ein besonders schwerwiegender Pflichtverstoß auch dann zur Kündigung berechtigt, wenn die äußeren Auswirkungen dieses

§ 554a BGB. Fristlose Kündigung aus wichtigem Grund **B 231**

Pflichtverstoßes zunächst einmal verhältnismäßig unerheblich sind und ob umgekehrt eine nur geringfügige Pflichtwidrigkeit mit geringem Schuldgehalt eine Kündigung rechtfertigt, wenn dieses Verhalten schwerwiegende Folgen nach sich zieht. Beispiele für ein Fehlverhalten mit geringen Auswirkungen bilden häufig die Fälle der Beleidigungen, der folgenlosen tätlichen Angriffe, des schikanösen Verhaltens und ähnliche Vorfälle. Hier liegt regelmäßig vorsätzliches Handeln und teilweise auch eine erhebliche Pflichtwidrigkeit vor. Die Folgen sind jedoch meistens gering. Typisch für Vertragsverletzungen von geringer Pflichtwidrigkeit und schwerwiegenden Folgen sind dagegen die Fälle der Nichterfüllung vertraglich übernommener Hausordnungspflichten: Der Mieter verletzt die ihm übertragene Streupflicht; ein Passant stürzt infolge des eisglatten Wegs und nimmt den Vermieter auf Schadenersatz in Anspruch. Hier handelt der Mieter regelmäßig nur fahrlässig und der Grad der Pflichtwidrigkeit ist gering, während die Folgen seiner Pflichtwidrigkeit groß sind. Wegen der personenbezogenen Struktur des § 554a ist in diesen Fällen maßgeblich, welche Auswirkungen sich aus der Pflichtverletzung für das zukünftige Zusammenleben der Vertragspartner ergeben. Es muß also eine **Zukunftsprognose** getroffen werden. Die Notwendigkeit einer solchen Zukunftsprognose ergibt sich aus der Überlegung, daß bei der Prüfung des Kündigungsinteresses letztlich über die Frage der Vertragsfortsetzung entschieden wird. Eine solche Entscheidung muß aber auch die voraussichtliche zukünftige Entwicklung berücksichtigen. Eine Kündigung wegen ,,Zerrüttung des Vertrauensverhältnisses" ist nach § 554a BGB nicht möglich, was sich bereits aus dem Wortlaut dieser Vorschrift ergibt. Beruht die Zerrüttung auf dem Verschulden des Kündigenden, so kommt eine Vertragsbeendigung nach § 554a BGB nicht in Betracht. Hat der Gekündigte die Zerrüttung verschuldet, so kann die Kündigung auf diesen Umstand gestützt werden; allerdings muß der Kündigende hier konkrete Vertragsverletzungen des anderen Teils darlegen. Läßt sich die Ursache der Zerrüttung nicht aufklären, so fehlt es am Nachweis der schuldhaften Vertragsverletzung (vgl. LG Gießen WM 86, 94). Nur in Ausnahmefällen kann auf das Kündigungsrecht aus wichtigem Grund zurückgegriffen werden (s. Rdn B 203 ff). Maßgeblich ist das Maß der verschuldeten Pflichtwidrigkeit. Denn nur durch eine erhebliche Pflichtwidrigkeit und durch ein erhebliches Verschulden kann ein Vertragsteil in seinen persönlichen Belangen so getroffen werden, daß ihm die Vertragsfortsetzung nicht länger zumutbar ist. Unerhebliche Pflichtverletzungen und fahrlässiges Handeln scheiden in der Regel aus.

b) Wegen der personenbezogenen Struktur des Kündigungstatbestandes verbietet sich im Rahmen des § 554a eine schematisierende Betrachtungsweise. Denn die Frage der **Zumutbarkeit der Vertragsfortsetzung** kann von Fall zu Fall unterschiedlich zu beantworten sein. Deshalb muß über die Kündigungsberechtigung grundsätzlich auf der Basis einer umfassenden Interessenabwägung unter Berücksichtigung aller Umstän- **B 231** de des Einzelfalls entschieden werden. Hierbei kann eine Rolle spielen, ob die Vertragsparteien im selben Haus zusammenwohnen, oder ob – wie etwa bei Mietverhältnissen mit Großvermietern – das persönliche Verhältnis zwischen den Vertragsparteien von untergeordneter Bedeutung ist. Darüber hinaus kann die voraussichtliche Dauer des Mietverhältnisses maßgeblich sein. Hat der **Kündigende Anlaß zu der Vertragsverletzung** gegeben, so ist auch dies zu berücksichtigen (s. Rdn B 603). Grundsätzlich gilt, daß das Verhalten des Gekündigten auf dem Hintergrund des konkreten sozialen Milieus gesehen und gewürdigt werden muß. Deshalb kann es an einem Kündigungsgrund fehlen, wenn das inkriminierte Verhalten für die beteiligten Kreise typisch ist (LG Aachen Urt. vom 3. 12. 1980 – 3 S 296/80; LG Oldenburg WM 83, 317 für das Zusammenleben von Angehörigen verschiedener Kulturkreise in beengten Verhältnissen (Schlichtwohnungen). (Zum Streit zwischen mehreren Mietern s. Rdn B 603). **Beispiele:** BGH WM 86, 60: Hat der Mieter einen Zeugen dahingehend beeinflußt, daß er zu seinen Gunsten aussagen möge, so kann der V. aus diesem Grunde dennoch nicht kündigen, wenn er den Mieter seinerseits durch unrichtigen Prozeßvortrag zu diesem Verhalten provoziert hat; LG Mannheim WM 81, 17: keine Kündigung wegen einer Beleidigung von Mitmietern, wenn diese sich ebenfalls unkorrekt verhalten haben; LG Mannheim ZMR 77, 306 = WM 78, 68: hat der Mieter den Vermieter tätlich angegriffen und dabei verletzt, so liegt dennoch kein Kündigungsgrund vor, wenn der Vermieter zuvor versucht hat, in die Wohnung des Mieters einzudringen; LG Berlin WM 86, 251: keine Kündigung wegen ehrverletzender Äußerungen in einem Schriftwechsel, wenn auch der Kündigende in seinen Schreiben ehrverletzende Formulierungen gebraucht hat; AG Kassel WM 84, 199: keine Kündigung wegen einer Beleidigung, wenn der Vermieter selbst beleidigende Äußerungen gemacht hat. Ist die Kündigung deshalb erklärt worden, weil zwischen zwei verfeindeten Mietparteien ständig Streit geherrscht hat, so kann der Vermieter nach § 242 BGB verpflichtet sein, von der Durchsetzung des Räumungsanspruchs Abstand zu nehmen, wenn eine der streitenden Parteien freiwillig auszieht. Etwas anderes gilt, wenn der Vermieter damit rechnen muß, daß sich der gekündigte Mieter auch gegen die neue Mietpartei wenden wird (LG Kaiserslautern WM 83, 263).

4. Verschulden

B 232 Im Unterschied zu § 553 BGB setzt § 554a ein Verschulden des Gekündigten voraus. Gegenüber einer schuldunfähigen Vertragspartei kann nicht nach § 554a gekündigt werden. Hier kommt beim Vorliegen der weiteren Voraussetzungen nur eine Kündigung nach § 553, § 564b Abs. 1 BGB oder nach dem übergesetzlichen Kündigungsrecht aus wichtigem Grund in Betracht. **Schuldunfähig** ist derjenige, bei dem die Voraussetzungen der §§ 827 S. 1, 828 BGB vorliegen. Ist die Schuldunfähigkeit alkohol- oder drogenbedingt, so gilt § 827 S. 2 BGB. Ist streitig, ob der Gekündigte im Zustand der Bewußtlosigkeit den zur Begründung der Kündigung angeführten Sachverhalt verwirklicht hat, so gilt bezüglich der **Beweislast** folgendes: Trägt der Gekündigte vor, die ihm vorgeworfene Handlung sei unter physischem Zwang erfolgt oder als unwillkürlicher Reflex durch fremde Einwirkung ausgelöst worden, so beruft er sich auf außerhalb seiner Person liegende Umstände, welche die Willenssteuerung ausschließen können. Bei solchen Fallgestaltungen, bei denen nach dem äußeren Erscheinungsbild ein selbständiges Handeln zweifelhaft ist, muß der Kündigende den Beweis für eine vom Willen getragene Handlung führen. Anders ist es, wenn sich der Gekündigte auf innere Vorgänge beruft (Schlaftrunkenheit, Alkohol- oder Drogenrausch, Halluzinationen etc.). Hier muß der Gekündigte beweisen, daß ein Ausnahmefall der Bewußtlosigkeit vorliegt (vgl. BGH NJW 87, 121). Bei Handlungen unter Alkohol- oder Drogeneinfluß kann ein Verschulden auch dann vorliegen, wenn sich der Gekündigte bewußt in den Rauschzustand versetzt hat, obwohl er damit rechnen mußte, daß er in diesem Zustand Vertragswidrigkeiten begeht. So handelt ein Mieter schuldhaft, wenn er sich aus Verärgerung über das Verhalten des Vermieters betrinkt und sodann das Mobiliar zerschlägt (LG Mannheim DWW 76, 33).

Für die schuldfähige Vertragspartei folgt aus §§ 276 bis 278 BGB, daß **B 233** Vorsatz und Fahrlässigkeit zu vertreten sind und daß die Vertragspartei für das Verschulden ihres gesetzlichen Vertreters und der Erfüllungsgehilfen einzustehen hat. Bezüglich der Wahrung des Hausfriedens sind auch die erwachsenen **Angehörigen** der Vertragspartei als Erfüllungsgehilfen anzusehen. Gleiches gilt für **Hausangestellte** und sonstige **Arbeitnehmer** einer Vertragspartei (z. B.: Hausmeister). Erfüllungsgehilfe des jeweiligen Auftraggebers sind auch der **Handwerker,** der im Auftrag des Mieters oder Vermieters tätig wird und die Lieferanten. Kinder gehören i. d. R. nicht zu den Erfüllungsgehilfen. Für das Verhalten seiner Kinder hat der Mieter jedoch dann einzustehen, wenn er sie nicht gebührend beaufsichtigt (LG Hamburg WM 83, 27). Eigenes Verschulden kann ferner dann vorliegen, wenn der Mieter sich weigert, den von seinen Kindern verursachten Schaden zu beseitigen (LG Hamburg a. a. O. für Verunreinigung des Treppenhauses).

Für das Verhalten von Besuchern und des Untermieters s. Rdn B 212, 590.

Wird der Hausfrieden nur von einem von **mehreren Mietern** gestört, **B 234** so muß der Vermieter dennoch allen Mietern kündigen. Wird die Kündigung nur gegen den störenden Mieter gerichtet, so ist sie unwirksam. Die nicht störenden Mieter müssen sich das Verhalten des störenden Mieters zurechnen lassen. Dies folgt aus dem Zweck des § 554a BGB, weil durch diese Vorschrift der Hausfrieden geschützt werden soll. Dieser Schutzzweck kann nur erreicht werden, wenn das Mietverhältnis beendet wird. Da eine Teilkündigung aus Rechtsgründen ausgeschlossen ist, muß zwangsläufig die Beendigung des gesamten Mietverhältnisses möglich sein. Eine Ausnahme kommt allerdings dann in Betracht, wenn feststeht, daß der störende Mieter freiwillig auszieht, so daß für die Zukunft keine Störungen zu befürchten sind (LG Frankfurt WM 87, 21; LG Darmstadt NJW 83, 52). Die Vorschrift des § 279 BGB ist im Rahmen des § 554a gleichfalls anwendbar, z. B. in den Fällen der ständig unpünktlichen Mietzahlung. Allerdings ist die Vorschrift hier aus den oben Rdn B 175 dargelegten Gründen häufig von untergeordneter Bedeutung.

5. Abmahnung

B 235 Nach dem Wortlaut des § 554a BGB ist die Kündigung nicht von einer Abmahnung abhängig. Dies entspricht der Systematik des früheren § 2 Abs. 2 Mieterschutzgesetz – dem § 554a nachgebildet ist (vgl. Rdn B 202). – Von der nach § 2 MSchG getroffenen Unterscheidung zwischen den ,,einfachen" Vertragsverletzungen, – die abgemahnt werden müssen – und den besonders schweren Vertragsverletzungen – bei denen eine Abmahnung entbehrlich ist – geht auch § 554a aus, wobei allerdings nur die zweite Gruppe zur Kündigung berechtigen soll. Liegen derart schwere Vertragsverletzungen vor, so ist der Vermieter ohne Abmahnung zur Kündigung berechtigt (LG Kassel WM 83, 2 für den Fall, daß ein Mieter einen Mitbewohner tätlich angreift und in dessen Wohnung eindringt). Leichtere Vertragsverletzungen geben dagegen kein Recht zur fristlosen Kündigung, und zwar auch dann nicht, wenn der Vermieter diese Vertragsverletzungen zuvor abgemahnt hat. Möglicherweise kann der Vermieter in einem solchen Fall aber nach § 564b Abs. 2 Nr. 1 BGB kündigen.

B 236 Es ist allerdings nicht zu verkennen, daß bestimmte Vertragsverletzungen, die isoliert betrachtet, nicht zur fristlosen Kündigung berechtigen, dadurch ein besonderes Gewicht erhalten können, wenn einer der Vertragspartner sie trotz Abmahnung wiederholt. Die Unzumutbarkeit der Vertragsfortsetzung kann sich in solchen Fällen aus der in der Wiederholung zum Ausdruck kommenden feindseligen, böswilligen oder rücksichtslosen Einstellung des Gekündigten ergeben. Deshalb ist in der Rechtsprechung anerkannt, daß in derartigen Fällen die Kündigung nach § 554a erst nach Abmahnung möglich sein soll (LG Hamburg WM 86, 338; LG Berlin MDR 85, 586).

III. Die Kündigungserklärung

B 237 Zu den allgemeinen Kündigungsvoraussetzungen s. Rdn B 30ff. Zum Schriftformerfordernis, das auch bei der außerordentlichen Kündigung gilt, s. Rdn B 33. Für die Kündigung durch Klagerhebung oder prozessualen Schriftsatz s. Rdn B 35. Zur Umdeutung einer fristlosen in eine

§ 556 BGB. Rückgabe der Mietsache   **B 238**

ordentliche Kündigung s. Rdn B 40. Bezüglich des Zugangs s. Rdn B 43. Für die Kündigung durch mehrere Vermieter oder bei Mietermehrheit s. Rdn B 44. Zum Problem der Kündigungsvollmacht s. Rdn B 44. Zur Frage, ob fristlose Kündigungen begründet werden müssen, s. Rdn B 64. Zum Kündigungsfolgeschaden s. Rdn B 70.

IV. Darlegungs- und Beweislast

S. dazu Rdn B 149.   **B 238**

§ 556 BGB. Rückgabe der Mietsache

(1) Der Mieter ist verpflichtet, die gemietete Sache nach der Beendigung des Mietverhältnisses zurückzugeben.

(2) Dem Mieter eines Grundstücks steht wegen seiner Ansprüche gegen den Vermieter ein Zurückbehaltungsrecht nicht zu.

(3) Hat der Mieter den Gebrauch der Sache einem Dritten überlassen, so kann der Vermieter die Sache nach der Beendigung des Mietverhältnisses auch von dem Dritten zurückfordern.

Übersicht

	Rdn
I. Allgemeines	
1. Zweck	239
2. Anwendungsbereich	240
II. Anspruchsvoraussetzungen (Abs. I)	
1. Die Parteien des vertraglichen Herausgabeanspruchs	242
2. Der Zeitpunkt der Rückgabe	243
3. Der Inhalt der Rückgabepflicht	
a) Rückübertragung des Besitzes	246
b) Schlüsselrückgabe	250
c) Leistungsort bei Mietverhältnissen über bewegliche Sachen	251
d) Art und Weise der Rückgabe	252
aa) Schönheitsreparaturen	253
bb) Einrichtungen	262
cc) bauliche Änderungen	263
dd) Maßnahmen zur Herstellung des vertragsgemäßen Zustandes	264
e) Teilleistungen	265
III. Ausschluß des Zurückbehaltungsrechts (Abs. II)	
1. Zweck und Anwendungsbereich	267
2. Umfang des Ausschlusses des Zurückbehaltungsrechts	268
3. Abweichende Vereinbarungen	269
IV. Erfüllung, Nichterfüllung, Schlechterfüllung	
1. Wirkung der Erfüllung	270
2. Nichterfüllung	271
3. Schlechterfüllung	272
V. Der Räumungsanspruch gegen den Untermieter (Abs. III)	
1. Allgemeines	275
2. Die Parteien des Räumungsanspruchs	277
3. Der Zeitpunkt der Rückgabe und die Geltendmachung des Rückforderungsrechts	
a) Entstehung des Rückforderungsrechts	278
b) Geltendmachung	285
c) Frist	287
d) Schutzrechte des Untermieters	288
4. Der Inhalt der Rückgabepflicht des Untermieters	290
5. Prozessuale Besonderheiten	294

189

Schrifttum

Bartsch, Probleme der Zwischenmietverhältnisse über Wohnraum, ZMR 83, 256
Boiczenko, Probleme des Unvermögens zur Herausgabe der Mietsache, MDR 83, 895
Eisenschmid, Die Abwicklung des Wohnungsmietverhältnisses bei Ende der Mietzeit, WM 87, 243
Häring, Rechtsfragen bei der Rückgabe der Mietwohnung, ZGemWBay 86, 524
Hille, Bauherrenmodell gegen Mieterschutz?, WM 83, 46
Korff, Pflichten der Mietvertragsparteien bei Beendigung des Mietverhältnisses HamGrdE 83, 608
Maute, Vertragsübernahme kraft Richterspruchs, WM 82, 287
Nassall, Kündigungsschutz zwischen Vermieter und Untermieter?, MDR 83, 9
ders., Zum Einwand des Rechtsmißbrauchs beim Räumungsverlangen nach § 556 Abs. 3 BGB, ZMR 84, 182
Schmidt, Einmalige Leistungen des Mieters beim Auszug, WM 81, 99
Wetekamp, Probleme der gewerblichen Zwischenvermietung, BlnGrdE 86, 415

I. Allgemeines

1. Zweck

Die Vorschrift ist seit Inkrafttreten des BGB nicht geändert worden. Sie gibt dem Vermieter nach Beendigung des Mietverhältnisses einen **vertraglichen Herausgabeanspruch** und konkretisiert die dem Mieter obliegende Rückgabepflicht. Mit dem Ablauf der Mietzeit erlischt das Recht des Mieters zum Gebrauch der Mietsache.

Das zwischen den Parteien bestehende Vertragsverhältnis wird in ein gesetzliches Rückgewähr-Schuldverhältnis umgewandelt, dessen Inhalt durch §§ 556, 557 BGB geregelt wird. Der Mieter ist vertraglich verpflichtet, dem Vermieter die Sache zurückzugeben (zur Ersatzraumbeschaffungspflicht des Mieters vgl. Rdn B 428). Erst nach erfolgter Rückgabe erlöschen die zwischen den Parteien bestehenden Obhutspflichten (s. dazu Rdn B 270). Der dingliche Herausgabeanspruch aus § 985 BGB wird durch § 556 nicht generell ausgeschlossen; er tritt jedoch insoweit zurück, als die Voraussetzungen und Rechtsfolgen der beiden Vorschriften verschieden sind (vgl. dazu Henseler ZMR 64, 36).

2. Anwendungsbereich

§ 556 I und III gilt ohne Einschränkung für alle Arten von Mietverhältnissen; dagegen ist § 556 II ausschließlich für Mietverhältnisse über Grundstücke und für die Miete von Räumen (§ 580 BGB) anwendbar. Die Vorschrift gilt auch für die sog. Nutzungsverträge der Wohnungsgenossenschaften. Für Werkdienstwohnungen (§ 565e BGB), die nicht auf Grund eines Mietvertrags, sondern auf Grund eines Dienst- bzw. Arbeitsvertrags überlassen werden, findet § 556 entsprechende Anwendung, wenn der Wohnungsinhaber den Wohnraum ganz oder überwiegend mit Einrichtungsgegenständen ausgestattet hat oder in dem Wohnraum mit seiner Familie einen eigenen Hausstand führt (s. dazu Rdn B 817). Auch für Pachtverhältnisse gilt § 556 entsprechend (§ 581 II BGB; BGH MDR 60, 482 = ZMR 60, 243; LG Mannheim DWW 63, 394 = WM 64, 11); die Vorschrift wird jedoch hier durch die §§ 588 ff ergänzt.

Ist Wohnraum auf Grund eines dinglichen Wohnrechts (§ 1093 **B 241** BGB), auf Grund öffentlich-rechtlicher Vorschriften (z. B. Obdachloseneinweisung) oder auf Grund eines unwirksamen Vertrags überlassen worden, so ist § 556 unanwendbar; die von der Rechtsprechung zu § 556 entwickelten Grundsätze über den Inhalt der Rückgabepflicht können aber auch in diesen Fällen grundsätzlich herangezogen werden, weil für diese Gebrauchsüberlassungen keine speziellen Vorschriften vorhanden sind.

II. Anspruchsvoraussetzungen (Abs. I)

1. Die Parteien des Herausgabeanspruchs

Die Vorschrift des § 556 I setzt – anders als der dingliche Herausgabe- **B 242** anspruch des § 985 BGB – voraus, daß zwischen den Parteien ein Mietverhältnis bestanden hat (zum Begriff des Mietverhältnisses, s. Rdn B 2). Gläubiger des vertraglichen Herausgabeanspruchs ist der Vermieter, der nicht gleichzeitig Eigentümer des Mietgegenstands zu sein braucht (LG Kassel WM 57, 117). Deshalb gilt § 556 I auch im Verhältnis zwischen Hauptmieter und Untermieter. Derjenige Eigentümer, der nicht auch Vertragspartner des Mieters war, ist – außer in den Fällen des § 556 III – auf dem dinglichen Herausgabeanspruch des § 985 BGB beschränkt, der jedoch häufig am Einwand des § 986 BGB scheitern wird. Durch die Herausgabe der Mietsache an den Vermieter statt an den Eigentümer wird der Mieter auch dann frei, wenn er vom Nichtberechtigten gemietet hatte (LG Wiesbaden ZMR 60, 205; Henseler ZMR 64, 36). Schuldner des Herausgabeanspruchs nach § 556 ist der Mieter, der wiederum nicht gleichzeitig unmittelbarer Besitzer sein muß (näheres s. unten Rdn B 249). Hatte der Vermieter mit einem vollmachtlosen Vertreter einen Vertrag geschlossen und verweigert der Vertretene die Genehmigung, so kann der Vermieter nach Beendigung der Mietzeit auch den vollmachtlosen Vertreter auf Herausgabe der Mietsache in Anspruch nehmen. Dies gilt auch dann, wenn der vollmachtlose Vertreter die Mietsache nicht mehr in Besitz hat, sondern diese an den Vertretenen herausgegeben hat. Dem vollmachtlosen Vertreter steht in diesem Fall die Möglichkeit offen, auf den Besitzer der Mietsache einzuwirken, damit dieser die Sache herausgibt. Der Umstand, daß zwischen dem Vermieter und dem vollmachtlosen Vertreter kein Vertragsverhältnis besteht, steht der Anwendung des § 556 Abs. 1 BGB nicht entgegen. Der Herausgabeanspruch ist hier Gegenstand der gesetzlichen Erfüllungsleistung im Sinne von § 179 Abs. 1 BGB (OLG Düsseldorf ZMR 84, 379). Die Voraussetzungen des vertraglichen Herausgabeanspruchs nach § 556 unterscheiden sich somit von den Voraussetzungen des Anspruchs nach § 985 BGB.

2. Der Zeitpunkt der Rückgabe

B 243 a) Nach dem Wortlaut des § 556 I hat der Mieter die Mietsache ,,nach der Beendigung des Mietverhältnisses" zurückzugeben (zum Begriff der Beendigung s. Rdn B 21). Der Mieter ist also frühestens nach Ablauf des letzten Tages der Mietzeit bzw. der Kündigungsfrist zur Herausgabe verpflichtet (AG Köln WM 85, 265). Mit diesem Zeitpunkt wird der Herausgabeanspruch aber gleichzeitig fällig und kommt der Mieter gem. § 284 II BGB ohne weitere Mahnung in Verzug. Eine durch Gesetz- oder Gewohnheitsrecht bestimmte Karenzzeit zur Räumung gibt es nicht. Dennoch ist es in der Praxis gebräuchlich, im Interesse der Aus- und Einziehenden die Wohnungsräumungen jeweils am 1. Tag des Monats durchzuführen. Kann der Mieter von Wohn- oder Geschäftsräumen zu diesem Zeitpunkt nicht räumen, so muß er um Gewährung einer Räumungsfrist nachsuchen (s. Rdn B 244); kann der Mieter einer beweglichen Sache diese beim Ablauf der Mietzeit noch nicht zurückgeben, so muß er sich um Stundung des Herausgabeanspruchs bemühen. (Über die Folgen verspäteter Rückgabe vgl. Rdn B 484; zur Frage der stillschweigenden Verlängerung bei Fortsetzung des Mietgebrauchs vgl. Rdn B 871.)

B 244 b) Der Zeitpunkt der Rückgabe kann durch **Vereinbarung** zwischen den Parteien (vertragliche Räumungsfrist), durch gerichtliche Entscheidung (Räumungsfrist nach §§ 721, 794a ZPO) oder durch behördliche Verfügung (Wiedereinweisung des gekündigten Mieters durch die Obdachlosenbehörde; vgl. LG Wiesbaden ZMR 56, 11) anderweitig geregelt werden. In allen diesen Fällen bleibt das Mietverhältnis beendet; der Mieter kommt aber mit seiner Räumungsverpflichtung nicht in Verzug (zutr. Pergande § 556 Anm. 1; Palandt-Putzo § 556 Anm. 1 d; a. A. LG Mönchengladbach WM 64, 10, wonach durch die Gewährung einer Räumungsfrist das Mietverhältnis verlängert werden soll).

B 245 c) Da der Mieter regelmäßig nur ein Gebrauchsrecht, aber keine Gebrauchspflicht hat, ist er auch schon vor Beendigung des Mietverhältnisses zur Räumung berechtigt. Aus dem Umstand, daß der Mieter im Falle der Rückgabe von seiner Obhutspflicht frei wird, ergibt sich nichts anderes. Denn die Obhutspflicht begründet keine Besitzpflicht, sondern folgt – wie ein Vergleich der Vorschriften über die Miete mit denen der Verwahrung zeigt – aus dem Besitz (LG Mannheim WM 82, 298). Der Vermieter darf die **vorzeitige Rückgabe** nicht ablehnen, da er sonst in Gläubigerverzug kommt (s. Rdn B 247). Auch bei der vorzeitigen Rückgabe treten die Erfüllungswirkungen ein (s. Rdn B 270). Allerdings ist der Mieter in diesem Fällen verpflichtet, den Mietzins bis zum Ablauf

§ 556 BGB. Rückgabe der Mietsache **B 245**

der Mietzeit weiter zu bezahlen. Etwas anderes gilt dann, wenn der Vermieter die Mietsache vorzeitig weitervermietet. Hierzu ist der Vermieter allerdings nicht verpflichtet. Der Gesichtspunkt der Schadensminderungspflicht (§ 254 BGB) greift nicht, weil kein Schadensersatz sondern ein Erfüllungsanspruch in Frage steht. Streitig ist, ob der Anspruch auf Zahlung des Mietzinses auch dann vollständig erlischt, wenn der Vermieter zwar vorzeitig weitervermietet, dabei aber nur einen geringeren als den ursprünglichen Mietzins erzielt. Dies wird zum Teil unter Hinweis auf den insoweit eindeutigen Wortlaut des § 552 S. 3 BGB bejaht (OLG Düsseldorf ZMR 86, 164). Folgt man dieser Ansicht, so muß der Vermieter die Wohnung bis zur regulären Vertragsbeendigung leerstehen lassen; nur in diesem Fall kann er den Mieter weiterhin auf Zahlung des Mietzinses in Anspruch nehmen. Werden die Räume dergestalt zeitweilig einem Dritten überlassen, daß der Vermieter gegenüber dem Mieter weiterhin erfüllungsbereit ist, so berührt dies den Mietzinsanspruch nicht. Der Vermieter muß sich lediglich die Gebrauchsvorteile anrechnen lassen (§ 552 S. 2 BGB). Ist der Mieter zahlungsunfähig oder -unwillig, so kann der Vermieter dem Mieter unter den Voraussetzungen des § 554 BGB (Rdn B 150 ff) fristlos kündigen und die Wohnung sodann weitervermieten. Die Differenz zwischen dem ursprünglichen und dem geringeren jetzigen Mietzins stellt sich dann als Kündigungsfolgeschaden dar, den der Vermieter unter den in Rdn B 70 ff dargelegten Voraussetzungen ersetzt verlangen kann; insoweit gilt allerdings die Schadensminderungspflicht. Die herrschende Meinung vertritt demgegenüber die Ansicht, daß die Berufung des gebrauchsunwilligen Mieters grundsätzlich gegen Treu und Glauben verstoße (OLG Nürnberg OLG Z 66, 12; LG Köln MDR 61, 693; Soergel-Kummer § 552 BGB Rdn 19; RGRK-Gelhaar § 552 BGB Rdn 6; Mittelstein S. 394). Nach dieser Ansicht bleibt der Mieter auch im Falle der vorzeitigen Weitervermietung Schuldner des Zahlungsanspruchs mit der Folge, daß er zur Erstattung der Mietzinsdifferenz verpflichtet ist. Mittlerweile liegt zu dieser Frage der Rechtsentscheid des OLG Hamm vom 13. 3. 1986 vor (WM 86, 201 = DWW 86, 206 = ZMR 86, 281). Der Rechtsentscheid folgt im Grundsatz der herrschenden Meinung. Allerdings reicht es nach dem Rechtsentscheid nicht aus, daß die Weitervermietung objektiv (auch) im Interesse des Mieters liegt; hinzukommen muß, daß der Vermieter im Interesse des Mieters tätig wird, wobei dieser „Fremdgeschäftsführungswille" erkennbar zum Ausdruck kommen muß. Hierfür soll erforderlich sein, daß der Vermieter gegenüber dem Mieter die beabsichtigte anderweitige Gebrauchsüberlassung ankündigt und ihm Gelegenheit zur Rückkäußerung gibt. Mit Recht hat Emmerich (PIG 26, 120) darauf hingewiesen, daß in jener Entscheidung völlig praxisferne und letztlich überflüssige Kriterien aufgestellt werden; unbeschadet hiervon sind die Landgerichte an diese Entscheidung gebunden.

Der Mietzinsanspruch des Vermieters entfällt auch dann, wenn dieser nach der Rückgabe umfangreiche Umbau- oder Instandsetzungsarbeiten

193

durchführt, weil er dann nicht mehr in der Lage ist, die Räume dem Mieter zur Verfügung zu stellen (AG Hannover MDR 69, 845; AG Dortmund WM 79, 120; LG Saarbrücken WM 79, 140; vgl. auch § 552 BGB). Die Durchführung der üblichen Schönheitsreparaturen schließt die Leistungsbereitschaft des Vermieters aber grundsätzlich nicht aus. Im Einzelfall kommt es immer darauf an, ob der Vermieter in der Lage ist, dem Mieter auf Verlangen den vertragsgemäßen Gebrauch anzubieten. Räumt der Mieter auf ausdrücklichen Wunsch des Vermieters vorzeitig, so wird in diesem Verhalten ein schlüssiger Mietaufhebungsvertrag (s. Rdn B 89) bzw. ein Vertrag über die Abkürzung der Kündigungsfrist zu sehen sein. Entspricht die vorzeitige Räumung dem objektiven Interesse des Vermieters (z. B. wegen beabsichtigten Umbaus oder Abbruch des Hauses), so kann eine über den Räumungszeitpunkt hinausgehende Mietzinsforderung auch gegen Treu und Glauben verstoßen (AG Münster WM 74, 69).

Verpflichtet sich der Vermieter in einem solchen Fall für die Verwahrung der Möbel des Mieters Sorge zu tragen, so kann diese Verpflichtung u. U. als Gegenleistung für die vorzeitige Räumung angesehen werden (vgl. OLG Düsseldorf MDR 76, 842). Es liegt dann ein entgeltlicher Verwahrungsvertrag vor, so daß der Vermieter für Verlust und Beschädigung haftet.

3. Der Inhalt der Rückgabepflicht

B 246 a) Der Mieter hat die ihm obliegende Rückgabepflicht dadurch zu erfüllen, daß er dem Vermieter den **unmittelbaren Besitz** einräumt (BGH NJW 71, 2065 m. krit. Anm. Jakobs NJW 72, 624 = MDR 71, 836 = Betr. 71, 1468 = DWW 71, 325 = WPM 71, 994 = BB 71, 1125 = WM 72, 6 = ZMR 72, 48). Die Besitzeinräumung kann grundsätzlich nur durch **Rückübertragung** des Besitzes geschehen. Der Vermieter muß bei der Rückgabe mitwirken und sich dazu bei Vertragsbeendigung bereithalten. Nimmt der Vermieter durch ausdrückliche oder schlüssige Erklärung die Mietsache ohne Vorbehalt an, so kann er sich später grundsätzlich nicht mehr auf die nicht ordnungsgemäße Erfüllung der Rückgabepflicht berufen (LG Mannheim WM 75, 118; zum Mietausfall wegen Vorenthaltung bei nicht erfüllter Rückgabe s. Rdn B 550).

Die bloße Besitzaufgabe durch den Mieter ist deshalb grundsätzlich auch dann nicht als Rückgabe i. S. des § 556 anzusehen, wenn der Vermieter ohne weiteres in der Lage ist, sich den Besitz an der Mietsache zu verschaffen. Durch das tatsächliche Verlassen der Mieteräume unter Zurücklassung der Schlüssel kann deshalb die Rückgabepflicht nicht erfüllt werden (AG Heilbronn WM 66, 132; a. A. offenbar Gubelt i. Anm. zu LG Wuppertal MDR 72, 694). Zur Rückgabe im teilgeräumten Zustand s. Rdn B 272.

B 247 Etwas anderes gilt jedoch dann, wenn der Vermieter unberechtigterweise seine Mitwirkungspflicht an der Rückübertragung verweigert.

§ 556 BGB. Rückgabe der Mietsache **B 248**

Eine solche Verweigerung kann dann angenommen werden, wenn der Vermieter zum Auszugstermin nicht in der Wohnung erscheint um diese zu übernehmen (AG Hamburg WM 82, 73). Da der Vermieter dadurch in Gläubigerverzug kommt, darf der Mieter nach vorheriger Androhung gem. § 303 BGB ohne weiteres den Besitz aufgeben; ist der Räumungstermin dem Vermieter bekanntgegeben worden, erübrigt sich eine weitere Androhung der Besitzaufgabe (§ 303 S. 2 BGB; LG Mannheim WM 74, 202).

Mehrere Mitmieter haften hinsichtlich der Rückgabepflicht als Gesamtschuldner (§ 421 BGB; BGH NJW 76, 287 = MDR 76, 218 = ZMR 76, 44 = WPM 75, 1229). Deshalb kann einer von mehreren Mitmietern auch dann auf Erfüllung der Rückgabepflicht in Anspruch genommen werden, wenn er selbst die Wohnung bereits verlassen hat und sein Bemühen auch die übrigen Mitmieter zum Auszug zu bewegen, gescheitert ist (LG Mannheim DWW 73, 19; AG Köln ZMR 55, 302; vgl. auch Rdn B 275; für Geschäftsräume s. auch OLG Düsseldorf NJW-RR 87, 911). Etwas anderes soll nach dem Rechtsentscheid des OLG Schleswig vom 25. 6. 1982 (RES § 556 BGB Nr. 3; abl. Anm. Boiczenko MDR 83, 895) dann gelten, wenn einer der mehreren Mieter „den Besitz an der Wohnung endgültig aufgegeben und den Vermieter davon in Kenntnis gesetzt hat". In diesen Fällen soll die gegen den ausgezogenen Mieter gerichtete Räumungsklage wegen fehlendem Rechtsschutzbedürfnis unzulässig sein. Daran ist richtig, daß der Besitz des Mieters mit dem endgültigen Auszug aus der Wohnung beendet wird (§ 856 I BGB) und daß der Vermieter in diesem Fall zur Wiedererlangung der tatsächlichen Gewalt über die Wohnung keines Titels bedarf. Bedenklich ist aber, wenn aus dem bloßen Auszug eines Mitmieters und einer entsprechenden Mitteilung an den Vermieter generell die endgültige Besitzaufgabe gefolgert wird (vgl. dazu Boiczenko MDR 83, 895).

Dies zeigt sich insbesondere in jenen praktisch bedeutsamen Fällen, in denen eine Wohnung von einem Ehepaar angemietet wird und einer der Ehegatten anläßlich eines Scheidungsverfahrens auszieht. Hier ist stets in Betracht zu ziehen, daß sich die Eheleute wieder versöhnen und daß der in der Wohnung verbliebene Ehegatte den Ausgezogenen erneut in die Wohnung aufnimmt. Es handelt sich dabei nicht nur um eine bloße Möglichkeit, sondern um ein von der Rechtsordnung angestrebtes und unterstütztes Ziel (vgl. §§ 614 II, 616 II ZPO). Dem ist auch bei der Beurteilung der Besitzverhältnisse an der Ehewohnung Rechnung zu tragen. Kommt es zu einer Versöhnung, so erlangt der ausgezogene Ehegatte erneut Besitz an der Wohnung, der nur mittels eines Räumungstitels gebrochen werden kann. Wegen dieser Möglichkeit darf das Rechtsschutzbedürfnis bis zur rechtskräftigen Scheidung regelmäßig nicht verneint werden. Nach rechtskräftiger Scheidung oder im Falle der Vermietung an mehrere nicht miteinander verheirateter Personen kommt es auf die Umstände des Einzelfalls an. Für die

195

Annahme einer endgültigen Besitzaufgabe müssen dabei strenge, für den Vermieter deutlich erkennbare Tatsachen vorliegen.

Wird das Rechtsschutzbedürfnis bejaht, so stellt sich die weitere Frage, ob der Herausgabeanspruch gegen den ausgezogenen Mieter dann entfällt, wenn dieser den verbleibenden Mieter vergeblich zum Auszug aufgefordert hat. Hier wird zum Teil die Ansicht vertreten, daß ein Fall der subjektiven, vom ausgezogenen Mieter nicht zu vertretenden Unmöglichkeit (§ 275 BGB) vorliegen soll (LG Koblenz ZMR 76, 48; Schläger ZMR 76, 34). Hierbei wird allerdings die zwischen den Vertragspartnern bestehende Interessenlage verkannt.

Die Erfüllung der Rückgabepflicht ist eine unteilbare Leistung, die beide Mieter schulden. Der Vermieter hat auch ein berechtigtes Interesse daran, daß jeder Mieter für Pflichtverletzungen des anderen Mieters einstehen soll. Dies ergibt sich bereits aus der Erwägung, daß die für eine mögliche Exkulpation des einen Mieters sprechenden Umstände (vergebliche Räumungsaufforderung) in der Sphäre der Mieter liegen und vom Vermieter in der Regel weder erkannt noch nachgeprüft werden können. Bei solchen Interessenlagen gilt – abweichend von § 425 II BGB – der Grundsatz, daß das Verschulden eines Mieters hinsichtlich der Erfüllung der Rückgabepflicht auch für die Person des anderen Mieters wirkt (vgl. BGH a. a. O.).

B 249 War der Mieter im Falle der **Untervermietung** selbst nur **mittelbarer Besitzer**, so genügt er seiner Rückgabepflicht nicht schon dadurch, daß er dem Vermieter gegenüber erklärt, ein Recht zum Besitz nicht mehr zu haben (OLG Bremen OLGZ 72, 417). Ebensowenig reicht es aus, daß er etwaige Ersatzansprüche gegen den Untermieter an den Vermieter abtritt (BGH a. a. O.). Vielmehr muß er selbst für die Räumung des Untermieters Sorge tragen. Dies gilt auch dann, wenn der Hauptmieter dazu auf Grund des § 564b BGB oder auf Grund vertraglicher Vereinbarungen mit dem Untermieter außerstande ist, weil ein subjektives Unvermögen keine Befreiung von der Leistungspflicht zur Folge hat (so zutr. Jakobs NJW 72, 624 m. w. Nachw.). Die gegenteilige Meinung, die unter Hinweis auf § 275 II BGB das subjektive Unvermögen der objektiven Unmöglichkeit gleichsetzt, wird der Interessenlage zwischen den Parteien nicht gerecht, weil der danach mögliche Schadensersatzanspruch nach § 280 BGB ein Verschulden des Mieters voraussetzt, das i. d. R. nicht gegeben sein wird (vgl. im einzelnen Rdn B 497).

Die Ansicht des LG Hannover (WM 58, 52), wonach der Mieter verpflichtet sein soll, seine Vertragsbeziehungen zu dem Untermieter so zu gestalten, daß er diesem im Falle der Beendigung des Hauptmietverhältnisses jederzeit kündigen kann, steht jedenfalls mit dem von Gesetzgeber nunmehr verwirklichten Bestandsschutz für Wohnraummietverhältnisse im Widerspruch und ist daher überholt. Die Haftung des Mieters richtet sich in diesen Fällen also nicht nach § 280 BGB, sondern nach § 557 BGB (vgl. dazu Rdn B 497). Für den Umfang der Haftung muß insoweit aber berücksichtigt werden, daß der Vermieter einen eigenen, von Kündi-

§ 556 BGB. Rückgabe der Mietsache   B 250

gungsgründen unabhängigen Räumungsanspruch gegen den Untermieter besitzt (§ 556 III BGB); unterläßt es der Vermieter, diesen Anspruch geltend zu machen, so muß die Haftung des Mieters in entsprechender Anwendung des § 254 BGB gemindert werden (vgl. dazu LG Hannover a. a. O.; Weimar ZMR 68, 2).

b) Die **Rückgabe von Räumen** erfolgt grundsätzlich in der Weise, daß   B 250
diese geräumt und dem Vermieter sämtliche Schlüssel einschließlich derjenigen, die sich der Mieter auf eigene Kosten hat anfertigen lassen (Weimar WM 66, 94; ZMR 68, 2), übergeben werden. Für die vom Mieter selbst angefertigten **Schlüssel** kann Erstattung der Aufwendungen verlangt werden (dazu Gaisbauer DWW 70, 43; 71, 87); werden die Aufwendungen nicht erstattet, können die Schlüssel unbrauchbar gemacht werden. Solange der Mieter noch im Besitz der Wohnungsschlüssel ist, kann der Vermieter nämlich nicht ungestört über die Räume verfügen, selbst wenn sich ein Ersatzschlüssel in den Händen des Vermieters befindet. Jedoch ist es verfehlt, die Erfüllung der Rückgabepflicht davon abhängig zu machen, daß der Mieter sämtliche Schlüssel zurückgegeben hat (zu weitgehend daher AG Oberhausen WM 73, 136, wonach die Rückgabe deshalb nicht erfolgt sein soll, weil der Mieter noch einen Garagen- und einen Haustürschlüssel in seinem Besitz hatte). Entscheidend kommt es vielmehr darauf an, daß dem Vermieter die Mietsache dergestalt übergeben wurde, daß dieser nunmehr über sie verfügen kann (Weimar ZMR 68, 2). In der Zurückbehaltung eines oder mehrerer Schlüssel kann jedoch eine Schlechterfüllung der Rückgabepflicht liegen (dazu Rdn B 272), die den Vermieter zum Auswechseln der Türschlösser auf Kosten des Mieters berechtigt (dazu AG Köln WM 75, 191). Der Vermieter kann aber nicht die Kosten für die Auswechslung der gesamten Schließanlage verlangen, wenn eine mißbräuchliche Verwendung des Schlüssels im konkreten Fall nicht zu befürchten ist (LG Mannheim DWW 76, 308). Jedenfalls ist der Vermieter zum Auswechseln der Schließanlage erst nach dem Ablauf der Kündigungsfrist berechtigt. Bis zu diesem Zeitpunkt hat der Mieter nämlich einen Anspruch auf die Belassung der Wohnungsschlüssel, insbesondere um während dieser Zeit eventuell Schönheitsreparaturen durchführen zu können (LG Köln WM 76, 254). Öffnet der Vermieter dennoch die verschlossene Wohnungstür, so liegt verbotene Eigenmacht (§ 858 BGB) und unter Umständen auch der Tatbestand des Hausfriedensbruchs (§ 123 StGB) vor (OLG Köln, Urt. vom 27. 7. 1976 – SS 226/76). Verhindert der Vermieter anläßlich der Räumung die Schlüsselrückgabe, so kann er für das dadurch bedingte Leerstehen der Räume weder Mietzins noch Mietausfall verlangen (LG Mannheim WM 74, 202 = Justiz 74, 374; WM 68, 163). Sind die Räume vom Mieter bereits offensichtlich längere Zeit nicht mehr genutzt und ist das Mobiliar weggeschafft, kann der Vermieter verpflichtet sein, sich Zutritt zu verschaffen oder nach dem Verbleib der Schlüssel Nachforschungen anzustellen (LG Mannheim WM 76, 13).

B 251 c) Die **Rückgabe von beweglichen Sachen** hat – abweichend von der Raumrückgabe – grundsätzlich am **Wohnsitz des Vermieters** zu erfolgen (ebenso Palandt-Putzo § 556 Anm. 1 b). Dies ergibt sich aus der Natur der Rückgabepflicht (§ 269 I BGB) als einem vertraglichen Rückgewährschuldverhältnis. Der Leistungsort des vertraglichen Rückgewährungsanspruchs nach § 556 I (Bringschuld) und der Leistungsort des dinglichen Herausgabeanspruchs nach § 985 BGB (Holschuld) kann also verschieden sein.

B 252 d) Grundsätzlich ist die Mietsache so zurückzugeben, wie sie übernommen wurde. Der Mieter muß die in die Räume eingebrachten Sachen, mit Ausnahme derer, an denen der Vermieter sein Pfandrecht geltend gemacht hat, entfernen. Die Räume müssen besenrein übergeben, Namensschilder beseitigt werden. Angehörige der freien Berufe (Anwälte, Ärzte) haben das Recht, vorübergehend ein auf die neue Kanzlei oder Praxis hinweisendes Schild anzubringen (RG 161, 338). Bei der Grundstücksmiete umfaßt die Räumungspflicht auch die Entfernung von Gebäuden und sonstigen Anlagen (BGH ZMR 66, 238; WM 72, 389; OLG Stuttgart SJZ 47, 614), sofern sich nicht aus den Umständen ergibt, daß der Vermieter auf die Entfernung verzichtet hat (vgl. Rdn B 262; LG Wiesbaden ZMR 52, 130). Das Fehlen einer erforderlichen behördlichen Abbruchgenehmigung steht der Beseitigungspflicht jedoch nicht entgegen (BGH ZMR 66, 238 m. w. Nachw.). Die Zwangsvollstreckung aus einem Urteil auf Beseitigung eines Gebäudes kann allerdings erst dann durchgeführt werden, wenn die Genehmigung erteilt ist (BGH a. a. O.).

B 253 aa) **Veränderungen oder Verschlechterungen,** die durch den vertragsgemäßen Gebrauch herbeigeführt wurden, hat der Mieter nicht zu vertreten (§ 548 BGB). Etwas anderes gilt, wenn sich der Mieter zur Durchführung der **Schönheitsreparaturen** verpflichtet hat. Dafür ist stets eine ausdrückliche vertragliche Vereinbarung erforderlich (LG Göttingen WM 66, 167; LG Itzehoe WM 66, 168; LG Köln WM 75, 37; AG Berlin ZMR 68, 301; AG Osnabrück WM 67, 167; Stegmaier ZMR 62, 38; a. A. LG Bonn ZMR 60, 83, wonach die Schönheitsreparaturen gewohnheitsrechtlich vom Mieter zu tragen sind und OLG Hamm DWW 68, 115, das dann eine stillschweigende Vereinbarung annimmt, wenn der Mieter während eines längeren Zeitraums die Schönheitsreparaturen selbst durchgeführt hat).

In der Literatur ist streitig, ob die Verpflichtung des Mieters zur Durchführung von Schönheitsreparaturen wirksam in einem Formularvertrag begründet werden kann. **(Renovierungsklausel)** Teilweise wird insoweit die Ansicht vertreten, daß die Überwälzung von Schönheitsreparaturen auf den Mieter gegen § 9 AGBG verstoße (so Wolf ZMR 80, 193). Nach anderer Meinung sind Formularvereinbarungen dieser Art grundsätzlich wirksam (so Köhler ZMR 81, 98; NJW 79, 2505; Korff DWW 79, 274; Schulz DWW 80, 244). Eine vermittelnde Ansicht hält die Überbürdung von Schönheitsreparaturen in Formularverträgen dann für wirksam, wenn der Mieter zum Ausgleich dafür einen niedrigeren

Mietzins zu zahlen hat (Sonnenschein NJW 80, 1713; Wiek DWW 80, 140). Die obergerichtliche Rechtsprechung hält Formularvereinbarungen über Schönheitsreparaturen für wirksam (BGH (RE) vom 30. 10. 1984 RES § 536 BGB Nr. 13; BGH (RE) vom 1. 7. 1987 NJW 87, 2575 m. Anm. Niebling NJW 87, 2564; OLG Karlsruhe (RE) vom 1. 7. 1981 RES § 536 BGB Nr. 3; OLG Bremen (RE) vom 30. 8. 1982 RES § 536 BGB Nr. 9; s. aber auch Rdn B 258).

Liegt eine ausdrückliche Vereinbarung vor, so richtet sich die Verpflichtung des Mieters nach dem Inhalt der Vertragsklausel. Die in Formularverträgen häufige Bestimmung „Der Mieter hat die Schönheitsreparaturen zu tragen", bedeutet nicht, daß die Wohnung in jedem Fall vor oder nach dem Auszug zu renovieren ist. Auf Grund dieser Klausel ist der Mieter nämlich lediglich verpflichtet, die Wohnung während der Mietzeit in einem gebrauchstauglichen Zustand zu erhalten. Diese Verpflichtung wird dadurch erfüllt, daß nach den von der Rspr. entwickelten Grundsätzen in bestimmten Zeitabschnitten Renovierungsarbeiten durchgeführt werden (vgl. BGH (RE) vom 1. 7. 1987 a. a. O.; OLG Karlsruhe (RE) v. 24. 8. 1982 RES § 536 BGB Nr. 8; OLG Bremen (RE) v. 30. 8. 1982 RES § 536 BGB Nr. 9; OLG Frankfurt WM 73, 186; OLG Köln ZMR 63, 140; LG Düsseldorf WM 63, 186 = ZMR 65, 16; LG Duisburg ZMR 55, 232; LG Hamburg ZMR 65, 207; LG Kassel ZMR 63, 314; LG Mainz WM 68, 162; LG München I WM 61, 103; LG München WM 74, 7). Maßgeblich für die **Zeitabschnitte** sind grundsätzlich die vertraglich vereinbarten Fristen, die nach dem mutmaßlichen Parteiwillen aber in der Regel nur Anhaltspunkte für die Fälligkeit geben. Fehlt eine entsprechende Vereinbarung, so kann die Auslegung den in Fußnote 1 zu § 7 des Mustermietvertrags (Beilage Bundesanzeiger Nr. 22 vom 3. 2. 76) angegebenen Plan als maßgeblich ergeben (BGH [RE] vom 31. 10. 1984 a. a. O.). Danach sollen Schönheitsreparaturen im allgemeinen in folgenden Zeitabständen erforderlich sein: in Küchen, Bädern und Duschen alle drei Jahre; in Wohn- und Schlafräumen, Fluren, Dielen und Toiletten alle fünf Jahre; in anderen Nebenräumen alle sieben Jahre.

Außerhalb dieser Zeitabstände braucht der Mieter auch im Falle der Beendigung des Mietverhältnisses nicht zu renovieren. Dies gilt selbst dann, wenn der Wohnraum bestimmte, durch den vertragsgemäßen Gebrauch entstandene Abnutzungserscheinungen aufweist (Bilderflecken etc.), die eine Weitervermietung erschweren (BGH [RE] vom 1. 7. 1987 a. a. O.; OLG Karlsruhe a. a. O.; OLG Bremen a. a. O.; OLG Hamm MDR 65, 48; LG Düsseldorf a. a. O.; LG Göttingen WM 65, 82; LG Kassel a. a. O.; LG Köln WM 73, 208 = MDR 74, 583; LG Wiesbaden ZMR 66, 173 = MDR 55, 913; AG Hanau ZMR 68, 113). Die Gegenansicht, nach der in diesen Fällen die Wohnung in einem zur Weitervermietung tauglichen, i. d. R. also in einem neu renovierten Zustand zurückgegeben ist (BGHZ 49, 56; WM 82, 296; LG Frankfurt ZMR 71, 88; LG Freiburg WM 69, 1857; LG Münster ZMR 71, 323; AG Frankfurt FWW

B 255a Teil B. Kündigungsschutz

72, 175) oder nach der der Mieter die Schönheitsreparaturen anteilig tragen soll (OLG Celle ZMR 65, 270; LG Köln WM 68, 125; AG Köln WM 70, 200) verkennt, daß nach der genannten Klausel lediglich die nach § 536 BGB 2. Alt. an sich dem Vermieter obliegende Instandhaltungspflicht auf den Mieter übertragen wird. Ist der Mieter nur verpflichtet, denselben Zustand wie bei Beginn des Mietverhältnisses wieder herzustellen, so richtet sich der Umfang seiner Verpflichtung allein nach dem tatsächlichen Zustand der Räume im Zeitpunkt ihrer Überlassung, auch wenn die früheren Mieter ohne Kenntnis des Vermieters ihrer Renovierungspflicht nicht nachgekommen sein sollten; eine Vertragsklausel, worin der Mieter bestätigt, daß er die Wohnung neu renoviert übernommen habe, ist dann unwirksam, wenn diese Erklärung bereits geraume Zeit vor Übergabe der Mieträume abgegeben worden ist (LG Mannheim DWW 76, 309).

Dem Vermieter steht für die Abnutzung der Räume, die im Zeitpunkt der Räumung vor Erreichung einer ausdrücklich oder stillschweigend geregelten Renovierungsfrist vorliegen, grundsätzlich auch kein Ausgleichsanspruch auf eine dem Abnutzungszeitraum angemessene Geldentschädigung zu (LG Mainz WM 69, 203, LG Köln WM 77, 5).

B 255a Zu den Schönheitsreparaturen gehören nach § 28 Abs. 4 S. 4 der II. BV das Tapezieren, Anstreichen oder Kalken der Wände und Decken, das Streichen der Fußböden, Heizkörper einschließlich Heizrohre, der Innentüren sowie der Fenster und Außentüren von innen. Diese **Legaldefinition** gilt kraft Gesetzes zwar nur für den preisgebundenen Wohnraum, sie kann als Auslegungshilfe aber auch bei freifinanziertem Wohnraum herangezogen werden. Darüber hinaus können die Parteien eines Mietverhältnisses über frei finanzierten Wohnraum aber auch vereinbaren, daß auch andere, in § 28 IV S. 4 der II. BV nicht aufgeführte Arbeiten als Schönheitsreparaturen gelten sollen, wie beispielsweise das Reinigen von Teppichböden, das Abschleifen von Parkettböden (LG Kassel WM 75, 35; LG Lüneburg WM 76, 6) oder der Anstrich der Innenseiten von Balkonen. Wird eine solche Vereinbarung formularmäßig getroffen, so ist § 3 AGBG zu beachten. Soll der Mieter durch die Renovierungsklausel zur Durchführung solcher Arbeiten verpflichtet werden, die nach dem allgemeinen Sprachgebrauch nicht mehr als Schönheitsreparaturen bezeichnet werden (Beisp. Erneuerung von Teppichböden; Entkalkung von Durchlauferhitzern), so liegt eine überraschende Klausel vor, die insgesamt unwirksam ist. Selbstverständlich kann der **Umfang der Schönheitsreparaturen** auch vertraglich beschränkt werden. Enthält der Vertrag keine spezifizierte Regelung, so sind Malerarbeiten in üblichem Umfang auszuführen. Raufasertapeten können überstrichen werden, wenn sie noch heil sind. Das Überstreichen einer dafür nicht vorgesehenen Papiertapete stellt keine ordnungsgemäße Schönheitsreparatur dar (KG ZfGWBay 83, 260; Schulz ZfGWBay 86, 495). Grundsätzlich wird der ordnungsgemäße Zustand bei Mietende durch den Zustand bei Mietbeginn konkretisiert. War die Wohnung bei der Übergabe mit Tapeten

§ 556 BGB. Rückgabe der Mietsache **B 256**

einer bestimmten Preisklasse versehen, so muß der Mieter auch bei der Schlußrenovierung ähnliche Tapeten verwenden. War die Wohnung lediglich mit Wandfarbe gestrichen, so kann der Vermieter nicht verlangen, daß sie nunmehr tapeziert werde. Bei der Auswahl der Tapetenmuster muß der Mieter auf die Belange des Vermieters Rücksicht nehmen. Die Verwendung ungewöhnlicher Farben und Muster muß der Vermieter nicht hinnehmen. Hat der Mieter während der Mietzeit ungewöhnliche Tapeten oder Farben verwendet, so ist er aber nur dann zur Beseitigung bei Mietende verpflichtet, wenn die Renovierungsfristen abgelaufen sind. Im anderen Fall darf der Mieter die Wohnung im bestehenden Zustand zurückgeben und zwar auch dann, wenn die Wohnung in diesem Zustand nicht weitervermietet werden kann (LG Braunschweig WM 86, 275). Durch die Verwendung ungewöhnlicher Muster und Farben macht der Mieter keinen vertragswidrigen Gebrauch von der Mietsache; er ist deshalb auch nicht zur Beseitigung bei Mietende verpflichtet. Im Zuge der Renovierung muß der Mieter Dübellöcher, Schraubenlöcher, kleine Mauerschäden und Riße mit beseitigen (KG a. a. O.; Schulz a. a. O.). Gleiches gilt für solche Mauer- und Putzschäden, die der Mieter verschuldet hat. Feuchtigkeitsschäden, die infolge eines Bauwerksmangels eingetreten sind, müssen dagegen vor der Durchführung der Schönheitsreparaturen vom Vermieter beseitigt werden. Die malermäßige Behandlung der Türen von Wand- und Einbauschränken gehört dann zu den Schönheitsreparaturen, wenn durch diese Einrichtungen in wesentlichen Mauerwinkel, Unebenheiten und tote Ecken abgedeckt werden. In diesem Fall haben die Schränke die Funktion einer Wandverkleidung. Anders ist es dagegen, wenn die Schränke infolge ihrer Beschaffenheit als festeingebaute Möbelstücke angesehen werden müssen (weitergehend LG Marburg ZMR 80, 180; Schulz a. a. O.). Zur Reinigung von Teppichböden bei Mietende ist der Mieter ohne ausdrückliche Vereinbarung nicht verpflichtet (a. A. Schulz a. a. O.). Etwas anderes gilt, wenn die Böden durch ein schuldhaftes Verhalten des Mieters übermäßig verschmutzt sind; in diesem Fall schuldet der Mieter die Reinigung als Schadensersatz, wenn der Vermieter Naturalherstellung verlangt.

Gibt der Mieter eine renovierungsbedürftige Wohnung zurück, obwohl die Renovierungsarbeiten an sich fällig gewesen wären, so kann der Vermieter Schadenersatz verlangen. Außerordentlich umstritten ist die Frage, ob dem Mieter zuvor gemäß **§ 326 BGB** eine Nachfrist mit Ablehnungsandrohung gesetzt werden muß. Teilweise wird dies mit der Begründung verneint, daß der Mieter die Schönheitsreparaturen bis zur Beendigung des Mietvertrages durchzuführen habe; nach diesem Zeitpunkt sei der Mieter nicht mehr berechtigt, die Miträume zu betreten (OLG München NJW RR 86, 443; im Ergebnis ebenso Schmid DWW 86, 117). Für das hier fragliche Problem läßt sich aus diesem Gesichtspunkt allerdings nichts herleiten. Denn hier geht es um die Frage, unter welchen Voraussetzungen sich der ursprüngliche Leistungsanspruch auf **B 256**

Durchführung von Schönheitsreparaturen in einen Schadenersatzanspruch wegen Nichterfüllung umwandelt. Die Beantwortung der Frage hängt davon ab, ob man die Verpflichtung zur Durchführung von Schönheitsreparaturen als vertragliche Hauptpflicht oder als vertragliche Nebenpflicht ansieht. Die wohl überwiegende Ansicht beantwortet die Frage im erstgenannten Sinne und verlangt demgemäß eine Fristsetzung (BGH NJW 77, 36; WM 82, 296; OLG Karlsruhe (RE) vom 24. 8. 1982 RES § 536 BGB Nr. 8; OLG Hamburg NJW 73, 2211; OLG Frankfurt WM 73, 186; LG Mannheim WM 78, 85). Eine Fristsetzung ist allerdings dann entbehrlich, wenn sich aus den Umständen ergibt, daß der Mieter die Durchführung der Schönheitsreparaturen bestimmt und endgültig verweigert hat (vgl. BGH ZMR 81, 307; OLG Hamburg ZMR 84, 342). Nach der Ansicht des BGH soll dies bereits dann der Fall sein, wenn der Mieter auszieht ohne Schönheitsreparaturen durchzuführen (BGH a. a. O.). Das Erfordernis der Fristsetzung kann in einem Formularmietvertrag nicht wirksam abbedungen werden; dies gilt auch dann, wenn das Mietverhältnis vor Inkrafttreten des AGBG abgeschlossen worden ist (OLG Karlsruhe (RE) vom 24. 8. 1982 RES § 536 BGB Nr. 8; vgl. auch BGH NJW 86, 842). Das Vorgehen nach § 326 BGB setzt stets voraus, daß sich der Mieter in Verzug befindet. Die Fristsetzung kann rechtswirksam erst erfolgen nach Eintritt des Verzugs oder wenn wenigstens der Verzug gleichzeitig eintritt. Eine Fristsetzung vor Eintritt des Verzugs ist unwirksam (RGZ 93, 180). Zulässig ist es hingegen, wenn die verzugsbegründende Mahnung mit der Fristsetzung verbunden wird. Die **Fristsetzung** muß eine eindeutige **Leistungsaufforderung** enthalten. Aus ihr muß sich ergeben, welche Schönheitsreparaturen im einzelnen der Mieter in den Mieträumen noch durchzuführen hat. Es genügt nicht, wenn der Vermieter den Mieter lediglich zur Abgabe einer Erklärung auffordert, ob er bereit sei, innerhalb einer Frist die notwendigen Schönheitsreparaturen ausführen zu lassen. Dies ist keine Leistungsaufforderung, sondern eine im Rahmen des § 326 BGB unbeachtliche Aufforderung zur Erklärung der Leistungsbereitschaft (RGZ 101, 399; LG Berlin MDR 83, 319). Dagegen schadet es grundsätzlich nicht, wenn die Frist zu knapp bemessen wird: Eine zu knapp bemessene Nachfrist ist nicht wirkungslos, sondern setzt eine angemessene Frist in Lauf (RGZ 106, 90).

Weiter muß der Vermieter die **Ablehnung der Leistungsannahme** nach fruchtlosem Fristablauf androhen. Die Androhung nach § 326 BGB muß unter allen Umständen eindeutig erkennen lassen, daß der Erklärende nach fruchtlosem Ablauf der gesetzten Frist keine Erfüllung des Vertrags mehr will. Die Ablehnung der Leistungsannahme muß dabei gleichzeitig mit der Nachfristsetzung angedroht werden. Wird die Ablehnung erst nach der Nachfristsetzung angedroht, so kann die Nachfristsetzung höchstens vom Zeitpunkt der Androhung wirksam sein (RGZ 120, 193). Der Vermieter kann bereits vor Beendigung des Mietverhältnisses nach § 326 BGB vorgehen. Sind die Schönheitsreparaturen

§ 556 BGB. Rückgabe der Mietsache

fällig, weil die vereinbarten oder üblichen Fristen abgelaufen sind, kann der Vermieter den Mieter angemessene Zeit vor Beendigung des Mietverhältnisses zur Durchführung von Schönheitsreparaturen auffordern, hierbei eine Frist setzen, die mit dem Ende des Mietverhältnisses identisch ist und gleichzeitig erklären, daß er nach Ablauf der Frist eine Durchführung der Schönheitsreparaturen durch den Mieter ablehne. Eine wirksame Erklärung nach § 326 BGB hat zur Folge, daß sich der Leistungsanspruch auf Durchführung von Schönheitsreparaturen in einen Schadensersatzanspruch wegen Nichterfüllung umwandelt. Mit dem Ablauf der Nachfrist steht gleichzeitig fest, daß der Mieter nicht mehr zur Durchführung von Schönheitsreparaturen berechtigt ist. Unbeachtlich ist es, ob in dem Mietvertrag eine Klausel enthalten ist, die den Vermieter berechtigt, die erforderlichen Renovierungsarbeiten auf Kosten des Mieters in Auftrag zu geben. Ein derartiges Selbstbeseitigungsrecht läßt den Schadensersatzanspruch unberührt (OLG Hamm (RE) vom 3. 2. 1983 DWW 83, 147). Besteht ein Selbstbeseitigungsrecht, so kann der Vermieter anstelle des Schadensersatzanspruchs auch einen Anspruch auf Kostenvorschuß für die Ersatzvornahme geltend machen. Regelmäßig setzt auch dieser Anspruch voraus, daß dem Mieter zuvor eine Frist zur Durchführung der Schönheitsreparaturen gesetzt worden ist (BGH NJW 85, 267 = MDR 85, 49).

Die Schadensersatzpflicht entfällt dann, wenn der Vermieter nach dem Auszug des Mieters in der Wohnung **Umbauarbeiten** durchführen läßt (LG Hamburg ZMR 78, 237; AG Heidelberg WM 80, 243; vgl. auch LG Berlin MDR 81, 57). In diesem Fall hätte der Vermieter von den Schönheitsreparaturen keinerlei Nutzen, weil der renovierte Zustand durch die nachfolgenden Arbeiten sofort wieder hinfällig würde.

Die Geltendmachung eines auf Durchführung von Schönheitsreparaturen gerichteten Leistungsanspruchs verstieße deshalb gegen das Prinzip von Treu und Glauben. Wenn aber der Mieter nicht zur Leistung verpflichtet ist, kann er auch nicht auf Schadenersatz wegen Nichterfüllung in Anspruch genommen werden. Nach dem Rechtsentscheid des BGH vom 30. 10. 1984 (RES § 536 BGB Nr. 13; ebenso Rechtsentscheid des OLG Schleswig vom 17. 1. 83 (WM 83, 75) soll der Mietvertrag in einem solchen Fall allerdings ergänzend dahingehend ausgelegt werden können, daß der Vermieter anstelle des fälligen Erfüllungsanspruchs eine Geldzahlung erhalten soll. Eine derartige ergänzende Auslegung entspreche dem typischen Willen und Interesse der Mietvertragspartner (vgl. auch BGH vom 25. 6. 1980 (NJW 80, 2347 = WM 80, 241 = ZMR 80, 379), in dem ein Pachtvertrag in vergleichbarer Weise ausgelegt wurde (s. dazu die ablehnenden Anmerkungen von Wiek BlGBW 81, 24 und Gräfe NJW 81, 48). Die der Entscheidung zugrunde liegende Interessenbewertung ist fehlerhaft. Grundsätzliche Bedenken bestehen insbesondere deshalb, weil die Verpflichtung zur Erbringung einer Leistung und die Verpflichtung zur Geldzahlung verschiedene Dinge sind. Viele Mieter werden eine Renovierungsklausel nur deshalb akzeptieren, weil sie die

B 257a Teil B. Kündigungsschutz

danach geschuldete Renovierung in Eigenleistung und damit kostengünstig erbringen können. Zur Übernahme einer Zahlungsverpflichtung wären diese Mieter bereits aus finanziellen Gründen nicht in der Lage. Bei dieser Sachlage kann nicht davon gesprochen werden, daß die Umdeutung einer Leistungsverpflichtung in eine Zahlungsverpflichtung dem typischen Interesse der Mieter entsprechen soll. Die Entscheidung des BGH a. a. O. ist allerdings für die Landgerichte bindend. Im einzelnen gilt danach folgendes: Teilt der Vermieter dem Mieter mit, daß er die Räume nach der Rückgabe umbauen wolle, so ist der Mieter nicht mehr berechtigt, seine Verpflichtung zur Durchführung von Schönheitsreparaturen in natura in den nicht umgebauten Räumen zu erfüllen. Der Mieter darf die Schönheitsreparaturen aber auch nicht in den umgebauten Räumen durchführen. Vielmehr ist er verpflichtet, an den Vermieter einen Geldbetrag zu zahlen. Bezüglich der Höhe dieses Betrages ist zu unterscheiden, ob der Mieter seine Verpflichtung zur Durchführung von Schönheitsreparaturen durch die Beauftragung eines Handwerkers oder in Eigenarbeit erfüllt hätte. Im erstgenannten Fall schuldet der Mieter die Handwerkerkosten. Ist dagegen anzunehmen, daß der Mieter nach dem Mietvertrag die Arbeiten in Eigenleistung bzw. durch Verwandte oder Bekannte hätte ausführen lassen dürfen, braucht er neben den Kosten für das notwenige Material nur den Betrag zu entrichten, den er für die Arbeitsleistung seiner Verwandten oder Bekannten hätte aufwenden müssen. Der Wert einer zulässigen Eigenleistung des Mieters ist zu schätzen. Nach einer Entscheidung des LG Berlin (MM 6/86 S. 38 (250) kann für Eigenleistungen ein Betrag von DM 4,80 pro m^2 in Ansatz gebracht werden. Teilweise wird in diesem Zusammenhang die Ansicht vertreten, daß der Einwand des Mieters, er habe die Schönheitsreparaturen unter Einsatz eigener Arbeit billiger ausführen können als ein Handwerker, dann unberücksichtigt bleiben soll, wenn der Mieter trotz entsprechenden Aufforderung des Vermieters die Durchführung von Schönheitsreparaturen insgesamt abgelehnt hat (LG Dortmund WM 85, 226). Diese Ansicht ist deshalb unzutreffend, weil die Umdeutung voraussetzt, daß der Mieter nicht zur Durchführung von Schönheitsreparaturen verpflichtet ist, weil diese infolge der Umbaumaßnahmen wertlos würden. Dann ist es aber auch gerechtfertigt, wenn der Mieter die Durchführung dieser Arbeiten ablehnt. Für die dann statthafte Umdeutung gilt in vollem Umfang der Rechtsentscheid des BGH.

B 257a Die Renovierungsklausel kann auch dann wirksam vereinbart werden, wenn dem Mieter bei Vertragsbeginn eine **nicht renovierte Wohnung übergeben** wird (BGH [RE] vom 1. 7. 1987 NJW 87, 2575; a. A. OLG Stuttgart [RE] vom 6. 3. 1986 WM 86, 210; s. auch OLG Stuttgart WM 86, 208). In solchen Fällen ist zunächst zu fragen, welche Vereinbarungen die Parteien hinsichtlich der Anfangsrenovierung getroffen haben. Denkbar ist insoweit, daß der Vermieter entsprechend der gesetzlichen Regelung in § 536 BGB 1. Alt. nach wie vor verpflichtet ist, dem Mieter eine zum vertragsgemäßen Gebrauch geeignete Sache zu übergeben, daß also lediglich die Durchführung von Schönheitsreparaturen während der Mietzeit (§ 536 BGB 2. Alt.) auf den Mieter abgewälzt worden ist. Bei dieser Regelung hat der Mieter einen Anspruch gegen den Vermieter auf Durchführung der Anfangsrenovierung. Nach Ablauf der Renovierungsfristen ist der Mieter verpflichtet, die Schönheitsreparaturen durchzuführen. Sind bei Ende des Mietverhältnisses Schönheitsreparaturen fällig, steht dem Vermieter der Erfüllungsanspruch und gegebenenfalls ein Schadensersatzanspruch aus § 326 BGB zu (s. Rdn B 256). Dies gilt auch dann, wenn der Vermieter seine Verpflichtung zur Durchführung der Anfangsrenovierung vertragswidrig nicht erfüllt hat. In der Regel ist der Anspruch des Mieters durch Zeitablauf und zwischenzeitliche Renovierungsarbeiten verwirkt (BGH NJW 87, 2575). Ebensowenig kann der Mieter nachträgliche Gewährleistungsansprüche geltend machen, wenn er die Wohnung in Kenntnis ihres Zustands übernommen und den Mietzins rügelos bezahlt hat (BGH a. a. O.). Der Mieter hat auch keinen Verwendungsersatzanspruch nach §§ 547 II, 684 S. 1, 812, 818 II BGB, weil sich die Bereicherung nicht nach den Aufwendungen des Mieters, sondern nach der Differenz zwischen dem objektiven Ertragswert der Mietsache vor und nach der Renovierung richtet. Der Vermieter ist also nicht bereichert, wenn die Anfangsrenovierung durch Zeitablauf „abgewohnt" ist.

Sind sich die Parteien dahingehend einig, daß der Vermieter die Wohnung in nicht renoviertem Zustand übergeben darf, so ist der Anspruch des Mieters auf die Anfangsrenovierung ausgeschlossen. Eine solche Vereinbarung kann auch stillschweigend getroffen werden, was insbesondere dann anzunehmen ist, wenn der Mieter den Mietvertrag in Kenntnis des Wohnungszustands unterzeichnet und in der Folgezeit den Mietzins bezahlt hat. Auf Grund einer solchen Vereinbarung wird § 536 BGB 1. Alt. abbedungen. Ob der Mieter die Anfangsrenovierung durchführt, obliegt seiner freien Entscheidung. Aus der Renovierungsklausel kann der Vermieter erst dann Rechte für sich herleiten, wenn die Renovierungsfristen (Rdn B 254) abgelaufen sind (BGH NJW 87, 2575). Zieht der Mieter vor Ablauf dieser Fristen aus, darf er die Wohnung in dem Zustand zurückgeben, in dem sie sich befindet. Dabei kommt es nicht darauf an, ob die Räume in diesem Zustand weitervermietet werden können. Sind umgekehrt die Renovierungsfristen abgelaufen, hat der Vermieter den Erfüllungsanspruch auf Durchführung der Schönheitsreparaturen und im Falle der Nichterfüllung einen Schadensersatzanspruch nach § 326 BGB (s. Rdn B 256). Dies gilt auch dann, wenn der Mieter bei Mietbeginn renoviert hat (BGH a. a. O.).

Im Einzelfall kann die Vertragsauslegung ergeben, daß der Mieter nicht nur zur Durchführung laufender Schönheitsreparaturen, sondern auch zur Anfangsrenovierung verpflichtet sein soll. Für diese Vertragsgestaltung gilt der Rechtsentscheid des BGH vom 1. 7. 1987 (NJW 87, 2575) nicht. Wird der Mieter formularmäßig zur Durchführung der Anfangsrenovierung verpflichtet, so ist diese Klausel nach der hier vertretenen Ansicht als überraschende Klausel im Sinne von § 3 AGBG zu bewerten. Eine solche Klausel ist unwirksam. Die Verpflichtung zur Durchführung der laufenden Schönheitsreparaturen bleibt jedoch wirksam; bezüglich der Rechtslage bei Beendigung des Mietverhältnisses kann auf die Ausführungen zu Rdn B 257 b verwiesen werden (s. aber auch Rdn B 259 a und B 260).

B 258 Von der Renovierungsklausel sind die **Rückgabeklauseln** zu unterscheiden. Hierunter versteht man eine Vereinbarung, wonach der Mieter zur Rückgabe renovierter Räume oder zur Zahlung von Renovierungskosten verpflichtet ist.

Die Vereinbarung in einem Formularmietvertrag, wonach der Mieter eine renovierte Wohnung zurückzugeben hat, verstößt gegen § 9 AGBG und ist unwirksam (OLG Hamm (RE) vom 27. 2. 1981 RES § 536 BGB Nr. 2; OLG Frankfurt (RE) vom 22. 9. 1981 RES § 536 BGB Nr. 5; LG Freiburg MDR 81, 273; LG Frankfurt WM 79, 151; AG Frankfurt WM 81, 86; AG Krefeld NJW 79, 2520; AG Hannover WM 80, 241; WM 81, 84; AG Leonberg WM 81, 84). Wegen § 28 II AGBG gilt das auch für solche Mietverhältnisse, die vor dem Inkrafttreten des AGBG abgeschlossen worden sind. Die Vereinbarung einer unbedingten Renovierungspflicht in einer Individualabrede ist aber zulässig (a. A. Schopp ZMR 81, 257, wonach solche Vereinbarungen gegen § 242 BGB verstoßen.

Bei einer wirksam vereinbarten Renovierungsklausel ist der Mieter verpflichtet, bereits vor Beendigung des Mietverhältnisses die Renovierungsarbeiten durchzuführen. Unbeachtlich ist es, ob der Mieter zu Beginn des Mietverhältnisses auf seine Kosten renoviert hat und zu welchem Zeitpunkt die letzten Schönheitsreparaturen stattgefunden haben. Eine Ausnahme gilt nur dann, wenn die letzte Renovierung nur kurze Zeit zurückliegt und die Räume so schonend behandelt worden sind, daß im Zeitpunkt der Rückgabe eine ins Gewicht fallende Abnutzung nicht vorliegt. In diesem Fall verstößt die Geltendmachung der Rechte aus der Renovierungsklausel gegen § 242 BGB. Auf die Art und Weise der Durchführung der Arbeiten hat der Vermieter keinen Einfluß. Der Mieter kann die Renovierung auch in Eigenarbeit durchführen. Voraussetzung ist nur, daß sich die Räume im Zeitpunkt der Übergabe in einem für den Nachmieter geeigneten Zustand befinden.

B 259 Eine Vereinbarung, wonach der Mieter bei Vertragsende zu einer **anteiligen Kostentragung** entsprechend dem Verhältnis der Renovierungsfristen zu den zuletzt durchgeführten Schönheitsreparaturen verpflichtet ist, kann auch in einem Formularmietvertrag wirksam getroffen werden (OLG Hamm (RE) vom 14. 7. 1981 RES § 536 BGB Nr. 4; OLG Stuttgart (RE) vom 10. 3. 1982 RES § 536 BGB Nr. 6; vgl. auch OLG Frankfurt (RE) vom 22. 9. 1981 RES § 536 BGB Nr. 5). Eine solche Vereinbarung setzt voraus, daß ein bestimmter Fristenplan für die Durchführung von Schönheitsreparaturen vereinbart worden ist. Die Höhe der Zahlung richtet sich dann nach dem Verhältnis der vereinbar-

§ 556 BGB. Rückgabe der Mietsache   B 259a–261

ten Renovierungszeit zu der letzten Renovierung (z. B. vereinbarte Renovierungszeit alle fünf Jahre; letzte Renovierung zwei Jahre vor dem Auszug; Gesamtrenovierungskosten beim Auszug DM 1500,–; geschuldete anteilige Kosten = DM 600,–). Der Zahlungsanspruch wird mit der Rückgabe der Mietsache fällig. Einen wahlweisen Leistungsanspruch auf Durchführung von Schönheitsreparaturen hat der Vermieter nur dann, wenn die vereinbarten Renovierungsfristen bereits vollständig abgelaufen sind.

Nach dem Rechtsentscheid des OLG Stuttgart vom 28. 8. 1984 (RES **B 259a** § 536 BGB Nr. 12) ist eine Formularklausel nach der der Mieter bei Ende des Mietverhältnisses je nach dem Zeitpunkt der letzten Schönheitsreparaturen einen bestimmten Prozentsatz an Renovierungskosten zu bezahlen hat, unwirksam, wenn die gemietete **Wohnung bei Beginn des Mietverhältnisses nicht renoviert** und der Vermieter hierzu auch nicht verpflichtet war. Durch den Rechtsentscheid des BGH vom 1. 7. 1987 (s. Rdn B 257a) wird diese Entscheidung nicht berührt. Auch die vom BGH entwickelten Rechtsgedanken sind auf die hier fragliche Klausel nicht anwendbar. Maßgeblich ist insoweit, daß die Kostenbeteiligungsklausel bei der Fristberechnung an den Beginn des Mietverhältnisses anknüpft. Ist die Wohnung zu diesem Zeitpunkt nicht renoviert, so wird der Mieter verpflichtet, für eine Abnützung zu bezahlen, die bereits in der Wohnzeit des Mietvorgängers eingetreten ist. Eine solche Vertragsgestaltung ist unbillig, so daß die Anwendung des § 9 AGBG gerechtfertigt ist.

Eine Vereinbarung, wonach der Mieter beim Auszug die Renovie- **B 260** rungskosten in jedem Fall in voller Höhe tragen soll, ist nach den unter B 258 dargelegten Grundsätzen unwirksam. In bestimmten Fällen kann eine Renovierungsklausel in einem Formularmietvertrag darüber hinaus auch deshalb unwirksam sein, weil sie im Zusammenhang mit anderen, dem Mieter obliegenden Leistungspflichten zu einem unbilligen Ungleichgewicht zwischen Leistung und Gegenleistung führt. Unwirksam sind zum Beispiel Vereinbarungen, wonach der Mieter eine renovierungsbedürftige Wohnung zu übernehmen hat, sie aufgrund einer Vereinbarung sogleich zu renovieren verpflichtet war, sie spätestens nach Ablauf bestimmter Zeiträume erneut herzurichten hätte und schließlich bei Beendigung quotenmäßige Renovierungskosten zahlen muß (LG Mannheim WM 81, 87). Gleiches gilt für eine Klausel, nach der der Mieter bei Beginn des Mietverhältnisses renovieren muß, nach der er während des Mietverhältnisses die Schönheitsreparaturen zu tragen hat und nach der er bei Beendigung des Mietverhältnisses eine renovierte Wohnung zurückgeben muß (AG Köln WM 79, 164).

Durch die Klausel: ,,Die Wohnung ist so zurückzugeben, wie sie über- **B 261** nommen wurde" verpflichtet sich der Mieter weder zur Übernahme der Schönheitsreparaturen noch zur Durchführung von Renovierungsarbeiten nach dem Auszug. Der Mieter braucht also bei seinem Auszug auch dann keine Renovierungsarbeiten durchzuführen, wenn er eine renovier-

207

te Wohnung übernommen hatte. Es bleibt in diesen Fällen bei der gesetzlichen Regelung, wonach solche Veränderungen und Verschlechterungen nicht zu vertreten sind, die durch den vertragsgemäßen Gebrauch entstehen (LG Kassel WM 62, 87; WM 63, 56; WM 74, 235; LG Mannheim WM 68, 163; LG Braunschweig FWW 75, 420; AG Kaiserslautern ZMR 65, 270; a. A. AG Stuttgart-Cannstatt ZMR 60, 76). Vgl. dazu auch LG Hamburg MDR 73, 933, wonach die Klausel ,,Dekoration ist Sache des Mieters" ebenfalls keine Pflicht zur Durchführung der Schönheitsreparaturen begründet; vgl. ferner zusammenfassend zu den verschiedenen gebräuchlichen Vertragsklauseln Herpers WM 76, 29.

B 262 bb) Wenn die Mietsache mit einer **Einrichtung** i. S. des § 547a BGB versehen wurde, so ist diese grundsätzlich beim Auszug zu entfernen. Dies gilt auch bezüglich solcher Einrichtungen, die zum vertragsgemäßen Gebrauch der Mietsache erforderlich sind, wie Vorhangleisten, Wandgestelle und dergleichen. Soweit nach der Entfernung Dübellöcher sichtbar sind, müssen diese verschlossen werden. Dies gilt unabhängig davon, ob der Mieter zur Installation der Einrichtung berechtigt war (LG Berlin MDR 87, 234; vgl. auch LG Düsseldorf NJW-RR 87, 1043 wonach der Mieter einer Zahnarztpraxis verpflichtet ist, nach Beendigung des Mietvertrags Einbauten und Einrichtungen zu entfernen). Eine Ausnahme gilt dann, wenn die Einrichtung mit Einwilligung des Vermieters vorgenommen wurde oder er sie später genehmigt hat und sich aus der Einwilligung oder Genehmigung ausdrücklich oder im Wege der Auslegung ergibt, daß auf die Entfernung nach Beendigung des Mietverhältnisses verzichtet wird. Ein stillschweigender Verzicht auf die Beseitigung der Einrichtung liegt dann vor, wenn diese mit Wissen des Vermieters vorgenommen wurde und sich aus der Natur der Einrichtung ergibt, daß sie auch nach Beendigung der Mietzeit in der Mietsache verbleiben soll. Das ist beispielsweise der Fall, wenn die Entfernung der Einrichtung nur mit einem Kostenaufwand möglich wäre, der dem Mieter nicht zuzumuten ist (so zutr. LG Mannheim MDR 69, 763 betr. den Einbau eines Kachelofens).

B 263 cc) **Bauliche Veränderungen** der Mietsache, zu denen der Mieter ohne Zustimmung des Vermieters nicht berechtigt ist, sind grundsätzlich ohne Rücksicht auf den Kostenaufwand immer zu beseitigen, wenn sie ohne die erforderliche Zustimmung vorgenommen wurden. Obwohl der Mieter in diesen Fällen eine mietvertragliche Pflicht verletzt, ergibt sich der Beseitigungsgrund auch hier aus § 556 und nicht aus den Vorschriften über die positive Vertragsverletzung. In der Zustimmung zur baulichen Änderung liegt im Regelfall auch ein Verzicht auf den Beseitigungsanspruch, weil bauliche Änderungen ihrer Natur nach auf Dauer angelegt sind; die Mietsache ist vor allem dann vom Vermieter im veränderten Zustand zurückzunehmen, wenn die Beseitigung der Veränderung erkennbar nicht nur geringe Kosten verursacht, so daß nicht davon ausgegangen werden konnte, daß sie den Mieter jedenfalls wirtschaftlich zumutbar ist (AG Mannheim, DWW 76, 237 zum Anbau einer Backstu-

§ 556 BGB. Rückgabe der Mietsache   B 264

be). Ausnahmsweise braucht eine bauliche Veränderung, die ohne Zustimmung des Vermieters vorgenommen wurde, dann nicht beseitigt zu werden, wenn der Vermieter nach Treu und Glauben seine Zustimmung zu der Veränderung nicht hätte verweigern dürfen (BGH ZMR 75, 189). Dies ist dann anzunehmen, wenn der Mieter ein starkes Interesse an der baulichen Veränderung hat und das Eigentumsrecht des Vermieters nicht in unzumutbarer Weise beeinträchtigt wird. Bei der hiernach erforderlichen Interessenabwägung können die von der Rechtsprechung entwickelten Grundsätze zu der Frage, unter welchen Voraussetzungen die Verweigerung einer vom Mieter erbetenen Zustimmung zu baulichen Veränderungen rechtsmißbräuchlich ist (vgl. BGH ZMR 63, 231 = WM 63, 643; ZMR 64, 338 = WM 64, 563), entsprechend herangezogen werden. Haben sich die Parteien anläßlich der Vornahme der baulichen Veränderung dahingehend geeinigt, daß der Mieter verpflichtet sein soll, die Änderung bei Beendigung der Mietzeit rückgängig zu machen, so stellt dies i. d. R. eine Hauptleistungspflicht dar, die sich nur unter den Voraussetzungen des § 326 BGB (s. Rdn B 256) in einen Schadensersatzanspruch wegen Nichterfüllung umwandelt (LG Berlin MDR 86, 589). Ist vereinbart, daß der Vermieter ein Wahlrecht zwischen der Rückgabe im bestehenden und der Rückgabe im ursprünglichen Zustand haben soll, so muß dieses Wahlrecht grundsätzlich vor der Rückgabe ausgeübt werden. Nimmt der Vermieter die Mietsache rügelos entgegen, so kommt darin i. d. R. zum Ausdruck, daß die Rückgabe im bestehenden Zustand als vertragsgemäße Rückgabe anerkannt werde. Erklärt der Vermieter erst anläßlich der Rückgabe, daß er die Wiederherstellung des ursprünglichen Zustands wünsche, muß er dem Mieter eine angemessene Frist zur Erfüllung dieser Verpflichtung einräumen. Während dieser Zeit kann der Vermieter keine Nutzungsentschädigung verlangen. Die Voraussetzungen eines Schadensersatzanspruchs wegen Verzugs liegen nicht vor, weil die Leistungspflicht des Mieters erst entsteht, wenn der Vermieter sein Wahlrecht ausgeübt hat.

dd) Von den oben Rdn B 262 f erörterten Fallgruppen sind solche Einrichtungen und baulichen Veränderungen zu unterscheiden, durch die die Mietsache erst in einen vertragstauglichen Zustand versetzt wird (vgl. dazu LG Bochum NJW 67, 2015 = ZMR 68, 203; LG Mannheim ZMR 69, 282). Zu solchen Maßnahmen ist der Mieter unter den Voraussetzungen des **§ 538 II BGB** ohne Zustimmung des Vermieters berechtigt. Da der Mieter durch den Aufwendungsersatzanspruch nach § 538 II BGB entschädigt wird, darf er diese Einrichtungen bei seinem Auszug nicht entfernen und die baulichen Änderungen nicht beseitigen. Umgekehrt kann der Vermieter nicht verlangen, daß diese Maßnahmen rückgängig gemacht werden (OLG Hamm FWW 77, 52). Ob im Einzelfall Maßnahmen nach § 538 II BGB vorliegen, hängt entsprechend davon ab, über welchen Vertragsgegenstand sich die Parteien geeinigt haben. Ist beispielsweise Leerraum zum Betrieb eines Ladengeschäfts vermietet, so können sich die Parteien darüber einigen, daß der Raum ohne bauliche

B 264

Änderungen zum Geschäftsbetrieb geeignet ist. Sind in diesem Falle dennoch bauliche Änderungen erforderlich, so liegen darin Maßnahmen nach § 538 II BGB, die nach Beendigung des Mietverhältnisses nicht beseitigt werden müssen. Wird dagegen der Verwendungszweck des Raumes dem Mieter überlassen oder besteht Einigkeit darüber, daß der Leerraum vom Mieter zum Geschäftsraum umgebaut werden darf, so ist lediglich der Raum als solcher, nicht aber dessen Eignung zum Geschäftsbetrieb, Vertragsgegenstand. Die von dem Mieter vorgenommenen Einrichtungen und baulichen Änderungen sind dann keine Maßnahmen nach § 538 II BGB; die Beseitigungspflicht richtet sich vielmehr nach den oben Rdn B 262 f angeführten Grundsätzen. Da sich der Vertragsgegenstand nach den Vereinbarungen der Parteien richtet, kommt es immer auf die Vertragsauslegung an. Die Entscheidungen LG Bochum a. a. O. und LG Mannheim a. a. O. sind daher einer generellen Verallgemeinerung nicht zugänglich.

B 265 e) Bei der Erfüllung der Rückgabepflicht ist der Mieter zu **Teilleistungen** nicht berechtigt (§ 266 BGB). Der Vermieter braucht sich also mit einer nur teilweisen Räumung grundsätzlich nicht zufrieden zu geben. Teilräumung liegt beispielsweise vor, wenn der Mieter von Mischräumen nur die Wohn- oder nur die Geschäftsräume zurückgibt (LG Mannheim MDR 65, 140), Möbel in der Wohnung zurückläßt oder den Keller nicht räumt. Aus dem Zweck des § 266 BGB, wonach Belästigungen des Gläubigers vermieden werden sollen (RGZ 79, 361) und aus § 242 BGB folgt jedoch, daß der Vermieter eine Teilräumung dann nicht ablehnen darf, wenn ihm dies bei verständiger Würdigung der Lage des Mieters und seiner schutzwürdigen Interessen zuzumuten ist (vgl. BGH VersR 54, 298). Es sind stets die besonderen Umstände des Einzelfalls entscheidend. Unzulässige Teilräumung liegt beispielsweise vor, wenn nur ein Teil der gemieteten Räume zurückgegeben wird, weil der Vermieter in der Regel nur die wirtschaftliche Einheit, nicht aber Teile davon weitervermieten kann. Dagegen kann eine Teilräumung dann nicht zurückgewiesen werden, wenn beispielsweise ein Mieter seine Wohnung vollständig geräumt, aber verschiedene Gegenstände noch in der mitvermieteten Garage gelagert hat, deren Weitervermietung nicht geplant ist oder wenn Wohnung und Garage an verschiedene Personen vermietet werden sollen. Gleiches gilt, wenn in Wohnung und Keller lediglich leicht zu beseitigende Gegenstände zurückgelassen werden. Wenngleich der Vermieter in diesen Fällen die Annahme der Mietsache nicht zurückweisen darf, so kann in der nur teilweisen Rückgabe eine Schlechterfüllung der Rückgabepflicht liegen, aus der sich Schadensersatzansprüche des Vermieters ergeben können (vgl. Rdn B 272). Darüber hinaus liegt eine zulässige Teilräumung dann vor, wenn der Vermieter damit einverstanden ist.

B 266 Von der Teilleistung ist eine **teilbare Leistung** zu unterscheiden, die beispielsweise vorliegen kann, wenn zwischen den Parteien mehrere Wohnraum-Mietverhältnisse bestehen (z. B. angemietete Wohnungen

§ 556 BGB: Rückgabe der Mietsache   B 267, 268

von Wirtschaftsunternehmen) und der Mieter entgegen seiner Verpflichtung nur einen Teil der gemieteten Wohnungen zurückgibt. Der Vermieter darf in diesen Fällen die Annahme der geräumten Wohnung nicht ablehnen (vgl. für Mischräume Rdn B 20).

III. Ausschluß des Zurückbehaltungsrechts des Mieters (Abs. II)

1. Zweck und Anwendungsbereich

Nach § 556 II steht dem Mieter oder Pächter von Grundstücken und B 267
Räumen (§ 580 BGB) wegen seiner Ansprüche gegen den Herausgabeanspruch des Vermieters kein Zurückbehaltungsrecht nach den §§ 320, 273 BGB zu. Der Ausschluß des Zurückbehaltungsrechts beruht auf der Erwägung, daß die Geltendmachung eines zeitweiligen Leistungsverweigerungsrechts durch den Mieter hier einen großen und nicht leicht wieder gutzumachenden Schaden des Vermieters auslösen kann, der zu dem Sicherungsbedürfnis des Mieters in keinem Verhältnis steht (BGH LM Nr. 1 zu § 556 BGB). Aus diesem Grunde muß § 556 II auch entsprechend angewandt werden, wenn der Herausgabeanspruch – etwa bei einem unwirksamen Mietvertrag – nur auf §§ 985 ff BGB gestützt werden kann. Auch in diesen Fällen hat der unrechtmäßige Besitzer der Mietsache keine Verwendungsersatzansprüche nach §§ 994 ff BGB (LG Ravensburg MDR 60, 141). Die gegenteilige Ansicht (BGH a. a. O.; Roquette § 556 BGB Rdn 15; Palandt-Putzo § 556 Anm. 2; Weimar WM 65, 93), wonach § 556 II als Ausnahmevorschrift keiner ausdehnenden Anwendung fähig sei, ist abzulehnen, weil der vertragslose Besitzer nicht besser gestellt werden darf, als der ursprünglich zum Besitz berechtigte Mieter. Der Ausschluß des Zurückbehaltungsrechts gilt nicht für den Mieter einer beweglichen Sache (vgl. dazu BGH BB 75, 1040).

2. Umfang des Ausschlusses des Zurückbehaltungsrechts

Der Ausschluß des Zurückbehaltungsrechts gilt ohne Einschränkung. B 268
Gleichgültig ist es deshalb, ob sich die Forderung des Mieters aus einem vertraglichen (z. B. Aufwendungsersatzanspruch, Anspruch aus nicht abgewohntem Mieterdarlehen oder Baukostenzuschüsse [LG Köln MDR 55, 170]; Entschädigungsanspruch bei vorzeitiger Kündigung [RG 108, 137], oder deliktischen Anspruch (z. B. Schadensersatzanspruch; vgl. aber unten) ergibt. Obwohl der Gesetzgeber den Ausschluß des Zurückbehaltungsrechts unter anderem damit begründet hat, daß dem Mieter zumeist nur unbedeutende Forderungen zustünden, kommt es darauf nicht an. Das Zurückbehaltungsrecht ist vielmehr auch dann ausgeschlossen, wenn dem Mieter Ansprüche in bedeutender Höhe zustehen und der durch die Zurückbehaltung möglicherweise entstehende Schaden gering wäre. Nur ausnahmsweise kann die Berufung des Vermieters auf § 556 II unzulässige Rechtsausübung (§ 242 BGB) sein; so

z. B. wenn sich der Anspruch des Mieters aus einer vorsätzlich begangenen unerlaubten Handlung des Vermieters ergibt (RG 160, 90), auch wenn die Schadensursache in keinem Zusammenhang mit dem Mietverhältnis steht. Dieser Rechtsgedanke wird erweiternd bei grob fahrlässigem Handeln des Vermieters anzuwenden sein, wenn dieses gleichzeitig eine Verletzung mietvertraglicher Pflichten darstellt und erhebliche Schadensfolgen nach sich zieht (z. B. gesundheitliche Schädigungen des Mieters durch Verletzung der Instandhaltungs- oder Verkehrssicherungspflicht).

3. Der gesetzliche Ausschluß des Zurückbehaltungsrechts ist nicht zwingend, so daß die Parteien abweichende vertragliche Vereinbarungen treffen können (RG 139, 17).

IV. Erfüllung

1. Wirkung der Erfüllung

Der Mieter hat seine Rückgabepflicht erfüllt, wenn er dem Vermieter in der oben II 3 dargestellten Weise die Mietsache übergeben hat. Mit diesem Zeitpunkt enden die zwischen den Parteien bestehenden Verpflichtungen, die sich entweder aus dem Mietvertrag oder – falls dieser schon vor der Räumung beendet worden war – aus einem zwischen Vertragsbeendigung und Räumung bestehenden gesetzlichen Schuldverhältnis ergeben haben (vgl. Rdn B 505). Mit der Rückgabe wird der Mieter von seiner Obhutspflicht frei (vgl. dazu BGH MDR 67, 835 = BB 67, 812; BGH VersR 71, 765); außerdem erlischt die Verpflichtung zur Zahlung des Mietzinses nach § 535 S. 2 oder 557 BGB. Der Vermieter muß etwaige Mietvorauszahlungen (§ 557a) sowie die vom Mieter gezahlte Kaution nach angemessener Abrechnungsfrist zurückerstatten, soweit er nicht mit eigenen Forderungen aufrechnen kann (zu letzterem vgl. BGH WM 72, 776; Rödding BB 68, 934). Ein vertraglich vereinbartes Aufrechnungsverbot zu Lasten des Mieters verliert seine Wirkung (LG Mannheim MDR 74, 934). Mit der tatsächlichen Rückgabe beginnt die Verjährung der Ersatzansprüche des Vermieters wegen Veränderungen oder Verschlechterungen der vermieteten Sache; für die Verjährung der Ansprüche des Mieters ist dagegen insoweit die rechtliche Beendigung des Mietverhältnisses entscheidend (§ 558 II BGB). Ist streitig, ob die Erfüllungswirkungen eingetreten sind, so muß der Vermieter lediglich darlegen, daß die Mietsache nicht zurückgegeben worden ist; der Mieter muß dagegen beweisen, daß er erfüllt hat (LG Mannheim, Urt. vom 11. 11. 1981 – 4 S 72/81).

2. Nichterfüllung

Erfüllt der Mieter seine Rückgabepflicht nicht (dazu Rdn B 246), so **B 271** muß der Vermieter auf Räumung klagen. Selbsthilfe zur Erzwingung der Räumung ist als verbotene Eigenmacht unzulässig (§ 858 BGB; dazu Kürzel AiZ 67, 48). Bis zur tatsächlichen Räumung treten die Wirkungen der Erfüllung (s. oben IV 1) nicht ein. Zwischen den Parteien entsteht ein gesetzliches Schuldverhältnis mit bestimmten Mindestrechten und -pflichten (s. Rdn B 505), die sich im einzelnen nach § 557 BGB und nach den von der Rspr. entwickelten Grundsätzen richten.

3. Schlechterfüllung

a) Von der Nichterfüllung sind die Fälle der Schlechterfüllung zu unterscheiden. **B 272** Schlechterfüllung liegt vor, wenn der Vermieter zwar den Besitz der Mietsache erlangt hat, diese sich aber in mangelhaftem Zustand befindet (LG Köln MDR 66, 239; Häring BlGBW 68, 81; 70, 221). Beispiele: unterlassene Schönheitsreparaturen trotz dazu bestehender vertraglicher Verpflichtung (s. Rdn. B 253 ff); nicht entfernte Einrichtungen oder bauliche Änderungen (s. Rdn B 262 f). Gleiches gilt, wenn nur ein Teil der Mietsache zurückgegeben worden ist und der Vermieter die Teilrückgabe nicht ablehnen darf (s. Rdn B 265 f) oder wenn der Mieter zwar die Mietsache zurückgibt, aber mitvermietetes Zubehör weiter in Besitz behält (z. B. Zurückbehaltung eines Schlüssels; s. Rdn B 250). Für die Abgrenzung der Nichterfüllung von den Fällen der Schlechterfüllung kommt es ausschließlich darauf an, ob der Vermieter die tatsächliche Verfügungsgewalt über die Sache erlangt, während der Zustand des Mietgegenstands außer Betracht zu bleiben hat (LG Köln a. a. O.; Häring a. a. O.). Für die Rückgabe in **nicht geräumten** oder **nicht vollkommen geräumten Zustand** gilt folgendes: Keine Rückgabe liegt vor, wenn der Mieter zwar seine Sachen aus den Räumen entfernt, aber die Schlüssel behält. Gleiches gilt, wenn er seine Einrichtung in den Mieträumen zurückläßt. In diesen Fällen liegt eine Vorenthaltung vor. Bleiben dagegen nur einzelne Gegenstände zurück, so ist der Vermieter an der Wiederinbesitznahme nicht gehindert (BGH NJW 83, 1049 = MDR 83, 345 = ZMR 83, 198).

Auch in den Fällen der Schlechterfüllung ist der Vermieter zur Entgegennahme der Mietsache verpflichtet und treten die Erfüllungswirkungen (oben IV 1) ein. Daneben bleiben dem Vermieter aber **Leistungsansprüche** (z. B. auf Durchführung der Schönheitsreparaturen, auf Beseitigung der Einrichtungen, auf Rückgabe des Zubehörs) und **Schadensersatzansprüche** aus dem Gesichtspunkt des Verzugs, der Nichterfüllung, oder aus § 823 BGB (BGH a. a. O.). Auch diese Schadensersatzansprüche unterliegen allerdings der kurzen Verjährungsfrist von 6 Monaten (§ 558 BGB). **B 273**

b) Die Erklärungen der Vertragsparteien, die diese anläßlich der Rückgabe der Mietsache abgeben, können verschiedene Bedeutung haben. **B 274**

Bestätigt der Vermieter lediglich die Rückgabe als solche, so liegt darin ein **Empfangsbekenntnis** (Quittung) nach § 368 BGB. Mit diesem Empfangsbekenntnis kann der Mieter lediglich den Beweis für die tatsächliche Rückgabe erbringen, während es über etwaige Mängel der Mietsache nichts aussagt. Liegen solche Mängel vor, so kann der Vermieter seine daraus entstehenden Ansprüche ungeachtet der erteilten Quittung im Klagewege geltend machen.

Anders ist es, wenn die Parteien vertraglich vereinbaren, daß zwischen ihnen keine Ansprüche aus dem beendeten Mietverhältnis mehr bestehen sollen. Derartige Verträge werden häufig konkludent geschlossen, so etwa, wenn der Vermieter anläßlich der Räumung bestätigt, daß die Mietsache ordnungsgemäß (oder vertragsgemäß) zurückgegeben wurde, oder wenn der Vermieter nach erfolgter Rückgabe die Kaution zurückbezahlt (LG Stuttgart WM 77, 29). Dieser Vertrag stellt ein sog. **negatives Schuldanerkenntnis** i. S. v. § 397 II BGB dar, das die Ansprüche des Gläubigers zum Erlöschen bringt (insoweit unklar LG Kassel WM 74, 235). Eine Verpflichtung zum Abschluß derartiger Schuldanerkenntnisse besteht – im Gegensatz zur Erteilung eines Empfangsbekenntnisses – nicht. Unter den Voraussetzungen der §§ 119, 123 BGB kann das Schuldanerkenntnis durch Anfechtung beseitigt und die darin liegende Verfügung kondiziert werden. Zu beachten ist insoweit, daß ein Anfechtungsgrund nach § 119 BGB nicht schon dann vorliegt, wenn der Vermieter die Ordnungsmäßigkeit der Mietsache ohne vorherige Besichtigung bestätigt oder wenn er sich über die rechtliche Beurteilung eines tatsächlich festgestellten Zustandes nicht im klaren ist, weil in beiden Fällen kein rechtlich relevanter Irrtum vorliegt (LG Mannheim WM 75, 118). Ob schon die vorbehaltlose Annahme der vom Mieter übergebenen Räume nach vorheriger Besichtigung seitens des Vermieters als negatives Schuldanerkenntnis zu werten ist, muß nach den besonderen Umständen des Einzelfalles nach §§ 133, 157, 242 BGB entschieden werden. In der bloßen Entgegennahme der Wohnungsschlüssel liegt i. d. R. keine derartige Erklärung des Vermieters. Das anläßlich der Rückgabe gefertigte **Übergabeprotokoll** stellt in der Regel ebenfalls kein Schuldanerkenntnis dar. In einem solchen Protokoll wird nämlich regelmäßig nur der Zustand der Miettäume festgestellt. Nach der Verkehrsanschauung erkennt der Mieter aber nicht an, daß sich hieraus bestimmte Schadensersatzforderungen ergeben sollen (LG Aachen WM 81, 163). Umgekehrt wird der Vermieter nicht mit der Geltendmachung solcher Schäden ausgeschlossen, die in dem Protokoll nicht enthalten sind (AG Köln WM 86, 85; a. A.: AG Wesel WM 87, 84). Zu der Gestaltung eines Übergabeprotokolls vgl. Zinburg ZMR 85, 39).

Das Zustandekommen eines negativen Schuldanerkenntnisses muß derjenige beweisen, der hieraus Rechte ableitet; i. d. R. also der Mieter.

§ 556 BGB. Rückgabe der Mietsache   B 275

V. Der Räumungsanspruch gegen den Untermieter (Abs. III)

1. Allgemeines

a) § 556 III regelt die Fälle, in denen der Mieter die Mietsache ganz   B 275
oder teilweise einem Dritten zum selbständigen Gebrauch überlassen hat
(Untermiete). Die Beendigung des Hauptmietverhältnisses hat dann
nicht gleichzeitig die Beendigung des Untermietverhältnisses zur Folge
(LG Frankfurt ZMR 61, 269; LG Kassel WM 53, 12; a. A. noch LG
Frankfurt WM 58, 38; LG Hamburg MDR 51, 550). Vielmehr bestehen
die vertraglichen Beziehungen zwischen Hauptmieter und Untermieter
fort. Haben die Parteien des Untermietverhältnisses vereinbart, daß der
Untermietvertrag zugleich mit der Beendigung des Hauptmietvertrags
enden soll, so tritt bei Beendigung des Hauptmietvertrags die Rechtsfolge des § 565a Abs. 2 BGB ein. Das Untermietverhältnis endet nicht,
sondern gilt auf unbestimmte Zeit verlängert. Für die Kündigung des
Hauptmieters gegenüber dem Untermieter müssen auch in diesem Fall
Kündigungsgründe im Sinne von § 564b BGB vorliegen. Diese Rechtsfolge der Verlängerung tritt bei allen Wohnraummietverhältnissen ein,
und zwar auch bei Mietverhältnissen zu nur vorübergehendem Gebrauch
(s. Rdn C 539) und bei möblierten Mietverhältnissen nach § 565 Abs. 3
BGB (s. Rdn C 548). Bezüglich dieser Mietverhältnisse können die Parteien allerdings eine von § 565a Abs. 2 BGB abweichende Vereinbarung
treffen. Außerdem sind diese Mietverhältnisse auch im Falle der Verlängerung nach § 565 Abs. 2 BGB ohne Beachtung des § 564b BGB kündbar (§ 564b Abs. 7 BGB). Für Geschäftsraummietverhältnisse gilt § 565a
BGB nicht. Hier kann wirksam vereinbart werden, daß der Fortbestand
des Untermietverhältnisses an den Bestand des Hauptmietverhältnisses
geknüpft sein soll (BGH WM 86, 54). Endet das Hauptmietverhältnis, so
ist auch das Untermietverhältnis kraft vertraglicher Regelung beendet.
Eine derartige Klausel deckt allerdings nicht alle Fälle der Beendigung
des Hauptvertrags. Der Mieter ist insbesondere nicht berechtigt, das
Hauptmietverhältnis nach seinem freien Belieben zu beenden. Die Abgrenzung muß in Ermangelung besonderer vertraglicher Regelungen
nach dem Grundsatz von Treu und Glauben aufgrund einer Abwägung
der Umstände des Einzelfalls nach Zumutbarkeitsgesichtspunkten vorgenommen werden (BGH a. a. O., wonach sich der Hauptmieter dann
auf die Beendigungsklausel berufen darf, wenn der Hauptvertrag durch
Mietaufhebungsvertrag deshalb beendet worden ist, weil der Konkurs
des Mieters bevorstand). Wird das Untermietverhältnis weder durch
eine vertragliche Vereinbarung noch durch Kündigung beendet, haftet
der Hauptmieter unter Umständen auf Schadenersatz.

Der materielle Ausgleich für einen Schaden, den der Untermieter
durch die Herausgabe der Mietsache an den Vermieter erleidet, ist nach
§ 541 BGB allein im Verhältnis Untermieter – Hauptmieter zu beurtei-

len. Ist der Hauptmietvertrag wirksam gekündigt, so liegt eine Entziehung des dem Untermieter zu gewährenden vertragsmäßigen Gebrauchs schon dann vor, wenn der Vermieter vom Untermieter Räumung verlangt, wobei es auf die rechtskräftige Feststellung des Räumungsanspruchs gegen den Hauptmieter nicht ankommt; für den Eintritt der Rechtsfolgen des § 541 BGB ist es nicht erforderlich, daß der Untermieter die Miträume bereits aufgegeben hat (BGH WM 74, 1180 = MDR 75, 134). Für einen anfänglichen Rechtsmangel haftet der Hauptmieter insoweit ebenso wie für einen ursprünglichen Sachmangel gemäß §§ 541, 538 I BGB ohne Rücksicht auf sein Verschulden auf Schadensersatz wegen Nichterfüllung, wobei allerdings die Rechtsgrundsätze des § 539 BGB auch hier zu beachten sind. Der § 541 BGB ist aber auch dann anwendbar, wenn der Herausgabeanspruch des Vermieters nach § 556 III BGB erst nach Abschluß des Mietvertrags und nach Überlassung der Mietsache entsteht (BGH a. a. O., abw. von RGZ 65, 29, 33); für einen erst nach Abschluß des Mietvertrags entstandenen Rechtsmangel hat der Hauptmieter jedoch nur einzustehen, wenn er den Rechtsmangel zu vertreten hat (BGH aaO gegen Roquette § 541 Rdn 2), wonach eine Schadensersatzpflicht des Vermieters in jedem Falle gegeben sei, weil § 541 BGB nur auf die Rechtsfolgen des § 538 I BGB verweise). Hat der Hauptmieter z. B. den Mietzins nicht oder nicht rechtzeitig an den Vermieter gezahlt, und deshalb die Beendigung des Hauptmietvertrags nach § 554 BGB herbeigeführt, so hat er nach dem Grundgedanken des § 279 BGB das Entstehen des Rechtsmangels dem Untermieter gegenüber zu vertreten.

Hat der Hauptmieter von dem Vermieter oder vom Nachmieter eine Abfindungssumme erhalten, so kann der Untermieter diesen Betrag nach § 281 BGB herausverlangen. Nach dieser Vorschrift kann der Gläubiger eines schuldrechtlichen Anspruchs bei Unmöglichkeit der Leistung die Herausgabe dessen verlangen, was der Schuldner infolge des Umstands, welcher die Leistung unmöglich gemacht hat, als Ersatz für den geschuldeten Gegenstand erlangt. Diese Vorschrift ist auf Fälle der vorliegenden Art anwendbar (BGH WM 86, 54).

B 276 b) Zum Unterschied zu dem Rückgewährsanspruch nach § 556 I handelt es sich hier also nicht um eine eine vertragliche Rückgabeverpflichtung, sondern um einen **gesetzlichen Rückgabeanspruch,** der neben den Anspruch aus § 985 BGB tritt. Nach einhelliger Auffassung haftet der Untermieter hinsichtlich der Räumungspflicht kraft Gesetzes gesamtschuldnerisch neben dem Mieter (vgl. OLG Celle NJW 53, 1474; LG Köln WM 61, 191; Pergande § 556 Anm. 4; Roquette § 556 Rdn 20). Dem steht nicht entgegen, daß die Verpflichtungen von Hauptmieter und Untermieter in Art und Umfang nicht völlig gleichartig sind. Deutlich wird dieser Unterschied bei Mietverhältnissen über bewegliche Sachen. Während der Hauptmieter auf Grund des Vertragsverhältnisses die Sache dem Vermieter bringen muß (Bringschuld), wird durch den gesetzlichen Rückforderungsanspruch nach Abs. III lediglich eine Hol-

§ 556 BGB. Rückgabe der Mietsache **B 227**

schuld begründet. Der Vermieter muß sich also die Sache beim Untermieter holen. Diese unterschiedliche Regelung ist sachgemäß, weil zwischen Hauptvermieter und Untermieter keine Vertragspflichten bestehen und der Untermieter zudem oft nicht weiß, daß das Hauptmietverhältnis beendet ist. Hinsichtlich der dogmatischen Einordnung des Anspruchs nach § 556 kann dennoch eine Gesamtschuld kraft Gesetzes bejaht werden, weil dafür eine völlige Gleichartigkeit der Verpflichtungen nicht erforderlich ist (vgl. Palandt-Heinrichs § 421 BGB Anm. I m. w. Nachw.). Von Bedeutung ist dies insbesondere für die prozessuale Behandlung des Anspruchs nach § 556 III (s. unten B 292). Der Grundsatz der Unverletzlichkeit der Wohnung (Art. 13 GG) steht der Anwendung des § 556 III nicht entgegen (LG Kassel WM 57, 117).

2. Die Parteien des Räumungsanspruchs

a) Gläubiger des Anspruchs nach § 556 III ist der Vermieter, der auch in **B 277** diesem Fall nicht Eigentümer der Mietsache zu sein braucht; Schuldner ist derjenige, dem der Hauptmieter die Sache überlassen hat. Auf die Wirksamkeit des zwischen dem Hauptmieter und dem Untermieter bestehenden Vertrags kommt es nicht an. Stets muß es sich hierbei aber um eine Überlassung zum selbständigen Gebrauch i. S. des § 549 BGB handeln (vgl. dazu grunds. LG Mannheim NJW 75, 1663 m. w. Nachw.); die Aufnahme eines nahen Angehörigen in die Familien- und Wohngemeinschaft reicht dafür nicht aus (LG Düsseldorf ZMR 57, 196). Gleiches gilt für den Ehepartner des Mieters, der nach dessen Auszug in der Wohnung verblieben ist. Es ist grundsätzlich Aufgabe des Mieters, für die Räumung der Wohnung durch diesen Personenkreis zu sorgen (§ 556 I). Im übrigen hat der Vermieter – soweit er Eigentümer ist – nur einen Räumungsanspruch nach § 985 BGB, während ein Anspruch nach § 556 III insoweit ausgeschlossen ist (a. A. Hoffmann NJW 68, 2327).

b) Hat der Vermieter dem Hauptmieter und dieser wiederum dem Untermieter gekündigt, so ist der Untermieter zunächst beiden zur Herausgabe verpflichtet. Die ihm gegenüber dem Hauptmieter obliegende Rückgabepflicht richtet sich dabei nach § 556 I BGB (vgl. B 239 ff) während er gegenüber dem Vermieter nach § 556 III BGB verpflichtet ist. Da der Untermieter aber nur einmal erfüllen kann gilt folgendes: solange das zwischen Vermieter und Hauptmieter bestehende Mietverhältnis noch nicht beendet ist, muß der Untermieter die Mietsache an den Hauptmieter herausgeben; in diesem Fall erlischt der Herausgabeanspruch des Vermieters (LG Hamburg WM 80, 199). Nach Beendigung des Hauptmietverhältnisses ist eine Herausgabe an den Hauptmieter nicht mehr möglich, so daß der Untermieter nur noch gegenüber dem Vermieter erfüllen kann. Gelingt es dem Untermieter, mit dem Vermieter einen neuen Mietvertrag abzuschließen, so erlischt seine Herausgabeverpflichtung sowohl gegenüber dem Vermieter als auch gegenüber dem Hauptmieter (OLG Celle NJW 53, 1474; LG Frankfurt Urt. vom 25. 2. 1975 – 2/11 S 83/74).

3. Der Zeitpunkt der Rückgabe und die Geltendmachung des Rückforderungsrechts

B 278 a) Das Rückforderungsrecht entsteht mit der Beendigung des Hauptmietverhältnisses.

aa) Dabei kommt es ausschließlich darauf an, wann das Mietverhältnis mit dem Hauptmieter rechtlich endet. Der vertraglichen Beendigung (Ablauf der Kündigungsfrist, Ende der Mietzeit bei befristetem Mietverhältnis, Mietaufhebungsvertrag) steht es gleich, wenn der Hauptmieter stirbt und niemand vorhanden ist, der kraft Gesetzes (§§ 569a ff BGB) in das Mietverhältnis eintritt (AG Ansbach MDR 65, 488). Dagegen ist es unbeachtlich, ob der Hauptmieter bereits vor Ablauf der Kündigungsfrist räumt oder nach diesem Zeitpunkt – etwa auf Grund einer Räumungsfrist – weiterhin die Mietsache in Besitz behält (LG Mönchengladbach WM 64, 39; a. A. OLG Hamm WM 81, 40 wonach es nicht auf die Beendigung des Hauptmietverhältnisses, sondern darauf ankommen soll, ob der Hauptmieter zur Räumung und Herausgabe verpflichtet ist).

B 279 bb) Stets muß es sich um eine von den Parteien des Hauptmietverhältnisses ernst gemeinte Beendigung handeln. Wird das Hauptmietverhältnis nur zum Schein aufgehoben, um gegen den Untermieter nach § 556 III vorgehen zu können, so ist das der Aufhebung zugrunde liegende Rechtsgeschäft (Kündigung, Mietaufhebungsvertrag) nach § 117 **BGB** nichtig. Das Hauptmietverhältnis besteht fort, so daß der Räumungsanspruch gegen den Untermieter nicht entsteht.

B 280 Verträge über eine teilweise Aufhebung des Hauptmietverhältnisses, die den Zweck verfolgen, den Hauptmieter wieder in den Besitz der untervermieteten Räume zu bringen, sind grundsätzlich nach § 138 **BGB** nichtig. Eine Ausnahme gilt nur dann, wenn der Hauptmieter ein berechtigtes Interesse i. S. des § 564b BGB an der Rückerlangung der untervermieteten Räume hat. Da er in diesem Fall das gesamte Untermietverhältnis im Wege der Kündigung beenden könnte, muß auch ein auf teilweise Aufhebung gerichteter Vertrag mit dem Hauptmieter zulässig sein. Diese Grundsätze waren bereits unter der Geltung des MSchG allgemein anerkannt (vgl. AG Schwelm WM 54, 113; LG Kleve MDR 54, 361; LG Aachen ZMR 54, 212; LG Kassel MDR 54, 484 = DWW 54, 203 = WM 54, 79; LG Osnabrück ZMR 52, 11; LG Hannover NJW 49, 825; LG Köln MDR 54, 420 m. zust. Anm. Weimar; LG Freiburg ZMR 56, 119; Roquette NJW 52, 1396 m. w. Nachw.; sie sind auch bei der heute geltenden Rechtslage zu beachten.

B 281 cc) Von der Beendigung sind die Fälle zu unterscheiden, in denen ein neuer Hauptmieter in ein bereits bestehendes Mietverhältnis eintritt (vgl. §§ 569a, 569b BGB; u. U. auch Wohnungstausch; AG Düsseldorf ZMR 60, 173). In diesen Fällen geht das mit dem bisherigen Hauptmieter bestehende Untermietverhältnis auf den neuen Hauptmieter unverändert über. Ebenso tritt ein geschiedener Ehegatte, dem die Ehewohnung auf Grund des § 5 der HausratsVO zum alleinigen Besitze zugewiesen wird,

§ 556 BGB. Rückgabe der Mietsache   B 282–285

in das zur Zeit der Zuweisung bestehende Untermietverhältnis ein (LG Hamburg HMR Rspr. Nr. 102).
dd) Keine Beendigung i. S. des § 556 III liegt vor, wenn der Haupt- **B 282** mietvertrag durch Anfechtung beseitigt wird oder aus anderen Gründen von Anfang an nichtig war (Roquette § 556 Rdn 21). In diesen Fällen hat nie ein Hauptmietverhältnis bestanden, auf Grund dessen der Hauptmieter dem Untermieter den berechtigten Besitz vermitteln konnte. Sowohl der Hauptmieter als auch der Untermieter sind unrechtmäßige Besitzer, von denen die Mietsache nur nach den §§ 985, 812 BGB zurückverlangt werden kann.

b) Das **Rückforderungsrecht** muß vom Vermieter **geltend gemacht B 283** werden. Dies geschieht durch einseitige, zugangsbedürftige Erklärung des Vermieters gegenüber dem Untermieter, die auch schon vor Beendigung des Hauptmietverhältnisses abgegeben werden kann, aber auch in diesem Fall erst mit der Beendigung wirksam wird. Auch in der Erhebung der Räumungsklage wird eine Rückforderungserklärung zu sehen sein (RG 156, 153; Hoffmann WM 67, 33). Die Rückforderungserklärung ist keine Kündigung, weil zwischen Vermieter und Untermieter keine mietvertraglichen Beziehungen bestehen. Sie bedarf deshalb weder der Schriftform, noch müssen Kündigungsfristen eingehalten werden. Nach allgemeinen Grundsätzen (§ 721 ZPO) hat der Untermieter von Wohnraum aber einen Anspruch auf eine angemessene Räumungsfrist, deren Dauer im vorprozessualen Raum grundsätzlich den in § 565 III BGB genannten Fristen entsprechen sollte (vgl. dazu AG München ZMR 59, 182; zum Räumungsprozeß s. Rdn B 740).

Aus Gründen der Rechtsklarheit kann die Rückforderungserklärung **B 284** nicht unter der **auflösenden Bedingung** erfolgen, daß die Räumung des Untermieters von der Bereitschaft des nachfolgenden Hauptmieters zum Abschluß eines neuen Untermietvertrags abhängig sein soll. Wird zwischen dem neuen Hauptmieter und dem bisherigen Untermieter mit Einwilligung des Vermieters ein Untermietvertrag geschlossen, so erlischt das Rückforderungsrecht (LG München WM 64, 118). Lehnt der neue Hauptmieter den Abschluß eines derartigen Vertrags ab, so kann der Vermieter gegenüber diesem vertraglich verpflichtet sein, den Räumungsanspruch nach § 556 III geltend zu machen.

c) Innerhalb welchen **Zeitraums** nach der Beendigung des Hauptmiet- **B 285** verhältnisses die Beendigungserklärung zu erfolgen hat, ist vom Gesetz nicht geregelt. Wird die Erklärung innerhalb eines längeren Zeitraums nicht abgegeben, so kann die Auslegung ergeben, daß zwischen Vermieter und Untermieter konkludent ein neues Hauptmietverhältnis begründet worden ist. Dies kommt insbesondere dann in Betracht, wenn der Vermieter den bisherigen Untermieter in der Folgezeit als unmittelbaren Vertragspartner behandelt (im Erg. ebenso AG Frankfurt WM 57, 71). Im Einzelfall können auch die Grundsätze der Verwirkung eingreifen, so, wenn der Räumungsanspruch über längere Zeit nicht geltend gemacht wurde und der Untermieter auf den Fortbestand seines Besitzrechts vertraut hat und vertrauen durfte (AG Berlin-Charlottenburg BlGBW 64, 128). Die Vorschrift des § 568 BGB ist jedoch in jedem Fall unanwendbar, weil danach ein Mietverhältnis vorausgesetzt wird, das zwischen Vermieter und Untermieter gerade nicht besteht.

B 286 d) Gegenüber dem Rückforderungsanspruch des Vermieters kann sich der Untermieter von Wohnraum nicht auf seine – ihm gegen den Hauptmieter zustehenden – vertraglichen oder gesetzlichen **Schutzrechte** (§§ 564b, 556a ff BGB) berufen (Hoffmann WM 67, 33). Für das früher geltende Mieterschutzgesetz war dies ebenfalls allgemein anerkannt (LG Berlin ZMR 57, 243; LG Aachen ZMR 54, 212). Verlangt der Vermieter nach § 556 III vom Untermieter die Herausgabe, so kann diesem nach § 541 BGB ein Schadensersatzanspruch gegen den Hauptmieter zustehen, wenn er auf diese Weise seinen Mietgebrauch vorzeitig aufgeben muß (s. oben, BGH a. a. O. Rdn 275; LG Kassel WM 57, 117). Aus den Schutzrechten des Hauptmieters kann der Untermieter ebenfalls keine eigenen Ansprüche herleiten. Räumt beispielsweise der Hauptmieter auf Grund einer unwirksamen Kündigung, so muß auch der Untermieter die Mietsache herausgeben. Dagegen sind die im Rahmen der Zwangsvollstreckung geltenden Schutzvorschriften (§§ 721, 765a ZPO) auch im Verhältnis zwischen Hauptvermieter und Untermieter anwendbar, weil diese Vorschriften auch für gesetzliche Schuldverhältnisse gelten (Hoffmann a. a. O.).

B 287 e) Der Ausschluß der Schutzrechte im Verhältnis des Untermieters zum Hauptvermieter führt zu einer sozialpolitisch unbefriedigenden Situation, wenn Wohnungen von einem Generalmieter (Hauptmieter) angemietet und sodann an einzelne Wohnungsnutzer (Untermieter) weitervermietet werden. Es handelt sich dabei insbesondere um die in Rdn B 9 behandelten Mietverhältnisse **(Vermietung durch Vermietungsgesellschaften; werkgeförderte Wohnungen; Wohnungen der Bundesvermögensverwaltung).** In all diesen Fällen besteht zwischen dem Eigentümer und dem Hauptmieter ein Hauptmietverhältnis und zwischen dem Hauptmieter und dem Untermieter ein Untermietverhältnis. Endet das Hauptmietverhältnis, so ist auch der Untermieter nach § 556 III BGB zur Herausgabe verpflichtet. Die sich aus dieser Vertragskonstruktion ergebenden Probleme waren bereits mehrfach Gegenstand obergerichtlicher Entscheidungen (OLG Karlsruhe (RE) vom 24. 7. 81 RES § 556 BGB Nr. 1; OLG Hamm DWW 82, 24 – Vorlagebeschluß; OLG Karlsruhe (RE) vom 4. 7. 1983 WM 83, 251). Nunmehr liegt auch ein Rechtsentscheid des BGH vor (BGH (RE) vom 21. 4. 1982 RES § 556 BGB Nr. 2).

Danach kann der Untermieter den Einwand des Rechtsmißbrauchs geltend machen, wenn der Eigentümer das Räumungs- und Herausgabeverlangen ohne Rücksicht auf die einem Wohnungsmieter zustehenden gesetzlichen Schutzrechte nach §§ 556a, 564b BGB betreibt. Im Ergebnis bedeutet dies, daß der Untermieter solange im Besitz der Wohnung verbleibt, solange der Eigentümer keine Kündigungsgründe geltend ma-

§ 556 BGB. Rückgabe der Mietsache   B 287

chen kann. Zwischen dem Eigentümer und dem Wohnungsnutzer entsteht ein Rechtsverhältnis besonderer Art, das seine Grundlage in § 242 BGB hat und den Parteien eine Rechtsstellung verleiht, die alle wesentlichen mietvertraglichen Rechte und Pflichten umfaßt. Der Wohnungsnutzer muß also an den Eigentümer ein Entgelt bezahlen, das dem früheren Mietzins entspricht; bei der Erhöhung dieses Entgelts müssen die Vorschriften des MHG beachtet werden. Den Eigentümer trifft die Pflicht zur Instandhaltung der Mietsache, die Verkehrssicherungspflicht und alle anderen Vermieterpflichten. Vereinzelt wird in der Literatur sogar die Ansicht vertreten, daß der Mieter verpflichtet sein soll, einen Mietvertrag mit einer anderen vom Eigentümer ausgewählten Vermietungsgesellschaft zu schließen (Bartsch ZMR 83, 256). Dem kann allerdings nur in jenen Fällen zugestimmt werden, in denen sich die Mietbedingungen nicht ändern. Die hier dargestellten Grundsätze gelten nach der Ansicht des BGH dann nicht, wenn der Wohnungsnutzer beim Abschluß des Mietvertrags wußte, daß sein Vermieter nicht der Eigentümer ist. In diesem Fall verstoße das auf § 556 III BGB gestützte Räumungsverlangen nicht gegen Treu und Glauben (ebenso OLG Karlsruhe (RE) vom 4. 7. 1983 WM 83, 251). Die **Darlegungs- und Beweislast** für die Kenntnis des Mieters trägt der Eigentümer (LG München I WM 84, 246; Hille WM 83, 46; a. A.: Haase JR 82, 456), wobei allerdings bereits die äußeren Umstände für eine Kenntnis sprechen können. Aus dem Umstand allein, daß ein Vermieter als ,,Betreuungs- oder Verwaltungsgesellschaft" firmiert, kann die Kenntnis allerdings nicht hergeleitet werden (a. A.: wohl LG München I WM 84, 246).

Die Entscheidung des BGH vom 21. 4. 1982 (a. a. O.) ist im Ergebnis unbefriedigend. Für die Schutzwürdigkeit und Schutzbedürftigkeit eines Wohnungsnutzers ist es nämlich ohne Bedeutung, ob dieser von den Eigentumsverhältnissen Kenntnis hatte. Es ist auch kein Grund dafür ersichtlich, warum denjenigen Eigentümern, die sich einer Vermietungsgesellschaft bedienen, weitergehende Möglichkeiten eingeräumt werden, als denen, die unmittelbar an den Wohnungsnutzer vermieten. Die Rechtsansicht des BGH ist auch keineswegs zwingend. So hat Nassall (MDR 83, 9) mit beachtenswerten Argumenten dargelegt, daß die mietrechtlichen Kündigungsvorschriften bei den hintereinandergeschalteten Mietverträgen eine Lücke aufweisen und daß diese Lücke im Wege der teleologischen Reduktion des § 556 III BGB geschlossen werden könne.

Im Hinblick auf den Rechtsentscheid des BGH ist allerdings nicht zu erwarten, daß sich dieser Lösungsansatz in der Praxis durchsetzen wird. Ein gesetzgeberischer Eingriff erscheint angesichts der zunehmenden Zahl solcher Mietverhältnisse unerläßlich (s. dazu auch: Maute WM 82, 287; Hille WM 83, 46).

221

4. Inhalt der Rückgabepflicht des Untermieters

B 288 Der Untermieter hat die Mietsache unmittelbar an den Vermieter herauszugeben. Ein Zurückbehaltungsrecht ist auch im Rahmen des § 556 III ausgeschlossen (AG Bremen HW 51, 114). Für die Art und Weise der Rückgabe gelten grundsätzlich die Ausführungen oben II 3, wobei jedoch folgende Besonderheiten zu beachten sind:

B 289 a) Der Vermieter kann sich nicht auf die zwischen dem Hauptmieter und dem Untermieter getroffenen **vertraglichen Vereinbarungen** berufen. Hat sich beispielsweise der Untermieter gegenüber dem Hauptmieter zur Übernahme der Schönheitsreparaturen verpflichtet, diese aber nicht durchgeführt, so hat der Vermieter weder Leistungs- noch Schadensersatzansprüche gegen den Untermieter. Dies folgt daraus, daß der Vermieter nicht Vertragspartner des Untermieters ist und in dem Untermietvertrag auch kein Vertrag zugunsten Dritter (§ 328 BGB) gesehen werden kann. Der Vermieter kann in diesen Fällen nur gegen den Hauptmieter vorgehen – soweit dieser sich ihm gegenüber vertraglich verpflichtet hat – oder sich die Ansprüche des Hauptmieters gegen den Untermieter abtreten lassen.

B 290 b) Hat der Untermieter mit Genehmigung des Hauptmieters **Einrichtungen** angebracht oder **bauliche Veränderungen** vorgenommen, so kann der Vermieter ebenfalls nicht aus eigenem Recht deren Beseitigung verlangen. Die sich aus § 556 I ergebenden Rechte (s. oben B 239) wirken als vertragliche Rechte nur gegen den Hauptmieter. Die aus der Eigentümerstellung des Vermieters fließenden Befugnisse werden durch die Besitzübertragung an den Hauptmieter dergestalt beschränkt, daß gegen den Untermieter nur dann aus eigenem Recht eingeschritten werden kann, wenn dieser ohne Genehmigung des Hauptmieters tätig wird.

B 291 c) Daraus folgt, daß die dem Untermieter gegenüber dem Hauptmieter obliegende Rückgabeverpflichtung nach § 556 I einen anderen Inhalt haben kann, als der dem Vermieter nach § 556 III zustehende Anspruch. Diese sachlichen Unterschiede werden aber dadurch gerechtfertigt, daß der Herausgabeanspruch nach § 556 III keine vertraglichen Beziehungen voraussetzt. In der Praxis ist dies weniger bedeutsam, da der Vermieter nicht auf den Direktanspruch aus § 556 III beschränkt ist, sondern daneben vom Hauptmieter nach § 556 I verlangen kann, daß dieser für die Räumung durch den Untermieter Sorge trägt (vgl. Rdn B 249).

5. Prozessuale Besonderheiten

B 292 a) Verweigert der Untermieter die Herausgabe der Mietsache, so kann der Vermieter auf Räumung klagen. Obwohl die materiell-rechtliche Räumungspflicht des Untermieters von der Rechtslage des Hauptmietverhältnisses abhängig ist, können jedoch Hauptmieter und Untermieter grundsätzlich gleichzeitig verklagt werden (LG Hamburg MDR 58, 431; MDR 56, 299; LG Köln WM 55, 8; Roquette, § 556 Rdn 20;

Schumacher BlGBW 61, 298; a. A. LG Berlin BlGBW 60, 111; Lewald MDR 57, 48). Dies folgt aus der gesamtschuldnerischen Haftung von Hauptmieter und Untermieter hinsichtlich der Räumungspflicht. Für die gerichtliche Zuständigkeit gilt auch hier § 29a ZPO.

b) Im Räumungsprozeß ist die Kostenvorschrift des § 93b III ZPO **B 293** unmittelbar anwendbar, wenn der Untermieter den Hauptvermieter vergeblich um eine an sich zu gewährende Räumungsfrist gebeten hat; eine entsprechende Anwendung dieser Vorschrift kommt in Betracht, wenn der Untermieter erst durch die Erhebung der Räumungsklage von der Beendigung des Hauptmietverhältnisses erfahren hat (ebenso Hoffmann WM 67, 33).

§§ 556a–556c BGB. Fortsetzung des Mietverhältnisses nach der Sozialklausel

§ 556a [Widerspruch des Mieters gegen Kündigung]
(1) Der Mieter kann der Kündigung eines Mietverhältnisses über Wohnraum widersprechen und vom Vermieter die Fortsetzung des Mietverhältnisses verlangen, wenn die vertragsmäßige Beendigung des Mietverhältnisses für den Mieter oder seine Familie eine Härte bedeuten würde, die auch unter Würdigung der berechtigten Interessen des Vermieters nicht zu rechtfertigen ist. Eine Härte liegt auch vor, wenn angemessener Ersatzwohnraum zu zumutbaren Bedingungen nicht beschafft werden kann. Bei der Würdigung der berechtigten Interessen des Vermieters werden nur die in dem Kündigungsschreiben nach § 564a Abs. 1 Satz 2 angegebenen Gründe berücksichtigt, soweit nicht die Gründe nachträglich entstanden sind.

(2) Im Falle des Absatzes 1 kann der Mieter verlangen, daß das Mietverhältnis solange fortgesetzt wird, wie dies unter Berücksichtigung aller Umstände angemessen ist. Ist dem Vermieter nicht zuzumuten, das Mietverhältnis nach den bisher geltenden Vertragsbedingungen fortzusetzen, so kann der Mieter nur verlangen, daß es unter einer angemessenen Änderung der Bedingungen fortgesetzt wird.

(3) Kommt keine Einigung zustande, so wird über eine Fortsetzung des Mietverhältnisses und über deren Dauer sowie über die Bedingungen, nach denen es fortgesetzt wird, durch Urteil Bestimmung getroffen. Ist ungewiß, wann voraussichtlich die Umstände wegfallen, auf Grund deren die Beendigung des Mietverhältnisses für den Mieter oder seine Familie eine Härte bedeutet, so kann bestimmt werden, daß das Mietverhältnis auf unbestimmte Zeit fortgesetzt wird.

(4) Der Mieter kann eine Fortsetzung des Mietverhältnisses nicht verlangen,
1. wenn er das Mietverhältnis gekündigt hat;
2. wenn ein Grund vorliegt, aus dem der Vermieter zur Kündigung ohne Einhaltung einer Kündigungsfrist berechtigt ist.

(5) Die Erklärung des Mieters, mit der er der Kündigung widerspricht und die Fortsetzung des Mietverhältnisses verlangt, bedarf der schriftli-

chen Form. Auf Verlangen des Vermieters soll der Mieter über die Gründe des Widerspruchs unverzüglich Auskunft erteilen.

(6) Der Vermieter kann die Fortsetzung des Mietverhältnisses ablehnen, wenn der Mieter den Widerspruch nicht spätestens zwei Monate vor der Beendigung des Mietverhältnisses dem Vermieter gegenüber erklärt hat. Hat der Vermieter nicht rechtzeitig vor Ablauf der Widerspruchsfrist den in § 564a Abs. 2 bezeichneten Hinweis erteilt, so kann der Mieter den Widerspruch noch im ersten Termin des Räumungsrechtsstreits erklären.

(7) Eine entgegenstehende Vereinbarung ist unwirksam.

(8) Diese Vorschriften gelten nicht für Wohnraum, der zu nur vorübergehendem Gebrauch vermietet ist, und für Mietverhältnisse der in § 565 Abs. 3 genannten Art.

§ 556b [Fortsetzung befristeter Mietverhältnisse]
(1) Ist ein Mietverhältnis über Wohnraum auf bestimmte Zeit eingegangen, so kann der Mieter die Fortsetzung des Mietverhältnisses verlangen, wenn sie auf Grund des § 556a im Falle einer Kündigung verlangt werden könnte. Im übrigen gilt § 556a sinngemäß.

(2) Hat der Mieter die Umstände, welche das Interesse des Vermieters an der fristgemäßen Rückgabe des Wohnraums begründen, bei Abschluß des Mietvertrages gekannt, so sind zugunsten des Mieters nur Umstände zu berücksichtigen, die nachträglich eingetreten sind.

§ 556c [Weitere Fortsetzung des Mietverhältnisses]
(1) Ist auf Grund der §§ 556a, 556b durch Einigung oder Urteil bestimmt worden, daß das Mietverhältnis auf bestimmte Zeit fortgesetzt wird, so kann der Mieter dessen weitere Fortsetzung nach diesen Vorschriften nur verlangen, wenn dies durch eine wesentliche Änderung der Umstände gerechtfertigt ist oder wenn Umstände nicht eingetreten sind, deren vorgesehener Eintritt für die Zeitdauer der Fortsetzung bestimmend gewesen war.

(2) Kündigt der Vermieter ein Mietverhältnis, dessen Fortsetzung auf unbestimmte Zeit durch Urteil bestimmt worden ist, so kann der Mieter der Kündigung widersprechen und vom Vermieter verlangen, das Mietverhältnis auf unbestimmte Zeit fortzusetzen. Haben sich Umstände, die für die Fortsetzung bestimmend gewesen waren, verändert, so kann der Mieter eine Fortsetzung des Mietverhältnisses nur nach § 556a verlangen; unerhebliche Veränderungen bleiben außer Betracht.

Übersicht

	Rdn		Rdn
I. Allgemeines		3. Interessenabwägung	332
1. Entstehungsgeschichte	294	III. Formelle Voraussetzungen des Anspruchs auf Fortsetzung	334
2. Zweck	295	1. Schriftform der Widerspruchserklärung	335
3. Anwendungsbereich	297	2. Inhalt	336
4. Ausschlußtatbestände	304	3. Widerspruchsfrist	337
II. Sachliche Voraussetzungen		4. Begründung	339
1. Härtegründe des Mieters	308		
2. Berechtigte Interessen des Vermieters	328		

§§ 556a–556c BGB. Fortsetzung nach der Sozialklausel

	Rdn		Rdn
IV. Wirkung des Widerspruchs		VI. Wiederholte Verlängerung fortgesetzter Mietverhältnisse (§ 556c)	
1. Antrag auf Vertragsverlängerung	341	1. Allgemeines	366
2. Fortsetzung des Mietverhältnisses	345	2. Verlängerung befristet fortgesetzter Mietverhältnisse	367
a) durch Einigung	345	3. Verlängerung bei Kündigung des unbefristet fortgesetzten Mietverhältnisses	376
b) durch Urteil	346		
c) Antrag, Widerklage und Fortsetzungsklage des Mieters	347	VII. Abweichende Vereinbarungen	384
		Anhang 1	
d) Dauer und inhaltliche Gestaltung	349	§ 308a ZPO: Gerichtliches Verfahren bei der Anwendung der Sozialklausel	385
V. Fortsetzung des befristeten Mietverhältnisses (§ 556b)			
1. Allgemeines	360	Anhang 2	
2. Sachliche Voraussetzungen	362	Räumungs- und Vollstreckungsschutz nach §§ 721, 765a, 794a ZPO	419

Schrifttum

Bucher, Die Sozialklausel des § 556a BGB, DRiZ 66, 137
Cöppicus, Widerspruchsgründe nach § 556a BGB, ZMR 65, 164
Häring, Grundsätze zur Sozialklausel des § 556a BGB und die Notwendigkeit ihrer Reform, WM 66, 89
Hans, Die Rechtsprechung zur Sozialklausel, DWW 64, 66; DWW 64, 373
Mohnen, Der Inhalt des Sozialbegriffs im neuen Mietrecht, Festschrift für Nipperdey, 1965, Bd. I, S. 605
Pergande, Die Bewährungsprobe für das soziale Mietrecht, BlGBW 66, 1
Schmidt-Futterer, Die Änderung der §§ 556a und 564a BGB, WM 72, 37
Scholz, Zwangsräumung und Vollstreckungsschutz, ZMR 86, 227
Weimar, Die Sozialklausel des § 556a BGB unter besonderer Berücksichtigung der Rechtsprechung, WM 65, 110

I. Allgemeines

1. Die Vorschrift des § 556a BGB, im juristischen Sprachgebrauch allgemein als **Sozialklausel** bezeichnet, ist durch Art. 6 des Abbaugesetzes vom 23. 6. 1960 (BGBl I S. 389) zum Ausgleich für das den Vermietern mit diesem Gesetz gewährte freie Kündigungsrecht in das BGB eingefügt worden. Sie ist ergänzt und geändert worden durch das 1. Mietrechtsänderungsgesetz vom 29. 7. 1963 (BGBl. I S. 505) und das 2. Mietrechtsänderungsgesetz vom 14. 7. 1964 (BGBl. I S. 457) und hat eine neue Fassung durch das 3. Mietrechtsänderungsgesetz vom 21. 12. 1967 (BGBl. I S. 1248) erhalten. Die letzte Änderung erfolgte durch Art. 1 des MVerbG vom 4. 11. 1971 (BGBl. I S. 1745).

2. Zweck der Regelung

§ 556a stellte nach dem Wegfall des Mieterschutzes den Hauptbestandteil und das Kernstück des sozialen Wohnungsmietrechts dar (Hans § 556a Anm. 1; Roquette § 556a Rdn. 2). Dies zeigt schon der zeitliche Zusammenhang mit der Einführung des freien Kündigungsrechts für den Vermieter durch das AbbauG vom 23. 6. 1960. Die Sozialklausel des § 556a BGB soll den Mieter und seine Familie vor ungerechtfertigten Härten schützen, die sich bei einer fristgemäßen Räumung der Wohnung auf eine wirksame Kündigung des Vermieters ergeben können (zur Zweckbestimmung vgl. auch Roesch WM 71, 17). Der Schutz vor (durch die Kündigung verursachten) materiellen und persönlichen Notlagen des Mieters ist ein sozialstaatliches Gebot, zu dessen Verwirklichung den Gesetzgeber die Normen des Art. 14 II GG (Sozialbindung des Eigentums) und 20 I GG (sozialer Rechtsstaat) verpflichten (s. Rdn A 25).

Die Vorstellung, allein mit dem Schutz der Sozialklausel sei bei ansonsten grundsätzlich freiem Kündigungsrecht des Vermieters ein soziales Mietrecht zu gewährleisten, hat sich in der Vergangenheit als verfehlt erwiesen. Die Praxis hat gezeigt, daß § 556a nicht die Bedeutung erlangte, die zugunsten des Mieters erforderlich gewesen wäre (Hans a. a. O.; Roquette a. a. O.; Schultz MDR 70, 902).

Mit der Verabschiedung des ab 1. 1. 1975 in Kraft getretenen § 564b BGB, der entsprechend § 1 des 1. WKSchG vom 28. 11. 1971 (BGBl. I S. 1839) das freie Kündigungsrecht des Vermieters von Wohnraum insofern einschränkt, als er die Wirksamkeit einer Kündigung vom Vorliegen eines berechtigten Kündigungsinteresses des Vermieters abhängig macht, hat der Gesetzgeber jedoch den Schutz des Mieters im Kündigungsfalle entscheidend verbessert. Denn nun ist gesichert, daß der Vermieter nur noch beim Vorliegen erheblicher Gründe, die er dem Mieter im Kündigungsschreiben mitteilen muß (§ 564b I, III BGB) kündigen kann. Ein willkürliches Verhalten des Vermieters ist bereits damit weitgehend ausgeschlossen. Bei dieser Rechtslage kommt der Sozialklausel die ihr eigentliche Aufgabe zu, zum Schutze des Mieters vor ungerechtfertigten Härten eine kalkulierbare, jedes unnötige Prozeßrisiko ausschließende Interessenabwägung zu ermöglichen, bei der sich die Belange des Vermieters und des Mieters als von vornherein formell gleichwertig sowie durchschau- und nachprüfbar gegenüberstehen; sie soll gewährleisten, daß nicht nur die berechtigten Interessen des Vermieters, sondern auch die der Vertragsbeendigung entgegenstehenden Interessen des Mieters im Einzelfall gebührend berücksichtigt werden (s. Rdn B 332). Diese Aufgabe zu leisten, ist die Sozialklausel imstande, so daß in Zukunft die objektive sachliche Gewichtigkeit der offenbarten Interessen, nicht aber das wirtschaftliche oder persönliche Durchsetzungsvermögen der Mietparteien im prozessualen oder vorprozessualen Stadium über die Räumung einer Mietwohnung entscheiden können.

3. Anwendungsbereich   B 297

Die Sozialklausel gelangt grundsätzlich bei allen ordentlichen und außerordentlichen befristeten Kündigungen eines Mietverhältnisses über Wohnraum (§ 556a I; s. Rdn B 5ff) zur Anwendung). Sie gilt nicht für Mietaufhebungsverträge (s. Rdn B 117).

a) Die in Frage kommenden **Mietverhältnisse** können unbefristet, be- B 298
fristet mit Verlängerungsklausel (§ 565a I BGB), auflösend bedingt (§ 565a II BGB) oder befristet sein; auf letztere ist die Sozialklausel sinngemäß beschränkt anzuwenden (§ 556b; vgl. unten Rdn B 360 sowie Rdn B 367). Bei Mietverträgen mit qualifizierter Befristung (sog. Zeitmietverträge) i. S. d. § 564c II BGB ist die Sozialklausel nicht anwendbar (s. Rdn B 823).

b) Die Beschränkung auf Mietverhältnisse über Wohnraum schließt B 299
alle Mietverträge über Grundstücke, Geschäftsräume oder sonstige Mietgegenstände aus (s. dazu ausführlich Rdn B 5 ff).

aa) Auf **Werkswohnungen** ist die Sozialklausel nur eingeschränkt an- B 300
wendbar (§ 565d BGB). Neben der Abkürzung der Widerspruchsfrist (s. unten Rdn B 831) gelten die §§ 556a, b bei funktionsgebundenen Werkswohnungen (§ 565c Ziff. 2 BGB) sowie dann nicht, wenn der Mieter einer Werkswohnung das Arbeitsverhältnis ohne einen vom Arbeitgeber herbeigeführten gesetzlich begründeten Anlaß gelöst oder seinerseits einen solchen Anlaß zur Auflösung gegeben hat (§ 565b III dazu ausführlich Rdn B 836).

bb) Vom Schutz der Sozialklausel sind nach § 556a VIII die zwei fol- B 301
genden Gruppen von Räumen **ausgeschlossen:**
Nur zu vorübergehendem Gebrauch vermieteter Wohnraum und Mietverhältnisse der in § 565 I BGB genannten Art, also Wohnraum, den der Vermieter ganz oder überwiegend mit Einrichtungsgegenständen auszustatten hat und der Teil der vom Vermieter selbst bewohnten Wohnung ist, ohne aber zum dauernden Gebrauch für eine Familie überlassen zu sein (dazu ausführlich Rdn C 539, 548).

c) Die Sozialklausel gewährt Schutz nur vor der **vertragsgemäßen** Beendigung des Mietverhältnisses infolge Kündigung oder Zeitablauf (§ 556b BGB).

Unter Kündigung i. S. der Vorschrift sind die durch den Vermieter B 302
ausgesprochene **ordentliche Kündigung** gemäß §§ 564b, 565 II BGB sowie die **außerordentliche befristete Kündigung** unter Einhaltung der gesetzlichen Kündigungsfrist (s. Rdn B 57) zu verstehen (BGH (RE) vom 21. 4. 1982 RES § 556 BGB Nr. 2; Hans § 564 Anm. 9; Esser, Schuldrecht, Bd. 2, 4. Aufl., S. 122; Larenz, Schuldrecht, Bd. 2, 10. Aufl., S. 173; Schopp ZMR 63, 225 und 75, 97 u. Sternel Rdn IV 108 gegen OLG Oldenburg, RE vom 3. 8. 1973, RES § 556a BGB Nr. 10, Palandt § 556a Anm. 2c, Roquette § 556a Rdn 10, Holtgrave Betrieb 64, 1103).

B 303 Die Gegenmeinung wird im wesentlichen damit begründet, daß die gesetzlich eingeräumte Möglichkeit einer vorzeitigen Kündigung aus bestimmten, das Verhältnis der Mietparteien zueinander wesentlich veränderten Gründen gerade nicht als vertragsmäßige Beendigung i. S. des § 556a I zu verstehen sei. Zur Bestätigung verweist sie u. a. auf § 569a V 2 BGB, der eine entsprechende und bei unmittelbarer Geltung überflüssige Anwendbarkeit des § 556a ausspricht, wenn der Vermieter beim Tode des Mieters und Eintritt des Ehegatten oder anderer Familienangehöriger in den Mietvertrag von seinem Recht zur Kündigung gemäß § 569a V 1 BGB Gebrauch macht. Daß der Gesetzgeber bei der 1964 erfolgten Einfügung des § 569a BGB zum Ausdruck bringen wollte, daß die Sozialklausel nicht auf außerordentliche befristete Kündigungen anzuwenden sei, überzeugt nicht. Aus dem Gesetzgebungsmaterial (insbesondere der Begründung des Rechtsausschusses [vgl. Hans § 569a Anm. A], der die Bestimmung des § 569a V 2 BGB in das Verfahren eingebracht hat) ergibt sich lediglich, daß den in das Mietverhältnis eintretenden Familienangehörigen der Schutz der Sozialklausel zur Klarstellung auf alle Fälle gesichert werden sollte. Mit der Aufnahme der dies garantierenden Bestimmung ist aber keine grundsätzliche Stellungnahme zu dem Meinungsstreit über die Anwendbarkeit der Sozialklausel auf die gesetzlichen Sonderkündigungsrechte verbunden.

Dieser Streit ist aus dem Wortlaut und Sinngehalt der Sozialklausel selbst zu lösen. Hierbei ist von Bedeutung, daß (im Gegensatz zu den Fällen fristloser Kündigung des Mietverhältnisses aus dem Verschulden des Mieters, § 556a IV Nr. 2) der vertragstreue Mieter bei einer vertragsgemäßen Beendigung vor Härten geschützt werden soll. In diesen grundsätzlichen Anwendungs- und Schutzbereich der Sozialklausel ist aber auch die außerordentliche Kündigung unter Einhaltung der gesetzlichen Kündigungsfrist einzuordnen; denn der Mieter hat keinerlei Anlaß für das Vorliegen des Sonderkündigungstatbestandes durch ein vertragswidriges Verhalten gegeben.

Aus dem Umstand, daß es sich um Sonderkündigungsrechte handelt, kann nicht auf die Unanwendbarkeit der Sozialklausel geschlossen werden. Unter „vertragsmäßiger Beendigung" läßt sich nämlich zwanglos jede, die gesetzlichen Kündigungstatbestände beachtende Beendigung des Vertragsverhältnisses verstehen, da, sofern vertraglich nichts anderes bestimmt ist, das Handeln der Vertragsparteien unter Einhaltung der gesetzlichen Vorschriften selbstverständlich als vertragsgemäß bezeichnet werden muß (Schopp a. a. O.).

Anderes kann nur dann gelten, wenn das Gesetz, wie in § 556a IV Nr. 2, selbst abweichende Bestimmungen enthält. Die Gleichstellung mit ordentlichen Kündigungen im Bereich des § 556a ist auch deshalb folgerichtig, weil jetzt anerkannt ist, daß die außerordentliche befristete Kündigung den Beschränkungen des § 564b BGB unterliegt (s. Rdn B 577), so daß der Wesensgehalt dieser Kündigungsrechte für das Wohnraummietrecht lediglich in der verkürzten gesetzlichen Kündigungsfrist zu sehen ist. Die Berücksichtigung des Vermieterinteresses an dem Freiwerden der Wohnung (vgl. unten Rdn. B 328) wird in diesen Fällen im übrigen ausreichend durch die im Rahmen der Sozialklausel erforderliche Abwägung der Interessen beider Parteien gewährleistet, wobei das Beendigungsinteresse des Vermieters in erhöhtem Maße beachtet werden kann.

4. Ausschlußtatbestände (Abs. IV)

In folgenden Fällen ist die Berufung des Mieters auf die Sozialklausel kraft Gesetzes ausgeschlossen:

a) Wenn der Mieter das Mietverhältnis gekündigt hat (§ 556a IV **B 304** Nr. 1). Dadurch wird klargestellt, daß der Mieter lediglich vor ungerechtfertigten Härten durch eine Vermieterkündigung geschützt werden soll. Es ist deshalb unerheblich, ob die Erwartungen eintreten, die der Mieter an seine Kündigung knüpfte; solche Härtetatbestände, die sich der Mieter selbst zufügt, können nur im Rahmen der §§ 721, 794a ZPO berücksichtigt werden (zum Mietaufhebungsvertrag s. Rdn B 117). Hat der Mieter gegen eine vom Vermieter ausgesprochene Kündigung Widerspruch eingelegt, so wird der Widerspruch wirkungslos, wenn der Mieter in der Folgezeit selbst kündigt (LG Stuttgart ZMR 79, 274). Eine Mieterkündigung bleibt dann außer Betracht, wenn das Mietverhältnis nach Kündigungsausspruch entweder kraft Gesetzes oder im Einverständnis der Vertragsparteien fortgesetzt worden ist (LG Mannheim WM 74, 81 = ZMR 74, 337).

b) Wenn ein Grund vorliegt, aus dem der Vermieter zur Kündigung **B 305** ohne Einhaltung einer Kündigungsfrist berechtigt ist.

Das ist der Fall, wenn bis zur Entscheidung über den Widerspruch Umstände vorliegen, die das Recht zur fristlosen Kündigung begründet hätten (a. A. Pergande § 556a Anm. 4, der Kausalität zwischen Kündigung und den Gründen zur fristlosen Kündigung fordert). Liegen diese Kündigungsgründe längere Zeit zurück, so kann das Kündigungsrecht verwirkt sein (s. Rdn B 67), so daß sich der Vermieter auch im Rahmen des § 556a IV Nr. 2 nicht mehr darauf beruhen kann. Es kommt somit nicht darauf an, ob der Vermieter diese Gründe im Kündigungsschreiben oder später zur Begründung seiner Ablehnung gegenüber dem Mieter geltend gemacht hat (vgl. dazu auch § 93b I ZPO). Spätestens im gerichtlichen Verfahren muß aber der Vermieter im Rahmen seiner Darlegungs- und Beweislast auch diesen Ausschlußtatbestand geltend machen; andernfalls ist das Gericht gehindert, diesen Gesichtspunkt zugunsten des Vermieters zu berücksichtigen, selbst wenn es auf Grund des vorgetragenen Tatbestandes zu der Erkenntnis gelangt, daß ein Recht zur fristlosen Kündigung vorliegt.

c) Die Anwendung der Sozialklausel ist ferner ausgeschlossen, wenn **B 306** der Mieter den Mietvertrag im Wege der **Anfechtung** zur Beendigung bringt (s. Rdn B 88); auch damit gibt der Mieter zu erkennen, daß er auf den Bestand des Mietverhältnisses keinen Wert legt, so daß eine Fortsetzung oder Verlängerung nicht in Betracht kommt. Auch im Falle der Anfechtung durch den Vermieter sind die §§ 556a, b unanwendbar; bei einer Anfechtung nach § 123 BGB ergibt sich das bereits aus dem Grundsatz des § 556a IV Nr. 2; bei einer Anfechtung nach § 119 BGB scheitert eine entsprechende Anwendung der Sozialklausel daran, daß die Anfechtungswirkungen aus rechtssystematischen Gründen der Verlängerung eines unwirksamen Mietverhältnisses entgegenstehen (Hans, § 556b Anm. 2a).

II. Sachliche Voraussetzungen

B 307 Nach § 556a I ist der Fortsetzungsanspruch begründet, wenn die vertragsmäßige Beendigung des Mietverhältnisses für den Mieter oder seine Familie eine Härte bedeuten würde, die auch unter Würdigung der berechtigten Interessen des Vermieters nicht zu rechtfertigen ist.

Diese Formulierung weist bereits darauf hin, daß die Interessen der Mietvertragsparteien nicht isoliert voneinander betrachtet werden können. Die Sozialklausel gebietet daher in sachlicher Hinsicht eine im Einzelfall vorzunehmende Abwägung der Interessen des Vermieters und des Mieters.

B 308 1. a) Auf seiten des **Mieters** müssen Gründe vorliegen, die einen Auszug aus der Wohnung zum verlangten Zeitpunkt als **nicht gerechtfertigte Härte** erscheinen lassen. § 556a I fordert zwar nicht, daß dies außergewöhnliche, einen besonders schweren Eingriff in die Lebensverhältnisse des Mieters beinhaltende Umstände sind. Insbesondere muß die Beeinträchtigung nicht, wie im Vollstreckungsschutztatbestand des § 765a ZPO (vgl. unten Rdn B 472), eine sittenwidrige Härte sein. Mit nicht zu rechtfertigender Härte meint die Vorschrift aber auch mehr als nur die üblicherweise mit einem Umzug für den Mieter verbundenen materiellen und ideellen Härten, etwa in Gestalt von Kosten, Arbeitsaufwand und sonstigen Unbequemlichkeiten des Umzugs, schlechterer Lage der Ersatzwohnung, teilweisem Verlust bisheriger sozialer Kontakte usw. Diese normalen, bei fast jedem unfreiwilligen Wohnungsverlust auftretenden Härten hat der Mieter auch unter Geltung der neuen Wohnraumkündigungsschutzgesetze hinzunehmen, wie die nach wie vor bestehende grundsätzliche Kündbarkeit von Wohnungen zeigt. Eine die Anwendung der Sozialklausel rechtfertigende Härte liegt demnach nur vor, wenn der Wohnungswechsel Nachteile für den Mieter mit sich bringt, die den Bereich der üblichen Beeinträchtigungen durch einen Umzug übersteigen und deshalb dem Mieter **nicht mehr zuzumuten** sind.

B 309 Ob die Grenze der Zumutbarkeit bei Vorhandensein bestimmter Umstände überschritten ist, läßt sich nicht allgemein und absolut beurteilen. Vielmehr ist im Einzelfall unter Einbeziehung und Würdigung der gesamten persönlichen, beruflichen und familiären Situation des Mieters festzustellen, welche konkreten nachteiligen Auswirkungen die verlangte Räumung auf die Belange des Mieters einschließlich seiner Familie hat; ferner ist zu prüfen, ob der Mieter durch diese Auswirkungen unzumutbar hart, d. h. in einem Umfang belastet wird, der das Maß der bei einem Wohnungswechsel üblicherweise auftretenden Nachteile deutlich übersteigt. Bei dieser Prüfung ist die Gesamtsituation des Mieters objektiv zu würdigen (Hans § 556a Anm. 2d; Roquette § 556a Rdn 15). Schwierigkeiten, die sich wegen rein subjektiver unvernünftiger Wünsche und Vorstellungen des Mieters ergeben (z. B. hinsichtlich Größe, Ausstattung, Lage und Preis der zu beziehenden Ersatzwohnung) können nicht anerkannt werden. Eine wesentliche, den bisherigen sozialen Status ungerechtfertigt unterschreitende Verschlechterung seiner Wohnverhältnisse braucht der Mieter aber grundsätzlich nicht hinzunehmen.

Die eine ungerechtfertigte Härte begründenden Umstände können **vorübergehender** oder **dauernder** Natur sein (a. A. Hans § 556a Anm. 2f bb). In letzterem Falle ist der Mieter besonders schutzbedürftig, so daß es dem Schutzzweck der Vorschrift widerspräche, wenn gerade hier der Schutz der Sozialklausel versagen sollte. Inwieweit in diesen Fällen die berechtigten Interessen des Vermieters einer in Frage kommenden unbefristeten Verlängerung des Mietverhältnisses entgegenstehen, kann und muß im Rahmen der Interessenabwägung entschieden werden.

b) Im einzelnen kommen folgende, häufig gemeinsam auftretende oder sich in Voraussetzung und Wirkung überschneidende Umstände als Härtegründe besonders in Betracht (zusammenfassend zur Rspr. bis 1970: Pergande FWW 70, 503):

aa) Seit der Neufassung der Sozialklausel durch Gesetz vom 4. 11. 1971 (vgl. oben Anm. I 1) regelt § 556a I S. 2 ausdrücklich, daß eine Härte für den Mieter stets dann vorliegt, wenn **angemessener Ersatzwohnraum** zu zumutbaren wirtschaftlichen und persönlichen Bedingungen nicht beschafft werden kann (vgl. dazu AG Kassel BlGBW 72, 227; AG Köln ZMR 73, 148).

Der Begriff des angemessenen Ersatzwohnraums spricht in erster Linie den Gebrauchswert der Wohnung an und ist daher inhaltlich durch eine Gegenüberstellung der für den Mieter generell und im Einzelfall bedeutsamen Wohnwertmerkmale im weitesten Sinne auszufüllen. Hierbei entscheidet ein Vergleich mit den bisherigen Wohnverhältnissen. Angemessenheit bedeutet hier nicht, daß die Wohnwerte der bisherigen Wohnung und der Ersatzwohnung identisch sein müssen. Vielmehr muß der Mieter auch Verschlechterungen hinnehmen, soweit sie nicht eine wesentliche, seinen bisherigen sozialen Status ungerechtfertigt unterschreitende und ihm damit unzumutbare Beeinträchtigung seiner bisherigen Lebensverhältnisse darstellen.

Allgemein gesehen erfüllt daher eine Ersatzwohnung die Anforderungen des § 556a I S. 2, wenn sie im Vergleich zu den bisherigen Wohnverhältnissen des Mieters und in Anbetracht seiner gerechtfertigten Wohnbedürfnisse räumlich angemessen und preislich tragbar ist; es ist dem Mieter dann wirtschaftlich und persönlich zumutbar, die Ersatzwohnung zu beziehen.

B 312 Wenn angemessener Ersatzwohnraum zu zumutbaren Bedingungen nicht vorhanden ist, hat der Mieter dennoch nur unter der weiteren Voraussetzung einen Fortsetzungsanspruch, daß er sich in ausreichender Weise um eine Ersatzwohnung bemüht hat (vgl. schriftl. Bericht des Bundestagsausschusses, BTDrucks. VI 24–21, zit. bei Hans § 556a Anm. A 4b). Die Erfüllung der **Ersatzraumbeschaffungspflicht** ist grundsätzlich nur gegeben, wenn der Mieter seit Erhalt der Kündigung vergeblich alle ihm persönlich und wirtschaftlich zumutbaren Schritte zur Erlangung einer angemessenen Ersatzwohnung unternommen hat. Auf die ausführlichen Erläuterungen unter Rdn B 428 ff wird insoweit verwiesen.

B 313 Der Umstand, daß möglicherweise dem Schutzbedürfnis des Mieters durch Gewährung einer Räumungsfrist gemäß § 721 ZPO ausreichend Rechnung getragen werden könnte, ist für die Anwendbarkeit der Sozialklausel ohne Bedeutung (OLG Stuttgart RE vom 11. 11. 1968 RES § 556a BGB Nr 1 u. OLG Oldenburg RE vom 23. 6. 1970 RES § 556a BGB Nr 3; LG Darmstadt WM 72, 31 m. zust. Anm. Tondorf = ZMR 72, 121; AG Geilenkirchen WM 72, 13 m. zust. Anm. Weimar = ZMR 72, 121; Palandt § 556a Anm. VI a bb). Denn nach § 556a I 1 und 2 ist bei fehlender Ersatzwohnung die Vertragsbeendigung selbst als ungerechtfertigte und daher zu vermeidende Härte zu betrachten. Dieser Härte kann aber nur durch Verlängerung des Vertragsverhältnisses, nicht durch Gewährung einer Räumungsfrist begegnet werden. Davon kann in besonderen Ausnahmefällen durch die Gewährung einer Räumungsfrist abgewichen werden, wenn objektiv feststeht, daß der Mieter vor dem Ablauf eines Jahres eine Ersatzwohnung beziehen wird (z. B. geringfügige Fertigstellungsarbeiten bei weit vorangeschrittenem Neubau).

B 314 bb) Ein kurzfristiger **Zwischenumzug** kann als ungerechtfertigte Härte anzusehen sein, wenn mit ausreichender Sicherheit feststeht, daß der Mieter nach Ablauf einer angemessenen Zeit (ca. 1 bis 2 Jahre) ausziehen wird (z. B. bei begonnenem Bau eines Eigenheims, Versetzung, Pensionierung, fester Zusage einer Ersatzwohnung). Die Schwierigkeiten, die mit der Suche nach einer Ersatzwohnung für kürzere Zeit oder einer doppelten Umzugsbelastung im allgemeinen verbunden sind, stellen jedenfalls außergewöhnliche, die Anwendung der Sozialklausel grundsätzlich rechtfertigende Härtegründe dar (LG Mannheim NJW 64, 2307 = NJW 65, 303 m. zust. Anm. Burkhardt; AG Köln WM 72, 130 m. zust. Anm. Weimar = BlGBW 73, 59 = ZMR 73, 148; LG Mannheim WM 76, 269; AG Münster WM 78, 51; AG Bochum WM 79, 256). Etwas anderes gilt aber dann, wenn der Mieter aus berufsbedingten Gründen ohnehin einen häufigen Ortswechsel vornehmen muß (a. A: LG Regensburg WM 83, 141).

§§ 556a–556c BGB. Fortsetzung nach der Sozialklausel **B 315**

cc) **Hohes Alter** kann für sich allein den Widerspruch nicht rechtferti- **B 315** gen, da es grundsätzlich auch alten Menschen, soweit sie noch rüstig sind, zumutbar ist, sich um eine Ersatzwohnung zu bemühen und gegebenenfalls umzuziehen (Hans § 556a Anm. 3a; a. A. AG Darmstadt ZMR 71, 153; LG Essen ZMR 71, 153 = WM 71, 24; wie hier LG Frankfurt WM 70, 134). Sie werden im übrigen in vielen Fällen leichter eine neue Wohnung finden als junge Familien mit Kindern oder Aussicht auf Kinder.

Wenn aber zu dem hohen Alter weitere Umstände wie Krankheit, Gebrechen, Armut, Verwurzelung mit der Umgebung wegen besonders langer Mietdauer oder ähnliches hinzukommen, wird ein unfreiwilliger Auszug für Mieter in fortgeschrittenem Alter schneller als sonst zu ungerechtfertigten Härten führen, weil sich der betreffende Personenkreis altersbedingt nicht mehr mit der Flexibilität von Menschen jüngeren Lebensalters auf neue Lebensverhältnisse einrichten und die damit verbundenen Umstellungsschwierigkeiten bewältigen kann. In diesen Fällen ist die Anwendung der Sozialklausel zur Vermeidung ungerechtfertigter Härten grundsätzlich geboten (OLG Karlsruhe RE vom 3. 7. 1970 RES § 556a BGB Nr. 4; LG Mannheim ZMR 71, 222; AG Köln MDR 74, 141 = WM 73, 252; Schmidt-Futterer NJW 71, 731; AG Biberach/Riß WM 80, 54). Das Vorliegen besonderer Umstände der genannten Art erschwert im übrigen älteren Mietern die Erfüllung ihrer Ersatzraumbeschaffungspflicht. Im einzelnen wird darauf abzustellen sein, ob der Umzug oder der Umgebungswechsel die persönliche, gesundheitliche oder wirtschaftliche Lage des Mieters beeinträchtigen. Ein Härtegrund liegt insbesondere vor, wenn ein bestehendes Leiden verschlimmert oder die Genesung wesentlich verzögert würde. Eine Lebensgefahr braucht nicht zu befürchten sein. Hohes Alter kann im Zusammenwirken mit einer körperlichen oder geistigen Behinderung oder mit langjähriger Wohndauer und entsprechend starker Verwurzelung in der Umgebung einen Umzug unzumutbar machen, so daß die Berufung auf die Sozialklausel zur unbefristeten Verlängerung des Mietverhältnisses führt; insoweit ist es dann unerheblich ob für den Mieter eine Ersatzwohnung beschafft werden kann (LG Coburg WM 77, 183). Hierbei kommt es jedoch weniger auf das Lebensalter an (s. oben) als auf den Grad der Behinderung (Schmidt-Futterer a. a. O.). Im übrigen ist in Fällen dieser Art das Urteil des BVerfG NJW 79, 2607 = MDR 80, 116 = WM 80, 27 = ZMR 80, 12 zu beachten. Danach muß die Möglichkeit des Eintritts gesundheitlicher Schäden besonders sorgfältig geprüft werden. Im Zweifel ist das Gutachten eines Amtsarztes einzuholen. Die Entscheidung des Bundesverfassungsgerichts betrifft zwar einen Antrag auf Gewährung von Vollstreckungsschutz nach § 765a ZPO (vgl. Rdn. B 419ff); die in dieser Entscheidung entwickelten Grundsätze gelten aber auch im Rahmen des § 556a BGB. Eine Verlängerung des Mietverhältnisses rechtfertigt sich bei einem Mieter fortgeschrittenen Alters auch dann, wenn er wegen seiner ungünstigen finanziellen Verhältnisse keine angemessene Ersatzwohnung erhalten kann. Hier kann es unzumutbar sein, dem Mieter schlechtere Wohnverhältnisse aufzuzwingen.

Gegen seinen Willen kann der Mieter nicht auf einen Umzug in ein Alters- oder Pflegeheim verwiesen werden, solange er seinen wesentlichen Mieterpflichten nachkommt (LG Düsseldorf MDR 70, 55; LG Mannheim ZMR 71, 222 = WM 71, 58; AG Köln MDR 74, 141 = WM 73, 252). Dem auszugswilligen Mieter ist das Mietverhältnis bis zum mutmaßlichen Erhalt eines Heimplatzes oder einer angemessenen Ersatzwohnung zu verlängern (OLG Karlsruhe RE vom 3. 7. 1970 RES § 556a BGB Nr 4; LG Kempten WM 70, 78; Hans § 556a Anm. 3a).

B 316 **dd) Krankheit** (vorübergehende oder chronische) oder **Gebrechen** können nach allg. Meinung auch einen selbständigen Härtegrund darstellen (vgl. zur bisherigen Rspr. die Übersicht bei Pergande FWW 70, 503; zum Umfang der Prüfungspflicht des Gerichts vgl. BVerfG NJW 79, 2607 = MDR 80, 116 = WM 80, 27 = ZMR 80, 12; s. oben Rdn. B 315). Zum einen erschweren diese Umstände i. allg. die Erfüllung der Ersatzraumbeschaffungspflicht (s. Rdn B 312), da sich der Kranke oder Gebrechliche nicht mit voller Kraft um eine neue Wohnung bemühen kann und viele Wohnungen von vornherein als ungeeignet ausscheiden (z. B. Wohnung an Hauptverkehrsstraßen für ruhebedürftige Nervenkranke; Wohnung im Obergeschoß für Gehbehinderte). Zum andern kann ein Umzug unzumutbar sein, wenn er sich auf den Krankheitsverlauf und die Genesung nachteilig auswirken würde. Eine Lebensgefahr braucht hierbei nicht zu befürchten sein. Schließlich ist auch denkbar, daß ein Vermieter den Mieter wegen Krankheit ablehnt und nur mit gesunden Mietinteressenten abschließen will (z. B. Angst vor Ansteckungsgefahr). In allen diesen Fällen muß das Leiden jedoch so erheblich sein, daß es die Sache nach einer Ersatzwohnung nicht unwesentlich erschwert oder daß dem Mieter mit Rücksicht auf die Krankheit ein Umzug objektiv nicht zugemutet werden kann.

Die Krankheit eines Haushaltsangehörigen ist unter den gleichen Voraussetzungen als Härtegrund beachtlich.

B 317 **ee)** Ein Härtegrund kann allgemein darin liegen, daß der Mieter eine angemessene Ersatzwohnung zum bisherigen Mietzins nicht bekommen und wegen seines **geringen Einkommens** und seiner **schlechten wirtschaftlichen Verhältnisse** keinen höheren Mietzins zahlen kann (LG Mannheim ZMR 74, 337; LG Aachen BlGBW 73, 58 = ZMR 73, 115; abw. LG Karlsruhe ZMR 73, 115). Die Härte wird hier insbesondere dann ins Gewicht fallen, wenn der Mieter infolge eines örtlich geringen Angebots keine Aussicht auf Erlangung einer Sozialwohnung hat. Bei der Feststellung der finanziellen Belastbarkeit des Mieters sind Einkommen und sonstiges Vermögen (Grundstücke, Wertpapiere usw.) aller im Haushalt lebenden Familienangehörigen sowie ein evtl. Anspruch auf Wohngeld zu berücksichtigen. Der Mieter kann sich auch auf außergewöhnliche wirtschaftliche Belastungen vorübergehender Art berufen (z. B. Arbeitslosigkeit, geringes Einkommen, Kurzarbeit, Umschulung, besondere Krankheitskosten). Die Höhe der Umzugskosten selbst stellt keinen Härtegrund dar.

§§ 556a–556c BGB. Fortsetzung nach der Sozialklausel **B 318–320**

Das finanzielle Leistungsunvermögen des Mieters kann allerdings **B 318** nur mit der Einschränkung anerkannt werden, daß es nur solange als Härtegrund beachtlich ist, wie der Mieter seine Ersatzbeschaffungspflicht erfüllt (s. Rdn B 428). Da der Mieter unter diesem Gesichtspunkt u. U. auch verpflichtet ist, eine Ersatzwohnung mit schlechterem Wohnwert anzumieten, wird er mit Hilfe der Sozialklausel nicht deshalb auf unbefristete Zeit die bisherige Wohnung behalten können, weil die Erlangung einer gleichwertigen Ersatzwohnung seine finanziellen Verhältnisse übersteigen würde.

Für den Mieter einer Sozialwohnung kann es eine Härte darstellen, wenn er zum bisherigen Mietzins keine ähnlich preisgünstige und auch künftig preisgebundene Ersatzwohnung erhalten kann (OLG Karlsruhe RE vom 3. 7. 1970, RES § 556a BGB Nr 4). Das setzt aber voraus, daß der Mieter bei der Kündigung kein höheres Einkommen hat, als es die gesetzlichen Einkommensgrenzen für Sozialwohnungen vorsehen (§ 5 WoBindG i. V. mit § 25 des II. WoBauG i. d. F. v. 11. 7. 1985 BGBl I S. 1284).

ff) Der Verlust **besonderer finanzieller Vorteile**, den die gekündig- **B 319** te Wohnung dem Mieter bietet (z. B. infolge Untervermietung, Getränkeverkauf), bedeutet in der Regel keine Härte i. S. des § 556a (BayObLG RE vom 21. 7. 1970 RES § 556a BGB Nr 5; LG Wiesbaden ZMR 66, 302; AG Köln MDR 73, 139). Darf der Mieter jedoch seine Wohnräume teilweise auch zu gewerblichem Zweck benutzen (z. B. Schneiderei), so kann der Verlust eines festen Kundenstamms beim Fehlen einer entsprechenden Ersatzwohnung eine erhebliche Härte sein (OLG Köln RE vom 28. 6. 1968 NJW 68, 1834; Schmidt-Futterer MDR 69, 96).

gg) Hat der Mieter mit dem ausdrücklichen oder stillschweigenden **B 320** Einverständnis des Vermieters in der Erwartung einer längeren Mietdauer neben dem Mietzins besondere **finanzielle** und sonstige **Aufwendungen** für die Wohnung über das übliche Maß hinaus erbracht (Instandsetzung, bauliche Veränderungen, Baukostenzuschuß) und steht die bisherige Mietzeit in keinem angemessenen Verhältnis zu diesen Aufwendungen, so kann die unerwartet frühe Räumungspflicht eine Härte i. S. des § 556a begründen (OLG Karlsruhe RE vom 31. 3. 1971 RES § 556a BGB Nr. 6; OLG Frankfurt RE vom 23. 6. 1971 RES § 556a BGB Nr 7; LG Essen ZMR 66, 214; LG Mainz ZMR 70, 101; LG Aachen BlGBW 73, 58 = ZMR 73, 115; LG Köln ZMR 73, 148; AG Münster ZMR 73, 331; AG Köln WM 70, 25; AG Wuppertal MDR 71, 397). Die Härte liegt hier insbesondere darin, daß der Mieter bei der Räumung zum genannten Zeitpunkt ohne eigenes Zutun erhebliche wirtschaftliche Verluste erleiden würde. Ein Härtegrund ist deshalb nicht gegeben, wenn entweder die Aufwendungen vom Vermieter in angemessenem Umfang zurückerstattet werden oder sie nach den Grundsätzen des Art. 6 des Gesetzes zur Änderung des 2. Wohnungsbaugesetzes, anderer wohnungsbaurechtlicher Vorschriften und über die Rückerstattung von Baukostenzuschüssen vom 21. 7. 1961 (BGBl. I S. 1041) in der Fassung des Gesetzes vom 24. 8. 1965 (BGBl. I S. 969) als abgewohnt zu gelten haben.

Es ist jedoch keine Härte für den Mieter, wenn der Vermieter ihm bei Überlassung des Wohnraums ohne entsprechende Vereinbarung im schriftlichen Mietvertrag eine lange, sichere Vertragsdauer versprochen hat, dann aber seine Willensrichtung ohne erhebliche Anlässe seitens des Mieters ändert und kündigt (OLG Karlsruhe a. a. O.); Abweichendes kann gelten, wenn der Mieter im Vertrauen auf die formlose Zusage erhebliche Aufwendungen für die Wohnung machte.

Auch in dem Umstand, daß der Mieter erhebliche Mietvorauszahlungen leistete oder dem Vermieter ein Mieterdarlehen gewährt hat, kann – soweit deswegen nicht schon die Kündigung ausgeschlossen ist (vgl. Rdn B 49) – eine Härte liegen (vgl. dazu AG Lübeck WM 72, 193 = ZMR 73, 154).

B 321 **hh)** Die fortgeschrittene **Schwangerschaft** einer Haushaltsangehörigen ist wegen der damit verbundenen Erschwerungen der Ersatzraumbeschaffungspflicht sowie der allgemeinen physischen und psychischen Belastungen bis zum Ablauf einer angemessenen Schonfrist nach der Niederkunft als Härtegrund anerkannt (LG Dortmund WM 66, 40; AG Aachen MDR 66, 55; AG Herford MDR 64, 1007).

Bei Vorliegen besonderer Umstände (z. B. frühere Fehlgeburt, gesundheitliche Beeinträchtigung der Schwangeren) kann die Härte schon in einem frühen Stadium der Schwangerschaft gegeben sein (AG Velbert WM 70, 79).

B 322 **ii)** Für **kinderreiche Familien** ist erfahrungsgemäß die Beschaffung einer Ersatzwohnung auch bei ausgeglichenem örtlichen Wohnungsmarkt besonders erschwert, weil viele Vermieter kinderlose Mieter oder sogenannte Kleinfamilien bevorzugen. Bei Kinderreichtum stellt daher die vertragsgemäße Beendigung des Mietverhältnisses im allgemeinen eine Härte dar, die durch eine Vertragsverlängerung und den damit verbundenen Zeitgewinn erheblich gemildert werden kann, so daß die Anwendung der Sozialklausel gerechtfertigt ist (LG Dortmund NJW 65, 2204; LG Essen WM 68, 198; LG Wuppertal WM 68, 109).

Ist die gekündigte Wohnung mit öffentlichen Mitteln gefördert und für kinderreiche Familien zweckgebunden, liegen zusätzliche Härtegründe vor (AG Aachen ZMR 65, 75).

B 323 **jj)** Besondere **Umschulungsschwierigkeiten** oder **Prüfungserschwerungen** im Falle eines Wohnungswechsels (z. B. bevorstehendes Abitur, Examen, ortsnahe Sonderschule für behinderte Kinder) können für eine nicht übermäßig lange Zeit bis zum Ende des betreffenden Ausbildungsabschnitts als Härtegründe anzuerkennen sein (LG Mainz WM 70, 101; LG Wuppertal MDR 70, 332 = WM 70, 60 = ZMR 70, 212; AG Wuppertal WM 71, 25). Längere Schulwege müssen jedoch im allgemeinen in Kauf genommen werden (Pergande FWW 70, 503). Ein Härtegrund kann auch vorliegen, wenn der Mieter an einer **Dissertation** arbei-

§§ 556a–556c BGB. Fortsetzung nach der Sozialklausel   B 324–327

tet und hierzu noch ca. ein bis zwei Jahre benötigt und wenn vorauszusehen ist, daß der Mieter nach dieser Zeit ohnehin umziehen wird (AG Tübingen ZMR 86, 60). Gleiches gilt, wenn der Mieter im Examen steht und seine Diplomarbeit fertigt (LG Aachen NJW RR 86, 313).

kk) Ein Härtegrund kann auch in **sonstigen,** systematisch nicht weiter **B 324** zusammenfaßbaren **Umständen** liegen, die im Einzelfall die Vertragsbeendigung für den Mieter als ungerechtfertigt hart erscheinen lassen. Insoweit muß für die Frage der Anwendbarkeit der Sozialklausel auf die Abwägung der sich im Einzelfall konkret gegenüberstehenden Interessen abgestellt werden.

So wurde z. B. im Rahmen der Sozialklausel der Widerspruch der Mutter eines Vermieters anerkannt, die finanziell zum Bau des Hauses beigetragen hatte (LG Augsburg WM 69, 92). Auch wurden schon die besonderen Schwierigkeiten eines mittellosen Studenten-Ehepaares bei der Sache nach einer angemessenen Ersatzwohnung berücksichtigt (AG Aachen MDR 69, 845 = ZMR 70, 212 = WM 69, 143).

Der Umstand, daß der Mieter alleinstehend ist (LG Braunschweig ZMR 70, 112), daß er nur eine Ersatzwohnung in einer schlechteren Wohngegend finden kann (AG Hamburg-Altona ZMR 70, 167) oder daß die bisherige Mietzeit lange währte (OLG Karlsruhe RE vom 3. 7. 1970, RES § 556a BGB Nr. 4), reicht jedoch für sich allein nicht zur Verlängerung des Mietverhältnisses aus. Es ist aber anerkannt, daß auch das **Zusammentreffen** mehrerer Umstände, die für sich allein keinen Härtetatbestand bilden, eine nicht gerechtfertigte Härte begründen können (BayObLG RE vom 21. 7. 1970 RES § 556a BGB Nr. 5).

c) Die nicht gerechtfertigte Härte infolge der Kündigung muß den **Mieter oder seine Familie** treffen.

aa) Sind mehrere, nicht miteinander verwandte Personen Mieter, so **B 325** genügt es, wenn bei einem von ihnen die Härtegründe vorliegen und er die Fortsetzung des Mietverhältnisses mit allen Mietern verlangt; ein einzelner Mitmieter kann nach § 432 BGB hingegen nicht verlangen, daß nur mit ihm das Mietverhältnis fortgesetzt wird. Der Widerspruch muß in diesen Fällen von allen Mitmietern eingelegt werden.

bb) Härtegründe von Familienangehörigen rechtfertigen den Wider- **B 326** spruch nur dann, wenn diese im Zeitpunkt der Kündigung unselbständigen Mitbesitz an den Räumen hatten und im weitesten Sinne mit dem Mieter verwandt sind. Eine Erweiterung dieses Tatbestandes auf sonstige Mitbenutzer der Wohnung ist nicht gerechtfertigt, mögen diese selbständigen oder unselbständigen Mitbesitz an den Räumen haben (z. B. Freunde, Verlobte, Wohngemeinschaft). Das Widerspruchsrecht kann wirksam nur vom Mieter ausgeübt werden.

cc) Haben Firmen oder Behörden ein geschütztes Mietverhältnis über **B 327** Wohnraum (s. Rdn B 9) zum Zwecke der Überlassung an Beschäftigte begründet, so berechtigen nach der hier vertretenen Ansicht (anders BGH NJW 81, 1377) ausnahmsweise auch Härtegründe der Bewohner zum Widerspruch, gleichgültig, ob sie die Räume im Verhältnis zum

Hauptmieter auf Grund eines Miet- oder Arbeitsverhältnisses in Besitz haben (s. Rdn B 848). Diese Ausnahme rechtfertigt sich aus der Überlegung, daß § 556a nicht an die formelle Rechtsstellung als Mieter anknüpft, sondern den tatsächlichen Bewohner vor ungerechtfertigten Härten schützen will, und der Hauptmieter entsprechend dem Vermietungszweck nur selten eigene Härtegründe ins Feld führen kann. In sonstigen Fällen der Untervermietung kann sich dagegen der Hauptmieter nicht auf Härtegründe des Untermieters berufen.

2. Den Härtegründen des Mieters kann der **Vermieter** seine **berechtigten Interessen** an der Beendigung des Mietverhältnisses entgegensetzen. Diese Interessen bestimmen sich im wesentlichen aus den die Kündigung rechtfertigenden Gründen sowie dem späteren Verwendungszweck der Wohnung.

B 328 a) Berechtigte Interessen des Vermieters liegen vor, wenn sich dieser im Einzelfall auf bestimmte Sachgründe stützen kann, die eine Fortsetzung des Mietverhältnisses mit dem Mieter für längere oder kürzere Zeit als nicht gerechtfertigt erscheinen lassen. Das ist im Geltungsbereich des § 564b BGB nur der Fall, wenn der Vermieter mindestens berechtigte Interessen i. S. des § 564b I, II BGB hat. Beim Fehlen solcher Kündigungsgründe ist schon die Kündigung unbegründet, so daß es auf die formelle Wirksamkeit und die sachliche Begründetheit des Widerspruchs nicht ankommt; für die Anwendung der Sozialklausel ist hier kein Raum. In Kündigungsfällen des § 564b IV BGB sowie bei Mietverhältnissen über Räume in einem Studenten- oder Jugendwohnheim sind dagegen auch solche Interessen des Vermieters zu berücksichtigen, die keine Kündigungsgründe i. S. des § 564b I, II BGB abgeben könnten (s. Rdn B 589).

B 329 Nach § 556a I 3 kann im übrigen die Würdigung der Belange des Vermieters grundsätzlich nur auf diejenigen Gründe erstreckt werden, die im **Kündigungsschreiben** nach § 564a I 2 BGB **angegeben sind;** weitere Kündigungsgründe sind nur zu berücksichtigen, soweit diese nach der Abgabe der Kündigungserklärung (nicht ihrem Zugang) entstanden sind. Diese Regelung entspricht der Bestimmung des § 564b III BGB (s. Rdn B 711). Sie gilt aber nicht nur für solche Kündigungserklärungen, bei denen kraft Gesetzes die Kündigungsgründe angegeben werden müssen, sondern auch für Kündigungen nach §§ 564b IV und 564b VII Nr. 3 BGB. Die Regelung bezweckt, den Mieter frühestmöglich in die Lage zu versetzen, die Erfolgsaussichten seines Kündigungswiderspruchs abzuschätzen und alles Erforderliche zur Wahrung seiner Interessen zu unternehmen. Der Vermieter seinerseits soll dazu veranlaßt werden, vermeidbare Kündigungen überhaupt zu unterlassen, zumal ihm sonst die Belastung mit Prozeßkosten droht (§ 93b I ZPO).

B 330 b) Als Interessen an der fristgemäßen Beendigung des Mietverhältnisses kommen vor allem grobe Pflichtverletzungen des Mieters, Eigenbedarf, angemessene wirtschaftliche Verwertung und sonstige finanzielle

Interessen sowie starke Spannungen zwischen den Mietparteien in Betracht (teilw. abw. AG Essen ZMR 72, 275). Diese **Umstände** sind **nach** § 564b BGB zunächst dafür von Bedeutung, ob dem Vermieter nach den gesetzlichen Kündigungsbeschränkungen überhaupt ein berechtigtes Interesse an der Vertragsbeendigung zuerkannt werden kann (s. Rdn B 583 ff). Sie gewinnen darüber hinaus aber im Rahmen des § 556 a I dafür weitere Bedeutung, die Dringlichkeit des Erlangungsinteresses durch eine Wertung des Maßes der jeweiligen Pflichtverletzung, des Eigenbedarfs oder anderer konkretisierter Kündigungsgründe im Einzelfall zutreffend zu bestimmen. Dabei ist neben dem eigentlichen (im Kündigungsschreiben genannten) Kündigungsgrund ergänzend auch die damit zusammenhängende Gesamtsituation gebührend zu würdigen. Bei Mietverhältnissen über Wohnraum, die Teil eines Studenten- oder Jugendwohnheims sind, kommt als berechtigtes Interesse im Sinne des § 556 a auch das Interesse des Heimträgers an der Einhaltung der Regelmietdauer (Rotationsprinzip) oder anderer satzungsgemäßer Zwecke in Betracht (s. Rdn. B 686).

Soweit neben dem Vorliegen eines Kündigungsgrundes i. S. von **B 331** § 564b I, II BGB oder in sonstigen Kündigungsfällen **starke Spannungen** das Verhältnis zwischen den Mietparteien so belasten, daß das tägliche Zusammenleben entweder von Vermieter und Mieter oder von Mieter und den übrigen Hausbewohnern etwa infolge dauernder Streitigkeiten, Belästigungen usw. erheblich beeinträchtigt ist, kann das zugunsten des Vermieters berücksichtigt werden. Dies wird insbesondere dann zutreffen, wenn eine Fortsetzung des Mietverhältnisses für den Vermieter mit Rücksicht auf den zu wahrenden Hausfrieden unzumutbar ist. Auf die Schuldfrage wird es insoweit nicht entscheidend ankommen, solange nicht feststeht, daß der Vermieter die Spannungen ganz oder überwiegend selbst verschuldet hat.

3. Für die Entscheidung über die Frage der Fortsetzung des Mietver- **B 332** hältnisses sind die sich im Einzelfall konkret gegenüberstehenden Härtegründe des Mieters und die berechtigten Interessen des Vermieters gegeneinander **abzuwägen.** Da im Ausgangspunkt für die vom Gesetz verlangte Interessenwürdigung die beteiligten Interessen des Vermieters und des Mieters gleichwertig sind, kann nicht von vornherein gesagt werden, daß eine Fortsetzung des Mietverhältnisses unterbleibt, wenn überhaupt erhebliche Interessen des Vermieters an der begehrten fristgerechten Vertragsbeendigung bestehen. Vielmehr ist zu prüfen, welche besonderen Belange höher zu bewerten sind, da hiervon die Fortsetzung des Mietverhältnisses abhängt.

Stehen sich im Ergebnis die Interessen des Vermieters und Mieters **B 333** gleichwertig gegenüber, so geht das Räumungsinteresse des Vermieters vor. Dies folgt aus dem Sinn der das Eigentum sowie das (freie) Kündigungs- und Verfügungsrecht des Vermieters einschränkenden und daher restriktiv auszulegenden Sozialklausel, deren Wortlaut andeutet, daß eine „nicht zu rechtfertigende" Härte für den Mieter nur vorhanden ist, wenn die Würdigung des Vermieterinteresses an fristgemäßer Räumung zu einem weniger gewichtigen Ergebnis gelangt als die Beurteilung der Härtegründe des Mieters. Diese Frage ist jedoch deshalb vorwiegend theoretischer Natur, weil die Bewertung der unterschiedlichen Interessen im allgemeinen in der Praxis zu einem Übergewicht der Belange der einen oder anderen Seite führen wird.

III. Formelle Voraussetzungen des Anspruchs auf Fortsetzung

B 334 Der Mieter, der die fristgemäße Beendigung des Mietverhältnisses auf Grund einer wirksamen Kündigung des Vermieters als ungerechtfertigte Härte ansieht und deshalb eine Fortsetzung des Mietverhältnisses wünscht, muß „der Kündigung widersprechen und vom Vermieter die Fortsetzung des Mietverhältnisses verlangen" (§ 556a I 1). Hierbei handelt es sich um eine einheitliche, auf Fortsetzung des Mietverhältnisses gerichtete Willenserklärung (Roquette, § 556a Rdn 30; Palandt § 556a Anm. 5; Hofmann NJW 66, 486), deren Bestandteile nicht isoliert voneinander bestehen können. Dies folgt aus der Wortwahl und dem Sinn des § 556a, der in Abs. I 1 die Begriffe Widerspruch und Fortsetzungsverlangen unmittelbar miteinander verknüpft, in Abs. V 2 als „Gründe des Widerspruchs" nur die des „Fortsetzungsverlangens" meinen kann, in Abs. VI 1 dem „Widerspruch indirekt die Bedeutung des Fortsetzungsverlangens beimißt und im übrigen in den Abs. II, III klar zu erkennen gibt, daß das Fortsetzungsverlangen der eigentliche Zweck des Widerspruchs ist. Auch eine natürliche Betrachtungsweise führt zu dem Ergebnis der Einheitlichkeit und Unteilbarkeit von Widerspruch und Fortsetzungsverlangen; denn nur der Kündigung zu widersprechen, ohne die Fortsetzung des Mietverhältnisses zu verlangen, ist ebenso sinnlos, wie umgekehrt nur die Fortsetzung zu verlangen, aber nicht die Kündigung anzugreifen.

Ein wirksamer Widerspruch muß bestimmte formelle Voraussetzungen erfüllen. Anderenfalls kann der Vermieter die verlangte Fortsetzung des Mietverhältnisses ohne Rücksicht darauf ablehnen, ob seine Interessen die fristgemäße Räumung rechtfertigen. Der Widerspruch ist eine einseitige empfangsbedürftige Willenserklärung, auf welche insoweit die allgemeinen Vorschriften Anwendung finden. Der Kündigungswiderspruch des Mieters enthält gleichzeitig den Antrag auf Vertragsfortsetzung, den der Vermieter durch sein Verhalten stillschweigend annehmen kann; das Zustandekommen eines unbefristeten Mietverhältnisses setzt insoweit jedoch voraus, daß das Schweigen trotz der Kündigung nach den Umständen des Einzelfalles als Zustimmung zu werten ist (LG Mannheim DWW 76, 88).

B 335 1. Der Widerspruch bedarf gemäß § 556a V 1 der **Schriftform** (§ 126 I, III BGB). Er muß daher vom Mieter, gegebenenfalls von allen

Mietern, unterzeichnet sein. Vertretung des Mieters durch einen Bevollmächtigten ist jedoch zulässig, wobei zur Vermeidung einer Zurückweisung des Widerspruchs diesem jedoch im allgemeinen die Vollmachtsurkunde beigefügt sein muß (vgl. § 300 BGB).
Ein telegrafischer Widerspruch ist unwirksam (OLG Karlsruhe RE vom 16. 2. 1973 RES § 556a BGB Nr 9; a. A.: AG Schöneberg WM 85, 286, betreffend Fortsetzungsverlangen durch Telebrief). Die Verletzung der Schriftform hat die Nichtigkeit des Widerspruchs zur Folge (§ 126 BGB). Jedoch wird in der Regel eine Umdeutung gem. § 140 BGB in Betracht zu ziehen sein. Der Kündigungswiderspruch enthält nämlich auch einen formlos wirksamen Antrag des Mieters auf Fortsetzung des Mietverhältnisses. Diesen Antrag kann der Vermieter – auch außerhalb der Voraussetzungen des § 556a BGB – ausdrücklich oder stillschweigend annehmen. In einem solchen Fall wird das Mietverhältnis durch die Vereinbarung der Parteien fortgesetzt (LG Mannheim DWW 76, 88).

2. Inhaltlich muß aus dem Widerspruchsschreiben des Mieters unmißverständlich zu erkennen sein, daß dieser die Fortsetzung des Mietverhältnisses verlangt. Die Begriffe ,,Widerspruch" und ,,Fortsetzung des Mietverhältnisses" brauchen nicht ausdrücklich enthalten zu sein. Wird der Widerspruch von Bedingungen abhängig gemacht, so ist er unwirksam. Das gilt nicht für eine sog. unechte Bedingung (z. B. ,,falls die Kündigung wirksam ist").
Strebt der Mieter erkennbar nur einen vorübergehenden Räumungsaufschub an, während er der Vertragsbeendigung nicht entgegentritt, so liegt darin kein Widerspruch, sondern ein Räumungsfristverlangen; bei Unklarheiten des vom Mieter angestrebten Zieles, ist ein Widerspruch anzunehmen (zur Kostenentscheidung vgl. § 93b I, III ZPO; zum Zusammenhang zwischen Widerspruch und Klage auf künftige Räumung s. Rdn B 751).

3. a) Gemäß § 556a VI 1 muß der Widerspruch – unabhängig von der Dauer der Kündigungsfrist – bis spätestens 2 Monate vor Ablauf der jeweiligen Kündigungsfrist dem Vermieter gegenüber erklärt werden. Entscheidend ist der Zugang der Erklärung (Rdn B 43). Wird diese **Widerspruchsfrist** versäumt, kann der Vermieter bereits aus diesem Grunde die Fortsetzung des Mietverhältnisses ablehnen, ohne daß die Fristversäumung vom Mieter verschuldet sein müßte. Dies folgt unmittelbar aus dem Wortlaut des § 556a VI 1; denn die Bestimmung, daß der Vermieter die Fortsetzung ablehnen kann, stellt lediglich auf den Zeitablauf, nicht aber auf ein Verschulden ab. Daraus rechtfertigt sich der Schluß, daß die Widerspruchsfrist nicht als Ausschlußfrist, sondern ihrem Wesen nach als eine Verjährungsfrist zu betrachten ist, deren Ablauf allein dem Vermieter die **Einrede** der Verjährung gegen die Geltendmachung des Fortsetzungsanspruchs gibt (Hans § 556a Anm. 4b; Palandt § 556a Anm. 5d; a. A. Hiendl NJW 65, 2190). Beruft sich der Vermieter

nicht auf die verspätete Einlegung des Widerspruchs, bleibt diese Säumnis des Mieters also folgenlos.

B 338 Über das maßgebliche Ende der Widerspruchsfrist muß sich der Mieter erforderlichenfalls durch rechtskundige Beratung auf eigenes Risiko vergewissern. Eine Karenzzeit von 3 Werktagen am Monatsbeginn wie bei den Kündigungsfristen (§ 565 II, 1 BGB) sieht das Gesetz nicht vor. Fällt aber der letzte Tag der Frist auf einen Sonntag, örtlichen Feiertag oder Samstag, so verlängert sich die Frist bis zum Ablauf des nächsten Werktags (§ 193 BGB).

Vor Ablauf der Widerspruchsfrist braucht der Mieter dem Vermieter keine verbindliche Erklärung darüber abzugeben, ob er auf die Kündigung hin fristgemäß räumen kann und will, selbst wenn der Vermieter eine derartige Erklärung fordert. Das Gesetz geht davon aus, daß sich der Mieter erst bis zum Ablauf der Widerspruchsfrist endgültig entscheiden muß, ob er fristgemäß räumt oder aber die Vertragsfortsetzung anzustreben beabsichtigt. Bis zum Fristablauf rechtfertigt das noch unentschiedene Verhalten des Mieters keine Klage auf künftige Leistung (§ 259 ZPO); eine dennoch vorzeitig erhobene Klage ist unzulässig und darf vom Gericht auch nicht bis zum Ablauf der Widerspruchsfrist ausgesetzt werden. Ist aus den Erklärungen oder dem schlüssigen Verhalten des Mieters aber zu folgern, daß er die Räume nach Ablauf der Kündigungsfrist nicht herausgeben wird, weil er seine Räumungsverpflichtung aus rechtlichen oder tatsächlichen Gründen bestreitet, werden die Voraussetzungen des § 259 ZPO für eine Klage vor Ablauf der Widerspruchsfrist zugunsten des Vermieters zu bejahen sein (OLG Karlsruhe RE vom 10. 6. 1983 WM 83, 253); Gleiches gilt, wenn der Mieter zwar seine Räumungsverpflichtung nicht bestreitet, aber eine erheblich über die Vertragsbeendigung hinausgehende Räumungsfrist verlangt.

B 339 b) Die Widerspruchsfrist verlängert sich bis zum 1. Termin im gerichtlichen Räumungsverfahren, wenn der Vermieter nicht rechtzeitig vor Ablauf der Widerspruchsfrist den in § 564a II BGB bezeichneten **Hinweis** auf die Möglichkeit sowie Form und Frist des Widerspruchs erteilt hat (§ 556a VI 2). Rechtzeitig ist der Hinweis, wenn er dem Mieter vor Ablauf der Widerspruchsfrist so frühzeitig zugeht, daß diesem ausreichend Zeit und Gelegenheit zur Konsultierung eines Rechtskundigen über die Erfolgsaussichten eines Fortsetzungsverlangens verbleibt. Eine spätere Nachholung des Hinweises, für den keine Form vorgeschrieben ist, beeinflußt das Recht des Mieters auf Erklärung des Widerspruchs bis zum ersten Verhandlungstermin nicht. Der Vermieter kann seine Hinweispflicht entweder durch die sinngemäße oder die wörtliche (LG Rottweil MDR 80, 671) Wiedergabe des Wortlauts des § 556a BGB erfüllen. Die Hinweispflicht des Vermieters kann weder vertraglich ausgeschlossen noch im voraus erfüllt werden (Weimar WM 69, 177).

c) Bestehen in der **ersten mündlichen Verhandlung** vor dem Gericht darüber Unklarheiten, ob der Hinweis rechtzeitig erteilt wurde und der Mieter von seinem Widerspruchsrecht Gebrauch machen will, so ist die

Sach- und Rechtslage nach § 139 ZPO von Amts wegen zu klären. Dabei ist der Mieter unter Darlegung der Rechtslage auf sein Widerspruchsrecht hinzuweisen (Pergande § 556a Anm. 7; Schmidt-Futterer WM 68, 37; Voelskow DB 68, 115). Entschließt sich der Mieter zur Einlegung des Widerspruchs, so kann dieser wirksam zu Protokoll erklärt werden. Rechtzeitig ist diese Erklärung auch dann, wenn sie nach Protokollierung der Sachanträge erfolgt (Pergande a. a. O.). Nach dem Erlaß eines Versäumnisurteils ist der Antrag nicht mehr zulässig, auch wenn der Mieter in diesem Falle keine Sachanträge stellt.

4. Der Widerspruch bedarf keiner **Begründung**. Der Vermieter kann **B 340** aber verlangen, daß der Mieter ihm über die Gründe des Widerspruchs unverzüglich Auskunft erteilt (§ 556a V 2). Denn auch er hat ein berechtigtes Interesse, vor Klageerhebung seine Erfolgsaussichten sachlich abwägen zu können. Wenn das Gesetz auch keine Pflicht zur Begründung des Widerspruchs normiert, so kann der Mieter im Falle des Obsiegens auf Grund seines Widerspruchs gemäß § 93b II ZPO doch kostenrechtliche Nachteile haben, wenn er die begehrte Auskunft verweigert oder sie verspätet erteilt hat.

IV. Wirkung des Widerspruchs

1. Nach herrschender Ansicht (Hans § 556a Anm. V; Pergande § 556a **B 341** Anm. 5; Roquette § 556a Rdn 31; Soergel-Siebert-Metzger § 556a Rdn 20; Hoffmann NJW 66, 486; Weimar WM 65, 200; a. A. LG Braunschweig WM 72, 127, 128 im Anschluß an Hiendl NJW 65, 2190) hat der Widerspruch **keine rechtsgestaltende** Wirkung. Als einheitliche, auf Fortsetzung des Mietverhältnisses gerichtete Willenserklärung hat er vielmehr nur die Bedeutung, daß der Mieter darin in der gesetzlich vorgeschriebenen Weise einen Antrag zum Abschluß eines Verlängerungsvertrages abgibt.

Die Wirksamkeit der Kündigung wird also durch die Erhebung des **B 342** Widerspruchs rechtlich nicht berührt. Vielmehr bedarf es zur Fortsetzung des Mietverhältnisses einer Einigung der Mietparteien oder eines entsprechenden Urteils (§ 556a III). Dies bedeutet, daß das Mietverhältnis auf Grund der Kündigung nach Ablauf der Kündigungsfrist enden würde (Hoffmann a. a. O., Palandt § 556a Anm. 5a) und demgemäß der Mieter die Wohnung herauszugeben hätte bzw. zur Räumung und Herausgabe zu verurteilen wäre, wenn keine Einigung über die Fortsetzung zustande kommt und der Mieter einer Klage nicht entgegentritt. Beim Zustandekommen einer Einigung oder eines Fortsetzungsurteils wird zwar die Kündigung des Vermieters rückwirkend hinfällig und damit das Mietverhältnis nahtlos fortgesetzt. Diese Unwirksamkeit ergibt sich jedoch nicht als unmittelbare Folge des Widerspruchs, sondern beruht allein auf dem rechtsgestaltenden Charakter der Einigung oder des Urteils. Ohne eine solche Rechtsgestaltung (oder eine stillschweigende Mietverlängerung gemäß § 568 BGB) bestimmen sich aber die Rechte und Pflichten der Parteien nach Ablauf der Kündigungsfrist wie in sonstigen Kündigungsfällen gemäß den Vorschriften der §§ 556, 557 BGB.

B 343 Da der Widerspruch keine unmittelbar rechtsverändernde Wirkung auf die Kündigung hat, wird die Kündigung infolge des Widerspruchs auch nicht schwebend unwirksam (so aber Palandt § 556a Anm. 5e; LG Wiesbaden ZMR 73, 219; AG Kassel BlGBW 72, 226 = ZMR 73, 115; ähnlich Pergande § 556a Anm. 5; Roquette § 556a Rdn 31). Rechtsgeschäfte sind nur dann schwebend unwirksam, wenn eine Voraussetzung für ihre Wirksamkeit noch nicht eingetreten ist. Abgesehen davon können einseitige Rechtsgeschäfte wie die Kündigung schon grundsätzlich nicht schwebend unwirksam, sondern nur wirksam oder nichtig sein (Palandt, Überblick vor § 104 Anm. 4c, 3d).

Von der schwebenden Unwirksamkeit ist allerdings die Tatsache zu unterscheiden, daß die Kündigung solange keine faktische Wirkung auslöst, insbesondere also nicht zur Räumung führt, wie der Mieter eine freiwillige Räumung nach Ablauf der Kündigungsfrist verweigert und noch kein Räumungsurteil vorliegt. Diese mangelnde faktische Durchsetzungsmöglichkeit des Räumungsanspruchs ist jedoch keine besondere Folge des Widerspruchs, sondern allein darauf zurückzuführen, daß im Streitfall erst die Gerichte über erhobene Ansprüche zu entscheiden haben, bevor diese im Wege der Zwangsvollstreckung durchgesetzt werden können.

B 344 Jedenfalls entsteht durch die Erhebung des Widerspruchs eine Unsicherheit in rechtlicher Beziehung, weil vor einer Einigung oder einem Gerichtsurteil nicht feststeht, ob die Kündigung zur beabsichtigten Beendigung des Mietvertrages führt oder das Mietverhältnis auf Grund des Widerspruchs fortgesetzt wird. Der durch diese Unsicherheit bedingte „Schwebezustand" (Pergande § 556a Anm. 5) mag im Ergebnis dieselben Folgen haben, wie sie theoretisch im Falle schwebenden Unwirksamkeit der Kündigung eintreten würde; denn bei der Einigung oder gerichtlichen Fortsetzung des Mietverhältnisses würde die Kündigung unwirksam sein, während sie sonst wirksam ist. Hier wie dort ist also vorerst keine abschließende rechtliche Beurteilung der durch die Kündigung geschaffenen Rechtslage möglich. Während dies bei einer schwebenden Unwirksamkeit aber auf einem fehlenden objektiven Ereignis beruht, hängt die Unsicherheit bezüglich des Räumungsanspruchs allein von der Beurteilung einer Interessenlage, nämlich der Interessen des Vermieters an der Beendigung und des Mieters an der Fortsetzung des Mietverhältnisses, ab. Insofern entspricht der durch den Widerspruch geschaffene Schwebezustand dem sonstigen Zustand der Unsicherheit über den Prozeßausgang, in welchem sich die Parteien innerhalb jedes streitigen Gerichtsverfahrens befinden.

2. **Liegen die formellen und materiellen Voraussetzungen für eine Ver-** **B 345**
längerung des Mietverhältnisses vor (s. oben Rdn B 308 ff), so ist das
Mietverhältnis fortzusetzen. Dies kann durch eine Einigung der Mietparteien oder durch Urteil geschehen (§ 556a III 1).

a) Das Gesetz bringt insbesondere in § 556a III 1 („kommt keine Einigung zustande"), aber auch in der Kostenregelung des § 93b I, II ZPO deutlich zum Ausdruck, daß die Mietparteien in erster Linie ernsthaft versuchen müssen, eine außergerichtliche oder gerichtliche **Einigung** (Vertrag, Prozeßvergleich) über die Fortsetzung des Mietverhältnisses zu erzielen, die einer gerichtlichen Entscheidung vorgeht. Die Einigung stellt einen den bisherigen Mietvertrag ändernden Vertrag (§ 305 BGB) dar. Sie unterliegt nach § 556a, der insoweit als Spezialvorschrift vorrangig ist, keiner besonderen Formvorschrift (Pergande, § 556a Anm. 9), selbst wenn der Mietvertrag für längere Zeit als 1 Jahr fortbestehen soll (§ 556 BGB) oder der Mietvertrag die Wirksamkeit von Vertragsänderungen von der Einhaltung der Schriftform abhängig macht. Allerdings kann jede Partei die Wirksamkeit der Einigung von der Einhaltung der Schriftform ausdrücklich abhängig machen.

b) Falls eine Einigung nicht zustande kommt, muß das Gericht entwe- **B 346**
der in einem vom Vermieter angestrengten Räumungsprozeß oder auf
Grund einer vom Mieter eingereichten Fortsetzungsklage gemäß § 556a
III 1 in Verbindung mit § 308a ZPO über die Fortsetzung durch **Urteil**
entscheiden.

Für die weiteren Besonderheiten dieses Verfahrens wird auf die Kommentierung unter Rdn B 385 ff (zu § 308a ZPO) und Rdn G 1 ff (zum Rechtsentscheid) verwiesen.

c) Der Mieter kann die Entscheidung des Gerichts über die Verlänge- **B 347**
rung oder Fortsetzung des Mietverhältnisses in zweifacher Weise herbeiführen. Erhebt der Vermieter die **Räumungsklage,** so hat das Gericht über den Widerspruch unter den Voraussetzungen des § 308a ZPO von Amts wegen auch dann zu entscheiden, wenn ein dahingehender Prozeßantrag vom Mieter nicht gestellt wird (s. dazu die Kommentierung zu dieser Vorschrift unten Rdn B 385); erhebt der Mieter Widerklage auf Fortsetzung des Mietverhältnisses, so fehlt dieser im Hinblick auf § 308a ZPO das Rechtsschutzinteresse, so daß sie regelmäßig als Antrag im Sinne dieser Vorschrift zu behandeln ist (s. Rdn B 391). Daneben erlangt der Mieter nach der Abgabe der Widerspruchserklärung aber auch dann ein schutzwürdiges Interesse, seinen Anspruch auf Vertragsfortsetzung gerichtlich klären zu lassen, wenn der Vermieter keine Räumungsklage erhebt und eine Einigung nicht zu erzielen ist; diese Klärung kann der Mieter im Wege der **Fortsetzungsklage** aktiv herbeiführen, welche auf die Verurteilung des Vermieters zur Abgabe seiner Zustimmungserklärung zur beantragten Vertragsfortsetzung gerichtet ist [Leistungsklage, die nach § 894 ZPO zu vollstrecken ist; a. A. Hoffmann ZMR 64, 95 (Gestaltungsklage) und Schopp ZMR 64, 225 (Feststellungsklage)]. Dahin ist der Klagantrag auch dann auszulegen, wenn der Mieter die Fort-

setzung des bisherigen Mietverhältnisses beantragt. Auf welche Dauer und zu welchem veränderten Vertragsbedingungen das Mietverhältnis im Einzelfall fortgesetzt wird, ist vom Gericht in entsprechender Anwendung des § 308a I ZPO auch hier von Amts wegen zu entscheiden, wenn der Mieter keinen dahingehenden Antrag gestellt hat (s. Rdn B 385). Vor der Entscheidung über den Widerspruch muß das Gericht auch bei der Fortsetzungsklage prüfen, ob die Kündigung überhaupt wirksam ist; ist das nicht der Fall, kann eine Entscheidung über die Vertragsfortsetzung aus formellen und materiellen Erwägungen nicht ergehen, so daß der Klagantrag des Mieters in eine Feststellungsklage auf die Unwirksamkeit der Kündigung oder die Fortsetzung des Mietverhältnisses i. S. des § 564c I BGB umgedeutet werden kann (Hans § 556a Anm. 9b). Im Rahmen der Fortsetzungsklage kann der Vermieter eine Widerklage auf Räumung erheben (§ 33 ZPO). Für die Kostenentscheidung bei gerichtlichen Urteilen nach §§ 556a–c BGB wird auf die Sondervorschrift des § 93b ZPO (dazu Schmidt-Futterer WM 66, 125 unter Berücksichtigung zwischenzeitlicher Gesetzesänderungen) sowie die Sonderregelung des Gebührenstreitwerts in § 16 Abs. 2–4 GKG (dazu Schmidt-Futterer MDR 65, 347) verwiesen.

B 348 Die durch Einigung oder Urteil erfolgende Fortsetzung des Mietverhältnisses hat zum einen zur Folge, daß das bisherige Mietverhältnis grundsätzlich fortdauert (Palandt, § 556a Anm. 6e; Pergande, § 556a Anm. 9; Roquette, § 556a Rdn 33; a. A. Mohnen, Festschrift für Nipperdey, S. 616). Das bedeutet, daß weder durch Einigung noch durch Urteil ein neues Mietverhältnis geschaffen wird, sondern daß die **Identität** des (alten) Mietverhältnisses ohne Unterbrechung erhalten bleibt. Die **rückwirkende Kraft** der Fortsetzung durch Einigung oder Urteil verhindert damit auch eine Schadensersatzpflicht wegen Vorenthaltung der Mieträume nach Vertragsende (§ 557 I, II BGB). Grundsätzlich berührt im übrigen die Vertragsverlängerung als solche nicht die vereinbarte Vertragsgestaltung. Insbesondere gehen durch die Fortsetzung den Mietparteien also nicht die bisher bestehenden vertraglichen oder gesetzlichen Rechte oder Rechtspositionen verloren (z. B. Anspruch auf Schönheitsreparaturen; Mieterhöhungsrechte und -fristen). Bei einer Fortsetzung auf unbestimmte Zeit kann somit der Vermieter das Mietverhältnis jederzeit unter Einhaltung einer der bisherigen Vertragszeit entsprechenden Kündigungsfrist (§ 565 II BGB) wieder kündigen. Die Fortsetzung hat also in erster Linie eine zeitliche, die Vertragsverlängerung auslösende Wirkung.

B 349 **d) Dauer** und **inhaltliche Gestaltung** des fortgesetzten Mietverhältnisses stehen im Rahmen der Vertragsfreiheit der beliebigen Einigung der Parteien offen. Kommt eine Einigung nicht zustande, hat auch darüber das Gericht nach § 308a ZPO rechtsgestaltend zu entscheiden (s. Rdn B 398 ff).

B 350 **aa)** Das Gericht kann durch Urteil das Vertragsverhältnis gemäß § 556a III auf bestimmte oder unbestimmte Zeit fortsetzen. Grundsätzlich hat es eine Fortsetzung auf **bestimmte Zeit** anzuordnen; denn wie aus § 556a III 2 folgt, kommt die Fortsetzung auf unbestimmte Zeit nur ausnahmsweise in Frage, wenn ungewiß ist, wann die für eine Verlängerung sprechenden Härtegründe des Mieters wegfallen.

Diese Regelung ist sachgerecht, weil die Härtegründe in der Regel nur **B 351** vorübergehend den Ausschluß der Kündigungswirkungen erfordern.

Sofern aber die Härtegründe nicht nur vorübergehend der Räumung entgegenstehen oder der Zeitpunkt ihres Wegfalls nicht abzusehen ist (z. B. hohes Alter, Gebrechlichkeit, unabsehbare Dauer der Erkrankung), rechtfertigt sich dagegen eine **unbefristete Fortsetzung** des Mietverhältnisses, dessen Beendigung dann gemäß § 556c II erschwerten Voraussetzungen unterliegt (s. Rdn B 376). Eine unbefristete Fortsetzung kommt aber trotz Vorliegens der entsprechenden Voraussetzungen dann nicht in Frage, wenn der Mieter erkennbar selbst einen Umzug in eine angemessene Ersatzwohnung oder in ein Alters- oder Pflegeheim anstrebt; hier ist das Mietverhältnis auf einen bestimmten Zeitraum zu verlängern, binnen dem der angestrebte Umzug voraussichtlich durchzuführen ist (OLG Karlsruhe RE vom 3. 7. 1970 RES § 556a BGB Nr 4).

Eine Verlängerung des Mietverhältnisses auf Lebenszeit ist unzulässig, **B 352** weil sie weder eine Fortsetzung auf bestimmte noch auf unbestimmte Zeit darstellt (OLG Stuttgart RE vom 6. 3. 1969 RES § 556a BGB Nr 2).

Die Dauer der Fortsetzung muß im Einzelfall unter Berücksichtigung **B 353** aller Umstände angemessen sein (§ 556a II 1). Da durch die Sozialklausel eine ungerechtfertigte Härte für den Mieter vermieden werden soll, hat das Gericht bei der Entscheidung über die Dauer die Interessen der Parteien insbesondere unter dem Gesichtspunkt zu beurteilen, wie lange bei einem gewöhnlichen Geschehensablauf voraussichtlich die gegenwärtige Härtesituation des Mieters andauern wird. Dies kann sowohl von den Schwierigkeiten des Mieters, angemessenen Ersatzwohnraum zu finden, als auch von der Dringlichkeit des Erlangungsinteresses des Vermieters abhängen (s. auch Rdn B 313).

Während der Dauer der befristeten Fortsetzung ist entsprechend **B 354** § 565 I BGB eine ordentliche **Kündigung** des Vermieters ausgeschlossen und nur die fristlose Kündigung unter den Voraussetzungen der §§ 553 ff BGB zulässig. Ob das Mietverhältnis zum Fristablauf endet oder fortgesetzt wird, ist nach § 556c I zu beurteilen (s. Rdn B 366). Dagegen ist bei der unbefristeten Fortsetzung auch die ordentliche Kündigung unter den Voraussetzungen des § 564b BGB jederzeit zulässig, wobei allerdings die Erfolgsaussichten durch § 556c II bewußt stark beschränkt worden sind (s. Rdn B 376).

bb) Über die **Änderung der Vertragsbedingungen** hat das Gericht **B 355** ebenfalls nur im Falle der Nichteinigung zu entscheiden (§ 556a III 1); ein Antrag der Parteien ist hierzu nicht erforderlich (§ 308a ZPO; s. Rdn B 385).

Voraussetzung für die Änderung ist gemäß § 556a II 2, daß dem Vermieter die Fortsetzung des Mietverhältnisses zu den bisher geltenden Vertragsbedingungen nicht zuzumuten ist. Unter Vertragsbedingungen sind hier nicht Bedingungen i. S. der §§ 158 ff BGB, sondern der gesamte Vertragsinhalt zu verstehen. Diese Auslegung entspricht entgegen der Auffassung von Roquette (§ 556 a Rdn 40, 41), der nur den Mietzins hierunter fallen lassen will, dem Wortlaut und Sinn des § 556 a II 2. Denn nicht nur der bisherige Mietzins, sondern auch sonstige Vertragsbestimmungen, insbesondere die Erfüllung einzelner Nebenpflichten (Schönheitsreparaturen, Gehwegreinigung, Hausmeisteraufgaben, Zulassung gewerblicher Raumnutzung u. ä.) können sich infolge veränderter Umstände seit Vertragsabschluß mittlerweile so belastend für den Vermieter auswirken, daß ihm die Aufrechterhaltung dieser alten Bedingungen nicht zumutbar ist.

B 356 Die Frage der Unzumutbarkeit läßt sich wiederum nur im Wege einer Abwägung der Interessen beider Vertragspartner beantworten. Dabei sind alle für die Vertragsdurchführung beachtlichen objektiven und subjektiven Umstände wie z. B. die ortsübliche Entwicklung der Mietpreise und der sonstigen Vertragspflichten der Mietparteien, die Vermögens- und Einkommensverhältnisse der Parteien, ihr bisheriges Verhalten sowie ihre gesundheits- bzw. berufsbedingte Fähigkeit zur Erfüllung aller Vertragspflichten zu würdigen. Allgemein wird man als unzumutbar für den Vermieter dabei eine Vertragsgestaltung ansehen können, die ihn entweder mehr als in sonstigen Wohnraummietverhältnissen üblich oder auf Grund veränderter persönlicher Verhältnisse subjektiv in besonderer Weise belastet; das gilt jedenfalls dann, wenn diese tatsächlichen oder rechtlichen Nachteile bzw. die entsprechenden Vorteile für den Mieter keine andere Rechtfertigung erfahren als diejenige, Ergebnis der früheren Vertragsvereinbarungen zu sein.

B 357 Hinsichtlich des Umfangs bestimmt § 556 a II, daß die Änderungen **angemessen** sein sollen. Das bedeutet, daß die Vertragsbedingungen zugunsten des Vermieters nur insoweit geändert werden dürfen, wie dies nach Abwägung der beiderseitigen Interessen zur Herstellung einer dem Vermieter zumutbaren Vertragsgestaltung erforderlich ist.

Im einzelnen wird zugunsten des Vermieters insbesondere eine Anpassung des bisherigen Mietzinses an die ortsübliche Vergleichsmiete, eine mittelbare Erhöhung des Mietzinses durch die Verpflichtung des Mieters zu zusätzlichen Nebenleistungen (Übernahme von Schönheits- und sonstigen Reparaturen, Gehwegreinigung, Aufgaben des Hauswarts), die Herausgabe bestimmter Räume (z. B. zusätzliche Mansarde, Kellerraum, Garage, Bodenräume; LG Hamburg WM 87, 223), die Unterlassung besonderer störender Nutzungsformen (Gewerbe, Untervermietung u. ä.) angeordnet werden können. Die Änderungen zu Lasten des Mieters dürfen aber nicht so weit gehen, daß durch die Wegnahme wesentlicher Mieträume oder die Auferlegung zusätzlicher persönlicher Pflichten (z. B. Gartenpflege) grundlegend in den Kern des Mietverhältnisses eingegriffen wird.

B 358 Die **Anhebung des Mietzinses** unterliegt dabei nicht den formellen und materiellen Erfordernissen einer Mieterhöhung nach den Bestimmungen des MHG (LG Mannheim WM 75, 213). Insoweit ist § 556a II, III als Spezialgesetz anzusehen, wobei jedoch die Grenze der ortsüblichen Vergleichsmiete nicht erheblich überschritten werden darf, was aus § 134 BGB i. V. m. §§ 5 WiStG, 302a StGB folgt (s. Rdn D 17).

Ob dem Vermieter das Festhalten an einem Mietzins unterhalb der Grenze der ortsüblichen Vergleichsmiete zuzumuten ist, wird unter Berücksichtigung der oben genannten Grundsätze nur selten zu bejahen sein. Dies wird aber immer besonders konkrete Umstände voraussetzen, die nach dem Sinn der vorliegenden Vertragsabmachungen ein zeitlich befristetes Festhalten an dem bisherigen Mietzins nicht als unbillig erscheinen lassen (zur Neufestsetzung der Miete vgl. auch AG Münster ZMR 71, 55).

Die vom Gericht im Urteil ausgesprochenen Vertragsänderungen sind **B 359** Bestandteil des fortgesetzten Mietverhältnisses. Sie ergänzen oder ersetzen die bisherige Vertragsregelung, die im übrigen uneingeschränkt fortgilt.

V. Fortsetzung des befristeten Mietverhältnisses (§ 556b)

1. Allgemeines

a) Bei Mietverhältnissen über Wohnraum, die auf bestimmte Zeit ein- **B 360** gegangen sind (sog. befristete Mietverhältnisse) findet § 556a keine unmittelbare Anwendung, weil diese Mietverhältnisse ohne Kündigung zum vorgesehenen Termin durch Zeitablauf enden. Da es dem Grundgedanken des sozialen Mietrechts widerspräche, wenn lediglich Mieter in unbefristeten Mietverhältnissen vor ungerechtfertigten Härten bei der Vertragsbeendigung geschützt werden, hat der Gesetzgeber durch das 1. MÄG die Vorschrift des § 556b eingefügt und damit den Schutz der Sozialklausel auf befristete Mietverhältnisse ausgedehnt. Die Vorschrift gilt nicht für befristete Mietverhältnisse mit Verlängerungsklausel i. S. des § 565a I BGB (s. Rdn B 802) und für qualifizierte befristete Mietverträge (Zeitmietverträge) i. S. v. § 564c II BGB (s. Rdn B 823).

Dagegen ist § 556b dann anwendbar, wenn nach den getroffenen Vereinbarungen das Mietverhältnis zu einem bestimmten Zeitpunkt enden soll, falls die Vertragsparteien keine übereinstimmenden Erklärungen über die Vertragsverlängerung abgeben. Bei dieser Vertragsgestaltung und bei einem einseitigen Optionsrecht des Vermieters muß der Mieter von vornherein mit der Beendigung durch Zeitablauf rechnen, ohne selbst entscheidenden Einfluß auf die Vertragsverlängerung nehmen zu können. Im Falle eines Optionsrechts zugunsten des Mieters kommt eine Anwendung des § 556b i. V. m. § 556a IV Nr. 1 nicht in Betracht, wenn der Mieter das ihm vertraglich zustehende Verlängerungsrecht nicht ausübte; er muß sich dann so behandeln lassen, als hätte er das Mietverhältnis im Wege der Kündigung zur Beendigung gebracht.

B 361–363   Teil B. Kündigungsschutz

B 361 b) Die Vorschrift des § 564c I BGB hat auf die Anwendung des § 556b keinen Einfluß; insbesondere braucht der Mieter, der sich nur auf die Sozialklausel berufen will, nicht die Fortsetzung des Mietverhältnisses nach § 564c I BGB zu verlangen (s. Rdn B 772). Beide Schutzrechte stehen dem Mieter wahlweise entweder kumulativ oder alternativ zur Verfügung. Bei qualifizierten befristeten Mietverträgen (Zeitmietverträgen) i. S. v. § 564c II BGB ist sowohl der Fortsetzungsanspruch nach § 564c I BGB als auch die Berufung auf die Sozialklausel ausgeschlossen (s. Rdn B 823).

2. Nach § 556b I kann der Mieter bei einem befristeten Mietverhältnis die Fortsetzung grundsätzlich unter den gleichen Voraussetzungen verlangen, die im Falle der Kündigung eines unbefristeten Mietverhältnisses die Anwendung der Sozialklausel ermöglichen. Dies folgt eindeutig aus dem Wortlaut des § 556b I, der die sinngemäße Anwendung des § 556a vorschreibt.

B 362 a) **Wegen der sachlichen Voraussetzungen** für die Fortsetzung wird auf die Rdn B 308 ff verwiesen. Eine Abweichung tritt gemäß § 556b II lediglich dann ein, wenn der Vermieter ein **besonderes Interesse** an der Befristung des Mietverhältnisses hatte und dies dem Mieter bei Vereinbarung der Befristung bekannt war (positive Kenntnis). Hier können bei der Interessenabwägung nur solche Gründe zugunsten des Mieters berücksichtigt werden, die nachträglich eingetreten sind (z. B. schwere Erkrankung, Kinderreichtum; nicht aber hohes Alter, schon bei Vertragsschluß gegebene örtliche Wohnungsknappheit). Die bloße Bestimmung eines Endtermins für das Mietverhältnis reicht in diesem Zusammenhang nicht aus. Vielmehr muß der Vermieter bei Vertragsabschluß seine besonderen Gründe für die Vereinbarung einer festen Laufzeit dem Mieter zur Kenntnis gebracht haben, sofern sie diesem nicht ohnehin bekannt waren. Solche Gründe können z. B. Eigenbedarf zu einem bestimmten Zeitpunkt (Ende einer auswärtigen Berufsausbildung oder einer längeren Auslandsreise) oder Bedarf an den Miträumen zu sonstigen Zwecken (z. B. beabsichtigter Verkauf oder Abbruch) sein.

B 363 Die besonderen Beendigungsgründe des Vermieters müssen nicht Vertragsinhalt geworden sein und brauchen nicht im schriftlichen Mietvertrag festgehalten werden; es genügt vielmehr die formlose Mitteilung derjenigen Umstände, die aus der Sicht des Vermieters die Befristung der Vertragszeit begründen. Ist der Eintritt dieser Gründe bei Vertragsschluß noch ungewiß, so kann sich der Vermieter bei der Beendigung darauf nur berufen, wenn sie tatsächlich eingetreten sind (z. B. Beendigung des Studiums). Da § 556b II nur die berücksichtigenswerten Interessen des Mieters auf der Grundlage der ihm bekannten ursprünglichen Beendigungsmotive des Vermieters beschränkt, steht es diesem frei, sich später auch auf andere Erlangungsinteressen zu berufen; insoweit entfällt dann aber zugunsten des Mieters die Beschränkung des § 556b II.

§§ 556a–556c BGB. Fortsetzung nach der Sozialklausel   B 364–367

b) In **formeller** Hinsicht tritt an die Stelle des Widerspruchs lediglich **B 364**
das schriftliche, sachlich gleichartige Fortsetzungsverlangen des Mieters,
das er spätestens 2 Monate vor Ablauf der Mietzeit beim Vermieter geltend machen muß (Zugang). Auf die Kenntnis des Mieters von der
Ausschlußfrist kommt es nicht an. Der Vermieter ist auch nicht gehalten, den Mieter vor Fristablauf auf den Verlängerungsanspruch sowie
auf die Form und Frist zur Geltendmachung dieses Rechts hinzuweisen
(AG München DWW 78, 150).
   c) Das Fortsetzungsverlangen hat ebensowenig wie der Widerspruch **B 365**
rechtsgestaltende Wirkung (s. Rdn B 341). In diesem Zusammenhang
wird bei befristeten Mietverhältnissen besonders deutlich, daß erst die
Fortsetzung durch Einigung oder Urteil, und zwar gegebenenfalls rückwirkend, das an und für sich durch Zeitablauf ohne weiteres endende
Vertragsverhältnis zwischen den Parteien fortbestehen läßt.
   Die Fortsetzungsentscheidung selbst richtet sich nach den zu § 556a
BGB, 308a ZPO erörterten Grundsätzen (Rdn B 346ff, 385ff).

VI. Wiederholte Verlängerung fortgesetzter Mietverhältnisse (§ 556c)

1. Allgemeines

Da die §§ 556a, b nur die erstmalige Anwendung der Sozialklausel **B 366**
regeln, andererseits aber der in der Sozialklausel zum Ausdruck kommende Grundgedanke des Mieterschutzes in vielen Fällen eine wiederholte Verlängerung des Mietverhältnisses wegen veränderter oder unerwartet gleichgebliebener Umstände erfordert, bestand ein Bedürfnis
nach einer entsprechenden Ausdehnung der genannten Vorschriften.
Dem hat der Gesetzgeber mit der Einfügung des § 556c durch das
2. MÄG sowie der Neufassung durch das 3. MÄG (s. oben Anm. I, 1)
Rechnung getragen. Wegen der erheblich unterschiedlichen Ausgangslage bei befristet und unbefristet fortgesetzten Mietverhältnissen enthält
die Vorschrift des § 556c in ihren Absätzen 1 und 2 erheblich voneinander abweichende Regelungen.

2. Verlängerung befristet fortgesetzter Mietverhältnisse

Das im Wege der Einigung oder durch Urteil gemäß §§ 556a, b auf **B 367**
bestimmte Zeit fortgesetzte Mietverhältnis kann nach Maßgabe dieser
Bestimmungen erneut fortgesetzt werden, wenn dies durch eine wesentliche Änderung der Umstände gerechtfertigt ist oder wenn Umstände
nicht eingetreten sind, deren Eintritt für die Dauer der Fortsetzung bestimmend waren (§ 556c I). Nicht nach § 556c, sondern unmittelbar
nach § 556a ist jedoch in den Fällen zu entscheiden, in denen sich das
Mietverhältnis nach Kündigung und Widerspruch gemäß § 568 BGB auf
unbestimmte Zeit fortgesetzt hat, weil lediglich eine stillschweigende

251

Verlängerung außerhalb der Sozialklausel vorliegt. Durch die Verweisung auf die §§ 556a, b ist klargestellt, daß diese Vorschriften bei der Entscheidung über die wiederholte Fortsetzung grundsätzlich, und zwar sinngemäß, anzuwenden sind.

B 368 **a)** In sachlicher Hinsicht ist eine Fortsetzung nur dann zulässig, wenn entgegen den bei der ersten Fortsetzung gehegten Erwartungen die Beendigung des Mietverhältnisses für den Mieter wegen entweder nachträglich veränderter oder unerwartet gleichgebliebener Umstände immer noch eine ungerechtfertigte Härte darstellt.

B 369 **aa)** Ob die fristgemäße Beendigung für den Mieter eine ungerechtfertigte Härte darstellt, ist nach den Grundsätzen der auch bei der erstmaligen Fortsetzung gemäß §§ 556a, b erforderlichen Interessenabwägung festzustellen (s. Rdn B 332). Hierbei ist die Sachlage im Zeitpunkt der neuen Einigung oder des wiederholten Fortsetzungsurteils entscheidend, so daß gegebenenfalls auch eine das Beendigungsinteresse des Vermieters stärkende Entwicklung der Sachlage (z. B. erhöhter Eigenbedarf) zugunsten des Vermieters berücksichtigt werden muß.

B 370 **bb)** Bei dieser Interessenabwägung ist jedoch gemäß § 556c I der zugunsten des Mieters zu beachtende Kreis von Umständen beschränkt. Einmal können gemäß § 556c I 1. Alt. zur Begründung der Härte nur **veränderte** Umstände herangezogen werden. Dies erfordert einen Vergleich mit der Lage im Zeitpunkt der ersten Fortsetzung. Ausgangspunkt für den Vergleich sind allein die Umstände, die für die erste Fortsetzung und ihre Dauer maßgebend waren; denn die Vorschrift will erkennbar nur dann eine Verlängerung ausschließen, wenn kein Anlaß für eine neue Interessenabwägung zugunsten des Mieters besteht, weil dieser sich auf keine anderen als die für die erste Verlängerung bestimmenden Umstände berufen kann. Diesen Umständen sind die veränderten Umstände gegenüberzustellen. Dabei ist es gleichgültig, ob die Veränderung darauf beruht, daß die neuen Tatsachen nachträglich eingetreten sind (z. B. schwere Erkrankung oder Familienzuwachs während der Fortsetzungszeit) oder darauf, daß der Mieter jetzt Umstände anführt, die auch schon bei der ersten Fortsetzung vorhanden waren, dort aber nicht geltend gemacht oder berücksichtigt wurden (Hans § 556c Anm. 3; Palandt § 556c Anm. 2a cc).

B 371 Die neuen Umstände müssen gegenüber den bei der ersten Fortsetzung maßgeblichen Gründen **wesentlich** verändert sein. Dies liegt nach dem Zweck des § 556c I bei solchen neuen Tatsachen vor, die im Rahmen einer Interessenabwägung selbständiges Gewicht haben, so daß bei ihrer Geltendmachung eine erneute Interessenabwägung gerechtfertigt ist.

B 372 Zum anderen kann gemäß § 556c I 2. Alternative die Härte damit begründet werden, daß wider Erwarten Umstände **nicht eingetreten** sind, deren Eintritt für die Bemessung der Fortsetzungsfrist maßgebend waren (z. B. unerwartete Verzögerung der Gesundung, der Fertigstellung der Ersatzwohnung oder des Eigenheims; unerwartetes Scheitern der Ersatzraumbemühungen, auch bezüglich einer Sozialwohnung). Es muß sich also um Ereignisse handeln, deren erwarteter Eintritt die Härtegründe auf seiten des Mieters und damit die Voraussetzung für die Anwendung der Sozialklausel überhaupt entfallen ließe (LG Mannheim WM 75, 213).

cc) Der Mieter kann in Anwendung des Grundgedankens aus § 162 BGB keine erneute Verlängerung gemäß § 556c I verlangen, wenn er den Fortbestand der Härtegründe **selbst zu vertreten** hat (z. B. Ablehnung einer zumutbaren Ersatzwohnung oder sonstige Verletzung der Ersatzraumbeschaffungspflicht, s. Rdn 428ff). Der Mieter darf daher nicht den Eintritt solcher Umstände, die den Wegfall der Härtegründe bewirken würden, wider Treu und Glauben verhindern oder den Eintritt von Umständen, die einen Härtegrund darstellen, wider Treu und Glauben herbeiführen (z. B. Armut infolge Vermögensverschwendung während der Fortsetzungszeit).

b) In formeller Hinsicht muß, wie aus der sinngemäßen Anwendung des § 556a V, VI folgt, das **schriftliche Verlängerungsgesuch** spätestens 2 Monate vor Ablauf der Fortsetzungszeit dem Vermieter zugehen. Bei einer vom Vermieter unterlassenen rechtzeitigen Belehrung gemäß § 564a II BGB kann das Verlängerungsgesuch noch bis zum ersten Verhandlungstermin eines Räumungsprozesses gestellt werden (§ 556a VI, 2).

c) Das auf bestimmte Zeit verlängerte Mietverhältnis kann nicht nur einmal, sondern wiederholt oder auch auf unbestimmte Zeit fortgesetzt werden (LG Mannheim WM 75, 213).

3. Verlängerung bei Kündigung des unbefristet fortgesetzten Mietverhältnisses

Eine Verlängerung des unbefristet fortgesetzten Mietverhältnisses gemäß § 556c II kommt dann in Betracht, wenn der Vermieter von seinem durch die erste Fortsetzung nicht ausgeschlossenen Recht zu fristgemäßer Kündigung gemäß § 564b BGB Gebrauch macht.

a) Die Anwendung des § 556c II setzt nach dessen Wortlaut voraus, daß das Mietverhältnis durch **Fortsetzungsurteil** unbefristet verlängert wurde. Beruht dagegen die unbefristete Verlängerung auf einer Einigung (Vertrag oder Prozeßvergleich), ist § 556c II unanwendbar. Der Mieter muß in diesem Fall der Kündigung nach den Bestimmungen des § 556a widersprechen (a. A. Hans § 556c Anm. 5, der eine entsprechende Anwendung des § 556c I befürwortet). In dieser Regelung des § 556c II 1 kann weder eine Lücke des Gesetzes noch ein Redaktionsversehen erblickt werden, weil sie für den Fall der Einigung über eine Festsetzung auf unbestimmte Zeit sachlich gerechtfertigt davon ausgeht, daß dadurch der erste Widerspruch bei unveränderter Sachlage nach dem Willen der Parteien gegenstandslos geworden ist; ein Zweitwiderspruch kommt insoweit also nicht in Betracht. Der Mieter verliert somit unter Umständen die erleichterte Verlängerungsmöglichkeit, die die Vorschrift des § 556c II 1 gewährt (s. unten Anm. b). Insofern kann sich ein die unbefristete Mietfortsetzung gewährender Prozeßvergleich für den Mieter nachteilig auswirken, worauf ein rechtsunkundiger Mieter gegebenenfalls vom Gericht in Ausübung der prozessualen Fürsorgepflicht hinzuweisen sein wird (§ 139 ZPO).

B 377 **b)** Kündigt der Vermieter das durch Urteil auf unbestimmte Zeit verlängerte Mietverhältnis, ohne daß er hierzu durch eine erhebliche Veränderung der für die Fortsetzung bestimmenden Umstände veranlaßt worden ist, so kann der Mieter gemäß § 556c II 1 ohne weiteres die Fortsetzung des Mietverhältnisses auf unbestimmte Zeit verlangen. Diese Bestimmung begründet gegenüber den §§ 556a, b eine selbständige Rechtsgrundlage für die Fortsetzung des Mietvertrages. Sie hat die Folge, daß ein unbefristet fortgesetztes Mietverhältnis praktisch unkündbar ist; denn der Mieter braucht in diesem Fall seinen Widerspruch (auch vor Gericht) nicht zu begründen, da keine Interessenabwägung stattfindet.

B 378 **aa)** Der Mieter kann sich auf diesen voraussetzungslosen Widerspruch beschränken, wenn sich die **Umstände,** die für die unbefristete Verlängerung maßgebend waren, **nicht verändert** haben. Eine unerhebliche Veränderung ist gemäß § 556c II 2, 2. Halbs. unbeachtlich.

B 379 **bb)** Der Widerspruch ist in diesen Fällen **formfrei** und **nicht fristgebunden,** da die Vorschrift des § 556c II 1 nicht auf die Voraussetzungen des § 556a verweist. Er kann deshalb der Kündigung in jedem Verfahrensstadium, also noch bis zur letzten mündlichen Verhandlung in einem Räumungsprozeß, entgegengesetzt werden. In der Regel wird der Widerspruch bei einem Räumungsprozeß jedoch schon im Klagabweisungsantrag zu sehen sein.

B 380 **cc)** Die Fortsetzung des Mietverhältnisses erfolgt auch bei einem Widerspruch gemäß § 556c II allein durch Einigung oder Urteil, da der Mieter insofern wie bei einem Widerspruch gemäß § 556a die Fortsetzung auf unbestimmte oder – als minus – auf bestimmte Zeit verlangen kann (vgl. oben Anm. IV 1a, 2c). Insbesondere ist hieraus zu folgern, daß das Gericht im Urteil nicht nur die Räumungsklage abzuweisen, sondern auch die Fortsetzung auf unbestimmte Zeit anzuordnen hat (vgl. schriftlichen Bericht des Rechtsausschusses des Bundestages zur Neufassung des § 556c gemäß 3. MÄG, Buchstabe b – abgedruckt bei Hans § 556a Anm. 2a; Palandt § 556c Anm. 3a; Pergande § 556c Anm. 3).

c) Führt dagegen eine **erhebliche Änderung** der für die unbefristete Verlängerung maßgebenden Umstände zur Kündigung des Vermieters, so ist gem. § 556c II 2 die Fortsetzung des Mietverhältnisses nur unter den Voraussetzungen des § 556a möglich.

B 381 **aa)** Die Anwendung des § 556c II 2 setzt voraus, daß sich die für die unbefristete Verlängerung bestimmenden **Umstände geändert** haben. Die Umstände im Sinne dieser Bestimmung sind nicht auf diejenigen Einzeltatsachen zu beschränken, die konkrete Grundlage der früheren Fortsetzungsentscheidung gewesen sind. Vielmehr ist hierunter die Gesamtsituation zu verstehen, in der sich damals die unbefristete Fortsetzung rechtfertigte; denn es ist offensichtlicher Zweck des § 556c II 2, eine erneute Interessenabwägung zugunsten des Vermieters nicht nur bei einer Veränderung der einzelnen die unbefristete Fortsetzung konkret begründenden Umstände, sondern auch bei einer, gleichviel auf welcher Tatsache beruhenden Veränderung der gesamten Interessenlage zu ermöglichen. Entscheidend ist daher, ob auf seiten des Vermieters (z. B Eigenbedarf wegen Verheiratung, Familienzuwachs, dringende Aufnahme naher Verwandter) oder des Mieters (z. B. Tod des erkrankten Mieters, Wiedergenesung) konkrete Umstände verändert oder neu aufgetreten sind, die geeignet sind, eine andere Beurteilung der für die unbefristete Verlängerung maßgebenden Interessenlage herbeizuführen. Ist dies der Fall, was der Vermieter darzulegen und zu beweisen hat, so ist die Voraussetzung für eine neue Interessenabwägung gemäß § 556a gegeben.

bb) In sachlicher Hinsicht kann im Grundsatz auf die Anmerkungen oben II (Rdn B 308 ff) verwiesen werden. Im einzelnen sind dabei sämtliche alten oder neuen **Härtegründe** des Mieters in ihrer jetzigen Dringlichkeit den gegenwärtigen **Interessen** des Vermieters an der Beendigung des Mietverhältnisses gegenüberzustellen. Auf Umstände, deren Eintritt oder Nichteintritt sie treuwidrig herbeigeführt oder verhindert haben, dürfen sich Vermieter oder Mieter jedoch nicht berufen (§ 162 BGB).

cc) Wegen Form und Frist sowie Wirkung des Verlängerungsgesuches gelten die Ausführungen zu § 556c I (s. oben Anm. 2b, c).

Die Fortsetzung des Mietverhältnisses, die von den überwiegenden Härtegründen des Mieters abhängt, kann befristet oder unbefristet erfolgen. Sie hat die gleiche Wirkung wie Fortsetzung nach § 556a (s. oben Anm. IV).

VII. Abweichende Vereinbarungen

Nach § 556a VII, der wegen der Verweisung in den §§ 556b, c auch für das Fortsetzungsverlangen nach diesen Vorschriften gilt, sind Vereinbarungen zwischen Vermieter und Mieter, die das Widerspruchsrecht des Mieters ausschließen oder erschweren, unwirksam, d. h. nichtig i. S. des § 134 BGB. Da es sich um eine Schutzvorschrift für den Mieter handelt, sind nach h. M. (vgl. Hans § 556a Anm. 8; Palandt § 556a Anm. 1b; Pergande § 556a Anm. 16) Vereinbarungen zugunsten des Mieters gültig (z. B. Verzicht auf Einrede der Verspätung des Widerspruchs, auf Geltendmachung von Eigenbedarf, auf Geltendmachung des Rechts zur Fortsetzung unter veränderten Vertragsbedingungen).

Eine Verletzung der Unabdingbarkeitsklausel bewirkt nicht die Nichtigkeit des gesamten Mietvertrages (§ 139), da sich sonst die Schutzvorschrift zum Nachteil des Mieters auswirken würde (vgl. BGH WM 74, 137 zu § 49 MSchG).

Anhang 1: § 308a ZPO

Gerichtliches Verfahren bei der Anwendung der Sozialklausel

(1) Erachtet das Gericht in einer Streitigkeit zwischen dem Vermieter und dem Mieter oder dem Mieter und dem Untermieter wegen Räumung von Wohnraum den Räumungsanspruch für unbegründet, weil der Mieter nach den §§ 556a, 556b des Bürgerlichen Gesetzbuchs eine Fortsetzung des Mietverhältnisses verlangen kann, so hat es in dem Urteil auch ohne Antrag auszusprechen, für welche Dauer und unter welchen Änderungen der Vertragsbedingungen das Mietverhältnis fortgesetzt wird. Vor dem Ausspruch sind die Parteien zu hören.

(2) Der Ausspruch ist selbständig anfechtbar.

Übersicht

	Rdn		Rdn
1. Allgemeines	385	3. Entscheidung	394
2. Voraussetzungen	386	4. Rechtsmittel	401

1. Allgemeines

Der durch das 2. MÄG (s. o. Rdn B 294) eingefügte § 308a ergänzt die Sozialklausel der §§ 556a ff BGB in prozessualer Hinsicht. Während das Gericht nach den allgemeinen Grundsätzen des Prozeßrechts in seiner Entscheidung einer Prozeßpartei nur dann etwas zusprechen darf, wenn diese dafür einen wirksamen Sachantrag im Prozeß gestellt hat (§ 308 I ZPO), macht § 308a hiervon für die Anwendung der Sozialklausel eine Ausnahme, um den Schutz der Sozialklausel zugunsten des Mieters nicht an formalen Fehlern scheitern zu lassen. Die Bestimmung durchbricht damit insbesondere den Dispositionsgrundsatz sowie den Grundsatz, daß nur ein durch Klage- oder Widerklageantrag erhobener und in diesem Umfang Streitgegenstand gewordener Anspruch Gegenstand der gerichtlichen Entscheidung sein und damit der Rechtskraft unterliegen kann. Über die Erledigung des Streitgegenstands (Räumungsbegehren des Klägers) hinaus ist das Gericht gem. § 308a verpflichtet, dem Beklagten beim Vorliegen der sonstigen Voraussetzungen die Fortsetzung des Mietverhältnisses zuzusprechen, ohne daß er dies mit Widerklage oder Gegenantrag geltend gemacht hat.

2. Voraussetzungen

a) Die Anwendung des § 308a setzt ein anhängiges gerichtliches Verfahren zwischen Vermieter und Mieter oder Mieter und Untermieter über die Räumung (und Herausgabe) von Wohnraum voraus („Streitigkeit wegen Räumung von Wohnraum").

Auf welche Rechtsgrundlage die Räumungsklage gestützt wird, ist unbeachtlich, so daß § 308a auch dann gilt, wenn der Vermieter die

Herausgabe nach § 985 BGB verlangt (z. B. weil er entgegen der Ansicht des Mieters von einem wirksam angefochtenen oder vereinbarungsgemäß aufgehobenen Mietvertrag ausgeht). Trotz des unklaren Wortlauts ist § 308a auch in den Fällen des § 556c BGB und bei Fortsetzungsklagen des Mieters hinsichtlich der Abänderung von Vertragsbedingungen entsprechend anzuwenden.

b) Ferner muß das Gericht den Räumungsanspruch deshalb für unbegründet erachten, weil der Mieter die Fortsetzung des Mietverhältnisses nach den §§ 556a, b BGB verlangen kann. Ob das der Fall ist, muß das Gericht von Amts wegen unter Berücksichtigung des gesamten Prozeßstoffes in doppelter Hinsicht prüfen: **B 387**

aa) Die Räumungsklage des Vermieters muß die beantragte Verurteilung des Mieters in formeller und materieller Hinsicht rechtfertigen. Wenn die Klage bereits deshalb abzuweisen ist, weil sie prozessual unzulässig ist, besteht für einen gerichtlichen Schutz des Mieters nach §§ 556aff BGB kein Raum (z. B. verfrühte Klage nach § 259 ZPO); daneben muß das Gericht davon ausgehen, daß eine wirksame Kündigung des Vermieters nach § 564b BGB vorliegt; anderenfalls ist für eine Anwendung der §§ 556aff BGB ebenfalls kein Raum (s. Rdn B 297ff). **B 388**

bb) Aus dem Prozeßstoff (d. h. dem Vortrag beider Parteien) muß das Gericht die Folgerung ziehen, daß der Mieter eine Fortsetzung des Mietverhältnisses nach §§ 556aff BGB verlangen kann. Ob sich der Mieter bereits auf diese Schutzrechte berufen hat, ist unbeachtlich. Hingegen müssen die formellen und materiellen Voraussetzungen des Fortsetzungsanspruchs vom Gericht nach dem jeweiligen Verfahrensstand als gegeben angesehen werden (s. dazu Rdn B 334ff). Scheitert das Recht des Mieters auch nur an den formellen Voraussetzungen, darf das Gericht im Rahmen des § 308a nicht entgegen der sonstigen Rechtslage davon ausgehen, daß der Mieter die Fortsetzung ,,verlangen kann" (z. B. fehlende Schriftform, Verspätungsrüge des Vermieters). **B 389**

cc) Wenn dabei auch nicht vorausgesetzt wird, daß der Mieter die Fortsetzung auch verlangt, d. h. beantragt, so muß die Vorschrift doch nach ihrem Sinn und Zweck in der Weise einschränkend ausgelegt werden, daß sie dem Mieter den Schutz der Sozialklausel nicht gegen seinen Willen gewähren will. Die Fortsetzung des Mietverhältnisses vom Amts wegen ist daher ausgeschlossen, wenn der Mieter im Laufe des Prozesses zu erkennen gibt, daß er keinen Wert mehr auf die Fortsetzung des Mietverhältnisses gem. 556aff BGB legt. Dies kann dadurch geschehen, daß der Mieter der Räumungsklage entweder gar nicht mehr entgegentritt oder daß er seinen Klagabweisungsantrag ausdrücklich nur auf unmittelbare Einwendungen gegen die Wirksamkeit der Kündigung selbst (z. B. Verletzung der formellen Voraussetzungen; kein berechtigtes Interesse i. S. von § 564b BGB) stützt, im übrigen aber auf Vertragsfortsetzung eindeutig verzichtet (z. B. weil er selbst bei der nächsten Gelegenheit die Wohnung aufgeben oder unter keinen Umständen eine Vertragsverlängerung unter veränderten nachteiligen Bedingungen riskieren will). In diesen Fällen wird zwar im allgemeinen auch kein Härtegrund mehr zugunsten des Mieters bestehen, so daß schon deshalb eine Fortsetzung von Amts wegen ausscheidet. Falls dies aus besonderem Grunde jedoch nicht zutrifft, wird das Gericht dem Mieter die Sozialklausel nicht aufdrängen dürfen. Zur Erkundung des maßgeblichen Willens der Parteien dient die in § 308a I 2 vorgeschriebene Anhörungspflicht.

B 390 c) Erachtet das Gericht die oben unter II 2a, b erörterten Voraussetzungen als gegeben, muß es den Prozeßparteien nach § 308a I 2 diese Rechtslage mitteilen und ihnen Gelegenheit zur Stellungnahme geben; dabei sind in Betracht gezogene Veränderungen der Vertragsbedingungen zu erörtern. Eine persönliche Anhörung von Vermieter und Mieter ist nicht erforderlich, wohl aber oft geboten.

B 391 d) Nach § 308a hat das Gericht von Amts wegen darüber Erwägungen anzustellen, ob aufgrund der Behauptungen des Mieters eine Fortsetzung des Mietvertrages in Betracht kommt. Der Mieter braucht daher im Prozeß keinen Widerklage- oder förmlichen Verlängerungsantrag zu stellen, wenn er nur ordnungsgemäß den Widerspruch geltend gemacht und die Fortsetzung des Mietvertrags verlangt hat. Gegenüber der Klage des Vermieters kann sich der Mieter also dadurch wirksam verteidigen, daß er unter Hinweis auf seinen Widerspruch die Abweisung der Klage beantragt.

B 392 Stellt der Mieter einen Verlängerungsantrag, braucht er nicht anzugeben, auf welche Zeit und zu welchen zusätzlichen Bedingungen die Fortsetzung erfolgen soll; denn darüber hat das Gericht ebenfalls von Amts wegen zu befinden. Allerdings darf das Gericht dann nicht über den Antrag des Mieters hinausgehen, wenn er trotzdem eine bestimmte Verlängerungszeit nennt (§ 308 ZPO).

B 393 Solange der Vermieter trotz des Widerspruchs seine Räumungsklage uneingeschränkt aufrechterhält, braucht er nicht ausdrücklich die Zurückweisung des Verlängerungsbegehrens zu beantragen. Es bringt aber für den Vermieter keine Nachteile, wenn er zur Verdeutlichung die Zurückweisung des Verlängerungsbegehrens des Mieters oder hilfsweise die Verlängerung bis zu einem kürzeren Endzeitpunkt beantragt (Baumbach-Lauterbach § 308a Anm. 1). Das gilt auch dann, wenn der Mieter keinen förmlichen Verlängerungsantrag gestellt hat.

3. Entscheidung

B 394 a) Steht fest, daß der Mieter eine Verlängerung des Mietverhältnisses auf bestimmte oder unbestimmte Zeit verlangen kann, so ist der Räumungsanspruch unbegründet. Die Klage des Vermieters ist deshalb abzuweisen. Zugleich muß sich aus dem **Urteilstenor** ergeben, um welchen Zeitraum das Mietverhältnis fortgesetzt werden soll. Dies gilt unabhängig davon, ob über den Fortsetzungsanspruch von Amts wegen oder auf Grund eines förmlichen Antrags entschieden wird. Da der Ur-

§§ 556a–556c BGB. Fortsetzung nach der Sozialklausel   B 395–399

teiltenor einen vollstreckungsfähigen Inhalt haben muß, ist die Angabe eines nach dem Kalender bestimmten Zeitpunkts angebracht; unzulässig ist es, wenn auf einen im Ermessen des Mieters liegenden Umstand (z. B. bis zur Anmietung einer Ersatzwohnung; bis zur Fertigstellung des Neubaus) abgestellt wird. Soll das Mietverhältnis auf unbestimmte Zeit fortgesetzt werden, so muß sich aus dies aus dem Urteilstenor ergeben.

Wird die Vertragsfortsetzung zu geänderten Bedingungen ausgesprochen, so müssen die Änderungen aus dem Tenor ersichtlich sein. Auch hier ist darauf zu achten, daß der Tenor einen vollstreckungsfähigen Inhalt hat. Deshalb ist es unzulässig, wenn im Tenor formuliert wird, daß das Mietverhältnis „gegen Zahlung der ortsüblichen Miete" fortgesetzt wird. Erforderlich ist vielmehr die Angabe eines genauen Betrags.   **B 395**

Das Gericht darf die Verlängerung des Mietverhältnisses nicht deshalb ablehnen, weil der Mieter möglicherweise durch die Gewährung einer Räumungsfrist ausreichend geschützt ist (s. Rdn B 419); die Möglichkeit der Gewährung einer Räumungsfrist schließt daher nicht aus, die Fortsetzung des Mietverhältnisses auf kürzere Zeit als ein Jahr festzusetzen.   **B 396**

Lehnt das Gericht die Verlängerung des Mietverhältnisses ab, muß es jedoch gem. § 721 ZPO von Amts wegen prüfen, ob dem Mieter eine angemessene Räumungsfrist zu bewilligen ist (s. Rdn B 419ff).   **B 397**

Eine solche Prüfung ist niemals entbehrlich, weil die Voraussetzungen für die Anwendung der Sozialklausel und die Gewährung einer Räumungsfrist verschieden sind. Dies zeigt sich insbesondere in den Fällen des fehlenden Ersatzwohnraums. Im Falle des § 556a BGB setzt dieser Härtegrund voraus, daß angemessener Ersatzwohnraum „nicht beschafft werden kann". Der Mieter muß also in jedem Fall seine Ersatzraumbeschaffungspflicht (s. Rdn. B 312, B 428ff.) erfüllt haben.

Hat er dies nicht getan, weil er beispielsweise von der Unwirksamkeit der Kündigung ausgegangen ist, kann dennoch die Gewährung einer Räumungsfrist in Betracht kommen. Die Räumungsfristgewährung setzt nämlich nicht in jedem Fall die Erfüllung der Ersatzraumbeschaffungspflicht voraus (s. Rdn. B 429).

Es sind allerdings auch Fälle denkbar, in denen die Gründe für die Nichtanwendung der Sozialklausel und die Gründe für die Nichtgewährung einer Räumungsfrist identisch sein können (z. B. überwiegendes Interesse des Vermieters an fristgemäßer Räumung). In diesem Fall genügt es, wenn in der Räumungsfristentscheidung auf die Ausführungen zur Sozialklausel Bezug genommen wird.   **B 398**

b) Aus den **Urteilsgründen** müssen sich die für die Anwendung der Sozialklausel, für die Bemessung des Fortsetzungszeitraums und für die Änderung der Vertragsbedingungen maßgeblichen Erwägungen des Gerichts ergeben.   **B 399**

Liegen **förmliche Anträge** des Mieters oder des Vermieters zu dieser Frage vor, muß in erster Linie über diese entschieden werden. Auch hierzu muß das Gericht vor einer Entscheidung die Parteien anhören (§ 308a I 2). Scheitert ein Einigungsversuch des Gerichts, so darf es im

Wege der Entscheidung dem Mieter veränderte Bedingungen auferlegen, wenn erkennbar ist, daß er auch unter diesen Umständen zur Vertragsfortsetzung bereit ist. Das Gericht darf aber keine Verlängerung anordnen, wenn es den Anträgen des Mieters auf Beibehaltung der bisherigen oder auf begrenzte Veränderungen bestimmter Vertragsbestimmungen nicht folgen kann und der Mieter eindeutig zu erkennen gibt, daß er in diesem Fall auf die Fortsetzung des Mietverhältnisses überhaupt verzichtet (s. Rdn B 389). Es ist deshalb zweckmäßig, die Festlegung der einzelnen Abänderungen ohne zwingenden Antrag dem Gericht zu überlassen.

B 400 **c)** Das rechtskräftige Fortsetzungsurteil wirkt unmittelbar auf die Rechte und Pflichten des Vermieters und des Mieters ein. Der bisherige Mietvertrag besteht im übrigen für die festgelegte Dauer und zu den bisherigen oder abgeänderten Vertragsbedingungen ohne Unterbrechung weiter.

Die rückwirkende Kraft dieses Gestaltungsurteils hat zur Folge, daß der Vermieter keinen Schadensersatz wegen der Vorenthaltung der Sache nach Vertragsende (§ 557 BGB; s. Rdn B 547) verlangen kann und der Mieter einen durch Urteil erhöhten Mietzins ab dem Kündigungstermin zahlen muß, sofern im Urteil kein abweichender Zeitpunkt festgelegt ist.

Auf das gegen jedermann wirkende Urteil kann sich auch der Untermieter gegenüber dem Vermieter berufen, wenn dieser ihm unter Hinweis auf die Kündigung des Mietverhältnisses auf Räumung verklagt hat (s. Rdn B 275).

4. Rechtsmittel

B 401 **a) Der Kläger** (Vermieter) kann das klagabweisende Urteil mit der Berufung (§§ 511 ff ZPO) ganz anfechten, wenn er weiterhin seine Räumungsklage verfolgen will.

Nach § 308a II kann er aber seine Berufung auch auf den Ausspruch über die Fortsetzung des Mietverhältnisses beschränken. Er darf daher schon dann Berufung einlegen, wenn er erreichen will, daß die im Urteil bestimmte Fortsetzungsdauer verringert wird oder daß Vertragsbedingungen zu seinen Gunsten neu festgesetzt bzw. gegenüber dem Urteil abgeändert werden.

B 402 **b) Der Beklagte** (Mieter) kann das Urteil ebenfalls vollständig mit der Berufung anfechten, wenn er zur Räumung verurteilt wurde. Im Falle der Klagabweisung kann sich die Berufung gem. § 308a II aber auch darauf beschränken, daß er eine weitergehende Verlängerungsdauer erzielen oder die ihm nachteilige Abänderung der Vertragsbedingungen ganz oder teilweise beseitigt wissen will.

B 403 **c)** Zulässigkeitsvoraussetzung der Rechtsmittel beider Parteien ist die **materielle Beschwer** (zur Berechnung des Berufungsstreitwerts nach § 511a ZPO vgl. Rdn C 134). Auch wenn die Parteien daher vor dem Amtsgericht keine förmlichen Anträge gestellt haben, können sie Beru-

§§ 556a–556c BGB. Fortsetzung nach der Sozialklausel

fung einlegen, sofern sie durch die Verlängerungsdauer oder die vorgenommene oder unterlassene Regelung der Vertragsbedingungen aus ihrer Sicht beschwert sind.

5. Rechtsentscheide

Nach Art. III des Dritten Gesetzes zur Änderung mietrechtlicher Vorschriften vom 21. 12. 1967 (BGBl. I 1248), zuletzt geändert durch das Gesetz vom 5. 6. 1980 (BGBl. I 657) kann das Landgericht zur Klärung grundsätzlicher Rechtsfragen unter bestimmten Voraussetzungen (s. dazu Teil G) einen sog. Rechtsentscheid des zuständigen Oberlandesgerichts herbeiführen. Der Rechtsentscheid ist für das vorlegende Landgericht bindend. Im übrigen müssen die Landgerichte, wenn sie von einem bereits ergangenen Rechtsentscheid abweichen wollen, vorab eine Entscheidung des für sie zuständigen Oberlandesgerichts herbeiführen. Auf diese Weise soll eine gewisse Einheitlichkeit der Rechtsprechung sichergestellt werden. **B 404**

Zur Auslegung der Sozialklausel sind bislang folgende Rechtsentscheide ergangen: **B 405**

OLG Köln, Beschluß vom 28. 6. 1968, ZMR 69, 17 = WM 68, 179 = NJW 68, 1834. Nach der jetzt geltenden Fassung des § 556a BGB ist ohne sachliche Abweichung von dem früher geforderten Eingriff ,,in die Lebensverhältnisse des Mieters" allgemein jede ,,Härte", mithin auch die durch Eingriffe in die beruflichen Verhältnisse begründete, für die Anwendung der Sozialklausel in Betracht zu ziehen. **B 406**

OLG Hamm, Beschluß vom 26. 8. 1968, ZMR 68, 323 = WM 68, 180 = NJW 68, 2339. Ein Rechtsentscheid gemäß Art. III des 3. ÄndG kann nur für Rechtsfragen eingeholt werden, die sich aus den §§ 556a bis 556c ergeben, nicht jedoch für Rechtsfragen, die sich aus Art. IV des 3. ÄndG ergeben (Übergangs- und Schlußvorschriften). **B 407**

OLG Stuttgart, RE vom 11. 11. 1968, WM 69, 25 = NJW 69, 240 = ZMR 69, 57 = DWW 69, 34. Widerspricht ein Mieter der Kündigung eines Mietverhältnisses über Wohnraum und verlangt er von dem Vermieter die Fortsetzung des Mietverhältnisses nach § 556a I BGB, so hat das Gericht die Frage, ob die Voraussetzungen dieser Vorschrift gegeben sind und der Mieter aufgrund seines Widerspruchs einen Anspruch auf Fortsetzung des Mietverhältnisses hat, unabhängig davon zu prüfen, ob dem Mieter im Falle seiner Verurteilung zur Herausgabe der Wohnung eine Räumungsfrist nach § 721 ZPO gewährt werden könnte, durch die die Härte für den Mieter beseitigt oder wesentlich gemildert werden würde. **B 408**

OLG Stuttgart, RE vom 6. 3. 1969, WM 69, 95 = NJW 69, 1070 = ZMR 69, 242. Die Vorschriften der §§ 556a III und 556c BGB i. d. F. des 3. MÄG sehen eine Verlängerung des Mietverhältnisses auf bestimmte und auf **B 409**

unbestimmte Zeit vor; eine Verlängerung des Mietverhältnisses auf Lebenszeit des Mieters ist nicht zulässig.

Eine Verlängerung des Mietverhältnisses auf unbestimmte Zeit kommt insbesondere in Betracht, wenn die Umstände, welche die Härte für den Mieter i. S. des § 556a I BGB begründen, nicht nur vorübergehender Natur sind.

B 410 **HansOLG Hamburg,** Beschluß vom 10. 7. 1969, WM 70, 148 = ZMR 71, 29.

Rechtsentscheidfähig sind nur Fragen, die sich unmittelbar auf die §§ 556a bis 556c BGB beziehen, d. h. Rechtsfragen der bei Anwendung der Sozialklausel gebotenen Abwägung des Interessengegensatzes zwischen Mieter und Vermieter.

Dies rechtfertigt es, einen Rechtsentscheid nur zur Frage der Auslegung der Sozialklausel selbst zuzulassen und nicht auch für die Vorfrage, ob überhaupt ein Rechtsverhältnis vorliegt, bei dem die Auslegung der Sozialklausel von Bedeutung sein könnte. Daher kann erst die Bejahung der Vorlagefrage durch das Landgericht selbst den Weg zu einer Rechtsfrage öffnen, die Gegenstand eines Rechtsentscheids sein könnte.

B 411 **OLG Oldenburg,** RE vom 23. 6. 1970, ZMR 70, 329 = WM 70, 132.

Für die Beurteilung der Frage, ob die Kündigung eines Mietverhältnisses für den Mieter eine Härte im Sinne des § 556a bedeutet, ist es unerheblich, ob auch durch eine nach § 721 ZPO zu gewährende Räumungsfrist von weniger als 1 Jahr dem Schutzbedürfnis des Mieters, der eine Ersatzwohnung fest in Aussicht hat, entsprochen werden kann.

B 412 **OLG Karlsruhe,** RE vom 3. 7. 1970, DWW 70, 307 = ZMR 70, 309 = MDR 70, 849 = NJW 70, 1746 (dazu Ritter MDR 71, 50; Schmidt-Futterer NJW 71, 731).

1. Es bedeutet eine Härte i. S. des § 556a I BGB, wenn eine 81jährige, gebrechliche Mieterin zum Zeitpunkt der vertragsmäßigen Beendigung des Mietverhältnisses die Mietwohnung herausgeben muß. Die Härte entfällt nicht deshalb, weil die Mieterin grundsätzlich selbst einen Wohnungswechsel erstrebt, wenn dieser zur Zeit noch nicht möglich ist, weil die Mieterin an die neue Wohnung berechtigterweise bestimmte Anforderungen stellt und eine solche Wohnung noch nicht vorhanden ist.

Die lange Mietdauer allein begründet noch keine Härte für den Mieter.

2. Erstrebt der Mieter selbst den Umzug in eine noch nicht vorhandene andere Wohnung, so ist das Mietverhältnis durch Urteil auf bestimmte Zeit fortzusetzen.

3. Eine alte und kranke Mieterin kann verlangen, daß eine Ersatzwohnung wie bisher in etwa gleicher Nähe der Wohnung von Angehörigen liegt, mit denen sie Umgang pflegt. Die Ersatzwohnung hat in bezug auf Lage, Größe und Ausstattung bestimmten Anforderungen zu genügen, wobei auch den bisherigen Lebensgewohnheiten der Mieterin (wie Trennung von Schlaf- und Wohnraum) und gegebenenfalls dem Bedürfnis zur Aufnahme einer Pflegeperson Rechnung zu tragen ist. Dem Um-

stand, daß solche Wohnungen nur schwer zu bekommen sind, ist bei der Bemessung der Verlängerungsdauer Rechnung zu tragen.

Die Mieterin ist nicht verpflichtet, sich auf die Unterbringung in einem Alters- oder Pflegeheim verweisen zu lassen.

4. Die Mieterin verletzt ihre Ersatzraumbeschaffungspflicht, wenn sie eine ihr vom Vermieter angebotene Ersatzwohnung lediglich deshalb ablehnt, weil zwischen den Parteien Spannungen bestehen und sie deshalb mit dem Vermieter kein neues Mietverhältnis eingehen will. Sie verletzt diese Pflicht nicht, wenn sie die Ersatzwohnung ablehnt, weil diese nicht den von ihr berechtigterweise gestellten Anforderungen genügt.

5. Das rechtlich nicht bindende Versprechen des Vermieters gegenüber einem anderen Mieter, diesem demnächst die Wohnung des gekündigten Mieters zur Verfügung zu stellen, begründet noch kein berechtigtes Interesse des Vermieters i. S. des § 556a I BGB.

BayObLG, RE vom 21. 7. 1970, BayObLGZ 70, 169 = DWW 70, 309 = ZMR 70, 308 = NJW 70, 1748.

Bezieht der Mieter aus der teilweisen Untervermietung der Wohnung ein wesentliches Einkommen, so kann dies einen Widerspruch gegen die Kündigung nur rechtfertigen, wenn weitere Besonderheiten hinzutreten, so daß sich insgesamt der Verlust der Wohnung als Härte i. S. des § 556a I BGB darstellt.

OLG Karlsruhe, RE vom 31. 3. 1971, OLGZ 71, 414 = WM 71, 96 = MDR 71, 666 = DWW 71, 264 = NJW 71, 1182 = ZMR 71, 376.

1. Die vertragsmäßige Beendigung eines Mietverhältnisses das nach § 566 Satz 2 BGB als für unbestimmte Zeit geschlossen gilt, bedeutet keine nicht zu rechtfertigende Härte i. S. des § 556a Abs. 1 BGB, wenn der Vermieter dem Mieter bei der Überlassung des Wohnraums eine lange, sichere Mietdauer versprochen hat, dann aber seine Willensrichtung ohne erhebliche Anlässe seitens des Mieters ändert und kündigt.

2. Hat der Mieter mit dem ausdrücklichen oder stillschweigenden Einverständnis des Vermieters wirtschaftliche Aufwendungen für die Erhaltung und Verbesserung der Mietsache gemacht, zu denen er vertraglich nicht verpflichtet war, so kann die vertragsmäßige Beendigung des Mietverhältnisses eine nicht zu rechtfertigende Härte i. S. des § 556a Abs. 1 BGB bedeuten, wenn der Mieter mit einer frühen Kündigung des Mietverhältnisses nicht zu rechnen hatte, die Aufwendungen erheblich sind, für einen erheblichen Teil davon beim Auszug kein Ersatz verlangt werden kann und die Aufwendungen durch die Mietzeit auch noch nicht abgewohnt sind, so daß es im Ergebnis zu einem wesentlichen Verlust des Mieters kommen würde.

3. Die vertragsmäßige Beendigung des Mietverhältnisses bedeutet keine Härte i. S. des § 556a I BGB, wenn der Mieter in der innegehaltenen Wohnung mit Einverständnis des Vermieters ein Hobby (hier Brieftaubenzucht) ungestört ausüben kann, das er in den meisten anderen Wohnungen nicht betreiben könnte.

4. Es stellt ein berechtigtes Interesse des Vermieters an der vertragsmäßigen Beendigung des Mietverhältnisses dar, wenn er das vermietete Einfamilien Wohnhaus zu veräußern beabsichtigt und die Verkaufsverhandlungen daran scheitern oder dadurch beeinträchtigt werden, daß sich in dem Haus noch ein derzeit nicht räumungspflichtiger Mieter befindet.

B 415 **OLG Frankfurt,** RE vom 23. 6. 1971, WM 71, 168.

1. Die vertragsmäßige Beendigung des Mietverhältnisses kann für den Mieter auch deshalb eine ungerechtfertigte Härte i. S. des § 556a I BGB bedeuten, weil er im berechtigten Vertrauen auf eine längere Vertragsdauer nicht unerhebliche Verwendungen auf die Mieträume gemacht hat.

2. Hierbei kommt es grundsätzlich nicht darauf an, ob die Verwendungen notwendig, nützlich oder überflüssig waren. Entscheidend ist der Vertrauenstatbestand, den der Vermieter durch sein Verhalten für den Mieter geschaffen hat.

3. Der Berechnungsmaßstab des § 19 II 2 1. BMG kann für die Dauer einer Fortsetzung des Mietverhältnisses, die das Gericht nach § 556a III BGB zu bestimmen hat, nur dann als Richtschnur dienen, wenn und soweit es sich um notwendige Verwendungen handelt und dem Mieter kein Ersatzanspruch gegen den Vermieter zusteht.

4. Hierfür ist aber bei einem besonders geringen Mietzins regelmäßig dann kein Raum, wenn der Vermieter gerade mit Rücksicht auf die notwendigen Verwendungen des Mieters von einer an sich zulässigen Mieterhöhung abgesehen hatte. In einem solchen Fall ist unter Berücksichtigung aller Umstände zu ermitteln, inwieweit die Verwendungen des Mieters schon durch die bisherige Mietersparnis abgewohnt sind, wobei es nicht ausgeschlossen ist, insoweit den Berechnungsmaßstab des § 19 II 2 1. BMG sinngemäß anzuwenden.

B 416 **BayObLG,** RE vom 30. 11. 1971, WM 72, 8 = MDR 72, 243 = ZMR 72, 375 = NJW 72, 685 = DWW 72, 108.

1. Eine Gemeinde, die ein Mietverhältnis über Wohnraum gekündigt hat, kann sich gegenüber dem Widerspruch des Mieters gemäß § 556a BGB zur Begründung ihrer berechtigten Interessen als Vermieter darauf berufen, daß sie den Wohnraum zur Erfüllung öffentlich-rechtlicher Pflichten benötigt.

2. Solche Interessen einer Gemeinde können unter Umständen gegenüber den Interessen des Mieters auch dann überwiegen, wenn dieser nach dem Verlust des Wohnraums von derselben Gemeinde auf Grund einer öffentlich-rechtlichen Pflicht sofort wieder anderweitig untergebracht werden muß. Es kommt auf das Gewicht der beiderseitigen Interessen im Einzelfall an.

3. a) Auch wenn das Interesse der Gemeinde dahin geht, den Wohnraum nach seiner Rückgabe zur Unterbringung anderer Privatpersonen

§§ 556a–556c BGB. Fortsetzung nach der Sozialklausel **B 417, 418**

auf Grund einer öffentlich-rechtlichen Pflicht zu verwenden, ist eine Abwägung der beiderseitigen Interessen im Einzelfall vorzunehmen.

b) Es ist in diesem Fall jedoch den Interessen des bisherigen Mieters nicht das Interesse dieser dritten Person an der Erlangung des Wohnraums gegenüberzustellen, sondern vielmehr das Interesse der Gemeinde an der Unterbringung der vorgenannten Personen.

OLG Karlsruhe, RE vom 16. 2. 1973, NJW 73, 1001 = MDR 73, 501 **B 417** = DWW 74, 158 = WM 73, 240; Justiz 73, 133 = WPM 73, 404 = ZMR 73, 146.

Die für den Kündigungswiderspruch und das Fortsetzungsverlangen des Mieters in § 556a V 1 BGB vorgeschriebene Schriftform ist nur gewahrt, wenn die Widerspruchsschrift von ihrem Aussteller eigenhändig unterzeichnet worden ist. Ein telegrafisch übermittelter Widerspruch ist unwirksam.

OLG Oldenburg, RE vom 3. 8. 1973, NJW 73, 1841 = Rpfl 73, 425 = **B 418** ZMR 74, 14 (dazu krit. Rdn B 303).

Der nach § 57a ZVG durch den Ersteher erklärten Kündigung eines Mietverhältnisses über Wohnraum kann der Mieter nicht gemäß § 556a BGB widersprechen.

Anhang 2: Räumungs- und Vollstreckungsschutz nach §§ 721, 765a, 794a ZPO

§ 721 [Räumungsfrist für Wohnraum]

(1) Wird auf Räumung von Wohnraum erkannt, so kann das Gericht auf Antrag oder von Amts wegen dem Schuldner eine den Umständen nach angemessene Räumungsfrist gewähren. Der Antrag ist vor dem Schluß der mündlichen Verhandlung zu stellen, auf die das Urteil ergeht. Ist der Antrag bei der Entscheidung übergangen, so gilt § 321; bis zur Entscheidung kann das Gericht auf Antrag die Zwangsvollstreckung wegen des Räumungsanspruchs einstweilen einstellen.

(2) Ist auf künftige Räumung erkannt und über eine Räumungsfrist noch nicht entschieden, so kann dem Schuldner eine den Umständen nach angemessene Räumungsfrist gewährt werden, wenn er spätestens zwei Wochen vor dem Tage, an dem nach dem Urteil zu räumen ist, einen Antrag stellt. §§ 233 bis 238 gelten sinngemäß.

(3) Die Räumungsfrist kann auf Antrag verlängert oder verkürzt werden. Der Antrag auf Verlängerung ist spätestens zwei Wochen vor Ablauf der Räumungsfrist zu stellen. §§ 233 bis 238 gelten sinngemäß.

(4) Über Anträge nach den Absätzen 2 oder 3 entscheidet das Gericht erster Instanz, solange die Sache in der Berufungsinstanz anhängig ist, das Berufungsgericht. Die Entscheidung kann ohne mündliche Verhandlung ergehen. Vor der Entscheidung ist der Gegner zu hören. Das Gericht ist befugt, die im § 732 Abs. 2 bezeichneten Anordnungen zu erlassen.

(5) Die Räumungsfrist darf insgesamt nicht mehr als ein Jahr betragen. Die Jahresfrist rechnet vom Tage der Rechtskraft des Urteils oder, wenn

nach einem Urteil auf künftige Räumung an einem späteren Tage zu räumen ist, von diesem Tage an.

(6) Die sofortige Beschwerde findet statt
1. gegen Urteile, durch die auf Räumung von Wohnraum erkannt ist, wenn sich das Rechtsmittel lediglich gegen die Versagung, Gewährung oder Bemessung einer Räumungsfrist richtet;
2. gegen Beschlüsse über Anträge nach den Absätzen 2 oder 3.
Hat das Berufungsgericht entschieden, so ist die Beschwerde unzulässig. Eine weitere Beschwerde findet nicht statt.

(7) Absätze 1 bis 6 gelten nicht in den Fällen des § 564c Abs. 2 des Bürgerlichen Gesetzbuchs.

§ 765a [Beschränkung der Zwangsvollstreckung]

(1) Auf Antrag des Schuldners kann das Vollstreckungsgericht eine Maßnahme der Zwangsvollstreckung ganz oder teilweise aufheben, untersagen oder einstweilen einstellen, wenn die Maßnahme unter voller Würdigung des Schutzbedürfnisses des Gläubigers wegen ganz besonderer Umstände eine Härte bedeutet, die mit den guten Sitten nicht vereinbar ist.

(2) Eine Maßnahme zur Erwirkung der Herausgabe von Sachen kann der Gerichtsvollzieher bis zur Entscheidung des Vollstreckungsgerichts, jedoch nicht länger als eine Woche, aufschieben, wenn ihm die Voraussetzungen des Absatzes 1 glaubhaft gemacht werden und dem Schuldner die rechtzeitige Anrufung des Vollstreckungsgerichts nicht möglich war.

(3) Das Vollstreckungsgericht hebt seinen Beschluß auf Antrag auf oder ändert ihn, wenn dies mit Rücksicht auf eine Änderung der Sachlage geboten ist.

(4) Die Aufhebung von Vollstreckungsmaßregeln erfolgt in den Fällen der Absätze 1 und 3 erst nach Rechtskraft des Beschlusses.

§ 794a [Räumungsfrist bei Zwangsvollstreckung aus Vergleich]

(1) Hat sich der Schuldner in einem Vergleich, aus dem die Zwangsvollstreckung stattfindet, zur Räumung von Wohnraum verpflichtet, so kann ihm das Amtsgericht, in dessen Bezirk der Wohnraum belegen ist, auf Antrag eine den Umständen nach angemessene Räumungsfrist bewilligen. Der Antrag ist spätestens zwei Wochen vor dem Tage, an dem nach dem Vergleich zu räumen ist, zu stellen; §§ 233 bis 238 gelten sinngemäß. Die Entscheidung kann ohne mündliche Verhandlung ergehen. Vor der Entscheidung ist der Gläubiger zu hören. Das Gericht ist befugt, die im § 732 Abs. 2 bezeichneten Anordnungen zu erlassen.

(2) Die Räumungsfrist kann auf Antrag verlängert oder verkürzt werden. Absatz 1 Sätze 2 bis 5 gilt entsprechend.

(3) Die Räumungsfrist darf insgesamt nicht mehr als ein Jahr, gerechnet vom Tage des Abschlusses des Vergleichs, betragen. Ist nach dem Vergleich an einem späteren Tage zu räumen, so rechnet die Frist von diesem Tage an.

§§ 556a–556c BGB. Fortsetzung nach der Sozialklausel **B 419**

(4) Gegen die Entscheidung des Amtsgerichts findet die sofortige Beschwerde statt. Eine weitere Beschwerde ist unzulässig.

(5) Absätze 1 bis 4 gelten nicht in den Fällen des § 564c Abs. 2 des Bürgerlichen Gesetzbuchs.

Übersicht

	Rdn		Rdn
I. Allgemeines		IV. Entscheidung	
1. Zweck	419	1. Inhalt	448
2. Anwendungsbereich	420	2. Form	457
		3. Zuständigkeit	458
II. Sachliche Voraussetzungen		4. Behauptungs- und Beweislast	460
1. Erhaltungsinteresse des Mieters	426	5. Wirkung	461
2. Erfüllung der Ersatzraumbeschaffungspflicht	437	6. Einstweilige Einstellung der Zwangsvollstreckung	462
4. Räumungsfrist bei Vergleich	440	V. Rechtsmittel	
5. Verlängerung und Verkürzung der Räumungspflicht	441	1. gegen Urteile	463
		2. gegen Beschlüsse	465
III. Formelle Voraussetzungen	443	VI. Kostenentscheidung	467
		VII. Vollstreckungsschutz (§ 765a ZPO)	471

I. Allgemeines

1. Zweck   B 419

Die Sozialklausel (§§ 556a–c BGB) deckt nicht alle unverschuldeten Risiken und Nachteile ab, die dem auf Räumung in Anspruch genommenen Mieter drohen, weil ihr Anwendungsbereich beschränkt ist (s. Rdn B 301) und der Mieter ihre Voraussetzungen oft nicht erfüllt. In den Fällen, in denen eine Fortsetzung des Mietverhältnisses nach der Sozialklausel nicht in Frage kommt oder nicht beansprucht wird oder der Mieter bereits rechtskräftig zur Räumung verpflichtet ist, kann diesem vom Vermieter sowohl ohne Mitwirkung des Gerichts oder aber im Streitfall durch gerichtliche Entscheidung gem. §§ 721, 794a ZPO ein **befristeter Räumungsaufschub** (sog. Räumungsfrist) bewilligt werden, wenn ihm noch keine Ersatzunterkunft zur Verfügung steht. In den Vorschriften der §§ 721, 794a ZPO wird der Rechtsgrundsatz verwirklicht, daß dem Mieter einer Wohnung, die einen existentiellen Mittelpunkt seines Lebens darstellt, gegen Zwangsvollstreckungsmaßnahmen befristet ein erhöhter Schutz zu gewähren ist, der über den allgemeinen Vollstreckungsschutz des § 765a ZPO hinausgeht. Der Schutz dient dazu, dem Mieter die Erlangung einer angemessenen Ersatzwohnung zu ermöglichen. Demgemäß ist der Vermieter grundsätzlich verpflichtet, auf vorübergehende Räumungsschwierigkeiten, die der Mieter nicht zu vertreten hat, gebührend Rücksicht zu nehmen.

2. Anwendungsbereich

B 420 **a)** Die §§ 721, 794a ZPO schützen nur den Mieter von **Wohnraum** (s. Rdn B 6ff). Sie finden daher auf Geschäftsräume keine und auf Mischräume nur dann Anwendung, wenn die Rückgabe für die Wohn- und die Geschäftsräume getrennt erfolgen kann oder die Wohnräume überwiegen (LG Mannheim DWW 66, 108 = ZMR 66, 107; MDR 68, 328 = WM 68, 50 = ZMR 68, 190; WM 74, 37 = ZMR 74, 48 = DWW 73, 310 = AiZ 73, 440; weitergehend LG Stuttgart WM 73, 83; LG Kiel WM 76, 132). Der Gesetzgeber hat allein die Belange des zur Räumung verpflichteten Wohnraummieters für schutzwürdig erachtet. Eine analoge Anwendung des § 721 ZPO auf Gewerberaummietverhältnisse ist deshalb ausgeschlossen (LG Berlin, Beschluß vom 15. 6. 81 – 61 T 29/81 –). Bei der Räumung von Geschäftsräumen kommt nur Vollstreckungsschutz gem. § 765a ZPO in Betracht (s. Rdn B 299; für Untermietverhältnisse s. Rdn. B 423).

B 421 **b)** Nach § 721 I ZPO kann das Gericht eine Räumungsfrist bei jedem auf Räumung gerichteten **Urteil** – auch bei Anerkenntnis- oder Versäumnisurteilen sowie bei Urteilen auf künftige Räumung (§ 721 II) – gewähren. Dies gilt auch dann, wenn lediglich durch zweites Versäumnisurteil der Einspruch gegen ein auf Räumung lautendes Versäumnisurteil verworfen wird (LG München I WM 82, 81).

Unterbleibt die Bewilligung einer Räumungsfrist in einem Urteil auf künftige Räumung, so kann der Mieter nachträglich Räumungsaufschub gem. § 721 II erhalten. Es ist nicht erforderlich, daß dem Erlaß des Räumungstitels ein gerichtliches Erkenntnisverfahren vorausging, so daß die Vorschrift des § 721 auch eingreift, wenn die Räumung vom Konkursverwalter gem. § 117 KO oder vom Ersteher nach einem Zwangsversteigerungsverfahren gem. § 93 ZVG betrieben wird (LG Münster MDR 65, 212; LG Mannheim DWW 66, 368; ZMR 68, 55 = MDR 67, 1018; B vom 6. 11. 1987 – 4 T 234/87 – Schmidt-Futterer NJW 68, 148). Die ablehnende gegenteilige Ansicht (OLG München OLGZ 69, 43; LG Lübeck SchlHA 66, 13; LG Hamburg MDR 71, 671; Burckhardt WM 68, 70; Noack WM 67, 1; WM 70, 18; Weimar WM 68, 41; Buche MDR 72, 189, 190; Baumbach-Lauterbach § 721 Anm. 1; Thomas-Putzo § 721 Anm. 1; Stein-Jonas § 721 Anm. I 1), die auf verfahrensrechtlichen Überlegungen beruht, wird vom Gesetzeszweck und der Interessenlage der Beteiligten nicht gedeckt; denn der für die Schaffung des § 721 entscheidende Umstand, daß der aufgrund eines vollstreckbaren Titels zur Räumung verpflichtete Mieter bis zur Erlangung einer anderen Wohnung eines besonderen Schutzes bedarf, besteht völlig unabhängig davon, ob der Räumungstitel Ergebnis eines Erkenntnisverfahrens ist oder nicht.

B 422 Wird jedoch ein geschiedener Ehegatte im Verfahren nach §§ 15, 16 III der 6. DVO zum EheG zur Räumung der bisherigen Ehewohnung verurteilt, so ist ihm eine Räumungsfrist nicht nach § 721, sondern nach den besonderen Rechtsgrundsätzen des Hausratsteilungsverfahrens (§ 2 der 6. DVO) zu gewähren (OLG München NJW 78,548; LG Mannheim ZMR 67, 142; Schmidt-Futterer NJW 67, 1308; Noack WM 69, 2; Buche a. a. O. 190; a. A. Hoffmann-Stephan, Ehegesetz 2. Aufl. § 5 Hausrats-VO Rdn 29; § 15 HausratsVO Rdn 3). Ebenso wie bei § 721 ist aber auch hier keine Frist zu gewähren, wenn der Räumungspflichtige sich nicht um eine Ersatzwohnung bemüht hat (BayObLG MDR 75, 492). Zuständig für das Hausratsverteilungsverfahren ist das Familiengericht (OLG München a. a. O.; OLG Stuttgart Justiz 80, 203; teilw. abw. Hoffmann-Stephan a. a. O., wonach im Zuteilungsverfahren das FamGericht und nach Einleitung der Zwangsvollstreckung das Vollstreckungsgericht zuständig sein soll).

Die Rechtsgrundlage des Räumungsanspruchs ist für die Anwendbarkeit des § 721 ohne Bedeutung. Deshalb ist die Vorschrift auch dann anwendbar, wenn der Schuldner aus Pacht, Leihe, Gesellschaftsvertrag, Treuhandschaft, Geschäftsführung, ungerechtfertigter Bereicherung, unerlaubter Handlung, Besitz, Eigentum, Wohnungseigentum, Erbbaurecht, Dauerwohnrecht, Nießbrauch, aus einer Dienstbarkeit oder aus dinglichem Recht zur Räumung verpflichtet ist. Eine Räumungsfrist kann selbst dann gewährt werden, wenn der Räumungsschuldner die Wohnräume ohne Rechtsgrund in Besitz gehabt hat (LG Mannheim WM 65, 121 = ZMR 66, 277; Buche a. a. O.). Der Begriff „Wohnraum" in § 721 ZPO ist nämlich nicht identisch mit dem ähnlichen Begriff „Mietverhältnis über Wohnraum" in § 564 b BGB. Die letztgenannte Vorschrift ist nur dann anwendbar, wenn zwischen dem Eigentümer und dem Wohnungsnutzer ein Wohnraummietverhältnis besteht. Eine Räumungsfrist kann dagegen auch dann gewährt werden, wenn zwischen dem Eigentümer und dem Wohnungsnutzer keine Rechtsbeziehungen bestehen (LG Stade WM 87, 62 für das Verhältnis Eigentümer – Untermieter). Dies ist insbesondere für unter Rdn. B 9 behandelten Untermietverhältnisse von Bedeutung.

c) In § 721 III wird zusätzlich die Möglichkeit geregelt, eine bereits gewährte Räumungsfrist **verlängern** oder **verkürzen** zu lassen. Umstritten ist dabei, ob eine gerichtliche Verlängerung der Frist auch dann zulässig ist, wenn sie zunächst vom Gläubiger außergerichtlich gewährt wurde, eine Verlängerung jetzt aber von ihm abgelehnt wird (zum Meinungsstand vgl. Buche a. a. O.). Nach richtiger Ansicht gilt § 721 III ausschließlich für die Verlängerung und Verkürzung gerichtlicher Räumungsfristen. Ein Antrag auf Verlängerung einer vertraglich gewährten Räumungsfrist ist in einen Antrag auf erstmalige Gewährung einer gerichtlichen Räumungsfrist nach § 721 I umzudeuten. Bei der Bemessung der Höchstdauer (s. B 453) ist die vertragliche Frist nicht mitzurechnen (LG Wuppertal WM 81, 113). Die gerichtliche Aufhebung oder Verkürzung einer vertraglich gewährten Räumungsfrist ist ausgeschlossen (LG Mannheim DWW 81, 175; LG München I WM 87, 64; a. A. LG Hamburg WM 87, 65; s. auch Rdn B 425). Diese Grundsätze gelten auch dann, wenn die vertraglich gewährte Frist in einem gerichtlichen Vergleich vereinbart worden ist (LG Kaiserslautern WM 84, 115).

B 425 d) § 794a schützt den Räumungsschuldner, der sich aufgrund eines **vollstreckbaren Räumungsvergleichs** zur Herausgabe seiner Wohnung verpflichtet hat. Voraussetzung ist ein im Prozeß geschlossener Vergleich, aus dem die Zwangsvollstreckung stattfindet (§ 794 I Ziff. 1 ZPO). Außergerichtliche Räumungsvergleiche oder sonstige Räumungsvereinbarungen fallen nicht unter § 794a; sie sind ausschließlich nach Vertragsrecht zu behandeln (LG Wuppertal NJW 67, 832; Baumbach-Lauterbach § 794a Anm. 1; Thomas-Putzo § 794a Anm. 2; Bodié ZMR 70, 99 m. w. Nachw.). Dies entspricht zwar nicht den Mieterschutzbestimmungen, die gerade auch den Abschluß von außergerichtlichen Räumungs- bzw. Räumungsfristvergleichen fördern wollen (§ 93b III ZPO). Eine andere Auslegung läßt der eindeutige Wortlaut des § 794a I 1 indessen nicht zu; denn nur aus gerichtlichen (§ 794 I Ziff. 1) und schiedsrichterlichen (§ 194 I Ziff. 4a) Vergleichen findet die Zwangsvollstreckung statt. Haben sich die Parteien im Prozeßvergleich bereits auf eine Räumungsfrist geeinigt, so ist dennoch nach § 794a I zu entscheiden, da der Verlängerungstatbestand des § 794a II nur vorliegt, wenn zuvor eine gerichtliche Räumungsfrist gem. § 794a I gewährt wurde (Thomas-Putzo § 794a Anm. 3b). Ein Antrag des Mieters auf Verlängerung einer vergleichsweise vereinbarten Räumungsfrist ist umzudeuten in einen Antrag auf erstmalige Gewährung einer gerichtlichen Räumungsfrist nach § 794a I ZPO. Bei der Bemessung der Höchstfrist (§ 794a III ZPO) ist die vertraglich vereinbarte Frist nicht mit einzurechnen. Allerdings können die Parteien in dem Vergleich vereinbaren, daß dem Mieter nur insgesamt eine Räumungsfrist von einem Jahr zustehen soll (LG München I WM 87, 67). Eine solche Vereinbarung bindet das Gericht, so daß die vertraglich vereinbarte Frist im Ergebnis wie eine gerichtlich gewährte Frist behandelt wird.

Für die Verlängerung einer vertraglich gewährten Räumungsfrist besteht kein Bedürfnis, weil der Mieter nach Ablauf der vertraglichen Frist eine gerichtliche Räumungsfrist nach §§ 721 I, 794a I beantragen kann (s. Rdn. B 424; a. A. LG Ulm WM 81, 164 = MDR 80, 944). Die Verkürzung einer durch Vertrag gewährten Räumungsfrist ist mangels einer Rechtsgrundlage nicht möglich. Dies gilt auch dann, wenn die Räumungsfrist in einem Prozeßvergleich vereinbart worden ist (LG Kaiserslautern WM 84, 115). Die gegenteilige Ansicht des LG Hamburg (MDR 81, 236) überzeugt nicht. Es liegt keine Regelungslücke vor; vielmehr entspricht es einem allgemeinen Grundsatz, daß vertragliche Vereinbarungen grundsätzlich nur durch einen Aufhebungsvertrag und nicht einseitig rückgängig gemacht werden können. Den Parteien steht es im übrigen frei, in dem Vergleich zu vereinbaren, daß das Gericht nach den Grundsätzen des § 721 Abs. 3 ZPO über eine Abkürzung der vertraglich gewährten Räumungsfrist entscheiden soll, falls der Mieter nach Abschluß des Vergleichs seine vertraglichen Verpflichtungen verletzt.

II. Sachliche Voraussetzungen

1. Das Gesetz umschreibt in den §§ 721, 794a die sachlichen Voraussetzungen für die Gewährung, Verlängerung, Verkürzung oder Aufhebung einer Räumungsfrist nicht näher. Er stellt insofern die Entscheidung in das pflichtgemäße **Ermessen** des Gerichts, das unter Beachtung des Gesetzeszwecks im Wege einer **Interessenabwägung** die Belange von Mieter und Vermieter zu werten und ein ,,den Umständen nach angemessenes" Ergebnis zu finden hat. Der Umstand, daß der Mieter gekündigt hat, steht der Gewährung einer Räumungsfrist nicht entgegen (AG Baden-Baden WM 87, 62).

B 426

Angemessen ist die Bewilligung einer Räumungsfrist, wenn die Interessen des Mieters an einem zeitweiligen Verbleib in der Wohnung gegenüber den Interessen des Vermieters an einem sofortigen Auszug überwiegen. Nach Sinn und Zweck der Bestimmungen ist dabei grundsätzlich von dem Vorrang des Erhaltungsinteresses des Mieters auszugehen (LG Mannheim WM 66, 145 = ZMR 67, 189 = DWW 66, 110 = MDR 66, 511; LG Düsseldorf WM 69, 190 = ZMR 70, 121; AG Dortmund WM 70, 13 = ZMR 70, 121; Hans § 721 ZPO Anm. 4d; Pergande § 721 ZPO Anm. 5; Schmidt-Futterer MDR 65, 701; Buche a.a.O.). Wenn daher der Vermieter keine über das normale Räumungsbegehren hinausgehenden Gründe geltend machen kann, überwiegt das Schutzbedürfnis des Mieters, der noch keine Ersatzunterkunft gefunden hat, so daß ihm zunächst eine Räumungsfrist zu gewähren ist.

B 427

2. Die Gewährung einer Räumungsfrist setzt grundsätzlich die Erfüllung der **Ersatzraumbeschaffungspflicht** des Mieters voraus; denn nur in diesem Fall verdient der Mieter den besonderen Schutz des Gesetzes vor einer sofortigen Räumung seiner Wohnung. Darüber hinaus ist die Erfüllung dieser Pflicht dafür maßgebend, ob sich der Mieter wegen des Fehlens einer Ersatzunterkunft nach §§ 556a–c BGB erfolgreich auf den Schutz der Sozialklausel berufen kann (s. Rdn B 312) und ob er nach § 557 II, III BGB wegen der verspäteten Räumung zum Ersatz eines dadurch entstandenen Schadens verpflichtet ist (s. Rdn. B 552).

B 428

a) Die Ersatzraumbeschaffungspflicht ist eine **Obliegenheit,** die den Mieter nach wirksamer Kündigung trifft. Sie folgt aus § 556 BGB, wonach der Mieter verpflichtet ist, die gemietete Sache herauszugeben. Besteht hinsichtlich der Wirksamkeit der Kündigung auf seiten des Mieters Unklarheit (d.h. besteht nicht unbegründeter Anlaß zu Zweifeln), so ist er spätestens ab dem Zeitpunkt der rechtskräftigen Entscheidung über die Wirksamkeit der Kündigung gehalten, alles ihm Zumutbare und Mögliche zu tun, um die Mietsache umgehend herausgeben zu kön-

B 429

271

nen, also eine Ersatzwohnung zu suchen (Schmidt-Futterer NJW 61, 295; NJW 71, 1829; LG Mannheim WM 78, 269; LG Hamburg WM 87, 62).

B 430 Kommt er dieser Verpflichtung nicht nach, kann er seinen Rechtsanspruch auf Verlängerung des Mietvertrags gem. §§ 556a, b, c BGB oder die Gewährung einer gerichtlichen Räumungsfrist verlieren (vgl. Thomas-Putzo, § 721 ZPO Anm. 2a E. 8; Schmidt-Futterer a. a. O.). Abgesehen davon entsteht für den Mieter unter Umständen eine Schadensersatzpflicht wegen Verzuges gem. § 284 BGB (s. Rdn B 547).

B 431 b) Die Verpflichtung des Mieters zur Ersatzraumbeschaffung umfaßt die Aufgabe von Anzeigen, Beauftragung eines Maklers, die Einschaltung staatlicher Behörden, überhaupt alles, was erfolgversprechend und üblicherweise zur Wohnraumbeschaffung eingesetzt werden kann und dem Mieter persönlich und wirtschaftlich – **zumutbar** ist (Buche MDR 72, 189 mit ausführlicher Zusammenstellung der einschlägigen Rechtsprechung). Offensichtlich aussichtslose Bemühungen sind unzumutbar. Dabei sind die persönlichen Umstände auf seiten des Mieters zu berücksichtigen: ein mittelloser, kinderreicher Mieter braucht keinen Makler zu beauftragen und kann nicht allein auf den freien Wohnungsmarkt verwiesen werden (OLG Karlsruhe RE vom 3. 7. 1970 RES § 556a BGB Nr 4). Hat der Mieter Anspruch auf eine Sozialwohnung, so steht die wiederholte Nachfrage bei der zuständigen Behörde im Vordergrund; weitergehende eigene Bemühungen sind aber darüber hinaus ebenfalls erforderlich.

B 432 Mieter, die in absehbarer Zeit eine Eigentumswohnung oder ein Eigenheim beziehen können, brauchen sich um anderweitige Ersatzwohnungen nicht mehr zu kümmern (LG Lübeck, 1. 4. 1966 – 7 T 237/66), weil ein Zwischenumzug dann unzumutbar ist. Bloße Bauabsichten des Mieters, die eine Fertigstellung seines Bauvorhabens in der Höchstfrist von einem Jahr (s. Rdn B 557) nicht erwarten lassen, sind unbeachtlich (LG Mannheim MDR 70, 94 = ZMR 70, 205 u. 371 = WM 70, 174 = DWW 71, 328). Der Vermieter darf grundsätzlich zwar den Räumungsaufschub nicht deshalb ablehnen, weil der Mieter noch keinen genauen Einzugstermin und somit auch keinen konkreten Räumungstermin mitteilen kann, soweit sich diese Termine nicht offensichtlich (oder höchstwahrscheinlich) außerhalb der Höchstfrist von einem Jahr bewegen (LG Mannheim ZMR 68, 51); der Vermieter kann aber die Räumungsfrist dann versagen, wenn nach mehrfachem einverständlichen Räumungsaufschub vom Mieter noch immer kein bestimmter Fertigstellungs- und Räumungstermin genannt wird (LG Mannheim DWW 76, 88).

c) Als Ersatzraum kommen jedoch nur räumlich und preislich **angemessene** Mietobjekte, verglichen mit der derzeitigen Wohnung, in Frage.

B 433 aa) Angemessen ist für Eheleute i. d. R. eine 2-Zimmer-Wohnung durchschnittlicher **Größe** mit Küche und WC (vgl. Buche a. a. O.; LG Mannheim ZMR 66, 280). Für Kinder gleichen Geschlechts bis zu

18 Jahren und für Kinder verschiedenen Geschlechts bis zu etwa 8 Jahren kann ein zusätzlicher Raum beansprucht werden. Weiterer Raumbedarf kann aus gesundheitlichen Gründen (getrennte Schlaf-, eigenes Arbeitszimmer usw. OLG Karlsruhe RE vom 3. 7. 1970 RES § 556a BGB Nr. 4) gerechtfertigt sein.

Die Ersatzwohnung muß aber auch hinsichtlich der **Ausstattung** dem heutigen Stand an Wohnraumqualität entsprechen. Auf eine Wohnung ohne fließendes Wasser, Toilette außerhalb der Wohnung, braucht sich der Mieter nicht verweisen zu lassen. Das gilt auch dann, wenn die augenblickliche Wohnung überdurchschnittlich schlecht ist. Obdachlosenunterkünfte sind keine Ersatzwohnungen (LG Hagen WM 67, 15 = ZMR 67, 189). Es dürfen gleichwohl keine übertriebenen Anforderungen an die Größe der Ersatzräume und den Komfort gestellt werden. Teppichboden im Unterschied zum Parkett ist kein Grund zur Ablehnung.

Auch die besonderen persönlichen Eigenschaften sind beachtlich hinsichtlich der Lage der Ersatzwohnung. So können alte, gebrechliche Mieter Wohnungen in oberen Stockwerken ablehnen, wenn kein Fahrstuhl vorhanden ist oder wenn eine entsprechende Heizeinrichtung, Sammelheizung, Zentralheizung fehlt (OLG Karlsruhe, a. a. O.). Auch die Lage der Wohnung zum Arbeitsplatz oder zur Schule der Kinder darf mitberücksichtigt werden. Lage, Größe und Ausstattung des Ersatzraums müssen den bisherigen Lebensgewohnheiten des Mieters grundsätzlich Rechnung tragen; dabei sind aber nur solche Lebensgewohnheiten zu berücksichtigen, die das Maß des üblichen nicht überschreiten (z. B. bleibt Raumbedarf für Brieftaubenzucht unberücksichtigt; OLG Karlsruhe RE vom 31. 3. 1971 RES § 556a BGB Nr 6).

bb) Hinsichtlich des **Mietpreises** muß der Mieter grundsätzlich bereit sein, auch einen höheren als den bisherigen Mietzins zu entrichten. Voraussetzung dafür ist allerdings, daß er nicht erheblich über der ortsüblichen Vergleichsmiete liegt (s. Rdn C 53) und dem Mieter wirtschaftlich zumutbar ist. Laufende Einkünfte der im Haushalt lebenden Familienangehörigen müssen bei der Beurteilung der Leistungsfähigkeit mitberücksichtigt werden. Mögliche Wohngeldzuschüsse sind mit anzusetzen (vgl. Schmidt-Futterer a. a. O.; LG Itzehoe WM 67, 65 = ZMR 67, 189 u. WM 68, 34 = ZMR 68, 191; LG Münster ZMR 68, 49; AG Warendorf WM 65, 70). Die Befürchtung des Mieters, das Wohngeldgesetz könnte zu seinem Nachteil geändert werden, muß außer Betracht bleiben (LG Itzehoe WM 67, 139 = ZMR 68, 56). Genügen das Arbeitsentgelt oder sonstige laufende Einnahmen des Mieters nicht, um die neue Wohnung anzumieten, braucht er jedoch auf bescheidene Vermögenswerte (Ersparnisse, Grundvermögen) nicht zurückzugreifen. Der Mieter muß nicht bis an die Grenze seiner finanziellen Leistungsfähigkeit gehen (so aber OLG Celle WM 87, 63) sondern darf die Mietbelastung so wählen, daß er die neue Wohnung auf Dauer halten kann. Die Grenze der finanziellen Belastbarkeit für Wohnraum wird auf höchstens 25% des Familiennettoeinkommens zu veranschlagen sein (Palandt-Putzo § 356a BGB Anm. 6a aa; Schmidt-Futterer NJW 71, 1829).

B 435 d) Bietet der Vermieter seinerseits, ohne daß für ihn hierzu eine Rechtspflicht besteht, Ersatzraum an, der den vorgenannten Merkmalen entspricht, ist der Mieter im Rahmen seiner Räumungsverpflichtung im Regelfall gehalten, auch diese Ersatzwohnung anzunehmen. Eine Ausnahme von diesem Grundsatz besteht nur, wenn der Mieter in ein ihm gehörendes Mietobjekt einziehen will oder wegen der Zerstrittenheit der Parteien ein neuer Vertragsabschluß bzw. die Fortsetzung des Mietverhältnisses mit demselben Vermieter unzumutbar ist.

Zu berücksichtigen ist, daß die Dringlichkeit des Herausgabeverlangens nicht dazu führen darf, überstürzt die erste beste Wohnung nehmen zu müssen. Der Umstand, daß der Mieter möglicherweise Wohnungsangebote, die seiner bisherigen Wohnung entsprechen ausgeschlagen hat, steht der Gewährung einer Räumungsfrist deshalb nicht in jedem Fall entgegen (LG Essen WM 79, 269). Allerdings hat die Dringlichkeit des Rückgabeverlangens Einfluß auf die Intensität der Bemühungen des Mieters.

B 436 e) Prozessual trifft den Mieter die **Darlegungs- und Beweislast** dafür, daß er seiner Ersatzraumbeschaffungspflicht nachgekommen ist. Er hat substantiiert nachzuweisen, was er unternommen hat. Die pauschale Behauptung, alles ihm Mögliche getan zu haben, genügt nicht (LG Mannheim MDR 68, 914).

3. Im einzelnen können folgende Umstände für oder gegen die Bewilligung von Räumungsschutz sprechen und bei der **Interessenabwägung** zu berücksichtigen sein (zusammenfassend Buche MDR 72, 189 und die dort nachgewiesene Rechtsprechung; grundsätzlich haben die bei der Anwendung der Sozialklausel auf seiten des Mieters oder Vermieters maßgebenden Gründe auch innerhalb der §§ 721, 794a Bedeutung [dazu Rdn B 308]).

B 437 **a) Zugunsten des Mieters:**
aa) Örtliche Wohnungsknappheit (LG Mannheim WM 67, 107; MDR 68, 419 = WM 68, 50 = ZMR 68, 189).

bb) Mangel an Sozialwohnungen oder Großwohnungen für Kinderreiche bei sonst ausgeglichenem Wohnungsmarkt.

cc) Vermeidung eines kurzfristigen Zwischenumzugs, wenn eine Ersatzwohnung zu einem späteren Zeitpunkt schon zur Verfügung steht (AG Bergheim BlGBW 73, 60; LG Braunschweig WM 73, 82 = ZMR 73, 332).

dd) Hohes Alter.

ee) Krankheit, Gebrechen.

ff) Langjährige Mietdauer, Verwachsensein in der Umgebung.

gg) Armut.

hh) Besondere Aufwendungen für Umzug und Herrichten der Wohnung bei kurzer Mietdauer.

ii) Schwangerschaft, Schonfrist nach Niederkunft.

b) Zugunsten des Vermieters:
aa) Erhebliche Rückstände an Mietzins oder Nutzungsentschädigung, **B 438** insbesondere aus der Zeit nach rechtskräftiger Räumungsverurteilung; fortgesetzte unpünktliche Zahlung. Der zur Verurteilung führende Rückstand schließt die Gewährung einer Räumungsfrist nicht grundsätzlich aus; Interessen des Gläubigers können das aber dann gebieten, wenn Dauer und Höhe der Rückstände sowie Vermögensverhältnisse des Schuldners den Schluß zulassen, daß er auch künftig weitere Rückstände entstehen läßt. Nichtzahlung der laufenden Miete verbietet im allgemeinen die Gewährung einer Räumungsfrist, weil dem Vermieter nicht zugemutet werden kann, dem Mieter die Wohnung unentgeltlich zu überlassen. Eine Aufrechnung mit unstreitigen Gegenansprüchen ist in diesem Zusammenhang zu berücksichtigen; auf gegenteilige Bestimmungen im (beendeten) Mietvertrag kommt es nicht an (a. A. Buche a. a. O.). Eine gerichtlich gewährte Räumungsfrist kann nicht mit einer Auflage versehen werden (z. B. pünktliche Zahlung des Mietzinses; Zahlung einer höheren als der bisherigen Nutzungsentschädigung; LG Wuppertal WM 87, 67; s. Rdn B 450). Jedoch kann eine gerichtlich gewährte Räumungsfrist widerrufen werden, wenn der Mieter keine Nutzungsentschädigung zahlt; eine derartige Entscheidung ist auch regelmäßig angebracht (s. B 442).

bb) Langer Zeitraum seit Kündigung; Alter des Vollstreckungstitels.

cc) Störungen des Hausfriedens und sonstige erhebliche Vertragspflichtverletzungen; einmalige und lange zurückliegende Störungen bleiben außer Betracht. Auf das Verschulden des Mieters kommt es insoweit nicht entscheidend an. Die Gründe der Kündigung und des darauf beruhenden Räumungsausspruchs können in krassen Fällen der Pflichtverletzung des Mieters die Gewährung einer Räumungsfrist ausschließen (z. B. bei Tätlichkeiten, fortgesetzter schwerer Belästigung); ansonsten können derartige Gründe nur bei der Bemessung der Räumungsfrist (s. Rdn B 451) berücksichtigt werden.

dd) Feindschaft zwischen den Parteien, u. U. ohne Rücksicht auf Verschulden, wenn sie über ein allgemeines Maß hinausgeht und besonders belastend ist.

ee) Dringender Eigenbedarf, z. B. zwecks Unterbringung von Familien-, Haushalts- oder Betriebsangehörigen, zwecks Verwertung des Grundstücks. Der Umstand, daß der Gläubiger die Räume für die Zeit nach Ablauf der Kündigungs- oder Räumungsfrist bereits fest weitervermietet hat, steht der Gewährung einer Frist oder Verlängerung nicht entgegen; denn der Gläubiger muß grundsätzlich mit Verzögerungen des Auszugs rechnen und darf deshalb nur unter entsprechenden Vorbehalten weitervermieten, so daß er wirtschaftliche oder sonstige Nachteile nicht zu seinen Gunsten ins Feld führen kann.

ff) Wenn die Bauaufsichtsbehörde die Beseitigung der Nutzung als Wohnung verlangt (AG Münster WM 68, 186) oder sonstige Ge- oder Verbote ausspricht, die eine unverzügliche Räumung im öffentlichen

Interesse gebieten. Sind dem Vermieter monatliche Geldleistungen wegen einer Fehlbelegung der Wohnung auferlegt worden, so bleibt dieser Umstand bei der Gewährung der Räumungsfrist jedenfalls dann unberücksichtigt, wenn dem Vermieter beim Abschluß des Mietvertrags bekannt sein mußte, daß der Mieter nicht sozialwohnungsberechtigt war (AG Bergheim WM 81, 283).

B 439 c) Der Schuldner kann wirksam auf eine Räumungsfrist **verzichten;** in diesem Fall ist das Gericht an der Gewährung einer Räumungsfrist gehindert (Schmidt-Futterer NJW 65, 19; Thomas-Putzo § 271 Anm. 2b ee). Dagegen ist ein Verzicht auf Vollstreckungsschutz nach § 765a ZPO nicht wirksam.

d) Ohne Einfluß auf die Entscheidung ist es, ob eine Räumung binnen angemessener Frist möglich sein wird (a. A. LG Kassel ZMR 67, 187). Die gegenteilige Ansicht widerspricht dem Sinn und Zweck des Gesetzes; denn sie führt dazu, daß der Mieter um so weniger geschützt wird, je größer die Wohnungsnot oder persönliche Hinderungsgründe sind. Dem Mieter muß die von vornherein nie ausschließende Möglichkeit, eine Ersatzwohnung zu zumutbaren Bedingungen zu finden, für eine angemessene Übergangszeit erhalten werden.

B 439a e) Die Gewährung einer Räumungsfrist kommt dagegen nicht in Betracht, wenn der Mieter die Räume nur deshalb benötigt, weil er dort **Einrichtungsgegenstände lagern** möchte (LG Köln WM 87, 65). Auch der Umstand, daß der Mieter nach Ablauf der Mietzeit **Schönheitsreparaturen durchführen** will, rechtfertigt die Bewilligung einer Räumungsfrist nicht. In Fällen dieser Art ist der Vermieter zwar nach § 326 I BGB verpflichtet, dem Mieter Gelegenheit zur Durchführung der Schönheitsreparaturen zu verschaffen, wozu i. d. R. gehört, daß dem Mieter der Besitz an der Wohnung bis zum Ablauf der Nachfrist belassen wird. Eine an sich angemessene Nachfrist (ca 2 bis 3 Wochen) kann nicht nach § 721 verlängert werden. Die Gewährung einer Räumungsfrist kommt auch dann nicht in Betracht, wenn der Mieter nach Erlaß eines erstinstanzlichen Räumungsurteils Berufung einlegt und zugleich erreichen will, daß die **Vollstreckung bis zum Abschluß des Berufungsverfahrens ausgesetzt** wird. In Fällen dieser Art muß der Mieter die Einstellung der Zwangsvollstreckung nach §§ 707, 719 ZPO beantragen. Die Einstellung setzt dabei regelmäßig voraus, daß der Mieter Sicherheit leistet; dieses Erfordernis kann nicht dadurch umgangen werden, daß stattdessen eine Räumungsfrist ohne Sicherheitsleistung gewährt wird. Stets setzt eine Räumungsfrist voraus, daß der Mieter räumen will aber nicht räumen kann; bei der Einstellung der Zwangsvollstreckung nach §§ 707, 719 ZPO bringt der Mieter dagegen zum Ausdruck, daß er nicht zur Räumung verpflichtet sei, weil das erstinstanzliche Urteil möglicherweise im Berufungsverfahren aufgehoben wird.

B 440 4. Die Gewährung einer Räumungsfrist gem. § 794a richtet sich nach denselben sachlichen Voraussetzungen wie sie für § 721 gelten. Aus der

Vereinbarung eines Räumungstermins im gerichtlichen oder außergerichtlichen Vergleich ist grundsätzlich kein Verzicht auf eine Räumungsfrist herzuleiten. Dieses Einverständnis wird aber dem Gericht Anlaß geben, die Voraussetzungen für die Gewährung einer Räumungsfrist unter strengeren Maßstäben zu beurteilen, als das bei einer Fristgewährung nach § 721 geboten ist (LG Kassel ZMR 67, 188; WM 70, 107 = ZMR 70, 373). Das Gericht wird deshalb dem Antrag i. d. R. nur dann stattgeben, wenn nach dem Vergleichsabschluß neue wesentliche Ereignisse (z. B. Verzögerung des Umzugstermins, Krankheit) eingetreten sind oder die Sachlage bei Vergleichsabschluß nicht klar zu übersehen war (Baumbach-Lauterbach, § 794a A Anm. 1; a. A. Buche a. a. O.).

Hat sich der Schuldner vorbehaltlos zur sofortigen Räumung verpflichtet, kommt die Gewährung einer Räumungsfrist allenfalls mit Einwilligung des Gläubigers oder bei einer für den Schuldner völlig überraschenden Veränderung der Verhältnisse in Betracht, da er an seine vertragliche Zusage gebunden ist.

5. Die Räumungsfrist kann auf Antrag **verlängert** oder **verkürzt** werden (§ 721 III 1; s. dazu auch Rdn B 424, 445, 446).

a) Sachlich setzt die **Fristverlängerung** voraus, daß der Schuldner trotz Erfüllung seiner Ersatzraumbeschaffungspflicht keine anderweitige Unterkunft gefunden hat. Grundsätzlich ist ihm im Rahmen der gesetzlichen Höchstfrist von 1 Jahr so lange Räumungsfrist zu gewähren, bis er eine angemessene Ersatzwohnung anmieten kann. Im Einzelfall können jedoch überwiegende Interessen des Gläubigers einer Verlängerung entgegenstehen. Dies trifft jedoch nicht schon dann zu, wenn keine begründete Aussicht dafür besteht, daß der Schuldner innerhalb der Verlängerungszeit neue Wohnung findet.

Eine Fristverlängerung ist insbesondere auch dann angezeigt, wenn sich der Einzug in eine bereits vorhandene Ersatzwohnung aus vom Schuldner nicht zu vertretenden Gründen verzögert, weil z. B. die Ersatzwohnung renoviert werden muß, der bisherige Mieter unerwartet nicht auszieht oder eine plötzliche Erkrankung des Schuldners zum Aufschub der Räumung zwingt.

b) Die **Verkürzung** oder **Aufhebung** der Räumungsfrist setzt voraus, daß **neue wesentliche Umstände** eingetreten sind, die die Fortdauer der Räumungsfrist nicht als gerechtfertigt erscheinen lassen. Dies kann z. B. gegeben sein, wenn der Schuldner Gründe zur fristlosen Kündigung gem. §§ 553 ff BGB gesetzt hat (z. B. schuldhafte erhebliche Störungen des Hausfriedens) oder wenn er eine bereitstehende Ersatzwohnung grundlos abgelehnt hat, so daß sein weiteres Verbleiben in der Wohnung dem Gläubiger nicht mehr zumutbar ist (LG Mannheim WM 71, 116). Gleiches gilt, wenn der Mieter die Nutzungsentschädigung nicht mehr bezahlt. Der Umstand, daß den Mieter an der Nichtzahlung kein Verschulden trifft, schließt die Aufhebung oder Verkürzung nicht grundsätzlich aus (weitergehend AG München ZMR 86, 295 wonach der Grund der Nichtzahlung stets unerheblich ist).

III. Formelle Voraussetzungen

B 443 1. Nach § 721 I **(Urteilsverfahren)** kann das Gericht dem Schuldner bei Erlaß eines Räumungsurteils auf **Antrag** oder von **Amts wegen** eine Räumungsfrist gewähren. Letzteres beinhaltet für das Gericht die Pflicht, in jedem Fall gebührende Erwägungen über die Notwendigkeit einer Schutzfrist für den Schuldner anzustellen und darüber ausdrücklich im Urteil zu befinden (Schmidt-Futterer NJW 65, 20). Dies gilt auch bei Erlaß eines Versäumnisurteils gegen den Schuldner. Voraussetzung für eine Entscheidung von Amts wegen ist aber stets, daß der Mieter die tatsächlichen Voraussetzungen für die Gewährung einer Räumungsfrist vorgetragen hat. Insbesondere muß also dargelegt werden, daß kein Ersatzwohnraum zur Verfügung steht. Grundsätzlich ist auch erforderlich, daß die Bemühungen um Erlangung von Ersatzwohnraum substantiiert vorgetragen werden. Insoweit ist allerdings zu bedenken, daß in vielen Fällen die Kündigungsberechtigung als solche im Streit steht und daß der Mieter bis zur Klärung einer zweifelhaften Rechtslage nicht zur Ersatzraumsuche verpflichtet ist (s. im übrigen Rdn. B 460).

B 444 Der Antrag auf Gewährung einer Räumungsfrist ist Prozeßhandlung. Als Sachantrag kann er nur bis zur letzten mündlichen Verhandlung gestellt werden. Eine Antragstellung bietet dem Schuldner den Vorteil, daß er eine Ergänzung des Urteils verlangen kann, wenn das Gericht den Antrag ohne Entscheidung übergeht (§ 721 I 3 1. Halbs.).

2. Im **Beschlußverfahren** nach § 721 II, III kann die Räumungsfrist nur auf fristgebundenen **Antrag** gewährt werden.

B 445 a) Der Antrag muß spätestens **2 Wochen** vor dem Tag, an dem nach dem Urteil zu räumen ist (Abs. II), oder spätestens 2 Wochen vor Ablauf der bisherigen Räumungsfrist (III 2) gestellt werden, d. h. bei Gericht eingehen. Die Fristberechnung erfolgt nach den §§ 222 ZPO, 187 ff BGB. Kann die Verspätung des Eingangs, z. B. infolge fehlenden Eingangsvermerks nicht nachgewiesen werden, so ist die Frist grundsätzlich als gewahrt anzusehen (LG Mannheim WM 71, 122).

B 446 b) Wird die Antragsfrist nicht eingehalten, ist das Verlängerungsgesuch als unzulässig abzuweisen. Ab 1. 7. 1977 läßt aber § 721 III 3 bei schuldloser Fristversäumung ausdrücklich die **Wiedereinsetzung in den vorigen Stand** gemäß §§ 233 bis 238 ZPO zu. Nach § 233 ZPO genügt jetzt für die Wiedereinsetzung fehlendes Verschulden hinsichtlich der Fristwahrung, während dafür nach früherem Recht ein Naturereignis oder ein anderer unabwendbarer Zufall vorausgesetzt wurde. Das Verschulden des gesetzlichen Vertreters (§ 51 II ZPO) oder des Prozeßbevollmächtigten (§ 85 II ZPO) muß sich der Antragsteller auch insoweit als eigenes Verschulden anrechnen lassen. Mit dieser ab 1. 7. 77 geltenden Neuregelung hat der Gesetzgeber den unbefriedigenden früheren Rechtszustand beseitigt, wonach die Anwendung der §§ 233 ff ZPO im Rahmen der Antragsfristen des § 721 II, III überwiegend abgelehnt wurde, weil diese Fristen damals weder als Notfristen bezeichnet waren noch eine entsprechende Anwendung der §§ 233 ff ZPO im Gesetz ausdrücklich vorgesehen war.

3. Die Gewährung, Verlängerung oder Verkürzung einer Räumungsfrist gem. **§ 794a** I, II ist ebenfalls nur auf Antrag möglich; grundsätzlich gelten auch dafür die Ausführungen zu oben 2. Die 2-Wochen-Frist beginnt hier frühestens ab Vergleichsschluß, da sonst eine Räumungsfristgewährung, z. B. bei kurz nach Vergleichsschluß fälligem Räumungstermin, nicht sichergestellt wäre (Thomas-Putzo § 794a Anm. 3b aa). Wird die Antragsfrist schuldlos versäumt, läßt § 794a I S. 2, 2. Halbs. ZPO jetzt auch insoweit ausdrücklich die Wiedereinsetzung in den vorigen Stand zu (s. Rdn B 446).

IV. Entscheidung

1. Inhalt

Die Entscheidung kann auf **Gewährung, Verlängerung, Verkürzung** oder **Versagung** einer Räumungsfrist lauten.

a) Die Räumungsfrist nach § 721 I muß sich aus dem **Urteilsspruch** (Tenor) selbst ergeben (Pergande § 721 ZPO Anm. 5; Burkhardt WM 65, 112; Schmidt-Futterer NJW 65, 19; Buche a. a. O.); die Räumungsfrist sollte zur Klarstellung als solche bezeichnet sein. Ist eine Räumungsfristentscheidung im Urteil überhaupt nicht enthalten, so muß es vom erstinstanzlichen Gericht gem. § 321 ZPO ergänzt werden, falls der Schuldner einen Antrag auf Räumungsschutz gestellt hatte (§ 721 I 3, 1. Halbs.; s. o. Rdn B 443); wenn nicht, bleibt nur die Möglichkeit einer sofortigen Beschwerde gem. § 721 VI Ziff. 1 ZPO (Buche a. a. O.), weil hier der Weg der Urteilsergänzung gem. § 321 ZPO versagt ist (Umkehrschluß aus § 721 I 3, 1. Halbs.). Es ist davon auszugehen und entspricht i. ü. auch einer natürlichen Betrachtungsweise, daß die Räumungsfrist vom Gericht versagt worden ist, wenn weder Urteilsspruch noch Urteilsgründe sich zur Frage der Räumungsfrist äußern.

Das Gericht kann den Räumungsaufschub **gegenständlich beschränken** (z. B. Wohnräume ohne Garage, Garten), wenn der Gläubiger die Teilrückgabe hilfsweise anstrebt und die Schutzinteressen auch auf diese Weise hinreichend gewahrt sind (LG Lübeck SchlHA 67, 157; Buche a. a. O; Baumbach-Lauterbach § 721 Anm. 5; Stein-Jonas § 721 Anm. II 3; a. A. LG Kiel SchlHA 65, 241 = ZMR 67, 188). Die Teilräumung der eigentlichen Wohnräume ist aber dem Schuldner i. d. R. nicht zumutbar (LG Mannheim WM 70, 138 = ZMR 70, 373).

B 450 **b)** Unzulässig ist es, die Fortdauer der Räumungsfrist in der Entscheidung von der **Bedingung** abhängig zu machen, daß der Schuldner jeweils monatlich die Zahlung der Nutzungsentschädigung nachweist (a. A. Hans § 721 ZPO Anm. 2b; Thomas-Putzo § 721 Anm. 2e; Stein-Jonas § 721 Anm. II 4; Uhlig DWW 69, 300; Buche a. a. O.). Eine derartige Entscheidungsbefugnis des Gerichts bedürfte einer besonderen gesetzlichen Grundlage, die zu schaffen der Gesetzgeber abgelehnt hat.

Unzulässig ist es auch, wenn das Gericht die Bewilligung der Räumungsfrist von der vorherigen Bezahlung von Rückständen abhängig macht, über die im Streitfall noch nicht entschieden ist (s. Rdn. B 438; AG Wuppertal WM 69, 15 = ZMR 69, 219).

Des weiteren ist es unzulässig, die Gewährung der Räumungsfrist von der Zahlung einer höheren Nutzungsentschädigung abhängig zu machen (LG Lüneburg WM 68, 91; LG Wuppertal WM 87, 67). Auf das Erhöhungsrecht des Vermieters nach § 557 I BGB wird verwiesen (s. Rdn B 508).

B 451 **c)** Die **Dauer** der dem Schuldner zu bewilligenden Räumungsfrist liegt im pflichtgemäßen Ermessen des Gerichts. Sie ist nach ihrem Zweck (LG Düsseldorf WM 69, 90 = ZMR 70 121), so zu bemessen, daß sie zur Beschaffung einer neuen Wohnung erfahrungsgemäß ausreicht. Dies ist von der örtlichen Wohnungsmarktlage sowie den wirtschaftlichen und persönlichen Verhältnissen des Schuldner abhängig. Daneben ist aber auch das Rückerlangungsinteresse des Gläubigers zu berücksichtigen.

B 452 Eine gesetzliche Mindestdauer der Räumungsfrist gibt es zwar nicht; jedoch sind Fristen von weniger als 1 Monat nicht sinnvoll, weil die dadurch bedingten weiteren Räumungsfristverfahren zu einer unnötigen Belastung der Parteien mit Kosten und Mühen und die Gerichte mit überflüssiger Mehrarbeit führen.

B 453 Die **Höchstdauer** beträgt **1 Jahr** (§ 721 V 1). Die Jahresfrist beginnt gem. § 721 V 2 ab dem Tag der Rechtskraft des Räumungsurteils (§ 721 I) oder dem im Urteil vorgesehenen Räumungstag (§ 721 II). Die sofortige Bewilligung der gesetzlichen Höchstfrist wird von der h. M. zutreffend nicht für zweckmäßig gehalten, selbst wenn sie der Schuldner voraussichtlich benötigt. Das gilt besonders dann, wenn dieser noch keinen konkreten Umzugstermin angeben kann, weil sonst die Gefahr besteht, daß er sich im Vertrauen auf die lange Schutzfrist nicht energisch genug um den schnellstmöglichen Umzug bemühen wird. Während der Gläubiger dann zur Überprüfung der Ersatzraumbemühungen nicht mehr in der Lage ist und keinen erfolgversprechenden Antrag auf Fristverkürzung (s. Rdn B 442) stellen kann.

In der Rechtsprechung schwanken die bewilligten Erstfristen zwischen 3–6 Monaten (vgl. Buche a. a. O.). Eine Überschreitung dieser Fristen ist dann am Platze, wenn dies von den persönlichen und wirtschaftlichen Verhältnissen des Schuldners sowie der örtlichen Wohnungsmarktlage

(z. B. in Ballungsgebieten) gegenüber der sonstigen, normalen Sachlage geboten ist (LG Mannheim MDR 68, 419 = WM 68, 50 = ZMR 68, 189).

Zweckmäßigerweise ist das **Ende** der Frist kalendermäßig zu bezeichnen. Geschieht das nicht, beginnt der Lauf der Frist bereits mit der Verkündung der Entscheidung, wenn das Gericht nichts Abweichendes bestimmt (LG Mannheim MDR 70, 594 = WM 70, 174). **B 454**

Bei der Fristbemessung sind auch die Interessen des Gläubigers an einer möglichst schnellen Durchführung der Räumung zu berücksichtigen; deshalb müssen im konkreten Einzelfall die widerstreitenden Belange der Parteien nach dem Grundsatz oben II 1 (Rdn B 426) gegeneinander abgewogen werden. **B 455**

d) Bei der Entscheidung gem. § 794a gelten die obigen Ausführungen grundsätzlich entsprechend, da insoweit keine unterschiedliche Interessenlage besteht. Die 1-Jahres-Frist des § 794a III rechnet vom demjenigen Tag ab, an welchem nach dem Vergleich zu räumen ist (§ 794a III). Abweichend ist die Frist aber dann zu berechnen, wenn die Parteien im Vergleich bestimmen, daß die Zeit von Vergleichsabschluß bis zum Räumungstag auf die Frist anzurechnen ist (LG Karlsruhe WM 65, 145; LG Bochum WM 66, 141; LG Hagen WM 66, 211). Die bloße Bestimmung einer früheren Beendigung des Mietverhältnisses reicht dafür jedoch nicht aus. **B 456**

2. Form

Die Entscheidung über die Räumungsfrist muß im Falle des § 721 I im Räumungsurteil, in allen anderen Fällen (§§ 721 II, III, 794a) durch Beschluß ergehen. Im Beschlußverfahren ist die mündliche Verhandlung freigestellt (§§ 721 IV 2, 794a I 3), der Gegner jedoch immer zu hören (§§ 721 IV 3, 794a I 4). Das Urteilsverfahren setzt nach § 128 I ZPO immer eine mündliche Verhandlung voraus. **B 457**

3. Zuständigkeit

a) Zur Entscheidung ist bei § 721 das Prozeßgericht zuständig, und zwar grundsätzlich das erstinstanzliche AG. Nur wenn die Hauptsache in der Berufungsinstanz abhängig ist, entscheidet das LG als Berufungsgericht (§ 721 IV 1); für die Zuständigkeit im Hausratsverteilungsverfahren s. aber Rdn B 422. Außer dem Normalfall, daß mit der Berufung auch die Räumungsfristentscheidung angegriffen oder eine solche beantragt ist, kann dies z. B. praktische Bedeutung erfahren, wenn mehrere Mieter zur Räumung verurteilt sind, die z. T. Berufung gegen das Räumungsurteil selbst, z. T. aber nur sofortige Beschwerde gegen die Versagung oder Dauer der Räumungsfrist eingelegt oder einen Verlängerungsantrag gestellt haben. **B 458**

Die Zuständigkeit des Berufungsgerichts nach § 721 II, III besteht ab Einlegung der Berufung (auch wenn der Antrag schon vorher gestellt war) bis zu ihrer Rücknahme oder Entscheidung; danach ist wieder das erstinstanzliche Gericht zuständig.

B 459 b) Für die Entscheidung gem. § 794a ist das AG zuständig, in dessen Bezirk die Wohnung gelegen ist (§ 794a I 1). Dies ist das Prozeß- und nicht das Vollstreckungsgericht (LG Hildesheim MDR 68, 55; LG Essen NJW 71, 2315; Thomas-Putzo § 794a Anm. 3a; a. A. Buche a. a. O.); die Gewährung von Räumungsaufschub ist seinem Wesen nach nicht als Vollstreckungshandlung i. S. des § 764 ZPO, sondern als besonderes, der Zwangsvollstreckung vorhergehendes (Erkenntnis-) Verfahren zu betrachten.

B 460 4. Die prozessuale **Behauptungs- und Beweislast** richtet sich nach den allgemeinen Grundsätzen der ZPO; daß das Gericht gem. § 721 I von Amts wegen über die Räumungsfrist entscheiden muß, ändert hieran nichts. Die Parteien müssen daher die ihnen günstigen Tatsachen konkret und substantiiert darlegen und beweisen; der Mieter z. B. die Erfüllung der Ersatzraumbeschaffungspflicht oder die Gründe dafür, warum ihm die Anmietung einer bestimmten Ersatzwohnung nicht zumutbar war; der Vermieter z. B. die Verletzung der Ersatzraumbeschaffungspflicht durch Benennung anmietbarer Wohnungen oder Umstände, die eine schwerwiegende Störung des Hausfriedens oder sonstige Vertragspflichtverletzungen des Mieters ergeben. Bloße allgemeine Behauptungen genügen nicht (LG Mannheim MDR 65, 914 = ZMR 67, 188; Schmidt-Futterer NJW 71, 1829, 1832; Buche a. a. O.).

B 461 5. Wirkung

Die Gewährung einer Räumungsfrist oder ihre Verlängerung ändern an der Beendigung des Mietverhältnisses nichts. Sie haben lediglich zur Folge, daß die Zwangsvollstreckung aus dem Räumungstitel vor Ablauf der Räumungsfrist ausgeschlossen ist und daß der Schuldner bis zu diesem Zeitpunkt nicht schadensersatzpflichtig gem. § 557 I, II BGB wird (§ 557 III BGB). Der Gerichtsvollzieher hat dieses Vollstreckungshindernis von Amts wegen zu beachten. Auf die sonstige Abwicklung des Mietverhältnisses und die materielle Rechtslage hat die Räumungsfrist keinen Einfluß. Zieht ein Mieter vor Ablauf einer Räumungsfrist aus, so endet die Pflicht zur Zahlung des Mietzinses mit dem Tage der Rückgabe und nicht erst mit dem Ende der Räumungsfrist (AG Dortmund WM 81, 105 für eine vertraglich vereinbarte Räumungsfrist).

6. Einstweilige Einstellung

B 462 Bis zur Entscheidung über die Räumungsfrist ist die einstweilige Einstellung der Zwangsvollstreckung zulässig, und zwar
a) im Urteilsverfahren durch das Berufungsgericht gem. §§ 719, 707 ZPO,
b) im Ergänzungsverfahren (§ 321 ZPO) gem. § 721 I 3, 2. Halbs.,

c) im Beschlußverfahren gem. § 732 II ZPO i. V. mit § 721 IV 4 oder § 794a I 5 und

d) im Beschwerdeverfahren, gem. § 572 III ZPO.

V. Rechtsmittel

1. Bei **Urteilen** ist mit der Berufung (§§ 511 ff ZPO) auch die Räumungsfristentscheidung anfechtbar, wenn auch der ihr zugrundeliegende Räumungsausspruch angegriffen wird.

a) Wenn lediglich die Versagung, Gewährung oder Bemessung der Räumungsfrist angefochten werden soll, ist insofern für Mieter und Vermieter die sofortige Beschwerde gem. § 721 VI Ziff. 1 i. V. m. §§ 567 ff, 577 ZPO zulässig, auch gegen ein 1. Versäumnisurteil, nicht jedoch gegen ein 2. Versäumnisurteil (§ 345 ZPO), da dieses keine Räumungsfristentscheidung enthält (LG Dortmund NJW 65, 1385; Thomas-Putzo), § 721 Anm. 7e; Stein-Jonas § 721 Anm. IV 2 Fn. 46).

b) Für ein selbständiges Beschwerdeverfahren des Vermieters gegen die Gewährung oder Bemessung einer Räumungsfrist ist jedoch kein Raum, wenn der Räumungsausspruch wegen Berufungseinlegung durch den Mieter nicht rechtskräftig geworden ist, da das LG gem. § 721 I in dem die ausgesprochene Räumung bestätigenden Berufungsurteil über die Frage der Räumungsfrist erneut mitzuentscheiden hat. Über die Anträge des Vermieters kann im Berufungsverfahren wegen des Verbots der reformatio in peius (§ 536 ZPO) jedoch nur bei Einführung im Wege einer Anschlußberufung (§§ 521 ff ZPO) entschieden werden. Eine vor Berufungseinlegung erhobene sofortige Beschwerde muß der Vermieter zwecks Vermeidung von Kostennachteilen auf jeden Fall zurücknehmen oder für erledigt erklären (vgl. zu dieser Fallgestaltung im einzelnen Schmidt-Futterer NJW 67, 1374 in Anm. zu LG Landshut).

2. Gegen **Beschlüsse** ist nur die sofortige Beschwerde gegeben (§§ 721 VI 1 Ziff. 2, 794a IV 1). Die einstweilige Einstellung der Zwangsvollstreckung (s. Rdn B 471) ist jedoch auch hier grundsätzlich unanfechtbar, solange kein Ermessensmißbrauch des einstellenden Gerichts vorliegt.

3. Die Entscheidungen des LG als Berufungs- oder Beschwerdegericht sind **unanfechtbar** gem. §§ 721 VI 2, 3; 794a IV 2. Die Einholung eines Rechtsentscheids (s. Rdn G 1 ff) über Fragen der Räumungsfrist ist unzulässig. Dies ergibt sich unmittelbar aus dem Wortlaut des Artikel III Abs. 1 des 3. Mietrechtsänderungsgesetzes. Danach setzt der Vorlagebeschluß das Tätigwerden des Landgerichts als Berufungsgericht voraus; im Beschlußverfahren (s. Rdn B 445) kann deshalb kein Vorlagebeschluß ergehen. Im Urteilsverfahren (s. Rdn B 443) ist ein Vorlagebeschluß deshalb ausgeschlossen, weil nur solche Rechtsfragen Gegenstand eines Rechtsentscheids sein können, die sich aus einem Mietvertragsver-

hältnis über Wohnraum ergeben oder die den Bestand eines solchen Mietvertragsverhältnisses betreffen. Demgegenüber ist die Räumungsfrist ein Institut des Vollstreckungsrechts, das nur dann zur Anwendung kommt, wenn das Mietvertragsverhältnis bereits beendet ist und nur noch dessen Abwicklung in Frage steht.

VI. Kostenentscheidung

B 467 1. Sie richtet sich im Fall des § 721 I grundsätzlich nach dem Unterliegen oder Obsiegen im Räumungsverfahren gemäß §§ 91 ff ZPO (a. A. Schmid ZMR 82, 129: § 788 ZPO) wobei die Gewährung oder Versagung der Räumungsfrist auf die Kostenverteilung keinen Einfluß ausübt. Durch die Räumungsfristentscheidung entstehen hier keine besonderen Gebühren; der Streitwert erhöht sich durch die Einbeziehung der unselbständigen Räumungsfristentscheidung in das Räumungsurteil gegenüber dem in § 16 GKG bestimmten Gebührenstreitwert nicht. Trotz Verurteilung zur Räumung kann ein Obsiegen bei der Räumungsfrist für den Mieter bei einem sofortigen Anerkenntnis zu einer abweichenden günstigen Kostenentscheidung führen (§§ 93, 93 b III ZPO), wenn der Vermieter ein vorprozessuales Räumungsfristbegehren ohne erhebliche Gründe ablehnte und es dadurch zu einem vermeidbaren Rechtsstreit kam. Die in § 93 b III ZPO ausdrücklich genannten Voraussetzungen müssen vorliegen, wenn das Gericht nach seinem Ermessen dem Vermieter die Kosten des Verfahrens ganz oder teilweise auferlegen will; in welchem Umfang dem Vermieter im Rahmen der Ermessensentscheidung die Kosten aufzuerlegen sind, ist insbesondere davon abhängig, ob und welche Rücksicht der Vermieter vorprozessual auf die Räumungsschwierigkeiten des Mieters durch die stillschweigende oder ausdrückliche Gewährung eines Räumungsaufschubs genommen hat (LG Mannheim MDR 70, 333 = ZMR 70, 117, 368 = WM 70, 47).

B 468 Die Kosten sind dem Vermieter voll aufzuerlegen, wenn er das formell ordnungsmäßige und sachlich begründete Räumungsfristbegehren des Mieters ignoriert, ein partnerschaftliches Gespräch darüber ablehnt und er alsbald nach Ablauf der Kündigungsfrist die Räumungsklage erhebt. Die Kostenentscheidung zugunsten des Mieters setzt dabei nicht voraus, daß das Räumungsfristverlangen zeitlich bestimmt ist (a. A. LG Münster WM 79, 17). Der Vermieter überzieht in diesem Falle den räumungsbereiten Mieter ohne die geringste Rücksichtnahme auf ersichtliche, unverschuldete Räumungsschwierigkeiten mit einem Prozeß, der jedenfalls in diesem Zeitpunkt vermeidbar und überflüssig ist, so daß ihn dafür das volle Kostenrisiko trifft. Nachdrücklich ist es abzulehnen, die vom Mieter geltend gemachten Räumungsschwierigkeiten trotz erkennbarer Räumungsbereitschaft rücksichtslos zu übergehen und nach Klageerhebung die Entscheidung über die erbetene

Räumungsfrist dem Gericht zu überlassen, weil dieses Vorgehen den Grundvorstellungen des Gesetzgebers zu § 93b Abs. III ZPO widerspricht.

Eine angemessene Kostenteilung kommt vor allem dann in Betracht, wenn der Vermieter sich nach Ablauf der Kündigungsfrist in ein partnerschaftliches Gespräch über die Räumungsschwierigkeiten des Mieters ernsthaft eingelassen hat, stillschweigend oder ausdrücklich ein nennenswerter Räumungsaufschub gewährt worden ist und der Vermieter dann im Hinblick auf die noch immer ungeklärten Erfolgsaussichten des Mieters den Eindruck gewinnen muß, daß die Durchführung der Klage unvermeidlich ist. Unter welchen Voraussetzungen diese Annahme des Vermieters im einzelnen gerechtfertigt ist, muß sich nach der örtlichen Wohnungsmarktlage und den persönlichen Verhältnissen des Mieters richten. In einer Gegend mit ausgeglichenem Wohnungsmarkt und gegenüber einem Mieter mit guten Einkommen, der keine persönlichen Hinderungsgründe (Alter, Krankheit, Kinder) aufweisen kann, wird der Vermieter weniger Rücksicht aus eigener Initiative zu nehmen haben als er es bei unzureichender Wohnraumversorgung oder einem Mieter mit starken wirtschaftlichen und persönlichen Hinderungsgründen zu tun verpflichtet ist. Je größer die erwiesene Bereitschaft des Vermieters zur Rücksichtnahme auf die Räumungsschwierigkeiten des Mieters zu bewerten ist, desto geringer ist der ihm anzulastende Kostenanteil. Wenn allerdings der Mieter etwa 6 Monate nach dem Kündigungstermin nach wiederholtem Räumungsaufschub dem Vermieter noch immer keine konkreten Erfolgsaussichten mitteilen kann, wird der Vermieter grundsätzlich von der Unvermeidbarkeit eines Räumungsprozesses ausgehen dürfen, wobei die Dauer der höchst zulässigen Räumungsfrist von 1 Jahr und die Dauer des Rechtsstreits in Betracht gezogen sind.

2. Über die im Beschlußverfahren gem. §§ 721 II, III, 794a entstehenden Kosten sowie die Kosten eines Beschwerdeverfahrens ist selbständig nach den §§ 91 ff ZPO zu entscheiden, da es sich weder um Kosten des vorausgegangenen Räumungsrechtsstreits noch um solche der Zwangsvollstreckung handelt. Die Kostenquotelung erfolgt also nach dem Verhältnis des Obsiegens und Unterliegens (§§ 91, 92 ZPO). Die Vorschrift des § 93 ZPO ist ebenfalls anwendbar. Beantragt der Wohnungsinhaber die Verlängerung einer im gerichtlichen Vergleich vereinbarten Räumungsfrist (s. Rdn B 425) ohne zuvor an den Wohnungsgeber herangetreten zu sein, trägt der Antragsteller die Verfahrenskosten, wenn der Antragsgegner der Räumungsfrist zustimmt (AG Lörrach WM 87, 67 (LS). Der Streitwert ist nach § 3 ZPO unter Berücksichtigung der beantragten oder i. d. R. gewährten Schutzfrist und des vereinbarten Mietzinses zu bestimmen. Gebührenansätze: erstinstanzlich § 42 I Nr. 4 GKG entsprechend, Beschwerde § 46 II GKG, Anwalt § 50 BRAGO.

VII. Vollstreckungsschutz (§ 765a ZPO)

B 471 1. Neben dem Räumungsschutz nach §§ 721, 794a kann dem Schuldner zur vorläufigen Verhinderung einer drohenden Zwangsvollstreckung vom AG auf Antrag Vollstreckungsschutz gem. § 765a gewährt werden. Es handelt sich hierbei um eine eng auszulegende Ausnahmevorschrift (BGHZ 44, 138, 143), die den Schuldner aus sozialen Gründen in besonderen Härtefällen vor unangemessenen Eingriffen durch die Zwangsvollstreckung schützen soll, die dem allgemeinen Rechtsgefühl zuwiderlaufen (LG Mannheim DWW 73, 97). Der Schutz des § 765a ist daher **nicht abdingbar**. Sie gilt auch beim Ablauf der Vertragszeit bei den qualifizierten befristeten Mietverträgen i. S. v. § 564c II BGB (sog. Zeitmietverträge).

Die Vorschrift ist im Zusammenhang mit der Räumung von Wohnraum vor allem dann von Bedeutung, wenn die Gewährung einer Räumungsfrist kraft Gesetzes ausgeschlossen ist (Zeitmietverträge Rdn B 823), wenn der Schuldner schuldlos die Antragsfristen der §§ 721, 794a (s. o. Rdn B 445) versäumt hat oder die gesetzliche Höchstdauer des Räumungsschutzes (s. o. Rdn B 453) überschritten werden soll (LG Mannheim WM 68, 149). Im Zwangsversteigerungsverfahren ist der Antrag nach § 765a ZPO jedenfalls dann noch zulässig, wenn er vor der Verkündung des Zuschlagbeschlusses gestellt wird (LG Stuttgart BWNotZ 73, 44). Für den Sonderfall der Zwangsversteigerung zum Zwecke der Aufhebung einer Miteigentümergemeinschaft vgl. OLG Karlsruhe ZMR 73, 89.

B 472 2. Die Gewährung von Vollstreckungsschutz ist an die engen Voraussetzungen des § 765a I gebunden. Dies bedeutet, daß die Zwangsräumung aus besonderen Gründen und unter voller Würdigung der Schutzbedürfnisse des Gläubigers eine sittenwidrige Härte darstellen muß. Die üblicherweise mit einer Räumung verbundenen Härten reichen hierfür nicht aus. Ohne das Hinzutreten besonderer Umstände kommt die Vorschrift daher nicht zur Anwendung, wenn lediglich für den Schuldner keine Ersatzwohnung zur Verfügung steht und er deshalb mit einer Einweisung in eine Obdachlosenunterkunft rechnen muß (zur Obdachlosenunterbringung vgl. Schmidt-Futterer/Blank MR unter diesem Stichwort).

B 473 a) **Rechtfertigende Gründe** i. S. des § 765a können darin liegen, daß bei der Zwangsräumung schwere gesundheitliche Nachteile (vgl. Rechtsprechungsnachweis bei Buche a. a. O., Fn. 103) oder daß trotz feststehender naher Umzugsmöglichkeit die zwischenzeitliche Unterbringung in einem Obdachlosenquartier drohen (LG Aachen WM 73, 174; LG Mannheim DWW 73, 97); die Fristen schwanken in der Rechtsprechung zwischen 3 Tagen und 3 Monaten (vgl. Buche a. a. O. Fn. 104). Gleiches gilt, wenn der Mieter innerhalb kürzerer Zeit mehrmals umziehen müßte (LG Münster WM 77, 194). Ferner ist § 765a dann anzuwenden, wenn

§§ 556a–556c BGB. Fortsetzung nach der Sozialklausel

der Schuldner schuldlos die Antragsfristen gem. §§ 721 II, III, 794a I versäumt hat und eine Wiedereinsetzung in den vorigen Stand im Einzelfall für unzulässig erachtet wird. Einem sozial schwachen Mieter kann über die höchstzulässige Räumungsfrist von 1 Jahr hinaus kurzfristiger Räumungsschutz gewährt werden, um ihn in einem Ballungsgebiet die Erlangung einer tragbaren Ersatzunterkunft vor dem Eingreifen der Obdachlosenbehörde zu ermöglichen; der Umstand, daß der sozial schwache Mieter binnen der 1-Jahres-Frist in einem Ballungsgebiet keine Ersatzwohnung findet, muß vom Vermieter bei Erteilung des Vollstreckungsauftrags gebührend berücksichtigt werden (LG Mannheim WM 69, 134). Der Schuldner kann die Härtegründe i. S. des § 765a auch selbst verschuldet haben (Thomas-Putzo § 765a Anm. 3b; Stein-Jonas § 765a Anm. II, 2); die Härte muß lediglich objektiv vorhanden sein. Eine Einstellung der Zwangsvollstreckung nach § 765a Abs. 1 ZPO kann auch dann geboten sein, wenn einer **nicht geschäftsfähigen Mieterin** kein Pfleger für die Suche nach einer Ersatzwohnung zur Verfügung steht (LG Mannheim WM 87, 63).

b) Das **Interesse des Gläubigers** an der Durchführung der Zwangsräumung muß vom Gericht in jedem Fall gebührend beachtet werden. Ist dem Gläubiger ein Zuwarten auf die Räumung wegen dringender Erlangungsinteressen (z. B. bei Zahlungsrückständen infolge Vermögenslosigkeit des Mieters oder unaufschiebbarem Eigenbedarf) nicht zuzumuten, steht dies der Gewährung von Vollstreckungsschutz auch dann entgegen, wenn die Zwangsräumung für den Schuldner besonders nachteilige Folgen mit sich bringt. Die Interessen des Gläubigers sind hier (abweichend von §§ 721, 794a) vorrangig zu berücksichtigen (... unter voller Würdigung des Schutzbedürfnisses); sie verbieten deshalb eine Schutzmaßnahme auch dann, wenn sie im Verhältnis zu den Härtegründen nicht von gleichem Gewicht sind, soweit im Einzelfall überhaupt ein erhebliches, konkretes Schutzbedürfnis vorliegt. Das Interesse des Vollstreckungsgläubigers an der rechtzeitigen Räumung kann allerdings dann in den Hintergrund treten, wenn nicht er selbst, sondern wegen zwischenzeitlicher Veräußerung des Grundstücks ein am Verfahren nicht beteiligter Dritter Interesse daran hat, in das Wohnhaus einzuziehen (OLG Karlsruhe WM 86, 147).

c) Bei der Entscheidung über einen Antrag auf Gewährung von Vollstreckungsschutz muß das Gericht die Wertentscheidungen des Grundgesetzes beachten (BVerfG NJW 79, 2607 = MDR 80, 116 = WM 80, 27 = ZMR 80, 12). Behauptet der Mieter, daß ihm im Falle einer Zwangsräumung schwere gesundheitliche Nachteile drohen, so muß dem besonders sorgfältig nachgegangen werden. Gegebenenfalls ist das Gutachten eines Amtsarztes einzuholen (BVerfG a. a. O.). Fällt die Zwangsräumung in den Zeitraum einer Geburt, so verstößt sie jedenfalls dann gegen die guten Sitten, wenn der Räumungstermin 6 Wochen vor oder 8 Wochen nach dem Entbindungstermin liegen würde (AG Schwetzingen DWW 78, 264).

B 475 3. Die Gewährung von Vollstreckungsschutz setzt einen **Antrag** des Schuldners voraus (§ 765 a I). Ein Räumungsschutzantrag nach §§ 721, 794a ZPO ist im Falle seiner Ablehnung in einen Antrag nach § 765a umzudeuten (LG Mannheim WM 68, 149).

4. Verfahren

B 476 a) Die Entscheidung über den Vollstreckungsschutzantrag erfolgt durch Beschluß, der ohne mündliche Verhandlung ergehen kann. Der Gläubiger ist zu hören, wenn dem Antrag stattgegeben werden soll. Zuständig für die Entscheidung in 1. Instanz ist ausschließlich das AG als **Vollstreckungsgericht** (§§ 765 a I, 802 ZPO). Für die Zuständigkeit im Hausratsverteilungsverfahren vgl. aber Rdn B 442.

B 477 b) Nach § 765 a I dürfen nur einzelne bestimmte Vollstreckungsmaßnahmen eingestellt werden. Hinsichtlich der Vollstreckung von Räumungstiteln kommt daher vor allem die einstweilige Einstellung der beabsichtigten Zwangsräumung in Betracht. Der Vollstreckungsschutz darf nur für vorübergehende Zeit gewährt werden. Die Dauer ist nach dem Zeitraum zu bemessen, binnen welchem die Beseitigung der Notlage des Schuldners zu erwarten ist.

B 478 c) Während der Einstellungszeit findet keine Zwangsräumung statt. Ansonsten bestimmen sich die Rechte und Pflichten der Parteien nach dem abzuwickelnden Grundverhältnis (Mietverhältnis). Insbesondere muß der Schuldner damit rechnen, daß er dem Gläubiger einen durch die Vorenthaltung der Räume schuldhaft verursachten Schaden gem. § 557 BGB zu ersetzen hat (s. Rdn B 547).

B 479 d) Bei einer Änderung der Sachlage kann das Vollstreckungsgericht auf Antrag des Gläubigers die Schutzmaßnahmen wieder aufheben (§ 765a III). Es ist aber auch eine Verlängerung der Schutzfrist (ohne gesetzliche Höchstdauer) im Falle der unerwarteten Fortdauer der Härtegründe zulässig.

B 480 e) Vor der Entscheidung über den Vollstreckungsschutzantrag sind einstweilige Anordnungen in Analogie zu §§ 766, 732 II ZPO zulässig; sie sind unanfechtbar.

B 481 f) Gem. § 765a II kann der Gerichtsvollzieher ausnahmsweise in eigener Zuständigkeit die Vollstreckung für die Dauer von höchstens 1 Woche einstellen, wenn ihm die Voraussetzungen des § 765 a I glaubhaft gemacht werden und dem Schuldner die rechtzeitige Anrufung des Gerichts nicht möglich war. Führt der Schuldner binnen dieser Frist keine Entscheidung des Gerichts herbei, muß der Gerichtsvollzieher die Zwangsräumung durchführen.

B 482 5. Gegen die Entscheidungen des Vollstreckungsgerichts durch den Rechtspfleger (§ 20 Ziff. 17 RPflegG) kann binnen 2 Wochen nach ihrem Zugang die **befristete Erinnerung** eingelegt werden, über welche der Amtsrichter zu befinden hat (§ 11 I RPflegG); dieser kann die Entscheidung des Rechtspflegers aufheben oder aber der Erinnerung nicht abhelfen, so daß sie als sofortige Beschwerde gilt und dem LG vorzulegen ist (§§ 11 II RPflegG, 793 ZPO).

6. Die **Kosten** des Vollstreckungsschutzverfahrens trägt grundsätzlich **B 483** der Schuldner gem. § 788 I ZPO; sie können aber gem. § 788 III ZPO dem Gläubiger aus Billigkeitsgründen auferlegt werden. Nicht zu den notwendigen Zwangsvollstreckungskosten i. S. des § 788 I ZPO gehören die Kosten eines Beschwerdeverfahrens; über diese ist nach §§ 91 ff ZPO zu entscheiden (a. A.: OLG Karlsruhe WM 86, 147).

§ 557 BGB. Ansprüche bei verspäteter Rückgabe

(1) Gibt der Mieter die gemietete Sache nach der Beendigung des Mietverhältnisses nicht zurück, so kann der Vermieter für die Dauer der Vorenthaltung als Entschädigung den vereinbarten Mietzins verlangen; bei einem Mietverhältnis über Räume kann er anstelle dessen als Entschädigung den Mietzins verlangen, der für vergleichbare Räume ortsüblich ist. Die Geltendmachung eines weiteren Schadens ist nicht ausgeschlossen.

(2) Der Vermieter von Wohnraum kann jedoch einen weiteren Schaden nur geltend machen, wenn die Rückgabe infolge von Umständen unterblieben ist, die der Mieter zu vertreten hat; der Schaden ist nur insoweit zu ersetzen, als den Umständen nach die Billigkeit eine Schadloshaltung erfordert. Dies gilt nicht, wenn der Mieter gekündigt hat.

(3) Wird dem Mieter von Wohnraum nach § 721 oder § 794a der Zivilprozeßordnung eine Räumungsfrist gewährt, so ist er für die Zeit von der Beendigung des Mietverhältnisses bis zum Ablauf der Räumungsfrist zum Ersatz eines weiteren Schadens nicht verpflichtet.

(4) Eine Vereinbarung, die zum Nachteil des Mieters von den Absätzen 2 oder 3 abweicht, ist unwirksam.

Übersicht

	Rdn
I. Allgemeines	
1. Zweck	484
2. Anwendungsbereich	487
II. Begriff der Vorenthaltung	490
III. Folgen der Vorenthaltung	505
1. Gesetzliches Schuldverhältnis	
a) Nutzungsentschädigung (Abs. I S. 1)	506
aa) Vereinbarter Mietzins	507
bb) Ortsübliche Vergleichsmiete	508
cc) Gemeinsames zu aa) und bb)	514
b) Sonstiger Inhalt des gesetzlichen Schuldverhältnisses	523
2. Schadensersatz (Abs. I S. 2, II, III)	547
a) Allgemeine Voraussetzungen	550
b) Wohnraum (Abs. II)	551
c) Billigkeit (Abs. II S. 1 2. Halbs.)	558
d) Räumungsfrist (Abs. III)	561
IV. Nutzungsentschädigung und Schadensersatz bei Räumung zur Unzeit oder vor Ablauf einer gerichtlich oder vertraglich gewährten Räumungsfrist	564
V. Abweichende Vereinbarungen (Abs. IV)	568
VI. Konkurrenzen	569

I. Allgemeines

Schrifttum

Müller, Das Benutzungsverhältnis zwischen Vermieter und Mieter nach Gewährung einer Räumungsfrist gem. § 721 ZPO, MDR 71, 253
Schmidt-Futterer, Der Mietzinsausfall nach Rückgabe der Mietsache, ZMR 68, 161
Schopp, § 557 I BGB in der Mobiliarmiete, ZMR 77, 353
Weimar, Zur Entschädigungspflicht des Hauptmieters bei nicht räumendem Untermieter, ZMR 68, 2

1. Zweck

B 484 a) § 557 umfaßte ursprünglich nur den heutigen Absatz I ohne den 2. Halbsatz des Satzes 1. Dieser Halbsatz wurde durch das 3. Gesetz zur Änderung mietrechtlicher Vorschriften vom 21. 12. 67 (BGBl. I 1248) eingefügt. Die Absätze II–IV wurden durch das 2. Gesetz zur Änderung mietrechtlicher Vorschriften vom 14. 7. 64 (BGBl. I 457) angefügt.

B 485 b) Die Vorschrift, die die aus dem beendeten Mietvertrag nachwirkenden Rechtsbeziehungen regelt, soweit sie die Vorenthaltung der Mietsache betreffen, hat zwei Zielrichtungen.

Einerseits soll dem Vermieter die Geltendmachung der ihm entstehenden Nachteile erleichtert und verhindert werden, daß der Mieter aus seinem pflichtwidrigen Verhalten ungerechtfertigte Vorteile zieht. Gleichzeitig sollen Streitigkeiten über die Höhe der Entschädigung vermieden werden (OLG Braunschweig MDR 60, 52; LG Bonn ZMR 68, 114; Roquette § 557 Rdn 8). Diesen Zwecken dient Abs. I Satz 1, der in seinem 1. Halbsatz die Mindestentschädigung auf die Höhe des vereinbarten Mietzinses festsetzt, so daß der Vermieter seinen Nachteil und den Wert der vom Mieter gezogenen Nutzung nicht konkret darlegen und beweisen muß, wie dies bei Anwendung der allgemeinen Vorschriften (§§ 812 ff, 987 ff) der Fall wäre. Der 2. Halbsatz setzt diese Zweckbestimmung fort, indem er dem Vermieter von Räumen, insbesondere also auch von Wohnräumen, die Möglichkeit einseitiger Erhöhung der Entschädigung bis zur ortsüblichen Vergleichsmiete verschafft. Hierdurch soll verhindert werden, daß sich der Vermieter bei einer länger andauernden Vorenthaltung, die gerade bei Wohnräumen durch die lange Dauer des Räumungsrechtsstreits von Klageerhebung bis zur Rechtskraft und Vollstreckung oder durch die Gewährung einer gerichtlichen Räumungsfrist relativ häufig vorkommt (vgl. schriftlichen Bericht des Rechtsausschusses des Bundestages zu Drucksache V/2317 S. 4), mit einer inzwischen nicht mehr angemessenen Nutzungsentschädigung zufriedengeben muß.

B 486 Andererseits schränkt die Vorschrift den grundsätzlich daneben fortbestehenden Anspruch des Vermieters – Abs. I S. 2 hat nur klarstellende Funktion (ebenso Roquette § 557 Rdn 12) – auf Ersatz weiteren aus der Vorenthaltung entstehenden Schadens zugunsten des Wohnraummieters

§ 557 BGB. Ansprüche bei verspäteter Rückgabe   B 487

aus sozialen Gründen ein, um zum einen den Schwierigkeiten Rechnung zu tragen, die auf diesen bei der Beschaffung von Ersatzwohnraum häufig zukommen, ohne daß er sie zu vertreten hat, und zum anderen, um zu vermeiden, daß der Mieter aus Angst vor evtl. hohen Ersatzpflichten von vornherein auf die Geltendmachung eines Kündigungswiderspruchs oder sonstiger Einwände gegen die Wirksamkeit der Vermieterkündigung oder einer Räumungsfrist verzichtet (vgl. Begründung der Bundesregierung BTDrucks. IV/806 und Begründung des Rechtsausschusses des Bundestages zu Drucks. IV/2195). Um den Mieter in solchen Fällen nicht mit einem unübersehbaren Risiko zu belasten, schließt das Gesetz bei Gewährung einer gerichtlichen Räumungsfrist jeden Anspruch auf Ersatz eines Vorenthaltungsschadens aus und eröffnet in den übrigen Fällen die Möglichkeit, den Ersatzanspruch nach Grund und Umfang unter Billigkeitsgesichtspunkten zu bestimmen. Entsprechend der Zwecksetzung bedarf es einer Billigkeitseinschränkung nicht, wenn der Mieter gekündigt hat (Abs. II S. 2).

2. Anwendungsbereich

a) Persönlich

§ 557 gilt im Verhältnis der bisherigen Vertragspartner, also zwischen   B 487
Vermieter und Mieter, aber auch zwischen Mieter und Untermieter, wenn der Untermietvertrag beendet ist. Er findet ebenso Anwendung im Verhältnis der Personen, die anstelle der ursprünglichen Vertragspartner in den Mietvertrag eintreten (z. B. in den Fällen der §§ 569a, b, 571), auch wenn der Tod des Mieters oder die Veräußerung erst nach Beendigung des Mietvertrags während der Vorenthaltung erfolgt. Veräußert also der Vermieter während der Dauer der Vorenthaltung das Mietshaus, so tritt der Erwerber gem. § 571 auch im Rahmen des Abwicklungsverhältnisses des § 557 an die Stelle des Vermieters und wird Inhaber des Anspruchs auf Nutzungsentschädigung (Roquette § 557 Rdn 10). Nicht anwendbar hingegen ist § 557 im Verhältnis zwischen (Haupt-)Vermieter und Untermieter (AG Stuttgart WM 73, 78; Weimar ZMR 68, 2; Palandt-Putzo § 557 Anm. 2a), Vermieter und Ehegatten (Hoffmann NJW 68, 2327), Kindern, Eltern oder sonstigen nahen Angehörigen des Mieters oder anderen Personen, die berechtigter- oder unberechtigterweise in die Wohnung mit aufgenommen sind, da zwischen diesen Personen und dem Vermieter kein Mietverhältnis bestand, dessen Ausfluß § 557 ist (AG Stuttgart a. a. O., Hoffmann a. a. O.). Hier gelten die allg. Vorschriften (§§ 556 III [vgl. dazu Rdn B 275], 286 bzw. 812 ff, 987 ff). Ebensowenig ist die Vorschrift im Verhältnis zwischen Vermieter und Obdachlosenbehörde anwendbar, wenn diese den Mieter zur Vermeidung von Obdachlosigkeit wieder in seine Wohnung einweist (Palandt-Putzo a. a. O.; Hans § 557 Anm. B 1); der Vermieter hat in diesem Falle einen öffentlich-rechtlichen Entschädigungsanspruch (vgl. im einzelnen Schmidt-Futterer/Blank MR, Stichwort: Obdachlosenunterbringung).

b) Sachlich

B 488 Die Vorschrift des § 557 regelt nur die Ansprüche des Vermieters aus der Vorenthaltung, nicht dagegen z. B. solche aus einer über § 548 hinausgehenden Verschlechterung der Mietsache nach Beendigung des Mietvertrags (s. dazu Rdn B 523 ff).

B 489 Hinsichtlich der Mietverträge, für die § 557 gilt besteht innerhalb der Vorschrift eine dreifache Abstufung: Abs. I S. 1, 1. Halbs. und S. 2 gelten für alle Verträge, gleichgültig, ob sie Wohnräume, Geschäftsräume, Grundstücke oder bewegliche Sachen zum Gegenstand haben; Abs. I S. 1, 2. Halbsatz findet lediglich auf Mietverträge über Räume Anwendung, wobei es sich um Räume jeglicher Art handeln kann (Wohn-, Geschäfts-, Lager- und Abstellräume, Garagen); die Abs. II und III sind in ihrem Anwendungsbereich auf Mietverträge über Wohnräume beschränkt. Hierunter fallen neben den üblichen Mietwohnungen auch Genossenschaftswohnungen, Werkmiet- und Werkdienstwohnungen (a. A. für Dienstwohnungen: AG Köln WM 86, 371 – es gilt §§ 812, 818 II BGB –), Dienstwohnungen von Beamten, ebenso möbliert oder nur vorübergehend vermietete Wohnräume, sowie Wohnräume in Alters-, Ledigen- und Studentenwohnheimen; die vom gesetzl. Bestandsschutz (§ 546b VII) und vom Anwendungsbereich des MHG (§ 10 II) ausdrücklich ausgeschlossenen Wohnraummietverhältnisse werden also vom § 557 erfaßt.

II. Begriff der Vorenthaltung

B 490 Vorenthaltung setzt voraus, daß der Mieter dem Vermieter die Mietsache trotz der Möglichkeit der Rückgabe (unten 2.) nicht so zurückgibt, daß dieser die tatsächliche Verfügungsgewalt erhält (unten 1.), und die Nichtrückgabe der Sache dem Rückerlangungswillen des Vermieters widerspricht (unten 3.). Es ist nicht erforderlich, daß der Mieter die Nutzung der Mietsache fortsetzt (RGZ 99, 230; LG Köln MDR 59, 762; Roquette § 557 Rdn 5), wie sich aus der Streichung des Passus „Fortsetzung des Gebrauchs", der noch im 1. Entwurf des § 557 enthalten war, ergibt.

1. Nichtwiedereinräumung der tatsächlichen Verfügungsgewalt

B 491 Ausgangspunkt für die Beantwortung der Frage, wann der Mieter dem Vermieter die tatsächliche Verfügungsgewalt wieder verschafft hat, ist der Inhalt der in § 556 statuierten Rückgabepflicht. Gemäß der bei § 556 gemachten Differenzierung (Rdn B 270 ff) sind zunächst die Fälle der Nichterfüllung und der Schlechterfüllung zu unterscheiden.

B 492 a) Unproblematisch sind die Fälle, in denen der Mieter seine Rückgabepflicht im technischen Sinne nicht erfüllt: er setzt den Gebrauch der Mietsache fort; er räumt zwar die Wohnung, gibt aber die Wohnungs-

§ 557 BGB. Ansprüche bei verspäteter Rückgabe

schlüssel nicht zurück (anders allerdings, wenn der Vermieter einen Satz Schlüssel erhält und der Mieter den zweiten Satz lediglich deswegen behält, weil er vereinbarungsgemäß noch einen Teil der Wohnung zu renovieren hat; in diesem Fall ist keine Vorenthaltung mehr gegeben); der Mieter verläßt die Wohnung, gibt alle Schlüssel zurück, läßt aber alle Möbel oder wesentliche Teile davon in der Wohnung zurück – anders wiederum, wenn er die Möbel oder sonstige Sachen deswegen zurückläßt, weil der Vermieter sein Pfandrecht an ihnen ausgeübt hat (Palandt-Putzo § 557 Anm. 3a; Roquette § 557 Rdn 4; LG Mannheim WM 78, 141). In all diesen Fällen ist es offensichtlich, daß der Vermieter nicht die tatsächliche Verfügungsgewalt über die Mietsache ausüben kann (vgl. dazu auch Rdn B 246 ff).

b) Nicht so eindeutig zu bestimmen sind die Fallgestaltungen, in denen der Vermieter die Mietsache als solche zwar zurückerhält, der Mieter aber weiteren, im Rahmen der Rückgabeverpflichtung bestehenden Pflichten nicht nachkommt (Fälle der **Schlechterfüllung**): Rückgabe der Wohnung, ohne Schönheitsreparaturen durchzuführen, Veränderungen rückgängig zu machen, Einrichtungen, die nicht bleiben sollen, wegzunehmen oder Schäden, die durch übermäßige Nutzung entstanden sind, zu beseitigen. In diesen Fällen kann grundsätzlich nicht von Vorenthaltung gesprochen werden, da der Vermieter den Besitz der Mietsache zurückerhält (OLG Hamburg WM 77, 73 = DWW 77, 92 = ZMR 77, 302; LG Köln MDR 66, 239; Häring BlGBW 68, 81 und 70, 221; Roquette § 557 Rdn 5; vgl. auch Rdn B 273). Bleiben im Mietobjekt nur einzelne Gegenstände zurück, so ist der Vermieter an der Inbesitznahme der Mietsache nicht gehindert, falls der Mieter erkennbar mit dem Zurücklassen geringwertiger Sachen keinen Eigenbesitzwillen mehr zum Ausdruck bringt (OLG Düsseldorf ZMR 87, 215). Gleiches gilt in der Regel dann, wenn der Mieter den Besitz an der Mietsache aufgibt, weil der Vermieter die Rücknahme in dem veränderten Zustand abgelehnt hat. Das OLG Hamburg a. a. O. begründet diese Rechtsfolge mit der Erwägung, daß es für die Frage der Vorenthaltung nicht darauf ankomme, ob der Vermieter den Besitz wieder erhalten habe; vielmehr müsse entscheidend darauf abgestellt werden, ob der Mieter noch im Besitz der Mietsache sei. Diese Begründung verkennt allerdings den Inhalt der dem Mieter obliegenden Rückgabepflicht (s. B 246); durch die bloße Besitzaufgabe (Dereliktion) wird nämlich die Rückgabepflicht nur dann erfüllt, wenn sie unter den Voraussetzungen des Gläubigerverzugs erfolgt (s. B 247).

c) Eine **Teilleistung** liegt vor, wenn der Mieter nur einen Teil der gemieteten Räume zurückgibt, bei Mischräumen z. B. nur die Wohn- oder nur die Geschäftsräume (LG Mannheim MDR 65, 140), oder Gerümpel in erheblichem Umfang in den Kellerräumen zurückläßt (AG Ludwigshafen ZMR 80, 88). In einem solchen Fall liegt grundsätzlich eine Vorenthaltung aller – auch der zurückgegebenen – Räume vor, da der Vermieter wegen der wirtschaftlichen Einheit, die die einzelnen Räume miteinander bilden, nicht gesondert über die zurückgegebenen Räume verfügen kann; so kann eine Mehrzimmerwohnung grundsätzlich nicht ohne Kellerräume vermietet werden (vgl. im übrigen Rdn B 265, 266).

B 495 d) Für den Begriff der Vorenthaltung ist es in allen Fällen unerheblich, ob der Mieter die Rückgabe der Sache schuldhaft oder schuldlos unterläßt (allg. Meinung: Palandt-Putzo § 557 Anm. 3a; Häring BlBGW 70, 221; LG Göttingen MDR 59, 928).

2. Möglichkeit der Rückgabe

B 496 Der Begriff der Vorenthaltung setzt voraus, daß die Rückgabe der Mietsache noch möglich ist (RGZ 99, 230; LG Köln MDR 59, 762; LG Hamburg MDR 59, 214; Häring BlGBW 68, 81; Palandt-Putzo § 557 Anm. 3a). Unstreitig liegt eine Vorenthaltung nicht (mehr) vor, wenn die Rückgabe der Mietsache objektiv unmöglich ist, also z. B. wenn sie untergegangen ist. Uneinigkeit in Rechtsprechung und Schrifttum herrscht jedoch in den Fällen, in denen die Rückgabe lediglich dem Mieter unmöglich ist (**subjektive Unmöglichkeit**).

B 497 Paradigmatisch hierfür ist der Fall der **Untervermietung,** wenn zwar der Mieter, nicht aber der Untermieter aus der Wohnung bzw. dem ihm untervermieteten Zimmer auszieht. Die wohl herrschende Meinung (LG Göttingen MDR 59, 928; Roquette § 557 Rdn 4; Staudinger § 557 Anm. I 1; Hans § 557 Anm. B 2; Weimar ZMR 68, 2) nimmt hier eine Vorenthaltung meist mit der Begründung an, daß der Mieter bei der Untervermietung noch mittelbaren Besitz hat, was für die Vorenthaltung ausreiche (so Roquette a. a. O.; LG Göttingen a. a. O.). Die Gegenmeinung (Palandt-Putzo a. a. O.; LG Köln a. a. O.; LG Hamburg a. a. O.) beruft sich – soweit sie eine Begründung angibt – auf § 275 BGB, dessen Abs. II die subjektive der objektiven Unmöglichkeit gleichstelle, und argumentiert, daß ein rechtfertigender Grund, im Rahmen des Begriffs der Vorenthaltung anders zu entscheiden, nicht gegeben sei (so LG Köln a. a. O.).

Die von Palandt-Putzo und den LGen Köln und Hamburg vertretene Meinung wird der Sachlage bei einer Untervermietung nicht gerecht. Sie läßt dem Vermieter nur die Möglichkeit, gegen den Mieter einen Schadensersatzanspruch geltend zu machen. Für den Fall unberechtigter Untervermietung entstehen keine Schwierigkeiten, da hier ein Verschulden des Mieters klar zutage tritt. Für die weitaus häufigeren Fälle der berechtigten Untervermietung steht der Vermieter gegenüber dem Mieter jedoch regelmäßig ersatzlos da, da diesen, wenn er den Untermieter zur Räumung aufgefordert und bei Erfolglosigkeit verklagt hat, selten ein Verschulden treffen wird. Der Vermieter ist dann auf seinen Anspruch nach §§ 556 III, 286 gegen den Untermieter angewiesen. Dem kann man nicht entgegenhalten, daß der Vermieter der Untervermietung ja zugestimmt habe. Denn durch eine solche Zustimmung will der Vermieter

§ 557 BGB. Ansprüche bei verspäteter Rückgabe

erfahrungsgemäß und daher für den Mieter auch erkennbar, keine Nachteile hinnehmen, die nicht in seinem Risikobereich liegen. Den Vermieter generell auf Schadensersatz zu verweisen, entspricht auch nicht dem Grundkonzept des § 557, der für die Zeit, in der der Vermieter nicht die tatsächliche Verfügungsgewalt über die Mietsache hat, in erster Linie die Weiterzahlung einer mietzinsgleichen Nutzungsentschädigung garantieren will.

Im Ergebnis ist daher der herrschenden Meinung zuzustimmen; deren Begründung, daß der Mieter weiterhin mittelbaren Besitz habe, vermag jedoch nicht zu überzeugen. Für den Begriff der Vorenthaltung kommt es nämlich nicht darauf an, was bei dem Mieter zurückbleibt, sondern darauf, was er dem Vermieter nicht leistet, obwohl er es ihm schuldet. Dies ist eindeutig die tatsächliche Verfügungsgewalt, d. h. der unmittelbare Besitz. Anderenfalls müßte es für die Erfüllung der Rückgabepflicht ausreichen, daß der Mieter dem Vermieter den Herausgabeanspruch gegen den Untermieter abtritt; der Vermieter müßte dieses Leistungsangebot auch annehmen, wenn er nicht in Verzug geraten wollte. Beides ist unstreitig nicht der Fall (BGH MDR 71, 836 = ZMR 71, 344 = NJW 71, 2056; vgl. auch LG Köln a. a. O. S. 763 a. E. und Rdn B 291).

Für die hier in Rede stehenden Fälle der subjektiven Unmöglichkeit, von denen der der Untervermietung den praktisch wichtigsten darstellt, ist daher in anderer Weise zu differenzieren. Es ist danach zu fragen, auf wessen Veranlassung es zurückgeht, daß der Mieter die Sache am Ende der Mietzeit nicht zurückgeben kann. Die Rechtfertigung dieses Unterscheidungskriteriums ergibt sich aus der Kenntnis des Mieters, daß er die Mietsache lediglich für eine zeitlich beschränkte Dauer besitzt und er sich darauf einrichten muß, daß er sie eines Tages dem Vermieter zurückzugeben hat. In diesem Rahmen hat er dafür zu sorgen, daß nicht aufgrund von ihm veranlaßter Maßnahmen Dritte in den Besitz der vermieteten Sache oder von Teilen der Sache gelangen und dadurch die subjektive Unmöglichkeit der Herausgabe herbeigeführt wird. Trifft er dennoch solche Maßnahmen, z. B. durch Untervermietung, und wirken diese Maßnahmen bis zum Ende der Mietzeit fort, so liegt eine Vorenthaltung des unmittelbaren Besitzes durch den Mieter vor, wenn der Dritte die Sache nicht zurückgibt. Da der Mieter die Ursache für diesen Zustand gesetzt hat, kann er sich bei Beendigung des Mietvertrags nicht darauf berufen, daß er jetzt die Sache nicht herausgeben könne. Die von ihm während der Mietdauer veranlaßte Maßnahme wirkt fort und kann ihm daher bei Beendigung der Mietzeit als Vorenthaltungshandlung zugerechnet werden (BGH WM 84, 131 = ZMR 84, 380 = MDR 84, 662). Gelangt die Mietsache dagegen ohne sein Zutun aus seinem Besitz und in den Besitz eines Dritten (z. B. durch Diebstahl des vermieteten PKW oder durch Wiedereinweisung des an sich räumungswilligen Untermieters in die untervermieteten Räume durch die Obdachlosenbehörde) und kann der Mieter die Sache deswegen nicht herausgeben, so ist keine Vorenthaltung gegeben, da ein für die subjektive Unmöglichkeit der

Rückgabe ursächliches Verhalten des Mieters, das ihm zugerechnet werden könnte, nicht vorliegt.

B 500 Als ein nur scheinbar in die Kategorie der subjektiven Unmöglichkeit der Rückgabe gehörender Fall ist es anzusehen, wenn von mehreren Mietern, die nach dem Mietvertrag gesamtschuldnerisch zur Zahlung des Mietzinses verpflichtet sind, nur einer aus der gemieteten Wohnung auszieht und dann vom Vermieter in Anspruch genommen wird. Hier ergibt sich aus dem Wesen der gesamtschuldnerischen Haftung, die sich auch auf den aus dem beendeten Mietvertrag nachwirkenden Entschädigungsanspruch erstreckt, daß das Risiko dafür, daß einer oder mehrere der Gesamtschuldner die Mieträume dem Vermieter vorenthalten, auch dann von dem schon ausgezogenen Gesamtschuldner zu tragen ist, wenn dieser weder rechtlich noch tatsächlich die Möglichkeit hat, die verbliebenen Mieter zur Räumung zu veranlassen (LG Mannheim DWW 73, 19; vgl. auch Rdn B 248).

3. Widersprechender Wille des Vermieters

B 501 Als weiteres Merkmal fordert der Begriff der Vorenthaltung, daß die Nichtrückgabe der Mietsache dem Rückerlangungswillen des Vermieters widerspricht (BGH WM 73, 386; NJW 60, 909; MDR 83, 306; KG ZMR 71, 321; Roquette § 557 Rdn 3). Dies ergibt schon der natürliche Wortsinn; eine Sache, deren Rückgabe der Vermieter nicht wünscht, wird ihm nicht vorenthalten. Aber auch der Zweck des § 557 erfordert eine solche Einschränkung. Nutzungsentschädigung und Schadensersatz sollen nämlich nur dann dem Vermieter zustehen, wenn der Mieter durch die Nichtrückgabe der Sache pflichtwidrig in dessen Rechte eingreift. Von einer Pflichtwidrigkeit kann jedoch dann nicht gesprochen werden, wenn der Vermieter die Sache gar nicht zurück haben will. Zur Erfüllung des Begriffes der Vorenthaltung reicht jedoch der grundsätzliche Rückerlangungswille des Vermieters aus. Ein zeitweiliges willentliches Belassen der Mietsache schließt die Vorenthaltung nicht aus, wenn die Sache dem Mieter lediglich noch für eine von vornherein bestimmte Zeit verbleiben soll, wie es z. B. bei vertraglicher Gewährung einer Räumungsfrist der Fall ist; denn hier besteht der grundsätzliche Wille des Vermieters, die Sache so schnell wie möglich zurückzubekommen, fort (BGH MDR 83, 306). Dasselbe gilt für die Fälle einer gerichtlich gewährten Räumungsfrist (§§ 721, 794a ZPO) oder gerichtlich gewährten Vollstreckungsschutzes (§ 765a ZPO), und zwar auch dann, wenn der Vermieter dem Antrag des Mieters nicht entgegengetreten ist.

B 502 Eine dem Rückerlangungswillen nicht widersprechende Unterlassung der Rückgabe und damit ein Ausschluß der Vorenthaltung ist anzunehmen, wenn der Vermieter zwar den Mietvertrag als beendet ansieht und dies auch erklärt, die Sache aber deshalb nicht zurücknehmen will, weil er einen neuen Mietvertrag über die Sache abschließen will (KG ZMR a. a. O.). Ebenfalls keine Vorenthaltung ist gegeben, wenn der Vermieter

§ 557 BGB. Ansprüche bei verspäteter Rückgabe   B 503–505

die tatsächlich eingetretene Beendigung des Mietvertrags dem Mieter gegenüber bestreitet und dieser deshalb weiterhin im Besitz des Mietgegenstandes bleibt (BGH a. a. O.; Hans § 557 B 1; LG Hamburg WM 87, 224).

4. Dauer der Vorenthaltung

Die Vorenthaltung beginnt nach Beendigung des Mietvertrages, das heißt mit dem Tag, der dem letzten Tag der Mietzeit folgt. Gilt der Mietvertrag gem. § 568 BGB als fortgesetzt, so kann schon begrifflich keine Vorenthaltung gegeben sein, da diese die Beendigung des Mietvertrags voraussetzt; die Vorenthaltung kann daher in diesem Fall erst nach der erneuten Beendigung des fortgesetzten Mietverhältnisses beginnen. **B 503**

Die Vorenthaltung endet zu dem Zeitpunkt, zu dem der Vermieter wieder über die Sache verfügen kann. Hat der Mieter den Besitz an der Wohnung aufgegeben, so kommt es entscheidend darauf an, zu welchem Zeitpunkt der Vermieter von der endgültigen Besitzaufgabe Kenntnis erlangt hat. Erst ab diesem Zeitpunkt kann der Vermieter nämlich wieder über die Wohnung verfügen. Dies gilt grundsätzlich auch dann – und zwar mit der Folge des Erlöschens des Anspruchs auf Nutzungsentschädigung – wenn dem Mieter einer Wohnung eine Räumungsfrist gewährt war und er die Wohnräume vor dem Ende der Räumungsfrist an den Vermieter herausgibt (ebenso Roesch WM 69, 197; LG Freiburg WM 80, 223; AG Friedberg WM 80, 223; anders LG Wiesbaden WM 68, 164 mit ablehnender Anmerkung Schmidt a. a. O. S. 165; vgl. hierzu noch unten IV). Wird während der Vorenthaltung die Rückgabe der Sache objektiv oder ohne Veranlassung des Mieters subjektiv unmöglich, so endet die Vorenthaltung mit dem Eintritt der Unmöglichkeit. Ist zwischen den Parteien streitig, ob die Rückgabe erfolgt ist, so muß der Vermieter lediglich darlegen, daß die Mietsache nicht zurückgegeben worden ist. Der Mieter muß dagegen beweisen, daß er entweder erfüllt oder daß er den Besitz aufgegeben und den Vermieter hiervon in Kenntnis gesetzt hat. **B 504**

III. Folgen der Vorenthaltung

Als Folge der Vorenthaltung und für deren Dauer entsteht in Fortwirkung des beendeten Mietvertrags auf der Grundlage des weiterbestehenden tatsächlichen (Nutzungs-)Verhältnisses ein gesetzliches Schuldverhältnis zwischen den bisherigen Mietvertragsparteien (BGH NJW 77, 1335 = MDR 77, 744 = BB 77, 1273 = WM 78, 64; LG Wiesbaden WM 68, 164; Pergande § 557 Anm. 11; anders Busch MDR 60, 359; Roquette § 557 Rdn 26; ausführlich zum Benutzungsverhältnis bei einer Räumungsfrist gem. § 721 ZPO Müller MDR 71, 253 ff). Aus diesem ergeben sich über die Pflicht des Mieters, eine Nutzungsentschädigung **B 505**

297

zu zahlen (Abs. I S. 1), hinaus, weitere im Gesetz nicht genannte Pflichten der bisherigen Vertragspartner (s. dazu Rdn B 523 ff).
Daneben bleibt der Mieter nach den allg. Vorschriften zum Ersatz des aus der Vorenthaltung entstandenen Schadens verpflichtet, wobei sich bei der Wohnraummiete gewisse Einschränkungen dieser Pflicht ergeben; u. U. kann der Vermieter auch weitergehende Bereicherungsansprüche geltend machen (BGH a. a. O.).

1. Das gesetzliche Schuldverhältnis

a) Die Nutzungsentschädigung

B 506 Als wichtigste Folge der Vorenthaltung der Mietsache trifft den Mieter die Pflicht, dem Vermieter eine Entschädigung in gesetzlich bestimmter Höhe zu zahlen. Der Sache nach handelt es sich um einen vertraglichen Anspruch eigener Art, der an die Stelle des bisherigen Mietzinsanspruchs tritt (BGH a. a. O.; Soergel-Mezger BGB § 557 Rdn 11); nach a. A. stellt der Anspruch auf Nutzungsentschädigung einen Schadensersatzanspruch (Palandt-Putzo § 557 Anm. 3; LG Bonn ZMR 68, 114) oder jedenfalls schadensersatzähnlichen Anspruch (LG Göttingen MDR 59, 928; Roquette § 557 Rdn 6), der dem Vermieter ohne Rücksicht auf ein Verschulden des Mieters und ohne den Nachweis eines konkreten Schadens zusteht, dar. Trotz der unterschiedlichen dogmatischen Begründung besteht jedoch im wesentlichen Einigkeit darüber, daß der Anspruch auf Nutzungsentschädigung hinsichtlich der Frage der Verjährung das rechtliche Schicksal des Mietzinsanspruchs teilt und daß gesetzliche oder vertragliche Regelungen bezüglich des Mietzinsanspruchs (z. B. Fälligkeit) auch für den Anspruch auf Nutzungsentschädigung gelten (vgl. aber B 518).

B 507 **aa) Nutzungsentschädigung in Höhe des vereinbarten Mietzinses.** Als gesetzlichen Mindestbetrag kann der Vermieter eine Entschädigung in Höhe des bisher vereinbarten Mietzinses verlangen (Abs. I S. 1 1. Halbs.). Diesen Betrag sieht das Gesetz als den dem Vermieter durch die Vorenthaltung entstehenden Mindest„schaden" an, ohne daß es darauf ankommt, ob er die Mietsache sogleich hätte weitervermieten können oder selbst benutzt hätte. Der Entschädigungsanspruch steht dem Vermieter auch dann zu, wenn die Mietsache nicht an ihn, sondern auf Grund einer Abtretung an den Zessionar zurückzugeben ist und der Mieter seine Rückgabepflicht nicht erfüllt. (BGH MDR 83, 306).

Maßgebend ist der Mietzins, der z. Z. der Beendigung des Mietvertrags zu entrichten war (Roquette § 557 Rdn 7; s. auch unten Rdn B 514).

B 508 **bb) Nutzungsentschädigung in Höhe der ortsüblichen Vergleichsmiete.** Statt der Entschädigung in Höhe des bisher vereinbarten Mietzinses kann der Vermieter von Räumen, also insbesondere auch von Wohnräumen, eine solche Entschädigung verlangen, die dem ortsüblichen Mietzins für vergleichbare Räume entspricht (Abs. I S. 1 2. Halbs.). Dem Vermieter wird hiermit ein Gestaltungsrecht eingeräumt (LG Düs-

§ 557 BGB. Ansprüche bei verspäteter Rückgabe

seldorf MDR 70, 144; LG München WM 74, 6), das ihm die Möglichkeit gibt, durch einseitige Erklärung gegenüber dem Mieter die Entschädigung dem (höheren) Mietzins anzupassen, der für vergleichbare Räume am Ort üblicherweise gezahlt wird. Auch hier ist nicht erforderlich, daß der Vermieter die Räume zu diesem Mietzins hätte weitervermieten können oder sie selbst genutzt hätte; es reicht aus, wenn ein höherer ortsüblicher Mietzins nachgewiesen wird.

Die wirksame Ausübung des Gestaltungsrechts setzt voraus, daß der **B 509** Vermieter dem Mieter gegenüber unter Angabe der die höhere ortsübliche Miete begründenden Tatsachen erklärt, daß er eine Nutzungsentschädigung in dieser Höhe verlange. Welchen formellen Inhalt diese Erklärung haben muß, beurteilt sich nicht nach denselben Kriterien, welche für das Mieterhöhungsverlangen nach § 2 II MHG gelten (a. A. AG Hildesheim ZMR 73, 15); vielmehr ist die Erklärung formlos wirksam (Sternel Rdn V 89). Die **Umdeutung** eines Mieterhöhungsverlangens nach § 2 MHG in eine Erklärung gemäß § 557 BGB scheidet aus, weil sich die jeweiligen Erklärungen in einem wesentlichen Punkt unterscheiden: Während die Erhöhungserklärung auf die Zustimmung des Mieters gerichtet ist, handelt es sich bei der Erklärung nach § 557 BGB um die Ausübung eines einseitigen Gestaltungsrechts (vgl. AG Pinneberg WM 84, 83). Umgekehrt kann aber in einer nach Beendigung des Mietverhältnisses abgegebenen Mieterhöhungserklärung nach § 2 MHG ein schlüssiges Angebot des Vermieters zur Fortsetzung des Mietverhältnisses liegen. Eine Erklärung nach § 2 MHG ergibt nämlich nur dann einen rechtlichen Sinn, wenn man vom Fortbestand des Mietverhältnisses ausgeht.

Hat der Vermieter eine formell wirksame Erklärung abgegeben, so **B 510** schuldet der Mieter die höhere Nutzungsentschädigung ab Zugang dieser Erklärung. Einerseits kann die Nutzungsentschädigung in Höhe der ortsüblichen Miete also nicht rückwirkend verlangt werden (LG Düsseldorf a. a. O.; LG München a. a. O.; AG Kamen WM 72, 162; AG Pinneberg WM 84, 83). Dies gilt sowohl für den Fall, daß der Mieter die Nutzungsentschädigung für die zurückliegende Zeit schon entrichtet hat (LG Düsseldorf a. a. O.; LG München a. a. O.); denn eine bereits erloschene Forderung kann nicht rückwirkend in eine höhere umgestaltet werden. Dasselbe muß aber auch dann gelten, wenn der Mieter für die Vergangenheit die Nutzungsentschädigung noch schuldet. Aus der Natur des Gestaltungsrechts des § 557 I und der Notwendigkeit der Angabe der die Ortsüblichkeit begründenden Tatsachen ergibt sich, daß eine Erhöhung der geschuldeten Nutzungsentschädigung nur für die Zukunft erfolgen kann.

Andererseits schuldet der Mieter den höheren Betrag ohne jede Zwi- **B 511** schenfrist sofort ab Zugang der Erklärung. Das Entstehen der Forderung ist nicht an die bisher im Mietvertrag vereinbarten Fälligkeitstermine gebunden, d. h., daß der Mieter bei monatlicher Mietzahlung die erhöhte Nutzungsentschädigung nicht erst ab dem Beginn des folgenden Monats, sondern ab dem Tag des Zugangs der Erklärung schuldet. Eine praktisch wichtige Ausnahme ergibt sich aber dann, wenn für die Zahlungsperiode, in der der Tag des Zugangs der Erhöhungserklärung liegt, die Nutzungsentschädigung schon vollständig entrichtet ist. Dann ist nämlich die Forderung für den gesamten Zeitraum, d. h. auch für die Zeit zwischen Zugang und Ende der laufenden Periode, erfüllt, so daß eine Erhöhung nicht mehr möglich ist. Die erhöhte Nutzungsentschädigung wird in diesem Falle erst für die folgende Zahlungsperiode geschuldet.

B 512 Demgegenüber ist die einseitige Erhöhung der Nutzungsentschädigung bei preisgebundenem Wohnraum nur im Rahmen der §§ 8, 10 WoBindG möglich (LG Mannheim ZMR 71, 104 = MDR 70, 1015; Hans § 557 Anm. B 3). Da die Anwendbarkeit der Preisbindungsvorschriften des WoBindG mit der Belegung der Wohnung durch einen bezugsberechtigten Mieter und nicht mit dem (Fort-)Bestehen eines Mietvertrags gekoppelt ist, müssen bei einer Sozialwohnung auch nach Beendigung des bisherigen Mietvertrags für eine Mieterhöhung die Wirksamkeitsvoraussetzungen des § 10 I WoBindG eingehalten werden. Der Vermieter kann die Nutzungsentschädigung daher nur in den Grenzen der preisrechtlich zulässigen Kostenmiete verlangen.

B 513 Die materiellen Voraussetzungen für den erhöhten Entschädigungsanspruch sind das Vorhandensein mehrerer Mietobjekte gleicher Art und Lage am selben Ort, für die üblicherweise das geforderte Entgelt gezahlt wird. Im Grundsatz gelten hier dieselben Kriterien, deren Vorliegen zur materiellen Begründetheit eines Mieterhöhungsverlangen nach MHG erforderlich ist (s. Rdn C 53). Im Einklang mit der dortigen materiellen Regelung läßt der Wortlaut des § 557 (Mietzins, der ortsüblich ist) es auch zu, daß sich der Vermieter beim Nichtvorhandensein von vergleichbaren Räumen am selben Ort auf Räume in anderen vergleichbaren Orten – bei Großstädten auf Räume in anderen vergleichbaren Vororten (a. A. AG Dortmund WM 72, 60; Häring BlGBW 70, 221; Weimar MDR 70, 18) – beruft. Kann im Streitfall der Nachweis der ortsüblichen Miete nicht geführt werden, so kann der Vermieter als Entschädigung ohne konkreten Schadensnachweis nur die bisherige Miete verlangen (AG Kamen WM 72, 162; AG Dortmund a. a. O.). Soll das Haus alsbald abgerissen werden, so ist auch dies bei der Bemessung der ortsüblichen Miete zu berücksichtigen; der Marktwert sinkt in einem solchen Fall sehr erheblich (LG Köln WM 87, 123).

B 514 **cc) Gemeinsames zu aa) und bb).**
(1) Wenn der Mietzins bei Beendigung des Mietvertrags wegen Mängeln **gemindert** war (§ 537), ist die nach der Beendigung zu zahlende Nutzungsentschädigung in gleicher Weise gemindert, solange die Mängel fortbestehen (BGH NJW 61, 916; Palandt-Putzo § 557 Anm. 3b; Roquette § 557 Rdn 7; Hans § 557 Anm. B 2). § 557 I 1 spricht zwar vom vereinbarten bzw. ortsüblichen Mietzins. Da die Vorschrift dem Vermieter jedoch keine ungerechtfertigten Vorteile bringen, sondern ihm

§ 557 BGB. Ansprüche bei verspäteter Rückgabe **B 515–518**

lediglich den bei Ende des Mietvertrags geschuldeten Mietzins – mit der Möglichkeit der Erhöhung auf das ortsübliche Maß – garantieren soll, müssen weiterbestehende Mängel auch nach Beendigung des Mietvertrags bei der Bemessung der Nutzungsentschädigung berücksichtigt werden. Der Mieter kann die Nutzungsentschädigung jedoch nicht mindern, wenn die Mängel erst nach Vertragsbeendigung auftreten (BGH a. a. O.; Roquette a. a. O.). Hier trägt er das Risiko, da er die Sache pflichtwidrig weiterbenutzt (a. A. wohl: LG Hamburg WM 87, 390).

Eine Minderung der Nutzungsentschädigung gegenüber dem bisherigen bzw. ortsüblichen Mietzins kann aber dann in Betracht kommen, wenn der Mieter nach Beendigung des Mietvertrags Nebenräumlichkeiten, Gemeinschaftseinrichtungen oder sonstige Anlagen des Miethauses nicht mehr zur Verfügung hat, für deren Benutzung im Rahmen des Mietzinses etwas zu bezahlen war (Müller MDR 71, 253); zum Verhältnis des Zurückbehaltungsrechts des § 556 II zu § 557 I bei der Fahrnismiete vgl. BGH NJW 75, 1773 = BB 75, 1040. **B 515**

(2) **Für Nebenkosten,** an denen der Mieter sich nach dem Vertrag zu beteiligen hat und die daher zum Mietzins gehören, gilt Abs. I S. 1 ebenfalls. Sie sind auch nach Beendigung des Vertrags zu entrichten, wenn die entsprechenden Leistungen noch in Anspruch genommen werden (Wasser, Müllabfuhr, Treppenhauslicht, Heizung usw.). Dies gilt sowohl für den Fall, daß Nebenkosten während der Mietvertragszeit nachträglich nach dem Verbrauch abgerechnet wurden, als auch dann, wenn für diese Leistungen ein vorauszahlbarer Pauschalbetrag vereinbart war. Der Umlagemodus richtet sich nach den vertraglichen Vereinbarungen (Müller a. a. O.). **B 516**

(3) Der Anspruch des Vermieters auf die Nutzungsentschädigung richtet sich gegen alle Mieter, auch gegen diejenigen, die schon ausgezogen sind (LG Mannheim DWW 73, 19), da die Vorenthaltung andauert, bis alle das Mietobjekt geräumt haben (s. o. Rdn. B 500). **B 517**

(4) Die **Fälligkeit des Entschädigungsanspruchs** bestimmt sich nach den Vereinbarungen des beendeten Mietvertrags (BGH ZMR 74, 139; WM 80, 197; anders LG Bonn ZMR 68, 114). Dies folgt aus der rechtlichen Natur des Entschädigungsanspruchs als Vertragsanspruch aus dem Abwicklungsschuldverhältnis (vgl. oben B 506). Nur so wird dem Zweck des § 557 entsprechend verhindert, daß der Vermieter nach der Vertragsbeendigung schlechter steht als während der Mietvertragszeit. Da § 551 BGB in der Praxis regelmäßig abbedungen ist, bedeutet dies, daß der Mieter vorleistungspflichtig ist. Ausnahmen können sich ergeben, wenn aus dem Vertrag besondere Umstände ersichtlich sind, die die Vorleistungspflicht des Mieters begründeten, die aber bei Vertragsende weggefallen sind. Ebenso kann aus dem Verhalten der Parteien nach Vertragsbeendigung hervorgehen, daß die vertragliche Regelung nicht mehr gelten soll (so der Fall BGH ZMR a. a. O.). An deren Stelle tritt dann die gesetzliche oder eine andere neu vereinbarte Regelung. **B 518**

War im Vertrag keine besondere Vereinbarung hinsichtlich der Fälligkeit des Mietzinses getroffen, so gilt, wenn nach Vertragsbeendigung nichts anderes vereinbart wird, weiterhin die gesetzliche Regelung des § 551 BGB.

B 519 (5) Da der Anspruch auf Nutzungsentschädigung auf dem beendeten Mietvertrag beruht und daher eine Forderung aus dem Mietverhältnis darstellt, unterliegt er wie sonstige mietvertragliche Ansprüche dem **Pfandrecht** des Vermieters (ebenso Roquette § 557 Rdn 9). Voraussetzung für die Entstehung des Pfandrechts ist gem. § 559 S. 2 BGB allerdings, daß der Nutzungsentschädigungsanspruch schon entstanden ist. Er kann also nicht schon vor Beendigung des Mietvertrags sein Pfandrecht ausüben, auch wenn feststeht, daß der Mieter erst nach Vertragsbeendigung räumen wird.

B 520 (6) Der Anspruch auf Nutzungsentschädigung **verjährt** gem. § 197 BGB in 4 Jahren (BGH NJW 77, 1335 = MDR 77, 744 = BB 77, 1273; Palandt-Putzo § 557 Anm. 1 e; Roquette § 557 Rdn 29). Dies folgt bereits aus der Erwägung, daß der Entschädigungsanspruch an die Stelle des Mietzinsanspruchs getreten ist und dessen rechtliches Schicksal teilt (vgl. oben B 506).

Mit dem Entschädigungsanspruch verjähren auch die konkurrierenden Ansprüche aus ungerechtfertigter Bereicherung und Verzug (BGH a. a. O.). Diese Ansprüche liegen i. d. R. immer dann vor, wenn der Tatbestand des § 557 BGB gegeben ist. Der Zweck der kurzen Verjährungsfrist des § 197 BGB – rasche Abwicklung der sich aus dem Mietverhältnis ergebenden Ansprüche – könnte nämlich nicht erreicht werden, wenn der Vermieter bereits verjährte Entschädigungsforderungen unter dem Gesichtspunkt des Verzugsschadens oder eines Bereicherungsanspruchs gleichwohl durchsetzen könnte.

B 521 (7) Der Vermieter kann die Ansprüche aus § 557 BGB auch dann geltend machen, wenn die Vorenthaltung darauf beruht, daß der Mieter die Mietsache weitervermietet hat und der **Untermieter die Herausgabe verweigert**. Zwar hat der Vermieter in Fällen dieser Art einen eigenen Herausgabeanspruch nach § 556 Abs. 3 BGB gegen den Untermieter (s. Rdn B 275). Die Vorschriften der §§ 556 Abs. 3 BGB und 557 BGB schließen sich aber nicht aus, sondern bestehen nebeneinander. Zweifelhaft ist, ob dem Vermieter, der die Herausgabeklage nach § 556 Abs. 3 BGB unterläßt, der Einwand aus § 254 BGB entgegengehalten werden kann (so z. B. RGRK – Gelhaar § 557 BGB Rdn 9; Münchner Kommentar – Voelskow § 557 BGB Rdn 12) oder ob dieser Einwand bereits deshalb entfällt, weil es dem Vermieter in der Regel nicht zuzumuten ist, gegen den Untermieter einen Rechtsstreit zu führen und das Prozeßrisiko zu übernehmen (so BGH WM 84, 131 = MDR 84, 662). Nach der hier vertretenen Auffassung hängt dies von den Umständen des Einzelfalls ab, wobei es insbesondere darauf ankommen wird, welche möglichen Gründe der Untermieter zur Verteidigung seines Besitzanspruchs geltend machen wird. Ist die Rechtslage zweifelhaft, was bei der Wohn-

§ 557 BGB. Ansprüche bei verspäteter Rückgabe

raummiete insbesondere dann der Fall ist, wenn der Untermieter den Einwand des Rechtsmißbrauchs erheben kann (s. Rdn B 286), so wird dem Vermieter die gerichtliche Geltendmachung des Herausgabeanspruchs regelmäßig nur dann zuzumuten sein, wenn der Mieter bereit ist, dem Vermieter die entsprechenden Kosten vorzuschießen. Bei relativ klarer Rechtslage zugunsten des Vermieters ist dieser auch ohne entsprechenden Vorschuß zur Klagerhebung verpflichtet.

(8) Im Falle des **Konkurses des Hauptmieters** gehören Entschädigungsansprüche nach § 557 BGB zu den Masseschulden im Sinne von § 59 Abs. 1 Nr. 2 KO. Zu den Masseschulden zählen nämlich auch die Ansprüche aus zweiseitigen Verträgen, deren Erfüllung zur Konkursmasse verlangt wird, also auch der Mietzinsanspruch.

Gleiches gilt für den Anspruch aus § 557 BGB, der zwar nicht auf einem Vertrag beruht, jedoch vertragsähnliche Natur aufweist (BGH WM 84, 131).

b) Sonstiger Inhalt des gesetzlichen Schuldverhältnisses

Die Annahme eines gesetzlichen Schuldverhältnisses mit weiteren als den in § 557 ausdrücklich genannten Pflichten basiert zum einen auf der Notwendigkeit, das während der Vorenthaltung bestehende tatsächliche Verhältnis, das i. d. R. – wenn auch nicht begriffsnotwendig – ein Nutzungsverhältnis ist, rechtlich zu regeln. Wie das Gesetz in § 557 I selbst zeigt und wie sich aus der äußerlichen Ähnlichkeit zwischen dem tatsächlichen Verhältnis und dem beendeten Mietvertrag ergibt, ist es sachgerecht, dieses Verhältnis im Grundsatz den bisherigen mietrechtlichen und mietvertraglichen Regeln zu unterstellen (ebenso mit ähnlicher Begründung Müller MDR 71, 253, 254). Da der Mieter die Wohnung nach Beendigung des Mietvertrags nicht mehr aufgrund eines gemeinsam ausgehandelten Vertrags, sondern nur noch in seinem eigenen Interesse nutzt und da das Nutzungsverhältnis nur ein vorübergehendes und grundsätzlich kurzfristiges Verhältnis ist, können die bisherigen Rechte und Pflichten nur noch in eingeschränktem Umfang Geltung haben (Müller a. a. O.). Die andere Überlegung ist die, daß der Vermieter trotz Vertragsbeendigung nicht berechtigt ist, den Mieter durch eigenhändige Maßnahmen (z. B. Abstellen des Wassers, Aushängen der Türen, Versperren des Zugangs) zur Räumung der Wohnung zu zwingen und so privat vollstrecken darf. Er ist daher trotz der Vertragsbeendigung zur Erbringung gewisser mietvertraglicher Leistungen weiterhin gehalten. Auf dieser Grundlage ergibt sich für die einzelnen Pflichten die im folgenden dargestellte Regelung. Hierbei ist es grundsätzlich gleichgültig, ob die Nutzung im Rahmen einer vertraglich oder gerichtlich gewährten Räumungsfrist erfolgt oder nicht; allerdings können sich im Rahmen einer Räumungsfrist im Einzelfall verstärkte Pflichten ergeben (dazu ausführlich Müller MDR 71, 253 ff).

(1) Pflichten des Vermieters

B 524 aa) **Zugang zu den Wohnräumen:** Schon aus der Überlegung, daß der Vermieter den Mieter nicht eigenmächtig aus der Wohnung drängen darf, ergibt sich, daß er ihm weiterhin den ordnungsmäßigen und insbesondere gefahrlosen Zugang zu den Mieträumen ermöglichen muß und jede Maßnahme zu unterlassen hat, die den Zugang und damit die Benutzung der Wohnräume in sachlich nicht gerechtfertigter Weise erschwert. Dazu gehört, daß Durchgänge und Treppenaufgänge, soweit erforderlich, beleuchtet und im Freien liegende Zugänge bei Glatteis gestreut werden. Auch muß der Vermieter dem Mieter weiterhin die Benutzung des Fahrstuhls erlauben, damit dieser in seine höhergeschossige Wohnung gelangen kann. Behinderungen, die durch ein überwiegendes Interesse des Vermieters gedeckt sind, muß der Mieter jedoch hinnehmen. Ein solches Interesse ist z. B. gegeben, wenn der Vermieter gekündigt hat, weil er selbst in die Wohnung ziehen und in dem Hof, über den der Zugang zu der Wohnung erfolgt, Material lagern will. Hier darf er nach Beendigung des Mietvertrags schon einen Teil des Materials unterbringen, auch wenn dadurch der Zugang zwar erschwert, aber nicht unmöglich oder gefährlich gemacht wird. Eine Behinderung des Zugangs kann auch dann gerechtfertigt sein, wenn zu ihrer Beseitigung Aufwendungen erforderlich sind, die den Vermieter im Hinblick auf die befristete Nutzungsdauer wirtschaftlich nicht mehr zumutbar sind (Müller a. a. O. S. 254).

Verhindert der Vermieter eigenmächtig den Gebrauch der Mietsache (z. B. Steckschloß), steht dem Mieter als Besitzer der Abwehranspruch nach § 861 I BGB zu. Wenn der Mieter nach der Sachlage des Einzelfalles eine Räumungsfrist (§§ 721, 794a ZPO) oder Vollstreckungsschutz (§ 765a ZPO) beanspruchen konnte, ist sein Besitz infolge dieser positiven Befugnisse darüber hinaus als sonstiges Recht i. S. des § 823 I BGB anzusehen, so daß der Vermieter den infolge der eigenmächtigen Verhinderung des Mietgebrauchs oder eigenmächtiger Räumungsmaßnahmen entstandenen Schaden, zu ersetzen hat (z. B. Hotelkosten, Verlust oder Zerstörung von Einrichtungsgegenständen; LG Mannheim Urt. vom 12. 9. 1977, 4 S 70/77).

B 525 bb) **Gewährung von Versorgungsleistungen.** Solange der Mieter die Wohnräume nutzt, hat der Vermieter ihm die nach dem Mietvertrag geschuldeten Versorgungsleistungen weiterhin zu erbringen; soweit er sie nicht selbst erbringt, hat er deren Inanspruchnahme zu ermöglichen und darf nicht den Mieter bei dem Versorgungswerk als Abnehmer abmelden oder die Versorgung sperren lassen. Unter diese Leistungen fallen einerseits die Weitergewährung der (Zentral-)Heizung, Warmwasserversorgung und der Müllabfuhr (durch die Stellung der Mülltonnen), andererseits Wasserversorgung und Entwässerung und Versorgung mit elektrischem Strom, Gas, Fernheizung und ähnlichem (ebenso im Ergebnis Roquette § 557 Rdn 26). Die entgegenstehende Ansicht des LG Frankfurt (Urt. vom 26. 6. 1973 – 2/11 S 12/73) ist abzulehnen. Diese

§ 557 BGB. Ansprüche bei verspäteter Rückgabe **B 526, 527**

Ansicht geht davon aus, daß die vertraglichen Ansprüche des Mieters – zu denen auch der Anspruch auf Beheizung gehört – mit der Beendigung des Mietvertrags erlöschen, so daß dem Mieter lediglich Besitzschutzansprüche aus § 862 BGB zustehen. Hierbei wird verkannt, daß durch § 557 BGB ein gesetzliches Schuldverhältnis begründet wird, das an die Stelle des ursprünglichen Mietvertrags tritt und dessen Zweck die Abwicklung des auch nach Ablauf der Kündigungsfrist weiterhin bestehenden Mietverhältnisses ist (vgl. B 505). Für den Vermieter begründet dieses Schuldverhältnis einen vollen Entschädigungsanspruch dafür, daß der Mieter die Mietsache weiterhin nutzt; er wird mithin so gestellt, wie er bei Fortbestand des Mietvertrags stehen würde. Die Gegenleistung, die der Vermieter hierfür erbringen muß, besteht dann aber darin, daß er dem Mieter die Räume so zur Verfügung stellt, wie er dies nach den vertraglichen Regelungen tun müßte. Dies gilt auch für die Frage der Beheizung. Jede andere Lösung hätte zur Folge, daß der Mieter auch anders als durch die gesetzlich vorgesehene Zwangsvollstreckung zur Räumung gezwungen werden könnte. Die Ausübung solcher Zwangsmittel ist jedoch unzulässig (§ 858 BGB).

Ausnahmsweise kann sich ein **Ausschluß der Leistungspflicht** ergeben, wenn z. B. die Heizung und Warmwasserversorgung unter besonderem Aufwand ausschließlich für den Mieter betrieben werden und dieser sich auf andere zumutbare Weise mit Heizung und Warmwasser versorgen kann (Müller a. a. O. S. 255). Bei Vorhandensein einer Zentralheizung wird die Anschaffung von Öfen angesichts der kurzen Nutzungszeit für den Mieter aber regelmäßig unzumutbar sein. Auch der Einbau eines mit Strom oder Gas betriebenen Warmwasserboilers wird grundsätzlich nicht in Frage kommen. Ein Ausschluß von den öffentlichen Versorgungsleistungen durch Maßnahmen des Vermieters kann auch nicht ausnahmsweise gerechtfertigt sein, da es sich hier um elementare Güter handelt, die für den Mieter existenznotwendig sind. Dasselbe gilt für die Müllabfuhr, auch soweit die Leistung des Vermieters in der Stellung der Mülltonne besteht, da hier ein öffentlich-rechtlicher Benutzungszwang gegeben ist und der Mieter sich daher auch privatrechtlich nicht auf eine anderweitige Müllbeseitigung einlassen muß. **B 526**

Soweit der Mieter die Leistungen in Anspruch nimmt, hat er sich im Rahmen der Nutzungsentschädigung nach dem vertraglich vereinbarten Umlagemodus an den Kosten zu beteiligen (s. oben).

cc) Benutzung von Gemeinschaftseinrichtungen. Gemeinschaftseinrichtungen, die zur Ermöglichung eines angemessenen Wohnens erforderlich sind, hat der Vermieter auch nach Beendigung des Mietvertrags zur Verfügung zu stellen. Dazu gehören – jedenfalls wenn der Mieter im Hochhaus in einem der oberen Geschosse wohnt – die Benutzung des Fahrstuhls, der Gemeinschaftsantenne, der Waschküche und des Trockenbodens. Die Benutzung der beiden letztgenannten Räume kann der Vermieter ausnahmsweise ausschließen, wenn er ein sachlich berechtigtes Interesse an ihrer anderweitigen Nutzung hat (Müller a. a. O.). Ein **B 527**

solches Interesse kann gegeben sein, wenn der Räumungspflichtige der einzige Mieter des Hauses ist, der die Waschküche und den Trockenraum in Anspruch nimmt, so daß der Aufwand zur Unterhaltung dieser Räume oder der Erhaltung ihrer Eignung als Wasch- bzw. Trockenraum für den Vermieter unverhältnismäßig hoch ist.

B 528 Die Benutzung von (Luxus-)Einrichtungen, die wesentlich über das allgemein übliche Wohnniveau hinausgehen, muß der Vermieter nach Beendigung des Mietvertrags nicht mehr gestatten. Hierher sind u. a. ein gemeinschaftliches Hausschwimmbad oder eine Sauna zu rechnen. Allerdings mindert sich, wenn für die Benutzung dieser Einrichtungen im Rahmen des Mietzinses etwas zu entrichten war, dann die Nutzungsentschädigung um diesen Betrag (s. o. Rdn B 515).

B 529 dd) Benutzung von mitvermieteten Nebenräumen. Hier gilt dasselbe wie bei den Gemeinschaftseinrichtungen. Als notwendig zu einem angemessenen Wohnen ist die Benutzung von Keller- und Abstellräumen anzusehen, da die Lagerung von Brennstoff oder über den Tagesbedarf hinausgehenden Lebensmittelvorräten oder das Abstellen von Fahrrädern, handwerklichen Geräten für den Hausgebrauch oder ähnlichen innerhalb der Wohnung nicht zumutbar ist. Zur Gestattung der Weiterbenutzung eines zur alleinigen Nutzung mitvermieteten Gartens oder Schwimmbads ist der Vermieter hingegen nicht verpflichtet. Unterbleibt die Nutzung, so ist die Nutzungsentschädigung herabzusetzen.

B 530 ee) Duldung der Aufnahme von Familienangehörigen und Besuchern. Soweit der Mieter schon vor Beendigung des Mietverhältnisses berechtigterweise seinen Ehegatten, Kinder oder sonstige nahe Angehörige oder ihm nahestehende Personen (Verlobter) in die Wohnung aufgenommen hat, muß der Vermieter das Bleiben der Personen auch nach Beendigung des Mietvertrags dulden, da diese denselben Schutz wie der Mieter genießen.

B 531 Dieser Bestandschutz gilt naturgemäß grundsätzlich nicht für nach Vertragsbeendigung neu aufgenommene Personen. Dem Mieter soll durch die beschränkte Weitergeltung mietrechtlicher Grundsätze lediglich die nicht vom Vermieter durch eigenmächtige Maßnahmen beeinträchtigte Nutzung im bisherigen Umfang ermöglicht werden; er soll jedoch seine Nutzung nicht noch ausdehnen dürfen. Außerdem bedeutet es für den Vermieter eine Erschwerung der Zwangsräumung, wenn weitere Personen in die Wohnung aufgenommen werden (so mit Recht Müller a. a. O. S. 256). Ausnahmsweise wird aber – soweit die Wohnung aus öffentlich-rechtlichen Gesichtspunkten überhaupt mit weiteren Personen belegt werden darf – eine Duldungspflicht des Vermieters anzunehmen sein, wenn der Mieter aus zwingenden familiären Gründen oder einer zwingenden sittlichen Pflicht weitere Personen aufnimmt. Dies kann der Fall sein, wenn anderenfalls der Ehegatte, den der Mieter nach Beendigung des Mietvertrags geheiratet hat, obdachlos würde (anders wohl Müller a. a. O. S. 256).

Für den Empfang von **Besuchern** ergeben sich auch nach Beendigung **B 532** des Mietvertrags keine besonderen Einschränkungen. Es gelten vielmehr die allgemeinen von der Rechtsprechung entwickelten Grundsätze (s. Schmidt-Futterer/Blank MR, Stichwort „Besucher").

ff) Instandhaltung der Mieträume. Maßnahmen zur Instandhaltung **B 533** hat der Vermieter nur noch im beschränkten Umfang zu ergreifen. Auf jeden Fall muß er gefahrbringende Zustände, die Leben und Gesundheit der Mieter beeinträchtigen können, beseitigen (LG Mannheim MDR 67, 130). Darüber hinaus wird man ihn allenfalls im Rahmen einer längeren Räumungsfrist als verpflichtet ansehen können, auch laufende Instandhaltungsarbeiten durchzuführen (anders Müller a. a. O. S. 255). Daß die Ausgaben hierfür durch die Nutzungsentschädigung gedeckt wären (Müller ebenda), kann nicht ausschlaggebend sein, da der Mieter nach Vertragsbeendigung die Mietsache pflichtwidrig nutzt und daher das Risiko für hieraus entstehende Verschlechterungen zu tragen hat (s. auch Rdn B 514). Ansonsten hat der Vermieter nur solche unaufschiebbaren Instandsetzungs-, Instandhaltungs- oder Renovierungsarbeiten vorzunehmen, die zur Gewährleistung eines angemessenen Wohnens erforderlich sind. Innerhalb dieses Rahmens liegende Einschränkungen muß der Mieter hinnehmen.

gg) Verkehrssicherungspflicht. Die Verkehrssicherungspflicht, die **B 534** sich zum Teil mit der Instandhaltungspflicht und der Pflicht deckt, einen ordnungsmäßigen und gefahrlosen Zugang zu den Wohnräumen zu ermöglichen, besteht ebenfalls nur noch in eingeschränktem Umfang. Im Regelfall reicht es zur Erfüllung dieser Pflicht aus, wenn der Vermieter den Mieter auf die Gefahrensituation hinweist. Eine Beseitigung der Gefahrenquelle ist jedoch erforderlich, wenn der Mieter trotz eigener zumutbarer Maßnahmen nicht in der Lage ist, der Gefahr auszuweichen (Müller a. a. O. S. 255; vgl. auch Roquette § 557 Rdn 26).

hh) Abwehr von Beeinträchtigungen, insbesondere Störungen B 535 durch andere Mieter. Zur Ermöglichung eines angemessenen Wohnens gehört es, daß der Vermieter auch nach Beendigung des Mietvertrags dafür Sorge trägt, daß der Mieter nicht durch Ruhestörungen oder Streitigkeiten anderer Mieter oder von außen kommende, aber vom Vermieter behebbare Einwirkungen (das Haus wird von Ungeziefer befallen, das in die Wohnung des Mieters eindringt) belästigt wird. Im Rahmen der Übergangsbeziehung wird man von ihm aber nur solche Gegenmaßnahmen verlangen können, die eine sofortige Abhilfe versprechen und die in einem vertretbaren wirtschaftlichen Rahmen liegen. Ist abzusehen, daß sie sich erst nach Auszug oder Zwangsräumung auswirken würden, oder erfordern die Maßnahmen einen hohen finanziellen Aufwand, so ist der Vermieter nicht zu ihrer Ergreifung verpflichtet (Müller a. a. O. S. 255).

ii) Duldung von Einrichtungen. Eine bereits **vorhandene Einrich- B 536 tung** hat der Vermieter zu dulden, es sei denn, es handelt sich um eine vertragswidrige Einrichtung, derentwegen die Kündigung des Mietvertrags erfolgte.

B 537 **Neue Einrichtungen** braucht hingegen der Vermieter grundsätzlich nicht zu dulden, da hierdurch dem Mieter nicht lediglich der bei Beendigung des Mietvertrags bestehende Nutzungsumfang erhalten, sondern erweitert wird. Etwas anderes kann ausnahmsweise bei einer längeren Räumungsfrist gelten, wenn der Mieter auf die Einrichtung angewiesen ist oder sie zu den ganz üblichen Einrichtungen gehört, wie z. B. Telefon, Rundfunk- und Fernsehantenne (weitergehend Müller a. a. O. S. 256).

B 538 jj) Dasselbe hat für die **Anschaffung von Tieren** zu gelten. Da der Mieter seine Befugnisse nach Beendigung des Mietvertrags nicht ausdehnen darf, braucht der Vermieter die Haltung eines jetzt erst angeschafften Tieres nur dann zu dulden, wenn der Mieter das Tier dringend benötigt, wie dies bei einem Blindenhund der Fall ist (weitergehend Müller a. a. O. S. 256).

B 539 kk) Schließlich trifft den Vermieter wie jeden Partner einer gesetzlichen Sonderbeziehung während der Vorenthaltung die allgemeine Pflicht, Beschädigungen der Person und des Vermögens des Mieters zu vermeiden **(Schutzpflicht).** Die schuldhafte Verletzung dieser Pflicht macht ersatzpflichtig.

(2) Pflichten des Mieters

B 540 aa) **Obhutspflicht.** Den Mieter trifft während der Dauer der Vorenthaltung in gleichem Maße wie während der Vertragsdauer die Obhutspflicht hinsichtlich der Wohnräume, da er allein nach wie vor derjenige ist, der die tatsächliche Gewalt über sie hat. Die Obhutspflicht kann nicht dadurch erfüllt werden, daß der Mieter dem Vermieter mitteilt, dieser möge selbst die zur Abwendung der Gefahr erforderlichen Maßnahmen treffen (z. B.: Maßnahmen zur Verhinderung des Einfrierens einer Heizungsanlage). Vertragspflichten können nämlich nicht dadurch erfüllt werden, daß der Verpflichtete die von ihm geschuldete Leistung dem Vertragspartner aufbürdet (BGH NJW 83, 1049 = MDR 83, 345 = ZMR 83, 198). Der Mieter hat selbst dafür zu sorgen, daß die Sache nicht durch ihn oder durch Dritte beschädigt wird. Jede schuldhafte Verletzung dieser Pflicht macht den Mieter ersatzpflichtig, soweit er es nicht schon auf Grund der allgemeinen Verzugshaftung nach den §§ 556, 286 BGB ist. Nicht unter die Ersatzpflicht – auch nicht im Rahmen der Verzugshaftung – fallen aber die innerhalb des § 548 bleibenden Veränderungen und Verschlechterungen der Mietsache, da diese durch die Nutzungsentschädigung abgegolten sind (anders Müller a. a. O. S. 257; s. auch Rdn B 548).

B 541 bb) **Pflicht zur Rücksichtnahme und Wahrung des Hausfriedens.** Auch diese Pflicht gilt nach Vertragsbeendigung unbeschränkt weiter, da sich an der tatsächlichen Situation, dem Wohnen innerhalb der Hausgemeinschaft, nichts geändert hat. Unter Umständen wird der Mieter sogar eine gesteigerte Rücksicht zu nehmen haben, wenn ihm z. B. wegen Störung des Hausfriedens (§ 554a) gekündigt worden ist.

§ 557 BGB. Ansprüche bei verspäteter Rückgabe   B 542–544

cc) Schönheitsreparaturen und sonstige Reparaturpflichten. Hat **B 542** sich der Mieter vertraglich verpflichtet, Schönheitsreparaturen und sonstige anfallende Reparaturen durchzuführen, so gelten diese Pflichten auch nach Beendigung des Mietvertrags. Denn Renovierungen und Reparaturen sind notwendig wegen der Nutzung der Miethäume, so daß der Zweck der Vereinbarung entsprechender Pflichten des Mieters so lange fortgilt, als dieser die Wohnung nutzt. Mit Recht kommt Müller (a. a. O. S. 257 f) daher zudem auf die Fälle, in denen keine Räumungsfrist gewährt ist, entsprechend anwendbaren Ergebnis, daß die Frage, ob der Mieter renovieren oder Schäden reparieren muß, danach zu beantworten ist, was gelten würde, wenn der Mietvertrag zu dieser Zeit noch nicht beendet wäre. Einschränkungen auf Grund von Treu und Glauben können sich ergeben, wenn feststeht, daß die Wohnung nach dem Auszug des Mieters abgerissen oder völlig umgebaut wird.

dd) Sonstige besondere vertragliche Pflichten. Hat der Mieter im **B 543** Mietvertrag weitere Pflichten übernommen, die ihn oder – im Wechsel mit anderen – zu bestimmten Zeiten allein treffen (Treppenhausreinigung, Hofkehren, Gehwegreinigung, Schneeräumen und Streuen bei Glatteis, Bedienung der Heizung und Warmwasserversorgung für das ganze Haus und ähnliches), so hat er diese Pflichten so lange zu erfüllen, wie er in der Wohnung wohnt. Zum einen soll der Mieter durch die Beendigung des Mietvertrags nicht günstiger gestellt werden und nicht nur einseitig seine Interessen, sondern auch diejenigen des Vermieters wahrnehmen, zum anderen ergibt sich in der Regel aus dem Zweck der entsprechenden Vereinbarung, daß die Pflichten so lange gelten sollen, bis sie von einem Nachfolgemieter übernommen werden. So bleibt der Mieter auch nach der Vertragsbeendigung wie vorher verpflichtet, dem Vermieter in den üblichen Tageszeiten den Zutritt zu den Miethäumen zu gewähren, wenn die Besichtigung zur Erfüllung der Instandhaltungs-, Instandsetzungs- oder Verkehrssicherungspflichten des Vermieters erforderlich ist und wenn der Verkauf des Hauses oder die Weitervermietung dies gebieten (vgl. Schmidt-Futterer/Blank MR, Stichworte: ,,Besichtigungsrecht, Instandhaltung II"). Zur Erfüllung dieser Duldungspflicht kann der Mieter nach § 890 I ZPO durch die Verhängung von Ordnungsgeld auch dann gezwungen werden, wenn er persönlich durch längere Abwesenheit daran gehindert sein sollte; sind weitere Zuwiderhandlungen und ein dadurch entstehender Schaden (z. B. Verhinderung der Weitervermietung) zu befürchten, kann der Mieter auch zur Bestellung einer Sicherheit verurteilt werden (§ 890 III ZPO; LG Mannheim DWW 76, 261).

ee) Duldung von Maßnahmen gemäß § 541a + b BGB. Wenn der **B 544** Mieter während der Vertragszeit Verbesserungs- und Erhaltungsmaßnahmen des Vermieters dulden muß, so hat er solche Einwirkungen erst recht nach Beendigung der Mietzeit hinzunehmen. Eine Einschränkung der Duldungspflicht kann sich allerdings unter dem Gesichtspunkt von Treu und Glauben ergeben, wenn der Auszug des Mieters unmittelbar bevorsteht und die vom Vermieter beabsichtigte Umbaumaßnahme nicht etwa deswegen unaufschiebbar ist, weil bei einer auch nur kurzfristigen Verzögerung die Bauhandwerker auf längere Zeit nicht mehr zur Verfügung stehen.

B 545 ff) **Benutzungspflicht.** Im Mietvertrag kann ausdrücklich oder stillschweigend die Pflicht enthalten sein, die Mieträume zu benutzen (einsam gelegenes Haus soll aus Sicherheitsgründen nicht leerstehen). Diese Pflicht besteht auch nach Vertragsende fort, obwohl der Vermieter durch Kündigung und Räumungsklage zu erkennen gegeben hat, daß er die Nutzung durch den Mieter grundsätzlich nicht mehr will. Mit Recht hat Müller darauf hingewiesen (a. a. O. S. 258), daß der Vermieter trotz seines Rückerlangungswillens in diesen Fällen ein Interesse an der Benutzung der Sache durch den Mieter hat, solange er nicht selbst die tatsächliche Gewalt über sie ausüben kann. Ein Widerspruch besteht hier nicht: der Vermieter will die Wohnräume zurückhaben. Aber wenn der Mieter sie ihm schon vorenthält, so soll er sie wenigstens auch benutzen.

B 546 gg) Wie den Vermieter trifft auch den Mieter im Rahmen des gesetzlichen Schuldverhältnisses während der Dauer der Vorenthaltung eine **allgemeine Schutzpflicht,** die ihm gebietet, Schädigungen der Person und des Vermögens des Vermieters zu vermeiden. Diese Schutzpflicht verlangt beispielsweise, daß der Mieter bei dem Wunsch nach einer vertraglichen Räumungsfrist ganz genau prüft, welche Zeit er benötigt und keine zu lange Frist begehrt, auf die der Vermieter dann vertraut und dadurch einen Schaden erleidet, daß der Mieter die Sache früher zurückgibt, der Vermieter sie aber erst zu einem späteren Zeitpunkt weitervermieten kann.

B 547 **2. Schadensersatz**

Nach Abs. I S. 2 bleibt die Möglichkeit der Geltendmachung eines weiteren Schadens nach den allgemeinen Vorschriften der §§ 556, 286 BGB, aber auch auf Grund positiver Forderungsverletzung (Roquette § 557 Rdn 13; Schmidt-Futterer NJW 62, 472; LG Mannheim WM 62, 120) grundsätzlich bestehen. Uneingeschränkt gilt dies bei beweglichen Sachen, nicht zu Wohnzwecken vermieteten Räumen, Grundstücken, während bei Wohnräumen aus sozialen Gründen die Ersatzpflicht des Mieters zum Teil dem Grunde nach, zum Teil umfangmäßig beschränkt ist.

B 548 Mit dem in Abs. I S. 2, II und III genannten Schaden ist ausschließlich der dem Vermieter durch die Vorenthaltung entstandene Schaden gemeint. In der Regel wird es sich um **Mietausfall** handeln: zum Zeitpunkt der Vertragsbeendigung ist ein einzugsbereiter Mieter vorhanden, bei Räumung nicht mehr, so daß die Wohnung eine Zeitlang leersteht oder nur an einen Mieter vermietet werden kann, der einen geringeren Mietzins zahlt. Dem Vermieter entgeht ein Mieter, der ihm einen höheren Mietzins gezahlt hätte. Als erstattungsfähige Schäden kommen aber auch

§ 557 BGB. Ansprüche bei verspäteter Rückgabe   B 549, 550

andere Nachteile in Frage: Der Vermieter haftet dem neuen Mieter wegen der nicht rechtzeitigen Überlassung auf Schadensersatz (§ 541 BGB; LG Berlin FWW 76, 24); dem Vermieter geht ein Mieter verloren, der an seiner Stelle die Wohnung renoviert hätte; er hätte einen Mieter als Pflegeperson für sich bekommen können, muß jetzt aber eine besondere Pflegeperson nehmen, der er mehr bezahlen muß. Beim Auszug des Mieters sind infolge gestiegener Lohn- und Materialkosten die Aufwendungen des Vermieters für Renovierung höher als bei Beendigung des Mietvertrags; der Vermieter hätte die Sache gewinnbringend verkaufen können. **Nicht erstattungsfähig** sind die Veränderungen und Verschlechterungen, die sich im Rahmen des § 548 BGB halten; Diese Nachteile sind bereits durch die Nutzungsentschädigung abgegolten (anders Müller MDR 71, 253, 257).

Zum Schaden, der dem Vermieter durch eine Räumung des Mieters zur Unzeit (z. B. am 9. eines Monats) oder vor Ablauf einer vereinbarten oder gerichtlich gewährten Räumungsfrist entsteht, weil die Mietsache erst zum nächstüblichen Termin (15. oder 1. eines Monats) oder dem Tag nach Ablauf der Räumungsfrist vermietet werden kann (vgl. unten Rdn B 564).   **B 549**

a) Soweit § 557 keine Sonderregelung bringt, gelten die allgemeinen Vorschriften und Regeln des Schadensersatzrechts, so hinsichtlich des Umfangs der Schadensersatzpflicht die §§ 249 ff BGB und insbesondere § 252 BGB. Dies bedeutet auch, daß im Gegensatz zum Nutzungsentschädigungsanspruch der Schadensersatzanspruch den Nachweis eines konkreten Schadens voraussetzt. Des weiteren ist grundsätzlich erforderlich, daß der Mieter mit der Erfüllung seiner Rückgabepflicht im Verzug ist, d. h., daß er trotz Fälligkeit des Rückgabeanspruchs und Mahnung – soweit eine solche nicht gem. § 284 II BGB entbehrlich ist – die Mietsache schuldhaft nicht herausgibt, wobei das Verschulden bis zum Beweis des Gegenteils durch den Mieter vermutet wird (§ 285 BGB). Betrifft das Mietverhältnis keine Wohnräume und ist für den Fall der Vorenthaltung eine vertragliche Schadensersatzpflicht vereinbart, die ein Verschulden des Mieters nicht erfordert, so kann sich der Mieter nicht damit entlasten, daß er die Verzögerung der Rückgabe nicht zu vertreten hat.   **B 550**

Stets muß der Vermieter nach der Rückübertragung des Besitzes an den Räumen im Rahmen des ihm Zumutbaren bemüht sein, diese zum nächstmöglichen Zeitpunkt anderweitig weiterzuvermieten, um seiner Schadensminderungspflicht zu genügen (§ 254 BGB). Er muß deshalb eine ihm mögliche Weitervermietung auch dann durchführen, wenn noch kleinere Reparaturen unerledigt sind, die dem Mieter zur Last fallen (z. B. Reparatur gekürzter Türblätter); hat der Mieter die ihm obliegenden Schönheitsreparaturen vor dem Auszug nicht durchgeführt, kann der Vermieter die Räume zwecks Beseitigung dieses Zustandes auf Kosten des Mieters nur solange leerstehen lassen, wie das zur Erledigung dieser Arbeiten unbedingt erforderlich ist (LG Mannheim DWW 77, 20; LG Frankfurt WM 77, 95; s. Rdn 272).

B 551 b) Bei **Wohnräumen** macht das Gesetz (II S. 1, 1. Halbs.) die Schadensersatzpflicht des Mieters ausdrücklich davon abhängig, daß die Rückgabe aus **von ihm zu vertretenden Gründen** (§§ 276, 278) unterbleibt. Für den Fall, daß die Parteien im Mietvertrag die Voraussetzungen des Schadensersatzes bei verspäteter Rückgabe der Wohnräume nicht abweichend geregelt haben, hat die Vorschrift keine materiellrechtliche Bedeutung; denn die Schadensersatzpflicht hängt schon nach den allgemeinen Vorschriften von einem Verschulden ab (ebenso Häring BlGBW 70, 211; Palandt-Putzo, § 557 Anm. 4 b; AG Kassel WM 71, 13). Trotz der gegenüber den §§ 284, 285, 286 BGB unterschiedlichen Formulierungen hat die Regelung aber auch keine verfahrensrechtliche Bedeutung, wie man vermuten könnte. Auch der Mieter von Wohnräumen trägt die Beweislast dafür, daß ihn an der Unterlassung der Herausgabe und Räumung kein Verschulden trifft (ebenso Häring BlGBW 68, 81; Hans § 557 Anm. B 7). Wie sich nämlich aus der Entstehungsgeschichte des Abs. II S. 1, 1. Halbs. ergibt, sollte nur „zusätzlich herausgestellt" werden (schriftlicher Bericht des Rechtsausschusses des Bundestags, abgedruckt bei Hans § 557 unter A), daß die Ersatzpflicht ein Verschulden des Mieters voraussetzt; nicht hingegen sollten die ein Verschulden ergebenden Tatsachen zu den vom Vermieter zu beweisenden Anspruchsvoraussetzungen gemacht werden.

B 552 Ein **Verschulden** des Mieters ist in der Regel in den folgenden Fällen **nicht gegeben,** wobei eine unterschiedliche Bewertung gegenüber der oben unter 2a erörterten Rechtslage bei der Vorenthaltung sonstiger Mietsachen geboten ist:

aa) Dem Mieter steht **angemessener Ersatzwohnraum** zu zumutbaren finanziellen Bedingungen unverschuldet nicht zur Verfügung (Palandt-Putzo § 557 Anm. 4b; Hans § 557 Anm. B 5a; unrichtig OLG Celle MDR 67, 1013, das nicht auf das Verschulden abstellt, sondern als entscheidend ansieht, daß die Erlangung einer Ersatzwohnung zum Risikobereich des Mieters gehöre). Zur Annahme dieser Tatsache als Grund eines Verschuldensausschlusses ist erforderlich, daß der Mieter sich ab Zugang der Kündigung oder Kenntnis der sonstigen Beendigung des Mietverhältnisses laufend um Ersatzwohnraum bemüht (Ersatzraumbeschaffungspflicht; s. Rdn B 428). Bei qualifizierten befristeten Mietverhältnissen im Sinne des § 564c II BGB (Zeitmietverträge) muß der Mieter grundsätzlich erst nach Zugang der Mitteilung über die noch bestehende Verwendungsabsicht mit der Ersatzraumsuche beginnen. Erst zu diesem Zeitpunkt weiß der Mieter zweifelsfrei, daß er zur Räumung verpflichtet ist. Eine Ausnahme kommt dort in Betracht, wo die zukünftige Eigennutzung oder Modernisierung hinreichend genau feststeht, so daß auch der Mieter aus seiner Sicht nicht mit der Fortsetzung des Mietverhältnisses rechnen kann. In diesen Fällen kann der Mieter sehr frühzeitig mit der Ersatzraumsuche beginnen und so sicherstellen, daß er zur fristgemäßen Rückgabe imstande ist. Auch hier ist aber stets zu bedenken, daß eine frühzeitige Ersatzraumsuche nur dann einen Sinn hat,

§ 557 BGB. Ansprüche bei verspäteter Rückgabe   B 553–557

wenn der Mieter bereit ist, schon längere Zeit vor dem Ablauf des Zeitmietvertrags ein neues Mietverhältnis mit sofortigem Mietbeginn zu begründen. In solchen Fällen muß der Mieter für einen gewissen Zeitraum für zwei Wohnungen Miete zahlen. Hierzu werden viele Mieter aus finanziellen Gründen nicht in der Lage sein (vgl. dazu Blank WM 83, 36).

bb) Krankheit des Mieters oder einer berechtigterweise in die Wohnung aufgenommenen Person, mit der eine Lebens- oder Familiengemeinschaft besteht (Ehegatte, Kind, Verlobter). Es muß sich um eine Krankheit handeln, die den Auszug unmöglich (Palandt-Putzo) § 557 Anm. 4b; z. B. Bettlägerigkeit) oder unzumutbar (z. B. Beinbruch) macht. Eine leichte Grippe oder sonstige leichte Erkrankungen reichen nicht aus. B 553

cc) Fortgeschrittene Schwangerschaft. Wenn bei fortgeschrittener Schwangerschaft Beschwerden auftreten, die in ihren Auswirkungen krankheitsbedingten Beeinträchtigungen gleichstehen, kann eine Räumung angesichts der mit ihr verbundenen Aufregungen und Anstrengungen unzumutbar sein. B 554

dd) Außergerichtlich oder im Laufe des gerichtlichen Verfahrens zwischen Vermieter und Mieter vereinbarte **Räumungsfrist.** In diesem Fall ist der Rückgabeanspruch gestundet, so daß schon keine Fälligkeit des Anspruchs gegeben ist und somit auch kein Verschulden hinsichtlich der Nichterfüllung der Rückgabepflicht vorliegen kann (so mit Recht OLG Celle NJW 74, 1027; s. auch Rdn B 244). B 555

ee) Gerichtliche Gewährung von **Vollstreckungsschutz gem. § 765a ZPO.** Die Gewährung von Vollstreckungsschutz gem. § 765a ZPO schließt anders als die Gewährung einer Räumungsfrist (Abs. III) zwar nicht automatisch das Verschulden des Mieters hinsichtlich der Erfüllung seiner Rückgabeverpflichtung aus (LG Münster ZMR 72, 279; Palandt-Putzo § 557 Anm. 4c; so aber Hans § 557 Anm. B 5d). Doch liegen einer solchen Entscheidung regelmäßig besondere Notlagen des Mieters zugrunde, die daraufhin zu prüfen sind, ob sie von ihm verschuldet sind oder nicht. Sind sie unverschuldet, so liegt für ihre Dauer kein Verschulden bezüglich der Nichtrückgabe der Wohnung vor. B 556

ff) Unzumutbarkeit eines Zwischenumzugs. Ein solcher Fall kann gegeben sein, wenn dem Mieter zwar eine Ersatzwohnung zur Verfügung steht, er sie jedoch nicht sofort bei Beendigung des Mietvertrags, sondern erst nach einer Zwischenfrist von höchstens 4 bis 6 Monaten beziehen kann. Die Zumutbarkeit richtet sich hierbei insbesondere auch nach den persönlichen und wirtschaftlichen Verhältnissen des Mieters. So ist einem alleinstehenden Mieter ein Zwischenumzug eher zuzumuten als einem Ehepaar mit Kindern. Will der Mieter innerhalb der genannten Höchstfrist in sein eigenes Haus einziehen, wird ihm ein Zwischenumzug regelmäßig nicht zuzumuten sein (LG Münster ZMR 72, 279). Verzögert sich ohne Verschulden des Mieters der in Aussicht genommene Einzugstermin (z. B. weil die Ersatzwohnung nicht rechtzeitig fertigge- B 557 stellt wird), so liegt ebenfalls keine schuldhafte Nichterfüllung der Rückgabeverpflichtung vor. Mit solchen Verzögerungen muß gerade bei der Erstellung von Neubauten erfahrungsgemäß gerechnet werden, so daß sich auch der Vermieter bei der Vertragsgestaltung mit seinem Nachmieter entsprechend darauf einrichten muß. Tut er dies nicht, so muß er sich dies auch in Fällen, in denen der Mieter gekündigt und schuldhaft einen zu frühen Auszugstermin zugesagt hat, als Mitverschulden gemäß § 254 anrechnen lassen und kann keinen vollen Schadensersatz verlangen (vgl. AG Kassel MDR 67, 676).

B 558 c) Gemäß Abs. II S. 1 2. Halbsatz ist die **Schadensersatzpflicht** des Mieters von Wohnraumes **nach Billigkeitsgrundsätzen eingeschränkt.**

Entsprechend der Zwecksetzung, die der Regelung zugrunde liegt (s. o. I 2), erfordert die Billigkeit eine (volle) Schadloshaltung des Vermieters nur dann, wenn der Mieter mit von vornherein auch ihm erkennbar aussichtslosen Argumenten sich gegen die Kündigung oder Räumungsklage zur Wehr gesetzt oder eine Räumungsfrist beantragt hat. Bestanden hingegen gewisse Erfolgsaussichten oder war die Rechts- und Interessenlage für den Mieter nicht klar erkennbar und konnten die maßgeblichen Umstände erst im Prozeß geklärt werden, so ist gar kein oder nur in beschränktem Umfang Schadensersatz zu leisten. Inwieweit die Ersatzleistung begrenzt wird, richtet sich nach den weiteren Umständen des konkreten Einzelfalles. Zu berücksichtigen sind hierbei insbesondere: die Höhe des eingetretenen Schadens und die Umstände, die zu ihm geführt haben – so spricht es z. B. gegen eine volle Schadloshaltung, wenn der Vermieter kündigt, die Mietwohnung fest weitervermietet, ohne die Stellungnahme des Mieters zur Kündigung abzuwarten (Hans § 557 Anm. B 5b); der Grad des Verschuldens des Mieters – so kann das Verschulden geringer sein, wenn der Mieter aus dem Verhalten des Vermieters schließen darf, daß dieser die Zwangsräumung nicht sofort betreiben werde (vgl. LG Münster ZMR 72, 279), als wenn er weiß, daß der Vermieter unter allen Umständen die Wohnung sofort zur Verfügung haben will und sie auch dringend benötigt; die Voraussehbarkeit des Schadens für den Mieter; die Vermögens- und Einkommensverhältnisse der Vertragspartner (Roquette § 557 Rdn 22). Eine Rolle spielen kann im Rahmen der Billigkeit auch, ob der Vermieter durch eine über die Obliegenheiten des § 254 BGB hinausgehende Maßnahme den Schaden hätte geringer halten oder vermeiden können (vgl. den Fall AG Kassel WM 71, 13, der aber wohl schon nach § 254 BGB hätte entschieden werden können). Schließlich wird es regelmäßig gegen Billigkeitsgrundsätze verstoßen, wenn der Vermieter einen hohen Gewinn, der ihm aus dem Verkauf des Mietshauses zugeflossen wäre, von dem Mieter erstattet haben will (Hans § 557 Anm. B 5b). Im übrigen sind bei der Billigkeitsentscheidung alle Tatsachen heranzuziehen, die bei der Prüfung eines Verschuldensausschlusses in Frage kommen, aber nicht hierfür ausreichen.

§ 557 BGB. Ansprüche bei verspäteter Rückgabe

Alle Umstände, die im konkreten Fall maßgebend sein können, hat das **B 559** Gericht nach seinem pflichtgemäßen Ermessen gegeneinander abzuwägen. Dabei kann es zu einem vollen Schadensersatzanspruch, zu einem vollständigen Ausschluß, aber auch zu einer teilweisen Schadloshaltung des Vermieters kommen.

Die Einschränkung oder der Ausschluß des Schadensersatzanspruchs **B 560** nach Billigkeitsgesichtspunkten findet nicht statt, wenn der **Mieter gekündigt** hat (Abs. II S. 2). Für den Schadensersatzanspruch ist jedoch weiterhin Verschulden erforderlich, da Abs. II S. 2 sich nur auf die Billigkeitseinschränkung bezieht (h. M. AG Kassel WM 71, 13; Hans § 557 Anm. B 5 e; Roquette § 557 Rdn 23). Die Regelung ist sachgerecht, denn wenn der Mieter selbst das Ende des Mietvertrags und damit den Auszugstermin bestimmt hat, muß er sich daran ohne Rücksicht auf Billigkeitserwägungen festhalten lassen.

d) Kraft Gesetzes ausgeschlossen ist der Schadensersatzanspruch des **B 561** Vermieters, wenn dem Mieter **eine gerichtliche Räumungsfrist** nach den §§ 721, 794a ZPO gewährt ist (III).

Der Ausschluß betrifft nur den Ersatz des Schadens, der durch die Vorenthaltung entstanden ist oder entstehen kann. Er umfaßt dagegen nicht denjenigen Schaden, der bei Gelegenheit der weiteren Nutzung verursacht wird, also z. B. nicht eine Beschädigung oder Verschlechterung der Mietsache durch übermäßige Nutzung. Isoliert für sich betrachtet, ließe Abs. III zwar auch eine solche Auslegung zu; da § 557, in dessen Gesamtzusammenhang Abs. III zu interpretieren ist, aber nur die Folgen der Vorenthaltung regelt und dabei den Zweck verfolgt, den Vermieter nicht ohne zwingenden Grund schlechter zu stellen als während der Geltung des Mietvertrags, kann die Herbeiführung eines Schadens durch eine andere Handlung als die Vorenthaltung, den der Mieter während der Mietvertragsdauer zu ersetzen hätte, nach der Vertragsbeendigung nicht von der Ersatzpflicht ausgenommen sein (ebenso mit ähnlicher Begründung Müller MDR 71, 253, 257). Da der Vermieter gegenüber den mietvertraglichen Vereinbarungen andererseits aber auch nicht besser gestellt werden soll, muß der Mieter keinen Ersatz für solche Veränderungen und Verschlechterungen leisten, die während der Mietvertragszeit im Rahmen des § 548 liegen würden.

Der Ausschluß des Schadensersatzanspruchs gem. Abs. III gilt nicht – **B 562** auch nicht entsprechend – in den Fällen, in denen dem Mieter **gerichtlicher Vollstreckungsschutz gem. § 765a ZPO** (Häring BlGBW 68, 81) oder vom Vermieter **vertraglich** eine **Räumungsfrist** gewährt wurde (Palandt-Putzo § 557 Anm. 4 c). Im Fall der vertraglichen Räumungsfrist ist aber kein Verschulden des Mieters gegeben (s. o. Rdn B 555). Im Falle des Vollstreckungsschutzes kann das Verschulden ausgeschlossen sein oder die Billigkeit eine Schadloshaltung nicht erfordern (s. o. Rdn B 556).

Die Pflicht zum Ersatz des Vorenthaltungsschadens ist von der Been- **B 563** digung des Mietvertrags an bis zum Ablauf der Räumungsfrist ausgeschlossen (ebenso Roquette § 557 Rdn 24; Hans § 557 Anm. B 5 d). Nach dem klaren Gesetzeswortlaut, der nicht danach differenziert, wann die Räumungsfrist gewährt wurde, erstreckt sich der Ausschluß also auch auf solche Schäden, die zwischen Beendigung des Mietverhältnisses und dem Zeitpunkt der Gewährung der Räumungsfrist eingetreten sind. Für Schäden, die nach Ablauf der Räumungsfrist durch weitere Vorenthaltung eintreten, hat der Mieter nach den allgemeinen Voraussetzungen im Rahmen des Abs. II einzustehen.

B 564   **IV. Nutzungsentschädigung und Schadensersatz bei Räumung zur Unzeit oder vor Ablauf einer Räumungsfrist**

Nachteile, die durch eine Räumung zur Unzeit oder vor Ablauf einer Räumungsfrist dem Vermieter entstehen, sind keine Vorenthaltungsschäden, so daß die diesbezüglichen Rechtsfolgen in § 557 weder positiv noch negativ geregelt, d. h. dort weder festgelegt noch ausgeschlossen sind. Hier sind die allgemeinen Vorschriften der §§ 556, 271, 293 ff BGB anzuwenden (s. Rdn B 245). 3 Fallgruppen sind zu unterscheiden.

B 565   **1. Räumung zur Unzeit**

Eine Räumung zur Unzeit ist gegeben, wenn der Mieter die Wohnung nicht wie üblich zum Monatsende, sondern an einem beliebigen, zwischen den Parteien nicht vereinbarten Tag des Monats räumt. Kann der Vermieter die Wohnung erst zum 1. des folgenden Monats oder bei einer Räumung am Anfang des Monats zum 15. des laufenden Monats weitervermieten, so stellt sich die Frage, ob der Mieter für die Zeit zwischen Räumung und Weitervermietung Nutzungsentschädigung oder Schadensersatz an den Vermieter leisten muß. In derartigen Fällen wird davon auszugehen sein, daß die Vorenthaltung der Mietsache zwar regelmäßig mit der ordnungsmäßigen Räumung endet, auch wenn diese an einem beliebigen Tag eines angebrochenen Monats stattfindet; dem Vermieter wird aber in einem solchen Fall das Recht zugestanden werden müssen, eine derartige Leistung als nicht ordnungsmäßige Erfüllung abzulehnen und sie unter Berücksichtigung der örtlichen Sitten und Gewohnheiten erst zum 15. des laufenden Monats oder zum Monatsende anzunehmen. Aus den besonderen Umständen des Mietverhältnisses (§ 271 I BGB) ergibt sich nämlich, daß der Mieter die Wohnung zu einem bei einem solchen Vertragsverhältnis üblichen Zeitpunkt zurückzugeben hat. Wenn die besonderen Kündigungsvorschriften (§§ 565 f BGB) davon ausgehen, daß bei der üblichen monatlichen Zahlung des Mietzinses auch der Ablauf der jeweiligen Kündigungsfrist zum Monatsende eintritt, so wird damit nicht nur der Schutz des Mieters bezweckt, sondern gleichermaßen dem Vermieter die Möglichkeit eingeräumt, zu einem bestimmten und vorhersehbaren Zeitpunkt über die Wohnung durch eine Weitervermietung zu disponieren. Im Regelfalle sind Wohnräume ohne eine solche Dispositionsmöglichkeit bei angespannter Wohnungsmarktlage nicht von einem Tag auf den anderen weiterzuvermieten. Wenn der Vermieter bei vorzeitigem Auszug des Mieters die Rückgabe der Wohnung mit Recht ablehnt, ist ihm ein Anspruch auf Nutzungsentschädigung zuzuerkennen, weil der Mieter nach wie vor vorenthält (s. Rdn B 490). Bei vorbehaltsloser Annahme tritt jedoch Erfüllung ein, so daß ein Entschädigungsanspruch nicht mehr in Betracht kommt.

2. Räumung vor Ablauf einer vertraglich gewährten Räumungsfrist B 566

In diesen Fällen kann dem Vermieter dadurch ein Schaden entstehen, daß er sich auf die Räumungsfrist eingestellt und die Wohnung erst zu dem Tag nach Ablauf der Frist weitervermietet hat. Auch diese Fallkonstellation ist nach den oben dargelegten Kriterien zu entscheiden; abweichendes kann nach § 271 II BGB dann gelten, wenn die in der Räumungsfristvereinbarung liegende Stundung im Einzelfall dahin auszulegen ist, daß der Mieter schon vor Fristablauf räumen darf.

3. Gerichtliche Gewährung einer Räumungsfrist B 567

Hier handelt es sich um Fälle wie unter Ziff. 2, jedoch mit dem Unterschied, daß ein Gericht nach Prüfung aller Umstände eine bestimmte Räumungsfrist festgesetzt hat. Hier kommt eine Schadensersatzpflicht des Mieters bei vorzeitigem Auszug grundsätzlich nicht in Betracht. Insbesondere ist der Mieter nicht verpflichtet, die gewährte Räumungsfrist auszuschöpfen (anders AG Düsseldorf MDR 70, 332; LG Wiesbaden WM 68, 164 mit ablehnender Anmerkung Schmidt a. a. O. S. 165; wie hier auch Roesch WM 69, 197); da die Räumungsfrist lediglich vollstreckungsrechtliche, aber keine materiellrechtliche Bedeutung hat, kann der Mieter jederzeit ausziehen und damit die Vorenthaltung und das während ihrer Dauer bestehende gesetzliche Schuldverhältnis mit der Folge des Erlöschens des Nutzungsentschädigungsanspruchs beenden (LG Freiburg WM 80, 223; AG Friedberg WM 80, 223; ausdrücklich anders LG Wiesbaden a. a. O.). Eine Ausnahme wird allerdings zu machen sein, wenn der Mieter im Räumungsfristverfahren wissentlich falsche Angaben gemacht und sich durch Prozeßbetrug eine zu lange Räumungsfrist erschlichen hat. In diesem Falle ist er zum Ersatz des durch den vorzeitigen Auszug dem Vermieter entstandenen Schadens verpflichtet.

V. Abweichende Vereinbarungen B 568

Unter Abs. IV fallen alle schon im Mietvertrag oder erst nach dessen Beendigung getroffenen Vereinbarungen, die die Schadensersatzpflicht aus der Vorenthaltung zu Lasten des Wohnraummieters über den in den

B 569 Teil B. Kündigungsschutz

Abs. II und III bestimmten Umfang ausdehnen. Unwirksam sind daher Abreden, die eine verschuldensunabhängige Schadensersatzpflicht begründen. Ebenso ist eine Vereinbarung unwirksam, die dem Mieter die Berufung auf Billigkeitsgründe verbietet oder dem Vermieter auch bei Gewährung einer gerichtlichen Räumungsfrist einen Schadensersatzanspruch zubilligt.

Da Abs. I in Abs. IV nicht genannt ist, sind Vereinbarungen zulässig und wirksam, durch die für die Dauer der Vorenthaltung die Höhe der Nutzungsentschädigung abweichend festgesetzt wird (anders Hans § 556 Anm. B 6). Allerdings sind solche Abreden dann als unzulässig anzusehen, wenn durch sie das Verbot des Abs. IV umgangen werden soll und formal von der Nutzungsentschädigung die Rede ist, in Wirklichkeit aber über die Abs. II und III hinausgehender Schadensersatz erlangt werden soll.

B 569   **VI. Konkurrenzen**

§ 557 schließt, soweit es sich um Nutzungsentschädigung und Schadensersatz wegen Vorenthaltung der Mietsache handelt, die Vorschriften der §§ 812ff, 985ff BGB aus (Raiser JZ 61, 529; Roquette § 557 Rdn 16ff; Palandt-Putzo § 557 Anm. 5b; LG Mannheim NJW 70, 1881; anders LG Kaiserslautern ZMR 71, 30).

§ 564b BGB. Kündigungsschutz für Mietverhältnisse über Wohnraum

(1) **Ein Mietverhältnis über Wohnraum kann der Vermieter vorbehaltlich der Regelung in Absatz 4 nur kündigen, wenn er ein berechtigtes Interesse an der Beendigung des Mietverhältnisses hat.**

(2) **Als ein berechtigtes Interesse des Vermieters an der Beendigung des Mietverhältnisses ist es insbesondere anzusehen, wenn**
1. **der Mieter seine vertraglichen Verpflichtungen schuldhaft nicht unerheblich verletzt hat;**
2. **der Vermieter die Räume als Wohnung für sich, die zu seinem Hausstand gehörenden Personen oder seine Familienangehörigen benötigt. Ist an den vermieteten Wohnräumen nach der Überlassung an den Mieter Wohnungseigentum begründet und das Wohnungseigentum veräußert worden, so kann sich der Erwerber auf berechtigte Interessen im Sinne des Satzes 1 nicht vor Ablauf von drei Jahren seit der Veräußerung an ihn berufen;**
3. **der Vermieter durch die Fortsetzung des Mietverhältnisses an einer angemessenen wirtschaftlichen Verwertung des Grundstücks gehindert und dadurch erhebliche Nachteile erleiden würde. Die Möglichkeit, im Falle einer anderweitigen Vermietung als Wohnraum eine höhere Miete zu erzielen, bleibt dabei außer Betracht. Der Vermieter kann sich**

auch nicht darauf berufen, daß er die Mieteräume im Zusammenhang mit einer beabsichtigten oder nach Überlassung an den Mieter erfolgten Begründung von Wohnungseigentum veräußern will.

(3) Als berechtigte Interessen des Vermieters werden nur die Gründe berücksichtigt, die in dem Kündigungsschreiben angegeben sind, soweit sie nicht nachträglich entstanden sind.

(4) Bei einem Mietverhältnis über eine Wohnung in einem vom Vermieter selbst bewohnten Wohngebäude mit nicht mehr als zwei Wohnungen kann der Vermieter das Mietverhältnis kündigen, auch wenn die Voraussetzungen des Absatzes 1 nicht vorliegen. Die Kündigungsfrist verlängert sich in diesem Fall um drei Monate. Dies gilt entsprechend für Mietverhältnisse über Wohnraum innerhalb der vom Vermieter selbst bewohnten Wohnung, sofern der Wohnraum nicht nach Absatz 7 von der Anwendung dieser Vorschriften ausgenommen ist. In dem Kündigungsschreiben ist anzugeben, daß die Kündigung nicht auf die Voraussetzungen des Absatzes 1 gestützt wird.

(5) Weitergehende Schutzrechte des Mieters bleiben unberührt.

(6) Eine zum Nachteil des Mieters abweichende Vereinbarung ist unwirksam.

(7) Diese Vorschriften gelten nicht für Mietverhältnisse:
1. über Wohnraum, der zu nur vorübergehendem Gebrauch vermietet ist,
2. über Wohnraum, der Teil der vom Vermieter selbst bewohnten Wohnung ist und den der Vermieter ganz oder überwiegend mit Einrichtungsgegenständen auszustatten hat, sofern der Wohnraum nicht zum dauernden Gebrauch für eine Familie überlassen ist,
3. über Wohnraum, der Teil eines Studenten- oder Jugendwohnheims ist.

Übersicht

	Rdn
I. Allgemeines	
1. Zweck	570
2. Anwendungsbereich	572
II. Das berechtigte Interesse des Vermieters an der Vertragsbeendigung	583
1. Konkrete Interessen	584
2. Übereinstimmung mit der Rechts- und Sozialordnung	585
3. Gebot der Rücksichtnahme	586
4. Ausnahme für Ein- oder Zweifamilienhäuser	587
III. Die gesetzlichen Kündigungsgründe	588
1. Pflichtverletzung des Mieters (II Nr. 1)	
a) Allgemeines	589
b) Voraussetzungen im einzelnen	
aa) Verletzungshandlung	590
bb) Erheblichkeit der Pflichtverletzung	591
cc) Verschulden	592
c) Anwendungsfälle	
aa) Zahlungsverzug	593
bb) Vertragswidriger Gebrauch	599
cc) Belästigungen	601
dd) Unbefugte Untervermietung	605
d) Beweislast	607
2. Eigenbedarf (II Nr. 2)	
a) Rückerlangungsinteresse	608
b) Konkrete objektive Bedarfsgründe	618
c) Drittinteresse	626
aa) für Hausstandsangehörige	627
bb) für Familienangehörige	628
d) Sonstiger Raumbedarf	631
e) Erlangungsinteresse bei Verkauf und baulichen Maßnahmen	632

	Rdn		Rdn
f) Selbstverschuldeter Wohnbedarf	633	d) Heimverträge	686
g) Verlust des Erlangungsinteresses	634	e) Untermietverhältnisse	687
h) Mehrheit von Vermietern	635	f) schwere Belästigungen durch Schuldunfähige	688
i) Wartefrist bei Umwandlung in Wohnungseigentum	636	g) Befreiung von der Grunderwerbsteuer	690
k) Allgemeine Wartefrist für Erwerber	649	IV. Sonderregelung für Ein- und Zweifamilienhäuser	695
l) Beweislast	650	V. Die Kündigungserklärung und ihre Wirkung	710
3. Anderweitige wirtschaftliche Verwertung des Grundstücks (II Nr. 3)		1. Die schriftliche Kündigungserklärung	711
a) Anwendungsfälle	652	2. Die Angabe von Kündigungsgründen und ihre nachträgliche Geltendmachung	712
b) Anderweitige Verwertung (erhebliche Nachteile)	653	3. Beendigung des Mietverhältnisses und Räumungsklage	721
c) Kündigungsausschluß wegen Mieterhöhung	661	VI. Weitere Schutzrechte des Mieters	722
d) Wartefrist bei Umwandlung in Eigentumswohnung	662	VII. Abweichende Vereinbarungen	727
e) Beweislast	663	VIII. Gesetzlicher Ausschluß des Kündigungsschutzes	734
4. Sonstige berechtigte Interessen	665	IX. Das gerichtliche Verfahren	
a) bei Werkwohnungen	666	1. Klage	741
b) bei preisgebundenen und sonstigen zweckgebundenen Wohnungen	675	2. Kosten	759
		3. Zuständigkeit und Rechtsmittel	760
c) bei Maßnahmen nach dem Baugesetzbuch	684	4. Streitwert	761
		Anhang 1. §§ 26–31 StädtebauförderungsG (Gesetzestext)	765

Schrifttum

Beuermann, Sanierung als Kündigungsgrund, ZMR 79, 97
Blank, Die ordentliche befristete Kündigung des Vermieters von Wohnraum bei schuldhaften Vertragsverletzungen des Mieters, WM 79, 137
Derleder, Mietrecht ohne Kündigungsschutz-Überlegungen zur rechtspolitischen Debatte über neue Eingriffe in das Mietrecht, WM 87, 171
Fricke, Zur Übertragbarkeit des Rechts zur Wohnungskündigung bei einem Grundstückskauf, ZMR 79, 65
Gather, Bestandsschutz und befristete Mietverhältnisse, DWW 81, 86
ders., Die Beendigung des Mietverhältnisses über Wohnraum im Lichte der Rechtsentscheide, DWW 86, 58
Glaser, Das Kündigungsrecht des Wohnungsvermieters, ZMR 78, 321
ders., Kündigungsschutz für Mietwohnungen, JR 75, 358
Goch, Kündigungsschutz bei befristeten Mietverhältnissen, ZMR 78, 134
Haake, Kündigungsschutz für Zweit-, Ferien- und Wochenendwohnungen?, NJW 85, 2935
Haas, Der deliktische Schadensersatzanspruch des Mieters und Pächters, BB 86, 1446
Hablitzel, Zur Anwendbarkeit von § 564b BGB bei einer Kündigung nach § 569 BGB, ZMR 84, 289
ders., Das Kündigungsrecht nach § 569 BGB, ZMR 80, 289
Kamphausen, Zur Kündigung des Mietverhältnisses bei unberechtigter Minderung, ZMR 83, 113
Korff, Einschränkungen von Mieterhöhungen, Modernisierungen, Kündigungen wegen Zahlungsverzugs, NJW 75, 2281

Korff, Hausverkauf als Kündigungsgrund, BlnGrdE 86, 885
Kinne, Die Kündigung eines Mietverhältnisses über Wohnraum, BlnGrdE 87, 1182
Löwe, Schadensersatz wegen Vorspiegelung des Eigenbedarfs, ZMR 75, 289
ders., Wichtige Neuregelungen im Zweiten Wohnraumkündigungsschutzgesetz, NJW 75, 9
Manthe, Drohender Wegfall der Grunderwerbssteuerbefreiung als Kündigungsgrund?, NJW 85, 416
Müller-Gatermann, Soziales Mietrecht und Eigentumsgarantie, NJW 85, 2628
Oetker, Der selbst verursachte Eigenbedarf als berechtigtes Interesse für eine ordentliche Kündigung des Wohnraummietverhältnisses nach § 564b Abs. 2 Nr. 2 BGB, ZMR 84, 77
Prahl, Die ordentliche Kündigung von Wohnraum durch Kommunen zur Erfüllung öffentlich-rechtlicher Pflichten?, BlGBW 81, 223
Pütz, Kündigungsrecht des Vermieters bei fehlender Wohnberechtigung des Mieters für Sozialwohnung? WM 79, 183
Reichert, Wird das Recht des Vermieters, unter den Voraussetzungen des § 564b Abs. 4 S. 1 BGB zu kündigen, durch die schlichte Befristung des Mietverhältnisses ausgeschlossen?, DWW 85, 304
Roesch, Mißbräuchliche Geltendmachung von Eigenbedarf bei der Kündigung von Wohnungsmietverträgen WM 78, 1
Roth, Mieterschutz und Sozialstaatsprinzip, WM 87, 176
Schickedanz, Schadensersatz wegen Vorspiegelung des Eigenbedarfs ZMR 75, 196
Schmid, Die Beendigung von Mietverhältnissen über Wohnraum, DWW 81, 283
ders. Die Aufnahme Dritter in die Mietwohnung, DWW 83, 214
ders., Kündigung eines Mietverhältnisses über Wohnraum durch Klagerhebung, WM 81, 171
Schmid, Schadensersatz wegen unberechtigter Kündigung?, DWW 84, 203
Schmidt, Kann der Erwerber bei Eigenbedarf vor Eigentumsübergang nach § 564b BGB kündigen? BlfGBWR 79, 108
Schmidt-Futterer, Der Kündigungsschutz für Wohnräume nach neuem Recht, NJW 72, 5
ders., Das Sonderkündigungsrecht des Vermieters für Wohnraum in Ein- und Zweifamilienhäusern, ZMR 76, 97
Scholz, Kündigung nach Vermieterwechsel, WM 83, 279
Schopp, Schadensersatzansprüche des Mieters bei fahrlässig unberechtigter Kündigung des Vermieters wegen Eigenbedarfs, MDR 77, 198
ders., Ersatzansprüche des Mieters bei Vorspiegelung des Eigenbedarfs ZMR 75, 353
Schulz, Kündigung eines Mietverhältnisses wegen Eigenbedarfs nach Erwerb einer vermieteten Eigentumswohnung, DWW 82, 10
Schwab, Interessenabwägung bei Kündigung einer Mietwohnung wegen Überbelegung, ZMR 84, 115
Seier, Der Pflichtverstoß des Vermieters bei fahrlässig unberechtigter Kündigung von Mietverhältnissen, ZMR 78, 34
Spangenberg, Die Kündigung von Wohnraummiete im Prozeß, MDR 83, 807
Spieker, Zwangsweise Wohnungsräumung bei Gefahr für Leib oder Leben der Vermieterin, NJW 84, 852
Stadie, Rechtskraft und erneute Räumungsklage, MDR 78, 798
v. Stebut, Der Wegfall von Kündigungsgründen des Vermieters, NJW 85, 289
Sternel, Die Beendigung des Wohnraummietverhältnisses, ZMR 86, 181
ders., Zum Kündigungsgrund „Eigenbedarf", WM 87, 339
ders., Schadensersatz bei unberechtigter Kündigung von Mietverhältnissen MDR 76, 265
Weimar, Die Vermieterkündigung wegen schuldhaft nicht unerheblicher Vertragsverletzung durch den Wohnraummieter, Betr. 72, 2452
Werle, Der strafrechtliche Schutz des Mietbesitzes an Wohnungen, NJW 85, 2913
Zipperer, Schadensersatzpflicht des rechtmäßig kündigenden Vermieters?, WM 85, 135

I. Allgemeines

B 570 1. Das freie Kündigungsrecht des Vermieters ist für Mietverhältnisse über Wohnraum bereits durch § 1 des 1. WKSchG befristet bis zum 31. 12. 74 beschränkt worden (s. Rdn A 16f). Ab 1. 1. 75 trat an die Stelle dieser Vorschrift der im wesentlichen gleichlautende § 564b BGB als Dauerrecht; gegenüber der bisherigen Regelung wird darin das Kündigungsrecht des Vermieters von Ein- und Zweifamilienhäusern erleichtert (s. Rdn B 694), andererseits aber der Schutzbereich zugunsten des Mieters auch auf möblierten Wohnraum (außerhalb der Vermieterwohnung) erweitert (s. Rdn B 573). Das Verbot der Kündigung zwecks Mieterhöhung ist entgegen der früheren Regelung in § 1 IV des 1. WKSchG nicht mehr in § 564b, sondern aus systematischen Gründen ohne sachliche Änderung in § 1 S. 1 MHG verankert worden; auf die Kommentierung unter Rdn B 585, C 26 wird insoweit verwiesen.

B 571 Durch § 564b und die gleichgerichtete Vorschrift des § 564c I (s. Rdn B 765) wird dem Mieter von Wohnraum nunmehr ein effektiver **Bestandschutz** vor willkürlichen oder grundlosen Kündigungen des Vermieters gewährt. Der Schutz des Mieters durch die §§ 556a–c BGB (Sozialklausel) erwies sich in der Praxis als unzureichend; die Wohnung des Mieters als Mittelpunkt seiner privaten Existenz erforderte auf der Grundlage der Art. 14, 20 GG weitergehende Beschränkungen der freien Verfügungsbefugnis des Vermieters (s. Rdn A 24). Sachgerecht bleibt dem Vermieter sein Kündigungsrecht erhalten, wenn er im Einzelfall berechtigte Interessen an der Vertragsbeendigung hat oder der Mieter durch sein Verhalten die außerordentliche fristlose Kündigung rechtfertigt (s. Rdn B 60). Zum Gesetzgebungsverfahren wird auf Rdn A 18 und für verfassungsrechtliche Gesichtspunkte auf Rdn A 24ff verwiesen.

B 572 2. Anwendungsbereich

Der § 564b gilt grundsätzlich für alle Mietverhältnisse über **Wohnraum** (s. Rdn B 5ff), welche im Wege der **ordentlichen** oder der **außerordentlichen befristeten** Kündigung beendet werden können (s. Rdn B 577). Für Zweitwohnungen, Ferienwohnungen und dergleichen s. die Ausführungen unter Rdn C 563, die im Rahmen der Kündigung sinngemäß gelten. Die Vorschrift ist auch dann zu beachten, wenn das Mietverhältnis zwischen Vertragsschluß und Mietbeginn gekündigt worden ist (s. Rdn B 30). Eine andere Auslegung ergibt sich weder aus dem Wortlaut noch aus dem Zweck des § 564b BGB. Auch derjenige Mieter, der die Mietsache noch nicht in Besitz genommen hat, braucht den gesetzlichen Bestandschutz, weil er in aller Regel schon gewisse Aufwendungen in Erwartung des alsbaldigen Bezugs der Wohnung getätigt haben wird. Für die Beendigung befristeter Mietverhältnisse durch bloßen Zeitablauf gilt die gleichgerichtete Schutzvorschrift des § 564c I

BGB. Zu den befristeten Mietverträgen zählen allerdings nur solche Vertragsgestaltungen, nach denen das Mietverhältnis ohne Zutun der einen oder anderen Partei auf jeden Fall enden soll. Somit gilt § 564 b auch für Mietverhältnisse auf bestimmte Zeit mit Verlängerungsklausel (s. Rdn B 869; 872) oder auflösend bedingte Mietverhältnisse nach dem Eintritt der Bedingung (s. Rdn B 810; vgl. § 565 a I, II BGB).

Auf die Art des Mietverhältnisses kommt es für den Anwendungsbereich des § 564 b nicht an. Die alleinigen Ausnahmen regelt insoweit abschließend der Ausschlußtatbestand des § 564 b VII für den vorübergehenden Gebrauch, die möblierten Mietverhältnisse innerhalb der Vermieterwohnung und für Wohnraum, der Teil eines Studenten- oder Jugendwohnheims ist (dazu Rdn B 733). Deshalb gelten die Kündigungsbeschränkungen der Vorschrift auch für Untermietverhältnisse (s. Rdn B 687; s. aber auch B 286), für preisgebundenen und sonstigen öffentlich geförderten Wohnraum (s. Rdn B 675, C 284), für Werkwohnungen einschließlich des werkgeförderten Wohnraums (s. Rdn B 883 ff).

a) Im übrigen ist der umfassende Anwendungsbereich des § 564 b in folgenden Fällen durchbrochen, die der Hervorhebung bedürfen:

aa) § 564 b gilt nicht für die Kündigung von Geschäftsräumen (s. Rdn B 11) oder Pachträumen (§§ 581 ff BGB). Ob **Mischräume** von § 564 b erfaßt werden, ist danach zu beurteilen, welche Nutzungsart vertragsgemäß überwiegt (s. Rdn B 14).

bb) § 564 b gilt nicht für die Beendigung der Nutzungsrechte an einer **Dienstwohnung,** solange das zugrundeliegende Dienst- oder Arbeitsverhältnis als Vertragsgrundlage der Raumüberlassung fortbesteht. Für die Zeit nach der Beendigung des Dienstverhältnisses wird auf die Kommentierung unter Rdn B 917 zu § 565 e BGB verwiesen.

cc) § 564 b gilt nicht für die **außerordentliche fristlose** Kündigung des Vermieters (§§ 553–554 b BGB). Der gesetzliche Kündigungsschutz bezweckt nicht, solche Mieter vor dem Verlust ihrer Wohnung zu bewahren, die sich schwerwiegende Verletzungen ihrer mietvertraglichen Pflichten zuschulden kommen lassen, sondern schützt den vertragstreuen Mieter vor ungerechtfertigten Kündigungen (s. Rdn B 571).

Auf die **außerordentliche befristete Kündigung** des Vermieters von Wohnraum findet dagegen § 564 b Anwendung. Weder der Wortlaut noch der Sinn und Zweck des § 564 b rechtfertigen die einschränkende Auslegung der Vorschrift in dem Sinne, daß sie nur die ordentliche befristete Kündigung des Vermieters erfaßt. Vielmehr gebietet es der Grundgedanke des gesetzlichen Kündigungsschutzes, wonach dem vertragstreuen Mieter ein weitgehender Bestandschutz für seine Wohnung gesichert werden soll, daß § 564 b uneingeschränkt auch für diejenigen Fälle der außerordentlichen befristeten Kündigung gilt, in denen das Kündigungsrecht ein vertragswidriges Verhalten des Mieters nicht voraussetzt; anderenfalls würde dem vertragstreuen Mieter entgegen der Grundvorstellung des Gesetzes insbesondere in den Fällen der §§ 567,

569a V, 1056 II, 2135 BGB, 30 II Erbbau-VO, 19 KO, 51 II VergleichsO, 57a ZVG nur ein lückenhafter Rechtsschutz gewährt (LG Hamburg ZMR 75, 121 = MDR 75, 582; WM 76, 234; WM 76, 78; LG Essen WM 76, 264; LG Nürnberg WM 73, 313; AG Stuttgart ZMR 73, 152 = WM 73, 100 = DWW 73, 102; AG Gelsenkirchen WM 73, 138; AG Speyer DWW 73, 182; AG Hamburg WM 75, 249 = ZMR 76, 286; LG München I WM 78, 70; AG Frankfurt WM 78, 142; LG Ulm ZMR 79, 175 = WM 79, 193; AG Darmstadt WM 80, 18 [LS]). Den gesetzlich geregelten Befugnissen des Vermieters zur außerordentlichen befristeten Kündigung liegt zwar die Erwägung zugrunde, daß nach dem Vertragsschluß wesentliche Veränderungen in den Verhältnissen der Parteien eingetreten sind, die eine Vertragsbeendigung generell als gerechtfertigt erscheinen lassen, selbst wenn der Gekündigte die Veränderung nicht zu vertreten hat (s. Rdn B 57). Nach dem Schutzzweck des § 564b muß aber die Zulässigkeit auch dieser Kündigung davon abhängig gemacht werden, ob diese vorweggenommene generelle Wertung des Gesetzgebers im konkreten Einzelfall die Schlußfolgerung zuläßt, daß der gesetzlich vorausgesetzte Kündigungstatbestand als berechtigtes Interesse des Vermieters an der Vertragsbeendigung anzuerkennen ist (LG Hamburg a. a. O.); das kann bei vertragsgemäßem Verhalten des Mieters ausnahmsweise nur dann bejaht werden, wenn der zur außerordentlichen Kündigung berechtigende Tatbestand den in § 564b II anerkannten Erlangungsinteressen gleichzustellen ist (s. Rdn B 583). Ansonsten müssen zusätzliche Erlangungsinteressen des Kündigenden hinzutreten (z. B. Eigenbedarf), um die Kündigung binnen der kurzen gesetzlichen Frist (vgl. § 565 V BGB; s. Rdn B 785) als gerechtfertigt erscheinen zu lassen (insow. unzutr. LG Hamburg WM 75, 249, wonach auch hier die allgemeinen Kündigungsfristen des § 565 II BGB gelten sollen).

B 578 Von dieser rechtlichen Beurteilung ist während der Geltungsdauer des 1. WKSchG auch das Schrifttum überwiegend ausgegangen (vgl. die Nachweise in LG Hamburg a. a. O.; a. A. zu § 57a ZVG: Zeller, 9. Aufl., § 57a ZVG Anm. 15). Im Gesetzgebungsverfahren zum 2. WKSchG ging der Gesetzgeber ausdrücklich von der hier vertretenen Ansicht aus (s. Rdn F 9; wie hier auch Schopp ZMR 75, 97; Sternel Rdn IV 59). Folgerichtig muß dem Mieter von Wohnraum auch gegenüber einer außerordentlichen befristeten Kündigung nach § 556a I BGB das Recht zuerkannt werden, sich auf den Schutz der Sozialklausel zu berufen (s. Rdn B 302; wie hier Schopp a. a. O.; Sternel a. a. O.; a. A. zur früheren Rechtslage vor dem 1. WKSchG OLG Oldenburg ZMR 74, 14 = NJW 73, 1841).

Nach der hier vertretenen Ansicht ist das außerordentliche Kündigungsrecht in jenen Fällen von Bedeutung, in denen ein befristetes Mietverhältnis besteht oder in denen dem Mieter kraft Gesetzes oder kraft vertraglicher Vereinbarung eine längere Kündigungsfrist zusteht. Die Ausübung des außerordentlichen Kündigungsrechts kann in Ausnahme-

§ 564b BGB. Kündigungsschutz

fällen rechtsmißbräuchlich sein, wenn der Inhaber des Rechts sich dieses durch unredliches Verhalten verschafft hat (z. B. wenn Eigentümer und Erwerber ein Rechtsgeschäft tätigen, in dem sich der Eigentümer der sofortigen Zwangsvollstreckung unterwirft und wenn mit diesem Rechtsgeschäft nur das Ziel verfolgt wird, den Kündigungsgrund des § 57a ZVG zu erlangen; vgl. dazu BGH DWW 78, 172 = WM 78, 164 = MDR 79, 51 = ZMR 79, 349).

Für das Sonderkündigungsrecht nach § 569 I BGB, wonach der Vermieter das Mietverhältnis gegenüber dem Erben des verstorbenen Mieters kündigen kann, gilt keine Ausnahme (OLG Hamburg RE vom 21. 9. 1983; RES § 564b BGB Nr. 25; BayObLG RE vom 4. 12. 84 RES § 564b BGB Nr. 32; LG Hamburg WM 83, 318). Der abweichenden Ansicht von Hablitzel (ZMR 80, 289) und ZMR 84, 289 kann nicht zugestimmt werden. Nach den Vorstellungen des Gesetzgebers soll die Vorschrift des § 564b dem vertragstreuen Mieter einen lückenlosen Kündigungsschutz gewähren (s. Rdn F 7). Dieser Gesetzeszweck könnte nicht erreicht werden, wenn der Kündigungsschutz für bestimmte Sonderfälle aufgehoben würde. Zwar ist nicht zu verkennen, daß der Erbe in vielen Fällen nicht schutzbedürftig sein wird, weil ihm bereits eine andere Wohnung zur Verfügung steht. Hier wird der Erbe aber in der Regel von sich aus kündigen. Anders ist es in jenen Fällen, in denen der Erbe bereits in der Wohnung wohnt, ohne daß er zu dem durch §§ 569a, 569b BGB privilegierten Personenkreis gehört. Praktisch bedeutsam wird diese Fallgestaltung bei Personen, die in eheähnlicher Lebensgemeinschaft zusammenleben und einen gemeinsamen Haushalt führen. Stirbt einer der beiden Partner, so tritt der andere nicht nach § 569a BGB in das Mietverhältnis ein, weil er weder Ehegatte noch Familienangehöriger ist. Nach der hier vertretenen Ansicht muß zwar in jenen Fällen die Vorschrift des § 569a BGB analog angewandt werden; diese Ansicht ist aber nicht allgemein anerkannt (s. Rdn B 79). Folgt man der Gegenansicht, so kann der Besitz des überlebenden Partners – sofern dieser nicht Mitmieter ist – nur im Wege der Gesamtrechtsnachfolge (§ 857 BGB) gewährleistet werden. Daß der in der Wohnung verbleibende Partner schutzwürdig ist kann nicht zweifelhaft sein; schon daraus folgt, daß für eine Ausklammerung des § 569 BGB aus dem generellen Kündigungsschutz kein Raum bleibt. Schließlich wirkt sich die hier vertretene Rechtsansicht auch in jenen Fällen aus, in denen der Mieter nicht selbst in der Wohnung wohnt, der Schutz des Bewohners aber über den Mieter gewährleistet wird. Hat z. B. ein Vater für seinen studierenden Sohn eine Wohnung am Studienort angemietet, so ist es nicht sachgerecht, daß der Kündigungsschutz entfällt, wenn der Vater stirbt und von dessen Ehefrau beerbt wird. Auch in diesem Fall bleibt der Sohn als Bewohner schutzwürdig und schutzbedürftig; es kann nicht darauf ankommen, daß das Mietverhältnis zwischen anderen Vertragspartnern fortgesetzt wird (vgl. zu diesen Fallgestaltungen auch Rdn B 9). Aus allem folgt, daß der Anwendungsbereich des § 569 BGB eine Reihe typischer Sachverhalte

B 579

B 579

umfaßt, in denen der Erbe schutzwürdig ist. Da die Kündigungsschutzvorschriften stets so auszulegen sind, daß ihr Schutzzweck optimal erreicht wird, darf § 564b auch im Hinblick auf § 569 BGB nicht restriktiv ausgelegt werden.

B 580 dd) Für das Recht der Verwaltungsbehörde, das Mietverhältnis für festgelegte Sanierungsmaßnahmen zwecks alsbaldiger Beseitigung des Gebäudes oder zur Durchführung von Modernisierungsgeboten nach § 182 BauGB v. 8. 12. 1986 BGBl. I S. 2253 durch Verwaltungsakt aufzuheben, ist § 564b ausgeschlossen. Für die davon abweichend nach den §§ 564b, 556a–c BGB i. V. m. § 182 BauGB zu beurteilende Kündigung des **Vermieters** in Fällen derartiger Modernisierungs- und Sanierungsmaßnahmen wird auf die Ausführungen unter Rdn B 684 verwiesen. Die mietrechtlich relevanten Bestimmungen des BauGB sind im **Anhang** zu § 564b unter Rdn B 764 **abgedruckt**.

B 581 b) **Räumlich** gilt § 564b in der gesamten BRD. Die Vorschrift gilt auch im Land Berlin, soweit Art. 5 des 2. WKSchG keine Ausnahmen vorsieht (s. Rdn C 627).

B 582 c) **Zeitlich** gilt § 564b ab 1. 1. 75.

II. Das berechtigte Interesse des Vermieters an der Vertragsbeendigung

B 583 Ein Mietverhältnis über Wohnraum darf der Vermieter nur dann kündigen, wenn er ein berechtigtes Interesse an der Beendigung des Mietverhältnisses hat (§ 564b I; die davon geltende Ausnahmeregelung des § 564b IV BGB wird unter Rdn B 694 erörtert). Der **Begriff** des „berechtigten Interesses" war dem Mietrecht bisher im Zusammenhang mit der Kündigung fremd; in § 4 I 1 MSchG wurde ein „dringendes" Interesse und im übrigen ein „wichtiger Grund" (§ 569a V BGB) als Kündigungsvoraussetzung gefordert. Jetzt hat der Gesetzgeber den erkennbar weiteren Begriff des „berechtigten Interesses" aus § 556a I 1 BGB übernommen; er wurde dort durch das 3. MÄG statt des weitergehenden Begriffs „Belange des Vermieters" eingefügt, um den Rechtsschutz des Mieters im Rahmen der Sozialklausel zu verstärken. Danach kann das Interesse des Vermieters an einer Vertragsbeendigung nur unter folgenden grundsätzlichen Voraussetzungen den Kündigungsausspruch rechtfertigen.

B 584 1. Auf seiten des Vermieters müssen **konkrete Interessen** vorliegen und geltend gemacht werden, die auf eine Beendigung des Mietverhältnisses (also nicht notwendig die Rückgabe) gerichtet sind. Es genügt nicht, wenn sich der Vermieter zur Rechtfertigung der Kündigung schlicht auf sein Eigentum und die daraus grundsätzlich herzuleitende Befugnis zur freien Verfügung beruft, denn gerade das darauf beruhende freie Kündigungsrecht wird durch § 564b beseitigt. Es genügt aber auch

§ 564b BGB. Kündigungsschutz

nicht, wenn der Vermieter ganz allgemein das Zusammenleben oder die Zusammenarbeit mit diesem Mieter aus nicht faßbaren Animositäten, Verärgerung oder Trotz ablehnt, obwohl sich der Mieter korrekt verhält (zur eng begrenzten Ausnahme für 1- und 2-Familienhäuser nach § 564b IV wird auf Rdn B 694 verwiesen). Das Gesetz schützt den Bestand des Mietverhältnisses und läßt auf der Grundlage der Sozialpflichtigkeit des Vermieters (Art. 14 II GG) seine anderweitige Verfügung über die dem Mieter überlassene Wohnung nur dann zu, wenn nachprüfbare Einzelumstände vorliegen, welche das Beendigungsbegehren des Vermieters aus der Sicht seiner persönlichen und wirtschaftlichen Belange verständlich erscheinen lassen. Läuft die Kündigung nur darauf hinaus, den Mieter zu schädigen, oder bloße Wunschvorstellungen des Vermieters ohne realen Hintergrund zu verwirklichen, ist ein beachtliches Kündigungsinteresse nicht anzuerkennen (s. Rdn B 618).

2. Die Kündigungsbefugnis des Vermieters setzt weiter voraus, daß die konkreten Interessen auch als **berechtigte Interessen** anzuerkennen sind. Darin liegt gegenüber dem früher in § 556a I, 1 BGB verwendeten Begriff der ,,Belange" des Vermieters eine Einschränkung; dem Vermieter ist es zum Schutz der Mieter untersagt, sich auf solche Interessen zu berufen, die zwar aus der Sicht seiner persönlichen und wirtschaftlichen Belange eine Vertragsbeendigung als geboten erscheinen lassen können, bei **Beachtung der geltenden Rechts- und Sozialordnung** dieses individuell angestrebte Ziel jedoch nicht zulassen. Somit können nur diejenigen Interessen des Vermieters als erheblich angesehen werden, welche bei Berücksichtigung der im GG verankerten Sozialpflichtigkeit des Eigentums und dem daraus hergeleiteten Bestandschutz für Mietverhältnisse über Wohnraum im Einzelfall eine Kündigung als gerechtfertigtes Mittel erscheinen lassen. Das setzt nicht voraus, daß dem Vermieter die Fortsetzung des Mietverhältnisses unzumutbar sein muß oder besonders schwerwiegende Pflichtverletzungen des Mieters vorliegen müssen, wie das für die außerordentliche fristlose Kündigung erforderlich ist. Nach dem System des geltenden Mietrechts setzt die Kündigungsberechtigung des Vermieters ferner nicht voraus, daß der Vermieter die Härtegründe auf seiten des Mieters von sich aus berücksichtigen muß, weil diese Interessenwahrung primär dem Mieter nach §§ 556a ff BGB, 721 ZPO selbst obliegt (AG Bochum WM 80, 226; a. A. AG Büdingen WM 80, 225). Wohl aber ist die Zulässigkeit der Kündigung davon abhängig zu machen, ob ein vernünftig denkender und seiner Sozialpflichtigkeit bewußter Vermieter die verfolgten Interessen als so erheblich ansehen kann, daß er zur Wahrung dieser Interessen die Vertragsbeendigung herbeiführen würde. Bei der arbeitsrechtlichen Kündigung ist der so verstandene Grundsatz der Verhältnismäßigkeit allgemein anerkannt (BAG NJW 82, 2687). Für das Wohnungsmietrecht kann insoweit nichts anderes gelten, weil der Verlust der Wohnung ähnlich schwerwiegt wie der Verlust des Arbeitsplatzes.

B 586 3. Ein berechtigtes Kündigungsinteresse liegt nicht vor, wenn der Vermieter sein Ziel mit einem weniger hart treffenden Mittel als der Kündigung erreichen kann; dann gebieten die aus dem Mietverhältnis als Dauerschuldverhältnis abzuleitenden besonderen Verhaltenspflichten und Treu und Glauben (§ 242 BGB), das vielleicht endgültigere und sicherste, aber nicht notwendige Mittel der Kündigung vorerst zurückzustellen (LG Hamburg WM 77, 30; Larenz, SchuldR I S. 7 ff; Sternel Rdn IV 68; BAG NJW 82, 2687 für die arbeitsrechtliche Kündigung; s Rdn B 585 a. A. Schopp ZMR 75, 97). Kann nach dem bisherigen Verhalten des Mieters erwartet werden, daß eine Abmahnung oder eine Unterlassungsklage (§ 550 BGB) zur Beseitigung der Pflichtwidrigkeit ausreicht oder kann der Raumbedarf des Vermieters ohne wesentliche Nachteile auch anderweitig gedeckt werden, berechtigt das formelle Vorliegen von Kündigungstatbeständen nicht zum Kündigungsausspruch. Dieses **Gebot der Rücksichtnahme** auf die Belange des Mieters trifft den Vermieter schon beim Kündigungsausspruch und darf nicht von der Intensität der Rechtsverteidigung des Mieters oder der Entscheidung des Gerichtes abhängig gemacht werden (siehe auch § 93b ZPO). Bestehen ernsthafte Zweifel, die an sich mögliche Beendigung des Mietverhältnisses durch weniger einschneidende Maßnahmen abwenden zu können, wird dem Vermieter allerdings die Ausschöpfung seines Kündigungsrechts nicht verwehrt werden dürfen. Die Umstände des Einzelfalles sind entscheidend (so im Ergebnis auch Hans a. a. O.).

B 587 4. Eine **Ausnahme** von diesen Grundsätzen läßt § 564b IV BGB aus rechtspolitischen Erwägungen lediglich für die Kündigung eines Mietverhältnisses in einem **Ein- oder Zweifamilienhaus** zu; beim Vorliegen der näheren Voraussetzungen dieser Vorschrift kommt es auf ein berechtigtes Interesse des Vermieters an der Beendigung des Mietverhältnisses nämlich nicht an (s. dazu im einzelnen Rdn B 694).

III. Die gesetzlichen Kündigungsgründe

B 588 Der Begriff des berechtigten Interesses als Kündigungsvoraussetzung ist unbestimmt und bedarf der näheren Klärung durch die Rechtsprechung und das Schrifttum. Zur Vermeidung unterschiedlicher Auslegungen hat es der Gesetzgeber für erforderlich gehalten, drei besonders wichtige Kündigungstatbestände in § 564b II näher zu regeln; diese gesetzlich geregelten Kündigungsrechte des Vermieters enthalten jedoch entgegen den früher geltenden Kündigungsbeschränkungen im MSchG **keine abschließende Aufzählung** der weiterreichenden Kündigungsbefugnisse des Vermieters, obwohl sie für diese ein Maßstab hinsichtlich der vorauszusetzenden Art und Schwere darstellen (s. Rdn B 665). Im Gesetzgebungsverfahren zum 2. WKSchG sind Bestrebungen abgelehnt worden, den schon nach § 1 II des 1. WKSchG geltenden Katalog der ausdrücklich geregelten Kündigungstatbestände zu erweitern, damit etwaige Fehlschlüsse durch ein nicht beabsichtigtes Enumerationsprinzip vermieden werden. Als ein berechtigtes Interesse des Vermieters an der Beendigung des Mietverhältnisses ist es insbesondere anzusehen, wenn die folgenden unter Ziffer 1–3 behandelten Kündigungsgründe geltend gemacht werden.

1. Kündigung wegen nicht unerheblicher schuldhafter Pflichtverletzung des Mieters (§ 564b II Nr. 1)

a) Eine solche Verletzung der Vertragspflichten liegt immer dann vor, wenn der Vermieter nach §§ 553–554a BGB zur **fristlosen Kündigung** des Mietverhältnisses berechtigt wäre, davon aber keinen Gebrauch macht (s. Rdn B 118 bis Rdn B 236). Nach der **Systematik des Kündigungsschutzrechts** umfaßt § 564b Abs. 1 und 2 Nr. 1 alle Fälle, die ein Recht zur fristlosen Kündigung nach §§ 553, 554 und § 554a BGB geben. Umgekehrt gibt nicht jede Vertragsverletzung, die zur Kündigung nach § 564b Abs. 1 oder Abs. 2 Nr. 1 berechtigt, auch ein Recht zur fristlosen Kündigung. Die Beendigungstatbestände unterscheiden sich nicht strukturell, sondern graduell. Die Unterscheidung ist insbesondere bei befristeten Mietverhältnissen von praktischer Bedeutung, weil dort das Mietverhältnis nicht im Wege der ordentlichen Kündigung beendet werden kann. Die Entwicklung des Kündigungsschutzrechts hat allerdings gezeigt, daß eine klare **Abgrenzung** der Kündigungstatbestände nicht möglich erscheint (ebenso: Schopp ZMR 75, 97). Aus der unterschiedlichen Formulierung der Kündigungstatbestände (erhebliche Rechtsverletzung bzw. erhebliche Gefährdung der Mietsache in § 553 BGB/nicht unerhebliche Vertragsverletzung in § 564b Abs. 2 Nr. 1) läßt sich für eine präzise Abgrenzung ebensowenig herleiten wie aus dem Umstand, daß § 554a BGB die Unzumutbarkeit der Vertragsfortsetzung verlangt, während nach § 564b Abs. 1 ein berechtigtes Interesse des Vermieters an der Vertragsbeendigung ausreichen soll. In der Praxis hat sich durchweg die zutreffende Erkenntnis durchgesetzt, daß es für den Mieter wenig Unterschied bedeutet, ob er die Wohnung sofort oder erst nach Ablauf einer bestimmten Frist herausgeben muß.

Die im Rahmen der fristlosen Kündigungstatbestände maßgeblichen Kriterien zur Beurteilung der Schwere einer Vertragsverletzung werden in der praktischen Rechtsanwendung deshalb auch bei der befristeten Kündigung beachtet. Vergleichbares gilt bei der Kündigung wegen Zahlungsverzugs. Hier enthält § 554 BGB eine klare, gesetzgeberische Entscheidung darüber, wann ein Vermieter wegen Zahlungsverzugs des Mieters kündigen darf. Diese Wertvorstellung muß auch bei der ordentlichen Kündigung wegen Zahlungsverzugs berücksichtigt werden (s. Rdn B 593).

b) Im einzelnen setzt die wirksame Kündigung nach § 564b II Nr. 1 voraus:

B 590 **aa) Verletzungshandlung:** Der Mieter muß eine ihm vertraglich obliegende Verpflichtung durch eine Handlung oder eine Unterlassung verletzt haben. Auf die Unterscheidung von Haupt- und Nebenpflichten kommt es insoweit nicht an (s. aber unten bb). Sind mehrere Personen Mieter, so wirken sich die Pflichtverletzungen eines einzelnen Mieters im Ergebnis auch zum Nachteil der vertragstreuen Mieter aus. Für die Kündigungsberechtigung des Vermieters genügt es, wenn in der Person eines einzigen Mieters Kündigungsgründe vorliegen. In diesem Fall muß der Vermieter gegenüber allen Mietern kündigen, weil ein von mehreren begründetes Mietverhältnis auch nur gemeinsam beendet werden kann. Eine Kündigung, die nur gegenüber dem pflichtwidrig handelnden Mieter erfolgt, hat weder Einzel- noch Gesamtwirkung (vgl. B 44). Im Ausnahmefall kann aber das Räumungsverlangen gegenüber dem vertragstreuen Mieter gegen § 242 BGB verstoßen (dazu LG Darmstadt NJW 83, 52 = WM 83, 54).

Für das Verhalten eines Untermieters hat der Mieter gemäß § 549 III BGB einzustehen. Nach dem Rechtsentscheid des OLG Hamm (RES § 549 BGB Nr. 1) gilt die Vorschrift auch für solche Personen, die der Mieter ohne ein Untermietverhältnis zu begründen auf längere Dauer in seinen Haushalt aufgenommen hat (z. B. eheähnliche Lebensgemeinschaft). Das Verhalten von Familienangehörigen, die nicht selbst Mieter sind, muß sich der Mieter in der Regel nach § 278 BGB zurechnen lassen, weil diese Personen in bezug auf die mietvertraglichen Verhaltenspflichten als Erfüllungsgehilfen anzusehen sind. Bei minderjährigen Kindern kommt häufig eine Zurechnung aus dem Gesichtspunkt der verletzten Aufsichtspflicht in Betracht. Für das Verhalten seiner Besucher haftet der Mieter in der Regel nicht (LG Köln ZMR 77, 332; s. Rdn B 601).

B 591 **bb) Erheblichkeit** der Pflichtverletzung: Der Schutzzweck der Vorschrift gebietet, daß nur eine erhebliche Beeinträchtigung der Rechte und Interessen des Vermieters als Folge der Pflichtverletzung die Kündigung rechtfertigt. Ob eine erhebliche Beeinträchtigung vorliegt, muß nach den bes. Umständen des Einzelfalles entschieden werden; dabei sind sowohl die billigenswerten subjektiven Interessen des Vermieters an der strengen Einhaltung bestimmter Pflichten als auch die subjektive Interessenlage des Mieters gebührend zu berücksichtigen. Allerdings braucht der Grad der Pflichtverletzung nicht so weit zu gehen, daß dem Vermieter die Fortsetzung des Mietverhältnisses unzumutbar ist (so § 554a BGB). Unerheblich sind abgeschlossene Einzelfälle (ohne Wiederholungsgefahr), falls dadurch nicht das Vertrauensverhältnis ungebührlich belastet worden ist; unerheblich sind aber auch Pflichtverletzungen, die nach ihrer Art und ihrer Schwere aus der Sicht des Vermieters bei der von ihm zu fordernden Rücksichtnahme nicht als wesentlich anzusehen sind (dazu LG Mannheim WM 73, 5; WM 74, 74 = ZMR 74, 335; AG Osnabrück WM 72, 107; s. oben Rdn B 584). Als wichtiges Indiz hierfür kann der Umstand angesehen werden, daß die Pflichtverletzung bereits

§ 564b BGB. Kündigungsschutz

vor längerer Zeit erfolgt ist und daß der Vermieter das Verhalten des Mieters rügelos hingenommen hat. Andererseits sind auch Fälle denkbar, in denen sich der Vermieter im Interesse der Erhaltung des Hausfriedens zunächst abwartend verhalten hat und wo sich in der Folgezeit ergibt, daß die früheren Pflichtverletzungen symptomatisch für das allgemeine Verhalten des Mieters gewesen sind. In der Rechtsprechung wird die Berufung des Vermieters auf länger zurückliegende Pflichtverletzungen häufig unter dem Gesichtspunkt der Verwirkung gesehen (vgl. z. B. AG Dortmund WM 78, 85; AG Friedberg WM 79, 243). Die Pflichtverletzungen werden unterschiedlich behandelt je nach dem, ob sie längere Zeit zurückliegen oder erst kurz vor dem Ausspruch der Kündigung erfolgt sind. Die erstgenannten Kündigungsgründe werden inhaltlich nicht mehr überprüft, sondern unter Berufung auf § 242 BGB negiert. Reichen die neueren Kündigungsgründe für sich allein nicht aus, so wird die Räumungsklage abgewiesen (AG Dortmund a. a. O.; AG Friedberg a. a. O.). Diese Praxis ist bedenklich, weil das Verhalten der Vertragsparteien immer einheitlich gesehen werden muß und weil die Trennung zwischen ,,alten" und ,,neuen" Pflichtverletzungen oft nur willkürlich erfolgt. Die Vorschrift darf nicht durch eine Überspitzung der Mieterpflichten zur ungebührlichen Ausweitung der dem Vermieter auferlegten Kündigungsbeschränkungen führen, aber auch nicht als Sperre gegen die Auflösung eines vom Mieter erheblich gestörten Vertragsverhältnisses verstanden werden. Bei nicht erheblichen Pflichtverletzungen kann der Vermieter nach § 550 BGB die Störung im Wege der Unterlassungsklage beseitigen (AG Dortmund WM 74, 103 betr. die nicht genehmigte Haltung eines nicht störenden Zwergdackels; LG Bochum WM 79, 255 betr. Abstellen eines KFZ im Hof, Errichtung einer CB-Antenne und nachlässige Erledigung von Hauswartspflichten). Bei geringfügigen Mietrückständen, die der Mieter aus subjektiv vertretbarem Anlaß auflaufen ließ, kann der Vermieter auch dann nicht kündigen, wenn die umstrittenen Mängel (z. B. Lärm aus der Nachbarwohnung) ihm letztlich überhaupt kein Minderungsrecht geben; der Vermieter ist dann auf die Leistungsklage zu verweisen (LG Mannheim WM 76, 232; LG Köln WM 74, 126; AG Köln WM 74, 219). Gleiches gilt, wenn der Mieter vertragswidrig dem vom Vermieter beauftragten Handwerker den Zutritt zur Wohnung verweigert (LG Mannheim WM 87, 320). Soweit der Handwerker zum Zwecke der Mängelbeseitigung tätig wird, ergibt sich die geringe Schwere des Pflichtverstoßes bereits aus dem Umstand, daß der Mieter sich durch sein Verhalten nur selbst schädigt, weil das Minderungsrecht in diesem Fall erlischt (LG Mannheim a. a. O.). Ist der Mieter mit der fristgemäßen Durchführung von Schönheitsreparaturen im Verzug, so wird hierin i. d. R. ebenfalls keine erhebliche Pflichtverletzung zu sehen sein (AG Köln WM 76, 11). Etwas anderes kann jedoch dann gelten, wenn die Mietsache durch die Unterlassung gefährdet wird (Tondorf WM 75, 237). Entstehen Geruchsbelästigungen dadurch, daß der Mieter bei Urlaubsantritt es versehentlich verabsäumte, verderbliche Lebensmittel aus dem Kühlschrank zu entfernen, so kann diese einmalige Verletzung einer Obhutspflicht die Kündigung nicht rechtfertigen (LG Mannheim DWW 77, 42). Die Ausführungen zu § 553 BGB unter Rdn B 123 und zu § 554a BGB unter Rdn B 228 gelten sinngemäß auch bei § 564b Abs. 2 Nr. 1.

B 592 cc) **Verschulden:** Nur eine vorsätzliche oder fahrlässige Pflichtverletzung (§ 276 BGB) des Mieters mit erheblichen Beeinträchtigungen des Vermieters rechtfertigt die Kündigung. Soweit sich der Mieter auch Pflichtverletzungen seiner schuldfähigen Haushaltsangehörigen, Untermieter (§ 549 III BGB; dazu LG Bamberg WM 74, 197), oder Erfüllungsgehilfen anrechnen lassen muß (s. oben aa), setzt das Vorsatz oder Fahrlässigkeit dieser Personen voraus. Pflichtverletzungen von nicht schuldfähigen Personen fallen dem Mieter nur dann zur Last, wenn ihm eine schuldhafte Verletzung seiner Aufsichtspflicht vorgeworfen werden kann (zur Ausnahme bei schweren Belästigungen durch Geisteskranke s. Rdn B 688, 205). Es reicht grundsätzlich jedes Verschulden aus, da die hier vorausgesetzte Erheblichkeit sich auf die Pflichtverletzung und nicht auf das Verschulden bezieht. Auch die nur fahrlässig begangene Pflichtverletzung des Mieters erfordert aber seine Kenntnis vom Bestehen der jeweiligen Pflicht und der Erheblichkeit einer von ihm ausgehenden Beeinträchtigung des korrespondierenden Rechts des Vermieters; deshalb wird in Zweifelsfällen eine Abmahnung nach § 550 BGB gefordert werden müssen, es sei denn, daß die in Betracht kommende Pflicht des Mieters eindeutig feststeht und die Verletzungshandlung nach ihrer Art, Dauer oder Schwere für jedermann erkennbar eine übermäßige Beeinträchtigung darstellt. Gibt die Sach- und Rechtslage zu Zweifeln Anlaß, muß der Mieter den Rat eines Rechtskundigen einholen; erhält er von diesem die Auskunft, daß sein Verhalten nicht im Widerspruch zu seinen Mieterpflichten steht, handelt er für die Vergangenheit auch dann nicht schuldhaft, wenn das Gericht dementgegen diese Pflicht später bejaht. Solche Streitfragen sollten deshalb vom Vermieter schon im Hinblick auf das Kostenrisiko zunächst im Wege der Unterlassungs-, Leistungs- oder Feststellungsklage (§§ 550 BGB, 256 ZPO) und in Eilfällen im Wege der einstweiligen Verfügung (§§ 935, 936 ZPO) geklärt und erst bei fortgesetzten Zuwiderhandlungen mit der Kündigung beantwortet werden.

c) **Anwendungsfälle**

B 593 aa) **Zahlungsverzug.** Liegt ein verschuldeter Zahlungsrückstand im Sinne von § 554 BGB vor, so kann der Vermieter wahlweise nach § 554 BGB oder nach § 564b Abs. 2 Nr. 1 BGB kündigen. Streitig ist, ob auch ein **geringerer Zahlungsrückstand** zur ordentlichen Kündigung berechtigt. Dies wird überwiegend bejaht, wobei zu den Kündigungsvoraussetzungen allerdings unterschiedliche Ansichten vertreten werden. Palandt-Putzo (§ 564b BGB Anm. 6) läßt einen Rückstand von mindestens einer halben Monatsmiete für eine Dauer von mindestens einem halben

§ 564b BGB. Kündigungsschutz

Monat ausreichen. RGRK-Gelhaar (§ 564b BGB Rdn 11) hält einen Rückstand von einer halben Monatsmiete nur dann für ausreichend, wenn eine hohe Miete vereinbart ist, anderenfalls müsse der Rückstand höher sein. Soergel-Kummer (§ 564b BGB Rdn 29) verlangt einen Rückstand von einer Monatsmiete. Nach Alternativ-Kommentar-Derleder (§ 564b BGB Rdn 16) muß eine Monatsmiete länger als einen Monat rückständig sein. Nach Barthelmeß (§ 564b Rdn 61) soll es auf die Umstände des Einzelfalls, insbesondere auf die Häufigkeit der verspäteten Zahlung, auf die Dauer des Verzugs und auf die Höhe des Rückstands ankommen. Sternel (Mietrecht Rdn IV 73) und Hans (§ 564b BGB Anm. 3a–aa–eee), lassen ebenfalls eine Kündigung unterhalb der Voraussetzungen des § 554 BGB zu. Nach der Ansichts Schmids (DWW 82, 77, 84) sollen Zahlungsrückstände grundsätzlich zur Kündigung berechtigen; eine Ausnahme soll nur für denjenigen Rückstand gelten, ,,den der Mieter zwar zu vertreten hat, der aber auch bei jedem gutwilligen Vertragspartner einmal auftreten kann und nur zu einer kurzfristigen Störung des Vertragsverhältnisses führt". – Für diese Auffassungen spricht auf den ersten Blick das systematische Verhältnis der ordentlichen zur außerordentlichen, fristlosen Kündigung. Die Annahme einer Kündigungsmöglichkeit bei einem Zahlungsverzug unterhalb der Schwelle des § 554 BGB ist allerdings nicht zwingend. Ebensogut ist denkbar, daß den präzisen Kündigungsvoraussetzungen des § 554 BGB eine allgemeingültige Bedeutung zukommt. Immerhin liegen dieser Vorschrift ausgewogene, gesetzgeberische Wertvorstellungen darüber zugrunde, wie die Vermögensinteressen des Vermieters mit den Erfordernissen des Mieterschutzes in Einklang zu bringen sind. Diese gesetzgeberischen Wertvorstellungen müssen auch bei der ordentlichen Kündigung beachtet werden.

Dies rechtfertigt es, daß an die ordentliche Kündigung wegen Zahlungsverzugs dieselben Anforderungen wie im Rahmen des § 554 BGB gestellt werden (ebenso: Emmerich-Sonnenschein, Miete § 564b Rdn 22; Köhler, Handbuch § 114 Rdn 10). Auf die Ausführungen unter Rdn B 163ff wird deshalb verwiesen.

B 594 Soweit eine Kündigung wegen rückständiger Grundmiete, rückständigen Betriebskostenvorauszahlungen und rückständigen, in periodischer Folge geschuldeten Mietzuschlägen (Untermietzuschlag; Zuschlag für gewerbliche Nutzung, Möblierungszuschlag) in Frage steht, kommt der Vorschrift des § 564b Abs. 2 Nr. 1 also keine eigenständige Bedeutung zu. Darüber hinaus umfaßt § 564b Abs. 2 Nr. 1 aber auch **Mietzinsrückstände, die aus nicht periodisch wiederkehrenden Zahlungsverpflichtungen herrühren.** Dies gilt insbesondere für den Anspruch des Vermieters aus einer Betriebskostenabrechnung (vgl. auch OLG Koblenz RES § 554 BGB Nr. 3; s. Rdn B 152). Anders als § 554 BGB enthält § 564b Abs. 2 Nr. 1 keine Beschränkung auf periodisch wiederkehrende Leistungen. Eine solche Beschränkung wäre auch unangebracht, weil die Betriebskosten auch zum Mietzins gehören. Daß die

Kündigung wegen rückständiger Nachzahlungsbeträge nach § 554 BGB nicht möglich ist, beruht auch nicht auf Gerechtigkeitsvorstellungen, sondern auf dem Umstand, daß der Gesetzgeber diese Fälle bei der Schaffung des § 554 BGB offensichtlich nicht mitbedacht hat (OLG Koblenz a. a. O.). Das Erheblichkeitskriterium ist bei der Kündigung wegen einer rückständigen **Betriebskostennachzahlung** dann erfüllt, wenn der Zahlungsverzug der Höhe nach einer Monatsmiete entspricht und die Forderung länger als einen Monat fällig ist.

Dabei ist stets zu bedenken, daß der Anspruch aus einer Betriebskostenabrechnung erst dann fällig wird, wenn dem Mieter eine ordnungsgemäß begründete und nachprüfbare Abrechnung zugegangen und eine angemessene Prüfungsfrist verstrichen ist. Darüber hinaus kann in Fällen der hier fraglichen Art der Verzug deshalb ausgeschlossen sein, weil sich der Mieter bezüglich seiner Zahlungspflicht in einem unverschuldeten Irrtum befindet. Ein solcher Fall wird vorliegen, wenn der Mieter begründete Zweifel an der Richtigkeit der Abrechnung hat. Gleiches gilt, wenn Unklarheit darüber besteht, ob der Vermieter überhaupt zur Umlage bestimmter Betriebskosten berechtigt ist (die Ausführungen unter Rdn B 160f gelten hier entsprechend).

B 595 Der Verzug des Mieters mit **sonstigen Zahlungsverpflichtungen,** die zwar auf mietvertraglicher oder gesetzlicher Grundlage beruhen, aber nicht als Entgelt für die Raumüberlassung und damit zusammenhängender Zusatzverpflichtungen des Vermieters anzusehen sind, kann grundsätzlich die Kündigung gemäß § 564b nach dem Sinn und Zweck dieser Vorschrift nicht rechtfertigen (z. B. geschuldete Kaution, Mietvorauszahlung, Mieterdarlehen, Baukostenzuschuß, Schadensersatzbeträge). Zwar wird die verschuldete Nichtzahlung der entsprechenden Zahlungspflichten auch vom Wortlaut des § 564b Abs. 2 Nr. 1 erfaßt. Hier wird es aber regelmäßig am Erheblichkeitskriterium fehlen; die Nichterfüllung solcher Verpflichtungen berührt das für den Mietvertrag wesentliche Verhältnis zwischen Leistung und Gegenleistung nicht so erheblich, daß dem Vermieter neben der Möglichkeit der Zahlungsklage das weitergehende Kündigungsrecht zuerkannt werden kann (ebenso: Alternativkommentar-Derleder § 564b BGB Rdn 15; a. A. Schmid DWW 82, 77, 84; Emmerich-Sonnenschein, Miete § 564b BGB Rdn 23).

B 596 Die Kündigung nach § 564b Abs. 2 Nr. 1 setzt nach dem Wortlaut der Vorschrift zwingend ein **Verschulden** des Mieters am Zahlungsrückstand voraus. Deshalb besteht das Kündigungsrecht nicht, wenn die Zahlung infolge eines Umstands unterbleibt, den der Mieter nicht zu vertreten hat. Die Vorschrift des § 279 BGB ist unanwendbar. Deshalb hat ein Mieter auch Zahlungsverzögerungen aufgrund unverschuldeter wirtschaftlicher Schwierigkeiten (Arbeitslosigkeit, Krankheit) nicht zu vertreten. Beruht die Nichtzahlung auf einem unverschuldeten Rechtsirrtum über die Zahlungspflicht, so wird es bereits an den Voraussetzungen des Verzugs fehlen (s. Rdn B 160f).

§ 564b BGB. Kündigungsschutz **B 597, 598**

Eine andere Frage ist es, ob der Vermieter im Falle **unverschuldeter** **B 597**
Zahlungsrückstände auf den **allgemeinen Kündigtatbestand des**
§ 564b Abs. 1 zurückgreifen kann (so Schmid DWW 82, 77, 83).
Dies ist aus rechtssystematischen Gründen zu bejahen. Weil die Tatbestände der
außerordentlichen, fristlosen Kündigung wegen einer Vertragsverletzung und die Tatbestände der ordentlichen Kündigung in einem Stufenverhältnis zueinander stehen und sich nicht strukturell, sondern nur graduell voneinander unterscheiden, muß bei der ordentlichen Kündigung wegen einer Vertragsverletzung auch ein verschuldensunabhängiger Kündigungstatbestand existieren. Es wäre widersprüchlich, wenn der Vermieter wegen einer nichtverschuldeten Vertragsverletzung zwar nach § 553 BGB (s. Rdn B 136) oder nach § 554 BGB (s. Rdn B 159), nicht aber nach § 564b kündigen könnte.

Nach der hier vertretenen Auffassung werden die Interessen des Mieters durch diese Lösung auch nicht über Gebühr beeinträchtigt, weil der ordentlichen Kündigung wegen Zahlungsverzugs nur im Falle rückständiger Betriebskostennachzahlungen in Höhe mindestens einer Monatsmiete praktische Bedeutung zukommt. Im übrigen erlaubt die weite Fassung des § 564b Abs. 1 eine Korrektur dahingehend, daß bei fehlendem Verschulden des Mieters an das Vorliegen des berechtigten Interesses strengere Anforderungen gestellt werden als bei schuldhafter Nichtzahlung (so zutreffend: Schmid a. a. O.).

Die Vorschriften des **§ 554 I 2 und 3, II Nr. 2 BGB**, wonach Kündigungen in bestimmten Fällen nachträglich unwirksam werden, sind im Rahmen des § 564b II Nr. 1 BGB **analog** anzuwenden (AG Schöneberg WM 78, 128; a. A. Palandt-Putzo a. a. O.; LG Rottweil WM 73, 207). Denn die dort geregelten Rechtsfolgen sind eine Ausprägung des Grundsatzes der Verhältnismäßigkeit, der ganz allgemein bei Kündigungen zu beachten ist. Im übrigen müssen gesetzliche Schutzrechte, die dem Mieter im Falle der fristlosen Kündigung zustehen, erst recht bei der ordentlichen Kündigung gelten. Der Umstand, daß § 554 BGB kein Verschulden des Mieters voraussetzt, steht dem nicht entgegen, weil die Rechtsfolge des § 554 II Nr. 2 BGB auch bei verschuldeten Zahlungsrückständen eintritt.

Eine Kündigung nach § 564b Abs. 2 Nr. 1 kommt ferner dann in Betracht, wenn der Mieter den **Mietzins ständig trotz Abmahnung unpünktlich zahlt**. Bezüglich der Voraussetzungen der Kündigung in diesen Fällen gelten die Ausführungen zu Rdn B 223 mit der Maßgabe, daß an das Erheblichkeitskriterium geringere Anforderungen als im Rahmen des § 554a BGB zu stellen sind. Nach § 564b Abs. 2 Nr. 1 muß die unpünktliche Mietzahlung nicht zur Unzumutbarkeit der Vertragsfortsetzung führen. Andererseits reicht aber auch hier die Tatsache der unpünktlichen Mietzahlung für sich allein zur Kündigung nicht aus. Vielmehr müssen weitere Umstände hinzutreten, die der unpünktlichen Mietzahlung das Gewicht einer nicht unerheblichen Vertragsverletzung verleihen. Die unter Rdn B 224 aufgeführten Kriterien sind auch hier von Bedeutung. **B 598**

B 599 bb) **Vertragswidriger Gebrauch.** Sind die Voraussetzungen des § 553 BGB gegeben, ist die Kündigung jedenfalls gerechtfertigt. Geringere Beeinträchtigungen der Rechte des Vermieters reichen nur aus, wenn sie nicht unerhebliche Auswirkungen hatten oder solche durch Wiederholungsgefahr ernsthaft zu befürchten sind. Unerhebliche Beeinträchtigungen des Vermieters können unter Beachtung des Schutzzwecks des § 564b nicht die Kündigung, sondern lediglich die Unterlassungsklage nach § 550 BGB rechtfertigen (s. oben Rdn B 586). Die Pflichtverletzung des Mieters kann sowohl in einer erheblichen Überschreitung der Grenzen seines Gebrauchsrechts (§ 536 BGB) als auch in einer Verletzung der Erhaltungs- und Obhutspflicht durch grobe Vernachlässigung der Wohnung und der mitvermieteten Gebäudeteile (§ 548 BGB) bestehen. Wegen der Einzelheiten wird auf die Ausführungen unter Rdn B 143 ff, die auch im Rahmen des § 564b Abs. 2 Nr. 1 gelten, verwiesen. Die unterlassene Durchführung von **Schönheitsreparaturen** rechtfertigt in der Regel keine Kündigung, weil dadurch regelmäßig nur das optische Aussehen, nicht aber die Substanz der Mietsache beeinträchtigt wird. Die Befürchtung, daß der Mieter möglicherweise insolvent sei und ausziehen werde ohne die Schönheitsreparaturen durchzuführen, vermag die Kündigung ebenfalls nicht zu rechtfertigen. Sind in der Wohnung **Feuchtigkeitsschäden** aufgetreten, so kann dies nur dann zur Kündigung berechtigen, wenn das Verschulden des Mieters (z. B. ungenügende Beheizung und Belüftung) eindeutig feststeht. Aus dem Auftreten der Feuchtigkeitsschäden kann das Verschulden nicht gefolgert werden; es tritt auch keine Umkehr der Beweislast ein. Vielmehr muß der Vermieter darlegen und ggf. beweisen, daß das Haus keinen bautechnischen Mangel aufweist und den wärmetechnischen Normen entspricht. Sind die Feuchtigkeitsschäden darauf zurückzuführen, daß infolge der Beschaffenheit des Hauses eine über das übliche Maß hinausgehende Beheizung und Belüftung erforderlich gewesen wäre, so kommt es darauf an, ob der Mieter das Erfordernis einer verstärkten Beheizung und Belüftung erkennen konnte und ob ihm dies zumutbar war. Die übermäßige Nutzung einer Wohnung durch die Aufnahme weiterer Personen kann eine Vertragswidrigkeit darstellen, wenn hierdurch eine **Überbelegung** eintritt (LG Köln WM 81, 161 bei Beanstandung durch die städtische Wohnungsaufsicht). Hat die Überbelegung ihre Ursache in einer Vergrößerung der Familie durch Kinderzuwachs, so stellt dies keine Vertragsverletzung dar. Dennoch kann auch hier eine Kündigung nach § 564b I BGB in Betracht kommen (OLG Hamm (RE) RES § 564b BGB Nr. 22; s. Rdn. B 528). Die **mangelnde Nutzung** einer Wohnung ist kein Kündigungsgrund, weil der Mieter zwar ein Gebrauchsrecht, aber keine Gebrauchspflicht hat (a. A.: AG Mönchengladbach ZMR 81, 210). Eine Ausnahme kommt dann in Betracht, wenn der Mieter infolge der seltenen Benutzung zugleich die Obhutspflicht verletzt und wenn dadurch eine konkrete Gefährdung der Mietsache eintritt; die bloß abstrakte Befürchtung, daß die Mietsache Schaden nehmen könnte, reicht hierzu nicht aus. Ob-

§ 564b BGB. Kündigungsschutz

wohl eine Abmahnung des pflichtwidrigen Verhaltens für die Kündigung nach § 564b – im Unterschied zur fristlosen Kündigung bei vertragswidrigem Gebrauch nach § 553 BGB; vgl. dazu BFH WM 68, 252 – nicht vorausgesetzt wird, erübrigt sie sich im Hinblick auf das erforderliche Verschulden des Mieters zumindest dann nicht, wenn die Pflichten im einzelnen zweifelhaft sind und der Grad der Beeinträchtigung unterschiedlich bewertbar ist. Es widerspräche dem Sinn des § 564b, wenn jede beliebige Verletzung der vielfältigen Mieterpflichten, die durch ein vernünftiges Gespräch für die Zukunft zu beseitigen oder deren Folgen unschwer zu beheben sind, den Mieter der Gefahr einer Kündigung aussetzen würde.

Die Grenzen des vertragsmäßigen Gebrauchs sind im übrigen in **Rspr.** **B 600** **und Literatur** umstritten. Soweit vertragliche Regelungen bestehen muß im Einzelfall geprüft werden, ob diese wirksam sind, was besonders in Formularmietverträgen zweifelhaft sein kann. Vgl. hierzu: LG Berlin ZMR 75, 271 = FWW 76, 80: Aufstellen einer Duschkabine; LG Düsseldorf WM 79, 214: Errichten einer Trennwand; AG Hannover MDR 73, 1021 m. Anm. Glaser AG Köln WM 72, 190: Aufstellen einer Waschmaschine; AG Hamburg MDR 73, 853: Balkongrill; LG Essen NJW 73, 2290 = ZMR 74, 323 m. Anm. Bucher u. Hamann: Anbringen eines Wahlplakats; AG Frankfurt WM 77, 66: Füttern von Tauben; LG Mannheim ZMR 74, 335 = WM 74, 74, LG Berlin ZMR 75, 217, LG Hamburg WM 77, 69; AG Frankfurt WM 78, 127; Weimar ZMR 76, 131, Otto ZMR 76, 312, Herold FWW 75, 326: Tierhaltung – dazu auch OLG Hamm (RE) RES § 535 BGB Nr. 1; OLG Karlsruhe (RE) RES 3. MietRÄndG Nr. 8; (die instanzgerichtl. Rechtsprechung zur Frage der Tierhaltung ist unübersehbar; Nachw. in: Das Recht der Tiere 3. A. München 1978); LG Mannheim MDR 75, 231: Verwendung von Dübeln; AG Münster WM 78, 70: Bemalen von vermietereigenem Mobilar; AG Köln WM 80, 41 (LS): Abstellen von Abfalltüten im Treppenhaus; LG Darmstadt ZMR 83, 13: politische Meinungsäußerung.

cc) **Belästigungen.** Hierunter sind die Verletzungen solcher Mieter- **B 601** pflichten zu verstehen, die sich nicht unmittelbar aus dem Mietvertrag ergeben, deren Beachtung aber zur Erhaltung des Hausfriedens unerläßlich ist. Bezüglich dieser Kündigungstatbestände wird zunächst auf die Ausführungen unter Rdn B 208 ff zu § 554a BGB verwiesen. Die dort aufgeführten Sachverhalte können aber auch unter weniger strengen Voraussetzungen als denen des § 554a BGB zur Kündigung berechtigen, wenn sie nicht unerheblich sind und sich gegen den Vermieter, dessen Haushalts- oder Familienangehörige oder andere Mieter des Hauses richten; erforderlich ist aber, daß durch das Verhalten des Mieters oder der unter Rdn B 590 genannten Personen eine beachtliche Störung des Vertrauensverhältnisses oder der Hausgemeinschaft eingetreten ist, welche eine Vertragsbeendigung gerechtfertigt erscheinen läßt. Die Grenze der Zumutbarkeit (§ 554a BGB) braucht hingegen nicht überschritten zu sein. **Beispiele:** Beleidigungen und andere Straftaten, die sich gegen den

Vermieter, dessen Angehörige, Besucher oder aber gegen Mitbewohner (LG Kaiserslautern WM 83, 263) richten oder erhebliche Beeinträchtigungen durch Lärm, Gerüche oder Schmutz. Zur Kündigung, wenn ein Mieter die übrigen Mitmieter gegen den Vermieter aufstachelt, vgl. LG Koblenz WM 76, 98. Kein Kündigungsgrund liegt vor, wenn der Mieter (z. B. im Rahmen einer Mieterinitiative oder innerhalb der Hausgemeinschaft) andere Mieter dazu auffordert, eine bestimmte Mieterhöhung oder ein sonstiges Verhalten des Vermieters nicht zu akzeptieren, sondern den Rechtsweg zu beschreiten (LG Hamburg MDR 78, 494). Die sich aus dem Mietvertrag ergebende Pflicht zur gegenseitigen Rücksichtnahme findet nämlich dort ihre Grenzen, wo der eigene Rechtskreis betroffen wird. Deshalb ist der Mieter auch berechtigt, beispielsweise die Presse oder die Öffentlichkeit zu informieren, wenn begründete Anhaltspunkte dafür vorliegen, daß ein Vermieter die Mieter mit unlauteren Mitteln aus dem Haus drängen will (OLG Frankfurt WM 83, 84; LG Düsseldorf ZMR 81, 116; vgl. auch OLG Köln WM 83, 85; AG Nürnberg WM 83, 261). Besteht der Verdacht, daß der Vermieter eine Straftat begangen hat, so kann der Mieter auch Strafanzeige erstatten. In einem solchen Fall ist die Kündigung auch dann nicht berechtigt, wenn der Vorwurf nicht nachgewiesen werden kann (AG Berlin-Spandau MM 12/82, 18; AG Gelsenkirchen ZMR 82, 56, das allerdings zu Unrecht eine Kündigung analog § 626 BGB für möglich hält; vgl. dazu die ablehnende Anmerkung Tiefenbacher ZMR 82, 54 und Rdn B 68). Stets ist erforderlich, daß der Mieter die Information wahrheitsgemäß nach bestem Wissen erstattet, daß ihm bei der Informationsbeschaffung keine Fahrlässigkeit zur Last fällt und daß die Information in sachlicher Form erteilt wird (vgl. auch Rdn B 213).

B 602 Zweifelhaft ist, ob der Mieter am Fenster seiner Wohnung oder an der Hausfassade **Plakate oder Transparente** anbringen darf, mit denen die Öffentlichkeit über angebliche wohnungspolitische Mißstände informiert werden soll. Ob hierdurch die Grenze des vertragsgemäßen Mietgebrauchs überschritten wird, hängt von den Umständen des Einzelfalls ab. Dabei kommt es maßgeblich darauf an, welches persönliche Interesse der Mieter an der von ihm initiierten Aktion hat und in welchem Maße der Vermieter hiervon betroffen wird. Wird der vertragsgemäße Gebrauch im Einzelfall überschritten, so ergibt sich hieraus noch nicht ohne weiteres die Kündigungsbefugnis. In diesem Zusammenhang hat das Bay ObLG in dem B. vom 25. 2. 1983 (WM 83, 129) – durch den der Erlaß eines Rechtsentscheids über die Frage der Kündigungsbefugnis in diesen Fällen abgelehnt wurde – zu Recht festgestellt, daß die Kündigung einen so schwerwiegenden Eingriff in den persönlichen Lebensbereich des Benutzers darstellt, daß an deren Voraussetzungen ganz besondere Maßstäbe angelegt werden müssen. Die Feststellung, daß der Mieter vertragswidrig gehandelt hat, reicht demgemäß nicht aus; vielmehr müssen weitere gewichtige Beendigungsinteressen hinzu kommen. Abzulehnen ist die Ansicht des LG München I (WM 83, 264), wonach der

§ 564b BGB. Kündigungsschutz

drei Tage dauernde Aushang eines Transparents mit der den Tatsachen entsprechenden Aufschrift „In diesem Haus stehen 4 Wohnungen leer, ca 500 m²" den Tatbestand des § 554a BGB erfüllen soll. Das Plakat befaßte sich mit einem Problem, das jedenfalls in einer Großstadt mit erheblichem Wohnungsfehlbestand von allgemeinem Interesse ist. Ziel der in diesem Transparent zum Ausdruck gebrachten Kritik war für den verständigen Betrachter nicht in erster Linie das Verhalten des Vermieters, sondern die öffentliche Wohnungsverwaltung, zu deren Aufgaben auch die Verhinderung von Zweckentfremdungshandlungen gehört. Der Vermieter wurde nur insofern beeinträchtigt, als das Transparent an der nicht vermieteten Hausfassade angebracht war. Derartige Überschreitungen des Gebrauchsrechts fallen nicht unter § 554a BGB, sondern allenfalls (bei hinreichendem Gewicht) unter § 553 BGB, so daß der Kündigung eine Abmahnung vorausgehen muß (so zutr. AG Nürnberg WM 83, 261). Gleiches gilt, wenn die Kündigung wegen des gleichen Sachverhalts auf § 564b II Nr. 1 gestützt wird (vgl. Rdn B 599). Im übrigen kann einer solchen Gebrauchsüberschreitung mit der Beseitigungs- und Unterlassungsklage begegnet werden (s. Rdn B 599).

Zur Frage, in welchem Umfang der Mieter für das Verhalten dritter Personen haftet (Familienangehörige, Besucher), vgl. Rdn B 590.

Besteht zwischen den Vertragsparteien eine gespannte Atmosphäre, die von beiden Vertragspartnern verursacht und verschuldet ist, so sind an die Kündigung wegen einer Belästigung grundsätzlich strenge Anforderungen zu stellen (LG Berlin MM 11/82, 14). Hier ist stets das Verhalten des Vermieters mitzuberücksichtigen. Wurde der Mieter zu einer beleidigenden Äußerung provoziert, so kommt eine Kündigung grundsätzlich nicht in Betracht. Gleiches gilt bei wechselseitigen Beleidigungen oder dann, wenn das inkriminierte Verhalten für die beteiligten Kreise typisch ist (LG Aachen, Urt. vom 3. 12. 1980 – 3 S 296/80 –).

Ist zwischen zwei oder mehreren Mietern ein Streit ausgebrochen, durch den der Hausfrieden nachhaltig gestört wird, so muß der Vermieter zunächst ermitteln, welcher Mieter den Streit schuldhaft verursacht hat. Dem Vermieter steht es auch dann keineswegs frei, einem beliebigen Mieter zu kündigen, wenn feststeht, daß durch dessen Auszug der Hausfrieden wiederhergestellt werden könnte (a. A. LG Duisburg WM 75, 209). Der Kündigungstatbestand des § 564b BGB setzt nämlich eine schuldhafte Vertragsverletzung voraus, für die der Vermieter beweispflichtig ist. Lediglich dann, wenn mehrere Mieter den Kündigungstatbestand in ihrer Person verwirklicht haben, hat der Vermieter ein Auswahlrecht. Er braucht insoweit auch nicht demjenigen Mieter zu kündigen, der den Streit und damit die Störung des Hausfriedens überwiegend verschuldet hat, sondern kann sich bei seiner Auswahl durchaus von Zweckmäßigkeitsgesichtspunkten leiten lassen. Auch hier muß aber grundsätzlich das Verhalten des anderen Mieters und die allgemeinen Verhältnisse im Haus mitberücksichtigt werden (LG Mannheim WM 81, 17).

B 604 Obwohl sich Belästigungen der hier genannten Art in aller Regel nicht aus einem abgeschlossenen und ohne weiteres überschaubarem Fehlverhalten eines oder mehrerer Mieter ergeben, sondern vielmehr aus einer Reihe komplexer, unterschiedlicher, teils bewußter, teils unbewußter Pflichtwidrigkeiten resultieren, die für sich betrachtet oftmals nicht erheblich sind, genügt es auch hier nicht, wenn im Kündigungsschreiben angegeben wird, daß ein bestimmter Mieter fortwährend mit den übrigen Mietern im Streit lebe (LG Köln WM 76, 182). Auch hier muß vielmehr konkret angegeben werden, wo und in welcher Weise sich der Mieter pflichtwidrig verhalten hat, damit dieser – und im Räumungsprozeß das Gericht – die Berechtigung der Kündigung nachprüfen kann (vgl. Rdn B 712).

B 605 dd) **Unbefugte Untervermietung und Aufnahme Dritter in die Mietwohnung.** Für die Fälle der unbefugten Gebrauchsbelassung enthält § 553 BGB einen formalisierten Kündigungstatbestand. Gegenüber diesem Tatbestand kommt der Vorschrift des § 564b Abs. 2 Nr. 1 keine eigenständige Bedeutung zu. Nach der obergerichtlichen Rechtsprechung (OLG Hamburg RE vom 17. 12. 1981 RES § 553 BGB Nr. 1) kommt es nicht darauf an, ob durch die unbefugte Gebrauchsbelassung die Rechte des Vermieters erheblich verletzt werden; bereits die unbefugte Gebrauchsbelassung als solche soll den Kündigungstatbestand erfüllen. Dies gilt auch dann, wenn der Mieter einen Anspruch auf Erteilung der Untermieterlaubnis nach § 549 Abs. 2 BGB gehabt hätte.

Der Mieter kann aber in diesem Fall gegenüber der Räumungsklage den Einwand unzulässiger Rechtsausübung erheben. Dieselben Grundsätze gelten, wenn der Vermieter nach § 564b Abs. 2 Nr. 1 kündigt. Auf die Ausführungen unter Rdn B 142 wird deshalb verwiesen.

B 606 Die Vertragsbeendigung wegen unbefugter Gebrauchsbelassung setzt auch dann eine **Abmahnung** zwingend voraus, wenn die Kündigung auf § 564b Abs. 2 Nr. 1 gestützt wird. Dies ergibt sich aus der Struktur dieses Kündigungstatbestandes. Die zur Kündigung berechtigende Vertragsverletzung liegt nicht in der unbefugten Gebrauchsüberlassung, sondern in der unbefugten Gebrauchsbelassung. Die unbefugte Gebrauchsbelassung beginnt nach Ablauf der in der Abmahnung gesetzten Frist. Daraus folgt, daß der Vermieter ausnahmslos abmahnen muß; eine Abmahnung ist auch dann nicht entbehrlich, wenn der Mieter den Vermieter über die Gebrauchsüberlassung getäuscht hat.

B 607 d) **Beweislast.** Der Vermieter trägt die Behauptungs- und Beweislast für das Vorliegen einer ursächlichen Verletzung der Mieterpflichten und deren Erheblichkeit. Für das Verschulden ist nach h. M. entweder der Vermieter oder der Mieter nach dem jeweiligen Gefahrenkreis (Verantwortungsbereich, Sphäre) der geltend gemachten Pflichtverletzung beweispflichtig (Palandt-Putzo Anh. 2. WKSchG, 564b BGB Anm. 6c, § 282 BGB Anm. 2; BGH NJW 64, 35). In jedem Fall muß der volle Beweis erbracht werden. Die im Arbeitsrecht geltenden Grundsätze über die sog. „Verdachtskündigung" sind im Mietrecht nicht anwendbar.

Die arbeitsrechtliche Verdachtskündigung beruht auf der Erwägung, daß bestimmte Arbeitsverhältnisse ein gewisses Vertrauensverhältnis zwischen Arbeitgeber und Arbeitnehmer erfordern und daß bereits das Bestehen eines Verdachts ausreichen kann um dieses Vertrauensverhältnis zu zerstören. Für den Bestand eines Mietverhältnisses ist dagegen diese Vertrauensbasis i. d. R. nicht erforderlich.

2. Kündigung wegen Eigenbedarf (§ 564b II Nr. 2)

a) Der Vermieter ist zur Kündigung berechtigt, wenn er die Räume als Wohnung für sich, die zu seinem Hausstand gehörenden Personen oder seine Familienangehörigen benötigt. Damit wird der Kündigungstatbestand des Eigenbedarfs in doppelter Weise konkretisiert: Aus der Verwendung des Begriffs „benötigt" folgt zum einen, daß das Erlangungsinteresse von einigem Gewicht sein muß (dazu Rdn B 618), zum anderen wird die Kündigungsmöglichkeit beschränkt auf einen dem Vermieter nahestehenden Personenkreis (dazu Rdn B 626). **B 608**

Kündigt der Vermieter mit einem **vorgetäuschten Kündigungsgrund** (z. B. nicht existente Eigenbedarfsgründe) so ist die Kündigung unwirksam. Das Mietverhältnis besteht fort, so daß der Mieter nach wie vor Erfüllung verlangen kann. Das gilt auch dann, wenn die Wohnung bereits an einen anderen Mieter weitervermietet worden ist (sog. Doppelvermietung), solange dieser die Wohnung noch nicht bezogen hat. Führt der vorgetäuschte Eigenbedarf zu Vermögensnachteilen des Mieters (z. B. Umzugskosten, höhere Miete), so kann er **Schadensersatz** aus dem Gesichtspunkt einer **positiven Vertragsverletzung** verlangen. Denn das Recht zur Kündigung steht dem Vermieter nur unter den in § 564b BGB genannten Voraussetzungen zu; kündigt er unter Vorspiegelung nicht vorhandener Kündigungsgründe, so handelt der Vermieter vertragswidrig, weil die Beachtung der unabdingbaren gesetzlichen Kündigungsbeschränkungen – ebenso wie die Beachtung anderer gesetzlicher Vorschriften (a. A. Schickedanz ZMR 75, 196) – zu den Vertragspflichten der Parteien gehört. Auch das Vortäuschen eines zweitrangigen Kündigungsgrundes ist eine positive Vertragsverletzung, solange der Kündigungsgrund geeignet ist, den geltend gemachten Eigenbedarf zu stützen. Gleiches gilt, wenn der Vermieter seine Kündigung auf Interessen stützt, deren Eintritt ungewiß ist. Denn der Vermieter ist verpflichtet, vor Kündigungsausspruch seine Planung soweit vorzubereiten, daß eine hinreichend sichere Prognose über deren Durchführung gemacht werden kann (AG Köln WM 85, 117, betreffend Umbaupläne, die sich nach Ausspruch der Kündigung als zu kostspielig erwiesen haben). Andererseits setzt die Eigenbedarfskündigung nicht voraus, daß der Einzug des Vermieters in die Wohnung mit absoluter Sicherheit feststeht. Es genügt, wenn dies nach der Sachlage wahrscheinlich ist (AG Kulmbach WM 85, 118 = MDR 83, 1.026). Die Parteien eines Mietvertrags haben die Nebenpflicht, alles zu unterlassen, was den Vertragszweck gefährden **B 609** könnte. Das Lossagen von einem Vertrag durch eine ungerechtfertigte Kündigung ist deshalb als Verletzung dieser Nebenpflicht anzusehen, die den Mieter zum Schadensersatz berechtigt. Dies ist mittlerweile allgemein anerkannt (OLG Karlsruhe (RE) vom 7. 10. 1981 RES § 564b BGB Nr. 10; BayObLG (RE) vom 25. 5. 1982 RES § 564b BGB Nr. 17; LG Karlsruhe MDR 81, 231; AG Heidelberg WM 75, 67; AG Essen WM 74, 197 = ZMR 74, 275; AG Mannheim WM 77, 166; Hans § 564b Anm. 3b) bb); Löwe ZMR 75, 289).

B 610 Neben diesem vertraglichen Anspruch kommt auch ein deliktischer Anspruch des Mieters aus **§ 826 BGB** in Betracht. Diese Anspruchsgrundlage ist insbesondere dann von Bedeutung, wenn der Vermieter auf Grund der vorgetäuschten Eigenbedarfsgründe ein rechtskräftiges Räumungsurteil erlangt und der Mieter daraufhin auszieht oder den Besitz im Wege der Zwangsvollstreckung verliert. Der zum Schadensersatz verpflichtende Umstand ist hier darin zu sehen, daß der Vermieter ein erschlichenes Urteil ausnutzt. Dieses Verhalten verstößt gegen die guten Sitten. Ein sittlich verwerfliches, d. h. subjektiv vorwerfbares Verhalten liegt nämlich dann vor, wenn zur Verfolgung eigener Belange unerlaubte Mittel angewendet werden (Soergel-Knopp § 826 BGB Anm. 12 und 27). Bereits das Reichsgericht hatte anerkannt, daß dies dann der Fall ist, wenn der Vermieter Rechtsgeschäfte mit Dritten tätigt, um sich ein Kündigungsrecht zu verschaffen (RG, Leipziger Zeitschrift für Deutsches Recht 1920, 856). Erst recht muß dies gelten, wenn der Vermieter Kündigungsgründe frei erfindet, um den Mieter zur Räumung zu bewegen. Auch die Rechtsprechung zu § 4 MSchG hat § 826 BGB bejaht, ,,wenn der Vermieter von vorneherein ohne ernsthafte Absicht eigener Benutzung der Wohnung, also in mißbräuchlicher Benutzung des § 4a, die Aufhebung des Mietverhältnisses erwirkt hat, die er in Wahrheit aus anderem Grunde erstrebt hat" (LG Berlin Mietrechtskartei Dahm 4 XVb 28 m. zust. Anm. Lemme, Das Grundeigentum 1940, 98; ebenso Bettermann MSchG Kommentar 1950 § 4 Rdn 807). Im Falle der Ausnutzung eines erschlichenen Urteils kann der Anspruch auf Schadensersatz nur auf § 826 BGB gestützt werden; ein Anspruch aus positiver Vertragsverletzung kommt daneben nicht in Betracht (LG Aachen WM 87, 394). Im Rahmen des § 826 ist allerdings nur der Schaden zu ersetzen, den der Vermieter vorsätzlich herbeigeführt hat. Hierfür reicht bedingter Vorsatz aus. Dies bedeutet, daß der Vermieter mindestens mit der nicht bloß entfernten Möglichkeit einer Schädigung durch sein Handeln gerechnet und sie billigend in Kauf genommen haben muß (BGH NJW 51, 596; RGZ 140, 392), während die Absicht der Schädigung als Zweck der Kündigung nicht erforderlich ist (vgl. BGH NJW 67, 493). Nach diesen Grundsätzen kann der Mieter regelmäßig die Umzugskosten verlangen, da der Vermieter weiß, daß solche Kosten zwangsweise mit der Räumung entstehen. Ob daneben auch die Differenz zwischen dem bisherigen und dem für die Ersatzwohnung zu zahlenden Mietzins als Schadensersatz verlangt werden kann, richtet sich nach den Umständen des

§ 564b BGB. Kündigungsschutz **B 611**

Einzelfalls, insbesondere danach, ob der Vermieter damit rechnen mußte, daß der Mieter höhere Kosten für die Ersatzwohnung aufzuwenden hat.
Schließlich kommt auch **§ 823 II BGB i. V. m. § 263 StGB** als Grund- **B 611** lage für den Schadensersatzanspruch des Mieters in Betracht. Dies wird von Schickedanz a. a. O. bestritten, der die Ansicht vertritt, daß es insoweit an der sog. „Stoffgleichheit" zwischen Vermögensschaden und Vermögensvorteil fehle, weil der Vermieter erst durch die Weitervermietung bereichert werde. Dabei wird aber verkannt, daß als geschütztes Rechtsgut nur der Besitz an der Wohnung in Betracht kommt. Wird der Mieter durch das Vorspiegeln der erfundenen Kündigungstatsachen getäuscht und überträgt er deswegen in Erfüllung seiner vermeintlichen Pflicht aus § 556 BGB den Besitz an der Wohnung auf den Vermieter, so ist der Tatbestand des Betrugs vollendet. Da der Mieter durch die Täuschung den Besitz an der Wohnung verliert und der Vermieter gleichzeitig den Besitz erlangt, kann die Stoffgleichheit zwischen Vermögensschaden und Vermögensvorteil nicht zweifelhaft sein (OLG Zweibrükken NJW 83, 694; LG Kaiserslautern ZMR 83, 96). Die später erfolgende Weitervermietung ist für die Tatbestandserfüllung nicht von Bedeutung. Der Betrugstatbestand kann auch durch Unterlassen verwirklicht werden. Entfällt der Eigenbedarf nach Ausspruch der Kündigung, so ist der Vermieter nicht nur zivilrechtlich verpflichtet, den Mieter auf die geänderte Situation hinzuweisen (s. Rdn B 616); ihn trifft diesbezüglich auch eine strafrechtlich relevante Garantenpflicht (BayObLG NJW 87, 654 m. Anm. Otto JZ 87, 628 = WM 87, 129 = ZMR 87, 222). Problematisch und schwierig ist im Rahmen des § 263 StGB allerdings die **Ermittlung und Bewertung des Schadens**. Hier muß festgestellt werden, welchen wirtschaftlichen Wert der Mieter durch den Verlust der Wohnung eingebüßt hat. In diesem Zusammenhang ist zu bedenken, daß der Verlust des Besitzrechts eine Befreiung von der Pflicht zur Mietzinszahlung mit sich bringt. Nach objektiven Gesichtspunkten ist ein Schaden dann zu bejahen, wenn der Mieter bisher eine geringere als die Marktmiete gezahlt hat. Entspricht die bisherige Miete der Marktmiete oder liegt sie sogar darüber, so kann unter objektiven wirtschaftlichen Gesichtspunkten ein Schaden nicht bejaht werden. Es sind allerdings auch subjektive Wertfaktoren zu berücksichtigen. Der individuelle Gebrauchswert kann für den Mieter höher sein als der Marktwert. Ein solcher Fall wird dann vorliegen, wenn das Besitzrecht an der Wohnung für den Mieter von besonderem wirtschaftlichen Interesse ist, weil er nach seinen Lebensumständen (Arbeitsort, Familiengröße usw.) keinen Anlaß zu einem Wohnungswechsel hatte. Wirtschaftlich bestimmt sich dieser individuelle Wert nach den Unkosten, die dem Mieter im Falle eines Wohnungswechsels erfahrungsgemäß entstehen. Schäden immaterieller Art (Nachbarschaftsbeziehungen etc.) bleiben unberücksichtigt. Zwischen dem so verstandenen Vorteil (Besitzrecht) und dem so verstandenen Schaden besteht Stoffgleichheit. Ist unter Beachtung dieser Kriterien jedoch ein

B 612 Teil B. Kündigungsschutz

Schaden zu verneinen, so vermögen die Umzugsaufwendungen, unbeschadet des Umstands, daß der Vermieter dem Mieter zum Ersatz dieser Kosten verpflichtet ist, den Betrugstatbestand nicht zu begründen. Hier besteht keine Stoffgleichheit (vgl. auch Werle NJW 85, 2913; Schopp ZMR 75, 97; AG Augsburg WM 78, 130).

B 612 Nach der hier vertretenen Ansicht ist es im Ergebnis von geringer praktischer Bedeutung, ob auch **§ 564 b BGB in Verbindung mit § 823 II BGB** als Schutzgesetz anzusehen ist (bejahend: OLG Karlsruhe [1. ZS] ZMR 77, 25 = WM 76, 99; LG Düsseldorf ZMR 76, 281; WM 76, 70; AG Bonn WM 75, 125; AG Eßlingen WM 76, 126; AG Mannheim WM 77, 166; AG Heidelberg WM 73, 137 und WM 73, 185; AG Essen WM 74, 197 = ZMR 74, 275; Löwe a. a. O.; Sonnenschein NJW 86, 2731; verneinend: OLG Karlsruhe [10. ZS] DWW 76, 186 = Justiz 76, 126; OLG Hamm RE vom 31. 1. 84 RES § 564 b BGB Nr. 30; Schikkedanz a. a. O.; zweifelnd: Schopp a. a. O.). Jedenfalls ist der Vermieter grundsätzlich zum Ersatz des Schadens verpflichtet, welcher dem Mieter adäquat kausal in Folge des vorzeitigen Verlustes seiner Wohnräume auf der Grundlage einer Eigenbedarfskündigung entstanden ist, für die im Zeitpunkt der Kündigungserklärung die behaupteten Bedarfsgründe nicht vorlagen. Die Kausalität zwischen der Vertragsverletzung und dem Schaden besteht auch dann, wenn der Mieter die Unwirksamkeit der Kündigung erkannt, auf Grund mündlich dargelegter schlüssiger Eigenbedarfsgründe das Mietverhältnis dann jedoch einverständlich mit dem Vermieter beendet hat (BayObLG (RE) vom 25. 5. 1982 RES § 564 b BGB Nr. 17; OLG Karlsruhe (RE) vom 7. 10. 1981 RES § 564 b BGB Nr. 10; LG Saarbrücken WM 86, 255). In einem solchen Fall trifft den Mieter auch kein Mitverschulden, weil dieser grundsätzlich auf die Richtigkeit der Tatsachenangaben seines Vermieters vertrauen darf, wenn nicht ausnahmsweise erkennbar naheliegende Verdachtsgründe bestehen (OLG Karlsruhe a. a. O.; Schulz DWW 84, 203). Eine Ausnahme gilt in jenen Fällen, in denen der Mieter entschlossen war, unabhängig von dem geltend gemachten Eigenbedarf auf jeden Fall zu räumen (OLG Karlsruhe a. a. O.). Ist der Mieter ausgezogen, so ist es bezüglich des Schadensersatzanspruchs unerheblich, wenn der Vermieter die rechtswidrige Kündigung zurücknimmt und das Mietverhältnis fortsetzen will (LG Kassel WM 87, 85). Gleiches gilt, wenn der Mieter zwar noch in der ursprünglichen Wohnung wohnt, aber bereits einen neuen Mietvertrag abgeschlossen hat (LG Kassel a. a. O.). Etwas anderes kommt jedoch dann in Betracht, wenn ein derartiger Vertragsschluß noch nicht erfolgt ist. Zwar gilt im allgemeinen der Grundsatz, daß eine Kündigung auf deren Rechtswirksamkeit der Kündigungsempfänger vertraut, ohne dessen Zustimmung nicht mehr zurückgenommen werden kann. Allerdings wird der Mieter aus dem Gesichtspunkt der Schadensminderungspflicht zur Erteilung der Zustimmung verpflichtet sein, wenn er hierdurch keine Rechtsnachteile erleidet. Ein Schadensersatzanspruch entfällt nicht deshalb, weil sich der Vermieter in dem Mietaufhebungsvertrag zur Zahlung einer Abstandssumme verpflichtet hat. Eine Ausnahme kommt insoweit dann in Betracht, wenn weitere Umstände hinzutreten, aus denen sich ergibt, daß der Mieter aufgrund der vertraglichen Vereinbarungen mit nachträglichen Schadensersatzansprüchen ausgeschlossen sein soll (AG Lechenich WM 85, 119). Der Schadenersatzanspruch besteht auch dann, wenn das betreffende Mietverhältnis nicht dem Kündigungsschutz unterliegt (z. B. in den Fällen des § 564b IV BGB), der Vermieter aber dennoch nach § 564b II Nr. 2 BGB kündigt. In einem solchen Fall kann sich der Vermieter nicht darauf berufen, daß er das Mietverhältnis auch ohne Angabe von Gründen hätte beendigen können. Dies ergibt sich aus den allgemeinen Grundsätzen über die sogenannte hypothetische Kausalität; danach ist es für den Schadenersatzanspruch ohne Bedeutung, wenn nach Eintritt des schädigenden Ereignisses weitere Ereignisse eintreten oder eintreten könnten, die den Schaden ebenfalls herbeigeführt hätten.

Der zu ersetzende **Schaden** umfaßt die Aufwendungen des Mieters **B 613** anläßlich des Umzugs (z. B. Räumungskosten, Maklergebühr, neue Gardinen, Renovierungskosten, Ersatz des eigenen Zeitaufwands (AG Aschaffenburg WM 84, 249), entgangener Gewinn, Rechtsberatungskosten (Schmid DWW 84, 203). Muß der Mieter für eine gleichwertige Ersatzwohnung einen höheren Mietzins zahlen, so ist auch dies als Schaden anzusehen (Schmid a. a. O.). Bei der Berechnung der Schadenshöhe ist zwischen folgenden Fällen zu unterscheiden: War der bisherige Mietzins niedriger als die ortsübliche Miete, so kann der Mieter als Schadensersatz die Differenz zwischen bisheriger und jetziger Miete verlangen. Die Höhe des Ersatzanspruchs wird in doppelter Hinsicht begrenzt. Zum einen kann der jetzige Mietzins nur bis zur Höhe der ortsüblichen Miete berücksichtigt werden, weil die Anmietung einer Wohnung mit einem über dem ortsüblichen liegenden Mietzins grundsätzlich als Verstoß gegen die Schadensminderungspflicht (§ 254 BGB) angesehen werden muß. Zum anderen kann die Mietzinsdifferenz nur für den Zeitraum verlangt werden, in dem der Vermieter gehindert wäre, eine höhere als die bisherige Miete zu verlangen. Bei unbefristeten Mietverhältnissen ohne vereinbarten Erhöhungsausschluß richtet sich diese Zeitspanne nach den Fristen des § 2 MHG (3–4 Monate; vgl. Rdn C 120ff). Bei Mietverhältnissen mit Erhöhungsausschluß (s. Rdn C 31ff) ist diejenige Zeit maßgebend, für die die Erhöhung ausgeschlossen ist.

Entsprach der bisherige Mietzins der ortsüblichen Miete, so kommt **B 614** ein Schadensersatzanspruch nicht in Betracht. In der Anmietung einer noch teureren Wohnung liegt nämlich grundsätzlich ein Verstoß gegen die Schadensminderungspflicht (§ 254 BGB). Die Schadensersatzpflicht kann ganz oder teilweise entfallen, so z. B. wenn der Mieter ohnehin willentlich in Kürze die Wohnung zu räumen beabsichtigte, so daß der Schaden nicht ursächlich auf der rechtswidrigen Kündigung des Vermieters beruhte; dafür trägt der Vermieter die Darlegungs- und Beweislast. Steht die Wohnung nach dem Auszug des Mieters längere Zeit leer und erleidet der Vermieter dadurch einen Vermögensverlust, so spricht dieser Umstand nicht gegen die Kausalität des von ihm herbeigeführten Schadens, weil erwartungswidrige oder fehlgeschlagene Versuche der Weitervermietung darauf keinen Einfluß haben (OLG Karlsruhe a. a. O.), selbst wenn aber die zeitweilige Nichtbenutzung der Wohnung andere Ursachen hatte (z. B. krankheitsbedingte Verhinderung des Nachfolgers) bleibt die Kausalität der (rechtswidrigen) Kündigung davon unberührt. Obsiegt der Vermieter auf Grund einer arglistigen Täuschung des Gerichts im Räumungsrechtsstreit, kann der Mieter nach § 826 BGB im Wege der Klage auch die Beseitigung der Rechtsfolgen des Räumungsurteils und den **Ersatz des adäquat entstandenen Vermögensschadens** verlangen.

Ein Anspruch auf die erneute Überlassung der Wohnung steht dem Mieter mit Erfolgsaussicht nach §§ 826, 535, 536 BGB aber nur dann gegen den Vermieter zu, wenn die durch die Täuschung erlangten Räume noch frei stehen oder aber vom Vermieter selbst benutzt werden, während er bei vollzogener Drittüberlassung wie sonst bei der Doppelvermietung nur Schadensersatz verlangen kann (s. dazu auch Rdn B 70 ff).

B 615 Den Mieter trifft die **Darlegungs- und Beweislast** für die tatsächlichen Voraussetzungen seines Schadensersatzanspruchs (LG Koblenz WM 80, 10; a. A. AG Essen a. a. O., das im Ergebnis eine Umkehr der Beweislast annimmt). Der Mieter muß also darlegen und ggf. beweisen, auf welche Tatsachen sich der Vermieter in dem Räumungsverfahren wahrheitswidrig gestützt haben soll (LG Itzehoe WM 84, 225). Hat das Gericht in dem vorangegangenen Räumungsverfahren eine Kündigung für rechtswirksam erachtet, so binden diese Feststellungen im Schadensersatzprozeß nicht, zumal sich häufig erst nach dem Abschluß des Räumungsprozesses herausstellt, daß der Eigenbedarf nur vorgetäuscht war (anders wohl: LG Köln WM 84, 248). Wird die gekündigte Wohnung nicht dem im Kündigungsschreiben benannten Nachfolger überlassen, so kann dieser Umstand nicht uneingeschränkt zugunsten des Mieters dahin bewertet werden, daß die Kündigung rechtswidrig und der dadurch bedingte Schaden vom Vermieter schuldhaft verursacht ist; wenn der Vermieter nämlich für diese Tatsachen zu seiner Rechtfertigung schlüssige Gründe substantiiert behauptet, aus denen sich ergibt, daß er zu dieser Änderung durch Umstände veranlaßt wurde, die er im Zeitpunkt des Kündigungsausspruchs weder vorhersehen konnte noch kannte, und die erst nach der Räumung des Mieters eingetreten oder zu seiner Kenntnis gelangt sind, dann entfällt seine Schadensersatzpflicht wenn der Mieter nicht den Beweis für das Gegenteil erbringen kann (vgl. OLG Hamm ZMR 76, 149; LG Konstanz WM 86, 256). Es werden allerdings auch andere Ansichten vertreten. Reinke (WM 84, 225) befürwortet eine Beweislastverteilung nach Gefahrenkreisen. Danach gilt: Ist der Mieter ausgezogen ohne daß der Vermieter oder seine Angehörigen die Wohnung bezogen haben, so ist der Vermieter darlegungs- und beweispflichtig dafür, daß der Kündi-

§ 564b BGB. Kündigungsschutz

gungsgrund ursprünglich bestanden hat und erst nach dem Auszug des Mieters entfallen ist (ebenso: LG Hannover ZMR 87, 57). Die Beweislast für die Kausalität des Schadens soll nach Reinke entsprechend den in Arzthaftungsprozessen entwickelten Grundsätzen verteilt werden: Steht die Verletzung des Mietvertrags durch unbegründete Kündigung fest, so soll der Vermieter beweisen, daß diese für den Schaden nicht kausal war (ebenso AG Friedberg WM 85, 267). Unter Umständen kann auch das Gesamtverhalten des Vermieters während und nach dem Räumungsprozeß berücksichtigt werden (LG Münster WM 84, 248). Die Frage der Beweislastverteilung ist obergerichtlich noch nicht geklärt; das OLG Celle (WM 84, 5) hat den Erlaß eines Rechtsentscheids hierzu abgelehnt. Nach allem verbleibt beim Mieter ein erhebliches Prozeßrisiko. Ein Teil der Rechtsprechung vertritt in diesem Zusammenhang deshalb die Ansicht, daß der Vermieter aufgrund einer nachvertraglichen Nebenpflicht gehalten sei, dem Mieter auf Verlangen mitzuteilen, warum der Eigenbedarf entfallen ist. Die tatsächlichen Voraussetzungen des Auskunftsanspruchs sind allerdings umstritten. Nach der Ansicht des LG München I (WM 86, 219) reicht es aus, daß ein begründeter Verdacht für eine zum Schadensersatz führende Handlung gegeben ist (ebenso: Zimmermann WM 86, 221). Hierfür wird es in der Regel ausreichen, wenn der Mieter darlegt, daß die Wohnung an eine andere, als die im Kündigungsschreiben benannte Person überlassen worden ist. Die von der obergerichtlichen Rechtsprechung entwickelten Grundsätze stehen dieser Ansicht nicht entgegen. Nach dieser Rechtsprechung muß der Auskunftsbegehrende in solchen Fällen darlegen, daß der Prozeßgegner eine schuldhafte Vertragsverletzung begangen hat und daß hierzu mit Wahrscheinlichkeit ein Schaden entstehen wird. Ein Auskunftsanspruch besteht nach dieser Rechtsprechung nicht, wenn durch die Auskunft erst die Tatsachen erkundet werden sollen, die zur Begründung des Ersatzanspruchs gehören (BGH LM § 242 BGB [Be] Nr. 19; ebenso LG München II WM 86, 220). Wird eine Wohnung nicht an den im Kündigungsschreiben Benannten vermietet, so ist es in aller Regel so, daß der Eigenbedarf vorgetäuscht war. Ein Wegfall des Eigenbedarfs nach dem Auszug des Mieters ist demgegenüber die seltene Ausnahme. Für den redlichen Vermieter gibt es auch keinen Grund, die Auskunft zu verweigern, der arglistig handelnde Vermieter verdient keinen Schutz. Erteilt der Vermieter die Auskunft nicht, so muß er dem Mieter den daraus entstehenden Schaden ersetzen. Dieser Schaden kann darin bestehen, daß der Mieter Klage auf Schadenersatz wegen vorgetäuschten Eigenbedarfs erhoben hat und damit kostenpflichtig abgewiesen worden ist (AG Butzbach WM 86, 89).

Die obigen Ausführungen gelten auch dann, wenn ein ursprünglich vorhandener **Eigenbedarf später entfällt** und der Vermieter trotzdem sein Herausgabeverlangen weiterverfolgt (s. Rdn B 38). Die Vertragsverletzung ist in solchen Fällen darin zu sehen, daß der Vermieter durch die Aufrechterhaltung des Räumungsverlangens konkludent das Vorhandensein von Kündigungsgründen zum Zeitpunkt der Räumung be-

B 616

hauptet (LG Düsseldorf ZMR 76, 281; WM 76, 70; AG Siegen 78, 22; AG Düsseldorf WM 76, 14; im Ergebnis ebenso LG Freiburg WM 78, 122; LG Karlsruhe WM 80, 249; MDR 81, 231, wonach die Weiterverfolgung der Kündigung in solchen Fällen rechtsmißbräuchlich ist). Durch den Rechtsentscheid des OLG Karlsruhe vom 7. 10. 1981 (RES § 564b BGB Nr. 10) sind diese Grundsätze nun auch obergerichtlich anerkannt. Danach ist der Vermieter verpflichtet, den Mieter von dem Wegfall des Eigenbedarfs in Kenntnis zu setzen. Dies gilt auch dann, wenn der Mieter bereits einen neuen Mietvertrag abgeschlossen hat. In der Regel wird ein Mieter es nämlich vorziehen, sich von dem neuen Mietvertrag zu lösen und den alten fortzusetzen. Im Prozeß muß der Mieter diesen Umstand allerdings darlegen und beweisen.

Der Vermieter ist auch dann zur Mitteilung verpflichtet, wenn der ursprüngliche Eigenbedarf wegfällt, gleichzeitig aber ein neuer Eigenbedarfsgrund eintritt. Dies ergibt sich aus der Erwägung, daß der Mieter einen Anspruch auf Mitteilung derjenigen Gründe hat, die das Räumungsverlangen rechtfertigen (§ 564b III BGB). Durch die Mitteilungspflicht soll der Mieter in die Lage versetzt werden, die Berechtigung der Kündigung nachzuprüfen. Dieser Zweck würde nur unzureichend erfüllt, wenn der Vermieter ohne weiteres die Beendigungsgründe austauschen könnte. Deshalb muß der Vermieter die Wohnung grundsätzlich an diejenige Person überlassen, die im Kündigungsschreiben bezeichnet worden ist (LG Essen WM 81, 183). Eine Verletzung der Mitteilungspflicht führt aber in jenen Fällen nur dann zum Schadenersatzanspruch, wenn der neue Bedarfsgrund die Rückgabe nicht gerechtfertigt hätte. Andernfalls fehlt es an der Kausalität zwischen der Verletzung der Mitteilungspflicht und dem Schaden. Nach der hier vertretenen Ansicht wird die ursprüngliche Kündigung beim Austausch gleichartiger Beendigungsinteressen nämlich nicht unwirksam (s. Rdn B 716); vielmehr können die nachträglich entstandenen Gründe anstelle der ursprünglichen berücksichtigt werden. Es ist also stets zu fragen, ob ein auf die neuen Gründe gestütztes Räumungsverlangen Erfolg gehabt hätte.

Darüber hinaus wird teilweise vertreten, daß der Vermieter auch dann zum Schadensersatz verpflichtet sei, wenn er zwar **tatsächlich zutreffende Kündigungsgründe** angibt, die aber letztlich eine Vertragsbeendigung nicht rechtfertigen. Dies soll insbesondere dann gelten, wenn der Vermieter die **Rechtslage unzutreffend beurteilt**. Geschieht das schuldhaft, wobei Fahrlässigkeit genügt, und erwächst dem Mieter daraus ein Schaden, so ist der Vermieter dem Mieter aus dem Gesichtspunkt der positiven Vertragsverletzung ersatzpflichtig (BGH MDR 84, 571 = ZMR 84, 163; AG Hamburg WM 85, 121). An die Annahme eines unverschuldeten Irrtums sind nach dieser Rechtsmeinung strenge Maßstäbe anzulegen. Das Risiko, die Rechtslage unzutreffend zu beurteilen, trage grundsätzlich der Vermieter (BGH a. a. O.; s. dazu auch Schmidt DWW 84, 203). Gleiches soll nach dieser Ansicht gelten, wenn der Vermieter ohne Angabe von Gründen kündigt oder wenn die Gründe nur

§ 564b BGB. Kündigungsschutz B 618

lückenhaft oder pauschal angegeben werden (LG Kiel NJW 75, 1973 m. abl. Anm. Fehl; LG Hamburg WM 77, 94; MDR 76, 844; LG Waldshut-Tiengen WM 78, 5; LG Freiburg WM 79, 215; AG Darmstadt WM 77, 254; AG Hamburg-Harburg WM 78, 65; AG Hamburg-Altona WM 80, 48; LG Kaiserslautern MDR 81, 935; Seier ZMR 78, 34; Sternel MDR 76, 265; Schmid DWW 84, 203).

Dieser Ansicht kann nicht zugestimmt werden (ebenso OLG Hamm RE vom 31. 1. 1984 RES § 564b BGB Nr. 30; Schopp MDR 77, 198; AG Konstanz WM 77, 254).

Der zum Schadensersatz verpflichtende Umstand kann immer nur darin gesehen werden, daß der Vermieter vorsätzlich oder fahrlässig Tatsachenbehauptungen vorträgt, die nicht der Wirklichkeit entsprechen. In diesem Fall wird nämlich dem Mieter die Möglichkeit genommen, die Berechtigung der Kündigung nachzuprüfen. Da er hierauf aber ein Recht hat, ist es sachgemäß, ihm zum Ausgleich für die Verletzung dieses Rechts einen Schadensersatzanspruch zuzusprechen.

Trägt der Vermieter dagegen diejenigen Tatsachen zutreffend vor, die nach seiner Ansicht die Kündigung rechtfertigen sollen, so ist der Mieter nicht gehindert, hieraus abweichende rechtliche Schlußfolgerungen zu ziehen. Gleiches gilt, wenn der Vermieter keine Kündigungsgründe angibt. Durch den Kündigungsausspruch bringt er zwar letztlich auch zum Ausdruck, daß er zur Kündigung berechtigt sei. Hierbei handelt es sich aber um eine (falsche) Rechtsfolgenbehauptung, die der Mieter auf Grund der mitgeteilten Tatsachen ohne weiteres nachprüfen und widerlegen kann. Eine zum Schadensersatz verpflichtende Rechtsbeeinträchtigung liegt in einem solchen Fall nicht vor.

Folgt man der hier abgelehnten Ansicht, so wird regelmäßig zu prüfen sein, ob dem Mieter kein Mitverschulden zur Last fällt, wenn er auf eine erkennbar unwirksame oder unbegründete Kündigung räumt, ohne vorherigen Rechtsrat einzuholen (vgl. dazu LG Freiburg WM 78, 122; WM 79, 215; AG Aschaffenburg WM 84, 249; AG Hannover WM 85, 116). Nach der Ansicht des BGH (MDR 84, 571 = ZMR 84, 163) ist der Mieter aber nicht ohne weiteres verpflichtet, sich gegen die Kündigung zur Wehr zu setzen. Ein Mitverschulden kann danach nur dann angenommen werden, wenn das Fehlen eines Kündigungsgrundes auf der Hand liegt oder wenn dem Mieter aus anderen Umständen des konkreten Einzelfalls zumutbar ist, sich gegen die Kündigung zu wehren (ebenso Schmid DWW 84, 203).

b) Nach dem Wortlaut des § 564b Abs. 2 Nr. 2 setzt die Eigenbedarfs- B 618
kündigung voraus, daß der Vermieter die Wohnung für sich oder die in Rdn B 626 genannten Personengruppen „benötigt". Die Auslegung dieses Tatbestandsmerkmals ist in Rechtsprechung und Literatur außerordentlich umstritten. Dabei werden im Grundsatz zwei voneinander verschiedene Auffassungen vertreten: Nach dem Rechtsentscheid des Hanseatischen OLG Hamburg vom 10. 12. 1985 (RES § 564b BGB Nr. 35) begründet bereits der Wunsch des Vermieters, als Eigentümer

seine eigene Wohnung zu beziehen, den Wohnbedarf, und zwar unabhängig von der Art seiner bisherigen Unterbringung. Soll die Wohnung einem Familienangehörigen überlassen werden, so reicht es für die Kündigung aus, wenn bei dem Familienangehörigen „ein Wohnraumbedarf besteht, ohne daß es auf dessen unzureichende Unterbringung ankommt". Maßgeblich ist nach dieser Rechtsansicht also in erster Linie der Eigennutzungswille oder der Überlassungswille des Vermieters. Dieser Wille rechtfertigt die Eigenbedarfskündigung. Ausnahmen kommen nach dieser Rechtsauffassung allenfalls dann in Betracht, wenn die Absicht zur Eigennutzung oder zur Überlassung an Angehörige auf gänzlich unvernünftigen Erwägungen beruht. – Demgegenüber hat das Kammergericht in dem Rechtsentscheid vom 25. 2. 1981 (RES § 564b BGB Nr. 4) ausgeführt, daß der bloße Wunsch des Vermieters „das eigene Haus zum Wohnen zur Verfügung zu haben" eine Eigenbedarfskündigung nicht rechtfertigen könne; der Vermieter müsse sich vielmehr in einer „wohnbedarfstypischen" Lage befinden. Auf diesem Standpunkt beruht auch der Rechtsentscheid des BayObLG vom 17. 12. 1984 (RES § 564b BGB Nr. 33), der sich mit den Anforderungen befaßt, die an die Begründung einer Eigenbedarfskündigung gestellt werden müssen, und hierzu ausführt, „daß bei der Kündigung wegen Eigenbedarfs konkrete Angaben über die bisherigen Wohnverhältnisse, die betroffenen Personen und die Gründe für den erhöhten Wohnbedarf zu machen sind". Dieser Rechtsentscheid entfaltet zwar für die Auslegung der materiell-rechtlichen Kündigungsvoraussetzungen keine Bindungswirkung; dennoch kommt der Entscheidung auch insoweit Bedeutung zu, weil an die Begründung einer Kündigung selbstverständlich keine höheren Anforderungen gestellt werden können als an die materiell-rechtlichen Kündigungsvoraussetzungen. Im Unterschied zu der Auffassung des OLG Hamburg reicht nach dieser Meinung der bloße Nutzungs- oder Überlassungswille des Vermieters nicht aus. Neben dem Nutzungswillen wird als weitere Kündigungsvoraussetzung vielmehr ein besonderes Nutzungsinteresse vorausgesetzt. Dies ist auch der Standpunkt der herrschenden Meinung. Nur diese Rechtsauffassung steht im Einklang mit dem Gesetz, was sich vor allem aus dem unterschiedlichen Wortlaut von § 564b Abs. 2 Nr. 2 einerseits und § 564c Abs. 2 Nr. 2a andererseits ergibt. Nach der letztgenannten Vorschrift reicht es für die Vereinbarung eines Zeitmietvertrags wegen beabsichtigter Eigennutzung aus, wenn der Vermieter die Räume für sich „nutzen will". Der Kündigungstatbestand wegen Eigenbedarfs verlangt hingegen, daß der Vermieter die Räume „benötigt". Aus dieser vom Gesetzgeber bewußt gewählten unterschiedlichen Fassung der jeweiligen Tatbestände folgt zwingend, daß für die Eigenbedarfskündigung der bloße Nutzungswille oder der bloße Überlassungswille nicht ausreichen kann (Sonnenschein NJW 86, 2731; Emmerich PIG 26, 126; Sternel ZMR 86, 181 und WM 87, 339). Mittlerweile liegt zu dieser Problematik ein **Rechtsentscheid des BGH** vor (BGH RE vom 20. 1. 1988 WM 88, 47 = BlnGE 88, 189).

§ 564b BGB. Kündigungsschutz

Auch der BGH stellt klar, daß der bloße Nutzungswille für die Eigenbedarfskündigung allein nicht ausreicht, sondern daß darüberhinaus ein besonderes Nutzungsinteresse erforderlich ist. Allerdings dürfen nach dieser Rechtsauffassung an das Nutzungsinteresse keine hohen Anforderungen gestellt werden. Eigenbedarf setzt weder voraus, daß der Vermieter unzureichend untergebracht ist, noch muß sich der Vermieter in einer ,,wohnbedarfstypischen Lage" befinden. Für die Annahme des Eigenbedarfs genügt vielmehr jeder vernünftige nachvollziehbare Grund. Als Beispiel für einen berechtigten Eigenbedarf nennt der BGH den Erwerb einer vermieteten Wohnung um dort einen Altersruhesitz zu begründen, wobei es nicht darauf ankommt, ob die bislang bewohnten Räume kleiner sind als die Wohnung des Mieters. Eigenbedarf soll ferner dann vorliegen, wenn Eltern ihrem Kind eine Wohnung überlassen wollen um zu verhindern, daß es sich vom Elternhaus löst, wobei wiederum unerheblich ist, ob das Kind im Elternhaus ausreichend untergebracht ist. Auch die Absicht des Vermieters im eigenen Haus zu wohnen um die Heizung warten und das Haus verwalten zu können, soll für die Annahme eines Eigenbedarfs ausreichen. In der Rechtspraxis wird sich der Rechtsentscheid des BGH dahingehend auswirken, daß auch Erlangungsinteressen von sehr geringem Gewicht die Eigenbedarfskündigung rechtfertigen können.

aa) Nach der oben dargelegten Auffassung hat die Prüfung des Eigenbedarfs in zwei Stufen zu erfolgen: Zunächst muß festgestellt werden, daß der Vermieter die ernsthafte Absicht hat, selbst in die Wohnung einzuziehen. In der zweiten Stufe ist zu prüfen, ob dem Vermieter objektiv ein berechtigtes Interesse an der Raumerlangung zu Wohnzwecken zuzuerkennen ist, z. B. krankheitsbedingte Wohnungsveränderung, Arbeitsplatzwechsel, Ruhestand, wesentlich ungünstigere Lage zum Arbeitsplatz, erhöhter Wohnraumbedarf wegen Kinderzuwachs oder Elternaufnahme, Eheschließung, dauernde Pflegebedürftigkeit der im Haus des Vermieters wohnenden Eltern (LG Mannheim WM 74, 30). Das ist nur der Fall, wenn **objektiv** konkrete **Bedarfsgründe** vorliegen, welche den Schluß rechtfertigen, daß die verlangte Räumung aus persönlichen oder wirtschaftlichen Erfordernissen zur Unterbringung des Vermieters oder seiner Haushalts- und Familienangehörigen erforderlich ist (Schmidt-Futterer MDR 72, 560). Dabei ist den subjektiven Wünschen und Vorstellungen des Vermieters Rechnung zu tragen (OLG Karlsruhe (RE) vom 14. 1. 1982 RES § 564b BGB Nr. 14). Hierbei sind nicht nur die vom Vermieter geltend gemachten Tatsachen zu berücksichtigen; vielmehr ist auf Grund einer umfassenden Würdigung aller Umstände des Einzelfalls zu entscheiden, ob der Vermieter ein vernünftiges, billigenswertes Interesse an der Erlangung der Wohnung hat (OLG Karlsruhe (RE) vom 26. 10. 1982 RES § 564b BGB Nr. 23).

Ein solches Interesse kann zum Beispiel fehlen, wenn die gekündigte Wohnung für den Berechtigten besonders ungünstig ist (z. B. Wohnung im 4. Obergeschoß für pflegebedürftige Angehörige; s. OLG Karlsruhe a. a. O.) oder wenn hinreichende Anhaltspunkte dafür bestehen, daß der

Berechtigte die Wohnung alsbald wieder aufgeben muß (vgl. AG Osnabrück WM 87, 157, wonach der Vermieter eines Einfamilienhauses nicht wegen Eigenbedarfs kündigen kann, wenn das Haus zwangsversteigert werden soll und Versteigerungstermin bereits bestimmt ist). Der bloße Wunsch des Vermieters, in seinem eigenen Haus zu wohnen oder dort seine Angehörigen aufzunehmen, rechtfertigt seine Kündigung nicht; dafür ist vielmehr erforderlich, daß er oder die Angehörigen den Wohnraum aus persönlichen oder erheblichen wirtschaftlichen Interessen im Hinblick auf ihre derzeit unzulängliche oder überteuerte Wohnung tatsächlich benötigen (LG Essen WM 73, 163; LG Hamburg WM 77, 30; LG Lahn-Gießen ZMR 78, 239). Das gilt auch für den Käufer eines Hauses, das von diesem in der Absicht erworben wurde, darin selbst eine Wohnung zu beziehen (KG (RE) vom 25. 2. 1981 RES § 564b BGB Nr. 4; AG Köln WM 74, 9; AG Frankfurt WM 74, 31). Deshalb ist es zu weitgehend, den Eigenbedarf bereits dann anzuerkennen, wenn die herausverlangten Räume für die eigene Benutzung geeigneter als die derzeit bewohnten Räume sind oder sonstige ins Gewicht fallende schutzwürdige Vorteile mit ihrer Ingebrauchnahme durch den Vermieter verknüpft sind (so LG München ZMR 74, 49; a. A.: wohl BGH WM 88, 47). Wenn § 564b II Nr. 2 auch voraussetzt, daß ein Kündigungsinteresse des Vermieters insoweit nur beim Vorliegen eines konkreten Raumbedarfs anzuerkennen ist, kann daraus jedoch nicht hergeleitet werden, daß diese Voraussetzung einem dringenden Bedarf gleichzusetzen ist (Schopp Rpfl. 72, 8; a. A. AG Hamburg-Blankennese WM 79, 105; Roquette ZMR 72, 134; Schmidt WM 71, 194 und WM 72, 28 in Anm. zu AG Gelsenkirchen-Buer; Sternel Rdn IV 76). Ebenso ist Eigenbedarf nicht erst dann gegeben, wenn dem Vermieter Obdachlosigkeit droht oder er sich auf dem Wohnungsmarkt keine geeignete andere Wohnung zu beschaffen vermag (BT-Drucks. 7/2638; s. Rdn F 49; BGH a. a. O.).

B 620   bb) Der Eigenbedarf ist i. d. R. begründet, wenn der Vermieter derzeit eine räumlich nicht angemessene oder unzumutbare teure Wohnung (LG Karlsruhe WM 82, 210: Einkommen 804,– DM, Miete 500,– DM; AG Friedberg/Hessen WM 85, 116: jährliche Mietdifferenz 1 800,– DM) besitzt oder die Entfernung zum Arbeitsplatz wesentlich ungünstiger als von seinem Haus ist (LG Mannheim ZMR 74, 333 = WM 74, 260; LG Karlsruhe DWW 74, 238 = WM 74, 261; LG Frankfurt, Urt. vom 12. 3. 1974 – 2/11 S 444/73); eine Ausnahme gilt jedoch dann, wenn der Vermieter diese Umstände bereits beim Abschluß des Mietvertrags kannte (LG Hamburg ZMR 77, 90; s. Rdn B 634; AG Mannheim WM 76, 184). Den Kündigungstatsachen muß dabei ein gewisses Gewicht zukommen. Der Umstand, daß die derzeitige Wohnung des Vermieters kleiner, teurer oder weiter entfernt liegt, reicht für sich allein nicht aus (vgl. AG Münster WM 79, 258; LG Hagen WM 85, 286).

B 621   Eigenbedarf wird ferner dann anzuerkennen sein, wenn dem Vermieter seine Mietwohnung gekündigt worden ist, soweit die Räumungspflicht nicht zum Nachteil des Mieters (auch im Falle eines Mietaufhebungsvertrages, s. Rdn B 89) fingiert, also treuwidrig herbeigeführt worden ist (s. dazu auch Rdn B 609). Darüber hinaus muß vorausgesetzt werden, daß die Kündigung begründet ist. U. U. kann der Vermieter verpflichtet sein, die gegen die Kündigung seiner Wohnung sprechenden Umstände – gegebenenfalls im Wege der Klage – geltend zu machen. Dies gilt allerdings nur dann, wenn gewichtige Gründe für die Unwirksamkeit vorliegen; es ist dem Vermieter nämlich nicht zuzumuten, sich auf einen Rechtsstreit mit ungewissem Ausgang einzulassen (BayObLG (RE) vom 14. 7. 1981 RES § 564b BGB Nr. 9; LG Mannheim ZMR 78, 121; vgl. auch Oetker ZMR 84, 77). Hat der Vermieter ohne gerechtfertigten Anlaß seine bisherige Wohnung selbst gekündigt, kann er sich auf den von ihm geschaffenen Bedarf an einer Ersatzwohnung nicht berufen (s. Rdn B 633; Oetker ZMR 84, 77). Auch hier sind jedoch Ausnahmen denkbar, so z. B. wenn der Vermieter nach § 9 I MHG gekündigt hat um eine für ihn nicht mehr tragbare Mieterhöhung abzuwenden (vgl. LG Hamburg ZMR 77, 90). In einem solchen Fall muß jedoch zum einen geprüft werden, ob die Kündigung zur Abwendung der Mieterhöhung erforderlich war. Dies ist zu verneinen, wenn die verlangte Mieterhöhung die ortsübliche Miete überschreitet oder wenn die Erhöhungserklärung unwirksam ist. Zum anderen muß die verlangte Miete den Vermieter wirtschaftlich so stark belasten, daß der Umzug in die eigene Wohnung erforderlich wird. Der bloße Wunsch des Vermieters, die von ihm anderweitig zu zahlende Miete einzusparen rechtfertigt keinen Eigenbedarf (LG Hamburg WM 75, 124; LG Mannheim WM 74, 260 = ZMR 74, 33). Hat der Vermieter eine bisher von ihm genutzte Eigentumswohnung oder ein von ihm bewohntes Einfamilienhaus verkauft, so ist zu fragen, ob die Aufgabe der bisherigen Wohnung anläßlich des Verkaufs erforderlich gewesen ist. Dies ist zu verneinen, wenn der Käufer das Objekt lediglich als Kapitalanlage erworben hat und es deshalb nicht selbst bewohnen, sondern vermieten wollte. In einem solchen Fall ist es dem Vermieter zuzumuten, mit dem Erwerber einen Mietvertrag abzuschließen und in der bisherigen Wohnung zu verbleiben. Hat der Erwerber aber den Abschluß des Kaufvertrags von der Übergabe einer geräumten Wohnung abhängig gemacht, so ist der Vermieter grundsätzlich zur Eigenbedarfskündigung berechtigt (zu weitgehend LG Düsseldorf WM 78, 236, wonach der Eigenbedarf in solchen Fällen verschuldet sein soll, wenn nicht der Verkauf auf Grund einer Notsituation erforderlich war). Gleiches gilt, wenn der Vermieter ein bislang von ihm selbst bewohntes Einfamilienhaus deshalb verkauft hat, weil er das Gebäude und das Grundstück aus Alters-, Gesundheits- oder sonstigen Gründen nicht mehr bewirtschaften kann (vgl. AG Neuß NJW-RR 86, 1146). In einem solchen Fall ist der Vermieter auch berechtigt, die bisherige Wohnung anderweitig zu vermieten und das Mietverhältnis über die geeignetere Wohnung wegen Eigenbedarfs zu kündigen. Allerdings sind an die Darlegungspflicht des Vermieters hier strenge Anforderungen zu stellen (AG Neuß a. a. O.).

B 622 Will der Vermieter aus der bisherigen Wohnung ausziehen, weil er wegen ehelicher Zerwürfnisse und Spannungen getrennt leben möchte, so kommt es für die Begründetheit der Eigenbedarfskündigung darauf an, ob dem Vermieter das Zusammenleben mit seiner Ehefrau noch zumutbar ist (LG Köln WM 75, 210; a. A. AG Köln WM 77, 29, wonach in solchen Fällen grundsätzlich kein Eigenbedarf vorliegen soll). Die gleichen Grundsätze sind dann anzuwenden, wenn der Vermieter an einen Familienangehörigen weiter vermieten will, der zwar eine räumlich angemessene Wohnung hat, dort aber in einem gespannten Verhältnis zu den Mitmietern lebt (a. A. AG Bad Bramstedt WM 79, 242). Erfolgt die Trennung zum Zwecke der Vorbereitung der Ehescheidung (§ 1565 II BGB), so muß Eigenbedarf i. d. R. bejaht werden und zwar auch dann, wenn eine räumliche Trennung innerhalb der Wohnung möglich wäre (LG Hannover WM 86, 255). Auch die auf inneren Willensentschlüssen beruhenden Bedarfsgründe des Vermieters (z. B. beabsichtigte Heirat, Wohnsitzverlegung; Familienzuwachs) können die Kündigung rechtfertigen, wenn sie tatsächlich und zeitlich hinreichend bestimmbar sind; **Vorratskündigungen** sind jedoch unzulässig, so daß zur Verhinderung von Gesetzesumgehungen in derartigen Fällen eine erhöhte Substantiierungspflicht zu fordern ist (Schmidt-Futterer MDR 72, 560; OLG Karlsruhe ZMR 77, 25 = WM 76, 99; AG Köln WM 74, 151 für die vorsorgliche Aufnahme noch nicht pflegebedürftiger Verwandter; LG Waldshut-Tiengen WM 78, 5 für die probeweise Aufnahme des Vaters; LG Bückeberg WM 76, 123 für eine bevorstehende Geburt; s. aber auch Rdn B 627). Darüber hinaus muß geprüft werden, ob die Interessen des Vermieters nicht auch ohne Kündigung befriedigt werden können. Eigenbedarf liegt deshalb nicht vor, wenn eine Haushaltshilfe ohne Bereitstellung einer Wohnung beschafft werden kann (LG Osnabrück WM 76, 124). In all diesen Fällen muß der Raumbedarf nicht nur im Zeitpunkt des Ausspruchs der Kündigung, sondern auch später vorliegen (vgl. zum Wegfall des Eigenbedarfs Rdn B 38). Der Kündigungstatbestand setzt nicht voraus, daß der Vermieter auf Dauer in den gekündigten Räumen wohnen will. Ein vorübergehender Eigenbedarf von einigen Jahren (z. B. bis zum Erwerb eines Eigenheims) kann ausreichen. In diesen Fällen sind aber die objektiven Bedarfsgründe (s. Rdn B 619) besonders sorgfältig zu prüfen. Es kommt maßgeblich darauf an, ob es dem Vermieter zuzumuten ist, für die Übergangszeit eine Mietwohnung anzumieten. Bei beabsichtigten Wohnzeiten von einem Jahr und weniger ist dies grundsätzlich zu bejahen (a. A. AG Bonn WM 80, 53, wonach eine einjährige Nutzungszeit ausreichen kann).

B 623 Ein nur **mittelbarer Eigenbedarf** (z. B. zwecks Erweiterung der anderweitig gemieteten Geschäftsräume und der dadurch bedingten Verpflichtung zur Aufnahme eines Wohnungsmieters im eigenen Hause) rechtfertigt die Kündigung in keinem Fall (LG Mannheim WM 74, 74 = ZMR 74, 335; LG Köln WM 74, 103). Wird eine **Sozialwohnung** wegen Eigenbedarfs gekündigt, so ist die Kündigung nur wirksam, wenn der

§ 564b BGB. Kündigungsschutz   B 624

Vermieter oder der Familienangehörige für den die Wohnung benötigt wird, im Besitz einer Wohnberechtigungsbescheinigung ist (LG Essen WM 76, 166; WM 79, 147 = ZMR 79, 273 mit zust. Anmerkung Tiefenbacher; AG Bonn WM 75, 125; LG Braunschweig WM 83, 343; AG Hannover WM 83, 343; LG Hannover WM 84, 330; LG Siegen WM 87, 416; a. A.: AG Düsseldorf Urt. vom 20. 7. 1984 – 28 C 210/83 –, wonach es lediglich darauf ankommen soll, ob der Erteilung einer Freistellungsgenehmigung/Selbstnutzungsgenehmigung im Falle des Freiwerdens der Wohnung rechtliche Hindernisse im Wege stehen. Zweifelhaft ist die Ansicht des LG Aachen (WM 85, 203), wonach ein Vermieter einer Sozialwohnung nicht mit der Begründung kündigen kann, er benötige diese Wohnung für eine Pflegeperson. Zwar ergibt sich aus § 6 Abs. 2 und 3 WoBindG, daß der Eigentümer grundsätzlich nur eine Wohnung selbst nutzen darf. In Fällen dieser Art liegt aber keine Selbstnutzung, sondern eine Vermietung an einen Dritten vor, so daß es auch insoweit nur darauf ankommt, ob der Dritte eine Wohnberechtigungsbescheinigung hat und ob der Vermieter auf eine Pflegeperson angewiesen ist.

cc) In einem Mehrfamilienhaus steht es dem Vermieter frei, welchem **B 624** Mieter er wegen Eigenbedarf kündigt (LG Stuttgart WM 76, 56); die Rücksichtnahme auf soziale Härtegründe des Mieters ist zwar geboten, kann aber bei der rechtlichen Würdigung der Kündigung nur dann berücksichtigt werden, wenn der Mieter nach §§ 556a ff BGB wirksam Widerspruch erhoben hat (BGH RE vom 20. 1. 1988 WM 88, 189; a. A.: Sternel Rdn IV 78; AG Krefeld NJW 78, 1265; unklar: BVerfG WM 88, 46). Das **Wahlrecht des Vermieters** wird auch dann nicht eingeschränkt, wenn Wohnungen unterschiedlicher Größe zur Verfügung stehen. Auch in diesem Fall ist der Vermieter nicht gehalten, die kleinere Wohnung zu kündigen, selbst wenn dadurch der Bedarf des Vermieters gedeckt werden könnte (a. A. LG Augsburg WM 86, 318). Die Vorschrift des § 564b dient dem Mieterschutz und nicht der Wohnraumbewirtschaftung (BVerfG WM 85, 75 und WM 88, 46). Hat der Vermieter überhaupt einen Wohnraumbedarf, so kann er auch eine große Wohnung kündigen; der Vermieter muß sich nicht auf eine kleinere Wohnung verweisen lassen. Jede andere Lösung verkennt den Gesetzeszweck und läßt außer acht, daß der Mieter der großen Wohnung nicht schutzwürdiger ist als derjenige, der nur eine kleine Wohnung gemietet hat. Der Schutz großer Familien, die erfahrungsgemäß Schwierigkeiten bei der Ersatzraumsuche haben, muß auch insoweit über § 556a BGB erfolgen (abw. Sternel WM 87, 339). Das Wahlrecht des Vermieters wird nur durch das Kriterium des Bedarfs beschränkt (s. auch Rdn B 633). Soweit und solange den Bedürfnissen des Vermieters angemessener Wohnraum in seinem Hause zur Verfügung steht, hat er grundsätzlich an der gekündigten Wohnung keinen Bedarf (LG Karlsruhe WM 82, 210; AG Osnabrück WM 78, 107; AG Hamburg-Altona WM 87, 131). Gleiches gilt, wenn eine Wohnung mit Bestimmtheit alsbald frei wird und dem Vermieter ein Zuwarten bis dahin zumutbar ist (s. auch Rdn B 586). Auch wenn nach dem Ausspruch der Eigenbedarfskündigung eine anderweitige gleichwertige Wohnung frei wird, entfällt das berechtigte Interesse an der Erlangung der gekündigten Wohnung (AG Gelsenkirchen-Buer WM 75, 248; vgl. zum Wegfall des Kündigungsgrundes nach Ablauf der Kündigungsfrist Rdn B 38). Kündigt der Vermieter vorsorglich mehreren Mietern seines Hauses zur Deckung desselben (auf 1 Wohnung gerichteten) Eigenbedarfs, so liegt darin eine nicht gerechtfertigte Vorratskündigung (s. Rdn B 620); sämtliche Kündigungen sind aus Gründen der Rechtssicherheit unwirksam, selbst wenn dem Vermieter der Bedarf an einer Wohnung nicht abzusprechen ist. Der Vermieter muß somit zunächst die Wahl der von ihm beanspruchten Wohnung treffen und dann eine neue Kündigung aussprechen.

B 625 dd) Ob der Vermieter den zurückverlangten Wohnraum zu seiner angemessenen Unterbringung benötigt, ist im Einzelfall nach seinen persönlichen, familiären und wirtschaftlichen Verhältnissen, seinem Beruf oder Gewerbe, seinen Lebensgewohnheiten und seiner sozialen Stellung zu beurteilen. Auch wenn die räumliche Unterbringung des Vermieters gewährleistet ist, kann ein gerechtfertigter Bedarf an den Räumen des Mieters dann anerkannt werden, wenn diese aus triftigen Gründen eine objektiv bessere Eignung zum Wohnen haben (z. B. Alter oder körperliche Behinderung gebieten Umzug von Land- in Stadtwohnung; so BGH WM 88, 189 = BlnGE 88, 189; LG München ZMR 74, 49; Umzug in vermietete Eigentumswohnung wegen nachweislicher Geschäftsaufgabe, AG Köln WM 75, 150; AG Düsseldorf DWW 76, 238). Der Umstand, daß der Vermieter in einem fremden Haus als Mieter leben muß und dafür einen hohen aber ortsüblichen Mietzins zu entrichten hat, stellt für sich allein noch keinen Kündigungsgrund dar (AG Hamburg WM 73, 5). Das gilt auch, wenn der im eigenen Haus wohnende Vermieter eine darin anderweitig vermietete Wohnung für sich in Anspruch nimmt, um die bisher benutzte Wohnung gewinnbringender zu verwerten, es sei denn, daß ihm andernfalls die Erhaltung des Hauses nicht möglich ist (unklar AG Krefeld ZMR 72, 238 = WM 72, 93). Gleiches gilt, wenn der Vermieter ein zum dauernden Gebrauch überlassenes Wochenendhaus nur zur Erholung benötigt (AG Wegberg WM 72, 108). Beruft sich der Vermieter darauf, daß seine derzeitige Wohnung zu klein sei, kann im Grundsatz davon ausgegangen werden, daß einer Wohngemeinschaft so viele Räume zu belassen sind, als erwachsene Personen dazugehören (BVerwGE 6, 177 = BBauBl 59, 316); gehören daneben Kinder zu der Wohngemeinschaft, kann i. d. R. für Kinder gleichen Geschlechts bis zum 18. Lebensjahr und für Kinder ungleichen Geschlechts nach dem 8. Lebensjahr jeweils ein weiterer Raum beansprucht werden, bei Kindern bis zum 18. Lebensjahr kann der Vermieter nicht auf ihre separate Unterbringung in einem Zimmer außerhalb seiner Wohnung verwiesen werden, um die gebotenen Kontrollen ausüben zu können (LG Köln WM 75, 192).

c) Der Kündigungstatbestand des Eigenbedarfs liegt auch dann vor, **B 626** wenn der Vermieter die Räume als Wohnung für **Hausstands- oder Familienangehörige** benötigt. Auch diese Variante des Kündigungstatbestands setzt neben dem Überlassungswillen des Vermieters ein besonderes Überlassungsinteresse voraus. Dieses Überlassungsinteresse liegt vor, wenn die Hausstands- oder Familienangehörigen einen billigenswerten Bedarf an der Wohnung haben. Der bloße Wunsch eines Heranwachsenden nach einer eigenen Wohnung, um dort etwas freier und unkontrollierter leben und Freunde oder Freundinnen einladen zu können, rechtfertigt die Kündigung grundsätzlich nicht (AG Braunschweig, Urt. vom 8. 7. 1982 – 15 C 176/82 –. Insoweit gelten die Ausführungen Rdn B 618f. Ein echter Wohnraumbedarf des Angehörigen reicht aber andererseits auch aus. Es ist nicht erforderlich, daß der Vermieter weitergehende (eigene) Interessen an der Unterbringung gerade dieser Hausstands- oder Familienangehörigen hat (insoweit zutreffend: OLG Hamburg RES § 564b BGB Nr. 35). Liegen eigene Interessen des Vermieters an der Unterbringung des Familienangehörigen vor, so kann eine Kündigung auch dann gerechtfertigt sein, wenn der Angehörige keinen Wohnraumbedarf hat (Beispiel: Unterbringung eines bislang zur Miete wohnenden Angehörigen, um auf diese Weise die Unterhaltsbelastung zu verringern (a. A.: AG Köln WM 85, 115).

aa) Zu den **Hausstandsangehörigen** gehören alle Familienmitglieder **B 627** und sonstige Personen (Ehefrau, Kinder, Schwiegertochter, Hausgehilfin), die seit längerer Zeit auf Dauer (also nicht nur vorübergehend; LG Braunschweig WM 72, 127 = DWW 72, 170) mit dem Vermieter zumindest in enger Hausgemeinschaft zusammenleben. Soweit der Vermieter einen zusätzlichen Raumbedarf deshalb hat, weil er eine bisher nicht in seinem Haus lebende Person als Hausgehilfin, Pflegerin oder Hausmeister aufnehmen will, wird dieser Fall von § 564b II Nr. 2 zwar nicht gedeckt; trotzdem kann in solchen Fällen ein berechtigtes Interesse des Vermieters i. S. des § 564b I dann anerkannt werden, wenn für die Beschäftigung solcher Hilfspersonen ein Bedürfnis vorliegt und ihre Unterbringung in seinem Haus aus persönlichen, wirtschaftlichen oder sonstigen Gründen geboten ist (LG Bielefeld WM 72, 178; AG Lübeck WM 72, 193; LG Hamburg MDR 80, 315), weil die in § 564b Nr. 1–3 aufgeführten Kündigungsgründe keine abschließende Regelung darstellen (s. unten Rdn B 665). Ein berechtigtes Interesse an der Beendigung ist in einem solchen Fall bereits dann zu bejahen, wenn aufgrund äußerer Umstände mit einiger Sicherheit damit gerechnet werden kann, daß der Vermieter die Dienste in naher Zukunft für seine Lebensführung (Pflege und Wartung) benötigt (BayObLG (RE) vom 2. 3. 1982 RES § 564b BGB Nr. 15 – entschieden in einem Fall, in dem ein 82 Jahre alter Vermieter künftige Pflegebedürftigkeit geltend gemacht hat). Dies ist insbesondere dann von Bedeutung, wenn der Vermieter eine lange Kündigungsfrist einzuhalten hat. Hier ist nicht erforderlich, daß die **Pflegeperson** bereits namentlich feststeht. Vielmehr reicht es aus, wenn der Vermieter den ernsthaften Willen hat, eine Pflegeperson aufzunehmen und wenn mit einiger Sicherheit damit zu rechnen ist, daß der Vermieter in naher Zukunft eine Pflegeperson benötigt (OLG Hamm [RE] vom 24. 7. 1986 WM 86, 269 = MDR 86, 1030 = ZMR 86, 398 = NJW-RR 86, 1212). Hiervon kann ausgegangen werden, wenn der Vermieter im einzelnen darlegt und erforderlichenfalls beweist, daß er sich vom Zeitpunkt der Kündigung an nachdrücklich um eine Pflegeperson – wenn auch vergeblich – bemüht hat und auch weiterhin bemühen wird und/oder daß solche Bemühungen ohne das Angebot einer Wohnung erfolglos sind (OLG Hamm a. a. O.). Demzufolge muß der Vermieter im Kündigungsschreiben nur angeben, daß er sich um eine Pflegeperson bemühen wolle; im Prozeß muß der Vermieter nachweisen, daß er sich bemüht hat. Zur Ernsthaftigkeit solcher Bemühungen gehört, daß sich der Vermieter nicht nur im Verwandten- und Bekanntenkreis umhört, sondern auch an Behörden und Wohlfahrtsverbände herantritt sowie Zeitungsinserate aufgibt (OLG Hamm a. a. O.).

B 628 bb) Als **Familienangehörige** sind alle Verwandten (Eltern, Geschwister) sowie alle entfernteren Verwandten anzusehen, denen gegenüber der Vermieter rechtlich oder wenigstens moralisch zur Unterhaltsgewährung und sonstiger Fürsorge verpflichtet ist; weiter entfernte Verwandte, zu denen der Vermieter keine oder kaum familiäre Beziehungen hat, können ein wirklich berechtigtes Interesse an der Kündigung zum Nachteil des Mieters nicht begründen (LG Braunschweig WM 72, 127 = DWW 72, 170; AG Michelstadt WM 74, 104; AG Köln WM 75, 150; LG Frankfurt DWW 87, 232, wonach die Schwiegermutter dann nicht zu den Familienangehörigen gehört, wenn die Ehe des Vermieters geschieden ist; Sternel Rdn IV 79). Es ist mit dem Schutzzweck des § 564b II Nr. 2 nicht vereinbar, für den Kündigungsfall den Kreis der Familienangehörigen so weit zu erstrecken, wie er etwa im § 8 des II. WoBauG unter anderen wohnungspolitischen Gesichtspunkten bestimmt worden ist (AG Köln WM 75, 150; Schmidt WM 71, 193; Sternel a. a. O.; a. A. Lutz DWW 71, 384; Roquette ZMR 72, 134; Palandt-Putzo Anh. 2. WKSchG, § 564b BGB, Anm. 7a, bb). Andererseits ist es nicht gerechtfertigt, den Begriff der Familienangehörigen nur auf solche Personen zu beschränken, die gegenüber dem Vermieter einen gesetzlichen Unterhaltsanspruch haben (a. A. AG Osnabrück WM 75, 192 betr. den verheirateten Bruder), oder im Falle enger Verwandtschaft darüber hinaus zu verlangen, daß zwischen dem Vermieter und dessen nahen Angehörigen persönliche Bindungen bestehen (so aber LG Osnabrück WM 76, 55 für Bruder der Vermieterin).

B 629 cc) Es ist für die Kündigungsbefugnis des Vermieters in den hier erörterten Fällen unerheblich, ob die Wohnung dem berechtigten Dritten entgeltlich oder unentgeltlich überlassen werden soll. Soll die Wohnung an **mehrere Personen** überlassen werden, so genügt es, wenn einer von ihnen Familienangehöriger ist und dieser ein berechtigtes, billigenswertes Interesse an der Aufnahme von weiteren Personen hat. Deshalb kann die Kündigung auch darauf gestützt werden, daß der Vermieter die Räume seinem unverheirateten Sohn überlassen möchte, der in eheähnlicher Lebensgemeinschaft mit einer Frau zusammenlebt (OLG Karlsruhe (RE) vom 14. 1. 1982 RES § 564b BGB Nr. 14). Dabei müssen zwischen den Partnern gefestigte Beziehungen bestehen (LG Hamburg WM 84, 85).

Dagegen reicht es nicht aus, wenn der Familienangehörige die Räume an beliebige dritte Personen untervermieten oder, wenn er mit Dritten ohne dauerhafte Bindung in einer Wohngemeinschaft zusammenleben will (LG Hagen, Urt. vom 11. 8. 1980 – 13 S 26/80).

dd) Ein Bedarf für andere als die in § 564b Abs. 2 Nr. 2 genannten **B 630** Personengruppen rechtfertigt die Kündigung nicht. Deshalb kann der Vermieter nicht mit der Begründung kündigen er benötige die Wohnung für einen **Bekannten,** einen **engen Freund** oder **seinen Verlobten.** Ist der Vermieter eine juristische Person, so rechtfertigt der Bedarf eines **Gesellschafters,** eines **Geschäftsführers** oder eines **leitenden Angestellten** die Kündigung ebenfalls nicht (LG Karlsruhe WM 85, 148; AG Bergheim WM 85, 147). Ist der Vermieter nicht der Eigentümer, so vermag auch der Wohnraumbedarf des **Eigentümers** die Kündigung nicht zu rechtfertigen. Ein Rückgriff auf § 564b Abs. 1 ist regelmäßig ausgeschlossen, weil der Gesetzgeber durch die Wortfassung des § 564b Abs. 2 Nr. 2 zum Ausdruck gebracht hat, daß lediglich das Nutzungsinteresse der dort genannten Personengruppen Vorrang haben soll gegenüber dem Erhaltungsinteresse des Mieters.

d) Solche Fälle des Eigenbedarfs oder Eigeninteresses, die nicht den **B 631** gesetzlichen Tatbestand des § 564b II Nr. 2 erfüllen und einen **allgemeinen Raumbedarf** zum Gegenstand haben, können die Kündigung nur dann rechtfertigen, wenn sie nach ihrer Art und Bedeutung für die persönlichen oder wirtschaftlichen Belange des Vermieters den gesetzlichen Anforderungen ausnahmsweise gleichwertig und deshalb als sonstige berechtigte Interessen an der Vertragsbeendigung anzuerkennen sind (s. Rdn B 667). Da der Gesetzgeber aber den anzuerkennenden Bedarf des Vermieters für die Fälle der anderweitigen Raumüberlassung und der wirtschaftlichen Verwertung im Grundsatz abschließend geregelt hat, kommen insoweit zur Verhinderung einer zweckwidrigen Aufweichung des Kündigungsschutzes nur Ausnahmefälle in Betracht. Gleichwertig werden diese Ausnahmefälle nur dann sein, wenn der Vermieter ein gesteigertes Interesse an der Vertragsbeendigung und der Erlangung der Wohnung des Mieters geltend macht und die beabsichtigte Verwendung nicht dem Schutzzweck des Gesetzes widerspricht. Diese Voraussetzungen liegen nicht vor, wenn der Vermieter die Wohnung als Hobby- oder Gästeraum verwenden will, wenn er die Räume nur gelegentlich selbst nutzt (AG Hameln WM 80, 41 LS), darin Freunde oder Bekannte unterbringen möchte, die Selbstbenutzung oder Drittüberlassung als Geschäftsräume plant (AG Dortmund WM 72, 178; LG Köln WM 74, 103; LG Mannheim WM 74, 74 = ZMR 74, 335) oder aus sozialen Erwägungen an eine bedürftigere (z. B. kinderreiche) Familie vermieten will

(OLG Karlsruhe NJW 70, 1746). Im Ausnahmefall kann die Absicht zur Verwendung als Geschäftsraum aber die Kündigung nach § 564b I rechtfertigen (s. Rdn B 688 a. E.). Keine Verwendung als Geschäftsraum liegt vor, wenn der Vermieter eine größere Wohnung benötigt, weil er darin ein Arbeitszimmer einrichten will. Hier ist zu fragen, ob der Vermieter aus beruflichen oder privaten Gründen ein derartiges Zimmer benötigt. Die Abgrenzung des Arbeitszimmers vom Geschäftsraum kann im Einzelfall zweifelhaft sein. Typisch für den **Geschäftsraum** ist ein vom Wohnbereich räumlich abgegrenzter Bürobetrieb mit Angestellten, Kunden, Besuchern und Geschäftszeiten. Typisch für das **Arbeitszimmer** ist dessen Integration in den Wohnbereich. Im Regelfall wird beispielsweise die Kanzlei des Rechtsanwalts als Geschäftsraum zu bewerten sein. Eine Ausnahme kann allerdings gelten, wenn der Rechtsanwalt wegen der Art und des Umfangs seiner Tätigkeit keinen Bürobetrieb unterhält und nur wenig Besucher empfängt (so wohl auch LG Hamburg WM 86, 87). Auch die Absicht der Überlassung einer nicht zweckbestimmten Wohnung an einen **Betriebsangehörigen** des Vermieters rechtfertigt kein Kündigungsinteresse (AG München WM 72, 142; AG Frankfurt WM 77, 99; AG Oberndorf WM 77, 168 = ZMR 78, 122 für Verkaufsfahrer); ein berechtigtes Interesse aus betrieblichen Gründen kann dem Vermieter auch dann nicht zuerkannt werden, wenn er eine solche Wohnung zur Unterbringung eines dringend benötigten Mitarbeiters in Anspruch nehmen will, selbst wenn er diesen verlieren oder nicht anstellen könnte (a. A. AG Gelsenkirchen-Buer WM 72, 27; AG Bonn ZMR 75, 364; LG Hannover NJW 74, 1094; zum Betriebsbedarf bei Werkwohnungen s. Rdn B 667). Anders als bei erkennbar zweckgebundenen Werkwohnungen kann bei sonstigen Wohnhäusern eines Unternehmers oder Gewerbetreibenden dessen personelles oder finanzielles Betriebsinteresse soweit ebensowenig berücksichtigt werden, wie sein Erlangungsinteresse für eine unmittelbare Verwendung des Raumes zu Geschäftszwecken (AG Düsseldorf WM 74, 179; a. A. AG Bonn DWW 75, 166 für Bedienstete einer Behörde).

B 632 e) Wird ein **Mehrfamilienhaus** im ganzen vermietet, verpachtet oder verkauft, kann sich der Vermieter gegenüber seinen bisherigen Mietern nicht auf Eigenbedarf berufen, selbst wenn er dem Generalmieter (Erwerber) gegenüber zur Kündigung der bisherigen Mietverhältnisse verpflichtet sein sollte. Dies ergibt sich bereits aus dem Wortlaut des § 564b II Nr. 2 BGB, wonach Eigenbedarf voraussetzt, daß die gekündigten Räume als Wohnung für den Vermieter oder dessen Angehörige benötigt werden. Deshalb kann auch die Kündigung zum Zwecke einer umfassenden Renovierung und anschließenden Weitervermietung nicht mit Eigenbedarf begründet werden. Gleiches gilt dann, wenn ein Gebäude abgebrochen werden soll. In solchen Fällen kann die Kündigung grundsätzlich nur auf § 564b II Nr. 3 BGB gestützt werden. Dieser Kündigungstatbestand hat ganz andere Voraussetzungen als die Eigenbedarfskündigung (vgl. dazu Rdn B 652ff).

f) Der Grundsatz, daß sich der Vermieter nicht auf einen **Wohnbedarf** B 633 berufen darf, den er selbst **verschuldet** hat (s. Rdn B 620f), bedarf der Einschränkung. Dieser schon früher anerkannte Grundsatz beruht auf dem Rechtsgedanken von Treu und Glauben (Roquette AbbauG § 4 MSchG Rdn 16 m. w. Nachw.). Deshalb kann ein berechtigtes Kündigungsinteresse auch dann anerkannt werden, wenn der Vermieter durch sein pflichtwidriges Verhalten den Anlaß zur fristlosen oder ordentlichen Kündigung seines bisherigen Mietverhältnisses in einem ihm nicht gehörenden Haus (§§ 553 ff, 564 b BGB) gegeben hat und Ersatzräume im eigenen Haus benötigt (Oetker ZMR 84, 77). Wenn der Vermieter allerdings nach der ordnungsmäßigen Kündigung seines Mietverhältnisses eine in seinem Haus freistehende oder frei werdende und für seinen Wohngebrauch angemessene Ersatzwohnung anderweitig ohne zwingenden Grund weitervermietet, um dadurch zu erhöhten Mieteinnahmen zu kommen, kann er sich nach Treu und Glauben nicht auf Eigenbedarf gegenüber einem weiteren Mieter seines Hauses berufen (LG Berlin MDR 84, 849; LG Koblenz WM 85, 286; AG Darmstadt WM 85, 286; Beispiele für zwingenden Grund: vor Entstehung des Eigenbedarfs abgeschlossener Mietvertrag mit einem Dritten, Belegungsrecht). Gleiches gilt, wenn er in dieser Situation trotz seines Bedarfs darauf beharrt, eine freie Wohnung in Geschäftsräume umzuwandeln, selbst wenn er dafür erforderlichenfalls die Genehmigung der zuständigen Behörde nach dem gesetzlichen Zweckentfremdungsverbot (s. Rdn E 59) erhalten hat. Der Einwand des Vermieters, daß er auf freistehenden Wohnraum seines Hauses aus persönlichen oder wirtschaftlichen Erwägungen nicht zurückgegriffen habe (z. B. unangemessene Größe, zu geringe Wohnfläche, finanzieller Verlust), rechtfertigt die Kündigung einer anderen Wohnung nur dann, wenn triftige Gründe der Benutzung der ohnehin freistehenden (oder weitervermieteten) Wohnung entgegenstehen (LG Mannheim MDR 77, 231). Der Vermieter muß auch dann auf eine freistehende Wohnung zurückgreifen, wenn sein Bedarf zum Zeitpunkt des Freistehens noch nicht dringend ist. Gegebenenfalls muß der Vermieter die Wohnung einige Zeit leerstehen lassen; unter Umständen kann es dem Vermieter auch zuzumuten sein, für die Zwischenzeit ein Zeitmietverhältnis (§ 564 c II BGB) zu begründen (AG Hamburg-Altona WM 87, 131). Steht eine kleine Wohnung frei, so kann der Vermieter nicht eine größere Wohnung kündigen, wenn sein Bedarf auch durch die Kleinwohnung befriedigt werden kann. Der Umstand, daß die freistehende Wohnung einen höheren Mietwert hat als die gekündigte Wohnung ist dann unerheblich, wenn es dem Vermieter wirtschaftlich zugemutet werden kann, in die höherwertige Wohnung einzuziehen. Soll die Wohnung einem Angehörigen überlassen werden, so ist zu fragen, ob der Angehörige den Mietzins für die höherwertige Wohnung aufbringen kann. Dagegen kommt es nicht darauf an, ob es dem Vermieter wirtschaftlich zugemutet werden kann, dem Angehörigen die höherwertige Wohnung zu einem niedrigeren Mietzins oder gar kostenlos zu überlassen. Eine Ausnahme gilt für sehr nahe Angehörige (Eltern/Kinder), für die der Vermieter auf Grund einer allgemeinen Anstandspflicht zu sorgen hat (insoweit zutr. LG Frankfurt WM 87, 225). Besitzt der Vermieter mehrere Häuser, so ist er verpflichtet, auch auf die dort freistehenden Wohnungen zurückzugreifen. Allerdings ist der Vermieter nicht gehalten, seinen Wohnbedarf durch Begründung eines von vornherein spannungsgeladenen Wohnverhältnisses zu befriedigen (LG Mannheim DWW 85, 182). Hat der Familienangehörige den Eigenbedarf verschuldet, so spielt dies für die Kündigungsberechtigung keine Rolle. Der Vermieter braucht sich nämlich deren Verschulden nicht zurechnen zu lassen. Unbeachtlich ist es deshalb auch, ob der Familienangehörige seinen Wohnbedarf vor dem Kündigungsausspruch bei anderen Mitgliedern der Familie hätte befriedigen können (a. A. AG Hamburg-Blankenese WM 79, 105).

B 634 g) Die vom Vermieter für seinen Eigenbedarf geltendgemachten Gründe und Umstände müssen **nach dem Abschluß des Mietvertrages** mit dem jeweiligen Mieter entstanden sein (AG Frankfurt WM 81, 236; LG Bremen WM 85, 286; LG Braunschweig WM 87, 131). Durch den Abschluß des Mietvertrages hat der Vermieter schlüssig zu erkennen gegeben, daß er die dem Mieter überlassenen Räume nicht für den eigenen Bedarf benötigt, selbst wenn er dies nachträglich behauptet. Es verstößt deshalb gegen Treu und Glauben (§ 242 BGB), wenn sich der Vermieter zur Begründung seiner Kündigung auf einen schon zur Zeit des Vertragsabschlusses bestehenden Eigenbedarf beruft. Wenn allerdings später neue Umstände eintreten, durch die ein möglicherweise früher verheimlichtes oder zurückgestelltes Interesse des Vermieters an den Räumen erheblich verstärkt worden ist, kann ein berechtigtes Kündigungsinteresse anerkannt werden (z. B. dauernde Pflegebedürftigkeit der früher nur zeitweilig betreuungsbedürftigen Eltern des Vermieters, die in dessen Haus wohnen; LG Mannheim WM 74, 30). Bei anderer Beurteilung liefe jeder Mieter Gefahr, alsbald nach dem Einzug (und nach etwa erbrachten Aufwendungen für die Wohnung) mit dem Hinweis auf schon früher vorhandene Eigeninteressen zu einem dem Vermieter passenden Zeitpunkt gekündigt zu werden. Wenn sich der Mieter überhaupt gegen die Möglichkeit des Wohnungsverlustes wegen einer befürchteten Eigenbedarfskündigung wirksam absichern will, muß er den Ausschluß dieses Kündigungsrechts im Mietvertrag oder in sonstiger nachweisbarer Weise vereinbaren; solche Ausschlußvereinbarungen sind wirksam und verstoßen vor allem nicht gegen § 564b VII BGB, weil sie dem Mieter vorteilhaft sind.

B 635 h) Bei einer **Mehrheit von Vermietern** (z. B. Erbengemeinschaft) reicht der Eigenbedarf eines Vermieters zur Kündigung ohne Rücksicht auf seine quotielle Beteiligung aus, soweit die allgemeinen Voraussetzungen für die Kündigung durch mehrere Vermieter vorliegen (LG Karlsruhe WM 82, 210; s. Rdn B 44).

B 636 i) Wird an den vermieteten Räumen nach der Überlassung an den Mieter **Wohnungseigentum** begründet und dieses an einen Erwerber veräußert, darf sich der Erwerber erst **3 Jahre** nach der Veräußerung auf den Eigenbedarf als Kündigungsgrund berufen (§ 564 b II Nr. 2 S. 2; in Berlin kann sich der Erwerber einer umgewandelten Eigentumswohnung auf berechtigte Interessen bis zum 31. 12. 80 nicht berufen (ÄnderungsG Berlin vom 17. 11. 1975, BGBl. I 2867). Damit bezweckt der Gesetzgeber, den Mieter gegen die Umwandlung von Mietwohnungen in Eigentumswohnungen zu schützen.

Im einzelnen gilt folgendes:

aa) **Die zeitliche Reihenfolge von Vermietung, Überlassung und Umwandlung:** Der gesetzliche Kündigungsausschluß gilt zunächst für Mietverhältnisse über solche Wohnungen, die nach dem Abschluß des Mietvertrags und Überlassung an den Mieter in eine Eigentumswohnung umgewandelt worden sind. Dabei geht die Regelung davon aus, daß die **Vermietung, die Überlassung und die Begründung** von Wohnungseigentum in der hier aufgeführten zeitlichen Reihenfolge stattfindet und daß zwischen der Überlassung und der Umwandlung eine größere Zeitspanne liegt. **B 637**

Diese chronologische Abfolge wird auch auf die meisten Umwandlungsfälle zutreffen. Es sind aber auch Fälle denkbar, in denen die Umwandlung anders abläuft.

Die chronologische Abfolge: **Vermietung – Umwandlung – Überlassung** – löst die Kündigungssperre nicht aus. Aus dem Wortlaut der Vorschrift folgt, daß es für den Eintritt der Kündigungssperre maßgeblich darauf ankommt, ob die Umwandlung nach der Überlassung der Wohnung an den Mieter erfolgt ist. Denn die Präposition „nach" bezieht sich nur auf die Überlassung und nicht auf die Vermietung. Dies bedeutet zunächst: Der Eigentümer eines Neubaus, der die Errichtung von Eigentumswohnungen plant, kann ohne spätere Rechtsnachteile die Wohnungen zunächst vermieten, wenn er die Mietverträge vor der Überlassung und Teilung abschließt. So kann beispielsweise der Bauherr die im Rohbau befindlichen Wohnungen vermieten, nach Fertigstellung Wohnungseigentum begründen und die Wohnungen anschließend dem Mieter übergeben. Werden die Wohnungen sodann verkauft, so ist der Erwerber nicht gehindert, unmittelbar nach der Eintragung ins Grundbuch zu kündigen, weil die Überlassung erst nach der Begründung von Wohnungseigentum erfolgt ist. Diese Rechtsfolge entspricht durchaus der Intention des Gesetzgebers, der durch § 564 b Abs. 2 Nr. 2 S. 2 lediglich die Umwandlung bestehender Mietwohnungen, nicht aber den Bau und die Vermietung von Eigentumswohnungen erfassen will. **B 638**

Die chronologische Abfolge: **Vermietung – Überlasung – Umwandlung** – führt dagegen stets und ausnahmslos zur Kündigungssperre. Auch dies ergibt sich aus dem klaren Wortlaut der Vorschrift. Die Kündigungssperre tritt auch dann ein, wenn die Wohnungen von Anfang an als Eigentumswohnungen geplant worden sind und wenn der Mieter vom Umwandlungsplan des Eigentümers Kenntnis hatte (LG Mannheim ZMR 75, 362 = WM 75, 212; AG Konstanz WM 78, 212 = ZMR **B 639**

79, 12; Soergel/Kummer § 564b BGB Rdn 46; Barthelmeß § 564b BGB Rdn 84; Emmerich/Sonnenschein § 564b BGB Rdn 76; a. A.: RGRK-Gelhaar § 564b BGB Rdn 26). Dabei ist nicht zu verkennen, daß sich die Fälle der oben behandelten Art faktisch nicht wesentlich unterscheiden von jenen Fällen, in denen der Eigentümer die Wohnungen zunächst an den Mieter überläßt und sodann Wohnungseigentum begründet. Der soziale Tatbestand ist derselbe, lediglich die zeitliche Reihenfolge seiner Verwirklichung ist verschieden. Auch in den hier behandelten Fällen läßt sich sagen, daß der Gesetzeszweck jene Fälle nicht umfaßt. Dennoch ist aus Gründen der Rechtsklarheit und Rechtssicherheit keine andere Auslegung möglich (ebenso: Hans § 564b BGB Anm 3b – bb – ff.).

B 640 Die chronologische Abfolge **Überlassung – Umwandlung – Vermietung** – liegt in jenen Fällen vor, in denen der Mieter bereits vor der Umwandlung in die Wohnung einzieht, der Mietvertrag aber erst nach der Umwandlung geschlossen wird. Bei einer Wortlautinterpretation könnte man die Ansicht vertreten, daß die Kündigungssperre in diesen Fällen nicht eintritt. Denn die Regelung setzt voraus, daß das Wohnungseigentum ,,an den vermieteten Wohnräumen" begründet wird.

Nach dieser engen Wortlautinterpretation kommt es also nicht entscheidend darauf an, daß die Räume bewohnt sind, sondern daß sie aufgrund eines Mietvertrags bewohnt werden. Es fragt sich aber, ob die Regelung in diesem Sinne verstanden werden kann. Durch die vom Gesetzgeber gewählte Formulierung sollen nämlich andere Sachverhalte geregelt werden. Die Verwendung des hier fraglichen Partizips (,,vermieteten") soll klarstellen, daß die Sperrfrist nicht in jenen Fällen gilt, in denen die Überlassung auf einem anderen Rechtsgrund als der Miete, etwa einer Leihe oder einem dinglichen Wohnrecht beruht. Die Formulierung ,,nach der Überlassung" soll bewirken, daß die Sperrfrist dann nicht eintritt, wenn der Mieter erst nach der Umwandlung in die Wohnung eingezogen ist. Oder anders ausgedrückt: Die Sperrfrist soll immer dann gelten, wenn der Bewohner aufgrund eines Mietvertrags besitzt und die Wohnung nach der Besitzerlangung umgewandelt worden ist. Auf die zeitliche Reihenfolge von Vertragsschluß und Besitzüberlassung kann es dagegen nach dem Sinn und Zweck der Vorschrift nicht ankommen. Zwar könnte man dagegen einwenden, daß derjenige, der nach der Umwandlung einen Mietvertrag abschließt, durch eine entsprechende Vertragsgestaltung für seinen eigenen Schutz sorgen kann. Dabei würde aber verkannt, daß die Vertragsfreiheit mit der Inbesitznahme der Wohnung faktisch stark eingeschränkt ist: Verweigert der Eigentümer den Abschluß des befristeten Mietvertrags, so bliebe dem Besitzer letztlich nur die Wahl des Auszugs. Die hier dargelegten Grundsätze gelten auch dann, wenn der Mieter nach dem **Verkauf der umgewandelten Wohnung** mit dem Erwerber einen **neuen Mietvertrag** abschließt. Hier könnte man die Ansicht vertreten, daß der Abschluß eines neuen Mietvertrags mit dem bisherigen Mieter nicht anders zu beurteilen sei, als die Neuvermietung nach der Umwandlung. Für diese Ansicht spricht auch,

§ 564b BGB. Kündigungsschutz

daß der alte Mieter beim Abschluß des neuen Vertrags in seiner Entscheidung frei ist, weil der Vertragsschluß in seinem Belieben steht und daß er aufgrund dieser starken Stellung durchaus in der Lage ist, auf einen für ihn günstigen Vertragsschluß hinzuwirken. Ein solches Verhalten setzt allerdings genaue Kenntnis der Rechtslage voraus, die in den meisten Fällen dieser Art fehlen wird. Es besteht deshalb kein Grund, die Schutzbedürftigkeit des Mieters in den Fällen der genannten Art zu verneinen. Der Wortlaut der Vorschrift schließt die Anwendung der Sperrfrist ebenfalls nicht aus. Der Begriff der Überlassung muß sich nämlich nicht notwendigerweise auf den konkreten Mietvertrag beziehen, aufgrund dessen die Überlassung in rechtlicher Hinsicht erfolgt (§ 536 BGB), sondern kann auch die faktische, erstmalige Besitzübergabe bezeichnen. Diese Ansicht wird auch im Rahmen des § 565 BGB vertreten, wo sich die Frage stellt, ob der Mieter auch dann in den Genuß der vom Zeitpunkt der Überlassung abhängigen verlängerten Kündigungsfrist kommt, wenn der Mietvertrag erst längere Zeit nach der Besitzübergabe geschlossen wird oder wenn die Parteien nach der Überlassung einen neuen Mietvertrag vereinbaren. Hier steht die überwiegende Ansicht auf dem Standpunkt, daß es für die Berechnung der Kündigungsfrist nicht auf den Abschluß des Mietvertrags, sondern auf den Zeitpunkt der tatsächlichen Überlassung ankommt (s. Rdn B 839f, 844ff). Diese Ansicht beruht auf der zutreffenden Erwägung, daß die gestaffelten Kündigungsfristen an die tatsächliche Wohndauer, nicht an den Zeitpunkt des Vertragsabschlusses anknüpfen. Einen ähnlichen Zweck verfolgt auch die Sperrfrist. Geschützt wird der Bewohner, das heißt derjenige, der die Mietsache tatsächlich aufgrund eines Mietvertrags nutzt. Entsprechend dieses Schutzgedankens muß es auch maßgeblich auf das faktische Bewohnen ankommen.

bb) Die Begründung von Wohnungseigentum B 641

Das Wohnungseigentum kann entweder nach § 3 WEG oder nach § 8 WEG begründet werden. Der Begriff „begründet" in § 564b Abs. 2 Nr. 2 S. 2 ist dabei im Sinne von § 2 WEG zu verstehen. Wird Wohnungseigentum durch die Einräumung von Sondereigentum nach § 3 WEG begründet, so kommt es im Rahmen des § 564b maßgeblich darauf an, wann die Rechtsänderung ins Grundbuch eingetragen wird (§ 4 Abs. 1 WEG). Erfolgt die Begründung durch Teilung nach § 8 WEG, so ist der Zeitpunkt maßgebend, zu dem die Wohnungsgrundbücher angelegt sind (§ 8 Abs. 2 WEG). Der wirtschaftliche Anlaß, der zur Begründung von Wohnungseigentum geführt hat, ist rechtlich unerheblich. Insbesondere läßt sich aus dem ursprünglichen gesetzgeberischen Anlaß zur Einführung der Kündigungssperre (vgl. dazu: Protokoll der 53. Sitzung des Rechtsausschusses des Deutschen Bundestages vom 24. 6. 71, Seite 66f; s. auch: Giese Betriebsberater 68, 1271; Schmidt-Futterer ZMR 74, 37) nicht herleiten, daß jene Rechtsfolge nur auf die Aufgliederung großer Baukomplexe zum Zwecke der besseren wirtschaftlichen

B 642 Teil B. Kündigungsschutz

Verwertung beschränkt sein soll. Der Wortlaut des § 564b ist umfassend. Die Kündigungssperre wird deshalb auch dann ausgelöst, wenn der Eigentümer eines Grundstücks Wohnungen errichtet mit der Absicht, diese nach Aufteilung als Eigentumswohnungen zu verkaufen (Vorratsbau). Gleiches gilt in jenen Fällen, in denen eine Erbengemeinschaft ein Mietshaus in Wohnungseigentum aufteilt, um auf diese Weise eine Auseinandersetzung zu erreichen, oder wenn die Teilung des Gebäudes auf der letztwilligen Verfügung des Erblassers beruht. Rechtspolitisch erscheint die Ausdehnung der Sperrfrist auf diese Fälle verfehlt. Angesichts des klaren Wortlauts der Vorschrift ist aber eine Korrektur de lege lata etwa im Wege der einschränkenden Auslegung – nicht möglich.

B 642 **cc) Die Veräußerung**

Eine Veräußerung im Sinne von § 564b Abs. 2 Nr. 2 S. 2 liegt in allen Fällen vor, in denen der Eigentümerwechsel auf Rechtsgeschäft beruht, insbesondere also beim **Verkauf** und bei der **Schenkung.** Fraglich ist, ob von einer Veräußerung auch dann gesprochen werden kann, wenn ein im **gemeinschaftlichen Eigentum stehendes Grundstück in Wohnungseigentum aufgeteilt** und das Wohnungseigentum den einzelnen Mitgliedern der Eigentumsgemeinschaft übertragen wird. Das BayObLG hat diese Frage in dem Rechtsentscheid vom 24. 11. 1981 (RES § 571 BGB Nr. 2) bejaht. Zur Entscheidung stand ein Fall, in dem eine Bruchteilsgemeinschaft ein mit einem Mehrfamilienwohnhaus bebautes Grundstück nach § 8 WEG geteilt und sodann den einzelnen Mitgliedern der Gemeinschaft Wohnungseigentum übertragen hat. In Fällen dieser Art wird das Mietverhältnis durch die Teilung als solche nicht tangiert, weil sich die Bruchteilsgemeinschaft an den einzelnen Wohnungen fortsetzt (BayObLGZ 69, 82, 85). Vermieter der nunmehrigen Eigentumswohnungen bleibt die Bruchteilsgemeinschaft.

Dies ändert sich, wenn die einzelnen Mitglieder der Gemeinschaft als jeweilige Alleineigentümer der Wohnungen nach Auflassung in das Grundbuch eingetragen werden. Mit der Eintragung ins Grundbuch wird das bisher mit der Bruchteilsgemeinschaft bestehende Mietverhältnis mit den jeweiligen Mitgliedern der Gemeinschaft als Alleinvermieter fortgesetzt (§ 571 BGB). Der Wechsel in der Person des Vermieters ist eine Veräußerung im Sinne von § 571 BGB und des § 564b Abs. 2 Nr. 2 S. 2. Diese Rechtsfolge führt zu einer merkwürdigen Inkonsequenz: Der nunmehrige Alleineigentümer ist nämlich nach seiner Eintragung ins Grundbuch an der Eigenbedarfskündigung für die Dauer von 3 Jahren gehindert; vor seiner Eintragung wäre die Kündigung dagegen möglich gewesen. Wird eine Wohnung durch eine Bruchteilsgemeinschaft vermietet, so kann die Eigenbedarfskündigung durchaus darauf gestützt werden, daß einer der Miteigentümer die Räume für sich benötigt (LG Karlsruhe WM 82, 210). Sachlich vernünftige Gründe für diese Regelung sind nicht ersichtlich, zumal die Reihenfolge von Kündigung und Eintragung oftmals eine Frage des Zufalls ist. Dieselben Grundsätze gelten,

§ 564b BGB. Kündigungsschutz

wenn das Grundstück im Eigentum einer Gesamthandsgemeinschaft steht und wenn gemäß § 8 WEG aufgeteilt werden soll. Bruchteilseigentum und Gesamthandseigentum unterscheiden sich zwar hinsichtlich der Rechte der einzelnen Eigentümer an der Sache; die Rechtsfolgen nach der Übertragung von Alleineigentum auf die einzelnen Mitglieder sind aber dieselben.

Zweifelhaft ist, ob auch die **Teilung nach § 3 WEG** als Veräußerung anzusehen ist. Nach § 3 WEG kann das Bruchteilseigentum an einem Grundstück in der Weise beschränkt werden, daß jedem der Miteigentümer das Sondereigentum an einer bestimmten Wohnung eingeräumt wird. In diesen Fällen wird das bislang zwischen der Bruchteilsgemeinschaft und dem Mieter bestehende Mitverhältnis mit dem jeweiligen Mitglied der Gemeinschaft fortgesetzt. Es kommt also auch hier zu einem Vermieterwechsel. Deshalb ist dieser Vorgang als Veräußerung im Sinne von § 571 BGB, § 564b Abs. 2 Nr. 2 S. 2 zu bewerten. Der neue (Allein-)Eigentümer der Wohnung muß also bei der Eigenbedarfskündigung die Sperrfrist beachten. Die herrschende Meinung vertritt allerdings die gegenteilige Ansicht (KG (RE) vom 26. 3. 1987 WM 87, 138 = ZMR 87, 216 = NJW RR 87, 847 für den vergleichbaren Fall des § 11 XII. BMG; AG Heidelberg WM 76, 15; Emmerich/Sonnenschein, Miete § 564b BGB Rdn 51; Soergel/Kummer § 564b BGB Rdn 48; Palandt/Putzo § 564b BGB, Anm. 7b-aa; s. auch: Schmid WM 82, 34 und Lächner WM 82, 36, die § 564b Abs. 2 Nr. 2 S. 2 für diese Fälle allerdings analog anwenden wollen). Nach der hier vertretenen Auffassung gilt die Sperrfrist auch dann, wenn das **Grundstück als ganzes an eine Bruchteilsgemeinschaft veräußert wird, die dann erst nach § 3 WEG Sondereigentum begründet** (ebenso Sternel WM 87, 339). Soweit die hiervon abweichende Meinung zur Begründung ihrer Ansicht anführt, daß die Veräußerung in jenen Fällen zeitlich vor der Umwandlung liege, wird verkannt, daß der maßgebliche Veräußerungsakt nicht im Erwerb durch die Bruchteilsgemeinschaft, sondern in der Aufteilung selbst liegt. Die in dem Rechtsentscheid des BayObLG vom 24. 11. 1981 aufgestellten Grundsätze gelten deshalb auch für diesen Fall.

Weitere Probleme ergeben sich beim **Erwerb im Wege der Zwangsversteigerung.** Der Eigentumsübergang erfolgt hier nicht durch Rechtsgeschäft, sondern durch den gerichtlichen Beschluß über den Zuschlag (§ 90 ZVG). Da die Erteilung des Zuschlags keine Veräußerung im Sinne von § 571 BGB darstellt, gilt diese Vorschrift nicht unmittelbar, sondern kraft der in § 57 ZVG enthaltenen Anordnung. Die Vorschrift des § 57 ZVG verweist jedoch nur auf die §§ 571ff. BGB, nicht dagegen auf § 564b Abs. 2 Nr. 2 S. 2. Daraus darf allerdings nicht geschlossen werden, daß die besondere Kündigungssperrfrist im Falle der Zwangsversteigerung nicht gilt. Vielmehr muß den Regelungen in § 57 ZVG entnommen werden, daß der Ersteigerer im Verhältnis zum Mieter grundsätzlich wie ein rechtsgeschäftlicher Erwerber zu behandeln ist und daß die dem Ersteigerer eingeräumten Privilegien in den §§ 57ff. ZVG abschließend aufgezählt sind. Dies führt zunächst zu dem Ergebnis, daß auch der Ersteigerer an die Sperrfrist gebunden ist. Fraglich ist aber, ob die Sperrfrist durch das dem Ersteigerer eingeräumte **Sonderkündigungsrecht nach § 57a ZVG** beseitigt wird. Die dogmatische Verwandtschaft der gesetzlichen Sperrfrist mit dem vertraglich vereinbarten einseitigen Kündigungsausschluß legt nämlich den Schluß nahe, daß die Sperrfrist ebenso wie der vertragliche Kündigungsausschluß im Falle des Erwerbs in der Zwangsversteigerung mit Hilfe des Sonderkündigungsrechts überwunden werden kann. Gegen diese These kann nicht eingewendet werden, daß der jeweilige Rechtsgrund der Kündigungsbeschränkung – Vertragsrecht einerseits/Gesetzesrecht andererseits – eine differenzierte Behandlung erfordert. Mit dem Sonderkündigungsrecht kann nicht nur eine vertragliche Kündigungsbeschränkung überwunden werden. Das Sonderkündigungsrecht bewirkt auch, daß die bei lang dauerndem Mietverhältnis kraft Gesetzes bestehende lange Kündigungsfrist des § 565 BGB zu Lasten des Mieters verkürzt wird (s. Rdn B 852). Der Grund für das Sonderkündigungsrecht des § 57a ZVG besteht darin, daß die Versteigerung eines Grundstücks möglichst nicht erschwert werden soll. Diese Überlegung spricht dafür, daß die Sperrfrist in jenen Fällen nicht zur Anwendung kommt. Eine Ausnahme gilt beim kollusiven Zusammenwirken zwischen Umwandler und Ersteigerer. So muß die Ausübung der Kündigung durch den Ersteigerer als arglistig und rechtsmißbräuchlich angesehen werden, wenn Umwandler und Ersteigerer im kollusiven Zusammenwirken die Voraussetzungen der Zwangsversteigerung herbeiführen, um dem Ersteigerer das Sonderkündigungsrecht des § 57a ZVG zu verschaffen (vgl. BGH WM 78, 164 = DWW 78, 172).

B 645   dd) Der Erwerber

Erwerber ist derjenige, der anstelle des bisherigen Vermieters in das Mietverhältnis auf der Vermieterseite eintritt. Die Kündigungssperre gilt dabei nicht nur für denjenigen, der unmittelbar vom Umwandler erwirbt, sondern auch für den **Zweiterwerber** und jeden weiteren Erwerber. Für die **Fristberechnung** gilt hier der Rechtsentscheid des BayObLG vom 24. 11. 1981 (RES § 571 BGB Nr. 2). Das BayObLG geht davon aus, daß die Dreijahresfrist mit der Vollendung des Ersterwerbs beginnt und daß der Zweiterwerber in eine zum Zeitpunkt seines Erwerbs noch laufende Frist eintritt.

Ist die Frist zum Zeitpunkt des Zweiterwerbs bereits abgelaufen, so ist § 564b Abs. 2 Nr. 2 S. 2 unanwendbar.

B 646   ee) Die Fristberechnung

Die Frist beginnt mit der Vollendung des ersten Eigentumserwerbs (§ 925 BGB; AG Mannheim WM 79, 218; LG München I WM 79, 124). Dies gilt auch dann, wenn die umgewandelte Mietwohnung auf bestimmte Zeit vermietet worden ist, oder wenn im Mietvertrag ein einseitiger Kündigungsausschluß zu Lasten des Vermieters vereinbart wurde. Solange das Mietverhältnis wegen der vertraglichen Vereinbarung unkündbar ist, kann es bereits aus diesem Grund nicht beendet werden. Endet die vertragliche Kündigungsbeschränkung, so ist zu fragen, ob seit dem Eigentumserwerb bereits drei Jahre vergangen sind. Eine Kumulation von vertraglichem Kündigungsausschluß und gesetzlicher Kündigungssperre findet nicht statt, weil § 564b Abs. 2 Nr. 2 S. 2 gerade keine besondere (zusätzliche) ,,Räumungsfrist" darstellt, sondern einen gesetzlichen Kündigungsausschluß beinhaltet.

Da das Kündigungsrecht des Vermieters für die dreijährige Wartezeit ausgeschlossen ist, kann die **Kündigung erst nach Fristablauf** ausgesprochen und mit dem Ablauf der jeweiligen Kündigungsfrist des § 565 Abs. 2 BGB wirksam werden. Eine vorherige Kündigung zum Ende der Wartezeit ist nicht zulässig (OLG Hamm (RE) vom 3. 12. 1980 RES § 564b BGB Nr. 3; a. A. LG München WM 79, 124 mit ablehnender Anmerkung Pütz). Auch insoweit ist die Rechtslage bei dem gesetzlichen Kündigungsausschluß keine andere als in den Fällen, in denen ein vertraglicher Kündigungsausschluß vereinbart worden ist. Es entspricht dem Sinn und Zweck beider Kündigungssperren, daß der Mieter nicht nur in den Genuß der Sperrfrist, sondern auch in den Genuß der gestaffelten Kündigungsfrist kommen soll. Eine vor Ablauf der Sperrfrist erklärte Eigenbedarfskündigung kann aus Gründen der Rechtsklarheit auch nicht als Kündigung zum nächstzulässigen Termin behandelt werden; vielmehr ist eine solche Kündigung unwirksam (OLG Hamm a. a. O.; a. A.: Schmidt WM 82, 34). Für das Fristende gilt § 188 Abs. 2 BGB. Eine **Verkürzung der gesetzlichen Wartefrist** ist auch beim Vorliegen persönlicher Härtegründe auf seiten des Vermieters (z. B. schwere Erkrankung, fortgeschrittenes Alter) nicht möglich (AG Wuppertal MDR 72, 425 = WM 72, 44; AG Wuppertal WM 72, 93).

ff) Sehr umstritten ist die Frage, ob die Kündigungssperre auch solche **Kündigungen** erfaßt, **die zum Zwecke der Eigennutzung ausgesprochen, aber nicht mit Eigenbedarf begründet werden** (z. B.: Kündigung zur Vermeidung von Steuernachteilen; s. Rdn B 689). Barthelmeß (§ 564 BGB Rdn 85) vertritt die Ansicht, daß die Sperrfrist in analoger Anwendung auch bei Kündigungen des Erwerbers wegen anderer berechtigter Interessen als wegen Eigenbedarfs eingehalten werden müsse; ausgenommen hiervon seien allerdings Kündigungen wegen schuldhafter Pflichtverletzungen des Mieters (ähnlich: LG Bonn WM 78, 51 für Kündigungen zur Vermeidung von Steuernachteilen). Überwiegend wird aber in diesen Fällen eine Anwendung der Sperrfrist unter Hinweis auf den eindeutigen Wortlaut und die systematische Stellung der Vorschrift verneint. (Sternel Rdn IV 86; Emmerich/Sonnenschein § 564b BGB Rdn 82; Schmidt-Futterer ZMR 74, 37, 38; Palandt/Putzo § 564b Anm. 7b). Diese Ansicht verkennt allerdings, daß die Kündigungstatbestände in § 564b Abs. 2 nicht abschließend geregelt werden. Die dort genannten Kündigungstatbestände enthalten lediglich Beispielsfälle, in

B 649

denen die Kündigung möglich sein soll. Absatz 2 hat damit eine doppelte Funktion: Zum einen wird aufgezeigt, in welchen Fällen die Kündigung auf jeden Fall möglich ist; zum anderen wird durch Absatz 2 der allgemeine Kündigungsgrund des berechtigten Interesses nach Absatz 1 näher konkretisiert. Eine auf § 564b Abs. 1 gestützte Kündigung ist nur wegen solcher Sachverhalte möglich, die denen des § 564b Abs. 2 gleichwertig sind. Daraus folgt, daß die gesetzgeberischen Wertentscheidungen, die sich aus den benannten Kündigungsgründen ergeben, auch bei den unbenannten Kündigungsgründen berücksichtigt werden müssen, weil anderenfalls die Gleichwertigkeit nicht gewahrt ist. Nur diese Auslegung entspricht auch dem Sinn und dem Zweck des § 564b. Es widerspräche dem Regelungszweck, wenn derjenige Erwerber, der wegen Eigenbedarfs kündigen will, damit drei Jahre zuwarten muß, während jener, der die Kündigung mit Steuerverlusten oder anderen Vermögensnachteilen begründet, sofort zur Kündigung in der Lage wäre. Andererseits muß die Sperrfrist auf die Eigennutzungsfälle beschränkt bleiben. Die Kündigungssperre tritt deshalb nicht ein, wenn der Erwerber die Kündigung mit der Absicht zur Wohnungssanierung oder -modernisierung zum Zwecke der besseren wirtschaftlichen Verwertung begründen will. Der unmittelbaren Anwendung steht entgegen, daß der Wortlaut der Vorschrift nur die Kündigung wegen beabsichtigter Eigennutzung, nicht aber sonstige Kündigungsgründe erfaßt. Eine analoge Anwendung der Sperrfrist scheidet gleichfalls aus, weil trotz der Gleichwertigkeit ein anderer Lebenssachverhalt zur Beurteilung steht (vgl. zum ganzen Blank PiG 18, 87 ff.).

B 649 **k)** Die früher von der Rechtsprechung zu § 4 MSchG aus Billigkeitserwägungen in jedem Fall des Erwerbs eines Miethauses vom **Erwerber** geforderte **Wartefrist** kann im Rahmen des § 564b II Nr. 2 nicht mehr anerkannt werden (LG Frankfurt WM 78, 174; a. A. LG Wiesbaden WM 80, 229). Gegenüber der früheren Rechtslage ist der Mieter durch § 564b BGB, die gestaffelten Kündigungsfristen des § 565 BGB und durch sein Recht, die Verlängerung des Mietverhältnisses nach §§ 556a–c BGB in Härtefällen zu verlangen (s. Rdn B 294), auch bei der Veräußerung des Miethauses hinreichend geschützt. Soweit also dem Erwerber bereits im Zeitpunkt des Eigentumserwerbs, also der Eintragung im Grundbuch (AG Ratingen MDR 71, 667), ein Eigenbedarf i. S. des § 564b II Nr. 2 zuerkannt werden kann, ist er zur Kündigung berechtigt (BayObLG (RE) von 14. 7. 1981 RES § 564b BGB Nr. 9; LG Frankfurt a. a. O.; LG Freiburg ZMR 79, 50; a. A. LG Hamburg ZMR 75, 121, wonach sich der Erwerber nicht auf solche Kündigungsgründe berufen darf, die bereits im Zeitpunkt der Kündigung bestanden haben). Ist dem Erwerber selbst gekündigt worden, so ist dieser grundsätzlich auch nicht verpflichtet, die Rechtmäßigkeit der Kündigung im gerichtlichen Verfahren nachprüfen zu lassen; das Risiko eines Rechtsstreits ist dem Erwerber nämlich nicht zuzumuten (BayObLG a. a. O.). Macht der Mieter gegenüber der Kündigung zulässigerweise erhebliche Härtegründe geltend, sind jetzt die widerstreitenden Interessen im Rahmen des § 556a BGB gegeneinander abzuwägen; dadurch wird eine gerechtere Beurteilung des Einzelfalles ermöglicht, in welchem entweder der besonders dringende Bedarf des Vermieters oder aber die individuellen Härtegründe des Mieters den Ausschlag geben können. Eine analoge Anwendung des § 564b II Nr. 2 S. 2 auf jegliche Veräußerungen des Mietshauses verbietet sich deshalb, weil diese Sondervorschrift speziell darauf abzielt, die Umwandlungen von Miet- in Eigentumswohnungen zu Lasten des Mieters zu verhindern. Aus dem Schweigen des Gesetzgebers läßt sich bei näherer Prüfung des Gesetzgebungsmaterials nicht mit hinreichender Sicherheit folgern, daß er jedem Erwerber eines Wohnhauses die in § 564b II Nr. 2 S. 2 bestimmte Wartefrist allgemein auferlegen wollte (dazu im einzelnen Schmidt-Futterer ZMR 74, 37; a. A. Vogel JZ 75, 73, der allgemeine Wartefrist bejaht).

l) Die **Darlegungs- und Beweislast** für den Eigenbedarf trifft uneingeschränkt den Vermieter. Der Vermieter muß in diesem Rahmen darlegen, an wen die Wohnung überlassen werden soll, daß diese Person in die Wohnung einziehen will (Nutzungswille) und daß ein berechtigtes Interesse an der Überlassung besteht (Bedarfsgründe). Die den Bedarf begründenden Tatsachen müssen so ausführlich dargelegt werden, daß sie vom Prozeßgegner und ggf. vom Gericht nachgeprüft werden können.

3. Kündigung wegen anderweitiger wirtschaftlicher Verwertung des Grundstücks (§ 564b II Nr. 3)

Ein berechtigtes Kündigungsinteresse liegt vor, wenn der Vermieter durch die Fortsetzung des Mietverhältnisses an einer angemessenen wirtschaftlichen Verwertung des Grundstücks gehindert ist und dadurch erhebliche Nachteile erleiden würde.

a) Durch diese Kündigungsmöglichkeit will der Gesetzgeber dem Vermieter eine gerechtfertigte wirtschaftliche Verwertung des Grundstücks außerhalb des Eigenbedarfs ermöglichen; der Bestandschutz für Mietverhältnisse wird somit zugunsten des Eigentumsgedankens aufgelockert. Der Vermieter soll durch den Fortbestand des einzelnen Mietverhältnisses erforderlichenfalls nicht daran gehindert werden, die wirtschaftlichen Möglichkeiten auszunutzen, die ihm das Grundstück bietet; Spekulationsabsichten des Vermieters werden dabei nicht berücksichtigt. Die ausdrückliche Regelung dieses Kündigungstatbestandes war erforderlich, um die Zweifel darüber auszuschließen, ob und in welchem Umfang das Verwertungsrecht des Vermieters ein „berechtigtes" Interesse an der Vertragsbeendigung darstellt.

b) Eine **anderweitige Verwertung** des Grundstücks liegt vor, wenn der Vermieter den Verkauf, die Weitervermietung oder Verpachtung zu Geschäftszwecken oder die Bestellung eines dinglichen Rechts (z. B. Erbbaurecht) beabsichtigt. Auch der Abbruch des Hauses (z. B. im Rahmen der Städtesanierung), die umfassende Renovierung eines Altbaus zum Zwecke der Weitervermietung als Wohnraum zu höherem Mietzins oder der Umbau des Wohnraums in Geschäftsräume kommen als anderweitige Verwertung in Betracht.

Derartige Maßnahmen des Vermieters rechtfertigen die Kündigung jedoch nicht schlechthin, sondern nur beim Vorliegen folgender Voraussetzungen:

B 654 **aa)** Die vom Vermieter angestrebte und der Fortsetzung des Mietverhältnisses entgegenstehende Verwertungsmaßnahme muß im Einzelfall **angemessen** sein. Hierbei sind die persönlichen und wirtschaftlichen Verhältnisse des Vermieters zu berücksichtigen; entspricht die angestrebte Verwertung dem öffentlichen Interesse (z. B.: Maßnahmen nach dem BauGB; Teilabdruck s. Rdn B 764), ist auch das zugunsten des Vermieters zu berücksichtigen. Eine angemessene wirtschaftliche Verwertung des Grundstücks setzt voraus, daß dem Vermieter ein berechtigtes Interesse an dem angestrebten Verwertungsgeschäft zuerkannt werden kann. Dafür reicht es nicht aus, daß die beabsichtigte Verwertung eine besonders günstige Gelegenheit für den Vermieter darstellt. Ein gerechtfertigtes Bedürfnis des Vermieters kann aber z. B. anzuerkennen sein, wenn es sich um eine Erbengemeinschaft handelt, die das Grundstück zum Zwecke der Erbteilung verkaufen will. Auch die Absicht des Vermieters, zur Sanierung seines Betriebes, zur Durchführung dringender Geschäftserweiterungen (s. dazu auch Rdn B 688) oder zur Abwendung drohender Zwangsvollstreckungsmaßnahmen ein Miethaus zu verkaufen, kann die Kündigung rechtfertigen (z. B. starke Verschuldung und krankheitsbedingte Existenzgefährdung; AG Hamburg FWW 72, 564). Gleiches gilt dann, wenn das Mietshaus baufällig oder so veraltet ist, daß es den heutigen Wohnbedürfnissen nicht mehr entspricht, so daß es keine angemessene Rendite abwirft und ein Neubau für den Vermieter eine günstige wirtschaftliche Verwertung bietet; dabei muß der Vermieter aber das Verbot über die Zweckentfremdung von Wohnraum (s. Rdn E 1ff) beachten, soweit es im Einzelfall gilt. Eine angemessene wirtschaftliche Verwertung des Grundstücks kann auch im Umbau von Wohnräumen in Geschäftsräume oder von Großwohnungen in Kleinwohnungen (bzw. Appartements) liegen, wobei auch hier die Beschränkungen des Verbots über die Zweckentfremdung von Wohnraum zu beachten sind. Solche Möglichkeiten einer zweckmäßigen wirtschaftlichen Verwertung des Grundstücks können ein berechtigtes Interesse des Vermieters an der Rückgabe der Mietsache begründen, soweit der Fortbestand des Mietverhältnisses ihn an der Durchführung der angestrebten Verwertung hindert. Angemessen kann die Verwertung auch dann sein, wenn die dadurch erzielten Geldmittel vom Vermieter für seinen Unterhalt, seine Altersversorgung oder zur Herstellung von neuem bzw. Beschaffung von eigenem Wohnraum benötigt werden und verwendet werden sollen. Unangemessen ist jedoch die Verwertung, wenn sie weder aus subjektiven Erfordernissen des Ver-

§ 564b BGB. Kündigungsschutz

mieters noch aus öffentlichen Interessen geboten ist und der Absicht entspringt, damit einen Spekulationsgewinn zu erzielen (z. B. kostspieliger Ankauf eines Althauses zwecks Errichtung neuer Eigentumswohnungen; AG Wiesbaden WM 72, 194; WM 73, 7; AG Bonn ZMR 78, 267 = WM 79, 150).

Da dieser Kündigungstatbestand der Absicht des Vermieters gerecht werden soll, eine anderweitige Verwertung des ,,Grundstücks" vornehmen zu können, ist die Kündigung mit der Absicht, eine bessere wirtschaftliche Verwertung eines anderweitigen vom Vermieter selbst bewohnten Hauses oder einer einzelnen Wohnung zu erreichen, deren Rückgabe er erstrebt, grunds. nicht gerechtfertigt (AG Krefeld ZMR 72, 238 = WM 72, 93). Eine Ausnahme ist aber geboten, wenn die vom Vermieter angestrebte gemischte Nutzung des Grundstücks als angemessen anzusehen ist und die Umwandlung des Wohnraums in Geschäftsraum (s. Rdn B 5 ff) nur die Kündigung eines Mietverhältnisses erfordert. **B 655**

bb) Daneben (also cumulativ zu aa) muß die Fortsetzung des Mietverhältnisses für den Vermieter **erhebliche Nachteile** zur Folge haben (vgl. dazu Holtschoppen WM 78, 70 in Anm. zu AG Kappeln a. a. O.). Diese Nachteile können vor allem darin liegen, daß das Grundstück keine Nutzung (Erträge) bringt, welche die Wirtschaftlichkeit des Hausbesitzes gewährleisten, sondern überwiegend Kosten verursacht; eine Verzinsung des Eigenkapitals des Vermieters zumindest in derjenigen Höhe, wie sie bei der Berechnung der Kostenmiete ansatzfähig ist (§ 20 der II. BV), kann dabei berücksichtigt werden (s. auch unten cc). Bei der Ermittlung des Ertrags eines Mehrfamilienhauses muß unberücksichtigt bleiben, daß ein Großteil der Mieter vor oder während der Durchführung von Sanierungsarbeiten bereits ausgezogen ist. Es muß insoweit auf den Zeitpunkt abgestellt werden, in dem das Haus noch voll vermietet, aber noch nicht saniert war (AG Dortmund WM 84, 55). Die Kündigung eines möblierten Zimmers kann gerechtfertigt sein, wenn der Vermieter bei Aufrechterhaltung des Mietverhältnisses die übrigen auf demselben Stockwerk liegenden Räume nicht weitervermieten kann (so AG Hamburg WM 79, 54, das allerdings zu Recht strenge Anforderungen an die Darlegungs- und Beweislast stellt). Auch die Vereitelung nachweislich realisierbarer Geschäfte infolge der Vorenthaltung des Kaufpreises für das Haus können erhebliche Nachteile darstellen. Gleiches gilt, wenn das angestrebte Geschäft zwar nicht völlig vereitelt wird, aber vom Vermieter andere Dispositionen mit erheblichen wirtschaftlichen Verlusten (z. B. hochverzinsliche Kredite) oder die Inkaufnahme persönlicher Nachteile (z. B. schlechtere Lage oder Ausstattung des Ersatzobjekts) erfordert. Der Umstand, daß im Fall der Fortsetzung vom Mieter eines Mehrfamilienhauses kein höherer als der ortsübliche Mietzins zu erlangen ist, kann kein berechtigtes Kündigungsinteresse begründen; das gilt auch dann, wenn der Käufer eines Althauses aus Spekulationsabsichten für den Erwerb so hohe Aufwendungen machte, daß eine Rendite nur **B 656**

B 657

durch den Abbruch des Hauses (und den Wiederaufbau zwecks Veräußerung als Eigentumswohnungen) zu erzielen wäre (AG Wiesbaden WM 72, 194), selbst wenn eine behördliche Abbruchgenehmigung vorliegt (LG Münster WM 74, 128).

Ob die Nachteile erheblich sind, muß im Einzelfall unter Berücksichtigung der persönlichen und wirtschaftlichen Verhältnisse des Vermieters beurteilt werden; geringere Nachteile muß der Vermieter unter Verzicht auf seine Kündigungsabsicht hinnehmen. Die bloße Befürchtung nachteiliger Folgen wegen der Fortsetzung des Mietverhältnisses reicht nicht aus. Vielmehr müssen solche konkret nachweisbar oder zumindest überwiegend wahrscheinlich sein.

B 657 cc) Die Kündigung ist nur dann gerechtfertigt, wenn die Fortsetzung des Mietverhältnisses die angestrebte Verwertung des Hausgrundstücks verhindert und dadurch Nachteile verursacht werden; es ist somit **Kausalität** i. S. der Adäquanztheorie erforderlich. Deshalb liegt kein Kündigungsgrund vor, wenn der Vermieter im Endergebnis durch die beabsichtigte anderweitige Vermietung nicht besser (oder nicht wesentlich schlechter) steht als beim Fortbestand des Mietverhältnisses. Dabei ist entscheidend darauf abzustellen, welchen Nutzen der Vermieter unter Ausschöpfung der ihm gegebenen Möglichkeiten und beim Einsatz ihm zumutbarer Mittel aus dem Mietverhältnis ziehen kann. Aus der Entscheidung des Gesetzgebers für den Bestandschutz der Wohnraummietverhältnisse läßt sich insoweit nämlich der Grundsatz ableiten, daß der Vermieter zunächst einmal alle ihm zumutbaren Mittel zur Erhaltung oder Wiederherstellung der Wirtschaftlichkeit ausschöpfen muß, bevor er das Mietverhältnis beendigen darf. Reichen die tatsächlichen Mieteinnahmen nicht aus, um die Wirtschaftlichkeit zu gewährleisten, so muß geprüft werden, ob der Mietzins zulässigerweise erhöht werden kann. Sind die Mieteinnahmen deshalb gering, weil die Wohnungen Mängel aufweisen und daher nicht zum ortsüblichen Mietzins vermietet werden können, so muß zunächst gefragt werden, ob die Beseitigung der Mängel möglich ist. Welche Aufwendungen dem Vermieter hierbei zuzumuten sind, richtet sich in erster Linie nach dem Zustand des Hauses und der finanziellen Leistungsfähigkeit des Vermieters. Dabei ist zu beachten, daß der Vermieter nach § 536 BGB verpflichtet ist, die Mietsache in einem vertragsgemäßen Zustand zu erhalten. Zu diesem Zweck muß er Rücklagen bilden, für die üblicherweise 18% der Mieteinnahmen angesetzt werden. Es ist deshalb sachgerecht, daß der Vermieter zumindest denjenigen Betrag aufwendet, der den Rücklagen entspricht. Hat der Vermieter keine Rücklagen gebildet, so darf dies grundsätzlich nicht zu Lasten des Mieters gehen; vielmehr wird der Vermieter in einem solchen Fall verpflichtet sein, die für die notwendige Mängelbeseitigung erforderlichen Beträge anderweitig aufzubringen (LG Stade WM 76, 124). Diese Grundsätze gelten auch dann, wenn die Räume den heutigen Wohnbedürfnissen nicht entsprechen und deshalb nicht mehr gewinnbringend vermietet werden können. Auch hier ist zu fragen, ob die

§ 564 b BGB. Kündigungsschutz

Wirtschaftlichkeit des Hausbesitzes durch Modernisierungsmaßnahmen wiederhergestellt werden kann. Eine Kündigung ist in diesen Fällen nur möglich, wenn die Instandsetzung wirtschaftliche Aufwendungen erfordert, die das Maß des Sinnvollen und Zumutbaren deutlich übersteigen (LG Itzehoe WM 83, 143). Beim Verkauf eines Miethauses ist dementsprechend zu prüfen, ob das Haus auch ohne Übernahme einer Räumungsverpflichtung veräußert werden könnte. Nur wenn diese Fragen zu verneinen sind, ist die Kündigung gerechtfertigt.

Wenn weitere Hindernisse durch anderweitige Mietverhältnisse bestehen, die gekündigt sind oder werden sollen, ist die Kausalität dadurch nicht ausgeschlossen; ebenso, wenn der Vermieter nur eine Wohnung benötigt und kündigt, weil er die Auswahl treffen darf und sich nicht auf andere Räume verweisen zu lassen braucht (Schmidt-Futterer MDR 72, 560).

dd) Soll ein **Wohnhaus verkauft** werden, so ist zunächst zu fragen, ob die Lösung der Mietverhältnisse zum Zwecke des Verkaufs erforderlich ist. Bei Mehrfamilienhäusern spricht eine tatsächliche Vermutung für das Gegenteil, weil solche Objekte regelmäßig zum Zwecke der Kapitalanlage erworben werden. Anders ist es bei Ein- und Zweifamilienhäusern sowie bei Eigentumswohnungen. Diese Objekte werden überwiegend zum Zwecke der Eigennutzung erworben. Deshalb kann hier davon ausgegangen werden, daß der Bestand eines Mietverhältnisses eher verkaufshindernd als verkaufsfördernd ist. Für die Zulässigkeit der Kündigung reicht dies allein nicht aus. Erforderlich ist vielmehr, daß der Verkauf infolge beachtlicher persönlicher oder wirtschaftlicher Gründe (und nicht aus Spekulationsabsichten) geboten ist, um eine angemessene Verwertung des Hausgrundstücks zu erzielen und wenn darüber hinaus für den Vermieter die Übernahme der Kündigungsverpflichtung notwendig war, um erhebliche, ihm nicht zumutbare Nachteile zu verhindern (AG Hamburg FWW 72, 564 = DWW 73, 13; LG Frankfurt Urt. von. 4. 9. 1973 – 2/11 S 251/73). Ein billigenswerter Kündigungsgrund liegt deshalb nicht vor, wenn der Vermieter das Grundstück in vermietetem Zustand erworben hatte in der Absicht, es später gewinnbringend, weil geräumt, weiterzuveräußern (LG Mainz ZMR 86, 14 = WM 87, 394). Bei einem Erwerb in der Zwangsversteigerung kann die Kündigung nicht mit dem Wunsch nach einer „mieterfreien" Weiterveräußerung begründet werden (LG Düsseldorf WM 87, 321). Gleiches gilt, wenn der Vermieter eine vermietete Eigentumswohnung zum Zwecke der Eigennutzung erwirbt, wegen Eigenbedarfs kündigt und sodann nach abgewiesener Räumungsklage eine erneute Kündigung mit einer Verkaufsabsicht begründet. In einem solchen Fall kann davon ausgegangen werden, daß sich die Tatsache der Vermietung im Kaufpreis niedergeschlagen hat. Der Erwerber kann deshalb nicht mit der Begründung kündigen, daß die Räumung der Wohnung zum Zwecke der Erzielung eines höheren Kaufpreises erforderlich sei (LG München I WM 84, 247). Andererseits ist aber auch nicht erforderlich, daß der Verkauf die einzig sinnvolle wirtschaftliche Verwertung des Grundstücks darstellt. Vielmehr sind auch hier alle konkreten, billigenswerten Interessen des Vermieters zu berücksichtigen, die den Verkauf aus der Sicht seiner persönlichen und wirtschaftlichen Belange als verständlich erscheinen lassen. Für die Annahme eines erheblichen Nachteils reicht die geringfügige Minderung des Verkaufspreises beim Verkauf in vermietetem Zustand nicht aus (vgl. AG Lübeck MDR 77, 141 = DWW 77, 21 mit ablehnender Anmerkung Hinzmann). Anders ist es, wenn ein Verkauf in vermietetem Zustand nicht möglich oder mit erheblichen Vermögenseinbußen verbunden wäre (so: LG Mainz ZMR 86, 14: Kaufpreis im Leerzustand DM 880000,–; Kaufpreis im vermieteten Zustand DM 830000,–; den Mindererlös von 50000,– DM hat das Gericht zu Recht als erheblichen Nachteil bewertet; ebenso LG Karlsruhe ZMR 87, 469 wonach eine Minderung des Kaufpreises um 6% ausreicht). Gleiches gilt, wenn sich der Vermieter in einer angespannten finanziellen Lage befindet und auf einen möglichst hohen Erlös angewiesen ist (LG Hamburg WM 87, 26) oder wenn der Vermieter den ungeschmälerten Verkaufserlös benötigt, um anderweitig Wohnruam für sich oder seine Familienangehörigen zu erwerben (LG München II NJW RR 87, 1165; a. A. AG Darmstadt WM 87, 320 wonach der Wunsch zum Erwerb eines Einfamilienhauses Kündigung der vermieteten Eigentumswohnung zum Zwecke des besseren Verkaufs nicht rechtfertigt). Hat sich ein **Vermieter in dem Kaufvertrag zur Übergabe eines geräumten Hauses verpflichtet**, so reicht dieser Umstand allein für die Kündigung nicht aus. Vielmehr ist auch in einem solchen Fall zu fragen, ob die Übernahme der Verpflichtung zur Abwendung erheblicher Vermögensnachteile erforderlich war. Das Interesse des Käufers an der Erlangung eines geräumten Mietobjekts hat insoweit außer Betracht zu bleiben (AG Aalen WM 83, 27; s. aber Rdn B 632). Der Erwerber des Hauses kann aber ohne Wartefrist unmittelbar nach dem Eigentumserwerb aus eigenem Recht wegen Eigenbedarf (§ 564 b II Nr. 2) die Kündigung aussprechen, wenn er, seine engeren Familienangehörigen oder die zu seinem Hausstand gehörenden Personen einen konkreten Raumbedarf an einer Wohnung haben (s. Rdn B 618). Das gilt sowohl für die Veräußerung von Zwei- und Mehrfamilienhäusern, als auch für den Verkauf eines vermieteten Einfamilienhauses, weil auch im letzteren Fall der Schutzzweck der Vorschrift gleichrangig durchgreift und sowohl die Veräußerung als auch der Erwerb aus hier unbeachtlichen wirtschaftlichen Erwägungen in Betracht zu ziehen sind (AG Solingen WM 74, 128).

Zu den formellen Anforderungen an das Kündigungsschreiben in diesen Fällen s. Rdn B 712.

ee) Die Kündigung des Vermieters zur **Durchführung von Instandhaltungs- und Modernisierungsmaßnahmen** setzt zum einen voraus, daß die Modernisierungsmaßnahme im Rahmen einer angemessenen wirtschaftlichen Verwertung erforderlich ist. Die geplante Maßnahme muß also aus wirtschaftlichen Gründen dringend geboten sein. Ein sol-

§ 564b BGB. Kündigungsschutz

cher Fall wird z. B. dann vorliegen, wenn das Grundstück erst nach einer gründlichen Sanierung eine angemessene Rendite abwirft oder wenn die Bausubstanz so schlecht ist, daß die Wohnungen ohne Sanierung in absehbarer Zeit unvermietbar werden (vgl. dazu Beuermann ZMR 79, 97). Liegt ein solcher Fall nicht vor, so kommt jedenfalls eine Kündigung nicht in Betracht (LG Düsseldorf WM 81, 192; LG Bonn WM 87, 225). Dies gilt auch dann, wenn die Modernisierungsmaßnahme nur dann durchgeführt werden kann, wenn die Räume vorübergehend nicht bewohnt sind (AG Mannheim ZMR 78, 182 = WM 78, 128). In einem solchen Fall ist es Sache des Vermieters, die Mieter vorübergehend anderweitig unterzubringen. Ob die Mieter dies dulden müssen, richtet sich nach §§ 541a, 541b BGB. Hierbei ist auch zu berücksichtigen, ob die Mieter wirtschaftlich in der Lage sind, den erhöhten Mietzins zu zahlen (vgl. dazu Rdn C 166). Allerdings vertritt ein Teil der Rechtsprechung eine abweichende Ansicht (vgl. z. B. AG Biberach WM 80, 54 m. abl. Anm. V Schoenebeck, wonach bereits die Absicht zur Durchführung von Modernisierungsmaßnahmen die Kündigung rechtfertigen soll; LG Freiburg MDR 79, 584 = WM 79, 148 = ZMR 79, 144, wonach es für eine Kündigung ausreicht, daß die bisherigen Mieter nicht als Interessenten für die renovierten Wohnungen in Frage kommen).

Zum anderen setzt § 564b II Nr. 3 BGB voraus, daß die Modernisierungs- und Instandhaltungsmaßnahmen nur dann durchgeführt werden können, wenn die Mietverhältnisse aufgelöst werden (Beuermann a. a. O.; AG Münster WM 80, 53). Ein solcher Fall liegt nicht schon dann vor, wenn die Nutzungsmöglichkeit für kurze Zeit eingeschränkt wird (AG München WM 86, 334 – ca 4 Wochen –; unklar AG Köln WM 74, 76 für Arbeiten am Estrich und am Parkettboden). Vielmehr wird man grundsätzlich voraussetzen müssen, daß der bisherige Wohnraum zerstört oder wesentlich verändert wird (z. B. bei Umwandlung von großen Wohnungen in kleine Apartments; BayObLG (RE) vom 17. 11. 1980 RES § 564b BGB Nr. 27), oder daß zumindest derart weitgehende Baumaßnahmen durchgeführt werden sollen, die ein Verbleiben der Mieter in ihren Wohnungen über einen längeren Zeitraum hinweg unmöglich machen (LG Aachen MDR 83, 670). Die Auflösung des Mietverhältnisses ist ferner dann nicht erforderlich, wenn der Mieter die Maßnahme nach §§ 541a, 541b BGB dulden muß oder freiwillig dulden will (AG Münster WM 80, 53; AG Aachen WM 86, 335; Blank ZMR 81, 321). Zur Sanierungskündigung bei öffentlichem Interesse vgl. Rdn B 681.

ff) Vereinzelt wird die Ansicht vertreten, daß bei der Kündigung nach **B 660** § 564b II Nr. 3 der Rechtsgedanke des § 182 II BauGB (s. Rdn B 764) analog angewendet werden könne. Nach dieser Meinung soll eine Kündigung nur zulässig sein, wenn dem Mieter zugleich eine angemessene Ersatzwohnung angeboten wird (LG Wuppertal WM 81, 191). Diese Ansicht findet indes im Gesetz keine Stütze. Die materiellen Kündigungsvoraussetzungen sind in § 564b II Nr. 3 abschließend geregelt. Der Nachweis einer Ersatzwohnung gehört hierzu nicht. Vielmehr geht das

Gesetz davon aus, daß die Ersatzraumbeschaffungspflicht Sache des Mieters ist; kann angemessener Ersatzwohnraum nicht beschafft werden, so darf dies nur im Rahmen des § 556a BGB berücksichtigt werden (s. Rdn B 311).

B 661 c) Unzulässig ist die Kündigung kraft Gesetzes (**§ 564b II Nr. 3 S. 2**), wenn der Vermieter auf diesem Weg durch die Begründung eines neuen Mietverhältnisses von einem anderen Mieter einen **höheren Mietzins** erzielen will (s. dazu auch Rdn C 26). Damit soll verhindert werden, daß der Vermieter im Wege der Kündigung des bestehenden Mietverhältnisses die gesetzl. Voraussetzungen der §§ 1ff MHG für eine zulässige Mieterhöhung bis zur ortsüblichen Vergleichsmiete umgeht, da diese Vorschriften für den Neuabschluß von Mietverträgen unanwendbar sind. Die Kündigung ist auch dann ausgeschlossen, wenn der vom Mieter geschuldete Mietzins unter der ortsüblichen Vergleichsmiete liegt oder nach den Vorstellungen des Vermieters nur eine unzureichende Verzinsung des Kapitals ermöglicht (AG Hamburg WM 73, 213), weil insoweit der vom Gesetz eröffnete Weg einer Mieterhöhung bis zur Obergrenze der ortsüblichen Vergleichsmiete unter den Voraussetzungen des § 2 MHG beschritten werden muß.

Weil dieses Kündigungsverbot aber nur die einträglichere Weitervermietung als Wohnraum unterbinden will, ist die Kündigung zum Zwecke der Weitervermietung oder Eigennutzung (AG Völklingen MDR 73, 677 = ZMR 74, 146) als **Geschäftsraum** grundsätzlich zulässig, soweit die Voraussetzungen oben Rdn B 652 vorliegen (insoweit unzutr. AG Völklingen a. a. O.). Das gilt jedoch nur dann, wenn das gesetzliche **Verbot der Zweckentfremdung** von Wohnraum nach Art. 6 MVerbG (abgedruckt und kommentiert unter Rdn E 1ff) dieser Raumnutzung nicht entgegensteht. Hat die für den Ort des Hausbesitzes zuständige Landesregierung die betreffende Gemeinde dem Verbot der Zweckentfremdung unterworfen, ist die Kündigung somit nur wirksam, wenn der Vermieter vorher eine Genehmigung der zuständigen Verwaltungsbehörde erwirkt hat und dies in den Kündigungsgründen mitgeteilt wird (OLG Hamburg (RE) vom 25. 3. 1981 RES § 564b BGB Nr. 6; AG Göttingen WM 74, 126 mit Anm. Tibbe; Schmidt-Futterer WM 71, 196; a. A. Löwe NJW 72, 1916; Sternel Rdn IV 90). Eine nachträglich erteilte oder rechtskräftig gewordene Genehmigung berechtigt nur zur erneuten Kündigung unter Einhaltung der neu beginnenden Kündigungsfrist (vgl. § 565 II BGB); da die Kündigung in diesen Fällen gegen ein gesetzliches Verbot verstößt (§ 134 BGB), ist sie vor Rechtskraft der erteilten Genehmigung nichtig. Auf der Grundlage einer solchen Kündigung kann sie somit nach § 564b III 2. Halbs. auch nicht wirksam nachgeschoben werden (s. Rdn B 719). Im Räumungsprozeß hat das Gericht das Vorliegen der Genehmigung im Rahmen seiner Schlüssigkeitsprüfung der Klage von Amts wegen (also auch ohne dahingehenden Einwand des Mieters) zu berücksichtigen (s. dazu im einzelnen Rdn E 73ff).

B 662 d) Unzulässig ist die Kündigung kraft Gesetzes (**§ 564b II Nr. 3 S. 3**) auch dann, wenn der Vermieter damit die Absicht verfolgt, die Wohnung des Mieters in eine **Eigentumswohnung** umzuwandeln und diese zu veräußern (s. Rdn B 636). Damit will das Gesetz verhindern, daß die in § 564b (s. oben Rdn B 652) verankerte Kündigungsbeschränkung auf die Weise umgangen wird, daß der Vermieter das Mietverhältnis vor der Umwandlung beendet. Deshalb schließt diese Sonderregelung die Berufung des bisherigen Eigentümers auf die Notwendigkeit der Begründung von Wohnungseigentum zwecks angemessener wirtschaftlicher Verwertung total aus, gleichgültig, ob die Umwandlung erst beabsichtigt oder schon (nach Überlassung an den Mieter) durchgeführt ist (z. B. bei Vermietung von Wohnungen, die als Eigentumswohnungen konzipiert wurden, dann aber wegen schlechter Marktverhältnisse nicht abzusetzen sind, während später sich Verkaufsmöglichkeiten ergeben). Im Ergebnis führt das dazu, daß sich nur der Erwerber der Eigentumswohnung nach § 564b II Ziff. 2 unter den dortigen Voraussetzungen und mit der Einschränkung des S. 2 auf seinen Eigenbedarf gegenüber dem Mieter berufen darf. Die Sondervorschrift gilt nicht für den Verkauf einer Eigentumswohnung durch den Wohnungseigentümer, wenn das Wohnungseigentum schon vor Vermietung begründet war; dieser kann sich grundsätzlich auf Ziff. 3 berufen.

e) Die **Darlegungs- und Beweislast** für das Vorliegen der obigen **B 663**
Kündigungsvoraussetzungen trägt uneingeschränkt der Vermieter. Dieser muß seine Kalkulation offenlegen (AG Göttingen WM 81, 190) und darlegen, daß er nach Durchführung der geplanten Baumaßnahmen eine wesentlich günstigere wirtschaftliche Verwertung der Mietsache erreichen werde. In der Regel ist hierfür eine Wirtschaftlichkeitsberechnung erforderlich (LG München I WM 81, 234).

Wird die Kündigung auf **vorgetäuschte Bedarfsgründe** gestützt, kann **B 664**
der Vermieter ebenso wie beim vorgetäuschten Eigenbedarf zum Ersatz des Schadens verpflichtet sein, der dem Mieter infolge der gesetzwidrigen Kündigung entstanden ist; für diese Anspruchsvoraussetzungen trägt der Mieter die Darlegungs- und Beweislast (dazu Rdn B 609).

4. Sonstige berechtigte Interessen

Neben den oben erörterten und vom Gesetz beispielhaft genannten **B 665**
Kündigungsgründen darf der Vermieter auch sonstige **berechtigte Interessen** an der Beendigung des Mietverhältnisses geltend machen, soweit diese nach ihrer Art und Schwere den vom Gesetz hervorgehobenen Fällen gleichzustellen sind. Die Aufzählung der Kündigungsgründe in § 564b II ist nicht abschließend, was schon aus dem Wort „insbesondere" hervorgeht. Trotzdem kommen nach den Vorstellungen des Gesetzgebers als weitere Kündigungsgründe nur solche Interessen des Vermieters in Betracht, die für ihn zumindest ein ähnliches Gewicht wie die im Gesetz aufgezählten Fälle haben (zur Abgrenzung vgl. LG Mannheim WM 74, 74 = ZMR 74, 335). Neben den unten erörterten Fallgruppen

sind folgende Entscheidungen zu diesem Problemkreis hervorzuheben: **Berechtigtes Interesse bejaht:** Heftiger Streit zweier Mieter untereinander für den der Verursacher nicht feststellbar ist, wobei der Streit nur durch Kündigung einer Mietpartei beseitigt werden kann LG Duisburg WM 75, 209; s. aber Rdn. B 601; – Kündigung einer Wohnung zur Unterbringung eines Hausmeisters, wenn ein Mehrfamilienhaus von einem Unternehmen erworben worden ist (AG Hamburg FWW 76, 244; LG Hamburg MDR 80, 315). Dabei ist es sachgerecht, wenn hierfür die Erdgeschoßwohnung vorgesehen wird (LG Berlin MDR 83, 133).

B 666 a) Die Kündigung einer **Werkwohnung** (Dienstmietwohnung §§ 565 b ff BGB) kann nach § 564 b I zulässig sein, wenn daran Betriebsbedarf besteht (dazu im einzelnen auch Rdn B 817).

aa) Auch soweit der Vermieter von dem Sonderkündigungsrecht des § 565 c BGB gegenüber dem Mieter nach der Beendigung des mit ihm geschlossenen Arbeitsverhältnisses Gebrauch macht, ist die Vorschrift des § 564 b anwendbar; der Schutz des Mieters wird in diesem Falle unter den besonderen Voraussetzungen abgeschwächt, welche in dieser Vorschrift aufgestellt sind, wobei der Vermieter jedoch aus betrieblichen Gründen lediglich der Vorzug eingeräumt wird, die Werkwohnung mit verkürzten Kündigungsfristen (zum nächst zulässigen Termin, AG Oberhausen DWW 72, 315) kündigen zu dürfen (vgl. § 565 c Ziff. 2 BGB). Ein Recht des Vermieters zur außerordentlichen befristeten Kündigung des Mietverhältnisses, welches die Anwendbarkeit des § 564 b ausschließen könnte (s. oben Rdn B 57), beinhaltet aber das Sonderkündigungsrecht des § 565 c BGB nicht (Roquette § 565 c BGB Rdn 4 und § 565 d BGB Rdn 1; AG Gelsenkirchen-Buer WM 73, 138; AG Oberhausen WM 73, 164; a. A. Kurtenbach Betr. 71, 2453; Hans § 565 b BGB Anm. 8 u. § 565 c BGB Anm. 7). Vielmehr stehen die Regelungen der §§ 564 b, 565 c BGB unabhängig nebeneinander, beide Vorschriften ergänzen sich in der Weise, daß § 564 b BGB das Vorliegen bestimmter Gründe und deren Angabe im Kündigungsschreiben vorschreibt, während § 565 c BGB unter den genannten Voraussetzungen die Kündigung des Vermieters mit abgekürzten Kündigungsfristen zuläßt (AG Stuttgart WM 74, 126 m. w. Nachw.). Macht der Vermieter von diesem Recht jedoch keinen Gebrauch oder liegen die Voraussetzungen des § 565 c BGB nicht vor, kann das Mietverhältnis über eine Werkwohnung mit der normalen Kündigungsfrist des § 565 II BGB unter den Voraussetzungen des § 564 b gekündigt werden, wenn auch ein Eigenbedarf i. S. des § 564 b II Nr. 2 beim Raumbedarf für Arbeitnehmer insoweit nicht anzuerkennen ist (zur Verwirkung des Sonderkündigungsrechts AG Oberhausen WM 73, 164).

B 667 **bb)** Da die in § 564 b II ausdrücklich normierten Kündigungsgründe nur beispielhaft zu verstehen sind und keine abschließende gesetzliche Regelung darstellen, muß auch der **Betriebsbedarf** des Vermieters als Kündigungsgrund anerkannt werden, wenn er die Räume des gekündigten Mieters nach Beendigung des Arbeitsverhältnisses dringend für die

§ 564b BGB. Kündigungsschutz **B 668**

Unterbringung eines Arbeitnehmers benötigt (AG Oberhausen WM 74, 32; AG Oberndorf WM 77, 168). Zwar reicht es insoweit nicht aus, wenn der Vermieter die Kündigung allein darauf stützt, daß das Arbeitsverhältnis beendigt sei, so daß nun mehr auch dem Mietverhältnis die eigentliche Geschäftsgrundlage fehle (LG Mannheim WM 73, 22 = DWW 73, 181 = ZMR 73, 153; AG Lübeck MDR 74, 493; AG Stuttgart WM 74, 126); dieser Grund entspricht in seiner Art und Schwere nicht den vom Gesetz in § 564b II ausdrücklich hervorgehobenen Kündigungsgründen, so daß er nach den Vorstellungen des Gesetzgebers kein berechtigtes Interesse an der Beendigung des Mietverhältnisses begründen kann. Ein Interesse des Vermieters muß aber stets dann anerkannt werden, wenn er beabsichtigt, einen anderen Arbeitnehmer in den gekündigten Räumen unterzubringen; dafür reicht es aus, wenn der Vermieter im Kündigungsschreiben darlegt (s. Rdn B 711; AG Oberhausen WM 73, 164) und im Falle des Bestreitens nachweisen kann, daß sich Arbeitnehmer seines Betriebs um eine freiwerdende Werkwohnung beworben haben (Wartelisten) und aus diesem Kreis der Bewerber zumindest einer bereit ist, in die gekündigten Räume einzuziehen (zur Angabe der erforderlichen Kündigungsgründe teilw. abw. AG Lübeck MDR 74, 493; zweifelnd AG Stuttgart WM 74, 126; wie hier LG Karlsruhe WM 74, 243). Unzureichend ist dagegen, wenn der Vermieter einen betriebsfremden Bewerber unterbringen will. Gleiches gilt, wenn in der Wohnung ein neu in den Betrieb eintretender Arbeitnehmer untergebracht werden soll, dem bereits in unmittelbarer Nähe des Arbeitsplatzes eine preisgünstige Wohnung zur Verfügung steht (AG Witzenhausen WM 83, 23). Ein berechtigtes Interesse wird aber dann anzuerkennen sein, wenn der Vermieter in seinem Betrieb eine benötigte Arbeitskraft einstellen will, die nachweislich den Abschluß des Arbeitsvertrags aus beachtlichen Gründen von dem Erhalt der gekündigten Werkwohnung abhängig macht (a. A. AG Gelsenkirchen-Buer WM 73, 138; ZMR 74, 52). Der Zweck der Werkwohnung gebietet es, diese dem bedürftigen Betriebsangehörigen mit Vorrang gegenüber dem Ausgeschiedenen bereitzustellen (AG Oberhausen WM 73, 164). Im Einzelfall kann der Schutz des ausgeschiedenen Arbeitnehmers nach §§ 556a BGB, 721 ZPO gewährleistet werden. Zur Kündigung einer nicht zweckgebundenen Wohnung des Arbeitgebers s. Rdn B 631.

Wird die Werkwohnung von einem **Ehepaar** bewohnt, so ist die Kündigung solange ausgeschlossen, solange einer der Ehepartner noch im Betrieb beschäftigt ist. Dies gilt unabhängig davon, ob der Beschäftigte gleichzeitig Mieter der Wohnung ist. Es kommt auch nicht darauf an, welcher der Ehepartner in dem Betrieb die höherwertige Tätigkeit ausübt oder ausgeübt hat (a. A.: Kleffmann ZMR 82, 131). **B 668**

Das berechtigte Interesse an der Rückerlangung einer Werkwohnung kann nämlich nur mit der Zweckbindung dieser Wohnungen begründet werden. Solange die Wohnung bestimmungsgemäß von einem Arbeitnehmer bewohnt wird, steht dies im Einklang mit der Zweckbindung.

B 669 Für diejenigen Arbeitnehmer, die zum Grundwehrdienst oder zu einer Wehrübung einberufen worden sind, ist bezüglich der Kündigung die Sonderregelung des § 3 Arbeitsplatzschutzgesetz i. d. F. der Bek. vom 14. 4. 1980 (BGBl. I S. 425) zuletzt geändert durch Gesetz vom 20. 12. 1985 (BGBl. I S. 2475) zu beachten. Nach dieser Vorschrift darf die Abwesenheit des Arbeitnehmers nicht zu seinem Nachteil bei der Auflösung eines Mietverhältnisses über die Werkwohnung berücksichtigt werden (§ 3 III ArbPlSchuG). Die Vorschrift beinhaltet jedoch kein absolutes Kündigungsverbot, sondern soll lediglich sicherstellen, daß der Arbeitnehmer durch die Ableistung des Wehrdienstes keine Nachteile erleidet (Sahmer, Arbeitsplatzschutzgesetz, Kommentar 2. Aufl. § 3 Rdn 46). Eine Kündigung wegen Betriebsbedarfs kann also in diesen Fällen nicht darauf gestützt werden, daß der Wohnraum wegen der Abwesenheit benötigt wird, wohl aber auf jeden anderen nicht durch die Abwesenheit bedingten Kündigungsgrund.

B 670 **cc)** Nach § 87 Abs. 1 Nr. 9 BetrVG ist die Kündigung einer Werkwohnung von der **Zustimmung des Betriebsrats** abhängig; diese Vorschrift ist unter Rdn B 927 abgedruckt und kommentiert.

B 671 **dd)** Hat der Vermieter den Mietvertrag über eine Werkwohnung wirksam gekündigt, kann der Mieter unter Berufung auf die **Sozialklausel** des § 556a BGB der Beendigung des Mietverhältnisses widersprechen. Durch die Kündigungsbeschränkungen des Vermieters wird dieses zusätzliche Schutzrecht des Mieters nicht berührt; bei Anwendung der §§ 556a, 556c BGB sind auch die Belange des Arbeitgebers (Dienstberechtigten) gebührend zu berücksichtigen (§ 565d I BGB). Kündigt der Vermieter auf Grund seines Sonderkündigungsrechts nach § 565c BGB, so läßt das Gesetz den Kündigungswiderspruch des Mieters in diesen Fällen teilweise unter Verkürzung der Widerspruchsfrist zu (§ 565d II BGB), schließt den Widerspruch aber teilweise auch völlig aus (§ 565d II BGB; dazu näher Schmidt-Futterer BB 72, 1058). Bei der Abwägung der beiderseitigen Interessen ist auch zu berücksichtigen, daß wohnungssuchende Werksangehörige im Zweifel gegenüber dem nicht mehr im Betrieb beschäftigten Mieter einen Vorrang zur Benutzung der Werkwohnung haben; dem rechtmäßig gekündigten Mieter wird jedoch für eine angemessene Übergangszeit eine Räumungsfrist (§ 721 ZPO) zu bewilligen sein (AG Oberhausen WM 73, 164).

B 672 **ee)** Eine **Werkdienstwohnung,** bei welcher der Arbeitsvertrag die Rechtsgrundlage der Raumüberlassung und diese das Entgelt für die Leistung von Diensten darstellt (z. B. Wohnung für Hauswart, landwirtschaftliche Arbeiter oder Gutsinspektoren, Ingenieure oder Werksdirektoren) beruht nicht auf einem Mietverhältnis und ist deshalb grundsätzlich nicht kündbar. Endet das befristete Arbeitsverhältnis durch Zeitablauf, so entfällt damit auch die Rechtsgrundlage für die Raumnutzung; die Schutzrechte der §§ 564b, 556a–b BGB, sind dann unanwendbar, weil ein Mietverhältnis nicht vorliegt und es somit auch nach § 565a II BGB keiner Kündigung bedarf (abweichend: LG Itzehoe WM 85, 152

§ 564b BGB. Kündigungsschutz

betreffend Hausmeisterwohnung). Bei unbefristeten Arbeitsverhältnissen dieser Art gilt jedoch die Sonderregelung des § 565e BGB; nur unter den dort genannten Voraussetzungen bedarf es zur Beendigung des kraft Gesetzes begründeten Mietverhältnisses zu dessen wirksamer Beendigung einer Kündigung unter den Voraussetzungen der §§ 564b, 564a, 565 BGB. Falls der Vermieter von seinem auch hier geltenden Sonderkündigungsrecht nach § 565c BGB Gebrauch macht (s. oben aa; dazu im einzelnen Schmidt-Futterer a. a. O.), gelten verkürzte Kündigungsfristen (vgl. grundsätzlich zur Werkdienstwohnung Rdn B 848).

ff) Diese Grundsätze gelten auch für die Kündigung einer **werkfremden** Werkmiet- oder Werkdienstwohnung, die dadurch gekennzeichnet ist, daß dem Arbeitgeber des Mieters ein Belegungsrecht zusteht. Bei den nach § 564b I erforderlichen berechtigten Interessen des Vermieters sind auch dessen Verpflichtungen gegenüber dem Arbeitgeber des Mieters aus dem **Werkförderungsvertrag** zur Belegung der Wohnung mit Betriebsangehörigen für die Dauer des Belegungsrechts zu berücksichtigen. Soweit die Kündigung des Vermieters vertraglich von der Zustimmung des Arbeitgebers des Mieters abhängig gemacht worden ist, muß diese beim Kündigungsausspruch vorliegen (s. Rdn B 934); im übrigen muß auch hier die Zustimmung des Betriebsrats zur Kündigung nach § 87 I Ziff. 9 BetrVG eingeholt werden (s. oben cc). Auch bei der Entscheidung über einen Kündigungswiderspruch des Mieters (§ 556a BGB) sind ebenfalls die Belange des Arbeitgebers an der fristgemäßen Rückgabe der Wohnung gebührend zu berücksichtigen (§ 565d I BGB). Im Vordergrund steht aber immer das berechtigte Interesse des Vermieters und nicht das Interesse des Belegungsberechtigten. Deshalb fehlt es am Kündigungsinteresse, wenn die Wohnung zunächst im Einverständnis mit dem Belegungsberechtigten an einen betriebsfremden Mieter vermietet worden war und sodann der Belegungsberechtigte von dem Belegungsrecht Gebrauch machen will, um dort einen Betriebsangehörigen unterzubringen (a. A.: AG Miesbach WM 83, 344). Durch die Aufrechterhaltung des Mietvertrags mit dem betriebsfremden Mieter entstehen dem Vermieter keine Nachteile, so daß auch kein berechtigtes Beendigungsinteresse vorliegen kann. Nichts anderes gilt in denjenigen Fällen in denen der Mieter stirbt und der Ehegatte oder ein Familienangehöriger gem. §§ 569a, 569b BGB in das Mietverhältnis eintritt. Der Umstand, daß der Mietnachfolger kein Arbeitnehmer des Belegungsberechtigten ist, stellt für den Vermieter keinen wichtigen Grund zur Beendigung des Mietverhältnisses i. S. v. : 569a V BGB dar, weil die Belange des Vermieters durch den Eintritt dieses Mietnachfolgers nicht berührt werden. Aus diesem Grund liegt auch kein berechtigtes Kündigungsinteresse nach § 564b I vor (a. A. LG München I WM 87, 416). Etwas anderes gilt, wenn die Wohnung mit öffentlichen Mitteln oder mit Wohnungsfürsorgemitteln gefördert ist und der Mietnachfolger nicht zum Kreis der Wohnberechtigten gehört (s. dazu Rdn B 676ff, 680). Zum Grundsätzlichen des Werkförderungsvertrags s. Rdn B 910ff.

B 674 gg) Von der Kündigung einer Werkwohnung sind jene Fallgruppen zu unterscheiden, in denen eine **bislang nicht zweckgebundene Wohnung in eine Werkswohnung „umgewandelt"** werden soll. Diese Absicht rechtfertigt die Kündigung nicht (AG Frankfurt WM 77, 99; AG Oderndorf WM 77, 168). Dies gilt auch dann, wenn der in Betracht kommende Mitarbeiter den Abschluß des Arbeitsvertrags von der Vermietung einer Wohnung abhängig macht (a. A.: LG Hannover NJW 74, 1094). Eine Ausnahme kommt allerdings dort in Betracht, wo die Einstellung des Arbeitnehmers erforderlich ist, um die ordnungsgemäße Bewirtschaftung des Miethauses zu gewährleisten, insbesondere also dann, wenn die ständige Anwesenheit eines Hauswarts erforderlich wird (LG Hamburg MDR 80, 315). Ein solcher Fall liegt aber nicht schon dann vor, wenn der „Hausmeister" gewisse Arbeiten durchführen soll, die der Vermieter ebensogut einem nicht im Haus wohnenden Dritten übertragen kann (AG Offenbach WM 86, 326 betr. Gartenpflege und Schneebeseitigung). Dagegen muß ein Kündigungsinteresse bejaht werden, wenn ein Landwirt auf einen landwirtschaftlichen Arbeiter angewiesen ist (LG Lübeck WM 85, 148). In beiden Fällen hat das Beendigungsinteresse des Vermieters deshalb ein besonderes Gewicht, weil die Aufrechterhaltung des Geschäftsbetriebes die ständige Anwesenheit eines Arbeitnehmers erfordert. Darüberhinaus kann eine Kündigung auch in besonders gelagerten Ausnahmefällen möglich sein (vgl. z. B. LG Tübingen ZMR 87, 20: ein Kündigungsinteresse liegt vor, wenn die an einen Betriebsfremden vermietete Wohnung in einem Gebäude liegt, das ursprünglich als Gebäude mit Werkwohnungen konzipiert war, voll in das Betriebsgelände integriert ist und nur über das Betriebsgelände erreicht werden kann; LG Landau WM 85, 146: ein Kündigungsinteresse liegt vor, wenn der Vermieter „eine besonders wichtige Arbeitskraft" im Betrieb behalten will und wenn eine Beschaffung des Wohnraums vom Arbeitgeber zu erwarten ist, weil sonst wegen des knappen Wohnungsmarktes keine Wohnung unter zumutbaren Bedingungen gefunden werden kann.

B 675 b) Für Wohnraum, der gesetzlich oder vertraglich aus sozialen Erwägungen **bestimmten Personenkreisen** zur Benutzung vorbehalten ist, kann eine Kündigung nach § 564b I dann zulässig sein, wenn eine **zweckwidrige Raumnutzung** vorliegt.

B 676 aa) Ein berechtigtes Interesse an der Beendigung des Mietverhältnisses kann dem Vermieter einer **preisgebundenen Sozialwohnung** (oder einer diesen Wohnungen gem. § 1 NMV 70 gleichgestellten preisgebundenen Wohnung) grundsätzlich dann zuerkannt werden, wenn der Mieter nicht zu dem Kreis der **Wohnberechtigten** gehört (§§ 4 ff WoBindG, § 25 des 2. WoBauG), und die Räume unter Verstoß gegen ihre gesetzliche oder vertraglich vereinbarte Zweckbindung (Belegungsrecht) überlassen worden sind (zur allgemeinen Problematik der Fehlbelegung vgl. Wesinski DWW 75, 28). Das setzt aber voraus, daß die verwaltende Behörde die Kündigung der zweckwidrig vermieteten Wohnräume verlangt und dem Vermieter andernfalls erhebliche Nachteile drohen

§ 564 b BGB. Kündigungsschutz

(§§ 25, 26 WoBindG; dazu BVerfG WM 73, 145). Die öffentlichen Interessen an der zweckbestimmten Belegung der Wohnung decken sich dann mit den berechtigten Interessen des Vermieters an der Beendigung des Mietverhältnisses. Diese bislang umstrittene Frage (vgl. LG Aachen MDR 73, 318 = WM 73, 114; LG Arnsberg WM 78, 9 m. krit. Anm. Weimar = ZMR 73, 379; LG Berlin MDR 79, 316 = WM 79, 106; a. A. LG Duisburg WM 73, 140; sowie LG Köln MDR 76, 173, die ohne Berücksichtigung des § 4 VIII WoBindG nach früherem Recht die bloße Aufforderung zur Beseitigung der Fehlbelegung unter Androhung wirtschaftlicher Nachteile nicht als ausreichend ansehen; vgl. auch AG Aachen FWW 76, 79 u. LG Münster WM 79, 246 wonach eine von der Behörde auferlegte Zahlung in Höhe von 190,– DM mtl. kein die Kündigung rechtfertigender wirtschaftlicher Nachteil darstellt) hat das OLG Hamm nunmehr in dem Rechtsentscheid vom 14. 7. 1982 (RES § 564 b BGB Nr. 20) in dem hier vertretenen Sinne beantwortet. Dieselbe Ansicht vertritt das BayObLG in dem negativen Rechtsentscheid vom 23. 7. 1985 (RES 3. MietRÄndG Nr. 68), wobei ergänzend darauf hingewiesen wird, daß die Androhung wirtschaftlicher Nachteile durch die Behörde nicht zu den Kündigungsvoraussetzungen gehört. Es genügt vielmehr, wenn diese Nachteile objektiv drohen. Die bloße Fehlbelegung allein ist allerdings noch kein Kündigungsgrund. Der Rechtsentscheid des OLG Hamm bindet nur in jenen Fällen, in denen kein ,,konkreter Anhalt für die Annahme besteht, der Vermieter habe bei Vertragsabschluß die fehlende Berechtigung des Mieters gekannt". Aus dieser Einschränkung darf aber nicht geschlossen werden, daß bei Kenntnis oder grob fahrlässiger Unkenntnis des Vermieters von der fehlenden Wohnberechtigung die Kündigung ausgeschlossen ist; aus den Gründen des Rechtsentscheids ergibt sich vielmehr, daß das Gericht diesen Fall offenlassen wollte. Eine entsprechende Einschränkung wäre auch sachlich nicht gerechtfertigt, weil als tragender Grund für die Vertragsbeendigung das öffentliche Interesse an der Sicherung der Belegungsbindung angesehen werden muß (ebenso BayObLG a. a. O.). Besteht die Aussicht, daß die Wohnung von der Bindung freigestellt wird, so muß der Vermieter zunächst versuchen, die Freistellung von der Bindung zu erreichen (AG Leverkusen WM 84, 154). Im übrigen gilt für die Kündigung des mit öffentlichen Mitteln errichteten, preisgebundenen Wohnraums nichts anderes als für den frei finanzierten Wohnraum, wobei insbesondere zu beachten ist, daß der Verstoß gegen die Zweckbindung nicht die Unwirksamkeit des Mietvertrags zur Folge hat (LG Aachen a. a. O. m. w. Nachw.; LG Duisburg a. a. O.; a. A. Weimar MDR 67, 806 und in Anm. zu LG Aachen a. a. O.). Kein Kündigungsgrund liegt vor, wenn der Mieter zu Beginn des Mietverhältnisses zum Bezug der Sozialwohnung berechtigt war und die Wohnberechtigung später entfallen ist (OVG Münster WM 83, 192 LS). Die mit der Fehlbelegung von Sozialwohnungen verbundenen Probleme können mit § 564b I also nicht gelöst werden.

B 677 Die jetzt nach dem WoBauÄndG gemäß § 4 **VII WoBindG** ausdrücklich zugelassene **Aufforderung** der zuständigen Stelle, dem Verfügungsberechtigten die Kündigung und die Überlassung an einen Wohnberechtigten aufzugeben, setzt die rechtliche Möglichkeit zur Beendigung des Mietverhältnisses mit dem Nichtberechtigten voraus; das ist nicht der Fall, wenn und so lange das Kündigungsrecht selbst oder seine Ausübung vertraglich ausgeschlossen wurde (s. Rdn B 49). Darüber hinaus kann dem Vermieter nicht zugebilligt werden, die Rechtmäßigkeit der verwaltungsbehördlichen Anordnung mit Zweifeln an der Erfolgsaussicht seiner Kündigung wegen Umständen des Einzelfalles (z. B. § 556 a BGB) zu bestreiten; solche Zweifel bedürfen zwar möglicherweise einer gerichtlichen Klärung im Räumungsprozeß vor dem Zivilgericht, können aber den Bestand des anfechtbaren Verwaltungsaktes der Behörde nicht berühren. Weigert sich der Verfügungsberechtigte, die Kündigung auszusprechen und die Freimachung der Sozialwohnung für einen Wohnberechtigten in dem ihm zumutbaren Maße zu betreiben, kann die Behörde im Wege des Verwaltungszwangs durch Zwangsgelder die Erfüllung des Gebotes erzwingen; daneben kann die Behörde die besonderen Zwangsmittel des WoBindG (§ 25) zur Anwendung bringen und im Bußgeldverfahren vorgehen (§ 26 WoBindG). Ein selbständiges Kündigungsrecht steht der Behörde insoweit nicht zu. Da der Gesetzgeber mit den verschärften Vorschriften der §§ 4 VIII, 6 VI, 12 I WoBindG die Entfernung des Nichtberechtigten aus der Sozialwohnung zwecks Überlassung an Berechtigte gewährleisten wollte, ist die Kündigung auch dann berechtigt, wenn der Mieter keine Kenntnis vom Erfordernis eines Berechtigungsscheins (§ 4 I WoBindG) hatte; die öffentlichen Interessen überwiegen hier gegenüber den schutzwürdigen Interessen des gutgläubigen Mieters (LG Düsseldorf WM 78, 30; Pütz WM 79, 183). Der Mieter kann in solchen Fällen im übrigen den Vermieter wegen des Kündigungsschadens in Anspruch nehmen (Pütz a. a. O.; AG Köln WM 85, 202). Bestehen Zweifel an der Zweckbindung, so muß der Mieter nach § 18 WoBindG eine Auskunft der zuständigen Behörde einholen. Es kommt auch nicht darauf an, ob der Mieter den Vermieter über das Vorliegen oder die alsbaldige Erteilung einer Wohnberechtigungsbescheinigung arglistig getäuscht hat (a. A. AG Velbert WM 74, 244; AG Aachen WM 75, 170). Erklärt die Behörde allerdings dem Mieter fehlerhaft, daß es sich um keine Sozialwohnung handle, so darf sie später keine Kündigungsaufforderung verfügen (§ 4 VIII 2 WoBindG). Der gekündigte Mieter kann seinen Räumungsschaden nach §§ 541, 543 BGB vom Vermieter ersetzt verlangen, wenn dieser entgegen §§ 4 II, 5 WoBindG nicht auf die Zweckbindung der Wohnung hinwies und keine Wohnberechtigungsbescheinigung verlangte, selbst wenn der Mieter seinerseits von seinem Auskunftsrecht gegenüber der Behörde keinen Gebrauch machte. Kannte der Mieter dagegen die Zweckbindung, kann er sich später auf diesen Rechtsmangel nicht mehr berufen (§§ 539, 543 BGB).

§ 564b BGB. Kündigungsschutz

Kann der Verfügungsberechtigte die Beendigung des Mietverhältnisses mit dem Nichtberechtigten durch Kündigung nicht alsbald erreichen, ist die **zuständige Stelle** nach § 4 VIII, 2 WoBindG subsidiär berechtigt, unmittelbar vom Mieter die Räumung zu verlangen (**Räumungsanordnung**). Dieses Eingriffsrecht der Behörde besteht nicht schon dann, wenn der Vermieter die ihm erteilte Kündigungsaufforderung nicht erfüllen will oder dazu aus nicht zutreffenden Gründen außerstande zu sein glaubt (s. oben Rdn B 676); es kommt auch dann nicht zum Zuge, wenn die vom Vermieter betriebene Räumung aus tatsächlichen oder rechtlichen Gründen gewisse Verzögerungen erfährt, soweit diese von ihm nicht zu vertreten sind. Durch diese unmittelbare Inanspruchnahme des Mieters soll die ordnungsgemäße Nutzung der zweckgebundenen Sozialwohnungen vor allem dann ermöglicht werden, wenn zivilrechtlich die Räumung des Nichtberechtigten nicht durchsetzbar wäre (z. B. langfristiger Mietvertrag). Vorübergehenden Verhinderungen der Wiederherstellung der Zweckbestimmung ist mit den dafür vorgesehenen Maßnahmen der §§ 25 und 26 WoBindG gegenüber dem Verfügungsberechtigten (Vermieter) zu begegnen. Die schutzwürdigen Interessen des Mieters am Fortbestand des Mietverhältnisses müssen jedoch nach dieser gesetzlichen Ausnahmeregelung hinter den öffentlichen Interessen an der Unterbringung von Wohnberechtigten auch dann zurücktreten, wenn der Mieter die Belegungsbindung dieser Wohnung nicht kannte oder darüber vom Vermieter falsch unterrichtet wurde; einen etwaigen Räumungsschaden kann der Mieter allenfalls vom Vermieter, nicht aber von der Behörde ersetzt verlangen. Die Räumungsanordnung ist ein **vollstreckbarer Verwaltungsakt,** der im Wege des Verwaltungszwanges durch Zwangsräumung vollstreckt werden kann; Mieter und Vermieter können als Betroffene die Räumungsanordnung mit dem Widerspruch bzw. der Klage vor dem Verwaltungsgericht anfechten (§§ 40, 42 ff VwGO). Hingegen stellt die Räumungsanordnung keine Kündigung des Mietverhältnisses i. S. des § 564 II BGB dar; der zivilrechtliche Bestand des Mietvertrags wird dadurch (und durch den Verwaltungszwang) an sich nicht berührt, die Erfüllung der beiderseitigen Pflichten wird aber durch das behördliche Ge- und Verbot unmöglich (ähnlich dem Benutzungsverbot der Baubehörde), so daß der Mieter nach § 542 BGB zur fristlosen Kündigung berechtigt ist, die spätestens im Zeitpunkt der Räumung (konkludent) als erklärt gilt. Das ordentliche Gericht ist für die Entscheidung über die Rechtmäßigkeit des Verwaltungsaktes und etwaiger Schutzmaßnahmen zugunsten des Mieters nicht zuständig.

Nach § 34a VI a WoBindG gilt die gesetzliche Regelung des § 4 VIII WoBindG auch für solche Mietverhältnisse mit Nichtberechtigten, die vor dem 1. 1. 1974 (Inkrafttreten der Neufassung des WoBindG durch das WoBauÄndG 73) begründet worden sind. Hierin liegt keine unzulässige Rückwirkung des Gesetzes (Bellinger ZMR 74, 129).

bb) Ein berechtigtes Interesse kann auch dann anerkannt werden, wenn vom Vermieter einer mit **Wohnungsfürsorgemitteln** geförderten

Wohnung auf Grund des vereinbarten Wohnungsbesetzungsrechts von der Behörde die Kündigung eines inzwischen aus dem öffentlichen Dienst ausgeschiedenen Mieters verlangt wird, weil die Wohnung ein Bediensteter benötigt. In diesen Fällen reicht es grundsätzlich aus, wenn ein berechtigtes Interesse bei der darlehensgewährenden Behörde vorliegt (LG Oldenburg WM 70, 207 für Bundesbedienstetenwohnung). Dies ist sachgerecht, weil hier die Behörde als Inhaberin des Belegungsrechts wirtschaftlich zur Verfügung über den Wohnraum berechtigt ist. Andererseits reicht die Fehlbelegung als solche für eine Kündigung nicht aus; erforderlich ist weiter, daß die Wohnung einem wohnberechtigten Mietinteressenten überlassen werden soll. Liegt ein solcher Fall vor, so kann die Wohnung auch dann gekündigt werden, wenn der Mieter nach §§ 569a, 569b BGB in das Mietverhältnis eingetreten ist (LG Koblenz WM 87, 201). Daneben hat der Vermieter i. d. R. auch dann kein eigenes Kündigungsinteresse, wenn er die Wohnung unter Verletzung des Belegungsrechts an einen Nicht-Wohnberechtigten vermietet hat und ihm deshalb wirtschaftliche Nachteile drohen (z. B. Darlehenskündigung, Schadensersatz). Dies gilt jedenfalls dann, wenn der Mieter die Zweckbindung der ihm vermieteten Wohnung nicht kannte; insoweit muß der Kündigungsschutz gegenüber den vom Vermieter zu vertretenden Nachteilen den Vorrang haben. Diese Fälle sind von der Kündigung einer Sozialwohnung wegen des Verstoßes gegen die Belegungsbindung durch das in § 4 VIII WoBindG verankerte öffentliche Interesse an der zweckgerechten Vermietung zu unterscheiden (s. Rdn B 676); gegenüber der Kündigung eines ursprünglich Wohnberechtigten, der später diese Eigenschaft verliert, ist hier der Unterschied maßgebend, daß dieser Mieter mit dem Verlust der Wohnung beim Wegfall seiner Berechtigung von vornherein rechnen mußte. Deshalb kann auch eine **Genossenschaftswohnung** dann gekündigt werden, wenn der Mieter aus der Genossenschaft ausscheidet; beim Tod des Genossen und dem Eintritt eines Familienangehörigen in das Mietverhältnis (§ 569a BGB; s. Rdn B 84) stellt die fehlende Mitgliedschaft aber nur dann ein berechtigtes Kündigungsinteresse dar, wenn der Eintretende die Aufnahme in die Genossenschaft ablehnt (LG Bremen WM 75, 149; Riebandt-Korfmacher GWW 75, 24).

B 681 cc) Wenn eine **gemeindeeigene Wohnung** dringend benötigt wird, um **öffentlich-rechtliche Verpflichtungen** der Raumversorgung zu erfüllen, kann ein berechtigtes Kündigungsinteresse auch beim Fehlen einer ausdrücklichen Zweckbindung anerkannt werden. Dieser Kündigungstatbestand ist nunmehr durch die Rechtsentscheide des BayObLG vom 21. 11. 1980 (RES § 564b BGB Nr. 2) und des OLG Frankfurt vom 6. 3. 1981 (RES § 564b BGB Nr. 5); vgl. auch Prahl BlGBW 81, 233, ausdrücklich anerkannt. Die Einzelheiten des Kündigungstatbestands sind aber nach wie vor unklar. Nach dem Rechtsentscheid des BayObLG muß der Bedarf „nicht dringend sein . . ., vielmehr genügen auch insoweit vernünftige, billigenswerte Gründe an der Erlangung der Räume". Nach der Formulierung des OLG Frankfurt muß das öffentliche Interes-

§ 564b BGB. Kündigungsschutz

se „ein so erhebliches Gewicht haben, daß es gegenüber dem allgemeinen Interesse des Mieters am Fortbestand des Mietverhältnisses überwiegt"; ein derartiges Interesse sei nicht gegeben, wenn anstelle des bisherigen Wohnhauses ein Mehrzweckgebäude mit Parkplätzen, Geschäftsräumen und Wohnungen erstellt werden soll.

Das BayObLG (a. a. O.) hat das Kündigungsinteresse dagegen in einem Fall bejaht, in dem die Räume für die Unterbringung der Feuerwehr sowie für kulturelle und soziale Zwecke benötigt wurden. Ein berechtigtes Interesse wird weiter anzunehmen sein, wenn die Wohnung zur Unterbringung eines Obdachlosen benötigt wird (BayObLG NJW 72, 685) oder wenn preisgünstiger Wohnraum für sozialschwache Bevölkerungsschichten erstellt werden soll (LG Köln WM 76, 163). Das allgemeine öffentliche Interesse an einer bestimmten städtebaulichen Entwicklung und Gestaltung scheidet hier aber aus.

Der Kündigungsgrund des überwiegenden öffentlichen Interesses **B 682** kommt grundsätzlich nur dann in Betracht, wenn der Vermieter selbst eine öffentlich-rechtliche Körperschaft ist, zu deren Aufgaben die Durchsetzung der mit der Kündigung verfolgten Ziele gehört. Das für die Entscheidung des Räumungsrechtstreits zuständige ordentliche Gericht hat dabei nicht zu prüfen, ob das vom Vermieter dargelegte öffentliche Interesse an einer bestimmten Maßnahme unter planerischen oder wirtschaftlichen Aspekten sinnvoll ist; insoweit liegt die Entscheidungskompetenz bei der dafür zuständigen Behörde. Zu prüfen ist allein, ob das öffentliche Interesse schwer genug wiegt, um eine Kündigung zu rechtfertigen, und ob für die Verwirklichung der vom Vermieter geplanten Maßnahmen die Lösung der Mietverhältnisse erforderlich ist (LG Kiel ZMR 83, 233). Ein privater Vermieter kann sich dagegen grundsätzlich nicht auf öffentliche Interessen berufen, weil deren Durchsetzung Sache der öffentlich-rechtlichen Körperschaften ist. Eine Ausnahme kommt allenfalls dort in Betracht, wo der Vermieter in seinem Handlungsbereich vom öffentlichen Interesse betroffen wird, weil beispielsweise eine Abrißverfügung gegen ihn ergeht oder wenn die Fortsetzung des Mietverhältnisses im Interesse des Mieters Baumaßnahmen erfordern würde, die das Maß des Zumutbaren überschreiten (LG Kiel ZMR 83, 234; s. dazu auch Rdn B 684)

dd) Die Kündigung einer zweckgebundenen **LAG-Wohnung,** für **B 683** welche dem Geschädigten nach § 254 III LAG ein Aufbaudarlehen gewährt worden ist, setzt die Zustimmung der LAG-Behörde beim Ausspruch der Kündigung voraus (vgl. AW – Weisung i. d. F. vom 7. 12. 64 und dazu BVerwG FWW 66, 544 = MieWoE I Nr. 992; s. Rdn B 50). Wird die im Darlehensvertrag zwischen dem Vermieter und der LAG-Behörde vereinbarte Zustimmung zu Unrecht verweigert oder erteilt, können Vermieter und Mieter die Verpflichtungs- oder Anfechtungsklage beim Verwaltungsgericht erheben (BVerwG a. a. O.). Im übrigen gelten für die Kündigung einer LAG-Wohnung die allgemeinen Grundsätze der Kündigung und sinngemäß die Ausführungen oben unter aa.

B 684 c) Muß bei der Durchführung der Sanierung ein Gebäude im förmlich festgelegten Sanierungsgebiet ganz oder teilweise beseitigt werden oder ist die Aufhebung eines Miet- oder Pachtverhältnisses aufgrund einer Maßnahme nach den §§ 176–179 des BauGB erforderlich, so kann die Gemeinde das Rechtsverhältnis mit einer Frist von mindestens sechs Monaten aufheben. Es handelt sich dabei um eine hoheitliche Maßnahme, die auf Antrag des Eigentümers oder von Amts wegen durchgeführt wird. Die Maßnahme setzt zum einen voraus, daß sie im Hinblick auf ein städtebauliches Gebot erforderlich ist und zum anderen, daß für den Mieter und die zu seinem Hausstand gehörenden Personen im Zeitpunkt der Beendigung angemessener Ersatzwohnraum zur Verfügung steht (§ 182 II BauGB). Die Vorschriften der §§ 556a, 564b BGB sind daneben unanwendbar.

Nach der bis zum 30. 6. 1987 geltenden Rechtslage ergab sich aus § 26 StBauFG ein Vorrang der privatrechtlichen Kündigung vor der hoheitlichen Aufhebung des Mietverhältnisses. Nunmehr gilt für die Aufhebung des Mietverhältnisses ausschließlich § 182 BauGB. Eine Kündigung des Mietverhältnisses durch den Vermieter nach § 564b I BGB wegen einer im öffentlichen Interesse liegenden Sanierungsmaßnahme kommt nach der seit 1. 7. 1987 geltenden Rechtslage nicht mehr in Betracht.

B 685 **Baupolizeiliche Abbruchsverfügungen** geben kein Recht zur Kündigung des Mietverhältnisses. Mangels einer gesetzlichen Regelung gelten hier die allgemeinen Grundsätze. Danach betrifft die Abbruchsverfügung lediglich das öffentlichrechtliche Verhältnis zwischen dem Eigentümer des Gebäudes und der Behörde; das zwischen dem Eigentümer und dem Mieter bestehende privatrechtliche Mietverhältnis wird hiervon weder unmittelbar noch mittelbar berührt. Kann das Mietverhältnis nicht im Wege der ordentlichen oder außerordentlichen Kündigung oder durch einen Aufhebungsvertrag beendet werden, so hindert dies zunächst die Durchsetzbarkeit der Abbruchsverfügung. Die Behörde muß dann eine Duldungsverfügung gegen den Mieter erlassen, deren Rechtmäßigkeit sich wiederum ausschließlich nach öffentlich-rechtlichen (polizeirechtlichen) Vorschriften richtet (vgl. hierzu LG München I DWW 77, 93; AG Hamburg-Blankenese WM 80, 55). Hat ein Vermieter ohne Kenntnis des Mieters baurechtswidrig Büroraum zu Wohnzwecken vermietet, so kann er das Wohnraummietverhältnis ebenfalls nicht nach § 564b Abs. 1 kündigen, wenn er von der Baubehörde aufgefordert wird, die Räumung zu veranlassen. Die baurechtswidrige Vermietung fällt allein in den Risikobereich des Vermieters (LG Koblenz WM 84, 132; AG Freiburg WM 87, 393).

B 686 d) Soweit **Heimverträge** dem Kündigungsschutz unterliegen (s. Rdn B 736), kann ein berechtigtes Interesse zur Kündigung – neben den allgemeinen Kündigungsgründen – dann anerkannt werden, wenn der Heimplatz für andere (konkretisierbare) Bewerber benötigt wird und der Mieter entweder die im Vertrag oder der Satzung festgelegten Voraussetzungen für die Weiterbenutzung nicht mehr erfüllt oder aber mit der nur zeitweiligen Überlassung rechnen mußte (z. B. Beendigung der Ausbildung oder des Ausbildungsabschnitts). Auch die wesentliche Veränderung der anfangs gegebenen tatsächlichen Umstände kann bei anerkennenswerten Heiminteressen die Kündigung rechtfertigen (z. B. Pflegebedürftigkeit oder unabsehbare Erkrankung im Alters- oder Altenwohnheim). Eine Kündigung zwecks Durchsetzung erhöhter Heimsätze (dazu Rdn C 44) oder wegen unerwünschten Verhaltensweisen, die jedoch keine erheblichen, schuldhaften Pflichtverletzungen des Mieters darstellen, ist nicht gerechtfertigt. Die besonderen Wesenseigenschaften der jeweiligen Heimbewohner sind dabei nach den üblichen (d. h. für diesen Personenkreis zu tolerierenden) Verhaltensweisen zu bewerten; das gilt auch für Gründe, die bei Einzelmietverhältnissen eine außerordentliche, fristlose Kündigung nach §§ 553, 554a BGB rechtfertigen könnten, hier aber im Einzelfall abweichend zu beurteilen sind.

e) Kein berechtigtes Interesse zur Kündigung eines **Untermietverhältnisses** unter Kündigungsschutz (s. Rdn B 735) liegt darin, daß der Hauptmieter auf Grund einer wirksamen Kündigung zur Herausgabe der gesamten Mietsache einschließlich der Untermieträume verpflichtet ist (s. Rdn B 249). Der Vermieter kann in diesen Fällen von seinem Räumungsanspruch nach § 556 III BGB Gebrauch machen (a. A.: LG Kiel WM 82, 194, wonach sich das berechtigte Interesse daraus ergeben soll, daß der Eigentümer gegen den Untervermieter Räumungs- und Schadenersatzansprüche geltend machen könne). In den Fällen des § 564b VII kommt es jedoch auf ein berechtigtes Interesse nicht an.

f) Das berechtigte Interesse des Vermieters i. S. des § 564b I erfordert nicht ausnahmslos ein Verschulden des Mieters bezüglich der Kündigungsgründe. Zwar wird für Pflichtverletzungen des Mieters nach der Regelung in § 564b II Nr. 1 grundsätzlich nur ein schuldhaftes Verhalten als Kündigungsgrund in Betracht kommen; eine allgemeine Zerrüttung der Verhältnisse, wie sie jetzt in § 564b IV im Grundgedanken berücksichtigt wird, rechtfertigt somit die Kündigung nicht. Hingegen erscheint es gerechtfertigt, schwere Vertragsverletzungen eines **geisteskranken,** schuldunfähigen Mieters ausnahmsweise als berechtigtes Beendigungsinteresse anzuerkennen, wenn der gesetzliche Vertreter oder die Unterbringungsbehörde derartige Verstöße nicht unterbinden können (so auch Schopp ZMR 75, 97); eine fristlose Kündigung scheitert in derartigen Fällen i. d. R. in der von § 554a BGB vorausgesetzten Schuld (zur umstrittenen Rechtslage vgl. insoweit Schopp a. a. O.). Wenn Art und Schwere des vertragswidrigen Verhaltens dem Vermieter und den Mitmietern nicht zugemutet werden können, ist es nicht zu rechtfertigen, hier jegliche Kündigungsmöglichkeiten auszuschließen, selbst wenn den Mieter infolge seines krankhaften Verhaltens kein Schuldvorwurf trifft (LG Mannheim NJW 76, 1407 = MDR 76, 757 = ZMR 77, 28 = DWW 76, 164 betr. die wiederholte Störung der Nachtruhe in einem Mehrfamilienhaus nach 23.00 Uhr durch heftiges Schreien und Brüllen eines nicht schuldfähigen Mieters; LG Kaiserslautern WM 83,

263 betr. einen Mieter, der gegen einen anderen Mieter massive Vorwürfe erhoben hat, die objektiv falsch sind und der strafrechtlich nicht verantwortlich ist; Riebandt-Korfmacher GWW 75, 24).

B 689 g) Hat der **Erwerber einer Eigentumswohnung** im Falle der Eigennutzung einen Anspruch auf **Befreiung von der Grunderwerbssteuer**, so fragt sich, ob dieser Umstand zur Kündigung berechtigt. Das LG Bonn (6 S 562/76) hat dies mit der Erwägung bejaht, daß die mit dem Verlust der Steuerbefreiung verbundenen wirtschaftlichen Nachteile ein Kündigungsinteresse nach § 564b I BGB begründen (ebenso: LG Hamburg WM 87, 27). Dieser Ansicht kann nicht zugestimmt werden (ebenso: LG Köln WM 80, 248; LG Freiburg WM 82, 212). Die Vorschriften über die Steuerbefreiung knüpfen an einen bestehenden Eigenbedarf an und wollen denjenigen privilegieren, der Eigenbedarf hat und deshalb die Wohnung nicht als Kapitalanlage, sondern zur Eigennutzung erwirbt. Bei bestehendem Eigenbedarf ist es sachgerecht, wenn der Erwerber kündigt, die Wohnung selbst bezieht und die Steuervergünstigung in Anspruch nimmt. Fehlt der Eigenbedarf, so wäre es sowohl im Hinblick auf den Zweck des § 564b BGB als auch im Hinblick auf den Zweck der Steuervorschriften verfehlt, dem Erwerber um des steuerlichen Vorteils wegen ein Kündigungsrecht zuzubilligen. Denkbar ist allerdings, daß der Ausschluß des Kündigungsrechts bei gleichzeitiger Versagung der Steuerbefreiung zu einer für den Erwerber nicht vorhersehbaren Belastung führt. Ein solcher Fall ist z. B. dann denkbar, wenn ein zum Zeitpunkt des Erwerbs vorhandener Eigenbedarf wegfällt und der Erwerber deshalb nicht mehr kündigen kann. Würde hier auch der Anspruch auf die Steuerbefreiung entfallen, so hätte dies eine nicht vorhersehbare Erhöhung der Gesamtbelastung zur Folge. Diese Härtefälle können jedoch nicht zu Lasten des Mieters gelöst werden; eine Korrektur muß vielmehr über das Steuerrecht erfolgen. Das BayObLG hat die Rechtsfrage in dem RE vom 17. 10. 1983 (WM 84, 15) allerdings im gegenteiligen Sinn entschieden (ablehnend dazu: Manthe NJW 85, 416). Für das derzeit geltende Recht ist deshalb davon auszugehen, daß der drohende Verlust der Grundsteuervorteile zur Kündigung berechtigt; dies gilt allerdings dann nicht, wenn der Vermieter eine vermietete Wohnung erwirbt und der Veräußerer einen Abschlag vom Kaufpreis in Höhe der Steuerbefreiung vornimmt (LG Frankfurt WM 86, 318 = NJW RR 87, 720).

B 690 Nach dem Rechtsentscheid des OLG Hamm vom 6. 10. 1982 (RES § 564b BGB Nr. 22) kann eine Kündigung nach § 564b I auch im Falle der **Überbelegung** einer Wohnung gerechtfertigt sein. Die Entscheidung betrifft nicht jene Fälle, in denen ein Mieter entgegen einer vertraglichen Vereinbarung und ohne gesetzlichen Anspruch weitere Personen in die Wohnung aufnimmt. Hier liegt in der Regel eine verschuldete Vertragsverletzung vor, die unter den Voraussetzungen des § 564b II Nr. 1 zur Kündigung berechtigen kann (s. Rdn. B 605). Demgegenüber lag dem genannten Rechtsentscheid ein Fall zugrunde, in dem eine ca. 60 qm große 2-Zimmerwohnung einem Mieterehepaar mit drei Kindern vermietet wurde, das im Laufe der Zeit drei weitere Kinder bekam, so daß eine Überbelegung eintrat. Das OLG Hamm vertritt die Auffassung, daß in diesen Fällen keine Vertragsverletzung vorliege, weil die Aufnahme der Kinder das natürliche und im Mietvertrag regelmäßig auch stillschweigend vorausgesetzte Recht des Mieters sei. Eine Interessenabwägung könne jedoch im Einzelfall ergeben, daß der Mieter im Falle der Überbelegung zur Räumung verpflichtet sei. Die Entscheidung verkennt, daß das Benutzungsrecht des Mieters nur im Rahmen des Möglichen besteht. Das Recht zur Aufnahme von Familienangehörigen findet deshalb dort seine Grenze, wo der Wohnraum überbelegt würde (Sternel Rdn II 332; Schmid DWW 83, 214). Dennoch ist die Entscheidung im Ergebnis zutreffend, weil es in Fällen dieser Art regelmäßig am Verschulden fehlen wird. Da ein Recht zur Kündigung wegen nicht verschuldeter Vertragsverletzungen nur dann zugebilligt werden kann, wenn die Beendigung des Vertragsverhältnisses aus objektiver Sicht zwingend erforderlich ist, muß stets im Einzelfall festgestellt werden, welche Beeinträchtigungen von der Familie des Mieters ausgehen und welche Interessen der Vermieter an der Räumung hat. Das OLG Hamm stellt deshalb zu Recht fest, daß eine generalisierte Problemlösung ausscheidet. Der **Überbelegungstatbestand** kann wie folgt konkretisiert werden: Eine Überbelegung kommt nicht in Betracht, wenn die Anzahl der Wohnungsbenutzer und der verfügbaren Räume sich decken. Ist dies nicht der Fall, so darf dennoch nicht ohne weiteres eine Überbelegung angenommen werden. Vielmehr ist im Einzelfall auf die örtlichen, häuslichen und familiären Verhältnisse abzustellen. Dabei kommt es entscheidend darauf an, ob die konkreten Wohnverhältnisse noch als sozial üblich angesehen werden können. Soweit die Wohnungsaufsichtsgesetze der Länder entsprechende Regelungen über die Belegung von Wohnraum enthalten, kann hierauf zurückgegriffen werden (Schwab ZMR 84, 115).

Nach dem Rechtsentscheid des BayObLG vom 14. 9. 1983 (RES § 553 BGB Nr. 2) und nach dem Rechtsentscheid des OLG Karlsruhe vom 16. 3. 1987 (WM 87, 180) kann ein Vermieter in den Fällen der Überbelegung auch fristlos kündigen (**§ 553 BGB**; s. dazu Rdn B 139). Dem Rechtsentscheid lag ein Fall zugrunde, in dem eine Mieterin ihren Ehemann und ein gemeinsames Kind in ein 25 qm großes Appartement aufgenommen hatte. Zu der Frage, unter welchen Voraussetzungen eine Überbelegung angenommen werden kann, haben beide Entscheidungen zu Recht nicht Stellung genommen, weil generalisierende Lösungen insoweit ausscheiden (vgl. dazu LG Düsseldorf WM 83, 141: Überbelegung wenn ein 23 qm großes Apartment von 5köpfiger Familie bewohnt wird; LG Darmstadt WM 87, 393: keine Kündigung wegen Überbelegung, wenn eine 33 qm große 1-Zimmerwohnung unter Verstoß gegen § 7 des Hess. Wohnungsaufsichtsgesetzes von 3 Erwachsenen und 1 Kind bewohnt wird und keine Gefahr übermäßiger Abnutzung besteht).

B 691 Die **Unterbelegung** einer Wohnung berechtigt nicht zur Kündigung. Deshalb kann ein Vermieter nicht mit der Begründung kündigen, er benötige die Wohnung für eine kinderreiche Familie. Dies gilt auch dann, wenn es sich bei dem Vermieter um ein gemeinnütziges Wohnungsunternehmen handelt, zu dessen satzungsgemäßen Aufgaben die Versorgung solcher Mietergruppen gehört (OLG Karlsruhe (RE) vom 23. 12. 1983 RES § 564b BGB Nr. 29). Der Grundsatz der Vertragstreue hat hier Vorrang vor dem allgemeinen Interesse an einer bestimmten Wohnungspolitik.

B 692 In engbegrenzten Ausnahmefällen kann eine Kündigung auch dann in Betracht kommen, wenn der Vermieter die Räume zur **Erweiterung seines Gewerbebetriebes** benötigt. Fälle dieser Art fallen nicht unter § 564b II Nr. 2, weil die Eigenbedarfskündigung nur dann gegeben ist, wenn die Räume als Wohnraum benötigt werden (s. Rdn B 631). Der Kündigungstatbestand des § 564b II Nr. 3 ist im Regelfall ebenfalls nicht anwendbar, weil diese Vorschrift nur jene Fälle erfaßt, in denen der Vermieter durch die Fortsetzung des Mietverhältnisses an einer angemessenen wirtschaftlichen Verwertung des Grundstücks gehindert und dadurch erhebliche Nachteile erleiden würde. Die Angemessenheit der wirtschaftlichen Verwertung muß sich dabei auf die gegenwärtige tatsächliche Nutzung des Grundstücks beziehen. Demgemäß setzt der Kündigungstatbestand grundsätzlich voraus, daß der Vermieter in der Vergangenheit aus der Nutzung des Gesamtgrundstücks keinen Gewinn erzielen konnte, sondern wesentliche finanzielle Verluste hinnehmen mußte und deshalb auch in Zukunft erhebliche Nachteile zu erwarten sind (vgl. Rdn B 652 ff., 661).

Der tragende Grund für die Kündigung von Wohnraum zum Zwecke der Geschäftserweiterung ist demgegenüber die Besorgnis, daß bei unterlassener Geschäftserweiterung wirtschaftliche Nachteile eintreten werden. Auch solche Umstände können eine Kündigung ausnahmsweise rechtfertigen. Voraussetzung ist aber, daß der Vermieter auf den Wohnraum zur Erweiterung seines Geschäftsbetriebs dringend angewiesen ist (daß also andere Räumlichkeiten nicht zur Verfügung stehen), daß die Geschäftserweiterung wirtschaftlich sinnvoll ist und daß im Falle der Nichterweiterung des Geschäftsbetriebs erhebliche Nachteile drohen. Soweit erforderlich muß außerdem eine Zweckentfremdungsgenehmigung vorliegen (s. Rdn B 661). Der Umstand, daß alle Räumlichkeiten eines Hauses bis auf eine einzige vermietete Wohnung betrieblichen Zwecken dienen, berechtigt für sich allein nicht zur Kündigung. Auch in diesem Fall muß eine typische Bedarfssituation gegeben sein (AG Braunschweig WM 84, 226).

B 693 Der Vermieter einer **Eigentumswohnung** kann nicht deshalb kündigen, weil er sein Eigentum unter **Verstoß gegen Bestimmungen des Gemeinschaftsrechts** (Teilungserklärung/Beschlüsse der Wohnungseigentümer) vermietet hat. Dies gilt auch dann, wenn ihm die Überlassung der Wohnung an den Mieter vom Wohnungseigentumsgericht un-

§ 564b BGB. Kündigungsschutz

tersagt worden ist. Eine Kündigung nach § 564b Abs. 1 kann nämlich nicht auf solche Umstände gestützt werden, die der Vermieter selbst herbeiführt oder zu vertreten hat. Auch die Wohnungseigentümergemeinschaft kann in der Regel nicht gegen den zweckwidrig nutzenden Mieter vorgehen. Die Rechtsbeziehungen zwischen dem Vermieter und der Wohnungseigentümergemeinschaft bleiben hiervon unberührt. Ist der Vermieter gegenüber der Wohnungseigentümergemeinschaft zur Beendigung des Mietverhältnisses verpflichtet, kann sich dieser nicht allein mit dem Hinweis verteidigen, daß eine Kündigung kraft Gesetzes ausgeschlossen sei. Vielmehr ist der Vermieter gehalten, alles ihm Mögliche und Zumutbare zu tun, um eine Beendigung des Mietverhältnisses zu erreichen. Zu diesem Zweck muß der Vermieter grundsätzlich auch den Abschluß eines Mietaufhebungsvertrages gegen Zahlung einer Abstandssumme anstreben. Entsteht der Wohnungseigentümergemeinschaft durch die gemeinschaftswidrige Vermietung ein Schaden, so ist der Vermieter zum Ersatz verpflichtet (vgl. zum ganzen: AG Hildesheim WM 86, 17 und 25).

IV. Sonderregelung für Ein- und Zweifamilienhäuser

Bei Mietverhältnissen über Wohnungen, die sich in einem vom Vermieter selbst bewohnten Wohngebäude (Ein- und Zweifamilienhäuser) befinden, besteht ein Sonderkündigungsrecht. In derartigen Wohnhäusern ist das harmonische, zumindest aber das störungsfreie Zusammenleben weitaus mehr von ausschlaggebender Bedeutung als in sonstigen Fällen, in denen der Vermieter entweder gar nicht im Hause wohnt oder aber ein Zusammenleben in einer größeren Hausgemeinschaft von vornherein eine vermehrte Störungsanfälligkeit mit sich bringt. Persönliche, vom Verschulden oft unabhängige und in den Ursachen kaum bestimmbare Unwägbarkeiten können hier das Zusammenleben viel stärker und nachhaltiger belasten, als es in einem größeren Haus möglich ist. Die erleichterte Kündigungsmöglichkeit der Vorschrift ist deshalb im Gesetz bewußt davon abhängig gemacht worden, ob der Vermieter eine Wohnung seines Hauses bewohnt; nur in diesem Fall verdient er einen gesteigerten Rechtsschutz, da für ihn wie für den Mieter die Wohnung hier der Mittelpunkt seiner Existenz ist. Zutreffend ging der Gesetzgeber ferner davon aus, daß sich die soziale Bindung als Grundlage des Kündigungsschutzes in dem Maße verringert, in dem eine mögliche Beeinträchtigung des räumlichen Lebensbereichs des Vermieters durch bestehende Mietverhältnisse gegeben ist (Schubert WM 75, 1). Ist neben der Vermieterwohnung mehr als eine weitere Wohnung im Haus vorhanden, so rechtfertigt es der größere soziale Bezug des Eigentums und seine bedeutsamere soziale Funktion, allen Wohnungsmietern ungeachtet der Wohninteressen des Vermieters den vollen Kündigungsschutz zu geben. Die Vorschrift des § 564b IV gilt nicht nur bei unbefristeten Mietverhältnissen, sondern auch im Zusammenhang mit dem Fortsetzungsverlangen nach § 564 c I BGB (Gather DWW 81, 86; a. A.: Sternel Rdn IV 171). Dies ergibt sich zum einen aus dem Sinn und Zweck des Sonderkündigungsrechts, das der besonderen Wohnsituation in einem Ein- und Zweifamilienhaus Rechnung tragen soll. Die hier auftretenden Spannungen sind unabhängig von der Ausgestaltung der Mietverhältnisse bezüglich der Laufzeit des Vertrags. Zum anderen soll § 564c I BGB lediglich eine Umgehung des Kündigungsschutzes durch den Abschluß von befristeten Mietverträgen verhindern. Weitergehende Bedeutung hat die Vorschrift nicht; insbesondere soll der Vermieter eines befristeten Mietverhältnisses nicht schlechtergestellt werden als wenn er einen unbefristeten Mietvertrag abgeschlossen hätte. Für Mietverhältnisse, die vom Gericht begründet worden sind (Hausratsverordnung, §§ 556a und b BGB), gilt das Sonderkündigungsrecht nicht (Gather a. a. O.).

B 695 Die Sonderregelung in § 564 b IV war im RegE nicht vorgesehen; sie beruht auf dem im Laufe des Gesetzgebungsverfahrens erwogenen Gedankengang, bei offensichtlicher Zerrüttung des Mietverhältnisses erleichterte Kündigungsmöglichkeiten zuzulassen, wenn der Vermieter selbst in seinem Wohngebäude mit nicht mehr als zwei Wohnungen wohnt; da man Schwierigkeiten hinsichtlich der Darlegungs- und Beweislast seitens des Vermieters befürchtete und derartige Wohnungen auch nicht dem Anwendungsbereich der §§ 564b, 565, 556a BGB völlig entziehen wollte, kam der jetzt Gesetz gewordene Kompromiß zustande; die zu erwartenden Schwierigkeiten bei der Rechtsanwendung dieser Sondervorschrift sind allerdings offensichtlich nicht bedacht worden. Die erleichterte Kündigung sollte durch die um drei Monate verlängerte Kündigungsfrist und durch den Wahlzwang des Vermieters, sich zwischen einer Kündigung nach Abs. I oder Abs. IV entscheiden zu müssen, zu Lasten des Vermieters wiederum erschwert werden. Durch diese Sondervorschrift bleiben die **sonstigen Schutzvorschriften** und die Regelungen des **MHG** nach dem Willen des Gesetzgebers **unberührt** (vgl. zum Gesetzgebungsverfahren ausführlich Schubert WM 75, 1).

B 696 Nach § 564 IV ist die Kündigung des Vermieters auch dann wirksam, wenn er **keine berechtigten Interessen** an der Beendigung des Mietverhältnisses hat oder wenn er die der Kündigung zugrundeliegenden Umstände im Kündigungsschreiben nicht angibt. Obwohl der Gesetzgeber davon ausging, dem Vermieter nur die Pflicht zum Nachweis der bei einem so engen Zusammenleben besonders störenden, in den eigentlichen Ursachen aber oft nicht klärbaren Zerrüttung des Vertragsverhältnisses zu ersparen, brauchen derartige Umstände nach der gewählten Gesetzesfassung nicht vorzuliegen und geltend gemacht zu werden; danach kommt es nämlich auf das Vorliegen irgendeines berechtigten Interesses nicht an. Da aber § 564b IV im Hinblick auf die Gesamtsystematik des Bestandschutzes über Mietverhältnisse über Wohnraum eine **Ausnahmevorschrift** darstellt, muß sie eng ausgelegt werden.

1. Eine wirksame Kündigung nach § 564 b IV setzt eine **schriftliche Kündigungserklärung** (s. Rdn B 33 f) voraus, in welcher angegeben werden muß, daß die Kündigung nicht auf die Voraussetzungen des § 564 b I gestützt wird. Diese Anforderung wird dann als erfüllt anzusehen sein, wenn der Vermieter hinreichend klar zum Ausdruck bringt, daß er von seinem Sonderkündigungsrecht für Zweifamilienhäuser Gebrauch macht oder wenn er erklärt, daß er die Kündigung nicht auf Grund besonderer Kündigungsgründe ausspricht, während konkretere Angaben oder Bezugnahmen auf bestimmte Vorschriften nicht verlangt werden können. Die bloße Kündigung unter Einhaltung einer verlängerten Kündigungsfrist läßt jedoch die Schlußfolgerung auf § 564 b IV nicht zu.

Kann der Vermieter sowohl nach § 564 b I als auch nach Abs. IV kündigen, so räumt ihm das Gesetz ein **Wahlrecht** ein. Die Kündigungserklärung muß erkennen lassen, ob und wie der Vermieter sein Wahlrecht ausübt (§ 263 I BGB); davon hängt entscheidend die Rechtswahrung des Mieters ab. Der Vermieter kann die Ausübung des Wahlrechts auch nicht dem Mieter oder dem Gericht überlassen etwa dergestalt, daß von dem für den Mieter rechtlich günstigsten Kündigungsgrund ausgegangen wird (LG Landau WM 86, 144). Es ist deshalb nicht zulässig, die Kündigung gleichzeitig auf Abs. I und Abs. IV zu stützen, auch wenn das nur hilfsweise geschieht (Schubert WM 75, 1). Die aus dem Kündigungsschreiben zu ermittelnde Erklärung, in welchem Sinne der Vermieter von seinem Wahlrecht Gebrauch machte, ist grundsätzlich unwiderruflich; liegt eine Kündigung nach Abs. I vor, so ist eine spätere Kündigung nach Abs. IV nur dann wirksam, wenn die erste Kündigung unwirksam war oder aber die Vertragsbeendigung vor dem ersten Kündigungstermin zum Gegenstand hat. Davon abweichend wird in dem Rechtsentscheid des OLG Karlsruhe vom 27. 10. 1981 (RES § 564 b BGB Nr. 11); vgl. dazu die Anmerkung Benstz WM 82, 15) die Ansicht vertreten, daß der Vermieter nach Widerspruch des Mieters gegen die erste Kündigung innerhalb der laufenden Kündigungsfrist nach § 564 IV erneut kündigen kann, wenn er in dem Kündigungsschreiben zweifelsfrei zum Ausdruck bringt, daß die Kündigung nicht mehr auf berechtigte Interessen nach Abs. I gestützt wird. Auf denselben Rechtsgrundsätzen beruht LG Oldenburg WM 86, 118: Danach kann das Sonderkündigungsrecht hilfsweise neben einer Eigenbedarfskündigung geltend gemacht werden. Im Prozeß muß der Vermieter aber nach dieser Ansicht auf die Rechte aus der Eigenbedarfskündigung verzichten; er darf also nur noch die Rechte aus dem Sonderkündigungsrecht weiterverfolgen. Dabei ist erforderlich, daß der Vermieter zum Ausdruck bringt, daß er die Kündigung wegen Eigenbedarfs nicht mehr weiterverfolgen will. Nach dem Rechtsentscheid des OLG Hamburg vom 7. 4. 1982 (RES § 564 b BGB Nr. 16) kann der Vermieter die Kündigung nach § 564 b I und diejenige nach § 564 b IV dergestalt miteinander kombinieren, daß er die erste oder die zweite principaliter und die jeweils andere eventualiter geltend macht. Auch im Räumungsprozeß kann der Vermieter beide Kündigungen in dieser Weise geltend machen. Diese Rechtsauffassung ist abzulehnen, weil durch die Staffelung die vom Gesetzgeber angeordnete Wahlpflicht umgangen wird. Gleichwohl ist diese Rechtsauffassung für die Landgerichte bindend. Läßt sich nicht klar ermitteln, in welcher Weise der Vermieter von seinem Wahlrecht Gebrauch gemacht hat, ist die Kündigung als eine solche nach Abs. I anzusehen (a. A. Schubert a. a. O.; Sternel Rdn IV 160, die Nichtigkeit nach § 125 BGB annehmen).

Der Vermieter ist nicht gehindert, eine Kündigung nach § 564 b IV auszusprechen und gleichwohl etwaige Gründe, die ein berechtigtes Interesse i. S. §§ 564 b I, 556 a I BGB stützen können, im Kündigungsschreiben anzugeben (AG Arnsberg DWW 87, 18).

B 699 2. Macht der Vermieter wirksam von diesem Sonderkündigungsrecht Gebrauch, so verlängert sich kraft Gesetzes die einzuhaltende **Kündigungsfrist** um **weitere 3 Monate** zugunsten des Mieters. Die verlängerte Frist ist ab dem Ende der gesetzlichen Kündigungsfrist nach § 565 II BGB oder aber einer dem Mieter günstigeren, vertraglich vereinbarten Kündigungsfrist nach §§ 187 I, 188 II BGB zu berechnen. Unterläßt der Vermieter in der Kündigung die Angabe, daß er von seinem Sonderkündigungsrecht Gebrauch macht, so kann die Erklärung als normale Kündigung i. S. des § 564 b I, II nur dann wirksam sein, wenn darin Kündigungsgründe enthalten sind; im übrigen ist die Kündigung unwirksam, kann dann aber jederzeit unter Einhaltung der neu laufenden verlängerten Kündigungsfrist nach § 564 b IV wiederholt werden.

3. Folgende **Besonderheiten** sind zu § 564 b IV zu berücksichtigen:
B 700 a) Die Wohnung des Mieters muß in einem **Wohngebäude** liegen, das nicht mehr als **zwei Wohnungen** ausweist. Der Begriff des „Wohngebäudes" ist dabei entsprechend dem Gesetzeszweck im herkömmlichen Sinne zu verstehen. Bei Gebäuden, die teilweise zu Wohnzwecken, teilweise zu gewerblichen Zwecken genutzt werden, ist zu fragen, welche Art der Nutzung überwiegt. Überwiegt die gewerbliche Nutzung, so muß das gesamte Gebäude als gewerblich genutztes Gebäude bezeichnet werden; das Sonderkündigungsrecht ist dann unanwendbar (LG Mannheim, WM 78, 91 für ein Gebäude, in dem sich neben den Wohnungen noch mehrere Pensionszimmer mit Nebenräumen befanden). Überwiegt der Wohnzweck, so schließt die teilweise gewerbliche Nutzung das Sonderkündigungsrecht nicht aus, weil die Vorschrift lediglich voraussetzt, daß der Vermieter in dem Haus wohnt. Davon abweichend hat das OLG Frankfurt in dem Rechtsentscheid vom 25. 8. 1981 (RES § 564 b Nr. 12; vgl. auch die ablehnende Anmerkung Pfeifer DWW 81, 322) entschieden, daß das Sonderkündigungsrecht ausgeschlossen sei, „wenn in einem dreigeschossigen Gebäude ein Stockwerk (von einem Dritten) gewerblich genutzt wird, während sich in den beiden anderen Stockwer-

§ 564b BGB. Kündigungsschutz

ken die Wohnungen des Vermieters bzw. Mieters befinden". Die Bindungswirkung dieses Rechtsentscheids ist ausdrücklich auf den im Beschlußtenor genannten Gebäudetyp beschränkt worden. Hier meint das OLG Frankfurt, daß die Situation des Zusammenlebens der Vertragspartner anders sei als in Ein- oder Zweifamilienhäusern. Das Gericht hat aber nicht ausgeschlossen, daß die Anwendbarkeit des § 564b IV je nach Art des Gebäudes (Verhältnis des Wohnraums zum gewerblich genutzten Raum) und seiner gewerblichen Nutzung (Eigennutzung/Fremdnutzung) unterschiedlich beantwortet werden kann. Es ist nicht erforderlich, daß die mehreren Wohnungen einen gemeinsamen Eingang haben (LG Hamburg WM 83, 23 = ZMR 82, 371; a. A. Palandt-Putzo § 564a Anm. 3a). Voraussetzung ist aber, daß Vermieter und Mieter innerhalb eines Hauses häufiger zusammentreffen können (LG Bochum WM 87, 158). Deshalb sind Reihenhäuser, nebeneinander liegende Bungalows, völlig voneinander getrennte Terrassenwohnungen und ähnliche Baulichkeiten, in denen Störungen oder Begegnungen im Wohnbereich nahezu ausgeschlossen sind (LG Hamburg WM 81, 42), nicht als einheitliche Wohngebäude anzusehen. Dies gilt selbst dann, wenn die Wohnungen über einen gemeinsamen Garten oder Hof erreicht werden können (LG Hannover WM 79, 78).

Der **Begriff der Wohnung** setzt voraus, daß die dem Mieter i. S. des § 564b IV überlassenen Räume die Führung eines eigenen Haushalts ermöglichen; Küche oder Raum mit Kochgelegenheit sowie Wasserversorgung, Ausguß und Abort müssen vorhanden, zumindest aber muß insoweit uneingeschränkte Mitbenutzung im räumlichen Zusammenhang gewährleistet sein; LG Bochum WM 84, 133; (vgl. die DIN 283 Bl. 1, abgedr. unter Rdn C 157). Einen eigenen Abschluß braucht die Wohnung hier nicht zu haben, da § 564b IV nicht zwischen abgeschlossenen und nicht abgeschlossenen Wohnungen unterscheidet. Soweit es dem Mieter mietvertraglich nicht gestattet ist, in seinen Räumen zu kochen oder wenn er auf die erheblich beschränkte Mitbenutzung von Einrichtungen im Wohnungsabschluß des Vermieters angewiesen ist (z. B. Küche, Bad, WC), liegt keine Wohnung i. S. des § 564b IV vor (zutr. Schubert WM 75, 1; AG Siegburg WM 79, 218, wonach ein mit Elektroanschlüssen und einem Ausguß ausgestattetes Zimmer nebst danebenliegender Toilette noch keine „Wohnung" darstellt; AG Wolfratshausen WM 85, 267, betreffend eine „Wohnung" ohne Küche). Für das Vorhandensein einer Küche reicht es aus, wenn die für eine Küche erforderlichen Versorgungsleitungen (Wasserleitung, Abflußleitung, Kamin bzw. Elektro- oder Gasleitungen) im Raum beim Abschluß des Mietvertrags vorhanden sind, so daß die Folgerung gerechtfertigt ist, daß der Mieter bei der Verwendung dieses Raumes als Küche einen vertragsgemäßen Gebrauch (§ 536 BGB) ausübt. Fehlt dagegen die Wasserversorgung, so kann ein bestimmter Raum auch dann nicht als „Küche" bezeichnet werden, wenn der Mieter dort seine Mahlzeiten zubereitet (AG Wolratshausen a. a. O.). Hingegen ist die Einrichtung eines solchen Raumes mit zweckentsprechenden Gerätschaften (Herd, Spülbecken usw.) seitens des Vermieters nicht erforderlich (a. A. Barthelmess, § 564 b BGB Rdn 155). Von dem Vorhandensein einer Küche oder einer ihr gleichgestellten Kochnische (z. B. Appartement) ist jedoch nicht auszugehen, wenn sich die erforderlichen Versorgungsleitungen nur in verschiedenen Räumen befinden (z. B. Kamin in dem einen und Wasseranschluß in dem anderen Raum). Bezüglich des Wohnungsbegriffs werden allerdings auch andere Ansichten vertreten. Nach Holtschoppen (WM 79, 219) reicht es aus, wenn in den Räumlichkeiten „Wasser- und Stromanschlüsse sowie ein WC" vorhanden sind. Nach der Ansicht des LG Heidelberg (WM 83, 144) liegt eine Wohnung immer dann vor, wenn Räume zum ständigen Aufenthalt und zur Begründung eines Hausstands vermietet werden. Auf das Vorhandensein einer Küche kommt es nach dieser Ansicht nicht an (ebenso LG Braunschweig WM 85, 64, wonach eine „Wohnung" dann vorliegt, wenn die Räumlichkeiten für sich abgeschlossen und unabhängig von der Vermieterwohnung zu erreichen sind und wenn Wasserversorgung und Toilette vorhanden sind; in einem solchen Fall sei das Fehlen einer Kochgelegenheit dann unerheblich, wenn dieser Mangel jederzeit relativ einfach durch Bereitstellung eines Elektroherdes oder elektrischer Kochplatten behoben werden könne. Unerheblich ist es, ob eine Wohnung bauordnungswidrig errichtet wurde (LG Bochum WM 84, 133) und ob sie leer steht (LG Köln WM 85, 63); es genügt also auch die Abtrennung der Wohnung durch Leichtbauwände oder Spanplattenwände von den übrigen Teilen des Gebäudes (Sternel Rdn IV 156). Das Ein- oder Zweifamilienhaus braucht ursprünglich nicht als solches konzipiert worden zu sein (Sternel a. a. O.).

B 702 Das Sonderkündigungsrecht greift also auch ein, wenn neben zwei Wohnungen noch ein Dachzimmer vorhanden oder ein Zimmer der Wohnungen an einen Untermieter vermietet ist. Es ist unanwendbar, wenn mehr als zwei abgeschlossene Wohnungen vorhanden sind, also auch nur eine Dachgeschoßwohnung (bzw. Souterrainwohnung) den vorgeschriebenen Wohnungsbestand vergrößert. Gleiches gilt, wenn sich neben den beiden Mietwohnungen noch mehrere Pensionszimmer im Haus befinden (LG Mannheim WM 78, 91). Nach der Gesetzesfassung kommt es nicht darauf an, ob die Wohnungen einen gemeinsamen Eingang und Hausflur haben oder ob es sich bei einer von ihnen um eine echte Einliegerwohnung handelt (a. A. Palandt-Putzo, 2. WKSchG § 564 b BGB Anm. 3 a); denn die Begriffsbestimmung in § 9 des II. WoBauG für das Eigenheim und in § 11 des II. WoBauG für die Einliegerwohnung sind im Rahmen des § 564 b IV nach dem klaren Wortlaut dieser Vorschrift unanwendbar. Die von Palandt-Putzo a. a. O. aufgestellten Kriterien zum Begriff der „Einliegerwohnung" sind deshalb in diesem Zusammenhang unbeachtlich.

B 703 b) Der **Vermieter** muß selbst in einer der beiden Wohnungen **wohnen.** Das trifft nicht zu, wenn Gesellschaften, Genossenschaften oder juristische Personen Vermieter sind oder darin lediglich seine Familie

§ 564b BGB. Kündigungsschutz

bzw. sonstige Angehörige wohnen. Wie viele Personen mit ihm seine Wohnung gemeinschaftlich benutzen (unselbständiger Mitbesitz), ist unerheblich. Stehen die Vermieterrechte einer Personenmehrheit zu, so genügt es, wenn einer der Vermieter in dem Hause wohnt. Hat der Vermieter nur seine Geschäftsräume in dem Haus, so scheidet § 564b IV aus (s. aber Rdn B 700). Ob der Vermieter eine Zweitwohnung hat und ob er sich überwiegend außerhalb seiner Wohnung aufhält, ist unerheblich (LG Hamburg WM 82, 23). Es widerspräche jedoch dem Sinn der Vorschrift, dem Vermieter das Sonderkündigungsrecht auch dann zu geben, wenn er sich im Zeitpunkt der Kündigungserklärung seit geraumer Zeit überhaupt nicht mehr in seiner Wohnung oder dem Haus aufgehalten hat, dort also nur Mobiliar abstellt oder die Leerräume für sich beansprucht, obwohl er tatsächlich eine anderweitige Wohnung hat.

Ob der Vermieter eine Wohnung selbst bewohnt, kann nicht danach entschieden werden, ob er daran unmittelbaren Besitz (§§ 854, 857 BGB) oder dort den Wohnsitz im Rechtssinne (§ 7 BGB) hat. Der tatsächliche Wohngebrauch des Vermieters muß vielmehr nach dem Zweck der Regelung so intensiv sein, daß man von einer Beeinträchtigungsmöglichkeit seines Lebensbereichs durch den Mieter ausgehen kann. Das ist auch bei nur gelegentlichem Gebrauch durch den Vermieter grundsätzlich nicht der Fall.

c) Das Sonderkündigungsrecht gilt auch gegenüber dem Mieter von Wohnraum, den dieser **innerhalb der vom Vermieter bewohnten Wohnung** in einem Ein- oder Zweifamilienhaus inne hat, soweit diese Räume nach der Grundregel des § 564b VII nicht überhaupt vom Kündigungsschutz ausgeschlossen sind (dazu unten Rdn B 733; zum Begriff der Wohnung s. Rdn B 6ff). Da **§ 564b IV 3** diese Erweiterung aus der **entsprechenden Anwendung** des § 564b IV S. 1 und 2 ableitet, ist eine Ausdehnung auf solche Fälle ausgeschlossen, in denen die vom Vermieter bewohnte Wohnung in einem Mehrfamilienhaus liegt; erst recht findet die Vorschrift trotz des insoweit undeutlichen Wortlauts keine Anwendung auf das Verhältnis des Mieters zu seinem Untermieter in einem Mehrfamilienhaus. Eine andere Auslegung würde dem Sinn und Zweck dieser Vorschrift und der in § 564b VII zum Ausdruck gekommenen Absicht des Gesetzes widersprechen, den Untermietverhältnissen grundsätzlich erweiterten Kündigungsschutz zu gewährleisten. Weder aus dem Wortlaut des § 564b VI 3 noch aus der Begründung des Rechtsausschusses zu dieser Vorschrift (s. Rdn F 49) läßt sich herleiten, daß auch dem in einem Mehrfamilienhaus wohnenden Vermieter das erleichterte Kündigungsrecht zustehen soll, wenn er Teile seiner Wohnung abvermietet hat und der Mieter Kündigungsschutz genießt (unzutr. Lutz DWW 75, 6); das widerspräche auch dem Zweck dieser Ausnahmevorschrift (s. Rdn B 696). Die in § 564b IV 3 angeordnete entsprechende Anwendung der S. 1, 2 erstreckt vielmehr die Grundsatzregelung für die Kündigung „einer Wohnung" (S. 1) auch auf Kündigungen sonstiger „Mietverhältnisse über Wohnraum" (S. 3) innerhalb der Vermieterwohnung, ohne

B 705

die Objektbeschränkung auf Ein- und Zweifamilienhäuser aufzugeben; zutreffend erwähnt der Rechtsausschuß als in Frage kommende Abvermietungsfälle, die nicht bereits durch § 564b VII vom Kündigungsschutz ausgenommen sind: Leerraum zu nicht nur vorübergehendem Gebrauch und Mietverhältnisse über möblierten Wohnraum, der einer Familie zum dauernden Gebrauch überlassen ist. Der vom Vermieter möbliert an sonstige Personen innerhalb seiner Wohnung vermietete Wohnraum genießt bereits nach der generellen Ausschlußregel des § 564b VII keinen Kündigungsschutz. Es ist zuzugeben, daß die Formulierung des Gesetzes hier und im gesamten Abs. IV die erforderliche Eindeutigkeit vermissen läßt, was die Anwendbarkeit einer ohnehin komplizierten Ausnahmeregelung zusätzlich erschwert. Durch den Rechtsentscheid des Kammergerichts vom 21. 4. 1981 (RES § 564b BGB Nr. 7) ist die hier behandelte Rechtsfrage im gegenteiligen Sinn beantwortet worden. Nach dem Rechtsentscheid ist das Sonderkündigungsrecht auch dann gegeben, wenn die Wohnung in einem Mehrfamilienhaus liegt. Das Sonderkündigungsrecht gilt danach auch im Verhältnis des Untervermieters zum Untermieter. Die Streitfrage hat deshalb vor allem dort praktische Bedeutung, wo eine Wohnung in einem Mehrfamilienhaus an eine **Wohngemeinschaft** überlassen werden soll. Für den Bestandsschutz der einzelnen Bewohner kommt es nach dem Rechtsentscheid des Kammergerichts entscheidend darauf an, ob das Mietverhältnis mit allen Mitgliedern der Wohngemeinschaft begründet wird oder ob nur ein Mitglied der Wohngemeinschaft Mieter wird und alle übrigen Mitglieder ihr Besitzrecht aufgrund eines Untermietvertrags vom Hauptmieter ableiten. Im erstgenannten Fall genießen alle Mitglieder der Wohngemeinschaft Kündigungsschutz. Im letztgenannten Fall kann der Hauptmieter allen anderen Mitgliedern kraft seines Sonderkündigungsrechts kündigen. Da sich die Verweisung (dies gilt entsprechend) nach dem Rechtsentscheid nur auf die Rechtsfolge bezieht, kommt es auch nicht darauf an, wie viele Untermietverhältnisse in der fraglichen Wohnung bestehen.

B 705 d) Die **Darlegungs-** und **Beweislast** für die besonderen Kündigungsvoraussetzungen oben unter a) bis c) trägt der **Vermieter.**

Maßgeblich für das Vorliegen der tatsächlichen Voraussetzungen des Sonderkündigungsrechts ist dabei nach allgemeinen Grundsätzen stets derjenige Zeitpunkt, zu dem die Kündigungserklärung dem Mieter zugeht.

Deshalb kommt es nicht darauf an, ob beispielsweise das Dachgeschoß so konzipiert ist, daß es einmal zu einer weiteren Wohnung ausgebaut werden kann (LG Wiesbaden WM 81, 182). Maßgeblich ist allein, ob zum Zeitpunkt des Zugangs der Kündigung nicht mehr als zwei bezugsfertige Wohnungen vorhanden sind (LG Mannheim WM 81, 234). Folgerichtig und zutreffend hat das OLG Koblenz in dem Rechtsentscheid vom 25. 5. 1981 (RES § 564b BGB Nr. 8) deshalb entschieden, daß dem Vermieter die Kündigungsmöglichkeit des § 564b IV 1 auch dann zu-

§ 564b BGB. Kündigungsschutz

steht, wenn er beim Abschluß des zu kündigenden Mietvertrags eine der beiden Wohnungen noch nicht bewohnt hat. Das Sonderkündigungsrecht besteht nach der hier vertretenen Ansicht auch dann, wenn sich in dem Gebäude ursprünglich mehr als zwei Wohnungen befunden haben und die Anzahl der Wohnungen nach Abschluß des Mietvertrags auf zwei verringert wurde. Ein derartiger Fall lag dem Rechtsentscheid des OLG Karlsruhe v. 10. 6. 1983 (RES § 564b BGB Nr. 24) zugrunde: Der Mieter bewohnte zunächst nur eine von drei Wohnungen eines Hauses. Nach Beginn des Mietverhältnisses mietete er eine weitere Wohnung hinzu und verband sie mit seiner bisherigen Wohnung. Hier hat das OLG Karlsruhe zu Recht entschieden, daß das Sonderkündigungsrecht des selbst im Haus wohnenden Vermieters auch dann besteht, wenn die Umbauarbeiten mit vertretbarem Aufwand jederzeit wieder rückgängig gemacht werden können. Umgekehrt geht das Sonderkündigungsrecht verloren, wenn das Wohnhaus nach Abschluß des Mietvertrags erweitert wird, so daß sich in ihm beim Ausspruch der Kündigung mehr als zwei Wohnungen befinden. Das OLG Hamburg hat allerdings im Fall der nachträglichen Verringerung der Wohnungszahl von ursprünglich drei auf zwei Wohnungen in dem Rechtsentscheid vom 7. 4. 1982 (RES § 564b BGB Nr. 16) eine andere Meinung vertreten. Entscheidender Zeitpunkt für das Vorliegen der Voraussetzungen in § 564b IV, daß sich in dem Gebäude nicht mehr als zwei Wohnungen befinden, ist danach in der Regel derjenige der Begründung des Mietverhältnisses und nicht der des Ausspruchs der Kündigung. Die Gründe dieses Rechtsentscheids vermögen nicht zu überzeugen. Insbesondere kann sich die Entscheidung nicht auf den Gedanken des Mieterschutzes berufen. Denn der Beschlußtenor gilt auch für den umgekehrten Fall, in dem das Wohnhaus nach Abschluß des Mietvertrags erweitert wird, so daß sich in ihm beim Ausspruch der Kündigung mehrere Wohnungen befinden.

Stellt man in diesem Fall ebenfalls auf den Zeitpunkt des Vertragsschlusses ab, so wird dem Mieter der Bestandsschutz entzogen, obwohl die für Ein- und Zweifamilienhäuser typische Wohnsituation nicht mehr besteht. Gesichtspunkte des Vertrauensschutzes sprechen ebenfalls nicht für die vom OLG Hamburg getroffene Entscheidung. Ein auf den Bestandsschutz vertrauender Mieter kann durchaus darauf hinwirken, daß ein Ausschluß des Kündigungsrechts nach § 564b IV vereinbart wird.

4. Von der Vorschrift unberührt bleibt das Recht des Mieters, sich auf **B 706** den Schutz der **Sozialklausel** nach §§ 556a ff BGB zu berufen und nach §§ 721, 794a ZPO eine angemessene **Räumungsfrist** zu Überbrückung vorübergehender Räumungsschwierigkeiten zu verlangen (**§ 564b V** s. Rdn B 294). Im Hinblick auf das Recht des Mieters aus § 556a BGB hat der Vermieter trotz der ihm nach § 564b IV BGB zustehenden erleichterten Kündigungsbefugnis die **Obliegenheit,** nach § 564a I 2 BGB in dem Kündigungsschreiben die **Kündigungsgründe anzugeben,** obwohl die Wirksamkeit der Kündigung nach § 564b IV davon nicht abhängig ist. Unterläßt er dies, so können bei der nach § 556a I BGB erforderlichen Interessenabwägung seine später geltend gemachten Gründe an der termingerechten Vertragsbeendigung nach § 556a I 3 BGB nicht mehr berücksichtigt werden, soweit diese nicht nachträglich entstanden sind (Lutz DWW 75, 6). Liegt der Kündigung des Vermieters ein echter Zerrüttungstatbestand zugrunde, so kann der Vermieter im Rahmen des § 556a BGB somit nur diejenigen Ereignisse nachträglich in die Interessenabwägung einführen, welche nach dem Kündigungsausspruch hervorgetreten sind, wobei allerdings die Gesamtsituation mit zu berücksichtigen ist. Im übrigen gilt auch die Hinweispflicht nach § 564 II BGB auf das Widerspruchsrecht uneingeschränkt im Rahmen des § 564b IV.

B 707 Nach der Regelung in § 564b V bleiben auch im Rahmen der Sonderbestimmung des Abs. IV **sonstige weitergehende Schutzrechte** zugunsten des Mieters unberührt (s. Rdn B 721). Somit kann auch dieses besondere Kündigungsrecht vertraglich ausgeschlossen oder beschränkt sein (z. B. Finanzierungsbindung bei Wohnungen, die mit LAG-Mitteln oder mit Familienheimdarlehen gefördert wurden). Auch gesetzliche Kündigungsbeschränkungen in Sonderfällen gehen der Regelung in Abs. IV vor (z. B. § 87 I Ziff. 9 BetrVerfG; s. Rdn B 860).

B 708 5. Obwohl die Kündigung nach § 564b IV für die Wirksamkeit weder das Vorliegen noch die Geltendmachung berechtigter Interessen des Vermieters voraussetzt, kann aus dem Sinn und Zweck der Vorschrift nicht gefolgert werden, daß sie in jedem Fall zulässig ist. Vielmehr müssen nach allgemeinen Rechtsgrundsätzen, die schon vor Inkrafttreten des 2. WKSchG anerkannt waren, solche Kündigungen auch hier als **mißbräuchlich** und daher **unwirksam** angesehen werden, die der Vermieter aus Beweggründen ausspricht, welche die Rechtsordnung mißbilligt (BGH LM § 242 BGB Nr. 55). Dies ist zwar nicht schon dann der Fall, wenn die Spannungen vorwiegend vom Vermieter verschuldet worden sind (LG Stuttgart ZMR 79, 274 m. abl. Anm. Buchholz-Duffner). Ausgeschlossen sind aber Kündigungen, die nur zum Zwecke der Schadenszufügung (Schikaneverbot; § 226 BGB), der **Durchsetzung einer Mieterhöhung** (§ 1 S. 1 MHG; s. Rdn C 26), ausgesprochen werden oder aus sonstigen Gründen nach § 242 BGB rechtsmißbräuchlich sind (z. B. wegen ungerechtfertigter Verärgerung des Vermieters über die gerechtfertigte Rechtswahrung des Mieters; LG Essen ZMR 67, 11; LG Mannheim NJW 68, 1833; AG Velbert ZMR 69, 310; vgl. dazu auch: Zipperer WM 85, 135). Die der Kündigung des Vermieters zugrundeliegenden Motive müssen somit im Räumungsprozeß berücksichtigt werden, wenn sich der Mieter darauf beruft. Die Beweislast dafür trägt der Mieter. Insoweit ist allerdings zu bedenken, daß dem Mieter in den seltensten Fällen der Nachweis gelingen wird, daß der Vermieter sein Kündigungsrecht mißbraucht hat. Die Konkretisierung dieses Ausschlußtatbestandes ist nämlich außerordentlich schwierig. So führt z. B. eine vom Mieter abgelehnte Mieterhöhung häufig zu Spannungen zwischen den Mietparteien, die dann ihrerseits für die Zulässigkeit der Kündigung sprechen (so LG Stuttgart ZMR 79, 274 m. abl. Anm. Buchholz-Duffner). Es besteht deshalb die Gefahr, daß die Vorschrift des § 1 MHG, wonach die Kündigung zum Zwecke der Mieterhöhung ausgeschlossen ist, umgangen wird (so auch Löwe NJW 75, 9). Dieser unerwünschten Folge kann nur durch eine Neufassung der Vorschrift begegnet werden.

V. Die Kündigungserklärung und ihre Wirkungen

Das Gesetz gewährt den Mietverträgen über Wohnraum Bestandschutz; eine Beendigung des Vertrags setzt voraus, daß der Vermieter daran ein berechtigtes Interesse hat und es in der Kündigungserklärung zur Rechtfertigung des Kündigungsausspruchs geltend macht. Erfüllt die Kündigung diese Voraussetzungen nicht, so ist sie durch § 564b I gesetzlich untersagt und deshalb nach § 134 BGB **nichtig**. Eine solche Kündigung beendet also das Mietverhältnis nicht, gleichgültig, ob der Gesetzesverstoß vom Vermieter bewußt oder aus Unachtsamkeit begangen worden ist. Das Risiko für die Wirksamkeit der Kündigung trägt der Vermieter, so daß aus dem Schweigen oder der rügelosen Hinnahme der Kündigungserklärung durch den Mieter zu dessen Nachteil keine Folgerungen gezogen werden dürfen, solange er den Mietgebrauch fortsetzt (s. aber Rdn B 92). Im einzelnen gilt folgendes: **B 709**

1. Die Kündigungserklärung   **B 710**

Zunächst setzt eine wirksame Kündigung eine **schriftliche Erklärung** des Vermieters voraus, die dem Mieter zugegangen sein muß und aus der sich eindeutig der Wille des Vermieters zur Vertragsbeendigung ergibt (§ 564a I BGB). Diese schon früher geltenden Voraussetzungen für die Kündigung eines Wohnraummietverhältnisses bleiben durch § 564b unberührt. Für die **allgemeinen Wirksamkeitsvoraussetzungen** der Kündigungserklärung s. Rdn B 30ff; für die Kündigung durch prozessuale Schriftsätze s. Rdn B 35.

2. Die Angabe von Kündigungsgründen und ihre nachträgliche Geltendmachung

Darüber hinaus setzt eine wirksame Kündigungserklärung aber voraus, daß der Vermieter darin seine berechtigten Interessen an der Vertragsbeendigung darlegt. Obwohl § 564a I 2 BGB bestimmt, daß der Vermieter die Kündigungsgründe angeben „soll", ergibt sich aus § 564b I, III, daß diese Angabe eine Wirksamkeitsvoraussetzung der Kündigung ist. Nach § 564b Abs. 3 werden als berechtigte Interessen des Vermieters an der Vertragsbeendigung nämlich grundsätzlich nur diejenigen Gründe berücksichtigt, die in dem Kündigungsschreiben angegeben sind. Daraus folgt, daß eine Kündigungserklärung ohne Anga- **B 711** be von Gründen im Ergebnis das Mietverhältnis nicht beendet; es kann insoweit nicht darauf ankommen, ob tatsächlich Kündigungsgründe vorlagen und anzugeben verabsäumt worden sind oder solche überhaupt fehlten. Weil eine solche Kündigung wirkungslos ist (§ 134 BGB), muß sie im gerichtlichen Verfahren ohne weitere Sachaufklärung zur Zurückweisung der Klage führen (LG Karlsruhe MDR 78, 672 = Justiz 78, 403; AG Friedberg/Hessen WM 79, 243; insoweit unzutr. LG Osnabrück WM 74, 29; s. aber Rdn B 36). Nichts anderes gilt für solche Kündigungserklärungen, in denen die Gründe nur unzureichend angegeben sind. Der Zweck des § 564b Abs. 3 erfordert, daß der Mieter die geltend gemachten Beendigungsgründe des Vermieters hinreichend klar erkennen kann, so daß er zur zweckentsprechenden Rechtsverteidigung in der Lage ist. Das setzt nicht voraus, daß im Kündigungsschreiben bereits eine schlüssige Darlegung des materiellen Anspruchs des Vermieters auf Räumung enthalten ist. Andererseits ist es verfehlt, insoweit nur von einem formellen Begründungszwang in dem Sinne auszugehen, daß der Vermieter seine Kündigungsgründe nur in groben Zügen ohne konkrete Tatsachenbehauptungen geltend zu machen braucht (LG Mannheim MDR 76, 403 = WM 76, 77 gegen Fehl NJW 75, 1973 in Anmerkung zu LG Kiel).

B 712 **a)** Ob die vom Vermieter ausgesprochene Kündigung durch hinreichende Gründe gerechtfertigt ist, muß sich grundsätzlich aus dem **Kündigungsschreiben** selbst ergeben; als berechtigte Interessen des Vermieters werden nämlich nach der ausdrücklichen gesetzlichen Regelung in § 564b III nur die in dem Kündigungsschreiben nach § 564a I BGB **angegebenen Gründe** berücksichtigt, soweit die Gründe nicht erst nach dem Ausspruch der Kündigung entstanden sind (dazu auch Rdn B 36). Deshalb ist der Vermieter gehalten, die aus seiner Sicht für die Kündigung maßgebenden Gründe und Erwägungen wenigstens kurz und verständlich im Kündigungsschreiben anzugeben, selbst wenn er dem Mieter davon bereits vorher mündlich oder in einer schriftlichen Kündigungsandrohung Mitteilung gemacht hat. Der Mieter soll durch diese verbindliche Angabe der maßgebenden Kündigungsgründe in die Lage versetzt werden, sich hinreichende Klarheit über seine Rechtsverteidigung zu verschaffen. Es ist somit nicht erforderlich, daß der Vermieter den geltendgemachten Kündigungsgrund ausführlich mit allen Einzelheiten im Kündigungsschreiben wiedergibt; wohl aber müssen diejenigen Gründe, welche der Vermieter berücksichtigt wissen will, zumindest derart konkretisiert angegeben werden, daß dem Mieter eine sachliche Nachprüfung und somit eine hinreichende Rechtswahrung auf der Grundlage dieser Angaben möglich ist (BayObLG (RE) vom 14. 7. 1981 RES § 564b BGB Nr. 9; LG Berlin WM 81, 105, LG Essen WM 73, 163; LG Mannheim WM 73, 5; LG Dortmund WM 75, 148; LG Karlsruhe MDR 78, 672 = Justiz 78, 403; AG Hagen WM 79, 15; AG Friedberg/ Hessen WM 79, 243), ob das der Fall ist, muß objektiv danach entschieden werden, was ein durchschnittlicher Mieter dem Inhalt des Kündigungsschreibens entnehmen kann. Alle weiteren Einzelheiten, die zu dem bezeichneten Kündigungsgrund gehören, ihn also im Sachzusammenhang erläutern und ausfüllen, sind dann ebenfalls zu berücksichtigen, soweit sie dem Mieter mitgeteilt oder im Prozeß ordnungsgemäß geltend gemacht werden. Der § 564a I S. 2 BGB kann nach seinem Sinn und Zweck nicht einschränkend dahin ausgelegt werden, daß er lediglich eine Identifizierung des Kündigungsgrundes aus der Sicht des Vermieters erfordert, die zwar für ihn, aber nicht für den Mieter oder einen Dritten objektiv erkennbar ist. Deshalb sind Angaben wie ,,wegen Eigenbedarfs" oder ,,wegen den bekannten Belästigungen" oder ähnliche pauschale Umschreibungen des Kündigungsgrundes nicht ausreichend (LG Essen a. a. O.; LG Hamburg WM 77, 30; LG Köln WM 76, 182; AG Friedberg a. a. O.). Die Angabe sämtlicher Gründe, die als berechtigtes Interesse des Vermieters für die ausgesprochene Kündigung von Wohnraum berücksichtigt werden sollen, ist grundsätzlich auch dann erforderlich, wenn dem Mieter die Gründe bereits zuvor mündlich oder schriftlich mitgeteilt worden sind. Die Angabe der Gründe dient nämlich nicht nur der Information des Mieters, sondern auch der Information des Gerichts. Dabei ist es Sache des Vermieters zu entscheiden, welche Gründe dem Gericht zur Prüfung vorgelegt werden sollen. Bei einer Kündigung wegen **Vertragsverletzungen** muß das beanstandete Verhalten des Mieters zeitlich, örtlich und sachlich konkretisiert werden. Ist der Kündigung eine Abmahnung vorausgegangen, so muß sich aus dem Kündigungsschreiben ergeben, welche Vertragsverletzungen der Mieter nach dem Zugang der Abmahnung begangen haben soll. Eine Kündigung, die lediglich auf das Abmahnschreiben Bezug nimmt, ist unwirksam; Kündigungsgrund sind nämlich die nach der Abmahnung liegenden Vertragsverletzungen. Bei einer Kündigung wegen **Eigenbedarfs** muß ersichtlich sein, warum und zu welchem Zweck der Vermieter die Wohnung benötigt. Ein Vermieter genügt der Begründung einer Kündigung wegen Eigenbedarfs, wenn er im Kündigungsschreiben die Personen angibt, für die die Wohnung benötigt wird und einen konkreten Sachverhalt (Lebensvorgang) darlegt, auf den er das Interesse dieser Personen an der Erlangung der Wohnung stützt (BayObLG (RE) vom 14. 7. 1981, RES § 564b BGB Nr. 9). Grundsätzlich sind konkrete Angaben über die bisherigen Wohnverhältnisse, die betroffenen Personen und die Gründe für den erhöhten Wohnbedarf zu machen (BayObLG (RE) vom 17. 12. 1984 RES § 564b BGB Nr. 33). Bei der Eigenbedarfskündigung wegen bevorstehender Eheschließung eines Familienmitglieds müssen auch die Bedarfsgründe angegeben werden, weil diese sich nicht ohne weiteres aus der Heiratsabsicht ergeben (LG Dortmund a. a. O.; LG Osnabrück WM 74, 29; LG Mannheim MDR 76, 403 = WM 76, 77; AG Lahn-Gießen WM 78, 212). Es genügt also nicht, wenn in dem Kündigungsschreiben lediglich angegeben wird, daß die Wohnung „wegen Eigenbedarfs für den Sohn" (LG Kleve WM 87, 26 = NJW RR 87, 81) oder wegen der Heirat des Sohnes" benötigt werde; vielmehr ist der Vermieter gehalten, auch die gegenwärtigen Wohnverhältnisse des Familienangehörigen und des Verlobten darzulegen. Wird zur Begründung des Eigenbedarfs angeführt, daß die begehrte Wohnung näher am Arbeitsplatz liege und daß deshalb Fahrtkosten gespart werden könnten, so müssen nähere Angaben über die Entfernungsverhältnisse gemacht werden (AG Hamburg-Blankenese WM 79, 105). Ausnahmsweise kann die Konkretisierungspflicht dann entbehrlich sein, wenn dem Mieter vor der Abgabe der Kündigungserklärung die dafür maßgebenden Gründe mündlich mitgeteilt worden sind und darauf ausdrücklich oder offensichtlich in der schriftlichen Erklärung Bezug genommen wird (LG Mannheim MDR 76, 757 = DWW 76, 261 betr. die vorangehende mündliche Erläuterung familiärer Trennungsgründe).

Bei der Kündigung wegen fehlender **wirtschaftlicher Verwertung** des Grundstücks, reicht es ebenfalls nicht aus, wenn der Vermieter den Gesetzestext wiederholt. Vielmehr muß der Vermieter im Kündigungsschreiben die gegenwärtige Ertragslage des Grundstücks, die beabsichtigte Verwertung, seine Kalkulation und nicht zuletzt die ihm bei einem Unterlassen der beabsichtigten Verwertung drohenden Nachteile darlegen (LG Darmstadt WM 86, 339). Bei einer Kündigung wegen beabsichtigten **Verkauf** des Mietgrundstücks muß dargelegt werden, daß sich kein Käufer gefunden hat, der bereit gewesen wäre, für das vermietete Grundstück einen angemessenen Kaufpreis zu zahlen; bloße Behauptungen reichen auch insoweit nicht aus. Es gibt auch keinen Erfahrungssatz, daß Einfamilienhäuser nur unvermietet verkauft werden können (LG Frankfurt Urt. vom 4. 9. 1973 2/11 S 251/73), zumal der Erwerber ja seinerseits wegen Eigenbedarf kündigen kann (s. Rdn B 656). Davon abgesehen, dienen auch solche Häuser als Anlageobjekte (LG Frankfurt a. a. O.). Deshalb muß der Vermieter im Kündigungsschreiben substantiiert darlegen, welche Bemühungen er unternommen hat, um das Haus im vermieteten Zustand zu einem angemessenen Preis zu verkaufen. Haben sich Kaufinteressenten gefunden, die das Objekt in unvermietetem Zustand erwerben würden oder die sich bereit erklärt haben, in diesem Fall einen höheren Preis zu zahlen, so muß dieser Kaufinteressent namentlich im Kündigungsschreiben benannt werden (LG Darmstadt WM 87, 320). Außerdem muß der Vermieter diejenigen Umstände darlegen, aus denen sich das besondere Kündigungsinteresse ergibt (Rdn B 654 bis 658; AG Darmstadt WM 87, 320). Hat sich kein Interessent gefunden, so muß auch dies dargelegt werden. In diesem Fall kann der Mieter aus dem Umfang der Verkaufsbemühungen erkennen, ob die Kündigung zum Zwecke des Verkaufs erforderlich ist. Hat eine Bank ein Grundstück in der Zwangsversteigerung erworben, so liegt keine hinreichend begründete Kündigungserklärung vor, wenn dort lediglich mitgeteilt wird, daß die Weiterveräußerung beim Fortbestand des Mietverhältnisses nicht möglich sei (LG Düsseldorf WM 87, 321). Wird in dem Kündigungsschreiben lediglich mitgeteilt, daß ein Hausgrundstück zum Zwecke der Erbauseinandersetzung verkauft werden soll, so ergibt sich hieraus noch nicht der Kündigungsgrund wegen mangelnder wirtschaftlicher Verwertung. Es ist nicht ohne weiteres ersichtlich, daß durch den Verkauf eines vermieteten Grundstücks wirtschaftliche Nachteile entstehen (LG Berlin WM 81, 105). Das Beendigungsinteresse muß stets hinreichend genau beschrieben werden. Anderenfalls ist die Kündigung unwirksam. Ein solcher Fall liegt auch dann vor, wenn mit der Behauptung gekündigt wird, man wolle das Haus abreißen und wieder aufbauen, während in Wirklichkeit nur eine umfassende Renovierung geplant ist (LG Mannheim Beschluß vom 25. 2. 1981 – 4 S 117/80). Soll ein Mietverhältnis gekündigt werden, weil der Wohnraum im Zuge einer **öffentlichen Sanierungsmaßnahme** beseitigt werden soll, so muß in dem Kündigungsschreiben mitgeteilt werden, in welches Stadium die Sanierungsplanung eingetreten ist, wann der Abbruch erfolgen soll und warum der Abbruch zu diesem Zeitpunkt geschehen soll. Ist der Sanierungsträger und der Vermieter nicht identisch, handelt es sich bei dem Vermieter also um einen privaten Dritten, so muß zusätzlich mitgeteilt werden, welches berechtigte Interesse der Vermieter an der Kündigung hat (LG Kiel WM 84, 223). Bei **privaten Sanierungsmaßnahmen** muß der Vermieter im Kündigungsschreiben über die bisherige und die geplante wirtschaftliche Verwertung des Grundstücks in nachvollziehbarer, nachprüfbarer Weise Rechnung legen. Hierzu ist grundsätzlich eine Gegenüberstellung der Ertragsberechnungen für die Zeit vor und nach der Sanierung erforderlich. Nur dann kann durch den Mieter beurteilt werden, ob der Vermieter tatsächlich durch die Fortsetzung des Mietverhältnisses an einer angemessenen wirtschaftlichen Nutzung des Grundstücks gehindert ist (LG Göttingen WM 84, 133; ähnlich: AG Dortmund WM 84, 55). Gleiches gilt sinngemäß für andere Maßnahmen, die zu einer angeblich besseren wirtschaftlichen Verwertung führen sollen. Wer sich auf mangelnde wirtschaftliche Verwertbarkeit des Hausgrundstücks beruft, ist verpflichtet, seine wirtschaftliche Kalkulation offenzulegen (LG Aachen MDR 83, 670; LG Köln WM 83, 91).

Zur Wirksamkeit einer Kündigung sind das Vorliegen der Erteilung einer **Zweckentfremdungsgenehmigung** und deren Erwähnung im Kündigungsschreiben erforderlich, wenn die vom Vermieter angestrebte, zur Grundlage der Kündigungserklärung gemachte Verwertung des Mietobjekts in den Anwendungsbereich der Zweckentfremdungsverordnung fällt (OLG Hamburg (RE) vom 25. 3. 1981, RES § 564b BGB Nr. 6). Soll das Haus abgerissen werden, so gilt Entsprechendes für die Abrißgenehmigung (a. A. LG Itzhoe WM 83, 143).

Ist die Kündigung von der vorherigen **Zustimmung** eines Dritten abhängig (z. B. Betriebsrat, LAG-Behörde, Arbeitgeber), so muß ihr Vorliegen als Wirksamkeitsvoraussetzung in den Kündigungsgründen behauptet werden. Gibt der Vermieter nicht an, daß die Zustimmung erteilt ist, hat das bereits aus diesem Grund die Unwirksamkeit nach § 564b III BGB zur Folge. Davon getrennt ist die Frage zu beurteilen, ob eine nachträglich (d.h. nach Kündigungsausspruch) erteilte Zustimmung die Wirkung hat, daß sie diese früher nicht vorliegende Kündigungsvoraussetzung heilt, oder ob die unwirksame Kündigung wiederholt werden muß (dazu grunds. Rdn B 50; s. Rdn E 75 [Zweckentfremdung]; Rdn B 934 [Betriebsrat]). Daneben ist nach § 182 III BGB im Falle einer in den Gründen behaupteten Zustimmung der schriftliche Nachweis ihrer Erteilung dem Kündigungsschreiben beizufügen, weil sonst der Gekündigte schon aus diesem Grund die Kündigung (unverzüglich) zurückweisen kann.

B 714 b) Eine Kündigung, die durch bestimmte Gründe gerechtfertigt sein muß, kann nach allgemeinen Rechtsgrundsätzen vom Kündigenden nur durch solche Gründe gerechtfertigt werden, die im Zeitpunkt der Kündigungserklärung vorlagen. Abweichend von diesem Rechtsgrundsatz läßt § 564b III 2. Halbs. darüber hinaus nur solche Kündigungsgründe zur Berücksichtigung zu, die **nachträglich** (d. h. nach Abgabe der Kündigungserklärung) **entstanden sind.** Das können weitere Kündigungsgründe der schon geltend gemachten Art, z. B. weitere Belästigungen oder verstärkter Eigenbedarf oder aber neue, noch nicht geltend gemachte Gründe sein (insoweit zutr. Löwe NJW 72, 2017; LG Köln WM 74, 9; a. A. Palandt-Putzo § 564b BGB, Anm. 5d und AG Lübeck WM 73, 7); eine Beschränkung auf die eine oder andere Art jener Kündigungsgründe ist insoweit weder nach dem Wortlaut noch nach dem Zweck des § 564b III gerechtfertigt. Solche nachgeschobenen Gründe, die zeitlich vor der Kündigung entstanden und trotzdem nicht geltend gemacht worden sind, können auch bei schuldloser Unkenntnis die Kündigung nicht rechtfertigen (LG Essen a. a. O.).

Davon unberührt bleibt das Recht des Vermieters, seine kurzen aber hinreichenden Angaben zum Kündigungsgrund im Kündigungsschreiben nachträglich zu ergänzen und zu erläutern, um seine materielle Anspruchsberechtigung – insbesondere auf Bestreiten oder Anfragen des Mieters – schlüssig darzulegen. Hierbei handelt es sich nicht um die Geltendmachung neuer oder das Nachschieben schon früher bekannter Kündigungsgründe, sondern lediglich um die zulässige und meist erforderliche Ergänzung der vorher wirksam ausgesprochenen Kündigungserklärung, aus welcher sich nicht bereits die materielle Begründetheit des Räumungsanspruchs ergeben muß (verfehlt daher Fehl NJW 75, 1973 in Anm. zu LG Kiel).

B 715 aa) Die **materiellrechtliche Bedeutung** der Regelung des § 564b III liegt somit vor allem darin, daß dann, wenn nach dem Ausspruch einer wirksamen Kündigung zu einem späteren Zeitpunkt weitere Gründe nachträglich entstehen, eine erneute Kündigung unter Einhaltung einer erst dann beginnenden Kündigungsfrist überflüssig wird. Es muß sich hierbei um Gründe handeln, welche die früher geltendgemachten Kündigungsgründe tragen helfen und verstärken; davon sind solche nachträglichen Gründe zu unterscheiden, welche die Kündigung erst materiell wirksam werden lassen; werden nur solche Gründe erst im Prozeß nachgeschoben, muß die Klage abgewiesen und vom Vermieter eine neue

Kündigung unter Beachtung des § 564a BGB ausgesprochen werden, so daß erst nach Ablauf der Kündigungsfrist insoweit eine neue Räumungsklage zulässig ist (Schroers NJW 73, 126; LG Hamburg MDR 75, 143; AG Hamburg WM 75, 149; AG Geislingen WM 73, 161; AG Mannheim WM 76, 184; a. A. Löwe NJW 72, 2017).

bb) Darüber hinaus kann das Recht zum Nachschieben von Kündigungsgründen auf der Grundlage einer bereits vorliegenden wirksamen Kündigung dann Bedeutung erlangen, wenn die bisher tragenden Gründe dieser Kündigung **nachträglich wegfallen** und zugleich andere tragende Gründe entstehen (z. B. Wegfall des geltendgemachten Eigenbedarfs für den Sohn, weil die Eheschließung nicht stattfindet; dafür neuer Eigenbedarf wegen krankheitsbedingter Notwendigkeit zur Aufnahme einer Pflegerin). Solche nachträglichen Kündigungsgründe müssen – ohne nochmalige Kündigungserklärung – als Ersatz der nachträglich weggefallenen ursprünglichen Kündigungsgründe auf der Basis des früheren Kündigungsausspruchs Berücksichtigung finden; es entspricht dem Sinn und Zweck des § 564b III, daß sich der Mieter in solchen Fällen nicht aus formellen Gründen darauf berufen darf, der früher entstandene Anspruch sei trotz fortbestehender gleichartiger Beendigungsgründe erloschen (Schroers a. a. O.). Sind die Gründe dagegen nicht gleichartig, kann insoweit auch nicht auf die frühere Kündigung zurückgegriffen werden, deren tragende Gründe inzwischen entfielen; dann ist eine neue Kündigung unter Beachtung der §§ 564a I, 565 II BGB erforderlich (i. Erg. ebenso Fehl NJW 75, 1973). **B 716**

cc) Eine weitergehende Bedeutung kann der Vorschrift des § 564b III 2. Halbs. allerdings nicht eingeräumt werden, weil anderenfalls der im 1. Halbs. dieser Vorschrift zum Schutz des Mieters verankerte Grundsatz (s. oben Rdn B 712) bedeutungslos werden würde. Wenn somit die gesetzliche Regelung in § 564b III 2. Halbs. durchaus nicht praktisch bedeutungslos ist (a. A. Kurtenbach Betr. 71, 2453), so bildet sie doch zu der Grundsatzregelung in Halbs. 1 nach dem erkennbaren Willen des Gesetzgebers eine Ausnahme, die eng ausgelegt werden muß. Das gilt sowohl für vorprozessuales Nachschieben von Kündigungsgründen als auch für die Zeit nach der Erhebung der Räumungsklage; während § 564b III nämlich die materielle Wirksamkeit der Kündigung regelt, sind die prozessualen Fragen anläßlich des Entstehens und der Geltendmachung nachträglicher Kündigungsgründe während eines Rechtsstreits nach den **§§ 257, 259 ZPO** zu entscheiden. Danach ist eine Klage auf künftige Räumung zum Schutz des Mieters grundsätzlich bis zum Ablauf der jeweiligen Kündigungsfrist (§ 565 II BGB) unzulässig; nur unter den besonderen Voraussetzungen des § 259 ZPO ist sie schon früher zulässig. **B 717**

dd) Daraus folgt, daß solche nachträglichen Kündigungsgründe, die nach § 564b III keine materielle Bedeutung für die vorangegangene Kündigung haben und somit einen weiteren Kündigungsausspruch unter Beachtung der §§ 564a I, 565 II BGB erfordern, auch prozessual grund- **B 718**

sätzlich in einer besonderen Räumungsklage erst nach Fälligkeit des Räumungsanspruchs geltend gemacht werden können. Etwas anderes gilt dann, wenn wegen der neuen Gründe fristlos gekündigt wird. In diesem Fall wird der Räumungsanspruch sofort fällig. In der erneuten Kündigung liegt eine Klagänderung, die vom Gericht nur dann zugelassen werden darf, wenn der Gegner zustimmt oder wenn sie sachdienlich ist (OLG Zweibrücken (RE) vom 17. 2. 1981, RES § 564a BGB Nr. 1). Die früher vertretene abweichende Ansicht wird aufgegeben. Die Sachdienlichkeit ist nicht in jedem Fall zu bejahen (a. A.: Löwe NJW 72, 2017). Wird erst in der Berufungsinstanz fristlos gekündigt, so kann die Sachdienlichkeit unter Umständen deshalb zu verneinen sein, weil anderenfalls der Beklagte eine Instanz verlöre. Gleiches kann gelten, wenn die Kündigungsfrist einer in erster Instanz erklärten ordentlichen Kündigung erst während des Verlaufs des Berufungsrechtsstreits abläuft (LG Heidelberg WM 82, 133 mit zustimmender Anmerkung Zimmermann). Liegen ausnahmsweise die Voraussetzungen des § 259 ZPO vor, wofür das ernsthafte Bestreiten des Räumungsanspruchs auf Grund der früheren Kündigung ausreicht, kann die nachträgliche Kündigung auch als Hilfsantrag in den Räumungsprozeß eingeführt werden. Im übrigen würde es aber gegen die eindeutigen Prozeßregelungen der §§ 257, 259 ZPO verstoßen, wenn der Vermieter durch eine bloße Änderung des Klageantrags (auf künftige Räumung) jedenfalls die prozessuale Berücksichtigung nachträglicher Kündigungsgründe im Räumungsverfahren wegen der vorangegangenen Kündigung erzwingen könnte. Angesichts der auch insoweit klaren Konzeption des Gesetzgebers können auch Gründe der Prozeßökonomie kein abweichendes Ergebnis rechtfertigen (zutreffend Schroers NJW 73, 126; AG Geislingen WM 73, 161 gegen Löwe NJW 72, 2017).

B 719 ee) Eine **unwirksame Kündigung** kann durch das Nachschieben von Kündigungsgründen nachträglich keine Wirksamkeit erlangen, wobei es unbeachtlich ist, worauf die Unwirksamkeit beruht; insoweit findet also § 564b III 2. Halbs. überhaupt keine Anwendung (LG Karlsruhe MDR 78, 672 = Justiz 78, 403; AG Friedberg/Hessen WM 79, 243; Kurtenbach Betr. 71, 2453; Löwe NJW 72, 2017; Schroers NJW 73, 126). Die Kündigung muß dann unter Beachtung der formellen und materiellen Kündigungsvoraussetzungen wiederholt werden. Die schriftliche Geltendmachung nachträglicher ausreichender Kündigungsgründe kann wegen ihrer ausdrücklichen oder stillschweigenden Bezugnahme auf die vorangegangene Kündigungserklärung in solchen Fällen aber als eine neue Kündigung beurteilt werden, deren prozessuale Durchsetzbarkeit sich wiederum nach §§ 257, 259 ZPO richtet (AG Mannheim WM 76, 184 = ZMR 77, 25).

3. Beendigung des Mietverhältnisses und Räumungsklage

a) Besteht Streit oder Ungewißheit über die Wirksamkeit der Kündigung (§ 556 I BGB), muß der Vermieter **Klage auf Räumung** erheben (s. dazu Rdn B 740 ff). Der Anspruch auf Räumung einer Wohnung kann grundsätzlich nicht im Wege der **einstweiligen Verfügung** durchgesetzt; werden, es sei denn, der Benutzer hätte sich den Besitz durch verbotene Eigenmacht verschafft (§ 940a ZPO). Diese Regelung steht im Einklang mit dem ganz allgemein geltenden Grundsatz, daß durch die einstweilige Verfügung keine Maßnahmen angeordnet werden dürfen, die zur endgültigen Befriedigung des Gläubigers führen. Darüber hinaus untersagt § 940a ZPO aber auch alle Anordnungen, die auf ein vorübergehendes Benutzungsverbot hinauslaufen (LG Mannheim WM 86, 351; AG Stuttgart ZMR 73, 253). Die Regelung des § 940a ZPO gilt in allen Fällen, in denen dem Bewohner „das Dach über dem Kopf genommen werden soll" (so zutreffend: Stein-Jonas-Grunsky § 940a ZPO Rdn 3). Eine Ausnahme kommt auch dann nicht in Betracht, wenn die sofortige Räumung zum Schutz des Vermieters oder der Hausbewohner vor einem angeblich besonders rabiaten Mieter erforderlich ist. Allerdings wird hier teilweise vorgeschlagen, eine einstweilige Verfügung dann zuzulassen, wenn dies zum Schutz des Vermieters vor Angriffen auf Leben oder Gesundheit erforderlich ist (Spiecker NJW 84, 852). Dieser Ansicht kann nicht zugestimmt werden, weil der Antragsteller im einstweiligen Verfahren seine Ansprüche nicht beweisen, sondern nur glaubhaft machen muß (§§ 920 Abs. 2, 936, 294 ZPO), was in der Regel mit Hilfe eidesstattlicher Versicherungen geschieht. Es findet also letztlich keine Sachaufklärung statt. Bedenkt man, wie schwer der Verlust der Wohnung im Einzelfall wiegen kann, wird klar, daß hierüber nicht im einstweiligen Verfahren entschieden werden sollte. Hier hilft nur eine rasche Terminierung unter Abkürzung der Fristen auf das gesetzlich zulässige Mindestmaß (§ 226 ZPO).

VI. Weitere Schutzrechte des Mieters

Nach § 564b Abs. 5 BGB bleiben weitergehende Schutzrechte des Mieters unberührt. Insbesondere gilt:

1. Der Vermieter muß die zwingenden **Kündigungsfristen** des § 565 II BGB einhalten (s. Rdn B 765).

2. Der Mieter ist unter den formellen und materiellen Voraussetzungen des §§ 556a, 556c BGB berechtigt, gegen eine nach § 564b wirksame Kündigung den **Kündigungswiderspruch** einzulegen und die Fortsetzung des Mietverhältnisses zu verlangen (dazu im einzelnen Rdn 294 ff). Die Sozialklausel nach § 556a BGB führt nicht zu einem „doppelten Kündigungsschutz". Obwohl diese Vorschrift ursprünglich als Kernstück des sogenannten „sozialen Mietrechts" einen auf den Einzelfall

bezogenen eingeschränkten Mieterschutz gewährleisten sollte, ist die Regelung auch nach dem Inkrafttreten des § 564 b nicht bedeutungslos geworden. Zureffend ist nur, daß der Sozialklausel dann keine Bedeutung zukommt, wenn die Kündigung unwirksam ist. Ein dennoch erhobener Kündigungswiderspruch wird in diesem Fall gegenstandslos (AG Solingen WM 74, 128). Bei wirksamer Kündigung ist die Sozialklausel aber unverzichtbar, weil nur über § 556a BGB die der Kündigung entgegenstehenden Interessen des Mieters berücksichtigt werden können (s. dazu Rdn B 308 ff).

B 724 3. Auch bei einer wirksamen Kündigung nach § 564b hat das Gericht von Amts wegen oder auf Antrag des Mieters darüber zu entscheiden, ob dem Mieter eine angemessene **Räumungsfrist** gewährt wird (§ 721 ZPO). Bei der hierbei erforderlichen Interessenabwägung können jedoch zugunsten des Vermieters auch solche Interessen an der unverzüglichen Räumung berücksichtigt werden, die nicht im Kündigungsschreiben enthalten oder nachträglich entstanden sind, weil insoweit eine Ausschlußregelung entsprechend den §§ 564b III, 564a I 2, 556a I 3 BGB fehlt. Hat der Mieter die Wirksamkeit der ausgesprochenen Kündigung nicht bestritten und außergerichtlich zur Behebung vorhandener Räumungsschwierigkeiten um eine Räumungsfrist gebeten, trifft den Vermieter nach § 93 b III ZPO das Kostenrisiko, wenn er diesem Begehren nicht stattgibt und eine verfrühte Räumungsklage erhebt (zusammenfassend zu den §§ 721, 794a ZPO: Buch MDR 72, 189). Auf die Kommentierung der §§ 721, 794a ZPO unter Rdn B 419 ff wird verwiesen.

B 725 4. Das **Kündigungsrecht** des Vermieters nach § 564b ist **ausgeschlossen,** soweit und solange eine derartige Beschränkung zugunsten des Mieters durch eine Vereinbarung ausdrücklich geregelt ist, oder sich der Ausschluß aus den Umständen ergibt (s. Rdn B 49).

VII. Abweichende Vereinbarungen

Nach § 564b VI ist eine von den gesetzlichen Kündigungsvoraussetzungen zum Nachteil des Mieters abweichende Vereinbarung unwirksam.

B 726 1. Unwirksam ist deshalb zunächst eine Vereinbarung, durch die **§ 564b ersatzlos abbedungen** wird. Unwirksam sind weiter solche Vereinbarungen, durch die ein dem Kündigungsschutz unterliegendes Mietverhältnis dem Anwendungsbereich des § 564b entzogen werden soll. Eine vertragliche Regelung, wonach der Wohnraum nur vorübergehendem Gebrauch vermietet wird (§ 564b Abs. 7 Ziff. 1) oder als Wohnraum in einem Studentenwohnheim (Jugendwohnheim) gelten soll (§ 564b Abs. 7 Ziff. 3) oder wonach die Voraussetzungen des § 564b Abs. 7 Ziff. 2 als „vereinbart" gelten, ist deshalb im Ergebnis bedeutungslos. Entspricht das Mietverhältnis in Wirklichkeit nicht der fraglichen Wohnungskategorie, so ist die Vereinbarung unwirksam. Im anderen Fall folgt der Ausschluß des Kündigungsschutzes nicht aus der Vereinbarung, sondern unmittelbar aus dem Gesetz. Eine entsprechende Regelung hat deshalb nur deklaratorischen Charakter.

Dieselben Grundsätze gelten bei sogenannten **Mischräumen**. Für die Einordnung dieser Räume als Wohn- oder Geschäftsraum ist zwar in erster Linie der Parteiwille maßgebend. Allerdings kommt es auch insoweit nicht darauf an, wie die Parteien das Mietverhältnis bezeichnen; maßgeblich ist allein, welcher Vertragszweck tatsächlich verfolgt wird (s. Rdn B 17). Überwiegt der Wohnzweck, so finden die Kündigungsschutzvorschriften auch dann Anwendung, wenn im Mietvertrag „vereinbart" ist, daß das gesamte Mietverhältnis als Geschäftsraummietverhältnis anzusehen sei. Überwiegt der Geschäftszweck, gelten die Kündigungsschutzvorschriften nicht. Eine Ausnahme kann allerdings dann gelten, wenn vertraglich die Anwendung von Wohnraummietrecht vereinbart worden ist (s. Rdn B 9). Eine solche Vereinbarung verstößt nicht gegen § 564b Abs. 6, weil sie den Mieter besserstellt als dieser nach der gesetzlichen Regelung stehen würde. **B 727**

Unwirksam sind schließlich solche Vereinbarungen, nach denen der Vermieter unter **erleichterten Voraussetzungen zur Kündigung** berechtigt sein soll. Die Vereinbarung besonderer in § 564b Abs. 2 nicht aufgezählter Kündigungsgründe ist im Ergebnis bedeutungslos. Soweit es sich um Kündigungstatbestände handelt, die nach der gesetzlichen Regelung keine Vertragsbeendigung rechtfertigen, ist die Vereinbarung unwirksam. Erweisen sich die vertraglich „vereinbarten" Kündigungstatbestände lediglich als Konkretisierungen von § 564b Abs. 1, § 553, § 554 oder § 554a BGB, so hat die betreffende Regelung keine eigenständige Bedeutung, weil die Kündigungsbefugnis dann nicht aus dem Vertrag, sondern aus der Gesetzesbestimmung folgt. **B 728**

Wirksam sind solche Vereinbarungen, welche die Kündigungsvoraussetzungen zugunsten des Mieters erschweren (z. B. Kündigung nur bei vorsätzlicher Pflichtverletzung) oder bestimmte Kündigungsgründe völlig ausschließen (z. B. keine Kündigung wegen Eigenbedarfs; s. Rdn B 608). Durch die in einem sogenannten „**Dauernutzungsvertrag**" über eine Wohnung zwischen einer Wohnungsbaugenossenschaft und ihrem Mitglied getroffene Vereinbarung, wonach das ordentliche **Kündigungsrecht der Genossenschaft** nur dann bestehen soll, wenn wichtige, berechtigte Interessen der Genossenschaft eine Beendigung des Mietverhältnisses notwendig machen, wird der Mieter bessergestellt, als nach der gesetzlichen Regelung. Während nach § 564b Abs. 1 BGB jedes vernünftige, billigenswerte Erlangungsinteresse für die Vertragsbeendigung genügt, liegt ein wichtiges, berechtigtes Interesse im Sinne der Vereinbarung nur dann vor, wenn die Kündigung den einzig zumutbaren Weg darstellt, wie den berechtigten Belangen des Vermieters Genüge getan werden kann (OLG Karlsruhe (RE) vom 21. 1. 1985 RES § 571 BGB Nr. 3). Wird die Genossenschaftswohnung veräußert, so geht die Kün- **B 729** digungsbeschränkung auch dann auf den Erwerber über, wenn dieser nicht zum Kreis der gemeinnützigen Vermieter gehört. Auf Eigenbedarf kann die Kündigung nur dann gestützt werden, wenn die dafür geltend gemachten Gründe ausnahmsweise die verschärften Voraussetzungen eines wichtigen, berechtigten Interesses erfüllen, das die Beendigung des Mietverhältnisses notwendig macht (OLG Karlsruhe a. a. O.).

B 730   2. Die Vorschrift des § 564b Abs. 6 gilt nur für Kündigungsvereinbarungen. Ist im Mietvertrag vereinbart, daß das Mietverhältnis beim Eintritt einer bestimmten **Bedingung** beendet sein soll, so ist eine solche Vereinbarung nicht nach § 564b Abs. 6 unwirksam. Vielmehr bewirkt eine solche Vereinbarung, daß eine ordentliche Kündigung bis zum Eintritt der Bedingung ausgeschlossen ist. Nach dem Bedingungseintritt erfolgt der Schutz des Mieters über § 565a Abs. 2 BGB (s. Rdn 876ff. In bestimmten Fällen kann die Auslegung ergeben, daß die Parteien einen befristeten Mietvertrag gewollt haben (z. B. Mietvertrag bis zum Beginn der Eigennutzung durch den Vermieter, wenn dieser Zeitpunkt beiden Parteien bekannt ist). In einem solchen Fall ist das Mietverhältnis bis zum Eintritt der Befristung unkündbar; danach erfolgt der Schutz des Mieters über § 564c BGB.

B 731   Für **Mietaufhebungsverträge** gilt § 564b Abs. 6 ebenfalls nicht. Dies gilt auch dann, wenn der Mieter durch das Vortäuschen nicht vorhandener Kündigungsgründe zum Abschluß eines solchen Vertrages bewogen wurde oder wenn der Vermieter Druck auf den Mieter ausgeübt hat. Die in der Vorauflage vertretene abweichende Ansicht wird aufgegeben. Der Mieter hat in Fällen dieser Art nur die Möglichkeit der Anfechtung nach §§ 119ff. BGB.

B 732   Vom Mietaufhebungsvertrag sind solche Vereinbarungen zu unterscheiden, in denen sich der Mieter bereits beim Abschluß des Mietvertrags bereit erklärt, bei Eintritt bestimmter Voraussetzungen einen Mietaufhebungsvertrag abzuschließen. Solche Vereinbarungen sind regelmäßig dahingehend auszulegen, daß das Mietverhältnis bis zum Eintritt der vereinbarten Voraussetzung unkündbar ist und daß danach eine Beendigung durch Vertrag – also außerhalb des § 564b – eintreten soll. Damit ist eine solche Vereinbarung für den Mieter teils günstiger teils ungünstiger als die gesetzliche Regelung. Da Vereinbarungen der fraglichen Art eine strukturelle Ähnlichkeit mit den auflösend bedingten Mietverhältnissen haben, erscheint es sachgerecht, hierauf § 565a BGB entsprechend anzuwenden.

VIII. Ausschluß des Kündigungsschutzes

B 733   Der Kündigungsschutz nach § 564b gilt für alle Mietverhältnisse über Wohnraum (s. Rdn B 6ff), soweit diese nach § 564b VII nicht ausdrücklich von diesem Schutz ausgeschlossen sind. Bei sachgerechter Abwägung der Interessen des Vermieters und der schutzwürdigen Belange des Mieters nach Art. 14 II GG (s. Rdn A 24) können solche Mietverhältnisse nicht in den Schutzbereich des sozialen Mietrechts einbezogen werden, bei denen die Räume nicht den existentiellen Mittelpunkt des Lebens des Mieters bilden; gleiches gilt, wenn dem Vermieter deshalb der Vorrang gebührt, weil er durch die Raumnutzung auch in seinem eigenen Wohn- und Lebensbereich betroffen ist (s. Rdn B 608). Deshalb sind nach § 564b VII folgende Mietverhältnisse sowohl vom Kündigungsschutz als auch vom Schutzbereich der §§ 565 II (III), 556a VIII, 564a (III), 565a (III) BGB ausgeschlossen:

1. Mietverhältnisse auf **vorübergehende Zeit** (z. B. Ferienwohnung, Zimmer für nur kurzzeitigen Studien- oder Montageaufenthalt). Auf die ausführliche Kommentierung zum identischen Ausschlußtatbestand des § 10 II Nr. 2 MHG für den Bereich der gesetzlichen Mieterhöhungsbeschränkungen unter Rdn C 539 wird insoweit verwiesen. Für auf Dauer angemietete Ferienwohnungen und dergl. s. die Ausführungen unter Rdn. C 563, die für den Bereich der Kündigung sinngemäß gelten.

2. Für Wohnraum, den der Vermieter ganz oder teilweise **mit Einrichtungsgegenständen auszustatten** hat und der Teil der vom **Vermieter selbst bewohnten Wohnung** ist, sofern er nicht zum dauernden Gebrauch für eine Familie überlassen wurde. Auch insoweit wird auf die ausführliche Kommentierung der identischen Vorschrift des § 10 II Nr. 3 MHG für den Bereich der gesetzlichen Mieterhöhungsbeschränkungen unter Rdn C 548 verwiesen.

a) Abweichend von der früheren Rechtslage (§ 4 II des 1. WKSchG) ist jetzt also der **möblierte Wohnraum** grundsätzlich **geschützt**. Das Gesetz erkennt an, daß es Personengruppen gibt, die sich nur begrenzte Zeit an einem Ort aufhalten, so daß die Anschaffung von Mobiliar nicht sinnvoll erscheint (Gastarbeiter, Angehörige ausländischer Streitkräfte); daneben tritt die Gruppe von Mietern, die aus persönlichen oder wirtschaftlichen Gründen auf einen Heimplatz angewiesen sind, der meist nur möbliert zur Verfügung steht (z. B. Alters-, Ledigenheime); schließlich kann die rechtliche Sonderstellung des möblierten Wohnraums für den Vermieter ein Anreiz dazu sein, durch eine einfache, wenig Aufwand erfordernde Möblierung sich dem Kündigungsschutz zu entziehen (RegE; s. Rdn F 10).

In all diesen und ähnlichen Fällen der Vermietung möblierten Wohnraums ist dieser ebenso Mittelpunkt des Lebens des Mieters wie bei der Miete von Leerraum; eine vom Gesetz berücksichtigte Sonderstellung ist deshalb nur für solchen möblierten Wohnraum gerechtfertigt, der im engen räumlichen Zusammenhang mit der Wohnung des Vermieters steht und nicht an eine Familie vermietet ist. Nur in solchen Fällen ist der Mieter so weit in den Lebenskreis des Vermieters einbezogen, daß ihm vom Gesetz hinsichtlich der Kündigungsbefugnis der Vorrang gegenüber dem Kündigungsschutz eingeräumt wird, zumal er in seinem eigenen Wohn- und Lebensbereich betroffen ist.

B 737 b) Der gesetzliche Ausschluß des Kündigungsschutzes gilt sowohl zugunsten solcher Vermieter, die im eigenen Haus wohnen, als auch solcher, die nur Mieter sind und Teile ihrer Wohnung abvermietet haben; in beiden Fällen geht das Gesetz davon aus, daß der sonst zuerkannte Bestandschutz hier keine Geltung haben kann, weil für den internen Bereich der Wohnung des Vermieters auch dieser gebührenden Schutz für sein Heim beanspruchen darf und diesem Schutzzweck insoweit Vorrang zukommt. Daneben dürfte bei dieser Regelung die freie wirtschaftliche Verwertbarkeit der innerhalb der Vermieterwohnung gelegenen Räume, also die zusätzliche Erwerbsmöglichkeit durch eine möblierte Vermietung (insbesondere in größeren Einfamilienhäusern), eine Rolle gespielt haben. Obwohl dieser eng gefaßten Ausnahmeregelung insgesamt keine große Bedeutung zukommt, ist sie in ihrer rechtstheoretischen Begründung fragwürdig und kann bei ausgeglichenem Wohnungsmarkt dazu führen, daß der Vermieter keinen Mieter finden wird, der sich gegenüber der sonstigen Rechtslage auf den totalen Ausschluß seiner Schutzrechte einläßt.

B 738 3. Seit dem 1. 1. 1983 sind auch Mietverhältnisse über Wohnraum in einem Studenten- oder Jugendwohnheim vom Kündigungsschutz ausgenommen (§ 564b VII Nr. 3). Die Sozialklausel und die Regelung über die Räumungsfrist gelten aber auch hier. Für die Auslegung des Begriffs des Studenten- und Jugendwohnheims wird auf die Ausführungen unter Rdn B 4a; C 559 verwiesen.

B 739 4. Liegen die Voraussetzungen des § 564b VII vor, so ist der gesamte § 564b für diese Mietverhältnisse unanwendbar; sie können somit ohne Einhaltung der gesetzlichen Kündigungsfrist des § 565 II BGB und ohne Vorliegen eines berechtigten Interesses gekündigt werden, so daß auch § 564b IV (Ein- und Zweifamilienhäuser) unanwendbar ist (s. Rdn. B 694). Da die Regelung in § 564b VII eine Ausnahme von der Grundsatzregelung in Abs. II darstellt, trägt der Vermieter die Darlegungs- und Beweislast für das Vorliegen der tatsächlichen Voraussetzungen dieses Ausschlußtatbestandes.

IX. Das gerichtliche Verfahren

1. Klage

B 740 a) Der Vermieter muß grundsätzlich seine Klage auf die Verurteilung des Mieters zur Räumung und Herausgabe der Wohnung richten. Die Klage muß grundsätzlich vom **Vermieter** erhoben werden. Das gilt auch dann, wenn der Vermieter nicht Eigentümer ist, sondern die Wohnung seinerseits nur gemietet hat. Solange das Hauptmietverhältnis zwischen dem Eigentümer und dem Vermieter besteht, kann der Eigentümer den Mieter nicht auf Herausgabe in Anspruch nehmen. Nach der Beendigung des Hauptmietverhältnisses hat der Eigentümer allerdings den Herausgabeanspruch nach §§ 556 Abs. 3, 985 BGB.

§ 564b BGB. Kündigungsschutz

Der **Verwalter einer Mietwohnung** ist grundsätzlich nicht im eigenen B 741 Namen klagebefugt; die Voraussetzungen einer Prozeßstandschaft werden nur in ganz besonderen Ausnahmefällen vorliegen. Anders ist es beim **Verwalter nach dem Wohnungseigentumsgesetz** bezüglich solcher Wohnungen, die im Gemeinschaftseigentum stehen (z. B.: Hausmeisterwohnung). Hier kann der Verwalter bei entsprechender Ermächtigung durch die Eigentümer den Herausgabeanspruch im eigenen Namen geltend machen (Hanseatisches OLG Hamburg MDR 66, 146).

Bei **mehreren Vermietern** – etwa bei Ehegatten oder bei Erbenge- B 742 meinschaften – muß die Klage im Namen aller Vermieter erhoben werden.

Auf der **Mieterseite** ist die Räumungsklage gegen alle Personen zu B 743 richten, die ein selbständiges Besitzrecht an der Wohnung haben. Das sind zunächst alle Mieter. War die Wohnung oder Teile davon untervermietet, können auch die **Untermieter** mitverklagt werden. Werden sie nicht mitverklagt, und geben die Untermieter die Räume auch nicht freiwillig heraus, so kann der Gerichtsvollzieher nicht räumen. Der Vermieter muß sich zunächst einen Titel gegen die Untermieter beschaffen.

Zu gewissen Schwierigkeiten kann es führen, wenn die Wohnung von B 744 einem **Ehepaar** bewohnt wird, aber nur einer der Eheleute Partei des Mietvertrags ist. Nach richtiger Meinung hat auch derjenige Ehegatte, der nicht Vertragspartei ist, ein eigenständiges Besitzrecht an der Wohnung. Daraus folgt, daß der Vermieter diesen Ehegatten mit auf Räumung und Herausgabe verklagen muß. Anderenfalls könnte dieser Ehegatte gegen die Anordnung der Zwangsräumung Erinnerung nach § 766 ZPO einlegen (Hanseatisches OLG Hamburg MDR 70, 769; Emmerich in PiG 10, 94; Sternel Rdn VI, 8; a. A.: LG Darmstadt WM 81, 113; LG Kiel WM 82, 304; AG Neuß NJW 85, 2427; Köhler, Handbuch § 194 Rdn 1). Das eigenständige Besitzrecht des Ehegatten folgt letztlich aus den Wirkungen der Ehe, wie sie in §§ 1353 und 1356 BGB geregelt sind, also aus der Verpflichtung der Eheleute zur ehelichen Lebensgemeinschaft und zur gemeinsamen Haushaltsführung.

Auf andere Gemeinschaften, etwa auf sogenannte **eheähnliche Part-** B 745 **nerschaftsverhältnisse,** sind diese Grundsätze nicht anzuwenden (LG Darmstadt WM 81, 113; AG Neuß NJW 85, 2427; a. A.: Sternel PiG 10, 133; Schläger ZMR 86, 421). Diese Personen können – soweit sie nicht selbst Mieter sind – ihr Besitzrecht nur vom Mieter ableiten und sie müssen mit dem Mieter räumen. Gleiches gilt für die **Kinder des Mieters,** gleichgültig ob sie minder- oder volljährig sind.

Schwierigkeiten können sich ergeben, wenn zwar **beide Ehegatten** B 746 **Mieter sind, einer der Eheleute zum Zeitpunkt der Beendigung des Mietverhältnisses aber bereits aus der Wohnung ausgezogen ist.** Solche Fälle kommen insbesondere dann vor, wenn die Eheleute getrennt leben oder geschieden sind. Dasselbe Problem stellt sich bei Mietergemeinschaften, die von vornherein nur auf eine bestimmte Zeit angelegt sind, wie die meisten Wohngemeinschaften und wie manche Partnerschaftsbeziehungen. Hier ist klar, daß das Mietverhältnis nicht mit dem Auszug endet und daß auch die aus § 556 BGB folgende Rückgabepflicht nicht durch bloße Besitzaufgabe erfüllt werden kann. Vielmehr schuldet der Mieter die Rückgabe im Sinne einer Rückübertragung des Besitzes, und diese Verpflichtung kann in der Regel auch von dem Mieter erfüllt werden, der nicht mehr in der Wohnung wohnt. Daraus folgt zunächst, daß auch diese Mieter auf Räumung und Herausgabe in Anspruch genommen werden können. Nach dem Rechtsentscheid des OLG Schleswig vom 25. 6. 1982 (RES § 556 BGB Nr. 3) soll allerdings eine Ausnahme dann gelten, wenn einer der mehreren Mieter den Besitz an der Wohnung endgültig aufgegeben und den Vermieter davon in Kenntnis gesetzt hat. In diesem Fall soll die gegen den ausgezogenen Mieter gerichtete Räumungsklage wegen fehlendem Rechtsschutzbedürfnis unzulässig sein (s. im einzelnen Rdn B 248).

B 747 b) Der Vermieter muß in der **Klagschrift** darlegen, daß ein Mietverhältnis bestand und daß dieses Mietverhältnis mittlerweile beendet ist. Bei Beendigung durch Kündigung muß mitgeteilt werden, daß eine Kündigungserklärung erfolgt ist und welche Gründe für die Kündigung maßgeblich waren. Die Kündigung kann auch in der Klagschrift erklärt werden. Voraussetzung ist allerdings, daß in der Klagschrift nicht nur der Räumungsanspruch begründet wird, sondern darüber hinaus eine Kündigungserklärung enthalten ist. Diese Erklärung muß so eindeutig sein, daß sie der Kündigungsempfänger zweifelsfrei als materiell-rechtliche Erklärung verstehen kann (s. Rdn B 35). Entstehen **nach Ausspruch der Kündigungserklärung weitere Kündigungsgründe,** so muß man unterscheiden: Wird die Räumungsklage auf eine ordentliche, befristete Kündigung nach § 564b gestützt, so genügt es nach § 564b Abs. 3, wenn die neuen Gründe in der Klagschrift oder in einem Schriftsatz mitgeteilt werden. Bei einer fristlosen Kündigung ist ein Nachschieben von nachträglich entstandenen Kündigungsgründen nicht möglich (OLG Zweibrücken (RE) vom 17. 2. 1981 RES § 564a BGB Nr. 1; BGH NJW 87, 432). Hier muß wegen dieser Gründe erneut gekündigt werden, was auch durch prozessualen Schriftsatz geschehen kann. Eine andere Frage ist es, ob diese Kündigung in dem bereits anhängigen Rechtsstreit berücksichtigt werden kann. Die Einführung dieser Kündigung in den Prozeß stellt nämlich eine Klagänderung nach § 263 ZPO dar, weil der Räumungsanspruch auf einen anderen Sachverhalt gestützt wird (OLG Zweibrücken a. a. O.). Solche Klagänderungen sind nur zulässig, wenn der Mieter einwilligt oder wenn das Gericht sie für sachdienlich erachtet.

B 748 c) Der Räumungsanspruch kann mit anderen Ansprüchen zusammen, insbesondere mit Zahlungsansprüchen, in einer Klage geltend gemacht werden. Eine Klage auf Feststellung der Wirksamkeit der Kündigung ist nur unter den besonderen Voraussetzungen der §§ 256, 280 ZPO zulässig. Wird ausnahmsweise wegen mehrerer Kündigungen desselben Wohnraums die Erhebung mehrerer selbständiger Klagen er-

§ 564b BGB. Kündigungsschutz

forderlich (s. Rdn B 44), können diese nach § 147 ZPO verbunden werden (teilw. abw. Palandt-Putzo § 564b BGB Anm. 116).

Die Parteien können unter den Voraussetzungen des § 256 ZPO auf **B 749**
Feststellung der Unwirksamkeit der Kündigung oder des Fortbestandes des Mietverhältnisses klagen (LG Stuttgart WM 76, 56; AG Miesbach WM 77, 215; AG Itzehoe WM 79, 266; AG Pinneberg WM 79, 193). Eine Klageverbindung mit der Fortsetzungsklage (§§ 556a, 556c, 564c I BGB) ist nach § 260 ZPO zulässig. Voraussetzung für die Feststellungsklage ist grundsätzlich, daß einer der Vertragspartner die Kündigung erklärt hat (a. A. AG Ibbenbüren WM 80, 62 wonach bereits die Androhung einer Kündigung ausreichen soll). Das besondere Rechtsschutzbedürfnis des Mieters an einer Klage auf Feststellung der Unwirksamkeit der Kündigung besteht unabhängig von der Möglichkeit des Widerspruchs nach § 556a BGB (LG Aachen WM 87, 157 = DWW 87, 362). Der Mieter kann die beiden Möglichkeiten zur Rechtsverteidigung auch nebeneinander ergreifen; er ist nicht verpflichtet, dem Vermieter vor der Klagerhebung die Möglichkeit zur Rücknahme der Kündigung einzuräumen (LG Aachen a. a. O.). Erkennt der Vermieter aber den Anspruch des Mieters nach Klagerhebung an, so liegt ein sofortiges Anerkenntnis i. S. von § 93 ZPO vor, so daß der Mieter die Kosten des Verfahrens zu tragen hat. Wer unberechtigt kündigt, bringt damit nicht zum Ausdruck, daß er die Kündigung ungeachtet aller Einwände des Mieters weiterbetreiben werde. Der Mieter hat deshalb keinen Grund zu der Annahme, er werde nur durch ein gerichtliches Verfahren auf Feststellung der Unwirksamkeit der Kündigung zu seinem Recht kommen. Anlaß zur Erhebung der Feststellungsklage gibt deshalb i. d. R. nur derjenige Vermieter, der trotz der vorgerichtlichen Einwände des Mieters erklärt, daß er an seinem Standpunkt festhalten wolle. Es ist also empfehlenswert, daß der Mieter den Vermieter vorgerichtlich auffordert zu erklären, daß die Kündigung nicht weiterverfolgt werde und daß für den Fall der Nichterfüllung eine Feststellungsklage angedroht wird (AG Frankfurt WM 86, 319).

Der Vermieter und der Mieter können die obigen Klaganträge auch im **B 750**
Wege der Widerklage geltend machen (§§ 278ff ZPO).

d) Die Räumungsklage des Vermieters ist grundsätzlich erst nach Ab- **B 751**
lauf der Kündigungsfrist zulässig; eine **Klage auf künftige Räumung** vor diesem Zeitpunkt ist nur unter den besonderen Voraussetzungen der §§ 257, 259 ZPO statthaft. Danach muß bei Mietverhältnissen über Wohnraum Grund zu der Annahme bestehen, daß der Mieter nicht rechtzeitig räumt. Hierfür reicht es aus, wenn der Mieter das Vorliegen eines Kündigungsgrundes bestreitet und dabei zum Ausdruck bringt, daß er nicht ausziehen werde (LG Bochum WM 83, 56), oder wenn der Mieter erklärt, daß er nicht ausziehen könne, weil keine Ersatzwohnung zur Verfügung steht. Allerdings ist der Mieter nicht verpflichtet, zu dem Kündigungsschreiben Stellung zu nehmen oder sich über seine Auszugsbereitschaft zu erklären. Dies gilt auch dann, wenn der Vermieter den

Mieter auffordert, seine Räumungsbereitschaft bindend zuzusagen (AG Köln WM 86, 94). Will der Mieter seine Rechte aus der **Sozialklausel** (§ 556 a BGB) wahrnehmen, muß er zwar schriftlich der Kündigung widersprechen und die Fortsetzung des Mietverhältnisses verlangen. Auch in diesem Fall kann der Mieter den Eintritt der Voraussetzungen des **§ 259 ZPO** vermeiden. Der Mieter muß die Widerspruchserklärung zum einen nicht unmittelbar nach Zugang der Kündigung abgeben. Es genügt, wenn die Erklärung zwei Monate vor Ablauf der Kündigungsfrist abgegeben wird. Hat der Vermieter den Mieter nicht auf die Möglichkeit des Widerspruchs und nicht auf die Form und Frist des Widerspruchs hingewiesen, so kann der Mieter sogar im ersten Termin des Rechtsstreits von der Widerspruchsmöglichkeit Gebrauch machen.

Zum anderen ist es keineswegs erforderlich, daß der Mieter das Widerspruchsschreiben so formuliert, daß sich daraus die Besorgnis der Nichterfüllung herleiten läßt. Nach der gesetzlichen Regelung soll der Mieter lediglich auf Verlangen des Vermieters über die Gründe des Widerspruchs unverzüglich Auskunft erteilen (§ 556 a Abs. 5 BGB). Die Erklärung des Widerspruchs allein begründet ebensowenig die Besorgnis der nicht rechtzeitigen Erfüllung wie der pauschale Hinweis auf voraussichtliche Räumungsschwierigkeiten. Zu Recht heißt es in dem Rechtsentscheid des OLG Karlsruhe vom 10. 6. 1983 (RES § 564 b BGB Nr. 24), daß ein Mieter dann Anlaß zur Klagerhebung gibt, ,,wenn er nicht nur schweigt oder pauschal auf voraussichtliche Schwierigkeiten, eine Ersatzwohnung zu finden, hinweist, sondern durch ernstliches Bestreiten des Kündigungsgrundes eindeutig zu erkennen gegeben hat, daß er nicht gewillt ist, fristgerecht zu räumen" (ein Beispiel für eine den Belangen des Mieters Rechnung tragende Widerspruchserklärung findet sich in: Münchener Vertragshandbuch Bd. IV Form. II 18 Anm. 6).

B 752 Liegen die Voraussetzungen des § 259 ZPO nicht vor, so ist die Klage unzulässig. Der Ablauf der jeweils geltenden Kündigungsfrist (§ 565 II BGB) oder das Vorliegen der Voraussetzungen des § 259 ZPO sind Prozeßvoraussetzungen, also von Amts wegen nachzuprüfen; fehlen sie bei Schluß der letzten Tatsachenverhandlung, so ist die Räumungsklage durch Prozeßurteil abzuweisen (Baumbach Einf. 2 A c zu §§ 257–259 ZPO).

B 753 e) Über den Räumungsanspruch wird grundsätzlich nach mündlicher Verhandlung entschieden, es sei denn, beide Parteien erklären sich mit einer Entscheidung ohne mündliche Verhandlung einverstanden (§ 128 Abs. 2 ZPO) Ein solches schriftliches Verfahren ist allerdings bei Räumungsklagen in der Regel nicht sachgerecht und wird auch kaum praktiziert.

B 754 Aus der Systematik des mietrechtlichen Bestandsschutzes ergeben sich im Hinblick auf die **gerichtliche Entscheidung** im wesentlichen drei Möglichkeiten:

B 755 aa) Erweist sich die **Kündigungserklärung** aus formellen oder materiellen Gründen als **unwirksam**, so wird die Klage abgewiesen. Der

§ 564b BGB. Kündigungsschutz

Vermieter kann dann erneut kündigen und auf der Grundlage dieser Kündigung wiederum Räumungsklage erheben. Dies gilt allerdings mit der Einschränkung, daß die nachfolgende Kündigung nicht auf solche Gründe gestützt werden kann, die in dem vorangegangenen Räumungsrechtsstreit Gegenstand der Sachentscheidung gewesen sind (vgl. z. B. Lüke JZ 60, 207; Zeuner MDR 56, 257; Stadie MDR 78, 799). Daraus folgt: Ist im ersten Urteil rechtskräftig über die Kündigung als solche entschieden, und die Kündigung für materiell nicht gerechtfertigt erklärt worden, so kann der Vermieter in einem nachfolgenden Rechtsstreit die Räumungsklage nicht mit Erfolg auf Grund der gleichen Kündigungsgründe wie im Vorprozeß betreiben. Liegt dagegen der Fehler des Vermieters im vorangegangenen Rechtsstreit im formellen Bereich der Kündigung, so kann dieser Fehler nachfolgend geheilt und das Räumungsverlangen auf die gleichen materiellen Kündigungsgründe wie im Vorprozeß gestützt werden.

bb) Ist die **Kündigung begründet** und liegen auch keine Verlängerungsgründe nach der Sozialklausel vor, so wird das Gericht der Klage stattgeben und den Mieter – sei es mit, sei es ohne Gewährung einer Räumungsfrist – zur Räumung verurteilen. **B 756**

cc) Liegen bei wirksamer Kündigung **Verlängerungsgründe nach der Sozialklausel** vor, so muß das Mietverhältnis auf bestimmte oder unbestimmte Zeit verlängert werden. In beiden Fällen wird die Räumungsklage zugleich abgewiesen. Der Vermieter erhält also keinen Räumungstitel. Könnte den Interessen des Mieters sowohl mit einer befristeten Fortsetzung des Mietverhältnisses nach § 556a BGB als auch mit der Gewährung einer Räumungsfrist Rechnung getragen werden, so hat das Gericht dennoch keine Wahlmöglichkeit. Die Verlängerung nach der Sozialklausel ist vorrangig (OLG Stuttgart (RE) vom 11. 11. 1968 NJW 69, 240 = WM 69, 25; OLG Oldenburg (RE) vom 23. 6. 1970 WM 70, 132). **B 757**

2. Kosten

B 758

Da das 2. WKSchG keine Sondervorschriften enthält, gelten die allgemeinen Grundsätze der §§ 91ff ZPO i. V. m. § 12 GKG; die Sonderregelung in § 93b ZPO ist besonders zu beachten. Zur Entscheidung nach § 91a ZPO infolge der Räumung des Mieters während des Rechtsstreits vgl. LG Hannover ZMR 74, 177.

3. Zuständigkeit und Rechtsmittel

a) Nach § 29a ZPO ist das AG, in dessen Bezirk sich der Wohnraum befindet, örtlich und sachlich ausschließlich zuständig. Eine Ausnahme gilt nur für Wohnraum, der zu nur vorübergehendem Gebrauch vermietet wurde (s. Rdn B 735) und für möblierten Wohnraum innerhalb der Vermieterwohnung, der nicht zum dauernden Gebrauch für eine Familie überlassen ist (s. Rdn B 736). Für Klagen auf Räumung von Geschäfts- **B 759**

raum (s. Rdn B 11) ist zwar ebenfalls das Amtsgericht zuständig (§ 23 Nr. 2a GVG); hier kann allerdings eine vom Gesetz abweichende Zuständigkeit vereinbart werden. Bei **Mischräumen** ist das Problem der Zuständigkeit umstritten. Teilweise wird die Ansicht vertreten, daß stets § 29a ZPO anzuwenden sei (LG Kiel MDR 77, 497; LG Flensburg MDR 81, 57). Die herrschende Meinung stellt allerdings zutreffend darauf ab, ob das Schwergewicht des Vertrags im Bereich der Wohnraummiete oder im Bereich der Geschäftsraummiete liegt (OLG Hamburg MDR 69, 846; Sternel Rdn I, 24; s. auch: Rdn B 14). Im erstgenannten Fall gilt für das gesamte Mietverhältnis die Vorschrift des § 29a ZPO; im anderen Fall gilt § 23 Nr. 2a GVG. Die verfahrensrechtliche Schutzvorschrift des § 29a ZPO wird also nur dort angewendet, wo das Mietverhältnis auch materiell-rechtlich geschützt ist.

B 760 b) Gegen die Entscheidung des AG ist die Berufung zulässig, über welche das übergeordnete LG letztinstanzlich befindet. Nach der Neufassung des 3. Mietrechtsänderungsgesetzes durch das Gesetz vom 5. 6. 1980 – BGBl. I S. 657 – kann das Landgericht als Berufungsgericht über Rechtsfragen von grundsätzlicher Bedeutung einen Rechtsentscheid des Oberlandesgerichts herbeiführen. Will das Landgericht bei der Entscheidung einer Rechtsfrage von einer Entscheidung des Bundesgerichtshofs oder eines Oberlandesgerichts abweichen, so muß zunächst die Entscheidung des zuständigen Oberlandesgerichts eingeholt werden. Über Einzelheiten dieses Verfahrens s. Teil G.

B 761 **4. Streitwert**

Die Bemessung des Streitwerts richtet sich nach § 16 II GKG, wonach „der für die Dauer eines Jahres zu entrichtende Zins maßgebend" ist. Dies gilt auch dann, wenn das Klagebegehren auf mehrere Kündigungen gestützt wird und wenn diese Kündigungen gegenüber verschiedenen Mietern ausgesprochen worden sind. Es liegen zwar dann mehrere Streitgegenstände vor; hierauf kommt es im Streitwertrecht aber nicht an (LG Hamburg ZMR 86, 125). Der Begriff des Zinses wird im GKG nicht näher definiert. Teilweise wird insoweit die Ansicht vertreten, daß der Streitwert für die Räumungsklage nach dem reinen Nettomietzins zu bemessen sei (LG Augsburg WM 80, 205; LG Frankfurt Rechtspfleger 82, 120; LG Ulm Kostenrechtsprechung GKG § 16 Nr. 9; Gelhaar ZMR 82, 359; LG Freiburg Kostenrechtsprechung GKG § 16 Nr. 25; LG Aachen Kostenrechtsprechung GKG § 16 Nr. 32; LG Stuttgart Justiz 83, 256; LG Kleve Juristisches Büro 85, 423). Nach der Rechtsprechung des BGH sind neben der Grundmiete auch die Nebenkosten zu berücksichtigen, soweit sie „im Einzelfall eine Gegenleistung für die Raumüberlassung darstellen". Unberücksichtigt bleiben dagegen „Entgelte für zusätzliche Leistungen des Vermieters ... außerhalb der eigentlichen Raumüberlassung" (BGHZ 18, 168, 173; ebenso LG Braunschweig, ZMR 82, 281). Zu der erstgenannten Gruppe zählt der BGH beispielhaft

§ 564b BGB. Kündigungsschutz   B 761

„Sonderleistungen des Mieters . . . für Unterhalt und Instandsetzung der Mietsache und für Abgaben und sonstige öffentliche Lasten, aber auch Baukostenaufwand und Baukostenzuschüsse". Zu der letztgenannten Gruppe gehören nach Ansicht des BGH beispielhaft Zahlungen des Mieters für „Beheizung und Warmwasserversorgung" (BGH a. a. O.). Der überwiegende Teil der Instanzgerichte folgt dieser Differenzierung nicht, sondern berücksichtigt bei der Streitwertbemessung neben der Grundmiete sämtliche Nebenkostenvorschüsse (LG Heilbronn MDR 81, 238; LG Mannheim WM 72, 113; LG Memmingen Beschluß vom 4. 6. 1981 – 1 S 498/81; AG Braunschweig MDR 74, 758; AG Bergheim ZMR 82, 190; vgl. auch Egon Schneider MDR 77, 183 m. w. N.). Schließlich wird auch noch die Ansicht vertreten, daß zwischen den verbrauchsunabhängigen und den verbrauchsabhängigen Nebenkosten zu differenzieren sei: Nur die erstgenannte Gruppe soll den Streitwert beeinflussen (AG Hannover MDR 74, 412; LG München I WM 85, 124).

Nach der hier vertretenen Auffassung ist unter dem Begriff „Zins" i. S. von § 16 GKG der Grundmietzins einschließlich aller Nebenkostenvorschüsse zu verstehen. Nur dieser Zinsbegriff steht im Einklang mit dem allgemein geltenden Begriff des Mietzinses i. S. des § 535 BGB und den Besonderheiten des Kostenrechts. „Mietzins" i. S. von § 535 BGB ist nach einer wohl allgemein anerkannten Definition das Entgelt, das der Mieter als Gegenleistung für die Überlassung der Mietsache an den Vermieter zu entrichten hat. Die Betriebs- und sonstigen Nebenkosten werden nicht neben der Miete geschuldet, sondern bilden einen Teil des Mietzinses (vgl. Schmidt-Futterer/Blank, Mietrecht – Stichwort: „Mietzins" vor I und I 4; Emmerich/Sonnenschein, Mietrecht, §§ 535, 536 BGB Rdn 106). Die in vielen Mietverträgen enthaltene Aufspaltung des Mietzinses in Grundmiete und Nebenkosten ändert daran nichts. Durch diese Aufspaltung bringt der Vermieter nicht zum Ausdruck, daß „die den Betriebskosten zugrundeliegenden Leistungen zusätzliche Leistungen zur reinen Raumüberlassung darstellen und deshalb zusätzlich vergütet werden müssen" (so aber LG Frankfurt a. a. O; ähnl. LG Augsburg WM 80, 205). Vielmehr erfolgt die gesonderte Ausweisung der Betriebskosten i. d. R. im Hinblick auf die Vorschriften des MHG. Dieses Gesetz erlaubt in § 4 I die sog. „gleitende Umlage" von Betriebskosten und sieht beim Steigen der Betriebskosten in § 4 II ein dem Vermieter günstiges Umlageverfahren vor. Bei der Vereinbarung einer Brutto-Miete ist dieser Weg dagegen regelmäßig versperrt (vgl. OLG Zweibrücken (RE) vom 21. 4. 1981 RES § 1 MHG Nr. 1).

Unerheblich ist auch, daß die Betriebskosten letztlich durchlaufende Zahlungen darstellen, weil sie im Ergebnis nicht beim Vermieter verbleiben, sondern an die Lieferanten der Versorgungsleistungen weitergegeben werden. Für die Streitwertbemessung kann es hierauf nicht ankommen. Die für die Bemessung des Streitwertes maßgeblichen Vorschriften unterscheiden nicht, ob die begehrte Leistung beim Kläger verbleibt oder nicht. Klagt beispielsweise ein Mieter gegen seinen Untermieter auf Herausgabe einer Wohnung, so richtet sich der Streitwert auch dann nach dem vollen Jahresuntermietzins, wenn der Mieter den Besitz an den Räumen sofort an den Hauptvermieter übertragen muß. Davon abgesehen erhalten die Betriebskosten nicht dadurch den Charakter von durchlaufenden Zahlungen, weil sie im Mietvertrag als gesondert zu zahlende Kosten ausgewiesen sind. Auch derjenige Vermieter, der einen Brutto-Mietzins erhält, muß den darin enthaltenen Betriebskostenanteil weiterleiten, ohne daß dies auf den Streitwert Einfluß hätte. Der Gesichtspunkt der durchlaufenden Zahlung rechtfertigt deshalb eine unterschiedliche Behandlung der beiden Mietpreisgestaltungen nicht. Eine unterschiedliche Bemessung des Streitwerts je nach dem, ob eine Brutto- oder eine Nettomiete mit Nebenkostenvorschuß vereinbart worden ist, wäre letztlich auch willkürlich. Beide Vertragsgestaltungen können nach der im Kostenrecht angebrachten wirtschaftlichen Betrachtungsweise nur einheitlich behandelt werden. Bei einer exakt kalkulierten Brutto-Miete ist es dem Mieter gleichgültig, ob er diese Brutto-Miete oder – in gleicher Höhe – einen aus Grundmiete und Nebenkosten zusammengesetzten Betrag bezahlt. Der Vermieter muß in beiden Fällen in Kostenvorlage treten; zahlt der Mieter den Mietzins nicht, so sind die Verluste des Vermieters in beiden Fällen gleich hoch. Denn der Vermieter muß unabhängig von der Vertragsgestaltung die Versorgungsleistungen erbringen und dafür erforderlichen Kosten an die Lieferanten zahlen. Das mit der Besitzüberlassung verbundene wirtschaftliche Risiko umfaßt deshalb auch die Nebenkosten.

5. Fortsetzung des Mietverhältnisses trotz Räumungstitel

Aus dem Räumungstitel kann der Vermieter die Zwangsräumung betreiben. Macht der Vermieter von seinen Rechten aus dem Titel keinen Gebrauch und bleibt der Mieter weiter wohnen, so wird der Titel nicht gegenstandslos. Die dort titulierten Ansprüche verjähren nach § 218 BGB in 30 Jahren.

Dies gilt auch dann, wenn die Parteien nach Eintritt der Rechtskraft des Räumungsurteils vereinbaren, daß das **Mietverhältnis neu begründet** oder zu den bisherigen Bedingungen fortgesetzt werden soll. Der Räumungstitel wird auch in diesem Fall nicht gegenstandslos. Im Falle eines Vollstreckungsversuchs kann der Mieter aber Vollstreckungsgegenklage (§ 767 ZPO) erheben.

Unter Umständen kann ein solches Mietverhältnis auch durch schlüssiges Verhalten zustande kommen, wenn die Parteien durch bestimmte Handlungen zum Ausdruck bringen, daß das Mietverhältnis fortgesetzt werden soll (Beispiel: Der Vermieter macht ein Mieterhöhungsverlangen nach § 2 MHG geltend; der Mieter stimmt zu; vgl. dazu auch: LG Hagen MDR 82, 582; LG Essen WM 84, 252; Schläger ZMR 86, 421).

Denkbar ist auch, daß der Vermieter seinen **Räumungsanspruch verwirkt,** wenn er mit der Vollstreckung allzulange zuwartet. Die Recht-

§ 564b BGB. Kündigungsschutz

sprechung läßt hier überwiegend relativ kurze Fristen genügen (vgl. LG Düsseldorf MDR 79, 496, wonach die Vollstreckung aus einem wegen Zahlungsverzugs erwirkten Räumungsurteil dann unzulässig ist, wenn der Gläubiger aus diesem Urteil länger als ein Jahr lang nicht vollstreckt, sondern den Mieter weiterhin zur Zahlung auffordert und Mietzahlungen entgegennimmt; AG Wolfsburg DGVZ 79, 26, wonach der Räumungsanspruch verwirkt, wenn der Vermieter innerhalb eines Zeitraums von zwei Jahren nach Erlaß des Räumungsurteils fünfmal Vollstreckungsauftrag erteilt; diesen Auftrag aber immer wieder zurücknimmt; LG Hannover MDR 79, 495, wonach Vollstreckungsmißbrauch vorliegt, wenn der Gläubiger durch häufige Wiederholung der Auftragserteilung und anschließende Rücknahme den Gerichtsvollzieher veranlaßt, für ihn „eine Kassiertätigkeit" zu übernehmen). Der gesamte Komplex der Gebrauchsfortsetzung nach Rechtskraft des Räumungsurteils wird behandelt in dem Rechtsentscheid des OLG Hamm vom 1. 10. 81 (RES § 554 BGB Nr. 1). Allerdings besagt dieser Rechtsentscheid nur, daß ein Mietverhältnis nach Erlaß des Räumungsurteils fortgesetzt werden kann, daß weiter im Einzelfall der Eintritt der Verwirkung möglich ist und schließlich, daß in diesen Fällen die Zwangsvollstreckung auf Antrag des Mieters für unzulässig erklärt werden muß. Eine generalisierende, allgemeingültige Aussage über die Voraussetzungen der Vertragsfortsetzung enthält der Rechtsentscheid nicht.

Anhang zu § 564b BGB

Baugesetzbuch (BauGB)

in der Fassung der Bekanntmachung vom 8. Dezember 1986
(BGBl. I S. 2253)

Auszug

Fünfter Teil. Miet- und Pachtverhältnisse

§ 182 Aufhebung von Miet- oder Pachtverhältnissen

(1) Erfordert die Verwirklichung der Ziele und Zwecke der Sanierung im förmlich festgelegten Sanierungsgebiet oder eine Maßnahme nach den §§ 176 bis 179 die Aufhebung eines Miet- oder Pachtverhältnisses, kann die Gemeinde das Rechtsverhältnis auf Antrag des Eigentümers oder im Hinblick auf ein städtebauliches Gebot mit einer Frist von mindestens sechs Monaten, bei einem land- oder forstwirtschaftlich genutzten Grundstück nur zum Schluß eines Pachtjahres aufheben.

(2) Die Gemeinde darf ein Mietverhältnis über Wohnraum nur aufheben, wenn im Zeitpunkt der Beendigung des Mietverhältnisses angemessener Ersatzwohnraum für den Mieter und die zu seinem Hausstand gehörenden Personen zu zumutbaren Bedingungen zur Verfügung steht. Strebt der Mieter oder Pächter

von Geschäftsraum eine anderweitige Unterbringung an, soll die Gemeinde das Miet- oder Pachtverhältnis nur aufheben, wenn im Zeitpunkt der Beendigung des Rechtsverhältnisses anderer geeigneter Geschäftsraum zu zumutbaren Bedingungen zur Verfügung steht.

(3) Wird die Erwerbsgrundlage eines Mieters oder Pächters von Geschäftsraum im förmlich festgelegten Sanierungsgebiet infolge der Durchführung städtebaulicher Sanierungsmaßnahmen wesentlich beeinträchtigt und ist ihm deshalb die Fortsetzung des Miet- oder Pachtverhältnisses nicht mehr zuzumuten, kann die Gemeinde auf Antrag des Mieters oder Pächters das Rechtsverhältnis mit einer Frist von mindestens sechs Monaten aufheben.

§ 183 Aufhebung von Miet- oder Pachtverhältnissen über unbebaute Grundstücke

(1) Ist nach den Festsetzungen des Bebauungsplans für ein unbebautes Grundstück eine andere Nutzung vorgesehen und ist die alsbaldige Änderung der Nutzung beabsichtigt, kann die Gemeinde auf Antrag des Eigentümers Miet- oder Pachtverhältnisse aufheben, die sich auf das Grundstück beziehen und der neuen Nutzung entgegenstehen.

(2) Auf die Aufhebung ist § 182 Abs. 1 entsprechend anzuwenden.

§ 184 Aufhebung anderer Vertragsverhältnisse

Die §§ 182 und 183 sind entsprechend auf andere schuldrechtliche Vertragsverhältnisse anzuwenden, die zum Gebrauch oder zur Nutzung eines Grundstücks, Gebäudes oder Gebäudeteils oder einer sonstigen baulichen Anlage berechtigen.

§ 185 Entschädigung bei Aufhebung von Miet- oder Pachtverhältnissen

(1) Ist ein Rechtsverhältnis aufgrund des § 182, des § 183 oder des § 184 aufgehoben worden, ist den Betroffenen insoweit eine angemessene Entschädigung in Geld zu leisten, als ihnen durch die vorzeitige Beendigung des Rechtsverhältnisses Vermögensnachteile entstehen. Die Vorschriften des Zweiten Abschnitts des Fünften Teils des Ersten Kapitels sind entsprechend anzuwenden.

(2) Zur Entschädigung ist die Gemeinde verpflichtet. Kommt eine Einigung über die Entschädigung nicht zustande, entscheidet die höhere Verwaltungsbehörde.

(3) Wird ein Pachtvertrag über kleingärtnerisch genutztes Land nach § 182, § 183 oder § 184 aufgehoben, ist die Gemeinde außer zur Entschädigung nach Absatz 1 auch zur Bereitstellung oder Beschaffung von Ersatzland verpflichtet. Bei der Entschädigung in Geld ist die Bereitstellung oder Beschaffung des Ersatzlands angemessen zu berücksichtigen. Die höhere Verwaltungsbehörde kann die Gemeinde von der Verpflichtung zur Bereitstellung oder Beschaffung von Ersatzland befreien, wenn die Gemeinde nachweist, daß sie zur Erfüllung außerstande ist

§ 186 Verlängerung von Miet- oder Pachtverhältnissen

Die Gemeinde kann auf Antrag des Mieters oder Pächters ein Miet- oder Pachtverhältnis über Wohn- oder Geschäftsraum im förmlich festgelegten Sanierungsgebiet oder im Hinblick auf Maßnahmen nach den §§ 176 bis 179 verlängern, soweit dies zur Verwirklichung des Sozialplans erforderlich ist.

§ 564c BGB. Zeitmietverträge

(1) Ist ein Mietverhältnis über Wohnraum auf bestimmte Zeit eingegangen, so kann der Mieter spätestens zwei Monate vor der Beendigung des Mietverhältnisses durch schriftliche Erklärung gegenüber dem Vermieter die Fortsetzung des Mietverhältnisses auf unbestimmte Zeit verlangen, wenn nicht der Vermieter ein berechtigtes Interesse an der Beendigung des Mietverhältnisses hat. § 564b gilt entsprechend.

(2) Der Mieter kann keine Fortsetzung des Mietverhältnisses nach Absatz 1 oder nach § 556b verlangen, wenn
1. das Mietverhältnis für nicht mehr als fünf Jahre eingegangen ist,
2. der Vermieter
   a) die Räume als Wohnung für sich, die zu seinem Hausstand gehörenden Personen oder seine Familienangehörigen nutzen will oder
   b) in zulässiger Weise die Räume beseitigen oder so wesentlich verändern oder instandsetzen will, daß die Maßnahmen durch eine Fortsetzung des Mietverhältnisses erheblich erschwert würden,
3. der Vermieter dem Mieter diese Absicht bei Vertragsschluß schriftlich mitgeteilt hat und
4. der Vermieter dem Mieter drei Monate vor Ablauf der Mietzeit schriftlich mitgeteilt hat, daß diese Verwendungsabsicht noch besteht.

Verzögert sich die vom Vermieter beabsichtigte Verwendung der Räume ohne sein Verschulden, kann der Mieter eine Verlängerung des Mietverhältnisses um einen entsprechenden Zeitraum verlangen; würde durch diese Verlängerung die Dauer des Mietverhältnisses fünf Jahre übersteigen, kann der Mieter die Fortsetzung des Mietverhältnisses auf unbestimmte Zeit nach Absatz 1 verlangen.

Übersicht

	Rdn		Rdn
I. Entstehungsgeschichte und Zweck	765	hältnisse nach § 564c II (Zeitmietverträge)	
II. Befristete Mietverhältnisse nach § 564c I		1. Anwendungsbereich	795
1. Anwendungsbereich	767	2. Der Eigennutzungstatbestand	797
2. Die Fortsetzungserklärung des Mieters	773	3. Der Modernisierungstatbestand	801
3. Die Beendigungserklärung des Vermieters	780	4. Mitteilung des Beendigungsinteresses beim Vertragsabschluß	806
4. Wirkungen der Fortsetzungserklärung und gerichtliches Verfahren	789	5. Mitteilung über den Fortbestand des Beendigungsinteresses vor Vertragsende	810
III. Qualifizierte befristete Mietver-		6. Rechtsfolgen	823
		IV. Abweichende Vereinbarungen	825

Schrifttum

Barthelmess, Zur Frage des Kündigungsschutzes bei befristeten Mietverhältnissen, NJW 74, 1230
Blank, Rechtliche und soziale Probleme des neuen Zeitmietvertrags nach § 564c II BGB, WM 83, 36

Eckert, Zeitmietverträge bei geplantem Eigenbedarf und erheblichen baulichen Maßnahmen – eine kritische Betrachtung des § 564c BGB –, WM 83, 33
Goch, Kündigungsschutz bei befristeten Mietverhältnissen, ZMR 78, 134
Gramlich, Das Gesetz zur Erhöhung des Angebots an Mietwohnungen, NJW 83, 417
Lehmann, Zur Frage des Kündigungsschutzes bei „alten" befristeten Mietverhältnissen mit Verlängerungsklausel, NJW 74, 2117
Röder, Der Abschluß von Zeitmietverträgen und die Duldungsverpflichtung des Mieters bei Wohnungsmodernisierungen, NJW 83, 2665
Sternel, Neues Wohnraummietrecht – Zum Gesetz zur Erhöhung des Angebots an Mietwohnungen –, MDR 83, 265

I. Entstehungsgeschichte und Zweck

B 765 Die Vorschrift des § 564c wurde durch das Gesetz zur Erhöhung des Angebots an Mietwohnungen vom 20. 12. 1982 – BGBl. I 1912 – in das BGB eingefügt. Die Regelung des **§ 564c I** ist dabei im wesentlichen identisch mit dem am 31. 12. 1982 außer Kraft getretenen Artikel 2 des 2. WKschG. Diese Vorschrift soll verhindern, daß der durch § 564b BGB gewährte Bestandsschutz durch den Abschluß befristeter Mietverträge umgangen wird. Demgemäß ist in § 564c I bestimmt, daß der Mieter eines befristeten Mietvertrags spätestens zwei Monate vor der Beendigung des Mietverhältnisses durch schriftliche Erklärung gegenüber dem Vermieter die Fortsetzung des Mietverhältnisses auf unbestimmte Zeit verlangen kann, wenn nicht der Vermieter ein berechtigtes Interesse an der Beendigung des Mietverhältnisses hat. Das berechtigte Interesse richtet sich dabei ebenso wie bei unbefristeten Mietverträgen nach § 564b BGB. In materiell-rechtlicher Hinsicht werden die befristeten und die unbefristeten Mietverhältnisse also gleichbehandelt. Darin erschöpft sich der Zweck des § 564c I.

B 766 **Die Vorschrift des § 564c II** stellt demgegenüber eine Neuregelung dar. Im Unterschied zu dem bis zum 31. 12. 1982 geltenden Recht können die Parteien in bestimmten Fällen nunmehr auch befristete Mietverträge ohne Verlängerungsanspruch des Mieters abschließen (qualifiziertes befristetes Mietverhältnis).

Nach der Begründung des Gesetzentwurfs soll durch § 564c II ein Anreiz geschaffen werden, auch solche Wohnungen zu vermieten, die in absehbarer Zeit zur Eigennutzung oder zur Modernisierung vorgesehen sind (vgl. Rdn F 99). Der Sache nach handelt es sich also nicht um eine auf Gerechtigkeitserwägungen beruhende Regelung, sondern um eine gezielte Maßnahme zur Bekämpfung des Wohnungsmangels. Ob dieses Ziel mit der konkreten Ausgestaltung der Vorschrift erreicht werden kann, ist allerdings zweifelhaft.

II. Befristete Mietverhältnisse nach § 564c I

1. Anwendungsbereich

Die Vorschrift findet auf alle befristeten Mietverhältnisse über Wohnraum Anwendung. Darunter sind solche Mietverhältnisse zu verstehen, die vereinbarungsgemäß zu einem bestimmten Zeitpunkt, also ohne Kündigung enden sollen. Auf den Zeitpunkt des Abschlusses des Mietvertrags kommt es dabei nicht an. Die nach dem früher geltenden Artikel 2 des 2. WKSchG enthaltene Beschränkung auf die nach dem 28. 11. 1971 abgeschlossenen Mietverträge ist von der Neufassung bewußt nicht übernommen worden. Der Gesetzentwurf führt insoweit zu Recht aus, daß ältere, befristete Mietverträge keine praktische Bedeutung mehr haben und daß der frühere Termin obsolet sei.

Unanwendbar ist § 564c I auf befristete **Mietverträge mit Verlängerungsklausel** (s. Rdn B 23 ff., 869 ff.) sowie auf diejenigen Mietverträge, die nach § 564b VII generell vom Bestandsschutz ausgenommen sind, also auf Mietverträge über Wohnraum, der nur zu vorübergehendem Gebrauch vermietet ist, auf Mietverhältnisse über Wohnraum, der Teil der vom Vermieter selbst bewohnten Wohnung ist und den der Vermieter ganz oder überwiegend mit Einrichtungsgegenständen auszustatten hat, sofern der Wohnraum nicht zum dauernden Gebrauch für eine Familie überlassen ist und auf Mietverträge über Wohnraum, die Teil eines Studenten- oder Jugendwohnheims sind. Im Unterschied zu dem früheren Artikel 2 III des 2. WKSchG enthält § 564c zwar insoweit keinen besonderen Ausschlußtatbestand. Dies ist allerdings auch nicht erforderlich, weil durch die Verweisung in § 564c I hinreichend klar zum Ausdruck kommt, daß der Bestandsschutz für befristete und unbefristete Mietverhältnisse identisch sein soll.

Das Recht des Vermieters zur **außerordentlichen fristlosen Kündigung** eines befristeten Mietvertrages wird durch § 564c nicht berührt (s. Rdn B 55); die außerordentliche befristete Kündigung unterliegt dagegen bei befristeten und unbefristeten Mietverhältnissen über Wohnraum den Beschränkungen des § 564b BGB (s. Rdn B 57). Selbst wenn der Mieter bereits die Fortsetzung des Mietverhältnisses nach § 564c I verlangt hat, kann der Vermieter an Stelle einer Beendigungserklärung von einem ihm zustehenden außerordentlichen Kündigungsrecht Gebrauch machen; er kann dieses Recht aber auch auf berechtigte Interessen an der vertragsgemäßen Beendigung stützen und in der Beendigungserklärung nach § 564c geltend machen.

d) Von § 564c unberührt bleibt die Grundregel des § 568 BGB (dazu näher Rdn B 946); während § 564c I den Anspruch des Mieters auf Fortsetzung des endigenden Mietverhältnisses aus Gesichtspunkten des Bestandschutzes regelt, hat § 568 BGB die **stillschweigende Verlängerung** des Mietverhältnisses aus Gründen der Rechtssicherheit auf Grund einer

gesetzlichen Fiktion zum Gegenstand. Widerspricht der Vermieter somit nicht binnen der Frist des § 568 BGB nach Vertragsbeendigung der Gebrauchsfortsetzung des Mieters, so gilt das Mietverhältnis auch dann als verlängert, wenn der Mieter keinen (oder einen unwirksamen) Fortsetzungsantrag nach § 564 c I stellte. Hat der Vermieter eine Beendigungserklärung nach § 564 c abgegeben, so erübrigt diese grundsätzlich nicht die fristgemäße Widerspruchserklärung nach § 568 BGB (s. Rdn B 946).

B 771 Das Verbot des § 1 S. 1 MHG, wonach eine „**Kündigung**" des **Wohnraummietverhältnisses zum Zwecke der Mieterhöhung** unwirksam ist, findet auch im Geltungsbereich des § 564 c I entsprechende Anwendung; obwohl das weder in § 1 S. 1 MHG noch in § 564 c ausdrücklich angeordnet wird, ergibt sich die entsprechende Anwendbarkeit dieses Grundsatzes des sozialen Wohnungsmietrechts sowohl aus seinem Sinn und Zweck als auch (mittelbar) aus der Verweisung auf § 564 b BGB in § 564 c I 2. Das hat zur Folge, daß der Wille des Vermieters, ein ablaufendes befristetes Mietverhältnis nur im Falle der Zahlung eines erhöhten Mietzinses fortsetzen zu wollen, kein berechtigtes Interesse an der Vertragsbeendigung darstellt.

B 772 Die Vertragsfortsetzung nach § 564 c I unterscheidet sich in den Voraussetzungen und Folgen von der Fortsetzung des Mietverhältnisses auf Grund der **Sozialklausel** nach §§ 556 b, 556 a BGB in vielfacher Hinsicht. Vor allem kommt eine Fortsetzung nach § 556 b BGB nur in Betracht, wenn dem Mieter Härtegründe zur Seite stehen und er diese form- und fristgerecht mit seinem Fortsetzungsbegehren geltend macht, während die Fortsetzungserklärung nach § 564 c auch dann wirksam ist, wenn dafür keine beachtlichen Gründe vorliegen oder geltend gemacht werden; ferner ist der Vermieter im Rahmen des § 564 c I nicht berechtigt, die Fortsetzung von veränderten Vertragsbedingungen abhängig zu machen. Der Mieter kann neben der Fortsetzungserklärung nach § 564 c gleichzeitig hilfsweise den Fortsetzungsantrag nach §§ 556 b, 556 a IV BGB für den Fall stellen, daß vom Vermieter oder dem Gericht die Vertragsbeendigung zum vereinbarten Fristablauf als wirksam angesehen wird; wenn aus dieser Erklärung hervorgeht, daß der Mieter die Fortsetzung des Mietverhältnisses auf jeden Fall begehrt, wird sie i. Zw. auch ohne ausdrückliche Hervorhebung als Antrag nach § 556 b BGB zu beurteilen sein. Im Räumungsverfahren hat das Gericht zunächst die berechtigten Interessen des Vermieters an der fristgemäßen Vertragsbeendigung nach § 564 c I, § 564 b BGB zu prüfen; nur wenn diese in formeller und materieller Hinsicht bejaht werden, kommt eine Entscheidung nach § 556 b BGB unter Abwägung der Beendigungsgründe des Vermieters und der Härtegründe des Mieters in Betracht.

2. Die Fortsetzungserklärung des Mieters

Mit § 564c bezweckt das Gesetz, denjenigen Mieter vor dem Verlust **B 773** seiner Wohnung zu schützen, der nur einen befristeten Mietvertrag erzielen konnte (oder wollte), sich rechtzeitig vor Ablauf der Vertragsfrist auf sein Fortsetzungsrecht beruft und dem der Vermieter keine berechtigten Interessen an der Vertragsbeendigung entgegensetzen kann.

a) Zunächst muß eine **Willenserklärung** des Mieters vorliegen, aus **B 774** der sich mit hinreichender Klarheit ergibt, daß er die Fortsetzung des Mietverhältnisses über den Zeitpunkt des vorgesehenen Vertragsende hinaus wünscht. Es reicht aus, wenn der Mieter darin erklärt, daß er weiterhin auf die Wohnung angewiesen sei, nicht räumen könne oder wolle oder mit der Vertragsbeendigung nicht einverstanden sei; der Gebrauch der Worte ,,Fortsetzung des Mietverhältnisses" ist nicht erforderlich.

Welche **Gründe** den Mieter dazu veranlassen, seinen Fortsetzungsan- **B 775** trag zu stellen, ist **unbeachtlich**. Nur dann, wenn die Erklärung des Mieters klar erkennen läßt, daß er mit der Beendigung zum vereinbarten Zeitpunkt an sich einverstanden ist, aber noch einen kürzerfristigen Räumungsaufschub benötigt (vgl. §§ 93b, 721, 794a ZPO), liegt keine Fortsetzungserklärung vor. Bestehen Zweifel, muß der Vermieter nachfragen.

b) Für die Fortsetzungserklärung sieht das Gesetz **Schriftform** (§ 126 **B 776** BGB) vor, so daß sie vom Mieter eigenhändig unterschrieben sein muß. Die Erklärung enthält zugleich das Angebot (§ 145 BGB), den Mietvertrag zu den bisherigen Bedingungen fortzusetzen. Einen Anspruch auf Fortsetzung des Mietverhältnisses zu veränderten Vertragsbedingungen gibt § 564c I dem Mieter dagegen nicht; wenn aus dem Fortsetzungsantrag somit hervorgeht, daß der Mieter den Fortbestand des Mietverhältnisses nur unter der Voraussetzung (Bedingung) veränderter, ihm günstigerer Vertragsbedingungen anstrebt, ist die Erklärung unwirksam. Da der Mieter nur einen gesetzlichen Anspruch auf Fortsetzung des Mietvertrags auf unbestimmte Zeit hat, braucht der Vermieter einem davon abweichenden Verlangen des Mieters nicht zuzustimmen. Das Verlangen der Fortsetzung auf bestimmte Zeit berührt aber die Wirksamkeit der Erklärung grundsätzlich nicht, sondern ist in ein Fortsetzungsbegehren auf unbestimmte Zeit umzudeuten. Ausnahmsweise kann dieses Verlangen jedoch dann außerhalb der Anspruchsgrundlage des § 564c I liegen und somit unbeachtlich sein, wenn sich aus der Erklärung selbst oder aus einer zusätzlichen Willenserklärung des Mieters ergibt, daß er die Vertragsfortsetzung davon abhängig macht, daß der Mietvertrag auf die von ihm gewünschte Zeit verlängert wird, während er ansonsten auf eine Verlängerung völlig verzichtet. Eine Verlängerung auf bestimmte Zeit kann nur durch eine vertragliche Verlängerungsvereinbarung im beiderseitigen Einvernehmen festgelegt werden. Die Angabe von **Gründen** ist nach § 564c I nicht erforderlich und kann deshalb vom Vermieter auch nicht verlangt werden (anders beim Fortsetzungsbegehren nach §§ 556b, 556a V 2 BGB).

B 777 Für den **Zugang** dieser Erklärung beim Vermieter (einseitige empfangsbedürftige Willenserklärung) muß jedenfalls der Mieter sorgen. Der Mieter muß den Zugang einer ordnungsmäßigen Erklärung i. Zw. auch beweisen.

B 778 c) Die Fortsetzungserklärung muß dem Vermieter spätestens **2 Monate vor der Beendigung** des Mietverhältnisses zugehen, sonst ist sie unwirksam. Es handelt sich um eine zwingende Ausschlußfrist, soweit im Mietvertrag keine dem Mieter günstigere Fristenregelung getroffen worden ist; wird sie vom Mieter nicht eingehalten, entfällt sein Fortsetzungsanspruch. Auf die Kenntnis des Mieters von dieser **Ausschlußfrist** kommt es nicht an. Entgegen der Regelung der §§ 564a II, 556a VI 2 BGB ist der Vermieter auch nicht gehalten, den Mieter vor Fristablauf auf dessen Anspruch nach § 564c I, sowie die Form und Frist der Geltendmachung dieses Rechts hinzuweisen; eine fehlende Belehrung des Vermieters hat somit auf den Fristablauf keinen Einfluß (AG München DWW 78, 150; LG Frankfurt NJW RR 86, 1146). Die 2-Monats-Frist ist von dem vereinbarten Endzeitpunkt des Mietverhältnisses zurückzurechnen; der späteste Zeitpunkt, an welchem die Erklärung des Mieters dem Vermieter zugehen muß, ist somit der letzte Tag vor dem Beginn der 2-Monats-Frist (wobei keine Karenzzeit von 3 Werktagen wie bei den Kündigungsfristen besteht). Die Beweislast für den rechtzeitigen Zugang trägt der Mieter. Bringt der Vermieter durch sein Verhalten zum Ausdruck, daß er sich auf die Befristung des Vertrags nicht berufen wolle, so kann hierin ein schlüssiges Angebot zum Abschluß eines Fortsetzungsvertrags gesehen werden. Dieses Angebot kann der Mieter schlüssig annehmen; in diesem Fall wird das Mietverhältnis kraft der mündlichen Einigung fortgesetzt, so daß ein Fortsetzungsverlangen entbehrlich ist. Unter Umständen kann es auch rechtsmißbräulich sein, wenn sich ein Vermieter auf Fristablauf beruft, nachdem er zuvor gegenüber dem Mieter den Eindruck erweckt hat, daß eine Fortsetzungserklärung entbehrlich sei (AG Frankfurt WM 87, 321).

B 779 Eine verspätete und somit unwirksame Fortsetzungserklärung des Mieters kann als wirksames Fortsetzungsbegehren nach § 556a BGB angesehen werden, wenn der Vermieter seiner Hinweispflicht nach § 564a II BGB nicht nachkam, so daß der Mieter das Fortsetzungsbegehren wirksam noch bis zur ersten mündlichen Verhandlung im Räumungsrechtsstreit stellen kann (§ 556a VI 2 BGB). Dabei ist zu beachten, daß das Fortsetzungsbegehren nach § 556a VI 1 BGB ebenso wie die Fortsetzungserklärung nach § 564c I die Einhaltung der Schriftform erfordert und keiner Begründung bedarf.

3. Die Beendigungserklärung des Vermieters

Der wirksam geltend gemachte Fortsetzungsanspruch des Mieters besteht nur dann, wenn der Vermieter keine berechtigten Interessen an der fristgemäßen Beendigung des Mietverhältnisses hat oder aber solche Beendigungsgründe nicht rechtzeitig geltend gemacht werden. Welche Voraussetzungen an eine wirksame Beendigung des Mietverhältnisses zu stellen sind, ist nach § 564c I in entsprechender Anwendung des § 564b I, II BGB zu beurteilen. **B 780**

a) Ob dem Vermieter **berechtigte Interessen** an der fristgemäßen Beendigung des Mietverhältnisses zustehen, richtet sich auch hier nach den für die Kündigung in § 564b I, II BGB aufgestellten Grundsätzen (s. dazu Rdn B 583); das gilt auch für die Beweislast. **B 781**

Die von § 564c I geforderte entsprechende Anwendung der in § 564b BGB normierten Kündigungsgründe führt insoweit zu keiner anderen Beurteilung der die Beendigung rechtfertigenden Interessen des Vermieters. Der Umstand, daß hier der Mieter den vereinbarten Endtermin des Mietverhältnisses kannte, rechtfertigt es nach dem Zweck des § 564c I grundsätzlich nicht, die Beendigung von weniger strengen Voraussetzungen als im Falle des § 564b BGB abhängig zu machen. So stellt insbesondere das Verlangen des Vermieters nach einem höheren Mietzins im Hinblick auf § 1 S. 1 MHG keinen beachtlichen Beendigungsgrund dar (s. Rdn C 26 f). Es kommt insoweit nicht darauf an, ob und welche Interessen des Mieters dessen Fortsetzungserklärung (s. oben Rdn B 773) gerechtfertigt erscheinen lassen; selbst wenn der Mieter solche Interessen nicht hat oder geltend macht (wozu er nach § 564c auch nicht verpflichtet ist), kann sein Fortsetzungsanspruch vom Vermieter nur dann zu Fall gebracht werden, wenn dieser berechtigte Beendigungsgründe hat. Für die Beendigung eines befristeten Mietverhältnisses nach § 564c I ist es auch ohne Bedeutung, ob der Mietvertrag „probeweise" abgeschlossen wurde. Dieser Umstand rechtfertigt es nicht, bei der Anwendung des § 564b II Nr. 1 BGB geringere Anforderungen an das Ausmaß der Pflichtwidrigkeit zu stellen (OLG Stuttgart (RE) vom 20. 8. 1982 RES Art. 2 des 2. WKSchG Nr. 1).

Der Vermieter hat keinen Anspruch, die Fortsetzung des Mietvertrags von bestimmten **Bedingungen** abhängig zu machen (z. B. auf einen von ihm bestimmten Zeitraum; gegen höheren Mietzins, zumal insoweit § 1 S. 1 MHG auch hier eingreift, s. Rdn C 27); die Vorschrift des § 556a III 2 BGB, wonach das berechtigte Verlangen des Vermieters nach veränderten Vertragsbedingungen erforderlichenfalls vom Gericht zu berücksichtigen ist, findet hier keine Anwendung. Andere als die bisher geltenden Vertragsvereinbarungen können jedoch zwischen Vermieter und Mieter in einem Verlängerungsvertrag wirksam vereinbart werden, soweit dies nicht gegen § 564b VI BGB verstößt (s. dazu Rdn B 726). **B 782**

Die Beschränkungen des § 556b BGB (wonach die dem Mieter bekannten Umstände an der fristgemäßen Rückerlangung des Wohnraums **B 783** sein Fortsetzungsbegehren i. S. dieser Vorschrift nicht rechtfertigen) sind im Rahmen des § 564c I grundsätzlich unbeachtlich. Ob diese dem Mieter bekannten Umstände ein berechtigtes Interesse an der Vertragsbeendigung darstellen, muß vielmehr nach den Grundsätzen des § 564b BGB entschieden werden. Obwohl es insoweit auf die Kenntnis des Mieters nicht ankommt, kann es im Einzelfall gerechtfertigt sein, den im voraus im Hinblick auf bestimmte Gründe fest vereinbarten Beendigungstermin auch dann als berechtigtes Interesse an der Vertragsbeendigung anzusehen, wenn ein Eigenbedarf im engeren Sinne nach § 564b II 2 BGB nicht vorliegt (z. B. Überlassung der Wohnung an Freunde nach deren Rückkehr vom Ausland). Auf diese Umstände kommt es aber immer im Fall einer nach § 564c I wirksamen Beendigungserklärung des Vermieters dann an, wenn der Mieter sein Fortsetzungsbegehren nach § 556b BGB geltend macht und eine Interessenabwägung stattzufinden hat.

B 784 Die Besserstellung des Vermieters wird ferner dadurch relativiert, daß zu seinen Gunsten im Falle eines Fortsetzungsantrags des Mieters gemäß §§ 556b, 556a I 3 BGB bei der Interessenabwägung nur solche Belange berücksichtigt werden dürfen, die in der Beendigungserklärung angegeben sind (Lutz DWW 74, 273); die relevanten berechtigten Interessen des Vermieters i. S. des § 556a I BGB müssen allerdings nicht gleicher Art und Schwere wie die anzuerkennenden Beendigungsgründe sein (s. Rdn B 328). Die in § 564c I bestimmte „entsprechende" Anwendung des § 564b BGB erfaßt auch dessen Abs. IV, so daß sich der Vermieter auch bei Beendigung befristeter Mietverhältnisse in **Ein- und Zweifamilienhäusern** ohne Geltendmachung berechtigter Interessen mit Erfolg auf die Vertragsbeendigung berufen kann; er muß lediglich entsprechend § 564b IV 3 darauf hinweisen, daß er von seinem besonderen Beendigungsrecht i. S. dieser Vorschrift Gebrauch macht (s. Rdn B 694; so zutr. Schubert WM 75, 1; Palandt-Putzo § 564c BGB Anm. 3a; a. A. Löwe NJW 75, 7). Da diese bevorzugte Rechtsstellung des Vermieters nach § 564b stets mit dem Ausgleich einer verlängerten Kündigungsfrist zugunsten des Mieters verbunden ist, muß die entsprechende Anwendung im Rahmen des § 564c I dazu führen, daß die vertraglich vorgesehene Vertragsbeendigung um 3 Monate hinausgeschoben wird; da hier eine Verlängerung der Kündigungsfrist nicht in Betracht kommt, muß eine gesetzliche Verlängerung des Mietverhältnisses als entsprechende Rechtsfolge angenommen werden (Schubert a. a. O.).

B 785 b) Der Vermieter ist in entsprechender Anwendung des § 564b III BGB verpflichtet, dem Mieter die berechtigten Interessen an der fristgemäßen Beendigung des Mietverhältnisses **schriftlich** mitzuteilen. Diese Beendigungserklärung des Vermieters ist ferner wie die Kündigungserklärung nach § 564b III BGB rechtlich so zu beurteilen, daß nur die darin angegebenen Gründe berücksichtigt werden und ein Nachschieben von Gründen grundsätzlich ausgeschlossen ist (s. Rdn B 711). Der mit § 564b III BGB vom Gesetzgeber verfolgte Zweck, dem Mieter für seine

§ 564c BGB. Zeitmietverträge

Rechtsverteidigung hinreichende Klarheit zu verschaffen, gilt gleichermaßen für denjenigen, der nach § 564 c I seinen Fortsetzungsanspruch geltend macht (Roquette ZMR 72, 133 zu § 2 WKSchG; Sternel Rdn IV 182; Schopp ZMR 75, 97; a. A. Palandt-Putzo § 564 c BGB Anm. 2 c). Auch insoweit handelt es sich um eine einseitige, empfangsbedürftige Willenserklärung; der Vermieter ist beweispflichtig für den Zugang seiner Erklärung (s. Rdn B 43).

c) Es kann nicht in das Belieben des Vermieters gestellt werden, bis zu **B 786** welchem **Zeitpunkt** er seine mit Gründen versehene schriftliche Beendigungserklärung dem Mieter zugehen läßt und diesem dadurch Klarheit über den Fortbestand des Mietverhältnisses verschafft. Hat der Mieter form- und fristgerecht seinen Fortsetzungsanspruch geltend gemacht, muß er spätestens bis zum Ablauf der regulären Vertragszeit wissen, ob er ohne weitere Maßnahmen zur Wahrung seiner Rechte vom Fortbestand des bisherigen Mietverhältnisses ausgehen kann oder nicht. Deshalb ist entsprechend den §§ 147 II, 151 BGB davon auszugehen, daß der Vermieter das Fortsetzungsangebot des Mieters stillschweigend angenommen hat, falls bis zum Ablauf der regulären Vertragszeit keine Beendigungserklärung eingeht; dem Vermieter bleibt somit ein mindestens 2monatiger Überlegungszeitraum für seine Entschließung, ob er hinreichende Gründe hat und geltend machen will, um der beantragten Fortsetzung zu widersprechen. Geht dem Mieter somit spätestens bis zum Ablauf der Vertragszeit keine Beendigungserklärung zu, gilt der bisherige Mietvertrag auf unbestimmte Zeit als verlängert; es bedarf dazu keiner ausdrücklichen Annahmeerklärung seitens des Vermieters (Roquette a. a. O.; Sternel Rdn IV 183; Schopp ZMR 75, 97; Schubert WM 75, 1).

d) Wenn der Vermieter bis zum vereinbarten Beendigungszeitpunkt **B 787** des Mietverhältnisses die ordnungsgemäße Fortsetzungserklärung des Mieters erkennbar zurückweist, dabei aber **nicht** die oben unter Rdn B 781 erörterten materiellen und formellen **Voraussetzungen einhält,** kann wegen seines entgegenstehenden Willens von einer stillschweigenden Vertragsfortsetzung nicht ausgegangen werden. Der Mieter hat dann aber nach § 564c I einen Anspruch auf die Vertragsfortsetzung, der durch spätere wirksame Beendigungserklärungen des Vermieters nicht mehr beseitigt werden kann; er muß diesen Anspruch in der unter Rdn B 791 ff erörterten Weise gerichtlich geltend machen, um eine wirksame Vertragsfortsetzung zu erreichen, weil § 564 c I keine gesetzliche Fiktion der Vertragsfortsetzung (wie z. B. § 568 BGB) beinhaltet (insges. zutr. LG Kaiserslautern ZMR 75, 306).

e) Unabhängig von der Rechtslage nach § 564c kann unter den Vor- **B 788** aussetzungen des **§ 568 BGB** eine stillschweigende Verlängerung des befristeten Mietverhältnisses auf unbestimmte Zeit kraft Gesetzes eintreten, wenn der Vermieter nach der Beendigung des Vertrags der Gebrauchsfortsetzung des Mieters nicht fristgemäß widerspricht. Auf die Erläuterungen unter Rdn B 946, 770 wird verwiesen (im Ergebnis wie hier auch Hans Art. 2 2. WKSchG Anm. 8). Besteht für den Mieter nach dem Verhalten des Vermieters Unklarheit über den Fortbestand des Vertrags, kann er dies im Wege einer Feststellungsklage klären lassen.

4. Wirkungen der Fortsetzungserklärung und gerichtliches Verfahren

B 789 Nimmt der Vermieter den Fortsetzungsantrag des Mieters ausdrücklich an, so hat das die Fortsetzung des bisherigen **Mietverhältnisses auf unbestimmte Zeit** zur Folge; dafür reicht auch eine formlose Erklärung des Vermieters aus, weil § 566 BGB insoweit unanwendbar ist. Gleiches gilt für die stillschweigende Annahme des Fortsetzungsantrags durch den Vermieter (s. oben Rdn B 786, 778). Hat der Mieter eine wirksame Fortsetzungserklärung abgegeben und der Vermieter in einer Beendigungserklärung der Fortsetzung widersprochen, stellt sich die Rechtslage wie folgt dar:

B 790 a) Das Mietverhältnis ist zum vertraglich **vereinbarten Zeitpunkt beendet** (§ 564 I BGB), wenn die vom Vermieter geltend gemachten Beendigungsgründe im Falle eines unbefristeten Mietvertrages die Kündigung i. S. des § 564b BGB rechtfertigen würden und vom Mieter sachlich nicht bestritten werden. Der Mieter ist dann darauf beschränkt, gegebenenfalls wegen Härtegründen die Fortsetzung des Mietverhältnisses unter den Voraussetzungen des § 556b BGB oder die Bewilligung einer Räumungsfrist nach § 721 ZPO zu beantragen. Unabhängig davon kann der Mieter die Beendigung des Mietverhältnisses unter Berufung auf **§ 568 BGB** bestreiten (s. Rdn B 788).

B 791 b) Der Mieter hat einen **Anspruch auf Abschluß** eines Mietvertrages auf unbestimmte Zeit zu den bisherigen Vertragsbedingungen, wenn die vom Vermieter geltend gemachten Beendigungsgründe aus materiellen oder formellen Gründen die angestrebte Beendigung nicht rechtfertigen; dieser Anspruch des Mieters besteht somit auch dann, wenn der Vermieter die Fortsetzungserklärung ohne Angabe von Beendigungsgründen ablehnt.

B 792 aa) Der Anspruch kann vom Mieter durch eine **Leistungsklage** auf Abgabe der Willenserklärung des Vermieters gerichtlich geltend gemacht werden (Hans a. a. O.; a. A. auch Gestaltungsklage: Palandt-Putzo § 564c BGB Anm. 3b; nur Gestaltungsklage: LG München ZMR 74, 49). Die Wirkung des Urteils tritt nach § 894 ZPO mit materieller Rückwirkung erst mit der formellen Rechtskraft ein. Auch für diese Klage des Mieters gilt die Zuständigkeitsregelung des § 29a ZPO (s. Rdn B 759).

B 793 bb) Das fortgesetzte Mietverhältnis ist mit dem bisherigen **Mietverhältnis identisch** und läuft auf unbestimmte Zeit, so daß es vom Vermieter nach §§ 564b, 564a, 565 II BGB gekündigt werden kann. Eine nach der Fortsetzung des bisherigen Mietverhältnisses abgegebene Beendigungserklärung kann u. U. als ordentliche Kündigung angesehen werden. Im Rahmen der Fortsetzungsklage nach § 564c hat der Vermieter keinen Anspruch, gegen den Willen des Mieters eine **Abänderung der**

bisherigen Vertragsbedingungen zu verlangen. Beim Vorliegen der Voraussetzungen der §§ 1 ff MHG ist der Vermieter jedoch nach dem Ablauf der vereinbarten Vertragszeit auch gegen den Willen des Mieters berechtigt, einen höheren Mietzins erforderlichenfalls im Wege der Zustimmungsklage durchzusetzen. Dieses Erhöhungsrecht steht dem Vermieter jedoch vor Ablauf der Vertragszeit bei fest vereinbartem Mietzins nicht zu (§ 1 S. 3 MHG; Rdn C 33).

c) Auf **Klage des Vermieters** kann der Mieter zur Räumung verurteilt **B 794** werden, wenn er den Mietgebrauch trotz einer vorliegenden Beendigungserklärung fortsetzt, deren Wirksamkeit er zu Unrecht bestreitet, ohne seinerseits nach oben Rdn B 791 klageweise vorzugehen. Im Räumungsprozeß kann der Mieter zwar die ausdrückliche oder stillschweigende Einigung über die Fortsetzung des Mietverhältnisses als Einwendung geltend machen; ist sie zutreffend, muß die Räumungsklage abgewiesen werden und besteht das Mietverhältnis fort. Besteht aber Streit über die formelle oder materielle Wirksamkeit der Beendigungserklärung des Vermieters, muß der Mieter die Fortsetzung des Mietverhältnisses erst herbeiführen, was nicht durch eine bloße Einwendung geschehen kann. Vielmehr muß der Mieter dann **Widerklage** mit den oben erörterten Klaganträgen erheben (insow. zutr. LG Kaiserslautern ZMR 75, 306; LG Berlin WM 86, 340 = MDR 87, 57 = ZMR 86, 442); da der Bestand des Mietverhältnisses für die Widerklage insoweit vorgreiflich ist, muß mindestens zugleich mit der Entscheidung über die Räumungsklage dann auch über den Fortsetzungsanspruch entschieden werden (Palandt-Putzo § 564 c BGB Anm. 4; LG München ZMR 74, 49). Die Widerklage kann unter den Voraussetzungen des § 528 ZPO auch noch im Berufungsverfahren geltend gemacht werden (LG München a. a. O.). Davon abweichend vertritt Sternel (IV 186) unter Hinweis auf die Rechtslage nach § 556 a BGB die Ansicht, daß der Mieter seinen Fortsetzungsanspruch auch ohne Klageerhebung als Einrede gegen den vom Vermieter gerichtlich geltend gemachten Räumungsanspruch rechtswirksam zur Entscheidung stellen kann (wie hier LG Bonn MDR 76, 495; LG Berlin a. a. O.). Folgt das Gericht der hier vertretenen Ansicht, wird es erforderlichenfalls nach § 139 ZPO den Mieter auf die Notwendigkeit eines prozessualen Antrags hinzuweisen haben.

III. Qualifizierte, befristete Mietverträge nach § 564 c II (Zeitmietverträge)

1. Anwendungsbereich

Nach der Regelung des § 564 c II können die Parteien nunmehr auch **B 795** befristete Mietverträge ohne Verlängerungsanspruch des Mieters abschließen. Die Vorschrift ist durch das Gesetz zur Erhöhung des Angebots an Mietwohnungen vom 20. 12. 1982 (BGBl. I S. 1912) in das BGB eingefügt worden und am **1.1.1983** in Kraft getreten. Die Rechtsfolgen des § 564c II können deshalb nur dann eintreten, wenn die Befristung nach diesem Zeitpunkt vereinbart worden ist (Barthelmess § 564c BGB Rdn 52). Die Laufzeit eines qualifizierten befristeten Mietverhältnisses darf nicht mehr als **fünf Jahre** betragen. Wird das Mietverhältnis über eine längere Zeit abgeschlossen, so liegt ein befristetes Mietverhältnis im Sinne des § 564c I vor, so daß der Mieter das Verlängerungsrecht geltend machen kann. Eine Mindestfrist besteht nicht. Maßgeblich für die **Berechnung der Frist** ist der vereinbarte Mietbeginn und das vereinbarte Mietende. Ausnahmsweise ist der tatsächliche Mietbeginn maßgeblich, wenn der Mieter bereits längere Zeit vor dem vertraglich vereinbarten Zeitpunkt eingezogen ist und der Vermieter nur deshalb auf der Vereinbarung eines späteren Mietbeginns bestanden hat, um sich die Vorteile des Zeitmietvertrags zu sichern. In diesem Fall kann die Vertragsregelung als nichtiges Scheingeschäft anzusehen sein (§ 117 BGB). Auf den Zeitpunkt des Vertragsschlusses kommt es dagegen nicht an (Sternel MDR 83, 274; Barthelmess § 564c BGB Rdn 56; Köhler Neues Mietrecht S. 47; a. A. wohl Palandt/Putzo § 564c BGB Anm. 4 a–aa. Eine Ausnahme gilt dann, wenn die Befristung erst nach Abschluß eines zunächst auf unbefristete Zeit abgeschlossenen Mietverhältnisses vereinbart wird. In diesen Fällen kommt es auf den Zeitpunkt der Änderungsvereinbarung an. Eine solche **nachträgliche Vertragsänderung** ist aber nur dann möglich, wenn die Gesamtwohnzeit von insgesamt fünf Jahren nicht überschritten wird. Anderenfalls verstößt die Änderungsvereinbarung gegen § 564c II 1 Ziff. 1 und S. 2 Hs. 2, wonach sichergestellt werden soll, daß der Mieter nach einer Gesamtwohnzeit von 5 Jahren vollen Kündigungsschutz in Anspruch nehmen kann. In der Begründung zum Gesetzentwurf ist insoweit ausgeführt, daß sich nach Ablauf von 5 Jahren die „Verwurzelung des Mieters in der neuen Umgebung regelmäßig so weit gefestigt haben (wird), daß ihm gegenüber den immer noch nicht realisierten Verwendungsabsichten des Vermieters der volle Kündigungsschutz zugestanden werden muß" (Rdn F 99). Im Unterschied zu § 564c I setzt der qualifizierte, befristete Mietvertrag des § 564c II voraus, daß die Befristung durch ein **besonderes Interesse des Vermieters** gerechtfertigt ist. Nach dem Gesetz wird dieses besondere Interesse auf zwei Fallgruppen beschränkt, nämlich auf die Fälle der zukünftigen Eigennutzung und die Fälle einer in Zukunft beabsichtigten Modernisierung. Dieser Verwendungszweck muß dem Mieter bei Vertragsschluß schriftlich mitgeteilt werden; außerdem muß der Vermieter drei Monate vor Ablauf der Mietzeit mitteilen, daß die Verwendungsabsicht noch besteht. Es reicht dabei aus, wenn einer der beiden Verwendungszwecke vorliegt; eine Kumulation beider Zwecke schadet nicht, so z. B. wenn der Vermieter die Räume erst nach der Modernisierung selbst nutzen will. Eine **alternative** oder **hilfsweise Angabe des Verwendungszwecks** (Eigennutzung oder Modernisierung) kommt im Rahmen des § 564c II BGB aber nicht in Betracht (a. A.: Barthelmess § 564c BGB

§ 564c BGB. Zeitmietverträge

Rdn 64). Aus der Anordnung der Mitteilungspflichten in § 564c II Ziff. 3 und 4 läßt sich entnehmen, daß der Vermieter nur dann einen Mietvertrag mit qualifizierter Befristung abschließen darf, wenn die spätere Verwendung hinreichend genau und für den Mieter überprüfbar konkretisiert ist. Deshalb muß sich der Vermieter bereits bei Vertragsschluß entscheiden, welchen von beiden Verwendungszwecken er bei Vertragsende realisieren will. Ob der geplante Verwendungszweck letztlich realisiert werden kann, muß zwar nicht mit letzter Sicherheit feststehen; wohl aber muß bereits bei Vertragsschluß eine auf den Verwendungszweck bezogene, eindeutige und hinreichend konkretisierte Absicht vorhanden sein. Für alternative Gestaltungsmöglichkeiten bleibt deshalb kein Raum. Liegen sämtliche Voraussetzungen **kumulativ** vor (Fünfjahresfrist, Verwendungszweck, Mitteilung des Verwendungszwecks beim Vertragsschluß und vor Vertragsende, Fortbestand der Verwendungsabsicht), so endet der qualifizierte, befristete Mietvertrag zu dem vereinbarten Zeitpunkt. Sowohl die Anwendung der Sozialklausel als auch die Gewährung einer Räumungsfrist sind ausgeschlossen (§§ 564c II BGB, 721 VII, 794a V ZPO).

Die Vorschrift gilt nur für diejenigen Mietverhältnisse, die an sich dem **B 796** Bestandsschutz nach §§ 564b, 564c I unterliegen. Dies folgt unmittelbar aus der Gesetzessystematik; danach ist § 564c II eine Ausnahmevorschrift von § 564c I. Bei Mietverhältnissen, auf welche die Vorschrift des § 564c I keine Anwendung findet, insbesondere also bei Mietverhältnissen im Sinne von § 564b VII ist eine vereinbarte Befristung auch außerhalb des Tatbestandes des § 564c II wirksam. Wird in einem solchen Fall dennoch vertraglich vereinbart, daß die Beendigung nur unter den Voraussetzungen des § 564c II wirksam werden soll, so ist der Vermieter gleichwohl hieran gebunden. Den Parteien steht es frei, ob sie bestimmte Beendigungsvoraussetzungen, nach denen der Mieter günstiger steht als nach der gesetzlichen Regelung zum Bestandteil des Mietverhältnisses machen wollen. Die dem Mieter nachteiligen Rechtswirkungen des Zeitmietvertrags (Ausschluß der Sozialklausel und der Räumungsfrist) treten in diesem Fall aber nicht ein. Dies bedeutet, daß sich der Mieter eines Zimmers in einem Studenten- oder Jugendwohnheim auch dann auf die Sozialklausel berufen und die Gewährung einer Räumungsfrist beantragen kann, wenn das Mietverhältnis als Zeitmietvertrag ausgestaltet ist. Für den Mieter eines möblierten Zimmers im Sinne von § 564b VII Nr. 2 BGB gilt die Sozialklausel kraft Gesetzes nicht (§§ 556a VIII, 565 III BGB). Eine Räumungsfrist kann aber auch bei diesen Mietverhältnissen gewährt werden.

2. Der Eigennutzungstatbestand

Der Eigennutzungstatbestand liegt vor, wenn der Vermieter die Räu- **B 797** me als Wohnung für sich, die zu seinem Hausstand gehörenden Personen oder seine Familienangehörigen nutzen will. Für den Begriff der Wohnung gelten die Ausführungen unter Rdn B 6 ff. Der Eigennutzungstatbestand unterscheidet sich von dem Eigenbedarfstatbestand des § 564b II Nr. 2 BGB in einem wesentlichen Punkt. Anders als bei der Kündigung reicht es für die qualifizierte Befristung nämlich aus, daß der Vermieter die Räume nutzen will. Auf die hierfür maßgeblichen Gründe kommt es nicht an: Eine Bedarfsprüfung findet nicht statt.

B 798 Auf das Ausmaß der beabsichtigten Nutzung kommt es nicht an. Deshalb reicht es im Rahmen des § 564c I grundsätzlich aus, wenn der Vermieter die Räume nur als Wochenend- oder Zweitwohnung benutzen will (a. A. Sternel MDR 83, 271). Dies folgt aus der Erwägung, daß die Vorschrift keinen Bedarf, sondern nur einen Nutzungswillen fordert und aus dem Grundsatz, daß vergleichbare Sachverhalte gleichzubehandeln sind. Nach der hier vertretenen Ansicht unterliegen Wohnungen nämlich auch dann dem Kündigungsschutz, wenn sie vom Mieter lediglich als Zweit- oder Wochenendwohnung genutzt werden (s. Rdn. B 572, C 563). Dahinter steht die Überlegung, daß der Mieter auch am Besitz dieser Wohnungen ein schutzwürdiges Interesse haben kann. Gleiches muß dann aber auch für den Vermieter gelten. Davon abgesehen steht die hier vertretene Ansicht auch im Einklang mit dem Zweck der Vorschrift, weil der Wohnungsmarkt auch durch die zeitweise Vermietung solcher Wohnungen entlastet werden kann. Bei **mehreren Vermietern** genügt es, wenn einer von ihnen die Wohnung für sich nutzen will (vgl. Rdn B 635). Die Verwendung der Räume als Geschäftsräume (s. Rdn B 11) oder als Mischraum (s. Rdn B 13) rechtfertigt die qualifizierte Befristung nicht. Gleiches gilt, wenn der Vermieter die Absicht hat, die Räume zunächst über längere Zeit leerstehen zu lassen.

B 799 Die übrigen Elemente des Eigennutzungstatbestands sind mit denjenigen des Eigenbedarfstatbestands identisch. Für den Begriff des **Familienangehörigen** und des **Hausstandsangehörigen** gelten demnach die Ausführungen unter Rdn. B 627f. Ebenso wie beim Eigenbedarfstatbestand ist es nicht erforderlich, daß der Wohnungsanwärter bereits zum Hausstand gehört; es genügt, wenn ein bislang Außenstehender durch die Überlassung der Wohnung Hausstandsangehöriger wird.

B 800 Der privilegierte Personenkreis wird in § 564c II Nr. 2a abschließend aufgezählt. Eine Ausdehnung des Eigennutzungstatbestands auf andere Personen ist ausgeschlossen. Daraus folgt, daß zum Beispiel der Eigennutzungswille des Eigentümers, der nicht zugleich der Vermieter ist, keine qualifizierte Befristung rechtfertigt. Dies ist insbesondere in jenen Fällen von Bedeutung, in denen die Wohnung durch eine Vermietungsgesellschaft oder einen Verwalter vermietet worden ist. Auch die beabsichtigte Überlassung der Wohnung an Betriebsangehörige oder die Absicht zur späteren Einstellung und Unterbringung eines Hausmeisters rechtfertigen die qualifizierte Befristung nicht.

3. Der Modernisierungstatbestand

Der Modernisierungstatbestand ist gegeben, wenn der Vermieter in **B 801**
zulässiger Weise die Räume beseitigen oder so wesentlich verändern oder
instand setzen will, daß die Maßnahmen durch eine Fortsetzung des
Mietverhältnisses erheblich erschwert würden.

Die vom Gesetzgeber gewählte Gesetzesfassung ist unpräzise, weil der
Bereich der im Rahmen des § 564c II Nr. 2b in Betracht kommenden
Modernisierungsmaßnahmen durch den Gesetzeswortlaut nur zum Teil
hinreichend genau bestimmt werden kann.

a) Das Gesetz unterscheidet zunächst zwischen zwei Gruppen von **B 802**
Maßnahmen, deren Eignung für eine qualifizierte Befristung des Vertrages nach unterschiedlichen Kriterien beurteilt werden muß. Handelt es
sich um eine Maßnahme, durch die die Mieträume **beseitigt** werden, so
kommt es allein darauf an, ob diese Maßnahme ,,in zulässiger Weise"
erfolgt. Das weitere Kriterium des § 564c II Nr. 2b (,,daß die Maßnahmen durch eine Fortsetzung des Mietverhältnisses erheblich erschwert
würden") gehört zwar auch zum Tatbestand, spielt aber bereits aus logischen Gründen keine Rolle:

Eine rechtlich zulässige Beseitigung der Mietsache kommt ohne vorherige Auflösung des Mietverhältnisses naturgemäß nicht in Betracht.
Daraus ergibt sich auch, daß mit dem Begriff des Beseitigens keineswegs
nur der völlige Abriß des Gebäudes gemeint ist. Eine Mietsache wird
vielmehr immer dann beseitigt, wenn sie nach der Durchführung der
Maßnahme nicht mehr in ihrer räumlichen Gestalt vorhanden ist. Dies
ist auch dann der Fall, wenn beispielsweise eine große Wohnung in
mehrere kleine Appartements aufgeteilt wird oder umgekehrt.

Das Kriterium der Zulässigkeit kann sich aus diesen Gründen auch
nicht auf eine wie auch immer beschaffene ,,privat-rechtliche Zulässigkeit" beziehen, weil der Mieter die Beseitigung der Mietsache an sich –
das heißt bei fortbestehendem Mietverhältnis – nicht zu dulden braucht –
Vielmehr ist hier ausschließlich die öffentlich-rechtliche Zulässigkeit gemeint, also, daß die behördlichen Genehmigungen für die Beseitigung
(Abrißgenehmigung, Baugenehmigung, Zweckentfremdungsgenehmigung) vorliegen (so auch die Begründung des Gesetzentwurfs – Rdn
F 112).

Umstritten ist die Frage, ob die Genehmigungen bereits beim Ab- **B 803**
schluß des Vertrags vorliegen müssen oder ob es ausreicht, wenn sie im
Zeitpunkt der Erklärung nach § 564c II Nr. 4 gegeben sind. Im Bericht
des Rechtsausschusses (BT-Drucks. 9/2284) ist hierzu die Ansicht vertreten worden, daß die Maßnahme lediglich genehmigungsfähig sein
muß; es sei nicht erforderlich, daß die Genehmigung bereits erteilt sei
(ebenso Sternel MDR 83, 265, 271; Köhler, Neues Mietrecht, S. 50;
Emmerich-Sonnenschein, Miete § 564c BGB Rdn 21; Barthelmess
§ 564c Rdn 85; Röder NJW 83, 2665). Dieser Ansicht kann nicht zugestimmt werden. Die Meinung des Rechtsausschusses hat im Wortlaut

des § 564c II Nr. 3 keinen Niederschlag gefunden. Denn diese Vorschrift bestimmt eindeutig, daß der Vermieter dem Mieter „diese Absicht" und das heißt: den konkreten Verwendungszweck „bei Vertragsschluß" mitteilen muß. Zur Mitteilung des konkreten Verwendungszwecks gehört aber auch die spezifizierte Angabe, daß die beabsichtigte Beseitigung zulässig ist, daß also die behördlichen Genehmigungen bereits erteilt sind.

Auf diese Weise wird auch dem berechtigten Interesse des Mieters an einer möglichst eindeutigen Vertragsgestaltung Rechnung getragen. Diesem Interesse dient die Hinweispflicht und dementsprechend ist auch die hier erörterte Frage zu beantworten.

B 804 b) Die zweite Gruppe betrifft Maßnahmen, durch die die Miträume **wesentlich verändert oder instand gesetzt** werden sollen. Im Unterschied zur erstgenannten Gruppe ist hier Voraussetzung, daß die Mietsache in ihrer Substanz erhalten bleibt. Für die Instandsetzungsmaßnahmen ist dies selbstverständlich, weil bereits der Begriff der Instandsetzung voraussetzt, daß eine beschädigte Sache wiederhergestellt werden soll. Veränderungsmaßnahmen sind demgegenüber solche, durch die die Mietsache verbessert oder umgestaltet wird. Auch bei der Umgestaltung muß indes die Sachsubstanz erhalten bleiben, weil die Maßnahme sonst zu den Beseitigungsmaßnahmen gehört.

B 805 Die begriffliche Unterscheidung ist deshalb von Bedeutung, weil die öffentlich-rechtliche Zulässigkeit bei den Veränderungs- und Instandsetzungsarbeiten eine untergeordnete Rolle spielt. Nach dem Wortlaut der Vorschrift bezieht sich das Tatbestandsmerkmal „in zulässiger Weise" zwar auch auf die Veränderungs- und Instandsetzungsarbeiten. Es hat aber für diesen Bereich kaum Bedeutung, weil für Maßnahmen dieser Art in der Regel keine behördlichen Genehmigungen erforderlich sind. Hier kommt es vielmehr maßgeblich darauf an, ob die Maßnahmen so weitreichend sind, daß sie **„durch eine Fortsetzung des Mietverhältnisses erheblich erschwert würden"**. Aus dieser Formulierung ergibt sich zunächst, daß die Auflösung der Mietverhältnisse keine unabdingbare Voraussetzung für die Durchführung der Modernisierungsmaßnahme sein muß. Es ist also nicht erforderlich, daß die Durchführung der Modernisierungsmaßnahmen bei Aufrechterhaltung des Mietverhältnisses unmöglich wäre. Es genügt, wenn sie erheblich erschwert wird. Aus dem Erheblichkeitskriterium muß andererseits gefolgert werden, daß nicht jede Erschwerung ausreicht; vielmehr kommen nur Maßnahmen von einigem Gewicht in Betracht. Hierunter fallen zunächst diejenigen Maßnahmen, die der Mieter nach § 541b BGB nicht zu dulden braucht; solche Maßnahmen könnte der Vermieter gegen den Willen des Mieters nicht durchführen. Umgekehrt wird durch den Umstand, daß der Mieter zur Duldung verpflichtet wäre, die qualifizierte Befristung nicht in jedem Fall ausgeschlossen (Landfermann, Erläuterungen S. 36), weil sich die Erschwernis auch aus einer besonders großen finanziellen Belastung des Vermieters ergeben kann (vgl. § 541b III BGB; a. A.: Köhler, Neues

§ 564c BGB. Zeitmietverträge

Mietrecht, S. 51). Die Duldungspflicht ist aber andererseits ein wichtiger Orientierungsmaßstab für die Zulässigkeit des Zeitmietvertrags (Sternel MDR 83, 265, 272). Dies gilt allerdings mit der Einschränkung, daß subjektive Faktoren, von denen die Duldungspflicht ebenfalls abhängt, wie zum Beispiel der Gesundheitszustand oder das Alter des Mieters, im Rahmen des § 564c II unberücksichtigt bleiben müssen; ob solche Umstände vorliegen, steht beim Vertragsschluß nämlich regelmäßig nicht fest.

Vielmehr ist hier allein auf die Art der vorzunehmenden Arbeiten, die baulichen Folgen und die zu erwartende Mieterhöhung abzustellen. Maßnahmen, bei denen die Duldungspflicht zweifelhaft ist, werden demnach die qualifizierte Befristung rechtfertigen (Beispiel: Austausch schadhafter Fußböden, weil hierbei in der Regel eine vorübergehende Räumung erforderlich ist; Veränderung des Zuschnitts der Wohnung, weil dies in der Regel nicht zu dulden ist). Kleinere Modernisierungsmaßnahmen, bei denen offensichtlich ist, daß sie vom Mieter geduldet werden müssen, rechtfertigen die qualifizierte Befristung nicht (Beispiel: Einbau einer Sammelheizung, Austausch alter Fenster gegen Isolierfenster). Der Einbau eines Badezimmers gehört nach der Neufassung des § 541b BGB ebenfalls zu den duldungspflichtigen Maßnahmen; da die Durchsetzung einer solchen Maßnahme regelmäßig auch keine sonstigen Erschwernisse mit sich bringt, rechtfertigt sie allein die Befristung nicht (a. A.: aber die Begründung des Regierungsentwurfs Rdn F 112).

4. Mitteilung des Beendigungsinteresses beim Vertragsabschluß

a) Nach § 564c II Nr. 3 wird der Verlängerungsanspruch nur dann ausgeschlossen, wenn der Vermieter dem Mieter die für die Befristung sprechenden besonderen Gründe bei Vertragsschluß schriftlich mitgeteilt hat. Für die Form der Mitteilung gilt § 126 BGB (Emmerich-Sonnenschein, Miete § 564c BGB Rdn 23; a. A. Palandt-Putzo § 564c BGB Anm. 4a-cc; Barthelmess § 564c BGB Rdn 92).

Die Mitteilung ist eine Rechtshandlung, für die die Grundsätze der einseitigen empfangsbedürftigen Willenserklärung entsprechend gelten. Die Mitteilung wird deshalb nur dann wirksam, wenn sie spätestens bei Vertragsschluß dem Mieter zugegangen ist. Daraus folgt zum einen, daß die Erklärung über das Befristungsinteresse nicht Vertragsbestandteil werden muß, und zum anderen, daß die bloße Kenntnis des Mieters vom Befristungsinteresse – anders als bei § 556b II BGB – unerheblich ist. Durch eine mündliche Mitteilung des Vermieters wird der Fortsetzungsanspruch des Mieters ebenfalls nicht ausgeschlossen. Gleiches gilt für eine schriftliche Mitteilung, die erst nach Vertragsschluß dem Mieter zugeht. Dies ist insbesondere in jenen Fällen von Bedeutung, in denen die Parteien nach vorangegangener mündlicher Einigung den Abschluß eines schriftlichen Vertrags vereinbaren. Die schriftliche Beurkundung kann hier nämlich zum einen als echtes Wirksamkeitserfordernis im Sinne des § 154 II BGB als auch zu bloßen Beweiszwecken verabredet werden. Im erstgenannten Fall reicht es aus, wenn der Vermieter sein Befristungsinteresse in der Vertragsurkunde zum Ausdruck bringt, weil hier der Vertrag erst mit der Beurkundung zustande kommt. Wird dagegen die Schriftform lediglich zu Beweiszwecken vereinbart, so kommt der Vertrag bereits durch die mündliche Einigung zustande; das erst in der Vertragsurkunde zum Ausdruck gebrachte Befristungsinteresse wäre hier verspätet. In diesem Fall ist es ohne Bedeutung, ob der Vermieter vor dem Vertragsschluß sein Befristungsinteresse mündlich dargelegt hat, weil mündliche Erklärungen nach dem eindeutigen Wortlaut des § 564c II Nr. 3 BGB nicht ausreichen.

B 807 b) Durch das Gesetz wird nicht näher bestimmt, welche Anforderungen an die Mitteilung nach § 564c II Ziff. 3 zu stellen sind. Auch in der Gesetzesbegründung findet sich hierzu nichts. Mangels anderer Anhaltspunkte müssen die an den **Inhalt der Mitteilung** zu stellenden Anforderungen aus dem Zweck der Mitteilungspflicht hergeleitet werden. Dieser Zweck ist naheliegend: Der Mieter soll bereits bei Vertragsschluß über seine Rechte und Pflichten informiert werden; er soll insbesondere wissen, daß der üblicherweise für befristete Mietverhältnisse geltende Verlängerungsanspruch des § 564c I für ihn nicht gilt und daß er weder die Fortsetzung nach § 556a und b BGB noch eine gerichtliche Räumungsfrist verlangen kann. Diese weitgehende Beschneidung üblicher Mieterrechte, die im Einzelfall tiefgreifende soziale Probleme und finanzielle Belastungen mit sich bringen kann (vgl. Blank WM 83, 36, 42) bedingt, daß jeglicher Zweifel an der Wirksamkeit der qualifizierten Befristung schlechthin ausgeschlossen ist. Allgemeingehaltene Formulierungen wie: ,,Das Mietverhältnis ist ein Zeitmietvertrag im Sinne von § 564c II BGB'' genügen deshalb in keinem Fall. Einer solchen Mitteilung kann nämlich nicht entnommen werden, aufgrund welcher tatsächlichen Umstände die Befristung erfolgt; demgemäß kann der Mieter nicht überprüfen, ob die Voraussetzungen des § 564c II Ziff. 2 vorliegen. Eine Wiederholung des Gesetzestextes ist nur dann ausreichend, wenn mitgeteilt wird, daß der Vermieter ,,die Räume als Wohnung für sich ... nutzen will''. In diesem Fall steht zweifelsfrei fest, daß ein vom Gesetz anerkanntes Befristungsinteresse vorliegt. In den meisten anderen Fällen genügt die Wiedergabe des Gesetzestextes nicht (ebenso: Röder NJW 83, 2665).

Denn das Gesetz verwendet in § 564c II 2a den Begriff der ,,zu seinem Hausstand gehörenden Personen'' und den Begriff des ,,Familienangehörigen''; beide Begriffe sind nicht eindeutig, sondern auslegungsbedürftig (vgl. Rdn. B 627, 628). Daraus folgt allerdings nicht, daß der Vermieter den zukünftigen Bewohner namentlich benennen muß (Sternel MDR 83, 272; Landfermann, Erläuterungen, S. 36). Er muß aber das Verwandtschaftsverhältnis so bezeichnen, daß der Mieter erkennen kann, ob die benannte Person zu der in § 564c II 2a genannten Gruppe gehört. Hierzu reicht es beispielsweise aus, wenn der Vermieter mitteilt,

§ 564c BGB. Zeitmietverträge

daß er die Wohnung „seinem Sohn" oder „dem ältesten Sohn" überlassen will. Die Formulierung, daß die Wohnung „einem der Kinder" überlassen werden soll, genügt nach der hier vertretenen Ansicht nicht, weil dadurch die Person des Nutzungsberechtigten nicht hinreichend konkretisiert wird (ebenso Sternel MDR 83, 265, 272; a. A.: Landfermann a. a. O.; Barthelmess § 564c Rdn 78). Die Konkretisierung ist deshalb erforderlich, weil der Mieter anderenfalls den Nutzungswillen der berechtigten Person nicht überprüfen könnte. Zu einem anderen Ergebnis müssen allerdings die Vertreter derjenigen Ansicht kommen, die den Austausch des Verwendungszwecks für zulässig halten (so z. B.: Köhler, Neues Mietrecht, S. 53; s. Rdn. B 811). Wird lediglich der Name des zukünftigen Bewohners mitgeteilt, so genügt dies nur dann, wenn der Mieter die verwandtschaftlichen Beziehungen dieser Person zum Vermieter kennt.

Soll die Befristung im Hinblick auf eine beabsichtigte **Modernisierung** B 808 erfolgen, so genügt die Wiedergabe des Gesetzestextes nur dann, wenn der Vermieter „die Räume beseitigen ... will".

Diese Formulierung ist eindeutig. Zwar kann eine Beseitigung sowohl in der Form des Abbruchs als auch in der Form des völligen Umbaus vorgenommen werden. Im Ergebnis spielt dies aber keine Rolle, weil beide Formen die Befristung rechtfertigen. Anders ist es bei dem Begriff „wesentlich verändern" und bei dem Begriff „wesentlich instand setzen". Diese Maßnahmen können eine Befristung nur rechtfertigen, wenn sie so umfassend sind, daß dadurch eine Fortsetzung des Mietverhältnisses „erheblich erschwert" würde. Diese Tatbestandsvoraussetzung kann der Mieter nur überprüfen, wenn ihm konkrete Informationen vorliegen. Es ist deshalb sachgerecht, wenn an den Inhalt der Information im wesentlichen dieselben Anforderungen gestellt werden wie an die Mitteilung, die nach der Neuregelung des § 541b BGB im Rahmen der Modernisierung erforderlich ist. Nach dieser Vorschrift muß der Vermieter den Mieter über die Art, den Umfang, den Beginn und die voraussichtliche Dauer der Maßnahme informieren. Da das Informationsinteresse des Mieters in beiden Fällen gleich ist, kann für die Mitteilung im Rahmen des § 564c II 2b BGB nichts anderes gelten (abweichend: Sternel a. a. O., wonach eine Beschreibung der geplanten Maßnahme nicht erforderlich ist.)

In allen Fällen ist die Mitteilungspflicht auf die Angabe derjenigen B 809 **Tatsachen** beschränkt, welche die qualifizierte Befristung rechtfertigen sollen.

Über die mit dem Zeitmietvertrag verbundenen **Rechtsfolgen** braucht der Vermieter nicht aufzuklären (Köhler, Neues Mietrecht, S. 52; Barthelmess § 564c Rdn 97). Es kommt insoweit auch nicht darauf an, ob der Mieter von den weitreichenden Rechtsfolgen des § 564c II Kenntnis hatte.

5. Mitteilung über den Fortbestand des Beendigungsinteresses vor Vertragsende

B 810 a) Schließlich setzt die qualifizierte Befristung voraus, daß der Vermieter dem Mieter drei Monate vor dem Ablauf der Mietzeit schriftlich mitteilt, daß die für die Befristung ursächliche Verwendungsabsicht noch besteht. Auch für diese Erklärung gilt § 126 BGB (s. Rdn B 806). Maßgeblich für die Einhaltung der Dreimonatsfrist ist der Zugang beim Mieter. Ein früherer Zugang schadet nicht, jedoch muß die Mitteilung noch in einem zeitlichen Zusammenhang mit dem Vertragsende stehen (Röder NJW 83, 2665). Insoweit gilt nichts anderes als im Rahmen des § 568 BGB (s. Rdn B 957). Die Mitteilung ist – aus logischen Gründen – dann entbehrlich, wenn der Mietvertrag für eine kürzere Zeit als 3 Monate abgeschlossen ist (teilw. abw.: Barthelmess § 564c BGB Rdn 100, wonach die Schlußmitteilung auch noch bei sechsmonatiger Befristung entbehrlich sein soll); in allen anderen Fällen ist aus Gründen der Rechtsklarheit und Rechtssicherheit eine Schlußmitteilung erforderlich. Auch für die Schlußmitteilung sind die Grundsätze, die für die einseitige empfangsbedürftige Willenserklärung gelten, entsprechend anzuwenden. An den **Inhalt dieser Mitteilung** sind allerdings etwas andere Anforderungen zu stellen als an die beim Vertragsschluß abzugebende Erklärung nach § 564c II 3. So ist es nicht erforderlich, daß die Verwendungsabsicht substantiiert beschrieben wird; vielmehr genügt es, wenn der Vermieter insoweit auf die beim Vertragsabschluß abgegebene Erklärung Bezug nimmt und zum Ausdruck bringt, daß die dort beschriebene Verwendungsabsicht noch besteht.

B 811 Ein **Auswechseln des Befristungsinteresses** ist stets unzulässig (Sternel MDR 83, 265, 273; Gramlich NJW 83, 417, 420; Barthelmess § 564c Rdn 63; Röder NJW 83, 2665; a. A.: Köhler, Neues Mietrecht, S. 49, 52, 53). Dies gilt auch dann, wenn das ursprüngliche und das neue Befristungsinteresse an sich gleichwertig sind, so zum Beispiel, wenn die Wohnung einem anderen als dem ursprünglich genannten Familienangehörigen überlassen werden soll oder wenn anstelle des ursprünglich geplanten Abbruchs nunmehr eine grundlegende Instandsetzung beabsichtigt ist. Das Gesetz sieht einen derartigen Austausch der Beendigungsinteressen nicht vor. Dies ergibt sich nicht nur aus dem Wortlaut des § 564c II 4, wonach „diese Verwendungsabsicht" – also das ursprüngliche Befristungsinteresse – noch bestehen muß, sondern auch aus dem Zweck der beiden aufeinander abgestimmten Mitteilungspflichten, durch die der Mieter umfassend informiert werden soll, so daß er seine Rechte und Pflichten deutlich erkennen kann. Entfällt das ursprünglich mitgeteilte Beendigungsinteresse während der Mietzeit, etwa weil der in der Mitteilung genannte Familienangehörige seinen Wohnbedarf mittlerweile anderweitig decken konnte oder weil die Behörde eine Zweckentfremdungsgenehmigung widerrufen hat, so kann der Mieter darauf vertrauen, daß nunmehr ein gewöhnliches befristetes Mietverhältnis im

Sinne des § 564c I vorliegt. Dieses Vertrauen ist schon deshalb in besonderem Maße schutzwürdig, weil die Räumungsverpflichtung im wesentlichen von der Wirksamkeit der qualifizierten Befristung abhängt. Aus diesem Grunde kann es nicht zulässig sein, daß der Vermieter sein Beendigungsinteresse auf solche Gründe stützen darf, die er dem Mieter bei Beginn des Mietverhältnisses nicht mitgeteilt hat.

Aus der Mitteilung muß sich weiter ergeben, zu welchem **Zeitpunkt** die Räume beseitigt, modernisiert oder weitervermietet werden sollen. Diese Angabe ist deshalb erforderlich, damit der Mieter erkennen kann, ob er den Fortsetzungsanspruch nach § 564c II 2 geltend machen kann (s. Rdn B 815 ff).

B 812

b) Wird die Erklärung des Vermieters **nicht fristgerecht** abgegeben, so lebt der Fortsetzungsanspruch des § 564c I BGB wieder auf. Das Mietverhältnis ist wie ein gewöhnliches befristetes Mietverhältnis zu behandeln. Beantragt der Mieter zwei Monate vor Vertragsende die Fortsetzung des Mietverhältnisses, so wird dieses fortgesetzt, falls der Vermieter keine Kündigungsgründe im Sinne von § 564b BGB hat. Unterbleibt der Fortsetzungsantrag, so endet das Mietverhältnis zum vertraglich vereinbarten Zeitpunkt; in diesem Fall kann dem Mieter allerdings eine Räumungsfrist gewährt werden.

B 813

c) **Entfällt die Verwendungsabsicht** nach Abschluß des Mietvertrags, so ist der Vermieter verpflichtet, dies dem Mieter mitzuteilen. Es handelt sich dabei um eine vertragliche Nebenpflicht. Die Mitteilung muß unverzüglich nach Wegfall der Verwendungsabsicht erfolgen, damit sich der Mieter auf die veränderte Situation einstellen kann. Unterläßt der Vermieter die Mitteilung, so macht er sich aus den unter Rdn. B 609 dargelegten Gründen schadensersatzpflichtig (ebenso: Landfermann, Erläuterungen S. 37). Davon abweichend wird aber auch die Ansicht vertreten, daß die Verwendungsabsicht nicht während der gesamten Dauer des Mietverhältnisses ununterbrochen bestehen müsse. Es reiche aus, wenn die Verwendungsabsicht beim Vertragsschluß, bei der Schlußmitteilung und bei Vertragsende vorliege (Barthelmess § 564c BGB Rdn 66). Nach dieser Ansicht schadet ein zwischenzeitlicher Wegfall der Verwendungsabsicht nicht. Die von Barthelmess gewählten Beispielsfälle deuten indes darauf hin, daß damit jene Sachverhalte gemeint sind, in denen während der Mietzeit mehr oder weniger starke **Zweifel** an der Realisierung der geplanten Verwendung auftreten. In solchen Fällen kann auch nach der hier vertretenen Ansicht nicht von einem Wegfall der Verwendungsabsicht gesprochen werden. Erforderlich ist vielmehr, daß auf Grund konkreter Umstände festgestellt werden kann, daß der Vermieter die ursprüngliche Verwendungsabsicht endgültig aufgegeben hat. In diesen Fällen ist es aber nicht gerechtfertigt, wenn der Mieter weiterhin im unklaren über seine Rechtsposition gelassen wird.

B 814

Mit dem Eingang der Mitteilung beim Mieter treten dieselben Rechtsfolgen ein, wie im Falle einer nicht oder nicht fristgemäß abgegebenen Erklärung nach § 564c II 4 (vgl. oben Rdn. B 813). Denn nunmehr steht

B 815

fest, daß eine der Voraussetzungen der qualifizierten Befristung weggefallen ist. Aus dem qualifizierten befristeten Mietvertrag wird ein einfaches befristetes Mietverhältnis nach § 564 c I. Im Einzelfall kann sich aber aus dem Inhalt der Mitteilung ergeben, daß der Vermieter von der Befristung schlechthin Abstand nehmen will. In diesem Fall liegt in der Mitteilung zugleich ein Angebot auf eine Änderung des Mietvertrags. Nimmt der Mieter dieses Angebot an, so wird aus dem befristeten Mietvertrag ein Mietverhältnis auf unbestimmte Zeit (vgl. dazu auch Barthelmess § 564c BGB Rdn 58, wonach das Mietverhältnis in solchen Fällen nach den Grundsätzen des Wegfalls der Geschäftsgrundlage im Zeitpunkt des Wegfalls der Verwendungsabsicht in ein unbefristetes Mietverhältnis umgewandelt werden kann). Entfällt die Verwendungsabsicht nach Abgabe der Schlußerklärung, so kann der Mieter entsprechend den unter Rdn B 38 dargelegten Voraussetzungen aus dem Gesichtspunkt des § 242 BGB einen Verlängerungsanspruch auf unbestimmte Zeit geltend machen. Der Vermieter ist auch in diesen Fällen verpflichtet, den Mieter entsprechend zu informieren.

B 815 d) **Verzögert** sich die vom Vermieter beabsichtigte Verwendung der Räume **ohne sein Verschulden,** so muß auch dieser Umstand dem Mieter spätestens drei Monate vor Vertragsende mitgeteilt werden. Unterbleibt diese Mitteilung, so treten die unter Rdn. B 813 dargelegten Rechtsfolgen ein. Erfolgt die Mitteilung rechtzeitig, so kann der Mieter eine Verlängerung des Mietverhältnisses um einen entsprechenden Zeitraum verlangen; würde durch diese Verlängerung die Dauer des Mietverhältnisses fünf Jahre übersteigen, kann der Mieter die Fortsetzung des Mietverhältnisses auf unbestimmte Zeit nach § 564c I verlangen (§ 564c II 2). Auch diese Mitteilung muß **schriftlich** erfolgen. Die Gegenansicht (Barthelmess § 564 c BGB Rdn 123) verkennt, daß die Mitteilung über die Verzögerung nichts anderes als eine Mitteilung nach § 564 c II Ziff. 4 (s. Rdn B 810, 812) mit besonderem Inhalt darstellt. In den Fällen der sofort realisierbaren Verwendungsabsicht muß mitgeteilt werden, daß die Verwendungsabsicht noch besteht und alsbald nach Vertragsende verwirklicht werden soll (vgl. Rdn B 812). In den hier fraglichen Fällen muß der Mieter gleichfalls über den Fortbestand der Verwendungsabsicht informiert werden, weil sonst die unter Rdn B 813 dargestellten Rechtsfolgen eintreten; gleichzeitig muß aber mitgeteilt werden, daß die beabsichtigte Verwendung nicht sofort, sondern erst später in Angriff genommen wird. Da die Verzögerungsmitteilung lediglich Bestandteil der Schlußmitteilung nach § 564 c II Ziff. 4 ist, muß die Erklärung spätestens drei Monate vor Vertragsende abgegeben werden. Bei verspäteter Mitteilung treten die unter Rdn B 813 dargelegten Rechtsfolgen ein. Ergeben sich die für eine Verzögerung maßgeblichen Umstände erst zwischen Schlußmitteilung und Vertragsende, so ist dies grundsätzlich unbeachtlich; der Mieter kann aber entsprechend den unter Rdn B 38 dargelegten Voraussetzungen aus dem Gesichtspunkt des § 242 BGB einen Verlängerungsanspruch geltend machen.

Aus dieser komplizierten Regelung ergeben sich folgende Konsequenzen:

aa) Aus der Mitteilung über die Verzögerung der Verwendungsabsicht **B 816** muß sich in einer für den Mieter nachprüfbaren Weise ergeben, aus welchen Gründen die Verzögerung eingetreten ist, daß den Vermieter an der Verzögerung kein Verschulden trifft und um welchen Zeitraum sich die Realisierung des Verwendungszwecks verzögert. Die Gründe der Verzögerung müssen hinreichend genau beschrieben werden. Von einem fehlenden Verschulden kann immer dann ausgegangen werden, wenn der Vermieter auf die Verzögerung keinen Einfluß nehmen kann; verschuldet ist die Verzögerung dagegen, wenn der Vermieter die zur Herbeiführung des Verwendungszwecks erforderlichen Maßnahmen unterlassen oder in zurechenbarer Weise hinausgezögert hat. Verschulden im Sinne der Vorschrift ist dabei im Sinne mangelnder Sorgfalt in eigenen Angelegenheiten zu verstehen (Sternel MDR 83, 265, 274). Der Zeitraum der Verzögerung muß genau angegeben werden. Wird lediglich mitgeteilt, daß sich die beabsichtigte Verwendung „auf unbestimmte Zeit" verzögert, so kann der Mieter nach § 564c II 2 Halbsatz 2 die Umwandlung in ein unbefristetes Mietverhältnis verlangen, weil die Verzögerung auf unbestimmte Zeit auch den Zeitraum nach Ablauf der 5-Jahresfrist erfaßt. Etwas anderes gilt dann, wenn formuliert wird, daß die Verzögerung auf unbestimmte Zeit, höchstens bis zum Ablauf von fünf Jahren nach Vertragsbeginn eintreten werde. In diesem Fall wird zum Ausdruck gebracht, daß die Verwendungsabsicht jedenfalls innerhalb des 5-Jahreszeitraums erfolgen soll. Der Mieter kann dann die Verlängerung bis zum Ablauf des 5-Jahreszeitraums verlangen.

bb) Entspricht die Mitteilung über die Verzögerung nicht den hier **B 817** dargelegten Voraussetzungen, so ist sie wie eine nicht abgegebene Erklärung zu behandeln. In einem solchen Fall steht fest, daß die Tatbestandsvoraussetzungen des § 564c II 4 nicht mehr eintreten kann; es gelten die unter Rdn. B 813 dargelegten Rechtsfolgen.

cc) Liegt eine wirksame Mitteilung vor, so hat der Mieter nach § 564c **B 818** II 2 einen Anspruch auf Fortsetzung des Vertrags um den in der Mitteilung genannten Zeitraum. Der Anspruch richtet sich auf eine befristete Vertragsfortsetzung, wenn durch die Verzögerung die Gesamtmietzeit von fünf Jahren nicht überschritten wird (§ 564c II 2 Halbsatz 1). Im anderen Fall kann der Mieter die Fortsetzung des Mietverhältnisses auf unbestimmte Zeit verlangen. Eine Fortsetzung findet nur statt, wenn der Mieter diesen Anspruch geltend macht. Eine besondere Form oder Frist ist hierfür nicht vorgegeben. Auf jeden Fall muß der Fortsetzungsanspruch aber vor Ablauf der vereinbarten Vertragszeit geltend gemacht werden; anderenfalls endet das Mietverhältnis zum vereinbarten Zeitpunkt, wobei sämtliche Schutzrechte (§§ 556b BGB, 721 ZPO) ausgeschlossen sind.

Das Fortsetzungsverlangen ist ein Angebot des Mieters zum Abschluß **B 819** einer Vertragsänderung. Dieses Angebot muß hinreichend bestimmt sein. Der Mieter kann im Falle des § 564c II 2 Halbsatz 1 die Verlängerung auf bestimmte Zeit und im Falle des § 564c II 2 Halbsatz 2 die Fortsetzung auf unbestimmte Zeit verlangen.

Wird die Fortsetzung auf bestimmte Zeit verlangt, muß der Zeitpunkt der nunmehrigen Vertragsbeendigung nach dem Kalender bestimmbar sein. Ein Verlangen nach Vertragsfortsetzung „bis zum Einzug des Vermieters" oder „bis zum Beginn der Baumaßnahme" ist rechtlich ein Angebot zur Vertragsänderung in dem Sinn, daß das Mietverhältnis beim Eintritt einer auflösenden Bedingung enden soll. Solche Vertragsgestaltungen sind im Rahmen des § 564c II unzulässig. Dies folgt aus der Überlegung, daß beim Eintritt der Bedingung die Rechtsfolge des § 565a II 1 BGB eintritt, so daß das Mietverhältnis nicht endet, sondern auf unbestimmte Zeit fortgesetzt wird. Hierauf hat der Mieter aber im Falle des § 564c II 2 Halbsatz 1 keinen Anspruch. Ein solches Angebot muß der Vermieter deshalb nicht annehmen. In manchen Fällen können derartige Erklärungen umgedeutet werden: Hat der Vermieter zum Beispiel in der Verzögerungsmitteilung einen genauen Zeitpunkt genannt, so wird die Erklärung des Mieters dahingehend auszulegen sein, daß die Verlängerung bis zu diesem Zeitpunkt begehrt wird. Ist eine Umdeutung nicht möglich, weil zum Beispiel in der Verzögerungsmitteilung kein Zeitpunkt genannt ist, und nimmt der Vermieter das Änderungsangebot des Mieters gleichwohl an, so verliert er damit wegen der zwingenden Rechtsfolge des § 565a II 1 BGB die Rechte aus dem Zeitmietvertrag.

B 820 dd) Stimmt der Vermieter dem Verlängerungsantrag des Mieters zu, so wird der Vertrag entsprechend dem Antrag auf bestimmte oder unbestimmte Zeit fortgesetzt. Eine Fortsetzung auf bestimmte Zeit bewirkt, daß die ursprünglich vereinbarte Befristung geändert (verlängert) wird. Ansonsten bleibt der Mietvertrag unverändert. Daraus folgt, daß die Vorschrift des § 564c II weiterhin gilt. Die ursprüngliche Verwendungsabsicht muß demgemäß auch noch beim Ablauf der verlängerten Vertragszeit vorliegen. Der Vermieter ist verpflichtet, spätestens drei Monate vor Ablauf der verlängerten Vertragszeit eine erneute Schlußmitteilung (s. Rdn B 810) abzugeben. Wird das Mietverhätnis auf unbestimmte Zeit fortgesetzt (z. B. bei Überschreitung der fünfjährigen Höchstfrist), so gelten die allgemeinen Vorschriften über die Kündigung nach § 564b BGB.

Stimmt der Vermieter nicht zu, so muß der Mieter den Verlängerungsanspruch gerichtlich geltend machen (Leistungsklage auf Abgabe einer Willenserklärung; vgl. Rdn. B 792). Erhebt der Vermieter Räumungsklage, obwohl der Mieter die Vertragsfortsetzung verlangt hat, so kann der Fortsetzungsanspruch im Wege der Widerklage geltend gemacht werden (Röder NJW 83, 2665).

B 821 e) Wird die vermietete Wohnung **veräußert,** so tritt der Erwerber gemäß § 571 BGB in das Mietverhältnis ein. Dies bedeutet, daß das Mietverhältnis mit dem Erwerber als befristetes Mietverhältnis fortgesetzt wird. Ist die zur qualifizierten Befristung erforderliche Mitteilung nach § 564c II 3 Vertragsbestandteil geworden, so wird das Mietverhältnis auch mit dem Erwerber als qualifiziertes befristetes Mietverhältnis fortgesetzt. Nichts anderes gilt, wenn die Mitteilung vor Vertragsschluß in einer besonderen Erklärung erfolgt ist (a. A.: Sternel MDR 83, 265, 273). Die Erklärung nach § 564c II 3 steht in einem engen Zusammenhang mit der Befristung, so daß die aus der Erklärung folgenden Rechte mit dem Recht aus der Befristung auf den Erwerber übergehen.

Eine andere Frage ist es, ob der Erwerber die **ursprünglichen Verwendungszwecke** verwirklichen kann. Bezüglich der nicht personenbezogenen Beendigungsgründe des § 564c II 2b (Modernisierungstatbestand) ist dies dann zu bejahen, wenn der Erwerber die gleiche Absicht hat wie der Veräußerer. **B 822**

Hinsichtlich des Eigennutzungstatbestandes ist dies zu verneinen, und zwar auch dann, wenn der Veräußerer eine Wohnung an die beim Abschluß des Vertrags benannte Person überlassen will (a. A. Barthelmess § 564c Rdn 67). Eine Ausnahme gilt insoweit nur dann, wenn Veräußerer und Erwerber miteinander verwandt sind. Diese Rechtsfolgen ergeben sich aus der Überlegung, daß der rechtfertigende Grund für die qualifizierte Befristung im Falle des Eigennutzungstatbestands darin liegt, daß der Bedarf des Vermieters und seiner Angehörigen gegenüber den Belangen des Mieters privilegiert ist. Der rechtfertigende Grund entfällt deshalb, wenn das Haus an einen außerhalb der Familie stehenden Dritten veräußert wird. Denn es ist kein Grund dafür ersichtlich, warum der frühere Vermieter gegenüber dem jetzigen Mieter bevorzugt werden sollte. Wird das Haus dagegen an ein Familienmitglied veräußert, so bleibt der rechtfertigende Grund erhalten. Denn es ist letztlich ohne Bedeutung, ob der Vermieter eine Wohnung im eigenen Haus für sich nutzen will, oder ob beispielsweise der Sohn des früheren Vermieters als Erwerber seinem Vater eine Wohnung überläßt.

Will der Erwerber anstelle der im Vertrag genannten Verwendungsabsicht eine **andere Absicht** verwirklichen, so ist er hierzu bereits aus den unter Rdn B 811 genannten Gründen gehindert. Die für die Veräußerung der Wohnung dargelegten Grundsätze gelten auch, wenn das Grundstück im Wege der **Gesamtrechtsnachfolge** auf den Erben des Vermieters übergeht. Auch in diesem Fall kann der Erbe trotz § 1922 BGB keine Verwendungsabsichten verwirklichen, die nach der klaren Konzeption des § 564c II speziell auf die Person des Erblassers bezogen waren.

6. Rechtsfolgen

Liegen sämtliche Tatbestandsvoraussetzungen des § 564c II 1–4 vor, so endet das Mietverhältnis zum vereinbarten Zeitpunkt. Die Anwendung des § 556b BGB ist ausgeschlossen. Dem Mieter kann auch keine gerichtliche Räumungsfrist nach §§ 721, 794a ZPO gewährt werden. Dies gilt auch dann, wenn der Vermieter keine besonderen Interessen an **B 823** der pünktlichen Rückgabe hat. In Ausnahmefällen kann der Mieter jedoch Vollstreckungsschutz nach § 765a ZPO erhalten. Die Vorschrift des **§ 568** BGB (s. Rdn. B 946) bleibt von § 564c II unberührt. In der Mitteilung über den Fortbestand des Beendigungsinteresses vor Vertragsende kann auch keine Erklärung nach § 568 BGB gesehen werden. Wegen des relativ großen zeitlichen Abstands zwischen der Schlußerklärung und dem Vertragsende kann die Erklärung nach § 568 BGB i. d. R. auch nicht zugleich mit der Schlußmitteilung abgegeben werden (s. Rdn B 957).

B 824 Die Anwendung der §§ 556b BGB, 721, 794a ZPO ist nur dann ausgeschlossen, wenn das Herausgabeverlangen mit Rücksicht auf die vereinbarte Vertragsbeendigung erfolgt. Endet der Zeitmietvertrag vorzeitig aufgrund einer außerordentlichen oder fristlosen Kündigung, so sind die Schutzrechte nicht ausgeschlossen (Sternel MDR 83, 265, 273). Dies ergibt sich zu nächst aus dem Wortlaut der Ausschlußtatbestände in §§ 564c II 1 BGB, 721 VII, 794a V ZPO, wonach ein Ausschluß nur dann stattfindet, wenn sämtliche Voraussetzungen des § 564c II 1–4 erfüllt sind. Zum anderen folgt diese Auslegung aber auch aus dem Gesetzeszweck. Der gesetzgeberische Grund für den Ausschluß der Schutzrechte war die Überlegung, daß der Vermieter darauf vertrauen dürfe, daß das Mietverhältnis nach Ablauf der Vertragzeit wirklich endet. Die Belange des Mieters erschienen dem Gesetzgeber demgegenüber weniger gewichtig, weil der Mieter sich auf das Ende der Mietzeit rechtzeitig einstellen könne (Begründung des Gesetzentwurfs Rdn F 99). Bei der vorzeitigen Vertragsbeendigung liegt diese besondere Konstellation nicht vor. Vielmehr ist die zwischen den Parteien bestehende Interessenlage nicht anders zu beurteilen wie in allen anderen Fällen der Vertragsbeendigung. Ein Ausschluß der Schutzrechte ist deshalb nicht angebracht.

Unberührt hiervon bleibt der Ausschluß des § 556b BGB aufgrund des § 556a IV und VIII BGB. Diese Auslegung führt zu dem Ergebnis, daß der vertragswidrig handelnde Mieter, dem fristlos gekündigt worden ist, bessersteht, als der vertragstreue Mieter beim vereinbarten Zeitablauf. Die hierin liegende Unbilligkeit spricht aber nicht gegen das hier aufgezeigte Ergebnis, sondern zeigt, daß die gesetzliche Regelung sozialpolitisch völlig verfehlt ist.

IV. Abweichende Vereinbarungen

B 825 Im Unterschied zu Artikel 2 II des 2. WKSchG enthält die Nachfolgevorschrift des § 564c keine Unabdingbarkeitsregelung. Eine sachliche Änderung ist hiermit nicht verbunden. Der Gesetzgeber ging vielmehr davon aus, daß sich das Verbot abweichender Vereinbarungen bereits aus der Verweisungsvorschrift in § 564c I 2 ergebe (Begründung des Gesetzentwurfs Rdn F 99). Diese Ansicht ist zutreffend, weil die genann-

§ 564c BGB. Zeitmietverträge

te Vorschrift auf alle Absätze des § 564b BGB, also auch auf § 564b VI, wo das Verbot abweichender Regelungen enthalten ist, verweist. Im einzelnen gilt folgendes:

1. Der gesetzliche Anspruch des Mieters auf Fortsetzung des befristeten Mietvertrags darf hinsichtlich der **Voraussetzungen** in § 564c I zum Nachteil des Mieters weder **beschränkt** noch **ausgeschlossen** werden. Unwirksam sind somit insbesondere Vereinbarungen im Mietvertrag, durch welche das Verlängerungsrecht des Mieters vom Vorliegen oder der Angabe von Gründen abhängig gemacht wird oder die Beendigungserklärung des Vermieters auch beim Fehlen berechtigter Interessen formlos gültig sein soll. Ungültig ist auch eine Vereinbarung, wonach die Verlängerung des Mietvertrags auf Verlangen des Vermieters von einer Veränderung der bisherigen Vertragsbedingungen abhängig gemacht werden kann (z. B. Erhöhung des Mietzinses [teilw. abw. Schopp ZMR 75, 97], bestimmte Verlängerungszeit).

2. Auch **nachträgliche Vereinbarungen** in einem Verlängerungsvertrag sind nur dann wirksam, wenn dadurch der Mieter gegenüber der gesetzlichen Regelung nicht benachteiligt wird. Deshalb ist ein Verlängerungsvertrag zumindest teilweise unwirksam, welchen der Vermieter nur unter der Bedingung eines erhöhten Mietzinses abzuschließen bereit war, der außerhalb der gesetzlichen Erhöhungsgrenzen der §§ 5 WiStG, 302a StGB liegt. Die Neuvereinbarung eines erhöhten Mietzinses in den Grenzen des § 10 I 2. Halbs. MHG anläßlich des Verlängerungsvertrags ist jedoch stets vom freien Willensentscheid des Mieters abhängig; verweigert der Mieter die Zustimmung zur Mieterhöhung, darf der Vermieter aus diesem Grund nicht auf der Beendigung des Mietverhältnisses bestehen (§ 1 S. 1 MHG), sondern muß nach §§ 1ff MHG Klage erheben.

3. Sonstige Veränderungen der bisherigen Vertragsbedingungen können jedoch im Verlängerungsvertrag im beiderseitigen Einverständnis vereinbart werden, soweit die Zustimmung des Mieters nicht durch Ausnutzung seiner Unkenntnis oder durch unzulässigen Druck auf seine freie Willensentscheidung beruht. Wenn sich der Mieter bewußt dazu entschließt, gewisse Verschlechterungen gegenüber der bisherigen Vertragsregelung hinzunehmen, um entweder befürchteten Auseinandersetzungen mit dem Vermieter (z. B. gerichtliche Verfahren, Kostenrisiko) auszuweichen oder aber eigene Vorteile zu erzielen (z. B. befristete Verlängerung), kann darin kein Nachteil gesehen werden. Die Schutzvorschrift würde ihren Sinn und Zweck verfehlen, wenn der Mieter dadurch gezwungen wäre, im Verlängerungsvertrag die strikte Einhaltung der gesetzlichen Regelung zu verlangen oder anderenfalls gegen den Vermieter auf Erteilung der Zustimmung zur Vertragsfortsetzung zu klagen. Soweit der Vermieter allerdings solche Zugeständnisse im Abänderungsvertrag verlangt, welche die bisherige Rechtsstellung des Mieters gegen seinen Willen erheblich verschlechtern würden, muß im Einzelfall darüber entschieden werden, ob sich der Mieter trotz seiner Zustimmung nachträglich auf §§ 564b V, 564c I 2 berufen kann.

B 829 4. Die oben dargelegten Grundsätze gelten nicht, wenn dem Mieter **kein Verlängerungsanspruch** nach § 564c I zusteht (z. B. Fristversäumung). Dann endet der Mietvertrag ohne Schutzrechte des Mieters zum Fristende, so daß es dem freien Entschluß des Vermieters obliegt, ob er einer Vertragsverlängerung zustimmt und welche Bedingungen er daran knüpft. Im Falle eines wirksamen Fortsetzungsverlangens nach § 556b BGB kann aber dann eine Verlängerung der Vertragsbedingungen nach § 556a II BGB in Betracht kommen. Hinsichtlich einer Mieterhöhung sind auch insoweit die materiellen Voraussetzungen des MHG einzuhalten (s. Rdn. C 17).

B 830 5. Bei einem qualifizierten befristeten Mietvertrag im Sinne von § 564c II sind alle Vereinbarungen unzulässig, die zum Nachteil des Mieters von der gesetzlichen Regelung abweichen. Unzulässig ist es insbesondere, wenn der Eintritt der Rechtsfolgen des § 564c II 1 von anderen als den in Nr. 2 bestimmten Voraussetzungen abhängen soll. Die Vereinbarung eines Zeitmietvertrags wegen eines künftigen Betriebsbedarfs, einer in Zukunft beabsichtigten Geschäftserweiterung, wegen einer beabsichtigten Veräußerung des Hauses, einer künftigen Umwandlung in Wohnungseigentum oder wegen einer beabsichtigten Eigennutzung durch andere Personen als Familien- und Hausstandsangehörige kommt also nicht in Betracht. Ein Verstoß gegen Nr. 2 führt jedoch nicht zur Unwirksamkeit der Befristung schlechthin, sondern hat lediglich zur Folge, daß der Mietvertrag als gewöhnliches befristetes Mietverhältnis im Sinne von § 564c I zu behandeln ist. Das Verbot der qualifizierten Befristung zur Durchführung der vom Gesetz nicht vorgesehenen Zwecke gilt allerdings nur dann, wenn der Vermieter die Wohnung nach Ablauf der Vertragszeit unmittelbar jenem Verwendungszweck zuführen will. Der Vermieter ist aber nicht gehindert, die Räume zunächst zu modernisieren und sie dann als Geschäftsräume oder an einen nicht zum Kreis des § 564c II Ziff. 2a gehörenden Interessenten zu vermieten. Dies begründet die Gefahr, daß der Zeitmietvertrag zu sachfremden Zwecken eingesetzt wird (vgl. dazu Blank WM 83, 36).

B 831 6. Wirksam sind dagegen alle Vereinbarungen, durch die der Mieter bessersteht als nach der gesetzlichen Regelung. Insbesondere kann vereinbart werden, daß der Mieter nach Beendigung der Mietzeit Anspruch auf eine angemessene Räumungsfrist haben soll. Der Sache nach handelt es sich dabei nicht um eine von §§ 721 VII, 794a V ZPO abweichende Regelung, sondern um eine materiell-rechtliche Stundungsvereinbarung.

§ 565 BGB. Kündigungsfristen

(1) Bei einem Mietverhältnis über Grundstücke, Räume oder im Schiffsregister eingetragene Schiffe ist die Kündigung zulässig,
1. wenn der Mietzins nach Tagen bemessen ist, an jedem Tag für den Ablauf des folgenden Tages;
2. wenn der Mietzins nach Wochen bemessen ist, spätestens am ersten Werktag einer Woche für den Ablauf des folgenden Sonnabends;
3. wenn der Mietzins nach Monaten oder längeren Zeitabschnitten bemessen ist, spätestens am dritten Werktag eines Kalendermonats für den Ablauf des übernächsten Monats, bei einem Mietverhältnis über Geschäftsräume, gewerblich genutzte unbebaute Grundstücke oder im Schiffsregister eingetragene Schiffe jedoch nur für den Ablauf eines Kalendervierteljahres.

(2) Bei einem Mietverhältnis über Wohnraum ist die Kündigung spätestens am dritten Werktag eines Kalendermonats für den Ablauf des übernächsten Monats zulässig. Nach fünf, acht und zehn Jahren seit der Überlassung des Wohnraums verlängert sich die Kündigungsfrist um jeweils drei Monate. Eine Vereinbarung, nach welcher der Vermieter zur Kündigung unter Einhaltung einer kürzeren Frist berechtigt sein soll, ist nur wirksam, wenn der Wohnraum zu nur vorübergehendem Gebrauch vermietet ist. Eine Vereinbarung, nach der die Kündigung nur für den Schluß bestimmter Kalendermonate zulässig sein soll, ist unwirksam.

(3) Ist Wohnraum, den der Vermieter ganz oder überwiegend mit Einrichtungsgegenständen auszustatten hat, Teil der vom Vermieter selbst bewohnten Wohnung, jedoch nicht zum dauernden Gebrauch für eine Familie überlassen, so ist die Kündigung zulässig,
1. wenn der Mietzins nach Tagen bemessen ist, an jedem Tag für den Ablauf des folgenden Tages;
2. wenn der Mietzins nach Wochen bemessen ist, spätestens am ersten Werktag einer Woche für den Ablauf des folgenden Sonnabends;
3. wenn der Mietzins nach Monaten oder längeren Zeitabschnitten bemessen ist, spätestens am Fünfzehnten eines Monats für den Ablauf dieses Monats.

(4) Bei einem Mietverhältnis über bewegliche Sachen ist die Kündigung zulässig,
1. wenn der Mietzins nach Tagen bemessen ist, an jedem Tag für den Ablauf des folgenden Tages;
2. wenn der Mietzins nach längeren Zeitabschnitten bemessen ist, spätestens am dritten Tag vor dem Tag, mit dessen Ablauf das Mietverhältnis endigen soll.

(5) Absatz 1 Nr. 3, Absatz 2 Satz 1, Absatz 3 Nr. 3, Absatz 4 Nr. 2 sind auch anzuwenden, wenn ein Mietverhältnis unter Einhaltung der gesetzlichen Frist vorzeitig gekündigt werden kann.

Übersicht

	Rdn		Rdn
I. Allgemeines	832	2. Kündigungsfristen bei Mietverhältnissen über Geschäftsraum, Grundstücke und eingetragene Schiffe	849
1. Anwendungsbereich	832		
2. Zweck	835		
II. Fristberechnung	836		
III. Die Kündigungsfristen im einzelnen	837	3. Kündigungsfristen bei Mietverhältnissen über bewegliche Sachen	851
1. Kündigungsfristen bei Mietverhältnissen über Wohnraum	837	4. Außerordentliche befristete Kündigungen	852
a) Mietwohnungen	837		
b) möblierter Wohnraum	837	IV. Abweichende Vereinbarungen	854

Schrifttum

Bodié, Kündigungsfrist bei Wohnungswechsel innerhalb eines Hauses, WM 69, 137; Kaufmann, Zur Frage der „Überlassung" von Wohnraum, ZMR 64, 293; Weimar, Die Kündigungsfristen bei Wohnungswechsel im selben Haus, WM 69, 36; ders., Die Kündigungsfristen bei Mischräumen, Betr. 72, 80

I. Allgemeines

1. Anwendungsbereich

B 832 a) Die Vorschrift ist durch das Abbaugesetz vom 23. 6. 1960 neu gefaßt worden und hat durch das 2. Mietrechtsänderungsgesetz vom 14. 7. 1964 ihre zur Zeit geltende Fassung erhalten. Sie gilt in der gesamten BRD und im Land Berlin für alle Arten von Mietverhältnissen (für befristete Mietverträge und auflösend bedingte Mietverhältnisse vgl. Rdn B 869), sowohl für die ordentliche befristete als auch für die außerordentliche befristete Kündigung (s. unten Rdn B 852). Für Werkmietwohnungen (§ 565 b BGB) gilt daneben die Sondervorschrift des § 565 c BGB (LG Kassel NJW 71, 2031); Gleiches gilt für Werkdienstwohnungen, wenn der zur Dienstleitung Verpflichtete den Wohnraum ganz oder überwiegend mit Einrichtungsgegenständen ausgestattet hat oder in dem Wohnraum mit seiner Familie einen eigenen Hausstand führt (Näheres s. Rdn B 917).

B 833 b) Auch für Pachtverhältnisse über bewegliche Sachen oder Rechten an beweglichen Sachen ist § 565 grundsätzlich anwendbar (§ 581 II BGB); für Pachtverträge über Grundstücke, Geschäftsräume oder Rechten an Grundstücken, bei denen die Pachtzeit nicht bestimmt ist, ist jedoch die Sondervorschrift des § 584 BGB zu beachten. Für Landpachtverträge gilt § 594a BGB, für die Pacht von Schrebergärten das Bundeskleingartengesetz v. 28. 2. 1983 (BGBl. I S. 210)

B 834 c) § 565 ist unanwendbar für alle Fälle der außerordentlichen fristlosen Kündigung (§§ 542, 544, 553, 554, 554a BGB). Ebenso ist § 565 unanwendbar, wenn Grundstücke, Räume oder bewegliche Sachen auf

§ 565 BGB. Kündigungsfristen **B 835**

Grund anderer Rechtsverhältnisse überlassen worden sind (z. B. Leihe, dingliches Wohnrecht (§ 1093 BGB; vgl. aber unten Rdn B 842) oder sich das Besitzrecht auf öffentlich-rechtliche Vorschriften gründet (z. B. Einweisung eines Obdachlosen). Bei gemischten Verträgen (z. B. Altenheimvertrag, Hotelaufnahmevertrag) kommt es für die rechtliche Beurteilung darauf an, welche Vertragsbestandteile überwiegen (vgl. dazu Rdn B 14).

2. Zweck

B 835 Die wirksame Kündigung verpflichtet den Mieter zur Rückgabe der **B 835** Mietsache (§ 556 BGB). Zwischen dem Zugang der Kündigungserklärung (Kündigungstag) und dem Rückgabetag (Kündigungstermin) muß im Interesse von Vermieter und Mieter eine angemessene Vorbereitungszeit liegen. Das ist die Kündigungsfrist. Sie soll dem Mieter zur Beschaffung einer anderweitigen Mietsache und dem Vermieter zur Weitervermietung dienen.

Aus diesem Grunde gelten die in § 565 genannten Fristen für beide Vertragsteile (LG Itzehoe BlGBW 67, 177; LG Hannover ZMR 68, 204; Lutz BlGBW 67, 116). Aus dem Gesichtspunkt, daß der Gesetzgeber mit der Neufassung des § 565 durch das Abbaugesetz in erster Linie eine Verbesserung des Mieterschutzes bezweckte, läßt sich im Hinblick auf den eindeutigen Wortlaut eine gegenteilige Ansicht nicht begründen; im Ergebnis wirkt sich die Vorschrift im Falle der Kündigung des Mieters auch gegen ihn aus, was rechtspolitisch fragwürdig ist (Roquette § 565 Anm 27). Der Festsetzung unterschiedlicher Fristen für die Kündigung des Vermieters und des Mieters würden entgegen der Ansicht von Korff (MDR 65, 89) keine verfassungsrechtlichen Bedenken entgegenstehen, weil unterschiedliche Sachverhalte auch einer differenzierten gesetzlichen Regelung zugängig sein müssen. Allerdings kann im Mietvertrag zugunsten des Mieters eine kürzere Kündigungsfrist vereinbart werden (vgl. unten Rdn B 855). Im Ausnahmefall kann die Berufung des Vermieters auf eine lange Kündigungsfrist gegen § 242 BGB verstoßen (so AG Dortmund WM 80, 246 für den Fall, daß eine alsbaldige Rückgabe auch im Interesse des Vermieters liegt; LG Mannheim WM 87, 395 für den Fall, daß die Kündigungsfrist 12 Monate oder mehr beträgt, der Vermieter das Mietverhältnis gekündigt hat, berechtigte Interessen des Vermieters an der Ausschöpfung der langen Kündigungsfrist nicht ersichtlich sind, während der Mieter gewichtige Gründe für eine Verkürzung der Frist geltend machen kann, und wenn dem Vermieter die sofortige Weitervermietung ohne weiteres möglich und zumutbar ist).

II. Fristberechnung

B 836 Für die Fristberechnung gelten die allgemeinen Auslegungsvorschriften der §§ 186–193 BGB. Soweit allerdings § 565 davon abweichende Regelungen enthält, gehen diese vor (Näheres s. unten). Maßgebend für den Beginn der Frist ist stets der **Zugang** des Kündigungsschreibens.
Eine Kündigungserklärung ohne Angabe der Kündigungsfrist wirkt zum **nächst zulässigen Termin**. Gleiches gilt, wenn mit einer kürzeren als der gesetzlichen Frist gekündigt wird. Eine Ausnahme kommt aber dann in Betracht, wenn der benannte und der nächst zulässige Termin weit auseinanderliegen. Zu denken ist insbesondere an die Kündigung eines befristeten Mietverhältnisses, die längere Zeit vor dem Ablauf der Befristung erklärt worden ist. In solchen Fällen muß die Kündigung aus Gründen der Rechtssicherheit und Rechtsklarheit als unwirksam angesehen werden.

III. Kündigungsfristen

1. Kündigungsfristen bei Mietverhältnissen über Wohnraum

a) Mietwohnungen

B 837 **aa)** Ein Mietverhältnis über Wohnraum (zum Wohnraumbegriff s. Rdn B 6) kann spätestens am 3. Werktag eines Kalendermonats zum Ablauf des übernächsten Monats gekündigt werden (§ 565 II). Die Kündigungsfrist beträgt somit **grundsätzlich 3 Monate** abzüglich der Karenzzeit von 3 Tagen (z. B. Kündigungstag 3. 1., Kündigungstermin 31. 3.). Erfolgt die Kündigung erst nach dem 3. Werktag eines Monats, läuft die Frist erst ab Beginn des folgenden Monats (z. B. Kündigungstag 5. 1., Kündigungstermin 31. 4.).
Der Sonnabend zählt nicht zu den Werktagen (Soergel-Mezger, § 565 Anm. 14; Pergande § 565 Anm. 9d), so daß, wenn der Monatsanfang auf einen Freitag fällt, die Kündigung noch am Dienstag der folgenden Woche, also am 5. Tag des Monats erfolgen kann. Insoweit wird durch § 565 II 1 eine von der allgemeinen Auslegungsvorschrift des § 193 BGB abweichende Regelung getroffen.
Nichts anderes gilt, wenn ein Mietvertrag bereits vor Vollzug (Übergabe der Mietsache an den Mieter) gekündigt wird. Auch in diesem Fall gilt die Kündigungsfrist nicht erst ab Vollzug, sondern bereits mit Zugang der Kündigungserklärung. Dies folgt unmittelbar aus dem Zweck der Kündigungsfrist (s. Rdn. B 768; BGH NJW 79, 1288 = MDR 79, 574 = WM 79, 139 = ZMR 79, 271; a. A. Staudinger-Kiefersauer § 564 BGB Rdn. 20; Erman-Schopp § 564 Rdn. 11; Mittelstein S. 466). Abweichende Vereinbarungen sind im Wohnungsmietrecht unzulässig (s. Rdn. B 854).

bb) Nach **5jähriger Dauer** des Mietvertrages verlängert sich die Kündigungsfrist um 3 Monate, nach **8jähriger Dauer** um weitere 3 Monate und bei **10jähriger Dauer** wiederum um 3 Monate. Die Kündigungsfrist beträgt somit bei 5- bis 7jähriger Dauer des Mietvertrags 6 Monate, bei 8- bis 10jähriger Dauer 9 Monate und bei mehr als 10jähriger Dauer stets 12 Monate. **B 838**

Durch diese gestaffelte Kündigungsfrist soll dem sog. ,,Heimgedanken" Rechnung getragen werden (Roquette § 565 Rdn 27). Der langjährige Mieter soll seine Wohnung, die ihm zum Mittelpunkt seiner privaten Existenz geworden ist, nicht kurzfristig verlassen müssen, sondern sich in Ruhe nach einem neuen Heim umsehen können. Für die Berechnung der Kündigungsfrist ist deshalb der **Zeitpunkt der tatsächlichen Überlassung,** nicht der Abschluß des Mietvertrags maßgebend (AG Kassel ZMR 66, 48; AG Kaiserslautern ZMR 67, 301; Weimar WM 69, 36). Auf welchem Rechtsgrund die Überlassung beruhte, ist unerheblich; entscheidend ist allein, daß der Mieter den Besitz mit Zustimmung des Vermieters erlangt hat und daß zum Zeitpunkt der Kündigung ein Mietverhältnis besteht. Wird beispielsweise Wohnraum auf Grund eines dinglichen Wohnrechts (§ 1093 BGB) überlassen und nach Aufhebung dieses Rechts ein Mietvertrag geschlossen, so ist bei der Berechnung der Kündigungsfrist die gesamte Wohndauer zu berücksichtigen (AG Kaiserslautern a. a. O.). **B 839**

Unerheblich ist es auch, wenn Vermieter und Mieter nach Ablauf bestimmter Zeitabschnitte jeweils **neue Mietverträge** schließen (LG Düsseldorf WM 73, 189; AG Oberhausen WM 65, 186 = ZMR 65, 248) oder wenn später zusätzliche Räume hinzugemietet werden (Weimar a. a. O.) bzw. die Wohnung verkleinert wird. Auch ein **Eigentümerwechsel** hat keinen Einfluß auf die Berechnung der Kündigungsfrist, was sich bereits aus § 571 I BGB ergibt. Dies gilt auch dann, wenn der Mieter mit dem Erwerber einen neuen Mietvertrag abschließt (LG Stade DWW 87, 233). Ein Personenwechsel auf seiten des Mieters ist dann unbeachtlich, wenn die Identität des Mietverhältnisses gewahrt bleibt; so z. B. beim gesetzlichen Eintritt eines Familienangehörigen oder des Ehegatten nach §§ 569a, 596b BGB. Auch bei der Begründung eines Mietverhältnisses nach § 5 Hausratsverordnung kommt dem neuen Mieter die tatsächliche Wohnzeit zugute. Generell gilt, daß bei der Berechnung der Kündigungsfrist diejenige Zeit berücksichtigt wird, in der der jetzige Mieter aufgrund eines Mietvertrags seines früheren Ehegatten die Wohnung berechtigt bewohnt hat (OLG Stuttgart (RE) vom 30. 12. 1983 RES § 565 BGB Nr. 1). Tritt ein Mieter anläßlich eines Wohnungstausches in einen bestehenden Vertrag ein, so richtet sich die Berechnung der Kündigungsfrist nach der Dauer dieses Vertrages. Werden hingegen die bestehenden Verträge aufgehoben und neue Verträge geschlossen, so kann dem Tauschmieter die Wohnzeit seines Vorgängers nicht angerechnet werden. Eine andere Frage ist es, ob dem Mieter bei einem Wohnungswechsel **B 840** im selben Haus die Besitzzeit der vorher bewohnten Wohnung angerechnet wird (dazu s. unten Rdn B 843).

B 841 Gründet sich das Besitzrecht auf **öffentlich-rechtliche Vorschriften** (z. B. Einweisung Obdachloser durch die Behörde), so liegt darin keine „Überlassung" i. S. des § 565; bei der Kündigung eines später abgeschlossenen Mietvertrags bleibt die Einweisungszeit und die vorangegangene Mietdauer deshalb unberücksichtigt. Ebensowenig kann dem Mieter die Zeit angerechnet werden, während der er vor Begründung des Hauptmietvertrages als **Untermieter** in einem Teil der Wohnräume gelebt hat (LG Bielefeld ZMR 65, 274; AG Hannover ZMR 67, 18). Die Gegenansicht, welche die Untermietzeit dann berücksichtigen will, wenn die auf Grund der Hauptmiete bewohnten Räume mit denen der Untermiete im wesentlichen identisch sind (Weimar a. a. O.; Pergande § 565 Anm. 8) verkennt, daß die Überlassung (Besitzeinräumung) in diesen Fällen nicht durch den Vermieter, sondern durch den Hauptmieter erfolgt. Auch in der Erlaubniserteilung zur Untervermietung ist keine Überlassung i. S. von § 565 II 1 zu sehen, zumal der Mieter in bestimmten Fällen einen Anspruch auf die Erteilung hat (§ 542 II 1 BGB), so daß ein bei der Berechnung der Kündigungsfrist zu berücksichtigendes Mietverhältnis auch gegen den Willen des Vermieters begründet werden könnte.

B 842 Es sind allerdings Vertragsgestaltungen denkbar, in denen der Untermieter hinsichtlich der Beachtung der Kündigungsfrist wie ein Hauptmieter zu behandeln ist. Werden beispielsweise von einem Unternehmen Wohnungen zum Zwecke der Überlassung an deren Arbeitnehmer angemietet, so bestimmt sich die Kündigungsfrist ausschließlich nach der Wohndauer der jeweiligen Benutzer (Untermieter) (Kaufmann ZMR 64, 293; LG Düsseldorf MDR 69, 763). Nach dem Sinn des Gesetzes sollen die Vorteile der gestaffelten Kündigungsfrist nämlich dem zugute kommen, der tatsächlich die Wohnung inne hat. Die Interessenlagen zwischen den Beteiligten ist nicht anders als in den Fällen, in denen dem Unternehmen ein Wohnungsbelegungsrecht (werkgeförderte Wohnung, vgl. Rdn B 910ff) zusteht, auf Grund dessen der Vermieter mit den jeweiligen Wohnungsinhabern Mietverträge abschließt; die von dieser (allgemein üblichen) Konstruktion abweichende Vertragsgestaltung rechtfertigt für sich allein keine abweichende Beurteilung. Dieselben Grundsätze gelten, wenn der Mieter den Wohnraum von einem gewerblichen Zwischenmieter angemietet hat und wenn nach der Beendigung dieses Mietverhältnisses ein Anschlußmietverhältnis mit einem anderen gewerblichen Zwischenmieter oder mit dem Eigentümer zustandekommt. Die Praxis der Zwischenvermietung beruht auf steuerlichen Erwägungen; sie darf nicht dazu führen, daß die Schutzrechte des Mieters über das unerläßliche Maß hinaus verkürzt werden. Deshalb ist insoweit eine extensive Auslegung des § 565 BGB geboten.

B 843 Umstritten ist die Frage, ob es für die Berechnung der Kündigungsfrist von Bedeutung ist, wenn der Mieter innerhalb des Hauses einen

§ 565 BGB. Kündigungsfristen   **B 844–846**

Wohnungswechsel vornimmt. Teilweise wird dies mit der Begründung bejaht, daß es nach Wortlaut und Zweck des § 565 ausschließlich darauf ankommt, wie lange der Mieter die zur Zeit der Kündigung innegehabte Wohnung bewohnt hat, so daß die Besitzzeit der früheren Wohnung für die Berechnung der Kündigungsfrist außer Betracht bleibt (LG Düsseldorf ZMR 69, 310 = MDR 69, 397 = DWW 68, 381; LG Düsseldorf ZMR 69, 243; AG Düsseldorf ZMR 68, 846 = GrundE 68, 726; AG Dortmund MDR 64, 923; AG Hamburg ZMR 70, 53 = MDR 70, 240; Michaelis ZMR 66, 198; Lutz BlGBW 67, 116).

Die Gegenansicht will die gesamte Wohnzeit des Mieters im Hause des **B 844** Vermieters berücksichtigen, sofern der Wohnungswechsel mit dessen Einverständnis erfolgt ist (LG Kaiserslautern WM 70, 135 = ZMR 70, 184; AG Bremen WM 65, 203; AG Oberhausen ZMR 65, 248 = WM 65, 186; LG Bonn WM 87, 322; Bodié ZMR 66, 294 und WM 69, 137). Die dafür gegebene Begründung, daß in diesen Fällen kein neuer Mietvertrag begründet, sondern lediglich dessen Leistungsinhalt ausgetauscht werde (so ausdrücklich Bodie WM 69, 137; ähnlich LG Kaiserslautern a. a. O.; AG Bremen a.a.O.), vermag allerdings nicht zu überzeugen, weil § 565 II 1 gerade nicht auf den Zeitpunkt des Abschlusses eines bestimmten Vertrags, sondern auf die Überlassung des Wohnraums, also auf den tatsächlichen Vorgang der Besitzeinräumung abstellt. Die Kündigungsfristen sind nicht personen-, sondern raumgebunden (so zutr. Weimar WM 69, 36).

Eine vermittelnde Meinung will die gesamte Wohnzeit nur dann be- **B 845** rücksichtigen, wenn der Auszug im Interesse des Vermieters bzw. auf dessen Wunsch erfolgt ist (LG Aachen WM 71, 60 = ZMR 70, 216; AG Kassel ZMR 66, 48; AG Köln WM 70, 119; AG Offenbach WM 87, 322; Weimar a. a. O.). Zur Begründung wird ausgeführt, daß der Vermieter gegen Treu und Glauben verstoße, wenn er nur die Wohndauer in der zur Zeit der Kündigung innegehabten Wohnung berücksichtige. Diese Ansicht ist deswegen problematisch, weil danach die Berechnung der Kündigungsfrist von einem in der Regel sehr schwer feststellbaren Umstand abhängig gemacht wird. Derartige Unklarheiten müssen bei der Bestimmung der Kündigungsfristen im Interesse beider Parteien aber vermieden werden.

Dies bedeutet jedoch nicht, daß die Besitzzeit an der früher innegehab- **B 846** ten Wohnung unberücksichtigt bleiben darf. Da der Gesetzgeber den Fall des Wohnungswechsels eines Mieters im gleichen Haus offensichtlich nicht bedacht hat, liegt eine Regelungslücke vor, die unter Berücksichtigung des Zwecks der gestaffelten Kündigungsfristen des § 565 II und der zwischen den Parteien bestehenden Interessenlage zu schließen ist. Läßt man bei der Berechnung der Kündigungsfrist die Besitzzeit der früheren Wohnung außer Betracht, so ist dies mit dem hinter § 565 II stehenden „Heimgedanken" schlechthin nicht vereinbar. Der Umzug innerhalb desselben Hauses bedeutet für den Mieter keinen Bruch bestehender Bindungen, vielmehr werden die bisherigen Beziehungen kontinuierlich fortgesetzt (so zutr. LG Bonn WM 87, 322; Bodie ZMR 66, 294, gegen Michaelis ZMR 66, 198). Es ist auch nicht recht verständlich, warum einer Vertragspartei bei der Kündigung des Mietvertrags der Umstand zugute kommen soll, daß im Verlauf der Vertragsbeziehungen der Mietgegenstand ausgewechselt worden ist, obwohl dies von ihr gewünscht oder doch gebilligt wurde. Eine sachgerechte Lösung kann deswegen nur darin gesehen werden, daß ein Wohnungswechsel innerhalb desselben Hauses bei der Berechnung der Kündigungsfrist ohne Bedeutung ist ohne Rücksicht darauf, ob der Wechsel vom Vermieter gewünscht oder nur gebilligt wurde (LG Mannheim DWW 76, 260 = WM 76, 207 = Justiz 76, 511). Allerdings gilt die lange Kündigungsfrist dann für beide Teile, also nicht nur für die vom Vermieter ausgesprochene Kündigung (LG Bonn a. a. O.; Rdn B 835).

b) Möblierter Wohnraum

B 847 Eine Sonderregelung gilt dann, wenn der Vermieter Wohnraum, der Teil der von ihm selbst bewohnten Wohnung ist, ganz oder überwiegend mit Einrichtungsgegenständen auszustatten hat (Möbel, Einbaumöbel) und die Überlassung nicht zum dauernden Gebrauch für eine Familie erfolgte (§ 565 III; zum Begriff vgl. Rdn C 548). Diese Regelung betrifft somit vor allem die möblierte Vermietung an Einzelpersonen (nicht kinderloses Ehepaar) oder an Familien, die sich nur kürzere Zeit am Ort aufhalten. In diesen Fällen richtet sich die Kündigungsfrist nach der **vereinbarten Bemessung des Mietzinses:** Ist der Mietzins nach Tagen bemessen, kann die Kündigung zum Ablauf des folgenden Tages, ist der Mietzins nach Wochen bemessen, kann die Kündigung spätestens am ersten Werktag einer Woche zum Ablauf des darauffolgenden Sonnabends erfolgen; die allgemeine Vorschrift des § 193 BGB ist auch hier unanwendbar (s. oben Rdn B 837); ist der Mietzins nach Monaten oder längeren Zeitabständen bemessen, kann am 15. eines Monats zum Ablauf dieses Monats gekündigt werden.

B 848 Die Bemessung des Mietzinses ist von der **Fälligkeit einzelner Teilbeträge** zu unterscheiden. So kann ein im Vertrag nach Monaten bemessener Mietzins in wöchentlichen Teilbeträgen zu zahlen sein; die Kündigungsfrist bestimmt sich auch in einem solchen Fall nach § 565 III Nr. 3. Für sonstigen möblierten Wohnraum außerhalb der Vermieterwohnung gelten hingegen die oben unter a) erörterten Kündigungsfristen.

2. Kündigungsfristen bei Mietverhältnissen über Geschäftsräume, Grundstücke und im Schiffsregister eingetragene Schiffe

B 849 a) **Bei Mietverhältnissen über Geschäftsräume** (zum Begriff des Geschäftsraums vgl. Rdn B 11), gewerblich genutzte unbebaute Grundstücke und eingetragene Schiffe bestimmt sich die Kündigungsfrist nach der vereinbarten Bemessung des Mietzinses (§ 565 I); ist der **Mietzins nach Monaten oder längeren Zeitabschnitten** bemessen, muß die Kündigung spätestens am 3. Werktag eines Kalendervierteljahres zum Ablauf des Kalendervierteljahres erfolgen. Die Kündigung ist also möglich spätestens am 4. 1. auf den 31. 3., am 3. 4. auf den 30. 6. usw. Die Kündigungsfrist beträgt somit 3 Monate abzüglich der Karenzzeit von 3 Werktagen, bezogen aber nur auf ein Kalendervierteljahr. Ist der **Mietzins dagegen nach Tagen** bemessen, kann an jedem Tag zum Ablauf des folgenden Tages gekündigt werden. Ist der **Mietzins nach Wochen** bemessen, muß spätestens am 1. Werktag einer Woche für den Ablauf des folgenden Sonnabends gekündigt werden, wobei § 193 BGB unbeachtlich ist. Die Kündigungsfrist beträgt in diesen Fällen somit 24 Stunden bzw. 5 Tage. Für die Frage, ob Mischräume bei der Kündigung als Wohn- oder Geschäftsräume anzusehen sind, vgl. Rdn B 14.

b) **Bei Mietverhältnissen über sonstige nicht gewerblich genutzte, unbebaute Grundstücke** bestimmt sich die Kündigungsfrist ebenfalls nach der Bemessung des Mietzinses. Ist der Mietzins nach Tagen und Wochen bemessen, gilt die Regelung für Geschäftsräume (s. oben a). Ist der Mietzins aber nach Monaten oder längeren Zeitabschnitten bemessen, ist der Kündigungstermin nicht das Ende eines Kalendervierteljahres, sondern es kann stets spätestens am dritten Werktag eines jeden Monats zum Ende des übernächsten Monats gekündigt werden. Auch hier beträgt die Kündigungsfrist 3 Monate abzüglich von 3 Karenztagen.

3. Kündigungsfrist bei Mietverhältnissen über bewegliche Sachen

Auch bei Mietverhältnissen über bewegliche Sachen (Fahrnis) bemißt sich die Kündigungsfrist nach der Bemessung des Mietzinses (§ 565 IV s. oben Rdn B 848); ist der Mietzins nach Tagen bemessen, kann an jedem Tag für den Ablauf des folgenden Tages gekündigt werden. Ist er nach längeren Zeitabschnitten bemessen, muß spätestens am 3. Tag (nicht Werktag) vor demjenigen Tag, an dem das Mietverhältnis endigen soll, gekündigt werden. Die Kündigungsfrist beträgt somit 3 Tage.

Die Vorschrift des § 193 BGB ist auch hier unanwendbar. Die Kündigungsfristen sollen nämlich den Gegner schützen und dürfen deshalb durch § 193 BGB nicht verkürzt werden (so auch BGHZ 59, 265; BAG NJW 70, 1470 für Kündigungsfristen bei Dienstverträgen; vgl. aber auch BGH BB 75, 63).

4. Außerordentliche befristete Kündigungen

a) § 565 V enthält trotz seines insoweit mißverständlichen Wortlauts lediglich eine Einschränkung für die Fälle, in denen nach dem Gesetz ein Mietverhältnis über Wohnraum unter Einhaltung der gesetzlichen Frist vorzeitig beendet werden kann (**außerordentliche befristete Kündigung** z. B. §§ 549 I, 567, 569 I, 569a V u. VI, 569b, 570, 1056 II, 2135 BGB; § 30 ErbbVO; § 15 KO; § 51 VerglO; § 57a ZVG) indem die

Kündigungsfrist einheitlich festgelegt wird (s. allgem. Rdn B 55). Die Kündigung ist spätestens am dritten Werktag eines Kalendermonats für den Ablauf des übernächsten Monats zulässig, sie beträgt also **3 Monate** abzüglich einer Karenzzeit von 3 Werktagen. Auf die Dauer des Mietverhältnisses kommt es dagegen nicht an.

B 853 b) Für die Kündigung aller übrigen Mietverhältnisse ergeben sich aus § 565 V keine Besonderheiten, so daß auf die Ausführungen oben II 2–3 verwiesen werden kann.

IV. Abweichende Vereinbarungen

B 854 1. Die Parteien können die Kündigungsfristen abweichend regeln. Es gilt der Grundsatz der Vertragsfreiheit.

2. Lediglich bei Mietverträgen über Wohnraum gelten die folgenden Besonderheiten

B 855 a) Eine Vereinbarung über die **gesetzlichen Mindestfristen** zum Nachteil des Mieters ist **unzulässig**. Die Frist für die Kündigung des Vermieters darf somit niemals weniger als 3 Monate betragen und es ist darüber hinaus auch unzulässig, die Staffelung der längeren Kündigungsfristen zu Lasten des Mieters abzukürzen. Für die Kündigung des Mieters dürfen dagegen kürzere Fristen vereinbart werden (Weimar WM 69, 36, OLG Nürnberg WM 67, 202).

B 856 Zulässig ist es auch, für einen Vertragspartner oder für beide Vertragsteile **längere Fristen** zu vereinbaren, weil der insoweit eindeutige Wortlaut des § 565 II nur Mindestfristen zu Lasten des kündigenden Vermieters festlegt (vgl. LG Düsseldorf WM 73, 189; a. A.: LG Lübeck ZMR 85, 164, wonach die formularmäßige Vereinbarung einer einjährigen Kündigungsfrist gegen § 9 Abs. 2 Nr. 1 AGBG verstoßen soll, weil sie von der gesetzlichen Wertentscheidung des § 565 Abs. 2 BGB in erheblichem Maße abweicht und den Mieter benachteiligt; vgl. dazu die ablehnende Anmerkung Korff ZMR 85, 259). Die Parteien können auch einen **anderen Kündigungstag** bestimmen. Zulässig ist demnach eine Vereinbarung, wonach spätestens zum 1. oder 15. eines Monats mit den Fristen nach § 565 II gekündigt werden kann.

B 857 Eine Vereinbarung **kürzerer Kündigungsfristen** für beide Teile ist gemäß § 565 II 3 nur teilweise unwirksam, so daß für die Kündigung des Vermieters die gesetzlichen Fristen des § 565 II gelten, während der Mieter mit der verkürzten Frist kündigen kann (AG Köln WM 70, 82; Pergande § 565 Anm. 9; a. A. Korff MDR 65, 89). Dies gilt auch dann, wenn der Mietvertrag vor dem Inkrafttreten der Neufassung des § 565 II 3 und 4 (vgl. Art. I des 2. MAG vom 14. 7. 1964) abgeschlossen wurde (vgl. aber LG Kassel WM 66, 201).

B 858 Obwohl der Wortlaut des § 565 II 3 nicht den sonstigen Unabdingbarkeitsklauseln des BGB entspricht, ist er eindeutig und eine abweichende

Willensrichtung des Gesetzgebers nicht feststellbar, so daß im Wege der Auslegung keine anderen Ergebnisse gewonnen werden können; es ist Sache des Gesetzgebers, für eine sachgerechte Regelung Sorge zu tragen.

Das Verbot, kürzere Fristen für die Kündigung des Vermieters zu vereinbaren, gilt nicht für Wohnraum, der nur zu **vorübergehenden Gebrauch** vermietet wird (zum Begriff s. Rdn C 539 ff.) und für **möblierten Wohnraum** der in § 565 III genannten Art (s. Rdn C 548 ff.). Ebenso bleibt das Recht der Parteien unberührt, im Einzelfall einen Mietaufhebungsvertrag zu schließen (vgl. Rdn B 89 ff). **B 859**

b) Eine Vereinbarung, nach welcher die Kündigung nur für den **Schluß bestimmter Kalendermonate** zulässig sein soll, wird vom Gesetz ebenfalls für unwirksam erklärt (§ 565 II 4). Unwirksam ist deshalb eine Vereinbarung, wonach die Kündigung nur auf das Kalendervierteljahr zulässig sein soll (Nieder WM 70, 56). Zulässig ist dagegen eine Vereinbarung, wonach der 1. eines Kalendermonats als Kündigungstermin gelten soll, so daß die Einschränkung im Ergebnis wirkungslos ist. Eine Vereinbarung, wonach ein Mietverhältnis erstmals zum Schluß eines bestimmten Kalenderjahres gekündigt werden kann, fällt nicht unter § 565 Abs. 2 S. 4. Vielmehr ist eine solche Vereinbarung dahingehend auszulegen, daß das Mietverhältnis vor dem vertraglich vereinbarten Termin unkündbar ist und daß ansonsten ein Mietvertrag auf unbestimmte Zeit vorliegt (a. A.: AG Neukölln MM 9/82, 17). **B 860**

Das Verbot des § 565 II S. 4 gilt für beide Vertragsteile, so daß sich auch der Mieter gegenüber der Vermieterkündigung nicht auf eine entsprechende Vereinbarung berufen kann. **B 861**

Das Verbot gilt auch für Wohnraum, der nur zu vorübergehendem Gebrauch vermietet ist, nicht hingegen für möblierten Wohnraum der in § 565 II genannten Art (Rdn C 548). **B 862**

Der Sinn des § 565 Abs. 2 S. 4 ist nicht erkennbar (so auch Roquette § 565 Rdn 40, Hans § 565 Anm. 5). Soweit vertreten wird, daß die Vorschrift mit Rücksicht auf das Speditionsgewerbe eine Zusammenballung der Umzüge auf wenige Termine im Jahr verhindern soll (so Pergande § 565 Anm. 1) ist zweifelhaft, ob eine Einschränkung der Vertragsfreiheit aus diesem Grunde zweckmäßig und verfassungsmäßig ist. **B 863**

§ 565a BGB.
Verlängerung bedingter und befristeter Mietverhältnisse

(1) Ist ein Mietverhältnis über Wohnraum auf bestimmte Zeit eingegangen und ist vereinbart, daß es sich mangels Kündigung verlängert, so tritt die Verlängerung ein, wenn es nicht nach den Vorschriften des § 565 gekündigt wird.

(2) Ist ein Mietverhältnis über Wohnraum unter einer auflösenden Bedingung geschlossen, so gilt es nach Eintritt der Bedingung als auf unbe-

stimmte Zeit verlängert. Kündigt der Vermieter nach Eintritt der Bedingung und verlangt der Mieter auf Grund des § 556a die Fortsetzung des Mietverhältnisses, so sind zu seinen Gunsten nur Umstände zu berücksichtigen, die nach Abschluß des Mietvertrages eingetreten sind.

(3) Eine zum Nachteil des Mieters abweichende Vereinbarung ist nur wirksam, wenn der Wohnraum zu nur vorübergehendem Gebrauch vermietet ist oder es sich um ein Mietverhältnis der in § 565 Abs. 3 genannten Art handelt.

Übersicht

	Rdn		Rdn
I. Allgemeines	864	mehrmaliger Verlängerung auf bestimmte Zeit	875
1. Zweck	864	III. Auflösend bedingte Mietverhältnisse (§ 565a II)	876
2. Anwendungsbereich	866	1. Begriff der Bedingung	876
II. Befristete Mietverhältnisse über Wohnraum mit Verlängerungsklausel (§ 565a I)	869	2. Die Kündigung des Mietverhältnisses	877
1. Verlängerungsklausel auf unbestimmte Zeit	870	3. Sozialklausel	878
2. Verlängerungsklausel mit einmaliger Verlängerung auf bestimmte Zeit	873	IV. Abweichende Vereinbarungen	879
		1. Allgemeines	880
3. Verlängerungsklausel mit		2. Besonderheiten bei auflösend bedingten Mietverhältnissen	881

I. Allgemeines

B 864 1. Die Vorschrift wurde durch das 1. MÄG vom 29. 7. 1963 (BGBl. I S. 505) neu in das BGB eingefügt. Die Unabdingbarkeitsklausel (§ 565a III) ist durch das 2. MÄG neu gefaßt worden, um deren Wortlaut dem allgemeinen Sprachgebrauch des BGB anzupassen.

B 865 Der **Zweck** der Regelung liegt darin, die zum Schutz des Mieters geschaffenen Vorschriften bei der Beendigung eines Wohnraummietverhältnisses auch auf solche Mietverträge zu erstrecken, deren Endtermin nicht von vornherein feststeht, was in der Praxis durch entsprechende Vertragsgestaltung häufig der Fall ist; diese Mietverhältnisse sind hinsichtlich der Schutzrechte des Mieters wie unbefristete Mietverhältnisse zu behandeln. Das hat zur Folge, daß grundsätzlich die Kündigungsvoraussetzungen der §§ 564a, 564b, 565 BGB eingehalten werden müssen und sich der Mieter auf den Schutz der Sozialklausel nach § 556a BGB berufen kann (s. Rdn B 24 ff).

B 866 2. Sie gilt für **Mietverhältnisse über Wohnraum auf bestimmte Zeit mit Verlängerungsklausel (Abs. I)** und für **auflösend bedingte Mietverhältnisse (Abs. II)**. Auf die Dauer der Überlassungszeit kommt es nicht an, so daß § 556a auch dann Anwendung findet, wenn der Wohnraum zu nur vorübergehendem Gebrauch vermietet ist (s. Rdn C 539).

Auch Mietverträge über möblierten Wohnraum und Untermietverhältnisse werden von § 565a erfaßt (s. Rdn C 548).

Den Mietverträgen sind ferner die sog. **Nutzungsverträge mit den** **B 867** **Wohnungsgenossenschaften,** die häufig unter der auflösenden Bedingung der Mitgliedschaft geschlossen werden, gleichzustellen (LG Lübeck WM 70, 201; AG Hattingen (Ruhr), Zg. GenW Bd. 18, 356). Für Dienstwohnungen i. S. des § 565e BGB, die nicht auf Grund eines Mietvertrags, sondern auf Grund eines Arbeitsvertrags überlassen werden, gilt § 565a entsprechend, wenn der Arbeitnehmer den Wohnraum ganz oder überwiegend mit Einrichtungsgegenständen ausgestattet hat oder in dem Wohnraum mit seiner Familie einen eigenen Hausstand führt (§ 565c BGB).

Keine Mietverhältnisse sind Raumnutzungen auf Grund eines **dingli-** **B 868** **chen Wohnrechts** (§ 1093 BGB), einer unentgeltlichen **Ausstattung i. S. des § 1624 BGB,** einem durch **Vermächtnis** begründeten Nutzungsrechts, einer **Leihe** oder auf Grund **öffentlich-rechtlicher Bestimmungen.** In diesen Fällen kommt auch eine entsprechende Anwendung des § 565a nicht in Betracht. Zum Begriff des **Wohnraums** s. Rdn B 6. Von den Mietverhältnissen mit Verlängerungsklausel sind solche Verträge zu unterscheiden, in denen einem Vertragspartner das Recht eingeräumt wird, durch einseitige Erklärung eine Verlängerung des Mietverhältnisses herbeizuführen (dazu s. Rdn B 29). Die Regelung in § 565a II 2 gehört sachlich in den Schutzbereich der Sozialklausel und wird ergänzend unter Rdn B 62 zu den Ausführungen Rdn B 878 erörtert.

II. Befristete Mietverhältnisse über Wohnraum mit Verlängerungsklausel (§ 565a I)

Durch § 565a wird klargestellt, daß die Kündigungsfristen des **B 869** § 565 II, III BGB auch auf befristete Mietverhältnisse mit Verlängerungsklausel Anwendung finden (dazu auch Rdn B 24). Aus Sinn und Wortlaut des § 565a I ergibt sich ferner, daß diese Mietverhältnisse nur im Wege einer Kündigung beendigt werden können, die den dafür bestehenden gesetzlichen Voraussetzungen entspricht, im Ergebnis also wie unbefristete Mietverhältnisse behandelt werden (LG Gießen ZMR 77, 157; Gundlach ZMR 77, 134; Roesch WM 77, 177; Goch ZMR 78, 134), es steht deshalb nicht im Einklang mit dem Gesetz, den § 565a I dahin zu deuten, daß diese Verträge durch eine bloße Ablehnungserklärung des Vermieters außerhalb der gesetzlichen Kündigungsvoraussetzungen beendigt werden könnten, wobei lediglich die Kündigungsfristen des § 565 II BGB eingehalten werden müßten (so LG Kaiserslautern NJW 75, 1325 = ZMR 73, 306; LG Wuppertal MDR 76, 495). Allerdings muß der unterschiedliche Erklärungsinhalt der Verlängerungsklauseln auch bei der Anwendung der differenziert gestalteten gesetzlichen Beendigungsvoraussetzungen berücksichtigt werden (s. Rdn. B 873). Diese

Mietverhältnisse lassen sich hinsichtlich der Art der Verlängerungsklausel im wesentlichen in 3 Gruppen unterteilen.

B 870   **1. Mietverträge mit Verlängerungsklausel auf unbestimmte Zeit**

(Beisp.: Der Mietvertrag wird auf 3 Jahre geschlossen und verlängert sich, falls er nicht gekündigt wird.) Ein solcher Mietvertrag kann von beiden Vertragsteilen frühestens zum Ablauf der vereinbarten Mietzeit gekündigt werden (LG Mannheim WM 70, 11 = ZMR 70, 240). In diesem Fall muß die Kündigungserklärung binnen der gesetzlichen Frist (hier 3 Monate, abzüglich einer Karenzzeit von 3 Tagen) vor Ablauf der Vertragszeit abgegeben werden. Eine früher abgegebene Kündigungserklärung ist wirksam, wenn mit ihr die Beendigung des Mietverhältnisses zur vertraglich vereinbarten Zeit erreicht werden soll, da die Vertragspartner nicht gehindert sind, längere als die in § 565 BGB genannten Fristen einzuhalten; sie ist hingegen unwirksam, wenn durch sie die Beendigung des Mietvertrags zu einem früheren als dem im Mietvertrag vereinbarten Zeitpunkt bezweckt wird.

B 871   Die **Umdeutung** einer vorzeitigen Kündigung in eine Kündigung zum Vertragsende kommt aus Gründen der Rechtsklarheit grundsätzlich nicht in Betracht. Wird die Kündigungserklärung erst nach dem frühestmöglichen Termin abgegeben, so endet das Mietverhältnis mit dem Ablauf der gesetzlichen Kündigungsfristen. Jede vor dem Ablauf der fest bestimmten Mietzeit zugegangene Kündigungserklärung verhindert demnach den Eintritt der Verlängerung.

B 872   In allen Fällen handelt es sich hier um eine **echte Kündigung** im Rechtssinne (Roquette § 565a Rdn 6), so daß die Formvorschrift des § 564a BGB beachtet werden muß. Für die Kündigung des Vermieters müssen außerdem Kündigungsgründe i. S. von § 564b BGB vorliegen (LG Frankfurt Urt. vom 8. 5. 1973 – 2/11 S 453/1972; LG Gießen a. a. O.; AG Würzburg WM 78, 191; AG Pinneberg WM 79, 193; AG Büdingen WM 79, 255; Gundlach a. a. O.; Roesch a. a. O.; Goch a. a. O.). Die abweichende Ansicht wonach in diesem Fall keine echte Kündigung sondern eine „Ablehnung der Fortsetzung des Mietverhältnisses" (unechte Kündigung) vorliegen soll (Pergande § 564 Anm. 4, Palandt-Putzo § 564 Anm. 2a; vgl. auch BGH BB 75, 63) ist abzulehnen. Die von den Vertretern dieser Ansicht gewählte Umschreibung ist nichts weiter als eine Definition des Begriffs „Kündigung", was durch den Wortlaut des § 565a I BGB klargestellt wird. Im übrigen müßte auch nach dieser Ansicht § 564b BGB entsprechend angewendet werden, während § 564c I BGB in jedem Fall unanwendbar ist, weil dadurch nur solche Mietverhältnisse erfaßt werden, die mangels einer entsprechenden Erklärung mit dem Ablauf der Mietzeit enden (so LG Itzehoe WM 75, 169; Gundlach a. a. O.; a. A. LG Kaiserslautern a. a. O.). Bei den hier behandelten Verträgen hat das Fehlen dieser Erklärung aber die entgegengesetzte Wirkung; wird der Mietvertrag nicht gekündigt, so wandelt sich das befristete in ein Mietverhältnis auf unbestimmte Zeit um, dessen Kündigung sich in der Folgezeit nach den allgemeinen Vorschriften richtet.

2. Mietverträge mit einmaliger Verlängerung auf bestimmte Zeit

(Beisp.: Der Mietvertrag wird auf 6 Jahre geschlossen und verlängert sich um ein weiteres Jahr, falls er nicht vor Ablauf dieser Zeit gekündigt wird.) Ein solcher Mietvertrag muß binnen der gesetzlichen Frist des § 565 II BGB (hier 6 Monate) vor Ablauf der vereinbarten Mietzeit gekündigt werden. Auch hier müssen Kündigungsgründe i. S. von § 564b BGB vorliegen.

Wird der Mietvertrag nicht rechtzeitig gekündigt, so tritt die Verlängerung des Mietverhältnisses auf die vereinbarte Zeit (im Beispielsfall 1 Jahr) mit gleichbleibendem Vertragsinhalt ein. Das befristete Mietverhältnis bleibt ein befristetes Mietverhältnis. Das bedeutet, daß durch eine verspätet abgegebene Kündigungserklärung das Mietverhältnis nicht beendet wird. Mit dem Ablauf der Verlängerungszeit endet das Mietverhältnis von selbst, ohne daß es einer Kündigung bedarf (§ 564 I BGB; AG Augsburg WM 66, 196). Der Mieter hat allerdings die Möglichkeit, unter den Voraussetzungen des § 564c I BGB vom Vermieter die Fortsetzung des Mietverhältnisses zu verlangen (s. Rdn B 765 ff).

3. Mietverträge mit mehrmaliger Verlängerung auf bestimmte Zeit

(Beisp.: Der Mietvertrag wird auf 5 Jahre geschlossen und verlängert sich um je ein weiteres Jahr, wenn er nicht gekündigt wird.)

Ein solcher Mietvertrag ist frühestens zum Ablauf der zunächst vereinbarten Vertragszeit (hier 5 Jahre) kündbar. Wird das Mietverhältnis nicht gekündigt oder wird die Kündigungserklärung verspätet abgegeben, so wird es um ein weiteres Jahr verlängert. Wird auch zum Ablauf dieser Verlängerungszeit nicht oder nicht rechtzeitig gekündigt, so tritt eine weitere Verlängerung ein, usw. Das Mietverhältnis bleibt befristet mit der Folge, daß die Kündigung immer nur zum Ablauf der Vertragszeit bzw. der Verlängerungszeit erfolgen kann. Diese vertragliche Konstruktion verstößt nicht gegen § 565 II 4 BGB (AG Köln WM 70, 22 = ZMR 70, 138). Die Umdeutung einer verspätet abgegebenen Kündigungserklärung in eine Kündigung zum nächstzulässigen Termin kommt auch hier aus Gründen der Rechtsklarheit grundsätzlich nicht in Betracht. Für die Kündigung des Vermieters müssen Kündigungsgründe i. S. des § 564b BGB vorliegen, während § 564c I BGB auch hier unanwendbar ist, da auf Grund der Verlängerungsklausel niemals eine Beendigung durch Zeitablauf (§ 564 I BGB) eintreten kann (LG Gießen ZMR 77, 157; Gundlach ZMR 77, 134; LG Kaiserslautern ZMR 86, 167 = NJW RR 86, 442 unter Aufgabe der früher (NJW 75, 1325) vertretenen gegenteiligen Ansicht.

III. Auflösend bedingte Mietverhältnisse (§ 565a II)

§ 565a II gilt für Mietverhältnisse über Wohnraum, die unter einer auflösenden Bedingung geschlossen sind.

B 876 1. **Bedingung** i. S. des § 565a II ist eine rechtsgeschäftliche Bestimmung, durch welche die Beendigung des Mietvertrags von einem zukünftigen ungewissen Ereignis abhängig gemacht wird. Gegenstand der Bedingung kann ein Ereignis jeder Art sein, auch wenn dessen Eintritt vom Willen einer der Vertragsparteien abhängt. (Beisp.: Überlassung einer Werkwohnung bis zur Beendigung des Arbeitsverhältnisses; einer Genossenschaftswohnung bis zur Beendigung der Mitgliedschaft in der Genossenschaft; Überlassung einer Wohnung bis zur Heirat des Vermieters etc.) Kein auflösend bedingter, sondern ein befristeter Mietvertrag liegt vor, wenn der Zeitpunkt, zu dem das Ergebnis eintreten soll, bereits festliegt und beide Vertragsparteien davon Kenntnis haben (Beisp.: Mietvertrag bis zum Abbruch des Hauses, wenn der Abbruchstermin bereits fest bestimmt ist). Im Einzelfall entscheidet die Auslegung, wobei eine Vermutung dafür besteht, daß eine auflösende Bedingung vorliegt.

B 877 2. Wird ein Mietverhältnis über Wohnraum unter einer auflösenden Bedingung geschlossen, so ist es bis zum Eintritt der Bedingung unkündbar. Nach **Bedingungseintritt** wird es kraft Gesetzes auf unbestimmte Zeit verlängert. Die Identität des Mietverhältnisses bleibt dabei gewahrt. Der Bedingungseintritt hat also entgegen der allgemeinen Regelung (§ 158 II BGB) nicht zur Folge, daß die zwischen den Parteien bestehenden Rechtsbeziehungen entfallen; der auflösend bedingte Mietvertrag wird vielmehr in einen Mietvertrag auf unbestimmte Zeit umgewandelt, der nunmehr von beiden Parteien gekündigt werden kann. Eine vor diesem Zeitpunkt erklärte Kündigung ist auch dann unwirksam, wenn zwischen Kündigungstag und Kündigungstermin die Bedingung eintritt. Für die Kündigung des Vermieters müssen Gründe i. S. von § 564b BGB vorliegen (vgl. Rdn B 589). Auf diese Weise wird verhindert, daß die allgemeinen Kündigungsvorschriften (§§ 564b, 564a, 565 BGB) umgangen werden.

B 878 3. Gegenüber einer wirksamen (i. S. von § 564b BGB begründeten) Kündigung kann sich der Mieter auf die **Sozialklausel** (§ 556a BGB) berufen und die Fortsetzung des Mietverhältnisses verlangen. Nach § 565a II 2 sind zugunsten des Mieters aber nur solche Umstände zu berücksichtigen, die nach Abschluß des Mietvertrags eingetreten sind. Es handelt sich insoweit um eine unwiderlegbare gesetzliche Vermutung dafür, daß der Vermieter nach Eintritt der Bedingung ein gesteigertes Interesse an der Rückgabe der Mietsache hat. Die Einschränkung des § 565a II 2 gilt deshalb nur dann, wenn der Vermieter unmittelbar nach dem Bedingungseintritt kündigt; sonst gilt § 556a ohne diese Einschränkung (ebenso Pergande § 565a Anm. 4). Unerheblich ist es, ob der Vermieter beim Abschluß des Mietvertrags die in der Person des Mieters vorliegenden Härtegründe gekannt hat. Auf die Kommentierung Rdn B 294 ff wird im übrigen verwiesen.

IV. Abweichende Vereinbarungen

Eine zum Nachteil des Mieters abweichende Vereinbarung ist nur wirksam, wenn der Wohnraum zu nur vorübergehendem Gebrauch (zum Begriff s. Rdn C 539) vermietet ist oder wenn es sich um möblierten Wohnraum der in § 565 III genannten Art (s. Rdn C 548) handelt. **B 879**

1. Für Mietverhältnisse der in § 565a I, II genannten Art bedeutet dies, daß die **allgemeinen Kündigungsvorschriften zwingend** eingehalten werden müssen. Die Parteien können nur insoweit abweichende Vereinbarungen treffen, als dies nach §§ 564, 564b, 565 II 3 BGB zulässig ist. Insoweit kann auf die Ausführungen zu § 565 BGB verwiesen werden. **B 880**

2. Bei auflösend bedingten Mietverhältnissen tritt die Rechtsfolge des § 565a II 1 nicht ein, wenn die vom Eintritt der Beendigung abhängige Auflösung des Mietverhältnisses lediglich dem **Vorteil des Mieters** dient (Pergande § 565a Anm. 4 und 5). Haben z. B. die Parteien vereinbart, daß das Mietverhältnis im Falle der Versetzung des Mieters ohne Kündigung endet, so ist diese Vereinbarung – da sie nicht zum Nachteil des Mieters von der gesetzlichen Regelung abweicht – wirksam. Mit dem Eintritt der Bedingung endet das Mietverhältnis von selbst, ohne daß es einer Kündigung bedarf. Bei auflösend bedingten Mietverhältnissen über Wohnraum, der nur zu vorübergehendem Gebrauch vermietet ist und bei möbliertem Wohnraum der in § 565 III BGB genannten Art gilt dies auch dann, wenn die Vereinbarung der auflösenden Bedingung dem Mieter nachteilig ist, weil diese Wohnungsgruppen nicht unter den Schutzbereich des § 565a fallen. **B 881**

Nach der Gegenansicht soll § 565a II 1 ausnahmslos für alle Mietverhältnisse über Wohnraum gelten (Roquette, § 565a Anm. 12). Diese Auslegung steht aber im Widerspruch zum Wortlaut des § 565a III und zum Zwecke des § 565a II BGB. Die gesetzliche Fiktion der Verlängerung des Mietverhältnisses auf unbestimmte Zeit dient ausschließlich dem Zweck, eine Umgehung des Kündigungsschutzes zu verhindern. Deshalb ist sie in den Fällen nicht zwingend, in denen das Mietverhältnis keinen Kündigungsschutz genießt oder der Mieter nicht schutzbedürftig ist. Soweit die Parteien deshalb abweichende Vereinbarungen treffen dürfen und getroffen haben, gehen diese der gesetzlichen Regelung insoweit vor. Eine Besonderheit gilt für Mietverhältnisse über Wohnraum, der in einem **Studenten- oder Jugendwohnheim** gelegen ist. Diese Mietverhältnisse unterliegen nach § 564b VII 3 BGB zwar nicht dem Kündigungsschutz. Dennoch sind für diese Mietverhältnisse abweichende Vereinbarungen unzulässig. Bei einem Mietverhältnis über Wohn- **B 882** raum in einem Studentenwohnheim kann also insbesondere nicht wirksam vereinbart werden, daß der Mietvertrag mit dem Abschluß des Studiums enden soll. Dies folgt aus der Erwägung, daß jene Mietverhältnisse durch § 565a III BGB nicht umfaßt werden. Eine ausdehnende Interpretation der Ausschlußklausel ist im Hinblick auf den klaren Wortlaut der Vorschrift und den Zweck des § 564b VII 3 BGB (s. Rdn. B 737) ausgeschlossen.

§§ 565 b–565 e BGB. Sondervorschriften für Werkwohnungen

§ 565 b [Sondervorschriften für Dienstmietwohnungen]
Ist Wohnraum mit Rücksicht auf das Bestehen eines Dienstverhältnisses vermietet, so gelten die besonderen Vorschriften der §§ 565c und 565d.

§ 565 c [Kündigung des Vermieters]
Ist das Mietverhältnis auf unbestimmte Zeit eingegangen, so ist nach Beendigung des Dienstverhältnisses eine Kündigung des Vermieters zulässig
1. spätestens am dritten Werktag eines Kalendermonats für den Ablauf des nächsten Monats, wenn der Wohnraum weniger als zehn Jahre überlassen war und für einen anderen zur Dienstleistung Verpflichteten dringend benötigt wird;
2. spätestens am dritten Werktag eines Kalendermonats für den Ablauf dieses Monats, wenn das Dienstverhältnis seiner Art nach die Überlassung des Wohnraums, der in unmittelbarer Beziehung oder Nähe zur Stätte der Dienstleistung steht, erfordert hat und der Wohnraum aus dem gleichen Grunde für einen anderen zur Dienstleistung Verpflichteten benötigt wird.
Im übrigen bleibt § 565 unberührt.

§ 565 d [Widerspruch des Mieters gegen Kündigung]
(1) Bei Anwendung der §§ 556a, 556b sind auch die Belange des Dienstberechtigten zu berücksichtigen.
(2) Hat der Vermieter nach § 565c Satz 1 Nr. 1 gekündigt, so gilt § 556a mit der Maßgabe, daß der Vermieter die Einwilligung zur Fortsetzung des Mietverhältnisses verweigern kann, wenn der Mieter den Widerspruch nicht spätestens einen Monat vor der Beendigung des Mietverhältnisses erklärt hat.
(3) Die §§ 556a, 556b gelten nicht, wenn
1. der Vermieter nach § 565c Satz 1 Nr. 2 gekündigt hat;
2. der Mieter das Dienstverhältnis gelöst hat, ohne daß ihm von dem Dienstberechtigten gesetzlich begründeter Anlaß gegeben war, oder der Mieter durch sein Verhalten dem Dienstberechtigten gesetzlich begründeten Anlaß zur Auflösung des Dienstverhältnisses gegeben hat.

§ 565e [Dienstwohnungen]

Ist **Wohnraum im Rahmen eines Dienstverhältnisses überlassen, so gelten für die Beendigung des Rechtsverhältnisses hinsichtlich des Wohnraums die Vorschriften über die Miete entsprechend, wenn der zur Dienstleistung Verpflichtete den Wohnraum ganz oder überwiegend mit Einrichtungsgegenständen ausgestattet hat oder in dem Wohnraum mit seiner Familie einen eigenen Hausstand führt.**

Übersicht

	Rdn
I. Überblick	883
II. Werkmietwohnungen	885
1. Begriff	885
2. Kündigung vor Beendigung des Arbeitsverhältnisses	888
3. Kündigung nach Beendigung des Arbeitsverhältnisses	889
4. Kündigungsfristen im einzelnen	894
5. Verwirkung des Sonderkündigungsrechts	897
6. Sozialklausel	898
7. Abweichende Vereinbarungen	908
8. Werkgeförderte Wohnungen	910
III. Werkdienstwohnungen	915
1. Begriff	915
2. Kündigung vor Beendigung des Arbeitsverhältnisses	916
3. Kündigung nach Beendigung des Arbeitsverhältnisses	917
4. Sozialklausel	921
5. Rechtsverhältnis nach Beendigung des Arbeitsverhältnisses	922
6. Umwandlung der Dienstwohnung in eine Mietwohnung	923
7. Abweichende Vereinbarung	924
IV. Gerichtliche Zuständigkeiten	925
Anhang: § 87 I Nr. 9 BetrVG: Mitwirkung des Betriebsrats bei der Vermietung und Kündigung von Werkwohnungen	927

Schrifttum

Ehrenforth, Kündigung von Werkwohnungen, BB 64, 1441;
Koenig, Kündigungsvorschriften für Dienstwohnungen, BB 64, 1441;
ders., Kündigungsvorschriften für Dienstwohnungen in den weißen Kreisen, WM 67, 160;
Schmidt-Futterer, Die Kündigung von Werkswohnungen nach neuem Recht, BB 72, 1058;
Schmidt-Futterer/Blank, Die Werkdienstwohnung nach neuem Recht, BB 76, 1033;
Weimar, Das neue Recht für Werkwohnungen, ZMR 65, 161.

I. Überblick

§§ 565b–565d enthalten Sondervorschriften für **Werkmietwohnungen**. Für diesen Wohnraum gelten bis zur Beendigung des Arbeitsverhältnisses grundsätzlich die allgemeinen Vorschriften des Mietrechts. Nur für den Fall der Beendigung des Arbeitsverhältnisses steht dem Arbeitgeber ein Sonderkündigungsrecht mit verkürzten Kündigungsfristen zu und ist der Arbeitnehmer beschränkt vom Schutz der Sozialklausel ausgeschlossen (§§ 565b–e). In diesem Zusammenhang ist der Begriff des Sonderkündigungsrechts dahin zu verstehen, daß es sich hier um kein außerordentliches Kündigungsrecht handelt (s. Rdn B 55); das ergibt sich bereits aus den Wortlaut des § 565c I im Verhältnis zu Abs. II dieser Regelung als auch dem Sinn und Zweck der §§ 565b–e.

B 884 Der § 565e regelt die Rechtsverhältnisse der **Werkdienstwohnungen** für den Fall der Beendigung des Arbeitsverhältnisses. Der Zweck der Vorschriften liegt darin, daß dem Arbeitgeber im Interesse des Betriebes die Möglichkeit gegeben wird, zweckbestimmte Wohnräume beim Vorliegen eines vom Gesetz beschriebenen Bedarfs mit verkürzten Fristen zurückzuerhalten. Die Vorschriften sind also nicht zum Schutz des Mieters bestimmt.

II. Werkmietwohnungen

B 885 1. Unter Werkmietwohnungen sind nach der Definition des § 565b solche Wohnungen zu verstehen, die mit Rücksicht auf das Bestehen eines **Arbeitsverhältnisses** (§ 565b spricht zur Angleichung des Gesetzeswortlauts vom ,,Dienstverhältnis") vermietet worden sind. Ein derartiges Arbeitsverhältnis liegt vor, wenn der Arbeitnehmer zu unselbständiger, abhängiger, weisungsgebundener Arbeit verpflichtet ist; darunter fallen auch die Arbeitsverhältnisse sog. leitender Angestellter, angestellter Ärzte, Rechtsanwälte und ähnlicher Personengruppen. Darüber hinaus wird zu fordern sein, daß der Arbeitnehmer einen nicht unerheblichen Teil seiner Arbeitskraft einsetzt; deshalb liegt kein Arbeitsverhältnis i. S. des § 565b vor, wenn eine Mieterin nur gelegentliche Mithilfe im Haushalt des Vermieters verspricht (a. A. offenbar LG Dortmund WM 65, 158; vgl. auch LG Kiel WM 86, 218 wonach bei der Vermietung eines kleinen Hauses auf einem landwirtschaftlichen Anwesen von einem Mietverhältnis über eine Werkwohnung ausgegangen werden kann, wenn sich der Mieter verpflichtet hat, bei Bedarf in der Landwirtschaft des Vermieters mitzuhelfen). Andererseits ist aber nicht erforderlich, daß die Wohnungen einem ,,Werk" oder sonstigen Industrieunternehmen i. e. S. gehören, was sich bereits aus der Begriffsdefinition des § 565b ergibt.

B 886 Für die Dienstwohnungen der Beamten, Angestellten und Arbeiter des öffentlichen Dienstes, die unter ausdrücklicher Bezeichnung als Dienstwohnung ohne Abschluß eines Mietvertrags zugewiesen werden, ist § 565b unanwendbar.

B 887 Entgegen dem insoweit mißverständlichen Wortlaut des § 565b ist es nicht erforderlich, daß das Dienstverhältnis bereits besteht; vielmehr reicht es aus, wenn Arbeitsvertrag und Mietvertrag gleichzeitig, oder wenn der Mietvertrag im Hinblick auf den bevorstehenden Abschluß eines Arbeitsvertrags abgeschlossen wird (Burkhardt WM 65, 89; ähnlich Roquette § 565b Rdn 5). Keine Werkwohnung liegt dagegen vor, wenn der Vermieter mit einem seiner Mieter längere Zeit nach der Begründung des Mietverhältnisses einen Hauswartvertrag abschließt (AG Hamburg WM 85, 152). Dies gilt auch dann, wenn in dem Hauswart-

§§ 565b–565e BGB. Sondervorschriften für Werkwohnungen **B 888**

vertrag vereinbart ist, daß die bisherige Mietwohnung als kostengünstige oder kostenlose „Dienstwohnung" gelten solle. Das Mietverhältnis bleibt ein gewöhnliches Mietverhältnis mit der Maßgabe, daß der Mieter das Entgelt anstelle in Geld nunmehr in Form von Dienstleistungen zu erbringen hat. Das Arbeitsverhältnis muß einen **maßgebenden Einfluß** auf den Abschluß des Mietvertrags ausgeübt haben, braucht aber nicht der einzige Grund dafür gewesen zu sein (LG Aachen WM 85, 149; AG Darmstadt WM 85, 153). Die Verknüpfung zwischen Arbeitsverhältnis und Mietverhältnis muß nicht Gegenstand der Vereinbarung sein und darin keinen Ausdruck finden. Sie muß sich lediglich aus den Umständen für den Mieter in erkennbarer Weise ergeben. Das Arbeitsverhältnis muß somit auch eine Geschäftsgrundlage für den Mietvertrag sein. Abgesehen von der Beendigung des Arbeitsverhältnisses übt aber der Arbeitsvertrag trotz seiner engen Verknüpfung keinen Einfluß auf den Mietvertrag aus, der sich grundsätzlich nach den allgemeinen Vorschriften richtet. Die Darlegungs- und Beweislast für das Vorliegen einer Werkwohnung hat derjenige, der aus diesem Umstand Rechte für sich herleiten will. Ist eine Wohnung als Werkwohnung vermietet worden, so hat die spätere Beendigung des Arbeitsverhältnisses (z. B. durch Kündigung oder Tod des Arbeitnehmers) nicht zur Folge, daß der Wohnraum seine Eigenschaft als Werkwohnung verliert.

Wird die Werkwohnung veräußert, so endet die Verfügungsmacht des Arbeitgebers über die Wohnung. Das Mietverhältnis wird mit dem Erwerber fortgesetzt (§ 571 BGB). Dieser kann sich nicht auf §§ 565b–c berufen. War die Wohnung zu einem besonders niedrigen Mietzins vermietet, so kann der Erwerber grundsätzlich eine Mieterhöhung bis zur ortsüblichen Miete verlangen. Die für Werkwohnungen typischen günstigen Nutzungsbedingungen beruhen letztlich auf dem Arbeitsvertrag, so daß sie nicht auf den Erwerber übergehen. Eine Ausnahme kommt dann in Betracht, wenn sich der Arbeitgeber im Mietvertrag verpflichtet hat, einen bestimmten Abstand zur ortsüblichen Miete einzuhalten. Haben die Parteien im Kaufvertrag vereinbart, daß dem Veräußerer (Arbeitgeber) ein Mieterbenennungsrecht zustehen soll, so gelten die unter Rdn B 910ff dargelegten Grundsätze.

2. Vor Beendigung des Arbeitsverhältnisses kann das Mietverhältnis **B 888** grundsätzlich nach den allgemeinen Vorschriften mit den Fristen des § 565 BGB gekündigt werden; dies wird durch §§ 565b ff nicht ausgeschlossen (AG Kassel NJW 71, 2031, Weimar WM 67, 73). Beim Fehlen einer besonderen Vereinbarung kann auch nicht davon ausgegangen werden, daß das Mietverhältnis auflösend bedingt bis zur Beendigung des Arbeitsverhältnisses abgeschlossen worden ist (§ 565a BGB), weil es dann für beide Vertragsteile bis dahin unkündbar wäre; ein dahin gerichteter Wille kann dem Mieter nicht unterstellt werden, weil er einen Umzug in die ihm genehmere Wohnung nicht ausschließen wird. Für die Kündigung des Vermieters müssen **Kündigungsgründe** nach § 564b

BGB vorliegen (LG Ravensburg WM 77, 259; vgl. Rdn B 589), wobei insbesondere der Kündigungsgrund des **Betriebsbedarfs** in Betracht kommt (s. Rdn B 666). Eine Kündigung des Vermieters, die vor Beendigung des Arbeitsverhältnisses wirksam werden soll, wird aber nach dem Willen der Parteien als stillschweigend ausgeschlossen anzusehen sein (s. Rdn B 49; Soergel-Siebert-Mezger, §§ 565 b ff Rdn 6; Burkhardt BB 64, 771; Ehrenforth BB 64, 1441; Schmidt-Futterer BB 72, 1058; a. A. LG Kassel NJW 71, 2031; Papenheim BB 65, 246; Koenig WM 67, 160). Die ordentliche Kündigung unter Wahrung der Fristen des § 565 BGB, die mit dem Ende des Arbeitsverhältnisses wirksam werden soll, wird jedoch von dem stillschweigenden Kündigungsausschluß nicht erfaßt. Eine solche Kündigung wird dann in Betracht kommen, wenn der Vermieter längere Zeit im voraus weiß, wann das Arbeitsverhältnis endigt, so daß er trotz längerer Kündigungsfrist bei frühzeitigem Kündigungsausspruch die frühere Rückgabe erreicht. Steht z. B. schon im Januar fest, daß der Arbeitnehmer zum 30. 6. aus dem Arbeitsverhältnis ausscheidet, kann bis zum 4. 1. mit Wirkung zum 30. 6. auch das Mietverhältnis gekündigt werden (6monatige Kündigungsfrist nach § 565 II BGB vorausgesetzt). Macht der Vermieter in diesem Falle von seinem Sonderkündigungsrecht Gebrauch, kann er frühestens am 1. 7. zum 31. 8. kündigen, verliert also 2 Monate (s. unten B 894).

B 889 3. **Nach Beendigung des Arbeitsverhältnisses** hat der Vermieter ein Wahlrecht, ob er unter Einhaltung der allgemeinen Fristen des § 565 BGB oder mit den verkürzten Fristen des § 565 c kündigen will; dagegen steht dem Mieter kein Sonderkündigungsrecht zu. Gegenüber einem Mitmieter (z. B. Ehefrau) wirkt das Sonderkündigungsrecht nur dann, wenn dieser nicht (oder nicht mehr) Arbeitnehmer des Vermieters ist (s. im einzelnen Rdn B 667). Auch wenn der Vermieter von seinem Sonderkündigungsrecht Gebrauch macht, ist § 564 b BGB anwendbar. Als Kündigungsgrund kommt insbesondere in Betracht, daß der Wohnraum für einen anderen Arbeitnehmer dringend benötigt wird (OLG Stuttgart (RE) vom 22. 11. 1985 RES § 565 c BGB Nr. 1; OLG Celle WM 85, 142 = DWW 85, 232; abweichend: LG Aachen WM 85, 149, wonach Dringlichkeit nicht erforderlich ist). Es genügt insoweit nicht, daß nach dem gewöhnlichen Lauf der Dinge mit einem Bedarf der Wohnung für einen anderen Arbeitnehmer zu rechnen ist. Vielmehr muß ein konkreter Bedarf dargelegt werden (LG Itzehoe WM 85, 152). Bei der Begründung der Kündigung darf sich der Vermieter nicht darauf beschränken, den Gesetzeswortlaut zu wiederholen. Zwar können an ein Kündigungsschreiben unterschiedliche Anforderungen gestellt werden, wobei es insbesondere auf die Größe des Betriebs und die Zahl der als Mieter in Betracht kommenden Arbeitnehmer ankommt. Bei einem Großbetrieb können die Anforderungen an das Kündigungsschreiben nicht überzogen werden; andererseits muß aber auch hier der aktuelle Stand des Betriebsbedarfs angegeben werden (OLG Stuttgart a. a. O.).

§§ 565b–565e BGB. Sondervorschriften für Werkwohnungen

a) Das Sonderkündigungsrecht des § 565c setzt zunächst voraus, daß **B 890** ein **Mietverhältnis auf unbestimmte Zeit** vorliegt. Das ist auch der Fall, wenn das Mietverhältnis vereinbarungsgemäß mit dem Ende des Arbeitsverhältnisses endigen soll (§ 565a II BGB; LG Aachen WM 85, 149) und bei befristeten Mietverhältnissen mit Verlängerungsklausel auf unbestimmte Zeit (s. Rdn B 869) nach Eintritt der Verlängerung (insoweit unklar Roquette 565c Rdn 3). Bei Mietverträgen mit **bestimmter Mietzeit** ist dagegen das Sonderkündigungsrecht des Vermieters ausgeschlossen, weil durch eine derartige Vereinbarung zum Ausdruck gebracht wird, daß die Dauer des Arbeitsverhältnisses ohnehin keinen Einfluß auf die Dauer des Mietvertrages haben soll. Die Gegenansicht, nach der § 565c für Mietverhältnisse auf bestimmte Zeit entsprechend angewendet werden soll (Hans § 565c Anm. 1), steht auch zu dem eindeutigen Wortlaut der Vorschrift („auf unbestimmte Zeit eingegangen") im Widerspruch und ist daher abzulehnen; sie verkennt ferner, daß es sich insoweit um kein außerordentliches Kündigungsrecht handelt (s. Rdn B 883).

Ein Mietverhältnis auf bestimmte Zeit ist aber nicht schon dann anzunehmen, wenn die Parteien ausdrücklich oder stillschweigend den Ausschluß des Kündigungsrechts für eine bestimmte Zeit vereinbart haben (unrichtig daher LG Dortmund WM 65, 181; s. Rdn B 49).

b) Das **Arbeitsverhältnis** muß **beendigt** sein. Dabei kommt es nicht **B 891** auf den Zeitpunkt der tatsächlichen Beendigung (Aufgabe der Arbeit), sondern darauf an, wann das Arbeitsverhältnis **rechtlich** wirksam aufgelöst worden ist, weil sonst der Mieter in seiner Rechtsstellung benachteiligt würde (a. A. LG Essen ZMR 66, 148). Ist über diese Frage ein arbeitsgerichtliches Verfahren anhängig, so muß der Räumungsrechtsstreit bis zu dessen Entscheidung ausgesetzt werden (§ 148 ZPO).

Macht der Vermieter vor Beendigung des Arbeitsverhältnisses von **B 892** seinem Sonderkündigungsrecht Gebrauch, so endet das Mietverhältnis nicht nach Ablauf der verkürzten Fristen nach § 565c (s. oben Rdn B 888); die Kündigung ist vielmehr in eine ordentliche befristete Kündigung umzudeuten, die das Mietverhältnis nach Maßgabe des § 565 II BGB beendet.

Ein Recht zur Kündigung einer Werkwohnung unter Ausnutzung der **B 893** verkürzten Kündigungsfrist nach § 565c besteht nur dann, wenn der Vermieter das Mietverhältnis in einem engen zeitlichen Zusammenhang mit der Beendigung des Arbeitsverhältnisses kündigt. Die Kündigungserleichterung des § 565c besteht nämlich gerade für den Fall der Beendigung des Arbeitsverhältnisses, wobei von dem Regelfall ausgegangen wird, daß der freigewordene Arbeitsplatz alsbald wieder besetzt und die Wohnung dementsprechend benötigt wird (LG Aachen WM 85, 149; a. A. Sonnenschein NJW 86, 2731).

4. Die **Kündigungsfristen** des § 565c richten sich nach der Art der Werkmietwohnung (Satz 1 Nr. 1, 2).

B 894 **a)** Die Kündigungsfrist für **funktionsgebundene Werkwohnungen** (Pförtnerwohnung, Werkwohnung von leitenden Ingenieuren, Ärzten auf dem Klinikgelände, Werkfeuerwehr usw.) beträgt 1 Monat abzüglich einer Karenzzeit von 3 Werktagen. Sie muß bis zum 3. Werktag eines Monats ausgesprochen werden und wirkt dann zum Ende dieses Monats. Eine funktionsgebundene Werkwohnung liegt nur dann vor, wenn das Arbeitsverhältnis seiner Art nach die Überlassung des Wohnraums in unmittelbarer Nähe zur Stätte der Dienstleistung erfordert. Es kommt somit objektiv auf die besondere Art der Dienstleistung an, die eine Überlassung des Wohnraums erforderlich macht, der in räumlicher Nähe zur Arbeitsstelle liegen muß. Für die verkürzte Kündigungsfrist ist daneben erforderlich, daß die Werkwohnung für einen anderen Arbeitnehmer benötigt wird, weil die besondere Art seiner Beschäftigung seine ortsnahe Unterbringung gebietet. Aus dem Wortlaut der Vorschrift folgt, daß der neue Mieter grundsätzlich der Nachfolger des ausgeschiedenen Mieters am Arbeitsplatz sein muß. Das Sonderkündigungsrecht ist bei dieser Wohnungsgruppe unabhängig von der Dauer der Überlassungszeit. Deswegen und wegen der kurzen Kündigungsfrist ist an die tatbestandsmäßigen Voraussetzungen des § 565 c S. 1 Nr. 2 ein strenger Maßstab anzulegen (Pergande § 565 c Anm. 4).

B 895 **b)** Für alle **sonstigen Werkmietwohnungen** beträgt die Kündigungsfrist 2 Monate abzüglich einer Karenzzeit von 3 Tagen (**§ 565 c S. 1 Nr. 1**). Die Kündigung muß also spätestens am 3. Werktag eines Monats zum Ablauf des nächsten Monats ausgesprochen werden. Die Sonderkündigung setzt hier jedoch stets einen **dringenden Betriebsbedarf** voraus. Dafür reicht es aus, daß ein anderer Arbeitnehmer in dieser Wohnung untergebracht werden soll, der nicht Nachfolger des Ausscheidenden zu sein braucht. Hat der Vermieter aus dem Kreis seiner Arbeitnehmer eine Anzahl von Wohnungsbewerbern vorliegen, ist die Dringlichkeit stets gegeben. Fehlt es dagegen an solchen Bewerbern aus dem Betrieb, darf die Sonderkündigung nicht mit dem Zweck ausgeübt werden, betriebsfremde Personen unterzubringen oder die Wohnung anderen Zwecken zuzuführen.

B 896 Bei dieser Wohnungsgruppe besteht das Sonderkündigungsrecht nur, wenn der Wohnraum weniger als **10 Jahre** überlassen war; nach diesem Zeitraum wird das Mietverhältnis kraft Gesetzes vom Arbeitsverhältnis unabhängig. Bei öffentlich geförderten Werkwohnungen darf der Vermieter von seinem Sonderkündigungsrecht nur dann Gebrauch machen, wenn das Mietverhältnis noch nicht **5 Jahre** besteht, während er für die spätere Zeit auf die normalen Kündigungsfristen des § 565 BGB angewiesen ist. Die Bewilligung derartiger öffentlicher Mittel ist von der Bewilligungsstelle an die Auflage zu knüpfen, daß der Arbeitgeber mit den Arbeitnehmern solche Mietverträge zu vereinbaren hat, die nach 5 Jahren von dem bestehenden Arbeitsverhältnis unabhängig werden (§ 24 des 1. WoBauG, § 53 des 2. WoBauG). Hat die Bewilligungsstelle die Auflage erteilt, tritt ihre Schutzwirkung zugunsten des Arbeitnehmers auch dann ein, wenn der Arbeitgeber sie pflichtwidrig nicht im Mietvertrag aufgenommen hat (a. A. LG Kassel ZMR 67, 71; zum Begriff der Überlassung s. Rdn B 839). Zu der Frage, wie die Überlassungszeit bei einem Wohnungswechsel des Mieters berechnet wird vgl. Rdn B 843.

5. Das Sonderkündigungsrecht muß nicht zum ersten zulässigen Termin ausgeübt werden (so aber AG Oberhausen DWW 72, 315), weil die Voraussetzungen des § 565c (z. B. Betriebsbedarf) auch noch später eintreten können. Macht der Arbeitgeber aber längere Zeit nach der Beendigung des Arbeitsverhältnisses von seinem Sonderkündigungsrecht keinen Gebrauch, verwirkt er es, so daß er die Kündigungsfristen des § 565 BGB einhalten muß.

B 897

6. Sozialklausel

Durch § 565d wird die Anwendbarkeit der Sozialklausel (§ 556a BGB) teilweise eingeschränkt.

B 898

a) Der Mieter einer **funktionsgebundenen Werkwohnung** (s. Rdn B 894) kann sich nicht auf die Sozialklausel berufen (§ 565d III Nr. 2). Das gilt aber nur dann, wenn der Vermieter von seinem Sonderkündigungsrecht nach § 565c Nr. 2 Gebrauch macht. Dies ergibt sich bereits aus dem Wortlaut des § 565d III Nr. 1 sowie aus der systematischen Stellung der Vorschrift. Kündigt der Vermieter unter Wahrung der allgemeinen Kündigungsfrist des § 565 BGB, so ist § 556a BGB uneingeschränkt anwendbar; auch der Ausschlußtatbestand des § 565d III Nr. 2 kommt in diesem Fall nicht in Betracht (a. A. Palandt-Putzo § 565d Anm., 2, wonach § 565d für alle Arten der ordentlichen Kündigung gelten soll). Die Gegenansicht verkennt, daß der gemeinsame Grund der Kündigungsmöglichkeit unter Einhaltung einer verkürzten Frist und dem Ausschluß des § 556a BGB in dem vom Gesetz vorausgesetzten Betriebsbedarf des Arbeitgebers liegt (vgl. Wortlaut des § 565b). Wird die Wohnung nicht für einen anderen Arbeitnehmer benötigt, so entfällt das Sonderkündigungsrecht. Folgerichtig muß dann aber auch der Ausschluß der Sozialklausel entfallen. Eine Ausnahme kann entsprechend § 556a IV Nr. 2 BGB allerdings dann gelten, wenn der Vermieter auch mit der kürzeren Frist des § 565c hätte kündigen können, im Interesse des Mieters aber davon Abstand genommen hat, und sich der Vermieter darauf beruft. Hier kann es im Einzelfall treuwidrig sein, wenn sich der Mieter auf die Sozialklausel beruft (§ 242 BGB).

Bei befristeten Mietverträgen über funktionsgebundene Werkwohnungen, die ohne Kündigungsausspruch mit Zeitablauf enden, kann der Mieter nach § 564c I, § 556b BGB die Fortsetzung des Mietverhältnisses verlangen. Aus der Erwähnung des § 556b BGB in § 565d III ergibt sich nichts anderes. Hierbei handelt es sich vielmehr um ein Redaktionsversehen des Gesetzgebers, weil sich die Ausschlußklausel nur auf Kündigungen bezieht, während durch § 556b BGB nur solche Mietverhältnisse erfaßt werden, die ohne Kündigungsausspruch enden.

B 899

B 900 **b)** Der Mieter einer **sonstigen Werkmietwohnung** (§ 565c Nr. 1) kann sich gegenüber der Kündigung des Vermieters auf die Sozialklausel berufen. Wenn der Vermieter von seinem Sonderkündigungsrecht Gebrauch macht, wird die Widerspruchsfrist im Hinblick auf die kürzeren Kündigungsfristen allerdings auf einen Monat verkürzt (§ 565 d II); bei einer Kündigung nach § 565 BGB gilt die allgemeine Zweimonatsfrist (§ 556a VI BGB).

B 901 Weist der Vermieter aber den Mieter nicht rechtzeitig auf die Form des Widerspruchs hin oder verweigert er trotz Aufforderung die Auskunft über die Kündigungsgründe (§ 564a II BGB), kann der Mieter noch im ersten Verhandlungstermin vor Gericht rechtzeitig den Widerspruch erklären (§ 556a VI BGB).

B 902 Bei befristeten Mietverhältnissen gilt § 556b BGB, wobei in jedem Fall die Widerspruchsfrist 2 Monate beträgt; § 565 d II, wonach die Widerspruchsfrist einen Monat beträgt, ist für diese Mietverhältnisse weder unmittelbar noch analog anwendbar.

B 903 **c)** Das Widerspruchsrecht des Mieters ist ferner **ausgeschlossen,** wenn dieser das Arbeitsverhältnis gelöst hat, ohne daß ihm vom Arbeitgeber ein gesetzlich begründeter Anlaß gegeben war, oder wenn der Mieter durch sein Verhalten dem Arbeitgeber gesetzlich begründeten Anlaß zur Auflösung des Dienstverhältnisses gegeben hat. Letzteres ist der Fall, wenn der Arbeitgeber auf Grund eines schuldhaften, rechtswidrigen Verhaltens des Arbeitnehmers einen gesetzlichen oder wichtigen Kündigungsgrund hatte und darin die Ursache für die Auflösung des Arbeitsverhältnisses lag. Ein wichtiger Grund zur fristlosen Kündigung wird nicht unbedingt vorausgesetzt. Es reicht aus, daß die Kündigung des Arbeitsverhältnisses durch schwerwiegende Gründe im Verhalten des Arbeitnehmers bedingt war und sie somit nicht zu den sozial ungerechtfertigten unwirksamen Kündigungen i. S. § 1 II KSchG zählt. Erhebliche Pflichtverletzungen des Arbeitnehmers reichen aus (z. B. Beleidigung, Störung des Betriebsfriedens). Ob der Arbeitgeber tatsächlich die fristlose Kündigung aussprach oder eine Schonfrist eingehalten oder eine Aufhebungsvereinbarung geschlossen wurde, ist nicht entscheidend.

B 904 Ist die Kündigung des Arbeitsverhältnisses lediglich durch dringende betriebliche Erfordernisse i. S. des § 1 II KSchG gerechtfertigt, wird das Widerspruchsrecht des Mieters nicht ausgeschlossen. Gleiches gilt, wenn das Arbeitsverhältnis während der Probezeit wegen fehlender Eignung gekündigt worden ist (OLG Celle WM 85, 142 = DWW 85, 232).

B 905 In der Regel wird der Ausschlußtatbestand der § 565c III Nr. 2 nur für die Kündigung von Werkmietwohnungen der im § 565c I Nr. 1 genannten Art von Bedeutung sein, weil bei den funktionsgebundenen Werkwohnungen ohnehin der Ausschlußtatbestand des Nr. 1 eingreift. Dennoch schließen sich die beiden Ausschlußtatbestände nicht aus, sondern sind nebeneinander anwendbar. Ist beispielsweise streitig, ob es sich bei dem vermieteten Wohnraum um eine funktionsgebundene Werkwohnung handelt, so braucht – hinsichtlich der Anwendbarkeit des § 556a

BGB darüber kein Beweis erhoben zu werden; vielmehr kann auf den Ausschlußtatbestand der Nr. 2 zurückgegriffen werden, wenn dieser unstreitig gegeben ist.

d) Soweit § 556a BGB Anwendung findet, sind bei der danach erforderlichen Interessenabwägung auch die **Belange des Arbeitgebers** zu berücksichtigen. Dies gilt für alle Arten der ordentlichen Kündigung, gleichgültig, ob der Vermieter mit der Frist des § 565 BGB oder nach § 565c kündigt; ebenso bei befristetem Mietverhältnis, dessen Fortsetzung der Mieter nach § 556b BGB verlangen kann. **B 906**

Soweit Arbeitgeber und Vermieter identisch sind, stellt die Vorschrift klar, daß bei der Interessenabwägung nach §§ 556a, 556b BGB auch betriebliche, unternehmensbezogene Umstände zu berücksichtigen sind. Sie können vor allem darin bestehen, daß die Werkwohnung für einen anderen Arbeitnehmer benötigt wird (vgl. AG Mülheim-Ruhr ZMR 68, 12; AG Oberhausen WM 73, 164). Soll die Werkwohnung aber zu gewerblichen Zwecken verwendet oder an betriebsfremde Personen vermietet werden, liegen keine derartigen berechtigten Belange des Arbeitgebers vor. **B 907**

7. Abweichende Vereinbarungen

Die Parteien können die Anwendbarkeit der §§ 565c, 565d zugunsten des Mieters ausschließen. Das Mietverhältnis kann dann nur unter Beachtung der allgemeinen Fristen des § 565 BGB gekündigt werden und der Mieter darf sich ohne die Einschränkungen des § 565d auf die Sozialklausel berufen. **B 908**

Weiterhin können die Parteien abweichende Regelungen über die Kündigungsfristen bzw. über die Beendigung des Mietverhältnisses insoweit treffen, als dies nach den allgemeinen Vorschriften (§§ 565 II 3 u. 4, 565a III) möglich ist (s. Rdn B 854).

Eine Vereinbarung kürzerer als der in § 565c genannten Fristen ist nach §§ 565c Nr. 2 S. 2, 565 II 3 BGB (teilweise) unwirksam. Für die Kündigung des Mieters gelten in diesem Fall die vereinbarten Fristen, während für die Vermieterkündigung die gesetzliche Frist des § 565c einzuhalten ist (vgl. Rdn B 894). Entsprechendes gilt für eine Vereinbarung, nach der eine Kündigung mit den Fristen des § 565c zu anderen als den dort genannten Voraussetzungen zulässig sein soll. Auch eine Vereinbarung, nach welcher die (befristete oder fristlose) Beendigung des Arbeitsverhältnisses zur fristlosen Kündigung des Mietverhältnisses berechtigen soll, ist gleichfalls für die Vermieterkündigung unwirksam, für die Mieterkündigung dagegen wirksam (§ 554b BGB). Eine Verkoppelung von Miet- und Arbeitsverhältnis dergestalt, daß das Mietverhältnis vom Bestand des Arbeitsverhältnisses abhängig sein soll, wird durch § 565a II BGB ausgeschlossen. **B 909**

8. Werkgeförderte Wohnungen

B 910 **a)** Die oben dargestellten Grundsätze gelten auch für solche Werkmietwohnungen, deren Vermieter nicht der Arbeitgeber (oder ein von ihm zum Zwecke der Wohnungsverwaltung gegründetes Unternehmen), sondern ein Dritter ist, der dem Arbeitgeber ein Mieterbenennungsrecht (Belegungsrecht) eingeräumt hat (werkgeförderte Wohnungen). Im Unterschied zu den Werkwohnungen werden diese Wohnungen auch **Betriebswohnungen** genannt (so Roquette MDR 58, 467).

Zur Errichtung solcher Wohnungen wird regelmäßig zwischen dem Arbeitgeber und dem Dritten ein Werkförderungsvertrag geschlossen, in dem sich der Förderer verpflichtet, dem Bauherrn zur Erstellung einer Wohnung oder einer bestimmten Anzahl von Wohnungen einen Geldbetrag in Form eines (meist zinsgünstigen oder zinslosen) Baudarlehens, einer Mietvorauszahlung oder auch als verlorenen Baukostenzuschuß zur Verfügung zu stellen. Als Gegenleistung verpflichtet sich der Bauherr, die geförderten Wohnungen den Betriebsangehörigen des Förderers im Wege eines Mietverhältnisses zu überlassen. Hat der Förderer darüber hinaus eine zusätzliche Mietausfallgarantie übernommen, so haftet er für den Mietausfall, der dadurch entsteht, daß das Werk von seinem Belegungsrecht keinen oder nur einen verspäteten Gebrauch gemacht hat; das Risiko des Leerstehens der Räume wird dadurch vom Vermieter auf den Förderer abgewälzt. Dagegen wird das Risiko für die Zahlungsfähigkeit und Zahlungswilligkeit der Mieter von der Mietausfallgarantie grundsätzlich nicht mitumfaßt; etwas anderes gilt nur, wenn die Parteien hierüber eine ausdrückliche Regelung getroffen haben (BGH WM 77, 165; vgl. auch OLG Hamm BB 78, 734).

b) Für die **Beendigung** eines solchen Mietverhältnisses gelten folgende Besonderheiten.

B 911 **aa)** Solange das Belegungsrecht besteht (zur vorzeitigen Beendigung dieses Rechts durch Rückzahlung des Darlehens vgl. BGH NJW 75, 381), kann der Vermieter das Mietverhältnis ohne Zustimmung des Arbeitgebers nicht im Wege der ordentlichen Kündigung beenden. Der **Ausschluß des Kündigungsrechts** bedarf keiner besonderen Vereinbarung, sondern ergibt sich aus dem Zweck des Werkförderungsvertrags (LG Essen MDR 69, 147 = ZMR 69, 128; LG Hannover NdsRpfl. 68, 132). Der Arbeitgeber muß in der Lage sein, denjenigen Betriebsangehörigen unterzubringen, der aus persönlichen oder betrieblichen Gründen auf die Wohnung angewiesen ist. Wäre der Vermieter berechtigt, einen Mietvertrag, den er auf Grund des Werkförderungsvertrags mit dem vom Arbeitgeber vorgeschlagenen Betriebsangehörigen abzuschließen hat, bereits kurze Zeit später ohne wichtigen Grund zu kündigen, würde das Belegungsrecht des Arbeitgebers in Frage gestellt (LG Düsseldorf ZMR 72, 216). Diese Beschränkung des Kündigungsrechts wird auch nicht durch § 564a BGB berührt.

bb) Aus der Zweckbindung der Wohnung ergibt sich andererseits aber **B 912** auch die **Verpflichtung des Vermieters zur Kündigung,** wenn der Arbeitgeber dies verlangt. Als Kündigungsgründe i. S. von § 564b BGB kommen entsprechend dem Grundgedanken des § 565d I auch betriebsbzw. arbeitgeberbezogene Umstände (Beisp. Betriebsbedarf) in Betracht. Dies ergibt sich aus der Zweckbindung der Wohnung, die zur Folge hat, daß wirtschaftlich betrachtet nicht der Vermieter, sondern der Arbeitgeber über die Wohnung verfügen kann. Im übrigen darf es für die Beendigung eines Mietvertrags über eine Werkwohnung keinen Unterschied bedeuten, ob es sich um betriebseigenen oder betriebsfremden Wohnraum handelt. Deshalb kann auch eine werkgeförderte Wohnung wahlweise mit den verkürzten Fristen nach § 565c als auch nach § 565 BGB gekündigt werden. Das Wahlrecht steht aber ausschließlich dem Arbeitgeber zu, da nur dieser ein Interesse an der alsbaldigen Räumung der Wohnung besitzt. Die Kündigung muß stets vom Vermieter ausgesprochen werden. Aus dem Kündigungsschreiben muß sich unter anderem auch ergeben, daß der Arbeitgeber die Kündigung verlangt hat (§ 564b III BGB; s. Rdn B 711ff.). Anderenfalls ist die Kündigung unwirksam.

cc) Zur **fristlosen Kündigung** (§§ 553–554a BGB) ist der Vermieter **B 913** auch ohne Zustimmung des Arbeitgebers jederzeit befugt, wenn im Werkförderungsvertrag nichts anderes vereinbart wurde. Das Recht zur fristlosen Kündigung bei schuldhaften Pflichtverletzungen des Mieters kann vertraglich aber nicht ausgeschlossen werden (§ 554a S. 2 BGB).

dd) Beruft sich der Mieter gegenüber der Kündigung auf die **Sozial-** **B 914** **klausel,** so sind nach § 565d neben den Belangen des Vermieters auch die Belange des Arbeitgebers zu berücksichtigen.

III. Werkdienstwohnungen § 565e

1. Werkdienstwohnungen sind solche Wohnungen, die im Rahmen **B 915** eines Dienstverhältnisses (Arbeitsverhältnis) überlassen werden. Der Arbeitsvertrag ist gleichzeitig **Rechtsgrundlage für die Raumnutzung,** so daß sich auch die gegenseitigen Rechte und Pflichten hinsichtlich der Wohnung aus diesem Vertrag und nicht aus einem daneben bestehenden Mietvertrag ergeben (Beispiele: Hauswartwohnung, Wohnungen für landwirtschaftliche Arbeiter oder Gutsinspektoren, Wohnungen für leitende Ingenieure oder Werksdirektoren von Industriebetrieben, Dienstwohnung für Ärzte, Heimleiter oder Personal). Die Anrechnung einer Nutzungsgebühr auf das Arbeitsentgelt, deren Höhe tarifvertraglich geregelt sein kann, ist zulässig und üblich, aber nicht Bedingung. Enthält der Arbeitsvertrag keine Regelungen über die Rechte und Pflichten hinsichtlich der Raumnutzung, so sind die §§ 535ff BGB auch während des Bestehens des Arbeitsverhältnisses analog anwendbar; insoweit besteht eine Gesetzeslücke, die nur durch die Vorschriften des Mietrechts, die einen allgemeinen Gerechtigkeitsgehalt aufweisen, zu schließen ist. Dagegen sind mietrechtliche Sondervorschriften außerhalb des BGB, die den Bestand eines „Mietverhältnisses über Wohnraum" voraussetzen (z. B. das MHG) für die Werkdienstwohnung während der Dauer des Arbeitsverhältnisses i. d. R. unanwendbar. Eine Ausnahme muß jedoch dann gelten, wenn die Überlassung als Werkdienstwohnung den Zweck verfolgt, gesetzliche Schutzvorschriften zugunsten des Mieters auszuschließen, die für Werkmietwohnungen gelten. Das Gesagte gilt auch für Werkdienstwohnungen, die von einer öffentlich-rechtlichen Körperschaft ihren Arbeitern und Angestellten überlassen oder zugewiesen wurden (anders bei Dienstwohnungen für Beamte und Richter nach den jeweiligen Ländergesetzen); das der Raumnutzung zugrundeliegende Rechtsverhältnis ist auch hier arbeitsrechtlicher Natur, so daß der öffentliche Arbeitgeber keine Befugnis hat, die Vergütung für die Wohnung durch Verwaltungsakt festzusetzen (OVG Münster WM 75, 154).

B 916 2. Für die **Dauer des Arbeitsverhältnisses** ist der Arbeitgeber nicht in der Lage, dem Arbeitnehmer die Wohnungsnutzung zu kündigen oder zu entziehen. Dies gilt auch dann, wenn der Arbeitnehmer die mit der Wohnungsnutzung verbundene Tätigkeit nur neben anderen Tätigkeiten ausübt, so, wenn ein Arbeitnehmer gleichzeitig als Hausmeister und Kraftfahrer beim selben Arbeitgeber beschäftigt ist. Die Kündigung der Hausmeisterwohnung stellt in diesem Falle eine unzulässige Teilkündigung des Arbeitsvertrags dar (LAG Frankfurt NJW 67, 800 = ZMR 67, 201).

B 917 3. Mit der **Beendigung des Dienst- oder Arbeitsverhältnisses** entfällt die Verpflichtung des Arbeitgebers, dem Arbeitnehmer die Wohnung als Entgelt weiter zu gewähren; einer Kündigung bedarf es somit grundsätzlich nicht. Eine gesetzliche Sonderregelung gilt aber, wenn der Arbeitnehmer die Werkdienstwohnung ganz oder überwiegend mit Einrichtungsgegenständen ausgestattet hat oder in den Räumen mit seiner Familie einen eigenen Hausstand führt.

In diesen Fällen gelten für die Beendigung des Rechtsverhältnisses hinsichtlich des Wohnraums die Vorschriften über die Miete entsprechend.

B 918 a) War das **Arbeitsverhältnis auf bestimmte Zeit** eingegangen, erlischt nach allgemeinen Grundsätzen mit seinem Ende auch das Recht zum Besitz der Werkdienstwohnung ohne Kündigungsausspruch (§ 564 I BGB). Der Arbeitnehmer kann aber nach §§ 564c I, 556b BGB die Fortsetzung des Mietverhältnisses verlangen (s. Rdn B 360).

B 919 b) War das **Arbeitsverhältnis auf unbestimmte Zeit** eingegangen, so hat dessen Beendigung durch Kündigung oder Aufhebungsvertrag nicht zugleich die Beendigung des Rechtsverhältnisses hinsichtlich der Wohnraumnutzung zur Folge. Vielmehr entsteht ein gesetzliches Schuldverhältnis, aus dem sich ein Anspruch des Arbeitnehmers auf Weiterbelassung des Besitzes an der Wohnung ergibt. Für die Beendigung dieses Schuldverhältnisses müssen die allgemeinen Voraussetzungen für die

§§ 565b–565e BGB. Sondervorschriften für Werkwohnungen

Kündigung von Wohnraum (s. dazu Rdn B 30) eingehalten werden (AG Stuttgart WM 74, 126). Als Kündigungsgrund i. S. von § 564b II BGB kommt auch hier in erster Linie Betriebsbedarf in Betracht (vgl. dazu Rdn B 666).

Der Arbeitgeber kann (wie bei den Werkmietwohnungen, s. Rdn **B 920** B 894) **wahlweise** die normalen Kündigungsfristen des § 565 BGB unter Berücksichtigung der Dauer der Besitzüberlassung einhalten oder vom Sonderkündigungsrecht des § 565c Gebrauch machen. Wird unter Wahrung der allgemeinen Fristen des § 565 BGB gekündigt, so kann die Kündigungserklärung schon während des Bestehens des Dienstverhältnisses abgegeben werden (Roquette § 565e Rdn 12); in diesem Fall kann das Dienstverhältnis und das Rechtsverhältnis hinsichtlich des Wohnraums gleichzeitig beendigt werden. Dagegen kann das Sonderkündigungsrecht nach § 565c erst nach Beendigung des Dienstverhältnisses ausgeübt werden, wobei hier i. d. R. die einmonatige Kündigungsfrist für funktionsgebundenen Wohnraum in Betracht kommt (s. Rdn B 894).

c) Nach Kündigung des gesetzlichen Schuldverhältnisses findet auch **§ 568 BGB** entsprechende Anwendung (s. Rdn B 939). Unter den Voraussetzungen dieser Vorschrift gilt das gesetzliche Schuldverhältnis (als solches) als verlängert.

4. Der Arbeitnehmer ist sowohl bei befristeten als auch bei unbefriste- **B 921** ten Arbeitsverhältnissen befugt, den **Kündigungswiderspruch** oder sein Fortsetzungsverlangen nach §§ 556a, b BGB geltend zu machen. Wenn der Arbeitgeber von seinem Sonderkündigungsrecht nach § 565c Gebrauch machte, kann sich der Arbeitnehmer auch hier auf den Schutz der Sozialklausel nur unter den Einschränkungen des § 565d berufen (s. Rdn B 300).

5. Für die Überlassung des Wohnraums nach Beendigung des Arbeits- **B 922** verhältnisses bis zu seinem Auszug muß der Arbeitnehmer einen **Mietzins** in Höhe des bisher vom Arbeitsentgelt für die Raumnutzung einbehaltenen Betrags zahlen, da er keine Arbeitsleistung mehr als Entgelt zu erbringen hat. Läßt sich dieser Betrag nicht ermitteln, oder wurde dem Arbeitnehmer der Wohnraum unentgeltlich überlassen, so tritt an seine Stelle der für Werkmietwohnungen ortsübliche Mietzins (§ 557 I BGB analog). Der abweichenden Ansicht von Roquette (§ 565e Rdn 19), wonach sich die Höhe des Entgelts nach dem Wohnwert (also nicht dem Marktpreis für Werkwohnungen) bemessen soll, ist nicht zu folgen, zumal der Gesetzgeber durch das 1. und 2. WKSchG und das MVerbG zu erkennen gegeben hat, daß der ortsübliche Mietzins Maßstab für das sozial gerechtfertigte Nutzungsentgelt sein soll. Den Arbeitgeber treffen für diese Zeit jedoch nicht die sonst dem Vermieter während der Mietzeit obliegenden Pflichten, vielmehr trifft den Arbeitgeber auch insoweit nur die allgemeine Verkehrssicherungspflicht und die Verpflichtung, die vom Arbeitnehmer benutzten Räume in einem Zustand zu erhalten, der Gefahren für Leben und Gesundheit ausschließt (s. Rdn B 523).

B 923 6. Während der Dauer des Arbeitsverhältnisses können die Parteien über den bisher als Dienstwohnung benutzten Wohnraum einen Mietvertrag abschließen. Die bisherige Dienstwohnung wird dann zur Werkmietwohnung (s. Rdn B 885), falls der Mietvertrag mit Rücksicht auf das Bestehen des Arbeitsvertrags abgeschlossen wird. Anderenfalls liegt ein gewöhnliches Wohnraummietverhältnis vor, für das die allgemeinen Vorschriften gelten.

Auch nach Beendigung des Arbeitsverhältnisses kann über die ehemalige Dienstwohnung ein Mietvertrag geschlossen werden. Das gesetzliche Schuldverhältnis wandelt sich dann in ein echtes Mietverhältnis um, für das die allgemeinen Vorschriften des Mietrechts unmittelbar gelten. Ein solches Mietverhältnis kann auch stillschweigend begründet werden. Dies ist insbesondere dann der Fall, wenn der Vermieter nach Beendigung des Arbeitsverhältnisses längere Zeit von seinem Kündigungsrecht keinen Gebrauch macht und das vom Mieter gezahlte Entgelt entgegennimmt.

7. Abweichende Vereinbarungen

B 924 Auch bei Werkdienstwohnungen können die Parteien abweichende Vereinbarungen für die Beendigung des Rechtsverhältnisses hinsichtlich des Wohnraums nur insoweit treffen, als die allgemeinen Vorschriften des Mietrechts dies zulassen. Zwar enthält § 565e keine Unabdingbarkeitsklausel; da die Vorschrift aber auf unabdingbare Regelungen verweist, muß sie ihrerseits unabdingbar sein.

IV. Gerichtliche Zuständigkeit

B 925 1. Für Streitigkeiten aus einem Mietverhältnis über eine **Werkmietwohnung** ist das Amtsgericht zwingend sachlich und örtlich zuständig (§§ 23 GVG, 29a ZPO; LG Essen ZMR 66, 148; LG Kiel WM 66, 78 = ZMR 66, 147; Baumbach-Lauterbach § 29a Anm. 1; Thomas-Putzo § 29a Anm. 1; Zöller § 29a Anm. 1; Pergande § 565b Anm. 8; Matthes BB 68, 551; König WM 67, 160; Burkhardt WM 65, 89).

Die früher vertretene abweichende Ansicht, die aus § 2 I Nr. 2 ArbGG die Zuständigkeit der Arbeitsgerichte herleitete (vgl. die Nachw. bei Pergande a. a. O.), ist durch die Einfügung des § 29a ZPO durch das 3. MÄG v. 21. 12. 1967 überholt.

B 926 2. Zweifelhaft ist die gerichtliche Zuständigkeit bei Streitigkeiten über eine **Werkdienstwohnung**. Da diese Wohnungen nicht auf Grund eines Mietvertrags überlassen werden, wird hier teilweise die Zuständigkeit der Arbeitsgerichte bejaht (Pergande a. a. O.; König WM 67, 3). Man wird jedoch unterscheiden müssen: Solange das Arbeitsverhältnis nicht beendet ist, sind die Arbeitsgerichte auch für Streitigkeiten hinsichtlich des Wohnraums zuständig; nach Beendigung des Arbeitsverhältnisses

§§ 565b–565e BGB. Sondervorschriften für Werkwohnungen

wandelt sich das Rechtsverhältnis hinsichtlich des Wohnraums in ein gesetzliches Schuldverhältnis um, das in seiner rechtlichen Beurteilung den vertraglich begründeten Mietverhältnissen gleichzustellen ist. Deshalb besteht nach Beendigung des Arbeitsverhältnisses die ausschließliche Zuständigkeit des Amtsgerichts (ebenso LG Detmold ZMR 68, 321 = WM 69, 28; AG Garmisch ZMR 72, 117).

Anhang zu §§ 565b–565e BGB

Betriebsverfassungsgesetz

Vom 15. Januar 1972

(BGBl. I S. 13, geänd. durch G v. 18. 1. 1974, BGBl. I S. 85, Art. 238 EGStGB v. 2. 3. 1974, BGBl. I S. 469, G v. 26. 4. 1985, BGBl. I S. 710, u. G v. 24. 7. 1986 BGBl. I S. 1110)

Auszug

Dritter Abschnitt. Soziale Angelegenheiten

§ 87 Mitbestimmungsrechte

(1) Der Betriebsrat hat, soweit eine gesetzliche oder tarifliche Regelung nicht besteht, in folgenden Angelegenheiten mitzubestimmen:
1. ...
9. Zuweisung und Kündigung von Wohnräumen, die den Arbeitnehmern mit Rücksicht auf das Bestehen eines Arbeitsverhältnisses vermietet werden, sowie die allgemeine Festlegung der Nutzungsbedingungen;
12. ...

(2) Kommt eine Einigung über eine Angelegenheit nach Absatz 1 nicht zustande, so entscheidet die Einigungsstelle. Der Spruch der Einigungsstelle ersetzt die Einigung zwischen Arbeitgeber und Betriebsrat.

Übersicht

	Rdn		Rdn
I. Anwendungsbereich	927	IV. Allgemeine Festsetzung der Nutzungsbedingungen	938
II. Zuweisung von Wohnraum	931		
III. Kündigungen	934		

I. Anwendungsbereich

1. Die Verfügungsgewalt des Arbeitgebers über Wohnungen, die den Arbeitnehmern mit Rücksicht auf das Bestehen eines Arbeitsverhältnisses vermietet werden, wird durch das Mitbestimmungsrecht des Be-

triebsrats beschränkt. Nach dem insoweit eindeutigen Wortlaut der Vorschrift des § 87 I Nr. 9 („vermietet werden") besteht das Mitbestimmungsrecht nur für die **Werkmietwohnungen** i. S. des § 565 b BGB, nicht hingegen für die Werkdienstwohnungen (zur Unterscheidung vgl. Rdn B 915), weil diese nicht auf Grund eines Mietvertrags, sondern auf Grund des Arbeitsvertrags überlassen werden (§ 565 e BGB; BAG BB 75, 1159; Fitting- Auffarth § 87 Rdn 50; Dietz-Richardi § 87 Rdn 266; Brecht § 87 Anm. 25; a. A. Frauenkron § 87 Anm. 34). Dagegen ist es unbeachtlich, ob es sich um funktionsgebundene oder um sonstige Werkmietwohnungen handelt.

B 928 2. Das Mitbestimmungsrecht besteht für **Wohnraum jeder Art**, gleichgültig, ob es sich um abgeschlossene Wohnungen, einzelne Zimmer oder Massenunterkünfte handelt (Fitting-Auffarth § 87 Rdn 51; Dietz-Richardi § 87 Rdn 269; Frauenkron § 87 Anm. 34). Die gegenteilige Ansicht, wonach sog. „Betriebsunterkünfte" mitbestimmungsfrei sein sollen, weil es sich dabei nicht um Wohnungen handele (so Schaub, Arbeitsrechtshandbuch § 235 II 8) ist abzulehnen. Der Begriff „Wohnraum" in § 87 I Nr. 9 entspricht vielmehr dem allgemeinen, oben Rdn B 5 ff entwickelten Wohnraumbegriff (BAG BB 75, 1159).

B 929 3. Dem Mitbestimmungsrecht unterliegen alle Werkwohnungen, die im **Eigentum** des Arbeitgebers stehen oder an denen der Arbeitgeber auf Grund vertraglicher Vereinbarungen mit dem Eigentümer (vgl. Rdn B 910 sog. werkgeförderte Wohnungen) ein **Verfügungsrecht** hat. Unerheblich ist es, ob die Werkwohnungen im Einzelfall an einen **leitenden Angestellten** (§ 5 III BetrVG) oder an einen Betriebsfremden überlassen wird oder werden soll, weil in einem solchen Fall immer die Interessen der Arbeitnehmer berührt werden. **Mitbestimmungsfrei** sind nur solche Wohnungen des Arbeitgebers, die ausschließlich für leitende Angestellte oder Betriebsfremde bestimmt sind und regelmäßig an diese nicht der Mitbestimmung unterliegenden Personengruppen vergeben werden (BAG NJW 74, 1672; Fitting-Auffarth § 87 Rdn 54; Gnade-Kehrmann-Schneider § 87 Rdn 30 f; Dietz-Richardi § 87 Rdn 267; Brecht § 87 Anm. 26; Frauenkron § 87 Anm. 34, 35; Wiese, Gemeinschaftskommentar § 87 Rdn 129 m. w. Nachw.).

B 930 4. Umstritten ist die Frage, ob § 87 I Nr. 9 auch für solche Werkwohnungen gilt, die zugleich **Sozialeinrichtungen** i. S. von § 87 I Nr. 8 sind. Nach h. M. fallen Werkmietwohnungen dann unter den Begriff der Sozialeinrichtung, wenn deren Überlassung eine uneigennützige Leistung an die Arbeitnehmer darstellt (vgl. die Nachw. bei Schaub a. a. O., § 237 II 7 u. 8). In diesen Fällen wird teilweise vertreten, daß das Mitbestimmungsrecht ausschließlich aus § 87 Nr. 8 folge (so Schaub a. a. O. § 237 II 8; Dietz-Richardi § 87 Rdn 268; Becker-Schaffner BlStSozArbR 74, 232). Nach der gegenteiligen Ansicht gilt auch für diese Wohnungen § 87 I Nr. 9, soweit Mitbestimmungsrechte über Zuweisung und Kündigung und über die allgemeine Festlegung der Nutzungsbedingungen in

Frage stehen. Daneben bleibt aber § 87 I Nr. 8 anwendbar, soweit es sich um Form, Ausgestaltung und Verwaltung von Sozialeinrichtungen handelt (Wiese a. a. O. § 87 Rdn 127; Frauenkron § 87 Anm. 31). Da letztlich beide Auffassungen hinsichtlich des Umfangs des Mitbestimmungsrechts zu demselben Ergebnis gelangen, ist der Streit hier ohne praktische Bedeutung.

II. Zuweisung von Wohnraum

Ein Mitbestimmungsrecht besteht bei der Zuweisung von Wohnraum. **B 931**

1. Unter Zuweisung ist die **Entscheidung über die Person des Begünstigten,** nicht der Abschluß des Mietvertrags zu verstehen (Becker-Schaffner a. a. O.; Wiese a. a. O. § 87 Rdn 131; a. A. offenbar Fitting-Auffarth § 87 Rdn 52). Bei der Vergabe werkgeförderter Wohnungen ist dies selbstverständlich, weil in diesen Fällen der Arbeitgeber nicht gleichzeitig der Vermieter ist (vgl. Rdn B 910). Dasselbe muß aber auch für alle anderen Werkmietwohnungen gelten, weil die Möglichkeit des Arbeitgebers zum Abschluß privatrechtlicher Verträge durch die Befugnis des Betriebsrats insoweit nicht berührt wird. Eine unter Umgehung des Mitbestimmungsrechts zustandegekommene Vergabe von Wohnraum hat deshalb nicht die Unwirksamkeit des Mietvertrags zur Folge.

2. Bei der Vergabe von Werkwohnungen ist es nicht erforderlich, daß **B 932** der Betriebsrat in jedem Einzelfall zustimmt; es genügt vielmehr, wenn der Arbeitgeber in Zusammenarbeit mit dem Betriebsrat **Anwärterlisten** erstellt und die freiwerdenden Wohnungen entsprechend dieser Listen vergeben werden. Wird aber in einer Betriebsvereinbarung bestimmt, daß die Wohnungen bestimmten Personengruppen vorbehalten sein sollen, so liegt darin kein Verzicht auf das Mitbestimmungsrecht im Einzelfall.

3. Es steht dem Betriebsrat im Grundsatz frei, nach welchen Gesichts- **B 933** punkten er seine Entscheidung fällt. Nach dem betrieblichen Gleichbehandlungsgrundsatz darf er allerdings keine willkürlichen Entscheidungen treffen. Er hat außerdem darauf zu achten, daß die Entscheidung über die Vergabe einer Wohnung nicht von sachfremden Kriterien abhängig gemacht wird (z. B. Gewerkschaftszugehörigkeit); Ausländer und Deutsche sind grundsätzlich gleichzubehandeln. Insbesondere besteht kein Anlaß, die Vermietung an einen ausländischen Arbeitnehmer von der Zahlung eines besonderen Zuschlags abhängig zu machen (vgl. dazu LG Hamburg ZMR 76, 332). Dagegen ist es sachgerecht, wenn bei der Wohnungsvergabe soziale Erwägungen (z. B. Einkommensverhältnisse, Kinderzahl, Alter des Wohnungsbewerbers) oder betriebliche Gesichtspunkte (Dauer der Betriebszugehörigkeit) berücksichtigt werden. Andererseits kann die Wohnungsvergabe aber auch streng nach formalen Gesichtspunkten (Anwärterlisten) erfolgen.

III. Kündigungen

B 934 1. Weiterhin besteht ein Mitbestimmungsrecht bei der Kündigung von Werkwohnungen (zu den allgemeinen Voraussetzungen der Kündigung, die auch hier eingehalten werden müssen; vgl. Rdn B 30). Im Unterschied zum Abschluß des Mietvertrags ist die Ausübung des Mitbestimmungsrechts im Falle der Kündigung eine **echte Wirksamkeitsvoraussetzung** (Gnade-Kehrmann-Schneider § 87 Rdn 32; Dietz-Richardi § 87 Rdn 278; Wiese a. a. O. § 87 Rdn 132; Becker-Schaffner a. a. O.). Die Kündigung einer Werkwohnung ist als einseitiges Rechtsgeschäft also nur wirksam, wenn im Zeitpunkt ihrer Geltendmachung die Zustimmung des Betriebsrats vorliegt; weist der Vermieter bei der Kündigungserklärung das Vorliegen der Zustimmung nicht in schriftlicher Form nach, ist der Mieter berechtigt, die Kündigung unverzüglich zurückzuweisen, so daß sie unwirksam wird und wiederholt werden muß (§§ 182 III, 111 S. 2 BGB). Im Streitfall muß der Vermieter bei einer Räumungsklage dem Gericht darlegen, daß die Zustimmung des Betriebsrats beim Kündigungsausspruch vorgelegen hat und dafür Beweis antreten, falls der Mieter dies bestreitet. Kann der Vermieter die erfolgte Zustimmung des Betriebsrats nicht darlegen, ist die Klage unschlüssig und muß zurückgewiesen werden (vgl. Schmidt-Futterer BB 72, 1058; s. Rdn B 50, 712).

B 935 2. Im arbeitsrechtlichen Schrifttum wird überwiegend die Ansicht vertreten, daß ein Mitbestimmungsrecht nicht bestehe, wenn dem Arbeitnehmer die Wohnung erst **nach Beendigung des Arbeitsverhältnisses** gekündigt werden soll (Dietz-Richardi § 87 Rdn 273; Wiese a. a. O. § 87 Rdn 132; Becker-Schaffner a. a. O.). Nach dieser Meinung sind insbesondere Kündigungen nach § 565 c BGB nicht mitbestimmungspflichtig. Die dafür gegebene Begründung, daß der Betriebsrat kein Recht haben könne, einer Kündigung zu widersprechen, wenn die Verklammerung zwischen Arbeitsverhältnis und Mietverhältnis nicht mehr bestehe, ist jedoch nicht überzeugend. Das Mitbestimmungsrecht ist nämlich nicht nur personen-, sondern auch objektbezogen. Im übrigen führt die hier abgelehnte Ansicht auch zu willkürlichen Ergebnissen und zu einer vom Zweck des § 87 nicht gedeckten Einschränkung des Anwendungsbereichs der Vorschrift. In der Sache kann es keinen Unterschied bedeuten, in welcher Reihenfolge die einzelnen Vertragsverhältnisse gekündigt werden. Entscheidend muß allein sein, daß das Arbeitsverhältnis und das Mietverhältnis zeitlich zusammenhängend beendet werden sollen, so daß Kündigungen des Mietverhältnisses mitbestimmungspflichtig sind, auch wenn sie nach der Beendigung des Arbeitsverhältnisses ausgesprochen werden, soweit eine zeitliche Verknüpfung gewahrt bleibt.

B 936 3. Kündigt der Arbeitgeber lediglich das Arbeitsverhältnis, so kann der Betriebsrat von sich aus auf Kündigung drängen; er hat insoweit ein

§§ 565b–565e BGB. Sondervorschriften für Werkwohnungen **B 937, 938**

echtes **Initiativrecht** (Fitting-Auffarth § 87 Anm. 3). Dies folgt nicht zuletzt aus der Objektbezogenheit des Mitbestimmungsrechts und aus der Überlegung, daß durch die weitere Überlassung der Werkwohnung an eine nunmehr betriebsfremde Person die Rechte der übrigen Arbeitnehmer beeinträchtigt werden können. Jedoch ist der Betriebsrat nicht aus eigenem Recht zur Kündigung befugt, sondern darauf beschränkt, mit dem Arbeitgeber – u. U. über die Einigungsstelle – eine entsprechende Regelung zu treffen. Das Initiativrecht ist ausgeschlossen, wenn der Arbeitgeber aus tatsächlichen oder rechtlichen Gründen (z. B. fehlender Kündigungsgrund vgl. Rdn B 589) zur Kündigung außerstande ist; es kann verwirkt sein, wenn es bei gleichbleibender Sachlage längere Zeit nicht ausgeübt wird.

4. Der Betriebsrat ist bei seiner Entscheidung zwar nicht gehindert, die **B 937** allgemeinen mietrechtlichen Grundsätze über die Wirksamkeit einer Kündigung (vgl. Rdn B 30) zu berücksichtigen; seine eigentliche Aufgabe liegt jedoch darin, die speziellen **betriebs- und arbeitsbezogenen Aspekte** der Wohnraumkündigung geltend zu machen (z. B. innerbetriebliche Gleichbehandlung; soziale Grundsätze). Er kann deshalb seine Zustimmung zur Kündigung grundsätzlich auch dann verweigern, wenn Kündigungsgründe vorliegen, bestimmte Umstände in der Person des betroffenen Arbeitnehmers oder betriebliche Gegebenheiten aber dagegen sprechen. Solche Umstände werden insbesondere dann ins Gewicht fallen, wenn der betreffende Wohnraum vom mietrechtlichen Bestandschutz nicht erfaßt wird (vgl. Rdn B 733). Seine Zustimmung zu einer unwirksamen Kündigung ist jedoch rechtlich irrelevant, weil eine auf Räumung gerichtete Klage mangels wirksamer Kündigung abgewiesen wird.

IV. Allgemeine Festlegung der Nutzungsbedingungen

Das Mitbestimmungsrecht bei der allgemeinen Festlegung der Nut- **B 938** zungsbedingungen umfaßt die **generelle Regelung** aller mit dem Mietverhältnis zusammenhängenden Fragen. Dazu gehört neben dem Entwurf eines Mustermietvertrags und der Hausordnung insbesondere die generelle Festlegung oder Änderung des **Mietzinses** einschließlich der **Mietnebenkosten** (s. Rdn C 5ff). Die individuelle Festlegung des Mietzinses im Einzelfall – auf Grund besonderer Umstände – ist dagegen mitbestimmungsfrei (BAG BB 73, 845 m. krit. Anm. Bötticher SAE 73, 232; LAG Hamm BB 72, 1323; Gnade-Kehrmann-Schneider § 87 Rdn 29; Dietz § 87 Rdn 274; Hiersemann-Häring DWW 74, 203; BB 73, 850; Becker-Schaffner BlStSozArbR 74, 232). Das Mitbestimmungsrecht erstreckt sich somit nicht auf die Festsetzung der einzelnen Wohnungsmieten beim Vertragsabschluß oder auf freiwillige Mietzinsvereinbarungen im Einzelfall zwischen Vermieter und Mieter, sondern nur auf die **allge-**

meinen Grundsätze der Mietzinsbildung im Rahmen einer vorgegebenen Dotierung. Jedoch kann der Arbeitgeber vom Betriebsrat nicht gezwungen werden, seine finanziellen Aufwendungen für die Werkwohnungen zu erhöhen, um trotz gestiegener Kosten einen niedrigen Mietzins zu halten. Da die Werkwohnungen im allgemeinen preisgünstiger sind als die Wohnungen des freien Marktes, wird der Betriebsrat insoweit vor allem darauf zu achten haben, daß der proportionale Abstand der Mietpreise für Werkwohnungen zur ortsüblichen Vergleichsmiete (dazu Rdn C 53) nach § 2 I Nr. 2 MHG gewahrt bleibt (vgl. BAG a. a. O.; Hiersemann a. a. O.). Bei **Erhöhungen** des Mietzinses oder der Nebenkosten für Werkwohnungen muß sich der Arbeitgeber als Vermieter somit an die allgemeinen gesetzlichen Beschränkungen halten, die das **MHG** vorsieht (s. die Kommentierung im Teil C); dagegen ist die formelle Wirksamkeit der im MHG vorgeschriebenen Erhöhungserklärungen nach § 87 I Nr. 9 nicht von der Zustimmung des Betriebsrats abhängig (LG Duisburg WM 83, 112 m. abl. Anm. Grau zu d. rechtsähnl. Vorschrift des § 75 II Nr. 2 BPersVertrG; s. Rdn C 16, 36). Bei der Ermittlung der ortsüblichen Vergleichsmiete für Werkwohnungen ist nach § 2 I Nr. 2 MHG zu berücksichtigen, daß diese Obergrenze nur nach Vergleichsobjekten „gleicher Art" festgestellt werden darf; ein Vergleich mit den sonst üblichen Mieten für anderen, nicht werkgebundenen Wohnraum ist deshalb nicht genügend (s. Rdn C 60, 73). Die obergerichtliche Rechtsprechung vertritt hier allerdings eine abweichende Ansicht. Danach sind die Vergleichskriterien des § 2 I 2 MHG ausschließlich wohnwertbezogen, so daß die für Werkwohnungen typischen günstigen Nutzungsbedingungen unberücksichtigt bleiben. Dies hat das OLG Karlsruhe in dem Rechtsentscheid vom 23. 12. 1981 (RES § 2 MHG Nr. 17) für Wohnungen der gemeinnützigen Wohnungsunternehmen entschieden. Folgt man dieser Ansicht, so kann für Werkwohnungen nichts anderes gelten. Diese Ansicht führt zu dem Ergebnis, daß der Vermieter auch auf Wohnungen des allgemeinen Wohnungsmarktes oder auf einen Mietspiegel zurückgreifen kann. Für den Umfang des Mitbestimmungsrechts bei der Festlegung der Übernachtungsgebühren für Arbeitnehmer in einem möblierten betrieblichen Wohnheim s. BAG BB 75, 1159 gegen LAG Düsseldorf BB 74, 507.

§ 568 BGB. Stillschweigende Verlängerung

Wird nach dem Ablaufe der Mietzeit der Gebrauch der Sache von dem Mieter fortgesetzt, so gilt das Mietverhältnis als auf unbestimmte Zeit verlängert, sofern nicht der Vermieter oder der Mieter seinen entgegenstehenden Willen binnen einer Frist von zwei Wochen dem anderen Teile gegenüber erklärt. Die Frist beginnt für den Mieter mit der Fortsetzung des Gebrauchs, für den Vermieter mit dem Zeitpunkt, in welchem er von der Fortsetzung Kenntnis erlangt.

§ 568 BGB. Stillschweigende Verlängerung

Übersicht

	Rdn		Rdn
I. Allgemeines	939	III. Wirkungen	960
II. Voraussetzungen	947	IV. Abdingbarkeit	967

Schrifttum

Bodié, § 568 BGB und Räumungsklage, WM 66, 130;
ders., § 568 BGB und die „vorweggenommene" Erklärung, WM 68, 43;
Gather, Stillschweigende Verlängerung eines Mietvertrags, DWW 80, 293
Ganschezian-Finck, Zur Anwendung des § 568 BGB, NJW 70, 2051;
Giebner, Ist § 568 BGB noch berechtigt?, ZMR 70, 3;
Haase, Ist § 568 BGB wirklich nicht mehr zeitgemäß?, WM 70, 113;
ders., Ein Problem des Mietrechts: Die Erklärung des mangelnden Fortsetzungswillens, JR 72, 58;
Hans, Die stillschweigende Verlängerung des Mietverhältnisses nach § 568 BGB, ZMR 67, 65;
Lingemann, Zur Frage der Mitbestimmung bei der Festsetzung von Nutzungsbedingungen für Bundesmietwohnungen, ZMR 85, 253
Schmid, Zur Auslegung des § 568 BGB, DWW 81, 186;
Schroers, § 568 BGB – Bedeutung und Anwendung der Vorschrift –, WM 74, 65;
Weimar, Zweifelsfragen zur stillschweigenden Verlängerung eines Mietverhältnisses gemäß § 568 BGB, MDR 66, 981.

I. Allgemeines

1. Seit dem Inkrafttreten des BGB ist § 568 unverändert geblieben.

2. Zweck

Die Vorschrift regelt jene Fälle, in denen der Mieter nach Ablauf der Mietzeit mit Wissen des Vermieters die Mietsache weiterbenutzt; die Entscheidung darüber, ob hierin eine stillschweigende Verlängerung des Mietverhältnisses liegt, kann wegen der Häufigkeit der Fälle und im Interesse der Rechtssicherheit nicht der richterlichen Entscheidung im Einzelfall überlassen werden. Das Interesse von Vermieter und Mieter erfordert deshalb eine gesetzliche Bestimmung darüber, unter welchen Voraussetzungen ein Mietverhältnis als verlängert anzusehen ist. Dadurch soll der Eintritt eines vertragslosen Zustandes verhindert und die Anwendbarkeit des Mietrechts gesichert werden (Mot II, S. 413 ff). Die Vorschrift dient also nicht der Erweiterung des gesetzlichen Bestandschutzes für Mietverhältnisse über Wohnraum (a. A. LG Bochum ZMR 71, 56 m. abl. Anm. Schopp). Für Mietverhältnisse über Wohnraum war die Regelung des § 568 während der Geltungsdauer des MSchG infolge der zwingend geregelten gerichtlichen Mietaufhebung durch Urteil grundsätzlich nicht anwendbar, weil der Vermieter durch die Klageerhebung hinreichend zu erkennen gegeben hat, daß er die Fortsetzung des

Mietverhältnisses ablehnt (Staudinger, § 568 Rdn 17; Bettermann, § 5a MSchG Rdn 79a m. w. Nachw.). Trotz der Einführung der Vorschriften über den Bestandschutz durch das 1. und 2. WKSchG hat die Regelung des § 568 auch für Mietverhältnisse über Wohnraum heute beachtliche Bedeutung.

3. Anwendungsbereich

B 941 a) Die Regelung des § 568 gilt unabhängig davon, welcher der beiden Vertragsteile gekündigt hat. Sie gilt uneingeschränkt für alle Mietverhältnisse, also auch für Mietverhältnisse über Wohnraum, Geschäftsräume und bewegliche Sachen und alle Arten der Beendigung des Mietverhältnisses.

B 942 b) Die Anwendbarkeit des § 568 auch bei **fristloser Kündigung** wird allgemein bejaht (BGH NJW 80, 1577; LG Bochum ZMR 71, 56; LG Hamburg WM 75, 57 m. w. Nach.; Soergel § 568 Anm. 2; Roquette § 568 Anm. 4; Hans § 568 Anm. B 1; Allweil DWW 67, 93; Bodié WM 68, 43; a. A. Ganschezian-Finck NJW 71, 2051; Schopp in Anm. zu LG Bochum a. a. O.). Die Fiktion der Vorschrift muß nach ihrem Sinn und Zweck auch für diese Kündigungsfälle gelten; zumal auch hier nicht unterstellt werden darf, daß der Kündigende immer ohne Sinnesänderung nach dem Kündigungsausspruch an der ursprünglich angestrebten Vertragsbeendigung festhalten will, weil oft eine Kündigung kurzschlüssig ausgesprochen wird und danach das Interesse an der Vertragsbeendigung entfallen kann. Das gilt auch für die fristlose Kündigung mit sofortiger Wirkung, zumal die Widerspruchsfrist des § 568 erst mit der Kenntnis des Vermieters von der Gebrauchsfortsetzung beginnt.

B 943 c) Der § 568 findet grundsätzlich auch bei der Beendigung des Mietverhältnisses im Wege eines **Mietaufhebungsvertrages** Anwendung (LG Hamburg MDR 65, 74; LG Mannheim Justiz 74, 333 = DWW 74, 259; AG Neunkirchen WM 85, 114; unklar insoweit BGH WPM 65, 411). Ob die Vereinbarungen im Aufhebungsvertrag die Unanwendbarkeit des § 568 zur Folge haben, muß nach den jeweiligen Umständen des Einzelfalles entschieden werden (LG Mannheim a. a. O.; s. unten IV); im übrigen kann aber die Gewährung einer Räumungsfrist oder die Stundung des Herausgabeanspruchs nach dem Eintritt der Vertragsbedingung nicht mehr zur Anwendbarkeit des § 568 führen, weil ein bereits beendigtes Mietverhältnis über § 568 nicht wieder auflebt (anders hingegen bei derartigen Vereinbarungen vor Vertragsbeendigung, bei denen § 568 nach dem Ablauf der darin liegenden Vertragsverlängerung eingreifen kann).

B 944 d) § 568 gilt auch bei Begründung eines befristeten Mietverhältnisses durch gerichtliche Entscheidung nach der Ehescheidung gem. **HVO**, weil dieses Sondergesetz keine Ausschlußbestimmung enthält und auch hier Rechtsunsicherheit vermieden werden muß, soweit kein Verfahrensbeteiligter nach § 17 HVO einen Antrag auf das Tätigwerden des

Hausratsgerichts stellt. Gleiches gilt beim Ablauf einer Fortsetzungsfrist nach §§ 556a, 556b BGB (s. Rdn B 294).

e) § 568 ist nicht anwendbar, wenn ein **Räumungsurteil** vorliegt oder in einem **gerichtlichen Vergleich** eine **Räumungsfrist** vereinbart wird oder wenn eine gerichtliche Räumungsfrist abläuft (LG Mannheim ZMR 69, 220). Gleiches gilt bei einverständlicher Vertragsaufhebung nach nachfolgendem Ablauf einer vereinbarten Räumungsfrist (BGH WPM 65, 411).

f) Der verstärkte Kündigungsschutz des Mieters von Wohnraum (§ 564b BGB) und insbesondere die verlängerten gesetzlichen Kündigungsfristen des § 565 Abs. 2 BGB schließen die Anwendbarkeit des § 568 nicht aus. Auch nach Ablauf längerer Kündigungsfristen ist ein fristgerechter Widerspruch des Vermieters unverändert erforderlich (AG Hagen ZMR 65, 275; unzutreffend AG Oberhausen DWW 65, 18; Hans, § 568 Anm. B 1). Auch für den Bestandschutz befristeter Mietverhältnisse nach § 564c I u. II wird § 568 durch jene Sondervorschrift nicht verdrängt (s. Rdn B 402). § 564c regelt auf der Grundlage des Bestandschutzes die Voraussetzungen für den Anspruch des Mieters auf Vertragsfortsetzung, während § 568 aus dem Gesichtspunkt der Rechtsklarheit und Rechtssicherheit eine Fiktion aufstellt (s. Rdn B 765, 961).

II. Voraussetzungen

1. Ablauf der Mietzeit

Für die Anwendbarkeit des § 568 ist entscheidend, ob bzw. wann das Mietverhältnis beendigt worden ist. Mit dem Ablauf der Mietzeit ist die Beendigung des Mietverhältnisses i. S. des § 564 BGB gemeint (s. Rdn B 21 ff). Ein Mietverhältnis, das schon vor der Gebrauchsüberlassung wirksam beendigt worden ist (z. b. durch Anfechtung, Rücktritt oder Kündigung) kann schon deswegen nicht fortgesetzt werden, weil eine Gebrauchsüberlassung nicht stattgefunden hat.

2. Gebrauchsfortsetzung des Mieters

a) Die Verlängerung des Mietverhältnisses setzt voraus, daß der Mieter den Gebrauch nach Vertragsbeendigung fortsetzt. Dafür ist das **tatsächliche Verhalten** des Mieters entscheidend. Auf den Willen des Mieters und seine Motive kommt es nicht an; auch nicht darauf, ob der Mieter hinreichende Kenntnis von der eingetretenen Beendigung des Mietverhältnisses und den Folgen seiner Gebrauchsfortsetzung hatte.

b) Für die Anwendbarkeit des § 568 ist die Nichterfüllung der Rückgabepflicht i. S. d. § 556 BGB nicht ausreichend (a. A. Palandt-Putzo § 568 Anm. 2a); die von § 568 vorausgesetzte Fortsetzung des Gebrauchs ist mehr als die Vorenthaltung der Mietsache nach §§ 556, 557 BGB (so zutr. Pergande § 568 BGB Anm. 2; Roquette § 568 BGB Rdn 2; Weimar

MDR 66, 981). Der § 568 setzt somit eine Fortsetzung des **Mietgebrauchs** voraus; dies ist auch dann der Fall, wenn der Mieter an der Ausübung dieses Gebrauchs nach § 552 BGB verhindert ist oder wenn Hausstandsangehörige bzw. der Untermieter den Gebrauch fortsetzen (zu letzterem BGH MDR 86, 1016 = ZMR 86, 274; ZMR 69, 124. Bei der Fortsetzung des Mietgebrauchs durch den Untermieter oder durch sonstige Dritte ist es unerheblich, ob der Mieter einen entgegenstehenden Willen hat und deshalb den Besitz nicht mehr vermitteln will (BGH MDR 86, 1016 = ZMR 86, 1016 = ZMR 86, 274). Zur Teilräumung des Mieters bei fortbestehender Raumnutzung des Untermieters s. Rdn B 249). Dagegen ist die bloße Vorenthaltung der Schlüssel nicht ausreichend (dazu Rdn B 250).

3. Erklärung des gegenteiligen Willens

B 950 Die von § 568 aufgestellte Fiktion der Vertragsverlängerung zur Beseitigung einer unklaren Rechtslage wird durchbrochen, wenn Vermieter oder Mieter ihren entgegenstehenden Willen binnen einer vom Gesetz bestimmten Frist gegenüber dem Vertragspartner erklären.

B 951 a) Auf die Erklärung finden die Vorschriften über die Willenserklärung nach den **§§ 116 ff BGB** Anwendung. Die Erklärung muß eindeutig und dem richtigen Empfänger zugegangen sein. Sie darf auch nicht unter einer Bedingung oder Auflage abgegeben werden.

B 952 Die Erklärung ist **formlos** gültig. Sie kann auch konkludent erfolgen (z. B. Stundung des Herausgabeanspruchs, Gewährung einer Räumungsfrist, Erhebung der Räumungsklage; OLG Schleswig (RE) vom 23. 11. 1981 RES § 568 BGB Nr. 3; LG Wuppertal ZMR 68, 168; s. aber unten Rdn B 955). Verlangt der Vermieter einen höheren Mietzins unter Berufung auf § 557 BGB oder nimmt er eingehende Zahlungen ausdrücklich nur als Nutzungsentschädigung entgegen, so gilt die Ablehnung ebenfalls als erklärt. Die Kündigungserklärung selbst kann niemals die Erklärung des Vermieters enthalten, das Mietverhältnis nicht fortsetzen zu wollen, selbst wenn es sich um eine fristlose Kündigung handelt (s. oben Rdn B 942; LG Bochum ZMR 71, 56; a. A. LG Itzehoe WM 82, 298).

B 953 **b) Frist der Erklärung**

aa) Die Berechnung der Erklärungsfrist von 2 Wochen richtet sich nach den **§§ 187, 188, 193 BGB**. Bei Widerspruch durch Klageerhebung gelten nicht die §§ 270 Abs. 3, 495 ZPO; entscheidend ist vielmehr, daß die Klageschrift dem Gegner innerhalb der gesetzlichen Frist zugestellt ist (OLG Stuttgart (RE) vom 9. 3. 1987 WM 87, 114 = ZMR 87, 179 = MDR 87, 499 = NJW-RR 87, 788; LG Wiesbaden ZMR 71, 181; LG Hamburg WM 75, 57; AG Hagen ZMR 65, 275; Burghardt WM 65, 25; Bodié WM 66, 130; Schroers WM 74, 65; LG Karlsruhe MDR 81, 847; LG Paderborn MDR 84, 581). Die Gegenansicht (LG Itzehoe WM 82,

§ 568 BGB. Stillschweigende Verlängerung **B 954–957**

298) verkennt, daß § 270 III ZPO nur dann gilt, wenn durch die Klageerhebung eine Frist gewahrt werden soll und der Erklärende hierfür auf die Hilfe des Gerichts angewiesen ist. Die im Rahmen des § 568 erforderlichen Erklärungen können demgegenüber unmittelbar gegenüber dem Mieter abgegeben werden. Deshalb muß der Vermieter auch im Falle der Klageerhebung seinen fehlenden Fortsetzungswillen dem Mieter somit sicherheitshalber separat gleichzeitig oder kurz vorher mitteilen (vgl. auch AG Darmstadt WM 70, 19).

bb) Die Frist beginnt für den Vermieter mit seiner **positiven Kenntnis** **B 954** der Gebrauchsfortsetzung; die fahrlässige Unkenntnis reicht nicht aus, weil § 568 das Kennen-Müssen der Kenntnis nicht gleichstellt, so daß den Vermieter auch keine Erkundigungspflicht trifft. Es ist nicht ausreichend, wenn der Vermieter lediglich von der Nichtrückgabe der Schlüssel oder der Räume Kenntnis hat. Seine Kenntnis muß sich vielmehr auf die Fortsetzung des Gebrauchs durch den Mieter beziehen (s. Rdn B 490). Bei mehreren Vermietern müssen davon alle Kenntnis haben, es sei denn, daß eine gegenseitige Bevollmächtigung vorliegt. Die Kenntnis des Stellvertreters muß sich der Vermieter zurechnen lassen (§ 166 I BGB entspr.; z. B. des Hausverwalters, u. U. auch des Hauswarts bei entspr. Bevollmächtigung).

cc) Die Frist für den **Mieter** beginnt, sobald das Mietverhältnis endet **B 955** und er den Gebrauch an der Mietsache fortsetzt. Seine Kenntnis von der Beendigung des Mietverhältnisses ist unerheblich.

c) Die im Gesetz bestimmte 2-Wochen-Frist führt in der Praxis sowohl **B 956** bei strenger als auch bei weiterer Auslegung der Verlängerungsvoraussetzungen nicht selten zu Ergebnissen, die mit der sonstigen materiellen Rechtslage kaum vereinbar und nur dann gerechtfertigt sind, wenn der **Zweck des § 568** gebührend beachtet wird (s. Rdn B 940). Bei der grundsätzlich gebotenen **engen Auslegung** muß auch dann Verlängerung angenommen werden, wenn der entgegenstehende Wille bei Fristablauf bekannt ist oder dafür ein Anschein spricht, während eine hinreichende klare und fristgemäße Erklärung fehlt. Wird die Erklärungsfrist nämlich nicht als grundsätzlich zwingend angesehen, verliert hier der entscheidende gesetzliche Anknüpfungspunkt (Rechtsklarheit und Rechtssicherheit durch Fiktion) seine Bedeutung. Deshalb können Zufallsergebnisse nur durch eine vorrangige Berücksichtigung des Gesetzeszwecks verhindert werden und sind in diesem Rahmen Gesichtspunkte der Billigkeit nur ausnahmsweise zu beachten. Eine Änderung dieser nicht immer befriedigenden Rechtslage muß dem Gesetzgeber vorbehalten bleiben und insbesondere hinsichtlich der zu kurz bemessenen 2wöchigen Erklärungsfrist anempfohlen werden.

Die Widerspruchserklärung kann grundsätzlich bereits vor Vertrags- **B 957** ende (BGH ZMR 86, 274 = MDR 86, 1016) oder zusammen mit der Kündigungserklärung abgegeben werden (OLG Hamburg (RE) vom 27. 7. 1981, RES § 568 BGB Nr. 1; BayObLG (RE) vom 1. 9. 1981, RES § 568 BGB Nr. 2; OLG Schleswig (RE) vom 23. 11. 1981, RES § 568

BGB Nr. 3; Schmid DWW 81, 186). Die in der Vorauflage vertretene abweichende Ansicht wird aufgegeben. Zwar hat der frühzeitig erhobene Widerspruch zur Folge, daß eine gewisse Rechtsunsicherheit entsteht, weil unklar ist, ob der Wille des Vermieters zur Rückerlangung der Räume auch nach der Vertragsbeendigung weiterbesteht. Hieraus ergeben sich aber keine gewichtigen Bedenken, weil beide Parteien die Möglichkeit haben, etwaige Zweifel durch entsprechende Anfragen oder Erklärungen auszuräumen. Wird der Widerspruch zugleich mit der Kündigung erklärt, so muß sich aus der Erklärung eindeutig ergeben, daß einer Gebrauchsfortsetzung widersprochen wird. In der Kündigungserklärung als solcher liegt nicht zugleich ein Widerspruch nach § 568 (LG Karlsruhe MDR 81, 847; a. A. Schmid DWW 81, 186; s. Rdn B 954). Eine Wiederholung der Erklärung innerhalb der Zweiwochenfrist des § 568, das Mietverhältnis nicht fortsetzen zu wollen, ist dann entbehrlich, wenn die Vertragsbeendigung sofort (fristlose Kündigung) oder nach wenigen Tagen eintritt. Dagegen schließt ein längere Zeit vor Vertragsbeendigung ausgesprochener Widerspruch die Verlängerungsfiktion des § 568 nicht aus (OLG Hamburg a. a. O.; BayObLG a. a. O.; OLG Schleswig a. a. O.; zweifelhaft LG Köln WM 87, 225, wonach es ausreicht, wenn der Widerspruch in dem Schreiben erklärt wird, das die ordentliche Kündigung enthält). Feste zeitliche Grenzen lassen sich nicht aufstellen. Es muß jedoch stets ein nicht nur loser zeitlicher Zusammenhang zwischen der Widerspruchserklärung und dem Ende der Kündigungsfrist bestehen (BGH a. a. O.).

B 958   d) Darlegungs- und Beweislast

Den Beweis für die Abgabe der Willenserklärung trifft denjenigen, der sich darauf beruft. Wer sich also auf die gesetzliche Verlängerung beruft, muß die Gebrauchsfortsetzung beweisen. Wer den Eintritt der gesetzlichen Verlängerung trotz der erwiesenen Gebrauchsfortsetzung bestreitet, muß den rechtzeitigen Widerspruch beweisen. Beruft sich der Mieter auf Verspätung des Widerspruchs des Vermieters, weil dieser von der Fortsetzung schon früher Kenntnis hatte, muß der Mieter den Zeitpunkt der Kenntniserlangung beweisen. Vor allem muß derjenige, der sich auf einen rechtzeitigen Widerspruch beruft, auch konkret angeben, an welchem Tag die Erklärung abgegeben wurde und dem anderen Teil zuging; unbestimmte Zeitangaben (z. B. ,,rechtzeitig", ,,kurze Zeit nach Beendigung") reichen nicht aus (LG Köln WM 74, 85).

B 959 Entsprechendes gilt für die Verteilung der prozessualen Darlegungspflicht. Derjenige, der sich auf den Nichteintritt der Verlängerung beruft, muß konkret darlegen, wann er der Fortsetzung widersprochen hat. Nicht substantiierte Behauptungen sind – unter Beachtung des § 139 ZPO – für die Entscheidung unbeachtlich. Die bloße Behauptung des Vermieters, daß er unmittelbar nach Ablauf der Kündigungsfrist die Rückgabe verlangt und Räumungsklage angekündigt habe, reicht deshalb nicht aus (LG Köln WM 76, 185).

III. Wirkungen

1. Das Gesetz fingiert in § 568 die **Fortsetzung** des bisherigen Mietverhältnisses **auf unbestimmte Zeit.** Da das Gesetz den bisherigen Mietvertrag als fortbestehend erklärt, gelten die getroffenen Vereinbarungen mit Ausnahme derjenigen Vertragsklauseln weiter, die einem Mietverhältnis auf unbestimmte Zeit entgegenstehen; anstelle der unanwendbaren Vertragsklauseln treten dann die gesetzlichen Vorschriften. Somit gelten für eine nachfolgende ordentliche Kündigung die Voraussetzungen des § 564b BGB und die gesetzlichen Kündigungsfristen des § 565 BGB, wobei die bisherige Überlassungszeit mit einberechnet wird (s. Rdn B 836). Zur Teilräumung des Mieters bei fortbestehender Raumnutzung des Untermieters s. Rdn B 249.

Bei befristeten Mietverhältnissen mit Verlängerungsklausel (s. Rdn B 869ff) hat § 568 zur Folge, daß die vertraglich vereinbarten Fortsetzungsfristen infolge der gesetzlichen Fiktion unwirksam werden, so daß es als Mietverhältnis auf unbestimmte Zeit fortgilt und jederzeit unter Einhaltung der gesetzlichen Kündigungsfristen zur Beendigung gebracht werden kann.

2. Hat sich der Mieter auf die **Sozialklausel** berufen und die Fortsetzung des Mietverhältnisses verlangt, so wird sein Kündigungswiderspruch gegenstandslos, wenn die Verlängerung kraft Gesetzes nach § 568 eintritt. Kündigt der Vermieter dann unter Wahrung der gesetzlichen Kündigungsfrist das Mietverhältnis abermals, kann sich der Mieter wiederum uneingeschränkt auf die Sozialklausel nach § 556a BGB, nicht nur beschränkt nach § 556c BGB, berufen (s. Rdn B 294).

3. Wenn die Ablehnung der Fortsetzung des Mietverhältnisses i. S. d. § 568 wirksam ist und der Mieter trotzdem den Gebrauch fortsetzt, bleibt das Mietverhältnis beendet und die Ansprüche des Vermieters richten sich nach § 557 BGB (s. Rdn B 484).

4. Wird in einer Räumungsklage vom Beklagten eine Erklärung i. S. d. § 568 BGB bestritten, so kann in der Klageerhebung eine erneute Kündigung liegen (s. Rdn B 35); erkennt dann der beklagte Mieter in der ersten mündlichen Verhandlung nach Ablauf der neu beginnenden Kündigungsfrist den Räumungsanspruch an (§ 307 ZPO), so sind dem Kläger nach § 93 ZPO die Kosten aufzuerlegen, wenn bis zum Anerkenntnis die Klage nicht schlüssig war. Der Beklagte hat dann zu der von Anfang an unbegründeten Klage keine Veranlassung gegeben (RGZ 103, 104–108; LG Köln WM 74, 85 gegen OLG München NJW 69, 1015); der Erlaß eines Anerkenntnisurteils nach § 307 ZPO steht der Kostenentscheidung nach § 93 ZPO nicht entgegen (LG Köln a. a. O. m. w. Nachw.).

B 965 5. In der **gerichtlichen Praxis** wird die Vorschrift des § 568 BGB unterschiedlich gehandhabt. Dies wirkt sich insbesondere in jenen Fällen aus, in denen sich aus dem Parteivorbringen nicht ergibt, ob die Voraussetzungen des § 568 vorliegen. Hier wird zum Teil die Ansicht vertreten, daß im Rahmen eines schlüssigen Klagvortrags dargelegt werden müsse, daß keine Vertragsverlängerung nach § 568 eingetreten sei. Andere stehen auf dem Standpunkt, daß es Sache des Mieters sei, sich auf § 568 „zu berufen". Nach der hier vertretenen Ansicht gilt folgendes: Will der Mieter geltend machen, daß die Vertragsverlängerung eingetreten sei, so muß er vortragen, daß er nach dem Ablauf der Mietzeit den Gebrauch fortgesetzt hat; der Vermieter muß vortragen, daß er innerhalb der Frist widersprochen hat.

Durch die nahezu jedem Räumungsrechtstreit immanente Tatsache, daß der Mieter die Wohnung noch im Besitz hat, wird der Tatsachenvortrag nicht ersetzt. Das Gericht ist bei fehlendem Sachvortrag nicht verpflichtet, die Frage der Vertragsfortsetzung von Amts wegen aufzuklären. Der Richter ist allerdings auch nicht gehindert, diesen Gesichtspunkt mit den Parteien zu erörtern (LG Mannheim, Urt. vom 25. 3. 1981 – 4 S 99/80).

Der beklagte Mieter kann sich bei einer Eigenbedarfsklage seines Vermieters, welche dieser wegen der vorangegangenen Kündigung seines Mietverhältnisses mit einem anderen Vermieter führt, auch nicht darauf berufen, daß dessen Mietverhältnis nach § 568 nach der objektiven Rechtslage fortbestehe, wenn dieser insoweit jene mögliche Rechtsfolge offensichtlich oder erklärtermaßen nicht geltend machen will; da es sich bei § 568 nicht um eine Erweiterung des gesetzlichen Bestandsschutzes handelt (s. Rdn B 940), kommt es auch insoweit nur auf den Willen des gekündigten Mietvertragspartners an, der nicht durch den anderweitigen Willen eines Dritten beeinflußt oder ersetzt werden kann (LG Mannheim Urt. vom 21. 9. 1977, 4 S 46/77).

B 966 6. Der Mieter ist berechtigt, zur Klärung der Rechtslage unter Berufung auf § 568 BGB eine **Feststellungsklage** zu erheben (§ 256 ZPO). Gleiches gilt für den Vermieter, wenn er die umstrittene Vertragsverlängerung i. S. des § 568 positiv festgestellt wissen will.

IV. Abweichende Vereinbarungen

B 967 1. Nach h. M. ist die Vorschrift des **§ 568 dispositiv**; der Zweck dieser Vorschrift ist nur darauf gerichtet, eine von den Vertragsparteien nicht bereits selbst beseitigte Rechtsunsicherheit bei Beendigung des Mietverhältnisses auszuschließen. Die Vorschrift soll hingegen dem Mieter nicht weiteren Bestandschutz aus sozialen Erwägungen geben, und kann nicht aus allgemeinen Erwägungen des sozialen Mietrechts als zwingend angesehen werden (s. o. Rdn B 948).

2. Die Regelung kann im **Mietvertrag** selbst oder einer **Nachtragsvereinbarung** sowohl insgesamt als auch teilweise ausgeschlossen werden. Es können z. B. längere Ablehnungsfristen und die Schriftform als Wirksamkeitsvoraussetzung der Widerspruchserklärung vereinbart werden. Nach h. M. kann die Anwendung des § 568 auch schon im Mietvertrag ausgeschlossen werden (Staudinger § 568 Anm. 1 und 16; Soergel Anm. 31; Weimar WM 54, 18; MDR 66, 981; Bodié WM 66, 2041 = WM 65, 413; Ganschezian-Finck NJW 71, 1051); obwohl die Bestimmung auf den Willen der Beteiligten keine Rücksicht nimmt, sind die dagegen geäußerten Bedenken unzutreffend, weil die vorweggenommene Vertragseinigung spätere Zweifel über die Vertragsverlängerung als alleinigen Regelungsbereich des § 568 BGB ausschließt (a. A. Roquette DR 39, 1080 in Anm. zu LG Berlin; Pergande § 568 Anm. 1; Schroers WM 74, 65). Da § 568 nicht auf Billigkeitserwägungen beruht, ist auch ein formularmäßig vereinbarter Ausschluß wirksam (OLG Hamm (RE) vom 9. 12. 1982 RES § 568 BGB Nr 4).

B 968

3. Eine abweichende Vereinbarung erfordert eine **eindeutige Regelung;** die bloße Befristung der Mietzeit mit der Verdeutlichung, der Mieter habe die Sache am Tag der Vertragsbeendigung herauszugeben, reicht für den Ausschluß nicht aus. Im Falle eines Mietaufhebungsvertrages ist § 568 nur dann ausgeschlossen, wenn im Aufhebungsvertrag vereinbart wurde, daß der Mieter unter Ausschluß weiterer Vertragsverlängerung die Mietsache jedenfalls zu einem bestimmten Zeitpunkt herauszugeben hat (BGH WM 65, 411; LG Mannheim DWW 74, 259; vgl. auch Schroers WM 74, 65; Haase JR 72, 58; Ganschezian-Finck NJW 71, 2051).

B 969

4. Liegt ein wirksamer Ausschluß vor, so kann der Abschluß eines neuen Mietvertrages aus dem schlüssigen Verhalten der Parteien nach Kündigung gefolgert werden (z. B. vorbehaltlose Weiterzahlung des bisherigen Mietzinses und vorbehaltlose Entgegennahme bei unveränderter Raumüberlassung über längere Zeit). Darin aber liegt keine Fortsetzung des bisherigen Mietverhältnisses; LG Hannover ZMR 79, 248.

B 970

Teil C
Gesetz zur Regelung der Miethöhe – MHG

(Art. 3 bis 8 des 2. WKSchG vom 18. 12. 1974)
(BGBl. I S. 3603)

Zuletzt geändert durch das Gesetz zur Erhöhung des Angebots an Mietwohnungen vom 20. 12. 1982 (BGBl. I S. 1912)

§ 1

Die Kündigung eines Mietverhältnisses über Wohnraum zum Zwecke der Mieterhöhung ist ausgeschlossen. Der Vermieter kann eine Erhöhung des Mietzinses nach Maßgabe der §§ 2 bis 7 verlangen. Das Recht steht dem Vermieter nicht zu, soweit und solange eine Erhöhung durch Vereinbarung ausgeschlossen ist oder der Ausschluß sich aus den Umständen, insbesondere der Vereinbarung eines Mietverhältnisses auf bestimmte Zeit mit festem Mietzins ergibt.

§ 2

(1) Der Vermieter kann die Zustimmung zu einer Erhöhung des Mietzinses verlangen, wenn
1. der Mietzins, von Erhöhungen nach den §§ 3 bis 5 abgesehen, seit einem Jahr unverändert ist,
2. der verlangte Mietzins die üblichen Entgelte nicht übersteigt, die in der Gemeinde oder in vergleichbaren Gemeinden für nicht preisgebundenen Wohnraum vergleichbarer Art, Größe, Ausstattung, Beschaffenheit und Lage in den letzten drei Jahren vereinbart oder, von Erhöhungen nach § 4 abgesehen, geändert worden sind, und
3. der Mietzins sich innerhalb eines Zeitraums von drei Jahren, von Erhöhungen nach den §§ 3 bis 5 abgesehen, nicht um mehr als 30 vom Hundert erhöht.
Von dem Jahresbetrag des verlangten Mietzinses sind die Kürzungsbeträge nach § 3 Abs. 1 Satz 3 bis 7 abzuziehen, im Fall des § 3 Abs. 1 Satz 6 mit elf vom Hundert des Zuschusses.

(2) Der Anspruch nach Absatz 1 ist dem Mieter gegenüber schriftlich geltend zu machen und zu begründen. Dabei kann insbesondere Bezug genommen werden auf eine Übersicht über die üblichen Entgelte nach Absatz 1 Satz 1 Nr. 2 in der Gemeinde oder in einer vergleichbaren Gemeinde, soweit die Übersicht von der Gemeinde oder von Interessenvertretern der Vermieter und der Mieter gemeinsam erstellt oder anerkannt worden ist (Mietspiegel); enthält die Übersicht Mietzinsspannen, so genügt es, wenn der verlangte Mietzins innerhalb der Spanne liegt. Ferner kann auf ein mit Gründen versehenes Gutachten eines öffentlich bestellten oder vereidigten Sachverständigen verwiesen werden. Begründet der

Vermieter sein Erhöhungsverlangen mit dem Hinweis auf entsprechende Entgelte für einzelne vergleichbare Wohnungen, so genügt die Benennung von drei Wohnungen.

(3) Stimmt der Mieter dem Erhöhungsverlangen nicht bis zum Ablauf des zweiten Kalendermonats zu, der auf den Zugang des Verlangens folgt, so kann der Vermieter bis zum Ablauf von weiteren zwei Monaten auf Erteilung der Zustimmung klagen. Ist die Klage erhoben worden, jedoch kein wirksames Erhöhungsverlangen vorausgegangen, so kann der Vermieter das Erhöhungsverlangen im Rechtsstreit nachholen; dem Mieter steht auch in diesem Fall die Zustimmungsfrist nach Satz 1 zu.

(4) Ist die Zustimmung erteilt, so schuldet der Mieter den erhöhten Mietzins von dem Beginn des dritten Kalendermonats ab, der auf den Zugang des Erhöhungsverlangens folgt.

(5) Gemeinden sollen, soweit hierfür ein Bedürfnis besteht und dies mit einem für sie vertretbaren Aufwand möglich ist, Mietspiegel erstellen. Bei der Aufstellung von Mietspiegeln sollen Entgelte, die auf Grund gesetzlicher Bestimmungen an Höchstbeträge gebunden sind, außer Betracht bleiben. Die Mietspiegel sollen im Abstand von zwei Jahren der Marktentwicklung angepaßt werden. Die Bundesregierung wird ermächtigt, durch Rechtsverordnung mit Zustimmung des Bundesrates Vorschriften über den näheren Inhalt und das Verfahren zur Aufstellung und Anpassung von Mietspiegeln zu erlassen. Die Mietspiegel und ihre Änderungen sollen öffentlich bekanntgemacht werden.

(6) Liegt im Zeitpunkt des Erhöhungsverlangens kein Mietspiegel nach Absatz 5 vor, so führt die Verwendung anderer Mietspiegel, insbesondere auch die Verwendung veralteter Mietspiegel, nicht zur Unwirksamkeit des Mieterhöhungsverlangens.

§ 3

(1) Hat der Vermieter bauliche Maßnahmen durchgeführt, die den Gebrauchswert der Mietsache nachhaltig erhöhen, die allgemeinen Wohnverhältnisse auf die Dauer verbessern oder nachhaltig Einsparungen von Heizenergie bewirken (Modernisierung), oder hat er andere bauliche Änderungen auf Grund von Umständen, die er nicht zu vertreten hat, durchgeführt, so kann er eine Erhöhung der jährlichen Miete um elf vom Hundert der für die Wohnung aufgewendeten Kosten verlangen. Sind die baulichen Änderungen für mehrere Wohnungen durchgeführt worden, so sind die dafür aufgewendeten Kosten vom Vermieter angemessen auf die einzelnen Wohnungen aufzuteilen. Werden die Kosten für die baulichen Änderungen ganz oder teilweise durch zinsverbilligte oder zinslose Darlehen aus öffentlichen Haushalten gedeckt, so verringert sich der Erhöhungsbetrag nach Satz 1 um den Jahresbetrag der Zinsermäßigung, der sich für den Ursprungsbetrag des Darlehens aus dem Unterschied im Zinssatz gegenüber dem marktüblichen Zinssatz für erststellige Hypotheken zum Zeitpunkt der Beendigung der Maßnahmen ergibt; werden Zuschüsse oder Darlehen zur Deckung von laufenden Aufwendungen gewährt, so verringert sich der Erhöhungsbetrag um den Jahresbetrag des Zuschusses oder Darlehens. Ein Mieterdarlehen, eine Mietvorauszahlung oder eine von einem Dritten für den Mieter erbrachte Leistung für die

baulichen Änderungen steht einem Darlehen aus öffentlichen Haushalten gleich. Kann nicht festgestellt werden, in welcher Höhe Zuschüsse oder Darlehen für die einzelnen Wohnungen gewährt worden sind, so sind sie nach dem Verhältnis der für die einzelnen Wohnungen aufgewendeten Kosten aufzuteilen. Kosten, die vom Mieter oder für diesen von einem Dritten übernommen oder die mit Zuschüssen aus öffentlichen Haushalten gedeckt werden, gehören nicht zu den aufgewendeten Kosten im Sinne des Satzes 1. Mittel der Finanzierungsinstitute des Bundes oder eines Landes gelten als Mittel aus öffentlichen Haushalten.

(2) Der Vermieter soll den Mieter vor Durchführung der Maßnahmen nach Absatz 1 auf die voraussichtliche Höhe der entstehenden Kosten und die sich daraus ergebende Mieterhöhung hinweisen.

(3) Der Anspruch nach Absatz 1 ist vom Vermieter durch schriftliche Erklärung gegenüber dem Mieter geltend zu machen. Die Erklärung ist nur wirksam, wenn in ihr die Erhöhung auf Grund der entstandenen Kosten berechnet und entsprechend den Voraussetzungen nach Absatz 1 erläutert wird.

(4) Die Erklärung des Vermieters hat die Wirkung, daß von dem Ersten des auf die Erklärung folgenden Monats an der erhöhte Mietzins an die Stelle des bisher zu entrichtenden Mietzinses tritt; wird die Erklärung erst nach dem Fünfzehnten eines Monats abgegeben, so tritt diese Wirkung erst von dem Ersten des übernächsten Monats an ein. Diese Fristen verlängern sich um drei Monate, wenn der Vermieter dem Mieter die voraussichtliche Mieterhöhung nach Absatz 2 nicht mitgeteilt hat oder wenn die tatsächliche Mieterhöhung gegenüber dieser Mitteilung um mehr als zehn vom Hundert nach oben abweicht.

§ 4

(1) Für Betriebskosten im Sinne des § 27 der Zweiten Berechnungsverordnung dürfen Vorauszahlungen nur in angemessener Höhe vereinbart werden. Über die Vorauszahlungen ist jährlich abzurechnen.

(2) Der Vermieter ist berechtigt, Erhöhungen der Betriebskosten durch schriftliche Erklärung anteilig auf den Mieter umzulegen. Die Erklärung ist nur wirksam, wenn in ihr der Grund für die Umlage bezeichnet und erläutert wird.

(3) Der Mieter schuldet den auf ihn entfallenden Teil der Umlage vom Ersten des auf die Erklärung folgenden Monats oder, wenn die Erklärung erst nach dem Fünfzehnten eines Monats abgegeben worden ist, vom Ersten des übernächsten Monats an. Soweit die Erklärung darauf beruht, daß sich die Betriebskosten rückwirkend erhöht haben, wirkt sie auf den Zeitpunkt der Erhöhung der Betriebskosten, höchstens jedoch auf den Beginn des der Erklärung vorausgehenden Kalenderjahres zurück, sofern der Vermieter die Erklärung innerhalb von drei Monaten nach Kenntnis von der Erhöhung abgibt.

(4) Ermäßigen sich die Betriebskosten, so ist der Mietzins vom Zeitpunkt der Ermäßigung ab entsprechend herabzusetzen. Die Ermäßigung ist dem Mieter unverzüglich mitzuteilen.

§ 5

(1) Der Vermieter ist berechtigt, Erhöhungen der Kapitalkosten, die nach Inkrafttreten dieses Gesetzes infolge einer Erhöhung des Zinssatzes aus einem dinglich gesicherten Darlehen fällig werden, durch schriftliche Erklärung anteilig auf den Mieter umzulegen, wenn
1. der Zinssatz sich
   a) bei Mietverhältnissen, die vor dem 1. Januar 1973 begründet worden sind, gegenüber dem am 1. Januar 1973 maßgebenden Zinssatz,
   b) bei Mietverhältnissen, die nach dem 31. Dezember 1972 begründet worden sind, gegenüber dem bei Begründung maßgebenden Zinssatz
   erhöht hat,
2. die Erhöhung auf Umständen beruht, die der Vermieter nicht zu vertreten hat,
3. das Darlehen der Finanzierung des Neubaues, des Wiederaufbaues, der Wiederherstellung, des Ausbaues, der Erweiterung oder des Erwerbs des Gebäudes oder des Wohnraums oder von baulichen Maßnahmen im Sinne des § 3 Abs. 1 gedient hat.

(2) § 4 Abs. 2 Satz 2 und Absatz 3 Satz 1 gilt entsprechend.

(3) Ermäßigt sich der Zinssatz nach einer Erhöhung des Mietzinses nach Absatz 1, so ist der Mietzins vom Zeitpunkt der Ermäßigung ab entsprechend, höchstens aber um die Erhöhung nach Absatz 1, herabzusetzen. Ist das Darlehen getilgt, so ist der Mietzins um den Erhöhungsbetrag herabzusetzen. Die Herabsetzung ist dem Mieter unverzüglich mitzuteilen.

(4) Das Recht nach Absatz 1 steht dem Vermieter nicht zu, wenn er die Höhe der dinglich gesicherten Darlehen, für die sich der Zinssatz erhöhen kann, auf eine Anfrage des Mieters nicht offengelegt hat.

(5) Geht das Eigentum an dem vermieteten Wohnraum von dem Vermieter auf einen Dritten über und tritt dieser anstelle des Vermieters in das Mietverhältnis ein, so darf der Mieter durch die Ausübung des Rechts nach Absatz 1 nicht höher belastet werden, als dies ohne den Eigentumsübergang möglich gewesen wäre.

§ 6

(1) Hat sich der Vermieter von öffentlich gefördertem oder steuerbegünstigtem Wohnraum nach dem Wohnungsbaugesetz für das Saarland in der Fassung der Bekanntmachung vom 7. März 1972 (Amtsblatt des Saarlandes S. 149), zuletzt geändert durch Artikel 3 des Wohnungsbauänderungsgesetzes 1973 vom 21. Dezember 1973 (Bundesgesetzbl. I S. 1970), verpflichtet, keine höhere Miete als die Kostenmiete zu vereinbaren, so kann er eine Erhöhung bis zu dem Betrag verlangen, der zur Deckung der laufenden Aufwendungen für das Gebäude oder die Wirtschaftseinheit erforderlich ist. Eine Erhöhung des Mietzinses nach den §§ 2, 3 und 5 ist ausgeschlossen.

(2) Die Erhöhung nach Absatz 1 ist vom Vermieter durch schriftliche Erklärung gegenüber dem Mieter geltend zu machen. Die Erklärung ist nur wirksam, wenn in ihr die Erhöhung berechnet und erläutert wird. Die Erklärung hat die Wirkung, daß von dem Ersten des auf die Erklä-

rung folgenden Monats an der erhöhte Mietzins an die Stelle des bisher zu entrichtenden Mietzinses tritt; wird die Erklärung erst nach dem Fünfzehnten eines Monats abgegeben, so tritt diese Wirkung erst von dem Ersten des übernächsten Monats an ein.

(3) Soweit im Rahmen der Kostenmiete Betriebskosten im Sinne des § 27 der Zweiten Berechnungsverordnung durch Umlagen erhoben werden, kann der Vermieter Erhöhungen der Betriebskosten in entsprechender Anwendung des § 4 umlegen.

(4) Ermäßigen sich die laufenden Aufwendungen, so hat der Vermieter die Kostenmiete mit Wirkung vom Zeitpunkt der Ermäßigung ab entsprechend herabzusetzen. Die Herabsetzung ist dem Mieter unverzüglich mitzuteilen.

(5) Die Absätze 1 und 4 gelten entsprechend für Wohnraum, der mit Wohnungsfürsorgemitteln für Angehörige des öffentlichen Dienstes oder ähnliche Personengruppen unter Vereinbarung eines Wohnungsbesetzungsrechts gefördert worden ist, wenn der Vermieter sich in der in Absatz 1 Satz 1 bezeichneten Weise verpflichtet hat.

§ 7

(1) Für Bergmannswohnungen, die von Bergbauunternehmen entsprechend dem Vertrag über Bergmannswohnungen, Anlage 8 zum Grundvertrag zwischen der Bundesrepublik Deutschland, den vertragschließenden Bergbauunternehmen und der Ruhrkohle Aktiengesellschaft vom 18. Juli 1969 (Bundesanzeiger Nr. 174 vom 18. September 1974), bewirtschaftet werden, kann die Miete bei einer Erhöhung der Verwaltungskosten und der Instandhaltungskosten in entsprechender Anwendung des § 30 Abs. 1 der Zweiten Berechnungsverordnung und des § 5 Abs. 3 Buchstabe c des Vertrages über Bergmannswohnungen erhöht werden. Eine Erhöhung des Mietzinses nach § 2 ist ausgeschlossen.

(2) Der Anspruch nach Absatz 1 ist vom Vermieter durch schriftliche Erklärung gegenüber dem Mieter geltend zu machen. Die Erklärung ist nur wirksam, wenn in ihr die Erhöhung berechnet und erläutert wird.

(3) Die Erklärung des Vermieters hat die Wirkung, daß von dem Ersten des auf die Erklärung folgenden Monats an der erhöhte Mietzins an die Stelle des bisher zu entrichtenden Mietzinses tritt; wird die Erklärung erst nach dem Fünfzehnten eines Monats abgegeben, so tritt diese Wirkung erst von dem Ersten des übernächsten Monats an ein.

(4) Im übrigen gelten die §§ 3 bis 5.

§ 8

Hat der Vermieter seine Erklärungen nach den §§ 2 bis 7 mit Hilfe automatischer Einrichtungen gefertigt, so bedarf es nicht seiner eigenhändigen Unterschrift.

§ 9

(1) Verlangt der Vermieter eine Mieterhöhung nach § 2, so ist der Mieter berechtigt, bis zum Ablauf des zweiten Monats, der auf den Zugang des Erhöhungsverlangens folgt, für den Ablauf des übernächsten Monats

zu kündigen. Verlangt der Vermieter eine Mieterhöhung nach den §§ 3, 5 bis 6, so ist der Mieter berechtigt, das Mietverhältnis spätestens am dritten Werktag des Kalendermonats, von dem an der Mietzins erhöht werden soll, für den Ablauf des übernächsten Monats zu kündigen. Kündigt der Mieter, so tritt die Mieterhöhung nicht ein.

(2) Ist der Mieter rechtskräftig zur Zahlung eines erhöhten Mietzinses nach den §§ 2 bis 7 verurteilt worden, so kann der Vermieter das Mietverhältnis wegen Zahlungsverzugs des Mieters nicht vor Ablauf von zwei Monaten nach rechtskräftiger Verurteilung kündigen, wenn nicht die Voraussetzungen des § 554 des Bürgerlichen Gesetzbuchs schon wegen des bisher geschuldeten Mietzinses erfüllt sind.

§ 10

(1) Vereinbarungen, die zum Nachteil des Mieters von den Vorschriften der §§ 1 bis 9 abweichen, sind unwirksam, es sei denn, daß der Mieter während des Bestehens des Mietverhältnisses einer Mieterhöhung um einen bestimmten Betrag zugestimmt hat.

(2) Abweichend von Absatz 1 kann der Mietzins für bestimmte Zeiträume in unterschiedlicher Höhe schriftlich vereinbart werden. Die Vereinbarung eines gestaffelten Mietzinses darf nur einen Zeitraum bis zu jeweils zehn Jahren umfassen. Während dieser Zeit ist eine Erhöhung des Mietzinses nach den §§ 2, 3 und 5 ausgeschlossen. Der Mietzins muß jeweils mindestens ein Jahr unverändert bleiben und betragsmäßig ausgewiesen sein. Eine Beschränkung des Kündigungsrechts des Mieters ist unwirksam, soweit sie sich auf einen Zeitraum von mehr als vier Jahren seit Abschluß der Vereinbarung erstreckt.

(3) Die Vorschriften der §§ 1 bis 9 gelten nicht für Mietverhältnisse
1. über preisgebundenen Wohnraum,
2. über Wohnraum, der zu nur vorübergehendem Gebrauch vermietet ist,
3. über Wohnraum, der Teil der vom Vermieter selbst bewohnten Wohnung ist und den der Vermieter ganz oder überwiegend mit Einrichtungsgegenständen auszustatten hat, sofern der Wohnraum nicht zum dauernden Gebrauch für eine Familie überlassen ist,
4. über Wohnraum, der Teil eines Studenten- oder Jugendwohnheims ist.

Vorbemerkung zum MHG
Der Mietzins für Wohnraum

Übersicht

	Rdn
I. Grundmiete	1
II. Mietnebenkosten	5
III. Zuschläge	12

C 1 Zur Begrenzung des Mietanstiegs regelt das MHG im einzelnen, unter welchen Voraussetzungen der Vermieter von Wohnraum eine Erhöhung des vereinbarten Mietzinses verlangen kann. Dabei unterscheidet das Gesetz zwischen der Grundmiete (§§ 2 und 3), den Betriebskosten (§ 4), und den Kapitalkosten (§ 5). Bezüglich der sonstigen Mietnebenkosten (Verwaltungskosten, Instandhaltungskosten) und bezüglich der Mietzuschläge (Untermietzuschlag, Möblierungszuschlag, Gewerbezuschlag) enthält das Gesetz keine Regelung.

I. Grundmiete

C 2 1. Der **Begriff der Grundmiete** wird vom Gesetz nicht definiert. Im allgemeinen bezeichnet man damit das für die Überlassung der Mietsache geschuldete Entgelt ohne Betriebskosten und ohne Zuschläge (Nettomiete). Ist eine Mietpreisvereinbarung in diesem Sinne aufgegliedert, dann gilt §§ 2 und 3 für die Erhöhung der Grundmiete und § 4 für die Erhöhung der Betriebskosten. Es sind aber auch Mietpreisgestaltungen denkbar, bei denen ein Teil der Betriebskosten nicht gesondert auf den Mieter umgelegt worden ist; in diesem Fall sind in der Grundmiete auch Betriebskosten enthalten (Teilpauschalmiete). Erhöht sich der in der Grundmiete enthaltene Betriebskostenanteil so kann diese Erhöhung nicht gem § 4 MHG umgelegt werden (s. Rdn C 283b). Vielmehr gilt für die Mieterhöhung § 2 (s. Rdn C 95). Für den gesondert umgelegten Teil der Betriebskosten gilt § 4. Werden die Betriebskosten nicht gesondert auf den Mieter umgelegt, so spricht man von einer Pauschalmiete. Für die Erhöhung der Pauschalmiete s. Rdn C 95.

C 3 2. Ein Mietvertrag setzt voraus, daß der Vermieter und Mieter über die **entgeltliche Überlassung** der Mietsache einig sind. Als Entgelt können auch geldwerte Leistungen vereinbart werden (Dienstleistungen, Naturalien, Beteiligung an den Lasten des Grundstücks). Eine unentgeltliche Gebrauchsüberlassung ist keine Miete, sondern eine Leihe (BGH NJW 85, 1553), die Höhe des vereinbarten Entgelts ist aber unbeachtlich, weil dieses dem Marktwert der vermieteten Sache nicht zu entsprechen braucht (BGH MDR 70, 1004 = ZMR 70, 268). Fehlt nur die ausdrück-

Vorbemerkung. Der Mietzins f. Wohnraum C 4, 5

liche Vereinbarung der Höhe des Mietzinses, so gilt die für Wohnraum angemessene Vergütung als vereinbart; das ist im Zweifel der ortsübliche Mietzins. Ortsüblich ist der Mietzins, der sich für Räume gleicher Art, Lage und Ausstattung in der jeweiligen Gemeinde als üblich herausgebildet hat. Bei dieser Beurteilung müssen mehrere repräsentative Vergleichsobjekte herangezogen werden (s. dazu im einzelnen Rdn C 59). Lehnt der Mieter die nachträgliche Festsetzung des Mietzinses durch den Vermieter als unbillig ab (§§ 316, 315 BGB), muß das Gericht die Höhe bestimmen. Gleiches gilt für vorläufige Mietverträge, in denen die endgültige Festsetzung des Mietzinses dem Vermieter oder einem Dritten vorbehalten bleibt. Ist eine Einigung über eine bestimmte Grundmiete und noch nicht bezifferte Nebenkosten zustande gekommen, so obliegt es dem Vermieter, die Höhe der von der Einigung erfaßten Nebenkosten im Rahmen der Üblichkeit zu bestimmen; ist diese Bestimmung unbillig, müssen die Nebenkosten nach §§ 315, 316 BGB vom Gericht herabgesetzt werden (LG Mannheim WM 76, 92).

3. Die Höhe des Mietzinses können Vermieter und Mieter grundsätz- C 4
lich auch bei der Wohnungsmiete beim **Abschluß** des Mietvertrages **frei
vereinbaren**. Nach dem Gesetz von Angebot und Nachfrage ist der angemessene Mietzins auszuhandeln (Marktmiete). Bis zur Grenze der Mietpreisüberhöhung (§ 5 WiStG; s. Rdn D 1 ff) kann aber auch eine höhere als die Marktmiete vereinbart werden. Die Vereinbarung eines unter der Marktmiete liegenden Mietzinses ist ebenfalls zulässig (z. B. für Betriebsangehörige, sog. Gefälligkeitsmiete). Auch nach den gesetzlichen Änderungen der Jahre 1971/74 bleibt die Vereinbarung des Mietzinses beim Abschluß des Mietvertrags bis zur Grenze des § 5 WiStG dem Ergebnis der Verhandlungen zwischen Vermieter und Mieter vorbehalten; allerdings sind die gesetzlichen Vorschriften zur Bekämpfung der Mietpreisüberhöhung durch das Gesetz zur Erhöhung des Angebots an Mietwohnungen vom 20. 12. 1982 (BGBl. I S. 1912) erheblich abgeschwächt worden. Die Erhöhung des Mietzinses nach Abschluß des Mietvertrages ist dagegen nur noch unter den gesetzlichen Voraussetzungen der §§ 1 ff MHG zulässig, soweit nicht ausnahmsweise eine wirksame Zustimmung des Mieters nach § 10 I MHG die Einhaltung der gesetzlichen Erhöhungsvoraussetzungen entbehrlich macht (s. Rdn C 497).

II. Mietnebenkosten

1. Der **Begriff der Mietnebenkosten** wird vom Gesetz ebenfalls nicht C 5
definiert. Die überwiegende Meinung entnimmt der Regelung in § 4 I MHG, daß lediglich die **Betriebskosten** i. S. von § 27 der II BV (vgl. Rdn C 285 ff) gesondert auf den Mieter umgelegt werden dürfen. Andere Mietnebenkosten sind nicht umlagefähig (OLG Koblenz (RE) vom 7. 1.

511

1986 WM 86, 50). Dies bedeutet, daß der Vermieter die **sonstigen Mietnebenkosten** (Verwaltungskosten, Kapitalkosten, Instandhaltungskosten, Abschreibung, Mietausfallwagnis) bei der Kalkulation der Grundmiete berücksichtigen muß. Erhöhen sich die Kapitalkosten, so hat der Vermieter ein Umlagerecht nach § 5 MHG. Für die Erhöhung der Betriebskosten gilt § 4 MHG. Erhöhen sich die sonstigen Mietnebenkosten, so besteht kein Umlagerecht.

C 6 2. Die Umlage von Betriebskosten bedarf stets einer **vertraglichen Vereinbarung.** Die Vorschrift des § 4 I MHG regelt nur, daß vertragliche Vereinbarungen über die Umlage von Betriebskosten möglich sind; fehlt eine solche Vereinbarung, so gibt § 4 I MHG keinen gesetzlichen Anspruch auf Zahlung solcher Kosten. Die Vorschrift des § 4 II MHG betrifft nur die Erhöhung der Betriebskosten, so daß der Vermieter auch daraus keinen Anspruch auf Zahlung derjenigen Betriebskosten herleiten kann, die bereits bei Vertragsschluß vorhanden waren. Eine fehlerhafte Kalkulation bei der Bemessung des Entgelts führt nicht dazu, daß der Mieter zusätzlich zum vereinbarten Entgelt auch noch die nicht vereinbarten Betriebskosten tragen müßte. Der Mietvertrag kann in Fällen dieser Art nicht nach den Grundsätzen über den Wegfall der Geschäftsgrundlage abgeändert werden. Sind die Betriebskosten weder bei der Bemessung der Grundmiete berücksichtigt, noch gesondert auf den Mieter umgelegt worden, so wird i. d. R. eine besonders niedrige Pauschalmiete (s. Rdn C 2) vorliegen. Diese Miete kann unter Beachtung der hier geltenden Grundsätze erhöht werden (s. Rdn C 95).

C 7 Eine Vereinbarung über die Umlage von Betriebskosten kann sowohl individual vertraglich als auch durch Formularvertrag getroffen werden. Es gilt der Grundsatz, daß derartige **Vereinbarungen eng auszulegen** sind. Maßgeblich hierfür ist nicht der soziale Schutz des Wohnungsmieters, sondern das im Rahmen eines Dauerschuldverhältnisses in besonderer Weise schutzwürdige Interesse einer Vertragspartei an der eindeutigen Festlegung der von ihr geschuldeten Leistung (OLG Düsseldorf ZMR 84, 20). Unklarheiten gehen zu Lasten des Vermieters. Kann der Umfang der auf den Mieter überwälzten Kosten nicht hinreichend genau bestimmt werden, so ist die gesamte Umlagevereinbarung unwirksam (so OLG Frankfurt WM 85, 91 betr. den Begriff ,,Nebenkosten"; LG Stuttgart WM 87, 161 für den Begriff ,,Hausgebühren"; vgl. auch OLG Celle WM 83, 291 zum Begriff der ,,üblichen Hausabgaben und Nebenkosten"; BayObLG WM 85, 19 zum Begriff der ,,Heizkosten"). Ist in einem solchen Fall vereinbart daß der Mieter einen Vorschuß zu zahlen hat, über den abgerechnet wird, so gilt der Vorschuß als Nebenkostenpauschale. Der Grundsatz der engen Auslegung gilt nicht nur für die Umlagevereinbarung als solche, sondern auch bei der Bestimmung des Inhalts der Umlagevereinbarung. So umfaßt der Begriff der ,,Wasserkosten" nicht die Abwassergebühr (LG Köln WM 86, 323) und nicht die Kosten der Warmwasserbereitung (AG Köln Urt. vom 31. 5. 1983 – 210 C 85/83).

Der Begriff der Heizkosten wird allerdings heute nach allgemeinem **C 8** Sprachgebrauch i. S. der Definition in § 7 II der HeizkostenV zu verstehen sein (a. A. LG Mannheim WM 85, 303; LG Kiel ZMR 84, 376 wonach der Mieter bei dieser Vereinbarung nur die zur unmittelbaren Wärmeerzeugung erforderlichen Kosten schuldet). Verfehlt ist jedenfalls die vom BayObLG (WM 85, 19) vertretene Auslegung, wonach zu den Heizkosten diejenigen Kosten gehören, die für die Wärmeerzeugung ursächlich sind. Nach dieser Definition wären auch Reparatur- und Instandhaltungskosten umlagefähig; umgekehrt könnten die Wärmemeßkosten nicht auf den Mieter umgelegt werden, was im Hinblick auf den insoweit eindeutigen Wortlaut der Anlage 3 zu § 27 der II BV nicht zutrifft (s. Rdn C 314 ff). Haben die Parteien bei der Formulierung der Betriebskostenvereinbarung die Begriffe der Anlage 3 zu § 27 der II BV verwendet, so kann bei der Auslegung auf die zu diesen Vorschriften ergangene Rechtsprechung zurückgegriffen werden (s. Rdn C 287 ff). Unklare Begriffe können allerdings nicht unter Rückgriff auf diese Vorschriften konkretisiert werden (LG Mannheim ZMR 74, 380 = MDR 74, 934; MDR 75, 493; a. A. Otto DWW 75, 39; vgl. auch BGH WM 70, 73 = ZMR 70, 47 = DWW 70, 28; Blank ZMR 74, 355; Glaser ZMR 73, 289; Hummel ZMR 75, 65; Pütz WM 78, 7).

Von einer unklaren Betriebskostenvereinbarung kann nicht bereits **C 9** dann ausgegangen werden, wenn der Wortlaut des Vertrags mehrdeutig ist oder wenn sich danach der Umfang der vom Mieter zu tragenden Kosten nicht eindeutig festlegen läßt. Wie allgemein gilt auch hier der Grundsatz, daß Willenserklärungen nicht im Wege der reinen Buchstabeninterpretation auszulegen sind, sondern daß es auf den **wirklichen Willen der Vertragsparteien** ankommt (§ 133 BGB). Haben die Parteien einen bestimmten Begriff übereinstimmend in einer bestimmten Art und Weise verstanden, so gilt die Vereinbarung mit diesem Inhalt; auf den Wortlaut kommt es dann nicht an. Von einer solchen Übereinstimmung im Verständnis kann beispielsweise dann ausgegangen werden, wenn der Vermieter dem Mieter die einzelnen Kostenarten beim Vertragsschluß erläutert hat. Hat der Mieter über mehrere Jahre die vom Vermieter angeforderten Betriebskosten vorbehaltlos bezahlt, so spricht dieses faktische Verhalten dafür, daß auch der Mieter davon ausgegangen ist, daß er diese Kosten schulde.

3. Wird die Umlagevereinbarung durch Formularvertrag getroffen, so **C 10** sind die Rechtsentscheide des BayObLG vom 24. 2. 1984 und des OLG Karlsruhe vom 18. 10. 1985 zu beachten.

Nach dem Rechtsentscheid des BayObLG vom 24. 2. 1984 (RES § 4 MHG Nr. 5) kann der Vermieter die in der Anlage 3 zu § 27 Abs. 1 der 2. BV aufgeführten Betriebskosten mit der mietvertraglichen Regelung, daß für die „Betriebskosten gemäß § 27 II. BV" neben der Miete ein monatlicher Vorauszahlungsbetrag von ... DM zu leisten ist, auf den Mieter umlegen, ohne diesem bei Vertragsabschluß den in der Anlage enthaltenen Betriebskostenkatalog erläutert oder durch Beifügung eines Abdrucks der Anlage zur Kenntnis gebracht zu haben (vgl. dazu auch die ablehnende Anmerkung Löwe WM 84, 192). Gleiches muß nach dieser Rechtsprechung für ähnliche Vertragsgestaltungen gelten (z. B.: der Mieter hat die Betriebskosten im Sinne von § 27 der II. Berechnungsverordnung zu tragen). Dieser Rechtsprechung kann allerdings nicht zugestimmt werden, weil der Mieter in der Regel keine Möglichkeit besitzt, sich in zumutbarer Weise vom Inhalt dieser Vorschrift Kenntnis zu verschaffen (§ 2 I 2 AGBG; LG Darmstadt WM 81, 39; LG Hamburg WM 82, 86; LG Mannheim, Urteil vom 22. 12. 1982 – 4 S 128/82 –; AG Hamburg WM 80, 245; a. A.: AG Köln WM 79, 121). Der Verwender eines Formularvertrags kann hinsichtlich des Umfangs einer vom Vertragspartner geschuldeten Leistung grundsätzlich nur dann auf anderweitige gesetzliche Vorschriften verweisen, wenn diese dem Mieter zugänglich sind. Bezüglich der wenig bekannten Vorschriften der II. Berechnungsverordnung ist dies im Regelfall zu verneinen. Deshalb setzt eine wirksame Nebenkostenvereinbarung in diesen Fällen nach der hier vertretenen Ansicht voraus, daß die Anlage zur II. BV dem Vertragswerk beigefügt wird oder daß der Mieter in anderer Weise über den Umfang der von ihm zu tragenden Nebenkosten Kenntnis erhält. Auf diesem Gedanken beruht auch der Rechtsentscheid des OLG Karlsruhe vom 18. 10. 1985 (RES § 4 MHG Nr. 6). Danach liegt eine wirksame Betriebskostenvereinbarung jedenfalls dann vor, wenn der vorformulierte Mietvertrag im Anschluß an die Verweisung auf § 27 der II. BV die wesentlichen Positionen der in Anlage 3 dieser Vorschrift enthaltenen Aufstellung stichwortartig nennt und die Vorauszahlung nur Betriebskosten umfaßt, die im Mietvertrag in dieser Weise beispielhaft aufgeführt worden sind. Es ist nicht erforderlich, daß der Mietvertrag die einzelnen Betriebskosten genau bezeichnet, für welche die Vorauszahlung gelten soll. Unschädlich ist es, wenn im Vertrag mehr Kostenpositionen aufgezählt sind, als tatsächlich anfallen. Der Mieter wird durch eine solche Vertragsgestaltung nicht benachteiligt, weil er nur die nachweisbar entstandenen Kosten bezahlen muß. Enthält demgegenüber der Mietvertrag eine Formularvereinbarung, wonach der Mieter neben der Miete „folgende Betriebskosten im Sinne des § 27 der II. BV" tragen soll und schließt sich daran eine Auflistung verschiedener umlagefähiger Betriebskosten an, so sind nur die ausdrücklich angeführten Betriebskosten als umlegbar vereinbart (LG Frankfurt WM 86, 93).

C 11   4. Besteht Streit oder Ungewißheit über die Verpflichtung zur Zahlung der Nebenkosten oder ihren Umfang, können Vermieter und Mieter – trotz §§ 257, 259 ZPO – im Wege einer **Feststellungsklage** vorgehen (LG Stuttgart WM 74, 256); Rechtsverhältnis i. S. des § 256 ZPO ist hier der Mietvertrag und nicht die sich daraus ergebenden einzelnen Rechte und Pflichten. Die Feststellungsklage hat hinsichtlich der noch nicht fälligen Nebenkosten eine weitergehende Tragweite als die mögli-

Vorbemerkung. Der Mietzins f. Wohnraum   C 12–12b

che Leistungsklage, so daß ein Feststellungsinteresse grundsätzlich zu bejahen ist (Baumbach § 256 ZPO Anm. 5 „Leistungsklage").

III. Zuschläge

Unter einem **Mietzuschlag** ist dasjenige Entgelt zu verstehen, das der Mieter für bestimmte Sondernutzungen oder Sonderleistungen des Vermieters zu zahlen hat (Untermietzuschlag, Zuschlag für gewerbliche Mitbenutzung, Möblierungszuschlag). Hierfür gelten folgende Grundsätze: C 12

Der **Untermietzuschlag** ist ein zusätzliches Entgelt für die Gestattung der Untervermietung. Rechtlich handelt es sich dabei um einen Teil der Grundmiete. Die Höhe des Zuschlags kann nach dem Belieben der Parteien festgesetzt werden. Bei der Ermittlung der höchstzulässigen Miete nach § 5 WiStG ist der Untermietzuschlag als Teil der Grundmiete zu berücksichtigen. Gleiches gilt für das Mieterhöhungsverfahren. Bei der Ermittlung der ortsüblichen Miete kann auf einen Mietspiegel zurückgegriffen werden und zwar auch dann, wenn dort lediglich Mietpreise ohne Untermietzuschlag Eingang gefunden haben. Die Mietspiegelwerte sind in diesem Fall angemessen zu erhöhen; dabei können die in § 26 III NMV geregelten Kostenansätze angewandt werden. Die Kappungsgrenze berechnet sich aus der gesamten Grundmiete.

Nach **§ 549 II BGB** hat der Mieter von Wohnraum unter bestimmten Voraussetzungen einen Anspruch gegen den Vermieter auf Gestattung der Untervermietung. Der Vermieter kann die Erteilung der Erlaubnis allerdings davon abhängig machen, daß sich der Mieter mit einer angemessenen Erhöhung des Mietzinses einverstanden erklärt. Die Erteilung der Untermieterlaubnis durch den Vermieter und die Einwilligung des Mieters in die Mieterhöhung sind Zug um Zug zu erfüllen. Die Vorschriften des MHG gelten für diese Form der Mieterhöhung nicht, weil § 549 BGB insoweit eine Sonderregelung darstellt. Klagt der Mieter auf Erteilung der Untermieterlaubnis, so kann der Vermieter die Erteilung der Erlaubnis zurückhalten, bis der Mieter seine Zustimmung zur Mieterhöhung erklärt hat; gegebenenfalls erfolgt eine Verurteilung „Zug um Zug" (§§ 320 BGB). Durch das Urteil wird die Vereinbarung über die Grundmiete abgeändert; für die nachfolgenden Mieterhöhungen gelten die Ausführungen unter Rdn C 12. C 12a

Unter einem **Zuschlag für gewerbliche Mitbenutzung** ist dasjenige Entgelt zu verstehen, das der Mieter von Wohnraum dafür zu entrichten hat, daß er die Räume auch zu anderen als Wohnzwecken nützt. Hierfür gelten die unter Rdn B 7 dargelegten Grundsätze. Der Gewerbezuschlag wird also nicht Teil der Grundmiete. Das MHG gilt für den Gewerbezuschlag nicht (BayObLG [RE] vom 25. 3. 1986 WM 86, 205). Eine Erhöhung des Gewerbezuschlags ist möglich, wenn der Mieter damit einverstanden ist; im anderen Fall ist eine Erhöhung nur dann möglich, wenn C 12b der Mietvertrag eine entsprechende Erhöhungsklausel enthält. Eine derartige Erhöhungsklausel ist wirksam, weil § 10 I MHG für den Gewerbezuschlag nicht gilt (BayObLG a. a. O.). Die unterschiedliche rechtliche Behandlung von Untermietzuschlag und Gewerbezuschlag rechtfertigt sich aus der Erwägung, daß der Vermieter in seiner Entscheidung völlig frei ist, ob er die Erlaubnis zur gewerblichen Mitbenutzung erteilt und daß der Gewerbezuschlag nicht für eine besondere Form der Wohnungsnutzung sondern als Gegenleistung für das Recht zur Ausübung gewerblicher Tätigkeit gezahlt wird.

C 12c Für den Möblierungszuschlag, gelten die Ausführungen zu Rdn C 12a, weil dieser Zuschlag ein Entgelt dafür darstellt, daß der Vermieter die Wohnung mit Einrichtungsgegenständen ausgestattet hat. Es handelt sich also – ebenso wie beim Untermietzuschlag – um einen Teil der Grundmiete, die für das Recht zum Wohnen gezahlt wird. Der Rechtsentscheid des BayObLG gilt hierfür nicht. Die Vereinbarung eines sog. „Ausländerzuschlags" ist sittenwidrig und damit unwirksam, weil durch eine solche Vereinbarung der Mieter diskriminiert wird. Bezüglich des Zuschlags für die Nutzung einer Wohnung durch eine Wohngemeinschaft s. OLG Hamm (RE) vom 3. 3. 1983 RES § 5 WiStG Nr. 6).

§ 1 MHG. Anwendungsgrundsätze

Die Kündigung eines Mietverhältnisses über Wohnraum zum Zwecke der Mieterhöhung ist ausgeschlossen. Der Vermieter kann eine Erhöhung des Mietzinses nach Maßgabe der §§ 2 bis 7 verlangen. Das Recht steht dem Vermieter nicht zu, soweit und solange eine Erhöhung durch Vereinbarung ausgeschlossen ist oder der Ausschluß sich aus den Umständen, insbesondere der Vereinbarung eines Mietverhältnisses auf bestimmte Zeit mit festem Mietzins ergibt.

Übersicht

	Rdn		Rdn
I. Anwendungsbereich des Gesetzes	13	III. Vertraglicher Ausschluß der Mieterhöhung (§ 1 S. 3)	31
1. räumlich	13	1. Die Vereinbarung	31
2. zeitlich	14	2. Bedeutung der gesetzlichen Regelung	32
3. sachlich	15	3. Befristete Mietverträge mit festem Mietzins	33
II. Zweck des MHG	20	4. Einzelfälle und Vertragsauslegung	34
1. privatrechtliche Regelung	23	5. Zustimmung des Mieters trotz Ausschluß	40
2. bedingt-dispositive Ausgestaltung	24	6. Einfluß veränderter Umstände auf den Ausschluß	41
3. Begrenzung durch öffentliche Interessen	25		
4. Verbot der Kündigung zwecks Mieterhöhung (§ 1 S. 1)	26		
5. Die marktorientierte Begrenzung des Mietzinses	28		
6. Sonderkündigungsrecht nach § 9 I MHG	30		

§ 1. Anwendungsgrundsätze

Schrifttum

I. Zum Ersten WKSchG und Zweiten WKSchG

Barthelmess, Die Mieterhöhung nach neuem Recht, ZMR 72, 165; 361;
Bucher, Mieterhöhung für nicht preisgebundenen Wohnraum, NJW 72, 670;
Burkhardt, Die Regelung der Mietzinshöhe nach dem 2. WKSchG, JurBüro 75, 561;
Derleder, Inflatorische Impulse des MHG, WM 76, 197; WM 76, 221;
Freund-Barthelmess, Rechtsprobleme zum 2. WKSchG, ZMR 75, 33;
Ganschezian-Finck, Ungeklärte Fragen zur Mieterhöhung nach dem 2. WKSchG, MDR 75, 373;
ders., Die Mieterhöhung nach dem WKSchG, NJW 74, 116;
Graf, Die Vergleichsmiete in verfassungsrechtlicher Sicht, NJW 76, 1480;
Günter, Die Mieterhöhung nach dem 2. WKSchG, WM 75, 5;
Haack, Soziales Mietrecht und Investitionsprobleme im freifinanzierten Mietwohnungsbau, WM 78, 41;
Hamm, Über die Notwendigkeit einer gründlicheren Abkehr vom Vergleichsmietenprinzip, DWW 82, 6;
Ipsen, Wohnungen und Mieten – Analyse zur Auswirkung des WKSchG, Archiv für Kommunalwissenschaften 1976, 262;
Lau, Zur Problematik des § 3 WKSchG, WM 74, 121;
Lutz, Das neue Wohnraumkündigungsschutzgesetz, DWW 74, 272;
Lenhard, Der dirigierte Mietzins, ZMR 77, 228;
Löwe, Wichtige Neuerungen im 2. WKSchG, NJW 75, 9;
Marienfeld, Grundprobleme und wirtschaftliche Bedeutung des MHG, ZMR 76, 225; ZMR 76, 257;
Matschl, Das Gesetz zur Regelung der Miethöhe, DWW 77, 172; DWW 77, 220;
Rothweiler, Mietschlichtung nach dem Frankfurter Modell, ZMR 76, 291;
Roquette, Mieterschutz und Mieterhöhung bei befristeten Mietverhältnissen, ZMR 72, 137;
Schmidt, Der verbesserte Kündigungsschutz des Mieters und das neue Mieterhöhungsrecht des Vermieters, WM 71, 193; WM 72, 1;
ders., Zweifelsfragen zum 2. WKSchG, WM 76, 41;
Schmidt-Futterer, Kündigungsschutz für Wohnraum und Beschränkung der Mieterhöhung als Dauerrecht, MDR 75, 89;
ders., Die Mieterhöhung für nicht preisgebundenen Wohnraum, NJW 72, 86;
ders., Das Mieterhöhungsverfahren für nicht preisgebundenen Wohnraum, MDR 75, 1;
Schopp, Das 2. WKSchG, Rpfl. 75, 280;
ders., Das 2. WKSchG, ZMR 75, 97;
Schürmeyer, Vorschläge zur Änderung des geltenden Mietpreisrechts, DWW 77, 274;
Sternel, Zur Mieterhöhung nach neuem Recht, WM 72, 185; WM 73, 1;
Vogel, Das 2. WKSchG, JZ 75, 73;
Weimar, Wann ist bei einem Wohnraummietverhältnis das Recht des Vermieters zur Mieterhöhung durch Vereinbarung ausgeschlossen? Betr. 72, 325;
ders., Die Erhöhung des Mietzinses bei Mischmietverhältnissen, BlfGBWR 78, 31;
Zawar, 2. WKSchG, JuS 75, 196

II. Zum Gesetz zur Erhöhung des Angebots an Mietwohnungen

Barthelmess, Die Neuregelungen des Miethöhegesetzes, WM 83, 63;
Baumeister, Das Wohnraummietrecht in seiner geänderten Fassung, DWW 83, 8;
Derleder, Strukturfragen der ortsüblichen Vergleichsmiete, WM 83, 221;
Gelhaar, Zweifelsfragen in dem Gesetz zur Erhöhung des Angebots von Mietwohnungen vom 20. 12. 1982 (BGBl. I 1912), DWW 83, 58;
Gramlich, Das Gesetz zur Erhöhung des Angebots an Mietwohnungen, NJW 83, 417;
Heitgreß, Die 30%-Kappungsgrenze im Miethöhegesetz neuer Fassung, WM 83, 44;
Hemming, 30%-Kappungsgrenze und Wegfall der Preisbindung, WM 83, 183;
Heublein, Überleitungsprobleme bei § 2 MHG neuer Fassung, WM 83, 95;
Klas, Der Geltungsbereich der „Kappungsgrenze" in § 2 I 1 Nr. 3 MHG, WM 83, 98;
Lessing, Die ersten Auswirkungen des neuen Mietrechts in der gerichtlichen Praxis, DRiZ 83, 461;

Röbbert, Änderungen im Mietrecht, Betrieb 83, 161;
Scholz, Probleme des Mieterhöhungsverlangens nach dem neuen Miethöhegesetz, NJW 83, 1822;
Schopp, Artikel 1 des Gesetzes zur Erhöhung des Angebots an Mietwohnungen, ZMR 83, 109;
ders., Änderung der allgemeinen Schranken für die Mietzinshöhe, ZMR 83, 145;
Sternel, Zur Mieterhöhung nach neuem Recht, ZMR 83, 73;
ders., Neues Wohnraummietrecht, MDR 83, 265 u. 356;
Vogel/Welter, Die Begrenzung von Mieterhöhungen auf 30% innerhalb von 3 Jahren, NJW 83, 432.

I. Anwendungsbereich des Gesetzes

Nach dem Außerkrafttreten des (1.) WKSchG am 31. 12. 1974 wegen Fristablauf (s. Rdn A 13), wurden die Vorschriften dieses Gesetzes über die Beschränkungen des Vermieters bei der Mieterhöhung ab 1. 1. 1975 durch das MHG ersetzt (zum Gesetzgebungsverfahren s. Rdn A 18).

C 13 1. **Räumlich** gilt das MHG im gesamten Bundesgebiet. Es gilt abweichend vom WKSchG auch für den gesamten Bereich des Stadt- und Landkreises München sowie der Hansestadt Hamburg. Auch im Land Berlin findet das MHG Anwendung (Art. 7 des 2. WKSchG). Sonderregelungen gelten für Altbauwohnungen. Diese Wohnungen waren bis 31. 12. 1987 preisgebunden (preisgebundener Altbauwohnraum). Ab dem 1. 1. 1988 gilt auch für diese Wohnungen das MHG, wobei allerdings verschiedene Sonderregelungen zu beachten sind, die sich aus dem Gesetz zur dauerhaften sozialen Verbesserung der Wohnungssituation im Land Berlin vom 14. 7. 1987 (BGBl. I 1987, 1625/GVBl Berlin 1987, 1988) ergeben (s. Rdn C 576 ff).

C 14 2. **Zeitlich** ist das MHG am 1. 1. 1975 als Dauerrecht in Kraft getreten (Art. 8 I des 2. WKSchG; s. Rdn A 18); eine bis zum 31. 12. 1976 befristete Beschränkung des Erhöhungsrechts nach § 2 MHG war lediglich für den Stadt- und Landkreis München sowie die Hansestadt Hamburg in Art. 6 des 2. WKSchG als Übergangsregelung anläßlich der Aufhebung der dort bis zum 31. 12. 1974 fortbestehenden Mietpreisbindung vorgesehen (s. Rdn C 583). Dementgegen war das WKSchG von vornherein für die Dauer von nur etwas mehr als 2 Jahren befristet, wodurch auch die Praktikabilität und die Auswirkungen der früheren Vorschriften erprobt werden sollten. Der Schutzzweck des MHG (s. Rdn C 20) und die angestrebte Partnerschaft zwischen Vermieter und Mieter rechtfertigen die nicht befristete Geltungsdauer des Gesetzes (s. Rdn A 38).

Wenn das MHG entgegen der ursprünglichen Absicht, wonach auch dieser Regelungsbereich in das BGB eingegliedert werden sollte, als Sondergesetz erlassen worden ist, so rechtfertigt diese gesetzestechnische Ausgestaltung nicht die Annahme, daß eine baldige Außerkraftsetzung beabsichtigt oder zu erwarten wäre; dem steht sowohl der Erlaß

§ 1. Anwendungsgrundsätze

des MHG als unbefristetes Dauerrecht (trotz davon abweichender Anträge im Gesetzgebungsverfahren) als auch die rechtspolitische Erwägung entgegen, daß ein wirksamer Bestandschutz im Falle der uneingeschränkten Befugnis des Vermieters zur Mieterhöhung oder einer bloßen Beschränkung dieses Rechts durch die allgemeinen Vorschriften des BGB (§§ 138, 242 BGB) nicht gewährleistet ist.

3. Sachlich erstreckt sich der Regelungsbereich des MHG auf Erhöhungen des vereinbarten Mietzinses (dazu LG Frankfurt WM 74, 220) für alle **Mietverhältnisse über Wohnrum** (s. Rdn B 6 ff), soweit diese nicht ausnahmsweise nach § 10 II gesetzlich ausgeschlossen sind (s. Rdn C 528 ff) oder aber ein Ausschluß des Erhöhungsrechts vereinbart worden ist (§ 1 S. 3; s. Rdn C 31). Dieser umfassende Anwendungsbereich ergibt sich jetzt eindeutig aus § 1 S. 2, 3 im Verhältnis zu § 10 II MHG. Die zu § 3 WKSchG verbreitete gegenteilige Ansicht, wonach insbesondere die befristeten Mietverhältnisse nicht den gesetzlichen Beschränkungen der Mieterhöhung unterliegen sollten (so insbesondere Löwe NJW 72, 2109; LG Hamburg MDR 74, 1021 m. w. N.) ist nunmehr sowohl nach dem Wortlaut als auch nach dem klargestellten Sinn des Gesetzes eindeutig widerlegt. Es entspricht im übrigen nach wie vor dem rechts- und sozialpolitischen Grundgedanken des Gesetzes (s. Rdn C 20), alle Mietverhältnisse über Wohnraum in den Schutz vor ungerechtfertigten Mieterhöhungen einzubeziehen, soweit sie nicht ausdrücklich vom Anwendungsbereich ausgeschlossen werden.

C 15

Vor allem sind Mietverträge über Geschäftsräume (s. Rdn B 11) und Mischräume mit überwiegendem Geschäftsraumanteil (s. Rdn B 14) vom Schutzbereich des MHG nicht erfaßt (BGH WM 77, 234; s. Rdn B 11 ff, B 14 ff). Im übrigen ist es aber für die Anwendbarkeit des MHG unbeachtlich, welche Besonderheiten das Wohnraummietverhältnis im Einzelfall kennzeichnen (Genossenschaftswohnung, Werkwohnung, werkgeförderte Wohnung, Untermietraum), solange nur ein wirksames Mietverhältnis besteht oder fortbesteht. In der Regel gilt das MHG auch für die sogenannten **Unterkunftsverträge,** nach denen der Heimbenutzer Anspruch auf ein möbliertes Zimmer, auf Bettwäsche, Reinigungsarbeiten und Betreuung durch einen Sozialarbeiter hat. Es handelt sich dabei um einen gemischten Vertrag mit mietrechtlichen Elementen. Steht dabei die Nutzung als Wohnraum im Vordergrund, so sind für den gesamten Vertrag die Vorschriften des Wohnraummietrechts anwendbar (AG Hamburg WM 85, 145).

C 16

Ein Wohnheimplatz, der den Lebensmittelpunkt des Heimbewohners für nicht absehbare Zeit bildet, ist auch kein Mietverhältnis von nur vorübergehender Dauer. Aus dem Umstand, daß der Heimbewohner ausländischer Gastarbeiter ist, läßt sich dieser Schluß ebenfalls nicht herleiten (AG Hamburg a. a. O.). Besteht in einem Unternehmen eine Betriebsvereinbarung über die Mietpreise für Werkwohnungen, so genügt es nicht, daß das Mieterhöhungsverlangen dieser Vereinbarung entspricht. Darüber hinaus müssen auch die Erfordernisse des MHG beachtet werden (LG Freiburg WM 85, 154).

C 17 Die materiellen Grundsätze des MHG sind **entsprechend anzuwenden,** wenn ein Mietverhältnis durch eine **rechtsgestaltende** Entscheidung des Gerichts nach §§ 556 a–c BGB (dazu Rdn B 358) oder im Hausratsteilungsverfahren nach § 5 HVO fortgesetzt wird (s. Rdn B 4); in diesen Fällen muß sich auch eine etwaige gerichtliche Entscheidung über den Mietzins an die gesetzlichen Obergrenzen des MHG halten, während die formellen Erhöhungsvoraussetzungen infolge der verfahrensrechtlichen Sondervorschriften unanwendbar sind (Sternel WM 73, 1). Auf die Erhöhung des Nutzungsentgelts für Wohnräume, die auf Grund eines **dinglichen Wohnrechts** (§ 1093 BGB) überlassen worden sind, können die Vorschriften des MHG auch dann nicht entsprechend angewendet werden, wenn diese Vertragsgestaltung zur Verhinderung der Kündigungsbefugnis des Eigentümers vor dem Inkrafttreten des 1. WKSchG gewählt worden ist (LG Mannheim WM 75, 170).

C 18 Die gesetzlichen Erhöhungsrechte des Vermieters und der durch das MHG dem Mieter gewährte Schutz setzen den **Bestand** eines Mietverhältnisses über Wohnraum voraus. Sie greifen somit nicht für denjenigen Zeitraum ein, in welchem der Mietvertrag noch nicht zustande gekommen war oder bereits beendet worden ist. Das ergibt sich aus §§ 1 S. 1, 2, 9 I, 10 I MHG sowie daraus, daß die jeweiligen Fälligkeitsregelungen der gesetzlichen Erhöhungsrechte grundsätzlich einen Fälligkeitstermin nach Abgabe der Erhöhungserklärungen festlegen; die Ausnahmeregelung in § 4 III, 2 MHG für rückwirkend eintretende Betriebskostenänderungen bestätigt diese Regel (s. Rdn C 265). Somit kann eine Erhöhung der Nutzungsentschädigung nach der Beendigung des Mietverhältnisses nur unter den Voraussetzungen des § 557 I 1 BGB in Betracht kommen (a. A. AG Hildesheim ZMR 73, 15; AG Flensburg MDR 74, 935) und scheidet diese Möglichkeit für die Zeit nach der Räumung der Wohnung aus, es sei denn, daß dem Vermieter ein Schadensersatzanspruch nach § 557 I 2, II BGB zusteht (zur Unanwendbarkeit des MHG beim Neuabschluß von Mietverträgen s. Rdn C 21).

C 19 Für folgende Mietverhältnisse richtet sich das Erhöhungsrecht des Vermieters allein nach den vertraglichen Vereinbarungen, weil die Vorschriften des MHG kraft ausdrücklicher gesetzlicher Ausschlußregelung in § 10 II MHG für **unanwendbar** erklärt werden, so daß die zulässige Höhe des Mietzinses ihre Begrenzung nur in den §§ 5 WiStG, 302 a StGB findet (zu letzteren Vorschriften s. Rdn D 1 ff):

a) Für Mietverhältnisse über preisgebundenen Wohnraum (dazu ausführlich Rdn C 531);

b) für Mietverhältnisse über Wohnraum, der nur zu vorübergehendem Gebrauch vermietet ist (dazu ausführlich Rdn C 539);

c) für Mietverhältnisse über Wohnraum, der Teil der vom Vermieter selbst bewohnten Wohnung ist und den der Vermieter ganz oder überwiegend mit Einrichtungsgegenständen auszustatten hat, sofern der

§ 1. Anwendungsgrundsätze C 20, 21

Wohnraum nicht zum dauernden Gebrauch für eine Familie überlassen ist (dazu ausführlich Rdn C 548). Für anderen möblierten Wohnraum ist dagegen das MHG abweichend von den früheren Vorschriften des WKSchG anwendbar.

d) für Mietverhältnisse über Wohnraum, der Teil eines Studenten- oder Jugendwohnheims ist (dazu Rdn C 559).

II. Zweck des MHG

Das Gesetz verfolgt vorrangig das Ziel, den **Mieter** von Wohnraum vor willkürlichen und ungerechtfertigten Erhöhungen des beim Vertragsabschluß vereinbarten Mietzinses **zu schützen**. Angesichts der Bedeutung, die der Wohnung für den einzelnen und die Familie als Mittelpunkt seiner privaten Existenz zukommt, steht dieser gesetzliche Schutz mit den daraus erforderlichen Beschränkungen des Vermieters nach der Entscheidung des BVerfG vom 23. 4. 1974 (BVerfGE 37, 140) in Übereinstimmung mit den Prinzipien des GG (dazu Rdn A 32). Folgerichtig ist der Gesetzgeber davon ausgegangen, daß der gesetzliche Kündigungs- und Bestandschutz für Wohnraum ohne zusätzliche Beschränkung der Mieterhöhungsbefugnis dem Mieter den gesicherten Fortbestand seiner Mieterrechte nicht gewährliesten kann; auch schrankenlose Mietzinssteigerungen sind geeignet, den Mieter in Kündigungsgefahr (§ 554) zu bringen oder ihn zur erzwungenen Aufgabe seiner Wohnung zu bewegen. C 20

Das MHG regelt nur die Mieterhöhungen **nach dem Abschluß** des Mietvertrages, nicht dagegen die Zulässigkeit von Vereinbarungen anläßlich des Vertragsabschlusses. Ebenso wie das 1. WKSchG will das MHG keinen Preisstopp einführen, so daß die Vertragsfreiheit bei Begründung des Mietverhältnisses auch hinsichtlich des Mietzinses nicht beschränkt wird. Die Grenze des zulässigen Mietzinses bildet jedoch auch hier der § 5 WiStG, so daß erhebliche Überschreitungen der üblichen Mieten unwirksam sind. Diese differenzierte Regelung mit der Beschränkung der gesetzlichen Begrenzungen während der Laufzeit des Vertrags ist verfassungsgemäß (BVerfGE 37, 140). Wenn das MHG nur Mieterhöhungen bereits bestehender Mietverhältnisse erfaßt und die Wirksamkeit der Mietzinsvereinbarung beim Abschluß des Mietvertrags den Beschränkungen der strafrechtlichen Schutzvorschriften der §§ 5 WiStG, 302a StGB (s. Rdn D 1 ff) zuordnet, so hat das seinen Grund darin, daß sich der Mieter bei der Begründung des Mietverhältnisses angesichts der dabei bestehenden Wahlmöglichkeit und des Verhandlungsspielraums in einer nicht gleichermaßen schutzbedürftigen, existentiellen Lage befindet, wie sie für ihn nach der Überlassung der Mieträume eintritt. Die dieser Ausnahme zugrundeliegende Erwägung ist sachgerecht und nicht geeignet, die im übrigen geltenden Beschränkungen des Vermieters unter Berufung auf den Gleichheitsgrundsatz (Art. 3 GG) verfassungsrechtlich in Zweifel zu ziehen (BVerfG a. a. O.). C 21

C 22 Das MHG führt zu keiner **Stoppmiete;** es legt vielmehr nur die formellen und sachlichen Voraussetzungen fest, unter denen dem Vermieter bei Berücksichtigung der schutzwürdigen Belange des Mieters ein Anspruch auf erhöhten Mietzins zusteht. Diese gesetzlichen Erhöhungsvoraussetzungen waren im wesentlichen bereits im (1.) WKSchG enthalten und sind vom BVerfG a. a. O. im Prinzip für sachlich gerechtfertigt und somit als verfassungskonform erklärt worden; im MHG sind gegenüber dem WKSchG die formellen und sachlichen Erhöhungsvoraussetzungen zugunsten des Vermieters nicht unwesentlich erleichtert worden. Der dem Vermieter vom Gesetz zuerkannte Erhöhungsanspruch tritt im übrigen an die Stelle des ihm ausdrücklich versagten Rechts, eine Mieterhöhung unter dem Druck der Androhung oder des Ausspruchs einer Kündigung (Abänderungskündigung) zu erreichen (§ 1 S. 1); in dieser Ausgleichsfunktion des dem Vermieter zuerkannten Erhöhungsanspruchs liegt aber nicht der wesentliche oder eigentliche Zweck des MHG (wie früher fälschlich zu § 3 WKSchG teilweise behauptet wurde), sondern eine notwendige Folge der dem Mieter zuerkannten Schutzrechte (dazu näher unten Rdn C 26).

C 23 1. Während der Geltungsdauer des WKSchG war es umstritten, ob die dem Vermieter auferlegten Mieterhöhungsbeschränkungen (§§ 3, 4 I WKSchG) neben dem Schutz des Mieters auch öffentlichen Interessen an der Kontinuität der Mietpreise und der Geldwertstabilität dienen sollten, also mietpreisrechtliche Vorschriften darstellten (dazu Schmidt-Futterer ZRP 74, 153). Das hätte zur Folge, daß Mieterhöhungen außerhalb der vom Gesetz festgelegten Voraussetzungen auch dann nicht gültig vereinbart werden können, wenn der Mieter einem solchen Erhöhungsverlangen zustimmt, weil dann das Gesetz auch den Schutz des Mieters vor sich selbst (d. h. vor einem selbstschädigenden Verhalten) bezwecken würde und er auf die Einhaltung der öffentlichen Belange nicht verzichten kann. Aus der Gesetzesüberschrift des MHG und den §§ 1, 10 I 2. Halbs. muß die Folgerung gezogen werden, daß die Vorschriften des MHG lediglich eine Beschränkung der Vertragsgestaltungsfreiheit (§ 305 BGB) zum Gegenstand haben, dagegen **nicht dem Schutz öffentlicher Interessen** vorrangig dienen. Gewiß konnte im Gesetzgebungsverfahren zum MHG nicht verheimlicht werden, daß die erstmalig in den letzten Jahren unter den sonstigen Steigerungen der Lebenshaltungskosten gesunkene Steigerungsrate für Mieten ein im gesamtwirtschaftlichen Interesse angestrebtes und gern in Kauf genommenes Ziel bildet, dennoch kann der Regelung des MHG ein derartiger Zweck vorrangig nicht unterstellt werden, weil damit die in § 10 I 2. Halbs. zugelassene Einigung über die Mieterhöhung außerhalb der gesetzlichen Grenzen (selbst als Ausnahmevorschrift) schlechthin nicht zu vereinbaren wäre. Die **rein privatrechtliche Regelung** des MHG bringt auch die blasse, übervorsichtige Gesetzesüberschrift hinreichend klar zum Ausdruck, in welcher selbst das sachlich zutreffende und in der Überschrift

§ 1. Anwendungsgrundsätze

des MVerbG enthaltene Wort „Beschränkung der Mieterhöhung" durch eine nichtssagende, sogar sachlich unrichtige Wortwahl ersetzt wird (denn die Miethöhe wird im MHG eigentlich nicht geregelt).

2. Der vom Gesetz verfolgte Schutzzweck ist nur zu erreichen, wenn die im MHG festgelegten Erhöhungsvoraussetzungen entweder ausnahmslos oder aber wenigstens grundsätzlich der Parteidisposition entzogen sind. Das MGH beruht nach den §§ 1 S. 2 i. V. m. § 10 I auf dem letzteren Prinzip, indem es Erhöhungen nur unter den formellen und materiellen Voraussetzungen der §§ 2–8 zuläßt, soweit nicht ausnahmsweise eine rechtswirksame Zustimmung des Mieters die zu seinem Schutz geschaffenen Beschränkungen aufhebt (s. Rdn C 497). Ob diese **bedingt dispositive Ausgestaltung** des MHG dem Schutzzweck der Gesamtregelung gerecht wird oder diese gefährdet, hängt von der wohlüberlegten Rechtswahrung seitens des einzelnen Mieters ab (dazu Schmidt-Futterer ZRP 74, 153). Dabei bilden allerdings die Strafvorschriften der §§ 5 WiStG, 302a StGB mit ihren zivilrechtlichen Nichtigkeitsfolgen (s. Rdn D 17) eine Grenze, die auch von der Zustimmung des Mieters unabhängig ist und somit eine absolute Obergrenze für rechtswirksame Mieterhöhungen darstellt. Grundsätzlich muß also davon ausgegangen werden, daß die Vorschriften des MHG zwingendes Recht zum Schutz des Mieters beinhalten und dagegen verstoßende Vereinbarungen im Rahmen des § 10 I MHG unwirksam sind, wobei diese Vorschrift für das Mieterhöhungsverfahren eine Konkretisierung des allgemeinen Rechtsgrundsatzes in § 134 BGB darstellt.

3. Wenn § 1 S. 2 bestimmt, daß eine Erhöhung nach §§ 2–7 MHG zu beurteilen ist, so bleibt dadurch der sich aus dem Gesamtzusammenhang der Schutzvorschriften ergebende Grundsatz unberührt, daß eine die ortsübliche Vergleichsmiete nicht unerheblich übersteigende Miete gegen die **Wuchervorschriften** der §§ 5 WiStG, 302a StGB verstößt und deshalb **zivilrechtlich unwirksam** ist (s. Rdn D 17). Auch die Zustimmung des Mieters nach § 10 I MHG (s. Rdn. C 497) kann eine Überschreitung dieser objektiven, im öffentlichen Interesse geschaffenen Obergrenze des privatrechtlichen Spielraums für Einigungen nicht rechtfertigen (s. Rdn D 31). Bei der Prüfung der Schlüssigkeit einer Erhöhungsklage ist somit von Amts wegen – also auch ohne dahingehenden Vortrag des beklagten Mieters – darauf zu achten, daß offensichtliche Mietpreisüberhöhungen i. S. des § 5 WiStG nicht staatlich sanktioniert werden. Erst recht ist der Gesichtspunkt auf Einwand des beklagten Mieters zu berücksichtigen, wobei erforderlichenfalls eine amtliche Stellungnahme des zuständigen Ordnungsamtes einzuholen ist (§ 272 II b Nr. 2 ZPO).

Obwohl diese Sondererhöhungsrechte nach §§ 3, 4, 5 MHG rechtlich selbständig neben dem Tatbestand des § 2 MHG stehen, der auf die Obergrenze der ortsüblichen Vergleichsmiete abstellt, verbindet also alle Erhöhungsrechte des MHG die durch §§ 5 WiStG, 302a StGB abgegrenzte Zone der im öffentlichen Interesse verbotenen Mietpreiserhöhungen (s. aber auch Rdn C 376). Ist der § 5 WiStG im objektiven Tatbestand unanwendbar (unzureichendes Wohnungsangebot, s. Rdn D 44), muß die Grenze der zivilrechtlichen Unwirksamkeit allerdings bis zum Anwendungsbereich des § 302a StGB verlegt werden (s. Rdn D 106). Jedenfalls rechtfertigt die vom (1.) WKSchG abweichende selbständige Ausgestaltung der Ansprüche nach §§ 3, 4, 5 MHG als Ausnahmen vom geltenden Prinzip der ortsüblichen Vergleichsmiete es nicht, bei der Zubilligung dieser Umlagen die strafrechtliche Obergrenze mit ihren zivilrechtlichen Nichtigkeitsfolgen zu verlassen und damit jeden Schutz öffentlicher Interessen in diesem Bereich aufzugeben. Im übrigen haben die zivilrechtlichen Nichtigkeitsfolgen der §§ 5 WiStG, 302a StGB außerhalb des Anwendungsbereichs des MHG zur Folge, daß eine gegen diese Vorschriften verstoßende Mietzinsvereinbarung unwirksam ist (§ 134 BGB) und dem Mieter insoweit nach § 812 BGB ein Anspruch auf Rückzahlung des überhöhten Mietzinses zusteht (LG Mannheim WM 75, 172; s. Rdn D 17, C 511).

C 26   4. Während die Beweggründe des Vermieters für die von ihm verlangte oder angestrebte Mieterhöhung grundsätzlich unbeachtlich sind, hebt § 1 S. 1 den früher in § 1 IV WKSchG enthaltenen Rechtsgrundsatz hervor, daß die Androhung oder der Ausspruch einer **Kündigung zum Zwecke der Mieterhöhung** unzulässig ist (dazu näher Rdn B 570, 585). Wenn der Gesetzgeber diesen Rechtssatz nicht in § 564b BGB im Rahmen der Kündigungsregelung verankerte, sondern im MHG aufnahm, so waren dafür Gründe der sachlichen Zuordnung dieses Verbots, also der Gesetzessystematik, maßgebend; allerdings sind diese Erwägungen nicht zwingend, denn vorrangig gehört das Verbot rechtssystematisch in den Kündigungsschutz. Jedenfalls ist dieses Verbot nicht als maßgebender Zweck für die Beschränkungen der Mieterhöhungsbefugnis anzusehen, woran man bei der verfehlten Plazierung dieser Regelung im Zusammenhang mit § 1 S. 2 denken könnte, was sich im übrigen auch an der jetzt geregelten Anwendbarkeit des MHG auf befristete Mietverhältnisse erweist (§ 1 S. 3). Es ist somit nicht gerechtfertigt, bei der Auslegung der Erhöhungsvoraussetzungen in den §§ 2–8 aus der rechtssystematisch verfehlten Regelung in § 1 S. 1 Schlußfolgerungen zu ziehen. Allerdings muß die Effektivität des Rechtsschutzes für den Vermieter bei der Durchsetzung eines ihm materiell zustehenden Erhöhungsrechts in dem vom BVerfG (BVerfGE 37, 140) angesprochenen Sinne als Folge des Verbots der Abänderungskündigung, verfahrensrechtlich gewährleistet sein.

C 27   Mit dem ausdrücklichen gesetzlichen Kündigungsverbot in § 1 S. 1 ist klargestellt, daß der Vermieter sein Bestreben nach einem höheren Mietzins nur noch im Wege der Zustimmungsklage nach den §§ 2ff MHG gegen den Willen des Mieters unter den erschwerten gesetzlichen Voraussetzungen durchsetzen kann, während die bisher übliche Androhung

§ 1. Anwendungsgrundsätze   C 28

der sogenannten **Abänderungskündigung** oder der dahin gerichtete Kündigungsausspruch **unwirksam** sind. Versteckte oder offenkundige Umgehungsabsichten dieses Kündigungsausschlusses werden vom Gericht sorgfältig zu prüfen sein, wenn der Zweck des Gesetzes nicht gefährdet werden soll. Zum Zwecke der Mieterhöhung darf der Vermieter auch dann nicht wirksam kündigen, wenn ihm an sich objektiv ein anderes berechtigtes Interesse an der Beendigung des Mietverhältnisses zuerkannt werden könnte, welches aber nicht den eigentlichen Kündigungszweck bildet (z. B. Kündigungsausspruch wegen Pflichtverletzungen oder Eigenbedarf, während nach der Kündigungsandrohung die Absicht der Mieterhöhung den eigentlichen Kündigungsgrund bildet; LG Köln WM 74, 9; LG Köln WM 74, 126). Auch eine durchgeführte Verbesserungsmaßnahme (z. B. Einbau einer Zentralheizung) für welche der Mieter die verlangte Erhöhung des Mietzinses im Hinblick auf die nicht ordnungsgemäß geltend gemachten gesetzlichen Erhöhungsvoraussetzungen ablehnt, rechtfertigt keine Kündigung (LG Köln a. a. O.). Da § 1 S. 1 MHG unterschiedslos alle Mieter von Wohnraum schützt, kommt es auf deren Vermögensverhältnisse im Einzelfall insoweit nicht an (LG Osnabrück WM 73, 63). Wendet der Mieter im Prozeß die Unzulässigkeit der Kündigung wegen einer Mieterhöhungsabsicht des Vermieters ein, obwohl der Vermieter andere relevante Kündigungsgründe geltend macht, trägt der Mieter für seine Behauptung die Beweislast.

5. Sachlich wird der Gesetzeszweck dem Vermieter einen durchsetzbaren Anspruch auf eine gerechtfertigte Mieterhöhung zu geben und den Mieter vor nicht gerechtfertigten Erhöhungen zu schützen, durch rechtspolitische und marktwirtschaftliche Grundgedanken über die „gerechte Miete" bestimmt.   **C 28**

Danach ist für die gerechte Bestimmung der Grundmiete das **marktorientierte Prinzip der „ortsüblichen Vergleichsmiete"** maßgebend, wie das bereits in § 3 I WKSchG bestimmt war und vom BVerfG a. a. O. als verfassungskonform gebilligt wurde (s. Rdn C 53); dieser Erhöhungstatbestand wird von liberalen marktwirtschaftlichen Gedankengängen bestimmt, denen die gesetzliche Pflicht zur Darlegung einschlägiger Vergleichsobjekte und zur beschleunigten Geltendmachung im gerichtlichen Verfahren (§ 2 III MHG) nicht entgegensteht; diese gesetzlichen Besonderheiten des Mieterhöhungsverfahrens berücksichtigen vielmehr in der sachlich gebotenen Weise die fehlende Transparenz der am jeweiligen Ort üblichen Mietentgelte sowie die Besonderheit des Mietverhältnisses als Dauerschuldverhältnis, welches Klarheit und beschleunigte Abwicklung der fortwährend neu entstehenden gegenseitigen Ansprüche gebietet. Soweit zuverlässige örtliche Mietwerttabellen vorhanden sind, kann die Praktikabilität des Prinzips der ortsüblichen Vergleichsmiete und ihre noch immer vom Grundsatz der Marktwirtschaft bestimmte Begrenzungsfunktion nicht bezweifelt werden; fehlen solche einschlägigen Mietpreisübersichten, so entstehen die oft beklagten

Schwierigkeiten bei einer praktikablen Handhabung des gesetzlichen Erhöhungsverfahrens vorwiegend dadurch, daß sowohl für den Vermieter als auch den Mieter die systemimmanente Grenzmarke der ortsüblichen Miete als maßgebender Richtwert nicht erkennbar ist und die Ersatzorientierungen (Einzelnachweis, Sachverständigengutachten) im Streitfalle den Gesetzeszweck sachlich nicht ausreichend erfüllen (vgl. Rdn C 92). Eine sachlich nicht gerechtfertigte Bevorzugung des Mieters kann in diesem Begrenzungssystem der Transparenz und Orientierungssetzung auf den örtlichen Markt nicht gesehen werden, dessen sozialstaatliche Komponenten lediglich in den verfahrensrechtlichen Vorschriften über die Geltendmachung ihren Ausdruck gefunden haben (s. Rdn A 34).

C 29 Daneben läßt das MHG (§ 4), ebenso wie im Bereich des preisgebundenen Wohnraums, für solche Kosten, die dem Vermieter als Folge zusätzlicher Leistungen außerhalb der eigentlichen Raumüberlassung entstehen (Betriebskosten), eine einseitige Erhöhung nach dem **Umlageprinzip** der Kostenmiete zu (§§ 20 ff NMV 70); dieses einseitige Erhöhungsrecht des Vermieters für objektiv nachweisliche Aufwendungen wird darüberhinaus nach §§ 3, 5 MHG in Durchbrechung des Prinzips der ortsüblichen Vergleichsmiete auch für Wertverbesserungen der Mietsache und Kapitalkostensteigerungen zugelassen. Beides wird von rechtspolitischen Zwecken getragen und ist vom Ausgangspunkt der Grundregelung (marktorientierte Vergleichsmiete) eine nicht unbedenkliche Erweiterung der Vermieterrechte, die den Gesetzeszweck dann gefährdet, wenn weitere Schritte in Richtung der Kostenmiete erfolgen sollen. Wenn auch die gesetzliche Befugnis des Vermieters zur Umlage solcher Kosten mit dem Prinzip der ortsüblichen Vergleichsmiete vereinbar ist, die für zusätzliche, dem Mieter zugutekommende Leistungen außerhalb der eigentlichen Raumüberlassung entstehen, so kann das prinzipiell für andere Tatbestände nicht anerkannt werden, die bereits in die Grundmiete einkalkuliert sind und mit dieser Zahlung abgegolten werden. Die Grundsätze der Kostenmiete, bei der abweichend die zulässigen Berechnungsansätze nach Art und Höhe gesetzlich bestimmt sind (vgl. die Vorschriften der II. BV), dürfen nicht noch weitergehend als das jetzt bereits in §§ 3, 5 MHG der Fall ist, in das marktorientierte System der ortsüblichen Vergleichsmiete Eingang finden.

Daraus folgt für Auslegungsfragen der Erhöhungstatbestände, daß die in §§ 3–5 MHG normierten Ausnahmen von der Grundregel der ortsüblichen Vergleichsmiete in § 2 MHG grundsätzlich **keiner erweiternden extensiven Interpretation** zugänglich sind. Der erforderliche Ausgleich zwischen der aus dem Eigentum fließenden Verfügungsbefugnis und den sozialstaatlich bedingten Schutzrechten des Mieters ist in vertretbar abgewogener Weise bereits immanent in den Einzelvorschriften und dem Gesamtsystem des MHG vollzogen, so daß diese Gesichtspunkte im Wege der Auslegung nicht zu einer abweichenden Beurteilung mit entscheidenden Gewichtsverlagerungen führen dürfen.

§ 1. Anwendungsgrundsätze C 30, 31

6. Der vorrangige Grundgedanke des Schutzes des Mieters vor unge- C 30 rechtfertigten Mieterhöhungen kommt eindeutig in dem ihm zuerkannten **Sonderkündigungsrecht nach § 9 I MHG** zum Ausdruck. Während es dem Vermieter schlechthin untersagt wird, seine Kündigungsbefugnis zwecks Erzielung eines höheren Mietzinses einzusetzen (§ 1 S. 1 MHG), ist der Mieter berechtigt, das Mieterhöhungsverlangen zum Anlaß einer Kündigung mit verkürzten Kündigungsfristen zu nehmen und sich dadurch der geforderten Erhöhung zu entziehen (s. Rdn C 448). Darin liegt der Grundgedanke, daß der Mieter nur dann zur Zahlung des von ihm geforderten erhöhten Mietzinses als Geschäftsgrundlage des Mietverhältnisses verpflichtet sein soll, wenn er unter diesen veränderten Umständen noch an der Gegenleistung des Vermieters (Raumüberlassung) interessiert ist; das entspricht dem Zweck des MHG, dem Vermieter keinen Anspruch auf die Durchsetzung eines gesetzlich fixierten Mietzinses zu geben, sondern nur eine marktorientierte Miete zuzugestehen, die der Mieter für den fortgesetzten Mietgebrauch zu zahlen hat. Im übrigen kann nicht verkannt werden, daß der § 9 I MHG mittelbar auch dazu führt, den Vermieter zu einer friedlichen Einigung unter Zurückstellung seiner Optimalforderungen oder sogar zu einem Verzicht auf eine nur geringfügige bzw. zweifelhafte Mieterhöhungsforderung zu bewegen. Dadurch wird auch in diesem Bereich das angestrebte Partnerschaftsverhältnis im Zusammenhang mit § 10 I 2. Halbs. MHG gefördert, soweit die jeweilige Marktlage derartigen Erwägungen nicht im Wege steht.

III. Vertraglicher Ausschluß der Mieterhöhung

1. Eine Mieterhöhung ist nur zulässig, solange und soweit eine solche C 31 nicht vertraglich ausgeschlossen ist; das Erhöhungsrecht steht dem Vermieter auch nicht zu, wenn sich der Ausschluß aus den Umständen ergibt (§ 1 S. 3). Ob das der Fall ist, muß im Wege der Vertragsauslegung ermittelt werden, soweit die Vertragsvereinbarungen nicht eindeutig sind. Der Ausschluß muß sich nicht aus dem Mietvertrag selbst ergeben. Der Ausschluß kann auch zwischen dem Vermieter und einem Dritten (z. B. bei Werkförderungsverträgen oder Förderungsverträgen) mit der öffentlichen Hand vereinbart sein (LG Köln WM 77, 209 für Bundesbedienstetenwohnung). Bei **befristeten Mietverträgen ohne Verlängerungsrecht** gilt der Ausschluß nur für die vereinbarte Vertragszeit; für eine spätere Verlängerung oder Fortsetzung des Vertrags nach § 564c I BGB (s. Rdn B 789) oder § 556b BGB (s. Rdn B 360) wird der Vermieter dadurch grundsätzlich nicht beschränkt. Das Mieterhöhungsverlangen kann in Fällen dieser Art grundsätzlich so gestellt werden, daß die erhöhte Miete mit dem Ablauf der Befristung wirksam wird. Denn im allgemeinen werden die Parteien beim Abschluß eines befristeten Mietvertrags die Vorstellung haben, daß die Dauer der Befristung und die Zeit der Mietpreisbindung identisch sind; abweichendes kann sich allerdings aus den Parteivereinbarungen oder aus den Umständen ergeben (vgl. Rdn C 34 d–34 f). Ein Mieterhöhungsverlangen, das dem Mieter längere Zeit vor Ablauf eines vereinbarten Mieterhöhungsausschlusses zugeht, ist allerdings unwirksam. Auf der Basis eines unwirksamen Mieterhöhungsverlangens kann ein Mieter auch dann nicht zur Zustimmung verurteilt werden, wenn in dem Klagantrag die Zustimmung ab einem gesetzlich zulässigen Termin verlangt wird. Vielmehr muß der Vermieter ein neues Mieterhöhungsverlangen abgeben. Das Nachschieben oder die bloße Verbesserung von Teilen eines bisher unwirksamen Mieterhöhungsverlangens genügt nach der Neufassung des § 2 MHG nicht (LG Mannheim WM 85, 310; vgl. Rdn C 139 c).

Durch Vereinbarung kann nicht nur jegliche Mieterhöhung auf Dauer oder für bestimmte Zeit ausgeschlossen werden. Zulässig ist auch eine sachliche Beschränkung des Erhöhungsrechts, wonach z. B. die Erhöhung einen bestimmten oder bestimmbaren Betrag unter der ortsüblichen Vergleichsmiete nicht überschreiten darf, oder das Erhöhungsrecht erst bei einem prozentual bestimmten Überschreiten der Vergleichsmiete gegeben sein soll (LG Münster ZMR 77, 247 = DWW 77, 20).

C 32   **2.** Die gesetzliche Regelung in § 1 S. 3 entspricht im wesentlichen dem § 3 I 2 des 1. WKSchG; die darin getroffene Klarstellung hinsichtlich des Ausschlusses der Erhöhungsbefugnis durch konkludente Einigung folgt der bisher fast einhellig vertretenen Rechtsansicht. Die darüber hinaus getroffene **Klarstellung der Rechtslage** bei befristeten Mietverhältnissen mit festem Mietzins im Wege einer Auslegungsregel war im Hinblick auf die unterschiedlichen Rechtsansichten zu dieser Frage dringend geboten; sachlich entspricht sie allgemeinen Auslegungsregeln und der bereits in der der 1. Auflage dieses Kommentars vertretenen Ansicht (s. dort Rdn II 181 ff m. w. Nachw.). Aus der gesetzessystematischen Einordnung der Regelung in § 1 muß gefolgert werden, daß sie für alle nachfolgenden Erhöhungsvorschriften des MHG (§§ 2–7) gilt; eine Rückverweisung in diesen Vorschriften auf § 1 S. 3 war wegen der klaren Vorstellung des darin enthaltenen Grundsatzes überflüssig. Im übrigen folgt die Regelung dem in § 10 I MHG zum Ausdruck gebrachten Grundsatz, daß ein vertraglich vereinbarter weitergehender Schutz des Mieters als er im MHG festgelegt worden ist, den Vorrang haben muß.

C 33   **3.** Die früher strittige Frage, ob sich der Ausschluß einer Mieterhöhung bei **Mietverträgen auf bestimmte Zeit** durch die Vereinbarung eines **festen Mietzinses** ergibt, wird jetzt in § 1 S. 3 MHG eindeutig im bejahenden Sinne geregelt. Ein derartiger Parteiwille kann jedoch dann nicht unterstellt werden, wenn sich nach den getroffenen Vereinbarungen der Vorbehalt einer künftigen Anpassung ergibt; in Übereinstimmung mit der vom Verfasser schon in der 1. Auflage vertretenen Ansicht

§ 1. Anwendungsgrundsätze

ging man im Gesetzgebungsverfahren zu § 1 S. 3 davon aus, daß sich der fehlende Wille für einen Erhöhungsausschuß grundsätzlich aus der Vereinbarung eines Erhöhungsrechts (z. B. Gleit- und Wertsicherungsklausel) ergibt; dies gilt auch dann, wenn die Klausel gegen § 10 Abs. 1 MHG verstößt (LG Berlin MDR 85, 58; WM 86, 122). Zur Entkräftung der gesetzlichen Vermutung eines Ausschlusses künftiger Mieterhöhungen wird deshalb im Mietvertrag eine Klausel aufgenommen werden müssen, wonach gesetzlich zugelassene Mieterhöhungen vom Vermieter beansprucht werden können (bzw. Erhöhungen nach dem MHG nicht als ausgeschlossen gelten). Ein derartiger **Erhöhungsvorbehalt** ist auch dann wirksam, wenn er lediglich **formularmäßig** vereinbart worden ist (a. A.: AG Braunschweig WM 82, 299; AG Offenbach ZMR 87, 472 m. abl. Anm. Schulz; für unklare Klauseln s. AG Siegburg WM 87, 354). Es handelt sich dabei weder um eine überraschende (§ 3 AGBG) noch um eine unbillige (§ 9 AGBG) Klausel. Von einer überraschenden Klausel kann deshalb nicht gesprochen werden, weil die Befristung eines Mietvertrags unter gleichzeitigem Vorbehalt einer Mieterhöhung nicht ungewöhnlich ist. Durch eine entsprechende Vertragsgestaltung wird der Mieter auch nicht unbillig benachteiligt, sondern erwirbt im Gegenteil eine bessere Rechtsposition als der Mieter eines unbefristeten Mietverhältnisses. Beim befristeten Mietvertrag ist nämlich die Befugnis des Vermieters zur ordentlichen Kündigung bis zum vereinbarten Beendigungszeitpunkt ausgeschlossen; auf Verlangen des Mieters muß das Mietverhältnis über den Beendigungszeitpunkt hinaus auf unbestimmte Zeit fortgesetzt werden (§ 564c I BGB). Im Ergebnis bedeutet dies, daß ein befristetes Mietverhältnis mit Mieterhöhungsvorbehalt einen zeitlich befristeten Kündigungsausschluß zur Folge hat. Ein formularmäßiger Erhöhungsvorbehalt ist auch dann wirksam, wenn die Vereinbarung über die Vertragszeit in einer Individualabrede getroffen worden ist. Die Vorschrift des § 4 AGBG, wonach individuelle Vertragsabreden Vorrang vor allgemeinen Geschäftsbedingungen haben, ist unanwendbar, weil sich die beiden Vereinbarungen nicht ausschließen, sondern einander ergänzen. Fehlt eine derartige Entkräftung des gesetzlich vermuteten Erhöhungsausschlusses, so steht dem Vermieter kein gesetzliches Erhöhungsrecht zu, so daß er nur mit Einverständnis des Mieters im Wege einer Vertragsänderung (§ 305 BGB) zu einem höheren Mietzins kommen kann; dem steht § 10 I 2. Halbs. nicht entgegen. Die Darlegungs- und Beweislast dafür, daß trotz eines festen Mietzinses kein Ausschluß des Erhöhungsrechts vorliegt, trifft den Vermieter, weil er die widerlegbare Vermutung entkräften muß, die sonst zugunsten des Mieters eintritt; dafür bedarf es positiver Behauptungen über entgegenstehende oder abweichende Vereinbarungen beim Vertragsabschluß oder nachfolgender Änderungsvereinbarungen. Zweifel bei der Vertragsauslegung gehen hier zu Lasten des Vermieters. Deshalb ist auch dann vom Mieterhöhungsausschluß auszugehen, wenn in einem befristeten Formularmietvertrag durch Ankreuzen kenntlich zu machen ist, ob die Erhöhung der Miete ausgeschlossen sein soll oder nicht und die Parteien weder die eine noch die andere Alternative kenntlich machen (LG Baden-Baden WM 84, 86).

C 34 4. Ein **vereinbarter Ausschluß** von Mieterhöhungen liegt insbesondere in folgenden Fällen vor:

a) wenn der Mietvertrag für eine bestimmte Zeit zu einem **festen Mietzins** abgeschlossen worden ist; hierfür reicht es aus, wenn sich aus dem Mietvertrag sowohl eine feste Mietzeit als auch ein bestimmter Mietzins ergibt, falls darüberhinaus keine Regelung über irgendwelche Erhöhungsrechte des Vermieters (z. B. Gleitklausel, Leistungsvorbehalt) getroffen worden ist. Gleiches gilt für Mietverhältnisse i. S. d. § 565 a I, II 1 BGB bis zum Eintritt der Verlängerung und einen daran anschließenden bestimmten Verlängerungszeitraum (AG Stuttgart DWW 72, 317).

Wird bei einem Mietverhältnis auf unbestimmte Zeit das Recht des Vermieters zur Mieterhöhung für einen befristeten Zeitraum vertraglich ausgeschlossen, kann daraus im Wege der Auslegung nicht gefolgert werden, daß es sich im Ergebnis doch um ein befristetes Mietverhältnis handelt, so daß eine ordentliche Kündigung für die Dauer der Ausschlußfrist nicht zulässig wäre. Zutreffend hat der BGH (Urt. vom 28. 1. 1976 = BB 76, 530 = ZMR 76, 203 = DWW 76, 212) insoweit für Mietverträge über Geschäftsräume entschieden, daß der zeitweilige Ausschluß des Erhöhungsrechts als Mieterschutzklausel keinen rechtlichen Einfluß auf die daneben vom Parteiwillen bestimmte Vertragsdauer hat. Das gilt auch für Mietverhältnisse über Wohnraum (s. auch Rdn C 39, 77).

Bei **befristeten Mietverträgen mit Verlängerungsklausel** ist zu unterscheiden:

C 34 a aa) Ist in dem Vertrag nach Ablauf der ersten Befristung eine weitere einmalige Verlängerung vorgesehen, so erstreckt sich der Mieterhöhungsausschluß auch auf die weitere Befristung. In einem solchen Fall muß nämlich das Mietverhältnis insgesamt als befristetes Mietverhältnis angesehen werden. Der Rechtsentscheid des OLG Zweibrücken vom 17. 8. 1981 (RES § 1 MHG Nr. 2) steht dieser Auslegung nicht entgegen. Diese Entscheidung befaßt sich trotz des insoweit mißverständlichen Tenors nur mit den unter Rdn C 34 b erörterten Verlängerungsklauseln.

C 34 b bb) Ist vereinbart, daß sich der Mietvertrag nach Ablauf der Befristung immer wieder um einen weiteren Zeitraum verlängern soll, so ist das Mietverhältnis nach Ablauf der ersten Befristung hinsichtlich der Mieterhöhung wie ein unbefristetes Mietverhältnis zu behandeln. Durch eine derartige Vertragsgestaltung geben die Parteien nämlich zu erkennen, daß sie in Wirklichkeit die Fortsetzung des Mietvertrags auf unbestimmte Zeit wollen. Der Ausschluß der Mieterhöhung für die fortgesetzte Zeit entspricht hier auch nicht dem Parteiwillen, weil die nahtlos aufeinanderfolgenden Befristungen im Ergebnis einen dauernden Aus-

§ 1. Anwendungsgrundsätze　　　　　　　　　　　　C 34 c–35

schluß der Mieterhöhung zur Folge hätten; dies ist wegen der damit verbundenen wirtschaftlichen Risiken vom Vermieter in der Regel nicht gewollt (im Ergebnis ebenso OLG Zweibrücken (RE) vom 17. 8. 1981 RES § 1 MHG Nr. 2).

cc) Ist vereinbart, daß sich das Mietverhältnis nach Ablauf der Befristung auf unbestimmte Zeit verlängern soll, so ergibt sich bereits aus dieser Vereinbarung, daß der Mieterhöhungsausschluß mit dem Ablauf der Befristung endet. **C 34 c**

dd) In den unter Rdn C 34 b und c erörterten Fällen können die Parteien vereinbaren, daß der Vermieter erst nach Ablauf der Befristung zur Durchführung eines Mieterhöhungsverfahrens befugt sein soll. Eine solche Vereinbarung bedeutet, daß das Mieterhöhungsverlangen nach § 2 MHG dem Mieter erst nach Ablauf der Befristung zugehen darf. Eine vorher abgegebene Mieterhöhungserklärung ist gleichwohl wirksam; die Fristen des § 2 III MHG (s. Rdn C 123 ff) beginnen aber erst nach Ablauf der Befristung zu laufen. **C 34 d**

ee) Die Parteien können andererseits aber auch vereinbaren, daß der Mietzins während der Befristung unverändert bleiben soll. In einem solchen Fall kann der Vermieter bereits während der Befristung ein Mieterhöhungsverlangen abgeben. Für den Beginn der Frist des § 2 III MHG ist in diesem Fall der Zugang des Mieterhöhungsverlangens maßgebend. Der Mieter schuldet den erhöhten Mietzins aber frühestens nach Ablauf der Befristung. (s. auch Rdn C 31). **C 34 e**

ff) Sind in dem Mietvertrag bezüglich des Mieterhöhungsausschlusses keine eindeutigen Vereinbarungen getroffen worden, so ist ein Mietvertrag mit Verlängerungsklausel in dem unter Rdn C 34 e dargelegten Sinn auszulegen. Dies bedeutet, daß der Mieter bei rechtzeitiger Geltendmachung der Mieterhöhung den erhöhten Mietzins alsbald nach Ablauf der Befristung zu zahlen hat (OLG Hamm (RE) vom 9. 9. 1982 RES § 1 MHG Nr. 3; OLG Frankfurt DWW 83, 48; a. A.: AG Rastatt WM 81, 108; AG Frankfurt WM 81, 108). **C 34 f**

gg) Die Parteien können bereits bei Beginn des Mietverhältnisses vereinbaren, daß mit dem Ablauf der Befristung eine erhöhte Miete geschuldet wird. Der Sache nach handelt es sich dabei um eine **Staffelmietvereinbarung,** die dann wirksam ist, wenn sie den weiteren Anforderungen des § 10 II MHG genügt (s. Rdn C 518). In einem solchen Fall tritt die erhöhte Miete mit dem Ablauf der Befristung an die Stelle der bisherigen Miete. Ein Mieterhöhungsverfahren ist hier nicht erforderlich. **C 34 g**

b) wenn ein fester Mietzins vereinbart und darüber hinaus das **Kündigungsrecht** des Vermieters für eine bestimmte Zeit **ausgeschlossen** wurde, soweit dieser Zeitraum noch nicht abgelaufen ist und Erhöhungsvorbehalte zugunsten des Vermieters fehlen. **C 35**

Unter dem Blickpunkt des § 1 S. 3 ist es allerdings nicht zweifelsfrei, ob die Hingabe eines rückzahlbaren Baukostenzuschusses oder einer

Mietvorauszahlung, die unverzinslich sind und durch Einbehaltung eines bestimmten Teils der Miete für festgelegte Zeit getilgt werden, einen Ausschluß der gesetzlichen Erhöhungsrechte nach §§ 2–7 MHG zur Folge haben oder aber nur als Beweisanzeichen für das Zustandekommen einer Ausschlußvereinbarung gewertet werden können (für verlorene Baukostenzuschüsse vgl. LG Frankfurt WM 74, 220; LG Kiel WM 79, 128; für Mieterdarlehen u. Mietvorauszahlungen vgl. LG Hannover WM 79, 168). Eine absolute, starre Bewertung dieser im Einzelfall unterschiedlichen Tatbestände ist nicht gerechtfertigt. Derartige Geldleistungen des Mieters können mit der ausdrücklichen Zusatzabrede zustandegekommen sein, die Grundmiete oder jeglichen Mietzins bis zur Tilgung nicht erhöhen zu dürfen. Fehlt aber ein dahin gerichteter erkennbarer Wille, kann darin nur ein Beweisanzeichen gesehen werden. Ein Ausschluß i. S. d. § 1 S. 3 wird dann nur gerechtfertigt sein, wenn Umfang, Tilgungsraten und Tilgungszeit bei Berücksichtigung der Gesamtumstände im Einzelfall diese nicht nahe liegende Schlußfolgerung zulassen (BGHZ 26, 317; s. Rdn C 39). Es kann auch gerechtfertigt sein, hier nur die Erhöhung der Grundmiete als ausgeschlossen anzusehen. Zu der Frage, ab wann eine Mieterhöhung zulässig ist vgl. oben Rdn C 34 d–g.

C 36   c) wenn die Zulässigkeit der Mieterhöhung vereinbarungsgemäß von der vorherigen **Zustimmung eines Dritten** abhängig ist und diese Zustimmung noch nicht vorliegt (z. B. Werkförderungsverträge, LAG-Wohnungen). Auf das Zustimmungserfordernis kann sich der Mieter auch dann berufen, wenn es nicht Gegenstand des Mietvertrages, sondern Inhalt einer Vereinbarung zwischen dem Vermieter und dem Dritten (z. B. im Werkförderungsvertrag; dazu Roquette MDR 58, 5) ist.

Bei Werkwohnungen (§ 565b BGB) ist eine Zustimmung des Betriebsrats nach § 87 I Nr. 9 BetrVG im Rahmen der §§ 2–7 MHG nicht erforderlich. Diese Vorschrift ist unter Rdn B 927ff abgedruckt und kommentiert (vgl. dazu auch BAG 75, 1159).

C 37   d) Ein Ausschluß der Mieterhöhungsbefugnis i. S. d. § 1 S. 3 liegt auch bei einem **Mietverhältnis auf Lebenszeit** (§ 567 BGB) zu einem festen Mietzins vor (LG Mannheim WM 87, 353). Dieser Ausschluß verfolgt insbesondere den Zweck, in solchen Fällen die grundsätzliche Erhöhungsbefugnis zu beseitigen, in welchen der Mieter schon nach bisherigem Recht eine Mieterhöhung nicht zu befürchten brauchte (LG Lübeck WM 72, 59 = MDR 72, 612).

C 38   e) Der § 1 S. 3 gilt nicht nur für das Erhöhungsrecht nach § 2 MHG (Grundmiete), sondern ebenso für die **Erhöhungsrechte** nach §§ 3–7 **MHG**. Da spezielle Ausschlußvereinbarungen hinsichtlich einer Erhöhung wegen baulichen Änderungen (§ 3 MHG) oder der Betriebs- und Kapitalkosten (§§ 4, 5 MHG) in der Praxis nicht geläufig sind, muß hier im Wege der Auslegung im Einzelfall geprüft werden, ob der nicht näher definierte Ausschluß von Mieterhöhungen nach dem Willen der Parteien auch die Erhöhungstatbestände der §§ 3–5 MHG erfaßt (s. Rdn C 39); aus dem vereinbarten Ausschluß einer Erhöhung der Grundmiete kann

§ 1. Anwendungsgrundsätze

nicht ohne weiteres gefolgert werden, daß darin auch ein Ausschluß sonstiger gesetzlicher Erhöhungsrechte liegt. Die jeweiligen Auslegungsregeln sind bei den einzelnen Erhöhungsvorschriften erörtert (s. Rdn C 227, 255, 375).

f) Ergibt sich aus den getroffenen Vereinbarungen nicht eindeutig das Zustandekommen und die Tragweite eines Ausschlusses der Erhöhungsrechte, bedarf der Parteiwille der **Auslegung** nach §§ 133, 157 BGB unter Berücksichtigung von Treu und Glauben (§ 242 BGB). Das gilt vor allem dann, wenn sich der Ausschluß lediglich aus den Umständen herleiten läßt, soweit die gesetzliche Auslegungsregel des § 1 S. 3 für befristete Mietverhältnisse mit festem Mietzins nicht eingreift. Bei der Auslegung ist maßgebendes Gewicht darauf zu legen, ob sich Anhaltspunkte ermitteln lassen, aus denen der Wille der Parteien entnommen werden kann, das Erhöhungsrecht des Vermieters ganz oder teilweise auszuschließen; eine nur vom Wortlaut des Vertrages ausgehende, die Gesamtumstände unberücksichtigt lassende Würdigung wird dem Sinn des § 1 S. 3 nicht gerecht. Eine sachgerechte Entscheidung kann erfordern, den hypothetischen Willen der Parteien an Hand der Interessenlage im Zeitpunkt des Vertragsabschlusses zu ermitteln (BGHZ 26, 310–315 zu §§ 18, 24 des 1. BMG). Dabei ist zu beachten, daß der Gesetzgeber im MHG davon ausgeht, dem Vermieter ein gesetzliches Erhöhungsrecht und dem Mieter den gesetzlichen Schutz vor ungerechtfertigten Mieterhöhungen nur dann und soweit zu gewähren, als vorrangige Ausschlußvereinbarungen nicht vorliegen, weil der Mietzins des nicht preisgebundenen Wohnraums sich nicht nach Gesichtspunkten der Kostendeckung, sondern nach der Marktüblichkeit richtet (anders bei preisgebundenem Wohnraum). Bei der Vertragsauslegung kann somit nicht davon ausgegangen werden, daß im allgemeinen dem Interesse des Vermieters an der Mieterhöhung bis zur ortsüblichen Miete der Vorrang gegeben werden könnte und eine gegenteilige Entscheidung nur dann gerechtfertigt wäre, wenn sich unter Berücksichtigung von Treu und Glauben ausnahmsweise etwas anderes ergibt; Zustandekommen und Reichweite einer Ausschlußvereinbarung können im Wege der Auslegung also nicht danach beurteilt werden, daß im Zweifel dem Vermieter von nicht preisgebundenem Wohnraum das ihm verliehene gesetzliche Erhöhungsrecht zusteht (anders zu §§ 18, 24 des 1. BMG; BGH a.a.O.). Anhaltspunkte für die Auslegung in der einen oder anderen Richtung können sich auch daraus ergeben, ob und in welcher Weise die nicht zweifelsfreie Vereinbarung mündlich erörtert wurde und wer die gewählte Formulierung vorgelegt hat (BGH a.a.O.). Lassen sich Zweifel bei freier Würdigung nicht beheben, so geht das zu Lasten des darlegungs- und beweispflichtigen Mieters, der sich auf die Ausschlußvereinbarung beruft.

Wird im Mietvertrag vereinbart, daß für das Mieterhöhungsverfahren eine **geringere als die tatsächliche Wohnungsgröße** zugrunde gelegt werden soll, so liegt auch hierin eine Mieterhöhungsbeschränkung nach § 1 S. 3 (Sternel Rdn III 118; AG Köln WM 87, 159). Allerdings stellt nicht jede Angabe einer Wohnungsgröße im Mietvertrag eine Mietausschlußvereinbarung im Sinne von § 1 S. 3 dar. Für den Regelfall ist vielmehr davon auszugehen, daß durch die Angabe einer Wohnungsgröße die Mietsache lediglich näher beschrieben werden soll. Dies gilt insbesondere dann, wenn die Wohnungsgröße im Zusammenhang mit anderen beschreibenden Angaben (Anzahl der Zimmer, Adresse) aufgeführt ist, oder wenn durch den Zusatz „circa" zum Ausdruck gebracht wird, daß die Wohnungsgröße nur als ungefähre Angabe zu verstehen sei. Deskriptive Angaben zum Vertragsgegenstand haben auf das Mieterhöhungsverfahren keinen Einfluß, weil hieraus kein Bindungswille der Parteien hergeleitet werden kann (LG Mannheim DWW 87, 297). Gleiches gilt für solche Vertragsregelungen, durch die die Wohnung hinsichtlich ihrer Ausstattung abweichend von den tatsächlichen Gegebenheiten geringwertiger eingestuft wird (z. B. ohne Bad, ohne Heizung). Auch hier ist zu fragen, ob die Parteien die Regelung im Hinblick auf das Mieterhöhungsverfahren getroffen haben oder ob hierfür andere Gründe maßgeblich gewesen sind. Wird im Mietvertrag vereinbart, daß für das Mieterhöhungsverfahren eine größere als die tatsächlich vorhandene Wohnfläche maßgebend sein soll, so liegt ein Verstoß gegen § 10 I MHG vor, weil der Mieter durch die Vertragsregelung schlechter gestellt werden soll, als er nach der gesetzlichen Regelung stehen würde (s. auch C 63 a).

Aus der Vereinbarung eines niedrigeren als des ortsüblichen Mietzinses kann grundsätzlich keine Ausschlußvereinbarung für die Zukunft gefolgert werden, weil sie auf den verschiedensten Ursachen beruhen kann und dem Mieter nicht schlechthin das Recht einräumt, sich den Abstand zu den sonst üblichen Mietsätzen für die Vertragszeit zu erhalten (LG Freiburg WM 81, 212; a. A. Derleder NJW 75, 1677). Wird dagegen aus besonderen persönlichen oder wirtschaftlichen Gründen eine Gefälligkeitsmiete unterhalb der ortsüblichen Vergleichsmiete vereinbart, ist es gerechtfertigt, den Vermieter auch später daran festzuhalten, solange sich die dafür maßgebenden Umstände nicht wesentlich verändert haben (LG Freiburg a. a. O.; Korff NJW 75, 2281; Barthelmess § 2 MHG Rdn 49; s. Rdn C 73). Mißbräuchliche Vereinbarungen eines besonders günstigen Mietzinses unter dem stillschweigenden Vorbehalt, alsbald eine Erhöhung bis zur Ortsüblichkeit unter Berufung auf das gesetzliche Erhöhungsrecht durchzuführen (Lockvogelangebot), können im Einzelfall nach § 242 BGB unzulässig sein.

C 39 b   Bei **Werkwohnungen,** die zu einem besonders günstigen Mietpreis vermietet worden sind, wird sich häufig aus dem Arbeitsvertrag ergeben, daß auch während der Vertragszeit der ursprünglich bestehende Abstand zur ortsüblichen Miete beibehalten werden soll. Endet das Arbeitsverhältnis, so kann der Vermieter den Mietzins unter Beachtung des § 2 MHG bis zur allgemeingültigen ortsüblichen Miete erhöhen. Die sogenannte Kappungsgrenze ist auch in diesem Fall zu beachten. Eine Anpassung der Miete nach § 242 BGB aus dem Gesichtspunkt des Weg-

§ 1. Anwendungsgrundsätze C 39 c

falls der Geschäftsgrundlage ist ausgeschlossen, weil auf § 242 BGB nur dann zurückgegriffen werden darf, wenn keine anderweitigen gesetzlichen Regelungen zur Vertragsanpassung bestehen (AG Dortmund WM 85, 185; vgl. auch OLG Frankfurt WM 84, 50). Gleiches gilt, wenn die vom Arbeitgeber gewährte Mietsubvention aus arbeitsrechtlichen Gründen endet. Ist diese Frage zwischen den Parteien streitig, so muß hierüber das Arbeitsgericht entscheiden; ein anhängiger Mieterhöhungsprozeß ist bis zur Klärung dieser Frage gemäß § 148 ZPO auszusetzen. Wird die Werkwohnung veräußert, so ist der Erwerber an die Mietvergünstigung nicht gebunden. Denn die Vergünstigung hat ihre Grundlage nicht im Miet-, sondern im Arbeitsverhältnis: Die Vorschrift des § 571 BGB bewirkt deshalb nicht, daß die Mietvergünstigung auf den Erwerber übergeht. Nach der Eintragung im Grundbuch kann der Erwerber deshalb die bisherige günstige Miete unter Beachtung des § 2 MHG auf die ortsübliche Miete erhöhen. Die hier dargelegten Grundsätze gelten allerdings nicht, wenn die Parteien die Mieterhöhungsbeschränkung als vertragliche Pflicht im Mietvertrag vereinbart haben. In diesem Fall ist der Vermieter unabhängig von den betrieblichen Gegebenheiten an die mietvertragliche Beschränkung gebunden. Die Beschränkung geht in diesem Fall bei der Veräußerung der Mietsache auch gemäß § 571 BGB auf den Erwerber über.

Für **gemeinnützige Wohnungsunternehmen** ist i. d. R. aus den Besonderheiten dieser Nutzungsverträge und den Beschränkungen des Wohnungsgemeinnützigkeitsgesetzes vom 29. 2. 1940 (RGBl. I S. 437) zu folgern, daß das Erhöhungsrecht auf die Erzielung einer kostendeckenden Miete begrenzt ist. Liegt somit die ortsübliche Vergleichsmiete für gleichartigen Wohnraum anderer gemeinnütziger Unternehmen (s. Rdn C 72) über dem bisher gezahlten Mietzins, kommt nur eine geringere Erhöhung in Betracht, wenn demgegenüber die kostendeckende Miete für die jeweilige Bezugswohnung niedriger ist; liegt die ortsübliche Vergleichsmiete hingegen schon niedriger als der derzeitige Mietzins, scheidet eine Erhöhung bereits nach § 2 I Nr. 2 MHG aus. Dies entspricht dem Zweck des WGG, das insoweit Rückwirkungen zugunsten der Mieter dieser Unternehmen zur Folge hat (Riebandt-Korfmacher GW 75, 24), soweit die Nutzungsverträge ausdrücklich oder stillschweigend nur von der Zulässigkeit einer kostendeckenden Miete ausgehen. Davon unberührt bleibt das Erhöhungsrecht dieser Unternehmen aber an die Voraussetzungen des MHG gebunden, weil § 10 II Nr. 1 MHG unanwendbar ist, da es sich hier um keine gesetzlich bestimmte Kostenmiete handelt (s. Rdn C 538). Eine andere Frage ist es, ob die in den Mietverträgen der gemeinnützigen Wohnungsunternehmen enthaltene **preisrechtliche Beschränkung** bezüglich der Miethöhe frei finanzierter Wohnungen nach **§ 571 BGB** auf den Erwerber übergeht. Die Frage ist dann von Bedeutung, wenn der Erwerber nicht zum Kreis der gemeinnützigen Wohnungsunternehmen gehört. Nach richtiger Ansicht werden von § 571 BGB nur solche Rechte und Pflichten erfaßt, die durch

C 39 c

konstitutive Vereinbarung zum Bestandteil des Mietvertrages erhoben werden. Konstitutiv sind aber nur solche Vereinbarungen, durch die die Parteien den ihnen zur Verfügung stehenden privatautonomen Dispositionsspielraum ausfüllen. Die gemeinnützigkeitsrechtliche Beschränkung auf die Kostenmiete gehört dazu nicht, weil eine entsprechende Klausel nur die ohnehin bestehende Rechtslage wiedergibt. Eine andere Lösung hätte im übrigen zur Folge, daß ein Erwerber zwar die finanziellen Nachteile der gemeinnützigkeitsrechtlichen Mietpreisbestimmungen hinzunehmen hätte, jedoch die Vorteile der Gemeinnützigkeit nicht in Anspruch nehmen könnte (so zutreffend: Paschke/Oetker NJW 86, 3174).

C 39 d Hat der Vermieter/Eigentümer einer Wohnung für die Errichtung des Hauses seinerzeit **öffentliche Wohnungsfürsorgemittel** in Anspruch genommen und sich dabei gegenüber der öffentlichen Hand unter anderem verpflichtet, während der Laufzeit des Darlehens die Wohnung nur an einen näher bestimmten Kreis von Bediensteten der öffentlichen Hand zu vermieten, sowie keine die Kostenmiete überschreitende Miete zu erheben, so kann der Mieter (Bediensteter der öffentlichen Hand) dem Vermieter einen jetzt auf § 2 MHG gestützten Erhöhungsverlangen die **vereinbarte Bindung an die Kostenmiete** auch dann entgegenhalten, wenn das seinerzeit mitvereinbarte befristete Wohnungsbesetzungsrecht der öffentlichen Hand (Recht zur Benennung der Mieter) inzwischen erloschen ist, der Vermieter aber das Darlehen der öffentlichen Hand noch nicht vollständig zurückgezahlt hat (OLG Hamm [RE] vom 14. 3. 1986 WM 86, 169). Mit dem Wegfall des Belegungsrechts entfällt zwar die gesetzliche Preisbindung. Da die vertragliche Preisbindung aber weiterbesteht, kann sich der Mieter solange auf § 1 S. 3 berufen, bis der Vermieter das Darlehen vollständig zurückgezahlt hat.

C 40 5. Wenn der Mieter trotz des vertraglichen Ausschlusses einer Mieterhöhung bereits früher Mieterhöhungen **zugestimmt** hat, so liegt darin grundsätzlich nur sein Einverständnis zu der jeweiligen Erhöhung, nicht aber eine Vertragsänderung des Inhalts, daß dem Vermieter für die Zukunft eine Erhöhungsbefugnis eingeräumt wird (LG Lübeck a. a. O.). Für derartige Vertragsänderungen bedarf es des erkennbaren Willens des Mieters, die ihn schützende Vereinbarung über den festen Mietzins aufgeben und statt dessen eine ihn belastende Erhöhungsbefugnis des Vermieters begründen zu wollen; dafür spricht – beim Fehlen eindeutiger Abreden – der Wille des Mieters bei der dann gebotenen Auslegung (§§ 133, 157 BGB) i. Zw. nicht. Im übrigen bedarf eine solche Vertragsänderung grundsätzlich der Schriftform nach § 566 BGB (Palandt-Putzo § 566 Anm. 5; LG Lübeck a. a. O.).

C 41 6. Bei langfristigen Mietverträgen mit festem Mietzins steht dem Vermieter grundsätzlich ein Erhöhungsrecht auch nicht aus dem Gesichtspunkt des **Wegfalls der Geschäftsgrundlage** zu. Das Sinken der Kaufkraft der DM und die allgemeine Steigerung der Mietpreise oder die

§ 1. Anwendungsgrundsätze C 41

Aufwendungen des Vermieters reichen für sich allein nicht aus, insoweit das Festhalten des Vermieters an der getroffenen Mietpreisvereinbarung als unzumutbar anzusehen (BGH ZMR 70, 135 = Betr. 69, 2029; bestätigt durch BGH MDR 74, 743 = WM 74, 173 insbesondere für Erbbauverträge; OLG Düsseldorf MDR 75, 404); der Umstand, daß jemand durch eine nachträgliche Änderung der wirtschaftlichen Verhältnisse ungünstiger steht, als nach den getroffenen Vereinbarungen zu erwarten war, genügt nicht, ihm aus Billigkeitsgründen ein auch nur teilweises Abweichen vom Mietvertrag zu erlauben (LG Lübeck a. a. O.). Andernfalls wäre die Folge eine unerträgliche Rechtsunsicherheit und die Einführung einer generellen Preisgleitklausel für langfristige Mietverhältnisse, die auch dem Zweck der Währungsgesetze (BGH a. a. O.) und dem MHG zuwiderliefe. Nur in extremen Ausnahmefällen, in denen die Wirtschaftlichkeit des Hausbesitzes (unter strengen Maßstäben) gefährdet ist und die dem Vermieter zumutbare Opfergrenze eindeutig überschritten wird, kann nach § 242 BGB die Fortgeltung des vertraglichen Ausschlusses eines Mieterhöhungsrechts aus derartigen Gründen im Einzelfall unbillig sein (BGH a. a. O.; LG Lübeck a. a. O.). Das gilt auch für eine Nebenkostenpauschale (s. Rdn C 283), die nach § 242 BGB nur dann angeglichen werden kann, wenn auf längere Zeit die Pauschalbeträge die damit abgegoltenen Leistungen nicht decken, wofür der Vermieter darlegungs- und beweispflichtig ist; ein nur geringfügiges oder kurzfristiges Überschreiten der tatsächlichen Aufwendungen (z. B. Ölkrise bei Heizkosten) liegt im Risikobereich der Pauschale und rechtfertigt keine Erhöhung (LG Hamburg WM 76, 229; LG Hanau WM 76, 121).

Die Geldentwertung der letzten Jahre rechtfertigt die Vertragsanpassung ebenfalls nicht (OLG Düsseldorf a. a. O.); die Fortsetzung des bisherigen Vertrages ist auch dann nicht unzumutbar, wenn der Vermieter beim Abschluß eines neuen Mietvertrages einen günstigeren Mietzins zu seinen Gunsten durchsetzen könnte (BGH DWW 75, 293 = ZMR 76, 41 = WM 76, 47 m. zust. Anm. Roesch).

Allerdings kann das bloße Fehlen eines Erhöhungsvorbehalts nicht schlechthin dahin gewertet werden, daß eine Anpassung des Mietzinses unter dem Gesichtspunkt von Treu und Glauben nach den oben dargelegten Grundsätzen völlig ausgeschlossen sein soll; im Einzelfall ist dabei aber der Wille der Vertragschließenden zu beachten, der auch dahin gerichtet sein kann, daß das Risiko des Wertverfalls des vereinbarten Mietzinses einkalkuliert worden ist und dann eine Erhöhung ausschließt (BGH MDR 77, 128 = DWW 76, 18 = ZMR 77, 79 zur Erhöhung des Erbbauzinses bei 75%iger Steigerung der Lebenshaltungskosten während der Vertragsdauer).

§ 2 MHG. Erhöhung der Grundmiete

(1) Der Vermieter kann die Zustimmung zu einer Erhöhung des Mietzinses verlangen, wenn
1. der Mietzins, von Erhöhungen nach den §§ 3 bis 5 abgesehen, seit einem Jahr unverändert ist,
2. der verlangte Mietzins die üblichen Entgelte nicht übersteigt, die in der Gemeinde oder in vergleichbaren Gemeinden für nicht preisgebundenen Wohnraum vergleichbarer Art, Größe, Ausstattung, Beschaffenheit und Lage in den letzten drei Jahren vereinbart oder, von Erhöhungen nach § 4 abgesehen, geändert worden sind, und
3. der Mietzins sich innerhalb eines Zeitraums von drei Jahren, von Erhöhungen nach den §§ 3 bis 5 abgesehen, nicht um mehr als 30 vom Hundert erhöht.

Von dem Jahresbetrag des verlangten Mietzinses sind die Kürzungsbeträge nach § 3 Abs. 1 Satz 3 bis 7 abzuziehen, im Fall des § 3 Abs. 1 Satz 6 mit elf vom Hundert des Zuschusses.

(2) Der Anspruch nach Absatz 1 ist dem Mieter gegenüber schriftlich geltend zu machen und zu begründen. Dabei kann insbesondere Bezug genommen werden auf eine Übersicht über die üblichen Entgelte nach Absatz 1 Satz 1 Nr. 2 in der Gemeinde oder in einer vergleichbaren Gemeinde, soweit die Übersicht von der Gemeinde oder von Interessenvertretern der Vermieter und der Mieter gemeinsam erstellt oder anerkannt worden ist (Mietspiegel); enthält die Übersicht Mietzinsspannen, so genügt es, wenn der verlangte Mietzins innerhalb der Spanne liegt. Ferner kann auf ein mit Gründen versehenes Gutachten eines öffentlich bestellten oder vereidigten Sachverständigen verwiesen werden. Begründet der Vermieter sein Erhöhungsverlangen mit dem Hinweis auf entsprechende Entgelte für einzelne vergleichbare Wohnungen, so genügt die Benennung von drei Wohnungen.

(3) Stimmt der Mieter dem Erhöhungsverlangen nicht bis zum Ablauf des zweiten Kalendermonats zu, der auf den Zugang des Verlangens folgt, so kann der Vermieter bis zum Ablauf von weiteren zwei Monaten auf Erteilung der Zustimmung klagen. Ist die Klage erhoben worden, jedoch kein wirksames Erhöhungsverlangen vorausgegangen, so kann der Vermieter das Erhöhungsverlangen im Rechtsstreit nachholen; dem Mieter steht auch in diesem Falle die Zustimmungsfrist nach Satz 1 zu.

(4) Ist die Zustimmung erteilt, so schuldet der Mieter den erhöhten Mietzins von dem Beginn des dritten Kalendermonats ab, der auf den Zugang des Erhöhungsverlangens folgt.

(5) Gemeinden sollen, soweit hierfür ein Bedürfnis besteht und dies mit einem für sie vertretbaren Aufwand möglich ist, Mietspiegel erstellen. Bei der Aufstellung von Mietspiegeln sollen Entgelte, die auf Grund gesetzlicher Bestimmungen an Höchstbeträge gebunden sind, außer Betracht bleiben. Die Mietspiegel sollen im Abstand von zwei Jahren der Marktentwicklung angepaßt werden. Die Bundesregierung wird ermächtigt, durch Rechtsverordnung mit Zustimmung des Bundesrates Vorschriften über den näheren Inhalt und das Verfahren zur Aufstellung und

§ 2. Erhöhung der Grundmiete   C 41

Anpassung von Mietspiegeln zu erlassen. Die Mietspiegel und ihre Änderungen sollen öffentlich bekanntgemacht werden.

(6) Liegt im Zeitpunkt des Erhöhungsverlangens kein Mietspiegel nach Absatz 5 vor, so führt die Verwendung anderer Mietspiegel, insbesondere auch die Verwendung veralteter Mietspiegel, nicht zur Unwirksamkeit des Mieterhöhungsverlangens.

Übersicht

	Rdn
I. Allgemeines	42
(Zweck und Anwendungsbereich)	
II. Die sachlichen Erhöhungsvoraussetzungen	
1. Die ortsübliche Vergleichsmiete	53
a) Begriff und Grundsätzliches	53
b) Der Begriff der ortsüblichen Miete	54a
c) Der vereinbarte und der ortsübliche Mietzins	55
2. Die gesetzlichen Vergleichskriterien	59
3. Vergleichbarkeit der Objekte	68
4. Ermittlung der Vergleichsmiete	75
5. Einjährige Wartefrist	76
6. Die Kappungsgrenze	80a
III. Die außergerichtliche Geltendmachung und die Einigung über die Mieterhöhung	81
1. Die schriftliche Erhöhungserklärung	81
a) Allgemeine Voraussetzungen der Wirksamkeit	81
b) Bestimmtheitsgrundsatz für Antrag und Gründe	86
2. Die Begründung des Erhöhungsverlangens	88
a) Bezugnahme auf Mietwerttabellen	91
b) Berufung auf Sachverständigengutachten	97
c) Angabe von Einzelobjekten	100
d) Sonstige Begründung	105
e) Unzureichende Begründung	106
3. Wirkungen des Erhöhungsverlangens	109
a) materielle	110
b) verfahrensrechtliche	112
c) sonstige	113
4. Die Zustimmung des Mieters	114
5. Fälligkeit der Mieterhöhung	120
IV. Das gerichtliche Erhöhungsverfahren	122
1. Die Überlegungsfrist	123

	Rdn
2. Die Klagefrist	124
3. Die Zustimmungsklage und das Urteil	128
4. Die Zurücknahme der Zustimmungsklage	133
V. Prozessuale Besonderheiten	134
1. Zuständigkeit, Rechtsmittel	134
2. Zustimmungsverfahren	135
a) Schlüssigkeit der Zustimmungsklage	136
b) Bestreiten des Mieters	137
c) Berichtigung und Ergänzung der Begründung	138
d) Klagänderung	139
3. Beweiserhebung	140
4. Schätzung	152
5. Nachfolgende Zahlungsklage	153
6. Gerichtlicher Vergleich	154
7. Streitwert	155
8. Übergangsprobleme	155a
VI. Die Verpflichtung der Gemeinden zur Erstellung von Mietspiegeln	156
1. Allgemeines/Zweck	156a
2. Maßgebender Begriff des Mietzinses	156c
3. Die Art des Zustandekommens des Mietspiegels und seine Auswirkungen	156f
4. Sachlicher Inhalt des Mietspiegels	156h
5. Erhebungsverfahren	156k
6. Die statistischen Orientierungswerte aus rechtlicher Sicht	156m
7. Zeitliche Geltungsdauer und Fortschreibung des Mietspiegels	156r
Anhang 1	
Bericht der Bundesregierung betreffend der Ermöglichung einer vermehrten Aufstellung von Mietspiegeln durch die Gemeinden	156t
Fortschreibung der Hinweise für die Aufstellung von Mietspiegeln	156u
Anhang 2	
Wohnflächenberechnung nach DIN 283	157

Schrifttum

(die aufgenommenen Veröffentlichungen bis zum Jahrgang 1974 beziehen sich auf das 1. WKSchG, sind aber auch für das 2. WKSchG von Bedeutung); vgl. im übrigen auch das Schrifttumsverzeichnis zu § 1 MHG

Barthelmess, Die Neuregelungen des Miethöhegesetzes, WM 83, 63;
ders., Die Mietzinsgestaltung bei preisfreiem Wohnraum – Ein Überblick über die Rechtsentscheide, ZMR 85, 289;
Blümmel, Balkone bei der Ermittlung der Wohnfläche, ZMR 84, 18;
Deggau, Das Sachverständigengutachten im Mieterhöhungsverfahren ZMR 84, 73;
ders., Zur Verfassungswidrigkeit der Kappungsgrenze, NJW 84, 218;
Derleder, Strukturfragen der ortsüblichen Vergleichsmiete, WM 83, 221;
Derleder/Schlemmermeyer, Sachverstand als Datenersatz? Zur Rolle des Sachverständigen im Mieterhöhungsverfahren, WM 78, 225;
Englert, Die anrechenbare Wohnfläche im Mieterhöhungsbegehren, ZMR 80, 132;
Fehl, Rechtsdogmatische Betrachtungen zur Mietanhebungsklage nach dem Gesetz über den Kündigungsschutz für Mietverhältnisse über Wohnraum, NJW 74, 924;
Finger, Das Gesetz zur Erhöhung des Angebots an Mietwohnungen und § 5 WiStG, ZMR 84, 1;
Fricke, Die Feststellung der ortsüblichen Vergleichsmiete bei Verbesserungsmaßnahmen des Mieters, ZMR 76, 325;
Gallas, Zum Streitwert einer Zustimmungsklage und zur erstinstanzlichen Zuständigkeit für Mieterhöhungen, ZMR 77, 263;
Gärtner, Rechtsfragen der Mietpreisgestaltung, DB 85, 1677, 1725;
Gather, Aktuelle Rechtsprechung zum Mietpreisrecht im freifinanzierten Wohnungsbau, DWW 85, 110;
ders., Verfassungsrechtliche Aspekte bei der Anwendung der Kappungsgrenze nach § 2 Abs. 1 Nr. 3 MHG neuer Fassung, DWW 84, 301;
ders., Zur Mieterhöhung im freifinanzierten Wohnungsbau, FWW 84, 122;
Gelhaar, Die ortsübliche Vergleichsmiete und ihre ,,Bandbreite", MDR 81, 446;
ders., Zweifelsfragen in dem Gesetz zur Erhöhung des Angebots an Mietwohnungen vom 20. 12. 82 (BGBl. I 1.912), DWW 83, 58;
Goch, Was muß bei der Erstellung von Mietspiegeln beachtet werden? WM 80, 69;
Happ, Ist die Vergleichsmiete die Brutto- oder die Nettomiete? DWW 81, 252;
Heitgreß, Die 30%-Kappungsgrenze im Miethöhegesetz neuer Fassung, WM 83, 44;
Heller, Mieterhöhung durch den noch nicht als Eigentümer eingetragenen Grundstückskäufer mit Einwilligung des Vermieters? WM 87, 137;
Hemming, 30%-Kappungsgrenze und Wegfall der Preisbindung, WM 83, 183;
Heublein/Kuda, Überleitungsprobleme bei § 2 MHG neuer Fassung, WM 83, 95;
Huber, Die höchstrichterliche und obergerichtliche Rechtsprechung zum Mieterhöhungsverlangen, DWW 82, 346;
ders., Die Pflicht des Mieters zur Duldung des Betretens seiner Wohnung zum Zweck der Erstellung eines Mietwertgutachtens, DWW 80, 192;
Hummel, Klagänderung im Mieterhöhungsverfahren, WM 86, 78;
Isenmann, Grundlagen für die Berechnung von Wohnflächen, ZMR 86, 114;
Joch, Vergleichsmieten bei Wohnungen im selben Haus, NJW 82, 1.682;
Jung, Zur Berechtigung des Vermieters, bei Beendigung der Preisbindung einer Wohnung die marktübliche Vergleichsmiete fordern zu können und deren Berechnung, ZMR 86, 427;
Kellerhals, Teilweise Zustimmung zur begehrten Mieterhöhung auf die ortsübliche Vergleichsmiete, DWW 79, 160;
von Keyserlingk, Inhalt des Sachverständigengutachtens bei Mieterhöhungsverlangen nach § 2 MHG, ZMR 79, 257;
Klas, Der Geltungsbereich der ,,Kappungsgrenze" in § 2 I 1 Nr. 3 MHG, WM 83, 98;
Kny, Mietspiegel – Funktionsweise und Leistungsfähigkeit –, Archiv für Kommunalwissenschaften 82, 274;

§ 2. Erhöhung der Grundmiete C 41

Kohl, Mietspiegel am Ende? NJW 81, 320;
Köhler, Der Sachverständige im Mieterhöhungsverfahren NJW 79, 1535;
Kreikebohm/Meyer, Die ortsübliche Vergleichsmiete (§ 2 II u. III MHG) in verfassungsrechtlicher Sicht und die Vorlagepflicht nach Artikel 100 Grundgesetz für Berliner Gerichte – BlfGBWR 82, 128;
Krog, Ungesetzliche Erschwerungen der Zustimmungsklage zur Anhebung des Mietzinses nach § 2 MHG, ZMR 77, 260;
Kummer, Zur Mieterhöhung bei veräußerten ,,Gemeinnützigkeitswohnungen" (§§ 571, 580 BGB), WM 87, 298;
ders., Zur Benennung von Vergleichswohnungen (§ 2 Abs. 2 S. 1 und S. 4 MHG), WM 85, 39;
Langenberg, Die Begründung des Mieterhöhungsverlangens nach § 2 II MHG durch Sachverständigengutachten, ZMR 80, 161;
Lau, Das Mieterhöhungsverlangen bei Wohnraum des gemeinnützigen Wohnungsbaus, WM 78, 201;
Lessing, Die ersten Auswirkungen des neuen Mietrechts in der gerichtlichen Praxis, DRiZ 83, 461;
Linthe, Anforderungen an ein Sachverständigengutachten zur Mieterhöhung nach dem MHG, ZMR 79, 354;
ders., Beispiel für die Ermittlung des Mietwerts, ZMR 81, 67;
Nicolini, Die Mietspiegel in der Bundesrepublik Deutschland – eine Analyse ausgewählter Beispiele, der Städtetag 84, 8;
Niederberger, Normative Anforderungen an die Aufstellung von Mietspiegeln, WM 80, 172;
Meier, Zur Erstattungsfähigkeit der vorprozessualen Sachverständigenkosten im Mieterhöhungsverfahren, ZMR 84, 149;
Olivet, Was erwartet das Gericht vom Sachverständigen, insbesondere bei Mietgutachen?, ZMR 79, 129;
ders., Kann der Vermieter seinem Mieterhöhungsverlangen nach § 2 MHG Wohnwerterhöhungen des Mieters zugrundelegen, ZMR 79, 321;
Riedmaier, Das System der Vergleichsmiete in der neueren Rechtsprechung, ZMR 87, 1;
Risse, Die Mietdauer beeinflußt die Miethöhe – Neu- und Altmieten im Mietspiegel, GWW 78, 160;
Röbbert, Änderungen im Mietrecht, Betrieb 83, 161;
Röder, Mieterhöhungen bei Werkmietwohnungen, MDR 82, 276;
Roewer u. Hüsken, Der räumliche Geltungsbereich von ,,Mietspiegeln" gemäß § 2 Abs. 2 MHG, ZMR 79, 163;
Rupp, Ortsübliche Miete und Mietspiegel, DWW 79, 279;
ders., Die ortsübliche Vergleichsmiete: Dauerlösung mietrechtlicher Probleme oder Fiktion mit Ungereimtheiten, DWW 78, 31;
Scharf, praktische Probleme bei der richterlichen Feststellung der üblichen Entgelte nach § 2 MHG, WM 85, 137;
Schmidt, Zur Wohnflächenberechnung bei der Ermittlung des ortsüblichen Mietzinses, BlGBW 83, 226;
Schmidt-Futterer, Die Berücksichtigung örtlicher Mietwerttabellen bei der Erhöhung des nicht preisgebundenen Mietzinses, BlGBW 76, 86;
Schopp, Gutachten über Mietzinserhöhungen, ZMR 77, 257;
ders., Mieterhöhung nach § 2 MHG bei länger zurückliegenden Aufwendungen des Mieters zur Verbesserung der Mietsache, ZMR 82, 353;
Scholz, Probleme des Mieterhöhungsverlangens nach dem neuen Miethöhegesetz, NJW 83, 1822;
Schultz, Probleme der §§ 1, 2 MHG in der Praxis des Mietprozesses, ZMR 83, 289;
Schulz, Die Behandlung der in der Grundmiete enthaltenen Betriebskosten im Rahmen eines Mieterhöhungsbegehrens gemäß § 2 MHG, DWW 81, 317;
Schulz/Streich, Mindestanforderungen an Mietgutachten, ZMR 85, 370;
Sennekamp, Minderung und Einrede des nicht erfüllten Vertrags im Mieterhöhungsverfahren, ZMR 78, 196;

Spatz, Die Stellung des Richters im Zustimmungsprozeß nach § 2 MHG, ZMR 77, 226;
ders., Begründung des Mieterhöhungsverlangens, WM 76, 197;
Speiser, Vergleichsmiete oder Marktmiete?, DWW 77, 200;
Stellwaag, Der Dreijahreszeitraum des § 2 Abs. 1 S. 1 Nr. 2 MHG – ein Danaergeschenk an den Vermieter?, DWW 86, 10;
Sternel, Neues Wohnraummietrecht – zum Gesetz zur Erhöhung des Angebots an Mietwohnungen – MDR 83, 265 u. 356;
Streich, Ortsübliche Vergleichsmiete von Einfamilienhäusern, DWW 81, 250;
Streit, Die Vergleichsmiete ist die Nettomiete, DWW 82, 48;
Vogel/Welter, Die Begrenzung von Mieterhöhungen auf 30% innerhalb von drei Jahren, NJW 83, 432;
Wangemann, Das Erhöhungsverlangen und seine Begründung, WM 76, 21;
ders., Die Funktion des vorprozessualen Mietzinserhöhungsverlangens, WM 77, 1;
Weimar, Begründung eines Mieterhöhungsverlangens mit Sachverständigengutachten, WM 76, 89;
ders., Der Bauzustand der Mietwohnung und die ortsübliche Vergleichsmiete, Betr. 75, 2264;
Wichardt, Wirksamkeit von einseitigen Willenserklärungen während der Preisbindung von Wohnraum, ZMR 80, 99;
Wiek, Die Kosten des vorprozessualen Sachverständigengutachtens im Mieterhöhungsverfahren, WM 81, 169;
ders., Zur Zulässigkeit der vorzeitigen Zustimmungsklage des Vermieters, BlfGBW 82, 21;
Wiethaup, Das Mieterhöhungsverlangen bei freifinanzierten Wohnungen nach § 2 MHG, ZMR 77, 65;
Winter, Der Mietspiegel zwischen Wohnwert und ortsüblicher Vergleichsmiete, WM 77, 85;
Wullkopf, Sachkunde und Methodik bei Sachverständigengutachten nach § 2 MHG, WM 85, 3;
Zimmermann, Zur Benennung von Vergleichswohnungen aus eigenem Bestand, WM 84, 64.

I. Allgemeines

1. Entstehungsgeschichte

Die Befugnis des Vermieters zur Erhöhung der Grundmiete war ursprünglich in § 3 I–IV des 1. WKSchG vom 25. 11. 1971 geregelt. Das 2. WKSchG vom 18. 12. 1974 hat die Regelung mit verschiedenen Änderungen als § 2 des Gesetzes zur Regelung der Miethöhe übernommen. Durch das Gesetz zur Erhöhung des Angebots an Mietwohnungen vom 20. 12. 1982 wurde die Vorschrift erneut geändert.

2. Zweck

Das Recht des Vermieters, den vereinbarten Mietzins gegen den Willen des Mieters zu erhöhen, wird in Übereinstimmung mit Art. 14 I 2, II, 20 GG beschränkt (s. Rdn A 35). Zwar gewährleistet die Vorschrift, daß Mieterhöhungen im angemessenen Rahmen zur Erhaltung der Wirtschaftlichkeit des Hausbesitzes in den Grenzen der allgemeinen Marktentwicklung durchgesetzt werden können, wobei der Bestand des Mietverhältnisses aus diesem Grund unangetastet bleiben muß (s. Rdn A 33).

§ 2. Erhöhung der Grundmiete

Deshalb gibt § 2 dem Vermieter einen durchsetzbaren Anspruch auf eine Mieterhöhung bis zur marktorientierten Grenze der ortsüblichen Vergleichsmiete auch gegen den Willen des Mieters, wenn die in dieser Vorschrift vorgesehenen Erhöhungsvoraussetzungen eingehalten werden; das vom Gesetzgeber beibehaltene Prinzip der ortsüblichen Vergleichsmiete als Obergrenze wird gegenüber der Kosten- oder Tabellenmiete deshalb als gerechtfertigt für den nicht preisgebundenen Wohnraum angesehen, weil es die notwendige Berücksichtigung der unterschiedlichen örtlichen Verhältnisse gewährleiste, an den jeweiligen Marktverhältnissen orientiert bleibe und die Ausnutzung von Mangellagen verhindere (s. Rdn A 34). Zum Schutz des Mieters soll § 2 ebenso wie vordem § 3 I des (1.) WKSchG verhindern, daß der Vermieter ungerechtfertigte, nicht am jeweiligen Marktpreis orientierte Erhöhungen der Grundmiete durchsetzt, die er bei einer ausgeglichenen Marktlage nicht erzielen könnte. Diese Prinzipien stehen nach der Entscheidung des BVerfG vom 23. 4. 1974 (BVerfGE 37, 140) im Einklang mit den Bestimmungen des GG (s. Rdn A 35).

3. Anwendungsbereich

Der § 2 regelt die formellen und materiellen Voraussetzungen, unter denen der Vermieter von Wohnraum die verweigerte Zustimmung des Mieters zur Erhöhung des vereinbarten Mietzinses erforderlichenfalls gerichtlich durchsetzen kann. Die Vorschrift gilt für alle befristeten und unbefristeten Mietverhältnisse über **Wohnraum** (s. Rdn B 6 ff), soweit diese nicht ausdrücklich in § 10 II MHG vom Schutzbereich des Gesetzes ausgeschlossen sind (s. Rdn C 528). Auf **Mischräume** findet § 2 nur Anwendung, wenn der Wohnraumanteil nach der sogenannten Übergewichtstheorie größer ist als der Anteil der mitvermieteten Geschäftsräume. Wird aber für letztere ausdrücklich ein besonderer Teilmietzins vereinbart, findet insoweit § 2 keine Anwendung, falls der Vermieter auf Grund einer Mietanpassungsklausel zur Erhöhung berechtigt ist; anderenfalls ist auch hier § 2 mit der Maßgabe anwendbar, daß der Gesamtmietzins die ortsübliche Vergleichsmiete für die jeweiligen Wohn- und Geschäftsräume insgesamt nicht überschreiten darf (LG Mannheim, NJW 74, 1713 = MDR 74, 935 = WM 75, 15; s. auch Rdn B 16, 18).

Ob **besondere,** von § 2 erfaßte **Mietverhältnisse** nach der allgemeinen Marktlage und der Zielrichtung der Vorschrift eine abweichende Beurteilung von den sonst ortsüblichen Mietsätzen erfahren dürfen, muß grundsätzlich nach der Vergleichbarkeit der Objekte entschieden werden (s. Rdn C 68; z. B. Werkwohnungen, Heimplätze, möblierter Wohnraum). Auch **Heimverträge** werden hinsichtlich des vereinbarten oder festgesetzten Entgelts für die Überlassung des Heimplatzes vom MHG erfaßt, soweit die Aufnahme überwiegend Wohnzwecken dient (s. Rdn C 545; LG Köln WM 86, 376); hat der Mieter ein Gesamtentgelt für die Raumüberlassung und andere vom Heim geschuldete Leistungen (z. B.

Verpflegung, Raumpflege) zu entrichten, so bestimmt sich nur die Erhöhung des Mietanteils nach dem MGH, so daß dieser Anteil bei einer Pauschale vom Heim errechnet oder in Anlehnung an dafür üblicherweise von Heimträgern verlangte Teilbeträge angegeben werden muß (vgl. dazu § 7 WohngeldVO i. d. F. v. 8. 1. 1981, BGBl. I S. 35); das nicht auf die Raumüberlassung entfallende Entgelt kann vom Heimträger dagegen nach den Vereinbarungen im Heimaufnahme-Vertrag oder der Satzung ohne Rücksicht auf die ortsüblichen Entgelte für vergleichbare Leistungen erhöht werden (für Senioren-Wohnheim LG Berlin WM 74, 265).

Auf die gesetzlichen Beschränkungen der Mieterhöhung zum Schutz der Heimbewohner kann weder im Hinblick auf die damit verbundenen verwaltungstechnischen Erschwerungen für die Heimverwaltung noch deshalb verzichtet werden, weil neutrale Kontrollorgane die Erforderlichkeit der vom Heimträger angestrebten Erhöhung der sog. Pflegekosten überwachen. Den verwaltungstechnischen Schwierigkeiten kann erfahrungsgemäß dadurch begegnet werden, daß der für die Raummiete im Pflegesatz enthaltene Anteil in den Heimverträgen eindeutig ausgewiesen wird; entsprechendes gilt für Erhöhungen dieses Mietanteils, die sich an den üblichen Entgelten für gleichartige Heimräume ausrichten müssen, wobei gegebenenfalls auch auf Vergleichsobjekte an anderen Orten zurückgegriffen werden kann. Der Gesichtspunkt bereits vorhandener institutioneller Kontrollen erübrigt die Einhaltung der gesetzlichen Erhöhungsbeschränkungen des § 2 schon deshalb nicht, weil sich derartige Kontrollen auf die Erforderlichkeit der Kostendeckung für die Gesamtkosten des Heimplatzes beziehen, insbesondere also die hohen Dienstleistungs- und Verpflegungskosten zum Gegenstand haben; die darüber hinausgehende spezielle Frage des Schutzes der Heimbewohner vor nicht gerechtfertigten Erhöhungen des Mietanteils und der auch dadurch bedingten Erhaltung des Mietraums erfordert nach der derzeitigen Gesetzeslage insoweit die uneingeschränkte Anwendung der Mieterschutzvorschriften (a. A. LG Kiel WM 76, 79; s. auch Schmidt-Futterer/Blank, MR, Stichwort ,,Heimverträge").

C 45 Der § 2 findet auch auf Untermietverhältnisse, Mietverhältnisse über Werkwohnungen (§ 565b ff BGB) und Mieterhöhungen nach der gerichtlichen Verlängerung des Mietvertrags nach §§ 556a–c BGB Anwendung (im letzteren Fall muß die gesetzliche Obergrenze der ortsüblichen Vergleichsmiete eingehalten werden, während die sonstigen Erhöhungsvoraussetzungen hier unanwendbar sind; Sternel WM 73, 1). Gleiches gilt, wenn der Hausratsrichter bei der Zuteilung der Ehewohnung nach der Ehescheidung rechtsgestaltend ein Mietverhältnis zugunsten eines der geschiedenen Ehegatten nach § 5 HausratsVO begründet und dabei im Rahmen der Regelung der Nutzungsbedingungen einen neuen Mietzins festsetzt; hingegen brauchen die Grenzen der ortsüblichen Vergleichsmiete nach dem Schutzzweck des MHG insoweit nicht beachtet zu werden, wenn beide Ehegatten Miteigentümer der Wohnung sind und diese einem der Ehegatten zugewiesen wird, wobei eine spätere

§ 2. Erhöhung der Grundmiete   C 46–49

Mieterhöhung vom Hausratsrichter gem. § 17 HausratsVO zu bestimmen ist (BayObLG NJW 73, 2295 = MDR 74, 48; NJW 73, 2299 = WM 74, 39). Für die Zeit nach der Beendigung des Mietvertrags bestimmen sich die Rechte des Vermieters allein nach der Sondervorschrift des § 557 BGB (s. Rdn C 18).

Die Vorschrift gilt nicht für die Vereinbarung des Mietzinses **beim** C 46 **Abschluß** des Mietvertrags (s. Rdn B 2; zur Vereinbarung eines vorläufigen Mietzinses s. Rdn C 493); sie regelt nur Erhöhungen des vereinbarten Mietzinses **bis zur Beendigung** des Mietverhältnisses (s. Rdn B 21). Deshalb kann der Vermieter auch nach dem Kündigungsausspruch noch die Zustimmung zur Mieterhöhung verlangen (LG Berlin WM 80, 12). Voraussetzung ist allerdings, daß die Mieterhöhung noch innerhalb der Kündigungsfrist wirksam werden kann. Dies richtet sich nach den Fristen in § 2 III und IV MHG. Nach Ablauf der Kündigungsfrist ist eine Mieterhöhung ausgeschlossen (AG Gelsenkirchen ZMR 79, 86). Außerhalb des Geltungsbereichs des § 2 wird der zulässige Mietzins für Wohnraum durch die zivilrechtlichen Nichtigkeitsfolgen der im öffentlichen Interesse geschaffenen Strafvorschriften der §§ 5 WiStG, 302a StGB begrenzt (s. Rdn D 1 ff); eine Grundmiete, die im Zeitpunkt des Erhöhungsverlangens bereits gegen diese Vorschriften verstößt oder aber infolge der verlangten Erhöhung dagegen verstoßen würde, darf nicht dadurch sanktioniert werden, daß vom Gericht der Erhöhung stattgegeben wird.

Für den Anwendungsbereich des § 2 ist folgende **Abgrenzung** zu den C 47 übrigen Vorschriften des MHG von Bedeutung:

a) Die Erhöhung der Grundmiete darf vom Vermieter nach **§ 10 I MHG** nicht auf **Vereinbarungen** gestützt werden, die zum Nachteil des Mieters von den formellen und materiellen Erhöhungsvoraussetzungen des § 2 abweichen (s. Rdn C 477). Stimmt der Mieter dagegen im Einzelfall einem betragsmäßig bestimmten Erhöhungsverlangen des Vermieters ausdrücklich oder stillschweigend zu, so findet § 2 grundsätzlich nach § 10 I 2. Halbs. MHG keine Anwendung (s. Rdn C 497).

b) Wenn und soweit die Erhöhung der Grundmiete vertraglich nach C 48 § 1 S. 3 MHG ausgeschlossen worden ist, steht dem Vermieter kein Erhöhungsanspruch nach § 2 zu (s. Rdn C 31).

c) Da § 2 ausschließlich die Voraussetzungen für die Erhöhung der C 49 Grundmiete (s. Rdn C 2 ff) regelt, muß eine Erhöhung der Betriebskosten unter den erleichterten Voraussetzungen des **§ 4 MHG** als Lex specialis durchgesetzt werden (s. Rdn C 240). Das gilt auch, wenn eine Pauschalmiete (für Grundmiete einschließlich der Betriebskosten) vereinbart ist; in solchen Fällen erfordert die Erhöhung der Grundmiete nach § 2, daß die darin enthaltenen Betriebskosten nach den dafür üblichen Entgelten ausgesondert werden, wobei eine Schätzung nach § 287 ZPO zulässig ist (s. Rdn C 55). Die ausgesonderten Betriebskosten werden nach der Erhöhung der Grundmiete wieder hinzugerechnet. Die erhöhte Grundmiete und der unveränderte Betriebskostenteil bilden die

545

neue Pauschalmiete (ebenso: LG Nürnberg-Fürth WM 83, 148; Haberstumpf WM 83, 313). Davon abweichend vertritt das OLG Stuttgart in dem Rechtsentscheid vom 13. 7. 1983 (WM 83, 285) die Ansicht, daß über § 2 MHG eine Erhöhung bis zur „ortsüblichen Inklusivmiete" möglich sei (zum Erhöhungsverfahren in diesen Fällen s. Rdn C 95). Diese Ansicht führt dort zu abweichenden Ergebnissen, wo der Vermieter die nach Vertragsschluß eingetretenen Betriebskostenerhöhungen nicht nach § 4 II MHG auf den Mieter umgelegt hat. Die Rechtsansicht des OLG Stuttgart hat zur Folge, daß der Vermieter die unterlassene Kostenumlage nunmehr im Mieterhöhungsverfahren nach § 2 nachholen kann. Nach der hier vertretenen Ansicht wird nur derjenige Betrag wieder hinzugerechnet, der beim Vertragsschluß bei vernünftiger Kalkulation als Betriebskostenanteil berücksichtigt worden ist. Zwischenzeitliche Betriebskostensteigerungen bleiben außer Betracht, soweit der Vermieter diese Erhöhung nicht gem. § 4 II MHG auf den Mieter umgelegt hat. (im Erg. wie hier: Haberstumpf WM 83, 313). Ist die Umlage von Betriebskostenerhöhungen ausgeschlossen, (vgl. dazu Rdn C 283b) können diese Kosten auch nicht im Rahmen des § 2 berücksichtigt werden (vgl. zum Ganzen auch OLG Hamm WM 83, 312, das ebenfalls die Ansicht vertritt, daß die Pauschalmiete als „Gesamtmiete" erhöht werden kann.

C 50 d) Eine Erhöhung der Grundmiete nach § 2 wegen baulichen Änderungen i. S. d. **§ 3 MHG** (Verbesserungs- und Modernisierungsarbeiten) kommt nur dann in Betracht, wenn der Vermieter nicht von seinem Wahlrecht i. S. dieser Vorschrift Gebrauch gemacht hat (s. Rdn C 160). Sind Wohnwertverbesserungen nach § 3 MHG nicht durchsetzbar, kommt eine Angleichung des Mietzinses nach § 2 in Betracht, wenn die Voraussetzungen dieser Vorschrift vorliegen. In diesem Fall müssen aber die öffentlichen Mittel, die der Vermieter zur Durchführung der Modernisierung erhalten hat ebenso wie bei einer Mieterhöhung nach § 3 von dem Jahresbetrag des verlangten Mietzinses abgezogen werden. Dies wird durch Satz 2 des § 2 I MHG ausdrücklich klargestellt.

C 51 e) Die Erhöhung der Kapitalkosten rechtfertigt nur unter den engen Voraussetzungen des **§ 5 MHG** eine Erhöhung des Mietzinses; liegen diese nicht vor, rechtfertigt dieser Gesichtspunkt für sich allein keine Erhöhung, weil das Steigen dieser und anderer Lasten des Grundstücks nach § 2 einen Erhöhungsanspruch nur im Falle der unterschrittenen ortsüblichen Vergleichsmiete gibt. Es kann im Rahmen des § 2 auch nicht berücksichtigt werden, daß § 5 MHG nur die Umlage der Zinserhöhung bestimmter Fremdmittel zuläßt, so daß der Vermieter für den Nachteil baubedingter Verwendung anderer Gelder (z. B. Eigenkapital) vom Mieter keinen Ausgleich über eine höhere Grundmiete verlangen kann.

C 52 f) Nach **§ 9 I MHG** ist der Mieter beim Zugang eines Erhöhungsverlangens i. S. d. § 2 unter den dort genannten Voraussetzungen berechtigt, das Mietverhältnis mit verkürzter Frist zu kündigen (s. Rdn C 448).

§ 2. Erhöhung der Grundmiete C 53, 54

II. Die sachlichen Erhöhungsvoraussetzungen

1. Die ortsübliche Vergleichsmiete (Abs. I Nr. 2) C 53

a) Allgemeines

Der vom Vermieter geforderte erhöhte Mietzins darf die üblichen Entgelte, die in der Gemeinde oder vergleichbaren Gemeinden für die Vermietung von Räumen vergleichbarer Art, Größe, Ausstattung, Beschaffenheit und Lage gezahlt werden, nicht übersteigen. Eine Erhöhung ist somit nur dann gerechtfertigt, wenn und soweit der bisherige Mietzins die ortsübliche Vergleichsmiete nicht erreicht. Es handelt sich dabei um einen **unbestimmten Rechtsbegriff**; dieser ist der Auslegung zugängig, liegt aber in seiner Ausgestaltung nicht im Ermessen des Gerichts. Damit legt der Gesetzgeber als **Obergrenze** einer zulässigen Mieterhöhung den gegenwärtig auf dem örtlichen Wohnungsmarkt für gleichwertigen Wohnraum tatsächlich gezahlten Mietzins fest. Andere Begrenzungen einer zulässigen Mieterhöhung, wie sie etwa in der Form einer für öffentlich geförderten Wohnraum geltenden Kostenmiete oder einer angemessenen Ertragsmiete unter Berücksichtigung der individuellen Aufwendungen des Vermieters möglich gewesen wären, sind vom Gesetzgeber als Bewertungsmaßstab bewußt vermieden worden.

Obwohl der **Begriff** der ortsüblichen Vergleichsmiete vom Gesetzgeber in anderem Sachzusammenhang bereits in **früheren Gesetzen** verwendet wurde, kann auf diese Preisvorschriften bei der Auslegung des § 2 nicht zurückgegriffen werden (vgl. die Darstellung bei Lutz DWW 71, 387). Diese früheren Preisvorschriften berührten nämlich insoweit zunächst nur den Aufgabenbereich der dafür zuständigen Verwaltungsbehörden bei der Festsetzung der jeweiligen Miethöhe im Einzelfall (VOPR Nr. 71/51 vom 29. 11. 1951; BGBl. I S. 920); diese Behörden hatten damals wegen der noch geltenden oder erst kurzfristig aufgehobenen Mietpreisbindung anhand greifbarer Vergleichsobjekte und Mietwerte die durchaus realisierbare Möglichkeit, als neutrale Mietpreisbehörde die Vergleichsmiete zu ermitteln und pflichtgemäß festzusetzen (Löwe NJW 72, 2017). Schon nach früherem Recht wurde es aber von den Gerichten als unzureichend angesehen, wenn statt einer ordnungsgemäßen Ermittlung der ortsüblichen Vergleichsmiete die Verwaltungsbehörde auf Schätzungen auswich (BVerwG NJW 56, 804 = ZMR 56, 341; ZMR 57, 90; OVG Münster ZMR 54, 16). Nach der Aufhebung dieser Behörden und vielen Jahren einer freien, nicht mehr behördlich registrierten Mietpreisentwicklung sind die früher gegebenen Möglichkeiten entfallen. Aber auch bei der späteren Verwendung des Begriffs der ortsüblichen Vergleichsmiete in § 24 des I. BMG vom 27. 7. 1955 (BGBl. I S. 458) als Obergrenze von Mieterhöhungen für Geschäftsräume, die früher der Preisbindung unterlagen, bestanden heute nicht mehr gegebene rechtliche und tatsächliche Voraussetzungen für die Ermitt-

C 54

lung dieser Mietpreisgrenze durch den Vermieter oder Sachverständigen; trotzdem verlangte der BGH auch für diese Mieterhöhungen grundsätzlich die Angabe mehrerer Vergleichsobjekte in der Erhöhungserklärung, während er nur in besonderen Ausnahmefällen die anderweitige Ermittlung der Vergleichsmiete (z. B. durch Sachverständige) zuließ (BGHZ 26, 310; BGH NJW 59, 1634; NJW 60, 1248; NJW 63, 291). Diese damaligen Ausnahmefälle können im Rahmen des § 2 I nicht zur Regel gemacht werden, weil einerseits die tatsächlichen Schwierigkeiten bei der vertretbar gesicherten Feststellung der Obergrenze für einen damals noch überschaubaren Mietmarkt einiger in Betracht kommender Geschäftsräume nicht vergleichbar mit der Ermittlung der undurchsichtigen Mietpreise eines großen Teils des gesamten Wohnungsbestandes der BRD sind und sich die Zielrichtung des § 24 I BMG (Wiederherstellung der Wirtschaftlichkeit des Hausbesitzes) grundsätzlich von dem sozialen Schutzzweck des § 2 unterscheidet (a. A. Klien NJW 73, 974; gegen diesen Höfel WM 73, 152).

C 54a **b) Der Begriff der ortsüblichen Miete**

aa) Nach der bis 31. 12. 1982 geltenden Fassung hing der Mieterhöhungsanspruch in materiellrechtlicher Hinsicht davon ab, daß der bisherige Mietzins die üblichen Entgelte, die in der Gemeinde oder in vergleichbaren Gemeinden für nicht preisgebundenen Wohnraum vergleichbarer Art, Größe, Ausstattung, Beschaffenheit und Lage gezahlt werden, nicht übersteigt. Für diesen gesetzlichen Bezugsmaßstab hat sich der Begriff „ortsübliche Vergleichsmiete" eingebürgert. Dabei war in der Vergangenheit umstritten, ob die ortsübliche Vergleichsmiete im Sinne einer Durchschnittsmiete oder im Sinne einer Marktmiete zu verstehen war (vgl. Rupp DWW 79, 279). Unter der **Durchschnittsmiete** wird dabei derjenige Mietpreis bezeichnet, der für die Gesamtheit der bestehenden Mietverhältnisse bezahlt wird. **Marktmiete** ist dagegen derjenige Preis, der im Falle einer Neuvermietung erzielt werden könnte. Nach dem Rechtsentscheid des BayObLG vom 19. 3. 1981 (RES § 2 MHG Nr. 7) war unter dem Begriff der üblichen Entgelte ein repräsentativer Querschnitt der Mieten zu verstehen, die in der Gemeinde unter gewöhnlichen Umständen tatsächlich und üblicherweise gezahlt werden. Zur Ermittlung dieses Entgelts waren auch diejenigen Mietzinsvereinbarungen zu berücksichtigen, die seit längerer Zeit unverändert bestanden (sogenannte Bestands- oder Altmieten). Der Streit um die richtige Auslegung des Begriffs der ortsüblichen Vergleichsmiete wurde damit im Sinne der Durchschnittsmiete entschieden.

C 54b **bb)** Durch das **Gesetz zur Erhöhung des Angebots an Mietwohnungen** vom 20. 12. 1982 – BGBl. I S. 1912 – wurde der Begriff der ortsüblichen Vergleichsmiete geändert.

Nach der Neufassung des § 2 I 2 kommen nur noch solche Entgelte als Vergleichsmaßstab in Betracht, die „in den letzten drei Jahren vereinbart oder von Erhöhungen nach § 4 abgesehen, geändert worden sind". Die-

§ 2. Erhöhung der Grundmiete

se Lösung stellt der Sache nach einen Kompromiß zwischen der Durchschnittsmiete und der Marktmiete dar (**modifizierte Durchschnittsmiete**).

Die gesetzgeberische Ausgestaltung des neuen Mietzinsbegriffs ist mißlungen. Dies zeigt sich insbesondere bei einem Vergleich zwischen § 2 I 2 und § 2 V. In der letztgenannten Vorschrift ist bestimmt, daß die Gemeinden Mietspiegel erstellen und im Abstand von zwei Jahren fortschreiben sollen. Darin kommt zum Ausdruck, daß die ortsübliche Miete im Regelfall unter Verwendung eines Mietspiegels ermittelt werden soll. Der Mietspiegel ist auch nach der Ansicht des Gesetzgebers das am besten geeignete Mittel zum Nachweis der üblichen Entgelte (vgl. Begründung des Gesetzentwurfs Rdn. F 100). Demzufolge müßten der materiell-rechtliche Begriff der ortsüblichen Vergleichsmiete in § 2 I 2 als Erkenntnisgegenstand und die Regelungen über die Ermittlung der ortsüblichen Miete in § 2 V, also das Erkenntnismittel, aufeinander abgestimmt sein. Dies ist allerdings nicht der Fall. Nach dem Wortlaut des § 2 I 2 ist die modifizierte Durchschnittsmiete nämlich dadurch gekennzeichnet, daß sie sich ständig verändert. Für jedes Mieterhöhungsverlangen müßten bei exakter Handhabung der Vorschrift deshalb andere Vergleichsobjekte herangezogen werden. Denn der hier maßgebliche Zeitraum der letzten drei Jahre ist nach § 2 I 2 entweder vom jeweiligen Zugang oder der Abgabe des Mieterhöhungsverlangens an zu berechnen (vgl. Rdn. C 54 c). Da man bei realistischer Annahme davon ausgehen muß, daß sich das Mietzinsniveau durch Neuabschlüsse und Erhöhungsvereinbarungen laufend verändert, müßten beispielsweise für die im Winter eines Jahres abgegebenen Erhöhungserklärungen andere Vergleichsobjekte herangezogen werden als für die im Sommer durchgeführten Mieterhöhungsverfahren. Einem so definierten, auf dynamische Veränderung angelegten Mietzinsbegriff wird das Mietspiegelverfahren aber nicht gerecht. Die in den Mietspiegel einfließenden Vergleichsobjekte können nur im Zeitpunkt der Datenerhebung den Anforderungen des § 2 I 2 entsprechen. Sie sind bereits bei der Veröffentlichung des Mietspiegels nicht mehr aktuell; zum Zeitpunkt der in § 2 V vorgesehenen Fortschreibung wird der aus dem Mietspiegel ersichtliche Mietzins auch durch solche Vergleichsobjekte mit beeinflußt, deren Mietpreis wesentlich länger als drei Jahre unverändert sein kann. Der durch einen Mietspiegel ausgewiesene Mietpreis ist immer in einem gewissen Sinne statisch. Dieselben Anforderungen müssen aus erkenntnistheoretischen Gründen aber auch an den materiellen Mietzinsbegriff des § 2 I 2 gestellt werden. Die Ermittlung einer sich ständig ändernden Größe ist den Mietvertragsparteien nämlich kaum möglich und – wie § 2 V zeigt – vom Gesetzgeber auch nicht gewollt.

cc) Daraus folgt, daß der Begriff der modifizierten Durchschnittsmiete im Licht des § 2 V gesehen werden muß. Daraus ergibt sich weiter, daß sich der Zeitraum der **letzten drei Jahre** nicht auf den Zugang des Erhöhungsverlangens, sondern nur auf den Zeitpunkt der Datenerhebung beziehen kann (ebenso Sternel MDR 83, 356; ZMR 83, 73; Barthelmess WM 83, 63). Liegt in der Gemeinde ein Mietspiegel vor, bei dessen Erstellung ausschließlich die Mietpreisvereinbarungen der letzten drei Jahre berücksichtigt worden sind und ist die Fortschreibungsfrist des § 2 V nicht wesentlich überschritten, so kann die ortsübliche Miete vom Gericht anhand dieses Mietspiegels ermittelt werden.

Muß die ortsübliche Miete unter Mithilfe eines Sachverständigen festgestellt werden, so kann der Sachverständige nur auf solche Vergleichsobjekte zurückgreifen, deren Mietpreise innerhalb der letzten drei Jahre neu vereinbart oder geändert worden sind. Maßgeblich für die Berechnung der Frist ist die Abgabe des Mieterhöhungsverlangens, weil dies der späteste Zeitpunkt für die Datenermittlung ist (Sternel a. a. O.). Mieterhöhungsvereinbarungen, die nach Abgabe des Erhöhungsverlangens zustande gekommen sind, müssen unberücksichtigt bleiben. Es wird allerdings auch die Ansicht vertreten, daß für den Zeitpunkt der Fristberechnung der Zugang des Mieterhöhungsverlangens maßgeblich sein soll (Landfermann, Erläuterungen S. 39; Köhler, Neues Mietrecht S. 62).

Die sich daraus ergebenden Unterschiede fallen allerdings kaum ins Gewicht. Die Wahl eines vor der Abgabe des Mieterhöhungsverlangens liegenden Zeitpunkts ist – wie bei der Ermittlung durch Mietspiegel – unschädlich. Dieselben Grundsätze gelten, wenn die ortsübliche Vergleichsmiete ohne Sachverständigen durch die Heranziehung von Vergleichsobjekten ermittelt wird.

C 54d dd) Die hier dargestellten unterschiedlichen Erkenntnismöglichkeiten haben zur Folge, daß der Begriff der modifizierten Durchschnittsmiete mit einer gewissen Unschärfe behaftet ist. Insbesondere sind Fälle denkbar, in denen ein Sachverständiger auf aktuellere Daten zurückgreifen könnte als sie beispielsweise einem seit zwei Jahren unveränderten Mietspiegel zugrunde liegen. Wesentliche Einwände gegen das Prinzip der ortsüblichen Miete lassen sich daraus allerdings nicht herleiten. Es gehört zu den Kennzeichen einer marktwirtschaftlichen Ordnung, daß die üblichen Preise für eine bestimmte Ware oder Leistung differieren und deshalb nur in Form eines der Wirklichkeit angenäherten Wertes wiedergegeben werden können. Aus diesem Grunde ist es auch nicht gerechtfertigt, wenn das vermeintlich aktuellere Sachverständigengutachten gegenüber dem Mietspiegel bevorzugt wird. Der Mietspiegel im Sinne des § 2 V muß wegen der Fülle des Datenmaterials, der wissenschaftlich abgesicherten Auswahl der Vergleichsobjekte sowie der Exaktheit der Datenverarbeitung auch dann als das überlegene Beweismittel angesehen werden, wenn er sich nicht mehr auf dem allerneuesten Stand befindet. Hiervon ist auch der Gesetzgeber ausgegangen, wie die Vorschrift des § 2 V deutlich zeigt (vgl. dazu auch Kohl NJW 81, 320).

C 54e ee) Nach § 2 I 2 sind bei der Ermittlung der ortsüblichen Vergleichsmiete nur noch solche Vergleichsobjekte zu berücksichtigen, deren Mietpreise „in den letzten drei Jahren vereinbart oder, von Erhöhungen

§ 2. Erhöhung der Grundmiete C 54 f–h

nach § 4 abgesehen, geändert worden sind". Durch diese Regelung soll die ortsübliche Miete in stärkerem Maße als bisher an die wirtschaftliche Entwicklung angepaßt werden. Dieser Zielrichtung hätte es entsprochen, wenn der Gesetzgeber nicht nur die Betriebskostenerhöhungen nach § 4, sondern auch die Kapitalkostenerhöhungen nach § 5 aus dem Kreis der zu berücksichtigenden Preisveränderungen ausgenommen hätte. Beiden Kostenarten ist gemeinsam, daß sie sich unabhängig von den speziellen Gegebenheiten des Wohnungsmarktes entwickeln. Dennoch hat der Gesetzgeber die Kapitalkostensteigerungen nicht gesondert behandelt, weil bei zurückliegenden Mietzinssteigerungen häufig nicht mehr festgestellt werden könne, aus welchem Grund sie eingetreten sind (s. Rdn. F 113). Die gewählte Gesetzesfassung beruht deshalb insoweit auf praktischen Erwägungen.

ff) Als **Vergleichsobjekte** kommen zunächst diejenigen Wohnungen C 54 f
in Betracht, die im Erhebungszeitraum neu vermietet worden sind. Diese Mietpreisvereinbarungen müssen auch dann berücksichtigt werden, wenn der Mietvorgänger denselben oder einen höheren Mietpreis gezahlt hatte. Diese Auslegung entspricht auch dem Sinn der Vorschrift, durch die ein stärkerer Bezug zur Marktmiete hergestellt werden soll. Bei Mietverhältnissen, die länger als drei Jahre bestehen, kommt es darauf an, ob die Mietpreisvereinbarung im Erhebungszeitraum geändert worden ist. Die Änderung kann sowohl durch eine Erhöhungsvereinbarung als auch durch Ausübung des einseitigen Mieterhöhungsrechts nach §§ 3, 5 MHG zustande gekommen sein. Unerheblich ist es, ob sich die Parteien auf freiwilliger Basis geeinigt haben oder ob der Mieter vom Gericht zur Zustimmung zur Mieterhöhung bzw. zur Zahlung einer höheren Miete verurteilt worden ist. Auch Änderungen aufgrund einer Staffelmietvereinbarung fallen unter § 2 I 2 (vgl. Rdn. C 54 k). Die Neufestsetzung des Mietzinses im Hausratsteilungsverfahren oder im Verfahren nach § 556 a BGB ist ebenfalls zu berücksichtigen, weil sich auch diese Festsetzung an den Marktgegebenheiten orientieren muß.

gg) Unter § 2 I 2 a fallen sowohl **Mieterhöhungen** als auch **Mietermä-** C 54 g
ßigungen. Auch insoweit ist es unerheblich, ob die Mietmäßigung aufgrund einer vertraglichen Vereinbarung, aufgrund einseitiger Erklärung nach § 5 III oder durch richterlichen Gestaltungsakt zustande gekommen ist. Keine Mietermäßigung liegt in jenen Fällen vor, in denen der Mieter den Mietzins gemindert hat, weil dadurch die Mietpreisvereinbarung nicht abgeändert wird. Gleiches gilt, wenn der Mieter deshalb weniger zahlt, weil die Mietpreisvereinbarung gegen §§ 5 WiStG, 302 a StGB verstößt. In diesen Fällen ist die Mietpreisvereinbarung nur in Höhe der ortsüblichen Miete wirksam (s. Rdn D 18), so daß von einer Änderung nicht die Rede sein kann.

hh) Ob ein Mietpreis geändert worden ist, muß nach dem Wortlaut C 54 h
des Gesetzes und aus Gründen der Praktikabilität nach formalen Kriterien beurteilt werden. Es kommt deshalb nur darauf an, ob während des Erhebungszeitraums unterschiedliche Mietpreise gezahlt worden sind.

Hat beispielsweise ein Vermieter den Mietpreis wegen gestiegener Kapitalkosten zunächst erhöht (§ 5 I) und später wegen einer Zinsermäßigung wieder gesenkt (§ 5 III), so liegt auch dann eine Preisänderung im Sinne von § 2 I 2 vor, wenn nach der Mietsenkung derselbe Preis geschuldet wird wie vor der Mieterhöhung.

C 54i ii) Nach dem Wortlaut des § 2 I 2 bleiben **„Erhöhungen nach § 4"** unberücksichtigt. Die Wahl des Begriffs „Erhöhungen" beruht dabei offensichtlich auf einem Redaktionsversehen. Nach dem Sinn der Vorschrift muß nämlich jede Veränderung der Betriebskosten, sei es eine Erhöhung oder eine Ermäßigung unberücksichtigt bleiben. Im Ergebnis bedeutet dies, daß solche Mietverträge, bei denen sich im Erhebungszeitraum lediglich die Betriebskosten verändert haben, als Vergleichsobjekte ausscheiden. Dabei ist es auch hier unerheblich, ob die Betriebskostenveränderung aufgrund einer Nebenkostenvereinbarung oder aufgrund des einseitigen Erhöhungsrechts nach § 4 II erfolgt ist. Es kommt insoweit auch nicht darauf an, ob der Vermieter das förmliche Verfahren nach § 4 II eingehalten hat.

Keine Betriebskostenveränderung, sondern eine Veränderung des Mietpreises liegt dagegen vor, wenn sich der Mieter nach Abschluß des Mietvertrags zur Zahlung bisher nicht geschuldeter Betriebskosten verpflichtet hat. Von § 2 I 2 werden nämlich nur solche Betriebskostenveränderungen erfaßt, die aufgrund einer bereits bestehenden Vereinbarung oder kraft Gesetzes eintreten.

C 54j jj) Wenn der Gesetzgeber durch die Neufassung des § 2 I 2 die ortsübliche Vergleichsmiete stärker an die Marktmiete angepaßt hat, so ist die Vergleichsmiete dennoch nicht mit der Marktmiete identisch. Es ist deshalb unzulässig, wenn bei der Ermittlung der üblichen Entgelte lediglich die in jüngster Zeit getroffenen Mietpreisvereinbarungen berücksichtigt werden. Insoweit gilt nach wie vor der Rechtsentscheid des BayObLG vom 19. 3. 1981 (RES § 2 MHG Nr. 7), wonach **Neu- und Altmieten** (letztere beschränkt auf den gesetzlichen Erhebungszeitraum) mit ihrem tatsächlichen Bestand repräsentativ berücksichtigt werden müssen. Eine exakte Umsetzung dieses Grundsatzes wird allerdings vielfach auf Schwierigkeiten stoßen, weil die tatsächliche Verteilung von Alt- und Neumieten nicht ohne weiteres ermittelt werden kann. Da der Erhebungszeitraum aber nur wenige Jahre umfaßt, wird es ausreichen, wenn jeder Jahrgang etwa gleichstark vertreten ist, oder wenn die Vergleichsobjekte ohne vorherige Gewichtung in einem Zufallsverfahren ausgewählt worden sind (im Ergebnis wohl ebenso: Köhler, Neues Mietrecht S. 63).

C 54k kk) Nach dem Rechtsentscheid des BayObLG vom 19. 3. 1981 (RES § 2 MHG Nr. 7) sind unter dem Begriff der **„üblichen Entgelte"** solche Mietentgelte zu verstehen, die unter gewöhnlichen Verhältnissen tatsächlich und üblicherweise gezahlt werden. Mieten, die wegen ungewöhnlicher oder persönlicher Verhältnisse unüblich niedrig oder hoch sind, sowie Mieten, die nicht im gewöhnlichen Geschäftsverkehr zustan-

§ 2. Erhöhung der Grundmiete

de gekommen sind, bleiben dagegen außer Betracht. Gleiches gilt für Mietverträge im Sinne des § 10 III MHG (s. Rdn. C 528 ff). Mietpreise, die aufgrund einer **Staffelmietvereinbarung** geschuldet werden, gehören dagegen zu den üblichen Entgelten im Sinne des § 2 I 2 (Barthelmess WM 83, 63), weil sich auch diese Vereinbarungen an den Marktverhältnissen orientieren und über § 5 WiStG in einem gewissen Sinne an die ortsübliche Vergleichsmiete gebunden sind (vgl. Rdn. C 523). Soweit zur Begründung der gegenteiligen Ansicht ausgeführt wird, daß Staffelmietvereinbarungen nicht nach dem Vergleichsmietenprinzip zustande kommen (Sternel MDR 83, 356; ZMR 83, 73; Derleder WM 83, 221), wird verkannt, daß es hierauf nicht entscheidend ankommt. Denn der Begriff der üblichen Entgelte umfaßt nicht nur solche Mietentgelte, die nach §§ 2 ff. MGH erhöht worden sind, sondern auch diejenigen Vereinbarungen, die beim Neuabschluß eines Mietvertrags getroffen wurden. Da das MHG für diese Vereinbarungen ebenfalls nicht gilt, kann der Geltungsbereich dieses Gesetzes kein entscheidendes Auslegungskriterium sein. Maßgeblich sind hier allein die tatsächlichen Verhältnisse auf dem Wohnungsmarkt, soweit sie mit der Rechtsordnung im Einklang stehen. Da der Gesetzgeber die Staffelmiete nunmehr für zulässig erachtet, müssen die dort vereinbarten Mietpreise auch bei der Ermittlung der ortsüblichen Vergleichsmiete berücksichtigt werden.

c) Der vereinbarte und der ortsübliche Mietzins

aa) In der Ausgangsbetrachtung ist zu ermitteln, welchen Mietzins (s. Rdn C 2) der Mieter bisher nach den getroffenen Vereinbarungen schuldet. Aus der Sonderregelung des § 4 MHG für die vereinfachte Erhöhung der Betriebskosten ergibt sich, daß der Mietzins i. S. d. § 2 I nur die **Grundmiete** (Kaltmiete; s. Rdn C 2 ff) erfaßt, während darüberhinaus geschuldete Betriebskosten in Abzug zu bringen sind. Sind im Mietzins neben der Grundmiete auch Betriebskosten (z. B. Heizung, Wasser) unaufgeschlüsselt enthalten, muß der reine Mietzins dadurch bestimmt werden, daß die Nebenkosten bei Zweifeln über ihre tatsächliche Höhe geschätzt und abgezogen werden; diese Schätzungen kann das Gericht i. d. R. nach § 287 ZPO aus eigener Sachkunde vornehmen (s. dazu Rdn C 49).

C 55

bb) Die Obergrenze der angestrebten Mieterhöhung bestimmt das Gesetz durch die **üblichen Entgelte** für vergleichbaren Wohnraum. Es kommt somit nicht auf vereinzelt, gelegentlich oder häufig gezahlte Entgelte an; auch die Angemessenheit des verlangten Mietzinses muß außer Betracht bleiben (AG Kamen WM 72, 162). Vielmehr zwingt der hier verwendete Begriff der Üblichkeit nach dem Wortlaut und dem Zweck des § 2 dazu, entscheidend auf die **durchschnittlich** am Ort gezahlten Mietentgelte abzustellen. Dieser Durchschnittswert für eine näher bestimmte Wohnungskategorie muß sich denklogisch und nach den Vorstellungen des Gesetzgebers aus einer ausreichenden Anzahl vergleichbarer Wohnungen rechnerisch ergeben (s. Rdn C 75), so daß er in der

C 56

Ausgangsbetrachtung das notwendigerweise rechnerisch festgestellte mittlere Entgelt der in Betracht kommenden Wohnräume darstellt; dieses muß im Einzelfall durch gerechtfertigte Zu- und Abschläge unter Berücksichtigung der konkreten wohnwertbildenden Faktoren (s. Rdn C 59) zur maßgebenden ortsüblichen Vergleichsmiete ausgestaltet werden. Die Ausgangsbeurteilung bilden somit entweder die vom Vermieter ermittelten und benannten einzelnen Vergleichsobjekte oder aber die Ergebnisse einer umfassenden empirisch statistischen Untersuchung der jeweiligen Marktmiete (Mietwerttabelle; s. Rdn C 91).

C 57 Da das Ergebnis dieser Analyse der groben Strukturen des Wohnungsmarktes nur einen rechnerischen Ausgangswert begründen kann, muß aus dem festgestellten Mittelwert zur Vermeidung von Fehlbeurteilungen jedoch eine vertretbare **Bandbreite** nach oben und unten gebildet werden, weil als ortsüblich nur die Vielzahl der um den Mittelwert eng gruppierten Mietpreise, nicht aber nur der Mittelwert selbst verstanden werden kann. Eine Bandbreite von A 10% erscheint vertretbar (LG Mannheim MDR 76, 316, zur strafrechtlichen Beurteilung s. Rdn D 38). Nur diese Begriffsbestimmung der Üblichkeit steht im Einklang mit der eindeutigen Willensrichtung des Gesetzgebers, dem Vermieter trotz erforderlicher Beschränkungen einen marktorientierten Ertrag zu gewährleisten (s. Rdn C 20). Diese Begriffsbestimmung steht aber auch im Einklang mit dem Schutzzweck des § 2 zugunsten des Mieters, wonach nicht gerechtfertigte Mieterhöhungen verhindert werden sollen, die nur auf Grund der angespannten Wohnungsmarktlage oder anderer nicht marktorientierter Gesichtspunkte zu erzielen sind. Es steht deshalb im Widerspruch zum Begriff der ortsüblichen Vergleichsmiete, wenn auf ,,nachhaltig erzielbare" Mietentgelte oder solche Mietpreise abgestellt wird, die auch einer dahingehend gepflegten Übung entsprechen, weil dabei schon im Ausgangswert die gebotene Gesamtorientierung am Markt außer acht gelassen wird (a. A. AG Hildesheim ZMR 76, 153).

C 58 Von dieser Begriffsbestimmung geht auch das **BVerfG** in seiner Entscheidung vom 23. 4. 1974 (BVerfGE 37, 140) aus, in welcher das Prinzip dieser Mietpreisbegrenzung als verfassungsgemäß anerkannt wurde (s. Rdn A 35); auch das BVerfG ist der Ansicht, daß es sich dabei um die ,,tatsächlich und üblicherweise" am Ort gezahlten Mieten als Bewertungsmaßstab handeln muß. Soweit das BVerfG a. a. O. in seinen Darlegungen zur Ermittlung der ortsüblichen Entgelte gelegentlich auch von der ,,Angemessenheit" solcher Mieten spricht, kann darin keinesfalls ein bewußtes Bemühen erblickt werden, die eindeutige gesetzliche Obergrenze durch einen abweichenden Mietzinsbegriff zu ersetzen (insoweit unzutr. Lenhard DWW 74, 228).

Aus dem Mietzinsbegriff folgt, daß als ortsübliche Vergleichsmiete nur **marktgerechte** Mietentgelte verstanden werden können, die auf dem allgemeinen Wohnungsmarkt durch Angebot und Nachfrage erzielbar sind und nicht durch besondere, nur im Einzelfall zutreffende Umstände marktfremd gebildet werden (LG Verden WM 73, 214 für die Aktion

§ 2. Erhöhung der Grundmiete   C 59

mehrerer Vermieter eines Hauskomplexes zwecks Erzielung höherer, sonst nicht üblicher Mieten; LG Heidelberg ZMR 78, 23 betr. Studentenwohnungen im Altstadtkern einer Universitätstadt; LG Köln WM 76, 34 = ZMR 75, 367; AG Hildesheim ZMR 76, 153; LG Mannheim MDR 74, 55 = Justiz 77, 456; WM 77, 147 betr. Ausländerwohnungen; Winter WM 77, 85/88). Daraus folgt ferner, daß an sich übliche Mietentgelte für bestimmte Teilbereiche des örtlichen Wohnungsmarktes dann nicht als ortsübliche Vergleichsmiete i. S. d. § 2 I anerkannt werden können, wenn und soweit diese Entgelte im Verhältnis zu den sonstigen Vergleichsmieten für gleichwertigen oder besseren Wohnraum infolge der langjährigen Ausnutzung einer örtlichen Mangellage wesentlich überteuert sind (zur entspr. strafrechtlichen Beurteilung s. Rdn D 116 sowie BGHSt 11, 182); in derartigen Ausnahmefällen muß die Obergrenze der zulässigen Miete im Wege einer **hypothetischen Vergleichsmiete** ermittelt werden, die sich an marktgerecht gebildeten ortsüblichen Vergleichsmieten für zumindest gleichwertigen Wohnraum sachgerecht zu orientieren hat (z. B. für überteuerte möblierte Zimmer durch Heranziehung der Vergleichsmiete für entsprechende Leerräume nebst einem angemessenen Möblierungszuschlag; letzterer wird vom LG Köln WM 76, 34 = ZMR 75, 367 mit 40% jährlich des Wiederbeschaffungswertes, vom LG Hamburg WM 74, 246 mit 25% jährlich des Anschaffungspreises und vom LG Mannheim [WM 77, 147] angemessen einerseits nach dem Wiederbeschaffungswert des Mobiliars zuzüglich eines angemessenen Vermietergewinns und andererseits nach dem tatsächlichen Zustand der mitvermieteten Gegenstände angesetzt). Nur auf diese Weise läßt sich die vom Gesetz vorausgesetzte, tatsächlich aber nicht gegebene Funktion des marktgerecht gebildeten Mietpreises als Grundlage einer gesetzeskonformen Bewertung in Ausnahmefällen ersetzen, die dem gesetzlichen Schutzzweck widersprechen.

2. Die gesetzlichen Vergleichskriterien (Abs. I Nr. 2)

Da Wohnraum nicht schlechthin miteinander vergleichbar ist, mußte C 59
der Gesetzgeber die maßgebenden Bewertungskriterien bestimmen, die eine Beurteilung der individuellen Vermieterleistung und somit eine gerechte Bestimmung des Marktwertes zulassen. Eine derartige Legaldefinition der in Frage kommenden Vergleichsobjekte hat der Gesetzgeber in § 2 I Nr. 2 getroffen. Er hat dabei auf entsprechende Richtlinien im Rundschreiben des Bundesministers für Wirtschaft vom 27. 2. 1967 (BBauBl. 67, 132) zurückgegriffen, in welchen für den Anwendungsbereich des § 2a WiStG a. F. die jetzt festgelegten Bewertungskriterien bereits im wesentlichen enthalten waren, eine gleichlautende Legaldefinition wie in § 2 I Nr. 2 ist in § 5 WiStG n. F. aufgenommen worden. Die in § 2 I Nr. 2 vom Gesetz aufgestellten Vergleichskriterien sind grundsätzlich abschließend; darüberhinaus können aber im Einzelfall auch sonstige mietwertbildende Kriterien berücksichtigt werden, soweit

diese üblicherweise einen erheblichen Einfluß auf die Mietpreisgestaltung ausüben (Sternel WM 72, 185). Dabei wird von der Grundvorstellung des Gesetzgebers ausgegangen, daß der Wohnort im ortsüblichen Mietzins infolge der marktregulierenden Funktion von Angebot und Nachfrage auch auf dem jeweiligen Wohnungsmarkt hinreichend klar zum Ausdruck kommt; diese Ausgangsbetrachtung ist jedoch rechts- und wirtschaftspolitisch nicht frei von Zweifeln und in vielfacher Hinsicht klärungsbedürftig. Wenig überzeugend ist es z. B. wenn bei der Bewertung der Wohnlage unterschieden wird, zwischen solchen Faktoren, die auf das Wohnen einwirken und solchen, die sich – wie z. B. Einkaufsmöglichkeiten, Verkehrsverbindungen u. ähnl. – auf die allgemeine Lebensführung beziehen (so aber LG Hamburg WM 79, 60). Ipsen (Archiv für Kommunalwissenschaften 1976, 262) kommt in einer soziologischen Analyse über die Mietpreisbildung zum Ergebnis, daß sich die Qualität der Wohnung (Gebrauchswert) tatsächlich nur zu einem geringen Teil in ihrem Preis niederschlägt; nach seinen Feststellungen hat der Faktor Wohndauer die größte Auswirkung auf die Veränderung der Mietpreise, gefolgt vom Baujahr des Hauses, der Haushaltsgröße, der Art der Wohnungsvermittlung und dem Arbeitsbereich (Produktion, Transport, Handel usw.); diese Faktoren zusammengenommen erklären nach Ipsen 24% der Mietpreisunterschiede, während nach seiner Ansicht alle übrigen Faktoren keine signifikante Wirkung ausüben, weil ihr Effekt entweder zu gering sei oder indirekt über die schon genannten Faktoren laufe; Eigenschaften des Mieters und des Mietverhältnisses, die Beziehung zwischen Mieter und Vermieter sowie die Art der Wohnungsfindung überformen und steuern danach die ökonomischen Verhältnisse. Wesentliche Vorstellungen und Vorgänge darüber, was auf dem Wohnungsmarkt im Bereich der Mietpreisbildung geschieht, bleiben nach wie vor unbekannt (vgl. dazu auch Wullkopf WM 85, 3).

Für die Auslegung und Anwendung des MGH spielen diese Gesichtspunkte allerdings keine große Rolle. Maßgebend ist insoweit allein die gesetzliche Regelung. Die dort genannten Vergleichskriterien sind wie folgt zu verstehen:

C 60 **a) Gleicher Art:** Unter diesem Vergleichsmerkmal sind zunächst alle Umstände zu berücksichtigen, welche die grundsätzliche Struktur des Wohnraums betreffen (Alt- oder Neubau, Ein- oder Mehrfamilienhaus, Einzelzimmer, Appartement oder abgeschlossene Wohnung). Zutreffend wird im RegE (s. Rdn F 14) dazu bemerkt, daß das **Alter** eines Gebäudes bei der Ermittlung der Vergleichsmiete nur insoweit von Bedeutung ist, als dadurch der Wohnwert beeinflußt wird. Folgerichtig wird dazu weiter ausgeführt, daß eine gut erhaltene oder modernisierte Altbauwohnung einen höheren Wohnwert als eine Neubauwohnung haben kann. Angesichts der durch Untersuchungen in den letzten Jahren festgestellten verbreiteten Mißstände im Bereich der Altbauwohnungen wird aber grundsätzlich das Alter des Gebäudes beachtlich sein, soweit keine günstigeren Umstände des Einzelfalles festzustellen sind (vgl. LG

§ 2. Erhöhung der Grundmiete **C 60**

Mannheim WM 75, 172 zur Bewertung einer wesentlich verbesserten Altbauwohnung beim Vorliegen einer örtlichen Mietwerttabelle). Bei Wiederaufbauten oder grundlegend renovierten Häusern ist somit ein Vergleich mit den Mieten der zur selben Zeit neu errichteten Wohnhäuser dann gerechtfertigt, wenn dabei grundlegende Veränderungen derart durchgeführt worden sind, daß der Neuzustand sich im Wohnwert deutlich vom bisherigen Zustand abhebt (AG Essen WM 78, 213; zweifelhaft AG Oberhausen WM 76, 57). Anknüpfungspunkt für die zeitliche Einordnung eines Hauses in den örtlichen Mietspiegel, der nach Baualtersklassen ermittelt und erstellt ist, kann nicht der Bauzeitpunkt, sondern nur der Zeitpunkt der Bezugsfertigkeit sein (AG Köln WM 78, 34).

Nach dem Rechtsentscheid des OLG Karlsruhe vom 23. 12. 1981 (RES § 2 MHG Nr. 17) werden durch das Vergleichsmerkmal „gleicher Art" nur solche Eigenschaften erfaßt, die den objektiven Wohnwert beeinflussen. Dies bedeutet, daß Wohnungen der **gemeinnützigen Wohnungsunternehmen oder Werkwohnungen,** für die üblicherweise ein Mietzins verlangt wird, der unterhalb des allgemeinen Mietpreisniveaus liegt, keinen Sondermarkt bilden. Mieterhöhungen können deshalb unter Bezugnahme auf einen für den allgemeinen Wohnungsmarkt geltenden Mietspiegel begründet werden (OLG Karlsruhe a. a. O.; LG Bonn WM 82, 22), und zwar auch dann, wenn die Mieten der gemeinnützigen Unternehmen nicht in diesen Mietspiegel Eingang gefunden haben (OLG Frankfurt (RE) vom 3. 3. 1982 RES § 2 MHG Nr. 23). Dieser Ansicht kann nicht zugestimmt werden. Die Vorschrift des § 2 I 2 bezweckt, daß sich eine Mieterhöhung an den üblichen Mietpreisen orientieren muß. Diesem Zweck entspricht es, wenn bezüglich der Vergleichbarkeit alle Umstände berücksichtigt werden, die üblicherweise und zulässigerweise Einfluß auf die Höhe des Mietpreises haben. Solche Umstände liegen bei Wohnungen der gemeinnützigen Wohnungsunternehmen und bei Werkwohnungen vor (vgl. auch Rdn C 156i). Anders sind solche Wohnungen zu beurteilen, für die aus Gründen, die mit der Rechtsordnung nicht im Einklang stehen, ein höherer als der übliche Mietpreis verlangt wird. Aus diesem Grunde darf bei der Vermietung an Gastarbeiter keine höhere als die allgemein übliche Miete zugesprochen werden (OLG Stuttgart (RE) vom 26. 2. 1982 RES § 5 WiStG Nr. 3). Jede andere Praxis verstößt gegen das Diskriminierungsverbot des Artikel 3 Grundgesetz.

In Anlehnung hieran hat das OLG Hamm in dem Rechtsentscheid vom 28. 12. 1982 (RES § 2 MHG Nr. 37) zutreffend entschieden, daß Wohnungen der **Stationierungsstreitkräfte** keinen Sondermarkt darstellen. Aus diesem Rechtsentscheid kann als allgemeines Prinzip hergeleitet werden, daß eine Differenzierung der Wohnungen nach der Art ihres Benutzers schlechthin ausgeschlossen ist. Demgemäß hat auch das LG Aachen (MDR 83, 492) zu Recht festgestellt, daß es keinen Teilmarkt für **Studentenwohnungen** gibt, der es rechtfertige, den Mietzins höher als nach den allgemeinen Vorschriften zu bemessen. Gleiches gilt für

Wohnungen, die an **Wohngemeinschaften** vermietet worden sind (OLG Hamm (RE) vom 3. 3. 1983 WM 83, 108; vgl. Rdn D 35).

C 60a Hat ein Vermieter nicht eine gesamte Wohnung, sondern **einzelne Zimmer** dergestalt **vermietet,** daß jeder der Mieter ein Zimmer alleine nutzt und daß jedem Mieter die Mitbenutzung der übrigen Räume (Küche, Bad, Toilette) zusteht, so ist die ortsübliche Miete grundsätzlich durch einen Vergleich mit den Mietpreisen für andere Einzelzimmer zu ermitteln. Wahlweise kann die ortsübliche Miete für die einzelnen Mietverhältnisse dergestalt ermittelt werden, daß zunächst die ortsübliche Miete für die gesamte Wohnung festgestellt und sodann dieser Betrag auf die einzelnen Mieter aufgeteilt wird (AG Dortmund WM 85, 28). Dies folgt aus der Überlegung, daß der Mietpreis für abgeschlossene Wohnungen in der Regel niedriger ist als der Preis für Einzelzimmer. Auf keinen Fall darf die ortsübliche Miete in diesen Fällen unter Rückgriff auf die Preise für Hotel- oder Pensionszimmer ermittelt werden, weil hierfür völlig andere Kalkulationsgrundlagen gelten.

C 61 Die **Finanzierungs- und Herstellungskosten** sind keine Vergleichskriterien (Sternel a. a. O.); für die Vergleichsmiete ist der marktübliche Wohnwert maßgebend (s. MinRichtl. Ziff. 4.4.2.1; Rdn D 93). Im RegE (s. Rdn F 14) wird hervorgehoben, daß die Art der Finanzierung bei der Ermittlung der Vergleichsmiete unberücksichtigt zu bleiben hat, weil allein der jeweilige Wohnwert maßgebend sei; das habe auch für die Kosten der Herstellung, Erhaltung und Modernisierung zu gelten. Dem ist zuzustimmen, obwohl noch ungeklärt ist, ob und in welchem Umfang diese Kalkulationsfaktoren sich bei gleichem Wohnwert auf den Mietzins auswirken; geht man davon aus, daß sich Kapitalkosten des Vermieters und Aufwendungen des Mieters für vertraglich übernommene Instandhaltungen (z. B. Schönheitsreparaturen) oder Geldleistungen (Mietvorauszahlung, Kaution) infolge der überwiegenden Beeinflussung des Mietzinses durch das Prinzip von Angebot und Nachfrage auf die verlangte und gezahlte Miete nicht oder kaum nennenswert auswirken, so können diese Umstände allerdings hier keine Rolle spielen. Ihre Auswirkungen liegen dann in dem allgemein vom Markt sanktionierten Bereich billigerer und teurerer Mieten.

C 62 In § 2 I Nr. 2 wird jetzt ausdrücklich zur Klarstellung hervorgehoben, daß als Vergleichsmieten nur die Mieten für **nicht preisgebundenen Wohnraum** in Betracht kommen. Dazu wird im RegE (s. Rdn F 14) zutreffend ausgeführt, daß die Mieten für preisgebundenen Wohnraum (s. Rdn C 531) deshalb nicht zum Vergleich herangezogen werden dürfen, weil sie durch die öffentliche Förderung maßgebend beeinflußt werden, nach gesetzlich festgelegten Gesichtspunkten der Wirtschaftlichkeit des Hausbesitzes (Kostenmiete) ermittelt sind und die Marktverhältnisse dabei unberücksichtigt bleiben. Obwohl aus diesen Gründen die Kostenmiete vereinzelt höher als die Marktmiete liegt, darf sich der Vermieter somit auch künftig auf derartige preisgebundene Objekte nicht berufen.

§ 2. Erhöhung der Grundmiete   **C 63**

b) Gleicher Größe: die Größe des zu vergleichenden Wohnraums bestimmt sich nach der Quadratmeterzahl der im eigentlichen Sinne zum Wohnen zweckbestimmten Räume (ohne Zusatzräume: Keller, Boden, Waschküche, Garage). Um bei der Abmessung von einer einheitlichen Grundlage auszugehen, ist dabei die für die Wohnflächenberechnung maßgebende DIN-Norm (**DIN 283 Blatt 1, 2**) anzuwenden. Diese Norm ist zwar im August 1983 vom Normenausschuß Bauwesen teilweise (Blatt 2) zurückgezogen worden (vgl. WM 84, 113). Dennoch sind die Parteien nicht gehindert, die Wohnfläche weiterhin nach dieser Norm zu ermitteln. Die DIN-Normen haben keinen Gesetzes- oder Verordnungscharakter, sondern beziehen ihren Geltungsanspruch aus der Sachkompetenz des Normgebers. Insoweit ist festzuhalten, daß die Regelungen der DIN 283 für die Feststellung der Wohnungsgröße zum Zwecke des Mieterhöhungsverfahrens besser geeignet sind als die Vorschriften der II. Berechnungsverordnung (ebenso: Isenmann ZMR 86, 114; vgl. auch AG Brühl WM 85, 326). Die Richtlinien für die Wohnflächenberechnung in der II. BV (§§ 42 ff) gelten nur für die in dieser Verordnung bestimmten Fälle (§ 1), so daß sie im Rahmen des § 2 unanwendbar sind (Barthelmess ZMR 72, 168; a. A. Mietwerttabelle der Stadt Frankfurt a. M. Teil III ZMR 75, 110; zu den Unterschieden zwischen der DIN 283 und der II. BV vergl. Englert ZMR 80, 132). Davon abweichend wird in dem Rechtsentscheid des BayObLG vom 20. 7. 1983 (RES § 2 MHG Nr. 44) die Ansicht vertreten, daß die Wohnfläche weder nach dem Norm-Blatt DIN 283 noch nach der II. BV oder einer anderen Rechtsvorschrift zu berechnen sei. Maßgeblich seien vielmehr die Verhältnisse des Einzelfalls. So seien beispielsweise **Balkone** je nach ihrem Wohnwert entweder überhaupt nicht oder – in guten Lagen – bis zu einem Viertel und – in Ausnahmefällen – bis zur Hälfte als Höchstmaß anzurechnen. Diese Entscheidung verkennt – wie bereits der Vorlagebeschluß – daß die jeweils zulässige Miete durch einen Vergleich mit den Mietpreisen anderer Wohnungen ermittelt werden muß. Ein solcher Vergleich ist nur möglich, wenn an die Bezugswohnung derselbe Maßstab angelegt wird, wie an die Vergleichswohnungen. Sind beispielsweise bei der Erstellung eines Mietspiegels die Qm-Preise einheitlich auf der Basis der DIN 283 ermittelt worden, so muß bei der Anwendung des Mietspiegels ebenfalls die DIN 283 angewendet werden. Wird ein Mietspiegel verwendet, der auf der Grundlage der II. BV erstellt worden ist, so muß die Wohnungsgröße der Bezugswohnung ebenfalls nach der II. BV ermittelt werden (ebenso: Beuermann § 2 MHG Rdn 31).

Sind bei der Erstellung des Mietspiegels Balkone ungeachtet ihres Wohnwerts nach einem einheitlichen Maßstab angerechnet worden, so geht es nicht an, daß bei der Anwendung dieses Mietspiegels Balkonflächen deshalb unberücksichtigt bleiben, weil sie einen geringen Wohnwert haben. Entsprechendes gilt, wenn die ortsübliche Miete anhand einzelner konkreter Vergleichswohnungen festgestellt wird: Stets muß der Vergleichsmaßstab einheitlich sein (Beuermann a. a. O.).

Dem unterschiedlichen Wohnwert der Balkone kann im Einzelfall durch Zu- und Abschläge Rechnung getragen werden (s. Rdn C 156 h). Bei der Höhe dieser Zu- und Abschläge müssen sämtliche positiven und negativen Merkmale berücksichtigt werden, in denen sich die Wohnung vom Durchschnitt der Wohnungen unterscheidet. Es handelt sich dabei um einen komplexen Bewertungsvorgang, der in der Regel aufgrund eines Augenscheins vorzunehmen ist. Die isolierte Bewertung der Balkone durch eine variable Anrechnung ihrer Grundflächen wird der Vielzahl der wohnwertbildenden Faktoren nicht gerecht (ebenso: Blümmel DWW 84, 18; vgl. auch LG München I WM 84, 113; LG Hamburg WM 87, 354; Schmidt BlGBW 83, 226). Gleichwohl sind die Landgerichte an die Entscheidung des BayObLG gebunden (vgl. z. B. LG Hamburg WM 87, 87: Ein Balkon mit ganztägiger Besonnung, der groß genug ist um einen Tisch mit Stühlen und eine Liege aufzustellen ist mit ⅜ seiner Grundfläche auf die Wohnfläche anzurechnen, wenn sich das Haus in ruhiger Lage ohne Straßen- und Fluglärm befindet; LG Berlin ZMR 86, 243: eine Loggia ist mit 5% ihrer Grundfläche anzurechnen, wenn sich das Haus an einer Straße mit Autobus- und Ausflugsverkehr befindet).

Die Vorschriften der II. BV über die Ermittlung der Wohnungsgröße beruhen auf steuerrechtlichen Gesichtspunkten (vgl. dazu BayObLG a. a. O.); demgegenüber erlaubt die DIN 283 eine wohnwertbezogene Größenermittlung. Die wichtigsten Bestimmungen der DIN 283 sind im **Anhang 1** unter **Rdn C 157** im Wortlaut abgedruckt. In der Praxis ist immer wieder festzustellen, daß exakte Kenntnisse über die zutreffende Berechnung der jeweiligen Wohnfläche sowohl beim Vermieter als auch beim Mieter fehlen und deshalb nicht selten bei der davon abhängigen Berechnung des Mietzinses (und oft auch der größenabhängigen Nebenkosten, z. B. Heizkostenverteilung nach Wohnfläche) von äußerst verschwommenen Vorstellungen ausgegangen wird; die große Bedeutung einer im Ausgangspunkt (der angewandten Methode) und in der Ausführung zutreffenden Berechnung der Wohnfläche für die gerechtfertigte Mieterhöhung liegt sowohl für die Bezugs- als auch für die Vergleichswohnung auf der Hand.

Bestehen Zweifel an der zutreffenden Wohnfläche, können die maßgebenden Zahlenwerte für die einzelnen Wohnungen und Räume aus der behördlichen **Baugenehmigung** entnommen werden; die Baubehörde ist bei der Bauabnahme verpflichtet, die Übereinstimmung des genehmigten Bauplanes mit dem abzunehmenden Bauwerk zu überprüfen, so daß sich meist aus diesen Unterlagen schon die maßgebende Wohnungsgröße mit hinreichender Genauigkeit ermitteln läßt. Eine richterliche **Augenscheinseinnahme** ist darüberhinaus das geeignetste Mittel, tatsächliche Zweifelsfragen zu klären, soweit keine komplizierten Vermessungen vorzunehmen sind.

Die Vergleichbarkeit nach der Größe des Wohnraums und der Zahl der Wohnräume sollte bei der Mietwertbestimmung nicht unterbewertet werden; einerseits ist anerkannt, daß für kleine und gutausgestattete

§ 2. Erhöhung der Grundmiete C 63a

Wohnungen ein erhöhter qm-Mietzins zu zahlen ist, andererseits sind aber für größere Wohnungen geringere qm-Preise üblich (so das Gutachten zur ortsüblichen Vergleichsmiete 1973 in Mannheim; s. auch Rdn C 68).
Im Mieterhöhungsverfahren ist grundsätzlich von der **tatsächlichen** C 63a **Wohnungsgröße** auszugehen. Eine Ausnahme kommt in Betracht, wenn im Mietvertrag eine geringere als die tatsächliche Wohnungsgröße vereinbart ist; in einer solchen Vereinbarung kann ein Mieterhöhungsausschluß i. S. von § 1 S. 3 MHG liegen. Zu bedenken ist allerdings, daß eine Größenangabe im Mietvertrag nicht in jedem Fall den Charakter einer Vereinbarung hat (s. Rdn C 39a). Eine mietvertragliche Vereinbarung, wonach für das Mieterhöhungsverfahren eine größere als die tatsächlich vorhandene Grundfläche maßgebend sein soll, verstößt gegen § 10 I MHG, weil der Mieter dadurch schlechter gestellt wird, als er nach der gesetzlichen Regelung stehen würde. Ist ein Vermieter bei früheren Mieterhöhungsverlangen irrtümlich von einer geringeren als der tatsächlichen Wohnungsgröße ausgegangen, so hat er keinen Nachzahlungsanspruch für die zurückliegende Zeit. Zukünftige Mieterhöhungen kann er allerdings unter Zugrundelegung der richtigen Wohnungsgröße berechnen; dies gilt auch dann, wenn die falsche Wohnungsgröße über längere Zeit Grundlage der Mieterhöhung war (a. A. AG Schwelm WM 87, 30). Hat der Vermieter die früheren Mieterhöhungsverlangen auf der Grundlage einer größeren als der tatsächlichen Wohnfläche betrieben, so kann der Mieter die insoweit überzahlten Beträge zurückfordern, wenn auf der Basis der fehlerhaften Wohnfläche eine freiwillige Mieterhöhungsvereinbarung zustandegekommen ist. Das Rückforderungsrecht ergibt sich nicht aus dem Gesichtspunkt des § 812 BGB, weil der Mieter den erhöhten Mietzins nicht ohne Rechtsgrund, sondern auf Grund der Mieterhöhungsvereinbarung gezahlt hat. Der Mieter hat aber einen Schadensersatzanspruch aus dem Gesichtspunkt der positiven Vertragsverletzung, wenn der Vermieter die fehlerhafte Wohnungsgröße fahrlässig oder vorsätzlich dem Mieterhöhungsverlangen zugrunde gelegt hat. Nach allgemeinen Rechtsgrundsätzen ist der Vermieter nämlich verpflichtet, vor der Durchführung des Mieterhöhungsverfahrens die zutreffenden Daten zu ermitteln; unterläßt er dies, fällt ihm i. d. R. Fahrlässigkeit zur Last. Gibt der Vermieter bewußt eine falsche Wohnungsgröße an, so liegt Vorsatz vor. In beiden Fällen muß der Vermieter dem Mieter denjenigen Betrag zurückerstatten, den dieser in Vertrauen auf die Richtigkeit der Angaben des Vermieters gezahlt hat (ähnl. LG Hamburg WM 87, 354 wo der Anspruch auf den Gesichtspunkt des Verschuldens beim Vertragsschluß gestützt wird). Ein Mitverschulden fällt dem Mieter nur dann zur Last, wenn er begründete Zweifel an der Richtigkeit der Angabe des Vermieters hatte oder haben mußte. Bestehen keine konkreten Anhaltspunkte dafür, daß die Angabe des Vermieters unrichtig ist, so ist der Mieter nicht gehalten, die Wohnung auszumessen (LG Hamburg a. a. O.). Wurde der Mieter zur Zahlung der Mieterhöhung verurteilt, so kommt eine Rückforde-

rung nur unter den Voraussetzungen des § 826 BGB in Betracht. Dies setzt voraus, daß dem Urteil die fehlerhafte Wohnungsgröße zugrundeliegt und daß der Vermieter die Fehlerhaftigkeit des Urteils kennt. Insoweit ist anerkannt, daß die Ausnutzung eines unzutreffenden Urteils sittenwidrig ist, wenn die Unrichtigkeit offen zutage tritt, der von dem Urteil Gebrauch Machende die Unrichtigkeit kennt und wenn besondere Unrechtsumstände hinzutreten, welche die Verwertung des Urteils als unerträglich oder in hohem Maße als unbillig erscheinen lassen (BGHZ 26, 396). An diesem besonderen Umstandsmoment kann es fehlen, wenn der durch das Urteil zugesprochene Mietpreis infolge einer Veränderung des ortsüblichen Mietpreisniveaus im Ergebnis der ortsüblichen Miete entspricht.

C 64   c) **Gleicher Ausstattung:** Darunter sind die zur ständigen Benutzung des Mieters eingebauten oder eingerichteten Ausstattungen der Wohnung oder der Gemeinschaftsräume zu verstehen, für die kein besonderes Entgelt zu zahlen ist (Sammelheizung, Badezimmereinrichtung, überdurchschnittliche Bodenbeläge, Fahrstuhl, Hausantenne, automatische Wascheinrichtung, Müllschlucker, Möblierung der Wohnung).

C 64a   Die **vom Mieter** selbst auf seine Kosten **geschaffenen Einrichtungen,** mit denen er die Wohnräume zwecks Verbesserung seines individuellen Wohngebrauchs versehen hat, darf der Vermieter bei einer Mieterhöhung zu seinen Gunsten nicht geltend machen; der Wohnwert der Mieträume ist grundsätzlich so zu bestimmen, als wären derartige Ausstattungsmerkmale nicht vorhanden (BayObLG (RE) vom 24. 6. 1981 RES § 2 MHG Nr. 11; LG Hamburg WM 79, 60; AG Gelsenkirchen ZMR 78, 340; AG Essen WM 78, 213; LG Bonn WM 81, 108; AG Aalen WM 85, 334; Schopp ZMR 82, 353). Anderenfalls müßte der Mieter neben den von ihm getragenen Kosten für die Herstellung der Einrichtung mittelbar im Wege einer dadurch bedingten Mieterhöhung für die gesamte Dauer der Mietzeit einen darüber hinausgehenden wirtschaftlichen Nachteil hinnehmen, was mit derartigen Verbesserungsmaßnahmen weder bezweckt noch durch den Sinn und Zweck des § 2 gerechtfertigt ist. Das gilt sowohl dann, wenn die Zustimmung des Vermieters vorbehaltlos und ohne Nebenabreden erteilt wird, als auch dann, wenn Vereinbarungen über einen beim Auszug des Mieters zu zahlenden Ausgleichsbetrag getroffen werden (vgl. § 547a BGB). Erstattet aber der Vermieter vereinbarungsgemäß die vom Mieter verauslagten Kosten oder wird in sonstiger Weise geregelt, daß ihm der wirtschaftliche Nutzen der Einrichtung zusteht, muß auch die Mieterhöhung so behandelt werden, als hätte der Vermieter den verbesserten Zustand geschaffen (vgl. dazu LG Köln WM 85, 334, wonach eine derartige Regelung nicht schon dann vorliegt, wenn die Parteien im Zuge einer Vereinbarung über den Einbau eines Bades durch den Mieter geregelt haben, daß die Mieterhöhung für 5 Jahre ausgeschlossen sein soll und daß der Vermieter beim Auszug des Mieters eine Ablösesumme zahlen muß; AG Köln WM 87, 159, wonach eine vom Mieter teilweise mitfinanzierte Gasetagenheizung zu-

§ 2. Erhöhung der Grundmiete   C 64b

gunsten des Vermieters berücksichtigt wird, wenn vereinbart ist, daß die Aufwendungen des Mieters mit den künftigen Mietzinszahlungen verrechnet werden sollen). Allerdings werden zu diesem Problemkreis auch andere Ansichten vertreten. Nach Fricke (ZMR 76, 325) soll für das Mieterhöhungsverfahren grunds. der gegenwärtige Zustand maßgeblich sein. Die vom Mieter durchgeführten Verbesserungsmaßnahmen sollen nur dann zu dessen Gunsten berücksichtigt werden, wenn der Mieter auf eine solche Vergünstigung ausnahmsweise berechtigt vertrauen durfte. Olivet (ZMR 79, 321) vertritt die Ansicht, daß die vom Mieter geschaffenen Einrichtungen immer dann zugunsten des Vermieters zu berücksichtigen sind, wenn der Mieter hierfür einen Ausgleichsanspruch nach §§ 547, 547a, 951 BGB hat. Dies ist – nach Olivet – regelmäßig der Fall. Schließlich wird auch – in entsprechender Anwendung des Art. VI § 2 des Gesetzes zur Änderung des 2. Wohnungsbaugesetzes vom 21. 7. 1961 (BGBl. I 1041) – die Meinung vertreten, daß die vom Mieter geschaffenen Einrichtungen nach einer gewissen Dauer so behandelt werden müssen, als seien die dafür erbrachten Aufwendungen durch die lange Laufzeit des Mietvertrags „getilgt" (so LG München DWW 79, 191 = MDR 80, 230 [LS]). Die hier dargestellten abweichenden Ansichten haben im Ergebnis sämtlich eine unbillige Mehrbelastung des Mieters zur Folge. Denn der Mieter muß unter Umständen neben den Aufwendungen für die Einrichtung zudem eine höhere Miete bezahlen. Umgekehrt erhält der Vermieter ein erhöhtes Entgelt, obwohl er keine zusätzliche Leistung dafür erbracht hat. Dies gilt auch für die von Olivet vertretene Ansicht, da die Aufwendungsersatz- und Vergütungsansprüche nach den §§ 547, 547a und 951 BGB erst am Ende der Mietzeit realisiert werden können und dann je nach der Dauer des Mietverhältnisses relativ wertlos sind.

Haben Vermieter und Mieter jeweils **teilweise** auf ihre Kosten dazu C 64b
beigetragen, daß ein wohnwertbildendes Kriterium entstanden ist, muß nach den Umständen des Einzelfalles darüber entschieden werden, ob sich der Vermieter bei der Eingruppierung der Wohnung zu seinen Gunsten auf den neu geschaffenen Wohnungszustand berufen darf oder lediglich ein Zuschlag auf der Basis der Vergleichsmiete für die bisherige Wohnung gerechtfertigt ist. Das ist angesichts der üblichen Kategorien für Wohnungsgruppen insbesondere dafür von Bedeutung, ob bei entsprechenden Maßnahmen die Wohnung in die Gruppe mit oder ohne Bad, WC sowie Sammelheizung fällt, was erfahrungsgemäß erhebliche Unterschiede der ortsüblichen Miete zur Folge hat. Hat der Mieter etwa auf seine Kosten ein Badezimmer eingerichtet und wird das Bad später an die vom Vermieter installierte Warmwasserversorgung angeschlossen, muß bei einer Mieterhöhung nach § 2 hinsichtlich der Vergleichswohnungen weiterhin von Mieten für Wohnungen ohne Bad ausgegangen werden. Stellt das Vorhandensein eines Bades für die Bestimmung der ortsüblichen Vergleichsmiete auf der Grundlage eines Mietspiegels einen wesentlichen Bewertungsfaktor dar, so ist ein „mitvermietetes

Badezimmer ohne Einrichtungen" derart zu bewerten, daß ein mittlerer Wert zwischen den ausgewiesenen Vergleichsmieten für Wohnungen mit und ohne Bad gebildet wird, wenn der Vermieter betriebsbereite Installationen mit Anschlußmöglichkeit zur Verfügung stellt (LG Mannheim WM 78, 32).

Bei einem **Mieterwechsel** sind die vom ausziehenden Mieter eingebrachten Einrichtungen wieder zugunsten des Vermieters zu berücksichtigen (Schopp ZMR 82, 353). Es kommt insoweit nicht darauf an, ob der Vermieter dem ausziehenden Mieter eine Entschädigung bezahlt hat. Diese Frage betrifft nur das Verhältnis zwischen dem Vermieter und dem ausziehenden Mieter (§ 547a BGB). Verzichtet der ausziehende Mieter auf eine Entschädigung, so kann der einziehende Mieter daraus nichts für sich herleiten.

Etwas anderes gilt allerdings dann, wenn die Einrichtungen aufgrund einer zwischen dem ausziehenden und dem einziehenden Mieter getroffenen Vereinbarung in der Wohnung geblieben sind (LG Hamburg WM 87, 126). In einem solchen Fall gründet der Verzicht auf die Wegnahme in dieser Vereinbarung. Es kommt insoweit nicht darauf an, ob der einziehende Mieter eine Abstandszahlung geleistet hat oder, ob die Überlassung zugunsten des einziehenden Mieters unentgeltlich erfolgt ist (insoweit abweichend: Schopp a. a. O.). Die Einrichtung ist dann so zu behandeln, als sei sie vom einziehenden Mieter in die Wohnung eingebracht worden. Der Vermieter wird hierdurch nicht benachteiligt. Er hat stets die Möglichkeit, die Wegnahme der Einrichtung und damit auch die Übertragung auf den nachfolgenden Mieter durch Zahlung einer angemessenen Entschädigung abzuwenden (§ 547a II BGB).

Wird die Entschädigung gezahlt, so ist es sachgerecht, wenn der Vermieter zum Ausgleich dafür einen höheren Mietzins erhält. Wird sie nicht gezahlt, so sollen die Vorteile dem zugute kommen, zu dessen Gunsten die Einrichtung zurückgelassen wurde.

Bei einem **Vermieterwechsel** tritt der Erwerber in den bestehenden Mietvertrag ein (§ 571 BGB). Die Rechtsstellung des Mieters wird hierdurch nicht beeinträchtigt. Daraus folgt, daß die vom Mieter eingebrachten Einrichtungen auch nach dem Eigentumsübergang nicht zugunsten des Erwerbers berücksichtigt werden können (LG Köln WM 85, 326). Es kommt dabei nicht darauf an, ob der Erwerber das Eigentum an der Einrichtung erworben hat oder ob er gutgläubig davon ausgegangen ist, daß die Einrichtung vom Veräußerer eingebracht wurde. Soweit sich solche Vorstellungen im Kaufpreis niedergeschlagen haben, muß sich der Erwerber an den Veräußerer halten; ein evtl. Ausgleich hat nach dem § 433ff. BGB zu erfolgen (zum Ganzen vgl. Schopp ZMR 82, 353).

d) Gleicher Beschaffenheit: Hierunter sind sowohl die architektonische Gestaltung der Wohnung (Raumeinteilung, Vorhandensein von Balkon und Nebenräumen, Keller, Garage) und die werterheblichen Umgebungseinflüsse (Nachbarschaft von Gewerbebetrieben oder Grünanlagen, gute Aussicht) als auch der bauliche Zustand der Wohnung und

§ 2. Erhöhung der Grundmiete

der mitvermieteten Hausteile (alte Fenster, Fußböden, erneuerungsbedürftiger Zustand von Hausfassade und Treppenhaus oder Hausgarten, sanitäre Einrichtungen) zu verstehen. Behebbare **Mängel** der Mietsache, die dem Mieter einen Anspruch nach § 537ff BGB geben, sind bei der Bewertung außer acht zu lassen. Insoweit handelt es sich um einen Individualanspruch des Mieters, der auf die Bestimmung der ortsüblichen Vergleichsmiete keinen Einfluß hat (ähnl. Barthelmess ZMR 72, 169; Sennekamp ZMR 78, 196), zumal ein Minderungsbetrag nur für die Zeit der jeweiligen Beeinträchtigung beansprucht werden kann (AG Hamburg FWW 75, 305; LG Düsseldorf WM 77, 261). Gleiches gilt für dauernde Mängel, die sich je nach Jahreszeit in unterschiedlicher Weise auf die Gebrauchstauglichkeit der Mietsache auswirken, wie z. B. Fehler der Heizungsanlage oder Feuchtigkeitsschäden (LG Mannheim Urteil vom 24. 7. 85 in 4 S 199/84).

Soweit einschränkend die Ansicht vertreten wird, daß im Rahmen der Beschaffenheit i. S. des § 2 I Ziff. 2 auch solche Mängel der Wohnung zu berücksichtigen seien, die der Bausubstanz für nicht nur ganz vorübergehende Zeit anhaften, ist dieser Ansicht nicht zu folgen (zur Gegenansicht vgl. Sternel Rdn III 125; Weimar DB 1975, 2264; WM 1976, 89). Denn sonst müßten Mängel bereits im Zustimmungsverfahren bei der Frage berücksichtigt werden, wie hoch die Vergleichsmiete als generelle Wohnwertbestimmung ist. Das widerspräche dem Sinn und Zweck des gesetzlichen Erhöhungsanspruchs, der dem Vermieter die Anhebung des bisher vereinbarten Mietzinses bis zu derjenigen Höhe gestattet, die üblicherweise für vergleichbaren Wohnraum in vertragsgemäßem Zustand gezahlt wird; bei der Feststellung dieser ortsüblichen Mietpreise kann es nicht darauf ankommen, ob die Bezugs- oder Vergleichswohnungen mit konkreten, den zeitweiligen vertragsgemäßen Gebrauch beeinträchtigenden oder ausschließenden Mängeln behaftet sind. Durch die Zustimmung des Mieters oder durch das Urteil wird demgemäß lediglich der Mietvertrag hinsichtlich der Mietzinsvereinbarung abgeändert. Die Frage, ob der Mieter den erhöhten Mietzins voll bezahlen muß oder ob er weiterhin zur Minderung berechtigt ist, bleibt davon unberührt. Mängel muß der Mieter grundsätzlich unter den Voraussetzungen und mit den Rechtsfolgen der §§ 537ff BGB gegenüber dem jeweils gültigen Mietzins geltend machen; deshalb müssen die §§ 537ff BGB insoweit als lex specialis gegenüber der Anspruchsvoraussetzung des § 2 I Ziff. 2 angesehen werden. Davon abweichend können derartige Mängel auf die Beschaffenheit der Mietsache als wohnwertbildendes Kriterium ausnahmsweise nur dann einen Einfluß haben, wenn ihre Beseitigung dem Vermieter aus wirtschaftlichen oder sonstigen Erwägungen im Ergebnis nicht zumutbar ist, so daß faktisch eine Dauerbeeinträchtigung des Wohnwerts vorliegt (LG Mannheim WM 1975, 172 = DWW 75, 244; MDR 77, 141 = DWW 77, 43; AG Hamburg FWW 75, 305; Barthelmess § 2 MHG Rdn 33). Daraus folgt, daß dem Mieter gegenüber dem Anspruch des Vermieters auf Zustimmung zur Mieterhöhung hinsichtlich etwaiger Mängel auch kein Zurückbehaltungsrecht i. S. der §§ 273, 320 BGB zusteht, weil die §§ 537 ff BGB auch insoweit lex specialis sind (LG Mannheim MDR 76, 316 = Justiz 76, 429; Sennekamp ZMR 78, 196; a. A. AG Wuppertal ZMR 76, 155 aus prozeßökonomischen Erwägungen). Der Mieter wird hierdurch auch nicht benachteiligt. Hat er in der Vergangenheit die Mängel mit Rücksicht auf einen niedrigen Mietzins rügelos hingenommen, so kann er gleichwohl dem Mieterhöhungsverlangen zustimmen und gleichzeitig von seinem Minderungsrecht Gebrauch machen. Die Zahlung der erhöhten Miete schuldet der Mieter in diesem Fall erst nach Beseitigung der Mängel (s. auch Rdn C 118 am Ende).

C 66 **e) Gleicher Lage:** Darunter ist sowohl die örtliche Zugehörigkeit zu einem bestimmten Stadtgebiet oder Ortsteil innerhalb der Gemeinde (Stadtrand oder Zentrum, reines Wohngebiet-Mischgebiet-Industriegebiet, ortsüblicher Verkehrslärm, Geruchs- und Schmutzbelästigung) als auch die Wohnungslage im Haus (Stockwerk, Kellerwohnung, Hinterhaus) zu verstehen. Zum Abschlag für eine Souterrainwohnung vgl. AG Dortmund WM 77, 234; zur unterschiedlichen Bewertung von Wohnungen einer Großstadt im Innenbereich und den Stadtrandgebieten vgl. LG Hamburg MDR 76, 934; zur Berücksichtigung der Wohnlage im Haus vgl. LG Hamburg WM 77, 36; zur Bewertung eines Freizeitraums im Keller vgl. LG Hannover WM 76, 105.

C 67 **f)** Neben den ausdrücklich in § 2 I genannten Vergleichskriterien sind auch solche **mietwertbildende Kriterien** zu berücksichtigen, die üblicherweise auf den Mietzins einen nicht unwesentlichen Einfluß ausüben, soweit die Einzelgestaltung des Vertrags dazu Anlaß bietet (z. B. Baukostenzuschüsse oder sonstige Finanzierungsbeiträge, Übernahme besonderer geldwerter Leistungen durch den Mieter). Solche Kriterien können aber auf die grundsätzliche Vergleichbarkeit der Objekte keinen Einfluß haben, wenn der Wohnraum nach den übrigen Vergleichskriterien einen Preisvergleich zuläßt; sie sind vielmehr durch **Zu- und Abschläge** gegenüber der generellen ortsüblichen Vergleichsmiete zu berücksichtigen (s. auch Rdn C 95). Bei der **Wohnlage** zählt zu den **positiven Faktoren,** wenn Einkaufsmöglichkeiten und zentrale Einrichtungen gut erreichbar sind, wenn die Verkehrslage günstig ist, wenn es sich um eine ruhige und durchgrünte Wohnlage handelt und Naherholungszonen gut erreichbar sind. **Negative Faktoren** liegen vor bei schlechter Erreichbarkeit der zentralen Einrichtungen und der Einkaufsmöglichkeiten, bei ungünstiger Verkehrslage, Belästigungen durch Lärm und Geruch, Störungen durch Gewerbe oder durch Gaststättenbetrieb. Ähnliche Grundsätze gelten für die Berücksichtigung des **Wohnkomforts.** Hier gehören zu den **positiven Faktoren** eine besondere Wärme- und Schallisolierung, Gartenbenutzung, großer Balkon oder Terrasse, eingebaute Kücheneinrichtung, Einbauschränke im Flurbereich, offener Kamin, Bidet, Teppichboden, Parkettboden, Waschraum mit Waschmaschine, Bad und Dusche getrennt, Aufzug in Gebäuden mit weniger als 5 Obergeschos-

§ 2. Erhöhung der Grundmiete   **C 68**

sen. **Negativ** muß hier bewertet werden eine ungenügende Besonnung, Belichtung oder Belüftung; ein schlechter Wohnungszuschnitt; Dachschrägen, Wand- oder Deckenrisse; Feuchtigkeit in der Wohnung; schlechte Wärme- und Schallisolierung; ungenügende Elektroinstallation; kein Gasanschluß; Bad in Einfachausführung; ungenügende Abstellflächen; fehlender Aufzug bei 5 oder mehr Obergeschossen. **Beispiele aus der Rechtsprechung:** AG Straubing WM 85, 326: Ein Abzug ist gerechtfertigt, wenn eine Wohnung außerhalb der Stadt in unmittelbarer Nähe einer Kaserne gelegen ist; AG Hamburg NJW 86, 1114: Befindet sich in einem Haus ein sogenanntes Homosexuellenzentrum mit einer Cafeteria, in der Musik gemacht wird, so rechtfertigt es dieser Umstand, daß die ortsübliche Miete an der Untergrenze der Bandbreite eines Mietspiegels festgesetzt wird. Eine vertragliche Einigung zwischen Vermieter und Mieter über die Maßstäbe, nach denen die Mietwohnung in die Mietspiegeltabelle einzugruppieren ist, ist verbindlich nur für den Einzelfall einer beabsichtigten Mieterhöhung und ohne Wirkung bei nachfolgendem Mieterhöhungsverlangen (LG Essen WM 84, 110).

3. Vergleichbarkeit der Objekte

Bei der Beurteilung der im Einzelfall gerechtfertigten Vergleichsmiete **C 68** sind nur solche Vergleichsobjekte verwertbar, die im wesentlichen mit der Wohnung des Mieters identisch sind und die keine Merkmale aufweisen, welche der Annahme der Ortsüblichkeit entgegenstehen.

a) In erster Linie sind für die Beurteilung der Vergleichbarkeit alle vom Gesetz genannten Vergleichskriterien maßgebend. Wenn die Vergleichsobjekte nicht hinsichtlich aller wertbildenden Umstände mit dem Wohnraum des Mieters übereinstimmen, so ist diese meist unvermeidbare Ungenauigkeit durch angemessene Zu- oder Abschläge zu berücksichtigen; gleiche Grundsätze sind in den §§ 3–6 der Verordnung für die Regelung des Verkehrswerts von Grundstücken vom 7. 8. 1961 (BGBl. I S. 1183) enthalten und auch bei der Bestimmung der ortsüblichen Vergleichsmiete zur Vermeidung von Beweisschwierigkeiten und Verfahrensverzögerungen entsprechend anzuwenden. Die in § 2 I Nr. 2 geforderte Vergleichbarkeit des Wohnraums ist dahin zu verstehen, daß es sich dabei nicht um gleiche, sondern nur um vergleichbare Objekte handeln muß; der Vergleich ist im Groben an objektive Maßstäbe gebunden, im übrigen aber letztlich eine Wertung des Richters, die nach § 287 II ZPO Raum läßt für richterliches Ermessen, von dem vor allem für das vorprozessuale Erhöhungsverfahren (Inhalt des Erhöhungsverlangens) nicht zu kleinlich Gebrauch gemacht werden sollte (ähnlich Graf NJW 76, 1480).

Allerdings darf es sich dabei nur um Unterschiede von geringerer Art und Bedeutung handeln, während erhebliche Abweichungen dazu führen müssen, daß jenes Vergleichsobjekt außer Betracht bleibt. Dabei werden im Hinblick auf die Entscheidung des BVerfG vom 23. 4. 1974

(BVerfGE 37, 140) und allgemeiner Erfahrungssätze hinsichtlich der grundlegenden mietwertbildenden Faktoren für die **generelle Vergleichbarkeit** folgende Kriterien von Bedeutung sein: generelle Baualtersklasse (Altbau-Neubau), Wohnungsgröße (Großraumwohnung-Appartement), Lage (Villengebiet-Industriegebiet), generelle Ausstattungsmerkmale (WC, Bad, Sammelheizung), Wohnungsart (s. Rdn C 71–73). Weitergehende Anforderungen an die Vergleichbarkeit, wie sie von der Rechtsprechung früher während der Geltung des 1. WKSchG häufig gefordert wurden, sind nicht gerechtfertigt.

Eine weitergehende Auflockerung der Vergleichbarkeit in der Weise, daß schematisch auf den Grundcharakter der Objekte etwa mit der Klassifizierung ,,Luxus-, Einfach- und Primitivwohnungen" sowie auf Wohnungen in Ein- oder Zweifamilienhäusern bzw. Mehrfamilienhäusern abgestellt wird, widerspricht hingegen § 2 I Nr. 2 und gibt dem Mieter nicht die Möglichkeit, die Berechtigung der geforderten Mieterhöhung auch nur im Ansatz gebührend zu überprüfen (a. A. LG München DWW 76, 187). Bei der Vergleichbarkeit unterschiedlich großer Wohnungen ist davon auszugehen, daß diese nicht an einer Abweichung um einen Raum oder einige Quadratmeter scheitert, weil diese Unterschiede durch entsprechende Zu- oder Abschläge korrigiert werden können (LG München a. a. O.); allerdings dürfen normal große Wohnungen von etwa 40 bis 90 qm weder mit den erheblich teureren Kleinwohnungen (insbesondere Appartements) noch mit den i. d. R. billigeren Großwohnungen verglichen werden, weil insoweit die wesentlichen Mietpreisunterschiede mit vertretbaren Zu- und Abschlägen nicht mehr ausgleichbar sind und somit eine Vergleichbarkeit fehlt (s. Rdn C 63; LG Hamburg ZMR 76, 150 = WM 76, 208; vgl. auch C 103 c).

C 69 b) Grundsätzlich sind nur solche Vergleichsobjekte verwertbar, die in **derselben Gemeinde** wie die Wohnung des Mieters liegen; dabei kann es aber nicht maßgebend auf die exakten Grenzen der jeweiligen politischen Gemeinde ankommen, sondern muß gegebenenfalls auf die Zusammengehörigkeit verflochtener Wohngebiete mit einem gemeinsamen Wohnungsmarkt abgestellt werden (a. A. Roewer u. Hüsken ZMR 79, 163). Innerhalb der Gemeinde sind nur solche Wohnräume vergleichbar, die sich in derselben Ortslage befinden, soweit sich diese Lage hinsichtlich des Marktwertes der Wohnungen von anderen Lagen unterscheidet. Sind in der betreffenden Gemeinde keine vertretbaren Vergleichsobjekte vorhanden, so läßt es § 2 I Nr. 2 zu, entsprechende Objekte aus **vergleichbaren Gemeinden** heranzuziehen; für die Vergleichbarkeit kommt es vor allem auf die jeweiligen Wohnungsfehlbestände, die Größe und die Struktur der Gemeinden an, die nicht notwendig benachbart sein müssen.

C 70 c) Nach der bis zum 31. 12. 1982 geltenden Rechtslage kamen vermietereigene Wohnungen als Vergleichsobjekte nicht in Betracht. Nach der Rechtsänderung durch das Gesetz zur Erhöhung des Angebotes an Mietwohnungen vom 20. 12. 1982 – BGBl. I S. 1.912 können auch diese

§ 2. Erhöhung der Grundmiete   C 71, 72

Wohnungen als Vergleichsobjekte herangezogen werden (vgl. dazu im einzelnen Rdn. C 103b).

d) Der Vermieter darf sich nicht darauf berufen, daß der von ihm C 71 geforderte Mietzins generell oder im Einzelfall solchen Mietsätzen entspricht, die zulässigerweise für entsprechende öffentlich geförderte Wohnungen verlangt werden; die für jene Wohnungen nach den Sondervorschriften der NMV 70 und der II. BV aufgrund einer Wirtschaftlichkeitsberechnung gesetzlich zugelassene **Kostenmiete** folgt anderen Regeln als sie der ortsüblichen Marktmiete zugrundeliegen, so daß die Kostenmiete (einschließlich ihrer festgesetzten Höchstsätze) auch nicht als das jedenfalls zulässige Maß für die Vergleichsmiete angesehen werden darf (LG Hagen WM 72, 157; s. Rdn C 60).

e) Nach der hier vertretenen Ansicht sind die Wohnungen der **ge-** C 72 **meinnützigen Wohnungsunternehmen,** für welche im Ergebnis nur eine kostendeckende Miete verlangt werden darf (s. Rdn C 538), mit anderen freifinanzierten Wohnungen nicht vergleichbar. Das ergibt sich daraus, daß für den Wohnraum der gemeinnützigen Wohnungsunternehmen seit Jahrzehnten kraft Gesetzes nur ein zweckgerichteter kostendeckender Mietzins verlangt werden darf, so daß sich für diese Wohnungsgruppe ein eigenständiger Teilmarkt entwickelt hat (AG Frankfurt WM 73, 217; WM 74, 130 = ZMR 74, 148; LG Dettingen WM 85, 154). Auf die Gleichartigkeit des Wohnwerts im Verhältnis zu anderen Vermietern kommt es somit nicht an (a. A. LG Frankfurt WM 74, 184; Riebandt-Korfmacher DWW 73, 551). Von der obergerichtlichen Rechtsprechung wird diese Ansicht allerdings nicht geteilt (s. Rdn C 60).

Hinsichtlich des Begründungszwangs (§ 2 II) ist ein gemeinnütziges Wohnungsunternehmen verpflichtet, im schriftlichen Erhöhungsverlangen mitzuteilen, daß die geforderte Mieterhöhung die gemeinnützigkeitsrechtlich vorgeschriebene Kostenmiete (§ 13 WGGDV) nicht übersteigt (s. Rdn C 39); auch diese Begrenzung hat Rückwirkung auf die zulässige ortsübliche Vergleichsmiete, wobei es für die formelle Wirksamkeit des Erhöhungsverlangens ausreicht, wenn der Vermieter ohne nähere Angaben die Einhaltung dieser Beschränkung behauptet; bestreitet der Mieter diese Angabe, ist sie vom Vermieter nachzuweisen (a. A. Riebandt-Korfmacher GW 75, 24). Auch insoweit wird in der obergerichtlichen Rechtsprechung eine andere Ansicht vertreten. Nach den Rechtsentscheiden des OLG Hamm vom 14. 7. 1981 (RES § 2 MHG Nr. 12) und des OLG Frankfurt vom 3. 3. 1982 (RES § 2 MHG Nr. 23) gehört die Darlegung, daß eine verlangte Mietzinserhöhung für Wohnungen gemeinnütziger Wohnungsunternehmen die angemessene Miete nicht überschreitet, nicht zu den Wirksamkeitsvoraussetzungen des Mieterhöhungsverlangens. Möbliert vermietete Wohnräume können nicht mit Leerräumen (zuzüglich eines Möblierungszuschlags) verglichen werden; auch für diese Räume hat sich ein eigener Teilmarkt herausgebildet, der die Erzielung eines höheren Mietzinses ermöglicht, so daß derartige Mietobjekte nur miteinander vergleichbar sind (s. a. Rdn C 58 a. E.).

C 73 f) Als Vergleichsobjekte scheiden auch solche Wohnungen aus, für die aufgrund persönlicher Beziehungen, Vertragsabreden oder sonstiger ungewöhnlicher Umstände ein extrem niedriger oder hoher Mietzins bezahlt wird (z. B. Gefälligkeitsmiete, Werkwohnung [s. dazu Rdn B 870], Hausmeisterwohnung, Mietwucher). Die ortsübliche Vergleichsmiete darf nach ihrem Sinn und Zweck nämlich **nicht** nach außergewöhnlich niedrigen oder hohen **Spitzenwerten** bemessen werden, zumal anderenfalls im Ergebnis eine unzulässige Verzerrung der maßgebenden Durchschnittswerte die unausbleibliche Folge wäre. Solche Mieten können nicht als üblich anerkannt werden. Aus der Vereinbarung eines von der Üblichkeit abweichenden niedrigen Mietzinses darf nur unter den Voraussetzungen des § 1 S. 3 MHG gefolgert werden, daß eine Erhöhung überhaupt oder aber bis zur Grenze der allgemeinen Ortsüblichkeit ausgeschlossen ist (s. Rdn C 34 ff); eine solche Vereinbarung hat dagegen nicht schlechthin einen Erhöhungsausschluß zur Folge (a. A. Derleder NJW 75, 1677; s. Rdn C 39 u 41).

C 74 g) Für die Höhe der ortsüblichen Vergleichsmiete ist der **Zeitpunkt der Abgabe** der Erhöhungserklärung maßgebend. Selbst wenn sich ausnahmsweise die ortsübliche Vergleichsmiete nach diesem Zeitpunkt bis zur letzten mündlichen Verhandlung im gerichtlichen Zustimmungsverfahren spürbar erhöht haben sollte, kommt es darauf hinsichtlich der früher verlangten Mieterhöhung nicht an. Schon wegen der einzuhaltenden gesetzlichen Fristen des § 2 I Nr. 1, III, IV ist der Vermieter gehindert, eine bestehende ortsübliche Vergleichsmiete sofort und ungehemmt verlangen zu dürfen, was der Gesetzgeber bewußt zur Erzielung einer gewissen Kontinuität der Mietpreise und zum Schutz der Belange der Mieter geregelt hat; dieses Zuwarten des Vermieters stellt faktisch aber deshalb keine unzumutbare Benachteiligung dar, weil sich bei der bestehenden Rechtslage die maßgebenden Durchschnittsmieten nur längerfristig spürbar erhöhen werden.

4. Ermittlung der Vergleichsmiete

C 75 Da den **Vermieter** die **Darlegungs- und Beweislast** dafür trifft, daß der bisher vereinbarte Mietzins niedriger als die ortsübliche Vergleichsmiete ist, muß er die dafür maßgeblichen Vergleichsobjekte ermitteln. Er muß somit eine ausreichende Anzahl vergleichbarer Wohnungen durch Umfragen in Vermieter- oder Mieterkreisen ausfindig machen oder durch einen Sachverständigen ausfindig machen lassen, aus denen er die Schlußfolgerungen der Ortsüblichkeit des von ihm angestrebten Mietzinses ziehen kann. Diese Ermittlungstätigkeit des Vermieters setzt § 2 I, II vor der Abgabe eines Erhöhungsverlangens voraus, um damit voreilige und nicht begründete Erhöhungsverlangen auszuschalten. Das bedeutet allerdings nicht, daß der Vermieter bereits vor der Abgabe des

§ 2. Erhöhung der Grundmiete   C 76, 77

Erhöhungsverlangens alle Einzelheiten ermittelt und überprüft haben müßte, welche letztlich für die rechtliche Beurteilung seines Anspruchs im Streitfall beachtlich sein können; vielmehr genügt es insoweit, daß er Tatsachen mit einem konkreten Aussagewert ermittelt, aus welchen sich grundsätzlich seine Berechtigung zu einer bestimmten Mieterhöhung bei gesetzesbezogener Betrachtungsweise ableiten läßt. Sind örtliche Mietwerttabellen vorhanden, erübrigen sich für den Vermieter anderweitige Ermittlungen, wenn er sich auf die darin festgestellten Vergleichsmieten bezieht (s. Rdn C 91 ff, 156).

Ein gerichtliches **Beweissicherungsverfahren** (§ 485 ZPO) zwecks Einholung eines Sachverständigengutachtens über die ortsübliche Vergleichsmiete zur Vorbereitung einer beabsichtigten Mieterhöhung ist unzulässig (LG Mannheim ZMR 76, 152 = WM 76, 58). Die Sachvoraussetzungen des § 485 S. 2 ZPO für ein derartiges Verfahren liegen nicht vor, so daß es dem Vermieter nicht gestattet sein kann, auf diesem Wege letztlich sein Prozeßrisiko angesichts einer ihm nicht beweisbar bekannten ortsüblichen Vergleichsmiete durch die Schaffung eines verwertbaren Beweismittels zu verringern und den Mieter mit Hilfe des Gerichts unter Druck zur Erteilung der Zustimmung zu setzen. Zu derartigen Zwecken ist das Beweissicherungsverfahren nicht geschaffen, zumal es dem Vermieter freisteht, ohne Mitwirkung des Gerichts einen kompetenten Sachverständigen auf seine Kosten mit der Erstellung eines entsprechenden Gutachtens zu beauftragen, auf welches er nach § 2 II 2 MHG in Mieterhöhungsverlangen Bezug nehmen kann (s. Rdn C 97 ff).

5. Einjährige Wartefrist (Abs. I Nr. 1)

Der bisherige Mietzins muß seit 1 Jahr unverändert fortbestanden ha- C 76
ben. Mit dieser Jahresfrist bezweckt der Gesetzgeber, eine gewisse **Kontinuität** der Mietpreise sicherzustellen; von vornherein sollen somit auch im öffentlichen Interesse kürzerzeitige Mieterhöhungsverlangen zur Vermeidung von schnellen Preiswellen eindeutig untersagt werden. Stets setzt die Sperrfrist das Zustandekommen einer **wirksamen** Mietzinsvereinbarung voraus; sie hindert also den Vermieter nicht, nach der Abgabe eines Erhöhungsverlangens vor dem Ablauf eines Jahres ein weiteres, auf neue Gründe gestütztes abweichendes Erhöhungsverlangen für die Zukunft geltend zu machen, oder ein unwirksames Verlangen formgerecht zu wiederholen, wobei die Fristen des § 2 III, IV wiederum einzuhalten sind.

a) Die **Frist** ist ab dem Zeitpunkt des Vertragsabschlusses oder der C 77
letzten wirksamen Erhöhung der Grundmiete (Kaltmiete) zu berechnen. Tritt ein Nachmieter in einen bestehenden Mietvertrag ein, so beginnt die Jahresfrist mit dem Abschluß der Eintrittsvereinbarung zu laufen (AG Frankfurt WM 82, 77). Die frühere Streitfrage, ob die Jahresfrist auch durch ein unwirksames Mieterhöhungsverlangen in Lauf gesetzt wird, ist durch eine Gesetzesänderung gegenstandslos geworden. Erhö-

hungen des Mietzinses nach §§ 3–5 MHG vor Ablauf der Jahresfrist bleiben unberücksichtigt; das wird jetzt in § 2 I Nr. 1 zur Klarstellung ausdrücklich hervorgehoben. Eventuelle Mietsenkungen haben auf die Wartefrist ebenfalls keinen Einfluß, was sich von selbst versteht. Die Jahresfrist muß bereits in dem Zeitpunkt abgelaufen sein, in welchem der Vermieter das Erhöhungsverlangen geltend macht; ein vorher gestelltes Erhöhungsverlangen ist unwirksam, auch wenn die Wirkungen erst nach dem Ablauf der Jahresfrist eintreten sollen (LG Hamburg WM 78, 214; AG Köln ZMR 74, 156; ZMR 74, 284; Roquette ZMR 72, 137; ausführl. Sternel Rdn III 135; a. A. Palandt-Putzo a. a. O.; Fehl NJW 74, 924, der Heilung ex nunc zuläßt). Allerdings vertritt das OLG Oldenburg in dieser Frage eine andere Ansicht. Nach dem Rechtsentscheid vom 23. 12. 80 (RES § 2 MHG Nr. 4) ist ein Mieterhöhungsverlangen nicht schon dann unwirksam, wenn es bereits vor Ablauf der Jahresfrist abgesandt worden ist. Nach einem weiteren Rechtsentscheid des OLG Oldenburg vom 4. 12. 81 (RES § 2 MHG Nr. 16) soll das Mieterhöhungsverlangen sogar dann wirksam sein, wenn es dem Mieter vor Ablauf der Jahresfrist zugeht. Die Fristen nach § 2 III und IV werden jedoch in diesem Fall nicht früher in Lauf gesetzt als bei einer unmittelbar nach Ablauf der Jahresfrist abgegebenen Erklärung. Das OLG Hamm ist dieser Auffassung in dem Rechtsentscheid vom 30. 12. 1986 (WM 87, 114 = DWW 87, 160) beigetreten. Diese Ansicht ist deshalb bedenklich, weil der Fristenlauf in § 2 III und IV ausdrücklich an den Zeitpunkt des Zugangs und nicht an den Ablauf der Jahresfrist anknüpft. Die vom OLG Oldenburg vertretene Ansicht steht deshalb im Widerspruch zum Wortlaut des Gesetzes. Nach richtiger Ansicht ist bei der Auslegung von dem gesetzlichen Fristengefüge auszugehen und sodann zu fragen, welche Rechtsfolgen ein vorverlegter Zugang nach sich zieht. Das OLG Oldenburg nimmt dagegen das Ergebnis vorweg und korrigiert sodann die gesetzliche Regelung. Dabei ist die Korrektur insoweit unvollständig, als der Beginn der Frist für das Sonderkündigungsrecht nach § 9 MHG in dem Rechtsentscheid nicht behandelt wird. Nach der gesetzlichen Regelung beginnt die Kündigungsfrist ebenfalls mit dem Zugang; bei konsequenter Weiterentwicklung der vom OLG Oldenburg vertretenen Ansicht dürfte aber auch diese Frist erst nach Ablauf der Jahresfrist beginnen (vgl. aber auch Rdn C 80).

C 78 Im Falle einer **vorangegangenen Mieterhöhung** ist die Jahresfrist ab dem Zeitpunkt der Fälligkeit nach § 2 IV (oder davon abweichend nach § 10 I 2. Halbs. MHG vereinbarten Fälligkeitstermins) zu bestimmen; das ergibt sich schon aus dem Wortlaut des § 2 I Nr. 1, wonach der bisherige Mietzins vor einer Erhöhung seit 1 Jahr „unverändert" sein muß, folgt aber auch aus dem Zweck dieser Regelung. Für die Fristberechnung kommt es somit auf den Zeitpunkt der Abgabe oder des Zugangs des Erhöhungsverlangens nicht an (Köhler § 149 Rdn 1; Barthelmess § 2 MHG Rdn 15; a. A. Palandt-Putzo, Anh. 2. WKSchG, § 2 MHG Anm 3a), zumal sonst die 2- bis 3monatige Fälligkeitsfrist des § 2

§ 2. Erhöhung der Grundmiete

IV in die Frist einbezogen werden müßte, obwohl während dieser Zeit eine Veränderung des früheren Mietzinses noch nicht eingetreten war. Das hat im Hinblick auf § 2 IV zur Folge, daß eine Mieterhöhung frühestens nach 1 Jahr zuzüglich der 2- bis 3monatigen Fälligkeitsfrist wirksam werden kann, wenn der Vermieter unverzüglich nach Ablauf der Jahresfrist ein Erhöhungsverlangen stellt; diese mittelbare Erweiterung der Frist durch § 2 IV ist sachgemäß, weil der Mieter bis zum Ablauf der absoluten Jahresfrist auf den Fortbestand des Mietverhältnisses zum bisherigen Mietzins vertrauen darf, während er erst für die nachfolgende Zeit mit einer Veränderung unter Berücksichtigung seines Sonderkündigungsrechts aus § 9 I MHG zu rechnen braucht. Stimmt der Mieter allerdings einem vor Ablauf der Jahresfrist gestellten Erhöhungsverlangen vorbehaltlos zu, kann dadurch unter den Voraussetzungen des § 10 I 2. Halbs. MHG eine frühere Mieterhöhung wirksam zustande kommen (s. Rdn C 497).

b) Die Angabe der letzten Mieterhöhung oder des Ablaufs der Jahresfrist im **schriftlichen Erhöhungsverlangen** gehört nicht zu den Erhöhungsvoraussetzungen (a. A. Barthelmess ZMR 72, 165), weil dies dem Mieter i. d. R. ohnedies bekannt ist (LG Duisburg WM 74, 82).

c) Die Sperrfrist gilt nicht für den **Übergang von der gesetzlichen Mietpreisbindung** zur Marktmiete (z. B. Ende der Mietpreisbindung nach §§ 15, 16 WoBindG, 87a des 2. WoBauG); in derartigen Fällen ist der Vermieter berechtigt sein Mieterhöhungsverlangen nach Ablauf der Preisbindung auch dann geltend zu machen, wenn die letzte Mieterhöhung noch kein Jahr zurückliegt (ebenso: Barthelmesss § 2 MHG Rdn 19a; Fischer-Dieskau-Pergande-Schwender § 2 MHG Anm. 3; a. A. LG Hagen WM 86, 139; Sternel III 133; Sonnenschein NJW 86, 2731; Beuermann § 2 MHG Rdn 15; s. Rdn C 536). Das folgt sowohl aus dem Zweck des MHG als auch aus der Sondervorschrift des Art. 6 des 2. WKSchG für vergleichbare Fälle in Hamburg und München (s. Rdn C 582). Nach dem Rechtsentscheid des OLG Hamm vom 9. 10. 1980 (RES § 10 MHG Nr. 1) und des Kammergerichts vom 29. 1. 1982 (RES § 16 WoBindG Nr. 1) soll der Vermieter berechtigt sein, schon vor dem Ablauf der Preisbindung eine Mieterhöhungserklärung nach § 2, die nach dem Ablauf der Preisbindung wirksam werden soll, abzugeben. Zur Begründung wird ausgeführt, daß es systemwidrig sei, wenn der Vermieter auch noch für eine gewisse Zeit nach Ablauf der Preisbindung an die Kostenmiete gebunden wäre. Dieses Argument überzeugt indes nicht. Die Ausgestaltung des Übergangs von der Preisbindung zum Vergleichsmietensystem ist Sache des Gesetzgebers; fehlen entsprechende Regelungen und hat dies eine verhältnismäßig geringfügige Verzögerung der Mietanpassung zur Folge, so ist dies hinzunehmen. Nach § 10 III 1 MHG gelten die Vorschriften des MHG erst nach Ablauf der Preisbindung. Deshalb kann die Erhöhungserklärung vor Ablauf der Preisbindung nicht wirksam abgegeben werden (so zutreffend: Herpers WM 80, 362). Davon abgesehen gelten auch hier die oben Rdn C 77 dargelegten Bedenken, weil durch den vorverlegten Zugang in das Fristengefüge der §§ 2 III, IV, 9 I eingegriffen wird. Beide Rechtsentscheide vertreten im Zusammenhang mit dem Sonderkündigungsrecht die Ansicht, daß die hierfür maßgebliche Frist bereits mit dem Zugang der Mieterhöhungserklärung zu laufen beginnt; das Kammergericht führt hierzu weiter aus, daß der Mieter die Kündigung „mit Wirkung zu demselben Zeitpunkt, zu dem die Preisbindung endet," erklären könne.

Auch diese Rechtsfolge steht im Widerspruch zum klaren Wortlaut des § 9 I MHG, wonach die Kündigung bis zum Ablauf des zweiten Monats, der auf den Zugang des Erhöhungsverlangens folgt, für den Ablauf des übernächsten Monats erklärt werden muß. Derartige „Korrekturen" dienen nicht der Rechtsklarheit und sollten gerade im Bereich der Berechnung von Fristen unterbleiben (vgl. zum Ganzen Herpers WM 80, 262; Köhler NJW 81, 234).

6. Die Kappungsgrenze (Abs. I Nr. 3)

C 80a a) Nach § 2 I 3 setzt der Anspruch auf Zustimmung zur Mieterhöhung weiter voraus, daß sich der Mietzins innerhalb eines Zeitraums von drei Jahren, von Erhöhungen nach den §§ 3–5 abgesehen, nicht um mehr als 30 vom Hundert erhöht. Diese Tatbestandsvoraussetzung ist durch das Gesetz zur Erhöhung des Angebots an Mietwohnungen vom 20. 12. 82 (BGBl. I 1912) neu in das MHG eingefügt worden. Im Unterschied zur früheren Rechtslage wird die Mieterhöhung nunmehr also nicht nur durch die ortsübliche Vergleichsmiete, sondern auch durch eine prozentuale Obergrenze beschränkt. Die Regelung erlaubt keine allgemeine Mietsteigerung bis zu 30% innerhalb von drei Jahren, sondern tritt als weitere Mieterhöhungsbeschränkung neben die in § 2 I 1 und 2 geregelten Voraussetzungen. Eine Mieterhöhung kann also in jedem Fall nur bis zur Höhe der ortsüblichen Miete erfolgen. Würde hierdurch die vor drei Jahren gezahlte Miete um mehr als 30% überschritten, so ist nur eine 30%-ige Mieterhöhung zulässig. Die Vorschrift des § 2 I 3 hat also nur in jenen Fällen praktische Bedeutung, in denen die ortsübliche Vergleichsmiete die vor drei Jahren gezahlte Miete um mehr als 30% überschreitet. Selbstverständlich gilt die Kappungsgrenze auch dann, wenn die Miete länger als drei Jahre unverändert gewesen ist (AG Münster WM 83, 233). Nach den Vorstellungen des Gesetzgebers soll auf diese Weise verhindert werden, „daß die Mietsteigerung in Einzelfällen ein zu starkes Ausmaß annimmt" (s. Rdn. F 113). Die Vorschrift dient also nicht der im öffentlichen Interesse liegenden Begrenzung des Mietanstiegs, sondern hat überwiegend mieterschützenden Charakter. Deshalb gilt § 2 I 3 nicht bei freiwilligen Erhöhungsvereinbarungen, bei Staffelmieten und bei Neuvermietungen. Die Regelung verstößt weder gegen die Eigentumsgarantie des Art. 14 GG noch werden die Grundsätze der Rechts-

§ 2. Erhöhung der Grundmiete C 80 b

sicherheit oder des Vertrauensschutzes verletzt (BVerfG Beschluß vom 4. 12. 85 NJW 86, 1669 = WM 86, 101 = MDR 86, 643 = ZMR 86, 156 = DWW 86, 93 mit Anmerkung Gather). Eine Überschreitung der 30%-Grenze ist – anders als die Überschreitung der ortsüblichen Miete – nicht strafbar. Umgekehrt steht der Anwendung des § 2 I 3 nicht entgegen, wenn der Mietzins über eine sehr lange Zeit unverändert niedrig war (Köhler ZMR 83, 217; AG Düsseldorf WM 87, 264 betr. Werkwohnung). Die Kappungsgrenze findet auch dann Anwendung, wenn eine bisher bestehende, vertraglich vereinbarte (private) Belegungs- und Mietpreisbindung ausläuft (LG Stuttgart WM 85, 27). Eventuelle Billigkeitserwägungen zugunsten des Vermieters müssen auch in diesem Fall hinter den Schutzzweck der Vorschrift zurücktreten. In der Literatur hat sich für die prozentuale Obergrenze des § 2 I 3 die Bezeichnung ,,Kappungsgrenze" eingebürgert (vgl. Barthelmess WM 83, 63; Gelhaar DWW 83, 58; Klas WM 83, 98; Heitgreß WM 83, 44; Landfermann Erläuterungen, S. 41; Köhler, Neues Mietrecht, S. 64; Hemming WM 83, 183; Lessing DRiZ 83, 461; Röbbert Betrieb 83, 161; Scholz NJW 83, 1822; Merkl WM 83, 99; Derleder WM 83, 221). Bezüglich der Anforderungen, die im Hinblick auf die Kappungsgrenze an die Mieterhöhungserklärung zu stellen sind, s. Rdn C 87. Für die Frage, welches Recht für Mieterhöhungen gilt, die vor dem 1. 1. 83 dem Mieter zugegangen sind, vgl. Rdn C 155 a.

b) Die ganz überwiegende Meinung geht bei der **Berechnung des** C 80 b **3-Jahreszeitraums** vom Erhöhungsverlangen aus. Als maßgeblicher Zeitpunkt (Berechnungszeitpunkt) wird teilweise der Zeitpunkt der Abgabe der Erhöhungserklärung (Sternel MDR 83, 356) teilweise der Zugang des Erhöhungsverlangens (Köhler Neues Mietrecht, S. 65) und teilweise derjenige Zeitpunkt angesehen, zu dem die erhöhte Miete geschuldet wird (LG München II ZMR 86, 57 (LS); AG Hamburg WM 84, 29 (LS); Barthelmess WM 83, 63; Landfermann, Erläuterungen S. 41; Lessing a. a. O.). Sodann wird geprüft, welcher Mietzins 3 Jahre vor dem maßgeblichen Zeitpunkt gezahlt worden ist (Stichtagsmiete). Besteht das Mietverhältnis noch keine 3 Jahre, so ist die Anfangsmiete maßgeblich. Haben die Parteien des Mietverhältnisses während der Wohnzeit des Mieters einen neuen Mietvertrag abgeschlossen, so hat dies auf die Berechnung der Kappungsgrenze keinen Einfluß (AG Gelsenkirchen WM 86, 343). Gleiches gilt wenn ein Vermieterwechsel nach § 571 BGB stattgefunden hat. Auch in einem solchen Fall tritt der Erwerber zunächst an Stelle des Veräußerers in die sich während der Dauer seines Eigentums aus dem Mietverhältnis ergebenden Rechte und Pflichten ein. Wird in der Folgezeit ein neuer Mietvertrag abgeschlossen, so wird hierdurch lediglich das ursprüngliche Mietverhältnis fortgesetzt. Anders ist es aber, wenn sich der Vermieterwechsel außerhalb des § 571 BGB vollzieht (z. B. beim Wechsel des gewerblichen Zwischenmieters). Hier wird ein neues Mietverhältnis begründet, so daß für die Berechnung der Kappungsgrenze die Anfangsmiete maßgeblich ist, die der Mieter mit dem neuen gewerblichen Zwischenmieter vereinbart hat. Die in der Erhöhungserklärung verlangte Miete darf die Stichtagsmiete um nicht mehr als 30% überschreiten (Berechnungsbeispiele s. unten C 80j). Dabei kommt es nicht darauf an, ob die Stichtagsmiete in einen Zeitraum vor dem Inkrafttreten des § 2 I 3 fällt (OLG Frankfurt (RE) vom 19. 3. 1984 RES § 2 MHG Nr. 52; s. auch OLG Celle DWW 84, 261 = WM 84, 274 = ZMR 85, 20; Sternel a. a. O.; Barthelmess a. a. O.; Lessing a. a. O.; Scholz a. a. O.; Röbbert a. a. O.; AG Augsburg WM 83, 295).

C 80 c Eine hiervon abweichende Ansicht wird insbesondere von Gelhaar (DWW 83, 58) vertreten. Gelhaar sieht die Kappungsgrenze im engen Zusammenhang mit dem geänderten Begriff der ortsüblichen Vergleichsmiete (s. Rdn C 54 a–ff.). Er ist der Ansicht, daß der Gesetzgeber die Kappungsgrenze nur deshalb eingeführt habe, weil er infolge der neudefinierten ortsüblichen Vergleichsmiete erhebliche Mietsteigerungen befürchtete.

Gelhaar folgert hieraus, daß bei der Berechnung der Kappungsgrenze die vor dem 1. 1. 1983 eingetretenen Mieterhöhungen nicht mitzuzählen seien. Folgt man diesem Ausgangspunkt, so könnte die Vorschrift in doppelter Weise praktiziert werden: Denkbar ist zum einen, daß die zum 1. 1. 1983 gezahlte Miete als Stichtagsmiete gilt, die in den folgenden drei Jahren, also bis zum Ablauf des Jahres 1985 um nicht mehr als 30% überschritten werden darf. Denkbar ist zum anderen, daß der maßgebliche 3-Jahreszeitraum vom neuen Mieterhöhungsverlangen zurückgerechnet wird, was zur Folge hat, daß die Kappungsgrenze frühestens für die Mieterhöhungsverfahren der Jahre 1986 ff. relevant wird.

C 80 d Das letztgenannte Verfahren würde dem von Gelhaar definierten Gesetzeszweck nicht gerecht. Nach diesem Verfahren könnte nämlich eine besonders niedrige Miete unmittelbar nach Inkrafttreten der Neuregelung ohne jede prozentuale Beschränkung auf das Niveau der nunmehr geltenden ortsüblichen Miete angehoben werden. Es liegt auf der Hand, daß eine solche Praxis weder den Vorstellungen des Gesetzgebers entspricht noch dem Sinn des § 2 I 3 gerecht wird. Die Rechtsansicht Gelhaars führt also nur dann zu einem sinnvollen Ergebnis, wenn sie im erstgenannten Sinn praktiziert wird. Der Wortlaut der Vorschrift und der Sinn und Zweck der Kappungsgrenze lassen eine solche Auslegung zu. Denn auch diese Auslegung stellt sicher, daß der Übergang von der tatsächlich gezahlten niedrigen Miete zur höheren ortsüblichen Miete nicht in einem Zuge, sondern schrittweise erfolgt.

C 80 e Die **dogmatischen Unterschiede** zwischen beiden Ansichten lassen sich durch eine verschiedenartige Betrachtungsweise erklären. Die herrschende Meinung prüft **retrospektiv**, welche Miete vor drei Jahren gezahlt worden ist und stellt sodann fest, ob die verlangte Miete die 30%-Grenze überschreitet. Die Gegenansicht nimmt einen bestimmten Stichtag, nämlich den 1. 1. 1983 oder den Zeitpunkt der letzten Mietänderung nach Inkrafttreten der Neuregelung zum Ausgangspunkt und prüft **prospektiv**, welche Mietsteigerungen in Zukunft eintreten dürfen.

§ 2. Erhöhung der Grundmiete   C 80 f–h

Sachliche Unterschiede zwischen den beiden Rechtsmeinungen ergeben sich allerdings nur dann, wenn sich der Mietzins seit dem 1. 1. 1980 verändert hat; in den anderen Fällen führen beide Ansichten zum selben Ergebnis. Hat der Mietzins beispielsweise im Jahre 1980 DM 4,–/qm betragen und ist im Jahre 1982 eine Erhöhung auf DM 5,–/qm eingetreten, so kann die Miete nach der prospektiven Betrachtungsweise im Jahre 1983 auf DM 6,50/qm (DM 5,– + 30%) und im Jahre 1986 auf DM 8,45/qm (DM 6,50 + 30%) erhöht werden. Der Mietzins des Jahres 1980 bleibt unberücksichtigt, weil es nach der prospektiven Betrachtungsweise nur auf die Stichtagsmiete zum 1. 1. 1983 ankommt. Nach der retrospektiven Betrachtungsweise kann die Miete im Jahre 1983 lediglich auf DM 6,20/qm (DM 4,– + 30%) erhöht werden, weil danach die Miete des Jahres 1980 berücksichtigt werden muß. Eine Mieterhöhung auf DM 6,50/qm ist erst im Jahre 1985 möglich, weil erst dann der 3-Jahresabstand zum Jahr 1982 abgelaufen ist.   C 80 f

c) Beide Rechtsmeinungen können sich gleichermaßen auf den Wortlaut der Vorschrift und auf den Sinn und Zweck der gesetzlichen Regelung stützen. Die Gesetzesmaterialien geben keine weiteren hinreichenden Anhaltspunkte für die eine oder andere Ansicht. Dennoch ist die **herrschende Meinung vorzuziehen**. Die Regelung in § 2 enthält eine zivilrechtliche Anspruchsgrundlage. Zum Wesen einer solchen Anspruchsgrundlage gehört es, daß die einzelnen Anspruchsvoraussetzungen zum Zeitpunkt der Geltendmachung des Anspruchs in überprüfbarer Weise ermittelt werden können. Dabei gehört es zur grundsätzlichen Struktur der anspruchsbegründenden Norm, daß die anspruchsbegründenden und -beschränkenden Tatsachen zum Beurteilungszeitpunkt bereits vorliegen.   C 80 g

Diesem Normcharakter wird nur die von der herrschenden Meinung vertretene retrospektive Betrachtungsweise gerecht (ebenso: Sternel MDR 83, 356). Hinzu kommt, daß diese Betrachtungsweise auch allgemeinen Grundsätzen der Gesetzesanwendung entspricht. Ein bestimmter Sachverhalt muß nämlich grundsätzlich nach demjenigen Gesetz entschieden werden, das im Zeitpunkt der Entscheidung gilt. Die Anordnung von Ausnahmen ist Sache des Gesetzgebers. Fehlt eine Übergangs- oder Ausnahmeregelung, so kann der Rechtsanwender nicht ohne weiteres bestimmen, daß das neue Gesetz auf die vor seinem Inkrafttreten bestehenden Sachverhalte nicht angewendet werden soll. Eine Ausnahme gilt insoweit in gewissen Fällen der Rückwirkung, die hier aber nicht vorliegen. Auch dieser Gesichtspunkt verbietet es, den Tag des Inkrafttretens der Neuregelung als Stichtag für die Berechnung der 3-Jahresfrist anzunehmen.

d) Maßgeblicher **Zeitpunkt für die Rückrechnung** (Berechnungszeitpunkt) ist nach richtiger Ansicht derjenige Tag, von dem an die erhöhte Miete geschuldet wird, also der Beginn des dritten Kalendermonats, der auf den Zugang des Erhöhungsverlangens folgt (§ 2 IV; vgl. Rdn C 80 b). Nach Wortlaut und Gesetzeszweck soll der Mietzins innerhalb von   C 80 h drei Jahren um nicht mehr als 30% steigen; die Regelung knüpft also an denjenigen Zeitpunkt an, zu dem die erhöhte Miete tatsächlich geschuldet wird. Soweit zur Begründung der Gegenansicht ausgeführt wird, daß sämtliche Anspruchsvoraussetzungen zum Zeitpunkt der Abgabe der Mieterhöhungserklärung vorliegen müßten, (so Sternel MDR 83, 356) wird verkannt, daß dieses Prinzip auch nach der hier vertretenen Ansicht gewahrt ist.

Der in § 2 IV festgelegte Zeitpunkt ist ohne weiteres bestimmbar und die Ermittlung der vor drei Jahren geschuldeten Stichtagsmiete ist gleichfalls unproblematisch.

C 80 i e) Mietzins im Sinne des § 2 I 3 ist – wie auch sonst im Rahmen des § 2 – nur die **Grundmiete** (Klas WM 83, 98; s. Rdn C 55). In der Ausgangsbetrachtung ist demnach zu ermitteln, zu welchem Zeitpunkt die erhöhte Miete in Kraft treten soll (Berechnungszeitpunkt). Sodann ist zu fragen, welche Miete drei Jahre zuvor geschuldet wurde (Stichtagsmiete). Eine Ausnahme gilt lediglich dann, wenn die Miete zwischenzeitlich gesenkt worden ist. In diesem Fall gilt die niedrigste Miete. Betriebskosten, Betriebskostenerhöhungen und Kapitalkostenerhöhungen nach §§ 4 und 5 MHG, die nach der gesetzlichen Regelung als Umlage ausgestaltet sind, bleiben außer Betracht. Gleiches gilt nach der ausdrücklichen gesetzlichen Regelung für Mieterhöhungen nach § 3 MHG. Durch diese Mieterhöhung wird zwar die Grundmiete abgeändert (§ 3 IV 1). Bei der Handhabung der Kappungsgrenze sind solche Mieterhöhungen aber wie ein Zuschlag zu behandeln („Modernisierungszuschlag"), der neben der Miete geschuldet wird. Weitere Zuschläge (Untermietzuschlag etc.) bleiben ebenfalls außer Betracht. Eine **Mietminderung** bleibt auch bei der Berechnung der Kappungsgrenze grundsätzlich unberücksichtigt. Die jeweiligen Mietzinsbeträge sind deshalb so anzusetzen, als wäre die Minderung nicht erfolgt. Zur Begründung wird auf die Darlegungen unter Rdn C 65, die auch hier gelten, verwiesen.

Die Kappungsgrenze gilt auch bei der Erhöhung einer **Pauschal- oder Teilpauschalmiete** (s. Rdn C 95). Allerdings ist in diesen Fällen umstritten, ob die Kappungsgrenze aus der Gesamtmiete (Grundmiete einschließlich der Nebenkosten) oder aus einer fiktiven Grundmiete (Pauschalmiete abzüglich der darin enthaltenen Nebenkosten) zu ermitteln ist. Da sich der Anspruch des Vermieters auf eine ortsübliche Pauschalmiete nur aus § 2 MHG herleiten läßt, spricht die Gesetzessystematik für eine Berechnung aus der Gesamtmiete (LG München I WM 85, 330; LG Hamburg WM 85, 306; LG Karlsruhe WM 85, 328; LG Hannover WM 87, 126; AG Hamburg WM 85, 329). Allerdings hat dies zur Folge, daß wegen der Berücksichtigung des Betriebskostenanteils höhere Mietsteigerungen möglich sind als bei einer aufgegliederten Preisgestaltung. Hierfür gibt es keine sachlichen Gründe. Eine Pauschalpreisvereinbarung und eine in Grundmiete und Betriebskosten aufgegliederte Preisvereinbarung muß im Mieterhöhungsver-

§ 2. Erhöhung der Grundmiete C 80j

fahren gleichbehandelt werden, was nur möglich ist, wenn die Kappungsgrenze aus einer fiktiven Grundmiete berechnet wird (ebenso: LG Kiel NJW 85, 65).

Berechnungsbeispiele C 80j

(1) Zugang der Mieterhöhungserklärung: 5. Oktober 1983;
Fälligkeit der Mieterhöhung (Berechnungszeitpunkt): 1. Januar 1984;
Stichtagsmiete am 1. Januar 1981: DM 500,–.
Keine weiteren Mieterhöhungen bis zum Oktober 1983.
Die Kappungsgrenze liegt bei DM 500,– + 30% = DM 650,–.
Es ist eine Mieterhöhung von DM 500,– auf DM 650,– möglich.

(2) Beim Berechnungsbeispiel (1) hat im Jahre 1982 eine Mieterhöhung von DM 500,– auf DM 600,– wegen einer Modernisierung stattgefunden (§ 3 MHG):
Stichtagsmiete am 1. Januar 1981: DM 500,–;
Kappungsgrenze: DM 500,– + 30% = DM 650,– + DM 100,– ,,Modernisierungszuschlag" = DM 750,–.
Es ist eine Mieterhöhung von DM 600,– auf DM 750,– möglich.

(3) Beim Berechnungsbeispiel (1) hat im Jahre 1980 eine Mieterhöhung von DM 400,– auf DM 500,– nach § 3 MHG stattgefunden:
Stichtagsmiete am 1. Januar 1981: DM 500,–;
Die Kappungsgrenze liegt bei DM 500,– + 30% = DM 650,–.
Es ist eine Mieterhöhung von DM 500,– auf DM 650,– möglich.
Mieterhöhungen nach § 3, die vor dem Stichtag eingetreten sind, beeinflussen die Kappungsgrenze nämlich nicht.

(4) Beim Berechnungsbeispiel (1) hat im Jahre 1980 eine Mieterhöhung von DM 400,– auf DM 500,– nach §§ 4 oder 5 MHG stattgefunden.
Stichtagsmiete am 1. Januar 1981: DM 400,– + DM 100,–;
Die Kappungsgrenze liegt bei DM 400,– + 30% = DM 520,– + DM 100,– = DM 620,–.
Es ist also eine Mieterhöhung von DM 500,– auf DM 620,– möglich.
Mieterhöhungen nach §§ 4 und 5 MHG sind bei der Berechnung der Kappungsgrenze nämlich auch dann zu berücksichtigen (herauszurechnen), wenn sie vor dem Stichtag eingetreten sind. Die Differenzierung zwischen dem Beispielsfall (3) und dem Beispielsfall (4) steht zwar im Widerspruch zum Wortlaut des § 2 Abs. 1 Ziff. 3, weil danach die Mieterhöhungen nach §§ 3–5 gleichbehandelt werden; eine Differenzierung ist aber aus Gründen einer systemgerechten Handhabung der Vorschriften geboten: Mieterhöhungen nach § 3 MHG führen zu einer Änderung der Grundmiete; deshalb muß hier eine vor dem Stichtag eingetretene Mieterhöhung ebenso behandelt werden wie jede andere Änderung der Grundmiete. Hierfür spricht vor allem, daß der Gesetzgeber die Vorschrift des § 3 MHG gerade deshalb geschaffen hat, um über erleichterte Möglichkeiten zur Mieterhöhung zusätzliche Modernisierungsanreize zu schaffen. Diese Zielrichtung muß auch bei der Berechnung der Kappungsgrenze berücksich-

tigt werden. Schließlich ist hier zu bedenken, daß ein Vermieter nach einer Modernisierung häufig auch nach § 2 MHG erhöhen könnte und den Weg des § 3 nur aus Gründen der Einfachheit wählt. Auf die Umlagen nach §§ 4 und 5 MHG treffen diese Gesichtspunkte nicht zu. Die Umlagen beeinflussen die Grundmiete nicht. Das Umlagerecht besteht auch nur deshalb, um dem Vermieter die Möglichkeit zu geben, reale Kostenbelastungen in der tatsächlichen Höhe an die Mieter weiterzugeben. Ein weitergehender Vorteil soll dem Vermieter aber nicht erwachsen. Es ist deshalb systemfremd, wenn die vor der Stichtagsmiete durchgeführten Umlagen bei der Berechnung der Kappungsgrenze wie eine Mieterhöhung behandelt werden, da der Vermieter in diesem Fall nur deshalb Anspruch auf eine höhere Grundmiete hätte, weil sich irgendwann vor dem 3-Jahreszeitraum die Betriebskosten oder die Kapitalkosten erhöht haben.

C 80k Für die Frage, ob Erhöhungen nach §§ 3–5 MHG eingetreten sind, kommt es nicht darauf an, ob der Vermieter ein **förmliches Erhöhungsverfahren** durchgeführt hat oder ob die Mehrzahlung auf einer **freiwilligen Erhöhungsvereinbarung** beruht (Barthelmess § 2 MHG Rdn 54; a. A.: Sternel MDR 83, 356, wonach zumindest das Erhöhungsangebot des Vermieters den inhaltlichen Anforderungen der §§ 3–5 MHG entsprechen muß; Heitgreß WM 83, 44, wonach nur förmliche Erhöhungsverfahren in Betracht kommen sollen; ebenso: AG Bühl WM 85, 329). Maßgeblich ist allein die materiell-rechtliche Rechtslage. Hat der Vermieter nach einer Wohnungsmodernisierung ein Mieterhöhungsverfahren nach § 2 durchgeführt, so ist zu fragen, welcher Betrag nach § 3 MHG umlagefähig gewesen wäre; dieser Betrag bleibt unberücksichtigt. Gleiches gilt, wenn der Mieter nach der Modernisierung außerhalb eines förmlichen Erhöhungsverfahrens freiwillig mehr gezahlt hat. Bei der Zahlung von Betriebskosten oder Kapitalkosten ist ebenfalls zu fragen, ob der Vermieter den Mehrbetrag nach den vertraglichen Vereinbarungen oder nach § 4 MHG hätte umlegen können. Dies ist beispielsweise zu verneinen, wenn der Mieter aufgrund einer nach Vertragsschluß geschlossenen Vereinbarung neue, bisher nicht geschuldete Betriebskosten (also nicht nur die Erhöhung dieser Kosten) übernimmt. Eine solche Vereinbarung ist wie eine Erhöhung der Grundmiete zu behandeln und bei der Berechnung der Kappungsgrenze zu berücksichtigen.

C 80l f) Die Kappungsgrenze gilt auch beim **Übergang von der Preisbindung zum Vergleichsmietensystem** (BayObLG (RE) vom 23. 1. 1984 RES § 2 MHG Nr. 50; LG München I WM 85, 27; LG Kiel NJW 85, 65; AG Hamburg-Altona WM 84, 30; AG Osnabrück WM 84, 29; AG Hamburg-Blankenese WM 83, 344; AG Hannover WM 83, 323; AG Freiburg WM 83, 298; Heitgreß WM 83, 44; Landfermann, Erläuterungen S. 41; Hemmig WM 83, 183; Scholz NJW 83, 1822; Merkl WM 83, 99; Derleder WM 83, 221; a. A.: Gelhaar DWW 83, 58; AG Neuss WM 83, 114; DWW 83, 204; NJW 83, 2327 = WM 83, 296; Barthelmess § 2

§ 2. Erhöhung der Grundmiete   **C 80 m**

MHG Rdn 52; Blümmel BlnGE 83, 143; Deggau BlGBW 83, 81; NJW 84, 218; Köhler ZMR 83, 217; Gather DWW 84, 301; Vogel/Welter NJW 84, 1220). Der Wortlaut des § 2 I 3 ist eindeutig; eine Ausnahmevorschrift für öffentlich geförderte Wohnungen nach Ende der Preisbindung existiert nicht. Aus den Gesetzesmaterialien lassen sich keine Gesichtspunkte für eine einschränkende Auslegung herleiten. Insbesondere kommt dort nicht zum Ausdruck, daß die Kappungsgrenze lediglich deshalb geschaffen worden sei, um allzu hohe Mietsteigerungen beim Übergang von der alten zur neuen ortsüblichen Vergleichsmiete zu verhindern. Anderenfalls hätte es nahegelegen, die Regelung des § 2 I 3 als Übergangsvorschrift auszugestalten. Davon abgesehen wurde niemals in Erwägung gezogen, daß die modifizierte ortsübliche Miete (s. Rdn C 54b) um mehr als 30% über der bisherigen ortsüblichen Miete liegen könnte. Eine derartige Annahme wäre unrealistisch. Der Gesetzeszweck rechtfertigt ebenfalls keine einschränkende Auslegung. Die Vorschrift soll verhindern, daß die Mietsteigerung in Einzelfällen ein zu starkes Ausmaß annimmt (s. Rdn C 80a). Da die Kappungsgrenze bei freiwilligen Erhöhungen nicht gilt und die Überschreitung der Kappungsgrenze im Unterschied zur Überschreitung der ortsüblichen Miete nicht strafbar ist, dient die Regelung nicht der Mietpreisbegrenzung, sondern ausschließlich dem Mieterschutz. Dieser Schutzzweck rechtfertigt die Anwendung der Kappungsgrenze gerade beim Übergang von der Preisbindung ins Vergleichsmietensystem. Denn die öffentlich geförderten Wohnungen sind den einkommensschwächeren Bevölkerungskreisen vorbehalten (§ 25, 2. Wohnungsbaugesetz); diese Mieter müssen deshalb in besonderem Maße vor übermäßigen Mieterhöhungen geschützt werden. Dieses Ziel steht im Einklang mit der sozialstaatlichen Intention des Gesetzgebers (Derleder WM 83, 221). Deshalb entspricht es durchaus dem Gebot der Gerechtigkeit, wenn der Gesetzgeber sicherstellt, daß der Übergang von der Preisbindung zum Vergleichsmietensystem schrittweise erfolgt. Durch Beschluß vom 4. 12. 1985 (s. Rdn C 80a) hat das Bundesverfassungsgericht entschieden, daß die hier dargelegte Rechtsauffassung mit dem Grundgesetz in Einklang steht.

Für die Berechnung der Kappungsgrenze gelten auch im Falle des **C 80 m** Übergangs von der Preisbindung zum Vergleichsmietensystem keine Besonderheiten. Die Rechtsmeinung, wonach in diesem Fall von demjenigen Mietzins auszugehen sei, der im Zeitpunkt des Wegfalls der Preisbindung bestanden habe (so LG München I WM 85, 330), findet im Gesetz keine Stütze.

III. Die außergerichtliche Geltendmachung und die Einigung über die Mieterhöhung

1. Das schriftliche Erhöhungsverlangen

C 81 Liegen die (oben II) erörterten sachlichen Erhöhungsvoraussetzungen vor, muß der Vermieter seinen Erhöhungsanspruch gegenüber dem Mieter schriftlich unter Angabe der maßgebenden Erhöhungsgründe geltend machen (§ 2 II). Das gesetzliche Erhöhungsrecht nach dem MHG konkretisiert sich erst durch die Abgabe des Erhöhungsverlangens zu einer übertragbaren und pfändbaren Forderung. Zur Ausübung des Rechts ist nur der **Vermieter** (also nicht notwendigerweise der Eigentümer) oder sein **Bevollmächtigter** berechtigt (s. dazu Rdn B 44). Legt der Bevollmächtigte dem Erhöhungsverlangen seine Vollmachtsurkunde nicht bei und weist der Mieter die Erhöhungserklärung wegen des Fehlens der Vollmachtsurkunde unverzüglich zurück, so ist die Erklärung unwirksam. Ein Zeitraum von zwei Wochen kann hierbei noch als unverzüglich gelten (LG Karlsruhe WM 85, 320; LG München I WM 86, 259 – sechs Tage –). Die Mieterhöhungserklärung ist zwar keine einseitige empfangsbedürftige Willenserklärung, sondern ein Angebot des Vermieters zur Vertragsänderung; wegen der damit verbundenen Rechtsfolgen muß die Vorschrift des § 174 BGB aber analog angewendet werden (OLG Hamm [RE] vom 28. 5. 1982 RES § 2 MHG Nr. 28). Die Zurückweisung durch den Mieter ist jedoch ausgeschlossen, wenn der Vermieter den Mieter auf andere Weise von der Bevollmächtigung des Vertreters in Kenntnis gesetzt hatte (§ 174 S. 2 BGB) oder wenn der Mieter weiß, daß der Erklärende auf grund seiner beruflichen Stellung auch zur Abgabe von Mieterhöhungserklärungen bevollmächtigt ist (LG München I WM 86, 259 betr. ,,Leiter der Abteilung Grundvermögen" eines größeren Unternehmens). Der Umstand, daß der Mieter in früherer Zeit keine Vollmachtsvorlage verlangt hat, macht die Zurückweisung nicht treuwidrig (LG München a. a. O.). Diese Grundsätze gelten auch dann, wenn das Mieterhöhungsverlangen innerhalb eines anhängigen Rechtsstreits durch prozessualen Schriftsatz erklärt worden ist. Eine auf die Abgabe einer Mieterhöhungserklärung ausgestellte Vollmacht liegt dabei nicht bereits in der dem Anwalt allgemein erteilten Prozeßvollmacht (LG Karlsruhe a. a. O.; AG Weilheim ZMR 86, 446; vgl. aber auch LG München II ZMR 87, 152). Bei einer **Mehrheit** von Vermietern und Mietern muß das Erhöhungsverlangen von allen Vermietern an alle Mieter abgegeben werden. Wird das Erhöhungsverlangen nur von einem von mehreren Vermietern abgegeben, so ist es unwirksam, soweit der Erklärende nicht erkennbar in Vollmacht der übrigen Vermieter handelt; eine unwirksame Erklärung kann nicht durch die nachträgliche Zustimmung der übrigen Vermieter geheilt werden, weil insoweit die §§ 182 bis 185 BGB unanwendbar sind (AG Stuttgart ZMR 73, 158 = WM 73,

§ 2. Erhöhung der Grundmiete C 81

105 = DWW 73, 281). Geht die Erklärung nur einem von mehreren Mietern zu, so ist sie ebenfalls unwirksam (OLG Celle Beschl. vom 20. 1. 1982 RES 2. MietRÄndG Nr. 11). Dies gilt auch dann, wenn die Eheleute getrennt leben und einer der beiden Ehegatten ohne einverständliche Aufhebung des Mietverhältnisses ausgezogen ist (BayObLG (RE) vom 21. 2. 1983 WM 83, 107). Eine solche Vertragsaufhebung ist grundsätzlich nur aufgrund eines dreiseitigen Vertrags, an dem der Vermieter und beide Eheleute mitwirken müssen, möglich. Etwas anderes gilt, wenn sich die Mieter gegenseitig zur Annahme von Erklärungen des Vermieters bevollmächtigt haben, wie das vielfach in Formularmietverträgen geschieht (AG Hamburg WM 77, 92); das gilt auch für eine gegenseitige Bevollmächtigung von Ehegatten als Mieter, weil insoweit während des bestehenden Mietverhältnisses die abweichenden Rechtsgrundsätze für die Annahme von Kündigungserklärungen (s. Rdn B 44) nicht gelten (LG Köln ZMR 78, 309; Barthelmess § 2 MHG Rdn 54; Sternel Rdn. III 146; a. A. LG Köln WM 77, 143; AG Hamburg WM 77, 165; WM 80, 58; AG München WM 80, 58; AG Köln WM 77, 57).

Eine **Vollmachtsklausel** ist nur dann von Bedeutung, wenn die Mieterhöhungserklärung erkennbar an beide Mieter gerichtet ist. Es müssen also entweder zwei Erklärungen vorliegen oder die Erklärung muß an beide Mieter adressiert sein (LG Köln ZMR 78, 309; LG Berlin MM 86, 39 (251)). Hierfür reicht es aus, wenn als Adressat die ,,Eheleute ..." oder ,,Herr und Frau ..." angegeben werden (LG Berlin MM 86, 403). Ist dagegen das Mieterhöhungsverlangen nur an einen der mehreren Mieter gerichtet, so ist es bereits aus diesem Grunde unwirksam. Das Mieterhöhungsverfahren kann nicht aufgespalten und gegen einen der Mieter allein durchgeführt werden. Zwischen den mehreren Mietern besteht eine gesamthänderische Bindung mit der Folge, daß die Zustimmung zur Mieterhöhung von den Eheleuten nur gesamthänderisch geschuldet wird und der Anspruch des Vermieters auf eine unteilbare Leistung gerichtet ist. Ein nur an einen der Eheleute gerichtetes Mieterhöhungsverlangen stellt kein wirksames Angebot zur Änderung des Mietvertrags dar und verpflichtet den Empfänger auch nicht zur Abgabe der Zustimmungserklärung nach § 2 MHG (OLG Koblenz (RE) vom 13. 10. 1983 RES § 2 MHG Nr. 45; a. A.: OLG Hamm WM 84, 20; KG (RE) vom 25. 10. 1984 RES § 2 MHG Nr. 56; vgl. im übrigen Rdn B 44a). Von der Vollmachtsklausel sind jene Klauseln zu unterscheiden, in denen bestimmt ist, daß es für die Rechtswirksamkeit einer Erklärung des Vermieters genügt, wenn sie gegenüber einem der Mieter abgegeben wird. Zur Rechtswirksamkeit und Tragweite solcher Klauseln s. Rdn B 44a. Zur Klagerhebung in solchen Fällen s. Rdn C 129.

Beim Vermieterwechsel muß das Erhöhungsrecht bis zum Eigentumsübergang vom Veräußerer ausgeübt werden; selbst wenn die Erhöhungserklärung erst nach dem Eigentumsübergang nach § 2 IV fällig wird, wirkt sie nach § 571 BGB insoweit auch zugunsten des Erwerbers. Wird die Erklärung schon vor diesem Zeitpunkt vom Erwerber abgegeben (z. B. nach notariellem Kaufvertrag, weil ihm danach alle Rechte zustehen sollen), so muß er erkennbar im Namen des Veräußerers handeln (LG Köln WM 75, 128; LG Hamburg WM 85, 310).

Gibt der Erwerber dagegen die Erklärung vor der Eintragung im Grundbuch im eigenen Namen ab, so ist sie auch dann unwirksam, wenn zwischen ihm und dem Veräußerer intern vereinbart wird, daß ihm die Nutzungen bereits zu einem früheren Zeitpunkt zustehen, weil diese Vereinbarung zwischen dem Vertragsschließenden und dem Mieter keine Wirkung entfaltet (LG Mannheim ZMR 77, 284 = MDR 77, 933; LG Hannover WM 79, 220; a. A. AG Düsseldorf WM 87, 264; zur fehlenden Aktivlegitimation des Erwerbers für eine Zustimmungsklage vor der Eintragung im Grundbuch vgl. AG Regensburg DWW 77, 44. Das Mieterhöhungsrecht kann auch nicht an einen Dritten abgetreten werden (LG Hamburg WM 79, 260; LG Hamburg WM 85, 310). Insoweit gilt nichts anderes, als für die Abtretung des Kündigungsrechts. Auf die Ausführungen unter Rdn B 52 wird deshalb verwiesen. Umgekehrt darf der Veräußerer eines Grundstücks oder einer Wohnung nur solange ein Mieterhöhungsverfahren nach § 2 betreiben, solange er im Grundbuch eingetragen ist. Dies gilt grundsätzlich auch dann, wenn zwischen dem Veräußerer und dem Erwerber vereinbart ist, daß der Veräußerer gegenüber dem Mieter berechtigt sein soll, als Vermieter aufzutreten und im eigenen Namen Mietanpassungsverfahren durchzuführen. In einer solchen Vereinbarung kann zwar eine Vollmacht gesehen werden. In diesem Fall ist die Mieterhöhungserklärung nur wirksam, wenn die Stellvertretung offengelegt wird (AG Hamburg WM 86, 139 mit Anm. Reichert).

a) Das schriftliche Erhöhungsverlangen ist **keine einseitige empfangsbedürftige Willenserklärung,** sondern ein **Angebot des Vermieters zum Abschluß eines Änderungsvertrags** (Vertrag über die Änderung der Grundmiete). Aus der Erklärung des Vermieters muß sich mit hinreichender Eindeutigkeit ergeben, daß er von seinem Erhöhungsrecht nach § 2 Gebrauch machen will; eine ausdrückliche Erklärung dieser Anspruchsgrundlage oder der Hinweis auf die Einleitung eines gerichtlichen Verfahrens für den Fall der Weigerung des Mieters sind nicht erforderlich (LG Mannheim DWW 75, 166). Es reicht somit für eine wirksame Erhöhungserklärung i. d. R. auch aus, wenn der Vermieter sein Verlangen in der Form einer Bitte oder eines Vergleichsvorschlages geltend macht (LG Flensburg WM 73, 46; AG Flensburg WM 73, 62). Eine Erhöhungserklärung liegt auch dann vor, wenn sie sprachlich in die Form einer einseitigen Erklärung gekleidet ist („Ich setze die neue Miete auf DM ... fest"). Ob ausnahmsweise in der Erklärung nur eine unverbindliche Nachfrage oder Anregung zu einer einverständlichen Erhöhung zu sehen ist, muß durch Auslegung (§ 133 BGB) ermittelt werden. Das Angebot des Vermieters zu einer konkreten, vertraglichen Abänderung der bisherigen Grundmiete außerhalb des förmlichen Erhöhungsverfahrens nach den §§ 1 ff MHG ist kein Erhöhungsverlangen und hat

§ 2. Erhöhung der Grundmiete   C 82

nicht zur Folge, daß die gesetzliche Klagefrist und die daran geknüpfte Sperrfrist für weitere Mieterhöhungen ausgelöst wird. Ein derartiges Angebot zur Vertragsänderung setzt jedoch voraus, daß auch ein juristisch nicht geschulter Laie den eindeutigen Willen des Vermieters erkennen kann, damit nicht die förmlichen Voraussetzungen für den gerichtlich durchsetzbaren Erhöhungsanspruch schaffen zu wollen; wird im Angebotsschreiben zur Begründung des angestrebten erhöhten Mietzinses das Gutachten eines Sachverständigen beigefügt, so kann daraus allein nicht gefolgert werden, daß es sich um ein förmliches Mieterhöhungsverlangen handelt (LG Mannheim WM 77, 142; s. auch Rdn C 122). Das Mieterhöhungsverlangen muß darüber hinaus klar, eindeutig und nachvollziehbar sein. Es ist nicht Sache des Mieters, ein unklar gebliebenes Erhöhungsschreiben durch Nachfragen beim Vermieter aufzuklären und so zu seinen Lasten die Grundlage für eine Mieterhöhung zu schaffen.

Unklar ist ein Mieterhöhungsverlangen, wenn neben der Zustimmung zur Mieterhöhung nach § 2 weitere Vertragsänderungen verlangt werden und der Mieter nicht erkennen kann, in welchem Umfang das Erhöhungsverlangen sich auf die weiteren Vertragsänderungen richtet und zu welcher Höhe es sich auf § 2 stützt (OLG Hamburg [RE] vom 20. 12. 1982 RES § 2 MHG Nr. 36 betr. die gleichzeitige Geltendmachung einer Mieterhöhung nach § 2 und der Umlage von Betriebskosten).

aa) Eine wirksame Erhöhungserklärung bedarf der **persönlichen Un-** C 82 **terschrift** des (oder der) Vermieters (§§ 125, 126 BGB; dazu AG Stuttgart ZMR 73, 158). Die Unterschrift muß die gesamte Mieterhöhungserklärung decken. Deshalb ist die Schriftform nicht gewahrt, wenn der Vermieter lediglich die Aufforderung zur Zahlung einer höheren Miete unterschreibt und die zur Begründung angeführten Vergleichswohnungen auf einer gesonderten Liste (z. B. Computerausdruck) beigefügt sind. Eine Ausnahme gilt dann, wenn die Liste mit den Vergleichswohnungen in untrennbarer Weise mit der Mieterhöhungserklärung verbunden wird, so daß gewissermaßen eine einheitliche Urkunde entsteht. Nur auf diese Weise kann dem Zweck der Schriftform (Beweissicherung) hinreichend Rechnung getragen werden (LG Berlin WM 83, 291; vgl. auch BGHZ 52, 25). In dem Rechtsentscheid des Kammergerichts vom 22. 2. 1984 (RES § 2 MHG Nr. 51) wird insoweit allerdings eine andere Ansicht vertreten. Danach reicht es im Falle des Hinweises auf die Miete von Vergleichswohnungen aus, wenn der Vermieter in dem Schreiben, in dem er gegenüber dem Mieter seinen Anspruch auf Erhöhung des Mietzinses geltend macht, auf eine diesem Schreiben beigefügte Aufstellung von Vergleichswohnungen Bezug nimmt, die nicht unterschrieben ist, mit dem Schreiben des Erhöhungsverlangens keine auf Dauer angelegte Verbindung hat und keine Bezugnahme auf das Erhöhungsverlangen enthält (ebenso: Schultz ZMR 83, 289). Diese Rechtsansicht beruht auf der Annahme, daß Formvorschriften eng auszulegen seien. In Wirklichkeit handelt es sich hier aber um

585

eine Auslegung contra legem. Soweit allerdings die gesamte Erhöhungserklärung durch automatische Einrichtungen gefertigt wird, ist die eigenhändige Unterschrift des Vermieters nicht erforderlich (§ 8 MHG; s. Rdn C 440).

C 83 Nach der bis 31. 12. 1982 geltenden Rechtslage entsprach es der herrschenden Meinung, daß das Mieterhöhungsverlangen vor Klageerhebung abgegeben werden mußte. Das Vorliegen einer wirksamen Mieterhöhungserklärung war nach überwiegender Ansicht eine Prozeßvoraussetzung, deren Fehlen nicht geheilt werden konnte und deshalb zur Klagabweisung durch Prozeßurteil führte. Aus diesem Grunde konnte die Mieterhöhungserklärung weder zusammen mit der Klagschrift abgegeben noch konnte in der Klagschrift selbst eine wirksame Mieterhöhungserklärung gesehen werden (Nachweise über den Meinungsstand s. Rdn C 112). Durch das Gesetz zur Erhöhung des Angebots an Mietwohnungen vom 20. 12. 1982 (BGBl. I S. 1912) wurde die Vorschrift des § 2 III dahingehend ergänzt, daß der Vermieter in jenen Fällen, in denen kein wirksames Erhöhungsverlangen vorausgegangen ist, das Erhöhungsverlangen im Rechtsstreit nachholen kann. Dem Mieter steht auch in diesem Fall die Zustimmungsfrist (Überlegungsfrist) zu. Nach der nunmehr geltenden Gesetzesfassung kann deshalb die Mieterhöhungserklärung auch zusammen mit der **Klagschrift** oder in einem **prozessualen Schriftsatz** abgegeben werden (Einzelheiten dazu: s. Rdn C 138).

C 84 bb) Die Erklärung wird nicht schon mit ihrer Abgabe, sondern erst mit ihrem **Zugang** an den Mieter wirksam (§ 130 BGB), den der Vermieter im Streitfalle ebenso wie bei der Kündigung zu beweisen hat. Damit ist jedoch vorerst lediglich **der Antrag** des Vermieters auf Abänderung der bisherigen Mietzinsvereinbarung formell wirksam gestellt, während die Vertragsänderung selbst nur mit der freiwilligen oder gerichtlich erstrittenen Zustimmung des Mieters zustande kommen kann. Ein einseitiges Mieterhöhungsrecht wie bei preisgebundenem Wohnraum (§ 10 WoBindG 65) steht dem Vermieter im Rahmen des § 2 nicht zu.

C 85 cc) Soweit die §§ 2, 10 I MHG keine Sonderregelung enthalten, gelten für das Zustandekommen des Abänderungsvertrags die §§ 145 ff BGB, da es sich im Ergebnis um eine **Vertragsänderung** durch Angebot und Annahme (Vertragsabschluß) handelt. Ein wirksames Erhöhungsverlangen bindet den Vermieter an den darin enthaltenen Antrag und kann von ihm rechtswirksam weder zurückgenommen noch zu Lasten des Mieters verändert werden, es sei denn, daß der Mieter zustimmt. Das ergibt sich sowohl aus dem Grundsatz der §§ 145 ff BGB als auch aus der Fristenregelung in § 2 III, in der ein bestimmter Verfahrensablauf für die Zeit nach dem Zugang eines konkreten Erhöhungsverlangens vorausgesetzt wird. Das entspricht aber auch dem Zweck der gesetzlichen Regelung, die darauf abzielt, den Vermieter daran zu hindern, durch wiederholte **Zurücknahme** eines Erhöhungsverlangens und dessen baldiger Wiederholung den Mieter dauernd in Unruhe zu versetzen und zu zermürben

§ 2. Erhöhung der Grundmiete C 86, 87

(insoweit zutreffend Ganschezian-Finck NJW 74, 116). Die Bindung des Vermieters an den Antrag besteht allerdings nur bis zum Ablauf der Zustimmungsfrist. Nach diesem Zeitpunkt steht es dem Vermieter frei, ob er Zustimmungsklage erhebt oder ein neues Mieterhöhungsverfahren in Gang setzt. Die früher vertretene Ansicht, wonach die Bindung bis zum Ablauf der Klagfrist bestehen sollte, ist durch die Änderung des § 2 III gegenstandslos geworden. Nach der durch das Gesetz zur Erhöhung des Angebots an Mietwohnungen vom 20. 12. 1982 geschaffenen Rechtslage gibt es keine Klagfrist; folgerichtig muß die Bindung des Vermieters schon nach Ablauf der Zustimmungsfrist enden.

b) Die schriftliche Erklärung muß den geltend gemachten Anspruch durch die Angabe eines **bestimmten Geldbetrages** und daneben die Angabe der dafür maßgebenden Gründe zum **Inhalt** haben. Die Erforderlichkeit der Angabe eines **bestimmten Erhöhungsbetrages** ergibt sich bereits daraus, daß der Vermieter nur die Zustimmung zu seinem Erhöhungsverlangen vom Mieter beanspruchen kann, diese Zustimmung aber stets ein konkretes Begehren voraussetzt (unzutr. Klien NJW 73, 974). Der im Erhöhungsverlangen genannte Betrag und die später eingeklagte Summe müssen sich nicht decken (a. A. LG Stuttgart NJW 74, 1252); wohl aber darf der Klageantrag nicht höher als der vorprozessuale Erhöhungsbetrag sein. **C 86**

Die Angabe des **Erhöhungszeitpunkts** gehört nach dem Rechtsentscheid des OLG Koblenz vom 11. 3. 1983 (WM 83, 132) nicht zu den Wirksamkeitsvoraussetzungen eines Mieterhöhungsverlangens, weil sich dieser ohnehin aus dem Gesetz ergebe. Wird ein früherer als der gesetzlich vorgesehene Erhöhungszeitpunkt genannt, so wird die Mieterhöhung erst zum zulässigen Termin wirksam. Insoweit gelten die für die vorzeitige Kündigungserklärung aufgestellten Grundsätze (s. Rdn B 836). Etwas anderes gilt allerdings dann, wenn der benannte und der nächstzulässige Zeitpunkt weit auseinander liegen. Zu denken ist hierbei insbesondere an die Fälle des § 1 S. 3 MHG und an Mieterhöhungen, die lange vor Ablauf der Jahresfrist (§ 2 I Nr. 1) wirksam werden sollen. In diesen Fällen muß die Erhöhungserklärung aus Gründen der Rechtssicherheit und Rechtsklarheit als unwirksam angesehen werden.

Der Mieterhöhungsanspruch muß begründet werden (§ 2 III). Dies erfordert insbesondere konkrete Darlegungen über die **Höhe der ortsüblichen Vergleichsmiete** (§ 2 I 2). Ausreichende **Gründe** sind nur angegeben, wenn **nachprüfbare Tatsachen** hinsichtlich der vergleichbaren Wohnungen und die dafür geforderten Mietentgelte konkret mitgeteilt werden, so daß allgemeine Hinweise auf angeblich bekannte Verhältnisse auf dem Wohnungsmarkt nicht genügen. Die bloße Wiederholung des Gesetzestextes oder die Angabe pauschaler Behauptungen reicht zur Begründung der ortsüblichen Vergleichsmiete niemals aus (LG Köln WM 74, 10; WM 74, 245; LG Gießen WM 75, 16; Sternel MDR 73, 265 m. w. Nachw.; unzutr. Bucher NJW 72, 670; AG Wiesbaden WM 72, 198 m. abl. Anm. Nies; AG Wiesbaden DWW 72, 318 = WM 72, 180; Klien **C 87**

NJW 73, 974). Diese Pflicht hat der Vermieter dann erfüllt, wenn dem Mieter bei objektiver Würdigung der Angaben in der Erhöhungserklärung die Vergleichbarkeit der Objekte und des dafür gezahlten Mietentgelts zumindest als naheliegend erscheinen muß (OLG Hamburg MDR 74, 585). Dafür sind aber einschlägige Bezugnahmen auf Mietwerttabellen (s. Rdn C 91 ff) oder Sachverständigen-Gutachten (s. Rdn C 97 ff) oder aber **konkrete Angaben** des Vermieters über die herangezogenen Vergleichsobjekte erforderlich (LG Mannheim WM 73, 45 = NJW 73, 712 = MDR 73, 410 = DWW 73, 98 m. w. Nachw.; LG Kassel MDR 73, 229; LG Hagen WM 72, 157; LG Essen WM 73, 24 m. w. Nachw.; LG Düsseldorf WM 73, 23; LG München WM 73, 45; LG Aachen MDR 73, 411; LG Braunschweig WM 73, 61 m. w. Nachw. = ZMR 73, 156; AG Schwetzingen WM 75, 171; s. auch Rdn C 100 ff, 106).

Aus dem Mieterhöhungsverlangen muß sich dagegen nicht ergeben, daß die **Jahresfrist** des § 2 I 1 abgelaufen ist oder daß die verlangte Mieterhöhung unterhalb der **Kappungsgrenze** (§ 2 I 3) liegt. Diese Umstände sind dem Mieter ohnehin bekannt. Unerheblich ist es, ob der Mieter die rechtliche Bedeutung dieser Umstände kennt. Die Begründungspflicht dient nicht der Belehrung, sondern der Information des Mieters. Durch die Überschreitung der ortsüblichen Vergleichsmiete oder die Nichtbeachtung der Kappungsgrenze wird das Mieterhöhungsverlangen nicht unwirksam (a. A.: Bezüglich der Überschreitung der Kappungsgrenze: AG Friedberg/Hessen WM 86, 123). Vielmehr bleibt das Mieterhöhungsverlangen bis zur Höhe der Kappungsgrenze wirksam. Es ist andererseits nicht möglich, ein derartiges Mieterhöhungsverlangen in dem Sinne auszulegen, daß die Mieterhöhung zu demjenigen Zeitpunkt in voller Höhe wirksam werden soll, zu dem die Kappungsgrenze wieder gewahrt wäre (LG Bonn WM 85, 311). Unter Umständen kann in der fehlerhaften Angabe der Kappungsgrenze eine positive Vertragsverletzung liegen, die den Mieter zum Schadensersatz berechtigt (so LG Landau WM 87, 27 betr. Ersatz der Anwaltskosten die zur Abwehr der Mieterhöhung entstanden sind).

2. Die Begründung des Erhöhungsverlangens

C 88 Das schriftliche Erhöhungsverlangen ist nur wirksam, wenn darin der geltendgemachte Erhöhungsanspruch i. S. d. § 2 II 1 begründet wird. Der **gesetzliche Begründungszwang** soll einerseits den Vermieter anhalten, keine willkürlichen und voreiligen Erhöhungen geltend zu machen; er soll andererseits den Mieter in die Lage versetzen, die vom Vermieter zugrundegelegten Sachgründe für die Erhöhung zu überprüfen. Nur dann, wenn die im Erhöhungsverlangen angegebenen Gründe dem Mieter wenigstens im Ansatz eine Beurteilung ermöglichen, ob die geforderte Erhöhung mehr oder weniger berechtigt erscheint, kann er sich über die Erteilung oder Verweigerung seiner Zustimmung schlüssig werden. Nicht zuletzt strebt also das Gesetz mit dem Begründungs-

§ 2. Erhöhung der Grundmiete   C 89, 90

zwang auch die Förderung einer außergerichtlichen Einigung und dadurch die Vermeidung überflüssiger Zustimmungsklagen an. Daneben dient der Begründungszwang der Rechtssicherheit, so daß sich die Angabe der maßgebenden Erhöhungsgründe auch dann nicht erübrigt, wenn die Ortsüblichkeit der geforderten Erhöhung auf der Hand liegt, oder aus der Sicht des Vermieters sogar offenkundig erscheint (LG Düsseldorf ZMR 74, 282). Dieser Zweck des Begründungszwanges muß bei der Auslegung des § 2 II gebührend beachtet werden, soweit diese trotz der jetzt zur Klarstellung eingefügten Sätze 2 u. 3 erforderlich ist. Die sachgerechte Anwendung gerade dieser Vorschrift unter gebührender Berücksichtigung der schutzwürdigen Interessen von Vermieter und Mieter ist deshalb besonders wichtig, weil die Wirksamkeit des Erhöhungsverlangens die Grundvoraussetzung der Durchsetzbarkeit des Erhöhungsanspruchs nach § 2 III, IV ist.

Während der Geltungsdauer des (1.) WKSchG hat die dem § 2 II entsprechende Vorschrift des § 3 II WKSchG letztlich dazu geführt, daß in der Praxis der Gerichte die Zustimmungsklagen überwiegend bereits daran scheiterten, daß die Erhöhungsverlangen wegen unzureichender Begründung als unwirksam angesehen wurden. Das BVerfG hat diese Gesetzesanwendung der Instanzgerichte für verfassungswidrig erklärt und gefordert, durch eine **verfassungskonforme Auslegung** des Gesetzes die praktische Durchsetzbarkeit der Erhöhungsansprüche zu gewährleisten (BVerfG E 37, 140 = NJW 74, 1499; NJW 79, 31 = WM 79, 6 = ZMR 78, 363 m. zust. Anm. Sydow; NJW 80, 1617 = MDR 80, 732 = DWW 80, 123 = ZMR 80, 202 = WM 80, 123 m. abl. Anm. Niederberger WM 80, 193; DWW 81, 263 = WM 82, 146 m. Anm. v. Schoenebeck.   C 89

In dieser Absicht hat der Gesetzgeber den Wortlaut des § 2 II 1 gegen- C 90
über dem früheren Recht verändert und die Sätze 2, 3 mit der Begründung hinzugefügt, dem Vermieter die Darlegung der ortsüblichen Vergleichsmiete im schriftlichen Erhöhungsverlangen zu erleichtern (RegE; s. Rdn F 14). Ausdrücklich wird dazu im RegE hervorgehoben, daß die von der Rechtsprechung aus § 3 II WKSchG teilweise gezogenen Folgerungen mit den dadurch bedingten Erschwerungen der Darlegungspflicht des Vermieters nicht beabsichtigt gewesen seien. Da diese Schwierigkeiten durchaus vorhersehbar waren, hätten diese Klarstellungen richtigerweise im Gesetzestext oder den dazu gegebenen Begründungen schon früher ihren Ausdruck finden müssen, was nicht der Fall war. Es muß somit davon ausgegangen werden, daß durch § 2 II in der jetzt geltenden Fassung dem Vermieter die Durchsetzbarkeit seines vermeintlichen Erhöhungsanspruchs erleichtert werden soll, was jedoch nicht dazu führen darf, daß die dem Mieter mitzuteilenden Erhöhungsgründe keiner Sachprüfung mehr zugänglich sind. Vielmehr betont der RegE ausdrücklich, daß nur solche Angaben im Erhöhungsverlangen für den Mieter verwertbar und deshalb ausreichend sind, die für ihn nachprüfbar dargeboten werden (s. Rdn F 14). Nur unter dieser Vorausset-

zung läßt § 2 II jeden Nachweis des Vermieters zur Darlegung der ortsüblichen Vergleichsmiete und der darauf beruhenden Berechtigung seines Anspruchs im Erhöhungsverlangen zu, also auch die Berufung auf Mietwerttabellen und begründete Sachverständigengutachten. Die Entscheidung des BVerfG a. a. O. durfte und darf aber nicht dahin gedeutet werden, daß der Vermieter gänzlich von seiner Pflicht zur nachprüfbaren Begründung des Erhöhungsverlangens entbunden werden müßte und das Gericht von Amts wegen die erforderlichen Angaben (außerhalb einer Beweisaufnahme) einholen dürfte (unzutr. daher AG Wiesbaden DWW 75, 17; LG Aachen WM 76, 168 zutr. LG Gießen WM 75, 16; LG Köln WM 74, 245).

Es ist deshalb verfehlt, wenn vereinzelt im Schrifttum und gelegentlich auch in der Rechtsprechung die Entscheidung des BVerfG a. a. O. herangezogen wird, um den Umfang der Begründungspflicht zugunsten des Vermieters derart zu beschränken, daß die sachgerechten Zielvorstellungen des Gesetzes nicht mehr gewährleistet sind. Denn auch nach den Ausführungen des BVerfG a. a. O. besteht kein Zweifel daran, daß die gesetzliche Verpflichtung des Vermieters zur Begründung des Erhöhungsverlangens weder grundsätzlich noch in der hier vertretenen Auslegung verfassungsgerecht ist. Das BVerfG hat ausdrücklich anerkannt, daß der Mieter die Möglichkeit haben muß, die Berechtigung der geforderten Mieterhöhung nachzuprüfen; es hat jedoch mit Rücksicht darauf, daß auch für den Vermieter Einzelnachweise über Preise, Wohnfläche, Gestaltung und Ausstattung sowie Alter der Häuser schwer zu erlangen sind, da es zur Auskunft verpflichtete Stellen nicht gibt, erleichterte Begründungen durch Bezugnahme auf ein Sachverständigengutachten oder einem Mietspiegel zugelassen. Auf diese Weise hat es den Begründungszwang als Prozeßvoraussetzung aber gerade nicht aufgegeben oder beseitigt, sondern nur zum Ausdruck gebracht, daß das Erhöhungsverlangen auf verschiedene Weise begründet werden kann und daß der Vermieter diejenige Begründung wählen darf, die seinen Möglichkeiten entspricht. Der Umfang der danach geforderten Begründung soll also einerseits keine unzumutbaren Anforderungen an den Vermieter stellen, andererseits soll aber auch der Gesetzeszweck nicht in Frage gestellt werden (vgl. hierzu auch LG Hannover WM 77, 231).

Die Erleichterungen in § 2 II haben allerdings nur Geltung für das vorprozessuale Erhöhungsverlangen des Vermieters; kommt es zu einem gerichtlichen Zustimmungsverfahren, gelten hinsichtlich der Darlegungs- und Beweislast des Vermieters die allgemeinen Grundsätze des Zivilprozeßrechts (s. Rdn C 134). Zutreffend hebt deshalb der RegE hervor, daß im Streitfall die vom Vermieter angebotenen Beweismittel auch insoweit der **freien Beweiswürdigung** unterliegen, als es sich um die im Erhöhungsverlangen verwendeten Nachweise handelt (s. Rdn C 140).

§ 2. Erhöhung der Grundmiete					C 91–93

a) Bezugnahme auf Mietwerttabellen					C 91

Nimmt der Vermieter im Erhöhungsverlangen auf „eine **Übersicht über die üblichen Entgelte** nach § 2 I Nr. 2 in der Gemeinde oder in einer vergleichbaren Gemeinde" Bezug, so erfüllt er dadurch seine Begründungspflicht. Dabei muß es sich aber um eine vom Gesetz anerkannte Mietwerttabelle handeln, aus der sich in einer für den Mieter nachprüfbaren Weise der geforderte Erhöhungsbetrag rechtfertigen läßt (§ 2 II 3). Für derartige „Übersichten" der ortsüblichen Entgelte hat sich weithin die Bezeichnung „Mietspiegel" durchgesetzt, auch die Bezeichnungen „Mietwerttabelle", „Mietpreisübersicht" oder „Mietkataster" sind gebräuchlich.

Bis zum 31. 12. 1982 stand die Erstellung und Fortschreibung von C 92 Mietspiegeln im Ermessen der Gemeinde und der örtlichen Interessenverbände von Vermietern und Mietern. Bindende Vorschriften über den Inhalt von Mietspiegeln und das bei ihrer Erarbeitung zu beachtende Verfahren bestanden nicht. Beim Bundesministerium für Raumordnung, Bauwesen und Städtebau existierte allerdings ein Arbeitskreis Mietspiegel, der unverbindliche Empfehlungen ausgesprochen hat (vgl. WM 80, 165 ff.). Durch das Gesetz zur Erhöhung des Angebots an Mietwohnungen vom 20. 12. 1982 (BGBl. I S. 1912) wurde die Vorschrift des § 2 um die Absätze 5 und 6 erweitert. Die Regelung in Absatz 5 Satz 1 enthält eine Aufforderung an die Gemeinden zur Erstellung von Mietspiegeln, soweit hierfür ein Bedürfnis besteht und dies mit einem für sie vertretbaren Aufwand möglich ist. Die Sätze 2 und 3 enthalten Regelungen über die Erstellung und Fortschreibung von Mietspiegeln. Durch Satz 4 wird die Bundesregierung zum Erlaß von Rechtsverordnungen über den näheren Inhalt und das Verfahren zur Aufstellung und Anpassung von Mietspiegeln ermächtigt und Satz 5 ordnet an, daß Mietspiegel öffentlich bekanntgemacht werden sollen. Bezüglich der weiteren Einzelheiten siehe Rdn C 156 ff.

aa) Zur Erfüllung seiner Begründungspflicht darf sich der Vermieter C 93 nur auf solche Mietspiegel berufen, die von Gemeinden oder den Interessenverbänden der Vermieter und Mieter erstellt oder von diesen anerkannt worden sind (dazu LG Wuppertal WM 74, 182 = ZMR 74, 278). Nur bei diesen Verantwortlichen erscheint dem Gesetzgeber die erforderliche Zuverlässigkeit des ermittelten Materials gewährleistet. Hat die **Gemeinde** die Tabelle erstellt oder erstellen lassen, so handelt sie dabei im öffentlichen Interesse, so daß die gebotene Neutralität und Stichhaltigkeit der veröffentlichten Ermittlungen schon dadurch gewährleistet erscheint. Näheres dazu unter Rdn C 156 ff.

Aus dem Wortlaut des Gesetzes, wonach der Msp. einen Überblick über die üblichen Entgelte „in der **Gemeinde oder in einer vergleichbaren Gemeinde**" geben soll, kann keinesfalls der Schluß gezogen werden, daß der Vermieter alternativ unter mehreren Mietspiegeln auswählen könnte. Der Rückgriff auf den Mietspiegel der vergleichbaren Gemeinde kommt vielmehr nur dann in Betracht, wenn in der Wohngemeinde kein Mietspiegel vorhanden ist oder wenn dieser Mietspiegel über eine bestimmte Wohnungskategorie keine Aussagen enthält. Aus dem Rechtsentscheid des OLG Stuttgart vom 2. 2. 1982 (RES § 2 MHG Nr. 18) ergibt sich nichts anderes. In diesem Rechtsentscheid wird zwar ausgeführt, daß das Mieterhöhungsverlangen dann auf den Mietspiegel einer Nachbargemeinde gestützt werden darf, wenn die Behauptung, dies sei eine vergleichbare Gemeinde, nicht offensichtlich unbegründet ist. Dieser Rechtsentscheid betrifft aber nur diejenigen Fälle, in denen dem Vermieter in seiner eigenen Gemeinde kein Mietspiegel zur Verfügung steht; ein Wahlrecht zwischen mehreren Mietspiegeln wird durch diesen Rechtsentscheid nicht begründet. Die **Vergleichbarkeit** der Gemeinden ist gegeben, wenn diese in einer Reihe von äußeren ohne weiteres feststellbaren Faktoren im wesentlichen übereinstimmen. Hierzu gehört in erster Linie die Größe der Gemeinde, deren Alter, die Bevölkerungsstruktur, die geographische Lage zu benachbarten Ballungsgebieten u. s. w. Die Gemeinden müssen sich in ihrem äußeren Erscheinungsbild weitgehend gleichen (vgl. dazu AG Siegburg WM 78, 241). Nur dann stellt der Mietspiegel der fremden Gemeinde zugleich ein Indiz für die in der Wohngemeinde üblichen Mietpreise dar (AG Siegburg a. a. O.; LG München II WM 86, 259). Verfehlt ist es hingegen, wenn eine Mieterhöhung für eine Kleinstadtwohnung mit einem für eine benachbarte Großstadt erstellten Mietspiegel begründet wird. Eine derartige Praxis läßt sich auch nicht mit dem Hinweis rechtfertigen, daß nach der Erfahrung die Mietpreise in der Kleinstadt ebensohoch sind, wie in der Großstadt. Gerade dies ergibt sich aus dem Mietspiegel nämlich nicht (Beispiele aus der Rspr.: nicht vergleichbar sind die Gemeinden Karlsfeld und München (LG München II WM 86, 259); vergleichbar sind die Städte Solingen und Hilden (LG Düsseldorf WM 86, 323) weil es sich um Nachbarstädte von ähnlichem Gepräge handelt). Bezüglich der formellen Wirksamkeit des Mieterhöhungsverlangens genügt es, wenn der Vermieter darauf hinweist, daß er sich auf den Mietspiegel einer in der näheren Umgebung liegenden Gemeinde beruft. Die Darlegung weiterer Einzelheiten ist entbehrlich (OLG Stuttgart a. a. O.). Ein Verzeichnis aller Mietspiegel der Bundesrepublik ist abgedruckt in WM 79, 275. In dieser Zeitschrift werden auch ständig neu erscheinende Mietspiegel veröffentlicht.

bb) Für die Wirksamkeit des Erhöhungsverlangens ist es unbeachtlich, ob die Tabellenwerte **tatsächlich richtig** sind und einer empirisch-statistischen Nachprüfung standhalten. Es kommt also insoweit grundsätzlich auch nicht darauf an, wieviel Vergleichsmaterial ermittelt wurde und wie sorgfältig die Auswertung erfolgte (LG Bonn WM 80, 32). Mängel des Mietspiegels werden jedoch im vorprozessualen Stadium des Erhöhungsverfahrens unberücksichtigt bleiben müssen, so lange sie umstritten und für den Vermieter zunächst nicht klärbar sind, so daß er sich im Zweifel auf die Fortgeltung der Tabellenwerte verlassen darf; hätte

§ 2. Erhöhung der Grundmiete   C 94, 94a

der Gesetzgeber höhere Anforderungen an die Verbindlichkeit der zugelassenen Tabellen stellen wollen (wie sie vor allem im gerichtlichen Zustimmungsverfahren zu stellen sind, s. Rdn C 135), hätte er insoweit konkrete und wissenschaftlich ermittelte Mindesterfordernisse aufstellen müssen, an denen es noch immer fehlt (z. B. über den prozentualen Mindestsatz der zugrundegelegten Wohnungen im Verhältnis zur örtlichen Gesamtzahl). Auf die Erläuterungen Rdn C 156f bis s wird verwiesen.

cc) Zur Wirksamkeit des Erhöhungsverlangens ist die **Bezugnahme** C 94 auf die entsprechende Tabelle im Erhöhungsschreiben erforderlich, während das Tabellenwerk als solches nicht beigefügt zu werden braucht, soweit es allgemein zugänglich ist (LG Köln ZMR 76, 215; m. zust. Anm. Weimar; LG Münster DWW 77, 20; AG Köln WM 77, 58). Vereinzelt wird auch die Ansicht vertreten, daß der Vermieter angeben müsse, wo der Mietspiegel eingesehen werden kann (LG Ravensburg MDR 79, 231).

Das Fehlen jeglicher Bezugnahme auf eine zur Begründung des Erhöhungsverlangens in Anspruch genommene Mietwerttabelle stellt einen Begründungsmangel dar, wenn der Mieter aus der Erklärung (objektiv) nicht mit hinreichender Deutlichkeit erkennen kann, daß der Vermieter seinen Erhöhungsanspruch auf derartige konkrete Angaben stützt. Liegt für den Wohnort des Mieters ein Mietspiegel vor und legt der Wortlaut der Erhöhungserklärung des Vermieters in seinem Gesamtzusammenhang bei vernünftiger Würdigung die Deutung nahe, daß er sich darauf stützen will, wird i. d. R. jedoch von hinreichender Bezugnahme auszugehen sein.

Beruft sich der Vermieter im Erhöhungsverlangen auf eine Mietwerttabelle, so muß er die der Erhöhung zugrunde gelegten Bewertungskriterien der Tabelle so genau bezeichnen, daß der Mieter erkennen kann, welche Einstufung seiner Wohnung und welche Wertangaben für zutreffend gehalten werden (Freund und Barthelmess ZMR 75, 33; AG Stuttgart DWW 73, 282 = Die Justiz 73, 386; ZMR 74, 153; AG Köln WM 80, 18 (LS); LG Köln ZMR 78, 309 m. zust. Anm. Weimar; LG Osnabrück WM 85, 316; a. A. AG Siegen DWW 74, 259). Eine Begründung der Tabellenmerkmale ist nicht erforderlich.

Nach der Rechtsprechung und dem Schrifttum ist bei der Bezugnahme C 94a auf Mietspiegel heftig umstritten, ob und welche **zusätzlichen Erklärungen** vom Vermieter im Rahmen seiner Begründungspflicht im Erhöhungsverlangen zu fordern sind, wenn es formell wirksam sein soll. Einerseits wird die Ansicht vertreten, daß die bloße Bezugnahme auf einen Mietspiegel genüge, weil das Gesetz nach seinem Wortlaut in § 2 II insoweit nicht mehr verlange und sachlich eine dahingehende Erleichterung des Vorverfahrens anstrebe; erst im nachfolgenden Zustimmungsverfahren treffe den Vermieter im Rahmen seiner Darlegungs- und Beweislast die Pflicht zur Substantiierung der klagbegründenden Tatsachen (Spatz ZMR 77, 226; AG Siegen ZMR 76, 157). Dieser Ansicht kann

593

nicht gefolgt werden, weil sie dem Sinn und Zweck des vorgerichtlichen Erhöhungsverfahrens nicht gerecht wird (s. Rdn C 87, 88 ff). Andererseits kann nicht davon ausgegangen werden, daß vom Vermieter die ausdrückliche Angabe und Begründung jeglicher Tabellenmerkmale zu fordern ist, die eine exakte Spezifizierung der abstrakten Tabellenbeschreibungen für den Einzelfall zum Gegenstand hat. Vielmehr muß es genügen, wenn die Angaben des Vermieters es dem Mieter ermöglichen, in der Tabelle diejenige Vergleichsmiete aufzufinden, welche dem Erhöhungsverlangen zahlenmäßig zugrunde liegt (AG Bielefeld ZMR 77, 190; AG Köln ZMR 77, 245); es erübrigen sich somit Angaben über das Baualter, Lage und Einrichtung usw., wenn sich die geforderte Miete im Ergebnis insoweit eindeutig aus der Tabelle ablesen läßt. Ist dagegen die geforderte Miete in mehrere Tabellenfelder einzuordnen, muß der Vermieter das von ihm in Anspruch genommene Tabellenfeld hinreichend deutlich bezeichnen (Wangemann WM 76, 21); das kann bei einer nach Baualtersklassen gestalteten Tabelle die Verpflichtung des Vermieters begründen, das Baualter des Gebäudes mitzuteilen, falls dies dem Mieter nicht schon anderweitig bekannt ist (LG Köln ZMR 76, 215 m. zust. Anm. Weimar); gleiches gilt für weitergehende Gliederungspunkte der Tabelle, z. B. Wohnlage. Die Angabe der Gliederungspunkte ist darüber hinaus dann erforderlich, wenn eine eindeutige Zuordnung fraglich ist (z. B. Baualter bei zerstörtem und wieder aufgebautem Haus).

C 94 b In derartigen Zusatzangaben, die auch durch Beifügung einer Tabelle und entsprechender Kennzeichnung der in Anspruch genommenen Tabellenfelder erfolgen kann, liegt keine Überforderung des Vermieters, der einerseits diese Tatsachen am besten kennt und andererseits nach allgemeinen Vertragsgrundsätzen verpflichtet ist, das im Erhöhungsverlangen liegende Angebot zur Vertragsänderung derart bestimmt abzugeben, daß es der Vertragspartner ohne weitere Rückfragen und Klärung annehmen oder ablehnen kann (Weimar in Anm. zu AG Köln ZMR 76, 284). Die dem Vermieter in § 2 II eingeräumte Möglichkeit der Bezugnahme auf einen Msp. entbindet diesen zwar von der wesentlich schwierigeren Verpflichtung, durch Einzelobjekte sein Erhöhungsverlangen zu begründen; diese Erleichterung darf aber nach dem Sinn und Zweck des außergerichtlichen Vorverfahrens darüber hinaus nicht dazu führen, daß auch ein gutwilliger Mieter infolge der fehlenden oder unklaren Angaben des Vermieters vor kaum lösbare Rätsel über die Berechnung des Erhöhungsbetrages gestellt wird, obwohl sich der Vermieter ohne weiteres die erforderliche Klarheit verschaffen könnte.

C 94 c In vielen Mietspiegeln wird der Mietpreis entsprechend einer Empfehlung der Bundesregierung nicht nur durch die Angabe eines Durchschnittswertes, sondern in Form von **Mietpreisspannen** wiedergegeben. Dies entspricht der Erkenntnis, daß die marktwirtschaftliche Preisbildung von einer Vielzahl von Faktoren beeinflußt wird, so daß der ortsübliche Mietzins nicht durch einen Einheitspreis, sondern nur durch eine Preisspanne zutreffend wiedergegeben werden kann. Die Praxis geht bei

§ 2. Erhöhung der Grundmiete   C 95

der Handhabung solcher Mietspiegel davon aus, daß für Wohnungen mit durchschnittlicher Ausstattung und Lage ein durchschnittlicher Preis bezahlt wird und daß den Besonderheiten des Einzelfalls durch die Gewährung von Zu- und Abschlägen innerhalb der Spanne Rechnung getragen wird. Unter der bis zum 31. 12. 1982 geltenden Rechtslage wurde teilweise die Ansicht vertreten, daß ein mit einem Mietspiegel begründetes Mieterhöhungsverlangen mit dem ein über dem Mittelwert liegender Mietpreis gefordert wurde nur dann hinreichend begründet war, wenn die für die Abweichung maßgebenden Gesichtspunkte mitgeteilt wurden (LG Mannheim ZMR 77, 284; LG Köln WM 77, 143; AG Köln ZMR 76, 284; WM 77, 76; ZMR 77, 31). Nach der Neufassung des Gesetzes genügt es für die formelle Wirksamkeit des Mieterhöhungsverlangens, wenn der Mietzins innerhalb der Spanne liegt. Weiterer Darlegungen für die konkrete Einordnung bedarf es nicht.

Bestreitet der Mieter im gerichtlichen Verfahren die vom Vermieter behauptete günstige Zuordnung zu einem oberen Mietspiegelwert, so muß hierüber Beweis erhoben werden. In diesem Fall kommt es darauf an, wie die Wohnung tatsächlich eingeordnet werden muß. Weist der Mietspiegel keine Spanne auf, so hat die Gesetzesänderung keine praktische Bedeutung. In einem solchen Fall kann der Mietspiegel auch nicht mit einer imaginären Spanne versehen werden. Dies gilt auch dann, wenn bei der Erhebung der Daten tatsächlich eine entsprechende Spanne festgestellt worden ist. Die im Gesetz vorgesehenen Begründungsformen beruhen auf dem Prinzip der Offenkundigkeit: deshalb kann die Mieterhöhung nur mit solchen Daten begründet werden, die im Mietspiegel selbst offenbart worden sind.

dd) Das Recht des Vermieters zur Bezugnahme auf einen Mietspiegel   C 95
findet in dessen **Anwendungsbereich seine Grenze.** Läßt der Mietspiegel nicht erkennen, daß bestimmte Wohnungsgruppen ausgegliedert sind und sich somit seine Angaben für diesen Wohnraum nicht verwerten lassen, kann der Vermieter darauf Bezug nehmen und ein wirksames Erhöhungsverlangen dadurch auch dann abgeben, wenn sich letztlich herausstellt, daß dieser Wohnraum vom Mietspiegel nicht erfaßt wird. Schließt der Mietspiegel hingegen ausdrücklich oder erkennbar bestimmte Wohnungsgruppen von seinem Anwendungsbereich aus (s. Rdn C 156a), ist eine Bezugnahme so zu behandeln, als wäre eine Begründung nach § 2 II MHG überhaupt nicht abgegeben; der Vermieter muß dann sein Erhöhungsverlangen in anderer Weise begründen (LG Hamburg MDR 81, 319 = ZMR 81, 120 = DWW 81, 49). Deshalb kann ein Mietspiegel, der nicht für Einfamilienhäuser gilt, grundsätzlich auch dann nicht zur Begründung des Erhöhungsverlangens für derartige Bezugswohnungen herangezogen werden, wenn die nicht näher begründete (und erfahrungsgemäß nur bedingt zutreffende) Vermutung aufgestellt wird, daß die Mietentgelte für Wohnungen in Mehrfamilienhäusern immer billiger als die für Einfamilienhäuser sein müßten (zweifelhaft LG Köln WM 76, 129; unzutr. AG Köln WM 76, 127, a. A. Gelhaar

RGRK § 564b BGB Anh. 2 MHG Rdnr 14; s. auch Streich DWW 81, 250 wonach die Mieten von Einfamilienhäusern nach einer im Raum Lübeck durchgeführten Untersuchung um 20% höher liegen als die Mieten von Mehrfamilienhäusern); eine Anwendung des Mietspiegels kann in dieser Hinsicht allerdings dann gerechtfertigt sein, wenn das Einfamilienhaus nach seinem Zuschnitt, der Wohnfläche und anderen wohnwertbildenden Kriterien eher einer vergleichbaren Wohnung in einem Mehrfamilienhaus als den Besonderheiten eines mit hervorstechendem Wohnkomfort ausgestatteten Einfamilienhauses entspricht, wobei angemessene Zuschläge gegenüber den Tabellenwerten dem höheren Marktwert Rechnung tragen können (LG Mannheim Urt. vom 22. 2. 1978, 4 S 98/76). Weist die Wohnung hinsichtlich der Mietpreisgestaltung, der Vertragsbedingungen, der Art und Weise der Benutzung oder der objektiven Beschaffenheit Besonderheiten auf, die der Mietspiegel nicht berücksichtigt, so kann diesem Umstand durch **Zu- oder Abschläge** Rechnung getragen werden. So kann beispielsweise ein Vermieter, der entsprechend der gesetzlichen Regelung gegenüber dem Mieter zur Durchführung von **Schönheitsreparaturen** verpflichtet ist, zur Begründung des Mieterhöhungsverlangens auch auf solche Mietspiegel zurückgreifen, bei deren Erstellung nur solche Wohnungen erfaßt wurden, in denen die Schönheitsreparaturen kraft vertraglicher Vereinbarung vom Mieter durchzuführen sind. Das nach § 2 geschuldete Entgelt kann in diesem Fall in der Weise festgestellt werden, daß zu der nach dem Mietspiegel ausgewiesenen Vergleichsmiete ein Zuschlag hinzugerechnet wird. Dieser Zuschlag kann in Anlehnung an § 28 Abs. 4 der II. Berechnungsverordnung ermittelt werden (OLG Koblenz (RE) vom 8. 11. 1984 RES § 2 MHG Nr. 57; vgl. auch LG Wiesbaden WM 87, 127, wonach es wirtschaftlich üblich ist, daß die Schönheitsreparaturen vom Mieter zu tragen sind). Weist der Mietspiegel lediglich die Kategorien ,,Wohnungen mit Bad" und ,,Wohnungen ohne Bad" auf, so kann dem Umstand, daß der Mieter in einem vorhandenen **Badezimmer** auf seine Kosten eine Badeeinrichtung installiert hat, durch einen mittleren, zwischen den beiden Kategorien liegenden Preis Rechnung getragen werden. Dies gilt allerdings nicht, wenn das Badezimmer in einem ursprünglich nicht dafür bestimmten Raum (z. B. durch Abteilung der Küche) eingerichtet worden ist. Eine solche Wohnung gilt auch weiterhin als Wohnung ohne Bad, weil die vom Mieter geschaffenen Einrichtungen im Mieterhöhungsverfahren unberücksichtigt bleiben (s. Rdn C 64a). Auch eine außergewöhnliche Wohnlage kann einen Zuschlag rechtfertigen (so LG Hamburg WM 87, 126: Zuschlag von 20% für sog. ,,Adresslage").

Der Umstand, daß die Parteien eine **Pauschalmiete** vereinbart haben, steht der Anwendung eines Mietspiegels auch dann nicht entgegen, wenn dort ausschließlich die ortsübliche Grundmiete ausgewiesen wird. In einem solchen Fall ist der Vermieter berechtigt, die auf die Wohnung entfallenden Betriebskosten zu den Mietspiegelwerten hinzuzurechnen. Der so ermittelte Mietzins bildet das nunmehr vom Mieter geschuldete

§ 2. Erhöhung der Grundmiete   **C 95**

Entgelt. Ein Mieterhöhungsverlangen ist hinreichend begründet, wenn der Vermieter auf den Mietspiegel Bezug nimmt und im einzelnen erläutert, welche Betriebskosten zusätzlich in Ansatz gebracht worden sind (OLG Stuttgart (RE) vom 13. 7. 1983 RES § 2 MHG Nr. 43; OLG Hamburg WM 84, 24). Nach der Ansicht des OLG Stuttgart sollen bei der hier dargelegten Rechenoperation diejenigen Betriebskosten maßgeblich sein, die zum Zeitpunkt der Erhöhungserklärung anfallen (ebenso: LG Frankfurt WM 85, 315). Nach der hier vertretenen Meinung kommt es dagegen auf die beim Vertragsschluß bestehenden und die in der Folgezeit nach § 4 II MHG erhöhten Betriebskosten an (s. Rdn C 49). Dieselben Grundsätze sind bei der Vereinbarung einer **Teilpauschalmiete** anwendbar. Hierunter versteht man eine Mietpreisgestaltung, bei der nur ein Teil der tatsächlich anfallenden Betriebskosten gesondert auf den Mieter umgelegt worden ist. In einem solchen Fall kann der Vermieter den in der Grundmiete steckenden Betriebskostenanteil herausrechnen, die verbleibende (fiktive) Grundmiete auf das ortsübliche Niveau erhöhen und den herausgerechneten Betriebskostenteil wieder hinzuschlagen. Unerheblich ist es insoweit, ob die Teilpauschalmiete auf präziser Kostenkalkulation beruht, oder ob lediglich ein Teil der Betriebskosten versehentlich oder aufgrund unklarer Regelungen nicht umgelegt worden ist. Insoweit gilt nichts anderes als in jenen Fällen, in denen die Parteien bei Vertragsschluß eine besonders niedrige Miete vereinbart haben; auch hier ist eine Mieterhöhung grundsätzlich nicht ausgeschlossen (s. Rdn C 39). Etwas anderes kommt allerdings dann in Betracht, wenn sich aus dem Mietvertrag ergibt, daß der Vermieter bestimmte Betriebskostenteile selbst tragen wollte. Der Umstand, daß eine bestimmte Kostenposition nicht auf den Mieter umgelegt worden ist, reicht für eine solche Annahme allerdings nicht aus. Vielmehr müssen weitere Umstände hinzutreten, damit ein derartiger Schluß gerechtfertigt ist (z. B.: unterlassene Umlage von Gartenpflegekosten, weil der Vermieter den Garten alleine nutzt). In formeller Hinsicht erfordert das Mieterhöhungsverlangen, daß der Vermieter seine Betriebskostenbelastung in nachvollziehbarer Weise offenlegt und erläutert, welche Kosten durch die Betriebskostenumlage gedeckt und welche in der Grundmiete enthalten sind (LG Hamburg WM 85, 314). Die Vorlage von Belegen ist nicht erforderlich. Das Mieterhöhungsverlangen ist insgesamt unwirksam, wenn nicht nur Zustimmung zur Mieterhöhung, sondern eine Änderung der Mietpreisvereinbarung dahingehend verlangt wird, daß der Mieter in Zukunft eine Grundmiete und daneben einen Betriebskostenvorschuß zahlen soll (LG Köln WM 85, 313; LG Hamburg WM 85, 314; WM 87, 86; AG Kiel WM 85, 306).

Zur Berechnung der Kappungsgrenze in diesen Fällen s. Rdn C 80i.
Zur Begründung des Mieterhöhungsverfahrens durch Sachverständigengutachten s. Rdn C 98; für die Benennung von Vergleichswohnungen bei der Pauschalmiete s. Rdn C 103c. Zur Berechnung der Zu- und Abschläge s. im übrigen Rdn C 67.

C 96 ee) Hält der Vermieter die Tabellenwerte für unzutreffend, so steht es ihm frei, den **Nachweis** seines Erhöhungsanspruchs **anderweitig** zu führen (z. B. durch Benennung von 3 Einzelobjekten). Bestreitet der Mieter die Richtigkeit der Tabellenwerte, so muß diesen Einwänden vom Gericht im Zustimmungsverfahren im Wege der Beweisaufnahme nachgegangen werden (s. Rdn C 151). Die Werte des Mietspiegels sind somit für das Gericht nur dann und soweit verbindlich, als sie von Vermieter und Mieter nicht bestritten werden. Eine andere Frage ist es, wie ein **Mietspiegel im gerichtlichen Verfahren** zu bewerten ist. Dabei ist zu unterscheiden zwischen solchen Mietspiegeln, die unter Beachtung statistisch-wissenschaftlich abgesicherter Methoden zur Datengewinnung und -verarbeitung erstellt worden sind und solchen Datenzusammenstellungen, die diesen Anforderungen nicht genügen. Im erstgenannten Fall kann der Mietspiegel als antizipiertes Sachverständigengutachten, das für eine Vielzahl ähnlich gelagerter Fälle erarbeitet worden ist, im Prozeß verwertet werden. Dabei ist zu beachten, daß Mietspiegel dieser Art nicht in der Lage sind, die Miete einer speziellen Wohnung mit ihrer Vielzahl von Eigenheiten bis auf den Pfennig genau festzulegen. Dies ist auch nicht erforderlich, weil der Begriff der ,,üblichen Entgelte" in § 2 Abs. 1 Nr. 2 kein rein empirischer Begriff ist, sondern auch die Berücksichtigung normativer, wohnwertbezogener Komponenten erfordert. Deshalb genügt es, wenn in dem Mietspiegel die Preisspanne aufgezeigt wird, innerhalb derer sich die Mietpreise für eine bestimmte Wohnungskategorie bewegen. Innerhalb dieser Preisspanne muß den jeweiligen Besonderheiten der Wohnung durch Zu- und Abschläge Rechnung getragen werden (s. Rdn C 67, 95). Die Ermittlung der Preisspanne gehört ihrem Wesen nach zu dem Aufgabenbereich der Statistik. Denn es handelt sich dabei um die Feststellung eines Durchschnittswertes, der sich aus einer Vielzahl von Einzelwerten zusammensetzt. Bei dieser Sachlage wird deutlich, daß die Richtigkeit des Durchschnittswertes letztlich von der Art und Weise der Ermittlung der Einzelwerte abhängt. Überzeugend ist der Durchschnittswert aber nur dann, wenn die Ermittlung der Einzelwerte auf der Grundlage einer hinreichend großen repräsentativ angelegten Basis und in Beachtung der Grundsätze der Statistik erfolgt. Liegen diese Voraussetzungen vor, so kommt dem Mietspiegel ein so hoher Beweiswert zu, daß eine davon abweichende Feststellung eingehend begründet werden muß. Dies gilt auch dann, wenn solche Feststellungen durch einen Sachverständigen getroffen worden sind (LG Köln WM 82, 77; LG Landau WM 85, 363). Denn es liegt in der Natur der Sache, daß der für den Einzelfall bestellte Sachverständige zu einer umfassenden Untersuchung des Wohnungsmarktes aus Zeit- und Kostengründen nicht in der Lage ist. Der Sachverständige muß sich in der Regel mit denjenigen Daten begnügen, die ihm im Zuge seiner beruflichen Tätigkeit im Lauf der Zeit bekannt geworden sind. Hinzu kommt, daß viele Sachverständige keine hinreichenden Kenntnisse über Preisbildungsprozesse haben und das zur Verfügung stehende Datenmaterial

§ 2. Erhöhung der Grundmiete C 96a

nicht den statistischen Regeln entsprechend verwerten (so Wullkopf WM 85, 3). Diese Bewertung entspricht auch der Vorstellung des Gesetzgebers: Die Bundesregierung hatte bereits im Jahre 1974 beim Bundesminister für Raumordnung, Bauwesen und Städtebau einen Arbeitskreis Mietspiegel gegründet, dem neben Vertretern der beteiligten Bundesministerien Vertreter der Länder und der kommunalen Spitzenverbände sowie Vertreter einzelner Gemeinden, die über Erfahrungen mit der Aufstellung von Mietspiegeln verfügen, angehörten. Dieser Arbeitskreis hat zahlreiche Mietspiegel untersucht und ein umfangreiches Sachverständigengutachten über die Tauglichkeit von Mietspiegeln eingeholt (vgl. Niederberger, Mietspiegel als Instrument zur Ermittlung der ortsüblichen Vergleichsmiete, Darmstadt 1980). Der Gesetzgeber hat sich die Erkenntnisse des Arbeitskreises zu eigen gemacht und die Regelung des § 2, die bis zum 31. 12. 82 aus vier Absätzen bestand, um zwei Absätze erweitert. Demgemäß ist in § 2 Abs. 5 nunmehr bestimmt, daß die Gemeinden Mietspiegel erstellen sollen, soweit hierfür ein Bedürfnis besteht. Aus dieser Gesetzesnovellierung folgt, daß der Gesetzgeber dem unter Beachtung statistischer Grundsätze erstellten Mietspiegel hohe Überzeugungskraft zuschreibt; aufgrund dieses Umstands geht der Gesetzgeber davon aus, daß der Mietspiegel als Instrument zum Nachweis der ortsüblichen Miete anderen Erkenntnismöglichkeiten überlegen ist. Diese Einschätzung wird in der Praxis überwiegend geteilt. Eine breitangelegte Umfrage unter den mit Mietsachen befaßten Richtern hat z. B. ergeben, daß die weit überwiegende Zahl der Befragten dem Mietspiegel eine höhere Überzeugungskraft beimessen als etwa einem Sachverständigengutachten (Nachweise bei: Kny, Archiv für Kommunalwissenschaften 1982, 277). Auch in der veröffentlichten Rechtsprechung (LG Hamburg WM 78, 134; AG Mainz WM 77, 74; LG Köln WM 82, 77; LG Bielefeld WM 83, 24) und in der Literatur (Schmitt WM 76, 42; Barthelmess § 2 MHG Rdn 174) wird überwiegend diese Ansicht vertreten.

Entspricht der Mietspiegel nicht den hier dargelegten Erfordernissen, so scheidet eine prozessuale Verwendung als antizipiertes Sachverständigengutachten aus. In diesem Fall muß die Höhe der ortsüblichen Miete im Streitfall in der Regel durch Sachverständigengutachten ermittelt werden. Dem Gericht bleibt es allerdings unbenommen, die Erkenntnisse des Gutachtens mit Hilfe der aus dem Mietspiegel gewonnenen Erkenntnissen zu korrigieren. Denn ein Mietspiegel kann auch dann zu der richterlichen Überzeugungsbildung beitragen, wenn er nicht auf einer Untersuchung des örtlichen Wohnungsmarktes, sondern beispielsweise auf der kommunalen Wohngeldstatistik (LG Bochum WM 82, 18; vgl. auch Wullkopf WM 85, 3) oder auf der Sachkunde der wohnungswirtschaftlichen Verbände oder von Maklern beruht. Die aus solchen Mietspiegeln ersichtlichen Daten können als qualifizierte Erfahrungswerte prozessual verwertet werden.

Nach der Neufassung des § 2 durch das Gesetz zur Erhöhung des C 96a
Angebotes an Mietwohnungen vom 20. 12. 1982 (BGBl. I S. 1912) ist

nunmehr ausdrücklich bestimmt, daß die Verwendung veralteter Mietspiegel nicht zur Unwirksamkeit des Mieterhöhungsverlangens führt (§ 2, VI). Die Novellierung steht im Einklang mit der schon bisher bestehenden Rechtslage, wie sie durch die Rechtsentscheide der OLG Stuttgart vom 2. 2. 1982 (RES § 2 MHG Nr. 18) und der OLG Hamburg vom 12. 11. 1982 (RES § 2 MHG Nr. 35) und vom 16. 12. 1982 (WM 83, 80) geschaffen worden ist. Durch die genannten Rechtsentscheide ist zugleich entschieden worden, daß es nicht zulässig ist, wenn zu den Mietspiegelwerten ein pauschaler **Zuschlag** gemacht wird. Dies gilt in allen denkbaren Fällen, also auch dann, wenn sich die Höhe des Zuschlags an einem Mietindex orientiert (OLG Hamburg [RE] vom 12. 11. 1982 RES § 2 MHG Nr. 35). Durch das Verlangen des Zuschlags wird das Mieterhöhungsverlangen allerdings nicht unwirksam; vielmehr ist es bis zu dem Betrag formell wirksam, von welchem ab der Vermieter den prozentualen Zuschlag vorgenommen hat (OLG Hamburg [RE] vom 16. 12. 1982 WM 83, 80).

b) Berufung auf das Gutachten eines Sachverständigen

Zur Begründung seines Erhöhungsverlangens kann der Vermieter auch auf das Gutachten eines Sachverständigen Bezug nehmen. Diese Art der Begründung ist auch dann zulässig und hat keinen Einfluß auf die Wirksamkeit des Erhöhungsverlangens, wenn ein örtlicher Mietspiegel vorliegt; ob den abweichenden Feststellungen des Sachverständigen oder aber den Angaben des Mietspiegels zu folgen ist, muß unter prozessualen und materiellen Gesichtspunkten vielmehr im Rahmen der Prüfung der Begründetheit einer Zustimmungsklage entschieden werden (dazu AG Mannheim FWW 76, 150; AG Mainz WM 77, 74; LG Hamburg MDR 76, 934 s. näher Rdn C 145). Es ist auch nicht erforderlich, daß der Vermieter daneben noch Vergleichswohnungen benennt; es genügt die Beifügung des Gutachtens (s. Rdn C 99; a. A. wohl LG Berlin MDR 86, 590). Ein gerichtliches Beweissicherungsverfahren zwecks Einholung eines Sachverständigengutachtens über die im Einzelfall zutreffende ortsübliche Vergleichsmiete zur Vorbereitung einer beabsichtigten Mieterhöhung ist gemäß § 485 ZPO unzulässig (LG Mannheim WM 76, 58).

aa) Die Feststellung der ortsüblichen Vergleichsmiete muß nicht nur von einer sachkundigen Person, sondern von einem **öffentlich bestellten** (§ 36 I 1 GewO) oder **vereidigten** Sachverständigen getroffen worden sein. Gutachten anderer Personen, Vereinigungen oder Beratungsbüros genügen hingegen dem Begründungszwang nach der insoweit abschließenden gesetzlichen Regelung wegen der fragwürdigen Neutralität des Gutachters auch dann nicht, wenn sie inhaltlich anscheinend ausreichend sind (a. A. Sternel Rdn III 166; Gutekunst-Forster § 14 WoModG Anm. 4, der ausnahmsweise auch Gutachten eines nicht vereidigten oder öffentlich bestellten Gutachters dann als ausreichend ansieht, wenn es offensichtlich inhaltlich dem gesetzlich zugelassenen Gutachten

§ 2. Erhöhung der Grundmiete

entspricht, was jedoch der Mieter aus seiner Sicht nicht beurteilen und überprüfen kann; wie hier Barthelmess § 2 MHG Rdn 85; Weimar WM 76, 89; Gelhaar RGRK § 564b BGB, Anh. § 2 MHG Rdn 15). Es genügt die öffentliche Bestellung oder die Vereidigung des Sachverständigen, so daß beides nicht kumulativ vorzuliegen braucht. Es ist auch nicht erforderlich, daß der Sachverständige gerade von derjenigen Stelle öffentlich bestellt oder vereidigt ist, in deren Bezirk die Wohnung liegt, für die die Miete erhöht werden soll (BayObLG RE vom 23. 7. 1987 ZMR 87, 426). Es genügt die Bestellung oder Vereidigung durch irgendeine dafür zuständige (von der Landesregierung bestimmte) Stelle; durch diese amtliche Zulassung soll dem Mieter einerseits die Nachprüfung der sachlichen Eignung und Neutralität des Sachverständigen erspart und der Vermieter andererseits daran gehindert werden, die ihm obliegenden Angaben zur Mieterhöhung leichtfertig von irgendwelchen Personen oder Institutionen auftragsgemäß erstellen zu lassen, deren fachliche Kenntnisse und persönliche Integrität als Grundlage des öffentlichen Vertrauensschutzes nicht überprüft sind. Wann ein Sachverständiger öffentlich bestellt ist, ergibt sich aus § 36 Gewerbeordnung. Nach dem Rechtsentscheid des OLG Hamburg vom 30. 12. 1983 (RES § 2 MHG Nr 49) kann das Mieterhöhungsverlangen auch auf das Gutachten eines Sachverständigen gestützt werden, welcher dem Vermieter durch die Handelskammer (Hamburg) benannt worden ist, ohne von ihr öffentlich bestellt und/oder vereidigt zu sein. Auch in diesem Fall sei gewährleistet, daß das Gutachten von einem qualifizierten Sachverständigen erstellt wird; dem Mieter bleibe auch hier eine Nachprüfung der Eignung erspart. Diese Ansicht ist deshalb zweifelhaft, weil nur der durch den Akt der Vereidigung oder der öffentlichen Bestellung nach außen in Erscheinung tretende Befähigungsnachweis den Verzicht auf die Sachprüfung rechtfertigen kann. Ob ein Sachverständiger tatsächlich qualifiziert ist, wird ein Mieter kaum überprüfen können. Nach dem Rechtsentscheid des BGH vom 21. 4. 1982 (RES § 2 MHG Nr. 26) ist es nicht erforderlich, daß der Sachverständige speziell für das Gebiet des Mietpreisrechts bestellt oder vereidigt ist. Es reicht aus, wenn der Sachverständige in dem Bereich, in dem er öffentlich bestellt oder vereidigt ist, mit der Mietzinsbewertung befaßt ist, diese also in den Zuständigkeitsbereich des Sachverständigen fällt. Deshalb kann das Gutachten auch von einem Sachverständigen für Grundstücks- und Gebäudeschätzungen erstellt werden (BGH a. a. O.). Sachverständige, deren Gebiet mit dem Preiswesen nicht verwandt ist (z. B. Hochbau) können im Rahmen des § 2 II kein Gutachten erstellen. Enthält ein solches Gutachten aber eine ausreichende Zahl von Vergleichswohnungen, so kann sich der Vermieter diese Angaben zu eigen machen und sein Mieterhöhungsverlangen damit begründen (a. A. wohl LG Berlin WM 82, 246). In diesem Fall muß im Erhöhungsverlangen klar und eindeutig zum Ausdruck kommen, daß zur Begründung nicht auf das Sachverständigengutachten im ganzen, sondern auf die einzelnen Vergleichswohnungen Bezug genommen wird. Die Bestellung oder Vereidigung zum Sachverständigen für Mietpreisbewertung oder ein verwandtes Gebiet reicht im Rahmen des § 2, II grundsätzlich aus. Dies gilt auch dann, wenn der Sachverständige aufgrund seiner sonstigen beruflichen Tätigkeit ein gewisses Interesse an der Entwicklung des Mietzinsniveaus hat. Deshalb kann auch derjenige als Sachverständiger tätig werden, der als Grundstücksmakler in dem zu beurteilenden Wohngebiet oder in einer angrenzenden Gemeinde maßgeblich tätig ist (OLG Oldenburg [RE] vom 2. 1. 1981 RES § 2 MHG Nr. 5). Bestehen zwischen dem Vermieter und dem Sachverständigen besondere persönliche Beziehungen, so hat dies auf die Wirksamkeit des vorgerichtlichen Erhöhungsverlangens auch dann keinen Einfluß, wenn ein gerichtlich bestellter Sachverständiger aus diesem Grund abgelehnt werden könnte (a. A. AG Freiburg WM 87, 265). Eine analoge Anwendung der §§ 406, 41, 42 ZPO scheidet aus, weil der Sachverständige nicht bei der Entscheidung eines Rechtsstreits mitwirkt. Allerdings sollte ein Sachverständiger in solchen Fällen nicht tätig werden. Für den gerichtlich bestellten Sachverständigen vgl. auch LG München I WM 82, 303, wonach der Umstand, daß ein öffentlich bestellter und vereidigter Sachverständiger einfaches Mitglied des Haus- und Grundeigentümervereins ist, nicht die Besorgnis der Befangenheit rechtfertigt; vgl. zu den Zulassungsvoraussetzungen für die Bestellung eines Sachverständigen gemäß § 36 GewO: BVerwG MDR 76, 250 und Breiholdt MDR 76, 462 in Anm. zu dieser Entscheidung).

bb) Der Sachverständige muß seine Feststellungen in einem **schriftlichen Gutachten** getroffen haben, aus dem die dafür maßgeblichen **Gründe** ersichtlich sind. Somit muß sich aus dem Gutachten ersehen lassen, welchen marktüblichen Mietzins er für die Wohnung des Mieters oder eine einschlägige Wohnungsgruppe auf Grund der von ihm getroffenen und angegebenen Einzelfeststellungen für gerechtfertigt hält (LG Mannheim NJW 73, 712 = MDR 73, 410 = WM 73, 45 = DWW 73, 98; AG Mannheim WM 74, 57; LG Gießen WM 78, 71; Sternel Rdn III 168).

Ein verwertbares Gutachten liegt somit nicht vor, wenn es auf Ansätzen der Kostenmiete, einer Rentabilitätsberechnung oder sonstigen nicht marktorientierten Gesichtspunkten (z. B. Steigen der Lebenshaltungskosten, des Bauindexes) beruht (insoweit zutreffend LG Stuttgart WM 74, 83; LG Frankenthal ZMR 77, 29; AG Schlüchtern WM 76, 209; 76, 266; AG Darmstadt WM 76, 32; AG Lübeck WM 75, 250; WM 77, 59; AG Hannover WM 77, 170). Ein Gutachten zur Darlegung der ortsüblichen Vergleichsmiete für Wohnungen eines gemeinnützigen Wohnungsunternehmens ist unbrauchbar, wenn darin ein Mietzins festgestellt wird, der sich aus Elementen ortsüblicher Miete, angemessener Miete und der Sachwertmiete zusammensetzt und die Besonderheiten des kleinstädtischen Wohnungsmarktes sowie des Teilmarktes für gemeinnützige Wohnungen außer acht läßt (LG Mannheim MDR 78, 406). Verfehlt ist deshalb auch die Meinung von Linthe (ZMR 79, 354; 81, 67), wonach

§ 2. Erhöhung der Grundmiete   C 98

das Gutachten nach der WertermittlungsVO vom 15. 8. 1972 (BGBl. I
S. 1461) erstellt werden soll. Nach dieser Methode wird auf der Grundlage des Sachwertes – der sich wiederum aus Bau- und Bodenwert zusammensetzt – der nachhaltig erzielbare Mietpreis ermittelt. Die ortsübliche Miete richtet sich aber nach anderen Kriterien (vgl. Rdn C 55 f.). Das Gutachten muß den aktuellen Stand der ortsüblichen Miete wiedergeben. Wird das Mieterhöhungsverlangen mit einem veralteten Gutachten begründet, so ist es unwirksam. Dabei dürfen an die Aktualität des Gutachtens allerdings keine übertriebenen Anforderungen gestellt werden. Haben sich die Mietpreise nur wenig verändert, schadet es nicht, wenn das Gutachten älteren Datums ist, ein fast zwei Jahre altes Gutachten wird jedoch im allgemeinen nicht mehr ausreichen (LG Hannover WM 87, 126), es sei denn, daß eine Ermäßigung des allgemeinen Mietzinsniveaus ausgeschlossen werden kann. Steht mit hinreichender Sicherheit fest, daß das Mietpreisniveau in den letzten Jahren unverändert geblieben ist oder daß es sich sogar erhöht hat, so wird der Mieter durch die Vorlage des veralteten Gutachtens nicht benachteiligt.

Unverwertbar ist ein Gutachten auch dann, wenn es zwar Ausführungen über die Bezugswohnung enthält, jedoch jegliche konkreten Angaben über die ortsüblichen Mieten für vergleichbaren Wohnraum vermissen läßt (LG Freiburg ZMR 76, 152; AG Dortmund WM 77, 58); es ist erforderlich, daß die Feststellungen des Sachverständigen in einem erkennbaren Bezug zu dem vom Mieter derzeit gezahlten Mietzins und seiner Wohnung stehen, so daß sie sich nicht in allgemeinen Ausführungen, dem Steigen der Mieten oder ähnlichen pauschalen Äußerungen erschöpfen dürfen, die eine Begründung des konkreten Erhöhungsverlangens nicht enthalten und deshalb weder nachvollziehbar noch überprüfbar sind (Schopp ZMR 77, 257). Ein Mieterhöhungsverlangen ist auch dann nicht wirksam begründet, wenn dort auf ein Sachverständigengutachten Bezug genommen wird, dessen Zweck „die Ermittlung des Wertes des gesamten Grundstücks zum Zwecke der Beleihung" war (AG Friedberg/Hessen WM 86, 123).

Heftig umstritten ist die Frage, welche **Anforderungen im einzelnen** an den Inhalt des Sachverständigengutachtens zu stellen sind, damit ein wirksames Erhöhungsverlangen vorliegt. Einigkeit besteht darin, daß die vom Gutachter festgestellten Tatsachen und Erwägungen im Ergebnis für den Mieter nachvollziehbar sein müssen, bei rationaler Überprüfung also die verlangte Mieterhöhung als gerechtfertigt erscheinen lassen können (LG Traunstein WM 79, 81; LG Lüneburg WM 79, 153; LG Hannover WM 78, 144; AG Bremen WM 78, 215; Olivet ZMR 79, 129; Sternel Rdn III 168). Diesen Anforderungen ist dann Genüge getan, wenn der Sachverständige konkrete Vergleichswohnungen benennt und die zu beurteilende Wohnung hierzu in Beziehung setzt. Dabei können auch Wohnungen berücksichtigt werden, deren Mietpreise länger als drei Jahre unverändert geblieben sind (s. Rdn. C 101 d); eine Indexierung ist aber auch hier ausgeschlossen. Dies folgt aus der Erwägung, daß die ortsübliche Miete nicht mit der Marktmiete – also mit der derzeit im Falle der Neuvermietung erzielbaren Miete – identisch ist, sondern eine Durchschnittsmiete darstellt, bei der auch ältere Mietpreisvereinbarungen berücksichtigt werden müssen. Anders ist es allerdings wenn der Sachverständige bei der Ermittlung der ortsüblichen Miete auf veraltete Mietspiegel zurückgreift; s. unten). Das Bundesministerium der Justiz hat Hinweise für die Erstellung eines Sachverständigengutachtens zur Begründung des Mieterhöhungsverlangens erarbeitet (WM 80, 189). Ein Muster eines Sachverständigengutachtens findet sich bei Olivet ZMR 79, 129; vgl. zum ganzen auch: Langenberg ZMR 80, 161; Wullkopf WM 85, 3). Man wird es aber auch für ausreichend ansehen müssen, wenn der Sachverständige auf solche Vergleichsobjekte in neutraler Form – also ohne Angabe der Anschriften – Bezug nimmt (so LG München DWW 76, 187; LG Lübeck DWW 77, 92 = MDR 77, 580; LG Braunschweig FWW 78, 48; LG Hof WM 77, 232; AG Hamburg ZMR 77, 246; AG Dortmund WM 77, 38; AG Staufen WM 77, 188; v. Keyserlingk ZMR 79, 257; Köhler NJW 79, 1535; LG Hannover a. a. O.; LG Lüneburg a. a. O.; LG Traunstein a. a. O.; a. A. LG Hannover WM 77, 100; WM 78, 33; LG Hamburg MDR 76, 934; LG Mannheim MDR 78, 406; LG Gießen WM 78, 71; Sternel Rdn III 168). Der abweichenden Ansicht ist zuzugeben, daß der Mieter das Gutachten nicht nachprüfen kann, wenn konkrete Angaben über die Vergleichsobjekte fehlen. Für eine uneingeschränkte Nachprüfbarkeit besteht aber auch kein Bedürfnis, weil durch das Sachverständigengutachten nicht der volle Beweis für die Höhe der ortsüblichen Miete erbracht werden soll. Vielmehr soll durch das Gutachten lediglich indiziert werden, daß das Erhöhungsverlangen des Vermieters berechtigt erscheint. Hierfür reicht es aus, wenn der Sachverständige behauptet, daß er von bestimmten Vergleichsobjekten Kenntnis habe. Anders als bei der Begründung mit Einzelobjekten durch den Vermieter rechtfertigt hier die neutrale Stellung des Sachverständigen ein besonderes Vertrauen in die Richtigkeit seiner Angaben. Aus diesen Gründen kann der Sachverständige auch von weniger als 3 Vergleichsobjekten ausgehen, braucht nicht alle Mindestanforderungen mitzuteilen, die der Vermieter bei der Begründung mit Einzelobjekten angeben muß (s. Rdn C 100ff) und kann auch hinsichtlich der Vergleichbarkeit des Wohnraums großzügiger verfahren (z. B. generalisierendes Gutachten für mehrere ähnliche Wohnungen eines Vermieters; LG Braunschweig WM 77, 10), wenn seine Darlegungen insgesamt in Verbindung mit seiner Sachkunde und Neutralität die getroffenen Schlußfolgerungen nachvollziehbar rechtfertigen. Die vom Sachverständigen zu treffenden Feststellungen und Vergleiche sind nicht immer mit Zahlen oder gesicherten wissenschaftlichen Grundsätzen zu belegen; sie sind im außergerichtlichen Erhöhungsverfahren insoweit (eher als im Streitverfahren) trotzdem dann als ausreichende Feststellung zu werten, wenn dafür eine im Ansatz vertretbare Begründung gegeben wird, oder aber eine solche Begründung überhaupt entbehrlich erscheint.

§ 2. Erhöhung der Grundmiete C 98

Besteht in der Gemeinde ein Msp. so kann der Sachverständige hierauf Bezug nehmen. Das Sachverständigengutachten ist in diesem Falle ausreichend begründet, wenn die zu beurteilende Wohnung beschrieben und zu der im Msp. ausgewiesenen Wohnungskategorie in Bezug gesetzt wird. Ist der Mietspiegel älter als zwei Jahre, so kann der Sachverständige die dort enthaltenen Werte unter Rückgriff auf geeignete Statistiken über die zwischenzeitlichen Veränderungen des Mietpreisniveaus fortschreiben. Der Rechtsentscheid des OLG Hamburg vom 12. 11. 82 (s. Rdn C 96 a) steht einer solchen Fortschreibung nicht entgegen, weil diese Entscheidung nur für das Mietspiegelverfahren gilt (OLG Frankfurt WM 85, 216). Die Begründung eines Mieterhöhungsverlangens durch Mietspiegel und die Begründung durch Sachverständigengutachten unterscheidet sich in einem wesentlichen Punkt. Im ersten Fall beruht die Begründung auf der Überzeugungskraft des Mietspiegels (s. Rdn C 96), an der ein vom Vermieter errechneter Zuschlag nicht teilnimmt. Im zweiten Fall beruht die Begründung auf der Sachkunde des Gutachters; dies gilt auch für einen vom Sachverständigen errechneten Zuschlag. Allerdings muß sich der Zuschlag an der Entwicklung der Mietpreise orientieren. Eine Hochrechnung auf der Basis der Entwicklung der Lebenshaltungskosten ist nicht zulässig (LG Itzehoe WM 86, 238; vgl. auch BVerfG WM 86, 239). Der Sachverständige kann seine Berechnungen auch unter Bezugnahme auf die Msp. anderer Gemeinden begründen. Diese Methode ist insbesondere dort angebracht, wo kein örtlicher Msp. vorhanden ist und Vergleichsobjekte nicht oder nur schwer ermittelt werden können. Der Sachverständige darf insoweit allerdings nur auf vergleichbare Gemeinden zurückgreifen (vgl. Rdn C 93) und er muß angeben, aus welchen Faktoren die Vergleichbarkeit hergeleitet wird. Unterscheidet sich die Mietspiegelgemeinde von der Gemeinde, in der die Bezugswohnung gelegen ist, so kann anhand der Gebäude- und Wohnungszählung 1968 ein Niveauvergleich der Mietpreise zwischen der Untersuchungsgemeinde und der Mietspiegelgemeinde vorgenommen werden, weil ein Vergleich der Ergebnisse dieser Zählung mit den Ergebnissen der 1prozentigen Wohnungsstichprobe von 1972 und 1978 des Statistischen Bundesamts ergeben hat, daß die prozentualen Unterschiede zwischen den Mietniveaus der verschiedenen Gemeindetypen in den 70er Jahren etwa gleichgeblieben sind (so Wullkopf WM 85, 3).

Selbstverständlich kann der Sachverständige das Gutachten auch auf der Grundlage eigener statistischer Erhebungen erstellen. Aus Kostengründen kommt diese Methode allerdings nur bei Mieterhöhungsverfahren von sog. Großvermietern in Betracht. Ein Rückgriff auf andere Datenstämme ist dann möglich, wenn diese Daten die ortsübliche Miete hinreichend genau wiedergeben, was beispielsweise hinsichtlich der Wohngeldstatistik angenommen werden kann. Eine Untersuchung des Osnabrücker Wohnungsmarktes hat insoweit ergeben, daß die dortigen Mietpreise in den meisten Bereichen, abgesehen von einer geringen Differenz übereinstimmen (Wullkopf WM 85, 3).

Soll eine **Pauschalmiete** erhöht werden, so kann der Sachverständige die ortsübliche Nettomiete ermitteln und zu dem gefundenen Wert die auf die Wohnung entfallenden Betriebskosten hinzurechnen (LG Kiel WM 85, 64). Insoweit gelten dieselben Grundsätze, die das OLG Stuttgart für die Begründung mit Mietspiegeln aufgestellt hat (s. Rdn C 95). Allerdings muß diese Berechnung von dem Sachverständigen selbst vorgenommen werden. Es reicht nicht aus, wenn der Vermieter zu einer vom Sachverständigen ermittelten Nettomiete selbst die Betriebskosten hinzurechnet. In einem solchen Fall ist das Mieterhöhungsverlangen nur hinsichtlich der aus dem Sachverständigengutachten ersichtlichen Miethöhe begründet (AG Kiel WM 84, 110). Für die Erhöhung einer Teilpauschalmiete gelten diese Grundsätze entsprechend (s. im übrigen Rdn C 95).

Die inhaltlichen Anforderungen an das Sachverständigengutachten i. S. des § 2 II dürfen nach dessen Zweck nicht überspannt werden, um die praktische Durchsetzbarkeit des Erhöhungsrechts vor allem in solchen Gemeinden nicht ungebührlich zu erschweren, in denen Mietspiegel fehlen. Das darf jedoch im Interesse der Rechtssicherheit und des mit § 2 II ebenfalls bezweckten Schutzes des Mieters nicht dazu führen, daß die zur Begründung des Erhöhungsverlangens herangezogenen Feststellungen des Sachverständigen keiner Überprüfung zugängig sind, weil die eigentliche Sachbegründung durch den bloßen Sachverstand und nicht relevante Gesichtspunkte zu ersetzen versucht wird. Mangels konkreter Angaben des Sachverständigen wäre dessen Gutachten für den Mieter nicht nachvollziehbar, so daß dieser sich schlechthin auf seinen Glauben an die Richtigkeit der ihm zugeleiteten summarischen Beurteilung verlassen müßte. Das steht nicht im Einklang mit § 2 II 2, so daß ein die Wirksamkeit der Erhöhungserklärung begründetes Sachverständigengutachten wenigstens in groben Zügen erkennen lassen muß, worauf das darin wiedergegebene Ergebnis beruht. Auch in diesem Stadium des Verfahrens gelten beschränkt die allgemeinen Grundsätze für die Erstattung von Sachverständigengutachten, wonach der Sachverständige ein unparteiisches, objektiv richtiges Gutachten zu erstatten hat, das zu begründen ist (s. Rdn C 141); soweit darin Tatsachen festzustellen oder Schlüsse zu ziehen sind, müssen diese objektiv richtig auf Grund der Sachkunde wahrgenommen und gefolgert werden, während es nicht genügt, daß sie nur der freien Überzeugung des Sachverständigen entsprechen (Rosenberg-Schwab § 124 IV 3b; s. Rdn C 148; zur erforderlichen Nachprüfbarkeit eines Schiedsgutachtens bei der Mieterhöhung aufgrund einer Mietanpassungsklausel vgl. BGH MDR 77, 660 = BB 77, 415 = WM 78, 24).

Zu den Pflichten des Sachverständigen bei der Erstellung des Gutachtens und zum Inhalt des Gutachtens sind eine Reihe von **Rechtsentscheiden** ergangen. Durch die Rechtsentscheide des OLG Oldenburg vom 2. 1. 1981 (RES § 2 MHG Nr. 5) und des OLG Celle vom 27. 4. 1982 (RES § 2 MHG Nr. 27) ist entschieden worden, daß der Sachverständige

§ 2. Erhöhung der Grundmiete

die Wohnung des Mieters nicht in jedem Fall besichtigen muß (a. A.: LG Hannover WM 81, 31). Es genügt, wenn sich der Sachverständige von der Wohnung eine hinreichend zutreffende Vorstellung machen kann; bei Wohnanlagen genügt deshalb regelmäßig die Besichtigung einer Wohnung gleichen Typs. Wählt der Sachverständige dieses Verfahren, so ist er nach dem Rechtsentscheid des OLG Oldenburg (a. a. O.) allerdings verpflichtet, die Ausstattung der besichtigten Wohnung zu beschreiben; anderenfalls kann der Mieter nicht überprüfen, von welchen tatsächlichen Gegebenheiten der Sachverständige ausgegangen ist. Entscheidet sich der Sachverständige für eine Besichtigung der Mieterwohnung, so muß der Mieter diese Besichtigung dulden (Huber DWW 80, 192). Der Besichtigungstermin muß allerdings mit dem Mieter abgesprochen werden, wobei auf persönliche Verhinderungen (z. B. Urlaubsabwesenheit, Krankheit) Rücksicht zu nehmen ist. Ein Mieterhöhungsverlangen ist unwirksam, wenn es auf ein Sachverständigengutachten gestützt wird, aus dem sich ergibt, daß der Sachverständige keine genauen Vorstellungen über die Größe der Wohnung hatte (AG Bonn WM 85, 313). Stützt sich der Sachverständige zur Begründung seiner Ausführungen auf die Mietpreise vergleichbarer Wohnungen, so ist es nicht erforderlich, daß die Vergleichswohnungen identifizierbar benannt werden (OLG Oldenburg [RE] vom 19. 12. 1980 RES § 2 MHG Nr. 2; ebenso LG Hannover MDR 80, 758).

Die Vergleichswohnungen müssen auch nicht näher beschrieben werden (OLG Frankfurt [RE] vom 5. 10. 1981 RES § 2 MHG Nr. 14). Es ist nicht einmal erforderlich, daß einzelne Vergleichswohnungen angeführt werden. Nach dem Rechtsentscheid des OLG Karlsruhe vom 20. 7. 1982 (RES § 2 MHG Nr. 29) genügt es auch, wenn der Sachverständige lediglich ausführt, daß ihm aufgrund seiner beruflichen Tätigkeit vergleichbare Wohnungen in ausreichender Zahl aus dem maßgeblichen örtlichen Bereich bekannt sind, und wenn anschließend die ermittelte Preisspanne für Wohnungen entsprechender Größe und vergleichbaren Wohnwerts mitgeteilt und sodann dargelegt wird, wie die zu beurteilende Wohnung innerhalb des genannten Preisberichts einzuordnen ist. Geringere Anforderungen dürfen an das Sachverständigengutachten allerdings nicht gestellt werden. Läßt sich dem Gutachten nicht entnehmen, daß der Sachverständige tatsächlich einzelne Vergleichswohnungen kennt, so ist das darauf gestützte Mieterhöhungsverlangen unwirksam. Die Berufung auf die bloße Sachkunde reicht nicht aus (LG Aachen WM 87, 356). Dementsprechend hat das OLG Karlsruhe in dem Rechtsentscheid vom 29. 12. 1982 (RES § 2 MHG Nr. 38) zu Recht dargelegt, daß die Erklärung des Sachverständigen, er bemesse die ortsübliche und vergleichbare Miete aufgrund seiner Berufserfahrung und Kenntnis des örtlichen und regionalen Wohnungsmarktes, die auf der Beobachtung anderer Mietobjekte und der marktmäßigen Preisgestaltung und den Angaben durch die Presse beruhe, den Anforderungen des § 2 II nicht mehr genügt. Das LG München I (ZMR 86, 169) vertritt in diesem Zusammenhang die Auffassung, das Gutachten müsse erkennen lassen, daß der Sachverständige von einem zutreffenden Begriff der ortsüblichen Miete ausgegangen sei. Deshalb müsse sich aus dem Gutachten ergeben, daß der Sachverständige Kenntnis von einem repräsentativen Querschnitt der Mietzinsen habe. Dies soll nicht der Fall sein, wenn sich die Kenntnisse des Sachverständigen auf das Mietpreisniveau in einem einzigen Stadtteil beschränken. Dieser Ansicht kann nicht zugestimmt werden. Vielmehr muß es im Hinblick auf den Zweck des vorgerichtlichen Mieterhöhungsverlangens genügen, daß ein öffentlich bestellter oder vereidigter Sachverständiger tätig geworden ist und daß der Sachverständige in Form eines Gutachtens – und nicht nur in Form einer bloßen Behauptung – zu der Höhe der ortsüblichen Miete Stellung genommen hat. Auch das Sachverständigengutachten soll nur einen Hinweis auf die ortsübliche Miete geben. Hierzu ist auch ein Sachverständiger in der Lage der keine umfassenden Kenntnisse des Wohnungsmarkts besitzt. Nach dem Rechtsentscheid des BayObLG vom 23. 7. 1987 (ZMR 87, 426) muß der Sachverständige auch nicht über unmittelbare eigene Kenntnisse eines repräsentativen Querschnitts der Mieten in der Gemeinde verfügen in der die Wohnung liegt. Dem ist zuzustimmen, weil ein Sachverständiger auch dann ein überzeugendes Gutachten vorlegen kann, wenn er die Techniken und Methoden beherrscht, die zur Ermittlung der ortsüblichen Miete erforderlich sind.

C 99 **cc)** Das Gutachten muß dem Erhöhungsverlangen vom Vermieter zur Kenntnisnahme des Mieters – in Urschrift oder Fotokopie (LG Berlin WM 85, 317) – **beigefügt** werden. Es reicht deshalb nicht aus, wenn der Vermieter in seinem Erhöhungsverlangen die Zusammenfassung der Begründung des Sachverständigengutachtens wörtlich zitiert und dessen Übersendung unterläßt, selbst wenn dem Mieter die Einsichtnahme in das Gutachten angeboten wird; das in Bezug genommene Gutachten ist Bestandteil des Erhöhungsverlangens und ersetzt die sonst dem Vermieter obliegende schriftliche Begründung, so daß es dem Mieter übersandt werden und zugehen muß, damit eine unbeeinflußte Überprüfungsmöglichkeit gewährleistet ist. Dieser Grundsatz ist nunmehr durch den Rechtsentscheid des OLG Braunschweig vom 19. 4. 1982 (RES § 2 MHG Nr. 25) allgemein anerkannt. Er gilt auch dann, wenn das Gutachten sehr umfangreich ist und die Miete für eine Vielzahl von Wohnungen erhöht werden soll, so daß erhebliche Vervielfältigungskosten entstehen.

In diesem Fall muß es allerdings als zulässig angesehen werden, wenn der Sachverständige auf der Basis des umfangreichen Gutachtens ein Kurzgutachten fertigt, dieses mit seinem Namen unterzeichnet und dann dem Mieter lediglich das Kurzgutachten übersandt wird. Allerdings darf dieses Gutachten nicht auf das Hauptgutachten verweisen oder Bezug nehmen, sondern muß für sich betrachtet nachvollziehbar sein, also alle wesentlichen Daten und Feststellungen enthalten. Dieser Vorgang kann nicht anders beurteilt werden als wenn der Sachverständige von vornherein nur ein kurz gefaßtes Gutachten abgegeben hätte. Die Beifügung

§ 2. Erhöhung der Grundmiete   C 99 a–c

des Gutachtens ist allerdings dann entbehrlich, wenn der Mieter das Gutachten bereits in seinem Besitz hat (z. B. weil es ihm zusammen mit einem vorangegangenen – unwirksamen – Mieterhöhungsverlangen übersandt worden ist; LG München II WM 83, 147; a. A. LG Berlin WM 87, 265).

dd) Das dem Erhöhungsverlangen beigefügte Sachverständigengut- **C 99 a** achten ist als **Privatgutachten** prozessual lediglich als **Parteibehauptung** zu werten, so daß es im Bestreitensfall im Beweisverfahren überprüft werden kann, was i. d. R. hinsichtlich der darin enthaltenen Wertungen durch das Gutachten eines anderen vom Gericht bestellten Sachverständigen zu erfolgen hat. Die Bezugnahme im Erhöhungsverlangen auf die Behauptungen des Sachverständigen ersetzt die anderenfalls dem Vermieter selbst obliegende Begründung des von ihm erhobenen Erhöhungsanspruchs und erfolgt in diesem Stadium des Erhöhungsverfahrens nicht zu Beweiszwecken; der Vermieter erspart sich auf diese Weise eigene Ermittlungs- und Schreibarbeit und kann davon ausgehen, daß die Darlegungen eines öffentlich bestellten, sachverständigen und neutralen Dritten auf den Mieter überzeugender wirken, als seine eigenen Behauptungen. Stimmt der Mieter trotzdem dem Erhöhungsverlangen nicht zu, kann der Vermieter im gerichtlichen Zustimmungsverfahren das Gutachten des Sachverständigen zum Zwecke des Beweises mit entsprechendem Beweisantrag vorlegen, so daß vom Gericht darüber im Wege freier richterlicher Beweiswürdigung zu befinden ist, ob das Privatgutachten als **Urkundenbeweis** verwertet werden kann (§ 286 ZPO; LG Braunschweig WM 77, 10). Auf die Erläuterungen Rdn C 144 ff wird verwiesen.

ee) Die **Kosten** für ein Sachverständigengutachten, auf welches der **C 99 b** Vermieter zur Begründung seines Mieterhöhungsverlangens Bezug nimmt, sind vom Mieter jedenfalls dann nicht zu erstatten, wenn es zu keinem gerichtlichen Zustimmungsverfahren kommt. Dies entspricht allgemeiner Ansicht. Die Vorschrift des § 91 ZPO regelt nur die Erstattungspflicht für die Kosten eines Rechtsstreits; ein Rechtsstreit im Sinne dieser Vorschrift setzt aber voraus, daß ein gerichtliches Verfahren anhängig war, was nicht der Fall ist, wenn der Mieter der geforderten Mieterhöhung bereits vorgerichtlich zustimmt. Andere Anspruchsgrundlagen, aus denen der Vermieter eine Erstattungspflicht des Mieters herleiten könnte, existieren nicht.

Kommt es zum Rechtsstreit, so erhebt sich die Frage, ob die Kosten **C 99 c** des Sachverständigengutachtens als notwendige Kosten der Rechtsverfolgung angesehen werden können. Dies ist nach richtiger Ansicht zu verneinen. Im Rahmen des § 91 ZPO muß nämlich unterschieden werden zwischen solchen Kosten, die im Rahmen der Anspruchsbegründung entstehen und denjenigen Kosten, die zur Vorbereitung der gerichtlichen Durchsetzung oder zum Beweis des Anspruchs aufgewendet werden müssen; nur die letztgenannten Kosten sind erstattungsfähig. Bei den vorgerichtlichen Gutachtenskosten handelt es sich aber zweifellos um Kosten der Anspruchsbegründung, weil der Anspruch auf Zustimmung zur Mieterhöhung erst mit dem Zugang eines begründeten Mieterhöhungsverlangens entsteht (LG Bonn WM 85, 331; LG Düsseldorf WM 83, 59; LG München I MDR 84, 57; LG Bremen WM 84, 114; LG Dortmund DWW 84, 21 unter Aufgabe der früheren im Beschluß vom 26. 9. 1978 – DWW 78, 263 – vertretenen Rechtsprechung; a. A.: LG München I ZMR 79, 83).

C 99 d Etwas anderes kommt nach der hier vertretenen Auffassung auch dann nicht in Betracht, wenn das vorgerichtliche Gutachten zugleich vom Gericht im Wege des Sachverständigenbeweises verwertet wird (ebenso LG Mainz WM 79, 250; LG Köln WM 83, 59; LG Hannover WM 79, 130; LG Bückeburg WM 79, 130; LG Mainz WM 79, 250; LG Aschaffenburg Juristisches Büro 80, 1079; LG Berlin MDR 80, 497; LG Ellwangen MDR 81, 232; Wiek WM 81, 169; Sennekamp ZMR 78, 196; Meier ZMR 84, 149; a. A.: LG Dortmund DWW 78, 263; LG Hagen WM 78, 97; LG Heidelberg WM 80, 32; LG Wiesbaden WM 80, 13, wonach die Kosten dann erstattungsfähig sein sollen, wenn das Gutachten objektiv den Ausgang des Rechtsstreits entscheidend beeinflußt). Die Gegenmeinung verkennt allerdings, daß das Gutachten vom Vermieter zum Zwecke der Anspruchsbegründung in Auftrag gegeben worden ist und daß die Kosten in diesem Zusammenhang entstanden sind (so zutreffend: Meier a. a. O.). Die in den Vorauflagen vertretene abweichende Ansicht wird aufgegeben.

Ist das Sachverständigengutachten über die Höhe der ortsüblichen Vergleichsmiete fehlerhaft, so haftet der Sachverständige dem Vermieter auf Schadenersatz. Die Verjährungsfrist beträgt dabei 30 Jahre (KG Berliner Grundeigentum 82, 747).

C 100 **c) Angabe von Einzelobjekten**

Der Vermieter kann das Erhöhungsverlangen auch in der Weise begründen, daß er drei vergleichbare Wohnungen, für die ein höherer Mietzins bezahlt wird, angibt.

C 101 **aa)** Nach der bis zum 31. 12. 1982 geltenden Rechtslage genügte es in der Regel, wenn der Vermieter drei Vergleichswohnungen anderer Vermieter benannt hat. Die Vergleichswohnungen mußten drei verschiedenen Vermietern gehören (OLG Karlsruhe (RE) vom 10. 11. 1981, RES § 2 MHG Nr. 15); die Berufung auf Wohnungen aus dem eigenen Bestand kam nur dann in Betracht, wenn dem Vermieter die Benennung fremder Wohnungen nicht möglich war. Die hierfür maßgeblichen Umstände mußten im Mieterhöhungsschreiben dargelegt werden (OLG Koblenz (RE) vom 8. 2. 1982, RES § 2 MHG Nr. 19).

Nach der **Neufassung** des § 2 II genügt „die Benennung von drei Wohnungen". Die ursprüngliche Verwendung der Begriffe „in der Regel" und „anderer Vermieter" ist also entfallen. Nach der Begründung des Gesetzentwurfs soll dadurch das Mieterhöhungsverlangen erleichtert werden.

§ 2. Erhöhung der Grundmiete **C 101a**

Nach überwiegender Auffassung soll sich aus der Neufassung ergeben, daß der Vermieter sein Mieterhöhungsverlangen nunmehr auch **ausschließlich** mit Wohnungen aus dem eigenen Bestand begründen kann. Diese Wohnungen dürfen sich auch in dem selben Haus wie die Wohnung des Mieters befinden (OLG Karlsruhe (RE) vom 7. 5. 1984 RES § 2 MHG Nr 55; OLG Frankfurt (RE) vom 20. 3. 1984 RES § 2 MHG Nr 53; vgl. auch KG WM 84, 73; Landfermann Erläuterungen S. 44; Köhler, Neues Mietrecht S. 66; Gramlich NJW 83, 417; Barthelmess WM 83, 63; Emmerich-Sonnenschein, Miete § 2 MHG Rdn 40). Diese Auffassung kann sich auf die Begründung des Gesetzentwurfs stützen, in der es heißt, daß „die Berufung auf Mieten aus dem eigenen Bestand zugelassen wird" (s. Rdn F 114, 100). Sternel (MDR 83, 356) hat in diesem Zusammenhang aber mit Recht darauf hingewiesen, daß die Vorstellung der mit der Gesetzesvorbereitung befaßten Organe nur dann bei der Auslegung eines Gesetzes berücksichtigt werden kann, wenn sie dort ihren Niederschlag gefunden hat. **C 101a**

Zumindest muß der **objektive Zweck des Gesetzes** eine Auslegung zulassen, die sich mit der gesetzgeberischen Vorstellung deckt. Da mit dem vorgerichtlichen Mieterhöhungsverlangen in erster Linie die materiellrechtlichen Voraussetzungen des Mieterhöhungsanspruchs begründet werden sollen, muß insoweit vorausgesetzt werden, daß durch die Benennung der Wohnungen aus eigenem Bestand die Höhe der ortsüblichen Miete dargelegt werden kann. Hierfür gelten ähnliche Kriterien wie im Rahmen der gerichtlichen Tatsachenermittlung. Im Verhältnis zur gerichtlichen Beweiserhebung ist das vorgerichtliche Mieterhöhungsverlangen nämlich ein Minus, aber kein Aliud. In beiden Fällen geht es um Überzeugungsbildung: In dem einen Fall muß sich das Gericht, in dem anderen Fall der Mieter von der Höhe der ortsüblichen Miete überzeugen können. Dies setzt aber notwendigerweise die Mitteilung fremder Mietpreise voraus. Soll festgestellt werden, ob das Preisverhalten eines bestimmten Vermieters ortsüblich ist, so kann dies nur durch einen Vergleich mit dem Verhalten anderer Vermieter erfolgen. Durch die Mitteilung der eigenen Mietpreise wird zwar die im Haus übliche Miete, nicht aber „die in der Gemeinde" übliche Miete belegt. Auf die in der Gemeinde üblichen Mietpreise kommt es nach dem Wortlaut des § 2 I Nr. 2 aber gerade an.

Das Begründungserfordernis verfolgt als weiteren Zweck eine gewisse Selbstkontrolle des Vermieters. Der Vermieter soll nicht „ins Blaue hinein" fordern, sondern sich zunächst über den am Ort üblichen Mietpreis, also über die Mietpreise anderer Vermieter informieren. Auch dieser Gesetzeszweck wird nicht erfüllt, wenn der Vermieter ausschließlich auf Wohnungen aus seinem eigenen Bestand zurückgreifen kann. Dies zeigt sich in besonders drastischer Weise am Beispiel des Großvermieters, weil dieser in der Regel immer einige Mietverträge mit besonders hohem Mietpreis haben wird, auf die er ohne Beachtung des wirklich üblichen zurückgreifen kann.

C 101 b Gegen eine Auslegung entsprechend den gesetzgeberischen Vorstellungen sprechen auch **verfassungsrechtliche Bedenken**. Da durch die Angabe der Wohnungen aus eigenem Bestand die ortsübliche Miete nicht nachgewiesen werden kann, wird letztlich auf eine Begründung des Mieterhöhungsverlangens verzichtet. Derartige Entscheidungen stehen dem Gesetzgeber zwar frei, weil durch den Verzicht auf eine Begründung verfassungsrechtlich geschützte Belange der Beteiligten nicht tangiert werden. Anders ist es dagegen, wenn der Gesetzgeber Scheinbegründungen zuläßt oder vorschreibt, die keinen sachlichen Zweck erfüllen, wohl aber geeignet sind, beim Mieter falsche Vorstellungen über die Höhe der ortsüblichen Miete zu erwecken. Nach dem Wortlaut des Gesetzes muß der Vermieter nämlich nicht angeben, daß die Wohnungen in seinem Eigentum stehen. Auf diese Weise kann der Mieter durchaus den Eindruck gewinnen, daß die Vergleichswohnungen anderen Vermietern gehören und daß auch diese Vermieter den im Mieterhöhungsverlangen geforderten Mietpreis erzielen.

C 101 c Die Auffassung der h. M. steht im übrigen auch im Widerspruch zu dem Rechtsentscheid des OLG Karlsruhe vom 10. 11. 1981 (RES § 2 MHG Nr. 15), wonach die Wirksamkeit eines Mieterhöhungsverlangens voraussetzt, daß Vergleichswohnungen von drei verschiedenen Vermietern benannt werden. Die in dem Rechtsentscheid des OLG Karlsruhe behandelte Frage unterscheidet sich in sachlicher Hinsicht von der oben Rdn. C 101 a) erörterten Problematik.

Wird eine Begründung mit ausschließlich eigenen Objekten zugelassen, so geht es um das Problem, ob auf diese Weise überhaupt die ortsübliche Miete nachgewiesen werden kann. Die Entscheidung des OLG Karlsruhe stellt demgegenüber klar, daß eine Begründung an Aussagekraft gewinnt, wenn die Vergleichsobjekte breitgestreut sind, also nicht einer einzigen Person gehören. Dieser Gesichtspunkt ist auch dann von Bedeutung, wenn grundsätzlich die Benennung eigener Wohnungen für zulässig erachtet wird. Die auf den Rechtsentscheid des OLG Karlsruhe gestützte Auffassung kann auch nach der Neufassung des Gesetzes sinnvoll praktiziert werden. Danach ist ein **Mieterhöhungsverlangen wirksam, wenn der Vermieter eine eigene und zwei weitere, fremden Vermietern gehörende Wohnungen benennt** (im Erg. ebenso AG Langenfeld WM 83, 321; AG Sinzig WM 86, 342; AG Rendsburg ZMR 87, 25 m. abl. Anm. Schopp; Derleder WM 83, 221; Zimmermann WM 84, 64).

C 101 d Bei der Benennung einer Wohnung aus dem eigenen Bestand müssen gegenüber der Benennung fremder Wohnungen keine Besonderheiten beachtet werden. Vereinzelt wird allerdings auch die Ansicht vertreten, daß der Vermieter in diesem Fall im Erhöhungsschreiben kenntlich machen müsse, daß ihm die Wohnungen selbst gehören, daß er weiter darlegen müsse, warum ihm die Benennung von Wohnungen anderer Vermieter nicht möglich sei und daß er schließlich die Wohnungen hinsichtlich ihrer Beschaffenheit genau beschreiben müsse (Sternel MDR

§ 2. Erhöhung der Grundmiete   C 101e–102

83, 356; ähnl. Derleder a. a. O.). Hier wird verkannt, daß der Gesetzgeber offensichtlich – wenn auch unter Verkennung des sachlich gebotenen – die Benennung eigener und die Benennung fremder Wohnungen als gleichwertig angesehen hat. Davon abgesehen müssen sich die Anforderungen, die an die formelle Wirksamkeit einer Erklärung gestellt werden, aus Gründen der Rechtsklarheit und -sicherheit unmittelbar aus dem Gesetz ergeben. Der Wortlaut des § 2 II sieht die von Sternel formulierten Wirksamkeitsvoraussetzungen aber nicht vor (wie hier: Barthelmess § 2 MHG Rdn 104).

Aus der gesetzlichen Neuregelung folgt nicht zwingend, daß der Vermieter auf jeden Fall drei Vergleichswohnungen angeben muß (Landferman, Erläuterungen S. 44; Köhler, Neues Mietrecht S. 67 a. A; Barthelmess § 2 MHG Rdn 102; Emmerich-Sonnenschein. Miete § 2 MHG Rdn 40; Sternel ZMR 83, 78; Blümmel GrundE 83, 146). Weniger als 3 Vergleichsobjekte werden **ausnahmsweise** dann genügen, wenn es sich um eine sehr kleine Gemeinde handelt oder aber wegen der Exklusivität des Mietobjekts kaum vergleichbare Objekte vorhanden sind (z. B. Einfamilienhaus mit Schwimmhalle oder sonstigen wertbestimmenden Sonderausstattungen). Die Herabsetzung der Zahl der Vergleichsobjekte ist in diesem vorprozessualen Stadium vertretbar, weil es sich hier nur darum handelt, dem Mieter durch überprüfbares Material die Gewißheit zu verschaffen, daß die Erhöhung nicht willkürlich verlangt wird; fehlen statistisch ermittelte Zahlen, kann der Anschein einer möglicherweise gerechtfertigten Forderung des Vermieters sowohl aus 3 als auch aus mehr Vergleichsobjekten hergeleitet werden. Werden weniger als drei Vergleichsobjekte angegeben, so muß in dem Mieterhöhungsverlangen dargelegt werden, warum die Benennung von drei Wohnungen nicht möglich ist; anderenfalls ist das Mieterhöhungsverlangen unwirksam (OLG Koblenz (RE) vom 8. 2. 1982, RES § 2 MHG Nr. 19).   C 101e

Nach dem Wortlaut des Gesetzes darf der Vermieter nur solche Vergleichswohnungen auswählen, deren Mietzins in den letzten drei Jahren neu festgesetzt oder geändert worden ist. Die Benennung von Wohnungen mit älteren Mietzinsvereinbarungen macht das Erhöhungsverlangen aber nicht unwirksam (Barthelmess § 2 MHG Rdn 111; Derleder WM 83, 221; Lessing DRiZ 83, 465). Da das Mietzinsniveau in den letzten Jahren nach allgemeiner Erfahrung ständig gestiegen ist, spricht eine hinreichende Vermutung dafür, daß die tatsächliche ortsübliche Vergleichsmiete jedenfalls nicht niedriger ist, als die für die Vergleichswohnungen gezahlte Miete. Deshalb bilden auch die Altmietzinsvereinbarungen ein hinreichendes Indiz für die Höhe der ortsüblichen Miete. Die Angleichung der Altmietpreisvereinbarungen an das gegenwärtige Mietpreisniveau mit Hilfe eines Preisindex ist aber ausgeschlossen. Zur Begründung wird auf die Ausführungen unter Rdn C 96 verwiesen, die auch hier gelten.   C 101f

Bestreitet der Mieter die vom Vermieter gezogene Schlußfolgerung, daß aus diesen wenigen Objekten der „übliche" Mietzins hergeleitet   C 102

613

werden könne, so muß darüber im gerichtlichen Verfahren Beweis erhoben werden (s. Rdn C 137). Die Zahl von 3 erforderlichen Vergleichsobjekten gilt also nur für die Wirksamkeit des Erhöhungsverlangens, nicht dagegen als verbindliche Richtzahl für den **Richter** bei der Klärung der beweisbedürftigen Frage der ortüblichen Vergleichsmiete: dafür gelten die **allgemeinen prozessualen Grundsätze.** Zur Frage der Vergleichbarkeit s. Rdn C 68 ff.

C 103   bb) Die Vergleichsobjekte müssen hinreichend **genau bezeichnet** werden (s. Rdn C 87): der **Wohnungsbenutzer,** die **Anschrift,** die **Höhe der Grundmiete (ohne Nebenkosten) mit der Größe der Wohnung** oder der **Quadratmetermietzins** (LG Dortmund MDR 74, 338 m. w. Nachw.) müssen vom Vermieter zumindest angegeben werden. Die genannten Vergleichswohnungen müssen so genau bezeichnet werden, daß sie nach den Angaben im Erhöhungsverlangen vom Mieter ohne weitere Rückfragen oder Erkundigungen identifizierbar sind, um Überprüfungen zu ermöglichen; im Interesse der Rechtssicherheit muß deshalb der Name des Mieters und seine Anschrift angegeben werden. Die Angabe des Hauseigentümers oder des Hausverwalters allein ist unzureichend (LG Berlin WM 85, 306). Nach den Rechtsentscheiden des BGH vom 20. 9. 1982 (RES § 2 MHG Nr. 31–33) reicht es aber auch aus, wenn die Vergleichswohnungen so genau beschrieben werden, daß sie vom Mieter einwandfrei und ohne weitere Nachfrage identifiziert werden können. Dies erfordert die Angabe der Anschrift und des Stockwerks. Befinden sich auf einem Stockwerk mehrere Wohnungen, so muß zusätzlich klargestellt werden, um welche Wohnungen es sich handelt (LG Berlin ZMR 87, 22 = WM 87, 226). Die bisher streitige Frage, ob in jedem Fall der Name des Mieters bzw. Vermieters der Bezugswohnung angegeben werden mußte (so BayObLG (RE) vom 20. 8. 1981 RES § 2 MHG Nr. 13 und BayObLG (RE) vom 9. 2. 1982, RES § 2 MHG Nr. 20; OLG Oldenburg (RE) vom 25. 2. 1982 RES § 2 MHG Nr. 21; vgl. auch OLG Schleswig (RE) vom 1. 6. 1981 (RES § 2 MHG Nr. 9) oder ob es ausreicht, wenn die Vergleichswohnungen auf andere Weise identifiziert werden können (so OLG Hamburg Vorlagebeschluß vom 3. 2. 1982 WM 82, 71 = ZMR 82, 155 = DWW 82, 56; OLG Celle Vorlagebeschluß vom 24. 3. 1982 WM 82, 205 = DWW 82, 242) ist damit gegenstandslos. Unzureichend ist es, wenn als Vergleichsobjekte pauschal alle Wohnungen in einem Gebäudekomplex angegeben werden (AG Sinzig WM 85, 334).

C 103 a   Darüber hinaus muß das Erhöhungsverlangen diejenigen Angaben enthalten, die der Mieter braucht, um die Berechtigung einer Erhöhung nachzuprüfen. An die Begründung dürfen aus verfassungsrechtlichen Gründen keine überspitzten Anforderungen gestellt werden; es genügt, wenn der Mieter „Informationen über Namen des Wohnungsinhabers, Adresse, Geschoß und qm-Preis" besitzt (BVerfG vom 10. 10. 1978, NJW 79, 31 = WM 79, 6 = ZMR 78, 363 mit zustimmender Anmerkung Sydow), auf deren Grundlage er entscheiden kann, ob die verlang-

§ 2. Erhöhung der Grundmiete

te Miete gerechtfertigt ist (BVerfG vom 14. 7. 1981, DWW 81, 263 = WM 82, 146 mit Anmerkung von Schoenebeck).
Nach den Rechtsentscheiden des BGH vom 20. 9. 1982 (RES § 2 MHG Nr. 31–33) muß der Vermieter „zumindest die einzelnen Vergleichswohnungen der Lage nach benennen und die wesentlichen für den Mietzins bedeutsamen Merkmale umschreiben". Der Vermieter genügt seiner Hinweispflicht, „wenn er dem Mieter die Informationen zukommen läßt, die für die Vereinbarung des neuen Mietzinses von Bedeutung sind ... Demgemäß braucht der Vermieter lediglich Hinweise zur Art, Größe, Ausstattung, Beschaffenheit und Lage von Wohnungen anderer Vermieter zu geben". Der Rechtsentscheid des BGH darf nicht dahingehend mißverstanden werden, als müsse der Vermieter in jedem Fall zu den gesetzlichen Vergleichskriterien Ausführungen machen und die Wohnung stets im einzelnen beschreiben. Dies folgt aus der mehrmaligen Bezugnahme auf Entscheidungen des Bundesverfassungsgerichts, in denen stets betont worden ist, daß die Informationspflicht des Vermieters stets nur soweit geht als dies zur Meinungsbildung des Mieters erforderlich ist (BVerfG a. a. O.). Die **Einzelheiten zur Begründungspflicht** sind nach wie vor umstritten. Hinsichtlich der **Wohnraumart** müssen regelmäßig keine besonderen Angaben gemacht werden; dies folgt aus dem Umstand, daß der Mieter die Vergleichswohnungen aufsuchen und sich von der Vergleichbarkeit überzeugen kann. Dies gilt auch dann, wenn der Mieter keinen Zutritt zu der Vergleichswohnung erhält oder den Inhaber der Vergleichswohnung nicht behelligen will. In diesem Fall können regelmäßig aus der Art des Hauses Rückschlüsse auf die Art der Wohnung gezogen werden (s. aber Rdn C 104). Nach der Ansicht des BVerfG (DWW 81, 263 = WM 82, 146) und des BayObLG (RE) vom 1. 4. 1982, RES § 2 MHG Nr. 24) soll auch die Angabe der **Wohnungsgröße** entbehrlich sein; wesentliches Vergleichsmoment sei der Quadratmeterpreis und nicht die Grundfläche der Wohnung. Diese Entscheidungen verkennen allerdings, daß die Wohnungsgröße eines der entscheidenden Kriterien für die Mietpreisbildung ist. Die Unterschiede in den Mietpreisen zwischen kleinen Wohnungen und großen Wohnungen sind in der Regel so erheblich, daß die beiden Wohnungstypen nicht mehr miteinander vergleichbar sind (so zutreffend Niederberger WM 80, 193). Die Angabe der Wohnungsgröße ist aber auch nach dem Rechtsentscheid des BayObLG dann erforderlich, wenn sich allein aus der Größenangabe in Verbindung mit dem Gesamtpreis der Quadratmeterpreis für die vom Vermieter bezeichneten Vergleichswohnungen errechnen läßt. **Ausstattungsmerkmale** (Zentralheizung, Bad) müssen zumindest dann angegeben werden, wenn die Wohnung des Mieters geringen Komfort aufweist. In einem solchen Fall muß in dem Erhöhungsverlangen mitgeteilt werden, daß die Vergleichswohnungen von ähnlicher Beschaffenheit sind. Diese Angabe ist auch nicht im Hinblick auf die Besichtigungsmöglichkeit entbehrlich, weil bei der Abgabe der Erhöhungserklärung regelmäßig nicht feststeht, ob der Inhaber der Ver-

gleichswohnung die Besichtigung gestatten wird. Hat die Wohnung des Mieters dagegen guten Komfort, so muß in dem Erhöhungsschreiben nicht mitgeteilt werden, daß die Vergleichswohnung ebenfalls mit Zentralheizung und Bad etc. ausgestattet ist. Wählt der Vermieter Wohnungen mit geringerem Komfort, so ist der Mieter regelmäßig nicht beschwert; er kann deshalb kein Interesse an einer entsprechenden Mitteilung haben. Die **Wohnungslage** muß nicht näher beschrieben oder bewertet werden. Dies folgt bereits aus der Erwägung, daß die Vergleichswohnung identifizierbar benannt werden muß, so daß sich der Mieter selbst ein Bild von der Lagequalität machen kann. Der für die Vergleichswohnung gezahlte **Mietpreis** muß stets angegeben werden. Aus der Angabe muß ersichtlich sein, ob es sich insoweit um eine Netto- oder Bruttomiete handelt.

In der Regel wird der Mieter aber auch ohne besonderen Hinweis davon ausgehen müssen, daß die Preisangabe den Grundmietzins (Nettomiete) ohne Nebenkosten betrifft. Die Höhe der Nebenkosten muß nicht mitgeteilt werden (BVerfG DWW 81, 263 = WM 82, 146). Gleiches gilt für sonstige mietvertraglichen Einzelheiten, wie zum Beispiel die Verpflichtung des Mieters zur Durchführung von Schönheitsreparaturen oder das Recht des Mieters zur Gartenbenutzung. Solche Besonderheiten können sich zwar auf den Mietpreis auswirken; es ist aber genau so gut denkbar, daß der Mietpreis ohne Rücksicht auf diese Besonderheiten festgesetzt worden ist. Zur Wirksamkeit eines mit Vergleichswohnungen begründeten Mieterhöhungsverlangens ist nicht erforderlich, daß dort angegeben ist, daß die dort genannten Mieten innerhalb der letzten drei Jahre neu vereinbart worden sind oder sich geändert haben (AG Darmstadt WM 86, 123).

Nach der hier vertretenen Ansicht ist die Wirksamkeit des Erhöhungsverlangens nicht davon abhängig, ob der Vermieter im Einzelfall mehr als die dargelegten Mindestangaben ermitteln konnte oder in Erfahrung gebracht hat; das ergibt sich schon daraus, daß aus Gründen der Rechtssicherheit an die formellen Wirksamkeitsvoraussetzungen des Erhöhungsverlangens ein einheitlicher Maßstab angelegt werden muß, damit der Mieter ohne Rücksicht auf die unterschiedlichen Umstände daraus objektiv die Wirksamkeit der Erklärung beurteilen kann. Andererseits gebietet eine vertretbare Abwägung der beiderseitigen Pflichten, daß der Mieter schon anhand der hier für ausreichend erachteten Mindestangaben aktiv die ihm mögliche Nachprüfung der Erhöhungsvoraussetzungen durch Überprüfung der Angaben oder eigene Ermittlungen anderer Objekte anstellt und er daraus binnen der Überlegungsfrist seine Schlußfolgerungen i. S. einer Zustimmung oder Ablehnung zieht. Will der Mieter den Angaben des Vermieters nicht schlechthin vertrauen, setzt die von ihm geforderte Entscheidung voraus, daß er die genannten Vergleichsobjekte aufsucht, um sich über deren Vergleichbarkeit zu vergewissern; der Schutz des Mieters gebietet es deshalb in diesem Verfahrensstadium nicht, dem Vermieter die Angabe weitergehender Ver-

§ 2. Erhöhung der Grundmiete C 103 c

gleichskriterien aufzuerlegen. Davon geht auch das BVerfG a. a. O. aus, wenn es fordert, daß der Mieter zwar vor einer materiell nicht gerechtfertigten Erhöhung geschützt werden soll, der Vermieter aber nicht durch eine Überforderung der formellen Erhöhungsvoraussetzung an der Durchsetzung materiell berechtigter Ansprüche gehindert werden darf. Davon unberührt bleibt die erhöhte Darlegungs- und Beweislast im gerichtlichen Verfahren s. Rdn C 90; C 135 ff (vgl. zu den höheren Anforderungen der früheren Rspr. OLG Hamburg MDR 74, 585; LG Hamburg MDR 75, 844 sowie Fehl NJW 74, 924). Aus den dargelegten Gründen kann der abweichenden Rechtsansicht nicht gefolgt werden, wonach die formelle Wirksamkeit des Erhöhungsverlangens im wesentlichen noch immer von weitergehenden Angaben abhängig sein soll, deren Umfang mehr oder weniger der gesetzlichen Definition der wohnwertbildenden Kriterien in § 2 I Nr. 2 entnommen wird. Diese Gegenansicht kann für sich in Anspruch nehmen, daß der Mieter auf diese Weise bereits im Ansatz bessere Informationen über die vom Vermieter zugrunde gelegten Erhöhungsgründe erhält, die ihm eine sachliche Überprüfung erleichtern. Diese Überprüfungs- und Entscheidungsmöglichkeit des Mieters ist aber nicht nur auf diese Weise, sondern auch nach der hier vertretenen weniger strengen Ansicht im Grundsatz gewährleistet, so daß angesichts der großen praktischen Bedeutung dieser Rechtsfrage keine zwingenden Gesichtspunkte erkennbar sind, berechtigte Interessen des Mieters weitergehend zu schützen. Rspr. und Schrifttum zur Gegenansicht: LG Köln WM 74, 245; LG Hamburg MDR 75, 844; LG Hannover WM 76, 235; WM 77, 231; WM 78, 9; LG Hagen WM 76, 265; AG Gelsenkirchen WM 77, 12; LG Koblenz WM 81, 237; Sternel Rdn III 173.

Die zum Vergleich benannten Wohnungen brauchen mit der Wohnung des Mieters nicht völlig übereinzustimmen. Es genügt eine **ungefähre Vergleichbarkeit**. Da dem Vermieter der Zugang zur gerichtlichen Sachentscheidung nicht über Gebühr erschwert werden darf, ist insoweit ein großzügiger Maßstab anzulegen (BVerfG DWW 81, 263 = WM 82, 146; Sternel Rdn. III, 176). Nach der Ansicht des BVerfG (DWW 81, 263 und DWW 86, 173) und der obergerichtlichen Rechtsprechung (BayObLG (RE vom 1. 4. 1982 RES § 2 MHG Nr. 24; OLG Schleswig (RE) vom 3. 10. 1986 WM 87, 140) haben Flächenabweichungen nach oben oder unten auf die Wirksamkeit des Mieterhöhungsverlangens keinen Einfluß. Dies entspricht der von diesen Gerichten vertretenen Ansicht, wonach die Wohnungsgröße keinen maßgeblichen Einfluß auf den Quadratmeterpreis haben soll (vgl. Rdn. C 103a). Nach der hier vertretenen Ansicht können insoweit allenfalls Abweichungen bis zu 30% hingenommen werden (ebenso: AG Kaiserslautern WM 85, 124). Unschädlich sind geringfügige Abweichungen bezüglich der Ausstattungsmerkmale (Teppichboden/Parkettboden; einfache Holzfenster/isolierverglaste Kunststofffenster; Zentralheizung/Etagenheizung; Trennung von Bad und WC); oder der Wohnlage (Stadtrandlage/Innenstadt).

C 103 c

Vergleichbar sind auch Wohnungen in Hochhäusern mit Wohnungen in kleineren Mietshäusern (a. A.: AG Wolfsburg WM 85, 303); Wohnungen im ersten Stock mit Wohnungen im 2. Stock (a. A.: LG Darmstadt WM 85, 306) und Zweizimmerwohnungen mit Einzimmerwohnungen (a. A.: LG Darmstadt a. a. O.); Vergleichbar sind Dachgeschoßwohnungen mit schrägen Wänden, mit Wohnungen ohne schräge Wände (a. A. AG Wolfenbüttel WM 86, 343). Es kommt darauf an, ob die Wohnungen ungefähr einen vergleichbaren Charakter haben (LG Braunschweig WM 86, 322). Ist eine Wohnung dagegen offensichtlich unvergleichbar, so scheidet sie als Begründungsmittel aus (s. unten C 104). Unvergleichbar sind z. B. Luxuswohnungen im Villengebiet mit Einfachwohnungen; Neubauwohnungen und sehr alte Wohnungen (AG Hamburg WM 80, 18 (LS); 4-Zimmer-Wohnungen mit einem Ein-Zimmer-Appartment; Ein-Zimmer-Appartments mit Zwei-Zimmer-Wohnungen (LG Heidelberg WM 82, 214); Wohnungen in guter Lage mit Wohnungen im „Vergnügungsviertel" (LG Kassel WM 84, 227 oder an stark befahrenen Straßen (VG Oldenburg WM 86, 193); Wohnungen in einem Terrassenhaus mit Wohnungen in einem Hochhaus (LG Braunschweig WM 86, 322); gewerblich genutzte Räume und Wohnräume (AG Kaiserslautern WM 85, 124).

Soll eine **Pauschal- oder Teilpauschalmiete** erhöht werden, so gelten die unter Rdn C 95 dargelegten Grundsätze entsprechend. Der Vermieter hat die Wahl zwischen der Benennung von drei Vergleichswohnungen, für die ebenfalls eine Pauschal- oder vergleichbare Teilpauschalmiete gezahlt wird und der Benennung von drei Wohnungen mit aufgegliederter Mietpreisvereinbarung. Entscheidet er sich für die letztgenannte Möglichkeit, so kann er zu der Grundmiete jener Vergleichswohnungen die auf die Bezugswohnung entfallenden Betriebskosten hinzurechnen und so eine erhöhte Pauschal- oder Teilpauschalmiete nachweisen (OLG Hamm (RE) vom 4. 4. 1984 RES § 2 MHG Nr 54). Das Mieterhöhungsverlangen ist hinreichend begründet, wenn der Vermieter Vergleichswohnungen zur Begründung der ortsüblichen Nettomiete aufführt und die tatsächlich auf die Wohnung entfallenden Betriebskosten hinzurechnet. Es ist nicht erforderlich, daß der Vermieter die ursprüngliche Zusammensetzung von (fiktiver) Grundmiete und Betriebskosten dartut (LG Karlsruhe WM 85, 328). Umgekehrt gilt dasselbe: Ist bei der Bezugswohnung ein aufgegliederter Mietpreis vereinbart, so kann zur Erhöhung der Grundmiete auch auf Wohnungen zurückgegriffen werden, in deren Mietpreis alle Nebenkosten enthalten sind. In diesem Fall muß der Vermieter allerdings die jeweiligen Nebenkosten der Vergleichswohnungen ermitteln und im Mieterhöhungsschreiben darlegen, daß diese Kosten aus der Gesamtmiete herausgerechnet worden sind. Unterbleibt diese Preisanpassung, so sind die zum Nachweis der ortsüblichen Miete genannten Wohnungen mit der Bezugswohnung nicht vergleichbar; das Mieterhöhungsverlangen ist dann unwirksam (LG Berlin WM 85, 306).

§ 2. Erhöhung der Grundmiete

Die Vergleichswohnungen müssen grundsätzlich in **derselben Gemeinde** liegen, in der sich auch die Wohnung des Mieters befindet (AG Ebersberg WM 85, 306). Lediglich bei sehr kleinen Gemeinden oder wenn wegen der Exklusivität der Mietwohnung keine Vergleichsobjekte vorhanden sind, wird der Vermieter auf Wohnungen in vergleichbaren Gemeinden (z. Begriff vgl. Rdn C 93) zurückgreifen dürfen (LG München II WM 82, 131).

C 103 d

Für die volle Wirksamkeit des Erhöhungsverlangens ist erforderlich, daß mindestens drei Vergleichswohnungen benannt werden, deren Mietzins dem vom Vermieter verlangten Entgelt entspricht. Liegt eine der **Vergleichswohnungen unter dem verlangten Mietzins,** so ist das Erhöhungsverlangen allerdings nicht gänzlich unwirksam. Das Mieterhöhungsverlangen ist aber insoweit teilunwirksam, als der Mietzins für diese Wohnung überschritten ist (OLG Karlsruhe (RE) vom 15. 12. 1983 RES § 2 MHG Nr 48). Die in der Vorauflage vertretene abweichende Ansicht, wonach es in Fällen dieser Art für die volle Wirksamkeit ausreicht, daß der Durchschnitt der Vergleichsmieten dem verlangten Entgelt entspricht, wird aufgegeben. Hat der Vermieter mehr als drei Vergleichswohnungen benannt, so ist das Mieterhöhungsverlangen in voller Höhe wirksam, wenn mindestens drei Wohnungen über dem verlangten Mietzins liegen. Anderenfalls ist für die Bestimmung der Wirksamkeit die Wohnung mit dem dritthöchsten Mietzins maßgebend (BayObLG WM 84, 276).

C 103 e

dd) Vergleichsobjekte, für die nicht die Mindestangaben in der Erklärung enthalten sind oder die offensichtlich mit der Wohnung des Mieters **unvergleichbar** sind oder deren Mietzins niedriger als der bisher vom Mieter gezahlte Mietzins liegt erfüllen den Gesetzeszweck nicht; sie sind so zu behandeln, als wäre das Objekt überhaupt nicht angegeben (Barthelmess ZMR 72, 167; ZMR 75, 33; LG Hamburg WM 78, 193; AG Mainz WM 72, 197). In diesen Fällen und bei fehlender Angabe von mindestens 3 Vergleichsobjekten ist die Erhöhungserklärung **unwirksam** (§ 126 BGB). Dies gilt auch dann, wenn der Vermieter von dem Mietpreis der unvergleichbaren Wohnungen einen Abschlag vornimmt, weil bei dieser Methode nicht gewährleistet ist, daß der Abschlag den tatsächlichen Marktgegebenheiten entspricht (AG Friedberg WM 85, 316). Nach der Ansicht des BayObLG (RES § 2 MHG Nr. 24) soll ein Mieterhöhungsverlangen auch dann unwirksam sein, wenn die Wohnungsinhaber der bezeichneten Wohnungen nicht bereit sind, eine Besichtigung zu gestatten oder eine **Besichtigung** aus sonstigen Gründen **unmöglich** oder nicht zumutbar ist (ebenso LG Hannover WM 80, 79; Kummer WM 85, 39). Diese Ansicht ist abzulehnen, weil die formelle Wirksamkeit einer Erklärung aus Gründen der Rechtssicherheit nicht von dem Verhalten eines Dritten abhängig gemacht werden darf (ebenso: Sonnenschein NJW 86, 2731). In diesem Sinne ist die Rechtsfrage auch in dem Rechtsentscheid des OLG Schleswig vom 31. 10. 1983 (RES § 2 MHG Nr 46) entschieden worden. Dieser Rechtsentscheid bindet,

C 104

während dem Beschluß des BayObLG als sogenannter „negativer Rechtsentscheid" keine Bindungswirkung zukommt. Die Beurteilung der Wirksamkeit des Erhöhungsverlangens ist keine Tatfrage, sondern eine Rechtsfrage. Deshalb kommt es grundsätzlich nicht darauf an, ob sich ein Mieter auf bestimmte Mängel beruft (BayObLG (RE vom 9. 2. 1982, RES § 2 MHG Nr. 20). Das Gericht darf die fehlenden Mindestangaben auch nicht durch die infrage kommenden Feststellungen eines örtlichen Mietspiegels ersetzen, auf welchen sich der Vermieter zur Begründung seines Erhöhungsverlangens überhaupt nicht berufen hat (unzutr. LG Aachen WM 76, 168). Zur Behandlung fehlerhafter Mieterhöhungsverlangen im Prozeß s. Rdn C 138 ff.

C 105 d) Der Vermieter kann den Begründungszwang nach § 2 II WKSchG auch in jeder **sonstigen Weise** erfüllen, die sachlich geeignet ist, sein Erhöhungsverlangen für den Mieter erkennbar zu rechtfertigen. Er kann deshalb auf Mietwerttabellen für andere vergleichbare Gemeinden (nicht aber auf Mietpreisspiegel, die weder von der Gemeinde noch den Interessenverbänden erstellt sind; LG Wuppertal WM 74, 182 = ZMR 74, 278) oder Sachverständigengutachten aus Mieterhöhungsverfahren über andere vergleichbare Wohnungen zurückgreifen (LG Mannheim WM 86, 223; vgl. auch: Rosenberg-Schwab a. a. O., § 124 I). Soweit dieses Material nicht veröffentlicht und somit nur beschränkt zugänglich ist, muß es als Anlage beigefügt werden, weil insoweit eine bloße Bezugnahme nicht ausreicht. Eine ausführliche Darstellung der nicht infrage kommenden Begründungsmöglichkeiten ist den BRegHi zu entnehmen (s. Rdn C 156 ff). Unzureichend ist das Auskunftsschreiben einer örtlichen Wohnungsbehörde, wonach ein dort genannter Mietpreis angemessen sei, wenn die vom Vermieter vorgelegten Bauunterlagen zuträfen, soweit sich aus derartigen behördlichen Mitteilungen keine Einzelheiten über die Feststellung und die tatsächliche Höhe der ortsüblichen Vergleichsmiete ersehen läßt (AG München WM 77, 212). Unzureichend ist auch die Übersichtstabelle eines Finanzamts (LG Limburg WM 87, 29) oder eine Mietübersicht des Staatsbauamtes (AG Friedberg/Hessen WM 86, 322).

C 106 e) Soweit sich der Vermieter zur Begründung mit solchen Behauptungen oder Feststellungen begnügt, die dem Mieter zur Überprüfung des Erhöhungsverlangens in bezug auf die ortsübliche Vergleichsmiete **kein verwertbares Beweisanzeichen** bieten können, ist das Erhöhungsverlangen so zu beurteilen, als wenn es überhaupt keine Begründung enthielte. Es ist somit unwirksam. Das ist etwa der Fall, wenn sich der Vermieter auf das allgemeine Steigen der Lebenshaltungskosten, Löhne, Handwerkerlöhne oder ähnliche Gesichtspunkte außerhalb einer sachbezogenen Marktorientierung der vergleichbaren Mietpreise beruft (LG Gießen WM 75, 16). Gleiches gilt, wenn der Vermieter auf Mietspiegel in Tageszeitungen oder von Interessenverbänden Bezug nimmt, deren Ermittlungsgrundlagen und Geltungsbereich ungeklärt sind. Auch unsubstantiierte Auskünfte von Gemeindevorstehern, Maklern, Verbänden oder sonstigen Privatpersonen erfüllen ebenfalls nicht die Voraussetzungen einer sachgemäßen Begründung (s. auch Rdn C 87).

Eine Erhöhungserklärung, die den Erfordernissen des § 2 II nicht oder nicht hinreichend entspricht, entbindet den Mieter auch dann von seiner Verpflichtung zur Zustimmung, wenn die geforderte Erhöhung an sich gerechtfertigt wäre: der Erhöhungsanspruch des Vermieters setzt eine wirksame Erhöhungserklärung voraus und das Risiko für die Rechtswirksamkeit dieses Vertragsangebots trägt allein der Vermieter. Ebenso wie bei der Kündigung als einseitiger empfangsbedürftiger Willenserklärung ist der Mieter somit nicht verpflichtet, den Vermieter ausdrücklich auf die formellen oder sachlichen Fehler der Erklärung hinzuweisen. **C 107**

Solange die von § 2 I für eine Erhöhung zwingend vorausgesetzten Tatsachen nicht schriftlich mitgeteilt worden sind, ist das Erhöhungsverlangen unwirksam (s. oben Rdn C 88). Werden die erforderlichen Gründe erst nachträglich angegeben, so wird das frühere unwirksame Erhöhungsverlangen dadurch nicht rückwirkend geheilt; anderenfalls gingen dem Mieter die zwingenden Fristen des § 3 IV verloren. Gleiches gilt in den Fällen, in denen sich der Mieter die fehlenden Daten durch eigene Nachforschungen verschafft (vgl. dazu: OLG Koblenz WM 84, 6). Ergänzt der Vermieter eine mangelhafte Begründung in der Weise, daß er die noch fehlenden Teile der zwingenden Begründungserfordernisse nachschiebt, so können beide Erklärungen zusammen als wirksames Erhöhungsverlangen angesehen werden, soweit diese zeitlich und sachlich noch als einheitliche Willenserklärung zu werten sind. Entsprechend dem Grundgedanken des § 141 BGB beginnen dann aber die Fristen des § 2 III 4 erst ab dem Zugang der Zusatzbegründung zu laufen. Die sonstigen (nicht zwingenden) Erhöhungsgründe können jedoch auch nachträglich mitgeteilt oder ergänzt werden und haben auf den Fristenlauf keinen Einfluß. **C 108**

3. Wirkungen des Erhöhungsverlangens

Nach dem Sinn und Zweck des § 2 II und dem Zusammenhang dieser Regelung mit § 2 I, III hat die Erhöhungserklärung sowohl materielle als auch formelle Wirkungen für den Anspruch des Vermieters auf Mieterhöhung und seine prozessuale Durchsetzung. **C 109**

a) Für die **materielle Anspruchsberechtigung** ist ein wirksames Erhöhungsverlangen eine Anspruchsvoraussetzung. Das gilt allerdings nur dann, wenn der Mieter dem Erhöhungsverlangen nicht zustimmt und es darüber zu einer gerichtlichen Entscheidung kommt; dann kann dem Vermieter der geltend gemachte Anspruch nur zuerkannt werden, wenn im Zeitpunkt der letzten mündlichen Verhandlung neben den weiteren Voraussetzungen des § 2 I auch ein wirksames Erhöhungsverlangen vorliegt. Eine freiwillige, außergerichtliche Einigung ist demgegenüber auch dann möglich, wenn das Erhöhungsverlangen nicht den Anforderungen des § 2 II entspricht. **C 110**

C 111 Ist es offensichtlich, daß die **Vergleichbarkeit fehlt,** so ist das hinsichtlich des Erhöhungsverlangens so anzusehen, als wäre die betreffende Vergleichswohnung nicht angegeben. Sinkt dadurch die Zahl der erforderlichen Vergleichsobjekte unter die Mindestzahl (i. d. R. also 3), so ist das Erhöhungsverlangen unwirksam (z. B. erfundene Vergleichsobjekte, ersichtlich fehlerhafte Eingruppierung in Mietwerttabelle).

Bestreitet der Mieter die Vergleichbarkeit der Wohnungen oder die Höhe der dafür gezahlten Mietpreise, so ist zunächst zu prüfen, ob sich das Vorbringen des Mieters bei unterstellter Richtigkeit auf die Wirksamkeit der Mieterhöhungserklärung oder auf die Begründetheit des Erhöhungsanspruchs auswirkt. Im erstgenannten Fall ist über die Wirksamkeit des Erhöhungsverlangens Beweis zu erheben, und zwar von Amts wegen (s. Rdn C 112).

C 112 b) Die Erhöhungserklärung hat neben ihren materiellen aber auch **verfahrensrechtliche Wirkungen.** Sie ist nach dem eindeutigen Wortlaut des § 2 II i. V. m. § 2 III nach wie vor als **besondere Prozeßvoraussetzung** der Zustimmungsklage des Vermieters anzusehen (OLG Hamburg MDR 74, 585 m. w. Nachw.; LG Düsseldorf ZMR 74, 282; LG München ZMR 74, 151; LG Frankenthal NJW 74, 1094; LG Mannheim ZMR 74, 339. LG Hamburg FWW 76, 27 = WM 76, 208 = ZMR 76, 150; LG Köln WM 76, 129; LG München DWW 76, 187).

Der Vermieter soll erst 2 Monate nach der erfolglosen Aufforderung des Mieters zur Abgabe einer Zustimmungserklärung zu der geforderten Mieterhöhung berechtigt sein, bei Gericht die Zustimmungsklage zu erheben, was die Abgabe einer wirksamen Erhöhungserklärung voraussetzt (s. Rdn C 123 ff). Die Wirksamkeit des Erhöhungsverlangens und der Ablauf der Überlegungsfrist sind somit Sachurteilsvoraussetzung (LG Hamburg MDR 76, 317 = WM 76, 59 = ZMR 76, 216 m. w. Nachw.; LG Köln WM 77, 143; LG Frankenthal ZMR 77, 29; AG Köln WM 77, 76; ZMR 77, 31; AG Schwetzingen ZMR 78, 92).

Die Beurteilung der Wirksamkeit des Erhöhungsverlangens ist keine Tatfrage, sondern eine Rechtsfrage. Das Gericht muß **von Amts wegen** prüfen, ob das Erhöhungsverlangen den Voraussetzungen des § 2 II entspricht. Es kommt nicht darauf an, ob sich der Mieter auf bestimmte Mängel beruft. Eine Ausnahme kommt nach dem Rechtsentscheid des BayObLG vom 9. 2. 1982 (RES § 2 MHG Nr. 20) dann in Betracht, „wenn es nach den Beziehungen der Parteien und den gesamten Umständen unter Berücksichtigung auch der Bedeutung der Formvorschriften nach Treu und Glauben unvereinbar wäre, die Wirksamkeit der Erklärung am Formmangel scheitern zu lassen... Das Ergebnis müßte für die betroffene Partei nicht bloß hart, sondern schlechthin untragbar sein." Zur Behebung der Zweifel hat das Gericht dem beweispflichtigen Vermieter als Kläger die Vorlage der Erhöhungserklärung aufzugeben, um ihre Wirksamkeit überprüfen zu können und daraus die rechtliche Schlußfolgerung abzuleiten, ob die Wartefrist abgelaufen ist. Wird diese Frage verneint, so ist die Klage durch Prozeßurteil als unzulässig abzu-

§ 2. Erhöhung der Grundmiete   C 113, 114

weisen (dazu die o. a. Rspr.); das gilt auch dann, wenn sich erst im späteren Verlauf des Prozesses die Unwirksamkeit der Erhöhungserklärung herausstellt. Erläßt das AG trotzdem ein Sachurteil, so hat es das Berufungsgericht in ein Prozeßurteil umzuwandeln; hierin liegt keine reformatio in peius (LG Köln WM 76, 129).
Nach der bis 31. 12. 1982 geltenden Rechtslage entsprach es herrschender Meinung, daß das Mieterhöhungsverlangen vor Klageerhebung abgegeben werden mußte. Das Vorliegen einer wirksamen Mieterhöhungserklärung war nach überwiegender Ansicht eine Prozeßvoraussetzung, deren Fehlen nicht geheilt werden konnte und deshalb zur Klageabweisung durch Prozeßurteil führte. Aus diesem Grunde konnte die Mieterhöhungserklärung weder zusammen mit der Klageschrift abgegeben noch konnte in der Klageschrift selbst eine wirksame Mieterhöhungserklärung gesehen werden. Eine während des Rechtsstreits abgegebene Mieterhöhungserklärung war unbeachtlich. (LG Hamburg MDR 75, 844; AG Schwetzingen WM 75, 171; LG Hannover WM 78, 9; LG Frankfurt WM 76, 31; LG Kiel WM 77, 36; AG Wuppertal WM 77, 232).
Durch das Gesetz zur Erhöhung des Angebots an Mietwohnungen vom 20. 12. 1982 (BGBl. I S. 1912) wurde die Vorschrift des § 2 III dahingehend ergänzt, daß der Vermieter in jenen Fällen, in denen „kein wirksames Erhöhungsverlangen vorausgegangen ist", das Erhöhungsverlangen im Rechtsstreit nachholen kann. Dem Mieter steht auch in diesem Fall die Zustimmungsfrist (Überlegungsfrist) zu. Die gesetzliche Regelung lehnt sich an eine schon bisher vertretene Meinung an, wonach es als ausreichend angesehen wurde, wenn zum Schluß der mündlichen Verhandlung ein wirksames Mieterhöhungsverlangen vorliegt (BayObLG (RE) vom 9. 2. 1982 RES § 2 MHG Nr. 20; LG Bremen WM 75, 74; Sternel Rdn. III, 202; Fehl NJW 74, 924).

c) Für die Frage, wie ein mit der Klageschrift abgegebenes oder im C 113
Verlauf des Rechtsstreits erklärtes Mieterhöhungsverlangen prozessual zu behandeln ist, vgl. Rdn. C 138.

4. Die Zustimmung des Mieters

Liegen die formellen und materiellen Voraussetzungen des § 2 vor, C 114
hat der Vermieter zunächst nur einen **Anspruch** auf Zustimmung des Mieters zur geforderten Mieterhöhung. Das ergibt sich aus der gesetzlichen Formulierung des § 2 I (... kann die Zustimmung ... verlangen, wenn ...) und der rechtlichen Eigenart des Zustimmungsverfahrens. Rechtlich stellt das Erhöhungsverlangen des Vermieters somit einen Vertragsantrag und die Zustimmung des Mieters die Annahme dieses Angebots dar. Zur Abgrenzung der Zustimmung des Mieters im Rahmen des § 2 und des § 10 I vgl. Rdn C 498.

a) Auch die Zustimmung des Mieters ist eine **empfangsbedürftige Willenserklärung,** die mit Zugang an den Vermieter wirksam wird, so daß dadurch der **Abänderungsvertrag** zustande kommt (zur Fälligkeit der Mieterhöhung s. unten Rdn C 120).

C 115 **b)** Die Zustimmungserklärung ist grundsätzlich an keine **Form** gebunden (s. aber unten Rdn C 119). Der Mieter kann also seine Zustimmung ausdrücklich oder konkludent erklären (zur telefonischen Zustimmung vgl. AG Mannheim WM 76, 17). Läßt der Mieter die Überlegungsfrist (s. Rdn C 123) ohne Erklärung verstreichen, gilt seine Zustimmung als nicht erteilt. Der Anspruch des Vermieters nach § 2 I ist auf ein positives Tun, nämlich die Abgabe der Zustimmungserklärung gerichtet und kann nur dadurch erfüllt werden. Hat der Mieter seine Zustimmung binnen der Überlegungsfrist nicht erteilt, so gilt sie somit als verweigert. Zu einer ausdrücklichen Ablehnung des Erhöhungsantrags ist der Mieter nicht verpflichtet. Eine **stillschweigende Zustimmung** des Mieters kann also ausnahmsweise nur dann in Betracht kommen, wenn er im Zusammenhang mit dem bei ihm vorliegenden Erhöhungsantrag irgendwelche rechtsverbindliche Erklärungen gegenüber dem Vermieter abgibt, aus denen sich im Wege der Auslegung mit hinreichender Eindeutigkeit auch der Wille ermitteln läßt, daß er damit auch sein Einverständnis zur Mieterhöhung erklären wollte. Eine solche Zustimmung kann auch in der vorbehaltlosen Zahlung des erhöhten Mietzinses liegen (LG Berlin MDR 82, 235; s. Rdn C 502). Auf die Häufigkeit der Zahlungen kommt es hierbei nicht entscheidend an; maßgeblich ist vielmehr, ob der Vermieter die Zahlung des erhöhten Mietzinses als Zustimmung werten durfte. In der Regel ist eine derartige Wertung bereits bei der ersten Zahlung naheliegend (LG Braunschweig WM 86, 142; AG Frankfurt ZMR 87, 263; a. A. AG Dortmund WM 85, 29). Will der Mieter zum Ausdruck bringen, daß er sich hinsichtlich der Zustimmung noch nicht endgültig festlegen wolle, so muß er einen Vorbehalt erklären, was auch durch Anbringung eines entsprechenden Vermerks auf der Postüberweisung oder dem Überweisungsträger geschehen kann (AG Rendsburg WM 83, 234). Im Einzelfall kann es ausreichen, wenn der Mieter unmittelbar nach der ersten Zahlung erklärt, daß er nicht zustimmen wolle (Schneider WM 86, 142). Jedenfalls liegt in der mehrmaligen Zahlung des erhöhten Mietzinses ein Indiz dafür, daß der Mieter die Zustimmung erteilen wollte (LG Berlin NJW RR 86, 236 bei fünfmaliger Zahlung; LG Berlin WM 87, 158 = ZMR 87, 269 bei neunzehnmaliger Zahlung; LG Berlin WM 87, 266 bei dreimaliger Zahlung; LG München II ZMR 87, 309 bei dreimaliger Zahlung; LG München II DWW 87, 18 bei zweimaliger Zahlung). Zahlt der Mieter nur einen geringeren als den geforderten Erhöhungsbetrag, so kann durch eine vorbehaltlose Annahme seitens des Vermieters ein wirksamer Abänderungsvertrag über den Mietzins insoweit zustande kommen; aufgrund dieser Erhöhung ist der Vermieter an einer weiteren Erhöhung gehindert (LG Mannheim NJW 75, 316 = ZMR 75, 119 = MDR 75, 406 = WM 76, 16). Im Streitfall muß derjenige eine stillschweigende Zustimmung beweisen, der aus der Vertragsänderung Rechte für sich herleiten will. Das ist in der Regel der Vermieter.

§ 2. Erhöhung der Grundmiete

c) Auch **nach dem Ablauf der Überlegungsfrist** (s. Rdn C 123) kann C 116 der Mieter noch dem Erhöhungsverlangen des Vermieters zustimmen, weil der Antrag auf Vertragsänderung durch diese gesetzliche Frist zugunsten des Mieters nicht als befristet angesehen werden kann (a. A. Roquette ZMR 72, 137); das ergibt sich schon daraus, daß der Vermieter auf der Grundlage seines bisherigen Erhöhungsverlangens grundsätzlich erst nach dem Ablauf der Überlegungsfrist zur Klageerhebung befugt ist, so daß es dann dem Mieter noch möglich sein muß, der angestrebten Vertragsänderung bis zur Rechtskraft des Urteils zuzustimmen (LG Duisburg WM 76, 80; Barthelmess § 2 MHG Rdn 129).

d) Sind die **Fristen** des § 2 III ohne Klageerhebung **abgelaufen**, so C 117 erlischt nach §§ 146, 147 II BGB auch das Erhöhungsverlangen des Vermieters (s. Rdn C 125); eine nach diesem Zeitpunkt erteilte Zustimmung des Mieters stößt deshalb ins Leere; sie kann aber in einen Antrag des Mieters umgedeutet werden (§ 150 I BGB). Wird die Zustimmung nach Klageerhebung erteilt, erledigt sich dadurch die Hauptsache und ist auf Antrag nach § 91a ZPO über die Kosten zu entscheiden; sie sind dem Mieter aufzuerlegen, wenn er schon vorher nach Sachlage des Einzelfalles zur Erteilung der Zustimmung verpflichtet war; war dagegen die Klage bis zur Zustimmung unbegründet, kann entsprechend § 93 ZPO den Vermieter die Kostenlast treffen; das gilt auch dann, wenn die Zustimmung ohne eine dahingehende Rechtspflicht erteilt wird.

Davon unberührt bleibt das Recht des Vermieters, während dieser Fristen (bis zum Ablauf der Klagefrist) ein neues, selbständiges Erhöhungsverlangen (Antrag) mit einem abweichenden Erhöhungsbetrag zu stellen, der jedoch nur für die Zukunft wirkt; auch dadurch erlischt der erste Antrag bis zum Ablauf der Klagefrist nicht, so daß der Mieter nur einen oder beide Anträge annehmen kann. Der Vermieter ist nach allgemeinen Grundsätzen für die Dauer der oben genannten Fristen an den Antrag gebunden, so daß er ihn nicht zurücknehmen kann.

e) Stimmt der Mieter dem Erhöhungsverlangen nur **teilweise** zu, ist C 118 eine Erhöhungsvereinbarung in der vom Mieter gebilligten Höhe zustande gekommen. Hinsichtlich des abgelehnten Erhöhungsbetrages ist der Vermieter auf der Grundlage seines Erhöhungsverlangens berechtigt, den Mieter auf Zustimmung zu verklagen, weil dieser Antrag insoweit mit der Befristung des § 2 III fortbesteht. Weder aus allgemeinen schuldrechtlichen Gesichtspunkten noch aus § 2 IV ist es gerechtfertigt, nur die Zustimmung des Mieters zum vollen Erhöhungsbetrag als wirksame Annahme des im Erhöhungsverlangen liegenden Angebots anzuerkennen (a. A. Kellerhals DWW 79, 160). Das Erhöhungsverlangen ist nämlich nicht schlechthin einem Vertragsangebot i. S. des § 145 BGB gleichzusetzen, das von dem anderen Vertragspartner lediglich angenommen oder abgelehnt werden kann; das ergibt sich nach den Besonderheiten des § 2 bereits daraus, daß auch nach Versagung der Zustimmung – also einer Ablehnung des Vertragsangebots i. S. des § 146 BGB – das Erhöhungsverlangen des Vermieters nicht rechtlich bedeutungslos wird, son-

C 119   Teil C. MHG

dern die in § 2 III bestimmten Rechtswirkungen auslöst, gleichgültig ob er Klage erhebt oder darauf verzichtet; vor allem wäre aber der Sinn und Zweck des in § 2 vorgeschriebenen Mieterhöhungsverfahrens verfehlt, wenn ein Mieter zwar im Rechtsstreit ganz oder teilweise zur Erteilung der Zustimmung verurteilt werden könnte, sich aber einer teilweisen Verurteilung nicht dadurch entziehen könnte, daß er dem Erhöhungsverlangen insoweit (teilweise) zustimmt (LG Duisburg WM 76, 80; LG Hamburg WM 78, 193; LG Bonn WM 85, 311; Palandt § 2 MHG Anm. 6e; Barthelmess § 2 MHG Rdn 135). Bei der Zustimmungsklage des § 2 kann somit der sonst geltende Rechtsgrundsatz der §§ 150 II, 151 BGB des ,,Alles oder Nichts" keine Geltung beanspruchen, weil es hinsichtlich der verlangten Zustimmung zur Mieterhöhung sinnlos wäre und nicht im Belieben des Vermieters stehen darf, über einen konkret feststehenden Teil dieses Änderungsverlangens zu streiten, der infolge der erteilten Zustimmung unstreitig ist. Im Klageantrag muß dementsprechend zum Ausdruck kommen, daß nur noch die Zustimmung zur Vertragsänderung wegen des abgelehnten Erhöhungsbetrags begehrt wird.

    Stimmt dagegen der Mieter nur unter sonstigen Einschränkungen zu (z. B. falls der Vermieter von dem darüber hinausgehenden Erhöhungsverlangen Abstand nimmt oder Renovierungen durchgeführt werden), muß darin eine Ablehnung des Erhöhungsverlangens gesehen werden. Derartige Vorbehalte, die über eine Teilablehnung des geforderten Erhöhungsbetrages hinausgehen, verhindern nach §§ 150 II, 151 BGB das Zustandekommen eines Abänderungsvertrages (LG Mannheim NJW 75, 316 = ZMR 75, 119 = MDR 75, 406; a. A.: LG Itzehoe WM 86, 341 wonach in einem solchen Fall ein bedingter Mieterhöhungsvertrag zustandekommt und der Vermieter beweisen muß, daß die Bedingung eingetreten ist). Gleiches gilt, wenn der Mieter keine Zustimmung erteilt, sondern nur ein Vergleichsangebot zur Neuregelung des Mietzinses ausspricht (LG Duisburg WM 76, 80). Gegenüber dem Anspruch des Vermieters auf Zustimmung zu einer Mieterhöhung steht dem Mieter kein **Zurückbehaltungsrecht** wegen eines anderweitigen Zahlungsanspruchs zu (LG Berlin MDR 84, 582 = ZMR 84, 339 = WM 85, 331). Die Anwendung des § 320 BGB scheitert deshalb, weil zwischen möglichen Zahlungsansprüchen des Mieters und dem Zustimmungsanspruch des Vermieters kein Gegenseitigkeitsverhältnis besteht. Die Vorschrift des § 273 BGB ist unanwendbar, weil sich der Ausschluß insoweit aus der zwischen den Parteien bestehenden Interessenlage ergibt: Der Mieter kann seine Ansprüche durchsetzen, indem er gegenüber dem Zahlungsanspruch ein Zurückbehaltungsrecht geltend macht. Für das Zurückbehaltungsrecht wegen Mängelbeseitigungsansprüchen s. Rdn C 65.

C 119   f) Bei **langfristigen Mietverträgen** (mit einer bestimmten Mietzeit von mehr als 1 Jahr) bedarf der **Änderungsvertrag** über die Mieterhöhung der gesetzlichen **Schriftform** nach § 566 BGB (Roquette ZMR 70, 33 und ZMR 72, 136), wenn der Vermieter nicht nur eine unwesentliche

§ 2. Erhöhung der Grundmiete   **C 120**

Mieterhöhung fordert. Von einer wesentlichen Erhöhung des Mietzinses ist nach der Rspr. jedenfalls dann auszugehen, wenn sie mehr als 20% beträgt (BGH ZMR 63, 82; AG Köln WM 84, 227: 12%; vgl. auch Pergande FWW 68, 475). Ein Änderungsvertrag nach § 2 unterscheidet sich trotz der gesetzlichen Beschränkungen des Vertragsinhalts und der gesetzlichen Voraussetzungen seines Zustandekommens nicht von anderen formbedürftigen Änderungsverträgen. Wenn somit auch §§ 2, 10 I MHG die Zustimmungserklärung des Mieters grundsätzlich formlos zulassen, bedarf in diesen Fällen ein wirksamer Abänderungsvertrag auch insoweit der Schriftform (§ 125 BGB). Der Vermieter hat somit einen Anspruch auf eine vom Mieter unterschriebene Zustimmungserklärung in einer Nachtragsurkunde zum schriftlichen Mietvertrag, worin der neue Mietzins beweiskräftig festgelegt wird (zur Änderung formbedürftiger Mietverträge vgl. Ganschezian-Finck ZMR 73, 129).

Darüber hinaus ist für die Zustimmung ohne Rücksicht auf die Vertragsdauer dann die Einhaltung der Schriftform erforderlich, wenn der Mietvertrag generell durch eine **Vertragsklausel** für Vertragsänderungen die Einhaltung dieser Form vorschreibt. Das oben Gesagte gilt dann entsprechend. Allerdings kann auch die formlose Zustimmung trotz einer derartigen Vertragsklausel nach der Rspr. dann wirksam sein, wenn die Vertragsparteien willentlich im Zeitpunkt der Vornahme des Rechtsgeschäfts von der Einhaltung dieses Erfordernisses absehen (vgl. Schmidt-Futterer/Blank, Mietrecht Stichwort „Schriftform" III). Diese bewußte Abweichung von der Schriftformklausel ist i. d. R. nicht schon dadurch gegeben, daß der Mieter die geforderte Erhöhung ein einziges Mal vorbehaltlos zahlte (LG Kiel WM 76, 94).

5. Fälligkeit der Mieterhöhung

a) Hat der Mieter die Zustimmung erteilt (oder ist er dazu vom Gericht verurteilt worden), so schuldet er den erhöhten Mietzins von dem **Beginn des dritten Kalendermonats** ab, der auf den **Zugang** des Erhöhungsverlangens folgt (§ 2 IV). In keinem Falle hat der Vermieter somit einen fälligen Anspruch auf den erhöhten Mietzins bereits ab dem Zeitpunkt seiner ordnungsgemäßen Geltendmachung oder der Zustimmungserklärung des Mieters; vielmehr steht ihm der erhöhte Mietzins frühestens 2 Monate und spätestens 3 Monate erst für die nachfolgende Zeit zu. Mit diesem Zeitpunkt wird der Erhöhungsbetrag fällig und kommt der Mieter (ohne weitere Mahnung; a. A.: AG Braunschweig WM 86, 343) in Verzug (§§ 284 ff BGB); das gilt auch dann, wenn er erst später zur Zahlung verurteilt wird. (Im Ergebnis ebenso LG Köln WM 79, 195; AG Köln WM 84, 134). Dies hat u. a. zur Folge, daß der Mieter verpflichtet ist, Verzugszinsen zu bezahlen.

C 120

Die Beseitigung der nach den jeweiligen Kündigungsfristen des einzelnen Mietverhältnisses gestaffelten Regelung der Wirksamkeit des Erhöhungsverlangens im früheren § 3 IV des (1.) WKSchG ist gerechtfertigt;

im Hinblick auf § 9 I MHG ist kein zwingender Grund ersichtlich, hier die Dauer des jeweiligen Mietverhältnisses zu berücksichtigen, zumal die Ungleichbehandlung der Mieter eines Hauses nach Maßgabe der früheren Regelung zu Unstimmigkeiten führen kann (RegE s. Rdn F 14). Eindeutig hat der Gesetzgeber anläßlich der Neuregelung des § 2 IV seinen Willen bekundet, dadurch auch die früher teilweise vertretene Ansicht zurückzuweisen, wonach die Schutzvorschriften wegen der Anlehnung an die Kündigungsfristen nicht für befristete Mietverhältnisse anwendbar seien und Gleitklauseln insoweit wirksam bleiben sollten (so vor allem Löwe NJW 72, 2109 im Gegensatz zu der hier in der 1. Auflage vertretenen Ansicht); obwohl die Gegenansicht bereits aus anderen Gründen nicht überzeugen konnte (dazu Schmidt-Futterer ZRP 74, 153), ist jetzt durch die Neuregelung des Wirksamwerdens des Erhöhungsverlangens (ohne Anlehnung an etwaige Kündigungsfristen) klargestellt, daß der § 2 wie alle anderen Vorschriften des MHG auch auf befristete Mietverhältnisse Anwendung findet, während sich die Unwirksamkeit von Gleitklauseln bereits aus § 10 I MHG ergibt (s. Rdn C 489).

C 121   b) Die Überlegungsfrist nach § 2 III 1 bleibt dabei außer Betracht, wird also mit einberechnet.

IV. Das gerichtliche Erhöhungsverfahren

C 122   Wenn die vom Vermieter geltend gemachte Mieterhöhung außergerichtlich zu keiner Abänderung der Mietzinsvereinbarung geführt hat, kann ein materiell begründeter Mieterhöhungsanspruch nach den besonderen gesetzlichen Voraussetzungen des § 2 III gerichtlich geltend gemacht und durchgesetzt werden. Die Regelungen dieser prozessualen Sondervorschrift gehen den im übrigen auch hier anwendbaren allgemeinen Verfahrensvorschriften der ZPO vor.

1. Die Überlegungsfrist

C 123   Vor der Klageerhebung muß der Vermieter nach § 2 III 1 dem Mieter eine Frist einräumen, um diesem die Überprüfung des Erhöhungsverlangens und das Zustandekommen einer außergerichtlichen Einigung zu ermöglichen. Diese Frist beginnt mit dem Zugang der wirksamen Erhöhungserklärung beim Mieter (§§ 130, 187 BGB). Sie endet nach Maßgabe des § 188 II BGB mit dem Ablauf des 2. Kalendermonats, der auf den Zugang des Verlangens folgt. Die Nichterteilung der Zustimmung bis zum Ablauf der Frist hat zur Folge, daß der Vermieter nunmehr ohne weitere Klageandrohung zur Erhebung der Zustimmungsklage berechtigt ist. Eine vorher erhobene Klage ist unzulässig. Eine unwirksame Erhöhungserklärung setzt die Frist nicht in Lauf (s. Rdn C 112), so daß eine Zustimmungsklage als unzulässig abgewiesen werden muß. Nach

§ 2. Erhöhung der Grundmiete C 124, 124a

der Neufassung des § 2 III kann der Vermieter aber auch im Verlauf des Rechtsstreits ein erneutes Mieterhöhungsverlangen stellen (s. Rdn C 112, 138).
Erklärt der Mieter also schon vor Fristablauf, daß er die geforderte Mieterhöhung ablehnt, ist der Vermieter trotzdem an die Einhaltung der Frist gebunden (Barthelmess ZMR 72, 203; a. A. Palandt-Putzo Anh. 2. WKSchG § 2 MHG Anm. 7b; Häusler DWW 71, 381). Die Einhaltung der Frist ist **Prozeßvoraussetzung** (h. M.; LG Hamburg ZMR 76, 216 = MDR 76, 317 = WM 76, 59; LG Berlin WM 80, 18 [LS]). Es gehört zur Schlüssigkeit der Klage, daß der Vermieter die Einhaltung der Frist konkret darlegt; im Streitfall trifft den Vermieter die Beweislast. Im übrigen wird auf die Ausführungen Rdn C 112 verwiesen.

2. Die Klagefrist

Beabsichtigt der Vermieter nach dem erfolglosen Ablauf der Überlegungsfrist sein Mieterhöhungsrecht gerichtlich durchzusetzen, so ist er dabei an die Einhaltung der in § 2 III bestimmten Klagefrist von weiteren 2 Monaten gebunden; versäumt er diese Frist, so wird das Mieterhöhungsverlangen unwirksam. Der Vermieter kann aber jederzeit ein neues Mieterhöhungsverlangen stellen. Die früher geltende Sperrfrist ist aufgehoben worden (s. Rdn C 126). Die Verkürzung der Klagefrist auf 2 Monate (früher 3 Monate) steht im Zusammenhang mit der Verlängerung der dem Mieter zustehenden Überlegungsfrist (s. Rdn C 123). Der Gesetzgeber sieht die Fristverkürzung deshalb als gerechtfertigt an, weil sich der Vermieter von Anfang an überlegen und darauf einstellen kann, wie er auf die verweigerte Zustimmung reagieren werde (RegE s. Rdn F 14). Eine vorherige Ankündigung der Klage oder ein Hinweis auf den Ablauf der Überlegungsfrist wird vom Vermieter nicht verlangt, obwohl derartige Klarstellung im beiderseitigen Interesse zu empfehlen sind; erkennt der Mieter nach Klageerhebung den geltend gemachten Anspruch an, muß über die Kosten unter Berücksichtigung des § 93 ZPO entschieden werden (s. Rdn C 155, 81; LG Mannheim DWW 75, 166). C 124

Die **Klagefrist** beginnt am Tag nach der Beendigung der Überlegungsfrist des § 2 III (s. Rdn C 123); sie endet nach Maßgabe des § 188 II BGB am letzten Tag des darauffolgenden zweiten Kalendermonats. Die Frist ist gemäß §§ 496, 270 III ZPO auch dann gewahrt, wenn die Klagschrift vom Vermieter am letzten Tag vor ihrem Ablauf bei Gericht eingereicht und dem Mieter demnächst zugestellt wird, sofern der Vermieter alles getan hat, um eine alsbaldige Zustellung zu ermöglichen (LG Hannover WM 77, 100; LG Mannheim ZMR 77, 285; AG Köln WM 76, 155; AG Dortmund WM 77, 234). Durch die Gerichtsferien wird der Lauf der Klagfrist nicht gehemmt (LG München I WM 85, 317). Ist die Klageeinreichung wegen groben Mängeln fehlerhaft i. S. des § 253 ZPO (z. B. fehlende Unterschrift), darf die Zustellung erst nach der Behebung C 124a des Fehlers verfügt und durchgeführt werden; Mängel im notwendigen Inhalt der Klagschrift können nach der Zustellung durch Nachholung oder Berichtigung durch zugestellten Schriftsatz oder in der mündlichen Verhandlung beseitigt werden, wodurch die Klage erst ordnungsgemäß erhoben ist (Thomas-Putzo § 253 Anm. 4). Zum notwendigen **Inhalt der Klagschrift** gehört die Bezeichnung der Parteien und des Gerichts (§ 253 Abs. 2 Nr. 1 ZPO) sowie ein Klagantrag und die Angabe eines Klaggrundes (§ 253 Abs. 2 Nr. 2 ZPO). Dagegen ist es für die Fristwahrung nicht erforderlich, daß die Mieterhöhungsklage schlüssig ist. Es reicht aus, wenn das Tatsachenmaterial in der Klagschrift genügt, um den erhobenen Anspruch zu individualisieren und von anderen Ansprüchen zu unterscheiden. Es ist ausreichend, wenn aus der Klagschrift ersichtlich ist, um welches bestimmte Mietverhältnis, welches bestimmte Mietobjekt und welches bestimmte Erhöhungsverlangen es sich handelt (LG Braunschweig MDR 84, 1026 = WM 85, 318). Entscheidend für die Fristwahrung ist nicht die Klageeinreichung sondern die ordnungsgemäße Klageerhebung. Die fehlende Kostenvorauszahlung hindert nach § 65 GKG grundsätzlich die Klagezustellung und somit die Fristwahrung (AG Lübeck WM 73, 11; AG Waldbröl WM 76, 104). Zur Zustellung ,,demnächst" vgl. BAG NJW 76, 1421 (betr. die befristete Kündigungsschutzklage).

C 125 a) Erhebt der Vermieter nicht binnen 2 Monaten nach Ablauf der Überlegungsfrist die Erhöhungsklage, so unterstellt das Gesetz, daß er von seinem früheren Erhöhungsverlangen inzwischen Abstand genommen hat; das Erhöhungsverlangen gilt dann als nicht gestellt. Es handelt sich dabei um eine **gesetzliche Fiktion,** so daß ein entgegenstehender oder abweichender Wille des Vermieters unbeachtlich ist.

C 126 b) Die Fristversäumnis hat lediglich zur Folge, daß das Mieterhöhungsverlangen seine Wirkung verliert. Der Vermieter kann aber jederzeit ein neues Mieterhöhungsverlangen abgeben. Die bis zum 31. 12. 1982 geltende Sperrfrist ist durch das Gesetz zur Erhöhung des Angebots an Mietwohnungen vom 20. 12. 1982 (BGBl. I S. 1912) aufgehoben worden. Die Gewährung von Wiedereinsetzung in den vorigen Stand ist bei Versäumung der Klagfrist nicht möglich (AG Köln WM 85, 319).

C 127 c) Wird die Zustimmungsklage schon **vor dem Beginn der Klagefrist** erhoben, so kommt es darauf an, ob die Zustimmungsfrist zum Zeitpunkt der letzten mündlichen Verhandlung abgelaufen ist. In diesem Fall kann das Gericht in der Sache entscheiden. Anderenfalls muß das Gericht die Klage entweder durch Prozeßurteil abweisen oder neuen Termin bestimmen. Die früher vertretene Ansicht, wonach die Klage in einem solchen Fall stets unzulässig sei (LG Köln WM 74, 132 und die Vorauflage) kann nach der Neufassung des § 2 III durch das Gesetz zur Erhöhung des Angebots an Mietwohnungen vom 20. 12. 1982 (BGBl. I S. 1912) nicht mehr aufrechterhalten werden. Wegen der Verknüpfung der Klagefrist mit dem Ablauf der vorgeschalteten Überlegungsfrist kann im übrigen auf die Ausführungen unter Rdn C 112 verwiesen werden.

3. Die Zustimmungsklage und das Urteil

a) Die Zustimmungsklage ist rechtlich als **Leistungsklage auf Abga-** C 128
be einer Willenserklärung zur Vertragsänderung zu beurteilen. Die ordnungsgemäße Klageerhebung setzt neben den allgemeinen Anforderungen des § 253 ZPO voraus, daß der Grund des geltend gemachten Erhöhungsanspruchs in groben Zügen durch entsprechende Ausführungen zu den Voraussetzungen des § 2 dargelegt wird (§ 253 II Nr. 2 ZPO; LG Freiburg MDR 75, 60). Dabei ist zu beachten, daß der Bestimmtheitsgrundsatz des § 253 II Nr. 2 ZPO lediglich erfordert, daß Gegenstand und Grund des behaupteten Anspruchs genau genug angegeben werden, so daß auch auf eine beigefügte Urkunde zur Klagschrift Bezug genommen werden kann, wenn sie zu den klagebehauptenden Tatsachen ergänzende Feststellungen enthält, die nach der Klagschrift genau genug abgegrenzt sind (BGH MDR 76, 1005); für die Zustimmungsklage reicht somit die Bezugnahme auf das der Klagschrift beigefügte schriftliche Mieterhöhungsverlangen oder Sachverständigengutachten zur näheren Begründung des Sachverhalts aus. Dies gilt auch dann, wenn der Vermieter in dem Mieterhöhungsverlangen ausschließlich Vergleichswohnungen aus eigenem Bestand benannt hat (a. A.: LG Wuppertal WM 85, 324). Eine **schlüssige** Zustimmungsklage erfordert, daß der Kläger den Zugang einer wirksamen Erhöhungserklärung (s. oben Rdn C 84) beim Beklagten (Mieter) behauptet, den Ablauf der 1jährigen Sperrfrist (§ 2 I Nr. 1) und der Überlegungsfrist (§ 2 III) darlegt und der Erhöhungsbetrag sowie der nach § 2 IV berechnete Anspruchsbeginn im Klagantrag konkret erfaßt werden. Darauf wird das Gericht den Kläger erforderlichenfalls nach § 139 ZPO hinzuweisen haben. Hat der Mieter bereits vorprozessual einer teilweisen Erhöhung zugestimmt, so ist dies bei der Fassung des Klagantrags zu berücksichtigen (s. Rdn C 118).

Ob und welche klagebegründeten Behauptungen im übrigen noch C 129
nach der Klageerhebung vom Kläger **nachgeholt** werden dürfen, muß nach dem Schutzzweck der gesetzlichen Erhöhungsvoraussetzungen entschieden werden. Ist die Erhöhungserklärung unwirksam, so kommt eine **rückwirkende Heilung** nicht in Betracht; unter bestimmten Voraussetzungen kann aber im Prozeß ein neues Mieterhöhungsverlangen abgegeben werden (s. Rdn C 138). Zulässig ist dagegen die weitere Konkretisierung, Ergänzung oder Erläuterung solcher Behauptungen, welche die Mindesterfordernisse der Wirksamkeitsvoraussetzungen erfüllen (s. oben Rdn C 86); das wird auch für die versehentlich unterbliebenen Angaben über die Einhaltung der 1jährigen Sperrfrist, der Überlegungsfrist sowie der 2monatigen Klagefrist und die Konkretisierung des Klagantrags zu gelten haben. Enthalten weder der Klagantrag noch die Anspruchsbegründung Darlegungen zum Anspruchsbeginn, so gilt die Regelung des § 894 ZPO, so daß die erhöhte Miete nicht ab dem 3. Monat nach Zugang des Erhöhungsverlangens,

sondern erst ab Rechtskraft des Urteils geschuldet wird. Zu weiteren Einzelheiten des gerichtlichen Erhöhungsverfahrens s. unten Rdn C 134 ff.

Da mehrere Mieter den Mietzins und somit auch die Zustimmung zur Mieterhöhung als Schuldner zur gesamten Hand (nicht als Gesamtschuldner) schulden, muß die Zustimmungsklage gegen alle Mieter gerichtet werden. Die nur gegen einen oder einen **Teil von mehreren Mietern** desselben Mietverhältnisses erhobene Klage des Vermieters ist grundsätzlich unzulässig. Das gilt auch in den Fällen, in denen die Mietvertragsparteien vereinbart haben, daß die Willenserklärung eines Mieters gleichermaßen für den oder die anderen Mieter verbindlich ist und die Mieter zur Vornahme und Entgegennahme solcher Erklärungen als gegenseitig bevollmächtigt gelten. In diesen Fällen wird zwar die Mieterhöhungserklärung von der obergerichtlichen Rechtsprechung als wirksam angesehen (s. Rdn C 81). Dennoch ist die Mieterhöhungsklage in einem solchen Fall gegen beide Mieter zu richten. Wird die Klage nur gegen einen der Mieter gerichtet, so scheitert die Klage daran, daß dem mit der Klage in Anspruch genommenen Streitgenossen die Sachbefugnis (Passivlegitimation) fehlt. Dies ergibt sich daraus, daß die Mieter durch den gemeinsamen Vertragsschluß dem Vermieter gegenüber zum Ausdruck gebracht haben, die Mietsache gemeinschaftlich nützen zu wollen und daß für sie keine unterschiedlichen Rechte und Pflichten bestehen sollen. Eine Verpflichtung zur Abänderung des Mietvertrages (Mieterhöhung) kann deshalb nur von den Mietern gemeinschaftlich erfüllt werden (KG (RE) vom 5. 12. 1985 RES § 2 MHG Nr 58). Die Inanspruchnahme mehrerer Mieter muß allerdings nicht durch einheitliche Klage gegen alle Mieter geschehen, soweit bei getrennten Klagen sichergestellt ist, daß eine einheitliche Vollstreckungslage i. S. § 894 ZPO besteht; dabei ist zu beachten, daß die Zustimmung eines Mieters keine befreiende Wirkung gegenüber dem anderen Mieter hat und der Ablauf der Klagfrist des § 2 III gegenüber einem Mieter auch gegenüber dem anderen Mieter (der rechtzeitig beklagt wurde) die gesetzlichen Wirkungen zeitigt (LG Hamburg ZMR 76, 151 = DWW 76, 134 = WM 76, 186).

C 130 b) Wird der Mieter zur Zustimmung verurteilt, dann gilt mit dem Zeitpunkt der **Rechtskraft des Urteils** die Erklärung als abgegeben (§ 894 I ZPO). Dadurch fingiert das Gesetz ab diesem Zeitpunkt, daß infolge der Zustimmungserklärung der Erhöhungsvertrag zustande gekommen ist, so daß es zur Erreichung dieses Zieles keiner nachfolgenden Zwangsvollstreckungsmaßnahmen gegen den Mieter bedarf (s. auch Rdn C 119).

Wird im Tenor des Zustimmungsurteils zur Klarstellung des erhöhten Mietzinses für die Wohnung eine nicht zutreffende Beschreibung des zusätzlich und entgeltlich mitvermieteten Zubehörs aufgenommen, so erwächst dieser Entscheidungsteil nicht in Rechtskraft und ist eine hiergegen gerichtete Berufung wegen fehlendem Rechtsschutzinteresse un-

§ 2. Erhöhung der Grundmiete

zulässig (LG Mannheim DWW 77, 43 betr. die Klarstellung, daß neben der erhöhten Wohnungsmiete die unverändert gebliebene Garagenmiete zu zahlen sei); wenn vermeidbar, sollten im Urteilstenor derartige Klarstellungen unterbleiben, aber mit gebührender Eindeutigkeit aus den Urteilsgründen ersichtlich sein.

c) Zur Vermeidung von Unklarheiten und dadurch bedingten weiteren Rechtsstreitigkeiten genügt es nicht, wenn der Mieter lediglich dazu verurteilt wird, einem nur kalendermäßig bestimmten Erhöhungsverlangen des Vermieters zuzustimmen. Der Vermieter ist vielmehr nach § 253 II Nr. 2 ZPO verpflichtet, seinen **Klagantrag** in der Weise zu präzisieren, daß daraus klar ersichtlich ist, zu welchem **Erhöhungsbetrag** und welchem **Fälligkeitstermin** er die Zustimmung des Mieters verlangt (vgl. § 139 ZPO; a. A. Klien NJW 73, 974). Dementsprechend muß sich auch aus dem Urteilstenor eindeutig ergeben, zu welchem Erhöhungsbetrag und welchem Fälligkeitstermin die Zustimmung des Mieters gerichtlich ersetzt wird (§ 313 I, II ZPO). Im Hinblick auf diesen prozessualen Bestimmtheitsgrundsatz und die aus der Sachentscheidung herzuleitende Kostenfolge reicht es somit insbesondere nicht aus, angesichts des § 2 IV MHG die verbindliche Festsetzung des Fälligkeitstermins der Mieterhöhung der Beurteilung der Vertragspartner oder einer späteren gerichtlichen Entscheidung zu überlassen. Hat der Kläger die Erhöhung zu einem verfrühten Zeitpunkt verlangt und ändert er seinen Klagantrag auf Hinweis des Gerichts (§ 139 ZPO) nicht ab, muß die Klage insoweit (kostenpflichtig) als unbegründet abgewiesen werden; anders als bei einem verfrüht angegebenen Kündigungstermin wirkt die Erhöhungserklärung also nicht im Wege der Auslegung zu dem gesetzlich zulässigen Zeitpunkt (a. A. AG Oberhausen ZMR 74, 158). Enthält der Klagantrag keinen Fälligkeitstermin, so wird der Mieter lediglich zur Zustimmung verurteilt. In diesem Fall gilt die Regelung des § 894 ZPO, so daß die erhöhte Miete nicht von dem Beginn des dritten Kalendermonats ab Zugang des Erhöhungsverlangens, sondern ab Rechtskraft des Urteils geschuldet wird.

d) Die gerichtliche Ersetzung der Zustimmung des Mieters im Wege einer einstweiligen Verfügung ist unzulässig (Baumbach § 894 ZPO Anm. 2 B). Unzulässig ist ferner eine *Feststellungsklage* des Vermieters mit dem Ziel, die Verpflichtung des Mieters zur Zustimmung einer beabsichtigten Mieterhöhung verbindlich klären zu lassen, auch wenn darüber aufgrund bestimmter Umstände (z. B. vertraglicher Ausschluß) Streit oder Ungewißheit besteht; derartige tatsächliche oder rechtliche Zweifel können und müssen im Rahmen der Zustimmungsklage entschieden werden, deren prozessuale Risiken der Vermieter nicht im Wege einer dafür ungeeigneten Feststellungsklage vorgreiflich beseitigen kann. Hingegen wird eine negative Feststellungsklage des Mieters dann zulässig sein, wenn der Vermieter trotz entgegenstehender vertraglicher oder gesetzlicher Bestimmungen den Bestand eines Erhöhungsrechts nachdrücklich behauptet und seine Durchsetzung ankündigt, soweit dadurch das Interesse des Mieters an der Fortsetzung des Mietverhältnisses berührt wird; ein solcher Fall kann beispielsweise dann vorliegen, wenn der Mieter die geforderte Miete nicht zahlen kann. Hier besteht ein berechtigtes Interesse an der Feststellung, ob der Vermieter zur Durchführung der Mieterhöhung berechtigt ist. Der Mieter muß sich in Fällen dieser Art nicht auf das Sonderkündigungsrecht des § 9 I MHG verweisen lassen.

4. Die Zurücknahme der Zustimmungsklage

C 133   Die Zurücknahme der Zustimmungsklage muß grundsätzlich ebenso beurteilt werden wie eine nach § 2 III 2 nicht rechtzeitig erhobene Klage; die zurückgenommene Klage gilt nach § 271 ZPO als nicht erhoben (AG Braunschweig WM 73, 172). Der Vermieter kann in diesem Fall jederzeit ein neues Mieterhöhungsverlangen stellen, nachdem die früher geltende Sperrfrist aufgehoben worden ist (s. Rdn C 126).

V. Prozessuale Besonderheiten

Für das **gerichtliche Zustimmungsverfahren** sind folgende prozessuale Besonderheiten zu beachten.

C 134   1. Obwohl der § 29a ZPO nach seinem Wortlaut die **ausschließliche Zuständigkeit des Amtsgerichts** für Klagen nach § 2 bei formaler Betrachtung nicht deckt, kann nach dem Sinn und Zweck dieser Vorschrift kein Zweifel daran bestehen, daß auch diese Zustimmungsklagen davon erfaßt werden, zumal der geltend gemachte Erhöhungsanspruch im Mietvertrag seine Grundlage findet. Somit ist für die Zustimmungsklage das Amtsgericht ausschließlich sachlich und örtlich zuständig, in dessen Bezirk sich der vermietete Wohnraum befindet. Gegen das amtsgerichtliche Urteil findet die Berufung zu dem im Rechtszug übergeordneten Landgericht statt, soweit der Berufungsstreitwert DM 700,– überschreitet (§§ 72 GVG, 511, 511a ZPO). Die **Berechnung der Berufungsbeschwer** richtet sich nicht nach § 16 Abs. 5 GKG, sondern nach §§ 2ff. ZPO. Dies ist im Grundsatz auch unbestritten. Fraglich ist insoweit allein, ob die Beschwer nach § 9 ZPO auf den 25-fachen Jahresbetrag der Differenz zwischen erstinstanzlichem Urteil und dem Berufungsantrag zu bemessen ist (so die Vorauflage mit weiteren Nachweisen) oder ob die Beschwer nach § 3 ZPO zu schätzen ist. Die Schätzung nach § 3 ZPO hat sich in der Praxis allgemein durchgesetzt; dafür spricht, daß § 9 von Zeiträumen ausgeht, die bei der Wohnungsmiete im allgemeinen unrealistisch sind (so zutreffend: Schneider MDR 85, 265, 271). Die herrschende Meinung schätzt die Beschwer auf den 3-fachen Jahreszins des Erhöhungsbetrages (LG Lübeck MDR 84, 237; WM 85, 128; LG Berlin MDR 86, 324; LG Mannheim WM 85, 128; LG Bonn WM 85, 129; Lappe NJW 85, 1875; Schneider MDR 85, 265, 271). Vereinzelt wird auch ein 5-jähriger Erhöhungsbetrag angenommen (LG Hagen ZMR 87,

§ 2. Erhöhung der Grundmiete

97). Nach anderer Ansicht sollen diejenigen Gesichtspunkte, die für die Bemessung des Gebührenstreitwerts maßgebend sind, auch im Rahmen der Schätzung der Beschwer berücksichtigt werden. Nach dieser Meinung sind also der Gebührenstreitwert und der Berufungswert im Ergebnis identisch (LG Köln WM 85, 129; WM 87, 159; LG Frankenthal WM 85, 130; LG Hagen WM 85, 130; LG Münster Juristisches Büro 84, 453; LG Hamburg WM 87, 60). Zur Begründung wird darauf hingewiesen, daß der Vermieter nach Ablauf eines Jahres ein erneutes Mieterhöhungsverlangen stellen könne; dabei wird verkannt, daß die Mieterhöhung im Falles eines zusprechenden Urteils über die Jahresfrist hinaus fortwirkt. Hinzu kommt, daß nach der hier abgelehnten Meinung die überwiegende Zahl der Mieterhöhungsurteile nicht berufungsfähig wäre, was mit der wirtschaftlichen Bedeutung dieser Urteile für die Parteien und mit dem Bedürfnis nach einer einheitlichen Rechtsprechung nicht zu vereinbaren ist (vgl. zum ganzen auch BVerfG NJW 85, 2249 = WM 85, 110 = MDR 85, 552).

Das Berufungsgericht hat den Rechtsstreit nach § 538 I Nr. 2 ZPO ohne eigene Sachprüfung an das AG zurückzuverweisen, wenn die Erhöhungsklage fehlerhaft wegen der Nichteinhaltung von Verfahrensvoraussetzungen (z. B. Klagefrist) abgewiesen worden ist (LG Mannheim WM 75, 98). Das Endurteil des Berufungsgerichts ist unanfechtbar. Nach der Neufassung des 3. Mietrechtsänderungsgesetzes durch das Gesetz vom 5. 6. 1980 – BGBl. I S. 657 – kann das Landgericht als Berufungsgericht über Rechtsfragen von grundsätzlicher Bedeutung einen Rechtsentscheid des Oberlandesgerichts herbeiführen. Will das Landgericht bei der Entscheidung einer Rechtsfrage von einer Entscheidung des Bundesgerichtshof oder eines Oberlandesgerichts abweichen, so muß zunächst die Entscheidung des zuständigen Oberlandesgerichts eingeholt werden. Über Einzelheiten dieses Verfahrens s. Teil G.

2. Unter Berücksichtigung der Ausführungen des BVerfGE 37, 140, wonach § 2 III mit dem GG im Einklang steht, sind bei der Durchführung der Zustimmungsklage nunmehr folgende Besonderheiten zu beachten, um sowohl dem Vermieter als auch dem Mieter den gebührenden Rechtsschutz zu gewähren.

a) Schlüssigkeit der Zustimmungsklage

Die vom Vermieter erhobene Klage auf Zustimmung des Mieters zu einer bestimmten Mieterhöhung ist schlüssig, wenn sich der Kläger in der Klagschrift zur Begründung auf die Angaben einer wirksamen Mieterhöhungserklärung beruft; eine wirksame Mieterhöhungserklärung enthält nämlich grundsätzlich alle den Erhöhungsanspruch rechtfertigenden Tatsachen, weil darin hinreichend spezifiziert unter Bezugnahme auf Vergleichsobjekte, Mietwerttabellen oder Sachverständigengutachten behauptet wird, daß die eingeklagte erhöhte Miete der ortsüblichen Vergleichsmiete entspricht, sofern man diesen Vortrag als unstreitig unterstellt. Im Hinblick auf die Ausführungen des BVerfG a. a. O., wonach die Darlegungspflicht des Vermieters angesichts der Schwierigkeiten bei der Ermittlung bestimmter Einzelumstände nicht überspannt werden darf, sollte für eine schlüssige Klage nicht verlangt werden, daß der Vermieter darüber hinausgehende Einzelangaben zu den in § 21 geforderten Vergleichskriterien macht. Würde man nämlich diese erweiterten Angaben für die Schlüssigkeit fordern, so wäre dem Vermieter in vielen Fällen auf diese Weise der Eintritt in das Beweisverfahren verwehrt, was das BVerfG a. a. O. gerade als verfassungswidrig ansieht; insoweit kann es keinen Unterschied machen, ob die verfahrensrechtlichen Hürden für den Vermieter bereits für die vorprozessuale Erhöhungserklärung oder aber für die nachfolgende Schlüssigkeitsprüfung derart hoch gesetzt werden, daß sie nach Meinung des BVerfG als kaum überwindlich anzusehen sind (so auch Graf NJW 76, 1480/1482). Hat das Gericht somit von einer wirksamen Erhöhungserklärung auszugehen und sind die sonstigen Prozeßvoraussetzungen erfüllt (z. B. Einhaltung der 2monatigen Klagefrist), so wird materiell-rechtlich auf Grund der bloßen Bezugnahme auf die Angaben in der Erhöhungserklärung auch vom Vorliegen eines schlüssigen Klagvortrags auszugehen sein, der somit auch den Erlaß eines Versäumnisurteils nach § 331 ZPO rechtfertigen kann. Welche ergänzenden Behauptungen der Vermieter als Kläger auf Grund seiner Darlegungs- und Beweislast machen muß, hängt vor allem von den Einwänden des Mieters als Beklagten ab; denn eine schlüssige Klage ist immer begründet, wenn der Mieter die vorgetragenen Tatsachen nicht bestreitet und selbst keine erheblichen neuen Tatsachen vorträgt (AG Mannheim DWW 76, 36 = FWW 76, 150).

C 136a Die Begründung des vorgerichtlichen Mieterhöhungsverlangens und die Darlegung der ortsüblichen Vergleichsmiete im Prozeß sind nicht voneinander abhängig (Scharf WM 85, 137). Durch das vorgerichtliche Mieterhöhungsverlangen wird der Erhöhungsanspruch lediglich nach oben begrenzt. Der Vermieter kann also im Prozeß nicht mehr verlangen als er vorgerichtlich geltend gemacht hat. Dies gilt auch dann, wenn sich das ortsübliche Mietniveau zwischenzeitlich zugunsten des Vermieters verändert hat, oder wenn zwischenzeitlich bessere Erkenntnismittel (z. B.: neuere Mietspiegel) zur Verfügung stehen. Umgekehrt ist der Vermieter aber nicht verpflichtet, das vorgerichtliche Mieterhöhungsverlangen im Prozeß in voller Höhe weiterzuverfolgen. Zur Darlegung und zum Beweis des ortsüblichen Mietpreisniveaus stehen dem Vermieter unabhängig vom vorgerichtlichen Mieterhöhungsverlangen alle prozessual zulässigen Mittel zur Verfügung. Hat der Vermieter beispielsweise sein Mieterhöhungsverlangen vorprozessual unter Bezugnahme auf einen Mietspiegel begründet, so kann er gleichwohl im gerichtlichen Verfahren Beweis durch Sachverständigengutachten anbieten. Eine andere Frage ist es, ob dieser Beweis zu erheben ist (s. dazu Rdn C 96, 140). Der Umstand, daß ein Vermieter bei der vorgerichtlichen Begründung seines Mieterhöhungsverlangens von einer unteren Wohnlage ausgegangen ist, hindert ihn nicht, im Mieterhöhungsverfah-

§ 2. Erhöhung der Grundmiete   **C 137**

ren selbst von einer mittleren Wohnlage auszugehen (AG Hagen WM 85, 28).

b) Bestreiten des Mieters   **C 137**

Das **Bestreiten** des beklagten Mieters ist dann **erheblich,** wenn er substantiiert solche Einwendungen geltend macht, die – ihre Richtigkeit unterstellt – den Erhöhungsanspruch als nicht begründet erscheinen lassen. Somit kann der Mieter den Anspruch des Vermieters aus formellen Gründen bestreiten (z. B. fehlender Zugang des Erhöhungsverlangens, Nichteinhaltung der Warte-, Überlegungs- oder Klagefrist) oder materiellrechtliche Einwendungen erheben (z. B. Ausschluß des Erhöhungsrechts, Kündigung nach § 9 I MHG). Bestreitet der Mieter das Vorliegen der tatsächlichen Erhöhungsvoraussetzungen des § 2 I, so richtet sich der Umfang seiner Erklärungspflicht (§ 138 ZPO) nach dem Maß der klagebegründenden Behauptungen; insoweit kann der Mieter nach § 138 IV ZPO alle anspruchsbegründenden Behauptungen mit Nichtwissen bestreiten, die nicht Gegenstand seiner eigenen Wahrnehmung sein können. Wird die **Vergleichbarkeit** der angegebenen Wohnungen bestritten, muß der Mieter substantiierte Angaben nur dann machen, wenn und soweit er die Vergleichskriterien ungehindert wahrnehmen kann (z. B. Nichtvorhandensein des Hauses oder des Mieters, Einfamilienhaus gegenüber Wohnblock, Wohnlage); eine darüber hinausgehende Informationspflicht kann dem Mieter hingegen nicht auferlegt werden, so daß insoweit kein substantiiertes Bestreiten erforderlich ist (z. B. Baualter, Innenausstattung der Wohnung, Wohnungsgröße). Wird die **Ortsüblichkeit** des verlangten Erhöhungsbetrages bestritten, so kann sich der Mieter auf von ihm ermittelte niedrigere Mietsätze vergleichbarer Wohnungen beziehen; er kann sich aber auch auf sein Nichtwissen berufen, wenn er Grund zu der Annahme hat, daß aus den wenigen benannten Vergleichsobjekten nicht die Schlußfolgerung üblicher Mietentgelte am Ort gezogen werden darf (Scharf WM 85, 137). Auf das erhebliche Bestreiten des Mieters ist der Vermieter im Wege der Replik verpflichtet, seinen Klagevortrag entsprechend seiner Darlegungslast zu ergänzen oder zu berichtigen und dafür Beweis anzubieten. Unter Berücksichtigung der Erwiderung des Beklagten wird das Gericht im Rahmen des § 139 ZPO auf dementsprechende ergänzende Angaben oder Beweisantritte hinzuwirken haben. Zur Vermeidung von Überraschungsentscheidungen wird das Gericht auch den Mieter darauf hinzuweisen haben, daß seine Einwendungen unerheblich sind, wenn er auf Grund einer fehlerhaften oder vom Gericht nicht geteilten Rechtsansicht ein formelles Bestreiten des schlüssigen Klagvortrags unterläßt, obwohl er die Klagabweisung (bzw. die Beweisführung des Vermieters) bei naheliegender anderer Argumentation herbeiführen könnte (vergl. dazu AG Mannheim DWW 76, 36 und die dortige Fallgestaltung).

Auch nach der Entscheidung des BVerfG a. a. O. können keine Zweifel daran bestehen, daß der Vermieter die Darlegungs- und Beweislast für alle seinen Anspruch begründenden Tatsachen und Umstände trägt. Der Umfang dieser Verpflichtung ist jedoch nach der hier vertretenen Ansicht weitgehend davon abhängig, in welchem Maße und mit welchen Einwendungen der Mieter den erhobenen Anspruch bestreitet. Die Schwierigkeiten einer ordnungsgemäßen Beweisführung seitens des Vermieters beim Fehlen von Mietwerttabellen dürfen jedoch nicht dazu führen, daß der Vermieter letztlich von einer sachgemäßen Begründung entbunden wird.

Für eine Feststellungsklage des Mieters, daß er den geforderten Erhöhungsbetrag nicht schulde, besteht im Wege der Widerklage grundsätzlich kein Feststellungsinteresse; abweichendes gilt dann, wenn der Vermieter für einen späteren als den gerichtlich geltend gemachten Zeitraum einen zusätzlichen Anspruch auf erhöhte Miete behauptet (AG Oberhausen WM 73, 191).

C 138 **c) Ergänzung des ursprünglichen und Abgabe eines neuen Mieterhöhungsverlangens im Prozeß.**

Die vorgerichtliche Mieterhöhungserklärung ist die Grundlage des gesetzlichen Erhöhungsanspruchs. Dementsprechend muß in der Klagschrift der dort geltend gemachte Anspruch begründet werden. Der Vermieter ist dabei keineswegs auf die in dem vorgerichtlichen Mieterhöhungsverlangen genannten Begründungsmittel beschränkt. Er kann sich zum Beispiel zum Nachweis der ortsüblichen Miete anstelle der im Erhöhungsverlangen genannten Vergleichswohnungen auf ein Sachverständigengutachten oder auf einen Mietspiegel berufen. Es kann auch nicht zweifelhaft sein, daß es dem Vermieter auf der Grundlage einer wirksamen Erhöhungserklärung sowohl in der Klagschrift als auch grundsätzlich im Verlauf des späteren Verfahrens gestattet sein muß, den in der Erhöhungserklärung konkretisierten Anspruch durch ergänzende Tatsachen zu erhärten (z. B. zusätzliche Angaben über wohnwertbildende Faktoren, Hinzufügung weiterer Vergleichswohnungen); ferner wäre es formalistisch, dem Vermieter die Berichtigung offensichtlicher Schreib- und Rechenfehler in der Erhöhungserklärung zu verbieten, die am eigentlichen Erklärungsinhalt seiner Begründung nichts ändern (z. B. fehlerhafte Angabe der Haus-Nr.). Durch solche Ergänzungen und Berichtigungen wird der Streitgegenstand nicht verändert. Der Mieter schuldet auch in einem solchen Fall Zustimmung zu dem ursprünglichen Mieterhöhungsverlangen. Im Falle einer Verurteilung tritt die erhöhte Miete zu dem dort genannten Fälligkeitszeitpunkt anstelle der bisherigen Miete.

C 139 **d)** Anders ist es, wenn erst im Verlauf des Rechtsstreits ein wirksames Mieterhöhungsverlangen abgegeben wird. In einem solchen Fall gilt die Neuregelung des § 2 III, wo nunmehr ein derartiges **Nachholrecht** vorgesehen ist (s. Rdn. C 112). Danach beginnt die Zustimmungsfrist (Überlegungsfrist; s. Rdn. C 123) erst mit dem Zugang des im Prozeß abgegebenen Mieterhöhungsverlangens zu laufen. Vor Ablauf der Zu-

§ 2. Erhöhung der Grundmiete   C 139a–139c

stimmungsfrist darf kein Sachurteil ergehen (s. Rdn. C 139i). Im einzelnen gilt folgendes:

aa) Die Neuregelung betrifft zunächst alle Fälle, in denen das vorausgegangene Mieterhöhungsverlangen unwirksam ist. Es kommt nicht darauf an, worauf die Unwirksamkeit beruht. Deshalb besteht das Nachholrecht auch dann, wenn bezüglich des ursprünglichen Mieterhöhungsverlangens die Klagfrist abgelaufen ist, ohne daß der Vermieter Klage erhoben hat. Auch in diesem Fall kann mit der Klage ein neues Mieterhöhungsverlangen geltend gemacht werden (a. A.: LG Frankenthal WM 85, 318). Weiterhin gilt die Regelung dann, wenn der Vermieter vorgerichtlich überhaupt kein Mieterhöhungsverlangen abgegeben hat (Schmid BLGBW 83, 64; Landfermann, Erläuterungen S 47; a. A.: Köhler, Neues Mietrecht S. 67; Emmerich-Sonnenschein, Miete § 2 MHG Rdn 48; Barthelmess § 2 MHG Rdn 172; AG Bad Homburg WM 83, 113). Das Nachholrecht setzt zwar nach dem Wortlaut der Vorschrift voraus, daß „kein wirksames Erhöhungsverlangen vorausgegangen" ist. Hieraus kann aber nicht der Umkehrschluß gezogen werden, daß das Nachholrecht beim Fehlen einer Mieterhöhungserklärung nicht besteht. Die Wortfassung nimmt insoweit lediglich Bezug auf den typischen Anwendungsbereich des § 2 III 2 und hat deshalb nur klarstellende Bedeutung. Die Unterscheidung zwischen einem unwirksamen Mieterhöhungsverlangen mit der Folge des Nachholrechts und einem rechtlichen Nullum mit der Rechtsfolge der Klagabweisung wäre praktisch kaum möglich und hätte eine weitreichende Rechtsunsicherheit zur Folge. Eine derartige Unterscheidung wäre auch von der Sache her nicht gerechtfertigt, weil es dem Mieter letztlich gleichgültig sein kann, ob der Vermieter ein unwirksames oder überhaupt kein Mieterhöhungsverlangen abgegeben hat (s. i. übrigen Rdn C 139d).

bb) Die gesetzliche Regelung hat andererseits zur Folge, daß der Vermieter nicht an den Inhalt des ursprünglichen Mieterhöhungsverlangens gebunden ist. Der Vermieter ist deshalb nicht darauf beschränkt, die ursprünglich geltend gemachte Forderung in einer dem Gesetz entsprechenden Weise zu begründen; er kann auch ein neues Mieterhöhungsverlangen abgeben und damit einen höheren Mietzins fordern. Der Mieter kann das darin liegende Risiko nicht durch die Annahme der ursprünglichen Erklärung vermeiden. Dies folgt zwar nicht aus der Unwirksamkeit der Erklärung, weil sich diese Unwirksamkeit nur auf den gesetzlichen Erhöhungsanspruch bezieht. Durch die Nichtannahme des in der ursprünglichen Erklärung liegenden Vertragsangebots wird jedoch zugleich die Rechtsfolge des § 146 BGB ausgelöst.

cc) Nach dem ganz eindeutigen Wortlaut der Vorschrift genügt es nicht, wenn der Vermieter das mangelhaft begründete Mieterhöhungsverlangen im Prozeß „**nachbessert**" (LG Osnabrück WM 85, 316 LG Hildesheim WM 87, 356; a. A.: wohl Köhler, Neues Mietrecht S. 67). Nach der gesetzlichen Regelung wird das ursprünglich unwirksame Mieterhöhungsverlangen nicht nachträglich wirksam. Der Vermieter hat lediglich das Recht, eine neue Mieterhöhungserklärung abzugeben. Die neue Mieterhöhungserklärung muß für sich betrachtet, die Anforderungen des § 2 II erfüllen. Eine Bezugnahme auf die ursprüngliche Mieterhöhungserklärung ist zwar nicht ausgeschlossen; der Umfang der Bezugnahme muß aber klar und deutlich erkennbar sein. Es darf kein Zweifel daran bestehen, welche Erklärung der Vermieter als Mieterhöhungserklärung gelten lassen will, weil sich sämtliche Fristen allein nach dieser Erklärung richten. Das Gericht ist auch nicht befugt, ein unwirksames Mieterhöhungsverlangen durch Darlegungen in prozessualen Schriftsätzen zu ergänzen. Denn die Mieterhöhungserklärung richtet sich in erster Linie an den Mieter; Adressat der prozessualen Schriftsätze ist demgegenüber das Gericht. Der Mieter kann auf die Abgabe eines wirksamen Mieterhöhungsverlangens nur im Falle des Vergleichs verzichten. Die Verurteilung zur Zustimmung setzt ein wirksames Mieterhöhungsverlangen zwingend voraus; solange ein solches Mieterhöhungsverlangen nicht vorliegt, kann der Klage nicht stattgegeben werden.

dd) Der Vermieter kann das Mieterhöhungsverlangen auch in der **Klagschrift** oder in einem **prozessualen Schriftsatz** abgeben. Allerdings kann in einer Klagschrift nur dann ein neues Mieterhöhungsverlangen gesehen werden, wenn dort für die beklagte Partei erkennbar klar und eindeutig zum Ausdruck kommt, daß nicht nur eine Klagbegründung im Sinne von § 253 II Nr. 2 ZPO erfolgen, sondern eine neue Erklärung im Sinne von § 2 II MHG abgegeben werden soll. Diese Klarstellung ist deshalb geboten, weil die prozeßrechtliche Klagbegründung und die materiellrechtliche Mieterhöhungserklärung unterschiedliche Funktionen erfüllen und unterschiedliche Wirkungen haben. Mit der Klagbegründung wird dargelegt, daß die tatsächlichen Voraussetzungen des Mieterhöhungsanspruchs vorliegen. Die Mieterhöhungserklärung nach § 2 II MHG gehört dagegen selbst zu den Anspruchsvoraussetzungen. Nach der Neufassung des § 2 III hat der Kläger die Wahl, ob er seinen Zustimmungsanspruch auf eine vorgerichtlich abgegebene Mieterhöhungserklärung stützt oder ob er zugleich mit der Klagschrift eine neue Mieterhöhungserklärung abgibt. Die Rechtsfolgen sind jeweils verschieden. Im erstgenannten Fall laufen die Fristen des § 2 III und IV MHG ab dem Zugang der vorgerichtlichen Mieterhöhungserklärung. Wird die Mieterhöhungserklärung dagegen erst mit der Klagschrift abgegeben, beginnt die Frist erst mit der Rechtshängigkeit zu laufen, so daß der Mieter den Mietzins erst zu einem späteren Zeitpunkt schuldet. Die Rechtsverteidigung des Mieters hängt also ganz entscheidend von der rechtlichen Qualifikation der Klagschrift ab. Aus diesem Grunde muß ganz zweifelsfrei feststehen, welche Erklärungen der Vermieter in der Klagschrift abgeben will (LG Mannheim WM 85, 320; AG Köln WM 85, 321; AG Nürnberg WM 85, 364; AG Braunschweig WM 85, 364; LG Köln WM 85, 364).

Die Klagschrift oder der prozessuale Schriftsatz muß den Anforderungen genügen, die an eine Mieterhöhungserklärung gestellt werden

§ 2. Erhöhung der Grundmiete

(s. Rdn. C 81 ff.). Ist bereits eine mangelhaft begründete Mieterhöhungserklärung vorausgegangen, so genügt es nicht, wenn lediglich der dort fehlende Begründungsteil nachgeholt wird; vielmehr muß eine völlig neue Erklärung abgegeben werden, die für sich betrachtet, den Erfordernissen des § 2 II genügt. Der prozessuale Schriftsatz und die für den Beklagten bestimmten Abschriften müssen vom Vermieter eigenhändig unterschrieben werden; anderenfalls ist die Schriftform nicht gewahrt. Ist der Schriftsatz von einem Rechtsanwalt verfaßt, so genügt es, wenn dem Mieter beglaubigte Abschriften zugehen und der Beglaubigungsvermerk eigenhändig von dem Rechtsanwalt unterschrieben worden ist. Die von der Rechtsprechung für die Frage der Kündigung entwickelten Grundsätze (s. Rdn. B 35) gelten auch hier. Die Vorlage einer Vollmacht gehört zwar nicht zu den Mieterhöhungsvoraussetzungen, ist aber empfehlenswert, weil der Mieter anderenfalls das Mieterhöhungsverlangen zurückweisen kann (s. Rdn. C 81). Dabei ist zu beachten, daß die dem Rechtsanwalt erteilte allgemeine Prozeßvollmacht nicht die Abgabe einer Mieterhöhungserklärung deckt (LG Karlsruhe WM 85, 320).

ee) Das Mieterhöhungsverlangen kann auch **außerhalb des Prozesses** in einem privaten Schreiben des Vermieters gestellt werden (AG Gießen WM 85, 321). Die Formulierung des Gesetzes, wonach das Erhöhungsverlangen „im Rechtsstreit" nachgeholt werden kann, schließt diese Möglichkeit nicht aus. Entsprechend der Absicht des Gesetzgebers und dem Gesetzeszweck ist unter dieser Formulierung nicht die Art und Weise, sondern der Zeitpunkt des Nachholens zu verstehen. So betrachtet, bedeutet „im Rechtsstreit" nichts anderes als: bis zum Schluß der mündlichen Verhandlung. Nach Schluß der mündlichen Verhandlung ist eine Nachholung nicht mehr möglich (AG Lübeck WM 83, 51). Das Gericht hat zwar die Möglichkeit zur Wiedereröffnung der mündlichen Verhandlung; eine solche Maßnahme ist aus den unter Rdn. C 139k) dargelegten Gründen aber regelmäßig nicht angebracht.

ff) In keinem Fall kann eine Mieterhöhungserklärung **zu Protokoll** erklärt werden, weil hierdurch die Schriftform nicht ersetzt wird. Die Vorschriften der §§ 126 III, 127a BGB gelten für den gerichtlichen Vergleich, nicht dagegen für formbedürftige Vertragsangebote.

gg) Ist das neue Mieterhöhungsverlangen gestellt, so muß auch der Antrag modifiziert werden. Denn nach der neuen Mieterhöhungserklärung kann der erhöhte Mietzins erst zu einem späteren Zeitpunkt verlangt werden. Gleichzeitig wird der Klaggrund ausgewechselt, weil die Zustimmung zu einem anderen Änderungsangebot verlangt wird. Jedes neue Mieterhöhungsverlangen führt demnach zu einer **Klagänderung** im Sinne von § 263 ZPO, die das Gericht regelmäßig als sachdienlich zulassen muß, wenn auf diese Weise das Streitverhältnis geklärt werden kann und ein neuer Prozeß vermieden wird (AG Gießen WM 85, 321). Über den auf das ursprüngliche Mieterhöhungsverlangen gestützten

Anspruch braucht in diesem Fall nicht entschieden werden. Eine besondere Klagrücknahme erübrigt sich, weil der neue Erhöhungsanspruch an die Stelle des ursprünglichen tritt.

C 139h hh) Der Vermieter kann aber auch an dem ursprünglichen Mieterhöhungsverlangen festhalten und daneben – hilfsweise – ein weiteres Mieterhöhungsverlangen mit anderem Fälligkeitszeitpunkt zum Gegenstand der Klage machen (Vgl. Berlin ZMR 85, 130). In diesem Fall muß zunächst über den weitergehenden Hauptanspruch entschieden werden. Ist der Hauptanspruch unbegründet, muß geprüft werden, ob der Hilfsanspruch zum Erfolg führt. Gibt das Gericht lediglich dem Hilfsanspruch statt, so muß der Vermieter einen Teil der Kosten tragen. Die Streitwerte von Haupt- und Hilfsanspruch sind zwar wegen § 16 V GKG identisch. Dennoch darf nicht außer Acht bleiben, daß der Hilfsanspruch in diesen Fällen hinter dem Hauptanspruch zurückbleibt, weil danach die erhöhte Miete erst zu einem späteren Zeitpunkt geschuldet wird.

C 139i ii) Durch die Möglichkeit des Nachholens soll der Mieter in materiellrechtlicher Hinsicht keine Nachteile erleiden. Deshalb bestimmt das Gesetz, daß dem Mieter auch in diesem Fall die Zustimmungsfrist (s. Rdn. C 123) zusteht. Entsprechende prozessuale Regeln über das Verhalten des Gerichts in solchen Fällen fehlen. Insbesondere ist nicht geregelt, ob der Vorsitzende verpflichtet ist, die Einhaltung der Zustimmungsfrist durch eine entsprechende **Terminierung und Verhandlungsführung** zu wahren. Fest steht nur, daß das Gericht vor Ablauf der Zustimmungsfrist gehindert ist, den Mieter zur Zustimmung zur Mieterhöhung zu verurteilen. Die Einhaltung dieser Frist ist nämlich eine Sachurteilsvoraussetzung (s. Rdn. C 117, 123). Das Gericht kann deshalb der Klage nur stattgeben, wenn zwischen dem Zugang des Mieterhöhungsverlangens und dem Schluß der mündlichen Verhandlung ein der Zustimmungsfrist entsprechender Zeitraum liegt. Wird die mündliche Verhandlung vor Ablauf der Zustimmungsfrist geschlossen, so ist es unerheblich, ob bis zur Urteilsverkündung ein entsprechender Zeitraum verstrichen ist. Nach Schluß der mündlichen Verhandlung kann der Mieter nicht mehr zustimmen, weil das Gericht nach diesem Zeitpunkt keine tatsächlichen Erklärungen mehr entgegennehmen kann (AG Lübeck WM 83, 51).

C 139j jj) Das Gericht ist dagegen nicht gehindert, eine Mieterhöhungsklage trotz eines im Prozeß vorgelegten neuen Mieterhöhungsverlangens durch Prozeßurteil abzuweisen, falls die Zustimmungsfrist zum Zeitpunkt des Schlusses der mündlichen Verhandlung noch nicht abgelaufen ist. Statt dessen kann das Gericht das Verfahren aber auch so terminieren, daß eine Sachentscheidung möglich ist. Der Ansicht Sternels (MDR 83, 356), daß sich der Richter der Besorgnis der Befangenheit aussetze, wenn er der geänderten Klage materiell Eingang in den Rechtsstreit verschaffe, kann in dieser allgemeinen Form nicht zugestimmt werden. Eine entsprechende Terminierung besagt lediglich, daß

§ 2. Erhöhung der Grundmiete

sich das Gericht mit der Sache befassen will. Dies bedeutet keineswegs, daß der Kläger Erfolg hat: Ein Anspruch kann auch durch Sachurteil abgewiesen werden.

kk) Andererseits ist das Gericht aber nicht verpflichtet, dem Kläger Gelegenheit zur Vorlage einer neuen Mieterhöhungserklärung zu geben. Aus § 2 III läßt sich eine solche Pflicht nicht herleiten, weil diese Vorschrift die allgemeinen prozessualen Regeln nicht berührt (LG Hamburg WM 85, 314; WM 85, 321; AG Bad Homburg WM 85, 323; AG Stuttgart WM 85, 364; a. A.: wohl Barthelmess § 2 MHG Rdn 171 m. w. Nachw., wonach die Prozeßökonomie im Mieterhöhungsverfahren Vorrang haben soll). Die Vorschriften der ZPO stehen einer großzügigen Terminierungs- und Terminsverlegungspraxis entgegen. So hat der Vorsitzende nach Eingang der Klage ,,unverzüglich" zu terminieren (§ 216 II ZPO); eine mündliche Verhandlung soll ,,so früh wie möglich" stattfinden (§ 272 III ZPO). Der Rechtsstreit soll in der Regel in einem einzigen Termin erledigt werden (§ 272 I ZPO); ist ausnahmsweise ein weiterer Termin erforderlich, so soll dieser ,,möglichst kurzfristig" stattfinden (§ 278 IV ZPO). Ein bereits festgesetzter Termin darf nur aus ,,erheblichen Gründen" verlegt und eine Verhandlung nur aus ,,erheblichen Gründen" vertagt werden (§ 227 I ZPO). Die mangelnde Vorbereitung einer Partei ist nach der ausdrücklichen Regelung des Gesetzes kein Verlegungs- oder Vertagungsgrund (§ 227 I Nr. 2 ZPO), soweit dies nicht genügend entschuldigt wird. Die in diesen Regelungen liegende verfahrensbeschleunigende Wirkung wird durch weitere Vorschriften verstärkt (§§ 282, 296, 528 ZPO). Aus dem durch die Beschleunigungsnovelle geprägten Gesamtkonzept der ZPO muß entnommen werden, daß ein Gerichtsverfahren straff und zügig zu führen ist. Dabei hat der Gesetzgeber offensichtlich bewußt in Kauf genommen, daß in Einzelfällen auch einmal eine ungerechte Entscheidung ergeht (vgl. Baumbach/Hartmann, § 227 ZPO, Anm. 3 B c–bb). Diese Grundsätze sind auch im Rahmen des § 2 II zu beachten. Demnach läßt sich diese Vorschrift wie folgt **konkretisieren:**

ll) Hat der Vermieter erstmals in der Klagschrift oder zusammen mit der Klagschrift eine wirksame Mieterhöhungserklärung abgegeben, so muß zunächst die materiellrechtliche Zustimmungsfrist des § 2 III beachtet werden. Der frühe erste Termin zur mündlichen Verhandlung sollte in diesem Fall erst nach Ablauf dieser Frist stattfinden. Die Frist zur Klagerwiderung sollte so bemessen werden, daß sie erst nach Ablauf der Zustimmungsfrist beginnt. Bis zum Ablauf der Zustimmungsfrist ist der Mieter nämlich aus materiellrechtlichen Gründen nicht verpflichtet, zum Mieterhöhungsanspruch Stellung zu nehmen. Die Zustimmungsfrist ist zugleich eine Ermittlungs- und Überlegungsfrist, die durch prozessuale Fristsetzungen nicht verkürzt werden darf. Im Hinblick auf den vorangegangenen Überlegungszeitraum kann die Klagerwiderungsfrist dann allerdings regelmäßig entsprechend der gesetzlichen Mindestfrist von zwei Wochen bemessen werden (§ 277 III ZPO). Bei der derzeit üblichen

Belastung der Amtsgerichte wird trotz dieser Fristenkumulation in der Regel keine ins Gewicht fallende Verfahrensverzögerung eintreten.

C 139 m **mm)** Wird in der Anlage zur Klagschrift eine unwirksame vorgerichtliche Mieterhöhungserklärung vorgelegt, so ist der Richter verpflichtet, den Kläger auf diesen Umstand hinzuweisen (§ 139 ZPO). Der Hinweis sollte dem Kläger zusammen mit der Terminsladung übermittelt werden (§ 273 ZPO). Für die Terminierung selbst gelten keine Besonderheiten. Der Richter kann in diesem Stadium des Verfahrens nicht wissen, ob und ggf. wann der Vermieter ein neues Mieterhöhungsverlangen vorlegt und ob dieses den Anforderungen des § 2 II entspricht.

Hat der Vermieter bis zum Termin der mündlichen Verhandlung kein neues Mieterhöhungsverlangen vorgelegt, so ist die Klage durch Prozeßurteil abzuweisen. Gleiches gilt, wenn der Vermieter erst im Termin ein wirksames Mieterhöhungsverlangen übergibt oder wenn er gar erst im Termin ankündigt, daß er ein neues Mieterhöhungsverlangen abgeben wolle (so zutreffend AG Lübeck WM 83, 51; vgl. dazu aber auch Gelhaar DWW 83, 58). Jedes andere Verfahren widerspricht dem Beschleunigungsgrundsatz: Das Gericht darf die Parteien nicht zur Untätigkeit und schleppender Prozeßführung ermuntern, sondern muß eine alsbaldige Verfahrensbeendigung im Auge haben.

C 139 n **nn)** Wird dagegen alsbald nach Zugang der Terminsladung ein wirksames Mieterhöhungsverlangen abgegeben und dem Mieter übermittelt, so kann der Richter den Termin verlegen. Entsprechend dem Rechtsgedanken des § 227 I Nr. 2 ZPO kommt eine Terminsverlegung allerdings nur in Betracht, wenn der Mangel des ursprünglichen Mieterhöhungsverlangens nicht auf Nachlässigkeit beruht. Im anderen Fall ist die Klage ebenfalls abzuweisen, falls die Nachlässigkeit nicht entschuldbar ist.

C 139 o **oo)** Wird die Mieterhöhungserklärung erst im Termin zur mündlichen Verhandlung vorgelegt oder zeigt sich erst zu diesem Zeitpunkt, daß die Mieterhöhungserklärung unwirksam ist, so kommt eine Vertagung in Betracht. Auch hier gilt der Rechtsgedanke des § 227 I Nr. 2 ZPO, so daß auch hier die oben Rdn. C 139n) dargelegten Grundsätze gelten.

C 139 p **pp)** Davon abweichend vertritt Gelhaar (DWW 83, 58) die Ansicht, daß der Vermieter in der Regel noch bis zum Haupttermin (§ 278 ZPO) ein wirksames Mieterhöhungsverlangen abgeben könne. Diese Ansicht ist zweifelhaft, weil der frühe erste Termin kein „Vorschalttermin", sondern eine vollwertige mündliche Verhandlung ist. Ist nach dieser Verhandlung der Rechtsstreit zur Entscheidung reif, so hat das Gericht gemäß § 300 ZPO ein Urteil zu erlassen. Der Haupttermin dient nach seiner gesetzlichen Ausgestaltung im wesentlichen der Tatsachenermittlung und -feststellung. Es widerspricht dem Beschleunigungsgrundsatz, wenn das Gericht nach Durchführung des frühen ersten Termins allein deshalb einen Haupttermin bestimmt, damit der Kläger die anspruchsbegründenden Tatsachen beibringen kann. Hierzu ist der Kläger vor Beginn des Prozesses verpflichtet und regelmäßig auch in der Lage.

§ 2. Erhöhung der Grundmiete   C 139 q–141

rr) Erkennt der Mieter den mit dem neuen Mieterhöhungsverlangen   C 139 q
geltend gemachten Anspruch an, so kann kein Anerkenntnisurteil ergehen.
Durch das Anerkenntnis kommt der Mieterhöhungsvertrag zustande, so
daß die Hauptsache erledigt ist. Demgemäß müssen die Parteien entsprechende Erklärungen abgeben (s. Rdn C 154). Da der Mieter in diesem Fall
keinen Anlaß zur Klagerhebung gegeben hat, sind die Kosten dem Vermieter aufzuerlegen (Scholz NJW 83, 1822). Gleiches gilt, wenn der Mieter
dem neuen Mieterhöhungsverlangen außergerichtlich zustimmt und die
Hauptsache daraufhin für erledigt erklärt wird (§ 91a ZPO).

Wird über den Mieterhöhungsanspruch durch Urteil entschieden, so
muß sich aus dem Urteilstenor ergeben, ab wann die neue Miete geschuldet wird. Hat der Vermieter mehrere Mieterhöhungsverlangen
zum Gegenstand des Rechtsstreits gemacht, so muß in den Urteilsgründen dargelegt werden, auf welches Erhöhungsverlangen sich die Verurteilung bezieht.

Hat das Amtsgericht die Mieterhöhungsklage als unzulässig oder un-   C 139 r
begründet abgewiesen, so kann der Vermieter beim Vorliegen der weiteren Voraussetzungen des § 511a ZPO (s. Rdn C 134) gegen dieses Urteil
Berufung einlegen und zugleich eine **neue materiell-rechtliche Mieterhöhungserklärung** abgeben. Eine solche Verfahrensweise ist allerdings
nur dann möglich, wenn der Kläger in erster Linie das ursprüngliche
Mieterhöhungsverlangen weiterverfolgt und das neue Mieterhöhungsverlangen lediglich hilfsweise in den Prozeß einführt. Wird das
Rechtsmittel einzig und allein zu dem Zweck eingelegt, das neue Mieterhöhungsverlangen durchzusetzen, so ist die Berufung unzulässig. Zur
Zulässigkeit der Berufung gehört nach §§ 519 Abs. 3 Ziff. 1, 519b
Abs. 1 ZPO, eine fristgemäße Begründung, aus der sich ergeben muß,
inwieweit das erstinstanzliche Urteil angefochten wird. Daran fehlt es
zwangsläufig, wenn der Kläger nicht die angefochtene Entscheidung
angreift, sondern ausschließlich ein anderes neueres Mieterhöhungsverlangen verfolgt (LG Hamburg WM 85, 323). Bei zulässiger Berufung
erhebt sich die weitere Frage, ob die neue Mieterhöhungserklärung im
Wege der Klagänderung zuzulassen ist. Insoweit wird auf Anmerkungen
C 139g bis 139q verwiesen. Zusätzlich ist hier zu bedenken, daß dem
beklagten Mieter nach Möglichkeit keine Instanz genommen werden
sollte.

3. Ist die Höhe des ortsüblichen Mietpreisniveaus streitig, so ist dar-   C 140
über **Beweis** zu erheben. Besteht in der Gemeinde ein **Mietspiegel,** der
unter Beachtung wissenschaftlich-statistischer Grundsätze erstellt worden ist, so kann dieses Erkenntnismittel als antizipiertes Sachverständigengutachten verwertet werden (s. Rdn C 96). Da ein Mietspiegel anderen Erkenntnismitteln in der Regel überlegen ist, wird eine Beweisaufnahme durch Einholung eines Sachverständigengutachtens kaum in Betracht kommen (s. Rdn C 96).

Eine **Beweisführung mit Vergleichswohnungen** kommt im gericht-   C 141
lichen Verfahren nur bei sehr kleinen Gemeinden in Betracht. Bestreitet

645

der Mieter die Vergleichbarkeit der Wohnungen, so kann dies durch gerichtlichen Augenschein geklärt werden. Die Durchführung eines Augenscheins setzt allerdings das Einverständnis der jeweiligen Wohnungsinhaber voraus. Die Wohnungsinhaber können völlig frei entscheiden, ob sie einer Wohnungsbesichtigung zustimmen oder nicht. Die Parteien haben keinen Anspruch auf Erteilung der Einwilligung und das Gericht kann diese nicht erzwingen. Immerhin bleibt es den Parteien unbenommen, die jeweiligen Wohnungsinhaber als Zeugen zu benennen; ob auf dies Weise hinreichend sichere Erkenntnisse gewonnen werden können, ist wegen der Vielschichtigkeit der Beweisfrage allerdings zweifelhaft.

C 142   In größeren Gemeinden kann der Beweis in der Regel nicht durch Vergleichswohnungen geführt werden. Dies gilt zunächst dann, wenn der Vermieter nur wenige Vergleichswohnungen benennt, weil hieraus kein sicherer Schluß auf die am Ort übliche Miete möglich ist (LG Landau ZMR 85, 129). Bei größeren **Datensammlungen** (Mietpreissammlungen von Haus- und Grundeigentümervereinen, Übersichten von Maklern, Mietpreislisten von Großvermietern usw.) besteht die Gefahr, daß die Preise willkürlich oder sogar tendenziell zusammengestellt worden sind. Solchen Datensammlungen fehlt die dem Mietspiegel typische Neutralität (vgl. § 2 Abs. 2 MHG); sie sind deshalb als alleiniges gerichtliches Erkenntnismittel nicht geeignet.

C 143   Ein Rückgriff auf **neutrale Datenstämme** ist dann möglich, wenn eine hinreichende Gewißheit dafür besteht, daß die Daten die ortsübliche Miete genau wiedergeben, was in der Regel hinsichtlich der Wohngeldstatistik angenommen werden kann. Eine Untersuchung des Osnabrükker Wohnungsmarktes hat beispielsweise ergeben, daß die dortigen Mietpreise in den meisten Bereichen, abgesehen von geringen Differenzen, mit der Wohngeldstatistik übereinstimmen (Wullkopf WM 85, 3). Besteht in der Gemeinde ein veralteter Mietspiegel, so kann das Gericht die dort ausgewiesenen Werte mit Hilfe geeigneter Mietpreisindizes fortschreiben und so die aktuelle ortsübliche Miete ermitteln. Der Rechtsentscheid des OLG Hamburg vom 12. 11. 1982 (RES § 2 MHG Nr. 35) steht einer solchen Fortschreibung nicht entgegen, weil diese Entscheidung nur für die vorgerichtliche Begründung des Mieterhöhungsverlangens, nicht aber für die gerichtliche Überzeugungsbildung gilt.

C 144   Das dem Erhöhungsverlangen zur Begründung des Erhöhungsanspruchs beigefügte Sachverständigengutachten erbringt im gerichtlichen Zustimmungsverfahren grundsätzlich keinen Beweis für die Richtigkeit der vom Vermieter geltend gemachten Erhöhungsvoraussetzungen (s. Rdn. C 99a). Im Rahmen freier richterlicher Beweiswürdigung (§ 286 ZPO) ist es aber zulässig, ein Privatgutachten im Wege des **Urkundenbeweises** zu verwerten, auch wenn der Prozeßgegner einem dahingehenden Antrag widerspricht, soweit das Gericht die Ausführungen des Gutachters für überzeugend hält (BGH LM § 286 ZPO Nr. 7); das setzt jedoch verfahrensrechtlich voraus, daß das Gutachten beweiseshalber

§ 2. Erhöhung der Grundmiete C 145

vorgelegt wurde und anschließend nach § 285 ZPO über das Beweisergebnis verhandelt wird, wobei insbesondere dem Gegner Beweiseinreden gestattet sein müssen (LG Braunschweig WM 77, 10); ob im Zustimmungsverfahren nach § 2 die Ausführungen eines Sachverständigengutachtens bereits dem Gericht die Überzeugung von der Begründetheit des geltend gemachten Erhöhungsanspruchs verschaffen kann, ist einerseits von der sachlichen Qualität des Gutachtens und andererseits von der Erheblichkeit der dagegen geltend gemachten Einwendungen abhängig, wobei grundsätzlich Zurückhaltung geboten erscheint.

Die schon früher geäußerten Bedenken gegen die Ermittlung der orts- C 145 üblichen Vergleichsmiete durch einen Sachverständigen werden in der Sache durch die Entscheidung des BVerfG nicht beseitigt (vgl. dazu Löwe NJW 72, 2017; Roquette ZMR 72, 137; Komm. 1. Aufl., Rdn. II, 174, 216).

Es darf auch heute nicht an den vielen Zweifelsfragen vorbeigegangen werden, die sich gerade auf diesem Sachgebiet an die Voraussetzungen und Ergebnisse eines Sachverständigengutachtens als zivilprozessuales Beweismittel knüpfen. Abgesehen davon, daß die Einschaltung eines Sachverständigen den Prozeß in einer hier kaum vertretbaren Weise verteuert und eine erhebliche Verzögerung der Entscheidung mit sich bringt, wird das Ergebnis seiner Tätigkeit angesichts der vielgestaltigen faktischen Verhältnisse und sonstiger Schwierigkeiten nicht in dem sonst gewohnten Maße ausreichen, um die richterliche Überzeugungsbildung auf der Basis ortsüblicher Mietentgelte maßgebend beeinflussen zu können. Das gilt insbesondere dann, wenn am Ort ein **Mietspiegel** vorliegt, der auf umfassenden empirisch-statistischen Erhebungen oder anderen gleichwertigen Grundlagen beruht (s. Rdn. C 156a); denn die Sachkunde des Sachverständigen wird i. d. R. nicht weiterreichen, als das Ergebnis aller zur Verfügung stehenden Daten, das sich im Mietspiegel niederschlägt, der nach gesicherten wissenschaftlichen Methoden oder mit Billigung der beteiligten Interessenverbände erarbeitet worden ist (AG Mainz WM 77, 74). Das spricht nicht gegen die ausdrückliche Regelung in § 2 II 2 MHG, wonach das Gutachten eines öffentlich bestellten oder vereidigten Sachverständigen als Ersatz der sonst dem Vermieter obliegenden Begründung eines Mieterhöhungsverlangens ausreicht und bei ordnungsgemäßer Erstellung im vorprozessualen Raum die formelle Wirksamkeit dieser Erklärung bewirkt (s. Rdn. C 97); es kann auch nicht verkannt werden, daß die Einschaltung eines Sachverständigen im Zustimmungsverfahren zur Klärung entscheidungserheblicher Fragen erforderlich ist, die im Mietspiegel nicht geklärt sind oder sich aus Zweifeln gegen dessen Richtigkeit und rechtliche Verwertbarkeit im Einzelfall ergeben (AG Mainz a. a. O.; s. Rdn. C 151). Jedenfalls überwiegen aus sachlichen Gründen die Bedenken bei der Feststellung der ortsüblichen Vergleichsmiete durch einen Sachverständigen im Grundsatz gegenüber den sicherlich vorhandenen Zweifelsfragen, die sich im allgemeinen und besonderen bei gleichartigen Feststellungen anhand eines

Mietspiegels ergeben (ebenso Derleder/Schlemmermeyer WM 78, 225; a. A. Marienfeld ZMR 76, 225/227; s. auch Rdn C 96). Folgende Gesichtspunkte sind insoweit insbesondere zu berücksichtigen:

C 146 Wenn der Sachverständige begutachten soll, ob das geforderte Mietentgelt mit den örtlich üblichen Mietentgelten für **vergleichbaren Wohnraum übereinstimmt**, so kann seine Tätigkeit nicht auf die Vermittlung gesicherter Erfahrungssätze oder daraus abzuleitender Schlußfolgerungen gerichtet sein; derartige Erfahrungssätze über die marktorientierten, örtlichen Vergleichsmieten sind nach den bisherigen Erfahrungen der Praxis kaum vorhanden. Somit kann die Tätigkeit des Sachverständigen als Richtergehilfen hier nur darauf gerichtet sein, die tatsächlich und üblicherweise am Ort für vergleichbaren Wohnraum gezahlten Mietentgelte festzustellen, weil es hierzu infolge der zuverlässigen Beurteilung der jeweiligen wohnwertbildenden Faktoren und in Betracht kommender Einzelobjekte eines gewissen Sachverstandes bedarf; gleiches gilt für die Auswertung solcher Feststellungen hinsichtlich der Frage, ob daraus die Schlußfolgerung der Ortsüblichkeit gezogen werden kann (vgl. Schopp ZMR 77, 257).

Welche Mindestfeststellungen der Sachverständige zu treffen und welche Einzelfragen er zur angestrebten Überzeugungsbildung des Richters dabei zu beantworten hat, wird allerdings vom Gericht im Beweisbeschluß zweckmäßigerweise festzulegen sein, um kostspielige und zeitraubende Bemühungen des Sachverständigen zu vermeiden, die am Thema des erbetenen Gutachtens vorbeigehen oder für die Klärung der Verhältnisse nur unzureichendes Material bieten; Umfang und Inhalt des rechtlich relevanten Beweisthemas werden insoweit nicht vom Sachverständigen, sondern vom Gericht bestimmt, dem der Sachverständige die erforderlichen Grundlagen für die rechtliche Beurteilung bestehender, im Wege der Auslegung zu interpretierender Normen zu verschaffen hat (insoweit zutreffend LG Köln WM 75, 245). Im Hinblick auf die nicht jedermann klaren Anspruchsvoraussetzungen des § 2 I wird das Gericht deshalb im einzelnen aufzugeben haben, welche Mindestzahl von Wohnungen mit bestimmten vergleichbaren Wohnwertkriterien der Sachverständige ausfindig zu machen hat, wobei es hier auf die bewußt herabgesetzten Anforderungen für die nur eine Beweisvermutung begründende Erhöhungserklärung nicht mehr ankommen kann. Die vom Gericht festgelegten Mindestfeststellungen müssen darauf abzielen, daß ihr Ergebnis grundsätzlich die Schlußfolgerung auf eine bestimmte Vergleichsmiete für die Wohnung des beklagten Mieters zuläßt. Bei dieser Endbeurteilung wird die sachkundige Ansicht des Sachverständigen gebührend zu berücksichtigen sein, soweit seine Erwägungen mit den Erfordernissen des Gesetzes zu vereinbaren sind und nicht auf Vorstellungen beruhen, die im hier einschlägigen Gesetz keine Stütze finden. Stets setzt die Einholung des Gutachtens einen **schlüssigen Klagantrag** voraus (s. Rdn C 136ff), denn durch dieses Beweismittel soll geklärt werden,

§ 2. Erhöhung der Grundmiete   **C 147, 148**

welche der zwischen den Parteien umstrittenen Behauptungen nach der Überzeugung des Gerichts der Urteilsfindung zugrunde zu legen sind; dagegen ist es unzulässig, auf diesem Wege die vom Kläger zu fordernden Tatsachenbehauptungen erst zu ermitteln und in den Prozeß einzuführen (LG Köln a. a. O.).

Die **Auswahl der Person des Sachverständigen** ist Sache des Gerichts, **C 147** das allerdings die öffentlich bestellten Sachverständigen in erster Linie berücksichtigen soll (§§ 404, 405 ZPO); die Prozeßparteien sind aufzufordern, bestimmte Personen als Sachverständige zu benennen; zur Bestellung eines solchen Sachverständigen ist das Gericht jedoch nur dann verpflichtet, wenn sich die Parteien über eine bestimmte Person geeinigt haben (§ 404 III, IV ZPO). In diesem Zusammenhang bleibt offen, welche Berufsgruppe für die Begutachtung des hier gestellten Problems die gebührende Sachkunde und Neutralität am besten gewährleistet, da es sich vorwiegend um die Erstellung einer mehr oder minder umfangreichen Marktanalyse des vergleichbaren örtlichen Wohnraums handelt und keine Fragen der Ertragsmiete, der Kostenmiete oder des Einflusses von Preisindices zu beantworten sind. Zur Ablehnung des Sachverständigen gemäß §§ 406, 42 ZPO vgl. E. Schneider MDR 75, 453 (m. w. Nachw.) sowie BGH MDR 75, 754.

Für den **Inhalt des Sachverständigengutachtens** sind folgende allge- **C 148** meine Grundsätze zu beachten: Der Sachverständige muß ein unparteiisches, objektiv richtiges Gutachten erstatten; er darf das Gutachten nur in den Grenzen seiner Sachkunde erstatten und muß gegebenenfalls deren Grenzen aufzeigen. Der Sachverständige muß das Gutachten gründlich vorbereiten, erforderliche Fachinformation einholen und vor allem seine Beurteilung eingehend begründen (Rosenberg-Schwab, § 124 IV 3b). Soweit der Sachverständige Tatsachen festzustellen hat, muß er diese also auf Grund seiner Sachkunde objektiv richtig wahrzunehmen bemüht sein und diese Wahrnehmungen in die Gründe des Gutachtens aufnehmen; werden von ihm Schlußfolgerungen verlangt, müssen diese objektiv richtig sein, so daß es nicht ausreicht, wenn sie nur der freien Überzeugung des Sachverständigen entsprechen (Rosenberg-Schwab a. a. O.). Daraus folgt, daß der Sachverständige auf Grund des im Beweisbeschluß vom Gericht festgelegten Sachverhalts (bzw. der dort gestellten Fragen) das Ergebnis seiner Ermittlungen sowie die daraus gezogenen Schlußfolgerungen im schriftlichen Gutachten derart konkret niederzulegen hat, daß die Fakten überprüfbar und die darauf aufbauenden Gedankengänge logisch verständlich sind. Es genügt somit nicht, wenn sich der Sachverständige summarisch auf ,,ihm bekannte Vergleichswohnungen" oder seine Sachkunde und Erfahrung anstelle nachprüfbarer Einzelfeststellungen beruft (Schopp ZMR 77, 257; insow. zweifelhaft LG Düsseldorf DWW 76, 32). Die von der Rechtsprechung entwickelten Grundsätze zum vorgerichtlichen Mieterhöhungsverlangen (s. Rdn C 98a) sind hier unanwendbar. Der Sachverständige darf sich einerseits für die Feststellung der üblichen Mietsätze nicht auf eine Bewertung der vom Vermieter genannten Vergleichsobjekte beschränken; andererseits ist er nicht verpflichtet, auch diese Objekte in seine Beurteilung einzubeziehen (insow. zutr. LG Düsseldorf a. a. O.). Bedarf das Gutachten der Ergänzung oder wollen die Prozeßparteien Fragen an den Sachverständigen richten, muß dieser vom Gericht zum Erscheinen geladen werden (§ 402 i. V. m. §§ 397, 411 III ZPO).

C 149 In der **Beweiswürdigung** ist das Gericht auch hinsichtlich des Sachverständigengutachtens frei (§ 286 ZPO). Das Gericht hat stets die logische Geschlossenheit und die Überzeugungskraft des Gutachtens zu überprüfen; es muß sich auch davon überzeugen, daß der Sachverständige seiner Begutachtung keine anderen als die erwiesenen Tatsachen zugrundegelegt hat und er auch sonst die ihm obliegenden Verhaltenspflichten beachtete (Rosenberg-Schwab, § 124 VI). Die dem Richter obliegende Überzeugungsbildung hinsichtlich der vom Sachverständigen begutachteten beweiserheblichen Umstände hängt also entscheidend davon ab, wie sorgfältig dieser die für erforderlich gehaltenen unbekannten Tatsachen ermittelte und wie überzeugend die darauf gestützten Schlußfolgerungen auf der Grundlage besonderer Erfahrung und Sachkunde sind.

C 150 Für den Sachverständigenbeweis wird es i. d. R. nicht ausreichen, wenn sich der Sachverständige zur Begründung seiner Ansicht lediglich auf 3 Vergleichsobjekte bezieht, die nicht repräsentativ sind (LG Hamburg WM 77, 36); die gesetzlichen Erfordernisse für die Wirksamkeit des Erhöhungsverlangens in § 2 I Nr. 2 können insoweit keine Richtschnur für das Sachverständigengutachten sein. Wenn es die Sachlage gebietet, hat der Sachverständige in seinem Gutachten nicht nur die im Erhöhungsverlangen genannten Vergleichsobjekte in seine Begutachtung einzubeziehen, sondern auch darüber hinausgehende Vergleichsobjekte zu ermitteln und seiner Bewertung zugrunde zu legen (AG Hamburg ZMR 77, 28).

C 151 Diese zivilprozessualen Grundsätze zum Sachverständigengutachten bei der Feststellung der ortsüblichen Vergleichsmiete werden durch die Ausführungen in der Entscheidung des BVerfG E 37, 140 nicht berührt, denn mit diesen Konsequenzen hat sich das BVerfG nicht befaßt; soweit es grundsätzlich feststellt, daß dem Vermieter bei der gerichtlichen Durchsetzung seines Erhöhungsrechts nicht schon vor dem Eintritt in die Beweiserhebung keine übermäßigen Hindernisse in den Weg gelegt werden dürften, kann diese verfassungsrechtliche Erkenntnis keineswegs so verstanden werden, daß der Richter hier bestehende Rechtsgrundsätze der ZPO mißachten dürfte. Übertriebene Anforderungen an die Überzeugungsbildung sind jedoch zu vermeiden, um die Beweisführung im Ergebnis nicht zu vereiteln (vgl. zum Sachverständigenbeweis im Mieterhöhungsverfahren vor allem Schopp ZMR 77, 257).

C 152 4. Die Beweiserleichterung im Falle einer **Schätzung** (§ 287 II ZPO) durch das Gericht setzt voraus, daß eine exaktere Beweisführung im

§ 2. Erhöhung der Grundmiete

Einzelfall mit übermäßigen Schwierigkeiten verbunden wäre, welche zu der Bedeutung der bestrittenen Forderung in keinem Verhältnis stehen; somit darf eine Schätzung der ortsüblichen Vergleichsmiete und des zulässigen Erhöhungsbetrages vom Gericht nur zur Überbrückung des nicht näher klärbaren Streits über relativ unbedeutende Unterschiedsbeträge vorgenommen werden, während dadurch der Vermieter und der Mieter keineswegs von ihrer Darlegungs- und Beweislast für das Vorhandensein bestimmter repräsentativer Vergleichsobjekte sowie ortsüblicher Mietsätze entbunden werden dürfen. Im übrigen setzt die freie Schätzung des Gerichts voraus, daß es auf Grund sonstiger Erfahrungswerte mit erheblicher Wahrscheinlichkeit zur sachlich begründbaren Annahme eines zutreffenden Schätzbetrages gelangen kann. Die freie Schätzung hat somit dort ihre Grenze, wo nur dubiose Kenntnisse über die üblichen Mietsätze oder Zu- und Abschläge vorhanden sind und um erhebliche Mehrbelastungen des Mieters gestritten wird (unzutr. Klien NJW 73, 974; Matberg NJW 73, 1355).

5. Wird der Mieter verurteilt, einer bestimmten Mieterhöhung zuzustimmen und zahlt er trotzdem den geschuldeten Erhöhungsbetrag nicht, muß der Vermieter gegen ihn in einem weiteren Verfahren ein zusätzliches Zahlungsurteil erwirken, um daraus vollstrecken zu können. Wenn diese Klage im Hinblick auf § 2 IV auf die Verurteilung zu einer **künftigen Leistung** gerichtet ist, muß im Zeitpunkt der Klageerhebung die begründete Besorgnis bestehen, daß sich der Mieter der rechtzeitigen Leistung entziehen werde (§ 259 ZPO); aus diesem Grund ist es unzulässig, zugleich mit der Zustimmungsklage auch die Zahlungsklage zu erheben. Solange der Mieter seine Zustimmung zu der geforderten Mieterhöhung weder außergerichtlich erteilt hat, noch dazu vom Gericht verurteilt wurde, ist eine Klage auf Verurteilung zur Zahlung der Mieterhöhung unzulässig (LG Braunschweig ZMR 73, 154); die Zustimmung des Mieters ist stets die Voraussetzung seiner Pflicht zur Zahlung der geforderten Mieterhöhung. In der Literatur wird in diesem Zusammenhang teilweise die Ansicht vertreten, daß eine Klagänderung dann als sachdienlich anzusehen sei, wenn ein Vermieter zunächst Klage auf Zahlung des höheren Mietzinses erhoben und sodann innerhalb der zweimonatigen Klagfrist von diesem Anspruch auf den Anspruch zur Zustimmung der Mieterhöhung überwechselt (Hummel WM 86, 78).

6. In einem **gerichtlichen Vergleich** kann sich der Mieter wirksam zu einer Mieterhöhung auch außerhalb der Grenzen der Erhöhungsvoraussetzungen des § 2 verpflichten, weil auch insoweit § 10 I MHG eine abweichende Vereinbarung zuläßt s. Rdn C 503 ff). Die Grenze der Zulässigkeit wird auch hier durch die §§ 5 WiStG, 302a StGB gezogen (s. Rdn D 1 ff). Auf die Einhaltung dieser gesetzlichen Schranken einer zulässigen Mieterhöhung hat das Gericht von Amts wegen zu achten, weil es nicht beim Zustandekommen eines gesetzlich verbotenen Rechtsgeschäfts mitwirken darf. Bei der Vereinbarung des Erhöhungsbetrages ist zu beachten, daß bis zur Obergrenze der ortsüblichen Vergleichsmiete eine beachtliche Bandbreite zulässiger Einigungsbeträge dem privaten Regelungsbereich jedenfalls offensteht (s. Rdn C 57), deshalb können innerhalb dieses Spielraums Gesichtspunkte, wie die Angemessenheit des Erhöhungsbetrages im Verhältnis zur bisherigen Miete, der verstrichene Zeitraum seit der letzten Mieterhöhung, auffällig niedrige oder hohe Ausgangsbeträge und allgemein gültige statistische Werte über prozentuale Mietzinssteigerungen im betreffenden Zeitraum gebührend berücksichtigt werden. Überschreitet der gerichtliche Vergleich die gesetzlichen Verbotsgrenzen, ist die Regelung allerdings wegen des darin liegenden Gesetzesverstoßes (§ 134 BGB) trotz der Mitwirkung des Gerichts insoweit unwirksam (Stein-Jonas § 794 ZPO Anm. 1c, 7b), so daß Vorsicht geboten erscheint. Dennoch sind sinnvolle Prozeßvergleiche auch gerade hier zur Befriedigung des fortbestehenden Mietverhältnisses in jedem vertretbaren Falle anzustreben und dem Urteilsspruch vorzuziehen. Gibt der Mieter im Vergleich lediglich die verlangte Zustimmungserklärung ab, erübrigt sich jede Zwangsvollstreckung, zumal § 894 ZPO insoweit unanwendbar ist; hat sich der Mieter nur zur Abgabe der Zustimmungserklärung verpflichtet, so ist entweder nach § 888 ZPO zu vollstrecken (OLG Köln MDR 75, 586) oder Klage auf Abgabe der Willenserklärung auf Grund der Verpflichtung im Vergleich zu erheben (Thomas-Putzo § 894 ZPO Anm. 2). Verpflichtet sich der Mieter darüber hinaus bereits im Vergleich zur Zahlung eines bestimmten höheren Mietzinses, so erhält der Vermieter einen auf Geldleistung gerichteten und nach § 794 I Nr. 1 ZPO vollstreckbaren Titel, der die sonst im Zustimmungsverfahren erforderliche anschließende Zahlungsklage erübrigt. Bei der Formulierung des Vergleichs sollte auf diese Unterschiede geachtet werden.

Aus den dargelegten Gründen darf auch ein **Versäumnisurteil** gegen den Mieter (§ 331 ZPO) auf Erteilung der Zustimmung zur Mieterhöhung im Falle einer schlüssigen Klage (s. Rdn C 136) ohne weitere Prüfung der formellen und materiellen Erhöhungsvoraussetzungen des § 2 und der ortsüblichen Vergleichsmiete als Obergrenze erlassen werden.

Erkennt der Mieter im Laufe des gerichtlichen Zustimmungsverfahrens den geltend gemachten Anspruch des Vermieters ganz oder teilweise wirksam an, so erbringt er dadurch die von ihm klageweise geforderte Zustimmungserklärung und kommt der Abänderungsvertrag zustande. Ein **Anerkenntnisurteil** (§ 307 ZPO) darf dann nicht ergehen, weil der Mieter durch die wirksame Abgabe der Zustimmungserklärung bereits seine Verpflichtung erfüllte (Barthelmess ZMR 72, 361; teilw. abw. AG Hildesheim ZMR 76, 153 für Teilanerkenntnis). Der Rechtsstreit ist dann vielmehr in der Hauptsache erledigt, so daß insoweit nach § 91a ZPO über die Kosten zu entscheiden ist; dabei ist entsprechend § 93 ZPO auch zu berücksichtigen, ob das Anerkenntnis unverzüglich erfolgte und ob der Mieter zur Erhebung der Zustimmungsklage durch sein

§ 2. Erhöhung der Grundmiete   C 155, 155a

Verhalten nach dem Zugang des Erhöhungsverlangens Anlaß gegeben hat (s. Rdn C 122; LG Mannheim DWW 75, 166). Besteht der Vermieter trotz gerichtlichem Hinweis auf die Rechtslage (§ 139 ZPO) auf den Erlaß eines Anerkenntnisurteils, so ist dieser Antrag durch Urteil mit der Kostenfolge aus § 91 ZPO zurückzuweisen; das auch hier erforderliche Rechtsschutzinteresse als allgemeine Prozeßvoraussetzung ist dann nämlich nicht gegeben (Baumbach § 307 ZPO Anm. 3 B; § 253 ZPO Anm. 5 B und 3 F).

7. Der Streitwert einer Zustimmungsklage ist nunmehr in § 16 V GKG gesetzlich geregelt. Danach beträgt der Streitwert bei Mietverhältnissen auf bestimmte Zeit mit einer Laufzeit von mehr als einem Jahr oder Mietverträgen auf unbestimmte Zeit ohne Rücksicht auf die Fristen in § 2 I, III, IV das 12fache des gerichtlich geltend gemachten monatlichen Erhöhungsbetrages. Dadurch wird dem maßgebenden wirtschaftlichen Interesse des Klägers unter Berücksichtigung der starren Sperrfrist des § 2 I Nr. 1 und eines pauschalen Abschlags für die Zustimmungsklage gegenüber der Leistungsklage in § 16 GKG hinreichend Rechnung getragen. Ist die vereinbarte oder restliche Mietzeit kürzer, ist der Streitwert entsprechend herabzusetzen. Die zur früheren Rechtslage ergangene Rechtsprechung und Literatur ist durch die gesetzliche Regelung gegenstandslos geworden. Zur Höhe der Berufungssumme vgl. Rdn C 134.   C 155

8. Übergangsprobleme: Das Gesetz zur Erhöhung des Angebots an Mietwohnungen vom 20. 12. 1982 (BGBl. I S. 1912), durch das die materiellrechtlichen Voraussetzungen des Mieterhöhungsanspruchs und das Mieterhöhungsverfahren in wesentlichen Punkten geändert worden sind, ist am 1. 1. 1983 in Kraft getreten. Das Gesetz enthält nur Übergangsregelungen für die Anwendung des neuen § 541b BGB (Art. 4 Ziff. 1), des § 550b BGB (Art. 4 Ziff. 2) und hinsichtlich der Staffelmiete (Art. 4 Ziff. 3; s. Rdn C 518). Für Mieterhöhungsverfahren nach § 2 MHG besteht dagegen keine Übergangsregelung. Daraus folgt, daß diejenigen Mieterhöhungsverfahren, die zum Zeitpunkt des Inkrafttretens des neuen Rechts bereits abgeschlossen waren, – sei es durch freiwillige Zustimmung des Mieters, durch rechtskräftiges Urteil oder durch den Ablauf der Klagfrist – durch die Neuregelung nicht tangiert werden. Umgekehrt müssen diejenigen Mieterhöhungsverlangen, die dem Mieter nach dem 31. 12. 1982 zugegangen sind, ausnahmslos nach neuem Recht beurteilt werden. Dies gilt auch bezüglich der Anwendung der sog. ,,Kappungsgrenze" (s. Rdn. C 80c). Fraglich ist, welches Recht in jenen Fällen gilt, in denen das Mieterhöhungsverlangen zwar vor dem 1. 1. 1983 zugegangen ist, das Mieterhöhungsverfahren zu diesem Zeitpunkt aber noch nicht abgeschlossen war. In Rechtsprechung und Literatur werden hierzu unterschiedliche Ansichten vertreten. Nach einer Meinung sollen diese Mieterhöhungsverlangen nach demjenigen Recht beurteilt werden, das im Zeitpunkt der Urteilsverkündung gilt (AG Winsen/   C 155a

Luhe WM 83, 295 (LS); AG Augsburg WM 83, 295; wohl auch: AG Charlottenburg WM 83, 147). Nach anderer Ansicht soll die zum Zeitpunkt der letzten mündlichen Verhandlung geltende Rechtslage maßgebend sein (AG Wuppertal WM 83, 295 (LS); AG Lörrach WM 83, 148). Wiederum andere stellen auf denjenigen Zeitpunkt ab, zu dem die Mieterhöhung wirksam werden soll (AG Hannover WM 83, 233). Nach der ganz überwiegenden Meinung kommt es dagegen auf den **Zugang des Mieterhöhungsverlangens** an (LG Nürnberg/Fürth WM 83, 294; LG München II WM 83, 232; AG Hamburg WM 83, 232 (LS); AG Fürstenfeldbruck WM 83, 232 (LS); AG München WM 83, 232; AG Hamburg WM 83, 147; Barthelmess WM 83, 63; Gramlich NJW 83, 417; Heublein/Kuda WM 83, 63). Danach werden alle Mieterhöhungsverlangen, die dem Mieter vor dem 1. 1. 1983 zugegangen sind, ausnahmslos nach altem Recht beurteilt. Es gilt der bis zu diesem Zeitpunkt maßgebliche **Begriff der ortsüblichen Vergleichsmiete** (s. Rdn C 54a), die **Kappungsgrenze** (s. Rdn C 80a) ist unanwendbar (OLG Frankfurt (RE) vom 8. 12. 1983 RES § 2 MHG Nr. 47; s. auch: OLG Koblenz WM 84, 47), das **Mieterhöhungsverlangen** kann nicht in der **erleichterten Form** (s. Rdn C 94c; C 101) begründet werden und § 2 IV (**Wirksamkeitszeitpunkt**) gilt in der alten Fassung. Für Mieterhöhungsverlangen, die dem Mieter nach dem 31. 12. 1982 zugehen, gilt demgegenüber ausnahmslos das neue Recht. Dieser Ansicht ist zuzustimmen. Zwar steht diese Rechtsauffassung auf den ersten Blick im Widerspruch zu dem allgemeingeltenden Grundsatz, wonach das Gericht beim Fehlen einer Übergangsregelung das zum Zeitpunkt der Entscheidung geltende Recht anzuwenden hat. Eine Ausnahme gilt insoweit nur in den Fällen der sog. „echten Rückwirkung". Von einer echten Rückwirkung spricht man, wenn neues Recht auf bereits abgeschlossene Rechtsgeschäfte oder Tatbestände angewendet wird. Ein solcher Sachverhalt liegt in den hier fraglichen Fällen nicht vor, weil das Mieterhöhungsverfahren nicht durch den Zugang der Erhöhungserklärung sondern durch die Zustimmung des Mieters abgeschlossen wird; so zutr. Lessing DRiZ 83, 461; a. A.: Gramlich a. a. O. Dennoch ist nicht zu verkennen, daß die Anwendung des neuen Rechts auf die hier fraglichen Übergangsfälle einer echten Rückwirkung sehr nahe kommt, weil der Zugang des Erhöhungsverlangens konkrete Rechtswirkungen zur Folge hat. Beide Vertragspartner werden sich bei der rechtlichen Beurteilung des Mieterhöhungsanspruchs stets an der zum Zeitpunkt des Zugangs geltenden Rechtslage orientieren und hiervon ihr weiteres Verhalten abhängig machen. Dieser Gesichtspunkt rechtfertigt es, wenn bei der Frage der Rechtsanwendung auf den Zugang des Mieterhöhungsverlangens abgestellt wird.

Dies gilt allerdings nur, soweit die materiellrechtlichen Voraussetzungen des Mieterhöhungsanspruchs nach § 2 I und II MHG in Frage stehen. Die prozessuale Vorschrift des § 2 III S. 2 MHG (**Nachholen des Mieterhöhungsverlangens im Prozeß;** s. Rdn C 138) gilt dagegen für

§ 2. Erhöhung der Grundmiete   C 156

alle nach dem Inkrafttreten der Neuregelung anhängigen Verfahren (Lessing DRiZ 83, 461). Eine unter der Geltung des alten Rechts in Lauf gesetzte **Sperrfrist** (§ 2 III 2) wird durch das Inkrafttreten des neuen Rechts nicht gegenstandslos.

VI. Die Verpflichtung der Gemeinden zur Erstellung von Mietspiegeln

1. Allgemeines/Zweck

Mit dem Gesetz zur Erhöhung des Angebots an Mietwohnungen wurde die Vorschrift des § 2 um die Absätze 5 und 6 erweitert. Die Regelung in Absatz 5, Satz 1 enthält eine Aufforderung an die Gemeinden zur Erstellung von Mietspiegeln, „soweit hierfür ein Bedürfnis besteht und dies mit einem für sie vertretbaren Aufwand möglich ist". Die Sätze 2 und 3 enthalten Regelungen über die Erstellung und Fortschreibung von Mietspiegeln. Durch Satz 4 wird die Bundesregierung zum Erlaß einer Rechtsverordnung über den näheren Inhalt und das Verfahren zur Aufstellung und Anpassung von Mietspiegeln ermächtigt und Satz 5 ordnet an, daß Mietspiegel öffentlich bekanntgemacht werden sollen. Die Regelung in Absatz 5, Satz 1 richtet sich ausschließlich an die Gemeinden und gehört damit zum öffentlichen Recht. Die Aufnahme der Vorschrift in das MHG, das ansonsten nur privatrechtliche Regelungen enthält, ist deshalb sachfremd. Die Vorschrift begründet keine von den Gemeinden zu erfüllende Verpflichtung, sondern hat ausschließlich programmatischen Charakter. Hierin liegt ihre eigentliche Bedeutung. Der Gesetzgeber hat damit nämlich zum Ausdruck gebracht, daß der Mietspiegel das geeignetste Instrument zur Ermittlung der ortsüblichen Miete darstellt und als notwendige Ergänzung des Vergleichsmietensystems angesehen werden muß. Diese Einschätzung deckt sich mit der in diesem Kommentar vertretenen Ansicht. Fehlt ein Mietspiegel, so ergeben sich bei der Anwendung des MHG hauptsächlich Schwierigkeiten dadurch, daß die ortsübliche Vergleichsmiete in dem vom Gesetz vorausgesetzten Sinn einer **Markttransparenz** nicht ohne weiteres zuverlässig feststellbar ist. Das gilt sowohl für den einzelnen Vermieter oder Mieter als auch für die mit Wohnungsangelegenheiten befaßten Behörden und Interessenverbände. Die Hauptursache dafür liegt in der Tatsache begründet, daß in den Jahren vor der gesetzlichen Begrenzung des Mietanstiegs wegen der noch weithin herrschenden Mangellage auf dem Wohnungsmarkt solche Mietentgelte verlangt und gezahlt worden sind, die im Einzelfall ohne Rücksicht auf objektive Berechnungsgrundlagen erzielbar waren. Irgendwelche Übersichten oder sonstige marktorientierenden Kriterien mit zuverlässigem Aussagewert fehlten bei der Einführung der gesetzlichen Mietpreisbegrenzung und sind teilweise heute noch in vielen Gemeinden nicht vorhanden. Mit der vom Gesetz zugelassenen Möglichkeit, durch 3 vergleichbare Einzelobjekte oder das Gutachten eines vereidigten Sachverständigen die ortsübliche Vergleichsmiete darzulegen, kann im Streitfall und bei der strafrechtlichen Verfolgung von Mietpreisüberhöhungen oder Mietwucherfällen eine hinreichende Überzeugungsbildung für die am Ort tatsächlich gezahlten Mietentgelte in ihrer ganzen Breite nicht gewonnen werden.

Deshalb liegt der Zweck örtlicher Mietspiegel (= Mietwerttabellen, Mietpreisübersichten) in der neutralen Feststellung der für vergleichbaren Wohnraum tatsächlich gezahlten Mietentgelte. Dieser Zweck ist nach den tatsächlichen Gegebenheiten nur durch die Erstellung solcher Msp. mit der anzustrebenden breiten Wirkung zu erreichen. Mit ihnen wird nicht nur dem privaten Interesse der Vermieter und Mieter gedient, eine zuverlässige Marktorientierung zu erhalten, an welcher sie die Zulässigkeit des gezahlten oder verlangten Mietentgelts für den Wohnraum vergleichsweise ablesen können, um durch außergerichtliche Einigungen vermeidbaren Unfrieden und kostspielige Gerichtsverfahren auszuschließen. Vielmehr wird darüber hinaus durch diese Msp. auch das öffentliche Interesse an der wirksamen Bekämpfung von Mietpreisüberhöhungen (§ 5 WiStG) sowie des Mietwuchers (§ 302a StGB) gewahrt, welches seitens der zuständigen Behörden die zuverlässige Kenntnis der tatsächlichen Mietentgelte über zufällige Einzelmieten hinaus voraussetzt. Der besondere Vorteil der Msp. liegt darin, daß sie nicht nur punktuell Informationen über gezahlte Entgelte einzelner Wohnungen liefern, sondern auf wesentlich breiterer Informationsbasis zuverlässige Anhaltspunkte für die Ermittlung der Vergleichsmiete im Einzelfall geben. Die Msp. haben außerdem den Vorzug, daß sie den bei der Benennung von einzelnen Vergleichswohnungen oft erforderlichen Eingriff in die Privatsphäre von Mietern und Vermietern dieser Wohnungen erübrigen.

Zusammenfassend haben die Msp. im Hinblick auf die derzeitige Rechtslage folgende **Zwecke** zu erfüllen:

a) im zivilrechtlichen Bereich

aa) Sie ermöglichen durch eine neutrale, zuverlässige Marktübersicht die vom MHG angestrebte außergerichtliche Einigung der Vertragsparteien über eine vom Vermieter angestrebte Mieterhöhung. Darüber hinaus beeinflussen sie (i. V. mit den Strafrechtsnormen) auch die Höhe des Mietzinses beim Abschluß des Mietvertrages, die vom MHG ansonsten nicht beeinflußt wird (s. Rdn C 91).

bb) Sie erleichtern dem Vermieter die Durchsetzung einer gerechtfertigten Mieterhöhung, in dem er in seinem schriftlichen Erhöhungsverlangen auf diese Übersicht Bezug nehmen kann (§ 2 II MHG), um die bisherige Unterschreitung des vereinbarten Mietzinses gegenüber der ortsüblichen Vergleichsmiete darzulegen. Sie erleichtern aber auch dem Mieter im Rahmen dieses gesetzlichen Erhöhungsverfahrens seine Rechtsverteidigung gegenüber willkürlichen oder örtlich nicht gerechtfertigten Erhöhungsverlangen.

§ 2. Erhöhung der Grundmiete   C 156b, 156c

cc) Sie können im Zivilprozeß die sonst für eine Beweisführung meist erforderliche Einschaltung eines Sachverständigen erübrigen, somit also beschleunigend und kostensparend wirken. Insgesamt führen sie zu einer Verringerung der streitigen gerichtlichen Auseinandersetzungen über die Miethöhe und somit zu der vom Gesetz angestrebten partnerschaftlichen Befriedigung der Wohnraummietverhältnisse.

dd) Sie geben dem Mieter in Verbindung mit den §§ 5 WiStG, 302a StGB, 134, 812, 823 II BGB die Grundlage, sich außerhalb eines Erhöhungsverlangens darüber zu informieren, ob er einen Mietzins zahlt, welcher die ortsübliche Vergleichsmiete nicht „unerheblich" übersteigt und deshalb hinsichtlich des überhöhten Betrages zurückgefordert werden kann (vgl. Rdn C 511).

b) im strafrechtlichen Bereich   C 156b

aa) Sie ermöglichen der zuständigen Behörde (Ordnungsamt, Preisüberwachung) die vom Gesetz geforderte schärfere Bekämpfung der Mietpreisüberhöhung i. S. des § 5 WiStG, wonach Verstöße des Vermieters gegen die Wirtschaftsordnung in Gemeinden mit nicht ausreichendem Wohnungsangebot geahndet werden sollen (vgl. die Richtlinien der Wirtschaftsminister der Bundesländer unter Rdn D 68ff). Da auch § 5 WiStG von der Kenntnis (bzw. dem Kennenmüssen) der ortsüblichen Vergleichsmiete ausgeht und diese Ordnungswidrigkeit eine Überschreitung der im Msp. festgestellten Entgelte um mindestens 20% voraussetzt (vgl. Rdn D 42), ist eine erfolgreiche Arbeit der Behörde auf diesem Gebiet mit Blickpunkt auf ein Bußgeldverfahren nach dem OWiG auf der Grundlage eines empirisch-statistisch ermittelten oder ihm gleichrangigen Msp. wesentlich erleichtert; auf dieser objektiven Grundlage kann im übrigen seitens der Behörde überflüssige Ermittlungsarbeit vermieden und darauf hingewirkt werden, daß eine Senkung der überhöhten Miete erfolgt (vgl. Richtlinien der Bundesländer Rdn D 68 ff).

bb) Schließlich wird die staatsanwaltschaftliche Verfolgung der Mietwucherfälle i. S. des § 302a StGB sowie das Strafverfahren des Gerichts durch das Vorhandensein eines Msp. beschleunigt und erleichtert. Wenn § 302a StGB ein „auffälliges Mißverhältnis" zwischen der Vermieter- und Mieterleistung voraussetzt, so ist inzwischen unbestritten, daß auch hier von der ortsüblichen Vergleichsmiete und nicht von anderen Mietbegriffen (z. B. Ertragsmiete, Kostenmiete) auszugehen ist (s. Rdn D 116).

c) Zum Beweiswert des Msp. im Strafverfahren vgl. die Ausführungen Rdn D 38; im Zustimmungsverfahren Rdn C 91 ff.

2. Maßgebender Begriff des Mietzinses

Der obengenannte Zweck des Msp., nämlich die am Ort für bestimm-   C 156c
te Wohnraumgruppen tatsächlich gezahlten Mietentgelte transparent zu machen und dadurch den erforderlichen Vergleich mit dem Mietentgelt

für eine bestimmte Wohnung (Bezugswohnung) zu ermöglichen, setzt Klarheit darüber voraus, welche Mietentgelte im Zahlenwerk des Msp. Eingang gefunden haben. Die Feststellung des dem Msp. zugrunde liegenden und deshalb auch im Einzelfall anzuwendenden Mietbegriffs stellt somit für die Anwendbarkeit des Msp. eine außerordentlich wichtige, grundlegende Frage dar, welche im jeweiligen Msp. für die Benutzer ausdrücklich klargestellt werden muß.

a) Das Gesetz selbst trifft keine einheitliche, konkrete Begriffsbestimmung. Zwar kann grundsätzlich nach § 535 BGB der Begriff des Mietzinses dahin verstanden werden, daß er das Entgelt des Mieters für alle vom Vermieter im Rahmen des Mietvertrages geschuldeten Leistungen darstellt. Mit dieser Feststellung ist aber noch keine Antwort auf die praktisch bedeutsame Frage gefunden, wie andere gesetzliche Bestimmungen oder Umschreibungen des vom Mieter geschuldeten Entgelts und der dafür vom Vermieter konkret geschuldeten Leistungen im Gesamtzusammenhang des jeweiligen Gesetzes zu verstehen sind. Gleichermaßen unbeantwortet bleibt auf der Grundlage der auch hier geltenden Vertragsfreiheit (§ 305 BGB) und der im individuellen Mietvertrag tatsächlich getroffenen Vereinbarungen darüber hinaus die Frage, welches Entgelt nach dem Willen der Vertragsparteien für welche Leistungen – erforderlichenfalls bei gesetzeskonformer Auslegung der Erklärungen (§§ 133, 157, 242 BGB) – geschuldet wird.

b) In der Rechtsprechung und dem Schrifttum hat sich deshalb für den nicht preisgebundenen Wohnraum die Unterteilung in die **Grundmiete** einerseits (d. h. das für die reine Raumüberlassung gezahlte Entgelt, auch Nettomiete) und die **Nebenkosten** andererseits durch Gesetz (d. h. sämtliche darüber hinaus vom Mieter in Geld oder geldwerten Leistungen zu erbringenden Verpflichtungen; vgl. Rdn C 2 ff); von dieser Begriffsbestimmung gehen im allgemeinen auch die Formularmietverträge aus. In der mietrechtlichen Praxis weniger gebräuchlich ist die sog. Kaltmiete (d. h. Grundmiete einschließlich aller nicht verbrauchsabhängigen Nebenkosten) und die Warmmiete (d. h. Grundmiete einschließlich aller, auch der verbrauchsabhängigen Nebenkosten, auch Pauschalmiete). Der BRegBe Ziff. 7 versteht davon abweichend den darin empfohlenen Begriff der ,,Kaltmiete" als ,,Miete ohne Heizung und Warmwasserkosten", was jedenfalls keiner populären oder auch nur juristisch verbreiteten Terminologie entspricht.

c) Angesichts des Fehlens einer gesetzlichen Begriffsbestimmung und einer einheitlichen allgemein geläufigen Terminologie sowie des hier geltenden Prinzips der Vertragsgestaltungsfreiheit (§ 305 BGB) ergibt sich eine Vielzahl mietvertraglicher Gestaltungsmöglichkeiten hinsichtlich des geschuldeten Mietzinses. Dieser Vielzahl von Gestaltungsmöglichkeiten kann der auf einen Orientierungsrahmen abzielende Msp. naturgemäß nicht Rechnung tragen, so daß es genügen muß, sich darin auf einen der denkbaren Mietzinsbegriffe in Anlehnung an die örtlichen Gegebenheiten festzulegen.

§ 2. Erhöhung der Grundmiete   **C 156 d**

In diesem Zusammenhang ist zusätzlich zu beachten, daß in der Praxis häufig Fälle auftreten, in denen sich erst aus rechtlichen Erwägungen (Auslegung) ergibt, welche Leistungen des Vermieters durch den Mietzins abgegolten sind. Dabei gilt der Grundsatz, daß der vereinbarte Mietzins alle Leistungen des Vermieters abgilt, falls und soweit nicht für bestimmte Leistungen ein zusätzliches Entgelt des Mieters ausdrücklich oder erkennbar vereinbart worden ist (s. Rdn C 5 ff). Daraus folgt, daß häufig der Vermieter mangels einer vertraglichen Abwälzung jeglicher oder bestimmter Nebenkosten zur Erbringung von Nebenleistungen (außerhalb der bloßen Raumüberlassung) auf seine Kosten verpflichtet ist. Für die in einem Msp. verwerteten Mietentgelte muß das zur Folge haben, daß darin sowohl weitergehende als auch nur geringfügige Leistungen des Vermieters außerhalb der Raumüberlassung (Grundmiete) in den erhobenen und errechneten Mietzins eingeflossen sind, weil die befragten Mieter sich über diese rechtliche Umwertung der Vertragsvereinbarungen und die gesetzliche Rechtslage gar nicht im klaren waren, bzw. eine eindeutige Erhebung der bloßen Grundmiete erhebungstechnisch mit vertretbarem Aufwand kaum möglich ist.

d) Nach dem oben Ausgeführten bestehen rechtlich keine Bedenken, wenn im Msp. die **am Ort gebräuchlichste Miete** ermittelt wird. Für die rechtliche Wertung und praktische Brauchbarkeit des Msp. ist lediglich erforderlich, daß nicht irgendein, sondern ein exakt bestimmtes Mietentgelt ermittelt und in den Tabellen als Richtwert ausgewiesen wird. Zur Vermeidung von Mißverständnissen muß der zugrunde gelegte Mietbegriff allerdings im Msp. eindeutig klargestellt werden. Aus diesen Gründen können gegen die generelle Überzeugungskraft von Msp. keine Folgerungen aus der Tatsache hergeleitet werden, daß die bisher veröffentlichten Msp. der Gemeinden den ihnen jeweils zugrunde liegenden Mietzinsbegriff mit erheblichen Unterschieden bestimmen (unzutreffend daher Marienfeld ZMR 76, 225).

e) Weil das MHG auf örtliche Besonderheiten des Mietzinsbegriffs **C 156 d** einerseits keine Rücksicht nehmen konnte, diese andererseits aber auch nicht ausdrücklich ausgeschlossen hat, kann auch ein am Ort üblicher **Gesamtmietzins** als Mietentgelt i. S. des § 2 Abs. 1 MHG einschließlich der darin enthaltenen Betriebskosten unter den erschwerten Voraussetzungen dieser Vorschrift erhöht werden, wenn eine derartige Gesamtmiete vereinbart ist oder als vereinbart gilt und sich ohne Schwierigkeiten entsprechende Vergleichsmieten ermitteln lassen; ist das gleichermaßen für Vermieter und Mieter der Fall und wird die Erhöhung mit dem Steigen des Gesamtmietzinses begründet, bestehen ausnahmsweise gegen die Anwendbarkeit des § 2 MHG keine Bedenken, zumal dann der Mieter in seiner Rechtswahrung nicht benachteiligt wird. Davon kann bei einem Msp. hinsichtlich der darin festgestellten ortsüblichen „Kaltmiete" ausgegangen werden. Der davon abweichenden Ansicht von Barthelmess (§ 1 MHG Rdn 18), wonach der Vermieter nach § 2 MHG allgemein sowohl eine Erhöhung der Grundmiete als auch der Betriebskosten verlangen kann, wenn beide Erhöhungen gleichzeitig und in Form einer erhöhten Gesamtmiete geltend gemacht werden, kann aus den dargelegten Gründen nicht uneingeschränkt zugestimmt werden. Soweit sich Nebenkosten, die in der Gesamtmiete enthalten sind, nach dem Erhebungsstichtag des Msp. erhöhen und auf den Mieter umgelegt worden sind, müssen diese vorweg von der jeweiligen Vergleichsmiete im Msp. in Abzug gebracht werden (BRegBe 7). Sodann ist der Vermieter berechtigt, solchen Erhöhungen der im Mietzins enthaltenen Nebenkosten, welche zeitlich nach den statistischen Erhebungen eintreten, über die im Msp. festgestellten ortsüblichen Mietsätze hinaus im erleichterten Verfahren nach § 4 II MHG auf die Mieter umzulegen. Eine weitere Erhöhung des Mietzinses i. S. der maßgebenden Gesamtmiete nach § 2 MHG setzt dagegen grundsätzlich voraus, daß neue Ermittlungen der ortsüblichen Gesamtmiete zu dem Ergebnis führen, daß die zuletzt vereinbarte Miete zuzüglich zwischenzeitlicher Erhöhungen der darin enthaltenen Nebenkosten die dann geltende Gesamtmiete nicht erreicht.

f) Wenn der Msp. entsprechend den festgestellten örtlichen Besonderheiten davon ausgeht, daß die in den Tabellen dargestellten ortsüblichen Mietentgelte die zusätzliche Verpflichtung des Mieters zur Tragung der **Schönheitsreparaturen** und der Kosten für kleinere Instandhaltungen einschließen, muß bei abweichender Vertragsgestaltung dem Vermieter ein angemessener Zuschlag zugebilligt werden, wenn er diese Verpflichtung auf seine Kosten durchzuführen hat. Dabei ist Voraussetzung, daß nach gesicherter Erfahrung am Ort überwiegend derartige Verpflichtungen zu Lasten der Mieter bestehen und diese Sachlage auch in den ermittelten Mietwerten zum Tragen kam. Davon ausgehend ist es gerechtfertigt, in diesen Zusatzverpflichtungen des Mieters bei gebührender Beachtung der hohen Handwerkerlöhne einen relevanten Teil des Mietentgeltes zu sehen, welches ziffernmäßig in der anteiligen Umlage auf die Monatsmiete fachkundig nach den am Ort geltenden Preisen bei durchschnittlicher Ausführung geschätzt werden müßte. Allerdings sollte insoweit nur eine Anhebung des festgestellten Mittelwertes um wenige Prozent in Anlehnung an die Regelung des § 28 Abs. 4 der II. BV für preisgebundenen Wohnraum (derzeit 6,40 DM pro qm im Jahr) in Betracht gezogen werden. Entsprechendes gilt gemäß § 28 Abs. 3 der II. BV für die Kosten der **kleinen Instandhaltungen** (1,20 DM pro qm Wohnfläche pro Jahr).

Sollten jedoch weder exakte Feststellungen noch gesicherte Erfahrungssätze dafür vorliegen, daß die ermittelten Mietwerte jene Zusatzverpflichtungen des Mieters einschließen, müßte davon abgesehen werden, den Begriff des maßgebenden Mietzinses in dieser Weise zu bestimmen; die ermittelten Mietwerte wären dann so zu verstehen, daß sie sowohl Verträge mit derartigen Zusatzverpflichtungen als auch gleichermaßen solche ohne derartige Zusatzverpflichtungen erfassen, so daß bis zum Vorliegen konkreter Feststellungen aus diesem Grund we-

§ 2. Erhöhung der Grundmiete	C 156f

der ein Zu- noch ein Abschlag gerechtfertigt wäre; der gegenteiligen Ansicht im BRegBe 7 (a. E.) kann insoweit nicht gefolgt werden.

3. Die Art des Zustandekommens des Msp. und ihre Auswirkungen

Hinsichtlich der im BRegBe 4.1 genannten Aufstellungsarten muß berücksichtigt werden, daß der Msp. nur dann seinen Zweck erfüllen kann, wenn bei seiner Erstellung das Gebot der Neutralität gebührend beachtet worden ist; nur so kann grundsätzlich eine verzerrte Darstellung der ortsüblichen Mietentgelte zugunsten der einen oder anderen Interessenrichtung vermieden werden. 	C 156f

a) Für den Bereich des zivilrechtlichen Mieterhöhungsverfahrens bestimmt deshalb § 2 II 2 MHG ausdrücklich, von wem ein Msp. erstellt sein muß, wenn er als verläßliches Orientierungsmittel vor allem im außergerichtlichen Bereich die ihm zufallende Wirkung beanspruchen will (s. Rdn C 91 ff).

aa) Dort ist ausdrücklich bestimmt, daß Msp. vor allem von den **Gemeinden** (vgl. BRegBe 4.2) aufgestellt werden dürfen, denen mit Recht bei dieser Aufgabe für ihre Gemeindebürger die erforderliche Neutralität zugesprochen wird. Aus § 2 II MHG geht eindeutig hervor, daß die Gemeinde bei der Erstellung des Msp. nicht die Mitwirkung der örtlichen Interessenvertretungen in Anspruch nehmen muß. Wenn auch die Beteiligung der örtlichen Interessenvertretungen zwecks Erreichung einer möglichst großen Übereinstimmung zu empfehlen ist (BRegBe 4.2, 4.3), wird diese aus den verschiedensten Gründen nicht immer erreichbar sein, so daß die Gemeinde auch dann zur Erfüllung dieser Aufgabe ohne Rücksicht auf die Mitwirkungsbereitschaft Dritter aufgerufen ist.

bb) Daneben läßt § 2 II 2 MHG auch die Erstellung verwertbarer Msp. von den **Interessenvertretern** der Mieter und Vermieter zu. Bei den Interessenvertretern der Vermieter und Mieter liegt es nahe, daß sie primär die Belange ihrer Partei wahrzunehmen geneigt sein werden, was durch die Überbetonung besonders hoher oder niedriger Mietentgelte geschehen kann. Deshalb erkennt § 2 II 2 die Msp. dieser Interessenvertreter nur dann an, wenn sie von beiden Interessengruppen gemeinsam erstellt werden oder aber wenigstens von der Seite anerkannt wird, die bei der Erstellung nicht mitgewirkt hat (RegE; s. Rdn F 14). Somit ist keine völlige Übereinstimmung beider Seiten und keine gemeinsame Erstellung für die Verwendbarkeit der Tabelle erforderlich; es reicht vielmehr aus, wenn die nicht verantwortlich zeichnende Seite die Tabelle ausdrücklich oder durch längere Übung tatsächlich anerkennt. Nach den Vorstellungen des Gesetzgebers soll auch die Anerkennung einzelner Teile der Tabelle für ihre Verwendbarkeit genügen; RegE; s. Rdn F 14; das wird dahin einzuschränken sein, daß sich der Vermieter dann nur auf die anerkannten Teile der Tabelle berufen darf, während im übrigen vom Nichtvorhandensein einer Tabelle auszugehen ist. Eine einseitig erstellte Tabelle genügt somit nur, wenn die Gemeinde verantwortlich zeichnet.

cc) Schließlich liegen verwertbare Msp. nach den in § 2 II 2 MHG vorgesehenen Konstellationen auch dann vor, wenn sie entweder von einer Interessenvertretung allein erstellt und dann von der Gemeinde anerkannt werden oder wenn sie von einem Dritten aufgestellt und dann von den Interessenvertretern der Mieter und Vermieter oder der Gemeinde anerkannt werden. Die **Anerkennung** eines derartigen Msp. kann sowohl ausdrücklich als auch schlüssig erfolgen; dann ist jedoch erforderlich, daß von dem Anerkennenden über einen nicht nur unerheblichen Zeitraum hinaus vom Msp. derart Gebrauch gemacht wird, daß in der nachträglichen Behauptung einer trotzdem gegebenen Ablehnung ein treuwidriges, widersprüchliches Verhalten zu erblicken ist.

dd) Kommen Msp. in anderer Weise zustande und werden sie insbesondere von anderen Behörden, Institutionen oder Verbänden aufgestellt, so kommt ihnen als Darlegungsmittel i. S. des § 2 II 2 MHG keine Bedeutung zu. Die gesetzliche Regelung dieser Vorschrift enthält insoweit für das Zustandekommen relevanter Msp. eine abschließende Regelung, weil es anderenfalls der gesetzlichen Bestimmung der zulässigen Beteiligten und der erforderlichen Zustimmung nicht bedurft hätte. Deshalb können auch andere Msp. außerhalb der in § 2 II 2 MHG geregelten Inbezugnahme seitens des Vermieters nicht ausreichen, um das Erhöhungsverlangen damit in sonstiger Weise zu begründen (z. B. indem die darin getroffenen summarischen Feststellungen über die Vergleichsmiete bestimmter Wohnungsgruppen vom Vermieter als die zutreffende Vergleichsmiete in seiner Begründung genannt werden, worin letztlich ebenfalls eine Inbezugnahme auf einen Msp. zu sehen ist, dessen neutrale Feststellung für den Mieter in derartigen Fällen in keiner Weise gesichert ist); derartige Tabellen können somit nur zur Unterstützung eines im übrigen bereits durch anderweitige Angaben wirksamen Erhöhungsverlangens verwendet werden, sie können aber nicht durch bloße Inbezugnahme die Wirksamkeit des Erhöhungsverlangens begründen. Die Rechtslage wurde durch die Neuregelung in § 2 VI nicht geändert. Die Vorschrift stellt lediglich klar, daß ein Mietspiegel nicht schon deshalb als Begründungsmittel ausscheidet, weil er inhaltlich nicht den Anforderungen des § 2 V entspricht.

b) Sowohl § 2 II 2 MHG als auch der BRegBe gehen davon aus, daß Msp. einerseits im Wege marktorientierter Feststellungen oder Einigungen aufgestellt werden können, die hinsichtlich der Erhebung des Datenmaterials unter Auswertung **keinen wissenschaftlich-statistisch gesicherten Methoden** einer repräsentativen Marktanalyse folgen; andererseits wird davon ausgegangen, daß Msp. aufgrund **gesicherter empirisch-statistischer Methoden** zu erstellen sind. Für den Msp. als Darlegungsmittel im außergerichtlichen Mieterhöhungsverfahren kommt es auf eine Unterscheidung des höheren oder geringeren Aussagewerts nicht an, der sich aus naheliegenden Gründen aus derartigen Unterschie-

§ 2. Erhöhung der Grundmiete   C 156h

den bei der Erstellung des Msp. ergibt; auch der nicht wissenschaftlich gesicherte Msp. kann und soll nach dem Willen des Gesetzgebers dafür ausreichen, dem Vermieter die Begründung und dem Mieter die Überprüfung seines Erhöhungsverlangens zu erleichtern. Der Mieter soll überprüfen können, ob die verlangte Mieterhöhung im Rahmen der ortsüblichen Mietsätze liegt, um auf dieser Basis die angestrebte außergerichtliche Einigung mit vertretbaren Mitteln einer einigermaßen gesicherten Marktorientierung zu fördern s. § 2 VI, Rdn C 156f). Für die darüber hinausgehenden Auswirkungen und Zweckbestimmungen des Msp. (s. Rdn C 156b) ist aber die Art seines Zustandekommens von wesentlicher Bedeutung.

Der von einer Gemeinde erstellte Msp. kann grundsätzlich über den vom Gesetz ausdrücklich geregelten Fall seiner Verwendung als Darlegungsmittel im außergerichtlichen Erhöhungsverfahren hinaus auch für alle weiteren Bereiche des zivil- und strafrechtlichen Verfahrens als neutrale Marktanalyse bei der Feststellung der ortsüblichen Vergleichsmiete angesehen werden, soweit sein Ergebnis nach Erhebung und Auswertung repräsentativ ist.

Ob der Msp. einer Gemeinde oder der Interessenverbände daneben als Beweismittel im behördlichen und **gerichtlichen Verfahren** herangezogen werden kann, hängt jedoch nicht nur von der Neutralität bei seiner Erarbeitung ab, sondern setzt die Überzeugungsbildung voraus, daß die dabei angewandte Methode den wissenschaftlichen Grundsätzen für eine empirisch-statistische Marktanalyse dieser Art gerecht wird; insoweit zeigt sich schon im Ansatz ein deutlicher Unterschied zwischen solchen Msp., die nach anerkannten wissenschaftlichen Methoden erstellt worden sind, und solchen, die außerhalb dieser Grundsätze im Wege einer interessenwahrenden Einigung (z. B. der Interessenverbände) auf der Basis eines nicht wissenschaftlich statistisch erhobenen Datenmaterials (vgl. BRegBe 3.2 sowie Anl. 3) geschaffen werden. Letztere sind zwar nach der ausdrücklichen gesetzlichen Regelung dafür ausreichend, daß der Vermieter im Erhöhungsverlangen auf sie zur Begründung seines Erhöhungsrechts Bezug nimmt und damit ein wirksames Erhöhungsverlangen abgibt; darauf ist der Zweck der Msp. vorrangig gerichtet. Als Beweismittel im gerichtlichen Verfahren kommen sie aber grundsätzlich nicht in Betracht (s. dazu näher Rdn C 151).

4. Sachlicher Inhalt des Msp.

Nach der gesetzlichen Regelung in § 2 V 4 soll der Inhalt des Mietspiegels durch Rechtsverordnung der Bundesregierung näher bestimmt werden. Von der Ermächtigung zum Erlaß einer Rechtsverordnung hat die Bundesregierung bislang noch keinen Gebrauch gemacht. Zur Zeit existiert ein „Bericht der Bundesregierung betreffend die Ermöglichung einer vermehrten Aufstellung von Mietspiegeln durch die Gemeinden" aus dem Jahre 1976 (Bundesbaublatt 76, 234; hier abgekürzt: BeRegBe) und – als Ergänzung hierzu – eine „Fortschreibung der Hinweise für die Aufstellung von Mietspiegeln" aus dem Jahre 1980, herausgegeben vom Bundesministerium für Raumordnung, Bauwesen und Städtebau (WM 80, 165; hier abgekürzt: Fortschreibung BMBau). Beide Texte sind wegen ihrer allgemeinen Bedeutung für die Erstellung und das Verständnis von Mietspiegeln im Anhang 1, § 2 MHG unter Rdn. C 156t) und C 156u) abgedruckt. In beiden Fällen handelt es sich um unverbindliche Empfehlungen für die Erstellung von Mietspiegeln. Danach gilt folgendes:

a) Auf der Grundlage der Begriffsbestimmung der ortsüblichen Vergleichsmiete in den §§ 2 I 2 MHG, 5 I WiStG muß der Msp. einen **repräsentativen Querschnitt** der am Ort üblichen Entgelte für vergleichbaren Wohnraum widergeben (BRegBe 5.1). Da die einzelnen Wohnungen und die dafür gezahlten Entgelte erfahrungsgemäß erhebliche Unterschiede aufweisen, müssen im Msp. hinsichtlich der wesentlichsten Bewertungskriterien ausreichende Differenzierungen enthalten sein, die eine Einordnung der Bezugswohnung und damit eine hinreichend genaue Feststellung der Vergleichsmiete ermöglichen (BRegBe 5.2). Dabei kann nicht verlangt werden, daß ein Msp. lückenlos alle in Betracht kommenden Bewertungskriterien gleichermaßen erfaßt, zumal die Relevanz der eindeutig wohnwertbildenden Kriterien im einzelnen noch nicht hinreichend geklärt ist (vgl. Ipsen, Archiv für Kommunalwissenschaften 1977, 262; Schulz-Trieglaff WM 77, 249; Rupp DWW 78, 31; s. Rdn D 59). Wohl aber ist zu fordern, daß die **normativen Bewertungskriterien** (gleiche Art, Größe, Lage, Ausstattung, Beschaffenheit) wenigstens dergestalt im Msp. Eingang gefunden haben und ersichtlich sind, daß daraus eine bestimmte oder bestimmbare Grundsatzorientierung über die Entgelte relevanter Wohnraumgruppen entnommen werden kann; insoweit erübrigen sich Unterscheidungen nur dann, wenn davon ausgegangen werden kann, daß signifikante Unterschiede durch diese Kriterien am Ort nicht bestehen oder nicht feststellbar sind (z. B. Beschaffenheit der Wohnungen). Soweit eine zusätzliche Differenzierung durch weitere Unterschiede im Wohnwert geboten ist, muß diese durch **Zu- und Abschläge** (vgl. BRegBe 6.2) erfolgen, welche in ihrer Höhe beim Fehlen genauerer Anhaltspunkte zu schätzen sind. Nur auf diese Weise kann durch flexible Gestaltung auf der Basis gesicherter Ausgangswerte einerseits den vielfachen Unterschieden des zu bewertenden Wohnraums Rechnung getragen, andererseits aber auch eine Überschätzung der praktisch erzielbaren Ergebnisse eines Msp. ausgeschlossen werden. Der Zweck eines Msp. ist es nicht, exakt bestimmte Mietwerte für eine Einzelwohnung, sondern eine Marktübersicht mit Richtwerten zur Orientierung der im Einzelfall gerechtfertigten Miete zu geben (vgl. BRegBe 3.1).

b) Bezüglich der **gesetzlichen Bewertungskriterien** (Art, Größe, Ausstattung, Beschaffenheit, Lage) ist ergänzend zu den grundsätzlichen Ausführungen in Rdn C 59ff zu dem BRegBe 5.3 folgendes anzumerken:

aa) Art: Unter dem Vergleichsmerkmal sind zunächst diejenigen Besonderheiten zu verstehen, die auf die Gebäudeart (z. B. Alt, Neubau;

§ 2. Erhöhung der Grundmiete   C 156i

Ein-, Mehrfamilienhaus (s. Rdn C 95), Hochhaus, Einzelzimmer, Appartement, abgeschlossene Wohnung) abstellen (BRegBe 5.3.1) Ein- und Zweifamilienhäuser weichen hinsichtlich der Mietpreise häufig von den Preisen für Wohnungen in Mehrfamilienhäusern ab (s. z. B.: Streich DWW 81, 250, wonach die Miete um 20% höherliegen soll). Die Fortschreibung BMBau A III 5 empfiehlt deshalb, daß diese Mietobjekte ausgesondert werden und daß hierüber ggf. ein eigener Mietspiegel erstellt wird. Darüber hinaus ist nunmehr in § 2 V 2 bestimmt, daß bei der Aufstellung von Mietspiegeln diejenigen Wohnungen unberücksichtigt bleiben sollen, deren Mietpreise der gesetzlichen Preisbindung unterliegen. Die Regelung gilt – wie der gesamte Absatz 5 – nur für die gemeindlichen Mietspiegel und nicht für die von den Interessenvertretern der Vermieter und der Mieter erstellten Mietspiegel sowie für die von Dritten erstellten und von der Gemeinde oder den Interessenvertretern anerkannten Mietspiegel. Die Vorschrift stellt nämlich keine eigenständige Regelung dar, sondern knüpft an Satz 1 an. Unter die gesetzliche Preisbindung fallen nach der Vorstellung des Gesetzgebers nicht nur die preisgebundenen Wohnungen im engeren Sinne; vielmehr sollen dazu alle Wohnungen gehören, die aufgrund gesetzlicher Bestimmungen an Höchstbeträge gebunden sind (vgl. Begründung zum Gesetzentwurf Rdn. 117). Demgemäß müßten folgende Wohnungsgruppen unberücksichtigt bleiben:
(1) Öffentlich geförderte Wohnungen, die nach dem 20. 6. 1948 bezugsfertig geworden sind – Sozialwohnungen – (§§ 1, 8 I WoBindG);
(2) Steuerbegünstigte Wohnungen im Sinne des § 82 des 2. Wohnungsbaugesetzes (§ 85 II);
(3) Wohnungen, die mit Wohnungsfürsorgemitteln gefördert worden sind im Sinne des § 87 a des 2. Wohnungsbaugesetzes;
(4) Wohnungen, die mit Aufwendungszuschüssen oder Aufwendungsdarlehen gefördert wurden (§ 88 des 2. Wohnungsbaugesetzes);
(5) Wohnungen der gemeinnützigen Wohnungsunternehmen (§ 7 II Wohnungsgemeinnützigkeitsgesetz in Verbindung mit § 13 I DVO).
Die Neuregelung führt zu einer merkwürdigen Inkonsequenz. Von ihr werden nämlich auch solche Wohnungen erfaßt, deren Vermieter sich im Mieterhöhungsverfahren auf einen Mietspiegel berufen können (z. B. Genossenschaftswohnungen; s. Rdn. C 60). Allerdings ergibt sich diese Rechtsfolge nicht aus dem Gesetz, sondern aus der umstrittenen Auslegung des § 2 I Nr. 2 durch die obergerichtliche Rechtsprechung. Nach der Neuregelung erscheint eine Überprüfung dieser Rechtsprechung erforderlich.
Sonstige Wohnungsgruppen, bei denen sich der niedrige Mietpreis nicht aufgrund gesetzlicher Bestimmungen, sondern aufgrund des persönlichen Verhältnisses zwischen den Vertragspartnern ergibt (Werkwohnungen, Gefälligkeitsmiete), fallen zwar nicht unter den Wortlaut des Gesetzes, sind aber nach den Grundsätzen des Rechtsentscheids des BayObLG vom 19. 3. 1983 (RES § 2 MHG Nr. 7) als unüblich auszu-

sondern. Gleiches gilt für Mietverhältnisse, deren Mietpreise wegen ungewöhnlicher oder persönlicher Verhältnisse ungewöhnlich hoch sind. Die gesetzliche Neuregelung hat hieran nichts geändert. Dabei ist in erster Linie an die von Ausländern angemieteten Wohnungen zu denken. Die Auswertung des bei der Erstellung der Msp. für München (1976) und Mannheim (1973) insoweit gesammelten Zahlenmaterials hat bestätigt, daß Ausländer für ihre Wohnungen im Durchschnitt einen wesentlich höheren Mietpreis bezahlen müssen als deutsche Mieter (s. Ipsen, Archiv für Kommunalwissenschaften 1976 S. 271). Es steht daher als eine tatsächlich vorhandene Besonderheit des Marktes fest, daß die Ausländereigenschaft des Mieters für die in Betracht kommenden Wohnungen zu einer Erhöhung des Mietzinses führt. Es ist daher gerechtfertigt und zweckmäßig, die von Ausländern gemieteten Wohnungen bei der Ermittlung des sonst am Ort üblichen Mietzinses auszuklammern; unbedingt notwendig ist dies nur dort, wo die Einbeziehung der Ausländerwohnungen (z. B. wegen ihrer großen Zahl oder der besonders extremen Mietpreise) zu einer erheblichen Verzerrung des Gesamtergebnisses führen würde. Die Fortschreibung BMBau A III 1 empfiehlt in diesem Zusammenhang, daß die in die Mietspiegel eingehenden Mieten für Wohnungen in schlechten Lagen nicht höher sein sollten als die für vergleichbare Wohnungen in besseren Lagen. Entsprechendes wird für Wohnungen schlechterer und besserer Qualität empfohlen.

Hiervon zu unterscheiden ist die Frage, wie die ortsübliche Vergleichsmiete für die von Ausländern gemieteten Wohnungen bestimmt werden soll. Die Bildung eines Teilmarktes für Ausländer mit der Folge, daß nur wegen der Ausländereigenschaft des Mieters ein höherer Mietzins zu zahlen wäre, kann rechtlich nicht anerkannt werden. Insoweit steht das in Art. 3 III GG enthaltene Gebot, niemanden wegen seiner Heimat und Herkunft zu benachteiligen, einer Ungleichbehandlung deutscher und ausländischer Mieter bei der Feststellung der jeweiligen Vergleichsmiete durch die Gerichte und Behörden entgegen. Die Vergleichsmiete muß daher in jedem Fall für Deutsche und Ausländer aus derselben Tabelle entnommen werden; die Anwendung einer gesonderten Ausländertabelle ist nicht zulässig. Diese grundsätzliche Überlegung schließt im übrigen nicht aus, daß beim Vorliegen besonderer Sachgründe, die ein besonderes Vermieterrisiko mit sich bringen, (z. B. rascher Mieterwechsel, verstärkte Abnutzung der Wohnung, hohe Belegungszahl usw.), Zuschläge bei der Vermietung an Ausländer berücksichtigt werden können (LG Mannheim MDR 78, 55 = Justiz 77, 456; s. Rdn C 97, 156h). Bezüglich des Baujahres der Wohnung hat sich folgende Unterteilung bewährt:
– bis 1948–1949 bis 1960 – 1961 bis 1971 – 1972 bis 1978 – ab 1979 (vgl. dazu auch Fortschreibung BMBau A III 3 und Anlage 1).

bb) Größe. Die Größe einer Wohnung ist einer der wichtigsten Faktoren bei der Ermittlung des durchschnittlichen qm-Mietzinses. Gerade hierin liegt aber auch eine der bedeutendsten Fehlerquellen. Denn ob-

§ 2. Erhöhung der Grundmiete					C 156i

wohl es Bestimmungen für eine genaue und einheitliche Wohnflächenberechnung gibt (DIN 283, abgedr. in Rdn C 157), werden in der Praxis unterschiedliche Maßstäbe angewandt. Dies gibt insbesondere für die Anrechnung von Balkonen, Fensternischen, Wandschrägen, Einbauschränken, Schornsteinflächen und dergleichen. Der zu der Bewertung von Balkonen ergangene Rechtsentscheid des BayObLG vom 20. 7. 1983 (WM 83, 254) hat insoweit keine Klarheit gebracht, sondern die bestehende Unsicherheit weiter vergrößert (s. dazu Rdn C 63). Häufig haben auch die befragten Mieter nur eine ungefähre Vorstellung von der Größe ihrer Wohnung. Bei der Vielzahl der befragten Wohnungsinhaber kann jedoch davon ausgegangen werden, daß dadurch entstehende Ungleichheiten im Ergebnis wieder ausgeglichen werden. Es ist nämlich wahrscheinlich, daß bei einer repräsentativen statistischen Umfrage ein Teil der Wohnungen zu groß, ein anderer Teil aber zu klein angegeben wird. Deshalb können Mängel oder Fehler bei der Ermittlung des Msp. diesen insoweit grundsätzlich nicht in Frage stellen. Im Ergebnis sollte der Msp. die im BRegBe 5.3.2 vorgeschlagene Unterscheidung in Klein-, Mittel- oder Großwohnungen treffen; weitergehende Unterteilungen dürften nur dann geboten sein, wenn sich am Ort signifikante Abweichungen für bestimmte Wohnraumgruppen erkennen lassen. Eine Sondergruppe bilden häufig die sogenannten Appartements, weil sie – bezogen auf den Quadratmeterpreis – kostenaufwendiger sind als größere Wohnungen. In der Fortschreibung BMBau B V 2 ist unter einem Appartement „eine abgeschlossene, gutausgestattete Einzimmerwohnung zu verstehen, die Kochnische oder separate Kleinküche mit separatem Bad oder Dusche sowie WC aufweist".

cc) Ausstattung. Der BRegBe 5.3.3 empfiehlt zur Wahrung der Übersichtlichkeit der Msp. und zur Vermeidung übermäßiger Erhebungskosten eine Beschränkung auf die „wichtigsten Ausstattungsmerkmale" (vgl. Rdn C 64). Die dort angeregte Dreiteilung für die wichtigsten Ausstattungsklassen entspricht der Praxis hinsichtlich der ausstattungsbedingten Bewertung des Mietraums und wird in den meisten Msp. eingehalten. Es darf aber nicht verkannt werden, daß hierdurch den Besonderheiten in der Mietpreisbildung, wie sie im allgemeinen durch eine besonders gute oder schlechte Ausstattung auftreten, zu wenig Rechnung getragen wird. Ein System von Zu- und Abschlägen erscheint daher zur Feststellung des im Einzelfall maßgebenden Mietzinses unerläßlich. Trifft der Msp. selbst keine näheren Feststellungen darüber, unter welchen Voraussetzungen von einer überdurchschnittlichen Ausstattung mit entsprechenden Zuschlägen gegenüber der Durchschnittsmiete auszugehen ist, kann nicht jede Abweichung von einer (hypothetischen) Normalausstattung eine Überschreitung der Durchschnittsmiete rechtfertigen; eine überdurchschnittliche Ausstattung erfordert vielmehr, daß mehrere objektivwesentliche Sondereinrichtungen vorhanden sind, welche die Wohnung insoweit gegenüber einer üblichen Standardausstattung herausheben (AG Köln WM 76, 127 m. Anm. Herpers; zur unter-

667

schiedlichen Bewertung einer Zentralheizung gegenüber einer Gas-Etagenheizung vgl. AG Darmstadt WM 76, 237; zur Bewertung eines mitvermieteten Badezimmers mit gebrauchsfähigen Anschlüssen aber ohne sonstige Badezimmereinrichtung vgl. LG Mannheim WM 78, 32 = Justiz 77, 376).

C 156j **dd) Beschaffenheit.** Wegen der Vielzahl der unter das Merkmal Beschaffenheit fallenden Besonderheiten (vgl. Rdn C 65) ist dem BeRegBe 5.3.4 darin zuzustimmen, daß die Beschaffenheit bei der Gliederung der Msp. ebenfalls nur unvollkommen berücksichtigt werden kann, wobei gegebenenfalls Besonderheiten mittels Zu- und Abschlägen ausgeglichen werden müssen. Die vorgeschlagene Unterteilung nach Baualtersklassen ist rechtlich nicht zu beanstanden; sie führt jedoch nur zu einem Grobraster bezüglich der Beschaffenheit der Wohnung. Für die in diesem Zusammenhang häufig auftretende Problematik, wie Wohnungen einzustufen sind, die zwar in älteren Wohngebäuden liegen, aber in einer Weise modernisiert sind, daß sie einer Neubauwohnung gleichkommen, oder Wohnungen, die sich in später aufgestockten bzw. angebauten Gebäudeteilen oder in später ausgebauten Dachgeschossen befinden, bietet § 17 des 2 WoBauG brauchbare Kriterien. Danach werden folgende Modernisierungsmaßnahmen einem Neubau gleichgestellt:
(1) Ausbau des Dachgeschosses
(2) eine durch wesentlichen Bauaufwand durchgeführte Umwandlung von Räumen, die bisher anderen als Wohnzwecken dienten oder die für Wohnzwecke nicht mehr geeignet waren
(3) die Aufstockung eines Gebäudes
(4) der Anbau an ein Gebäude

Abgrenzungsschwierigkeiten ergeben sich hierbei lediglich hinsichtlich der unter Ziff. 2 behandelten Gruppe. Ein „wesentlicher Bauaufwand" wird insoweit immer dann anzunehmen sein, wenn die Altbauwohnung dergestalt umgebaut wurde, daß sie in Ausstattung und Zuschnitt einer Neubauwohnung entspricht (vgl. dazu LG Mannheim WM75, 172).

Liegt ein Fall des § 17 des 2. WoBauG vor, so ist die entsprechende Wohnung auch hinsichtlich der Ermittlung ihres Mietpreises wie eine Neubauwohnung zu behandeln. Handelt es sich dagegen um eine Altbauwohnung, die zwar in gewissem Umfang modernisiert ist, die aber dennoch nicht die Voraussetzungen des § 17 des 2.WoBauG erfüllt, so erhebt sich die Frage, ob sich bezüglich dieser Wohnungen ein eigener Markt gebildet hat oder ob sie trotz Modernisierung wie andere Altbauwohnungen zu behandeln sind. Wenn ersteres der Fall ist, sind insoweit besondere Mietpreise im Msp. auszuweisen; ansonsten kann die besondere Beschaffenheit durch einen angemessenen Zuschlag bewertet werden (vgl. auch Schulz-Trieglaff a. a. O. S. 251).

ee) Lage. Hier ist neben den „Verhältnissen des Wohngebiets" (so 5.3.5) auch die „Lage im Haus" (Stockwerk, Keller, Dachgeschoß, Hinterhaus; vgl. Rdn C 66) zu berücksichtigen. Die in dem BRegBe vorge-

§ 2. Erhöhung der Grundmiete C 156j

schlagene grobe Unterteilung nach „guten, mittleren und einfachen" Wohnlagen unter entsprechender Aufteilung des Gemeindegebiets wird bei den bislang erstellten Msp. häufig vorgenommen und ist grundsätzlich bedenkenfrei. Es darf allerdings nicht verkannt werden, daß offenbar häufiger Wohnungen in schlechten oder mittleren Lagen (z. B. in der Innenstadt) teurer sind als vergleichbare Wohnungen in guter Lage (Vorort). Da die Lage ein gesetzlicher Bewertungsfaktor ist, der nicht schlechthin übergangen werden darf, müssen die insoweit den Erwartungen des Gesetzgebers widersprechenden Verzerrungen in dem Msp. (als Übersicht über die wirklichen Marktverhältnisse) registriert werden. Allerdings ist es nicht zwingend notwendig, den Einfluß der Wohnlagen auf den Mietpreis in differenzierten Tabellen darzustellen. Es reicht aus, wenn – ausgehend von einer Tabelle ohne Lageberücksichtigung – dieses Kriterium durch Zu- und Abschläge zum Durchschnittswert erfaßt werden kann. In diesem Fall sollten empirisch ermittelte Bewertungsmaßstäbe angegeben werden, nach welchen die Höhe der Zu- und Abschläge zu berechnen sind. Nach den Erfahrungen mit dem Msp. Mannheim, welcher dieser Methode folgt, muß dann allerdings ein erhöhtes Maß an Rechtsunsicherheit in Kauf genommen werden. Trifft der Msp. selbst keine Bestimmung über diejenigen Lagekriterien, welche eine Einordnung in eine überdurchschnittlich gute oder schlechte Wohnungslage rechtfertigen, werden nur besonders hervorstehende Lageeigenschaften eine Abweichung von einer durchschnittlichen Bewertung zulassen; zur grundlegenden Klärung der maßgebenden Merkmale von über- oder unterdurchschnittlichen Lagekriterien kann dabei auf die abstrakten Bewertungen des BRegBe 5.3.5 oder auch ausführlichere Umschreibungen anderer Msp. vergleichbarer Gemeinden zurückgegriffen werden (dazu AG Köln WM 76, 127 m. Anm. Herpers; AG Aachen WM 77, 13). Von einer gehobenen teureren Wohnlage kann dann nicht ausgegangen werden, wenn die Lagevorteile durch erhebliche Nachteile ausgeglichen werden (LG Mannheim Justiz 77, 376).

Bei der Ermittlung der Vergleichsmiete im Einzelfall können im übrigen Korrekturen dort angebracht sein, wo ein zu hoher Mietpreis nach der Erfahrung der ortskundigen Behörden nur durch die Ausnutzung der Not bestimmter Bevölkerungsgruppen (z. B. der Ausländer) erzielt wird. Dagegen wäre eine Korrektur dann verfehlt, wenn festgestellt werden kann, daß z. B. Wohnraum im Stadtkern oder in bestimmten Ortsteilen nur deshalb teurer ist, weil es „in Mode" ist, dort zu wohnen, und weil deshalb ohne äußere Not eine große Nachfrage nach diesen Wohnungen besteht. Gleiches gilt, wenn z. B. der Bestand an Einfachwohnungen in einzelnen Stadtteilen oder insgesamt durch Modernisierungs- oder Sanierungsmaßnahmen gegenüber besser ausgestatteten Wohnungen verknappt ist. Eine Anpassung des Mietzinses an derartige Marktgesetzlichkeiten ist rechtlich nicht zu mißbilligen und es wäre falsch, solche Einflüsse auf den Mietpreis zu verdecken.

669

ff) Stellt der Msp. starre Bewertungskriterien für Merkmale auf, die einerseits erhebliche Mietpreisunterschiede zwischen den einzelnen Kategorien ergeben und andererseits im Einzelfall aus Sachgründen flexibler gehandhabt werden müssen (z. B. Gebäudealter, Größe), kann die Bezugswohnung nach ihrer individuellen Qualität in Anlehnung an die beiden in Betracht kommenden Bewertungsgruppen des Msp. auf oder abgestuft werden, soweit die Bandbreite der maßgebenden Kategorie keine angemessene Bewertung zuläßt (zutr. Winter WM 77, 85; LG Mannheim WM 78, 32 = Justiz 77, 376 betr. die Eingliederung einer mit Badezimmer und Anschlüssen aber ohne Badeeinrichtung vermieteten Wohnung).

gg) Führt die Anwendung des Msp. dazu, daß Wohnungen schlechterer Qualität aus nicht marktgerechten Gründen teurer sind als bessere Wohnungen, so rechtfertigt die Wohnwertintention des Gesetzgebers eine korrigierende Anwendung des Msp. in der Weise, daß die ausgewiesene Vergleichsmiete für die bessere Wohngruppe maßgebend ist (Schmidt-Futterer BIGBW 74, 217; Winter WM 77, 85). Soweit derartige Verzerrungen auf erkennbaren Mißständen des Wohnungsmarktes beruhen (z. B. Wohnungen für Ausländer, Studenten, möblierter Wohnraum), sollten sie bereits bei der Erstellung des Msp. durch eine Ausgliederung derartiger nicht repräsentativer Daten vermieden werden (dazu Winter a. a. O.).

5. Erhebungsverfahren

Der BeRegBe 3.2 empfiehlt zumindest für Großstädte mit stark differenziertem Wohnungsmarkt (etwa ab 150000 bis 200000 Einwohnern) sowohl bei der erstmaligen Aufstellung wie bei der späteren Fortschreibung die Durchführung einer Repräsentativerhebung. Ziel dieser Repräsentativerhebung muß die Ermittlung der sogenannten modifizierten Durchschnittsmiete sein, wie sie sich nunmehr aus § 2 I Nr. 2 ergibt (s. Rdn C 54d). Die Auswahl der Vergleichsobjekte und deren Gewichtung richtet sich nach der unter Rdn C 54f) – j) dargelegten Methode.

Die im BRegBe Anlage 2 Ziffer 1 hauptsächlich vorgeschlagene Datenermittlung durch Zufallsstichproben, die durch gezielte Zusatzuntersuchungen (z. B. zur Frage der Abweichungen von Spannbreiten durch besondere Beschaffenheit und Art der Wohnung oder zur Frage der Bestimmung der Vergleichsmiete innerhalb großer Spannbreiten bei bestimmten Wohnungstypen, s. Ziff. 4 der Anl. 2) im Interesse optimaler Nutzung des Datenmaterials ergänzt werden könnten, oder die Datenermittlung durch disproportionale Stichproben (Ziff. 2, 3 der Anl. 2), bei denen der Stichprobenumfang unter Zuhilfenahme weiterer Techniken und Hilfsmittel möglichst reduziert wird (Ziff. 2.2 der Anl. 2), begegnen keinen rechtlichen Bedenken, wenn und soweit die wissenschaftlich gesicherten Grundsätze der Statistik gewahrt bleiben (s. unten VI, Rdn C 156m).

§ 2. Erhöhung der Grundmiete   C 1561

In diesem Zusammenhang stellt sich die Frage, wieviele Wohnungseinheiten ein Feld mindestens aufweisen muß, um einen hinreichend genauen Schluß auf die ortsübliche Vergleichsmiete zu gewährleisten. Da der Anteil der Wohnungen einer bestimmten Kategorie am Gesamtwohnungsbestand nicht bekannt ist, lassen sich keine Grenzwerte angeben, die exakten statistischen Bedürfnissen genügen. Die Anl. 2 hält es insoweit für erforderlich, daß die einzelnen Felder mit mindestens 40 bis 50 Wohnungen besetzt sein sollen. Da ein Msp. wegen der vielfachen Besonderheiten des Marktes zwangsläufig stark differenziert sein muß, können diese Anforderungen regelmäßig nicht erfüllt werden. Es wird vorgeschlagen, zur Festlegung der Mindestzahl auf § 2 II 3 MHG zurückzugreifen. Nach dieser Vorschrift reichen 3 willkürlich ausgewählte Vergleichswohnungen zur Begründung des Erhöhungsverlangens aus. Erst recht müssen dann 3 Wohnungen ausreichen, die nicht willkürlich ausgewählt, sondern aufgrund einer Zufallsstichprobe ermittelt worden sind. Dieses Verfahren entspricht zwar nicht den Grundsätzen empirischer Mietzinsermittlung; es ist jedoch zumindest im Bereich des Zivilrechts trotzdem zulässig, da ihm eine höhere Rationalität als dem in § 2 II 3 MHG geregelten Verfahren zukommt.

Schließlich ist noch das Erhöhungsverfahren für die Wohnungstypen zu   C 1561
erörtern, die durch weniger als 3 Vergleichswohnungen repräsentiert werden. In diesen Fällen kann der Mietzins in Anlehnung an denjenigen qm Preis ermittelt werden, der im Durchschnitt für Wohnungen einer bestimmten Baualters- und Ausstattungsklasse erreicht wird; in den Tabellen ist dieser Wert im allgemeinen unter der Rubrik „insgesamt" aufgeführt. Insoweit ist lediglich zu bedenken, daß dieser Durchschnittspreis entsprechend der Größe der Wohnungen abgewandelt werden muß, da es einer allgemeinen Erfahrung entspricht, daß kleinere Wohnungen in der Regel einen höheren qm-Preis aufweisen als große (s. oben IV 2 b Rdn C 156i). Die Größe der Abweichung innerhalb einer bestimmten Wohnungskategorie kann dabei unschwer durch einen Vergleich mit der Abweichung anderer vergleichbarer Kategorien ermittelt werden. Durch dieses Verfahren erhält man zwar ebenfalls keine empirisch exakten Ergebnisse; die dabei auftretenden Ungenauigkeiten dürften aber so gering sein, daß sie im Ergebnis nicht ins Gewicht fallen.

Eine andere Möglichkeit besteht darin, die leergebliebenen Felder im Wege der Interpolation und Extrapolation aufzufüllen. Dieses Verfahren ist exakter als der oben aufgezeigte Weg und somit ebenfalls bedenkenfrei.

Die gegen die Verwendung sonstigen Datenmaterials sprechenden Argumente (vgl. Anl. 3) sollten vor der Erstellung von Msp. zur Vermeidung späterer Unklarheiten, die den angestrebten Rechtsfrieden auf dem Gebiet der Mietpreisbildung gefährden könnten, gebührend bedacht werden (zur Verwendung der Wohngeldstatistik bei der Erstellung von Msp. siehe insbesondere LG Hamburg MDR 76, 934; WM 77, 210 = MDR 77, 581 bejahend; AG Hamburg ZMR 77, 28; Gierth DWW 77, 37; Schulz-Trieglaff WM 77, 249, 251 abl.).

6. Die statistischen Orientierungswerte in rechtlicher Sicht

C 156 m a) Bei der rechtlichen Betrachtung der statistischen Ergebnisse des Msp. ist grundsätzlich zu fordern, daß er aufgrund eines statistisch genügend umfangreichen Materials von Einzeldaten nach einer gesicherten wissenschaftlichen Methode neutral erstellt sein muß (s. oben III. Rdn C 156 f). Ob Methode, Erhebung und Auswertung zu beanstanden sind, muß erforderlichenfalls nach wissenschaftlich gesicherten Grundsätzen der Statistik durch einen Sachverständigen beurteilt werden, wenn sich das Gericht im Zivil- oder Strafprozeß aufgrund der umstrittenen oder fragwürdigen Feststellungen des jeweiligen Msp. keine hinreichende Überzeugung von der Richtigkeit dieser Feststellung bilden kann (Rdn C 151). Willkürliche, gezielte oder durch eine wissenschaftlich nicht gesicherte Stichprobe herausgesuchte Entgelte reichen insoweit jedenfalls nicht aus (so auch Barthelmess § 2 MHG Rdn 75).

C 156 n b) Grundsätzlich muß bei der rechtlichen Beurteilung der Inhaltserfordernisse eines empirisch-statistisch erstellten Msp. berücksichtigt werden, daß keine überhöhten oder idealen Anforderungen gestellt werden dürfen. Das ergibt sich zwangsläufig aus der Komplexität des Wohnungsmarktes, der kaum faßbaren Unterschiede der einzelnen Wohnungen, den unumgänglichen subjektiven Unterschieden in der notwendigen Bewertung einzelner Fakten sowie den nur begrenzt zur Verfügung stehenden öffentlichen Mitteln und dem Personalaufwand für diese Aufgabe. Diese besonderen Schwierigkeiten werden nicht durch den BeReg-Be ausgeräumt, die nach ihrem Sinn und Zweck nur eine Hilfestellung geben wollen und können, wobei der darin gewählte methodische Ansatz sowie die Durchführung und Auswertung der Erhebungen nur ein denkbarer Weg (neben anderen) ist, so daß örtlichen Besonderheiten Rechnung getragen werden muß. Wenn trotzdem nach der gegebenen Rechtslage insbesondere für Großstädte die statistisch-empirische Erstellung von Msp. aus den oben erörterten Gründen zu fordern ist und bessere, zuverlässigere Wege für die dringend benötigten Mietpreisübersichten nicht zu sehen sind, müssen zwangsläufig gewisse Ungenauigkeiten, Ungereimtheiten oder Fehlerquellen hingenommen werden. Wenn der Msp. den wissenschaftlichen Grundsätzen der Statistik entspricht und ihm auch sonst keine groben Mängel anhaften, verdient er für die Beteiligten und die damit befaßten Behörden oder Gerichte bei der Rechtsanwendung gebührende Beachtung, wobei etwaige Zweifel oder Fehler vorrangig aus der Gesamtaussage des Msp. zu berichtigen sind. Das erscheint auch rechtlich im Grundsatz geboten und nach allgemeinen Rechtsgrundsätzen vertretbar, zumal der Msp. im Grundsatz nur die vorprozessuale Darlegungspflicht des Vermieters im Erhöhungsverlangen erleichtern und die Orientierung des Mieters ermöglichen soll. Ob der Msp. darüber hinaus nach seiner Qualität auch als echtes prozessuales Beweismittel anerkannt werden kann, ist eine davon abweichende, hier sekundäre Frage (vgl. Rdn C 151).

§ 2. Erhöhung der Grundmiete   C 156o, 156p

c) Da das Gesetz im zivil- und strafrechtlichen Bereich auf die am Ort   C 156o
„üblichen" Entgelte für „vergleichbaren" Wohnraum abstellt, ist die
Durchschnittsmiete der ermittelten vergleichbaren Wohnungen maßgebend (Rdn C 56).
Es widerspräche dem Sinn und Zweck dieser normativen Begriffsbestimmung der ortsüblichen Vergleichsmiete, sämtliche Mietentgelte mehrerer repräsentativer Vergleichswohnungen vom obersten bis zum untersten Einzelentgelt gleichermaßen als Maßstab anzusehen; das würde voraussetzen, daß sich die Vergleichswohnungen objektiv hinsichtlich der normativen wohnwertbildenden Kriterien und subjektiv hinsichtlich sonstiger Bewertungsgesichtspunkte völlig glichen, was so gut wie niemals der Fall ist (vgl. auch BRegBe 6.1). Sachliche und praktische Gesichtspunkte gebieten es daher, die Entgelte einer weiter oder enger zusammengefaßten Wohnraumgruppe als Ausgangswert rechnerisch in einem Durchschnittswert zusammenzufassen. Davon ausgehend müssen die Besonderheiten der individuellen Bezugswohnung durch sachgerechte Wertungen berücksichtigt werden. Das gilt insbesondere für die Ermittlung der ortsüblichen Mietentgelte durch einen Msp., der jedenfalls auf der Grundlage empirisch-statistischer Ermittlungen kaum seiner Aufgabe gerecht würde, wenn er lediglich die Ober- und Unterwerte gleichwertig als Ergebnis der Marktanalyse angeben würde. Ob diese Durchschnittsmiete als **Median** oder als **arithmetisches Mittel** statistisch berechnet und ausgewiesen wird, muß primär nach statistisch wissenschaftlichen Grundsätzen entschieden werden. Diese müssen sich aber zur Erzielung einer am Gesetz orientierten, möglichst genauen Marktübersicht an dem besonderen Gegenstand „Wohnraum" ausrichten. Zu den Spannbreiten und der Durchschnittsmiete vermerkt der BRegBe 6.1, daß der obere und untere Wert der Spanne oder der Mittelwert mit der marktüblichen Abweichung nach unten und oben anzugeben ist. Somit sind zwecks Angabe der üblichen Entgelte Spitzenwerte nach oben und unten unberücksichtigt zu lassen, und neben dem Mittelwert eine sich aus dem verwerteten Erhebungsmaterial ergebende Bandbreite anzugeben; denn das übliche Entgelt ist nicht jedenfalls das genau durchschnittliche Entgelt, sondern setzt die Möglichkeit von Wertungen im Einzelfall im Rahmen einer gestreuten Bandbreite voraus; ob die Bandbreite durch prozentuale Zu- oder Abschläge nach Qualitätsmaßstäben, durch eine pauschale Höchstbegrenzung oder durch an realen Preisen orientierte Minimal- und Maximalwerten ausgefüllt wird, steht im Ermessen der oder des Aufstellers eines Msp., wobei in der Methode und im Zahlenwerk Sachgesichtspunkte den Ausschlag geben müssen (vgl. Winter WM 77, 85).

d) Dem Mittelwert liegt eine verschieden große **Bandbreite** zwischen   C 156p
den Ober- und Unterwerten zugrunde. Zur Vermeidung von Verzerrungen des Mittelwerts ist es rechtlich (und wohl auch statistisch) geboten, die Extremwerte auszusondern und nicht in die Berechnung einfließen zu lassen; der BRegBe 6.2 empfiehlt, daß zumindest ⅔ aller erfaß-

ten Mieten der betreffenden Merkmalkombination innerhalb der Spanne liegen müssen, damit die üblichen Mieten durch die Spannbreite hinreichend erfaßt werden. Diese Verfahrensweise stellt sicher, daß keine zu engen Spannen entgegen einer festgestellten breiten Streuung der tatsächlichen Mietentgelte angesetzt werden.

Rechtlich ist ein derartiges statistisches Verfahren dadurch abgesichert und geboten, daß die immer wieder festzustellenden extrem hohen oder niedrigen Mieten nicht marktgerecht im Sinne der gesetzlichen ortsüblichen Vergleichsmiete gebildet worden sind, also „Ausreißer" darstellen, die letztlich wegen oder trotz der „Unüblichkeit" derartiger Mietpreise die Marktanalyse tendenziell verzerren. Die dabei besonders häufig festzustellenden extrem hohen Mietwerte würden auf diesem Wege mietinflatorische Tendenzen durch die Msp. hervorrufen, obwohl es dem Gesetzgeber gerade darauf ankam, durch eine transparente Orientierung an marktgerecht gebildeten Entgelten den Mietanstieg zu beschränken; dabei verdient besondere Beachtung, daß diese Extremwerte, die vor allem bei Gastarbeitern festzustellen sind, bereits im Bereich wesentlich überhöhter oder auffällig hoher Mietentgelte i. S. der Strafvorschriften liegen und rechtlich deshalb nach §§ 134 BGB, 5 WiStG, 302a StGB unwirksam sind (vgl. Rdn D 17 ff.), wenn man sie von einem Mittelwert aus der bereinigten Bandbreite her betrachtet. Somit müssen (auch aus rechtlichen Gründen) die irrelevanten Faktoren der Bandbreite sachgerecht bereinigt werden, wobei der BeRegBe 6.2 als Ausgangspunkt dienen kann, ohne andere Wertungen auszuschließen (vgl. auch Schulz-Trieglaff WM 77, 249, 251).

C 156q e) Die obigen Ausführungen gelten grundsätzlich auch für Msp., die nicht auf empirisch-statistischer Basis erstellt wurden, wenn auch Einschränkungen deshalb geboten sind, weil diese Msp. grundsätzlich nicht als Beweismittel anerkannt werden können (s. oben III Rdn C 156f). Immerhin liegt auch diesen Msp. verwertetes Zahlenmaterial zugrunde, aus dem ordnungsgemäße Richtwerte nach den obigen Grundsätzen gebildet werden müssen. Die Einigung (bzw. gegenseitige Anerkennung) der zur Aufstellung solcher Msp. Berechtigten schließt hinsichtlich der vorprozessualen Verwendbarkeit eine Nachprüfung des Zahlenwerkes jedoch aus, es sei denn, daß es auf willkürlichen oder sonstigen sachfremden Erwägungen beruht.

7. Zeitliche Geltungsdauer und Fortschreibung der Msp.

C 156r Der Msp. gibt die Marktverhältnisse zu einem bestimmten Zeitpunkt wider. Er veraltet um so schneller, je höher die Preissteigerungsraten am Wohnungsmarkt sind. Umgekehrt behält er seine Gültigkeit um so länger, je langsamer das allgemeine Mietniveau steigt. In § 2 V 3 hat der Gesetzgeber die früher umstrittene Frage der **Fortschreibungsfrist** dahingehend beantwortet, daß Mietspiegel alle zwei Jahre der Marktentwicklung angepaßt werden sollen. Diese Anpassung darf nicht durch

§ 2. Erhöhung der Grundmiete, Anhang   **C 156s, 156t**

pauschale Zuschläge erfolgen. Vielmehr muß die tatsächliche Veränderung der Mietpreise nach Ablauf von zwei Jahren ermittelt werden. Bei dieser Nachermittlung müssen wiederum jene Mietverhältnisse ausgesondert werden, deren Mietpreise sich in den letzten drei Jahren nicht mehr verändert haben (s. Rdn C 54 f.). Zwischenzeitlich erfolgte Neuabschlüsse müssen bei der Nachermittlung angemessen berücksichtigt werden. Statt einer Nachermittlung auf der Basis der schon vorhandenen und noch verwertbaren Daten kann aber auch eine Neuerhebung durchgeführt werden. Die geringe zeitliche Diskrepanz zwischen der zweijährigen Fortschreibungsfrist und dem dreijährigen Erhebungszeitraum wird zur Folge haben, daß bei einer Nachermittlung eine beträchtliche Anzahl der ursprünglichen Vergleichsobjekte aus dem Erhebungszeitraum herausfällt und eine ebenso beträchtliche Anzahl von Neuvermietungen hinzukommt. Die Nacherhebung wird sich hinsichtlich des Aufwands und der dafür entstehenden Kosten nicht wesentlich von der Neuerhebung unterscheiden. Die unter der Geltung des früheren Rechts geübte Praxis, wonach die Mietspiegelwerte in gewissen Zeitabständen um sogenannte Teuerungszuschläge erhöht wurden, ist nach jetzigem Recht nicht mehr zulässig. Aus der Anordnung der relativ kurzen Fortschreibungsfrist muß nämlich geschlossen werden, daß die Mietspiegelwerte vor Ablauf der zwei Jahre unverändert fortgelten sollen.

Der Gesetzgeber hat alle Regelungen des § 2 V als Soll-Vorschriften **C 156s** ausgestaltet; daraus folgt, daß der Mietspiegel im gerichtlichen und außergerichtlichen Verfahren auch dann Verwendung finden kann, wenn die Wohnungen des Absatz 5, Satz 2 (s. Rdn C 156i) nicht ausgesondert wurden oder wenn die Fortschreibungsfrist des Satz 3 abgelaufen ist. Dies ist sachgerecht, weil ein Mietspiegel, dessen Erhebungen schon längere Zeit zurückliegen und dessen Mietwerte deshalb nur angeglichen die aktuelle ortsübliche Vergleichsmiete widerspiegeln, immer noch ein ungefähr richtiges Bild der örtlichen Mietpreise wiedergibt, so daß er als Übersicht und Beweismittel immer noch anderen, weniger umfassenden und neutralen Feststellungen vorzuziehen ist.

Für das vorgerichtliche Mieterhöhungsverlangen ist in § 2 VI ausdrücklich bestimmt, daß die Verwendung veralteter Mietspiegel nicht zur Unwirksamkeit des Mieterhöhungsverlangens führt.

Anh. 1 zu § 2 MHG

**Bericht der Bundesregierung betreffend
die Ermöglichung einer vermehrten Aufstellung von Mietspiegeln
durch die Gemeinden v. 10. 5. 76**

(BT-Drucks. 7/5160 – BBauBl. 76, 234)

Der Deutsche Bundestag hat die Bundesregierung bei der Verabschiedung des **C 156t** Zweiten Wohnraumkündigungsschutzgesetzes am 17. Oktober 1974 ersucht, „baldmöglichst mit den Ländern und den kommunalen Spitzenverbänden Ver-

675

handlungen mit dem Ziel aufzunehmen festzustellen, ob und inwieweit eine vermehrte Aufstellung von Mietspiegeln durch die Gemeinden ermöglicht werden kann und sodann über das Ergebnis der Beratungen zu berichten" (Drucksache 7/2629, Nr. III, 3 des Entschließungsantrags).

Aufgrund dieser Entschließung wurde beim Bundesminister für Raumordnung, Bauwesen und Städtebau ein Arbeitskreis „Mietspiegel" gebildet, dem neben Vertretern der beteiligten Bundesministerien (Bundesministerium für Raumordnung, Bauwesen und Städtebau, Bundesministerium der Justiz und Bundesministerium für Wirtschaft) Vertreter der Länder und der kommunalen Spitzenverbände sowie Vertreter einzelner Gemeinden, die über Erfahrungen mit der Aufstellung von Mietspiegeln verfügen, angehörten.

Der Arbeitskreis hat auf der Grundlage bereits vorliegender Mietspiegel sowie der inzwischen insoweit gesammelten Erfahrungen die in der Beilage zu diesem Bericht enthaltenen „Hinweise für die Aufstellung von Mietspiegeln" erarbeitet. Die kommunalen Spitzenverbände werden diese „Hinweise" den Gemeinden in geeigneter Weise bekanntgeben. Darüber hinaus ist die Veröffentlichung im Bundesbaublatt vorgesehen.

Die Bundesregierung sieht in den „Hinweisen" ein geeignetes Mittel, den Gemeinden sowie den Interessenvertretern von Vermietern und Mietern die erforderliche Hilfe bei der Mietspiegelaufstellung zu gewähren, zu einer vermehrten Aufstellung von Mietspiegeln nach einheitlichen und erprobten Kriterien anzuregen und damit letztlich die Anwendung des Zweiten Wohnraumkündigungsschutzgesetzes zu erleichtern. Gesetzliche Regelungen über die Aufstellung von Mietspiegeln hält die Bundesregierung gegenwärtig nicht für erforderlich.

Über die Erfahrungen mit der Aufstellung und Anwendung von Mietspiegeln wird sich die Bundesregierung in dem nach der oben angeführten Entschließung des Deutschen Bundestages im Jahre 1979 zu erstattenden Bericht über die Auswirkung des Zweiten Wohnraumkündigungsschutzgesetzes (Drucksache 7/2629, Nr. III, 2 des Entschließungsantrags) äußern.

Hinweise für die Aufstellung von Mietspiegeln

1. Gesetzliche Grundlage

Das als Bestandteil des 2. Wohnraumkündigungsschutzgesetzes[1] (2. WKschG) erlassene „Gesetz zur Regelung der Miethöhe" (MHG) schließt eine Kündigung von Mietverhältnissen über Wohnraum zum Zwecke der Erhöhung der Miete aus. Zur Erhaltung der Wirtschaftlichkeit des Hausbesitzes sollen jedoch marktorientierte und kostenbedingte Mieterhöhungen möglich sein. Dazu sind im Gesetz besondere Verfahren der Mieterhöhung im Rahmen bestehender Verträge vorgesehen. Danach kann der Vermieter vom Mieter die Zustimmung zu einer Erhöhung der Miete verlangen, wenn die bisherige Miete seit einem Jahr unverändert ist und die jetzt verlangte Miete „die üblichen Entgelte, die in der Gemeinde oder in vergleichbaren Gemeinden für nicht preisgebundenen Wohnraum (also nicht mit Wohnungsbauförderungsmitteln geförderten Wohnraum und in Berlin auch nicht für Altwohnraum) vergleichbarer Art, Größe, Ausstattung, Beschaffenheit und Lage gezahlt werden" (Vergleichsmiete), nicht übersteigt. Außerdem

---

[1] Zweites Gesetz über den Kündigungsschutz für Mietverhältnisse über Wohnraum vom 18. Dezember 1974, Bundesgesetzbl. I S. 3603.

§ 2. Erhöhung der Grundmiete, Anhang

ist der Vermieter berechtigt, Erhöhungen der Betriebskosten und bestimmter Kapitalkosten durch einseitige schriftliche Erklärung anteilig auf die Mieter umzulegen sowie wegen seiner Aufwendungen für eine Modernisierung in bestimmtem Umfang eine Erhöhung des Mietzinses zu verlangen.

Während sich bei der Ermittlung und Begründung von Mieterhöhungen wegen Steigerungen der Betriebs- und Kapitalkosten oder wegen Modernisierungsaufwendungen kaum Schwierigkeiten ergeben, stellt sich bei der Bestimmung der Vergleichsmiete für Vermieter, Mieter und Gerichte das Problem der Beschaffung und Bewertung von Informationen.

Der Gesetzgeber hat vorgesehen, daß das Verlangen einer Erhöhung des Mietzinses bis zur Höhe des vergleichbaren Entgelts (Vergleichsmiete) insbesondere
– anhand von Mietspiegeln[1]
– durch Gutachten oder
– durch Benennung von in der Regel drei Vergleichswohnungen anderer Vermieter
begründet werden kann.

Der besondere Vorteil der Mietspiegel liegt darin, daß sie nicht nur punktuell Informationen über gezahlte Entgelte einzelner Wohnungen liefern. Sie geben auf wesentlich breiterer Informationsbasis Anhaltspunkte für die Ermittlung der Vergleichsmiete im Einzelfalle. Sie haben überdies den Vorzug, daß sie den bei der Benennung von Vergleichswohnungen notwendigen Eingriff in die Privatsphäre von Mieter und Vermieter dieser Wohnungen erübrigen.

2. Aufgabe der Mietspiegel

Die Aufstellung von Mietspiegeln soll dazu dienen, das Mietpreisgefüge im nicht preisgebundenen Wohnungsbestand möglichst transparent zu machen um
a) Streit zwischen Mietvertragsparteien, der sich aus Unkenntnis des Mietpreisgefüges ergeben kann, zu vermeiden,
b) Kosten der Beschaffung und Bewertung von Informationen über Vergleichsmieten im Einzelfall möglichst einzusparen,
c) den Gerichten die Entscheidung in Streitfällen zu erleichtern.
Darüber hinaus sind Mietspiegel als zuverlässige Informationsquellen über das Mietpreisgefüge auch geeignet, Mietpreisüberhöhungen im Sinne des § 5 Wirtschaftsstrafgesetz vorzubeugen.

3. Anforderungen an Mietspiegel

Folgerungen für Gemeinden unterschiedlicher Größe

3.1.

Mietspiegel müssen ein Bild der tatsächlich in der Gemeinde gezahlten Mieten für bestimmte Wohnungstypen liefern. Dabei ist es nicht notwendig, daß Mietspiegel für alle anhand der im Gesetz genannten Kriterien (Art, Größe, Ausstattung, Beschaffenheit und Lage) feststellbaren Wohnungstypen Angaben enthalten. Die Mietangaben des Mietspiegels müssen jedoch zusammen mit textlichen

---

[1] Für die vom Gesetzgeber in § 2 des Gesetzes zur Regelung der Miethöhe gewählte Bezeichnung „Übersicht über die übliche Entgelte für vergleichbaren Wohnraum in der Gemeinde oder in einer vergleichbaren Gemeinde" werden in der Praxis überwiegend die Kurzbezeichnungen „Mietspiegel" und „Mietwerttabelle" gebraucht. Der Begriff „Mietspiegel" entspricht der Absicht des Gesetzgebers am besten da die Übersichten ein Abbild der tatsächlich gezahlten Mieten geben sollen.

Erläuterungen eine Bestimmung der Vergleichsmiete im Einzelfall mit hinreichender Genauigkeit ermöglichen. Die Mietangaben müssen dabei soweit abgesichert sein, daß sie im Prozeß zur Bestimmung der jeweiligen Miethöhe herangezogen werden können.

3.2.

Die Mietangaben im Mietspiegel können sich auf
- statistische Repräsentativerhebungen, (Anlage 2)
- Datenmaterial aus sonstigen Quellen, (Anlage 3)

stützen.

In Städten mit mehr als 50000 Einwohnern ist die Aufstellung eines Mietspiegels grundsätzlich zu empfehlen.

In Großstädten mit stark differenziertem Wohnungsmarkt (etwa ab 150000 bis 200000 Einwohnern) empfiehlt sich darüber hinaus bei der erstmaligen Aufstellung sowie in mehrjährigen Abständen bei Anpassung durch Neuaufstellung (vgl. Ziff. 8) die Durchführung einer Repräsentativerhebung. Solche Erhebungen sind jedoch kostspielig, wenn sie ausreichend groß sind und in ihren Erhebungsmethoden wissenschaftlichen Ansprüchen genügen. Verfahren der Aufstellung von Mietspiegeln, die sich auf sonstige Datenquellen stützen, kommen um so eher zu befriedigenden Ergebnissen, je geringer die Zahl der Einwohner und je weniger differenziert der Wohnungsmarkt ist.

In kleineren Städten (mit weniger als 50000 Einwohnern) kann auf die Erstellung von Mietspiegeln verzichtet werden, wenn nur in geringerer Zahl Streitfälle auftreten und eine ausreichende Transparenz des Mietgefüges gegeben ist.

4. Aufstellung des Mietspiegels

4.1.

Das MHG geht in § 2 Abs. 2 davon aus, daß der Mietspiegel von der Gemeinde oder von Interessenvertretern der Vermieter und der Mieter gemeinsam erstellt oder anerkannt wird.

Aus dieser Formulierung lassen sich folgende mögliche Aufstellungsarten für Mietspiegel ableiten:
- Der Mietspiegel wird von der Gemeinde erstellt,
- der Mietspiegel wird von der Gemeinde zusammen mit den Interessenvertretern erstellt,
- der Mietspiegel wird von den Interessenvertretern der Mieter und Vermieter gemeinsam erstellt,
- eine Interessenvertretung erstellt den Mietspiegel allein, den die an der Erstellung nicht beteiligte Interessenvertretung oder die Gemeinde anerkennt,
- ein Dritter stellt den Mietspiegel auf, und die Interessenvertreter der Mieter und der Vermieter oder die Gemeinde erkennen ihn an.

Nach den bisherigen Erfahrungen empfiehlt es sich in erster Linie, daß die Gemeinde den Mietspiegel erstellt.

Dabei hat es sich als zweckmäßig erwiesen, daß die Gemeinde
- sich soweit wie möglich des Sachverstandes der Interessenvertretungen der Mietvertragsparteien und des bei den Interessenvertretungen vorhandenen Datenmaterials bedient,
- mit den beteiligten Verbänden Ergebnis und Verfahren der Aufstellung von Mietspiegeln erörtert, um eine möglichst breite Zustimmung für das gefun-

§ 2. Erhöhung der Grundmiete, Anhang   C 156 t

dene Ergebnis zu erreichen und günstige Voraussetzungen für die Anwendung zu schaffen.
Falls die Gemeinde die Aufstellung des Mietspiegels den Verbänden überläßt, wird es auch hierbei zweckmäßig sein, daß Vertreter der Gemeinde bei der Erarbeitung mitwirken; denn auf diese Weise kann am besten beurteilt werden, ob die Voraussetzungen für eine etwa beabsichtigte Anerkennung des Mietspiegels durch die Gemeinde gegeben sind.

4.3.
Eine Beteiligung weiterer Sachverständiger, die das örtliche Mietpreisgefüge kennen (z. B. Vertreter der unternehmerischen Wohnungswirtschaft und der Maklerorganisationen), und von Mietrichtern hat sich vielfach als nützlich erwiesen.

4.4.
Es empfiehlt sich, das für die Aufstellung des Mietspiegels verwendete Datenmaterial aufbereitet zur Verfügung zu halten, um im Bedarfsfalls namentlich den Mietrichtern und Sachverständigen für die Anwendung auf den Einzelfall weitere Anhaltspunkte zu geben.

5. Struktur der Mietspiegel

5.1.
Die Grundstruktur der Mietspiegel ist durch § 2 Abs. 1 Nr. 2 des MHG weitgehend vorgegeben. Danach müssen Mietspiegel einen Überblick über die üblichen Entgelte, die in der Gemeinde oder in vergleichbaren Gemeinden für nicht preisgebundenen Wohnraum vergleichbarer Art, Größe, Ausstattung, Beschaffenheit und Lage gezahlt werden, vermitteln.
Wegen der unterschiedlichen Größe und Differenziertheit der einzelnen regionalen Wohnungsmärkte lassen sich darüber hinaus keine allgemeinen gültigen Regeln für die
– Struktur der Mietspiegel und die zu berücksichtigenden Kriterien und deren Abstufung sowie für
– Art und Umfang des erforderlichen Datenmaterials
aufstellen.
Die folgenden Hinweise können nur als Leitlinie gelten, die jeweils auf ihre Anwendbarkeit für bestimmte Gemeinden überprüft werden muß.

5.2.
Zur möglichst einfachen und genaueren Bestimmung der ,,Vergleichsmiete" wäre es erwünscht, die Mietspiegel so stark zu differenzieren, daß für die Feststellung der ,,Vergleichsmiete" im Einzelfall nur noch ein kleiner Spielraum bleibt. Von einem bestimmten Grad an Differenzierung ab ergeben sich aber bei der Datenerhebung für die Aufstellung des Mietspiegels unverhältnismäßig hohe Kosten. Es ist deshalb notwendig, diejenigen Kriterien für den Mietspiegel auszuwählen, die in entscheidendem Maße die Unterschiedlichkeit der verschiedenen Mietpreise bedingen.

5.3.
Bei der Umsetzung der vom Gesetzgeber aufgeführten Kriterien im Mietspiegel ist zweckmäßigerweise von folgendem auszugehen:[1]

5.3.1. Art
Das Vergleichsmerkmal „Art" zielt insbesondere auf die Gebäudeart (Einfamilienhäuser, Zweifamilienhäuser, Hochhäuser, sonstige Mehrfamilienhäuser). Mietwohnungen in Ein- und Zweifamilienhäusern sind jedoch zahlenmäßig von untergeordneter Bedeutung; bei den vorkommenden Fällen sind zudem oft individuelle Besonderheiten zu berücksichtigen. Es liegt daher nahe, in die Mietspiegel lediglich Angaben über die Mieten von Wohnungen in Mehrfamilienhäusern aufzunehmen. Die Einengung auf Mietwohnungen in Mehrfamilienhäusern muß jedoch im Mietspiegel klar zum Ausdruck kommen. Die Mietspiegel sollten auch Hinweise dafür enthalten, wie Besonderheiten von Wohnungen in Hochhäusern zu berücksichtigen sind (z. B. durch Zu- und Abschläge).

5.3.2. Größe
Für das Vergleichsmerkmal „Größe" ist die Quadratmeterzahl der Wohnfläche einer Wohnung, also die Grundfläche der Räume, die ausschließlich zu der Wohnung gehören, am aussagefähigsten. Im allgemeinen werden für kleinere Wohnungen, insbesondere Appartements, deutlich höhere Quadratmetermieten als für größere Wohnungen gezahlt. Relativ geringe größenbezogene Preisdifferenzen ergeben sich für die Masse der Wohnungen mittlerer Größe, also für Zwei- bis Vier-Zimmer-Wohnungen, während signifikante Unterschiede wieder bei Großwohnungen zu beobachten sind. Demgemäß wird mindestens eine Aufteilung in drei Gruppen empfohlen.

Folgende Abstufungen werden vorgeschlagen:

Wohnungen mit weniger als	50 qm,
Wohnungen mit	50 bis 90 qm,
Wohnungen mit mehr als	90 qm,

(vgl. Anlage 1).

5.3.3. Ausstattung
Das Vergleichsmerkmal „Ausstattung" bezieht sich auf eine Vielzahl von Ausstattungsmöglichkeiten (z. B. Heizungsart, Bad oder Dusche, Trennung von Bad und Toilette, Aufzug, Balkon, Art der Fußböden und der Verglasung). Zur Wahrung der Übersichtlichkeit der Mietspiegel und zur Vermeidung übermäßiger Erhebungskosten ist eine Beschränkung auf die wichtigsten Ausstattungsmerkmale notwendig. Es wird empfohlen, das Merkmal „Ausstattung" in der Tabelle in folgender Dreiteilung zu berücksichtigen:[2]

---

[1] Als Anlage 1 ist das (nicht ausgefüllte) Muster eines Mietspiegels beigefügt.

[2] In der Frage, ob und wie in den Mietspiegeln ältere Wohnungen, die in ihrer Ausstattung Wohnungen neuester Bauart entsprechen (umfassend modernisierte Wohnungen) besonders berücksichtigt werden sollen, kam der Arbeitskreis zu keiner mehrheitlichen Empfehlung. Einerseits wird darauf hingewiesen, daß umfassend modernisierte Wohnungen meist höhere Mieten erfordern als Wohnungen, die von Anfang an diese Ausstattung aufweisen; auf der anderen Seite wird vermutet, daß der marktwirtschaftliche Preisbildungsprozeß im Zeitablauf tendenziell zu einer Angleichung der Mieten für Wohnungen mit gleicher Ausstattung führt. Läßt sich die letztere Annahme aus den örtlichen Gegebenheiten belegen, ist es konsequent, überhaupt auf eine Gliederung des Mietspiegels nach Baualter zu verzichten. Ist entgegen der letzten Vermutung eine deutliche Differenzierung des Mietgefüges zwischend umfassend modernisierten und solchen Wohnungen festzustellen, die von

§ 2. Erhöhung der Grundmiete, Anhang C 156 t

- Wohnungen mit Bad oder Duschraum und mit Sammelheizung,
- Wohnungen mit Bad oder Duschraum oder Sammelheizung,
- Wohnungen ohne Bad, Duschraum und Sammelheizung.

5.3.4. Beschaffenheit

Das Merkmal ,,Beschaffenheit" bezieht sich auf Bauweise, Zuschnitt und baulichen Zustand (Instandhaltungsgrad des Gebäudes bzw. der Wohnung); die Beschaffenheit wird dabei in aller Regel zu schwierig zu fassen sein, als daß sie voll in die Gliederung des Mietspiegels eingehen könnte.

Die Mietspiegel müssen jedoch in entsprechenden Erläuterungen Anhaltspunkte dafür geben, in welcher Weise im Einzelfall Besonderheiten der Beschaffenheit Rechnung getragen werden kann.

Da Bauweise und Zuschnitt oft vom Baualter abhängig sind, hat sich jedoch im allgemeinen eine Unterteilung nach dem Merkmal ,,Baualter" als zweckmäßig erwiesen. Hierzu wird beispielhaft mindestens folgende Altersgruppierung empfohlen:

Baujahr (Jahr der Fertigstellung)
bis 1948
1949 bis 1960
1961 bis 1971
ab 1972

5.3.5. Lage

Für die Lagequalität sind in erster Linie die Verhältnisse des Wohngebietes, in dem die Wohnung liegt von Bedeutung (ruhige Lage, verkehrsgünstige Lage, Nähe von Geschäftszentren, geringe Immissionen – starker Verkehr, Beeinträchtigung des Wohnens durch Handwerks- und Gewerbebetriebe (Fehlen von Frei- und Grünflächen). Für die Mietspiegel empfiehlt sich eine grobe Unterteilung nach ,,guten, mittleren, einfachen" Wohnlagen unter entsprechender Aufteilung des Gemeindegebiets. Örtlich enger begrenzten Lagekriterien, die bei den groben Aufteilungen des Gemeindegebiets nach der Wohnlage nicht berücksichtigt werden können, muß durch Zu- oder Abschläge Rechnung getragen werden.

6. Mietpreisspannen

6.1

Alle wohnungsstatistischen Erhebungen, bei denen das tatsächliche Ausmaß der Streuung der Quadratmetermieten ermittelt worden ist, zeigen eine große Spannbreite der gezahlten Quadratmetermieten. Selbst bei differenzierter Betrachtung und Bildung von Teilgruppen nach den genannten Kriterien bleibt ein Streuungsbereich der Quadratmetermieten feststellbar, auch wenn einerseits Gefälligkeitsmieten und andererseits stark überhöhte Mieten ausgeklammert werden.

Deshalb müssen auch die Mietangaben zu den Merkmalskombinationen (Tabellenfelder des Mietspiegels) entsprechend den tatsächlich gezahlten Mieten gewisse Spannbreiten umfassen. Dies kann durch Angabe des unteren und des oberen Wertes der Spanne oder durch Angabe des Mittelwertes und der marktüblichen Abweichung nach unten und oben geschehen.

Anfang an diese Ausstattung hatten, so empfiehlt es sich, die Mieten für umfassend modernisierte Wohnungen entweder in einer gesonderten Zeile oder Spalte auszuweisen oder die Mieten solcher Wohnungen einer jüngeren Baualtersklasse zuzuordnen.

Die den Spannen zugrunde liegenden Mietpreisunterschiede erklären sich
- aus Wohnwertunterschieden, die durch die Merkmalsgliederung im Mietspiegel nicht erfaßt sind. Solche Wohnwertunterschiede können sich z. B. aus der Ausstattung, der Beschaffenheit und der Lage der Wohnung im Gebäude ergeben,
- aus der zufälligen Streuung der Mieten nahezu identischer Wohnungen um einen Mittelwert, die sich aus der Unschärfe des Preisbildungsmechanismus am Wohnungsmarkt ergibt.

6.2.

Um die Bedingung zu erfüllen, daß die Mietspiegel die „üblichen Entgelte" wiedergeben, müssen die Spannbreiten so gewählt werden, daß zumindest zwei Drittel aller erfaßten Mieten der betreffenden Merkmalskombination innerhalb der Spanne liegen. Je dichter die tatsächlich erfaßten Mieten beieinanderliegen, desto kleiner kann die Spanne sein. Je breiter die Streuung insbesondere der Mieten oberhalb des Mittelwertes tatsächlich ist, desto größer wäre bei zu kleiner Spanne die Zahl der außerhalb der Grenzwerte liegenden Fälle.

Es dürfen jedenfalls keine engen Spannen entgegen einer tatsächlich zu beobachtenden breiteren Streuung der üblichen Mieten festgelegt werden. Eine solche Scheinexaktheit würde den gesetzlichen Anforderungen widersprechen. Sie könnte unter anderem auch dazu führen, daß durchaus marktübliche Abweichungen einzelner Mieten von einem für bestimmte Wohnungstypen ermittelten Durchschnitt als Mietpreisüberhöhungen im Sinne des § 5 Wirtschaftsstrafgesetz erscheinen.

Ergeben sich bei Anwendung der obigen Regeln zu große Spannen der einzelnen Merkmalskombinationen, die eine Anwendbarkeit des Mietspiegels erheblich erschweren, so sind folgende Lösungen möglich:
- Schärfere Fassung der Merkmalskombinationen, um homogenere Teilgruppen zu bilden.
- Aufstellung eines Katalogs positiver und negativer Merkmale, denen entsprechende Zu- oder Abschläge zugeordnet werden. Bei einem Zusammentreffen mehrerer positiver (negativer) Merkmale können durch die Anwendung solcher Zuschläge die im Normalfall geltenden Spannen über- bzw. unterschritten werden. Um die Anwendung des Mietspiegels zu erleichtern, sollten in jedem Fall in den Erläuterungen zum Mietspiegel Hinweise gegeben werden, inwieweit vom MHG genannte Kriterien (wie etwa Teile der Beschaffenheit), die nicht mit in die Gliederung des Mietspiegels eingehen, bei der Bestimmung der Vergleichsmiete im konkreten Einzelfall innerhalb der Spanne zu berücksichtigen sind.

7. Mietbegriff

Die in die Übersicht aufgenommenen Mietwerte müssen vergleichbar sein. Dies erfordert, daß die Erhebung der Daten und die Anlage der Tabelle auf der Grundlage eines einheitlichen Mietbegriffs vorgenommen wird.

Der Inhalt von Mietpreisvereinbarungen ist sehr unterschiedlich. In der Regel schließen die vereinbarten Mieten einige der umlagefähigen Betriebskosten, manchmal sogar alle ein.

In Anbetracht des steigenden Gewichts der Betriebskosten und der Möglichkeit, die Erhöhung der Betriebskosten außerhalb des „Vergleichsmietenverfahrens" auf die Miete umzulegen, besteht eine Tendenz, aus der Kalt-Miete (Miete

§ 2. Erhöhung der Grundmiete, Anhang   C 156 t

ohne Heizungs- und Warmwasserkosten) auch die übrigen Betriebskosten auszusondern.

Solange dieser Prozeß noch nicht abgeschlossen ist, wird es allerdings erhebliche Schwierigkeiten verursachen, die Kalt-Miete ohne die übrigen Betriebskosten zu ermitteln. Daher empfiehlt es sich vorerst, die Mietspiegel und die entsprechenden Datenerhebungen auf Kalt-Mieten einschließlich der Betriebskosten, die ortsüblich in der Miete enthalten sind, abzustellen.

Das bedeutet für die Anwendung des Mietspiegels, daß jeweils von der tatsächlichen Kalt-Miete einschließlich der übrigen Betriebskosten Erhöhungen der Betriebskosten vorweg abzuziehen sind, die nach dem Stichtag des Mietspiegels umgelegt worden sind.

Die Erläuterungen zum Mietspiegel müssen eine genaue Definition des verwendeten Mietbegriffs enthalten. Es muß auch eine Klarstellung erfolgen, auf welchen Fall der Mietvertragsgestaltung hinsichtlich der Übernahme der Kosten für Schönheitsreparaturen bzw. kleiner Instandsetzungen abgestellt wurde. In der Regel dürfte der dem Mietspiegel zugrunde liegende Mietbegriff die Übernahme der Schönheitsreparaturen und kleinen Instandsetzungen durch den Mieter beinhalten.

8. Anpassung der Mietspiegel an den Markttrend

8.1

Bei der Verabschiedung des Wohnraumkündigungsschutzgesetzes gingen Gesetzgeber und Bundesregierung davon aus, daß zur Aufrechterhaltung der Wirtschaftlichkeit des Hausbesitzes marktorientierte Mieterhöhungen möglich sein müssen.

Mietspiegel geben die Marktverhältnisse zu einem bestimmten Zeitpunkt wieder. Sie veralten um so schneller, je höher die Preissteigerungsraten am Wohnungsmarkt sind bzw. behalten ihre Gültigkeit um so länger, je langsamer das allgemeine Mietniveau steigt. Eine generell gültige Anpassungsfrist für die Mietspiegel kann daher nicht formuliert werden.

Unter den gegenwärtigen Verhältnissen des Wohnungsmarktes wird eine Anpassungsfrist durch Neuaufstellung in größeren Zeitabständen (mehrere Jahre) empfohlen. In der Zwischenzeit sind Anpassungen durch Fortschreibung erforderlich. Diese können sich u. a. orientieren an
- Veränderungen der Teilindices für Altbauwohnungen und frei finanzierte Neubauwohnungen im Preisindex für die Lebenshaltung, die allerdings keine Anhaltspunkte für strukturelle Verschiebungen im Mietpreisgefüge liefern,
- Ergebnissen kleinerer Stichproben,
- Veränderungen des Mietniveaus bei neu abgeschlossenen Verträgen,
- sonstigen in Anlage 3 genannten Datenquellen.

8.2

Haben sich seit der letzten Neufestsetzung oder Fortschreibung größere Veränderungen bei den Wohnungsmieten ergeben, so können bei der Ermittlung der Vergleichsmiete im Einzelfall ebenso behelfsweise Veränderungen des entsprechenden Mietindex herangezogen werden. Bei Verwendung des Preisindex für die Miete sind jedoch zwischenzeitliche Anhebungen der Einzelmieten aufgrund von Betriebskostensteigerungen anzurechnen, soweit der Mietindex deren Erhöhungen miteinschließt.

Beispiel von Erläuterungen zum Mietspiegel

1. Die Angaben kennzeichnen das Mietgefüge im ... des Jahres ...

2. Mietbegriff

Es handelt sich um Kaltmieten (Miete ohne Heizungs- und Warmwasserkosten) je qm Wohnfläche im Monat einschließlich der übrigen Betriebskosten gemäß 2. Berechnungsverordnung, Neufassung vom 21. Februar 1975, II. BV, BGBl. I S. 569.

3. Aufbau des Mietspiegels

Der Mietspiegel besteht aus der Kombination von Lage- und Ausstattungskriterien mit Baualter und Wohnungsgröße. Da drei Lage- (örtlich enger begrenzten Lagekriterien, die bei den groben kartographischen Aufteilungen des Stadtgebietes nach den Wohnlagen einfach, mittel, gut nicht berücksichtigt werden können, muß durch Zu-/Abschläge Rechnung getragen werden) und drei Ausstattungsabstufungen vorgesehen sind sowie vier Alterskategorien und drei Größeneinteilungen, ergibt sich eine Matrix mit 108 Feldern.

4. Spannen

Die Mietangaben zu den Merkmalskombinationen im Mietspiegel umfassen Spannen, die jeweils unter Angabe des unteren und oberen Wertes der Spanne ⅔ der tatsächlich aufgetretenen Mieten abdecken.

5. Einordnung der Einzelmiete in die Spanne

Ist die Wohnung nach den Merkmalen Lage, Ausstattung, Baualter und Größe in die Tabelle eingeordnet, ist festzustellen, in welchem Bereich der DM-Spanne des Tabellensatzes die Miete tatsächlich liegt. Maßgebend für diese Beurteilung ist zunächst die Qualität von Zentralheizung und/oder Bad/Dusche. Daneben sind zu berücksichtigen:
– Der Erhaltungszustand des Hauses,
– Besonderheiten der Wohnlage,
  Lage der Wohnung im Gebäude (einschließlich von Besonderheiten bestimmter Wohnungen in Hochhäusern)
– Besonderheiten der Ausstattung,
  zum Beispiel Trennung von Bad und WC, bestimmte Einrichtungen wie Müllschlucker, Gemeinschaftsantenne
– sonstige Merkmale
  Wohnungen mit Balkon oder Loggien, im Gebäude besondere Gemeinschaftsräume, Waschküche mit automatischer Waschmaschine, Trockenräume usw.
– Besonderheiten der Außenanlagen
  z. B. Kinderspielplatz, Pkw-Parkplätze.

6. Zu- und Abschläge

Liegen im Einzelfall beim Zusammentreffen mehrerer Merkmale (z. B. Spezialverglasung, außergewöhnlich guter Fußboden, ein größeres WC und ein separates Zweitbad/oder Dusche, Einbauschränke gehobener Qualität, Einbauküchen, Balkon über 10 qm Größe, gute Sicht und dgl. oder aber nichtabgeschlos-

§ 2. Erhöhung der Grundmiete, Anhang C 156t

sene Wohnung, WC zu mehreren Mietparteien, kein Wasseranschluß innerhalb der Wohnung, kein Gasanschluß, mit Ölfarbe gestrichene Naßräume) starke Abweichungen von den typischen Qualitäts- und Lagemerkmalen vor, besteht die Möglichkeit, durch Zu- und Abschläge die für den Normalfall geltenden Spannen zu über- oder unterschreiten. Die Möglichkeit von Zu- und Abschlägen sollte in jedem Einzelfall überprüft werden.

Anlage 1 s. S. 686

Anlage 2

Datenbeschaffung für die Aufstellung von Mietspiegeln

1. Datenermittlung durch Zufallsstichproben

Eine Methode zur Ermittlung von Daten über ortsübliche Vergleichsmieten besteht in der Durchführung von Zufallsstichproben. Bei solchen Stichproben erhält jede Wohnung die gleiche Chance, in die Erhebung einbezogen zu werden. Damit können unkontrollierbare und systematische Verzerrungen ausgeschaltet werden. Die Qualität einer Zufallsstichprobe zeigt sich daran, daß sich die interessierenden Merkmale der Grundgesamtheit in der Stichprobe anteilsmäßig wiederfinden. Gibt es z. B. in einer Gemeinde 10 v. H. Wohnungen in mittlerer Lage, mit guter Ausstattung, mit einer Größe von 60 qm aus der Baualtersklasse bis 1948, so wird auch die Stichprobe bei ausreichender Größe in etwa diesen Anteil widerspiegeln. Der erforderliche Stichprobenumfang ist bei einem vorgegebenen Differenzierungsgrad des Mietspiegels – im vorliegenden Fall 108 zu besetzende Felder – abhängig von
- dem Anteil der kleinsten noch interessierenden Teilgruppe, für die Aussagen gemacht werden müssen,
- dem Grad der Sicherheit der Stichprobenergebnisse bzw. dem noch tolerierbaren Stichprobenfehler.

Eine hinreichend sichere Aussage kann noch erwartet werden, wenn in der Stichprobe 40 bis 50 Wohnungen eines bestimmten Types auftreten. Diese Zahl ist erforderlich, weil Informationen über folgende Größen bzw. Tatbestände gewonnen werden müssen:
- Die Durchschnittsmiete für jeden interessierenden Wohnungstyp,
- Ausmaß und Art der Streuung um den Durchschnitt.

Diese Forderung führt bei differenzierten Mietspiegeln zu einem hohen Stichprobenumfang und in einigen Fällen dazu, daß bei mit sehr heterogenen Wohnungen besetzten Feldern noch höhere Felderbesetzungen als 50 Mietangaben notwendig werden.

Tatsächlich dürften bei Mietspiegeln mit über 100 Feldern (Kriterienkombinationen) einzelne Felder so dünn besetzt sein, daß sie weniger als 0,5 v. H. des Bestandes repräsentieren. Der erforderliche Stichprobenumfang würde dann noch weiter steigen. Daraus folgt, daß bei differenzierten Mietspiegeln dieser Art mit Zufallsstichproben allein keine vertretbaren Aussagen für alle Felder gemacht werden können.

Anlage 1

Beispiel für den Aufbau eines Mietspiegels

Baualter	Größe		einfach			mittel			gut		
			Ausstattung								
			Wohnungen mit Bad oder Dusche und mit Sammelheizung	Wohnungen mit Bad oder Dusche oder Sammelheizung	Wohnungen ohne Bad, Dusche und Sammelheizung	Wohnungen mit Bad oder Dusche und mit Sammelheizung	Wohnungen mit Bad oder Dusche oder Sammelheizung	Wohnungen ohne Bad, Dusche und Sammelheizung	Wohnungen mit Bad oder Dusche und mit Sammelheizung	Wohnungen mit Bad oder Dusche oder Sammelheizung	Wohnungen ohne Bad, Dusche und Sammelheizung
			1	2	3	4	5	6	7	8	9
bis 1948	bis 50	1									
	50 bis 90	2									
	mehr als 90	3									
1949 bis 1960	bis 50	4									
	50 bis 90	5									
	mehr als 90	6									
1961 bis 1971	bis 50	7									
	50 bis 90	8									
	mehr als 90	9									
ab 1972	bis 50	10									
	50 bis 90	11									
	mehr als 90	12									

§ 2. Erhöhung der Grundmiete, Anhang   **C 156 t**

2. Datenermittlung durch disproportionale Stichproben

2.1. Geht man davon aus, daß nur der Aufwand für Stichproben in der Größenordnung von 1000 bis 3000 Fällen finanziert werden kann, dann kommt es darauf an, die Stichproben so anzulegen, daß hinreichend zuverlässige Informationen für besonders häufig vorkommende oder besonders wichtige Merkmalskombinationen gewonnen werden. Eine Datenerhebung kann unterbleiben oder sich auf wenige Daten beschränken, wenn
– ausreichende Fallzahlen ohnehin nicht zu erwarten sind,
oder
– ausreichende Informationen aus anderen Datenquellen vorliegen.

2.2. Auf diese Weise kann aus einer relativ kleinen Stichprobe ein Maximum an Informationen gewonnen werden. Der erforderliche Stichprobenumfang kann dazu in folgenden Schritten auf möglichst geringes Volumen reduziert werden:
a) Aus anderen Datenquellen (Wohnungsstatistik, Wohnungszählung) kann die Verteilung des nicht preisgebundenen Mietwohnungsbestandes auf die einzelnen Merkmalskombinationen (Felder des Mietspiegels) ungefähr ermittelt werden. Felder mit weit überproportionalen Wohnungsanteilen können durch entsprechende Anlage des Auswahlverfahrens in der Stichprobe unterrepräsentiert bleiben, ohne daß deshalb zu befürchten ist, daß die angestrebte Fallzahl von 40 bis 50 nicht erreicht wird. Auf diese Weise ist es möglich, Wohnungen in Feldern, die einen unterdurchschnittlichen Anteil des Gebäudebestandes repräsentieren, eine größere Chance zu geben, in die Stichprobe einzugehen. So wäre es möglich, für die einzelnen besonders interessierenden Felder eine ausreichende Fallzahl in der Stichprobe zu ermöglichen.
b) Gibt es Anhaltspunkte dafür, daß bei bestimmten Wohnungstypen die Ermittlung von Vergleichsmieten besonders große Schwierigkeiten bereitet oder besonders häufig Streitfälle auftreten, so können diese Wohnungstypen mit höheren Fallzahlen in die Stichprobe einbezogen werden.
c) Bei Wohnungstypen, die sehr selten auftreten oder in nur wenigen Fällen Gegenstand von Auseinandersetzungen über Mieterhöhungen sind, kann u. U. ganz auf die Erhebung von Daten verzichtet werden. Dies ist vertretbar, wenn aus anderen Datenquellen Informationen vorliegen, die ein „Auffüllen" der entsprechenden Felder ermöglichen.

3. Für die Anlage disproportionaler Stichproben empfiehlt sich eine Einteilung des Gemeindegebietes nach Lage und/oder Baualter. In Gebieten, in denen Wohnungen bestimmter Ausstattung oder Altersgruppen vorherrschen, die z. B. einen hohen Anteil des Gesamtbestandes ausmachen, können die Fallzahlen der Befragung entsprechend reduziert werden.

4. Um das für die Aufstellung des Mietspiegels gewonnene Datenmaterial optimal zu nutzen, sollte durch gezielte Zusatzuntersuchungen in einer beschränkten Zahl von Fällen ermittelt werden, wieweit Abweichungen von den im Mietspiegel vorgesehenen Spannbreiten durch Besonderheiten der Beschaffenheit und Art der Wohnung bestimmt sein können. Dasselbe gilt für die Frage der Bestimmung der Vergleichsmiete innerhalb großer Streubreiten der Mieten bestimmter Wohnungstypen. Aus solchen Zusatzuntersuchungen gewonnene Erkenntnisse sollten ihren Niederschlag in Erläuterungen zum Mietspiegel finden.

Teil C. MHG

Anlage 3

Sonstiges zu verwendendes Datenmaterial

Wohngeldstatistik

Bei der Verwendung der Daten aus der Wohngeldstatistik ist zu berücksichtigen, daß diese Daten nicht durchweg repräsentativ für die gesamte Marktsituation sind. Wohngeld wird zu rd. zwei Drittel an Nichterwerbstätige (Rentner) gezahlt. Nur rd. 15 v. H. aller Haushalte sind aufgrund ihres Einkommens wohngeldberechtigt. Daraus können sich systematische Verzerrungen gegenüber dem Durchschnitt ergeben. So dürfte die durchschnittliche Laufzeit aller Mietverträge kürzer sein als bei den Wohngeldempfängern. Art und Beschaffenheit der Wohnungen bleiben mit hoher Wahrscheinlichkeit hinter dem Durchschnitt zurück. Die Wohngelddaten sind daher als alleinige Informationsbasis für einen Mietspiegel ungeeignet.

Auch die nachfolgend aufgeführten Quellen sind als alleinige Informationsquelle nicht geeignet.

Mietkataster

Mietkataster der Interessenvertretung enthalten oft Extremfälle.

Angaben von Maklern und Maklervereinigungen

Makler stützen ihre Informationen weitgehend auf die aus Neuabschlüssen resultierenden Mieten. Das Gesetz geht jedoch davon aus, daß Neu- und Altverträge in einem ausgewogenen Verhältnis berücksichtigt werden müssen.

Mietangaben der Verbände

Die Mietangaben der wohnungswirtschaftlichen Verbände repräsentieren jeweils nur einen begrenzten Wohnungsbestand.

Datenmaterial der Kommunalen Wohnungsvermittlungen

Datenmaterial der Gutachterausschüsse bei den Städten und bei den Landkreisen

Fortschreibung der Hinweise für die Aufstellung von Mietspiegeln

Herausgegeben von Bundesministerium für Raumordnung, Bauwesen und Städtebau

A. Vorbemerkungen des BMBau

I. Im Rahmen des Berichts betreffend die Ermöglichung einer vermehrten Aufstellung von Mietspiegeln durch die Gemeinden vom 6. Mai 1976 (BT-Drucksache 7/5160) hat die Bundesregierung Hinweise für die Aufstellung von Mietspiegeln vorgelegt.

Über die Erfahrungen bei der Anwendung des Vergleichsmietenverfahrens hat die Bundesregierung im Rahmen des Berichts über die Auswirkungen des Zwei-

§ 2. Erhöhung der Grundmiete, Anhang C 156u

ten Wohnraumkündigungsschutzgesetzes (BT-Drucksache 8/2610) berichtet. Sie hat zum Ausdruck gebracht, daß sich Mietspiegel als die am besten geeigneten Instrumente für den Nachweis von ortsüblichen Vergleichsmieten erwiesen haben.

Sie hat aber auch zum Ausdruck gebracht, daß sich bei der Aufstellung von Mietspiegeln in der Praxis neue Fragen ergeben haben, die auf der Basis der bisherigen Hinweise für die Aufstellung von Mietspiegeln noch nicht gelöst werden können (vgl. Bericht der Bundesregierung über die Auswirkungen des Zweiten Wohnraumkündigungsschutzgesetzes, BT-Drucksache 8/2610, S. 12).

Dies betrifft insbesondere

1. Die Frage, ob und in welchem Umfang die Mieten länger bestehender Mietverhältnisse in die Mietspiegel eingehen sollen, da bei diesen die Mieten in der Regel deutlich niedriger liegen als für vergleichbare Wohnungen mit kürzeren Mietverhältnissen erzielt werden.

2. Die Einbeziehung von Wohnungen in schlechterer Wohnlage, für die jedoch von bestimmten Bevölkerungsgruppen, z. B. Ausländern, höhere als sonst übliche Entgelte gezahlt werden (Diskriminierungsproblematik).

3. Die Einordnung von Ein- und Zweifamilienhäusern, für die häufig keine Informationen über vergleichbare Objekte zur Verfügung stehen.

Die Bundesregierung hat in ihrem Bericht über die Auswirkungen des Zweiten Wohnraumkündigungsschutzgesetzes die Einberufung des Arbeitskreises ,,Mietspiegel" in Aussicht gestellt mit dem Ziel, die vorliegenden Empfehlungen für die Aufstellung von Mietspiegeln zu vervollständigen bzw. zu aktualisieren. Dabei sollten auch die zahlreichen Vorschläge der Verbände zu den Grundlagen und zum Inhalt der Mietspiegel sowie zum Aufstellungsverfahren überprüft werden. Dies ist zwischenzeitlich erfolgt.

II. Das Vergleichsmietenverfahren soll marktorientierte Mietanpassungen ermöglichen. Die zum Vergleich herangezogenen Mieten sollen für die entsprechenden Wohnungen in einer Gemeinde üblich sein. Für die Vergleichbarkeit sollen objektive, an den Eigenschaften der Wohnung anknüpfende Kriterien, nämlich Art, Größe, Ausstattung, Beschaffenheit und Lage maßgebend sein.

Daraus folgt, daß die in die Mietspiegel eingehenden Mieten sich durch Marktnähe, Vergleichbarkeit und Üblichkeit auszeichnen müssen. Dies bedeutet, daß die Qualität von Mietspiegeln umso stärker beeinträchtigt wird

1. je weniger vergleichbar die erfaßten Wohnungen nach Art, Größe, Ausstattung, Beschaffenheit und Lage sind,

2. je mehr subjektive Eigenschaften von Mietern oder Vermietern sowie mietvertraglich vereinbarte Sonderkonditionen Einfluß bei der Mietfestsetzung für die zu vergleichenden Wohnungen hatten,

3. je weiter der Zeitpunkt der Erstellung des Mietspiegels zurückliegt.

III. Die vom Arbeitskreis ,,Mietspiegel" vorgenommene Fortschreibung und Ergänzung seiner Empfehlung trägt den aufgetretenen Fragen Rechnung:

1. In der Praxis hat sich gezeigt, daß für vergleichbare Wohnungen in schlechten Wohnlagen zum Teil höhere Mieten gezahlt werden als in besseren Wohnlagen. Erfahrungsgemäß ist dies auch darauf zurückzuführen, daß dort bestimmte Bevölkerungsgruppen – z. B. Ausländer – wohnen, von denen vergleichsweise höhere Mieten verlangt werden. Ähnliches gilt auch für Mieten für Wohnungen schlechterer Ausstattung im Verhältnis zu solchen mit besserer Ausstattung.

Um zu gewährleisten, daß derartige, in der Person des Mieters begründete

689

Mietpreisgestaltungen nicht die Mietspiegel beeinflussen, hat der Arbeitskreis „Mietspiegel" die Empfehlung ausgesprochen, daß die in die Mietspiegel eingehenden Mieten für Wohnungen in schlechten Lagen nicht höher sein sollten als die für vergleichbare Wohnungen in besseren Lagen. Entsprechendes wurde für Wohnungen schlechterer und besserer Qualität empfohlen. Allerdings ist nicht auszuschließen, daß objektive Teilmarktbesonderheiten trotz schlechter Qualität von Wohnung und Wohnumfeld zu einem verhältnismäßig hohem Mietpreisniveau führen können.

2. Der Arbeitskreis „Mietspiegel" hat entgegen anderer Vorschläge an der Empfehlung festgehalten, in Mietspiegel Mietspannen aufzunehmen. Wie schon in den Hinweisen von 1976 ausgeführt, ist aufgrund von Wohnwertunterschieden, die in der Merkmalsgliederung nicht erfaßt sind, sowie wegen der unterschiedlichen subjektiven Bewertung der Wohnung durch die Mieter in der Praxis eine Streuung der Mieten für vergleichbare Wohnungen festzustellen. Die alleinige Angabe eines Mittelwertes trüge der Üblichkeit solcher Abweichungen nicht Rechnung.

Für die Bildung von Mietspannen aus dem Datenmaterial hat der Arbeitskreis empfohlen, zunächst Mieten auszuschalten, die extreme Einzelfälle darstellen („Ausreißer-Mieten"). Derartige Mieten sind Sonderfälle, die somit nicht als üblich bezeichnet werden können. Es handelt sich in diesen Fällen erfahrungsgemäß z. B. um Gefälligkeits- bzw. Diskriminierungsmieten, um sehr lang bestehende Mietverhältnisse ohne oder mit geringen Mietanpassungen.

Durch das empfehlende Verfahren zur Spannenbildung und gleichzeitigen Bestimmung des Mittelwertes soll sichergestellt werden, daß einerseits einzelne extreme Mieten das ausgewiesene Mietniveau insgesamt nicht beeinflussen, andererseits eine hohe Repräsentativität für die Bandbreite üblicher Mieten gewährleistet wird.

Übliche Mieten unterschiedlicher Vertragsdauer, jüngst vereinbarte wie auch länger bestehende sind durch die Spannen repräsentiert. Von der Setzung einer „Höchstmietvertragsdauer", ab der Mieten bei der Aufstellung von Mietspiegeln unberücksichtigt bleiben sollen, ist abgesehen worden.

3. Die Ermittlung von Vergleichsmieten für Wohnungen jüngsten Baualters hat sich wegen der geringen Zahl an Vergleichsfällen häufig als schwierig erwiesen. Dies hatte zur Folge, daß das Mietpreisniveau der jüngsten Baualtersklasse in Mietspiegeln das tatsächliche Mietniveau für die neuesten Wohnungen nicht immer ausreichend wiedergibt. Hinzu kommt, daß sich für neu auf dem Markt angebotene Wohnungen zunächst ein Marktpreis bilden muß. Aus diesem Grunde wird empfohlen, die jüngsten in den Mietspiegeln einzubeziehenden Wohnungen auf den Baujahrgang zu begrenzen, der mindestens seit einem vollen Jahr bezugsfertig ist. D. h. anstelle einer üblicherweise offenen, jüngsten Baualtersklasse („ab 1972") wird im Mietspiegel eine geschlossene Baualtersklasse (z. B. 1972–1978) empfohlen. Durch dieses Vorgehen wird gewährleistet, daß sich für neu auf den Markt kommende Wohnungen zunächst ein Marktpreis bilden kann und verhindert, daß marktorientierte Mietanpassungen in der kritischen Anfangsphase einer Investition behindert werden. Durch die bisherige Empfehlung einer „offenen" jüngsten Baualtersklasse war das in der Regel niedrigere Niveau der gesamten Gruppe für eine neue Wohnung im ersten möglichen Mietanpassungszeitpunkt Vergleichsbasis.

4. Mietspiegel sind nur dann ein praktikables Instrument zum Nachweis der ortsüblichen Vergleichsmiete, wenn sie die Marktverhältnisse zeitnah aufzeichnen. Eine regelmäßige Überprüfung und gegebenenfalls Anpassung des Miet-

§ 2. Erhöhung der Grundmiete, Anhang C 156 u

spiegels an die Veränderungen auf dem Wohnungsmarkt ist daher erforderlich. Eine Überprüfung der Notwendigkeit einer Anpassung des Mietspiegels wird vom Arbeitskreis „Mietspiegel" für mindestens alle zwei Jahre empfohlen. Um einen sachgerechten Zeitpunkt für die Fortschreibung des Mietspiegels im Rahmen dieses Zeitraumes festzulegen, ist jedoch eine laufende Beobachtung der Veränderung der Wohnungsmarktverhältnisse unabdingbar.

5. Hinsichtlich der Frage nach der Aufnahme von Mieten für Wohnungen in Ein- und Zweifamilienhäusern hat es sich als ratsam erwiesen, wegen der häufig vorhandenen individuellen Besonderheiten solcher Wohnungen diese Mieten i. d. R. nicht in die Mietspiegel aufzunehmen. In Gemeinden, in denen Mietwohnungen in Ein- und Zweifamilienhäusern den Wohnungsmarkt wesentlich bestimmen, wird empfohlen, für diese Wohnungen einen eigenen Mietspiegel aufzustellen.

6. Über diese Empfehlungen hinaus enthalten die Hinweise zur Aufstellung von Mietspiegeln Anhaltspunkte für die Berücksichtigung von besonderen wohnungsgrößen- und ausstattungsbedingten Mietpreisunterschieden sowie die Berücksichtigung von modernisierten Wohnungen.

B. Hinweise für die Aufstellung von Mietspiegeln

I. Gesetzliche Grundlage

Das als Bestandteil des 2. Wohnraumkündigungsschutzgesetzes (2. WKSchG) erlassene „Gesetz zur Regelung der Miethöhe" (MHG) schließt eine Kündigung von Mietverhältnissen über Wohnraum zum Zwecke der Erhöhung der Miete aus. Zur Erhaltung der Wirtschaftlichkeit des Hausbesitzes sollen jedoch marktorientierte und kostenbedingte Mieterhöhungen möglich sein. Dazu sind im Gesetz besondere Verfahren der Mieterhöhung im Rahmen bestehender Verträge vorgesehen. Danach kann der Vermieter vom Mieter die Zustimmung zu einer Erhöhung der Miete verlangen, wenn die bisherige Miete seit einem Jahr unverändert ist und die jetzt verlangte Miete „die üblichen Entgelte, die in der Gemeinde oder in vergleichbaren Gemeinden für nicht preisgebundenen Wohnraum (also nicht mit Wohnungsbauförderungsmitteln geförderten Wohnraum und in Berlin auch nicht für Altwohnraum) vergleichbarer Art, Größe, Ausstattung, Beschaffenheit und Lage gezahlt werden" (Vergleichsmiete), nicht übersteigt. Außerdem ist der Vermieter berechtigt, Erhöhungen der Betriebskosten und bestimmter Kapitalkosten durch einseitige schriftliche Erklärung anteilig auf die Mieter umzulegen sowie wegen seiner Aufwendungen für eine Modernisierung in bestimmtem Umfang eine Erhöhung des Mietzinses zu verlangen.

Während sich bei der Ermittlung und Begründung von Mieterhöhungen wegen Steigerungen der Betriebs- und Kapitalkosten oder wegen Modernisierungsaufwendungen kaum Schwierigkeiten ergeben, stellt sich bei der Bestimmung der Vergleichsmiete für Vermieter, Mieter und Gerichte das Problem der Beschaffung und Bewertung von Informationen.

Der Gesetzgeber hat vorgesehen, daß das Verlangen einer Erhöhung des Mietzinses bis zur Höhe des vergleichbaren Entgelts (Vergleichsmiete) insbesondere
– anhand von Übersichten über die ortsüblichen Entgelte für vergleichbaren Wohnraum, in der Praxis meist kurz „Mietspiegel" genannt
– durch Gutachten oder
– durch Benennung von in der Regel 3 Vergleichswohnungen anderer Vermieter begründet werden kann.

Der besondere Vorteil der Mietspiegel liegt darin, daß sie nicht nur punktuell Informationen über gezahlte Entgelte einzelner Wohnungen liefern. Sie geben auf wesentlich breiterer Informationsbasis Anhaltspunkte für die Ermittlung der Vergleichsmiete im Einzelfalle. Sie haben überdies den Vorzug, daß sie den bei der Benennung von Vergleichswohnungen notwendigen Eingriff in die Privatsphäre von Mieter und Vermieter dieser Wohnungen erübrigen.

II. Aufgabe der Mietspiegel

Die Aufstellung von Mietspiegeln soll dazu dienen, das Mietpreisgefüge im nicht preisgebundenen Wohnungsbestand möglichst transparent zu machen, um
a) Streit zwischen Mietvertragsparteien, der sich aus Unkenntnis des Mietpreisgefüges ergeben kann, zu vermeiden,
b) Kosten der Beschaffung und Bewertung von Informationen über Vergleichsmieten im Einzelfall möglichst einzusparen,
c) den Gerichten die Entscheidung in Streitfällen zu erleichtern.

Darüber hinaus sind Mietspiegel als zuverlässige Informationsquellen über das Mietpreisgefüge auch geeignet, Mietpreisüberhöhungen im Sinne des § 5 Wirtschaftsstrafgesetz vorzubeugen.

III. Anforderungen an Mietspiegel und Folgerungen für die Aufstellung

1. Allgemeine Anforderungen an den Mietspiegel

Mietspiegel sollen einen Überblick über die in einer Gemeinde für nach Art, Größe, Ausstattung, Beschaffenheit und Lage vergleichbare Wohnungen üblicherweise gezahlten Entgelte geben.

Dies bedeutet, daß nur Mieten in den Mietspiegel aufgenommen werden sollen, deren Höhe durch die genannten objektiven Wohnungsmerkmale bestimmt sind und die mit einer gewissen Häufigkeit in der Gemeinde für den entsprechenden Wohnungstyp gezahlt werden.

Hieraus ergibt sich jedoch nicht, daß die Gliederungsmerkmale von Mietspiegeln die im Gesetz genannten mietpreisbildenden Faktoren (Art, Größe, Ausstattung, Beschaffenheit und Lage) vollständig enthalten müssen. Die Mietspiegel müssen aber grundsätzlich zusammen mit deren textlichen Erläuterungen eine Bestimmung der Vergleichsmiete im Einzelfall mit hinreichender Genauigkeit ermöglichen.

2. Datengrundlage

Die Mietspiegeldaten im Mietspiegel können sich auf
– statistische Repräsentativerhebungen und
– sonstige aus Anlage 2 ersichtliche Datenmaterialien
stützen.

Es hat sich gezeigt, daß Mietspiegel eine Einigung der Mietvertragsparteien über den Mietpreis erleichtern. Aufgrund dieser positiven Erfahrungen mit Mietspiegeln wird in Städten mit mehr als 50000 Einwohnern die Aufstellung eines Mietspiegels empfohlen.

In Großstädten empfiehlt es sich, bei der erstmaligen Aufstellung vorrangig auf Repräsentativerhebungen zurückzugreifen. Das gleiche gilt für Fortschreibungen, sofern sie bereits mehrfach nach der Erstaufstellung des Mietspiegels wiederholt wurden (vgl. Ziff. VII).

§ 2. Erhöhung der Grundmiete, Anhang C 156u

Verfahren der Aufstellung von Mietspiegeln, die sich auf sonstige Datenquellen stützen, kommen umso mehr zu befriedigenden Ergebnissen, je geringer die Zahl der Einwohner und je weniger differenziert der Wohnungsmarkt ist.

In kleineren Städten (mit weniger als 50000 Einwohner) kann auf die Erstellung von Mietspiegeln verzichtet werden, wenn eine ausreichende Transparenz des Mietgefüges gegeben ist.

3. Ersteller des Mietspiegels

Das MHG geht in § 2 Abs. 2 davon aus, daß der Mietspiegel „von der Gemeinde oder von Interessenvertretern der Vermieter und der Mieter gemeinsam erstellt oder anerkannt" wird.

Aus dieser Formulierung lassen sich folgende mögliche Aufstellungsarten für Mietspiegel ableiten:
- Der Mietspiegel wird von der Gemeinde erstellt
- der Mietspiegel wird von der Gemeinde zusammen mit den Interessenvertretern erstellt
- der Mietspiegel wird von den Interessenvertretern der Mieter und Vermieter gemeinsam erstellt
- eine Interessenvertretung erstellt den Mietspiegel allein, den die an der Erstellung nicht beteiligte Interessenvertretung oder die Gemeinde anerkennt
- ein Dritter stellt den Mietspiegel auf, und die Interessenvertreter der Mieter und der Vermieter oder die Gemeinde erkennen ihn an.

Nach den bisherigen Erfahrungen empfiehlt sich – insbesondere im Falle der Durchführung einer Repräsentativerhebung – die Aufstellung des Mietspiegels durch die Gemeinde.

Dabei hat es sich als zweckmäßig erwiesen, daß die Gemeinde mit den beteiligten Verbänden Verfahren und Ergebnis der Aufstellung von Mietspiegeln erörtert, um eine möglichst breite Zustimmung für das gefundene Ergebnis zu erreichen und günstige Voraussetzungen für die Anwendung zu schaffen.

Wird die Datengrundlage für den Mietspiegel nicht durch eine Repräsentativerhebung gewonnen, so ist es für die Gemeinde zweckmäßig, sich soweit wie möglich des Sachverstandes der Interessenvertretungen der Mietvertragsparteien und des bei den Interessenvertretern vorhandenen Datenmaterials zu bedienen.

Falls die Gemeinde die Aufstellung des Mietspiegels den Verbänden überläßt, wird es auch hierbei zweckmäßig sein, daß Vertreter der Gemeinde bei der Erarbeitung mitwirken; denn auf diese Weise kann am besten beurteilt werden, ob die Voraussetzungen für eine etwa beabsichtigte Anerkennung des Mietspiegels durch die Gemeinde gegeben sind.

Eine Beteiligung weiterer Sachverständiger, die das örtliche Mietpreisgefüge kennen, z. B. Vertreter der unternehmerischen Wohnungswirtschaft und der Maklerorganisationen und von Mietrichtern hat sich vielfach als nützlich erwiesen.

Es empfiehlt sich, das für die Aufstellung des Mietspiegels verwendete Datenmaterial aufbereitet zur Verfügung zu halten. Unter Ausnutzung ihrer durch die Aufstellung des Mietspiegels gesammelten Kenntnisse und Erfahrungen kann so die den Mietspiegel aufstellende Stelle auf Anfrage durch weitere Erläuterungen und Anhaltspunkte die Anwendung des Mietspiegels im Einzelfalle erleichtern.

IV. Mietbegriff

Der Inhalt von Mietpreisvereinbarungen ist sehr unterschiedlich. In der Regel schließen die vereinbarten Mieten einige der umlagefähigen Betriebskosten, manchmal sogar alle ein.

In Anbetracht des steigenden Gewichts der Betriebskosten und der Möglichkeit, die Erhöhung der Betriebskosten außerhalb des „Vergleichsmietenverfahrens" auf die Miete umzulegen, besteht eine Tendenz, aus der Kalt-Miete (Miete ohne Heizungs- und Warmwasserkosten) auch die übrigen Betriebskosten auszusondern.

Solange dieser Prozeß noch nicht abgeschlossen ist, kann es Schwierigkeiten verursachen, die Kalt-Miete ohne die übrigen Betriebskosten zu ermitteln. Unter diesen Umständen können die Mietspiegel und die entsprechenden Datenerhebungen nur auf Kalt-Mieten einschließlich der Betriebskosten (sog. Brutto-Kalt-Miete), die ortsüblich in der Miete enthalten sind, abstellen.

Das bedeutet für die Anwendung des Mietspiegels, daß von der tatsächlichen Kalt-Miete einschließlich der übrigen Betriebskosten jeweils Erhöhungen der Betriebskosten, die nach dem Stichtag des Mietspiegels umgelegt worden sind, vorweg abzuziehen sind.

In Gemeinden, in denen die Vertragsparteien mehr und mehr dazu übergehen, Kalt-Mieten ohne Betriebskosten (sog. Netto-Kalt-Miete) zu vereinbaren, ist ein Übergang zu diesem Mietbegriff zu empfehlen.

Die Erläuterungen zum Mietspiegel müssen eine genaue Definition des verwendeten Mietbegriffs enthalten. Es muß auch eine Klarstellung erfolgen, auf welchen Fall der Mietvertragsgestaltung hinsichtlich der Übernahme der Kosten für Schönheitsreparaturen bzw. kleiner Instandsetzungen abgestellt wurde. In der Regel dürfte der dem Mietspiegel zugrunde liegende Mietbegriff die Übernahme der Schönheitsreparaturen und kleinen Instandsetzungen durch den Mieter beinhalten.

V. Struktur des Mietspiegels

Die Grundstruktur der Mietspiegel ist durch § 2 Abs. 1 Nr. 2 des MHG weitgehend vorgegeben. Danach müssen Mietspiegel einen Überblick über die üblichen Entgelte, die in der Gemeinde oder in vergleichbaren Gemeinden für nicht preisgebundenen Wohnraum vergleichbarer Art, Größe, Ausstattung, Beschaffenheit und Lage gezahlt werden, vermitteln.

Wegen der unterschiedlichen Größe und Differenziertheit der einzelnen regionalen Wohnungsmärkte lassen sich darüber hinaus keine allgemein gültigen Regeln für die
- Struktur der Mietspiegel und die zu berücksichtigenden Kriterien und deren Abstufung sowie für
- Art und Umfang des erforderlichen Datenmaterials aufstellen.

Die folgenden Ausführungen können nur als Leitlinie gelten, die jeweils auf ihre Anwendbarkeit für bestimmte Gemeinden überprüft werden muß.

Zur möglichst einfachen und genauen Bestimmung der „Vergleichsmiete" wäre es erwünscht, die Mietspiegel so stark zu differenzieren, daß für die Feststellung der „Vergleichsmiete" im Einzelfall nur noch ein kleiner Spielraum bleibt. Von einem bestimmten Grad an Differenzierung ab ergeben sich aber bei der Datenerhebung für die Aufstellung des Mietspiegels unverhältnismäßig hohe Kosten. Es ist deshalb notwendig, diejenigen Kriterien für den Mietspiegel auszuwählen, die in entscheidendem Maße die Unterschiedlichkeit der verschiedenen Mietpreis bedingten.

§ 2. Erhöhung der Grundmiete, Anhang   C 156u

Bei der Umsetzung der vom Gesetzgeber aufgeführten Kriterien im Mietspiegel ist zweckmäßigerweise von folgendem auszugehen:[1]

1. „Art"

Das Vergleichsmerkmal „Art" zielt insbesondere auf die Gebäudeart (Einfamilienhäuser, Zweifamilienhäuser, Hochhäuser, sonstige Mehrfamilienhäuser). Bei Mietwohnungen in Ein- und Zweifamilienhäusern sind oft individuelle Besonderheiten zu berücksichtigen. Es liegt daher i. d. R. nahe, in die Mietspiegel lediglich Angaben über die Mieten von Wohnungen in Mehrfamilienhäusern aufzunehmen. Die Einengung auf Mietwohnungen in Mehrfamilienhäusern muß jedoch im Mietspiegel klar zum Ausdruck kommen.

In Gemeinden, in denen Mietwohnungen in Ein- und Zweifamilienhäusern den Wohnungsmarkt wesentlich bestimmen, empfiehlt es sich, für diese Wohnungen eine eigene Übersicht aufzustellen. Die Mietspiegel sollten auch Hinweise dafür enthalten, wie Besonderheiten von Hochhäusern zu berücksichtigen sind (z. B. durch Zu- und Abschläge).

2. „Größe"

Für das Vergleichsmerkmal „Größe" ist die Quadratmeterzahl der Wohnfläche einer Wohnung, also die Grundfläche der Räume, die ausschließlich zu der Wohnung gehören, am aussagefähigsten. Im allgemeinen werden für kleinere Wohnungen, insbesondere Appartements, deutlich höhere Quadratmetermieten als für größere Wohnungen gezahlt. Ein Appartement ist die in ihrer baulichen Anlage und Ausstattung auf die besonderen Bedürfnisse in der Regel eines 1-Personen-Haushalts ausgerichtete abgeschlossene Kleinwohnung, die nach örtlicher Üblichkeit genauer definiert werden sollte, um mietpreiswirksame Falschbezeichnungen zu verhindern. Als Definition bietet sich an:
„Unter einem Appartement ist eine abgeschlossene, gut ausgestattete Einzimmerwohnung zu verstehen, die Kochnische oder separate Kleinküche nebst separatem Bad oder Dusche sowie WC aufweist."

Relativ geringe größenbezogene Preisdifferenzen ergeben sich für die Masse der Wohnungen mittlerer Größe, also für 2- bis 4-Zimmer-Wohnungen, während signifikante Unterschiede wieder bei Großwohnungen zu beobachten sind. Demgemäß wird eine Aufteilung in etwa 5 Gruppen empfohlen; z. B.:

Wohnungen mit weniger als	25 m²
Wohnungen mit	25 m²–40 m²
Wohnungen mit	40 m²–60 m²
Wohnungen mit	60 m²–80 m²
Wohnungen mit mehr als	80 m²

Wohnungsgrößenbedingten Mietpreisunterschieden, die durch eine solche Aufteilung nicht ausreichend berücksichtigt werden (dies ist z. B. denkbar bei Appartements im Vergleich zu anderen Kleinwohnungen), sollte durch entsprechende Hinweise in den Erläuterungen zum Mietspiegel Rechnung getragen werden.

---

[1] Anlage 1 ist das (nicht ausgefüllte) Muster eines Mietspiegels.

3. „Ausstattung"

Das Vergleichsmerkmal „Ausstattung" bezieht sich auf eine Vielzahl von Ausstattungsmöglichkeiten (z. B. Heizungsart, Bad oder Dusche, Trennung von Bad und Toilette, Aufzug, Balkon, Art der Fußböden und der Verglasung). Zur Wahrung der Übersichtlichkeit der Mietspiegel und zur Vermeidung übermäßiger Erhebungskosten ist eine Beschränkung auf die wichtigsten Ausstattungsmerkmale notwendig. Es wird empfohlen, das Merkmal „Ausstattung" in der Tabelle in mindestens folgender Aufteilung zu berücksichtigen:
- Wohnungen mit Bad oder Duschraum und mit Sammelheizung
- Wohnungen mit Bad oder Duschraum oder Sammelheizung
- Wohnungen ohne Bad, Duschraum und Sammelheizung.

Weiteren Ausstattungsmerkmalen und Qualitätsunterschieden sollte durch entsprechende Erläuterungen zum Mietspiegel Rechnung getragen werden. Dies gilt auch für Qualitätsunterschiede durch Modernisierung und deren ortsübliche Bewertung in der Miethöhe: Möglich sind z. B. Hinweise zur Einordnung innerhalb der Mietspannen oder die Angabe von ortsüblichen Zuschlägen für modernisierte Wohnungen.

Bei der Bestimmung der Mieten nach Qualitätsmerkmalen ist darauf zu achten, daß die Mieten für Wohnungen in einer niedrigeren Qualitätsstufe nicht höher sind als die Mieten für ansonsten vergleichbare Wohnungen in einer höheren Qualitätsstufe. Soweit Mieten für schlechtere Wohnungen höher sind als Mieten für bessere Wohnungen kommen nämlich in der Regel subjektive Besonderheiten der Mieterhaushalte zum Tragen, die bei der Bestimmung der Vergleichsmieten außer Betracht gelassen werden müssen.

4. „Beschaffenheit"

Das Merkmal „Beschaffenheit" bezieht sich auf Bauweise, Zuschnitt und baulichen Zustand (Instandhaltungsgrad des Gebäudes bzw. der Wohnung); die Beschaffenheit wird dabei in aller Regel zu schwierig zu fassen sein, als daß sie voll in die Gliederung des Mietspiegels eingehen könnte.

Da Bauweise und Zuschnitt oft vom Baualter abhängig sind, hat sich jedoch im allgemeinen eine Unterteilung nach dem Merkmal „Baualter" aus der Praxis als zweckmäßig erwiesen. Hierzu wird beispielhaft mindestens folgende Altersgruppierung empfohlen

Baujahr (Jahr der Fertigstellung)
bis 1948
1949 bis 1960
1961 bis 1971
1972 bis 19..
(Beispiel 1978).

Insbesondere im Bereich der jüngeren Neubauwohnungen kann es sich empfehlen, die Baualtersgruppen enger zu fassen, um zu große Mietspannen zu vermeiden.

Die jüngsten durch die letzte Baujahrgangsgruppe einbezogenen Wohnungen sollten am Stichtag der Erhebung der Mieten für den Mietspiegel seit mindestens einem vollen Kalenderjahr bezugsfertig sein. Ist der Stichtag der Mietenerhebung z. B. der 30. 6. 1979, so wäre der letzte einzubeziehende Baujahrgang 1977; ist der Stichtag z. B. der 1. 1. 1980, wäre es der Baujahrgang 1978.

Anhaltspunkte dafür, in welcher Weise im Einzelfall Besonderheiten der Beschaffenheit Rechnung getragen werden kann, sollten in entsprechenden Erläute-

§ 2. Erhöhung der Grundmiete, Anhang C 156 u

rungen zum Mietspiegel gegeben werden. Insbesondere sollten die Erläuterungen Hinweise darauf geben, wie bei Wohnungen, deren Beschaffenheit durch Modernisierung nicht mehr mit der Beschaffenheit von Wohnungen derselben Baualtersgruppe vergleichbar ist, bei Anwendung des Mietspiegels zu verfahren ist. Durch umfassende Modernisierung kann eine Wohnung älteren Baualters durchaus mit Wohnungen jüngerer Baualtersklassen vergleichbar werden.

5. „Lage"

Für die Lagequalität sind in erster Linie die Verhältnisse des Wohngebietes, in dem die Wohnung liegt, von Bedeutung (ruhige Lage, verkehrsgünstige Lage, Nähe von Geschäftszentren, geringe Immissionen, starker Verkehr, Beeinträchtigung des Wohnens durch Handwerks- und Gewerbebetriebe, Fehlen von Frei- und Grünflächen). Für die Mietspiegel empfiehlt sich eine grobe Unterteilung nach „guten, mittleren, einfachen" Wohnlagen unter entsprechender Aufteilung des Gemeindegebiets. Örtlich enger begrenzten Lagekriterien, die bei den groben Aufteilungen des Gemeindegebiets nach der Wohnlage nicht berücksichtigt werden können, kann durch Zu- oder Abschläge Rechnung getragen werden.

Wie bei der Ausstattung kann die sich in der Miete widerspiegelnde Bewertung der Lagemerkmale überlagert sein von subjektiven Merkmalen bestimmter Bewohnergruppen, von denen trotz schlechter Lage höhere Mieten abverlangt werden als in besseren Lagen für sonst vergleichbare Wohnungen. Es sollte daher darauf geachtet werden, daß die in den Mietspiegel aufgenommenen Mieten für Wohnungen gleicher Größe und Qualität in schlechten Lagen nicht höher sind als die vergleichbarer Wohnungen in besseren Lagen.

6. Mietpreisspannen

Alle wohnungsstatistischen Erhebungen, bei denen das tatsächliche Ausmaß der Streuung der Quadratmetermieten ermittelt worden ist, zeigen eine große Spannbreite der gezahlten Quadratmetermieten. Selbst bei differenzierter Betrachtung und Bildung von Teilgruppen nach den genannten Kriterien bleibt ein Streuungsbereich der Quadratmetermieten feststellbar.

Die Streuung der Mietpreise erklärt sich
- aus Wohnwertunterschieden, die durch die Merkmalsgliederung im Mietspiegel nicht erfaßt sind. Solche Wohnwertunterschiede können sich z. B. aus der Ausstattung, der Beschaffenheit und der Lage der Wohnung im Gebäude, ergeben und
- aus der Unschärfe des Preisbildungsmechanismus am Wohnungsmarkt, die zu unterschiedlichen Mieten für nahezu identische Wohnungen führen kann.

Diese Streuung kann aber auch aus dem Einfluß individueller Besonderheiten resultieren, der den Einfluß objektiver qualitativer Merkmale überlagert.

Auch die Mietangaben zu den Merkmalskombinationen (Tabellenfelder des Mietspiegels) müssen entsprechend den tatsächlich gezahlten Mieten gewisse Spannbreiten umfassen. Dies kann durch Angabe
- des unteren und oberen Wertes der Spanne
- durch Angabe des Mittelwertes und der üblichen Abweichung nach unten und oben
- des oberen und unteren Wertes der Spanne und des Mittelwertes

geschehen.

Um die Bedingungen zu erfüllen, daß die Mietspiegel die „üblichen Entgelte" wiedergeben, müssen die Spannbreiten so gewählt werden, daß zumindest zwei

697

Drittel aller – mit Ausnahme der extremen „Ausreißer-Mieten" (vgl. unten) – erfaßten Mieten der betreffenden Merkmalskombination innerhalb der Spanne liegen. Je dichter die tatsächlich erfaßten Mieten beieinanderliegen, desto kleiner kann die Spanne sein. Je breiter die Streuung insbesondere der Mieten oberhalb des Mittelwertes tatsächlich ist, desto größer wäre bei zu kleiner Spanne die Zahl der außerhalb der Grenzwerte liegenden Fälle.

Es dürfen jedenfalls keine engen Spannen entgegen einer tatsächlich zu beobachtenden breiteren Streuung der üblichen Mieten festgelegt werden. Ein solches Vorgehen würde den gesetzlichen Anforderungen widersprechen. Es könnte unter anderem auch dazu führen, daß durchaus marktübliche Abweichungen einzelner Mieten von einem für bestimmte Wohnungstypen ermittelten Durchschnitt als Mietpreisüberhöhungen im Sinne des § 5 Wirtschaftsstrafgesetz erscheinen.

Es wird folgendes aus nachstehender Graphik ersichtliche Verfahren für die Spannenbildung empfohlen:
1. Aussonderung von extremen „Ausreißer-Mieten"
2. Bildung des Durchschnittswertes der verbleibenden Mieten
3. Bestimmung des unteren und oberen Wertes der Spanne durch Kappen von je ⅙ der Fälle am oberen und unteren Ende der Mietenskala.

Zur leichteren Handhabung des Mietspiegels empfiehlt es sich, sowohl die Mietspannen als auch den Mittelwert der erfaßten Mieten im Mietspiegel anzugeben.

Ergeben sich bei der Anwendung dieser Regeln dennoch zu große Spannen der einzelnen Merkmalskombinationen, die eine Anwendbarkeit des Mietspiegels erheblich erschweren, so sind folgende Lösungen möglich:
– Schärfere Fassung der Merkmalskombination, um homogene Teilgruppen zu bilden.
– Aufstellung eines Katalogs positiver und negativer Merkmale, denen entsprechende Zu- oder Abschläge zugeordnet werden. Bei einem Zusammentreffen mehrerer positiver (negativer) Merkmale können durch die Anwendung solcher Zuschläge die im Normalfall geltenden Spannen über- bzw. unterschritten werden.

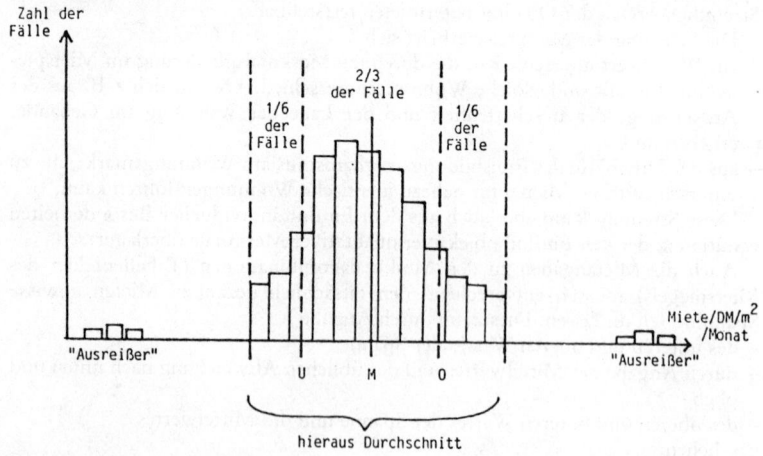

U = Unterer Wert der Spanne
O = Oberer Wert der Spanne
M = Mittelwert

§ 2. Erhöhung der Grundmiete, Anhang — C 156u

Anlage 1

Beispiel für den Aufbau eines Mietspiegels

Baualter	Größe	einfach			mittel			gut	
		Wohnungen mit Bad od. Dusche und mit Sammelheizung	Wohnungen mit Bad od. Dusche oder Sammelheizung	Wohnungen ohne Bad, Dusche u. Sammelheizung	Wohnungen mit Bad od. Dusche und mit Sammelheizung	Wohnungen mit Bad od. Dusche oder Sammelheizung	Wohnungen ohne Bad, Dusche u. Sammelheizung	Wohnungen mit Bad od. Dusche und mit Sammelheizung	Wohnungen mit Bad od. Dusche oder Sammelheizung	Wohnungen ohne Bad, Dusche u. Sammelheizung
		1	2	3	4	5	6	7	8	9
bis 1948	bis 25 m²	1								
	25–40 m²	2								
	40–60 m²	3								
	60–80 m²	4								
	mehr als 80 m²	5								
1949–1960	bis 25 m²	6								
	25–40 m²	7								
	40–60 m²	8								
	60–80 m²	9								
	mehr als 80 m²	10								
1961–1971	bis 25 m²	11								
	25–40 m²	12								
	40–60 m²	13								
	60–80 m²	14								
	mehr als 80 m²	15								
1972–1978	bis 25 m²	16								
	25–40 m²	17								
	40–60 m²	18								
	60–80 m²	19								
	mehr als 80 m²	20								

Beispiel: Baujahr

1949–1960	4,20 DM
1961–1971	6,40 DM

Baujahr 1959 oder 1962: ca. 5,30 DM

Anmerkung: Wenn die Wohnungen an den Abstufungsgrenzen von einer Untergliederung zur nächsten liegt, können zur genaueren Einordnung der Wohnung auch Werte zwischen den Mietangaben der einzelnen Untergliederung gebildet werden.

Um die Anwendung des Mietspiegels zu erleichtern, sollten mindestens in den Erläuterungen zum Mietspiegel Hinweise gegeben werden, inwieweit vom MHG genannte Kriterien (wie etwa Teile der Beschaffenheit), die nicht mit in die Gliederung des Mietspiegels eingehen, bei der Bestimmung der Vergleichsmiete im konkreten Einzelfall innerhalb der Spanne zu berücksichtigen sind.

7. Anpassung der Mietspiegel an den Markttrend

Bei der Verabschiedung des Wohnraumkündigungsschutzgesetzes ging der Gesetzgeber davon aus, daß zur Aufrechterhaltung der Wirtschaftlichkeit des Hausbesitzes marktorientierte Mieterhöhungen möglich sein müssen.

Mietspiegel geben die Marktverhältnisse zu einem bestimmten Zeitpunkt wieder. Sie veralten umso schneller, je höher die Preissteigerungsraten am Wohnungsmarkt sind, bzw. behalten ihre Gültigkeit umso länger, je langsamer das allgemeine Mietniveau steigt. Eine generell gültige Anpassungsfrist für die Mietspiegel kann daher nicht formuliert werden.

Unter den gegenwärtigen Verhältnissen des Wohnungsmarktes wird eine Anpassungsfrist durch Neuaufstellung in größeren Zeitabständen (mehrere Jahre) empfohlen. In der Zwischenzeit sind Anpassungen durch Fortschreibung erforderlich. Die Notwendigkeit einer Fortschreibung sollte mindestens alle zwei Jahre überprüft werden. Sie wird insbesondere erkennbar an Veränderungen des Mietniveaus bei neuabgeschlossenen Verträgen. Fortschreibungen können sich u. a. orientieren an

– Ergebnissen kleinerer Stichproben
– Erkenntnissen aus sonstigen in Anlage 2 genannten Datenquellen.

Haben sich seit der letzten Neufestsetzung oder Fortschreibung größere Veränderungen bei den Wohnungsmieten ergeben, so können bei der Ermittlung der Vergleichsmiete im Einzelfall behelfsweise Veränderungen des entsprechenden Mietindex herangezogen werden. Bei Verwendung des Preisindex für die Miete sind jedoch zwischenzeitliche Anhebungen der Einzelmieten aufgrund von Betriebskostensteigerungen anzurechnen, soweit der Mietindex deren Erhöhungen einschließt.

Anlage 2

Sonstige Datenquellen für die Aufstellung eines Mietspiegels

Die nachfolgend aufgeführten Quellen sind nicht als jeweils alleinige Informationsquelle geeignet.

1. Mietkataster

Mietkataster der Interessenvertretungen enthalten oft Extremfälle.

2. Angaben von Maklern und Maklervereinigungen

Makler stützen ihre Informationen weitgehend auf die aus Neuabschlüssen resultierenden Mieten. Das Gesetz geht jedoch davon aus, daß Neu- und Altverträge in einem ausgewogenen Verhältnis berücksichtigt werden müssen.

3. Mietangaben der Verbände

Die Mietangaben der wohnungswirtschaftlichen Verbände repräsentieren jeweils nur einen begrenzten Wohnungsbestand.

§ 2. Erhöhung der Grundmiete, Anhang   C 157

4. Datenmaterial der kommunalen Wohnungsvermittlungsstellen
5. Datenmaterial der Gutachterausschüsse bei den Städten und bei den Landkreisen
6. Wohngeldstatistik
Bei der Verwendung der Daten aus der Wohngeldstatistik ist zu berücksichtigen, daß diese Daten nicht durchweg repräsentativ für die gesamte Marktsituation sind. Wohngeld wird zu rd. zwei Dritteln an Nichterwerbstätige (Rentner) gezahlt. Daraus können sich systematische Verzerrungen gegenüber dem Durchschnitt ergeben. So dürfte die durchschnittliche Laufzeit aller Mietverträge kürzer sein als bei den Wohngeldempfängern.
Art und Beschaffenheit der Wohnungen bleiben mit hoher Wahrscheinlichkeit hinter dem Durchschnitt zurück. Die Wohngelddaten sind daher als alleinige Informationsbasis für einen Mietspiegel ungeeignet.

Anhang 2 zu § 2 MHG
Wohnflächenberechnung nach DIN 283 · Ausgabe 1968   C 157

Normblatt DIN 283   **Blatt 1**

WOHNUNGEN
Begriffe

März 1951

1 Wohnungen

1.1 Eine Wohnung ist die Summe der Räume, welche die Führung eines Haushaltes ermöglichen, darunter stets eine Küche oder ein Raum mit Kochgelegenheit. Zu einer Wohnung gehören außerdem Wasserversorgung, Ausguß und Abort.
Die Eigenschaft als Wohnung geht nicht dadurch verloren, daß einzelne Räume vorübergehend oder dauernd zu beruflichen oder gewerblichen Zwecken benutzt werden.

1.11 **Abgeschlossene Wohnungen** sind solche Wohnungen, die baulich vollkommen von fremden Wohnungen und Räumen abgeschlossen sind, z. B. durch Wände und Decken, die den Anforderungen der Bauaufsichtsbehörden (Baupolizei) an Wohnungstrennwände und Wohnungstrenndecken entsprechen und einen eigenen abschließbaren Zugang unmittelbar vom Freien, von einem Treppenhaus oder einem Vorraum haben. Zu abgeschlossenen Wohnungen können zusätzliche Räume außerhalb des Wohnungsabschlusses gehören. Auch Wasserversorgung, Ausguß und Abort können außerhalb der Wohnungen liegen[1].

1.12 **Nichtabgeschlossene Wohnungen** sind solche Wohnungen, die die Bedingungen des Abschnittes 1.11 nicht erfüllen[1].

---

[1] Einliegerwohnungen können sowohl abgeschlossene als auch nichtabgeschlossene Wohnungen sein.

C 157   Teil C. MHG

2 Räume der Wohnung

Unterschieden werden Wohn- und Schlafräume (Abschnitt 2.1), Küchen (Abschnitt 2.2) und Nebenräume (Abschnitt 2.3).

- 2.1 **Als Wohn- und Schlafräume** gelten nur solche Räume der Wohnung (auch Wohndielen und ausreichend beheizbare Wintergärten), die den Anforderungen der Bauaufsichtsbehörden (Baupolizei) an Räume zum dauernden Aufenthalt von Menschen entsprechen.
Nach der Größe werden unterschieden:
- 2.11 **Wohn- und Schlafzimmer** von mindestens 10 m² Wohnfläche (s. DIN 283, Blatt 2).
- 2.12 **Wohn- und Schlafkammern** von mindestens 6 und weniger als 10 m² Wohnfläche, deren kleinste Lichtweite auf wenigstens ⅔ der Grundfläche mindestens 2,1 m ist. (Kleinere Räume vergleiche Abschnitt 2.3)
- 2.2 **Küchen**
- 2.21 **Wohnküchen** sind Räume von mindestens 12 m² Wohnfläche, die zum Wohnen geeignet, mit Einrichtung zum Kochen für hauswirtschaftliche Zwecke ausgestattet und beheizbar sind. Wohnräume mit Kochnischen werden ebenfalls zu den Wohnküchen gerechnet, wenn sie zusammen mindestens 12 m² Wohnfläche haben.
- 2.22 **Wohnküchen** sind Räume, die mit einer Einrichtung zum Kochen für hauswirtschaftliche Zwecke ausgestattet sind und nicht unter Abschnitt 2.21 fallen.
- 2.3 **Nebenräume** sind Räume einer Wohnung, die nicht unter Abschnitt 2.1, 2.2, 3.1 oder 4 fallen, z. B. Dielen (Wohndielen siehe Abschnitt 2.1), Schrankräume, Abstellräume, Windfänge, Vorräume, Flure, Treppen innerhalb einer Wohnung einschl. Treppenabsätze, Galerien, Aborte, Wasch-, Dusch- und Baderäume, Spülküchen, Speisekammern, Besenkammern u. dgl., Veranden, nicht ausreichend beheizbare Wintergärten. Als Nebenräume gelten auch Hauslauben (Loggien), Balkone und gedeckte Freisitze.

3 Ausstattung der Wohnung

- 3.1 **Räumliche Ausstattung**
- 3.11 ausschließlich zu **einer Wohnung gehörende Räume:** Bodenräume, Waschküchen, Kellerräume, Trockenräume, Speicherräume, Garagen usw.
- 3.12 **zur gemeinsamen Benutzung verfügbare Räume:**
Vorplätze, Geschoßtreppen und Treppenhäuser, Waschküchen, Trockenräume, Bade- und Brauseräume, Backstuben, Plättstuben, Rollkammern, Fahrrad- und Kinderwagenräume usw.
- 3.2 **Betriebliche Ausstattung**
Wasserversorgung, Entwässerung, Elektrizitätsversorgung, Gasversorgung, Öfen, Herde, Fern- und Sammelheizungen, Warmwasserversorgung, Antennen und Rundfunkanlagen, Lasten- und Personenaufzüge, Müllschlucker, Hausfernsprecher usw.
- 3.3 **Sonstige Ausstattung**
- 3.31 **ausschließlich zu einer Wohnung gehörend:**
- 3.311 innerhalb der Wohnung:
eingebaute Ausstattungsstücke, wie Wandschränke, Möbel, Garderoben usw.

§ 2. Erhöhung der Grundmiete, Anhang   C 157

3.312 außerhalb der Wohnung:
Garten, Gartenlauben (Terrassen), Kinderspielanlagen usw.
3.332 **zur gemeinschaftlichen Benutzung:**
Kinderspielanlagen, Grünanlagen, Trockenplätze, Teppichklopfstangen, Wäschepfähle, Müllkästen, Dunggruben usw.
3.33 **Nutzungsrecht in Verbindung mit der Wohnung:**
Landwirtschaftliche oder gewerbliche Nutzung an Grundstücksflächen, Jagd-, Fischerei-, Bootsstegerechte mit zugehörigen Unterhaltungspflichten, Wiesen- und Weidennutzungen usw.

4 Wirtschaftsräume und gewerbliche Räume im Zusammenhang mit einer Wohnung
Mit einer Wohnung können Räume im Zusammenhang stehen, die keinen Wohnzwecken dienen und sich wegen ihrer Zweckbestimmung baulich wesentlich von den Wohnräumen unterscheiden.
4.1 **Wirtschaftsräume:**
Arbeitsräume, Vorratsräume, Backstuben, Räucherkammern, Futterküchen, Futterkammern, Ställe, Scheunen, Einstellräume für Fahrzeuge und Geräte usw.
4.2 **Gewerbliche Räume:**
Läden, Gaststättenräume, Werkstätten, Büro- und Lagerräume, Einstellräume für Fahrzeuge und Geräte usw.

5 Kennzeichnung der Wohnungsgröße
Die Größe einer Wohnung wird gekennzeichnet durch die Zahl der Zimmer (Abschnitt 5.1) oder die Zahl der Räume (Abschnitt 5.2). Neben der Zimmer- oder Raumzahl ist auch die gesamte Wohnfläche (s. DIN 283, Blatt 2) anzugeben. Zusätzliche Räume außerhalb des Wohnungsabschlusses (Abschnitt 1.11) sind gesondert anzugeben.
5.1 **Kennzeichnung nach der Zahl der Zimmer:**
Als Zimmer zählen **voll** die Wohn- und Schlafzimmer nach Abschnitt 2.11 und **halb** die Kammern nach Abschnitt 2.12. Küchen nach Abschnitt 2.2 sind besonders anzugeben.
Z. B. Wohnung mit 2½ Zimmern und Wohnküche und mit 65 m² Wohnfläche oder
Wohnung mit 3 Zimmern, Küche und ½ zusätzlichem Zimmer außerhalb der Wohnung (im Dachgeschoß) und mit 75 m² Wohnfläche.
5.2 **Kennzeichnung nach der Zahl der Räume:**
Als Räume zählen bei der Angabe der Größe der Wohnung nur die Wohn- und Schlafräume nach Abschnitt 2.1 und die Küchen nach Abschnitt 2.2
Z. B. Wohnung mit 4 Räumen mit 65 m² Wohnfläche oder Wohnung mit 4 Räumen und 1 zusätzlichem Raum außerhalb der Wohnung (im Dachgeschoß) und mit 75 m² Wohnfläche.

6 Angaben über Wirtschaftsräume und gewerbliche Räume
Für Wirtschaftsräume und gewerbliche Räume ist stets nur die gesamte Nutzfläche anzugeben (s. DIN 283, Blatt 2).

Normblatt DIN 283 Blatt 2
WOHNUNGEN
Berechnung der Wohnflächen und Nutzflächen
Februar 1962

Vorbemerkung: Bei Anwendung dieser Norm ist zu beachten:
Für den mit öffentlichen Mitteln geförderten und steuerbegünstigten Wohnungsbau gilt im Gebiet der Bundesrepublik Deutschland die Verordnung über wohnungswirtschaftliche Berechnungen des Zweiten Wohnungsbaugesetzes (2. Berechnungsverordnung II BVO), vom 17. 10. 1957 (BGBl. I, Seite 17/19), die für die wohnungswirtschaftlichen Berechnungen ergänzende Bestimmungen enthält, insbesondere in bezug auf die anrechenbare Grundfläche[1].

1 Begriffsbestimmungen

1.1 **Wohnfläche** ist die anrechenbare Grundfläche der Räume von Wohnungen.

1.2 **Nutzfläche** ist die nutzbare Fläche von Wirtschaftsräumen und von gewerblichen Räumen.

2 Wohnfläche

Zunächst sind die Grundflächen nach Abschnitt 2.1 und daraus die Wohnflächen nach Abschnitt 2.2 zu ermitteln.

2.1 **Ermittlung der Grundflächen:**

2.11 Die Grundflächen von Wohnräumen sind aus den Fertigmaßen (lichte Maße zwischen den Wänden) zu ermitteln, und zwar in der Regel für jeden Raum einzeln, jedoch getrennt für (vgl. Abschnitt 4.1):
Wohn- und Schlafräume (DIN 283, Bl. 1 – Abschnitt 2.1)
Küchen (DIN 283, Bl. 1 – Abschnitt 2.2)
Nebenräume (DIN 283, Bl. 1 – Abschnitt 2.3)
Werden die Maße aus einer Bauzeichnung entnommen, so sind bei verputzten Wänden die aus den Rohbaumaßen errechneten Grundflächen um 3% zu verkleinern.

2.12 In die Ermittlung der Grundflächen sind
einzubeziehen die Grundflächen von:
Fenster- und Wandnischen, die bis zum Fußboden herunterreichen und mehr als 13 cm tief sind,
Erkern, Wandschränken und Einbaumöbeln
Raumteilen unter Treppen, soweit die lichte Höhe mindestens 2 m ist.
nicht einzubeziehen die Grundflächen der Türnischen.

2.13 Bei der Ermittlung der Grundflächen nach Abschnitt 2.11 sind
abzurechnen die Grundflächen von:
Schornstein- und sonstigen Mauervorlagen, frei stehende Pfeiler, Säulen usw. mit mehr als 0,1 m² Grundfläche, die in ganzer Raumhöhe durchgehen, Treppen (Ausgleichsstufen bis zu 3 Steigungen zählen nicht als Treppen),

---

[1] Die II. BVO gilt jetzt in der Fassung d. Bek. vom 5. 4. 1984 (BGBl. I S. 553)

§ 2. Erhöhung der Grundmiete, Anhang   C 157

nicht abzurechnen die Grundflächen von:
Wandgliederungen in Stuck, Gips, Mörtel u. dgl., Scheuerleisten, Tür- und Fensterbekleidungen und -umrahmungen, Wandbekleidungen, Öfen, Kaminen, Heizkörpern und Kochherden.
Stützen und Streben, die frei stehen oder vor der Wand vortreten, wenn ihr Querschnitt (einschl. einer Umkleidung) höchstens $0,1\ m^2$ beträgt.

2.2 **Ermittlung der Wohnflächen:**
Von den nach Abschnitt 2.1 berechneten Grundflächen der einzelnen Räume oder Raumteile sind bei Ermittlung der Wohnfläche anzurechnen:

2.21 **voll:**
die Grundflächen von Räumen oder Raumteilen mit einer lichten Höhe von mindestens 2 m,

2.22 **zur Hälfte:**
die Grundflächen von Raumteilen mit einer lichten Höhe von mehr als 1 m und weniger als 2 m und von nicht ausreichend beheizbaren Wintergärten,

2.23 **zu einem Viertel:**
die Grundflächen von Hauslauben (Loggien), Balkonen, gedeckten Freisitzen,

2.24 **nicht:**
die Grundflächen von Raumteilen mit einer lichten Höhe von weniger als 1 m und von nichtgedeckten Terrassen und Freisitzen.

3 Nutzfläche

Die Nutzflächen von Wirtschaftsräumen und von gewerblichen Räumen sind ebenfalls nach Abschnitt 2.1 und 2.2 zu berechnen[1]

4 Angabe der Wohnflächen und Nutzflächen

4.1 Die **Wohnflächen** sind wie folgt anzugeben:
Wohn- und Schlafräume   (DIN 283, Bl. 1, Abschnitt 1.2) .. m^2
Küchen   (DIN 283, Bl. 1, Abschnitt 2.2) .. m^2
Nebenräume   (DIN 283, Bl. 1, Abschnitt 2.3) .. m^2
                                        Gesamte Wohnfläche .. m^2

4.2 Die **Nutzflächen** von Wirtschaftsräumen und von gewerblichen Räumen, die mit einer Wohnung in Zusammenhang stehen, sind wie folgt anzugeben:
Wohn- und Schlafräume
Wirtschaftsräume   (DIN 283, Bl. 1, Abschnitt 4.1) .. m^2
Gewerbliche Räume   (DIN 283, Bl. 1, Abschnitt 4.2) .. m^2
Wohnflächen und Nutzflächen sind nicht zusammenzuzählen[2]

---

[1] Für selbständige gewerbliche Räume sind die Nutzflächen gleichfalls nach Abschnitt 2.1 und 2.2 zu berechnen.

[2] Für selbständige gewerbliche Räume ist stets nur die gesamte Nutzfläche anzugeben.

§ 3 MHG. Mieterhöhung bei baulichen Änderungen

(1) Hat der Vermieter bauliche Maßnahmen durchgeführt, die den Gebrauchswert der Mietsache nachhaltig erhöhen, die allgemeinen Wohnverhältnisse auf die Dauer verbessern oder nachhaltig Einsparungen von Heizenergie bewirken (Modernisierung), oder hat er andere bauliche Änderungen auf Grund von Umständen, die er nicht zu vertreten hat, durchgeführt, so kann er eine Erhöhung der jährlichen Miete um elf vom Hundert der für die Wohnung aufgewendeten Kosten verlangen. Sind die baulichen Änderungen für mehrere Wohnungen durchgeführt worden, so sind die dafür aufgewendeten Kosten vom Vermieter angemessen auf die einzelnen Wohnungen aufzuteilen. Werden die Kosten für die baulichen Änderungen ganz oder teilweise durch zinsverbilligte oder zinslose Darlehen aus öffentlichen Haushalten gedeckt, so verringert sich der Erhöhungsbetrag nach Satz 1 um den Jahresbetrag der Zinsermäßigung, der sich für den Ursprungsbetrag des Darlehens aus dem Unterschied im Zinssatz gegenüber dem marktüblichen Zinssatz für erststellige Hypotheken zum Zeitpunkt der Beendigung der Maßnahmen ergibt; werden Zuschüsse oder Darlehen zur Deckung von laufenden Aufwendungen gewährt, so verringert sich der Erhöhungsbetrag um den Jahresbetrag des Zuschusses oder Darlehens. Ein Mieterdarlehen, eine Mietvorauszahlung oder eine von einem Dritten für den Mieter erbrachte Leistung für die baulichen Änderungen steht einem Darlehen aus öffentlichen Haushalten gleich. Kann nicht festgestellt werden, in welcher Höhe Zuschüsse oder Darlehen für die einzelnen Wohnungen gewährt worden sind, so sind sie nach dem Verhältnis der für die einzelnen Wohnungen aufgewendeten Kosten aufzuteilen. Kosten, die vom Mieter oder für diesen von einem Dritten übernommen oder die mit Zuschüssen aus öffentlichen Haushalten gedeckt werden, gehören nicht zu den aufgewendeten Kosten im Sinne des Satzes 1. Mittel der Finanzierungsinstitute des Bundes oder eines Landes gelten als Mittel aus öffentlichen Haushalten.

(2) Der Vermieter soll den Mieter vor Durchführung der Maßnahmen nach Absatz 1 auf die voraussichtliche Höhe der entstehenden Kosten und die sich daraus ergebende Mieterhöhung hinweisen.

(3) Der Anspruch nach Absatz 1 ist vom Vermieter durch schriftliche Erklärung gegenüber dem Mieter geltend zu machen. Die Erklärung ist nur wirksam, wenn in ihr die Erhöhung auf Grund der entstandenen Kosten berechnet und entsprechend den Voraussetzungen nach Absatz 1 erläutert wird.

(4) Die Erklärung des Vermieters hat die Wirkung, daß von dem Ersten des auf die Erklärung folgenden Monats an der erhöhte Mietzins an die Stelle des bisher zu entrichtenden Mietzinses tritt; wird die Erklärung erst nach dem Fünfzehnten eines Monats abgegeben, so tritt diese Wirkung erst von dem Ersten des übernächsten Monats an ein. Diese Fristen verlängern sich um drei Monate, wenn der Vermieter dem Mieter die voraussichtliche Mieterhöhung nach Absatz 2 nicht mitgeteilt hat oder wenn die tatsächliche Mieterhöhung gegenüber dieser Mitteilung um mehr als zehn vom Hundert nach oben abweicht.

§ 3. Mieterhöhung bei baulichen Änderungen C 157

Übersicht

	Rdn		Rdn
I. Allgemeines	158	IV. Hinweispflicht des Vermieters	214
1. Zweck	158	V. Geltendmachung und Fälligkeit der Mieterhöhung	216
2. Anwendungsbereich	159	1. Erhöhungserklärung	216
3. Verhältnis zu § 541b BGB	165	2. Fälligkeit des erhöhten Mietzinses	221
4. Verhältnis zum WoModG	167	3. Gerichtliche Geltendmachung der Erhöhung	226
5. Verhältnis zu den §§ 537ff BGB	167e		
II. Bauliche Maßnahmen	168	VI. Abweichende Vereinbarungen	227
1. Begriff der baulichen Maßnahmen	168		
2. Verbesserungsmaßnahmen	177	Anhang 1	
3. Einsparung von Heizenergie	186a	§ 541b BGB: Maßnahmen zur Erhaltung oder Verbesserung (Gesetzestext)	238
4. Sonstige (nicht zu vertretende) Maßnahmen	187		
III. Der Umfang der Mieterhöhung	190		
1. Umlagefähige Kosten	190	Anhang 2	
2. Umlageschlüssel	200	Gesetz zur Förderung der Modernisierung von Wohnungen und von Maßnahmen zur Einsparung von Heizenergie (Modernisierungs- und Energieeinsparungsgesetz – ModEnG)	239
3. Höhe der Umlage	202		
4. Zeitlicher Beginn der Erhöhungsbefugnis	211		
5. Berechnung der Mieterhöhung an einem Beispiel	213a		

Schrifttum

Blank, Neuregelung zur Förderung heizenergiesparender Investitionen, NJW 78, 2181;
Blumenstein, Der Einbau von Thermostatventilen in freifinanzierten Wohngebäuden aufgrund der Heizungsanlagen-Verordnung v. 24. 2. 82, ZMR 87, 401;
Börner, Mietbildung und -erhöhung nach Durchführung heizenergiesparender Maßnahmen des Vermieters, Beilage Nr 7/83 zu Der Betrieb, Heft 12/83;
Freund-Barthelmess, Das Wohnungsmodernisierungsgesetz, NJW 76, 2191;
ders., Die mietrechtlichen Regelungen des Wohnungsmodernisierungsgesetzes, ZMR 77, 1;
Fricke, Die Feststellung der ortsüblichen Vergleichsmiete bei Verbesserungsmaßnahmen des Mieters, ZMR 76, 325;
Frost, Die Grenzen der Duldungspflicht des Mieters bei der Modernisierung von Wohnraum, WM 76, 1 u. 33;
Gelhaar, Zur Frage des Mieterhöhungsbetrags bei baulichen Änderungen, ZMR 78, 164;
Gellwitzki, Zur Abwälzbarkeit der Kosten der Instandhaltung und Instandsetzung im Rahmen von Modernisierungsmaßnahmen, ZMR 78, 225;
Groß, Breitbandverkabelung und Übernahme von Rundfunkprogrammen in Kabelnetze NJW 84, 409;
Hamm, Abzug für Instandsetzungskosten bei der Mieterhöhung nach Modernisierung? NJW 79, 2496;
Häusler, Die Beschränkung der Mieterhöhung nach öffentlich geförderter Modernisierung nicht preisgebundener Wohnungen, DWW 76, 277;
Harke, Der Einfluß des Wohnungsmodernisierungsgesetzes auf die Rechtsstellung des Mieters, WM 77, 197;
Heitgreß, Zwangsanschluß der Mietwohnungen an das Kabelfernsehen?, WM 83, 244;
Hermes, Erhaltungs- und Modernisierungsarbeiten bei Miethäusern, ZMR 76, 229;
Herold, Duldungspflicht des Mieters gegenüber Modernisierungsmaßnahmen des Hauseigentümers, FWW 77, 6;
Kummer, Einige Fragen zur „Instandmodernisierung" WM 81, 145;
v. Lackum, Setzt eine Mieterhöhung gemäß § 3 MHG die Zustimmung des Mieters zur Durchführung der Wertverbesserungsmaßnahmen voraus?, ZMR 79, 193;

Lenz, Modernisierung und Instandsetzung bei der Sanierung, DWW 78, 182;
Marienfeld, Die Ermittlung des Mieterhöhungsbetrages bei baulichen Änderungen, ZMR 78, 38;
Mitzkus, Wohnraummodernisierung und Mieterhöhung NJW 81, 199;
Otto, Mieterhöhung nach Modernisierung begrenzt? DWW 81, 70;
Pfeifer, Kabelfernsehen in Mietwohnungen DWW 83, 293;
Pfeilschifter, Die neuen Anschlußmöglichkeiten an das Kabelfernsehen, die Kosten-Nutzenrelation und die Probleme der Kostenverteilung im Mehrfamilienhaus, WM 87, 279;
Powalla, Die ortsübliche Vergleichsmiete nach werterhöhenden Baumaßnahmen ZMR 83, 330;
Risse, Vergleichende Kalkulation modernisierungsbedingter Mieterhöhungen, DWW 80, 78.
Rottmann, Mietrechtliche Probleme der Breitbandverkabelung, NJW 85, 2009;
Rupp, Mieterhöhungserklärung bei Finanzierung von Modernisierungsmaßnahmen nicht preisgebundenen Wohnraums mit öffentlichen Zinssubventionen, ZMR 77, 323;
Warnecke, Zur Frage der Erhaltungs- und Modernisierungsarbeiten bei Miethäusern, ZMR 76, 228;
Weimar, Erhaltungs- und Modernisierungsmaßnahmen der Mietsache, ZMR 76, 33;

I. Allgemeines

1. Zweck

C 158 Für Verbesserungs- und Modernisierungsarbeiten wird dem Vermieter in § 3 ein **Sondererhöhungsrecht** zugebilligt. Der Vermieter kann derartige Kosten entweder nach § 2 zum Anlaß einer Mieterhöhung nach den allgemeinen Voraussetzungen der ortsüblichen Vergleichsmiete nehmen oder aber wahlweise seine Aufwendungen prozentual durch einseitige Erklärung auf die Mieter des Hauses umlegen. Durch diese Regelung beabsichtigt der Gesetzgeber, einen Anreiz für die Verbesserung und Modernisierung älterer oder renovierungsbedürftiger Wohnungen zu schaffen. Der durch die Verbesserung (Modernisierung) gestiegene Wohnwert reichte nämlich in der Regel nicht aus, um eine kostendeckende Mieterhöhung unter dem Gesichtspunkt der ortsüblichen Vergleichsmiete nach dem früher geltenden § 3 I WKSchG zu erzielen; gleiches gilt für eine Mieterhöhung nach dem jetzt geltenden § 2 MHG. Unabhängig vom Wohnwert gibt § 3 dem Vermieter also einen erleichtert durchsetzbaren Erhöhungsanspruch in Form einer 11prozentigen Pauschale der aufgewendeten Kosten. Es wird deshalb immer vorteilhafter für den Vermieter sein, nach § 3 anstatt nach § 2 MHG vorzugehen. Die Vorschrift ist dem früher geltenden § 12 AMVO sowie den §§ 13 NMV 70, 11 der II. BV nachgebildet, die unter den dort genannten Voraussetzungen eine Erhöhung der Kostenmiete bei späteren baulichen Änderungen zulassen; sie durchbricht das Prinzip der ortsüblichen Vergleichsmiete, indem sie nicht vom ortsüblichen Mietzins für den wertverbesserten Wohnraum, sondern von den für die Wertverbesserung aufgewendeten Kosten als Maßstab der Mieterhöhung ausgeht.

C 158a Durch das Gesetz zur Änderung des Wohnungsmodernisierungsgesetzes vom 27. 6. 1978 (BGBl. I S. 878) wurde die Vorschrift des § 3 dahin-

§ 3. Mieterhöhung bei baulichen Änderungen C 159, 160

gehend geändert, daß nunmehr kraft Gesetzes auch solche baulichen Maßnahmen, die nachhaltig eine Einsparung von Heizkosten bewirken, als Modernisierung anzusehen sind. Statt der bisher zulässigen Erhöhungspauschale von 14% kann der Vermieter ab dem 1. 7. 1978 nur noch 11% der aufgewendeten Kosten auf den Mieter umlegen.

Bund und Länder stellen für die Modernisierung öffentliche Mittel zur Verfügung. Das dafür maßgebende Gesetz zur Förderung der Modernisierung von Wohnungen und von Maßnahmen zur Einsparung von Heizenergie vom 27. 6. 1978 (BGBl. I S. 878) ist im **Anhang 2** zu dieser Vorschrift unter Rdn C 239 ungekürzt abgedruckt. Für die Auswirkungen des ModEnG auf § 3 wird verwiesen auf Rdn C 167, 199.

Zu **steuerrechtlichen** Fragen der Modernisierung vgl. Oswald FWW 76, 205; DWW 78, 180; Schreiben des BMinFin. v. 23. 4. 1976, BB 76, 542 (betr. Investitionszulage bei Mieterein- und umbauten); zur erhöhten Abschreibung von Modernisierungskosten als Werbungskosten, die bis zum 1. 1. 1977 gemacht worden sind, vgl. DWW 76, 207; zur steuerlichen Behandlung der Erhaltungs- und Verbesserungsmaßnahmen vgl. DB 76, 1192.

2. Anwendungsbereich

a) Die Regelung gilt für **alle Mietverhältnisse über Wohnraum**, so- C 159 weit auf sie das MHG anwendbar ist (s. Rdn C 13). Sie gilt auch für Mietverhältnisse zwischen Hauptmieter und Untermieter, wenn der Hauptmieter die baulichen Maßnahmen durchführt (s. Rdn C 167). Hat der Vermieter die baulichen Maßnahmen durchgeführt, so kann der Hauptmieter eine anteilige Erhöhung des Untermietzinses hingegen nicht nach § 3 verlangen, sondern den Untermieter nur nach Maßgabe des § 2 MHG in Anspruch nehmen. Ist die bauliche Maßnahme nicht vom Vermieter sondern von einem Dritten durchgeführt worden, so besteht ebenfalls kein Umlagerecht. Dies gilt auch dann, wenn der Dritte die Wohnung nach Abschluß der Modernisierungsarbeiten erwirbt (AG Hamburg WM 87, 30; WM 87, 356).

b) Weil dem Vermieter lediglich ein **Wahlrecht** zwischen einer Miet- C 160 erhöhung nach § 2 MHG und § 3 zusteht, kann er nicht die Miete nach § 2 und später erneut nach § 3 auf Grund der baulichen Änderungen erhöhen; wählt der Vermieter also nach Abschluß der baulichen Änderungen eine Erhöhung nach § 2 MHG, so ist er von einer weiteren Erhöhung nach § 3 ausgeschlossen; macht der Vermieter von § 3 Gebrauch, so schließt das eine weitere Erhöhung bis zur ortsüblichen Vergleichsmiete aber nicht aus, falls diese nicht bereits erreicht oder überschritten ist (a. A.: AG Dortmund WM 81, 44); auch in diesem Fall muß der Vermieter aber öffentliche Mittel, die er für die Durchführung der Modernisierung erhalten hat von dem Erhöhungsbetrag abziehen. Hat der Vermieter vor Abschluß der baulichen Änderungen eine Erhöhung auf der Basis des bisherigen Zustandes der Wohnung verlangt, so steht

§ 2 I Nr. 1 MHG einer erneuten Erhöhung nach § 3 nach Abschluß der baulichen Änderungen auch vor Ablauf der Jahresfrist nicht entgegen. Zulässig ist es auch, wenn der Vermieter nach Abschluß der baulichen Maßnahme zugleich eine Mieterhöhung nach § 2 MHG auf der Basis des früheren Zustands der Wohnung fordert und zusätzlich die anteiligen Modernisierungskosten gemäß § 3 auf den Mieter umlegt (OLG Hamm (RE) vom 30. 10. 1982 RES § 3 MHG Nr. 6). In einem solchen Fall steht der Mieter wirtschaftlich betrachtet nicht schlechter als er stünde, wenn der Vermieter die Miete bereits vor der Modernisierung auf das ortsübliche Maß angehoben hätte.

C 161 c) Im übrigen bleiben aber die Vorschriften des MHG von § 3 unberührt. Deshalb ist nach § 1 S. 1 MHG eine Kündigung zwecks Durchsetzung von Erhöhungsansprüchen wegen baulichen Maßnahmen i. S. des § 3 ausgeschlossen, wenn z. B. die Zustimmung verweigert, eine höhere Umlage für erforderlich gehalten oder ein Ausschluß der Mieterhöhung nach dem auch hier geltenden § 1 S. 3 MHG vereinbart wurde (dazu Rdn C 31). Steigen die Betriebskosten oder die Kapitalkosten für eine nach § 3 geschaffene bauliche Änderung, so können diese Mehrbelastungen nach §§ 4, 5 MHG zusätzlich umgelegt werden.

C 162 Erteilt der Mieter seine Zustimmung nicht nur zu den Änderungsmaßnahmen, sondern auch zu einer dadurch bedingten konkreten Mieterhöhung, liegt insoweit eine nach § 10 I MHG zulässige **Einigung** über den veränderten Mietzins vor, die eine weitere einseitige Mieterhöhung nach § 3 I ausschließt. In einem derartigen **Abänderungsvertrag** liegt gleichzeitig der stillschweigend vereinbarte Ausschluß weitergehender Ansprüche nach §§ 2, 3 auf Grund desselben Erhöhungstatbestandes. Ein Abänderungsvertrag mit diesen Wirkungen kann sich nach § 1 S. 3 MHG auch aus den tatsächlichen Umständen ergeben (z. B. vorbehaltslose Zahlung des Mieters oder vorbehaltslose Annahme eines vom Mieter gezahlten Erhöhungsbetrags).

C 163 Soweit die wirksame Einigung reicht (dazu Rdn C 497), kommt es ferner nicht darauf an, ob die Erhöhungsvoraussetzungen des § 3 vom Vermieter beachtet werden, so daß insbesondere auch von dieser Vorschrift an sich nicht erfaßte Änderungen und Kosten zugrundegelegt und früher verlangt werden dürfen, als es die gesetzliche Regelung vorsieht. Die Grenze der Wirksamkeit bildet auch hier § 5 WiStG, weil diese Vorschrift auch im Rahmen des § 3 gilt (vgl. Rdn C 206, 207, D 17,276).

C 164 d) Der § 3 findet auch auf die Mieterhöhung aufgrund solcher Modernisierungsmaßnahmen Anwendung, die der Vermieter im Hinblick auf ein **behördliches Modernisierungsgebot** nach § 177 BauGB durchführt. Die Anordnung eines Modernisierungsgebots setzt voraus, daß die bauliche Anlage nach ihrer inneren oder äußeren Beschaffenheit Mißstände aufweist, deren Beseitigung oder Behebung durch Modernisierung möglich ist. Mißstände liegen insbesondere vor, wenn die bauliche Anlage nicht mehr den allgemeinen Anforderungen an gesunde Wohn- und Arbeitsverhältnisse entspricht (§ 177 II BauGB). Damit ist der Moderni-

§ 3. Mieterhöhung bei baulichen Änderungen   C 165

sierungsbegriff des BauGB teils enger, teils weiter als der Modernisierungsbegriff des § 3. Die Vorschrift des § 3 setzt nämlich nicht voraus, daß die baulichen Maßnahmen zur Beseitigung von Mißständen durchgeführt werden; es genügt, daß hierdurch der Gebrauchswert der Mietsache erhöht oder die allgemeinen Wohnverhältnisse auf die Dauer verbessert werden. Diese Voraussetzungen werden bei einer Modernisierung auf Grund eines Modernisierungsgebots nach § 177 BauGB immer gegeben sein. Andererseits umfaßt der Modernisierungsbegriff des § 3 auch Maßnahmen zur Einsparung von Heizenergie; solche Maßnahmen können durch ein Modernisierungsgebot nach § 177 BauGB nicht angeordnet werden.

Die Kosten einer Modernisierungsmaßnahme nach § 177 BauGB sind teils vom Eigentümer, teils von der Gemeinde zu tragen. Der vom Eigentümer zu tragende Kostenanteil wird nach der Durchführung der Modernisierungsmaßnahme unter Berücksichtigung der Erträge ermittelt, die für die modernisierte Anlage bei ordentlicher Bewirtschaftung nachhaltig erzielt werden können (§ 177 V BauGB). Bei der Ermittlung des möglichen Ertrags kommt es also maßgeblich darauf an, ob und in welchem Umfang eine Mieterhöhung nach § 3 – gegebenenfalls auch nach § 2 MHG – möglich ist.

Für Maßnahmen, die noch unter der Geltung des mittlerweile aufgehobenen Städtebauförderungsgesetzes durchgeführt worden sind, gilt im Grundsatz nichts anderes, weil die Vorschrift des (früheren) § 43 II StBauFG und die Regelungen in § 177 IV und V BauGB hinsichtlich der Berechnung der Kostenteilung im wesentlichen inhaltsgleich sind (wegen der Einzelheiten s. die Vorauflage Rdn C 164).

3. Verhältnis zu § 541 b BGB

a) In § 541 b BGB ist geregelt, unter welchen Voraussetzungen der   C 165
Mieter Modernisierungs- und Energieeinsparungsmaßnahmen zu dulden hat. Die Vorschrift setzt nicht voraus, daß die Baumaßnahmen in der Wohnung des Mieters durchgeführt werden oder daß hierzu das Betreten der Mietwohnung erforderlich ist. Sie gilt auch dann, wenn Baumaßnahmen außerhalb der Mietwohnung zu einer Mieterhöhung führen können (z. B.: Wärmedämmung der Fassade: LG Berlin WM 86, 138; Anschluß an das Breitbandnetz: AG Neukölln WM 84, 81). Die Frage, ob der Mieter zur Duldung verpflichtet ist, beantwortet sich nach § 541 b BGB, der an die Stelle des früher geltenden § 541 a BGB getreten ist (Art 1 Nr 1 + 2 des Gesetzes zur Erhöhung des Angebots an Mietwohnungen v. 20. 12. 1982 (BGBl. I S. 1912). Die Entscheidung hängt dabei von einer umfangreichen Interessenabwägung ab (s. Rdn C 166). Lehnt der Mieter ab, so muß der Vermieter auf Feststellung klagen, daß der Mieter zur Duldung der beabsichtigten Baumaßnahme verpflichtet ist. Eine Kündigung des Mietvertrags ist ausgeschlossen. Führt der Vermieter die Baumaßnahmen gegen den Willen des Mieters durch, so liegt

verbotene Eigenmacht vor. Der Mieter kann die Weiterführung der Baumaßnahmen jederzeit – gegebenenfalls auch im Wege der einstweiligen Verfügung – untersagen. Über die Frage der Duldungspflicht ist dann aber nicht im einstweiligen Verfahren, sondern nur auf Klage des Vermieters zu entscheiden. Im Verfügungsverfahren kann die Frage der Duldungspflicht nämlich nicht mit der erforderlichen Gründlichkeit geprüft werden (LG Berlin WM 86, 138; AG Dortmund WM 79, 38).

Von einem Teil des Schrifttums und der Rechtsprechung wird die Ansicht vertreten, daß der Vermieter nur dann eine Mieterhöhung nach § 3 MHG verlangen kann, wenn der Mieter zuvor den baulichen Maßnahmen zugestimmt hat (LG Hamburg WM 78, 34; AG Hamburg WM 80, 42 [LS]; AG Köln WM 79, 213; AG München ZMR 79, 210 = WM 78, 151; insbes. Sternel Rdn III 239; Emmerich-Sonnenschein § 3 MHG Rz 12 ff). Zur Begründung wird ausgeführt, daß eine Modernisierungsmaßnahme zugleich eine Änderung des Leistungsgegenstands zur Folge habe, was nur auf Grund einer mit dem Mieter vereinbarten Vertragsänderung möglich sei. Die Erteilung der Zustimmung kann – von Ausnahmefällen abgesehen – nicht erzwungen werden. Nach der hier zitierten Ansicht hängt die Durchführung einer Mieterhöhung nach § 3 MHG deshalb letztlich vom Willen des Mieters ab. Dieser Ansicht kann nicht zugestimmt werden. Die in den Vorauflagen vertretene Ansicht wird aufgegeben. Richtig ist zwar, daß Modernisierungsmaßnahmen i. d. R. mit einer Änderung des Leistungsgegenstands verbunden sind. Die Frage, ob der Vermieter hierzu gegen den Willen des Mieters berechtigt ist, richtet sich nach § 541 b BGB. Aus dem Wortlaut des § 3 MHG ergibt sich hierzu nichts. Der Tatbestand dieser Vorschrift setzt lediglich voraus, daß bauliche Maßnahmen durchgeführt worden sind. Ist dies der Fall, so liegen die Voraussetzungen der Mieterhöhung vor. Aus der Rechtsprechung zu dem früheren § 12 AMVO läßt sich für die heute geltende Rechtslage nichts herleiten. Zu dieser Vorschrift hatte der BGH die Ansicht vertreten, daß solche Verbesserungsmaßnahmen, die ohne Einverständnis des Mieters vorgenommen worden sind, den Vermieter nicht zu einer Mieterhöhung nach § 12 AMVO berechtigen. Der Vermieter schulde die Gewährung des Gebrauchs der Wohnung in dem sich aus dem Mietvertrag ergebenden Zustand. Der Vermieter könne nicht auf eine durch die Veränderung der Wohnung bewirkte Änderung des Leistungsgegenstands sein Mieterhöhungsverlangen gründen; § 18 des 1. BMG lasse nur Mieterhöhungen für vertraglich geschuldete Vermieterleistungen zu (BGH MDR 68, 1003 = ZMR 69, 200). Der wesentliche Unterschied zwischen der damaligen Rechtslage und der heute geltenden § 3 ist folgender: Die Vorschriften der Bundesmietengesetze und der AMVO dienten der Festsetzung einer preisrechtlich zulässigen Miete. Es handelte sich um öffentlich rechtliches Mietpreisrecht (vgl. Roquette, Bundesmietengesetze Kommentar 3. Aufl. 1. Kap Rdn 39). Dementsprechend war § 12 AMVO keine zivilrechtliche Anspruchsgrundlage, sondern eine Regelung zur Bestimmung der preisrechtlich

§ 3. Mieterhöhung bei baulichen Änderungen   C 166, 166a

zulässigen Miete für den besonderen Fall der baulichen Verbesserung. Zivilrechtlich setzte der Anspruch auf die Mieterhöhung darüber hinaus eine Vertragsänderung voraus.
Die Vorschriften des MHG sind demgegenüber nicht Regelungen des Mietpreisrechts, sondern zivilrechtliche Anspruchsgrundlagen. Es entspricht deshalb allgemeinen Rechtsgrundsätzen, daß die Mieterhöhung dann eintritt, wenn die Tatbestandsvoraussetzungen vorliegen. Zu den Tatbestandsvoraussetzungen gehört aber nur der Umstand, daß bauliche Maßnahmen durchgeführt worden sind. Durch die Rechtsentscheide des OLG Hamburg vom 22. 4. 1981 (RES § 3 MHG Nr. 2) und des OLG Hamm vom 27. 4. 81 (RES § 3 MHG Nr. 3) ist dies nun auch obergerichtlich anerkannt (ebenso Mitzkus NJW 81, 199).

Nach dem bis zum 31. 12. 1982 geltenden Recht war die Frage, unter **C 166** welchen Voraussetzungen der Mieter zur Duldung von Modernisierungsmaßnahmen verpflichtet ist, unterschiedlich geregelt.

aa) Für die mit öffentlichen Mitteln geförderte Modernisierung galt die Vorschrift des § 20 ModEnG. Danach hatte der Mieter eine Modernisierungsmaßnahme grundsätzlich zu dulden, es sei denn, daß die Maßnahme für den Mieter oder seine Familie eine Härte bedeuten würde, die auch unter Würdigung der berechtigten Interessen des Vermieters und anderer Mieter in dem Gebäude nicht zu rechtfertigen ist. Bei der Abwägung waren der Umfang der baulichen Maßnahmen und deren Folgen zu berücksichtigen. Der Vermieter mußte dem Mieter zwei Monate vor der Durchführung der Modernisierung deren Art und Umfang schriftlich mitteilen und dabei den geplanten Beginn und die voraussichtliche Dauer sowie die sich voraussichtlich ergebende Mieterhöhung angeben.

Der Mieter war berechtigt, bis zum Ablauf des Monats, der auf den Zugang der Mitteilung folgt, für den Ablauf des nächsten Monats zu kündigen.

bb) Für die nicht geförderte Modernisierung galt die Regelung des § 541a II BGB. Danach hatte der Mieter Verbesserungsmaßnahmen zu dulden, soweit ihm dies zumutbar war. Die Zumutbarkeit richtete sich ebenfalls nach einer Interessenabwägung, bei der auch die im Rahmen des § 20 ModEnG maßgeblichen Kriterien berücksichtigt wurden. Insgesamt verpflichtete § 20 ModEnG aber zu einer weitergehenden Duldung als § 541a II BGB. Eine dem § 20 ModEnG vergleichbare Mitteilungspflicht enthielt § 541a II BGB nicht (vgl. im übrigen: Blank ZMR 81, 289 und 321).

cc) Nach dem seit 31. 12. 1982 geltenden Recht ist die Duldungs- **C 166a** pflicht des Mieters einheitlich in § 541b BGB geregelt. Diese Vorschrift ist im wesentlichen inhaltsgleich mit dem früheren § 20 ModEnG und gilt sowohl für öffentlich geförderte als auch für nicht öffentlich geförderte Modernisierungen. Im Gesetz ist ausdrücklich bestimmt, daß bei der Prüfung der Duldungspflicht der Umfang der vorzunehmenden Arbeiten, der baulichen Folgen, die vorausgegangenen Verwendungen des Mieters und die zu erwartende Erhöhung des Mietzinses berücksichtigt werden muß. Die Mitteilungspflicht ist ebenfalls entsprechend dem früheren § 20 ModEnG geregelt worden. Die früher geltenden §§ 20 ModEnG und 541a II BGB sind aufgehoben worden.

C 166 b dd) Nach dem neuen § 541 b BGB hat der Mieter Maßnahmen zur Verbesserung der gemieteten Räume oder sonstiger Teile des Gebäudes oder zur Einsparung von Heizenergie zu dulden, es sei denn, daß die Maßnahme für den Mieter oder seine Familie eine Härte bedeuten würde, die auch unter Würdigung der berechtigten Interessen des Vermieters und anderer Mieter in dem Gebäude nicht zu rechtfertigen ist.

Ob im Einzelfall eine nicht zu rechtfertigende Härte vorliegt, muß auf der Grundlage einer umfassenden Interessenabwägung festgestellt werden (Begründung des Gesetzentwurfs Rdn. F 109). Bei der Interessenabwägung sind kraft Gesetzes die in Rdn. C 166 a) genannten Umstände zu berücksichtigen. Die Aufzählung ist dabei nicht abschließend (KG (RE) vom 27. 6. 1985 RES § 541 b BGB Nr. 1). Die zum früheren § 541 a BGB ergangene Rechtsprechung kann auch im Rahmen des § 541 b BGB herangezogen werden. Im Streitfall muß der Vermieter die für sein Modernisierungsinteresse sprechenden Umstände **darlegen und beweisen.** Der Mieter muß die gegen die Duldungspflicht sprechenden Härtegründe darlegen und beweisen (LG Hamburg WM 84, 217). Da die Interessen der anderen Mieter an der Modernisierung ebenfalls zugunsten des Vermieters zu berücksichtigen sind, obliegt die Darlegungs- und Beweislast insoweit dem Vermieter. Die der Modernisierung entgegenstehenden Interessen der anderen Mieter sind nicht zugunsten des Mieters zu berücksichtigen; sie vermindern aber unter Umständen das Modernisierungsinteresse des Vermieters. Die entsprechenden Umstände sind deshalb vom Mieter darzulegen und zu beweisen. Die anderen Mieter sind am Verfahren nicht beteiligt; sie können lediglich als Zeugen für bestimmte Umstände von den Parteien benannt werden. Im einzelnen gilt folgendes:

C 166 c Zunächst kommen solche Umstände in Betracht, die sich aus der **Person des Mieters** ergeben. Steht der Mieter bereits im hohen Lebensalter oder ist er körperlich behindert, so kann diesem die Modernisierungsmaßnahme wegen der damit verbundenen Belästigung durch Schmutz und Lärm unzumutbar sein (LG Düsseldorf MDR 70, 931 für den Fall der Invalidität; AG Hannover WM 79, 166 wonach der Einbau einer Gasetagenheizung einer 77jährigen Mieterin nicht zumutbar ist; LG Mannheim, Urteil vom 3. 7. 1985 – 4 S 68/84 –, wonach umfangreiche Modernisierungsarbeiten, die sich über mehrere Wochen hinziehen und die zu einer teilweisen oder völligen Unbenutzbarkeit der Wohnung führen, einer 77jährigen Mieterin in der Regel nicht zumutbar sind). Gleiches gilt dann, wenn der Mieter oder dessen Familienangehörige durch die Modernisierungsmaßnahme gesundheitlichen Schaden erleiden würden (LG Düsseldorf ZMR 73, 81 bei Erkrankung der Ehefrau des Mieters). Diese Umstände wird das Gericht besonders sorgfältig zu prüfen haben; im Zweifelsfall ist das Gutachten eines Amtsarztes einzu-

§ 3. Mieterhöhung bei baulichen Änderungen   C 166d–166f

holen (vgl. hierzu BVerfG NJW 79, 2607 = MDR 80, 116 = WM 80, 27 = ZMR 80, 12 für den rechtsähnlichen Fall der Zwangsräumung). Ein Zwischenumzug oder ein Ausweichen ins Hotel kommt nur in extrem Ausnahmefällen in Betracht, so z. B. wenn ganz besonders schwerwiegende, zwingende Gründe für die Modernisierung sprechen (LG Mannheim a. a. O.).

Auch aus dem **Zeitpunkt der Durchführung der Bauarbeiten** können   C 166d
sich Bedenken gegen die Zumutbarkeit ergeben. Der Einbau von neuen Fenstern und Türen während der kalten Jahreszeit ist regelmäßig nicht zumutbar (AG Köln WM 75, 225). In solchen Fällen ist der Vermieter gehalten, die Bauarbeiten auf einen späteren Zeitpunkt zu verschieben. Gleiches gilt dann, wenn der Mieter vorübergehend erkrankt ist. Ist das Mietverhältnis bereits gekündigt oder steht die Beendigung des Mietverhältnisses bald bevor, so ist es dem Vermieter grundsätzlich zuzumuten, die Bauarbeiten erst nach dem Auszug des Mieters in Angriff zu nehmen (AG Wedding ZMR 79, 48; AG Osnabrück WM 77, 167 für 9monatige Mietdauer). Voraussetzung ist allerdings, daß die Verzögerung organisatorisch möglich ist und daß sich die Baukosten nicht unverhältnismäßig erhöhen.

Ein wichtiges Kriterium für die Zumutbarkeit ist der **Umfang der**   C 166e
Modernisierungsarbeiten. Unzumutbar ist eine Maßnahme regelmäßig dann, wenn hierdurch die Mietsache in einem solchen Maße umgestaltet wird, daß sie mit dem ursprünglichen Vertragsgegenstand nicht mehr vergleichbar ist (vgl. BGH NJW 72, 723). Ein solcher Fall liegt beispielsweise dann vor, wenn eine größere Wohnung in mehrere Appartments aufgeteilt werden soll (und umgekehrt) oder wenn der Charakter einer Wohnung durch weitreichende Ein- oder Umbauten grundlegend verändert wird (so LG Lübeck WM 77, 182 betr. die Verkleinerung einer 2-Zimmerwohnung durch den Einbau einer Dusche und einer Toilette; LG Frankfurt WM 86, 138 betreffend den Einbau eines Badezimmers, der zur Folge hat, daß das Kinderzimmer stark verkleinert wird und daß der Zugang zu diesem Zimmer nur noch durch das Wohnzimmer möglich bleibt; zu weitgehend AG Dortmund WM 80, 9 betr. den Einbau eines Bades in dem bisherigen Abstellraum; AG Hagen WM 78, 126, wonach der Einbau einer Nachtspeicherheizung unzumutbar sein soll, weil die Wohnfläche einer 70 qm großen Wohnung verkleinert wird). Zumutbar ist der Einbau eines Drehstromzählers, wenn der vom Vermieter ausgewählte Standort der technisch günstigste und billigste Platz ist, und der Zähler innerhalb eines Tages eingebaut werden kann (AG Leonberg WM 84, 216). Voraussetzung der Duldungspflicht ist stets, daß die Mietsache in ihrem wesentlichen Bestand erhalten bleibt. Ist dies nicht der Fall, so muß der Vermieter gegebenenfalls kündigen, wobei als Kündigungsgrund die Vorschrift des § 564b II Nr. 3 BGB in Betracht kommen kann (vgl. Rdn B 652ff).

Schließlich sind auch die **Folgen der Modernisierung** zu berücksichti-   C 166f
gen. Unzumutbar kann eine Modernisierung sein, wenn dadurch die

Wohnung verunstaltet wird oder wenn ein wesentlicher Verlust an Licht und Sonne eintritt (AG Köln WM 79, 242 betr. den Einbau neuer Fenster). In einem solchen Fall muß der Vermieter Art und Umfang der Modernisierung so gestalten, daß dadurch auch den berechtigten Interessen des Mieters Rechnung getragen wird.

C 166g Eine Härte kann auch dann vorliegen, wenn durch die Baumaßnahmen vorangegangene **Verwendungen des Mieters** unbrauchbar würden und der Mieter hierdurch erhebliche wirtschaftliche Nachteile erlitte. Ein solcher Fall liegt nicht schon dann vor, wenn der Mieter beispielsweise eine vor vielen Jahren eingebaute Etagenheizung infolge der geplanten Installation einer Zentralheizung nicht mehr weiterverwenden könnte. Etwas anderes kommt aber dann in Betracht, wenn der Mieter vor nicht allzu langer Zeit mit Zustimmung des Vermieters derartige Einrichtungen vorgenommen hat und wenn der Mieter dabei darauf vertrauen durfte, daß er den wirtschaftlichen Wert der Einrichtung durch eine längere Wohnzeit werde ausnützen können. (Vgl. dazu LG Hamburg MDR 83, 1026, wonach der Mieter den Einbau von Heizungsradiatoren zum Anschluß an die Zentral-Fernwärmeheizanlage nicht zu dulden braucht, wenn er vor kurzem eine Nachtspeicheranlage durch Eigeninvestition installiert hat.) Unter Umständen muß der Mieter aber in einem solchen Fall dulden, daß in der Wohnung Rohrleitungen für den späteren Anschluß an das Fernwärmenetz verlegt werden (LG Hamburg a. a. O.). Entsprechende Grundsätze gelten, wenn der Mieter in der berechtigten Erwartung eines solchen Umstands **umfangreiche Investitionen** (Teppichböden, Einbauten, Gardinen etc.) vorgenommen hat, die durch die Baumaßnahmen zunichte würden. In diesem Zusammenhang muß auch in Erwägung gezogen werden, daß der Vermieter neben der in § 541b II BGB bestimmten Mitteilungspflicht auch eine allgemeine Aufklärungspflicht über solche Umstände hat, die für die Entscheidung des Mieters wesentlich sind. Dazu gehört auch, daß der Vermieter den investitionswilligen Mieter von der beabsichtigten Modernisierung in Kenntnis setzt. Feste Regeln, wann in solchen Fällen von einer Härte ausgegangen werden muß, können nicht aufgestellt werden. Die Härte ist um so größer, desto höher die Verwendungen des Mieters sind und je kürzer sie zeitlich zurückliegen. Umgekehrt müssen zeitlich länger zurückliegende und möglicherweise auch nicht allzu hohe Verwendungen außer Betracht bleiben. Anhaltspunkte kann § 19 des 1. Bundesmietengesetzes und § 2 des Wohnungsbauänderungsgesetzes 61 geben, wonach der Jahresbetrag einer Miete in vier Jahren abgewohnt wird (LG Hamburg MDR 83, 1026).

C 166h Schließlich ist auch zu berücksichtigen, ob die infolge der Modernisierung eintretende Mieterhöhung dem Mieter **wirtschaftlich zugemutet** werden kann. Eine Ausnahme gilt nach der ausdrücklichen gesetzlichen Regelung aber dann, wenn die gemieteten Räume oder sonstigen Teile des Gebäudes lediglich in einen Zustand versetzt werden, wie er allgemein üblich ist. Nach dem Rechtsentscheid des Kammergerichts vom

§ 3. Mieterhöhung bei baulichen Änderungen

19. 9. 1985 (RES § 541 b BGB Nr. 2) ist der **Begriff des allgemein üblichen Zustandes** weder anhand der im sozialen Wohnungsbau für förderungsfähige Bauvorhaben gesetzlich vorgeschriebenen Mindestausstattung noch nach dem Zustand der bisher im sozialen Wohnungsbau errichteten Wohnungen zu bestimmen. Er richtet sich vielmehr grundsätzlich nach dem Zustand der weit überwiegenden Mehrheit aller im Geltungsbereich des Gesetzes gelegenen Mietwohnungen unter Einbeziehung der Altbauwohnungen und ist regelmäßig ohne Rücksicht auf das Alter der Wohnung, die Lage der Wohnung, lokale Besonderheiten und die Gebäudestruktur zu ermitteln. Von einer Üblichkeit im Sinne des § 541 b BGB kann nach dem Rechtsentscheid des Kammergerichts dann ausgegangen werden, wenn mindestens 90% aller Wohnungen den Zustand aufweisen, den der Vermieter unter Berufung auf § 541 b Abs. 1 BGB als ,,allgemein üblich" ansieht. Im Zweifelsfall ist diese Frage durch statistische Erhebungen zu klären (vgl. auch: Degen WM 83, 275; Röchling WM 84, 203).

Nach den gegenwärtig bestehenden statistischen Erkenntnissen waren im Jahre 1985 zwischen 98 und 100% aller Wohnungen mit einem **Bad oder einer Dusche** ausgestattet. Zwischen 61% (Haushalte mit geringem Einkommen) und 91% (Haushalte mit höherem Einkommen) aller Wohnungen hatten eine **Sammelheizung** (Quelle: Jahrbuch 1986 des Zentralverbands der deutschen Haus-, Wohnungs- und Grundeigentümer – Teil G: Statistiktabelle 7 a ,,Wohnverhältnisse der Mieterhaushalte"). Für viele andere typische Modernisierungsmaßnahmen (etwa für den **Einbau von Isolierglasfenstern** oder das **Anbringen von Wärmedämmplatten**) gibt es keine Statistiken. Aber hier ist offensichtlich, daß auf jeden Fall weniger als 90% aller Wohnungen mit solchen Einrichtungen versehen sind. Auf der anderen Seite sind wiederum Modernisierungsmaßnahmen denkbar, von denen man ohne weiteres sagen kann, daß mindestens 90% des Gesamtwohnungsbestandes bereits einen entsprechenden Standard haben (z. B. **Anschluß an eine Heizquelle** oder **Heizmöglichkeit**; eigener **Wohnungswasseranschluß und -abfluß**; **eigenes WC** oder zumindest **Etagen-WC**; **Stromversorgung** und/oder **Gasversorgung**; **Energieversorgung für Beleuchtung/Kochgelegenheit**; **Einfachverglasung** – vgl. dazu: Röchling WM 84, 203). Sind keine statistischen Erkenntnisse vorhanden und entsprechende Erhebungen nicht durchführbar oder führen sie zu keinem sicheren Eregebnis, so hat es beim Grundsatz des § 541b Abs. 1 BGB zu verbleiben, was bedeutet, daß die zu erwartende Mieterhöhung zu berücksichtigen ist. Es kommt dann darauf an, ob die Mieterhöhung dem Mieter wirtschaftlich zugemutet werden kann. Nach dem Rechtsentscheid des Kammergerichts vom 22. 6. 1981 (RES § 541a BGB Nr. 1) ist die wirtschaftliche Zumutbarkeit grundsätzlich zu bejahen, wenn die Modernisierung sinnvoll ist und die Mieterhöhung in einem angemessenen Verhältnis zur Wohnwertverbesserung steht. Diese Rechtsprechung ist bedenklich, weil der einkommensschwache Mieter hierdurch nicht hinreichend geschützt wird (vgl. Blank PIG 10, 202). Dies gilt auch dann, wenn bei der Prüfung der wirtschaftlichen Belastungsfähigkeit des Mieters das Wohngeld zu berücksichtigen ist (so Kammergericht [RE] vom 28. 5. 1982 RES § 541a BGB Nr. 2). Nach der hier vertretenen Ansicht muß sich die Entscheidung über die wirtschaftliche Zumutbarkeit deshalb an den statistisch ermittelten Werten der durchschnittlichen Ausgaben für die Wohnungsmiete orientieren, die zwischen 15% und 25% der jeweiligen Familieneinkommen liegen (s. dazu: LG Hamburg WM 84, 217, wonach eine nicht zu rechtfertigende Härte jedenfalls dann vorliegt, wenn durch die Modernisierung eine Mietbelastung entsteht, die 57,6% des derzeitigen Nettoeinkommens des Mieters ausmacht). Im Einzelfall können darüber hinausgehende Ansätze zulässig sein (anders: Derleder NJW 75, 1677). Bei der Berechnung der Mietbelastung ist auch zu berücksichtigen, daß die Modernisierungsmaßnahme in vielen Fällen eine Benutzungspflicht zur Folge haben kann (z. B. beim Einbau einer Zentralheizung), so daß Folgekosten entstehen können (LG Braunschweig FWW 76, 26; AG Kiel WM 77, 120). Ist dem Mieter der nach § 3 zulässige Steigerungsbetrag unter diesen Gesichtspunkten unzumutbar, wird sich der Vermieter mit einer geringeren Erhöhung zufriedengeben müssen (vgl. auch Rdn C 208). Die Zumutbarkeit i. S. des § 541b BGB ist unter Abwägung der beiderseitigen Interessen zu beurteilen, wobei einerseits auch die besonderen Anlässe und Gründe des Vermieters und andererseits die persönlichen Verhältnisse des Mieters einschließlich der wirtschaftlichen Tragbarkeit der zu erwartenden Mieterhöhung gebührend berücksichtigt werden müssen (LG Braunschweig FWW 76, 26; AG Lübeck WM 77, 182; Schmidt-Futterer/Blank MR Stichwort: Verbesserungsmaßnahmen II; vgl. zur wirtschaftlichen Zumutbarkeit ferner Sternel Rdn II 199; Löwe NJW 75, 9; LG Kiel Schl. HA 74, 122; AG Kiel WM 77, 120; AG Wedding ZMR 79, 48: unzumutbar, wenn der Mieter bei einem Einkommen von 600.– DM statt 144.– DM in Zukunft 400.– DM bezahlen müßte). Frost WM 76, 1 will die äußerste Grenze der wirtschaftlichen Zumutbarkeit in Anlehnung an die frühere Regelung in § 28a II MSchG bei einer modernisierungsbedingten Mietsteigerung bei höchstens 40% ansetzen; innerhalb dieser objektiven Höchstgrenze soll nach Frost a. a. O. eine weitergehende subjektive Begrenzung der wirtschaftlichen Zumutbarkeit beim Vorliegen individueller Hinderungsgründe gerechtfertigt sein. Im Hinblick auf die Konzeption des § 3 I MHG, wonach die 11%ige Erhöhung ohne Kappungsgrenze zugelassen wird und eine dem § 28a II MSchG entsprechende Begrenzung vom Gesetzgeber vermieden worden ist, kann der Ansicht von Frost a. a. O. für das geltende Recht nicht zugestimmt werden, obwohl die gesetzliche Festlegung einer objektiven Höchstgrenze gerechtfertigt und geboten wäre. Wenn mehrere selbständige Modernisierungsmaßnahmen in kürzeren zeitlichen Abständen geplant und durchgeführt werden, kommt es für die Frage ihrer wirtschaftlichen Zumutbarkeit auf das Ausmaß der Mietsteigerung gegenüber dem Mietzins an, der im Zeitpunkt der ersten

§ 3. Mieterhöhung bei baulichen Änderungen C 166i, 166j

Maßnahme gültig war; andernfalls könnte der Vermieter durch eine Zerlegung solcher Maßnahmen die Frage ihrer wirtschaftlichen Zumutbarkeit treuwidrig umgehen.

ee) Der Vermieter hat dem Mieter zwei Monate vor dem Beginn der Maßnahme deren Art, Umfang, Beginn und voraussichtliche Dauer sowie die zu erwartende Erhöhung des Mietzinses **schriftlich mitzuteilen**.   C 166i

Eine Ausnahme gilt nur hinsichtlich solcher Maßnahmen, die mit keiner oder nur mit einer unerheblichen Einwirkung auf die vermieteten Räume verbunden sind und zu keiner oder nur zu einer unerheblichen Erhöhung des Mietzinses führen (z. B.: Einbau von Thermostatventilen; LG Berlin ZMR 86, 444 – s. Rdn C 188). Unterbleibt die Mitteilung, so ist der Mieter bereits aus diesem Grunde nicht zur Duldung der Modernisierung verpflichtet (so Gutekunst/Forster, Modernisierungs- und Energieeinsparungsgesetz § 20 ModEnG, Anm. 3; Degen WM 83, 275; a. A.: Freund/Barthelmess ZMR 77, 1). Gleiches gilt, wenn die Mitteilungspflicht nur unzulänglich erfüllt wird. Dies ist dann der Fall, wenn sich aus der Mitteilung der Umfang der Modernisierungsarbeiten, deren Beginn oder Dauer nicht hinreichend deutlich ergibt. Eine Mitteilung, in der es heißt, daß mit den Modernisierungsarbeiten ,,umgehend" oder ,,kurzfristig" begonnen werden soll, genügt nicht (LG Berlin ZMR 86, 441; AG Hamburg WM 87, 131). Gleiches gilt, wenn bezüglich der Dauer lediglich mitgeteilt wird, daß die Arbeiten ,,zügig" durchgeführt werden. Soll beispielsweise eine Zentralheizung eingebaut werden, so reicht es nicht aus, wenn in der Mitteilung lediglich der Einbau der Heizung angekündigt wird; vielmehr müssen die Arbeiten so genau beschreiben werden, daß sich der Mieter ein ungefähres Bild vom Umfang der Arbeiten machen kann. Die Mitteilung muß vom Vermieter eigenhändig unterschrieben werden (Kummer WM 83, 227; a. A: Palandt/Putzo § 541 b BGB Anm. 2 d–bb). Die Vorschrift des § 8 MHG gilt hier nicht. Bei mehreren Vermietern oder Mietern gelten die unter Rdn C 81 dargelegten Grundsätze. Die strikte Anwendung der Formvorschriften ist unerläßlich, weil die Mitteilung nicht nur der Information des Mieters dient, sondern auch für die Ausübung des Sonderkündigungsrechts von Bedeutung ist. Auf die Mitteilungspflicht kann nicht verzichtet werden (s. Rdn C 166l). Der Mieter ist berechtigt, bis zum Ablauf des Monats, der auf den Zugang der Mitteilung folgt, für den Ablauf des nächsten Monats zu **kündigen**. Hat der Mieter gekündigt, ist die Maßnahme bis zum Ablauf der Mietzeit zu unterlassen. Das Kündigungsrecht ist ausgeschlossen, wenn der Mieter durch die Maßnahme nur unerheblich beeinträchtigt wird.

c) Ob der Mieter verpflichtet ist, solche Einrichtungen tatsächlich zu benutzen, die der Vermieter zur Verbesserung des Wohngebrauchs bereits geschaffen hat (z. B. Zentralheizung statt Ofenheizung), ist weder nach § 541b BGB noch nach § 3 MHG, sondern nach allgemeinen mietrechtlichen Grundsätzen zu entscheiden (dazu Schmidt-Futterer/Blank   C 166j

MR, Stichworte: Zentralheizung, Heizungsumstellung; im Ergebnis unzutr. AG Goslar WM 75, 55). Im Falle der **Untervermietung** erstreckt sich die Duldungspflicht des Mieters auch auf den Untermieter, der zum Vermieter in keinen Vertragsbeziehungen steht; es kommt somit nicht darauf an, ob eine Verbesserungsmaßnahme des Vermieters auch dem Untermieter zumutbar ist (a. A. Weimar ZMR 76, 33). Von § 541 b BGB bleibt die Verpflichtung des Mieters grundsätzlich unberührt, technische Vorbereitungsarbeiten des Vermieters in den Mieträumen für die beabsichtigte Modernisierung zu dulden, soweit diese keine Veränderung des Mietgegenstands bewirken (z. B. informative Besichtigung, Vermessungen); dieses Besichtigungsrecht steht dem Vermieter viel mehr nach den dafür von der Rechtsprechung entwickelten Grundsätzen selbst dann zu, wenn eine dahingehende Vereinbarung (Betreten der Mieträume) im Mietvertrag nicht ausdrücklich getroffen worden ist (vgl. Schmidt-Futterer/Blank MR Stichwort: Besichtigungsrecht).

C 166k d) Duldung i. S. des § 541 b II BGB ist zunächst die faktische, passive Hinnahme der Modernisierungsmaßnahme. Daneben ist der Mieter aber auch verpflichtet, den Handwerkern den Zutritt zur Wohnung zu gewähren und gegebenenfalls die vorübergehende Entfernung der Möbel zu gestatten. Zu eigenen Handreichungen ist der Mieter nicht verpflichtet (Marschollek ZMR 85, 1). Hat der Mieter seine Duldungspflicht erfüllt, so kommt es nach der hier vertretenen Ansicht nicht mehr darauf an, ob der Mieter mit der Modernisierungsmaßnahme einverstanden war. Der Mieter kann gegen den Erhöhungsanspruch auch nicht einwenden, daß er nicht zur Duldung verpflichtet gewesen sei (ebenso Barthelmess § 3 MHG Rdn 3).

C 166l e) Regelungen, die zum Nachteil des Mieters von § 541 b BGB abweichen, sind gemäß § 541 b IV BGB unwirksam. Nach dem Sinn und Zweck der Verbotsklausel gilt dies aber nur für solche Vereinbarungen, die beim Abschluß eines Mietvertrags getroffen werden. In diesem Fall kommt es auch nicht darauf an, ob sich die abweichende Regelung auf eine bereits geplante, konkrete Modernisierungsmaßnahme bezieht, die in naher Zukunft durchgeführt werden soll. Durch § 541 b IV BGB soll nämlich verhindert werden, daß die Überlassung der Wohnung von weitergehenden Duldungspflichten abhängig gemacht wird, als das Gesetz sie vorsieht. Aus dem Gesetzeszweck folgt andererseits, daß Modernisierungsvereinbarungen, die nach Abschluß des Mietvertrags und Überlassung der Mietsache anläßlich einer konkreten Modernisierungsmaßnahme getroffen werden, ohne Rücksicht auf § 541 b BGB wirksam sind. In einem solchen Fall kann sich der Mieter beispielsweise auch zur Duldung sogenannter Luxusmodernisierungen verpflichten. Vgl. zum ganzen: Blank ZMR 81, 289 und 321; Frost WM 76, 1; Gellwitzki ZMR 80, 353; Halberstatt WM 81, 25; Hermes ZMR 76, 229; Warnecke ZMR 76, 228; Weimar ZMR 76, 33; Degen WM 83, 275; Heitgreß WM 83, 244; Kahlen WM 83, 31; Kummer WM 83, 227; Meier ZMR 84, 294; Rottmann NJW 85, 2009).

§ 3. Mieterhöhung bei baulichen Änderungen   C 166 m

Bei der Prüfung der wirtschaftlichen Zumutbarkeit ist stets zu beden-   C 166 m
ken, daß nicht jede duldungspflichtige Maßnahme zugleich ein Umlagerecht begründet.
Der Tatbestand des § 541 b BGB und die in § 3 MHG geregelten Voraussetzungen der Umlage sind nämlich nicht identisch.
Insbesondere sind Verbesserungsmaßnahmen denkbar, die der Mieter zwar dulden muß, weil seine Interessen bei der Durchführung der Maßnahmen nur unerheblich beeinträchtigt werden, die aber dennoch nicht zur Kostenumlage berechtigen, weil ihnen die besondere Qualität einer Modernisierungsmaßnahme im Sinne von § 3 MHG, 4 ModEnG fehlt (s. Rdn C 177, 182): So werden beispielsweise die im Rahmen des Anschlusses an das **Breitbandnetz (Kabelfernsehen)** erforderlichen Umrüstarbeiten (neue Leitungen, Steckdosen etc.) grundsätzlich nach § 541 b BGB zu dulden sein (LG Oldenburg DWW 85, 233; vgl. auch LG Berlin WM 84, 82); dennoch können die hierfür erforderlichen Kosten aus den unter Rdn C 182 genannten Gründen nicht auf den Mieter umgelegt werden (ebenso: Meier ZMR 84, 294; vgl. dazu auch LG Berlin DWW 83, 251; Kahlen WM 83, 31, die ebenfalls die Duldungspflicht bejahen, dabei allerdings ohne nähere Begründung davon ausgehen, daß die hierfür entstandenen Kosten umlagefähig seien; unzutreffend: Rottmann NJW 85, 2009, wonach der Anschluß als Instandsetzungsmaßnahme gemäß § 541 a BGB zu dulden sei und wonach die Kosten dennoch gemäß § 3 umgelegt werden können). Zu dem hier angeschnittenen Fragenkomplex liegt ein Rechtsentscheid des Kammergerichts vom 27. 6. 85 (RES § 541 b BGB Nr. 1) vor, dessen unmittelbare Bindungswirkung allerdings auf das Land Berlin beschränkt ist. Dies folgt aus dem Wortlaut des Entscheidungstenors: „... jedenfalls im Land Berlin ...". Dennoch kommt der Entscheidung eine weiterreichende Bedeutung zu, weil dort die Problematik überzeugend behandelt wird. Nach den vom Kammergericht aufgestellten Grundsätzen stellt der Anschluß einer Mietwohnung an das Breitband-Kabelnetz der Deutschen Bundespost bei dem derzeitigen Stand der Informations- und Kommunikationstechnik jedenfalls im Land Berlin eine Maßnahme zur Verbesserung der gemieteten Räume im Sinne von § 541 b BGB dar. Das gilt auch dann, wenn in der Mietwohnung bereits durch den Anschluß an die Gemeinschaftsantenne 5 deutschsprachige Fernsehprogramme und sämtliche am Ort empfangbaren UKW-Hörfunkprogramme empfangen werden können. Ob der Mieter den Anschluß an das Breitband-Kabelnetz zu dulden hat, bedarf der Interessenabwägung im Einzelfall. Eine Umrüstung auf den Rundfunkempfang durch Breitbandkabel der Deutschen Bundespost, das heißt die gleichzeitige Beseitigung des Anschlusses der Wohnung an die vertraglich zur Verfügung gestellte Gemeinschaftsantenne braucht der Mieter nicht zu dulden, wenn und solange die Gemeinschaftsantenne ihm den Empfang von Rundfunkprogrammen ermöglicht, deren inhaltlich unveränderte, vollständige und zeitgleiche Einspeisung in das Breitband-Kabelnetz nicht gesetzlich gewährleistet ist (im Ergebnis ebenso: LG Tübingen NJW-RR 86, 694).

Die Vorschrift des § 541b BGB ist im Anhang 1 unter Rdn C 238 abgedruckt.

C 167   4. Verhältnis zum ModEnG

Die Wohnungsmodernisierung ist eine öffentliche Aufgabe. Bund und Länder fördern daher die Modernisierung von Wohnungen, um die Versorgung breiter Schichten der Bevölkerung mit guten und preiswürdigen Wohnungen zu verbessern und dadurch zur Erhaltung von Städten und Gemeinden beizutragen. Die Förderungsmittel werden als Zuschüsse zur Deckung von laufenden Aufwendungen aus der Modernisierung oder als Darlehen zur Deckung der Kosten der Modernisierung bewilligt. Näheres über die förderungsfähigen Wohnungen, die Aufbringung, Verteilung und Bewilligung der Förderungsmittel sowie die daran geknüpften Rechtsfolgen für die Mieterhöhung und Belegung regelt das **Gesetz zur Förderung der Modernisierung von Wohnungen und von Maßnahmen zur Einsparung von Heizenergie (ModEnG)** in der Fassung der Bekanntmachung vom 12. 7. 1978 – BGBl. I S. 993/994 – zuletzt geändert durch Gesetz vom 20. 12. 1982 – BGBl. I S. 1912 – und Gesetz vom 16. 12. 1986 – BGBl. I S. 2441 –; das ModEnG ist im **Anhang zu § 3** unter Rdn C 239 **abgedruckt**.

Das Verhältnis des ModEnG zum MHG ist für die hier relevanten Rechtsfragen der Mieterhöhung für nicht preisgebundenen Wohnraum dadurch gekennzeichnet, daß es grundsätzlich die Mieterhöhungsbeschränkungen der §§ 2, 3 MHG auch beim Einsatz öffentlicher Förderungsmittel für die Modernisierung unberührt läßt, darüber hinaus aber für derartige Modernisierungen als Gegenleistung für die dem Vermieter gewährten Vergünstigungen zusätzliche Beschränkungen und Maßnahmen regelt. Folgende Grundsätze sind zu beachten:

C 167a
a) Nach § 14 ModEnG muß sich jeder Empfänger einer Modernisierungsförderung für eine nicht preisgebundene Wohnung dazu **verpflichten,** höchstens eine sich nach dieser Vorschrift zu berechnende Miete anläßlich der Modernisierung zu verlangen; da diese Vorschrift in ihren Grundsätzen mit den §§ 2, 3 MHG übereinstimmt und nur ergänzende, präzisierende Regeln enthält, verpflichtet sich der Eigentümer dadurch lediglich zu etwas, wozu er bereits nach den allgemeinen gesetzlichen Bestimmungen gehalten ist. Eine wirklich weitergehende Verpflichtung enthält allerdings § 15 ModEnG für den Fall der Weitervermietung einer vorher mit Förderungsmitteln modernisierten Wohnung; danach gilt die Verpflichtung, nur die nach § 14 ModEnG errechnete Miete zu verlangen, auch bei Neuabschlüssen von Mietverträgen über den modernisierten Wohnraum; insoweit geht die Verpflichtung über die nach dem MHG bestehenden Schranken hinaus, wonach sonst der Vermieter bei Neuabschlüssen weder an die bisherige noch an eine bestimmte Grundmiete – bis zur Grenze der §§ 5 WiStG, 302a StGB (Wuchermiete, s. Rdn D 1ff, 27a) – gebunden ist. Die nach § 14 ModEnG

§ 3. Mieterhöhung bei baulichen Änderungen C 167 b

übernommene Verpflichtung begründet aber keine Mietpreisbindung mit der Folge, daß eine darüber hinaus vereinbarte Miete kraft Gesetzes unwirksam ist; in dieser Vereinbarung liegt vielmehr ein Vertrag zwischen dem Eigentümer und der Bewilligungsstelle zugunsten des jeweiligen Mieters der geförderten Wohnung (Vertrag zugunsten Dritter, §§ 328 ff BGB); immerhin hat dieser Vertrag nach § 16 ModEnG die Folge, daß bei einem Verstoß gegen diese Verpflichtung dem Mieter der Anspruch auf Rückerstattung der zuviel geleisteten Miete zusteht; die zu bejahende Frage, ob es sich dabei um eine privatrechtliche Verpflichtung und keine öffentlich-rechtliche Mietpreisbindung handelt, ist im Ergebnis aufgrund der Regelung in § 16 ModEnG insoweit unbeachtlich (so auch Gutekunst-Forster § 14 ModEnG Anm. 2; Freund-Barthelmess ZMR 77, 33). Auch der Bewilligungsstelle stehen bei Verstößen des Vermieters gegen seine Verpflichtung die in § 18 ModEnG bestimmten Sanktionsmöglichkeiten zu. Zur Berechnung des nach § 14 ModEnG zulässigen Mietzinses vgl. die Erläuterungen Rdn C 199.

Festzuhalten bleibt, daß die dem Vermieter nach einer geförderten Modernisierung zustehende Miete für freifinanzierten Wohnraum nicht den Regeln der Kostenmiete unterliegt und somit § 17 ModEnG keine Anwendung findet; die früher geltenden Sonderregelungen für das Land Berlin sind aufgehoben.

b) Nach § 14 IV ModEnG gilt die Verpflichtung, nur eine nach § 14 C 167 b ModEnG errechnete Miete zu verlangen, bis zum **Ende der regulären Förderung** fort. Eine vorzeitige Lösung der Bindung ist jedoch nach § 15 ModEnG möglich; bei der Bewilligung von Aufwendungszuschüssen tritt die Beendigung erst ein, wenn der letzte Zuschuß planmäßig ausbezahlt ist; wird er im voraus ausbezahlt, so endet die Verpflichtung erst mit dem Ablauf des Monats, für den der Zuschuß noch gewährt wurde; die Verpflichtung endet auch dann erst zu diesem Zeitpunkt, wenn die Zuschüsse bereits seit einiger Zeit nach § 18 II ModEnG widerrufen wurden. Bei einer Förderung durch Gewährung von Darlehen endet die Verpflichtung erst, wenn das Darlehen planmäßig zurückbezahlt wurde; eine frühere Rückzahlung hat grundsätzlich keine Auswirkungen auf die Verpflichtung nach § 14 ModEnG, falls kein Fall des § 15 ModEnG oder keine Freistellung nach § 19 ModEnG vorliegt. Vor allem bleibt die Verpflichtung dann weiterbestehen, wenn die Förderung nach § 18 ModEnG entzogen worden ist (vgl. § 18 III ModEnG); in derartigen Fällen tritt die Beendigung nach Maßgabe der vertraglichen Dauer der Förderung ohne Berücksichtigung der Kündigung ein.

Die vom Eigentümer abgegebene Verpflichtungserklärung bindet nur ihn selbst; verkauft er sein Haus, ohne vertraglich diese Verpflichtung an den Käufer weiterzugeben (wozu er nicht verpflichtet ist) so kann dieser die Miete über den durch § 14 ModEnG gezogenen Rahmen hinaus erhöhen. Diese Rechtslage des ModEnG bedeutet eine echte Lücke in dem mit diesem Gesetz insoweit bezweckten Schutz des Mieters.

C 167 c c) Wenn der Vermieter nach § 14 ModEnG gehalten ist, bis zur Beendigung der Verpflichtung, welche er gegenüber der Bewilligungsbehörde eingegangen ist, keine höhere als die nach Absatz 2 dieser Vorschrift zu berechnende Grundmiete zu verlangen, so bedeutet das nicht, daß diese Miete auf diesem Stand eingefroren bleibt. Da nämlich § 14 I 2 ModEnG bestimmt, daß „im übrigen ... die **Vorschriften des MHG unberührt**" bleiben, ist der Vermieter berechtigt, ohne Verstoß gegen seine Mietbegrenzungsverpflichtung auch während der Bindungszeit eine Erhöhung der Betriebskosten nach § 4 MHG oder eine Mieterhöhung wegen Zinssteigerungen nach § 5 MHG vorzunehmen.

Durch § 14 II ModEnG wird klargestellt, daß der Vermieter die Mieterhöhung entweder nach § 2 I oder nach § 3 I MHG vornehmen kann. Hat der Vermieter zunächst nach § 3 MHG erhöht, so ist er berechtigt später eine weitere Mieterhöhung nach § 2 MHG zu verlangen, wenn dies während der Bindungszeit die örtliche Mietpreisentwicklung rechtfertigt; dabei muß aber einerseits auch hier die einjährige Sperrfrist des § 2 I Nr. 1 MHG eingehalten (Freund-Barthelmess ZMR 77, 33; Häusler DWW 76, 277 a. A. Gutekunst-Forster § 14 ModEnG Anm. 7) und müssen andererseits die in § 3 MHG bestimmten Kürzungsbeträge berücksichtigt werden; bei einer degressiven Förderung ist dabei nur der Teil zu berücksichtigen, um den die Aufwendungen noch durch Zuschüsse verbilligt sind (Rupp ZMR 77, 323).

Wirksamkeitsvoraussetzung des schriftlichen Erhöhungsverlangens bzw. der Erhöhungserklärung ist nach §§ 2 II, 3 III 2 MHG bei der nach dem ModEnG geförderten Modernisierung, daß der Vermieter in der **Begründung** bzw. **Erläuterung** des Erhöhungsbetrages hinreichende Angaben über die diesen Betrag mindernden Zuschüsse oder Darlehen macht; das bedeutet, daß die pauschale Angabe des Empfangs von Förderungsmitteln nach dem ModEnG unzureichend ist, weil es die mit diesen Vorschriften bezweckte Nachprüfungsmöglichkeit des Mieters gebietet, daß sowohl die konkrete Höhe der Förderungsmittel als auch ihre Auswirkungen auf die an sich umlegungsfähigen Modernisierungsaufwendungen angegeben werden; sind diese Voraussetzungen nicht erfüllt, ist das Erhöhungsverlangen unwirksam (s. Rdn C 88ff, 217; Gutekunst-Forster § 14 ModEnG Anm. 7; Rupp ZMR 77, 323 der insbesondere die Begründungspflicht bei degressiver Zinssubvention näher erläutert).

C 167 d d) Die **Duldungspflicht** des Mieters hinsichtlich einer mit Förderungsmitteln nach dem ModEnG beabsichtigten Modernisierung richtet sich nunmehr nach § 541b BGB (s. Rdn C 166ff). Die bis zum 31. 12. 1982 geltende Sondervorschrift des § 20 ModEnG ist durch das Gesetz zur Erhöhung des Angebots an Mietwohnungen aufgehoben worden.

C 167 e ## 5. Verhältnis zu den §§ 537ff BGB

Führen Modernisierungsarbeiten des Vermieters dazu, daß der vertragsgemäße Gebrauch der Wohnräume aufgrund der modernisierungsbedingten Änderungen erheblich beeinträchtigt wird, so stehen dem

§ 3. Mieterhöhung bei baulichen Änderungen   C 168

Mieter das Minderungsrecht gemäß § 537 I BGB sowie die Ansprüche nach § 538 BGB zu; das ist etwa der Fall, wenn die bisherige Stellfläche in den Mieträumen durch die Anbringung von Heizkörpern anläßlich der Installation einer Zentralheizung erheblich verringert wird und gilt auch dann, wenn eine weniger beeinträchtigende Anbringung aus bau- oder heizungstechnischen Gründen nicht möglich ist (LG Mannheim DWW 78, 45).

Das Erhöhungsrecht aus § 3 bleibt durch derartige Gegenansprüche des Mieters ebenso wie im Falle des § 2 MHG unberührt (s. Rdn C 65); für die Dauer der Gebrauchsbeeinträchtigung ist aber der Mieter bei wirksamer Geltendmachung seines Minderungsrechts (vgl. § 539 BGB) zur Aufrechnung unter Beachtung des § 552a BGB berechtigt. Die Zustimmung des Mieters zu den Modernisierungsarbeiten schließt das Minderungsrecht nicht aus (LG Mannheim WM 86, 139). Eine abweichende Vereinbarung hinsichtlich des Minderungsrechts zum Nachteil des Mieters von Wohnraum ist nach § 537 III BGB unwirksam; das gilt auch für eine Vereinbarung, daß unbeschadet der modernisierungsbedingten Beeinträchtigungen der Modernisierungszuschlag voll gezahlt werden soll (unzutr. daher die Anm. der Schriftleitung in DWW 78, 46 zu LG Mannheim DWW 78, 45).

II. Bauliche Maßnahmen

Das Sondererhöhungsrecht des § 3 steht dem Vermieter nur für die Kosten solcher baulicher Maßnahmen zu, die den Gebrauchswert erhöhen, die allgemeinen Wohnverhältnisse verbessern, Einsparungen von Heizenergie bewirken oder die er nicht zu vertreten hat.

Die in § 3 I erfaßten Alternativen können sich überschneiden; sie schließen sich nicht gegenseitig aus. Da entgegen früheren Regelungen (§ 12 AMVO) die verschiedenen Alternativen keine unterschiedliche prozentualen Umlagegrenzen aufweisen, ist ihre Unterscheidung nur insoweit beachtlich, als die Umlagefähigkeit der einzelnen Änderung voraussetzt, daß der Tatbestand einer der Alternativen vorliegt.

1. Begriff der baulichen Maßnahmen

a) Mit der Neufassung des § 3 I durch das Gesetz zur Änderung des   C 168
Wohnungsmodernisierungsgesetzes (s. Rdn C 158a) hat der Gesetzgeber den ursprünglich verwendeten Begriff der ,,baulichen Änderung" durch den Begriff der ,,baulichen Maßnahme" ersetzt. Eine Veränderung des sachlichen Gehalts der Vorschrift kann in diesem Auswechseln der Begriffe nicht gesehen werden. Bereits unter der Geltung des früheren Rechts war es anerkannt, daß der Begriff der baulichen Änderung nicht voraussetzt, daß die Bausubstanz selbst verändert wird, sondern daß es ausreicht, wenn neue Einrichtungen in die Mietsache eingefügt werden. Der jetzt verwendete Begriff der baulichen Maßnahmen ist insoweit präziser als dadurch bereits vom Wortsinn alle Baumaßnahmen erfaßt

werden, die vom Vermieter veranlaßt worden sind. Der Begriff der baulichen Maßnahmen ist hierbei weit auszulegen. Hierunter fallen nicht nur Baumaßnahmen im engeren Sinn sondern auch die Anlage von KFZ-Abstellplätzen, eines Hausgartens oder eines Kinderspielplatzes, selbst wenn dadurch nur geringe Veränderungen an einer bereits vorhandenen Grundfläche vorgenommen werden. Die bloße Änderung der Zweckbestimmung eines Grundstücks (z. B. Spielplatz statt Parkplatz) stellt allerdings keine bauliche Maßnahme dar.

C 169 b) Für den Begriff der baulichen Maßnahme ist es unbeachtlich, ob der Vermieter diese Maßnahmen auf Grund seines Verfügungsrechts aus eigener Initiative durchführte oder ob er dazu durch **behördliche Gebote oder Verbote**, etwa auf Grund der WohnungspflegeGes. oder des § 177 BauGB verpflichtet war (z. B. Anschluß an Versorgungs- oder Entwässerungsleitungen, Kinderspielplatz). Zweifelhaft ist, ob eine Umlage nach § 3 auch dann in Betracht kommt, wenn die bauliche Maßnahme durch die Gemeinde durchgeführt und die dafür entstehenden Kosten auf die Eigentümer umgelegt werden (z. B. Bau einer Zufahrtsstraße, einer Entwässerungsanlage, Verlegung eines neuen Stromnetzes). In dem Rechtsentscheid des OLG Hamm vom 30. 5. 1983 (RES § 3 MHG Nr. 7) wird diese Frage für die Umlage von **Erschließungskosten** für den Straßenausbau verneint (ebenso: Barthelmess, § 3 MHG Rdn 13; Emmerich-Sonnenschein, § 3 MHG Rdn 18). Für diese Ansicht spricht der Gesetzeswortlaut und der mit dem Gesetz verfolgte Zweck, wie er bespielsweise in der Begründung zum Regierungsentwurf (s. Rdn F 15) zum Ausdruck gekommen ist. Demgemäß soll durch § 3 in erster Linie die Modernisierung der Altbauwohnungen erleichtert werden; es ist also nicht Sinn der Vorschrift, die mit der gemeindlichen Planung verbundenen Kostenrisiken vom Vermieter auf den Mieter abzuwälzen. Die früher vertretene abweichende Ansicht wird aufgegeben.

C 170 c) Eine bauliche Maßnahme erfordert stets eine Veränderung der Mietsache gegenüber dem beim Vertragsabschluß bestehenden Zustand. Dem Mieter muß infolge der vom Vermieter durchgeführten Änderungen des bisherigen Zustandes etwas zur Verfügung gestellt werden, was er bisher nicht oder jedenfalls nicht in dieser gehobenen Weise hatte (Gellwitzki ZMR 78, 225). Die baulichen Maßnahmen müssen sich auf die Wohnung, das Haus oder das Hausgrundstück beziehen. Es ist aber nicht erforderlich, daß auch Arbeiten auf dem Grundstück des Vermieters durchgeführt werden (a. A.: LG Lübeck WM 81, 44 m. zust. Anm. Eisenschmidt für den Anschluß eines Grundstücks an das öffentliche Kanalisationsnetz).

C 171 Hat der Mieter aus dem Mietvertrag einen Anspruch auf die Durchführung der baulichen Maßnahme, so liegt darin keine Maßnahme nach § 3; ein Recht zur Mieterhöhung kann sich dann nur aus dem Mietvertrag ergeben.

C 172 d) In der Vorauflage wurde die Ansicht vertreten, daß nach § 3 auch die Kosten für die Durchführung sog. **Luxusmaßnahmen** (Einbau eines

§ 3. Mieterhöhung bei baulichen Änderungen

Hallenschwimmbads, einer Sauna) auf den Mieter umgelegt werden können. Diese Ansicht kann nach der Änderung des § 3 durch das Gesetz vom 27. 6. 1978 (s. Rdn C 158) nicht mehr aufrechterhalten werden. Durch dieses Gesetz wurde der Tatbestand des § 3 auch insoweit geändert, als dort die umlagefähigen Maßnahmen mit dem in Klammern gesetzten Begriff „Modernisierung" umschrieben wurden. Da durch das Änderungsgesetz sowohl der Tatbestand des § 3 MHG als auch verschiedene Tatbestände des ModEnG geändert worden sind, muß davon ausgegangen werden, daß der Modernisierungsbegriff des ModEnG und der entsprechende Begriff in § 3 MHG identisch sind (a. A: Börner-Beilage Der Betrieb Heft 12/83). Daraus folgt, daß die Kosten für bauliche Maßnahmen nur dann nach § 3 auf den Mieter umgelegt werden können, wenn sie die besondere Qualität einer Modernisierungs- oder Energiesparmaßnahme im Sinn des ModEnG haben. Luxusmaßnahmen gehören hierzu nicht (s. Rdn C 177).

e) Die Kosten für **Instandhaltungen und Instandsetzungen** geben dem Vermieter nach § 3 keinen Anspruch auf eine Mieterhöhung; das war und ist für die vergleichbaren Vorschriften ausdrücklich anerkannt, welche die Erhöhung der preisgebundenen Miete wegen baulichen Veränderungen regeln (§§ 12 IV AMVO, 11 II der II. BV) und muß uneingeschränkt auch im Bereich des MHG gelten. Deshalb sind nach § 3 insbesondere folgende Kosten des Vermieters nicht umlagefähig: vom Vermieter durchgeführte Schönheitsreparaturen, Neuanstrich der Hauswand, des Treppenhauses, Beschichtung einer Hausfassade mit Kunststoff zur Verhinderung von Feuchtigkeitsschäden und zwar auch dann, wenn hierdurch zugleich Heizenergie gespart wird (AG Bremerhaven WM 80, 14), Einbau schall- u. wärmedämmender Fenster, wenn sich die Maßnahme überwiegend als Bauerhaltungsmaßnahme darstellt (AG Darmstadt WM 82, 299) Kontrollen und Reparaturen der Gas-, Wasser- oder Elektroleitungen oder der Heizungsanlage sowie der sanitären Einrichtungen. Das folgt bereits daraus, daß der Mieter auf diese Leistungen einen Anspruch hat und die dafür entstehenden Kosten mit der Grundmiete abgegolten sind (§§ 536 ff BGB).

Dementsprechend grenzt § 3 IV ModEnG die Instandsetzungsmaßnahmen gegenüber den Modernisierungsmaßnahmen (§ 3 I ModEnG) wie folgt ab: Instandsetzung ... ist die Behebung von baulichen Mängeln, insbesondere von Mängeln, die infolge Abnutzung, Alterung, Witterungseinflüssen oder Einwirkungen Dritter entstanden sind, durch Maßnahmen, die in den Wohnungen den zum bestimmungsgemäßen Gebrauch geeigneten Zustand wieder herstellen. Modernisierung ist somit sowohl i. S. des ModEnG als auch des MHG die Verbesserung einer Wohnung bei weitgehender Erhaltung der vorhandenen Bausubstanz; Instandsetzung bewahrt den Zustand der Wohnung und verhindert den Verfall, ohne jedoch den Wohnstandard zu verbessern (Gutekunst-Forster § 3 ModEnG Anm. 1). Deshalb liegt eine Instandsetzung auch dann vor, wenn ältere, aber noch funktionstüchtige Einrichtungen durch gleichwertige Neuanschaffungen ersetzt werden (LG Hamburg WM 84, 217). Für die Vorschrift des § 3 ist insoweit der Gesichtspunkt unerheblich, daß nach § 3 III ModEnG Maßnahmen der Instandsetzung, die durch bauliche Maßnahmen zur Verbesserung von Wohnungen oder zur Einsparung von Heizenergie verursacht werden, dann als förderungsfähige Modernisierungsmaßnahmen anerkannt werden können, wenn sie ,,notwendig" sind und der Modernisierungszweck nur dadurch erreicht werden kann, daß die Instandsetzung in die Förderung einbezogen wird (§ 10 III ModEnG); denn die für die Instandsetzung aufgewendeten Kosten und die zur Förderung der Instandsetzung gewährten Mittel bleiben nach § 14 III ModEnG bei der Ermittlung der modernisierungsbedingten, erhöhten Miete unberücksichtigt (s. auch Rdn C 177).

C 175 Solche Maßnahmen, die **teilweise Instandsetzungen, teilweise bauliche Änderungen** darstellen, müssen hinsichtlich der nach § 3 umlegungsfähigen Kosten unterschiedlich beurteilt werden. Grundsätzlich rechtfertigen nur diejenigen Kosten eine Mieterhöhung, die für eine verbesserte neue Anlage aufgewendet werden mußten. Ersetzt der Vermieter also eine gebrauchsunfähige Elektro-Steigeleitung oder defekte Zimmerfenster durch gleichartige neue Einrichtungen, darf er nach § 3 I dafür keine Mieterhöhung verlangen. Wenn im Zuge von Instandhaltungs- oder Instandsetzungsmaßnahmen ,,Neu für Alt" gesetzt wird, liegt in der Maßnahme keine Verbesserung (Roquette NJW 63, 1288). Nimmt er dagegen diese Reparaturen zum Anlaß, eine erheblich leistungsfähigere Steigeleitung einzuziehen und moderne Verbundglasfenster einzusetzen, so kann er die Mehraufwendungen nach § 3 auf die Mieter umlegen. Die Kosten, die zur Instandsetzung des mangelhaften Zustands angefallen wären, müssen somit von den Gesamtkosten der baulichen Maßnahme abgezogen werden (so auch OLG Celle (RE) vom 16. 3. 1981 RES § 3 MHG Nr. 1; OLG Hamburg (RE) vom 6. 10. 1982 RES § 3 MHG Nr. 5; Kummer WM 81, 145; Warnecke ZMR 76, 228; Marienfeld ZMR 78, 38; Gellwitzki ZMR 78, 225; LG Hamburg MDR 78, 935; AG Hannover WM 78, 216 = ZMR 79, 251; AG Köln WM 79, 213; AG Mannheim WM 79, 98; AG Kiel WM 79, 128; AG Flensburg WM 79, 128; AG Braunschweig WM 79, 154; a. A. OLG Hamm NJW 79, 2496; LG Dortmund DWW 79, 142 = WM 79, 261 = ZMR 79, 281; AG Dortmund WM 79, 248). Ein Abzug von fiktiven Kosten, die der Vermieter ohne die Modernisierung in Zukunft für die Instandhaltung u. Instandsetzung hätte aufwenden müssen, kommt dagegen nicht in Betracht (OLG Hamm (RE) vom 27. 4. 1981 RES § 3 MHG Nr. 3; OLG Celle a. a. O.; OLG Hamburg a. a. O.). Zur Frage der Darlegungs- und Beweislast in solchen Fällen s. Rdn C 226 a.

C 176 f) Ob als bauliche Maßnahmen auch solche Maßnahmen anzuerkennen sind, die im wesentlichen darin bestehen, eine technische **Einrichtung** zu installieren und durch die Verlegung der erforderlichen Leitungen gebrauchsfähig zu machen, ist zweifelhaft. Eindeutig geht das Ge-

§ 3. Mieterhöhung bei baulichen Änderungen C 177

setz davon aus, daß die Kosten der Anschaffung technischer Geräte (Einrichtungen) nach § 3 nicht umlagefähig sind; ihre Inbetriebnahme durch den bloßen Anschluß an vorhandene Leitungen kann nicht als bauliche Änderung angesehen werden (z. B. vollautomatische Waschmaschine für die Gemeinschaftswaschküche). Wenn aber die Anbringung von Einrichtungen irgendwelche Substanzeingriffe (s. Rdn C 168) oder sonstige Bauarbeiten erfordert, wird sie ohne Rücksicht auf das Ausmaß dieser Arbeiten im Verhältnis zu den Kosten der Einrichtung als bauliche Maßnahme anzuerkennen sein (z. B. Montage einer Gemeinschaftsantenne, einer Türdrückeranlage). Es erscheint nach § 3 nicht gerechtfertigt, derartige Modernisierungen in solche Kosten aufzuspalten, die als Baukosten umlagefähig und Anschaffungskosten, die nicht umlagefähig sind.

2. Verbesserungsmaßnahmen

Da die Kostenumlage nach § 3 vorrangig einen Anreiz zur Herstellung C 177 besserer Wohnverhältnisse bewirken soll, wird dem Vermieter der Erhöhungsanspruch zunächst für solche Maßnahmen zuerkannt, die dieses Ziel des Gesetzgebers herbeiführen. Eine beispielhafte Aufzählung solcher Maßnahmen gibt § 4 I, II ModEnG (abgedruckt unter C 239a). Die Vorschrift ist zwar durch Art 36 des Zweiten Rechtsbereinigungsgesetzes vom 14. 12. 1986 (BGBl. I S. 2441, 2449) aufgehoben worden. Für die Auslegung des § 3 sind die Regelungen des ModEnG aber nach wie vor von Bedeutung. Der Modernisierungsbegriff des § 3 ist nämlich dem Modernisierungsbegriff der §§ 3ff ModEnG nachgebildet. Deshalb kann zur Auslegung auf die Definitionen der §§ 3ff ModEnG zurückgegriffen werden; es muß davon ausgegangen werden, daß der Modernisierungsbegriff in beiden Gesetzen im einheitlichen Sinne gebraucht wird (a. A: Börner-Beilage Nr 7/83 zu Der Betrieb H. 12/83); wenn die in § 4 I ModEnG genannten wohntechnischen, haustechnischen und bautechnischen Verbesserungen oder ähnliche Maßnahmen den Gebrauchswert der Wohnung nicht nur überhaupt, sondern nachhaltig erhöhen, dann sind sie auch eine Modernisierung i. S. des § 3 MHG; gleiches gilt für die in § 4 II ModEnG enthaltene beispielhafte Aufzählung solcher baulicher Maßnahmen, welche die allgemeinen Wohnverhältnisse verbessern. Maßnahmen, die vom Modernisierungskatalog des § 4 ModEnG nicht umfaßt werden, sind umgekehrt auch keine Verbesserungsmaßnahmen im Sinne von § 3 I. Der Modernisierungskatalog des § 4 ModEnG ist nicht abschließend. Die Aufzählung läßt aber erkennen, daß nur solche Maßnahmen als Modernisierung im Sinne des Gesetzes angesehen werden können, die nach den gesicherten Erkenntnissen der Wohnungssoziologie eine Verbesserung der Wohnverhältnisse zur Folge haben. Durch die Identität des Modernisierungsbegriffs in § 3 I MHG und in § 4 ModEnG wird zugleich ein Zusammenhang zwischen dem öffentlichen Interesse an der Modernisierung und dem Umlagerecht des Vermieters hergestellt: Kosten für Verbesserungsmaßnahmen, die mangels öffentlichen Interesses nicht förderungsfähig sind, können auch nicht gemäß § 3 auf den Mieter umgelegt werden. Hierzu gehören zum Beispiel Luxusmaßnahmen, wie z. B. der Einbau eines Schwimmbades. Solche Maßnahmen führen für den einen oder anderen Mieter zwar zu einer Verbesserung seiner Wohnverhältnisse; dennoch kann die Durchführung solcher Maßnahmen nicht im allgemeinen öffentlichen Interesse sein. Gleiches gilt für Maßnahmen, deren Nutzen umstritten ist, wie beispielsweise der Anschluß der Wohnung an das sogenannte „Kabelfernsehen" (s. Rdn C 182 a).

Im einzelnen gilt folgendes:

C 178 a) Die bauliche Änderung muß den **Gebrauchswert der Mietsache nachhaltig erhöhen**. Ein erhöhter Gebrauchswert der Mietsache ist nach den besonderen Umständen des Einzelfalles dann anzunehmen, wenn der dem Mieter zustehende Mietgebrauch (§ 536 BGB) durch die bauliche Änderung hinsichtlich der eigentlichen Mieträume oder der mitvermieteten Haus- und Grundstücksteile erleichtert, verbessert oder vermehrt wird. Das Wohnen in der Wohnung muß also infolge der Maßnahme angenehmer, bequemer, sicherer, gesünder oder weniger arbeitsaufwendig werden.

C 179 aa) Das ist immer zu bejahen, wenn die **gesundheitlichen oder hygienischen Verhältnisse** der Wohnung durch die Änderung verbessert werden (z. B. Einbau einer bisher nicht vorhandenen Innentoilette, Bad, Duschecke, Lärmschutzmaßnahmen).

Die Verbesserung der **sanitären Einrichtung** (§ 4 I Nr. 5 ModEnG) bezieht sich vor allem auf den Zustand im Bad, WC und Küche; vor allem fallen hierunter: die erstmalige Einrichtung eines WC in der Wohnung, einer Dusche, die räumliche Trennung von Bad und WC, das Ersetzen unmoderner Bad- und WC-Einrichtungen durch nicht nur unwesentlich modernere und praktischere Einrichtungen (während die bloße Ersetzung veralteter, abgenutzter Einrichtungen als nicht umlagefähige Instandsetzung zu beurteilen ist), das Ersetzen einer Sitzbadewanne durch eine Vollbadewanne, das Kacheln anstelle eines Farbanstriches.

bb) Ein erhöhter Gebrauchswert liegt auch vor, wenn der **Arbeitsaufwand erleichtert** wird, der zu einer ordnungsgemäßen Benutzung und Pflege der Wohnung erforderlich ist (pflegeleichte Fußböden, Türöffneranlage, Zentralheizung statt Einzelofenheizung; Umstellung der Etagenheizung auf Zentralheizung; vgl. § 4 I Nr. 4, 6, 7 ModEnG). Deshalb kann auch der Einbau von Kunststoffenstern als Verbesserungsmaßnahme angesehen werden, wenn diese – im Unterschied zu den ursprünglich vorhandenen Holzfenstern – nicht mehr gestrichen werden müssen (a. A. LG Hamburg MDR 78, 935).

Bei der Verbesserung der **Energieversorgung** (§ 4 I Nr. 4 ModEnG) ist vorrangig an den Neuanschluß von Elektrizität und Gas gedacht; bei der Umstellung einer schon vorhandenen Energieversorgung auf eine andere Energieart kommt es nach den Umständen des Einzelfalles darauf

§ 3. Mieterhöhung bei baulichen Änderungen   **C 180**

an, ob diese Maßnahme geeignet ist, den Gebrauchswert zusätzlich nachhaltig zu erhöhen; bei der Verbesserung von Energieleitungen kommt eine Verbesserung nur dann in Betracht, wenn die neuen Leitungen mehr Sicherheit bieten oder einen bisher nicht möglichen Gebrauch von Energieeinrichtungen ermöglichen (z. B. größerer Leitungsquerschnitt; hingegen ist die Auswechslung alter, schadhafter Leitungen eine Instandsetzungsmaßnahme; s. auch Rdn C 184).

Eine Verbesserung der **Wasserversorgung** (§ 4 I Nr. 4 ModEnG) liegt vor, wenn die Wohnung erstmalig an das Wasserversorgungsnetz angeschlossen wird; für nachträgliche Änderungen der schon vorhandenen Wasserversorgung gilt das oben zur Energieversorgung Gesagte; eine Verbesserung stellt es auch dar, wenn eine Warmwasserversorgungsanlage geschaffen oder anstelle des bisherigen Kohlebadeofens ein gas- oder strombetriebener Durchlauferhitzer oder wenn ein Warmwasserbereiter eingebaut wird (OVG Berlin BlnGE 73, 499 u. 540; Gutekunst-Forster § 4 ModEnG Anm. 2.5); auch der Einbau einer Wasserenthärtungsanlage kann eine Gebrauchswerterhöhung darstellen; das gilt nicht für die Anbringung eines Wasserzählers (a. A. Gutekunst-Forster a. a. O.; Häring BayGW 70, 327).

Die Umstellung einer bereits vorhandenen, vertragsgemäßen **Hei-** **C 180** **zungsart** auf eine andere rechtfertigt eine Mieterhöhung über die Fälle der Energieeinsparmaßnahmen hinaus (vgl. C 186a) auch dann, wenn der Mieter durch diese Maßnahme zusätzliche Gebrauchsvorteile erzielt (z. B. Sammelheizung statt Einzelofenheizung). Hierfür reicht die bloße Auswechslung der Energiequelle ebensowenig wie die einfachere und schnellere Beheizung, Regulierung und Bedienung aus, wenn diese Arbeiten vom Vermieter durchzuführen sind (KG OLGZ 66, 149; MDR 66, 420; JR 66, 140; LG Hamburg MDR 74, 494, DWW 74, 236 = WM 74, 158). Unbeachtlich ist es auch, ob die neue Heizung weniger reparaturanfällig ist als das bisherige System (LG Münster WM 78, 155). Die einfachere, saubere, bequemere Bedienungsweise der Heizung ist dann ein Gebrauchsvorteil, wenn die Beheizung dem Mieter obliegt (z. B. im gemieteten Einfamilienhaus). Ein Gebrauchsvorteil durch die jederzeitige (ganzjährige) und sofortige Abrufbarkeit der Wärme (durch Knopfdruck) ist dann als Wertverbesserung anzuerkennen, wenn es im Belieben des Mieters steht, davon Gebrauch zu machen, z. B. ganzjährige Fernheizung gegenüber der beschränkt vom Hauswart betriebenen Kokszentralheizung (bestr., vgl. LG Hamburg a. a. O. m. w. Nachw.). Die Umstellung einer Kokszentralheizung auf Ölzentralheizung im Mehrfamilienhaus stellt dann eine Verbesserung des Gebrauchswerts dar, wenn eine noch nicht automatische koksbefeuerte Sammelheizung auf eine automatische (und damit Betriebskosten sparende) ölbefeuerte Sammelheizung umgestellt wird (Gutekunst-Forster § 4 ModEnG Anm. 2.7; Gelhaar ZMR 78, 164; BVerwG ZMR 76, 304 zu § 11 AM-VO-Berlin; a. A. LG Hamburg a. a. O.; Derleder NJW 75, 1677). Der Anschluß an die Fernheizung kann dann als Gebrauchswerterhöhung anerkannt werden, wenn die Wohnung nicht bereits vorher an eine Sammelheizung oder eine zentrale Brennstoffversorgungsanlage angeschlossen war (Gutekunst-Forster a. a. O.).

C 181 Eine Verbesserung der **Kochmöglichkeiten** (§ 4 I Nr. 6 ModEnG) liegt vor, wenn anstelle eines mitvermieteten veralteten Herdes ein wesentlich modernerer Elektro- oder Gasherd installiert wird, statt einer veralteten Spüle ein moderner Spülschrank zur Verfügung gestellt wird oder ein Dunstabzug bzw. Ventilator eingebaut wird; eine Verbesserung i. S. § 3 I MHG ist auch die Überlassung einer Einbauküche, obwohl dafür keine öffentlichen Modernisierungsmittel nach dem ModEnG beansprucht werden können (Gutekunst-Forster § 4 Anm. 2.7) und sich der Mieter gegen eine derartige Maßnahme i. d. R. nach § 541 b BGB erfolgreich widersetzen kann (z. B. weil er eine eigene Kücheneinrichtung besitzt).

C 182 cc) Auch die Veränderung eines nicht mehr zeitgemäßen **Zuschnitts** der Wohnung und sonstige gebräuchliche Modernisierungen der Räume können eine Verbesserung des Gebrauchswerts darstellen (z. B. Vergrößerung oder Verkleinerung der Wohnräume; größere Fensteröffnungen, Haussprechanlage; § 4 I Nr. 1 ModEnG). Der bloße Austausch vorhandener Einrichtungen (bessere Haussprechanlage, luxuriösere Türen etc.) reicht aber nicht aus (AG Wuppertal WM 79, 128).

Als Verbesserung des Wohnungszuschnitts sind insbesondere anzuerkennen die Vereinigung mehrerer Räume zu einem größeren Raum mit höherem Gebrauchswert oder Teilung eines Großraumes; Einbau einer Flurtür zu einem bisher gefangenen Zimmer; Errichtung eines Wohnungsabschlusses; Beseitigung von Dachschrägen; Herstellung bisher nicht vorhandener Balkone oder Terrassen; Einbeziehung eines bisher nicht zur Wohnung gehörenden Raumes durch bauliche Maßnahmen (zweifelhaft LG Kiel WM 77, 125).

dd) Eine Verbesserung der Wohnverhältnisse ist auch der Schutz vor **Diebstahl** und **Gewalt** (§ 4 I Nr. 8 ModEnG) so, wenn nachträglich Sicherheitsschlösser, Kellervergitterungen, Rolläden für Erdgeschoßwohnungen, Gegensprechanlagen, Türspione oder Hausumzäunungen angebracht werden.

ee) Auch ein **Anbau** kann den Gebrauchswert der Wohnung verbessern (§ 4 I S. 2 ModEnG), wenn etwa die verbesserten sanitären Einrichtungen oder der notwendige Aufzug oder beides nicht innerhalb der bisherigen Außenmauern des Gebäudes untergebracht werden können, ohne daß wesentlicher Wohnraum verloren ginge und damit eine nicht unerhebliche Gebrauchswertverschlechterung einträte. Ein Anbau kann auch dann eine Gebrauchswertverbesserung darstellen, wenn durch ihn der Zuschnitt der Wohnung wesentlich verbessert wird.

ff) Der Gebrauchswert von Wohnungen kann auch durch besondere bauliche Maßnahmen für **behinderte** und **alte Menschen** erhöht werden, wenn die Wohnungen auf Dauer für sie bestimmt sind (§ 4 I S. 3 ModEnG). Behinderte sind nicht nur die Schwerbehinderten i. S. des § 1

§ 3. Mieterhöhung bei baulichen Änderungen   C 182a

Schwerbehindertengesetz i. d. F. vom 29. 4. 1974 (BGBl. I S. 1005): also solche Personen, die körperlich, geistig und seelisch behindert und infolge ihrer Behinderung in ihrer Erwerbsfähigkeit nicht nur vorübergehend um wenigstens 50 v. H. gemindert sind; vielmehr sind darüber hinaus hier als Behinderte auch solche Personen anzusehen, die aufgrund körperlicher, geistiger oder seelischer Schäden in einem existentiell wichtigen sozialen Beziehungsfeld (insbesondere in den Bereichen Erziehung, Schulbildung, Berufsbildung, Erwerbstätigkeit, Kommunikation, Wohnen und Freizeitgestaltung) durch wesentliche Funktionsausfälle, nicht nur vorübergehend erheblich beeinträchtigt sind und deshalb besonderer Hilfe durch die Gesellschaft bedürfen (Gutekunst-Forster § 4 ModEnG Anm. 4). Als alte Menschen sind entsprechend § 26 Abs. 2 Satz 2 Halbs. 2 II. WoBauG solche anzusehen, die das 60. Lebensjahr überschritten haben. Eine relevante Verbesserung setzt voraus, daß die Wohnung auf Dauer für die Benutzung durch diesen Personenkreis bestimmt worden ist. Für eine nicht öffentlich geförderte Wohnung wird eine solche dauernde Zweckbestimmung dann vorliegen, wenn sich der Vermieter im Rahmen der Gewährung öffentlicher Modernisierungsmittel nach dem ModEnG gegenüber der zuständigen Behörde dazu verpflichtet und im Bewilligungsbescheid eine entsprechende Auflage gemacht wird.

Folgende bauliche Verbesserungsmaßnahmen kommen insbesondere in Betracht: Schaffung eines ebenerdigen Hauseingangs oder einer Auffahrtrampe (für Rollstühle); Verbreiterung der Türen auf Rollstuhlbreite; rutschsicherer Bodenbelag; Spezialeinrichtung für Spülklosett und Badewanne; beiderseitige Handläufe für Treppen; sonstige Erfüllung der Anforderungen der DIN 18025.

gg) Keine Modernisierungsmaßnahme im Sinne von § 3 ist der An-   C 182a
schluß der Wohnung an das **Breitbandnetz (Kabelfernsehen).** Bezüglich der hierfür entstehenden Kosten ist zunächst zu unterscheiden zwischen der an die Deutsche Bundespost zu zahlenden Anschlußgebühr und den weiteren Kosten, die im Zuge der Umrüstung von der herkömmlichen Antennenanlage auf das Breitbandnetz entstehen. Die Anschlußgebühr ist in ihrer Höhe unabhängig von den tatsächlich entstehenden Kosten; bei ihr handelt es sich nicht um das Entgelt für eine vom Vermieter in Auftrag gegebene bauliche Maßnahme, sondern um eine öffentlich-rechtliche Gebühr. Damit gelten für die Anschlußgebühr dieselben rechtlichen Grundsätze, die das OLG Hamm in dem Rechtsentscheid vom 30. 5. 1983 für die Erschließungsbeiträge aufgestellt hat (s. Rdn C 169): derartige Gebühren sind nicht umlagefähig (ebenso Heitgreß WM 83, 244; a. A.: Pfeifer DWW 83, 293). Die Kosten der Umrüstung, also die Kosten der Verbindung zwischen dem Übergabepunkt und den Wohnungen (Steckdosen, neue Leitungen etc.) müssen zwar als bauliche Maßnahmen im Sinne von § 3 angesehen werden; diese Maßnahmen fallen aber nicht unter den Modernisierungsbegriff. Wie oben, Rdn C 172, 177, ausgeführt, umfaßt der Modernisierungsbegriff nur solche Maßnahmen, die nach gesicherten und allgemein anerkannten

Erkenntnissen eine Wohnwertverbesserung zur Folge haben. Der weitere Ausbau und die technische Verbesserung des Fernsehens oder die Entwicklung neuer, bislang nicht üblicher Kommunikationstechniken gehören dazu nicht. Die von der Bundesregierung initiierte Entwicklung ist vielmehr aus mancherlei Gründen umstritten. Die Bundesregierung begründet ihren Entschluß zum Aufbau der neuen Informations- und Kommunikationstechniken bezeichnenderweise mit der Hoffnung auf neue wirtschaftliche Wachstumsmöglichkeiten und Arbeitsfelder, wobei zugleich eingeräumt wird, „daß nicht alles dem Menschen Mögliche dem Menschen gemäß ist" (Regierungserklärung des Bundeskanzlers vom 4. 5. 1983 (Bulletin des Presse- und Informationsamtes der Bundesregierung Nr. 43, S. 397).

Es kommt in diesem Zusammenhang nicht darauf an, ob der Anschluß an das Breitbandkabel gegenüber dem herkömmlichen Empfang über die Antenne eine Verbesserung darstellt; maßgeblich ist allein, daß die mit dem Kabelfernsehen verbundenen Vorteile nicht mit den gesicherten und allgemein anerkannten Maßnahmen des Modernisierungskatalogs (§ 4 ModEnG) gleichgestellt werden können. Für diese Auslegung spricht auch der Zweck des § 3. Aus der Begründung des Regierungsentwurfs (s. Rdn F 15) läßt sich entnehmen, daß die Vorschrift in erster Linie mit Rücksicht auf das Interesse an der Modernisierung der Altbauwohnungen geschaffen worden ist. Es sollte ein Anreiz zur Angleichung dieses Wohnraums an einen zeitgenössischen Wohnungsstandard geschaffen werden. Lediglich die mit solchen Maßnahmen verbundenen Kosten sind umlagefähig. Die mit dem Anschluß an das Breitbandkabel verbundenen finanziellen Aufwendungen gehören hierzu nicht, weil die Möglichkeit zum Empfang von Kabelfernsehprogrammen ohne Zweifel nicht Teil des heute üblichen Wohnungsstandards ist.

Eine andere Frage ist es, ob die hierfür in Betracht kommenden Maßnahmen vom Mieter gemäß § 541b BGB geduldet werden müssen. Aus § 3 läßt sich hieraus nichts herleiten, weil keineswegs jede duldungspflichtige Maßnahme zugleich eine umlagefähige Maßnahme darstellt (vgl. dazu Rdn C 166h).

b) Die bauliche Änderung muß die allgemeinen **Wohnverhältnisse auf die Dauer verbessern** (vgl. § 4 II ModEnG). Erfaßt werden hier insbesondere die Anlage und der Ausbau nicht öffentlicher Gemeinschaftsanlagen von Wohnhäusern.

Der Gebrauch einer Wohnung wird nicht nur durch die Güte der eigentlichen Wohnräume, sondern auch durch die Möglichkeit bestimmt, daß der Mieter die Räume und die mitvermieteten Teile des Hausgrundstücks zeitgemäß nutzen kann. Wird ein Miethaus durch solche Verbesserungen verändert, müssen die Gebrauchsvorteile nicht jedem Mieter sogleich und mit demselben Nutzen zugute kommen; es reicht deshalb für die Voraussetzungen einer Mieterhöhung nach § 3 aus, daß auf Dauer, also auf längere Sicht, der objektive Gebrauchs-

§ 3. Mieterhöhung bei baulichen Änderungen

wert des Wohnhauses erhöht worden ist. Diese Alternative des § 3 I ist eine Ergänzung der oben Rdn C 178 erörterten 1. Alternative.

Folgende Änderungen kommen insbesondere in Betracht: Anlage einer Kanalisation, wodurch die bisherigen Ungeziefer- und Geruchsbelästigungen durch die Fäkaliengrube beseitigt wird – Errichtung einer Fahrradhalle oder Einbau eines Fahrradständers; Einbau einer Waschküche oder eines Trockenraumes in das Haus; Leuchtdrücker im Treppenhaus; Anlage einer Gemeinschaftsantenne oder eines Hausbriefkastens; Verlegung des Standorts der Müllboxen zur Straße oder die Neuanlage solcher Boxen; Beleuchtung des Hauseingangs oder der Wege des Hausgrundstücks; Maßnahmen des vorbeugenden Brandschutzes; Anbringung eines Blitzableiters. Beim Ausbau von Anlagen kommt eine Kostenumlage nach § 3 nur dann in Betracht, wenn sie nicht nur unwesentlich vergrößert oder ergänzt werden (z. B. zusätzliche Geräte für Kinderspielplatz, zusätzliche Bepflanzung von Grünanlagen). – Einbau eines Fahrstuhls, eines Kinderspielplatzes, eines Wäschetrockenplatzes, zusätzlicher Kfz-Abstellplätze oder Garagen. Die Wiederherstellung einer ursprünglich bestehenden Fassade ist keine Modernisierungsmaßnahme (AG Köln WM 87, 31). **C 184**

Bauliche Änderungen können auch zur Beseitigung von Baulichkeiten oder Gegenständen durchgeführt werden, wenn dadurch der Wohngebrauch verbessert wird (s. Rdn C 178); das kann z. B. durch den Abbruch eines Nebengebäudes oder einer Mauer geschehen, durch welche Sicht und Lichteinfall gehindert wird.

c) Wenn in den beiden oben erörterten Alternativen das Gesetz einerseits eine nachhaltige Verbesserung der Wohnverhältnisse auf „Dauer" voraussetzt, so lassen sich daraus keine sachlichen Unterschiede herleiten. In beiden Fällen geht § 3 davon aus, daß eine **nicht unerhebliche und andauernde Verbesserung** des Wohnwerts vorliegen muß. Das ergibt sich einerseits aus dem Zweck, andererseits aus dem Wortlaut des Gesetzes; der terminologische Unterschied läßt sich aus dem Willen des Gesetzgebers erklären, den Sprachgebrauch in § 3 denjenigen der vergleichbaren Vorschriften für preisgebundenen Wohnraum anzugleichen (vgl. § 11 VI der II. BV), während ein beachtlicher sachlicher Unterschied nicht zum Ausdruck gebracht werden sollte. Deshalb kommt es nicht auf das Maß der Aufwendungen des Vermieters, sondern allein auf die Wohnwertverbesserung für den Mieter an, die er infolge der baulichen Änderung genießt; geringfügige oder ausbleibende Erhöhungen des Gebrauchswerts rechtfertigen den Anspruch nach § 3 nicht. Solche Kosten können lediglich im Wege einer konkreten Vereinbarung nach § 10 I MHG zu einer Erhöhung des Mietzinses führen (s. Rdn C 497). Eine nachhaltige Erhöhung des Gebrauchswerts kann anerkannt werden, wenn die Änderung eine spürbare Erleichterung oder positive Veränderung des Gebrauchs der Mietsache zur Folge hat; eine „entscheidende" Wohnwertverbesserung ist nicht erforderlich; a. A. Sternel Rdn III 236, der den Begriff „nachhaltig" quantitativ versteht. **C 185**

Jedenfalls ist diese Einschränkung des Erhöhungsrechts in § 3 in Angleichung an die rechtsähnlichen Vorschriften für preisgebundenen Wohnraum nach ihrem Sinn und Zweck dahin zu verstehen, daß dadurch der Gefahr möglicher Verzerrungen bei der Umlage von Modernisierungsaufwendungen wirksam begegnet werden soll; es soll damit erreicht werden, daß wohnungswirtschaftlich unsinnige Investitionen des Vermieters nicht auf den Mieter abgewälzt werden können, ein marktkonformes Verhalten des Vermieters erreicht wird und spekulative Gewinne auf Kosten des Mieters verhindert werden, die vom Markt beim Fehlen des gesetzlichen Erhöhungsrechts nicht honoriert werden würden (so OVG Berlin ZMR 78, 62 unter Bezugnahme auf die Stellungnahme des Oberbundesanwalts beim Bundesverwaltungsgericht zu § 11 III S. 1 AMVO-B, abgedr. in BlnGE 75, 369).

d) Ob diese Voraussetzungen vorliegen, muß **objektiv** und nicht nach den subjektiven Bewertungen von Vermieter oder Mieter festgestellt werden. Unerheblich ist deshalb im Rahmen des § 3 der Einwand des Mieters, daß er an der baulichen Änderung nicht interessiert sei oder dafür für sich keinen Vorteil erblicken könne. Entscheidend sind allein objektive Gesichtspunkte; es kommt also darauf an, ob infolge der Änderung für den durchschnittlichen Benutzer die Wohnung eine Werterhöhung erfahren oder die Wohnverhältnisse allgemein verbessert worden sind (AG Hamburg ZMR 63, 89; BVerwG ZMR 76, 304 zu § 11 AMV-Berlin betr. die Umstellung einer Sammelheizung von Koks auf automatische Ölzentralheizung).

3. Einsparung von Heizenergie

a) Durch das Gesetz zur Änderung des Wohnungsmodernisierungsgesetzes vom 27. 6. 1978 (s. Rdn C 158a) werden bauliche Maßnahmen, die nachhaltig eine Einsparung von Heizenergie bewirken, ausdrücklich als Modernisierungsmaßnahmen anerkannt. Eine **Legaldefinition** dieser Maßnahmen findet sich in § 4 III ModEnG (s. Rdn C 239a). Danach fallen hierunter insbesondere Maßnahmen zur Verbesserung der Wärmedämmung von Fenstern und Türen, Maßnahmen zur Verminderung des Energieverlustes und Energieverbrauchs der Heizungsanlagen, Maßnahmen zur Rückgewinnung von Energie und vor allem der Austausch einer Energiequelle durch eine andere, die im Ergebnis kostengünstiger ist (AG Rheine WM 87, 127 betr. Umstellung der Heizung von Öl auf Gas). Diese Aufzählung stützt sich auf einen Katalog energiesparender Maßnahmen, der von Bund und Ländern einvernehmlich erarbeitet worden ist und der dem gegenwärtigen Stand der Technik entspricht. Die Aufzählung der in § 4 III ModEnG genannten Maßnahmen ist jedoch nicht abschließend. Nach dem Wortlaut und dem Zweck des Gesetzes werden vom Modernisierungsbegriff alle baulichen Maßnahmen erfaßt, die eine Einsparung von Heizenergie zur Folge haben. Einzelheiten über die in Betracht kommenden Maßnahmen finden sich in der

§ 3. Mieterhöhung bei baulichen Änderungen C 186a

Begründung des Gesetzesentwurfs der Bundesregierung. Danach gehört zu den energiesparenden Maßnahmen folgendes:

1. **Verbesserung der Wärmedämmung von Fenster und Außentüren durch**
1.1 Dichtung der Fugen,
1.2 Isolier- oder Mehrfachverglasung,
1.3 Vorsatzfenster bzw. Vorsatzflügel,
1.4 neue Fenster und Fenstertüren mit Isolier- oder Mehrfachverglasung,
1.5 Rolläden oder Fensterläden

2. **Verbesserung der Wärmedämmung von Außenwänden durch**
2.1 Wärmedämmaterial auf der Außenseite, mindestens 40 mm dick,
2.2 Wärmedämmaterial auf der Innenseite, mindestens 30 mm dick,
2.3 Wärmedämmaterial in den Heizkörpernischen, mindestens 10 mm dick,
2.4 Wärmedämmaterial in der Luftschicht von zweischaligem Mauerwerk.

3. **Verbesserung der Wärmedämmung von Dächern durch**
3.1 Wärmedämmaterial im Gebälk des Dachgeschosses, mindestens 60 mm dick,
3.2 Wärmedämmaterial auf dem Flachdach mindestens 60 mm dick.

4. **Verbesserung der Wärmedämmung von Decken durch**
4.1 Wärmedämmaterial an der Unterseite der Kellerdecke, mindestens 30 mm dick,
4.2 Wärmedämmaterial an der Unterseite der obersten Geschoßdecke, mindestens 30 mm dick,
4.3 Wärmedämmaterial im Dachraum auf der obersten Geschoßdecke, mindestens 60 mm dick.

5. **Verminderung des Energieverlustes und des Energieverbrauchs der zentralen Heizungs- und Warmwasseranlagen durch**
5.1 Anpassung der Wasservolumenstärke oder der Heizkörperflächen an den Wärmebedarf der einzelnen Räume,
5.2 Reduzierung der Brennerleistung,
5.3 neue Wärmeerzeuger (ohne Durchlauferhitzer) mit einer um mindestens 20% geringeren Leistung,
5.4 Verbesserung der Wärmedämmung des Wärmeerzeugers und des Verteilungsnetzes,
5.5 Einrichtungen zur Begrenzung von Stillstandsverlusten,
5.6 Ersetzung von Durchlauferhitzern durch Speicher und gleichzeitige Anpassung der Brennerleistung in kombinierten Heizungs/Warmwasserkesseln.

6. **Umstellung auf Fernwärmeversorgung durch**
Änderung der zentralen Heizungs- und Warmwasseranlagen innerhalb des Gebäudes, sofern die Fernwärme überwiegend durch Heizkraftwerke oder Abwärme erzeugt wird.

7. **Einbau von Anlagen zur Rückgewinnung von Wärme**

8. **Einbau von Wärmepumpen- und Solaranlagen**
einschließlich der Anbindung an ein konventionelles Heizsystem.

Unter Wärmedämmaterial versteht der Gesetzgeber nur solche bauaufsichtlich zugelassenen Dämmstoffe, die eine Wärmeleitzahl von nicht mehr als 0,05 W/m² K besitzen.

C 186 b b) Auf die **Höhe der Einsparungen** kommt es nicht entscheidend an. Nach dem Zweck des Gesetzes scheiden jedoch solche Maßnahmen aus, deren Kosten im Verhältnis zu den Einsparungen unverhältnismäßig hoch sind; der Gesetzgeber hat in § 13 I des ModEnG zum Ausdruck gebracht, daß Maßnahmen zur Einsparung der Heizenergie dem Gebot der Wirtschaftlichkeit entsprechen müssen. Diese Einschränkung ist in § 3 I zwar nicht enthalten. Da beide Vorschriften durch dasselbe Gesetz geändert worden sind und zwischen ihnen ein sichtbarer Zusammenhang besteht, muß das in § 13 I ModEnG enthaltene Wirtschaftlichkeitsgebot auch bei der Auslegung des § 3 I berücksichtigt werden. Dies bedeutet, daß ein Vermieter den Gesichtspunkt der Wirtschaftlichkeit auch dann zu beachten hat, wenn für die baulichen Maßnahmen keine öffentlichen Mittel in Anspruch genommen worden sind (s. dazu auch Rdn C 208). Folgerichtig hat das OLG Karlsruhe in dem Rechtsentscheid vom 20. 9. 1984 (RES § 3 MHG Nr 9) festgestellt, daß der Vermieter bei der Durchführung einer energiesparenden Maßnahme das Verhältnis zwischen den einzusparenden Heizkosten und der Mietzinserhöhung prüfen müsse. Bei einem Verstoß gegen das **Gebot der Wirtschaftlichkeit** entfalle der Mieterhöhungsanspruch aber nicht vollständig; es bleiben vielmehr diejenigen Kosten umlagefähig, die auch bei Berücksichtigung der Wirtschaftlichkeitsgrundsätze entstanden wären. Nach dem Rechtsentscheid bleibt offen, in welchen Fällen ein Verstoß gegen den Wirtschaftlichkeitsgrundsatz vorliegt und nach welchen Kriterien der Mieterhöhungsanspruch begrenzt werden soll. Eine Orientierung der Mieterhöhung an der Höhe der eingesparten Heizkosten lehnt das OLG Karlsruhe ausdrücklich ab, obwohl gerade hierin ein geeignetes Kriterium gesehen werden muß. In der instanzgerichtlichen Rechtsprechung wird demgegenüber teilweise die Ansicht vertreten, daß eine Modernisierungsmaßnahme, deren Kosten zu dem Maß der Energieeinsparung außer Verhältnis stehen, überhaupt nicht als Energiesparmaßnahme bewertet werden könne, so daß das Umlagerecht vollständig entfällt (so AG Köln WM 86, 344). Diese Rechtsprechung steht mit dem Rechtsentscheid des OLG Karlsruhe nicht im Einklang (s. auch Rdn C 191).

C 186 c c) Maßnahmen zur Einsparung von Heizenergie sind auch dann umlagefähig, wenn damit **keine Verbesserung des Wohnwerts** verbunden ist, (z. B. Austausch der hauseigenen Zentralheizung gegen eine kostengünstigere Heizungsart). Dies folgt bereits aus dem Umstand, daß solche Maßnahmen zur Energieeinsparung, die zugleich den Wohnwert erhöhen, bereits von den übrigen Alternativen des § 3 I erfaßt werden. Mit der Neufassung des § 3 verfolgte der Gesetzgeber eindeutig das Ziel, dem Vermieter auch einen Anreiz für solche Baumaßnahmen zu geben, die zwar nicht den Wohnwert verbessern aber zur Einsparung von Heizenergie führen.

§ 3. Mieterhöhung bei baulichen Änderungen

d) Nach dem Wortlaut des § 3 I fallen hierunter auch solche **Einsparungen, die ausschließlich dem Vermieter** zugute kommen. Ein solcher Fall liegt z. B. dann vor, wenn die Heizkosten nach den Vereinbarungen im Mietvertrag vom Vermieter zu tragen sind. Der Vermieter könnte dann eine Modernisierungsmaßnahme durchführen und die Kosten nach § 3 I auf die Mieter umlegen, obwohl die Einsparung nur ihm alleine Vorteile bringt. Er hätte dann einen doppelten Vorteil: zum einen könnte er die Kosten einer wertverbessernden Baumaßnahme auf die Mieter umlegen und zum anderen könnte er gleichzeitig seine eigenen laufenden Kosten senken. Diese doppelte Bevorzugung des Vermieters steht im Widerspruch zum Zweck des § 3 MHG. Es ist zwar nicht zu verkennen, daß durch die Neufassung des § 3 I MHG auch öffentliche Interessen verfolgt werden und daß es dem Gesetzgeber nicht in erster Linie darauf ankam dem Mieter eine billigere Heizquelle zur Verfügung zu stellen. Hinter der Neufassung steht vielmehr der Gedanke, daß auch die privaten Haushalte einen Beitrag zur Einsparung der knapp gewordenen Energie leisten sollen. Der Grundgedanke des Sondererhöhungsrechts in Modernisierungsfällen nach § 3 I ist aber nach wie vor darin zu sehen, daß der Mieter eine erhöhte Miete zahlen soll, weil er durch die Modernisierung auch Vorteile erlangt. Diese Verknüpfung zwischen der Pflicht zur Zahlung einer erhöhten Miete und dem dadurch erlangten Vorteil muß auch bei Maßnahmen zur Einsparung von Heizenergie gelten. Die Vorschrift des § 3 I ist deshalb **einschränkend** dahingehend **auszulegen**, daß eine Umlage nur stattfindet, wenn die Kostensteigerung in irgendeiner Weise auch dem Mieter zugute kommt. Dies ist immer dann der Fall, wenn der Vermieter berechtigt ist, die Heizkosten ganz oder zum Teil auf die Mieter umzulegen. Die kostensparende Maßnahme hat dann zur Folge, daß die Mieter im Ergebnis weniger Heizkosten zu zahlen haben, so daß eine Umlage der für die Baumaßnahmen entstandenen Kosten gerechtfertigt ist. Für die Verpflichtung des Vermieters zur Herabsetzung der Kosten vgl. im übrigen § 4 IV; Rdn. C 268).

4. Sonstige (nicht zu vertretende) Maßnahmen

Ein Erhöhungsrecht geben weiter solche baulichen Änderungen, die der Vermieter auf Grund von Umständen, die er nicht zu vertreten hatte, durchführte. Entsprechend dem Zweck dieser Vorschrift werden darunter nur solche Maßnahmen zu zählen sein, die ein durchschnittlicher Vermieter nicht vorhersehen und vermeiden und deshalb bei der Vereinbarung des Mietzinses nicht berücksichtigen konnte. Der § 3 I ist also mit dem gleichlautenden Begriff des § 5 MHG identisch (s. dazu Rdn. C 398 ff). Die Anspruchsvoraussetzungen des § 3 sind nach dem Sinn und Zweck der Regelung eng auszulegen, zumal sie gegenüber § 2 MHG und dem Grundsatz der Vertragsfreiheit dem Vermieter ein verstärktes einseitiges Erhöhungsrecht gibt.

Von der hier erörterten Alternative des § 3 werden insbesondere alle baulichen Änderungen erfaßt, die der Vermieter auf Grund **gesetzlicher**

Gebote oder behördlicher Anordnungen durchzuführen gezwungen ist. Gegen fehlerhafte Anordnungen muß sich der Vermieter im Interesse seiner zahlungspflichtigen Mieter dann wehren, wenn dazu im Einzelfall gegebener Anlaß besteht. Eine Erhöhung des Gebrauchswerts der Mieträume oder eine Verbesserung der allgemeinen Wohnverhältnisse (s. Rdn C 178) braucht mit derartigen baulichen Änderungen nicht verbunden zu sein (unzutreffend: AG Regensburg DWW 78, 101 m. abl. Anmerkung Volk). Beispiele: Anschluß des Grundstücks an bisher nicht vorhandene Versorgungs- oder Entwässerungsleitungen, Ausbau der Zufahrtsstraße, Sicherungseinrichtungen für Öltanks, Herstellung von Kinderspielplätzen oder Kfz-Abstellplätzen auf Grund gesetzlicher Vorschriften; Einbau von Steuerungs- und Regelungseinrichtungen nach § 7 Abs. 1 und 2 der Heizungsanlagenverordnung vom 24. 2. 1982 („**Thermostatventile**"; s. dazu Blumenstein ZMR 87, 401); Kauf von **Wärmezählern** oder **Heizkostenverteilern** aufgrund der Verpflichtung in § 4 Abs. 2 der Heizkostenverordnung; für die Miete dieser Geräte s. Rdn C 318. Soweit eine behördliche Maßnahme im Einzelfall durch ein ordnungswidriges oder baurechtswidriges Verhalten des Vermieters ausgelöst wird, das vom Vermieter oder einem seiner Erfüllungsgehilfen zu vertreten ist, entfällt das Umlagerecht nach § 3 (z. B. Herstellung bauordnungsgemäßer Zustände). Hingegen ist § 3 dann anwendbar, wenn die Maßnahmen auf einem behördlichen Modernisierungsgebot nach § 177 **BauGB** beruhen und aus städtebaulichen Gesichtspunkten ausgesprochen werden (s. Rdn C 164); das gilt nicht für die dort vorgesehenen Instandsetzungsgebote, da es sich bei derartigen Maßnahmen um keine Modernisierungsarbeiten handelt. Für Baumaßnahmen, die nicht vom Vermieter selbst, sondern von einer Gemeinde durchgeführt werden (Erschließungsaufwand für den Anschluß an einen nachträglich erfolgten Straßenausbau) s. Rdn C 169.

C 189 Sonstige bauliche Änderungen, die der Vermieter weder gesetzlich noch durch behördliche Anordnung durchzuführen gezwungen ist, geben ihm dann kein Erhöhungsrecht nach § 3, wenn mit ihnen keine Verbesserung des Gebrauchswerts oder des Wohnwerts (s. Rdn. C 178) verbunden ist. Es kommt dann nicht darauf an, aus welchen wirtschaftlich vertretbaren Erwägungen oder Motiven der Vermieter handelte (Ausnahme: Maßnahmen zur Einsparung von Heizenergie; vgl. C 186a). In der hier behandelten Alternative des § 3 kann aus den oben dargelegten Erwägungen lediglich eine Sprachangleichung an die mietpreisrechtliche Vorschrift des § 11 V der II. BV gesehen werden, die ebenfalls in dem hier vertretenen Sinne auszulegen ist. Insbesondere werden deshalb solche baulichen Änderungen des Vermieters nicht erfaßt, die er dem Mieter nach dem Mietvertrag zu erbringen verpflichtet ist (s. Rdn. C 174). Beispiele: Versorgung mit Licht, Wasser, Gas bei Ausfall der bisherigen Anlage oder freiwilligem Wechsel der Betriebsart (Elektroheizung statt Ölheizung). Davon sind Ausnahmen gerechtfertigt, wenn der Vermieter an der Erfüllung wesentlicher Verpflichtungen durch nicht vor-

§ 3. Mieterhöhung bei baulichen Änderungen C 190, 191

hersehbare Umstände gehindert wird, die zwar nicht auf behördlichen Anordnungen beruhen, faktisch aber solchen gleichstehen (z. B. Umstellung von Stadtgas auf Erdgas ohne Anschlußzwang).

III. Der Umfang der Mieterhöhung

1. Umlagefähige Kosten. Als Grundlage einer Mieterhöhung nach § 3 C 190 kommen die eigentlichen Baukosten (z. B. Material-, Handwerkerkosten) und die Baunebenkosten (z. B. Architekten-, Behördenleistungen) in Betracht; die Begriffsbestimmungen für Bau- und Baunebenkosten in § 5 der II. BV für preisgebundenen Wohnraum sind unanwendbar, weil sie der Berechnung der Kostenmiete dienen.

a) Die Mieterhöhung ist nur zulässig, wenn und soweit dem Vermieter C 191 für relevante bauliche Änderungen **tatsächlich** Kosten entstanden sind. Deshalb kommt eine Mieterhöhung nicht in Betracht, wenn die Gemeinde die Kosten für die Anlage einer Straßenzufahrt oder eine Kanalisationszuleitung trägt, ohne den Vermieter in Anspruch zu nehmen. Gleiches gilt, wenn ein Mieter unentgeltlich eine Arbeit vornimmt oder der Grundstücksnachbar eine störende Grenzmauer niederreißt. Führt der Vermieter die Änderungen fachmännisch in Eigenarbeit durch, so wird er dafür entsprechend der Regelung in § 9 I der II. BV und nach allgemeinen Rechtsgrundsätzen einen Betrag in Rechnung stellen dürfen, der bei Beauftragung eines Handwerkers entstanden wäre. Vergünstigungen, die dem Vermieter gewährt werden, muß er auch den Mietern weitergeben, weil nur die tatsächlich entstandenen Kosten umlagefähig sind. Der Vermieter ist verpflichtet, die Modernisierung möglichst preisgünstig auszuführen (AG Hamburg WM 86, 344). Überhöhte Handwerkerpreise können nicht in voller Höhe auf den Mieter umgelegt werden. Sind mehrere Ausführungsarten denkbar, so ist grundsätzlich die kostengünstigere auszuwählen. Allerdings ist insoweit zu bedenken, daß der Vermieter aufgrund seiner Eigentümerstellung hierbei ein weitreichendes Gestaltungsrecht hat. Dementsprechend kann die kostenaufwendigere Maßnahme dann in voller Höhe umgelegt werden, wenn sie durch wirtschaftlich sinnvolle Erwägungen gerechtfertigt ist (LG Wiesbaden WM 82, 77; LG Hamburg WM 86, 344, wonach der Vermieter beim Austausch von Fenstern auch dann statt eines Kiefernholzrahmens einen solchen aus Mahagoniholz wählen darf, wenn hierdurch eine Verteuerung von 10–15% eintritt). Der Ansatz von **Architektenkosten** hängt davon ab, ob die Beauftragung eines Architekten erforderlich gewesen ist. Bei kleineren Modernisierungsmaßnahmen ist dies im allgemeinen zu verneinen (AG Hamburg WM 85, 365; AG Münster WM 85, 366; a. A.: LG Hamburg WM 85, 366, jeweils für Fenstermodernisierung). Bei größeren Maßnahmen kann der Ansatz von Architektenkosten nicht mit der Begründung verneint werden, daß durch die Leistung des Architekten keine unmittelbare Verbesserung erzielt werde (so aber AG Hamburg WM 85, 341). Das Gesetz enthält keine derartige Einschränkung, sondern erlaubt den Ansatz aller für die Durchführung der Baumaßnahmen erforderlichen Kosten. Die Kosten für die Erstellung eines Gerüstes zum Zwecke des Austausches von Fenstern gehören aus diesem Grunde ebenfalls zu den Modernisierungskosten (a. A.: AG Hamburg WM 85, 341).

C 192   b) Auf welche Weise der Vermieter die Kosten für bauliche Änderungen finanziert, ist im Rahmen des § 3 grundsätzlich unbeachtlich. Ein Erhöhungsrecht steht ihm sowohl dann zu, wenn er **Eigenmittel** verwendet als auch dann, wenn er **Fremdmittel** einsetzt. Dabei ist aber zu beachten, daß etwaige **Finanzierungskosten** nicht zu den umlagefähigen Kosten i. S. des § 3 zählen; zum Ausgleich dieses Verlustes an Finanzierungskosten oder Zinsen des Eigenkapitals gibt § 3 dem Vermieter das Recht auf eine pauschale Umlagequote von 11% jährlich, die anderenfalls in dieser Höhe nicht gerechtfertigt wäre. Das ergibt sich im übrigen auch daraus, daß § 3 I eine ausführliche Sonderregelung für diejenigen Fälle trifft, in denen die Kosten für die baulichen Änderungen nicht vom Vermieter getragen oder durch Aufnahme unverzinslicher Fremdmittel gedeckt werden (dazu krit. Derleder NJW 75, 1677). **Kapitalbeschaffungskosten** die bei der Finanzierung angefallen sind können ebenfalls nicht umgelegt werden (OLG Hamburg (RE) vom 14. 5. 1981 RES § 3 MHG Nr. 4).

C 193   c) Zur Klarstellung wird in § 3 I 3, 4 bestimmt, daß in die umlagefähigen Kosten solche Beträge nicht einbezogen werden dürfen, die entweder nicht aus dem Vermögen des Vermieters stammen oder aber eine Einsparung der üblicherweise zu entrichtenden Finanzierungskosten zur Folge haben.

C 194   aa) Erhält der Vermieter **zinsverbilligte oder zinslose Darlehen** aus öffentlichen Haushalten, so verringert sich der umlagefähige Erhöhungsbetrag (also die 11%ige Jahresumlage) um den Jahresbetrag der Zinsermäßigung; maßgebend ist diejenige Zinsermäßigung, die sich für den Ursprungsbetrag des Darlehens aus dem Unterschied im Zinssatz gegenüber dem marktüblichen Zinssatz für erststellige Hypotheken ergibt, und zwar im Zeitpunkt der Beendigung der baulichen Änderung. Wenn z. B. der Vermieter ein Darlehen aus öffentlichen Instandsetzungsmitteln, die zur Förderung der Modernisierung bereit gestellt werden, zum vergünstigten Zinssatz von 3% (einschließlich Verwaltungskostenbeitrag) erhalten hat und der marktübliche Zinssatz bei Durchführung der Änderungen 10% beträgt, so ermäßigt sich der relevante Umlagebetrag um die dem Vermieter zugutekommende Zinsersparnis; die Vorschrift kann nicht so verstanden werden, daß die prozentuale Zinsdifferenz (also 7%) als solche von dem pauschalen Umlagequotienten abzuziehen wäre (also 11% minus 7%, umlagefähig also 4%). Werden Darlehen aus öffentlichen Haushalten über Bankinstitute (Sparkassen) ausgegeben, so ändert sich dadurch ihre Bewertung nicht, weil es insoweit allein auf die Herkunft der Mittel ankommt.

§ 3. Mieterhöhung bei baulichen Änderungen   C 195–199

bb) Werden Zuschüsse oder **Darlehen zur Deckung der laufenden** C 195
Aufwendungen gewährt, so verringert sich der Erhöhungsbetrag um
den Jahresbetrag des Zuschusses oder Darlehens. Zu den Besonderheiten
der Förderung nach dem ModEnG s. unten Rdn C 199.

cc) Ein **Mieterdarlehen,** eine **Mietvorauszahlung** oder eine von einem C 196
Dritten für den Mieter erbrachte Leistung (z. B. Arbeitgeber, Verwandter) steht einem Darlehen aus öffentlichen Haushalten gleich, falls diese
Finanzierung der baulichen Änderung diente.

dd) Kann nicht festgestellt werden, in welcher Höhe ein Zuschuß oder C 197
ein Darlehen für die einzelne Wohnung gewährt worden ist, so müssen
diese Beträge nach dem Verhältnis der für die einzelnen Wohnungen
aufgewendeten Kosten aufgeteilt werden. Diese gesetzliche Verteilungsregelung schließt eine davon abweichende Bestimmung des Vermieters
nach §§ 315, 316 BGB aus.

ee) Solche Kosten, die vom Mieter selbst oder für diesen von einem C 198
Dritten für die bauliche Änderung direkt übernommen werden, gehören
nicht zu den umlagefähigen Kosten (z. B. verlorene Baukostenzuschüsse,
Eigenarbeit).

d) Werden dem Vermieter öffentliche Förderungsmittel nach dem C 199
Wohnungsmodernisierungsgesetz vom 23. 8. 1976 (BGBl. I S. 2429)
bewilligt, so ist die zulässige Mieterhöhung nach der Sondervorschrift
des § 14 ModEnG zu berechnen (vgl. zu diesem Gesetz die Erläuterungen Rdn. C 167 und den Gesetzestext abgedruckt unter Rdn. C 239).
Danach gilt folgendes:

aa) Der Vermieter (Eigentümer) muß sich gegenüber der **Bewilligungsstelle verpflichten,** nach der Modernisierung höchstens eine Miete zu erheben, die sich aus der vor der Modernisierung zuletzt vereinbarten Miete und dem nach § 14 II ModEnG zu ermittelnden Erhöhungsbetrag ergibt. Ausgangspunkt der zulässigen Mieterhöhung ist somit der
tatsächlich gezahlte, rechtlich zulässige Mietzins, der vor der Beendigung der Modernisierung verbindlich war; dieser Mietzins kann in den
Grenzen des § 5 WiStG auch geringfügig über der ortsüblichen Vergleichsmiete liegen (s. dazu Rdn. C 206). Für die modernisierungsbedingte Anhebung der Grundmiete eröffnet § 14 II ModEnG für den Vermieter zwei unterschiedliche Möglichkeiten, welche in der tatsächlichen
Berechnungsweise und in dem einzuhaltenden Erhöhungsverfahren
voneinander abweichen; es steht dem Vermieter uneingeschränkt frei,
welche der beiden Möglichkeiten, er wählt, wozu er nicht das Einverständnis des Mieters der jeweiligen Wohnung bedarf. Hat aber der Vermieter sein Wahlrecht ausgeübt, ist er später aus Gründen der Rechtssicherheit daran gebunden (vgl. Rdn. C 160; zu den unterschiedlichen
wirtschaftlichen Auswirkungen dieser Wahl vgl. Häusler DWW 76,
277).

bb) Der Betrag, um den die vereinbarte Miete nach der Modernisierung erhöht werden darf, kann zunächst nach **§ 14 II ModEnG i. V. m.
§ 2 I Nr. 1 MHG** durch die Bestimmung der ortsüblichen Vergleichsmie-

743

te und den Abzug der gesetzlich vorgeschriebenen Kürzungsbeträge (§§ 2 I S 2, 3 I S 3 bis 7 MHG) berechnet werden. Sind die gesetzlichen Kürzungsbeträge gleich oder größer als der Unterschiedsbetrag zwischen Vergleichsmiete und alter Miete, so kommt keine Mieterhöhung nach § 14 II ModEnG in Betracht; es bleibt bei der ursprünglichen Miete, falls keine Erhöhung nach § 14 II ModEnG i. V. m. § 3 I möglich ist.

Erhält der Vermieter zinsverbilligte oder zinslose Darlehen aus öffentlichen Haushalten zur Deckung der Kosten der Modernisierung, so ist der Erhöhungsbetrag um den durch die Zinsermäßigung eingesparten Betrag zu kürzen. Der ersparte Zinsbetrag errechnet sich aus dem sich durch die Verbilligung ergebenden Zinssatz gegenüber dem marktüblichen Zinssatz für erststellige Hypotheken; dabei ist vom Ursprungsbetrag des verbilligten Darlehens auszugehen. In gleicher Weise sind Zuschüsse aus öffentlichen Mitteln, die zur Deckung der Kosten der Modernisierung gegeben worden sind, als Kürzungsbetrag zu behandeln.

Bei der Förderung mit Zuschüssen zur Deckung laufender Aufwendungen verringert sich der Erhöhungsbetrag um den Betrag des Zuschusses.

Im übrigen bleibt es für die Berechnung der zulässigen Mieterhöhung auch bei der Innanspruchnahme öffentlicher Förderungsmittel nach dem ModEnG bei den oben erörterten Rechtsgrundsätzen des § 3 1 MHG. Hervorzuheben bleibt jedoch, daß nur die Kürzungsbeträge aus solchen Zuschüssen und Darlehen zu berücksichtigen sind, die für die Modernisierung gegeben werden. Förderungsmittel, die für eine mit der Modernisierung zusammenhängenden erforderlichen Instandsetzung gewährt werden, sind hingegen bei der Ermittlung der zulässigen Mieterhöhung insoweit völlig außer Betracht zu lassen (§ 14 III ModEnG).

Da § 14 ModEnG nur bestimmt, welche modernisierungsbedingte Mieterhöhung der Vermieter bei Inanspruchnahme öffentlicher Modernisierungsmittel verlangen darf, bleibt es im übrigen bei den Erhöhungsvoraussetzungen des § 2 MHG (s. Rdn. C 81 ff.).

cc) Anstelle des oben unter bb) erörterten Verfahrens kann die nach der Modernisierung zulässige Miete auch nach **§ 3 I MHG** ermittelt werden **(§ 14 II ModEnG)**. Auch hierbei sind die für die Instandsetzung aufgewendeten Kosten nicht zu berücksichtigen, selbst wenn die Instandsetzung nach § 10 III ModEnG notwendig war (§ 14 III ModEnG).

Von dem aus 11% der Modernisierungskosten ermittelten Erhöhungsbetrag sind auch hier die oben unter bb) erörterten Kürzungen vorzunehmen. Es gelten im übrigen auch insoweit die obigen Erläuterungen unter aa) und bb).

dd) Für die rechtlichen Folgen, die sich für den Vermieter aus der Ausübung des in § 14 II ModEnG enthaltenen Wahlrechts hinsichtlich der modernisierungsbedingten Mieterhöhung ergeben und die Besonderheiten hinsichtlich des Inhalts der Mieterhöhungserklärung sowie der Fälligkeit wird auf die Erläuterungen Rdn. C 167 verwiesen.

§ 3. Mieterhöhung bei baulichen Änderungen

2. Umlageschlüssel

Wird durch die Änderung der Gebrauchswert **mehrerer Wohnungen** erhöht oder kommen die Maßnahmen in sonstiger Weise **mehreren Mietern** zugute, so muß der umlegungsfähige Gesamtbetrag auf sämtliche Begünstigten aufgeteilt werden. Es ist unzulässig, diese mieterhöhenden Kosten nur auf einen Teil der Mieter abzuwälzen und die übrigen davon freizustellen (§ 3 I 2). Das gilt auch dann, wenn der Vermieter eine Wohnung in seinem eigenen Haus bewohnt. Soweit die Änderungen nur einzelnen Mietern zugute kommen, sind die Kosten nur zwischen diesen angemessen zu verteilen. Die Aufteilung soll einerseits dem unterschiedlichen Nutzwert für die Wohnung und dem unterschiedlichen Kostenaufwand, andererseits dem Grundsatz der Gleichbehandlung entsprechen. Werden beispielsweise neue Fenster eingebaut so ist eine Umlage entsprechend der Anzahl der eingebauten Fenster oder entsprechend der auf die einzelne Wohnungen entfallenden Fensterflächen angemessen; eine Umlage nach der Wohnfläche scheidet aus, wenn Wohnungen mit unterschiedlicher Fensterzahl oder unterschiedlicher Fenstergröße vorhanden sind (AG Köln WM 86, 262).

Im übrigen finden die §§ 315, 316 BGB Anwendung; das Bestimmungsrecht des Vermieters ist somit durch Grundsätze der Billigkeit beschränkt.

Fehlt ein sachlich zutreffenderer Verteilungsschlüssel, wird die Umlage nach qm-Wohnfläche den Grundsätzen der Billigkeit am ehesten entsprechen.

Es ist nicht zu billigen, wenn der Anteil eines Mieters, gegen den eine Erhöhung aus tatsächlichen oder rechtlichen Gründen nicht durchsetzbar ist, von den übrigen Mietern getragen werden soll; zeitweilige Ausfälle muß insoweit der Vermieter tragen, während bei einer Neuvermietung die erhöhte Miete frei vereinbart werden darf.

3. Höhe der Umlage

a) Nach der bis zum 30. 6. 1978 geltenden Fassung des § 3 MHG konnte der Vermieter die vor der baulichen Änderung geltende Jahresmiete um 14% erhöhen. Durch die Neufassung der Vorschrift durch das WoModÄndG vom 27. 6. 1978 (s. Rdn. C 158a) wurde dieser Erhöhungssatz auf 11% gesenkt. Damit steht zunächst fest, daß für diejenigen baulichen Maßnahmen, die erst nach dem 1. 7. 1978 begonnen werden, nur noch eine 11%ige Umlage verlangt werden darf. Für diejenigen Modernisierungen, bei denen das Erhöhungsverfahren am 1. 7. 1978 bereits abgeschlossen war, verbleibt es bei der 14%igen Erhöhung. Zweifelhaft sind diejenigen Fälle, in denen die bauliche Maßnahme bereits vor dem 1. 7. 1978 begonnen wurde, das Erhöhungsverfahren aber zu diesem Zeitpunkt noch nicht abgeschlossen war. Im Gegensatz zu Art. 4 II des 2. WKSchG enthält das WoModÄndG nämlich keine Regelung für diese Fälle. Nach allgemeinen Rechtsgrundsätzen ist bei einer gerichtlichen Entscheidung über die Wirksamkeit einer Willenserklärung dasjenige Recht zugrundezulegen, das im Zeitpunkt des Zugangs galt. Es kommt deshalb entscheidend darauf an, ob dem Mieter bis zum 30. 6. 1978 eine wirksame Erhöhungserklärung nach § 3 III zugegangen ist. Nur in diesem Fall hat der Vermieter einen Anspruch auf eine 14%ige Umlage. Ging die Erhöhungserklärung erst nach dem 30. 6. 1978 dem Mieter zu, so gilt die ab 1. 7. 1978 maßgebliche 11%ige Umlage. Dies hat zwar im Ergebnis zur Folge, daß in gewissen Fällen ein Vermieter eine bauliche Maßnahme zu einem Zeitpunkt geplant und durchgeführt hat, in der er ein 14%iges Umlagerecht erwarten konnte. Die Senkung der Umlagehöhe stellt sich in einem solchen Fall als wirtschaftlich belastend dar, weil sie im Zeitpunkt der Planung und Durchführung der Maßnahme nicht vorhersehbar war und deshalb nicht bei der Kostenkalkulation berücksichtigt werden konnte. So gesehen greift das WoModÄndG in Sachverhalte ein, die schon vor seinem Inkrafttreten bestanden haben, aber zum Zeitpunkt des Inkrafttretens noch nicht abgeschlossen sind (sog. unechte Rückwirkung). Da die Auswirkungen dieser Rückwirkung aber insgesamt als geringfügig anzusehen sind, lassen sich hieraus keine verfassungsrechtlichen Bedenken herleiten.

C 202a   b) Den Ausgangspunkt der Berechnung bildet somit nicht die im letzten Monat vor der Durchführung der Änderung gezahlte Monatsmiete (× 12), sondern die im Verlauf der letzten 12 Monate tatsächlich gezahlte Gesamtmiete (so auch Derleder WM 76, 224; krit. zust. Marienfeld ZMR 78, 38; a. A. Barthelmess § 3 MHG Rdn. 20; Gelhaar ZMR 78, 164, die entgegen dem klaren gesetzlichen Wortlaut nicht die vom Mieter während des ganzen Jahres gezahlte Miete, sondern den Monatsmietzins im Zeitpunkt des Beginns der baulichen Maßnahme, multipliziert mit 12, zugrunde legen wollen).

Umlagefähig sind insoweit aber nur die auf die einzelne Wohnung entfallenden Baukosten, die sowohl hinsichtlich des anrechenbaren Bauaufwandes, als auch der oben unter Rdn. C 193 erörterten Ermäßigungen unterschiedlich hoch sein können.

C 203   Der in § 3 zuerkannte umlagefähige Prozentsatz der aufgewendeten Kosten wird nicht durch einen Höchstbetrag begrenzt. Die ursprünglich vorgesehene **Kappungsgrenze** von 10% über der ortsüblichen Vergleichsmiete wurde auf Vorschlag des Bundesrats fallen gelassen, weil der Gesetzgeber einen erhöhten Anreiz zu Modernisierungsmaßnahmen geben wollte. Ob diese Gründe die Festlegung des pauschalen Erhöhungssatzes vom 11% mit den sich daraus ergebenden Folgen rechtfertigen, muß bezweifelt werden.

C 204   Der Wegfall der Kappungsgrenze ist vor allem deshalb fragwürdig, weil die Abkehr von der ortsüblichen Vergleichsmiete die Gefahr mit sich bringt, daß auf den Mieter Steigerungsbeträge in unbekannter Höhe zukommen können, die letztlich eine unbillige Vermögensvermehrung des Eigentümers zur Folge haben; es bleibt abzuwarten, ob und in welchem Umfang dieses Erhöhungsrecht dazu verwendet werden wird, den

§ 3. Mieterhöhung bei baulichen Änderungen   C 205–208

vertragstreuen Mieter durch nicht tragbare Mietsteigerungen „herauszumodernisieren" (Löwe NJW 75, .7). In welchem Maße es dem Mieter gelingen wird, eine übermäßige Renovierungslust seines Vermieters nach § 541b BGB zu bremsen (s. Rdn. C 165f) oder ob ihn sein außerordentliches Kündigungsrecht auch bei knappem Wohnungsangebot vor Überforderungen schützen wird, bleibt fraglich.

c) Der pauschale Erhöhungsbetrag von 11% umfaßt die Finanzierungskosten der baulichen Änderung (s. Rdn. C 192), Abschreibungen für Wertminderung und Wiederbeschaffung sowie die Instandhaltungs- und Instandsetzungskosten, soweit keine abweichende vertragliche Vereinbarung getroffen wird. Derartige Vertragsänderungen sind auch unter dem Gesichtspunkt des § 10 I MHG zulässig. In der Zustimmung des Mieters zur baulichen Änderung liegt nicht sein Einverständnis zur Übernahme dieser Kosten; kommt eine Einigung darüber also nicht zustande, so hat der Vermieter die Kosten zu tragen (LG Mannheim WM 69, 167). Gleiches gilt für etwa entstehende Betriebskosten i. S. des § 4 MHG (die infolge der baulichen Änderung entstehen, z. B. Heizkosten nach Einbau einer zentralen Heizungsanlage). Die Zustimmung des Mieters zur Umlage derartiger Folgekosten muß deshalb außerhalb des gesetzlichen Erhöhungsverfahrens eingeholt werden.   C 205

d) Die gesetzliche Erhöhungspauschale um 11% der Baukosten darf grundsätzlich nicht zu einer **Überschreitung der ortsüblichen Vergleichsmiete** führen, die bereits im Bereich der §§ 5 WiStG, 302a StGB liegt und deshalb nichtig ist (s. Rdn. D 17). Dieser früher umstrittene Grundsatz (wie hier: LG Duisburg WM 79, 221; LG Mannheim WM 80, 183; AG Mannheim WM 79, 107; Gutekunst/Forster § 14 WoModG, Anm. 6; a. A.: Otto DWW 81, 70) ist nunmehr durch den Rechtsentscheid des OLG Karlsruhe vom 19. 8. 1983 (RES § 3 MHG Nr. 8) ausdrücklich anerkannt worden.   C 206

Wird durch die Umlage nach § 3 die Wesentlichkeitsgrenze des § 5 WiStG überschritten, so hat dies nicht zur Folge, daß der Vermieter nur die ortsübliche Miete verlangen kann; vielmehr ist die Umlage bis zur Wesentlichkeitsgrenze wirksam (s. Rdn D 18).   C 207

e) Obwohl § 3 den Begriff der umlagefähigen baulichen Änderungen grundsätzlich nicht einschränkt, kann der Vermieter nach § **242 BGB** nur solche Aufwendungen im Wege der Mieterhöhung umlegen, die im Einzelfall unter Berücksichtigung der erzielten Gebrauchs- und Wohnwertverbesserung erforderlich waren und angemessen sind. Unnötige oder übersetzte Aufwendungen müssen außer Betracht bleiben, wobei dem Vermieter so lange die Dispositionsfreiheit zuzubilligen ist, als seine Anordnungen objektiv vom Standpunkt eines vernünftigen Wohnungsvermieters gerechtfertigt sein können. Es ist aber nicht im Sinne des Gesetzes, auch solche Aufwendungen zur Mieterhöhung zuzulassen, die bei vernünftiger wirtschaftlicher und technischer Betrachtungsweise bei genügenden Erkundigungen vermeidbar (trotz desselben Erfolges) gewesen wären. Das gilt sowohl für einen übertriebenen, sachlich nicht zu   C 208 rechtfertigenden Umfang der Änderungen, als auch für Luxusausführungen, obwohl gediegene Materialien am Platz gewesen wären. Anderenfalls könnte der Vermieter treuwidrig darauf abzielen, auf Kosten des Mieters den Wert seines Hausgrundstücks fortlaufend zu erhöhen, ohne eine der Mieterhöhung in etwa angemessene Wohnwertverbesserung zu erzielen.

Wohl sind auch teure Maßnahmen in den oben Rdn. C 166 aufgezeigten Grenzen dem Mieter zumutbar, wenn sie der sachgerechten Wohnwertverbesserung dienen; solche Maßnahmen, die über die Schaffung gesunder, verbesserungswürdiger Wohnverhältnisse deutlich hinausgehen und auf spekulative Geldanlage oder weitergehende sachfremde Absichten hindeuten, sind dem Mieter jedoch i. d. R. nicht zumutbar (s. dazu auch Rdn C 172, 177).

C 209 Die notwendigerweise nach § 3 insbes. bei Altbauten steigenden Mietpreise sollten durch eine Änderung des § 21 WoGG und andere behördliche Stützungsmaßnahmen für die bedürftigen Mieter aufgefangen werden, um diesen den Verlust ihrer altgewohnten Umgebung tunlichst zu ersparen.

Für Modernisierungen nach dem ModEnG ist die Dispositionsfreiheit des Vermieters durch eine Überprüfung der Art und des Umfangs der beabsichtigten Maßnahme sowie der Tragbarkeit der zu erwartenden Mieterhöhung weitergehend beschränkt (s. Rdn C 167).

C 210 f) Die 11%ige Erhöhung der Grundmiete ist **zeitlich unbefristet;** sie bleibt also auch bestehen, wenn sich die Baukosten längst amortisiert haben. Für einen späteren Wegfall der Erhöhung nach Amortisation gibt das Gesetz keinen Anhalt (a. A. Derleder NJW 75, 1677). Eine weitergehende Erhöhung kann der Vermieter nach § 2 MHG erst dann verlangen, wenn die ortsübliche Vergleichsmiete über den nach § 3 angehobenen Mietbetrag gestiegen ist.

4. Zeitlicher Beginn der Erhöhungsbefugnis

C 211 a) Ein Anspruch auf die Mieterhöhung nach § 3 steht dem Vermieter erst für die Zeit **nach Abschluß** der baulichen Änderungen zu, weil der Mieter nicht früher in den Genuß des erhöhten Wohnwertes kommt; das ergibt sich auch aus dem Zweck sowie dem Wortlaut des § 3 I („hat ... durchgeführt") und aus der Erwägung, daß die Finanzierungskosten (einschließl. der Vorfinanzierung) in dem gesetzlich festgelegten pauschalen Erhöhungsbetrag enthalten sind (s. Rdn C 192). Abweichende Vereinbarungen sind davon aber im Rahmen des § 10 I 2. Halbs. MHG zulässig (s. Rdn C 504). In diesem Falle muß der vorzeitig erhöhte Mietzins nach § 5 WiStG als Gegenleistung für den früheren Wohnwert der Räume beurteilt werden (BayObLG WM 71, 157 zu § 12 AMVO). Darüber hinaus gibt § 3 dem Vermieter keinen Anspruch auf eine Vorfinanzierung der baulichen Änderungen.

C 212 b) Das Erhöhungsrecht nach § 3 steht dem Vermieter grundsätzlich nur für solche baulichen Änderungen zu, die nach dem Inkrafttreten

§ 3. Mieterhöhung bei baulichen Änderungen   C 213, 213a

dieser Vorschrift am 1. 1. 1975 durchgeführt worden sind oder werden (Art. 4 I des 2. WKSchG). Eine Ausnahme gilt nach Art. 4 II des 2. WKSchG jedoch für solche Maßnahmen, die bereits vor dem 1. 1. 1975 begonnen, aber erst danach beendet worden sind (s. Rdn C 575). Als Zeitpunkt der Beendigung ist von der tatsächlichen Gebrauchswerterhöhung der Maßnahme beim Mieter (nicht von einer etwa erforderlichen baubehördlichen Genehmigung) auszugehen. Auch hier gilt der befristete gesetzliche Erhöhungsausschluß nach § 3 II, IV, weil insoweit keine dem Vermieter günstige Übergangsregelung getroffen worden ist (a. A. Lutz DWW 74, 272).

c) Bauliche Änderungen, die schon vor dem 1. 1. 1975 abgeschlossen worden sind, können nur im Rahmen des § 2 MHG zu einer Mieterhöhung führen, wenn der gestiegene Wohnwert eine höhere ortsübliche Vergleichsmiete im Einzelfall rechtfertigt.   C 213

5. Berechnung der Mieterhöhung nach einem Beispiel   C 213a

(Modernisierungsaufwand DM 35.000,–; davon DM 5.000,– Mieterleistung; und weitere DM 10.000,– öffentliche Modernisierungsdarlehen zu 1% Zins; 5 Mietparteien, wobei die Modernisierung allen in etwa gleich zugute kommt; Gesamtwohnfläche 500 qm; bisheriger qm-Preis DM 6,–)

(1) Berechnung des Kostenansatzes
Gesamtaufwand = DM 35.000,– abzüglich Mieterleistung DM 5.000,– ergibt DM 30.000,–
Umlagefähig sind 11% aus DM 30.000,– = DM 3.300,–

(2) Berechnung der erhöhten Jahresmiete
Bisherige Jahresmiete =
500 × 6 × 12   = DM 36.000,–
Erhöhte Jahresmiete =
DM 36.000,–   + DM 3.300,– =   DM 39.300,–
abzüglich Zinsgewinn errechnet aus der Differenz
üblicher Zinsen für erste Hypotheken z. B. 8% aus
DM 10.000,– = DM 800,– und wirkliche Zinsen
1% aus DM 10.000,– = DM 100,– = Gewinn   DM   700,–
neue Jahresmiete   DM 38.600,–

(3) Berechnung der Umlage:
neue Jahresmiete geteilt durch 12 × Gesamtquadratmeterzahl = 38.600.– geteilt durch 12 × 500 = DM 6,43
Die Umlage kann auch nach einem anderen Maßstab, z. B. nach der Anzahl der Wohnungen erfolgen.

IV. Hinweispflicht des Vermieters (Abs. II)

C 214 1. Obwohl die Entschließung über die Durchführung der baulichen Änderung hinsichtlich ihres Umfangs, der Kosten und des infragekommenden Zeitpunkts in den Entschließungs- und Risikobereich des Vermieters gehören, gebietet es der Partnerschaftsgedanke, dem Mieter rechtzeitig Gelegenheit zu geben, sich auf die damit verbundene künftige Mieterhöhung einzustellen oder notfalls an die Beschaffung einer Ersatzwohnung zu denken. Deshalb bestimmt § 3 II, daß der Vermieter vor Durchführung der Maßnahmen den Mieter auf die voraussichtliche Höhe der entstehenden Kosten und die sich hieraus ergebenden Mieterhöhungen hinweisen soll. Diese **Soll-Vorschrift** begründet lediglich eine Obliegenheit des Vermieters, deren Verletzung nur die gesetzlich bestimmte **spätere Fälligkeit** der Mieterhöhung zur Folge hat (dazu Rdn C 224); dagegen begründet die Vorschrift keine Rechtspflicht des Vermieters mit weiteren Schadensersatzfolgen. Die Verletzung des Mitteilungsgebots hat darüber hinaus keinen Einfluß auf die Wirksamkeit der späteren Erhöhungserklärung. Das Schweigen des Mieters auf den Modernisierungshinweis des Vermieters hat weder zur Folge, daß bereits in diesem untätigen Verhalten eine Duldungszustimmung gesehen werden kann (s. Rdn C 165 ff.); noch rechtfertigt es nach Treu und Glauben die Zurückweisung eines späteren Bestreitens der Erhöhungsvoraussetzung (z. B. keine Modernisierung sondern Instandsetzung).

C 215 2. Die Obliegenheit ist erfüllt, wenn der Vermieter dem Mieter formlos (z. B. durch Rundschreiben, mündliche Benachrichtigung) die voraussichtliche Höhe der Kosten anhand der eingeholten Kostenvoranschläge mitteilt (weitergehend: AG Recklinghausen WM 82, 78 das eine genaue Spezifizierung verlangt). Ferner muß der Hinweis wegen der dem Mieter unbekannten Finanzierung eine Mitteilung über die voraussichtlich eintretende Mieterhöhung enthalten. Rechtzeitig und somit beachtlich ist der Hinweis nur, wenn er vor Beginn der baulichen Änderung dem Mieter bekannt wird; wenn das Gesetz hier den Hinweis „vor Durchführung der Maßnahme" fordert, kann damit nicht irgendein Zeitpunkt vor ihrem Abschluß gemeint und gewollt sein. Solche Änderungen, die den unmittelbaren Wohnbereich des Mieters berühren, muß der Vermieter ohnehin wegen der erforderlichen Zustimmung (Duldung) i. S. des § 541 b BGB rechtzeitig vorher mitteilen. Wenn der Mieter die Erfüllung der Mitteilungspflicht bestreitet, trägt der Vermieter dafür die Beweislast.

3. Der Hinweis nach § 3 II gibt dem Mieter noch nicht das **außerordentliche Kündigungsrecht** nach § 9 I MHG, weil dort der Zugang der Erhöhungserklärung verlangt wird; wohl ist es aber dem Mieter unbenommen, schon im Zeitpunkt der Mitteilung mit der Kündigungsfrist des § 565 II BGB die ordentliche Kündigung zu erkären oder einen Mietaufhebungsvertrag (s. Rdn B 89) anzustreben, wenn er die angekündigte

§ 3. Mieterhöhung bei baulichen Änderungen   C 216, 217

Mieterhöhung von vornherein als untragbar empfindet. Im übrigen verlängert sich die Kündigungsfrist des § 9 I MHG zugunsten des Mieters infolge der in § 3 IV bestimmten späteren Fälligkeit der Erhöhung (s. Rdn C 222).
Nach der Neuregelung der Duldungspflicht für Verbesserungsmaßnahmen ist das Sonderkündigungsrecht des § 9 MHG allerdings von untergeordneter Bedeutung, weil das in § 541 b II geregelte Sonderkündigungsrecht bereits dann besteht, wenn die gesetzlich vorgeschriebene Mitteilung des Vermieters über die beabsichtigte Modernisierungsmaßnahme bei ihm eingeht (s. Rdn C 166 i).

V. Geltendmachung und Fälligkeit der Mieterhöhung (Abs. III u. IV)

1. Erhöhungserklärung

Der Anspruch des Vermieters auf einen erhöhten Mietzins nach § 3 **C 216** setzt den Zugang einer wirksamen Erhöhungserklärung beim Mieter voraus. Für diese Erklärung, die der **Schriftform** (§ 126 BGB) genügen sowie eine **erläuterte Berechnung** der Erhöhung enthalten muß, gelten grundsätzlich die Ausführungen Rdn C 257 zu der entsprechenden Vorschrift des § 4 III MHG. In beiden Fällen sieht das Gesetz ein direktes Umlageverfahren durch einseitige Erhöhungserklärung vor, so daß es auf die Zustimmung des Mieters für die Wirksamkeit der Erklärung (entgegen § 2 MHG) nicht ankommt; auch im Rahmen des § 3 kann aber die wirksame Zustimmung des Mieters nach § 10 I MHG dazu führen, daß formelle und materielle Fehler oder Unterlassungen des Vermieters gegenüber dem gesetzlich vorgeschriebenen Erhöhungsverfahren wirkungslos bleiben (s. Rdn C 497) Der Vermieter ist nicht verpflichtet, die Erhöhungserklärung unmittelbar nach Abschluß der Baumaßnahmen abzugeben. Bei längerem Zuwarten kann allerdings der Tatbestand der Verwirkung eintreten. Insoweit kommt es maßgeblich darauf an, ob sich der Mieter darauf einrichten durfte, daß der Vermieter von seinem Recht zur Mieterhöhung nach § 3 Abstand genommen hat. Folgende Besonderheiten sind bei der Geltendmachung des Erhöhungsanspruchs nach § 3 zu beachten.
a) Die Erhöhungserklärung ist nach § 3 III, 2 nur wirksam, wenn der **C 217** verlangte Erhöhungsbetrag auf Grund der entstandenen Kosten **berechnet** und die Anspruchsvoraussetzungen des § 3 I darin **verständlich erläutert** werden. Somit muß aus der schriftlichen Erhöhungserklärung zunächst spezifiziert hervorgehen, welche tatsächlichen Aufwendungen die bauliche Maßnahme für welche Arbeiten zur Folge hatte. Es genügt weder die Mitteilung eines pauschalen Gesamtbetrages, noch die nichtssagende Bezeichnung des Verwendungszwecks etwa mit „Baukosten". Dem Mieter muß an Hand der spezifizierten Berechnung und der auch

insoweit erforderlichen Erläuterung der Einzelposten eine Überprüfung des verlangten Mehrbetrags ohne besondere Kenntnisse auf dem Gebiet der Rechnungsprüfung möglich sein (LG Hagen WM 78, 242; LG Frankfurt WM 83, 115). Daneben muß sich aus der schriftlichen Erklärung ergeben, ob und welche Zuschüsse oder zinsvergünstigten Darlehen der Vermieter für die baulichen Maßnahmen i. S. des § 3 I erhalten hat und welchen kostensenkenden Einfluß diese Beträge auf die Berechnung der Mieterhöhung haben (s. Rdn C 193); soweit die Sachlage eine Erläuterung dieser Berechnung erforderlich macht, muß auch diese vom Vermieter im Erhöhungsschreiben angeführt werden, weil anderenfalls auch dadurch eine exakte Nachprüfung der Abrechnung unmöglich sein kann. Hingegen braucht der Vermieter nicht zu erörtern, worin er eine Erhöhung des Gebrauchswerts oder eine Verbesserung der allgemeinen Wohnverhältnisse infolge der Änderungen erblickt, sind die Änderungen auf behördliche Anweisung hin erfolgt oder bestanden dazu sonstige Verpflichtungen, müssen diese Anlässe nicht im Erhöhungsschreiben angeführt werden, wenn es sich auch empfiehlt, sie den Mietern bereits vor Beginn der Arbeiten mit entsprechenden Erläuterungen mitzuteilen. Insgesamt muß die Erhöhungserklärung für den Mieter aus sich heraus verständlich und nachprüfbar sein, so daß es z. B. nicht ausreicht, wenn darin ohne sachgerechte Spezifizierung nur die Namen der Handwerker und die generelle Modernisierungsart (Heizungseinbau) angegeben werden (LG Hamburg WM 76, 236). Vielmehr müssen die Wertverbesserungsmaßnahmen genau bezeichnet werden. Andernfalls kann der Mieter nicht überprüfen, ob möglicherweise nicht auch bloße Instandsetzungsarbeiten in Ansatz gebracht worden sind (LG Hamburg WM 82, 247). Zu den Besonderheiten bei der Inanspruchnahme von Fördermitteln nach dem ModEnG s. Rdn C 167 (dort c).

C 218 Entspricht die Erklärung nicht diesen Wirksamkeitsvoraussetzungen des § 3 III, so ist sie **unwirksam** (s. Rdn C 217). Das Risiko der Wirksamkeit trägt der Vermieter. Soweit eine Erklärung in sich schlüssig und verständlich ist, in ihr aber geringfügigere Einzelangaben oder zusätzliche Erläuterungen zu Punkten fehlen, die nicht unbedingt angegeben werden müssen, muß der Mieter um zusätzliche Angaben bitten; es widerspräche dem Sinn der Regelung, durch überspitzte Anforderungen an die Erhöhungserklärung die Wirksamkeit zu weitgehend in Frage zu stellen.

C 219 b) Abweichend von den sonstigen einseitigen Erhöhungsrechten des Vermieters nach §§ 4, 5 MHG ist die Wirksamkeit der Erhöhungserklärung in § 3 III, 2, davon abhängig, daß in ihr die Erhöhung auf Grund der entstandenen Kosten berechnet wird.

Das Ergebnis der **Berechnung** und der angewandte Verteilungsschlüssel muß eindeutig den auf die Mieter entfallenden Erhöhungsbetrag nachweisen; die Angabe des auf den einzelnen Mieter entfallenden Erhöhungsbetrages oder der neuen Gesamtmiete ist hingegen nicht erforderlich. Differenzierte Einzelberechnungen sind jedoch hinsichtlich der Ein-

§ 3. Mieterhöhung bei baulichen Änderungen

zelbeträge und Abzüge erforderlich, wenn die angemessene Verteilung der Gesamtkosten das gebieten (s. Rdn C 199). Die Berechung des geforderten Erhöhungsbetrages muß – vergleichbar mit einer Nebenkostenabrechnung (s. Rdn C 276) – die angesetzten Posten, die Abzüge und den angewandten Verteilungsschlüssel so eindeutig erkennen lassen, daß ein durchschnittlicher Mieter ohne zumutbare Anstrengungen zur Überprüfung in der Lage ist. Dem Mieter ist auch das Recht auf Einsicht in Belege zuzubilligen (s. Rdn C 278). Dieses Recht wird nicht durch die Angaben des Vermieters zum Grund der Erhöhung und sonstige Erläuterungen ersetzt. Im übrigen gelten hier auch die Ausführungen Rdn C 274 ff.

c) Eine wirksame Erhöhungserklärung bewirkt nach ihrem Zugang eine **einseitig** herbeigeführte **Änderung des Mietvertrags** hinsichtlich der bisherigen Mietzinsvereinbarung (§ 3 IV S. 1). Der erhöhte Mietzins tritt also an die Stelle der bisher zu entrichtenden Miete. Es ist also fehlerhaft, wenn bezüglich der Umlage nach § 3 von einem ,,Modernisierungszuschlag" gesprochen wird. Denn die Umlage wird nicht neben der Miete geschuldet, sondern geht in ihr auf. Bei nachfolgenden Mieterhöhungen kann der Vermieter folgerichtig die frühere Umlage nicht zusätzlich zur ortsüblichen Miete verlangen.

2. Fälligkeit des erhöhten Mietzinses

Die Fälligkeit des erhöhten Mietzinses ist nach § 3 IV unterschiedlich geregelt.

a) Fälligkeit schon am 1. des auf den Zugang der Erklärung folgenden Monats, wenn sie dem Mieter bis zum 15. zugeht.

b) Fälligkeit erst ab dem 1. des übernächsten Monats, wenn die Erklärung dem Mieter ab dem 16. (0.00 Uhr) zugeht.

c) Die obigen Fristen verlängern sich um weitere 3 Monate, wenn der Vermieter seiner **Hinweispflicht** nach § 3 II nicht nachkam oder die darin genannte voraussichtliche Mieterhöhung (verglichen mit der in der Erhöhungserklärung verlangten um 10 Prozent überschritten worden ist.

Es ist eine **Obliegenheit** des Vermieters, den Mieter schon vor dem Beginn der baulichen Maßnahmen auf die voraussichtliche Höhe der entstehenden Kosten und die sich daraus ergebende Mieterhöhung hinzuweisen (s. Rdn C 214 ff.). Der Mieter soll dadurch in die Lage versetzt werden, sich schon in diesem Stadium darüber zu entscheiden, ob er die Mietsteigerung hinnehmen oder aber nicht verkraften kann und deshalb einen Umzug in Betracht ziehen muß. Verletzt der Vermieter diese Hinweispflicht, so hat das für seinen Anspruch auf eine Mieterhöhung nach Fertigstellung grundsätzlich keinen Einfluß. Vielmehr bestimmt § 3 IV 3 insoweit lediglich, daß dem Vermieter wegen der Verletzung seiner Obliegenheit der erhöhte Mietzins erst 3 Monate später zusteht, als er ihn nach der Grundsatzregelung oben Rdn C 222 verlangen könnte; das gilt sowohl für den Fall, daß der Vermieter die voraussichtliche Mieterhöhung überhaupt nicht dem Mieter mitgeteilt hat als auch dann, wenn die tatsächliche Mieterhöhung gegenüber der Vorankündigung um mehr als 10 Prozent nach oben abweicht. In beiden Fällen will das Gesetz dem Mieter auf Grund der für ihn neuen Sachlage sein Sonderkündigungsrecht nach § 9 I MHG erhalten (s. Rdn C 448) und dem Vermieter für sein nicht partnerschaftliches Verhalten eine Sanktion auferlegen. Die gesetzliche Verlängerung der Fälligkeitsfrist wegen der nicht erfüllten Hinweispflicht berücksichtigt im übrigen, daß der Vermieter entgegen der Regelung in § 10 I WoBindG für preisgebundenen Wohnraum keine Wirtschaftlichkeitsberechnung mit zwingenden Kostenansätzen vorzulegen braucht, die der Mieter von der zuständigen Behörde nachprüfen lassen kann. Wenn der Mieter davon abweichend bauliche Änderungen nach den Angaben des Vermieters in der Erhöhungserklärung selbst nachprüfen muß, bedürfen diese schwierigen, folgeschweren Überlegungen meist der Einschaltung eines damit vertrauten Fachmannes. Gegebenenfalls kann es erforderlich werden, im Wege einer **negativen Feststellungsklage** das Wirksamwerden der Erhöhung zu verhindern. Dazu ist abweichend von §§ 4 III, 5 II MHG eine um 3 Monate verlängerte Prüfungs- und Überlegungsfrist geboten (Vogel JR 75, 73).

C 225 Die **Berechnung** dieser Verschiebung des Fälligkeitstermins erfolgt nach § 188 II BGB. Die **Beweislast** dafür, daß der Hinweis erfolgte und die Voraussetzungen des § 3 II erfüllt sind, trifft den Vermieter; obwohl der Hinweis an sich formlos gültig ist, sollte er zu Beweiszwecken schriftlich erfolgen, wobei die Einhaltung der gesetzlichen Schriftform des § 126 BGB nicht nötig ist (also Vervielfältigung ohne Unterschrift ausreichend). Für den Nachweis des Zugangs (Einschreiben, Boten) muß der Vermieter Sorge tragen. Der bloße Anschlag des Hinweises am schwarzen Brett des Hauses genügt nicht, wenn der Mieter unwiderlegbar seine Kenntnisnahme bestreitet.

Eine im Mietvertrag oder später getroffene abweichende Vereinbarung, wonach der Mieter den erhöhten Mietzins jedenfalls ab der Fertigstellung der Modernisierungsarbeiten schuldet, ist nach § 10 I MHG unwirksam (s. Rdn C 483, 499, 504; LG Osnabrück WM 78, 10).

Diese Folgen der Nichteinhaltung der Mitteilungspflicht gelten auch im Rahmen des § 14 ModEnG, wenn öffentliche Modernisierungsmittel in Anspruch genommen werden.

3. Gerichtliche Geltendmachung der Erhöhung

C 226 a) Zahlt der Mieter nach Zugang einer wirksamen Erhöhungserklärung und Fälligkeit des Erhöhungsbetrages (Rdn C 222 ff, 267) den geschuldeten Mietzins nicht, so kann der Vermieter ohne weitere Mahnung beim zuständigen Amtsgericht (§ 29a ZPO) auf **Zahlung klagen.** Die Klage kann grundsätzlich nur auf die Verurteilung zur Zahlung der bereits fälligen Erhöhungsbeträge gerichtet werden. Die Klage auf künf-

§ 3. Mieterhöhung bei baulichen Änderungen

tige Leistung der später fällig werdenden Erhöhungsbeträge ist nach § 259 ZPO nur dann zulässig, wenn aus dem Gesamtverhalten des Mieters gefolgert werden kann, daß er trotz vorangehender Verurteilung zur Zahlung der laufenden Erhöhungsbeträge auch später dieser Zahlungsverpflichtung nicht nachkommen wird; wenn der Mieter also lediglich seine Verpflichtung zur Zahlung des Erhöhungsbetrages bestreitet und keine darüber hinausgehende Besorgnis dafür besteht, daß er sich auch künftig der Erfüllung der geschuldeten Leistung entziehen wird (z. B. Mietrückstände in der Vergangenheit, schlechte Vermögensverhältnisse, ausdrückliche Erfüllungsverweigerung auch für die Zukunft), ist die Klage auf künftige Leistung insoweit als unzulässig abzuweisen, als sie die eingeklagten fälligen Erhöhungsbeträge überschreitet. Gleiches gilt für eine Feststellungsklage, die dahin gerichtet ist, daß der Mieter über die fälligen Erhöhungsbeträge hinaus verpflichtet ist, künftig einen um den Erhöhungsbetrag gestiegenen Mietzins zu zahlen, denn dafür fehlt angesichts der zunächst gebotenen Leistungsklage grundsätzlich das erforderliche Feststellungsinteresse i. S. des § 256 ZPO (LG Mannheim Urt. vom 8. 3. 1978, 4 S 136/77).

b) Die **Behauptungs- und Beweislast** für die Voraussetzungen des erhöhten Mietzinses und dessen Fälligkeit trägt der Vermieter. Insoweit müssen die Umstände vorgetragen werden, aus denen sich ergibt, daß die Baumaßnahme eine Modernisierungsmaßnahme ist oder eine nicht zu vertretende bauliche Änderung darstellt. Die für die Baumaßnahme entstandenen Kosten müssen im einzelnen aufgeschlüsselt werden. Außerdem muß sich aus dem Klagvortrag ergeben, nach welchem Maßstab die Kosten umgelegt werden sollen. Falls sich diese Umstände bereits aus der Mieterhöhungserklärung ergeben, kann hierauf Bezug genommen werden.

Zweifelhaft ist, wer die **Darlegungs- und Beweislast** für die Reparaturbedürftigkeit der Mietsache zu tragen hat (s. Rdn C 175). Nach allgemeinen Grundsätzen ist der Mieter hierfür darlegungs- und beweispflichtig, weil er aus diesem Umstand Rechte für sich herleiten will. Aufgrund der besonderen Interessenlage ist hier allerdings eine Umkehr der Beweislast angebracht. Für den Mieter stellt sich die Frage der Reparaturbedürftigkeit in der Regel nämlich erst dann, wenn der Vermieter die Modernisierungsumlage aus den vollen Modernisierungskosten ohne Berücksichtigung des Instandsetzungsaufwands berechnet. Zu diesem Zeitpunkt ist die Modernisierungsmaßnahme regelmäßig abgeschlossen, so daß der ursprüngliche Zustand der Sache nicht mehr besteht. Der Umfang der Reparaturbedürftigkeit und die Höhe der Reparaturkosten kann deshalb nicht mehr eindeutig festgestellt werden, so daß sich der Mieter in typischer Beweisnot befindet. Demgegenüber ist es dem Vermieter ohne weiteres möglich, den Zustand der Sache und die Höhe der evtl. entstehenden Reparaturkosten vor Durchführung der Modernisierungsmaßnahme beweissicher feststellen zu lassen. Unterläßt er dies, so soll er auch das daraus folgende Beweisrisiko tragen (ebenso: AG Dillingen WM 82, 1300; AG Hamburg-Harburg WM 85, 365). Bestreitet der Mieter also die Höhe der umlagefähigen Kosten mit dem Einwand, daß die Mietsache vor Durchführung der Modernisierungsmaßnahmen reparaturbedürftig gewesen sei, so muß der Vermieter darlegen und beweisen, daß die von ihm verlangte Mieterhöhung auf zutreffenden Kostenansätzen beruht. Hierzu gehört auch, daß die Mietsache nicht reparaturbedürftig war oder daß die in Ansatz gebrachten Reparaturkosten zutreffend ermittelt worden sind. Die in der Vorauflage vertretene gegenteilige Ansicht wird aufgegeben. Es hat sich als zweckmäßig erwiesen, den Zustand der Mietsache und evtl. erforderliche Reparaturkosten vor Durchführung der Baumaßnahme im Wege der Beweissicherung (§§ 485 ff. ZPO) feststellen zu lassen (s. dazu im einzelnen: Kamphausen WM 83, 303).

C 226 b c) Der **Streitwert** der Zahlungsklage richtet sich nach dem gerichtlich geltend gemachten Erhöhungsbetrag. Es kommt nicht darauf an, ob das wirtschaftliche Interesse der klagenden Partei weiterreicht (LG Köln WM 85, 129). Die Vorschrift des § 16 Abs. 1 GKG ist weder unmittelbar noch entsprechend anwendbar (a. A.: LG Hannover MDR 81, 232 wonach der einjährige Mieterhöhungsbetrag maßgeblich sein soll). Dagegen richtet sich der Streitwert einer Klage auf Duldung von Modernisierungsmaßnahmen nach dem Maß der angestrebten Wertverbesserung des Wohnraums; dabei ist bei nicht preisgebundenem Wohnraum nach §§ 3 ZPO, 16 I GKG (entspr.) vom 12-fachen Betrag der nach den Verbesserungsmaßnahmen gerechtfertigten monatlichen Mieterhöhung auszugehen (LG Mannheim MDR 76, 1025 = DWW 76, 260; WM 76, 131 = Justiz 76, 430). Soweit nach § 259 ZPO auch hinsichtlich der künftig fällig werdenden Erhöhungsbeträge die Klage erhoben wird (s. Rdn C 226), ist der Streitwert nicht nach § 9 ZPO, sondern nach § 3 ZPO festzusetzen, wobei als Richtschnur der 3-fache Jahresbetrag der Erhöhung gelten kann (Schneider Streitwert-Kommentar 3. Aufl. S. 340/343 m. w. Nachw.; LG Mannheim Urt. 8. 3. 1978, 4 S 136/77; LG Hamburg MDR 78, 497; LG Braunschweig KostRspr. § 16 GKG Nr. 5; LG Mönchengladbach § 16 GKG Nr. 13).

VI. Abweichende Vereinbarungen

C 227 Nach den bisherigen Erfahrungen wird gerade im Bereich kostspieliger, längerer Zeit vorgeplanter baulicher Änderungen der Vermieter mehr als in sonstigen Fällen darauf abzielen, eine dadurch verursachte Mieterhöhung außerhalb der gesetzlichen Erhöhungsvoraussetzungen des § 3 durch eine Einigung mit dem Mieter zu regeln. Solche Vereinbarungen können sowohl das Ziel verfolgen, möglichst frühzeitig eine hinreichende Gewißheit darüber zu erlangen, ob die wirtschaftlichen Voraussetzungen durch entsprechende Zahlungseingänge gesichert sind und die Mieter die angestrebte Mietsteigerung ohne Kündigung (§ 9 I

§ 3. Mieterhöhung bei baulichen Änderungen

MHG) hinnehmen werden; sie können aber auch zum Gegenstand haben, dem Vermieter weitergehende wirtschaftliche Vorteile zu sichern, als sie ihm § 3 als Ausnahme von der Grundregel des § 2 MHG zugesteht. Im Hinblick auf den Ausnahmecharakter des § 3 und dem mit dieser Regelung – neben der Förderung von Modernisierungsarbeiten – verfolgten Schutzzweck für den Mieter sind solche Vereinbarungen zurückhaltend zu bewerten.

1. Solche Vereinbarungen, die zum Nachteil des Mieters von den Erhöhungsvoraussetzungen des § 3 abweichen, sind nach § 10 I MHG unwirksam (s. Rdn C 481). Der Vermieter darf sich also insbesondere nicht mehr auf die recht verbreiteten **Klauseln in Formularmietverträgen** berufen, wonach sich der Mieter schon im voraus verpflichtete, für jegliche bauliche Änderungen weitergehende Mieterhöhungen zu zahlen, als sie § 3 vorsieht und der Vermieter von der Einhaltung der gesetzlichen Erhöhungsvoraussetzungen entbunden sein soll. Unwirksam sind nach § 10 I MHG also solche Vereinbarungen, die dem Vermieter abstrakt für den Fall baulicher Änderungen einen Anspruch auf eine pauschale, nach bestimmten Maßstäben errechenbare oder aber höhenmäßig noch ungenannte Mieterhöhung außerhalb der Erhöhungsvoraussetzung des § 3 geben. Es ist insoweit unbeachtlich, ob diese Vereinbarungen schon beim Abschluß des Mietvertrages oder später geschlossen werden. C 228

Dagegen verstoßen solche Erhöhungsklauseln nicht gegen § 10 I MHG, wenn sie dem Mieter geringere Verpflichtungen auferlegen, als es in § 3 vorgesehen ist (z. B. geringere Umlage als 11 Prozent). C 229

2. Verlangt der Vermieter eine Mieterhöhung, die den Erhöhungsvoraussetzungen des § 3 nicht gerecht wird, so ist der Mieter trotzdem daran gebunden, wenn er dazu seine **Zustimmung i. S. des § 10 I 2. Halbs. MHG** im Einzelfall erteilt (s. Rdn C 497); das gilt sowohl für die Nichteinhaltung der formellen Erhöhungsvoraussetzungen (schriftliches Erhöhungsverlangen mit Berechnung und Begründung) als auch für die materiellen Voraussetzungen (z. B. Fälligkeit, Umlagehöhe). C 230

a) Grundsätzlich kann der Mieter eine wirksame Zustimmung und damit einen **verbindlichen Abänderungsvertrag** insoweit auch schon vor Fertigstellung der Änderung und der endgültigen Abrechnung mit dem Vermieter abschließen; dem steht die Grundregel des § 10 I 1. Halbs. MHG nicht entgegen. Erforderlich ist jedoch, daß dies nach dem Beginn des Mietverhältnisses geschieht und vom Vermieter trotz der noch unbekannten Endkosten ein bestimmter Erhöhungsbetrag genannt wird, dem der Mieter zustimmt, obwohl der gesetzliche Erhöhungsbetrag niedriger sein kann (§ 10 I 2. Halbs. MHG). Eine zusätzliche Erhöhung wegen derselben baulichen Änderung wird in derartigen Fällen nach § 1 S. 3 MHG grundsätzlich ausgeschlossen sein; falls nicht Abweichendes zu Gunsten des Vermieters ausdrücklich bestimmt worden ist (s. Rdn C 31). Überschreitet die vereinbarte Erhöhung die ortsübliche Vergleichsmiete zuzüglich der gesetzlichen Umlage von 11% erheblich, C 231 so ist die Vereinbarung insoweit unwirksam (§ 5 WiStG; s. Rdn D 17, 27b; s. auch Rdn C 206, 207). Verpflichtet sich ein Mieter vor Beginn des Mietverhältnisses zur Zahlung eines Renovierungskostenzuschusses, so ist diese Vereinbarung nach § 10 Abs. 1 MHG unwirksam (AG Freiburg WM 85, 364, betreffend Heizungseinbau und Fenstererneuerung).

C 232 **b)** Erteilt der Mieter seine Zustimmung nur unter einer **Bedingung** (§§ 159ff BGB), so wird die Vereinbarung entweder erst mit Bedingungseintritt wirksam (aufschiebende Bedingung, z. B. ab Fertigstellung der Arbeiten nach Überprüfung der Baukosten), oder sie entfällt mit dem Bedingungseintritt (z. B. falls Bauarbeiten bis zum ... abgeschlossen sind); fehlt oder entfällt auf diese Weise die Zustimmung des Mieters, muß der Vermieter die Erhöhungsvoraussetzungen des § 3 einhalten (LG Mannheim NJW 75, 316). Das gilt auch für eine sog. Rechtsbedingung, die der Mieter zu seinem Schutz vor überhöhten Mehrforderungen stellt, wenn diese Bedingung nicht eintritt (LG Mannheim a. a. O.). Eine globale Vorauseinigung ohne konkreten Erhöhungsbetrag ist entsprechend einer dahingehenden Vertragsklausel nach § 10 I MHG unwirksam. In derartigen Erklärungen des Mieters kann im Einzelfall aber auch lediglich ein Vorvertrag oder eine Annahme unter Einschränkungen liegen, die nach § 150 II BGB als Ablehnung, verbunden mit einem neuen Antrag, zu werten ist. Letztlich ist dies eine Frage der Auslegung der Erklärung der Parteien (§§ 133, 157 BGB).

C 233 **c)** Die Zustimmung des Mieters, eine angekündigte bauliche Änderung dulden zu wollen, enthält keine Vereinbarung darüber, daß er einer Mieterhöhung außerhalb der Voraussetzungen des § 3 zustimmt. Das gilt auch dann, wenn der Mieter anläßlich seiner Duldungszustimmung erklärt oder erkennen läßt, daß er sich über eine damit verbundene Mieterhöhung grundsätzlich in klaren ist, weil darüber hinaus eine Einigung über den konkreten Erhöhungsbetrag vorliegen muß (LG Hamburg WM 76, 236 zu § 18 des 1. BMG). Davon unberührt bleibt die Frage, ob es im Rahmen der gesetzlichen Erhöhungsvoraussetzungen des § 3 neben der Zustimmung des Mieters zur Duldung der baulichen Maßnahmen noch einer weiteren Zustimmung zur modernisierungsbedingten Mieterhöhung bedarf (s. dazu Rdn C 165 ff).

C 234 Auch das **Schweigen** auf einen Hinweis des Vermieters nach § 3 II auf künftige Mieterhöhungen enthält keine Einigung über einen konkreten Erhöhungsbetrag, selbst wenn ein vorkalkulierter Betrag genannt ist (a. A. Sternel Rdn. III 243).

C 235 **d)** Auch im Rahmen des § 3 findet die Grundregel des **§ 1 S. 3** MHG Anwendung, wonach eine Mieterhöhung wegen baulichen Maßnahmen entweder vertraglich oder aber aus den Umständen ausgeschlossen sein kann. Vertraglich kann zum Schutz des Mieters vereinbart werden, daß die Vornahme von baulichen Änderungen der vorherigen Zustimmung (Einwilligung) der Mehrheit aller Mieter bedarf.

C 236 Wird ein **Mietvertrag befristet** zu einem festen Mietzins ohne Erhöhungsrecht zu Gunsten des Vermieters abgeschlossen, ist für diesen Zeit-

§ 3. Mieterhöhung bei baulichen Änderungen, Anhang   C 237, 238

raum auch eine Erhöhung nach § 3 nicht zulässig, es sei denn, daß eine vom Mietvertrag abweichende Nachtragsvereinbarung anderen Inhalts vorliegt (s. grunds. Rdn C 33). Ist ein allgemeines Erhöhungsrecht vereinbart, so ist auch eine Mieterhöhung nach § 3 zulässig, weil dann der Mieter auch insoweit auf den unveränderten Fortbestand des Mietzinses vertrauen darf. Aus den Umständen kann sich der Ausschluß einer Mieterhöhung nach § 3 auch dadurch ergeben, daß der Mieter vertraglich verpflichtet ist, zu bestimmten baulichen Änderungen finanzielle Zuschüsse in erheblicher Höhe zu leisten (z. B. Heizungsumstellung); für diese von den Mietern vorfinanzierten Kosten kann der Vermieter keine weitere Erhöhung des Mietzinses verlangen. Ein weiterer Ausschlußtatbestand liegt darin, daß der Mieter die baulichen Änderungen auf seine Kosten geschaffen hat, selbst wenn er dazu nach dem Inhalt des Mietvertrages nicht berechtigt war (s. Rdn C 191).

3. Das Gesagte gilt auch, wenn öffentliche Modernisierungsmittel   C 237
nach dem ModEnG in Anspruch genommen werden, weil § 14 I 2 ModEnG hinsichtlich der Erhöhungsvoraussetzungen des § 3 diese Vorschrift unberührt läßt und § 14 ModEnG im übrigen nur abweichende Sonderregelungen für die Berechnung der Mieterhöhung sowie die Bindungsverpflichtung anläßlich der Bewilligung der öffentlichen Förderungsmittel enthält; obwohl § 14 ModEnG ausdrücklich kein darüber hinausgehendes Verbot vertraglicher Vereinbarung zu Lasten des Mieters hinsichtlich der in dieser Vorschrift zu seinem Schutz getroffenen Regelungen enthält, muß diese Beschränkung auch hier gelten. Zu den Sonderregelungen des ModEnG s. Rdn C 167, 199.

Anhang 1 zu § 3 MHG

§ 541 b BGB [Maßnahmen zur Verbesserung oder Energieeinsparung]   C 238

(1) Maßnahmen zur Verbesserung der gemieteten Räume oder sonstiger Teile des Gebäudes oder zur Einsparung von Heizenergie hat der Mieter zu dulden, es sei denn, daß die Maßnahme insbesondere unter Berücksichtigung der vorzunehmenden Arbeiten, der baulichen Folgen, vorausgeganger Verwendungen des Mieters oder der zu erwartenden Erhöhung des Mietzinses für den Mieter oder seine Familie eine Härte bedeuten würde, die auch unter Würdigung der berechtigten Interessen des Vermieters und anderer Mieter in dem Gebäude nicht zu rechtfertigen ist; die zu erwartende Erhöhung des Mietzinses ist nicht zu berücksichtigen, wenn die gemieteten Räume oder sonstigen Teile des Gebäudes lediglich in einen Zustand versetzt werden, wie er allgemein üblich ist.

(2) Der Vermieter hat dem Mieter zwei Monate vor dem Beginn der Maßnahme deren Art, Umfang, Beginn und voraussichtliche Dauer sowie die zu erwartende Erhöhung des Mietzinses schriftlich mitzuteilen. Der Mieter ist berechtigt, bis zum Ablauf des Monats, der auf den Zugang der Mitteilung folgt, für den Ablauf des nächsten Monats zu kündigen. Hat der Mieter ge-

kündigt, ist die Maßnahme bis zum Ablauf der Mietzeit zu unterlassen. Diese Vorschriften gelten nicht bei Maßnahmen, die mit keiner oder nur mit einer unerheblichen Einwirkung auf die vermieteten Räume verbunden sind und zu keiner oder nur zu einer unerheblichen Erhöhung des Mietzinses führen.

(3) Aufwendungen, die der Mieter infolge der Maßnahme machen mußte, hat der Vermieter in einem den Umständen nach angemessenen Umfang zu ersetzen; auf Verlangen hat der Vermieter Vorschuß zu leisten.

(4) Bei einem Mietverhältnis über Wohnraum ist eine zum Nachteil des Mieters abweichende Vereinbarung unwirksam.

Anhang 2 zu § 3 MHG

C 239   **Gesetz zur Förderung der Modernisierung von Wohnungen und von Maßnahmen zur Einsparung von Heizenergie (Modernisierungs- und Energieeinsparungsgesetz – ModEnG)**
in der Fassung vom 12. Juli 1978 (BGBl. I S. 994), geändert durch G vom 20. Dezember 1982 (BGBl. I S. 1912, 1914), 8. Dezember 1986 (BGBl. I S. 2191, 2233) und 16. Dezember 1986 (BGBl. I S. 2441, 2449)

Erster Abschnitt
Grundsätze und Begriffsbestimmungen

§§ 1–13 (aufgehoben)

§ 14 Miete nach der Modernisierung

(1) Bei der Bewilligung der Mittel zur Förderung der Modernisierung von nicht preisgebundenen Wohnungen hat sich der Eigentümer zu verpflichten, nach der Modernisierung höchstens eine Miete zu erheben, die sich aus der vor der Modernisierung zuletzt vereinbarten Miete und dem nach Absatz 2 ermittelten Erhöhungsbetrag ergibt. Im übrigen bleiben die Vorschriften des Gesetzes zur Regelung der Miethöhe (Artikel 3 des Zweiten Wohnraumkündigungsschutzgesetzes vom 18. Dezember 1974 – BGBl. I S. 3603 zuletzt geändert durch Artikel 3 des Gesetzes vom 27. Juni 1978 – BGBl. I S. 878) unberührt.

(2) Der Erhöhungsbetrag kann nach § 2 Abs. 1 oder nach § 3 Abs. 1 des Gesetzes zur Regelung der Miethöhe ermittelt werden.

(3) Die für die Instandsetzung aufgewendeten Kosten und die zur Förderung der Instandsetzung gewährten Mittel bleiben bei der Ermittlung der Miete unberücksichtigt.

(4) Die Verpflichtung nach Absatz 1 endet, wenn die Mittel als Zuschüsse zur Deckung von laufenden Aufwendungen gewährt werden, mit Ablauf des Zeitraums, für den sich die laufenden Aufwendungen vertragsgemäß durch die Gewährung der Mittel vermindern. Sie endet, wenn die Mittel als Zuschuß zur Deckung der Kosten gewährt werden, mit Ablauf des neunten Kalenderjahres nach dem Kalenderjahr, in dem die Modernisierung beendet ist; sind die Mittel auch zur Deckung von laufenden Aufwendungen gewährt worden, endet die Verpflichtung mit dem Ablauf des aus Satz 1 folgenden Zeitraumes. Werden die

§ 3. Mieterhöhung bei baulichen Änderungen, Anhang

Mittel als Darlehen zur Deckung der Kosten der Modernisierung gewährt, endet die Verpflichtung mit Ablauf des Kalenderjahres, in dem die Mittel planmäßig vollständig zurückgezahlt werden.

§ 15 Vorzeitige Beendigung der Verpflichtungen für neu begründete Mietverhältnisse

(1) Wird ein Mietverhältnis über eine nicht preisgebundene Wohnung nach Ablauf von drei Jahren nach der Durchführung der Modernisierung neu begründet, so endet die nach § 14 Abs. 1 eingegangene Verpflichtung mit dem Beginn der Mietzeit, wenn der Eigentümer entsprechend der Art der ihm bewilligten Mittel
a) zuvor auf die noch ausstehenden, anteilig auf die Wohnung entfallenden Zuschüsse zur Deckung von laufenden Aufwendungen verzichtet,
b) das anteilig auf die Wohnung entfallende Darlehen zur Deckung der Kosten auf Grund einer zuvor eingegangen Verpflichtung innerhalb von drei Monaten vollständig zurückgezahlt hat,
c) den anteilig auf die Wohnung entfallenden Zuschuß zur Deckung der Kosten auf Grund einer zuvor eingegangenen Verpflichtung innerhalb von drei Monaten mit dem Betrage zurückgezahlt hat, der bei gleichmäßiger Aufteilung des Zuschusses auf zehn Jahre nach der Modernisierung in die Zeit nach Beginn des neu begründeten Mietverhältnisses fällt.

(2) Die für die Bewilligung der Mittel zuständige Stelle soll dem Eigentümer schriftlich bestätigen, von welchem Zeitpunkt an die Verpflichtung nach § 14 Abs. 1 entfallen ist.

§ 16 Überhöhte Miete

Verstößt der Eigentümer gegen die nach § 14 oder § 15 eingegangenen Verpflichtungen, hat er dem Mieter den zuviel empfangenen Betrag zurückzuerstatten und vom Empfang an zu verzinsen. Der Anspruch auf Rückerstattung verjährt nach Ablauf von vier Jahren nach der jeweiligen Leistung des Mieters, jedoch spätestens nach Ablauf eines Jahres von der Beendigung des Mietverhältnisses an.

§ 17 Miete für preisgebundene Neubauwohnungen

(1) Die zulässige Miete für Wohnungen, die bei der Bewilligung der Mittel zur Förderung der Modernisierung bereits für die in den §§ 25, 87a oder 88a des Zweiten Wohnungsbaugesetzes bezeichneten Personenkreise zweckbestimmt sind, ist auch über die Dauer dieser Zweckbestimmung hinaus bis zum Ablauf des in § 14 Abs. 4 bezeichneten Zeitraums nur nach den Vorschriften des Zweiten Wohnungsbaugesetzes, des Wohnungsbindungsgesetzes und den zu ihrer Durchführung ergangenen Vorschriften zu ermitteln. Im Sinne dieser Vorschriften gilt die geförderte Modernisierung als eine Wertverbesserung, der die Bewilligungsstelle zugestimmt hat.

(2) Für Wohnungen, die nach § 3 Abs. 6 durch Ausbau geschaffen und mit öffentlichen Mitteln im Sinne des § 6 Abs. 1 des Zweiten Wohnungsbaugesetzes gefördert worden sind, sind an Stelle der §§ 14 und 15 die für öffentlich geförderte Wohnungen geltenden Vorschriften über die Miete anzuwenden.

§ 18 Entziehung der Förderung

(1) Die Darlehen können fristlos gekündigt werden, wenn der Eigentümer gegen eine nach § 14 begründete Verpflichtung oder im Falle des § 17 gegen eine nach den Vorschriften für preisgebundene Neubauwohnungen begründete Verpflichtung schuldhaft verstoßen hat.

(2) Die Bewilligung der Zuschüsse zur Deckung von laufenden Aufwendungen kann für den Zeitraum widerrufen werden, in dem der Eigentümer gegen eine nach § 14 begründete Verpflichtung oder im Falle des § 17 gegen eine nach den Vorschriften für preisgebundene Neubauwohnungen begründete Verpflichtung schuldhaft verstoßen hat. Soweit die Bewilligung der Zuschüsse widerrufen worden ist, sind diese zurückzuerstatten.

(3) Auf den Zuschuß zur Deckung der Kosten ist Absatz 2 entsprechend anzuwenden mit der Maßgabe, daß der zurückzuerstattende Betrag durch gleichmäßige Aufteilung des Zuschusses auf zehn Jahre nach der Modernisierung zu ermitteln ist.

(4) Durch die Kündigung nach Absatz 1 und den Widerruf nach den Absätzen 2 oder 3 werden der Inhalt und die Dauer der Verpflichtung nicht berührt. Die Kündigung und der Widerruf dürfen bei der Ermittlung der Miete nicht berücksichtigt werden.

§ 19 Freistellung

Die für die Bewilligung der Mittel zuständige Stelle kann den Eigentümer auf seinen Antrag für alle oder einzelne Wohnungen von seiner Verpflichtung nach § 14 freistellen, soweit ein öffentliches Interesse daran nicht mehr besteht. Eine unbefristete oder unwiderrufliche Freistellung soll mit der Auflage verbunden werden, auf die noch ausstehenden Zuschüsse zu verzichten und die als Darlehen bewilligten Mittel in einer bestimmten angemessenen Frist zurückzuzahlen. Das gleiche gilt für die Freistellung in der Zeit, in der die Mietpreisbindung nach § 17 Abs. 1 über die Dauer der Zweckbestimmung nach den §§ 25, 87a und 88a des Zweiten Wohnungsbaugesetzes hinausgeht. Ist ein Zuschuß zur Deckung der Kosten gewährt worden, soll die Auflage erteilt werden, einen Betrag zurückzuzahlen, der bei gleichmäßiger Aufteilung des Zuschusses auf zehn Jahre nach der Modernisierung in die Zeit nach der Freistellung fällt.

Vierter Abschnitt
Ergänzende Vorschriften

§ 20–20b (aufgehoben)

§ 21 Verfügungsberechtigte, Nutzungsberechtigte

Die in diesem Gesetz für Eigentümer getroffenen Vorschriften gelten entsprechend für sonstige Verfügungsberechtigte. Die für Mieter getroffenen Vorschriften gelten entsprechend für sonstige schuldrechtlich Nutzungsberechtigte. Die für Mietwohnungen, Mietverhältnisse und Mieten getroffenen Vorschriften gelten entsprechend für sonstige schuldrechtlich nicht nur zum vorübergehenden Gebrauch überlassene Wohnungen, sonstige vergleichbare schuldrechtliche Nutzungsverhältnisse und sonstige Nutzungsentgelte. Die Sätze 1 bis 3 gelten jedoch nicht, soweit sich aus dem Inhalt oder Zweck der einzelnen Vorschriften etwas anderes ergibt.

Anhang 3 zu § 3 MHG

Aufgehobene Vorschriften des ModEnG die für die Auslegung des § 3 MHG von Bedeutung sind

§ 1 Ziele der öffentlichen Förderung
Bund und Länder fördern
1. die Modernisierung von Wohnungen, um die Versorgung breiter Schichten der Bevölkerung mit guten und preiswürdigen Wohnungen zu verbessern und dadurch zur Erhaltung von Städten und Gemeinden beizutragen, und
2. Maßnahmen zur Einsparung von Heizenergie in Wohnungen.

§ 2 Förderungsfähige Wohnungen
(1) Förderungsfähig sind, ungeachtet ihrer Rechtsform, alle Wohnungen, die zur dauernden Führung eines Haushalts geeignet und bestimmt sind.

(2) Die für Wohnungen getroffenen Bestimmungen gelten für Wohnheime und einzelne Wohnräume entsprechend, soweit sich nicht aus dem Inhalt oder dem Zweck einzelner Vorschriften dieses Gesetzes etwas anderes ergibt.

(3) Im Eigentum von Gebietskörperschaften stehende Wohnungen, Wohnheime und einzelne Wohnräume, für deren Instandhaltung üblicherweise in den Haushalten der Gebietskörperschaften Mittel veranschlagt werden, sind von der Förderung ausgeschlossen. Dies gilt nicht für Wohnungen, Wohnheime und einzelne Wohnräume der kommunalen Gebietskörperschaften.

§ 3 Modernisierung, Energieeinsparung, Instandsetzung
(1) Modernisierung im Sinne dieses Gesetzes ist die Verbesserung von Wohnungen durch bauliche Maßnahmen, die den Gebrauchswert der Wohnungen nachhaltig erhöhen oder die allgemeinen Wohnverhältnisse auf die Dauer verbessern.

(2) Bauliche Maßnahmen, die nachhaltig Einsparungen von Heizenergie bewirken, sind Modernisierung im Sinne dieses Gesetzes.

(3) Maßnahmen der Instandsetzung fallen unter die Modernisierung im Sinne dieses Gesetzes, wenn sie durch bauliche Maßnahmen zur Verbesserung von Wohnungen oder zur Einsparung von Heizenergie verursacht werden.

(4) Instandsetzung im Sinne dieses Gesetzes ist die Behebung von baulichen Mängeln, insbesondere von Mängeln, die infolge Abnutzung, Alterung, Witterungseinflüssen oder Einwirkungen Dritter entstanden sind, durch Maßnahmen, die in den Wohnungen den zum bestimmungsgemäßen Gebrauch geeigneten Zustand wieder herstellen.

(5) Maßnahmen der Modernisierung und Instandsetzung können sich auch auf Gebäudeteile außerhalb der Wohnungen, auf zugehörige Nebengebäude, auf das Grundstück und auf dessen unmittelbare Umgebung erstrecken, sofern sie den Wohnungen zugute kommen.

(6) Wird durch eine Modernisierung ein Ausbau im Sinne des § 17 Abs. 1 Satz 2 des Zweiten Wohnungsbaugesetzes bewirkt, so sind die durch den Ausbau

modernisierten Wohnungen neugeschaffener Wohnraum im Sinne des Zweiten Wohnungsbaugesetzes.

§ 4 Modernisierungsmaßnahmen

(1) Bauliche Maßnahmen, die den Gebrauchswert der Wohnungen erhöhen, sind insbesondere Maßnahmen zur Verbesserung
1. des Zuschnitts der Wohnung,
2. der Belichtung und Belüftung,
3. des Schallschutzes,
4. der Energieversorgung, der Wasserversorgung und der Entwässerung,
5. der sanitären Einrichtungen,
6. der Beheizung und der Kochmöglichkeiten,
7. der Funktionsabläufe in Wohnungen,
8. der Sicherheit vor Diebstahl und Gewalt.

Zu den baulichen Maßnahmen, die den Gebrauchswert der Wohnungen erhöhen, kann der Anbau gehören, insbesondere soweit er zur Verbesserung der sanitären Einrichtungen oder zum Einbau eines notwendigen Aufzugs erforderlich ist. Der Gebrauchswert von Wohnungen kann auch durch besondere bauliche Maßnahmen für Behinderte und alte Menschen erhöht werden, wenn die Wohnungen auf Dauer für sie bestimmt sind.

(2) Bauliche Maßnahmen, die die allgemeinen Wohnverhältnisse verbessern, sind insbesondere die Anlage und der Ausbau von nicht öffentlichen Gemeinschaftsanlagen wie Kinderspielplätzen, Grünanlagen, Stellplätzen und anderen Verkehrsanlagen.

(3) Bauliche Maßnahmen, die nachhaltig Einsparungen von Heizenergie bewirken (energiesparende Maßnahmen), sind insbesondere Maßnahmen zur
1. wesentlichen Verbesserung der Wärmedämmung von Fenstern, Außentüren, Außenwänden, Dächern, Kellerdecken und obersten Geschoßdecken,
2. wesentlichen Verminderung des Energieverlustes und des Energieverbrauchs der zentralen Heizungs- und Warmwasseranlagen,
3. Änderung von zentralen Heizungs- und Warmwasseranlagen innerhalb des Gebäudes für den Anschluß an die Fernwärmeversorgung, die überwiegend aus Anlagen der Kraft-Wärme-Kopplung, zur Verbrennung von Müll oder zur Verwertung von Abwärme gespeist wird,
4. Rückgewinnung von Wärme,
5. Nutzung von Energie durch Wärmepumpen- und Solaranlagen.

§ 5 Förderung der Modernisierung

(1) Bund und Länder fördern die Modernisierung durch
1. Mittel ihrer Haushalte oder ihrer Finanzierungsinstitute,
2. Bürgschaften,
3. Wohnungsbauprämien,
4. Steuer- und Gebührenvergünstigungen.

(2) Die Förderung durch Einsatz von Haushaltsmitteln und durch Bürgschaften bestimmt sich nach den Vorschriften dieses Gesetzes. Das gleiche gilt für die Förderung mit Mitteln der in Absatz 1 Nr. 1 bezeichneten Finanzierungsinstitute, zu deren Verbilligung Haushaltsmittel verwendet werden. Die Förderung durch Wohnungsbauprämien, Steuer- und Gebührenvergünstigungen bestimmt sich nach den hierfür maßgebenden Rechtsvorschriften.

§ 3. Mieterhöhung bei baulichen Änderungen, Anhang   C 239a

(3) Programme und Maßnahmen des Bundes, der Länder, ihrer Finanzierungsinstitute und der Gemeinden, in denen sie die Modernisierung, Instandhaltung oder Instandsetzung mit anderen als den zur Durchführung dieses Gesetzes bestimmten Mitteln fördern, werden von diesem Gesetz nicht berührt, soweit sich nicht aus den einzelnen Vorschriften etwas anderes ergibt. Durch die Förderung mit anderen Mitteln, mit Steuervergünstigungen durch erhöhte Absetzungen und durch den Abzug von Aufwendungen auf Grund von § 51 Abs. 1 Nr. 2 Buchstabe q Satz 6 des Einkommensteuergesetzes oder mit Investitionszulagen wird die Förderung derselben baulichen Maßnahmen nach diesem Gesetz ausgeschlossen; dies gilt nicht für andere Mittel, die nur zur Ergänzung der Förderung nach diesem Gesetz bestimmt sind.

Zweiter Abschnitt
Bundesmittel und Bundesbürgschaften

§ 6 Finanzhilfen des Bundes

(1) Der Bund beteiligt sich an der Finanzierung der von den Ländern nach diesem Gesetz geförderten Modernisierung. Die Mittel des Bundes werden den Ländern nach Maßgabe des Bundeshaushaltsplans als Finanzhilfen nach Artikel 104a Abs. 4 des Grundgesetzes zur Hälfte der Aufwendungen für die Förderung zur Verfügung gestellt.

(2) Stellen Bund und Länder ihre Mittel in verschiedenen Formen bereit, so wird das Anteilsverhältnis nach dem Barwert errechnet. Barwert ist der mit einem bestimmten Zinssatz auf einen bestimmten Stichtag unter Berücksichtigung von Zinseszinsen errechnete Gegenwartswert.

(3) Die Finanzhilfen des Bundes werden, soweit im folgenden nichts anderes bestimmt ist, auf Grund von Verwaltungsvereinbarungen zwischen Bund und Ländern zur Verfügung gestellt. Zur Förderung energiesparender Maßnahmen gewährt der Bund den Ländern in den Jahren 1978 bis 1982 Finanzhilfen in Höhe von 1170 Millionen Deutsche Mark.

§ 7 Verteilung der Bundesmittel

(1) Der für das Wohnungswesen zuständige Bundesminister verteilt die Bundesmittel auf die einzelnen Länder.

(2) Die Bundesmittel sind nach einem für alle Länder in gleicher Weise geltenden Maßstab zu verteilen, der vornehmlich der Zahl der modernisierungsbedürftigen Wohnungen Rechnung trägt. Der Maßstab ist durch Verwaltungsvereinbarung zwischen Bund und Ländern festzulegen; dabei sind vorhandene Ergebnisse bundeseinheitlicher amtlicher Statistiken zu berücksichtigen.

(3) Bundesmittel, die zur Förderung energiesparender Maßnahmen nach diesem Gesetz bestimmt sind, werden mit dieser Zweckbestimmung gesondert nach der Zahl aller Wohnungen verteilt. Der Verteilungsmaßstab ist aus den Ergebnissen der jeweils letzten allgemeinen amtlichen Zählung von Gebäuden und ihrer Fortschreibung zu ermitteln.

(4) Bundesmittel, die von einem Lande im Laufe eines Haushaltsjahres nicht eingesetzt werden, dürfen bis zum Ablauf dieses Haushaltsjahres auf die anderen Länder verteilt werden. Die Absätze 2 und 3 sind dabei sinngemäß anzuwenden.

§ 8 Bundesbürgschaften

(1) Der Bund kann sich an der von den Ländern geförderten Modernisierung und Instandsetzung durch Rückbürgschaften für Bürgschaften beteiligen, die die Länder nach § 13 Abs. 4 und 5 oder entsprechend ihren sonstigen Programmen zur Modernisierung übernehmen.

(2) Die Bürgschaften des Bundes werden nach Maßgabe des Haushaltsgesetzes übernommen. Anträge auf Übernahme sind bei dem für das Wohnungswesen zuständigen Bundesminister zu stellen.

§ 9 Unterrichtung des Bundes

Die für das Wohnungswesen zuständigen obersten Landesbehörden unterrichten den für das Wohnungswesen zuständigen Bundesminister für jedes Kalenderjahr über die in die Schwerpunktprogramme (§ 11) aufgenommenen Schwerpunkte und über die Verwendung der nach diesem Gesetz eingesetzten Mittel.

Dritter Abschnitt
Bewilligung der Mittel zur Förderung der Modernisierung

§ 10 Allgemeine Förderungsvoraussetzungen

(1) Die Modernisierung darf nur gefördert werden, wenn
1. die Wohnungen wesentlich verbessert werden,
2. die Kosten der Modernisierung im Hinblick auf die wesentliche Verbesserung und die Nutzungsdauer der Wohnungen vertretbar sind,
3. die Finanzierung der Modernisierung gesichert ist und
4. die Wohnungen nach der Modernisierung nach Größe, Ausstattung und Miete oder Belastung für die angemessene Wohnraumversorgung breiter Schichten der Bevölkerung geeignet sind.

Der Einbau einer zentralen Heizungsanlage soll nur gefördert werden, wenn die bei der Errichtung von Wohngebäuden einzuhaltenden öffentlich-rechtlichen Anforderungen an den Wärmeschutz von Fenstern und Fenstertüren erfüllt sind oder im Zusammenhang mit dem Einbau erfüllt werden. Die Verbesserung des Wärmeschutzes soll nur gefördert werden, wenn die Heizungsanlage dem verminderten Energiebedarf angepaßt ist oder im Zusammenhang mit der Verbesserung des Wärmeschutzes angepaßt wird. Der Einbau von Thermostatventilen und von Steuerungs- und Regelungseinrichtungen in zentrale Heizungs- und Warmwasseranlagen darf nur gefördert werden, wenn auch der Einbau der zentralen Anlagen gefördert wird. Bei Gebäuden, die nach dem 31. Dezember 1977 bezugsfertig geworden sind oder bezugsfertig werden, dürfen die in § 4 Abs. 3 Nr. 1 und 2 aufgeführten energiesparenden Maßnahmen nicht gefördert werden.

(2) Unter den Voraussetzungen des Absatzes 1 ist die Modernisierung mit Vorrang zu fördern, wenn
1. Mißstände in solchen Wohnungen beseitigt werden, die den allgemeinen Anforderungen an gesunde Wohnverhältnisse nicht entsprechen oder
2. das Gebäude wegen seiner städtebaulichen, insbesondere geschichtlichen oder künstlerischen Bedeutung zu erhalten ist oder
3. soziale Härten, die sich aus den Wohnverhältnissen ergeben, durch die Modernisierung beseitigt werden oder
4. durch die Förderung untragbare Erhöhungen der Mieten oder Belastungen vermieden werden oder

§ 3. Mieterhöhung bei baulichen Änderungen, Anhang C 239a

5. die Modernisierung im Interesse der städtebaulichen Entwicklung der Gemeinde liegt. Werden in Satz 1 bezeichnete Modernisierungsvorhaben von mehreren Eigentümern zur Einsparung von Kosten nach einem einheitlichen Plan zeitlich abgestimmt durchgeführt, so sollen sie bei der Förderung bevorzugt werden.

(3) Sind nicht nur Maßnahmen zur Modernisierung, sondern auch notwendige Instandsetzungen durchzuführen, hat sich der Eigentümer bei der Förderung der Modernisierung auch dazu zu verpflichten. Notwendige Instandsetzungen sollen in die Förderung einbezogen werden, soweit der Modernisierungszweck auf andere Weise nicht zu erreichen ist. Die Kosten der geförderten Instandsetzung dürfen 30 vom Hundert, bei Gebäuden von städtebaulicher, insbesondere geschichtlicher oder künstlerischer Bedeutung 60 vom Hundert der Kosten der geförderten Modernisierung nicht übersteigen.

(4) Der Eigentümer soll eine angemessene Eigenleistung zur Deckung der Kosten der Modernisierung und der Instandsetzung erbringen. Bei Mietwohnungen können auch Leistungen der Mieter zur Deckung der Kosten der Modernisierung, zu denen sie sich gegenüber dem Vermieter vertraglich verpflichtet haben, als Ersatz der Eigenleistung anerkannt werden, wenn der Eigentümer diese Leistungen ausreichend sichert.

§ 11 Bestimmung von Schwerpunkten

(1) Es ist Aufgabe der Gemeinden, in geeigneten Fällen Schwerpunkte für die Förderung der Modernisierung nach § 10 zu bestimmen. Dabei sind die Anregungen der Eigentümer angemessen zu berücksichtigen.

(2) Zu Schwerpunkten dürfen nur zusammenhängende abgegrenzte Gemeindegebiete bestimmt werden, in denen
1. unter städtebaulichen Gesichtspunkten der Anteil der modernisierungsbedürftigen Wohnungen überwiegt,
2. die Modernisierungstätigkeit bisher unzureichend gewesen ist und
3. ein wesentlicher Teil der Wohnungen von Personen bewohnt wird, die sich im allgemeinen nur unzureichend mit angemessenem Wohnraum versorgen können, namentlich kinderreiche Familien und Personen mit geringem Einkommen.

Gemeindegebiete, in denen ausreichende Erschließungs-, Versorgungs- und Abwasserbeseitigungsanlagen fehlen und auch nicht alsbald geschaffen werden, dürfen nicht zu Schwerpunkten bestimmt werden. Das gleiche gilt für Gemeindegebiete, die bereits als Sanierungsgebiet, städtebaulicher Entwicklungsbereich, Ersatzgebiet oder Ergänzungsgebiet nach dem Städtebauförderungsgesetz förmlich festgelegt worden sind.

(3) Die Schwerpunkte bedürfen der Anerkennung durch Aufnahme in das Modernisierungsprogramm, das von den zuständigen obersten Landesbehörden aufgestellt und jährlich der Entwicklung angepaßt wird. Die zuständige oberste Landesbehörde hat hierbei die Erfordernisse der Raumordnung und Landesplanung zu berücksichtigen. Sie kann die Aufnahme in das Modernisierungsprogramm auch davon abhängig machen, daß die Gemeinde in den Schwerpunkten bei der Vorbereitung und Durchführung der Modernisierung beratend, ordnend oder in anderer Weise fördernd tätig wird.

(4) Die Absätze 1 bis 3 gelten nicht für die Förderung mit den Mitteln, die zur Förderung energiesparender Maßnahmen nach diesem Gesetz bestimmt sind.

§ 12 Einsatz der Mittel

(1) Für die Förderung der Modernisierung in Schwerpunkten soll die zuständige oberste Landesbehörde in der Regel die Hälfte der insgesamt zur Förderung der Modernisierung nach diesem Gesetz bestimmten Mittel bereitstellen. Ist zu erwarten, daß die Mittel zur Förderung in Schwerpunkten in absehbarer Zeit nicht ausreichen, kann die zuständige oberste Landesbehörde die Reihenfolge des Einsatzes der für die Förderung in Schwerpunkten bereitgestellten Mittel regeln. Dabei ist die Investitionsbereitschaft der Eigentümer in den Schwerpunkten zu berücksichtigen. Ist die Aufnahme der Schwerpunkte in das Modernisierungsprogramm nicht von den Voraussetzungen des § 11 Abs. 3 Satz 3 abhängig gewesen, kann auch ein Vorrang für die Schwerpunkte eingeräumt werden, in denen diese Voraussetzungen gegeben sind.

(2) Soweit die für Schwerpunkte bereitgestellten Mittel bis zu einem für jedes Kalenderjahr zu bestimmenden Zeitpunkt nicht in Anspruch genommen sind, können sie außerhalb der Schwerpunkte eingesetzt werden. Soweit die für die Förderung außerhalb von Schwerpunkten bereitgestellten Mittel nicht bis zu dem zu bestimmenden Zeitpunkt in Anspruch genommen sind, können sie in Schwerpunkten eingesetzt werden.

(3) Die oberste Landesbehörde soll einen angemessenen Teil der Förderungsmittel für das Zonenrandgebiet bereitstellen.

(4) Auf die Mittel, die zur Förderung energiesparender Maßnahmen nach diesem Gesetz bestimmt sind, sind die Absätze 1 und 2 nicht anzuwenden. Es soll jedoch gewährleistet werden, daß für die Förderung der Modernisierung in Schwerpunkten stets Mittel zur Förderung energiesparender Maßnahmen in dem Umfang zur Verfügung stehen, daß bauliche Maßnahmen nach § 4 Abs. 1 bis 3 gleichzeitig gefördert werden können.

§ 13 Bewilligung der Mittel

(1) Die Mittel werden als Zuschüsse zur Deckung von laufenden Aufwendungen oder als Zuschüsse zur Deckung der Kosten der Modernisierung bewilligt. Sie sind der Höhe nach so zu bemessen, daß die Erhöhung der Mieten oder Belastungen tragbar ist und in einem angemessenen Verhältnis zu zu den Vorteilen aus der Modernisierung steht. An Stelle von Zuschüssen können auch Darlehen der in § 5 Abs. 1 Nr. 1 bezeichneten Finanzierungsinstitute zur Deckung der Kosten der Modernisierung bewilligt werden, die mit den Zuschüssen im Zins verbilligt worden sind; die Verbilligung darf den Barwert der Zuschüsse nicht übersteigen.

(2) Die Zuschüsse zur Deckung von Kosten energiesparender Maßnahmen sind bei der Förderung mit den dazu bestimmten Mitteln auf 25 vom Hundert der förderbaren Kosten zu bemessen. Förderbar sind Kosten, die mindestens 4000 Deutsche Mark je Gebäude und innerhalb von fünf Jahren höchstens 12000 Deutsche Mark je Wohnung betragen.

(3) Die Mittel können auch als Darlehen zur Deckung der Kosten der Modernisierung bewilligt werden, wenn eine umfangreiche Modernisierung durchgeführt wird. Der Zinssatz der Darlehen ist entsprechender Absatz 1 Satz 2 zu bemessen. Im Darlehnsvertrag soll vorbehalten werden, daß der Gläubiger den Zinssatz bis zum marktüblichen Zinssatz für erststellige Hypotheken erhöhen kann. Die Ausübung dieses Rechts ist nur zulässig, soweit die oberste Landesbehörde zugestimmt hat. Die oberste Landesbehörde hat vor der Zustimmung zu prüfen, ob

§ 3. Mieterhöhung bei baulichen Änderungen, Anhang   C 239 b

im Hinblick auf die allgemeine Mieten- und Einkommensentwicklung die sich ergebende höhere Miete nachhaltig erzielbar ist, und sicherzustellen, daß die Miete oder Belastung für die Bewohner zumutbar ist.

(4) Werden Mittel des Kapitalmarktes zur Deckung der Kosten einer geförderten Modernisierung eingesetzt, für die der Eigentümer keine ausreichende Sicherheit bestellen kann, können Bürgschaften übernommen werden.

(5) Wird die Instandsetzung in die Förderung einbezogen, sind die auf die Instandsetzung entfallenden Mittel in gleicher Weise wie die auf die Modernisierung entfallenden Mittel zu gewähren. Absatz 4 gilt entsprechend.

(6) Ein Rechtsanspruch auf die Bewilligung von Mitteln zur Förderung der Modernisierung oder Instandsetzung besteht nicht. Die Mittel sollen vor Beginn der baulichen Maßnahmen beantragt werden. Über die Bewilligung entscheiden die nach Landesrecht zuständigen oder von den Landesregierungen bestimmten Stellen.

(7) Bei der Bewilligung der Mittel hat der Eigentümer sich zu verpflichten, die Mittel zurückzuzahlen, wenn er für dieselbe bauliche Maßnahme
1. eine Steuervergünstigung im Sinne von § 5 Abs. 3 Satz 2,
2. eine Investitionszulage oder
3. andere Mittel des Bundes, der Länder, ihrer Finanzierungsinstitute oder der Gemeinden zur Förderung der Modernisierung, Instandhaltung oder Instandsetzung

in Anspruch nimmt. Dies gilt nicht für andere Mittel, die nur zur Ergänzung der Förderung nach diesem Gesetz bestimmt sind.

Anhang 4 zu § 3 MHG

§ 136 BauGB [Städtebauliche Sanierungsmaßnahmen]   C 239 b

(1) Städtebauliche Sanierungsmaßnahmen in Stadt und Land, deren einheitliche Vorbereitung und zügige Durchführung im öffentlichen Interesse liegen, werden nach den Vorschriften dieses Teils vorbereitet und durchgeführt.

(2) Städtebauliche Sanierungsmaßnahmen sind Maßnahmen, durch die ein Gebiet zur Behebung städtebaulicher Mißstände wesentlich verbessert oder umgestaltet wird. Städtebauliche Mißstände liegen vor, wenn
1. das Gebiet nach seiner vorhandenen Bebauung oder nach seiner sonstigen Beschaffenheit den allgemeinen Anforderungen an gesunde Wohn- und Arbeitsverhältnisse oder an die Sicherheit der in ihm wohnenden oder arbeitenden Menschen nicht entspricht oder
2. das Gebiet in der Erfüllung der Aufgaben erheblich beeinträchtigt ist, die ihm nach seiner Lage und Funktion obliegen.

(3) Bei der Beurteilung, ob in einem städtischen oder ländlichen Gebiet städtebauliche Mißstände vorliegen, sind insbesondere zu berücksichtigen
1. die Wohn- und Arbeitsverhältnisse oder die Sicherheit der in dem Gebiet wohnenden oder arbeitenden Menschen in bezug auf
   a) die Belichtung, Besonnung und Belüftung der Wohnungen und Arbeitsstätten,
   b) die bauliche Beschaffenheit von Gebäuden, Wohnungen und Arbeitsstätten,
   c) die Zugänglichkeit der Grundstücke,

d) die Auswirkungen einer vorhandenen Mischung von Wohn- und Arbeitsstätten,
e) die Nutzung von bebauten und unbebauten Flächen nach Art, Maß und Zustand,
f) die Einwirkungen, die von Grundstücken, Betrieben, Einrichtungen oder Verkehrsanlagen ausgehen, insbesondere durch Lärm, Verunreinigungen und Erschütterungen,
g) die vorhandene Erschließung;

2. die Funktionsfähigkeit des Gebiets in bezug auf
a) den fließenden und ruhenden Verkehr,
b) die wirtschaftliche Situation und Entwicklungsfähigkeit des Gebiets unter Berücksichtigung seiner Versorgungsfunktion im Verflechtungsbereich,
c) die infrastrukturelle Erschließung des Gebiets, seine Ausstattung mit Grünflächen, Spiel- und Sportplätzen und mit Anlagen des Gemeinbedarfs, insbesondere unter Berücksichtigung der sozialen und kulturellen Aufgaben dieses Gebiets im Verflechtungsbereich.

(4) Städtebauliche Sanierungsmaßnahmen dienen dem Wohl der Allgemeinheit. Sie sollen dazu beitragen, daß
1. die bauliche Struktur in allen Teilen des Bundesgebiets nach den sozialen, hygienischen, wirtschaftlichen und kulturellen Erfordernissen entwickelt wird,
2. die Verbesserung der Wirtschafts- und Agrarstruktur unterstützt wird,
3. die Siedlungsstruktur den Erfordernissen des Umweltschutzes, den Anforderungen an gesunde Lebens- und Arbeitsbedingungen der Bevölkerung und der Bevölkerungsentwicklung entspricht oder
4. die vorhandenen Ortsteile erhalten, erneuert und fortentwickelt werden, die Gestaltung des Orts- und Landschaftsbilds verbessert und den Erfordernissen des Denkmalschutzes Rechnung getragen wird.

Die öffentlichen und privaten Belange sind gegeneinander und untereinander gerecht abzuwägen.

§ 4 MHG. Erhöhung der Betriebskosten

(1) Für Betriebskosten im Sinne des § 27 der Zweiten Berechnungsverordnung dürfen Vorauszahlungen nur in angemessener Höhe vereinbart werden. Über die Vorauszahlungen ist jährlich abzurechnen.

(2) Der Vermieter ist berechtigt, Erhöhungen der Betriebskosten durch schriftliche Erklärung anteilig auf den Mieter umzulegen. Die Erklärung ist nur wirksam, wenn in ihr der Grund für die Umlage bezeichnet und erläutert wird.

(3) Der Mieter schuldet den auf ihn entfallenden Teil der Umlage vom Ersten des auf die Erklärung folgenden Monats oder, wenn die Erklärung erst nach dem Fünfzehnten eines Monats abgegeben worden ist, vom Ersten des übernächsten Monats an. Soweit die Erklärung darauf beruht, daß sich die Betriebskosten rückwirkend erhöht haben, wirkt sie auf den Zeitpunkt der Erhöhung der Betriebskosten, höchstens jedoch auf den Beginn des der Erklärung vorausgehenden Kalenderjahres zurück, sofern der Vermieter die Erklärung innerhalb von drei Monaten nach Kenntnis von der Erhöhung abgibt.

§ 4. Erhöhung der Betriebskosten

(4) Ermäßigen sich die Betriebskosten, so ist der Mietzins vom Zeitpunkt der Ermäßigung ab entsprechend herabzusetzen. Die Ermäßigung ist dem Mieter unverzüglich mitzuteilen.

Übersicht

	Rdn
I. Allgemeines	240
1. Zweck	240
2. Anwendungsbereich	242
II. Sachliche Voraussetzungen des Erhöhungsanspruchs	249
1. Begriff der Betriebskosten	250
2. Umlagefähigkeit des Erhöhungsbetrags	252
3. Umlagenmaßstab	254
4. Ausschluß des Erhöhungsrechts	255
III. Die Geltendmachung des Erhöhungsrechts	256
1. Die Erhöhungserklärung	257
2. Die Begründung der Erhöhungserklärung	259
IV. Fälligkeit der erhöhten Umlage und gerichtliche Geltendmachung	264
V. Herabsetzung der Betriebskosten	268

	Rdn
VI. Vorauszahlung für Betriebskosten (Abs. I)	269
1. Vereinbarung	271
2. Höhe der Vorauszahlung	272
3. Fälligkeit	273
4. Abrechnungspflicht	274
5. Abweichende Vereinbarung – Erhöhung	281
6. Geltendmachung von Rückständen	282
VII. Nebenkostenpauschale	283
VIII. Unanwendbarkeit für preisgebundenen Wohnraum	284
Anhang Verordnung über wohnungswirtschaftliche Berechnungen (Zweite Berechnungsverordnung – II. BV) Auszug § 27 m. Anlage 3 und Erläuterungen	285

Schrifttum

Dedert, Zur Umlagefähigkeit von Abrechnungskosten, ZMR 84, 37;
Dinse, 3-Monats-Frist für Heiz- und Nebenkostenabrechnungen ZMR 83, 6;
Eisenschmidt, Mietnebenkosten bei nicht preisgebundenem Wohnraum PIG 23, 37;
Fischer, Die Abwälzung von Mehrbelastungen bei mieterschutzfreien Wohnungen, Grundeigentum 75, 493;
Gather, Ausgewählte Fragen zur Heizkostenverordnung, FWW 86, 139;
ders., Wichtige Rechtsfragen bei der Behandlung von Betriebskosten, FWW 85, 155;
Glaser, Wärmemessung nach dem Verdunstungsprinzip, ZMR 86, 4;
Goch, Die Umlage von Nebenkosten im freifinanzierten Wohnungsbau, WM 77, 25;
Hanke, Ermittlung und Abrechnung der Betriebs- und Nebenkosten für preisgebundenen und nichtpreisgebundenen Wohnraum, ZfGemBay. 84, 172;
Häring, die Umlegung der Kosten der Sammelheizung, FWW 82, 27, 229;
Hentschel, Die Betriebskosten im Wohnungsmietrecht, BlnGrdE 84, 945, 1041;
Hermsdörfer, Zum Rechtsschutz des Vermieters gegen nachveranlagte Grundbesitzabgaben sowie zu deren Abwälzbarkeit auf den Mieter ZMR 86, 390;
Hertle, Anforderungen an eine Umlageabrechnung, ZMR 86, 78;
ders., Die Betriebskosten im Wohnungsmietrecht, ZMR 85, 37;
Kleffmann, Zum Vorlageort bei Nebenkostenabrechnungen, ZMR 84, 109;
Korff, Erhöhung und Neueinführung öffentlich-rechtlicher Gebühren in mietrechtlicher Hinsicht, DWW 77, 149;
ders., Nochmals: Zum Vorlageort bei Nebenkostenabrechnungen, ZMR 86, 7;
Langenberg, Die Erhöhung von Betriebskostenpauschalen gemäß § 4 Abs. 2, und 3 MHG, ZMR 82, 65;
Lau, Zur Umlegung von Mietnebenkosten, ZMR 78, 357;
Lechner, „Angemessene Vorauszahlungen" – ein folgenloser juristischer Programmsatz?, WM 83, 5;

Müller, Die Umlage von Mietnebenkosten im freifinanzierten Wohnungsbau, ZMR 81, 194;
Noack, Zur Erstattung von Nebenkosten bei der Räumungsvollstreckung, ZMR 82, 225;
Otto, Zur Erhöhung der Pauschale für Heizung und Warmwasser, ZMR 82, 72;
ders., Die Verteilung der Heiz- und Warmwasserkosten, BlGWB 82, 85;
Pardey, Änderung des Umlegungsmaßstabs für Mietnebenkosten, ZMR 78, 97;
Pauls, Zum Anwendungsbereich der AVB – Fernwärme – und der Heizkostenverordnung, NJW 84, 2448;
Philipp, Verbrauchsabhängige Heizkostenabrechnung, ZfGemWBay 85, 597;
Rieband-Korfmacher, Umlegungsmaßstäbe für Nebenkosten, GWW 82, 221;
Röchling, Zur Frage des Leistungsortes für die Vorlage von Abrechnungsunterlagen für Mietnebenkosten, ZMR 79, 161;
Schilling, Eichkosten bei Wärme- und Warmwasserzählern, FWW 85, 248;
Schmid, Die Anforderungen an die Nebenkostenabrechnung bei vermietetem Wohnungseigentum, ZMR 83, 41;
ders., Die Verwendung von Gradtagszahlen bei der Heizkostenabbrechnung, BlnGrdE 85, 912;
ders., Zum Begriff der Fernwärme, BLGBW 85, 49;
ders., Anspruch des Mieters auf Erteilung von Ablichtungen, WM 84, 67;
ders., Die Anmietung von Ausstattungen zur Verbrauchserfassung, BlnGrdE 84, 890;
ders., Umlegung der Kosten von Heizung und Warmwasser die außerhalb der Wohnung entstehen, BlGBW 84, 202;
Schopp, Fragen zur Heizkostenabrechnung nach dem Verbrauch, ZMR 86, 301;
Schubart, Der Fernwärmebegriff in der Heizkostenabrechnung, NJW 85, 1682;
Schwab, Toleranzgrenze für Betriebskostenabrechnungen § 4 I MHG, DWW 83, 68;
Sommer, Verwendung von eichpflichtigen Wasser- und Wärmezählern bei der Heizkostenabrechnung ZfGemBay 87, 304;
Sternel, Heizkosten und Heizkostenabrechnung, ZfGemBay 86, 504;
ders., Heiz- und Nebenkosten. Umlage – Erhöhung – Abrechnung, WM 81, 73;
Strunz, Zur Umlegung von Betriebs- und Kapitalkostenerhöhungen, ZMR 84, 219;
Teitge, Zur Umlage von Verwaltungskosten, DWW 86, 90;
ders., Höhere Betriebskosten für den Wohnungsmieter durch teilweise gewerbliche Nutzung, ZMR 86, 261;
Walberer, Änderung der Heizkostenverteilerschlüssel, NJW 84, 109;
Weimar, Betriebskostenpauschale und Vorauszahlung auf die Betriebskosten, DB 62, 687;
Wiek, Toleranzgrenze für Heizkostennachforderungen?, BlGBW 83, 108;
Wiethaup, Zur Frage der Erhebung von Nebenkosten im freifinanzierten Wohnungsbau, DWW 76, 202;
Zeuner, Die Substantiierungspflicht des Mieters bei Einwendungen gegen Nebenkostenabrechnungen im Prozeß, ZMR 81, 161;

I. Allgemeines
1. Zweck

C 240 a) Der Zweck des Gesetzes, zum Schutz des Mieters einen ungerechtfertigten Mietanstieg zu verhindern, führte zu den gesetzlichen Beschränkungen des Erhöhungsrechts in § 2 MHG. Diese Beschränkungen gelten nicht nur für Veränderungen des eigentlichen Mietzinses, sondern auch für die Mietnebenkosten. Zugunsten des Vermieters trifft das Gesetz aber in § 4 eine Ausnahmeregelung für diejenigen Nebenkosten, die unmittelbar zur ordnungsgemäßen Bewirtschaftung des Hausgrundstücks erforderlich sind, weil sich diese Kosten oft ohne Einflußnahme des Vermieters rasch verändern. Bei solchen nur schwer zu kalkulieren-

§ 4. Erhöhung der Betriebskosten

den und sich regelmäßig außerhalb der Einflußsphäre des Vermieters abspielenden Veränderungen der Kostensituation hält es der Gesetzgeber für billig und gerechtfertigt, für den Vermieter eine einfache und praktikable Möglichkeit zu schaffen, die vermehrte Kostenbelastung an die Mieter weiterzugeben. Diese Erhöhungen der Betriebskosten darf der Vermieter nunmehr durch eine einseitige schriftliche Erklärung rechtswirksam auf die Mieter anteilmäßig umlegen; für die Wirksamkeit der Erhöhung kommt es somit auf die Zustimmung des Mieters nicht an. Damit ist die Rechtsstellung des Vermieters hinsichtlich dieser beachtlichen Kostenerhöhungen erheblich verstärkt und gelöst von den meist unklaren Vereinbarungen im Mietvertrag geregelt worden.

Dieser Gesetzeszweck lag bereits der entsprechenden Regelung in § 3 VI (1.) WKSchG zugrunde. Durch den später eingefügten § 4 I soll verhindert werden, daß sich der Vermieter durch unangemessen hohe Vorauszahlungen und deren verzögerte Abrechnung ungerechtfertigte Liquiditäten und Zinseszinsen verschafft; die Regelung eines gesetzlichen Erhöhungsrechts für vereinbarte Vorauszahlungen ist im Gesetzgebungsverfahren zum 2. WKSchG wegen des darin liegenden unangemessenen Eingriffs in die Vertragsgestaltungsfreiheit abgelehnt worden (s. Rdn F 16).

C 241

2. Anwendungsbereich

a) Die Vorschrift regelt abschließend das gesetzliche Erhöhungsrecht des Vermieters von Wohnraum (s. Rdn C 5 ff) für den Bereich der **Mietnebenkosten** (s. Rdn C 5 ff); die Kapitalkosten bilden wegen der Sonderregelung in § 5 MHG eine Ausnahme, soweit man diese zu den Nebenkosten rechnet. Es ist insoweit unbeachtlich, ob die erfaßten Nebenkosten im Mietvertrag gesondert außerhalb der Grundmiete ausgewiesen oder in eine Pauschalmiete (sog. Warmmiete) einbezogen sind (s. Rdn C 255, 283).

C 242

b) Über den Anwendungsbereich des § 4 werden unterschiedliche Ansichten vertreten. Nach dem Rechtsentscheid des OLG Karlsruhe vom 4. 11. 1980 (RES § 4 MHG Nr. 1) setzt die Umlage erhöhter Betriebskosten nach § 4 voraus, daß der Mieter nach den Vereinbarungen im Mietvertrag verpflichtet ist, die in Betracht kommenden Betriebskosten zu tragen. Nach der hier vertretenen Ansicht kommt die Vorschrift des § 4 in diesen Fällen dagegen nicht zur Anwendung. Denn die Verpflichtung des Mieters zur Bezahlung der tatsächlich entstehenden Betriebskosten ergibt sich im Falle einer entsprechenden Vereinbarung bereits aus dem Mietvertrag, so daß der Rückgriff auf ein gesetzliches Erhöhungsrecht überflüssig ist. In diesen Fällen bedarf es auch keiner besonderen Erhöhungserklärung. Dagegen hat das gesetzliche Erhöhungsrecht nach § 4 dort eigenständige Bedeutung, wo eine entsprechende Vereinbarung fehlt. Für diese Auslegung sprechen zunächst die Gesetzesmaterialien. In dem schriftlichen Bericht des Rechtsausschusses heißt es hierzu, daß die

C 243

Betriebskostensteigerungen vom Vermieter schwer kalkulierbar sind und außerhalb seiner Einflußsphäre liegen. Deshalb sei es ,,billig, dem Vermieter eine einfache und praktikable Möglichkeit an die Hand zu geben, die Kostenbelastung weiterzugeben – gleichgültig, ob sie besonders ausgewiesen oder in einer pauschalen Mietsumme enthalten sind" (BT-Drucks. VI 2421; abgedruckt bei: Schmidt-Futterer, Wohnraumschutzgesetze, 1. Auflage, Rdn V 62). Der Hinweis des Gesetzgebers, daß die Umlage der Betriebskostenerhöhung auch im Falle einer Pauschalmietvereinbarung möglich sein soll, zeigt, daß es auf eine besondere Vereinbarung nicht ankommen kann. Hierfür spricht auch die Überlegung, daß nach allgemeinen Grundsätzen eine Rechtsfolge dann eintritt, wenn die Tatbestandsvoraussetzungen der anspruchsbegründenden Norm erfüllt sind. Die Mieterhöhungs- und Umlagerechte des MHG setzen aber gerade nicht voraus, daß die Parteien eine entsprechende Vereinbarung getroffen haben. In den Fällen der §§ 2, 3 und 5 MHG ist dies auch anerkannt. Im Falle des § 4 kann aber nichts anderes gelten. Auch der Gesetzeszweck spricht für die hier vertretene Ansicht. Bei einer vereinbarten gleitenden Kostenumlage besteht kein Bedürfnis, den Mieter vor ungerechtfertigten Nebenkostenerhöhungen zu schützen, weil er von Anfang an weiß, daß der Vermieter nur die von ihm verauslagten tatsächlichen Kosten weitergibt, deren Höhe sich nach Verbrauch, Tarif oder sonstigen **objektivierbaren Werten** richtet. Verlangt der Vermieter dafür Vorauszahlungen, gilt allerdings auch insoweit § 4 I (s. Rdn C 269). Im übrigen wäre es formalistisch und nicht gerechtfertigt, die objektiv feststehenden Erhöhungsmöglichkeiten nur dann zuzubilligen, wenn Veränderungen in einem Erhöhungsverlangen vorher mitgeteilt werden (so auch J. Schäfer WM 78, 36 in Anm. zu AG Hannover WM 77, 172).

C 244   Obwohl solche reinen Kostenumlagen in § 4 II nicht ausdrücklich aus dem Anwendungsbereich dieser Vorschrift ausgeklammert sind, ergibt sich diese Folge aus dem Sinn und Schutzzweck der Regelung sowie daraus, daß der Gesetzgeber erkennbar die Einhaltung der Erhöhungsvoraussetzungen nur in solchen Fällen verlangt, in denen pauschale, möglicherweise einen Gewinn einkalkulierende Betriebskosten vereinbart sind (s. Rdn F 16). Das ist bei den hier erörterten Klauseln nicht der Fall, so daß darin auch keine Gleitklausel hinsichtlich der darin enthaltenen Betriebskosten liegt, die nach § 10 I MHG unwirksam wäre. Das gilt nicht für solche **Nebenkosten, die außerhalb der Betriebskosten** i. S. des § 4 liegen, somit also Bestandteil der mit der Grundmiete abgegoltenen Vermieterleistungen sind und auf Grund des § 1 S. 2 MHG nur nach Maßgabe des § 2 MHG erhöht werden dürfen (z. B. Verwaltungskosten, Instandhaltungsbeiträge); insoweit verstößt eine gleitende Kostenumlage gegen das Verbot des § 10 I MHG und ist unwirksam, es sei denn, daß der Mieter dem jeweils geforderten einzelnen Erhöhungsbetrag zustimmt (§ 10 I 2. Halbs. MHG). Eine davon abweichende Beurteilung würde dazu führen, daß es dem Vermieter gestattet wäre, die nach den Vorstellungen des MHG mit der Grundmiete abgegoltenen Vermieterleistungen vertraglich

§ 4. Erhöhung der Betriebskosten

in einzelne Bestandteile aufzulösen, neben der Grundmiete auf den Mieter in Höhe der tatsächlichen Kostenlast umzulegen und dadurch im Ergebnis einen zwangsläufigen Automatismus gleitender Mieten zuzulassen (wie hier: Schmid ZMR 83, 41; a. A. AG Düsseldorf DWW 83, 20; s. Rdn C 251 a. E.).

c) Der Anspruch aus § 4 ist hinsichtlich seiner Entstehung und seiner Geltendmachung unabhängig von den Erhöhungsrechten nach §§ 2, 3, 5 MHG; diesen gegenüber ist er nach seinem Sinn und Zweck sowie den besonderen Erhöhungsvoraussetzungen **lex specialis**. Deshalb dürfen im Zustimmungsverfahren nach § 2 MHG keine Betriebskosten verlangt und zuerkannt werden. Hingegen sind im voraus getroffene **Vereinbarungen,** in denen die Erhöhungsvoraussetzungen für Nebenkosten in materieller und formeller Hinsicht abweichend von § 4 **zum Nachteil des Mieters** geregelt werden, nach § 10 I MHG unwirksam (s. Rdn C 477 ff); das gilt insbesondere für eine Vereinbarung, wonach der Vermieter berechtigt ist, bei Erhöhung der Betriebskosten diese ab dem Zeitpunkt ihrer Entstehung zu erheben oder rückwirkend unbegrenzt geltend zu machen. **C 245**

d) Die **Zustimmung** des Mieters im Sinne des § 10 I MHG entbindet den Vermieter von der Einhaltung der Erhöhungsvoraussetzungen des § 4 (s. Rdn C 538). **C 246**

e) Eine Erhöhungserklärung im Sinne des § 4 rechtfertigt nach § 9 I MHG nicht die **vorzeitige Kündigung** des Mieters (s. Rdn C 495). **C 247**

f) Zum Anwendungsbereich des § 4 I (s. Rdn C 269 ff). **C 248**

II. Sachliche Voraussetzungen des Erhöhungsanspruchs (§ 4 II)

Aus § 4 II ergibt sich für den Vermieter nicht das Recht, alle Erhöhungen von Mietnebenkosten oder Aufwendungen auf die Mieter umzulegen. Nach seinem Wortlaut und seinem Zweck ist die Regelung eindeutig auf die dort bestimmten Nebenkosten beschränkt, für die nach Inkrafttreten des Gesetzes am 1. 1. 1975 eine Erhöhung eintritt. Dieses Recht des Vermieters wird deshalb vom Gesetz an strenge sachliche Voraussetzungen geknüpft. **C 249**

1. Begriff der Betriebskosten

Es muß eine Erhöhung der Betriebskosten eingetreten sein. Was unter Betriebskosten zu verstehen ist, ist der Bestimmung durch die Vertragsparteien entzogen (zutr. LG Braunschweig ZMR 73, 154 für Instandhaltungskosten). Nach dem Gesetz wird vielmehr zwingend geregelt, daß Betriebskosten nur solche Aufwendungen des Vermieters sein können, die von § 27 der II. BV nebst der Anlage 3 zu dieser Vorschrift erfaßt werden (abgedr. im Anhang 1 zu § 4, unter Rdn C 285; welche Kosten im einzelnen zu den Betriebskosten gehören, wird dort erläutert). **C 250**

C 251 Nach § 27 Abs. 1 der II. BV sind Betriebskosten diejenigen Kosten, die dem Vermieter durch sein Eigentum am Grundstück oder durch den bestimmungsgemäßen Gebrauch des Gebäudes, der Wirtschaftseinheit, der Nebengebäude, Anlagen oder Einrichtungen laufend entstehen (§ 27 I der II. BV). Das sind in erster Linie solche Aufwendungen des Vermieters, die mit der Nutzung der Wohnung unmittelbar im Zusammenhang stehen (z. B. Wasserversorgung, Heizung, Fahrstuhl); dem gleichgestellt werden verschiedene Aufwendungen des Vermieters, die mit der Wohnungsnutzung unmittelbar nichts zu tun haben (z. B. öffentliche Lasten, Sach- und Haftpflichtversicherung). Welche Aufwendungen des Vermieters insoweit im einzelnen für die Umlage in Betracht kommen, ergibt sich aus der Anlage 3 zu dieser Vorschrift; in ihr werden jetzt zur Klärung vieler früherer Streitfragen verschiedene Kostengruppen aufgezählt, welche in dem dort erörterten Umfang als Betriebskosten anzusehen sind, falls sie nicht vom Mieter neben dem eigentlichen Mietzins unmittelbar an einen Dritten (z. B. Stadtwerke) gezahlt werden. Welche Einzelaufwendungen der jeweiligen Betriebskosten ansetzbar und somit umlagefähig sind, ergibt sich jetzt ebenfalls aus der gesetzlichen Abgrenzung in der Anlage 3 (Einzelheiten siehe dort). Die Aufzählung der Betriebskosten in der Anlage 3 ist abschließend, wobei allerdings zu beachten ist, daß durch die Ziffer 17 („Sonstige Betriebskosten") auch solche Kostenpositionen erfaßt werden, die in den Ziffern 1–16 nicht namentlich aufgezählt sind.

Außerordentlich umstritten ist die Frage, ob die Parteien vereinbaren können, daß der Mieter auch **andere Kosten als die Betriebskosten** in der jeweils entstehenden Höhe tragen soll (vgl. hierzu bejahend: LG Braunschweig WM 82, 79; LG Wiesbaden ZMR 81, 121; WM 85, 367; AG Düsseldorf DWW 83, 20; verneinend: LG Frankfurt WM 82, 78; WM 85, 367; AG Freiburg WM 82, 215; LG Düsseldorf WM 85, 368; AG Baden-Baden WM 85, 367). Nach dem Rechtsentscheid des OLG Koblenz vom 7. 1. 1986 (WM 86, 50) ist dies zu verneinen. Der Rechtsentscheid kommt zu dem Ergebnis, daß jede Art der Umlegung anderer Nebenkosten, also auch die bezifferte Ausweisung dieser Nebenkosten neben dem Grundmietzins, gegen die §§ 1–9 MHG verstoße, weil solche Vereinbarungen „eine vom Gesetz nicht vorgesehene Möglichkeit zur Erhöhung des Grundmietzinses" darstellen. Daraus folgt, daß auch der Vermieter einer Eigentumswohnung die in der Hausgeldabrechnung enthaltene **Verwaltervergütung** und die **Instandhaltungsrücklage** nicht auf den Mieter umlegen kann. Gleiches gilt für die **Reparaturkosten**. In der Literatur wird der Rechtsentscheid des OLG Koblenz teilweise anders interpretiert. So vertritt Teitge (DWW 86, 90) die Ansicht, daß Verwaltungskosten im Rahmen der Vertragsfreiheit zusätzlich vereinbart werden können. Ebenso könne eine Anpassung der Verwaltungskosten an künftige Erhöhungen vereinbart werden. Auf den Rechtsentscheid des OLG Koblenz kann diese Meinung allerdings nicht gestützt werden; vielmehr ergibt sich aus den Entscheidungsgründen ganz ein-

§ 4. Erhöhung der Betriebskosten C 251a

deutig, daß das OLG Koblenz jede gesonderte Vereinbarung von Verwaltungskosten für unzulässig erachtet. Nach der hier vertretenen Auffassung ist dagegen zu unterscheiden: wirksam ist eine Vereinbarung, wonach der Mieter sonstige Nebenkosten in einer genau bezifferten, gleichbleibenden Höhe zahlen soll. Diese Nebenkosten bilden dann neben der eigentlichen Grundmiete und den Betriebskosten einen weiteren, besonders ausgewiesenen Mietzinsteil. Durch diese Art der Preisgestaltung wird der Mieter nicht benachteiligt, weil der Vermieter diese Nebenkosten ebensogut der Grundmiete zuschlagen könnte. Eine gleitende Kostenumlage, wie sie das Gesetz für die Betriebskosten zuläßt, ist jedoch für die sonstigen Nebenkosten nicht möglich (LG Frankfurt WM 82, 78; aA: LG Braunschweig WM 82, 79; LG Wiesbaden ZMR 81, 121; AG Düsseldorf DWW 83, 20). Diese Auslegung folgt aus der Erwägung, daß die Parteien über den Begriff der Betriebskosten keine zum Nachteil des Mieters abweichende Vereinbarung treffen können, weil andererseits die Vorschriften über die Mieterhöhung umgangen würden (ebenso LG München I ZMR 81, 205). Dies bedeutet, daß die Umlage sonstiger Nebenkosten nur dann wirksam ist, wenn hierfür im Mietvertrag ein fester Betrag ausgewiesen wird; etwaige Erhöhungen der sonstigen Nebenkosten müssen über § 2 MHG aufgefangen werden (Müller ZMR 81, 194). Eine Vereinbarung, wonach der Mieter die sonstigen Nebenkosten in ihrer tatsächlichen Höhe tragen soll, verstößt dagegen gegen §§ 4, 10 I MHG und ist unwirksam. Eine „überschießende" Nebenkostenvereinbarung, durch die neben den Betriebskosten auch sonstige Nebenkosten umgelegt werden sollen, ist allerdings nicht insgesamt, sondern nur bezüglich der sonstigen Nebenkosten unwirksam. Dies gilt auch für Formularvereinbarungen. Im übrigen wird auf die im Anhang 1 zu § 4 unter Rdn C 285 abgedruckten Vorschriften verwiesen; soweit diese Gesetzestexte im Zusammenhang mit § 4 II erläuterungsbedürftig erscheinen, sind sie dort kommentiert worden.

Auch im Rahmen der entsprechenden Anwendung des § 27 der II. BV C 251a
ist der Grundgedanke des § 24 II der II. BV maßgebend, wonach der Ansatz der Bewirtschaftungskosten (Betriebskosten) den **Grundsätzen einer ordentlichen Bewirtschaftung** zu entsprechen hat. Entstehende Betriebskosten dürfen sonach nur angesetzt werden, soweit sie bei gewissenhafter Abwägung aller Umstände und bei ordentlicher Geschäftsführung gerechtfertigt sind. Das bedeutet, daß unnötige oder unwirtschaftliche Kosten entweder überhaupt nicht oder nur in angemessener Höhe als Betriebskosten angesetzt werden dürfen. Ob ein Ansatz von Betriebskosten gerechtfertigt ist, wird bei notwendig entstehenden praktisch durchlaufenden Kosten kaum in Frage stehen können (z. B. Wasserversorgung, Straßenreinigung, Müllabfuhr, Entwässerung); dagegen können sich ungerechtfertigte oder unwirtschaftliche Kosten durchaus bei anderen Betriebskostenarten ergeben, z. B. Gartenpflege, Hausmeister, Heizkosten; es kommt stets auf die Umstände des Einzelfalles an, ob die aufgewendeten Kosten nach Lage des Falles bei ordentlicher Ge-

schäftsführung unter Einbeziehung der Interessen der Mieter gerechtfertigt sind (Fischer-Dieskau-Pergande-Schwender § 27 der II. BV Anm. 3).

So rechtfertigen automatisch arbeitende Heiz- und Warmwasseranlagen keine Bedienungskosten; zahlt der Vermieter sie trotzdem, sind sie nicht umlagefähig, auch wenn ihr Ansatz als üblich angesehen werden könnte (KG Berlin FWW 77, 52; LG Aachen WM 76, 180; LG Frankfurt WM 57, 47; LG Düsseldorf ZMR 58, 108; LG Wuppertal WM 69, 126; LG Essen ZMR 70, 303; AG Goslar WM 75, 145). Der Vermieter ist auch verpflichtet, das für die Zentralheizung benötigte Heizöl unter Wahrung wirtschaftlicher Gesichtspunkte einzukaufen (z. B. Ausnützung günstiger Sommerpreise; Einkauf von größeren Mengen statt mehrfache Anlieferung v. Kleinmengen; LG Darmstadt WM 77, 96).

b) Sach- und Arbeitsleistungen des Vermieters, durch die Betriebskosten erspart werden, können bei freifinanziertem Wohnraum nicht auf den Mieter umgelegt werden (ebenso LG Wiesbaden WM 84, 82 für Hausmeistertätigkeit). Zwar enthält § 27 II der 2. Berechnungsverordnung eine entsprechende Regelung. Diese Regelung wird jedoch von der Verweisung in § 4 I S. 1 nicht umfaßt. Dies ergibt sich zwar nicht aus dem Wortlaut der Verweisungsnorm, wohl aber aus dem Sinn dieser Vorschrift. Denn durch die Bezugnahme auf § 27 der 2. Berechnungsverordnung soll ausschließlich der Begriff der Betriebskosten definiert werden. Diese Begriffsdefinition findet sich in § 27 I der 2. Berechnungsverordnung. Die Absätze 2–3 dieser Vorschrift enthalten dagegen Regelungen über die zulässige Höhe des Kostenansatzes. Solche Regelungen sind für preisgebundenen Wohnraum typisch; auf freifinanzierten Wohnraum sind diese Grundsätze nicht anwendbar, weil der Vermieter hier bei der Mietpreisbildung freie Hand hat.

2. Umlagefähigkeit des Erhöhungsbetrages

C 252   a) Ein gesetzliches Erhöhungsrecht steht dem Vermieter nach § 4 nur für diejenigen Beträge zu, um die sich die Betriebskosten seit dem Abschluß des Mietvertrages erhöht haben und das Erhöhungsverlangen dem Mieter nach dem 1. 1. 1975 zugeht; für entsprechende frühere Erhöhungsverlangen ist nach wie vor § 3 VI (1.) WKSchG maßgebend (Art. 4 2. WKSchG). Insoweit wird das Recht des Vermieters, erhöhte Betriebskosten auf die Mieter durch eine einseitige Erhöhungserklärung abwälzen zu dürfen, erst durch die Regelung in § 4 II begründet.

C 253   b) Es kann sich dabei aber nur um das Recht des Vermieters zur Erhöhung der oben erörterten Betriebskosten um den jeweiligen **Differenzbetrag** handeln. Auch § 4 gibt dem Vermieter keinen gesetzlichen Anspruch auf die Umlage von Betriebskosten oder sonstigen Nebenkosten außerhalb dieser Erhöhungsbeträge; ob der Mieter diese Sockelbeträge zu zahlen verpflichtet ist, richtet sich nach den Vereinbarungen des Mietvertrages (s. Rdn C 5 ff). Nach den Vorstellungen des Gesetzgebers steht

§ 4. Erhöhung der Betriebskosten C 253a, 253b

dem Vermieter das Erhöhungsrecht allerdings unabhängig davon zu, ob die Betriebskosten vom Mieter bisher durch die Zahlung einer pauschalen Mietsumme oder aber davon getrennt als ausdrücklich vereinbarte Nebenkosten beglichen wurden (s. Rdn C 8ff). Daraus folgt, daß der Mieter auch die Erhöhung solcher Betriebskosten zu zahlen verpflichtet ist, die er vertraglich nicht übernommen hat (s. aber Rdn C 243). Haben sich einzelne Kostenarten erhöht und andere ermäßigt, so kann der Vermieter nur die Differenz zwischen den erhöhten und den ermäßigten Kosten auf den Mieter umlegen. Dies ergibt sich unmittelbar aus § 4 IV, wonach Ermäßigungen der Betriebskosten an den Mieter weitergegeben werden müssen. Zur Nebenkostenpauschale s. Rdn C 283.

c) Obwohl § 4 keine ausdrückliche Regelung darüber trifft, ob auch C 253a die Mehrbelastung des Vermieters durch Betriebskosten infolge der **Einführung neuer öffentlich-rechtlicher Gebühren** oder deren Verlagerung von den Mietern auf den Vermieter aufgrund neuer gesetzlicher oder ortsstatutarischer Bestimmungen umlagefähig ist, werden auch diese Belastungen als ein Unterfall der Betriebskostenerhöhung des § 4 II nach dem Sinn und Zweck dieser Vorschrift anzusehen sein. Es gibt immer noch Gemeinden oder (im Zuge der Gebietsreform) Gemeindeteile, in denen z. B. Kanalisation, Müllabfuhr und Straßenreinigung erst jetzt neu eingeführt werden und neue fortlaufende Gebühren zur Folge haben; daneben gibt es in der BRD auch heute noch Gebiete, in denen derartige Gebühren unmittelbar von den Mietern eingezogen werden, die Gemeinde aber aufgrund neuer Kommunalabgabengesetze künftig diese öffentlich-rechtlichen Gebühren von den Grundeigentümern erheben muß. Es widerspräche dem Sinn und Zweck des § 4, wenn der Vermieter derartige einschneidende Mehrbelastungen nicht auf den Mieter umlegen dürfte, während er Erhöhungen schon bestehender Betriebskosten abwälzen darf, soweit diese sich im Rahmen des § 27 der II. BV halten. Für preisgebundenen Wohnraum wird die Umlage derartiger Betriebskosten im Rahmen der §§ 4 NMV, 30 der II. BV ausdrücklich zugelassen (vgl. auch § 22 AMVO) und es ist sachgerecht, diese Grundgedanken auch für den nicht preisgebundenen Wohnraum im Rahmen des § 4 anzuwenden (so auch Korff DWW 77, 149). Zur Neueinführung sonstiger Betriebskosten s. Rdn C 11.

d) Auch der **Wegfall einer bisher gewährten Steuervergünstigung** C 253b (z. B. Grundsteuervergünstigung) ist als Erhöhung i. S. des § 4 anzusehen (OLG Karlsruhe [RE] vom 4. 11. 1980 RES § 4 MHG Nr. 1; LG Mannheim DWW 79, 121; Barthelmess § 4 MHG Rdn 19). Die hiervon abweichende Ansicht (AG Schwetzingen WM 78, 96; AG Karlsruhe-Durlach WM 79, 33; AG Horb WM 79, 154; Sternel Rdn III 303) ist abzulehnen. Sie beruht auf der Erwägung, daß von § 4 nur solche Betriebskostenerhöhungen umfaßt werden, die nach Umfang und Zeitpunkt nicht vorhersehbar waren und deshalb bei der Mietzinsbildung nicht berücksichtigt werden konnten. Eine derartige Einschränkung bzgl. des Geltungsbereichs des § 4 MHG ergibt sich indes weder aus dem

Wortlaut des Gesetzes, noch aus dem Zweck der Vorschrift. Nach dem Inkrafttreten des 1. WKSchG am 25. 11. 1971 konnte der Vermieter den Mietzins nicht mehr im Wege der sogenannten Änderungskündigung den geänderten Verhältnissen anpassen. Vielmehr war er auf ein gesetzlich geregeltes und von bestimmten Tatbestandsvoraussetzungen abhängiges Erhöhungsverfahren angewiesen. Abweichende Vereinbarungen zwischen den Parteien waren unzulässig. Insbesondere konnten Betriebskostenerhöhungen nicht mehr durch die Erhöhung der Grundmiete aufgefangen werden. Aus diesem Grunde hat der Gesetzgeber dem Vermieter die Möglichkeit eingeräumt, bestimmte von ihm nicht zu vertretende tatsächliche Mehrbelastungen in einem vereinfachten Umlageverfahren auf die Mieter abzuwälzen. Auch der Wegfall einer bisher gewährten Vergünstigung und die Neueinführung einer bisher nicht vorhandenen Betriebskostenart stellt für den Vermieter eine Mehrbelastung dar und muß deshalb als Erhöhung i. S. d. § 4 MHG angesehen werden. Auf die Vorhersehbarkeit kann es dabei nicht ankommen. Dies versteht sich von selbst bei denjenigen Mietverhältnissen, die bereits vor Inkrafttreten der Mieterhöhungsbeschränkungen abgeschlossen worden sind. In diesen Fällen hatte der Vermieter nämlich keine Veranlassung, den Wegfall der Steuervergünstigung im Mietzins zu kalkulieren, da er nach der bis November 1971 geltenden Rechtslage die dadurch eintretende Mehrbelastung im Wege der (meist Erfolg versprechenden) Änderungskündigung auffangen konnte. Bei Mietverhältnissen, die nach dem November 1971 abgeschlossen wurden, war es dem Vermieter verwehrt, etwa durch die Vereinbarung eines vertraglichen Erhöhungsrechts einer in Zukunft eintretenden Mehrbelastung durch den Verlust des Steuerprivilegs Rechnung zu tragen (§§ 4 Abs. 1 des 1. WKschG, 10 Abs. 1 MHG). Dem Vermieter blieb allenfalls die Möglichkeit, die in Zukunft zu erwartende Mehrbelastung bereits beim Abschluß des Mietverhältnisses zu bedenken und bereits von Anfang an einen entsprechend höheren Mietzins zu verlangen.

Bei dieser Lösung wäre ein nach kaufmännischen Grundsätzen kalkulierender Vermieter gehindert, eine ihm gewährte Grundsteuervergünstigung zunächst ganz oder zum Teil an den Mieter weiterzugeben. Eine solche Lösung ist abzulehnen.

Nach dem Rechtsentscheid des OLG Karlsruhe vom 4. 11. 1980 (RES § 4 MHG Nr. 1) soll die Umlage derartiger Kostensteigerungen allerdings davon abhängen, ob der Mieter nach dem Inhalt des Mietvertrags verpflichtet ist, die fragliche Kostenart zu tragen. Nach der hier vertretenen Ansicht (s. Rdn C 243) kommt es hierauf nicht an. Ist eine gleitende Kostenumlage vereinbart, so schuldet der Mieter die Erhöhung bereits kraft dieser fraglichen Vereinbarung; im anderen Fall beruht das Erhöhungsrecht auf § 4 II. Auch bei Grundsteuermehrbelastungen gilt, daß nur eine nach Vertragsbeginn für das Grundstück und die darauf befindlichen Baulichkeiten eintretende Grundsteuererhöhung auf den Mieter abgewälzt werden kann. Eine Vereinbarung, wonach der Mieter bereits

§ 4. Erhöhung der Betriebskosten   C 254

die erste, an einem Zeitpunkt vor Vertragsschluß anknüpfende Anpassung der Grundsteuer an den Bebauungstatbestand tragen soll, ist bei Wohnraum unwirksam (§ 10 Abs. 1 MHG; OLG Hamm Urteil vom 26. 9. 1985 – 4 U 94/85). Der Anspruch auf Nachzahlung des Grundsteueranteils verjährt gemäß § 197 BGB in 4 Jahren. Die Verjährung beginnt dabei nicht mit der Entstehung des Grundsteueranspruchs, sondern mit dem Zugang des Steuerbescheids beim Vermieter (vgl. OLG Frankfurt ZMR 83, 374).

3. Umlagemaßstab

Das Gesetz bestimmt zwar, daß der Erhöhungsbetrag anteilig auf die C 254
Mieter umzulegen ist, regelt aber nicht im einzelnen, welcher Umlagemaßstab dabei zugrunde zu legen ist (so z. B. die §§ 21 ff NMV 70 für die umlagefähigen Nebenkosten preisgebundener Wohnungen). Deshalb ist der Vermieter nach den allgemeinen Vorschriften der §§ 315, 316 BGB berechtigt, den Verteilungsschlüssel einseitig zu bestimmen, falls eine dahingehende Regelung im Mietvertrag oder durch eine lang dauernde Übung nicht getroffen worden ist. Entspricht das Verlangen des Vermieters nicht der Billigkeit, kann der Mieter die Festlegung eines gerechten Verteilungsschlüssels durch das Gericht verlangen (§ 315 III BGB). Haben sich die Vertragspartner ausdrücklich oder stillschweigend über die Anwendung eines bestimmten Verteilungsschlüssels geeinigt, ist der Vermieter nachträglich zu einer einseitigen Abänderung nicht berechtigt (LG Mannheim ZMR 68, 11). Das gilt auch dann, wenn die überwiegende Mehrheit der anderen Mieter einer Änderung des Verteilungsschlüssels zustimmt. Davon kann eine Ausnahme entsprechend § 315 I, III i. V. m. § 242 BGB unter Berücksichtigung des Mietverhältnisses als Dauerschuldverhältnis nur dann gelten, wenn das Festhalten des Mieters am vereinbarten Umlagemaßstab im Hinblick auf spätere nicht vorhersehbare Veränderungen der bestimmenden Umstände zu einer offenbaren Unbilligkeit führt, weil sie ihm sachlich nicht gerechtfertigte Vorteile und den übrigen Mitmietern nicht gerechtfertigte Nachteile bringt; dann kann der Mieter auf Erteilung der Zustimmung verklagt und verurteilt werden. Entsprechendes gilt auch umgekehrt (so auch Wiethaup DWW 76, 202; a. A. Glaser FWW 74, 436; ZMR 76, 3; LG Frankfurt MDR 77, 933).

Bei den verbrauchsabhängigen Heiz- und Warmwasserkosten ist die HeizkostenVO vom 23. 2. 1981 (BGBl I 261) zu beachten. Bei den sonstigen verbrauchsabhängigen Betriebskosten muß grundsätzlich nach dem tatsächlichen Verbrauch umgelegt werden. Kann der Verbrauch nicht gemessen werden, so kommt nur ein Verteilungsmaßstab in Betracht, der dem tatsächlichen Verbrauch in etwa Rechnung trägt. Dabei kommt sowohl eine Umlage nach der Kopfzahl der Bewohner aber auch nach dem Verhältnis der Wohnflächen in Betracht (OLG Hamm (RE) vom 27. 9. 1983 WM 83, 315). Bezüglich der übrigen Betriebskosten

(z. B. Müllabfuhr) kann sowohl eine Umlage im Verhältnis der einzelnen Wohnflächen und Mietbeträge als auch nach der Personenzahl billig sein. Eine Umlage nach der Personenzahl führt aber erfahrungsgemäß dort zu Schwierigkeiten, wo mit einem häufigen Wechsel der Bewohner zu rechnen ist.

4. Ausschluß des Erhöhungsrechts

C 255   Das Recht zur Umlage der Betriebskostenerhöhungen steht dem Vermieter nicht zu, soweit und solange es **vertraglich ausgeschlossen** ist (§ 1 S. 3 MHG); insoweit wird auf die Ausführungen Rdn C 38 verwiesen. Ein wirksamer Ausschluß des Erhöhungsrechts setzt voraus, daß nicht nur eine Erhöhung der Grundmiete ausgeschlossen worden ist, sondern sich die Vereinbarung darüber hinaus auch auf die Veränderung aller Mietnebenkosten oder aber speziell der Betriebskosten erstreckt; dies ist im Zweifel dann anzunehmen, wenn eine Erhöhung des Mietzinses schlechthin als ausgeschlossen gilt und Sonderregelungen für die Betriebskosten fehlen, weil diese Nebenkosten dann als Teil des Mietzinses behandelt werden müssen. Hat der Mieter dagegen vereinbarungsgemäß die Betriebskosten neben der Grundmiete zu entrichten, kann im Zweifel eine allgemeine Ausschlußvereinbarung keine Wirkung auf das gesetzliche Erhöhungsrecht des Vermieters haben. Ein ausdrücklicher vertraglicher Ausschluß ist grundsätzlich jedoch auch hier nicht erforderlich. Soweit sich aus der Willensrichtung der Parteien nichts Abweichendes erkennen läßt, kann bei der Auslegung von Ausschlußtatbeständen nicht zwischen dem verbrauchs- und dem tarifbedingten Kostenfaktor unterschieden werden (a. A. Sternel Rdn III 300; J. Schäfer WM 78, 36 in Anm. zu AG Hannover WM 77, 172). Zur Erhöhung pauschaler Nebenkosten s. Rdn C 283.

Werden im Mietvertrag die umlegungsfähigen Betriebskosten bestimmt, kann aus der Nichterwähnung der anderen in der Anlage 3 zu § 27 der II. BV festgehaltenen Betriebskosten keine Ausschlußvereinbarung i. S. des § 1 S. 2 MHG mit dem Ergebnis gefolgert werden, daß die nicht erwähnten Betriebskosten willentlich auch nicht dem gesetzlichen Erhöhungsrecht des § 4 II unterliegen sollen. Eine derartige Folgerung ist nur dann gerechtfertigt, wenn die Vertragsparteien im Einzelfall bewußt davon ausgegangen sind, daß das Risiko der Betriebskostenerhöhungen einseitig vom Vermieter getragen werden soll; die Darlegungs- und Beweislast für eine derartige Abweichung von der gesetzlichen Grundregel, trifft dann den Mieter (Korff DWW 77, 149).

Macht der Vermieter eingetretene Erhöhungen der Betriebskosten zunächst nicht geltend, kann daraus i. d. R. keine Ausschlußvereinbarung i. S. des § 1 MHG gefolgert und auch grundsätzlich keine Verwirkung seines Erhöhungsrechts hergeleitet werden; da das Erhöhungsrecht – abgesehen von den Ausnahmefällen des § 4 III 2 – nur für die Zukunft geltend gemacht werden kann, verliert der Vermieter zwar dieses Recht

§ 4. Erhöhung der Betriebskosten　　　　　　　　　　　　　　C 256–259

für die Vergangenheit, während weitergehende Rechtsverluste nur beim Hinzutreten besonderer Umstände eintreten können (ähnlich Korff DWW 77, 149; unzutr. AG Köln MDR 74, 404). Treten mehrere Erhöhungen derselben Betriebskostenart ein und hat der Vermieter den früheren Erhöhungsbetrag nicht auf den Mieter umgelegt, muß nach den Rechtsgrundsätzen der Verwirkung und den Umständen des Einzelfalles darüber entschieden werden, ob die frühere Erhöhung dem Mieter nicht mehr angelastet werden kann, so daß nur die weitere Erhöhung umgelegt werden könnte; liegt keine Verwirkung vor, kann für die Zukunft die Gesamterhöhung umgelegt werden.

III. Die Geltendmachung des Erhöhungsrechts (§ 4 II)

Ein wirksamer Anspruch auf Zahlung der erhöhten Betriebskosten C 256 setzt neben dem Vorliegen der oben erörterten sachlichen Voraussetzungen die Erfüllung der gesetzlichen Formerfordernisse bei der Geltendmachung des Erhöhungsrechts voraus.

1. Die Erhöhungserklärung

Eine wirksame Umlage erfordert zunächst eine dahingerichtete C 257 **schriftliche Erhöhungserklärung** des Vermieters (§ 4 II 1). Durch diese einseitige empfangsbedürftige Willenserklärung übt der Vermieter das ihm vom Gesetz übertragene **Gestaltungsrecht** zur Abänderung der bisher geltenden Vereinbarungen über die Höhe der vom Mieter geschuldeten Betriebskosten aus; es bedarf somit nicht der Zustimmung (Annahme) des Mieters zu dieser Vertragsänderung. Sie wird wirksam, wenn die formellen und materiellen Voraussetzungen vorliegen und die Erklärung dem Mieter zugeht (s. Rdn B 43); sie ist und bleibt bis zu einer nochmaligen ordnungsmäßigen Erklärung unwirksam, wenn und soweit die Voraussetzungen nicht erfüllt sind. Dieses Risiko der Wirksamkeit trägt allein der Vermieter.

Zur Einhaltung der Schriftform ist die eigenhändige Unterschrift des C 258 Vermieters erforderlich (§ 126 BGB); die Fertigung der Erklärung mit Hilfe automatischer Einrichtungen macht die eigenhändige Unterschrift entbehrlich (§ 8 MHG; s. Rdn C 440).

2. Die Begründung der Erhöhungserklärung

Die Erhöhungserklärung ist nach § 4 III 2 nur wirksam, wenn in ihr C 259 der **Grund** für die Betriebskostenerhöhung bezeichnet und die **Berechnung** des geforderten Umlegungsbetrages dem Mieter in verständlicher, nachprüfbarer Weise mitgeteilt wird. Eine Gegenüberstellung der bisherigen und neuen Gesamtkosten, aus der sich ergibt, daß per Saldo die Betriebskosten um den Erhöhungsbetrag gestiegen sind, ist nicht erforderlich (so aber: LG Berlin MDR 81, 849; LG Köln WM 82, 301).

Abweichend von der früheren Regelung in § 3 VI (1.) WKSchG erfordert eine wirksame Erklärung nach § 4 II 2 als Wirksamkeitsvoraussetzung nur noch die Angabe des Erhöhungsgrundes (z. B. Kostensteigerung für Fernheizung nach Rechnung . . .) und eine zur Überprüfbarkeit ausreichende Erläuterung (z. B. Anteil nach bestimmtem Verteilungsschlüssel); im Ergebnis genügt also das Verlangen eines bestimmbaren, nachprüfbar auf den einzelnen Mieter entfallenden Geldbctrags, der weder hinsichtlich des konkreten Steigerungsbetrages noch der künftigen Gesamtmiete ausgerechnet sein muß. Entgegen der bisherigen Regelung ist also nicht erforderlich, daß dem Mieter die Berechnung mitgeteilt wird, wie das noch immer in § 3 III 2 MHG gefordert wird. Der Gesetzgeber bezweckt mit dieser abweichenden Regelung klarzustellen, daß die Angabe eines bestimmbaren Erhöhungsbetrages für die Nachprüfung des Mieters ausreicht (z. B. Prozentsatz der Erhöhung); dadurch soll insbesondere für Großvermieter ein erheblicher Mehraufwand an Arbeit vermieden und der Einsatz automatischer Großrechenanlagen ermöglicht werden (Begr. d. RegE; s. Rdn F 16).

C 260 a) Der Vermieter muß in der Erklärung einen **bestimmten** oder wenigstens bestimmbaren **Erhöhungsbetrag** nennen. Ein unklares Erhöhungsverlangen, oder eine Schätzung, aus der sich nicht eindeutig der verlangte Steigerungsbetrag ersehen läßt, ist unzureichend.

C 261 b) Ferner muß sich aus der Erhöhungserklärung in verständlicher Weise ergeben, welchen **Verteilungsschlüssel** der Vermieter angewandt hat und wie sich der verlangte Steigerungsbetrag nachprüfbar aus der gesamten Mehrbelastung des Vermieters errechnet (AG Osnabrück WM 73, 216). Da § 4 II dem Vermieter nur einen Anspruch auf die erhöhten Betriebskosten gibt, muß aus der Erklärung insbesondere hervorgehen, wie hoch die Kosten **vor** der geltend gemachten Erhöhung im Ausgangsbetrag gewesen sind, weil nur der Differenzbetrag der Umlage zugrunde gelegt werden darf (LG Osnabrück WM 76, 204; AG München WM 77, 171).

Belege oder sonstige Rechnungsunterlagen braucht der Vermieter der Erhöhungserklärung nicht beizufügen; wohl aber wird dem Mieter ein Anspruch auf Einsichtnahme und Überprüfung der Belege auf sein Verlangen zuzubilligen sein, wie er ihm auch sonst anläßlich der Abrechnung von Nebenkosten zusteht (LG Mannheim NJW 69, 1857; Palandt-Heinrichs § 261 BGB Anm. 3b, aa; Löwe NJW 75, 7). Verweigert der Vermieter die Vorlage der einschlägigen Belege, steht dem Mieter ein **Zurückbehaltungsrecht** hinsichtlich der nicht überprüfbaren Erhöhungsbeträge zu (§ 273 BGB; LG Mannheim a. a. O.). Die Wirksamkeit der Erhöhungserklärung wird jedoch von der Weigerung des Vermieters zur Vorlage der Belege nicht berührt, weil diese Pflichtverletzung nur einen Einfluß auf die Durchsetzbarkeit des Anspruchs auf erhöhte Betriebskosten haben kann (§ 274 BGB). Das Zurückbehaltungsrecht für Betriebskosten kann im Mietvertrag jedoch wirksam ausgeschlossen werden (AG Bochum WM 77, 28).

§ 4. Erhöhung der Betriebskosten

Die Belege hat der Mieter grundsätzlich an dem vom Vermieter bestimmten Ort einzusehen. Aus wichtigem Grund kann der Mieter aber die Vorlage der Belege nach § 811 BGB auch an einem dritten Ort verlangen (z. b. gespannte Verhältnisse, Einsichtnahme beim Hausverwalter oder Hausmeister); wohnt der Vermieter auswärts, so müssen dem Mieter die Belege an seinem Wohnort vorgelegt werden (AG Osnabrück WM 76, 94). Ein Anspruch auf Aushändigung oder Übersendung der Originalbelege steht dem Mieter nicht zu (AG Stuttgart ZMR 57, 338). Wohl aber kann der Vermieter entsprechend § 811 BGB aus wichtigem Grund verpflichtet sein, dem Mieter auf dessen Kosten lesbare Fotokopien der maßgebenden Belege zu übersenden, wobei auf Verlangen Vorschuß zu leisten ist (ähnlich Wiethaup DWW 76, 202). Die Pflicht des Vermieters, dem Mieter die Einsichtnahme in die maßgebenden Belege zu ermöglichen, wird nicht dadurch erfüllt, daß eine nicht geordnete Vielzahl von Unterlagen vorgelegt wird, aus denen sich der Interessent erst mühevoll das Richtige heraussuchen muß; es ist vielmehr Sache des Vermieters, die auf den jeweiligen Vorgang bezogenen Belege aus seinen Unterlagen herauszusuchen und diese erforderlichenfalls (z. B. bei umfassenden Gesamtabrechnungen) durch entsprechende Erläuterungen zu ergänzen.

c) In der Erhöhungserklärung muß der Vermieter den tatsächlichen **Erhöhungsgrund** (z. B. Gebührenerhöhung der Stadtwerke vom ...) für den geforderten Steigerungsbetrag kurz und verständlich angeben. Dadurch erfahren die geltendgemachten Mehrforderungen des Vermieters erst die erforderliche Konkretisierung, wodurch vor allem dem Mieter eine Nachprüfung ermöglicht wird. Es muß auch der Zeitraum eindeutig angegeben werden, auf welchen sich der Erhöhungsbetrag bezieht (z. B. Heizkosten für die Zeit von ... bis ...). Unzureichend ist es deshalb, wenn dem Mieter lediglich die erhöhten Gebührensätze z. B. für Abwasser und Müllabfuhr mitgeteilt werden, während weitergehende Angaben über Grund und Zeitpunkt der Erhöhung sowie den dabei angewandten Verteilungsschlüssel fehlen (LG Osnabrück WM 76, 204). Übertriebene Angaben dürfen jedoch insbesondere dann nicht verlangt werden, wenn sich der Erhöhungsgrund aus der Sache selbst ergibt.

d) Die Erhöhungserklärung ist nach § 4 II i. V. m. §§ 125, 126 BGB **unwirksam,** wenn sie den gesetzlichen Formvorschriften nicht entspricht. Daraus folgt, daß schon die fehlenden Angaben über den Erhöhungsgrund oder die fehlende Erläuterung des Umlagebetrages ohne Rücksicht auf Beanstandungen des Mieters die Unwirksamkeit der Erklärung bewirken. Schreib- oder Rechenfehler, welche nur eine teilweise Unrichtigkeit zur Folge haben, lassen die Wirksamkeit des mit Recht beanspruchten Erhöhungsbetrages unberührt. Eine unwirksame Erhöhungserklärung kann der Vermieter jederzeit unter Beachtung der verletzten Formvorschriften wiederholen, die Erklärung hat aber dann keine Rückwirkung, so daß die gesetzlich geregelte Fälligkeit des Erhöhungsbetrages entsprechend später eintritt. Leidet die Abrechnung somit an schwerwiegenden Mängeln, so ist der gesamte Ausgleichsbetrag bis zur Erstellung einer ordnungsgemäßen Abrechnung noch nicht fällig (LG Mannheim WM 76, 120 = Justiz 76, 299; dazu krit. Schrader MDR 77, 369, der Fälligkeit nach objektiven Kriterien annimmt, aber den Verzug des Mieters wegen fehlendem Verschulden ausschließt). In der Zahlung von nichtgeschuldeten Beträgen, die auf fehlerhaften Abrechnungen beruhen, liegt i. d. R. kein Anerkenntnis, so daß der Mieter später die Zahlung künftiger Beträge auch insoweit verweigern kann (AG München WM 77, 171). Ebensowenig kommt auf diese Weise eine Vertragsänderung durch schlüssiges Verhalten zustande, es sei denn, daß aus dem längere Zeit fortdauernden Verhalten des M. eindeutig aufgrund besonderer Umstände sein Änderungswille trotz Kenntnis der Nichtschuld zu entnehmen ist (LG Mannheim WM 76, 115; Wiethaup DWW 76, 202).

IV. Fälligkeit der erhöhten Umlage (§ 4 III) und gerichtliche Geltendmachung

C 264 1. Die wirksame Erhöhungserklärung des Vermieters hat zur Folge, daß die erhöhten Betriebskosten vom Mieter ab dem nächsten 1. des auf die Erklärung folgenden Monats zu zahlen sind, wenn die Erklärung bis spätestens zum 15. des Monats abgegeben wird; wird sie erst nach dem 15. des Monats abgegeben, so hat der Mieter die Erhöhung erst vom 1. des übernächsten Monats an zu zahlen (§ 4 III 1). Entscheidend – trotz des mißverständlichen Wortlauts – ist hier der Zugang beim Mieter (Barthelmess ZMR 72, 205; Lutz DWW 71, 388). Dadurch wird die Fälligkeit des vom Mieter geschuldeten Erhöhungsbetrags zu seinem Schutz gesetzlich bestimmt; eine rückwirkende Fälligkeit ist grundsätzlich ausgeschlossen, selbst wenn vertraglich abweichende Vereinbarungen getroffen wurden (vgl. § 10 I MHG).

C 265 2. Ausnahmsweise läßt § 4 III 2 eine **rückwirkende Erhöhung** der Betriebskosten dann zu, wenn sich diese Kosten nachträglich erhöht haben (z. B. Grundsteuer, gemeindliche Gebühren und Abgaben). Die Erhöhungserklärung ist nur wirksam, wenn der Vermieter diese innerhalb von 3 Monaten nach Kenntnis des auf ihn entfallenden Erhöhungsbetrages dem Mieter übermittelt (Zugang beim Mieter). Die Kenntnis des Vermieters setzt – entsprechend der gleichlautenden Regelung in § 10 II 3 WoBindG für preisgebundenen Wohnraum – positives Kennen der die rückwirkende Erhöhung begründenden Umstände voraus, so daß ein bloßes Kennenmüssen nicht ausreicht; ist diese Erhöhung davon abhängig, daß eine Behörde von ihrem Recht zur rückwirkenden Erhöhung der den Vermieter treffenden Lasten Gebrauch macht, tritt die Kenntnis erst ein, wenn die Erhöhungserklärung dem Vermieter zugeht, aus welcher er auch den Umfang der ihn treffenden Mehrbelastung ver-

§ 4. Erhöhung der Betriebskosten C 266

bindlich entnehmen kann (z. B. Steuerbescheid); der Wegfall einer dem Vermieter gewährten Grundsteuervergünstigung reicht deshalb für die Kenntnis der nach Fristablauf eintretenden Mehrbelastungen nicht aus, zumal auch nach Treu und Glauben (§ 242 BGB) nicht davon ausgegangen werden kann, daß der Vermieter verpflichtet ist, dem Mieter schon bei Vertragsabschluß von der Gewährung und Befristung einer solchen Vergünstigung gebührende Kenntnis zu verschaffen oder aus dem Schweigen einen vertraglichen Ausschluß des diesbezüglichen Erhöhungsrechts herzuleiten. Maßgeblich für den **Zeitpunkt der Kenntnis** ist nicht der Zugang des Erstbescheids, sondern – falls der Vermieter Widerspruch einlegt – der Zugang des zweiten, berichtigten Bescheids (LG München I DWW 78, 99 m. zust. Anm. Glock/Bub; LG Frankfurt, 2/11 S 149/77). Ist der erste Bescheid offensichtlich fehlerhaft, so kann der Vermieter sogar verpflichtet sein, gegen den Bescheid Widerspruch einzulegen (Glock/Bub, a. a. O). Insoweit handelt es sich um eine Obliegenheit gegenüber dem Mieter; eine Verletzung dieser Obliegenheit hat dann zur Folge, daß der Vermieter den Erhöhungsbetrag nicht umlegen kann. Die rückwirkende Erhöhung wird vom Gesetz auf das vorangegangene Kalenderjahr – berechnet nach dem Zugang der Erhöhungserklärung beim Mieter – beschränkt. Bei der rückwirkenden Erhöhung der Grundsteuer ist es unbeachtlich, ob diese auf einer Erhöhung des gemeindlichen Hebesatzes oder aber des Einheitswertes beruht; auch der Wegfall einer befristeten Vergünstigung von Betriebskosten (z. B. Grundsteuervergünstigung) ist nach dem hier maßgebenden wirtschaftlichen Ergebnis als eine Betriebskostenerhöhung zu werten (s. Rdn C 253b). Weiter zurückgreifende Erhöhungen sind nicht umlagefähig, ohne daß es darauf ankommt, ob dies der Vermieter zu vertreten hat. Eine andere Frage ist es, ob die behördliche Nachforderung einer nicht mehr umlagefähigen Grundsteuererhöhung nach verwaltungsrechtlichen Grundsätzen unbillig ist (vgl. dazu: BVerwG NJW 82, 2682 = ZMR 82, 363, wo diese Frage verneint wird).

Macht der Vermieter fristgerecht von seinem Erhöhungsrecht Gebrauch, kann er die rückwirkend eingetretene Erhöhung der Betriebskosten im Rahmen des § 4 III 2 auch dann vom Mieter verlangen, wenn das **Mietverhältnis bereits beendet** ist; der Grundsatz, daß die Geltendmachung des Erhöhungsrechts den Bestand eines wirksamen Mietverhältnisses voraussetzt (s. Rdn B 3), kann für diese Ausnahmeregelung nicht gelten. Es wäre unbillig, dem Vermieter in derartigen Fällen die Abwälzung rückwirkend erhöhter Betriebskosten überhaupt zu versagen, oder diese dem nachfolgenden Mieter aufzuerlegen, obwohl er für den rückwirkenden Zeitraum überhaupt kein Gebrauchsrecht an der Wohnung hatte. Insoweit kommt aber eine rückwirkende Erhöhung auf Grund der Sondervorschrift des § 4 III 2 nur für die Zeit bis zur Beendigung des Mietverhältnisses in Betracht, während im übrigen bis zur tatsächlichen Räumung § 557 I 1 BGB eingreift (s. Rdn B 506).

C 266

Die Ausnahmeregelung des § 4 III 2 gilt ohne Rücksicht darauf, ob der Mieter eine Vorauszahlung auf die erhöhten Betriebskosten zu erbringen hat. Soweit eine Erhöhung der vom Mieter geschuldeten Pauschale für die Betriebskosten nach § 4 II beansprucht werden kann, gilt § 4 III 2 auch insoweit (s. Rdn C 283 a). Für eine unterschiedliche Behandlung der Rückwirkung in diesen Fällen läßt sich weder aus der Sache noch aus der eng auszulegenden Ausnahmeregelung selbst ein tragender Gesichtspunkt herleiten.

C 267 3. Leistet der Mieter nicht rechtzeitig, kommt er ohne Mahnung in **Verzug** (§ 284 II BGB). Der Vermieter kann im Mahnverfahren oder mit einer **Leistungsklage** unter Beachtung der Zuständigkeitsregel des § 29 a ZPO seine Rechte geltend machen (unzulässig Zustimmungsklage entsprechend oben Rdn C 245; a. A. LG Hamburg WM 73, 169). Im übrigen ist eine Kündigung wegen rückständigen Betriebskosten als Teil des Mietzinses nur unter den Voraussetzungen des § 564 b II Nr. 1 BGB zulässig; insoweit muß der Vermieter aber nach § 9 II MHG die dort zum Schutz des Mieters bestimmte 2-Monats-Frist nach Rechtskraft des Zahlungsurteils abwarten (s. Rdn C 453). Verzögert der Vermieter übermäßig die gerichtliche Geltendmachung der Betriebskostenerhöhung, kann der Anspruch als verwirkt (§ 242 BGB; vgl Rdn C 280) angesehen werden oder verjährt sein (§§ 197, 201 BGB). Zur Zulässigkeit der Klage auf künftige Leistung und der Feststellungsklage sowie zum Streitwert vgl. Rdn C 226.

V. Herabsetzung der Betriebskosten (§ 4 IV)

C 268 Ermäßigen sich die erhöhten Betriebskosten, so ist der Vermieter verpflichtet, den Mietzins vom Zeitpunkt der Ermäßigung entsprechend herabzusetzen (§ 4 IV). Eine Ermäßigung in diesem Sinne soll nach den Vorstellungen des RegE nicht schon dann vorliegen, wenn sich eine einzelne Betriebskostenart ermäßigt hat, sondern nur dann, wenn sich der **Gesamtbetrag** der Betriebskosten **verringert** (RegE; s. Rdn F 16). Das ist von Bedeutung, wenn einzelne Leistungen wegfallen (z. B. Entlassung des Hausmeisters) oder sich eine Abgabe infolge Änderung der Berechnungsart ermäßigt (z. B. Versicherung), während andere Betriebskosten steigen oder neu hinzu kommen (so auch Sternel Rdn III 312). Die Pflicht des Vermieters zur unverzüglichen Herabsetzung erfordert, daß er ohne schuldhaftes Zögern (§ 121 BGB) dem Mieter davon Mitteilung macht und etwaige Überzahlungen zurückzahlt; der Mieter hat ab dem Zeitpunkt der Ermäßigung einen einklagbaren **Rückerstattungsanspruch** wegen positiver Vertragsverletzung und nach §§ 812 ff BGB, auch wenn er davon erst später Kenntnis erlangt. Er kann auch im Wege der Feststellungsklage zur Klarstellung vorgehen (§ 256 ZPO).

§ 4. Erhöhung der Betriebskosten

VI. Vorauszahlungen für Betriebskosten (§ 4 I)

Der Vermieter ist auf Grund des Mietvertrages verpflichtet, dem Mieter den vertragsgemäßen Gebrauch der Mietsache zu gewähren (§ 536 BGB). Soweit der Vermieter außer der eigentlichen Raumüberlassung zur Gewährung des vertragsgemäßen Gebrauchs noch zu weiteren Nebenleistungen verpflichtet ist (Heizung, Wasser, Müllabfuhr), kann er die dafür zu entrichtenden Nebenkosten nur dann auf die Mieter anteilig umlegen, wenn das vereinbart ist (s. Rdn C 5ff). Der Vermieter muß zunächst diese Kosten aus eigenen Mitteln bezahlen, da er Schuldner der von einem Dritten erbrachten Leistung ist. Die ihm dadurch entstehenden wirtschaftlichen Nachteile können, müssen aber nicht, im Mietzins einkalkuliert sein. Zur Vermeidung dieser wirtschaftlichen Nachteile (Risiko, Zinsverlust) kann vereinbart werden, daß die Mieter auf die letztlich von ihnen zu tragenden Nebenkosten angemessene Vorauszahlungen zu entrichten haben; dieses Recht des Vermieters wird weder für den Bereich der öffentlich geförderten Wohnungen (§§ 20ff NMV 70) noch für den Bereich des nicht preisgebundenen Wohnraums nach dem MHG grundsätzlich beschränkt. Allerdings dürfen diese Vorauszahlungen dem Vermieter keinen zusätzlichen versteckten Vermietergewinn bringen, sondern lediglich dazu dienen, ihn von einer Vorschußpflicht für zusätzliche Leistungen zu entbinden, die dem Mieter zugute kommen und die er zu zahlen verpflichtet ist. Die neue Vorschrift des § 4 I regelt insoweit nur einen Teil dieser Problematik, läßt aber die eigentlichen Streitfragen unberührt, so daß hier weiterhin nach allgemeinen Rechtsgrundsätzen entschieden werden muß.

Der Anwendungsbereich der Vorschrift beschränkt sich auf die Betriebskosten i. S. des § 27 der II. BV (s. Rdn C 250); nicht erfaßt werden somit die sonstigen Nebenkosten (z. B. Verwaltungskosten, Instandsetzungskosten) für die zwar kein gesetzlicher Erhöhungsanspruch nach dem MHG besteht, die aber als Nebenverpflichtung des Mieters mit der Grenze des § 5 WiStG vereinbart werden können (s. Rdn C 251); eine gesetzliche Pflicht zur Abrechnung von Vorauszahlungen binnen Jahresfrist besteht insoweit nicht, Grenzen ergeben sich aus dem allgemeinen Rechtsgrundsatz der Verwirkung (s. Rdn C 280).

1. Zu Vorauszahlungen auf die von § 27 der II. BV erfaßten Betriebskosten und sonstigen Nebenkosten ist der Mieter nur dann verpflichtet, wenn darüber eine **Vereinbarung** getroffen worden ist. Diese Vereinbarung ist auch formlos gültig, soweit der Mietvertrag nichts anderes bestimmt; sie kann auch durch schlüssiges Verhalten zustande kommen (z. B. längere tatsächliche Übung). Aus der Vereinbarung muß sich ergeben, welche Beträge der Mieter für welche Betriebskosten vorauszuzahlen verpflichtet ist; ein pauschaler Vorauszahlungsbetrag gilt i. Zw. für alle Nebenkosten. Die Verpflichtung des Mieters kann nicht stillschwei-

gend auf Grund der Annahme begründet sein, daß heute Vorauszahlungen üblicherweise gefordert würden; erst wenn ein dahingehender Wille nach außen erkennbar hervortritt, kann eine Vereinbarung konkludent als geschlossen gelten. Der § 4 I gibt dem Vermieter keinen gesetzlichen Anspruch auf eine Vorauszahlung, sondern geht ausdrücklich vom Vorliegen einer dahingehenden Vereinbarung aus.

C 272 2. Die **Höhe** der vereinbarten Vorauszahlungen für die Betriebskosten muß angemessen sein (§ 4 I 1); darüber hinausgehende Verpflichtungen sind unwirksam (§ 134 BGB). Angemessen ist die Vorauszahlung, wenn sie sich nach den Aufwendungen für entsprechende Leistungen in den vergangenen Jahren zuzüglich eines Zuschlags für nicht auszuschließende Kostensteigerungen rechtfertigen läßt; die zulässige Vorauszahlung darf somit die dafür bisher aufgewendeten Kosten leicht übersteigen. Nach der hier vertretenen Auffassung bezieht sich der Begriff der angemessenen Höhe lediglich auf die Obergrenze der Vorauszahlung. Die Vereinbarung von nicht kostendeckenden Vorauszahlungen ist grundsätzlich unschädlich. Eine derartige Vertragsgestaltung hat auch nicht zur Folge, daß der Vermieter hinsichtlich seiner Nachforderungen nach erfolgter Abrechnung beschränkt wäre. Davon abweichend wird allerdings auch die Ansicht vertreten, daß der Vermieter verpflichtet sei, die Höhe der Vorauszahlung so zu bemessen, daß damit die zu erwartenden Nebenkosten im wesentlichen abgedeckt werden; sind die Vorauszahlungen zu niedrig bemessen, so soll der Vermieter nur die Differenz zwischen angemessenen Vorauszahlungen und den tatsächlichen Kosten verlangen können (Lechner WM 83, 5; ähnlich AG Lübeck WM 80, 250; AG Eschweiler WM 80, 233). Das OLG Stuttgart ist dieser Ansicht in dem Rechtsentscheid vom 10. 8. 1982 (RES § 4 MHG Nr. 4) entgegengetreten (ebenso: LG Lübeck WM 81, 45; Schwab DWW 83, 68). Der Mieter hat nur dann ein berechtigtes Interesse an der Festlegung ausreichend hoher Vorauszahlungen, wenn er darauf vertraut, daß diese im wesentlichen kostendeckend sind. Soweit sich ein derartiges Vertrauen auf unrichtige Auskünfte des Vermieters bei den Vertragsverhandlungen gründet, kann dies im Einzelfall allerdings Schadensersatzansprüche aus dem Gesichtspunkt des Verschuldens beim Vertragsschluß zur Folge haben (vgl. dazu auch Wiek BLGBW 83, 108). Ein gesetzliches Erhöhungsrecht enthält § 4 I nicht. Somit ist eine Erhöhung des vereinbarten Vorschußbetrages nur im beiderseitigen Einvernehmen durch Abänderungsvertrag möglich. Zur Erhöhung der Vorauszahlung s. Rdn C 281.

C 273 3. Die **Zahlungsweise** (monatlich, halbjährig) und die **Fälligkeit** der Vorauszahlung kann frei vereinbart werden. Üblicherweise ist sie bei monatlichem Mietzins zusammen mit diesem zu zahlen. Das wird auch dann als stillschweigend vereinbart gelten müssen, wenn keine konkrete Abrede getroffen worden ist. Obwohl die Vorauszahlung nicht als Mietzins i. S. der §§ 535, 554 BGB anzusehen ist, weil sie nur einen Vorschuß zur Tilgung einer erst später (bei Abrechnung) entstehenden Schuld dar-

§ 4. Erhöhung der Betriebskosten   C 274–276

stellt, ist diese Nebenverpflichtung des Mieters somit jeweils entsprechend der Mietzinszahlung fällig. Die Verjährung der Betriebskosten tritt 4 Jahre nach der Entstehung des Anspruchs ein (s. Rdn C 279).

4. Der Vermieter ist verpflichtet, über die Vorauszahlung jährlich abzurechnen (§ 4 I 2; dazu allgem. Glaser FWW 73, 391; ZMR 76, 129; Wiethaup DWW 76, 202; Pütz WM 79, 69; Röchling ZMR 79, 161). C 274

a) Die Abrechnung muß **schriftlich** erfolgen; das ergibt sich bereits aus dem Begriff der Abrechnung, folgt aber auch aus dem Sinn und Zweck dieser Verpflichtung. Allerdings setzt eine wirksame Abrechnung nicht die Einhaltung der gesetzlichen Schriftform i. S. des § 126 BGB (Unterschrift) voraus, weil das (anders als in § 4 III MHG) vom Gesetz nicht verlangt wird. Die Abrechnung muß dem Mieter zugehen; ein Aushang im Hausflur genügt demnach nicht (AG Wuppertal WM 78, 66). Eine vertragliche Vereinbarung, wonach der Vermieter von seiner gesetzlichen Pflicht zur schriftlichen Abrechnung der Vorauszahlungen befreit wird, ist nach § 10 I MHG unwirksam. C 275

b) Nach den vom BGH (NJW 82, 573 = MDR 82, 483 = ZMR 82, 108) aufgestellten **Grundsätzen** muß die Abrechnung eine geordnete Zusammenstellung der Einnahmen und Ausgaben in Form einer zweckmäßigen und übersichtlichen Aufgliederung in Abrechnungsposten enthalten. Der Mieter muß in die Lage versetzt werden, den Anspruch des Vermieters gedanklich und rechnerisch nachzuprüfen. Dabei ist auf das durchschnittliche Verständnisvermögen eines juristisch und betriebswirtschaftlich nicht geschulten Mieters abzustellen (ebenso OLG Hamm WM 81, 62; LG Mannheim NJW 69, 1856; ZMR 68, 11; LG Lübeck WM 76, 7). Diese Verständlichkeit fehlt häufig den komplizierten Heizkostenverteilerlisten oder Einzelabrechnungen der gewerblichen Wärmemeßdienste (OLG Düsseldorf MDR 75, 60; LG Mannheim a. a. O.; AG Kiel WM 74, 256; AG Oberhausen WM 74, 255). Es ist nicht Sache des Mieters, schlechthin unverständliche oder pauschale Angaben (z. B. Sonstiges, Service) durch Einsicht in die Belege oder eigene Nachforschungen klarzustellen (OLG Düsseldorf a. a. O. = WM 74, 236; teilweise abweichend LG Köln WM 74, 25). Die Entscheidung des LG Köln (WM 85, 371), wonach die Heizkostenabrechnung eines Fernwärmeunternehmens auch dann ordnungsgemäß sein soll, wenn der Mieter sie nur mit Hilfe eines Fachmanns verstehen kann, steht im Widerspruch zu dem Urteil des BGH vom 23. 11. 1981 (NJW 82, 573), wonach bei der Abfassung der Abrechnung auf das Verständnisvermögen eines juristisch und betriebswirtschaftlich nicht geschulten Laien Rücksicht zu nehmen ist. Unzureichend ist auch die Verweisung auf die Einsichtnahme in die Unterlagen beim Hausverwalter. Im einzelnen gilt folgendes: C 276

aa) In der Abrechnung müssen die einzelnen Nebenkostenforderungen dargelegt werden. Die Forderung muß genau bezeichnet werden; allgemeine Angaben wie „Sonstige Nebenkosten" genügen nicht.

Die **Pflicht zur Spezifizierung** der abgerechneten Kosten darf einerseits nicht überspannt, andererseits aber auch nicht zu großzügig beurteilt werden. Die rechtlichen Anforderungen, die insoweit an eine Nebenkostenabrechnung gestellt werden müssen, sind auch nicht in allen Fällen gleich. Vielmehr richtet sich der Umfang der Abrechnung nach dem Grundsatz der Zumutbarkeit, das heißt nach einer sinnvollen Relation zwischen dem Zeit- und dem Arbeitsaufwand des Vermieters einerseits und den schutzwürdigen Interessen des Mieters andererseits (BGH a. a. O.). Hat der Vermieter nur über wenige Wohnungen abzurechnen, so kann durchaus verlangt werden, daß er bei den jeweiligen Kostengruppen angibt, auf welchen Rechnungen oder Gebührenbescheiden die Forderung beruht. Das Rechnungsdatum und der Rechnungsbetrag muß dabei angegeben werden, damit der Mieter, der die Belege einsehen will, rascher feststellen kann, welcher Beleg zu welcher Kostenart gehört (LG Freiburg WM 83, 265). Wird dagegen über eine Großwohnanlage abgerechnet, kann ein geringerer Spezifizierungsgrad ausreichend sein (OLG Hamm WM 81, 82). Hier genügt es regelmäßig, wenn der Vermieter die Gesamtkosten auf die in der Anlage 3 zu § 27 der II. Berechnungsverordnung aufgelisteten Betriebskostengruppen aufteilt (s. dazu Rdn C 285 ff). Die Angabe einzelner Rechnungen ist dann nicht erforderlich. Allerdings gelten auch hier die vom BGH dargelegten Grundsätze. Es muß also auch in diesen Fällen gewährleistet sein, daß der Mieter die ihm angelasteten Kosten bereits aus der Abrechnung hinreichend klar ersehen und überprüfen kann, so daß die Einsichtnahme in dafür vorliegende Belege nur noch zur Kontrolle oder Behebung von Zweifeln erforderlich ist; es genügt deshalb nicht die Benennung eines Endbetrages, der nur unter Zuhilfenahme mietvertraglicher Einzelbestimmungen nachvollziehbar ist (BGH ZMR 82, 108; LG Köln WM 78, 148). Bei der Abrechnung **nicht verbrauchsabhängiger Kosten,** die der Vermieter in überprüfbarer Weise an Dritte geleistet hat, kann deshalb die Angabe des in Rechnung gestellten Gesamtbetrages genügen, auch wenn es sich dabei um wiederholte Zahlungen handelt (z. B. Grundsteuer, Hauswart). Bei der Abrechnung **verbrauchsabhängiger Kosten,** die sich letztlich der Überprüfung durch einen Dritten entziehen, wie das insbesondere beim Brennstoff einer Ölzentralheizung der Fall ist, erfordert dagegen eine ordnungsgemäße Rechnungslegung spezifiziertere Angaben; da der Mieter z. B. den **Brennstoffverbrauch** binnen der abgerechneten Heizperiode nicht schon aus der Menge der Nachfüllung des Tanks ersehen kann, muß der Vermieter den Anfangs- und Endstand der jeweiligen Ölmenge in der Abrechnung angeben; darin liegt keine Überforderung, weil diese Werte ohne wesentliche praktische Schwierigkeiten feststellbar sind (z. B. Öluhr, Meßlatte), oder aber – durch den nicht kostspieligen Einbau einer Meßeinrichtung sichtbar gemacht werden können (wie hier LG Aachen WM 76, 180; LG Darmstadt WM 76, 253; LG Osnabrück WM 76, 204; LG Kassel Urt. vom 14. 10. 1976, 1 S 117/76; LG Mannheim WM 77, 208 = BB 77, 417; AG Oberhausen WM 74, 234; AG Mann-

§ 4. Erhöhung der Betriebskosten

heim DWW 76, 165 = FWW 76, 171 = WM 78, 46; WM 77, 167; AG Köln WM 77, 39; AG Berlin-Schöneberg WM 78, 23; AG Solingen WM 79, 237; a. A. Glaser ZMR 76, 129; die abweichende Ansicht in der Vorauflage wird aufgegeben). Heizkosten müssen verbrauchsabhängig abgerechnet werden und zwar auch dann, wenn im Mietvertrag eine Heizkostenpauschale oder eine Pauschalmiete vereinbart ist (OLG Hamm [RE] WM 86, 267 = ZMR 86, 436 = MDR 86, 1030; vgl. auch OLG Schleswig WM 86, 330 = DWW 86, 293). Deshalb liegt eine ordnungsgemäße Abrechnung über Heizkosten nicht vor, wenn die Abrechnung zu einem erheblichen Teil nicht auf tatsächlichen Werten, sondern auf Schätzungen beruht. Dies soll nach LG Köln (WM 85, 294) selbst dann gelten, wenn der Mieter zu den bekanntgegebenen Terminen seine Wohnung dem Vermieter oder dem Wärmedienstunternehmen nicht zugänglich macht und so die Ablesung vereitelt. Hier soll der Vermieter nach der Entscheidung des LG Köln verpflichtet sein, das Recht auf Zutritt der Wohnung gerichtlich durchzusetzen. Nach der hier vertretenen Ansicht ist in diesen Fällen eine Schätzung möglich. Die Schätzung muß allerdings verbrauchsgerecht erfolgen, was am besten dadurch geschieht, daß sich der Schätzer am Vorjahresergebnis unter Berücksichtigung der Verbrauchstrends des Gesamtgebäudes orientiert. Es spricht nämlich alles dafür, daß der Wohnungsnutzer seine Verbrauchsgewohnheiten nicht von Jahr zu Jahr ändert. Ist der Rückgriff auf das Vorjahresergebnis nicht möglich, so kann der Schätzer die Berechnung auch an Hand des Durchschnittsverbrauchs aller Nutzer vornehmen.

Die gleichen Grundsätze gelten, wenn eine exakte Ablesung aus anderen Gründen nicht möglich war.

Zieht der Mieter vor dem Ende der Abrechnungsperiode aus, so kann er eine **Zwischenablesung** der feststellbaren verbrauchsabhängigen Nebenkosten verlangen, wenn er dadurch entstehende Zusatzkosten übernimmt oder nach dem Mietvertrag zu tragen verpflichtet ist. Anderenfalls kann der Vermieter den gesamten Verbrauch bis zum Ende der Abrechnungsperiode der anteiligen Berechnung der auf den früheren und den jetzigen Mieter entfallenden Nebenkosten zugrunde legen; dabei ist der Gesamtbetrag auf der Grundlage der tatsächlichen Nutzungstage beider Mieter nach billigem Ermessen zu schätzen, wobei nur erhebliche Abweichungen im Verbrauch zu berücksichtigen sind, falls diese als offenkundig oder leicht feststellbar angesehen werden können und ihre Nichtbeachtung zu einem grob unbilligen Gesamtergebnis führen würde. Geringfügige Unterschiede können bei einer derartigen Schätzung außer Betracht bleiben, wie das auch bei einer gerichtlichen Schätzung nach § 287 ZPO geschieht (AG Düsseldorf WM 76, 52 = FWW 76, 128; Glaser ZMR 76, 129). Eine ordnungsgemäße Abrechnung muß hier aber erkennen lassen, auf welcher tatsächlichen Nutzungsdauer die Verteilung beruht und warum etwaige Abweichungen zu gunsten des einen oder anderen Mieters vorgenommen wurden (AG Oberhausen FWW 76, 128).

Die Wärmemeßdienste verwenden zur Reproduktion eines nicht durch Zwischenablesung ermittelten Ergebnissen regelmäßig die sog. „**Gradtagsmethode**". Bei dieser Methode wird den einzelnen Monaten eines Jahres ein jeweiliger Wärmeverbrauchsanteil zugeordnet. Die Wärmeverbrauchsanteile werden aus Gradtagszahlen abgeleitet, wobei die Gradtagszahl für die Heizperiode die Summe der Differenzen zwischen der mittleren Raumtemperatur von 20 °C und den Tagesmitteln der Außenlufttemperatur über die betreffenden Heiztage darstellt.

Für das Bundesgebiet gilt folgende Gradtagszahlentabelle: (VDI 2067 Blatt 1 Tab 22, Ausgabe Dez. 1983)

Monat		Wärmeverbrauchsanteil in Promille	
		je Monat	Je Tag
September		30	30/30 = 1,0
Oktober		80	80/31 = 2,58
November		120	120/30 = 4,0
Dezember		160	160/31 = 5,16
Januar		170	170/31 = 5,48
Februar		150	150/28 = 5,35
März		130	130/31 = 4,19
April		80	80/30 = 2,66
Mai		40	40/31 = 1,29
Juni			
Juli	insgesamt	40	40/92 = 0,43
August			

Beispiel: Abrechnungszeitraum 1. 6. bis 30. 5.; Mieterwechsel am 30. 11./1. 12.; abgelesener Verbrauchsanteil für die gesamte Heizperiode: 50 Striche – In diesem Fall kann der Festkostenanteil zeitanteilig aufgeteilt werden, so daß auf den Altmieter 6 Teile (Juni–Nov.) und auf den Neumieter 6 Teile (Dez.–Mai) entfallen. Der verbrauchsabhängige Anteil wird nach der Gradtagstabelle aufgeteilt, so daß auf den Altmieter 270 Teile und auf den Neumieter 730 Teile entfallen. Der Altmieter zahlt also 13,5 Striche, der Neumieter 36,5 Striche.

In der Rechtsprechung wird zum Teil die Ansicht vertreten, daß eine Schätzung nach Gradtagszahlen grundsätzlich unzulässig sei (LG Berlin BlnGrdE 86, 281; AG Bremerhaven DWW 86, 19). Nach der hier vertretenen Auffassung bestehen gegen eine Schätzung keine Bedenken, weil die mit der HeizkostenVO verfolgten Ziele dadurch nicht beeinträchtigt werden und weil das Ergebnis einer Billigkeitskontrolle durchaus stand hält (wie hier: AG Wuppertal DWW 86, 20; LG Hamburg WM 85, 370; AG Charlottenburg MM 85, 234).

Etwas anderes kann gelten, wenn eine Zwischenablesung vertraglich vorgesehen ist. In diesem Fall muß sich der Vermieter zunächst um die

§ 4. Erhöhung der Betriebskosten **C 276**

vertraglich vereinbarte Zwischenablesung bemühen. Dabei ist allerdings zu bedenken, daß eine Zwischenablesung dann wenig sinnvoll ist, wenn der sich aus der Gradtagszahlentabelle ergebende Wärmeverbrauchsanteil des Altmieters weniger als 100 Promille beträgt. Der mögliche Verbrauch ist dann so gering, daß er nicht exakt gemessen werden kann. In diesem Fall ist eine ergänzende Vertragsauslegung dahingehend angebracht, daß an die Stelle der sinnlosen Zwischenablesung die preisgünstigere Aufteilung nach der Gradtagszahlentabelle tritt.

Setzen sich Nebenkosten aus unterschiedlichen Vergütungen an verschiedene Zahlungsempfänger zusammen, so müssen diese Einzelbeträge nach den obigen Grundsätzen spezifiziert aus der Abrechnung ersichtlich sein (z. B. Heizungs- und Warmwasserkosten). Es ist unzureichend, wenn lediglich ein Gesamtbetrag für eine derartige Betriebskostenart angegeben wird. Sollte in der Vergangenheit abweichend verfahren worden sein, so gibt das dem Vermieter kein Recht, trotz gegenteiligen Verlangens des Mieters auch künftig seiner Abrechnungspflicht nicht zu genügen (LG Kiel WM 77, 125). Nach herrschender Meinung soll eine Betriebskostenabrechnung für eine Vielzahl von Häusern (**Wirtschaftseinheit**) nicht zulässig sein (LG Köln WM 83, 202; LG Heidelberg Die Justiz 82, 329; AG Köln WM 83, 201; WM 85, 343). Diese Ansicht ist allerdings deshalb zweifelhaft, weil die gesetzliche Regelung (§§ 4 Abs. 1 MHG, 27 Abs. 1 der II. BV) eine Umlage nach Wirtschaftseinheiten ausdrücklich vorsieht. Das LG Hannover (WM 85, 346) hat allerdings entschieden, daß ein größerer Wohnkomplex dann einheitlich abgerechnet werden kann, wenn bei Abschluß des Mietvertrags die technischen Einrichtungen eine Ablesung der verbrauchsabhängigen Werte nur für den Gesamtkomplex zulassen (ebenso LG Köln WM 83, 202). Nach dem negativen Rechtsentscheid des OLG Koblenz vom 5. 8. 1987 (WM 87, 208) soll für die Beantwortung dieser Frage die Vereinbarung im Mietvertrag maßgeblich sein. Nach dieser Ansicht muß ein Vermieter nach Einzelgebäuden abrechnen, wenn der Vertrag dies vorsieht. Eine Abrechnung nach Wirtschaftseinheiten kann allerdings vertraglich vereinbart werden (s. dazu auch LG Mainz DWW 87, 16 – Vorlagebeschluß –).

bb) Der **Umlageschlüssel** muß angegeben und erläutert werden. Berechnet der Vermieter die Umlage nach der Wohn- oder Nutzfläche, so muß nicht nur die Fläche der gemieteten Einheit, sondern auch die Gesamtfläche angegeben werden. Wird nach Kopfteilen abgerechnet, so ist die Gesamtzahl der Personen zu benennen, die in die Kopfteilberechnung einbezogen sind. Ausnahmen gelten nur dann, wenn entsprechende Kenntnisse des Mieters vorausgesetzt werden können (BGH NJW 82, 573). Maßgeblich ist der im Mietvertrag vereinbarte Verteilungsschlüssel. Fehlt eine Vereinbarung, so kann der Vermieter den Umlageschlüssel nach billigem Ermessen bestimmen. Eine Umlage nach dem Flächenmaßstab ist auch dann nicht unbillig, wenn die Verteilung verbrauchsabhängiger Kosten in Frage steht. Dies folgt bereits aus dem Umstand, daß der Gesetzgeber einen solchen Maßstab für preisgebundenen Wohnraum vorschreibt (§ 20 Abs. 2 NMV). Was dort rechtens ist, kann im frei finanzierten Wohnraum nicht unbillig sein. Zutreffend hat das OLG Hamm deshalb in dem Rechtsentscheid vom 27. 9. 83 (RES § 535 BGB Nr 6) dargelegt, daß die Umlage verbrauchsabhängiger Betriebskosten nach dem Flächenmaßstab nicht schlechthin in jedem Falle unbillig im Sinne der §§ 315, 316 BGB sei. Die Beurteilung der Unbilligkeit sei vielmehr Sache der Prüfung des Einzelfalls. Werden die Heizkosten verbrauchsabhängig nach der Heizkostenverordnung abgerechnet, so entspricht es nicht der Billigkeit, wenn die für die Gemeinschaftsanlagen entstandenen Heizkosten entsprechend dem jeweiligen Verbrauch der Mieter umgelegt werden. Der Wärmeverbrauch der Gemeinschaftsanlagen wird nämlich durch das Heizverhalten der einzelnen Mieter nicht beeinflußt (AG Hamburg WM 86, 322). Hier wird eine Aufteilung nach der Wohnfläche der zweckmäßigste und zugleich billigste Maßstab sein (LG Berlin BlnGrdE 85, 739 betr. Umlage der Treppenhausbeheizung nach dem Verhältnis der beheizten Wohnflächen).

cc) Aus der Abrechnung muß weiter ersichtlich sein, wie sich der Anteil des Mieters berechnet und welche **Vorauszahlungen** berücksichtigt worden sind (BGH NJW 82, 573). Zu weitgehend ist es allerdings, wenn das LG Berlin (WM 86, 187) verlangt, daß sich aus der Abrechnung ergeben muß, wie die einzelnen Vorauszahlungen auf die einzelnen Nebenkostenarten verrechnet worden sind. Eine Saldierung der insgesamt geschuldeten Betriebskosten mit den insgesamt geleisteten Vorauszahlungen soll nicht zulässig sein. – Dies ist deshalb unzutreffend, weil der Mieter keinerlei Interesse an einer solchen Aufschlüsselung haben kann.

dd) Besonderheiten gelten bei der **Vermietung einer Eigentumswohnung.** Der Wohnungseigentümer ist gemäß § 16 WEG zur anteiligen Lastentragung verpflichtet; über die Verteilung der Lasten hat der Verwalter kalenderjährlich eine Abrechnung zu erteilen, über die die Wohnungseigentümer durch Stimmenmehrheit beschließen (§ 28 WEG). Soweit in der Abrechnung Kosten enthalten sind, die zu den Betriebskosten im Sinne der Anlage 3 zu § 27 der II. Berechnungsverordnung gehören, können sie bei entsprechender Vertragsvereinbarung auf den Mieter umgelegt werden. Hinzu kommen diejenigen Betriebskosten, die der Wohnungseigentümer unmittelbar an den Lieferanten der Leistung bezahlt (z. B. Glasversicherung für das Sondereigentum). Wesentlich ist, daß sich die Betriebskosten des Wohnungseigentümers unmittelbar aus der Abrechnung des Verwalters ergeben. Soweit diese Abrechnung für den Wohnungseigentümer bestandskräftig ist, bindet sie auch den Mieter (a. A.: LG Darmstadt WM 76, 156; vgl. auch LG Köln WM 85, 400). Aufgrund einer bestandskräftigen Abrechnung steht nämlich fest, daß der Wohnungseigentümer mit Betriebskosten in einer bestimmten Höhe belastet wird. Offensichtlich unvollständige, unrichtige oder unverständliche Abrechnungen darf der Eigentümer allerdings nicht ohne weiteres bestandskräftig werden lassen, weil er gegenüber

§ 4. Erhöhung der Betriebskosten   **C 277**

seinem Mieter zur ordentlichen Bewirtschaftung verpflichtet ist (s. Rdn C 251 a). Hierzu gehört auch, daß ein Wohnungseigentümer solche Mehrheitsbeschlüsse angreift, die ihn und in der Folge den Mieter ungerechtfertigt belasten (vgl. dazu AG Brühl WM 85, 372). Eine Verletzung dieser Verpflichtung kann Schadensersatzansprüche zur Folge haben. Der Mieter ist dann so zu stellen, wie er bei rechtlich gebotenem Verhalten des Eigentümers stehen würde. Wegen der Einsicht in die Belege in solchen Fällen s. Rdn C 278).
  ee) Nachbesserungen der Abrechnungen sind jederzeit möglich. Die Abrechnung kann auch nach Zugang beim Mieter vom Vermieter korrigiert werden (AG Hamburg WM 85, 373). Dies gilt auch dann, wenn der Mieter bereits gezahlt hat (a. A. LG Aachen WM 87, 50 wonach durch die Zahlung – per Scheck – ein „Bestätigungsvertrag" zustande kommen soll).
  Bestreitet der Mieter die Angaben in der Abrechnung, so trifft den Vermieter für die Richtigkeit seiner Behauptungen im Prozeß die **Darlegungs- und Beweislast** (LG Köln WM 68, 131). Das setzt jedoch ein substantiiertes Bestreiten des Mieters voraus (§ 138 II ZPO), soweit er dazu durch die vorherige Einsichtnahme in Belege zur Klärung seiner Zweifel in der Lage ist (LG Köln WM 76, 148). Im übrigen genügt das einfache Bestreiten des Mieters (z. B. kein Hauswart vorhanden).
  Der Vermieter ist verpflichtet, dem Mieter bereits vor Klageerhebung eine nachvollziehbare Abrechnung zu übersenden; erhebt er trotz nicht ordnungsgemäßer Abrechnung die Klage, so wird diese erst schlüssig, sobald die Fehler nachgeholt sind, so daß der Mieter bis zu diesem Zeitpunkt anerkennen kann. Eine evtl. fehlende oder mangelhafte Begründung kann durch entsprechend erläuterte Schriftsätze im Prozeß nachgeholt werden. Die Nebenkostenklage ist dann begründet, wenn der Schriftsatz dem Mieter oder dessen Bevollmächtigten zugegangen ist (BGH NJW 82, 573). Eine Nachbesserung in diesem Sinne setzt allerdings voraus, daß sich die Unklarheit auf einzelne Punkte beschränkt. Ist die ganze Abrechnung unklar und verworren, so muß der Vermieter eine neue Abrechnung erteilen (AG Schöneberg MM 86, 437). Erkennt der Mieter im Prozeß nach Vorliegen einer ordnungsgemäßen Abrechnung die Klagforderung unverzüglich an, so sind dem Vermieter nach § 93 ZPO die Verfahrenskosten aufzuerlegen (LG Kiel WM 77, 14; LG Essen WM 83, 118).
  e) Bis zum Eingang einer ordnungsgemäßen Abrechnung ist der Mie- **C 277** ter berechtigt, die Zahlung weiterer Vorschüsse oder einen von ihm geforderten Ausgleichsbetrag zu verweigern (LG Mannheim a. a. O.; WM 74, 145; AG Stuttgart WM 74, 196; Palandt-Heinrichs § 261 BGB Anm. 3 b, aa; Krit. Schrader MDR 77, 369); es stellt im übrigen einen Verstoß gegen Treu und Glauben (§ 242 BGB) dar, wenn der Vermieter die regelmäßige Leistung einer Akonto-Zahlung fordert, ohne seinerseits ordnungsgemäß abzurechnen und damit Klarheit darüber zu schaffen, ob der Mieter zu Nachzahlungen verpflichtet war oder ob er zu hohe

Vorauszahlungen erbracht hat (OLG Düsseldorf WM 74, 236). Das gilt auch dann, wenn die Abrechnung teilweise ordnungsgemäß, teilweise aber derart fehlerhaft ist, daß eine darin zu Lasten des Mieters errechnete Restschuld sich nach Überprüfung in ein Guthaben umwandeln kann; die Abrechnung ist eine einheitliche Verpflichtung des Vermieters und kann deshalb nur insgesamt und nicht teilweise ordnungsgemäß erfüllt werden (OLG Düsseldorf a. a. O.). Wird eine unzureichende Abrechnung erst durch ergänzende oder klarstellende Angaben im Prozeß wirksam, kann der Mieter durch unverzügliches Anerkenntnis des dann begründeten Anspruchs bewirken, daß die Verfahrenskosten dem klagenden Vermieter auferlegt werden (§ 93 ZPO; LG Köln WM 74, 85 gegen das abzulehnende OLG München NJW 69, 1015).

Die Fälligkeit des vom Mieter geschuldeten Ausgleichsbetrags setzt ebenfalls den Zugang einer ordnungsgemäßen Abrechnung voraus (AG Solingen WM 75, 247 verneinend bei fehlender Angabe des Umlageschlüssels); in Verzug kommt der Mieter mit dieser Verpflichtung erst nach Mahnung und Fristsetzung gemäß § 248 BGB, soweit keine abweichende Vereinbarung darüber im Mietvertrag getroffen worden ist; diese Zahlung wird nicht ohne weiteres gleichzeitig mit dem jeweiligen Mietzins geschuldet, weil dafür kein fester Zeitpunkt als vereinbart gilt.

C 278 f) Der Vermieter ist nicht verpflichtet, die Angaben in der Abrechnung zu belegen. Allerdings steht dem Mieter das Recht zu, zur Überprüfung der Angaben in die einschlägigen **Unterlagen** gebührende **Einsicht** zu verlangen (z. B. Rechnungen, Wiegekarten, Lieferscheine, nicht dagegen die Quittungen); sind die Belege nicht mehr vorhanden, so geht das zu Lasten des beweispflichtigen Vermieters (OLG Düsseldorf a. a. O.). Die Belege hat der Mieter grundsätzlich beim Vermieter oder dessen Vertreter (Hausmeister, Rechtsanwalt) einzusehen (Korff ZMR 86, 7); aus wichtigem Grund (z. B. gespannte persönliche Verhältnisse, auswärtiger Vermieter) kann der Mieter aber die Vorlage der Belege an einem dritten Ort verlangen (§ 811 BGB). In der Regel sind dabei die Originalbelege vorzulegen (LG Mainz WM 79, 116). Auf eine Übersendung oder Aushändigung der Belege hat der Mieter keinen Anspruch (AG Stuttgart ZMR 57, 383; a. A. LG Hannover WM 85, 346; AG Mönchengladbach MDR 79, 1024; Röchling ZMR 79, 161 wonach die Vorlage der Belege als mietvertragliche Nebenpflicht am Erfüllungsort der Hauptverbindlichkeit [Wohnsitz des Mieters] zu erfüllen ist). Verweigert der Vermieter die Einsichtnahme an einem geeigneten Ort, kann der Mieter auch aus diesem Grund weitere Zahlungen ablehnen (s. oben b; AG Wuppertal WM 74, 196). Bei der **Heizkostenabrechnung** hat der Mieter auch Anspruch auf Einsichtnahme in diejenigen Abrechnungsunterlagen, aus denen sich der persönliche Verbrauch der anderen Mitmieter in dem Haus ergibt (bei Heizkostenverteilung nach dem Verdunstungsprinzip). Datenrechtliche Gesichtspunkte stehen dem nicht entgegen (AG Flensburg WM 85, 347). Der Anspruch kann aber nur gegenüber dem Vermieter geltend gemacht werden. Es ist deshalb unzutref-

§ 4. Erhöhung der Betriebskosten   C 279

fend, wenn das LG Frankenthal (WM 85, 347) feststellt, daß der Mieter diesen Anspruch auch gegenüber einem anderen Mieter im Haus soll geltend machen können.

Besonderheiten gelten bei der Vermietung einer **Eigentumswohnung.** Hier ergeben sich die Betriebskosten des Eigentümers aus der Abrechnung des Verwalters (s. Rdn C 276). Die Abrechnungsunterlagen sind hier die Verwalterabrechnung (Einzelabrechnung) nebst den dazugehörigen Anlagen. Hierauf beschränkt sich das Einsichtsrecht des Mieters. Bezüglich der beim Verwalter befindlichen Rechnungen und sonstigen Belege hat der Mieter kein Einsichtsrecht.

g) Die jetzt in § 4 I, 2 begründete Pflicht des Vermieters zur **jährlichen** C 279 **Abrechnung** ist eine Höchstfrist; der Vermieter wird dadurch nicht gehindert, in kürzeren Zeitabständen die Abrechnung der Vorauszahlungen vorzunehmen (z. B. halbjährlich; a. A.: AG Waldshut WM 85, 349; AG Siegburg WM 85, 371, wonach der Vermieter den Jahreszeitraum nicht unterschreiten darf). Abrechnungszeitraum ist nicht das Kalender- oder Geschäftsjahr. Auch das Datum des Vertragsabschlusses ist insoweit nicht maßgebend. Das Gesetz fordert vielmehr lediglich, daß der Vermieter spätestens nach 12 Monaten abrechnet, wobei entweder an dem bisherigen Stichtag festgehalten werden kann (z. B. zum 30. 6. nach Abschluß der Heizperiode) oder vom Vermieter nach §§ 315, 316 BGB ein neuer, künftig bindender Abrechnungstermin zu bestimmen ist. Es bestehen keine Bedenken, eine getrennte Abrechnung der Heizkosten nach Abschluß der jeweiligen Heizperiode und der sonstigen Betriebskosten zu einem anderen Zeitpunkt (z. B. zum Jahresende) zuzulassen. **Versäumt** der Vermieter die Jahresfrist, ist der Mieter berechtigt, die Zahlung weiterer Vorschüsse abzulehnen, bis ihm die Abrechnung zugeht. Der Vermieter ist insoweit vorleistungspflichtig (LG Mannheim MDR 74, 934 = WM 74, 145). Der Säumnis ist die nicht ordnungsgemäße Erteilung einer Abrechnung insoweit gleichzustellen (s. Rdn C 276; AG Hamburg-Blankenese WM 74, 218). Im übrigen ist der Mieter berechtigt, nach Ablauf der Jahresfrist auf Rechnungslegung zu klagen (§§ 259, 261 BGB), falls er z. B. einen Rückzahlungsanspruch zu haben glaubt. Sind mehrere Personen Mieter, so kann der Abrechnungsanspruch nach der Ansicht des AG Nürnberg (WM 84, 135) auch von einem einzelnen Mieter geltend gemacht werden. Mit der Klage auf Rechnungslegung kann der Mieter seinen vermeintlichen Anspruch auf Rückzahlung der überzahlten Nebenkosten verbinden, wobei ihm die Spezifizierung des erhobenen Rückzahlungsanspruchs bis zur Rechnungslegung vorbehalten bleibt (§ 254 ZPO, Stufenklage; AG Mülheim/Ruhr WM 79, 238; unklar LG Essen ZMR 70, 303; dazu Schmidt-Futterer WM 71, 69, 71). Wird der Vermieter verurteilt, für eine bestimmte Zeit die Heizkostenabrechnung zu erteilen, so kann er nach § 888 ZPO auf Antrag von dem Gericht dazu gezwungen werden, die bisher unterlassene Abrechnung zu erstellen (AG Aachen WM 76, 231). Auch wenn der Mietvertrag bestimmt, daß die Abrechnung binnen angemessener Frist oder zu einem ähnlich unbestimmten Zeitpunkt vorzunehmen ist, bleibt die gesetzliche Höchstfrist von einem Jahr verbindlich (Riebandt-Korfmacher GW 75, 24).

C 280 h) Der Anspruch des Vermieters auf Nachzahlung von Betriebskosten verjährt gemäß § 197 BGB in vier Jahren. Die **Verjährung** beginnt mit dem Schluß des Jahres, in welchem der Anspruch entstanden ist. Ein Anspruch entsteht frühestens mit dem Eintritt der Fälligkeit. Bei Nebenkostenansprüchen ist dies derjenige Zeitpunkt, zu dem dem Mieter eine nachprüfbare Abrechnung zugegangen und ihm eine angemessene Zeit zur Nachprüfung und zur Erhebung von Einwänden eingeräumt worden ist (OLG Frankfurt MDR 83, 757 = ZMR 83, 410; OLG Hamm WM 82, 72; LG Wiesbaden ZMR 85, 273). Für den Anspruch des Mieters auf Auszahlung eines Guthabens muß § 197 BGB entsprechend angewendet werden, so daß auch hierfür die 4-jährige Verjährungsfrist gilt. Das Recht des Vermieters auf Nachzahlung von Betriebskosten kann allerdings innerhalb kürzerer Zeit **verwirken,** wenn er über einen längeren Zeitraum nicht abgerechnet hat, dadurch beim Mieter der Eindruck entstanden ist, er brauche mit Nachzahlungen nicht mehr zu rechnen, der Mieter sich hierauf eingerichtet hat und ihm die verspätete Inanspruchnahme nicht zugemutet werden kann (vgl. BGHZ 25, 51; 67, 56). Die Verwirkung ist ein Unterfall der unzulässigen Rechtsausübung wegen widersprüchlichen Verhaltens; sie kommt deshalb nur in Ausnahmefällen in Betracht (BGH WM 84, 127). Der bloße Zeitablauf reicht niemals aus; stets müssen darüber hinaus besondere Umstände vorliegen, die die verspätete Inanspruchnahme des Mieters als gegen Treu und Glauben verstoßend erscheinen lassen (BGH WPM 71, 1086); KG (RE) vom 14. 8. 1981 – RES § 20 NMV Nr 1. Es kommt also immer auf den Einzelfall an (OLG Hamm DWW 83, 100 = ZMR 83, 411; OLG Karlsruhe RES 3. Mietrechtsänderungsgesetz Nr. 8). Ist der Vermieter über einen längeren Zeitraum hinweg an der Abrechnung verhindert, so schließt die Mitteilung der Hinderungsgründe den Eintritt der Verwirkung im Regelfall aus, weil der Mieter dann mit einer späteren Inanspruchnahme rechnen muß. Unterbleibt die Mitteilung der Hinderungsgründe, so steht ein fehlendes Verschulden des Vermieters an der verspäteten Abrechnung der Annahme einer Verwirkung grundsätzlich nicht entgegen. Verspätungen, die dadurch entstehen, daß die Abrechnungen dem Vermieter von einem Dritten (z. B. Wärmemeßdienst) mit erheblichen Verzögerungen zugehen, beseitigen den Verwirkungseinwand auch dann nicht, wenn der Beauftragte seine Säumnis mit Arbeitsüberlastung oder anderen betriebsbedingten Gründen rechtfertigt; wenn sich der Vermieter bei der Erfüllung seiner Abrechnungspflicht eines Gehilfen bedient, muß er dadurch entstehende, vermeidbare Rechtsnachteile hinnehmen und darf nicht besserstehen, als wenn er diese Pflicht selbst erfüllt hätte (LG Kassel FWW 76, 171). Beruht die Verspätung darauf, daß der Vermieter die Abrechnung erst nach Erteilung einer Rechnung seitens des Hauptlieferanten oder des Hauptvermieters (bei

§ 4. Erhöhung der Betriebskosten

Untermiete) erstellen kann und diese ihm selbst mit erheblicher Verspätung zugeht, so ist der Verwirkungseinwand des Mieters zumindest dann gerechtfertigt, wenn diesen auch der Vermieter gegenüber dem Dritten erheben konnte (LG Mannheim WM 76, 225). Auch in diesen Fällen ist aber stets erforderlich, daß zu dem Zeitaufwand weitere besondere Umstände (Umstandsmoment) hinzutreten. Hat der Vermieter bei einem lange dauernden Mietverhältnis über Jahre hinweg stets mit Verspätung abgerechnet, so muß der Mieter auch für die Folgezeit mit seiner verspäteten Inanspruchnahme rechnen. Eine Verwirkung wird in solchen Fällen nicht eintreten. Bei unregelmäßigem Abrechnungsverhalten liegt die Annahme einer Verwirkung näher, so z. B., wenn der Vermieter während der Mietzeit nur in den Jahren abgerechnet hat, in denen er eine Nachzahlung zu fordern hatte, während im Falle eines Guthabens zugunsten des Mieters keine Abrechnung erfolgt ist. Hier kann der Mieter aus der längeren Untätigkeit des Vermieters durchaus den Schluß ziehen, daß er nicht mehr in Anspruch genommen werde. Gleiches wird gelten, wenn die Mietzeit verhältnismäßig kurz war, der Vermieter nie abgerechnet hat und dem Mieter bei Mietende die Kaution ausbezahlt worden ist, ohne Hinweis darauf, daß noch Nebenkostenabrechnungen erfolgen (so AG Düsseldorf WM 85, 374; vgl. aber auch BGH WM 84, 127).

Die Grundsätze über die Verwirkung gelten nicht nur zugunsten, sondern auch zu Lasten des Mieters. Zahlt der Mieter vorbehaltslos seine Vorauszahlungen weiter, ohne die fällige Abrechnung anzufordern oder Beanstandungen gegen die erteilten Abrechnungen geltend zu machen, können seine Ansprüche auf Rechnungslegung und Rückzahlung als verwirkt angesehen werden.

5. Nach § 10 I MHG darf lediglich die gesetzliche Teilregelung der Vorauszahlungen i. S. des § 4 I nicht zum Nachteil des Mieters **abweichend geregelt** werden; solche Vereinbarungen sind unwirksam (z. B. Abrechnung in 2-Jahres-Abständen). Im übrigen besteht aber Vertragsfreiheit weil § 4 I keine zwingenden weiteren Regelungen über die Vorauszahlung enthält. Insbesondere ist es zulässig, durch eine **Gleitklausel** zu regeln, unter welchen Voraussetzungen sich der vereinbarte Vorschußbetrag erhöhen soll; das verstößt deshalb nicht gegen § 10 I MHG, weil das MHG keine Erhöhungsvoraussetzungen aufstellt und die zugelassene angemessene Höhe der Vorauszahlung durch eine solche Klausel zeitgemäß angeglichen wird.

Steht dem Vermieter nach den **Vereinbarungen** im Mietvertrag das Recht zu, die **Höhe** der Vorauszahlung jeweils angemessen festzusetzen, so liegt darin ein einseitiges Leistungsbestimmungsrecht (§§ 315, 316 BGB); auf die Zustimmung des Mieters kommt es insoweit also nicht an; die angemessene Festsetzung einer erhöhten Vorauszahlung muß sich jedoch nach dem bisherigen Verbrauch der auf den Mieter entfallenden Kosten richten (AG Mannheim ZMR 76, 335 = DWW 76, 262). Steht dem Vermieter dagegen vereinbarungsgemäß nur das Recht zu, bei einer Veränderung seiner Aufwendungen vom Mieter die Zustimmung zu einer angemessenen Erhöhung der Vorauszahlung zu verlangen, muß im Streitfall auf Abgabe der Zustimmungserklärung geklagt werden; sind die sachlichen Anspruchsvoraussetzungen insoweit nicht vertraglich geregelt, kann nur eine erhebliche Mehrbelastung des Vermieters eine an den bisherigen Verbrauchskosten des Mieters orientierte Erhöhung rechtfertigen. Fehlt ein vertragliches Erhöhungsrecht, so ist der Mieter nur in extremen Ausnahmefällen unter dem Gesichtspunkt des Wegfalls der Geschäftsgrundlage (§ 242 BGB) verpflichtet, einer Erhöhung der Vorauszahlung zuzustimmen; vorübergehende Preisschwankungen reichen dafür auch dann nicht aus, wenn sie ungewöhnlich sind (z. B. Ölkrise). Davon abweichend vertritt das LG Köln (WM 85, 346) die Ansicht, daß sich ein Anspruch auf Erhöhung der Vorauszahlungen aus § 4 Abs. 2 herleiten lasse. Dem ist nicht zuzustimmen, weil diese Vorschrift nur die Erhöhung der Betriebskosten betrifft. Die Vereinbarung, daß erhöhte Nebenkosten auf den Mieter umgelegt werden dürfen, gibt dem Vermieter i. d. R. kein Recht auf die Erhöhung der monatlichen Vorauszahlung (AG Hamburg WM 75, 17). Auch eine Vereinbarung, nach der der Vermieter eine Erhöhung der Nebenkosten auf der Grundlage des tatsächlichen Verbrauchs der vorangegangenen Abrechnungsperiode verlangen darf, verstößt nicht gegen § 10 I MHG; das Erhöhungsrecht setzt aber voraus, daß der Vermieter die vorangegangene Periode bereits wirksam abgerechnet hat (AG Mannheim DWW 76, 165 = FWW 76, 171 = WM 78, 46). Steht dem Vermieter ein Recht zur Erhöhung der Vorauszahlungen dann zu, wenn dies durch ein Ansteigen der Betriebskosten erforderlich ist, müssen diese Voraussetzungen in der Weise erläutert werden, daß der Mieter die zugrunde liegenden Tatsachen ohne wesentliche Schwierigkeiten nachprüfen kann (LG Mannheim Urt. vom 1. 2. 1978, 4 S 81/77). Die Angemessenheit der Vorauszahlung i. S. des § 4 I muß jedoch auch dann gewahrt sein, wenn die Erhöhung aufgrund einer im voraus vereinbarten Anpassungsklausel erfolgt.

Eine vertragliche Abänderung der ursprünglich vereinbarten Höhe der Vorauszahlung kann auch durch schlüssiges Verhalten zustande kommen (z. B. wenn ein erhöhter Betrag längere Zeit vorbehaltlos gezahlt wird; AG Dortmund WM 77, 28).

C 282 6. Zahlt der Mieter die Vorauszahlung nicht, so kann der Vermieter auf Zahlung klagen; die Beweislast dafür, daß eine Vorauszahlung wirksam vereinbart und die Höhe angemessen ist, trifft den Vermieter. Da es sich insoweit um keinen Mietzins i. S. des § 554 BGB handelt, kann der Zahlungsverzug keine fristlose Kündigung rechtfertigen; wohl aber kann bei erheblichen Rückständen eine ordentliche Kündigung nach § 564b II Nr. 1 BGB in Betracht kommen (s. Rdn B 473).

Die Schlüssigkeit der Zahlungsklage setzt voraus, daß dem Mieter eine ordnungsgemäße Abrechnung zugegangen ist, was der Vermieter im

§ 4. Erhöhung der Betriebskosten   C 283

Bestreitensfalle zu beweisen hat; der Zugang muß nicht vor Klageerhebung bewirkt werden, sondern kann auch während des Prozesses durch Ergänzungen einer bisher fehlerhaften Abrechnung oder Vorlage einer völlig neuen Abrechnung erfolgen, wobei sich der Mieter nach § 93 ZPO dann durch ein unverzügliches Anerkenntnis von der Belastung mit Verfahrenskosten befreien kann. Bleibt aber der Zugang einer ordnungsgemäßen Abrechnung trotz eines gerichtlichen Hinweises nach § 139 ZPO nicht erwiesen, ist die Klage auch dann abzuweisen, wenn keine weiteren erheblichen Einwände des Mieters vorliegen (AG Köln WM 77, 203).

VII. Nebenkostenpauschale und Pauschalmiete

1. Der § 4 I findet nach seinem eindeutigen Wortlaut keine Anwen- C 283
dung auf die **Nebenkosten-Pauschale** s. Rdn C 9). Eine unangemessen hohe Pauschale ist in den Grenzen des § 5 WiStG unwirksam (s. Rdn D 17).

2. Die **Erhöhung** der vereinbarten Pauschale ist hinsichtlich der darin enthaltenen Betriebskosten nach § 4 II, III MHG zulässig, soweit eine Anpassungsklausel das vorsieht. In diesem Fall muß das in § 4 II vorgesehene Erhöhungsverfahren eingehalten werden. Voraussetzung ist, daß sich die Betriebskosten tatsächlich erhöht haben. Die Durchsetzung des Anspruchs kann gemäß § 4 Abs. 2 durch einseitige Erklärung des Vermieters erfolgen. In der **Erklärung** muß der Umlageanspruch entsprechend erläutert werden. Dies setzt notwendigerweise die Gegenüberstellung der früheren mit den gestiegenen Kosten voraus. Außerdem ist der Vermieter verpflichtet, den Umlageschlüssel zu benennen und den Umlagebetrag zu berechnen. Verbrauchsschwankungen bei der Heizung rechtfertigen keine Veränderung der Pauschale, weil Verbrauchsschwankungen dem Risiko einer Pauschale entsprechen (LG Köln WM 85, 375). Für die Annahme eines Erhöhungsvorbehalts genügt es, wenn aus dem Vertrag mit hinreichender Deutlichkeit ersichtlich ist, daß die Erhöhung der Pauschale nicht ausgeschlossen sein soll. Fehlerhaft ist deshalb die Ansicht des AG Koblenz WM 85, 343), wo entschieden wurde, daß folgende Klausel: ,,Wenn durch die Erhöhung der Nebenkosten eine Mehrbelastung des Vermieters eintritt, so hat der Mieter einen ... entsprechenden Anteil zu übernehmen ...", mangels Bestimmbarkeit gegen § 5 AGBG verstößt und deshalb unwirksam sei. Auch aus einer solchen Klausel ergibt sich, daß eine Erhöhung der Pauschale nach den Vorstellungen der Parteien nicht ausgeschlossen sein sollte. Fehlt eine Anpassungsklausel, so ist eine Pauschale grundsätzlich als Ausschluß des Erhöhungsrechts i. S. des § 1 S. 3 MHG zu werten (s. Rdn C 38, 39); dann kann nur in extremen Ausnahmefällen unter dem Gesichtspunkt der wirtschaftlichen Unzumutbarkeit dem Vermieter ein Erhöhungsrecht zugebilligt werden (s. Rdn C 41; LG Essen ZMR 82, 79; LG Ham-

burg WM 76, 229; AG Coesfeld WM 75, 189; a. A. LG Landshut MDR 79, 584 = ZMR 79, 146; Unzutr. LG Konstanz WM 76, 91 das über einen nicht näher bestimmten hypothetischen Mindestverbrauch hinaus im Wege der Auslegung den Vorbehalt eines Erhöhungsrechts annimmt; ähnl. Langenberg ZMR 82, 65. Eine rückwirkende Erhöhung der Pauschale ist nur in den Grenzen des § 4 III 2 zulässig (s. Rdn C 265; AG Bremerhaven WM 75, 193).

3. Der § 10 I MHG i. V. m. § 1 S. 2 MHG findet im übrigen auf die Vereinbarung einer Nebenkostenpauschale und deren Abänderung mit der Maßgabe Anwendung, daß Nebenkosten durch eine vorweggenommene Erhöhungsklausel im Mietvertrag nicht erhöht werden dürfen; anderenfalls könnte die vom MHG beschränkte Befugnis der Erhöhung von Nebenkosten (z. B. für Verwaltungs- und Instandsetzungskosten) dadurch umgangen werden, daß solche Kosten in einer Pauschale erfaßt und durch ein Erhöhungsrecht abgesichert werden, (a. A. LG Hamburg WM 76, 229 ohne nähere Begründung). Eine Erhöhung der Pauschale mit Zustimmung des Mieters ist im Einzelfall jedoch unter den Voraussetzungen des § 10 I 2. Halbs. MHG zulässig (s. Rdn C 497); zur Pauschalvereinbarung in Formularmietverträgen vgl. AG Weinheim WM 75, 240; AG Hamburg WM 76, 8.

C 283 a 4. Die hier dargestellte Rechtslage wurde durch die Verordnung über die verbrauchsabhängige Abrechnung der Heiz- und Warmwasserkosten vom 23. 2. 1981 (Heizkostenverordnung – BGBl. I S. 261 –) modifiziert. Nach dieser Verordnung ist der Vermieter nämlich verpflichtet, die Kosten des Betriebs zentraler Heizungsanlagen und zentraler Warmwasserversorgungsanlagen sowie die Kosten der Lieferung von Fernwärme und Fernwarmwasser anteilig nach Verbrauch auf die Mieter umzulegen. Durch die Heizkostenverordnung wird eine Vereinbarung über eine Nebenkostenpauschale zwar nicht unwirksam. Die Vorschriften der Heizkostenverordnung gehen rechtsgeschäftlichen Bestimmungen aber vor (§ 2 der Verordnung; OLG Hamm (RE) vom 2. 7. 1986 WM 86, 267). Davon abgesehen hat der Verordnungsgeber keine Zwangsmittel zur Durchsetzung der verbrauchsabhängigen Umlage vorgesehen. Im Ergebnis bedeutet dies, daß die Parteien solange die Nebenkostenpauschale praktizieren können, solange beide damit einverstanden sind. Der Vermieter kann verbrauchsabhängig umlegen, wenn er es will; er muß verbrauchsabhängig umlegen, wenn der Mieter dies will. Der Wechsel von der Nebenkostenpauschale zur verbrauchsabhängigen Abrechnung ist rechtlich außerordentlich problematisch. Denn dieser Wechsel kann nicht so vollzogen werden, daß der Mieter nunmehr zusätzlich zur Nebenkostenpauschale auch noch die anteilsmäßigen Kosten für Heizung und Warmwasser zu tragen hätte. Durch diese Lösung würde der Vermieter bevorzugt. Außerdem bliebe unberücksichtigt, daß in der Nebenkostenpauschale die genannten Kosten bereits mitenthalten sind.

§ 4. Erhöhung der Betriebskosten

Eine gerechte, die Interessen beider Seiten berücksichtigende und dem Sinn und Zweck der Heizkostenverordnung entsprechende Lösung kann deshalb nur darin gesehen werden, daß die vereinbarte Nebenkostenpauschale um denjenigen Betrag gekürzt wird, der beim Vertragsschluß bei vernünftiger Kalkulation für Heizung und Warmwasser rechnerisch in Ansatz gebracht worden ist (ebenso: Eisenschmidt WM 81, 97). Nach dem Wechsel hat der Mieter – wie zuvor die Grundmiete zu zahlen. Daneben hat er eine um die Heiz- und Warmwasserkosten reduzierte Nebenkostenpauschale zu entrichten. Den für Heiz- und Warmwasserkosten errechneten Betrag schuldet der Mieter von nun an als Vorschuß, über den der Vermieter am Ende einer Abrechnungsperiode abzurechnen hat.

5. Die für die Nebenkostenpauschale geltenden Grundsätze gelten im wesentlichen auch für die **Pauschalmiete.** Unter einer Pauschalmiete versteht man ein Entgelt, durch das sämtliche Leistungen des Vermieters abgegolten werden. Der Vermieter ist nicht berechtigt, darüber hinaus weitere Beträge für Betriebskosten zu verlangen. Die Pauschalmiete kann unter den Voraussetzungen der §§ 2 und 3 MHG erhöht werden (s. dazu Rdn C 49, 95). Erhöht sich der in der Pauschalmiete enthaltene Betriebskostenanteil, so kann der Mehrbetrag nicht gemäß § 4 auf den Mieter umgelegt werden (OLG Zweibrücken (RE) vom 21. 4. 1981 RES § 1 MHG Nr. 1). Etwas anderes gilt, wenn dieses Recht im Mietvertrag vorbehalten wurde.

Für die Heiz- und Warmwasserkosten gelten die Ausführungen unter C 283a). Der Mieter hat nach dem Wechsel von der Pauschalmiete zur verbrauchsabhängigen Heizkostenabrechnung den nach Abzug der für Heizung und Warmwasser üblichen Kosten verbleibenden Betrag als Grundmiete zu zahlen. Den auf Heizung und Warmwasser entfallenden Betrag schuldet der Mieter als monatlichen Nebenkostenvorschuß. Der Vermieter ist verpflichtet, die Heizungs- und Warmwasserkosten verbrauchsabhängig abzurechnen. Reichen die Vorschußzahlungen nicht aus, so ist der Mieter zur Nachzahlung verpflichtet; verbleibt ein Überschuß, so muß der Vermieter diesen Betrag an den Mieter zurückzahlen. Zur Umlage sonstiger Betriebskosten ist der Vermieter auch nach dem Wechsel nicht berechtigt; insoweit verbleibt es bei der ursprünglichen Vereinbarung.

VIII. Unanwendbarkeit für preisgebundenen Wohnraum

Für preisgebundenen Wohnraum (s. Rdn C 531) gilt die Regelung in § 4 nicht (§ 10 II Nr. 1 MHG).

Für Sozialwohnungen und die übrigen noch der Mietpreisbindung unterliegenden Neubauwohnungen (§§ 1 WoBindG, 1 NMV 70) darf der Vermieter neben der zulässigen Kostenmiete (§ 8 WoBindG) ebenfalls die Betriebskosten gesondert auf den Mieter umlegen (§ 20 NMV). Welche Kosten im einzelnen für die Umlage in Betracht kommen und welcher Umlageschlüssel der Abrechnung zugrundegelegt werden muß, wird in den §§ 21–25 NMV 70 abschließend geregelt (§ 20 III NMV 70). Monatliche Vorauszahlungen erklärt das Gesetz für zulässig (§ 20 IV NMV 70), soweit im Einzelfall nichts anderes bestimmt wird; deshalb darf der Vermieter hier auch dann eine angemessene Vorauszahlung verlangen, wenn eine dahingehende Regelung im Mietvertrag nicht getroffen wurde, was für nicht preisgebundene Wohnungen abzulehnen ist. Über die Vorauszahlungen ist jährlich abzurechnen. Auch wenn der Vermieter keine Vorauszahlungen verlangt, muß er jährlich für die Umlage der Betriebskosten eine spezifizierte nachprüfbare Abrechnung bei der Nacherhebung erteilen. Die übrigen Bewirtschaftungskosten, die nach den Sondervorschriften der NMV 70 ansatzfähig sind, darf der Vermieter nicht auf die Mieter umlegen, sondern nur bei der Berechnung der Kostenmiete in Ansatz bringen. Nur dafür gilt bei preisgebundenem Wohnraum die Regelung des § 27 der II. BV, dessen sinngemäße Anwendung in § 4 II für die Umlage von Betriebskostenerhöhungen von nicht preisgebundenem Wohnraum bestimmt wird; daraus folgt, daß diejenigen Regelungen des § 27 der II. BV außer Betracht bleiben müssen, die dem Zweck des § 4 widersprechen, weil sie Probleme der Wirtschaftlichkeitsberechnung und der Kostenmiete behandeln. Die ergänzende Anwendung der §§ 21 ff NMV 70 hinsichtlich der umlagefähigen Posten und des Umlageschlüssels ist von § 4 II nicht vorgesehen (obwohl es nahe gelegen hätte) und kommt daher nicht in Betracht; wohl aber können diese Grundsätze bei der Bestimmung der Billigkeit (§§ 315, 316 BGB) vergleichsweise herangezogen werden.

Die Anlage 3 zu § 27 der II. BV mit der Aufzählung der neben der Kostenmiete dem Vermieter zustehenden Betriebskosten ist unter Rdn C 285 abgedruckt und erläutert.

Eine während der Preisbindung bestehende Vereinbarung über die Umlage von Betriebskosten besteht auch nach **Beendigung der Preisbindung** unverändert fort. Der Vermieter hat also keinen Anspruch auf Zahlung bisher nicht geschuldeter Betriebskostenvorauszahlungen oder auf nachträgliche Bezahlung bereits entstandener Betriebskosten (OLG Oldenburg WM 84, 274). Eine andere Frage ist es, ob der Vermieter einen Anspruch gegen den Mieter auf Zustimmung zur Vertragsänderung hat. Nach LG Dortmund (WM 83, 201) kann der Vermieter vom Mieter nach Ablauf der Preisbindung die Zustimmung zu einer den Umständen des Einzelfalls angemessenen Vertragsangleichung über die umlagefähigen Betriebskosten verlangen. Die Vertragsangleichung ist dergestalt vorzunehmen, daß die am Ort und im jeweiligen Wohnhaus üblicherweise von den Mietern zu tragenden Nebenkosten neben der bisherigen Grundmiete geschuldet werden. Die Vertragsangleichung müsse im Wege der Zustimmungsklage zur Vertragsanpassung erfolgen. Dabei habe die Vertragsangleichung nach den Umständen des Einzelfalls zu erfolgen. Soweit im Vertrag bereits Regelungen enthalten sind, müssen diese berücksichtigt werden (ebenso LG Mainz ZMR 85, 129; AG

§ 4. Erhöhung der Betriebskosten, Anhang

Bad Iburg WM 85, 342 und die Vorauflage; a. A. AG Dortmund WM 82, 161). Diese Ansicht kann bei der derzeit bestehenden Rechtslage nicht aufrechterhalten werden. Der Anspruch auf Zustimmung zur Vertragsänderung läßt sich bei fehlender vertraglicher Vereinbarung nur aus § 242 BGB herleiten. Es handelt sich um einen Anwendungsfall der Lehre vom Wegfall der Geschäftsgrundlage. Diese Grundsätze sind aber nur dann anwendbar, wenn andere Möglichkeiten zur Anpassung der Leistung an die Gegenleistung nicht gegeben sind. Soweit ein Vertragspartner auf ein gesetzliches Erhöhungsrecht zurückgreifen kann, ist die Anwendung der Grundsätze über die Geschäftsgrundlage ausgeschlossen. In Fällen der vorliegenden Art kann der Vermieter nach Wegfall der Preisbindung gemäß § 2 MHG eine Mieterhöhung durchsetzen und so ein für frei finanzierten Wohnraum übliches Entgelt erreichen. Das gilt auch dann, wenn in der bisherigen Kostenmiete gemäß § 20 NMV a. F. ein Teil der Betriebskosten enthalten war. Eine derartige Preisgestaltung stellt sich als Teilpauschalmiete dar; für die Mieterhöhung gelten insoweit die Rechtsentscheide des OLG Stuttgart vom 13. 7. 1983 und des OLG Hamm vom 4. 4. 1984 (s. Rdn C 95). Daraus folgt: Entsprechend den vom OLG Stuttgart und vom OLG Hamm dargelegten Grundsätzen kann der Vermieter den in der früheren Kostenmiete und jetzigen Teilpauschalmiete enthaltenen Betriebskostenanteil herausrechnen, die verbleibende Grundmiete auf das ortsübliche Niveau erhöhen und den Betriebskostenanteil wieder hinzurechnen. Auf diese Weise kann das für die Wohnung zu zahlende Gesamtentgelt nach § 2 MHG den geänderten wirtschaftlichen Verhältnissen angepaßt werden. Eines Rückgriffs auf die Grundsätze über den Wegfall der Geschäftsgrundlage bedarf es nicht.

Anhang zu § 4 MHG

Verordnung über wohnungswirtschaftliche Berechnungen (Zweite Berechnungsverordnung – II. BV)

i. d. F. vom 5. April 1984 (BGBl. I S. 553)

Auszug

§ 27 Betriebskosten. (1) Betriebskosten sind die Kosten, die dem Eigentümer (Erbbauberechtigten) durch das Eigentum am Grundstück (Erbbaurecht) oder durch den bestimmungsmäßigen Gebrauch des Gebäudes oder der Wirtschaftseinheit, der Nebengebäude, Anlagen, Einrichtungen und des Grundstücks laufend entstehen. Der Ermittlung der Betriebskosten ist die dieser Verordnung beigefügte Anlage 3 „Aufstellung der Betriebskosten" zugrunde zu legen.

(2) Sach- und Arbeitsleistungen des Eigentümers (Erbbauberechtigten), durch die Betriebskosten erspart werden, dürfen mit dem Betrage angesetzt werden,

der für eine gleichwertige Leistung eines Dritten, insbesondere eines Unternehmers, angesetzt werden könnte. Die Umsatzsteuer des Dritten darf nicht angesetzt werden.

(3) Im öffentlich geförderten sozialen Wohnungsbau und im steuerbegünstigten oder freifinanzierten Wohnungsbau, der mit Wohnungsfürsorgemitteln gefördert worden ist, dürfen die Betriebskosten nicht in der Wirtschaftlichkeitsberechnung angesetzt werden.

(4) (aufgehoben)

Anlage 3 zu § 27 Abs. 1 der Zweiten Berechnungsverordnung

Aufstellung der Betriebskosten

Betriebskosten sind nachstehende Kosten, die dem Eigentümer (Erbbauberechtigten) durch das Eigentum (Erbbaurecht) am Grundstück oder durch den bestimmungsmäßigen Gebrauch des Gebäudes oder der Wirtschaftseinheit, der Nebengebäude, Anlagen, Einrichtungen und des Grundstücks laufend entstehen, es sei denn, daß sie üblicherweise vom Mieter außerhalb der Miete unmittelbar getragen werden:

1. **Die laufenden öffentlichen Lasten des Grundstücks**
   Hierzu gehört namentlich die Grundsteuer, jedoch nicht die Hypothekengewinnabgabe.
2. **Die Kosten der Wasserversorgung**
   Hierzu gehören die Kosten des Wasserverbrauchs, die Grundgebühren und die Zählermiete, die Kosten der Verwendung von Zwischenzählern, die Kosten des Betriebs einer hauseigenen Wasserversorgungsanlage und einer Wasseraufbereitungsanlage einschließlich der Aufbereitungsstoffe.
3. **Die Kosten der Entwässerung**
   Hierzu gehören die Gebühren für die Benutzung einer öffentlichen Entwässerungsanlage, die Kosten des Betriebs einer entsprechenden nicht öffentlichen Anlage und die Kosten des Betriebs einer Entwässerungspumpe.
4. **Die Kosten**
   a) **des Betriebs der zentralen Heizungsanlage;**
   hierzu gehören die Kosten der verbrauchten Brennstoffe und ihrer Lieferung, die Kosten des Betriebsstroms, die Kosten der Bedienung, Überwachung und Pflege der Anlage, der regelmäßigen Prüfung ihrer Betriebsbereitschaft und Betriebssicherheit einschließlich der Einstellung durch einen Fachmann, der Reinigung der Anlage und des Betriebsraums, die Kosten der Messungen nach dem Bundes-Immissionsschutzgesetz, die Kosten der Anmietung oder anderer Arten der Gebrauchsüberlassung einer Ausstattung zur Verbrauchserfassung sowie die Kosten der Verwendung einer Ausstattung zur Verbrauchserfassung einschließlich der Kosten der Berechnung und Aufteilung;
   oder
   b) **des Betriebs der zentralen Brennstoffversorgungsanlage;**
   Hierzu gehören die Kosten der verbrauchten Brennstoffe und ihrer Lieferung, die Kosten des Betriebsstroms und die Kosten der Überwachung sowie die Kosten der Reinigung der Anlage und des Betriebsraums;
   oder

§ 4. Erhöhung der Betriebskosten, Anhang

c) der Versorgung mit Fernwärme;
hierzu gehören die Kosten der Wärmelieferung (Grund-, Arbeits- und Verrechnungspreis) und die Kosten des Betriebs der zugehörigen Hausanlagen entsprechend Buchstabe a;
oder
d) der Reinigung und Wartung von Etagenheizungen;
hierzu gehören die Kosten der Beseitigung von Wasserablagerungen und Verbrennungsrückständen in der Anlage, die Kosten der regelmäßigen Prüfung der Betriebsbereitschaft und Betriebssicherheit und der damit zusammenhängenden Einstellung durch einen Fachmann sowie die Kosten der Messungen nach dem Bundes-Immissionsschutzgesetz.

5. **Die Kosten**
   a) des Betriebs der zentralen Warmwasserversorgungsanlage;
   hierzu gehören die Kosten der Wasserversorgung entsprechend Nummer 2, soweit sie nicht dort bereits berücksichtigt sind, und die Kosten der Wassererwärmung entsprechend Nummer 4 Buchstabe a;
   oder
   b) der Versorgung mit Fernwarmwasser;
   hierzu gehören die Kosten für die Lieferung des Warmwassers (Grund-, Arbeits- und Verrechnungspreis) und die Kosten des Betriebs der zugehörigen Hausanlagen entsprechend Nummer 4 Buchstabe a;
   oder
   c) der Reinigung und Wartung von Warmwassergeräten;
   hierzu gehören die Kosten der Beseitigung von Wasserablagerungen und Verbrennungsrückständen im Innern der Geräte sowie die Kosten der regelmäßigen Prüfung der Betriebsbereitschaft und Betriebssicherheit und der damit zusammenhängenden Einstellung durch einen Fachmann.

6. **Die Kosten verbundener Heizungs- und Warmwasserversorgungsanlagen**
   a) bei zentralen Heizungsanlagen entsprechend Nummer 4 Buchstabe a und entsprechend Nummer 2, soweit sie nicht dort bereits berücksichtigt sind;
   oder
   b) bei der Versorgung mit Fernwärme entsprechend Nummer 4 Buchstabe c und entsprechend Nummer 2, soweit sie nicht dort bereits berücksichtigt sind;
   oder
   c) bei verbundenen Etagenheizungen und Warmwasserversorgungsanlagen entsprechend Nummer 4 Buchstabe d und entsprechend Nummer 2, soweit sie nicht dort bereits berücksichtigt sind

7. **Die Kosten des Betriebs des maschinellen Personen- oder Lastenaufzuges**
   Hierzu gehören die Kosten des Betriebsstroms, die Kosten der Beaufsichtigung, der Bedienung, Überwachung und Pflege der Anlage, der regelmäßigen Prüfung ihrer Betriebsbereitschaft und Betriebssicherheit einschließlich der Einstellung durch einen Fachmann sowie die Kosten der Reinigung der Anlage.

8. **Die Kosten der Straßenreinigung und Müllabfuhr**
   Hierzu gehören die für die öffentliche Straßenreinigung und Müllabfuhr zu

entrichtenden Gebühren oder die Kosten entsprechender nicht öffentlicher Maßnahmen.

9. **Die Kosten der Hausreinigung und Ungezieferbekämpfung**
Zu den Kosten der Hausreinigung gehören die Kosten für die Säuberung der von den Bewohnern gemeinsam benutzten Gebäudeteile, wie Zugänge, Flure, Treppen, Keller, Bodenräume, Waschküchen, Fahrkorb des Aufzuges.

10. **Die Kosten der Gartenpflege**
Hierzu gehören die Kosten der Pflege gärtnerisch angelegter Flächen einschließlich der Erneuerung von Pflanzen und Gehölzen, der Pflege von Spielplätzen einschließlich der Erneuerung von Sand und der Pflege von Plätzen, Zugängen und Zufahrten, die dem nicht öffentlichen Verkehr dienen.

11. **Die Kosten der Beleuchtung**
Hierzu gehören die Kosten des Stroms für die Außenbeleuchtung und die Beleuchtung der von den Bewohnern gemeinsam benutzten Gebäudeteile, wie Zugänge, Flure, Treppen, Keller, Bodenräume, Waschküchen.

12. **Die Kosten der Schornsteinreinigung**
Hierzu gehören die Kehrgebühren nach der maßgebenden Gebührenordnung.

13. **Die Kosten der Sach- und Haftpflichtversicherung**
Hierzu gehören namentlich die Kosten der Versicherung des Gebäudes gegen Feuer-, Sturm- oder Wasserschäden, der Glasversicherung, der Haftpflichtversicherung für das Gebäude, den Öltank und den Aufzug.

14. **Die Kosten für den Hauswart**
Hierzu gehören die Vergütung, die Sozialbeiträge und alle geldwerten Leistungen, die der Eigentümer (Erbbauberechtigte) dem Hauswart für seine Arbeit gewährt, soweit diese nicht die Instandhaltung, Instandsetzung, Erneuerung, Schönheitsreparaturen oder die Hausverwaltung betrifft.
Soweit Arbeiten vom Hauswart ausgeführt werden, dürfen Kosten für Arbeitsleistungen nach den Nummern 2 bis 10 nicht angesetzt werden.

15. **Die Kosten**
   a) des Betriebs der Gemeinschafts-Antennenanlage;
   hierzu gehören die Kosten des Betriebsstroms und die Kosten der regelmäßigen Prüfung ihrer Betriebsbereitschaft einschließlich der Einstellung durch einen Fachmann oder das Nutzungsentgelt für eine nicht zur Wirtschaftseinheit gehörende Antennenanlage;
   oder
   b) des Betriebs der mit einem Breitband-Kabelnetz verbundenen privaten Verteilanlage;
   hierzu gehören die Kosten entsprechend Buchstabe a, ferner die laufenden monatlichen Grundgebühren für Breitbandanschlüsse.

16. **Die Kosten des Betriebs der maschinellen Wascheinrichtung**
Hierzu gehören die Kosten des Betriebsstroms, die Kosten der Überwachung, Pflege und Reinigung der maschinellen Einrichtung, der regelmäßigen Prüfung ihrer Betriebsbereitschaft und Betriebssicherheit sowie die Kosten der Wasserversorgung entsprechend Nummer 2, soweit sie nicht dort bereits berücksichtigt sind.

§ 4. Erhöhung der Betriebskosten, Anhang   C 287–288a

17. Sonstige Betriebskosten
Das sind die in den Nummern 1 bis 16 nicht genannten Betriebskosten, namentlich die Betriebskosten von Nebengebäuden, Anlagen und Einrichtungen.

Ergänzende Erläuterungen der Anlage 3 zu § 27 der II. BV

Die Anlage 3 zu § 27 der II. BV enthält eingangs eine **Definition des** C 287 **Begriffs der Betriebskosten**, die der Legaldefinition in § 27 Abs. 1 der II. BV entspricht. Danach gehören zu den Betriebskosten diejenigen Kosten,
– die durch das Eigentum am Grundstück oder durch den bestimmungsmäßigen Gebrauch des Gebäudes,
– laufend, das heißt in periodisch wiederkehrenden Abständen entstehen, wobei es sich
– nicht um Instandhaltungs- oder Verwaltungskosten handeln darf.

Durch das Eigentum am Grundstück entstehen z. B. Grundsteuern, Straßenreinigungsgebühren, Kehrgebühren und Versicherungskosten. Durch den Gebrauch des Gebäudes werden verursacht Wasserkosten, Heizkosten, Warmwasserkosten, Aufzugskosten, Müllabfuhrkosten, Hausreinigungskosten, Gartenpflegekosten, Beleuchtungskosten, Hauswartskosten, Antennenkosten und Kosten für Wascheinrichtungen. Da nur die Kosten des bestimmungsmäßigen Gebrauchs umlagefähig sind, gehören Schadensbeseitigungskosten, die infolge einer Beschädigung entstanden sind, nicht zu den Betriebskosten.

Wenn § 27 Abs. 1 der II. BV bestimmt, daß nur die **laufenden Kosten** C 288 umlagefähig sein sollen, so bedeutet dies nicht, daß die Kostenbelastung jährlich oder mehrmals jährlich anfallen muß. Es genügt jede wiederkehrende Belastung, auch wenn die Abstände unregelmäßig sind und zwischen den Belastungen mehrere Jahre liegen (z. B. Tankreinigungskosten; Eichkosten; a. A.: Wichard ZMR 80, 2). Die nicht annuellen Betriebskosten sind nach richtiger Ansicht in voller Höhe in demjenigen Jahr anzusetzen, in dem sie entstehen. Die Aufteilung bereits entstandener Kosten über mehrere Jahre („Abschreibung") ist ebenfalls zulässig. Da der Vermieter in diesem Fall in Kostenvorlage treten muß und er hierzu nicht verpflichtet ist, kann ihm diese Methode aber nicht vorgeschrieben werden. Der Ansatz von Teilbeträgen zur Deckung künftiger Betriebskosten („Ansparung") bewirkt umgekehrt, daß die Mieter in Kostenvorlage treten müssen; dies wird vom Gesetz nicht gedeckt.

Die Umlage von Betriebskosten setzt eine **Vereinbarung im Mietver-** C 288a **trag** voraus. Bei fehlender Vereinbarung können nur Erhöhungen der Betriebskosten umgelegt werden. Die nicht umgelegten Betriebskosten sind als Bestandteil der Grundmiete anzusehen (Teilpauschalmiete); fehlerhafte Kalkulationen können nicht über die Betriebskostenabrechnung sondern nur im Rahmen einer Mieterhöhung nach § 2 berücksichtigt werden.

811

In der Rechtsprechung wird gelegentlich die Ansicht vertreten, daß aus der Betriebskostenvereinbarung ersichtlich sein müsse, welche Kosten im einzelnen entstehen können. Danach sind beispielsweise die Kosten für die Wartung von Feuerlöschgeräten, für eine Tankreinigung oder für Wasserzusatzstoffe nur umlagefähig, wenn im Text des Mietvertrags die entsprechenden Betriebskostenpositionen ausdrücklich als solche namentlich benannt sind (vgl. AG Friedberg/Hessen WM 85, 369; WM 85, 370; AG Rheine WM 85, 370 betr. Versicherungen).

Nach dem Rechtsentscheid des BayObLG vom 26. 2. 1984 (RES § 4 MHG Nr. 5) genügt es demgegenüber, wenn in einem Formularmietvertrag vereinbart ist, daß der Mieter die Betriebskosten i. S. von § 27 der II BV zu tragen hat. In einem solchen Fall sind alle Kosten abrechnungsfähig, die materiellrechtlich zu den Betriebskosten gehören. Gleiches gilt selbstverständlich auch dann, wenn der Betriebskostenkatalog des § 27 der II BV, wie er in der Anlage 3 zu dieser Vorschrift wiedergegeben wird, Bestandteil des Mietvertrags ist. Etwas anderes kommt allerdings dann in Betracht, wenn die Parteien in ihrem Vertrag davon abweichende Formulierungen wählen. Hier kann die Auslegung ergeben, daß eine von der gesetzlichen Regelung abweichende Umlagevereinbarung gewollt ist. Zugunsten des Vermieters sind solche Vereinbarungen unwirksam (§ 10 I MHG); zugunsten des Mieters sind sie wirksam. Bei der Auslegung ist gerade hier stets zu bedenken, daß es nicht auf den buchstäblichen Sinn des gewählten Ausdrucks, sondern darauf ankommt, was die Parteien wirklich gewollt haben (§§ 133, 157 BGB). So kann beispielsweise der Begriff „Wasserkosten" durchaus dahingehend zu verstehen sein, daß darunter sowohl die Kosten nach Nr. 2 als auch die Kosten nach Nr. 3 fallen (so AG Rheine Urt. vom 23. 3. 1982 – 4 C 1159/81 –; a. A. AG Münster WM 85, 369; AG Paderborn WM 85, 369; LG Köln WM 86, 323). Dies gilt insbesondere dann, wenn die Parteien die Regelung über längere Zeit in diesem Sinne praktiziert haben. Umgekehrt kann der Begriff „Heizkosten" dahingehend zu verstehen sein, daß hierunter nur die zur unmittelbaren Wärmeerzeugung erforderlichen Kosten fallen (LG Mannheim WM 85, 303; vgl. auch BayObLG WM 85, 18 = DWW 85, 73 = ZMR 85, 17). Bei Unklarheiten kann nicht ohne weiteres auf die Begriffsbestimmungen der Anlage 3 zu § 27 der II BV zurückgegriffen werden (BGH WM 70, 73; LG Mannheim ZMR 74, 380; AG Kaiserslautern WM 71, 23; AG Wangen WM 81, 131; Müller ZMR 81, 194). Vielmehr ist der Vertrag stets unter Berücksichtigung der Umstände des Einzelfalls auszulegen, wofür insbesondere die Erörterungen beim Vertragsschluß und die zwischen den Parteien geübte tatsächliche Abrechnungspraxis maßgeblich sind. Es gilt der Grundsatz, daß Betriebskostenvereinbarungen eng ausgelegt werden müssen. Der für die Auslegung maßgebende Wille ist nur insoweit in Betracht zu ziehen, als er dem Erklärungsempfänger durch den in der Erklärung zum Ausdruck kommenden objektiven Erklärungsgehalt erkennbar geworden ist. Der Grundsatz der engen Auslegung beruht nicht auf dem Gedanken des Mieterschutzes sondern auf der Erwä-

§ 4. Erhöhung der Betriebskosten, Anhang

gung, daß gerade beim Dauerschuldverhältnis jede Partei ein besonderes Interesse an der eindeutigen Festlegung der von ihr geschuldeten Leistung hat (OLG Düsseldorf ZMR 84, 20; OLG Frankfurt WM 85, 91; LG Stuttgart WM 87, 161; Müller a. a. O.; vgl. auch OLG Celle WM 83, 291). Zahlt der Mieter nicht geschuldete Betriebskosten, kann die Leistung nach § 812 BGB zurückgefordert werden (AG Frankfurt WM 85, 351); in der Zahlung nicht geschuldeter Beträge liegt i. d. R. kein Anerkenntnis (LG Wiesbaden WM 82, 86; a. A. LG Lüneburg MDR 79, 759). Eine Zahlung, die auf einen verwirkten Anspruch geleistet worden ist, kann allerdings nicht kondiziert werden (a. A. LG Karlsruhe WM 82, 132). Hat ein Mieter über viele Jahre hinweg nicht geschuldete Betriebskosten bezahlt oder hat umgekehrt ein Vermieter über längere Zeit an sich umlagefähige Betriebskosten nicht umgelegt, so nimmt ein Teil der Rechtsprechung an, daß die ursprüngliche Betriebskostenvereinbarung durch eine hiervon abweichende tatsächliche Übung abgeändert werde (vgl. AG Frankfurt WM 82, 86 bei 10jähriger Nichtabrechnung; AG Würzburg DWW 78, 264 bei sechsjähriger Abrechnung; AG Ibbenbüren WM 82, 162 bei siebenjähriger Abrechnung). Diese Auffassung ist deshalb bedenklich, weil in der Erteilung einer Abrechnung über tatsächlich nicht geschuldete Kosten kein Angebot des Vermieters zum Abschluß einer Änderungsvereinbarung liegen wird. Umgekehrt bringt der Mieter durch die Zahlung nicht geschuldeter Kosten im allgemeinen nicht zum Ausdruck, daß er die vertragliche Regelung abändern wolle (AG Wiesloch WM 82, 86; LG Bonn WM 79, 187; AG Walsrode WM 79, 12 LG Braunschweig WM 82, 300; LG Wuppertal WM 82, 300).

Zu Nr. 1: Die laufenden öffentlichen Lasten des Grundstücks C 289

Hierzu gehören sämtliche periodisch wiederkehrenden Verbindlichkeiten, die sich aus öffentlichem Recht ergeben und auf dem Grundstück als solchem ruhen. Wichtigster Umlageposten ist hier die Grundsteuer, die in der Vorschrift ausdrücklich genannt ist. Basis der Grundsteuer ist der Grundsteuermeßbetrag, der seinerseits auf dem Einheitswert beruht. Maßgeblich für die Höhe des Einheitswertes ist zum einen die Jahresrohmiete und zum anderen ein sogenannter „Vervielfältiger" gemäß § 20 Bewertungsgesetz. Dieser Vervielfältiger ist für Wohnungen höher und für Geschäftsgrundstücke geringer. Eine Aufteilung des Einheitswertes in einen gewerblichen und in einen zu Wohnzwecken genutzten Teil ist nicht möglich; deshalb kann der Vermieter die Grundsteuer gleichmäßig auf Wohnraum- und Geschäftsraummieter umlegen (Teitge ZMR 86, 261; a. A. LG Frankfurt WM 86, 234; AG Köln WM 86, 234). Umlagefähig ist dabei nur derjenige Steuerbetrag, der dem Vermieter tatsächlich entsteht. Soweit dem Vermieter eine Grundsteuervergünstigung gewährt wird, ist nur die aufgrund der Vergünstigung zu zahlende niedrigere Grundsteuer umlagefähig. Entfällt die Vergünstigung, kann die volle Grundsteuer umgelegt werden (s. Rdn C 253 b). Nach dem Rechtsentscheid des OLG Karlsruhe vom 4. 11. 1980 gilt dies allerdings nur dann, wenn im Mietvertrag vereinbart ist, daß der Mieter die Grundsteuer zu bezahlen hat; nach der hier vertretenen Ansicht ergibt sich das Erhöhungsrecht auch beim Fehlen einer vertraglichen Regelung unmittelbar aus § 4 Abs. 2 MHG (s. Rdn C 243). Eine vertragliche Vereinbarung, wonach der Vermieter die Erhöhung öffentlich-rechtlicher Belastungen auf den Mieter umlegen darf, kann auslegungsbedürftig sein. Die Klausel kann zum einen dahin verstanden werden, daß bereits die erste Anpassung der Grundsteuer an den Bebauungstatbestand vom Mieter zu tragen ist; sie kann zum anderen aber auch so ausgelegt werden, daß erst eine nach Vertragsbeginn eintretende Erhöhung auf den Mieter umgelegt werden darf (OLG Hamm ZMR 86, 198). Die gesetzliche Regelung in § 4 Abs. 2 ist im letztgenannten Sinn zu verstehen. Ist demgegenüber der Vertrag im erstgenannten Sinn auszulegen, so hat dies zur Folge, daß der Mieter schlechter steht als er nach der gesetzlichen Regelung stehen würde. Eine solche Regelung ist unzulässig (§ 10 I MHG). Nimmt der Vermieter eine Grundsteuervergünstigung nicht in Anspruch, so liegt hierin ein Verstoß gegen den Wirtschaftlichkeitsgrundsatz (s. Rdn C 251a). Umlagefähig ist dann nur derjenige Betrag, der bei Inanspruchnahme der Vergünstigung entrichtet werden müßte.

Fraglich ist, ob und unter welchen Voraussetzungen der Vermieter auch solche Grundsteuerbeträge umlegen kann, die einen bereits vergangenen (und abgerechneten) Zeitraum betreffen. Diese Frage stellt sich deshalb, weil die Gemeinde ihre Grundabgaben auch durch Nachveranlagung erheben kann. Im allgemeinen gilt der Grundsatz, daß über diejenigen Betriebskosten abgerechnet werden muß, die im Abrechnungszeitraum angefallen sind; auf das Datum der Rechnungsstellung kommt es grundsätzlich nicht an. Eine Ausnahme muß allerdings dort gelten, wo der Vermieter keinen Einfluß auf den Entstehungszeitpunkt der Belastung hat; in diesen Fällen kann die betreffende Betriebskostenposition in demjenigen Abrechnungszeitraum umgelegt werden, indem sie beim Vermieter (durch Zugang des Abgabenbescheids) entsteht (vgl. dazu Hermsdörfer ZMR 86, 390). Wird Grundsteuer im Wege der Nachveranlagung erhoben, werden die Voraussetzungen der nachträglichen Geltendmachung regelmäßig vorliegen.

C 290 Nicht umlagefähig sind diejenigen Steuern, Gebühren und Beiträge, die den Vermieter persönlich treffen, wie z. B. die Vermögenssteuer oder die Einkommensteuer. Diese Steuern sind auch dann nicht umlagefähig, wenn das Grundstück den einzigen Vermögenswert oder die einzige Einnahmequelle des Vermieters darstellt. Gleiches gilt für die Realsteuern, wie z. B. die Gewerbesteuer, die auch dann nicht umlagefähig ist, wenn das Grundstück zum Betriebsvermögen gehört. Nicht umlagefähig ist schließlich die Hypothekengewinnabgabe, die nach der Vorstellung des Gesetzgebers eine besondere Form der Vermögensgabe ist und vom Vermieter selbst getragen werden muß.

C 291 **Zu Nr. 2: Die Kosten der Wasserversorgung**
Hierzu gehören zunächst die **Kosten des Wasserverbrauchs** (Wassergeld), wobei unerheblich ist, ob diese Kosten aus öffentlichem oder

§ 4. Erhöhung der Betriebskosten, Anhang

privatem Recht geschuldet werden. Unter Verbrauch ist nur die reguläre Wasserentnahme zu verstehen. Mehrkosten, die durch einen Wasserrohrbruch entstehen, sind nicht als Betriebskosten umlagefähig, weil diese Kosten nicht durch den bestimmungsmäßigen Gebrauch des Gebäudes verursacht werden (AG Bergisch-Gladbach WM 84, 230). Ob einzelne Mieter gelegentlich ihren PKW waschen und ob für die Pflege des Hauses und der Umgebung zusätzlich Wasser verbraucht wird, kann regelmäßig unberücksichtigt bleiben (AG Dortmund WM 86, 262). Unbeachtlich ist auch ob einzelne Mieter gelegentlich Besuch empfangen und ob diese Personen zusätzlich Wasser verbrauchen. Ein unnötiger oder verschwenderischer Wasserverbrauch durch den Vermieter oder einen der Mitmieter steht der Umlage grundsätzlich nicht entgegen; einem extrem abweichenden Nutzerverhalten muß durch die Wahl eines geeigneten Umlageschlüssels Rechnung getragen werden.

Zu den Kosten der Wasserversorgung gehören weiter die **Grundgebühren** und die **Zählermiete**. Die Grundgebühren gehören nach natürlicher Betrachtungsweise bereits zu den Kosten des Wasserverbrauchs; wenn diese Kostenart in Ziff. 2 besonders aufgeführt ist, so hat das nur klarstellende Bedeutung. Unter Zählermiete ist das Entgelt zu verstehen, das der Eigentümer an einen Dritten für die Überlassung des Zählers zu entrichten hat. Ist der Dritte gegenüber dem Eigentümer verpflichtet, für die regelmäßige Wartung, Instandhaltung und Eichung der Zähler zu sorgen, so sind auch diese Kosten zur Zählermiete zu rechnen, und zwar auch dann, wenn der Dritte hierfür einen gesonderten Betrag in Rechnung stellt. Unter Miete ist nämlich – wie auch sonst – das gesamte Entgelt zu verstehen, das der Eigentümer des Hauses für die Nutzung des Zählers zahlen muß. Anders ist es, wenn die Instandhaltung und Instandsetzung Sache des Hauseigentümers ist. In diesem Fall gehören nur die Wartungs- und Eichkosten zu den Betriebskosten, während Reparaturkosten nicht umlagefähig sind.

Die Kosten der Verwendung von **Zwischenzählern** gehören zu den Kosten der Zählermiete, wenn für die Zwischenzähler ein Mietzins zu zahlen ist. In diesem Fall hat die besondere Erwähnung der Zwischenzähler nur klarstellende Bedeutung; es gelten die obigen Ausführungen. Stehen die Zwischenzähler im Eigentum des Vermieters, so sind nur die Wartungs- und Eichkosten umlagefähig. Reparaturkosten sind als Instandhaltungskosten nicht zu den Betriebskosten zu rechnen. Ebensowenig können dann fiktive Mietkosten oder Abschreibungsbeträge umgelegt werden. Werden Zwischenzähler verwendet, so ist der im Hauptzähler gemessene Verbrauch gelegentlich höher als die Summe der Einzelmessungen. Solche Abweichungen sind in bestimmten Grenzen technisch bedingt. Hält sich die Abweichung innerhalb der üblichen Grenze, so ist für die Bemessung der Wasserkosten der Gesamtverbrauch maßgebend. Jeder Nutzer hat also den bei ihm gemessenen Einzelverbrauch und einen Bruchteil des überschießenden Verbrauchs zu tragen. Etwas anderes kann gelten, wenn im Mietvertrag vereinbart ist, daß der Mieter nur den gemessenen Einzelverbrauch zahlen soll. Treten außergewöhnlich große Abweichungen auf, die durch technische Gegebenheiten nicht zu erklären sind, so muß die Ursache der Abweichung zunächst ermittelt werden (Ablesefehler, Meßfehler, Wasserverluste). Sind die Einzelmessungen fehlerhaft, so richtet sich die Umlage nach dem Hauptzähler; es muß dann ein anderer angemessener Umlagemaßstab gefunden werden. Die Rechtsfolgen für die Umlage sind dann von Fall zu Fall verschieden.

C 294 Kosten des Betriebs einer **hauseigenen Wasserversorgungsanlage** entstehen dann, wenn das Gebäude nicht an die öffentliche Frischwasserversorgung angeschlossen ist, sondern mittels eines hauseigenen Brunnens, einer Pumpanlage oder eines Wasserwerks versorgt wird. In diesem Fall sind Wartungs- und Eichkosten, nicht aber Reparaturkosten umlagefähig. Gleiches gilt für die Kosten einer Wasseruntersuchung (AG Altona WM 83, 2), soweit es sich dabei um eine in regelmäßigen Abständen durchgeführte Kontrollmaßnahme handelt. In diesem Fall ist nicht erforderlich, daß die Untersuchungen gesetzlich oder behördlich vorgeschrieben sind; es genügt, wenn sie üblicher Bewirtschaftung entsprechen, was regelmäßig zu bejahen ist. Nicht umlagefähig sind Untersuchungen, die anläßlich eines Störfalls, also ausnahmsweise vorgenommen werden; insoweit fehlt es am Merkmal der laufenden Kosten.

C 295 **Wasseraufbereitungsanlagen** sind solche Einrichtungen, durch die das Frischwasser in irgendeiner Weise verbessert wird, also insbesondere Filteranlagen und Entkalkungsgeräte. Es kommt insoweit nicht darauf an, ob die Anlage zwingend erforderlich ist, um das Wasser in einem genuß- und gebrauchsfähigen Zustand zu versetzen. Es genügt, wenn die Anlage zu einer besseren Wasserqualität führt. Umlagefähig sind die Betriebskosten solcher Anlagen, also die Wartungskosten und die Kosten für die Aufbereitungsstoffe (insoweit unzutreffend: AG Bad-Vilbel WM 86, 123; AG Friedberg/Hessen WM 85, 369). Nicht umlagefähig sind auch hier Reparaturkosten.

C 296 Entstehen besondere Wasserkosten durch den Betrieb von **maschinellen Wascheinrichtungen** oder im Rahmen der **Gartenpflege**, so müssen diese Kosten bei den Ziffern 10 und 16 der Anlage 3 berücksichtigt werden. Eine Erfassung dieser Kosten unter der Ziff. 2 ist ausnahmsweise dann möglich, wenn nach dem Inhalt der jeweiligen Mietverträge die Kostenpositionen 2, 10 und 16 von allen Mietern anteilig nach einem einheitlichen Umlageschlüssel zu tragen sind. Gleiches gilt, wenn diese Kosten nicht wesentlich ins Gewicht fallen.

C 297 **Zu Nr. 3: Die Kosten der Entwässerung**
Hierzu gehören die **Gebühren** für die Benutzung einer öffentlichen Entwässerungsanlage (Kanalisationssystem). Unter Gebühr ist dabei das gesamte Entgelt zu verstehen, das der Hauseigentümer an die Gemeinde bezahlen muß. Dabei ist völlig unerheblich, ob die gemeindliche Gebührenordnung eine einheitliche Kanalbenutzungsgebühr vorsieht oder ob unterschiedliche Gebühren für Schmutz- und Regenwasser ausgewiesen

§ 4. Erhöhung der Betriebskosten, Anhang

sind (a. A.: AG Paderborn WM 85, 369, wonach die Kanalkosten für Regenwasser nicht zu den Entwässerungskosten zu zählen sind).

Ist das Gebäude nicht an das öffentliche Kanalisationssytem angeschlossen, so können die Betriebskosten einer entsprechenden **nicht öffentlichen Anlage** umgelegt werden. Die Formulierung in der Anlage 3 ist insoweit mißverständlich, als es private Kanalisationssysteme in der Praxis kaum gibt. Gemeint sind diejenigen privaten Anlagen, die zur Beseitigung des Schmutz- und Regenwassers dienen, also Sickergruben und Kläranlagen. Die zum Betrieb einer solchen Anlage erforderlichen Kosten sind umlagefähig, also Bedienungskosten, Kosten für die Reinigung der Anlage, Kosten für die Abfuhr der Sickerstoffe (AG Bergisch-Gladbach WM 85, 364 betr. vollbiologische Kläranlage), Kosten der Grubenentleerung (a. A. AG Friedberg WM 83, 182), Wartungskosten, Kosten für chemische oder biologische Zusatzstoffe sowie Kosten der Überwachung und Kontrolle. Reparaturkosten gehören auch hier nicht zu den Betriebskosten. Wird zur Entwässerung bestimmter Gebäudeteile eine Pumpe verwendet, so sind auch die dadurch entstehenden Betriebskosten umlagefähig. Auch hierzu gehören die Kosten der Bedienung, die Stromkosten, die Wartungskosten und die Reinigungskosten einschließlich der Kosten für die Beseitigung der Abfallstoffe (Pumpensumpf).

Zu Nr. 4a: Die Kosten des Betriebs der zentralen Heizungsanlage

Begriff: Eine zentrale Heizungsanlage liegt vor, wenn die einzelnen Räume von einem oder mehreren Wärmeerzeugern mit Wärme versorgt werden, wobei der Ort der Wärmeerzeugung vom Ort der Wärmeabgabe verschieden sein muß. Zur Wärmeerzeugung können Öl, Gas, Koks oder Kohleöfen dienen, ferner Solaranlagen und Wärmepumpen. Wärmeträger ist in der Regel Wasser, Wasserdampf oder Luft. Durch ein Verteilungsnetz (Rohrleitungssystem) wird den einzelnen Wärmeabgabestellen (Heizkörper, Radiatoren, Rohre, Luftschächte etc.) Wärme zugeführt. Für den Begriff der zentralen Heizungsanlage ist nicht erforderlich, daß sämtliche Wohnungen mit zentral erzeugter Wärme versorgt werden.

Sind einzelne Wohnungen eines Mehrfamilienhauses nicht an die Zentralheizung angeschlossen, so führt dies lediglich dazu, daß auf die Mieter dieser Wohnungen keine Heizkosten (und zwar auch keine Grundkosten) umgelegt werden dürfen. Anders ist es, wenn die betreffende Wohnung zwar angeschlossen ist, der Mieter aber keine Wärme abnimmt. Hier wirkt sich das Verhalten des Mieters nur im Hinblick auf die verbrauchsabhängigen Kosten aus. Eine zentrale Heizungsanlage liegt selbst dann vor, wenn in einem Mehrfamilienhaus nur eine einzige Wohnung von einem im Keller befindlichen Wärmeerzeuger mit Wärme versorgt wird, während die übrigen Wohnungen mit Einzelöfen beheizt werden. Hier kann nichts anderes gelten als bei der Miete eines zentral beheizten Einfamilienhauses: Die Kosten der Zentralheizung müssen dann vom Mieter der beheizten Wohnung allein getragen werden. Unerheblich ist auch, ob sämtliche Räume der einzelnen Wohnungen mit Wärmeabgabestellen versehen sind. Eine Zentralheizung liegt auch dann vor, wenn in der Wohnung nur ein einziger Raum beheizbar ist. Es handelt sich hier nicht um ein Problem des Kostenansatzes, sondern betrifft die Frage des richtigen Umlageschlüssels. Diese Frage stellt sich insbesondere dann, wenn die einzelnen Wohnungen eines Hauses unterschiedlich mit Heizkörpern ausgestattet sind. Ist der Ort der Wärmeerzeugung und der Ort der Wärmeabgabe identisch, so liegt keine Zentralheizung vor, wie zum Beispiel bei der Beheizung einer Wohnung durch einzelne bedienungsfreie Nachtspeicheröfen oder bei einer elektrischen Fußbodenheizung.

C 300 Für die **Abgrenzung der Zentralheizung zur Fernwärmeversorgung** muß mangels einer Legaldefinition auf den allgemeinen Sprachgebrauch zurückgegriffen werden (BGH WM 86, 214 = ZMR 86, 275 = DWW 86, 147). Danach wird der Begriff „Fernwärme" verwendet, wenn der Lieferant durch die von ihm betriebene Heizzentrale Gebäude oder ganze Stadtteile über ein eigenes Versorgungsnetz und über Anschlüsse an die Kundenanlage mit Wärme versorgt. Keine Fernwärme, sondern eine zentrale Heizungsanlage liegt deshalb dann vor, wenn die Heizanlage integrierter Bestandteil des Gebäudes ist, zu dessen ausschließlicher Wärmeversorgung die Anlage erreichtet und nach wie vor bestimmt ist. Dies gilt unabhängig davon, ob der Eigentümer die Anlage selbst betreibt oder ob sie für diesen von einem Dritten im eigenen Namen und auf eigene Rechnung betrieben wird (BGH a. a. O.; a. A.: Schubart NJW 85, 1682 jeweils mit weiteren Nachweisen). Eine Zentralheizung ist auch dann anzunehmen, wenn eine größere Wirtschaftseinheit von einem außerhalb der Wohngebäude befindlichen Heizwerk mit Wärme versorgt wird. Maßgeblich ist nicht, daß sich der Wärmeerzeuger im Gebäude befindet, sondern daß er dem Gebäude zugeordnet ist.

C 301 Umlagefähig sind zunächst die **Kosten der verbrauchten Brennstoffe** (Öl, Gas, Koks, Kohle) einschließlich der Kosten der Anlieferung. Zu den Brennstoffen gehören auch die üblichen Zusatzstoffe wie Reinigungsadditive usw. sowie die Kosten für das Anfeuerungsmaterial. Zu den Kosten der Anlieferung gehört auch das am Ort übliche Trinkgeld. Weiterhin gehören hierzu diejenigen Kosten, die für die Überwachung der Öllieferung entstehen (Abwarten der Ankunft des Tankwagens, Freihalten der Anlage, Hilfsleistungen beim Füllvorgang; a. A. AG Charlottenburg BlnGrdE 86, 1075 mit der unzutref. Erwägung, daß nur solche Kosten zu den Lieferkosten gehören, die von dem Heizöllieferanten in Rechnung gestellt werden). Für den Einkauf der Brennstoffe gilt der **Wirtschaftlichkeitsgrundsatz**, der allerdings nicht überspannt werden darf. Der Vermieter darf zwar keine offensichtlich überhöhten Preise akzeptieren; er ist aber keineswegs verpflichtet, Kostenanschläge einzuholen und das billigste Angebot auszuwählen. An einem Stammlieferanten darf der Vermieter auch dann festhalten, wenn andere Lieferanten billiger sind. Ein Einkauf in kleinen Teilmengen verstößt jedenfalls dann gegen den Wirtschaftlichkeitsgrundsatz, wenn die Mieter regelmäßig Vorauszahlungen entrichten und auch die Heizkostenabrechnungen

§ 4. Erhöhung der Betriebskosten, Anhang C 302

pünktlich bezahlen. Die gegenteilige Ansicht, wonach die Verpflichtung zum wirtschaftlichen Einkauf durch die Höhe der Vorschüsse begrenzt sein soll (LG Berlin BlnGrdE 85, 483) verkennt, daß die Mieter auch in den Sommermonaten Vorschüsse zahlen, so daß der Vermieter Rücklagen bilden kann. Gleiches gilt für den Einkauf zu ungünstiger Jahreszeit, wenngleich hier zu bedenken ist, daß das Steigen und Fallen insbesondere der Ölpreise zu manchen Zeiten nicht von Angebot und Nachfrage, sondern von der politischen Entwicklung abhängt. Der Vermieter darf nur diejenigen Brennstoffkosten ansetzen, die ihm tatsächlich entstanden sind. War beispielsweise zu Beginn der Heizperiode ein billig eingekaufter Restbestand vorhanden und haben sich während der Heizperiode die Preise erhöht, so kann der Vermieter den Verbrauch nicht ausschließlich mit den höheren Kosten der zugekauften Brennstoffe berechnen. Vielmehr setzt sich der Verbrauch in einem solchen Fall zusammen aus dem billigen Restbestand und dem teuren Zukauf (OLG Koblenz WM 86, 282 = MDR 85, 59). Dies ist auch der Grund dafür, warum in der Heizkostenabrechnung der Anfangsbestand, die zugekaufte Menge an Brennstoff und der Restbestand jeweils nach Maß und Preis angegeben werden muß. Die bloße Angabe der Liefermenge reicht insoweit nicht aus, weil sich hieraus nicht ersehen läßt, wieviel innerhalb der jeweiligen Heizperiode verbraucht worden ist und welcher Preis für die tatsächlich verbrauchte Menge angesetzt werden muß (LG Köln WM 85, 303). Etwas anderes kann gelten, wenn lediglich der Anfangsbestand fehlt und die Angaben über den Zukauf und die Restmenge zutreffend sind. In einem solchen Fall entsteht dem Mieter kein Nachteil, weil er einen eventuell doch vorhandenen Anfangsbestand nicht bezahlen muß (LG Hamburg WM 85, 370). Einen Preisnachlaß (Rabatte, Skonti) muß der Vermieter an die Mieter weitergeben, falls der Nachlaß nicht aufgrund außergewöhnlicher Umstände gewährt wird (Deputatkohle, Recht zum verbilligten Bezug von Brennstoff aufgrund arbeitsvertraglicher Beziehungen zwischen Vermieter und Brennstofflieferant usw.). Betreibt der Vermieter selbst einen Brennstoffhandel, so muß er nicht zu Einkaufspreisen liefern, sondern kann die üblichen Preise in Rechnung stellen (vgl. § 27 Abs. 2 der II. BV; AG Friedberg/Hessen WM 85, 370). Bankzinsen und Kontoführungsgebühren, die in Zusammenhang mit der Heizölbeschaffung anfallen, sind keine Betriebskosten, sondern Verwaltungskosten (AG Siegburg WM 85, 345).

Der Mieter hat grundsätzlich keinen Anspruch darauf, daß eine **wirtschaftlich ungünstige Heizungsart** gegen eine vermeintlich günstigere ausgetauscht werde (z. B. Austausch der Zentralheizung gegen Fernheizung; vgl. OLG Düsseldorf WM 86, 16). Arbeitet eine Heizungsanlage aber deshalb unwirtschaftlich, weil sie reparaturbedürftig oder erneuerungsbedürftig ist, oder hat das Haus eine ungenügende Wärmedämmung, oder kann die Wärmeabgabe infolge fehlerhafter Heizkörperventile nicht hinreichend gesteuert werden (AG Ahrensburg WM 86, 213), so stellt dies einen Mangel der Mietsache dar, der den Mieter zur Minde-

C 302

rung berechtigt (unzutreffend AG Charlottenburg MM 86, 439 (LS), wonach die Abrechnung in einem solchen Fall nicht fällig werden soll und LG Darmstadt DWW 87, 18, wonach der Mieter in einem solchen Fall Anspruch auf Schadensersatz wegen positiver Vertragsverletzung haben kann). Der Minderungsbetrag kann dabei nach den mangelbedingten Mehrkosten bemessen werden. Da die Minderung kraft Gesetzes eintritt, kann der Mieter einen überzahlten Betrag nach § 812 BGB zurückfordern und gegen eine Heizkostenabrechnung mit diesem Bereicherungsanspruch aufrechnen. Dies gilt nach §§ 539, 545 BGB allerdings dann nicht, wenn der Mieter von dem Mangel der Heizungsanlage Kenntnis hatte und trotzdem den vollen Mietzins vorbehaltslos bezahlt hat.

C 303 Ob die Heizungsanlage unwirtschaftlich arbeitet, kann letztlich nur durch einen Sachverständigen beurteilt werden. Dabei ist zu berücksichtigen, daß der Vermieter gegenüber dem Mieter nicht zur Durchführung aller denkbaren Maßnahmen zur Heizkostenreduzierung verpflichtet ist (LG Berlin BlnGrdE 86, 749); der Vermieter ist lediglich zu wirtschaftlichen Verhalten verpflichtet. Deshalb ist immer auch zu prüfen in welchem Verhältnis die Kosteneinsparung zur Höhe der hierzu erforderlichen Aufwendung steht. Ein wichtiges Indiz für die Unwirtschaftlichkeit liegt allerdings vor, wenn der konkrete Brennstoffverbrauch von dem üblichen Durchschnittsverbrauch deutlich abweicht. Dabei kann bezüglich des Heizölverbrauchs von folgenden Werten ausgegangen werden:

Heizeinheit beheizte Fläche	Ölverbrauch in Liter je qm			
	1977/78	1978/79	1979/80	1982/83
Bis 200 m^2	32,54	35,23	28,04	23,64
Bis 300 m^2	29,57	32,12	25,60	21,57
Bis 400 m^2	28,94	31,43	25,25	21,07
Bis 500 m^2	27,90	30,24	24,61	20,58
Bis 700 m^2	27,14	29,54	23,96	20,05
Bis 1000 m^2	26,89	29,21	23,63	19,92
Bis 1500 m^2	26,43	28,44	23,33	19,69
Bis 2000 m^2	25,77	27,84	22,75	19,41
Bis 3000 m^2	26,08	27,86	23,07	19,34
Ab 3000 m^2	25,15	26,38	22,33	18,85

C 304 Zu beachten ist allerdings, daß es sich hierbei nur um Durchschnittswerte handelt, und daß sich Abweichungen nach oben nicht nur aufgrund eines Mangels an der Heizungsanlage oder dem Gebäude, sondern auch aufgrund des Nutzerverhaltens oder von Meß- und Ablesefehlern ergeben können. Ein durch das nutzerbedingte Verhalten verursachter Mehrverbrauch berechtigt selbstverständlich nicht zur Minderung.

§ 4. Erhöhung der Betriebskosten, Anhang C 305–307

Meß- und Ablesefehler führen dazu, daß die Abrechnung nicht fällig wird. Kann der Fehler nicht behoben werden, so sind die Heizkosten zu schätzen, wobei im Zweifel zu Lasten dessen zu entscheiden ist, der den Fehler zu vertreten hat.

Entstehen erhöhte Heizkosten dadurch, daß das Gebäude noch nicht C 305
ausgetrocknet ist (**Trockenheizen**), so sind die Mehrkosten vom Vermieter zu tragen. Soweit diese Kosten nicht bereits bei der Bemessung der Grundmiete berücksichtigt worden sind (was nur aufgrund einer eindeutigen Vereinbarung angenommen werden kann), hat der Mieter einen Verwendungsersatzanspruch nach § 547 Abs. 1 BGB, weil der durch das Trockenheizen bedingte Aufwand eine Verwendung zur Erhaltung der Mietsache, also eine notwendige Verwendung darstellt. Mit diesem Verwendungsersatzanspruch kann der Mieter gegen die Heizkostenabrechnung aufrechnen (ähnlich AG Gegenbach WM 86, 241, wonach für das Trockenheizen ein Abzug von 10% von den Heizkosten angemessen ist; LG Lübeck Urt. vom 15. 3. 1983 – 14a S 289/82 das eine Kürzung von 20% für angemessen hält; vgl. auch AG Köln WM 85, 371, wonach eine Heizkostenabrechnung nicht ordnungsgemäß ist, wenn kein Abzug für das Trockenheizen vorgenommen wurde).

Der Umstand, daß einem einzelnen Mieter deshalb erhöhte Heizko- C 306
sten entstehen, weil seine **Wohnung infolge der Lage** im Haus (Dachgeschoßwohnung, Eckwohnung, Parterrewohnung) **intensiver beheizt** werden muß als andere Wohnungen, ist beim Kostenansatz und bei der Umlage nach gegenwärtiger Rechtslage (1987) unbeachtlich. (S. dazu: LG Berlin BlnGE 86, 1173; Philipps GW 86, 373). Diese Mehrkosten muß der Mieter tragen. Der erhöhte Wärmebedarf kann nur im Mieterhöhungsverfahren nach § 2 MHG als wertminderndes Merkmal berücksichtigt werden.

Umlagefähig sind weiter die **Kosten des Betriebsstroms.** Dazu gehört der gesamte Strom, der zum Betrieb der Zentralheizung erforderlich ist, also der Strom für die Beleuchtung des Heizraums sowie für den Betrieb der Pumpen und Brenner. Weiter kann hier derjenige Strom erfaßt werden, der für die Überwachung, Pflege und Reinigung der Anlage erforderlich ist.

Zu den Kosten der **Bedienung, Überwachung und Pflege der Anlage** C 307
gehören die insoweit entstehenden Personal- und Sachkosten. Personalkosten entstehen insbesondere bei Kokszentralheizungen (Anfeuerung, laufende Versorgung mit Koks, Entfernen der Asche und der Schlacke. Die Abfuhr der Abfallstoffe fällt unter den Begriff der Müllabfuhr (Nr. 8). Soweit die Arbeiten durch einen besonderen Heizer erledigt werden, sind dessen Bruttokosten ansatzfähig. Werden die Arbeiten von einem der Mieter durchgeführt, kann dessen Entgelt angesetzt werden. Dies gilt auch dann, wenn die Arbeitsleistung als Teil der Miete geschuldet wird. Wird die Heizung vom Hausmeister bedient, dürfen Kosten nur im Rahmen der Ziff. 14 als Hausmeisterkosten angesetzt werden. Die Eigenleistungen des Vermieters sind nach der hier vertretenen An-

sicht nicht ansatzfähig (s. Rdn C 251 a; vgl. auch AG Butzbach WM 86, 323).

C 308 Bei **automatisch arbeitenden Ölzentralheizungen** können in der Regel keine Personalkosten angesetzt werden (s. C 251 a), weil der insoweit entstehende Aufwand im allgemeinen nur gering ist (AG Hamburg WM 86, 323, 346; AG Lüneburg MDR 80, 937; AG Butzbach WM 86, 323 – „Heizungsbetreuung"; a. A. Fischer-Diskau/Pergande/Schwender § 27 der II. BV Anm. 3). Eine Ausnahme gilt, wenn der Vermieter nicht selbst im Haus wohnt und er deshalb einen Dritten gegen Entgelt mit der Bedienung, Überwachung und Pflege der Anlage betraut hat (AG Mannheim DWW 79, 68) oder wenn durch Gesetz ein besonderer Bedienungsaufwand vorgeschrieben ist. In diesem Zusammenhang ist § 4 Abs. 2 der Heizungsbetriebsverordnung vom 22. 9. 1978 (BGBl. I S. 1584) zu beachten. Danach hat die Bedienung bei Anlagen von mehr als 50 kW Nennwärmeleistung in Mehrfamilienhäusern oder Nichtwohngebäuden während der Betriebszeit mindestens monatlich zu erfolgen. Sie umfaßt die Funktionskontrolle und die Vornahme von Schalt- und Stellvorgängen (insbesondere An- und Abstellen, Überprüfung und ggf. Anpassung der Sollwerteinstellungen von Temperaturen, Einstellen von Zeitprogrammen) an den zentralen regelungstechnischen Einrichtungen. Der Betreiber darf die Bedienung nur als Fachkundiger oder Eingewiesener vornehmen oder von fachkundigen oder eingewiesenen Personen vornehmen lassen. Die Kosten der fachkundigen oder eingewiesenen Person sind Bedienungskosten im Sinne von Nr. 4a.

C 309 Unter den Kosten der **regelmäßigen Prüfung der Betriebsbereitschaft und Betriebssicherheit** einschließlich der Einstellung durch einen Fachmann sind die Wartungskosten zu verstehen. Die **Wartungskosten** sind keine Bedienungskosten; deshalb ist ihre gesonderte Benennung neben den Bedienungskosten erforderlich. Von den Wartungskosten sind die Instandhaltungskosten zu unterscheiden. Die Instandhaltungskosten gehören nicht zu den Betriebskosten und sind deshalb nicht umlagefähig. In § 4 Abs. 3 der Heizungsbetriebsverordnung findet sich folgende Definition: „Wartung ist die Einstellung der Feuerungseinrichtungen und die Überprüfung der zentralen regelungstechnischen Einrichtungen sowie die Reinigung der Kesselheizflächen ... Instandhaltung ist die Aufrechterhaltung des technisch einwandfreien Betriebszustandes, der eine weitestgehende Nutzung der eingesetzten Energie gestattet". Die Heizungsbetriebsverordnung regelt zwar keine Kostenfragen, sondern dient energiepolitischen Zielen; die dort enthaltene Definition kann aber auch zur Lösung der hier maßgeblichen Fragen verwendet werden. Danach gehört zur Wartung der Heizungsanlage: Überprüfung der Feuerungsanlage; Zerlegung und Reinigung des Brenners einschließlich der Kosten neuer Dichtungen und Zerstäuberdüsen; Funktionsprüfungen; Probeläufe; Messungen der Abgaswerte; Einstellen von Zeituhren und Zeitprogrammen (Nachtabsenkung). Nach einer Entscheidung des AG Rheine (WM 85, 345) sollen Kosten, die dadurch entstehen, daß

§ 4. Erhöhung der Betriebskosten, Anhang   C 310–312

ein Flüssigkeitsbehälter in 10jährigem Abstand vom TÜV überprüft werden muß, nicht zu den Betriebskosten der Heizung gehören. Es soll sich um Instandhaltungskosten der Heizung handeln, weil Betriebskosten nur solche Kosten sein sollen, die „in relativ kurzen, also für jeden Mieter auch überschaubaren Fristen" anfallen. Aus dem Gesetz ergibt sich diese Einschränkung allerdings nicht. Erforderlich ist nur, daß die Kosten „laufend", das heißt periodisch wiederkehrend entstehen.

Zu den nicht umlagefähigen **Instandhaltungs- und Instandsetzungs-** C 310
kosten gehören: Reparaturen aufgrund fehlerhafter Bedienung der Heizungsanlage, Beseitigungsmaßnahmen aufgrund fahrlässiger oder vorsätzlicher Beschädigung, sonstige Schadensbeseitigungsmaßnahmen wie etwa der Einbau einer neuen Ölpumpe (AG Waldbrühl WM 80, 206), eines neuen Brenners usw.; Kosten der Öltankbeschichtung (LG Frankenthal ZMR 85, 302).

Hat der Vermieter einen sogenannten **Wartungsvertrag** abgeschlossen, nach dem das Wartungsunternehmen im Zuge der Wartungsarbeiten auch sonstige Reparaturen durchzuführen hat, so müssen die für die Reparaturen anfallenden Kosten aus der Gesamtrechnung herausgenommen werden; ist eine genaue Bezifferung nicht möglich, so ist dieser Kostenanteil zu schätzen.

Zu den Kosten der **Reinigung der Anlage und des Betriebsraums** C 311
gehören zunächst die Kosten der Kesselreinigung. Insoweit hat die Ausweisung der Reinigungskosten nur klarstellende Bedeutung, weil die Kesselreinigung bereits zu den Wartungskosten gehört. Dies gilt für alle Arten von Heizkesseln, unabhängig davon, womit sie beheizt werden. Der Begriff der Reinigung ist in einem umfassenden Sinn zu verstehen, er umfaßt die Entfernung von Verbrennungsrückständen, die Entkalkung sowie die Säuberung von Schmutz. Streitig ist, ob die Kosten der Tankreinigung zu den umlagefähigen Reinigungskosten oder zu den nicht umlagefähigen Instandhaltungskosten gehören (AG Pinneberg WM 85, 345; Wichardt ZMR 80, 1). Die Frage ist im erstgenannten Sinne zu beantworten, was sich bereits aus dem Wortlaut der Nr. 4a ergibt. Zu den Instandhaltungskosten gehören allerdings die Kosten der Erneuerung, der Beschichtung des Öltanks sowie die Kosten eines neuen Anstrichs. Soweit für die Sauberhaltung des Zubehörs (Pumpen, Ventile, Klappen, Schieber, Lüftungseinrichtungen und Steuerungsgeräte) und der Verbindungsleitungen besondere Kosten gehören, sind auch dies Reinigungskosten. Schließlich gehören zu den Reinigungskosten auch die Kosten der Sauberhaltung des Betriebsraums. Die Reinigung der in den einzelnen Wohnungen befindlichen Heizkörper und der Leitungen ist nach der Verkehrssitte dagegen Sache der jeweiligen Mieter.

Soweit der Hausmeister Reinigungsarbeiten durchführt, müssen die C 312
Kosten unter Nr. 14 erfaßt werden. Eigenleistungen des Vermieters sind nach der hier vertretenen Ansicht nicht umlagefähig (ebenso: AG Neuss NJW RR 87, 849 betr. Reinigungsarbeiten an der Heizung und

823

am Pumpensumpf; s. Rdn C 251 a). Die Materialkosten (Reinigungsmittel) können aber auch in diesem Fall angesetzt werden.

C 313 Nach dem **Bundesimmissionsschutzgesetz** vom 15. 3. 1974 (BGBl. I S. 721) und der dazu ergangenen ersten Verordnung zur Durchführung dieses Gesetzes vom 5. 2. 1979 (BGBl. I S. 165) ist der Betreiber einer zentralen Heizungsanlage zu jährlichen Messungen verpflichtet, die von dem Bezirksschornsteinfegermeister durchzuführen sind. Für die Messungen entstehen Gebühren, die als Betriebskosten umlagefähig sind. Bei Beanstandungen ist in der Regel eine ebenfalls gebührenpflichtige Nachmessung erforderlich. Diese Kosten sind ebenfalls umlagefähig, es sei denn, der Betreiber hätte die Wiederholungsmessung zu vertreten. Dies kann dann angenommen werden, wenn die Beanstandung auf mangelnde Wartung oder den unsachgemäßen Betrieb der Anlage zurückzuführen ist.

Die Kosten der Schornsteinreinigung werden unter Nr. 12 erfaßt.

C 314 Umlagefähig sind schließlich die **Kosten der Anmietung oder anderer Arten der Gebrauchsüberlassung einer Ausstattung zur Verbrauchserfassung sowie die Kosten der Verwendung einer Ausstattung zur Verbrauchserfassung einschließlich der Kosten der Berechnung und Aufteilung.**

Unter einer Ausstattung zur Verbrauchserfassung versteht der Gesetzgeber Wärmezähler und Heizkostenverteiler im Sinne von § 5 Abs. 1 der Heizkostenverordnung in der Fassung vom 5. 4. 1984 (BGBl. I S. 592). Nach § 5 Abs. 1 S. 2 Heizkostenverordnung dürfen dabei, soweit nicht eichrechtliche Bestimmungen zur Anwendung kommen, nur solche Ausstattungen zur Verbrauchserfassung verwendet werden, hinsichtlich derer sachverständige Stellen bestätigt haben, daß sie den anerkannten Regeln der Technik entsprechen oder daß ihre Eignung auf andere Weise nachgewiesen wurde. Gegenwärtig gehören dazu:

C 315 – **mechanische und elektrische Wärmezähler nach DIN 4713 Teil 4.** Hierbei handelt es sich um Geräte zur Messung des Durchflußvolumens des Wärmeträgers und der Temperaturdifferenz zwischen Vor- und Rücklauf. Wärmezähler sind echte Meßgeräte mit hoher Genauigkeit, durch die die verbrauchte Wärmemenge in kW-Stunden erfaßt werden kann. Die Verwendung von Wärmezählern ist wegen der hohen Anschaffungskosten und der Kosten der regelmäßigen Eichung (die ebenfalls als Betriebskosten umlagefähig sind; AG Bremerhaven WM 87, 33; DWW 87, 19) relativ teuer. Ein nachträglicher Einbau ist bei älteren Gebäuden meist nicht möglich, weil für jeden Nutzer ein gesonderter Vor- und Rücklauf vorhanden sein muß.

C 316 – **Heizkostenverteiler nach dem Verdunstungsprinzip.** Hierbei handelt es sich um Röhrchen, die mit einer Verdunstungsflüssigkeit gefüllt, an den einzelnen Heizkörpern angebracht werden. Gemessen wird nicht der jeweilige Wärmeverbrauch, sondern der jeweilige Anteil der Nutzer am Gesamtverbrauch. Diese Methode der Heizkostenverteilung ist in der Anschaffung wegen der niedrigen Kosten und der

§ 4. Erhöhung der Betriebskosten, Anhang

problemlosen Montage relativ preiswert. Es entstehen allerdings laufende Kosten für einen Wärmemeßdienst, weil der einzelne Vermieter die Ableseergebnisse nicht selbst verwerten kann. Die Meßgenauigkeit ist außerdem wesentlich geringer als bei den Wärmezählern. Hinreichend richtige Ergebnisse werden nur erzielt, wenn die Röhrchen fachgerecht montiert sind, richtig abgelesen werden und der Vermieter aufgrund der persönlichen Integrität der Bewohner keine Manipulationen zu befürchten braucht. Die sich hieraus ergebenden Unsicherheitsfaktoren führen allerdings nicht dazu, daß die Verwendung der Heizkostenverteiler unzulässig wäre, wie der BGH zutreffend festgestellt hat (BGH WM 86, 214; s. auch OLG Schleswig WM 86, 346). Der Mieter muß konkret darlegen und im Streitfall beweisen, daß die Heizkostenabrechnung deshalb fehlerhaft ist, weil die Röhrchen falsch angebracht, fehlerhaft abgelesen oder manipuliert worden sind (BGH a. a. O.; LG Koblenz DWW 85, 156). Die Darlegungslast sollte allerdings nicht überspannt werden, weil der Fehler auch durch die fehlerhafte Montage und/oder Ablesung der Röhrchen in anderen Wohnungen oder durch dort vorgenommene Manipulationen verursacht sein kann und der Mieter von diesen Vorgängen in der Regel keine Kenntnis hat. Davon abgesehen handelt es sich hier um Fehlerquellen, die sich erst durch eine sachverständige Begutachtung ermitteln lassen. Aus diesen Gründen muß es genügen, wenn der Mieter darlegt, daß die Abrechnungsergebnisse nicht mehr im Rahmen des Wahrscheinlichen liegen. Anhang der nachfolgenden Daten kann auch der technische Laie eine grobe Plausibilitätsprüfung der Abrechnung vornehmen:
Ölverbrauch der Gesamtanlage: Grenzwert 30 l pro m^2 und Jahr
Heizkosten einschließlich Nebenkosten der Gesamtanlage (85/86): Grenzwert 30,– DM pro m^2 und Jahr
Verhältnis der Prozentanteile am Verbrauch zu den Prozentanteilen an der Fläche: Grenzwert 1:3 bzw. 3:1
Verhältnis des geringsten Verbrauchs zum höchsten Verbrauch: Grenzwert 1:4 bzw. 4:1
Abweichung von einem Abrechnungszeitraum zum nächsten: Grenzwert ± 25%

– **Heizkostenverteiler mit elektrischer Meßgrößenerfassung.** Bei diesen Geräten wird die Raumtemperatur durch einen oder mehrere Temperaturfühler erfaßt und durch eine Meßelektronik ausgewertet. Auch die elektronischen Heizkostenverteiler messen nicht den effektiven Wärmeverbrauch, sondern den jeweiligen Anteil eines Nutzers am Gesamtverbrauch. Die elektronischen Verteiler sind in der Anschaffung teurer als die Verteiler nach dem Verdunstungsprinzip; die Montage ist aber auch bei älteren Gebäuden unproblematisch. Es entstehen geringe Folgekosten, weil die elektronischen Verteiler nicht geeicht werden müssen und weil die Einschaltung eines Wärmemeßdienstes entbehrlich ist. Der Vermieter kann die Meßergebnisse selbst ablesen und auswerten.

C 318 Der Vermieter kann die Ausstattung zur Verbrauchserfassung mieten oder kaufen. Die **Mietkosten** sind als Betriebskosten umlagefähig. Der **Kaufpreis** kann gemäß § 3 MHG auf die Mieter umgelegt werden (s. Rdn C 188). Zur Anmietung ist der Vermieter nur bei Beachtung der in § 4 Abs. 2 Heizkostenverordnung geregelten Voraussetzung berechtigt. Danach muß der Vermieter seine Mietabsicht den Nutzern vorher unter Angabe der dadurch entstehenden Kosten mitteilen. Die Anmietung ist unzulässig, wenn die Mehrheit der Nutzer innerhalb eines Monats nach Zugang der Mitteilung widerspricht. Liegt eine rechtlich relevante Mehrheitsentscheidung gegen die Anmietung vor, so ist der Vermieter zwar nicht gehindert, dennoch einen Mietvertrag abzuschließen; er kann die dadurch entstehenden Kosten aber nicht auf die Mieter umlegen. Ein Widerspruch der Nutzer gegen die Anmietung hindert den Vermieter nicht am **Kauf**. Diese Maßnahme können die Nutzer nicht verhindern. Der Vermieter soll die Nutzer vor dem Kauf auf die voraussichtliche Höhe der entstehenden Kosten und die sich daraus ergebende Mieterhöhung hinweisen (§ 3 Abs. 2 MHG). Ein unterlassener Hinweis hat allerdings nur zur Folge, daß die Mieterhöhung erst mit 3monatiger Verzögerung eintritt (s. Rdn C 224).

C 319 Die Kosten „**anderer Arten der Gebrauchsüberlassung**" sind der Miete ausdrücklich gleichgestellt. Gemeint sind hier mietähnliche Vertragsformen, bei denen das Eigentum zunächst nicht auf den Vermieter übergeht (z. B. **Leasing**). Ein **Ratenkauf** ist Kauf, so daß die hierfür entstehenden Kosten nur nach § 3 MHG umgelegt werden können, wobei nach dem Wirtschaftlichkeitsgrundsatz, der auch im Rahmen des § 3 MHG gilt, s. Rdn C 186b, nur der Barzahlungspreis in Ansatz gebracht werden kann.

C 320 Wird ein **Leasingvertrag** abgeschlossen, so sind die während der Grundmietzeit zu zahlenden Leasingraten als Betriebskosten umlagefähig. Gehen die Meßgeräte im Anschluß hieran gegen Zahlung eines Restkaufpreises in das Eigentum des Vermieters über, so kann dieser Kaufpreis nach § 3 MHG auf die Mieter umgelegt werden. Nach dem Eigentumserwerb können selbstverständlich keine Mietkosten mehr geltend gemacht werden. Der Wirtschaftlichkeitsgrundsatz gilt auch hier, so daß der Vermieter im Rahmen des § 3 MHG keine höheren Beträge ansetzen kann, als dies nach der wirtschaftlich günstigsten Erwerbsform möglich wäre. Diese Rechtslage gilt unabhängig davon, ob der Leasingvertrag unter das Abzahlungsgesetz fällt oder nicht.

C 321 Soll ein **vorhandenes Meßsystem gegen ein besseres ausgetauscht** werden, so gilt folgendes: Der Vermieter kann die Mietkosten für das bessere Meßsystem auf die Mieter als Betriebskosten umlegen, wenn bereits für das vorhandene Meßsystem Mietkosten umlagefähig waren und die Kosten für das neue System nicht höher als bisher sind. Entstehen durch die Anmietung des besseren Systems höhere Kosten, so ist der Mehrbetrag nur umlagefähig, wenn die Voraussetzungen des § 4 Abs. 2 S. 2 Heizkostenverordnung vorliegen. Dies setzt voraus, daß der Ver-

§ 4. Erhöhung der Betriebskosten, Anhang

mieter den beabsichtigten Austausch unter Angabe der durch die Neuanschaffung entstehenden Mehrkosten mitgeteilt hat und kein rechtlich relevanter Widerspruch eingelegt wird. Ein rechtlich relevanter Widerspruch liegt auch hier nur vor, wenn die Mehrheit der Nutzer innerhalb eines Monats nach Zugang der Mitteilung widerspricht. Die Voraussetzungen des § 4 Abs. 2 S. 2 Heizkostenverordnung müssen auch dann vorliegen, wenn das bisherige System im Eigentum des Vermieters stand und durch die Neuanschaffung erstmals Mietkosten umgelegt werden sollen.

Der Kaufpreis für das bessere Meßsystem ist nicht nach § 3 MHG umlagefähig. Nach der hier vertretenen Ansicht folgt dies aus der Erwägung, daß die Kosten für das Meßsystem nicht als Energieeinsparungskosten, sondern als Kosten, die aufgrund eines gesetzlichen Gebotes entstehen (s. Rdn C 188), umlagefähig sind. Die Anschaffung eines besseren Meßsystems ist aber nicht durch Gesetz vorgeschrieben, sondern beruht auf der freien Entscheidung des Vermieters. Bewertet man das Vorhandensein eines Meßsystems als Energiesparmaßnahme, so ergibt sich nichts anderes, weil der Einspareffekt nicht durch die bessere Messung, sondern durch das Nutzerverhalten bewirkt wird. Das Nutzerverhalten wird aber in erster Linie dadurch beeinflußt, daß die Heizkosten überhaupt verbrauchsabhängig umgelegt werden, während es auf die Genauigkeit der Messung in diesem Zusammenhang nicht entscheidend ankommt. Eine Gebrauchswerterhöhung im Sinne von § 3 MHG kann ebenfalls nicht angenommen werden. Soweit zur Begründung der gegenteiligen Meinung (Fischer-Diskau/Pergande/Schwender, § 27 der II. BV Anm. 7) ausgeführt wird, daß Wärmemeßgeräte eine gerechtere Verteilung der Heizkosten bewirken und die Heizkosten verringern, wird verkannt, daß diese Vorteile gesetzessystematisch nicht als gebrauchswerterhöhende Maßnahmen erfaßt werden. Die Systematisierung des Tatbestandes des § 3 MHG muß sich an §§ 3 und 4 ModEnG orientieren (s. Rdn C 172). Nach diesem System gehören Maßnahmen zur Verminderung des Energieverbrauchs zu den Energiesparmaßnahmen (vgl. § 4 Abs. 3 Ziff. 2 ModEnG). Daß ein Austausch des Meßsystems nicht zur Energieeinsparung führt, wurde oben bereits dargelegt. Wenn Schwender in diesem Zusammenhang weiter ausführt, daß Wärmemeßgeräte den Mietern die Möglichkeit geben, den Wärmeverbrauch der einzelnen Räume so zu regeln, ,,wie sie es zu einem behaglichen Wohnen und gesunden Schlafen benötigen", so hat dies zwar die Qualität einer gebrauchswerterhöhenden Maßnahme; es ist aber nicht ersichtlich, daß die Behaglichkeit des Wohnens durch die Messung des Wärmeverbrauchs vermehrt wird. Eher bewirkt die verbrauchsabhängige Verteilung der Heizkosten das Gegenteil, weil manche Mieter auf die Behaglichkeit zugunsten niedriger Heizkosten verzichten werden oder verzichten müssen.

C 322

Die **Kosten der Berechnung und Aufteilung** der Heizkosten sind nach der Neufassung der Nr. 4a ebenfalls umlagefähig. Materiell-recht-

C 323

lich handelt es sich hier um Verwaltungskosten, weil die Abrechnung von Betriebskosten eine typische Verwaltungstätigkeit ist. Der Gesetzgeber hat diese Kostengruppe aber im Hinblick auf die gesetzlich vorgeschriebene verbrauchsabhängige Heizkostenverteilung den Betriebskosten zugeordnet, um auf diese Weise eine Umlagemöglichkeit zu gewährleisten. Dabei ist der Gesetzgeber ersichtlich davon ausgegangen, daß die Heizkosten bei der überwiegenden Mehrheit aller Haushalte unter Verwendung von Heizkostenverteilern nach dem Verdunstungsprinzip abgerechnet werden und daß hierzu notwendigerweise die Einschaltung eines Meßdienstes erforderlich ist. Die Kosten eines Meßdienstes sollen als Betriebskosten umlagefähig sein. Aus der gesetzgeberischen Intention folgt, daß der Text der Ziff. 4a insoweit eng auszulegen ist. Ist aufgrund des vorhandenen Meßsystems (Wärmezähler) die Berechnung und Aufteilung der Heizkosten unproblematisch, so sind die Kosten eines dennoch eingeschalteten Meßdienstes nicht umlagefähig. Eigenkosten kann der Vermieter in diesem Fall ebenfalls nicht ansetzen. Dies gilt nach der hier vertretenen Ansicht bereits aus den unter Rdn C 251a dargelegten Gründen. Wer dieser Ansicht nicht folgt, muß aufgrund der Erwägung, daß die Abrechnungskosten materiell-rechtlich Verwaltungskosten sind, zu dem gleichen Ergebnis gelangen.

C 324 Werden die Heizkosten mittels Kostenverteilern nach dem Verdunstungsprinzip abgerechnet, so sind diejenigen Kosten umlagefähig, die der Vermieter an den Meßdienst für die laufende Überwachung, die Ermittlung der Verbrauchswerte, den Austausch der Röhrchen, die Aufteilung der Heizkosten auf die einzelnen Nutzer und die Erstellung der Heizkostenabrechnung (Gesamtabrechnung und Einzelabrechnung) bezahlen muß. Besorgt der Meßdienst zugleich die Abrechnung der übrigen Betriebskosten, so sind die darauf entfallenden Mehrkosten nicht umlagefähig. Für den Arbeits- und Zeitaufwand, der dem Vermieter im Zusammenhang mit der Heizkostenabrechnung entsteht (Zusammenstellung der Daten, Information des Meßdienstes, Versendung der Heizkostenabrechnung), kann nichts angesetzt werden, da es sich insoweit um Verwaltungskosten handelt. Gleiches gilt für Porti und Versandkosten.

C 325 **Zu Nr. 4b: Die Kosten der zentralen Brennstoffversorgungsanlage**
Dies Kosten entstehen dann, wenn die Wärmeversorgung der einzelnen Wohnungen nicht durch eine Zentralheizung (dann gilt Nr. 4a), sondern durch Einzelöfen erfolgt, die über Pumpen durch einen zentralen Öltank mit Brennstoff beschickt werden. Hier sind umlagefähig die Brennstoffkosten, die Stromkosten (für die Pumpen) die Überwachungs- und die Reinigungskosten. Wegen der Kostenansätze im einzelnen wird auf die Ausführungen zu Nr. 4a verwiesen.

C 326 **Zu Nr. 4c: Die Kosten der Versorgung mit Fernwärme**
Zu der Abgrenzung der Fernwärmeversorgung von der Zentralheizung s. Rdn C 300. Die Abgrenzung ist insbesondere dort von Bedeutung, wo durch ein kleineres Heizwerk (Blockheizwerk) relativ wenige

§ 4. Erhöhung der Betriebskosten, Anhang   C 327–329

Gebäude mit Wärme versorgt werden. Hier kann zweifelhaft sein, ob eine Zentralheizung oder eine Fernheizung vorliegt. Die Zuordnung ist von großer praktischer Bedeutung, weil bei der Zentralheizung nur die reinen Betriebskosten umgelegt werden dürfen. Die bei der Fernwärmeversorgung umlagefähigen Kosten der Wärmelieferung setzen sich dagegen aus drei Elementen zusammen, nämlich aus dem Grundpreis (darin sind enthalten: Investitionskosten, Unterhaltungskosten und Bereitstellungskosten), dem Arbeitspreis (das ist der Preis für den konkret ermittelten Wärmeverbrauch) und dem Verrechnungspreis (Wärmemeß- und Inkassokosten). Im Unterschied zur Zentralheizung sind im umlagefähigen Fernwärmepreis also auch Investitionskosten, Instandhaltungskosten und Gewinne enthalten.

Neben den Kosten der Wärmelieferung sind auch die Kosten des Betriebs der dazugehörigen Hausanlagen umlagefähig. Dazu gehören die unter Nr. 4a erörterten Kosten, soweit sie auch bei der Fernwärmeversorgung entstehen. C 327

Die Kosten der Wärmelieferung sind nur umlagefähig, wenn der Wärmelieferungsvertrag zwischen dem Eigentümer/Vermieter und dem Wärmelieferanten besteht. Wird der Wärmelieferungsvertrag unmittelbar mit den Mietern abgeschlossen, so müssen die Mieter die Wärmekosten unmittelbar an das Wärmeunternehmen bezahlen. Umlagefähig sind dann nur die Kosten der Hausanlage.

Zu Nr. 4d: Die Kosten der Reinigung und Wartung von Etagenheizungen C 328

Hierunter sind Heizanlagen zu verstehen, durch die eine einzelne Wohnung mit Wärme versorgt wird. Die Wärme wird an zentraler Stelle erzeugt und über ein Rohrleitungs- oder Schachtsystem in den verschiedenen Räumen abgegeben. Unerheblich ist dabei, ob sich die Räume in einer horizontalen Ebene befinden (Etage) oder ob sie übereinander liegen (Maisonette). Der Verordnungsgeber geht davon aus, daß der Betrieb solcher Heizanlagen aufgrund der mietvertraglichen Vereinbarungen unmittelbar durch den Mieter und auf dessen Kosten erfolgt. Deshalb muß der Mieter den Brennstoff beschaffen und die Anlage auf eigene Kosten betreiben. Die Bezahlung der Stromkosten, die Pflege, die Bedienung und die Reinigung der Anlage sind deshalb Sache des Mieters. Insoweit gilt nichts anderes als bei der Vermietung einer Wohnung, die mit vermietereigenen Einzelöfen ausgestattet ist.

Für die Beseitigung von Wasserablagerungen (Entkalkung) und Verbrennungsrückständen, für die Durchführung einer regelmäßigen Prüfung der Betriebsbereitschaft und Betriebssicherheit und der damit zusammenhängenden Einstellung durch einen Fachmann sowie die Kosten der Messungen nach dem Bundesimmissionsschutzgesetz soll dagegen nach § 536 BGB der Vermieter zuständig sein. Die insoweit entstehenden Kosten sind umlagefähig (a. A. für Immissionsmessung bei einer Gasetagenheizung: AG Köln WM 85, 370). Allerdings setzt die Umlage eine hinreichend klare Vereinbarung voraus (AG Braun- C 329 schweig WM 85, 345). Wegen der Einzelheiten wird auf Nr. 4a verwiesen.

C 330 **Zu Nr. 5a: Die Kosten des Betriebs der zentralen Warmwasserversorgungsanlage**

Hierzu gehören zunächst die Kosten des Frischwassers. Der Vermieter hat dabei die Wahl: er kann zum einen die gesamten Frischwasserkosten unter Nr. 2 erfassen und nach einem mietvertraglich vereinbarten oder billigen Verteilungsschlüssel (nach Kopfteilen, nach dem Verhältnis der Wohnfläche, nach dem Verhältnis der Zapfstellen usw.) umlegen. Werden die für die Erzeugung des Warmwassers entstehenden Frischwasserkosten gesondert über Wasserzähler erfaßt, so müssen diese Kosten gemäß § 8 Heizkostenverordnung verbrauchsabhängig umgelegt werden. Der Umfang der ansatzfähigen Kosten richtet sich in beiden Fällen nach Nr. 2.

Weiter sind umlagefähig die Kosten der Wassererwärmung. Hierzu gehören die unter Nr. 4a behandelten Kosten.

C 331 **Zu Nr. 5b: Die Kosten der Versorgung mit Fernwarmwasser**
Siehe dazu die Erläuterungen zu Nr. 4c.

C 332 **Zu Nr. 5c: Die Kosten der Reinigung und Wartung von Warmwassergeräten**

Eine zentrale Warmwasserversorgungsanlage im Sinne der Nr. 4 und 5a liegt nur dann vor, wenn durch den Warmwassererzeuger mehrere Wohnungen mit Warmwasser versorgt werden. Geschieht die Versorgung dezentral mit Einzelgeräten, so geht der Verordnungsgeber davon aus, daß die Frischwasserkosten über Ziff. 2 erfaßt und umgelegt werden, weiter daß die Strom- oder Gaskosten, die zum Betrieb der Geräte erforderlich sind, aufgrund der mietvertraglichen Vereinbarungen von den Mietern selbst getragen werden und schließlich daß auch die Pflege und Reinigung des äußeren Geräts Sache der Mieter ist. Die Kosten der Beseitigung von Wasserablagerungen und Verbrennungsrückständen im Innern der Geräte sowie die Kosten der regelmäßigen Prüfung der Betriebsbereitschaft und Betriebssicherheit und der damit zusammenhängenden Einstellung durch einen Fachmann fallen dagegen zunächst dem Vermieter zur Last. Dieser muß die betreffenden Arbeiten veranlassen und kann dann die Kosten als Betriebskosten an den Mieter weitergeben.

C 333 **Zu Nr. 6: Die Kosten verbundener Heizungs- und Warmwasserversorgungsanlagen**

Damit sind solche Anlagen gemeint, durch die sowohl Heizwärme als auch Warmwasser erzeugt wird, ohne daß der jeweilige Kostenaufwand genau ermittelt und entsprechend den Nr. 4 und 5 aufgeteilt werden könnte. Bei solchen Anlagen sind die Gesamtkosten entsprechend Nr. 4 und 5 zu ermitteln und umzulegen.

C 334 **Zu Nr. 7: Die Kosten des Betriebs des maschinellen Personen- oder Lastenaufzugs**

Hierzu gehören die Kosten des Betriebsstroms, wozu auch der Strom für die Beleuchtung zählt. Weiter gehören dazu die Kosten der Beauf-

§ 4. Erhöhung der Betriebskosten, Anhang   C 335–339

sichtigung des Aufzugs. Für gewerblich genutzte und wirtschaftlichen Zwecken dienende Aufzugsanlagen ist hierzu nach § 20 Aufzugsverordnung in der Fassung vom 27. 2. 1980 (BGBl. I S. 205) ein Aufzugswärter erforderlich. In reinen Wohnhäusern besteht keine gesetzliche Verpflichtung zur Bestellung eines Aufzugswärters (OLG Hamm ZMR 85, 300; OVG Münster ZMR 72, 311). Die Kosten des Aufzugswärters sind jedoch immer umlagefähig, und zwar unabhängig davon, ob dessen Einstellung aufgrund gesetzlicher Vorschriften oder freiwillig erfolgt. Gleiches gilt für die Kosten, die dadurch entstehen, daß die Aufzugsanlage durch einen zentralen Notrufdienst (Notrufleitsystem) überwacht wird (AG Hamburg WM 87, 127; bezügl. der Versicherungskosten s. Nr. 13).

Kosten der Bedienung entstehen, wenn ein Fahrstuhlführer vorhanden ist. In reinen Wohnhäusern wird dieser Fall jedoch so gut wie nie eintreten. **C 335**

Zur Überwachung und Pflege der Anlage gehört das regelmäßige Abschmieren der mechanischen Teile und das Säubern der elektrischen Kontakte. Der Ersatz schadhafter Teile (Kontakte, Kontrollampen, Schalter usw.) ist Instandhaltung oder Instandsetzung; die hierfür entstehenden Kosten sind nicht umlagefähig. **C 336**

Kosten der regelmäßigen Prüfung der Betriebsbereitschaft einschließlich der Einstellung durch einen Fachmann entstehen, weil jede Aufzugsanlage von Zeit zu Zeit überprüft werden muß. Die Überprüfung umfaßt eine Sicherheits- und Funktionskontrolle. Weiter gehören dazu die Kosten gesetzlich vorgeschriebener TÜV-Untersuchungen. **C 337**

Schließlich sind umlagefähig die Kosten der regelmäßigen Reinigung des technischen Teils der Anlage (also des Motorraums, des Fahrstuhlschachtes und der äußeren Teile des Fahrstuhlkorbs). Die Säuberung des Fahrstuhlinnenraums gehört zu den Hausreinigungskosten (Nr. 9). **C 338**

Hat der Vermieter mit einer Fachfirma einen sogenannten Wartungsvertrag zu einem Preis abgeschlossen, in dem auch die Durchführung von Instandhaltungen und Instandsetzungen enthalten sind, so muß der Gesamtpreis aufgegliedert werden in einen Betriebskostenanteil und einen Instandhaltungsanteil, weil nur die erstgenannte Kostengruppe umlagefähig ist. Ist eine exakte Aufgliederung nicht möglich, so muß der Betriebskostenanteil geschätzt werden (vgl. dazu AG München WM 78, 87, wonach der Betriebskostenanteil 50% betragen soll. **C 339**

Bezüglich der Wahl des **Umlageschlüssels** müssen auch bei den Aufzugskosten keine Besonderheiten beachtet werden. Soweit kein besonderer Umlageschlüssel vereinbart ist, können die Aufzugskosten anteilig auf alle Mieter nach dem Verhältnis der Wohnfläche oder nach Kopfzahl umgelegt werden. Der Erdgeschoßmieter muß sich wie alle anderen Mieter an den Aufzugskosten beteiligen und zwar auch dann, wenn er den Aufzug nicht nutzt. Es ist auch nicht erforderlich, daß das Maß der Beteiligung der einzelnen Mieter mit der Höhe des Stockwerks zunimmt (a. A. AG Hamburg NJW-RR 87, 912 wonach eine Umlage dann nicht

831

möglich sein soll, wenn der Mieter den Aufzug wegen der Lage seiner Wohnung nicht sinnvoll nutzen kann). Andererseits ist es dem Vermieter aber auch nicht verwehrt, den Erdgeschoßmieter von der Umlage auszunehmen oder die Umlage nach den Stockwerken zu staffeln (vgl. § 24 II NMV).

C 340   Zu Nr. 8: Die Kosten der Straßenreinigung und Müllabfuhr

Unter den Begriff der Straßenreinigung fällt die **Streupflicht bei Glätte**, die Beseitigung von Schnee (AG Schöneberg BlnGE 85, 1035) und die allgemeine Säuberung der öffentlichen Fußgängerwege und der Straßen, die an das Grundstück angrenzen. Die Straßen- oder Wegereinigungspflicht wird unterschiedlich in den einzelnen Straßengesetzen der Länder geregelt (Horst ZMR 67, 67). Wird sie von der Gemeinde durchgeführt, so ist regelmäßig durch kommunale Satzung ein Benutzungszwang vorgeschrieben. Die nach der Gebührensatzung zu entrichtenden Gebühren können als Betriebskosten auf die Mieter umgelegt werden. Wird die Straßenreinigungspflicht ganz oder teilweise auf die Anlieger übertragen, so ist es Sache des Vermieters für die Erfüllung dieser Pflicht zu sorgen. Häufig ist insbesondere eine Übertragung der Streupflicht. Das Recht der Gemeinde, die Streupflicht den Anliegern aufzubürden, kann nicht nur durch ein formelles Gesetz, sondern auch durch Gewohnheitsrecht begründet werden; rechtsbildend ist eine Gewohnheit dann, wenn sie sich durch lang dauernde Übung äußerlich betätigt und wenn sie auf der ernsthaften gemeinsamen Überzeugung beruht, daß damit Recht geübt werde (BGH DWW 69, 160). Der Umfang der Streupflicht wird in der Rechtsprechung nicht einheitlich beurteilt. Es genügt, wenn auf dem Bürgersteig ein für den Fußgängerverkehr ausreichend breiter Streifen sowie die Zugänge zum Grundstück gestreut und von Schnee gesäubert werden (OLG Köln JR 54, 420). In der Regel genügt hierbei eine Spur von ca. 1,20 m Breite; darüber hinausgehende Räumarbeiten können nur bei besonders stark frequentierten Fußwegen in Betracht kommen (OLG Bamberg FWW 76, 262). Dies gilt auch dann, wenn die Ortssatzung eine umfangreiche Räumungspflicht vorsieht, weil diese Satzungen unter dem Gesichtspunkt der Zumutbarkeit und Verhältnismäßigkeit gesehen werden müssen (OLG Bamberg a. a. O.).

Der Schneeräumung muß alsbald das Streuen folgen. Das Nachstreuen bei fortdauerndem Schneefall braucht erst nach angemessener Zeit zu erfolgen. Unter Berücksichtigung der örtlichen Verhältnisse muß beim Eintritt von Glatteis nicht sofort, sondern erst nach angemessener Zeit gestreut werden. Die Streupflicht beginnt nach den örtlichen Verhältnissen mit dem Einsetzen des Tagesverkehrs. Wurde abends gestreut, braucht der Streupflichtige in der Regel am nächsten Morgen erst zur üblichen Zeit zu prüfen, ob sich über Nacht neues Glatteis gebildet hat. Bei außergewöhnlichen Glätteverhältnissen muß der Vermieter notfalls mehrmals streuen und damit schon morgens vor Beginn des üblichen Tagesverkehrs beginnen (BGH VersR 65, 364). Wird die Streupflicht einem Hauswart übertragen, muß der Vermieter sorgfältig darüber wa-

§ 4. Erhöhung der Betriebskosten, Anhang

chen, daß die Pflichten gewissenhaft erfüllt werden (BGH VersR 67, 685). Ende Dezember muß bei entsprechender Wetterlage damit gerechnet werden, daß über Nacht Witterungsverhältnisse eintreten, die ein frühzeitiges Streuen erforderlich machen (BGH DWW 68, 472). Ein Überblick über die Rechtsprechung findet sich bei Gather DWW 78, 281 und DWW 85, 270.

Der Vermieter kann die Streupflicht auf einen oder auf alle Mieter übertragen. Die Übertragung dieser Pflichten bedarf jedoch einer ausdrücklichen und eindeutigen Vereinbarung; es besteht keine allgemeine Verkehrssitte, daß die Mieter, oder daß der Mieter der Erdgeschoßwohnung ausnahmslos ohne vertragliche Abmachung den Gehweg vor dem Haus zu reinigen verpflichtet ist. Erfolgt die Übertragung auf einen Mieter gegen Entgelt (das auch in einem Mietnachlaß bestehen kann), so kann der Vermieter diese Kosten als Betriebskosten auf die übrigen Mieter umlegen. Sind alle Mieter turnusmäßig zur Durchführung des Winterdienstes verpflichtet, so entstehen insoweit keine umlagefähigen Betriebskosten. Gleiches gilt, wenn einem Teil der Mieter die Streupflicht und einem anderen Teil die Hausreinigungspflicht übertragen wird. **C 341**

Wird die Streupflicht einem Dritten übertragen, so sind dessen Kosten umlagefähig. Soweit der Hauswart den Winterdienst erledigt, können keine Kosten angesetzt werden (Nr. 14). Eigenleistungen des Vermieters sind nach der hier vertretenen Ansicht nicht umlagefähig (s. Rdn C 251a). **C 342**

Neben den Arbeits- oder Personalkosten sind auch die für die Straßenreinigung entstehenden **Sachkosten** ansatzfähig. Dazu gehören die Kosten für Reinigungs- und Streumittel, nicht aber die Anschaffungskosten für Reinigungsgeräte. Es handelt sich insoweit um Gerätekosten im Sinne der Anlage 1 Nr. II 5 zu § 5 Abs. 5 der II. BV, die nach der Systematik dieser Verordnung nicht als Betriebskosten, sondern als Baukosten erfaßt werden. Dies gilt auch dann, wenn für solche Geräte Miet- oder Leasingkosten entstehen. Werden motorisierte Schneeräumgeräte verwendet, so gehören die insoweit entstehenden Betriebskosten (Kraftstoff, Strom, Schmiermittel, Wartungskosten, Versicherungskosten) aber zu den Kosten der Straßenreinigung (AG Bergheim WM 85, 369). **C 343**

Zu den **Kosten der Müllabfuhr** gehören diejenigen Kosten, die zur Beseitigung des regelmäßig anfallenden Mülls entstehen. Dazu zählt nicht nur die Beseitigung des sogenannten Hausmülls, sondern auch die Abfuhr von Gartenabfällen und der Verbrennungsrückstände von koksbetriebenen Zentralheizungen. Sondermüll, wie Bauschutt, fällt nicht regelmäßig an; deshalb handelt es sich bei den insoweit entstehenden Beseitigungskosten nicht um Betriebskosten. Soweit die Müllabfuhr von der Gemeinde betrieben wird, sind die hierfür zu zahlenden Gebühren umlagefähig. Trinkgelder für die Mülleute sind üblich und deshalb ebenfalls ansatzfähig. Soweit der Müll vom Vermieter abgefahren wird (Gartenmüll, Schlacke) können die insoweit entstehenden Kosten (Personal- und Betriebskosten für das Fahrzeug) angesetzt werden.

C 344 Die Betriebskosten eines Müllschluckers oder einer maschinellen Müllbeseitigungsanlage fallen nicht unter Nr. 8, sondern unter Nr. 17.

C 345 **Zu Nr. 9: Die Kosten der Hausreinigung und Ungezieferbekämpfung**
Unter dem **Begriff der Hausreinigung** im Sinne der Nr. 9 ist nur die regelmäßige Reinigung zu verstehen. Besondere Reinigungsmaßnahmen im Anschluß an Bauarbeiten oder im Zusammenhang mit einem Wohnungsumzug sind keine Betriebskosten. Insoweit fehlt es am Merkmal der laufenden Entstehung. Gleiches gilt für die Kosten der Beseitigung einer unüblichen Verschmutzung (verschüttete Flüssigkeiten, Schmierereien, Erbrochenes). Andererseits setzt der Begriff der Regelmäßigkeit aber nicht voraus, daß die Reinigungsarbeiten in genau definierten Zeitabschnitten durchgeführt werden. Es genügt, daß die Arbeiten immer wieder anfallen, um den üblichen Schmutz zu beseitigen. Zur Reinigung in diesem Sinne gehört deshalb auch ein sogenannter „Großputz", anläßlich dessen bestimmte Hausteile besonders gründlich gereinigt werden.

C 346 **Gegenstand der Hausreinigung** sind die in Ziff. 9 ausdrücklich genannten Gebäudeteile. Die Aufzählung ist allerdings nicht abschließend. Vielmehr wird durch die Verwendung des Begriffs „wie" der beispielhafte Charakter der Aufzählung deutlich gemacht. Zur Hausreinigung zählt deshalb auch die Reinigung eines hauseigenen Schwimmbads oder einer Sauna. Stets muß es sich aber um Gebäudeteile handeln, die von den Bewohnern gemeinsam benutzt werden können. Ein für die Bewohner nicht zugänglicher Bodenraum oder eine außer Betrieb gesetzte Waschküche fällt deshalb nicht unter Nr. 9. Unbeachtlich ist es dagegen, ob die Bewohner einen bestimmten Raum tatsächlich nutzen. Wird die Benutzung eines bestimmten Raumes von der Zahlung eines besonderen Entgelts abhängig gemacht, so ist zu fragen, ob hierdurch auch die Reinigungskosten abgegolten sein sollen. Ist dies zu bejahen, können keine zusätzlichen Reinigungskosten angesetzt werden; im anderen Fall steht dem Ansatz von Reinigungskosten nichts entgegen.

C 347 Unter Reinigung im Sinne von Nr. 9 sind nur die **haushaltsüblichen Säuberungsmaßnahmen** zu verstehen, also das Putzen, Staubwischen, Kehren, Fegen, Fenster-Reinigen, Wachsen, Bohnern usw. Nicht zur Reinigung gehören Maler- und Tapezierarbeiten oder das Abbeizen von Holztüren. Dies gilt auch dann, wenn diese Arbeiten nur wegen einer starken Verschmutzung erforderlich sind. Gleiches gilt für das Spänen von Holzböden oder -treppen und für die Behandlung von Wandflächen mit Sandstrahlern. Hierbei handelt es sich um Instandhaltungsarbeiten.

C 348 Zu den Hausreinigungskosten gehören die **Personalkosten** (Reinigungspersonal) und die **Sachkosten** (Putzmittel, Kosten für Streugut, Betriebskosten für Reinigungsgeräte). Die Anschaffungskosten für Reinigungsgeräte sind nicht ansatzfähig (siehe oben Rdn C 343). Wird ein Reinigungsunternehmen mit der Hausreinigung beauftragt, so sind die hierfür entstehenden Kosten ansatzfähig. Eigenleistungen des Vermie-

§ 4. Erhöhung der Betriebskosten, Anhang   C 349–352

ters sind nach der hier vertretenen Ansicht nicht umlagefähig (s. Rdn C 251a). Hausmeisterkosten dürfen nur unter Nr. 14 erfaßt werden. Bezüglich der Mieterleistungen siehe Rdn C 341.

Kosten der Ungezieferbekämpfung (Bekämpfung von Mäusen, Ratten, Ameisen, Schaben usw.) sind dann ansatzfähig, wenn solche Maßnahmen wegen der Lage des Hauses oder der Eigenart der dort untergebrachten Gewerbebetriebe oder aus sonstigen Gründen laufend entstehen. Dies kann regelmäßig dann angenommen werden, wenn in der Vergangenheit trotz Bekämpfungsmaßnahmen immer wieder Ungeziefer aufgetreten ist. Die Kosten einer erstmaligen Maßnahme sind dann umlagefähig, wenn aufgrund konkreter Umstände die Prognose gerechtfertigt ist, daß auch in Zukunft weitere Bekämpfungsmaßnahmen erforderlich sein werden. Entstehen die Kosten für die Ungezieferbekämpfung ausschließlich wegen der im Haus untergebrachten Gewerbebetriebe, so ist eine Umlage auf die Wohnungsmieter nicht möglich. C 349

Zu Nr. 10: Die Kosten der Gartenpflege C 350

Hierunter fallen zunächst die **Kosten der Pflege** gärtnerisch angelegter Flächen. Hierzu gehören Parks, Ziergärten, Vorgärten, Rasenstücke, Blumenrabatte und Hecken. Es ist nicht erforderlich, daß die Mieter ein Benutzungsrecht am Garten haben (a. A.: AG Köln WM 85, 344). Die Kosten eines vom Eigentümer allein genutzten Ziergartens sind auch dann umlagefähig, wenn dieser Garten zur Verschönerung des Gesamtanwesens dient und so auch den Mietern zugute kommt. Nicht umlagefähig sind dagegen die Kosten eines dem Eigentümer vorbehaltenen Nutzgartens. Bei Mischgärten ist nur ein Teil der Pflegekosten umlagefähig. Hat der Eigentümer den Garten einem Mieter oder einem Dritten überlassen, so ist davon auszugehen, daß die Pflege und Unterhaltung des Gartens Sache des Nutzungsberechtigten sein soll. Ist diese Frage in dem Miet- oder Pachtvertrag zwischen dem Eigentümer und dem Nutzungsberechtigten ausnahmsweise anders geregelt, so liegt in der Regel ein Verstoß gegen den Wirtschaftlichkeitsgrundsatz vor; dies führt dazu, daß keine Pflegekosten angesetzt werden dürfen. Ein brachliegender Grundstücksteil mit Zufallsbewuchs ist keine gärtnerisch angelegte Fläche. Anders ist ein sogenannter „Naturgarten" zu beurteilen.

Die **Kosten für die Anlage eines Gartens** gehören zu den Baukosten im Sinne der Anlage 1 zu § 5 Abs. 5 der II. BV (dort Nr. II 2c); diese Kosten sind nicht als Betriebskosten umlagefähig. Unter Umständen kommt insoweit eine Umlage gemäß § 3 MHG in Betracht. Die Umlagefähigkeit setzt also stets voraus, daß Kosten für die Pflege einer bereits angelegten Fläche entstehen. C 351

Zur Pflege gehört das Rasen-Mähen, das Beschneiden der Hecken, der Büsche und Bäume, das Ausbringen von Saatgut, das Düngen, die Beseitigung des Unkrauts, die Reinigung und Pflege der Gartenwege usw. Die **Kosten der Erneuerung von Pflanzen und Gehölzen** sind dann umlagefähig, wenn dies aus gärtnerischen Gründen erforderlich ist. Werden Pflanzen durch Menschen oder Tiere beschädigt, und ist im C 352

Zuge der Schadensbeseitigung ein Austausch der beschädigten Pflanze erforderlich, so handelt es sich insoweit um nicht umlagefähige Instandhaltungs- oder Instandsetzungskosten. Nicht umlagefähige Kosten entstehen auch, wenn eine gesunde Pflanze aus nachbarrechtlichen (AG Hamburg-Wandsbeck WM 86, 123) oder straßenverkehrsrechtlichen Gründen entfernt werden muß. Die Beseitigung von Pflanzen, die ohne unmittelbare Einwirkung Dritter abgestorben sind, fällt dagegen auch dann unter Nr. 10, wenn der Eigentümer hierzu durch eine Behörde aufgefordert wird.

C 353 Die **Kosten der Bewässerung** können wahlweise unter Nr. 2 oder unter Nr. 10 erfaßt werden. Die Kosten der **Abfuhr von Gartenabfall** gehören zu Nr. 8.

C 354 Die Kosten für den Ankauf von **Kies** für das Erneuern der Wege und die Kosten für das Ausbessern der Wege sind keine Betriebs-, sondern Instandhaltungskosten. Die Kosten der **Ernte der Gartenfrüchte** sind zwar Betriebskosten; eine Umlage dieser Kosten auf die Mieter kommt indessen nur in Betracht, wenn diese auch in den Genuß der Früchte kommen.

C 355 Ansatzfähig sind die **Personal-** und die **Sachkosten**. Bezüglich der Kosten der Pflegegeräte (Rasenmäher etc.) s. die Ausführungen zu Nr. 8, die auch hier gelten. Für Eigenleistungen kann der Vermieter nach der hier vertretenen Ansicht keine Kosten ansetzen (s. Rdn C 251a). Bezüglich der Durchführung der Arbeiten durch den Hausmeister s. Nr. 14.

C 356 Unter Nr. 10 fallen weiter die **Kosten der Pflege von Spielplätzen**. Gemeint sind Kinderspielplätze mit üblicher Ausstattung (Sandkästen, Schaukeln, unmotorisierte Karussells, Kletteranlagen, Rutschen etc.). Umlagefähig sind die Pflegekosten einschließlich der Erneuerung von Sand in üblichen Abständen. Wird der Sandkasten mutwillig verunreinigt, entstehen Schadensbeseitigungskosten, die nicht als Betriebskosten umlagefähig sind. Gleiches gilt bei einer Verunreinigung durch Hunde oder ungewöhnliche Ereignisse.

C 357 Die Umlagefähigkeit setzt voraus, daß der Spielplatz von den Kindern aller Mieter benutzt werden kann. In diesem Fall müssen sich auch diejenigen Mieter an den Kosten beteiligen, die keine Kinder haben, oder deren Kinder den Platz nicht benutzen. Gegen einen entsprechenden Kostenansatz in der Betriebskostenabrechnung kann der Mieter nicht einwenden, daß der Platz aus hygienischen Gründen zum Spielen ungeeignet sei. Derartige Umstände berechtigten nur zur Minderung, die grundsätzlich nicht rückwirkend geltend gemacht werden kann. Wird der Spielplatz auch von den Kindern anderer Häuser benutzt, so ist dann ein Kostenabzug vorzunehmen, wenn infolgedessen höhere Pflegekosten entstehen.

C 358 Umlagefähig sind weiter die **Kosten der Pflege von Plätzen, Zugängen und Zufahrten, die nicht dem öffentlichen Verkehr dienen.** Rechtssystematisch gehört diese Kostenposition zu Nr. 9 (Hausreini-

§ 4. Erhöhung der Betriebskosten, Anhang   C 359–362

gung). Zur Pflege dieser Grundstücksflächen gehört das regelmäßige Kehren und das Schneeräumen sowie das Streuen bei Glatteis im Winter. Auf die Ausführungen zu Nr. 9 wird insoweit verwiesen.

Zu den Plätzen im Sinne von Nr. 10 gehören auch **Kraftfahrzeugab-** C 359
stellplätze. Die hierfür entstehenden Pflegekosten können auf alle Mieter des Hauses anteilig umgelegt werden, wenn die Plätze von allen Bewohnern kostenlos benutzt werden dürfen. Sind die Abstellplätze an einzelne Bewohner vermietet, so dürfen die hierfür entstehenden Pflegekosten nur auf die Mieter der Plätze umgelegt werden. Dies setzt allerdings eine entsprechende Vereinbarung im Mietvertrag über den Abstellplatz voraus. Entsprechendes gilt für **Garagen;** hier ist zusätzlich zu bedenken, daß die Innenräume der Garagen nach der Verkehrssitte (§ 157 BGB) von den jeweiligen Mietern zu pflegen sind.

Die Pflegekosten sind nur dann umlagefähig, wenn die betreffenden Flächen nicht dem öffentlichen Verkehr dienen. Maßgeblich ist die öffentlich-rechtliche Widmung. Privatwege, die kraft Duldung des Eigentümers von einer nicht feststehenden Vielzahl von Personen benutzt werden dürfen, fallen unter Nr. 10.

Zu Nr. 11: Die Kosten der Beleuchtung   C 360
Diese Betriebskostengruppe betrifft ausschließlich die Stromkosten für die Beleuchtung. Zu den Stromkosten gehören die Grundgebühr, die Verbrauchskosten, die Zählermiete und die auf die Stromkosten entfallende Umsatzsteuer. Der Ersatz defekter Glühbirnen ist Instandhaltung.

Die Aufzählung der gemeinsam benutzten Gebäudeteile, für die Stromkosten angesetzt werden können, ist im wesentlichen identisch mit Nr. 9. Lediglich die Beleuchtungskosten für den Fahrkorb des Aufzugs werden in Ziff. 11 nicht erwähnt. Eine sachliche Änderung ist damit nicht verbunden, weil diese Kosten unter Nr. 7 erfaßt werden können. Wie in Nr. 9 ist auch die Aufzählung in Nr. 11 nicht abschließend. Auf die Erläuterungen zu Nr. 9 wird insoweit verwiesen.

Zu Nr. 12: Die Kosten der Schornsteinreinigung   C 361
Durch Rechtsverordnung der Länder ist geregelt, daß Schornsteine und Feuerstätten in regelmäßigen Abständen gereinigt und überprüft werden müssen. Hierfür entstehen Gebühren, die der Vermieter auf die Mieter umlegen kann. Die Kosten der Immissionsmessung fallen nicht unter Nr. 12, sondern unter Nr. 4.

Zu Nr. 13: Die Kosten der Sach- und Haftpflichtversicherung   C 362
Zur **Sachversicherung** gehören die Feuerversicherung, die Versicherung gegen Strom- und Wasserschäden und die Glasversicherung. Die Aufzählung ist nicht abschließend, wie die Verwendung des Begriffs „namentlich" zeigt. Umlagefähig sind deshalb auch die Kosten für die Versicherung einer Wechselsprechanlage, die Versicherungskosten für eine Aufzugssignalanlage (a. A. LG Berlin BlnGE 86, 959) und ähnliches. Erforderlich ist nur, daß sich die Versicherung auf Gebäudeschäden bezieht. Nicht umlagefähig sind also Prämien für eine Schadensversicherung, die der Vermieter zur Absicherung privater Risiken abgeschlossen

hat (z. B. private Hausratsversicherung). Nicht umlagefähig ist auch eine Vollkaskoversicherung für ein hauseigenes Fahrzeug, auch wenn es ausschließlich für betriebliche Zwecke (z. B. Müllabfuhr) verwendet wird. Insoweit handelt es sich nicht um eine Versicherung des Gebäudes. Wird die Prämie für eine Sachversicherung deshalb erhöht, weil der versicherte Gegenstand infolge einer Verletzung der Instandhaltungspflicht des Vermieters besonders schadensanfällig geworden ist, so ist die Erhöhung nicht umlagefähig (AG Hamburg WM 86, 346 betr. Prämienerhöhung für Leitungswasserversicherung nach zahlreichen Wasserrohrbrüchen). Anders ist es, wenn den Vermieter an der erhöhten Schadensanfälligkeit kein Verschulden trifft. In einem solchen Fall ist allerdings zu prüfen, ob die Inkaufnahme der erhöhten Prämie dem Wirtschaftlichkeitsgrundsatz entspricht.

C 363 Zur **Haftpflichtversicherung** gehört die Gebäudehaftpflicht, die Öltankversicherung und die Aufzugsversicherung. Versichert sind die Risiken, die dem Vermieter entstehen, wenn Mieter oder Dritte durch die Beschaffenheit des Gebäudes oder durch den Aufzug oder durch einen undichten Öltank Schaden erleiden. Die Kosten für eine private Haftpflichtversicherung sind nicht umlagefähig.

Soweit der Abschluß einer Versicherung nicht gesetzlich vorgeschrieben ist, steht es dem Vermieter frei, ob er eine solche Versicherung abschließt. Umlagefähig sind aber nur die tatsächlich entstehenden Kosten. Fiktive Beträge können auch dann nicht angesetzt werden, wenn der Vermieter anstelle eines Versicherungsabschlusses Rücklagen in Höhe der üblichen Prämien bildet (Selbstversicherung). Wird nach Abschluß des Mietvertrags eine Versicherung abgeschlossen, so hindert dies die Umlage nach der hier vertretenen Ansicht nicht, weil es sich insoweit um eine Mehrbelastung infolge neu entstandener Kosten handelt. Solche Mehrbelastungen sind einer Erhöhung gleichzusetzen (a. A. AG Charlottenburg MM 85, 234).

C 364 **Zu Nr. 14: Die Kosten für den Hauswart**
a) Vom Hauswart ist der **Hausverwalter** zu unterscheiden, für dessen Tätigkeit nach § 4 keine Vergütung ansatzfähig ist. Hausverwalter ist, wer die Fürsorge für die pflegliche Behandlung und die geregelte Nutzung des Hausbesitzes eines anderen übernommen hat. Die Bestellung eines Hauswartes ist anzunehmen, wenn ihm die Verrichtung von Arbeiten übertragen worden ist, die weniger verwaltender als praktisch technischer Art sind; dazu gehören die Haus-, Treppen- und Straßenreinigung (zur Streupflicht bei Glatteis vgl. LG Bonn NJW 71, 809 = ZMR 71, 226), die Gartenpflege, die Bedienung und Überwachung der Sammelheizung, der Warmwasserversorgungsanlage und des Fahrstuhls, sowie die Behebung kleinerer Schäden (Schmidt-Futterer DWW 71, 289). Dem Hauswart kann auch die Annahme, Weiterleitung oder sonstige Erledigung von Schadensanzeigen und von Reparaturwünschen der Mieter übertragen sein (LG Bonn a. a. O.). Hausverwalter ist dagegen, wer auf Grund vertraglicher Verpflichtung für einen anderen die zur

§ 4. Erhöhung der Betriebskosten, Anhang

Bewirtschaftung des Hausbesitzes notwendigen Verwaltungsleistungen entweder insgesamt oder doch zu einem überwiegenden Teil erledigt (zur Abgrenzung vgl. Schmidt-Futterer/Blank Mietrecht, Stichwort Hauswart, Hausverwalter; Weimar BlBGW 74, 218).

b) Die **Höhe** der umlagefähigen **Vergütung** richtet sich grundsätzlich nach der getroffenen Vereinbarung; der Mieter hat zwar keinen Einfluß auf die Höhe der zwischen dem Vermieter und dem Hauswart auszuhandelnden Vergütung, kann sich aber in Mißbrauchsfällen auf bestehende Tarifverträge und den ortsüblichen Lohn berufen. Die kostenfrei zur Verfügung gestellte Hauswartswohnung als Teil der Vergütung ist bis zur Höhe der ortsüblichen Vergleichsmiete für solche Räume ebenfalls umlagefähig; dabei ist es unbeachtlich, ob die Raumüberlassung rechtlich auf der Grundlage des Arbeitsverhältnisses (s. Rdn B 915) oder eines davon getrennten Mietvertrages unter Verrechnung des Arbeitsentgelts mit dem Mietzins erfolgt (Weimar a. a. O.).

c) Bei preisgebundenem Wohnraum sind die Kosten für den Hauswart nur dann ansatzfähig, wenn die Bestellung eines Hauswarts bei gewissenhafter Abwägung aller Umstände und bei ordnungsgemäßer Geschäftsführung gerechtfertigt ist (§ 24 II 3 der II. BV); dabei ist zu berücksichtigen, ob dem Vermieter die Übernahme der Hauswartsarbeiten in eigener Person zumutbar ist und die Notwendigkeit zur Einstellung eines hauptberuflichen oder nebenberuflichen Hauswarts besteht. Diese Grundsätze sind im Rahmen des § 4 unbeachtlich, wenn zur Zeit der Begründung des Mietverhältnisses bereits ein Hauswart tätig oder aber vorgesehen war; wird dagegen vom Vermieter später im Laufe der Vertragszeit ohne Einwilligung des Mieters ein Hauswart beauftragt, werden die dafür zu entrichtenden Kosten als Teil der nach § 4 geschuldeten Betriebskosten nach Treu und Glauben (§ 242 BGB) nur dann umlagefähig sein, wenn dies nicht willkürlich geschieht und eine Erforderlichkeit besteht (z. B. Krankheit oder Umzug des Vermieters eines Mehrfamilienhauses).

d) Verteilt sich die Tätigkeit des Hauswarts auf mehrere Gebäude desselben Vermieters, so darf nur der **Teil der Vergütung** in Ansatz gebracht werden, der auf das jeweilige Gebäude entfällt. Materialkosten dürfen im Rahmen der Hauswartkosten nicht angesetzt werden (wohl aber bei den der jeweiligen Tätigkeit entsprechenden Betriebskostenart, z. B. Straßenreinigung, Gartenpflege, Hausreinigung). Soweit die übrigen Betriebskostenarten den Ansatz von Kosten für Arbeitsleistungen zulassen, dürfen diese Kosten neben den Hauswartkosten nicht angesetzt werden, wenn auch diese Tätigkeit der Hauswart durchführt und sie deshalb bereits abgegolten sind. Hat der Hauswart auch die Hausverwaltung durchzuführen, muß ihm von einem Gesamtentgelt der auf die Verwaltungsarbeit entfallende Teil als nicht ansatzfähig in Abzug gebracht werden. Obliegt dem Hauswart die Durchführung von Instandhaltungen, Instandsetzungen und Schönheitsreparaturen, so ist auch der auf diese Arbeiten entfallende Teil einer Vergütung gem. § 4 nicht umlagefähig, muß also von der Gesamtvergütung abgezogen werden (Ziffer 13 der Anlage 3).

e) Die Kosten der Hausverwaltung sind keine Betriebskosten, so daß ihre Erhöhung keine Umlage nach § 4 rechtfertigt (dazu Herold FWW 77, 37; Rdn C 244, 251).

C 368 **Zu Nr. 15a: Die Kosten des Betriebs der Gemeinschaftsantennenanlage**

Diese Betriebskostengruppe betrifft Antennen für den Rundfunk- und Fernsehempfang. Eine **Gemeinschaftsantenne** liegt vor, wenn durch eine Antennenanlage mindestens zwei Teilnehmer versorgt werden. Nr. 15a unterscheidet zwischen der vermietereigenen Antennenanlage und Antennenanlagen, die nicht zur Wirtschaftseinheit gehören. Bei den vermietereigenen Anlagen können die Kosten für den Betriebsstrom (Strom für die Verstärkeranlage) und die Kosten der regelmäßigen Prüfung durch einen Fachmann (Sicherheits- und Funktionskontrolle einschließlich der Einstellung der Antenne) umgelegt werden. Reparaturen gehören zu den Instandhaltungen und sind nicht umlagefähig. Bestehen umfassende Wartungsverträge, so gelten die Ausführungen zu Nr. 7.

C 369 Unter einer nicht zur Wirtschaftseinheit gehörenden Antennenanlage sind zum einen solche Anlagen zu verstehen, die der Vermieter von einem Dritten gemietet hat. Hier sind die Mietkosten umlagefähig. Entstehen außer den Mietkosten auch Stromkosten und Prüfungskosten, so sind auch diese Kosten umlegbar, weil es sich insoweit zweifelsfrei auch um Betriebskosten handelt. Die Fassung der Nr. 15a ist insoweit mißverständlich. Eine nicht zur Wirtschaftseinheit gehörende Antennenanlage liegt zum anderen auch in solchen Fällen vor, in denen mehrere Eigentümer (Vermieter) gemeinsam eine Antennenanlage unterhalten und die insoweit entstehenden Gesamtkosten untereinander ausgleichen. Der einzelne Vermieter kann die auf ihn entfallenden Kosten auf seine Mieter umlegen.

C 370 **Zu Nr. 15b: Die Kosten des Betriebs der mit einem Breitbandkabelnetz verbundenen privaten Verteilanlage**

Sind die einzelnen Wohnungen an das Breitbandnetz der Deutschen Bundespost angeschlossen, so entstehen auch hierdurch gewisse Betriebskosten. Nach dem Wortlaut der Nr. 15 können diese Kosten anstelle („oder") der für eine Gemeinschaftsantenne entstehenden Betriebskosten (Nr. 15a) umgelegt werden. Dabei ist der Verordnungsgeber ersichtlich davon ausgegangen, daß nach dem Anschluß an das Breitbandkabelnetz eine Gemeinschaftsantenne entbehrlich wird. Diese Annahme steht mit der gegenwärtigen Rechtslage nicht im Einklang, nachdem das Kammergericht durch Rechtsentscheid vom 27. 6. 85 entschieden hat, daß auch im Falle des Kabelanschlusses die Gemeinschaftsantenne nicht ohne weiteres entfernt werden darf (s. Rdn C 166h). Bei der nunmehr gegebenen Rechtslage ist die vom Verordnungsgeber getroffene Entscheidung dahingehend zu korrigieren, daß beide Kostengruppen nebeneinander ansatzfähig sind. Hatte der Mieter nach den Vereinbarun-

§ 4. Erhöhung der Betriebskosten, Anhang   C 371, 372

gen im Mietvertrag bisher die Kosten des Betriebs der Gemeinschaftsantenne zu tragen, so hat die Anschließung an das Kabelnetz nach der hier vertretenen Rechtsauffassung zur Folge, daß der Mieter für die Zukunft die Kosten nach Nr. 15a und Nr. 15b zu tragen hat. Bezüglich der Nr. 15a ergibt sich diese Rechtsfolge aus der vertraglichen Vereinbarung; die Kosten für Nr. 15b sind als neu entstandene Betriebskosten umlagefähig. Wird die Gemeinschaftsantenne entfernt, so kann eine Vereinbarung, wonach Kosten für eine Gemeinschaftsantenne umlagefähig sind, dahingehend umgedeutet werden, daß der Mieter für die Zukunft die Kosten nach Nr. 15b zu tragen hat.

Zu den Betriebskosten der Verteilanlage gehören wie bei Nr. 15a die Stromkosten und die Wartungskosten, ferner die laufenden monatlichen Grundgebühren für die Breitbandanschlüsse, die der Vermieter an die Bundespost zu zahlen hat. Die einmalig zu zahlende Anschlußgebühr gehört nicht zu den Betriebskosten; sie ist nach der hier vertretenen Ansicht auch nicht nach § 3 MHG umlegbar (s. Rdn C 182a).

Bei der Wahl des Umlageschlüssels ist zu beachten, daß Kosten für die Gemeinschaftsantenne an den Breitbandkabelanschluß nur auf diejenigen Mieter umgelegt werden dürfen, die an die Geräte angeschlossen sind.

Zu Nr. 16: Die Kosten des Betriebs der maschinellen Wascheinrichtung   C 371

Diese Betriebskostenposition umfaßt nur solche Wascheinrichtungen, die von allen Mietern des Hauses benutzt werden können. Umlagefähig sind die Betriebskosten der vorhandenen Maschinen (Waschmaschinen, Trockenmaschinen, Schleudern, Bügelautomaten), während die Betriebskosten der sonstigen Geräte (Waschkessel etc.) nicht umlagefähig sind; diese Kosten dürften allerdings unter Nr. 17 fallen.

Zu den Betriebskosten gehören die Stromkosten (Grundgebühr, Verbrauchskosten, Zählermiete). Die Wartungskosten, die Prüfungskosten und die Wasserkosten entsprechen Nr. 2.

Zu Nr. 17: Sonstige Betriebskosten   C 372

Zu den sonstigen Betriebskosten gehören diejenigen, die in den Nr. 1–16 nicht namentlich aufgeführt sind, z. B. Kosten für Müllschlucker oder maschinelle Müllbeseitigungsanlagen, Kosten für die Wartung von Feuerlöschgeräten, Blitzschutzeinrichtungen (AG Bremerförde WM 87, 198 betr. TÜV-Gebühren), Kosten für das Reinigen von Dachrinnen, falls dies wegen der Lage des Hauses in regelmäßigen Abständen erforderlich ist, Kosten einer Dachrinnenheizung (a. A. AG Lüdenscheid WM 87, 87; Eisenhuth WM 87, 88: Instandhaltung), Betriebskosten eines Schwimmbads oder einer Sauna. Die Umlagefähigkeit setzt auch hier nicht voraus, daß im Mietvertrag die jeweiligen Betriebskostenpositionen ausdrücklich als umlagefähig bezeichnet werden (so zutreffend: AG Bremerförde WM 87, 198; a. A. AG Friedberg/Hessen WM 85, 369). Es genügt nach gegenwärtiger Rechtslage, wenn in einem Mietvertrag vereinbart ist, daß der Mieter die Betriebskosten i. S. von § 27 der II BV zu tragen hat (BayObLG (RE) vom 26. 2. 1984 RES § 4 MHG Nr. 5). Erst recht ist ausreichend, wenn der Betriebskostenkatalog der Anlage 3 zu § 27 der II BV Bestandteil des Mietvertrags ist.

§ 5 MHG. Mieterhöhung bei Kapitalkostensteigerung

(1) Der Vermieter ist berechtigt, Erhöhungen der Kapitalkosten, die nach Inkrafttreten dieses Gesetzes infolge einer Erhöhung des Zinssatzes aus einem dinglich gesicherten Darlehen fällig werden, durch schriftliche Erklärung anteilig auf den Mieter umzulegen, wenn
1. Der Zinssatz sich
   a) bei Mietverhältnissen, die vor dem 1. Januar 1973 begründet worden sind, gegenüber dem am 1. Januar 1973 maßgebenden Zinssatz,
   b) bei Mietverhältnissen, die nach dem 31. Dezember 1972 begründet worden sind, gegenüber dem bei Begründung maßgebenden Zinssatz erhöht hat,
2. die Erhöhung auf Umständen beruht, die der Vermieter nicht zu vertreten hat,
3. das Darlehen der Finanzierung des Neubaues, des Wiederaufbaues, der Wiederherstellung, des Ausbaues, der Erweiterung oder des Erwerbs des Gebäudes oder des Wohnraums oder von baulichen Maßnahmen im Sinne des § 3 Abs. 1 gedient hat.

(2) § 4 Abs. 2 Satz 2 und Absatz 3 Satz 1 gilt entsprechend.

(3) Ermäßigt sich der Zinssatz nach einer Erhöhung des Mietzinses nach Absatz 1, so ist der Mietzins vom Zeitpunkt der Ermäßigung ab entsprechend, höchstens aber um die Erhöhung nach Absatz 1, herabzusetzen. Ist das Darlehen getilgt, so ist der Mietzins um den Erhöhungsbetrag herabzusetzen. Die Herabsetzung ist dem Mieter unverzüglich mitzuteilen.

(4) Das Recht nach Absatz 1 steht dem Vermieter nicht zu, wenn er die Höhe der dinglich gesicherten Darlehen, für die sich der Zinssatz erhöhen kann, auf eine Anfrage des Mieters nicht offengelegt hat.

(5) Geht das Eigentum an dem vermieteten Wohnraum von dem Vermieter auf einen Dritten über und tritt dieser anstelle des Vermieters in das Mietverhältnis ein, so darf der Mieter durch die Ausübung des Rechts nach Absatz 1 nicht höher belastet werden, als dies ohne den Eigentumsübergang möglich gewesen wäre.

Übersicht

	Rdn		Rdn
I. Allgemeines	373	3. Erhöhung und Fälligkeit des Zinssatzes	393
1. Zweck	373	4. Vom Vermieter nicht zu vertretende Zinserhöhung	398
2. Anwendungsbereich und Abgrenzung	375	III. Geltendmachung und Wirksamwerden der Erhöhung (Abs. II)	401
II. Die sachlichen Erhöhungsvoraussetzungen	381	1. Erhöhungserklärung	402
1. Erhöhung der Kapitalkosten	382	2. Fälligkeit der Erhöhung	410
2. Umlagefähigkeit der Darlehenszinsen	384	IV. Herabsetzung des Mietzinses bei Kostensenkung (Abs. III)	411

§ 5. Mieterhöhung bei Kapitalkostensteigerung

	Rdn		Rdn
V. Ausschluß des Erhöhungsrechts: Auskunftsverlangen des Mieters (Abs. IV)	414	VI. Vermieterwechsel (Abs. V)	420

Schrifttum

Von Lackum, Zur kapitalkostenbedingten Mieterhöhung gemäß § 5 MHG, DWW 81, 225.

I. Allgemeines

1. Zweck

Im Geltungsbereich des (1.) WKSchG stand dem Vermieter kein Erhöhungsrecht wegen Kapitalkostensteigerungen zu. Der § 5 ist vergleichbaren Vorschriften für preisgebundenen Wohnraum nachgebildet (vgl. § 23 der II. BV), unterscheidet sich aber von diesen in den Sachvoraussetzungen deutlich, zumal hier bei der Gestaltung des zugrundeliegenden Mietzinses hinsichtlich der dabei berücksichtigten Kapitalkosten nicht von gesetzlich bestimmten Kostenansätzen ausgegangen werden kann. C 373

Die Hochzinspolitik der vergangenen Jahre und die damit für den Vermieter verbundenen Kostenbelastungen führten im Gesetzgebungsverfahren zu der Ansicht, daß diese vom Vermieter nicht zu beeinflussenden, erheblichen Mehrbelastungen im vertretbaren Umfang vom Mieter getragen werden müßten; dem lag auch der Gedanke zugrunde, daß selbst die Mieter von preisgebundenen Wohnungen diese Erhöhungen zu tragen hätten, obwohl es sich dabei in der Regel um Bevölkerungsschichten mit geringem Einkommen handele. Das Erhöhungsrecht des § 5 zielt also darauf ab, dem Vermieter auf einem Teilgebiet der ihn treffenden Belastungen zur Erhaltung der Wirtschaftlichkeit des Hauses eine Entlastung zu schaffen (s. Rdn F 17). Da sich diese Regelung wohl am weitesten vom Prinzip der marktorientierten Miete nach dem System der ortsüblichen Vergleichsmiete entfernt und sich am meisten den Prinzipien der Kostenmiete nähert, müssen rechts-, sozial- und wirtschaftspolitische Bedenken gegen diese Ausnahmevorschrift geltend gemacht werden; hier kann weder von der Erzielung einer kostendeckenden Miete auf der Grundlage gesetzlich bestimmter Kostenansätze ausgegangen werden (s. Rdn C 453), noch kann grundsätzlich das Steigen oder Sinken der mutmaßlichen Kalkulationsposten für eine nicht gebundene, marktorientierte Miete dem Gesetzgeber Anlaß geben, den Vermieter von seinen Risiken zu entlasten. Angesichts der sinkenden Tendenz der Zinsbelastungen müssen die Auswirkungen der Vorschrift in der Praxis dafür ausschlaggebend sein, ob diese marktfremde Kostenumlegung Bestand haben soll. Dabei ist freilich zu beachten, daß die Umlagefähigkeit sachlich durch das Gesetz schon jetzt relativ beschränkt ist und kein Grund besteht, durch eine weite Handhabung der Anspruchsvoraussetzungen die Belastung des Mieters über den gesetzlich abgesteckten Rahmen auszudehnen (s. Rdn C 381). Weil das Sondererhöhungsrecht nach § 5 eine C 374

Ausnahme gegenüber der Grundregel des § 2 MHG darstellt, sind sowohl der Anwendungsbereich als auch die Erhöhungsvoraussetzungen des § 5 eng auszulegen; während es nämlich nach dem marktorientierten Prinzip der ortsüblichen Vergleichsmiete als dem zulässigen Entgelt für die Vermietung von nicht preisgebundenem Wohnraum gerade nicht darauf ankommt, ob der Vermieter eine tatsächlich kostendeckende Miete erhält, verfolgt § 5 für einen umgrenzten Anwendungsbereich beim Vorliegen bestimmter Voraussetzungen das Ziel, die Wirtschaftlichkeit des Hausbesitzes in Fällen unvorhersehbarer Kapitalkostensteigerungen kostendeckend zu erhalten (LG Mannheim MDR 77, 582 = ZMR 77, 286 = WM 77, 189)

2. Anwendungsbereich und Abgrenzung

C 375 a) Das Erhöhungsrecht des § 5 besteht für alle Mietverhältnisse über Wohnraum (s. Rdn B 6), soweit diese nicht nach § 10 II MHG ausgeschlossen sind. Wenn und solange das Mietverhältnis der **gesetzlichen Mietpreisbindung** unterliegt (§§ 1 III, 15, 16 WoBindG, § 1 NMV 70, §§ 88, 88a–c des 3. WoBauG) findet § 5 keine Anwendung, sondern gilt die Sondervorschrift des § 10 WoBindG (§ 10 II Nr. 1 MHG); die gesetzlich oder vertraglich bestimmte Dauer der Mietpreisbindung schließt somit auch bei Inanspruchnahme bestimmter Zins- und Tilgungs-Zuschüsse (bzw. Beihilfen) die Anwendbarkeit des § 5 dann aus, wenn diese Vergünstigungen entfallen sind. Das Erhöhungsrecht setzt keine entsprechende vertragliche Vereinbarung voraus (LG Itzehoe WM 85, 351), kann aber nach § 1 Satz 3 MHG auch **vertraglich ausgeschlossen** sein (s. Rdn C 31). Der allgemeine Ausschluß einer Mieterhöhung erfaßt auch das Erhöhungsrecht nach § 5, weil diese Steigerung in die Grundmiete einfließt; ein ausdrücklicher oder zusätzlicher Ausschluß ist also insoweit nicht erforderlich. Haben die Parteien eine Staffelmiete (s Rdn C 518) vereinbart, so ist § 5 kraft Gesetzes ausgeschlossen (§ 10 II 3 MHG).

Unanwendbar ist § 5 für solche Zinserhöhungen, die sich durch den vertraglich vereinbarten und somit voraussehbaren Wegfall einer zeitlich befristeten Zinsermäßigung ergeben; der Anwendungsbereich der Vorschrift ist nämlich nach ihrem Sinn und Zweck und ihrer Entstehungsgeschichte im Einklang mit ihrem Wortlaut auf die Umlage von solchen Kostenerhöhungen beschränkt, die bei Inanspruchnahme der Finanzierungsmittel weder umfangmäßig noch zeitlich konkret voraussehbar waren (OLG Karlsruhe [RE] vom 23. 12. 1981 RES § 5 MHG Nr. 1; LG Mannheim MDR 77, 582 = ZMR 77, 286 = WM 77, 189; LG Freiburg WM 83, 115). Allerdings ist es zu weitgehend, den Anwendungsbereich des § 5 lediglich auf unvorhersehbare Kapitalkostenerhöhungen solcher Art zu beschränken, die durch Zinssatzschwankungen auf dem Kapitalmarkt hervorgerufen sind (so wohl Barthelmess § 5 MHG Rdn 10); vielmehr erfaßt der Anwendungsbereich der Vorschrift auch diejenigen Fäl-

§ 5. Mieterhöhung bei Kapitalkostensteigerung   C 376–379

le, in denen die Kapitalkostenerhöhung nicht voraussehbar war, aber zu vertreten ist (LG Mannheim a. a. O.; s. Rdn C 398 ff). Unanwendbar ist § 5 auch, wenn nach § 13 WoModG öffentliche Förderungsmittel im Wege der degressiven Zinssubvention bewilligt werden (Rupp ZMR 77, 323; s. Rdn C 167).

b) Der § 5 ist **lex specialis** gegenüber den anderen gesetzlichen Erhöhungsrechten; die Vorschrift steht selbständig und unabhängig neben den §§ 2, 3, 4 MHG.   **C 376**

aa) Die in **§ 2 MHG** geforderten besonderen Erhöhungsvoraussetzungen für die Grundmiete sind bei einer Erhöhung nach § 5 unanwendbar; insbesondere gilt nicht die einjährige Sperrfrist des § 2 I Ziffer 1 MHG, so daß zeitlich Erhöhungen nach § 5 unabhängig von sonstigen Erhöhungen der Grundmiete vor Jahresablauf geltendgemacht und wirksam werden können. Es kommt auch nicht darauf an, ob durch die Erhöhung die ortsübliche Miete überschritten wird. Nach dem Rechtsentscheid des OLG Hamm vom 23. 11. 1982 (RES § 5 MHG Nr. 4) gilt nicht einmal die Wesentlichkeitsgrenze des **§ 5 WiStG** (a. A.: LG Mannheim MDR 77, 582 = WM 77, 189 = ZMR 77, 286; s. Rdn D 1 ff). In diesem Zusammenhang ist darauf hinzuweisen, daß das OLG Karlsruhe in dem Rechtsentscheid vom 19. 8. 1983 (s. Rdn C 206) für das Verhältnis von § 3 MHG zu § 5 WiStG eine andere Ansicht vertritt. Zwischen diesen beiden Entscheidungen besteht ein Wertungswiderspruch, der eine erneute Vorlage dieser Rechtsfrage rechtfertigt.

bb) Die **Zinsen** der Kosten einer baulichen Änderung i. S. des **§ 3 MHG** dürfen nach dieser Vorschrift nicht nach § 5 vom Mieter verlangt werden, weil diese Finanzierungskosten bereits in der 11%igen Pauschale der umlagefähigen Baukosten enthalten sind (s. Rdn C 192). Erhöhungen dieser Finanzierungskosten darf der Vermieter aber nach der ausdrücklichen Regelung in § 5 I zusätzlich neben der vorangegangenen pauschalen Umlage vom Mieter verlangen (s. Rdn C 382).   **C 377**

cc) Mit **§ 4 MHG** hat § 5 gemeinsam, daß sowohl die Betriebskosten als auch die Kapitalkosten laufende Aufwendungen für die Erhaltung des Hausgrundstücks sind. Die in § 4 MHG erfaßten Betriebskosten werden aber kaum die Aufnahme langfristiger Finanzierungsmittel erfordern und fallen im übrigen nicht unter die in § 5 ausdrücklich genannten Verwendungszwecke des Darlehens (s. Rdn C 388). Der Anwendungsbereich dieser Vorschriften überschneidet sich also nicht.   **C 378**

c) Eine Mieterhöhung wegen gestiegenen Kapitalkosten bedarf nicht der formellen und materiellen Voraussetzungen des § 5, wenn der Mieter dazu seine **Zustimmung** nach § 10 I 2. Halbs. MHG erteilt hat (s. Rdn C 497). Im übrigen sind aber **abweichende Vereinbarungen** zu Lasten des Mieters unwirksam (§ 10 I 1. Halbs. MHG); insbesondere sind solche Vereinbarungen nichtig (§ 134 BGB), in denen der Mieter im voraus (abstrakt) zur Zahlung solcher Kapitalkostenerhöhungen verpflichtet, die von § 5 nicht erfaßt werden oder für die geringere formelle Erhöhungsvoraussetzungen gelten sollen (z. B. Ausschluß der Mitteilungs-   **C 379**

pflicht nach § 5 IV; Gleitklausel für Nebenkosten, dazu AG Köln WM 74, 187 = MDR 74, 756; Erhöhungsrecht beim vorhersehbaren Wegfall einer befristeten Zinsvergünstigung, dazu LG Mannheim MDR 77, 582 = ZMR 77, 286 = WM 77, 189).
Vereinbarungen zugunsten des Mieters sind hingegen wirksam (z. B. prozentuale Höchstgrenze für bestimmten Zeitraum, Mitteilungspflicht etwaiger künftiger Darlehensaufnahmen).

C 380 d) Mit dem Zugang einer Erhöhungserklärung nach § 5 ist der Mieter ohne Rücksicht auf den Erhöhungsbetrag bei unbefristeten und befristeten Mietverhältnissen zur vorzeitigen außerordentlichen **Kündigung** des Mietverhältnisses nach **§ 9 I MHG** mit verkürzter Kündigungsfrist berechtigt (s. Rdn C 448).

II. Die sachlichen Erhöhungsvoraussetzungen

C 381 Nicht jede Erhöhung der für das Hausgrundstück aufzuwendenden Kapitalkosten gibt dem Vermieter nach § 5 einen Anspruch auf Umlage der Mehrkosten. Grundsätzlich müssen derartige Kostensteigerungen des Vermieters durch die frei kalkulierte Grundmiete aufgefangen werden, die nach § 2 MHG ohne Berücksichtigung des speziellen Grundes bis zur ortsüblichen Vergleichsmiete erhöht werden darf. Deshalb läßt § 5 ausnahmsweise eine Erhöhung der Grundmiete nur unter besonderen Sachvoraussetzungen zu, die nachfolgend erörtert werden. Sie müssen nebeneinander **(kumulativ)** gegeben sein und sind entsprechend dem Ausnahmecharakter der Vorschrift **eng auszulegen** (s. Rdn C 374).

1. Erhöhung der Kapitalkosten

C 382 Der § 5 setzt zunächst voraus, daß sich die **Kapitalkosten** des Vermieters durch die Steigerung der Darlehenszinsen vermehrt haben. Kapitalkosten sind begrifflich nicht identisch mit den in § 5 geregelten **Darlehenszinsen,** die vielmehr nur einen Teil dieser Kosten darstellen; Kapitalkosten sind darüber hinaus alle Aufwendungen, die der Vermieter für die Finanzierung des Hauses aufzubringen hat (z. B. Disagio) AG Lampertheim WM 85, 352; AG Braunschweig WM 85, 352; Vor- und Zwischenfinanzierung, Kreditvermittlung; Sonderzinsen (LG Lüneburg WM 85, 352) s. aber Rdn C 385). Davon geht auch § 5 aus, zumal weder aus dem Sinn und Zweck der Vorschrift, noch aus irgendwelchen anderen Bestimmungen eine Beschränkung der ansatzfähigen Aufwendungen im Rahmen der nicht preisgebundenen Miete herzuleiten ist.

C 383 Immerhin läßt § 5 eine Mieterhöhung nicht einfach dann zu, wenn sich die Darlehenszinsen ohne Berücksichtigung eines Bezugsmaßstabes erhöht haben. Das widerspräche auch dem Ausnahmecharakter der Vorschrift und ihrem eigentlichen Zweck (s. Rdn C 373), wonach nur bestimmte, vom Vermieter nicht zu beeinflussende Zinserhöhungen umlagefähig sein sollen, die i. d. R. nicht kalkulierbar sind. Demgemäß muß der Vergleichsmaßstab darin gefunden werden, ob im Ergebnis eine **Steigerung** der Kapitalkosten im Zeitpunkt der Erhöhungserklärung vorliegt; das ist in der Regel schon infolge der geltendgemachten Zinserhöhung zu bejahen.

Diese Erhöhung muß aber nicht zwingend eine Steigerung der Kapitalkosten zur Folge haben, denn zwischenzeitliche **Entlastungen** des Vermieters von solchen Belastungen sind **zu berücksichtigen,** soweit sie nach dem Vertragsabschluß eingetreten sind. Führt beispielsweise eine Erhöhung des Zinssatzes wegen zwischenzeitlicher Tilgungsleistungen nicht zu einer Erhöhung der Gesamtkapitalkosten, so ist keine umlagefähige Mehrbelastung gegeben (AG Hamburg WM 82, 301). In derartigen Fällen kann nur dann und insoweit von einer Kapitalkostenerhöhung ausgegangen werden, als die geltendgemachte Zinssteigerung höher als die zwischenzeitliche Entlastung des Vermieters ist. Anderenfalls scheitert eine Erhöhung bereits an dieser fehlenden Anspruchsvoraussetzung, für welche den Vermieter die Darlegungs- und Beweislast trifft. Diese Auslegung rechtfertigt sich aus der Überlegung, daß der Vermieter lediglich von effektiven Mehrbelastungen freigestellt werden soll, wie sie bei einer Erhöhung des Zinssatzes bei gleichbleibender Darlehenshöhe eintritt; das Risiko der bloßen Erhöhung des Zinssatzes bei sinkender Darlehenshöhe muß der Vermieter dagegen nach wie vor selbst tragen. Es kommt also stets auf die effektive Kapitalkostenmehrbelastung an, die anhand einer Vergleichsrechnung zu ermitteln ist. In die Vergleichsrechnung sind auf der einen Seite die effektiven Kapitalkosten zum Bezugszeitpunkt (§ 5 Abs. 1 Ziff. 1) und auf der anderen Seite die effektiven Kapitalkosten nach der Zinserhöhung einzusetzen. Ergibt sich eine Mehrbelastung, kann der Mehrbetrag auf die Mieter umgelegt werden (OLG Hamburg (RE) vom 10. 5. 84 RES § 5 MHG Nr. 6). Zweifelhaft ist, wie die Zinserhöhung bei den sogenannten **Annuitätsdarlehen** zu errechnen ist. Diese Darlehen zeichnen sich dadurch aus, daß der für die Laufzeit des Darlehens für Zinsen und Tilgung aufzuwendende Jahresbetrag (Annuität) für die gesamte Laufzeit des Darlehens gleich hochbleibt, so daß sich der von dieser Annuität auf die Zinsen entfallende Teil fortlaufend zugunsten der Tilgung verringert. Hier könnte man die Ansicht vertreten, daß bei der Berechnung der Erhöhung lediglich die (fiktiven) Zinsen aus dem Darlehensrest zu berücksichtigen sind. Hierbei würde aber verkannt, daß der Vermieter durch die Erhöhung der Annuität effektiv höher belastet wird, und zwar unabhängig davon, wie sich die Erhöhung auf die Tilgung auswirkt. Darüber hinaus führt die Erhöhung der Annuität in manchen Fällen zu einer schnelleren Tilgung, was wiederum dem Mieter zugute kommt.

2. Umlagefähigkeit der Darlehenszinsen

Die vom Vermieter geltendgemachte Kapitalkostensteigerung führt nach § 5 nur dann zu einem Erhöhungsanspruch, wenn das die Folge (...

infolge) der Zinserhöhung für ein dinglich gesichertes, zweckdienliches Darlehen ist.

a) Der Vermieter muß Schuldner eines **dinglich gesicherten Darlehens** sein.

aa) Es muß somit im Zeitpunkt der Zinserhöhung ein noch gültiger **Darlehensvertrag** zwischen dem Vermieter und einem (mit ihm nicht identischen) Dritten vorliegen, der den Zinsanspruch nach den Vertragsvereinbarungen (auch stillschweigend) hinsichtlich Grund, Höhe u. Fälligkeit nach §§ 607, 608, 246 BGB als begründet erscheinen läßt. Im Zweifel sind bei einem teilweisen zurückbezahlten Darlehen nur die Zinsen für den noch offenen Darlehensrest für eine Erhöhung des Mietzinses nach § 5 in Betracht zu ziehen; der im Bereich der Kostenmiete geltende Erstarrungsgrundsatz, wonach bei der Errechnung des Erhöhungsbetrages vom Gesamt-Darlehen auszugehen ist, kann im Rahmen des § 5 für freifinanzierten Wohnraum keine Geltung beanspruchen (a. A. Riebandt-Korfmacher GW 75, 24).

C 385 **Zinsen** sind die Vergütung für den Gebrauch eines auf Zeit überlassenen Kapitals, die in einem Bruchteil (Prozentsatz) des Kapitals ausgedrückt und mit dem Kapital fortlaufend zu entrichten sind (RGZ 160, 78, 80; 168, 285); sie setzen den Bestand des Darlehensvertrags und der daraus fließenden Hauptschuld zur Rückzahlung des Kapitals voraus (BGB LM § 248 BGB Nr. 2). Die Zinshöhe kann gleichbleibend oder gestaffelt bis zur Grenze des § 138 BGB frei vereinbart, aber auch von wechselnden Umständen (z. B. Bundesbankdiskont) abhängig gemacht werden. **Keine Zinsen** sind danach: Renten (RGZ 141, 7; BGH LM § 248 BGB Nr. 2); Erbbauzins und Mietzins, da diese selbst Hauptschuld sind (Palandt-Heinrichs § 246 BGB Anm. 1); Amortisationsquoten, da ihr Zweck die Tilgung und nicht Vergütung für Kapitalüberlassung ist (RGZ 91, 299); Leistungen, für die eine feste Vorausbemessung fehlt oder einmalige Abzüge (Damnum, Kreditgebühr, Bearbeitungsgebühr, Disagio, Tilgungsstreckung; OLG Hamburg (RE) vom 10. 5. 1984 (RES § 5 MHG Nr. 6; vgl. Palandt-Putzo § 608 BGB Anm. 1); Strafzinsen, da diese keine Vergütung für den Kapitalgebrauch darstellen (BGH WPM 74, 44). Davon abweichend vertritt das OLG Stuttgart in dem Rechtsentscheid vom 26. 4. 84 (RES § 5 MHG Nr. 5) die Ansicht, daß ein Disagio dann in entsprechender Anwendung des § 5 MHG anteilig auf den Mieter umgelegt werden könne, wenn der Vermieter anläßlich einer Zinssatzänderung statt eines variablen Zinssatzes einen festen Zinssatz in Verbindung mit einen Disagio vereinbart. In diesem Fall müsse die konkret getroffene Darlehensvereinbarung nach wirtschaftlicher Betrachtungsweise als Alternative zum veränderlichen Zinssatz ohne Disagio angesehen werden. Dies rechtfertige es, daß das Disagio wie eine Zinserhöhung behandelt werde (sogenanntes **„zinsvertretendes Disagio"**). Dieser Ansicht kann deshalb nicht zugestimmt werden, weil § 5 als systemwidrige (OLG Hamburg (RE) vom 10. 5. 1984 RES § 5 MHG Nr. 6) Ausnahmevorschrift eng auszulegen ist und schon deshalb nicht

§ 5. Mieterhöhung bei Kapitalkostensteigerung   C 386, 387

im Wege der Analogie erweitert werden darf. Die Vorschrift will den Vermieter vom Risiko unkalkulierbarer Zinsentwicklungen entlasten; im Ergebnis hat § 5 also zur Folge, daß nicht der Vermieter, sondern der Mieter das Risiko von Zinssteigerungen zu tragen hat. Über § 5 Abs. 3 kommen dem Mieter aber andererseits auch die Zinssenkungen zugute. Dieses gesetzliche Regelungsmodell kann ein Vermieter nicht dadurch umgehen, daß er anstelle eines variablen Zinssatzes eine vermeintlich günstigere Festzinsvereinbarung trifft. Unter Umständen können die Parteien hierüber im Einzelfall eine vertragliche Regelung treffen, die als mietergünstige Regelung wirksam werden kann; ohne Vertragsregelung kann das sogenannte zinsvertretende Disagio nach der hier vertretenen Ansicht nicht auf den Mieter umgelegt werden, weil anderenfalls der Mieter nicht nur das Risiko der Kapitalmarktbewegung, sondern auch noch das Risiko der Fehlentscheidungen des Vermieters tragen müßte (im Erg. ebenso: Sonnenschein NJW 86, 2731). Die zur Sicherung eines Darlehens aufgewendeten Mittel (z. B. Prämien für Lebensversicherung) gehören ebenfalls nicht zu den Zinsen. Dagegen kann eine für die Laufzeit des Darlehens monatlich anfallende Vergütung, die als Kreditgebühr bezeichnet wird, als Darlehenszins in Betracht kommen (OLG Hamm NJW 73, 1002). Kapital- und Zins-Gläubiger brauchen nicht dieselbe Person zu sein (RGZ 94, 137); selbständige Abtretung, Pfändung und Einklagung des Zinses ist möglich (RGZ a. a. O.). Nach dem Rechtsentscheid des OLG Karlsruhe vom 9. 8. 1982 (RES § 5 MHG Nr. 3) kommt es für die Umlagefähigkeit nicht darauf an, ob das Darlehen zur endgültigen Finanzierung verwendet wird. Deshalb können auch Zinserhöhungen aus einem Zwischenfinanzierungsdarlehen, das nach Zuteilung eines Bausparvertrags durch andere Finanzierungsmittel ersetzt werden soll, auf den Mieter umgelegt werden.

Geschenke oder zinslos geliehene Gelder oder solche Forderungen, die **C 386** nachträglich im Wege des Forderungsüberganges oder des Erlasses untergegangen sind, rechtfertigen nicht die Geltendmachung einer (fingierten) Zinserhöhung gegenüber dem Mieter.

Das vom Vermieter verwendete Eigenkapital muß im Rahmen des § 5 unberücksichtigt bleiben. Im Gesetzgebungsverfahren ist es ausdrücklich abgelehnt worden, dem Vermieter auch insoweit eine Zinserhöhung zuzubilligen (s. Rdn F 17). Zur Zulässigkeit einer Umschuldung s. Rdn C 400. Die Erhöhung des **Erbbauzinses** kann nach § 5 nicht im Wege einer Mieterhöhung auf die Mieter umgelegt werden (Riebandt-Korfmacher GW 75, 24). Zwar heißt es in § 21 I S. 2 der II. BV, daß die Erbbauzinsen als Fremdkapitalkosten gelten. Hierbei handelt es sich um eine gesetzliche Fiktion, die nur im Rahmen der Berechnung der Kostenmiete gilt und mangels einer entsprechenden Regelung nicht auf § 5 übertragen werden kann.

bb) Das Darlehen muß im Zeitpunkt der Erhöhungserklärung (s. **C 387** Rdn C 402) **dinglich gesichert** sein. Es muß also als Hypothek oder Grundschuld zugunsten eines Dritten im Grundbuch eingetragen sein

849

und als Belastung auf dem vom Mieter bewohnten Hausgrundstück ruhen. Ist der im Grundbuch eingetragene mit dem die Zinserhöhung fordernden Gläubiger nicht identisch, so steht das dem Anspruch nach § 5 nicht entgegen; die von § 5 verlangte dingliche Sicherung wird dadurch nicht berührt, soweit nachweisbar ist, daß dem neuen Gläubiger ein Berichtigungsanspruch (§§ 19, 22, 26 GBO) zusteht und die Forderung nicht erloschen ist. Zur Unzulässigkeit der Grundbucheintragung von Höchstzinsklauseln ohne jede weitere Verlautbarung des Mindestzinssatzes vgl. BGH MDR 75, 745; zur Eintragungsfähigkeit gleitender Zinssätze öffentlicher Sparkassen vgl. BayObLG MDR 75, 932.

C 388 **b) Verwendung des Darlehens**

Der Vermieter kann das Miethaus als Pfandobjekt sowohl für Zwecke, die im Zusammenhang mit dem Erwerb oder der Erhaltung des Hauses stehen als auch zu anderen privaten Beleihungen für sich oder Dritte verwenden. Deshalb begrenzt § 5 I Ziff. 3 die umlagefähigen Kapitalkostenerhöhungen auf solche Darlehen, die der Finanzierung des Erwerbs oder der Erhaltung des Miethauses dienen, also im Zusammenhang mit den Vermieterpflichten stehen. Das Sondererhöhungsrecht des § 5 soll nicht dazu führen, daß der Mieter durch die Kostensteigerungen des Vermieters zusätzlich belastet wird, die Verpflichtungen außerhalb des Mietverhältnisses entspringen (sog. Pelzmantelhypothek; Weimar Betr. 75, 632). Deshalb besteht das Sondererhöhungsrecht nicht, wenn der Vermieter ein Mietshaus dinglich belastet und mit dem Darlehen ein anderes Haus errichtet. Hier kann die Zinssteigerung weder auf die Mieter des ursprünglichen Hauses (LG Frankfurt WM 83, 324) noch auf die Mieter des neu errichteten Hauses umgelegt werden. Aus diesen Erwägungen läßt § 5 eine Kapitalkostenumlage nur zu, wenn das Darlehen ausschließlich der **Finanzierung** folgender hausbezogener Geschäfte gedient hat, also für diese verwendet worden ist:

C 389 aa) Finanzierung des **Neubaus** oder **Wiederaufbau** des Miethauses. Erfaßt werden alle Baukosten, die für öffentlich geförderten Wohnraum in §§ 5–10 der II. BV als ansatzfähig erklärt werden, soweit diese Vorschriften nicht spezielle Regelungen für den Bereich des öffentlichen Mietpreisrechts enthalten. Eine unmittelbare Anwendung der §§ 5 ff der II. BV kommt jedoch nicht in Betracht.

bb) Finanzierung der **Erweiterung** des Gebäudes. Darunter fallen Kosten für eine Vermehrung der nutzbaren Bausubstanz (z. B. Aufstockung, Anbau, Innenausbau des Dachbodens).

C 390 cc) Finanzierung des **Erwerbs des Gebäudes** (z. B. Kaufpreis für Haus und Grundstück einschließlich der Nebenkosten wie Makler, Umschreibungsgebühren). Der Erwerb eines zusätzlichen unbebauten Grundstücks, das nicht dem Mietgebrauch dient, wird nicht erfaßt.

Dem Erwerb des Gebäudes wird der Erwerb „des Wohnraums" als **Eigentumswohnung** oder in der Form des **Dauerwohnrechts** § 31 WEG) gleichgestellt.

dd) Finanzierung von **baulichen Maßnahmen** i. S. des § 3 MHG (s. Rdn C 158 ff).

Die Finanzierungskosten anläßlich der Durchführung der baulichen Änderung werden jedoch bereits in dem Pauschalbetrag von 11 Prozent als Mieterhöhungsbetrag erfaßt, so daß nur eine spätere Erhöhung dieser ursprünglichen Finanzierungsmittel die zusätzliche Umlage nach § 5 rechtfertigt (s. Rdn C 192). Die Kapitalkosten für reine Instandhaltungs- und Instandsetzungsarbeiten rechtfertigen keine Mieterhöhung, weil diese Maßnahmen nicht unter § 3 MHG fallen (s. Rdn C 174). In jedem Fall setzt § 5 MHG voraus, daß zum Zeitpunkt der Begründung des Mietverhältnisses bereits ein dinglich gesichertes Darlehen bestanden hat (LG Hamburg MDR 82, 58).

ee) Es ist nicht ausreichend, wenn das Darlehen lediglich zum Zwecke einer der oben genannten Geschäfte nach den Vertragsabsprachen zwischen Gläubiger und Schuldner (Vermieter) aufgenommen wurde; entscheidend ist vielmehr die **nachweisliche Verwendung** der Darlehensmittel zu den gesetzlich vorgeschriebenen Maßnahmen, was durch die Worte „gedient hat" zum Ausdruck kommt (s. Rdn C 404).

3. Erhöhung und Fälligkeit des Zinssatzes

a) Das Erhöhungsrecht des § 5 wird ausdrücklich auf solche Zinserhöhungen beschränkt, die nach dem 1. 1. 1975 (Inkrafttreten des MHG) fällig werden (Weimar Betrieb 75, 631). Die **Fälligkeit** der jeweiligen Zinsrate richtet sich nach den Vereinbarungen und bei fehlender Vereinbarung nach § 608 BGB. Dadurch sind alle bis zum 31. 12. 1974 im Verhältnis zwischen Darlehensgläubiger und Schuldner (Vermieter) fällig gewordenen Zinsbeträge als Grundlage einer Mieterhöhung ausgeschlossen; das MHG läßt insoweit – anders als § 4 III, 2 MHG – **keine Rückwirkung** auf frühere Zinsraten zu; es ist unbeachtlich, ob der Vermieter diese Raten bereits gezahlt hat, oder ob sie ihm gestundet wurden.

b) Die **Höhe** der umlagefähigen Zinsen wird in § 5 grundsätzlich nicht beschränkt. Solche Zinserhöhungen, die nach dem 1. 1. 1975 fällig werden, darf der Vermieter für die Zukunft in voller Höhe anteilig (s. Rdn C 403) auf die Mieter umlegen. Er kann sie somit frühestens ab dem Zeitpunkt der Fälligkeit der Zinserhöhung verlangen, wenn er davon vorzeitig erfährt und rechtzeitig seine Erhöhungserklärung abgibt (s. Rdn C 402). Ob der Gläubiger berechtigt ist, Zinserhöhungen in der geltend gemachten Höhe zu verlangen, richtet sich nach den Vereinbarungen im Darlehensvertrag (s. dazu auch Rdn C 384), sonst nach § 246 BGB (4% jährlich). Sittenwidrige oder wucherische Vereinbarungen sind nach § 138 BGB unwirksam (vgl. auch § 247 I BGB).

c) Zinserhöhungen für die Zeit **ab 1. 1. 1973** darf der Vermieter nach der Ausnahmeregelung in § 5 I Ziff. 1 dann geltend machen, wenn das Mietverhältnis schon **vor dem 1. 1. 1975** abgeschlossen worden ist; insoweit ist der Vermieter berechtigt, die zurückliegenden Zinserhöhungen auf den Mieter umzulegen, sobald nach dem 1. 1. 1975 eine Zinsrate fällig wird, auch wenn sich im Jahre 1975 keine weitere Steigerung ergab. Diese **Ausnahmeregelung** beruht darauf, daß die Hochzinspolitik in den vergangenen Jahren zu besonderen Belastungen des Vermieters führte, die im Falle ihrer Fortwirkung auf den Mieter abwälzbar sein sollen, weil diese Mehrbelastungen während der Geltungsdauer des (1.) WKSchG nicht als Mieterhöhung geltend gemacht werden konnten (s. Rdn F 57). Folgende unterschiedliche Regelungen sieht das Gesetz für diese Fälle vor:

C 396   aa) Bei Mietverhältnissen, die **vor dem 1. 1. 1973 begründet** worden sind, dürfen die Zinserhöhungen umgelegt werden, die sich gegenüber den am 1. 1. 1973 maßgebenden Zinssatz ergeben (§ 5 I 1 a).

C 397   bb) Bei Mietverhältnissen, die **nach dem 31. 12. 1972 begründet** worden sind, dürfen die Zinserhöhungen umgelegt werden, die sich gegenüber dem bei der Begründung des Mietverhältnisses maßgebenden Zinssatz ergeben (§ 5 I Ziff. 1 b).

cc) Hat der Vermieter das Darlehen erst nach dem Abschluß des Mietvertrags aufgenommen, so ist § 5 unanwendbar. Denn die Vorschrift setzt voraus, daß zum Zeitpunkt der Begründung des Mietverhältnisses bereits ein dinglich gesichertes Darlehen bestanden hat (LG Hamburg MDR 82, 58).

4. Vom Vermieter nicht zu vertretende Zinserhöhung

C 398   Die eingetretene Kapitalkostenerhöhung berechtigt nach § 5 I Ziff. 2 nur dann zur Umlage des Erhöhungsbetrags auf den Mieter, wenn die Erhöhung auf Umständen beruht, die der Vermieter nicht zu vertreten hat. Diese einschränkende Voraussetzung des Erhöhungsrechts zum Schutz des Mieters muß **kumulativ** neben den sonstigen Anspruchsvoraussetzungen des § 5 vorliegen.

Welche Umstände der Vermieter i. S. des § 5 I Ziff. 2 zu vertreten hat, wird entsprechend der umstrittenen Rechtslage zu der rechtsähnlichen Vorschrift des § 23 II, 2 der II. BV auch im Bereich des nicht preisgebundenen Wohnraums zu beantworten sein. Dort wird (teilweise) die Auffassung vertreten, daß die Grundsätze des § 276 BGB sinngemäß zu gelten haben (LG Bremen WM 73, 256–258; Fischer-Dieskau, Wohnungsbaurecht, § 4a der II. BV Anm. 3); danach wird ein zu vertretender Umstand vor allem dann bejaht, wenn eine Umfinanzierung erfolgte, weil die zinsgünstigeren (öffentlichen) Baudarlehen wegen des Verhaltens des Darlehensnehmers gekündigt wurden oder wenn er von sich aus diese Mittel zurückzahlte, ohne dazu gezwungen zu sein (z. B. um sich von den Verpflichtungen oder Bedingungen, die daran geknüpft waren, zu befreien; so jetzt auch § 4 IV NMV 70). Nach dieser Ansicht ist es dagegen nicht zu vertreten, wenn die bisherigen Finanzierungsmittel ohne Vorwerfbarkeit für den Bauherrn gekündigt wurden oder wenn

§ 5. Mieterhöhung bei Kapitalkostensteigerung

seine Zustimmung zur Erhöhung des Zinses darauf beruht, daß die veränderten wirtschaftlichen Verhältnisse das gebieten. Dazu vertritt der BGH ergänzend die Ansicht, daß der Vermieter die Ersetzung der ursprünglichen Finanzierungsmittel durch teurere Mittel dann zu vertreten hat, wenn er die Umfinanzierung ohne rechtliche oder wirtschaftliche Notwendigkeit vornahm (BGH LM 2. WoBauG Nr. 12, 13; Betrieb 71, 769); der BGH a. a. O. geht davon aus, daß die Vorschriften der II. BV auch dem Schutz des Mieters dienen und deshalb so ausgelegt werden müßten, daß dieser Schutz wirksam werde und bleibe.

Das LG Hamburg (MDR 74, 759 = ZMR 76, 345) vertritt dazu die Ansicht, daß dem Vermieter die Kostenerhöhung nur unter dem Vorwurf angelastet werden kann, sie sei im Einzelfall überflüssig und vermeidbar gewesen; erst dann könne dem Vermieter der Erhöhungsanspruch mit der Folge versagt werden, daß er die Zinserhöhung selbst tragen muß, während eine bloße kausale Veranlassung der Erhöhung dies nicht zur Folge haben könne. Die bestätigende Entscheidung des OLG Hamburg (MDR 75, 493 = DWW 75, 140) geht zutreffend davon aus, daß bei zweckgerechter Gesetzesauslegung insoweit nicht auf die Begriffsbestimmung des Vertretenmüssens in § 276 BGB zurückgegriffen werden kann; vom Vermieter nicht zu vertreten sind danach alle Kostensteigerungen, welche die ordnungsgemäße Verwaltung des Mietgrundstücks unvermeidbar mit sich bringt; solche kostensteigernde Maßnahmen, die außerhalb der Notwendigkeit einer ordnungsgemäßen Grundstücksverwaltung liegen, hat der Vermieter hingegen zu vertreten, weil sie in seiner Risikosphäre liegen (z. B. wirtschaftl. Notlage, OLG Hamburg a. a. O.). Durch den Rechtsentscheid des OLG Hamm vom 27. 12. 1981 (RES § 5 MHG Nr. 2) sind diese Grundsätze nunmehr allgemein verbindlich (ebenso: AG Hamburg WM 81, 112; AG Heidelberg WM 81, 238 m. zust. Anm. Zimmermann).

Da § 5 auch dem Schutz des Mieters vor ungerechtfertigten Umlagen vermeidbarer Kapitalkostenerhöhungen dient und eine Ausnahme von der Grundregel des § 2 MHG einerseits und des § 4 MHG andererseits darstellt, muß auch diese Vorschrift so ausgelegt werden, daß dieser Schutz wirksam wird und bleibt (Bilda ZMR 75, 161). Der Zweck des § 5 liegt einerseits darin, dem Vermieter neben der ortsüblichen Vergleichsmiete und den Betriebskosten i. S. des § 4 MHG ausnahmsweise auch solche Kapitalkostenerhöhungen als Erhöhungsgrund zuzubilligen, die er trotz ordnungsgemäßer Wirtschaftsführung angesichts der Kapitalmarktbewegungen nicht vermeiden kann; andererseits gestattet ihm § 5 nicht, eine überflüssige vermeidbare Verteuerung des Wohnraums auf den Mieter abzuwälzen. Bei sachgerechter Auslegung der Vorschrift genügt es somit nicht, dem Vermieter die Umlage der Erhöhungen deshalb zu versagen, weil er diese i. S. einer kausalen Verursachung veranlaßt hat. Erforderlich ist vielmehr außerdem, daß ihm die Kapitalkostenerhöhung mit dem Vorwurf angelastet werden kann, daß sie **überflüssig und vermeidbar** gewesen ist; erst dann muß es dem Vermieter billigerweise zugemutet werden, die ihm entstehenden Mehrkosten selbst zu tragen. Es kommt somit darauf an, ob der Vermieter bei ordnungsgemäßer Verwaltung in der Lage gewesen ist, mit der im Verkehr erforderlichen Sorgfalt darauf zu achten, daß vermeidbare Kostenerhöhungen nicht eintreten. Diese Auslegung des § 5 steht insoweit im Einklang mit der zutreffenden Auslegung des § 23 II des II. BV (s. dazu OLG Hamburg a. a. O.); das ergibt sich folgerichtig auch daraus, daß § 5 insoweit den zweckentsprechenden Vorschriften des öffentlichen Mietpreisrechts nachgebildet worden ist und für den nicht preisgebundenen Wohnraum hinsichtlich der Kapitalkostenerhöhungen eine vergleichbare Funktion erfüllt.

C 400 Für den Anwendungsbereich des § 5 folgt daraus, daß der Vermieter die Kapitalkostenerhöhung nicht zu vertreten hat, wenn er die Zinserhöhung dem Darlehensgeber vertragsgemäß schuldet und die Mehrbelastung auf allgemeinen Umständen der Kapitalmarktlage beruht oder wenn er die Kündigung des Darlehens im Weigerungsfalle befürchten muß und nach der Kapitalmarktlage keine Gelder mit niedrigerem Zinsfuß zu erhalten sind (Weimar Betrieb 75, 632). Zu vertreten ist die Erhöhung, wenn sie vom Vermieter mit dem Darlehensgeber ohne rechtlichen oder wirtschaftlichen Zwang vereinbart wurde, wobei der Erwägung oder Absicht ihrer Abwälzung auf den Mieter keine ausschlaggebende Bedeutung zukommt (zur Zinserhöhung über eine vereinbarte Höchstsatzklausel hinaus vgl. Bilda ZMR 75, 161); gleiches gilt, wenn die Zinserhöhung eintritt, weil sich der Vermieter gegenüber dem Darlehensgeber nicht vertragsgemäß verhalten hat (z. B. Strafzinsen, Kündigung des Darlehens wegen Rückständen oder sonstigen persönlichen Umständen des Vermieters). Im Falle einer **Umfinanzierung** von Fremdmitteln ist auch im Anwendungsbereich des § 5 die dadurch bedingte Zinserhöhung dann vom Vermieter zu vertreten, wenn diese ohne rechtliche oder wirtschaftliche Notwendigkeit erfolgte. Anderes kann gelten, wenn der Vermieter die investierten Eigenmittel durch Aufnahme zinspflichtiger Fremdmittel ersetzt, weil er für sein Eigenkapital die anfallenden Zinserhöhungen nach § 5 I nicht auf die Mieter abwälzen kann; in dieser Anpassung an die neue Rechtslage liegt nicht schlechthin eine Vorwerfbarkeit begründet, zumal der Vermieter neue, umlagefähige Fremdmittel bei zweckentsprechender Verwendung aufnehmen darf und die dadurch bedingten Mieterhöhungen die Folgen des § 9 I MHG hinnehmen muß. Zur Umfinanzierung im Falle der Veräußerung des Miethauses s. Rdn C 420 ff.

III. Geltendmachung und Wirksamwerden der Erhöhung (§ 5 II)

C 401 Liegen die oben unter II. erörterten Erhöhungsvoraussetzungen nach § 5 I vor, so ist der Vermieter berechtigt, durch eine einseitige schriftliche Erhöhungserklärung die nach dem 1. 1. 1975 fällig werdenden Erhö-

§ 5. Mieterhöhung bei Kapitalkostensteigerung

hungsbeträge anteilig auf die Mieter umzulegen. Da § 5 eine Ergänzung der Regelung in § 4 MHG hinsichtlich der umlagefähigen Belastungen des Hausgrundstücks zum Gegenstand hat, die zur Entlastung des Vermieters durch Ausübung seines einseitigen Erhöhungsrechts abgewälzt werden können, ist die Zustimmung des Mieters oder eine dahingerichtete Klage (wie bei § 2 MHG) vom Gesetz nicht vorgesehen. Das ergibt sich aus der Regelung in § 5 II, wonach schon die wirksame Ausübung des Erhöhungsrechts zu den dort angegebenen Fälligkeitsterminen den Anspruch des Vermieters auf Zahlung des erhöhten Mietzinses begründet.

1. Erhöhungserklärung

Eine wirksame Mieterhöhung nach § 5 setzt voraus, daß dem Mieter eine **schriftliche Erhöhungserklärung zugeht,** in welcher der **Grund** der geforderten Erhöhung anzugeben und zu erläutern ist; das Gesetz verweist insoweit auf die Regelung in § 4 III, so daß auf die Ausführungen Rdn C 257 verwiesen werden kann. Folgende Besonderheiten sind zu beachten: C 402

a) Die Erhöhungserklärung muß entweder einen bestimmten oder wenigstens bestimmbaren **Erhöhungsbetrag** nennen, der zwar nicht im einzelnen berechnet zu sein braucht, dennoch für den Mieter nachprüfbar sein muß (s. Rdn C 259). Fehlt also eine Berechnung, muß sich zumindest aus der Erklärung der dem Mieter angelastete Mehrbetrag und der angewandte **Verteilungsschlüssel** ersehen lassen (LG Köln WM 83, 324). Den Verteilungsschlüssel für die Umlage der Kapitalkosten kann der Vermieter nach §§ 315, 316 BGB nach Billigkeit bestimmen, falls er nicht bereits vereinbart wurde (s. Rdn C 254). Entfällt also die Kapitalkostensteigerung gleichmäßig auf alle Mietwohnungen, wird eine Umlage nach m^2-Wohnfläche der Sachlage am besten gerecht werden; haben sich Kapitalkosten erhöht, deren zugrundeliegende Darlehen nur bestimmten Mietern zugute kamen, erfordert die Billigkeit, nur diese Mieter anteilmäßig zu belasten. C 403

b) Die erforderliche Angabe des **Grundes** der Erhöhung zwingt den Vermieter zur Darlegung, daß sich der Zinssatz für ein bestimmtes dinglich gesichertes Darlehen ab einem bestimmten Zeitpunkt infolge einer Forderung eines namentlich zu nennenden Gläubigers um einen bestimmten Zinsbetrag erhöht hat. Der Vermieter muß somit nicht nur mitteilen, daß sich Darlehenszinsen überhaupt erhöht haben, sondern den dafür maßgebenden Grund **konkret** und nachprüfbar angeben (LG Köln WM 83, 324). C 404

Da er diesen Erhöhungsgrund auch **zu erläutern** verpflichtet ist, muß ferner angegeben werden, ob das Recht der Zinserhöhung auf einer Vertragsvereinbarung im Darlehensvertrag beruht, oder welche sonstigen Umstände die Verpflichtung des Vermieters begründen, so daß er die Kapitalkostensteigerung nicht zu vertreten hat (s. Rdn C 398). Es ist nicht Sache des Mieters diese anspruchsbegründenden Tatsachen zu er- C 405 mitteln; fehlen deshalb die erforderlichen Angaben über anspruchsbegründende Tatsachen, so ist die Erhöhungserklärung unwirksam und tritt das Erhöhungsrecht nicht ein (s. Rdn C 263).

C 406 Wenn es auch unzulässig ist, durch übertriebene formalistische Anforderungen das dem Vermieter verliehene Sondererhöhungsrecht praktisch undurchsetzbar zu machen, so ist es zum Schutz des Mieters dennoch unerläßlich, bereits in der Erhöhungserklärung (und nicht erst später durch Ergänzungen) die verständliche Angabe der anspruchbegründenden Tatsachen wenigstens in **Mindestangaben** zu verlangen. Diese können dann auf Verlangen des Mieters in Einzelheiten noch ergänzt werden; fehlen aber die Mindesterfordernisse, können spätere Ergänzungen lediglich im Wege der Auslegung dazu führen, daß beide Erklärungen zusammen ab einem späteren Wirksamkeitszeitpunkt das Erhöhungsrecht begründen.

C 407 c) Der Vermieter ist auch im Rahmen des § 5 nicht verpflichtet, der Erhöhungserklärung diejenigen **Belege** beizufügen, die seine Angaben bestätigen oder glaubhaft machen (s. Rdn C 261). Im Einklang mit den sonstigen einseitigen Erhöhungsrechten muß man aber den Vermieter als verpflichtet ansehen, dem Mieter auf Verlangen in die einschlägigen Unterlagen **Einsicht zu gewähren** (s. Rdn C 261). Das gilt sowohl für die letzten Abrechnungen des Darlehensgläubigers vor dem Erhöhungszeitpunkt als auch für dessen Erhöhungsschreiben sowie die zugrunde liegende Darlehensurkunde und Belege über den Verwendungszweck der Darlehensmittel.

C 408 Bei ordnungsgemäßer Wirtschaftsführung werden sich derartige Unterlagen in der Hand des Vermieters befinden; ist das nicht der Fall, wird er sich diese vom Darlehensgläubiger und sonstigen Beteiligten zum Nachweis der Anspruchsvoraussetzung beschaffen können (z. B. seiner Bank über die Auszahlung der Darlehensmittel an Handwerker). Die dingliche Sicherung des Darlehens kann der Vermieter durch einen beglaubigten Grundbuchauszug nachweisen; darüber hinaus wird dem Mieter aber zur Klärung der fortbestehenden Sicherung ein berechtigtes Interesse zur Einsichtnahme ins Grundbuch gem. § 12 GBO zuzubilligen sein (AG München WM 82, 218; dazu grunds. BayObLG BB 75, 1041). Bei der Vorlage dieser Belege handelt es sich nicht um eine vorweggenommene Beweisführung des Vermieters im zivilprozessualen Sinne, sondern um die Erfüllung seiner nach § 259 BGB bestehenden Pflicht, die Richtigkeit seiner einseitigen Erhöhungserklärung anhand von Unterlagen zu belegen.

C 409 Soweit und solange der Vermieter dem Mieter diese Nachprüfung der anspruchsbegründenden Tatsachen verweigert oder die dafür erforderlichen Belege nicht beibringt, steht dem Mieter hinsichtlich der Erhöhung nach § 273 BGB ein **Zurückbehaltungsrecht** zu. Das muß hier ebenso gelten, wie es für sonstige einseitige Erhöhungsrechte nach dem MHG anzuerkennen ist. Erfüllt der Vermieter seine Belegpflicht erst im Laufe eines gerichtlichen Verfahrens, und erkennt der Mieter dann den Erhö-

§ 5. Mieterhöhung bei Kapitalkostensteigerung   C 410, 411

hungsanspruch unverzüglich an, ist über die Kosten nach §§ 91, 93, ZPO zu entscheiden.

2. Fälligkeit der Erhöhung

Ebenso wie bei der Erhöhung der Betriebskosten nach § 4 III MHG **C 410** schuldet der Mieter den Erhöhungsbetrag nach § 5 im Falle einer wirksamen Erhöhungserklärung vom 1. des auf die Erhöhungserklärung folgenden Monats ab, sofern die Erklärung bis zum 15. des Monats dem Mieter zugeht; geht die Erklärung erst nach dem 15. des Monats dem Mieter zu, schuldet er die Erhöhung erst ab dem 1. des übernächsten Monats. Die Erhöhungserklärung kann vom Vermieter bei rechtzeitiger Benachrichtigung durch den Gläubiger schon vor der Fälligkeit der erhöhten Darlehenszinsen abgegeben werden. Die Umlage wird aber niemals vor der Fälligkeit der Zinserhöhung fällig. Ein Anspruch auf rückwirkende Erhöhungen steht dem Vermieter nach § 5 nicht zu; abweichende Vertragsvereinbarungen sind nach § 10 I MHG unwirksam (s. Rdn C 480). Zu einer Kündigung wegen Verzugs des Mieters mit der nach § 5 berechtigten Mieterhöhung ist der Vermieter nach § 9 II MHG erst zwei Monate nach rechtskräftiger Verurteilung des Mieters zur Zahlung berechtigt (s. Rdn C 476).

3. Zur gerichtlichen Geltendmachung des Erhöhungsbetrages vgl. Rdn C 226, C 267.

IV. Herabsetzung des Mietzinses

Da § 5 nur eine Mieterhöhung wegen den gestiegenen laufenden Aufwendungen des Vermieters zuläßt, insoweit also eine Veränderung der Mietnebenkosten bewirkt, bestimmt § 5 III entsprechend der Regelung in § 4 IV MHG, daß der Vermieter im Falle des Wegfalls der Mehrbelastung zur Ermäßigung des vorher erhöhten Mietzinses verpflichtet ist.

1. Ermäßigt sich der **Zinssatz** nach einer Erhöhung gemäß § 5 I, so **C 411** ist der Vermieter verpflichtet, den Mietzins vom Zeitpunkt der Ermäßigung ab herabzusetzen. Die Ermäßigung ist entsprechend der vorangegangenen Erhöhung vorzunehmen, höchstens jedoch hat eine Ermäßigung um den Erhöhungsbetrag zu erfolgen. Eine Ermäßigung kommt also nur in Betracht, wenn der Vermieter zuvor wegen gestiegener Kapitalkosten nach § 5 I die Miete erhöht hatte, während andere Mieterhöhungen insoweit unberücksichtigt bleiben; auch eine vertraglich vereinbarte Erhöhung wegen Zinssteigerungen begründet keine Pflicht des Vermieters zur Herabsetzung. Anderenfalls würden, worauf der RegE (s. Rdn F 17) ausdrücklich hinweist, diejenigen Vermieter ungerechtfertigt benachteiligt, die auf eine Erhöhung verzichtet oder sich bereitgefunden haben, trotz erhöhter Kapitalkosten ohne

Aufschlag zu vermieten, wenn sie von der Erwartung ausgingen, bei einer Zinssenkung ihre gestiegenen Kosten decken zu können.

C 412   2. Ist das **Darlehen getilgt** und somit die Zinspflicht entfallen, so ist der Mietzins wie zu Rdn C 268 ebenfalls nur um den darauf entfallenden Erhöhungsbetrag herabzusetzen. Die Herabsetzung hat im Falle der Tilgung also nicht nur um die letzte Kapitalkostenerhöhung, sondern um die gesamte Erhöhungssumme zu erfolgen, die seit Abschluß des Mietvertrages an Mehrbelastungen auf den Mieter nach § 5 I abgewälzt worden ist. Im übrigen gilt die Regelung zu oben 1.

C 413   3. Der Vermieter ist verpflichtet, die Herabsetzung dem Mieter **unverzüglich mitzuteilen** (§ 5 III 3). Sowohl im Falle der Zinssenkung als auch der Darlehenstilgung besteht somit nicht nur die Pflicht des Vermieters, eine Herabsetzung des Mietzinses ab dem Zeitpunkt der jeweiligen Veränderung ohne dahingehende Aufforderung vorzunehmen, sondern er hat darüber hinaus eine dementsprechende Mitteilungspflicht. Letzteres hat insofern für den Mieter Bedeutung, als er rechtzeitig in der Lage sein muß, seine Zahlungen auf den jeweils geltenden Mietbetrag abzustellen, um nicht Überzahlungen zu leisten, die er dann aktiv vom Vermieter zurückfordern müßte. Verletzt der Vermieter diese Pflichten, so steht dem Mieter ein **Rückzahlungs- und Schadensersatzanspruch** wegen positiver Vertragsverletzung und Verzug (§§ 284, 286, 288 BGB) zu. Die gesetzliche Herabsetzungs- und Mitteilungspflicht hat zur Folge, daß der Vermieter nach einer auf den Mieter umgelegten Kapitalkostenerhöhung auch aktiv bemüht sein muß, auf entsprechende Zinsherabsetzung gegenüber dem Darlehensgläubiger entsprechend den vertraglichen Abreden und der Marktlage zu drängen und erforderlichenfalls dahingehende Ansprüche durchzusetzen. Da sich die Miete beim Vorliegen der Voraussetzungen des § 5 III nicht automatisch verringert, sondern eine rechtsgestaltende Erklärung des Vermieters voraussetzt, muß dem Mieter ein zweckentsprechender Auskunftsanspruch zugebilligt werden. Dieser verpflichtet den Vermieter, dem Mieter auf Verlangen den Zeitpunkt und den Umfang mitzuteilen und entsprechend den Ausführungen Rdn C 407 ff Einsicht in die Unterlagen zu gewähren. Erfüllt der Vermieter diese Verpflichtung nicht muß der Mieter eine Klage auf Auskunftserteilung erheben (§ 259 BGB); er kann darüber hinaus bis zur Erfüllung des Anspruchs ein Zurückbehaltungsrecht am Mietzins gemäß §§ 273 ff BGB geltend machen (z. B. in Höhe des Steigerungsbetrages wegen der vorangegangenen Zinserhöhung).

V. Ausschluß des Erhöhungsrechts

C 414   1. In § 5 IV schließt das Gesetz das Erhöhungsrecht des Vermieters dann aus, wenn er auf eine Anfrage des Mieters die Höhe der dinglich gesicherten Darlehen, für die sich der Zinssatz erhöhen kann, nicht of-

§ 5. Mieterhöhung bei Kapitalkostensteigerung

fengelegt hat. Diese Regelung war im RegE zum MHG nicht enthalten; sie ist erst durch den Rechtsausschuß eingefügt worden (s. Rdn F 57). In der Begründung wird ausgeführt, der Mieter solle durch diese Ausschlußregelung die Möglichkeit erhalten, sich vor unvorhersehbaren Erhöhungen durch Anfragen zu sichern (s. Rdn F 57). Gemeint ist wohl, daß sich der Mieter durch das gesetzliche Erhöhungsrecht nach § 5 einerseits und seine Unkenntnis der zinsträchtigen Darlehen andererseits in einer von ihm nicht zu übersehenden Lage befindet, in der ihm jegliche Entscheidungsfreiheit genommen ist. Die Ursache dafür liegt darin, daß § 5 im System der ortsüblichen Vergleichsmiete systemwidrig ist (s. Rdn C 374) und einen Kostenansatz aus dem Bereich der Kostenmiete für preisgebundenen Wohnraum entsprechend § 23 der II. BV als umlagefähig erklärt, der dort anhand der Wirtschaftlichkeitsberechnung sowohl bei der ersten Genehmigung als auch bei späteren Erhöhungen der Kontrolle der zuständigen Stelle unterliegt. Es bleibt abzuwarten, ob § 5 durch das Ausschlußrecht nach Abs. IV eine dem nicht preisgebundenen Wohnraum angemessene Korrektur erfährt. Im übrigen bleibt dem Mieter das Sonderkündigungsrecht nach § 9 I MHG, wenn er sich unter Aufgabe seiner Wohnung derartigen Erhöhungen entziehen will (s. Rdn C 448).

2. Zu den **Voraussetzungen** und Folgen des § 5 IV ist Folgendes zu bemerken:

a) Der Vermieter ist nicht von sich aus verpflichtet, den Mieter darauf hinzuweisen, daß er die Finanzierung mit dinglichen Darlehen vorgenommen hat (LG Itzehoe WM 85, 351). Vielmehr setzt die Offenbarungspflicht eine ausdrückliche Anfrage des Mieters voraus. Die formlos gültige **Anfrage** des Mieters muß sich darauf richten, ob und in welcher Höhe Darlehen vorhanden sind, deren steigende Zinsen für ihn zu einer Mieterhöhungen führen können; dabei brauchen die Begriffe Kapitalkosten, dingliche Sicherung usw. nicht gebraucht zu werden, wenn nur mit hinreichender Deutlichkeit zu erkennen ist, daß der Mieter von seinem Auskunftsrecht Gebrauch machen will. Auf weitergehende Auskünfte wie die Höhe der relevanten Darlehen hat der Mieter keinen Anspruch, so daß seine dahin gerichtete Anfrage unbeachtlich ist. Da dem Mieter nur Auskünfte über solche Darlehen zugebilligt werden „für die sich der Zinssatz erhöhen kann", erstreckt sich dieses Recht nicht auf solche Darlehen, bei denen die Erhöhung des Zinssatzes sicher und voraussehbar ist, zumal derartige Kostensteigerungen dem Vermieter kein Erhöhungsrecht nach § 5 geben (z. B. zeitlich befristete Zinsvergünstigungen, s. Rdn C 375).

b) Die Anfrage kann vom Mieter **vor dem Abschluß** des Mietvertrages mit den Folgen des § 5 IV gestellt werden; das ergibt sich daraus, daß der Mieter vor allem seinen Entschluß über die Anmietung der Wohnung von den potentiellen Erhöhungsmöglichkeiten des vereinbarten Mietzinses abhängig machen wird, was wiederum eine verbindliche Auskunft über die dafür in Betracht kommenden Darlehensmittel voraussetzt. Da der Vermieter aber auch später jederzeit weitere Belastungen aufnehmen kann, die neue Erhöhungsgefahren für den Mieter mit sich bringen, muß die Anfrage auch während der **gesamten Vertragsdauer** in angemessenen Zeitabständen zugelassen werden (Weimar Betrieb 75, 633); obwohl diese Regelung für beide Vertragspartner bei Ausschöpfung ihrer Rechte manche zusätzliche Arbeit mit sich bringen dürfte, kann es grundsätzlich weder als Schikane noch als sonstiger Treueverstoß (§ 242 BGB) angesehen werden, wenn ein vorsichtiger, rechtsbewußter Mieter etwa in Jahresabständen seine Anfrage wiederholt. Dem steht § 9 I MHG nicht entgegen, denn die Anfrage nach § 5 IV gibt dem Mieter die Chance, bei Fehl- oder Nichtbeantwortung die Wohnung ohne Erhöhung zu behalten bzw. frühzeitig seine Umzugsvorbereitungen treffen zu können. Zur Vermeidung solcher Schwierigkeiten kann im Mietvertrag vereinbart werden, daß Kapitalkostenerhöhungen nach § 5 eine vorherige Mitteilung des Vermieters über die Höhe eines relevanten Darlehens voraussetzen. Die Berechtigung des Verlangens des Mieters kann nicht davon abhängig gemacht werden, ob er gegebenen Anlaß zu der Annahme hat, daß sich die Verhältnisse verändert haben könnten (a. A. Sternel Rdn III 325).

c) Erhält der Vermieter eine Anfrage, muß er **binnen angemessener Frist** dem Mieter **formlos** (also nicht notwendigerweise schriftlich) lediglich die **Höhe** derjenigen Darlehen mitteilen, die zu umlagefähigen Zinserhöhungen führen können. Weitergehende Angaben (z. B. Name des Gläubigers, Zinsvereinbarung, Dauer der Belastung) braucht der Vermieter nach § 5 IV nicht zu machen; das führt zwar dazu, daß der Mieter sich keine genauen Vorstellungen über Zeitpunkt und Höhe der auf ihn zukommenden Mieterhöhungen machen kann, ermöglicht ihm aber dennoch anhand der mitgeteilten Darlehenshöhe eine grobe Schätzung etwaiger Veränderungen. Obwohl § 5 IV insoweit keine eindeutige Wortfassung enthält, kann eine weitergehende Verpflichtung des Vermieters auch nicht aus dem hier verwendeten Begriff „offenlegen" hergeleitet werden; dieser Begriff ist im Sinne von „angeben" gemeint (a. A. Sternel Rdn III 325). Der Vermieter ist in diesem Stadium auch nicht zur Vorlage von Belegen etc. verpflichtet (s. aber Rdn C 407).

d) Hat der Vermieter trotz einer Anfrage des Mieters die Höhe der Belastungen überhaupt nicht oder fehlerhaft mitgeteilt, so kann er sich für die **Dauer des Mietverhältnisses** insoweit auf sein Erhöhungsrecht nicht mehr berufen. Er verliert also seinen Anspruch aus § 5 für eine Erhöhung, welche nach der Anfrage eintritt und jede weitere Erhöhung des Zinssatzes aus den verschwiegenen Belastungen. Eine Einschränkung in dem Sinne, daß lediglich die der unbeantworteten Anfrage nachfolgende Erhöhung ausgeschlossen sein soll, ist dem § 5 IV nicht zu entnehmen. Hat der Vermieter die erfragte Vertragsgrundlage des Mietzinses verschwiegen, soll er sich später für die gesamte Dauer des Vertrages nicht mehr auf Gegenteiliges berufen können.

§ 5. Mieterhöhung bei Kapitalkostensteigerung

e) Die Beweislast für den Zugang der Anfrage beim Vermieter trägt der **Mieter**; er trägt auch später die Darlegungslast dafür, daß der gesetzliche Ausschlußtatbestand des § 5 IV vorliegt. Der **Vermieter** trägt die Darlegungs- und Beweislast dafür, daß er die Anfrage rechtzeitig und zutreffend beantwortet hat. Eine abweichende Vereinbarung im Mietvertrag, wonach die Anfrage des Mieters i. S. des § 5 IV nur bei Einhaltung der Schriftform gültig sein soll, ist nach § 10 I MHG unwirksam; das wird nicht für klarstellende Regelungen im Mietvertrag über die Zeitspannen gelten können, die grundsätzlich vom Mieter zwischen den Anfragen einzuhalten sind.

VI. Vermieterwechsel

Die Vorschrift des § 5 V ist durch das Gesetz zur Erhöhung des Angebots an Mietwohnungen vom 20. 12. 1982 (BGBl. I S. 1912) neu in das MHG eingefügt worden. Sie betrifft jene Fälle, in denen während der Mietzeit infolge eines Eigentumswechsels an die Stelle der ursprünglichen Darlehen andere, ebenfalls dinglich gesicherte Darlehen treten. Hier entsprach es der schon bisher herrschenden Meinung, daß der Erwerber als neuer Vermieter die mit einer Umschuldung oder Umfinanzierung verbundene Kapitalkostenerhöhung stets zu vertreten habe (OLG Hamm [RE] vom 27. 12. 1981 RES § 5 MHG Nr. 2; AG Heidelberg WM 81, 238; AG Hamburg WM 81, 112 = ZMR 82, 216; AG Hamburg-Wandsbeck WM 82, 80). Dieser aus dem Gedanken der Risikoverteilung folgende Rechtsgrundsatz ist nunmehr durch § 5 V gesetzlich geregelt.

Danach gilt folgendes: Übernimmt der Erwerber das vom Voreigentümer aufgenommene Darlehen, so kann er Kapitalkostensteigerungen im selben Umfang wie der Voreigentümer auf den Mieter umlegen. Bei der Berechnung ist also auch hier auf den Stand der Kapitalkosten zum Zeitpunkt der Begründung des Mietverhältnisses und nicht auf deren Höhe zum Zeitpunkt des Eigentumsübergangs abzustellen. Hatte der frühere Eigentümer das Darlehen bereits vor der Veräußerung zurückgezahlt, so ist eine Mieterhöhung nach § 5 MHG für die Zukunft ausgeschlossen. Dies gilt auch dann, wenn der Erwerber zur Finanzierung des Kaufpreises ein dinglich gesichertes Darlehen aufgenommen hat und sich die hierfür geschuldeten Kosten in der Folgezeit erhöhen. Denn die Vorschrift des § 5 MHG setzt voraus, daß das Darlehen zum Zeitpunkt der Begründung des Mietverhältnisses bereits bestanden hat.

Werden nach dem Zeitpunkt des Eigentumserwerbs aber neue Mietverhältnisse begründet, so ist diesen Mietern gegenüber eine Umlage möglich. Die Berechnung der Umlage kann in Fällen dieser Art nicht dergestalt erfolgen, daß die gesamte Kostenerhöhung auf die neuen Mieter umgelegt wird. Vielmehr brauchen die neuen Mieter nur einen, dem gewählten Umlagemaßstab entsprechenden Kostenanteil zu tragen. Ist beispielsweise bei einem Wohnhaus mit 5 ,,Altmietern" und 5 ,,Neumietern" eine Kostensteigerung von DM 1.000,– eingetreten, so kann auf jeden der Neumieter nur $^1/_{10}$ = DM 100,– umgelegt werden. Die übrigen, nicht umlagefähigen $^5/_{10}$ = DM 500,– hat der Vermieter selbst zu tragen.

Anders ist es in jenen Fällen, in denen der Erwerber anläßlich des Erwerbs ein Darlehen aufgenommen hat, um damit ein bestehendes Darlehen abzulösen (Umschuldungsdarlehen). Hier kann eine Kostensteigerung auch auf die Altmieter umgelegt werden. Sie ist allerdings nur bis zu dem Betrag umlagefähig, zu dem eine Mieterhöhung ohne Umschuldung möglich gewesen wäre. Es ist also zu fragen, ob und in welcher Höhe sich die Kapitalkosten für das ursprünglich bestehende Darlehen erhöht hätten.

C 422 Die Vorschrift des Absatz 5 gilt für alle Fälle des Eigentumsübergangs, insbesondere für die Fälle des Verkaufs und des Erwerbs in der Zwangsvollstreckung. Ein Eigentumsübergang im Sinne des § 5 liegt dabei auch dann vor, wenn ein im gemeinschaftlichen Eigentum mehrerer Personen stehendes Mietshaus (z. B. Erbengemeinschaft) in Eigentumswohnungen aufgeteilt und das Eigentum an den Wohnungen einzelnen Mitgliedern der Gemeinschaft zugewiesen wird.

C 423 Voraussetzung ist aber, daß der Erwerber anstelle des Veräußerers in das Mietverhältnis eintritt. Dies ist immer dann der Fall, wenn zwischen dem Veräußerer und dem Mieter ein gültiger Mietvertrag bestand. In diesem Fall erfolgt der Eintritt kraft Gesetzes (§ 571 BGB). Gleiches gilt, wenn das mit dem Veräußerer bestehende Mietverhältnis zum Zeitpunkt der Eintragung des Erwerbers im Grundbuch zwar bereits gekündigt, die Kündigungsfrist aber noch nicht abgelaufen war. Ist der Mieter noch im Besitz der Wohnung, obwohl das Mietverhältnis zum Zeitpunkt des Eigentumsübergangs bereits beendet war, so tritt der Erwerber in das Abwicklungsschuldverhältnis ein. Will der Erwerber das Mietverhältnis fortsetzen, so hat er die Wahl zwischen der Fortsetzung des bisherigen oder der Begründung eines neuen Vertrags. Entscheidet er sich für die erstgenannte Möglichkeit, so gilt § 5 V; im anderen Falle gelten die dort geregelten Beschränkungen nicht. Denn § 5 V ist unanwendbar, wenn das Mietverhältnis erst nach dem Eigentumsübergang abgeschlossen wird.

§ 6 MHG. Mieterhöhung für öffentlich geförderten Wohnraum im Saarland

(1) Hat sich der Vermieter von öffentlich gefördertem oder steuerbegünstigtem Wohnraum nach dem Wohnungsbaugesetz für das Saarland in der Fassung der Bekanntmachung vom 7. März 1972 (Amtsblatt des Saarlandes S. 149), zuletzt geändert durch Artikel 3 des Wohnungsbauänderungsgesetzes 1973 vom 21. Dezember 1973 (Bundesgesetzbl. I S. 1970),

§ 6. Mieterhöhung f. öffentl. geförd. Wohnraum i. Saarl.   C 424, 425

verpflichtet, keine höhere Miete als die Kostenmiete zu vereinbaren, so kann er eine Erhöhung bis zu dem Betrag verlangen, der zur Deckung der laufenden Aufwendungen für das Gebäude oder die Wirtschaftseinheit erforderlich ist. Eine Erhöhung des Mietzinses nach den §§ 2, 3 und 5 ist ausgeschlossen.

(2) Die Erhöhung nach Absatz 1 ist vom Vermieter durch schriftliche Erklärung gegenüber dem Mieter geltend zu machen. Die Erklärung ist nur wirksam, wenn in ihr die Erhöhung berechnet und erläutert wird. Die Erklärung hat die Wirkung, daß von dem Ersten des auf die Erklärung folgenden Monats an der erhöhte Mietzins an die Stelle des bisher zu entrichtenden Mietzinses tritt; wird die Erklärung erst nach dem Fünfzehnten eines Monats abgegeben, so tritt diese Wirkung erst von dem Ersten des übernächsten Monats an ein.

(3) Soweit im Rahmen der Kostenmiete Betriebskosten im Sinne des § 27 der Zweiten Berechnungsverordnung durch Umlagen erhoben werden, kann der Vermieter Erhöhungen der Betriebskosten in entsprechender Anwendung des § 4 umlegen.

(4) Ermäßigen sich die laufenden Aufwendungen, so hat der Vermieter die Kostenmiete mit Wirkung vom Zeitpunkt der Ermäßigung ab entsprechend herabzusetzen. Die Herabsetzung ist dem Mieter unverzüglich mitzuteilen.

(5) Die Absätze 1 bis 4 gelten entsprechend für Wohnraum, der mit Wohnungsfürsorgemitteln für Angehörige des öffentlichen Dienstes oder ähnliche Personengruppen unter Vereinbarung eines Wohnungsbesetzungsrechtes gefördert worden ist, wenn der Vermieter sich in der in Absatz 1 Satz 1 bezeichneten Weise verpflichtet hat.

Übersicht

	Rdn		Rdn
I. Allgemeines	424	III. Geltendmachung der Erhöhung	429
II. Sachliche Erhöhungsvoraussetzungen	427	IV. Fälligkeit der Erhöhung	430
		V. Herabsetzung der Kostenmiete	431

I. Allgemeines

1. Diese Sonderregelung für das Saarland ist im MHG systematisch verfehlt, weil sie nur die Erhöhung der Kostenmiete für öffentlich geförderten oder ihm gleichgestellten Wohnraum regelt, also in das WoBindG oder die NMV 70 gehört. Die Vorschrift wurde auf Anregung des Bundesrats auf Vorschlag der Bundestags-Ausschüsse in das MHG aufgenommen.   C 424

2. Zweck

Die Sonderregelung beruht darauf, daß im Saarland – anders als im übrigen Bundesgebiet – keine gesetzliche Mietpreisbindung für öffent-   C 425 lich geförderten und ihm gleichgestellten Wohnraum besteht; die Verpflichtung des Vermieters zur Einhaltung der Kostenmiete beruht dort vielmehr auf einer privatrechtlichen Vereinbarung mit dem Förderer nach dem WohnungsbauGes. für das Saarland i. d. F. der Bekanntmachung vom 10. 9. 1985 (Amtsblatt des Saarlandes S. 1185), i. V. mit den Förderungsbestimmungen zum WoBauG v. 10. 9. 1985 (Amtsblatt S. 1200). Durch § 6 wird für den genannten Wohnraum im Saarland im Ergebnis (nicht im Verfahren), die Regelung eingeführt, die für eine Erhöhung der Kostenmiete im übrigen Bundesgebiet gilt (§ 10 WoBindG, §§ 1 ff NMV 70 i. V. m. den Vorschriften der II. BV).

3. Anwendungsbereich

C 426 **a) räumlich:** nur im Saarland.

b) sachlich: öffentlich geförderter oder steuerbegünstigter Wohnraum nach dem WoBauG Saarland sowie solcher Wohnraum, der mit Wohnungsfürsorgemitteln für Angehörige des öffentlichen Dienstes oder ähnliche Personengruppen unter Vereinbarung eines Wohnungsbesetzungsrechts gefördert worden ist (§ 6 V, vgl. § 87a des 2. WoBauG).

c) Auch hier gelten die Vorschriften der §§ 1, 9 I MHG, die den entsprechenden Regelungen in §§ 10 IV, 11 WoBindG vorgehen. Abweichend von den allgemeinen Vorschriften für preisgebundenen Wohnraum finden auf § 6 aber auch die §§ 9 II, 10 I MHG nach dem ausdrücklichen Wortlaut des Gesetzes Anwendung (s. Rdn C 453, 477).

II. Sachliche Erhöhungsvoraussetzungen

Hat sich der Vermieter gegenüber dem Förderer vertraglich verpflichtet, die Kostenmiete einzuhalten, so steht ihm nunmehr ein gesetzliches Erhöhungsrecht unter folgenden Voraussetzungen zu:

C 427 **1.** Er kann eine Erhöhung des zuletzt vereinbarten Mietzinses verlangen, wenn und soweit dieses Entgelt die Deckung der **laufenden Aufwendungen** des Gebäudes (oder der Wirtschaftseinheit) nicht gewährleistet (§ 6 I). Welche Ansätze als laufende Aufwendungen dabei gerechtfertigt sind, ergibt sich aus §§ 18 ff. der II. BV. Ob eine Erhöhung zur Deckung der laufenden Aufwendungen erforderlich ist, muß sich aus einer Gegenüberstellung der jeweiligen Kapital- und Bewirtschaftskosten einerseits und der jeweiligen Erträge andererseits ergeben; im Ergebnis darf der Gesamtbetrag der Erträge den Gesamtbetrag der laufenden Aufwendungen nicht übersteigen. Auf diese Weise erlangt der Vermieter die zur Erhaltung der Wirtschaftlichkeit des Miethauses erforderliche **Kostenmiete,** so daß § 6 I 2 zutreffend eine Erhöhung nach den §§ 2, 3, 5 MHG nach dem Prinzip der ortsüblichen Vergleichsmiete ausdrücklich ausschließt.

C 428 **2.** Soweit im Rahmen der Kostenmiete für **Betriebskosten** i. S. des § 27 der II. BV (s. Rdn C 285 ff) von den einzelnen Mietern die auf sie

§ 7. Mieterhöhung für Bergarbeiterwohnungen C 429–431

anteilig entfallenden Umlagen erhoben werden und keine pauschalen Mietentgelte vereinbart sind, kann der Vermieter eine Erhöhung der Betriebskosten in entsprechender Anwendung des § 4 MHG verlangen und geltend machen (§ 6 III). Auf die Kommentierung dieser Vorschrift unter Rdn C 249 ff wird verwiesen.

III. Geltendmachung der Erhöhung

Die Erhöhung ist nur wirksam, wenn sie vom Vermieter durch **schriftliche Erklärung** gegenüber dem Mieter geltend gemacht wird (Zugang); die Erhöhung muß in der schriftlichen Erklärung **berechnet und erläutert** werden (§ 6 II). Auf die Erläuterungen zu Rdn C 257 ff wird insoweit verwiesen. Das **einseitige Erhöhungsrecht** steht somit dem Vermieter entsprechend der Regelung in § 10 I WoBindG hinsichtlich des gesamten Mietzinses zu, so daß die besonderen Vorschriften für die Erhöhung des nicht preisgebundenen Grundmietzinses nach § 2 MHG (Zustimmungsanspruch) und den Folgevorschriften der §§ 3, 5 MHG hier nicht gelten. Unanwendbar ist hier ferner § 10 WoBindG, so daß es auf die Vorlage einer Wirtschaftlichkeitsberechnung nicht ankommt.   C 429

IV. Fälligkeit der Erhöhung

Die Regelung in § 6 II 3 über die Fälligkeit des erhöhten Mietzinses nach Abgabe einer wirksamen Erhöhungserklärung entspricht den §§ 10 II WoBindG, 4 II MHG; auf die Ausführungen unter Rdn C 264 ff wird verwiesen.   C 430

V. Herabsetzung der Kostenmiete

Nach § 6 IV ist der Vermieter verpflichtet, nach einer Mieterhöhung unverzüglich eine Herabsetzung vorzunehmen, wenn sich die laufenden Aufwendungen (dazu oben Rdn C 427) ermäßigen. Die Regelung entspricht § 5 NMV 70, aber auch § 4 IV MHG, so daß auf die Erläuterungen unter Rdn C 268 verwiesen wird.   C 431

§ 7 MHG. Mieterhöhung für Bergarbeiterwohnungen der Ruhrkohle AG

(1) Für Bergmannswohnungen, die von Bergbauunternehmen entsprechend dem Vertrag über Bergmannswohnungen, Anlage 8 zum Grundvertrag zwischen der Bundesrepublik Deutschland, den vertragschließen-

den Bergbauunternehmen und der Ruhrkohle Aktiengesellschaft vom 18. Juli 1969 (Bundesanzeiger Nr. 174 vom 18. September 1974), bewirtschaftet werden, kann die Miete bei einer Erhöhung der Verwaltungskosten und der Instandhaltungskosten in entsprechender Anwendung des § 30 Abs. 1 der Zweiten Berechnungsverordnung und des § 5 Abs. 3 Buchstabe c des Vertrages über Bergmannswohnungen erhöht werden. Eine Erhöhung des Mietzinses nach § 2 ist ausgeschlossen.

(2) Der Anspruch nach Absatz 1 ist vom Vermieter durch schriftliche Erklärung gegenüber dem Mieter geltend zu machen. Die Erklärung ist nur wirksam, wenn in ihr die Erhöhung berechnet und erläutert wird.

(3) Die Erklärung des Vermieters hat die Wirkung, daß von dem Ersten des auf die Erklärung folgenden Monats an der erhöhte Mietzins an die Stelle des bisher zu entrichtenden Mietzinses tritt; wird die Erklärung erst nach dem Fünfzehnten eines Monats abgegeben, so tritt diese Wirkung erst von dem Ersten des übernächsten Monats an ein.

(4) Im übrigen gelten die §§ 3 bis 5.

Übersicht

	Rdn
I. Allgemeines	432
II. Voraussetzungen und Fälligkeit der Mieterhöhung	435

Schrifttum

Eickhoff/Wuttig, Der Rahmen zulässiger Mieterhöhungen für Bergmannswohnungen im Geltungsbereich des Ruhrkohlevertrags, ZMR 83, 147;
Schopp, Zur Grundlage von § 7 MHG, dem Vertrag über Bergmannswohnungen, ZMR 82, 1.

I. Allgemeines

1. Die Sondervorschrift für Bergarbeiterwohnungen der Ruhrkohle AG ist auf Anregung des Bundesrates und entsprechender Vorschläge der Bundestagsausschüsse in das MHG eingefügt worden. Systematisch erscheint die Regelung im MHG verfehlt und hätte besser in einer speziellen Verordnung getroffen werden sollen; die angestrebte und erforderliche Übersichtlichkeit und Verständlichkeit allgemeiner mietrechtlicher Gesetze wird jedenfalls durch die Aufnahme derartiger Ausnahmeregelungen wie §§ 6, 7 MHG in diesem Gesetz beeinträchtigt.

2. Zweck

Abweichend von der Grundregel des § 2 MHG soll das Mietniveau zur Sicherung des sozialen Ausgleichs für diese Gruppe der Bergarbeiter, die oft frühzeitig aus dem Arbeitsprozeß ausgeschieden sind, in tragbarer Höhe gehalten werden (s. Rdn F 59). Das steht im Einklang damit, daß

§ 7. Mieterhöhung für Bergarbeiterwohnungen　　　　C 434–436

bisher die Bergmannswohnungen stets eine besondere Rechtsstellung erhalten haben (vgl. das Gesetz zur Förderung des Bergarbeiterwohnungsbaus im Kohlenbergbau vom 23. 10. 1951 [BGBl. I S. 865]). Im Vertrag zur Neuregelung des Ruhrbergbaus sind auch die vor dem Krieg gebauten oder in der nachfolgenden Zeit ohne öffentliche Förderung errichteten Bergmannswohnungen der Preisbindung unterworfen worden. Als Bestandteil des zwischen der BRD, den vertragschließenden Bergbauunternehmen und der Ruhrkohle AG geschlossenen Grundvertrags vom 18. 6. 1969 legt der Vertrag über Bergmannswohnungen für die von der Ruhrkohle AG bewirtschafteten Wohnungen die angemessene Miete entsprechend der Verordnung vom 25. 7. 1963 (BGBl. I S. 532; TabellenmietenVO) zugrunde. Die mit dem 4. BMG vom 21. 12. 1967 zugelassene Erhöhung der Tabellenmiete um 10% darf von den begünstigten Mietern der Bergmannswohnungen erst ab 1. 1. 1974 gefordert werden; im übrigen durften danach auch in Zukunft Kostenerhöhungen in Anlehnung an die Vorschriften über preisgebundenen Wohnraum als Mieterhöhung geltend gemacht werden.

3. Anwendungsbereich

Die Vorschrift gilt nur für die etwa 80000 von der Ruhrkohle AG　C 434
bewirtschafteten Bergarbeiterwohnungen (vgl. den Vertrag über Bergmannswohnungen, Anlage 8 zum Grundvertrag vom 18. 7. 1969, Bundesanzeiger Nr. 174 vom 18. 9. 1974).

Soweit Bergarbeiterwohnungen im übrigen nach § 22 WoBindG als Sozialwohnungen anzusehen und der gesetzlichen Mietpreisbindung unterworfen sind, darf der Vermieter die Kostenmiete nach Maßgabe der §§ 8ff WoBindG, der NMV 70 und der II. BV verlangen (vgl. zur Belegungsbindung BGH MDR 71, 286; 72, 312; OVG Münster ZMR 75, 126).

II. Voraussetzungen und Fälligkeit der Mieterhöhung

1. Ab 1. 1. 1975 darf der Vermieter nur beim Vorliegen folgender　C 435
materieller Voraussetzungen eine Mieterhöhung verlangen:

a) Die Miete kann bei einer Erhöhung der **Verwaltungskosten und der Instandhaltungskosten** in entsprechender Anwendung des § 30 I der II. BV und des § 5 III Buchstabe c des Vertrags über Bergmannswohnungen erhöht werden. Dagegen wird das Recht des Vermieters, nach § 2 MHG die Grundmiete bis zur ortsüblichen Vergleichsmiete zu erhöhen, ausdrücklich ausgeschlossen (§ 7 I).

b) Nach § 7 IV kann der Vermieter ferner Mieterhöhungen nach §§ 3–　C 436
5 MHG wegen werterhöhenden baulichen Änderungen, gestiegenen Betriebskosten und erhöhten Kapitalkosten auch vom Mieter einer Bergarbeiterwohnung verlangen. Insoweit wird auf die ausführlichen Erläute-

rungen zu diesen Vorschriften verwiesen, die auch hier uneingeschränkt gelten.

C 437 2. Eine wirksame Mieterhöhung setzt nach § 7 II voraus, daß der Anspruch gegenüber dem Mieter durch schriftliche Erklärung geltend gemacht wird; die Erklärung ist nur wirksam, wenn in ihr die Erhöhung berechnet und erläutert wird. Dieses einseitige Erhöhungsrecht entspricht der Regelung in § 4 II MHG, so daß auf die Erläuterungen unter Rdn C 257 ff verwiesen wird.

C 438 3. Eine wirksame Erhöhungserklärung des Vermieters hat die **Wirkung,** daß von dem 1. des auf die Erklärung folgenden Monats an der erhöhte Mietzins an die Stelle des bisher zu entrichtenden Mietzinses tritt; geht die Erklärung erst nach dem 15. eines Monats dem Mieter zu, so tritt diese Wirkung erst ab 1. des übernächsten Monats an ein. Diese Regelung steht im Einklang mit § 4 III MHG; auf die Erläuterungen dazu unter Rdn C 264 ff wird verwiesen.

C 439 4. Aus der Verweisung in § 7 IV kann nicht gefolgert werden, daß die §§ 1, 8, 9 II MHG für die Bergarbeiterwohnungen unanwendbar sind; insoweit handelt es sich nur um eine Klarstellung. Dem Mieter steht auch im Falle einer Mieterhöhung nach § 7 das **Sonderkündigungsrecht** nach § 9 I MHG zu. Abweichende vertragliche Vereinbarungen zu Lasten des Mieters sind nach § 10 I MHG unwirksam, ausgenommen konkrete Zustimmungen des Mieters zu einer bezifferten Mieterhöhung (s. Rdn C 497). Aus § 10 II Nr. 1 MHG folgt die Unanwendbarkeit des § 7 auf solche Mietverhältnisse über Bergarbeiterwohnungen, die der gesetzlichen Mietpreisbindung nach §§ 1, 22 WoBindG unterliegen.

§ 8 MHG. Mechanisch vervielfältigte Erhöhungserklärung

Hat der Vermieter seine Erklärungen nach den §§ 2 bis 7 mit Hilfe automatischer Einrichtungen gefertigt, so bedarf es nicht seiner eigenhändigen Unterschrift.

Übersicht

	Rdn
I. Zweck und Anwendungsbereich	440
II. Wirksamkeitsvoraussetzungen vervielfältigter Erklärungen	443

I. Zweck und Anwendungsbereich

C 440 1. Während der Geltungsdauer des (1.) WKSchG war die Wirksamkeit der Erhöhungserklärungen uneingeschränkt von der Einhaltung der gesetzlichen Schriftform (§ 126 BGB) abhängig (§§ 3 II, 4 MHG). Das

§ 8. Mechanisch vervielfältigte Erhöhungserklärung   C 441–444

führt dazu, daß z. B. hektografierte Erhöhungserklärungen von Großvermietern ohne persönliche Unterschrift ausnahmslos als unwirksam anzusehen waren (LG Hamburg MDR 75, 142 m. w. Nachw.; OLG Hamburg ZMR 75, 114).

2. Der § 8 bezweckt eine Angleichung an die vergleichbaren Ausnahmevorschriften des § 10 I 5 WoBindG, § 18 I 3 des 1. BMG für preisgebundenen Wohnraum; sie soll den Bedürfnissen neuzeitlicher Bürotechnik Rechnung tragen (RegE, s Rdn F 18). Vor allem soll also Großvermietern (aber nicht nur diesen) bei der Vervielfältigung ihrer Erklärungen an eine größere Zahl von Mietern der Einsatz automatischer Schreib-, Rechen- und Vervielfältigungseinrichtungen ohne Rechtsnachteile ermöglicht werden.   C 441

3. Der Anwendungsbereich erstreckt sich auf alle Erhöhungserklärungen nach §§ 2–7 MHG; die Anforderungen der Erhöhungserklärungen nach §§ 3, 4 MHG sind bereits ihrerseits erkennbar auf den Einsatz automatischer Einrichtungen abgestellt worden, und selbst die nach § 3 III MHG erforderliche Berechnung der umlagefähigen Baukosten wird i. d. R. automatisch erstellt werden können (s. Rdn C 216 ff).   C 442

II. Wirksamkeitsvoraussetzungen vervielfältigter Erklärungen

Eine automatisch gefertigte Erhöhungserklärung macht entgegen § 126 BGB die eigenhändige Unterschrift des Vermieters entbehrlich. Verlangt nämlich das Gesetz die Wahrung der Schriftform, so muß die Erklärung mit eigenhändiger Unterschrift versehen sein und dem Empfänger zugehen, soweit davon keine Ausnahmevorschrift wie die des § 8 entbindet (vgl. BGH MDR 71, 479; OLG Karlsruhe MDR 73, 501).   C 443

1. Der § 8 setzt voraus, daß die dem Mieter zugegangene Erklärung durch **automatische Einrichtungen** gefertigt worden ist. Es ist belanglos, welcher Art diese Einrichtungen sind, welche technische Herstellungsmethode angewandt und welche Stückzahl hergestellt wird; deshalb kommen sowohl mechanische, elektronische, als auch foto-chemische Fertigungsmethoden in Betracht. Die Vielfalt technischer Hilfsmittel soll zur Zeit- und Kosteneinsparung ausgeschöpft werden (vgl. z. Ganzen: Schultz ZMR 83, 289). Es ist unbeachtlich, ob der Empfänger aus dem Schriftstück erkennen kann, daß es sich um eine automatisch gefertigte Erklärung handelt. Auch eine handschriftliche Urschrift, die z. B. im Wege der Fotokopie vervielfältigt worden ist, wird von § 8 erfaßt (AG Tübingen ZMR 84, 323). Davon abweichend vertritt das OLG Schleswig in dem Rechtsentscheid vom 13. 8. 1983 (RES § 10 WoBindG Nr. 2) die Ansicht, daß eine Vervielfältigungsmaschine, auf der mit Hilfe einer Matrize Mieterhöhungsschreiben erstellt werden, keine automatische Einrichtung sei (ebenso AG Duisburg WM 84, 334; vgl. dazu ablehnend Schultz ZMR 84, 217; Schmid DWW 85, 38). Diese   C 444

869

Auslegung erscheint zu eng; insbesondere läßt sich den Gesetzesmaterialien nicht entnehmen, daß der Anwendungsbereich der Vorschrift auf solche Einrichtungen beschränkt sein soll, mit deren Hilfe die gesamte Erklärung gefertigt werden kann. Hierzu sind letztlich nur elektronische Datenverarbeitungsgeräte in der Lage; hätte der Gesetzgeber eine derartige Einschränkung gewollt, so hätte er nicht den umfassenden Begriff der automatischen Einrichtung gewählt. Der Rechtsentscheid ist nicht zu § 8, sondern zu § 10 Abs. 1 S. 5 WoBindG ergangen, so daß er für Mieterhöhungserklärungen nach §§ 2–7 nicht unmittelbar bindet (AG Tübingen ZMR 84, 323). Da § 10 Abs. 1 S. 5 WoBindG und § 8 aber im wesentlichen gleichlautend sind, sollte das Landgericht nicht ohne Vorlage von diesem Rechtsentscheid abweichen.

C 445 2. Die Anwendbarkeit des § 8 setzt ferner voraus, daß die gesamte Erklärung mit ihrem **wesentlichen Erklärungsinhalt** automatisch gefertigt worden ist. Es ist somit unzureichend, wenn lediglich ein Formular automatisch gefertigt wird, das vom Vermieter oder seinen Hilfskräften hinsichtlich des wesentlichen Erklärungsinhalts ergänzend ausgefüllt werden muß. Die zusätzliche Anbringung der Adressen ist jedoch unschädlich. Zulässig ist es, die automatisch gefertigte Erklärung durch anderweitig gefertigte Zusätze zu ergänzen, die dann allerdings der persönlichen Unterschrift bedürfen, wenn der wesentliche Erklärungsinhalt dadurch verändert wird.

C 446 3. Aus der Erklärung muß ersichtlich sein, wer der **Absender** ist und ob dieser den automatisch gefertigten Text gebilligt hat. Das kann auf jede Weise geschehen, aus der sich der Erklärende identifizieren läßt (z. B. vervielfältigte Unterschrift, Namensangabe des Zeichnenden, Stempel). Da § 8 nur die eigenhändige Unterschrift erübrigt, reicht es jedoch nicht aus, wenn sich der Erklärende aus dem Schreiben in keiner Weise erkennen läßt (LG Essen MDR 79, 57).

C 447 4. Unterzeichnet ein **Bevollmächtigter,** so ist die Wirksamkeit der Erklärung nach Maßgabe des § 180 BGB vom Vorliegen der Vollmacht abhängig, wenn es sich um ein einseitiges Rechtsgeschäft wie bei §§ 3–7 MHG handelt; im übrigen hängt die Wirksamkeit einer Erhöhungserklärung eines vollmachtlosen Vertreters gegenüber dem Vermieter von dessen Genehmigung ab (§ 177 BGB).

§ 9 MHG. Kündigung wegen Mieterhöhung

(1) Verlangt der Vermieter eine Mieterhöhung nach § 2, so ist der Mieter berechtigt, bis zum Ablauf des zweiten Monats, der auf den Zugang des Erhöhungsverlangens folgt, für den Ablauf des übernächsten Monats zu kündigen. Verlangt der Vermieter eine Mieterhöhung nach den §§ 3, 5 bis 7, so ist der Mieter berechtigt, das Mietverhältnis spätestens am dritten Werktag des Kalendermonats, von dem an der Mietzins erhöht werden

§ 9. Kündigung wegen Mieterhöhung

soll, für den Ablauf des übernächsten Monats zu kündigen. **Kündigt der Mieter, so tritt die Mieterhöhung nicht ein.**

(2) Ist der Mieter rechtskräftig zur Zahlung eines erhöhten Mietzinses nach den §§ 2 bis 7 verurteilt worden, so kann der Vermieter das Mietverhältnis wegen Zahlungsverzugs des Mieters nicht vor Ablauf von zwei Monaten nach rechtskräftiger Verurteilung kündigen, wenn nicht die Voraussetzungen des §§ 554 des Bürgerlichen Gesetzbuchs schon wegen des bisher geschuldeten Mietzinses erfüllt sind.

Übersicht

	Rdn		Rdn
I. Allgemeines	448	III. Wirkungen der Sonderkündigung des Mieters	467
1. Zweck	448	1. Beendigung des Mietverhältnisses	467
2. Anwendungsbereich	453	2. Nichteintreten der verlangten Mieterhöhung	472
II. Voraussetzungen des Sonderkündigungsrechts	454	IV. Abweichende Vereinbarungen	475
1. Sachliche Voraussetzungen	454	V. Kündigung wegen Zahlungsverzugs des Mieters (Abs. II)	476
2. Formelle Voraussetzungen	461		

Schrifttum

Derleder, Zum Kündigungsrecht des Mieters nach einer Mieterhöhung, MDR 76, 802

I. Allgemeines

1. Zweck

a) Da das Gesetz dem Vermieter das Recht einräumt, den bisherigen Vertragsinhalt hinsichtlich des Mietzinses im Wege der Zustimmungsklage (§ 2 III MHG) oder durch einseitige Erhöhungserklärung (§§ 3, 5–7 MHG) auch gegen den Willen des Mieters zu ändern, ist es gerechtfertigt, auch dem Mieter das Recht einzuräumen, sich aus Anlaß der verlangten Mieterhöhung vorzeitig durch Kündigung vom Vertrag zu lösen. Man kann dieses in § 9 I geregelte Abwehrrecht des Mieters als einen gesetzlich geregelten Spezialfall des Grundsatzes von Treu und Glauben (clausula rebus sic stantibus, § 242 BGB) ansehen; das Gesetz unterstellt, daß dem Mieter bei Ausübung dieses **Sonderkündigungsrechts** ein weiteres Festhalten am Vertrag angesichts der veränderten Vertragsbedingungen nicht zugemutet werden kann. Da der Mieter eine kurzfristige Beendigung des Mietvertrags im Wege der ordentlichen befristeten Kündigung wegen den einzuhaltenden Kündigungsfristen (§ 565 II BGB; s. Rdn B 769) nicht herbeiführen und auf diese Weise auch keine Entbindung von seiner Pflicht zur Zahlung des erhöhten Mietzinses bis zur Vertragsbeendigung erreichen kann, ist die Regelung in § 9 I zur Wahrung der Mieterinteressen erforderlich. Sie beläßt dem Mieter die Wahl, bei Einwänden gegen die geforderte Mieterhöhung unter Aufrechterhaltung des Mietverhältnisses lediglich die Zustimmung zu verweigern (§ 2 III MHG), oder aber unter Verlust seiner Wohnung jegliches Risiko über seine Pflicht zur Zahlung einer höheren Miete auszuschalten. Mittelbar wird dieses Sonderkündigungsrecht des Mieters auch einen Einfluß auf das Verhalten des Vermieters bei einer angestrebten Mieterhöhung ausüben, wenn er seinen Vertragspartner nicht durch vorschnelle oder überhöhte Mehrbelastungen verlieren will; der Vermieter ist dann gut beraten, die angestrebte Erhöhung im Wege einer gütlichen Einigung (§ 10 I MHG; s. Rdn C 497) zu erzielen, weil er anderenfalls die kurzfristige Kündigung seines Mieters nicht ausschließen kann.

C 449 Der § 9 I ist den §§ 20 des 1. BMG und 11 WoBindG nachgebildet; diese Vorschriften geben dem Mieter von preisgebundenem oder modernisiertem Wohnraum in einem förmlich festgelegten Sanierungsgebiet ein gleichartiges Sonderkündigungsrecht zur Abwehr der einseitigen Mieterhöhung des Vermieters (§§ 18 des 1. BMG, 10 WoBindG). In den Vorschriften des am 31. 12. 74 außer Kraft getretenen 1. WKSchG war ein Sonderkündigungsrecht nicht vorgesehen; dort wählte der Gesetzgeber in § 3 III den für beide Vertragspartner unbefriedigenden Weg, dem Mieter das Recht zur Kündigung anläßlich der Mieterhöhung dadurch zu erhalten, daß die verlangte Mieterhöhung erst nach der jeweils geltenden Kündigungsfrist zwischen 3–12 Monaten wirksam wurde.

C 450 Rechtlich ist das Sonderkündigungsrecht nach § 9 I ebenso zu behandeln, wie die sonstigen **außerordentlichen befristeten Kündigungsrechte** (s. Rdn B 57).

C 451 Der Mieter ist somit auf Grund dieses Rechts befugt, das Mietverhältnis anläßlich der verlangten Mieterhöhung vorzeitig unter Einhaltung einer verkürzten Kündigungsfrist zu beenden und dadurch seine Verpflichtung zur Zahlung eines erhöhten Mietzinses auszuschließen. Das gilt auch für befristete Mietverhältnisse.

C 452 b) Die Beschränkung der Kündigungsbefugnis des Vermieters in **§ 9 II** entspricht der bisherigen Regelung in § 3 V des 1. WKSchG. Sie soll sicherstellen, daß nicht wegen der während des Klageverfahrens eventuell aufgelaufenen Erhöhungsbeträge alsbald nach der Rechtskraft des Urteils eine Kündigung wegen Zahlungsverzuges (§ 554 BGB) erfolgen kann.

C 453 2. Die Vorschrift findet auf alle Mietverhältnisse über Wohnraum Anwendung (s. Rdn. B 6ff), soweit nicht der Ausschlußtatbestand des § 10 II MHG eingreift (s. Rdn C 528). Das Sonderkündigungsrecht gilt grundsätzlich für Mieterhöhungen jeder Art, also nicht nur für Erhöhungen der Grundmiete (s. Rdn C 42); keine Anwendung findet § 8 I für Erhöhungen der Betriebskosten nach § 4, was sich aus der enumerativen Aufzählung der Bezugsvorschriften des MHG eindeutig ergibt. Der § 9 II findet auf alle Fälle der gesetzlich geregelten Mieterhöhungsrechte (§§ 2–7 MHG) Anwendung.

§ 9. Kündigung wegen Mieterhöhung　　　　　　　　　C 454–457

II. Voraussetzungen des Sonderkündigungsrechts

1. Sachlich setzt eine wirksame Kündigung des Mieters voraus, daß   C 454
dem Mieter eine schriftliche Erhöhungserklärung nach § 2 II (s. Rdn
C 81) oder aber nach §§ 3 III, 5 I, 6 II, 7 II zugegangen ist.

a) Wenn § 9 I nach seinem Wortlaut voraussetzt, daß der Vermieter   C 455
eine ,,Mieterhöhung nach § 2 ... nach §§ 3, 5–7 ... verlangt", kann
daraus nicht gefolgert werden, daß auch die Formerfordernisse dieser
Bezugsvorschriften eingehalten sein müssen. Es reicht vielmehr aus, daß
dem Mieter eine Erklärung des Vermieters zugeht, aus welcher der
ernstgemeinte Wille zu entnehmen ist, eine Erhöhung des bisherigen
Mietzinses zu verlangen. Vorbereitende Gespräche oder unverbindliche
Bitten reichen somit nicht aus. Es genügt aber ein nur mündliches Erhö-
hungsverlangen oder der Zugang einer Erhöhungserklärung, der jede
Rechtsverbindlichkeit fehlt (z. B. fehlende Unterschrift, keine Begrün-
dung). Es kommt also insoweit nicht auf die **formelle und materielle
Wirksamkeit des Erhöhungsverlangens** an, weil die Ausübung des
Sonderkündigungsrechts nach dem Sinn und Zweck des § 9 I (auch im
Hinblick auf die unterschiedlichen Rechtsmeinungen) nicht von einer
Beurteilung der Rechtslage durch den Mieter abhängig gemacht werden
kann (LG Braunschweig WM 86, 323; AG Ibbenbüren WM 82, 216;
Palandt-Putzo Anh. 2. WKSchG, § 9 MHG Anm. 1 b). Das Erhöhungs-
verlangen muß dem Mieter im übrigen zugegangen sein (§§ 130 ff BGB;
s Rdn C 84).

b) Unerheblich für das Sonderkündigungsrecht des Mieters ist es, ob   C 456
und in welchem Maße er von der verlangten Mieterhöhung betroffen
wird; das Gesetz stellt lediglich auf das Verlangen einer Mieterhöhung ab
und unterstellt, daß dem Mieter die Fortsetzung des Mietverhältnisses
bei Ausübung des Kündigungsrechts unzumutbar ist. Andernfalls hätte
das Gesetz als Anspruchsvoraussetzung zum Ausdruck gebracht, daß im
Einzelfall zu prüfen ist, ob dem Mieter die geforderte Erhöhung zumutbar ist. Somit entfällt das Sonderkündigungsrecht nicht dadurch, daß der
geforderte Erhöhungsbetrag nur relativ gering ist oder die noch einzuhaltende Mietzeit nur noch wenige Monate dauert.

c) Schon aus dem Wortlaut des § 9 I ergibt sich, daß dem Mieter das   C 457
Sonderkündigungsrecht nicht zusteht, wenn der Vermieter nach § 4 eine
Erhöhung der laufenden **Betriebskosten** geltend macht (s. Rdn C 240).
Es kann sich dabei nach den Beschränkungen des § 4 nur um die Umlage
solcher Kostensteigerungen handeln, die nicht dem Vermieter zugute
kommen, sondern für die Erhaltung der Wirtschaftlichkeit des Hausgrundstücks erforderlich sind (s. Rdn C 242). Die Umlage dieser vom
Vermieter verauslagten Beträge auf die Mieter kann eine vorzeitige Kündigung seitens des Mieters nach dem Willen des Gesetzgebers nicht
rechtfertigen.

C 458 d) Auch eine **Einigung** zwischen Vermieter und Mieter über die vom Vermieter angeregte Erhöhung der Miete (s. Rdn C 497) i. S. des § 10 I MHG schließt eine nachträgliche Berufung des Mieters auf sein Sonderkündigungsrecht aus. Das ergibt sich sowohl aus dem Wortlaut (verlangt der Vermieter ...) als auch aus dem Sinn der Vorschrift, wonach der Mieter lediglich gegen Mieterhöhungen geschützt werden soll, die gegen oder ohne seinen Willen eintreten (Rdn C 448). Schon zu § 20 des 1. BMG war anerkannt, daß bei solchen Mieterhöhungen, die schon im Wege der Vereinbarung zum Vertragsinhalt geworden sind, das dort vorgesehene Sonderkündigungsrecht keine Geltung beanspruchen kann (Fischer-Dieskau § 20 des 1. BMG, Anm. 2 m. w. Nachw.); da auch § 10 I MHG eine privatrechtliche Einigung über die Mieterhöhung durch eine Einzelvereinbarung zuläßt, besteht kein anzuerkennendes Bedürfnis, dem Mieter insoweit ein Sonderkündigungsrecht einzuräumen. Erteilt der Mieter nur **teilweise** seine Zustimmung und hält der Vermieter sein darüber hinausgehendes Erhöhungsverlangen aufrecht, so steht dem Mieter sein Sonderkündigungsrecht zu.

C 459 e) Vom Sonderkündigungsrecht nach § 9 I kann der Mieter auch dann Gebrauch machen, wenn das Mietverhältnis schon **vorher** von ihm oder vom Vermieter mit einer noch nicht abgelaufenen längeren Kündigungsfrist **gekündigt** worden ist und der Vermieter eine Mieterhöhung verlangt, die vor dem Kündigungstermin wirksam werden soll; Gleiches gilt, wenn die Vermieterkündigung infolge des vom Mieter nach § 556a BGB eingelegten Kündigungswiderspruchs vor dem Wirksamwerden der verlangten Mieterhöhung noch nicht zur Vertragsbeendigung führte (s. Rdn B 341). In diesen Fällen kann der Mieter nach § 9 I erreichen, daß das Mietverhältnis zu einem früheren Zeitpunkt endet, als es im Wege der früher ausgesprochenen Kündigung der Fall sein kann und daß er die neuerdings verlangte Mieterhöhung nicht schuldet; er kann auf diesem Wege aber auch die früher angestrebte Verlängerung des Mietverhältnisses nach § 556a BGB infolge der später verlangten Mieterhöhung aufgeben und seinerseits die kurzfristige Beendigung unter Ausschluß des Erhöhungsanspruchs bewirken.

C 460 f) Da der Vermieter ein formell wirksames Erhöhungsverlangen **nicht zurücknehmen** kann (s Rdn C 85), ist es ihm verwehrt, sich auf diese Weise dem Kündigungsausspruch und seiner Wirkung zu entziehen. Die Vertragsparteien können sich jedoch über die Fortsetzung des bisherigen Mietverhältnisses auch nach dem Ausspruch der Kündigung einigen (s. Rdn B 48).

2. **Formell** setzt die Wirksamkeit der außerordentlichen befristeten Kündigung des Mieters sowohl die Einhaltung der in § 564a I BGB vorgeschriebenen Form als auch der in § 9 I festgesetzten kurzen Fristen zur Ausübung des Kündigungsrechts voraus.

C 461 a) Da § 564a I 1 BGB die Wirksamkeit der Kündigung des Vermieters und des Mieters von Wohnraum von der Einhaltung der Schriftform abhängig macht (s. Rdn B 33), muß dem Vermieter eine **schriftliche**

§ 9. Kündigung wegen Mieterhöhung

Kündigungserklärung zugehen (s. Rdn B 43). Nach § 564a I 2 BGB ist die Wirksamkeit der Kündigung nicht davon abhängig, daß der Mieter im Kündigungsschreiben sich auf sein Sonderkündigungsrecht nach § 9 I beruft, die Mieterhöhung als Anlaß seiner Kündigung angibt oder von ihm darüber hinausgehende Kündigungsgründe (z. B. Unzumutbarkeit der erhöhten Miete) angeführt werden; eine Regelung, wie sie in § 564b IV 3 BGB für das besondere Kündigungsrecht des Vermieters eines Zweifamilienhauses vorgesehen ist, wonach die Wirksamkeit der Kündigung von dem ausdrücklichen Hinweis auf die Ausübung dieses Rechts abhängt (s. Rdn B 697), enthält § 9 I nicht. Es berührt auch nicht die Wirksamkeit der Kündigung, wenn im Kündigungsschreiben überhaupt kein Kündigungstermin angegeben wird, so daß sie zum nächst zulässigen Termin zu gelten hat (s. Rdn B 32); Gleiches gilt für einen im Kündigungsschreiben genannten von § 9 abweichenden kürzeren Kündigungstermin. Im übrigen gelten auch hier die allgemeinen Grundsätze der Kündigung (s. Rdn B 30 ff).

b) Die **Ausübung** des Sonderkündigungsrechts ist nach § 9 I **fristgebunden.** Der Vermieter muß möglichst bald Klarheit darüber gewinnen, ob sein Erhöhungsverlangen zur Beendigung des Mietverhältnisses führt und deshalb die Suche nach einem neuen Mieter erforderlich wird; entsprechende Klarheit muß ihm der Mieter durch seine verbindliche alsbaldige Wahl zwischen Vertragsfortsetzung und Kündigung verschaffen. Geht die Kündigungserklärung nicht binnen der gesetzlichen Frist dem Vermieter zu (s. Rdn B 43), so ist das Sonderkündigungsrecht erloschen; die dem Mieter günstigen Folgen des § 9 I (s. Rdn C 467) treten nicht ein und er muß im Falle einer trotzdem angestrebten Kündigung die vertraglich vereinbarten oder gesetzlich bestimmten Kündigungsfristen (§ 565 II BGB) einhalten.

aa) Verlangt der Vermieter eine **Mieterhöhung nach § 2 MHG** (Grundmiete), so ist die Kündigung des Mieters nach § 9 I 1 nur wirksam, wenn das Kündigungsschreiben bis zum **Ablauf des 2. Monats,** der auf den Zugang des Erhöhungsverlangens folgt, dem Vermieter zugeht. Die Frist beginnt somit am Ersten des Monats, der dem Zugang des Erhöhungsverlangens im Vormonat folgt, wobei es unbeachtlich ist, ob das Erhöhungsverlangen am Anfang oder am Ende des Vormonats beim Mieter einging. Die Frist endet sodann am letzten Tag des 2. Monats nach Fristbeginn („zum Ablauf des 2. Monats"). Hätte der Gesetzgeber beabsichtigt, die fristgerechte Ausübung des Sonderkündigungsrechts an eine normale Zweimonatsfrist zu binden, so hätte er die Geltendmachung „binnen 2 Monaten ab Zugang" bestimmt. Im übrigen steht die in § 9 I 1 bestimmte Frist im Einklang mit der in § 2 III 1 festgesetzten Überlegungsfrist des Mieters (bzw. der entsprechenden Wartefrist des Vermieters; s. Rdn C 123).

bb) Verlangt der Vermieter dagegen eine **Mieterhöhung nach §§ 3, 5–7,** so ist die Kündigung des Mieters nur wirksam, wenn sie spätestens am **3. Werktag des Kalendermonats,** von dem an der Mietzins erhöht werden soll, dem Vermieter zugeht. Da die genannten Erhöhungsvorschriften übereinstimmend die Wirksamkeit der Mieterhöhung auf den 1. des auf die Erklärung folgenden Monats – bzw. des übernächsten Monats bei Erklärung nach dem 15. – festsetzen, muß der Mieter hier binnen 2 Wochen (bzw. binnen ca. 6 Wochen) wirksam kündigen. Das ist angesichts der leichteren Überprüfbarkeit des vom Vermieter zu erläuternden Erhöhungsverlangens gegenüber der Erhöhung bis zur ortsüblichen Vergleichsmiete sachlich gerechtfertigt. Zur Ausnahmeregelung des § 3 IV MHG (Hinweispflicht bei Modernisierungsarbeiten) vgl. Rdn C 214.

cc) Für die **Fristberechnung** gelten im übrigen die §§ 186–188 BGB.

C 465 dd) Aus welchen Gründen der Mieter die gesetzliche Frist zur Ausübung des Sonderkündigungsrechts versäumte, ist unerheblich. Er verliert bei **Fristversäumung** dieses Rechts auch dann, wenn er ohne eigenes Verschulden an der rechtzeitigen Kündigung gehindert war (z. B. Zugang des Erhöhungsverlangens während schwerer Erkrankung, Krankenhausaufenthalt, längerer Ferienabwesenheit). In derartigen Fällen schuldloser Fristversäumung bestimmte § 20 des 1. BMG, daß die Frist erst nach Ablauf von 2 Wochen seit dem Wegfall des Hindernisses, spätestens jedoch 6 Monate nach dem Ende der versäumten Frist ablief; de lege ferenda wird nach den Erfahrungen der Praxis zu überprüfen sein, ob zum Schutz des Mieters vor wesentlichen Rechtsverlusten auch in § 9 I eine derartige Fristverlängerung aufzunehmen ist. Nach allgemeinen Rechtsgrundsätzen (§ 242 BGB) wird sich der Vermieter aber schon jetzt auf eine Fristversäumung dann nicht erfolgreich berufen können, wenn er die **Verhinderung des Mieters** genau kannte und trotzdem den auch früher oder später möglichen Zugang der Erhöhungserklärung so einrichtete, daß diesem die Ausübung des Kündigungsrechts unmöglich gemacht wird.

C 466 ee) Nach § 9 I bleibt unberücksichtigt, daß der Mieter infolge der Fristgebundenheit seines Sonderkündigungsrechts nicht selten **vorsorglich** die Kündigung aussprechen wird, obwohl er eigentlich erst die verbindliche Klärung des von ihm bestrittenen Erhöhungsanspruchs abwarten möchte; der Mieter könnte sich anderenfalls nach dem jeweiligen Ausgang des Streites sachgerechter entscheiden, ob er die Wohnung behält oder aber auf Grund seines Sonderkündigungsrechts vorzeitig auszieht. Eine derartige Ausnahmeregelung sah § 20 III des 1. BMG mit der gerechtfertigten Folge vor, daß sich der Mieter im Falle einer nachgeholten Sonderkündigung nicht auf den sonst geltenden Wegfall der Mieterhöhung bis zum Kündigungstermin berufen konnte (dazu Fischer-Dieskau § 20 des 1. BMG Anm. 3). Eine solche gesetzliche Regelung, die dem Mieter die Nachholung der Sonderkündigung nach Klärung des Streits um die Erhöhungsbefugnis zumindest dann gestattet, wenn er binnen der jetzt bestimmten Erklärungsfrist eine Feststellungsklage erhebt, läge auch im Interesse des Vermieters. Die vorliegende gesetzliche Regelung erlaubt jedoch auch in diesen Fällen keine Ausdehnung der vom Mieter bei der Kündigung einzuhaltenden Frist (a. A.

§ 9. Kündigung wegen Mieterhöhung   C 467–470

Derleder MDR 76, 802, der hier eine echte Regelungslücke annimmt, die durch analoge Anwendung des § 9 I in der Weise geschlossen werden soll, daß der Mieter auch nach Rechtskraft des gegen ihn ergehenden Urteils gemäß den Fristen des § 9 I noch die Kündigung aussprechen könne, wobei er hier bis zur Beendigung des Mietverhältnisses dann aber den erhöhten Mietzins zu zahlen habe; nach Derleder a. a. O. soll somit dem Mieter ein Wahlrecht zwischen der sofortigen direkt in § 9 I geregelten Kündigung und einer späteren Kündigung nach Abschluß eines Rechtsstreits analog § 9 I zustehen, was mit der de lege lata bestehenden Regelung jedoch unvereinbar ist, wenn dies auch de lege ferenda angestrebt werden sollte).

III. Wirkungen der Kündigung des Mieters

1. Die form- und fristgerecht erklärte Kündigung des Mieters hat die **Beendigung des Mietverhältnisses** zur Folge.

a) Für den **Zeitpunkt** der Beendigung trifft § 9 I 1 eine Regelung, die C 467 teilweise dem Wirksamwerden der Mieterhöhungserklärung entspricht (unten aa), teilweise aber auch den Kündigungstermin auf einen späteren Zeitpunkt verlegt, um Vermieter und Mieter die Suche nach einer anderweitigen Ersatzunterkunft bzw. eines neuen Mieters zu ermöglichen (unten bb).

aa) Im Falle einer Kündigung anläßlich eines **Erhöhungsverlangens** C 468 **nach § 2 MHG** beträgt die Kündigungsfrist 2 Monate, berechnet ab dem Ende der dem Mieter zuerkannten Erklärungsfrist für eine rechtzeitige Kündigung (dazu oben Rdn C 462). Das Mietverhältnis endet somit am letzten Tag des (vollen) übernächsten Monats, der auf das gesetzlich bestimmte Ende der Erklärungsfrist für den Kündigungsausspruch folgt; auf den Kündigungstag (Zugang der Kündigungserklärung) kommt es für die Berechnung der Kündigungsfrist also nicht an. Zwischen dem Zugang der Erhöhungserklärung und der Beendigung des Mietverhältnisses liegen somit mindestens 4 Monate, höchstens aber 5 Monate.

bb) Kündigt der Mieter anläßlich eines **Erhöhungsverlangens nach** C 469 **§§ 3, 5–7**, so beträgt die Kündigungsfrist ebenfalls 2 Monate, berechnet ab dem Ende der dem Mieter zuerkannten Erklärungsfrist für eine rechtzeitige Kündigung (dazu oben Rdn C 464). Das Mietverhältnis endet somit am letzten Tag des (vollen) übernächsten Monats, der auf das gesetzlich bestimmte Ende der Erklärungsfrist für den Kündigungsausspruch folgt; auf den Kündigungstag (Zugang der Kündigungserklärung) kommt es für die Berechnung der Kündigungsfrist also nicht an. Zwischen dem Zugang der hier in Betracht kommenden Erhöhungserklärungen und der Beendigung des Mietverhältnisses liegen dementsprechend mindestens 10 Wochen, höchstens 14 Wochen (Ausnahme § 3 IV MHG).

b) Eine **Verlängerung oder Verkürzung** der gesetzlichen Kündi- C 470 gungsfrist ist im Einvernehmen beider Vertragspartner im Einzelfall (nicht durch eine generell geltende Vertragsklausel, s. Rdn B 855) zulässig; sowohl die Verkürzung als auch die Verlängerung der Kündigungsfrist kann (muß aber nicht) für den Mieter gegenüber der gesetzlichen Regelung nachteilig sein (§ 10 I MHG; s. Rdn C 480).

C 471 c) Die allgemeine Regelung über die Kündigungsfristen für die ordentliche befristete Kündigung in § 565 BGB finden im übrigen für das außerordentliche, befristete Kündigungsrecht des Mieters nach § 9 I keine Anwendung. Insbesondere ist § 565 V BGB durch die Sonderregelung in § 9 I ausgeschlossen.

C 472 2. Neben der Beendigung des Mietverhältnisses hat eine wirksame Kündigung des Mieters nach der ausdrücklichen Vorschrift des § 9 I 3 zur Folge, daß die mit der Erhöhungserklärung verlangte **Mieterhöhung nicht eintritt**.

C 473 a) Die ausdrückliche Regelung des Abschlusses der Mieterhöhung ist erforderlich, weil die Wirksamkeit der Erhöhung nach den §§ 4, 5–7 früher eintreten kann, als die Beendigung des Mietverhältnisses. Das ist insbesondere der Fall, wenn die Erhöhungserklärung vor dem 15. eines Monats zugeht und nach einschlägigen Erhöhungsvorschriften schon zum darauffolgenden Monat wirksam wird, weil die dem Mieter eingeräumte Frist zur Abgabe der Kündigungserklärung erst später endet. Folgerichtig erklärt deshalb § 9 I 3, daß eine Mieterhöhung immer dann nicht eintritt, wenn der Mieter innerhalb der in § 9 I 1–2 bestimmten Frist zu dem dort bezeichneten Termin kündigt. Die Wirksamkeit dieser Kündigung hat nach der Fiktion des Gesetzes ohne Rücksicht auf die Zulässigkeit und Begründetheit des Erhöhungsverlangens zur Folge, daß dem Vermieter bis zur Vertragsbeendigung kein Erhöhungsrecht zusteht. Diese Rechtsfolge tritt nicht ein, wenn der Mieter von dem ihm an sich zustehenden Sonderkündigungsrecht nach § 9 I keinen Gebrauch macht, obwohl er dazu berechtigt gewesen wäre. Der Mieter kann sich auch dann nicht erfolgreich auf diese Rechtsfolge des Sonderkündigungsrechts berufen, wenn er erkennbar aus sonstigen Gründen das Mietverhältnis zum selben oder einen späteren Termin gekündigt hat, weil der Erhöhungsausschluß die wirksame Ausübung des Sonderkündigungsrechts aus Anlaß der Mieterhöhung voraussetzt (a. A. zu § 20 des 1. BMG Fischer-Dieskau § 20 Anm. 2 m. w. Nachw.). Diesen Nachteil kann der Mieter dadurch abwehren, daß er trotz der vorangegangenen Kündigung die außerordentliche Kündigung nach § 9 I mit den Hinweis auf den Kündigungsgrund (§ 564a I 2 BGB) oder zu einem erkennbar verkürzten Kündigungstermin ausspricht (s. Rdn C 459). Der Eintritt der Mieterhöhung kann nicht dadurch verhindert werden, daß die Wirksamkeit einer rechtzeitig erklärten Kündigung von der Begründetheit der Mieterhöhungsklage abhängig gemacht wird, weil die Kündigung unter einer Bedingung unzulässig ist. Unter bestimmten Voraussetzungen wird jedoch eine Anfechtung der Kündigungserklärung in Betracht kommen, so z. B. wenn der Vermieter seine Mieterhöhung mit erfunde-

§ 9. Kündigung wegen Mieterhöhung C 474–476

nen Vergleichswohnungen begründet hat (§ 123 BGB). Die Klage auf den erhöhten Mietzins (bzw. auf Zustimmung) ist in der Hauptsache erledigt, wenn der Mieter nach Klageerhebung durch seine Kündigung nachträglich das Erhöhungsrecht zu Fall bringt; bei einer Entscheidung nach § 91a ZPO wird dann der Vermieter als Verursacher i. d. R. die Verfahrenskosten zu tragen haben (AG Köln WM 77, 60).

b) Gibt der Mieter nach seiner Kündigung die Mieträume nach Ablauf C 474 der Kündigungsfrist nicht an den Vermieter zurück, so muß er nach § 557 BGB für die Dauer der **Vorenthaltung** die im Zeitpunkt der Vertragsbeendigung geschuldete Miete als Nutzungsentschädigung weiterzahlen (s. Rdn B 467); der vom Vermieter verlangte erhöhte Mietzins kommt dabei infolge von § 9 I 3 nicht in Betracht. Dieser Erhöhungsausschluß berührt aber nicht das Recht des Vermieters, nach § 557 I 1 BGB, statt der Nutzungsentschädigung die ortsübliche Vergleichsmiete zu verlangen (s. dazu ausführlich Rdn B 469). Ob der Vermieter für die Zeit der Vorenthaltung daneben auch aus dem Gesichtspunkt des Verzugs (§§ 284, 286 BGB) die ortsübliche Miete als Schadensersatz beanspruchen kann, erscheint zweifelhaft (s. dazu Rdn B 506); dieser Anspruch ist jedenfalls nach § 557 II BGB für Mietverhältnisse über Wohnraum insoweit ausgeschlossen, als dem Mieter eine Räumungsfrist nach §§ 721, 794a ZPO bewilligt worden ist (s. Rdn B 380).

IV. Abweichende Vereinbarungen

Eine Vereinbarung, in welcher das Sonderkündigungsrecht des Mie- C 475 ters ausgeschlossen oder beschränkt wird, ist nach § 10 I MHG unwirksam (s. Rdn C 480). Die Verbotsvorschrift des § 10 I MHG erfaßt ausdrücklich auch die Regelung in § 9 I mit der Nichtigkeitsfolge abweichender Vertragsvereinbarungen. Soweit eine Vereinbarung dem Mieter nicht nachteilig ist (s. Rdn C 480), wird sie von § 10 I MHG jedoch nicht erfaßt.

V. Kündigung wegen Zahlungsverzugs des Mieters (§ 9 II)

Ist der Mieter verurteilt worden, die verlangte Mieterhöhung nach C 476 §§ 2–7 ganz oder teilweise zu zahlen bzw. zuzustimmen, so kann der Vermieter das Mietverhältnis wegen eines Zahlungsverzugs des Mieters nach § 554 BGB nicht vor Ablauf von 2 Monaten nach Rechtskraft des Urteils (§ 19 EG ZPO) wegen den rückständigen Erhöhungsbeträgen kündigen (§ 9 II). Das Kündigungsrecht des Vermieters nach § 554 BGB wegen Rückständen des bisher geschuldeten Mietzinses bleibt davon aber unberührt. Der Wortlaut des § 9 II ist insofern ungenau, als der Mieter in den Fällen des § 2 nicht zur Zahlung, sondern zur Zustimmung verurteilt wird (§ 2 III, IV MHG); sachliche Folgen lassen sich jedoch aus dieser vereinfachenden Fassung der Vorschrift nicht herleiten (a. A.: Schmid WM 82, 199), wonach die Kündigungssperrfrist auch dann erst mit der rechtskräftigen Verurteilung zur Zahlung beginnt, wenn der Mieter zuvor auf Zustimmung zur Mieterhöhung verurteilt worden ist). Durch diese gesetzliche Wartefrist soll dem Mieter ermöglicht werden, im Streitfall erst den Ausgang des gerichtlichen Verfahrens ohne Befürchtung einer fristlosen Kündigung wegen des umstrittenen Erhöhungsbetrages abzuwarten. Kündigt der Vermieter schon vor Ablauf der 2-Monats-Frist, ist die Kündigung **nichtig** (§ 134 BGB). Zugunsten des Mieters ist § 554 II Ziff. 2 BGB, wonach die Kündigung im Falle der nachträglichen Befriedigung des Vermieters binnen 1 Monat nach Rechtshängigkeit nachträglich unwirksam wird, auch in diesen Fällen anwendbar. Die Kosten der Räumungsklage hat aber im Falle einer Erfüllung nach begründeter Klageerhebung der beklagte Mieter zu tragen (LG Rottweil WM 70, 206; LG Darmstadt FWW 70, 397).

Stimmt der Mieter der verlangten Mieterhöhung nach § 10 I MHG zu so findet § 9 II nach dem eindeutigen Wortlaut dieser Vorschrift keine Anwendung.

§ 10 MHG. Abweichende Vereinbarungen – sachlicher Geltungsbereich des MHG

(1) Vereinbarungen, die zum Nachteil des Mieters von den Vorschriften der §§ 1 bis 9 abweichen, sind unwirksam, es sei denn, daß der Mieter während des Bestehens des Mietverhältnisses einer Mieterhöhung um einen bestimmten Betrag zugestimmt hat.

(2) Abweichend von Absatz 1 kann der Mietzins für bestimmte Zeiträume in unterschiedlicher Höhe schriftlich vereinbart werden. Die Vereinbarung eines gestaffelten Mietzinses darf nur einen Zeitraum bis zu jeweils zehn Jahren umfassen. Während dieser Zeit ist eine Erhöhung des Mietzinses nach §§ 2, 3 und 5 ausgeschlossen. Der Mietzins muß jeweils mindestens ein Jahr unverändert bleiben und betragsmäßig ausgewiesen sein. Eine Beschränkung des Kündigungsrechts des Mieters ist unwirksam, soweit sie sich auf einen Zeitraum von mehr als vier Jahren seit Abschluß der Vereinbarung erstreckt.

(3) Die Vorschriften der §§ 1 bis 9 gelten nicht für Mietverhältnisse
1. über preisgebundenen Wohnraum,
2. über Wohnraum, der zu nur vorübergehendem Gebrauch vermietet ist,
3. über Wohnraum, der Teil der vom Vermieter selbst bewohnten Wohnung ist und den der Vermieter ganz oder überwiegend mit Einrichtungsgegenständen auszustatten hat, sofern der Wohnraum nicht zum dauernden Gebrauch für eine Familie überlassen ist,
4. über Wohnraum, der Teil eines Studenten- oder Jugendwohnheims ist.

§ 10. Abweichende Vereinbarungen

Übersicht

	Rdn		Rdn
I. Unabdingbarkeit der gesetzlichen Schutzvorschriften (Abs. I)	477	5. Wirkung der Staffelmiete	521
1. Zweck	477	6. Mietzeitregelungen	522
2. Abweichende Vereinbarungen zum Nachteil des Mieters	480	7. Höhe der Staffelmiete	523
		8. Abweichende Vereinbarungen	524
3. Umfang der Unwirksamkeit	485	9. Übergangsregelungen	525
4. Unwirksamkeit im einzelnen	489	10. Umgekehrte Staffelmiete	527
5. Zustimmung zur Mieterhöhung im Einzelfall (Abs. I 1, 2. Halbs)	497	III. Unanwendbarkeit des MHG (Abs. III)	528
		1. Zweck	528
6. Anspruch des Mieters auf Rückzahlung nicht geschuldeter Erhöhungsbeträge	510	2. Preisgebundener Wohnraum	531
		3. Wohnraum zu vorübergehendem Gebrauch	539
II. Staffelmiete (Abs. II)	518	4. Möblierter Wohnraum	548
1. Allgemeines u. Anwendungsbereich	518	5. Studenten- und Jugendwohnheime	559
2. Laufzeit der Staffelmietvereinbarung	518	6. Zweitwohnungen	563
3. Ausweisung der Steigerungsbeträge	519	7. Darlegungs- und Beweislast	564
		Nachfolgender Anhang:	
4. Einjährige Stillhaltefrist	520	Art. 4–8 des 2. WKSchG	565

Schrifttum:

Blank, Die Wirksamkeit von Mietanpassungsklauseln bei befristeten und unbefristeten Mietverhältnissen über Wohnraum, WM 74, 1;
Gallas, Zur Rechtswirksamkeit einer Mieterhöhungserklärung nach MHG vor Auslaufen der Mietpreisbindung, WM 77, 129;
Eckert, Zur Rechtsnatur von Mietverträgen mit Studentenwohnheimen, WM 82, 255;
Jenisch, Zur Zulässigkeit von Mietzinsstaffelungen im Rahmen des § 10 I und des § 2 MHG, ZMR 80, 33;
Lechner, Studenten sind auch Mieter! – Kritische Bemerkungen zu dem neuen § 564 b Abs. 7 Nr. 3 BGB, 10 Abs. 3 Nr. 4 MHG, WM 83, 71;
Sternel, Zulässigkeit der Grenzen von Mieterhöhungsvereinbarungen nach dem 2. WKSchG, ZMR 75, 321;
Weimar, Freie Vereinbarung über die Miete bei nicht preisgebundenem Wohnraum, BlGBW 75, 246; FWW 75, 130;
ders., Die Erhöhung des Mietzinses bei Mischmietverhältnissen, BlfGBWR 78, 31.

I. Unabdingbarkeit der gesetzlichen Schutzvorschriften (Abs. I)

1. Zweck

Die gesetzlichen Regelungen des MHG haben die Verbesserung der Rechtsstellung des Mieters gegenüber solchen Mieterhöhungen zum Ziel, die weder wirtschaftlich noch sozial gerechtfertigt sind. Die gesetzlichen Beschränkungen der Mieterhöhung durch die Vorschriften des MHG können den vom Gesetzgeber verfolgten Schutzzweck nur dann erfüllen, wenn abweichende Vertragsvereinbarungen ausgeschlossen werden, die gegen den Schutzzweck des Gesetzes verstoßen. Würde der Grundsatz der Vertragsfreiheit (§ 305 BGB) auch für die im MHG geregelten Kernfragen des Mieterhöhungsrechts gelten, wäre der Ausschluß dieser Schutzrechte auf unmittelbare oder auch nur mittelbare Veranlassung des wirtschaftlich Stärkeren die naheliegende Folge (s. Rdn A 36). Auf Grund der Wohnungsmarktlage und der wirtschaftlich sowie psychologisch beherrschenden Position des Vermieters wäre der Gesetzeszweck gefährdet. Durch die im Mietvertrag selbst enthaltenen Klauseln oder aber anläßlich der vom Vermieter angestrebten Nachtragsvereinbarungen wäre der Mieter mehr oder weniger freiwillig genötigt, den Forderungen seines Vermieters nachzugeben und auf seine Schutzrechte zu verzichten, um eine Wohnung überhaupt zu erhalten oder zu behalten oder auch nur befürchteten Streitigkeiten aus dem Weg zu gehen. In Erkenntnis dieser naheliegenden Gefahren für den wirksamen Bestand der erforderlichen Schutzrechte, hat der Gesetzgeber den im MHG geregelten Bereich auf der Grundlage der Sozialbindung (Art. 14 I, 2 II GG) grundsätzlich einer abweichenden Parteidisposition entzogen.

C 478 Die Vorschriften des MHG werden deshalb in § 10 I im Grundsatz für unabdingbar erklärt. Diese Vorschrift entspricht im Wortlaut und der grundsätzlichen Zielsetzung den bereits vorhandenen Unabdingbarkeitsvorschriften des sozialen Mietrechts, wie sie vor allem in den §§ 537 III, 549 II 3, 554 II Nr. 3, 556 a VII, 557 IV, 557 a II, 565 a III BGB zum Schutz des Mieters geregelt worden sind. Für diese schon früher inkraft getretenen Unabdingbarkeitsvorschriften bestand Einigkeit darüber, daß sie sowohl für bereits bestehende Vertragsklauseln, wie auch für künftige abstrakte Vereinbarungen gelten, durch die sich der Vermieter eine günstigere Rechtsstellung verschaffen will, als sie das Gesetz vorsieht, selbst wenn der Mieter zu einer derartigen Vereinbarung sein Einverständnis erteilt hat. Die vom Gesetz ausgesprochene Nichtigkeitsfolge derartiger Vereinbarungen zum Nachteil des Mieters war im wesentlichen unbestritten und als Folge der gesetzlichen Ausgestaltung der Sozialbindung des Eigentums (Art. 14 II GG) anerkannt.

C 479 Während der Geltungsdauer des 1. WKSchG war umstritten, ob der § 4 I dieses Gesetzes nur abstrakte oder auch konkrete Vereinbarungen im Einzelfall erfaßte, die von den gesetzlichen Erhöhungsvoraussetzungen abweichen (vgl. dazu Schmidt-Futterer ZRP 74, 153; Blank WM 74, 1). Diese Streitfrage hat der Gesetzgeber nunmehr in § 10 I MHG durch die Hinzufügung des 2. Halbsatzes dieser Vorschrift eindeutig in dem Sinne geregelt, daß konkrete Einzelfallvereinbarungen zulässig sind, die vom Gesetz abweichen.

2. Abweichende Vereinbarungen zum Nachteil des Mieters

C 480 Welche Voraussetzungen vorliegen müssen, um eine Vereinbarung zum Nachteil des Mieters annehmen zu können, muß sowohl aus dem Wortlaut als auch dem Schutzzweck des Gesetzes entnommen werden. Entscheidend ist dabei einerseits nicht, ob der Vermieter in der Absicht handelte, dem Mieter einen Nachteil zuzufügen, oder ob er die Schutz-

§ 10. Abweichende Vereinbarungen

gesetze bewußt umgehen wollte; es kann andererseits aber auch nicht darauf ankommen, ob der Mieter die ihm durch die Vereinbarung erwachsenden Rechtsnachteile in Verkennung seiner Schutzrechte nicht beachtet oder falsch eingeschätzt hat. Maßgebend ist vielmehr, ob für den Mieter bei voller Würdigung der ihm zustehenden Schutzrechte (also ohne unmittelbaren oder mittelbaren Druck des Vermieters) die getroffene Vereinbarung zumindest für seine Belange als nicht nachteilig oder sogar vorteilhaft anzusehen ist.

Ob eine Vereinbarung dem Mieter nachteilig ist, muß nach dem Wortlaut und Zweck des § 10 I danach beurteilt werden, ob die darin enthaltenen Rechte dem Vermieter **objektiv** eine **günstigere Rechtsstellung** einräumen, als er sie bei Einhaltung der **materiellen und formellen Beschränkungen durch das MHG** zu beachten hätte. Der § 10 I bezweckt, bereits die rechtswirksame Entstehung solcher nachteiligen Vereinbarungen zu verhindern, die dem Mieter abstrakt Verpflichtungen auferlegen, welche über seine gesetzlich verankerten Schutzrechte hinausgehen und seine spätere Entschließungsfreiheit beseitigen. Es kommt also insoweit auf das Ergebnis der Auswirkungen der Vereinbarung im Einzelfall nicht an; nicht die Rechtsfolgen, sondern der **abstrakte Gehalt** der abweichenden Vereinbarung ist an den gesetzlichen Beschränkungen des Vermieters nach §§ 1–9 MHG zu bewerten. Somit ist bei der rechtlichen Bewertung von einer generalisierenden Betrachtungsweise auszugehen, so daß es nicht darauf ankommt, ob in einem denkbaren Einzelfall der Mieter sich günstiger stehen könnte, wenn die Klausel Geltung haben würde, entscheidend ist vielmehr, daß ihre Anwendung eine Folge ermöglicht, die den Mieter schlechter als die gesetzliche Regelung stellt (LG Hamburg WM 75, 194 = FWW 75, 276 = ZMR 77, 30).

Bei der Prüfung der Frage, ob eine Vereinbarung nach § 10 I unwirksam ist, müssen 3 Fallgruppen voneinander unterschieden werden.

a) Die von den Vorschriften des MHG abweichende Vereinbarung bringt allein dem Mieter rechtliche Vorteile (z. B. Verlängerung der Überlegungsfrist in § 2 III MHG oder weniger als 11%ige Erhöhung wegen Modernisierung nach § 3 I MHG). Solche Vereinbarungen widersprechen nicht dem Schutzzweck des MHG und sind wirksam. Das ergibt sich im übrigen unmittelbar aus § 10 I, wonach nur die zum Nachteil des Mieters von den Schutzvorschriften abweichenden Vereinbarungen als unwirksam erklärt werden. So ist etwa eine Vereinbarung, wonach der Vermieter frühestens nach 2 Jahren (entgegen der gesetzlichen Sperrfrist von einem Jahr nach § 2 I Nr. 1 MHG) eine Mieterhöhung verlangen kann, wirksam, weil sie zugunsten des Mieters die Ausübung des Erhöhungsrechts zu einem früheren Zeitpunkt ausschließt. Das gilt auch dann, wenn die Vereinbarung darüber hinaus bestimmt, daß nach Ablauf dieser Stillhaltefrist sich die Vertragsparteien zu Vertragsverhandlungen über eine Mieterhöhung bereit erklären, denn der Mieter ist dadurch unmittelbar zu keiner Zustimmung hinsichtlich etwaiger Erhöhungsforderungen gezwungen (LG Hamburg WM 76, 187; MDR 81,

848). Eine weitergehende Vereinbarung, wonach beim Scheitern der Verhandlungen ein Schiedsgutachten eingeholt werden muß ist allerdings unwirksam (LG Hamburg MDR 81, 848).

C 483 b) Eine von den gesetzlichen Schutzrechten abweichende Vereinbarung bringt dem Micter nur Nachteile gegenüber den Regelungen des MHG (z. B. der Vermieter wird im Mietvertrag von der schriftlichen Darlegung der Mieterhöhungsgründe entbunden). Solche Vereinbarungen verstoßen gegen den Schutzzweck des MHG und sind unwirksam. Ob der Mieter die Regelung als nachteilig empfindet oder sich mittelbare Vorteile erhofft, ist unbeachtlich. Es genügt ein objektiver Verstoß gegen die gesetzlichen Schutzbestimmungen.

C 484 c) Vereinbarungen, die dem Mieter **teils vorteilhaft** und **teils nachteilig** sind, miteinander aber in einer gegenseitigen **Wechselbeziehung** stehen, sind nach § 10 I i. V. m. § 139 BGB auch dann unwirksam, wenn sie bei einer Gesamtbeurteilung dem Mieter überwiegende Vorteile bringen können. Auf eine derartige, vom wirtschaftlichen Endergebnis abgeleitete Betrachtungsweise kommt es nämlich nach dem Schutzzweck des § 10 I auch bei diesen wechselbezüglichen Vereinbarungen nicht an. Auch hier müssen die Teilvereinbarungen objektiv und abstrakt nach Maßgabe der gesetzlichen Regelungen im MHG bewertet werden (s. Rdn C 481); andernfalls würde die Dispositionsfreiheit der Parteien entgegen den Zielvorstellungen des Gesetzgebers über den Ausnahmetatbestand des § 10 I 2. Halbs. hinaus auch auf solche abstrakten Vorausvereinbarungen erstreckt werden, deren Vor- und Nachteile beim Vertragsabschluß für den Mieter nicht genügend überschaubar sind. Die subjektive Vorstellung des Mieters muß deshalb in ihrer Wertung auch hier unbeachtlich sein, um ihn erforderlichenfalls später „gegen sich selbst" schützen zu können. Die Unwirksamkeit eines Teils der wechselbezüglichen Gesamtvereinbarung hat nach § 139 BGB auch die Unwirksamkeit der übrigen Teilvereinbarungen zur Folge (so auch LG Hamburg ZMR 77, 30; s. aber auch LG Hamburg MDR 81, 848).

3. Umfang der Unwirksamkeit

C 485 a) Verstößt eine Vereinbarung gegen das Verbot des § 10 I, so ist sie von Anfang an nichtig. Der Vermieter kann daraus keine für ihn vorteilhaften Rechtsfolgen herleiten und mit Hilfe des Gerichts durchsetzen. Die Unwirksamkeit des Rechtsgeschäfts, aus welchem der Vermieter im Prozeß seinen Anspruch gegen den Mieter herleiten will, ist vom Gericht im Rahmen der Schlüssigkeitsprüfung von Amts wegen zu beachten.

C 486 Der Sinn und Zweck des zugunsten des Mieters geschaffenen § 10 I gebieten es, eine vom MHG abweichende, dem Mieter nachteilige Vereinbarung **nicht schlechthin** als **unwirksam** anzusehen, so daß sich weder Vermieter noch Mieter darauf berufen können. Vielmehr folgt aus § 10 I nur eine **relative (einseitige) Unwirksamkeit** solcher Vereinbarungen des Inhalts, daß sich der **Vermieter** auf derartige vom Gesetz

§ 10. Abweichende Vereinbarungen   **C 487**

mißbilligte Sonderrechte **zu seinen Gunsten nicht berufen** kann. Es widerspricht hingegen dem Sinn und Zweck der Schutzvorschrift, wenn sich auch der Mieter auf solche Vereinbarungen nicht berufen könnte, die ihm eine bessere Rechtstellung einräumen, als sie ihm das MHG gewährt; es muß dem Mieter vielmehr das Recht zugebilligt werden, sich im Einzelfall auf eine ihm vorteilhafte Vereinbarung zu berufen (z. B. vereinbarte geringere Kostenmiete gegenüber der vom Vermieter verlangten ortsüblichen Vergleichsmiete). Das ergibt sich trotz des an die übrigen Verbotsnormen des sozialen Mietrechts angeglichenen Wortlauts des § 10 I aus einer sachgerechten Auslegung dieser Vorschrift und der daraus herzuleitenden Bestimmung des Umfangs der Unwirksamkeit (a. A. LG Saarbrücken WM 83, 145; Korff DWW 75, 63). Im übrigen ergibt sich die relative Unwirksamkeit aus § 10 I in dem hier vertretenen Sinne sowohl aus den Grundvorstellungen des Gesetzgebers (RegE; s. Rdn F 20) als auch aus § 1 S. 3 MHG, wonach der vertragliche Ausschluß der gesetzlichen Erhöhungsrechte des Vermieters durch eine ansonsten unwirksame vertragliche Erhöhungsvereinbarung als beseitigt gilt (s. Rdn C 33 ff so auch LG Mannheim WM 75, 172 = DWW 75, 244 = FWW 76, 149).

Von der obergerichtlichen Rechtsprechung wird diese Ansicht allerdings nicht geteilt. Nach dem Rechtsentscheid des OLG Koblenz vom 5. 6. 1981 (RES § 10 MHG Nr. 4) soll eine Wertsicherungsklausel auch insoweit unwirksam sein, als sie den Mieter bei konkreter Betrachtungsweise hinsichtlich der verlangten Mieterhöhung günstiger stellt als bei einem auf § 2 I MHG gestützten Erhöhungsverlangen. Maßgeblich sei nicht die Auswirkung einer Klausel im Einzelfall, sondern eine generalisierende Betrachtungsweise. Ein Ausnahmefall kann aber auch nach dieser Rechtsprechung dann vorliegen, wenn die Parteien aus besonderen persönlichen oder wirtschaftlichen Gründen eine Klausel vereinbart haben, mit der sichergestellt werden sollte, daß der Mietzins auf jeden Fall unter der ortsüblichen Vergleichsmiete bleiben soll.

Im Ergebnis ebenso hat das OLG Schleswig in dem Rechtsentscheid vom 24. 3. 1981 (RES § 10 MHG Nr. 3) eine vor dem Inkrafttreten des 1. WKSchG vereinbarte Staffelmietvereinbarung für unwirksam erachtet, obwohl der Mieter bei Anwendung der Vereinbarung besser stand als nach der gesetzlichen Regelung. Dieser Rechtsentscheid beruht auf der Überlegung, daß das MHG nicht ausschließlich mieterschützende Funktion habe; das Gesetz erkenne auch ein Recht des Vermieters auf das ortsübliche Entgelt an. Der Mieter verdiene nur Schutz dagegen, daß ihm im Widerspruch zum Gesetz, nicht aber dagegen, daß ihm in Übereinstimmung mit dem Gesetz die Zustimmung zur Mieterhöhung abverlangt werde. Diese Erwägungen sind im Rahmen der Auslegung des § 10 I allerdings fehl am Platze, weil jedenfalls diese Vorschrift ausschließlich den Mieter schützen will.

b) Stellt die nach § 10 I nichtige Vereinbarung nur einen Teil eines **C 487** darüber hinausgehenden Rechtsgeschäfts dar, muß sowohl aus dem

Wortlaut als auch aus dem Zweck dieser Vorschrift gefolgert werden, daß die übrigen Vereinbarungen grundsätzlich wirksam bleiben. Der § 10 I will nur die den Interessen des Mieters zuwiderlaufenden Vereinbarungen die Rechtswirksamkeit versagen, während eine darüber hinausgehende Unwirksamkeit der von § 10 I nicht unmittelbar betroffenen Vereinbarungen dem erstrebten Schutzzweck zuwiderlaufen würde. Enthält somit ein Mietvertrag solche Vereinbarungen, die gegen § 10 I verstoßen (z. B. Ausschluß des Begründungszwangs für Mieterhöhungen), so sind diese Klauseln nichtig, während die übrigen Vertragsvereinbarungen wirksam bleiben. Das entspricht auch der Auslegung der gleichlautenden Unwirksamkeitsklauseln im Mietrecht des BGB (Hans § 537 BGB Anm. 8).

C 488   c) Da § 10 I als lex specialis gegenüber § 139 BGB anzusehen ist, kommt es nicht darauf an, ob der Vermieter die umfassendere Vereinbarung überhaupt abgeschlossen haben würde, wenn er die Nichtigkeit der Teilvereinbarung gekannt hätte. So kann der in einer ansonsten unwirksamen Gleitklausel (s. Rdn C 489) vereinbarte zeitliche oder sachliche Ausschluß des Erhöhungsrechts als eine dem Mieter günstige Vereinbarung als wirksam angesehen werden (z. B. Erhöhung erst, wenn ortsübliche Vergleichsmiete um 5% höher als die der Bezugswohnung liegt); die Teilunwirksamkeit der verfahrensrechtlichen Komponente einer derartigen Regelung (z. B. Automatik der Erhöhung, Schiedsgutachterklausel) läßt die Wirksamkeit einer damit im Zusammenhang stehenden Vereinbarung zugunsten des Mieters unberührt, wenn diese für sich einen sachlichen Sinn ergibt (im Erg. zutreffend LG Münster ZMR 77, 247 = DWW 77, 20). Zur Unwirksamkeit von Staffelmietvereinbarungen s. Rdn C 524.

4. Unwirksamkeit im einzelnen

C 489   a) Vertraglich vereinbarte **Mietanpassungsklauseln (Gleit- und Wertsicherungsklauseln, Leistungsvorbehalte, Spannungsklauseln)** sind nach § 10 I grundsätzlich unwirksam, auch wenn sie für den Fall der Verlängerung eines Mietverhältnisses gelten sollen (a. A. Schopp ZMR 75, 101). Es gehört zu den Wesensmerkmalen solcher Klauseln, daß sie über eine Mieterhöhung im Einzelfall über einen bestimmten Betrag hinausgreifen, das Erhöhungsverfahren allgemein regeln und Mieterhöhungen sowohl materiell als auch verfahrensrechtlich über die Grenzen des MHG hinaus ermöglichen. Entgegen den Zielvorstellungen des MHG sind derartige Klauseln vor allem darauf gerichtet, durch die Koppelung an eine der tatsächlichen Entwicklung der ortsüblichen Mietpreise entzogene Bezugsgröße dem Vermieter einen nicht marktorientierten Mietzins zu sichern (BGH WM 73, 75). Soweit der Inhalt solcher Klauseln also gegen die gesetzlichen Erhöhungsvoraussetzungen der §§ 1–8 MHG zum Nachteil des Mieters verstößt, kann sich der Vermieter zur Begründung seines Erhöhungsanspruchs darauf nicht berufen (s. Rdn C

§ 10. Abweichende Vereinbarungen   C 490–492

486). Das Gesagte gilt sowohl für solche Klauseln, die bereits vor dem 1. 1. 75 vereinbart worden sind (Art. 4 des 2. WKSchG), als auch für später geschlossene Vereinbarungen. Der frühere Meinungsstreit, ob Anpassungsklauseln auch bei befristeten Mietverträgen unwirksam sind, ist durch § 1 MHG beseitigt (s. dazu Rdn C 479; vgl. dazu auch BGH MDR 77, 572 = BB 77, 315 = ZMR 77, 150 = FWW 77, 119, wonach die Vorschriften des MHG im Falle einer Wertsicherungsklausel einer darauf gestützten Erhöhung dann nicht entgegenstehen sollen, wenn der Anspruch bereits vor dem 1. 1. 1975 entstanden ist).

Bei Wertsicherungsklauseln ist es im Rahmen des § 10 I unbeachtlich, **C 490** ob die nach § 3 WährG erforderliche Genehmigung erteilt worden ist. Die Deutsche Bundesbank darf für Mietverhältnisse über Wohnraum im Hinblick auf § 10 I die Erteilung dieser Genehmigung versagen und verfährt in der Praxis dementsprechend; darin liegt im Hinblick auf die frühere, gegenteilige Praxis der DBB angesichts der Veränderung der Rechtslage kein Verstoß gegen den Gleichbehandlungsgrundsatz (VG Frankfurt ZMR 77, 151; zust. Hafke ZMR 77, 133; vgl. dazu auch das Schreiben der Landeszentralbank Baden-Württemberg vom 1. 10. 1975 [11/4833/75] zit. bei Dürkes BB 75, 1318). Wertsicherungsklauseln in Wohnungsmietverträgen, die nach dem 31. 12. 1974 vereinbart worden sind oder nach diesem Zeitpunkt abgeschlossen werden sollen, sieht die DBB mithin nicht mehr als genehmigungsfähig an; sie sind unzulässig (BGH WM 77, 234 = MDR 77, 745, wonach aber die Wirksamkeit von Wertsicherungsklauseln für Mischmietverhältnisse mit überwiegendem Geschäftsraumanteil bei einem einheitlichen Mietzins durch § 10 I MHG nicht berührt wird; s. Rdn B 18).

Unwirksam sind nach § 10 I auch solche Vereinbarungen, die es dem **C 491** Vermieter gestatten, sich auf die Kostenmiete an Stelle der ortsüblichen Vergleichsmiete zu berufen. Auch darin liegt bei dem erforderlichen Vergleich zwischen der gesetzlichen Regelung und dem abstrakten Gehalt der Vereinbarung eine unzulässige Abweichung nach § 10 I.

Eine ansonsten unwirksame Wertsicherungs- oder Gleitklausel kann zeitliche oder sachliche Beschränkungen des Mieterhöhungsrechts enthalten, die dem Mieter vorteilhaft sind und auf welche er sich gemäß Rdn C 487, 488 dann berufen kann, wenn sie (verselbständigt) einen sachlich nachvollziehbaren, nach wie vor dem Willen der Parteien getragenen Sinn ergibt (LG Münster ZMR 77, 247 = DWW 77, 20). Jedenfalls hat eine früher wirksame oder aber auch von vornherein unwirksame Anpassungsklausel bei befristeten Mietverhältnissen die Wirkung, daß daraus der Wille des Vermieters entnommen werden kann, den vereinbarten Mietzins später zu erhöhen (s. Rdn C 33; LG Frankfurt WM 76, 31). Zu der Frage, in welchem Umfang neben der Miete weitere Zuschläge vereinbart werden dürfen und ob insoweit Erhöhungsklauseln wirksam sind s. Rdn C 12 ff.

b) Unter der bis zum 31. 12. 1982 geltenden Rechtslage war auch die **C 492** Vereinbarung einer Staffelmiete unzulässig. Nach der Neufassung des

§ 10 durch das Gesetz zur Erhöhung des Angebots an Mietwohnungen vom 20. 12. 1982 (BGBl. I S. 1912) können die Parteien unter den in § 10 II näher geregelten Voraussetzungen wirksame Staffelmietvereinbarungen treffen. Wegen der Einzelheiten s. Rdn C 518 ff.

C 493   c) Unwirksam sind **Kostenklauseln**, die dem Vermieter abweichend von den Erhöhungsvoraussetzungen des MHG gestatten, einen Mietzuschlag bei Wertverbesserungen durch bauliche Änderungen zu verlangen. Auch solche Klauseln, in denen ein unbegrenztes Nachforderungsrecht hinsichtlich zinsloser Kautionsbeträge zum Ausgleich für einen an sich niedrigen Mietzins zu Lasten des Mieters vereinbart werden, sind dann nach § 10 I unwirksam, wenn dadurch die Mieterhöhungsbeschränkungen umgangen werden sollen (AG Düsseldorf WM 74, 218).

Die Vereinbarung eines **vorläufigen Mietzinses** bei Beginn des Mietverhältnisses mit dem Recht des Vermieters, später nach §§ 315, 316 BGB den endgültigen Mietzins einseitig zu bestimmen, ist nach § 10 I nur dann unwirksam, wenn dadurch die Erhöhungsbeschränkungen umgangen werden; davon kann nicht ausgegangen werden, wenn die abschließenden Erstellungskosten des Hauses noch nicht feststehen oder eine vorausgesetzte Wirtschaftlichkeits-Berechnung noch aussteht, selbst wenn die Kriterien der späteren Festsetzung nicht exakt vereinbart worden sind (teilw. abw. AG Bergheim WM 74, 172).

C 494   d) Wird im Mietvertrag eine **Schiedsgutachterklausel** vereinbart, wonach der Gutachter unter bestimmten Voraussetzungen verbindlich über den erhöhten Mietzins zu entscheiden hat, so liegt darin eine dem Mieter nachteilige Vereinbarung i. S. des § 10 I, soweit er darin seine Zustimmung im voraus zur Leistungsbestimmung durch den Gutachter erteilt (LG Frankfurt WM 74, 156; AG Hamburg-Altona WM 74, 14; a. A. LG Wiesbaden ZMR 74, 148). Das Wesen des Schiedsgutachtervertrags liegt darin, dem Gutachter die für beide Vertragsteile verbindliche Bestimmung des erhöhten Mietzinses zu übertragen, wobei der Vermieter im voraus von der Einhaltung der im MHG bestimmten Erhöhungsvoraussetzungen entbunden wird; die Überprüfung und Korrektur der Leistungsbestimmung des Gutachters ist dann sowohl dem Mieter als auch dem Gericht bis zur Grenze einer „offenbaren Unbilligkeit" nach § 319 BGB entzogen (vgl. dazu für Geschäftsräume BGH NJW 75, 1556; NJW 74, 1235 m. zust. Anmerkung Bulla JuS 76, 19; Bulla NJW 78, 397). Der Mieter ist somit im Zeitpunkt der Mieterhöhung entgegen den Grundvorstellungen des MHG nicht mehr in der Lage, sich darüber zu entscheiden, ob er der vom Gutachter getroffenen Feststellung zustimmen will; das verstößt auch dann gegen § 10 I, wenn der Gutachter an die Beachtung der materiellen Erhöhungsgrenzen des MHG gebunden und sein Schiedsgutachten mit Gründen zu versehen ist, also auch der Vermieter das Risiko einer Benachteiligung trägt. Immer würde nämlich der Mieter durch seine im voraus übertragene Zustimmung zur Mieterhöhung nach Maßgabe der Bestimmung des Gutachters den benachteiligenden Ausschluß des Sonderkündigungsrechts nach § 9 I MHG hinzu-

§ 10. Abweichende Vereinbarungen

nehmen haben (s. Rdn C 448). Das gilt auch dann, wenn der Schiedsgutachter im Rahmen einer Gleitklausel das prozentuale Überschreiten der übrigen Mieten für vergleichbaren Wohnraum verbindlich festzustellen hat, woran sich eine im voraus festgelegte entsprechende Erhöhung der Miete für die Bezugswohnung anknüpft (LG Münster ZMR 77, 247 = DWW 77, 20). Wirksam ist hingegen ein Schiedsgutachtervertrag des Inhalts, daß der Gutachter lediglich einen nicht verbindlichen, durch seine Sachkunde und Neutralität bestimmten Vorschlag über die gerechtfertigte Mieterhöhung macht, welcher der Zustimmung der Vertragsparteien bedarf.

Im übrigen kann der Mieter der vom Gutachter bestimmten erhöhten Miete wirksam nach § 10 I 2. Halbs. MHG zustimmen und dadurch der unwirksamen Klausel nachträglich im Einzelfall zur Geltung verhelfen (s. Rdn C 498 ff; unklar LG Düsseldorf WM 75, 120). **C 495**

e) Eine **Schiedsgerichtsklausel**, wonach die Vertragsparteien vereinbaren, an Stelle des staatlichen (nach § 29a ZPO zuständigen) Gerichts für Streitigkeiten nach dem MHG ein von ihnen bestimmtes Schiedsgericht nach den §§ 10, 25 ff ZPO anzurufen, verstößt nicht gegen § 10 I MHG. Darin liegt keine nachteilige Vereinbarung für den Mieter; ein gesetzliches Verbot, wie es § 1027a ZPPO für Streitigkeiten über den „Bestand" des Wohnraummietverhältnisses ausdrücklich vorsieht, ist weder im MHG noch anderweitig ausgesprochen. Das Schiedsgericht muß sich bei seiner Tätigkeit trotz der Entbindung von den verfahrensrechtlichen Vorschriften der ZPO aber bei der Entscheidung über die vom Vermieter gewünschte Mieterhöhung an die formellen und materiellen Vorschriften des MHG halten, soweit nicht die Zustimmung des Mieters nach § 10 I 2. Halbs. MHG im Einzelfall davon befreit. **C 496**

5. Zustimmung zur Mieterhöhung im Einzelfall

Von dem grundsätzlichen Verbot abweichender Vereinbarungen läßt § 10 I 2. Halbs. die Ausnahme zu, daß sich die Vertragsparteien im Einzelfall auch zum Nachteil des Mieters über eine Mieterhöhung wirksam einigen können. Während der Geltungsdauer des 1. WKSchG war die Rechtsfrage umstritten, ob eine solche Einigung außerhalb der gesetzlichen Erhöhungsvoraussetzungen nach § 4 I WKSchG als zulässig angesehen werden konnte (zum damaligen Meinungsstand vgl. Schmidt-Futterer ZRP 74, 153). **C 497**

Der Gesetzgeber hat sich in § 10 I derjenigen Ansicht angeschlossen, die abstrakte, im voraus erteilte Zustimmungen des Mieters für unwirksam ansah, die Zustimmung im konkreten Einzelfall aber für wirksam hielt. Zur Begründung der Zulässigkeit derartiger Einzelvereinbarungen wurde im Gesetzgebungsverfahren angeführt, daß es nicht sinnvoll sei, Vereinbarungen über Mieterhöhungen nicht zuzulassen, weil die Vertragsparteien auch den Mietvertrag durch freie Vereinbarung aufheben und einen neuen Vertrag abschließen können, ohne an die Kündigungsschutzvorschriften gebunden zu sein (RegE; s. Rdn F 20). Diese Argumentation ist nicht überzeugend; es liegt nämlich die Vermutung nahe, daß viele Mieter nur notgedrungen „um des Friedens willen" einer an sich nicht gerechtfertigten Mieterhöhung zustimmen. Ein effektiver Schutz des sozial schwächeren Mieters kann deshalb durch die derzeitige Gesetzesfassung nicht erreicht werden.

C 498 a) Eine wirksame Zustimmung des Mieters setzt ein **wirksames Angebot** des Vermieters zur Änderung der Mietzinsvereinbarung voraus (§§ 145 ff BGB). Ein derartiges Angebot erfordert nicht die Einhaltung der formellen und materiellen Voraussetzungen, die § 2 I, II MHG für ein Mieterhöhungsverlangen oder die §§ 3–7 MHG für eine einseitige Erhöhungserklärung aufstellen; auch solche Erklärungen, die im Sinne dieser Vorschriften unwirksam und deshalb im Verfahren nach dem MHG gegen den Willen des Mieters nicht durchsetzbar sind, enthalten ein zustimmungsfähiges Vertragsangebot nach §§ 145 ff BGB (a. A. AG Wanne-Eickel WM 74, 107). Deshalb genügen dafür auch nicht mit Gründen versehene oder mündliche Erklärungen und auch solche, die materiell von den Voraussetzungen des MHG abweichen (z. B. unerhebliche Überschreitung der ortsüblichen Vergleichsmiete oder der 11% Pauschale für Verbesserungsmaßnahmen).

C 499 Als **Mindestinhalt** erfordert § 10 I 2. Halbs. für ein wirksames Angebot, daß der Vermieter darin einen zahlenmäßig **bestimmten** oder konkret bestimmbaren Erhöhungsbetrag nennt. Dadurch soll verhindert werden, daß der Mieter einem Erhöhungsverlangen zustimmt, dessen Umfang und wirtschaftliche Auswirkungen er im Zeitpunkt der Abgabe seiner Erklärung noch nicht übersehen kann; auch insoweit muß der Mieter frei darüber entscheiden können, ob er seine Zustimmung erteilt oder verweigert. Ein hinreichend konkretisiertes Angebot des Vermieters liegt deshalb nicht vor, wenn er zur Mieterhöhung bis zur nicht näher benannten ortsüblichen Vergleichsmiete auffordert oder die Zustimmung zur Umlage von Modernisierungskosten verlangt, deren Höhe dem Mieter nach Abschluß der Arbeiten mitgeteilt werden soll (LG Osnabrück WM 78, 10).

C 500 Im übrigen bestimmt sich der Inhalt des Vertragsangebots nach der von dem Vermieter abgegebenen Erklärung, deren Sinn erforderlichenfalls im Wege der Auslegung (§ 133) zu ermitteln ist. Da es nach allgemeinen Grundsätzen darauf ankommt, wie der Mieter als Erklärungsempfänger die Erklärung verstehen durfte, ist bei der Auslegung im Zweifel auf die im MHG zu seinem Schutz festgelegten Rechtsgrundsätze zurückzugreifen; fordert der Vermieter also z. B. eine monatliche Erhöhung der Grundmiete um DM 50,- ohne Angabe des Fälligkeitstermins, wird dieser Termin entsprechend der Regelung in § 2 IV MHG zu bestimmen sein (AG Dortmund WM 74, 204); ist hingegen vom Vermieter das Erhöhungsverlangen auf einen bestimmten Termin begrenzt, so ist die Zustimmung zu diesem Termin erteilt. Der von Sternel III 84 vertretenen gegenteiligen Ansicht, wonach die Dispositionsfreiheit des

§ 10. Abweichende Vereinbarungen				C 501, 502

§ 10 I 2. Halbs. sich nicht auf Abweichungen von der Jahresfrist des § 2 I Nr. 1 MHG und die jeweiligen gesetzlichen Fälligkeitsregelungen erstrecken soll, kann nach dem Wortlaut und Sinn der Vorschrift nicht gefolgt werden. Geht somit der Mieter durch seine Zustimmung weiterreichende Verpflichtungen ein, als ihm durch die gesetzliche Regelung auferlegt werden, kann er grundsätzlich auch bei Unkenntnis der Rechtslage die kraft Gesetzes nicht geschuldete Leistung später nicht nach §§ 812 ff BGB zurückfordern (AG Stuttgart ZMR 74, 342; s. aber Rdn C 506).

b) Ein **Abänderungsvertrag** kommt zustande, wenn der Mieter in wirksamer Weise seine Zustimmung erklärt (§ 305 BGB). Der vom Gesetz verwendete Begriff der Zustimmung ist unscharf, denn es handelt sich dabei weder um eine Einwilligung noch um eine Genehmigung, sondern um die Annahme des Vertragsangebots. Auf diese Zustimmung finden die allgemeinen Vorschriften über Willenserklärungen (§§ 104 ff BGB) sowie die §§ 145 ff BGB Anwendung. Deshalb ist es unbeachtlich, ob es dem Mieter bei der Abgabe der Willenserklärung bewußt war, daß er dabei auf seine gesetzlichen Schutzrechte verzichtet; diese Folge läßt die Wirksamkeit der Erklärung unberührt, weil auch das Erklärungsbewußtsein insoweit vorhanden ist (s. aber Rdn C 507 f; a. A. LG Aachen WM 73, 190 m. Anm. Weimar). C 501

Die Zustimmung ist **formlos** gültig soweit keine vertragliche Schriftformklausel oder § 566 BGB die Schriftform gebieten (s. Rdn C 119). Zu beachten ist insoweit, daß die Parteien eine Schriftformklausel auch formlos aufheben können. Voraussetzung ist allerdings, daß die Vertragspartner übereinstimmend davon ausgehen, daß auch die mündliche Regelung für sie verbindlich sein soll (vgl. Schmidt-Futterer/Blank, MietR Stichwort: Schriftform). Die von der Rechtsprechung hierzu entwickelten Grundsätze gelten auch für die Abänderung der Mietzinsvereinbarung (LG Hamburg ZMR 80, 86; a. A. LG Hannover MDR 79, 937 wonach in diesen Fällen noch eine besondere Aufklärung erforderlich sein soll). Die Zustimmung kann auch schlüssig erteilt werden; deshalb kann auch in der vorbehaltlosen Zahlung des geforderten Erhöhungsbetrages die schlüssige Zustimmung zur Vertragsänderung liegen (s. Rdn C 115 und Rdn C 430 f; zur vorbehaltlosen Zahlung nach telefonischer Zustimmung vgl. AG Mannheim WM 76, 17). Ob eine Vertragsänderung durch schlüssiges Verhalten zustande gekommen ist, richtet sich nicht nach den Vorstellungen des Mieters; insbesondere kommt es nicht darauf an, ob der Mieter irrtümlich meinte, zur Zahlung verpflichtet zu sein. Maßgeblich ist allein, wie der Vermieter das Verhalten des Mieters verstehen durfte. Bei der Beantwortung dieser Frage ist die Vorstellung des Mieters allerdings insoweit von Bedeutung als der Vermieter davon Kenntnis hatte. Hat. z. B. der Vermieter durch sein Erhöhungsschreiben beim rechtsunkundigen Mieter den Eindruck erweckt, daß dieser auf Grund gesetzlicher Vorschriften zur Zahlung einer höheren Miete verpflichtet sei, so wird in der einmaligen Zahlung schwerlich die Annahme C 502 eines Angebots zur Vertragsänderung gesehen werden können. Anders ist es dagegen, wenn der Vermieter den Mieter in zutreffender Weise über die Rechtslage informiert hat. In einem solchen Fall bestehen keine Bedenken in der Zahlung die konkludente Annahme des Änderungsvertrags zu sehen. Gibt der Mieter keine Erklärung ab, so liegt in seinem Schweigen keine Zustimmung; die Vorschrift des § 151 BGB findet insoweit keine Anwendung.

Erklärt der Mieter die Zustimmung nur **unter Vorbehalt**, so ist die Rechtslage unterschiedlich zu bewerten. Bedeutet der Vorbehalt lediglich, daß der Mieter die Anerkennung der Schuld (§ 208 BGB) vermeiden und sich entgegen § 814 BGB die Rückforderung für den Fall des Nichtbestehens der Schuld offenhalten will, während die Zustimmung im übrigen bedingungslos erfolgt, so kommt der vom Vermieter angestrebte Abänderungsvertrag zustande; der Vermieter ist nicht berechtigt, eine derartige Zustimmung abzulehnen und auf ihre Erteilung zu klagen (Palandt § 362 BGB Anm. 2). Ist dagegen im Vorbehalt nur eine bedingte Erteilung der Zustimmung mit dem Ziel zu erblicken, daß der Vermieter bei Rückforderung das Bestehen seines Erhöhungsrechts überhaupt oder in einzelnen Punkten nachzuweisen verpflichtet sein soll, so liegt darin keine Annahme des geltend gemachten Erhöhungsanspruchs, weil das Zustandekommen des Abänderungsvertrags in der Schwebe bleibt (z. B. bis zur Nachprüfung durch einen Rechtskundigen oder der gerichtlichen Entscheidung eines Parallelprozesses); die Zustimmung gilt als nicht erteilt, und der Vermieter kann auf vorbehaltlose Zustimmung klagen (wozu er angesichts der Klagefrist des § 2 III MHG zur Vermeidung von Rechtsnachteilen gehalten ist, wenn der Mieter seinen Vorbehalt nicht binnen der Überlegungsfrist fallen läßt). Welchen Inhalt ein nicht spezifizierter Vorbehalt im Einzelfall hat, muß im Wege der Auslegung ermittelt werden; er wird i. d. R. nur als bedingte Annahme des Angebots zum Abänderungsvertrag zu werten sein, weil der Mieter damit zum Ausdruck bringt, daß er noch nicht endgültig verbindlich mit dem geforderten Erhöhungsbetrag einverstanden ist. Gleiches gilt, wenn der Vorbehalt bei der Zahlung des geforderten Erhöhungsbetrages (z. B. auf der Postüberweisung) erklärt wird, so daß er i. d. R. die Annahme einer vorbehaltlosen stillschweigenden Zustimmung ausschließt (vgl. hierzu AG Hannover WM 74, 55).

C 503   Die Frage, wie lange der Vermieter an sein **Angebot gebunden** und der Mieter zur Annahme berechtigt ist, ist nach §§ 147, 148 BGB zu entscheiden. Hat der Vermieter keine Frist zur Annahme bestimmt (§ 148 BGB), so ist nach § 147 II BGB der Mieter in Anlehnung an die Regelung der Fälligkeitsfristen des MHG zur Annahme des Angebots berechtigt.

Nimmt der Mieter das Angebot nur unter Einschränkungen oder sonstigen Änderungen an, so gelten die Ausführungen unter Rdn C 118.

C 504   c) Da § 10 I 2. Halbs. ausdrücklich das Zustandekommen eines Abänderungsvertrags auf die Zeit während des Bestehens des Mietverhältnis-

§ 10. Abweichende Vereinbarungen

ses beschränkt, ist eine vor oder bei Vertragsabschluß erteilte Zustimmung des Mieters unwirksam, durch die er sich im voraus zur Mieterhöhung verpflichtet (s. Rdn C 492). Das gilt sowohl für abstrakte (Mietanpassungsklauseln) als auch für konkrete Mieterhöhungsverlangen (LG Hamburg WM 75, 194 = FWW 75, 276), soweit nicht im Einzelfall die Voraussetzungen des § 10 II vorliegen. Unwirksam ist somit auch eine entgegen § 3 MHG im Mietvertrag getroffene Vereinbarung, wonach sich der Mieter im voraus verpflichtet, für etwaige Modernisierungsarbeiten eine Mieterhöhung ab dem Tag der Fertigstellung dieser Arbeiten zu zahlen (s. Rdn C 231 ff).

d) Kommt durch die Zustimmung des Mieters ein Abänderungsvertrag zustande, so ist eine **weitere Erhöhung** der Grundmiete gegen den Willen des Mieters ebenso **ausgeschlossen** wie bei einer erfolgreichen Zustimmungsklage. Der § 9 I, II MHG findet dann jedoch zugunsten des Mieters keine Anwendung (s. Rdn C 458). **C 505**

Die **Grenze der Zustimmungsfähigkeit** bilden die §§ 5 WiStG, 302a StGB, wonach im öffentlichen Interesse erhebliche Überschreitungen der ortsüblichen Vergleichsmiete als Mietpreisüberhöhung oder Mietwucher angesehen werden und beim Vorliegen des objektiven Tatbestandes dieser Vorschriften eine dagegen verstoßende Vereinbarung unwirksam ist (s. Rdn D 17). **C 506**

e) Der Mieter kann seine Zustimmungserklärung nach den §§ 119 ff BGB wegen Irrtum, Täuschung, Drohung durch eine unverzügliche **Anfechtungserklärung** rückwirkend vernichten (§ 142 I BGB). Nach den Gegebenheiten der Praxis kommt eine Irrtumsanfechtung nur in Betracht, wenn der Mieter eine Zustimmungserklärung abgab, sich aber dieser Tatsache gar nicht bewußt war (z. B. Einwilligung zu baulichen Änderungen mit verstecktem Zustimmungstext). Dagegen berechtigt nicht zur Anfechtung nach § 119 BGB der Irrtum über die rechtliche Verpflichtung zur Abgabe der Zustimmungserklärung (Motivirrtum i. w. S.; a. A. AG Oberhausen ZMR 74, 54 ohne Begründung), der Irrtum über die Höhe der ortsüblichen Vergleichsmiete (Preisirrtum) sowie der Irrtum über die wirtschaftlichen Folgen der Zustimmung. **C 507**

Eine Anfechtung wegen arglistiger Täuschung nach § 123 BGB kommt insbesondere in Betracht, wenn der Vermieter durch seine Angaben über das Vorliegen der tatsächlichen Erhöhungsvoraussetzungen oder hinsichtlich der Rechtslage bewußt oder „ins Blaue hinein" falsche Behauptungen aufstellt (oder verschweigt), um dadurch den Entschluß des Mieters zur Abgabe der Zustimmung zu beeinflussen; der Mieter ist insoweit auf Grund der Besonderheiten der mietvertraglichen Pflichten nicht zur Nachprüfung gehalten. Die Anfechtung wegen Drohung nach § 123 BGB kann durchgreifen, wenn der Vermieter für den Fall der Verweigerung der Zustimmung aus dem Blickpunkt des Mieters ernsthaft die Kündigung oder sonstige erhebliche Rechtsnachteile ankündigt; das Verbot des § 1 S. 1 MHG ist insoweit unbeachtlich. Die bloße Androhung, bei Verweigerung der Zustimmung eine dahingerichtete Klage **C 508** zu erheben und die Androhung dadurch entstehender Prozeßkosten berechtigen hingegen nicht zur Anfechtung. In der Rechtsprechung werden die Fälle der arglistigen Täuschung und vergleichbare Sachverhalte z. T. anders beurteilt. So wird vereinzelt die Ansicht vertreten, daß ein Vermieter, der einen (betagten) Mieter unangemeldet aufsucht und diesen überredet einer Mieterhöhung zuzustimmen, gegen Treu und Glauben verstößt und deshalb einen späteren ,,Widerruf" des Mieters gegen sich gelten lassen muß (LG Hannover WM 79, 262). Nach a. A. soll der Mieter einen Schadensersatzanspruch nach den Grundsätzen der culpa in contrahendo geltend machen können, wenn der Vermieter bewußt unrichtige Angaben über die Höhe der ortsüblichen Miete macht oder wenn er vorspiegelt, daß andere Mieter seinem Erhöhungsverlangen bereits zugestimmt haben. Der Mieter soll in diesen Fällen so gestellt werden, als sei die Erhöhungsvereinbarung nicht zustande gekommen (so LG Hamburg WM 78, 118 = MDR 78, 493). Diese Ansicht hat insbesondere dort praktische Bedeutung wo – wie in dem vom LG Hamburg entschiedenen Fall – die Anfechtungsfrist überschritten ist. Gerade bei solchen Fallgestaltungen zeigt sich aber auch, daß der Rückgriff auf allgemeine Rechtsinstitute problematisch ist. Die gesetzlichen Tatbestände haben nämlich nicht nur eine anspruchsbegründende sondern auch eine anspruchsbegrenzende Funktion.

C 509 f) **Darlegungs- und beweispflichtig** für das Zustandekommen eines wirksamen Abänderungsvertrags ist der Vermieter; er muß also insbesondere beweisen, daß der Mieter unter den Voraussetzungen des § 10 I 2. Halbs. eine wirksame Zustimmungserklärung abgegeben hat. Liegt eine wirksame Zustimmung vor, so ist die auf ihre Erteilung gerichtete Zustimmungsklage unzulässig (AG Mannheim WM 76, 17); im Streitfall kann der Vermieter auf Feststellung mit dem Hauptantrag und auf Zustimmung mit dem Hilfsantrag klagen.

6. Anspruch des Mieters auf Rückzahlung nicht geschuldeter Erhöhungsbeträge

C 510 Da in § 10 I 2. Halbs. ausdrücklich Mieterhöhungen außerhalb der gesetzlichen Erhöhungsvoraussetzungen der §§ 1–7 MHG im Falle der Zustimmung des Mieters für zulässig erklärt werden (s. Rdn C 497), sind die Voraussetzungen eines Rückforderungsanspruchs nur noch in Ausnahmefällen gegeben. Das gilt um so mehr, weil auch die vorbehaltlose Zahlung des Mieters grundsätzlich als wirksame Zustimmung gilt (s. Rdn C 502). Eine Rückzahlungspflicht des Vermieters wird deshalb vor allem dann begründet sein, wenn die zivilrechtlichen Nichtigkeitsfolgen der §§ 5 WiStG, 302a StGB wegen erheblichen Überschreitungen der ortsüblichen Vergleichsmiete vorliegen, an denen auch die Zustimmung des Mieters nichts zu ändern vermag; dabei ist jedoch zu beachten, daß die Anwendbarkeit der objektiven Tatbestandsvoraussetzungen des § 5 WiStG auch das Vorliegen einer örtlichen Wohnungsmangellage er-

§ 10. Abweichende Vereinbarungen   C 511, 512

fordert (s. Rdn D 44), so daß diese Vorschrift nicht überall gilt. Die Mietwuchervorschrift des § 302a StGB wiederum ist zwar örtlich uneingeschränkt anwendbar, setzt aber im objektiven Tatbestand so erhebliche Überschreitungen der ortsüblichen Vergleichsmiete voraus, daß sie nur in besonderen Fällen für ein Rückforderungsrecht Raum läßt (s. Rdn D 119). In Betracht kommen ferner die Fälle, in denen die Zustimmung des Mieters im Wege der Anfechtung wegen Irrtums, Täuschung und Drohung rückwirkend unwirksam wird (§§ 119ff BGB) oder die erforderliche Zustimmung eines Dritten fehlt und der Wirksamkeit entgegensteht (z.B. des Arbeitgebers oder der LAG-Behörde; s. Rdn C 36). Schließlich eröffnen solche Zahlungen des Mieters eine Rückforderungsmöglichkeit, die er nur unter Vorbehalt oder einer Bedingung erbrachte, so daß ein Abänderungsvertrag über den erhöhten Mietzins noch nicht zustande kam oder aber wieder wegfiel, somit also ohne Rechtsgrund gezahlt wurde.

a) Dem Mieter steht nach § 812 BGB gegen den Vermieter ein Bereicherungsanspruch zu, wenn und soweit von ihm Mietzahlungen auf Grund eines unwirksamen Erhöhungsvertrages erbracht worden sind (Schopp Rpfl. 72, 8; LG Mannheim WM 75, 172; AG Aachen ZMR 73, 251 = MDR 73, 677 m. abl. Anm. Weimar). Der Vermieter ist auf Kosten des Mieters um denjenigen Betrag bereichert, den er nicht auf Grund einer wirksamen Mieterhöhung nach dem MHG oder einem sonstigen Abänderungsbetrag vom Mieter beanspruchen durfte; das kann ein Teilbetrag oder aber der gesamte Erhöhungsbetrag sein. Ein Teilbetrag kann beispielsweise dann zurückgefordert werden, wenn die Erhöhungsvereinbarung gegen §§ 5 WiStG, 302 a) StGB verstößt. In diesem Fall kann nur derjenige Teil des Erhöhungsbetrags zurückgefordert werden, der über der Wesentlichkeitsgrenze des § 5 WiStG liegt (s. Rdn D 18). Ist die Mietzinsvereinbarung insgesamt nichtig (z. B. nach erfolgter Anfechtung), so kann der gesamte Erhöhungsbetrag kondiziert werden.   C 511

b) Selbst wenn dem Mieter aber der Anspruch aus § 812 BGB nicht zusteht, kann der Rückforderungsanspruch aus § 817 S. 1 BGB begründet sein. Danach ist der Vermieter zur Herausgabe des unzulässigen Erhöhungsbetrages verpflichtet, wenn der Zweck der Leistung gegen ein gesetzliches Verbot verstößt; das ist nur der Fall, wenn die Mieterhöhung gegen die Strafvorschriften der §§ 302a StGB, 5 WiStG verstößt (S. Rdn D 17). In diesen Fällen genügt die bloße Nichtigkeitsfolge nach § 10 I nicht, um die wirtschaftlichen Folgen solcher Verstöße gegen die Mietpreisbeschränkungen auszugleichen. Derjenige Vermieter, der die Gesetzwidrigkeit der von ihm verlangten und erhaltenen Mieterhöhung kennt, muß vielmehr die Gefahr eingehen, das zu Unrecht Erlangte auf Verlangen des Mieters wieder herausgeben zu müssen. Eine sachgerechte Begrenzung dieser Rückzahlungspflicht des Vermieters nach § 817 BGB ist dadurch gewährleistet, daß dieser Anspruch die positive Kenntnis des Empfängers von dem Gesetzesverstoß voraussetzt (BGH LM Nr. 12 zu § 817 BGB). Auch das Kennenmüssen des Verbots und ein   C 512 grob fahrlässiges Handeln gegen ein gesetzliches Verbot reicht nach der Rechtsprechung für die Anwendbarkeit des § 817 BGB nicht aus (BGHZ 50, 90; a. A. Soergel-Mühl § 817 BGB Rdn 14, 19; Larenz Schuldrecht II § 63, III a).

C 513 c) Der Anspruch des Mieters auf Rückzahlung eines Mieterhöhungsbetrages, der dem Vermieter nicht zusteht, kann aber dann entfallen, wenn der Mieter selbst **vorbehaltlos** zahlte, obwohl er seine Nichtschuld oder den Gesetzesverstoß kannte oder wenn er anläßlich der Mieterhöhung selbst **treuewidrig** handelte.

C 514 aa) Auch der Rückzahlungsanspruch des Mieters nach § 817 BGB ist davon abhängig, daß er keine positive Kenntnis von der Verbotsvorschrift der §§ 5 WiStG, 302a StGB hatte. Erforderlich ist aber, daß der Mieter im Zeitpunkt der Zahlung positive Kenntnis von der Unwirksamkeit des Mieterhöhungsverlangens nach der bestehenden Rechtslage hatte. Nicht ausreichend ist es, wenn der Mieter nur die tatsächlichen Umstände kannte, aus denen sich die Nichtschuld ergab (z. B. langfristiger Mietvertrag ohne Erhöhungsklausel), falls er sich aus Rechtsirrtum zur Leistung verpflichtet fühlte. Jeder Rechtsirrtum schließt ebenso wie ein Irrtum über wesentliche Tatsachen die Anwendung des § 817 BGB aus, gleichgültig, ob er verschuldet oder unverschuldet ist (BGH Betrieb 68, 612). Es genügt aber zum Ausschluß des Rückforderungsrechts nicht, wenn die Unkenntnis des Mieters von wesentlichen rechtlichen oder tatsächlichen Umständen auf grober Fahrlässigkeit beruht (BGH LM § 242 [Cd] Nr. 19). Deshalb können bloße Zweifel darüber, ob dem Vermieter ein Erhöhungsanspruch zusteht oder nicht, der positiven Kenntnis nicht gleichgestellt werden (RG 154, 385). Solche Zweifel schließen aber das Rückforderungsrecht dann aus, wenn die Zahlung in der erkennbaren Absicht erfolgt ist, sie auch für den Fall zu erbringen, daß ein Anspruch des Vermieters darauf nicht besteht, weil dann von einem Verzicht auf Bereicherungsansprüche auszugehen ist (BGHZ 32, 273); das gilt auch dann, wenn der Vermieter aus dem Gesamtverhalten des Mieters nach Treu und Glauben den Schluß ziehen durfte, dieser wolle die Leistung auf jeden Fall gegen sich gelten lassen (BGHZ a. a. O.). Entscheidend sind bei dieser Würdigung die Umstände des Einzelfalles, wobei das Verhalten des zahlenden Mieters stets objektiv zu beurteilen ist (RGZ 97, 140). Leistet der Mieter nur unter Vorbehalt und nimmt der Vermieter diese Leistung an, so bleibt das Rückforderungsrecht jedoch auch dann bestehen, wenn der Mieter in Kenntnis seiner Nichtschuld leistete (RGZ 138, 122). Die Beweislast dafür, daß der Mieter die Zahlung freiwillig in Kenntnis seiner Nichtschuld erbrachte und sich nicht irrte oder ein Verzicht auf das Rückforderungsrecht anzunehmen war, trägt der Vermieter als Beklagter (RGZ 90, 314).

C 515 bb) Im Einzelfall kann die Geltendmachung des Rückforderungsanspruchs auch gegen Treu und Glauben verstoßen (**§ 242 BGB**) und insbesondere aus dem Gesichtspunkt der unzulässigen Rechtsausübung zurückzuweisen sein. Solche Ausnahmefälle können dann vorliegen, wenn

§ 10. Abweichende Vereinbarungen C 516–518

z. B. der Mieter durch sein Verhalten die ordnungsgemäße Einhaltung der Schriftform, die Angabe von Vergleichsobjekten oder die Einhaltung sonstiger Erhöhungsvoraussetzungen verhinderte, sich danach aber auf diese Mängel beruft. Das setzt aber auch hier voraus, daß der Mieter im Zeitpunkt seines Handelns positive Kenntnis von den Erhöhungsvoraussetzungen hatte, zu deren Nichteinhaltung er den Vermieter verleitete.

d) Ein Rückzahlungsanspruch des Mieters aus dem Gesichtspunkt der **positiven Vertragsverletzung** (§§ 276, 278 BGB entspr.) kann nicht deshalb zuerkannt werden, weil auf Veranlassung des Vermieters eine wirksame Einigung über einen erhöhten Mietzins zustandegekommen ist, der ihm in dieser Höhe und zu diesem Zeitpunkt nach den §§ 2ff MHG nicht zugestanden hätte. Es stellt keinen Verstoß gegen eine Pflicht des Vermieters dar, wenn dieser bei der Abgabe einer Erhöhungserklärung infolge unzureichender Kenntnisse der Sach- und Rechtslage einen zu hohen Mietzins zu einem zu frühen Zeitpunkt fordert; dieser Vorwurf kann den Vermieter auch dann nicht treffen, wenn er diese maßgebenden Umstände kannte oder kennen mußte, im Gegensatz dazu aber einen unbestreitbaren Rechtsanspruch auf diese nur im Einigungswege erzielbaren Mehrbeträge behauptet; in diesen Fällen ist der Mieter auf die Anfechtung seiner Zustimmungserklärung binnen der dafür bestimmten Fristen der §§ 121, 124 BGB angewiesen (ähnlich AG Stuttgart ZMR 74, 342; s. Rdn C 507). C 516

e) Verstößt eine Mieterhöhung gegen die §§ 5 WiStG, 302a StGB, so steht dem Mieter im übrigen auch ein Rückzahlungsanspruch in der Form des **Schadensersatzes nach § 823 II BGB** hinsichtlich des Differenzbetrages zwischen der ortsüblichen Miete und der Wuchermiete (bzw. der Mietpreisüberhöhung) gegen den Vermieter zu; solche mit Strafe bedrohten Mieterhöhungen verstoßen nämlich gegen die genannten Schutzgesetze i. S. des § 823 II BGB (so auch Hans Anh. zu § 535 BGB, Anm. 7e, bb). Darüber hinaus führen derartige Gesetzesverstöße nach § 134 BGB zur Nichtigkeit des verbotenen Rechtsgeschäfts (LG Mannheim WM 72, 200; 75, 172; s. dazu Rdn D 17). C 517

II. Staffelmiete (Abs. II)

1. Allgemeines und Anwendungsbereich

Der Grundsatz, wonach solche Vereinbarungen unwirksam sind, die zum Nachteil des Mieters von den §§ 1–9 MHG abweichen, wird von einer wichtigen Ausnahme durchbrochen. Nach der Neufassung des § 10 II durch das Gesetz zur Erhöhung des Angebots an Mietwohnungen vom 20. 12. 1982 (BGBl. I S. 1912) sind nämlich auch solche Vereinbarungen wirksam, in denen sich die Parteien auf eine Staffelmiete geeinigt haben. Darunter ist eine Vereinbarung zu verstehen, nach der die Miet- C 518 steigerungen bereits beim Vertragsschluß im voraus festgelegt werden. Im Gegensatz zur Vergleichsmiete, deren Entwicklung unsicher ist, erlaubt die Staffelmiete dem Vermieter eine exakte Renditekalkulation. Dies gilt allerdings nur dann, wenn die Staffelmietvereinbarung zeitlich auf einen überschaubaren Zeitraum beschränkt wird. Langfristige Vereinbarungen beinhalten demgegenüber das Risiko, daß die vereinbarten Mietpreissteigerungen hinter der Entwicklung der ortsüblichen Miete zurückbleiben. Dieses Risiko muß der Vermieter tragen; Vertragsgestaltungen, durch die dieses Risiko ausgeschlossen werden soll, sind im Ergebnis unwirksam (vgl. Rdn. C 524). Umgekehrt ist denkbar, daß die Staffelmietsätze wesentlich höherliegen als die ortsüblichen Mietpreise. Dieses Risiko muß der Mieter tragen, der zudem durch die §§ 5 WiStG, 302a StGB nur unvollkommen geschützt ist (s. Rdn C 520). Andererseits muß eine Staffelmietvereinbarung auch für den Mieter nicht in jedem Fall nachteilig sein. Er bekommt bei der Vereinbarung einer Staffelmiete regelmäßig ein langfristiges Mietverhältnis und kann die Mietbelastung über Jahre hinweg kalkulieren. Seinem berechtigten Interesse auf Schutz vor Übervorteilung wird dadurch Rechnung getragen, daß bei der Staffelmietvereinbarung gewisse, vom Gesetz vorgegebene Schranken beachtet werden müssen.

Im Unterschied zu der ursprünglich geplanten Regelung ist die Möglichkeit zur Vereinbarung einer Staffelmiete nicht auf den neu errichteten Wohnraum beschränkt. Vielmehr kann ein gestaffelter Mietzins bei freifinanziertem Wohnraum jeder Art vereinbart werden. Für Wohnraum im Sinne von § 10 II S. 2–4 MHG, also für Wohnraum zu vorübergehendem Gebrauch, möblierten Wohnraum innerhalb der Vermieterwohnung, der nicht an eine Familie überlassen wurde, und für Studenten- und Jugendwohnheime sind auch weitergehende Mietanpassungsklauseln möglich. In Betracht kommen hier insbesondere Wertsicherungsklauseln in Form von Gleitklauseln, Spannungsklauseln und Leistungsvorbehalte.

2. Laufzeit der Staffelmietvereinbarung

C 518a Die Vereinbarung einer Staffelmiete muß schriftlich (§ 126 BGB) erfolgen und darf nur einen Zeitraum bis zu jeweils 10 Jahren umfassen. Die Frist beginnt zu dem Zeitpunkt, zu dem die erste Mietzinsrate fällig wird. In der Regel ist dies der Beginn des Mietverhältnisses. Die Frist endet mit der erstmaligen Fälligkeit des letzten Steigerungsbetrags. Unerheblich ist es, wie lange der letzte Steigerungsbetrag geschuldet werden soll. Ausgangsmiete und Endmiete müssen also innerhalb eines Zehnjahreszeitraums liegen. Nach Ablauf dieses Zeitraums sind die Parteien aber nicht gehindert, eine neue Staffelmietvereinbarung zu treffen, deren Laufzeit wiederum maximal 10 Jahre betragen darf. Wollen sich die Parteien lediglich über einen kürzeren Zeitraum festlegen, so ist dies ohne weiteres möglich. Nach Ablauf dieses Zeitraums können die Par-

§ 10. Abweichende Vereinbarungen

teien eine neue Vereinbarung treffen. Eine solche Vereinbarung setzt allerdings voraus, daß beide Parteien eine weitere Staffelmiete wollen. Verweigert der Mieter den Abschluß eines solchen Vertrags, kann der Vermieter deshalb nicht kündigen. Durch die Vereinbarung einer 10 Jahre überschreitenden Laufzeit wird die Staffelmietvereinbarung nicht unwirksam (Schmid BlGBW 83, 65). Vielmehr sind beide Parteien für einen Zeitraum von 10 Jahren an die Vereinbarung gebunden; nach Ablauf dieses Zeitraums schuldet der Mieter auch für die Folgezeit denjenigen Mietzins, der vereinbarungsgemäß im 10. Vertragsjahr zu zahlen ist.

Weitere Mieterhöhungen sind nur noch unter den Voraussetzungen der §§ 1ff MHG möglich. Dabei ist auch die einjährige Wartefrist des § 2 I Ziff 1 MHG zu beachten. Die Frist beginnt mit der Fälligkeit der letzten Staffelmiete. Für die Frage, ob das Mieterhöhungsverlangen bereits vor Fristablauf abgegeben werden kann vgl. Rdn C 77.

3. Ausweisung der Steigerungsbeträge

Die vereinbarten Mietzinssteigerungen dürfen nicht in Prozentsätzen, **C 519** sondern müssen in betragsmäßig festgelegten Stufen ausgedrückt werden. Dies bedeutet, daß aus dem Mietvertrag ohne weitere Rechenoperationen der jeweils geschuldete DM-Betrag ersichtlich sein muß (AG Hamburg-Blankenese WM 84, 135 mit zustimmender Anmerkung Heitgreß; Köhler, Neues Mietrecht S. 73; Gramlich NJW 83, 418; Röbbert Betrieb 83, 163; Sternel MDR 83, 361). Unzulässig ist es deshalb auch, wenn lediglich der Erhöhungsbetrag mitgeteilt wird (z. B.: Der Mietpreis erhöht sich jährlich um DM 20,- OLG Braunschweig RE vom 29. 3. 1985 (RES § 10 MHG Nr. 6) mit ablehnender Anmerkung Pfeifer DWW 85, 179; a. A. Schmid BlGBW 83, 65). Eine zusätzliche Angabe des prozentualen Steigerungsbetrags schadet nicht, ist andererseits aber auch nicht erforderlich. Davon abweichend wird allerdings auch die Ansicht vertreten, daß im Rahmen des § 10 II die rechnerische Bestimmbarkeit ausreicht. Nach dieser Ansicht ist eine Staffelmietvereinbarung auch dann wirksam, wenn die Steigerung durch einen Prozentsatz der Erhöhung gegenüber einem bestimmten Betrag ausgewiesen wird (Barthelmess WM 83, 63). Hierbei wird aber verkannt, daß durch das Erfordernis der betragsmäßigen Ausweisung dem Mieter die Kostenbelastung deutlich vor Augen geführt werden soll. Dieses Ziel könnte nicht erreicht werden, wenn die Mietsteigerung erst nach mehr oder weniger umfangreichen Berechnungen ermittelt werden kann.

4. Einjährige Stillhaltefrist

Zwischen den einzelnen Mietsteigerungen muß ein Zeitraum von **C 520** mindestens einem Jahr liegen. Die Vereinbarung kürzerer Zeiträume führt zur Unwirksamkeit der gesamten Staffelmietvereinbarung. Die Annahme einer teilweisen Unwirksamkeit etwa dergestalt, daß an die Stelle des verfrühten Erhöhungszeitpunkts der gesetzlich zulässige oder ein anderer vertraglich vereinbarter Zeitpunkt tritt, ist nicht möglich, weil hierdurch das gesamte von den Parteien gewollte Preisgefüge verändert wird.

Zu solchen vertragsgestaltenden Eingriffen sind die Gerichte nicht befugt. Vielmehr entfällt die Staffelmietvereinbarung in diesen Fällen ersatzlos; für die Mieterhöhung gelten die gesetzlichen Vorschriften der §§ 1–9 MHG.

Die Vereinbarung längerer Zeiträume ist ohne weiteres möglich. Denkbar ist auch, daß die Parteien Zeiträume von unterschiedlicher Länge vereinbaren. Auch in diesem Fall muß aber die Mindestfrist zwischen den Erhöhungen mindestens ein Jahr betragen. Im übrigen ist es nicht zwingend erforderlich, daß der Erhöhungszeitpunkt kalendermäßig bestimmt wird; es reicht aus, wenn er ermittelt werden kann (z. B.: der Mietzins beträgt im ersten Mietjahr DM 500,–; im zweiten Mietjahr DM 520,–; usw.).

5. Wirkung der Staffelmiete

C 521   Im Zeitpunkt der vereinbarten Mietsteigerung tritt die erhöhte Miete an die Stelle der bisherigen Miete. Einer besonderen Aufforderung an den Mieter, die erhöhte Miete zu zahlen, bedarf es nicht. Allerdings können die Parteien auch vereinbaren, daß die erhöhte Miete erst nach Aufforderung durch den Vermieter fällig wird. Fehlt eine solche Vereinbarung, so kommt der Mieter bei Nichtzahlung des Erhöhungsbetrags ohne weitere Mahnung in Verzug (§ 284 II BGB).

Kündigt der Vermieter wegen der nicht gezahlten Erhöhungsbeträge ohne vorherige Mahnung nach § 554 BGB oder nach § 564b II Nr. 1 BGB, so kann eine solche Kündigung allerdings rechtsmißbräuchlich sein. Dies gilt insbesondere dann, wenn der Mieter den Erhöhungszeitpunkt übersehen hat und der Vermieter diesen Umstand ausnützen will.

Macht der Vermieter den erhöhten Betrag längere Zeit nicht geltend, so kann der Nachzahlungsanspruch verwirkt sein. Das Sonderkündigungsrecht des Mieters nach § 9 MHG gilt bei der Staffelmietvereinbarung nicht.

6. Mietzeitregelungen

C 522   Die Staffelmietvereinbarung kann mit den verschiedenartigsten Regelungen über die Mietzeit verbunden werden. Ist im Mietvertrag ausdrücklich vereinbart, daß das Mietverhältnis auf unbestimmte Zeit geschlossen wird, so kann der Mieter unabhängig von der Laufzeit der Staffelmietvereinbarung kündigen; gleiches gilt für den Vermieter, sofern dieser Kündigungsgründe hat. Wird das Mietverhältnis befristet, so ist es nicht erforderlich, daß die Befristung des Vertrags mit der Laufzeit der Staffelmietvereinbarung übereinstimmt. Jedoch bestimmt § 10 II S. 5 ausdrücklich, daß eine vertragliche Beschränkung des Kündigungsrechts insoweit unwirksam ist, als sie sich auf einen Zeitraum von mehr als vier

§ 10. Abweichende Vereinbarungen   C 523

Jahren seit dem Beginn des Mietverhältnisses erstreckt. Dies gilt sowohl für die einseitige Kündigungsbeschränkung in einem Mietvertrag auf unbestimmte Dauer als auch für den mit einem befristeten Mietverhältnis verbundenen Kündigungsausschluß. Damit soll eine überlange Bindung des Mieters vermieden werden, weil sich dessen Situation im Laufe der Zeit in nicht vorhersehbarer Weise dahingehend ändern kann, daß dieser nicht mehr in der Lage ist, die weiterhin steigende Miete zu bezahlen (vgl. Begründung des Regierungsentwurfs Rdn F 119). Nach dem Wortlaut der Vorschrift ist das Kündigungsrecht des Mieters nicht auf diejenigen Fälle beschränkt, in denen die Laufzeit der Staffelmietvereinbarung mehr als vier Jahre beträgt. Ist beispielsweise ein Mietvertrag auf die Dauer von sechs Jahren geschlossen worden, endet die Staffelmietvereinbarung aber bereits nach vier Jahren, so hat der Mieter gleichwohl nach Ablauf von vier Jahren ein Kündigungsrecht. Diese Ausgestaltung der Ausschlußbeschränkung ist auch sachgerecht, weil die unvorhersehbare Änderung der wirtschaftlichen Situation auch nach dem Auslauf der Staffelmietregelung eintreten und der Mieter in diesem Fall durch die zuletzt bewirkte Erhöhung belastet werden kann.

Der Mieter muß seine Kündigung nicht begründen; das Kündigungsrecht ist auch nicht auf die Fälle der wirtschaftlichen Not beschränkt. Vielmehr besteht es auch dann, wenn sich der Mieter aus beliebigen anderen Gründen vom Vertrag lösen will.

Die Ausschlußbeschränkung besteht nur zugunsten des Mieters; der Vermieter ist auch über den Zeitraum von vier Jahren an einen vereinbarten Kündigungsausschluß gebunden. Der Mieter kann immer nur das gesamte Mietverhältnis kündigen. Ein Recht zur ,,Kündigung" der Staffelmietvereinbarung unter Aufrechterhaltung des übrigen Mietvertrags gewährt § 10 II S. 5 nicht.

7. Höhe der Staffelmiete

Hinsichtlich der Höhe der Staffelmiete hat der Gesetzgeber den Parteien C 523
keine besonderen Beschränkungen auferlegt. Insbesondere ist der Vermieter nicht verpflichtet, die Kappungsgrenze zu beachten, sich an der Höhe der ortsüblichen Miete zu orientieren, oder die Steigerungsraten der zu erwartenden Entwicklung der ortsüblichen Miete anzupassen. Die Vorschriften des § 5 WiStG und des § 302a I Nr. 1 StGB gelten aber auch für die Staffelmietvereinbarung. Dies bedeutet nicht, daß die Staffelmietvereinbarung über die genannten Strafvorschriften an die Entwicklung der ortsüblichen Miete gekoppelt bleibt. Bei einer Staffelmietvereinbarung darf im Rahmen der Prüfung des Ordnungswidrigkeits- oder Straftatbestandes nämlich nicht darauf abgestellt werden, ob der aktuell geschuldete Mietzins die gegenwärtige ortsübliche Miete übersteigt. Vielmehr muß die Vereinbarung in ihrer Gesamtheit gesehen werden. Zu fragen ist, ob das während der Dauer der Staffelmietvereinbarung geschuldete Entgelt das sonst übliche Entgelt nicht unwesentlich übersteigt.

Dies folgt aus der Erwägung, daß die Kalkulation einer Staffelmiete anderen Kriterien unterliegt als die Entwicklung der ortsüblichen Miete. So können zum Beispiel für die ersten Jahre besonders hohe und für die Folgejahre besonders niedrige Steigerungsraten vereinbart werden oder umgekehrt. Dies ist vom Gesetzgeber so gewollt und muß bei der Prüfung des § 5 WiStG, 302a StGB berücksichtigt werden. Daraus folgt, daß die Staffelmietvereinbarung stets als einheitliche Gesamtvereinbarung beurteilt werden muß (a. A. Barthelmess § 10 MHG Rdn 67). Deshalb ist zunächst zu prüfen, welchen Gesamtmietzins der Mieter während der Gesamtlaufzeit der Staffelmietvereinbarung zu entrichten hätte. Dieser Betrag ist mit derjenigen Miete zu vergleichen, die in dem fraglichen Zeitraum in der Gemeinde üblich war. Umfaßt die Staffelmietvereinbarung auch einen in der Zukunft liegenden Zeitraum, so muß die für diesen Zeitraum zu erwartende Progression der ortsüblichen Miete geschätzt werden. Nachdem das System der ortsüblichen Vergleichsmiete seit dem Jahre 1971 besteht (mit der Folge, daß die jeweilige ortsübliche Miete durch zahlreiche Mietspiegel belegt ist) und die für die Entwicklung der Mietpreise maßgeblichen Determinanten weitgehend bekannt sind, stehen für eine solche Schätzung hinreichend sichere Erkenntnisquellen zur Verfügung. Führt der Vergleich der nach der Staffelmietvereinbarung geschuldeten Miete mit der ortsüblichen Miete zu dem Ergebnis, daß ein Verstoß gegen § 5 WiStG vorliegt (s. Rdn D 42ff), so ist die **gesamte Staffelmietvereinbarung nichtig.** An deren Stelle tritt die ortsübliche Miete. Hatte der Mieter bereits in der Vergangenheit einen überhöhten Mietzins bezahlt, so kann er den die ortsübliche Miete übersteigenden Betrag zurückfordern (s. Rdn D 17ff); für die Zukunft hat der Mieter lediglich die ortsübliche Miete zu bezahlen, die der Vermieter unter den Voraussetzungen des §§ 1ff MHG erhöhen kann. Lag die Anfangsmiete unterhalb der ortsüblichen Miete, so kann sich für den Vermieter ein Nachforderungsrecht aus §§ 812ff BGB ergeben, das allerdings i. d. R. an § 818 III BGB scheitern wird. Nach der **Gegenansicht** (Barthelmess a. a. O.) ist jeder Staffelmietsatz für sich betrachtet auf seine Vereinbarkeit mit § 5 WiStG zu untersuchen. Soweit einzelne Staffeln unwirksam sind entfallen sie ersatzlos. Der Mieter schuldet stets diejenige Miete, die er auf grund der letzten wirksamen Staffel zu zahlen hatte. Eine Mieterhöhung kommt erst dann in Betracht, wenn auf grund des Zeitablaufs und der Entwicklung der ortsüblichen Miete wieder eine wirksame Staffel erreicht wird.

8. Abweichende Vereinbarungen

Während der Dauer der Staffelmietvereinbarung ist eine Mieterhöhung nach §§ 2, 3 und 5 MHG ausgeschlossen. Das Recht zur Mieterhöhung bei gestiegenen Betriebskosten bleibt jedoch unberührt. Diese Regelungen haben zur Folge, daß sich der Vermieter beim Abschluß des Vertrags entweder für die Staffelmiete oder für das Vergleichsmietensy-

§ 10. Abweichende Vereinbarungen

stem entscheiden muß. Die mietvertragliche Vereinbarung eines Wahlrechts (Mieterhöhung nach der Staffelmiete oder entsprechend der Höhe der Vergleichsmiete) ist unwirksam. Gleiches gilt für eine Vereinbarung, wonach der Vermieter das Recht haben soll, während der Dauer der Staffelmietvereinbarung auf das Vergleichsmietensystem überzuwechseln. Unwirksam ist auch eine Regelung, wonach der Vermieter das Recht haben soll, nach Ablauf einer Staffelmietvereinbarung nach seiner Wahl eine weitere Staffelmiete zu verlangen. Die Einräumung einer derartigen Wahlmöglichkeit hat im Ergebnis zur Folge, daß der Vermieter weitgehend von dem wirtschaftlichen Risiko der Staffelmietvereinbarung entlastet würde, weil er nach Ablauf einer gewissen Zeit im Falle einer Fehlkalkulation wieder auf das Vergleichsmietensystem überwechseln könnte. Dies ist mit der vom Gesetz angelegten Alternativität zwischen Staffelmiete und Vergleichsmiete (§ 10 II S. 3) nicht vereinbar (a. A.: Barthelmess § 10 MHG Rdn 60 a).

Nach der gesetzlichen Ausgestaltung der Staffelmiete muß jede Koppelung mit der Vergleichsmiete ausgeschlossen sein. Deshalb ist beispielsweise auch eine Vereinbarung unwirksam, nach der relativ hohe Steigerungsbeträge geschuldet werden, zugleich aber bestimmt ist, daß der Vermieter seinen Mietzinsanspruch auf die Höhe der ortsüblichen Miete beschränkt. Durch eine solche Regelung wird nämlich die Entwicklung des Mietzinses im Ergebnis von der Entwicklung der ortsüblichen Miete abhängig gemacht, ohne daß allerdings das gesetzlich vorgeschriebene Erhöhungsverfahren eingehalten würde. Der Sache nach stellt eine so gestaltete Vereinbarung eine unzulässige Spannungsklausel dar.

9. Übergangsregelungen

Nach Artikel 4 Nr. 3 des Gesetzes zur Erhöhung des Angebots an Mietwohnungen vom 20. 12. 1982 (BGBl. I S. 1912) trat § 10 II für den nach dem 31. 12. 1980 bezugsfertig gewordenen Wohnraum rückwirkend mit dem 1. Januar 1981 in Kraft. Diese Übergangsregelung ist aufgrund einer Initiative des Rechtsausschusses in das Gesetz aufgenommen worden (vgl. Rdn F 134). Die Initiatoren gingen hierbei davon aus, daß infolge der im Jahre 1981 vorgelegten Entwürfe zur Änderung des Mietrechts, in denen die Zulassung der Staffelmiete für neu errichteten Wohnraum vorgesehen war, ein gewisses schutzwürdiges Vertrauen auf das Zustandekommen der Rechtsänderungen geschaffen worden sei. Deshalb unterscheidet der Gesetzgeber zwischen den im Jahre 1981 und später bezugsfertig gewordenen Neubauten und älteren Wohngebäuden. Bei den Neubauten sind Staffelmietvereinbarungen dann wirksam, wenn sie nach dem 31. 12. 1980 getroffen worden sind; bei den Altbauten konnten Staffelmietvereinbarungen erst nach dem 31. 12. 1982 wirksam vereinbart werden. Die für Neubauten angeordnete Rückwirkung ist rechtspolitisch und verfassungsrechtlich problematisch, weil es ein schützenswertes Vertrauen auf den Wegfall gesetzlicher Verbote grundsätzlich nicht geben kann. Solange ein gesetzliches Verbot besteht, muß es beachtet werden: Es ist bedenklich, wenn der eine oder andere Vertragsteil aufgrund der Existenz eines bloßen Gesetzentwurfs zur Durchsetzung verbotener Regelungen ermuntert würde. Schützenswert ist immer nur das Vertrauen auf die Gültigkeit des bestehenden Rechts. In diesem Sinne durfte auch der Mieter einer Neubauwohnung in den Jahren 1981 und 1982 darauf vertrauen, daß eine Staffelmietklausel wegen Verstoß gegen § 10 I MHG in der damals geltenden Fassung nichtig ist. In diesem Vertrauen wird er durch die Regelung in Artikel 4 Nr. 3 des Gesetzes zur Erhöhung des Angebots an Mietwohnungen enttäuscht. Gleichzeitig greift die Regelung in einen bereits abgeschlossenen Tatbestand ein, weil eine bis zum 1. 1. 1983 unwirksame Staffelmietvereinbarung nunmehr rückwirkend zum 1. 1. 1981 wirksam werden soll. Es liegt mithin eine sogenannte echte Rückwirkung vor, die gegen das Rechtsstaatsprinzip verstößt (vgl. BVerfG E 24, 98).

C 526 Staffelmietvereinbarungen, die vor den jeweiligen Stichtagen abgeschlossen worden sind, bleiben grundsätzlich unwirksam. Dies gilt nach der obergerichtlichen Rechtsprechung auch dann, wenn der Mieter im konkreten Fall günstiger als nach der gesetzlichen Regelung stünde (vgl. dazu OLG Schleswig (RE) vom 24. 3. 1981 RES § 10 MHG Nr. 3; OLG Koblenz (RE) vom 5. 6. 1981 RES § 10 MHG Nr. 4; s. Rdn C 486; teilweise abweichend: AG Pinneberg WM 81, 191, wonach es treuwidrig ist, wenn sich der Vermieter auf die Unwirksamkeit beruft). Auch solche Vereinbarungen verstoßen gegen § 134 BGB, was bedeutet, daß sie von Anfang an keine Rechtswirkungen zur Folge haben. Der spätere Wegfall des Nichtigkeitsgrundes ändert daran nichts. Eine Ausnahme gilt nach § 141 II BGB nur dann, wenn die Staffelmietvereinbarung nach dem maßgeblichen Stichtag von den Parteien bestätigt wird. Eine solche Bestätigung kann auch stillschweigend – etwa durch die Bezahlung und Entgegennahme des nach der Staffelmietvereinbarung geschuldeten Mietpreises – erfolgen.

In einem solchen Fall ist die Staffelmietvereinbarung so zu behandeln, wie wenn sie von Anfang an gültig gewesen wäre.

10. Umgekehrte Staffelmiete

C 527 Unter einer umgekehrten Staffelmiete versteht man eine Vereinbarung, wonach der Vermieter verpflichtet ist, auf den vereinbarten Mietpreis einen im Lauf der Mietzeit geringer werdenden Nachlaß zu gewähren (z. B.: die Grundmiete beträgt DM 500,–; der Vermieter gewährt im ersten Mietjahr einen Nachlaß von DM 100,–, im zweiten Mietjahr eine Nachlaß von DM 80,– usw.). Auch eine derartige Vertragsgestaltung ist nunmehr nach § 10 II zulässig. Voraussetzung ist aber auch hier, daß die gesetzlichen Beschränkungen eingehalten werden. Ausnahmsweise sind Vereinbarungen der hier fraglichen Art auch außerhalb des § 10 II mög-

§ 10. Abweichende Vereinbarungen   C 528, 529

lich, falls mit der Gewährung des Nachlasses andere Ziele als die der Mietzinssteigerung verfolgt werden (z. B. regressive Tilgung eines Mieterdarlehens; Ausgleich für zeitlich befristete Belästigungen durch Bautätigkeit in einem Neubaugebiet).

III. Unanwendbarkeit des MHG (Abs. III)

1. Zweck

Der Geltungsbereich des MHG erstreckt sich grundsätzlich auf alle **C 528** Mietverhältnisse über Wohnraum, soweit der dafür zu zahlende Mietzins nicht der **gesetzlichen Mietpreisbindung** unterliegt (s. Rdn C 531). Dabei geht das Gesetz davon aus, daß die Wohnung einen existenziellen Lebensmittelpunkt des Mieters darstellt, auf die er und seine Familie unausweichlich zu einer gesicherten Lebensführung angewiesen ist, so daß dieser Bereich des besonderen gesetzlichen Schutzes bedarf. Dieser Ausgangspunkt des sozialen Mietrechts trifft aber nicht für alle Mietverhältnisse zu. Schon in § 25 MSchG wurden deshalb solche Mietverhältnisse vom Mieterschutz ausgeschlossen, die nur zum vorübergehenden Gebrauch bestimmten Wohnraum zum Gegenstand hatten. Aus dieser Vorschrift ist später die weitergehende Beschränkung der Schutzrechte des Mieters in die §§ 556a VIII, 564a III, 565 II, III BGB übernommen worden; zum Schutz des nur vorübergehend gemieteten oder vom Vermieter überwiegend möblierten Wohnraums konnte sich der Mieter im Falle der Kündigung somit vor allem nicht auf die Sozialklausel und die gesetzlichen Kündigungsfristen berufen. In seinem Bemühen, die Rechte des Vermieters nur in dem sachlich gebotenen und sozial erforderlichen Maße einzuschränken, hatte der Gesetzgeber dieser Beschränkung der Schutzrechte des Mieters im Prinzip bereits in § 4 II des 1. WKSchG übernommen.

In solchen Wohnräumen, die vereinbarungsgemäß nur zur Befriedi- **C 529** gung eines **vorübergehenden Wohnbedarfs** überlassen werden, kann der Mieter nicht sein Heim und somit nicht den Mittelpunkt seiner persönlichen Lebensführung finden; dieser Wohnraum hat für die Lebensverhältnisse des Mieters nur eine untergeordnete und keine zentrale Bedeutung, so daß die Schutzvorschriften des MHG nach ihrem aus Art. 14 II GG hergeleiteten Grundgedanken (s. Rdn A 24) als entbehrlich angesehen werden können. Diese Begrenzung der Schutzrechte des Mieters für solche Wohnräume, die der Vermieter hinreichend **zu möblieren** verpflichtet ist, wäre hingegen nur dann gerechtfertigt, wenn aus der fehlenden Eigenmöblierung seitens des Mieters die Folgerung gezogen werden könnte, auch diese Wohnräume könnten keinen längerdauernden Mittelpunkt der Lebensführung des Mieters bilden. Das ist jedoch für zahlreiche besonders schutzbedürftige Mieter nicht der Fall (RegE; s. Rdn F 10; Schmidt-Futterer MDR 74, 191). Deshalb hat der Gesetzgeber des 2. WKSchG entgegen der früheren Regelung des § 4 II des 1. WKSchG auch den möblierten Wohnraum grundsätzlich in den Schutzbereich des MHG einbezogen, soweit dieser nicht Teil der vom Vermieter selbst bewohnten Wohnung ist (s. Rdn C 548). Demgegenüber sind die früher geschützten Mietverhältnisse über Räume in Studenten- und Jugendwohnheimen durch das Gesetz zur Erhöhung des Angebots an Mietwohnungen vom 20. 12. 1982 (BGBl. I S. 1912) aus dem Anwendungsbereich der Wohnraumschutzgesetze ausgeklammert worden. Durch diese Entscheidung sollte die Einhaltung bestimmter Regelmietzeiten (sogenanntes Rotationsprinzip) gewährleistet werden (Näheres s. Rdn C 559). Dieser Gesetzeszweck rechtfertigt indes die Neuregelung nicht (so zutreffend Lechner WM 83, 71). Jedenfalls muß davon ausgegangen werden, daß der Gesetzgeber die Schutzrechte des MHG im Grundsatz allen Mietern von Wohnraum zuerkannt hat und es sich bei den in § 10 II erfaßten Mietverhältnissen um **Ausnahmefälle** handelt, so daß die Voraussetzungen dieses Ausschlußtatbestandes **eng auszulegen** sind.

C 530 Es muß der Gefahr begegnet werden, daß die gesetzlichen Schutzvorschriften durch solche Vereinbarungen umgangen werden, in denen auf Veranlassung des Vermieters mehr oder weniger fingiert die Voraussetzungen des § 10 II geschaffen werden, wobei der Mieter die ihm daraus erwachsenden Nachteile meist nicht übersieht; solche Vereinbarungen werden nach § 10 I MHG als **unwirksam** anzusehen sein.

2. Preisgebundener Wohnraum (§ 10 III Nr. 1)

C 531 Die Vorschriften der §§ 1–9 MHG sind nach § 10 II Nr. 1 für preisgebundenen Wohnraum unanwendbar. Für diesen Wohnraum darf der Vermieter nur die Kostenmiete nach Maßgabe einer Wirtschaftlichkeitsberechnung mit den dafür gesetzlich festgelegten Kostenansätzen verlangen, so daß folgerichtig das Prinzip der ortsüblichen Vergleichsmiete ausgeschlossen ist. Der § 10 I Nr. 1 entspricht der früheren Regelung in § 3 VII des 1. WKSchG. Nach der derzeitigen Rechtslage besteht die Mietpreisbindung für folgenden Wohnraum fort:

C 532 a) Wohnungen, die nach dem 20. 6. 1948 bezugsfertig geworden und mit **öffentlichen Mitteln** i. S. v. § 3 des I. WoBauG, § 6 des II. WoBauG **gefördert** worden sind, unterliegen der gesetzlichen Mietpreisbindung (vgl. § 1 WoBindG; sog. **Sozialwohnungen**). Für diese Wohnungen darf kein höheres Entgelt gefordert werden, als zur Deckung der laufenden Aufwendungen erforderlich ist (Kostenmiete; §§ 8, 8a WoBindG). Die Kostenmiete wird anhand einer Wirtschaftlichkeitsberechnung nach der II. BV und der NMV 1970 ermittelt (vgl. dazu Sternel Rdn III 349; Schmidt-Futterer/Blank MR Stichworte: Sozialwohnungen, Wirtschaftlichkeitsberechnung). Die Preisbindung endet grundsätzlich mit Ablauf des Jahres, in dem die öffentlichen Mittel nach Maßgabe der Tilgungsbedingungen vollständig zurückgezahlt werden (§ 15 WoBindG). Werden

§ 10. Abweichende Vereinbarungen

die Mittel freiwillig vorzeitig zurückgezahlt, so endet die Preisbindung grundsätzlich mit Ablauf des 8. Kalenderjahres (Bei Tilgung vor dem 1.1. 1972 mit Ablauf des 5. Kalenderjahres) nach demjenigen Kalenderjahr, in dem die Mittel zurückgezahlt wurden (§ 16 WoBindG). Würde die Bindung jedoch zu einem früheren Zeitpunkt erlöschen, wenn die Mittel nach Maßgabe der Tilgungsbedingungen zurückgezahlt worden wären, so gilt dieser dem Vermieter günstigere frühere Zeitpunkt. Weitergehende Sonderregelungen bestehen ab dem 1. 1. 1983 nach dem durch das zweite Haushaltsstrukturgesetz neu eingeführten § 16a WoBindG für Sozialwohnungen, die in Gemeinden unter 200.000 Einwohnern liegen. Werden für diese Wohnungen die öffentlichen Mittel vorzeitig freiwillig zurückgezahlt, so endet die Preisbindung nach 6 Monaten. Die Belegungsbindung bleibt aber weiterhin bestehen. Dies führt zu dem Ergebnis, daß es ab 1983 auch Sozialwohnungen geben wird, für die die ortsübliche Miete verlangt werden kann. Die Landesregierungen können diese Entwicklung zwar durch Rechtsverordnung verhindern; soweit bekannt, ist bislang aber noch keine derartige Verordnung erlassen worden. Die darlehensverwaltende Stelle ist verpflichtet, dem Mieter Auskunft über die Höhe der zulässigen Kostenmiete und die Beendigung bzw. Fortdauer der Preisbindung zu geben, wenn der Vermieter seiner Auskunftspflicht nicht nachkommt (§ 8 Abs. IV WoBindG). Solange die Sperrfrist der §§ 15, 16 WoBindG nicht abgelaufen ist, kann weder die Miete frei vereinbart noch die Zustimmung zu einer höheren Miete nach dem MHG gefordert werden.

b) Steuerbegünstige Wohnungen, die mit **Wohnungsfürsorgemitteln** gefördert worden sind (vgl. §§ 87a ff II. WoBauG) sind preisgebunden. Es handelt sich um freifinanzierten oder steuerbegünstigten Wohnraum, für den ein Besetzungsrecht zugunsten öffentlich Bediensteter vereinbart ist. Für die Dauer des Besetzungsrechts, das in der Regel an die planmäßige Tilgung der gewährten Mittel geknüpft ist, gilt die Kostenmiete nach Maßgabe des § 87a II des II. WoBauG als preisrechtlich zulässige Obergrenze. Die vorzeitige Tilgung der Mittel beseitigt die Bindung nicht (BGH ZMR 69, 315; MDR 70, 411; ZMR 70, 46). C 533

c) Steuerbegünstigte Wohnungen, die mit **Aufwendungszuschüssen** (z. B. Zuschuß der Länder für zinsverbilligte Darlehen) oder **Aufwendungsdarlehen** gefördert worden sind (§§ 88ff II. WoBauG) sind preisgebunden (dazu LG Dortmund MDR 74, 338). Für diese Wohnungen darf höchstens die Kostenmiete gefordert werden (§ 88b des II. WoBauG). Die Bindung endet 2 Jahre nach Ablauf des Förderungszeitraums. Die Förderung durch Zinszuschüsse findet oft schon in den Mietverträgen ihren Niederschlag, indem vorgesehen ist, daß sich die Miete entsprechend dem stufenweisen Abbau der Förderung erhöht; darin liegt keine unzulässige Vereinbarung einer Staffelmiete, sondern die bloße Ankündigung einer Mieterhöhung. Ermäßigt sich die Förde- C 534 rung und steigen dementsprechend die bisher subventionierten Kapitalkosten, so kann der Vermieter die höhere Kostenmiete gemäß § 10 Abs. I WoBindG, § 4 Abs. VII, VIII NMV 1970 geltend machen.

Für alle übrigen steuerbegünstigten Wohnungen, für die keine derartigen Zuschüsse oder Darlehen gewährt worden sind, besteht keine Mietpreisbindung, so daß die Vorschriften des MHG Anwendung finden. Das gilt insbesondere dann, wenn der Bauherr für die Errichtung und Erhaltung einer als steuerbegünstigt anerkannten Wohnung die Grundsteuer- und Einkommensteuervergünstigungen nach §§ 92 ff des II. WoBauG, 7c Einkommenssteuergesetz in Anspruch nimmt (dazu zusammenfassend Schmidt-Futterer/Blank MR Stichwort ,,Steuerbegünstigter Wohnraum"; LG Osnabrück WM 77, 128; AG Celle WM 76, 154).

C 535 d) Zur Rechtslage im **Land Berlin** wird auf Art. 5 des II. WKSchG verwiesen (s. Rdn C 576). Nach Art. 6 des II. WKSchG ist die bisherige Mietpreisbindung im Stadt- und Landkreis München sowie in der Hansestadt Hamburg ab 1. 1. 1975 aufgehoben.

C 536 e) Endet die Preisbindung, so kann der Vermieter das Mieterhöhungsverfahren nach den §§ 1 ff. betreiben. Nach dem Rechtsentscheid des OLG Hamm vom 9. 10. 1980 (RES § 10 MHG Nr. 1; vgl. auch Anm. Herpers WM 80, 262 und Anm. Köhler NJW 81, 234) kann die Mieterhöhungserklärung bereits vor Ablauf der Preisbindung abgegeben werden, so daß die erhöhte Miete vom Tage der Beendigung der Preisbindung an geschuldet wird (ebenso: LG Köln WM 78, 93; LG Dortmund ZMR 79, 61).

Nach der hier vertretenen Ansicht ist dagegen ein während des Laufs der Preisbindung abgegebenes Mieterhöhungsverlangen unwirksam (ebenso: AG Stuttgart ZMR 75, 118; LG Essen ZMR 78, 308 m. zust. Anm. Tiefenbacher; LG Hannover WM 78, 144; LG Wuppertal NJW 77, 1691 = ZMR 78, 61 m. zust. Anm. Gallas u. abl. Anm. Schulz ZMR 78, 82; AG Münster WM 78, 260; Wichardt ZMR 80, 99). Solange der Wohnraum noch der gesetzlichen Mietpreisbindung unterliegt, ist das MHG unanwendbar. Das gilt beim **Übergang** von der preisgebundenen Miete zur marktorientierten Vergleichsmiete auch dann, wenn der Vermieter durch die vorzeitige Abgabe einer Erhöhungserklärung erreichen will, daß er unmittelbar nach der Beendigung der Preisbindung die höhere Vergleichsmiete erhält, weil eine entsprechende Übergangsvorschrift fehlt. Eine vertragliche Vereinbarung, wonach der Mieter nach der Beendigung der Mietpreisbindung einen bestimmten höheren Mietzins schuldet, stellt im Ergebnis eine nach § 10 I MHG unzulässige Staffelmiete dar und ist grundsätzlich unwirksam (s. Rdn C 492; Sternel Rdn III 58). Auch unter dem Gesichtspunkt von Treu und Glauben (§ 242 BGB) kann der Vermieter in derartigen Übergangsfällen keine Angleichung des bisher preisgebundenen Mietzinses außerhalb der Erhöhungsvoraussetzungen des MHG verlangen (LG Düsseldorf MDR 75, 405 mit ablehnender Anmerkung Glaser; wie hier LG Köln WM 77, 209; LG Wuppertal NJW 77, 1691 = ZMR 78, 61 m. zust. Anm. Gallas; AG

§ 10. Abweichende Vereinbarungen

Hamburg WM 77, 100; AG Köln WM 77, 74; AG Köln WM 77, 169; AG Münster WM 77, 100). Die einjährige Sperrfrist des § 2 I Nr. 1 MHG braucht der Vermieter nach der Beendigung der Mietpreisbindung allerdings auch nach der hier vertretenen Ansicht nicht einzuhalten, wenn er erst kürzere Zeit vor der Preisfreigabe eine Erhöhung auf Grund der Preisbindungsvorschriften geltend gemacht hat (s. Rdn C 80; a. A. LG Dortmund a. a. O.; LG Hagen WM 86, 139; Sternel a. a. O.). Zur Frage der Vertragsangleichung hinsichtlich der **Mietnebenkosten** in derartigen Übergangsfällen s. Rdn C 284.

f) LAG-Wohnungen sind wegen der Förderung mit Ausgleichsmitteln (§ 254 III LAG) nicht preisgebunden, da diese Mittel nicht als öffentliche Mittel gelten (vgl. § 3 Abs. II a des I. WoBauG, § 5 Abs. II a des II. WoBauG; berichtigt und ergänzt durch AW 1974 im Amtl. Mitteilungsbl. d. B.-Ausgleichsamtes 1974 Nr. 5, hier einschlägig Ziff. 35/i, S. 90 ff). Regelmäßig ist jedoch zwischen dem Ausgleichsamt und dem Bauherrn (Vermieter) als dem Darlehensempfänger vereinbart, daß der Vermieter mindestens für die Dauer der Zweckbindung nur die Kostenmiete fordern darf (vgl. Merkblatt des Bundesausgleichsamtes – BAA 15 – v. 14. 7. 1971 in FWW 1971, 492). Dadurch wird die LAG-Wohnung jedoch nicht zum preisgebundenen Wohnraum, so daß der Vermieter die Erhöhungsvoraussetzung des MHG einhalten muß; die vereinbarte Erhöhungsbeschränkung kann der Mieter nach § 1 S. 3 MHG geltend machen, wenn die Kostenmiete niedriger als die verlangte ortsübliche Vergleichsmiete ist oder die Mieterhöhung der Zustimmung der LAG-Behörde bedarf (s. Rdn C 36; Schmidt-Futterer/Blank MR Stichwort: LAG-Wohnungen). Enthält der Bewilligungsbescheid der LAG-Behörde keine Auflage für eine Mietpreisbegrenzung, was insbesondere bei Bescheiden bis zum Jahre 1959 häufiger der Fall ist, so ist der Vermieter uneingeschränkt zur Mieterhöhung nach den §§ 2–10 MHG berechtigt (AG Mannheim DWW 75, 296).

Ist die Mieterhöhung vertraglich nur mit Zustimmung der LAG-Behörde zulässig, ist diese zur Zustimmung verpflichtet, wenn die Beibehaltung der vereinbarten Höchstmiete die Wirtschaftlichkeit des Wohnraums gefährdet.

Zahlt der Vermieter das Darlehen vorzeitig zurück, ist er weiterhin an die vertraglich vereinbarte Mietpreisbegrenzung gebunden, wenn dies ausdrücklich vorgesehen ist oder aber zumindest das Belegungsrecht entsprechend den Bestimmungen fortbesteht (also i. d. R. nach Ablauf der 10-jährigen Zweckbindung). Fehlen dahingehende Vereinbarungen, so entfallen für den Vermieter mit der Zurückzahlung die Mietpreisbegrenzungen, so daß er ohne Zustimmung der Behörde die ortsübliche Miete verlangen kann, wobei die gesetzlichen Voraussetzungen des MHG einzuhalten sind (BVerwG DWW 77, 44). Die vorzeitige Rückzahlung des Darlehens ist nur dann zulässig, wenn der Darlehensvertrag dies vorsieht oder die Behörde zustimmt.

Werden neben den LAG-Mitteln öffentliche Mittel in Anspruch genommen, so ist der Wohnraum nach den Ausführungen oben unter a) bis c) preisgebunden.

C 538 g) Für die Überlassung von Wohnungen **gemeinnütziger Wohnungsunternehmen** – meist Genossenschaftswohnungen – darf nur ein angemessener Preis vereinbart werden (§ 7 Abs. 2 WGG). Nach § 13 WGG-DV ist die Kostenmiete nach der II. BV der angemessene Preis. Diese Beschränkung begründet noch keine Preisbindung i. S. d. § 10 Abs. II Nr. 1, so daß der Vermieter bei Mieterhöhungen an das MHG gebunden ist (LG Frankfurt WM 74, 184; LG Hagen ZMR 74, 147; LG Mannheim NJW 75, 316 = ZMR 75, 119 = MDR 75, 406 = WM 76, 16; LG Itzehoe WM 80, 60; AG Bielefeld ZMR 77, 190; AG Celle WM 76, 154; Gallas WM 77, 179; AG Frankfurt WM 74, 130; Lau ZMR 74, 193; WM 78, 201; Löwe NJW 72, 2017; Sternel Rdn III 65). Zur Vergleichbarkeit der Wohnungen gemeinnütziger Vermieter mit anderem Wohnraum s. Rdn C 72. Zur vertraglichen Begrenzung des Erhöhungsrechts bis zur Höhe der kostendeckenden Miete vgl. Rdn C 39 (a. E.).

Deshalb muß sich auch ein gemeinnütziges Wohnungsunternehmen beim Wegfall einer zeitlich befristeten Zinsvergünstigung bei einer beabsichtigten Mieterhöhung an die Vorschrift des § 5 MHG halten, welche insoweit eine Erhöhung nicht rechtfertigt (LG Mannheim MDR 77, 582 = ZMR 77, 286 = WM 77, 189 s. Rdn. C 301) = NJW 77, 2268 = Justiz 77, 270.

3. Wohnraum zu vorübergehendem Gebrauch (§ 10 II Nr. 2)

C 539 Die Vorschriften des MHG finden keine Anwendung, wenn die Wohnräume nur zum vorübergehenden Gebrauch des Mieters bestimmt sind (§ 10 II Ziff 2).

a) Da der Mieter auf Grund des Mietvertrages immer nur ein Recht zum vorübergehenden und nicht zum bleibenden, dauernden Gebrauch der Mietsache hat, will der Gesetzgeber zum Ausdruck bringen, daß es sich um einen **kurzfristigen Gebrauch** handeln muß. Nur solche Wohnräume haben für den Mieter eine zentrale und nicht nur untergeordnete Bedeutung, in denen er für einen längeren Zeitraum mit Billigung des Vermieters zu wohnen gedenkt und verdienen den besonderen Schutz des Gesetzes; soll dagegen nur ein momentanes, zeitweiliges Wohnbedürfnis des Mieters befriedigt werden, dessen baldiges Ende von vornherein feststeht, besteht für einen besonderen Schutz des Mieters aus sozialen Erwägungen kein gleichwertiges Bedürfnis. Nach den Vorstellungen des Gesetzgebers ist dem Mieter in derartigen Fällen anläßlich einer Kündigung des Vermieters mit den verkürzten Kündigungsfristen des § 565 III BGB ein Umzug in eine andere Wohngelegenheit für die restliche Aufenthaltszeit am Ort möglich und zumutbar, so daß insoweit auch kein Kündigungsschutz nach § 564b VII BGB, sowie kein Bestandschutz nach § 564c I BGB besteht; dementsprechend hält der Gesetzge-

§ 10. Abweichende Vereinbarungen

ber auch einen Schutz des Mieters vor Mieterhöhungen nicht für erforderlich.

b) Ob ein kurzzeitiger Gebrauch der Mietsache vorliegt, muß unter Berücksichtigung der **Umstände des Einzelfalles** nach dem besonderen Vertragszweck und der vereinbarten Vertragsdauer entschieden werden. Die Absicht des Mieters oder Vermieters, den Wohnraum nur kurzfristig gebrauchen oder überlassen zu wollen, muß bereits beim Abschluß des Mietvertrages bestanden haben; der Vertragspartner muß davon Kenntnis erlangt und sie gebilligt haben. Die **Absicht** zu einem nur kurzfristigen Gebrauch der Mietsache muß **Vertragsinhalt** geworden sein, weil das Gesetz verlangt, daß die Vermietung zu diesem Zweck erfolgt sein muß. Somit ist neben der Einigung über den allgemeinen Wohnzweck hinaus eine zusätzliche Einigung über die Kurzfristigkeit des Wohngebrauchs erforderlich. Diese zusätzliche Einigung kann aber den Ausschluß der Schutzvorschriften nicht rechtfertigen, wenn ihr kein besonderer Zweck zugrundeliegt, zu welchem der Abschluß des Mietvertrages erfolgt ist und aus welchem sich sachlich die Kurzfristigkeit der Überlassung herleiten läßt; wenn es an einem solchen Vertragszweck für die Annahme eines nur kurzzeitigen Gebrauchs fehlt, kann ein nur vorübergehender Gebrauch nicht daraus hergeleitet werden, daß die Mietzeit kurz bemessen ist oder von vornherein unbestimmt gehalten wird, soweit die Räume zur Befriedigung des allgemeinen Wohnbedarfs des Mieters überlassen werden. Eine wirksame Einigung, die zum Ausschluß der Schutzvorschriften führt, setzt somit stets die Kenntnis derjenigen **besonderen Umstände** oder Tatsachen voraus, welche die Folgerung eines nur kurzzeitigen Gebrauchs rechtfertigen (s. dazu unten c). Fehlen solche besonderen Umstände oder sind sie dem Vertragspartner beim Abschluß des Mietvertrags nicht bekannt, ist der Ausschluß der Schutzvorschriften des sozialen Mietrechts nicht gerechtfertigt, anderenfalls könnte durch die Vereinbarung einer besonders kurzen Vertragszeit trotz längerer Vermietungsabsicht der Ausschluß der Schutzrechte des MHG bewirkt werden.

c) Ob die vereinbarte **Dauer der Raumüberlassung** als kurzzeitiger Gebrauch der Mietsache anzusehen ist, muß nach dem **besonderen Zweck** beurteilt werden, zu welchem der Abschluß des Mietvertrages erfolgt ist. Schon § 25 MSchG bestimmte, daß eine Vermietung zu vorübergehendem Gebrauch nur dann vorliegt, wenn sie für ,,besondere Zwecke" erfolgte. Obwohl diese Worte in den gesetzlichen Ausschlußtatbeständen des sozialen Mietrechts fehlen, muß bei der Auslegung dieser Vorschriften weiterhin vom Vorliegen dieser Voraussetzungen ausgegangen werden (Roquette § 556 a BGB Rdn 5). Da es sich um Ausnahmen von der Regel handelt, entspricht es nach wie vor dem Zweck des Gesetzes, den Anwendungsbereich dieser Ausschlußtatbestände auf solche Fälle zu begrenzen, die sachlich einen besonderen Schutz des Mieters nicht erfordern; deshalb muß an dem Erfordernis festgehalten werden, den Anwendungsbereich der Ausschlußtatbestände und ihre Auslegung im Einzelfall nach dem besonderen Vertragszweck zu bestimmen, welcher meist auch den Anlaß zum Abschluß des Mietvertrages bildet. Eine Überlassung zu vorübergehendem Gebrauch liegt beispielsweise dann vor, wenn eine Erbengemeinschaft mit einem der Miterben einen Mietvertrag für die Dauer der Erbauseinandersetzung abschließt (LG Mannheim Urt. vom 9. 12. 1976 – 4 S. 103/76).

C 542 So kann bei gebührender Berücksichtigung des besonderen Vertragszwecks ein Mietvertrag für die Dauer von 1 Jahr oder mehr noch als kurzfristig angesehen werden, während ein Mietvertrag über wenige Monate beim Fehlen eines entsprechenden Anlasses nicht mehr als kurzzeitig beurteilt werden kann. Bei den typischen Fällen einer nur vorübergehenden (kurzzeitigen) Vermietung von Wohnraum i. S. der Ausschlußtatbestände, wird sich die zeitliche Beschränkung des Mietgebrauchs aus dem beiden Vertragspartnern bekannten Zweck der Gebrauchsüberlassung ergeben: Hotelzimmer, Ferienwohnung, Unterkünfte für die Dauer einer Messe (Musikfestspiele, Sportturniere), Studentenbude für 1 Semester, Unterkunft eines auswärtigen Monteurs oder ausländischen Wissenschaftlers bis zur Erledigung des Arbeitszieles, Wohnung für den beruflich versetzten Mieter und seine Familie bis zur Fertigstellung eines begonnenen Neubaus (dagegen nicht die bloße Eigenschaft des Mieters als ausländischer Gastarbeiter; a. A. AG Frankfurt ZMR 73, 149). Diesen Fällen ist gemeinsam, daß nach dem Gebrauchszweck das Ende des Mietverhältnisses entweder zeitlich genau fixierbar ist oder aber von einer Bedingung abhängt, deren Eintritt innerhalb einer überschaubaren Frist in naher Zukunft gewiß ist (LG Hannover MDR 71, 762). Fehlt es an diesen Voraussetzungen, kann von einem kurzzeitigen Mietverhältnis auch dann nicht ausgegangen werden, wenn ein befristeter Mietvertrag mit kurzer Vertragsdauer oder ein unbefristetes Mietverhältnis mit der unverbindlichen Ankündigung einer alsbaldigen Vertragsbeendigung abgeschlossen worden ist. Aus dem bloßen Fehlen einer Befristung des Mietverhältnisses kann die Vermutung für einen nur kurzfristigen Gebrauch nicht hergeleitet werden (unzutr. AG Frankfurt ZMR 73, 149). Zum vorübergehenden, kurzzeitigen Gebrauch kann die Wohnung ferner dann nicht als überlassen gelten, wenn sie dem Mieter (z. B. Gastarbeiter) bis zum Erhalt einer anderweitigen (besseren) Ersatzwohnung vermietet wird (LG Hannover a. a. O.), wenn sie bis zur Fertigstellung eines erst geplanten Neubaus bewohnt werden soll oder einem Studenten für die noch unbekannte Dauer seines Studiums am Ort zur Verfügung gestellt wird. In den Rechtsentscheiden des OLG Hamm vom 31. 10. 1980 (RES § 564b BGB Nr. 1 mit zustimmender Anm. Borowsky WM 81, 6) und des OLG Bremen vom 7. 11. 1980 (RES § 10 MHG Nr. 2) wird zutreffend festgestellt, daß ein Mietverhältnis über ein möbliertes Zimmer in einem Studentenwohnheim auch dann nicht als Mietverhältnis zu vorübergehendem Gebrauch angesehen werden kann, wenn der Mietvertrag für die Dauer des Studiums abgeschlossen worden ist. Erforderlich ist vielmehr die „Verknüpfung einer vereinbarungsge-

§ 10. Abweichende Vereinbarungen   C 543

mäß kurzfristigen, überschaubaren Vertragsdauer mit einem Vertragszweck, der sachlich die Kurzfristigkeit der Gebrauchsüberlassung begründet und so das Mietverhältnis in Übereinstimmung mit seiner kurzen Dauer nur als ein Durchgangsstadium erscheinen läßt" (OLG Bremen a. a. O.). An einer solchen Verknüpfung fehlt es auch dann, wenn der Mietvertrag formal nur für die Dauer eines Semesters abgeschlossen wird, in Wirklichkeit aber eine regelmäßige Verlängerung beabsichtigt ist (LG Freiburg MDR 80, 316 = ZMR 80, 143). Eine kurzfristige, überschaubare Vertragsdauer wird regelmäßig dann nicht vorliegen, wenn der Mietvertrag für längere Zeit als ein Semester abgeschlossen wird (OLG Hamm WM 86, 217). Auch wenn der Vermieter den Abriß des Hauses plant, den Umbau in Geschäftsräume oder Großwohnungen in Erwägung zieht oder die noch nicht zeitlich bestimmbare Überlassung an Angehörige oder Freunde beabsichtigt und damit das Vertragsende vage in Aussicht stellt, kann darin keine ausreichend konkretisierte Kurzfristigkeit erblickt werden. Anders ist es dagegen, wenn bei Abschluß eines kurzzeitigen Wohnraummietvertrags zur Vermeidung von Obdachlosigkeit unter Angabe des Beginns der Modernisierungsarbeiten auf eine bevorstehende Modernisierung hingewiesen und zugleich das Ende des Mietverhältnisses datiert wird (OLG Karlsruhe DWW 82, 276). Soweit das Ende der kurzzeitigen Überlassung nicht ausdrücklich terminiert oder fixiert ist (z. B. nach 3 Monaten, zum Semesterende) muß es wenigstens durch die Vertragsvereinbarung für einen konkretisierbaren, nicht in unbestimmter Ferne liegenden Zeitpunkt festgelegt werden (z. B. bis zur Räumung der Ersatzwohnung seitens des gekündigten Vormieters, bis zum Abschluß der vom Mieter durchzuführenden Montagearbeiten), um eine nur vorübergehende Überlassung annehmen zu können. Anderenfalls liegt entweder ein Mietverhältnis auf unbestimmte Zeit vor, wenn ein hinreichend konkretisierbarer Endzeitpunkt trotz des bekannten Überlassungszwecks nicht feststellbar ist; oder es muß von einem Mietverhältnis auf bestimmte Zeit zu nicht nur vorübergehendem Gebrauch ausgegangen werden, wenn zwar eine kürzere als die allgemein übliche Überlassungsdauer vereinbart worden ist, für die aber kein besonderer Anlaß genannt und somit auch nicht zum ergänzenden Vertragsinhalt geworden ist. Deshalb können Kettenverträge, die mehrfach nur für eine bestimmte Vertragsdauer abgeschlossen werden, nicht als solche zum vorübergehenden Gebrauch gelten, wenn die Kurzzeitigkeit der Überlassung durch kein oder ein nur langfristiges Rückerlangungsinteresse gekennzeichnet ist; ihr Schutz richtet sich nach § 564c hinsichtlich der Kündigungsbeschränkungen und der Mieterhöhungsbefugnis wird durch das MHG begrenzt (s. Rdn B 29a).

Eine Vermietung auf eine bloß **kalendermäßig bestimmte Zeit,** und C 543 sei diese auch nur auf wenige Monate bemessen, kann daher einen nur vorübergehenden Gebrauch i. S. der Ausschlußtatbestände nicht rechtfertigen (Roquette § 556a BGB Rdn 5; Gutekunst ZGemWW Bay 72, 267). Gleiches gilt für eine Vermietung, die von vornherein auf die Dauer mehrerer Jahre befristet wird (z. B. bis zur Rückkehr des Sohnes von einem 2jährigen Auslandsstudium); auch wenn der Mieter in solchen Fällen den besonderen Überlassungszweck und die darauf beruhende Begrenzung der Überlassungszeit kennt, hat seine vertragliche Bindung an den Mietvertrag für mehrere Jahre zur Folge, daß die Wohnung zunächst für ihn den Mittelpunkt seiner Lebensführung bildet, so daß ihm auch der Schutz zugebilligt werden sollte, den ein Mieter mit einem normalen befristeten Mietvertrag beanspruchen kann. Im übrigen können Fälle der hier fraglichen Art durch den Abschluß eines Zeitmietvertrags im Sinne von § 564 c II BGB befriedigend geregelt werden.

C 544 d) Liegen die Voraussetzungen für einen nur vorübergehenden Gebrauch der Mietwohnung nicht vor, kann eine **Vertragsvereinbarung** des Inhalts, daß die Vertragsparteien die Wohnung nur zum vorübergehenden Gebrauch vermietet ansehen, nicht den Ausschluß der Schutzrechte des Mieters zur Folge haben. Denn für die Unterscheidung zwischen einem befristeten Mietverhältnis und einem Mietverhältnis zu nur vorübergehendem Gebrauch kommt es nicht darauf an, wie die Parteien das Mietverhältnis bezeichnet haben (AG Frankfurt WM 81, 237). Im Ergebnis läuft eine solche Vereinbarung darauf hinaus, daß die gesetzlichen Schutzrechte des Mieters vertraglich ausgeschlossen werden sollen. Eine derartige Vereinbarung zum Nachteil des Mieters wird aber vom Gesetz als unwirksam erklärt (§ 10 I, s. Rdn. C 480). Der Gesetzgeber bezweckt mit diesem Verbot, den Anwendungsbereich der sozialen Schutzrechte der Regelbefugnis der Vertragsparteien zu entziehen, weil anderenfalls Vermieter geneigt wären, unter Berufung auf die Vertragsfreiheit durch Ausschlußvereinbarungen den Schutzzweck des Gesetzes zu beseitigen. Es ist unbeachtlich, ob der Vermieter beim Abschluß einer derartigen Vereinbarung in der Absicht der Gesetzesumgehung handelte oder der Mieter die ihn benachteiligenden Rechtsfolgen erkannte. Bestehen allerdings Zweifel darüber, ob überhaupt eine nur vorübergehende Überlassung auf Grund eines besonderen Überlassungszwecks vereinbart worden ist, kann eine derartige Vertragsklausel als Beweisanzeichen bewertet werden, wenn der Mieter ihre Tragweite verstehen konnte und mußte (LG Hannover MDR 71, 762 ablehnend bei Gastarbeitern).

C 545 e) Ob **Heimverträge** dem Schutz des MHG und dem gesetzlichen Bestandschutz unterliegen oder aber als Mietverträge auf nur vorübergehende Zeit von diesem Schutz ausgeschlossen sind, muß nach der Bewertung der Umstände des Einzelfalles entschieden werden. Während diese Verträge bisher bereits wegen der möblierten Überlassung des Raumes weitgehend keinen Schutz genossen, kommt dieser Ausschlußtatbestand jetzt nicht mehr in Betracht (s. Rdn C 548). Vielmehr ist im Gesetzgebungsverfahren zum 2. WKSchG davon ausgegangen worden, daß Heimverträge grundsätzlich in den Schutzbereich des Gesetzes einbezogen werden sollen; der Empfehlung des Bundesrats, Wohnheime vom gesetzlichen Schutzbereich auszuschließen, wurde nicht gefolgt (BT-Drucks. 7/2638 S. 3 Nr. 2, S. 5 Nr. 4; s. Rdn F 49); vergeblich hatte

§ 10. Abweichende Vereinbarungen

der Bundesrat auch deshalb den Vermittlungsausschuß angerufen, weil die Heimträger durch die gesetzliche Mietpreisregelung unzumutbar belastet würden (BT-Drucks. 7/2775). Somit sind Heimverträge vom Schutzbereich des sozialen Mietrechts nur dann generell ausgeschlossen, wenn sie nicht als Mietverhältnis über Wohnraum angesehen werden können, weil die Leistungen des Heimträgers außerhalb der eigentlichen Raumüberlassung überwiegen (z. B. Altenpflegeheime, Heime zur Resozialisierung Jugendlicher; s. Rdn B 4a). Deswegen muß auch bei Heimverträgen nach den oben dargelegten allgemeinen Kriterien zum vorübergehenden Gebrauch der Mietsache im Einzelfall darüber entschieden werden, ob das Mietverhältnis ausnahmsweise vom Schutzbereich der Gesetze ausgeschlossen ist; auch hier kommt es also darauf an, ob Vertragszweck und Vertragsdauer die Annahme einer nur vorübergehenden Natur des Mietverhältnisses rechtfertigen, wobei die den Vertragspartnern bekannten Eigenarten des Heimes gebührend zu berücksichtigen sind.

So werden Verträge mit einem **Alters-, Senioren- oder Ledigenwohnheim** oder einem Altenwohnheim ihrer Natur nach nicht als Mietverhältnisse von nur vorübergehender Dauer angesehen werden können; hier bildet die Aufnahme für noch unbestimmte Dauer den räumlichen Mittelpunkt des Lebens des Mieters, wobei sonstige Betreuungsleistungen des Heimträgers in den Hintergrund treten (LG Berlin WM 74, 265). Dient die Überlassung des Heimplatzes auf unbestimmte Zeit, so kann von einem Mietverhältnis zu nur vorübergehendem Gebrauch nicht ausgegangen werden; dabei können auch der Möblierung des Raumes oder persönlichen Eigenschaften des Bewohners keine gegenteiligen Schlußfolgerungen gezogen werden (z. B. Gastarbeiter, hohes Lebensalter). Gleiches gilt für die Aufnahme in einem **Arbeiterwohnheim,** soweit nicht ausnahmsweise aus der Eigenart des mit dem Vermieter geschlossenen Arbeitsverhältnisses ein häufigerer oder kurzfristiger Ortswechsel folgt, der die Verlegung des Lebensmittelpunktes bedingt (z. B. Seemanns- oder Stewardessenheim; Sternel Rdn III 70).

Zur Mieterhöhungsbeschränkung bei Heimverträgen s. Rdn C 44.

Abweichend von den hier dargestellten Grundsätzen vertritt Staehle NJW 78, 1359 die Ansicht, daß für Heimbewohner zwar der gesetzliche Bestandschutz gelte, während die Vorschriften des MHG unanwendbar seien. Diese Differenzierung ist abzulehnen. Sie führt nämlich zu dem Ergebnis, daß der Heimträger gegen den Willen des Heimbewohners überhaupt keine Kostenerhöhung durchführen könnte. Denn eine Kostenerhöhung ist nur durch eine Vertragsänderung möglich. Zahlt der Heimbewohner nicht freiwillig, so muß der Heimträger entweder auf Zustimmung zur Mieterhöhung klagen, oder – wie nach früherem Recht – zum Druckmittel der Änderungskündigung greifen können. Nach der Ansicht Staehles fehlt es für die Zustimmungsklage aber an der Anspruchsgrundlage, da das MHG nicht gelten soll; ebenso wäre aber eine Änderungskündigung nicht möglich, da der Bestandsschutz eingreift und die Kündigung zum Zwecke der Mieterhöhung gerade nicht anerkannt wird.

C 547 Das Rechtsverhältnis zwischen dem Bewohner eines **Studenten- oder Jugendwohnheims** und dem Träger dieser Einrichtung ist in der Regel als Mietverhältnis zu bewerten. Nach der gesetzlichen Neuregelung durch das Gesetz zur Erhöhung des Angebots an Mietwohnung vom 20. 12. 1982 (BGBl. I S. 1912) sind diese Mietverhältnisse gleichwohl vom Kündigungsschutz und vom Anwendungsbereich der mietzinsbegrenzenden Vorschriften ausgenommen (§ 564b VII Nr. 3 BGB, 10 III Nr. 4 MHG); s. dazu im einzelnen Rdn C 559.

4. Möblierter Wohnraum (§ 10 II Nr. 3)

C 548 a) Neben den Mietverhältnissen zu nur vorübergehendem Gebrauch erklärt das Gesetz in § 10 II Nr. 3 die Schutzvorschriften des MHG auch für solche Wohnraummietverhältnisse als unanwendbar, die vom Vermieter möbliert werden und Teil der von ihm selbst bewohnten Wohnung sind. Diese Beschränkung der Schutzrechte des Mieters von möbliertem Wohnraum soll nach dem Willen des Gesetzgebers aber dann nicht gelten, wenn der Wohnraum zum dauernden Gebrauch an eine Familie überlassen ist. Der Gesetzgeber ist bei der entsprechenden früheren Regelung des § 4 II WKSchG, wonach möblierter Wohnraum allgemein vom Schutzbereich des Gesetzes ausgeschlossen wurde, im Rahmen des Abbaus bestehender Schutzrechte erkennbar von der Vorstellung ausgegangen, daß solche Mietverhältnisse nicht des besonderen sozialstaatlichen Schutzes bedürfen, bei denen Einzelpersonen als Mieter auftreten und bei denen der Mieter keinerlei oder nur geringfügige Einrichtungsgegenstände mitzubringen braucht. Als typischer Fall dieser Gruppe von Mietverhältnissen war vor allem an möblierte Untermieträume zu denken, die als Einzelräume von einer Wohnung im Wege der Abvermietung (Untermiete § 549 BGB) an alleinstehende Personen zum Mietgebrauch überlassen wurden. In der 1. Auflage dieses Kommentars und in MDR 74, 191 wurde eingehend dargelegt, daß diese frühere Regelung aus sozialpolitischen und verfassungsrechtlichen Gründen schwerwiegenden Bedenken unterlag. Aus zutreffenden Erwägungen hat deshalb der Gesetzgeber im 2. WKSchG auch den möblierten Wohnraum grundsätzlich in den Schutzbereich des MHG einbezogen und ihm folgerichtig auch Bestandsschutz zuerkannt (s. Rdn F 49).

C 548a b) Nach geltendem Recht kann sich der Mieter von möbliertem Wohnraum auf die gesetzl. Schutzvorschriften des MHG nicht berufen, wenn folgende Voraussetzungen vorliegen.

C 549 aa) Die möblierten Räume müssen **Teil der Vermieterwohnung** sein. Das trifft vor allem für die Vermietung einzelner möblierter Zimmer innerhalb der Wohnung des Vermieters zu. Das gilt aber auch für möblierte Mansarden oder Kellerräume, soweit diese mit dem Wohnbereich des Vermieters noch in einem räumlichen Zusammenhang stehen (z. B.

§ 10. Abweichende Vereinbarungen

gemeinschaftliche Benutzung von Küche, Bad, Toilette); handelt es sich dagegen um selbständige Wohnungen (dazu Rdn B 7), können sie nicht mehr als Teil der Vermieterwohnung angesehen werden. In einem Einfamilienhaus gehören grundsätzlich alle Räume zur Wohnung des Vermieters, soweit sie durch ein gemeinsames Treppenhaus ohne separate Wohnungsabschlüsse verbunden sind; separat zugängige Wohnungen eines Einfamilienhauses können nicht als Teil der Vermieterwohnung gelten (z. B. Hausmeisterwohnung im Keller). Im übrigen wird auch insoweit auf die Ausführungen zu Rdn B 735 verwiesen, die auch hier gelten.

bb) Der möblierte Wohnraum muß Teil der **vom Vermieter selbst bewohnten Wohnung** sein. Von dem Grundsatz, daß möbliertem Wohnraum der Schutz des sozialen Mietrechts hinsichtlich der Kündigung und der Mieterhöhung zukommt, hielt der Gesetzgeber eine Ausnahme für solchen möblierten Wohnraum für gerechtfertigt, der im engen räumlichen Zusammenhang mit der Wohnung und dem Lebensbereich des Vermieters steht; in solchen Fällen ist der Mieter nach der Ansicht des Gesetzgebers soweit in den Lebensbereich des Vermieters einbezogen, daß den Interessen des Vermieters an der freien Verfügungsbefugnis gegenüber den schutzwürdigen Belangen des Mieters der Vorrang gebührt (s. Rdn F 10). Diese Interessenabwägung ist zwar nicht zwingend, dennoch unter dem Blickpunkt des Art. 14 II GG gerechtfertigt (dazu Schubert WM 75, 1).

Der Ausschlußtatbestand setzt zunächst voraus, daß die möblierten Räume zum Wohn- und Lebensbereich des Vermieters gehören; der Vermieter muß also selbst in der Hauptwohnung leben, weil ihm sonst der rechtliche Vorrang allein auf Grund seiner Eigentümer- oder Vermieterposition nicht eingeräumt werden kann. Vermieter i. S. dieser Vorschrift kann sowohl der Hauseigentümer als auch der Hauptmieter sein. Im übrigen wird insoweit auf die ausführliche Kommentierung unter Rdn B 735 zur gleichlautenden Vorschrift des § 564b IV BGB verwiesen.

cc) Nach den Vereinbarungen des Mietvertrages muß der Vermieter **verpflichtet** sein, die Räume des Mieters ganz oder überwiegend **mit Einrichtungsgegenständen auszustatten.** Wird ein schriftlicher Mietvertrag abgeschlossen, muß sich diese Verpflichtung des Vermieters einschließlich ihres Umfangs aus der Vertragsurkunde ergeben. Die bloße Abrede, daß der Vermieter vorübergehend oder für nicht festgelegte Zeit bestimmte Gegenstände in dem vermieteten Raum belassen darf, reicht für die Begründung einer Austattungsverpflichtung nicht aus. Erfüllt der Vermieter die ihm obliegende Verpflichtung zur Ausstattung des Raumes nicht oder nur unzureichend, stehen dem Mieter zwar die Rechte aus den §§ 537 II, 538, 542 BGB zu; daneben wird sich aber der Vermieter nach Treu und Glauben (§ 242 BGB) auf den gesetzlichen Ausschluß der Schutzrechte dann nicht berufen dürfen, wenn er trotz einer dahingehenden Aufforderung des Mieters seine Verpflichtung zur Möblierung des Raumes nicht erfüllt. Wird die Verpflichtung auf Drängen des Vermieters nur zum Schein getroffen, während sich die Vertragsparteien darüber einig sind, daß der Raum nicht möbliert überlassen wird, hat das die Nichtigkeit der Vereinbarung nach § 117 BGB zur Folge; darin kann ferner eine Umgehung der gesetzlichen Schutzvorschriften zum Nachteil des Mieters liegen, die nach § 10 I vom Gesetz als unwirksam erklärt wird (s. oben Rdn C 480). Unterläßt der erfüllungsbereite Vermieter aber die Möblierung auf Bitten des Mieters, damit dieser seine eigenen Möbel aufstellen kann, oder wird dem Mieter die anderweitige Unterstellung der vom Vermieter zur Verfügung gestellten Einrichtungsgegenstände gestattet, ist der Raum in der rechtlichen Beurteilung als möbliert vermietet anzusehen.

C 552 dd) Der Ausschluß der Schutzrechte wird vom Gesetz an die Voraussetzung geknüpft, daß der Vermieter verpflichtet ist, den vermieteten Wohnraum ganz oder überwiegend zu möblieren. Ob das der Fall ist, muß sich aus dem Inhalt der getroffenen Vetragsvereinbarung entweder unmittelbar oder im Wege der Auslegung (§§ 133, 157 BGB) ergeben. Sind die vom Vermieter bereitzustellenden Gegenstände im Mietvertrag im einzelnen aufgezählt, kommt es bei der Beurteilung des Umfangs der Möblierung allein auf diese Gegenstände an. Wird im Mietvertrag lediglich vereinbart, daß der Raum „möbliert" vermietet wird, so ist diese Erklärung auslegungsbedürftig, weil damit sowohl eine Voll-, als auch eine Teilmöblierung gemeint sein kann. Das von den Vertragsparteien wirklich Gewollte muß dann unter Berücksichtigung etwaiger Absprachen und des Zustandes des Raumes anläßlich einer Besichtigung ermittelt werden, wobei i. Zw. unter „möbliert" die Verpflichtung zur Vollmöblierung zu verstehen ist. Obwohl das Gesetz den Ausschluß der Schutzrechte des Mieters grundsätzlich nur von der Verpflichtung des Vermieters zu einer mindestens überwiegenden Ausstattung des Raumes und nicht von den tatsächlich vorhandenen Einrichtungsgegenständen abhängig macht („auszustatten hat"), ist die Prüfung des Umfangs der vom Vermieter übernommenen Ausstattungsverpflichtung und ihrer Erfüllung dann von Bedeutung, wenn der Mieter geltend macht, der Vermieter habe diese Pflicht überhaupt nicht oder nur in einer den Gebrauchszweck nicht gewährleistenden Weise erfüllt; trifft das zu und hat der Mieter dies nicht zu vertreten, kann sich nämlich der Vermieter nicht nach Treu und Glauben zu seinen Gunsten auf den Ausschluß der Schutzrechte berufen (s. oben aa).

C 553 ee) Ist der Vermieter zur völligen Ausstattung der Mietsache verpflichtet, so hat er sie mit allen Einrichtungsgegenständen zu versehen, die überlicherweise für eine normale Lebensführung in den Grenzen des vereinbarten oder zulässigen Wohngebrauchs benötigt werden. Wird die Raumnutzung mehreren Personen gestattet (Mieter und Ehefrau), müssen die Einrichtungsgegenstände den vermehrten Bedürfnissen entsprechen. Auf besondere Ausstattungswünsche des einzelnen Mieters außerhalb des Rahmens der Üblichkeit (z. B. Schreibtisch, Teppichboden) kommt es nicht an, soweit keine dahingehenden Vereinbarungen getrof-

§ 10. Abweichende Vereinbarungen

fen worden sind. Kommt der Vermieter seiner Verpflichtung zur völligen Ausstattung nur teilweise nach, kann er sich trotzdem auf den gesetzlichen Ausschluß der Schutzrechte immer dann berufen, wenn die von ihm zur Verfügung gestellten Einrichtungsgegenstände den Schluß rechtfertigen, daß er die Mietsache wenigstens überwiegend ausgestattet hat; diese teilweise Nichterfüllung des Vermieters kann zwar Ansprüche des Mieters nach §§ 537 ff BGB begründen, während sie nach dem eindeutigen Wortlaut des § 10 II die gesetzlichen Ausschlußfolgen unberührt läßt.

ff) Bei der Verpflichtung des Vermieters zur **teilweisen Ausstattung** der Mietsache kommt es für den Ausschluß der Schutzrechte des Mieters entscheidend darauf an, ob der Umfang der zur Verfügung zu stellenden und erbrachten Einrichtungsgegenstände den Schluß einer wenigstens überwiegenden Ausstattung zuläßt. Anderenfalls muß der Raum trotz der geringfügigen Ausstattung durch den Vermieter als Leerraum beurteilt werden, so daß der Mieter sich uneingeschränkt auf seine gesetzlichen Schutzrechte berufen kann. Ob eine überwiegende Ausstattung anzunehmen ist, muß sowohl nach der Anzahl der vom Vermieter zur Verfügung gestellten Einrichtungsgegenstände als auch nach ihrer Bedeutung zu Wohnzwecken entschieden werden. Eine überwiegende Ausstattung wird somit dann anzunehmen sein, wenn von den für eine völlige Ausstattung erforderlichen Gegenständen mehr als die Hälfte vorhanden sind, so daß der Mieter nur noch wenige zusätzliche Einrichtungen mitzubringen braucht, um darin eine der Üblichkeit entsprechende Wohnmöglichkeit zu finden. Ist beispielsweise in einem mittelgroßen Einzelzimmer etwa ein komplettes Bett, ein Schrank, ein Tisch mit zwei Stühlen, eine Lampe und eine Waschgelegenheit vorhanden, wird es als überwiegend möbliert anzusehen sein (dazu AG Köln WM 71, 156).

gg) Als **Einrichtungsgegenstände** kommen in erster Linie die zum Wohnen erforderlichen Möbel in Betracht. Ferner gehören hierzu Beleuchtungskörper, Bett- und Tischwäsche, Matratzen und Oberbetten, Teppiche und Wandschmuck. Darüber hinaus werden aber auch neuzeitliche Einbaumöbel und sanitäre Einrichtungen (z. B. Handwaschbecken, Duschecke) als Einrichtungsgegenstände zu beurteilen sein. Eine Beschränkung der Einrichtungsgegenstände auf nur bewegliche Sachen würde dem Sinn und Zweck des Gesetzes widersprechen (Roquette § 565 BGB Rdn 29). Unbrauchbare Einrichtungsgegenstände des Vermieters können bei der rechtlichen Beurteilung nicht berücksichtigt werden. Da das Gesetz die rechtliche Eingruppierung des Raumes von dem Umfang der vom Vermieter bereitzustellenden Einrichtungsgegenstände abhängig macht, kommt es insoweit auf den sonstigen Zustand der Mietsache an (z. B. Mangel des Fußbodens, der Fenster, schadhafte oder verbrauchte Tapeten).

hh) Die Ausstattung des Wohnraums rechtfertigt nach der ausdrücklichen Regelung des Gesetzes den Ausschluß der Schutzvorschriften dann nicht, wenn er zum **dauernden Gebrauch für eine Familie** überlassen wird. Im Gesetz (§ 10 II MHG, 565 III BGB) wird diese Aufhebung des Ausschlußtatbestandes unklar mit einer negativen Wortfassung zum Ausdruck gebracht; gemeint ist aber unzweifelhaft, daß der Ausschlußtatbestand insoweit nur für einen Mieter als **Einzelperson** zutrifft.

C 557 Das Gesetz setzt zunächst voraus, daß der zumindest überwiegend ausgestattete Wohnraum (s. Rdn C 552) zum Wohngebrauch für eine Familie bestimmt ist. Wenn das Gesetz in diesem Zusammenhang den Begriff der Familie verwendet, kann damit nicht die in anderem Sachzusammenhang zutreffende enge Begriffsbestimmung gemeint sein, wonach nur Eheleute mit Kindern eine Familie bilden (a. A. AG Frankfurt ZMR 73, 149). Vielmehr entspricht es dem Sinn und Zweck des § 10 II, wenn hier der allgemeine Familienbegriff des BGB zugrundegelegt wird, wonach unter einer Familie die Gesamtheit der **durch Ehe oder Verwandtschaft verbundenen Personen** zu verstehen ist (Palandt-Diederichsen Einl. 1 vor § 1297 BGB); das steht im Einklang mit dem sonstigen mietrechtlichen Begriff der Familie, wie er in den Schutzrechten der §§ 556a I, 565 III BGB und insbesondere in § 569a II BGB verwendet wird, wonach alle im gemeinsamen Hausstand lebenden Familienangehörigen erfaßt werden, auch wenn es sich um weiter entfernte Verwandte handelt (Palandt-Putzo § 569a BGB Anm. 3). Deshalb ist die Anwendbarkeit der Schutzvorschriften nicht nur dann gerechtfertigt, wenn ein Ehepaar mit oder ohne Kinder zur Raumnutzung befugt ist; gleiches gilt auch dann, wenn beispielsweise eine alleinstehende Mutter mit ihrem Kind, Geschwister oder der Großvater mit seiner Enkeltochter einen gemeinsamen Haushalt in den vermieteten Räumen führen. Nicht entscheidend kommt es darauf an, ob diese Personen bereits vor der Anmietung des möblierten Wohnraums zusammen gewohnt haben. Es reicht aus, wenn der Vermieter beim Abschluß des Mietvertrags wußte, daß nicht nur eine Einzelperson, sondern mehrere Personen darin einen gemeinsamen Haushalt zu führen beabsichtigen. War dem Vermieter das Verwandtschaftsverhältnis unbekannt oder irrte er sich darüber, so liegt darin ein rechtlich unbeachtlicher Rechtsfolgeirrtum, der nicht die Versagung der Schutzrechte zum Nachteil des Mieters rechtfertigen kann; gleiches gilt grunds., wenn ein zunächst alleinstehender Mieter später seinen Ehegatten oder nahestehende Verwandte zulässigerweise in den möblierten Wohnraum aufnimmt. Anders ist die Rechtslage dann zu beurteilen, wenn der Vermieter über das bestehende Verwandtschaftsverhältnis vom Mieter getäuscht worden ist, weil es zumindest rechtsmißbräuchlich wäre, wenn dieser sich zu seinem Schutz auf eine erschlichene, vorteilhafte Rechtsposition berufen dürfte. Das Gesagte gilt sowohl für den Fall, daß nur eine der wohnberechtigten Personen als Mietvertragspartner auftritt, als auch dann, wenn mehrere Wohnberechtigte als Mitmieter anzusehen sind.

C 558 Überläßt der Vermieter somit den möblierten Wohnraum an mehrere Personen zum gemeinsamen Gebrauch, sind die Schutzrechte des

§ 10. Abweichende Vereinbarungen

WKSchG zugunsten des Mieters vor allem dann ausgeschlossen, wenn die Benutzungsberechtigten nicht miteinander verwandt sind, was insbesondere nur bei befreundeten oder verlobten Personen oder aber Wohngemeinschaften zutrifft.

Das Gesetz macht den Bestand der Schutzrechte der miteinander verwandten Mieter oder Nutzungsberechtigten von möbliertem Wohnraum zusätzlich auch davon abhängig, daß ihnen die Mietsache zum **dauernden Gebrauch** vertragsgemäß überlassen worden ist.

Auch diese Wortfassung des Gesetzes ist ungenau; bereits oben unter Rdn C 539 ist zum gegensätzlichen Begriff des vorübergehenden Gebrauchs ausgeführt worden, daß es einen dauernden oder bleibenden Mietgebrauch im eigentlichen Wortsinn nicht gibt, weil sowohl beim befristeten als auch beim unbefristeten Mietverhältnis dem Mieter nur ein mehr oder weniger zeitweiliges, also vorübergehendes Gebrauchsrecht zusteht. Aus der Gegenüberstellung der vom Gesetz gewählten Begriffe läßt sich aber der Wille des Gesetzgebers auch hier hinreichend klar bestimmen: nur der nicht kurzzeitige Gebrauch i. S. des § 10 II Nr. 2 soll hier die Anwendung der Schutzvorschriften zugunsten des Mieters rechtfertigen. Was im Gegensatz dazu unter einem nur vorübergehenden Gebrauch i. S. dieser Vorschrift zu verstehen ist, ergibt sich aus den Ausführungen oben Rdn C 539. Jeder darüber hinausgehende Gebrauch muß somit als dauernder Gebrauch angesehen werden, mag auch die ohne besonderen Anlaß oder Zweck vereinbarte Vertragszeit zunächst nur auf einige Monate bemessen worden sein. Werden also beispielsweise möblierte Räume an ein kinderloses Ehepaar anläßlich einer beruflichen Versetzung bis zur nicht näher klärbaren Anmietung einer zusagenden Ersatzwohnung oder an einen Ausländer mit Frau und Kindern für die Zeit einer längeren und in absehbarer Zeit beendigten Ausbildung vermietet, liegt nach dem Gesetz keine Überlassung zu einem dauernden Gebrauch vor. Wird dagegen in den genannten Fällen der möblierte Wohnraum den Wohnungssuchenden vom Vermieter ohne Kenntnis des befristeten Wohnbedarfs jener Mieter unbefristet oder für die Dauer von einem halben Jahr zur Deckung ihrer allgemeinen Wohnbedürfnisse überlassen, ist von einem dauernden Wohngebrauch auszugehen und bleiben die Schutzrechte des Mieters bestehen.

5. Studenten- und Jugendwohnheime (§ 10 II Nr. 4)

Durch die Neufassung des § 10 II durch das Gesetz zur Erhöhung des Angebots an Mietwohnungen vom 20. 12. 1982 (BGBl. I S. 1912) sind auch die Mietverhältnisse über Räume in Studenten- und Jugendwohnheimen aus dem Anwendungsbereich der Wohnraumschutzgesetze ausgegliedert worden. Dabei ist der Gesetzgeber nicht davon ausgegangen, daß Studenten und Jugendliche weniger schutzwürdig oder schutzbedürftig sind als andere Bevölkerungsgruppen. Die gesetzliche Neuregelung beruht vielmehr auf einer Initiative der Träger von Studentenheimen, insbesondere der Studentenwerke. Nach Meinung der Initiatoren soll durch die Geltung des Bestandsschutzes für Studentenwohnheime die Einhaltung bestimmter Regelmietzeiten (sogenanntes: Rotationsprinzip) erschwert werden (BT-Drucks. 9/2079, Seite 11; kritisch hierzu: zu Recht Lechner WM 83, 71). Diese Schwierigkeiten sollten durch die gesetzliche Neuregelung beseitigt werden. Aus dem Gesetzeszweck folgt, daß der Begriff des ,,Studenten- oder Jugendwohnheims" restriktiv ausgelegt werden muß. Auf die Bezeichnung des Vertrags als Heimvertrag kommt es dabei nicht an; maßgeblich sind immer die objektiven Gegebenheiten. Dabei kann von folgender **Definition** ausgegangen werden: Ein Studenten- oder Jugendwohnheim i. S. v. § 10 II Ziff. 4 ist ein Wohngebäude, das nach seiner baulichen Anlage und Ausstattung ausschließlich oder überwiegend zur entgeltlichen oder unentgeltlichen Unterbringung einer Vielzahl von Studenten der Universitäten, Technischen Hochschulen und höheren Fachschulen für die Dauer ihrer Ausbildung (Studentenwohnheim) oder von Personen ab dem 14. Lebensjahr bis zum Erreichen der Volljährigkeit (Jugendwohnheim) bestimmt ist, wobei die Aufnahme dieses Personenkreises nicht mit der Absicht der Gewinnerzielung sondern zu **fremdnützigen Zwecken** erfolgt. Die Unterbringung kann dabei in Mehrbettzimmern, Einzimmerapartments oder in abgeschlossenen Wohnungen erfolgen. Auf das Vorhandensein von Gemeinschaftseinrichtungen (Aufenthaltsräume, Gemeinschaftsküche) kommt es dagegen nicht an (AG Freiburg WM 87, 128; a. A.: insoweit Barthelmess § 564b BGB Rdn 47); allerdings kann dies ein starkes Indiz für den Heimcharakter sein. Unerheblich ist auch, ob die Räume an Einzelpersonen oder an eine Familie überlassen werden. Im einzelnen gilt folgendes:

C 560   a) Für die Einordnung eines Wohnhauses als ,,Heim" genügt es nicht, daß sämtliche Räume eines Hauses von Studenten oder Jugendlichen bewohnt werden. Durch den Umstand, daß die Bewohner hinsichtlich eines sozialen Merkmals (Beruf/Alter) übereinstimmen wird ein Miethaus nämlich nicht zum Heim. Erforderlich ist vielmehr, daß die Überlassung des Raumes im Rahmen eines bestimmten Zwecks erfolgt. Die bloße Absicht zur Gewinnerzielung reicht hierzu keinesfalls aus. Vielmehr kommen nur solche Zwecke in Betracht, die speziell auf die betroffene Situation der Bewohner zugeschnitten sind (Fremdnützigkeit).

Beispiele: Versorgung von Studenten mit preisgünstigem Wohnraum; Unterbringung von auswärtigen Lehrlingen und Schülern in der Nähe der Ausbildungsstätte; Wohngemeinschaft von Jugendlichen aus therapeutischen oder erzieherischen Gründen usw. Indices für den Heimcharakter sind: ein Heimträger, der dem öffentlichen Recht unterliegt; eine Heimsatzung; ein Mitspracherecht der Bewohner bei der Regelung gemeinsamer Angelegenheiten; das Vorhandensein von Gemeinschaftseinrichtungen; eine Vergabe der Wohnungen nach festgelegten, dem Heimzweck entsprechenden Regeln, wie zum Beispiel der Bedürftigkeit der Studenten oder Jugendlichen; ein nur kostendeckender Mietzins und der

§ 10. Abweichende Vereinbarungen

Verzicht auf das Recht zur ordentlichen Kündigung für eine bestimmte Zeit. Gegen die Qualifizierung als Wohnheim sprechen: ein privater Vermieter, weil Privatleute in der Regel keine fremdnützigen Zwecke verfolgen; Vergabe der Wohnungen nach dem Prinzip des höchsten Mietzinsangebots, weil dies auf die Absicht zur Gewinnerzielung hinweist und willkürliche, durch den Heimzweck nicht gerechtfertigte Kündigungen, weil dies mit dem vom Gesetz geforderten Heimzweck unvereinbar ist.

b) Der Ausschluß vom Bestandsschutz betrifft nur Wohnheime für Studenten und Jugendliche. Nach dem allgemeinen Sprachgebrauch werden nur solche Personen als Studenten bezeichnet, die sich in einer gehobenen schulischen Ausbildung befinden, also die immatrikulierten Angehörigen der Universitäten und Technischen Hochschulen sowie die Besucher der Fachhochschulen. Jugendliche sind nach juristischem und allgemeinem Sprachgebrauch (vergl. z. B. § 1 Abs. 2 JGG) Personen zwischen dem 14. und dem 18. Lebensjahr.

Es ist nichts dafür ersichtlich, daß der Gesetzgeber diese Begriffe in § 564b VII Nr. 3 BGB in einem abweichenden Sinn gebraucht hat. Deshalb werden nur solche Heime vom Geltungsbereich der Wohnraumschutzgesetze ausgeschlossen, die satzungsgemäß von diesen speziellen Personengruppen benutzt werden sollen. Für Heime, die den Instituten der Erwachsenenbildung angeschlossen sind (wie z. B. Wohnheime für Absolventen des zweiten Bildungswegs), Ledigenheime und dergleichen gelten dagegen die Vorschriften des Bestandsschutzes und das Gesetz zur Regelung der Miethöhe.

c) Für die Einordnung eines Wohnhauses als Studenten- oder Jugendwohnheim genügt es, wenn die Räume grundsätzlich für Studenten oder Jugendliche bestimmt sind und im wesentlichen auch von diesen Personen bewohnt werden. Die Vermietung einzelner Räume an andere Personen schadet nicht. Die Eigenschaft als Studenten- oder Jugendwohnheim geht auch nicht dadurch verloren, daß den Bewohnern nach Beendigung ihres Studiums oder nach Eintritt der Volljährigkeit der weitere Verbleib gestattet wird. Die Anwendung der Wohnraumschutzgesetze ist auch in diesem Fall ausgeschlossen, weil es im Rahmen des § 564b VII Nr. 3 BGB nicht auf die Person des Bewohners, sondern auf die grundsätzliche Zweckbestimmung des Raumes ankommt.

6. Zweitwohnungen, auf Dauer angemietete Ferienwohnungen und Wochenendwohnungen

Diese Wohnungen werden vom Wortlaut des § 10 II nicht erfaßt. Sie unterliegen deshalb grundsätzlich den Beschränkungen des MHG (ebenso LG Hanau MDR 80, 849 für die Anwendung der Kündigungsschutzvorschriften). Dies führt bei vordergründiger Betrachtungsweise zu einem sozialpolitisch ungerechtfertigtem Ergebnis. Die Gesetzgebung zur Regelung der Miethöhe beruht letztlich auf der Erwägung, daß die Wohnung den existentiellen Mittelpunkt der Lebensführung des Mieters darstellt und daß deshalb der Mieter insoweit besonders schutzwürdig ist. Dieser Gesichtspunkt wird für Wohnungen der hier behandelten Art gelegentlich nicht zutreffen. Das AG Überlingen (DWW 78, 124) hat deshalb die Ansicht vertreten, daß das MHG insoweit verfassungswidrig ist als davon auch Ferienwohnungen erfaßt werden. Das BVerfG (NJW 79, 757) hat hierzu in der Sache nicht Stellung genommen sondern die Vorlage für unzulässig erachtet. Das BVerfG hat in einem obiter dictum unter Hinweis auf eine Stellungnahme des BJM darauf hingewiesen, daß die Ansicht des vorlegenden Gerichts nicht zwingend sei. Nach der Meinung des BVerfG ist es vielmehr möglich, die Vorschriften des MHG einschränkend dahingehend auszulegen, daß z. B. Ferienwohnungen hiervon nicht erfaßt werden.

Dieser Ansicht kann nicht zugestimmt werden. Der Gesetzgeber hat die Ausschlußtatbestände in § 10 II abschließend formuliert. Angesichts des eindeutigen Wortlauts des § 10 II bleibt für weitere, aus dem Gesetzeszweck abgeleitete Ausschlußtatbestände nur Raum, wenn die Anwendung des MHG für Zweitwohnungen, Ferienwohnungen und Wochenendwohnungen offensichtlich verfehlt wäre. Dies ist gerade nicht der Fall. Aus dem Umstand, daß der Mieter mehrere Wohnungen angemietet hat, kann nicht ohne weiteres gefolgert werden, daß er eine der Wohnungen nicht braucht und deshalb nicht schutzwürdig ist. Da die Begriffe „Zweitwohnung", „Ferienwohnung", „Wochenendwohnung" usw. nicht eindeutig definiert sind, wird es in manchen Fällen nicht feststellbar sein, in welcher Wohnung der Mieter den überwiegenden Teil seiner Zeit verbringt und wo er den Mittelpunkt seiner Lebensführung hat. Ebenso ist denkbar, daß ein in der Großstadt lebender Mieter eine außerhalb der Stadt gelegene Wohnung zunächst nur sporadisch benutzt, daß er in der Folgezeit seinen Lebensmittelpunkt immer mehr in diese Wohnung verlegt und daß letztlich die Stadtwohnung bezüglich der Nutzungsintensität in den Hintergrund tritt. Schließlich gibt es Mieter, die aus gesundheitlichen, beruflichen oder familiären Gründen auf mehrere Wohnungen angewiesen sind. Auch wenn eine dieser Wohnungen als Zweitwohnung oder Ferienwohnung bezeichnet wird, ist es doch willkürlich, insoweit das MHG nicht anzuwenden. In der Literatur (Haake NJW 85, 2935) wird in diesem Zusammenhang vorgeschlagen, es müsse jeweils im Einzelfall anhand verschiedener Indizien festgestellt werden, ob der Mieter in den fraglichen Wohnungen seinen Lebensmittelpunkt habe. Maßgebend hierfür sollen objektive Kriterien sein. Dabei soll es darauf ankommen, wo die Familie sich dauernd aufhalte und wo das Schwergewicht der beruflichen Tätigkeit liege. Überzeugendes Indiz soll der Rückgriff auf melderechtliche Vorschriften sein. So sollen die mietrechtlichen Kündigungsschutzvorschriften dann Anwendung finden, wenn sich der Mieter nach § 12 MRRG bei der zuständigen Meldebehörde angemeldet habe. Liegt keine Anmeldung als Erstwohnsitz vor, so spreche ein Indiz dafür, daß der Mieter dort auch nicht seinen Lebensmittelpunkt habe. Diese Ansicht ist deshalb nicht überzeugend, weil sie für die hier geschilderten Fälle keine hinreichend genauen Abgrenzungskriterien liefert. Unrichtig ist die Ansicht des LG Braunschweig (MDR 80, 671 und MDR 81, 1022; ebenso: AG Viechtach NJW-RR 87, 787; Gather DWW 83, 186), wonach ein Mietvertrag über ein auf Dauer angemietetes Ferienhaus als Mietverhältnis zu nur vorübergehendem Gebrauch anzusehen sei, weil es insoweit schon an der Absicht zur kurzfristigen Gebrauchsüberlassung fehlt.

7. Der Ausschlußtatbestand des § 10 II ist eine **Ausnahme** von dem Grundsatz, daß Mietverhältnisse über Wohnraum zum Schutz des Mieters bei der Kündigung unter Erhöhung des vereinbarten Mietzinses den gesetzlichen Beschränkungen des MHG unterliegen. Das Vorliegen der Voraussetzungen des § 10 II hat somit der **Vermieter darzulegen** und im Streitfall **zu beweisen**.

Anhang zum MHG
Art. 4 bis 8 des 2. WKSchG

Art. 4. Anwendung auf bestehende Mietverhältnisse

(1) Ein Mietverhältnis, das zur Zeit des Inkrafttretens dieses Gesetzes besteht, richtet sich von diesem Zeitpunkt an nach dem neuen Recht.

(2) Artikel 3 § 3 ist auch auf vor Inkrafttreten dieses Gesetzes begonnene bauliche Änderungen anzuwenden, die nach Inkrafttreten dieses Gesetzes beendet werden.

I.

Der Art. 4 I bezweckt nach der Begründung zum RegE (s. Rdn F 21) lediglich die Klarstellung, daß die Vorschriften des 2. WKSchG nicht nur für die nach dem Inkrafttreten dieses Gesetzes (1. 1. 1975) abgeschlossenen Mietverhältnisse gelten, sondern auch für die schon früher abgeschlossenen und zu diesem Zeitpunkt fortbestehenden Mietverhältnisse verbindlich sind. Eine Regelung derjenigen Übergangsfälle, in denen eine Kündigung aus dem Jahre 1974 infolge der noch laufenden Kündigungsfrist oder eines Kündigungswiderspruchs das Mietverhältnis zum 31. 12. 1974 noch nicht beendet hat und für Mieterhöhungsverfahren, die bereits im Jahre 1974 in Gang gesetzt, oder infolge der Fristen des § 3 IV des (1.) WkSchG noch nicht abgeschlossen wurden, hat der Gesetzgeber dagegen nicht getroffen (anders § 5 1. WKSchG); diese Fälle müssen nach allgemeinen Rechtsgrundsätzen beurteilt werden. Aus der Sonderregelung des Art. 4 II ergeben sich keine allgemeinen Grundsätze für die Beurteilung sonstiger Übergangsfälle. Es kann in diesem Zusammenhang nach dem Sinn und Zweck der gesetzlichen Neuregelung auch nicht auf den sonst geltenden Grundsatz zurückgegriffen werden, wonach im Falle einer Rechtsänderung zwischen Abgabe der Erklärung und ihrem Wirksamwerden dasjenige Recht anzuwenden ist, welches im Zeitpunkt des Zugangs der Erklärung gilt (so aber Freund u. Barthelmess ZMR 75, 33). Vielmehr muß in den Fällen, in denen das Gesetz erkennbar durch die Rechtsänderung dem Vermieter oder Mieter gegenüber der früheren Rechtslage eine bessere Rechtsstellung verschaffen will, auch in der Übergangszeit diesem Umstand Rechnung getragen werden (so im Ergebnis auch Ganschezian-Finck MDR 75, 373).

1. Kündigungsfälle

C 566   a) Da die Kündigungsvorschrift des § 1 WKSchG mit dem neuen § 564b BGB weitgehend identisch ist, stellt sich die Frage nach dem anzuwendenden Recht in der Praxis nur für den Bereich der jetzt dem Bestandschutz unterworfenen möblierten Mietverhältnisse (s. Rdn C 548) und der erleichterten Kündigungsvoraussetzungen für Wohnungen in Ein- und Zweifamilienhäusern (s. Rdn B 694, 607).

C 567   Wenn derartige Kündigungen bereits vor dem 1. 1. 1975 wirksam geworden sind (Ablauf der Kündigungsfrist) ist die Rechtslage nach dem 1. WKSchG zu entscheiden. Geht eine Kündigungserklärung nach dem 31. 12. 1974 dem Mieter zu, so ist die Rechtslage in jedem Falle nach dem neuen Recht (2. WKSchG) zu beurteilen.

C 568   Wenn eine Kündigungserklärung dem Mieter vor dem 1. 1. 1975 zuging, die Beendigung des Mietverhältnisses aber infolge der Kündigungsfrist oder eines wirksam eingelegten Kündigungswiderspruchs nach §§ 556a, 556c BGB am 1. 1. 1975 noch nicht eingetreten ist, so ist die Rechtslage hinsichtlich der Wirksamkeit der Kündigung und der Dauer der Kündigungsfrist nach dem zum Zeitpunkt des Kündigungszugangs geltenden Recht zu beurteilen; das entspricht allgemeinen Rechtsgrundsätzen über die Wirksamkeit der Kündigung sowie der Rechtssicherheit und Rechtsklarheit. Hätte der Gesetzgeber für diese Übergangsfälle die Anwendbarkeit der durch das 2. WKSchG geschaffenen neuen Kündigungsvorschriften beabsichtigt, so wäre das durch eine Übergangsvorschrift geregelt worden, wie sie z. B. für vergleichbare Fälle § 5 des 1. WKSchG enthielt.

C 569   b) Für die Beendigung **befristeter Mietverhältnisse** ist § 2 des 1. WKSchG anwendbar, wenn die Vertragszeit vor dem 1. 1. 1975 ablief; endete dagegen die Vertragszeit nach dem 31. 12. 1974, so ist die Rechtslage nach Art. 2 des 2. WKSchG zu beurteilen, was insbesondere für die zwischen dem 1. 11. 1970 und dem 28. 11. 1971 begründeten befristeten Mietverhältnisse von Bedeutung ist.

2. Mieterhöhungsfälle

C 570   Ein Mieterhöhungsverlangen des Vermieters, das nach § 3 WKSchG im Jahre 1974 wirksam geworden ist, muß im Streitfall auch nach dem

1. 1. 1975 nach dem (1.) WKSchG entschieden werden. Soweit das Erhöhungsverlangen aber im Jahre 1974 abgegeben wurde, während die in § 3 III, IV WKSchG vorgesehenen und nunmehr verlängerten Fristen nach dem 1. 1. 1975 ablaufen, trifft Art. 4 I erkennbar keine Regelung für diese Fälle; es würde sowohl für den Mieter als auch für den Vermieter zu unbefriedigenden und vom Gesetz kaum gedeckten Ergebnissen führen, wenn man derartige Übergangsfälle schlechthin ab 1. 1. 1975 nach den Vorschriften des MHG (s. Rdn C 13 ff) beurteilen müßte. Nicht weniger unbefriedigend ist es, auf diese Erhöhungsverlangen aus dem Jahre 1974 das bisherige Recht anzuwenden, zumal dieses bei Wirksamwerden des Erhöhungsverlangens gar nicht mehr in Kraft gewesen ist; dazu kann auch nicht die Erwägung führen, daß der Vermieter bei Abgabe des Erhöhungsverlangens das Außerkrafttreten des WKSchG kennen mußte und nicht davon ausgehen durfte, daß nach dem 31. 12. 1974 eine gesetzliche Neuregelung entsprechend dem 2. WKSchG erfolgen werden, so daß seine Erklärung ins Leere gestoßen ist. Das würde auf Grund der Fristen des bisherigen § 3 IV WKSchG die Erfolglosigkeit der Mehrzahl der im Jahre 1974 ausgesprochenen Erhöhungsverlangen zur Folge haben, obwohl seit Ende 1973 bekannt war, daß eine dem 1. WKSchG entsprechende Neuregelung beabsichtigt war. Die Lücke des Gesetzes wird dehalb im Wege der Auslegung wie folgt geschlossen werden müssen:

a) War am 31. 12. 1974 die dem Mieter nach § 3 III WKSchG zustehende 6wöchige **Überlegungsfrist noch nicht abgelaufen,** so gilt zu seinen Gunsten die verlängerte Frist des § 2 III MHG. Der Vermieter muß dann anschließend die verkürzte Klagfrist des § 2 III MHG einhalten.

b) War am 31. 12. 1974 die **Überlegungsfrist bereits abgelaufen,** während die Klagfrist nach § 3 III WKSchG noch lief, so kann sich der Vermieter weiterhin auf diese Frist berufen, während er nicht auf die verkürzte Klagfrist des § 2 III MHG verwiesen werden darf; letzteres hätte zur Folge, daß er durch die Gesetzesänderung von der Klageerhebung mit den sich daraus ergebenden materiellen Nachteilen ausgeschlossen wäre.

c) Die Fälligkeit der Mieterhöhung als materielle Regelung ist ab 1. 1. 1975 nach § 2 IV MHG zu bestimmen; soweit nicht durch die bereits vorher erteilte Zustimmung des Mieters zu einer zeitlich davon abweichenden Erhöhung ein bindender vertraglicher Zustand eingetreten ist. Das dem Mieter in § 9 I MHG zuerkannte Sonderkündigungsrecht kann dieser auf Grund eines aus dem Jahre 1974 stammenden Erhöhungsverlangens nur dann wirksam ausüben, wenn die in dieser Vorschrift bestimmte Kündigungsfrist am 1. 1. 1975 noch nicht abgelaufen war.

d) War ein vor dem 1. 1. 1975 dem Mieter zugegangenes Erhöhungsverlangen nach dem WKSchG unwirksam, so wird es infolge der Gesetzesänderung nicht wirksam (z. B. Umlage für Verbesserungsmaßnahmen, Kapitalkostenerhöhung, §§ 3, 5 MHG). Der Vermieter muß dann nach dem 1. 1. 1975 ein nochmaliges Erhöhungsverlangen abgeben, das grundsätzlich keine Rückwirkung hat (Ausnahmen § 51 MHG; s. Rdn C 395).

II. Sonderregelung für bauliche Änderungen (Abs. II)

C 575   Der neue § 3 MHG gibt dem Vermieter abweichend vom bisherigen Recht (dazu Rdn F 1) einen Anspruch auf Umlage der Kosten für bauliche Änderungen ohne Rücksicht auf die ortsübliche Vergleichsmiete nach § 2 MHG (dazu Rdn C 42). Wäre Art. 4 I nicht ergangen, hätte dieses Erhöhungsrecht dem Vermieter möglicherweise nur dann zuerkannt werden können, wenn diese Maßnahmen nach dem 1. 1. 1975 begonnen worden sind, obwohl nach der hier vertretenen Rechtsansicht die Klarstellung in Art. 4 II nicht erforderlich gewesen wäre (s. Rdn C 212).

Art. 5. Geltung für mieterschutzfreie Mietverhältnisse über Wohnraum im Land Berlin

Die Artikel 1 bis 4 gelten im Land Berlin für Mietverhältnisse über Wohnraum, auf die die §§ 1 bis 19 und 24 bis 31 des Mieterschutzgesetzes nicht anzuwenden sind.

C 576   I. Entsprechend den Regelungen im 1. WKSchG erklärt Art. 5 des 2. WKSchG die allgemeinen Kündigungs- und Mieterhöhungsbeschränkungen dieses Gesetzes für das Land Berlin für unanwendbar, soweit dort das Mieterschutzgesetz vom 15. 12. 1942 (RGBl. I S. 712) mit den Änderungen vom 4. 11. 1971 (BGBl. I S. 1745) und 30. 10. 1972 (BGBl. I S. 1051) fortgilt. Die Geltung des MSchG-Berlin war bis zum 31. 12. 1975 befristet; eine Verlängerung ist nicht erfolgt. Damit gelten die Art. 1 bis 4 seit dem 1. 1. 1976 uneingeschränkt auch in Berlin.

C 577   II. In Berlin waren die Mieten für Altbauwohnungen nach den Vorschriften der Altbaumieten-VO **preisgebunden**. Als Altbauwohnungen gelten solche Wohnungen, die bis zum 31. 12. 1949 bezugsfertig geworden sind (Ausnahme: öffentlich geförderte vom 25. 6. 1948 bis 31. 12. 1949 bezugsfertig gewordene Wohnungen).

C 578   Die preisrechtlich zulässige Miete für Altbauwohnungen ergab sich aus der Stoppmiete von 1936 zuzüglich der Mieterhöhungen durch die in Berlin geltenden BundesmietenG und die Berliner Rechtsverordnungen zum Ausgleich von Mehrbelastungen des Hausbesitzes. Im Einzelfall konnten darüberhinausgehende Mieterhöhungen preisrechtlich zulässig sein (z. B. Zuschlag für Wertverbesserungen), aber auch Mietsenkungen bei bestimmten Mängeln der Wohnung die Herabsetzung nach dem Berliner MietsenkungsG gebieten. Neben der Grundmiete konnte der Vermieter gesetzlich bestimmte Nebenkosten, Zuschläge und Vergütungen vom Mieter fordern (z. B. Wasserverbrauch, Betriebkosten für zentrale

Heizung und Warmwasserversorgung, laufende Mehrbelastungen, Untermietzuschlag, Zuschlag wegen Nutzung für andere als Wohnzwecke). Mittlerweile ist die Preisbindung aufgehoben. Für die Altbauwohnungen gilt seit dem 1. 1. 1988 das Gesetz zur dauerhaften sozialen Verbesserung der Wohnungssituation im Land Berlin vom 14. 7. 1987 (BGBl. I 1625/GVBl Berlin 1987, 1988). Dieses Gesetz bestimmt, daß das MHG in der Zeit vom 1. 1. 1988 bis zum 31. 12. 1994 in einer modifizierten Fassung anzuwenden ist. Diese Modifikationen haben mieterschützenden Charakter; sie sollen bewirken, daß die bisher niedrigen Mietpreise nicht allzu rasch angehoben werden können. Aus diesem Grunde gilt für die sieben Übergangsjahre eine Kappungsgrenze von 5% berechnet auf 1 Jahr (statt 30% auf 3 Jahre); bei der Erstellung eines Mietspiegels können auch die ehemals preisgebundenen Mieten berücksichtigt werden; es besteht eine Mietzinsobergrenze für Neuabschlüsse, wonach die ortsübliche Miete um nicht mehr als 10% überschritten werden darf und eine besondere Sperrfrist für die Eigenbedarfskündigung von 7 Jahren (statt 3 Jahren) bei der Umwandlung einer Altbauwohnung in eine Eigentumswohnung. **C 579**

Art. 6. Sondervorschriften für München und Hamburg

(wegen Zeitablaufs gegenstandslos)

Art. 7. Berlin-Klausel

Dieses Gesetz gilt nach Maßgabe des § 13 Abs. 1 des Dritten Überleitungsgesetzes vom 4. Januar 1952 (Bundesgesetzbl. I S. 1) auch im Land Berlin. **C 580**

Art. 8. Inkrafttreten

(1) Dieses Gesetz tritt am 1. Januar 1975 in Kraft. **C 581**
(2) Soweit das Mieterschutzgesetz noch in Geltung ist, treten die Artikel 1 bis 4 mit dessen Außerkrafttreten in Kraft. Das Inkrafttreten des Artikels 5 nach Absatz 1 bleibt hiervon unberührt.

I. Inkrafttreten

Das 2. WKSchG ist im Bundesgesetzblatt Nr. 139 vom 21. 12. 1974 (Ausgabedatum) unter dem Datum des 18. 12. 1974 verkündet worden (BGBl. I S. 3603). Das Gesetz ist nach Art. 8 I am 1. 1. 1975 in Kraft getreten. **C 582**

Zur Anwendung der früheren Vorschriften des (1.) WKSchG und der neuen Vorschriften des 2. WKSchG wird auf die Kommentierung zu Art. 4 des 2. WKSchG verwiesen (s. Rdn C 565).

II. Sonderregelung für Berlin

C 583 Nach Art. 7 gilt das 2. WKSchG ab 1. 1. 1975 auch im Land Berlin. Das gilt uneingeschränkt für die in Art. 5 des 2. WKSchG erfaßten mieterschutzfreien Mietverhältnisse (s. Rdn C 576). Da aber im übrigen in Berlin das MSchG bis zum 31. 12. 1975 weiter gilt, findet das 2. WKSchG auf die noch dem MSchG unterliegenden Mietverhältnisse frühestens ab 1. 1. 1976 Anwendung (Art. 8 II).

III. Außerkrafttreten

C 584 Das 1. WKSchG ist vom Gesetzgeber als befristetes Zeitgesetz erlassen worden und trat mit Ablauf des 31. 12. 1974 außer Kraft (Art. 3 § 2 III des 1. WKSchG). Das 2. WKSchG ist als (unbefristetes) **Dauerrecht** erlassen worden (s. Rdn A 38).

Teil D

Die Strafbarkeit überhöhter und wucherischer Mieten für Wohnraum

Vorbemerkung zu den §§ 5 WiStG, 302a StGB

Übersicht

	Rdn		Rdn
I. Grundsätzliches zur gesetzlichen Regelung und den Folgeänderungen	1	II. Zivilrechtliche Folgen der Mietpreisüberhöhung und des Mietwuchers	17
1. zu § 5 WiStG	2		
2. zu § 302a StGB	3	III. Ahndung von Ordnungswidrigkeiten	21
3. Folgeänderungen	8		
a) zu § 4 WiStG	9		
b) zu § 6 WiStG	13		

Schrifttum

Dähn, Das neugefaßte Wirtschaftsstrafgesetz, JZ 75, 617;
Finger, Zu den Folgen einer Mietzinsvereinbarung unter Überschreitung der ortsüblichen Vergleichsmiete, ZMR 83, 37;
ders., Das Gesetz zur Erhöhung des Angebots an Mietwohnungen und § 5 WiStG, ZMR 84, 1;
Gallas/Schirmeister, Überhöhte und wucherische Miete, WM 78, 81;
Kohte, Die Rechtsfolgen der Mietpreisüberhöhung, NJW 82, 2803;
v. Lackum, Mietwucher und Mietpreisüberhöhung, DWW 78, 272;
ders., Zur Kapitalkostenbedingten Mieterhöhung gemäß § 5 MHG, DWW 81, 225;
Müller-Emmert/Maier, Das erste Gesetz zur Bekämpfung der Wirtschaftskriminalität, NJW 76, 1657;
Otto, Mieterhöhung nach Modernisierung begrenzt? DWW 81, 70;
Pakirnus, Das Ausmaß der Nichtigkeit von Mietzinsvereinbarungen gem. § 134 BGB i. V. m. § 5 Abs. 1 WiStG, ZMR 84, 329;
Pfeifer, Umfang und Folgen der Nichtigkeit überhöhter Mietzinsvereinbarungen nach § 5 WiStG, DWW 84, 6;
Sasserath, Die überhöhte ortsübliche Miete als Vergleichsmaßstab NJW 72, 711;
ders., Die neue preisrechtliche Vorschrift des § 2b Wirtschaftsstrafgesetz;
ders., Die neue Mietwuchervorschrift des § 302f StGB, NJW 72, 135;
Schmidt-Futterer, Die Wuchermiete für Wohnraum nach neuem Recht, NJW 72, 135;
Schopp, Änderung der allgemeinen Schranken für die Mietzinshöhe, ZMR 83, 145;
Sturm, Die Neufassung des Wuchertatbestandes und die Grenzen des Strafrechts, JZ 77, 84;
Vollmer, Auswirkungen des neuen Mietrechts auf die Vorschriften der Mietpreisüberhöhung und des Mietwuchers, NJW 83, 555.

Die vom Gesetzgeber verfolgte Begrenzung des Mietanstiegs für **D 1** Wohnraum kann mit zivilrechtlichen Schutzvorschriften nur beschränkt verwirklicht werden (s. dazu die Kommentierung Rdn C 25, 480, 497).

Das öffentliche Interesse an der Einhaltung bestimmter marktorientierter Grenzwerte und der Schutz des Mieters vor Übervorteilungen gebieten es vielmehr, mit strafrechtlichen Mitteln die schuldhafte Überschreitung der grauen Zone abzusichern, die zwischen der zulässigen ortsüblichen Vergleichsmiete und den erheblichen oder auffällig darüber hinausgehenden Mietentgelten liegt. Solche unangemessenen Mietentgelte, die der Vermieter durch eine vorwerfbare Ausnutzung eines unausgeglichenen Wohnungsmarktes oder einer Zwangslage des Mieters erzielt oder erstrebt, verstoßen beim Wohnraum nicht nur gegen das im Grundgesetz (Art. 14 II) verankerte Gebot der Sozialpflichtigkeit des Eigentums; sie sind darüber hinaus strafwürdige Verstöße gegen die soziale Marktordnung und ein Mißbrauch wirtschaftlicher Macht zum Schaden des Betroffenen und der Allgemeinheit. Da die vor Inkrafttreten der Wohnraumschutzgesetze geltenden Bußgeld- und Strafvorschriften der §§ 2a WiStG, 302e StGB allgemein als nicht ausreichend angesehen wurden, hat der Gesetzgeber durch Art. 7 und 8 des Mietrechtsverbesserungsgesetzes v. 4. 11. 1971 (BGBl. I S. 1745) diese Vorschriften zunächst neu geregelt. Die insoweit in das Gesetz aufgenommenen Vorschriften der §§ 2b WiStG, 302f StGB wurden bewußt als Übergangsregelungen angesehen (vgl. Begründung der Beschlüsse des Rechtsausschusses (BT-Drucks. VI/1549) abgedruckt bei Schmidt-Futterer, Wohnungsraumschutzgesetze 1. Aufl. Rdn V 68). Die endgültige Neuregelung erfolgte sodann durch das Einführungsgesetz zum Strafgesetzbuch v. 2. 3. 1974 (BGBl. I S. 469, 577) und das Erste Gesetz zur Bekämpfung der Wirtschaftskriminalität v. 29. 7. 1976 (BGBl. I S. 2034) (vgl. dazu Müller Emmert/Maier NJW 76, 1657). Die Vorschrift des § 302a StGB ist am 1. 9. 1976 in Kraft getreten; sie blieb in der Folgezeit unverändert. Die Vorschrift des § 5 WiStG wurde zuletzt durch das Gesetz zur Erhöhung des Angebots an Mietwohnungen vom 20. 12. 1982 (BGBl. I S. 1912) geändert.

I. Grundsätzliches zur gesetzlichen Regelung

1. Die Mietpreiserhöhung bei der Vermietung von Wohnraum ist jetzt ohne sachliche Änderung gegenüber dem früheren § 2b WiStG in dem Sondertatbestand des § 5 WiStG erfaßt und dadurch gegenüber der Mietpreisüberhöhung für sonstige Räume in § 4 WiStG eindeutig abgegrenzt (vgl. dazu Dähn JZ 75, 617). Der § 5 WiStG enthält in seinem äußeren Tatbestand (objektive Strafvoraussetzungen) folgende wesentliche Änderungen gegenüber dem früher geltenden § 2a WiStG (a.F.): für die Bewertung der Vermieterleistung ist nur noch die ortsübliche Vergleichsmiete nach der neuen Legaldefinition des § 5 I, 2 WiStG maßgebend, so daß es auf eine individuelle Ermittlung des angemessenen Mietzinses auf der Grundlage der Gestehungskosten und Aufwendungen usw. nicht mehr ankommt (BayObLG WM 72, 165); ein Verstoß liegt

Vorbemerkung zu den §§ 5 WiStG, 302a StGB D 3–6

schon dann vor, wenn die ortsübliche Vergleichsmiete nicht unerheblich überschritten wird, während es auf das Fordern eines darüber hinausgehenden unangemessen hohen Entgelts nicht mehr ankommt. Während jetzt die Ausnutzung eines geringen Angebots an vergleichbaren Räumen ausreicht, war früher das Vorliegen einer Mangellage erforderlich; die Leichtfertigkeit ist neben dem Vorsatz als hinreichender Schuldvorwurf getreten. Der Mischtatbestand des § 3 WiStG (a. F.), wonach die Mietpreisüberhöhung sowohl als Ordnungswidrigkeit als auch beim Vorliegen bestimmter Umstände als Straftat verfolgt werden konnte, ist zur Beseitigung von Kompetenzkonflikten und zur Verfahrensbeschleunigung beseitigt worden. Zur Verfassungsmäßigkeit dieser Vorschriften vgl. OLG Frankfurt ZMR 78, 286. Durch das Gesetz zur Erhöhung des Angebots an Mietwohnungen wurde zum einen die in § 5 I S. 2 WiStG enthaltene Legaldefinition des unangemessen hohen Entgelts dem nunmehr geltenden Begriff der ortsüblichen Vergleichsmiete (s. Rdn C 54 a–j) angepaßt. Zum anderen wurde Abs. I durch einen neu angefügten S. 3 ergänzt. In der Neuregelung ist bestimmt, daß solche Entgelte nicht unangemessen hoch sind, die zur Deckung der laufenden Aufwendungen des Vermieters erforderlich sind, sofern sie unter Zugrundelegung der nach S. 2 maßgeblichen Entgelte nicht in einem auffälligen Mißverhältnis zu der Leistung des Vermieters stehen. Der Anwendungsbereich des § 5 WiStG wurde auf diese Weise eingeschränkt (s. Rdn D 43).

2. Während früher der Wohnraummietwucher, der Kreditwucher, der **D 3** Nachwucher und der Sachwucher (Geschäftsraummietwucher) durch verschiedene Tatbestände erfaßt wurde (vgl. §§ 302a–302f a. F. StGB) hat der Gesetzgeber nunmehr durch die Vorschrift des § 302a StGB einen einheitlichen Wuchertatbestand geschaffen. In der Sache ergaben sich dadurch im wesentlichen folgende Änderungen:

a) Beim Tatbestand des Kredit- und Sachwuchers, der nach früherem **D 4** Recht (§§ 302a, 302e StGB) die Ausbeutung der Notlage, des Leichtsinns oder der Unerfahrenheit voraussetzte, wurde lediglich das Merkmal der Unerfahrenheit beibehalten. Die Begriffe „Notlage" und „Leichtsinn" wurden durch die Kriterien „Zwangslage" und „Mangel an Urteilsvermögen" ersetzt. Als vierte Möglichkeit wurde die Ausbeutung der „erheblichen Willensschwäche" neu in den Tatbestand aufgenommen.

b) Auch beim Mietwuchertatbestand für Wohnraum (§ 302f StGB) **D 5** wurde der früher verwendete Begriff „Leichtsinn" durch das Tatbestandsmerkmal „Mangel an Urteilsvermögen" ersetzt und im übrigen der Tatbestand um das Merkmal der „erheblichen Willensschwäche" erweitert.

c) Während nach früherem Recht der Sachwucher (Geschäftsraumwu- **D 6** cher) nur dann strafbar war, wenn er gewerbs- oder gewohnheitsmäßig erfolgte, sind nach nunmehr gültigem Recht auch vereinzelte Wuchergeschäfte strafbar.

933

D 7 d) Auf der Rechtsfolgenseite wurden die Strafdrohungen z. T erheblich verschärft. Während der einfache Kreditwucher nach früherem Recht mit einer Freiheitsstrafe von höchstens 6 Monaten geahndet werden konnte, beträgt nun das Höchstmaß der Freiheitsstrafe 3 Jahre. Beim gewerbsmäßigen Kredit- und Sachwucher wurde der Strafrahmen, der früher im Mindestmaß 3 Monate und im Höchstmaß 5 Jahre betrug auf 6 Monate bzw. 10 Jahre erhöht. Beim Wohnraumwucher blieb das Strafmaß in den einfachen Fällen unverändert; für die besonders schweren Fälle wurde die Höchststrafe von 5 auf 10 Jahre erhöht.

D 8 3. Die hier behandelten strafrechtlichen Sanktionen gegen Mietpreisüberhöhungen werden durch die Vorschriften der §§ 4 und 6 WiStG wie folgt ergänzt:

D 9 a) Wegen einer Ordnungswidrigkeit wird mit einer Geldbuße bis zu DM 50000,– nach § 4 WiStG bestraft, wer vorsätzlich oder leichtfertig in befugter oder unbefugter Betätigung in einem **Beruf oder Gewerbe** für Gegenstände oder Leistungen des **lebenswichtigen Bedarfs** solche Entgelte fordert, verspricht, vereinbart, annimmt oder gewährt, die infolge einer Beschränkung des Wettbewerbs, der Ausnutzung einer wirtschaftlichen Machtstellung oder einer Mangellage unangemessen hoch sind.

D 10 aa) Eine Vermietung oder Verpachtung, die in Ausübung des Berufs oder Gewerbes erfolgt, muß den üblichen Rahmen einer Vermögensverwaltung des Vermieters überschreiten; das ist der Fall, wenn er für diese Tätigkeit weitgehend seine eigene Arbeitskraft einsetzt oder sonstige von ihm abhängige Hilfskräfte (z. B. Verwalter, Büropersonal) dafür von ihm eingesetzt werden (OLG Stuttgart ZMR 67, 29). Ein gewerbsmäßiges Handeln im Sinne des § 302e StGB reicht hier nicht aus.

D 11 bb) Gegenstände des lebenswichtigen Bedarfs sind solche, die für die persönliche und wirtschaftliche Existenz der Bevölkerung oder des Interessenten bei einer zeitgemäßen Betrachtungsweise unerläßlich sind. Dazu gehören beispielsweise Geschäftsräume und Garagen (OLG Stuttgart NJW 53, 1566).

D 12 cc) Im Gegensatz zu den sonstigen Strafvorschriften kann sich nach § 4 WiStG neben dem Vermieter auch derjenige strafbar machen, der in Ausübung eines Berufs oder Gewerbes ein unangemessen hohes Entgelt verspricht oder gewährt. Strafbar ist demnach auch der Mieter von Geschäftsräumen, der zur Ausschaltung von Konkurrenten einen unangemessen hohen Mietzins verspricht.

D 13 b) Wegen einer Ordnungswidrigkeit wird mit einer Geldstrafe bis zu DM 50000,– nach § 6 WiStG bestraft, wer vorsätzlich oder leichtfertig für das **Vermitteln einer Vermietung** von Wohnräumen oder damit verbundene Nebenleistungen unangemessen hohe Entgelte fordert, sich versprechen läßt oder annimmt; unangemessen hoch sind Entgelte, die infolge der Ausnutzung eines geringen Angebots an vergleichbaren Räumen die ortsüblichen Entgelte nicht unwesentlich übersteigen.

D 14 aa) Die Vorschrift erfaßt sowohl den Vermittlungs- als auch den

Nachweismakler; sie ist auf berufliche oder gewerbliche Tätigkeiten und gelegentliche private Vermittlungstätigkeiten anwendbar (Hans § 535 BGB Anh. 6.; aa, bb).

bb) Ob eine nicht unwesentliche Überschreitung der ortsüblichen **D 15** Vermittlungsentgelte (Provision) vorliegt, muß nach Feststellung der unterschiedlichen Vergütungen durch Stellungnahmen der Industrie- und Handelskammer oder der Maklerverbände entsprechend den Ausführungen unten zu § 5 WiStG (Rdn D 42) entschieden werden.

cc) Weitere Ordnungswidrigkeiten wegen des Verstoßes eines **D 16** Berufsmaklers gegen seine Pflichten aus dem Wohnungsvermittlungsgesetz vom 4. 11. 1971 (BGBl. I S. 1745) enthält § 8 dieses Gesetzes; angedroht wird dort ein Bußgeld bis zu DM 5000,–.

II. Die zivilrechtlichen Folgen der Mietpreisüberhöhung und des Mietwuchers

1. Ein Verstoß gegen §§ 302a StGB, 5 WiStG hat zivilrechtlich die **D 17** Nichtigkeit der Mietpreisvereinbarung nach § 134 BGB zur Folge. Das Verbot des Mietwuchers und der Mietpreisüberhöhung ist keine reine Ordnungsvorschrift und richtet sich nicht allein im öffentlichen Interesse gegen die tatsächliche Vornahme des Rechtsgeschäfts; vielmehr sind diese Vorschriften auch gegen die rechtliche Wirksamkeit wucherischer und überhöhter Mietpreise gerichtet. Es ist somit auch Sinn und Zweck dieser Vorschriften, den einzelnen Bürger von einer ungerechtfertigten Preistreiberei zu schützen. Dieser Schutzzweck ist aber nur dann gewährleistet, wenn jede Zuwiderhandlung neben der strafrechtlichen Ahndung die zivilrechtliche Nichtigkeit des verbotenen Rechtsgeschäfts bewirkt (LG Hamburg NJW 71, 1411). Nach § 134 BGB ist ein Rechtsgeschäft wegen eines Verstoßes gegen §§ 302a StGB, 5 WiStG schon dann nichtig, wenn die Verwirklichung des **äußeren Tatbestandes** der Verbotsnorm festzustellen ist (LG Köln NJW 65, 158; LG Mannheim WM 75, 172; AG Münster WM 69, 149; AG Köln WM 78, 76; AG München WM 78, 104; LG Aachen ZMR 83, 408; Erman-Westermann § 134 BGB Anm. 1; LG Hamburg a. a. O.; WM 79, 63; WM 79, 199 = ZMR 79, 208; LG Heidelberg WM 77, 32). Da § 134 BGB die objektive Vornahme eines Rechtsgeschäfts mißbilligt, das gegen ein Verbotsgesetz verstößt, kommt es für die zivilrechtliche Nichtigkeit nicht auf das Vorliegen der subjektiven Voraussetzungen der strafrechtlichen Verbotsnormen an. Bezweckt das Gesetz, wie hier, den Eintritt eines bestimmten Erfolges zu verhindern, kann es nicht darauf ankommen, ob der Verstoß mit oder ohne Kenntnis des Täters von den Voraussetzungen der in Frage stehenden Verbotsnorm erfolgte; anderenfalls würde die wirksame Vornahme eines von der Rechtsordnung nicht gebilligten Rechtsgeschäftes in vielen Fällen letztlich doch ermöglicht werden (LG Hamburg

a. a. O.; LG Mannheim NJW 77, 1729 = MDR 77, 581 = WM 77, 130 = Justiz 77, 131; LG Heidelberg ZMR 76, 334).

Klagt der Vermieter auf Zahlung rückständiger Miete, so hat das Gericht die Wirksamkeit der zugrunde liegenden Mietzinsvereinbarung **von Amts wegen** darauf zu überprüfen, ob sie teilweise objektiv gegen die Verbotsnorm der §§ 5 WiStG, 302a StGB verstößt und deshalb nichtig ist, wenn eine derartige Mietpreisüberhöhung offenkundig oder naheliegend ist. Ergeben sich für das Gericht im Verfahren hinreichende Anhaltspunkte für einen objektiven Verstoß gegen diese Vorschriften, muß der eingeklagte Mietzins insoweit auch dann auf seine Zulässigkeit überprüft werden, wenn der beklagte Mieter aus anderen rechtlichen oder tatsächlichen Gründen die Zahlung verweigert. Das Gericht darf nicht durch seinen Urteilsspruch einen Mietzins sanktionieren, den das Gesetz zum Schutz öffentlicher Interessen verbietet (LG Mannheim ZMR 77, 282 = FWW 77, 95). Allerdings entbindet diese rechtliche Würdigung den Mieter nicht von seiner Pflicht, seinen Einwand gegen den geforderten Mietzins in tatsächlicher Hinsicht hinreichend zu substantiieren, wozu ihm das Gericht erforderlichenfalls aufzufordern hat (§§ 138, 139 ZPO). Klagt der Mieter auf Rückzahlung von bereits erbrachten Mietzinszahlungen, die dem Vermieter wegen erheblicher Überschreitung der ortsüblichen Vergleichmiete nicht zustehen, muß sich aus seinem Klagvortrag schlüssig unter Beweisangebot ergeben, aus welchen Gründen ihm die Klagforderung in der geltend gemachten Höhe zusteht; insoweit kommt eine Überprüfung des vereinbarten bzw. gezahlten Mietzinses im Verhältnis zur zulässigen ortsüblichen Vergleichsmiete von Amts wegen nicht (auch nicht ergänzend) in Betracht, sondern sind lediglich entsprechende Hinweise nach § 139 ZPO zulässig.

Die Wuchervorschrift des **§ 138 II BGB** ist neben § 134 BGB anwendbar (ebenso Hans § 535 BGB Anh. 7a, b). In Ausnahmefällen ist lediglich die zivilrechtliche Nichtigkeit einer Mietpreisvereinbarung wegen Sittenwidrigkeit nach **§ 138 I BGB** denkbar, wenn die besonderen Voraussetzungen der oben erörterten Strafvorschriften objektiv nicht erfüllt sind und die Mietpreisvereinbarung trotzdem dem Anstandsgefühl aller billig und gerecht Denkenden widerspricht. Das setzt voraus, daß Mietwert und Miethöhe in einem auffälligen Mißverhältnis stehen und der dadurch begünstigte Vermieter beim Zustandekommen der Vereinbarung in anstößiger Weise gehandelt hat; das ist der Fall, wenn der Vermieter dabei seinen Erwerbssinn in einem allgemein mißbilligenswerten Maße steigerte, während das bloße Handeln zu seinem Vorteil insoweit nicht ausreicht (LG Düsseldorf MDR 1963, 54).

2. Nach dem Sinn und Zweck der §§ 302a StGB, 5 WiStG kann die Nichtigkeit der Mietpreisvereinbarung entgegen der Grundregel des § 139 BGB nicht die Unwirksamkeit des gesamten Mietvertrages zur Folge haben. Diese Vorschriften bezwecken die Wahrung eines volkswirtschaftlich gerechtfertigten Mietpreises und den Schutz des Mieters vor Mietpreistreibereien, nicht aber die Beseitigung derjenigen Rechts-

Vorbemerkung zu den §§ 5 WiStG, 302a StGB

grundlage, die dem Mieter einen Anspruch auf die Raumüberlassung gibt (LG Köln NJW 65, 157; mit zust. Anm. Roquette; LG Frankfurt Urt. vom 5. 3. 1972 2/11 S 520/73; LG Heidelberg ZMR 78, 23; AG Münster WM 69, 148; Soergel-Siebert § 134 BGB Anm. 22; Palandt-Dankelmann § 134 BGB, Anm. 3b; Weimar ZMR 63, 193). Die Nichtigkeitsfolge wirkt sich deshalb ausschließlich auf die Mietpreisvereinbarung aus. Nach den Rechtsentscheiden des OLG Stuttgart vom 7. 7. 1981 (RES § 5 WiStG Nr. 1), des OLG Karlsruhe vom 2. 2. 1982 (RES § 5 WiStG Nr. 2) und des OLG Hamburg vom 15. 11. 1982 (RES § 5 WiStG Nr. 4) ist die Mietpreisvereinbarung dabei insoweit nichtig, als dadurch die ortsübliche Miete überschritten wird (ebenso: Kohte NJW 82, 2803). Allerdings hat der BGH diese Rechtsfrage in dem Rechtsentscheid vom 11. 1. 1984 (RES § 5 WiStG Nr 10) anders entschieden (ebenso OLG Hamm, Vorlagebeschluß vom 22. 8. 1983 DWW 83, 277). Danach ist eine gegen § 5 WiStG verstoßende **Preisvereinbarung nur insoweit nichtig, als der Mietzins die ortsübliche Vergleichsmiete mehr als nur unwesentlich übersteigt.** Dieser Rechtsentscheid ist für die Landgerichte bindend. Im Ergebnis bedeutet dies, daß die Mietpreisvereinbarung in Höhe der ortsüblichen Miete + eines 20%igen Zuschlags bestehen bleibt (s. Rdn D 43).

Die durch das Gesetz zur Erhöhung des Angebots an Mietwohnungen bewirkten Rechtsänderungen (s. Rdn D 33, 43) haben auf eine bereits vor Inkrafttreten der Änderung bestehende Nichtigkeit keinen Einfluß. Die Rechtsänderungen haben lediglich zur Folge, daß der Vermieter seit dem 1. 1. 1983 durch die Entgegennahme des überhöhten Entgelts nicht mehr ordnungswidrig handelt und auch wegen der zurückliegenden Zeit nicht mehr belangt werden kann (§ 4 OWiG).

Die ursprünglich nichtige Vertragsvereinbarung wird durch die nach Vertragsschluß erfolgte Rechtsänderung aber nicht wirksam. Nichtigkeit im Sinne von § 138 BGB bedeutet, daß ein Rechtsgeschäft von Anfang an keine Rechtswirkungen hervorrufen kann; ein derartiges Rechtsgeschäft ist deshalb auch dann unwirksam, wenn der Nichtigkeitsgrund später entfällt. Eine Ausnahme gilt nach § 141 II BGB nur dann, wenn die nichtige Vereinbarung nach der Rechtsänderung von den Parteien bestätigt wird. Eine solche Bestätigung kann auch stillschweigend, zum Beispiel durch vorbehaltslose Zahlung des Mietzinses, erfolgen. Fehlt es an einer solchen Bestätigung, so bleibt die Mietzinsvereinbarung auch über den 1. 1. 1983 hinaus unwirksam (vgl. OLG Hamburg (RE) vom 3. 8. 1983 WM 83, 256; LG Mannheim WM 83, 233; AG Essen WM 87, 83). Es wird allerdings auch die Ansicht vertreten, daß die Nichtigkeitsfolge an die jeweilige Höhe der ortsüblichen Miete anknüpfen soll. Nach dieser Ansicht umfaßt der Rückforderungsanspruch den mißbilligten Teil des Entgelts in der jeweils geltenden Höhe (so Sternel MDR 83, 356; ähnl. OLG Hamm in einem obiter dictum zu dem Rechtsentscheid vom 3. 3. 1983 (WM 83, 108)). Durch Rechtsentscheid des OLG Frankfurt vom 4. 4. 1985 (RES § 5 WiStG Nr 11) wurde diese

Frage ebenso entschieden. Danach sind bei der Errechnung der Höhe der wegen Verstoßes gegen § 5 WiStG zurückzuzahlenden Beträge Veränderungen in der Höhe der ortsüblichen Miete zu berücksichtigen (krit. dazu: Sonnenschein NJW 86, 2731). Mithin gilt nach der **derzeitigen Rechtslage** folgendes: Die zivilrechtliche Beurteilung einer Mietpreisvereinbarung richtet sich für die Vertragszeit bis zum 31. 12. 1982 nach dem bis zu diesem Zeitpunkt geltenden Begriff der ortsüblichen Miete (OLG Hamburg (RE) vom 3. 8. 1983 RES § 5 WiStG Nr 7). Für die Vertragszeit ab dem 1. 1. 1983 ist der nunmehr geltende Begriff der ortsüblichen Miete maßgeblich. In beiden Fällen ist die jeweils höchstzulässige Miete in Jahresabständen zu ermitteln (OLG Hamm RE vom 3. 3. 1983 RES § 5 WiStG Nr 6 – obiter dictum), weil ursprünglich nichtige Preisvereinbarungen durch das Steigen des Mietpreisniveaus wirksam werden können (OLG Frankfurt RE vom 4. 4. 1985 RES § 5 WiStG Nr 11). Ein sinkendes Preisniveau ist ebenfalls zu berücksichtigen, weil eine ursprüngliche wirksame Preisvereinbarung durch das Sinken der ortsüblichen Miete unwirksam werden kann. Die fortlaufende Anpassung der Mietpreisvereinbarung an die jeweils geltende ortsübliche Miete ist nach dem Rechtsentscheid des OLG Frankfurt a. a. O. auch dann vorzunehmen, wenn die ortsübliche Miete des Folgejahres die höchstzulässige Miete des Vorjahres (ortsübliche Miete + 20%) nicht übersteigt (a. A. AG Stuttgart ZMR 86, 17).

3. Zum Anspruch des Mieters auf Rückzahlung des überhöhten oder wucherischen Mietzinses wird auf die Erörterungen zu § 10 MHG (s. Rdn C 510 ff) verwiesen. Bei Überschreitungen der zulässigen Kostenmiete für preisgebundenen Wohnraum ergibt sich der Rückforderungsanspruch des Mieters auch insoweit unmittelbar aus §§ 8 II, 9 IV WoBindG.

III. Ahndung von Ordnungswidrigkeiten

Nach § 4 I und II OWiG ist bei der Ahndung von Mietpreisüberschreitungen dasjenige Gesetz anzuwenden, das bei der Beendigung der Handlung gilt. Wird dieses Gesetz vor der Entscheidung geändert, so ist das mildeste Gesetz anzuwenden (§ 4 III OWiG). Im Verhältnis des § 5 WiStG a. F. zu § 5 WiStG n. F. ist die Neufassung als das mildere Gesetz anzusehen, weil danach die Tatbestandsverwirklichung von weitergehenden Voraussetzungen abhängt als dies nach früherem Recht der Fall war: Die Neufassung ist für den Vermieter günstiger (vgl. Rdn D 33, 43). Dies bedeutet, daß für alle Bußgeldverfahren, die nach dem 1. 1. 1983 entschieden werden, die Vorschrift des § 5 WiStG in der nunmehr geltenden Fassung anzuwenden ist. Dies hat zunächst zur Folge, daß die unter der Geltung des bis zum 31. 12. 1982 maßgeblichen Rechts erstellten Mietspiegel im Bußgeldverfahren nicht mehr verwendet werden können. Diesen Mietspiegeln liegt ein anderer als der nunmehr geltende

§ 5. WiStG. Mietpreisüberhöhung D 21

Begriff der ortsüblichen Vergleichsmiete zugrunde (s. Rdn C 54a). Für die Ahndung zurückliegender Preisverstöße reicht es aber nicht aus, wenn die damals geltende Vergleichsmiete (Durchschnittsmiete) um mehr als 20% überschritten wurde. Vielmehr muß eine hypothetische Vergleichsmiete (modifizierte Durchschnittsmiete) unter Berücksichtigung des Dreijahreszeitraums ermittelt werden. Dies kann i.d.R. nur durch einen Sachverständigen erfolgen. Es wird aber auch zulässig sein, wenn die ortsübliche Miete unter Verwendung eines nach dem 1. 1. 1983 erstellten Mietspiegels festgestellt wird. Bei diesem Verfahren wird der Betroffene nicht benachteiligt, weil diese Mietspiegel den nunmehr maßgeblichen Begriff der ortsüblichen Miete wiedergeben und weil i. d. R. ausgeschlossen werden kann, daß sich das allgemeine Mietzinsniveau in den letzten Jahren gesenkt hat. Weiterhin ist auch bei den zurückliegenden Preisverstößen zu fragen, ob der Vermieter nicht nur einen kostendeckenden Mietpreis verlangt hat (s. Rdn D 43). Für den zivilrechtlichen Rückforderungsanspruch gelten diese Grundsätze nicht (vgl. oben Rdn D 18).

§ 5 WiStG. Mietpreisüberhöhung

(1) Ordnungswidrig handelt, wer vorsätzlich oder leichtfertig für die Vermietung von Räumen zum Wohnen oder damit verbundene Nebenleistungen unangemessen hohe Entgelte fordert, sich versprechen läßt oder annimmt. Unangemessen hoch sind Entgelte, die infolge der Ausnutzung eines geringen Angebots an vergleichbaren Räumen die üblichen Entgelte nicht unwesentlich übersteigen, die in der Gemeinde oder in vergleichbaren Gemeinden für die Vermietung von Räumen vergleichbarer Art, Größe, Ausstattung, Beschaffenheit und Lage oder damit verbundene Nebenleistungen in den letzten drei Jahren vereinbart oder, von Erhöhungen der Betriebskosten abgesehen, geändert worden sind. Nicht unangemessen hoch sind Entgelte, die zur Deckung der laufenden Aufwendungen des Vermieters erforderlich sind, sofern sie unter Zugrundelegung der nach Satz 2 maßgeblichen Entgelte nicht in einem auffälligen Mißverhältnis zu der Leistung des Vermieters stehen.

(2) Die Ordnungswidrigkeit kann mit einer Geldbuße bis zu fünfzigtausend Deutsche Mark geahndet werden.

Übersicht

	Rdn		Rdn
I. Allgemeines	22	2. Leichtfertigkeit	49
II. Äußerer Tatbestand		IV. Geldbuße und Anordnung der Abführung des Mehrerlöses	52
1. Anwendungsbereich	25	V. Verfahren	54
2. Entgelt des Mieters	28	1. Zuständigkeit der Verwaltungsbehörde	55
3. Bewertung der Vermieterleistung	33	2. Opportunitätsprinzip	56
III. Innerer Tatbestand			
1. Vorsatz	48		

939

	Rdn		Rdn
3. Zuständigkeit der Staatsanwaltschaft	57	fung von Mietpreisüberhöhungen nach § 5 Wirtschaftsstrafgesetz (WiStG)	68
4. Entscheidung, Rechtsmittel	59	Anhang 2:	
Anhang 1: Richtlinien zur wirksameren Bekämp-		§ 26 WoBindG, Ordnungswidrigkeit wegen Mietpreisüberhöhung für preisgebundenen Wohnraum	105

I. Allgemeines

D 22 Der § 5 richtet sich gegen die preistreiberische Ausnutzung der örtlich nicht ausgeglichenen Wohnungsmarktlage durch überhöhte Entgelte. Darin liegt ein Mißbrauch wirtschaftlicher Macht und ein Verstoß gegen die Wirtschaftsordnung. Die öffentlichen Interessen und der damit verbundene Rechtsschutz des Übervorteilten erfordern die Einhaltung wirtschaftlicher Mindestpflichten gerade bei einem knappen Angebot lebenswichtiger Güter. Geahndet wird somit der sogenannte **Sozialwucher**, also die wirtschaftliche Ausnutzung eines geringen Wohnungsangebots zu Lasten breiter Bevölkerungsschichten. Der Sozialwucher ist demnach die Ausnutzung einer bestimmten Wirtschaftslage zum Nachteil nicht bestimmbarer Einzelgeschädigter durch die Erzielung volkswirtschaftlich unangemessener Entgelte (dazu krit. Sasserath WM 72, 21). Obwohl bei dieser Lage auf dem jeweiligen Wohnungsmarkt die herkömmliche Trennung zwischen Individualwucher und Sozialwucher kaum noch brauchbar erscheint, mag die unterschiedliche Begehungsweise und das Maß der Übervorteilung die verschiedenen Straffolgen und Verfahren auch heute noch rechtspolitisch zu rechtfertigen. Davon abgesehen ist es aber verfehlt, die Vorschrift des § 5 nur auf denjenigen Wohnraum anzuwenden, der für die breiten Schichten der Bevölkerung bestimmt ist und repräsentative Einzelobjekte wie Villen oder Einfamilienhäuser davon auszunehmen (so aber LG Frankfurt Urt. vom 22. 6. 1976 – 2/11 420/ 75). Aus dem Begriff „Sozialwucher" läßt sich eine derartige Auslegung – die auch im Widerspruch zum Gesetzeswortlaut steht – nicht herleiten. Im übrigen muß vermieden werden, daß das Wirtschaftsdelikt des § 5 durch seine Einstufung als Ordnungswidrigkeit in Verkennung der damit erfaßten Gemeinschaftsschädlichkeit (Vorwerfbarkeit) bei der behördlichen Verfolgung und Ahndung oder in der Sicht der Beteiligten zu leicht genommen, also als „Kavaliersdelikt" verstanden wird (Schmidt-Futterer JR 72, 135).

D 23 Sowohl der § 5 als auch § 302a StGB **begrenzen** nämlich im Gesamtsystem des geltenden Mietpreisrechts die graue Zone **zivilrechtlich zulässiger Mieterhöhungen;** soweit diese Erhöhungen die ortsübliche Vergleichsmiete (s. Rdn C 53 ff) nur unerheblich überschreiten, sind sie zivilrechtlich wirksam und üben ihren marktbildenden Einfluß auf das sich schneller oder langsamer fortentwickelnde Mietpreisniveau aus. Die zulässige Marktmiete ist nämlich keine Stoppmiete, sondern eine nach beiden Seiten flexible und marktorientierte Durchschnittsgröße. Bei we-

§ 5. WiStG. Mietpreisüberhöhung D 24–27

sentlichen und auffälligen Überschreitungen der ortsüblichen Vergleichsmiete greifen jedoch die §§ 5, 302a StGB mit der Wirkung ein, daß bereits ein objektiver Verstoß gegen diese Normen (äußerer Tatbestand) die Unwirksamkeit der gesetzwidrigen Preisvereinbarung zur Folge hat (s. Rdn D 17ff). Diese Systematik zivilrechtlicher und strafrechtlicher Maßnahmen zur angestrebten ,,Begrenzung des Mietanstiegs" (so die Überschrift des MVerbG vom 4. 11. 1971) kann und soll nicht eine angemessene und sachlich gerechtfertigte Erhöhung der marktüblichen Entgelte für Wohnraum verhindern, wohl aber einen zu raschen und ungerechtfertigt hohen Mietanstieg auf der Basis eines nicht ausgeglichenen Wohnungsangebotes unterbinden. Dieses angestrebte Ziel kann nur erreicht werden, wenn grundsätzlich der vom MHG erfaßte und der übrige Wohnraum gleichwertig in den Schutzbereich des § 5 einbezogen werden.

Die einheitliche Auslegung des § 5 bei der Verfolgung und Ahndung **D 24** von Mietpreisüberhöhungen wird für das gesamte Bundesgebiet durch die Richtlinien zur wirksameren Bekämpfung von Mietpreisüberhöhungen nach § 5 WiStG sichergestellt. Diese Richtlinien wurden von einem Arbeitsausschuß der Länder unter Beteiligung des zuständigen Bundesressorts (BM der Justiz, BM für Wirtschaft, BM für Raumordnung, Bauwesen und Städtebau) ausgearbeitet und von den Länderwirtschaftsministern am 7. 2. 1973 verabschiedet. Nach der Neufassung des Wirtschaftsstrafgesetzes im Jahre 1976 wurden die Richtlinien überarbeitet. Die überarbeitete Fassung wurde von den Ländern – jeweils mit geringfügigen, durch die unterschiedliche Behördenorganisation bedingten – Abweichungen übernommen. Es handelt sich dabei um Verwaltungsvorschriften mit behördeninterner Wirkung (s. Rdn D 68). Die Richtlinien (im folgenden als Richtl. abgekürzt) sind im Anhang zur Kommentierung des § 5 unter Rdn D 68ff ungekürzt abgedruckt und in den nachfolgenden Ausführungen berücksichtigt worden.

Zum Gesetzgebungsverfahren s. Rdn A 11ff, F 72ff.

II. Äußerer Tatbestand

1. Die Ordnungswidrigkeit des § 5 setzt voraus, daß **Wohnraum** dem **D 25** Mieter entweder bereits zum Mietgebrauch überlassen oder aber eine solche Gebrauchsüberlassung auch nur zugesagt oder in Aussicht gestellt worden ist; die Vorschrift findet darüber hinaus aber auch dann Anwendung, wenn der Vermieter bestimmten Wohnraum durch Erklärungen gegenüber Dritten zur Vermietung anbietet. Der Anwendungsbereich dieser Vorschrift ist somit weiter als derjenige des § 302a StGB.

a) Wegen des Begriffs ,,Raum zum Wohnen" wird auf die Ausführun- **D 26** gen Rdn D 107f zu § 302a StGB und auf die Richtl. Ziff. 2.1. (Rdn D 71) u. Ziff. 4.1.1. (Rdn D 83) verwiesen.

b) Der § 5 erfaßt lediglich die Mietpreisüberhöhungen des Vermieters **D 27** von Wohnraum und seiner Erfüllungsgehilfen (auch des Wohnungsvermittlers, s. Rdn D 109), wobei es auf die Rechtmäßigkeit der ausgeübten Verfügungsbefugnis nicht ankommt (für jur. Personen, Betriebe und Unternehmen vgl. die Richtl. Ziff. 3.3.; s. Rdn D 75); auch der Vermieter von Untermieträumen wird erfaßt. Dagegen gelten für den Vermieter von Geschäftsräumen (s. Rdn B 11f und D 4) und den Makler hinsichtlich seiner Vergütung für seine Vermittlungstätigkeit die Sondervorschriften der §§ 4, 6 WiStG. Im Unterschied zu § 4 WiStG setzt § 5 nicht voraus, daß der Vermieter gewerbsmäßig handelt. Andererseits findet bei gewerbsmäßiger Vermietung von Wohnraum nur § 5 und nicht § 4 WiStG Anwendung (vgl. Rdn D 9ff). Im Verhältnis zu dieser Vorschrift ist § 5 lex specialis.

D 27a c) § 5 gilt zunächst für Mietpreisvereinbarungen beim Abschluß eines Mietvertrags sowie für alle freiwilligen Vereinbarungen zur Änderung der Grundmiete, die im Verlauf des Mietverhältnisses getroffen werden. Auf das Motiv der Änderungsvereinbarung kommt es nicht an. Deshalb gilt die Vorschrift auch dann, wenn die Parteien im Anschluß an eine vom Vermieter durchgeführte Modernisierung eine freiwillige Mieterhöhung vereinbaren. Unerheblich ist es auch, ob durch die Mieterhöhung der Mietzins lediglich an die steigenden Lebenshaltungskosten angepaßt werden soll oder ob der Vermieter einen zusätzlichen Gewinn erzielen will.

D 27b Im gerichtlichen Mieterhöhungsverfahren ist § 5 von Amts wegen zu berücksichtigen. Im Verfahren nach **§ 2 MHG** spielt dieser Gesichtspunkt allerdings keine Rolle, weil danach ohnehin nur die ortsübliche Miete verlangt werden kann. Für das Mieterhöhungsverfahren nach **§ 3 MHG** ist streitig, ob die sogenannte Modernisierungsumlage durch § 5 begrenzt wird (vgl.: bejahend LG Mannheim WM 80, 183; verneinend Otto DWW 81, 70). Das OLG Karlsruhe hat diese Frage in dem Rechtsentscheid vom 19. 8. 1983 (RES § 3 MHG Nr. 8) mit überzeugenden Gründen bejaht. Bei der Umlage von Betriebskostenerhöhungen nach **§ 4 MHG** kommt die Anwendung des § 5 dann in Betracht, wenn die Addition der Grundmiete und der Betriebskosten einen überhöhten Mietzins ergibt. Gleiches muß für die Umlage von Kapitalkostenerhöhungen gelten. Das OLG Hamm hat in dem Rechtsentscheid vom 23. 11. 1982 (RES § 5 MHG Nr. 5) die Anwendbarkeit des § 5 im Verfahren nach **§ 5 MHG** allerdings verneint (ebenso: von Lackum DWW 81, 225). Diese Entscheidung ist abzulehnen: Für die Begrenzung der Kapitalkostenerhöhung durch § 5 sprechen dieselben Gründe, mit denen die Anwendbarkeit dieser Vorschrift im Rahmen des § 3 MHG bejaht worden ist (vgl. dazu OLG Karlsruhe (RE) vom 19. 8. 1983 a. a. O).

D 27c Wird der Mietzins im Rahmen des § 556a II BGB (s. dazu Rdn B 398) oder im Wohnungszuteilungsverfahren nach der Hausratsverordnung festgesetzt, so ist § 5 gleichfalls zu beachten, weil das Gericht auch insoweit an die gesetzlich festgelegte Obergrenze gebunden ist.

§ 5. WiStG. Mietpreisüberhöhung   D 27 d–30

Schließlich gilt § 5 auch für die Nutzungsentschädigung nach Beendigung des Mietverhältnisses (AG Nürtingen WM 82, 81).   D 27 d

2. Der Täter muß sich für die Vermietung oder damit verbundene Nebenleistungen ein bestimmtes Entgelt versprechen oder gewähren lassen oder aber ein solches Entgelt fordern.

a) Der hier verwendete **Begriff des Entgelts** ist gleichbedeutend mit dem in § 302a StGB verwendeten Begriffs des Vermögensvorteils. Als Entgelt des Mieters sind somit die Grundmiete für die eigentliche Raumüberlassung, sowie die Nebenkosten (einschließlich der Betriebskosten) und alle sonstigen finanziellen oder geldwerten Leistungen an den Vermieter anzusehen (s. Rdn C 5 ff; BayObLG WM 72, 165 betr. Bearbeitungs- und Verwaltungsgebühren; LG Hamburg WM 86, 346 betr. verlorener Baukostenzuschuß); weitere Einzelheiten über die Einbeziehung der Nebenleistungen des Mieters als Entgelt regeln zutreffend die Richtl. unter Ziff. 4.1.2. (s. Rdn D 84). Das Entgelt muß die Gegenleistung des Mieters für die gewährte, versprochene oder angepriesene Vermieterleistung sein. Insoweit wird im übrigen auf die Ausführungen Rdn D 110 zu § 302a StGB verwiesen.   D 28

In § 5 hebt das Gesetz ebenso wie in § 302a I Nr. 1 StGB zur Vermeidung von Zweifelsfragen hervor, daß eine Mietpreisüberhöhung sowohl hinsichtlich des Entgelts für die Vermietung des Wohnraums (sog. Grund- oder Nettomiete) als auch (oder) hinsichtlich des Entgelts für die Nebenleistungen in Betracht kommt. Wenn die Nebenkosten als eigenständiges Tatbestandsmerkmal in § 5 ausdrücklich erwähnt werden, so beruht das darauf, daß dem Vermieter bei Forderung einer angemessenen Grundmiete ein Ausweichen auf unangemessen hohe Nebenkosten verwehrt wird. Eine Ordnungswidrigkeit kann also auch dann vorliegen, wenn die Grundmiete angemessen oder sogar verhältnismäßig niedrig ist, während die Umlagen, Zuschläge und sonstigen Vergütungen unverhältnismäßig hoch sind, soweit das maßgebende Gesamtentgelt des Mieters wesentlich überhöht ist. Deshalb sind der eigentliche Mietzins und die daneben vereinbarten zusätzlichen Mietnebenkosten als Entgelte zusammenzurechnen (s. Rdn D 82 ff).   D 29

b) Der Täter muß das erstrebte oder gezahlte Entgelt fordern, sich versprechen lassen oder aber angenommen haben.

aa) Das **Fordern eines Mietentgelts** setzt nicht voraus, daß damit ein rechtswirksames Angebot zum Abschluß eines Mietvertrags oder eines Abänderungsvertrags verbunden ist. Vielmehr reicht dafür das ernst gemeinte Verlangen aus, ein bestimmtes oder bestimmbares Entgelt erzielen zu wollen (OLG Celle NJW 52, 906). Deshalb liegt auch in der Angabe bestimmter Entgelte in Zeitungsanzeigen des Vermieters oder Vermittlungsangeboten des Maklers ein Fordern i. S. des § 5. Ebenso ist dieses Tatbestandsmerkmal erfüllt, wenn der Vermieter in einer Mieterhöhungserklärung nach § 10 WoBindG oder in einem Erhöhungsverlangen nach §§ 2–7 MHG ein angestrebtes Mietentgelt nennt. Das Gesetz   D 30 bringt dadurch, daß es bereits die Äußerung des Vermieters zwecks Erlangung eines bestimmten Mietentgelts als ordnungswidrig erklärt, klar zum Ausdruck, daß überhöhte Forderungen in keinem Falle den Ausgangspunkt der Vertragsverhandlungen bilden sollen (so Erbs/Meyer, Strafrechtl. Nebengesetze, Band 3, § 5 WiStG Anm. 4). Daraus folgt, daß bereits die bloße Forderung eine vollendete Zuwiderhandlung darstellt, obwohl sie eigentlich erst darauf gerichtet ist, das mißbilligte Entgelt zu erzielen. Ein strafloser Versuch (§ 13 OWiG) wird somit nur in den seltenen Fällen in Betracht kommen, in denen der Vermieter einen Dritten (z. B. Makler) veranlaßt, die später unterbliebene Mitteilung der Forderung durchzuführen.

D 31   bb) Das **Versprechenlassen eines Mietentgelts** setzt voraus, daß der Vermieter eine dahingehende Zusage des Mieters rechtsverbindlich annimmt, so daß er daraus Ansprüche herleiten könnte, wenn die Vereinbarung nicht wegen des Gesetzesverstoßes nichtig wäre. Das geschieht i. d. R. durch den Abschluß eines Mietvertrags, kann aber auch bereits beim Zustandekommen eines Mietvorvertrages angenommen werden. Es ist unerheblich, ob dieser Vertrag zivilrechtlich wirksam ist, oder ob er an Mängeln leidet, die ihn anfechtbar, schwebend unwirksam oder nichtig machen; ebenso unbeachtlich ist es für § 5, ob der Vertrag verwirklicht oder ob er im gegenseitigen Einvernehmen wieder aufgehoben wird. Schließlich ist es irrelevant, ob das Versprechen auf eine dahingehende Anregung (Forderung) des Vermieters zurückzuführen ist oder ob es von einem Dritten für den Mieter abgegeben wurde. Der Schutz der Wirtschaftsordnung gebietet, daß der Vermieter die Zusagen von mißbilligten Mietentgelten zurückweist, selbst wenn sie ihm aufgedrängt werden sollten (z. B. um unter vielen Bewerbern die Wohnung zu erhalten). Der Mieter selbst ist wegen seines Versprechens nicht strafbar.

D 32   cc) Die **Annahme eines überhöhten Entgelts** i. S. des § 5 mußte vom Gesetzgeber für diejenigen Fälle als strafbegründend erfaßt werden, in denen ein Fordern oder Versprechenlassen nicht vorliegt, der Mieter trotzdem aber eine mißbilligte Leistung gewährt. Entscheidend ist die faktische wirtschaftliche Entgegennahme des Entgelts (Scheck, Wechsel); bei einer Überweisung wird darauf abzustellen sein, ob der Wille des Empfängers zur Rücküberweisung alsbald nach Kenntnisnahme erkennbar hervortritt. Die Motive des Mieters, ohne Aufforderung oder Verpflichtung ein überhöhtes Mietentgelt zu zahlen, sind unerheblich; sie können vor allem in der Annahme begründet sein, durch Schmiergelder eine Wohnung zu erhalten oder zu behalten. Die Leistung des Mieters kann aber auch in der irrtümlichen Annahme einer Verpflichtung liegen. Im übrigen kann die nachträgliche Feststellung einer niedrigeren ortsüblichen Vergleichsmiete oder die andauernde Minderung des Wohnwerts (z. B. Umbauarbeiten, Brandschaden) eine Pflicht des Vermieters begründen, eine angemessene Senkung des Mietzinses herbeizuführen; nimmt er trotzdem weiterhin den früher zulässigen Mietzins an, kann darin selbst dann eine Ordnungswidrigkeit i. S. des § 5 liegen,

§ 5. WiStG. Mietpreisüberhöhung   D 33–35

wenn der Mieter die Anpassung nicht ausdrücklich verlangt hat (Hans § 535 BGB, Anhang Anm. B 5a, dd). Das Gesetz erwartet vom Vermieter insoweit, daß er von sich aus darüber Klarheit gewinnt, welchen angemessenen Mietzins er jeweils ohne Konflikt mit der Wirtschaftsordnung anzunehmen berechtigt ist; er darf dabei nicht auf Beanstandungen des Mieters oder der Behörden warten, soweit eine wesentliche Überhöhung des zulässigen Entgelts vorliegt.

3. Das vom Vermieter geforderte, angenommene oder aber vom Mieter versprochene Entgelt muß infolge der Ausnutzung eines geringen Angebots an vergleichbaren Räumen **unangemessen hoch** sein. Der Tatbestand des § 5 enthält insoweit eine Legaldefinition, die zuletzt durch das Gesetz zur Erhöhung des Angebots an Mietwohnungen vom 20. 12. 1982 (BGBl. I S. 1912) geändert worden ist. Durch die Änderung wurde der Begriff des unangemessen hohen Entgelts den nunmehr geltenden Begriff der ortsüblichen Vergleichsmiete (s. Rdn C 54a–j) angepaßt. Mithin ist der tatsächlich gezahlte Mietzins mit den üblichen Entgelten zu vergleichen, die in der Gemeinde oder in vergleichbaren Gemeinden für die Vermietung von Räumen vergleichbarer Art, Größe, Ausstattung, Beschaffenheit und Lage oder damit verbundene Nebenleistungen in den letzten drei Jahren vereinbart oder von Erhöhungen der Betriebskosten abgesehen geändert worden sind. Für die Ermittlung dieses Entgelts gelten die Ausführungen unter Rdn C 54c–k sowie die nachfolgenden Darlegungen: **D 33**

a) Ob das Entgelt unangemessen hoch ist, muß durch einen Vergleich mit den ortsüblichen Entgelten für die Grundmiete und etwaige Nebenleistungen ermittelt werden (OLG Hamm (RE) vom 3. 3. 1983 RES § 5 WiStG Nr. 6). Es kann dabei weder auf den objektiv errechneten Mietwert (BayObLG WM 72, 165) noch auf die Kostenmiete für preisgebundenen Wohnraum nach den Vorschriften der NMV 70 und der II. BV (OLG Frankfurt ZMR 78, 286) zurückgegriffen werden (s. unter Rdn D 43). Entscheidend ist also derjenige Mietzins, der sich am örtlichen Wohnungsmarkt im Zeitpunkt der Tat als üblich herausgebildet hat (s. Rdn C 53ff). Eine anzuerkennende Vergleichsmiete setzt voraus, daß eine repräsentative Zahl von Vergleichsobjekten unter Beachtung der in § 5 I, 2 geforderten Vergleichskriterien vorhanden ist und für diese ein üblicher Mietzins festgestellt werden kann. Liegen diese Voraussetzungen vor, so muß die Vermieterleistung allein nach ihrem Marktwert beurteilt werden, der über oder unter dem objektiven Nutzungswert der Mietsache liegen kann; auf die Höhe des Vermietergewinns kommt es insoweit nicht an (OLG Stuttgart Justiz 75, 398 = ZMR 75, 370).   **D 34**

aa) Entscheidend für die Bewertung der Vermieterleistung ist nach § 5 I, 2 ausdrücklichen Regelung in § 5 I, 2, wie hoch die **üblichen Entgelte** in der jeweiligen Gemeinde oder vergleichbaren Gemeinden für Räume vergleichbarer Art, Größe, Ausstattung, Beschaffenheit und Lage sind. Diese Begriffsbestimmung der ortsüblichen Vergleichsmiete ist iden-   **D 35** tisch mit der Regelung in § 2 I Nr. 2 MHG hinsichtlich der Voraussetzungen für eine Mieterhöhung (LG Hamburg WM 79, 63); auf die ausführlichen Erläuterungen unter Rdn C 53 ff wird deshalb verwiesen. Die vom Gesetz genannten Vergleichskriterien beruhen auf einer früheren Anordnung des Bundeswirtschaftsministeriums (Rundschreiben vom 27. Februar 1967 – I B 3 – 248025 – BWMBl. S. 46); diese frühere Anordnung ist durch die gesetzliche Regelung in § 5 gegenstandslos geworden. Die einheitliche Auslegung der gesetzlichen Bewertungskriterien seitens der zuständigen Verwaltungsbehörden wird jetzt durch die Richtl. sichergestellt (s. dazu Rdn D 91 ff).

Da § 5 I, 2 die Feststellung des Marktwertes nach dem üblichen Entgelt für vergleichbare Räume voraussetzt, werden hier ebenso wie bei § 2 MHG im Zweifelsfalle so viele Vergleichsobjekte heranzuziehen sein, daß eine gesicherte Erkenntnis über die Üblichkeit des am Ort gezahlten Entgelts möglich ist (s. Rdn C 68 ff; D 23); diese Feststellung kann beim Fehlen örtlicher Mietwerttabellen oder anderer Repräsentativermittlungen jedenfalls dann zu Schwierigkeiten bei der Anwendung des § 5 führen, wenn solche Mietpreisüberhöhungen verfolgt werden sollen, die nicht eindeutig eine erhebliche Überschreitung in Betracht kommender Mietsätze darstellen. Dadurch wird der Gesetzeszweck für eine Vielzahl von Fällen kleinerer und mittlerer Mietpreisüberschreitungen in Frage gestellt. Das gilt jedenfalls dann, wenn auf gesicherte Vergleichsmieten anderer, vergleichbarer Gemeinden nicht zurückgegriffen werden kann. An die Vergleichbarkeit der jeweiligen Räume auf der Grundlage der gesetzlichen Vergleichskriterien dürfen allerdings im Einzelfall keine übertriebenen Anforderungen gestellt werden; da sich Gebäude und Wohnungen immer mehr oder weniger voneinander unterscheiden, muß durch Zu- oder Abschläge eine dem Einzelfall entsprechende Vergleichsmiete gebildet werden, soweit die Vergleichskriterien eine Vergleichbarkeit nicht grundsätzlich ausschließen (s. Rdn C 68 ff). Die Höhe des Zu- oder Abschlags richtet sich nach den Besonderheiten des Einzelfalls. Ein pauschaler Zuschlag wegen einer bestimmten Art der Nutzung kommt nicht in Betracht (so OLG Hamm (RE) vom 3. 3. 1983 RES § 5 WiStG Nr. 6) für die Nutzung einer Wohnung durch eine **Wohngemeinschaft**; OLG Hamm (RE) vom 13. 3. 1986 WM 86, 206 für eine studentische Wohngemeinschaft, wobei sich aus den Gründen des Rechtsentscheids ergibt, daß die dort entwickelten Grundsätze auch bei der Vermietung an Ausländer und ähnliche Gruppen gelten; ebenso LG Essen WM 87, 268 (LS). Gleiches gilt für die unter Rdn C 60 erörterten Fälle. Nicht preisgebundene Wohnungen privater Vermieter einerseits und der öffentlichen Hand andererseits die auf dem freien Wohnungsmarkt vermietet werden, sind hinsichtlich des dabei erzielten Mietzinses miteinander vergleichbar, soweit nicht im Einzelfall festzustellen ist, daß die Wohnungen der öffentlichen Hand aus sozialen Gesichtspunkten zu einem sonst am Markt nicht üblichen Mietzins überlassen werden (unzutr. deshalb OLG Düsseldorf GA 75, 310).

bb) Bei preisgebundenem Wohnraum (s. dazu Rdn. C 531 ff) kommt **D 36** es für die Bewertung der Vermieterleistung nicht auf die ortsübliche Vergleichsmiete, sondern auf die gesetzlich zulässige Kostenmiete an; diese muß auf Grund einer Wirtschaftlichkeitsberechnung nach den dafür geltenden Vorschriften NMV 70 und der II. BV individuell ermittelt werden. Der Gesetzgeber ist durch die Einfügung des Wortes „Art" in § 5 davon ausgegangen, daß preisgebundener Wohnraum für die Dauer seiner Preisbindung anderen Beurteilungskriterien unterliegt, als Wohnungen mit einer marktorientierten Miete. Der § 5 I 2 kann deshalb nach dem Sinn und Zweck dieser Regelung für preisgebundenen Wohnraum keine Anwendung finden. Aus diesen Gründen kann auf diese Feststellung der Ortsüblichkeit des Entgelts für preisgebundenen Wohnraum durch einen Vergleich solcher Wohnungen untereinander verzichtet werden und kommt erst recht ein Vergleich dieses Wohnraums mit freifinanziertem Wohnraum nicht in Betracht. Da es bei preisgebundenem Wohnraum nur auf die gesetzlich zugelassene Kostenmiete ankommt, die individuell nach den ansatzfähigen Aufwendungen des Vermieters zu berechnen ist, kommt ein Vergleich mit anderem preisgebundenem Wohnraum insoweit auch dann nicht in Betracht, wenn für diesen aus tatsächlichen oder rechtlichen Gründen individuell eine höhere Kostenmiete zugelassen worden ist. Entscheidend ist diejenige Kostenmiete, die dem Vermieter mietpreisrechtlich zusteht, so daß es insoweit auf die privatrechtliche Wirksamkeit eines ihr zugrundeliegenden Erhöhungsverlangens nicht ankommt.

Nach früherem Recht schloß die zur Sicherung der Mietpreisbindung **D 37** von Sozialwohnungen geschaffene Vorschrift des § 26 I Ziff. 3 WoBindG 65 die Anwendung des (früheren) § 26 WiStG nicht aus, weil der Schutzzweck dieser Vorschriften nicht identisch war. Mit der Änderung des § 26 WoBindG durch Gesetz vom 21. 12. 1973 (BGBl. I S. 1970) sind nunmehr die Bußgeldsanktionen im Bereich des öffentlich geförderten Wohnraums aus rechtssystematischen und verwaltungstechnischen Gründen abschließend geregelt worden (vgl. Entw. des Bundesrates – BT-Drucks. 7/855 vom 25. 6. 1973). **§ 26 I Ziff. 4 WoBindG** ist damit **lex specialis** zu § 5 WiStG (so auch die Richtl. Ziff. 2.1; s. Rdn D 71).

cc) Die Feststellung der jeweils geltenden Vergleichsmiete kann so- **D 38** wohl auf der Grundlage einer umfassenden statistischen Marktanalyse (Mietwerttabelle, Mietkataster, Mietpreissammlung) als auch einer repräsentativen Anzahl vergleichbarer Einzelobjekte erfolgen. In keinem Fall darf die Behauptung des Betroffenen über die angebliche Höhe der ortsüblichen Miete zur Grundlage der Urteilsfindung gemacht werden (insow. zutr. OLG Düsseldorf GA 75, 310).

Liegt eine **Mietwerttabelle** vor, die nach gesicherten wissenschaftlichen Prinzipien der Statistik neutral erstellt worden ist, können daraus die zuverlässigsten Richtwerte für die Errechnung der konkreten Vergleichsmiete entnommen werden (ebenso LG Hamburg WM 78, 222; WM 79, 63; s. Rdn C 91). Rechtlich ist eine solche Mietwerttabelle als antiziertes Gutachten zu behandeln; es macht die für Wohnraum tatsächlich gezahlte Marktmiete transparent, ist aber in seinen Feststellungen nicht unmittelbar verbindlich für die Beteiligten, Behörden und Gerichte. Wenn und solange allerdings die Feststellungen des Gutachtens weder in Einzelfragen noch im Grundsatz sachlich bestritten werden und überzeugendere Argumente oder Ergebnisse die Richtigkeit des Gutachtens nicht ernstlich infrage stellen, ist ihm mittelbar rechtliche Bedeutung beizumessen; die Nichteinhaltung der festgestellten Durchschnittsmiete kann dann nämlich den Vorwurf einer leichtfertigen Mietpreisüberhöhung (s. Rdn D 49 ff) begründen. Bestehen ernsthafte Zweifel an der Richtigkeit einer Mietwerttabelle, müssen diese vom Gericht erforderlichenfalls durch Sachverständige überprüft und geklärt werden. Diese Grundsätze gelten im Prinzip auch für die Verwendung einer Mietwerttabelle, die im Zusammenwirken von Interessenverbänden der Mietvertragsparteien entstanden sind (OLG Köln WM 78, 76). Das Gericht muß in einem solchen Falle allerdings prüfen, welches Zahlenmaterial der Tabelle zugrunde liegt, von welchen Kriterien die Parteien ausgegangen sind und ob die Tabellenwerte mit hinreichend gesicherter Wahrscheinlichkeit die tatsächlich am Ort gezahlten Mietentgelte widerspiegeln. Im Urteil muß bei der Verwendung einer Mietwerttabelle stets in einer für die Oberinstanz nachprüfbaren Weise festgestellt werden, ob die Tabellenwerte nach gesicherten wissenschaftlichen Prinzipien der Statistik ermittelt worden sind (OLG Köln ZMR 75, 366); erfüllt eine Tabelle diese Voraussetzungen nicht, so darf sie nicht die Grundlage einer Verurteilung bilden.

Die Handhabung des Mietspiegels darf dabei nicht rein schematisch erfolgen. Vielmehr ist den Besonderheiten des Einzelfalls Rechnung zu tragen. Dies gilt insbesondere in jenen Fällen, in denen die ortsübliche Miete in Form einer Preisspanne wiedergegeben ist (s. Rdn C 156 o). Die rein abstrakte Anknüpfung an einen der dort ausgewiesenen Werte (Unterwert, Mittelwert, Oberwert) ist unzulässig (OLG Stuttgart (RE) vom 7. 7. 1981, RES § 5 WiStG Nr. 1). Vielmehr muß im Einzelfall festgestellt werden, welche Besonderheiten die Wohnung aufweist und wie sie aufgrund dieser Besonderheiten einzuordnen ist. Die weitergehende Auffassung des OLG Stuttgart, a. a. O., wonach hierzu „im allgemeinen die Einholung eines Sachverständigengutachtens" erforderlich sein soll, verkennt allerdings die Besonderheiten des Mietspiegelverfahrens. Dieses Verfahren ist so ausgestaltet, daß die Einordnung regelmäßig aufgrund von Feststellungen erfolgen kann, die ohne spezielle Sachkunde durch die Einnahme eines richterlichen Augenscheins getroffen werden können. Die Rechtsansicht des OLG Stuttgart bindet im übrigen nicht, weil die betreffenden Ausführungen nicht zu den tragenden Gründen des Rechtsentscheids gehören (OLG Hamm WM 84, 238 = DWW 84, 216 = ZMR 84, 354; Sonnenschein NJW 86, 2731). Die Frage, nach welcher Methode der höchstzulässige Mietpreis zu ermitteln ist, kann auch nicht durch Rechtsentscheid geklärt werden (OLG Hamm a. a. O.), weil es

§ 5. WiStG. Mietpreisüberhöhung D 39

sich insoweit nicht um eine Rechtsfrage, sondern um ein Problem der Tatsachenermittlung und richterlichen Überzeugungsbildung handelt (s. Rdn G 6).

Wie im Verfahren nach § 2 MHG bleiben auch im Rahmen des § 5 WiStG behebbare Mängel unberücksichtigt (OLG Stuttgart a. a. O.). Ist die Wohnung an Ausländer vermietet, so kommt ein auf die Eigenschaft der Mieter als Ausländer gestützter Zuschlag zur ortsüblichen Vergleichsmiete nicht in Betracht (OLG Stuttgart (RE) vom 26. 2. 1982, RES § 5 WiStG Nr. 3; ähnl. OLG Hamm (RE) vom 13. 3. 1986 WM 86, 206). Dies gilt auch dann, wenn sich in der Gemeinde ein entsprechender Teilmarkt mit höherem Preisniveau gebildet hat.

Sind Mietwerttabellen nicht vorhanden (oder nicht verwertbar), müssen die ortsüblichen Mietentgelte durch einen Vergleich mit einer **repräsentativen Anzahl vergleichbarer Wohnräume** im Wege der Einzelermittlung festgestellt werden. Dabei muß die Zahl der berücksichtigten Vergleichsobjekte ausreichen, um nicht nur einen Anscheinsbeweis (s. Rdn C 101), sondern die volle Überzeugung von der Richtigkeit einer bestimmten Durchschnittsmiete zu begründen. Die erforderliche Anzahl der Vergleichsobjekte wird sich nach der Größe des zu erfassenden Teilmarktes zu richten haben. Wenn auch auf nachprüfbares exaktes Zahlenmaterial bei dieser Einzelermittlung nicht verzichtet werden kann, wird das Gericht dazu auch Sachverständige und sachkundige Zeugen zur Klärung von Zweifelsfragen zu hören haben. Nach der Neufassung des § 5 kommen nur solche Wohnungen als Vergleichsobjekte in Betracht, deren Mietpreise in den letzten drei Jahren neu vereinbart oder von Erhöhungen der Betriebskosten abgesehen, geändert worden sind. Zur Konkretisierung des insoweit maßgebenden 3-Jahreszeitraums vgl. Rdn C 54 c–k). Sind wegen der Art des vermieteten Raumes keine Vergleichsobjekte vorhanden, so muß der angemessene Mietpreis unter Berücksichtigung der Besonderheiten des Mietobjekts festgesetzt werden. Dabei kommt es maßgeblich auf die bauliche Beschaffenheit, auf eventuelle Mängel, auf den objektiven Nutzwert zum Wohnen und auf ein eventuell für die Bewohner bestehendes Gesundheitsrisiko an (LG Köln WM 87, 202 betr. Vermietung von zellenartigen Räumen in einem Hochbunker an Nichtseßhafte).

dd) Hat der Vermieter nach den Vereinbarungen im Mietvertrag nicht D 39 nur den Wohnraum zur Verfügung zu stellen, sondern darüber hinaus noch **Nebenleistungen** zu erbringen (z. B. Heizung, Möblierung), so kommt es für die Bewertung nicht darauf an, ob für die Gesamtheit der Vermieterleistungen ein pauschales Entgelt vereinbart worden ist oder ob die Nebenleistungen neben der Grundmiete besonders vergütet werden. In jedem Falle sind neben der ortsüblichen Vergleichsmiete für die Raumüberlassung zugunsten des Vermieters noch die ortsüblichen Entgelte für die jeweiligen Nebenleistungen (z. B. Tarife für Strom und Wasser, Heizkostenabrechnung) zu berücksichtigen, soweit diese Leistungen tatsächlich erbracht werden; für Betriebskosten i. S. des § 27 der

II. BV ergibt sich aus § 4 I, II MHG, daß sie rechnerisch grundsätzlich nach dem in der Tabelle 3 zu § 27 der II. BV bestimmten Umfang in Ansatz zu bringen sind (s. Rdn C 285). Maßgeblich für die Bewertung der Vermieterleistung sind somit die ortsüblichen Entgelte für die jeweilige Grundmiete zuzüglich der erbrachten Nebenleistungen (s. C 1 ff); hierzu wird im übrigen auf die Richtl. Ziff. 4.1.2. (s. Rdn D 84) Ziff. 4.5.5. und Ziff. 4.5.6. (s. Rdn D 100) verwiesen.

D 40 b) Nach der Legaldefinition des § 5 I 2 ist der Mietzins dann unangemessen hoch, wenn er die ortsübliche Vergleichsmiete **nicht unwesentlich** übersteigt. Im Regierungsentwurf lautete die entsprechende Formulierung noch ,,wesentlich übersteigt"; obwohl philologisch die doppelte sprachliche Verneinung (nicht unwesentlich) kaum einen anderen Sinn als die bejahende Ausdrucksform (wesentlich) hat, muß dieser veränderten Formulierung von der juristischen Betrachtung gebührende Bedeutung beigemessen werden. Der Gesetzgeber bringt mit der neuen Formulierung zum Ausdruck, daß schon geringfügigere prozentuale Überschreitungen der Vergleichsmiete als früher ordnungswidrig i. S. des § 5 sind. Es ist somit weder ein auffälliges Mißverhältnis zwischen der Vermieter- und Mieterleistung noch eine ganz erhebliche Überschreitung der Vergleichsmiete erforderlich, um eine Ordnungswidrigkeit annehmen zu können. Vielmehr müssen bereits geringere Prozentsätze eines überhöhten Mietzinses ausreichen, soweit sie eben nicht unwesentlich sind.

D 41 Wie hoch die Toleranzschwelle einer noch hinzunehmenden und einer schon ordnungswidrigen Mietpreiserhöhung anzusetzen ist, hat der Gesetzgeber bewußt nicht in Prozentsätzen ausgedrückt; es muß der Rechtsprechung überlassen werden, diese Grenze für den Regelfall durch Prozentsätze auszufüllen, wobei das Gesamtsystem der §§ 2 ff MHG, 5 WiStG, 302 a StGB und der damit verbundene Zweck einer wirksamen Begrenzung des Mietanstiegs gebührend zu beachten sein werden. Nimmt man eine nicht unwesentliche Mietpreisüberhöhung erst bei Prozentsätzen von etwa 50 Prozent an, muß das zur Folge haben, daß vor allem beim Neuabschluß von Mietverträgen die graue Zone zwischen ortsüblicher Miete und Ordnungswidrigkeit durch kräftige Mieterhöhungen eine ungebührliche Ausweitung erfahren würde, was seine Konsequenzen wiederum auf die ortsübliche Vergleichsmiete haben müßte; ferner würde sich dadurch der Anwendungsbereich des § 302 a StGB bereits im Ansatz auf ganz extreme Ausbeutungsfälle verengen und die staatlichen Wohngeldzuschüsse aus öffentlichen Mitteln würden wegen der zu raschen Veränderung der zu berücksichtigenden Höchstmieten (Tabelle zu § 8 WoGG 70) ungebührlich steigen. All das steht nicht im Einklang mit dem Sinn und Zweck der gesetzlichen Regelung, die dem Schutz der Interessen des Mieters und der Öffentlichkeit dienen und den übermäßigen Mietanstieg vergangener Jahre bremsen soll (Schmidt-Futterer JR 72, 133).

D 42 Es dürfte dem Gesamtkonzept entsprechen, wenn jedenfalls Mietpreisüberschreitungen von 20–30 Prozent für die Anwendbarkeit des § 5 und

§ 5. WiStG. Mietpreisüberhöhung   D 43–43 b

von etwa 50 Prozent für die Anwendbarkeit des § 302 a StGB (so zutreffend OLG Köln ZMR 75, 366; WM 80, 78; OLG Stuttgart Justiz 75, 388 = ZMR 75, 370; OLG Frankfurt ZMR 75, 371; ZMR 78, 286; LG Darmstadt NJW 72, 1244; NJW 75, 549; LG Mannheim WM 75, 172 = MDR 76, 316; MDR 77, 581 = NJW 77, 1729 = ZMR 79, 62; LG Köln ZMR 75, 367 = LG Heidelberg ZMR 76, 334; LG Hamburg MDR 77, 583; WM 78, 222; WM 79, 63; LG Frankfurt WM 76, 134; LG Köln Urt. vom 18. 2. 75, AZ 39–2/74; AG Köln WM 78, 116; Dreher § 302 a Anm. 3 Da; Palandt-Heinrichs § 138 Anm. 4 c) als ausreichend angesehen werden (a. A. Sasserath NJW 72, 711).

Diese Rechtsprechung ist durch die Rechtsentscheide des OLG Stutt- **D 43**
gart vom 7. 7. 1981 (RES § 5 WiStG Nr. 1) und des OLG Hamburg vom 15. 11. 1982 (RES § 5 WiStG Nr. 4; vgl. dazu: Finger ZMR 83, 37), wonach der Tatbestand des § 5 WiStG bei 20%iger Überschreitung der ortsüblichen Miete erfüllt ist, weiter gefestigt worden. Die Richtlinien gehen ebenfalls davon aus, daß die Wesentlichkeitsgrenze bei 20% angesetzt werden muß (Ziff. 4.6). Wird eine derartige Überschreitung unter Beachtung der oben Rdn D 38 dargelegten Grundsätze festgestellt, so kommt ein sogenannter ,,Toleranzzuschlag" nicht mehr in Betracht (OLG Stuttgart a. a. O.).

aa) Durch das Gesetz zur Erhöhung des Angebots an Mietwohnungen **D 43 a**
vom 20. 12. 1982 (BGBl. I S. 1912) wurde § 5 I durch einen neu angefügten Satz 3 ergänzt. In der Neuregelung ist bestimmt, daß solche Entgelte **nicht unangemessen hoch** sind, die zur Deckung der laufenden Aufwendungen des Vermieters erforderlich sind, sofern sie unter Zugrundelegung der maßgeblichen Entgelte nicht in einem auffälligen Mißverhältnis zu der Leistung des Vermieters stehen. Dies bedeutet, daß der Vermieter nicht ordnungswidrig handelt wenn er lediglich eine **kostendeckende Miete** verlangt. Unberührt bleibt die Strafvorschrift des § 302 a StGB, deren objektiver Tatbestand dann vorliegt, wenn zwischen der Leistung des Vermieters und der Leistung des Mieters ein auffälliges Mißverhältnis besteht. Dies kann bei einer Überschreitung der ortsüblichen Miete von 50% angenommen werden (s. Rdn D 42, 119). Im Ergebnis hat die Neuregelung zur Folge, daß der Vermieter die ortsübliche Miete um 50% überschreiten darf, wenn dies zur Erlangung einer kostendeckenden Miete erforderlich ist. Der Anwendungsbereich des § 5 WiStG wurde auf diese Weise eingeschränkt.

bb) Nach der Vorstellung des Gesetzgebers soll die kostendeckende **D 43 b**
Miete für freifinanzierten Wohnraum in Anlehnung an § 8 I WoBindG ermittelt werden. In der Begründung des Gesetzentwurfs heißt es dazu:

,,Die Wendung ‚zur Deckung der laufenden Aufwendungen erforderlich' ist an § 8 Abs. 1 WoBindG angelehnt. Die dort für die Ermittlung der Kostenmiete im öffentlich geförderten Wohnungsbau in bezug genommenen §§ 8 a und 8 b WoBindG sollen für die Beurteilung der Frage, ob die Miete für nicht preisgebundenen Wohnraum zur Deckung der laufenden Aufwendungen erforderlich ist, als Grundlage mit herangezogen werden. Außerdem können im Einzelfall weitere Umstände berücksichtigt werden, die sich aus der besonderen Gestaltung des Mietverhältnisses oder aus der Natur der Vermietung von nicht preisgebundenen Wohnungen ergeben" (s. Rdn F 125).

Aus der Verwendung des **Begriffs der „laufenden Aufwendungen"** und der Erläuterung des Gesetzgebers hierzu muß geschlossen werden, daß die für frei finanzierten Wohnraum höchst zulässige Miete auf der Grundlage derjenigen Kostenansätze ermittelt werden muß, die der Gesetzgeber für die Berechnung der Kostenmiete entwickelt hat. In der Sache bedeutet dies, daß die laufenden Aufwendungen in Anlehnung an die §§ 8 Abs. 1, 8a, 8b WoBindG, §§ 18 bis 29 der II BV zu errechnen sind. Danach sind folgende Kostenpositionen ansatzfähig:

D 43 c   1. **Eigenkapitalkosten** (§ 20 der II BV). Eigenkapitalkosten sind die Zinsen für die Eigenleistungen. Hat der Vermieter das **Haus als Bauherr errichtet,** so bemißt sich die Höhe der Eigenleistung nach § 15 der II BV. Hier sind insbesondere ansatzfähig; die eigenen Geldmittel des Vermieters, der Wert des vermietereigenen Baugrundstücks, der Wert der eigenen Arbeitsleistung in Höhe der üblichen Handwerkerpreise (ohne Mehrwertsteuer) und der Wert des vom Vermieter gestellten Baumaterials. Als eigene Geldmittel zählen auch Bausparguthaben einschließlich der Zinsen und der Prämien, Mittel aus Personalkrediten und Geldleistungen Dritter, die der Vermieter schenkweise erhalten hat. Zu den vermietereigenen Arbeitsleistungen gehört auch der Wert der Arbeit von Angehörigen oder sonstiger Dritter und zwar unabhängig davon ob der Vermieter diese Arbeitskräfte bezahlt hat. Maßgeblich für den Wertansatz ist der Zeitpunkt der Errichtung des Hauses. Für die Höhe der Verzinsung gilt § 20 II S. 1 der II BV: Ansatzfähig ist der marktübliche Zinssatz für erste Hypotheken wobei auch hier der Zeitpunkt der Errichtung des Bauwerks maßgeblich ist. Hat der Vermieter das **Haus gekauft,** so gelten die obigen Ausführungen sinngemäß. Zwar kommt es im Rahmen der §§ 18 ff. der II BV niemals auf die Erwerbskosten an, weil sich die Kostenmiete stets nach den Baukosten richtet. Im Rahmen des § 5 WiStG muß allerdings etwas anderes gelten, weil gerade bei älteren Bauwerken die Baukosten kaum ermittelt werden können; die Regelung des § 5 Abs. 1 S. 3 WiStG gilt aber auch hierfür (ebenso: Barthelmess § 2 MHG Rdn 24d; Gramlich § 5 WiStG Anm. 3; Landfermann, Erläuterungen S. 85; Beuermann § 5 WiStG Rdn 22; Erbs-Meyer § 5 WiStG Anm. 4d). In der Literatur wird zum Teil die Ansicht vertreten, daß Eigenkapitalkosten im Rahmen des § 5 überhaupt nicht ansatzfähig seien, weil es sich dabei nicht um eine wirkliche Belastung sondern um einen kalkulatorischen Kostenansatz handle (Sternel ZMR 83, 73, 80 und MDR 83, 265, 356; Erbs-Meyer a. a. O). Diese Ansicht verkennt, daß der Gesetzgeber dem Eigentümer von freifinanziertem Wohnraum zumindest diejenige Miete zubilligen will, die auch der Vermieter von

§ 5. WiStG. Mietpreisüberhöhung   D 43 d, e

preisgebundenem Wohnraum zu beanspruchen hat (wie hier: Landfermann a. a. O. S. 56; Beuermann a. a. O. Rdn 21; s. auch F 133).

Die Berechnung der Kostenmiete aus den Erwerbskosten hat zur Folge, daß derjenige Vermieter, der ein Haus zu einem überhöhten Preis erworben hat, die darin befindlichen Wohnungen zu überhöhten Preisen weitervermieten darf (Gramlich NJW 83, 421). Rechtspolitisch erscheint dies verfehlt. Dennoch kann das Gesetz nicht dahingehend korrigiert werden, daß bei unwirtschaftlichem Erwerb die Kapitalkosten lediglich aus dem üblichen Kaufpreis ermittelt werden.

2. Fremdkapitalkosten (§ 21 der II BV). Zu den Fremdkapitalkosten **D 43 d** gehören die Zinsen für Fremdmittel, die laufenden Kosten für Bürgschaften für Fremdmittel (z. B. Landesbürgschaften für 1b-Hypotheken), Erbbauzinsen und laufende Verwaltungskosten die im Zusammenhang mit der Darlehensaufnahme entstehen. Tilgungsleistungen dürfen nicht angesetzt werden. Bei einem Tilgungsdarlehen darf der vereinbarte Zinssatz zugrundegelegt werden und zwar auch dann, wenn bei progressiver Tilgung die Zinsen niedriger und die Tilgungsbeträge höher werden (§ 21 II der II. BV).

Ein Disagio hat auf die Berechnung der Zinsen keinen Einfluß, obwohl in diesem Fall der effektive Zinssatz höher ist als bei Auszahlung zu 100%. Im Rahmen des § 21 der II BV kommt es nicht auf den Zinssatz sondern auf die Zinsbelastung an. Maßgeblich ist also immer derjenige Zins, der sich aus der Vereinbarung im Darlehensvertrag ergibt. Dies gilt nach § 21 III S. 2 der II BV auch dann, wenn das Darlehen planmäßig zurückgezahlt worden ist. Zu einem anderen Ergebnis müßten die Vertreter derjenigen Ansicht kommen, die die Berücksichtigung von kalkulatorischen Kostenansätzen für unzulässig halten (s. Rdn D 43 C). Beim Erwerb des Hauses gelten für die Berechnung der Fremdkapitalkosten die Ausführungen unter Rdn D 43 C sinngemäß.

Für unverzinsliche und niedrig verzinsliche (Zinssatz unter 4%) Darlehen trifft § 22 der II BV eine Sonderregelung. Hier dürfen Tilgungsleistungen, die den Satz von 1% übersteigen als Zinsersatz angesetzt werden. Der Ansatz richtet sich nach dem Maß der Tilgung; höchstens ist derjenige Betrag ansatzfähig, der sich bei einer Verzinsung des Darlehens in Höhe von 4% ergäbe. Unberücksichtigt bleiben Mieterdarlehen und Mietvorauszahlungen.

3. Abschreibung (§ 25 der II BV). Die Abschreibung darf 1% der **D 43 e** Baukosten nicht überschreiten. Zu den Baukosten gehören nicht die Kosten des Grundstücks und die Erschließungskosten (§ 5 III der II BV). Soll die Kostenmiete aus den Erwerbskosten berechnet werden, muß die Abschreibung aus einem fiktiven Betrag errechnet werden (Ewerbskosten abzüglich Grundstückswert). Ist eine Schätzung nicht möglich, muß der Gebäudewert nach der WertermittlungsVO (BGBl. 1972 I S. 1416) ermittelt werden. Maßgeblich ist der Wert zum Zeitpunkt des Erwerbs (a. A. Gramlich § 5 WiStG Anm 3: jetziger Verkehrswert) und zwar auch dann, wenn zu diesem Zeitpunkt das Mietverhältnis bereits bestand (a. A. Beuermann a. a. O. Rdn 24 mit der Erwägung, der Erwerber könne nach § 571 nicht mehr geltend machen als sein Vorgänger). Für sehr alte Gebäude gelten keine Besonderheiten. Eine Berechnung der Abschreibung aus den Baukosten hat zwar zur Folge, daß die Abschreibungsbeträge gering sind. Dennoch besteht kein Anlaß, deswegen auf andere Berechnungsgrundlagen (wie z. B. auf den Verkehrswert) zurückzugreifen, weil der Eigentümer von nicht (oder nicht mehr) preisgebundenem Wohnraum im Rahmen des § 5 WiStG nicht anders behandelt werden soll, wie der Vermieter von preisgebundenem Wohnraum (im Erg. ebenso Beuermann a. a. O. Rdn 25). Im Falle des Erwerbs ist es auch hier sachgerecht, wenn die Abschreibung aus denjenigen Kosten berechnet wird, die für den Erwerb des Gebäudes aufgewendet worden sind. Nach Sternel und Meyer (s. Rdn D 43 C) können Abschreibungsbeträge überhaupt nicht angesetzt werden weil es sich insoweit um kalkulatorische Ansätze handelt.

D 43 f 4. **Verwaltungskosten** (§ 26 der II BV). Die Verwaltungskosten sind nach § 26 der II BV pauschaliert; sie dürfen höchstens mit 240,– DM je Wohnung angesetzt werden. Die Verwaltungskostenpauschale kann auch nicht ausnahmsweise überschritten werden (so aber Sternel ZMR 83, 81), was aus dem Grundsatz folgt, daß auch der Eigentümer von nicht preisgebundenem Wohnraum als höchstzulässige Miete nur die Kostenmiete verlangen darf.

D 43 g 5. **Betriebskosten** (§ 27 der II BV). Zum Begriff der Betriebskosten s. Rdn C 286 ff. Ansatzfähig sind diejenigen Betriebskosten, die der Vermieter zu tragen hat. Sonstige Nebenkosten wie etwa Instandhaltungskosten oder die Instandhaltungsrücklage (bei vermietetem Wohnungseigentum) sind nicht in der tatsächlich anfallenden Höhe, sondern nur pauschaliert ansetzbar (a. A. wohl: Schmid BlGBW 83, 65 „sämtliche Unkosten").

D 43 h 6. **Instandhaltungskosten** (§ 28 der II BV.). Auch diese Kosten sind pauschaliert. Über die Höhe der Pauschale s. Rdn D 105 a).

D 43 i 7. **Mietausfallwagnis** (§ 29 der II BV). Durch das Mietausfallwagnis soll das Risiko einer Ertragsminderung abgedeckt werden, die durch uneinbringliche Rückstände von Mieten oder durch das Leerstehen von Wohnungen entsteht. Das Mietausfallwagnis beträgt 2% der Mieteinnahmen. Es handelt sich um einen kalkulatorischen Ansatz, der nach der hier vertretenen Ansicht zu berücksichtigen ist (a. A. Sternel und Meyer; s. Rdn D 43 c). Das Ausfallwagnis darf allerdings nur aus der zulässigen Miete berechnet werden. Der Umstand, daß der Mieter eine Kaution bezahlt hat, steht der Berücksichtigung des Kostenansatzes dann nicht entgegen, wenn durch die Kaution nicht nur das Mietausfallrisiko abgedeckt werden soll. Davon ist im Regelfall auszugehen, weil die Kaution im allgemeinen auch die Schadensersatzansprüche des Vermieters (z. B. wegen unterlassener Schönheitsreparaturen) sichern soll.

§ 5. WiStG. Mietpreisüberhöhung

Aus den unter 1. bis 7. dargelegten Kosten kann die zur Deckung der **D 43j** laufenden Aufwendungen erforderliche Miete errechnet werden. Dabei ist zu bedenken, daß die Regelungen der §§ 18ff. der II BV nur dann unmittelbar anwendbar sind, wenn der Vermieter zugleich der Eigentümer ist. Der Fall der **Untermiete** wird vom Gesetz nicht geregelt. Insbesondere kann die Höhe der „laufenden Aufwendungen" i. S. von § 5 WiStG nicht nach der Höhe des Mietzinses bemessen werden, den der Hauptmieter an den Eigentümer zu zahlen hat (a. A. wohl Erbs-Meyer § 5 WiStG Anm. 4d). Dies folgt aus der Erwägung, daß jener Begriff nach der Vorstellung des Gesetzgebers einen speziellen Bezug zur Kostenmiete haben soll, wie sie sich aus §§ 18ff der II BV ergibt (s. Rdn F 125). Es steht mit dem Schutzzweck der Vorschrift auch nicht im Einklang, wenn der Hauptmieter eine überteuerte Wohnung zu dem für Geschäftsräume üblichen Mietzins (s. Rdn B 9) anmieten könnte um sie gewinnbringend weiterzuvermieten. Vielmehr muß auch der Hauptmieter bei der Untervermietung sich an der für Wohnraum ortsüblichen Miete orientieren. Da der Hauptmieter aber andererseits nicht schlechter gestellt werden darf, als er als Eigentümer stünde, muß er die Möglichkeit haben, sich auf die für den Eigentümer maßgebliche Kostenmiete zu berufen. Es handelt sich dabei um eine analoge Anwendung des § 5 I S. 3 zugunsten des Hauptmieters (Untervermieters).

cc) Der Grundsatz, daß ein nur kostendeckender Mietzins nicht unan- **D 43k** gemessen hoch i. S. von § 5 I S. 2 ist, gilt dann nicht, wenn die Kostenmiete in einem „**auffälligen Mißverhältnis**" zu der Leistung des Vermieters steht. Der Begriff des auffälligen Mißverhältnisses ist identisch mit dem gleichlautenden Begriff in § 302a StGB. Bei der Auslegung dieser Vorschrift vertritt die ganz überwiegende Meinung die Ansicht, daß zur Bewertung der Vermieterleistung nicht auf Kostenmietgrundsätze zurückgegriffen werden darf; ob ein Mißverhältnis zwischen Leistung und Gegenleistung vorliegt, muß vielmehr auf der Grundlage der ortsüblichen Vergleichsmiete ermittelt werden (s. Rdn D 116). Ein Mißverhältnis im Sinne von § 302a StGB liegt dabei dann vor, wenn die ortsübliche Miete um mehr als 50% überschritten wird (s. Rdn D 119). Auf dieser Auslegung beruht auch der neu geschaffene § 5 I S. 3 (Vollmer NJW 83, 555). Die Vorschrift will sicherstellen, daß ein Vermieter ohne Rechtsnachteile auf jeden Fall die Kostenmiete verlangen kann; der Anwendungsbereich der Wuchervorschrift soll hiervon aber unberührt bleiben (vgl.: Bericht des Rechtsausschusses Rdn F 125). Daneben ist § 5 bei einer mehr als 50%igen Überschreitung dann anwendbar, wenn dem Vermieter nur Fahrlässigkeit zur Last fällt oder wenn ein Tatbestandsmerkmal des § 302a StGB fehlt.

Diese Rechtslage führt zu folgenden **Ergebnissen:**

dd) Liegt die maßgebliche Kostenmiete unterhalb der ortsüblichen **D 43l** Vergleichsmiete, so verstößt der Vermieter gegen § 5, wenn die ortsübliche Miete um mehr als 20% überschritten wird. Gleiches gilt, wenn die ortsübliche Vergleichsmiete und die Kostenmiete identisch sind. Der

Gesetzesverstoß hat zivilrechtlich zur Folge, daß die Mietzinsvereinbarung nichtig ist, soweit sie die Wesentlichkeitsgrenze (ortsübliche Miete + 20%) übersteigt.

D 43 m ee) Liegt die maßgebliche Kostenmiete oberhalb der ortsüblichen Vergleichsmiete, aber unterhalb der Wesentlichkeitsgrenze, so verstößt der Vermieter gleichfalls gegen § 5, wenn die ortsübliche Vergleichsmiete um mehr als 20% überschritten wird. Der Vermieter ist nämlich nicht berechtigt, zu der Kostenmiete noch einen weiteren 20%igen Zuschlag zu verlangen (ebenso: Köhler, Neues Mietrecht, S. 80). Zivilrechtlich hat der Gesetzesverstoß auch in diesem Fall zur Folge, daß die Mietzinsvereinbarung insoweit nichtig ist, als sie die Wesentlichkeitsgrenze (ortsübliche Miete + 20%) überschreitet.

D 43 n ff) Liegt die maßgebliche Kostenmiete über der Wesentlichkeitsgrenze des § 5, aber unterhalb der Wuchergrenze, so darf der Vermieter nur die Kostenmiete verlangen. Jede Überschreitung der Kostenmiete stellt einen Verstoß gegen § 5 dar, der zivilrechtlich zur Folge hat, daß die Mietpreisvereinbarung auf die Kostenmiete zurückgeführt wird.

D 43 o gg) Wird durch die maßgebliche Kostenmiete die Wuchergrenze überschritten, so greift entweder die Vorschrift des § 302a StGB oder – bei fahrlässiger Überschreitung – die Vorschrift des § 5 ein. Zivilrechtlich hat der Verstoß in diesem Fall zur Folge, daß die Mietpreisvereinbarung insoweit unwirksam ist, als die ortsübliche Miete um mehr als 50% überschritten wird.

D 44 c) Die Unangemessenheit des Entgelts setzt ferner voraus, daß es infolge eines **geringen Angebotes an vergleichbaren Räumen** erzielt, gefordert oder versprochen wird (§ 5 I, 2). Nach früherem Recht (§ 2a WiStG a. F.) war insoweit die Ausnutzung einer Mangellage erforderlich; daraus folgt, daß der Gesetzgeber jetzt zur wirksameren Bekämpfung von Mietpreisüberhöhungen auf der Basis örtlicher Wohnungsfehlbestände geringere Anforderungen stellt. Soweit statistische Angaben mit einem konkreten Aussagewert überhaupt vorliegen, kann von einem geringen Angebot stets dann ausgegangen werden, wenn darin kein ausgeglichener Wohnungsmarkt ausgewiesen wird; das ist der Fall, wenn das örtliche Angebot an vergleichbaren Wohnungen die bestehende Nachfrage nicht wenigstens spürbar überschreitet, wobei es der Festlegung eines bestimmten Prozentsatzes des Überangebots nicht bedarf. Den verfehlten theoretischen Denkansätzen im AbbauG 1960, wonach ein statistischer Wohnungsfehlbestand von 3 Prozent in Kauf genommen werden könne und die Aufhebung der Schutzrechte des Mieters rechtfertige, kann nach der Klarstellung des Gesetzeswortlauts weder hier noch überhaupt für das soziale Mietrecht gefolgt werden.

Für die Feststellung eines geringen Angebots ist im übrigen entscheidend, ob infolge des nicht ausgeglichenen Verhältnisses zwischen Angebot und Nachfrage eine objektiv zu beobachtende Verknappung am jeweiligen Ort vorliegt. Auf das Bestehen einer Notlage oder eines

§ 5. WiStG. Mietpreisüberhöhung   D 45, 46

bestimmten Prozentsatzes von Fehlbeständen kommt es somit nicht an (LG Hamburg NJW 71, 1411).

Dabei muß auf die jeweiligen Verhältnisse des **örtlichen Teilmarktes** D 45 abgestellt werden (Holzapfel BB 63, 254; OLG Frankfurt ZMR 78, 286). Ein reichliches Angebot an Eigentums- oder Luxuswohnungen ist unbeachtlich, wenn über die Vermietung einer Normalwohnung zu entscheiden ist und sowohl Sozialwohnungen als auch für eine breite Mittelschicht erschwingliche Wohnungen am Ort fehlen (BayObLG WM 71, 157). Ein Überangebot an möblierten Zimmern oder Großwohnungen hindert nicht die Feststellung eines knappen Angebots an Leerzimmern oder 2-Zimmer-Wohnungen. Auch die fehlende Bereitschaft der Vermieter an eine bestimmte Gruppe (z. B. Studenten, Ausländer) zu vermieten, kann die Annahme eines geringen Angebots begründen (OLG Hamm (RE) vom 13. 3. 1986 WM 86, 206). Gleiches gilt, wenn in bestimmten Gegenden (z. B. Ballungszentren, Stadtmitte) ein genereller Wohnungsfehlbestand vorliegt. Maßgeblich ist immer, ob der Vermieter als marktüberlegener Teil die Mietbedingungen bestimmen kann (LG Hamburg WM 78, 222; WM 79, 63). Ob derartige Verhältnisse vorhanden sind, kann vom Gericht bei Offenkundigkeit selbst ohne weitere Nachforschungen entschieden werden (BayObLG WM 72, 165); ist nämlich der Wohnungsmangel allgemein bekannt oder durch Feststellungen der örtlichen Verwaltungsbehörden erhärtet, kann in einer solchen Entscheidung des Gerichts kein Rechtsirrtum und kein Verstoß gegen die Lebenserfahrung erblickt werden (a. A. v. Lackum DWW 78, 272 wonach auch in diesem Fall statistische Untersuchungen erforderlich sein sollen). Sind die Verhältnisse des örtlichen Teilmarktes unklar, müssen darüber zweckdienliche Ermittlungen bei den Verwaltungsbehörden oder Wohnungsmaklern und durch Befragung der Wohnungssuchenden angestellt werden. Die Angebote in Tageszeitungen können dabei nur mit Vorbehalt nach längerer Marktbeobachtung und näherer Überprüfung der Einzelfälle verwertet werden (vgl. i. übrigen Richtl. Ziff. 4.3.; s. Rdn D 87ff). Das Bestehen einer Mangellage darf nicht schon deshalb verneint werden, weil zur Tatzeit eine Reihe vergleichbarer Wohnungen leergestanden haben. Es kommt vielmehr auf die Gründe des Leerstehens an. In einer Reihe von Fällen lassen sich nämlich aus der Tatsache der Nichtvermietung keine eindeutigen Schlüsse ziehen (z. B. Nichtvermietung wegen bevorstehender Sanierungsabsicht; Nichtvermietbarkeit wegen erheblicher baulicher Mängel; wegen überhöhter Preise oder wegen der Lage der Wohnungen (vgl. OLG Köln WM 79, 85 für überteuerte Wohnungen im ehemaligen Dirnengebiet).

d) Die Ordnungswidrigkeit nach § 5 (Sozialwucher) setzt lediglich D 46 eine preistreiberische **Ausnutzung der Marktlage** durch den Vermieter voraus. Dafür reicht es aus, daß sich der Vermieter darüber bewußt ist oder mit der Möglichkeit rechnet, im Falle eines ausgeglichenen Wohnungsangebots nur einen geringeren Mietzins erzielen zu können (OLG Köln a. a. O.). Unbeachtlich ist deshalb, ob sich der übervorteilte Mieter durch sein Verhalten oder sein Verschulden selbst in die Lage versetzte, die Wohnung beschaffen oder erhalten zu müssen (BGHSt 11, 182). Es ist ferner unerheblich, ob es der Mieter an der gebotenen möglichen Rechtsverteidigung gegen das preistreiberische Verhalten fehlen ließ oder anderweitige Umzugsmöglichkeiten nicht wahrnahm. Im übrigen kommt es bei § 5 nicht darauf an, aus welchen Beweggründen der Täter handelte und ob er eine etwaige Zwangslage oder die Willensschwäche des Benachteiligten erkannte und ausnutzte. Es ist auch nicht erforderlich, daß der Vermieter das Mieterhöhungsverfahren mit einer Kündigungsdrohung verbunden hat (so aber LG Hamburg ZMR 80, 86). Da § 5 allein auf die Marktlage und nicht auf die persönlichen Verhältnisse des Mieters abstellt, erübrigt sich auch die Prüfung, ob die vom Mieter erstrebte Wohnung seinen persönlichen und wirtschaftlichen Verhältnissen angemessen war (Sasserath WM 72, 21). Der Einwand des Täters, die übrigen Mieter seines Hauses hätten sich mit der Zahlung des unangemessenen Mietzinses einverstanden erklärt, ist für die Frage der Ausnutzung eines geringen Wohnungsangebots unbeachtlich, weil daraus nicht die Folgerung eines funktionierenden Wohnungsmarktes gezogen werden kann.

III. Innerer Tatbestand

D 47 Die Ordnungswidrigkeit des § 5 setzt voraus, daß der Täter vorsätzlich oder leichtfertig handelte. Die Feststellung darüber, ob ein vorsätzliches oder leichtfertiges Handeln vorliegt, ist nach § 17 III OWiG für die Bemessung des angemessenen Bußgeldes von grundlegender Bedeutung (s. unten Rdn D 52).

D 48 1. **Vorsätzlich** handelt der Vermieter, wenn er die oben unter II erörterten objektiven Tatbestandsmerkmale kennt und verwirklichen will; er muß also wissen, daß am Ort nur ein geringes Angebot an vergleichbaren Räumen vorhanden ist und daß er unter Ausnutzung dieses Umstandes ein unangemessen hohes Entgelt für die Raumüberlassung oder für Nebenleistungen fordert, sich versprechen läßt oder annimmt. Der Vermieter muß somit auch wissen, daß er eine bestimmte oder bestimmbare ortsübliche Vergleichsmiete nicht unerheblich überschreitet. Für den Vorsatz reicht auch aus, wenn der Vermieter die objektiven Tatbestandsmerkmale nur möglicherweise als gegeben erachtet und diese für den Fall ihres Vorliegens billigend in Kauf nimmt. Dieser bedingte Vorsatz (dolus eventualis) wird insbesondere dann anzunehmen sein, wenn der Vermieter bewußt ausreichende und erfolgversprechende Nachforschungen über die ortsübliche Vergleichsmiete unterläßt und er das Entgelt auch für den im Bereich des Möglichen liegenden Fall anstrebt, daß es unangemessen hoch sein sollte. Nicht zum Vorsatz gehört dagegen, daß der Vermieter aus seiner persönlichen Sicht den Mietpreis als angemessen

§ 5. WiStG. Mietpreisüberhöhung   D 49–51

bewertet hat, obwohl er die oben unter II dargelegten Voraussetzungen
kannte; diese Fehleinschätzung ist vielmehr unter dem Gesichtspunkt des
Bewußtseins der Rechtswidrigkeit zu beurteilen, so daß sie im Falle eines
unvermeidbaren Verbotsirrtums die Schuld ausschließt (OLG Stuttgart
ZMR 75, 370 = Justiz 75, 398; vgl. auch LG Köln WM 87, 202 wonach
ein Verbotsirrtum nicht deshalb vorliegt, weil die preiswidrige Miete für
die Unterbringung von Nicht-Seßhaften vom Sozialamt gezahlt worden
ist).

2. **Leichtfertig** handelt der Vermieter, wenn er die ihm nach seinen **D 49**
persönlichen Kenntnissen und Fähigkeiten zuzumutende Sorgfalt bei der
ihm obliegenden Feststellung des angemessenen Mietentgelts und des
örtlichen Wohnungsangebots gröblich verletzt (BayObLG WM 77, 213
= ZMR 77, 339 = NJW 78, 770 [LS]); WM 81, 69; die tatsächliche oder
angebliche Unkenntnis von der Unangemessenheit des so erstrebten (erzielten) Entgelts kann den Vermieter dann von dem Vorwurf einer
schuldhaften Mietpreisüberhöhung nicht entlasten. Leichtfertigkeit ist
also der groben Fahrlässigkeit im zivilrechtlichen Sinne mit der Einschränkung gleichzusetzen, daß es hier auf die subjektive Feststellung der
Vorwerfbarkeit und nicht auf die im Verkehr erforderliche Sorgfalt ankommt (RGSt 74, 254; BGHSt 14, 255).

Mit dieser Erweiterung der Strafvoraussetzungen des § 5 bezweckt der **D 50**
Gesetzgeber, eine erfolgreichere Verfolgung dieser Wirtschaftsdelikte zu
ermöglichen. Vor allem sollen die bisher schwer zu widerlegenden Ent-
schuldigungen des Vermieters, er habe die örtliche Mangellage nicht
gekannt oder nicht gewußt, daß der von ihm geforderte Mietzins unangemessen sei, künftig einer Ahndung dann nicht entgegenstehen, wenn
er sich über aufdrängende Bedenken dieser Art leichtfertig hinwegge-
setzt hat; dann beruht eine nicht zu widerlegende Unkenntnis auf grober
Fahrlässigkeit, falls nicht die Bewertung der subjektiven Täterpersönlichkeit trotz der allgemein bekannten örtlichen Marktverhältnisse und
Preise ausnahmsweise eine solche Annahme ausschließt.

Der Vermieter hat demzufolge eine Informations- und Erkundungs- **D 51**
pflicht über die ortsübliche Vergleichsmiete sowie das örtliche Wohnungsangebot (Marktlage), wofür die Kenntnisnahme mehr oder weniger zutreffender Zeitungsangebote grundsätzlich nicht ausreicht
(BayObLG WM 77, 213 = ZMR 77, 339 = NJW 78, 770 [LS]). Soweit
eine von der Gemeinde oder den Interessenverbänden erstellte Mietwerttabelle mit repräsentativ ermittelten Durchschnittsmieten vorliegt, wird
er sich nach diesen Angaben zu richten haben, wenn keine ernsthaften
Bedenken gegen die Richtigkeit der ermittelten Durchschnittswerte vorliegen (s. Rdn D 38); andernfalls wird er sich im Kreis der Vermieter-
schaft, beim örtlichen Vermieterverband, bei Maklern oder der Gemein-
deverwaltung über die bestehende Marktlage vergewissern und aus der
Summe der zuverlässig erscheinenden Einzelinformationen die Frage
nach der Ortsüblichkeit des Entgelts für seine Räume beantworten müs-

sen (OLG Frankfurt ZMR 75, 371; BayObLG WM 81, 69). Einen Anhaltspunkt über den am Ort oder in vergleichbaren Gemeinden üblichen Mietzins können die bei der Wohngeldberechnung für das gesamte Bundesgebiet maßgebenden Höchstmieten nach der Tabelle zu § 8 WoGG 70 bieten, wobei freilich eine Angleichung dieser pauschalen Werte an die Bewertungsmerkmale des § 5 (Art, Größe, Ausstattung, Beschaffenheit und Lage) erfolgen muß. Kann der Vermieter die Einhaltung seiner Informationspflicht nicht im einzelnen nachweisen und deshalb den eindeutig überhöhten Mietzins nicht rechtfertigen, muß er sich den Vorwurf eines leichtfertigen Handelns gefallen lassen (vgl. dazu die Richtl. Ziff. 5; s. Rdn D 102). Davon kann ausgegangen werden, wenn sich der Vermieter über die angemessene Rendite, nicht aber über die Ortsüblichkeit des verlangten Entgelts beraten ließ (OLG Stuttgart ZMR 75, 370).

IV. Geldbuße und Abführung des Mehrerlöses

D 52 Die Ordnungswidrigkeit des § 5 kann mit einer **Geldbuße** zwischen DM 5.– und DM 50000.– geahndet werden. Die Höhe der Buße wird insbesonders nach dem Ausmaß und der Dauer der Mietpreisüberhöhung, dem Grad der Schuld (vorsätzlich, leichtfertig) und den wirtschaftlichen Verhältnissen des Vermieters zu bestimmen sein (§ 17 III OWiG). Da § 5 sowohl für das vorsätzliche als auch für das fahrlässige Handeln eine einheitliche Geldbuße androht, ohne im Höchstmaß zu unterscheiden, kann fahrlässiges Handeln nach § 17 II OWiG nur mit höchstens DM 25000.– geahndet werden. Die Geldbuße soll den wirtschaftlichen Vorteil, den der Täter aus der Tat gezogen hat, übersteigen; reicht das gesetzliche Höchstmaß hierzu nicht aus, so kann es überschritten werden (§ 17 IV OWiG).

D 53 Außerdem kann nach § 9 WiStG von der Bußgeldbehörde angeordnet werden, daß der Vermieter den unzulässigerweise erzielten **Mehrerlös** (d. h. den Unterschiedsbetrag zwischen Vergleichsmiete und der tatsächlich erzielten Miete) an das Land **abzuführen** hat; das gilt jedoch nur, soweit dieser Mehrerlös nicht aus privatrechtlichen Gesichtspunkten an den Mieter zurückerstattet wurde (s. dazu Rdn C 510 ff). Da das Rückforderungsverfahren nach § 8 WiStG in erster Linie staatlichen Belangen dient, ist es vom Bestand eines zivilrechtlichen Rückforderungsanspruchs unabhängig (OLG Stuttgart NJW 78, 2209 = Justiz 78, 285). Auf Antrag des Mieters kann die Bußgeldbehörde nach § 9 I WiStG im übrigen anordnen, daß der Mehrerlös statt der Abführung unmittelbar an ihn zurückzuzahlen ist, wenn sein Rückforderungsanspruch begründet erscheint. Ist der Mehrerlös bereits an die Behörde abgeführt worden, ordnet diese auf Antrag die Rückzahlung an den Mieter an, wenn eine rechtskräftige Entscheidung über den Rückzahlungsanspruch vorgelegt wird (§ 9 II WiStG). Die Abführung des Mehrerlöses kann auch

§ 5. WiStG. Mietpreisüberhöhung   D 54–56

dann angeordnet werden, wenn eine schuldhafte Handlung nicht vorliegt oder aus anderen Gründen eine Ahndung nicht erfolgt (OLG Frankfurt ZMR 75, 371; OLG Stuttgart a. a. O.). Wäre die Abführung des Mehrerlöses eine unbillige Härte, so kann die Anordnung auf einen angemessenen Betrag beschränkt werden oder ganz unterbleiben (§ 8 II WiStG). Diese Voraussetzungen liegen aber nicht schon deswegen vor, weil der Mehrerlös von der Einkommensteuer erfaßt wird (BayObLG WM 77, 174; NJW 77, 1975). Für weitere Einzelheiten zu den Rechtsfragen über die Behandlung und die Rückerstattung des Mehrerlöses wird auf die §§ 8–13 WiStG und die Richtl. Ziff. 3.4. verwiesen; s. Rdn D 76.

V. Verfahren

Da es sich bei § 5 um eine reine Ordnungswidrigkeit handelt, gelten für das Verfahren die Vorschriften des Ordnungswidrigkeitsgesetzes vom 24. 5. 1968 i. d. F. vom 19. 2. 1987 (BGBl. I S. 602). D 54

1. Zuständig für die Verfolgung der Ordnungswidrigkeit und den Erlaß des Bußgeldbescheids ist die in § 36 OWiG und den einschlägigen Landesgesetzen bestimmte Verwaltungsbehörde (Preisbehörde) (s. dazu unten Rdn D 59). D 55

2. Für die Verfolgung der Ordnungswidrigkeit gilt das **Opportunitätsprinzip**, nicht das im Strafverfahren anzuwendende Legalitätsprinzip (§ 47 OWiG). Die Verfolgung von Ordnungswidrigkeiten steht im pflichtgemäßen Ermessen der Verwaltungsbehörde. Damit soll gewährleistet sein, daß der Unrechtsgehalt, der einer bestimmten Ordnungswidrigkeit beizumessen ist, in einem vernünftigen Verhältnis zur praktischen Auswirkung steht. Es liegt somit im pflichtgemäßen Ermessen der Verwaltungsbehörde darüber auf der Grundlage sachlicher Erwägungen zu entscheiden, welche Ordnungswidrigkeiten in welcher Weise verfolgt und geahndet werden; jede willkürliche Entscheidung ist nicht pflichtgemäß und mit Erfolg anfechtbar. Im Grundsatz wird die Verfolgung und Ahndung der Ordnungswidrigkeit aber nur dann unterbleiben dürfen, wenn mildere Maßnahmen der Verwaltungsbehörde (z. B. Verwarnung, Belehrung) unter Berücksichtigung des Ausmaßes, der Dauer und der Schuld ausnahmsweise ausreichend erscheinen, eine geringfügige Mietpreisüberhöhung bei entsprechender Einsicht des Betroffenen zu erfassen. Bei geringfügigen Verstößen – beurteilt nach Ausmaß, Dauer und Schuld – kann somit die Behörde nach dem jeweiligen Ergebnis ihrer Ermittlungen von dem Erlaß eines Bußgeldbescheids absehen (Richtl. Ziff. 3.8.; s. Rdn D 81 z. B. bei freiwilliger Herabsetzung oder Rückzahlung des überhöhten Mietzinses). Dabei wird jedoch stets zu berücksichtigen sein, wie angespannt die örtliche Wohnungsmarktlage ist und welche Auswirkungen eine solche Nachsicht auf das örtliche Mietpreisgefüge haben kann. Der Strafrechtssonderausschuß hat in einer Stellungnah- D 56

me vom 24. 6. 1971 zum Entwurf des jetzigen § 5 (§ 2b a. F.) die Ansicht vertreten, daß insbesondere dann vom Opportunitätsprinzip Gebrauch gemacht werden sollte, wenn eine von der ortsüblichen Vergleichsmiete abweichende, individuell aber angemessene Kostenmiete erzielt wird, deren herausragende Höhe z. B. auf Kalkulationsfehler oder kostspielige Aufwendungen bei den Baumaßnahmen zurückzuführen ist. Diese Stellungnahme ist infolge der Neufassung des § 5 (s. Rdn D 43) überholt.

D 57 3. Nachdem der frühere Mischtatbestand des § 3 WiStG a. F. für die Fälle des § 5 vom Gesetzgeber bewußt ausgeschaltet worden ist, kommt es für die Frage der Zuständigkeit im Verhältnis zwischen Verwaltungsbehörde und Staatsanwaltschaft nicht mehr auf die vorherige Beurteilung der Schwere des Delikts (z. B. bes. Mißachtung der Wirtschaftsordnung) an. Die Behörde ist zwar für die Verfolgung der Ordnungswidrigkeit dann nicht zuständig, wenn der Sachverhalt möglicherweise auch eine Bestrafung nach § 302a StGB und deshalb ein Tätigwerden der Staatsanwaltschaft rechtfertigen könnte; nach § 41 OWiG erscheint die Abgabe eines bei der Preisbehörde anhängig gemachten Verfahrens an die Staatsanwaltschaft aber nur dann geboten, wenn hinreichende Anhaltspunkte für das Vorliegen eines Mietwuchers vorhanden sind. Es sollte verhindert werden, daß die vom Gesetzgeber angestrebte Erleichterung und Beschleunigung des Verfahrens durch langwierige Kompetenzstreitigkeiten nicht erreichbar ist. Dabei ist allerdings nach § 84 II OWiG zu beachten, daß ein rechtskräftiges Urteil über die Ordnungswidrigkeit eine weitergehende Bestrafung nach § 302a StGB wegen derselben Tat ausschließt; zu verhindern ist deshalb eine Verfolgung solcher Mietwucherfälle durch die Behörde, die eindeutig wegen der Schwere der Tat eine Strafverfolgung durch die Staatsanwaltschaft mit dem Ziel einer höheren Bestrafung gebieten (vgl. im übrigen Richtl. Ziff. 3.6., s. Rdn D 78f, ferner unten Rdn D 59).

D 58 Liegt eine Ordnungswidrigkeit nach § 26 I Nr. 4 WoBindG vor (vgl. Rdn D 105), so richtet sich die sachliche Zuständigkeit nach §§ 36 OWiG, 3 WoBindG (also nach Landesrecht). Eine mehrfache Zuständigkeit verschiedener Behörden (§ 39 OWiG) kommt nach der Änderung des § 26 WoBindG d. Ges. vom 21. 12. 73 (BGBl. I S. 1970) nicht mehr in Betracht, da diese Vorschrift nunmehr lex specialis zu § 5 WiStG ist (vgl. Rdn D 37).

4. Verfahren nach dem OWiG

Für das Verfahren nach dem OWiG sind ferner folgende Besonderheiten zu beachten.

D 59 a) Verfolgungszuständigkeit

Da den Polizeibehörden die eigenverantwortliche Entscheidungsbefugnis über die Ordnungswidrigkeit im Bußgeldverfahren fehlt, sind sie nicht selbständig, sondern nur auf Weisung zur Verfolgung berufen; sie sind somit i. d. R. nur Ermittlungsorgane anderer Verfolgungsbehörden. Sachlich zuständig zur Verfolgung der Ordnungswidrigkeit nach § 5 WiStG ist vielmehr nach §§ 36, 37 OWiG die Preisbehörde; sie ist befugt, Ordnungswidrigkeiten ohne Einschaltung der Justizbehörden zu verfolgen und zu ahnden. Örtlich zuständig ist diejenige Verwaltungsbehörde, in deren Bezirk die Ordnungswidrigkeit begangen oder entdeckt worden ist, oder der Betroffene seinen Wohnsitz hat (§ 37 OWiG). Da im Bereich des WiStG eine Verwaltungszuständigkeit des Bundes nicht gegeben ist, muß nach § 36 OWiG als Preisbehörde das Wirtschaftsministerium des jeweiligen Landes gelten; diese Ministerien haben in der Regel die Zuständigkeit auf nachgeordnete Behörden delegiert.

Die Staatsanwaltschaft ist bei der Verfolgung einer strafbaren Handlung (Straftat) primär auch für die Verfolgung der Ordnungswidrigkeit zuständig; daneben ist die Staatsanwaltschaft für die Verfolgung der Ordnungswidrigkeit nach § 5 WiStG auch dann zuständig, wenn die Verwaltungsbehörde das Verfahren an sie abgibt, weil Anhaltspunkte dafür vorhanden sind, daß die Handlung auch eine Straftat umfaßt, soweit die Übernahme ausdrücklich erklärt wird. Stellt die Staatsanwaltschaft in derartigen Fällen das Verfahren wegen der Straftat ein und will sie die Ordnungswidrigkeit verfolgt wissen, gibt sie den Vorgang an die Verwaltungsbehörde zurück; die Staatsanwaltschaft kann aber auch das Verfahren hinsichtlich der Ordnungswidrigkeit nach § 5 WiStG in eigener Zuständigkeit einstellen, vgl. auch Richtl. Ziff. 3.6. (Rdn D 78).

b) Rechtliches Gehör und Ermittlung

Im Bußgeldverfahren reicht es für die Gewährung des rechtlichen Gehörs aus, wenn dem Betroffenen ohne Belehrung über seine sonstigen Verteidigungsrechte im Strafverfahren hinreichende Gelegenheit gewährt wird, sich zu den erhobenen Beschuldigungen schriftlich oder mündlich zu äußern. Den Beweisanträgen des Betroffenen ist zu folgen, wenn sie der Sachaufklärung dienen und erfolgversprechend sind. Die Verwaltungsbehörde ist berechtigt, eine amtsrichterliche Untersuchungshandlung zu beantragen, falls sie selbst nicht in der Lage ist, einen bestehenden Zweifel aufzuklären; sie ist ferner berechtigt, Zeugen und Sachverständige zu vernehmen (jedoch keine eidesstattlichen Versicherungen zu verlangen oder entgegenzunehmen) sowie die Beschlagnahme und Durchsuchung von Personen oder Sachen anzuordnen. Zuständig für die Beschlagnahmeanordnung ist grundsätzlich der Richter, bei Gefahr im Verzug die Verwaltungsbehörde.

c) Die Entscheidung der Verwaltungsbehörde

aa) Einstellung. Sie erfolgt, wenn der Tatverdacht unhaltbar oder nicht beweisbar ist oder wenn das Opportunitätsprinzip (s. Rdn D 56) aus Sachgründen eine Ahndung nicht gebietet. Wird ein Einstellungsantrag des Betroffenen abgelehnt, kann er dagegen nur Gegenvorstellung erheben oder Dienstaufsichtsbeschwerde einlegen, nicht aber gerichtliche Entscheidung beantragen. Die Staatsanwaltschaft kann die Einstellung der Verwaltungsbehörde rückgängig machen, indem sie das Verfahren entweder übernimmt oder im Zuge ihrer Ermittlungen in einem Strafverfahren die Ordnungswidrigkeit mitverfolgt. Die Einstellung hindert die Verwaltungsbehörde nur beschränkt, dieselbe Tat später wiederum zu verfolgen, besonders beim Vorliegen neuer Tatsachen oder Beweise (§ 47 OWiG).

D 62 bb) Verwarnung. Bei geringfügigen Ordnungswidrigkeiten kann die Verwaltungsbehörde den Betroffenen verwarnen und damit ein Verwarnungsgeld von DM 2,– bis DM 75,– verbinden. Ein Verwarnungsgeld soll nur verhängt werden, wenn eine bloße Verwarnung nicht ausreicht (§ 56 I OWiG). Die Verhängung eines Verwarnungsgeldes ist nur mit Einverständnis des Betroffenen und im Falle der Bezahlung dieses Betrages wirksam. Die Verwarnung mit einem Strafgeld stellt ein Verfahrenshindernis dar. Die Verwarnung ist mit dem Widerspruch nur beschränkt anfechtbar (mangelnde Belehrung, fehlendes Einverständnis, Täuschung oder Zwang).

D 63 cc) Bußgeldbescheid. Die Ahndung der Ordnungswidrigkeit erfolgt durch einen schriftlichen Bußgeldbescheid der zuständigen Verwaltungsbehörde. Die Entscheidung muß neben den üblichen Formalien die Bezeichnung der Tat nach Ort, Zeit und Art der Begehung, die gesetzliche Grundlage, die Angabe der Beweismittel (jedoch keine weitere Begründung) und die der Höhe nach bestimmte Geldbuße einschließlich etwaiger Nebenfolgen und eine Rechtsmittelbelehrung (sowie gesetzlich vorgeschriebene Hinweise; vgl. § 66 OWiG) enthalten. Der Bescheid muß zugestellt werden. Ist eine Ordnungswidrigkeit durch einen Bußgeldbescheid rechtskräftig geahndet worden, kann dieselbe Tat nicht mehr als Ordnungswidrigkeit verfolgt werden (§ 84 I OWiG). Erweist sich die Tat später als Straftat, steht der Bescheid jedoch einer Verfolgung durch die Staatsanwaltschaft und einer Bestrafung durch das Gericht nicht entgegen, es sei denn, daß darüber ein Urteil ergangen ist (§ 84 II OWiG).

e) Rechtsbehelfe gegen den Bußgeldbescheid (§§ 67 ff OWiG)

D 64 aa) Gegen den Bescheid kann binnen 2 Wochen nach Zustellung schriftlich oder zur Niederschrift bei der Verwaltungsbehörde der Einspruch eingelegt werden (§ 67 OWiG). Der Einspruch muß nicht (kann aber) begründet werden. Ist die Einspruchsfrist schuldlos versäumt worden, kann bei der zuständigen Verwaltungsbehörde unter Glaubhaftmachung der schuldlosen Säumnis Wiedereinsetzung beantragt werden. Nach der Einlegung des Einspruchs hat die Verwaltungsbehörde die Akten der Staatsanwaltschaft zu übersenden, falls sie nicht dem Einspruch statt gibt und den Bußgeldbescheid aufhebt. Hält die Staatsanwaltschaft den angefochtenen Bescheid tatsächlich und rechtlich für zutreffend, legt sie die Akten ohne weitere Beweiserhebungen dem Amtsgericht vor; sie kann

§ 5. WiStG. Mietpreisüberhöhung   D 65, 66

aber auch das Verfahren unter Mitteilung an die Beteiligten einstellen, wobei ein Klageerzwingungsverfahren nicht stattfindet.

Bis zum Beginn der Hauptverhandlung kann der Einspruch ohne Zustimmung der Staatsanwaltschaft (später mit ihrer Zustimmung) zurückgenommen werden.

bb) Über den Einspruch entscheidet das Amtsgericht des Bezirks in **D 65** welchem die Verwaltungsbehörde ihren Sitz hat. Ist der Einspruch nicht form- und fristgerecht eingelegt, verwirft ihn das Gericht (nicht die Verwaltungsbehörde) als unzulässig ohne vorherige Hauptverhandlung (dagegen sofortige Beschwerde, § 70 OWiG); stellt sich die Unzulässigkeit des Einspruchs erst in der Hauptverhandlung heraus, wird er durch Urteil verworfen (dagegen Rechtsbeschwerde, § 79 OWiG). Auf Grund der Hauptverhandlung hat das Gericht das Verfahren entweder einzustellen oder aber ein Urteil zu fällen, das entweder auf Freispruch oder auf Geldbuße (event. Nebenfolgen) lauten muß. Das Gericht ist an die Entscheidung im Bußgeldbescheid nicht gebunden und kann die Entscheidung auch zum Nachteil des Betroffenen abändern. Die gleichen Entscheidungen können vom Gericht auch im schriftlichen Verfahren getroffen werden, wenn die vorangegangenen Ermittlungen ausreichen, eine mündliche Verhandlung entbehrlich erscheint und sowohl Staatsanwaltschaft als auch Betroffener dieser (vorher mitgeteilten) Verfahrensweise zustimmen; bei dieser Verfahrensweise darf das Gericht von der Entscheidung im Bußgeldbescheid nicht zu Ungunsten des Betroffenen in der Art und Höhe der Strafe abweichen.

f) Rechtsmittel (§§ 79 ff OWiG)   **D 66**

Dem Betroffenen und der Staatsanwaltschaft (nicht dagegen der Verwaltungsbehörde) stehen gegen das amtsgerichtliche Urteil (bzw. Beschluß) die Rechtsbeschwerde zu (keine Berufung oder Revision). Die Rechtsbeschwerde ist nur zulässig, wenn gegen den Betroffenen eine Geldbuße von mehr als DM 500.– festgesetzt oder eine Nebenfolge mit einem Betrag von mehr als DM 200.– angeordnet worden ist. Im Falle eines Freispruchs ist die Rechtsbeschwerde nur zulässig, wenn der Bußgeldbescheid der Verwaltungsbehörde mehr als DM 500.– Geldbuße vorgesehen hatte. Liegen diese Voraussetzungen nicht vor, so kann das Beschwerdegericht die Rechtsbeschwerde dennoch auf Antrag zulassen, wenn die Nachprüfung des Urteils zur Fortbildung des Rechts oder zur Sicherung einer einheitlichen Rechtsprechung erforderlich ist. Die Rechtsbeschwerde (bzw. der Zulassungsantrag) muß binnen 1 Woche nach Urteilsverkündung oder Zustellung schriftlich oder zu Protokoll beim Amtsgericht eingelegt werden. Mit dieser Beschwerde kann nur ein rechtlicher Fehler gerügt werden. Feststellungen zu den dem Urteil zugrundeliegenden Tatsachen werden nicht mehr getroffen. Über die Rechtsbeschwerde entscheidet das OLG.

D 67 g) Rechtskraft

Ist der Bußgeldbescheid rechtskräftig geworden oder hat das Gericht über den Tatkomplex als Ordnungswidrigkeit und Straftat rechtskräftig entschieden, kann dieselbe Tat nicht mehr als Ordnungswidrigkeit verfolgt werden. Ein rechtskräftiges und in der Sache ergangenes gerichtliches Urteil über die Ordnungswidrigkeit steht aber auch einer erneuten Verfolgung als Straftat entgegen, weil das Gericht die Tathandlung unter beiden rechtlichen Gesichtspunkten zu prüfen hat. Im Gegensatz dazu läßt der Bußgeldbescheid der Verwaltungsbehörde eine spätere Beurteilung und Verfolgung derselben Handlung als Straftat zu; der rechtskräftige Bußgeldbescheid muß aber im Falle der Verurteilung des Betroffenen vom Gericht aufgehoben werden. Wird aus einem rechtskräftigen Bußgeldbescheid vollstreckt, so ist der Vermieter mit allen Einwendungen ausgeschlossen, deren Gründe vor Zustellung des Bußgeldbescheids entstanden sind. Dies gilt nicht nur für materiellrechtliche Einwendungen, sondern auch für Rügen wegen eines Verfahrensmangels (BGH ZMR 82, 110).

Anhang 1 zu § 5 WiStG

Richtlinien
zur wirksameren Bekämpfung von Mietpreisüberhöhungen
nach § 5 Wirtschaftsstrafgesetz (WiStG)

1. Vorbemerkung:

D 68 1.1 Durch das Einführungsgesetz zum Strafgesetzbuch vom 2. März 1974 – EGStGB – (BGBl. I S. 469, 577) hat der § 2b WiStG in der Fassung des Artikels 8 des Gesetzes vom 4. November 1971 (BGBl. I S. 1745) mit Wirkung vom 1. Januar 1975 die Bezeichnung § 5 erhalten.

D 69 1.2 Die Bußgeldvorschrift des § 5 setzt die Miete als Marktpreis nicht außer Kraft. Der § 5 kann nicht dazu dienen, ein durchgehendes Höchstpreisniveau für Mieten einzuführen. Seine Bedeutung besteht darin, in Einzelfällen eine Handhabe zur Bekämpfung eindeutiger Mißstände zu sein.

D 70 1.3 Die Richtlinien wenden sich in erster Linie an die für die Verfolgung und Ahndung von Mietpreisüberhöhungen zuständigen Verwaltungsbehörden. Sie sollen zugleich den Gerichten und den Staatsanwaltschaften aufzeigen, von welchen Verwaltungs- und Auslegungsgrundsätzen sich die Verwaltungsbehörden bei dem Vollzug des § 5 leiten lassen.

2. Sachlicher Geltungsbereich

D 71 2.1 Mietpreiserhöhungen nach § 5 sind grundsätzlich bei jeder Art von „Räumen zum Wohnen" – ohne Rücksicht auf den Zeitpunkt der Fertigstellung oder Bezugsfertigkeit der Wohnräume oder den Zeitpunkt des Abschlusses der Mietverhältnisse – denkbar.
Der § 5 gilt auch für Wohnungen, die unter das Zweite Gesetz über den Kündigungsschutz für Mietverhältnisse über Wohnraum – 2. WKSchG – vom 18. Dezember 1974 (BGBl. I S. 3603) fallen.

§ 5 WiStG. Mietpreiserhöhung, Anhang D 72–76

Auf Sozialwohnungen ist nicht § 5 WiStG, sondern § 26 Abs. 3 Wohnungsbindungsgesetz – WoBindG – in der Fassung der Bekanntmachung vom 31. Januar 1974 (BGBl. I S. 137) anzuwenden, der für die wesentliche Überschreitung der zulässigen Kostenmiete den gleichen Bußgeldrahmen wie § 5 vorsieht.
2.2 Den praktischen Hauptanwendungsbereich des § 5 bilden die Fälle **D 72**
2.21 der Neu- oder Wiedervermietung (Begründung neuer Mietverhältnisse) von
– Altbauwohnungen und
– älteren Neubauwohnungen,
2.22 der Vermietung an ausländische Arbeitnehmer.
In den Fällen zu Nr. 2.21 soll dem Bestreben von Vermietern, die bisherigen Mieten an das höhere Niveau der Mieten für jüngste Neubauwohnungen anzunähern, mit § 5 begegnet werden.
2.3 Bei bestehenden Mietverhältnissen, die unter das 2. WKSchG fallen, können nach Artikel 3 dieses Gesetzes Mieterhöhungen gegen den Willen des Mieters nur in begrenztem Umfange durchgesetzt werden. Das Einverständnis des Mieters mit einem im Sinne des § 5 überhöhten Mietpreis schließt die Anwendung dieser Vorschrift nicht aus.

3. Verfahren
3.1 Die Mietpreisüberhöhung ist stets eine Ordnungswidrigkeit (§ 5 Abs. 1 **D 73**
Satz 1). Neben Vorsatz reicht auch leichtfertiges Verhalten aus. Hierunter fällt nicht jede Fahrlässigkeit, sondern nur ein erhöhter Grad von Fahrlässigkeit, etwa vergleichbar der groben Fahrlässigkeit im Sinne des § 277 BGB. Die Mietpreisüberhöhung kann bei vorsätzlicher Begehung mit einer Geldbuße bis zu 50000.– DM geahndet werden (§ 5 Abs. 2); bei leichtfertiger Begehung liegt die höchstmögliche Geldbuße bei 25000.– DM (§ 17 Abs. 2 Ordnungswidrigkeitengesetz – OWiG – i. V. m. § 5 Abs. 2).
3.2 Für das Verfahren der zuständigen Verwaltungsbehörden gelten die Vor- **D 74** schriften des Ordnungswidrigkeitengesetzes sowie ergänzend und sinngemäß der Strafprozeßordnung und ggf. des Gerichtsverfassungsgesetzes und des Jugendgerichtsgesetzes (Hinweis auf die §§ 46 ff. OWiG).
Die Beteiligung der Verwaltungsbehörden im gerichtlichen Verfahren (Rechtsbehelfs- und Rechtsmittelverfahren bei Einsprüchen und Rechtsbeschwerden nach §§ 67 ff. und §§ 79 ff. OWiG) ist in § 76 OWiG geregelt. Die zuständigen Verwaltungsbehörden sollen die sich hieraus ergebenden Möglichkeiten ausschöpfen und dabei um enge Zusammenarbeit mit den Staatsanwaltschaften bemüht sein; sie sollen insbesondere darauf hinwirken, daß die Staatsanwaltschaften in Fällen von besonderer Bedeutung an den Hauptverhandlungen teilnehmen und das öffentliche Interesse an der Verfolgung und Ahndung von Mietpreisüberhöhungen bejahen (Hinweis auf die §§ 69, 75 sowie 47 Abs. 2 OWiG).
Auf die Richtlinien für das Strafverfahren und das Bußgeldverfahren – RiStBV – vom 1. Januar 1977 wird verwiesen.
3.3 Ist der Vermieter eine juristische Person, oder hat sonst ein Vertreter oder **D 75** Beauftragter für den Vermieter gehandelt, so sind insbesondere die §§ 9, 30 und 130 OWiG zu beachten.
3.4 Neben der Geldbuße kommt bei der Mietpreisüberhöhung auch **D 76**
3.41 die Abführung des Mehrerlöses an das Land (§ 8 WiStG) oder
3.42 die Rückerstattung des Mehrerlöses an den Geschädigten (§ 9 WiStG) in Betracht (Hinweis auf § 8 Abs. 1 WiStG: „... ist anzuordnen").
Die zuständigen Verwaltungsbehörden sollen geschädigte Mieter auf das An-

967

tragsrecht nach § 9 Abs. 1 WiStG und auf die weitere gesetzliche Möglichkeit der Rückerstattung des Mehrerlöses nach § 9 Abs. 2 WiStG hinweisen. Gegebenenfalls kann es auch im sog. objektiven Verfahren nach § 10 WiStG zur Abführung oder Rückerstattung des Mehrerlöses kommen.

D 77 3.5 Die Verfolgung der vorsätzlichen Ordnungswidrigkeit verjährt in drei Jahren (§ 31 Abs. 2 Nr. 1 OWiG), die der leichtfertigen Ordnungswidrigkeit in 2 Jahren (§ 31 Abs. 2 Nr. 2 OWiG).

D 78 3.6 Die Mietpreisüberhöhung unterscheidet sich vom Mietwucher nach § 302f Strafgesetzbuch (StGB). Der Mietwucher ist – im Gegensatz zur Ordnungswidrigkeit nach § 5 – eine Straftat.

Eine Straftat nach § 302f StGB (Mietwucher) liegt vor, wenn der Vermieter die Zwangslage, den Leichtsinn oder die Unerfahrenheit des Mieters dadurch ausbeutet (d. h. gewinnsüchtig ausnutzt), daß er sich für die Vermietung oder eine damit verbundene Nebenleistung ein Entgelt versprechen oder gewähren läßt, das zur Leistung in einem auffälligen Mißverhältnis steht. Der Mietwucher setzt also im Gegensatz zur Mietpreisüberhöhung auf Seiten der Geschädigten bestimmte persönliche Verhältnisse voraus. Der Umstand allein, daß zwischen Leistung und Entgelt ein besonders grobes Mißverhältnis besteht, reicht in keinem Falle für die Annahme von Mietwucher aus.

D 79 Sind Anhaltspunkte vorhanden, daß alle diese Tatbestandsmerkmale des § 302f StGB vorliegen, so gibt die zuständige Verwaltungsbehörde die Sache an die Staatsanwaltschaft ab (§ 41 Abs. 1 OWiG). Ist der Verstoß gleichzeitig Straftat und Ordnungswidrigkeit, wird nur das Strafgesetz angewendet (§ 21 Abs. 1 OWiG).

Die Verfolgung und Ahndung von Mietpreisverstößen obliegen in erster Linie den Verwaltungsbehörden (§ 35 OWiG). Die Staatsanwaltschaft kann jedoch nach § 42 Abs. 1 Satz 1 OWiG bis zum Erlaß des Bußgeldbescheides die Verfolgung der Ordnungswidrigkeit übernehmen, wenn sie eine Straftat verfolgt, die mit der Ordnungswidrigkeit zusammenhängt. Im Strafverfahren ist die Staatsanwaltschaft für die Verfolgung der Tat auch unter dem rechtlichen Gesichtspunkt einer Ordnungswidrigkeit zuständig (§ 40 OWiG). Stellt die Staatsanwaltschaft in diesem Fall das Verfahren nur wegen der Straftat ein, oder übernimmt sie in den Fällen des § 42 OWiG die Verfolgung nicht, so gibt sie die Sache wiederum an die Verwaltungsbehörde ab (§ 43 OWiG), sofern Anhaltspunkte dafür vorhanden sind, daß die Tat als Ordnungswidrigkeit verfolgt werden kann.

Die Verwaltungsbehörde ist im übrigen nach § 44 OWiG an die Entschließung der Staatsanwaltschaft gebunden, ob eine Tat als Straftat verfolgt wird oder nicht.

D 80 3.7 Die zuständigen Verwaltungsbehörden haben Mietpreisüberhöhungen nach pflichtgemäßem Ermessen von Amts wegen zu verfolgen (§ 47 Abs. 1 Satz 1 OWiG). Anhaltspunkte für Mietpreisüberhöhungen können sich beim Vollzug des Zweiten Wohngeldgesetzes ergeben, ferner beim Vollzug gesetzlicher Bestimmungen über die sog. Wohnungsaufsicht, sofern solche Bestimmungen in einzelnen Ländern bestehen.

Bei fehlendem öffentlichen Interesse kann ausnahmsweise eine Einstellung nach § 47 Abs. 1 Satz 2 OWiG in Betracht kommen.

Bei der Verfolgung ist zu beachten, daß § 5 neben der prespolitischen Zielsetzung auch den Schutz des Mieters bezweckt. In der Regel werden die Mieter Kündigungsschutz nach dem 2. WKSchG genießen.

3.71 Die Schutzbestimmungen gelten aber nicht für Wohnraum, der zu nur vorübergehendem Gebrauch vermietet ist (z. B. Vermietung für die Dauer von

§ 5 WiStG. Mietpreiserhöhung, Anhang   D 81–85

Ausstellungen oder anderen zeitlich begrenzten Veranstaltungen; Vermietung von Ferienwohnungen u. ä.) und
für Mietverhältnisse über Wohnraum, der Teil der vom Vermieter selbst bewohnten Wohnung ist und den der Vermieter ganz oder überwiegend mit Einrichtungsgegenständen auszustatten hat, sofern der Wohnraum nicht zum dauernden Gebrauch für eine Familie überlassen ist (§ 564b Abs. 7 BGB; Artikel 2 Abs. 3 des 2. WKSchG).

3.72 Eine erleichterte Kündigungsmöglichkeit gilt für Mietverhältnisse über Wohnungen in einem vom Vermieter selbst bewohnten Wohngebäude mit nicht mehr als 2 Wohnungen sowie über Wohnraum der vom Vermieter selbst bewohnten Wohnung (§ 564b Abs. 4 BGB; Artikel 2 Abs. 1 Satz 2 des 2. WKSchG).
In diesen Fällen wird deshalb vor der Einleitung eines Verfahrens nach § 5 zu prüfen sein, ob die Verfolgung und Ahndung der Ordnungswidrigkeit das Mietverhältnis in seinem Bestand gefährden könnten.

3.8 Die zuständigen Verwaltungsbehörden sollen bestrebt sein, die Vertragsbeziehungen der Mietparteien nicht unnötig zu belasten. Deshalb kann, wenn kein überwiegendes öffentliches Interesse an der Verfolgung und Ahndung der Ordnungswidrigkeit besteht (§ 47 Abs. 1 OWiG – siehe Nr. 3.7) und eine ausreichende Herabsetzung der überhöhten Miete im Verhandlungswege erreicht wird, im Einzelfalle von dem Erlaß eines Bußgeldbescheides abgesehen werden.

4. Objektiver Tatbestand

4.1 Der gesetzliche Tatbestand der Mietpreisüberhöhung kann erfüllt sein, wenn der Vermieter „unangemessen hohe Entgelte" im Sinne des § 5 fordert für
4.11 die „Vermietung von Räumen zum Wohnen" oder
4.12 „damit verbundene Nebenleistungen".

Zu 4.11
Bei der „Vermietung von Räumen zum Wohnen" kommt es auf die tatsächlich gewollte Zweckbestimmung an; vorgeschobene Vermietungszwecke sind unbeachtlich. Die Bewohnbarkeit der Räume ist nicht Tatbestandsvoraussetzung.

Zu 4.12
Das sind alle „Nebenleistungen", die der Vermieter in Verbindung mit der Raumvermietung erbringt, auch wenn dafür ein gesondertes Entgelt vereinbart ist oder üblicherweise gefordert wird. Als solche Nebenleistungen kommen in Betracht insbesondere:
Gestellung von Mobiliar, Wasch-, Schleuder- oder Trockenmaschinen;
Vermietung von Garagen oder Einstellplätzen;
Beheizung oder Heißwasserbereitung;
Strom-, Gas- oder Wasserlieferung;
Möglichkeit zur Benutzung des Aufzuges, des Telefons, des Hausgartens oder der Fernseh-Gemeinschaftsantenne;
Übernahme der Treppenreinigung;
Müllabfuhr oder Straßenreinigung.
Der Gesetzgeber erwähnt die Nebenleistungen als eigenständiges Tatbestandsmerkmal, damit der Vermieter nicht (bei Forderung einer angemessenen Miete) auf das Fordern unangemessener Entgelte für Nebenleistungen ausweichen kann; Miete und Entgelt für die Nebenleistungen dürfen insgesamt nicht unangemessen hoch sein (siehe auch Nr. 4.42).

4.2 Zum gesetzlichen Tatbestand des § 5 gehört ferner, daß der Vermieter „unangemessen hohe Entgelte"

- „fordert",
- „sich versprechen läßt" oder
- „annimmt".

D 86 „Entgelte" im Sinne des § 5 sind nicht nur laufende Zahlungen, sondern auch einmalige Leistungen des Mieters, soweit sie nicht rückzahlbar sind, sowie bei rückzahlbaren Mieterleistungen ein etwaiger Zinsverlust. Dabei handelt es sich z. B. um verlorene Zuschüsse und Mietvorauszahlungen, ferner bei unverzinslichen oder niedrig verzinslichen Mieterdarlehen und Kautionen um den Zinsbetrag, der bei einer marktüblichen Verzinsung zu erzielen wäre. Diese Beträge sind – erforderlichenfalls unter Berücksichtigung der vereinbarten Vertragsdauer – auf Monatsbeträge umzurechnen und als Bestandteil des für die Vermietung von Räumen zum Wohnen usw. geforderten Entgelts zu behandeln. Bei Mietverträgen von unbestimmter Dauer ist die einmalige Leistung grundsätzlich auf 1 Jahr umzurechnen, es sei denn, es steht im Zeitpunkt der Entscheidung bereits eine längere Mietdauer fest.

D 87 4.3 Unangemessen hoch sind nach § 5 Abs. 1 Satz 2 Entgelte, die „infolge der Ausnutzung eines geringen Angebots an vergleichbaren Räumen" die sog. ortsüblichen Entgelte „nicht unwesentlich übersteigen". Dabei ist nur das geringe Angebot auf dem betreffenden Teilmarkt zu untersuchen.

D 88 4.31 Bei der Auslegung ist auf den objektiven Bedarf an vergleichbaren Räumen – unabhängig von den hierfür geforderten Entgelten – abzustellen. Wenn zum Beispiel keine Übernachfrage nach Räumen mit verhältnismäßig hohen Mieten mehr besteht, schließt dies nicht aus, daß gleichwohl ein „geringes Angebot an vergleichbaren Räumen" bestehen kann.

D 89 4.32 In Ballungsgebieten und deren Einzugsbereichen (Randzonen) kann man in der Regel ein „geringes Angebot an vergleichbaren Räumen" unterstellen. Ballungsgebiete sind jedenfalls die Gemeinden, für welche die Landesregierungen von der Ermächtigung des Art. 6 des Gesetzes vom 4. November 1971 (BGBl. I S. 1745) Gebrauch gemacht haben (Verbot der Zweckentfremdung von Wohnraum). Aber auch in anderen Gemeinden kann auf bestimmten örtlich oder sachlich abgegrenzten Teilmärkten ein „geringes Angebot an vergleichbaren Räumen" anzunehmen sein.

D 90 4.33 Es ist auf die Umstände abzustellen, die gerade auf dem betreffenden örtlich oder sachlich abgegrenzten Teilmarkt herrschen. Deshalb müssen die abweichenden besonderen Verhältnisse auf anderen Teilmärkten unberücksichtigt bleiben. Das gilt insbesondere für ein etwaiges reichhaltiges örtliches Angebot an Luxuswohnungen.

An Teilmärkten für die Feststellung der üblichen Entgelte können insbesondere Wohnungen oder Räume gleicher Art und ähnlicher Größe in Betracht kommen, wie Einfamilienhäuser, Wohnungen in Mehrfamilienhäusern, Großwohnungen, Kleinwohnungen, nicht abgeschlossene Wohnungen (siehe Nr. 4.421, 4.422 und 4.54).

D 91 4.4 Nach Feststellung eines geringen Angebots an vergleichbaren Räumen haben die zuständigen Verwaltungsbehörden zu prüfen, ob die geforderten Entgelte „die üblichen Entgelte, die in der Gemeinde oder in vergleichbaren Gemeinden für die Vermietung von Räumen vergleichbarer Art, Größe, Ausstattung, Beschaffenheit und Lage oder damit verbundene Nebenleistungen gezahlt werden" (sog. vergleichbare ortsübliche Mieten), nicht unwesentlich übersteigen.

4.41 Die Vergleichsmieten müssen entweder „in der Gemeinde" oder „in vergleichbaren Gemeinden" gesucht werden.

§ 5 WiStG. Mietpreiserhöhung, Anhang D 92–94

Nur subsidiär wird es auf „vergleichbare Gemeinden" ankommen, dann nämlich, wenn Vergleichsmieten in derselben Gemeinde nicht festgestellt werden können. Das wird in der Regel nur in kleineren Gemeinden (Nichtballungsräumen) der Fall sein. Bei der Auswahl der Vergleichsgemeinden wird es u. a. auch auf deren Größe und Wohnungsmarktlage ankommen.

4.42 Heranzuziehen sind die Mieten örtlich und sachlich vergleichbarer Objekte. Dabei sind – kumulativ – an Vergleichskriterien zu prüfen die **D 92**
Art,
Größe,
Ausstattung,
Beschaffenheit und
Lage
der Vergleichsobjekte. Handelt es sich um einen Verdacht des Forderns überhöhter Nebenentgelte, so sind die Entgelte für vergleichbare Nebenleistungen heranzuziehen (siehe Nr. 4.12).

4.421 Art: **D 93**
Maßgebende Kriterien für Wohnungen vergleichbarer Art werden die Bauweise, vor allem aber die grundsätzliche Struktur der Wohnung (etwa: Einfamilienhaus, Mehrfamilienhaus, abgeschlossene Wohnung) sein, soweit sich diese Kriterien auf den Wohnwert auswirken.

Für die Vergleichsmieten ist der Wohnwert maßgebend. Dieser kann, muß aber nicht durch das Alter der Wohnung gemindert sein.

4.422 Größe:
Für die Größe ist abzustellen auf die Quadratmeterzahl der Wohnfläche einer Wohnung, also auf die Grundfläche der Räume, die ausschließlich zu der Wohnung gehören. Die Vergleichswohnungen sollen in ihrer Größe der zu beurteilenden Wohnung wenigstens annähernd entsprechen.

4.423 Ausstattung:
Zur Beurteilung der Ausstattung einer Wohnung dienen die verschiedensten Merkmale; sie können wegen ihrer Vielzahl und Vielfältigkeit nur angedeutet werden, z. B.:
Einfach- oder Doppelfenster,
WC innerhalb oder außerhalb der Wohnung,
Bad und WC getrennt,
Bad innerhalb oder außerhalb der Wohnung,
zentrale Warmwasserversorgung,
Beheizungsart der Wohnung,
Art der Fußböden,
Loggia oder Balkon.

4.424 Beschaffenheit:
Zur Beschaffenheit zählen die Bauart, der bauliche Zustand und der Schnitt der Wohnung.

4.425 Lage:
Bei der Lage kommt es sowohl auf die Wohngegend als auch auf die Lage der Wohnung im Gebäude (Geschoß, Keller, Hinterhaus) an.

4.5 Zur Beurteilung der Angemessenheit einer Miete stehen verschiedene **D 94** Maßstäbe zur Verfügung (vergl. Artikel 3 § 2 Abs. 2 des 2. WKSchG).

4.51 Zur Feststellung der ortsüblichen Mieten eignen sich – sofern nicht schon verwertbare gerichtliche Entscheidungen hierzu vorliegen – in erster Linie Übersichten über die in der Gemeinde oder in vergleichbaren Gemeinden üblichen Entgelte, soweit die Übersichten

D 95–100   Teil D. Mietwucher

- von der Gemeinde oder
- von Interessenvertretern der Vermieter und der Mieter gemeinsam erstellt oder anerkannt worden sind.

Aus dem Begriff der Ortsüblichkeit von Mieten ergibt sich, daß derartige Übersichten sich nicht auf die Angabe von Durchschnittsmieten beschränken dürfen, sondern Mietpreisspannen angeben müssen, welche sich über das ganze Spektrum der für Wohnungen gleichen Wohnwerts ortsüblichen Mietpreise erstrecken und durch laufende (jährliche) Fortschreibung auf aktuellem Stand gehalten werden sollen.

D 95   **4.52** Fehlen entsprechende Erfahrungswerte, so können die ortsüblichen Mieten festgestellt werden mit Hilfe von

      4.521 fortgeschriebenen Ortsergebnissen der letzten Gebäude- und Wohnungszählung,

      4.522 örtlichen Wohngeldstatistiken,

      4.523 konkreten Vergleichsobjekten, sofern solche in ausreichendem Umfang zur Verfügung stehen.

D 96   **4.53** Darüber hinaus kann zurückgegriffen werden auf
- Erhebungen von Antrags- und Bewilligungsstellen für die Wohngeldgewährung,
- Erhebungen öffentlicher Wohnungsvermittlungsstellen,
- Erhebungen von Vereinigungen von Wohnungsvermittlern,
- in vergleichbaren Einzelfällen bereits erstellte Gutachten öffentlich bestellter oder vereidigter Sachverständiger,
- Erhebungen von Haus- und Grundbesitzervereinen,
- Erhebungen von Mietervereinen.

D 97   **4.54** Bei der Feststellung der vergleichbaren ortsüblichen Mieten sind folgende Grundsätze zu beachten:

      4.541 Die Gestehungskosten bleiben außer Betracht. Für Härtefälle wird auf § 47 Abs. 1 OWiG verwiesen.

      4.542 Die Vergleichsmieten sind ohne Betriebskosten im Sinne des § 27 II. Berechnungsverordnung – II. BV – i. d. F. der Bekanntmachung vom 21. Februar 1975 (BGBl. I S. 569) in DM je qm Wohnfläche zu ermitteln.

D 98   **4.543** Die Wohnflächen der zu beurteilenden und der zu Vergleichszwecken herangezogenen Wohnungen müssen nach den gleichen Berechnungsmaßstäben (II. BV oder Normblatt DIN 283) festgestellt werden.

Kleinere Wohnungen, auch Appartements, sind in der Regel je qm Wohnfläche teurer als größere Wohnungen. Deshalb sind vergleichbare Wohnungsgrößen heranzuziehen.

4.544 Den Besonderheiten des Einzelfalles ist mit Hilfe von Zu- oder Abschlägen Rechnung zu tragen. Bei Mietobjekten mit starker Beanspruchung kann ein Abnutzungszuschlag in Betracht kommen. Abschläge sind insbesondere bei solchen Unterkünften ausländischer Arbeitnehmer vorzunehmen, die den Anforderungen der vom Bundesminister für Arbeit und Sozialordnung bekanntgemachten Richtlinien für die Unterkünfte ausländischer Arbeitnehmer in der Bundesrepublik Deutschland vom 29. März 1971 (BAnz. Nr. 63 vom 1. April 1971) nicht entsprechen.

D 99   **4.55** Bei der Vermietung möblierter oder teilmöblierter Räume ist für das Mobiliar ein angemessener Zuschlag zu berücksichtigen. Dabei ist vom Zeitwert auszugehen.

D 100   **4.56** Werden mit der Vermietung zugleich Dienstleistungen erbracht (z. B. Säuberung der Wäsche, Reinigung der Räume oder dergleichen), so können als

Leistungsentgelte die Werte angesetzt werden, die sich bei der Vervielfältigung ortsüblicher Stundensätze mit der Anzahl der monatlichen Arbeitsstunden ergeben. Hierbei können angemessene Stundensätze entsprechender Dienstleistungsbetriebe (z. B. Waschsalons, Reinigungsunternehmen oder dergleichen) herangezogen werden.

4.6 Unangemessen hoch im Sinne des § 5 Abs. 1 Satz 2 sind nur solche Entgelte, die die vergleichbaren ortsüblichen Mieten (oder Nebenleistungsentgelte) „nicht unwesentlich" übersteigen. Bei der Auslegung ist zu berücksichtigen, daß der Gesetzgeber abweichend vom Regierungsentwurf, der den Ausdruck „wesentlich" verwendete, den Begriff „nicht unwesentlich" gewählt hat, um die Schwelle der Unangemessenheit niedriger anzusetzen.   **D 101**

Wann ein „nicht unwesentliches" Übersteigen der ortsüblichen Entgelte vorliegt, ist Tatfrage. Die zuständigen Verwaltungsbehörden werden in Ausübung ihres pflichtgemäßen Ermessens, ob eine Mietpreisüberhöhung als Ordnungswidrigkeit verfolgt werden soll (§ 47 Abs. 1 OWiG), in der Regel dann von einer Verfolgung und Ahndung absehen können, wenn das geforderte Entgelt im Einzelfalle die ortsüblichen Entgelte nicht um mehr als 20 v. H. übersteigt. Werden die ortsüblichen Entgelte in Form von Bandbreiten ermittelt, so ist von deren Obergrenze auszugehen.

4.7 Ist das Entgelt unter Berücksichtigung der Aufwendungen für bauliche Änderungen im Sinne des Artikels 3 § 3 des 2. WKSchG oder einer Erhöhung von Fremdkapitalzinsen nach Artikel 3 § 5 des 2. WKSchG gebildet worden, so ist das dadurch bedingte Teil des Entgelts, soweit er den genannten Vorschriften entspricht, bei Prüfung der Unangemessenheit außer Betracht zu lassen. Das Entgelt ist in einem solchen Falle nur dann unangemessen hoch, wenn die Basismiete über die Wesentlichkeitsgrenze gemäß Nr. 4.6 hinausgeht. Bei baulichen Änderungen im Sinne des Artikels 3 § 3 des 2. WKSchG ist dabei von den ortsüblichen Mieten für Mietobjekte auszugehen, welche die durch die Modernisierung neu entstandenen Ausstattungsmerkmale oder Beschaffenheit nicht aufweisen.

Falls – ggfs. zu einem späteren Zeitpunkt – die vergleichbaren ortsüblichen Mieten das Entgelt der zu beurteilenden Wohnung erreichen, so ist die allgemeine Regelung anzuwenden.

5. Subjektiver Tatbestand   **D 102**

5.1 Eine Ordnungswidrigkeit im Sinne des § 5 Abs. 1 WiStG ist stets anzunehmen, wenn der Betroffene vorsätzlich gehandelt hat; bedingter Vorsatz genügt. **5.2** Der § 5 Abs. 1 erfaßt auch die leichtfertige Begehungsform der Mietpreisüberhöhung. Leichtfertigkeit bedeutet einen erhöhten Grad an Fahrlässigkeit. Sie kann zum Beispiel gegeben sein, wenn der Vermieter – obwohl er hierzu fähig wäre – es in grober Achtlosigkeit unterläßt, sich über die Höhe der Entgelte für die Vermietung vergleichbarer Räume oder für Nebenleistungen zu erkundigen.

6. Höhe der Geldbußen   **D 103**

Bei der Bemessung der Geldbußen ist § 17 Abs. 3 OWiG zu berücksichtigen. Indes ist eine wirksame Bekämpfung mißbräuchlich hoher Mieten nur durch Verhängung spürbarer Geldbußen zu erreichen. Nach § 17 Abs. 4 OWiG soll die Geldbuße den wirtschaftlichen Vorteil, den der Täter aus der Ordnungswidrigkeit gezogen hat, übersteigen; reicht das gesetzliche Höchstmaß hierzu nicht aus, so kann es – auch im Falle der Leichtfertigkeit – überschritten werden.

7. Förderung des Informationsflusses   **D 104**
(nicht abgedruckt)

Anhang 2 zu § 5 WiStG

§ 26 WoBindG. Ordnungswidrigkeit wegen Mietpreisüberhöhung für preisgebundenen Wohnraum

(1) Ordnungswidrig handelt, wer
1. entgegen § 2a Abs. 1 eine Mitteilung nicht richtig, nicht vollständig oder nicht rechtzeitig erstattet,
2. eine Wohnung entgegen § 4 Abs. 2 bis 5 oder entgegen den nach § 5a erlassenen Vorschriften zum Gebrauch überläßt oder beläßt,
3. eine Wohnung entgegen § 6 selbst benutzt oder leerstehen läßt,
4. für die Überlassung einer Wohnung ein höheres Entgelt fordert, sich versprechen läßt oder annimmt, als nach den §§ 8 bis 9 zulässig ist, oder
5. eine Wohnung entgegen § 12 verwendet, anderen als Wohnzwecken zuführt oder baulich verändert.

(2) Die Ordnungswidrigkeit kann in den Fällen des Absatzes 1 Nr. 1 mit einer Geldbuße bis zu 3000 Deutsche Mark je Wohnung, in den Fällen des Absatzes 1 Nr. 2 bis 5 mit einer Geldbuße bis zu 20000 Deutsche Mark geahndet werden.

(3) Die Ordnungswidrigkeit nach Absatz 1 Nr. 4 kann mit einer Geldbuße bis zu 50000 Deutsche Mark geahndet werden, wenn jemand vorsätzlich oder leichtfertig ein wesentlich höheres Entgelt fordert, sich versprechen läßt oder annimmt, als nach den §§ 8 bis 9 zulässig ist.

Anhang 3 zu § 5 WiStG

Verordnung über wohnungswirtschaftliche Berechnungen (Zweite Berechnungsverordnung – II. BV)

in der Fassung vom 5. April 1984
(BGBl. I S. 553)

– Auszug –

Vierter Abschnitt. Laufende Aufwendungen und Erträge

§ 18. Laufende Aufwendungen

(1) Laufende Aufwendungen sind die Kapitalkosten und die Bewirtschaftungskosten. Zu den laufenden Aufwendungen gehören nicht die Leistungen aus der Hypothekengewinnabgabe.

(2) Werden dem Bauherrn Darlehen oder Zuschüsse zur Deckung von laufenden Aufwendungen, Fremdkapitalkosten, Annuitäten oder Bewirtschaftungskosten für den gesamten Wohnraum gewährt, für den eine Wirtschaftlichkeitsberechnung aufzustellen ist, so verringert sich der Gesamtbetrag der laufenden Aufwendungen entsprechend. Der verringerte Gesamtbetrag ist auch für die Zeit anzusetzen, in dieser Darlehen oder Zuschüsse für einen Teil des Wohnraums entfallen oder in der sie aus solchen Gründen nicht mehr gewährt werden, die der

§ 5 WiStG. Mietpreiserhöhung, Anhang D 105a

Bauherr zu vertreten hat. Entfallen die Darlehen oder Zuschüsse für den gesamten Wohnraum aus Gründen, die der Bauherr nicht zu vertreten hat, so erhöht sich der Gesamtbetrag der laufenden Aufwendungen entsprechend.

(3) Zinsen und Tilgungen, die planmäßig für Aufwendungsdarlehen im Sinne des § 42 Abs. 1 Satz 2 oder § 88 Abs. 1 Satz 1 des Zweiten Wohnungsbaugesetzes oder im Sinne des § 2a Abs. 9 des Gesetzes zur Förderung des Bergarbeiterwohnungsbaues im Kohlenbergbau zu entrichten sind, erhöhen den Gesamtbetrag der laufenden Aufwendungen. Zinsen und Tilgungen, die planmäßig für Annuitätsdarlehen im Sinne des § 42 Abs. 1 Satz 2 des Zweiten Wohnungsbaugesetzes zu entrichten sind, erhöhen den Gesamtbetrag der laufenden Aufwendungen; dies gilt jedoch nicht für Tilgungsbeträge für Annuitätsdarlehen, soweit diese zur Deckung der für Finanzierungsmittel zu entrichtenden Tilgungen bewilligt worden sind.

(4) Sind Aufwendungs- oder Annuitätsdarlehen gemäß § 16 des Wohnungsbindungsgesetzes vorzeitig zurückgezahlt oder abgelöst worden, dürfen für den zur Rückzahlung oder Ablösung aufgewendeten Betrag Zinsen nur mit höchstens 5 vom Hundert dem Gesamtbetrag der laufenden Aufwendungen hinzugerechnet werden. Soweit im Zeitpunkt der Rückzahlung oder Ablösung für das Aufwendungs- oder Annuitätsdarlehen auf Grund der §§ 18a bis 18e des Wohnungsbindungsgesetzes Zinsen nach einem Zinssatz von mehr als 5 vom Hundert zu entrichten sind, dürfen abweichend von Satz 1 die höheren Zinsen hinzugerechnet werden; § 12 Abs. 5 Satz 2 ist entsprechend anzuwenden. Für den Betrag des Darlehens, der planmäßig getilgt oder bei der Ablösung erlassen ist, sind keine Zinsen oder Tilgungen anzusetzen.

§ 19. Kapitalkosten

(1) Kapitalkosten sind die Kosten, die sich aus der Inanspruchnahme der im Finanzierungsplan ausgewiesenen Finanzierungsmittel ergeben, namentlich die Zinsen. Zu den Kapitalkosten gehören die Eigenkapitalkosten und die Fremdkapitalkosten.

(2) Leistungen aus Nebenverträgen, namentlich aus dem Abschluß von Personenversicherungen, dürfen als Kapitalkosten auch dann nicht angesetzt werden, wenn der Nebenvertrag der Beschaffung von Finanzierungsmitteln oder sonst dem Bauvorhaben gedient hat.

(3) Für verlorene Baukostenzuschüsse ist der Ansatz von Kapitalkosten unzulässig.

(4) Tilgungen dürfen als Kapitalkosten nur nach § 22 angesetzt werden.

(5) Dienen Finanzierungsmittel zur Deckung von Gesamtkosten, mit deren Entstehen sicher gerechnet werden kann, die aber bis zur Bezugsfertigkeit nicht entstanden sind, dürfen Kapitalkosten hierfür nicht vor dem Entstehen dieser Gesamtkosten angesetzt werden.

§ 20. Eigenkapitalkosten

(1) Eigenkapitalkosten sind die Zinsen für die Eigenleistungen.

(2) Für Eigenleistungen darf eine Verzinsung in Höhe des im Zeitpunkt nach § 4 marktüblichen Zinssatzes für erste Hypotheken angesetzt werden. Im öffentlich geförderten sozialen Wohnungsbau darf für den Teil der Eigenleistungen, der 15 vom Hundert der Gesamtkosten des Bauvorhabens nicht übersteigt, eine Verzinsung von 4 vom Hundert angesetzt werden; für den darüber hinausgehenden Teil der Eigenleistungen darf angesetzt werden

D 105 a Teil D. Mietwucher

a) Eine Verzinsung in Höhe des marktüblichen Zinssatzes für erste Hypotheken, sofern die öffentlichen Mittel vor dem 1. Januar 1974 bewilligt worden sind,
b) in den übrigen Fällen eine Verzinsung in Höhe von 6,5 vom Hundert.

(3) Ist die Wirtschaftlichkeitsberechnung nach § 87a des Zweiten Wohnungsbaugesetzes aufzustellen, so dürfen die Zinsen für die Eigenleistungen nach dem Zinssatz angesetzt werden, der mit dem Darlehens- oder Zuschußgeber vereinbart ist, mindestens jedoch entsprechend Absatz 2 Satz 2.

§ 21. Fremdkapitalkosten

(1) Fremdkapitalkosten sind die Kapitalkosten, die sich aus der Inanspruchnahme der Fremdmittel ergeben, namentlich
1. Zinsen für Fremdmittel,
2. laufende Kosten, die aus Bürgschaften für Fremdmittel entstehen,
3. sonstige wiederkehrende Leistungen aus Fremdmitteln, namentlich aus Rentenschulden.

Als Fremdkapitalkosten gelten auch die Erbbauzinsen. Laufende Nebenleistungen, namentlich Verwaltungskostenbeiträge, sind wie Zinsen zu behandeln.

(2) Zinsen für Fremdmittel, namentlich für Tilgungsdarlehen, sind mit dem Betrage anzusetzen, der sich aus dem im Finanzierungsplan ausgewiesenen Fremdmittel mit dem maßgebenden Zinssatz errechnet.

(3) Maßgebend ist, soweit nichts anderes vorgeschrieben ist, der vereinbarte Zinssatz oder, wenn die Zinsen tatsächlich nach einem niedrigeren Zinssatz zu entrichten sind, dieser, höchstens jedoch der für erste Hypotheken im Zeitpunkt nach § 4 marktübliche Zinssatz. Der niedrigere Zinssatz bleibt maßgebend
1. nach der planmäßigen Tilgung des Fremdmittels,
2. nach der Ersetzung des Fremdmittels durch andere Mittel, deren Kapitalkosten höher sind, wenn die Ersetzung auf Umständen beruht, die der Bauherr zu vertreten hat; § 23 Abs. 5 bleibt unberührt.

(4) Fremdkapitalkosten nach Absatz 1 Nr. 3 und Erbbauzinsen sind, soweit nichts anderes vorgeschrieben ist, in der vereinbarten Höhe oder, wenn der tatsächlich zu entrichtende Betrag niedriger ist, in dieser Höhe anzusetzen, höchstens jedoch mit dem Betrag, der einer Verzinsung zu dem im Zeitpunkt nach § 4 marktüblichen Zinssatz für erste Hypotheken entspricht; für die Berechnung dieser Verzinsung ist bei einem Erbbaurecht höchstens der im Zeitpunkt nach § 4 maßgebende Verkehrswert des Baugrundstücks, abzüglich eines einmaligen Entgeltes nach § 5 Abs. 2 Satz 3, zugrunde zu legen.

§ 22. Zinsersatz bei erhöhten Tilgungen

(1) Bei unverzinslichen Fremdmitteln, deren Tilgungssatz 1 vom Hundert übersteigt, dürfen Tilgungen als Kapitalkosten angesetzt werden (Zinsersatz); das gleiche gilt, wenn der Zinssatz niedriger als 4 vom Hundert ist.

(2) Der Ansatz für Zinsersatz darf bei den einzelnen Fremdmitteln deren Tilgung nicht überschreiten und zusammen mit dem Ansatz für Zinsen nicht höher sein als der Betrag, der sich aus einer Verzinsung des Fremdmittels mit 4 vom Hundert ergibt. Die Summe aller Ansätze für Zinsersatz darf auch nicht die Summe der Tilgungen übersteigen, die aus der gesamten Abschreibung nicht gedeckt werden können (erhöhte Tilgungen).

(3) Im öffentlich geförderten sozialen Wohnungsbau sind Ansätze für Zinsersatz nur insoweit zulässig, als die Bewilligungsstelle zustimmt.

§ 5 WiStG. Mietpreiserhöhung, Anhang   D 105a

(4) Auf Mietvorauszahlungen und Mieterdarlehen sind die Vorschriften über den Zinsersatz nicht anzuwenden.

(5) Ist vor dem 1. Januar 1971 ein höherer Ansatz für Zinsersatz zugelassen worden oder zulässig gewesen, als er nach den Absätzen 1 bis 4 zulässig ist, darf der höhere Ansatz in Härtefällen für die Dauer der erhöhten Tilgungen in eine nach dem 30. Juni 1972 aufgestellte Wirtschaftlichkeitsberechnung aufgenommen werden, soweit
1. im öffentlich geförderten sozialen Wohnungsbau die Bewilligungsstelle,
2. im steuerbegünstigten oder frei finanzierten Wohnungsbau, der mit Wohnungsfürsorgemitteln gefördert worden ist, der Darlehens- oder Zuschußgeber,
3. im sonstigen Wohnungsbau von gemeinnützigen Wohnungsunternehmen die Anerkennungsbehörde

zustimmt. Dem höheren Ansatz soll zugestimmt werden, soweit der seit dem 1. Januar 1971 zulässige Ansatz unter Berücksichtigung aller Umstände des Einzelfalles für den Vermieter zu einer unbilligen Härte führen würde. Dem Ansatz von Zinsersatz für Mietvorauszahlungen oder Mieterdarlehen darf nicht zugestimmt werden.

§ 23. Änderung der Kapitalkosten

(1) Hat sich der Zins- oder Tilgungssatz für ein Fremdmittel geändert
1. im öffentlich geförderten sozialen Wohnungsbau nach der Bewilligung der öffentlichen Mittel gegenüber dem bei der Bewilligung auf Grund der Wirtschaftlichkeitsberechnung zugrunde gelegten Satz,
2. im steuerbegünstigten Wohnungsbau nach der Bezugsfertigkeit,

so sind in Wirtschaftlichkeitsberechnungen, die nach diesen Zeitpunkten aufgestellt werden, die Kapitalkosten anzusetzen, die sich auf Grund der Änderung nach Maßgabe des § 21 oder des § 22 ergeben. Dies gilt bei einer Erhöhung der Kapitalkosten nur, wenn sie auf Umständen beruht, die der Bauherr nicht zu vertreten hat, und nur insoweit, als der Kapitalkostenbetrag im Rahmen des § 21 oder des § 22 den Betrag nicht übersteigt, der sich aus der Verzinsung des Fremdmittels zu dem bei der Kapitalkostenerhöhung marktüblichen Zinssatz für erste Hypotheken ergibt.

(2) Bei einer Änderung der in § 21 Abs. 4 bezeichneten Fremdkapitalkosten gilt Absatz 1 entsprechend. Übersteigt der erhöhte Erbbauzins den nach Absatz 1 ermittelten Betrag, so darf der übersteigende Betrag im öffentlich geförderten sozialen Wohnungsbau nur mit Zustimmung der Bewilligungsstelle in der Wirtschaftlichkeitsberechnung angesetzt werden. Die Zustimmung ist zu erteilen, soweit die Erhöhung auf Umständen beruht, die der Bauherr nicht zu vertreten hat, und unter Berücksichtigung aller Umstände nach dem durch das Gesetz vom 8. Januar 1974 (BGBl. I S. 41) eingefügten § 9a der Verordnung über das Erbbaurecht nicht unbillig ist. Im steuerbegünstigten Wohnungsbau darf der übersteigende Betrag angesetzt werden, soweit die Voraussetzungen der Zustimmung nach Satz 3 gegeben sind.

(3) Absatz 1 gilt nicht bei einer Erhöhung der Zinsen oder Tilgungen für das der nachstelligen Finanzierung dienende öffentliche Baudarlehen nach Tilgung anderer Finanzierungsmittel. Auf eine Erhöhung der Zinsen und Tilgungen nach den §§ 18a bis 18e des Wohnungsbindungsgesetzes oder nach § 44 Abs. 2 und 3 des Zweiten Wohnungsbaugesetzes ist Absatz 1 jedoch anzuwenden.

(4) Werden an der Stelle der bisherigen Finanzierungsmittel nach § 12 Abs. 4 oder Abs. 6 andere Mittel ausgewiesen, so treten die Kapitalkosten der neuen Mittel insoweit an die Stelle der Kapitalkosten der bisherigen Finanzierungsmittel, als sie im Rahmen des § 20, des § 21 oder des § 22 den Betrag nicht übersteigen, der sich aus der Verzinsung zu dem bei der Ersetzung marktüblichen Zinssatz für erste Hypotheken ergibt. Bei einem Tilgungsdarlehen bleibt es für den Betrag, der planmäßig getilgt ist (§ 12 Abs. 4 Satz 3), bei der bisherigen Verzinsung. Sind Finanzierungsmittel durch eigene Mittel des Bauherrn ersetzt worden, so dürfen im öffentlich geförderten sozialen Wohnungsbau Zinsen nur unter entsprechender Anwendung des § 20 Abs. 2 Satz 2 angesetzt werden.

(5) Werden an der Stelle der als Darlehen gewährten öffentlichen Mittel nach § 12 Abs. 5 andere Mittel ausgewiesen, so dürfen als Kapitalkosten der neuen Mittel Zinsen nach Absatz 4 Satz 1 angesetzt werden. Solange für den Wohnraum die Bindung nach § 8 des Wohnungsbindungsgesetzes besteht, dürfen jedoch keine Zinsen nach einem höheren Zinssatz als 5 vom Hundert angesetzt werden; abweichend hiervon dürfen, soweit im Zeitpunkt der Rückzahlung oder Ablösung für das öffentliche Baudarlehen auf Grund der §§ 18a bis 18e des Wohnungsbindungsgesetzes Zinsen nach einem Zinssatz von mehr als 5 vom Hundert zu entrichten sind, die höheren Zinsen auch für die neuen Finanzierungsmittel angesetzt werden. Ist ein Schuldnachlaß gewährt worden, dürfen Kapitalkosten für den erlassenen Darlehensbetrag nicht angesetzt werden.

(6) Werden nach § 11 Abs. 4 bis 6 die Kosten von baulichen Änderungen den Gesamtkosten hinzugerechnet, so dürfen für die Mittel, die zur Deckung dieser Kosten dienen, Kapitalkosten insoweit angesetzt werden, als sie im Rahmen des § 20, des § 21 oder des § 22 den Betrag nicht übersteigen, der sich aus der Verzinsung zu dem bei Fertigstellung marktüblichen Zinssatz für erste Hypotheken ergibt. Sind die Kosten durch eigene Mittel des Bauherrn gedeckt worden, so dürfen im öffentlich geförderten sozialen Wohnungsbau Zinsen nur unter entsprechender Anwendung des § 20 Abs. 2 Satz 2 und im steuerbegünstigten und frei finanzierten Wohnungsbau, der mit Wohnungsfürsorgemitteln gefördert worden ist, nur unter entsprechender Anwendung des § 20 Abs. 3 angesetzt werden.

§ 23a. Marktüblicher Zinssatz für erste Hypotheken

(1) Der marktübliche Zinssatz für erste Hypotheken im Zeitpunkt nach § 4 kann ermittelt werden
1. aus dem durchschnittlichen Zinssatz der durch erste Hypotheken gesicherten Darlehen, die zu dieser Zeit von Kreditinstituten oder privatrechtlichen Unternehmen, zu deren Geschäften üblicherweise die Hergabe derartiger Darlehen gehört, zu geschäftsüblichen Bedingungen für Bauvorhaben an demselben Ort gewährt worden sind oder
2. in Anlehnung an den Zinssatz der zu dieser Zeit zahlenmäßig am meisten abgesetzten Pfandbriefe unter Berücksichtigung der üblichen Zinsspanne.

(2) Absatz 1 gilt sinngemäß, wenn der marktübliche Zinssatz für einen anderen Zeitpunkt als den nach § 4 festzustellen ist.

§ 24. Bewirtschaftungskosten

(1) Bewirtschaftungskosten sind die Kosten, die zur Bewirtschaftung des Gebäudes oder der Wirtschaftseinheit laufend erforderlich sind. Bewirtschaftungskosten sind im einzelnen

§ 5 WiStG. Mietpreiserhöhung, Anhang   D 105a

1. Abschreibung,
2. Verwaltungskosten,
3. Betriebskosten,
4. Instandhaltungskosten,
5. Mietausfallwagnis.

(2) Der Ansatz der Bewirtschaftungskosten hat den Grundsätzen einer ordentlichen Bewirtschaftung zu entsprechen. Bewirtschaftungskosten dürfen nur angesetzt werden, wenn sie ihrer Höhe nach feststehen oder wenn mit ihrem Entstehen sicher gerechnet werden kann und soweit sie bei gewissenhafter Abwägung aller Umstände und bei ordentlicher Geschäftsführung gerechtfertigt sind. Erfahrungswerte vergleichbarer Bauten sind heranzuziehen. Soweit nach den §§ 26 und 28 Ansätze bis zu einer bestimmten Höhe zugelassen sind, dürfen Bewirtschaftungskosten bis zu dieser Höhe angesetzt werden, es sei denn, daß der Ansatz im Einzelfall unter Berücksichtigung der jeweiligen Verhältnisse nicht angemessen ist.

§ 25. Abschreibung

(1) Abschreibung ist der auf jedes Jahr der Nutzung fallende Anteil der verbrauchsbedingten Wertminderung der Gebäude, Anlagen und Einrichtungen. Die Abschreibung ist nach der mutmaßlichen Nutzungsdauer zu errechnen.

(2) Die Abschreibung soll bei Gebäuden 1 vom Hundert der Baukosten, bei Erbbaurechten 1 vom Hundert der Gesamtkosten nicht übersteigen, sofern nicht besondere Umstände eine Überschreitung rechtfertigen.

(3) Als besondere Abschreibung für Anlagen und Einrichtungen dürfen zusätzlich angesetzt werden von den Kosten

1. der Öfen und Herde   3 vom Hundert,
2. der Einbaumöbel   3 vom Hundert,
3. der Anlagen und der Geräte zur Versorgung mit Warmwasser, sofern sie nicht mit einer Sammelheizung verbunden sind,   4 vom Hundert,
4. der Sammelheizung einschließlich einer damit verbundenen Anlage zur Versorgung mit Warmwasser   3 vom Hundert,
5. der Fernheizung   0,5 vom Hundert,
   und einer damit verbundenen Anlage zur Versorgung mit Warmwasser   4 vom Hundert,
6. des Aufzugs   2 vom Hundert,
7. der Gemeinschaftsantenne   9 vom Hundert,
8. der maschinellen Wascheinrichtung   9 vom Hundert.

§ 26. Verwaltungskosten

(1) Verwaltungskosten sind die Kosten der zur Verwaltung des Gebäudes oder der Wirtschaftseinheit erforderlichen Arbeitskräfte und Einrichtungen, die Kosten der Aufsicht sowie der Wert der vom Vermieter persönlich geleisteten Verwaltungsarbeit. Zu den Verwaltungskosten gehören auch die Kosten für die gesetzlichen oder freiwilligen Prüfungen des Jahresabschlusses und der Geschäftsführung.

(2) Die Verwaltungskosten dürfen höchstens mit 240 Deutsche Mark jährlich je Wohnung, bei Eigenheimen, Kaufeigenheimen und Kleinsiedlungen je Wohngebäude angesetzt werden.

(3) Für Garagen oder ähnliche Einstellplätze dürfen Verwaltungskosten höchstens mit 35 Deutsche Mark jährlich je Garagen- oder Einstellplatz angesetzt werden.

§ 27. Betriebskosten

(1) Betriebskosten sind die Kosten, die dem Eigentümer (Erbbauberechtigten) durch das Eigentum am Grundstück (Erbbaurecht) oder durch den bestimmungsmäßigen Gebrauch des Gebäudes oder der Wirtschaftseinheit, der Nebengebäude, Anlagen, Einrichtungen und des Grundstücks laufend entstehen. Der Ermittlung der Betriebskosten ist die dieser Verordnung beigefügte Anlage 3 ,,Aufstellung der Betriebskosten" zugrunde zu legen.

(2) Sach- und Arbeitsleistungen des Eigentümers (Erbbauberechtigten), durch die Betriebskosten erspart werden, dürfen mit dem Betrage angesetzt werden, der für eine gleichwertige Leistung eines Dritten, insbesondere eines Unternehmers, angesetzt werden könnte. Die Umsatzsteuer des Dritten darf nicht angesetzt werden.

(3) Im öffentlich geförderten sozialen Wohnungsbau und im steuerbgünstigten oder freifinanzierten Wohnungsbau, der mit Wohnungsfürsorgemitteln gefördert worden ist, dürfen die Betriebskosten nicht in der Wirtschaftlichkeitsberechnung angesetzt werden.

(4) (weggefallen)

§ 28. Instandhaltungskosten

(1) Instandhaltungskosten sind die Kosten, die während der Nutzungsdauer zur Erhaltung des bestimmungsmäßigen Gebrauchs aufgewendet werden müssen, um die durch Abnutzung, Alterung und Witterungseinwirkung entstehenden baulichen oder sonstigen Mängel ordnungsgemäß zu beseitigen. Der Ansatz der Instandhaltungskosten dient auch zur Deckung der Kosten von Instandsetzungen, nicht jedoch der Kosten von Baumaßnahmen, soweit durch sie eine Modernisierung vorgenommen wird oder Wohnraum oder anderer auf die Dauer benutzbarer Raum neu geschaffen wird. Der Ansatz dient nicht zur Deckung der Kosten einer Erneuerung von Anlagen und Einrichtungen, für die eine besondere Abschreibung nach § 25 Abs. 3 zulässig ist.

(2) Als Instandhaltungskosten dürfen je Quadratmeter Wohnfläche im Jahr angesetzt werden
1. für Wohnungen, die bis zum 31. Dezember 1952 bezugsfertig geworden sind, höchstens 12,50 Deutsche Mark,
2. für Wohnungen, die in der Zeit vom 1. Januar 1953 bis 31. Dezember 1969 bezugsfertig geworden sind, höchstens 12,00 Deutsche Mark,
3. für Wohnungen, die in der Zeit vom 1. Januar 1970 bis zum 31. Dezember 1979 bezugsfertig geworden sind, höchstens 10,00 Deutsche Mark.
4. für Wohnungen, die nach dem 31. Dezember 1979 bezugsfertig geworden sind oder bezugsfertig werden, höchstens 8,00 Deutsche Mark.

Diese Sätze verringern sich, wenn in der Wohnung weder ein eingerichtetes Bad noch eine eingerichtete Dusche vorhanden sind, um 1,10 Deutsche Mark. Diese Sätze erhöhen sich für Wohnungen, für die eine Sammelheizung vorhanden ist, um 0,95 Deutsche Mark und für Wohnungen, für die ein maschinell betriebener Aufzug vorhanden ist, um 0,80 Deutsche Mark.

(3) Trägt der Mieter die Kosten für kleine Instandhaltungen in der Wohnung, so verringern sich die Sätze nach Absatz 2 um 1,60 Deutsche Mark. Die kleinen

§ 5 WiStG. Mietpreiserhöhung, Anhang   D 105a

Instandhaltungen umfassen nur das Beheben kleiner Schäden an den Installationsgegenständen für Elektrizität, Wasser und Gas, den Heiz- und Kocheinrichtungen, den Fenster- und Türverschlüssen sowie den Verschlußvorrichtungen von Fensterläden.

(4) Die Kosten der Schönheitsreparaturen in Wohnungen sind in den Sätzen nach Absatz 2 nicht enthalten. Trägt der Vermieter die Kosten dieser Schönheitsreparaturen, so dürfen sie höchstens mit 8,30 Deutsche Mark je Quadratmeter Wohnfläche im Jahr angesetzt werden. Dieser Satz verringert sich für Wohnungen, die überwiegend nicht tapeziert sind, um 0,80 Deutsche Mark. Der Satz erhöht sich für Wohnungen mit Heizkörpern um 0,65 Deutsche Mark und für Wohnungen mit Doppelfenstern oder Verbundfenstern um 0,70 Deutsche Mark. Schönheitsreparaturen umfassen nur das Tapezieren, Anstreichen oder Kalken der Wände und Decken, das Streichen der Fußböden, Heizkörper einschließlich Heizrohre, der Innentüren sowie der Fenster und Außentüren von innen.

(5) Für Garagen oder ähnliche Einstellplätze dürfen als Instandhaltungskosten einschließlich Kosten für Schönheitsreparaturen höchstens 75 Deutsche Mark jährlich je Garagen- oder Einstellplatz angesetzt werden.

(6) Für Kosten der Unterhaltung von Privatstraßen und Privatwegen, die dem öffentlichen Verkehr dienen, darf ein Erfahrungswert als Pauschbetrag neben den vorstehenden Sätzen angesetzt werden.

(7) Kosten eigener Instandhaltungswerkstätten sind mit den vorstehenden Sätzen abgegolten.

§ 29. Mietausfallwagnis

Mietausfallwagnis ist das Wagnis einer Ertragsminderung, die durch uneinbringliche Rückstände von Mieten, Pachten, Vergütungen und Zuschlägen oder durch Leerstehen von Raum, der zur Vermietung bestimmt ist, entsteht. Es umfaßt auch die uneinbringlichen Kosten einer Rechtsverfolgung auf Zahlung oder Räumung. Das Mietausfallwagnis darf höchstens mit 2 vom Hundert der Erträge im Sinne des § 31 Abs. 1 Satz 1 angesetzt werden. Soweit die Deckung von Ausfällen anders, namentlich durch einen Anspruch auf Erstattung gegenüber einem Dritten, gesichert ist, darf kein Mietausfallwagnis angesetzt werden.

§ 30. Änderung der Bewirtschaftungskosten

(1) Haben sich die Verwaltungskosten, die Betriebskosten oder die Instandhaltungskosten geändert
1. im öffentlich geförderten sozialen Wohnungsbau nach der Bewilligung der öffentlichen Mittel gegenüber dem bei der Bewilligung auf Grund der Wirtschaftlichkeitsberechnung zugrunde gelegten Betrag,
2. im steuerbegünstigten Wohnungsbau nach der Bezugsfertigkeit,
so sind in Wirtschaftlichkeitsberechnungen, die nach diesen Zeitpunkten aufgestellt werden, die geänderten Kosten anzusetzen. Dies gilt bei einer Erhöhung dieser Kosten nur, wenn sie auf Umständen beruht, die der Bauherr nicht zu vertreten hat. Die Verwaltungskosten dürfen bis zu der in § 26 zugelassenen Höhe, die Instandhaltungskosten bis zu der in § 28 zugelassenen Höhe ohne Nachweis einer Kostenerhöhung angesetzt werden, es sei denn, daß der Ansatz im Einzelfall unter Berücksichtigung der jeweiligen Verhältnisse nicht angemes-

sen ist. Eine Überschreitung der für die Verwaltungskosten und die Instandhaltungskosten zugelassenen Sätze ist nicht zulässig.

(2) Der Ansatz für die Abschreibung ist in Wirtschaftlichkeitsberechnungen, die nach den in Absatz 1 bezeichneten Zeitpunkten aufgestellt werden, zu ändern, wenn nach § 11 Abs. 1 bis 3 geänderte Gesamtkosten angesetzt werden; eine Änderung des für die Abschreibung angesetzten Vomhundertsatzes ist unzulässig.

(3) Der Ansatz für das Mietausfallwagnis ist in Wirtschaftlichkeitsberechnungen, die nach den in Absatz 1 bezeichneten Zeitpunkten aufgestellt werden, zu ändern, wenn sich die Jahresmiete ändert; eine Änderung des Vomhundertsatzes für das Mietausfallwagnis ist zulässig, wenn sich die Voraussetzungen für seine Bemessung nachhaltig geändert haben.

(4) Werden nach § 11 Abs. 4 bis 6 die Kosten von baulichen Änderungen den Gesamtkosten hinzugerechnet, so dürfen die infolge der Änderungen entstehenden Bewirtschaftungskosten den anderen Bewirtschaftungskosten hinzugerechnet werden. Für die entstehenden Abschreibungen und Instandhaltungskosten gelten § 25 und § 28 Abs. 2 bis 6 entsprechend.

§ 31. Erträge

(1) Erträge sind die Einnahmen aus Mieten, Pachten und Vergütungen, die bei ordentlicher Bewirtschaftung des Gebäudes oder der Wirtschaftseinheit nachhaltig erzielt werden können. Umlagen und Zuschläge, die zulässigerweise neben der Einzelmiete erhoben werden, bleiben als Ertrag unberücksichtigt.

(2) Als Ertrag gilt auch der Miet- oder Nutzungswert von Räumen oder Flächen, die vom Eigentümer (Erbbauberechtigten) selbst benutzt werden oder auf Grund eines anderen Rechtsverhältnisses als Miete oder Pacht überlassen sind.

(3) Wird die Wirtschaftlichkeitsberechnung aufgestellt, um für Wohnraum die zur Deckung der laufenden Aufwendungen erforderliche Miete (Kostenmiete) zu ermitteln, so ist der Gesamtbetrag der Erträge in derselben Höhe wie der Gesamtbetrag der laufenden Aufwendungen auszuweisen. Aus dem nach Abzug der Vergütungen verbleibenden Betrag ist die Miete nach den für ihre Ermittlung maßgebenden Vorschriften zu berechnen.

§ 302a StGB. Wucher

(1) Wer die Zwangslage, die Unerfahrenheit, den Mangel an Urteilsvermögen oder die erhebliche Willensschwäche eines anderen dadurch ausbeutet, daß er sich oder einem Dritten
1. für die Vermietung von Räumen zum Wohnen oder damit verbundene Nebenleistungen,
2. für die Gewährung eines Kredites,
3. für eine sonstige Leistung oder
4. für die Vermittlung einer der vorbezeichneten Leistungen
Vermögensvorteile versprechen oder gewähren läßt, die in einem auffälligen Mißverhältnis zu der Leistung oder deren Vermittlung stehen, wird mit Freiheitsstrafe bis zu drei Jahren oder mit Geldstrafe bestraft. Wirken mehrere Personen als Leistende, Vermittler oder in anderer Weise mit und ergibt sich dadurch ein auffälliges Mißverhältnis zwischen sämtli-

§ 302a StGB. Mietwucher   D 106

chen Vermögensvorteilen und sämtlichen Gegenleistungen, so gilt Satz 1 für jeden, der die Zwangslage oder sonstige Schwäche des anderen für sich oder einen Dritten zur Erzielung eines übermäßigen Vermögensvorteils ausnutzt.

(2) In besonders schweren Fällen ist die Strafe Freiheitsstrafe von sechs Monaten bis zu zehn Jahren. Ein besonders schwerer Fall liegt in der Regel vor, wenn der Täter
1. durch die Tat den anderen in wirtschaftliche Not bringt,
2. die Tat gewerbsmäßig begeht,
3. sich durch Wechsel wucherische Vermögensvorteile versprechen läßt.

Übersicht

	Rdn		Rdn
I. Allgemeines	106	III. Besonders schwerer Mietwucher (Abs. II)	
II. Äußerer Tatbestand		1. Wirtschaftliche Not des Mieters	125
1. Vermietung von Wohnraum	107	2. Gewerbsmäßiges Handeln des Vermieters	126
2. Versprechen- oder Gewährenlassen von Vermögensvorteilen	110	3. Hingabe von Wechseln	126
3. Auffälliges Mißverhältnis zwischen den Vermieter- und den Mieterleistungen	116	4. Sonstige Fälle	127
		IV. Innerer Tatbestand	129
4. Ausbeutung der Zwangslage, der Unerfahrenheit, des Mangels an Urteilsvermögen oder der erheblichen Willensschwäche	121	V. Strafmaß	130
		VI. Konkurrenzen	133

I. Allgemeines   D 106

Die Mißstände, die sich seit der Freigabe der Mietpreise besonders in Ballungsgebieten gezeigt haben, veranlaßten den Gesetzgeber im Jahre 1971 im Rahmen der strafrechtlichen Wuchervorschriften einen Sondertatbestand für den Mietwucher zu schaffen. Die insoweit in das Strafgesetzbuch aufgenommene Vorschrift des § 302f StGB war dem § 302e StGB a. F. nachgebildet, verzichtete aber zur wirksameren Bekämpfung dieser Wucherfälle gegenüber dem bisherigen Recht auf ein gewerbs- oder gewohnheitsmäßiges Handeln des Wucherers und eine Notlage des Bewucherten. Mit der gesetzlichen Neuregelung der Wuchervorschriften durch das 1. Gesetz zur Bekämpfung der Wirtschaftskriminalität vom 29. 7. 1976 wurden die bisher selbständigen Tatbestände des Kredit-Sach- und Mietwuchers (§ 302a bis 302f a. F.) zu einem einzigen Tatbestand zusammengefaßt (zu den sachl. Änderungen vgl. Rdn D 3; zur allgem. Bedeutung s. Rdn D 1, 23; zu den zivilrechtlichen Auswirkungen der Straftat und zur Anwendung des bisherigen Rechts s. Rdn D 17ff; zur Entstehungsgeschichte s. Rdn A 11ff und F 72).

Wie bereits die Vorschrift des § 302f StGB a. F. ist auch § 302a ein Fall des sog. **Individualwuchers.** Er richtet sich gegen die Ausnutzung persönlicher Eigenschaften oder Zwangslagen des Bewucherten zum Zwecke übermäßiger Gewinnerzielung. Dennoch zeigt sich am Fall des

Mietwuchers, daß die Begriffe Individual- und Sozialwucher sowohl die dahinter stehende Problematik als auch die Zielrichtung des Gesetzgebers nicht hinreichend erfassen; der Vermieter nutzt nämlich beim Mietwucher i. d. R. nicht die individuelle Notlage des betroffenen Mieters, sondern die vorwiegend auf den Wohnungsfehlbeständen und seiner Monopolstellung beruhende Zwangslage aller Mieter aus, wobei ihm bewußt ist, daß er von fast jedem anderen Bewerber die überhöhte Miete ebenfalls erhalten könnte (Schönke-Schröder StGB § 302a Rdn 2). Mit Recht lehnen Schönke-Schröder a. a. O. aus diesen Gründen die an der tatsächlichen Wohnungsmarktlage vorbeigehenden Versuche der früheren Rspr. des BGH (BGHSt 11, 184) ab, den Mietwucher uneingeschränkt als Fall des Individualwuchers zu kennzeichnen. Deshalb müssen nach der Zielrichtung des Gesetzgebers bei der Auslegung des § 302a die Vorschrift des § 5 WiStG sowie die Regelungen des MHG (s. Teil C des Kommentars) berücksichtigt werden.

II. Äußerer Tatbestand

1. Der § 302a setzt die bereits vollzogene oder vereinbarte Überlassung von Räumen zum Wohnen (Vermietung) an den Mieter voraus.

a) **Raum zum Wohnen** ist jeder Raum, der zum Verbleib von Menschen zu Wohnzwecken (z. B. auch nur zum Schlafen) bestimmt ist.

Die Leistung des Täters muß somit in der Überlassung von Räumen zu Wohnzwecken gemäß der ausdrücklichen oder stillschweigenden Vertragsvereinbarung bestehen, wobei es auf die zweckentsprechende Eignung oder die gesundheits- und baupolizeiliche Zulässigkeit dieser Nutzung nicht ankommt. Deshalb fällt auch die Vermietung einer Garage, eines Kellers oder Dachbodens oder eines Lagerraums zu Wohnzwecken unter § 302a I Nr. 1. Darüber hinaus werden von der Vorschrift sowohl die vermieteten Räume beweglicher Sachen (z. B. Wohnwagen, Schiffskajüte) als auch solche Räume erfaßt, denen der Gesetzgeber zivilrechtlichen Schutz versagt (s. Rdn C 528 ff). Selbst ein Schäferkarren oder eine ausgeschlachtete, aufgebockte PKW-Karosserie fällt unter den Schutzbereich der Vorschrift, wenn diese „Räume" zum zeitweiligen Aufenthalt von Menschen dienen (OLG Stuttgart Justiz 76, 319). Das Gesetz bringt das dadurch zum Ausdruck, daß es nicht das übliche Wort „Wohnraum" (zum zivil- und öffentlichrechtlichen Wohnraumbegriff vgl. B 6 und E 29), sondern den neuen Begriff „Raum zum Wohnen" verwendet.

Bei **Mischräumen** ist § 302a I Nr. 1 nur anwendbar, wenn die zu Wohnzwecken überlassenen Räume überwiegen (s. Rdn B 14 ff). Ist dagegen für die Wohn- und Geschäftsräume ein getrennter Mietzins zu entrichten, findet § 302a I Nr. 1 auf die Wohnräume und § 302a I Nr. 3 StGB auf die Geschäftsräume ohne Rücksicht auf den überwiegenden

§ 302a StGB. Mietwucher | D 109–111

Gebrauchszweck Anwendung. Es ist für § 302a unbeachtlich, ob es sich um einen möblierten oder nicht ausgestatteten Raum handelt und ob die Überlassung nur zu vorübergehendem Zweck, befristet oder unbefristet erfolgt. Ferner ist unbeachtlich, ob es sich um preisgebundenen oder nicht preisgebundenen Wohnraum handelt und ob ein Haupt-•oder Untermietverhältnis vorliegt. Bei der Vermietung von Räumen werden somit von § 302a I Nr. 1 lediglich solche nicht erfaßt, die als Geschäftsräume (s. Rdn B 11) überlassen werden; für sie gilt der Tatbestand des § 302a I Nr. 3 StGB. Nach der Neufassung der Wuchervorschriften ist die Unterscheidung in Wohnräume und Geschäftsräume für die Praxis nur noch insoweit von Bedeutung, als für beide Kategorien ein unterschiedlicher Mietzins ortsüblich sein kann. Davon abgesehen unterscheidet sich der Geschäftsraumwucher vom Wohnraumwucher weder im Tatbestand noch in der Rechtsfolge.

b) **Täter** kann sowohl der begünstigte Vermieter als auch der Vermittler oder Verwalter sein, soweit diese über den Abschluß von Mietverträgen selbständige Entscheidungsbefugnis haben; der Täter braucht also nicht der zur Leistung Verpflichtete zu sein, weil „seiner Leistung" sowohl die des Vermieters als auch des verfügungsberechtigten Dritten bedeutet. Der Makler wird nach §§ 302a I Nr. 4 StGB, 6 WiStG bestraft, wenn er den Vertragsabschluß lediglich vermittelt und dabei eine unangemessene Maklerprovision erzielt hat. **D 109**

Der bewucherte Mieter kann nicht wegen Teilnahme (§ 25 II StGB) bestraft werden, selbst wenn er seine überhöhten Gegenleistungen in Kenntnis der Strafbarkeit versprochen oder geleistet hat (notwendige Teilnahme; Schönke-Schröder § 302a StGB Rdn 41).

2. Für die Überlassung des Mietraums oder damit verbundenen Nebenleistungen muß sich der Vermieter einen bestimmten Vermögensvorteil versprechen oder gewähren lassen.

a) Den **Vermögensvorteil** bildet i. d. R. der Mietzins; das ist das Entgelt für die vom Vermieter zu erbringenden Leistungen (§ 535 BGB). Sind außerhalb der eigentlichen Grundmiete noch Nebenkosten zu entrichten, so sind auch sie sowohl bei pauschaler Zahlung als auch bei periodischer Einzelabrechnung zu berücksichtigen (s. Rdn D 29, 82ff). **D 110**

Der dem Vermieter zugesagte oder zufließende Vermögensvorteil braucht aber nicht unbedingt in einer Geldleistung zu bestehen (RGSt 20, 279). Vom Mieter zu erbringende Sach- oder Dienstleistungen (z. B. Hauswart, Gartenpflege) sowie alle für die Mietsache zu erbringenden vermögenswerten Leistungen (z. B. zinsloses Mieterdarlehen bzw. Kaution oder Mietvorauszahlung und Baukostenzuschuß) sind in den Vermögensvorteil einzubeziehen (s. Rdn D 86).

b) Der Vermögensvorteil muß entweder für die Vermietung des Wohnraums oder aber für die damit verbundenen **Nebenleistungen** versprochen oder gewährt werden. Es scheiden somit einerseits solche Lei- **D 111** stungen des Mieters aus, welche keine Gegenleistungen für die Raumüberlassung oder damit verbundene Nebenleistungen darstellen (z. B. Geschäftsdarlehen, Abstandszahlungen für den weichenden Vormieter). Andererseits zwingt die Wortfassung des § 302a I nicht zu der Annahme, daß die zweckbestimmte Leistung des Mieters für die Raumüberlassung und (oder) die daneben zu erbringende zweckbestimmte Leistung für die Nebenkosten auch strafrechtlich getrennt beurteilt werden müssen; eine Gesamtbeurteilung der Leistung des Mieters ist deshalb immer gerechtfertigt, gleichgültig ob die Kosten für die Nebenleistungen mit dem Mietzins pauschal oder davon rechnerisch getrennt abgegolten werden (s. Rdn C 5 ff). Im übrigen wird insoweit auf die Ausführungen Rdn D 29, 82 ff verwiesen.

c) Der Vermögensvorteil muß dem Vermieter versprochen oder gewährt werden; das bloße Fordern eines Vermögensvorteils reicht somit (anders als bei § 5 WiStG) nicht aus.

D 112 aa) Das **Versprechen** erfolgt durch den Abschluß des Mietvertrages. Nimmt der Vermieter durch den Vertragsabschluß das Versprechen des Mieters zur Leistung der vereinbarten Vermögensvorteile an, so liegt bereits darin die Vollendung der Tat (und nicht nur ein darauf gerichteter Versuch); die tatsächliche Erbringung der versprochenen Leistung ist nicht erforderlich. Deshalb ist es unbeachtlich, wenn das Mietverhältnis erst zu einem künftigen Zeitpunkt beginnen soll (RGSt 29, 413). Unbeachtlich ist ferner, wenn ein Vertragspartner später den Vertrag wieder rückgängig macht (RGSt 6, 655). Ob der Vertrag aus anderen Gründen als denen des Wuchers anfechtbar, nichtig oder schwebend unwirksam ist, muß hier ebenfalls außer Betracht bleiben, weil es nur auf die tatsächliche Annahme des Versprechens ankommt (RG Recht 1915 Nr. 2413; s. dazu auch Rdn D 32).

D 113 bb) Das **Gewährenlassen** setzt lediglich die Entgegennahme des Vermögensvorteils voraus, wobei es einer dahingehenden vorherigen Verpflichtung des Mieters nicht bedarf (s. dazu Rdn D 32).

D 114 cc) Ob der Mieter anläßlich des Versprechens oder der Erbringung der Leistung weiß, daß der Vermögensvorteil des Vermieters wucherisch und deshalb mit Strafe bedroht ist, verdient insoweit keine Beachtung (RG JZ 18, 1085). Das Wissen des Mieters von der Gesetzwidrigkeit der erbrachten Leistung ist jedoch für sein Rückforderungsrecht nach §§ 814, 817 BGB von Bedeutung (s. Rdn C 513 f).

D 115 d) Zur Verhinderung von Umgehungsabsichten erklärt § 302a I ausdrücklich, daß es unbeachtlich ist, wenn der Vermögensvorteil nicht dem Vermieter, sondern einem Dritten versprochen oder erbracht wird. Das ist dann von Bedeutung, wenn der Mieter nach den Vereinbarungen des Mietvertrags seine Gegenleistungen nicht an den Vermieter, sondern z. B. an den nicht identischen Hauseigentümer oder an ein beteiligtes Wirtschaftsunternehmen zu erbringen hat und wenn der Mieter sein Versprechen gegenüber einem Bevollmächtigten (Makler, Hausverwalter) abgibt.

§ 302a StGB. Mietwucher   D 116

3. Die vom Mieter versprochene oder erbrachte Leistung ist nur dann wucherisch, wenn sie zur Gegenleistung des Vermieters in einem **auffälligen Mißverhältnis** steht.

a) Es ist unstreitig, daß zur Feststellung des **Mißverhältnisses** die Lei- D 116
stung des Vermieters mit derjenigen des Mieters (s. oben Rdn D 110, 111) zu vergleichen ist. Streitig war und ist allerdings, nach welchen Bewertungskriterien die Vermieterleistung (Raumüberlassung) zu bestimmen ist. Ob ein Mißverhältnis zwischen Leistung und Gegenleistung (also zwischen dem Wohnwert der Räume im Verhältnis zum Mietentgelt) vorliegt, muß im Einzelfall nunmehr auf der Grundlage der ortsüblichen Vergleichsmiete (s. Rdn D 35, 91 ff), ermittelt werden. Das bedeutet einerseits, daß bei Wohnungen ohne gesetzliche Mietpreisbindung nicht die Kostenmiete zugrunde gelegt werden darf, die nach gesetzlich zugelassenen Ansätzen anhand einer Wirtschaftlichkeitsberechnung individuell zu errechnen ist (§§ 8, 10 WoBindG 65 i. V. m. NMV 70 und II. BV; s. Rdn C 531 ff). Andererseits kann es bei der Bewertung der Vermieterleistung nach § 302a jetzt nicht mehr darauf ankommen, welcher Mietzins auf der Grundlage der Gestehungskosten (Erwerbskosten) sowie bei ihrer Amortisation und Verzinsung nach der früher herrschenden konkreten Berechnungsmethode im Einzelfall angemessen ist (so noch zum früheren Recht BGH St 11, 182). Vielmehr muß aus dem in §§ 2 MHG, 5 WiStG erklärten Ziel des Gesetzgebers, den Mietzins für Wohnraum außerhalb der gesetzlichen Obergrenze dem freien Spiel des Marktes zu entziehen, auch für § 302a die notwendige Folgerung gezogen werden, daß die ortsübliche Vergleichsmiete grundsätzlich auch hier den Maßstab für die Vermieterleistung bildet (so zutr. LG Darmstadt NJW 72, 1244; NJW 75, 549; LG Köln ZMR 75, 367 = OLG Köln ZMR 75, 366 = DB 75, 2033 = NJW 76, 119; Schönke-Schröder § 302a Rdn 13; Dreher § 302a Anm. 3D; Lackner § 302a Anm. 3; Preisendanz, StGB, § 302f Anm. 4c; a. A. Sasserrath NJW 72, 1870; v. Lackum DWW 78, 272; unklar Hans, Anhang zu § 535 BGB Anm. B 2bff und Schäfer LK § 302f Rdn 7). Nachdem der Gesetzgeber für Wohnraum die marktorientierte ortsübliche Vergleichsmiete als das zivilrechtlich zulässige Mietentgelt festgelegt hat, muß darin auch die gemeinsame Bewertungsgrundlage für die einschlägigen Strafnormen gesehen werden; nur so kann dem Mieter ein lückenloser Rechtsschutz sowohl gegen erhebliche (§ 5 WiStG) als auch gegen auffällig überhöhte Mietzinsforderungen gewährt werden. Der BGH hat seine früher vertretene Ansicht (BGH St. 11, 182, 184) in dem Urteil vom 8. 12. 1981 (NJW 82, 896 = WM 82, 164) aufgegeben. Nunmehr geht auch der BGH davon aus, daß für den Mietwuchertatbestand die ortsübliche Vergleichsmiete maßgeblich ist. Die ortsübliche Vergleichsmiete ist auch dann maßgebend, wenn sie dem Vermieter (ausnahmsweise) keine angemessene Verzinsung oder Amortisation gewährleistet; gleiches gilt, wenn der Vermieter an einen Dritten für die Überlassung des Grundstücks bereits ein wucherisches Entgelt zahlen muß, welches er mit relativ geringen Aufschlägen an

987

seine Mieter weitergibt (BGH a. a. O.; OLG Köln a. a. O.; LG Mannheim MDR 78, 55; s. auch Rdn D 124). Sie ist auch dann wegen der gleichliegenden Bewertungskriterien in § 5 WiStG und des erhöhten strafrechtlichen Schutzbedürfnisses der Mieter entscheidend, wenn zivilrechtlich nicht geschützter Wohnraum i. S. des § 10 II MHG vermietet wird (s. Rdn C 441 ff). Ausnahmsweise können die für bestimmte Wohnungskategorien am Ort üblich gewordenen Mietpreise (z. B. Gastarbeiterwohnungen, Studentenzimmer) dann nicht zum Vergleich herangezogen werden, wenn sie im Verhältnis zu anderen qualitativ gleichwertigen oder besseren Wohnungen unverhältnismäßig hoch sind. Diese ungewöhnlichen Mietentgelte, die zum Wohnwert außer Verhältnis stehen, sind durch besondere Umstände nicht marktkonform, so daß sie der Grundvorstellung des Gesetzgebers vom ,,üblichen" Mietzins widersprechen. (Im Ergebnis ebenso: LG Heidelberg ZMR 76, 334; LG Mannheim MDR 78, 55; Schönke-Schröder § 302a Rdn 13; Lackner a. a. O.; Schäfer LK § 302f Rdn 7; Preisendanz a. a. O.; LG Köln a. a. O. unter Hinweis auf BGHSt 11, 182; s. dazu auch Rdn C 58; a. A. Sasserrath NJW 72, 711; Dreher a. a. O.).

D 117 Hat der Vermieter neben der eigentlichen Raumüberlassung bestimmte Nebenleistungen an den Mieter zu erbringen, müssen die dafür üblichen Entgelte neben der eigentlichen Grundmiete bei der Bewertung der Vermieterleistung im Rahmen des § 302a ebenso wie bei § 5 WiStG berücksichtigt werden; Dabei können auch hier die in den Richtl. festgelegten Ansätze zugrunde gelegt werden (s. Rdn D 84, 99ff ebenso Dreher a. a. O., Anm. 2 C a). Entscheidend ist somit der gesamte Vermögensvorteil. Insoweit wird auf die Ausführungen unter Rdn D 39 verwiesen.

D 118 Zusätzlich können zugunsten des Vermieters bei gegebenem Anlaß besonderer Risiken (z. B. starke Raum- und Möbelabnutzung, kurzfristiger Mieterwechsel, häufige Mißhelligkeiten) in dem jeweils sachlich vertretbaren Umfang einen **Zuschlag** rechtfertigen (OLG Köln a. a. O.; LG Köln a. a. O.; LG Darmstadt a. a. O.; Schönke-Schröder a. a. O.); übertriebene Ansätze sind mit Vorsicht zu würdigen. Da solche Zuschläge nur einen sachlich gerechtfertigten Ausgleich für erwiesene oder naheliegende Sonderaufwendungen oder Risiken des Vermieters bewirken sollen, sind sie als Pauschalzuschlag für eine bestimmte Mietergruppe (z. B. Gastarbeiter, Besatzungsangehörige) ungerechtfertigt, selbst wenn sie einer gewissen Übung entsprechen (LG Köln a. a. O.; Dreher a. a. O.). Ob darüber hinaus zugunsten des Vermieters eine besonders günstige, möglicherweise nicht lange anhaltende Marktlage, sowie die besonders guten Einkommens- und Vermögensverhältnisse des Wohnungssuchenden heute noch im Rahmen des § 302a StGB zugunsten des Vermieters berücksichtigt werden können, wie es in BGHSt 11, 182 nach früherem Recht geschehen ist, erscheint nach dem Sinn und Zweck der Rechtsänderung äußerst fragwürdig.

D 119 b) Welche Voraussetzungen an das von § 302a geforderte **auffällige Mißverhältnis** zwischen Mieter und Vermieterleistung zu stellen sind,

§ 302a StGB. Mietwucher   D 120

läßt sich mit Verbindlichkeit für den Einzelfall nach generellen Maßstäben nicht bestimmen. Es bleibt der Rspr. vorbehalten, dieses Tatbestandsmerkmal so auszufüllen, daß eine Praktikabilität dieser Vorschrift bei der angestrebten schärferen Bekämpfung des Mietwuchers als Wirtschaftsdelikt gewährleistet ist. Wenn auch einerseits nicht schon die erhebliche Überschreitung der Vergleichs- oder Kostenmiete ausreicht, so wird man andererseits auf der Basis der jeweiligen Vergleichs- oder Kostenmiete solche Entgelte als auffällig bewerten müssen, die ihrer Höhe nach außergewöhnlich und hervorstechend sind. Geht man davon aus, daß ,,auffällig" im Sprachsinn gewichtiger als der in § 5 WiStG verwendete Begriff ,,nicht unerheblich" ist und dieser Unterschied vom Gesetzgeber gewollt zum Ausdruck gebracht wurde, muß die Stufenfolge beider Delikte aus Gründen der Rechtssicherheit an die Grenzlinie bestimmter Prozentsätze von der Rspr. gefunden werden. Die konkreten Besonderheiten des Falles müssen bereits bei der Ausgangsbetrachtung in der jeweiligen Bewertung der maßgebenden Vergleichs- oder Kostenmiete berücksichtigt werden, so daß sie hier außer Betracht zu bleiben haben (s. dazu Rdn D 42). Das LG Darmstadt (NJW 72, 1244) hat auf diese Weise eine Wertüberschreitung von 50 Prozent zutreffend als ausreichend angesehen (s. auch Rdn D 40–42; so auch LG Köln a. a. O.; LG Wiesbaden ZMR 80, 235; OLG Köln WM 80, 36; Dreher a. a. O., Anm. 2 C; a. A. Sasserrath NJW 72, 711). Dabei kann möglicherweise beim Strafmaß aber nicht beim objektiven Tatbestand die Höhe der Mietüberschreitung von Bedeutung sein.

c) Bei **Wohnraum mit gesetzlicher Preisbindung** (s. Rdn C 531) – **D 120**
insbesondere bei Sozialwohnungen – wird ein auffälliges Mißverhältnis zwischen Leistung und Gegenleistung schon bei geringeren Prozentsätzen des überschrittenen Mietzinses anzunehmen sein. Hier muß von der zulässigen Kostenmiete nach §§ 8 ff WoBindG i. V. m. der NMV 70 und der II. BV (und nicht von marktüblichen Ansätzen) ausgegangen werden, über die sich der Vermieter zuverlässig informieren kann und muß (s. dazu auch Rdn D 36). Die Sondervorschriften über Sanktionen der Bewilligungsstelle bei Preisverstößen nach §§ 25, 26 WoBindG schließen beim Vorliegen der zusätzlichen Voraussetzungen des § 302a eine Bestrafung des Vermieters nicht aus (§ 21 I OWiG). Hat der Vermieter ein derzeit nicht rentables Haus mit preisgebundenen Wohnungen zu einem hohen Kaufpreis erworben, muß er sich entgegenhalten lassen, daß er diese Unrentabilität bewußt in Kauf genommen hat. Für die zulässige Kostenmiete sind nicht die Erwerbs-, sondern die Erstellungskosten maßgebend (BGH ZMR 70, 202); die hohen Erwerbskosten können dann weder nach § 302a noch nach § 5 WiStG bei der Prüfung des Mißverhältnisses zwischen Leistung und Gegenleistung zugrunde gelegt werden (BayObLG WM 71, 157).

4. Den wucherischen Vermögensvorteil muß der Vermieter auf Grund einer Ausbeutung der Zwangslage, des Mangels an Urteilsvermögen

oder der erheblichen Willensschwäche der Unerfahrenheit des Mieters erzielt haben.

D 121 a) Der Begriff der **Zwangslage** ist von dem Begriff der wirtschaftlichen Not in § 302a II StGB zu unterscheiden; die Notlage erfordert eine wirtschaftliche Bedrängnis, die zwar noch nicht dem völligen wirtschaftlichen Zusammenbruch gleichzustehen braucht (RGSt 3, 568), aber immerhin die angemessene wirtschaftliche Lebensführung des Betroffenen fühlbar einengen muß (BGHSt 11, 186). Bei dem Begriff der Zwangslage kommt es dagegen nicht darauf an, ob sich der Bewucherte in einer schwierigen wirtschaftlichen Situation befindet (Dreher a. a. O. Anm. 3 A a; anders früher BGHSt 11, 185ff); eine solche wirtschaftliche Beeinträchtigung braucht hier auch nicht die Folge der Bewucherung zu sein (Sasserath WM 72, 3). Deshalb ist eine Zwangslage immer dann gegeben, wenn jemand eine Wohnung dringend benötigt und er sich einem überhöhten Mietzinsverlangen ausgesetzt sieht (RGSt 53, 285; Schönke-Schröder § 392a Rdn 23). Ob sich der Mieter freiwillig oder vermeidbar in diese Zwangslage gebracht hat (z. B. Kündigung der eigenen Wohnung ohne Ersatz oder Anlaß zu fristloser Kündigung des Vermieters oder Zuzug in Stadt mit hohen Wohnungsfehlbeständen) oder ob er schuldlos in diese Lage kam (z. B. Ortswechsel wegen Krankheit, Ruhestand oder berufliche Versetzung; ordentliche Kündigung des Vermieters), ist hier unbeachtlich (RG Recht 1903 Nr. 909; RG JW 1908, 587; BGHSt 11, 186). Der Mieter muß somit unter dem Zwang der tatsächlichen Verhältnisse des örtlichen Wohnungsmarktes vor der Entscheidung stehen, sich die dringend benötigte Wohnung nur dann beschaffen oder erhalten zu können, wenn er sich auf die zumindest wesentlich überhöhten Mietzinsforderungen einläßt; das wird angesichts des unzureichenden Angebots an möblierten Zimmern für Studenten in Universitätsstädten oder für Gastarbeiter in Industriestädten häufig der Fall sein (zu letzterem LG Köln Urt. vom 18. 2. 1975, AZ 39 – 2/74). Hat er keinen dringenden Wohnbedarf (z. B. Vorhandensein von ausreichendem Wohnraum) kann von einer Zwangslage nicht ausgegangen werden (krit. zum Begriff der Zwangslage: Sasserath a. a. O.).

D 122 b) **Unerfahrenheit** ist der Mangel an Lebenserfahrung und Geschäftskenntnis im allgemeinen oder auf dem Wohnungssektor. Unerfahrenheit ist nicht gleichzusetzen mit bloßer Unkenntnis der Bedeutung und Tragweite des abzuschließenden Geschäfts; denn Unerfahrenheit ist eine auf Mangel an Geschäftskenntnis und Lebenserfahrung beruhende Eigenschaft des Ausgebeuteten (z. B. Gastarbeiter; vgl. LG Köln a. a. O.), durch die er gegenüber dem Durchschnittsmensch benachteiligt ist. Die bloße Unkenntnis der Verhältnisse des örtlichen Wohnungsmarktes und der Mietpreise wird deshalb von der früheren Rspr. als nicht ausreichend angesehen (BGH ZMR 57, 333; LG München ZMR 63, 177).

D 123 c) Ein **Mangel an Urteilsvermögen** liegt vor, wenn der Betroffene auf Grund mangelnder Intelligenz oder einer geistigen Behinderung au-

§ 302a StGB. Mietwucher   D 123a, 124

ßerstande ist, vernünftige wirtschaftliche Entscheidungen zu treffen und deren Folgen zu übersehen.

d) Eine **erhebliche Willensschwäche** ist gegeben, wenn der Bewucherte zwar erkennt, daß der Vermieter einen überhöhten Mietzins verlangt, aber auf Grund der ihm eigenen psychischen Beschaffenheit nicht in der Lage ist, die überhöhte Forderung zurückzuweisen. Eine solche Willensschwäche muß nicht unbedingt Krankheitswert besitzen; sie muß jedoch die Handlungen des Betroffenen in einem auffälligen Maß beeinflussen. Die Willensschwäche kann sich hierbei in einer dominierenden Überängstlichkeit manifestieren, auf Grund derer der Betroffene außerstande ist, der an ihn gestellten Forderung zu widerstehen. Es ist jedoch auch denkbar, daß der Betroffene (z. B. wegen starker Drogenabhängigkeit) seiner Umwelt gleichgültig gegenübersteht und deshalb auch überhöhte Forderungen akzeptiert.   **D 123a**

e) Eine **Ausbeutung** ist gegeben, wenn der Vermieter die bedrängte Lage oder die Eigenschaften des Mieters zur Erlangung übermäßiger Vermögensvorteile mißbraucht, also bewußt ausnutzt (RGSt 53, 285; 50, 285; BGHSt 11, 187). Der Täter muß also unter Berücksichtigung der persönlichen und wirtschaftlichen Verhältnisse der Vertragsparteien moralisch verwerflich handeln (Schönke-Schröder § 302a StGB Rdn 29). Ein Vermieter, dessen Existenzgrundlage die Einnahmen aus dem Miethaus darstellen, kann somit anders zu beurteilen sein, als ein wohlhabender oder aus rein spekulativer Absicht handelnder Eigentümer; auch die besonders guten Vermögensverhältnisse des Mieters können bei der Beurteilung der moralischen Wertung nach Ansicht der Rspr. zu berücksichtigen sein (BGH a. a. O.). Ausnahmsweise kann das Tatbestandsmerkmal der Ausbeutung auch dann erfüllt sein, wenn der erstrebte Vermögensvorteil des Letzt-Vermieters nicht übermäßig ist, so z. B. wenn ein Vermieter den seinerseits von ihm als Mieter zu zahlenden wucherischen Mietzins mit geringem Aufschlag auf seinen Mieter (Untermieter) abwälzt. Ein solches Verhalten kann ebenso verwerflich sein, wie die Gewinnerzielung zum eigenen Vorteil (OLG Köln ZMR 75, 366). Die Strafbarkeit nach § 302a setzt aber in jedem Fall den Nachweis voraus, daß der Vermieter gewinnsüchtig nicht nur die Vorteile einer noch bestehenden Wohnungsknappheit, sondern vor allem die speziellen Verhältnisse des Mieters ausnutzen wollte; das erfordert nicht, daß der Vermieter die Zwangslage oder die persönlichen Eigenschaften des Wohnungssuchenden positiv und in allen Einzelheiten kennt; es reicht vielmehr aus, daß der Vermieter diese Umstände nach der gegebenen Sachlage möglicherweise als vorliegend ansieht und daraus seinen Nutzen zieht, zumal der Bewucherte gerade solche Umstände von sich i. d. R. nicht offenbart und sich der Vermieter bei unterlassener Sachaufklärung des Vorwurfs eines verwerflichen Handelns entziehen könnte (LG Köln ZMR 75, 367). Das kann sowohl bei einer ausgeglichenen, als auch bei einer angespannten Wohnungsmarktlage der Fall sein (Sasserath a. a. O.).   **D 124**

III. Besonders schwerer Mietwucher (Abs. II)

Drei Begehungsarten des Mietwuchers werden vom Gesetz im Regelfall (also nicht zwingend) als schwerer Mietwucher hervorgehoben und mit erhöhter Strafe bedroht.

D 125 1. Wenn der Mieter durch die Tat in **wirtschaftliche Not** gebracht wird. Das ist der Fall, wenn der Mieter durch die Zahlung des wucherischen Entgelts in seiner übrigen Lebensführung so stark eingeengt wird, daß eine den Umständen nach angemessene Lebensführung nicht gewährleistet ist. Die bloße Beeinträchtigung der gewohnten Lebensführung reicht nicht aus. Der Bewucherte muß vielmehr in seiner wirtschaftlichen Existenz derart gefährdet sein, daß er infolge der Verpflichtungen gegenüber dem Vermieter seine erforderlichen Aufwendungen für lebenswichtige Dinge nicht mehr aus eigener Kraft vornehmen kann (Schönke-Schröder § 302a Rdn 44); ob lebenswichtige Belange des Mieters vorliegen, muß nach dem gegenwärtigen Lebensstandard vergleichbarer Bezugspersonen beurteilt werden. Die Maßstäbe sind also weder rein subjektiv (bisheriger Lebensstandard) noch rein objektiv (Existenzminimum), sondern nach der Zumutbarkeit der Beeinträchtigungen des bisherigen Lebensstils zu bestimmen (Schönke-Schröder § 302a Rdn 44). Jedoch muß der Bewucherte nicht in eine Mangellage geraten, die im geschäftlichen Bereich seine Daseinsgrundlage gefährdet oder im persönlichen Bereich dazu führt, daß der notwendige Lebensunterhalt ohne Hilfe Dritter nicht mehr gewährleistet ist (Schmidt-Futterer NJW 72, 136; zu eng Dreher § 302a Anm. 7 B; Schäfer LK § 302f Rdn 10; Lackner § 302a Anm. 7). Eine bloße wirtschaftliche Bedrängnis reicht allerdings nicht aus.

D 126 2. Wenn der Vermieter die Tat **gewerbsmäßig** begeht. Das ist der Fall, wenn er sich durch wiederholte Begehung des Wuchers eine dauernde Einnahmequelle verschafft oder zumindest verschaffen will; die wucherische Miete braucht dabei nicht die einzige Einnahmequelle zu sein (RGSt 60, 224).

3. Wenn sich der Mieter durch Wechsel wucherische Vermögensvorteile versprechen läßt.

D 127 4. Da die in § 302a II hervorgehobenen Begehungsarten des schweren Mietwuchers keine abschließende Regelung darstellen, kommt die Anwendung dieser Strafzumessungsregel auch in **sonstigen Fällen** in Betracht. Sie wird dann anzuwenden sein, wenn ein Mietwucher von besonderem Ausmaß vorliegt, sich die wucherischen Vermögensvorteile über lange Dauer erstrecken oder der Täter besonders gewissenlos handelte (Dreher § 302a Anm. 7 B). Darunter fällt grundsätzlich auch das gewohnheitsmäßige Handeln (Sasserath WM 72, 3; a. M. Dreher a. a. O.).

D 128 Ob ein besonders schwerer Fall vorliegt, muß nach den Gesamtumständen des Einzelfalles einschließlich der subjektiven Momente und des

Bildes der Täterpersönlichkeit entschieden werden. Ein besonders schwerer Fall ist anzunehmen, wenn er von den gewöhnlich vorkommenden Wucherfällen in einem solchen Maße abweicht, daß die Anwendung des Ausnahmestrafrahmens geboten ist (BGHSt 5, 130).

IV. Innerer Tatbestand

Der Mietwucher ist nur bei **vorsätzlicher Begehung** strafbar. Dem **D 129** Täter muß insbesondere das auffällige Mißverhältnis zwischen seiner Leistung und der Gegenleistung (RGSt 29, 82), sowie die Zwangslage des Mieters oder die Verwerflichkeit seines Tuns bewußt sein. Es genügt aber auch, wenn der Täter die objektiven Voraussetzungen nur als möglich erachtet, für den Fall ihres Vorliegens aber in seinen Willen aufnimmt und billigend in Kauf nimmt; davon kann auch ausgegangen werden, wenn der Vermieter bewußt (also nicht nur leichtfertig) ausreichende und erfolgversprechende Ermittlungen über die ortsübliche Vergleichsmiete (bzw. die Kostenmiete für preisgebundenen Wohnraum) unterläßt, und er das Entgelt auch für den im Bereich des Möglichen liegenden Fall billigt, daß es in einem auffälligen Mißverhältnis zu seiner Vermieterleistung steht. Handelt der Vermieter hingegen nur leichtfertig, kommt lediglich eine Ahndung nach § 5 WiStG in Betracht (vgl. zur Informationspflicht des Vermieters Rdn D 5).

V. Strafmaß

1. Beim einfachen Mietwucher (Abs. I) ist eine Freiheitsstrafe bis zu 3 **D 130** Jahren oder eine Geldstrafe nach Maßgabe des § 40 StGB zu verhängen. Die Geldstrafe kann gem. § 41 StGB auch neben der Freiheitsstrafe festgesetzt werden, wenn sich der Vermieter durch die Tat bereichert hat. Auf diese Weise kann erreicht werden, daß der Täter auch wirtschaftlich getroffen wird.

2. Beim schweren Mietwucher (Abs. II) beträgt die Mindeststrafe 6 **D 131** Monate und die Höchststrafe 10 Jahre Freiheitsentzug.

3. Außer der Freiheits- und Geldstrafe kann nach § 21 I 2 OWiG auch **D 132** auf die in §§ 8–10 WiStG angedrohten **Nebenfolgen** erkannt werden (s. Rdn D 53, 76).

VI. Konkurrenzen

Für das Verhältnis der Vorschrift zu § 5 WiStG gilt § 21 I OWiG **D 133** wonach die Straftat der Ordnungswidrigkeit vorgeht; die Tat kann jedoch nach § 5 WiStG geahndet werden, wenn eine Strafe nach § 302 a nicht verhängt wird oder verhängt werden kann (§ 21 II OWiG). Wird die Tat gegenüber verschiedenen Personen begangen, kann nach BGHSt 11, 187 Fortsetzungszusammenhang bestehen (zweifelhaft). Mit Betrug (§ 263 StGB) oder Erpressung (§ 253 StGB) kann der Mietwucher in Idealkonkurrenz stehen (Schönke-Schröder § 302 a Rdn 51).

Teil E
Verbot der Zweckentfremdung von Wohnraum

Art. 6 des Gesetzes zur Verbesserung des Mietrechts und zur Begrenzung des Mietanstiegs sowie zur Regelung von Ingenieur- und Architektenleistungen vom 4. November 1971 (BGBl. I S. 1745): Verbot der Zweckentfremdung von Wohnraum.

§ 1

(1) Die Landesregierungen werden ermächtigt, für Gemeinden, in denen die Versorgung der Bevölkerung mit ausreichendem Wohnraum zu angemessenen Bedingungen besonders gefährdet ist, durch Rechtsverordnung zu bestimmen, daß Wohnraum anderen als Wohnzwecken nur mit Genehmigung der von der Landesregierung bestimmten Stelle zugeführt werden darf. Als Aufgabe des Wohnzweckes im Sinne des Satzes 1 ist es auch anzusehen, wenn Wohnraum zum Zwecke einer dauernden Fremdenbeherbergung, insbesondere einer gewerblichen Zimmervermietung oder der Einrichtung von Schlafstellen verwendet werden soll. Einer Genehmigung bedarf es nicht für die Umwandlung eines Wohnraumes in einen Nebenraum, insbesondere einen Baderaum.

(2) Die Genehmigung kann auch befristet, bedingt oder unter Auflagen erteilt werden. Ist die Wirksamkeit der Genehmigung erloschen, so ist der Raum wieder als Wohnraum zu behandeln.

§ 2

(1) Ordnungswidrig handelt, wer ohne die erforderliche Genehmigung Wohnraum für andere als Wohnzwecke im Sinne des § 1 Abs. 1 verwendet oder überläßt.

(2) Die Ordnungswidrigkeit kann mit einer Geldbuße bis zu zwanzigtausend Deutsche Mark geahndet werden.

§ 3

§ 12 des Wohnungsbindungsgesetzes 1965 bleibt unberührt.

Übersicht

	Rdn
I. Grundgedanken und Rechtsentwicklung des Zweckentfremdungsverbots	1
II. Die gesetzliche Ermächtigung der Landesregierungen und ihre Durchführung	
1. Die Ermächtigung durch den Bundesgesetzgeber	5
2. Inhalt und Schranken der Rechtsverordnungen der Länder	14
3. Die ergangenen Rechtsverordnungen der Länder	21
4. Verwaltungsvorschriften der Länder und Gemeinden	22
5. Zeitliche Geltung der Verbotsgesetze	26

Teil E. Zweckentfremdungsverbot

	Rdn		Rdn
III. Inhalt und Schranken des Verbots der Zweckentfremdung	28	6. Genehmigung durch stillschweigende Duldung	72
1. Wohnraum	29	7. Persönliche und sachliche Bindung der Genehmigung	72
2. Die verbotenen Zweckentfremdungshandlungen	35	8. Auswirkungen der Genehmigung auf das zivilprozessuale Räumungsverfahren	73
3. Umbau und Renovierung von Wohnraum	54	V. Befristungen, Bedingungen und Auflagen	76
4. Maßnahmen nach dem Städtebauförderungsgesetz	58	VI. Erlöschen u. Widerruf der Genehmigung	88
IV. Erteilung und Versagung der Genehmigung zur Zweckentfremdung	59	VII. Verwaltungszwang	93
1. Grundsatz	63	VIII. Zuständigkeit u. Verfahren	98
2. Öffentliche Interessen an der Zweckentfremdung	64	IX. Die verbotene Zweckentfremdung als Ordnungswidrigkeit	113
3. Überwiegende Interessen des Verfügungsberechtigten	66	Anhang: Verzeichnis der Gemeinden mit Zweckentfremdungsverbot	120
4. Antrag auf Genehmigung	70		
5. Versagung der Genehmigung	71		

Schrifttum

Binz, Das Verbot der Zweckentfremdung von Wohnraum, NJW 77, 2239;
Derleder, Zwangsvermietung gegen Zweckentfremdung, ZMR 77, 97;
Geltmann, Verfassungswidrige Genehmigungspflicht bei Zweckentfremdung von Wohnraum, NJW 73, 1962;
Groth, Die Rechtsprechung zur Abrißgenehmigung nach der ZweckentfremdungsVO BlnGE 85, 271
Groth/Hentschel, Leerstand und Gewerbenutzung von Wohnräumen – Neuere Rechtsprechung der Berliner Verwaltungsgerichte, BlnGE 85, 1007
Gütter, Das Zweckentfremdungsverbot als Problem kommunaler Wohnungsbestandspolitik, WM 81, 147;
ders., Das Zweckentfremdungsverbot unter den Bedingungen des dualen Wohnungsmarkts, WM 85, 207
Hoppmann, Probleme der verbotenen Zweckentfremdung von Wohnraum, BlGBW 74, 44;
Löwe, Zweifelsfragen aus dem neuen Mietrecht, NJW 72, 1913;
Matschl, Das Verbot der Zweckentfremdung, DWW 76, 148;
Otto, Die Zweckentfremdung von Wohnraum, DWW 72, 159;
ders., Auslegungsfragen zum Verbot der Zweckentfremdung von Wohnraum, ZMR 73, 99;
ders., Die Genehmigung der Zweckentfremdung von Wohnraum, ZMR 82, 257;
Poëtes, Das Zweckentfremdungsverbot – noch ein Instrument zum Schutz des Wohnraumbestandes? WM 83, 249
Schubart, Auslegungsfragen zum Verbot der Zweckentfremdung von Wohnraum, NJW 72, 1348;
Westerwelle, Auslegungsfragen zum Verbot der Zweckentfremdung von Wohnraum, NJW 73, 648.

I. Grundgedanken und Rechtsentwicklung des Zweckentfremdungsverbots

1. Die angestrebte Verbesserung der Rechtsstellung des Mieters von Wohnraum setzt neben den gesetzlichen Schutzmaßnahmen gegen unge-

I. Grundgedanken und Rechtsentwicklung   E 1

rechtfertigte Kündigungen und Mietentgelte auf lange Sicht auch eine Verbesserung der tatsächlichen Verhältnisse des Wohnmarktes voraus. Die Vermehrung des Wohnungsbestandes kann einerseits durch staatliche Förderungsmaßnahmen und Vergünstigungen des Bauherren zu erreichen versucht werden. Andererseits ist eine erfolgversprechende Wohnungspolitik stets dann gefährdet, wenn der ohnehin unzureichende Bestand an Wohnraum von den Verfügungsberechtigten zwecks Erzielung höherer Gewinne dem Wohnungsmarkt entzogen wird. Solange sich der Eigentümer eines Wohnhauses auf sein uneingeschränktes freies Verfügungsrecht über die Mieträume berufen darf, wird er geneigt sein, seine privaten Vermögensinteressen bei einer ihm günstigen Marktlage ohne Rücksicht auf die mangelhafte Wohnraumversorgung der übrigen Bevölkerung zu befriedigen; diese Tendenz, den vorhandenen Wohnraum seiner eigentlichen Zweckbestimmung zu entziehen, wird verstärkt dann bestehen, wenn der Mieter von Wohnräumen einen unabdingbaren Rechtsschutz vor Kündigung und übermäßigen Mieterhöhungen genießt, der dem Mieter von Geschäftsräumen nicht zugebilligt wird. Gerade dann muß der Gesetzgeber aber auf der Grundlage des Art. 14 II GG dafür sorgen, daß vorhandener Wohnraum seinem Verwendungszweck dort erhalten bleibt, wo er im öffentlichen Interesse für die Wohnraumversorgung der Bevölkerung dringend benötigt wird, so daß die Sozialpflichtigkeit des Eigentums die Beschränkung der Vermieterrechte gebietet. Dieses Ziel verfolgt der Gesetzgeber mit der Regelung in Art. 6 MVerbG vom 4. 11. 1971, wo er die Grundsätze des Verbots der Zweckentfremdung von Wohnraum festlegt. Der **Zweck** des Art. 6 I 1 MVerbG, benötigten und erhaltungswürdigen Wohnraum vor einer Zweckentfremdung zu schützen, schließt alle anderen denkbaren Zielrichtungen des Landesgesetzgebers beim Erlaß der Rechtsverordnung aus. Die Ermächtigung darf also z. B. nicht dafür dienstbar gemacht werden, Ziele städtebaulicher Art (Denkmalschutz, Erhaltung geschlossener Wohngebiete, Sanierungsvorhaben) zu verfolgen oder schädliche Entwicklungen auf den Grundstücks-, Wohnungs- und Baumärkten zu verhindern oder einzudämmen, soweit die ausreichende Versorgung der Bevölkerung mit Wohnraum zu angemessenen Bedingungen gesichert ist (OVG Hamburg ZMR 78, 277). Der Bestandschutz nach Art. 6 MVerbG muß jeweils durch die konkrete Nachfragesituation gerechtfertigt sein. Es ist nicht das Ziel des Gesetzes, einen wünschbaren Idealzustand herbeiführen zu helfen, sondern einen Normalzustand zu sichern. In dieser Weise hat auch das BVerfG in seiner Entscheidung vom 4. 2. 1975 (BVerfGE 37, 132; NJW 75, 727 = MDR 75, 465 = WM 75, 90 = FWW 75, 187 = ZMR 75, 210) das Ziel und den Zweck des Art. 6 MVerbG bestimmt. Erkennbar ist Art. 6 vom Grundgedanken des **Bestandschutzes** im Interesse der **Aufrechterhaltung** oder **Wiederherstellung** einer **Normalsituation** auf dem Wohnungsmarkt geprägt; ebenso wie in den übrigen Vorschriften des MVerbG sowie denen des 1. und 2. WKSchG wird

E 2–4 Teil E. Zweckentfremdungsverbot

dadurch keine Wohnraumbewirtschaftung, keine Preisfestsetzung und kein Mietenstopp angestrebt (BVerfGE 37, 132–148).

E 2 2. Das Verbot der Zweckentfremdung war bis zur Verabschiedung des sog. Artikelgesetzes durch den Bundestag im ersten Durchgang des **Gesetzgebungsverfahrens** im Entwurfstext noch nicht enthalten (s. Rdn A 12). Während der vorangegangenen Ausschußberatungen hat allerdings der nur mitberatende Ausschuß für Städtebau und Wohnungswesen dem federführenden Rechtsausschuß vorgeschlagen, eine Regelung über das Verbot der Zweckentfremdung von Wohnraum im Gesetz aufzunehmen; hierzu konnte sich zunächst aber weder der Rechtsausschuß noch der Bundestag in der 2. und 3. Beratung des Gesetzentwurfs entschließen. Im zweiten Durchgang des Entwurfs durch den Bundesrat beantragte dann die Hansestadt Hamburg die Einführung eines Art. 6a mit der Überschrift ,,Verbot der Zweckentfremdung von Wohnraum" (s. Rdn F 95). Der Bundesrat hat sodann in seiner Sitzung vom 23. 7. 1973 bei der Anrufung des Vermittlungsausschusses den Antrag der Hansestadt Hamburg in die Gründe des Anrufungsbegehrens aufgenommen. Vermittlungsausschuß und Bundestag haben daraufhin die Ergänzung des ursprünglichen Gesetzentwurfes beschlossen, auf dessen Grundlage sodann das Zweckentfremdungsverbot als Art. 6 des MVerbG vom 1. 11. 1971 ohne wesentliche Änderungen verabschiedet worden ist (s. zum Gesetzgebungsverfahren im einzelnen Rdn A 12 ff).

E 3 Sowohl im Antrag der Hansestadt Hamburg als auch in der Anrufung des Vermittlungsausschusses durch den Bundesrat wird die angestrebte Einführung des Zweckentfremdungsverbots damit begründet, daß es bei einer Mangellage unerwünscht sei, wenn Wohnraum frei und uneingeschränkt dem Wohnzweck entzogen werden kann; zur Sicherstellung einer ausreichenden Wohnraumversorgung der Bevölkerung bedürfe es neben der Förderung des Neubaus von Wohnraum auch eines geeigneten Instruments, durch das die Verringerung des vorhandenen Wohnraumbestandes und damit die Vergrößerung der Wohnungsnotlage verhindert werden könne (s. Rdn F 95). Daraus folgt, daß nach dem Willen des Gesetzgebers die freie Verfügungsbefugnis des Vermieters über bereits vorhandenen, brauchbaren Wohnraum zur Wahrung der öffentlichen Interessen an einer ausreichenden Wohnraumversorgung im Bedarfsfalle geeigneten behördlichen Beschränkungen zu unterwerfen ist. Die gesetzliche Grundlage für dieses behördliche Kontrollrecht über den vorhandenen Wohnraum ist vom Landesgesetzgeber durch den Erlaß eines Zweckentfremdungsgesetzes (ZwEG) zu schaffen, durch welches in jeder geeigneten Weise die Aufgabe des Wohnzwecks grundsätzlich zu unterbinden ist. Dieser Gesetzeszweck, der in Art. 6 MVerbG hinreichend deutlich zum Ausdruck gebracht worden ist, muß bei der Auslegung der behördlichen Befugnisse und Pflichten gebührend beachtet werden.

E 4 3. Die **Rechtsentwicklung** des Verbots der Zweckentfremdung von Wohnraum in den vergangenen Jahren ist wie folgt verlaufen: Der

II. Gesetzliche Ermächtigung der Landesregierungen   E 5

Reichsarbeitsminister wurde durch Art. III des Gesetzes vom 18. 4. 1936 (RGBl. I S. 371) ermächtigt, für einzelne Gemeinden die Umwandlung von Wohnräumen in Räume anderer Art von einer Genehmigung der Gemeinde abhängig zu machen; er hat hiervon durch 10 Einzelverordnungen Gebrauch gemacht und eine generelle Genehmigungspflicht durch die Verordnung vom 27. 9. 1941 (RGBl. I S. 451) eingeführt. Ein allgemeines Verbot der Umwandlung von Wohnungen in Räume anderer Art enthält dann die (durch Zeitablauf am 31. 12. 1945 erledigte) Verordnung über das Verbot der Zweckentfremdung von Wohnungen vom 14. 8. 1942 (RGBl. I S. 545). Sodann wurde durch das am 14. 3. 1946 in Kraft getretene Wohnungsgesetz (Kontrollratsgesetz Nr. 18; KRABl 117) das Zweckentfremdungsverbot in den von den Besatzungsmächten kontrollierten Teilen Deutschlands durch die Regelung in Art. VI a wieder eingeführt; diese Regelung enthielt zugleich für die Länder die Ermächtigung zum Erlaß landesrechtlicher Vorschriften über die Zweckentfremdung, wovon weitgehend Gebrauch gemacht wurde (vgl. Fellner-Fischer § 21 WBewG Rdn 2). Diese landesrechtlichen Regelungen wurden für das Bundesgebiet durch die am 1. 7. 1953 in Kraft getretene Regelung der ,,Zweckentfremdung von Wohnraum" im 4. Teil des Wohnraumbewirtschaftungsgesetzes vom 31. 3. 1953 (BGBl. II S. 97) ersetzt; auch diese Maßnahmen der staatlichen Wohnraumbewirtschaftung sind durch das AbbauG vom 23. 6. 1960 (BGBl. I S. 389) stufenweise durch den Übergang von sogenannten schwarzen Kreisen in sogenannte weiße Kreise ersatzlos aufgehoben worden. Bis zum Inkrafttreten des Art. 6 MVerbG bestand somit ein gesetzliches Zweckentfremdungsverbot nur noch für die mit öffentlichen Mitteln geförderten Sozialwohnungen auf Grund der Sonderregelung des § 12 WoBindG 65, die für ihren Anwendungsbereich unverändert weitergilt (Art. 6 § 3 MVerbG; zur bisherigen Rechtsentwicklung vgl. auch Binz NJW 77, 2239).

II. Gesetzliche Ermächtigung der Landesregierungen und ihre Durchführung

1. a) Der Bundesgesetzgeber hat davon Abstand genommen, selbst   E 5
eine gesetzliche Regelung über die Voraussetzungen und die Durchsetzung des Verbots der Zweckentfremdung für das gesamte Bundesgebiet zu schaffen, obwohl er dazu gem. Art. 74 Ziff. 18 GG berechtigt gewesen wäre. Die Ursache dafür dürfte einerseits in den Schwierigkeiten zu suchen sein, die sich bei der konkreten Bestimmung des Anwendungsbereichs der Kündigungsvorschriften nach dem ursprünglichen Entwurf zum sog. ArtikelGes. (s. die 1. Aufl. Rdn V 3, 22, 48) ergaben, wonach ebenfalls auf Gebiete mit besonderen Wohnungsfehlbeständen abgestellt worden ist; nach welchen wohnungspolitisch gerechtfertigten Methoden solche Wohnungsnotstandsgebiete bestimmt werden sollen, kann zwei-

felhaft sein, was sich nicht zuletzt beim Übergang der sog. schwarzen in die sog. weißen Kreise auf Grund des AbbauG 1960 gezeigt hat. Da andererseits die Landesregierungen über die statistischen Erhebungen hinaus die Brennpunkte unzureichender Wohnraumversorgung am besten kennen, lag es aus sachlichen Erwägungen nahe, von einer umfassenden bundesgesetzlichen Regelung abzusehen. Somit beschränkte sich der Bundesgesetzgeber darauf, durch einige Sachregelungen in Art. 6 § 1 MVerbG den Inhalt, Zweck und die Grenzen des Verbots abzustecken und im übrigen die regionale Inkraftsetzung des Zweckentfremdungsverbots im Wege der Ermächtigung den Ländern für ihr Gebiet zu überlassen.

E 6 b) An der **Verfassungsmäßigkeit** des erlassenen Bundesgesetzes bestehen allerdings auch in seiner bisherigen Form keine Bedenken (zutr. Schubart NJW 72, 1348; Hoppmann BlGBW 74, 44; a. A. Otto ZMR 73, 99; Westerwelle NJW 73, 648; Geitmann NJW 73, 1962; diesen folgend OLG Frankfurt ZMR 74, 272 = DWW 74, 110, dessen Vorlagebeschluß beim BVerfG a. a. O. zurückgewiesen wurde). Die hier vertretene Rechtsansicht wird vom BVerfG in seiner Grundsatzentscheidung vom 4. 2. 75 (NJW 75, 727) bestätigt. Danach verstößt Art. 6 MVerbG nicht gegen Art. 80 I, 14 I GG; Inhalt, Zweck und Ausmaß der den Landesregierungen erteilten Ermächtigung zum Erlaß von Rechtsverordnungen sind im Gesetz hinreichend deutlich bestimmt; die Sozialpflichtigkeit des Eigentums rechtfertigt diesen Eingriff.

E 7 Die Entscheidung des BVerfG vom 4. 2. 1975 (BVerfG 38, 348), wonach Art. 6 § 1 Abs. 1 Satz 1 MVerbG nicht gegen Vorschriften des Bundesverfassungsrechts verstößt, hat nach § 31 Abs. 2 BVerfGG Gesetzeskraft; insoweit können verfassungsrechtliche Einwendungen gegen diese Vorschrift nicht mehr erhoben werden; insbesondere steht fest, daß die Ermächtigung nach Inhalt, Zweck und Ausmaß den Anforderungen des Art. 80 Abs. 1 Satz 2 GG entspricht (BVerwG U. 18. 5. 1977, MDR 77, 784; dazu krit. Binz NJW 77, 2239).

E 8 aa) Wenn Art. 6 § 1 I 1 MVerbG die Landesregierungen ermächtigt, durch Gesetz die Anwendbarkeit des Verbots der Zweckentfremdung von Wohnraum für ihren Zuständigkeitsbereich im einzelnen zu regeln, so ist diese Ermächtigung nach Art. 80 GG gedeckt. Die gesetzesanwendenden Vorschriften der Landesregierungen führen dann dazu, daß in den darin bestimmten örtlichen Bereichen die unmittelbare Geltung des Art. 6 MVerbG bestimmt wird. Die abstrakten gesetzesanwendenden Vorschriften der Länder, zu deren Erlaß das Bundesgesetz den Landesgesetzgeber zur Erreichung des Zweckentfremdungsverbots ermächtigt, können auch Pflichten auferlegen, die auf Grund des ermächtigenden Gesetzes noch nicht bestehen; diese zusätzlichen Regelungen dürfen aber der höherrangigen Regelung des Zweckentfremdungsverbots in Art. 6 MVerbG nicht widersprechen und dürfen sich nicht auf Materien beziehen, die bereits erschöpfend geregelt sind (Wolf, Verwaltungsrecht I, S. 129). Somit sind die Landesregierungen in den genannten Grenzen

II. Gesetzliche Ermächtigung der Landesregierungen   E 9, 10

befugt, die in Art. 6 MVerbG weit umschriebene Regelung des Zweckentfremdungsverbots für ihren Zuständigkeitsbereich durch konkretere Vorschriften über die Rechte und Pflichten der zuständigen Behörden und der Beteiligten unter Berücksichtigung der regionalen und zeitlichen Besonderheiten zu ergänzen. Das kann aber auch durch den Erlaß von Verwaltungsvorschriften geschehen, die jedoch nur eine behördeninterne Verbindlichkeit und keine Außenwirkung haben (s. unten Rdn E 22). Die von den Ländern auf Grund der Ermächtigung nach Art. 80 GG erlassenen ZwEG sind Landesrecht (Maunz-Dürig, Art. 80 GG, Rdn 4). Da sich der Bundesgesetzgeber im Hinblick auf die regionalen Unterschiede der Gefährdung der Wohnraumversorgung für die Ermächtigung der Landesregierungen entschieden hat, liegt darin im Grundsatz die Hinnahme der daraus folgenden Verschiedenheiten der rechtlichen Verhältnisse (Maunz-Dürig a. a. O.).

bb) Die Ermächtigung in Art. 6 § 1 MVerbG entspricht auch der **E 9** Forderung des Art. 80 I 2 GG, wonach Inhalt, Zweck und Ausmaß der erteilten Ermächtigung im ermächtigenden Gesetz bestimmt sein müssen. An der erforderlichen Beschränkung der Ermächtigung fehlt es, wenn die Ermächtigung so unbestimmt ist, daß nicht mehr vorausgesehen werden kann, in welchen Fällen und mit welcher Tendenz von ihr Gebrauch gemacht werden wird und welchen Inhalt die auf Grund der Ermächtigung erlassenen Verordnungen (Gesetze) haben können (Maunz-Dürig, Art. 80 GG Rdn 13 m. w. Nachw.). Nach der neueren Rspr. des BVerfG sind die Voraussetzungen des Art. 80 I 2 GG dagegen dann erfüllt, wenn das ermächtigende Gesetz ein Programm angibt, das zu verwirklichen ist (BVerGE 5, 77 und 8, 306); danach sind auch Inhalt und Ausmaß der Ermächtigung unter entscheidender Heranziehung des Programms (Zwecks) zu ermitteln (BVerfGE 4, 22 und 8, 315). Die Bestimmung dieser Grenzen braucht nicht ausdrücklich aus dem Text des ermächtigenden Gesetzes hervorzugehen oder in sonstiger eindeutiger Weise bestimmt zu sein, sondern kann sich auch aus dem Sinnzusammenhang mit anderen Normen und aus dem Ziel, welches die gesetzliche Regelung insgesamt verfolgt, ergeben (BVerfGE 8, 307; Wolf AÖR 78, 199). Nach diesen geltenden verfassungsrechtlichen Grundsätzen zu Art. 80 GG steht die erteilte Gesetzgebungsermächtigung trotz der darin enthaltenen unbestimmten Rechtsbegriffe bei Beachtung des insoweit eindeutigen Gesetzeszwecks im Einklang mit dem GG (so auch Hans Art. 6 MVerbG 2a) bb)).

Die hier vertretene Ansicht zu Art. 80 GG wird auch von **BVerfG** in **E 10** seiner Entscheidung vom 4. 2. 75 a. a. O. vertreten, aus welcher folgende Rechtsgrundsätze hervorzuheben sind: Der Inhalt der Ermächtigung ist in Art. 6 I 1 MVerbG klar bestimmt. Den Landesregierungen wird die Möglichkeit eröffnet, für ein vom Gesetz bezeichnetes Gemeindegebiet lenkend in die Wohnraumnutzung einzugreifen und sich dabei der Einführung des Genehmigungsvorbehalts für den Fall der Nutzungsänderung zu bedienen. Dieser Genehmigungsvorbehalt ist keine präventive

E 11 Teil E. Zweckentfremdungsverbot

Erlaubnis mit Verbotsvorbehalt, sondern ein repressives Verbot mit Befreiungsvorbehalt: die Zweckentfremdung von Wohnraum soll nicht deshalb von einer behördlichen Genehmigung abhängig gemacht werden, um der Verwaltung ein Instrument zur bloßen Kontrolle eines prinzipiell vom Gesetz gebilligten weil sozial erwünschten oder doch wertneutralen Verhaltens zu geben, sondern die Zweckentfremdung wird für die Gebiete, für welche die Ermächtigung des Art. 6 I 1 MVerbG gilt, als sozial unerwünscht mißbilligt. Die Zweckentfremdung soll also grundsätzlich verhindert werden, um einer Gefährdung der Versorgung mit Wohnraum entgegenzuwirken. Das ergibt sich auch aus dem Zweck der Ermächtigung, so daß die Landesregierungen weder befugt sind, Rechtsverordnungen nach Art. 6 I MVerbG nur deshalb zu erlassen, um über das Ausmaß der Zweckentfremdungen informiert zu sein und der Verwaltung das Einschreiten im Einzelfall zu ermöglichen, noch erlaubt ihnen die Ermächtigung, beliebige materielle Genehmigungsvoraussetzungen oder Versagungsgründe zu normieren. Die Landesregierungen sind vielmehr auf die Ausgestaltung des Genehmigungsverfahrens durch Vorschriften verwaltungsverfahrensrechtlicher Art beschränkt; denn das gesetzlich vorgesehene repressive Verbot mit Befreiungsvorbehalt läßt immer nur die als Ausnahme in Betracht kommende Genehmigung nach dem pflichtgemäßen Ermessen der Verwaltungsbehörde zu. Zutreffend führt das BVerfG in seiner Entscheidung vom 4. 2. 75 a. a. O. aus, daß die in Art. 6 I 1 MVerbG festgelegten quantitativen und territorialen Voraussetzungen i. V. m. dem Gesetzeszweck die ,,Eingriffsschwelle" für den Verordnungsgeber klar bezeichnen; eine noch genauere Umschreibung erfordere auch Art. 80 I 2 GG nicht, zumal diese mit Worten kaum zu leisten wäre.

E 11 cc) Darüber hinaus stehen auch die in Art. 6 MVerbG vom Bundesgesetzgeber getroffenen Sachregelungen des Verbots der Zweckentfremdung bei gebührender Berücksichtigung des verfolgten Zieles im Einklang mit den Art. 14, 20 GG. Die Regelung enthält nach Art. 14 I 2, II GG in formeller und materieller Hinsicht eine zulässige Bestimmung der Schranken des Eigentums auf der Grundlage der Sozialpflichtigkeit (a. A. Geitmann NJW 73, 1962); zu der weitgehend übereinstimmenden Vorschrift des früher geltenden § 21 I WBewG ist die Übereinstimmung mit dem GG nicht in Zweifel gezogen worden, so daß auch hier derartige Bedenken ungerechtfertigt erscheinen (zust. Hoppmann BlGBW 74, 44 m. w. Nachw.). Insbesondere verstoßen diese Vorschriften nicht gegen den aus dem Rechtsstaatsprinzip herzuleitenden Grundsatz der Bestimmtheit von Gesetzen. Danach muß ein Gesetz so bestimmt gefaßt sein, daß die Adressaten wissen, wozu sie verpflichtet sind, so daß sie sich dementsprechend verhalten können. Die Regelung in Art. 6 MVerbG entspricht diesen Voraussetzungen. Dabei ist zu beachten, daß auch insoweit regionale und zeitliche Verschiedenheiten der Verhältnisse nicht durch bundeseinheitliche Regelungen verbaut werden sollten. Deshalb hat sich der Bundesgesetzgeber auf die einheitliche Regelung der unerläßlichen Grundsätze für ein wirksames Zweckentfremdungsverbot

II. Gesetzliche Ermächtigung der Landesregierungen E 12–15

in Gemeinden mit gefährdeter Wohnraumversorgung beschränkt; die darin enthaltene Vielzahl unbestimmter Rechtsbegriffe ist auslegungsfähig und muß nach allgemeinen Rechtsgrundsätzen im Einklang mit dem Sinn und Zweck der Regelung und unter Berücksichtigung der jeweiligen örtlichen und zeitlichen Verhältnisse geklärt werden (so auch BVerfG vom 4. 2. 75 a. a. O.; s. Rdn E 1).

Das in Art. 6 MVerbG enthaltene repressive, nur mit einer Befreiungs- **E 12** möglichkeit durch die Verwaltungsbehörde versehene Verbot der Zweckentfremdung von Wohnraum beeinträchtigt zwar die von der Eigentumsgarantie des Art. 14 I GG erfaßte Verfügungsbefugnis des Eigentümers, ist jedoch durch den Gestaltungsauftrag des Art. 14 I 2 GG gerechtfertigt. Diese Feststellung des **BVerfG** in der Entscheidung vom 4. 2. 1975 a. a. O. wird von diesem Gericht damit begründet, daß die verfassungsrechtliche Forderung einer am Gemeinwohl ausgerichteten Nutzung des Privateigentums (Art. 14 II GG) das Gebot der Rücksichtnahme auf die Belange derjenigen Mitbürger umfaßt, die auf die Nutzung der betreffenden Eigentumsgegenstände angewiesen sind; dieses Angewiesensein begründet nach Ansicht des BVerfG a. a. O. einen sozialen Bezug und eine besondere soziale Funktion solcher Eigentumsgegenstände, was für große Teile der Bevölkerung im Bezug auf das unausweichliche Angewiesensein auf eine Mietwohnung zutreffe. Die in Art. 6 MVerbG vorausgesetzte Gefährdung dieser Versorgung rechtfertige den Eingriff des Gesetzgebers.

Soweit erforderliche Regelungen fehlen und diese Lücken nicht im **E 13** Wege der Auslegung zu schließen sind, bleibt es den Ländern und Gemeinden insbesondere im Wege von Verwaltungsvorschriften überlassen, unter Beachtung ihrer Rechtssetzungsbefugnisse (s. unten Rdn E 22) für die erforderliche Rechtsklarheit zu sorgen. Wenn dadurch regional unterschiedliche Rechtsentwicklungen entstehen, muß das bei dem gewählten Grundkonzept des Bundesgesetzes hingenommen werden.

2. Die in Art. 6 § 1 I 1 MVerbG enthaltene **Ermächtigung** der Landesregierungen ist **inhaltlich** wie folgt zu bestimmen.

a) Zunächst wird es den Landesregierungen übertragen, solche Ge- **E 14** meinden zu bestimmen, in denen die Versorgung der Bevölkerung mit ausreichendem Wohnraum zu angemessenen Bedingungen besonders gefährdet ist; nur für derartige Gemeinden soll das Verbot der Zweckentfremdung eine Verringerung des vorhandenen Wohnungsbestandes mit Hilfe der dafür zuständigen Behörden verhindern. In anderen Gemeinden mit einem günstigeren Wohnungsbestand soll dagegen das Verfügungsrecht des Hauseigentümers von gesetzlichen Verboten unberührt bleiben. Bei Großgemeinden mit unterschiedlicher Struktur des Wohnungsmarktes können auch bestimmbare Gebiete der Gemeinde dem Zweckentfremdungsverbot unterworfen werden.

b) Welche Voraussetzungen im einzelnen vorliegen müssen, damit das **E 15** Land wegen der gefährdeten Wohnraumversorgung einer Gemeinde von

1003

der ihm verliehenen Ermächtigung Gebrauch machen kann, ist aus dem Wortlaut des Art. 6 § 1 I 1 MVerbG nicht eindeutig zu entnehmen. Die Rechtsprechung ist nicht einheitlich. Einigkeit besteht nur insoweit, daß der Verordnungsgeber bei der Prüfung der Frage, ob eine Mangellage vorliegt über einen gewissen Beurteilungsspielraum verfügt (BVerwG NJW 83, 2893 = WM 84, 139). Zum Teil wird insoweit die Ansicht vertreten, daß die Voraussetzungen für den Erlaß einer Zweckentfremdungsverordnung dann vorliegen, wenn der Verordnungsgeber die ihm zur Verfügung stehenden Erkenntnismittel ausschöpft und sodann hinreichende Gründe für die Existenz einer Mangellage sprechen (VGH Kassel NJW 78, 964). Für die Bedarfsermittlung sei grundsätzlich eine Zählung des Wohnungsbestands erforderlich, während die Fortschreibung des durch die Gebäude- und Wohnungszählung 68 festgestellten Wohnungsbestandes nicht ausreichen soll (VGH Kassel WM 81, 157). Nach anderer Ansicht soll sich aus dem Rechtsstaatsprinzip und dem Verhältnismäßigkeitsgrundsatz ergeben, daß der Verordnungsgeber nur dann von einer Mangellage ausgehen darf, wenn eine Reihe genau definierter Voraussetzungen vorliegt. Das OVG Hamburg (ZMR 78, 277) gibt dabei folgende Auslegungshinweise: Bei der Auslegung des Begriffs ,,ausreichender Wohnraum" sei auf die Maßstäbe des II. WoBauG zurückzugreifen. Danach ist Wohnraum dann ausreichend, wenn pro Person ein Raum zur Verfügung steht. Unter ,,angemessener Bedingung" sei die Art der Nutzung (Hauptmiete/Untermiete) sowie das Verhältnis von Mietentgelt und Einkommen zu verstehen. ,,Besonders gefährdet" sei die Wohnraumversorgung dann, wenn im Hinblick auf das Gesamtangebot eine Mangellage bestehe. Die vergeblichen Bemühungen einzelner Personen eine Wohnung zu finden, sollen für die Annahme dieses Tatbestandsmerkmals nicht ausreichen. Die Mangellage müsse sich voraussichtlich über einen längeren Zeitraum erstrecken. Bei der Erfassung des Wohnraumbestands müsse auch das Umland mit einbezogen werden. Schließlich setze eine Mangellage voraus, daß der Gesamtwohnungsbestand die Gesamtnachfrage nicht decken könne. Unzureichend sei der Mangel in einem Teilbereich (z. B. zu wenig billige Wohnungen etc). Dieser Ansicht kann nicht in allen Punkten zugestimmt werden. Klar ist, daß solche Fehlbestände an Wohnraum vorliegen müssen, die nicht nur in Ausnahmefällen, sondern in einer beachtlichen Anzahl von Fällen die Anmietung einer ausreichenden Wohnung zu preislich tragbaren Bedingungen verhindern; da hierbei nur auf die Versorgung mit ausreichendem (und nicht angemessenem) Wohnraum abgestellt wird, müssen die subjektiven Wohnbedürfnisse des Einzelfalles bei dieser Beurteilung somit außer Betracht bleiben. Bei der Feststellung der Fehlbestände dürfen nur solche Wohnungen berücksichtigt werden, die zu einem tragbaren Mietzins für die jeweiligen Wohnungssuchenden erhältlich sind; die zulässige ortsübliche Vergleichsmiete (s. § 2 I MHG; Rdn C 53 ff) ist somit hier nicht entscheidend. Die Höhe des tragbaren Mietzinses wird auch hier nach der Tabelle zu § 8 des Wohngeldgesetzes 1970 zu

II. Gesetzliche Ermächtigung der Landesregierungen E 16

bestimmen sein (a. A. Bormann Art. 6 Erl. II Anm. 2, der schlechthin die für Sozialwohnungen zulässigen Mieten als Richtschnur ansieht). So gesehen kommt es also darauf an, ob Bevölkerungskreise mit durchschnittlichem Einkommen in ihrer Gemeinde eine Sozialwohnung oder eine nicht preisgebundene Wohnung zu einem tragbaren Mietzins (z. B. Altbauwohnung) benötigen und dennoch nicht erhalten können; hierbei sind gegebenenfalls auch die wohnungssuchenden Gastarbeiter, die Obdachlosen und die absehbaren Unterbringungsfälle aus beschlossenen Sanierungsvorhaben zu berücksichtigen. Sind erhebliche Fehlbestände für Wohnungssuchende der genannten Bevölkerungsgruppen vorhanden, kommt es nicht darauf an, ob freifinanzierte Wohnungen mit einem wesentlich höheren Mietzins zur Verfügung stehen. Ebenso ist es unbeachtlich ob in Nachbargemeinden ausreichender Wohnraum zur Verfügung steht (VGH Kassel a. a. O.). Im Anschluß hieran hat auch das OVG Bremen (WM 83, 173 = ZMR 83, 355) zu Recht entschieden, daß ein erheblicher Nachfrageüberhang auf dem Sozialwohnungsmarkt Rückschlüsse auf eine Mangellage auf dem allgemeinen Wohnungsmarkt zuläßt und daß ein rechnerischer Fehlbestand nicht erforderlich sei. Nach der Entscheidung des Bundesverwaltungsgerichts vom 11. 3. 1983 (NJW 83, 2893 = WM 84, 139) genügen **latente Versorgungsschwierigkeiten,** vorausgesetzt, daß es sich um Schwierigkeiten handelt, die als Folge der Mangelsituation grundsätzlich bestehen. Auf einen rechnerischen Fehlbestand kommt es nicht an. Der Zusatz ,,besonders" hat nicht die Bedeutung einer quantitativen Steigerung der Unterversorgung. Eine Mangelsituation kann auch vorliegen, wenn der Wohnungsmarkt rechnerisch ausgeglichen ist oder sogar einen leichten Angebotsüberhang aufweist. Das Tatbestandsmerkmal ist so auszulegen, daß die Gefährdung der Versorgung von besonderer Art sein muß. Es kommt darauf an, ,,ob eine Gemeinde durch sachliche Eigenarten gekennzeichnet wird, die geeignet sind, den Wohnungsmarkt für breitere Bevölkerungsschichten negativ zu beeinflussen und ihm so eine spezifische Labilität zu vermitteln". In der Regel ist dies in Ballungsräumen, in Industriestädten, in Städten mit hervorgehobener zentraler Lage oder Funktion sowie (bei entsprechenden Größenverhältnissen) in Universitätsstädten der Fall.

c) Das Zweckentfremdungsverbot soll nach den Vorstellungen des E 16 Gesetzgebers dann Platz greifen, wenn die Wohnraumversorgung bei einer Beurteilung nach den oben erörterten Kriterien besonders gefährdet ist. Ein bestimmter Prozentsatz der Fehlbestände und eine allein gültige Berechnungsmethode läßt sich daraus nicht ableiten. Nach dem Sinn und Zweck des Art. 6 MVerbG muß somit davon ausgegangen werden, daß beim Vorliegen einer beachtlichen Zahl nicht zu befriedigender Bewerbungen um ausreichenden Wohnraum eine besondere Gefährdung der Wohnraumversorgung gegeben ist, wobei es auf Fehlbestände von etwa 3 und mehr Prozent nicht ankommen kann. Ein funktionierender freier Wohnungsmarkt, der Maßnahmen wie das Zweck-

1005

entfremdungsverbot zur Erhaltung des vorhandenen Wohnungsbestandes überflüssig machen kann, setzt nicht nur in der Gesamtbetrachtung eine ausgeglichene Marktlage; sondern auch das Vorhandensein genügender preisgünstiger Wohnungen voraus, an denen es heute vor allem noch weitgehend fehlt. Nachdem im Laufe der vergangenen Jahre jegliche gesetzlichen Maßnahmen fehlten, die zur behördlichen Kontrolle und Bewirtschaftung des Wohnraums geboten gewesen wären, sollten die Landesregierungen bei der Inanspruchnahme der ihnen verliehenen Ermächtigung keine sozial ungerechtfertigte Zurückhaltung üben. Solche Zwangsmaßnahmen waren und sind zur Wahrung der öffentlichen Interessen an der Wohnraumversorgung der Bevölkerung solange unumgänglich, wie diese Aufgabe vom freien Wohnungsmarkt nicht bewältigt werden kann. Es liegt allerdings im Ermessen der jeweiligen Landesregierung, bei welchen Voraussetzungen sie im einzelnen von ihrer Gesetzgebungsermächtigung Gebrauch macht, soweit ihr Untätigbleiben nicht gegen allgemeine Verfassungsgrundsätze verstößt.

E 17 d) Die in Art. 6 I 1 MVerbG verwendeten Begriffe ,,ausreichend", ,,angemessen" und ,,Gefährdung" sind nach den Ausführungen des **BVerfG** im Beschluß vom 4. 2. 1975 (NJW 75, 727) unter dem Gesichtspunkt der Bedarfsdeckung nach Maßgabe eines normalen, durchschnittlichen Standards auszulegen; obwohl diese Begriffe durch eine numerische Quantifizierung in Verhältniszahlen festgelegt werden könnten, sei eine solche zahlenmäßige Präzisierung vom Gesetz nicht gewollt und nicht erforderlich, weil die Bindung des Verordnungsgebers nicht ausschließen soll, daß ihm als demokratisch legitimierten und politisch verantwortlichen Staatsorgan ein ,,gewisser Beurteilungsspielraum" für sein Eingreifen bleiben muß. Nach dem oben erörterten Zweck des Gesetzes bedeute ,,ausreichende Versorgung" nur die Erhaltung oder Herbeiführung eines annähernden Gleichgewichts von Angebot und Nachfrage, nicht aber eines (preisdrückenden) Überangebots. Zweck des Art. 6 I 1 MVerbG ist ferner nicht ein Angebot besonders gehobener oder besonders einfacher Größe und Ausstattung sondern die Erhaltung von Wohnungen, die dem Standard nach den allgemeinen Maßstäben der Gegend und Lage (BVerfG a. a. O.) entsprechen.

E 18 Nach der Ansicht des BVerfG a. a. O. kann der Begriff ,,angemessene Bedingungen" nicht im Sinne außergewöhnlich niedriger Mieten verstanden werden; darunter sind vielmehr solche Mieten zu verstehen, die für Wohnungen der entsprechenden Art von einem durchschnittlich verdienenden Arbeitnehmerhaushalt im Regelfall (unter Einbeziehung der staatlichen Mietbeihilfe) aufgebracht werden, wobei es nicht nur auf die Mieten der besonders gefährdeten Gebiete ankommt. Es ist nach der Ansicht des BVerfG a. a. O. nicht das Ziel des Art. 6 I MVerbG, diese staatlichen finanziellen Hilfen entbehrlich zu machen, obwohl ein ständiges Steigen dieser öffentlichen Mittel durch eine Verknappung des Wohnungsbestandes vom Gesetz nicht unbeachtet und unbeanstandet bleiben kann. Vorrangig läuft der Gesetzeszweck insoweit darauf hinaus, eine

II. Gesetzliche Ermächtigung der Landesregierungen E 19–21

Normalsituation wiederherzustellen (so im Ergebnis BVerfG a. a. O. m. w. Nachw.). Erst dieser mancherorts unerreichte und am Wohnwert der einzelnen Wohnungen ausgerichtete Normalzustand kann für breite Kreise der Bevölkerung wirklich marktbezogene, angemessene Mietbedingungen erzielen und den Landesgesetzgeber vom Erlaß darauf hinwirkender Rechtsverordnungen entbinden. Trotz mancher unklaren Formulierungen des BVerfG a. a. O. zu dieser Frage kann die hier vertretene Ansicht von dieser Entscheidung als gedeckt angesehen werden.

e) Obwohl die Ermächtigung in Art. 6 § 1 I 1 MVerbG keine aus- **E 19** drückliche Bestimmung darüber enthält, ob auch Erfassungs- und Kontrollmaßnahmen zur Überwachung der Einhaltung des Zweckentfremdungsverbots zulässig sind, wird auch dafür in dieser Vorschrift eine Ermächtigungsgrundlage zu erblicken sein. In der Ermächtigung zum Erlaß regionaler Zweckentfremdungsverbote muß nämlich zwangsläufig auch die Ermächtigung liegen, für die Einhaltung solcher Verbote zu sorgen (Hans Art. 6 MVerbG 2a) cc)).

f) Die weite Fassung der Verordnungsermächtigung hat zur Folge, daß **E 20** eine Gemeinde von der ihr übergeordneten Landesregierung die Anwendbarkeit des Art. 6 MVerbG für ihr Gemeindegebiet nicht erzwingen kann; das Untätigbleiben des Gesetzgebers verletzt kein Recht der Gemeinde. Nachdem der Bund den Ländern ihre Entscheidung über die Einführung des Zweckentfremdungsverbots freigestellt hat, ist auch nicht ersichtlich, aus welchen rechtlichen und tatsächlichen Gesichtspunkten vom Bund die Inkraftsetzung des ZwEG erzwungen werden könnte. In dem Nichterlaß eines ZwEG durch den Landesgesetzgeber kann angesichts der ihm eingeräumten Gestaltungsfreiheit weder unter enteignungsrechtlichen Gesichtspunkten die Grundlage für einen Entschädigungsanspruch, noch aus dem Gesichtspunkt der Amtspflichtverletzung nach § 839 BGB; Art. 34 GG die Grundlage für einen Schadensersatzanspruch gefunden werden (BGH MDR 71, 650; ZMR 71, 212 m. w. Nachw.).

3. Folgende **Landesregierungen** haben von der in Art. 6 § 1 I 1 **E 21** MVerbG erteilten Gesetzgebungsermächtigung durch den Erlaß entsprechender Verordnungen über das Verbot der Zweckentfremdung von Wohnraum Gebrauch gemacht:

Baden-Württemberg VO vom 21. 3. 1971 (GBl. S. 155)
VO vom 11. 4. 1971 (GBl. S. 233)
VO vom 28. 1. 1975 (GBl. S. 149)
VO vom 23. 11. 1976 (GBl. S. 602)
Bayern VO vom 23. 12. 1971 (GVBl. S. 478)
VO vom 27. 3. 1972 (GVBl. S. 87)
VO vom 9. 12. 1975 (GVBl. S. 393)
VO vom 2. 8. 1977 (GVBl. S. 420)
Berlin VO vom 25. 7. 1972 (GVBl. S. 1445)
VO v. 9. 2. 1976 (GVBl. S. 421)

Teil E. Zweckentfremdungsverbot

Bremen	VO vom 16. 5. 1972 (GBl. S. 121)
	VO vom 24. 9. 1979 (GBl. S. 377)
	VO v. 6. 4. 1981 (GBl. S. 96)
	VO v. 13. 1. 1987 (GBl. S. 3). Durch diese VO wurde das Verbot der Zweckentfremdung aufgehoben
Hamburg	VO vom 7. 12. 1971 (GVBl. S. 223)
Hessen	VO vom 25. 1. 1972 (GVBl. S. 19)
	VO vom 5. 6. 1972 (GVBl. S. 152)
	VO vom 23. 1. 1979 (GVBl. S. 34)
	VO vom 24. 7. 1980 (GVBl. S. 288)
Niedersachsen	VO vom 5. 3. 1972 (GVBl. S. 134)
	VO vom 27. 9. 1977 (GVBl. S. 469)
	VO vom 20. 10. 1987 (GVBl. S. 171)
NRW	VO vom 22. 2. 1972 (GVBl. S. 29) (zur Verfassungsmäßigkeit dieser VO vgl. VG Münster ZMR 74, 26 = WM 74, 137)
	VO vom 27. 3. 1979 (GVBl. S. 120)
	VO v. 4. 5. 1981 (GVBl. S. 238)
Rheinland-Pfalz	VO vom 4. 12. 1972 (GVBl. S. 370)
	Diese Verordnung war bis 31. 12. 1974 befristet; sie wurde nochmals bis 31. 12. 1975 verlängert und ist zu diesem Zeitpunkt außer Kraft getreten)

Die Gemeinden, die nach diesen Landesgesetzen dem Verbot der Zweckentfremdung unterliegen, werden im einzelnen im Anhang 1 dieses Teils E des Kommentars angegeben (Rdn E 120). Die ergangenen Verordnungen der Länder beschränken sich inhaltlich überwiegend darauf, diejenigen Gemeinden zu bestimmen, in denen das Zweckentfremdungsverbot gelten soll. Einige Länder haben daneben in Verwaltungsvorschriften (s. unter Rdn E 22) nähere Einzelheiten der Gesetzesanwendung und des Verfahrens geregelt (z. B. Rundschreiben des Bayer. Staatsministeriums des Innern vom 2. 8. 1977 – Nr II C 4 – 9260 V 279; Rd. Erl. des Ministers für Landes- und Stadtentwicklung des Landes NRW vom 30. 7. 1981 – IV C 4 – 6.03 – 755/81 – MBl. NW Nr 80; Rd. Erl. d. Sozialministers NdS. vom 14. 3. 1972 [NdS. MBl 72, 497]; Erlaß des Innenmin. B.-W. vom 2. 10. 1973, GABl 1973 S. 948). Lediglich die Verordnung des Landes Berlin enthält selbst eingehende Regelungen über die Gesetzesanwendung und das Verfahren.

E 22 4. Da sich die ZwEG der Länder weitgehend darauf beschränken, das Verbot der Zweckentfremdung in bestimmten Gemeinden in Kraft zu setzen, entsteht bei der Rechtsanwendung der weitmaschigen Grundsatzregelung des Art. 6 MVerbG die Gefahr äußerst unterschiedlicher Gesetzesauslegung und Ermessensausübung. Dieser Gefahr kann weitgehend durch den Erlaß von **Verwaltungsvorschriften** der **Länder** oder **Gemeinden** für ihren jeweiligen Zuständigkeitsbereich begegnet werden.

II. Gesetzliche Ermächtigung der Landesregierungen E 23, 24

a) Verwaltungsvorschriften sind die von leitenden Organen oder Ämtern erlassenen Rechtssätze, die sich unmittelbar lediglich an ihre nachgeordneten, weisungsabhängigen Behörden und Ämter richten und die Wahrnehmung ihrer amtlichen, durch anderweitige Rechtssätze bestimmten Zuständigkeiten kraft Weisungsgewalt näher regeln. In der Befugnis zur Leitung eines Geschäftsbereichs ist die Befugnis zum Erlaß von Verwaltungsvorschriften enthalten. Mit Verwaltungsvorschriften soll vor allem die Auslegung und Anwendung unbestimmter Gesetzesbegriffe sowie die Ermessensausübung der ausführenden Behörden gesteuert und vereinheitlicht werden (Wolf Verwaltungsrecht I S. 115). Die Verwaltungsvorschriften sind keine Rechtsquellen, weil sie weder nach ihrem Inhalt noch nach ihrer Funktion wirkliche Rechtsnormen mit unmittelbarer Außenwirkung ersetzen, sondern diese lediglich mit interner Wirkung auslegen; darüber hinaus werden durch Verwaltungsvorschriften keine ausschließlichen Kompetenzen gesetzlich zugeordnet, sondern nur die Art der Kompetenzwahrnehmung näher bestimmt. Deshalb sind Verwaltungsvorschriften im gerichtlichen Verfahren nur als Tatsachen zu behandeln, aus denen sich vor allem die bestehende Verwaltungspraxis und die dafür maßgebenden Gesichtspunkte ergeben; daraus folgt die Pflicht der Verwaltungsgerichte in einem anhängigen Verfahren, die Richtigkeit der Ermessenskonkretisierung (BVerfGE 14, 48) und die Auslegung unbestimmter Rechtsbegriffe in einer Verwaltungsvorschrift zu überprüfen (§ 114 VwGO), soweit die Verwaltungsvorschrift zur Begründung eines Verwaltungsaktes herangezogen worden ist. Aus den dargelegten Gründen haben Verwaltungsvorschriften für Dritte nur reflektierende Wirkung, so daß sie deren Rechte und Pflichten nicht unmittelbar bestimmen. Allerdings haben die Verwaltungsvorschriften mittelbar auf Grund des Gebots der Rechtsanwendungsgleichheit (Art. 3 I GG) eine gesetzesähnliche Wirkung. Da die ausübende Behörde die Verwaltungsvorschrift zu befolgen hat, ist ein Abweichen von ihr eine verfassungswidrige Ungleichbehandlung, soweit die Verwaltungsvorschrift nicht selbst verfassungswidrig ist oder die Abweichung im Einzelfalle nicht durch besondere Gründe gerechtfertigt erscheint.

Im Bereich der ZwEG der Länder können somit die für die Wohnraumversorgung zuständigen Minister die landesgesetzliche und die in Art. 6 MVerbG getroffene bundesgesetzliche Regelung durch Verwaltungsvorschriften für ihren nachgeordneten Verwaltungsbereich kraft ihrer Weisungsbefugnis mit verbindlicher Innenwirkung klären, soweit die nachgeordneten Behörden im Rahmen der Auftragsverwaltung tätig werden (s. Rdn E 23).

b) Soweit eine Verwaltungsvorschrift auf Landesebene fehlt oder in einer solchen Vorschrift regelungsbedürftige Fragen nicht enthalten sind, ist aber auch eine Gemeinde berechtigt, eine solche Verwaltungsvorschrift mit Wirkung für ihre Ämter zu erlassen, selbst wenn sie diese Angelegenheiten als Auftragsverwaltung durchführt. Ist der Gemeinde durch das jeweilige ZwEG die Durchführung des Art. 6 MVerbG als Selbstverwaltungsangelegenheit übertragen worden, steht ihr dagegen ein originäres Recht zum Erlaß eigener Verwaltungsvorschriften zu, was sich aus der Selbstverwaltungsgarantie gemäß Art. 28 II GG, den einschlägigen Regelungen der Landesverfassungen und den Gemeindeordnungen ergibt (Maunz-Dürig, Art. 28 GG Rn. 24–25). Davon haben z. B. die Stadt Frankfurt a. M. durch die allgemeine Dienstanweisung zum Verbot der Zweckentfremdung vom 31. 7. 1972 (Mitteilungen der Stadtverwaltung D 48 11 C), die Stadt Wiesbaden durch die Magistratsvorlage Nr. 256/72 und die Stadt München durch die Grundsätze für den Vollzug der ersten Landesverordnung vom 16. 3. 1972 Gebrauch gemacht.

E 25 c) Soweit Art. 6 MVerbG eine abschließende bundesgesetzliche Regelung enthält, darf in der Verwaltungsvorschrift keine ergänzende oder abweichende Regelung getroffen werden; sind dagegen dort keine abschließenden Regelungen getroffen oder fehlt eine abschließende Ausgestaltung, darf diese Lücke im Rahmen der Verwaltungsvorschrift ausgefüllt werden, wobei die vom Bundesgesetzgeber gezogenen Grenzen eingehalten werden müssen. Diese Grenzen sind sowohl aus dem Wortlaut, als auch aus dem Gesetzeszweck zu ermitteln. Überschreitet eine Regelung diese Grenzen, ist sie unwirksam.

5. Die **zeitliche Geltung** des Zweckentfremdungsverbots ist nach dem Zeitpunkt des Inkrafttretens und der Außerkraftsetzung des ZwEG der jeweiligen Landesregierung zu bestimmen.

E 26 a) Dem Verbot unterliegen somit nur solche Zweckentfremdungshandlungen, die nach dem Zeitpunkt des Inkrafttretens der jeweiligen Verordnung der Landesregierung vorgenommen werden. Eine Rückwirkung des Verbotes auf einen früheren Zeitpunkt ist unzulässig. Wurde Wohnraum vor dem Inkrafttreten der jeweiligen Verordnung durch bauliche Maßnahmen verändert, die früher genehmigt wurden oder nicht genehmigungsbedürftig waren und hat er dadurch die objektive Eignung und die subjektive Widmung zu Wohnzwecken verloren, sind Art. 6 MVerbG und die Verordnungen der Länder anwendbar; die Raumnutzung zu anderen als Wohnzwecken ist dann weder im Zeitpunkt des Inkrafttretens der Verordnung noch später genehmigungsbedürftig (so auch Fricke FWW 75, 323; OVG Hamburg MDR 77, 786 = DWW 77, 140; ZMR 78, 277; OVG Berlin NJW 78, 1872). Gleiches gilt, wenn der Abbruch des Wohnraums im Zeitpunkt der für die Gemeinde geltenden Verordnung bereits durchgeführt war oder begonnen hatte. Soll aber erst nach dem Inkrafttreten mit dem Abbruch oder der anderweitigen Zweckentfremdung begonnen werden, so bedürfen diese Veränderungen der Genehmigung; das gilt auch dann, wenn vor dem Inkrafttreten eine Baugenehmigung, eine baurechtlich verbindliche Zusage oder eine baurechtliche Abbruchgenehmigung erteilt (bzw. ein entsprechender Antrag gestellt) wurde, aber mit dem Abbruch bzw. den baulichen Maßnahmen noch nicht begonnen worden war. Stehen Wohnräume beim Inkrafttreten der ZwEG schon längere Zeit leer, haben sie aber trotzdem ihr objektive Eignung zu Wohnzwecken nicht verloren, so ist Art. 6 MVerbG auch auf sie anwendbar, wenn eine subjektive Umwidmung vor diesem Zeitpunkt nicht nach außen erkennbar dahin vorgenommen worden ist, diese Räume auf Dauer dem Wohngebrauch zu entziehen (s. Rdn E 41); solche Räume sind somit als Wohnraum i. S. d. Art. 6 MVerbG anzusehen und unterliegen dem Zweckentfremdungsverbot, so daß der Verfügungsberechtigte für ein weiteres Leerstehenlassen, den Abbruch oder eine sonstige Nutzungsänderung der behördlichen Genehmigung bedarf. Die bloße Dauer des Leerstehenlassens vor dem Inkrafttreten des Art. 6 MVerbG kann somit grundsätzlich nicht den Verlust der Wohnraumeigenschaft zur Folge haben. Die zweckfremde Nutzung von Wohnraum ist auch dann genehmigungspflichtig, wenn die Räume bei Inkrafttreten der genannten Verordnung Gewerberäume waren, danach aber zeitweise Wohnzwecken dienten. (VGH Mannheim NJW 83, 696). Für die Genehmigungspflicht kommt es dagegen nicht darauf an, ob die dem Zweckentfremdungsverbot unterstellte Gemeinde nähere Verwaltungsvorschriften für die Durchführung der Verordnung erläßt, selbst wenn die Verordnung nur die regionale Anwendung des Art. 6 MVerbG konkretisiert und auf weitere Einzelregelungen verzichtet.

b) Die ZwEG der Länder treten mit dem Fristablauf außer Kraft, falls sie befristet erlassen worden sind (so Rheinland-Pfalz). Im übrigen sind die Landesregierungen nach der in Art. 6 MVerbG enthaltenen Gesetzgebungsermächtigung in eigener Kompetenz berechtigt, durch ein entsprechendes Landesgesetz das Außerkrafttreten der ZwEG anzuordnen oder einzelne Gemeinden aus dem Zweckentfremdungsverbot zu entlassen, sobald die Versorgung der Bevölkerung mit ausreichendem Wohnraum gewährleistet ist. Bei der Beurteilung der Sachlage haben die Landesregierungen einen weiten Beurteilungsspielraum (BVerwG WM 80, 151). Ein gleichsam ,,automatisches" Außerkrafttreten dieser VO ist in diesen Fällen ausgeschlossen (BVerwG a. a. O.). Voraussetzung für ein automatisches Außerkrafttreten der Zweckentfremdungsverordnung wäre, daß es offensichtlich ist, daß die Mangellage auf dem Wohnungsmarkt, insbesondere im Bereich preisgünstiger Altbauwohnungen ein Ende gefunden hat (OVG Berlin DWW 84, 312; ZMR 85, 282). Hiervon kann jedenfalls in Großstädten nicht ausgegangen werden (vgl. Gütter WM 85, 207).

III. Inhalt und Schranken des Verbots der Zweckentfremdung

Wird eine Gemeinde durch eine Verordnung ihrer Landesregierung dem Anwendungsbereich des Art. 6 MVerbG unterworfen, so ist jegliche Zweckentfremdung von Wohnraum verboten, falls sie nicht behördlich genehmigt worden ist (s. unten Rdn E 59). Das Zweckentfremdungsverbot richtet sich nicht nur an den Eigentümer, sondern auch an sonstige Verfügungsberechtigte (z. B. Mieter, der die gemieteten Räume zweckentfremden will; dazu OVG Berlin DWW 84, 312 = WM 83, 339). Über die Grenzen dieses Verbots enthält die Vorschrift selbst nur vereinzelte Regelungen; im übrigen müssen die vorhandenen Lücken der gesetzlichen Regelung im Wege der Auslegung nach dem Sinn und Zweck des Art. 6 MVerbG geschlossen werden. Dabei geht es im wesentlichen um die Fragenkomplexe, welcher Begriff des Wohnraums dem Gesetz zugrunde liegt und welche Handlungen oder Unterlassungen des Verfügungsberechtigten im einzelnen als Zweckentfremdung bewertet werden müssen. Die meisten Verordnungen der Länder enthalten hierüber ebenfalls keine klarstellenden Regelungen. In einigen allgemeinen Verwaltungsvorschriften der Länder oder der Gemeinden sind jedoch darüber eingehende Regelungen enthalten.

1. Das Zweckentfremdungsverbot gilt für jeden zu Wohnzwecken erhaltungswürdigen Wohnraum in den von den Verordnungen der Länder genannten Gemeinden. Zur zeitlichen Geltung der ZwEG vgl. Rdn E 25–27.

E 29   a) Da Art. 6 § 1 I 1 MVerbG den **Begriff des Wohnraums** nicht näher bestimmt, kann zweifelhaft sein, ob es nur auf die subjektive Zweckbestimmung oder auch auf die objektive Eignung des Raums zu Wohnzwecken ankommt. Nach dem Sinn und Zweck der Vorschrift, die auf die Erhaltung von benutzbarem Wohnraum im öffentlichen Interesse abzielt (s. Rdn E 1), muß hier sowohl die Eignung als auch die Zweckbestimmung gegeben sein (VGH Mannheim NJW 83, 696). Insoweit kann an § 2 I WohnraumbewirtschaftungsG vom 31. 3. 1953 angeknüpft werden, wonach früher der Wohnraumbewirtschaftung solcher Raum unterlag, der zu Wohnzwecken geeignet und bestimmt war. Abweichend vom zivilrechtlichen Wohnraumbegriff (s. dazu Rdn B 6ff) und dem strafrechtlichen Wohnraumbegriff (s. Rdn D 107) kommt es im Bereich der ZwEG somit auch darauf an, ob die Wohnung nach ihrer Anlage und Ausstattung zu Wohnzwecken objektiv geeignet ist. Daneben ist auch die subjektive Zweckbestimmung durch den Verfügungsberechtigten im Zeitpunkt des Inkrafttretens des Verbots (s. Rdn E 26) zu berücksichtigen (Fricke FWW 75, 323). Eine an sich zulässige Umwidmung des Wohnraums zu anderen als Wohnzwecken vor dem Inkrafttreten der ZwEG (s. Rdn E 26) kann nur dann anerkannt werden, wenn sie nach außen erkennbar und auf Dauer (nachhaltig) vorgenommen worden ist. Bei neutralen Räumen, die baulich sowohl Wohn- als auch Geschäftszwecken dienen können, muß die Umwidmung zumindest aus den Umständen eindeutig erkennbar sein, während bauliche Veränderungen insoweit nicht unbedingt erforderlich sind (Fellner-Fischer § 2 WBewG Rdn 4), obwohl diese ein Indiz für eine vollzogene Umwidmung sein

III. Inhalt und Schranken des Verbots

können (z. B. Einrichtung der Arztpraxis, Anbringung besonderer Einrichtungen). Die bloße gewerbliche Benutzung eines Wohnraumes zu handwerklichen, künstlerischen oder wissenschaftlichen Zwecken läßt grundsätzlich die Wohnraumeigenschaft unberührt (BayObLG ZMR 82, 59 = MDR 82, 167), erfolgt diese Benutzung aber seitens des Mieters hauptberuflich mit Einwilligung des Vermieters, kann insoweit Geschäftsraum (Mischraum) vorliegen (Hoppmann BlGBW 74, 44). Davon abweichend vertritt das BayObLG (ZMR 82, 123) die Ansicht, daß das Zweckentfremdungsverbot erst dann eingreift, wenn ein Raum ausschließlich zu anderen als Wohnzwecken verwendet oder überlassen wird. Es reicht dagegen nicht aus, wenn zwar die gewerbliche Nutzung des Raumes dominiert, dieser aber nach wie vor zum Wohnen dient.

Der hier vertretene Wohnraumbegriff steht im wesentlichen im Einklang mit den Ausführungen des BVerfG in seinem Beschluß vom 4. 2. 75 (NJW 75, 727 = MDR 75, 465). Danach ist Art 6 MVerbG nur auf solchen Wohnraum anwendbar, der im Rahmen des **Durchschnittlichen** (auch außerhalb der besonders gefährdeten Gebiete) nach dem dort anzutreffenden Standard noch als **bewohnbar** gilt, oder der doch noch mit vertretbarem, dem Verfügungsberechtigten objektiv zumutbarem Modernisierungs- oder Renovierungsaufwand in einen derartigen Zustand versetzt werden kann (VGH Mannheim NJW 83, 696; OVG Berlin ZMR 85, 282). Bloße Notunterkünfte oder abbruchreife Räumlichkeiten zu erhalten ist hingegen nicht der Zweck des Art. 6. Ferner fällt Wohnraum, der aus anderen Gründen vom Markt nicht mehr angenommen wird (z. B. unerträglich gewordene Umweltbelastung), nach Ansicht des BVerfG nicht unter die Genehmigungspflicht. Derartiger Wohnraum gewährleistet nicht mehr einen **schutzwürdigen Wohnzweck,** der durch eine Vernichtung oder anderweitige Verwendung noch aufgegeben werden könnte. Das Bundesverwaltungsgericht hat diese Grundsätze dahingehend konkretisiert, daß die Wohnraumeigenschaft entfällt, wenn die Grenze der Bewohnbarkeit unterschritten wird und sich der Mangel oder der für die Unbewohnbarkeit ursächliche Mißstand mit zumutbaren Mitteln nicht beheben läßt. Ein Mangel liegt dabei dann vor, wenn ein Bewohnen auf Dauer entweder unzulässig oder unzumutbar ist. Die Unzulässigkeit einer allgemeinen Wohnnutzung kann sich auch aus § 34 **Abs. 1 Baugesetzbuch** ergeben. Ist die Bebauung in der Umgebung so beschaffen, daß die allgemeine Wohnnutzung konkret in gerade dieser Umgebung den vorgegebenen Rahmen überschreitet und kommt hinzu, daß eine allgemeine Wohnnutzung dort geeignet ist, bodenrechtlich beachtliche Spannungen zu begründen oder die vorhandenen Spannungen zu erhöhen, so würde § 34 Abs. 1 BauGB einer Beibehaltung der allgemeinen Wohnnutzung entgegenstehen. Dies hat auch zweckentfremdungsrechtliche Auswirkungen (BVerwG MDR 84, 781). Ist die allgemeine Wohnnutzung bebauungsrechtlich unzulässig geworden, kann diese aber gleichwohl nicht untersagt werden, weil sich der Betroffene demgegenüber auf Bestandsschutz berufen könnte, so entfällt das

E 31 Teil E. Zweckentfremdungsverbot

Zweckentfremdungsverbot gleichwohl. Beim Bestandsschutz handelt es sich um einen grundrechtlich gewährleisteten Eigentumsschutz. Kein Eigentümer ist aber genötigt, sich darauf zu berufen (BVerwG a. a. O.). Ist eine Wohnung lediglich ohne Einholung einer bauaufsichtlichen Genehmigung errichtet worden, so entfällt das Zweckentfremdungsverbot nicht, wenn lediglich eine formelle Baurechtswidrigkeit vorliegt und das Gebäude nicht zugleich gegen materielle Bauvorschriften verstößt (BVerwG NJW 83, 2893 = WM 84, 139). Lassen sich bei einer Vermietung für andere als Wohnzwecke höhere Erträge erzielen, so führt dieser Umstand für sich allein ebenfalls nicht dazu, daß die Wohnraumeigenschaft entfällt (BVerwG MDR 84, 781). Ein Mißstand ist gegeben, wenn die bauliche Anlage nicht den allgemeinen Anforderungen an gesunde Wohnverhältnisse entspricht (§ 177 BauGB). Imissionsbelastungen durch Lärm sind je nach der Stärke der Einwirkungen ein Mißstand; sie erfüllen darüber hinaus im Einzelfall auch den Begriff des Mangels. Anhaltspunkte hierfür können sich aus den Vorschriften des Landesbaurechts, aus § 4 ModEnG a. F. sowie aus dem Bundesimissionsschutzgesetz ergeben.

Auf eine zahlenmäßig fixierte Belastungsgrenze kann dabei nicht abgestellt werden. Vielmehr kommt es auf die Umstände des Einzelfalles an. Das Gebot des Zweckentfremdungsgesetzes gebietet es, eher hohe als zu geringe Anforderungen an die Unzumutbarkeit zu stellen. Die Grenze des Zumutbaren ist jedenfalls dann überschritten, wenn die Belastung so stark ist, daß sie als im enteignungsrechtlichen Sinne „schwer und unerträglich" und folglich als unzumutbar angesehen werden muß (BVerwG NJW 83, 640; vgl. auch BVerwG MDR 77, 784; ZMR 85, 423 = NJW RR 86, 170). Schließlich kann die Wohnraumeigenschaft auch dadurch entfallen, wenn der Wohnraum wegen seiner Größe nicht mehr als Wohnung vermietet werden kann oder wenn er aus sonstigen Gründen vom Markt nicht mehr als Wohnraum angenommen wird (BVerwG ZMR 85, 423 = NJW RR 86, 170 = MDR 84, 781). An den Nachweis der Nichtvermietbarkeit ist dabei ein strenger Maßstab anzulegen (VGH Mannheim NJW 83, 696). Der Umstand, daß die Vermietbarkeit durch einen Umbau wiederhergestellt werden könnte, soll hierbei keine Rolle spielen (BVerwG MDR 83, 258, betreffend eine große Villa).

E 31 b) Auf **Geschäftsräume** finden die ZwEG keine Anwendung. **Mischräume** (s. Rdn B 14) werden von den ZwEG nur insoweit erfaßt, als es sich um die zu Wohnzwecken bestimmten Räume handelt; der sonst im Zivil- und Strafrecht geltende Grundsatz, daß Mischräume nach dem überwiegenden Verwendungszweck entweder als Wohn- oder als Geschäftsräume zu behandeln sind, kann im Anwendungsbereich der ZwEG wegen der abweichenden Zielrichtung dieser Gesetze, d. h. der Erhaltung des vorhandenen Wohnraumbestandes, nicht gelten (so auch Hoppmann a. a. O.). Ob Wohnraum entgegen dem Zweckentfremdungsverbot in Geschäftsraum umgewandelt worden ist, muß nach der tatsächlichen Art seiner Benutzung vor einer etwaigen Umwandlung

III. Inhalt und Schranken des Verbots E 32–35

entschieden werden, wobei es auf privatrechtliche Vereinbarungen mit dem Vermieter über ein Recht zur Erweiterung des Geschäftsraums bei Mischräumen nicht ankommen kann (BVerwG ZMR 61, 58; s. aber auch Rdn E 29).

c) Auch solche Wohnräume, die bau- oder gesundheitspolizeilichen E 32 Vorschriften widersprechen, dadurch jedoch ihre objektive Eignung zu Wohnzwecken nicht grundsätzlich und auf Dauer verlieren, unterliegen dem Verbot der Zweckentfremdung; ob ein öffentliches Interesse an der Erhaltung von derartigem Wohnraum besteht, muß gegebenenfalls im Genehmigungsverfahren im Einzelfall entschieden werden (s. Rdn E 30 und 59).
Gleiches gilt für bezugsfertigen aber leerstehenden Wohnraum. Auch dafür gilt der Genehmigungsvorbehalt, weil der Wohnraumbegriff lediglich voraussetzt, daß die Wohnung objektiv zu Wohnzwecken geeignet und vom Verfügungsberechtigten dazu bestimmt worden ist; eine Differenzierung zwischen Altbau, steuerbegünstigten Wohnungen, preisgebundenen Wohnungen und freifinanziertem Wohnraum ist insoweit nicht zulässig; bezweckt wird die Erhaltung des Bestandes bezugsfertigen Wohnraums (VG Berlin WM 76, 211; s. Rdn E 46 ff).

d) Dem Verbot des Art. 6 MVerbG unterliegen sowohl einzelne E 33 **Wohnräume** (auch in Wohnheimen) als auch **Wohnungen** einschließlich Dienstwohnungen und Wohnhäuser. Auf den Umstand, daß die Dienstwohnungen nur einem beschränkten Kreis von Wohnungssuchenden zur Verfügung stehen kommt es nicht an, weil nach dem Zweck der ZwEG der gesamte Wohnraumbestand erhalten werden soll (a. A. OVG Berlin ZMR 80, 81). Eine andere Frage ist es, ob eine Zweckentfremdungsgenehmigung erteilt werden muß, weil eine funktionsgebundene Dienstwohnung nicht mehr benötigt wird (z. B. Wegfall der Pförtnerwohnung nach Betriebsstillegung; vgl. dazu Rdn. E 66 ff). Auch der vom Eigentümer in seinem Haus persönlich benutzte Wohnraum unterliegt dem Zweckentfremdungsverbot. Gleiches gilt für die zur Wohnung gehörenden und dem Wohnzweck dienenden Nebenräume (z. B. Bad, Keller, Speicher).

e) Keine Anwendung findet Art. 6 MVerbG nach dessen § 3 auf öf- E 34 **fentlich geförderten Wohnraum**. Für diesen Wohnraum gelten weiterhin die Sondervorschriften der §§ 6 V, 12 I, II, 26 I Ziff. 4, 26 II des WoBindG, welche die allgemeinen Vorschriften verdrängen. Die Einbeziehung von öffentlich gefördertem Wohnraum in den Geltungsbereich der ZwEG ist entbehrlich, da die genannten Vorschriften des WoBindG sicherstellen, daß diese Wohnungen nicht ohne Genehmigung der zuständigen Stelle ihrem Wohnzweck entzogen werden.

2. Was im einzelnen als Zweckentfremdung anzusehen ist, bedarf der E 35 Konkretisierung, weil davon im besonderen Maße der Anwendungsbereich des Gesetzes abhängig ist.
Es ist umstritten, ob der **Begriff der Zweckentfremdung** eng oder

weit auszulegen ist. Der Wortlaut des Art. 6 MVerbG ist insoweit unklar; der Sinn und Zweck des Gesetzes wird unterschiedlich interpretiert.

E 36 Die Vertreter einer **engen Auslegung** des Begriffs der Zweckentfremdung wollen darunter nur die Änderung des jeweiligen Verwendungszwecks verstehen, während bauliche Änderungen oder das Leerstehen der Räume nicht erfaßt werden sollen (Otto DWW 72, 159 und ZMR 73, 99; Westerwelle NJW 73, 648; Binz NJW 77, 2239). Von den Vertretern der **weiten Auslegung** sollen dagegen alle Handlungen und Unterlassungen erfaßt werden, durch welche der Verfügungsberechtigte den Wohnraum seiner eigentlichen Zweckbestimmung entzieht, so daß auch der Abbruch, das Unbrauchbarmachen oder das Leerstehenlassen eines Gebäudes oder Gebäudeteils erfaßt wären (BVerwG NJW 77, 2280; NJW 78, 1018 = ZMR 78, 186; WM 80, 151; OLG Düsseldorf NJW 81, 2312; OLG Frankfurt NJW 78, 957; VGH Kassel NJW 79, 444; Schmidt-Futterer WM 71, 196; Schubart NJW 72, 1348; Löwe NJW 72, 1913; Hans Art. 6 MVerbG Anm. 2b) bb); Hoppmann BlGBW 74, 44). Die Landesregierungen stimmen überwiegend der weiten Auslegung zu, was aus dem Wortlaut ihrer Verwaltungsvorschriften (s. Rdn E 22) hervorgeht. Dagegen neigte das Bundesjustizministerium zur engen Auslegung (Schreiben des Bundesministers der Justiz vom 6. 7. 1972 [3430/2a–1–10561/72–] an die Justizverwaltungen der Länder).

E 37 Zur Begründung der engen Auslegung wird darauf verwiesen, daß schon nach der Wortfassung des Art. 6 § 1 I MVerbG nur die Fälle einer anderweitigen Benutzung der Wohnung erfaßt werden sollen. Auch nach Art. 6 § 2 MVerbG liege eine Ordnungswidrigkeit nur dann vor, wenn der Wohnraum zu anderen als Wohnzwecken verwendet oder anderen überlassen wird, was eine anderweitige Benutzung voraussetze. Der Abbruch des Hauses oder das Leerstehenlassen stellten aber keine Benutzung dar. Ein geeignetes Instrument zur Verhinderung eines absinkenden Wohnungsbestandes sei Art. 6 MVerbG auch dann, wenn man ihn eng interpretiere. Das sei auch deshalb geboten, weil der rechtliche Begriff der Zweckentfremdung sowohl im früheren WohnraumbewirtschaftsG (dort § 21) als auch im WoBindG (dort §§ 6 V; 12 I, II) eine Sonderregelung gegenüber den baulichen Maßnahmen und dem Leerstehenlassen gefunden habe.

E 38 Die Vertreter der weiten Auslegung legen den unklaren Wortlaut nach den Gründen aus, die den Gesetzgeber dazu veranlaßten, auf Antrag des Bundesrats und auf Vorschlag des Vermittlungsausschusses der Einführung des Zweckentfremdungsverbots zuzustimmen. Die ausdrücklich angestrebte Verhinderung einer weiteren Verringerung des Wohnungsbestandes sei nur realisierbar, wenn auch Abbruch, Unbrauchbarmachen und Leerstehenlassen vom Verbot erfaßt würden, zumal diese Mittel den Wohnungsbestand viel entscheidender schwächen als die unbestritten verbotenen schlichten Zweckumwandlungen. Die Gegenansicht hafte zu sehr an dem unklaren Wortlaut des Gesetzes, worin der Begriff der Zweckentfremdung übrigens nur in der Gesetzesüberschrift vorkomme;

III. Inhalt und Schranken des Verbots   E 39

er sei im Sinne der Aufgabe des Wohnzwecks in jeglicher Weise zu verstehen. Der Hinweis auf die abweichende Terminologie des WBewG und des WoBindG gehe fehl, weil die Begriffe der Zweckentfremdung, der baulichen Veränderung und des Leerstehenlassens noch zu keiner festen und eindeutigen Begriffsbildung geführt hätten, die einer weiten Auslegung entgegenstünde.

Nur **die weite Auslegung** des Begriffs der Zweckentfremdung steht im Einklang mit dem **Sinn und Zweck des Gesetzes**. Aus der Begründung des Entwurfs zu Art.6 MVerbG (s. Rdn F 95) geht der Wille des Gesetzgebers klar hervor, durch das Gesetz zu verhindern, daß Wohnraum frei und uneingeschränkt dem Wohnzweck entzogen werden kann. Somit hat das Gesetz sicherzustellen, daß bei fortbestehender Mangellage der Wohnraum nicht dem Wohnzweck entzogen wird, wie auch immer der Verfügungsberechtigte diesen mißbilligten Zustand herbeiführt. Insoweit sind auch die Absichten (z. B. Spekulation) und Erwägungen des Verfügungsberechtigten unbeachtlich, weil diese Gesichtspunkte nur im Einzelfall dazu führen können, daß ein überwiegendes Interesse an der Zweckentfremdung anzuerkennen ist. Das Argument, daß der rechtliche Begriff der Zweckentfremdung auch in anderen wohnungswirtschaftlichen Gesetzen enthalten war und ist, vermag nicht die Annahme zu rechtfertigen, daß die in jenen Gesetzen gewählte und nicht gefestigte Begriffsbestimmung auch dem Art. 6 MVerbG zugrundeliegt. Diese anderweitigen gesetzlichen Begriffsbestimmungen sind für Art. 6 § 1 MVerbG nicht zutreffend, weil diese Vorschrift den Begriff der Zweckentfremdung überhaupt nicht enthält, sondern das Zweckentfremdungsverbot nur allgemein umschreibt und dabei maßgebend auf das Zuführen zu anderen als Wohnzwecken abstellt; somit muß diese Vorschrift mangels genauer Abgrenzungen nach dem Gesetzeszweck ausgelegt werden, der eine enge und förmliche Deutung verbietet. Weder aus dem Wortlaut noch aus dem Sinn des Art. 6 MVerbG läßt sich die Auslegung gewinnen, daß die Genehmigungspflicht nicht durch das negative Moment der Zweckentfremdung, sondern durch das positive Moment des Zuführens zu anderen als Wohnzwecken ausgelöst werde (so unzutreffend Westerwelle NJW 73, 648); eine derartige Wortinterpretation stellt viel zu eng auf Bruchstücke des Gesetzestextes ab und verkennt, daß jedes Handeln oder Unterlassen des Verfügungsberechtigten erfaßt werden soll, durch das er Wohnraum seiner eigentlichen Zweckbestimmung entzieht. Wäre nämlich Art. 6 MVerbG nur auf die Fälle schlichter Umwandlungen in Geschäftsräume anwendbar, während die wohnungspolitisch weitaus störenderen Fälle des Leerstehenlassens, des Unbrauchbarmachens und des Abbruchs nicht erfaßt würden, so wäre dieses Gesetz kein geeignetes Instrument zum Schutz des vorhandenen Wohnungsbestandes. Der in der Überschrift des Art. 6 MVerbG verwendete Begriff der Zweckentfremdung ist somit als Überbegriff aller Handlungen und Unterlassungen anzusehen, die auf eine Aufgabe des Wohnzwecks gerichtet sind. Die Begriffe Zweckentfremdung und das „Zuführen von Wohnraum zu anderen als Wohnzwecken" sind somit auslegungsfähig (Schubart a. a. O.; Löwe a. a. O.).

E 40 Die hier vertretene Ansicht wird auch vom **BVerfG** im Beschluß vom 4. 2. 1975 (NJW 75, 727 = MDR 75, 456) geteilt. Dabei weist das BVerfG a. a. O. darauf hin, daß der Begriff ,,Aufgabe des Wohnzwecks" die Anwendbarkeit des Art. 6 MVerbG im umfassenden Sinne rechtfertigt und dem Ausschluß der bisher umstrittenen Zweckentfremdungshandlungen entgegensteht. Dem steht nach Ansicht des BVerfG a. a. O. auch der abweichende Wortlaut der ähnlichen Regelungen im früheren WohnraumbewirtschaftungsG und in § 12 WoBindG nicht entgegen, weil diese Regelungen nach Zweck und Sachzusammenhang mit Art. 6 im wesentlichen unvergleichbar sind (anders der ausdrücklich vom BVerfG abgelehnte Beschluß des BayObLG vom 16. 12. 1974; NJW 75, 744 = DWW 75, 67 = FWW 75, 118). Die in Art. 6 I, II MVerbG verwendeten Tatbestandsmerkmale ,,Verwenden" und ,,Überlassen" werden auch nach Ansicht des BVerfG durch die ausdrückliche Bezugnahme auf Art. 6 I 1 als ,,Zuführen zu anderen als Wohnzwecken" und ,,Aufgabe des Wohnzwecks" deutlich definiert; diese Begriffe sowie der gleichbedeutende Begriff der ,,Zweckentfremdung" aus der Überschrift des Art. 6 seien mit den anerkannten Mitteln juristischer Auslegung hinreichend deutlich zu bestimmen. Auch das **BVerwG** (MDR 77, 784; NJW 77, 2280; NJW 78, 1018 = ZMR 78, 186) legt den Begriff der Zweckentfremdung weit aus. Das Gericht weist insoweit zu Recht darauf hin, daß der Gesetzeszweck (Erhaltung des vorhandenen Wohnraumbestands) nur unzureichend verwirklicht werden könnte, wenn nur eine Änderung des Verwendungszwecks nicht aber die Beseitigung des Wohnraums der Genehmigungspflicht unterliegt.

E 41 a) Eine Zweckentfremdung liegt vor, wenn Wohnraum (s. Rdn E 29) **in Geschäftsraum umgewandelt** wird. Das erfordert lediglich die Änderung des bisherigen Vertragszwecks (Wohngebrauch) im Einvernehmen beider Vertragsparteien und die entsprechende Benutzung der Räume; bauliche Veränderungen sind nicht erforderlich. Sind bauliche Veränderungen erforderlich, durch welche der bisherige Wohngebrauch ausgeschlossen oder wesentlich beeinträchtigt wird, so liegt jedoch auch in dieser Umwandlung des Raums eine Zweckentfremdung (VG Düsseldorf ZMR 67, 277 = MieWoE IV Nr. 361 m. w. Nachw. zu § 22 WBewG).

E 42 aa) Verboten ist somit die Aufgabe des Wohnzwecks, um den Raum ausschließlich zu geschäftlichen oder gewerblichen Zwecken zu nutzen (z. B. Büro, Lager, Werkstatt). Verboten ist auch, einzelne Wohnräume entgegen ihrer bisherigen Zweckbestimmung in Geschäftsräume umzuwandeln (zur Umwandlung von Wohnräumen in ein Bordell vgl. VGH München Bay. Verw. Bl. 78, 247). Das Verbot richtet sich primär gegen die Zweckentfremdung von Einzelräumen, obwohl größere Raumeinheiten (Wohnung, Etage, Haus) auch als zusammenhängende Zweckentfremdung erfaßt werden. Eine genehmigungsfreie Umwandlung ergibt

III. Inhalt und Schranken des Verbots E 43

sich nicht daraus, daß Mischräume privatrechtlich schon bisher als Geschäftsräume anzusehen waren (s. Rdn B 14). Diese zivilrechtliche Wertung ändert nichts daran, daß der zu Wohnzwecken benutzte Teilraum i. S. der ZwEG weiterhin Wohnraum bleibt. Keine Zweckentfremdung ist die berufliche oder gewerbliche Mitbenutzung von Wohnräumen, weil dadurch der Wohnzweck grundsätzlich nicht beseitigt wird (z. B. wissenschaftliche oder schriftstellerische Tätigkeit, Heimarbeit, Flaschenbierverkauf, Klavierunterricht; BayObLG WM 78, 221 = VerwRspr. 78, 671; ZMR 82, 59; ZMR 82, 123).

bb) In Art. 6 § 1 I 2 MVerbG bestimmt das Gesetz ausdrücklich, daß E 43 die Aufgabe des bisherigen Wohnzwecks zur **Einrichtung von Schlafstellen** eine Zweckentfremdung darstellt. Unter einer Schlafstelle ist die bloße Überlassung einer Schlafgelegenheit (Bettplatz) zu verstehen. Der Schlafstelleninhaber kann und darf die Schlafstelle ausschließlich zum Zwecke des Schlafens aufsuchen und muß den Raum nach dem Ablauf der festgelegten Schlafzeit alsbald wieder verlassen (Bay VGH Urt. vom 11. 7. 1969 Nr. 314 I 67). Solche Fälle, in denen also ein Wohngebrauch des Raumes über die Schlafzeit hinaus ausgeschlossen ist, werden selbst in Ballungsräumen für Gastarbeiter heutzutage äußerst selten sein. Trotzdem kann der vom Gesetzgeber verwendete Begriff der Schlafstelle nicht so verstanden werden, daß darunter alle Räume fallen, die der Vermieter im wesentlichen oder überwiegend mit Schlafgelegenheiten ausstattet, so daß darin ein normaler Wohngebrauch aus räumlichen Gründen nicht zu verwirklichen ist; sollte der Gesetzgeber auch diese Fälle als Zweckentfremdung ansehen, müßte die Vorschrift entsprechend abgeändert werden (so auch Löwe NJW 72, 1913). Die Bekämpfung der Überbelegung von Wohnräumen soll im übrigen durch ein sog. Wohnungspflegegesetz auf Bundesebene erfolgen, das in Vorbereitung ist (s. Rdn E 5). Wird Wohnraum somit durch die Aufnahme mehrerer Benutzer (z. B. Gastarbeiter) überbelegt, dürfen sich die Bewohner aber nach Wunsch in dem Raum aufhalten, ist Wohnraum und keine Schlafstelle vermietet; die ZwEG finden dann keine Anwendung (a. A. Bormann Art. 6 MVerbG Erl. II Anm. 4., der die lagermäßige Unterbringung von Gastarbeitern als Zweckentfremdung ansieht). Die Überbelegung kann nicht mit dem ZwEG, sondern nur mit sonstigen Vorschriften der Wohnungsaufsicht bekämpft werden, in denen genau bestimmt ist, wieviel Raum jedem Bewohner mindestens zur Verfügung stehen muß (so Art. 18 der Bay. Landeswohnungsordnung vom 8. 2. 36, wonach für jede über 18 Jahre alte Person mindestens 10 m³ Luftraum und 4 m² Bodenfläche vorhanden sein müssen, für jüngere Kinder gilt die Hälfte; für die ehemals preuß. Gebiete gilt insoweit das Preuß. Wohnungsgesetz vom 28. März 1918 (Preuß. Ges. Sammlung 1918) als Landesrecht fort; zu letzterem Hess VGH WM 74, 189). Gleiches gilt für die Vermietung solcher Räume, die aus gesundheitspolizeilichen oder sonstigen öffentlichen Gesichtspunkten nicht zu Wohnzwecken vermietet werden dürfen (Hess VGH a. a. O.). Ebensowenig kann es als Zweckentfremdung angesehen werden, wenn der Vermieter die Räume an solche Personen vermietet, die als sozial diskriminiert gelten (z. B. Obdachlose, entlassene Strafgefangene, Gastarbeiter), selbst wenn dadurch eine Verschlechterung des baulichen Zustands der Wohnung eintritt oder die übrige Wohnbevölkerung es vorzieht, sich in einem vermeintlich besseren Wohngebiet niederzulassen. Solche Mißstände, die zu einer „Verslumung" eines Wohngebiets führen können, sind mit den Mitteln der ZwEG nach der derzeitigen Fassung des Gesetzes nicht zu beseitigen. Allerdings wird in derartigen Fällen nicht selten eine gewerbsmäßige Zimmervermietung oder Fremdenbeherbergung vorliegen, wofür eine Zweckentfremdungsgenehmigung erforderlich ist (s. unten Rdn E 44 und 45).

E 44 **cc)** Auch die **dauernde Fremdenbeherbergung** ist vom Gesetz als Zweckentfremdung ausdrücklich hervorgehoben. Die Fälle der Fremdenbeherbergung sind dadurch gekennzeichnet, daß der Vermieter nicht nur zur Überlassung des Raumes, sondern darüber hinaus zu Nebenleistungen in unterschiedlichem Ausmaß verpflichtet ist, die ergänzend dem Wohnzweck dienen (z. B. Bett- und Tischwäsche, Reinigung des Raumes, Frühstück) und der Raum i. d. R. nur kurzfristig überlassen wird. Das kann in einem Gasthof, einer Pension oder in einem privaten Haus (z. B. Arbeiter- oder Studentenunterkunft) geschehen, vorausgesetzt, daß der ursprüngliche Wohnzweck des Raumes auf Dauer ersichtlich zugunsten einer Beherbergung aufgegeben wurde. Deshalb stellt auch die Umwandlung von Appartmentwohnungen in ein Hotel eine Zweckentfremdungshandlung dar (OVG Bremen WM 83, 173 = ZMR 83 355). Es kommt insoweit immer darauf an, ob durch die Zweckentfremdungshandlung die Räume auf Dauer dem allgemeinen Wohnungsmarkt entzogen werden. Nur vorübergehende Beherbergung (z. B. während einer Saison, einer Messe, den Sommer- oder Wintermonaten), durch welche der eigentliche Wohnzweck nur unterbrochen, aber nicht dauernd aufgegeben wird, sind keine Zweckentfremdung. Im übrigen setzt die Fremdenbeherbergung hier weder eine gewerbsmäßige Tätigkeit noch das Vorliegen eines Mietvertrags i. S. des § 535 BGB voraus (z. B. unentgeltliche Raumüberlassung an Betriebsangehörige oder Vereinsmitglieder).

E 45 **dd)** Als Sonderfall der dauernden Fremdenbeherbergung wird auch die **gewerbliche Zimmervermietung** in Art. 6 § 1 I 2 MVerbG als Zweckentfremdung des Wohnraums angesehen. Gewerbliche Zimmervermietung liegt vor, wenn durch die Vermietung mehrerer möblierter Zimmer (z. B. eine Etage, 1 Haus) für kürzere Zeit ohne Erbringung weiterer Dienstleistungen (z. B. Frühstück) ein Gewinn erzielt wird, der bei der bloßen Untervermietung jener Räume nicht zu erzielen wäre; sie setzt somit über die übliche Vermietertätigkeit hinaus ein fortgesetztes berufsmäßiges Handeln voraus, das nachhaltig auf eine daraus fließende Gewinnerzielung gerichtet ist (Fuhr, Komm. z. GewO, Einleitung A I 2). Wenn der Vermieter oder auch der Mieter einer größeren Wohnung

III. Inhalt und Schranken des Verbots E 46

aus seinem Raumbestand einige Zimmer möbliert untervermietet, um die Kosten der eigenen Wohnung zu verringern oder zu sparen, so liegt darin i. d. R. keine gewerbliche Zimmervermietung und somit auch keine Zweckentfremdung, weil diese Tätigkeit dann nicht beruflich ausgeübt wird. Anders kann es zu beurteilen sein, wenn Häuser oder mehrere Wohnungen als Einzelzimmer z. B. an Studenten oder Gastarbeiter vermietet werden. Somit ist eine Zweckentfremdung durch gewerbliche Zimmervermietung nur dann gegeben, wenn diese Tätigkeit haupt- oder nebenberuflich als Erwerbstätigkeit mittels eigener persönlicher Leistung ausgeübt und dadurch ganz oder teilweise der Unterhalt erworben wird (Fuhr a. a. O.; zur Unterscheidung zwischen dem steuerrechtlichen Begriff des Gewerbes und dem polizeirechtl. Gewerbebegriff vgl. auch BVerwG ZMR 77, 231).

b) Eine Zweckentfremdung liegt auch im **dauernden Leerstehenlassen** des Wohnraums. Davon kann ausgegangen werden, wenn der Verfügungsberechtigte die Absicht hat, den Raum auf längere Dauer weder selbst zu benutzen, noch an Dritte zu Wohnzwecken zu vermieten (ähnl. VGH Kassel NJW 79, 444). Kann der Verfügungsberechtigte nachweisen, daß die Nutzung als Wohnraum aus Gründen unterblieben ist, die er nicht zu vertreten hat, handelt er nicht gesetzwidrig (und fehlt es an der für eine Ordnungswidrigkeit erforderlichen Absicht; s. Rdn E 49). Gleiches gilt, wenn nachgewiesen wird, daß die Aufnahme des Wohngebrauchs unmittelbar bevorsteht (z. B. Vorlage des Mietvertrages) oder wenn Wohnraum nur deshalb vorübergehend leersteht, weil in absehbarer Zeit nachweislich umfangreiche Renovierungs- und Verbesserungsmaßnahmen durchgeführt werden sollen oder aber ein bereitstehender Mietnachfolger noch nicht einziehen kann. Läßt der Vermieter die Wohnräume deshalb leerstehen, weil er durch die Vermietung keine angemessenen Erträge seines Hausgrundstücks zu erzielen glaubt, so daß er eine anderweitige wirtschaftliche Verwertung anstrebt (z. B. Abbruch und Wiederaufbau), so liegt auch darin eine Zweckentfremdung. Zwar kann die Behörde die Zweckentfremdungsgenehmigung erteilen, wenn der Wohnraum unbrauchbar ist, einem Mieter die Benutzung nicht zugemutet werden kann, oder andere der unter Rdn E 64 erörterten Ausnahmegründe vorliegen; ob das der Fall ist, muß jedoch nach objektiven Gesichtspunkten im Einzelfall entschieden werden und ist der Disposition des Vermieters entzogen. Deshalb rechtfertigen weder die persönlichen Ansichten des Vermieters hinsichtlich der Unrentabilität oder des Zustandes der Räume noch sein fehlender Wille zu weiteren Investitionen für sich allein das Leerstehenlassen, solange keine Zweckentfremdungsgenehmigung erteilt ist (a. A. Westerwelle NJW 73, 648). Die dem Vermieter zustehende ortsübliche Miete als Entgelt für die Raumnutzung (s. dazu Rdn C 53ff) wird gerade in den Gebieten mit unzureichender Wohnraumversorgung (in welchen die ZwEG allein Geltung haben) die Wirtschaftlichkeit des Hausgrundstücks in aller Regel gewährleisten. Liegen somit keine Rechtfertigungsgründe für ein mehrmonatiges Leerstehen der Räume vor, ist dieses Verhalten verbots- und ordnungswidrig.

E 47 Fraglich ist, ab welcher **Dauer** ein Leerstehenlassen als verbotene Zweckentfremdung anzusehen ist; in den allgemeinen Verwaltungsvorschriften wird teilweise ein Zeitraum von 3 Monaten und teilweise von 6 Monaten gefordert (vgl. die Nachw. bei Schubart NJW 72, 1348; krit. Otto DWW 72, 159; ZMR 73, 99). Da es entscheidend auf die Willensrichtung des Verfügungsberechtigten und die Tatsache ankommt, trotz anderweitiger Vermietungsmöglichkeit eine weitere Wohnraumnutzung zu vereiteln, wird ein Zeitraum von 3 Monaten für die Annahme einer Zweckentfremdungshandlung ausreichen (so auch Derleder ZMR 77, 97/98, der das Leerstehen für ,,wenige Monate" genügen läßt).

Steht Wohnraum längere Zeit leer, muß grundsätzlich seine Bestimmung zu Wohnzwecken als aufgehoben gelten. Stehen Häuser oder Wohnungen beim Inkrafttreten des Zweckentfremdungsverbots bereits leer und sollen sie nach dem Willen des Verfügungsberechtigten auch weiterhin ihrem Wohnzweck entzogen werden, so haben die Räume grundsätzlich auch durch die spätere Fortsetzung der Zweckentfremdung weder ihre Eignung noch ihre eigentliche Zweckbestimmung verloren. Deshalb findet auch in diesen Fällen Art. 6 MVerbG Anwendung (s. Rdn E 29).

Eine Aufforderung der Behörde zur Wiederherstellung des Wohnzwecks ist nicht erforderlich. Sie empfiehlt sich vor weiteren Maßnahmen, damit der Verfügungsberechtigte von der Gesetzwidrigkeit seines Tuns zweifelsfreie Kenntnis erlangt (s. Rdn E 115). Über die zulässigen Maßnahmen des hier in Betracht kommenden Verwaltungszwangs vgl. Rdn E 93 ff und Derleder ZMR 77, 97.

E 48 Nimmt der Verfügungsberechtigte frei gewordenen Wohnraum selbst zu Wohnzwecken in Benutzung, liegt darin auch dann keine Zweckentfremdung, wenn er daran nach objektiven Maßstäben oder der Üblichkeit keinen Bedarf hat; der Art. 6 MVerbG enthält keine Bewirtschaftung des Wohnraums, der dem einzelnen höchstens überlassen werden darf, wie das in früheren Gesetzen zur Wohnraumbewirtschaftung der Fall war. Allerdings ist die vorgetäuschte Benutzung eines Raumes (z. B. Gardinen vor den Fenstern leerstehender Räume, Scheinvermietung) nicht anders als das verbotene Leerstehenlassen zu beurteilen. Ob das eine oder andere der Fall ist, muß nach den tatsächlichen Umständen des Einzelfalles entschieden werden.

E 49 Das **BVerfG** hat in seiner Entscheidung vom 4. 2. 1975 a. a. O. die hier vertretene Ansicht bestätigt, wonach das Leerstehenlassen von Schutzwürdigem Wohnraum grundsätzlich als Zweckentfremdung anzusehen ist. Zutreffend führt das BVerfG a. a. O. weiter aus, daß insoweit nur Wohnraum in Betracht kommt, den der Verfügungsberechtigte nicht selbst nutzt oder zu nutzen beabsichtigt, und sei es nur von Zeit zu Zeit (aktueller und potentieller Eigenbedarf); denn Art. 6 führt keine Wohnraumbewirtschaftung im herkömmlichen Sinne ein, sondern beläßt dem

III. Inhalt und Schranken des Verbots

Verfügungsberechtigten das Recht, nach eigenem Ermessen zu bestimmen, wieviel Wohnraum er für seinen eigenen Bedarf in Anspruch nehmen will, weil hierbei die Zweckbestimmung als Wohnraum nicht aufgehoben wird.

c) Auch das vorsätzliche **Unbewohnbarmachen von Wohnraum** ist eine Zweckentfremdung. Das kann etwa durch die Entfernung von Fenstern, Versorgungsleitungen und Türen geschehen; aber auch durch die bewußte Nichtbeseitigung baulicher Mängel des Hauses, die in ihrer Auswirkung zur Unbrauchbarkeit der Räume führen, kann eine Zweckentfremdung herbeigeführt werden. Auch die Beseitigung der Zimmerwände und die Zerstörung der bisherigen Wohnungseinheiten können Zweckentfremdungshandlungen sein (s. aber unten Rdn E 54). Die hier vertretene Ansicht wird vom **BVerfG** in seiner Entscheidung vom 4. 2. 1975 a. a. O. geteilt; das BVerfG erklärt ausdrücklich, daß eine Zweckentfremdung vorliegt, wenn ein Verfügungsberechtigter **absichtlich** schutzwürdigen Wohnraum unbrauchbar macht oder zerstören läßt, z. B. durch Herausreißen der Installationen, der Fußböden, Fenster oder anderer wesentlicher Bestandteile der Wohnung. Zutreffend weist das BVerfG a. a. O. darauf hin, daß diese Tatbestände nicht genehmigungsfähig seien, jedoch von der Bußgeldsanktion des Art. 6 III erfaßt werden.

d) Die gröbste Zweckentfremdung ist der **Abbruch eines Wohnhauses** oder von Hausteilen. Solche Eingriffe in den nicht ausreichenden Wohnungsbestand einer Gemeinde dürfen grundsätzlich erst nach Überprüfung der wohnungswirtschaftlichen Belange an der Erhaltung des Gebäudes und der Erteilung einer Zweckentfremdungsgenehmigung in Angriff genommen werden. Nur in Ausnahmefällen, wenn z. B. der sofortige Abbruch eines baufälligen Hauses von der Baugehörde verfügt und genehmigt worden ist, kann die Genehmigung einer anderen Behörde die Zweckentfremdungsgenehmigung erübrigen. Im übrigen wird für die Zuständigkeitsfragen der einzelnen Ämter in Genehmigungsverfahren und ihre anzustrebende Zusammenarbeit auf die Ausführungen unten Rdn E 98 verwiesen. Die hier vertretene Ansicht wird durch die Entscheidung des **BVerfG** a. a. O. bestätigt; auch das BVerfG geht davon aus, daß der Abbruch von schutzwürdigem Wohnraum (s. Rdn E 1) bereits für sich allein eine Zweckentfremdung darstellt; das gelte unabhängig davon, welches Ziel der Verfügungsberechtigte mit dem Abbruch verfolgt, also auch dann, wenn er die Absicht hat, nach dem Abbruch auf dem Grundstück neuen Wohnraum zu schaffen. Das wird vom BVerfG zutreffend bereits daraus hergeleitet, daß Art. 6 MVerbG die Aufrechterhaltung oder Wiederherstellung der Wohnraumversorgung der Bevölkerung in aktuellen Notlagen bezweckt, so daß von diesem Blickpunkt her der Abbruch immer zu einer relevanten Verminderung des ohnehin nicht ausreichenden Angebots führt. Für die Zeit des Abbruchs und des etwa beabsichtigten Wiederaufbaus entsteht eine Lücke im Angebot, weil dieser Wohnraum nicht zur Nutzung zur Verfügung steht. Auch die (möglicherweise) nur vorübergehende Zweckentfremdung wird hier wie auch sonst vom Gesetz erfaßt.

Das **BVerwG** hat in seinem Urteil vom 18. 5. 1977 (MDR 77, 784) entsprechend den Rechtsgrundsätzen des BVerfG a. a. O. den Abbruch von Wohnraum ebenfalls als eine Zweckentfremdungshandlung angesehen, die der vorherigen behördlichen Genehmigung bedarf. Das BVerwG a. a. O. führt zutreffend aus, daß das Genehmigungsverfahren nicht schon deshalb entfalle, weil der Eigentümer beabsichtigt, anstelle der abzubrechenden Wohnungen neue Wohnungen zu schaffen; die Frage, ob die Abbruchmaßnahme im Zusammenhang mit einem zugleich geplanten Neubauvorhaben im Ergebnis zu einer Verbesserung der Wohnraumversorgung führt, stelle sich erst im Genehmigungsverfahren; dabei sei in Fällen, in denen Altbauraum durch Neubauraum ersetzt werden soll, auch die zwangsläufig eintretende Erhöhung der Mieten in Betracht zu ziehen, weil auch dieser Gesichtspunkt die Marktlage berührt, so daß er bei der behördlichen Ermessensentscheidung bedeutsam sei. Soweit allerdings die Wohnraumversorgung der Bevölkerung durch den Abbruch im Einzelfall nicht gefährdet werde, müsse die Genehmigung erteilt werden; durch diese Genehmigung wird dann bestätigt, daß dem Abbruch kein einschlägiges überwiegendes öffentliches Interesse entgegensteht. Das BVerwG a. a. O. hat die abweichende Rechtsansicht des Bayer. VGH (DWW 76, 161), wonach der Abbruch von Wohnraum vom Zweckentfremdungsverbot nicht erfaßt werde (so auch Bay. ObLG ZMR 76, 336 und Matschl DWW 76, 148) mit überzeugenden Gründen zurückgewiesen (so auch OVG Münster ZMR 77, 92, ablehnend zum Urteil des BVerwG, Binz NJW 77, 2239; s. im übrigen Rdn E 69).

E 52 e) Die Zweckentfremdungshandlung **beginnt** mit der tatsächlichen Änderung oder Aufgabe des Wohnzwecks durch die oben unter a–d erörterten Tätigkeiten oder Unterlassungen; bloße Vorbereitungshandlungen wie die Kündigung des bestehenden Wohnungsmietverhältnisses, der Abschluß eines neuen Mietvertrags (LG Münster ZMR 75, 26) oder die Beauftragung einer Bau- oder Abbruchfirma sind dagegen noch nicht als Zweckentfremdung zu bewerten (BayObLG WM 78, 221 = VerwRspr 78, 671; OVG Münster DWW 78, 289 = ZMR 79, 58 = WM 79, 131). Die Zweckentfremdung **endet** erst mit der Beseitigung des ordnungswidrigen Zustandes, die erforderlichenfalls im Wege des Verwaltungszwangs (s. unten Rdn E 93) herbeigeführt werden muß, soweit der Verfügungsberechtigte dazu noch in der Lage ist. Ist die Wiederherstellung des Wohnzwecks ausgeschlossen (z. B. beendeter Abbruch des Hauses) kann der Gesetzesverstoß nur noch als Ordnungswidrigkeit verfolgt werden (s. Rdn E 113).

E 53 Das Einschreiten der Verwaltungsbehörde wegen einer Zweckentfremdung setzt grundsätzlich kein Verschulden des Verfügungsberechtigten voraus (anders die Verfolgung dieses Gesetzesverstoßes als Ord-

III. Inhalt und Schranken des Verbots E 54–58

nungswidrigkeit s. Rdn E 113). Es ist somit unbeachtlich, ob der Verfügungsberechtigte wußte, daß ein gesetzliches Zweckentfremdungsverbot besteht und sein Handeln oder Unterlassen gesetzwidrig ist.

3. Keine Zweckentfremdung stellen grundsätzlich folgende **baulichen Veränderungen und Modernisierungsarbeiten** dar, so daß sie auch keiner wohnungsbehördlichen Genehmigung bedürfen (Art. 6 § 1 I 3 MVerbG).

a) wenn Wohnraum in einem **Nebenraum umgewandelt** wird, z. B. Einrichtung eines Badezimmers, eines Hobbyraums, eines Schwimmbeckens, einer Sauna, eines Wintergartens, einer Abstellkammer oder eines WC-Raumes durch Abtrennung von der Wohnfläche. Ein Nebenraum setzt begrifflich voraus, daß er wirtschaftlich weiterhin zu den Wohnräumen gehört und diesen räumlich zugeordnet bleibt (daher nicht Umwandlung in einen gewerblichen Lagerraum). E 54

b) wenn Wohnraum einer anderen Wohnung zugeordnet wird, um diese zu Wohnzwecken zu vergrößern. Das ist nicht der Fall, wenn die vergrößerte Wohnung infolge der Veränderung in vermehrtem Umfang zu Geschäftszwecken benutzt werden soll (Mischräume) oder der Wohnraum schon vorhandenem Geschäftsraum zugeschlagen wird (z. B. als Aufenthaltsraum für Büropersonal). Bauliche Veränderungen, die zur Folge haben, daß der Wohnraum zu Wohnzwecken nicht mehr geeignet ist, sind als eine Zweckentfremdung anzusehen (VG Düsseldorf ZMR 67, 277 = MieWoE IV Nr. 261 zu §§ 21, 22 WBewG). E 55

c) wenn kleinere Wohnungen zusammengelegt oder größere Wohnungen geteilt werden. Derartige Maßnahmen verringern grundsätzlich nicht den Wohnraumbestand und können zur besseren, zweckmäßigeren Nutzung des Wohnraums gerechtfertigt sein. E 56

Die Freistellung von der Genehmigungspflicht in derartigen Fällen verfolgt den Zweck, eine Behinderung von Modernisierungsabsichten oder gerechtfertigten Neuaufteilungen des Wohnraums zu vermeiden. Derartige Veränderungen des vorhandenen Wohnraums dürfen aber nicht dazu führen, daß seine Brauchbarkeit zu Wohnzwecken wesentlich beeinträchtigt oder beseitigt wird, weil auch darin im Ergebnis eine Schmälerung des Wohnraumbestandes und somit eine Zweckentfremdung liegt. Allerdings kann von dem Verfügungsberechtigten im Rahmen des Art. 6 MVerbG nicht der Nachweis gefordert werden, daß solche Maßnahmen wohnungswirtschaftlich notwendig, erforderlich oder zweckdienlich sind. E 57

4. Zur Vermeidung eines unnötigen Verwaltungsaufwandes ist es gerechtfertigt, bei **Sanierungs- und Entwicklungsmaßnahmen** sowie **Benutzungsverboten** der Bau- und Wohnungsaufsichtsbehörden – welche eine bauliche Änderung, das Leerstehen oder den Abbruch zur Folge haben können – von einer zusätzlichen Genehmigung nach dem ZwEG und der Forderung einer Ausgleichszahlung abzusehen; durch die nach den dann einschlägigen Gesetzen und Verordnungen zu erteilenden Ge- E 58

nehmigungen (bzw.) die zu erlassenden Ge- und Verbote) können die sonst erforderlichen Maßnahmen nach dem ZwEG ersetzt werden. Die Zweckentfremdungsgenehmigung kann somit insbesondere als ersetzt gelten durch
a) eine Genehmigung nach § 145 BauGB i. d. F. der Bek. vom 8. 12. 1986 (BGBl. I S. 2253),
b) ein Abbruchgebot nach § 179 BauGB,
c) ein Modernisierungsgebot nach § 177 BauGB,
d) eine Mietaufhebungsverfügung nach §§ 182 u. 183 BauGB,
e) ein Benutzungsverbot der Bau- oder Wohnungsaufsichtsbehörde.

IV. Erteilung und Versagung der Genehmigung zur Zweckentfremdung

E 59 Ist eine Gemeinde durch eine Verordnung ihrer Landesregierung dem Verbot der Zweckentfremdung unterworfen worden, sind die im vorangegangenen Abschnitt erörterten Zweckentfremdungshandlungen nur dann zulässig, wenn sie vorher von der zuständigen Behörde genehmigt wurden. Das grundsätzliche Zweckentfremdungsverbot steht also unter dem Genehmigungsvorbehalt der Behörde. Da Art. 6 MVerbG davon ausgeht, daß Wohnraum erhalten und seinem Zweck dienen muß, dürfen Genehmigungen zur Zweckentfremdung nur ausnahmsweise erteilt werden. Auf die Erteilung der Genehmigung besteht grundsätzlich kein Rechtsanspruch. Die Genehmigung ist vielmehr nach pflichtgemäßem Ermessen der Behörde zu erteilen oder zu versagen. Kasuistisch sind deshalb die Fälle, in denen die Genehmigung ausnahmsweise erteilt werden muß (s. unten Rdn E 64) von solchen Fällen, in denen sie erteilt werden kann oder in denen sie versagt werden muß, zu unterscheiden.

E 60 Die hier vertretene Ansicht wird vom **BVerfG** im Beschluß vom 4. 2. 1975 (NJW 75, 727) bestätigt. Das BVerfG führt aus, daß aus der Wahl des Wortes ,,Genehmigung" in Art. 6 I MVerbG nicht gefolgert werden darf, daß es sich dabei nur um eine präventive Erlaubnis mit Verbotsvorbehalt handelt; vielmehr enthalte das Gesetz eindeutig ein **repressives Verbot mit Befreiungsvorbehalt**. Besteht das Zweckentfremdungsverbot, so sei für jedermann der Gemeinde ersichtlich, daß Zweckentfremdungen dadurch prinzipiell verhindert werden sollen; für den Bürger ist dann voraussehbar, daß er i. d. R. mit der Genehmigungserteilung nicht rechnen kann.

E 61 **Zivilrechtlich** hat die fehlende Zweckentfremdungsgenehmigung beim Abschluß eines Mietvertrages über Wohnraum, der zweckentfremdet benutzt werden soll oder benutzt wird, **nicht die Unwirksamkeit** dieses Rechtsgeschäfts zur Folge, weil sich das Zweckentfremdungsverbot im öffentlichen Interesse nur gegen die faktische Beseitigung oder Vereitelung des Wohngebrauchs richtet, nicht aber die privatrechtliche Vertragsfreiheit einschränkt (Hoppmann BlBGW 74, 44 m. w. Nachw.;

IV. Erteilung und Versagung der Genehmigung   E 62, 63

Palandt-Heinrichs § 275 BGB Anm. 9b). Kann dem Mieter von Anfang
an der vertraglich vereinbarte Gebrauch der Räume zu Geschäftszwekken nicht gewährt werden (§§ 535, 536 BGB), steht ihm nach §§ 325,
326 BGB grundsätzlich das Recht zum Rücktritt vom Vertrag oder ein
Schadensersatzanspruch wegen Nichterfüllung zu (Palandt-Heinrichs
a. a. O.; LG Münster ZMR 75, 216 = WM 74, 137; LG Mannheim MDR
78, 406); hat der Mieter die Geschäftsräume bereits bezogen und wird
ihm später der Mietgebrauch durch das Zweckentfremdungsverbot verwehrt, kann er das Mietverhältnis nach § 542 BGB fristlos kündigen und
grundsätzlich daneben den Ersatz eines etwaigen Schadens nach §§ 537 ff
BGB verlangen. Weiß der Mieter, daß eine behördliche Genehmigung
nicht erteilt und erforderlich ist, kann sein etwaiger Schadensersatzanspruch nach § 254 BGB ganz oder teilweise entfallen (LG Mannheim,
a. a. O.). Bei Zweifeln über die Erteilung der Zweckentfremdungsgenehmigung sollte deshalb der Mietvertrag nur unter einer aufschiebenden oder auflösenden Bedingung (§ 158 ff BGB) abgeschlossen werden.
Eine derartige Bedingung kann auch stillschweigend als vereinbart gelten; davon wird auszugehen sein, wenn beide Vertragspartner übereinstimmend das Erfordernis der behördlichen Genehmigung kannten und
trotz ihres Fehlens den Raum als Geschäftsraum (bis zu einem etwaigen
Verbot oder einer Ablehnung der beantragten Genehmigung) zu nutzen
vereinbaren. Die aus der Unmöglichkeit der Vertragserfüllung folgenden Ansprüche (§§ 323 ff BGB) können immer erst nach dem rechtskräftigen Abschluß des Genehmigungsverfahrens geltend gemacht werden.[1]
Eine vorher erhobene Klage ist nur unter den Voraussetzungen der
§§ 257 ff ZPO als Klage auf künftige Leistung zulässig. Im Urteilstenor
muß der Vorbehalt aufgenommen werden, daß der Beklagte erst nach
Erteilung der Zweckentfremdungsgenehmigung zu der vertraglich vereinbarten Leistung verpflichtet ist. Eine vollstreckbare Ausfertigung des
Urteils darf erst beim Nachweis der Genehmigung erteilt werden (so
BGH NJW 78, 1262 = ZMR 78, 219 = MDR 78, 301 = WM 78, 244 für
einen Vertrag über den Abbruch eines Hauses). Zu weiteren zivilrechtlichen Folgen der fehlenden Zweckentfremdungsgenehmigung vgl. Rdn
E 73 ff.

Obwohl Art. 6 § 1 MVerbG keine nähere Regelung darüber trifft, **E 62**
unter welchen Voraussetzungen eine Zweckentfremdungsgenehmigung
zu erteilen ist, kann diese fehlende Regelung durch die Anwendung
allgemeiner verwaltungsrechtlicher Grundsätze ersetzt werden (zutr.
Hoppmann BlBGW 74, 44). Die ergangenen Regelungen der Länder
und der Gemeinden decken sich somit bei der rechtlichen Behandlung
dieser Frage weitgehend, so daß Zweifel an der Einhaltung allgemeiner
Rechtsstaatsprinzipien in dieser Beziehung nicht begründet sind (s. Rdn
E 6 ff; a. A. Löwe NJW 72, 1913; Geitmann NJW 73, 1962).

1. Grundsätzlich ist die Erhaltung von Wohnraum zu Wohnzwecken **E 63**

---
[1] Gleiches gilt für den Anspruch auf Erfüllung der genehmigungsbedürftigen Leistung.

im öffentlichen Interesse das vorrangige Ziel der ZwEG (s. oben Rdn E 1). Die beantragte Genehmigung ist deshalb stets dann zu versagen, wenn keine überwiegenden anderweitigen Interessen (dazu die nachfolgenden Abschnitte) die Durchführung der Zweckentfremdungshandlung gerechtfertigt erscheinen lassen. Art. 6 MVerbG fordert nicht den Bestandschutz jedes Wohnraums um jeden Preis, sondern eröffnet der Verwaltungsbehörde die Möglichkeit, durch eine Genehmigung im Einzelfall dem auch hier zu beachtenden **Grundsatz der Verhältnismäßigkeit** Rechnung zu tragen; damit wird der Verwaltung allerdings kein unbeschränktes, freies Ermessen eingeräumt. Aus diesem Gesichtspunkt bestimmt das BVerfG in seinem Beschluß vom 4. 2. 75 a. a. O. vielmehr, daß die Verwaltung von dem Befreiungsvorbehalt nur in den Fällen Gebrauch machen darf, in denen die Grundsätze der Verhältnismäßigkeit und des **Übermaßverbots** dies erfordern. Diese Voraussetzung ist nach der zutreffenden Ansicht des BVerfG a. a. O. gegeben, wenn **vorrangige öffentliche Belange** oder ein **schutzwürdiges berechtigtes Eigeninteresse** des Verfügungsberechtigten **ausnahmsweise** das öffentliche Interesse am Bestandschutz des betroffenen Wohnraums überwiegen. Das ergibt sich unmittelbar aus Art. 6 I MVerbG, so daß die für Bremen, Hamburg und Berlin ergangenen Verordnungen (s. Rdn E 21) insoweit nur eine deklaratorische Wiederholung enthalten. Darüber hinaus entzieht sich die nach den Grundsätzen der Verhältnismäßigkeit und des Übermaßverbots gebotene Abwägung ihrer Natur nach einer erschöpfenden Kasuistik, die an Stelle einer konkreten Abwägung im Einzelfall treten könnte (BVerfG a. a. O.).

In Fortführung der Grundgedanken des BVerfG a. a. O. geht auch das BVerwG in seinem Urteil vom 18. 5. 1977 (MDR 77, 784) davon aus, daß der aus dem verfassungsrechtlichen Gebot der Rechtsstaatlichkeit abzuleitende Grundsatz der Verhältnismäßigkeit nur solche Eingriffe in die Freiheitssphäre zuläßt, die zum Schutz öffentlicher Interessen unerläßlich sind (BVerwGE 38, 68 m. w. Nachw.); die gewählten Mittel müssen somit in einem vernünftigen Verhältnis zum angestrebten Erfolg stehen (BVerfGE 35, 382). Der Grundsatz der Verhältnismäßigkeit wird bei Anwendung von Art. 6 MVerbG insbesondere dann bedeutsam, wenn es sich um Wohngebäude mit minderwertigem Wohnraum handelt und dem gering zu bewertenden öffentlichen Interessen an der Erhaltung des Wohnraums ein besonders gewichtiges Interesse des Eigentümers am Abbruch gegenübersteht.

In diesem Zusammenhang geht das BVerwG a. a. O. davon aus, daß im Genehmigungsverfahren auch die Grundsätze der Eigentumsgarantie (Art. 14 II GG) zu beachten sind; dieses Grundrecht kann dann die Erteilung der Genehmigung gebieten, wenn die den Grundeigentümern allgemein auferlegten Bindungen im Einzelfall zu einer nicht mehr zu rechtfertigenden Einschränkung ihrer Dispositionsfreiheit führen (BVerfGE 38, 348/370). Ist deshalb für den Eigentümer bei Erhaltung des Wohngebäudes – besonders wegen notwendiger Aufwendungen für

IV. Erteilung und Versagung der Genehmigung   E 64

Instandsetzungen – längerfristig nicht mehr mit einer Rendite aus dem Grundstück zu rechnen, so kann in der Versagung der Genehmigung ein nicht mehr zu rechtfertigender Eingriff in das Eigentum liegen. Der im Rahmen des Art. 14 II GG vertretbare Bestandsschutz für Wohnraum rechtfertigt es nach Ansicht des BVerwG a. a. O nicht, von den Eigentümern finanzielle Zuschüsse zu fordern, damit die Marktlage nicht verschlechtert wird. Etwas anderes muß aber auch nach dieser Ansicht gelten, wenn der finanzielle Aufwand im wesentlichen darauf zurückzuführen ist, daß in der Vergangenheit notwendige Instandhaltungsmaßnahmen versäumt wurden und dadurch eine über die normale Alterung hinausgehende Verschlechterung des Gebäudezustands eingetreten ist (so VG Berlin NVwZ 82, 53; OVG Berlin WM 83, 172). Anderenfalls hätte es der Eigentümer in der Hand, sich die Zweckentfremdungsgenehmigung durch eine sozialwidrige Verhaltensweise zu verschaffen. Der Zweck des Gesetzes würde damit ins Gegenteil verkehrt. Übliche Instandsetzungs- und Modernisierungsarbeiten sind grundsätzlich zumutbar (VGH Mannheim NJW 83, 696 für den Einbau von Isolierglasfenstern zum Zwecke der Lärmminderung). Gegen die **Notwendigkeit von Erhaltungsinvestitionen** kann ein Eigentümer nicht geltend machen, er habe „gleichsam keine Lust, das damit zusammenhängende Existenzrisiko zu tragen". Liegt ein solcher Fall vor, so ist dem Eigentümer zuzumuten, das Grundstück mit der vorhandenen Bebauung zu veräußern. Eine Ausnahme gilt wiederum dann, wenn ein Grundstück mit einer alten Bebauung keinen auf die Erhaltung zielenden Marktwert hat, sondern nur noch mit der vorhandenen Bebauung auf Abbruch veräußert werden kann. In einem solchen Fall fehlt es an der Rechtfertigung, den Eigentümer durch Versagung der Zweckentfremdungsgenehmigung am Abriß zu hindern und ihn zu einer Veräußerung zu nötigen, die ihrerseits nur noch eine solche auf Abbruch sein könnte (BVerwG ZMR 85, 423 = NJW RR 86, 170). Unzumutbar sind auch Aufwendungen, die nicht innerhalb von 10 Jahren durch eine erzielbare Rendite ausgeglichen werden können (BVerwG NJW RR 87, 586). Gleiches gilt, wenn die Instandhaltungs- und Instandsetzungsaufwendungen so hoch sind, daß damit auch ein neues Gebäude errichtet werden könnte (BVerwG a. a. O.).

2. Die Genehmigung ist zu erteilen, wenn **vorrangige öffentliche** E 64 **Belange** die Durchführung der Zweckentfremdungshandlung rechtfertigen. Das wird i. d. R. der Fall sein, wenn die Zweckentfremdung im Interesse des Allgemeinwohls (z. B. Verkehrs-, Versorgungs-, Sozial- und Gesundheitseinrichtungen) oder aus planerischen Gesichtspunkten erforderlich ist. Gleiches gilt, wenn Wohnraum, der gemeindlichen Wohnungsordnungen in seinen Mindestanforderungen nicht mehr entspricht, beseitigt und an seiner Stelle neuer Wohnraum errichtet werden soll. Auch wenn städtebauliche Gründe die Beseitigung des Wohnraums erforderlich machen und die Vorschriften des Baugesetzbuchs nicht anzuwenden sind (s. Rdn B 764) kann ein überwiegendes öffentliches Interesse zu bejahen sein. Ein solcher Fall kann beispielsweise dann vorliegen, wenn sich der Wohnraum in einem Gebiet befindet, das vom Wohngebiet in ein reines Gewerbegebiet oder Industriegebiet umgewidmet worden ist. Die Absicht, den Wohnraum als Büroraum zu nutzen, rechtfertigt ein öffentliches Interesse an der Zweckentfremdung auch dann nicht, wenn der Antragsteller eine juristischer Person des öffentlichen Rechts ist oder seine Tätigkeit aus anderen Gründen für die Allgemeinheit von Nutzen ist. Auch die Absicht, durch die Zweckentfremdung bestimmte Arbeitsplätze zu schaffen oder zu erhalten, kann i. d. R. kein überwiegendes öffentliches Interesse begründen. Die allgemeine Nachfrage nach Hotelunterkünften vermag ebenfalls kein öffentliches Interesse zu rechtfertigen (OVG Bremen WM 83, 173 = ZMR 83, 355).

E 65   Die hier vertretene Ansicht wird durch die Entscheidung des **BVerfG** vom 4. 2. 1975 a. a. O. bestätigt; dort wird ausdrücklich ausgeführt, daß bei der Erteilung der Genehmigung der Zweckentfremdung im Einzelfall ausnahmsweise neben dem Bestandschutz auch andere öffentliche Interessen berücksichtigt werden können. Beispielhaft nimmt das BVerfG diese Voraussetzung als gegeben an, wenn Wohnraum der Einrichtung eines Kindergartens, eines Heimes oder einer anderen kommunalen Einrichtung geopfert werden soll, wenn es um die Errichtung einer Arztpraxis geht oder wenn ein historisch wertvolles Gebäude als reines Wohnhaus nicht mehr gehalten werden kann.

E 66   3. Die vielschichtigen persönlichen und wirtschaftlichen Interessen des Verfügungsberechtigten an der Durchführung der Zweckentfremdung können nur ausnahmsweise die Billigung der Genehmigung rechtfertigen. Das folgt aus dem Sinn und Zweck des Zweckentfremdungsverbots, das gerade darauf gerichtet ist, die individuellen Interessen auf der Grundlage der Sozialbindung des Eigentums (Art. 14 II GG) gegenüber den vorrangigen öffentlichen Interessen an der Erhaltung des Wohnraums zu beschränken. Deshalb muß als Voraussetzung einer Genehmigung ein erheblich überwiegendes Interesse des Verfügungsberechtigten vorliegen, das die Durchsetzung der öffentlichen Interessen nicht gerechtfertigt erscheinen läßt. Das ist nicht der Fall, wenn der Wohnraum nur deshalb einer anderen Nutzung zugeführt oder abgerissen werden soll, weil auf diesem Wege ein höherer Gewinn zu erzielen wäre. Führt der Verfügungsberechtigte einen eigenen Geschäfts- oder Gewerbebetrieb, kann die Verlegung der Geschäftsräume ins eigene Haus aber dann gerechtfertigt sein, wenn dafür zwingende Gründe vorliegen (z. B. Krankheit, Kündigung der bisherigen Geschäftsräume); das gilt jedoch nicht, wenn der Vermieter den zur Ausweitung seines Geschäfts benötigten Raum durch die Kündigung des dort vermieteten Geschäftsraums erlangen kann (OLG Bamberg ZMR 72, 89 zu § 12 WoBindG 65). In Übereinstimmung mit der hier vertretenen Ansicht hat das BVerfG im Beschluß vom 4. 2. 1975 a. a. O. entschieden, daß als überwiegendes In-

IV. Erteilung und Versagung der Genehmigung   E 67

teresse des Verfügungsberechtigten das „normale Motiv der Zweckentfremdung" nämlich „das bloße Streben nach Erhöhung der Rendite" nicht in Betracht kommt (so auch VG Münster WM 76, 107). In Weiterführung der Entscheidung des BVerfG a. a. O. geht auch das BVerwG in seinem Urteil vom 18. 5. 1977 (MDR 77, 784) davon aus, daß die bloße Erwartung des Eigentümers, seine Einnahmen durch den Abbruch und den Wiederaufbau des Wohnraums zu erhöhen, die Erteilung der Genehmigung nicht rechtfertigen kann; wohl aber kann eine auf längere Zeit fehlende Rendite die Erteilung einer Abbruchgenehmigung rechtfertigen, weil vom Eigentümer nicht durch finanzielle Opfer die Verhinderung einer verschlechterten Marktlage verlangt werden kann (s. Rdn E 51). Bei der Prüfung dieser Frage ist auf der einen Seite zu berücksichtigen, was an künftigen Mieteinnahmen hinreichend verläßlich in Aussicht steht. Auf der Ausgabenseite fallen die zu erwartenden Investitionen ins Gewicht. Dabei muß aber derjenige Investitionsaufwand außer Betracht bleiben, der in der Vergangenheit unterblieben ist. Dabei macht es keinen Unterschied, ob die Investition vom Eigentümer selbst oder von dessen Rechtsvorgänger unterlassen worden ist. Dies folgt aus dem Gesichtspunkt der Dinglichkeit, wie er auch sonst die sogenannte Zustandshaftung im Ordnungsrecht prägt. Das Gericht muß eine exakte Liquiditätsanalyse vornehmen (BVerwG ZMR 85, 423 = NJW RR 86, 170; OVG Berlin ZMR 85, 282 = DWW 84, 312).

Von dem spekulativen Streben nach erhöhten Einnahmen ist der Fall zu unterscheiden, daß der Eigentümer den Wohnraum deshalb leerstehen lassen muß, weil er ihn nach der Marktlage zu einem kostendeckenden Mietzins trotz dahingehender Bemühungen nicht vermieten kann (s. Rdn E 49). In derartigen Fällen erscheint es gerechtfertigt, die Genehmigung zu erteilen wenn eine Vermietung auf der Basis einer Kostenmiete, der ortsüblichen Vergleichsmiete oder einer sonst angemessenen Vertragsmiete nicht möglich ist. Zutreffend führt das VG Berlin (WM 76, 211) dazu aus, daß der Vermieter im Bereich des preisgebundenen Wohnraums nach § 8 I WoBindG die Vermietung jedenfalls von der Zahlung der Kostenmiete abhängig machen darf, und daß dies nach dem Gleichbehandlungsgrundsatz auch bei freifinanziertem Wohnraum nicht anders zu bewerten ist; der von Art. 6 MVerbG mißbilligte Tatbestand spekulativer Zweckentfremdungshandlungen berührt nicht die Vermietung unter Kostendeckung. Allerdings werden strenge Maßstäbe an den Nachweis dafür gefordert werden müssen, daß die geforderte Miete zur Kostendeckung erforderlich ist und trotz der Mangellage kein Mieter gefunden werden kann.

a) Ein überwiegendes Interesse des Verfügungsberechtigten ist anzuerkennen, wenn infolge der Versagung der Zweckentfremdung eine ernstliche unmittelbare **Existenzgefährdung** eintreten würde. Die Nichterteilung der Genehmigung stellt dann eine fehlerhafte Ausübung des Ermessens dar. Die Wahrung der Belange der Allgemeinheit darf nach ständiger Rspr. nicht durch eine Existenzvernichtung einzelner Glieder **E 67**

der Allgemeinheit erkauft werden. Das war bereits zu § 21 WBewG anerkannt (vgl. Fellner-Fischer § 21 WBewG Rdn 10 m. w. Nach., BVerwG MDR 56, 633) und gilt auch für den Anwendungsbereich des vergleichbaren § 21 WoBindG (vgl. Fischer-Dieskau-Pergande, Wohnungsbaurecht § 12 WoBindG Anm. 4 m. w. Nachw.). Diese Voraussetzungen liegen nicht vor, wenn auf Grund der Zweckentfremdung eine Existenzgründung ermöglicht oder die zur Gründung einer Existenz erforderlichen Mittel beschafft werden sollen. Ein überwiegendes Interesse liegt in der Regel auch dann nicht vor, wenn auf Grund der Zweckentfremdung der Verfügungsberechtigte die frühere Höhe seines Einkommens wieder zu erreichen beabsichtigt.

E 68   b) Private Maßnahmen zur **Erneuerung und Modernisierung** nicht mehr zeitgemäßer Wohnräume können ebenfalls ein überwiegendes Interesse an der Genehmigung rechtfertigen, soweit sie überhaupt genehmigungsbedürftig sind (s. dazu Rdn E 53). Gegebenenfalls ist die Genehmigung angemessen zu befristen, falls durch solche Maßnahmen nur eine zeitweilige Aufgabe des Wohnzwecks gerechtfertigt ist.

Die Genehmigung kann auch dann erteilt werden, wenn der Antragsteller ein erhebliches wirtschaftliches Interesse an der zweckfremden Nutzung des Wohnraumes hat, ohne daß seine Existenz durch eine ablehnende Entscheidung gefährdet würde, falls der Wohnraum nur noch einen äußerst geringen Wohnwert hat (z. B. schlechter baulicher Zustand, mangelhafte Ausstattung, äußerst ungünstige Verkehrslage). Eine Genehmigung ist aber dann entbehrlich, wenn es sich überhaupt nicht mehr um schutzwürdigen Wohnraum handelt (s. Rdn E 30).

E 69   c) Die Genehmigung kann erteilt werden, wenn der Verfügungsberechtigte den Wohnraum abbrechen will, um auf dem Grundstück **neuen Wohnraum** zu errichten, der mindestens dem verlorenen Wohnraum flächenmäßig entspricht (s. dazu näher Rdn E 51). Gleiches gilt insbesondere, wenn solcher Wohnraum abgebrochen werden soll, dessen Bezug einem Wohnungssuchenden wegen seines schlechten baulichen Zustandes oder seiner äußerst schlechten Ausstattung nicht mehr zuzumuten ist, woran allerdings strenge Anforderungen zu stellen sind (s. Rdn E 30).

Das Interesse einzelner Mieter am Erhalt ihrer bisherigen Wohnungen spielt bei der Entscheidung über die Erteilung oder Versagung der Genehmigung eine untergeordnete Rolle, weil das Zweckentfremdungsverbot keinen mieterschützenden Charakter hat. Die Mieter werden durch die zivilrechtlichen Kündigungsschutzvorschriften hinreichend geschützt (OVG Münster ZMR 82, 77). Etwas anderes kommt allerdings dort in Betracht, wo durch eine beabsichtigte Zweckentfremdung eine Vielzahl von sozial schwachen Mietern betroffen wird, die gerade auf diesen Wohnraum besonders angewiesen sind. Hier folgt aus der Notlage der einzelnen Mieter regelmäßig ein besonderes öffentliches Interesse am Erhalt des Wohnraums (einschränkend: BVerwG ZMR 85, 423 = NJW RR 86, 170: Es sei Sache des Eigentümers zu entscheiden, ob

IV. Erteilung und Versagung der Genehmigung E 70

er Eigentümer von Räumen der einen oder der anderen Art zu sein wünscht.).

4. Die Genehmigung setzt grundsätzlich einen bei der zuständigen E 70 Behörde gestellten formlosen **Antrag** voraus. Ist die Zweckentfremdung bereits ohne Genehmigung vorgenommen worden, so kann die Genehmigung auch ohne Antrag mit Bedingungen oder Auflagen nachträglich erteilt werden (BVerwG ZMR 1961 S. 58); das setzt jedoch voraus, daß aus dem Verhalten des durch die Genehmigung Begünstigten die Folgerung gezogen werden kann, daß er die Genehmigung auch mit den üblichen ihn belastenden Beschränkungen erstrebt (Hess VGH ZMR 65, 56 = MieWoE IV Nr. 132).

Antragsberechtigt sind:
a) der Vermieter als Verfügungsberechtigter über den Wohnraum oder ein sonstiger Verfügungsberechtigter; sind mehrere Vermieter vorhanden, müssen alle den Antrag stellen, soweit nicht einer von ihnen dazu von allen übrigen nachweislich bevollmächtigt worden ist.

b) der künftige Verfügungsberechtigte, soweit der derzeitige Verfügungsberechtigte zustimmt und der alsbaldige Übergang der Verfügungsbefugnis feststeht; auf diese Weise ist sichergestellt, daß die Vorhaben des künftigen Verfügungsberechtigten für die Zeit nach dem Erwerb des Wohnraums rechtzeitig auf ihre Zulässigkeit überprüft werden können, was allerdings die Zustimmung des derzeitigen Verfügungsberechtigten voraussetzt; eine solche Sachbehandlung ist auch deshalb zweckmäßig, weil der später Begünstigte auch der Zahlungsverpflichtete und Leistungspflichtige etwaiger Auflagen und Bedingungen sein soll.

c) der Mieter (Pächter) von Wohnraum, der eine Zweckentfremdung beabsichtigt, soweit der Vermieter zu dieser Maßnahme und der Antragstellung seine Zustimmung erteilt hat (OVG Berlin DWW 84, 312 = WM 84, 339). Diese Zustimmung ist schon deshalb erforderlich, weil zunächst die spätere Realisierung des Vorhabens in privatrechtlicher Hinsicht sichergestellt sein muß, um unnötigen Arbeitsaufwand der Behörde zu verhindern.

Die Genehmigung zum Abbruch kann nach der zutreffenden Ansicht des BVerwG (MDR 77, 784) jedoch nicht deshalb erteilt werden, weil sich der Eigentümer infolge des Wiederaufbaus höhere Einnahmen verspricht (s. Rdn E 51, 66). Bei der Abwägung der Interessen des Eigentümers an dem beabsichtigten Abbruch und den diesen entgegenstehenden öffentlichen Interessen sind insbesondere der Zustand und die Erhaltungswürdigkeit der vorhandenen Altbauwohnungen bedeutsam. Ferner ist zu berücksichtigen, ob das Neubauvorhaben möglicherweise geeignet ist, die Lage auf dem Wohnungsmarkt künftig wieder auszugleichen oder gar zu verbessern; Neubauten sind nur dann geeignet, der Bevölkerung Wohnraum zu angemessenen Bedingungen zu verschaffen, und damit einen Beitrag zur Entspannung der Marktlage zu leisten, wenn Wohnungen hergestellt werden, deren Mieten von den breiten

Kreisen der Bevölkerung aufgebracht werden können, möglicherweise unter Einsatz von Wohngeldleistungen. Sind Wohnungen in einem Gebäude tatsächlich bewohnt, ohne daß dieser Zustand nach den landesrechtlichen Vorschriften über die Wohnungsaufsicht rechtswidrig ist, so ist bei einem beabsichtigten Abbruch nach der zutreffenden Ansicht des BVerwG das Genehmigungsverfahren auch dann durchzuführen, wenn das private Interesse des Eigentümers an einer Beseitigung des Gebäudes das öffentliche Interesse an dessen Erhaltung offensichtlich überwiegen sollte.

E 71 5. Wird die Genehmigung nicht erteilt, so darf der Raum auch weiterhin nur als Wohnraum genutzt werden. Somit darf auch im Falle der Ablehnung des Antrags die Wohnraumnutzung nicht geändert werden, selbst wenn der Bescheid angefochten wird. Erst die **erteilte Genehmigung** schafft die **Befreiung vom Verbot der Zweckentfremdung.**

E 72 6. Wenn es auch im Ermessen der Behörde liegt, ob und wie sie eine Zweckentfremdungsgenehmigung erteilt, so liegt es nicht in ihrem Ermessen, einen verbotswidrigen Zustand nach dessen Feststellung zu dulden. Einen verbotswidrigen Zustand muß die Behörde vielmehr erforderlichenfalls mit Mitteln des Verwaltungszwanges beseitigen, oder aber nachträglich genehmigen (BVerwG ZMR 61, 58). (Zur Anordnung der sofortigen Vollziehung der behördlichen Verfügung, die unter den Voraussetzungen des § 80 II Nr. 4 VwGO auch nachträglich bestimmt werden kann, vgl. Hess VGH WM 74, 189).

In der **stillschweigenden Duldung** eines der Behörde bekannten Zustandes kann aber keine Genehmigung liegen, obwohl Art. 6 MVerbG für die Zweckentfremdungsgenehmigung keine Schriftform vorsieht; schweigendes Dulden hat nämlich nicht die Gestattung eines rechtswidrigen Zustandes oder die Erteilung einer Erlaubnis zur Folge, falls das Gesetz diese nicht ausnahmsweise nach Ablauf einer bestimmten Zeit fingiert (Wolff, Verwaltungsrecht I, S. 363).

7. Die Genehmigung einer vorübergehenden Zweckentfremdung ist grundsätzlich an **Person, Raum und Zweck** gebunden; mit einem Wechsel des Rauminhabers oder des Verwendungszwecks endet somit die Genehmigung (s. unten Rdn E 88). Dann ist der Raum wieder als Wohnraum zu behandeln (Art. 6 § 1 II 2 MVerbG). Es liegt aber im Ermessen der Behörde, ob sie die Genehmigung auf die Person eines einzelnen Mieters oder eines bestimmten Zwecks beschränkt oder ob sie diese für alle künftigen Vermietungsfälle erteilt (Hess. VGH ZMR 65, 56 = MieWoE IV Nr. 132; Fricke FWW 75, 323). Die einem Wohnungsmieter erteilte Zweckentfremdungsgenehmigung ist stets an die Person des Mieters gebunden und vom Bestand des Mietverhältnisses abhängig; trotz dieser zeitlichen Begrenzung der Genehmigung ist es zulässig, dem Mieter die Auflage zur Zahlung eines Ausgleichsbetrages (s. unten Rdn E 81) zu machen (OVG Berlin MieWoE IV Nr. 48).

Fällt der Wohnraum deshalb nicht unter das Zweckentfremdungsver-

IV. Erteilung und Versagung der Genehmigung   E 73, 74

bot, weil er bereits vor Inkrafttreten des jeweiligen ZwEG in Geschäftsraum umgewandelt wurde, ist ein Wechsel in der Person des Nutzungsberechtigten für sich allein nicht geeignet, den Raum wieder dem Genehmigungsvorbehalt des ZwEG zu unterstellen (OVG Hamburg MDR 77, 786 = DWW 77, 140).

8. Auch für die **ordentlichen Gerichte** (Amts- und Landgericht) kann **E 73** im **Räumungsprozeß** die Entscheidung der Verwaltungsbehörde über die Erteilung oder Versagung der Zweckentfremdungsgenehmigung entscheidungserheblich sein. Nach § 564b II Nr. 3 BGB stellt es ein berechtigtes Interesse an der Beendigung des Mietverhältnisses (Kündigungsgrund) dar, wenn der Vermieter durch die Fortsetzung des Mietverhältnisses an einer angemessenen wirtschaftlichen Verwertung des Grundstücks gehindert und dadurch erhebliche Nachteile erleiden würde; als eine angemessene anderweitige Verwertung des Grundstücks kann auch die Verwendung der bisherigen Wohnräume zu Geschäftszwecken oder aber ein völliger (bzw. teilweiser) Abbruch des Gebäudes zwecks anschließendem Wiederaufbau in Betracht kommen (s. Rdn E 69). Ergibt sich bereits aus dem Klagevortrag des Vermieters oder aber aus den erwiesenen Einwendungen des beklagten Mieters, daß die dem Räumungsprozeß zugrundeliegende Kündigung zum Zwecke einer beabsichtigten Zweckentfremdung des Wohnraums ausgesprochen wurde, muß das Gericht incidenter die Vorfrage entscheiden, ob die beabsichtigte anderweitige Verwertung im Einzelfall unter ein bestehendes Zweckentfremdungsverbot nach dem ZwEG fällt. Kann das Gericht diese Vorfrage aus eigener Sach- und Rechtskenntnis negativ entscheiden (z. B weil der Ort nicht von der Landesregierung in der Verordnung benannt wurde), bedürfen die Gesichtspunkte des ZwEG keiner weiteren Beachtung im Räumungsrechtsstreit. Andernfalls wird wie folgt zu verfahren sein.

a) Das Gericht wird bei rechtlichen oder tatsächlichen Zweifeln über **E 74** die Erforderlichkeit einer Zweckentfremdungsgenehmigung die zuständige Verwaltungsbehörde um eine **amtliche Auskunft** (§ 272b II 2 ZPO) zu ersuchen haben. Die Behörde ist im Rahmen ihres Zuständigkeitsbereichs zur Erteilung dieser Auskunft verpflichtet. Die Auskunft kann sowohl tatsächliche als auch rechtliche Zweifelsfragen klären. Die amtliche Auskunft kann vom Gericht sowohl auf Antrag als auch von Amts wegen eingeholt werden. Enthält die Auskunft eine gutachtliche Stellungnahme der Fachbehörde, ist sie als Sachverständigengutachten anzusehen, dessen Verwertung nicht widersprochen werden kann (Baumbach-Lauterbach, Übers. 5 vor § 373 ZPO).

b) Erklärt die Verwaltungsbehörde, daß eine Zweckentfremdungsgenehmigung aus bestimmten Gründen nicht erforderlich sei, so ist das Gericht mangels einer dahingehenden Vorschrift daran an sich nicht gebunden; aus Zweckmäßigkeitsgründen sollte sich aber das Gericht an die Auffassung der sachkundigeren Behörde grundsätzlich halten.

E 75 **c)** Fällt die vom Vermieter beabsichtigte Verwertung des Mietobjekts unter das Zweckentfremdungsverbot, so ist die Kündigung nur wirksam, wenn die Zweckentfremdungsgenehmigung bereits erteilt ist und dieser Umstand im Kündigungsschreiben erwähnt wird (OLG Hamburg (RE) vom 25. 3. 1981 RES § 564b BGB Nr. 6); Hoppmann BlGBW 74, 44; Schmidt-Futterer WM 71, 197; a. A.: Löwe NJW 72, 1913). Die nur beabsichtigte Zweckentfremdung berechtigt nicht zur Kündigung; der Vermieter kann deshalb nicht geltend machen, daß er das Zweckentfremdungsverfahren erst nach Abschluß des Räumungsverfahrens betreiben wolle (Kurtenbach Betrieb 71, 2453).

Das Gericht hat das Fehlen der erforderlichen Genehmigung von Amts wegen im Rahmen der Schlüssigkeitsprüfung der Räumungsklage zu berücksichtigen; kommt der Vermieter einem Hinweis des Gerichts (§ 139 ZPO) auf diese Rechtslage nicht durch Vorlage der bereits erteilten Genehmigung nach, ist die Klage als nicht begründet abzuweisen und die Kündigung muß ordnungsgemäß wiederholt werden (s. Rdn B 506). An eine von der Verwaltungsbehörde erteilte Genehmigung sind die ordentlichen Gerichte gebunden. Die Aussetzung des Räumungsprozesses nach § 148 ZPO bis zur Entscheidung der Verwaltungsbehörde über einen Genehmigungsantrag des Vermieters ist in derartigen Fällen nicht zulässig, weil die geltend gemachte Kündigung unwirksam ist und auch durch eine spätere Genehmigung nicht rückwirkend wirksam werden kann (zutr. Hoppmann a. a. O.; Tibbe a. a. O.; a. A. Löwe a. a. O.; Palandt-Putzo § 564b BGB Anm. 8b, aa). Die Aussetzung des Verfahrens und die Berücksichtigung einer erst nach der Kündigung oder sogar im Räumungsprozeß erteilten nachträglichen Genehmigung widerspräche im übrigen auch § 564b III BGB, wonach die maßgebenden Kündigungsgründe grundsätzlich bereits im Kündigungsschreiben geltend zu machen sind (s. Rdn B 711).

Der Mieter ist zur Anfechtungsklage gegen die dem Vermieter erteilte Genehmigung zum Abbruch seiner Wohnung berechtigt (VG Münster WM 76, 107; a. A. VG Hamburg WM 83, 172 s. Rdn E 111).

V. Befristungen, Bedingungen und Auflagen

E 76 Nach Art. 6 § 1 II 3 MVerbG ist es zulässig, die Genehmigung der Zweckentfremdung zu befristen oder nur unter Bedingungen und mit Auflagen zu erteilen. Dadurch kann den unterschiedlichen örtlichen Verhältnissen des jeweiligen Wohnungsmarktes und seiner künftigen Entwicklung bei einer sachgemäßen Entscheidung des Einzelfalles Rechnung getragen werden. Ebenso wie die Erteilung oder Versagung der Genehmigung im Ermessen der Behörde liegt, ist es Ermessenssache, ob und wie die Genehmigung durch Befristungen, Bedingungen oder Auflagen zu begrenzen ist. Den zuständigen Behörden wird da-

V. Befristungen, Bedingungen und Auflagen E 77-79

durch ein unerläßliches Steuerungsmittel zur Verwirklichung der am jeweiligen Ort erforderlichen Maßnahmen übertragen.

1. Die **Befristung** der Genehmigung kommt vor allem beim Leerste- E 77 henlassen und der gewerblichen Benutzung von Wohnraum in Betracht. Es erscheint auch zweckmäßig, die Genehmigung in sonstigen Fällen grundsätzlich nur für einen befristeten Zeitraum zu erteilen, wenn die Zweckentfremdung entweder gar keine oder nur geringfügige bauliche Veränderungen voraussetzt. Ausnahmefälle (z. B. Existenzgefährdung) können jedoch auch dann die Erteilung einer unbefristeten Genehmigung rechtfertigen.

Es ist auch allgemein zweckmäßig und zulässig, eine Bestimmung darüber zu treffen, binnen welcher angemessenen Frist von der Genehmigung Gebrauch gemacht werden muß, während sie sonst erlischt. Auf diese Weise kann verhindert werden, daß sich der Verfügungsberechtigte erteilte Genehmigungen auf Vorrat beschafft und davon erst zu einem ihm genehmen Zeitpunkt Gebrauch macht, in dem erheblich veränderte Umstände gegenüber dem Zeitpunkt der Genehmigung vorliegen. Die Landesbauordnungen sehen für Baugenehmigungen vergleichbare gesetzliche Regelungen vor. Die berechtigten Belange des Verfügungsberechtigten und sein Interesse, sich für die Durchführung der Zweckentfremdung einen ihm günstigen Zeitpunkt auswählen zu dürfen, können durch entsprechende Bemessung der Frist berücksichtigt werden.

2. Eine aufschiebende **Bedingung** macht die Rechtswirksamkeit der E 78 Genehmigung von dem Eintritt eines künftigen ungewissen Ereignisses abhängig; dieses künftige Ereignis muß als Inhalt der Bedingung genau festgelegt werden. Die Genehmigung unter der aufschiebenden Bedingung ist insbesondere am Platze, wenn infolge der Zweckentfremdung die bisherigen Mieter ihren Wohnraum verlassen müssen; die Genehmigung sollte dann nur so erteilt werden, daß vor der Zulässigkeit der Zweckentfremdung den Mietern angemessener Ersatzwohnraum zu zumutbaren Bedingungen beschafft oder nachgewiesen worden ist. Anderenfalls ist die erstrebte Zweckentfremdung (z. B. Einrichtung von Geschäftsräumen) mit den öffentlichen Interessen unvereinbar und zu unterbinden.

3. Wird die Genehmigung an eine **Auflage** geknüpft, ist ihr Bestand E 79 von der Erfüllung der Auflage grundsätzlich nicht abhängig, abgesehen von der Möglichkeit des Widerrufs (s. unten Rdn E 90). Eine Auflage ist eine hoheitliche Anordnung, die selbständig zum Hauptinhalt des Verwaltungsaktes (hier der Genehmigung) hinzutritt, dessen rechtliches Schicksal sie nicht schlechthin teilt. Sie unterscheidet sich von der Bedingung dadurch, daß sie selbständig ist und den Hauptinhalt der Genehmigung ergänzt. Die Erfüllung von Auflagen ist im Wege der Verwaltungsvollstreckung für die Behörde erzwingbar (s. unten Rdn E 93).

a) Die Genehmigung einer Zweckentfremdung, welche vorhandenen Wohnraum endgültig beseitigt, kann grundsätzlich mit der Auflage erteilt werden, daß der Antragsteller ersatzweise anderen Wohnraum in angemessener Größe und zu angemessenen Bedingungen für die Mieter erstellt oder statt dessen einen zweckgebundenen einmaligen Ausgleichsbetrag zahlt. Im Zweifel ist das Verlangen der Behörde bei der Erteilung der Genehmigung, einen Entschädigungsbetrag zu zahlen und Ersatzwohnraum zu schaffen, als Auflage anzusehen; der baurechtlichen Abbruchgenehmigung steht somit die Nichterfüllung dieser Auflage nicht entgegen (VG Köln ZMR 77, 309).

E 80 aa) Die Genehmigung kann unter der **Auflage** erteilt werden, einen bestimmten **Ausgleichsbetrag** zu zahlen (BVerfG NJW 75, 727 = MDR 75, 465; BVerwG NJW 78, 1018 = ZMR 78, 186; OVG Münster ZMR 77, 92; Hoppmann BlGBW 74, 44; a. A. Otto DWW 72, 159 u. ZMR 73, 99). Rechtmäßig ist eine solche Zahlungsauflage nur, wenn für die Erteilung einer Zweckentfremdungsgenehmigung selbst Raum ist (BVerwG NJW 83, 2893 = WM 84, 139). Der Art. 6 MVerbG geht davon aus, daß Wohnraum erhalten und Wohnzwecken dienen muß, so daß Genehmigungen zur Zweckentfremdung nur ausnahmsweise erteilt werden dürfen. Wird aber dem Antragsteller ausnahmsweise gestattet, den Wohnraum dem eigentlichen Zweck zu entfremden, ist es gerechtfertigt und nach Art. 14 II GG im Hinblick auf die Sozialbindung des Eigentums geboten, ihm hierfür ein finanzielles Opfer aufzuerlegen, das als Äquivalent für den verlorengegangenen und somit als Finanzierungsbeitrag für den erforderlicherweise zu errichtenden Wohnraum anzusehen ist. Die Forderung von Ausgleichsbeträgen (Abstandssummen, Ablösungssummen oder Baukostenbeiträgen) war schon während der Geltungsdauer des § 21 WBewG nicht unüblich und ist heute nach der Neufassung des § 12 III S. 2 WoBindG (WoBauÄndG 73 vom 21. 12. 1973 – BGBl. I S. 1970) ausdrücklich zugelassen. Auch im früheren Zweckentfremdungsverbot des § 21 WBewG, wonach gleichlautend mit Art. 6 § 1 MVerbG die Erteilung der Genehmigung durch Auflagen eingeschränkt werden durfte, war die Zulässigkeit der Erhebung von Ausgleichsbeträgen anerkannt, obwohl die bundesrechtliche Regelung diese Möglichkeit auch dort nicht ausdrücklich vorsah (BVerwG ZMR 61, 58; VG Wiesbaden BBauBl 66, 74 = MieWoE IV Nr. 192 m. w. Nachw.). Dabei wurde davon ausgegangen, daß es im pflichtgemäßen Ermessen der Behörde liegt, ob und in welchem Umfang sie Ausgleichsbeträge zur Auflage macht, selbst wenn nähere landesrechtliche Regelungen darüber nicht vorliegen, soweit der Ausgleichsbetrag zur Schaffung von Ersatzwohnraum geeignet und bestimmt ist und der Gleichheitsgrundsatz (Art. 3 GG) bei der Behandlung der Einzelfälle eingehalten wird (BVerwG in MieWoE IV, 94). Auch der Neufassung des § 12 III S. 2 WoBindG liegt die Erwägung zugrunde, daß nach der bisherigen Rechtspraxis die Auferlegung angemessener Ausgleichszahlungen im Einklang mit allgemeinen Rechtsgrundsätzen steht, so daß es sich insoweit nur um eine Klarstellung handelt (BT-Drucks. 7/1181, S. 5 und 7/855, S. 20). Im übrigen wird auch die Zulässigkeit von Ausgleichsbeträgen anläßlich der Frei-

V. Befristungen, Bedingungen und Auflagen E 81, 82

stellung des Bauherrn von seiner Verpflichtung zur Schaffung und Erhaltung von Kfz-Stellplätzen und Garagen nach den Landesbauordnungen (vgl. § 69 Ziff. 11 LBO Bad.-Württ.) anerkannt (BVerwG DVBl 67, 43 m. zust. Anm. v. Wach DVBl 67, 47; BGHZ 35, 20; 26, 84); in diesen Fällen liegen dem Ausgleichsbetrag durchaus vergleichbare Erwägungen zugrunde, wie sie für einen Ausgleichsbetrag nach dem ZwEG gelten. Die Genehmigung mit der Auflage der Zahlung eines Ausgleichsbetrages hat vor allem die Wirkung, daß ein Rechtsgrund für die Beitreibung des Betrages geschaffen wird, wenn die Verfügung unanfechtbar geworden ist. Wohnungsmängel stehen der Festsetzung einer Ausgleichsabgabe nicht entgegen, wenn die Wohnung mit vertretbarem Aufwand wieder bewohnbar gemacht werden kann (BVerwG MDR 83, 82) oder wenn die Wohnungen tatsächlich bewohnt sind, ohne daß dieser Zustand nach den landesrechtlichen Vorschriften über die Wohnungsaufsicht rechtswidrig ist (BVerwG 54, 60; OVG Berlin DWW 84, 312 = WM 84, 339).

bb) Die Berechnung und **Höhe des Ausgleichsbetrages** darf jedoch E 81 nicht willkürlich festgesetzt werden, sondern muß nach sachlichen Kriterien erfolgen, die mit dem Zweck des Zweckentfremdungsverbots in Einklang stehen (BVerfG a. a. O.; BVerwG a. a. O.). Auch die Festsetzung der Höhe des Ausgleichsbetrages liegt grundsätzlich im Ermessen der Behörde; angemessen sind solche Ausgleichsbeträge die einerseits dazu geeignet sind, die Schaffung von Ersatzraum im sozialen Wohnungsbau zu fördern und andererseits den Antragsteller nach den Umständen des Einzelfalls nicht über Gebühr belasten (VG Wiesbaden BBauBl. 66, 74 = MieWoE IV Nr. 192).

Der einmalige Ausgleichsbetrag dient dem Ausgleich des vom Antrag- E 82 steller erstrebten und genehmigten Wohnraumverlustes. Für die Höhe dieses Betrages werden grundsätzlich die zur Schaffung einer gleichgroßen Wohnfläche im sozialen Wohnungsbau einzusetzenden öffentlichen Mittel, oder aber zumindest die zur Verbilligung dieser Baukosten aufzuwendenden öffentlichen Zuschüsse als Ausgangswert maßgebend sein müssen. Deshalb muß dieser Betrag zweckgebunden für die Errichtung von Ersatzwohnraum verwendet werden. Die Höhe der Summe wird nach der Fläche des Wohnraums zu berechnen sein, der zweckentfremdet wird; diese Fläche ist sachgerecht nach den Sondervorschriften der §§ 42–44 der II. Berechnungsverordnung zu ermitteln. Der jeweils geltende Höchstbetrag sollte in den örtlichen Verwaltungsrichtlinien zur Verhinderung von Ermessensfehlern der Behörde und Klarstellung für die Betroffenen festgelegt werden. Eine Neufestsetzung dieser Höchstsumme ist bei einer wesentlichen Veränderung des ihr zugrundegelegten Baukostenindex zulässig; es bedarf hierfür keiner Wertgleitklausel, obwohl eine derartige Begrenzung der Erhöhungsbefugnis durch festgelegte Voraussetzungen zweckmäßig erscheint. In jedem Fall muß der Ausgleichsbetrag geringer sein als die Kosten für die Erstellung vergleichbaren Wohnraums. Im übrigen müssen bei der Festsetzung der Ablöse-

E 83 Teil E. Zweckentfremdungsverbot

summe die entscheidungserheblichen Umstände des Einzelfalls gebührend berücksichtigt werden; so können der vom Antragsteller erstrebte Vorteil, die Lage und der Zustand des Wohnraums sowie seine Erhaltungswürdigkeit und der Umfang des zu errichtenden Ersatzwohnraums eine mehr oder minder große Herabsetzung der Höchstsumme gebieten. Haben Räume keinen eigentlichen Wohnwert (z. B. gefangener oder fensterloser Raum, gesundheitsschädigende Geräuschbelästigungen, fehlende Heizmöglichkeit), so kann dafür auch kein Ausgleichsbetrag verlangt werden (VG Berlin MieWoE IV 193). Auch die geringerwertige Ausstattung und Beschaffenheit kann im Verhältnis zu einem Neubau bei der Festsetzung der Höhe des Ausgleichsbetrages angemessen berücksichtigt werden (zur zulässigen Höhe von Ausgleichsbeträgen im Lande NRW vgl. VG Münster ZMR 75, 26 = WM 74, 137 und OVG Münster ZMR 77, 92. Dazu führt das OVG a. a. O. aus, daß der Wert des Wohnraums, der zweckentfremdet werden soll, und der Vorteil, der sich aus der Zweckentfremdung für den Antragsteller ergibt, sachgerechte Kriterien zur Festsetzung der Höhe der Geldleistungen sind, die mit der Zweckentfremdungsgenehmigung auferlegt werden können, auch wenn es andere sachgerechte Kriterien für die Festsetzung der Höhe des Ausgleichsbetrags gebe. Die Bemessung in NRW folgt einer festen Skala nach den Richtlinien des JM, nach welcher bei einem Wohnwert von unter 35% keine Abstandssumme angefordert wird, bei 35% 50.– DM und dann proportionale Steigerungen bis zu 200.– DM für 100%igen Wohnwert vorgesehen sind; bei der Bemessung werden Bausubstanz, Wohnungslage, Beschaffenheit usw. berücksichtigt. Stundungen und Ratenzahlungen werden gegen eine angemessene Verzinsung der geschuldeten Ablösesumme zu bewilligen sein, wenn dafür Billigkeitsgründe sprechen. Für das Land Bremen hat das OVG Bremen (WM 83, 173 = ZMR 83, 355) entschieden, daß es nicht ermessensfehlerhaft sei, wenn die Abstandssumme nach dem Wohnwert des Objekts festgesetzt wird (zw. DM 50.– und 200.–/qm).

E 83 cc) Die Auflage der Zahlung eines angemessenen Ausgleichsbetrags ist jedoch dann nicht gerechtfertigt, wenn im Einzelfall die Billigkeit einer solchen Verpflichtung widerspricht. Das ist insbesondere dann der Fall, wenn die wirtschaftliche Existenz des Antragstellers infolge dieser Auflage ernstlich und unmittelbar gefährdet werden würde, die Genehmigung angesichts einer drohenden Existenzgefährdung erteilt werden soll oder sich der Verfügungsberechtigte verpflichtet, binnen angemessener Frist gleichwertigen Ersatzwohnraum zu schaffen (VGH Mannheim NJW 83, 696). Auch dann sind derartige Auflagen grundsätzlich nicht gerechtfertigt, wenn die Genehmigung zur Zweckentfremdung deshalb erteilt wird, weil diese Maßnahme dem öffentlichen Interesse entspricht (OVG Münster DWW 78, 289 = ZMR 79, 58 = WM 79, 131 für den Fall, daß in den bisherigen Wohnräumen ein Gericht untergebracht werden soll). Im übrigen hindern aber die dem Verfügungsberechtigten zuzubilligenden überwiegenden Interessen als Grundlage der Genehmi-

V. Befristungen, Bedingungen und Auflagen E 84

gung nicht die Erteilung einer Auflage zu einer Ausgleichszahlung oder zur Erstellung von Ersatzwohnraum (a. A. Otto ZMR 73, 99; wie hier VG Münster WM 76, 37; 76, 107).

dd) Von der Zahlung eines Ausgleichsbetrages ist der Antragsteller **E 84** freizustellen, wenn er binnen angemessener Frist einer dem Wohnraumverlust entsprechende Zahl von **Wohnungen** erneut **errichtet.** Gleiches gilt, wenn bisher nicht als Wohnraum genutzte Räume in Wohnraum umgewandelt werden (VGH Mannheim NJW 80, 254; abweichend OVG Berlin DWW 84, 312 = WM 84, 339, wonach die Auflage zur Zahlung eines Ausgleichsbetrags auch dann zulässig ist, wenn der Verfügungsberechtigte Räume frei macht, die bisher als Geschäftsraum verwendet wurden und nunmehr wieder Wohnzwecken zugeführt werden sollen). Dabei wird auch zu berücksichtigen sein, ob der neu geschaffene Wohnraum nach seiner Beschaffenheit, seiner Ausstattung und dem geforderten Mietzins als Marktausgleich für den verlorenen Wohnraum anzuerkennen ist oder ob es sich dabei um besonders hochwertige und teure Wohnungen handelt. Die Regelung des Landes NRW (Min.Bl. NRW 72, 858), wonach die Freistellung nur erfolgen darf, wenn der Antragsteller neuen Wohnraum mit einer wesentlich größeren Gesamtwohnfläche errichtet, wird vom Gesetzeszweck nicht mehr gedeckt (insoweit zutr. Otto ZMR 73, 99; DWW 72, 159; Hoppmann BlBGW 74, 44). Die Freistellung kann auch teilweise erfolgen. Soweit der Antragsteller ohne Zusammenhang mit der Zweckentfremdung auf einem anderen Grundstück anderweitigen Wohnraum erstellt, wird das auf die Zahlung des Ausgleichsbetrages keinen Einfluß haben können. Beim Verlust einzelner Wohnräume gelten die obigen Ausführungen entsprechend. Es ist zweifelhaft, ob neben der Verpflichtung zur Schaffung von entsprechendem Ersatzwohnraum die zusätzliche Verpflichtung auferlegt werden darf, diesen neuen Wohnraum zu einem geringeren Mietzins als der ortsüblichen Vergleichsmiete oder sogar an bestimmte Wohnungssuchende zu vermieten. Solche Zusatzverpflichtungen werden von der Ermächtigung des Art. 6 MVerbG nicht mehr als gedeckt angesehen werden können, selbst wenn der verlorengehende Wohnraum besonders preisgünstig und somit für wirtschaftlich schwache Bevölkerungskreise besonders geeignet war. Für erhaltungswürdige Gebäude mit mietgünstigem Wohnraum kann aber in derartigen Fällen die Genehmigung auch dann grundsätzlich versagt werden, wenn der Antragsteller bereit ist, neuen Wohnraum zu schaffen, soweit die dafür zu entrichtende Miete erheblich über dem bisherigen Mietbetrag liegt; hier fehlt es an einem überwiegenden berechtigten Interesse des Verfügungsberechtigten. Die Auflage, für den Ersatzwohnraum nur die ortsübliche Vergleichsmiete verlangen zu dürfen, ist zulässig (s. Rdn C 53).

Zutreffend geht die Rechtsprechung bei der Beurteilung dieses Problemkreises davon aus, daß die Auflage eines Ausgleichsbetrages nicht schon deshalb schlechthin unzulässig ist, weil der Antragsteller anstelle des vernichteten Wohnraums gleichgroßen Neubauwohnraum zur Verfügung stellen wird; denn der Zweck des Gesetzes geht vorrangig dahin, alten und preiswerten Wohnraum zu erhalten, so daß die Auflage einer Geldleistung zumindest dann in Übereinstimmung mit dem öffentlichen Interesse steht, wenn der Mietzins für den Ersatzraum nicht unwesentlich teurer ist, zumal die Verfügbarkeit über den geschützten Wohnraum jedenfalls zeitweilig verloren geht (BVerwG NJW 78, 1018 = ZMR 78, 186; OVG Münster ZMR 77, 92). In Sanierungsfällen mag insoweit etwas anderes gelten. (Vgl. dazu auch VG Münster WM 76, 37; 76, 107).

E 85 ee) Das **BVerfG** bestätigt in seiner Entscheidung vom 4. 2. 1975 (NJW 75, 727 = MDR 75, 465) die Zulässigkeit eines Ausgleichsbetrages als Auflagen i. S. des Art. 6 MVerbG mit dem Hinweis, daß diese sich streng am Zweck des Art. 6 I 1 MVerbG auszurichten haben; insbesondere dürfe die Auferlegung von Geldleistungen nicht zu fiskalischen Zwecken mißbraucht werden, so daß sie ausscheide, wenn die Genehmigung nicht im privaten, sondern im öffentlichen Interesse erteilt wird. Ausdrücklich hebt das BVerfG die auch hier vertretene Ansicht als zutreffend hervor, daß zur Entscheidung über die Zulässigkeit von Abstandsgeldern auf die Grundsätze zurückgegriffen werden kann, die unter der Geltung des § 21 WohnraumbewirtschaftungsG vom 31. 3. 1951 entwickelt worden sind, wobei die tatsächliche Veränderung auf dem Wohnungsmarkt gegenüber der damaligen Zeit gebührend zu beachten ist. Die in der Verordnung des Landes NRW vom 22. 2. 1972 vorgesehenen Ausgleichsbeträge zwischen 50.– DM und 200.– DM pro m^2 sind vom VG Münster (ZMR 75, 26) als verfassungsgemäß mit der Maßgabe anerkannt worden, daß sie den Ermächtigungsrahmen des Art. 6 § 1 I MVerbG nicht überschreiten; so auch OVG Münster ZMR 77, 92 (s. dazu Rdn E 81). Mit der Entscheidung vom 2. 12. 80 (DWW 81, 45 = ZMR 81, 149 = BlGW 81, 78 = DVGL 81, 379 mit Anmerkung Meyer) hat das Bundesverfassungsgericht diese Grundsätze dahingehend weiterentwickelt, daß der Grundatz der Verhältnismäßigkeit dann verletzt ist, wenn anstelle veralteten Wohnraums vermehrter neuer, nicht luxuriöser Wohnraum geschaffen wird. An dieser Entscheidung ist allerdings bedenklich, daß die Mietpreisunterschiede zwischen dem bestehenden Wohnraum und dem zu schaffenden Wohnraum nicht hinreichend berücksichtigt werden. Das Ziel des Gesetzes – Erhaltung des preiswerten Wohnraums – kann so nicht erreicht werden (ebenso: Gütter WM 81, 147).

Man darf in diesem Zusammenhang nicht davon ausgehen, daß durch die Schaffung von teuren Neubauwohnungen der problematische Teilmarkt für Altbauwohnungen entlastet wird. Auf diesen Teilmarkt sind breite Bevölkerungsgruppen angewiesen, die sich aufgrund ihrer schlechten Einkommens- und Vermögensverhältnisse keine teure Wohnung leisten können. Bei der gegenwärtigen Arbeitsmarktlage wird diese Bevölkerungsgruppe eher größer als kleiner, so daß die Nachfrage nach preisgünstigen Wohnungen steigt. Die durch die Errichtung von Neubauwohnungen eintretende Entlastung muß demgegenüber als ge-

VI. Erlöschen der Genehmigung

ring eingestuft werden, weil die Bereitschaft der besserverdienenden Mieter zur Aufgabe der bisherigen preisgünstigen Wohnung nicht allzu hoch ist. Demgemäß sollte der Bestand an preisgünstigen Wohnungen mindestens konstant gehalten werden. Diesem wohnungspolitischen Ziel entspricht es, wenn dem Eigentümer von preisgünstigen Altbauwohnungen zum Ausgleich für den Abriß eine für den Bau von Sozialwohnungen zweckgebundene Zahlung auferlegt wird.

b) Die Genehmigung einer vorübergehenden Zweckentfremdung **E 86** kann mit der Auflage zur Zahlung eines laufenden Ausgleichsbetrages erteilt werden. Sachlich gerechtfertigt für derartige monatliche oder vierteljährliche Abgaben ist der Ansatz des Differenzbetrages zwischen der ortsüblichen Wohnraummiete des zweckfremdeten Raumes (s. Rdn C 53) und einer durchschnittlichen Gewerberaummiete. In Berlin beträgt etwa die durchschnittliche Gewerberaummiete für Zweckentfremdungen nach dem WohnungsbindungsG pro m^2 6,30 DM (Begründung der VO Berlin zu § 3 V). Da der Ausgleichsbetrag aber auch hier nach den oben unter Rdn E 81, 82 erörterten Grundsätzen und somit vor allem nach dem wirtschaftlichen Interesse des Verfügungsberechtigten an der zweckfremden Nutzung im Einzelfall zu bestimmen ist, kann er auch höher als die Mietdifferenz sein.

4. Befristungen, Bedingungen und Auflagen können zulässigerweise **E 87** auch nebeneinander (kumulativ) die Genehmigung beschränken. Wird eine Genehmigung nur unter der befristeten Bedingung der Zahlung eines Ausgleichsbetrages erteilt, so hat die unterlassene Zahlung die Folge, daß die Genehmigung nicht rechtswirksam wird.

VI. Erlöschen der Genehmigung

In folgenden Fällen erlischt die Genehmigung, so daß der Verfügungsberechtigte den Raum wieder Wohnzwecken zuführen muß.

1. Falls die Genehmigung **befristet** erteilt worden ist (s. oben Rdn E **E 88** 77) erlischt sie mit dem Fristablauf. Eine Verlängerung der Frist kann von der Behörde auf Antrag nach pflichtgemäßem Ermessen unter denselben Voraussetzungen wie bei der vorangegangenen Erteilung der Genehmigung bewilligt werden.

2. Eine Genehmigung unter einer **auflösenden Bedingung** (s. oben **E 89** Rdn E 78) erlischt mit dem Bedingungseintritt. Gleiches gilt im Falle der tatsächlichen Beendigung des zweckentfremdenden Gebrauchs des Raums (z. B. Auszug, Tod, Geschäftsaufgabe), soweit die Genehmigung nicht vorbehaltlos für jegliche Weitervermietung oder Weiterbenutzung erteilt worden ist (s. oben Rdn E 72) und keine gesetzliche Mietnachfolge eintritt.

E 90 3. Auch ein rechtmäßiger **Widerruf** der Genehmigung durch die Behörde hat das Erlöschen zur Folge. Da die Genehmigung einen begünstigenden Verwaltungsakt darstellt, ist sie grundsätzlich nur dann widerruflich, wenn sie unter Widerrufsvorbehalt erteilt worden ist. Im übrigen ist der Widerruf nach allgemeinen verwaltungsrechtlichen Grundsätzen nur zulässig, wenn der Antragsteller von der Genehmigung noch keinen Gebrauch gemacht hat und das öffentliche Interesse am Widerruf gegenüber dem Vertrauen auf den Bestand der Genehmigung überwiegt. Hat der Antragsteller die Genehmigung durch falsche Angaben erschlichen oder erfüllt er trotz Abmahnung die ihm erteilten Auflagen nicht (s. oben Rdn E 79); ist ein Widerruf ebenfalls zulässig.

E 91 4. Eine unwirksame Zweckentfremdungsgenehmigung kann von der Behörde zur Klarstellung wieder aufgehoben werden (BVerwG NJW 64, 1150 = DWW 64, 157 zu § 21 WBewG). Unwirksam sind z. B. solche Genehmigungen, in denen eine Freistellung vom Zweckentfremdungsverbot deshalb ausgesprochen wird, weil der Verfügungsberechtigte einen diesem Verbot nicht unterliegenden Raum durch eine Vereinbarung mit der Behörde ersatzweise dem Verbot unterwirft (sog. Freibauvereinbarungen; dazu BVerwGE 4, 11). Die nachträgliche Erkenntnis der Unwirksamkeit einer erteilten Zweckentfremdungsgenehmigung steht ihrem Erlöschen gleich, so daß auch dann der zweckentfremdete Wohnraum wieder Wohnzwecken zur Verfügung gestellt werden muß.

E 92 5. Nach dem Erlöschen der Genehmigung hat der Verfügungsberechtigte unverzüglich dafür zu sorgen, daß der zweckentfremdete Wohnraum wieder Wohnzwecken zugeführt wird (Art. 6 § 1 II 2 MVerbG). Die Zweckentfremdungsgenehmigung ändert den Charakter der Räume als Wohnräume nicht; nur während der Dauer der Genehmigung sind die Räume von ihrer Zweckbestimmung freigestellt. Der Art. 6 MVerbG sieht eine gewissermaßen endgültige Umwandlung des Wohnraums in Nicht-Wohnraum infolge der Zweckentfremdung ebenso wie die vorangegangenen gesetzlichen Zweckentfremdungsverbote nicht vor (Fellner-Fischer § 21 WBewG Rdn 6). Nach dem Erlöschen der Genehmigung ist der Raum somit ohne dahingehende behördliche Verfügung von der Behörde und dem Verfügungsberechtigten wieder als Wohnraum zu behandeln, also zum Wohngebrauch zur Verfügung zu stellen.

VII. Verwaltungszwang

Schrifttum

Derleder, ,,Zwangsvermietung gegen Zweckentfremdung?", ZMR 77, 97;
Binz, ,,Das Verbot der Zweckentfremdung von Wohnraum", NJW 77, 2239 (2243)

E 93 Obwohl Art. 6 MVerbG und die meisten ZwEG keine ausdrückliche Regelung über Zwangsmaßnahmen zur Durchsetzung des Verbots der

VII. Verwaltungszwang
E 94

Zweckentfremdung treffen, sind solche Zwangsmittel nach den Verwaltungsvollstreckungsgesetzen der Länder zulässig. Das gilt auch für die Fälle der Nichterfüllung von Auflagen und Bedingungen. Erfüllt der Verfügungsberechtigte etwa nach erteilter Genehmigung nicht die darin festgelegte Auflage zur Zahlung eines Ausgleichsbetrages, so kann dieser Betrag im Wege der Verwaltungsvollstreckung beigetrieben oder der Widerruf der Genehmigung wegen der schuldhaft nicht erfüllten Auflage ausgesprochen werden. Wäre es der Behörde verwehrt, die üblichen Zwangsmittel bei Verstößen gegen das Zweckentfremdungsverbot anzuwenden, könnte der Gesetzeszweck (s. oben Rdn E 1) nicht erfüllt und die öffentlichen Interessen an der Erhaltung von vorhandenem Wohnraum nicht durchgesetzt werden. In Art. 6 MVerbG liegt trotz des Fehlens einer ausdrücklichen Regelung nach der Rechtsnatur der Materie mit beschlossen, daß die zuständige Verwaltungsbehörde nach einer nicht genehmigten Zweckentfremdung die Wiederherstellung des früheren Zustandes oder die Erfüllung sonstiger auferlegter Verpflichtungen verlangen und mit Mitteln des Verwaltungszwangs durchsetzen kann (a. A. OVG Hamburg ZMR 78, 277; OVG Münster NJW 79, 1058 = DWW 79, 70 = ZMR 79, 178; Binz NJW 77, 2239/2243, der nur die Ahndung als Ordnungswidrigkeit zulassen will).

Der Vollstreckung muß jedenfalls ein unanfechtbarer oder ein für sofort vollziehbar erklärter Verwaltungsakt zugrundeliegen, dessen Ge- oder Verbote mißachtet werden, so daß die angedrohten Zwangsmaßnahmen geboten erscheinen.

Bei der Auswahl der in Betracht kommenden Zwangsmittel hat die Behörde den Grundsatz der Verhältnismäßigkeit zu beachten; von mehreren geeigneten Mitteln muß dasjenige angewandt werden, das den Betroffenen am wenigsten belastet, die Schwere des Eingriffs muß in einem vertretbaren Verhältnis zum Erfolg stehen (Engelhardt, Verwaltungs-Vollstreckungsgesetz/Verwaltungszustellungsgesetz, Kommentar (1988), § 9 Anm. 3).

1. Die Verwaltungsvollstreckung erfolgt durch die Festsetzung eines **Zwangsgeldes,** soweit auf diese Weise ein rechtmäßiger Zustand erreichbar erscheint. (Zur Voraussetzung der Festsetzung des erhaltenen und eines weiteren Zwangsgeldes für den Fall der befristeten Nichterfüllung von Aufgaben vgl. OVG Hamburg MDR 74, 607). Soweit die Vollstreckungsgesetze es zulassen, kann darüberhinaus Erzwingungshaft verhängt werden, wenn ein vorher angewandtes Zwangsmittel erfolglos geblieben ist und wenn seine Wiederholung oder die Anordnung eines anderen Zwangsmittels keinen Erfolg verspricht. Die Erzwingungshaft darf nur vom Gericht angeordnet werden (Art. 104 GG). Nur durch diese Maßnahmen kann der Vermieter gezwungen werden, den zweckentfremdeten Wohnraum weiterzuvermieten (s. Rdn E 94).

2. Die Behörde kann aber auch im Wege der **Ersatzvornahme** einschreiten, wenn der Verfügungsberechtigte dazu Anlaß gibt und der

E 94

gesetzwidrige Zustand nur auf diese Weise zu beseitigen ist. Eine Ersatzvornahme kann von der Behörde auch im Wege baulicher Änderungen vorgenommen werden, wenn diese erforderlich sind, um den Raum wieder Wohnzwecken zuzuführen. Vor der Ersatzvornahme wird die Behörde i. d. R. ein eindeutiges Gebot an den Verfügungsberechtigten zu erlassen haben, worin dieser aufgefordert wird, binnen angemessener Frist die Eignung der Räume zu Wohnzwecken auf seine Kosten wiederherzustellen.

Die Einweisung eines Dritten als Mieter im Wege der Ersatzvornahme ist unzulässig, weil die Vorschrift des Art. 6 MVerbG keine Verpflichtung des Vermieters zum Abschluß eines bestimmten Mietvertrages vorsieht; eine Zwangsvermietung kommt deshalb auch dann nicht in Betracht, wenn die Vollstreckungsgesetze grundsätzlich die Ersatzvornahme zulassen oder die ZwEG ein derartiges Vorgehen der Behörde vorsehen. Der Zuwiderhandlung des Vermieters kann in derartigen Fällen nur nach Rdn E 93 begegnet werden (insow. zutr. Derleder ZMR 77, 97; die abw. Ansicht in der Vorauflage wird aufgegeben).

Derleder a. a. O. will eine Zwangsmittelanwendung in der Weise, daß Dritten vorläufig der Besitz und Gebrauch des Wohnraums behördlich überlassen wird, dann als zulässig ansehen, wenn der Eigentümer seine Mietwohnungen schon jahrelang leerstehen läßt und diese ihre Wohnraumqualität zu verlieren drohen, oder wenn die Verwahrlosung leerstehenden Wohnraums den Wiedereinzug von Mietern faktisch auf unabsehbare Zeit auszuschließen droht, oder wenn Zwangsgeldandrohungen im Hinblick auf den Spekulationswert anderweitiger Grundstücksnutzung keine Aussicht auf Erfolg haben oder wenn an Gebäuden mit vielen leerstehenden Wohnungen der Auszug der letzten Mieter und damit die Brechung des letzten privaten Widerstands gegen Zweckentfremdung und Abbruch von Wohngebäuden bevorsteht. Obwohl derartige Tatbestände ein behördliches Einschreiten zur Erhaltung des Wohnzwecks der Räume gebieten, kann auch eine nur vorläufige Besitzeinweisung weder vom Gesetzeszweck des Art. 6 MVerbG noch von einer anderen gesetzlichen Grundlage als gedeckt angesehen werden, zumal die Rechtsgrundsätze der polizeilichen Obdachloseneinweisung als Notstandsmaßnahme hier keine entsprechende Anwendung finden können. Im übrigen erscheint eine derartige Lösung des Problems wenig praktikabel, weil Wohnungssuchende (außerhalb der anderweitig regelbaren Obdachlosenfälle) kaum bereit sein werden, sich zur Vereitelung von Zweckentfremdungen auf eine nur kurzzeitige und auf ihre persönlichen Bedürfnisse kaum Rücksicht nehmende Übergangsregelung einzulassen.

3. Soweit die Vollstreckungsgesetze der Länder das zulassen, kann auch im Wege der **Zwangsräumung** (z. B. § 89 Hess. Verw. Vollstr. G.) die Beendigung einer ausschließlich gewerblichen oder beruflichen Nutzung des Wohnraums erzwungen werden. Die beabsichtigte Anwen-

VIII. Zuständigkeit und Verfahren　　　　　　　　　　E 96–99

dung von unmittelbarem Zwang muß von der Behörde vorher angedroht werden; die Androhung erfordert nicht die Angabe der konkret beabsichtigten Zwangsmittel im einzelnen (BGH MDR 75, 1006).

4. Der Verwaltungszwang ist sowohl gegen denjenigen zulässig, der **E 96** die zweckwidrige Nutzung selbst durchführt, als auch gegen denjenigen, der sie veranlaßt oder zuläßt. Der Art. 6 MVerbG rechtfertigt sowohl eine Zustands- als auch eine Verhaltenshaftung der die öffentliche Ordnung störenden Beteiligten.

5. Die Maßnahmen der Verwaltungsvollstreckung werden grundsätz- **E 97** lich davon nicht berührt, daß das gesetzwidrige Verhalten im übrigen eine Ordnungswidrigkeit nach Art. 6 § 2 MVerbG darstellt und eine Geldbuße zur Folge hat (s. unten Rdn E 113).

VIII. Zuständigkeit und Verfahren

1. **Zuständig** für die Entscheidung über die Erteilung oder Versagung **E 98** der Zweckentfremdungsgenehmigung sind die kreisfreien Städte sowie die Landkreise, in denen nach den ZwEG eine dem Zweckentfremdungsverbot unterworfene Gemeinde liegt; ausnahmsweise können auch kreisangehörige Gemeinden selbständig für zuständig erklärt werden. Diese Zuständigkeitsregelung ergibt sich überwiegend aus den ZwEG der Länder oder den dazu ergangenen Verwaltungsvorschriften. Fehlt darin eine ausdrückliche Regelung, ist die Zuständigkeit aus den einschlägigen Bestimmungen der Landesverwaltungsgesetze zu entnehmen. Abweichende Zuständigkeitsregelungen haben die Stadtstaaten Berlin, Bremen und Hamburg in ihren ZwEG getroffen.

Die Verwaltungsbehörden führen die Angelegenheiten des Art. 6 **E 99** MVerbG auf der landesrechtlichen Grundlage des jeweiligen ZwEG als Selbstverwaltungsangelegenheit oder als Auftragsverwaltung durch. Die Landesregierung kann im Rahmen ihrer Gesetzgebungsermächtigung nach Art. 6 MVerbG bestimmen, ob sie die Tätigkeit der zuständigen Verwaltungsbehörde als Auftrags- oder Selbstverwaltungsangelegenheit geregelt wissen will (Maunz-Dürig, Art. 28 GG Rdn 30, 31, 33). Wenn die zuständige Behörde nach dem jeweiligen ZwEG im Rahmen der Auftragsverwaltung tätig wird, sind ihre Maßnahmen von der Aufsichtsbehörde sowohl unter dem Gesichtspunkt der Zweckmäßigkeit als auch der Gesetzmäßigkeit zu überprüfen; die Aufsicht obliegt i. d. R. bei kreisfreien Städten und Kreisen dem Regierungspräsidenten und bei kreisangehörigen Gemeinden dem Landrat (Oberkreisdirektor) als unteren staatlichen Verwaltungsbehörden, falls keine abweichende landesrechtl. Regelung getroffen worden ist. Führt die zuständige Verwaltungsbehörde die Aufgaben nach Art. 6 MVerbG als Selbstverwaltungsangelegenheit durch, so steht den vorgenannten Aufsichtsbehörden insoweit nur die Rechtsaufsicht zu; die Maßnahmen sind somit nur hinsichtlich ihrer Gesetzmäßigkeit und nicht hinsichtlich ihrer Zweckmäßigkeit überprüfbar.

E 100 a) Im Genehmigungsverfahren wird die Behörde grundsätzlich nur auf Antrag tätig (s. oben Rdn E 70). Sie hat die zur Begründung des Antrags geltendgemachten Gesichtspunkte von Amts wegen eingehend zu überprüfen. Sind entscheidungserhebliche Gesichtspunkte nicht erwiesen oder unklar, müssen Auskünfte und geeignete Beweise eingeholt oder erhoben werden; in erster Linie wird der Antragsteller verpflichtet sein, auftretende Zweifel durch eigene Auskünfte und ihm zur Verfügung stehende Unterlagen zu beseitigen.

E 101 b) Welches **Amt** der zuständigen Behörde das Genehmigungsverfahren durchzuführen hat und wie eine zweckmäßige Zusammenarbeit mit anderweitig beteiligten Ämtern (z. B. Baubehörde, Gewerbepolizei) herbeigeführt werden kann, hat die zuständige Verwaltungsbehörde selbst zu regeln, soweit die übergeordneten Behörden auf Grund ihrer Weisungsbefugnis keine überörtliche Regelung erlassen haben. Wenn eine Zweckentfremdungshandlung den Umbau oder Abbruch von Wohnraum erforderlich macht, ist neben der Zweckentfremdungsgenehmigung in der Regel die Erteilung einer entsprechenden baubehördlichen Genehmigung erforderlich. Soweit Verwaltungsvorschriften über das Nebeneinander dieser beiden behördlichen Verfahren fehlen, sollten folgende Erwägungen beachtet werden:

E 102 aa) Das Verfahren nach den ZwEG und das Baugenehmigungsverfahren folgen unterschiedlichen Entscheidungskriterien. Auch die sachliche Zuständigkeit der Ämter ist für beide Verfahren unterschiedlich. Deshalb sind beide Verfahren selbständig und voneinander grundsätzlich getrennt abzuwickeln; sie sind durch selbständige anfechtbare Bescheide abzuschließen.

E 103 bb) Auf die Verbescheidung eines Antrags auf Abbruchgenehmigung durch die Baubehörde besteht nach der jeweiligen Bauordnung grundsätzlich auch dann ein Anspruch, wenn vorher kein Antrag auf die Erteilung der Zweckentfremdungsgenehmigung gestellt worden ist. Die Baubehörde darf die Verbescheidung des baurechtlichen Antrags in derartigen Fällen nicht mangels Sachentscheidungsinteresse ablehnen. Da Bau- und Zweckentfremdungsgenehmigung nebeneinander vorliegen müssen, ist dem Eigentümer die Dispositionsfreiheit einzuräumen, welche Genehmigung er vorher einholt; es kann dem Eigentümer ein anerkennenswertes Interesse nicht abgesprochen werden, zunächst eine Klärung der baurechtlichen Zulässigkeit seines Vorhabens herbeizuführen. Zweckmäßigkeitserwägungen der Behörde sind insoweit unbeachtlich; sie kann kostendeckende Gebühren für die Bearbeitung des Antrags verlangen, nicht aber die Verbescheidung des einen oder anderen Antrags von der vorherigen Entscheidung des Parallelverfahrens abhängig machen. Eine Reihenfolge der beiden Genehmigungsverfahren ist im übrigen auch deshalb nicht zwingend, weil dafür unterschiedliche Sachkriterien maßgebend sind (Wohnraumversorgung – Baufreiheit) und weder

VIII. Zuständigkeit und Verfahren — E 104–108

die eine noch die andere Genehmigung aufeinander aufbaut. Solange deshalb die Baubehörde keine konkreten Gründe dafür hat, daß dem Antragsteller ein schutzwürdiges Interesse an der Verbescheidung des Antrags fehlt oder die Inanspruchnahme der Behörde offensichtlich willkürlich ist, muß der Antrag ohne Rücksicht über die noch nicht erteilte Zweckentfremdungsgenehmigung verbeschieden werden; gleiches muß dann gelten, wenn zunächst nur die Zweckentfremdungsgenehmigung beantragt wird. Ausnahmsweise wird eine Sachentscheidung dann verweigert werden dürfen, wenn die weitere erforderliche Genehmigung offensichtlich keine Erfolgsaussichten aufweist (zum ganzen vgl. OVG Hamburg MDR 76, 1050; die abw. Ansicht in der Vorauflage wird aufgegeben).

cc) Von der Entscheidung nach dem ZwEG ist der Baubehörde stets **E 104** Nachricht zu geben. Wird die Zweckentfremdungsgenehmigung erteilt, so ist die Wohnungsbehörde von der Baubehörde zweckmäßigerweise nur dann über deren Entscheidung zu unterrichten, wenn sie aus bauordnungsrechtlichen Gründen die Baugenehmigung trotzdem ablehnt. In allen übrigen Fällen wird sich eine Benachrichtigung der Wohnungsbehörde von der baurechtlichen Entscheidung erübrigen.

In einem Bescheid über die Erteilung der Zweckentfremdungsgeneh- **E 105** migung empfiehlt es sich zur Wahrung der Belange der Baubehörde und zur Klarstellung ausdrücklich darauf hinzuweisen, daß für die Zweckentfremdung daneben auch eine Genehmigung der Baubehörde erforderlich ist; diese zusätzliche Genehmigung wird nicht durch die Genehmigung nach dem ZwEG ersetzt, so daß von dieser erst Gebrauch gemacht werden darf, wenn auch die baubehördliche Genehmigung vorliegt.

c) Gebühren für die Erteilung der Genehmigung sind nur in der für **E 106** das Land Bayern geltenden ZweVO vorgesehen (Höhe: DM 10.– bis 2000.–). Soweit eine solche Sonderregelung fehlt und die allgemeinen Landesgebührenvorschriften dafür keinen Gebührenansatz vorsehen, ist die Erhebung von Gebühren nicht gerechtfertigt.

2. Gegen die Versagung oder die Beschränkung der Genehmigung **E 107** durch Fristen, Bedingungen und Auflagen steht dem Betroffenen der Widerspruch nach §§ 68 ff VwGO zu. Wird dem **Widerspruch** von der unteren Verwaltungsbehörde nicht abgeholfen, entscheidet darüber die übergeordnete Behörde (§§ 71, 73 I 1 VwGO), soweit das Verfahren nach Art. 6 MVerbG als Auftragsangelegenheit geregelt worden ist; ist es dagegen als Selbstverwaltungsangelegenheit geregelt, entscheidet über den Widerspruch die Selbstverwaltungsbehörde, soweit durch Landesgesetz nichts anderes bestimmt wird (§ 73 I 3 VwGO).

3. Wird der Antrag auf Erteilung der Zweckentfremdungsgenehmi- **E 108** gung versagt, so kann der **Antragsteller** beim örtlich zuständigen Verwaltungsgericht (§ 52 Nr. 1 VwGO) **Klage** erheben.

a) Das Gericht hat hierbei zunächst zu prüfen, ob die betreffende Rechtsverordnung der Landesregierung von der Ermächtigungsnorm des Art. 6 § 1 I MVerbG gedeckt ist. In materiellrechtlicher Hinsicht hängt dies in erster Linie davon ab, ob in dem Geltungsbereich der Verordnung die Versorgung der Bevölkerung mit ausreichendem Wohnraum zu angemessenen Bedingungen besonders gefährdet ist. Bei der Prüfung dieser Frage ist das Gericht nicht an die Wertung der Landesregierung gebunden, weil es sich insoweit um einen voll nachprüfbaren unbestimmten Rechtsbegriff handelt. Liegen die Voraussetzungen des Art. 6 § 1 MVerbG nicht vor, so steht damit fest, daß die Zweckentfremdung keiner Genehmigung bedarf. Soweit der Kläger seinen Klageantrag auf diese Feststellung beschränkt hat (**Feststellungsklage** § 43 I VwGO), ist der Klage stattzugeben. Hat der Kläger Klage auf Erteilung der Zweckentfremdungsgenehmigung erhoben (**Verpflichtungsklage** § 42 VwGO), so ist der Klageantrag entsprechend umzustellen, worauf der Vorsitzende gem. § 86 III VwGO hinzuweisen hat. Geschieht dies nicht, so ist der Ablehnungsbescheid als rechtswidrig aufzuheben und im übrigen die Verpflichtungsklage abzuweisen (BVerwGE 39, 138). Erweist sich nämlich bei der Prüfung einer Verpflichtungsklage, die auf die Erteilung einer Genehmigung zielt, daß ein Rechtsanspruch auf die Erteilung deshalb nicht besteht, weil ein bestimmtes Verhalten nicht genehmigungsbedürftig ist, so ist der Klageantrag gem. § 88 VwGO dahin auszulegen, daß der Ablehnungsbescheid aufgehoben werden soll (BVerwG a. a. O.).

E 109 b) Ist die Verordnung der Landesregierung rechtmäßig, so hat das Gericht zu prüfen, ob die Verwaltungsbehörde die beantragte Genehmigung versagen durfte. Dies richtet sich nach dem Inhalt der Verordnung. Soweit der Behörde darin ein Ermessen eingeräumt ist, darf deren Entscheidung nur dahin überprüft werden, ob das Ermessen mißbräuchlich oder fehlerhaft ausgeübt worden ist (§ 114 VwGO). War die Ablehnung der Genehmigung durch die Behörde zu Recht erfolgt, so wird die Verpflichtungsklage abgewiesen; im anderen Fall wird die Behörde verurteilt, dem Kläger die Genehmigung zu erteilen.

E 110 c) Nach der Rechtsprechung des Bundesverwaltungsgerichts kann der Antragsteller die **Beschränkung einer erteilten Genehmigung** durch Bedingungen oder Befristungen nicht isoliert mit der Anfechtungsklage angreifen (BVerwGE 29, 265; 36, 154; a. A. Kopp, Verwaltungsgerichtsordnung § 42 Anm. 7). Da die Behörde regelmäßig einen Ermessensspielraum hat, ob und unter welchen Voraussetzungen sie die Genehmigung erteilt, muß aber auch nach der Gegenansicht die Klage als unbegründet abgewiesen werden. Aus der Unzulässigkeit einer Nebenbestimmung ergibt sich nämlich noch nicht, daß der Kläger einen Anspruch auf Erteilung einer uneingeschränkten Erlaubnis hat.

Dagegen ist die isolierte Anfechtung einer **Auflage** im Grundsatz zulässig (BVerwG NJW 83, 2893 = WM 84, 139; OVG Bremen WM 83, 173 = ZMR 83, 355; OVG Berlin DWW 84, 312 = WM 84, 339). In den Fällen, in denen – wie häufig – ein enger Zusammenhang zwischen der

VIII. Zuständigkeit und Verfahren

Zahlungsauflage und der Zweckentfremdungsgenehmigung besteht, so daß die Entscheidung auf einer ,,Gesamt-Ermessensentscheidung" beruht, gilt dieser Grundsatz nur eingeschränkt. Deshalb kann regelmäßig mit der isolierten Anfechtung nur vorgetragen werden, daß es an einer Rechtsgrundlage für die Zahlungsauflage überhaupt fehle oder daß das Zweckentfremdungsvorhaben genehmigungsfrei gewesen sei. Eine Anfechtung mit der Behauptung, die Auflage sei ermessensfehlerhaft erfolgt ist dagegen nicht möglich (BVerwG NJW 78, 1018 = ZMR 78, 186). Es ist deshalb in allen Fällen zweckmäßiger, im Wege einer Verpflichtungsklage die unbeschränkte Erteilung einer Erlaubnis zu beantragen (Klage auf Neubescheidung; § 113 IV 2 VwGO). Gegebenenfalls muß die Anfechtungsklage in eine solche Verpflichtungsklage umgedeutet werden.

4. Hat die Behörde die Zweckentfremdungsgenehmigung entsprechend dem Antrag des Verfügungsberechtigten erteilt, so können auch die betroffenen **Mieter** dagegen **Anfechtungsklage** erheben, soweit durch die Genehmigung in ihre Rechte eingegriffen wird. Die ZwEG dienen nämlich nicht nur dem öffentlichen Interesse an der Erhaltung des Wohnraumbestandes, sondern auch dem Interesse des Mieters am Erhalt seiner Wohnung. Die abweichende Ansicht des OVG Münster (ZMR 78, 275) und des VG Hamburg (WM 83, 172) ist abzulehnen. Aus der Entstehungsgeschichte des ZwEG ergibt sich, daß dieses Gesetz die zivilrechtlichen Regelungen des Kündigungsschutzes und der Mieterhöhung ergänzen soll. Der Vermieter soll die durch das MVerbG eingeführten Bindungen nicht durch eine Umwandlung umgehen können. Diese ,,Nähe" zu den privatrechtlichen Regelungen rechtfertigt die Annahme, daß durch das ZwEG auch ein subjektives Recht zugunsten des Mieters begründet wird. Die Verletzung solcher Rechtssätze, die nicht nur Reflexwirkungen zugunsten der Betroffenen haben, sondern auch dem Schutz von Individualinteressen dienen, kann aus eigenem Recht geltend gemacht werden (BVerwGE 2, 203; 16, 187; 30, 191; 39, 327). Vor Erhebung der Anfechtungsklage ist jedoch das Vorverfahren gem. §§ 68 ff VwGO durchzuführen (s. Rdn E 107). Wegen dieser Befugnisse der Mieter empfiehlt es sich für die Behörde, diese bereits im Vorverfahren anzuhören; im Verwaltungsprozeß kommt eine Beiladung nach § 65 VwGO in Betracht. Zur Beteiligtenstellung des Mieters für den Fall, daß dem Vermieter die Zweckentfremdungsgenehmigung erteilt wird, vgl. VG Münster WM 76, 37; 76, 107.

5. Soweit das Landesrecht eine Normenkontrollklage nach § 47 VwGO zuläßt, kann außerdem auf Antrag über die Gültigkeit der vom Land oder den Gemeinden erlassenen Rechtsverordnungen (ohne formellen Gesetzesrang) und Verwaltungsvorschriften entschieden werden.

6. Soweit im verwaltungsgerichtlichen Verfahren die Verletzung eines landesrechtlichen ZwEG gerügt wird, ist dies nach § 137 VwGO grundsätzlich nicht durch das Bundesverwaltungsgericht revisibel. Dennoch kann eine Rechtsfrage dann revisibel sein, wenn sie im Ergebnis dem Bundesrecht i. S. Art. 6 MVerbG zuzuordnen ist. Das hat das BVerwG in seinem Urteil vom 18. 5. 1977 (MDR 77, 784) zur Auslegung des § 1 der Bayer. VO vom 23. 12. 1971 durch das Berufungsgericht entschieden; dort hat der Bay. VGH ausgeführt, daß § 1 der Bay. VO inhaltlich wiederhole, was gemäß der Ermächtigung von Art. 6 § 1 Abs. 1 Satz 1 MRVerbG bundesrechtlich den Verordnungsgebern der Länder zur Regelung für bestimmte abgegrenzte Gemeindegebiete überlassen worden war.

IX. Ordnungswidrigkeiten

E 113   1. Nach Art. 6 § 2 I MVerbG stellt es eine Ordnungswidrigkeit dar, wenn Wohnraum ohne die erforderliche Genehmigung zu anderen als Wohnzwecken verwendet oder überlassen wird. Obwohl das Gesetz hier nur auf die zweckentfremdete Verwendung oder Überlassung des Wohnraums abstellt, ergibt sich aus dem Sinn und Zweck dieser Vorschrift sowie der Verweisung auf Art. 6 § 1 I MVerbG, daß sämtliche genehmigungsbedürftigen Zweckentfremdungen als Ordnungswidrigkeiten in Betracht kommen. Maßnahmen des Verwaltungszwanges (s. oben Rdn E 93 ff) zur Beseitigung eines rechtswidrigen Zustandes, insbesondere die Verhängung eines Zwangsgeldes, stehen der Ahndung der im gleichen Sachverhalt begründeten Ordnungswidrigkeit nicht entgegen.

E 114   2. Die Verfolgung und Ahndung von Ordnungswidrigkeiten durch die Zweckentfremdung von Wohnraum richtet sich nach den allgemeinen Vorschriften des Ordnungswidrigkeitsgesetzes vom 24. 5. 1968 (BGBl. I S. 481 i. d. F. v. 19. 2. 1987, BGBl. I S. 602). Sie liegt im pflichtgemäßen Ermessen der dafür zuständigen Behörde (§ 47 OWiG). Auf die Kommentierung zur Ordnungswidrigkeit des § 5 WiStG (dort Rdn D 54) wird insoweit verwiesen.

E 115   3. Eine Ordnungswidrigkeit liegt nur dann vor, wenn der Verfügungsberechtigte (s. oben Rdn E 70) **vorsätzlich** (§ 10 OWiG) gegen das Zweckentfremdungsverbot verstößt. Nach § 11 I OWiG ist der Vorsatz ausgeschlossen, wenn der Täter solche Tatumstände nicht kannte, welche zum gesetzlichen Verbotstatbestand des Art. 6 § 2 I MVerbG gehören (z. B. Unkenntnis des Vermieters von der zweckfremden Verwendung durch den Mieter). Es handelt aber auch derjenige vorsätzlich, der sich nicht bewußt war, etwas Unerlaubtes zu tun, weil er das Bestehen oder die Anwendbarkeit der Verbotsnorm nicht kannte. Ist dem Täter jedoch der Verbotsirrtum nicht vorwerfbar, handelt er auch nicht ordnungswidrig (§ 11 II OWiG). Das ist aber nicht der Fall, wenn der Täter nach der Sorgfalt, die nach der gegebenen Sachlage objektiv zu fordern war und die er nach seinen persönlichen Verhältnissen aufbringen konn-

IX. Ordnungswidrigkeiten	E 116–119

te, in der Lage gewesen wäre, das Unerlaubte seines Handelns zu erkennen.

Einen Hauseigentümer oder einen sonstigen Verfügungsberechtigten trifft die Pflicht, sich über die einschlägigen Vorschriften zu unterrichten und sich auf dem laufenden zu halten; besteht Anlaß zu Zweifeln über die Zulässigkeit einer Verfügung über Wohnraum, muß sich der Rechtsunkundige zur Klärung der Zweifelsfragen an sachkundige Auskunftspersonen wenden (z. B. Rechtsanwalt, Interessenverband, Behörde; so auch Hans Art. 6 MVerbG Anm. 3b).

4. Aus Art. 6 § 1 I 3 MVerbG sowie aus dem Zweck des Gesetzes ist zu folgern, daß grundsätzlich der einzelne Wohnraum der Gegenstand sowohl des Genehmigungsverfahrens als auch des Bußgeldverfahrens ist. Wenn in Art. 6 § 1 I 3 MVerbG die Umwandlung eines Wohnraums in einen Nebenraum nicht als Zweckentfremdung beurteilt wird, folgt daraus im Umkehrschluß, daß jede andere Zweckentfremdung eines einzelnen Raums vom Verbot betroffen wird; sie stellt grundsätzlich also auch eine selbständige Verbotswidrigkeit des Verfügungsberechtigten dar, die unabhängig von weiteren Verbotswidrigkeiten desselben Verfügungsberechtigten zu ahnden ist. Werden mehrere Wohnräume in einer Wohnung zweckentfremdet, wird allerdings bei natürlicher Betrachtung eine einheitliche Verbotswidrigkeit anzunehmen sein, so daß sie auch einheitlich zu ahnden ist. Im Falle der Zweckentfremdung mehrerer Wohnungen in einem Gebäude ist i. d. R. von getrennten Verbotswidrigkeiten (Tatmehrheit) auszugehen, weil dann grundsätzlich mehrere Willensentschließungen vorliegen werden.	E 116

5. Die Ordnungswidrigkeit kann nach Art. 6 § 2 II MVerbG mit einer Geldbuße bis zu 20000.– DM geahndet werden (s. dazu und zum Verfahren die Kommentierung zu Rdn D 54 ff). Die Höhe der Geldbuße ist im Einzelfall unter Berücksichtigung der in § 17 III, IV OWiG bestimmten Kriterien festzusetzen. Werden in einem Mehrfamilienhaus verschiedene getrennt vermietete Wohnungseinheiten zweckentfremdet, so liegt darin keine Tateinheit i. S. d. § 19 I OWiG, sondern voneinander tatsächlich und rechtlich getrennte Zweckentfremdungshandlungen i. S. d. § 20 OWiG (s. Rdn E 116); für jede Handlung ist deshalb die Geldstrafe nach Maßgabe nach § 17 III, IV OWiG getrennt festzusetzen, so daß auch mehrfach die Höchstbuße verhängt werden kann.	E 117

6. Zuständig für die Verfolgung und Ahndung von Ordnungswidrigkeiten nach Art. 6 § 2 MVerbG ist nach § 36 OWiG die untere Verwaltungsbehörde, soweit das durch Gesetz oder Verordnung bestimmt wird; ansonsten ist es die fachlich zuständige Landesbehörde.	E 118

7. Die Verfolgung der Ordnungswidrigkeit verjährt in 2 Jahren (§ 31 II OWiG). Da die Zweckentfremdung eine Dauerordnungswidrigkeit darstellt, beginnt die Verjährungsfrist erst mit der Beendigung der ordnungswidrigen Verwendung oder Überlassung des Wohnraums zu laufen (BayObLG WM 83, 208). Die Tat besteht darin, daß Wohnraum zweckentfremdet verwendet wird; darunter fällt nicht nur die Herstel-	E 119

1053

lung eines dem Art. 6 § 2 MVerbG zuwiderlaufenden Zustandes, sondern auch dessen Aufrechterhaltung (OLG Stuttgart MieWoE IV Nr. 154).

Anhang zu Art. 6 MVerbG

**Verzeichnis der Gemeinden mit Zweckentfremdungsverbot
(Stand 1. 1. 1988)**

Die Zweckentfremdung ist nach den ZwEG genehmigungspflichtig in:

Baden-Württemberg
Freiburg
Heidelberg
Konstanz
Mannheim
Stuttgart
Tübingen

Bayern
Aschaffenburg
Augsburg
Berchtesgaden
Bischofswiesen
Feldkirchen
Freising
München
Nürnberg
Regensburg
Unterhaching

Berlin

Hamburg

Hessen
Bad Vilbel
Bensheim
Bergen-Enkheim
Dietzenbach
Frankfurt
Gießen
Groß-Umstadt
Hochheim a. M.
Heppenheim

Kassel
Kelsterbach
Langen (Krs. Offenbach)
Marburg
Neu-Isenburg
Oberursel/T.
Offenbach
Schwalbach a. T.
Wiesbaden

Niedersachsen
Göttingen
Hannover

Nordrhein-Westfalen
Städte
Aachen
Bielefeld
Bochum
Bonn
Bottrop
Duisburg
Düsseldorf
Dortmund
Essen
Gelsenkirchen
Herne
Köln
Krefeld
Leverkusen
Mönchengladbach
Mülheim a. d. Ruhr
Münster
Oberhausen

Anhang zu Art. 6 MVerbG

Remscheid
Solingen
Wuppertal
Kreisangehörige Gemeinden
Ahlen
Castrop-Rauxel
Gladbach
Herten
Hürth
Moers
Neuss

Paderborn
Recklinghausen
Landkreise
Ennepe-Ruhr
Viersen
Märkischer Kreis
m. Ausnahme
der Gemeinden
Balve, Hemer
und Menden

Teil F

Materialien aus dem Gesetzgebungsverfahren zu den Wohnraumschutzgesetzen

Übersicht

	Rdn
I. 1. WKSchG vom 25. 11. 1971 (Gesetzestext)	1
II. Zusammenstellung des Entwurfs der Bundesregierung mit den Beschlüssen des Rechtsausschusses zum 2. WKSchG vom 18. 12. 1974	2
III. Begründung des Entwurfs der Bundesregierung zum 2. WKSchG nebst Stellungnahmen des Bundesrats und Gegenäußerungen der Bundesregierung	6
IV. Begründung der Beschlüsse Rechtsausschusses	45
V. Anrufung des Vermittlungsausschusses durch den Bundesrat	67
VI. Auszug aus dem Gesetzgebungsverfahren zum MVerbG vom 4. 11. 1971 betr. die §§ 302f StGB 2b WiStG	72
1. Begründung der Bundesregierung	73
2. Stellungnahme des Rechtsausschusses	92
VII. Zu Art. 6 MVerbG (Verbot der Zweckentfremdung): Antrag der Freien und Hansestadt Hamburg	95
VIII. Antrag des Rechtsausschusses betr. die Vorlage eines Gesetzentwurfs über die soziale Sicherung des Wohnens und die Aufstellung von Mietspiegeln durch die Gemeinden	96
IX. Begründung des Gesetzentwurfs der Fraktionen der CDU/CSU und FDP: Entwurf eines Gesetzes zur Erhöhung des Angebots an Mietwohnungen (aus BT-Drucks. 9/2079)	98
X. Bericht des Rechtsausschusses (6. Ausschuß) des Deutschen Bundestages zu dem von den Fraktionen der CDU/CSU und FDP eingebrachten Entwurf eines Gesetzes zur Erhöhung des Angebots an Mietwohnungen (aus BT-Drucks. 9/2284)	130

I. Gesetz über den Kündigungsschutz für Mietverhältnisse über Wohnraum (1. WKSchG)

F 1

Artikel 1. Kündigungsschutz für Mietverhältnisse über Wohnraum

§ 1

(1) Ein Mietverhältnis über Wohnraum kann der Vermieter nur kündigen, wenn er ein berechtigtes Interesse an der Beendigung des Mietverhältnisses hat.

(2) Als ein berechtigtes Interesse des Vermieters an der Beendigung des Mietverhältnisses ist es insbesondere anzusehen, wenn
1. der Mieter seine vertraglichen Verpflichtungen schuldhaft nicht unerheblich verletzt hat;

2. der Vermieter die Räume als Wohnung für sich, die zu seinem Hausstand gehörenden Personen oder seine Familienangehörigen benötigt. Ist an den vermieteten Wohnräumen nach der Überlassung an den Mieter Wohnungseigentum begründet und das Wohnungseigentum veräußert worden, so kann sich der Erwerber auf berechtigte Interessen im Sinne des Satzes 1 nicht vor Ablauf von drei Jahren seit der Veräußerung an ihn berufen;
3. der Vermieter durch die Fortsetzung des Mietverhältnisses an einer angemessenen wirtschaftlichen Verwertung des Grundstücks gehindert und dadurch erhebliche Nachteile erleiden würde. Die Möglichkeit, im Falle einer anderweitigen Vermietung als Wohnraum eine höhere Miete zu erzielen, bleibt dabei außer Betracht. Der Vermieter kann sich auch insoweit nicht darauf berufen, daß er die Mieträume im Zusammenhang mit einer beabsichtigten oder nach Überlassung an den Mieter erfolgten Begründung von Wohnungseigentum veräußern will.

(3) Als berechtigte Interessen des Vermieters werden nur die in dem Kündigungsschreiben nach § 564a Abs. 1 Satz 2 des Bürgerlichen Gesetzbuchs angegebenen Gründe berücksichtigt, soweit nicht die Gründe nachträglich entstanden sind.

(4) Die Kündigung zum Zwecke der Erhöhung des Mietzinses ist ausgeschlossen.

(5) Weitergehende Schutzrechte des Mieters, insbesondere nach den Vorschriften der §§ 556a bis 556c des Bürgerlichen Gesetzbuchs, bleiben unberührt.

§ 2

Ist nach dem 31. Oktober 1970 ein Mietverhältnis über Wohnraum auf bestimmte Zeit eingegangen, so kann der Mieter spätestens zwei Monate vor der Beendigung des Mietverhältnisses durch schriftliche Erklärung gegenüber dem Vermieter die Fortsetzung des Mietverhältnisses verlangen, wenn nicht der Vermieter ein berechtigtes Interesse an der Beendigung des Mietverhältnisses hat. Im übrigen gelten die §§ 1 und 3 sinngemäß.

§ 3

(1) Bei einem Wohnraummietverhältnis kann der Vermieter vom Mieter die Zustimmung zu einer Erhöhung des Mietzinses verlangen, wenn der bisherige Mietzins seit einem Jahr unverändert fortbesteht und der angestrebte Mietzins die üblichen Entgelte, die in der Gemeinde oder in vergleichbaren Gemeinden für die Vermietung von Räumen vergleichbarer Art, Größe, Ausstattung, Beschaffenheit und Lage gezahlt werden, nicht übersteigt. Das Recht steht dem Vermieter nicht zu, soweit und solange eine Erhöhung durch eine Vereinbarung ausgeschlossen ist.

(2) Der Anspruch nach Absatz 1 Satz 1 ist dem Mieter gegenüber schriftlich unter Angabe der das Erhöhungsverlangen rechtfertigenden Gründe geltend zu machen.

(3) Stimmt der Mieter dem Erhöhungsverlangen des Vermieters nicht binnen sechs Wochen zu, so kann der Vermieter innerhalb von weiteren drei Monaten auf Erteilung der Zustimmung klagen. Wird die Klage binnen dieser Frist nicht erhoben, so gilt das Erhöhungsverlangen als nicht gestellt; in diesem Fall kann ein Verlangen nach Absatz 1 frühestens neun Monate nach Ablauf der in Halbsatz 1 genannten Klagefrist erneut gestellt werden.

I. WKSchG vom 25. 11. 1971   F 1

(4) Ist die Zustimmung erteilt, so steht dem Vermieter der erhöhte Mietzins mit Ablauf der für das Mietverhältnis bei Erhebung des Anspruchs geltenden Kündigungsfrist zu.

(5) Ist der Mieter rechtskräftig verurteilt worden, der verlangten Mieterhöhung ganz oder teilweise zuzustimmen, so kann der Vermieter das Mietverhältnis wegen eines Zahlungsverzugs des Mieters (§ 554 des Bürgerlichen Gesetzbuchs) nicht vor Ablauf von zwei Monaten nach Rechtskraft des Urteils kündigen, wenn nicht die Voraussetzungen des § 554 des Bürgerlichen Gesetzbuchs schon wegen des bisher geschuldeten Mietzinses erfüllt sind.

(6) Der Vermieter ist berechtigt, Erhöhungen der Betriebskosten im Sinne des § 27 der Zweiten Berechnungsverordnung, neu bekanntgemacht am 14. Dezember 1970 (Bundesgesetzbl. I S. 1681), in dessen jeweils geltender Fassung durch einseitige schriftliche Erklärung anteilig auf den Mieter umzulegen. Die Erklärung ist nur wirksam, wenn in ihr der Grund für die Umlage bezeichnet und die Berechnung mitgeteilt ist. Der Mieter schuldet den auf ihn entfallenden Teil der Umlage neben dem sonstigen Entgelt vom Ersten des auf die Erklärung folgenden Monats oder, wenn die Erklärung erst nach dem Fünfzehnten eines Monats abgegeben worden ist, vom Ersten des übernächsten Monats an. Absatz 1 Satz 2 gilt entsprechend. Soweit die Erklärung darauf beruht, daß sich die Betriebskosten rückwirkend erhöht haben, wirkt sie auf den Zeitpunkt der Erhöhung der Betriebskosten, höchstens jedoch auf den Beginn des der Erklärung vorangehenden Kalenderjahres zurück, sofern der Vermieter die Erklärung innerhalb von 3 Monaten nach Kenntnis von der Erhöhung abgibt.

(7) Absätze 1 bis 6 gelten nicht für preisgebundenen Wohnraum.

§ 4

(1) Eine von den §§ 1 bis 3 zum Nachteil des Mieters abweichende Vereinbarung ist unwirksam.

(2) Die Vorschriften der §§ 1 bis 3 gelten nicht für Wohnraum, der zu nur vorübergehendem Gebrauch vermietet ist, und für Mietverhältnisse über Wohnraum, den der Vermieter ganz oder überwiegend mit Einrichtungsgegenständen auszustatten hat und der nicht zum dauernden Gebrauch für eine Familie überlassen ist.

§ 5

Hat der Vermieter ein Mietverhältnis nach dem 31. Oktober 1970 gekündigt, ist dieses aber beim Inkrafttreten dieses Gesetzes noch nicht beendet, so kann der Mieter vor der Beendigung durch schriftliche Erklärung gegenüber dem Vermieter die Fortsetzung des Mietverhältnisses verlangen, wenn nicht der Vermieter ein berechtigtes Interesse an der Beendigung des Mietverhältnisses hat. § 1 Abs. 3 gilt in diesem Falle nicht.

Artikel 2. Kündigungsschutz für mieterschutzfreie Mietverhältnisse über Wohnraum im Land Berlin

Für Mietverhältnisse über Wohnraum in Berlin, auf die die §§ 1 bis 19 und 24 bis 31 des Mieterschutzgesetzes nicht anzuwenden sind, gilt Artikel 1 dieses Gesetzes.

Artikel 3. Schlußvorschriften

§ 1

Dieses Gesetz gilt nach Maßgabe des § 13 Abs. 1 des Dritten Überleitungsgesetzes vom 4. Januar 1952 (Bundesgesetzbl. I S. 1) auch im Land Berlin.

§ 2

(1) Die Vorschriften dieses Gesetzes treten unbeschadet des Absatzes 2 am Tage nach der Verkündung in Kraft.

(2) Soweit das Mieterschutzgesetz noch in Geltung ist, tritt Artikel 1 mit dessen Außerkrafttreten in Kraft. Das Inkrafttreten des Artikels 2 gemäß Absatz 1 bleibt hiervon unberührt.

(3) Das Gesetz tritt mit Ablauf des 31. Dezember 1974 außer Kraft.

II. Zusammenstellung
des von der Bundesregierung eingebrachten Entwurfs eines Zweiten Gesetzes über den Kündigungsschutz für Mietverhältnisse über Wohnraum
mit den Beschlüssen des Rechtsausschusses (6. Ausschuß)
(BT-Drucks. 7/2629)

Entwurf	Beschlüsse des 6. Ausschusses
Entwurf eines Zweiten Gesetzes über den Kündigungsschutz für Mietverhältnisse über Wohnraum	**Entwurf eines Zweiten Gesetzes über den Kündigungsschutz für Mietverhältnisse über Wohnraum (Zweites Wohnraumkündigungsschutzgesetz – 2.WKSchG)**
Der Bundestag hat das folgende Gesetz beschlossen:	Der Bundestag hat das folgende Gesetz beschlossen:
Artikel 1 **Änderung** **des Bürgerlichen Gesetzbuchs**	**Artikel 1** **Änderung** **des Bürgerlichen Gesetzbuchs**
Das Bürgerliche Gesetzbuch wird wie folgt geändert: 1. Nach § 564a wird folgender § 564b eingefügt: „§ 564b (1) Ein Mietverhältnis über Wohnraum kann der Vermieter nur kündigen, wenn er ein berechtigtes Interesse an der Beendigung des Mietverhältnisses hat.	Das Bürgerliche Gesetzbuch wird wie folgt geändert: 1. Nach § 564a wird folgender § 564b eingefügt: „§ 564b (1) Ein Mietverhältnis über Wohnraum kann der Vermieter **vorbehaltlich der Regelung in Absatz 3a** nur kündigen, wenn er ein berechtigtes Interesse an der Beendigung des Mietverhältnisses hat.

II. Gesetzesentwürfe

Entwurf

(2) Als ein berechtigtes Interesse des Vermieters an der Beendigung des Mietverhältnisses ist es insbesondere anzusehen, wenn
1. der Mieter seine vertraglichen Verpflichtungen schuldhaft nicht unerheblich verletzt hat;
2. der Vermieter die Räume als Wohnung für sich, die zu seinem Hausstand gehörenden Personen oder seine Familienangehörigen benötigt. Ist an den vermieteten Wohnräumen nach der Überlassung an den Mieter Wohnungseigentum begründet und das Wohnungseigentum veräußert worden, so kann sich der Erwerber auf berechtigte Interessen im Sinne des Satzes 1 nicht vor Ablauf von drei Jahren seit der Veräußerung an ihn berufen;
3. der Vermieter durch die Fortsetzung des Mietverhältnisses an einer angemessenen wirtschaftlichen Verwertung des Grundstücks gehindert und dadurch erhebliche Nachteile erleiden würde. Die Möglichkeit, im Falle einer anderweitigen Vermietung als Wohnraum eine höhere Miete zu erzielen, bleibt dabei außer Betracht. Der Vermieter kann sich auch nicht darauf berufen, daß er die Mieträume im Zusammenhang mit einer beabsichtigten oder nach Überlassung an den Mieter erfolgten Begründung von Wohnungseigentum veräußern will.

(3) Als berechtigte Interessen des Vermieters werden nur die Gründe berücksichtigt, die in dem Kündigungsschreiben angegeben sind, soweit sie nicht nachträglich entstanden sind.

F 2

Beschlüsse des 6. Ausschusses

(2) unverändert

(3) unverändert

(3a) **Bei einem Mietverhältnis über eine Wohnung in einem vom Vermieter selbst bewohnten Wohngebäude mit nicht mehr als zwei Wohnungen kann der Vermieter das Mietverhältnis kündigen, auch wenn die Voraussetzungen des Absatzes 1 nicht vorliegen.**

Entwurf

(4) Weitergehende Schutzrechte des Mieters, *insbesondere nach §§ 556a bis 556c* bleiben unberührt.

(5) Eine zum Nachteil des Mieters abweichende Vereinbarung ist unwirksam.

(6) Diese Vorschriften gelten nicht für Wohnraum, der zu nur vorübergehendem Gebrauch *vermietet* ist, und für Mietverhältnisse *der in § 565 Abs. 3 genannten Art.*

2. In § 565 Abs. 3 werden die Eingangsworte wie folgt gefaßt:

„Ist Wohnraum, den der Vermieter ganz oder *teilweise* mit Einrichtungsgegenständen auszustatten hat, Teil der vom Vermieter selbst bewohnten Wohnung, jedoch nicht zum dauernden Gebrauch für eine Familie überlassen, so ist die Kündigung zulässig."

Artikel 2
Mietverträge auf bestimmte Zeit

(1) Ist nach dem *31. Oktober 1970* ein Mietverhältnis über Wohnraum auf bestimmte Zeit eingegangen, so kann der Mieter spätestens zwei Monate vor

Beschlüsse des 6. Ausschusses

Die Kündigungsfrist verlängert sich in diesem Fall um drei Monate. Dies gilt entsprechend für Mietverhältnisse über Wohnraum innerhalb der vom Vermieter selbst bewohnten Wohnung, sofern der Wohnraum nicht nach Absatz 6 von der Anwendung dieser Vorschriften ausgenommen ist. In dem Kündigungsschreiben ist anzugeben, daß die Kündigung nicht auf die Voraussetzungen des Absatzes 1 gestützt wird.

(4) Weitergehende Schutzrechte des Mieters bleiben unberührt.

(5) unverändert

(6) Diese Vorschriften gelten nicht für Wohnraum, der zu nur vorübergehendem Gebrauch **ge**mietet ist, und für Mietverhältnisse **über Wohnraum, der Teil der vom Vermieter selbst bewohnten Wohnung ist und den der Vermieter ganz oder überwiegend mit Einrichtungsgegenständen auszustatten hat, sofern der Wohnraum nicht zum dauernden Gebrauch für eine Familie überlassen ist.**

2. In § 565 Abs. 3 werden die Eingangsworte wie folgt gefaßt:

„Ist Wohnraum, den der Vermieter ganz oder **überwiegend** mit Einrichtungsgegenständen auszustatten hat, Teil der vom Vermieter selbst bewohnten Wohnung, jedoch nicht zum dauernden Gebrauch für eine Familie überlassen, so ist die Kündigung zulässig."

Artikel 2
Mietverträge auf bestimmte Zeit

(1) Ist nach dem **28. November 1971** ein Mietverhältnis über Wohnraum auf bestimmte Zeit eingegangen, so kann der Mieter spätestens zwei

II. Gesetzesentwürfe

Entwurf

der Beendigung des Mietverhältnisses durch schriftliche Erklärung gegenüber dem Vermieter die Fortsetzung des Mietverhältnisses verlangen, wenn nicht der Vermieter ein berechtigtes Interesse an der Beendigung des Mietverhältnisses hat. § 564b des Bürgerlichen Gesetzbuchs gilt entsprechend.

(2) Eine zum Nachteil des Mieters abweichende Vereinbarung ist unwirksam.

(3) Diese Vorschrift gilt nicht für Wohnraum, der zu nur vorübergehendem Gebrauch *ver*mietet ist, und für Mietverhältnisse *der in § 565 Abs. 3 des Bürgerlichen Gesetzbuchs genannten Art.*

Beschlüsse des 6. Ausschusses

Monate vor der Beendigung des Mietverhältnisses durch schriftliche Erklärung gegenüber dem Vermieter die Fortsetzung des Mietverhältnisses verlangen, wenn nicht der Vermieter ein berechtigtes Interesse an der Beendigung des Mietverhältnisses hat. § 564b des Bürgerlichen Gesetzbuchs gilt entsprechend.

(2) unverändert

(3) Diese Vorschrift gilt nicht für Wohnraum der zu nur vorübergehendem Gebrauch **ge**mietet ist, und für Mietverhältnisse **über Wohnraum, der Teil der vom Vermieter selbst bewohnten Wohnung ist und den der Vermieter ganz oder überwiegend mit Einrichtungsgegenständen auszustatten hat, sofern der Wohnraum nicht zum dauernden Gebrauch für eine Familie überlassen ist.**

Artikel 3

Gesetz
zur Regelung der Mieterhöhung

§ 1

Die Kündigung eines Mietverhältnisses über Wohnraum zum Zwecke der Mieterhöhung ist ausgeschlossen. Der Vermieter kann eine Erhöhung des Mietzinses nach Maßgabe der §§ 2 bis 5 verlangen. Das Recht steht dem Vermieter nicht zu, soweit und solange eine Erhöhung durch Vereinbarung ausgeschlossen ist oder der Ausschluß sich aus den Umständen, insbesondere der Vereinbarung eines Mietverhältnisses auf bestimmte Zeit mit festem Mietzins ergibt.

§ 2

(1) Der Vermieter kann die Zustimmung zu einer Erhöhung des Mietzins verlangen, wenn
1. der Mietzins, von Erhöhungen nach

Artikel 3

Gesetz
zur Regelung der Miethöhe

§ 1

Die Kündigung eines Mietverhältnisses über Wohnraum zum Zwecke der Mieterhöhung ist ausgeschlossen. Der Vermieter kann eine Erhöhung des Mietzinses nach Maßgabe der §§ 2 bis **5b** verlangen. Das Recht steht dem Vermieter nicht zu, soweit und solange eine Erhöhung durch Vereinbarung ausgeschlossen ist oder der Ausschluß sich aus den Umständen, insbesondere der Vereinbarung eines Mietverhältnisses auf bestimmte Zeit mit festem Mietzins ergibt.

§ 2

(1) unverändert

Entwurf	Beschlüsse des 6. Ausschusses

Entwurf:

§§ 3 bis 5 abgesehen, seit einem Jahr unverändert ist und

2. der verlangte Mietzins die üblichen Entgelte, die in der Gemeinde oder in vergleichbaren Gemeinden für nicht preisgebundenen Wohnraum vergleichbarer Art, Größe, Ausstattung, Beschaffenheit und Lage gezahlt werden, nicht übersteigt.

(2) Der Anspruch nach Absatz 1 ist dem Mieter gegenüber schriftlich geltend zu machen und zu begründen. Dabei kann insbesondere Bezug genommen werden auf eine Übersicht über die üblichen Entgelte nach Absatz 1 Nr. 2 in der Gemeinde oder in einer vergleichbaren Gemeinde, soweit die Übersicht von der Gemeinde oder von Interessenvertretern der Vermieter und der Mieter gemeinsam erstellt oder anerkannt worden ist, ferner auch auf ein mit Gründen versehenes Gutachten eines öffentlich bestellten oder vereidigten Sachverständigen. Begründet der Vermieter sein Erhöhungsverlangen mit dem Hinweis auf entsprechende Entgelte für einzelne vergleichbare Wohnungen, so genügt in der Regel die Benennung von drei, *höchstens von sechs Vergleichsobjekten.*

(3) Stimmt der Mieter dem Erhöhungsverlangen nicht bis zum Ablauf des zweiten Monats zu, der auf den Zugang des Verlangens folgt, so kann der Vermieter bis zum Ablauf von weiteren zwei Monaten auf *Zahlung des erhöhten Mietzinses* klagen. Wird die Klage binnen dieser Frist nicht erhoben, so kann ein neues Erhöhungsverlangen frühestens neun Monate nach Ablauf der Klagefrist gestellt werden, es sei denn, daß das frühere Verlangen nicht wirksam war.

(4) *Hat der Mieter der Erhöhung zugestimmt oder wird er zur Zahlung eines erhöhten Mietzinses verurteilt,* so schuldet *er* den erhöhten Mietzins von dem Beginn des vierten Monats ab, der auf

Beschlüsse des 6. Ausschusses:

(2) Der Anspruch nach Absatz 1 ist dem Mieter gegenüber schriftlich geltend zu machen und zu begründen. Dabei kann insbesondere Bezug genommen werden auf eine Übersicht über die üblichen Entgelte nach Absatz 1 Nr. 2 in der Gemeinde oder in einer vergleichbaren Gemeinde, soweit die Übersicht von der Gemeinde oder von Interessenvertretern der Vermieter und der Mieter gemeinsam erstellt oder anerkannt worden ist, ferner auch auf ein mit Gründen versehenes Gutachten eines öffentlich bestellten oder vereidigten Sachverständigen. Begründet der Vermieter sein Erhöhungsverlangen mit dem Hinweis auf entsprechende Entgelte für einzelne vergleichbare Wohnungen, so genügt in der Regel die Benennung von drei **Wohnungen anderer Vermieter.**

(3) Stimmt der Mieter dem Erhöhungsverlangen nicht bis zum Ablauf des zweiten **Kalender**monats zu, der auf den Zugang des Verlangens folgt, so kann der Vermieter bis zum Ablauf von weiteren zwei Monaten auf **Erteilung der Zustimmung** klagen. Wird die Klage binnen dieser Frist nicht erhoben, so kann ein neues Erhöhungsverlangen frühestens neun Monate nach Ablauf der Klagefrist gestellt werden, es sei denn, daß das frühere Verlangen nicht wirksam war.

(4) **Ist die Zustimmung erteilt,** so schuldet der Mieter den erhöhten Mietzins von dem Beginn des vierten **Kalender**monats ab, der auf den Zugang des Erhöhungsverlangens folgt.

II. Gesetzesentwürfe

Entwurf

den Zugang des Erhöhungsverlangens folgt.

§ 3

(1) Hat der Vermieter *Maßnahmen* durchgeführt, die den Gebrauchswert der Mietsache nachhaltig erhöhen oder die allgemeinen Wohnverhältnisse auf die Dauer verbessern, oder hat er bauliche Änderungen *vorgenommen,* die er nicht zu vertreten hat, so kann er eine Erhöhung des Mietzinses verlangen, die sich aus einer Erhöhung der jährlichen Miete um vierzehn vom Hundert der für die Wohnung aufgewendeten Kosten ergibt. *Der erhöhte Mietzins darf jedoch die üblichen Entgelte, die sich nach Durchführung der Maßnahmen für vergleichbaren Wohnraum nach § 2 Abs. 1 Satz 2 ergeben, nicht um mehr als zehn vom Hundert übersteigen.* Werden die Kosten für *Maßnahmen* nach Satz 1 ganz oder teilweise durch zinsverbilligte oder zinslose Darlehen *oder durch Zuschüsse zur Deckung der laufenden Aufwendungen* aus öffentlichen Haushalten gedeckt *oder vom Mieter oder für diesen von einem Dritten getragen, so ermäßigt* sich der *aus* Satz 1 ergebende Erhöhungsbetrag um den *Unterschiedsbetrag zwischen* dem marktüblichen Zinssatz für erste Hypotheken *und dem für das Darlehen zu entrichtenden Zinssatz;* eine Mietvorauszahlung oder *ein Baukostenzuschuß* steht einem Darlehen *des Mieters gleich.*

F 4

Beschlüsse des 6. Ausschusses

§ 3

(1) Hat der Vermieter **bauliche Änderungen** durchgeführt, die den Gebrauchswert der Mietsache nachhaltig erhöhen oder die allgemeinen Wohnverhältnisse auf die Dauer verbessern, oder hat er bauliche Änderungen **auf grund von Umständen,** die er nicht zu vertreten hat, **durchgeführt,** so kann er eine Erhöhung des Mietzinses verlangen, die sich aus einer Erhöhung der jährlichen Miete **vor Durchführung der baulichen Änderungen** um vierzehn vom Hundert der für die Wohnung aufgewendeten Kosten ergibt. **Sind die baulichen Änderungen für mehrere Wohnungen durchgeführt worden, so sind die dafür aufgewendeten Kosten vom Vermieter angemessen auf die einzelnen Wohnungen aufzuteilen.** Werden die Kosten für **die baulichen Änderungen** ganz oder teilweise durch zinsverbilligte oder zinslose Darlehen aus öffentlichen Haushalten gedeckt, so **verringert** sich der Erhöhungsbetrag **nach** Satz 1 um den **Jahresbetrag der Zinsermäßigung, der sich für den Ursprungsbetrag des Darlehens aus dem Unterschied im Zinssatz gegenüber** dem marktüblichen Zinssatz für erst**stellige** Hypotheken **zum Zeitpunkt der Beendigung der Maßnahmen ergibt; werden Zuschüsse oder Darlehen zur Deckung von laufenden Aufwendungen gewährt, so verringert sich der Erhöhungsbetrag um den Jahresbetrag des Zuschusses oder Darlehens. Ein Mieterdarlehen,** eine Mietvorauszahlung oder **eine von einem Dritten für den Mieter erbrachte Leistung für die baulichen Änderungen** steht einem Darlehen **aus öffentlichen Haushalten gleich. Kann nicht festgestellt werden, in welcher Höhe Zuschüsse oder Dar-

Entwurf

(2) Der Vermieter soll den Mieter vor Durchführung der Maßnahmen nach Absatz 1 auf die voraussichtliche Höhe der entstehenden Kosten und die sich daraus ergebende Mieterhöhung hinweisen.

(3) Der Anspruch nach Absatz 1 ist vom Vermieter durch schriftliche Erklärung gegenüber dem Mieter geltend zu machen. Die Erklärung ist nur wirksam, wenn in ihr die Erhöhung auf Grund der entstandenen Kosten berechnet und entsprechend den Voraussetzungen nach Absatz 1 erläutert wird.

(4) Die Erklärung des Vermieters hat die Wirkung, daß von dem Ersten des auf die Erklärung folgenden Monats an der erhöhte Mietzins an die Stelle des bisher zu entrichtenden Mietzinses tritt, *sofern der Vermieter dem Mieter die voraussichtliche Mieterhöhung nach Absatz 2 mitgeteilt hat und die tatsächliche Mieterhöhung gegenüber dieser Mitteilung um nicht mehr als zehn vom Hundert abweicht;* wird die Erklärung erst nach dem Fünfzehnten eines Monats abgegeben, so tritt diese Wirkung erst von dem Ersten des übernächsten Monats an ein. Diese Fristen verlängern sich um drei Monate, wenn der Vermieter dem Mieter die voraussichtliche Mieterhöhung nach Absatz 2 nicht mitgeteilt hat oder wenn die tatsächliche Mieterhöhung gegenüber dieser Mitteilung um mehr als zehn vom Hundert abweicht.

(5) § 32 des Städtebauförderungsge-

Beschlüsse des 6. Ausschusses

lehen für die einzelnen Wohnungen gewährt worden sind, so sind sie nach dem Verhältnis der für die einzelnen Wohnungen aufgewendeten Kosten aufzuteilen. Kosten, die vom Mieter oder für diesen von einem Dritten übernommen werden, gehören nicht zu den aufgewendeten Kosten im Sinne des Satzes 1.

(2) unverändert

(3) unverändert

(4) Die Erklärung des Vermieters hat die Wirkung, daß von dem Ersten des auf die Erklärung folgenden Monats an der erhöhte Mietzins an die Stelle des bisher zu entrichtenden Mietzinses tritt, wird die Erklärung erst nach dem Fünfzehnten eines Monats abgegeben, so tritt diese Wirkung erst von dem Ersten des übernächsten Monats an ein. Diese Fristen verlängern sich um drei Monate, wenn der Vermieter dem Mieter die voraussichtliche Mieterhöhung nach Absatz 2 nicht mitgeteilt hat oder wenn die tatsächliche Mieterhöhung gegenüber dieser Mitteilung um mehr als zehn vom Hundert **nach oben** abweicht.

(5) unverändert

II. Gesetzesentwürfe

Entwurf

setzes vom 27. Juli 1971 (Bundesgesetzbl. I S. 1125) bleibt unberührt.

§ 4

(1) Für Betriebskosten im Sinne von § 27 der Zweiten Berechnungsverordnung *können* Vorauszahlungen in angemessener Höhe vereinbart werden. Über die Vorauszahlungen ist jährlich abzurechnen.

(2) Der Vermieter ist berechtigt, Erhöhungen der Betriebskosten durch *einseitige* schriftliche Erklärungen anteilig auf den Mieter umzulegen. Die Erklärung ist nur wirksam, wenn in ihr der Grund für die Umlage bezeichnet und erläutert wird.

(3) Der Mieter schuldet den auf ihn entfallenden Teil der Umlage vom Ersten des auf die Erklärung folgenden Monats oder, wenn die Erklärung erst nach dem Fünfzehnten eines Monats abgegeben worden ist, vom Ersten des übernächsten Monats an. Soweit die Erklärung darauf beruht, daß sich die Betriebskosten rückwirkend erhöht haben, wirkt sie auf den Zeitpunkt der Erhöhung der Betriebskosten, höchstens jedoch auf den Beginn des der Erklärung vorausgehenden Kalenderjahres zurück, sofern der Vermieter die Erklärung innerhalb von drei Monaten nach Kenntnis von der Erhöhung abgibt.

(4) Ermäßigen sich die Betriebskosten, so ist der Mietzins vom Zeitpunkt der Ermäßigung ab entsprechend herabzusetzen. Die Ermäßigung ist dem Mieter unverzüglich mitzuteilen.

§ 5

(1) Der Vermieter ist berechtigt, Erhöhungen der Kapitalkosten *im Sinne von § 19 der Zweiten Berechnungsverordnung* durch *einseitige* schriftliche Erklärung anteilig auf den Mieter umzulegen, wenn sich der Zinssatz *für die Dar-*

F 4

Beschlüsse des 6. Ausschusses

§ 4

(1) Für Betriebskosten im Sinne von § 27 der Zweiten Berechnungsverordnung **dürfen** Vorauszahlungen **nur** in angemessener Höhe vereinbart werden. Über die Vorauszahlungen ist jährlich abzurechnen.

(2) Der Vermieter ist berechtigt, Erhöhungen der Betriebskosten durch schriftliche Erklärung anteilig auf den Mieter umzulegen. Die Erklärung ist nur wirksam, wenn in ihr der Grund für die Umlage bezeichnet und erläutert wird.

(3) unverändert

(4) unverändert

§ 5

(1) Der Vermieter ist berechtigt, Erhöhungen der Kapitalkosten, **die nach Inkrafttreten dieses Gesetzes infolge einer Erhöhung des Zinssatzes aus einem dinglich gesicherten Darlehen fällig werden,** durch

1067

Entwurf

lehensschuld aus Fremdmitteln im Sinne von § 13 der Zweiten Berechnungsverordnung gegenüber dem am 30. Juni 1973 geltenden Zinssatz erhöht hat *und wenn die Erhöhung auf Umständen beruht, die der Vermieter nicht zu vertreten hat. Der Vermieter kann für das Eigenkapital, soweit es auf die Gesamtkosten im Sinne von § 5 der Zweiten Berechnungsverordnung noch investiert ist, entsprechende Zinserhöhungen bis zum marktüblichen Zinssatz für erste Hypotheken berechnen und geltend machen.* § 4 Abs. 2 Satz 2 und Absatz 3 Satz 1 gilt entsprechend.

(2) Ermäßigen sich *die Kapitalkosten* nach einer Erhöhung nach Absatz 1, so ist der Mietzins vom Zeitpunkt der Ermäßigung ab entsprechend herabzusetzen. Die Herabsetzung ist dem Mieter unverzüglich mitzuteilen.

Beschlüsse des 6. Ausschusses

schriftliche Erklärung anteilig auf den Mieter umzulegen, wenn
1. der Zinssatz sich
   a) **bei Mietverhältnissen, die vor dem 1. Januar 1973 begründet worden sind, gegenüber dem am 1. Januar 1973 maßgebenden Zinssatz,**
   b) **bei Mietverhältnissen, die nach dem 31. Dezember 1972 begründet worden sind, gegenüber dem bei Begründung maßgebenden Zinssatz**
   erhöht hat,
2. die Erhöhung auf Umständen beruht, die der Vermieter nicht zu vertreten hat,
3. **das Darlehen der Finanzierung des Neubaues, des Wiederaufbaues, der Wiederherstellung, des Ausbaues, der Erweiterung oder des Erwerbs des Gebäudes oder des Wohnraums oder von baulichen Maßnahmen im Sinne von § 3 Abs. 1 gedient hat.**

(2) § 4 Abs. 2 Satz 2 und Absatz 3 Satz 1 gilt entsprechend.

(3) Ermäßigt sich **der Zinssatz** nach einer Erhöhung **des Mietzinses** nach Absatz 1, so ist der Mietzins vom Zeitpunkt der Ermäßigung ab entsprechend, **höchstens aber um die Erhöhung nach Absatz 1,** herabzusetzen. **Ist das Darlehen getilgt, so ist der Mietzins um den Erhöhungsbetrag herabzusetzen.** Die Herabsetzung ist dem Mieter unverzüglich mitzuteilen.

(4) **Das Recht nach Absatz 1 steht dem Vermieter nicht zu, wenn er die Höhe der dinglich gesicherten Darlehen, für die sich der Zinssatz erhöhen kann, auf eine Anfrage des Mieters nicht offengelegt hat.**

Entwurf	Beschlüsse des 6. Ausschusses

§ 5a

(1) Hat sich der Vermieter von öffentlich gefördertem oder steuerbegünstigtem Wohnraum nach dem Wohnungsbaugesetz für das Saarland in der Fassung der Bekanntmachung vom 7. März 1972 (Amtsblatt des Saarlandes S. 149), zuletzt geändert durch Artikel 3 des Wohnungsbauänderungsgesetzes 1973 vom 21. Dezember 1973 (Bundesgesetzbl. I S. 1970), verpflichtet, keine höhere Miete als die Kostenmiete zu vereinbaren, so kann er eine Erhöhung bis zu dem Betrag verlangen, der zur Deckung der laufenden Aufwendungen für das Gebäude oder die Wirtschaftseinheit erforderlich ist. Eine Erhöhung des Mietzinses nach §§ 2, 3 und 5 ist ausgeschlossen.

(2) Die Erhöhung nach Absatz 1 ist vom Vermieter durch schriftliche Erklärung gegenüber dem Mieter geltend zu machen. Die Erklärung ist nur wirksam, wenn in ihr die Erhöhung berechnet und erläutert wird. Die Erklärung hat die Wirkung, daß von dem Ersten des auf die Erklärung folgenden Monats an der erhöhte Mietzins an die Stelle des bisher zu entrichtenden Mietzinses tritt; wird die Erklärung erst nach dem Fünfzehnten eines Monats abgegeben, so tritt diese Wirkung erst von dem Ersten des übernächsten Monats an ein.

(3) Soweit im Rahmen der Kostenmiete Betriebskosten im Sinne von § 27 der Zweiten Berechnungsverordnung durch Umlagen erhoben werden, kann der Vermieter Erhöhungen der Betriebskosten in entsprechender Anwendung des § 4 umlegen.

(4) Ermäßigen sich die laufenden Aufwendungen, so hat der Vermieter die Kostenmiete mit Wir-

Entwurf	Beschlüsse des 6. Ausschusses

kung vom Zeitpunkt der Ermäßigung ab entsprechend herabzusetzen. Die Herabsetzung ist dem Mieter unverzüglich mitzuteilen.

(5) Die Absätze 1 bis 4 gelten entsprechend für Wohnraum, der mit Wohnungsfürsorgemitteln für Angehörige des öffentlichen Dienstes oder ähnliche Personengruppen unter Vereinbarung eines Wohnungsbesetzungsrechtes gefördert worden ist, wenn der Vermieter sich in der in Absatz 1 Satz 1 bezeichneten Weise verpflichtet hat.

§ 5b

(1) Für Bergmannswohnungen, die von Bergbauunternehmen entsprechend dem Vertrag über Bergmannswohnungen, Anlage 8 zum Grundvertrag zwischen der Bundesrepublik Deutschland, den vertragschließenden Bergbauunternehmen und der Ruhrkohle Aktiengesellschaft vom 18. Juli 1969 (Bundesanzeiger Nr. 174 vom 18. September 1974), bewirtschaftet werden, kann die Miete bei einer Erhöhung der Verwaltungskosten und der Instandhaltungskosten in entsprechender Anwendung des § 30 Abs. 1 der Zweiten Berechnungsverordnung und des § 5 Abs. 3 Buchstabe c des Vertrages über Bergmannswohnungen erhöht werden. Eine Erhöhung des Mietzinses nach § 2 ist ausgeschlossen.

(2) Der Anspruch nach Absatz 1 ist vom Vermieter durch schriftliche Erklärung gegenüber dem Mieter geltend zu machen. Die Erklärung ist nur wirksam, wenn in ihr die Erhöhung berechnet und erläutert ist.

(3) Die Erklärung des Vermieters hat die Wirkung, daß von dem Ersten des auf die Erklärung folgenden Monats an der erhöhte

II. Gesetzesentwürfe

Entwurf

§ 6

Hat der Vermieter seine Erklärungen nach §§ 2 bis 5 mit Hilfe automatischer Einrichtungen gefertigt, so bedarf es nicht seiner eigenhändigen Unterschrift.

§ 7

(1) Verlangt der Vermieter eine Mieterhöhung nach § 2, so ist der Mieter berechtigt, bis zum Ablauf des zweiten Monats, der auf den Zugang des Erhöhungsverlangens folgt, für den Ablauf des übernächsten Monats zu kündigen. Verlangt der Vermieter eine Mieterhöhung nach § 3 *oder nach § 5,* so ist der Mieter berechtigt, das Mietverhältnis spätestens am dritten Werktag des Kalendermonats, von dem an der Mietzins erhöht werden soll, für den Ablauf des übernächsten Monats zu kündigen. Kündigt der Mieter, so tritt die Mieterhöhung nicht ein.

(2) Ist der Mieter rechtskräftig zur Zahlung eines erhöhten Mietzinses nach §§ 2 bis 5 verurteilt worden, so kann der Vermieter das Mietverhältnis wegen Zahlungsverzugs des Mieters nicht vor Ablauf von zwei Monaten nach rechtskräftiger Verurteilung kündigen, wenn nicht die Voraussetzungen des § 554 des Bürgerlichen Gesetzbuchs schon wegen des bisher geschuldeten Mietzinses erfüllt sind.

§ 8

(1) Vereinbarungen, die zum Nachteil des Mieters von den Vorschriften der §§ 1 bis 7 abweichen, sind unwirksam, es sei denn, daß der Mieter wäh-

Beschlüsse des 6. Ausschusses

Mietzins an die Stelle des bisher zu entrichtenden Mietzinses tritt; wird die Erklärung erst nach dem Fünfzehnten eines Monats abgegeben, so tritt diese Wirkung erst von dem Ersten des übernächsten Monats an ein.

(4) Im übrigen gelten die §§ 3 bis 5.

§ 6

Hat der Vermieter seine Erklärungen nach §§ 2 bis **5 b** mit Hilfe automatischer Einrichtungen gefertigt, so bedarf es nicht seiner eigenhändigen Unterschrift.

§ 7

(1) Verlangt der Vermieter eine Mieterhöhung nach § 2, so ist der Mieter berechtigt, bis zum Ablauf des zweiten Monats, der auf den Zugang des Erhöhungsverlangens folgt, für den Ablauf des übernächsten Monats zu kündigen. Verlangt der Vermieter eine Mieterhöhung nach §§ 3, 5 **bis 5 b,** so ist der Mieter berechtigt, das Mietverhältnis spätestens am dritten Werktag des Kalendermonats, von dem an der Mietzins erhöht werden soll, für den Ablauf des übernächsten Monats zu kündigen. Kündigt der Mieter, so tritt die Mieterhöhung nicht ein.

(2) Ist der Mieter rechtskräftig zur Zahlung eines erhöhten Mietzinses nach §§ 2 bis **5 b** verurteilt worden, so kann der Vermieter das Mietverhältnis wegen Zahlungsverzugs des Mieters nicht vor Ablauf von zwei Monaten nach rechtskräftiger Verurteilung kündigen, wenn nicht die Voraussetzungen des § 554 des Bürgerlichen Gesetzbuchs schon wegen des bisher geschuldeten Mietzinses erfüllt sind.

§ 8

(1) unverändert

Entwurf

rend des Bestehens des Mietverhältnisses einer Mieterhöhung um einen bestimmten Betrag zugestimmt hat.

(2) Die Vorschriften der §§ 1 bis 7 gelten nicht für Mietverhältnisse
1. über preisgebundenen Wohnraum,
2. über Wohnraum, der zu nur vorübergehendem Gebrauch vermietet ist,
3. über Wohnraum, den der Vermieter ganz oder *teilweise* mit Einrichtungsgegenständen auszustatten hat, sofern er nicht zum dauernden Gebrauch für eine Familie überlassen ist *oder sofern er* Teil der vom Vermieter selbst bewohnten Wohnung ist.

Artikel 4
Anwendung auf bestehende Mietverhältnisse

Ein Mietverhältnis, das zur Zeit des Inkrafttretens dieses Gesetzes besteht, richtet sich von diesem Zeitpunkt an nach dem neuen Recht.

Artikel 5
Geltung für mieterschutzfreie Mietverhältnisse über Wohnraum im Land Berlin

Die Artikel 1 bis 4 gelten im Land Berlin für Mietverhältnisse über Wohnraum, auf die die §§ 1 bis 19 und 24 bis 31 des Mieterschutzgesetzes nicht anzuwenden sind.

Beschlüsse des 6. Ausschusses

(2) Die Vorschriften der §§ 1 bis 7 gelten nicht für Mietverhältnisse
1. unverändert
2. unverändert
3. über Wohnraum, **der** Teil der vom Vermieter selbst bewohnten Wohnung ist und den der Vermieter ganz oder **überwiegend** mit Einrichtungsgegenständen auszustatten hat, sofern **der Wohnraum** nicht zum dauernden Gebrauch für eine Familie überlassen ist.

Artikel 4
Anwendung auf bestehende Mietverhältnisse

(1) Ein Mietverhältnis, das zur Zeit des Inkrafttretens dieses Gesetzes besteht, richtet sich von diesem Zeitpunkt an nach dem neuen Recht.

(2) **Artikel 3 § 3 ist auch auf vor Inkrafttreten dieses Gesetzes begonnene bauliche Änderungen anzuwenden, die nach Inkrafttreten dieses Gesetzes beendet werden.**

Artikel 5

unverändert

Artikel 5a
Sondervorschriften für München und Hamburg

(1) **In der kreisfreien Stadt München und im Landkreis München**

II. Gesetzesentwürfe

Entwurf

Beschlüsse des 6. Ausschusses

(Gebietsstand bis zum 30. Juni 1972) sowie in der Freien und Hansestadt Hamburg gilt Artikel 3 § 2 bis zum 31. Dezember 1976 mit der Maßgabe, daß bei Wohnungen, die bis zum 20. Juni 1948 bezugsfertig geworden sind und weniger als sechs Wohnräume einschließlich Küche haben, die Zustimmung zu einer Erhöhung des Mietzinses höchstens für einen Betrag verlangt werden kann, der die Grundmiete nicht um mehr als zehn vom Hundert übersteigt.

(2) Grundmiete im Sinne des Absatzes 1 ist die Miete, die am 31. Dezember 1974 preisrechtlich zulässig war, abzüglich folgender in ihr enthaltener Beträge:
1. Umlagen für Wasserverbrauch,
2. Kosten des Betriebs der zentralen Heizungs- und Warmwasserversorgungsanlagen,
3. Umlagen für laufende Mehrbelastungen seit dem 1. April 1945,
4. Untermietzuschläge,
5. Zuschläge wegen Nutzung von Wohnraum zu anderen als Wohnzwecken,
6. Mieterhöhungen für Wertverbesserungen nach § 12 der Altbaumietenverordnung.

Artikel 6
Berlin-Klausel

Dieses Gesetz gilt nach Maßgabe des § 13 Abs. 1 des Dritten Überleitungsgesetzes vom 4. Januar 1952 (Bundesgesetzbl. I S. 1) auch im Land Berlin.

Artikel 6

unverändert

Artikel 7
Inkrafttreten

(1) Dieses Gesetz tritt am 1. Januar 1975 in Kraft.

(2) Soweit das Mieterschutzgesetz noch in Geltung ist, treten die Artikel 1 bis 4 mit dessen Außerkrafttreten in

Artikel 7

unverändert

Entwurf	Beschlüsse des 6. Ausschusses
Kraft. Das Inkrafttreten des Artikels 5 nach Absatz 1 bleibt hiervon unberührt.	

III. Begründung der Bundesregierung zum Entwurf des 2. WKSchG (BT-Drucks. 7/2011)

A. Allgemeine Bemerkungen

I.

F 6 Die im November 1971 in Kraft getretenen Mietgesetze* das Gesetz zur Verbesserung des Mietrechts und zur Begrenzung des Mietanstiegs sowie zur Regelung von Ingenieur- und Architektenleistungen vom 4. November 1971 (Bundesgesetzbl. I S. 1745) – im folgenden: Mietrechtsverbesserungsgesetz – und das Gesetz über den Kündigungsschutz für Mietverhältnisse über Wohnraum vom 25. November 1971 (Bundesgesetzbl. I S. 1839) – im folgenden: Wohnraumkündigungsschutzgesetz (WKSchG) – verfolgten das Ziel, die Rechtsstellung des Mieters von Wohnraum zu verbessern; er sollte – vor allem durch die Regelungen des Wohnraumkündigungsschutzgesetzes – vor willkürlichen Kündigungen und ungerechtfertigten Mieterhöhungen geschützt werden (vgl. auch den Schriftlichen Bericht des Rechtsausschusses des Bundestages, BT-Drucks. VI/2421 unter 1.).

Die Geltungsdauer des Wohnraumkündigungsschutzgesetzes (nicht des Mietrechtsverbesserungsgesetzes) ist begrenzt: Es soll nach Artikel 3 § 2 Abs. 3 mit Ablauf des 31. Dezember 1974 außer Kraft treten.

II.

F 7 Die Regelungen des Wohnraumkündigungsschutzgesetzes haben sich bewährt. Die Zahl der Mieträumungsprozesse wie auch die Mieterhöhungen sind nach den Feststellungen der Mietervereine zurückgegangen; die Mietenbewegung hat sich sowohl bei Altbauwohnungen als auch bei freifinanzierten Wohnungen beruhigt. Diese Feststellungen werden durch die inzwischen vorliegenden Statistiken bestätigt: Die Zahl der von den Amtsgerichten erledigten Mieträumungsprozesse ist im Jahr 1972 in allen Bundesländern außer in Berlin gegenüber 1971 zurückgegangen, im Bundesdurchschnitt um rund 10 v. H. (in Berlin ist wegen der Fortgeltung des Mieterschutzgesetzes das Wohnraumkündigungsschutzgesetz bisher nur für einen sehr begrenzten Kreis von Wohnungen in Kraft). Der Mietindex ist im Jahr 1972 nur noch um 5,7 v. H. und damit langsamer gestiegen als der allgemeine Preisindex.

Wegen dieser positiven Auswirkungen soll mit dem vorliegenden Gesetz die zeitlich befristete Geltung der Regelungen des Wohnraumkündigungsschutzgesetzes beseitigt werden. Seine Regelungen sollen im Grundsatz Dauerrecht werden, und zwar sollen die Vorschriften über den Kündigungsschutz Bestandteil

---

* Zum Gesetzgebungsmaterial des 1. WKSchG wird auf den Teil V der ersten Auflage des Kommentars verwiesen.

III. Begründung des Gesetzentwurfs der Bundesregierung F 7

des sozialen Mietrechts des Bürgerlichen Gesetzbuchs und dort im systematischen Zusammenhang mit den allgemeinen Kündigungsregelungen verankert werden; die Regelungen für Mieterhöhungen sollen in einem besonderen unbefristeten Gesetz erfolgen, da Änderungen nach den Erfahrungen der Praxis mit den Neuerungen oder zur Anpassung an veränderte wohnungswirtschaftliche Verhältnisse erforderlich werden können.

Bei dieser Gelegenheit werden die Erfahrungen der Praxis bei der Anwendung der Regelungen für Mieterhöhungen durch entsprechende Änderungen und Ergänzungen berücksichtigt.

Der Gesetzentwurf geht dabei von folgenden Grundsätzen aus:

1. Bei der überragenden Bedeutung der Wohnung als Lebensmittelpunkt des menschlichen Daseins gebietet die Sozialstaatsverpflichtung des Grundgesetzes (Artikel 20), den vertragstreuen Mieter vor willkürlichen Kündigungen und damit dem Verlust seiner Wohnung zu schützen.

   Dieser Kündigungsschutz ist unabhängig davon erforderlich, ob die Lage auf dem Wohnungsmarkt als ausgeglichen angesehen wird. Jeder Wohnungswechsel bringt für den Mieter regelmäßig nicht unbeträchtliche Kosten und andere meist erhebliche Unzuträglichkeiten mit sich. Eine Belastung des vertragstreuen Mieters mit solchen Kosten und Unzuträglichkeiten ist bei der Bedeutung der Wohnung in einem sozialen Rechtsstaat nur gerechtfertigt, wenn der Vermieter ein berechtigtes Interesse an der Kündigung hat.

   Dieser Kündigungsschutz darf im Grundsatz auch nicht davon abhängig sein, ob der Wohnraum leer oder teilweise oder vollständig möbliert vermietet wird. Anderenfalls würden weite Kreise der Bevölkerung, insbesondere viele ausländische Arbeitnehmer benachteiligt. Nicht die Ausstattung des Wohnraums sondern seine enge Einbezogenheit in den Wohn- und Lebensbereich des Vermieters kann eine Ausnahme vom Kündigungsschutz rechtfertigen. Der Kündigungsschutz und die Regelungen für Mieterhöhungen werden daher auf möblierte Wohnräume außerhalb der vom Vermieter selbst bewohnten Wohnung ausgedehnt.

2. Mieterhöhungen müssen in angemessenem Rahmen zur Erhaltung der Wirtschaftlichkeit des Hausbesitzes und zur Anpassung an die allgemeine Marktentwicklung möglich sein, ohne daß deshalb das Mietverhältnis in seinem Bestand in Frage gestellt wird. Mieterhöhungen dürfen nicht unter dem Druck einer drohenden Kündigung zustandekommen; die Kündigung zum Zwecke der Mieterhöhung muß ausgeschlossen bleiben. Denn der Mieter wird einer Mieterhöhung unter dem Druck einer drohenden Kündigung wegen der Kosten und der anderen Unzuträglichkeiten, die der Wohnungswechsel mit sich bringt, meist selbst dann zustimmen, wenn er in eine etwa entsprechende Wohnung umziehen könnte.

3. Die Grenze für Mieterhöhungen bleibt grundsätzlich die ortsübliche Vergleichsmiete. Die vorgeschlagenen anderen Systeme bieten für Mieterhöhungen keine Vorteile, abgesehen davon, daß jeder Systemwechsel zunächst neue Rechtsfragen aufwirft und damit Rechtsunsicherheit bewirkt.

   So würde die Einführung der Kostenmiete bei nicht preisgebundenen und daher nicht mit öffentlichen Mitteln geförderten Neubauwohnungen der jüngsten Zeit zum Teil erhebliche, aus den Marktverhältnissen nicht gerechtfertigte Mieterhöhungen ermöglichen. Tabellenmieten sind erfahrungsgemäß sehr starr und würden deshalb einer ständigen Anpassung an die Entwicklung bedürfen, wenn sie nicht zu Unzuträglichkeiten führen sollen.

   Die Vergleichsmiete ermöglicht demgegenüber die notwendige Berücksichtigung der vielfach noch sehr unterschiedlichen örtlichen Verhältnisse. Sie bleibt an den jeweiligen Marktverhältnissen orientiert, berücksichtigt den Wohnwert angemessen, verhindert aber die Ausnutzung jeder Marktchance bei Mangellagen. Die Schwierigkeiten, die bei der geltenden Regelung aufgetaucht sind, lassen sich durch folgende Regelungen beheben:

a) Es wird klargestellt, daß die Darlegung der ortsüblichen Vergleichsmiete nicht nur durch Angabe von Vergleichsobjekten möglich ist, sondern daß alle Beweismittel zugelassen sind, insbesondere gemeindliche Mietwerttabellen und sogenannte Mietspiegel, die unter Beteiligung von Interessenvertretern der Vermieter und der Mieter zustandegekommen sind, mindestens die Billigung beider Seiten gefunden haben, ferner auch Sachverständigengutachten. Im Falle einer Begründung der Mieterhöhung durch Vergleichsobjekte soll die Angabe von in der Regel drei, höchstens sechs Wohnungen genügen. Insgesamt wird dadurch die Darlegung der ortsüblichen Vergleichsmiete erleichtert.

b) Die Kosten von Modernisierungsmaßnahmen können in Anlehnung an die Regelung im preisgebundenen Wohnungsbau in einem besonderen Verfahren schnell weitergegeben werden. Dadurch kann die Finanzierung der dringend notwendigen Modernisierung in vielen Fällen erleichtert werden.

c) Daneben bleibt die Möglichkeit erhalten, Betriebskostenerhöhungen, auf die der Vermieter regelmäßig keinen Einfluß hat, in einem vereinfachten Verfahren auf die Mieter umzulegen. Diese Regelung wird ergänzt um die Möglichkeit, auch Kapitalkostenerhöhungen angemessen weiterzugeben.

III.

Die gesetzliche Neuregelung wird gegenüber der noch geltenden gesetzlichen Regelung Mieterhöhungen in etwas stärkerem Maße ermöglichen, insbesondere weil die Möglichkeit eröffnet wird, Modernisierungskosten und Kapitalkostenerhöhungen auf die Mieter abzuwälzen. Das kann das allgemeine Preisniveau, insbesondere der Wohnungsmieten und die Stellung des Verbrauchers als Wohnungsmieter entsprechend beeinflussen. Es müßte aber mit wesentlich stärkeren Mieterhöhungen und entsprechenden Auswirkungen auf das allgemeine Preisniveau und auf die Stellung des Verbrauchers gerechnet werden, wenn die Vorschriften des Wohnraumkündigungsschutzgesetzes entsprechend der geltenden gesetzlichen Regelung mit Ablauf des 31. Dezembers 1974 außer Kraft treten würden.

Die Begrenzung der zulässigen Mieterhöhungen führt tendenziell zu geringeren Wohngeldzahlungen, als sie bei einem ersatzlosen Auslaufen des Wohnraumkündigungsschutzgesetzes eintreten würden. Das kann allerdings eine entsprechende Begrenzung der Einkünfte aus Vermietung und Verpachtung und damit geringere Steuereinnahmen zur Folge haben. Die Höhe etwaiger Mindereinnahmen und Minderausgaben läßt sich nicht abschätzen.

B. Einzelbegründung

Zu Artikel 1

Diese Vorschriften betreffen die Ergänzung und Änderung des Bürgerlichen Gesetzbuches. Durch sie wird der Kündigungsschutz als Dauerrecht verwirklicht.

III. Begründung des Gesetzentwurfs der Bundesregierung   F 9, 10

Zu Nummer 1 (§ 564b BGB)

Die Vorschrift übernimmt die Regelungen des Artikels 1 § 1 WKSchG über F 9
den Kündigungsschutz ohne sachliche Änderungen; Absatz 4, wonach eine Kündigung zum Zwecke der Mieterhöhung ausgeschlossen ist, wird aus Gründen des Sachzusammenhanges in das Gesetz zur Regelung der Mieterhöhung (siehe Artikel 3 § 1 des Gesetzentwurfs) übernommen. Absatz 1 gilt – wie schon nach geltendem Recht überwiegend angenommen wird – für alle Kündigungen der Vermieter von Wohnraum mit Ausnahme der Kündigung ohne Einhaltung einer Kündigungsfrist. Ein berechtigtes Interesse des Vermieters muß insbesondere auch bei Kündigungen nach § 565a Abs. 1 und § 565c BGB sowie bei (vorzeitigen) Kündigungen unter Einhaltung der gesetzlichen Frist vorliegen (vgl. §§ 567, 569, 569a Abs. 5 und 6, § 1056 Abs. 2, § 2135 BGB, § 30 ErbbauV, § 19 KO, §§ 57a, 57c, ZVG; vgl. zum geltenden Recht LG Nürnberg-Fürth in Wohnungswirtschaft und Mietrecht 1973 S. 212; AG Speyer und AG Stuttgart in Deutsche Wohnungswirtschaft 1973 S. 182).

Nach Absatz 5 ist die Vorschrift entsprechend der Regelung des geltenden Rechts (vgl. Artikel 1 § 4 Absatz 1 WKSchG) zum Nachteil des Mieters nicht abdingbar, da der Kündigungsschutz nur durch eine zwingende Regelung verwirklicht werden kann.

Zu Nummer 2 (§ 565 Abs. 3 BGB)

Durch die Änderung der Eingangsworte in Verbindung mit Absatz 6 des F 10
§ 564b BGB sowie durch eine entsprechende Regelung in § 8 Abs. 2 Nr. 3 des Gesetzes zur Regelung der Mieterhöhung (Artikel 3 dieses Gesetzentwurfes) wird der Kündigungsschutz auch auf Mietverhältnisse über bestimmte möblierte Wohnräume ausgedehnt.

Nach geltendem Recht besteht für möbliert vermietete Wohnräume ein Kündigungsschutz nur für Familien (dazu zählen nach herrschender Rechtsprechung auch kinderlose Ehepaare), denen der Wohnraum zum dauernden Gebrauch überlassen ist (vgl. Artikel 6 § 4 Abs. 2 WKSchG). Dies gilt auch für die Kündigungsfristen (vgl. § 565 Abs. 3 BGB in der geltenden Fassung) und die an diese Vorschrift anknüpfenden Vorschriften des sozialen Mietrechts (vgl. § 556a Abs. 8, § 564a Abs. 3, § 565a Abs. 3 BGB). Alleinstehende und mehrere Personen, die keine Familie sind, genießen weder Kündigungsschutz noch den Schutz des sozialen Mietrechts. Viele Personen sind jedoch aus persönlichen oder wirtschaftlichen Gründen daran gehindert, sich eine Wohnung vollständig oder überwiegend mit eigenen Einrichtungsgegenständen auszustatten. Insbesondere ausländische Arbeitnehmer und Angehörige der Stationierungsstreitkräfte schaffen sich meist keine eigenen Möbel an, auch wenn sie sich nur vorübergehend in der Bundesrepublik Deutschland aufhalten, da sie regelmäßig die Absicht haben nach einiger Zeit in ihren Heimatstaat zurückzugehen. Die Regelung des geltenden Rechts wirkt sich daher häufig besonders zum Nachteil von Ausländern aus, die sich im deutschen Interesse in der Bundesrepublik aufhalten. Aber auch andere Personen können durch die Art ihrer beruflichen Tätigkeit oder während ihrer Ausbildung genötigt sein, sich eine möblierte Wohnung zu nehmen, weil sie sich zwar nicht nur vorübergehend, aber für eine begrenzte Zeit am jeweiligen Ort aufhalten und die Anschaffung von Einrichtungsgegenständen daher nicht sinnvoll wäre. Schließlich bewohnen nicht wenige ältere, alleinstehende Personen meist mit geringen Einkünften möblierte Wohnungen. Bei diesen Personen ist die möblierte Wohnung genauso Mittelpunkt des Lebens wie bei allen anderen, so daß sie den gleichen Schutz genießen sollten. Darüber hinaus kann eine Sonderstellung des möblierten Wohnraums ein Anreiz dafür sein, sich durch einfache Möblierung und die Übernahme einer entsprechenden Vermieterpflicht dem Kündigungsschutz zu entziehen. Wie bereits in den Allgemeinen Bemerkungen unter II 1 ausgeführt, ist eine Sonderstellung hinsichtlich des Kündigungsschutzes und der Kündigungsfristen nur für solchen möblierten Wohnraum gerechtfertigt, der in engem räumlichen Zusammenhang mit der Wohnung des Vermieters steht und nicht zum dauernden Gebrauch an eine Familie vermietet ist. In solchen Fällen ist der Mieter soweit in den Lebenskreis des Vermieters einbezogen, daß den Interessen des Vermieters, der nicht nur seiner Stellung als Vermieter, sondern auch in seinem Wohn- und Lebensbereich betroffen ist, der Vorrang gebührt. Dies trifft vor allem bei der Vermietung einzelner möblierter Zimmer innerhalb der Wohnung des Vermieters zu, aber auch auf möblierte Mansarden oder möblierte Zimmer „vor der Glastür", sofern sie mit dem Wohnbereich des Vermieters noch in irgendeinem räumlichen Zusammenhang stehen, z. B. wegen der gemeinschaftlichen Benutzung von Küche, Bad oder Toilette. Der Vorrang des Vermieters entfällt – wie schon im geltenden Recht – auch bei diesen möblierten Wohnräumen, wenn sie zum dauernden Gebrauch an eine Familie vermietet sind, da sich hier der vom Grundgesetz geforderte Schutz der Familie auswirken muß.

Zu Artikel 2

F 11 Absatz 1 enthält die Regelung des Artikels 1 § 2 WKSchG für Mietverhältnisse auf bestimmte Zeit. Die Beschränkung auf die nach dem 31. Oktober 1970 abgeschlossenen Mietverträge beruht – wie im geltenden Recht – auf der Erwägung, daß Mietverhältnisse, die vor dem Bekanntwerden der Vorbereitung der gesetzlichen Regelung des WKSchG abgeschlossen worden sind, aus Gründen des Vertrauensschutzes nicht erfaßt werden sollten. Die Beschränkung wird durch den Zeitablauf zunehmend an Bedeutung verlieren.

Nach Absatz 2 ist – wie im geltenden Recht (vgl. Artikel 1 § 4 Abs. 1 WKSchG) – eine zum Nachteil des Mieters abweichende Vereinbarung unwirksam, da andernfalls der Kündigungsschutz nicht gewährleistet wäre.

Absatz 3 enthält – wie schon im geltenden Recht (vgl. Artikel 1 § 4 Abs. 2 WKSchG) – die gleiche Begrenzung des Anwendungsbereichs der Vorschrift wie § 564b Abs. 6 BGB für Mietverträge auf unbestimmte Zeit.

Zu Artikel 3

F 12 Durch die Vorschrift dieses Artikels werden die Regelungen des Artikels 1 § 3 WKSchG über Mieterhöhungen im Grundsatz übernommen, jedoch wegen der notwendigen Änderungen und Ergänzungen in einem besonderen Gesetz zur Regelung der Mieterhöhung zusammengefaßt.

Zu § 1

F 13 Mieterhöhungen dürfen – wie bereits in den Allgemeinen Bemerkungen unter II 2 ausgeführt – nicht unter dem Druck einer drohenden Kündigung zustande kommen. Daher wird in Satz 1 die bisher in Artikel 1 § 1 Abs. 4 WKSchG enthaltene Regelung übernommen. Daran schließt sich der Grundsatz an, daß Mieterhöhungen während des Bestehens eines Mietverhältnisses nur nach Maßgabe der folgenden Vorschriften zulässig sind und gegebenenfalls auch gegen den Willen des Mieters durchgesetzt werden können. Dadurch werden Anpassungen der Mieter an Kostenerhöhungen ermöglicht, ohne daß deswegen der Bestand des Mietverhältnisses in Frage gestellt wird. Entsprechend der Regelung in Artikel 1

III. Begründung des Gesetzentwurfs der Bundesregierung F 14

§ 3 Abs. 1 Satz 2 WKSchG sind Mieterhöhungen nicht zulässig, soweit und solange eine Erhöhung durch Vereinbarung ausgeschlossen ist. Zur Anpassung an die Regelungen für preisgebundene Wohnungen (vgl. § 10 Abs. 4 des Wohnungsbindungsgesetzes) wird ausdrücklich erwähnt, daß eine solche Vereinbarung sich auch aus den Umständen ergeben kann. Dabei wird jedoch klargestellt, daß entsprechend allgemeinen Grundsätzen des Vertragsrechts aus dem Abschluß eines Mietverhältnisses auf bestimmte Zeit mit bestimmtem Mietzins regelmäßig auf den Parteiwillen geschlossen werden muß, daß Mieterhöhungen ausgeschlossen sein sollen. Ein solcher Parteiwille kann nicht unterstellt werden, wenn nach den Vereinbarungen der Mietzins während der vereinbarten Mietzeit angepaßt werden soll; das wird sich regelmäßig aus einer Mietgleitklausel ergeben, die insoweit wirksam ist, auch wenn sie inhaltlich wegen Verstoßes gegen § 8 Abs. 1 unwirksam ist.

Zu § 2

Die Vorschrift übernimmt im Grundsatz die Regelungen des Artikel 1 § 3 F 14
Abs. 1 bis 4 WKSchG für Mieterhöhungen bis zur sogenannten ortsüblichen Vergleichsmiete. Gegenüber dem geltenden Recht sind jedoch folgende Änderungen vorgesehen:
In Absatz 1 wird in Nr. 1 klargestellt, daß Erhöhungen der Betriebskosten nach § 4 auf die Jahresausschlußfrist, innerhalb derer der Mietzins unverändert geblieben sein muß, ohne Einfluß sind. Da Betriebskosten häufiger steigen – der Vermieter hat darauf regelmäßig keinen Einfluß –, wäre sonst eine Anpassung der Miete an die ortsübliche Vergleichsmiete oft für beträchtliche Zeiträume nicht möglich. Auch Mieterhöhungen wegen Modernisierungen nach § 3 und wegen gestiegener Kapitalkosten nach § 5 sollen auf die Jahresfrist ohne Einfluß sein.
In Nr. 2 wird bei den Vergleichsmerkmalen klargestellt, daß als Vergleichsmieten nur die Mieten für nicht preisgebundenen Wohnraum in Betracht kommen. Die Mieten für preisgebundenen Wohnraum sind nicht vergleichbar, da sie durch die öffentliche Förderung maßgeblich beeinflußt werden; außerdem werden sie nach Kostengesichtspunkten ermittelt (Kostenmiete), die Marktverhältnisse bleiben regelmäßig unberücksichtigt; die Kostenmiete liegt daher vereinzelt trotz der Subventionierung durch die öffentliche Förderung über der Marktmiete. Abgesehen von der Beeinflussung der Finanzierung durch die öffentliche Förderung hat die Art der Finanzierung bei der Ermittlung der Vergleichsmiete unberücksichtigt zu bleiben, ebenso wie die Kosten der Herstellung, der Erhaltung und der Modernisierung. Maßgebend ist allein der Wohnwert. Das Alter ist – wie bereits im Schriftlichen Bericht des Rechtsausschusses ausgeführt worden ist (vgl. BT-Drucks. VI/2421 zu Artikel 2 2) –, nur insoweit von Bedeutung, als dadurch der Wohnwert beeinflußt wird; eine guterhaltene, gegebenenfalls modernisierte Altbauwohnung kann einen höheren Wohnwert haben als eine Neubauwohnung.
Durch die in Absatz 2 angefügten Sätze 2 und 3 soll die Darlegung der ortsüblichen Vergleichsmiete erleichtert werden. Die Rechtsprechung hat aus der Formulierung des Artikels 1 § 3 Abs. 1 WKSchG und aus Bemerkungen im Schriftlichen Bericht des Rechtsausschusses zu dieser Vorschrift (vgl. BT-Drucksache VI/2421 a. a. O.) überwiegend gefolgert, im Erhöhungsverlangen des Vermieters könne die Darlegung der ortsüblichen Vergleichsmiete nur durch Angabe von Vergleichsobjekten erfolgen; vereinzelt ist die Angabe von mindestens 20 Vergleichsobjekten verlangt worden, wobei für jedes Vergleichsobjekt zum Teil

detaillierte Angaben über die gesetzlichen Vergleichsmerkmale hinaus gefordert wurden. Eine solche Erschwerung der Darlegung war nicht beabsichtigt. Sie stellt Vermieter wie Mieter im Einzelfall oft vor beträchtliche Schwierigkeiten und erschwert im Streitfall auch den Gerichten die notwendigen Feststellungen zur Ermittlung der ortsüblichen Vergleichsmiete. Eine Klarstellung im Gesetz erscheint daher geboten. Satz 2 sieht deshalb vor, daß die Darlegung der ortsüblichen Vergleichsmiete auch durch Bezugnahme auf Mietwerttabellen, die von manchen Gemeinden geführt werden, oder auf Mietspiegel, wie sie in einigen Städten von Vertretern der Vermieter- und der Mieterorganisationen gemeinsam erstellt worden sind, erfolgen kann. Wesentlich erscheint hierbei, daß solche Mietspiegel von Interessenvertretern beider Parteien des Mietverhältnisses erstellt oder doch wenigstens von der Seite anerkannt worden sind, die an der Erstellung nicht mitgewirkt hat. Dadurch werden die Mietspiegel für die Beteiligten verläßlicher. Streitigkeiten über ihre Richtigkeit werden, vor allem im außergerichtlichen Bereich, meist vermieden werden. Mietwerttabellen und Mietspiegel werden auch deshalb erwähnt, um ihre Anlage und Fortführung zu fördern; sie werden erheblich zur Versachlichung der Auseinandersetzungen über Mieterhöhungen beitragen können. Um ihre Aufstellung aber nicht zugleich wieder zu behindern, wird nicht allein auf ein gemeinsames Erstellen und damit auf eine völlige Übereinstimmung beider Seiten in allen Punkten abgestellt, sondern deren Verwendbarkeit auch dann gesichert, wenn eine Seite sie nur anerkennt. Hierbei soll ein Anerkenntnis einzelner Teile genügen.

Durch die ausdrückliche Erwähnung der Sachverständigen und der Vergleichsobjekte wird die Verwendbarkeit aller Beweismittel über die in den Worten „... kann insbesondere..." ausgedrückte Beispielhaftigkeit noch deutlicher herausgestellt: Jedes Beweismittel ist zugelassen und unterliegt im Streitfall der freien Beweiswürdigung; Voraussetzung ist lediglich, daß die Angaben für den Mieter nachprüfbar sein müssen. Für die Darlegung durch Sachverständige wird jedoch bestimmt, daß diese öffentlich bestellt oder vereidigt sein müssen, um den Mietern eine Nachprüfung der Eignung zu ersparen. Für die Fälle, in denen die Darlegung der ortsüblichen Vergleichsmiete noch durch Vergleichsobjekte erfolgt, wird in Satz 3 eine Höchst- und Regelzahl aufgenommen, um für die Praxis eine zu große Abweichung in den Anforderungen zu vermeiden.

Absatz 3 sieht Änderungen gegenüber der geregelten Regelung des Artikel 1 § 3 Abs. 3 WKSchG vor, um Schwierigkeiten vorzubeugen, die nach der geltenden Fassung bei der Feststellung der Äußerungsfrist des Mieters (Satz 1) und der Klagefrist des Vermieters sowie der Frist für die erneute Geltendmachung bei der Mieterhöhung entstehen können (Satz 2). Die Äußerungsfrist des Mieters soll künftig immer mit dem Ablauf des zweiten Monats enden, der auf den Monat folgt, in dem der Vermieter den Anspruch auf Mieterhöhung erhoben hatte, das Erhöhungsverlangen also dem Mieter zugegangen war. Die Klagefrist des Vermieters, die an diesen Zeitpunkt anknüpft, sowie die Frist für das erneute Erhöhungsverlangen sind danach einfacher und sicherer zu berechnen.

Gleichzeitig wird die Überlegungsfrist des Mieters auf mindestens zwei Monate ausgedehnt, um ihn vor Entscheidungen unter Zeitdruck zu schützen, wie er sich z. B. nach geltendem Recht bei Urlaubsabwesenheit einstellen kann. Der Vermieter kann sich von Anfang an überlegen, wie er auf die verweigerte Zustimmung reagieren werde, so daß die Verkürzung der Klagefrist auf zwei Monate für ihn keinen Nachteil bringt. Durch die Verkürzung wird andererseits vermieden, daß der Zeitraum, nachdem der Vermieter ein neues Erhöhungsverlangen stellen kann, sich zu seinem Nachteil verlängert. Die Sperrwirkung nach

III. Begründung des Gesetzentwurfs der Bundesregierung **F 15**

nicht erhobener Klage ist nicht gerechtfertigt, wenn der Vermieter auf Klageerhebung verzichtet, weil sein Erhöhungsverlangen nicht den Voraussetzungen der Absätze 1 und 2 entsprochen hatte und daher nicht wirksam war. Das wird durch entsprechende Ergänzung des Satzes 2 klargestellt.

Absatz 4 übernimmt die Regelung des geltenden Artikel 1 § 3 Abs. 3 WKSchG. Der Zeitpunkt für das Wirksamwerden der Mieterhöhung wird jedoch vereinheitlicht. Die geltende Fassung unterscheidet nach der Dauer der Kündigungsfrist, die bei ordentlicher Kündigung nach der Dauer des Mietverhältnisses einzuhalten wäre. Das hat zu Zweifeln Anlaß gegeben bei Mietverträgen auf bestimmte Zeit mit einer Mietgleitklausel: Da solche Verträge nicht nach § 565 BGB gekündigt werden können, ist gefolgert worden, daß für solche Verträge Artikel 1 § 3 WKSchG nicht gilt und daß daher die vereinbarte Mietgleitklausel wirksam ist (so LG München und AG Köln in Deutscher Wohnungswirtschaft 1973 S. 280 im Anschluß an Löwe NJW 1972, 2109). Auch für solche Mietverhältnisse sollen jedoch Mieterhöhungen nur nach Maßgabe dieses Gesetzes zulässig sein (wegen der Mietgleitklausel kann aus der Vereinbarung einer bestimmten Vertragsdauer nicht der Ausschluß einer Mieterhöhung gefolgert werden); Mietgleitklauseln sollen aus den zu § 8 Abs. 1 erwähnten Gründen insoweit unwirksam sein, als sie nicht den Regelungen dieses Gesetzes entsprechen.

Da es den Hausfrieden stören kann, wenn Mieterhöhungen bei den Mietern eines Wohnkomplexes zu verschiedenen Zeiten wirksam werden, und da auch kein zwingender Grund ersichtlich ist, daß Wirksamwerden der Mieterhöhung von der Dauer des Mietverhältnisses abhängig zu machen, wird die Kündigungsfrist durch eine einheitliche Frist ersetzt, die der gesetzlichen Kündigungsfrist von rund drei Monaten etwa entspricht. Die Mieterhöhung wird dadurch zu einem einheitlichen Zeitpunkt wirksam, gleich ob es sich um einen lang- oder kurzdauernden Mietvertrag oder um einen Mietvertrag auf bestimmte Zeit mit einer Mietgleitklausel handelt.

Zu § 3

Durch die Vorschrift soll es den Vermietern ermöglicht werden, die Kosten, **F 15** die sie für Verbesserungen der Mietsache, besonders für Modernisierung, aufgewendet haben, in angemessenem Umfang auf die Mieter umzulegen. An der Modernisierung der Altbauwohnungen, aber auch vieler nach dem Krieg gebauten Wohnungen besteht ein allgemeines dringendes Interesse. Eine Modernisierung ist jedoch oft nur bei einer entsprechenden Mieterhöhung möglich. Bei einer Erhöhung bis zur ortsüblichen Vergleichsmiete nach § 2 ist zwar der Wohnwert nach der Modernisierung maßgebend. Die danach mögliche Erhöhung reicht jedoch zur angemessenen Deckung der Modernisierungskosten oft nicht aus.

Nach Absatz 1 soll daher der Vermieter anstelle einer Mieterhöhung bis zur ortsüblichen Vergleichsmiete nach § 2 Modernisierungskosten auch dann geltend machen können, wenn dadurch der Mietzins über die ortsübliche Vergleichsmiete steigt. Voraussetzung ist, daß durch die Modernisierung eine nachhaltige Erhöhung des Gebrauchswerts der Mietsache eintritt oder daß die allgemeinen Wohnverhältnisse auf die Dauer verbessert werden (z. B. durch Anschluß an eine gemeindliche Kanalisation). Die Vorschrift lehnt sich dabei an die Regelungen für preisgebundene Wohnungen und an § 32 des Städtebauförderungsgesetzes an. Sie geht über die dort getroffene Regelung insofern hinaus, als diejenigen baulichen Veränderungen erfaßt werden, die dem Vermieter von dritter Seite aufgegeben werden und die er nicht zu vertreten hat, wie beispielsweise eine Umstellung auf

Erdgas oder eine Änderung von Freileitungen in Erdleitungen. Sie geht auch insofern weiter als § 32 des Städtebauförderungsgesetzes, als sie den umlegungsfähigen Anteil der Modernisierungskosten wie in § 12 der AltbaumietenVO mit 14 v. H. festlegt. Hierdurch soll ein stärkerer Anreiz zur Modernisierung gegeben werden.

Es ist aber notwendig, die hierdurch ermöglichte Mieterhöhung in Grenzen zu halten. Die in § 32 Abs. 2 Satz 2 des Städtebauförderungsgesetzes enthaltene Begrenzung auf den dreifachen Betrag der Jahresmiete der modernisierten Wohnung steht in Beziehung zu den Finanzierungshilfen der Gemeinden (vgl. § 43 des Städtebauförderungsgesetzes) und kann daher nicht übernommen werden. Ohne eine Begrenzung könnte es aber zu übermäßigen Mieterhöhungen und zu Verzerrungen des Mietpreisgefüges bei Wohnungen gleichen Wohnwertes kommen. Ferner wäre es nicht selten möglich, durch die vereinfachte Umlage der Modernisierungskosten (vgl. Absätze 3 und 4) Mieterhöhungen zu erreichen, die bei den gegebenen Marktverhältnissen nicht zu erzielen wären. Nach Satz 2 liegt daher die „Kappungsgrenze" bei 10. v. H. über der ortsüblichen Vergleichsmiete. Dieser Prozentsatz ist in den Richtlinien der Länderwirtschaftsminister zur wirksamen Bekämpfung von Mietpreisüberhöhungen* als „Wesentlichkeitsgrenze" im Sinne von § 2b Abs. 1 Satz 2 des Wirtschaftsgesetzes 1965 festgelegt.

Mieterhöhungen sind nach dieser Regelung insoweit nicht gerechtfertigt, als der Vermieter für die Modernisierung öffentliche Förderung, Mieterdarlehen, Mietvorauszahlungen oder zinsbegünstigte Mittel von dritter Seite, beispielsweise dem Arbeitgeber des Mieters, erhält (Satz 3; vgl. die ähnliche Regelung des § 12 Abs. 3 Satz 2 AMVO).

Die Kosten der Modernisierung sollen nicht im Verfahren nach § 2 Abs. 3 und mit den Wirkungen nach § 2 Abs. 4 geltend gemacht, sondern grundsätzlich entsprechend den Regelungen für preisgebundene Wohnungen auf die Mieter umgelegt werden können. Die Modernisierung würde in vielen Fällen erschwert, wenn nicht die Möglichkeit geschaffen wird, die entstandenen Kosten auf die Mieter umzulegen und dadurch die Modernisierung mitzufinanzieren. Die Mieter haben als Ausgleich regelmäßig den Vorteil einer Verbesserung des Gebrauchswertes erlangt.

Da der Mieter – anders als bei Mieterhöhung wegen Modernisierung im preisgebundenen Wohnungsbau – nicht die Möglichkeit hat, die Berechtigung der Forderung des Vermieters durch eine zuständige Behörde nachprüfen zu lassen und da die Mieterhöhung aufgrund der Erklärung des Vermieters automatisch nach kurzer Zeit wirksam wird, muß sichergestellt werden, daß dem Mieter daraus keine unzumutbaren Nachteile erwachsen. Der Mieter muß ausreichend Gelegenheit haben, die geforderte Mieterhöhung auf ihre Berechtigung nachzuprüfen, was nicht selten nur unter Zuziehung von Sachkundigen möglich sein wird. Um dieses Schutzbedürfnis des Mieters mit dem berechtigten Interesse des Vermieters in Einklang zu bringen, die entstandenen Kosten möglichst bald nach ihrer Entstehung umzulegen, sieht der Entwurf folgende Regelung vor.

Die schriftliche und begründete Erklärung des Vermieters hat grundsätzlich zur Folge, daß die Mieterhöhung automatisch vom nächsten Monatsersten an (bei Abgabe der Erklärung nach dem 15.: vom übernächsten Monatsersten an) wirksam wird (Absätze 3 und 4). Nach Absatz 2 soll jedoch der Vermieter den Mieter vor Durchführung der Modernisierungsmaßnahmen auf die voraussichtli-

---

* Siehe dazu Rdn D 68 ff.

III. Begründung des Gesetzentwurfs der Bundesregierung **F 16**

che Höhe der Kosten und die sich daraus ergebende Mieterhöhung hinweisen. Das wird dem Vermieter in der Regel möglich sein, da er sich vor der Modernisierung über die voraussichtlichen Kosten an Hand von Kostenvoranschlägen und über die Finanzierung dieser Kosten, unter anderem durch die möglichen Mieterhöhungen, möglichst genau unterrichten wird, um festzustellen, ob die Kosten für ihn überhaupt tragbar sind.

Als Soll-Vorschrift ist die Vorschrift nicht Wirksamkeitsvoraussetzung für die Mieterhöhung. An die Nichtbeachtung der Vorschrift wird jedoch die mittelbare Folge geknüpft, daß die Mieterhöhung erst drei Monate später wirksam wird (Absatz 4 Satz 2). Diese Zeitspanne soll es dem Mieter nachträglich ermöglichen, die geforderte Mieterhöhung auf ihre Berechtigung zu prüfen, oder, falls ihm die Miete nach der Erhöhung zu teuer ist, sich eine andere Wohnung zu suchen und von seinem vorzeitigen Kündigungsrecht nach § 7 Abs. 1 Gebrauch zu machen. Eine gleiche Folge soll eintreten, wenn die tatsächliche Erhöhung gegenüber der nach Absatz 2 angekündigten Mieterhöhung um mehr als 10 v. H. abweicht, da dann die Ankündigung des Vermieters für den Mieter ohne praktischen Wert ist.

Zu § 4

Die Vorschrift entspricht Artikel 1 § 3 Abs. 6 WKSchG in der durch Artikel 4 **F 16**
des Wohnungsbauänderungsgesetzes 1973 vom 21. Dezember 1973 (Bundesgesetzbl. I S. 1970) ergänzten Fassung mit folgenden weiteren Ergänzungen:

In Absatz 1 wird klargestellt, daß Vorauszahlungen auf die zu erwartenden Betriebskosten vereinbart werden können. Wegen der namentlich in jüngster Zeit im Zusammenhang mit der Erhöhung der Heizölkosten aufgetauchten Zweifel wird jedoch bestimmt, daß nur angemessene, also an der Höhe der zu erwartenden Betriebskosten ausgerichtete Vorauszahlungen zulässig sind und daß über die Vorauszahlungen jährlich abgerechnet werden muß. Insoweit kann die Vorschrift im Hinblick auf § 8 Abs. 1 nicht zum Nachteil des Mieters abgedungen werden. In Absatz 2 ist in Satz 2 abweichend von der geltenden Fassung vorgesehen, daß in der schriftlichen Erklärung des Vermieters die Erhöhung der Betriebskosten „erläutert" werden muß; es ist nicht erforderlich, „die Berechnung der Erhöhung mitzuteilen". Durch diese Änderung wird die Regelung einmal an die Formulierung in § 3 Abs. 3 Satz 2 angepaßt. Zum anderen sollen dadurch Zweifel beseitigt werden, ob in der Erklärung der auf den Mieter entfallende Erhöhungsbetrag bereits ausgerechnet werden muß oder ob entsprechend der Regelung in § 18 Abs. 1 Satz 1 des Ersten Bundesmietengesetzes die Angabe eines „bestimmbaren Betrags" ausreicht, z. B. des Prozentsatzes der Erhöhung. Die Mitteilung des jeweiligen Erhöhungsbetrages würde besonders bei Vermietung einer größeren Zahl von Mietwohnungen einen beträchtlichen Arbeitsaufwand erfordern, der den Einsatz automatischer Einrichtungen zur Abrechnung erheblich komplizieren und verteuern würde.

Absatz 4 bestimmt in Ergänzung des geltenden Rechts, daß bei Ermäßigung der Betriebskosten der Mietzins entsprechend herabzusetzen ist. Eine Ermäßigung der Betriebskosten liegt jedoch nicht schon dann vor, wenn eine einzelne Betriebskostenart sich ermäßigt hat, sondern nur dann, wenn sich der Gesamtbetrag der Betriebskosten dadurch verringert. Gleiches gilt im übrigen auch für die Erhöhung der Betriebskosten. Absatz 4 kann vor allem dann praktische Bedeutung erlangen, wenn einzelne Kosten verursachende Leistungen, wie etwa die Anstellung eines Hausmeisters, wegfallen oder wenn sich eine Abgabe infolge Änderung der Berechnungsart ermäßigt.

Zu § 5

F 17 Durch diese Regelung wird dem Vermieter zusätzlich ermöglicht, auch eine Erhöhung der Kapitalkosten auf den Mieter umzulegen. Hierdurch soll die Wirtschaftlichkeit des Hausbesitzers in einer Zeit starker Bewegungen auf dem Kapitalmarkt in dem vorhandenen Umfang gewahrt werden.

In Absatz 1 wird durch die Bezugnahme auf § 19 der Zweiten Berechnungsverordnung klargestellt, daß sowohl das Fremdkapital als auch das Eigenkapital zu berücksichtigen sind. Da bei Eigenkapital begrifflich eine Erhöhung des Zinssatzes nicht möglich ist, wird in Absatz 1 Satz 2 eine solche Erhöhung als Kostenansatz fingiert. Aus der Bezugnahme auf § 5 der Zweiten Berechnungsverordnung (II. BV) ergibt sich, daß nur das baubedingte Eigenkapital in Betracht kommt, denn nur insoweit ist es dem Fremdkapital im Sinne des § 13 des II. BV vergleichbar. Der Ansatz eines erhöhten Zinssatzes für das Eigenkapital ist auch möglich, wenn sich die Zinsen für Fremdmittel – zum Beispiel bei einem Hypothekenbankkredit – nicht erhöht haben oder keine Fremdmittel eingesetzt sind.

Um Mietzinserhöhungen wegen Kapitalkostenerhöhung in einem vertretbaren Ausmaß zu begrenzen, wird als Bezugspunkt, dem gegenüber die Erhöhung der Kapitalkosten eingetreten sein muß, der am 30. Juni 1973 geltende Zinssatz vorgesehen, da zum 1. Juli 1973 die letzten erheblichen und in dieser Höhe kaum vorhersehbaren Zinserhöhungen auf dem Kapitalmarkt in Kraft getreten sind.

Aus der Bezugnahme auf die entsprechenden Verfahrensregeln für Betriebskosten ergibt sich, daß der Vermieter die Erhöhung der Kapitalkosten dem Mieter in der Erhöhungserklärung darlegen und erläutern muß. Er muß dabei auch belegen, in welcher Höhe er Eigenkapital investiert hat. Anders als bei den Betriebskosten ist eine Herabsetzung des Mietzinses bei einer Ermäßigung der Kapitalkosten in Absatz 2 nur dann vorgesehen, wenn der Vermieter zuvor die Miete wegen gestiegener Kapitalkosten erhöht hatte. Würde dies nicht zur Voraussetzung einer Ermäßigung gemacht, so würden jene Vermieter ungerecht benachteiligt, die auf eine Erhöhung verzichtet oder sich bereitgefunden hatten, trotz hoher Fremdkapital- und Baukosten zu nicht kostendeckenden Mieten zu vermieten in der Erwartung, bei einer Zinssenkung ihre Kosten decken zu können.

Zu § 6

F 18 Diese Vorschrift übernimmt entsprechende Regelungen für den preisgebundenen Wohnungsbau (vgl. § 10 Abs. 1 Satz 5 des Wohnungsbindungsgesetzes) und trägt damit den Bedürfnissen neuzeitlicher Bürotechnik Rechnung.

Zu § 7

F 19 Die Regelungen über Mieterhöhungen für preisgebundene Wohnungen geben dem Mieter ein vorzeitiges Kündigungsrecht, sobald ihm eine Mieterhöhungserklärung des Vermieters zugegangen ist (§ 11 des Wohnungsbindungsgesetzes; vgl. auch § 32 Abs. 4 des Städtebauförderungsgesetzes). Eine solche Regelung ist auch bei Mieterhöhungen nach den §§ 2, 3 und 5 angemessen. Absatz 1 sieht daher eine entsprechende Regelung in Anlehnung an § 32 Abs. 4 des Städtebauförderungsgesetzes vor; entsprechend den unterschiedlichen Zeitpunkten, zu denen eine Mieterhöhung nach § 2 einerseits und den §§ 3 und 5 andererseits wirksam wird, muß auch der Beginn der Kündigungsfrist unterschiedlich geregelt werden. Für eine Mietzinserhöhung wegen gestiegener Betriebskosten wird keine vorzeitige Kündigungsmöglichkeit vorgesehen. Denn diesen Kostenerhöhungen, die in aller Regel im Gegensatz zu Erhöhungen wegen Modernisierungskosten oder Kapitalkosten unabhängig vom einzelnen Mietobjekt regional auftreten, wird sich der Mieter nicht durch einen Umzug entziehen können.

III. Begründung des Gesetzentwurfs der Bundesregierung   F 20–22

Da der Mieter in seinen Entschließungen, ob er einer geforderten Mieterhöhung zustimmen will, auch nicht mittelbar durch eine drohende Kündigung beeinflußt werden soll, sieht Absatz 2 eine dem Artikel 1 § 3 Abs. 5 WKSchG entsprechende Regelung vor. Es ist notwendig, diese Schutzvorschrift für den Mieter auch auf Mieterhöhungen bei Modernisierungen nach § 3 und wegen erhöhter Kapitalkosten nach § 5 auszudehnen, zumal in diesen Fällen die Mieterhöhung durch die Erklärung des Vermieters automatisch wirksam wird.

Zu § 8

Absatz 1 übernimmt die Regelung, die sich für das geltende Recht aus Artikel 1   F 20
§ 4 Abs. 1 in Verbindung mit § 3 WKSchG ergibt, stellt jedoch die teilweise umstrittene Frage klar, daß freiwillige Vereinbarungen über Mieterhöhungen zulässig sind, auch wenn sie von den gesetzlichen Vorschriften für Mieterhöhungen abweichen. Da die Parteien den Mietvertrag durch freie Vereinbarung aufheben und einen neuen Vertrag schließen können, ohne an die Kündigungsvorschriften gebunden zu sein, wäre es nicht sinnvoll, Vereinbarungen über Mieterhöhungen nicht zuzulassen. Der Mieter muß allerdings in seiner Entscheidung völlig frei sein, ob er einer verlangten Mieterhöhung zustimmen will, die von der Regelung des Gesetzes abweicht. Das ist er nicht, wenn er durch eine Mietgleitklausel (Wertsicherungsklausel, Spannungsklausel, Leistungsvorbehalt) vertraglich gebunden wird und nicht in jedem Einzelfall frei entscheiden kann, ob er der geforderten Mieterhöhung zustimmen will, und solange nicht sichergestellt ist, daß sich die aus solchen Klauseln ergebenden Mieterhöhungen in angemessenem Rahmen halten. Denn der Mieter muß – vor allem bei nicht ausgeglichener Lage auf dem maßgebenden Wohnungsteilmarkt – damit rechnen, daß ihm eine gewünschte Wohnung nicht vermietet wird, wenn er sich einer entsprechenden Klausel nicht unterwirft. Solche Klauseln sind daher insoweit unwirksam, als sie den Mieter zu Mieterhöhungen über die im Gesetz vorgesehenen Begrenzungen und in einem von den Regelungen des Gesetzes zu seinem Nachteil abweichenden Verfahren verpflichten. Bei Mietverträgen auf bestimmte Zeit haben sie – wie zu § 2 Abs. 4 erwähnt – in jedem Fall die Bedeutung, daß der Mietzins für die vereinbarte Vertragsdauer nicht als fest vereinbart angesehen werden kann.

Absatz 2 entspricht dem geltenden Artikel 1 § 3 Abs. 7 und § 7 Abs. 2 WKSchG. Entsprechend der Ausdehnung des Kündigungsschutzes auf möblierte Wohnräume außerhalb der vom Vermieter selbst bewohnten Wohnung müssen für solche Mietverhältnisse auch die Regelungen dieses Gesetzes über Mieterhöhungen gelten, um den Vermietern solchen Wohnraums, die künftig nicht mehr zum Zwecke der Mieterhöhung kündigen können, eine Mietanpassung in angemessenem Rahmen zu ermöglichen.

Zu Artikel 4

Artikel 4 stellt klar, daß die gesetzliche Regelung auch auf bestehende Mietver-   F 21
hältnisse anzuwenden ist. Darauf kann wegen der besonderen Bedeutung der Regelungen und im Interesse der Rechtssicherheit nicht verzichtet werden. Bei den früheren Gesetzen zur Änderung mietrechtlicher Vorschriften ist entsprechend verfahren worden.

Zu Artikel 5

Artikel 5 übernimmt sachlich unverändert die Regelung des Artikels 2   F 22
WKSchG über die Anwendung der Vorschriften über den Kündigungsschutz

1085

und zur Regelung von Mieterhöhungen auf mieterschutzfreie Wohnungen in Berlin.

Zu Artikel 6

F 23 Artikel 6 enthält die übliche Berlin-Klausel.

Zu Artikel 7

F 24 Das Gesetz tritt an die Stelle des Gesetzes über den Kündigungsschutz für Mietverhältnisse über Wohnraum, das nach seinem Artikel 3 § 2 Abs. 3 mit Ablauf des 31. Dezember 1974 außer Kraft tritt. Das vorliegende Gesetz muß daher spätestens am 1. Januar 1975 in Kraft treten.
Absatz 2 übernimmt die bisher in Artikel 3 § 2 Abs. 2 WKSchG enthaltene Sonderregelung über das Inkrafttreten der Änderungen und Ergänzungen nach Artikel 1 bis 4 dieses Gesetzes in Berlin, die dort wegen der Fortgeltung des Mieterschutzgesetzes zunächst nur für Wohnraummietverhältnisse gelten, auf die das Mieterschutzgesetz nicht anzuwenden ist (siehe Artikel 5).

Stellungnahme des Bundesrats

1. Zu den Eingangsworten

F 25 Die Eingangsworte sind wie folgt zu fassen:
„Der Bundestag hat mit Zustimmung des Bundesrates das folgende Gesetz beschlossen:"
Begründung
Durch Artikel 1 Nr. 2 des Entwurfs wird eine mit Zustimmung des Bundesrates ergangene gesetzliche Vorschrift förmlich geändert (Artikel VI Nr. 2 des Gesetzes über den Abbau der Wohnungswirtschaft und über ein soziales Mietrecht vom 23. Juni 1960 – BGBl. I S. 389).

2. Zu Artikel 1 Nr. 1 (§ 564 b BGB)

F 26 Der Bundesrat sieht davon ab zu empfehlen, eine Erweiterung des Katalogs der Fälle in § 564 b Abs. 2, in denen der Vermieter ein berechtigtes Interesse an der Beendigung des Mietverhältnisses hat, vorzuschlagen. Er geht aber davon aus, daß der Vermieter in der Regel auch ein berechtigtes Interesse an der Beendigung des Mietverhältnisses zum Beispiel in den Fällen des sogenannten Betriebsbedarfs hat, ferner wenn die zuständige Behörde verlangt, das mit einem Nichtberechtigten geschlossene Mietverhältnis über eine mit öffentlichen Wohnungsbauförderungsmittel geförderte Wohnung zu kündigen, um die Wohnung einem Wohnberechtigten zu überlassen (§ 4 Abs. 8 Satz 1 des Wohnungsbindungsgesetzes), oder wenn die Wohnungsfürsorgestelle verlangt, das mit einem inzwischen aus dem öffentlichen Dienst ausgeschiedenen Mieter geschlossene Mietverhältnis über eine mit Wohnungsfürsorgemitteln geförderte Wohnung zu kündigen, um die Wohnung für einen öffentlichen Bediensteten freizumachen.

3. Zu Artikel 1 Nr. 2 (§ 565 Abs. 3 BGB)

F 27 In § 565 Abs. 3 ist das Wort „teilweise" durch das Wort „überwiegend" zu ersetzen.
Begründung
Es besteht kein Anlaß von der bisherigen Regelung abzugehen, daß Wohnraum nur dann von den Kündigungsfristen des § 565 Abs. 2, von der Anwendung der Sozialklausel, vom Kündigungsschutz und von der Anwendung der Mieterhöhungsvorschriften ausgenommen ist, wenn er ganz oder überwiegend vom Ver-

III. Begründung des Gesetzentwurfs der Bundesregierung   F 28–30

mieter möbliert wird. ,,Teilweise" ist weniger als ,,überwiegend". Eine teilweise Möblierung wird bereits bejaht werden müssen, wenn der Vermieter eines bisherigen Leerzimmers anläßlich einer Neuvermietung einige wenige Möbel (z. B. Tisch, Stuhl und Stehlampe) in das Zimmer stellt. Eine solche Umgehung von sozialpolitisch wichtigen Vorschriften sollte nicht ermöglicht werden. Die mit dem Begriff ,,überwiegend" verbundenen Abgrenzungsschwierigkeiten wird die Rechtsprechung auch künftig lösen können.

4. Zu Artikel 1

Der Bundesrat bittet die Bundesregierung, im weiteren Gesetzgebungsverfahren dafür zu sorgen, daß Wohnheime, insbesondere Alten-, Altenwohn-, Studenten- und Lehrlingsheime, von der Geltung des Gesetzes ausgenommen werden.   F 28

5. Zu Artikel 3 (§ 2 Abs. 1 Nr. 2)

Die Bundesregierung wird um Prüfung gebeten, ob nicht eine zusätzliche Regelung für diejenigen Fälle erforderlich ist, in denen die ortsübliche Vergleichsmiete i. S. des § 2 Abs. 1 Nr. 2 mit den erreichbaren Beweismitteln nicht festgestellt werden kann.   F 29

Begründung
Die Regelung des Artikels 1 § 3 Abs. 1 WKSchG, die der Entwurf sachlich unverändert übernimmt, hat in der Praxis zu erheblichen Unzuträglichkeiten geführt. Nach dieser Vorschrift ist die Mieterhöhung nur zulässig, wenn sie durch die Mietpreise belegbar ist, die für eine repräsentative Anzahl konkret vergleichbarer Wohnungen gezahlt werden. Die Ermittlung solcher konkret vergleichbaren Wohnungen bereitet vor allem in Gemeinden, in denen von den Gerichten anerkannte Mietwerttabellen nicht bestehen, oft unüberwindbare Schwierigkeiten. Dies führt dazu, daß Klagen auf Zustimmung zur Mieterhöhung – wenn der Vermieter sie in Anbetracht der vielerorts bestehenden Beweisschwierigkeiten überhaupt erhebt – vielfach schon deshalb abgewiesen werden, weil sich das Gericht über die Höhe der Vergleichsmiete keine hinreichende Klarheit verschaffen kann. Diese unbilligen Ergebnisse sollten vermieden werden.

6. Zu Artikel 3 (§ 2 Abs. 2 Satz 3)

In § 2 Abs. 2 Satz 3 ist der zweite Halbsatz wie folgt zu fassen: F 30
,,..., so genügt die Benennung von drei Wohnungen anderer Vermieter."
Begründung
Viele Gerichte haben die vorprozessuale schriftliche Begründung des Erhöhungsverlangens als Prozeßvoraussetzung behandelt. Viele Mieterhöhungsklagen sind ohne Beweisaufnahme als unzulässig abgewiesen worden, weil das Gericht die vorprozessuale Begründung des Erhöhungsverlangens nicht für genügend erachtete. Eine Benennung weiterer Vergleichsobjekte in der gerichtlichen Verhandlung wurde nicht zugelassen. Deshalb sollte im Gesetz eindeutig bestimmt werden, wie viele Vergleichsobjekte vorprozessual benannt werden müssen, um dem Begründungszwang zu genügen. Die Bestimmung ,,in der Regel drei, höchstens sechs" ist zu unbestimmt. Der Vermieter, der in seinem Mieterhöhungsschreiben drei Vergleichsobjekte benennt, würde nicht wissen können, ob später das Gericht dies für ausreichend erachten wird; er müßte vorsichtshalber immer sechs Objekte benennen.
Die Benennung von drei Vergleichsobjekten, die allerdings nicht dem die Erhöhung fordernden Vermieter gehören dürfen, ist für das vorprozessuale Stadium ausreichend. Der Mieter, der von der Berechtigung der Mieterhöhung

nicht überzeugt ist, mag dann innerhalb der Überlegungsfrist von mindestens zwei Monaten auch seinerseits Ermittlungen über die ortsüblichen Entgelte für vergleichbare Wohnungen anstellen.
Das freie Ermessen des Gerichts hinsichtlich des Umfanges der Beweisaufnahme wird durch die vorgeschlagene Regelung nicht eingeschränkt. Erachtet das Gericht die drei Vergleichsobjekte nicht als einen ausreichenden Beweis, so wird es gemäß § 139 ZPO dem Kläger weiteren Beweisantritt anheimzugeben haben.

7. Zu Artikel 3 (§ 2 Abs. 3, 4)

F 31 a) In § 2 Abs. 3 Satz 1 ist der letzte Halbsatz wie folgt zu fassen:
„..., so kann der Vermieter bis zum Ablauf von weiteren zwei Monaten auf Erteilung der Zustimmung klagen."
b) § 2 Abs. 4 ist wie folgt zu fassen:
„(4) Ist die Zustimmung erteilt, so schuldet der Mieter den erhöhten Mietzins von dem Beginn des vierten Monats ab, der auf den Zugang des Erhöhungsverlangens folgt."
Begründung
Obwohl der Vermieter vom Mieter materiellrechtlich lediglich die Zustimmung zur Erhöhung des Mietzinses verlangen kann, gibt § 2 Abs. 3 des Entwurfs dem Vermieter aus Gründen der Prozeßwirtschaftlichkeit das Recht, unmittelbar auf Zahlung des erhöhten Mietzinses zu klagen. Diese Konstruktion befriedigt nicht nur aus systematischen Gründen nicht. Sie würde in sachlich nicht zu rechtfertigendem Widerspruch zu § 258 ZPO stehen, der nach ganz herrschender Auffassung in Rechtsprechung und Lehre die Klage auf zukünftige Entrichtung des Mietzinses nicht gestattet, weil die Zahlungsansprüche aus dem Mietverhältnis von Gegenleistungen abhängig sind (vgl. Stein/Jonas/Schumann/Leipold, Kommentar zur ZPO, 19. Aufl., § 258, Anm. I 1 mit weiteren Nachweisen).
Ließe man die sofortige Klage auf Zahlung des erhöhten Mietzinses zu, müßte der Mieter, wenn der Vermieter obsiegt, notfalls jede Änderung der Gegebenheiten, die seine Zahlungspflicht mindern oder entfallen lassen, mit der Vollstreckungsklage geltend machen. Er wäre zudem der Gefahr ausgesetzt, daß noch nachträglich aus dem Titel mit der Begründung vollstreckt würde, der Mietzins sei in der Vergangenheit nicht oder nicht voll gezahlt worden. Hieraus könnten ihm in nicht wenigen Fällen, auch wenn er den Nachweis der Zahlung schließlich führen könnte, erhebliche Unzuträglichkeiten erwachsen.
Im übrigen kann davon ausgegangen werden, daß die Mieter, die zur Zustimmung zur Erhöhung des Mietzinses verurteilt werden, ihrer Zahlungspflicht nachkommen; es besteht deshalb auch aus diesem Grunde kein Anlaß, sie schlechter zu stellen als den gewöhnlichen Mieter. Nach alledem sollte die Klage auf Zustimmung zur Mieterhöhung nicht durch eine Klage auf Zahlung des erhöhten Mietzinses ersetzt werden.

8. Zu Artikel 3 (§ 3 Abs. 1 Satz 1)

F 32 In § 3 Abs. 1 Satz 1 sind die Worte „bauliche Änderungen vorgenommen, die er nicht zu vertreten hat" durch die Worte „aufgrund von Umständen, die er nicht zu vertreten hat, bauliche Änderungen vorgenommen" zu ersetzen.
Begründung
Klarstellung des Gewollten und Angleichung an § 11 Abs. 5 Satz 1 Nr. 1 der Zweiten Berechnungsverordnung. Nicht zu vertreten hat der Vermieter die Umstände, aufgrund deren er bauliche Änderungen vorgenommen hat.

III. Begründung des Gesetzentwurfs der Bundesregierung

9. Zu Artikel 3 (§ 3 Abs. 1 Satz 2)
§ 3 Abs. 1 Satz 2 ist zu streichen.

F 33

Begründung
Absatz 1 Satz 2 würde die Durchsetzung von Mieterhöhungen so erschweren, daß dadurch der Anreiz zur dringend notwendigen Modernisierung für den Vermieter weitgehend entfiele.

10. Zu Artikel 3 (§ 3 Abs. 1 Satz 3 und Satz 4 – neu –)
§ 3 Abs. 1 ist wie folgt zu ändern:

F 34

a) Satz 3 ist wie folgt zu fassen:
„Werden die Kosten für Maßnahmen nach Satz 1 ganz oder teilweise durch zinsverbilligte oder zinslose Darlehen oder durch Zuschüsse zur Deckung der laufenden Aufwendungen aus öffentlichen Haushalten gedeckt, so ermäßigt sich der sich aus Satz 1 ergebende Erhöhungsbetrag um den Betrag, den der Vermieter für ein Darlehen zu dem marktüblichen Zinssatz für die erste Hypothek hätte aufwenden müssen, abzüglich der für das Darlehen tatsächlich zu leistenden laufenden Aufwendungen; eine Mietvorauszahlung, ein Mieterdarlehen oder ein nicht verlorener Baukostenzuschuß steht einem Darlehen aus öffentlichen Haushalten gleich, wenn die Leistung für Maßnahmen nach Satz 1 bestimmt war."

b) Es ist folgender Satz 4 anzufügen:
„Kosten, die vom Mieter oder für diesen von einem Dritten übernommen werden, gehören nicht zu den aufgewendeten Kosten im Sinne des Satzes 1."

Begründung
Zu a)
Klarstellung des Gewollten.
Zu b)
Die Fälle, in denen der Mieter nicht nur durch Mietvorauszahlungen, Mieterdarlehen oder nicht verlorene Baukostenzuschüsse zur Förderung der Modernisierungsmaßnahmen beiträgt, sondern einen Teil der Kosten selbst übernimmt, bedürfen einer Sonderregelung. Es erscheint sachgerecht, den vom Mieter übernommenen Betrag von der Gesamtsumme der für die Modernisierung aufgewendeten Kosten vorweg in Abzug zu bringen.

11. Zu Artikel 3 (§ 3 Abs. 4)
§ 3 Abs. 4 ist wie folgt zu ändern:

F 35

a) In Satz 1 ist nach dem Wort „tritt" der Satzteil „sofern der Vermieter dem Mieter die voraussichtliche Mieterhöhung nach Absatz 2 mitgeteilt hat und die tatsächliche Mieterhöhung gegenüber dieser Mitteilung um nicht mehr als zehn vom Hundert abweicht" zu streichen.

b) In Satz 2 sind nach den Worten „zehn vom Hundert" die Worte „nach oben" einzufügen.

Begründung
Zu a)
Die in dem zu streichenden Satzteil enthaltenen Einschränkungen ergeben sich ohnehin aus Satz 2, der sich auf beide Halbsätze des Satzes 1 bezieht. Außerdem ist die unterschiedliche Formulierung in Satz 1 Halbsatz 1 (kumulativ „und") und Satz 2 (alternativ „oder") widerspruchsvoll.
Zu b)
Die Verlängerung der Frist nach Satz 2 erscheint nur gerechtfertigt, wenn die tatsächliche Mieterhöhung gegenüber der Mitteilung der voraussichtlichen Mieterhöhung um mehr als 10 v. H. nach oben abweicht. Dies sollte klargestellt werden.

12. Zu Artikel 2 (§ 4 Abs. 1 Satz 1)

F 36 In § 4 Abs. 1 Satz 1 sind die Worte „können Vorauszahlungen" durch die Worte „dürfen Vorauszahlungen nur" zu ersetzen.

Begründung
Die Tatsache, daß für Betriebskosten Vorauszahlungen vereinbart werden können, ist bei nicht preisgebundenen Mieten selbstverständlich und bedarf deshalb keiner besonderen Erwähnung. Festgelegt zu werden braucht in § 4 Abs. 1 Satz 1 daher nur, daß solche Vorauszahlungen nur in angemessener Höhe zulässig sein sollen. Der Änderungsvorschlag bringt dies zum Ausdruck.

13. Zu Artikel 3 (§ 4 Abs. 2 Satz 2)

F 37 In § 4 Abs. 2 Satz 2 sind die Worte „erläutert wird" durch die Worte „die Berechnung mitgeteilt werden" zu ersetzen.

Begründung
§ 4 Abs. 2 Satz 2 soll sicherstellen, daß der Mieter die Betriebskostenerhöhung nachprüfen kann. Dies ist nur gewährleistet, wenn die Berechnung der Erhöhung vom Vermieter mitgeteilt werden muß (vgl. auch die Fassung des § 3 Abs. 3 Satz 2).

14. Zu Artikel 3 (§ 8 Abs. 1)

F 38 In § 8 Abs. 1 ist nach den Worten „sind unwirksam" das Komma durch einen Punkt zu ersetzen und der anschließende Satzteil zu streichen. Es sind folgende Sätze 2 und 3 anzufügen: „Eine Erhöhung des Mietzinses ist jedoch wirksam, wenn
1. sie auf der Vereinbarung einer Gleitklausel beruht, nach der sich die Mieterhöhung durch Bezugnahme auf den Mietpreisindex bestimmt,
2. der Mietzins für bestimmte Zeiträume in unterschiedlicher Höhe vereinbart ist oder
3. der Mieter einer Mieterhöhung im Einzelfall um einen bestimmten Betrag zugestimmt hat.
In den Fällen der Nummern 1 und 2 gilt § 2 Abs. 1 Nr. 1 entsprechend."

Begründung
a) Nach der Fassung des § 8 Abs. 1 des Regierungsentwurfs sollen Mietpreisgleitklauseln unzulässig sein. Hiergegen bestehen rechtspolitische Bedenken.
Die Vereinbarung von Mietzinsgleitklauseln hat bisher in der Praxis zu keinen Mißständen, insbesondere nicht zu unangemessenen hohen Mieten geführt. Der Ausschluß von Mietzinsgleitklauseln würde darüberhinaus die Mietvertragsparteien vielfach daran hindern, einen von ihnen gewünschten langfristigen Mietvertrag zu schließen.
Durch die vorgeschlagene Fassung des § 8 Abs. 1 sollen Mietzinsgleitklauseln dann zugelassen werden, wenn die Anpassung des Mietzinses am jeweiligen Mietpreisindex gemessen wird, der in den Veröffentlichungen des Statistischen Bundesamtes (Fachserie M Reihe 6) bekanntgegeben wird. Hierdurch wird ein unangemessenes Ansteigen des Mietpreisniveaus, das sich auch im Rahmen der Mietzinserhöhungen nach § 2 auswirken würde, vermieden. In diesen Fällen sollen jedoch Mieterhöhungen nur nach Maßgabe des § 2 Abs. 1 Nr. 1 zulässig sein. Durch die vorgeschlagene Regelung soll § 3 des Währungsgesetzes nicht berührt werden.
b) Der Regierungsentwurf schließt ferner Vereinbarungen aus, nach denen die Höhe des Mietzinses für bestimmte Zeiträume gestaffelt wird. Gegen dieses Verbot richten sich die gleichen rechtspolitischen Bedenken. Den Parteien sollte

III. Begründung des Gesetzentwurfs der Bundesregierung F 39–41

nicht die Möglichkeit von Vereinbarungen genommen werden, die den besonderen Verhältnissen Rechnung tragen (z. B. bei einem mehrjährigen Mietvertrag Anrechnung von besonderen Leistungen des Mieters auf den Mietzins für einen Teil der Vertragsdauer).

15. Zu Artikel 3 (§ 8 Abs. 2 Nr. 1)

Bei öffentlich gefördertem Wohnraum im Saarland ist die Kostenmiete nicht durch öffentlich-rechtliche, sondern privatrechtliche Vorschriften festgelegt. Es wird gebeten, im weiteren Verlauf des Gesetzgebungsverfahrens sicherzustellen, daß durch eine Saar-Klausel der öffentlich geförderte Wohnraum im Saarland mit dem im übrigen Bundesgebiet gleich behandelt wird. F 39

16. Zu Artikel 3 (§ 8 Abs. 2 Nr. 1a – neu –)

a) In § 8 Abs. 2 ist nach Nummer 1 folgende Nummer 1a einzufügen: F 40
„1a. über Wohnraum, für den auf Grund anderer Rechtsvorschriften oder vertraglicher Vereinbarungen höchstens die Kostenmiete nach den für preisgebundenen Neubauwohnraum geltenden Vorschriften gefordert werden darf; für diesen Wohnraum gelten die Vorschriften über Mieterhöhungen für preisgebundenen Wohnraum entsprechend,".

Begründung
Es sollte sichergestellt werden, daß diejenigen Vermieter, deren Wohnraum zwar nicht preisgebunden ist, die jedoch der öffentlichen Hand gegenüber verpflichtet sind, höchstens die Kostenmiete zu fordern, bei ihren Mietern Mieterhöhungen bis zur Höhe der Kostenmiete durchsetzen können. Anderenfalls können namentlich die ohne Gewinne arbeitenden gemeinnützigen Wohnungsunternehmen ihre Aufgaben nicht erfüllen.
Mit Hilfe des § 2 (Vergleichsmiete) läßt sich nicht immer die Kostenmiete erzielen; auch kann der Mieterhöhungsversuch über § 2 leicht an Beweisschwierigkeiten scheitern.
Auch über § 5 läßt sich die Kostenmiete nicht erreichen, da die Hypothekenzinserhöhung meist nur eine von mehreren Kostenerhöhungen ist.
b) Die Bundesregierung wird gebeten, im Verlauf des Gesetzgebungsverfahrens die Vorschrift des Artikels 3 § 8 Abs. 2 nochmals zu überprüfen mit dem Ziel, daß auch der unter § 13 Abs. 1 der Verordnung zur Durchführung des Wohnungsgemeinnützigkeitsgesetzes fallende Wohnungsbestand der gemeinnützigen Wohnungswirtschaft ohne weiteres in die Vorschrift des § 8 Abs. 2 einbezogen wird.

17. Zu Artikel 3 (§ 8 Abs. 2 Nr. 3)

§ 8 Abs. 2 Nr. 3 ist wie folgt zu fassen: F 41
„3. über Wohnraum, der Teil der vom Vermieter selbst bewohnten Wohnung ist und den der Vermieter ganz oder überwiegend mit Einrichtungsgegenständen auszustatten hat, sofern der Wohnraum nicht zum dauernden Gebrauch für eine Familie überlassen ist."

Begründung
Es besteht kein Anlaß, von der Regelung des Art. 1 § 4 Abs. 2 WKSchG abzuweichen, daß die Bestimmungen über Mieterhöhungen nur dann nicht anwendbar sind, wenn der Vermieter die Räume ganz oder überwiegend mit Einrichtungsgegenständen ausgestattet hat (siehe auch Vorschlag zu Art. 1 Nr. 2 § 565 Abs. 3 BGB).
Im übrigen redaktionelle Verbesserung.

1091

18. Zu Artikel 3 (§ 8 Abs. 2 Nr. 4 – neu – und Artikel 4a – neu –)

a) In § 8 Abs. 2 ist nach Nummer 3 folgende Nummer 4 anzufügen:

„4. über Bergmannswohnungen, die entsprechend der Anlage 8 des Grundvertrages zwischen der Bundesrepublik Deutschland, den vertragschließenden Altgesellschaften und der Ruhrkohle AG vom 18. Juli 1969 nach dem Vertrag über Bergmannswohnungen von Bergbauunternehmen, bewirtschaftet werden."

b) Nach Artikel 4 ist folgender Artikel 4a einzufügen:

„Artikel 4a
Mieterhöhungen bei Bergmannswohnungen

Für Mieterhöhungen bei Bergmannswohnungen im Sinne des Artikels 3 § 8 Abs. 2 Nr. 4 gelten nach Maßgabe des dort genannten Vertrags über Bergmannswohnungen von Bergbauunternehmen die Vorschriften über Mieterhöhungen für preisgebundenen Wohnraum entsprechend."

Begründung

Die vorgeschlagene Ergänzung steht in Einklang mit der Tatsache, daß bisher die Bergmannswohnungen stets eine besondere Rechtsstellung erhalten haben. Durch das Gesetz zur Förderung des Bergarbeiterwohnungsbaus im Kohlenbergbau vom 23. Oktober 1951 (BGBl. I S. 865) ist beispielsweise auch für öffentlich geförderte Neubauten die Sonderstellung der Bergmannswohnungen unterstrichen worden. Im Vertragswerk zur Neuordnung des Ruhrbergbaus sind gleichfalls die vor dem Kriege gebauten oder in der Zeit danach ohne öffentliche Förderung errichteten Bergmannswohnungen Preisbindungsvorschriften unterworfen worden. Als Bestandteil des zwischen der Bundesrepublik Deutschland, den vertragschließenden Bergbauunternehmen und der Ruhrkohle AG geschlossenen Grundvertrags vom 18. Juli 1969 legt der Vertrag über Bergmannswohnungen der Mietpreisbildung für die von der Ruhrkohle AG bewirtschafteten Wohnungen die angemessene Miete entsprechend der Verordnung über die angemessene erhöhte Miete nach der Mietpreisfreigabe vom 25. Juli 1963 – BGBl. I S. 532 – (Tabellenmieten-VO) zugrunde. Die mit dem 4. Bundesmietengesetz vom 21. Dezember 1967 zugelassene Erhöhung der Tabellenmiete um 10 v. H. darf – was bisher noch nicht erfolgt ist – von den begünstigten Mietern der Bergmannswohnungen erst vom 1. Januar 1974 an gefordert werden.

Im übrigen dürfen auch in Zukunft nur Kostenerhöhungen in Anlehnung an die Vorschriften über preisgebundenen Wohnraum als Mieterhöhung geltend gemacht werden.

Infolge dieser besonderen Bindungen der Mietpreisbildung bei Bergmannswohnungen bleibt bei Einfügung der vorgeschlagenen Ergänzungen die soziale Zielsetzung des Regierungsentwurfs uneingeschränkt erhalten.

19. Zu Artikel 3a – neu –

Nach Artikel 3 ist folgender Artikel 3a einzufügen:

„Artikel 3a
Änderung des Gerichtskostengesetzes

Das Gerichtskostengesetz wird wie folgt geändert:
In § 12 wird folgender Absatz 5 angefügt:
„(5) Bei Ansprüchen auf Erhöhung des Mietzinses nach Artikel 3 §§ 2 bis 5 des Zweiten Gesetzes über den Kündigungsschutz für Mietverhältnisse über Wohnraum ist der Jahresbetrag des zusätzlich geforderten Zinses maßgebend, wenn nicht der Gesamtbetrag des zusätzlich geforderten Zinses geringer ist."

III. Begründung des Gesetzentwurfs der Bundesregierung F 44

Begründung

Das geltende Recht bestimmt nicht ausdrücklich, wie der Streitwert einer Klage auf Zustimmung zur Mieterhöhung nach Artikel 1 § 3 WKSchG zum Zwecke der Kostenberechnung zu bemessen ist. Von der Rechtsprechung wird die Frage nicht einheitlich beantwortet. Aus Gründen der Rechtssicherheit erscheint deshalb eine Klarstellung durch den Gesetzgeber erforderlich.

Die vorgeschlagene Vorschrift bemißt den Streitwert für Klagen auf Mieterhöhung in Anlehnung an die in § 12 Abs. 1 und 2 GKG getroffene Regelung grundsätzlich nach dem Jahresbetrag der Mehrforderung, es sei denn, daß die erhöhte Miete lediglich für einen kürzeren Zeitraum verlangt wird. In diesem Falle bestimmt sich der Wert nach der für diesen Zeitraum geltend gemachten Mehrforderung.

Anlage 3

Gegenäußerung der Bundesregierung zu der Stellungnahme des Bundesrates F 44

Zu 1.

Dem Vorschlag wird nicht zugestimmt.

Die Bundesregierung vertritt in ständiger Praxis die Auffassung, daß ein Gesetz nicht schon deshalb der Zustimmung des Bundesrates bedarf, weil es ein Gesetz ausdrücklich ändert, das mit Zustimmung des Bundesrates ergangen ist. Die Zustimmung ist vielmehr nur dann erforderlich, wenn das Änderungsgesetz einen Tatbestand erfüllt, der die Zustimmungsbedürftigkeit auslöst. Das ist hier nicht der Fall.

Zu 5.

Die Bundesregierung ist der Auffassung, daß es einer zusätzlichen Regelung nicht bedarf, da durch die Fassung des Artikels 3 § 2 Abs. 2 des Gesetzentwurfs klargestellt wird, daß die Darlegung der ortsüblichen Vergleichsmiete nicht nur durch Angabe von Vergleichsobjekten erfolgen kann, sondern daß grundsätzlich alle Beweismittel zugelassen sind.

Zu 7.

Die Bundesregierung behält sich eine Stellungnahme für den weiteren Verlauf des Gesetzgebungsverfahrens vor.

Zu 14.

Dem Vorschlag wird nicht zugestimmt, da er Mieterhöhungen in einem nicht vertretbaren Ausmaß ermöglichen würde und da gegen eine Bezugnahme auf einen Index währungspolitische Bedenken bestehen.

Zu 15.

Die Bundesregierung hält eine Ergänzung des Gesetzes für die mit öffentlichen Mitteln geförderten Wohnungen im Saarland für notwendig. Sie wird entsprechende Vorschriften im weiteren Verlauf des Gesetzgebungsverfahrens vorlegen.

Zu 16. a) und b)

Dem Vorschlag und der Entschließung wird nicht zugestimmt.

Eine Ausnahmeregelung für die Fälle, in denen vertraglich die Kostenmiete vereinbart ist, könnte zu einer Umgehung der gesetzlichen Regelung über die Mieterhöhung in einem nicht vertretbaren Ausmaß führen und würde außerdem bei Neubauten der jüngsten Zeit vielfach Mieterhöhungen ermöglichen, die am Markt nicht erzielt werden könnten. Soweit sich die Bindung an die Kostenmiete aus anderen gesetzlichen Vorschriften ergibt, besteht diese Bindung nicht im Verhältnis zum Mieter. Aus diesen Gründen war bereits bei den Beratungen des Wohnraumkündigungsschutzgesetzes eine entsprechende Ausnahmeregelung nicht für gerechtfertigt angesehen worden.

Zu 18.

Die Bundesregierung stimmt dem Vorschlag im Grundsatz zu. Sie hält eine Sonderregelung für Bergmannswohnungen für gerechtfertigt und erforderlich, behält sich jedoch eine Prüfung der vorgeschlagenen Vorschriften und gegebenenfalls die Vorlage einer abgeänderten Fassung für den weiteren Verlauf des Gesetzgebungsverfahrens vor.

Zu 19.

Dem Vorschlag wird im Grundsatz zugestimmt. Die Bundesregierung behält sich jedoch für den weiteren Verlauf des Gesetzgebungsverfahrens die Prüfung der Frage vor, ob die vorgeschlagene Regelung auf alle Mietverhältnisse über Wohnraum ausgedehnt werden soll.

Im übrigen erhebt die Bundesregierung gegen die Vorschläge des Bundesrates keine Einwände.

Die in den Entschließungen des Bundesrates angesprochenen Fragen wird die Bundesregierung im weiteren Verlauf des Gesetzgebungsverfahrens prüfen, soweit zuvor nichts anderes ausgeführt ist.

IV. Bericht des Rechtsausschusses (6. Ausschuß) zu dem von der Bundesregierung eingebrachten Entwurf eines Zweiten Gesetzes über den Kündigungsschutz für Mietverhältnisse über Wohnraum (BT-Drucks. 7/2638)

Bericht der Abgeordneten Gnädinger und Dr. Hauser (Sasbach)

I.

Der Deutsche Bundestag hat in seiner 103. Sitzung am 22. Mai 1974 den Gesetzentwurf dem Rechtsausschuß federführend und dem Ausschuß für Raumordnung, Bauwesen und Städtebau sowie dem Haushaltsausschuß mitberatend überwiesen. Der Rechtsausschuß hat am 18. Juni 1974 gemeinsam mit dem Ausschuß für Raumordnung, Bauwesen und Städtebau eine öffentliche Anhörung von Vertretern des Deutschen Mieterbundes, des Zentralverbandes der deutschen Haus-, Wohnungs- und Grundeigentümer, des Gesamtverbandes gemeinnütziger Wohnungsunternehmen, des Deutschen Richterbundes und des Deutschen Anwaltvereins durchgeführt. In seinen Sitzungen am 25. September und 9. Oktober 1974 hat der Rechtsausschuß den Gesetzentwurf beraten und dabei die Stellungnahme des mitberatenden Ausschusses für Raumordnung, Bauwesen und Städtebau einbezogen. Der mitberatende Haushaltsausschuß erhebt gegen den Gesetzentwurf in der vom Rechtsausschuß empfohlenen Fassung keine Einwendungen.

IV. Begründung der Beschlüsse des Rechtsausschusses F 46–49

II.

Der Rechtsausschuß billigt einmütig das Ziel des vorliegenden Gesetzent- **F 46** wurfs, den Kündigungsschutz für Mietverhältnisse über Wohnraum über den 31. Dezember 1974 hinaus aufrechtzuerhalten. Er ist der Auffassung, daß bei der überragenden Bedeutung der Wohnung als Lebensmittelpunkt der vertragstreue Mieter vor willkürlichen Kündigungen geschützt werden muß. Einmütig bejaht der Rechtsausschuß den Gesetzentwurf auch insofern, als es nach wie vor ausgeschlossen sein soll, durch eine Kündigung eine Mieterhöhung durchzusetzen. Ein drohender Verlust der Wohnung mit all den damit zusammenhängenden Sorgen und Unbequemlichkeiten ist kein angemessenes Mittel zur Lösung von Mietpreisproblemen. Hier muß zwischen Mieter und Vermieter ein Ausgleich ohne dieses Druckmittel gefunden werden können. Der vorliegende Gesetzentwurf enthält nach Auffassung des Rechtsausschusses in den Grundzügen ein vernünftiges Verfahren und ausreichende Anhaltspunkte für die Ermittlung und Durchsetzung eines angemessenen Mietzinses. Dies gilt sowohl für die Vorschriften über die Vergleichsmiete, die nunmehr ausdrücklich klarstellen, daß übertriebene Anforderungen an den Nachweis der Berechtigung des Mieterhöhungsverlangens nicht gestellt werden dürfen, als auch für die Vorschriften über die Mieterhöhung bei Modernisierungen und bei Erhöhung der Kapitalkosten.

Nicht einig ist der Rechtsausschuß in der Frage der Übernahme der Kündigungsschutzvorschriften in das Bürgerliche Gesetzbuch und der Geltungsdauer des Gesetzes. Die Ausschußmehrheit betrachtet die Regelungen des Wohnraumkündigungsschutzgesetzes im Grundsatz als Dauerrecht, um eine dauerhafte Befriedigung auf dem Wohnungsmarkt sicherzustellen. Eine Befristung der Regelungen würde Ungewißheit und Unsicherheit über die künftige Gestaltung des Wohnungsmietrechts unter den Marktpartnern und den unmittelbar und mittelbar am Mietwohnungsbau interessierten Kreisen hervorrufen. Die Minderheit des Ausschusses wünscht eine Befristung des Gesetzes bis zum Ablauf des Jahres 1978, damit die weitere Entwicklung des Wohnungsmarktes, der in vielen Teilbereichen ausgeglichen ist, abgewartet werden kann. Aus demselben Grund spricht sich die Ausschußminderheit gegen die Übernahme der Kündigungsvorschriften in das Bürgerliche Gesetzbuch aus, da dies eine Revision dieser Vorschriften erschwert.

III.

Zu den einzelnen Vorschriften

Soweit einzelne Vorschriften im Laufe der Ausschußberatungen neu eingeführt **F 47** worden sind oder Änderungen erfahren haben, werden diese im folgenden erläutert. Im übrigen wird auf die Begründung des Gesetzentwurfs – Drucksache 7/2011 – verwiesen.

1. Zur Überschrift des Gesetzes

Es ist zweckmäßig, die Kurzfassung der Bezeichnung des Gesetzes „Zweites **F 48** Wohnraumkündigungsschutzgesetz" und die entsprechende Abkürzung „2. WKSchG", die in der Diskussion üblich geworden sind, als amtliche Kurzfassung in der Überschrift in Klammer anzufügen.

2. Zu Artikel 1 Nr. 1 (§ 564b BGB)

Zu Absatz 1 teilt der Ausschuß die in der Begründung der Regierungsvorlage **F 49** vertretene Auffassung, daß diese Vorschrift nicht für fristlose Kündigungen gilt, wohl aber anzuwenden ist auf Kündigungen nach § 565a Abs. 1 und § 565c BGB sowie auf (vorzeitige) Kündigungen unter Einhaltung der gesetzlichen Frist. Solche Kündigungen haben Bedeutung für befristete Mietverträge und für Mietverträge, die nach gesetzlicher Vorschrift – § 565 Abs. 2 Satz 2 BGB – oder aufgrund Vereinbarung nur mit einer längeren Kündigungsfrist als der Dreimonatsfrist gekündigt werden können. Auch bei solchen Kündigungen muß ein berechtigtes Interesse des Vermieters vorliegen. Eine ausdrückliche Klarstellung im Gesetz hält der Ausschuß mehrheitlich nicht für erforderlich. Die Minderheit befürwortet eine Klarstellung im Hinblick auf die Abgrenzung der ordentlichen gegenüber der fristlosen Kündigung.

Der Rechtsausschuß ist sich darüber einig, daß die in Absatz 2 aufgeführten Fälle eines berechtigten Interesses des Vermieters an der Beendigung des Mietverhältnisses nur beispielhafte Bedeutung haben. Er geht davon aus, daß bei Wohnraum, der mit Rücksicht auf Dienst-, Arbeits- oder Ausbildungsverhältnisse überlassen worden ist, ein berechtigtes Interesse zur Kündigung dann anzunehmen ist, wenn diese besonderen Rechtsverhältnisse beendet sind und der Wohnraum für andere Bewerber benötigt wird. Ebenso umfaßt nach Auffassung des Rechtsausschusses Absatz 2 das berechtigte Interesse einer Genossenschaft an der Kündigung, wenn der Inhaber einer Genossenschaftswohnung aus der Genossenschaft ausscheidet und die Wohnung für ein Genossenschaftsmitglied benötigt wird. Der Rechtsausschuß sieht auch die in der Stellungnahme des Bundesrates Nummer 2 aufgeführten Fälle als erfaßt an. Mit dem Bundesrat hält die Ausschußmehrheit eine ausdrückliche Ergänzung des Absatzes 2 daher nicht für erforderlich und im Hinblick auf nicht zu übersehende Rückschlüsse für nicht zweckmäßig.

Der Ausschuß hat auch die Frage erörtert, ob in Absatz 2 Nr. 1 das Wort „schuldhaft" zu streichen ist, um eine klare Abgrenzung gegenüber der fristlosen Kündigung in § 554a BGB zu erreichen. Der Ausschuß hält mit Mehrheit eine solche Streichung nicht für erforderlich, da bei der fristlosen Kündigung die Unzumutbarkeit der Fortsetzung des Mietverhältnisses weitere Voraussetzung ist.

Die Ausschußminderheit hält die Fassung von Absatz 2 Nr. 2 insofern für verbesserungsbedürftig, als aus dem Wort „benötigt" geschlossen werden könnte, daß hier ein besonders strenger Maßstab an den Eigenbedarf anzulegen sei. Die Ausschußmehrheit teilt diese Bedenken nicht. Der Rechtsausschuß ist der einhelligen Auffassung, daß ein berechtigtes Interesse des Vermieters an der Beendigung des Mietverhältnisses nicht erst dann gegeben ist, wenn für den Vermieter eine Obdachlosigkeit droht oder er auf dem Wohnungsmarkt für sich keine geeignete Wohnung beschaffen kann.

Aufgrund einer Prüfungsempfehlung des Ausschusses für Raumordnung, Bauwesen und Städtebau, der eine Ausnahmeregelung für Einliegerwohnungen wegen der besonderen Situation grundsätzlich für berechtigt ansieht, beschloß der Ausschuß, einen neuen Absatz 3a einzufügen. Danach soll für solche Mietverhältnisse eine Kündigung auch ohne Angabe eines berechtigten Interesses zulässig sein; die Kündigungsfrist verlängert sich dann um drei Monate. Hat der Vermieter ein berechtigtes Interesse, so hat er die Wahl, ob er nach den Voraussetzungen der Absätze 1 bis 3 mit den Kündigungsfristen nach § 565 Abs. 2 oder ohne Angabe eines Kündigungsgrundes nach Absatz 3a mit der dann um drei Monate verlängerten Kündigungsfrist kündigen will. Durch Satz 4 soll für die Beteiligten klargestellt werden, wann das Mietverhältnis endet. Diese Regelung muß auf die Fälle ausgedehnt werden, in denen Mieter innerhalb der vom Ver-

IV. Begründung der Beschlüsse des Rechtsausschusses F 50

mieter selbst bewohnten Wohnung wohnen, aber Kündigungsschutz genießen. Das sind Mietverhältnisse über Leerzimmer, die nicht nur auf vorübergehende Zeit überlassen sind, sowie Mietverhältnisse über möblierte Wohnräume, die einer Familie zum dauernden Gebrauch überlassen sind.

In Absatz 4 hat der Ausschuß die Verweisung auf die §§ 556a bis 556c (sog. Sozialklausel) weggelassen, da eine Verweisung bei einer Übernahme der Vorschrift in das Bürgerliche Gesetzbuch überflüssig ist und da die Bezugnahme auf § 556b BGB zu nicht beabsichtigten Rückschlüssen über die Anwendung des Kündigungsschutzes auf befristete Mietverhältnisse geführt hat.

Bezüglich der Ausnahme vom Kündigungsschutz hat sich der Ausschuß im Grundsatz der in Absatz 6 der Regierungsvorlage vorgesehenen Regelung angeschlossen. Insbesondere stimmte der Ausschuß der vorgeschlagenen Ausdehnung des Anwendungsbereichs des Kündigungsschutzes auf alle Mietverhältnisse über möblierten Wohnraum außerhalb der vom Vermieter selbst bewohnten Wohnung aus den in der Begründung der Regierungsvorlage angegebenen Gründen zu. Zum besseren Verständnis wird jedoch anstelle der Verweisung auf § 565 Abs. 3 BGB der Inhalt dieser Vorschrift in der Neufassung durch das vorliegende Gesetz wiedergegeben.

Der Empfehlung des Bundesrates in seiner Stellungnahme unter Nummer 4, die Wohnheime von der Geltung des Kündigungsschutzes auszunehmen, ist der Ausschuß nicht gefolgt. Die Bewohner von Wohnheimen sollen grundsätzlich vor unberechtigten und motivlosen Kündigungen geschützt werden. Da die Aufzählung der berechtigten Interessen in Absatz 2 nur beispielhaft ist, wird den besonderen Verhältnissen in Wohnheimen angemessen Rechnung getragen werden können. So liegt nach Auffassung des Ausschusses ein berechtigtes Interesse zur Kündigung in Wohnheimen beispielsweise vor, wenn die Voraussetzungen für die Überlassung des Heimplatzes nicht mehr gegeben sind, diese Voraussetzungen dem Heimbewohner bekannt waren und der Heimplatz für einen anderen Berechtigten benötigt wird. Die Voraussetzungen für die Überlassung eines Heimplatzes werden beispielsweise nach Beendigung der Ausbildung, des Dienst-, Arbeits- oder Betreuungsverhältnisses, aber auch dann nicht mehr gegeben sein, wenn wegen der Knappheit an Heimplätzen durch Satzung oder in anderer Weise eine Höchstüberlassungsdauer festgelegt ist (Rotationssystem).

Ein Antrag, zur Klarstellung in Absatz 2 ein berechtigtes Interesse dann anzuerkennen, wenn der Inhaber eines nicht nur zu vorübergehendem Gebrauch überlassenen Heimplatzes die Errichtung des satzungs- oder sonst bestimmungsgemäßen Zieles des Heimes verhindert oder nicht unerheblich erschwert, fand im Ausschuß keine Mehrheit. Heime, bei denen die Fürsorge oder Betreuung der Heiminsassen überwiegt (z. B. Altenpflegeheime, Heime zur Resozialisierung), fallen nach Ansicht des Ausschusses nicht unter die Regelung dieses Gesetzes, weil in diesen Fällen die Wohnraumüberlassung dem Vertrag nicht das entscheidende Gepräge gibt.

3. Zu Artikel 1 Nr. 2 (§ 565 Abs. 3 BGB)

Die Ausschußmehrheit stimmt der Ausdehnung des Anwendungsbereichs der F 50
Vorschriften des sozialen Mietrechts auf alle Mietverhältnisse über möblierten Wohnraum außerhalb der vom Vermieter selbst bewohnten Wohnung zu, weil ein Überschneiden der Lebensbereiche in einer gemeinsamen Wohnung „hinter der Glastüre" nicht gegeben ist. Entsprechend der Stellungnahme des Bundesrates unter Nummer 3 und der Empfehlung des mitberatenden Ausschusses für Raumordnung, Bauwesen und Städtebau wird das Wort „teilweise" durch

„überwiegend" ersetzt. Die vom geltenden Recht insoweit abweichende Formulierung in der Regierungsvorlage beruht nach Mitteilung der Bundesregierung auf einem Redaktionsversehen.

4. Zu Artikel 2 (Mietverhältnisse auf bestimmte Zeit)

F 51 Zu Absatz 1 hat der Ausschuß beschlossen, das Datum „31. Oktober 1970" durch „28. November 1971", den Tag des Inkrafttretens des Wohnraumkündigungsschutzgesetzes, zu ersetzen, um verfassungsrechtlichen Bedenken wegen der Rückwirkung zu begegnen.

In Absatz 3 wird wie in § 564b Abs. 6 BGB statt der Bezugnahme auf § 565 Abs. 3 BGB der Inhalt dieser Regelung wiedergegeben.

5. Zu Artikel 3 (Überschrift)

F 52 Die Überschrift des Gesetzes hat der Ausschuß in „Gesetz zur Regelung der Miethöhe" geändert.

6. Zu Artikel 3 § 1

F 53 Die CDU/CSU-Fraktion hatte beantragt, in Satz 3 den Satzteil „insbesondere der Vereinbarung eines Mietverhältnisses auf bestimmte Zeit mit festem Mietzins" zu streichen. Dadurch sollte klargestellt werden, daß bei Mietverhältnissen, die sich nach Ablauf der zunächst vereinbarten Mietzeit automatisch auf bestimmte Zeit verlängern, wenn sie nicht gekündigt werden, die Bindung an den fest vereinbarten Mietzins nur für die ursprünglich vereinbarte Mietzeit gilt. Die Ausschußmehrheit lehnte diesen Antrag ab, da sich diese Rechtsfolge bereits aus dem Wort „solange" mit hinreichender Klarheit ergibt. Die Änderung in Satz 2 (§ 5b) ergibt sich aus der Einführung der §§ 5a und 5b.

7. Zu Artikel 3 § 2

F 54 Durch diese Vorschrift wird im Grundsatz die geltende Regelung über die Mieterhöhung bis zur ortsüblichen Vergleichsmiete (Artikel 1 § 3 Abs. 1 bis 5 WKSchG) übernommen. Der Ausschuß hält die ortsübliche Vergleichsmiete trotz der bei der öffentlichen Anhörung von den Vertretern der Verbände überwiegend geübten Kritik für den unter den gegebenen Verhältnissen geeignetsten Maßstab für die Mietenermittlung. Das Bundesverfassungsgericht hat in der Zwischenzeit durch seinen Beschluß vom 23. April 1974 – 1 BvR 6/74 und 1 BvR 2270/73 – die Verfassungsmäßigkeit der materiellen Regelung der ortsüblichen Vergleichsmiete bestätigt. Die Schwierigkeiten bei der Durchsetzung von Mieterhöhungen beruhten auf den in der Gerichtspraxis oft geforderten übertriebenen formalen Voraussetzungen für ein wirksames Mieterhöhungsverlangen. Diese Erschwerungen entsprechen nach dem erwähnten Beschluß des Bundesverfassungsgerichts nicht einer verfassungskonformen Auslegung des geltenden Rechts. Nach Auffassung der Ausschußmehrheit erfolgt durch die Fassung des Absatzes 2 der Regierungsvorlage für die Zukunft im Gesetz eine ausdrückliche Klarstellung, welche förmlichen Anforderungen an eine Mieterhöhungserklärung zu stellen sind. Die Regierungsvorlage hält sich somit in Übereinstimmung mit dem Beschluß des Bundesverfassungsgerichts.

Keine Mehrheit fand ein Antrag, wonach das Nachschieben von Gründen bis zum Schluß der mündlichen Verhandlung zulässig sein sollte. Die Ausschußmehrheit vertrat die Ansicht, daß sich bereits aus dem erwähnten Beschluß des Bundesverfassungsgerichts ergibt, daß ein Nachschieben von Gründen zulässig ist. Dies folgt ferner daraus, daß nach der vorliegenden Neufassung des Satzes 1 das Erhöhungsverlangen zu begründen ist nicht aber die das Erhöhungsverlangen

IV. Begründung der Beschlüsse des Rechtsausschusses   F 55, 56

rechtfertigenden Gründe anzugeben sind (vgl. Artikel 1 § 3 Abs. 3 Satz 1 WKSchG).
Die Fassung des Satzes 3 in Absatz 2 hat der Ausschuß dahin geändert, daß im Falle einer Berufung auf Vergleichsobjekte in der Regel die Benennung von drei Wohnungen anderer Vermieter genügt (vgl. dazu die Stellungnahme des Bundesrates unter Nr. 6., der die Bundesregierung in ihrer Gegenäußerung nicht entgegengetreten ist).
Die Änderungsvorschläge des Bundesrates unter Nr. 7 seiner Stellungnahme zu Absatz 3 Satz 1 und Absatz 4 hat der Ausschuß aus den in der Begründung der Stellungnahme des Bundesrates dargelegten Gründen übernommen. Zur Vermeidung von Zweifeln wird das Wort ,,Monat" durch ,,Kalendermonat" ersetzt.

8. Zu Artikel 3 § 3
Der Ausschuß hat die vom Ausschuß für Raumordnung, Bauwesen und Städ- F 55
tebau beschlossene Neufassung des Absatzes 1 übernommen. Die Fassung unterscheidet sich inhaltlich von der Regierungsvorlage dadurch, daß sie keine sogenannte Kappungsgrenze von 10% über der ortsüblichen Vergleichsmiete enthält. Der Ausschluß tritt insoweit der Stellungnahme des Bundesrates unter Nr. 9 bei, der die Bundesregierung in der Gegenäußerung zugestimmt hat, daß bei einer solchen Regelung die Durchsetzung von Mieterhöhungen erschwert und dadurch der Anreiz zur dringend notwendigen Modernisierung oft entfallen würde. Die übrigen Änderungen des Absatzes 1 sollen die Anrechnung von Leistungen der öffentlichen Hand, des Mieters oder eines Dritten für die baulichen Änderungen in angemessener Weise sicherstellen. Sie zielen ferner darauf ab klarzustellen, wie der Erhöhungsbetrag zu ermitteln ist, der auf die einzelnen Wohnungen entfällt. Durch die geänderte Fassung des Satzes 2 wird ferner klargestellt, daß der Erhöhungsbetrag auf die Jahresmiete vor Durchführung der baulichen Maßnahmen hinzuzurechnen ist. Der Vermieter hat nach Durchführung von baulichen Maßnahmen die Wahl, ob er die Miete nach § 2 bis zur ortsüblichen Vergleichsmiete nach der Modernisierung oder nach § 3 erhöhen will. Es ist aber nach Auffassung des beratenden Ausschusses für Raumordnung, Bauwesen und Städtebau nicht zulässig, nach den baulichen Änderungen zunächst eine Mieterhöhung nach § 2 vorzunehmen und danach nach § 3 14% der Kosten auf die erhöhte Miete aufzuschlagen. Dieser Auffassung ist der Rechtsausschuß nicht entgegengetreten. Voraussetzung für eine Mieterhöhung nach § 3 ist im übrigen nicht, daß der Mieter den baulichen Maßnahmen ausdrücklich zugestimmt hat. Die Pflicht zur Duldung solcher Maßnahmen ergibt sich aus § 541a BGB. Hat der Mieter bauliche Maßnahmen geduldet, kann er sich gegenüber einem Mieterhöhungsverlangen nicht darauf berufen, daß er zur Duldung der Maßnahmen an sich nicht verpflichtet gewesen wäre. Dies ergibt sich aus dem allgemeinen Rechtsgrundsatz, wonach sich niemand in Widerspruch zu seinem eigenen Verhalten setzen darf.
Zu Absatz 4 hat der Ausschuß die in der Stellungnahme des Bundesrates unter Nr. 11a und b vorgeschlagenen Änderungen aus den dort angegebenen Gründen übernommen.

9. Zu Artikel 3 § 4
Zu Absatz 1 hat der Ausschuß den Änderungsvorschlag des Bundesrates in F 56
dessen Stellungnahme unter Nr. 12. aus den dort in der Begründung angegebenen Gründen übernommen. Die Bundesregierung hat in ihrer Gegenäußerung hierzu keine Einwände erhoben.

1099

Im übrigen hat der Ausschuß der Regierungsvorlage mit der Maßgabe zugestimmt, daß in Absatz 2 zur Angleichung des Sprachgebrauchs das Wort „einseitige" weggelassen wird.

10. Zu Artikel 3 § 5

F 57 Abweichend von der Regierungsvorlage hat der Ausschuß die vom Ausschuß für Raumordnung, Bauwesen und Städtebau empfohlene Neufassung dieser Vorschrift übernommen. Sie geht davon aus, daß es den Vermietern ermöglicht werden muß, die zum Teil erheblichen und in dieser Höhe kaum vorhersehbaren Kostensteigerungen, die infolge der Hochzinspolitik durch Erhöhungen des Zinssatzes eingetreten sind, auf die Mieter in angemessenem Umfang umzulegen. Dies erscheint auch deshalb als Gebot der Gerechtigkeit, weil diese Möglichkeit sogar bei preisgebundenen Wohnungen besteht, obwohl diese Wohnungen vornehmlich für Mieter mit geringem Einkommen vorgesehen sind. Eine Berücksichtigung der Eigenkapitalverzinsung hält der Ausschuß im Einvernehmen mit dem Ausschuß für Raumordnung, Bauwesen und Städtebau im Gegensatz zur Regierungsvorlage nicht für gerechtfertigt und praktisch nicht in befriedigender Weise durchführbar. Die Abwälzung von Kostensteigerungen soll daher auf das baubedingte und dinglich gesicherte Fremdkapital begrenzt bleiben.

Abweichend von der Regierungsvorlage sollen grundsätzlich schon Erhöhungen gegenüber dem am 1. Januar 1973 (in der Regierungsvorlage: 30. Juni 1973) maßgebenden Zinssatz berücksichtigt werden, weil gerade in diesem Zeitraum eine erhebliche Steigerung der Zinsbelastung zu verzeichnen ist.

Nach Absatz 4 kann der Vermieter eine Erhöhung nicht verlangen, wenn er dem Mieter auf Anfrage nicht die Höhe der dinglich gesicherten Darlehen, für die sich der Zinssatz erhöhen kann, offengelegt hat. Dadurch soll der Mieter die Möglichkeit erhalten, sich vor unvorhersehbaren Erhöhungen zu sichern.

11. Zu Artikel 3 § 5a (Sonderregelung für das Saarland)

F 58 Der Bundesrat hat in seiner Stellungnahme unter Nr. 15 für den weiteren Verlauf des Gesetzgebungsverfahrens um Vorlage einer Regelung gebeten, durch den sichergestellt wird, daß der öffentlich geförderte Wohnraum im Saarland, für den abweichend vom übrigen Bundesgebiet die Kostenmiete nicht durch gesetzliche Vorschriften, sondern durch privatrechtliche Vereinbarungen festgelegt ist, wie der im übrigen Bundesgebiet preisgebundene Wohnraum behandelt wird. Der Ausschuß hat die von der Bundesregierung vorgeschlagene Regelung entsprechend der Empfehlung des mitberatenden Ausschusses für Raumordnung, Bauwesen und Städtebau, die dieses Anliegen berücksichtigt, übernommen.

12. Zu Artikel 3 § 5b (Sonderregelungen für Bergmannswohnungen der Ruhrkohle AG)

F 59 Der Bundesrat hat in seiner Stellungnahme unter Nr. 18a und b wegen der besonderen Verhältnisse, die bei den von der Ruhrkohle AG bewirtschafteten Bergmannswohnungen gegeben sind, die Einfügung von Vorschriften vorgeschlagen, durch die den besonderen Verhältnissen Rechnung getragen werden soll. Die Bundesregierung, die sich in der Gegenäußerung die Vorlage einer abgeänderten Fassung für den weiteren Verlauf des Gesetzgebungsverfahrens vorbehalten hatte, hat zur Regelung dieser Frage die Einfügung eines § 5b vorgeschlagen. Diesen Vorschlag hat der Ausschuß entsprechend der Empfehlung des mitberatenden Ausschusses für Raumordnung, Bauwesen und Städtebau übernommen.

IV. Begründung der Beschlüsse des Rechtsausschusses

Durch diese Sonderregelung soll für die etwa 80000 Bergmannswohnungen, die von der Ruhrkohle AG bewirtschaftet werden, entsprechend der bisher für diese Wohnungen geltenden Sonderregelungen nur die Weitergabe von Erhöhungen der Verwaltungs-, Betriebs- und Instandhaltungskosten nach den Vorschriften der Zweiten Berechnungsverordnung zugelassen und dadurch das Mietniveau zur Sicherung des sozialen Ausgleichs für die Bewohner dieser Wohnungen – auch nach dem oft frühen Ausscheiden aus dem Arbeitsprozeß – in tragbarer Höhe gehalten werden.

13. Zu Artikel 3 §§ 6 und 7

Die redaktionelle Änderung dieser Vorschriften ist wegen der Einfügung der §§ 5a und 5b geboten.

14. Zu Artikel 3 § 8

Zu Absatz 1: Einem Antrag, den Vorschlag aus der Stellungnahme des Bundesrates unter Nummer 14 zu übernehmen, stimmte die Ausschußmehrheit aus währungspolitischen Gründen entsprechend der Gegenäußerung der Bundesregierung nicht zu. Im übrigen stimmte der Ausschuß der Regierungsvorlage mit der Maßgabe zu, daß in Absatz 2 die Nummer 3 die vom Bundesrat in seiner Stellungnahme unter Nr. 17 vorgeschlagene Fassung erhält.

Im Zusammenhang mit der vom Bundesrat in seiner Stellungnahme unter Nr. 9 bei den Kündigungsschutzregelungen angesprochenen Frage hat sich der Ausschuß auch damit befaßt, ob Ausnahmen von den Regelungen des Artikels 3 für gewisse Wohnheime geboten seien. Eine Ausnahme erschien jedoch nicht erforderlich, zumal in den Fällen, in denen die Heime neben der Raumüberlassung Dienstleistungen zur Betreuung, Fürsorge oder Pflege der Heiminsassen erbringen und – wie häufig – ein Pauschalentgelt vereinbaren, dieses Entgelt nicht als Miete im Sinne der Regelungen dieses Artikels anzusehen ist, selbst wenn in dem Pauschalentgelt ein nicht gesondert ausgewiesener Mietanteil enthalten ist.

15. Zu Artikel 3a (Änderung des Gerichtskostengesetzes)

Der mitberatende Ausschuß für Raumordnung, Bauwesen und Städtebau hatte den Vorschlag des Bundesrates in der Stellungnahme unter Nr. 19 auf Anfügung eines Absatzes 5 in § 12 des Gerichtskostengesetzes mit der Maßgabe empfohlen, daß die Regelung entsprechend dem Vorschlag der Bundesregierung auf alle Mietverhältnisse über Wohnraum ausgedehnt wird. Diese Empfehlung fand im Ausschuß keine Mehrheit; sie vertrat die Auffassung, daß es einer solchen Klarstellung nicht bedürfe.

16. Zu Artikel 4 (Anwendung auf bestehende Mietverhältnisse)

Der Ausschuß schließt sich der Empfehlung des mitberatenden Ausschusses für Raumordnung, Bauwesen und Städtebau an, in einer als Absatz 2 anzufügenden Übergangsregelung klarzustellen, daß Mieterhöhungen nach Durchführung baulicher Maßnahmen aufgrund des Artikels 3 § 3 auch für solche baulichen Maßnahmen zulässig sein sollen, die vor Inkrafttreten des Gesetzes begonnen, aber nach seinem Inkrafttreten beendet worden sind.

Im übrigen hat der Ausschuß die Regierungsvorlage unverändert als Absatz 1 übernommen.

17. Zu Artikel 5a (Sondervorschriften für München und Hamburg)

Der Ausschuß für Raumordnung, Bauwesen und Städtebau hat in seine Beratungen folgende ihm federführend zugewiesenen Entwürfe eines Dritten Geset-

zes zur Änderung mietpreisrechtlicher Vorschriften in der kreisfreien Stadt München und im Landkreis München sowie in der Freien und Hansestadt Hamburg einbezogen, die eine Verlängerung der Mietpreisbindung in diesen Stadt- und Landkreisen zum Ziel haben:
a) Gesetzentwurf der Abgeordneten Geisenhofer und Genossen – Drucksache 7/1576 –,
b) Gesetzentwurf der Abgeordneten Dr. Schöfberger und Genossen – Drucksache 7/1671 –,
c) Gesetzentwurf des Bundesrates – Drucksache 7/2069 –.

Der Ausschuß für Raumordnung, Bauwesen und Städtebau hat diese Gesetzentwürfe für erledigt erklärt und statt dessen dem federführenden Rechtsausschuß die Einfügung eines Artikels 5a in das vorliegende Gesetz empfohlen. Dieser Empfehlung ist die Ausschußmehrheit gefolgt. Sie tritt der Auffassung der Bundesregierung in ihrer Stellungnahme zum Gesetzentwurf des Bundesrates – Drucksache 7/2069 – bei, daß eine Sonderregelung für Hamburg und München nicht mehr gerechtfertigt ist, da sich die Verhältnisse in diesen Räumen von denen in anderen Ballungsräumen nicht mehr grundlegend unterscheiden. Im Interesse der Rechtseinheit soll daher ab 1. Januar 1975 grundsätzlich das im übrigen Bundesgebiet geltende Recht eingeführt werden, durch das ungerechtfertigte Mieterhöhungen verhindert werden. Um eine allmähliche Überleitung in das im Bundesgebiet geltende Recht sicherzustellen, ist in Artikel 5a vorgesehen, daß der Vermieter für die Dauer von zwei Jahren eine Mieterhöhung nach Artikel 3 § 2 bis zur ortsüblichen Vergleichsmiete nur vornehmen darf, wenn dadurch die bisher preisrechtlich zulässige Grundmiete um nicht mehr als 10% überschritten wird. Mieterhöhungen bei baulichen Änderungen, bei Betriebs- und Kapitalkostenerhöhungen sind ohne Begrenzung nach Artikel 3 §§ 3 bis 5 zulässig. Bei Neuvermietungen kann die Miete grundsätzlich frei vereinbart werden. Eine Begrenzung ergibt sich insoweit mittelbar aus § 2b des Wirtschaftsstrafgesetzes in Verbindung mit den dazu ergangenen ländereinheitlichen Richtlinien zur wirksameren Bekämpfung von Mietpreisüberhöhungen.

Keine Mehrheit fanden im Ausschuß die Anträge, die Überleitungsregelung bis zum 31. Dezember 1977 zu verlängern und den Vomhundertsatz für die Begrenzung der Mieterhöhung auf 15 zu erhöhen.

18. Zu Artikel 7 (Inkrafttreten)

F 65   Der Antrag der CDU/CSU-Fraktion, die Geltungsdauer des Gesetzes bis zum 31. Dezember 1978 zu begrenzen, fand nicht die Mehrheit des Ausschusses. Die Gründe hierfür sind unter II. dargelegt. Im übrigen hat der Ausschuß der Regierungsvorlage zugestimmt.

IV.

F 66   Der Rechtsausschuß stimmt einmütig der Feststellung des mitberatenden Ausschusses für Raumordnung, Bauwesen und Städtebau zu, daß das geltende Recht über die soziale Sicherung des Wohnens durch seine Zersplitterung in zahlreiche Rechtsvorschriften für die Betroffenen nicht verständlich und überschaubar ist, und daß dies in der Praxis zu Rechtsunsicherheit und Rechtsunklarheit führt. Es wird daher im Entschließungsantrag unter 1. empfohlen, die Bundesregierung um eine Rechtsbereinigung zu ersuchen.

In dem von der Bundesregierung erwarteten Erfahrungsbericht (Nr. 2 des Entschließungsantrags) sollen die Auswirkungen auf die Wohnheime deshalb erwähnt werden, weil viele Heime erst durch dieses Gesetz unter die Vorschriften über den Kündigungsschutz und zur Regelung der Miethöhe fallen können.

V. Anrufung des Vermittlungsausschusses

Bei den Beratungen im mitberatenden Ausschuß für Raumordnung, Bauwesen und Städtebau hatte die CDU/CSU-Fraktion einen Antrag zur Ergänzung von Artikel 3 § 2 Abs. 2 eingebracht, nach dem die Gemeinden Mietspiegel aufstellen, fortschreiben und öffentlich bekannt machen sollen; die Mietspiegel sollen einen repräsentativen Querschnitt der ortsüblichen Entgelte für vergleichbaren Wohnraum wiedergeben; bei der Aufstellung und Fortschreibung der Mietspiegel sollen beide Marktpartner beteiligt werden. Diesem Antrag wurde von der Mehrheit in diesem Ausschuß nicht zugestimmt, da den Gemeinden dadurch Aufgaben übertragen würden, die einen nicht unerheblichen Kostenaufwand zur Folge hätten und da eine Regelung der Kostenlast im Rahmen des vorliegenden Gesetzes nicht möglich sei. Der im Antrag der CDU/CSU-Fraktion geforderte repräsentative Querschnitt sei auch in der Fassung der Regierungsvorlage dadurch sichergestellt, daß die Mietspiegel eine Übersicht über die üblichen (nicht über die willkürlich herausgesuchten) Entgelte enthalten müssen. Ebenso wäre ein nicht fortgeschriebener, also veralteter Mietspiegel keine Übersicht der üblichen Entgelte. Aus der Fassung der Regierungsvorlage ergäbe sich ferner, daß bei der Erstellung der Mietspiegel eine Beteiligung beider Marktpartner erforderlich ist. Der Rechtsausschuß hat zu diesem Fragenkomplex den vom mitberatenden Ausschuß empfohlenen Entschließungsantrag unter 3. angenommen.

Bonn, den 11. Oktober 1974

Gnädinger Dr. Hauser (Sasbach)
Berichterstatter

V. Bundestags-Drucksache 7/2775

Unterrichtung durch den Bundesrat:
Zweites Gesetz über den Kündigungsschutz für Mietverhältnisse über Wohnraum (Zweites Wohnraumkündigungsschutzgesetz – 2. WKSchG)

Drucksachen 7/2011, 7/2629, 7/2638 – hier: Anrufung des Vermittlungsausschusses*

Der Bundesrat hat in seiner 413. Sitzung am 8. November 1974 beschlossen, zu dem vom Deutschen Bundestag am 17. Oktober 1974 verabschiedeten Gesetz zu verlangen, daß der Vermittlungsausschuß gemäß Artikel 77 Abs. 2 des Grundgesetzes aus den nachstehenden Gründen einberufen wird.

Gründe

Artikel 1
Änderung des Bürgerlichen Gesetzbuches
1. Zu Artikel 1 Nr. 1 (§ 564 b BGB)
Artikel 2 Abs. 3 (betr. Mietverträge auf bestimmte Zeit)
Artikel 3 § 10 Abs. 2 Nr. 4 – neu (betr. Gesetz zur Regelung der Miethöhe)
a) In Artikel 1 Nr. 1 ist § 564b Abs. 7 wie folgt zu fassen:
„(7) Diese Vorschriften gelten nicht für Mietverhältnisse
1. über Wohnraum, der zu nur vorübergehendem Gebrauch gemietet ist,

---
* Der Antrag wurde am 14. 11. 74 abgewiesen.

2. über Wohnraum, der Teil der vom Vermieter selbst bewohnten Wohnung ist und den der Vermieter ganz oder überwiegend mit Einrichtungsgegenständen auszustatten hat, sofern der Wohnraum nicht zum dauernden Gebrauch für eine Familie überlassen ist,
3. über Wohnraum, der Teil eines Studenten- oder Jugendwohnheims ist."
b) Artikel 2 Abs. 3 ist wie folgt zu fassen:
„(3) Diese Vorschrift gilt nicht für Mietverhältnisse
1. über Wohnraum, der zu nur vorübergehendem Gebrauch gemietet ist,
2. über Wohnraum, der Teil der vom Vermieter selbst bewohnten Wohnung ist und den der Vermieter ganz oder überwiegend mit Einrichtungsgegenständen auszustatten hat, sofern der Wohnraum nicht zum dauernden Gebrauch für eine Familie überlassen ist,
3. über Wohnraum, der Teil eines Studenten- oder Jugendwohnheims ist."
c) In Artikel 3 ist in § 10 Abs. 2 am Ende der Punkt durch ein Komma zu ersetzen und folgende Nummer 4 anzufügen:
„4. , über Wohnraum, der Teil eines Studenten-oder Jugendwohnheims ist,".

Begründung
Nach dem Gesetzesbeschluß soll der Kündigungsschutz entgegen dem bisherigen Recht grundsätzlich auch auf möblierten Wohnraum ausgedehnt werden. Nicht gelten soll der Kündigungsschutz nur für bestimmten Wohnraum, der Teil der vom Vermieter selbst bewohnten Wohnung ist, und für Wohnraum, der zu nur vorübergehendem Gebrauch gemietet ist. Wohnraum in Studenten- und Jugendwohnheimen fällt seiner Natur nach nicht unter die erste Gruppe. Es ist aber auch zweifelhaft, ob die Vermietung eines Wohnheimplatzes für zwei bis vier Semester (ein bis zwei Jahre) eine Vermietung zu nur vorübergehendem Gebrauch ist oder ob Studenten- und Jugendwohnheime damit unter die zweite Gruppe fallen.

Die Träger von Studenten- und Jugendwohnheimen (also auch von Schüler- und Lehrlingswohnheimen) müssen an der bewährten Übung festhalten können, den Mietern nach dem Ablauf einer gewissen Mietzeit zu kündigen, um auch anderen Interessenten einen Heimplatz zukommen zu lassen. Bei dem zu geringen Bestand an Wohnheimplätzen ist diese Fluktuation insbesondere für Studentenwohnheime aus Gründen der Gleichbehandlung dringend notwendig. Weiter muß es dem Träger eines Studenten- oder Jugendwohnheims unbenommen sein, im Interesse eines gedeihlichen Zusammenlebens im Heim auch dann zu kündigen, wenn die Voraussetzungen der außerordentlichen Kündigung oder der Kündigung nach § 564b Abs. 2 Nr. 1 BGB nicht erfüllt sind. Ob diese Belange im Hinblick auf den Bestandsschutz, den § 564b Abs. 1 und 2 BGB gewähren will, als berechtigte Interessen im Sinn dieser Vorschrift anzusehen wären, ist zweifelhaft. Mit einer einheitlichen Rechtsprechung kann nicht gerechnet werden. Eine Rechtsunsicherheit, die die Verwaltung der Heime erschweren und den Heimfrieden ernsthaft gefährden würde, wäre die Folge.

Die genannten Heimträger würden aber auch durch die Mietpreisregelung des Artikels 3 unzumutbar belastet. Die ortsübliche Vergleichsmiete ist für Wohnheimplätze nämlich sehr schwer feststellbar, weil das Maß der den Heimbewohnern neben dem überwiegenden Element der Wohnraumüberlassung gewährten Betreuung von Heim zu Heim sehr unterschiedlich ist.

Die genannten Erwägungen gelten für Studenten- und Jugendwohnheime. Für die Bewohner einiger anderer Arten von Wohnheimen gilt der Kündigungsschutz deswegen nicht, weil Fürsorge und Betreuung gegenüber der Wohnraum-

V. Anrufung des Vermittlungsausschusses F 70

überlassung überwiegen. Ein gewichtiges Bedürfnis, neben Studenten- und Jugendwohnheimen auch andere Wohnheime, in denen die Wohnraumüberlassung überwiegt, generell vom Kündigungsschutz auszunehmen, besteht nicht. Insoweit muß der Einzelfallentscheidung und einer vernünftigen Interpretation des Begriffs des „berechtigten Interesses" im § 564b BGB durch die Gerichte überlassen bleiben, ob ein Mietverhältnis über einen Wohnheimplatz gekündigt werden kann.
Die Sonderregelung für die Studenten- und Jugendwohnheime muß in Artikel 1 Nr. 1 (§ 564b Abs. 7 Nr. 3), Artikel 2 Abs. 3 Nr. 3 und in Artikel 3 § 10 Abs. 2 Nr. 4 getroffen werden. Die übrigen vorgeschlagenen Änderungen sind nur redaktioneller Art. Sie dienen der Verdeutlichung.

Artikel 3
Gesetz zur Regelung der Miethöhe
2. Zu § 4 Abs. 2 Satz 2
In § 4 Abs. 2 Satz 2 sind die Worte „erläutert wird" durch die Worte „die F 70 Berechnung mitgeteilt werden" zu ersetzen.
Begründung
§ 4 Abs. 2 Satz 2 soll sicherstellen, daß der Mieter die Betriebskostenerhöhung nachprüfen kann. Dies ist nur gewährleistet, wenn die Berechnung der Erhöhung vom Vermieter mitgeteilt werden muß (vgl. auch die Fassung des § 3 Abs. 3 Satz 2).

3. Zu § 9 Abs. 2
§ 9 Abs. 2 erster Halbsatz ist wie folgt zu fassen:
„Ist der Mieter rechtskräftig zur Zustimmung zu einer Erhöhung des Mietzinses nach § 2 oder zur Zahlung eines erhöhten Mietzinses nach den §§ 3 bis 7 verurteilt worden, ..."
Begründung
In den Fällen des § 2 wird der Mieter nicht zur Zahlung, sondern zur Zustimmung verurteilt (§ 2 Abs. 3, 4). Dem sollte, um Rechtsunklarheit zu vermeiden, auch in der Fassung des § 9 Abs. 2 Rechnung getragen werden.

4. Zu § 10 Abs. 2 Nr. 5 – neu –
In § 10 Abs. 2 ist folgende Nummer 5 anzufügen:
„5. über steuerbegünstigten Wohnraum, für den auf Grund anderer Rechtsvorschriften, satzungsmäßiger Bestimmungen oder vertraglicher Vereinbarung keine höhere als die Kostenmiete vereinbart werden kann."
Begründung
Bei mit Wohnungsfürsorgemitteln gefördertem Wohnraum ist die Kostenmiete maßgebend; die Vergleichsmietenregelung findet nach dem Gesetzesbeschluß des Bundestages keine Anwendung.
Der Vorschlag will steuerbegünstigten Wohnraum, für den auf Grund der angeführten Tatbestände (andere Rechtsvorschriften, satzungsmäßige Bestimmungen oder vertragliche Vereinbarung) keine höhere als die Kostenmiete vereinbart werden darf, dem mit Wohnungsfürsorgemitteln geförderten Wohnraum gleichstellen, so daß auch insoweit die Vergleichsmietenregelung keine Anwendung findet. Diese Gleichstellung ist aus Gründen der Gleichbehandlung erforderlich und auch systemgerecht. Die Vorschrift trägt zum vertrauensvollen Miteinander von Mietern und Vermietern bei, weil sie den Streit um Vergleichsob-

jekte entbehrlich macht; damit erleichtert sie auch künftige Wohnungsbauinvestitionen außerhalb des öffentlich geförderten Bereiches.

Artikel 8

Inkrafttreten

5. Dem Artikel 8 ist folgender Absatz 3 anzufügen:
„(3) Das Gesetz tritt mit dem Ablauf des 31. Dezember 1977 außer Kraft."
Begründung
Als das WKSchG geschaffen wurde, überwog in den meisten Teilen der Bundesrepublik die Nachfrage nach Wohnungen das Angebot. Es war erklärtes Ziel des WKSchG, den Mieter vor den sich aus dieser Marktlage ergebenden Schwierigkeiten angemessen zu schützen. Inzwischen hat sich die Situation auf dem Wohnungsmarkt grundlegend geändert. Ein nennenswerter Nachfrageüberhang ist allenfalls noch in sogenannten Ballungsgebieten festzustellen. Überwiegend ist der Markt jedoch ausgeglichen. An manchen Orten besteht sogar schon ein Überangebot an Mietwohnungen. Ob die auf einen erheblichen Wohnungsfehlbestand zugeschnittene Regelung des WKSchG, die der Gesetzesbeschluß in der Sache weitgehend unverändert übernimmt, den geänderten Gegebenheiten auf dem Wohnungsmarkt hinreichend gerecht wird, ist fraglich. Auch in der Entschließung, die der Bundestag zu dem Gesetzesbeschluß gefaßt hat, klingen insoweit Zweifel an. Es ist daher geboten, die Regelung vor ihrer Übernahme als Dauerrecht weitere drei Jahre zu erproben.

Die Erprobung ist auch deshalb erforderlich, weil entgegen der Begründung des Regierungsentwurfs nicht festgestellt werden kann, daß sich das WKSchG bewährt hat. Seine Bestimmungen über die Mieterhöhung haben zu erheblichen Schwierigkeiten geführt. Insbesondere sind sie in der Auslegung, die sie durch die überwiegende Rechtsprechung erfahren haben, den berechtigten Interessen der Vermieter in keiner Weise gerecht geworden; dies hat das Bundesverfassungsgericht in seinem Beschluß vom 23. April 1974 (1 BvR 6/74 und 1 BvR 2270/73) ausdrücklich festgestellt. Ob die in Artikel 3 § 2 Abs. 2 des Gesetzesbeschlusses vorgesehenen Änderungen die Praktikabilität und die Effektivität der Regelung in dem gebotenen Umfang erhöhen, ist nicht unzweifelhaft. Sie mindern unmittelbar lediglich die Anforderungen, die die überwiegende Rechtsprechung bislang an das vorprozessuale Erhöhungsverlangen des Vermieters gestellt hat. Unter welchen Voraussetzungen jedoch die Gerichte im Rechtsstreit Sachverständigengutachten und Mietspiegel als Beweismittel anzuerkennen haben, ist nicht geregelt, sondern bleibt der Rechtsprechung überlassen. Zudem enthält die Mietpreisregelung für den Fall eine Lücke, daß es vergleichbare Wohnungen in genügender Anzahl nicht gibt oder die Vergleichsmiete mit den erreichbaren Beweismitteln nicht festgestellt werden kann. Ob die Rechtsprechung bereit sein wird, diese Lücke zu schließen, kann noch nicht sicher beurteilt werden.

Die seit dem Inkrafttreten des WKSchG vergangene Zeit ist auch zu kurz, um die Bewährung der Kündigungsschutzvorschrift abschließend beurteilen zu können. Auch sie bedarf, bevor sie in Dauerrecht umgewandelt wird, weiterer Erprobung.

VI. Auszug aus dem Gesetzgebungsverfahren zum MVerbG vom 4. 11. 71 (BGBl. I S. 1745) betr. die §§ 302f StGB, 2b WiStG*

1. Begründung der Bundesregierung (BT-Drucks. VI/2421)

Zu Artikel 3
Änderung des Strafgesetzbuches

I. Allgemeines

Zur Bekämpfung mißbräuchlich hoher Mietforderungen stehen im Strafrecht zwei Vorschriften zur Verfügung, § 302e des Strafgesetzbuchs und § 2a des Wirtschaftsstrafgesetzes, von denen sich vor allem die erste als wenig geeignet erwiesen hat. Ihre Verbesserung ist angebracht, auch wenn man berücksichtigt, daß Wuchertatbestände, die nur eine Mißbrauchsrepression bezwecken, wegen der nicht vermeidbaren Verwendung normativer (wertausfüllungsbedürftiger) Merkmale ungleich schwerer zu handhaben sind als solche mit konkret fixierten Wuchergrenzen. Wenn § 302e StGB wegen seiner mangelnden Eignung zur Bekämpfung des Mietwuchers geändert werden muß, ist es allerdings unerläßlich, zugleich die anderen Wuchervorschriften des Strafgesetzbuches zu ändern.

Die Vorschriften gegen den Wucher, die 1880 (§§ 302a bis 302d) und 1893 (§ 302e) in das Strafgesetzbuch eingefügt worden sind, richten sich gegen die anstößige, übermäßige Ausnutzung („Ausbeutung") einer individuellen wirtschaftlichen Schwäche. Ihr Schutzobjekt ist das Vermögen des einzelnen oder einer Mehrheit von Einzelnen (sog. Individualwucher). Darüber hinaus bezeichnet man als Wucher, allerdings abweichend vom Gesetz, vielfach auch das Ausnutzen einer bestimmten allgemeinen Wirtschaftslage, durch das volkswirtschaftlich nicht gerechtfertigte überhohe Gewinne erzielt werden, dem sog. Sozialwucher. Sein Angriffsobjekt ist die Gesamtwirtschaft oder ein volkswirtschaftlicher Teilbereich. Soweit in solchen Lagen marktkonforme Mittel nicht ausreichen, bedarf es zu ihrer Unterstützung auch strafrechtlicher Handhaben. Als solche ist 1956 die gegen „Preisüberhöhung" gerichtete Straf- und Bußgeldvorschrift des § 2a des Wirtschaftsstrafgesetzes geschaffen worden, die nunmehr durch Artikel 4 dieses Entwurfs geändert werden soll.

Eine Änderung der unübersichtlichen, komplizierten und wenig praktikablen §§ 302a bis 302e des Strafgesetzbuches gehört seit langem zu den Zielen der Strafrechtsreform, zumal die wucherische Ausbeutung wegen der rücksichtslosen Selbstsucht, die in ihr vielfach zutage tritt, allgemein als besonders verwerflich angesehen wird.

Ein Hauptmangel des geltenden Rechts, das zwischen Kreditwucher (§§ 302a, 302b) und Sachwucher (§ 302e) unterscheidet, besteht darin, daß bei diesem nur die gewerbs- oder gewohnheitsmäßige Begehung strafbar ist. Es ist nicht einzusehen, daß zum Beispiel zwar die Hingabe eines wucherischen Darlehens, das der

---
* jetzt §§ 302a, 5 WiStG

Beschaffung einer Wohnung dient, schon bei einfacher Begehung, die wucherische Vermietung der Wohnung selbst aber erst bei gewerbsmäßiger Begehung strafbar ist. Da die Grenze zwischen Kredit- und Sachwucher flüssig ist, bringt die Unterscheidung als solche Nachteile mit sich. Auch die Strafdrohungen der §§ 302a bis 302e sind nicht hinreichend aufeinander abgestimmt. Schließlich ist die derzeitige Beschränkung des Nachwuchers (§ 302e) auf die Fälle, in denen er sich auf ein Kreditwuchergeschäft stützt, nicht sachgemäß.

F 77 Ein weiterer Hauptmangel des geltenden Rechts ist die Verwendung des Merkmals „Notlage". Die Rechtsprechung und die herrschende Lehre verstehen hierunter eine wirtschaftliche Notlage, die sich, wenn auch nur durch vorübergehende Geldverlegenheit bedingt, existenzbedrohend auswirkt. Eine sonstige Notlage oder eine noch nicht als Notlage, sondern nur als Zwangslage bewertbare Situation soll noch nicht genügen, zum Beispiel nicht „die bloße Zwangslage, sich einen Wohnraum beschaffen zu müssen"; es muß nach dieser Auffassung vielmehr „eine Beeinträchtigung der wirtschaftlichen Lebensführung des Betroffenen" durch das von ihm zu zahlende überhohe Entgelt hinzukommen (Entscheidungen des Bundesgerichtshofes in Strafsachen Band 11, Seite [182] 185).

II. Zu den einzelnen Vorschriften

F 78 1. § 302a (Grundtatbestände des Wuchers)

Aus den dargelegten Gründen gestaltet der Entwurf die Wuchervorschriften grundlegend um. Die Unterscheidung zwischen Kredit- und Sachwucher entfällt; auf diese Weise läßt sich der Tatbestand sachlich und sprachlich wesentlich einfacher beschreiben. Außerdem ist eine angemessenere Strafdrohung möglich.

F 79 Im Gegensatz zu § 302a des geltenden Rechts sind nicht mehr die einzelnen Arten von Rechtsgeschäften genannt, auf die sich die wucherischen Bedingungen beziehen, sondern es ist insoweit lediglich allgemein von einer „Leistung" die Rede. Dieser Begriff ist hier in umfassendem Sinne zu verstehen. Auch die Vermittlung eines Darlehens oder eines sonstigen Rechtsgeschäfts unter wucherischen Bedingungen fällt darunter. Wie im geltenden Recht liegt das entscheidende Merkmal des Wuchers darin, daß der versprochene oder gewährte Vermögensvorteil zu der Leistung in „auffälligem Mißverhältnis" steht. Wie die Fassung ergibt, kommt es hierbei auf das Mißverhältnis zwischen dem Vermögensvorteil des Gläubigers und seiner Leistung an, nicht auf das Mißverhältnis zwischen der Leistung des Gläubigers und den vom Schuldner erlangten oder erhofften Vorteilen.

F 80 Das geltende Recht setzt eine Ausbeutung der „Notlage, des Leichtsinns oder der Unerfahrenheit" voraus. Diese Regelung erfaßt jedoch nicht alle schutzwürdigen Fälle. Da sich vor allem der Begriff der Notlage als zu eng erwiesen hat, ersetzt ihn der Entwurf nach dem Beispiel des vor 1914 geltenden österreichischen Rechts und dem früherer deutscher Entwürfe durch den Begriff der Zwangslage. Unter diesen fällt auch die Ausbeutung einer wirtschaftlichen Bedrängnis, die zwar nicht die Existenz des Betroffenen bedroht, aber schwere wirtschaftliche Nachteile mit sich bringt. Eine Zwangslage liegt auch vor, wenn nicht eine wirtschaftliche Bedrängnis, sondern Umstände anderer Art ein zwingendes Sach- oder Geldbedürfnis entstehen lassen. Dies ergibt sich deutlich daraus, daß der Entwurf zwischen dem Merkmal „Zwangslage" und dem in § 302b Satz 2 Nr. 1 zur Beschreibung eines besonders schweren Falles verwendeten Merkmal „wirtschaftliche Not" unterscheidet. Die Ersetzung des Begriffs „Notlage" durch den der „Zwangslage" wird namentlich bei der Bekämpfung einer

VI. Auszug aus dem Gesetzgebungsverfahren zum MVerbG   F 81–83

wichtigen Erscheinungsform des Wuchers, dem Mietwucher, durch Erfassung einer größeren Zahl strafwürdiger Fälle von Nutzen sein (vgl. die in Abschnitt I zitierte Entscheidung des Bundesgerichtshofes). Sie wird andererseits nicht dazu führen, daß jede Ausnutzung einer günstigen Gelegenheit zu einem vorteilhaften Geschäftsabschluß schon strafbaren Wucher darstellt. Das im Gegensatz zu einem bloßen Ausnutzen stark einengende Merkmal des „Ausbeutens" bietet eine ausreichende Sicherung dagegen, daß sich diese Erweiterung des Wuchertatbestands als eine Behinderung des Geschäftsverkehrs auswirken könnte.

Über das geltende Recht hinaus schützt der Entwurf nicht nur den Leichtsinn **F 81** und die Unerfahrenheit, sondern auch den Mangel an Urteilsvermögen und die Willensschwäche. Ein Mangel an Urteilsvermögen ist zunächst dann anzunehmen, wenn dem Bewucherten in erheblichem Maße die Fähigkeit fehlt, sich durch vernünftige Beweggründe leiten zu lassen. Das ist mehr als bloße Unerfahrenheit, die nur den erheblichen Mangel an geschäftlicher Erfahrung bezeichnet. Der Mangel an Urteilsvermögen umfaßt auch die Unfähigkeit, die beiderseitigen Leistungen und die wirtschaftlichen Folgen des Geschäftsabschlusses richtig zu bewerten. Meist wird dieses Unvermögen die Folge einer Verstandesschwäche sein. Unter den Begriff der Willensschwäche fällt jede Form einer verminderten Widerstandsfähigkeit, die in der Persönlichkeit und dem Wesen des Bewucherten ihre Ursache hat.

Absatz 2 des neuen § 302a richtet sich gegen den Nachwucher. Die Vorschrift **F 82** schließt sachlich an den vereinheitlichten Grundtatbestand des Wuchers an und erfaßt damit abweichend von § 302c des geltenden Rechts auch solche Fälle des Nachwuchers, denen ein Sachwuchergeschäft zugrunde liegt. Wenn der Entwurf von einer wucherischen „Forderung" spricht, obgleich diese nach § 138 BGB nichtig ist, so ist dieser Begriff in einem eigenständigen strafrechtlichen Sinne zu verstehen. Das gleiche gilt für das „Erwerben" einer wucherischen Forderung; auch hier kommt es nicht darauf an, ob das „Erwerben" in bürgerlich-rechtlicher Hinsicht wirksam ist. Während der Entwurf insoweit § 302c folgt, als der Nachwucher als zweiaktiges Delikt konstruiert ist, läßt er abweichend vom geltenden Recht schon das auf den bösgläubigen Erwerb folgende Unternehmen einer Verwertung genügen. Der Versuch einer Verwertung steht danach der Vollendung gleich. Eine Verwertung umfaßt sowohl die Weiterveräußerung als auch das Geltendmachen der wucherischen Forderung.

2. § 302b (Besonders schwere Fälle des Wuchers)

Die Rechtsfigur der besonders schweren Fälle ermöglicht beim Wucher eine **F 83** ausgewogenere und befriedigendere Strafzumessung, als dies nach dem geltenden Recht möglich ist.

Unrecht und Schuld können namentlich bei den schwereren Erscheinungsformen des Wuchers von zahlreichen äußeren und inneren Umständen beeinflußt sein, die sich einer tatbestandlich umrissenen Umschreibung entziehen. Der Entwurf begnügt sich daher mit der Hervorhebung einiger Beispiele, die dem Richter Anhalt und Maß dafür an die Hand geben sollen, wann regelmäßig ein besonders schwerer Fall vorliegt.

Als erstes Beispiel (Nummer 1) nennt der Entwurf den Fall, daß der Täter den Bewucherten durch die Tat in wirtschaftliche Not bringt. Der Erschwerungstatbestand liegt nur dann vor, wenn der Bewucherte gerade „durch die Tat" in die wirtschaftliche Not geraten ist. Das trifft nicht zu, wenn das ausbeutende Verhalten des Täters eine schon bei Geschäftsabschluß bestehende Not des Bewucherten lediglich verschärft hat. Zu verlangen ist vielmehr, daß der Bewucherte als Folge

Teil F. Materialien

der Tat in eine Mangellage gerät, die im geschäftlichen Bereich seine Daseinsgrundlage gefährdet oder auf Grund deren im persönlichen Bereich der notwendige Lebensunterhalt ohne Hilfe Dritter nicht mehr gewährleistet ist.
Einen besonders schweren Fall nimmt der Entwurf weiterhin an, wenn sich der Täter durch Wechsel wucherische Vermögensvorteile versprechen läßt (Nummer 2). Diese Form des schweren Wuchers, die bereits § 302b des geltenden Rechts ausdrücklich hervorhebt, ist für den Betroffenen besonders gefährlich, weil Wechsel verhältnismäßig leicht weitergegeben werden können und der Aussteller sich dann gegenüber dem gutgläubigen Dritten nicht darauf berufen kann, daß dem Wechsel ein nichtiges Geschäft zugrunde gelegen hat.

Um den Unrechtsgehalt des Wuchers deutlicher werden zu lassen, paßt der Entwurf den Strafrahmen für die besonders schweren Fälle weitgehend dem für die besonders schweren Fälle der anderen Vermögensdelikte an.

F 84 Zu Artikel 4

Änderung des Wirtschaftsstrafgesetzes 1954

I. Allgemeines

Der gegen Preisüberhöhung gerichtete § 2a ist 1956 in das Wirtschaftsstrafgesetz eingefügt und 1962 mit dem Ziele geändert worden, wirkungsvoller gegen unangemessen hohe Wohnraummieten einschreiten zu können (Amtl. Begründung zum Entwurf des Änderungsgesetzes – Drucksache IV/593 –). Die an die Änderung geknüpften Erwartungen haben sich jedoch nur zum Teil erfüllt. Wie sich schon aus der Begründung zu Artikel 3 ergibt, ist ein Tatbestand, der notwendigerweise normative (wertausfüllungsbedürftige) Merkmale zu seiner Beschreibung verwendet, nicht leicht zu handhaben. Notwendig ist hier die Verwendung normativer Merkmale, weil nur die Ausnutzung von Störungen der sozialen Marktwirtschaft unterbunden, eine offene oder versteckte Mietpreisbindung aber nicht eingeführt werden soll. Trotz seiner Schwächen scheint das geltende Recht, allerdings in örtlich und zeitlich höchst unterschiedlichem Maße, nicht ohne Nutzen gewesen zu sein, indem es vor allem ermöglichte, eine Herabsetzung überhöhter Mietpreise zu erreichen. Die Summe der bisherigen Erfahrungen ist jedoch unbefriedigend. Der Entwurf versucht daher, die bisher zutage getretenen Mängel zu beseitigen, namentlich den Tatbestand der Mietpreisüberhöhung in dem durch die soziale Marktwirtschaft gesteckten Rahmen deutlicher zu beschreiben.

II. Zu den einzelnen Vorschriften

1. Zu Nummer 1
§ 2a Preisüberhöhung in einem Beruf oder Gewerbe

F 85 Schon der besseren Übersichtlichkeit wegen erscheint es angebracht, den jetzt in einem Paragraphen zusammengefaßten Straf- und Bußgeldtatbestand der Preisüberhöhung aufzugliedern. Der neue § 2a, der sachlich der 1956 in das Wirtschaftsstrafgesetz eingefügten Straf- und Bußgeldvorschrift entspricht, betrifft die Preisüberhöhung bei Betätigung in einem Beruf oder Gewerbe und bezieht sich auf Güter und Leistungen des lebenswichtigen Bedarfs (mit Ausnahme der Vermietung von Räumen zum Wohnen). Er soll – jedenfalls vorläufig – ein sog. Mischtatbestand bleiben, so daß eine Zuwiderhandlung bei Erfüllung

VI. Auszug aus dem Gesetzgebungsverfahren zum MVerbG F 86–90

bestimmter gesetzlicher Voraussetzungen nicht eine Ordnungswidrigkeit, sondern eine Straftat darstellt. Von dieser Gestaltung jetzt abzugehen und eine reine Ordnungswidrigkeit vorzusehen, würde den Rahmen des Gesetzgebungsvorhabens zu sehr ausweiten.

§ 2b Mietpreisüberhöhung
Preisüberhöhung bei der Wohnungsvermietung

Die in der Überschrift bezeichneten, miteinander in Beziehung stehenden For- **F 86** men der Preisüberhöhung sollen nach dem Entwurf in einem neuen § 2b selbständig geregelt werden. Das erscheint zweckmäßig, weil ihre Tatbestandsbeschreibung von der Preisüberhöhung in einem Beruf oder Gewerbe in wesentlichen Punkten abweichen und im übrigen aufwendiger gestaltet werden muß. Zudem wirkt sich, wie unten noch dargelegt wird, die derzeitige Gestaltung als Mischtatbestand nachteilig aus, so daß hier ein reiner Bußgeldtatbestand vorzuziehen ist.

Der neue § 2b weicht vom geltenden Recht zunächst insoweit ab, als er die **F 87** ,,Ausnutzung eines geringen Angebots an vergleichbaren Räumen" als Verursachungsfaktor eines unangemessen hohen Entgelts bestimmt. Es soll also nicht mehr darauf ankommen, ob die unangemessene Höhe die Folge der Ausnutzung einer Mangellage ist, oder, anders ausgedrückt, ob das Entgelt unangemessen hoch ist, weil eine Mangellage ausgenutzt worden ist. Maßgebend für die hier vorgesehene Änderung ist, daß die ,,Ausnutzung einer Mangellage", die das geltende Recht fordert, im Einzelfall häufig nicht erkannt oder auf Grund irriger Vorstellungen verneint wird. So schließt die Aufhebung der Mietpreisbindung in den sog. weißen Kreisen entgegen einer bisweilen anzutreffenden Ansicht nicht aus, daß auch in diesen auf bestimmten – örtlichen und sachlichen – Teilmärkten noch ein Mangel an Wohnraum besteht. Das Verhältnis der Vermietungsangebote zu den Mietgesuchen im Anzeigenteil der Tageszeitungen läßt jedenfalls noch keine Schlüsse auf die Situation der Teilmärkte zu.

Außer dem neuen Verursachungsfaktor führt der Entwurf eine Konkretisie- **F 88** rungsformel für die Unangemessenheit ein. Nach dieser Frormel müssen die in vergleichbaren Fällen üblichen Entgelte wesentlich überschritten werden. Für die Fälle einer Vermietung von Räumen zum Wohnen und damit verbundener Nebenleistungen wird dabei auf die Entgelte verwiesen, die in der Gemeinde oder in vergleichbaren Gemeinden für vergleichbare Räume üblich sind. Bei der Vermietung kommt es dabei an auf die Größe, die Beschaffenheit (z. B. Bauart, baulicher Zustand, Raumaufteilung sowie Ausstattung) und die Lage (z. B. Wohngegend und Lage im Gebäude).

In den Fällen einer Vermietung umfaßt der Ausdruck ,,Entgelt" außer dem **F 89** ,,Mietzins" auch anders benannte Gegenleistungen des Mieters, die für den Vermieter geldwerte Vorteile darstellen und von ihm für die Vermietung oder damit verbundene Nebenleistungen gefordert werden.

Nach dem Entwurf sollen Mietpreisüberhöhung und Preisüberhöhung bei der **F 90** Wohnungsvermittlung Ordnungswidrigkeiten darstellen, die mit einer Geldbuße bis zu 50 000 Deutsche Mark geahndet werden können. Im geltenden Recht handelt es sich dagegen um sog. Mischtatbestände, bei denen im Einzelfall auf Grund der allgemeinen Richtlinie des § 3 des Wirtschaftsstrafgesetzes entschieden werden muß, ob die Zuwiderhandlung als Straftat oder als Ordnungswidrigkeit zu bewerten ist. Auch wenn man bereit ist, gewisse Bedenken gegen eine solche Regelung zurückzustellen, kann man ihre Eignung für häufiger auftretende Zuwiderhandlungen, wie Mietpreisüberhöhungen, nicht bejahen. Da die entschei-

1111

denden Voraussetzungen nach § 3 – Eignung der Tat zu einer erheblichen Beeinträchtigung der Ziele der Wirtschaftsordnung, Mißachtung des öffentlichen Interesses an dem Schutz der Wirtschaftsordnung – kaum jemals erfüllt sind, kann eine Mietpreisüberhöhung in aller Regel nur als Ordnungswidrigkeit geahndet werden. Dennoch müssen sich an Stelle der Preisbehörden, die für die Verfolgung von ordnungswidrigen Mietpreisüberhöhungen zuständig sind, die Staatsanwaltschaften auf Grund der bei ihnen eingehenden Anzeigen pflichtgemäß mit der Prüfung der Frage befassen, ob nicht doch vielleicht eine strafbare Mietpreisüberhöhung vorliegt. Eine solche Prüfung, die dann mit der Abgabe an die Preisbehörde endet, führt nicht nur zu einem überflüssigen Verwaltungsaufwand, sondern bewirkt auch Verzögerungen, die der späteren Verfolgung durch die Preisbehörden abträglich sind. Es empfiehlt sich daher, durch die Ausgestaltung als Ordnungswidrigkeit von vornherein die Zuständigkeit der über spezielle Sachkunde verfügenden Preisbehörde sicherzustellen.

F 91 2. Zu Nummer 2

Nummer 2 des Artikels 4 nimmt ohne sachliche Änderung des geltenden Rechts die wegen der Aufgliederung des jetzigen § 2a erforderlichen Folgeänderungen vor.

2. Stellungnahme des Rechtsausschusses
(BT-Drucks. VI/2421)

Zu Artikel 3

F 92 Der Ausschuß hält es in Übereinstimmung mit dem Sonderausschuß für die Strafrechtsreform im Gegensatz zur Regierungsvorlage im gegenwärtigen Zeitpunkt für ausreichend, den Mietwucher vom Sachwucher zu lösen und in einer Spezialvorschrift (§ 302ff StGB) zu erfassen. Eine umfassende Neuregelung der Wuchervorschriften ist im Rahmen der Reform der gesamten Strafvorschriften zur Bekämpfung der Wirtschaftskriminalität vorgesehen.

Zu Artikel 4

F 93 Zu Artikel 4 schließt sich der Ausschuß im Einverständnis mit dem Sonderausschuß für die Strafrechtsreform den Vorschlägen des Bundesrates mit der Maßgabe an, daß in § 2b und dem neuen § 2c jeweils in Absatz 1 das Wort „wesentlich" durch die Worte „nicht unwesentlich" ersetzt wird. Der Ausschuß hält es insbesondere für angebracht, auch leichtfertiges Handeln zu erfassen, und zwar nicht um die Beweisführung zu erleichtern, sondern weil ein solches Verhalten auch ahndungsbedürftig erscheint. Es ist weiter die Auffassung des Ausschusses, daß die neugefaßten Voraussetzungen eines unangemessen hohen Entgelts nicht erfüllt sein können, wenn lediglich eine kostendeckende Miete verlangt wird.

F 94 Zur Vermeidung von Spannungen hält es der Ausschuß für erforderlich, § 2a des Wirtschaftsstrafgesetzes an die §§ 2b und 2c des Wirtschaftsstrafgesetzes anzupassen, und zwar in der Form, daß auch diese Vorschrift einerseits leichtfertiges Handeln erfaßt, andererseits zu einem reinen Bußgeldtatbestand umgewandelt wird.

Bei den übrigen Vorschlägen des Ausschusses handelt es sich um Folgeänderungen rechtstechnischer Art.

VII. Zu Art. 6 MVerbG
(Verbot der Zweckentfremdung von Wohnraum)
Antrag der Freien und Hansestadt Hamburg*

Zu Punkt 10 der Tagesordnung der 370. Sitzung des Bundesrates
am 23. Juli 1971
Betr.: Gesetz zur Verbesserung des Mietrechts und zur Begrenzung des Mietanstiegs sowie zur Regelung von Ingenieur- und Architektenleistungen
– Drucksache 391/71 –
Hamburg beantragt für den Fall, daß der Vermittlungsausschuß aus anderen Gründen angerufen wird, die Anrufung des Vermittlungsausschusses auch aus dem nachstehenden Grund zu verlangen:
Nach Artikel 6 wird folgender Artikel 6a eingefügt:
,,Artikel 6a
Verbot der Zweckentfremdung von Wohnraum"
§ 1
1. Die Landesregierungen werden ermächtigt, für Gemeinden, die einen erheblichen Wohnungsfehlbestand aufweisen oder in denen die Versorgung der Bevölkerung mit ausreichendem Wohnraum zu angemessenen Bedingungen aus anderen Gründen besonders gefährdet ist, durch Rechtsverordnung zu bestimmen, daß Wohnraum anderen als Wohnzwecken nur mit Genehmigung der von der Landesregierung bestimmten Stelle zugeführt werden darf. Als Aufgabe des Wohnzweckes im Sinne des Satzes 1 ist es auch anzusehen, wenn Wohnraum zum Zwecke einer dauernden Fremdenbeherbergung, insbesondere einer gewerblichen Zimmervermietung oder der Einrichtung von Schlafstellen verwendet werden soll. Einer Genehmigung bedarf es nicht für die Umwandlung eines Wohnraumes in einen Nebenraum, insbesondere einen Baderaum.
2. Die Genehmigung kann auch befristet, bedingt oder unter Auflagen erteilt werden. Ist die Wirksamkeit der Genehmigung erloschen, so ist der Raum wieder als Wohnraum zu behandeln.
§ 2
1. Ordnungswidrig handelt, wer ohne die erforderliche Genehmigung Wohnraum für andere als Wohnzwecke im Sinne von § 1 Abs. 1 verwendet oder überläßt.
2. Die Ordnungswidrigkeit kann mit einer Geldbuße bis zu 20 000 DM geahndet werden.
§ 3
§ 12 des Wohnungsbindungsgesetzes 1965 bleibt unberührt.
Begründung:
Bei einer bestehenden Mangellage auf dem Wohnungsmarkt erscheint es grundsätzlich unerwünscht, daß Wohnraum frei und uneingeschränkt dem Wohnzweck entzogen werden kann. Zur Sicherstellung einer ausreichenden Wohnungsversorgung der Bevölkerung bedarf es in diesen Fällen neben der Förderung des Neubaus von Wohnraum auch eines geeigneten Instruments, durch das die Verringerung des vorhandenen Bestandes an Wohnraum und damit eine

---

* Dieser Antrag ist in der schriftlichen Begründung des Bundesrats vom 23. 7. 71 zur Anrufung des Vermittlungsausschusses (Drucks. 391/71) unter Ziff. 5 enthalten und später durch Art. 6 MVerbG Gesetz geworden (s. Rdn E 1 ff).

Vergrößerung der Wohnungsnotlage verhindert werden kann. Nach § 1 Abs. 1 Satz 1 sollen daher die Landesregierungen ermächtigt werden, die Zweckentfremdung von Wohnraum für die Gemeinden von einer behördlichen Genehmigung abhängig zu machen, die einen erheblichen Wohnungsfehlbestand aufweisen oder in denen die Wohnungsversorgung der Bevölkerung aus anderen Gründen besonders gefährdet ist. Absatz 1 Satz 2 stellt klar, daß als Zweckentfremdung im Sinne der Vorschrift auch die Benutzung der Wohnräume zum Zwecke einer dauernden Fremdenbeherbergung anzusehen ist.

§ 1 Abs. 2 enthält eine Anzahl von Modalitäten, unter denen die Genehmigung erteilt werden kann. Nach § 2 soll die ohne die erforderliche Genehmigung erfolgende Zweckentfremdung wie auch die Überlassung der Wohnung zu solchen nicht genehmigten Zwecken als Ordnungswidrigkeit geahndet werden. § 3 stellt klar, daß durch die vorgeschlagene Regelung das selbständige, anderen Zwecken dienende Zweckentfremdungsverbot des § 12 des Wohnungsbindungsgesetzes 1965 unberührt bleibt.

VIII. Antrag des Rechtsausschusses des Deutschen Bundestages vom 10. 10. 1974 (BT-Drucks. VII/2629)

betr. die Vorlage eines Gesetzentwurfes über die soziale Sicherung des Wohnens und die Aufstellung von Mietspiegeln durch die Gemeinden

III. Die Bundesregierung wird ersucht,*

1. einen Gesetzentwurf vorzulegen, der das derzeit geltende, in zahlreichen Vorschriften zersplitterte Recht über die soziale Sicherung des Wohnens bereinigt und diese Vorschriften einheitlich und für die Betroffenen verständlich und übersichtlich zusammenfaßt. Dabei soll gleichzeitig geprüft werden, inwieweit die mietrechtlichen Vorschriften unter Vermeidung einseitiger Bevorzugung oder Benachteiligung von Mieter und Vermieter der künftigen Situation am Wohnungsmarkt angepaßt werden müssen;

2. nach Ablauf von vier Jahren seit dem Inkrafttreten des Zweiten Gesetzes über den Kündigungsschutz für Mietverhältnisse über Wohnraum über die Auswirkungen dieses Gesetzes zu berichten. Der Bericht soll sich auch mit den Auswirkungen der Neuregelungen auf die Wohnheime befassen;

3. baldmöglichst mit den Ländern und den kommunalen Spitzenverbänden Verhandlungen mit dem Ziel aufzunehmen, festzustellen, ob und inwieweit eine vermehrte Aufstellung von Mietspiegeln durch die Gemeinden ermöglicht werden kann, und sodann über das Ergebnis der Beratungen zu berichten, sowie gegebenenfalls einen Gesetzentwurf vorzulegen, der diesem Anliegen Rechnung trägt.

Bonn, den 10. Oktober 1974

---

* beschlossen in der BT-Sitzung vom 17. 10. 74 (BT-Prot. VII/C 8325).

IX. Begründung des Gesetzentwurfs der Fraktionen der CDU/CSU und FDP: Entwurf eines Gesetzes zur Erhöhung des Angebots an Mietwohnungen (aus BT-Drucks. 9/2079)

A. Allgemeines

I. Ausgangslage

Der Wohnungsmarkt ist in den letzten Jahren vor allem in den größeren Städten und in ihrem Umland aus dem Gleichgewicht geraten. Unter einer schärfer werdenden Nachfragekonkurrenz leiden vor allem kinderreiche Familien, Alleinerziehende, Aussiedler, Behinderte und ältere Menschen. Auch die Gründung neuer Familien durch junge Leute wird bei dem neuen Wohnungsmangel erschwert. Eine ausreichende Wohnungsversorgung aller Bürger ist jedoch eine Grundvoraussetzung für den sozialen Frieden.

Der Rückgang der Bereitschaft, Mietwohnungen zur Verfügung zu stellen, hat sicher mehrere Ursachen. Eine hiervon ist die Behinderung der Privatinitiativen durch die bestehenden rechtlichen Rahmenbedingungen. Auf dem Wohnungsmarkt trifft eine zunehmende Nachfrage auf ein kleiner werdendes Angebot. Um diese Entwicklung aufzuhalten und umzukehren, bedarf es vieler, aufeinander abgestimmter Maßnahmen. Neben den bisherigen Änderungen im Bereich des öffentlich geförderten Wohnungsbaus und einer beabsichtigten verbesserten steuerrechtlichen Förderung ist auch eine verstärkte Berücksichtigung marktwirtschaftlicher Gesichtspunkte im Recht der Wohnraummiete erforderlich. Auch bei voller Berücksichtigung der sozialen Bedeutung des Mietrechts ist dies durchaus möglich.

Da die Wohnung als Mittelpunkt des persönlichen Lebens ein Wirtschaftsgut von besonderer sozialer Bedeutung ist, muß der Kündigungsschutz erhalten und eine Kündigung zum Zwecke der Mieterhöhung auch weiterhin ausgeschlossen bleiben. Das Mietrecht muß aber insgesamt einen gerechten Ausgleich zwischen Mieter- und Vermieterinteressen schaffen. Die Rechtsentwicklung der letzten zehn Jahre hat hingegen unausgewogen Verbesserungen nur für die Rechtsstellung der Mieter gebracht und die berechtigten Belange der Vermieter vernachlässigt. Durch den Rückgang der Bereitschaft, Mietwohnungen anzubieten, hat sich dies letztlich zum Nachteil der Wohnungssuchenden ausgewirkt. In zunehmendem Maße haben die Vermieter die Wirtschaftlichkeit der Wohnraumvermietung in Frage gestellt gesehen und sich vermehrt vom Markt zurückgezogen. Die vorgesehenen Maßnahmen sollen dem Vermieter wieder das Vertrauen darauf ermöglichen, daß die mietrechtlichen Bestimmungen einer wirtschaftlichen Nutzung des Eigentums nicht entgegenstehen. Die vorgesehenen Änderungen werden dazu beitragen, die bei Investitionen im Mietwohnungsbau bestehende Hemmschwelle herabzusetzen.

II. Erforderliche Maßnahmen

a) Zeitmietverträge

Bei vielen Vermietern besteht ein starkes Bedürfnis, befristete Mietverträge wirksam abschließen zu können. Dem steht nach geltendem Recht der Fortsetzungsanspruch des Mieters gemäß Artikel 2 des Zweiten Wohnraumkündigungsschutzgesetzes entgegen. Dies führt in der Praxis dazu, daß Vermieter, die nur für vorübergehende Zeit Wohnraum vermieten wollen, weil sie ihn in absehbarer Zeit wieder für Familienangehörige oder für Hilfskräfte im Haushalt verwenden wollen, diesen lieber leerstehen lassen, als daß sie die Last auf sich nehmen, am Ende der Mietzeit ihr „berechtigtes Interesse an der Beendigung des Mietverhältnisses" darlegen und beweisen zu müssen. Bei dem bestehenden Wohnraummangel, insbesondere in den Ballungsgebieten, ist dies unbefriedigend.

Diesem Mißstand kann mit einer erweiterten Zulassung befristeter Mietverhältnisse Rechnung getragen werden. Während nach geltendem Recht nur beim Vorliegen besonderer Umstände in der Person des Mieters („vorübergehender Gebrauch") eine Befristung wirksam möglich ist, sollen in Zukunft auch entsprechende Absprachen zugelassen werden, wenn besondere, konkrete Umstände in der Person des Vermieters vorliegen.

Ein Bedürfnis für den Abschluß befristeter Mietverträge ist aber auch für den Fall anzuerkennen, daß der Vermieter in absehbarer Zukunft konkrete Baumaßnahmen (Abriß, grundlegende Modernisierung) geplant hat und für die Durchführung dieser Maßnahmen eine Räumung der Wohnung erfolgen soll. In der Vergangenheit haben die Vermieter es häufig vorgezogen, die Wohnungen bis zur Durchführung der Baumaßnahme leerstehen zu lassen, weil sie das Risiko einer Kündigung und etwaigen Verlängerung des Mietverhältnisses nicht auf sich nehmen wollten. Angesichts des bestehenden Wohnungsmangels, insbesondere in den Städten, ist dieses Verhalten unerwünscht.

Es erscheint notwendig, diesem Anliegen nicht nur für den Bereich förmlich festgelegter Sanierungsgebiete (§ 5 Städtebauförderungsgesetz) oder in Modernisierungsschwerpunkten gemäß § 11 des Modernisierungs- und Energieeinsparungsgesetzes Rechnung zu tragen. Häufig entstehen die genannten Probleme auch außerhalb solcher Gebiete. Ein Bedarf für die Ausnahmeregelung besteht im übrigen auch nicht für die gesamte Laufzeit der Sanierungssatzung oder das Bestehen des Modernisierungsschwerpunktes, sondern nur bis zur Durchführung der baulichen Maßnahme. Deshalb soll an die konkrete bauliche Maßnahme im Einzelfall angeknüpft werden.

Eine Regelung ist in beiden Anwendungsbereichen jedoch nur wirksam, wenn der Vermieter sich darauf verlassen kann, daß das Mietverhältnis nach Ablauf der Vertragszeit wirklich beendet ist. Es ist deshalb notwendig, nicht nur den Fortsetzungsanspruch nach Artikel 2 Abs. 1 des Zweiten Wohnraumkündigungsschutzgesetzes (jetzt: § 564c Abs. 1 BGB) auszuschließen, sondern auch den Fortsetzungsanspruch nach § 556b BGB (Sozialklausel). Da dem Mieter das Ende der Mietzeit bei Vertragsschluß bekannt ist, kann und muß er sich hierauf einstellen.

Sofern der Mieter nach Ablauf der Mietzeit die Wohnung nicht freiwillig räumt, wird der Vermieter auch weiterhin darauf angewiesen sein, einen Räumungstitel zu erstreiten. In diesem Verfahren kann der Mieter das Vorliegen der tatbestandsmäßigen Voraussetzungen des abgeschlossenen Zeitmietvertrages prüfen lassen. Die Vorschriften über die Räumungsfrist (§§ 721, 794a ZPO) werden für nicht anwendbar erklärt, weil der Mieter im Hinblick auf die bekannte Befristung des Vertrages und die mit der Dauer des Rechtsstreits verbundene Verzögerung ausreichend Gelegenheit hatte, sich auf den Wohnungswechsel einzustellen. Dagegen bleibt der Vollstreckungsschutz nach § 765a ZPO unberührt, um besonderen Umständen Rechnung tragen zu können.

Da die Voraussetzungen für die Zulässigkeit von Zeitmietverträgen relativ weit gefaßt werden müssen und die Rechtsfolgen in den Schutz des Mieters bei Kündigung und bei der Miethöhenregelung eingreifen, ist es notwendig, Vor-

IX. Begründung d. GEntw. z. Erh. d. Angeb. an Mietw. **F 100**

kehrungen gegen die mißbräuchliche Ausdehnung der Anwendungsfälle zu treffen. Deshalb wird bestimmt, daß der Vermieter in den Fällen, in denen nach Ablauf einer gewissen Zeit die ursprüngliche Verwendungsabsicht nicht verwirklicht werden kann, am Vertrag festgehalten wird und eine Beendigung des Vertragsverhältnisses dann nur noch bei Vorliegen der allgemeinen Kündigungsgründe möglich ist.

Als einigermaßen überschaubar erscheint ein Zeitraum bis zu fünf Jahren. Die Absicht, innerhalb dieses Zeitraums Wohnraum bestimmten Personen überlassen zu wollen oder größere Baumaßnahmen durchzuführen, kann noch hinreichend konkret gefaßt werden. Planungen über diesen Zeitraum hinaus tragen hingegen ein immer größeres Maß an Unsicherheit in sich. Die Belange des Mieters erfordern ebenfalls eine Begrenzung auf einen überschaubaren Zeitraum. Nach Ablauf von mehr als fünf Jahren wird sich die Verwurzelung des Mieters in der neuen Umgebung regelmäßig bereits so weit gefestigt haben, daß ihm gegenüber den immer noch nicht realisierten Verwendungsabsichten des Vermieters der volle Kündigungsschutz zugestanden werden muß.

Durch die für das Ende der Mietzeit vorgesehenen Mitteilungspflichten wird sichergestellt, daß der Mieter beurteilen kann, ob die vom Vermieter angegebenen Verwendungsabsichten verwirklicht werden. Hat der Vermieter schuldhaft unzutreffende Angaben gemacht, setzt er sich Schadensersatzforderungen des Mieters aus (OLG Karlsruhe, NJW 1982, S. 54; BayObLG, WM 1982, S. 203).

b) Vereinfachung und Verbesserung des Mieterhöhungsverfahrens **F 100**

Ein Hauptmangel des geltenden Rechts ist die unpraktikable Gestaltung des vorprozessualen Mieterhöhungsverfahrens. Aufgabe der Begründung des Mieterhöhungsverlangens ist es, dem Mieter gewisse Hinweise für die Berechtigung des Erhöhungsverlangens zu geben. Die hierbei dem Vermieter auferlegte Pflicht darf jedoch nicht überspannt werden und wegen übertriebener formeller Erfordernisse dazu führen, daß die Durchsetzung marktgerechter, d. h. materiell berechtigter Erhöhungsverlangen verhindert wird.

Die Kündigung zum Zwecke der Mieterhöhung soll ausgeschlossen bleiben. Als Gegengewicht zu dieser aus der Sozialbindung des Eigentums fließenden Einschränkung des Eigentümers muß es diesem ermöglicht werden, Mieten zu verlangen, die die Wirtschaftlichkeit der Wohnung nicht gefährden (BVerfGE 37 S. 132). Das Gesetz muß diese Möglichkeit nicht nur materiell zulassen, sondern hierfür auch ein geeignetes Verfahren zur Verfügung stellen. Es hat sich gezeigt, daß bereits bei geringen Abweichungen von den Begründungskriterien, die von der Rechtsprechung dazuhin noch keineswegs einheitlich an die Mieterhöhungsverlangen gestellt werden, die Unwirksamkeit des Mieterhöhungsverlangens angenommen und die Klage als unzulässig abgewiesen wurde. Dies führte dazu, daß auch materiell berechtigte Mieterhöhungen häufig nicht durchsetzbar waren. Das Bundesverfassungsgericht hat wiederholt in Fällen, in denen die Gerichte überstrenge Maßstäbe an die Benennung von Vergleichswohnungen bei Mieterhöhungsbegehren angelegt hatten, die Grenzen der Begründungspflicht aufgezeigt. Sie soll dem Mieter fundierte Hinweise über die Berechtigung der begehrten Erhöhung geben. Nicht erforderlich ist hingegen, bereits im Mieterhöhungsbegehren den Nachweis der Berechtigung der Mieterhöhung zu führen (Beschluß des Bundesverfassungsgerichts vom 12. März 1980, NJW 1980 S. 1617).

Um eine stärker marktorientierte Anpassung der Mieten zu erreichen, wird der Vergleichsmietenbegriff dahin präzisiert, daß nur noch die innerhalb der letzten

1117

drei Jahre vereinbarten oder geänderten Mieten als Vergleichsmaßstab herangezogen werden (§ 2 Abs. 1 Satz 1 Nr. 2 des Gesetzes zur Regelung der Miethöhe – MHG). Eine unangemessene Erhöhung der Mieten im Einzelfall wird durch die in § 2 Abs. 1 Satz 1 Nr. 3 MHG vorgesehene Begrenzung vermieden.

Mietspiegel haben sich als die am besten geeigneten Mittel zum Nachweis der üblichen Entgelte im Sinne des § 2 Abs. 1 herausgestellt. Sie geben den Vertragsparteien in der Regel ausreichende Informationen und erleichtern hierdurch eine Einigung über den Mietpreis. Deshalb sollten in möglichst vielen Gemeinden Mietspiegel erstellt werden. Hierbei ist jedoch auch zu beachten, daß die Erstellung von Mietspiegeln mit erheblichem Kostenaufwand verbunden ist. Von einer generellen Verpflichtung einen Mietspiegel aufzustellen, ist deshalb abgesehen worden.

Die Mietspiegel, in die künftig nur noch nach § 2 Abs. 1 Satz 2 Nr. 2 MHG ermittelte Mieten eingehen, sollen im Abstand von jeweils zwei Jahren an die wirtschaftliche Entwicklung angepaßt werden. Für andere Kriterien, die bei der Aufstellung und Fortschreibung Berücksichtigung finden müssen, sollen die entsprechenden Einzelheiten in einer Rechtsverordnung geregelt werden. Hingewiesen sei z. B. auf das Verhältnis, in dem Mietzinsen aus den einzelnen Erhebungsjahren stehen sollen, auf die Zahl der zu erhebenden Vergleichsmieten für einzelne Wohnungskategorien, auf die nähere Konkretisierung der Merkmale „Ausstattung und Lage der Wohnung" und ähnliches.

Für Mieterhöhungsverlangen, die unter Bezugnahme auf einen Mietspiegel begründet werden, wird in § 2 Abs. 6 MHG sichergestellt, daß die in § 2 Abs. 5 MHG vorgesehene Aktualisierungspflicht nicht zu formalen Mängeln des Erhöhungsverlangens führt. Ob ein Mietspiegel allen Anforderungen des § 2 Abs. 5 MHG genügt, ist für beide Vertragsparteien nicht ohne weiteres zu überprüfen. Es wäre eine unangebrachte Benachteiligung des Vermieters, wenn sich im Rechtsstreit ergäbe, daß der Mietspiegel z. B. Neuvermietungen nicht hinreichend berücksichtigt und dies zur Unwirksamkeit der Mieterhöhung und somit zur Abweisung der Klage als unzulässig führen würde, obwohl sich bereits aus dem vorliegenden Mietspiegel die materielle Berechtigung der geforderten Miete ergeben würde.

Enthält ein Mietspiegel Mietzinsspannen, reicht es für die Zulässigkeit des Mieterhöhungsverlangens künftig aus, wenn der verlangte Mietzins innerhalb der Spanne liegt. Das Mieterhöhungsverlangen wird ferner dadurch erleichtert, daß künftig die Benennung von drei Vergleichsobjekten genügen soll und die Berufung auf Mieten aus dem eigenen Bestand zugelassen wird.

Die Erleichterung des formalisierten Mieterhöhungsverfahrens wird nicht zu unberechtigten Mieterhöhungen führen, da die Angemessenheit des verlangten Mietzinses nach wie vor im Rahmen der Prüfung der sachlichen Begründetheit der Klage überprüft werden wird.

Darüber hinaus erscheint es erforderlich, das Verfahren in den Fällen zu vereinfachen, in denen der Mieter der Mieterhöhung nicht zustimmt (§ 2 Abs. 3 MHG).

c) *Erleichterung von Investitionsentscheidungen*

Als Ausnahme vom unmittelbaren Anwendungsbereich des Systems der örtlichen Vergleichsmiete wird die Vereinbarung zeitlich gestaffelter Mietzinsen in betragsmäßig unterschiedlicher Höhe (Staffelmiete) zugelassen.

Die Vermieter können dann bereits bei Vertragsschluß mit bestimmten Steigerungen der Mieteinnahmen kalkulieren und die Mieter bereits im voraus Höhe

IX. Begründung d. GEntw. z. Erh. d. Angeb. an Mietw. F 102

und Zeitpunkt der künftigen Mieterhöhungen beurteilen. Darüber hinaus entfällt für die Laufzeit der gestaffelten Mietzinsen die Notwendigkeit, gegebenenfalls das für beide Seiten mit Unsicherheiten verbundene Erhöhungsverfahren durchführen zu müssen.

Die Zulassung entsprechender Vereinbarungen wird für alle Vermieter und unabhängig vom Baujahr der Wohnung geschaffen. Bei älteren Gebäuden ist im Hinblick auf die regelmäßig erheblichen Kosten der Unterhaltung ein entsprechendes Bedürfnis anzuerkennen. Damit wird eine Mischkalkulation des Investors ermöglicht, die Investitionsentscheidungen im Neubau erleichtert. Im Bereich des Neubaus wird die regelmäßige, anfängliche Verlustphase besser kalkulierbar. Schließlich können Staffelmietvereinbarungen auch im Wege der Vertragsänderung im Einvernehmen zwischen Mieter und Vermieter für bereits bestehende Vertragsverhältnisse vereinbart werden.

Die Vereinbarung von Staffelmietverträgen kann auch im Interesse der Mieter liegen. Zum einen ist dem Mieter bei Vertragsschluß die jeweilige Mietbelastung bereits im voraus betragsmäßig bekannt und die Laufzeit der Vereinbarung begrenzt, zum anderen kann er jederzeit kündigen, wenn ihm der erreichte Staffelsatz zu hoch erscheint und auf dem Markt Wohnraum zu besseren Bedingungen zu erhalten ist. Etwas anderes gilt nur in den Fällen, in denen der Mieter im Mietvertrag ausdrücklich auf sein Kündigungsrecht verzichtet hat. Ein solcher Verzicht wird jedoch nur in zeitlich begrenztem Umfang (bis zu vier Jahren) zugelassen. Darüber hinaus wird der Mieter auch bei der Vereinbarung von Staffelmietverträgen durch die Vorschriften des § 302a StGB (Mietwucher) und § 5 WiStG (Mietpreisüberhöhung), letztere in der Fassung des Artikels 3 Nr. 5 des Entwurfs, geschützt.

d) Vereinheitlichung der Duldungspflicht des Mieters bei baulichen Änderungen F 102

Die Duldungspflicht des Mieters bei der Durchführung von Modernisierungen ist nach dem zur Zeit geltenden Recht verschieden geregelt, je nachdem, ob es sich um eine subventionierte Modernisierung oder um eine freifinanzierte Modernisierung handelt. Für subventionierte Modernisierungen gilt § 20 des Modernisierungs- und Energieeinsparungsgesetzes. Danach hat der Mieter die Modernisierung grundsätzlich zu dulden und kann ihr nur widersprechen, wenn ihre Durchführung oder die baulichen Auswirkungen für ihn oder seine Familie eine Härte bedeuten würde, die auch unter Würdigung der berechtigten Interessen des Vermieters und anderer Mieter in dem Gebäude nicht zu rechtfertigen ist. In den Fällen der nichtsubventionierten Modernisierung ist der Mieter gemäß § 541a Abs. 2 BGB zur Duldung verpflichtet, soweit ihm diese zugemutet werden kann.

Die Vereinheitlichung beider Duldungsvorschriften, die letztlich auf den Gesichtspunkt der Zumutbarkeit zurückgehen, ist geboten. Die Unterscheidung zwischen subventionierten und nichtsubventionierten Maßnahmen hat ihre innere Logik verloren, nachdem durch das Modernisierungs- und Energieeinsparungsgesetz bestimmt ist, daß bei der Durchführung von energiesparenden Maßnahmen (§ 4 Abs. 3 des Modernisierungs- und Energieeinsparungsgesetzes) sich die Duldungspflicht nach § 20 des Modernisierungs- und Energieeinsparungsgesetzes richtet, ohne Rücksicht darauf, ob diese Maßnahmen subventioniert sind oder nicht.

Bisher war umstritten, ob die Höhe der nach der Modernisierung zu erwartenden Miete bei der Prüfung der Zumutbarkeit der Maßnahme zu berücksichtigen sei. Die vorgesehene Fassung stellt dies ausdrücklich klar, um den Mieter gegen den Versuch der „Luxusmodernisierung" zu schützen, ohne hierdurch aber

1119

gleichzeitig auch sachgerechte Verbesserungen älterer Wohnungen zu hemmen. Durch die Neuregelung wird erreicht, daß das Angebot an Wohnraum, der für breite Bevölkerungskreise erschwinglich ist, erhalten bleibt.

e) Mietkaution

Letztlich sieht der Entwurf die Regelung der sog. Mietkaution im Bürgerlichen Gesetzbuch vor (Artikel 1 Nr. 3). Diese ist ein häufiger Anlaß zum Streit. Er entzündet sich insbesondere an der Frage, wem die Zinsen aus dem Kautionsbetrag zustehen. Darüber hinaus ist im Einzelfall zweifelhaft, wieweit der Kautionsbetrag vor dem Zugriff von Drittgläubigern geschützt ist.

Die Mietsicherheit in der praktisch allein bedeutsamen Form der Barkaution ist bisher nur für den Bereich des sozialen Wohnungsbaus geregelt (§ 9 Abs. 5 WoBindG). Demgegenüber ist die Rechtslage im allgemeinen Mietrecht in mehrfacher Hinsicht unklar. Das Bürgerliche Gesetzbuch kennt die Sicherheitsleistung durch Reservierung einer bestimmten Geldsumme nur in der Form der Hinterlegung bei einer Hinterlegungsstelle (§ 232 Abs. 1 BGB), d. h. bei dem zuständigen Amtsgericht (§ 1 Abs. 2 der Hinterlegungsordnung). Diese Art der Sicherheitsleistung ist jedoch bei Mietverhältnissen nicht üblich. Vielmehr verbleibt die Kautionssumme in der Regel im Vermögen der Parteien. Meistens wird sie dem Vermieter überlassen, der sie nach Ende des Mietverhältnisses, soweit nicht verbraucht, zurückzuzahlen hat. Unbeschadet dessen steht das Schrifttum mit unterschiedlicher Begründung überwiegend auf dem Standpunkt, daß die Kautionssumme auch ohne dahin gehende Vereinbarung zugunsten des Mieters zu verzinsen sei. Teils wird angenommen, daß es sich um irreguläres Pfandrecht handele, so daß die Nutzungen entsprechend § 1214 BGB dem Mieter zustünden; teils wird die Pflicht zur Verzinsung aus der Natur der zugrundeliegenden Sicherungsabrede oder aus der dem Mietverhältnis innewohnenden Verpflichtung zur Wahrung der Belange des anderen Teils abgeleitet (vgl. Münchner Kommentar/ Voelskow, § 559, Rdnr. 9; Sternel, Mietrecht, 2. Aufl., Rdnr. II 118; Emmerich-Sonnenschein, Mietrecht, vor § 535, Rdnr. 139). Die Rechtsprechung hat bisher in der Frage der Verzinsung nicht einheitlich entschieden (Übersicht bei Voelskow, a. a. O., Fußnote 11). Der Bundesgerichtshof hat sich nunmehr in einem Rechtsentscheid auf den Standpunkt gestellt, daß die Mietkaution zugunsten des Mieters zu verzinsen sei (NJW 1982, S. 2186). Abweichende Vereinbarungen bleiben jedoch unberührt.

Auch hinsichtlich der Sicherung der Mietkaution vor dem Zugriff Dritter ist das Meinungsbild nicht einheitlich. Teilweise wird angenommen, daß der Mieter, wenn nichts anderes vereinbart ist, befugt sei, den Kautionsbetrag zur Verhinderung eines bestimmungswidrigen Zugriffs auf einem Sparkonto anzulegen, über das Vermieter und Mieter nur gemeinsam verfügen können (s. Sternel, a. a. O., Rdnr. 116; LG Mannheim, Zeitschrift für Miet- und Raumrecht 70, 271). Bei Verschlechterung der Vermögensverhältnisse des Vermieters wird dem Mieter teilweise das Recht zugestanden, von dem Vermieter Sicherheit für den Anspruch auf Rückzahlung der Kaution oder aber die Anlegung der Kautionssumme in der Weise zu verlangen, daß nur beide Parteien gemeinsam darüber verfügen können (vgl. Sternel, a. a. O., Rdnr. II 120 und V 140). Gehört im Konkurs des Vermieters die Kaution zur Konkursmasse, so ist streitig, ob der Anspruch des Mieters auf Rückgewähr der nichtverbrauchten Kaution als Masseschuld (so Voelskow, a. a. O., Rdnr. 113; Sternel, a. a. O., Rdnr. V 141) oder als einfache Konkursforderung (s. Jaeger/Lent, Konkursordnung, 8. Aufl., § 59, Anm. 8; Mentzel/Kuhn/Uhlenbruck, Konkursordnung, 9. Aufl., § 59, Anm. 12) anzusehen ist.

IX. Begründung d. GEntw. z. Erh. d. Angeb. an Mietw.   F 104

Der Entwurf will die unübersichtliche Rechtslage zur Mietkaution bereinigen und stellt einen Ausgleich zwischen dem Sicherungsbedürfnis des Vermieters auf der einen und dem Schutzbedürfnis des Mieters auf der anderen Seite her. Die Mietkaution wird als besondere Rechtsfigur anerkannt und im Bürgerlichen Gesetzbuch verankert. Sie wird jedoch der Höhe nach begrenzt, um einerseits den Mieter vor zu großen Belastungen zu bewahren und andererseits der Erschwerung für den Abschluß neuer Mietverträge entgegenzuwirken, die in mobilitätshemmender Weise von hohen Kautionsforderungen ausgehen kann. Die Regelung der Barkaution wird im übrigen so ausgestaltet, daß ein Zugriff von Gläubigern des Vermieters, sei es im Wege der Einzelzwangsvollstreckung oder im Konkurs, ausscheidet. Der Vermieter hat den ihm überlassenen Kautionsbetrag von seinem Vermögen getrennt zu halten und bei einer Sparkasse oder Bank zu dem für Spareinlagen mit gesetzlicher Kündigungsfrist üblichen Zinssatz anzulegen. Der Entwurf greift damit auf die Lösung des § 9 Abs. 5 Satz 4 WoBindG zurück, die sich ihrerseits in Formulierungen im Wohnungseigentumsgesetz (vgl. dort § 27 Abs. 4 Satz 1) und in der Makler- und Bauträgerverordnung (vgl. dort § 6 Abs. 1 und 2) anlehnt. Aus dem Erfordernis der Trennung von dem Vermögen des Vermieters folgt, daß ein treuhänderisches Sonderkonto anzulegen ist (vgl. für § 27 Abs. 4 Wohnungseigentumsgesetz Weitnauer/Wirths, Wohnungseigentumsgesetz, 5. Aufl., § 27, Rdnr. 16; Bärmann/Pick/Merle, Wohnungseigentumsgesetz, 4. Aufl., § 27, Rdnr. 73). Zugleich wird die Anlegung zu dem für Sparkonten marktgängigen Zinssatz vorgeschrieben. Durch die Regelung wird zum einen sichergestellt, daß in angemessenem Umfang Zinsen gezogen werden, was nach geltendem Recht jedenfalls nicht zwingend ist. Die Zinsen kommen sodann, wie die Neuregelung weiter klarstellt, stets dem Mieter zugute, wie dies allgemein als angemessen empfunden wird; so hat es etwa auch der Zentralverband der Deutschen Haus-, Wohnungs- und Grundeigentümer als Selbstverständlichkeit bezeichnet, daß Mietkautionen zugunsten des Mieters verzinslich anzulegen seien (s. Deutsche Wohnungswirtschaft 1975, 240). Zum anderen wird durch die vorgeschriebene Anlegung auf einem Sonderkonto, das unmittelbar aufgrund der gesetzlichen Regelung ohne weitere Voraussetzungen stets als Treuhandvermögen zu behandeln ist, erreicht, daß die Kaution vor dem Zugriff von Gläubigern des Vermieters geschützt ist. Die treuhänderische Sonderung von dem Vermögen des Vermieters bewirkt, daß die Kaution weder von dem Konkurs über das Vermögen des Vermieters erfaßt wird noch dem Zugriff seiner Gläubiger im Wege der Einzelzwangsvollstreckung unterliegt; gegebenenfalls stehen dem Mieter die Rechte aus § 43 Konkursordnung, § 771 Zivilprozeßordnung zu. Auch das Pfandrecht des Kreditinstituts nach Nummer 19 der Allgemeinen Geschäftsbedingungen der Banken sowie ein Aufrechnungs- oder Zurückbehaltungsrecht des Kreiditinstituts kann bei Kennzeichnung als Sonderkonto nicht Platz greifen (vgl. BGH, Wertpapiermitteilungen 1973, 894f.). Gläubiger des Mieters können nur auf den bis zum Ende des Mietverhältnisses noch nicht fälligen Rückzahlungsanspruch des Mieters zurückgreifen.

f) Studenten- und Jugendwohnheime   F 104

Den Trägern von Studenten- und Jugendwohnheimen bereitet es nicht mehr lösbare Schwierigkeiten, an dem sogenannten „Rotationssystem" festzuhalten, das durch eine zeitliche Begrenzung der einzelnen Mietvertrages eine möglichst große Zahl von Bewerbern in den Genuß eines Wohnheimplatzes bringen soll. Obergerichtliche Entscheidungen vertreten den Standpunkt, daß Zeiträume von etwa vier Jahren keine Vermietung von Wohnraum nur zum vorübergehenden

Gebrauch im Sinne von § 10 Abs. 2 Nr. 2 MHG darstellen (OLG Bremen, ZMR 82, 238) und der Status des Mieters als Student die Annahme eines kurzfristigen Gebrauchs nicht rechtfertige (OLG Hamm, NJW 1981, 290).

Im Hinblick auf den zu geringen Bestand an Wohnheimplätzen für Studenten, Schüler und Lehrlinge ist die Fluktuation der Belegung aus Gründen der Gleichbehandlung notwendig. Die Vereinbarung kürzerer Mietzeiten würde den studentischen Mieter erheblich belasten, ohne letztlich sicherzustellen, daß die Vermietung eines Wohnheimplatzes für zwei bis vier Semester (ein bis zwei Jahre) als zu nur vorübergehendem Gebrauch anerkannt wird.

Aufgrund der Interpretation der Anmietung von Wohnraum in Studentenwohnheimen als „nicht vorübergehend" wirkt sich die Mietpreisregelung des Gesetzes zur Regelung der Miethöhe zu Lasten der Studentenwerke als Träger der meisten dieser Heime aus. Die ortsübliche Vergleichsmiete ist bei Heimplätzen nur schwer feststellbar, zumal das Maß der den Heimbewohnern neben der Wohnraumüberlassung gewährten Betreuung von Heim zu Heim sehr unterschiedlich ist.

Ein gewichtiges Bedürfnis, die Sonderregelung für Studenten- und Jugendwohnheime auf andere Arten von Wohnheimen zu erstrecken, besteht nicht.

F 105   **III. Wirtschaftliche Auswirkungen**

Durch die Zulassung von Staffelmieten und die Erleichterungen des Mieterhöhungsverfahrens wird die Reglementierung des Vermieters abgebaut. Dies wird allmählich, auch aufgrund der nach und nach zu aktualisierenden Mietspiegel dazu führen, daß das Mietpreisniveau ansteigen wird. Aber nur durch die verstärkte Berücksichtigung marktwirtschaftlicher Gesichtspunkte kann erreicht werden, daß der Wohnungsmarkt durch private Initiative wieder belebt wird. Ein verstärktes Wohnungsangebot gewährleistet den besten Mieterschutz. Soziale Härten für die Mieter werden durch die Regelungen des Wohngeldgesetzes vermieden.

F 106   **IV. Gesetzgebungszuständigkeit**

Die Gesetzgebungskompetenz des Bundes ergibt sich aus Artikel 74 Nr. 1 GG (bürgerliches Recht) und Artikel 74 Nr. 18 GG (Wohnungswesen). Die Zustimmungsbedürftigkeit des Gesetzes folgt aus Artikel 84 Abs. 1 GG, weil das Gesetz zur Regelung des Verwaltungsverfahrens der Länder ermächtigt.

B. Die einzelnen Vorschriften

F 107   Artikel 1
Änderung des Bürgerlichen Gesetzbuches

F 108   Zu Nummer 1

§ 541 a betrifft fortan ausschließlich die Duldungspflicht des Mieters bei Maßnahmen zur Erhaltung der Miethöhe und des Gebäudes. Die Duldungspflicht bei Verbesserungen der gemieteten Räume oder sonstiger Teile des Gebäudes (bisher § 541 a Abs. 2) und bei Maßnahmen zur Energieeinsparung bedarf einer ausführlichen Regelung und erfolgt daher zusammenhängend in einem neuen § 541 b.

Zu Nummer 2

Der neue § 541 b enthält eine in sich geschlossene Regelung der Duldungspflicht des Mieters bei Maßnahmen zur Verbesserung der gemieteten Räume und sonstiger Teile des Gebäudes sowie zur Einsparung von Heizenergie. Zu den Beweggründen für die Rechtsänderung und zu den Grundzügen der vorgeschlagenen Lösung wird auf die Ausführungen unter A II d Bezug genommen.

Absatz 1 beschreibt zunächst den Kreis der nach Maßgabe der Vorschrift zu duldenden Maßnahmen. Maßnahmen zur Verbesserung der gemieteten Räume und sonstiger Teile des Gebäudes sind in Übereinstimmung mit dem geltenden Recht sämtliche Maßnahmen, durch die objektiv der Gebrauchs- oder Substanzwert der gemieteten Räume oder des Gebäudes erhöht wird. Der Begriff deckt den der Modernisierung nach § 3 Abs. 1 ModEnG notwendig mit ab, da dort die Modernisierung gleichfalls als ,,Verbesserung von Wohnungen" definiert wird. Teilweise geht der Begriff über den Bereich des § 3 Abs. 1 ModEnG noch hinaus, weil es nicht der weiteren Voraussetzung bedarf, daß die bauliche Maßnahme eine nachhaltige Erhöhung des Gebrauchswerts bewirken oder die allgemeinen Wohnverhältnisse auf Dauer verbessern muß. Ausdrücklich einbezogen werden außerdem sämtliche Maßnahmen zur Einsparung von Heizenergie. Maßnahmen dieser Art sind zwar in der Regel gleichzeitig Verbesserungsmaßnahmen. Im Einzelfall kann indessen zweifelhaft sein, ob eine Maßnahme zur Einsparung von Heizenergie eine Verbesserung des Gebrauchs- und Substanzwerts darstellt. Sie soll jedoch unabhängig von dieser Frage stets zu dulden sein, sofern die weiteren Voraussetzungen der Vorschrift gegeben sind.

Die in Frage stehenden Maßnahmen sind von dem Mieter zu dulden, es sei denn, daß die Maßnahme für den Mieter oder seine Familie eine Härte bedeuten würde, die auch unter Würdigung der berechtigten Interessen des Vermieters und anderer Mieter in dem Gebäude nicht zu rechtfertigen ist. Insoweit wird die Fassung des § 20 Abs. 1 ModEnG übernommen, die sich ihrerseits an die Formulierung in § 556 a Abs. 1 BGB anlehnt. Anders als nach dem bisherigen § 541 a Abs. 2 BGB ist es mithin nicht mehr Sache des Vermieters, die Zumutbarkeit der Maßnahme für den Mieter darzulegen, sondern Sache des Mieters, eine nicht zu rechtfertigende Härte darzutun. Der Unterschied zwischen dem Maßstab des bisherigen § 541 a Abs. 2 BGB und dem des § 20 Abs. 1 ModEnG darf indessen nicht überbewertet werden. Hier wie dort ist eine Abwägung der beiderseitigen Interessen ohne prinzipielle Bevorzugung der einen oder anderen Partei vorzunehmen; eine Maßnahme, die unzumutbar ist, ist in aller Regel zugleich eine nicht zu rechtfertigende Härte und umgekehrt (vgl. Münchner Kommentar/ Voelskow, § 541 a, Rdnr. 31). In die Abwägung sind, wie schon nach § 20 Abs. 1 ModEnG, auch die Interessen der anderen Mieter in dem Gebäude einzubeziehen. Sie können das Interesse des Vermieters an der Durchführung der Maßnahme gegebenenfalls verstärken (vgl. Voelskow, a.a.O., Rdnr. 32).

Hinsichtlich der Umstände, die bei der Abwägung zugunsten des Mieters zu berücksichtigen sind, geht der Entwurf in mehrfacher Hinsicht über das geltende Recht hinaus. Zum einen wird klargestellt, daß außer Härten für den Mieter selbst auch Härten für seine Familie in Betracht zu ziehen sind. Dieser bereits in § 20 Abs. 1 ModEnG verankerte Gedanke wird mithin auf alle von der neuen Vorschrift erfaßten Maßnahmen ausgedehnt. Ferner wird aus § 20 Abs. 1 ModEnG in einer dem Sprachgebrauch des Bürgerlichen Gesetzbuches angepaßten Form übernommen, daß die mit der Abwicklung der Maßnahmen verbundenen Beeinträchtigungen sowie die baulichen Auswirkungen – etwa für den Zuschnitt der gemieteten Räume – zu berücksichtigen sind. Darüber hinaus können nach der Neuregelung auch die Auswirkungen auf vorausgegangene eigene Verwendungen des Mieters bei der Abwägung eine Rolle spielen. Für den Mieter, der die Räume bereits auf eigene Kosten modernisiert oder sonst in ihrem Wohnwert verbessert hat, können Verbesserungsmaßnahmen des Vermieters eher eine Härte bedeuten als für andere Mieter. Dem wird durch den Entwurf Rechnung getragen. Dieser Gesichtspunkt wird freilich von sehr unterschiedlichem Gewicht sein je nachdem, ob die Verwendung mit Zustimmung oder wenigstens mit Wissen des Vermieters vorgenommen worden ist, welcher Art sie ist und wieweit sie zurückliegt. Vor allem aber sieht die Neuregelung ausdrücklich vor, daß die Auswirkungen auf die Höhe des Mietzinses in die Abwägung einzubeziehen sind, wobei Mietzins hier, ebenso wie dies etwa im Rahmen des § 554 BGB angenommen wird (vgl. Palandt-Putzo, 40. Aufl., § 554 BGB, Anm. 2a), auch die Nebenkosten und -leistungen umfaßt. Aufgrund dieser Regelung braucht der Mieter Modernisierungsmaßnahmen grundsätzlich nicht hinzunehmen, wenn sie zu einer Miete führen, die für ihn nicht mehr tragbar ist. Anders kann die Lage allerdings dann zu beurteilen sein, wenn eine wohnungswirtschaftlich sinnvolle Modernisierung daran scheitern würde, daß die Miete für einen einzelnen zahlungsschwachen Mieter zu hoch wird. Zu denken ist etwa an den Fall, daß eine Mehrzimmerwohnung durch die Modernisierung, obwohl diese in einem objektiv maßvollen Rahmen bleibt, für einen Einzelmieter zu teuer wird. In derartigen Fällen geht es nicht um eine ,,Luxusmodernisierung", sondern lediglich um die Anpassung der Wohnung an den gängigen Standard. Dem muß im Rahmen der Abwägung nach § 541b Abs. 1 gegebenenfalls Rechnung getragen werden können. Der Entwurf sieht daher vor, daß die zu erwartende Mietzinserhöhung nicht zu berücksichtigen ist, wenn die gemieteten Räume oder sonstigen Teile des Gebäudes lediglich in einen Zustand versetzt werden, wie er allgemein üblich ist. Für die Frage, was allgemein üblich ist, können auch regionale Unterschiedlichkeiten eine Rolle spielen.

Die Frage, wann sich von der Mietbelastung her eine nicht zu rechtfertigende Härte im Sinne der neuen Vorschrift ergibt, läßt sich nicht generell beantworten, zumal Gesichtspunkte anderer Art die Situation abschwächen oder verschärfen können. Einerseits wird selbst eine ungewöhnlich starke Mieterhöhung für einen Mieter in sehr günstigen Einkommens- und Vermögensverhältnissen vielfach keine nicht zu rechtfertigende Härte darstellen. Andererseits wird eine Miete, die im Rahmen der für die Wohngeldgewährung zu berücksichtigenden Beträge bleibt, im allgemeinen zumutbar sein und daher nicht zur Verweigerung der Duldung berechtigen. Wohngeld und vergleichbare Beihilfen hat sich der Mieter anrechnen zu lassen.

Ob sich für den Mieter eine nicht zu rechtfertigende Härte ergibt, ist ,,insbesondere unter Berücksichtigung" der genannten Abwägungsgesichtspunkte zu beurteilen. Aus dieser Fassung ergibt sich, daß keiner dieser Gesichtspunkte absolut Geltung beanspruchen kann. Vielmehr ist die Aufzählung im Gesetzestext nur beispielhaft. Auch andere Umstände sind gegebenenfalls mit heranzuziehen. Es ist stets eine Gesamtabwägung aller beiderseitigen Belange vorzunehmen, wobei sich die einzelnen Abwägungsgesichtspunkte je nach Lage des Einzelfalles unterschiedlich auswirken können.

Absatz 2 übernimmt im wesentlichen die Regelung des geltenden § 20 Abs. 2 ModEnG. Satz 1 schreibt die Unterrichtung des Mieters über Art, Umfang und Dauer der Maßnahme sowie über die voraussichtlichen Auswirkungen auf die Miethöhe zwei Monate vor dem Beginn der Maßnahme vor. Dadurch soll der Mieter in den Stand gesetzt werden, sich sachgerecht zu entscheiden, ob er die

IX. Begründung d. GEntw. z. Erh. d. Angeb. an Mietw.   **F 110**

Maßnahme dulden oder ihr entgegentreten soll. Ohne die Unterrichtung nach Satz 1 braucht die Maßnahme schon aus formalen Gründen nicht geduldet zu werden. Werden die Auswirkungen auf die Miethöhe zu niedrig angegeben, so tritt die Mieterhöhung nach Maßgabe des § 3 Abs. 4 Satz 2 MHG erst mit einer Verzögerung von drei Monaten ein. Bei schuldhaft falschen Angaben dürfte, sofern der Mieter bei zutreffender Unterrichtung die Duldung verweigert hätte und zu verweigern berechtigt gewesen wäre, auch ein Schadensersatzanspruch in Betracht kommen. Satz 2 übernimmt das besondere Kündigungsrecht des geltenden § 20 Abs. 2 Satz 2 ModEnG, das dem Mieter die Möglichkeit gibt, sich kurzfristig aus dem Mietverhältnis zu lösen, wenn er die Maßnahme dulden müßte, das Mietverhältnis jedoch unter diesen Umständen nicht mehr fortsetzen will. Es handelt sich um das Äquivalent für die Befugnis des Vermieters, durch Verbesserungs- und Energieeinsparungsmaßnahmen in den Zustand der Mietsache und die Bedingungen des Mietverhältnisses einzugreifen. Satz 3 schreibt in Übereinstimmung mit dem geltenden § 20 Abs. 2 Satz 3 ModEnG vor, daß Maßnahmen, sofern der Mieter von dem Sonderkündigungsrecht Gebrauch macht, bis zum Ablauf der Mietzeit zurückzustellen ist. Die Regelungen des Absatzes sind nach der Bagatellklausel in Satz 4 insgesamt nicht anzuwenden, wenn Maßnahmen in Frage stehen, die mit keiner oder nur mit einer unerheblichen Einwirkung auf die gemieteten Räume verbunden sind oder zu keiner oder nur zu einer unerheblichen Erhöhung der Miete führen. Bei Maßnahmen dieser Art besteht für die Mitteilung nach Satz 1 und das besondere Kündigungsrecht nach Satz 2 kein ausreichendes Bedürfnis. Der Vermieter tut jedoch gut daran, einen solchen Bagatellfall nicht vorschnell anzunehmen, da er sonst Gefahr läuft, daß der Mieter der Maßnahme schon aus formalen Gründen entgegentritt. Andererseits kann sich ein Mieter, der eine unter die Bagatellklausel fallende Maßnahme blockiert, unter Umständen schadensersatzpflichtig machen.

Absatz 3 entspricht dem bisherigen § 541 a Abs. 2 Satz 2 BGB, der seinerseits mit § 20 Abs. 3 Satz 1 ModEnG übereinstimmt. Der Hinweis auf § 537 BGB, wie ihn § 20 Abs. 3 Satz 2 ModEnG enthält, ist bei einer Regelung im Bürgerlichen Gesetzbuch überflüssig. Das Recht des Mieters zur Minderung des Mietzinses bleibt unberührt, wenn der Gebrauch der gemieteten Räume durch die Maßnahme des Vermieters beeinträchtigt wird.

Absatz 4 bestimmt, daß bei einem Mietverhältnis über Wohnraum abweichende Vereinbarungen unwirksam sind (vgl. auch § 20 Abs. 4 ModEnG). Für die Geschäftsraummiete ist eine solche Festlegung entbehrlich. Der Geschäftsraummieter befindet sich typischerweise in einer besseren Verhandlungsposition als der Wohnraummieter und bedarf daher keines Schutzes vor weitergehenden Vereinbarungen. Andererseits erschien es nicht angezeigt, die Neuregelung auf Wohnraum zu beschränken. In diesem Falle wäre für andere Raummietverhältnisse der bisherige § 541 a Abs. 2 BGB aufrechtzuerhalten gewesen, was die Gefahr unerwünschter Umkehrschlüsse nach sich gezogen hätte. Der neue § 541 b BGB wird auch bei gewerblichen Mietverhältnissen im allgemeinen zu angemessenen Ergebnissen führen; Besonderheiten kann durch geeignete vertragliche Absprachen Rechnung getragen werden.

Zu Nummer 3   **F 110**

Mit der Vorschrift wird die sogenannte Mietkaution geregelt. Zu den Beweggründen für die Rechtsänderung und zu den Grundzügen der vorgeschlagenen Lösung wird auf die Ausführungen unter A II e Bezug genommen. Die Regelung ist auf Mietverhältnisse über Wohnraum beschränkt. Für andere Mietverhältnisse, etwa solche über bewegliche Sachen, ist kein vergleichbares Regelungsbedürfnis hervorgetreten. Auch für die Geschäftsraummiete erscheint eine Regelung nicht erforderlich, da hier die Verhandlungssituation im allgemeinen ausgeglichen ist. Dieser Bereich soll insgesamt regelungsfrei bleiben.

Absatz 1 Satz 1 begrenzt eine von dem Mieter zu stellende Sicherheit allgemein der Höhe nach auf das Dreifache einer Monatsmiete. Diese Begrenzung ist § 9 Abs. 5 Satz 2 WoBindG entlehnt. Die Formulierung lehnt sich im übrigen an § 572 Abs. 1 BGB an. Daraus folgt, daß die Regelung, ebenso wie dies allgemein für § 572 BGB angenommen wird, sämtliche in Betracht kommenden Sicherheiten betrifft, also beispielsweise auch die Sicherung durch Hinterlegung, durch Bürgschaft oder durch Bestellung einer Hypothek. Auch für diese anderen Sicherungsformen, die ansonsten unverändert zulässig bleiben, gilt daher die Begrenzung auf das Dreifache einer Monatsmiete. Gemeint ist, wie sich von selbst versteht, der Monatsmietzins im Zeitpunkt der Kautionsvereinbarung. Nebenkosten, über die gesondert abzurechnen ist, bleiben hierbei gemäß Satz 2 außer Ansatz, da sie zunächst betragsmäßig nicht festliegen. Auch Satz 3 betrifft verschiedenartige Sicherungsformen, nämlich alle diejenigen, in denen eine Geldsumme bereitzustellen ist, namentlich die Hinterlegung, die dem Vermieter zur Verfügung zu stellende Barkaution sowie das Kautionskonto, das auf den Namen des Mieters angelegt und gegebenenfalls – soweit vereinbart – an den Vermieter zu verpfänden ist. In diesen und vergleichbaren Fällen wird dem Mieter durch den ersten Halbsatz des Satzes 3 das Recht zugestanden, die Geldsumme in drei gleichen monatlichen Raten aufzubringen. Er ist gerade zu Beginn des Mietverhältnisses vielfach durch andere Ausgaben wie Umzugskosten und Anschaffung von Einrichtungsgegenständen stark in Anspruch genommen und soll daher durch die Verpflichtung zur Zahlung einer Kaution nicht unangemessen weiter eingeengt werden. Zu berücksichtigen ist auch, daß in den ersten Monaten des Mietverhältnisses allein Miet- und Mietnebenkostenforderungen und noch keine Forderungen etwa wegen unterlassener Schönheitsreparaturen fällig zu werden pflegen, für die die Mietkaution ebenfalls gedacht ist. Die Ratenerleichterung ist auch im Hinblick darauf angezeigt, daß mit der Neuregelung § 9 Abs. 5 Satz 3 WoBindG entfallen soll (Artikel 3 Nr. 2 des Entwurfs). Diese Vorschrift sieht für den Bereich des sozialen Wohnungsbaus eine Stundung der Kautionszahlung bis zum dritten Monat und Teilzahlungen bis zum Ablauf des zwölften Monats vor. Die Streichung dieser Regelung ohne Schaffung einer Ratenzahlungserleichterung im Rahmen des neuen § 550b BGB wäre nicht vertretbar. Durch die Fälligkeitsregelung im zweiten Halbsatz wird sichergestellt, daß die erste Rate zu Beginn des Mietverhältnisses, also in der Regel mit dem ersten Mietzins, zahlbar ist. Die beiden folgenden Raten sind, wie sich im Zusammenhang mit dem ersten Halbsatz ergibt, jeweils einen Monat später fällig. Wird eine Mietkaution erst im Laufe des Mietverhältnisses vereinbart, ist die erste Rate nach allgemeinen Grundsätzen im Zweifel sogleich fällig, während die anderen Raten jeweils einen Monat später zu zahlen sind.

Absatz 2 betrifft allein den Fall, daß der Mieter dem Vermieter nach den zugrundeliegenden Vereinbarungen der Parteien als Sicherheit eine Geldsumme zu überlassen hat. Nur für diesen Fall der „eigentlichen" Barkaution bedarf es einer Regelung der weiteren Rechtsfolgen. Werden andere Sicherungsformen vereinbart, führen bereits die vorhandenen Vorschriften durchweg zu ausgewogenen Ergebnissen. Dagegen ist die Rechtslage bei der Überlassung des Kautionsbetrages an den Vermieter in mehrfacher Hinsicht unklar und aus der Sicht des Mieters weitgehend ungesichert (siehe im einzelnen oben unter A II e). Der Entwurf sieht

IX. Begründung d. GEntw. z. Erh. d. Angeb. an Mietw. F 111, 112

daher in Satz 1 insoweit zwingend vor, daß der Vermieter den ihm überlassenen Kautionsbetrag von seinem Vermögen getrennt zu halten und in dieser Weise, d. h. als Sonderkonto, bei einer öffentlichen Sparkasse oder einer Bank zu dem für Spareinlagen üblichen Zinssatz anzulegen hat. Hinsichtlich der Anlage bei der öffentlichen Sparkasse lehnt sich die Neuregelung in der Formulierung an das Vorbild der §§ 1806, 1807 Abs. 1 Nr. 5 BGB (Anlegung von Mündelgeld) an. Jedoch wird die Anlage bei einer Bank, die in § 1808 BGB nur unter zusätzlichen Voraussetzungen zugelassen ist, gleichgestellt. Dies trägt der tatsächlichen Entwicklung in diesem Bereich Rechnung. Das sich daraus für beide Seiten ergebende Risiko erscheint, auch angesichts der staatlichen Bankaufsicht, hinnehmbar. Die gewählte Formulierung ist so weit, daß sie auch den Postsparkassendienst erfaßt. Von der Beschränkung auf ein „inländisches" Kreditinstitut (vgl. §§ 1806, 1807 Abs. 1 Nr. 5, § 1808 BGB) wird mit Rücksicht auf den Vertrag über die Europäische Wirtschaftsgemeinschaft abgesehen. Satz 2 legt fest, daß die Zinsen in jedem Fall dem Mieter zustehen. Er kann sie freilich, wie sich aus Satz 3 ergibt, nicht jederzeit abrufen. Sie werden vielmehr der Kaution zugeschlagen. Auf diese Weise wird ein Ausgleich dafür geschaffen, daß sich die Miete im Laufe der Jahre im allgemeinen erhöht und die Kaution im Verhältnis hierzu allmählich an Wert verliert. Durch die Zuschreibung der Zinsen kann unter Umständen der nach Absatz 1 Satz 1 zulässige Betrag überschritten werden. Bereits Absatz 1 Satz 1 enthält einen entsprechenden Vorbehalt, der sicherstellt, daß das Guthaben dieserhalb nicht zurückzuführen ist.

Absatz 3 legt fest, daß eine zum Nachteil des Mieters abweichende Vereinbarung unwirksam ist. Eine mietergünstigere Vertragsgestaltung wird namentlich hinsichtlich der Höhe der Kaution und bei der Ratenzahlung in Betracht kommen. Eine Benachteiligung des Mieters dürfte auch dann nicht anzunehmen sein, wenn anstelle der Anlegung auf einem Treuhandkonto (Absatz 2) die Rückzahlung des Kautionsbetrages nebst Zinsen durch die Bürgschaft eines geeigneten Kreditinstituts abgesichert wird.

Zu Nummer 4   F 111

Wegen der vorgeschlagenen Ausdehnung der Ausnahmevorschrift des § 564b Abs. 7 auf Studenten- und Jugendwohnheime wird auf die Ausführungen in Teil A II f der Begründung Bezug genommen.

Zu Nummer 5   F 112

Als Absatz 1 wird die geltende Regelung des Artikels 2 des 2. WKSchG inhaltlich nahezu unverändert übernommen; mit der Einstellung in das Bürgerliche Gesetzbuch wird – ohne daß eine sachliche Änderung damit beabsichtigt ist – auf den Anfangstermin des 28. November 1971 verzichtet, wobei davon ausgegangen wird, daß ältere Zeitmietverträge keine praktische Bedeutung mehr haben und der Termin obsolet ist.

Die Verweisung in Absatz 1 Satz 2 auf § 564b BGB erfaßt diese Vorschrift in allen ihren Absätzen. Es erscheint daher nicht erforderlich, im Rahmen des neuen § 564c BGB noch einmal zu wiederholen, daß von der Vorschrift nicht zum Nachteil des Mieters abgewichen werden kann (§ 564b Abs. 6 BGB) und daß sie nicht für Mietverhältnisse der in § 564b Abs. 7 BGB bezeichneten Art gilt. Die Wiederholung dieser Regelungen in Artikel 2 und 3 des 2. WKSchG hat zu Umkehrschlüssen hinsichtlich der Anwendbarkeit anderer Absätze des § 564b BGB geführt (Löwe, NJW 75, 12). Im übrigen wird auch in der parallelen Vorschrift des § 556b BGB, die die Anwendung der Sozialklausel auf befristete Mietverhält-

1127

nisse zum Gegenstand hat, insoweit nur allgemein auf § 556a BGB verwiesen; weder der zwingende Charakter der Vorschrift noch die Grenzen ihres Anwendungsbereichs werden noch einmal wiederholt.

Absatz 2 schließt für zwei Fallgestaltungen den in Absatz 1 vorgesehenen Anspruch auf Verlängerung des Mietverhältnisses aus. Dabei ist Voraussetzung, daß der Zeitmietvertrag für nicht länger als fünf Jahre geschlossen wird. Wenn die Verwendungsabsicht des Vermieters erst in weiterer Zukunft verwirklicht werden soll, wird sie regelmäßig noch sehr wenig konkret sein. Sie wird einem Vermieter, der sich von vernünftigen wirtschaftlichen Erwägungen leiten läßt, schon nach geltendem Recht nicht davon abhalten, die Wohnung zwischenzeitlich zu vermieten.

Gegen die Zulassung eines Zeitmietvertrages auf eine längere Zeit spricht, daß der Mieter dann nicht mehr unter den erleichterten Voraussetzungen des Zeitmietverhältnisses die Wohnung verlieren sollte, weil er in deren Umgebung schon stark verwurzelt ist.

Der Fall der beabsichtigten Eigennutzung wird in Nummer 2 Buchstabe a umschrieben. Im Unterschied zur Regelung des Eigenbedarfs in § 564b Abs. 2 Nr. 2 BGB ist hier nicht erforderlich, daß der Vermieter die Räume benötigt; ausreichend ist vielmehr, daß er den Willen hat, sie selbst oder durch ihm nahestehende Personen zu nutzen. Der Kreis der Personen, der in dieser Weise begünstigt werden kann, wird ebenso beschrieben wie in § 564b Abs. 1 Nr. 2 BGB.

Für die beabsichtigten Baumaßnahmen kommen der vollständige Abriß sowie bauliche Änderungen oder Instandsetzungen in Betracht, die so wesentlich sind, daß sie durch einen Fortbestand des Mietverhältnisses erheblich erschwert würden. Diese Voraussetzungen sind beispielsweise dann gegeben, wenn der Vermieter bei der Modernisierung eines Gebäudes jeweils zwei kleine Wohnungen zu einer größeren vereinigt oder wenn morsche Holzdecken eines Altbaus ersetzt werden müssen. Neben Maßnahmen, die nur bei leerer Wohnung durchführbar sind, kommen auch bauliche Änderungen in Betracht, bei denen die Duldung durch den Mieter nicht gewährleistet ist, z.B. die Einrichtung eines Bades in einem Raum, der bisher zu anderen Zwecken benutzt wurde. Ob die beabsichtigte Baumaßnahme wirtschaftlich sinnvoll ist oder ob der Vermieter bei ihrem Unterbleiben erhebliche Nachteile erleiden würde, spielt im Unterschied zu § 564b Abs. 2 Nr. 3 BGB keine Rolle. Erforderlich ist jedoch, daß die beabsichtigten Maßnahmen zulässig sind. Häufig werden öffentlich-rechtlich Genehmigungen einzuholen sein, z.B. eine Baugenehmigung und die Genehmigung nach einer Zweckentfremdungsverordnung.

Um Zweifel über die Verwendungsabsicht des Vermieters auszuschließen, ist ferner Voraussetzung, daß der Vermieter dem Mieter bei Abschluß des Mietvertrages diese Absicht schriftlich mitteilt. Aus dem gleichen Grunde ist eine weitere schriftliche Mitteilung drei Monate vor dem Ablauf des Mietverhältnisses vorgesehen. Wenn eine der Voraussetzungen des Absatzes 2 nicht gegeben ist, insbesondere die Verwendungsabsicht des Vermieters entfallen ist, kann der Mieter die Fortsetzung des Mietverhältnisses auf unbestimmte Zeit nach Absatz 1 verlangen. Die Beendigung des Mietverhältnisses ist dem Vermieter dann nur noch unter den schärferen Voraussetzungen des § 564b Abs. 1, 2 BGB möglich.

In Absatz 2 Satz 2 wird jedoch eine Sonderregelung für den Fall getroffen, daß sich die beabsichtigte Verwendung der Räume ohne ein Verschulden des Vermieters erst zu einem späteren Zeitpunkt verwirklichen läßt. Beispielsweise kann sich die Erteilung einer Baugenehmigung aus nichtvorhersehbaren Gründen verzögern. Umstände, auf die der Vermieter keinen Einfluß hat, können ihn dazu

IX. Begründung d. GEntw. z. Erh. d. Angeb. an Mietw.   F 113

zwingen, eine beabsichtigte Eigennutzung zu verschieben. In solchen Fällen erscheint ein Anspruch des Mieters auf unbefristete Fortsetzung des Mietverhältnisses in der Regel nicht angemessen; vielmehr soll der Mieter dann grundsätzlich nur eine Verlängerung auf Zeit verlangen können. Wenn allerdings eine Höchstfrist von fünf Jahren seit dem Beginn des Mietverhältnisses überschritten würde, lebt das Recht des Mieters nach Absatz 1 wieder auf. Wie bereits bemerkt, wiegt bei so langfristigen Verzögerungen das Interesse des Mieters, Klarheit über seinen weiteren Verbleib in der Wohnung zu erlangen, schwerer als das Interesse des Vermieters an der erleichterten Beendigung des Vertrages.

Durch die Vorschrift wird ferner eine Verlängerung des Mietverhältnisses aufgrund der Sozialklausel ausgeschlossen. Es soll vermieden werden, daß Unsicherheit über den Zeitpunkt der Beendigung des Mietverhältnisses entsteht und Eigentümer leerstehenden Wohnraums aus diesem Grunde von einer Vermietung absehen. Aus den gleichen Gründen werden auch die Vorschriften über die Räumungsfrist (§§ 721, 794a ZPO) ausgeschlossen (Artikel 3 Nr. 4). Wenn ganz besondere Umstände vorliegen, kann jedoch die Räumung aufgrund der vollstreckungsrechtlichen Härteklausel (§ 765a ZPO) hinausgeschoben werden.

Artikel 2

Zu Nummer 1   F 113

Zu Buchstabe a

Nach geltendem Recht sind für die Ermittlung der ortsüblichen Vergleichsmiete grundsätzlich alle Mieten einer vergleichbaren Kategorie von Wohnungen heranzuziehen. Mieten, die außergewöhnlich stark nach der einen oder anderen Seite von der großen Mehrheit der Mieten abweichen, bleiben allerdings als nicht üblich außer Betracht. Die Regelung führt dazu, daß auch ältere Mietzinsvereinbarungen, die aus unterschiedlichen Gründen nicht an die wirtschaftliche Entwicklung angepaßt worden sind, in die Vergleichsmiete eingehen. Das Ziel des Vergleichsmietensystems, dem Vermieter eine Mieterhöhung bis zu einer marktorientierten Miete zu ermöglichen, wird in diesen Fällen nicht erreicht.

Der Entwurf sieht deshalb vor, daß künftig nur noch Daten aus den letzten drei Jahren bei der Ermittlung der Vergleichsmiete zu berücksichtigen sind. Darunter fallen außer den Neuabschlüssen und den einvernehmlichen Mieterhöhungen auch Mieterhöhungen aufgrund des Vergleichsmietenverfahrens sowie Erhöhungen wegen der Umlage von Modernisierungskosten (§ 3 MHG) und Kapitalkostensteigerungen (§ 5 MHG). Die Einbeziehung auch der beiden zuletzt genannten Mietsteigerungen ist aus praktischen Gründen geboten, weil bei zurückliegenden Mietsteigerungen häufig nicht mehr festgestellt werden kann, aus welchem Grund sie eingetreten sind. Ausgenommen bleiben lediglich Betriebskostenerhöhungen nach § 4 MHG.

Nummer 3 soll verhindern, daß die Mietsteigerung in Einzelfällen ein zu starkes Ausmaß annimmt. Daher wird die Mietsteigerung im Rahmen des Vergleichsmietenverfahrens begrenzt, und zwar derart, daß die Miete in jeweils drei Jahren nicht um mehr als 30 v. H. über der Ausgangsmiete liegen darf. Obergrenze für die Mietsteigerung ist in jedem Fall das Vergleichsmietenniveau; die vorgesehene Regelung erlaubt also keine allgemeine prozentuale Steigerung der Miete. Auf die 30%-Grenze werden Erhöhungen, auf die der Vermieter keinen Einfluß hat (§§ 4, 5 MHG), sowie eine Mieterhöhung aufgrund einer Modernisierung § 3 MHG) nicht angerechnet.

F 114 *Zu Buchstabe b*

Der bisherige Satz 2 des § 2 Abs. 2 MHG wird um einen Klammerzusatz (Mietspiegel) sowie um einen Halbsatz ergänzt, demzufolge der Vermieter, der ein Mieterhöhungsverlangen mit Mietpreisspannen begründet, die Einordnung des verlangten Mietzinses innerhalb der Spanne nicht besonders zu begründen braucht. Damit soll Schwierigkeiten bei der Handhabung von Mietspiegeln, die Mieten in der Form von Höchst- und Mindestbeträgen (Mietzinsspannen) ausweisen, vorgebeugt werden. In diesen Fällen hat die Rechtsprechung für die Wirksamkeit eines Erhöhungsverlangens zum Teil verlangt, daß Abweichungen vom Mittelwert der einschlägigen Mietzinsspanne zusätzlich begründet werden, indem der Vermieter weitere, im Mietspiegel nicht berücksichtigte Wohnwertmerkmale angibt (LG Mannheim, ZMR 1977, S. 284). Diese Anforderung ist als überzogen auf Kritik gestoßen (Münchner Kommentar/Voelskow, Anh. zu § 564b, § 2 MHG, Rdnr. 43). Dem Vermieter sollte es nicht zum Nachteil gereichen, wenn er die Wohnung innerhalb der Spanne nicht zutreffend einordnet und von Hinweisen auf Einzelheiten des Wohnwertes absieht, die dem Mieter in aller Regel ohnehin bekannt sind.

Die Vorschrift betrifft allein die Frage, ob das Erhöhungsverlangen formal ordnungsgemäß ist. Im Streitfall bleibt es Sache des Richters, welche Miete er als ortsüblich gelten läßt.

Der bisher in Satz 2 behandelte Fall, daß der Vermieter das Erhöhungsverlangen mit einem Sachverständigengutachten begründet, wird aus redaktionellen Gründen in einem eigenen Satz behandelt.

Doppelbuchstabe bb sieht zur Vereinfachung des Mieterhöhungsverfahrens vor, daß künftig auch Wohnungen aus dem Bestand des Vermieters zu Vergleichszwecken herangezogen werden können.

F 115 *Zu Buchstabe c*

Der bisherige Satz 2 des § 2 Abs. 3 MHG, demzufolge der Vermieter, wenn er nach einer Verweigerung der Zustimmung des Mieters zur Mieterhöhung die Klagefrist versäumt hat, ein neues Mieterhöhungsverlangen erst nach neun Monaten stellen kann, wird gestrichen. Die bisherige Regelung bezweckt, daß nach einer Versäumung der Klagefrist für eine gewisse Zeit Ruhe im Mietverhältnis eintritt. Dem steht jedoch entgegen, daß der Vermieter, will er Nachteile vermeiden, fristgemäß Klage erheben muß, selbst wenn zwischen den Parteien erfolgversprechende Verhandlungen im Gange sind. Der Vermieter soll künftig berechtigt sein, nach einer Versäumung der Klagefrist zu beliebiger Zeit ein neues Mieterhöhungsverlangen zu stellen. Das frühere Mieterhöhungsverlangen wird durch die Versäumung der Klagefrist unwirksam. Nach einem erneuten Mieterhöhungsverlangen steht dem Mieter abermals die Zustimmungsfrist des § 2 Abs. 3 Satz 1 MHG zu; der Zeitpunkt des Wirksamwerdens der Mieterhöhung (§ 2 Abs. 4 MHG) schiebt sich entsprechend hinaus.

Der neue einzufügende Satz 2 des § 2 Abs. 3 MHG eröffnet die Möglichkeit, daß der Vermieter ein wirksames Mieterhöhungsverlangen im Rechtsstreit nachholt.

Fehlt es an einer ordnungsgemäßen Begründung des Mieterhöhungsverlangens, so ist eine anschließende Mieterhöhungsklage nach herrschender Meinung unzulässig (BVerfG, NJW 1980, S. 1618; Schmidt-Futterer/Blank, Wohnraumschutzgesetze, 4. Aufl. 1981 Rdnr. C 112). Da die Gerichte häufig scharfe Anforderungen an die Begründung des Mieterhöhungsverlangens stellen, kommt es nicht selten vor, daß eine Mieterhöhungsklage wegen eines Mangels der Begründung des Erhöhungsverlangens als unzulässig abgewiesen wird, obwohl die begehrte Mieterhöhung nach den materiellen Kriterien des § 2 Abs. 1 MHG berechtigt ist. Der Vermieter ist dann gezwungen, ein neues Mieterhöhungsverlangen zu stellen und gegebenenfalls nach Ablauf der Zustimmungsfrist des Mieters einen neuen Prozeß zu beginnen. Dieses Ergebnis ist nicht nur für den Vermieter unbefriedigend und schwer verständlich; es widerspricht auch dem Ziel der Prozeßökonomie, da derselbe Streitstoff zum Gegenstand von zwei aufeinanderfolgenden Prozessen gemacht wird.

Der Gesetzentwurf sieht zur Beseitigung dieser Schwierigkeiten vor, daß der Vermieter bei Mängeln des Mieterhöhungsverlangens ein wirksames Mieterhöhungsverlangen im Rechtsstreit nachholen kann. Der Entwurf lehnt sich dabei an eine Mindermeinung in Rechtsprechung und Literatur an, die diese Möglichkeit schon nach geltendem Recht befürwortet, allerdings mit unterschiedlicher Begründung (LG Bremen, Wohnungswirtschaft und Mietrecht 1975, S. 74 – zum 1. WKSchG –; AG Bielefeld, Zeitschrift für Miet- und Raumrecht 1977, S. 190 Sternel Mietrecht, 2. Aufl. Rdnr. III 179, 181: Emmerich/Sonnenschein, Mietrecht, § 2 MHG, Rdnr. 99 bis 108). In diesem Zusammenhang ist darauf hinzuweisen, daß es nach der Auffassung des Bundesverfassungsgerichts mit dem Verfassungsrecht unvereinbar ist ,,daß jede spätere Ergänzung oder Berichtigung ungenügender Angaben (in einem Mieterhöhungsverlangen) unbeachtlich sein soll" (BVerfGE 37, 132, 149).

Zum Schutz des Mieters ist ausdrücklich vorgesehen, daß ihm auch bei einem im Prozeß nachgeholten Erhöhungsverlangen die Zustimmungsfrist des § 2 Abs. 3 Satz 1 MHG zusteht. Er hat die Möglichkeit, den Prozeß ohne nachteilige Kostenfolgen dadurch zu beenden, daß er den Klageanspruch anerkennt (§ 93 ZPO).

Zu Buchstabe d

Zur Straffung des Mieterhöhungsverfahrens wird der gegenwärtig vier Monate dauernde Zeitraum, nach dem ein Mieterhöhungsverlangen wirksam wird, um einen Monat verkürzt.

Zu Buchstabe e

Die Bestimmungen des Absatzes 5 sollen gewährleisten, daß in Zukunft in verstärktem Maße aktualisierte Mietspiegel zur Verfügung stehen. Bezüglich der Aufstellung von Mietspiegeln ist jedoch auch zu berücksichtigen, daß die Aufstellung mit erheblichem Kostenaufwand verbunden ist und daß ein Bedürfnis hierfür in den einzelnen Gemeinden recht unterschiedlich sein kann. Die Regelung ist daher als Sollvorschrift gefaßt.

Durch die Definition des Mietspiegels in Absatz 2 Satz 2 erster Halbsatz mit dem darin enthaltenen Bezug auf Absatz 1 Satz 2 Nr. 2 ist bereits gewährleistet, daß bei der Aufstellung von Mietspiegeln Entgelte für preisgebundenen Wohnraum nach dem Wohnungsbindungsgesetz keine Berücksichtigung finden können. Darüber hinaus haben auch Entgelte, die aufgrund anderer gesetzlicher Bestimmungen (z. B. nach dem Wohnungsgemeinnützigkeitsgesetz) an Höchstbeträge gebunden sind, nicht die erforderliche Marktorientierung. Sie haben daher bei der Ermittlung der ortsüblichen Entgelte ebenfalls außer Betracht zu bleiben. Dem trägt Satz 2 Rechnung.

Eine regelmäßige Anpassung der Mietspiegel an die wirtschaftliche Entwicklung des Marktes ist Voraussetzung dafür, daß die Mietspiegel die Marktverhältnisse zutreffend widerspiegeln können. Die Einzelheiten der Aufstellung und

Fortschreibung der Mietspiegel sollen durch eine bundeseinheitliche Verordnung geregelt werden. Hierbei werden die Ergebnisse des beim Bundesminister für Raumordnung, Bauwesen und Städtebau eingerichteten Arbeitskreises ,,Mietspiegel" zu berücksichtigen sein (vgl. Bericht der Bundesregierung betreffend die Ermöglichung einer vermehrten Aufstellung von Mietspiegeln durch die Gemeinden vom 10. Mai 1976, BT-Drucksache 7/5160).

Durch Absatz 6 wird sichergestellt, daß ein sachlich berechtigtes Mieterhöhungsverlangen, das auf einen Mietspiegel Bezug nimmt, der nicht den Anforderungen des Absatzes 5 entspricht, nicht aus formalen Gründen unwirksam ist. Aus dem Gesamtzusammenhang folgt dabei, daß ein Mietspiegel nach Absatz 5 nur ein solcher sein kann, der den Voraussetzungen des Absatzes 2 Satz 2 erster Halbsatz in Verbindung mit Absatz 1 Satz 1 Nr. 2 entspricht, also insbesondere nur Entgelte enthalten darf, die in den letzten drei Jahren vereinbart oder geändert worden sind.

F 118 Zu Nummer 2

Durch die vorgeschlagene Anfügung eines neuen Absatzes 5 soll klargestellt werden, daß höhere Zinsbelastungen, die durch einen Eigentumsübergang verursacht werden, nicht auf den Mieter abgewälzt werden können. Für den Erwerber vermieteten Wohnraums sollen in dieser Hinsicht lediglich die gleichen Rechte bestehen wie für den bisherigen Eigentümer. Nach § 5 MHG darf also eine höhere Zinsbelastung, die durch eine größere Verschuldung aufgrund des Erwerbs eingetreten ist, auf die Mieter nicht abgewälzt werden. Die Regelung entspricht den zu dieser Frage kürzlich ergangenen Rechtsentscheiden des OLG Hamm (NJW 1982, 891) und des OLG Karlsruhe (NJW 1982, 893).

F 119 Zu Nummer 3

Zu Buchstabe a

Zur Einführung einer Staffelmiete wird auf die Ausführungen in Teil A II c der Begründung Bezug genommen.

Die unterschiedlichen Stufen des Mietzins müssen jeweils betragsmäßig ausgewiesen sein, um insbesondere dem Mieter die auf ihn zukommende Mietbelastung zu verdeutlichen. Die Staffelmietabsprache muß schriftlich erfolgen. Eine Schriftform ist für Mietverträge, die für mehr als ein Jahr Dauer abgeschlossen werden, zwar bereits gemäß § 566 BGB vorgeschrieben. Da sich aus § 566 Satz 2 BGB jedoch nicht zweifelsfrei ergibt, daß bei fehlender Schriftform auch die Staffelmietabsprache unwirksam wäre, wird das Schriftformerfordernis wiederholt.

Nach Ablauf der Zeitspanne, für die gestaffelte Mieten vereinbart worden sind, gilt der am Ende erreichte Mietzins in dieser Höhe weiter, bis eine Mieterhöhung gemäß § 2 erfolgt oder eine neue Staffelmietabsprache im beiderseitigen Einvernehmen getroffen wird.

Eine hinreichend begründete Kalkulation der Mietpreisentwicklung über den Zeitraum von zehn Jahren hinaus erscheint nicht möglich, so daß kein Bedarf für die Zulassung einer längeren Spanne besteht.

Die Vereinbarung einer Staffelmiete entspricht dem Bedürfnis beider Vertragsparteien, die wirtschaftliche Entwicklung des Mietverhältnisses mit größerer Sicherheit vorhersehen zu können. Insbesondere der Mieter wird sich darauf verlassen, daß mit Ausnahme der Veränderung der Betriebskosten, keine anderen als die in der Staffelmiete vereinbarten Erhöhungen auf ihn zukommen. Durch Staffelmietvereinbarungen sollen insbesondere die mit Mieterhöhungen gemäß § 2

IX. Begründung d. GEntw. z. Erh. d. Angeb. an Mietw. F 120–123

verbundenen Unsicherheiten ausgeschlossen werden. Darüber hinaus wird die Möglichkeit von Erhöhungen gemäß §§ 3 und 5 ausgeschlossen. Sowohl die Durchführung baulicher Maßnahmen als auch die Veränderung der Kapitalkosten ist vom Mieter nicht zu beeinflussen und liegt allein im Verantwortungsbereich des Vermieters. Der Vermieter, der Baumaßnahmen durchführen will und die hierdurch verursachten Kosten nicht in die Kalkulation der vereinbarten Staffelsätze einbeziehen kann, muß auf die Vereinbarung einer Staffelmiete für die Zeit nach Durchführung der Baumaßnahme verzichten. Auch die Gefahr, daß Kosten durch bauliche Maßnahmen aufgrund von Umständen, die er nicht zu vertreten hat, erforderlich werden (vgl. § 3 Satz 1), trägt der Vermieter.

Der Vermieter, der variable Kreditkosten zu tragen hat, muß sich entscheiden, ob er sich die Möglichkeit einer Anpassung nach § 5 erhalten oder eine Staffelmietabsprache treffen will. Im Interesse der Klarheit bei der Staffelmiete wird von der Kombination beider Erhöhungsmöglichkeiten abgesehen.

Die Vereinbarung einer Staffelmiete erfordert an sich keine Absprache über die Dauer des Vertragsverhältnisses. Es ist jedoch zu erwarten, daß die Vermieter zur Absicherung ihrer Kalkulation den Mietern Verträge vorlegen werden, in denen neben der Vereinbarung eines gestaffelten Mietzinses auch das Kündigungsrecht des Mieters für längere Zeit ausgeschlossen ist. Unter Berücksichtigung der möglichen Zwangslage der Wohnungssuchenden beim Abschluß eines Mietvertrages erscheint es erforderlich, den Ausschluß des Kündigungsrechts des Mieters auf vier Jahre zu begrenzen.

Zu Buchstaben b und c

Die Regelung schließt Wohnraum in Studenten- und Lehrlingsheimen von der Anwendung des MHG aus.

Zu Artikel 3
Zu Nummer 1   F 120

Die Vorschrift führt aus den unter B. Artikel 1 Nr. 2 dargelegten Gründen zur Aufhebung des § 20 ModEnG, der in dem neuen § 541b BGB aufgeht.

Zu Nummer 2   F 121

Die Regelungen, die in den Sätzen 2 bis 5 des § 9 Abs. 5 WoBindG für den Fall der Vereinbarung einer Mietkaution getroffen worden sind, werden durch die Regelung dieser Frage in dem neuen § 550b BGB entbehrlich. Insoweit genügt in § 9 Abs. 5 WoBindG eine bloße Bezugnahme. Diese ist andererseits auch erforderlich, weil § 9 WoBindG auf eine abschließende Umschreibung des zulässigen Inhalts der von der Vorschrift erfaßten Vertragsabreden abzielt. Satz 1 des § 9 Abs. 5 WoBindG behält weiterhin seinen Sinn, da das Mietausfallwagnis im sozialen Wohnungsbau nach Maßgabe des § 29 der Zweiten Berechnungsverordnung in der Fassung vom 18. Juli 1979 (BGBl. I S. 1077, 1078) bereits im Rahmen der zulässigen Miete berücksichtigt wird und daher nicht zusätzlich durch eine Mietkaution abgesichert zu werden braucht.

Zu Nummer 3   F 122

Die Vorschrift wird aufgehoben, da ihr Inhalt in den neuen § 564c BGB (Artikel 1 Nr. 5) eingegangen ist.

Zu Nummer 4   F 123

Aus den unter A IIa dargelegten Gründen werden die Vorschriften über die Räumungsfrist bei den Zeitmietverträgen nach § 564c Abs. 2 BGB ausgeschlossen.

Zu Nummer 5

F 124 *Zu Buchstabe a*

Die Änderung des § 5 Abs. 1 Satz 2 WistG ist erforderlich, um diese Regelung mit der in § 2 Abs. 1 Satz 1 Nr. 2 MHG vorgesehenen Neufassung des Vergleichsmietenbegriffs inhaltlich abzustimmen. Auch im Rahmen des WiStG sollen künftig für die Bestimmung der Vergleichsmiete nur Entgelte zugrunde gelegt werden, die in den letzten drei Jahren vereinbart oder, von Erhöhungen der Betriebskosten nach § 4 MHG abgesehen, geändert worden sind.

F 125 *Zu Buchstabe b*

Die neue Vorschrift schließt die Geltung des § 5 Abs. 1 Satz 1, 2 WiStG für die Fälle aus, in denen die geforderte Miete zwar die Wesentlichkeitsgrenze des Absatzes 1 Satz 2 überschreitet, der Vermieter aber – unter Berücksichtigung seiner laufenden Aufwendungen – aus der vermieteten Wohnung keinen Gewinn erzielt. Die Wendung „zur Deckung der laufenden Aufwendungen erforderlich" ist an § 8 Abs. 1 WoBindG angelehnt. Die dort für die Ermittlung der Kostenmiete im öffentlich geförderten Wohnungsbau in Bezug genommenen §§ 8a und 8b WoBindG sollen für die Beurteilung der Frage, ob die Miete für nichtpreisgebundenen Wohnraum zur Deckung der laufenden Aufwendungen erforderlich ist, als Grundlage mit herangezogen werden. Außerdem können im Einzelfall weitere Umstände berücksichtigt werden, die sich aus der besonderen Gestaltung des Mietverhältnisses oder aus der Natur der Vermietung von nichtpreisgebundenen Wohnungen ergeben.

Durch die Einfügung des Satzes 3 in § 5 Abs. 1 WiStG wird der Geltungsbereich des § 302a StGB nicht berührt.

Zu Artikel 4

F 126 *Zu Nummer 1*

Durch die Vorschrift wird für die Übergangszeit vermieden, daß von dem Vermieter bereits in die Wege geleitete Verbesserungs- und Energieeinsparungsmaßnahmen zurückgestellt werden müssen, weil die in dem neuen § 541b Abs. 2 BGB vorgeschriebene Unterrichtung des Mieters über die bevorstehende Maßnahme nicht erfolgt ist. Bei Maßnahmen, die in den Bereich des Modernisierungs- und Energieeinsparungsgesetzes fallen, bleibt jedoch die Unterrichtungspflicht nach § 20 Abs. 2 ModEnG zu beachten.

F 127 *Zu Nummer 2*

Die neue Bestimmung des § 550b BGB (Artikel 1 Nr. 3) über den Schutz des Mieters bei einer Kautionsstellung greift grundsätzlich nicht in bestehende Mietverhältnisse ein. Es bleiben vielmehr die Vereinbarungen der Mietparteien in Geltung. Eine Ausnahme soll jedoch für die Verpflichtung zur Verzinsung der Kaution insoweit gelten, als die Mietparteien eine Verzinsung nicht ausdrücklich ausgeschlossen haben. In diesem Fall soll ab Inkrafttreten dieses Gesetzes der Vermieter verpflichtet sein, die gestellte Kaution nach § 550b Abs. 2 BGB zu verzinsen. Mit dieser klarstellenden Regelung für die Zukunft wird keine Stellung dazu genommen, ob für Kautionen, für die eine besondere Vereinbarung hinsichtlich der Verzinsung nicht getroffen worden ist, auch schon für die Vergangenheit eine Verzinsungspflicht anzunehmen ist (BGH, NJW 1982, S. 2186).

F 128 *Zu Artikel 5*

Die Vorschrift enthält die übliche Berlin-Klausel.

X. Begründung der Beschlüsse des Rechtsausschusses   F 129, 130

Zu Artikel 6   F 129

Das Gesetz soll am ... in Kraft treten. Seine Regelungen erfordern keine besondere Vorlaufzeit.

X. Bericht des Rechtsausschusses (6. Ausschuß) des Deutschen Bundestages zu dem von den Fraktionen der CDU/CSU und FDP eingebrachten Entwurf eines Gesetzes zur Erhöhung des Angebots an Mietwohnungen (Auszüge aus BT-Drucks. 9/2284)

Bericht der Abgeordneten Clemens und Gnädinger

I.   F 130

Der Deutsche Bundestag hat den Gesetzentwurf der Fraktionen der CDU/CSU und der FDP (Drucksache 9/2079) in seiner 126./127. Sitzung am 10./11. November 1982 in erster Lesung beraten und den Entwurf an den Rechtsausschuß federführend und den Ausschuß für Raumordnung, Bauwesen und Städtebau mitberatend überwiesen. Der Inhalt des Entwurfs ist ferner in der Aktuellen Stunde in der 129. Sitzung des Deutschen Bundestages am 24. November 1982 zum Thema Wohnungsbau und die Situation des Mieters erörtert worden.

Der Rechtsausschuß hat den Gesetzentwurf in seiner 46. Sitzung am 6. und 7. Dezember 1982 beraten. In seiner 45. Sitzung am 1. und 2. Dezember 1982 hat der Rechtsausschuß zu dem Gesetzentwurf eine öffentliche Anhörung durchgeführt, an der sich auch der mitberatende Ausschuß für Raumordnung, Bauwesen und Städtebau beteiligt hat. In der Anhörung kamen insgesamt 21 Vertreter von Verbänden und Sachverständigen zu Wort, die aus dem Kreise der unmittelbar und allgemein Betroffenen, der Wohnungswirtschaft und Investoren, sachkundigen Institute, der Deutschen Bundesbank sowie der Staatsanwaltschaft eingeladen waren. Darunter waren auch Vertreter der kommunalen Spitzenverbände, nämlich des Deutschen Städtetages, des Deutschen Städte- und Gemeindebundes und des Deutschen Landkreistages. Die Stellungnahme der einzelnen Verbandsvertreter fiel entsprechend der Interessenlage unterschiedlich aus. Während der Deutsche Mieterbund sowie der Deutsche Gewerkschaftsbund sich zu dem Gesetzentwurf im wesentlichen ablehnend äußerten, standen die Vertreter des Zentralverbandes der Deutschen Haus-, Wohnungs- und Grundeigentümer und der Wohnungswirtschaft und Investoren sowie der kommunalen Spitzenverbände dem Gesetzentwurf im großen und ganzen positiv gegenüber, wenn auch die Mehrzahl der Vertreter der Wohnungswirtschaft wie auch Vertreter der Institute die Änderungen nicht für ausreichend erachteten, um das Investitionsklima auf dem Wohnungsmarkt wieder entscheidend zu verbessern.

Der mitberatende Ausschuß für Raumordnung, Bauwesen und Städtebau hat in seiner Stellungnahme vom 6. Dezember 1982 empfohlen, den Gesetzentwurf anzunehmen; die dabei von ihm vorgeschlagene Änderung der Vorlage sowie seine Prüfungsanregungen sind vom Rechtsausschuß aufgegriffen worden.

II.

Der Rechtsausschuß empfiehlt mit Mehrheit gegen die Stimmen der Opposition die Annahme des Gesetzentwurfs in der vorgeschlagenen Fassung.

Nach Auffassung der Ausschußmehrheit hat das geltende Wohnraummietrecht mit zu der besorgniserregenden Entwicklung auf dem Wohnungsmarkt beigetragen. Es sei insofern unausgewogen, als es nicht in ausreichendem Maße die berechtigten Belange der Vermieter berücksichtigte. Diese hätten in zunehmendem Maße die Wirtschaftlichkeit des Hausbesitzes in Frage gestellt gesehen und sich mehr und mehr vom Markt zurückgezogen. Der Wohnungsmarkt sei in den letzten Jahren vor allem in den größeren Städten und in ihrem Umland aus dem Gleichgewicht gekommen. Insbesondere der Mietwohnungsbau sei nunmehr in einer stetigen Abwärtsentwicklung nahezu zum Stillstand gekommen, weil Investoren für Mietneubauten nur geringe Anreize sähen. Zur Zeit bestehe bei der Wohnungsversorgung eine ungerechte Bevorzugung derjenigen Mieter, die bereits eine Wohnung besäßen. Dagegen treffe die schärfer werdende Nachfragekonkurrenz vor allem sozial schwächere Wohnungssuchende wie kinderreiche Familien, Alleinerziehende, Aussiedler, Behinderte und ältere Menschen.

Die mangelnde Bereitschaft, Mietwohnungen zu bauen und zur Verfügung zu stellen, sei auf mehrere Ursachen zurückzuführen. Eine wesentliche Ursache sei auf jeden Fall durch die bestehenden rechtlichen Rahmenbedingungen gesetzt. Auch bei der Wohnraummiete müßten verstärkt marktwirtschaftliche Gesichtspunkte berücksichtigt werden, um mehr Anreize zu geben, Mietwohnungen zur Verfügung zu stellen.

Im Rahmen dieser Zielsetzung sieht die vorliegende Fassung insbesondere die Straffung des Mieterhöhungsverfahrens nach dem Vergleichsmietensystem sowie eine Aktualisierung des Vergleichsmietenbegriffs vor. Desweiteren wird für alle Wohnungen die Staffelmiete zugelassen, also auch für Wohnungen im Bestand. Mit diesen Änderungen sollen neue Investitionsanreize geschaffen werden. Darüber hinaus werden unter bestimmten Voraussetzungen Zeitmietverträge zugelassen in der Absicht, bisher leerstehenden Wohnraum wieder dem Wohnungsmarkt zuzuführen.

In die Rechtsstellung des Mieters werde dadurch nicht in unangemessener Weise eingegriffen. Soweit der Kündigungsschutz betroffen sei, bleibe er unberührt, wenn man von der vorgeschlagenen Ausnahme des Wohnraums in Studenten- und Jugendwohnheimen aus dem Kündigungsschutz und der Mieterhöhungsregelung absieht. Die Änderungskündigung bleibe ausgeschlossen. In einigen Punkten werde die Stellung des Mieters weiter verbessert. Durch die Neuregelung der Duldungspflicht des Mieters bei der Modernisierung von Wohnungen werde vermieden, daß er durch sogenannte Luxusmodernisierungen aus seiner Wohnung herausmodernisiert werde. Bei der Stellung der Kaution werde eine Begrenzung auf das Dreifache einer Monatsmiete festgeschrieben und bestimmt, daß die Zinsen dem Mieter zufließen und die Kaution nicht dem Zugriff von Gläubigern des Vermieters unterliege.

Im übrigen darf auf die Begründung zu dem Gesetzentwurf – Drucksache 9/2079 – Bezug genommen werden.

Nach Auffassung der Opposition hat sich das geltende Wohnraummietrecht weitgehend bewährt. Die Opposition lehnt die beschlossenen Maßnahmen zur Straffung und zeitlichen Eingrenzung des Vergleichsmietenverfahrens und insbesondere auch die Staffelmiete ab, im wesentlichen weil sie davon erhebliche Mietsteigerungen befürchtet, ohne daß sichergestellt sei, daß in nennenswertem Umfang Mittel in den Wohnungsbau fließen. Sie hat ferner der Regelung über die Zeitmietverträge aus der Erwägung widersprochen, daß dadurch der Kündigungsschutz und das Vergleichsmietenverfahren ausgehöhlt würden. Bei der Duldungspflicht des Mieters und der Kaution hat sie zum Teil weitergehende Vorschläge unterbreitet. Sie hat ferner gefordert, daß – wie in dem Gesetzesbeschluß des Deutschen Bundestages zum Mietrechtsänderungsgesetz 1982 (BR-

X. Begründung der Beschlüsse des Rechtsausschusses

Drucksache 221/82) vorgesehen – die Kündigungssperrfrist bei der Umwandlung von Miet- in Eigentumswohnungen verlängert und dem Mieter ein gesetzliches Vorkaufsrecht eingeräumt werde.

III.

In dem nachfolgenden Bericht über den Gang der Beratungen werden zunächst die den Gesetzentwurf unmittelbar betreffenden Erörterungen wiedergegeben. In einem weiteren Abschnitt wird auf weitere Einzelanträge eingegangen.

Zu Artikel 1 – Änderung des Bürgerlichen Gesetzbuches

...

Zu Nummer 3 – § 550 b

Der Ausschuß hat die im Entwurf enthaltenen Absätze 1 bis 3 der Vorschrift über die Kaution einstimmig angenommen. Mit den Stimmen der Koalition ist folgender neuer Absatz 4 beschlossen worden:

„(4) Bei Wohnraum, der Teil eines Studenten- oder Jugendwohnheims ist, besteht für den Vermieter keine Verpflichtung, die Sicherheitsleistung zu verzinsen."

Der Vorschlag geht auf das Ergebnis der Anhörung zurück. Die Vertreter der Studentenwerke, von denen die ganz überwiegende Zahl der Studentenwohnheime betrieben wird, hatten dabei vorgetragen, zur Zeit würden die Erträge der – global und höher verzinslich angelegten – Kaution den Studenten mittelbar dadurch gut gebracht, daß die Miete um den entsprechenden Betrag reduziert werde; das sei für die Mieter wirtschaftlicher, als wenn die einzelne Kaution verzinst würde, aber eine höhere Miete verlangt würde. Nach Auffassung der Mehrheit des Ausschusses sollte diese Praxis weiterhin möglich sein.

Zu Nummer 4 – § 564 b Abs. 7

Die vom Ausschuß mit Mehrheit beschlossene Fassung nimmt Wohnraum, der Teil eines Studenten- oder Jugendwohnheims ist, aus dem Kündigungsschutz aus. Die Mehrheit des Ausschusses hat sich der in der Anhörung bestätigten Auffassung angeschlossen, daß die geltende Regelung eine praktikable Handhabung des sogenannten Rotationsprinzips erschwert, das durch eine zeitliche Begrenzung des einzelnen Mietvertrags eine möglichst große Zahl von Bewerbern in den Genuß eines Wohnheimplatzes bringen soll. Demgemäß ist eine entsprechende Ausnahme beschlossen worden, wobei davon ausgegangen wurde, daß angesichts der Wohnheimträger und der öffentlich-rechtlichen Kontrolle, der sie ganz überwiegend unterworfen sind, die Mieter in diesen Heimen keine unangemessenen Nachteile erleiden.

...

Zu Artikel 2 – Änderung des Gesetzes zur Regelung der Miethöhe

Zu Nummer 1 – § 2

Die Vorschrift ist unverändert von der Ausschußmehrheit angenommen worden. Die Opposition hat eine Reihe von Anträgen gestellt, die im Ergebnis keinen Erfolg hatten. Es handelte sich im einzelnen um folgende Anträge:

...

Die für den Fall der Einführung der Staffelmiete beantragte Ergänzung, wonach Staffelmieten nicht in die Vergleichsmiete eingehen sollten, wurde abgelehnt mit der Begründung, es handele sich hierbei um marktkonforme Mietzinsvereinbarungen, bei denen die Bestimmung der Miethöhe vorweggenommen wurde.

...

Zu Nummer 3 – § 10

Die Vorschrift ist von der Ausschußmehrheit mit der Maßgabe beschlossen worden, daß in Absatz 2 Satz 5 die Worte ,,seit Beginn des Mietverhältnisses" durch die Worte ,,seit Abschluß der Vereinbarung" ersetzt werden. Damit wird dem Umstand Rechnung getragen, daß Staffelmietvereinbarungen auch im Laufe eines Mietverhältnisses getroffen werden können.

...

Die in Absatz 3 vorgesehene Ausnahme von Wohnraum in Studenten- und Jugendwohnheimen aus dem Anwendungsbereich des Miethöhegesetzes ist mit Mehrheit beschlossen worden. Sie entspricht der in Artikel 1 Nr. 4 für den Kündigungsschutz getroffenen Regelung.

Zu Artikel 3 – Änderung anderer Gesetze

...

Zu Nummer 5

Die Ausschußmehrheit hat die Vorschrift mit der Maßgabe beschlossen, daß in Absatz 1 Satz 3 folgender Halbsatz eingefügt wird:
,,sofern sie unter Zugrundelegung der nach Satz 2 maßgeblichen Entgelte nicht in einem auffälligen Mißverhältnis zu der Leistung des Vermieters stehen."

Ziel der Vorschrift ist es zum einen, den in Artikel 2 Nr. 1 Buchstabe a in Absatz 1 Satz 1 Nr. 2 MHG neu definierten Vergleichsmietenbegriff auch für die Vorschrift über die Mieterhöhung als Ausgangsbasis für die Ermittlung der sogenannten Wesentlichkeitsgrenze zugrunde zu legen. Durch den neuen Absatz 1 Satz 3 soll ferner im Grundsatz erreicht werden, daß eine Überschreitung der Wesentlichkeitsgrenze die Sanktion des § 5 WiStG solange nicht auslöst, als das Entgelt zur Deckung der laufenden Aufwendungen des Vermieters erforderlich ist. Nach Auffassung der Mehrheit des Ausschusses sollte ein Vermieter, der aus den Erträgen keinen Gewinn erzielt, grundsätzlich nicht dem Odium ausgesetzt sein, möglicherweise eine Ordnungswidrigkeit zu begehen. Dagegen sollte der Anwendungsbereich des § 302a StGB unberührt bleiben, wenn man davon absieht, daß für die Ermittlung des ,,auffälligen Mißverhältnisses" auch insoweit künftig vom geänderten Vergleichsmietenbegriff auszugehen ist.

Die Formulierung ,,laufende Aufwendungen" knüpft an die Bestimmungen über die Kostenmiete in § 8 des Wohnungsbindungsgesetzes, § 18 der II. Berechnungsverordnung (II. BV) an. Laufende Aufwendungen sind danach die Kapitalkosten und die Bewirtschaftungskosten. Letztere sind nach § 24 II. BV Abschreibung, Verwaltungskosten, Betriebskosten, Instandhaltungskosten, Mietausfallwagnis. Über die Kapitalkosten enthalten die §§ 20 ff. II. BV nähere Vorschriften. Die gegenwärtige Kapitalzinshöhe von etwa 8 v. H. kann dazu führen, daß die laufenden Aufwendungen die Vergleichsmiete erheblich überschreiten. Mieten sollen nach der von der Ausschußmehrheit beschlossenen Fassung unter dem Aspekt des § 5 WiStG ohne Bedeutung sein, sofern die Entgelte nicht in einem auffälligen Mißverhältnis zu der Leistung des Vermieters stehen.

Das Anliegen des Entwurfs, durch die Einfügung des Satzes 3 in § 5 Abs. 1 WiStG den Geltungsbereich des § 302a StGB nicht einzuschränken, wird durch den neu hinzugefügten Halbsatz sichergestellt. Der Ausschluß der Anwendbarkeit des § 5 Abs. 1 WiStG im Rahmen der sogenannten „Kostenmiete" soll dort seine Grenze finden, wo die Rechtsprechung bei der Anwendung des Wuchertatbestandes (§ 302 a StGB) ein „auffälliges Mißverhältnis" zwischen dem Entgelt und der Leistung des Vermieters bejaht. Ein solches wird angenommen, wenn die sogenannte „Vergleichsmiete" um mehr als 50 v. H. überschritten wird (BGHSt 30, 280 ff. mit weiteren Nachweisen). Die vorgeschlagene Änderung verdeutlicht die Eingrenzung durch eine dem § 302 a StGB entnommene Formulierung.

Bei dieser Ausgestaltung von Satz 3 und der von der Rechtsprechung praktizierten Auslegung des § 302 a StGB in Anlehnung an den bisherigen § 5 WiStG ist davon auszugehen, daß die Rechtsprechung auch künftig in § 302 a StGB als Wuchergrenze eine 50prozentige Überschreitung der sogenannten Vergleichsmiete ansetzen wird, selbst wenn die sogenannte „Kostenmiete" infolge ungünstiger Gestehungskosten darüber liegt.

Die vorgeschlagene Ergänzung des Satzes 3 beläßt dem § 5 WiStG auch außerhalb des § 302 a StGB einen selbständigen Anwendungsbereich, so bei vorsätzlichem Handeln, wenn die übrigen Tatbestandsmerkmale des Wuchertatbestandes nicht vorliegen, sowie bei leichtfertigem Verhalten.

...

Zu Artikel 4

Die Ausschußmehrheit hat eine neue Nummer 3 mit folgendem Inhalt beschlossen:

„3. Artikel 2 Nr. 3 Buchstabe a tritt für nach dem 31. Dezember 1980 bezugsfertig gewordenen Wohnraum rückwirkend mit dem 1. Januar 1981 in Kraft."

Dabei ging man davon aus, daß aufgrund der im Jahre 1981 vorgelegten Entwürfe zum Mietrecht (Drucksachen 9/469, 9/790, 9/791), in denen übereinstimmend die Zulassung der Staffelmiete jedenfalls für die nach dem 31. Dezember 1980 bezugsfertig gewordenen Neubauten vorgesehen war, ein gewisses Vertrauen geschaffen worden ist, das schutzwürdig erscheint. Die Ausschußmehrheit will durch die Regelung erreichen, daß Zweifel daran, ob zwischenzeitlich abgeschlossene Staffelmietverträge durch das Inkrafttreten des Gesetzes nicht ohnehin wirksam geworden wären, ausgeschlossen werden.

...

Teil G
Rechtsentscheid in Wohnraummietsachen

(Art. III des Dritten Gesetzes zur Änderung mietrechtlicher Vorschriften – 3. MÄG – vom 21. 12. 1967 (BGBl. I S. 1248) zuletzt geändert durch das Gesetz vom 5. 6. 1980 (BGBl. I S. 657))

(1) Will das Landgericht als Berufungsgericht bei der Entscheidung einer Rechtsfrage, die sich aus einem Mietvertragsverhältnis über Wohnraum ergibt oder den Bestand eines solchen Mietvertragsverhältnisses betrifft, von einer Entscheidung des Bundesgerichtshofs oder eines Oberlandesgerichts abweichen, so hat es vorab eine Entscheidung des im Rechtszug übergeordneten Oberlandesgerichts über die Rechtsfrage (Rechtsentscheid) herbeizuführen; das gleiche gilt, wenn eine solche Rechtsfrage von grundsätzlicher Bedeutung ist und sie durch Rechtsentscheid noch nicht entschieden ist. Dem Vorlagebeschluß sind die Stellungnahmen der Parteien beizufügen. Will das Oberlandesgericht von einer Entscheidung des Bundesgerichtshofs oder eines anderen Oberlandesgerichts abweichen, so hat es die Rechtsfrage dem Bundesgerichtshof zur Entscheidung vorzulegen. Über die Vorlage ist ohne mündliche Verhandlung zu entscheiden. Die Entscheidung ist für das Landgericht bindend.

(2) Sind in einem Land mehrere Oberlandesgerichte errichtet, so können die Rechtssachen, für die nach Absatz 1 die Oberlandesgerichte zuständig sind, von den Landesregierungen durch Rechtsverordnung einem der Oberlandesgerichte oder dem Obersten Landesgericht zugewiesen werden, sofern die Zusammenfassung der Rechtspflege in Mietsachen, insbesondere der Sicherung einer einheitlichen Rechtsprechung dienlich ist. Die Landesregierungen können die Ermächtigung auf die Landesjustizverwaltungen übertragen.

Übersicht

	Rdn		Rdn
I. Allgemeines	1	2. Sachentscheidung	26
II. Die Voraussetzungen des Vorlagebeschlusses	4	V. Die Wirkungen des Rechtsentscheids	34
III. Der Vorlagebeschluß	15	Anhang: Übersicht über bisher ergangene Rechtsentscheide	39a
IV. Der Rechtsentscheid	19		
1. Zulässigkeitsprüfung	19		

G 1   I. Allgemeines

Der lediglich zweistufige Rechtszug in Wohnraummietsachen, der bei den Amtsgerichten beginnt und bei den Landgerichten endet, hat in der

Praxis teilweise zu einer erheblichen Rechtszersplitterung geführt. Zwar wurde bereits durch das 3. MÄG vom 21. 12. 1967 (BGBl. I S. 1248) die Möglichkeit eines Rechtsentscheids durch die Oberlandesgerichte eingeführt. Dieser Rechtsentscheid war aber beschränkt auf Fragen der Auslegung der sog. Sozialklausel und der damit zusammenhängenden Vorschriften (§§ 556a ff BGB). Die Instanzgerichte haben von der Möglichkeit der Einholung eines solchen Rechtsentscheids nur sehr zurückhaltend Gebrauch gemacht. Dies hatte verschiedene Gründe. Ein Grund ist darin zu sehen, daß die Vorschrift des § 556a BGB nur im Ausnahmefall angewendet werden konnte und daß die Tatbestandsmerkmale der Vorschrift sehr unbestimmt sind. Die in solchen Fällen auftretenden Wechselwirkungen zwischen Tatbestand und Sachverhalt und die sich daraus ergebenden speziellen Subsumtionsprobleme sind allgemein bekannt. Bei der Abwägung der gegenseitigen Interessen der Vertragsparteien wird der Richter diejenigen Besonderheiten ermitteln und darstellen, die im Einzelfall für oder gegen die Fortsetzung des Mietverhältnisses sprechen. Für – grundsätzliche – also für eine Vielzahl von Rechtsfällen bedeutsame Rechtsfragen bleibt naturgemäß wenig Raum.

Ein anderer Grund für die bisherige praktische Bedeutungslosigkeit **G 2** des Rechtsentscheids liegt in der Einführung der Kündigungsschutzbestimmungen durch das Gesetz über den Kündigungsschutz für Mietverhältnisse über Wohnraum vom 25. 11. 1971. Diese Vorschriften haben die Bedeutung der §§ 556a ff – und damit die Bedeutung der Rechtsentscheide – nahezu vollständig verdrängt.

Im Schrifttum ist in der Folgezeit wiederholt und nachhaltig die **G 3** Forderung erhoben worden, das Institut des Rechtsentscheids auf grundsätzliche Fragen des Kündigungsschutzes und der Mieterhöhung auszudehnen. Durch das Gesetz zur Änderung des Dritten Gesetzes zur Änderung mietrechtlicher Vorschriften vom 5. 6. 1980 (BGBl. I 657) hat der Gesetzgeber dieser Forderung Rechnung getragen. Gegenstand eines Rechtsentscheids kann nunmehr jede Rechtsfrage sein, „die sich aus einem Mietvertragsverhältnis über Wohnraum ergibt oder den Bestand eines solchen Mietvertragsverhältnisses betrifft".

II. Die Voraussetzungen des Vorlagebeschlusses

1. Ein Rechtsentscheid ist dann einzuholen, wenn das Landgericht bei **G 4** der Entscheidung einer Rechtsfrage von einer Entscheidung des BGH oder eines OLG abweichen will.

a) Es muß sich um Rechtsfragen handeln, die sich aus einem **Mietver- G 5 tragsverhältnis** ergeben. Hierfür ist erforderlich, daß die Rechtsfrage ihren Ursprung in einem Mietvertragsverhältnis hatte. Dies ist dann der Fall, wenn sie das Verhältnis zwischen den Parteien eines Mietvertrags betrifft. Unbeachtlich ist es, ob das Mietverhältnis noch besteht oder bereits beendet ist. Die Frage, ob überhaupt ein Mietverhältnis vorliegt, kann nicht Gegenstand eines Rechtsentscheids sein (HansOLG WM 70, 148 = ZMR 71, 29). Unter Rechtsfragen, die den **Bestand eines Mietvertragsverhältnisses** betreffen, sind solche Fragen zu verstehen, die sich aus den Kündigungsvorschriften, der Anwendung der Sozialklausel oder der §§ 569 ff., 571 BGB ergeben.

G 6   b) Die Rechtsfrage kann sich sowohl aus dem materiellen Recht als auch aus dem Prozeßrecht ergeben. Von den Rechtsfragen sind die Tatsachenfragen zu unterscheiden. Die **Tatsachenfeststellungen** der Instanzgerichte können niemals Gegenstand eines Rechtsentscheids sein. Hierzu gehört die Auslegung von Willenserklärungen sowie deren Umdeutung (KG [RE] vom 24. 5. 1982 RES 3. MietRÄndG Nr. 16). Nach der Ansicht des OLG Karlsruhe (RE) vom 7. 7. 1981 RES 3. MietRÄndG Nr. 9) und des OLG Hamm Beschl. vom 21. 2. 1983 WM 83, 107 soll auch die Aufstellung generalisierender Regeln darüber, ob ein Recht verwirkt ist, weitgehend in das Gebiet tatrichterlicher Würdigung fallen und einem Rechtsentscheid nicht zugänglich sein. Dieser Ansicht ist nicht zuzustimmen. Vielmehr ist zu unterscheiden: Die Tatbestandsvoraussetzungen und Rechtsfolgen allgemein anerkannter Rechtsinstitute können insoweit Gegenstand eines Rechtsentscheids sein, als sie einer Generalisierung zugänglich sind. Deshalb hat das Kammergericht (RE v. 14. 8. 1981 RES § 20 NMV Nr. 1) zu Recht entschieden, daß der Anspruch eines Vermieters gegen den Mieter auf Nachzahlung von Nebenkosten aus Umlagenabrechnungen nicht allein dadurch verwirkt, daß der abrechnungspflichtige Vermieter es längere Zeit unterlassen hat, abzurechnen und den Anspruch geltend zu machen. Hierbei handelt es sich um eine Rechtsfrage, die in vielen Fällen auftritt und stets in diesem Sinne beantwortet werden kann. Die Subsumption dieses konkreten Sachverhalts unter dem Verwirkungstatbestand ist allerdings Sache des Instanzgerichts. Anders sind jene Fälle zu beurteilen, die von vornherein keiner Generalisierung zugänglich sind. So beantwortet sich die Frage, ob das Verhalten eines Mieters als ernsthafte und endgültige Erfüllungsverweigerung bezüglich der Durchführung von Schönheitsreparaturen anzusehen ist und damit als Verzicht auf eine vertraglich vereinbarte schriftliche Mahnung gilt stets aufgrund einer Würdigung aller Umstände des Einzelfalls. Diese Würdigung ist Aufgabe des Tatrichters; für einen Rechtsentscheid ist insoweit kein Raum (OLG Celle [RE] vom 28. 9. 1982 RES 3. MietRÄndG Nr. 18). Gleiches gilt für solche Fragen, die die **richterliche Überzeugungsbildung** betreffen (z. B. die Frage, ob ein bestimmter Mietspiegel die Höhe der ortsüblichen Miete richtig wiedergibt).

G 7   c) Zu den in Betracht kommenden **Rechtsfragen** zählen zunächst alle Fragen, die sich bei der Auslegung der mietrechtlichen Vorschriften im engeren Sinn ergeben. Hierzu gehören insbesondere die **§§ 535–580 BGB** und das **Gesetz zur Regelung der Miethöhe**. Bezüglich des allgemeinen Mietrechts (§§ 535 ff BGB) ist nicht danach zu unterscheiden, ob die in Frage stehende Vorschrift auch für Gewerberaummietverhältnisse oder

II. Die Voraussetzungen des Vorlagebeschlusses G 7

die Mobiliarmiete gilt (OLG Hamm [RE] vom 27. 2. 1981 RES § 536 BGB Nr. 2 und vom 19. 5. 1982 RES § 536 BGB Nr. 7). Es kommt auch nicht darauf an, ob insoweit eine speziell wohnraummietrechtliche Interessenabwägung vorzunehmen ist (so aber OLG Hamburg (RE) vom 17. 12. 81 RES § 553 BGB Nr. 1). Maßgeblich ist nur, daß die Vorschrift auch bei der Vermietung von Wohnraum zur Anwendung kommt und in diesem Bereich zu ungeklärten oder grundsätzlichen Rechtsfragen führt. Jede andere Auslegung schränkt den Anwendungsbereich des Rechtsentscheidsverfahrens zu sehr ein. Ergibt sich die Rechtsfrage aus anderen Rechtsgebieten (**Bereicherungsrecht, Schadenersatzrecht**), so reicht es aus, wenn die Rechtsfrage in einem engeren inneren Sachzusammenhang mit dem materiellen Wohnraummietrecht steht (OLG Karlsruhe [RE] vom 26. 3. 1986 DWW 86, 150). Ferner gehören dazu die **Vorschriften des öffentlichen Wohnungsrechts**, sofern diese nicht das Verhältnis des Vermieters zur Behörde sondern das Verhältnis zwischen den Vertragsparteien regeln. Rechtsfragen aus den übrigen Teilen des BGB können dann Gegenstand eines Rechtsentscheids sein, wenn sie einen speziellen mietrechtlichen Bezug haben (z. B. die Frage, ob der Schadensersatzanspruch wegen unterlassener Schönheitsreparaturen eine vorherige Fristsetzung mit Ablehnungsandrohung voraussetzt). Aus dem **Prozeßrecht** kommen insbesondere die Vorschriften der §§ 29a, 93b, 257–259 (OLG Karlsruhe [RE] vom 10. 6. 1980 WM 83, 253), 308a, 721, 765a, 794a, 940a, 1025a ZPO in Betracht. Im übrigen kommt es auch hier auf einen speziellen mietrechtlichen Bezug an. Dabei genügt es nicht, wenn die verfahrensrechtliche Frage in einem Mietprozeß auftritt; maßgeblich ist vielmehr, daß die Rechtsfrage einen Bezug zum materiellen Mietrecht hat (OLG Oldenburg [RE] vom 14. 10. 1980 3. MietRÄndG Nr. 2; OLG Karlsruhe a. a. O., KG Beschl. vom 25. 4. 1983 ZMR 83, 378; zu eng: OLG Hamm [RE] vom 8. 3. 1982 WM 82, 121, wonach verfahrensrechtliche Fragen nur dann Gegenstand eines Rechtsentscheids sein können, wenn es um Zulässigkeitsvoraussetzungen geht, die im materiellen Wohnungsmietrecht ausdrücklich besonders normiert sind). Grundsätzliche Fragen bei der Auslegung von **Vertragsrecht** können ebenfalls im Wege des Rechtsentscheids überprüft werden. Hierzu gehören insbesondere die bei der Verwendung von Formularverträgen auftretenden Fragen. Voraussetzung ist allerdings, daß es sich bei den betreffenden Klauseln um typische und häufig wiederkehrende Bestimmungen handelt (BGH [RE] vom 8. 7. 1982 RES § 535 BGB Nr. 4; BGH [RE] vom 30. 10. 84 RES § 536 BGB Nr. 13; DWW 87, 219; OLG Zweibrücken [RE] vom 21. 4. 1981 RES § 1 MHG Nr. 1; OLG Hamm [RE] v. 3. 2. 83 DWW 83, 147; BayObLG [RE] vom 26. 2. 1984 RES § 4 MHG Nr. 5 und ständige Rechtsprechung – vgl. nur die unter Rdn B 253 ff aufgeführten Rechtsentscheide; a. A. nur OLG Frankfurt WM 81, 123). Die Frage, ob auf andere Vertragsverhältnisse mietrechtliche Vorschriften entsprechend angewendet werden können, ist vom Landgericht als Berufungsgericht selbständig zu entscheiden (OLG Oldenburg [RE] vom 13. 7. 1981 WM 82, 101).

G 8 **Unanwendbar** ist das Institut des Rechtsentscheids für Probleme der Wohnungs- und Hausratsteilung nach der HausratsVO; für die Frage, ob eine Werkwohnung oder eine Bundesmietwohnung dem Mitbestimmungsrecht des Betriebs- oder Personalrats unterliegt (KG WM 87, 183); für Rechtsfragen aus dem Wohnungsvermittlungsgesetz, dem Zweckentfremdungsgesetz und dem Heimgesetz. Diese Gesetze haben zwar mittelbar mit Wohnraum zu tun, regeln aber nicht das Verhältnis zwischen den Parteien eines Mietvertrags.

G 9 d) Die Einholung eines Rechtsentscheids setzt voraus, daß das Landgericht von einer bereits vorliegenden Entscheidung eines OLG oder des BGH **abweichen** will. Diese Voraussetzung ist nicht gegeben, wenn das Landgericht der Rechtsansicht des BGH folgen will, dabei aber von der eines OLG abweichen muß. Beim BGH entscheidet die zeitlich zuletzt vertretene Ansicht. Bei verschiedenen OLG Entscheidungen liegt immer ein Abweichen vor.

G 10 Der im 3. MÄG verwendete Begriff ist identisch mit dem Begriff „Abweichung" in § 546 I S. 2 Nr. 2 ZPO wo die Voraussetzung der Zulassungsrevision geregelt ist. Da der Gesetzgeber mit der Zulassungsrevision und dem Rechtsentscheid dieselben Zwecke, nämlich Wahrung der Rechtseinheit und Fortbildung des Rechts, verfolgt, kann zur Auslegung auf die im Rahmen des § 546 ZPO entwickelten Rechtsgrundsätze zurückgegriffen werden. Danach liegt eine Abweichung nur dann vor, wenn das Urteil des Landgerichts bei Zugrundelegung der obergerichtlichen Entscheidung anders ausfallen würde. Ein Abweichen in einer Hilfsbegründung genügt nicht (BGH NJW 58, 1051).

e) Aus dem Wortlaut des Artikel 3 des 3. MÄG folgt nicht eindeutig, ob die Vorlagepflicht auch dann besteht, wenn das Landgericht von einer obergerichtlichen Entscheidung abweichen will, die außerhalb des Rechtsentscheidsverfahrens ergangen ist. Die Frage ist zu verneinen (OLG Stuttgart [RE] vom 7. 7. 1981 RES § 5 WiStG Nr. 1; OLG Oldenburg [RE] § 552 BGB Nr. 1 betreffend eine durch das Reichsgericht entschiedene Rechtsfrage; vgl. auch: OLG Oldenburg [RE] vom 11. 9. 1980 RES 3. MietRÄndG Nr. 1). Die Vorlagepflicht steht im engen Zusammenhang mit der Bindungswirkung der Rechtsentscheide (s. Rdn G 34) und besteht im Fall des Artikel 3 I S. 1 Halbs. 1 nur insoweit als die Bindungswirkung reicht. Entscheidungen des BGH oder der Oberlandesgerichte, die im Revisions- oder Berufungsverfahren ergangen sind, besitzen keine Bindungswirkung. Deshalb besteht hier auch keine Vorlagepflicht. Hinzu kommt, daß Entscheidungen von Rechtsfragen außerhalb eines Rechtsentscheidsverfahrens häufig nicht erkennen lassen, ob die Rechtsfrage nur für den speziell zur Entscheidung stehenden Einzelfall gilt oder ob ihr eine generelle Bedeutung beigemessen wird. Liegen obergerichtliche Entscheidungen vor, so wird allerdings stets zu prüfen

II. Die Voraussetzungen des Vorlagebeschlusses G 11

sein, ob die dort entschiedene Rechtsfrage von grundsätzlicher Bedeutung ist (s. Rdn G 11).

2. Ein Rechtsentscheid ist auch dann herbeizuführen, wenn eine G 11
Rechtsfrage von **grundsätzlicher Bedeutung** durch einen Rechtsentscheid noch nicht entschieden ist. Der Begriff der „grundsätzlichen Bedeutung" ist identisch mit dem in § 546 I S. 2 Nr. 1 ZPO verwendeten Begriff, so daß auch insoweit auf die dort entwickelten Rechtsgrundsätze zurückgegriffen werden kann. Vogel (NJW 75, 1297, 1300) faßt die zu diesem Problemkreis ergangene Rechtsprechung wie folgt zusammen: „Erforderlich ist ... das Vorliegen einer klärungsbedürftigen, vorbehaltlich enger Ausnahmen bisher höchstrichterlich nicht entschiedenen Frage von grundsätzlicher und damit allgemeiner Bedeutung. Unter allgemeiner Bedeutung ist dabei zu verstehen, daß sich die Auswirkungen der Entscheidung in quantitativer Hinsicht nicht in einer Regelung der Beziehungen der Parteien, auch über das eigentliche Streitobjekt hinaus, oder in einer von vornherein überschaubaren Anzahl gleichgelagerter Angelegenheiten erschöpfen dürfen, sondern eine unbestimmte Vielzahl von Fällen betreffen müssen. In qualitativer Hinsicht dürfen die Auswirkungen der Entscheidungen nicht nur auf tatsächlichem Gebiet liegen. Dies wäre zum Beispiel der Fall, wenn von dem Ausgang des Prozesses lediglich ein größerer Personenkreis unter gleichgelagerten Voraussetzungen betroffen würde. Soweit rechtliche Auswirkungen der Entscheidung der Fortbildung des Rechts dienen – also nicht lediglich ausgelaufenes Recht betreffen, – wird die Grundsätzlichkeit stets zu bejahen sein."
In der Regel ist eine Rechtsfrage dann von grundsätzlicher Bedeutung, wenn sie in Literatur und Rechtsprechung allgemein erörtert wird (OLG Hamburg (RE) vom 25. 3. 1981 RES § 564b BGB Nr. 6). Andererseits ist dies aber nicht zwingend erforderlich. Es reicht vielmehr aus, wenn Anhaltspunkte dafür vorliegen, daß eine bestimmte Frage für die Zukunft Bedeutung erlangen kann (OLG Hamm (RE) vom 30. 10. 1982 RES § 3 MHG Nr. 6; OLG Karlsruhe (RE) vom 26. 10. 1982 RES § 564b BGB Nr. 23; a. A.: Landfermann WM 80, 257). Umgekehrt sind solche Rechtsfragen nicht von grundsätzlicher Bedeutung, die sich aus ausgelaufenem (BayObLG WM 84, 9) oder demnächst **auslaufendem Recht** ergeben. Hat das Bundesverfassungsgericht entschieden, daß eine bestimmte Rechtsauffassung verfassungswidrig sei, so ist dies für die Fachgerichte bindend. Umgekehrt folgt aus der verfassungsgerichtlichen Feststellung, daß eine bestimmte Rechtsauffassung mit dem Grundgesetz in Einklang stehe, nicht zwingend, daß andere Auffassungen verfassungswidrig sind. Da sich das Bundesverfassungsgericht grundsätzlich nicht mit Fragen der Zivilrechtsdogmatik und der sog. „einfachrechtlichen Auslegung" befaßt, ist in solchen Fällen ein Rechtsentscheid möglich. Gleiches gilt, wenn das Verfassungsgericht in einem obiter dictum zu dem Ergebnis kommt, daß eine Gesetzesbestimmung zivilrechtlich in einer bestimmten Art und Weise ausgelegt werden könne (vgl. z. B.

Rdn. C 563). Die grundsätzliche Bedeutung einer Rechtsfrage entfällt nach der hier vertretenen Meinung nicht bereits dann, wenn das Reichsgericht, der BGH oder das Oberlandesgericht die Rechtsfrage außerhalb eines Rechtsentscheidsverfahrens oder in den nichttragenden Gründen eines Rechtsentscheids behandelt haben (a. A.: KG WM 85, 285, wonach einer Rechtsfrage keine grundsätzliche Bedeutung mehr zukommt, wenn der BGH in den nichttragenden Gründen eines Rechtsentscheids zu einer bislang umstrittenen Rechtsfrage Stellung genommen hat. Vielmehr muß zusätzlich zu erwarten sein, daß sich die mit Wohnraummietsachen befaßten Instanzgerichte der obergerichtlichen Rechtsmeinung anschließen werden. Davon kann deshalb nicht ohne weiteres ausgegangen werden, weil die obergerichtlichen Entscheidungen häufig keine Wohnraummietsachen betreffen und in der Regel nicht klar erkennen lassen, ob einer bestimmten Stellungnahme über den Einzelfall hinaus grundsätzliche Bedeutung zukommen soll. Bei den Entscheidungen des Reichsgerichts und den älteren Entscheidungen des BGH ist zudem oft zweifelhaft, ob die Gerichte bei Berücksichtigung der neueren Entwicklung im Wohnungsmietrecht genauso entschieden hätten. Die in früherer Zeit zu § 554b ZPO vertretene Ansicht, wonach bei der Prüfung der Grundsätzlichkeit auch die konkrete Arbeitsbelastung des Gerichts berücksichtigt werden konnte (vgl. dazu BVerfG NJW 79, 151; NJW 81, 39; Kornblum ZRP 80, 185; Pfeiffer ZRP 81, 121) läßt sich auf das Rechtsentscheidverfahren nicht übertragen.

G 12   3. Es kommen nur solche Rechtsfragen in Betracht, die für die Entscheidung eines **Berufungsrechtsstreits** von Bedeutung sind. Entscheidet das Landgericht nicht als Berufungsgericht sondern als Beschwerdegericht im Zuge einer Kostenentscheidung oder im Vollstreckungsverfahren, so bleibt für den Rechtsentscheid kein Raum. Es wird allerdings auch die Ansicht vertreten, daß das Landgericht ausnahmsweise auch als Beschwerdegericht eine Rechtsfrage zum Rechtsentscheid vorlegen könne, wenn der Gegenstand des Beschwerdeverfahrens in einem engen inneren Sachzusammenhang mit einer Rechtsfrage des materiellen Wohnraummietrechts steht und die Entscheidung des Landgerichts über die Beschwerde die Entscheidung der Rechtsfrage aus dem materiellen Wohnraummietrecht voraussetzt (KG (RE) vom 9. 8. 1982 RES § 2 des 1. BMG Nr. 1). Für eine analoge Anwendung des Artikel 3 des 3. MÄG besteht allerdings kein Bedürfnis. Die Vorschrift will keineswegs in allen Verfahren, in denen Rechtsfragen von grundsätzlicher Bedeutung zur Entscheidung stehen, eine zusätzliche Instanz eröffnen. Vielmehr dient das Rechtsentscheidverfahren ausschließlich der Rechtsvereinheitlichung. Dieses Ziel kann auch dadurch erreicht werden, wenn die Möglichkeit der Einholung eines Rechtsentscheids auf Berufungsverfahren beschränkt bleibt (vgl. dazu auch OLG Hamm (RE) vom 31. 3. 1981 RES 3. MietRÄndG Nr. 6; OLG Hamm (RE) vom 31. 10. 1980 RES § 565b BGB Nr. 1; BayObLG (RE) vom 21. 11. 1980 RES § 564b BGB

II. Die Voraussetzungen des Vorlagebeschlusses G 13

Nr. 2). Ein Rechtsentscheid ist jedenfalls dann unzulässig, wenn die Parteien die Hauptsache bereits in der ersten Instanz übereinstimmend für erledigt erklärt haben und wenn das Landgericht als Beschwerdegericht nur noch über die Kosten zu entscheiden hat (BayObLG WM 87, 348). Dies gilt auch dann, wenn man abweichend von der hier vertretenen Ansicht, eine Vorlage im Beschwerdeverfahren grundsätzlich für zulässig erachtet. Hier gilt der allgemeine Grundsatz, daß ein Rechtsstreit nach Erledigung der Hauptsache nicht wegen der Kostenentscheidung allein weiterbetrieben werden soll; deshalb bestimmt § 91a ZPO, daß über die Kosten nach billigem Ermessen zu entscheiden ist (s. auch Rdn G 13a E).

Die Rechtsfrage muß **entscheidungserheblich** sein. Das LG hat daher G 13 zu prüfen, ob es auf die Entscheidung über die Rechtsfrage überhaupt ankommt. Hierzu gehört u. a. die Prüfung der Zulässigkeit der Berufung (§§ 511 ff., 519b ZPO), eine abschließende Klärung des Sachvortrags der Parteien und eine Schlüssigkeitsprüfung unter Einbeziehung des bisherigen Beweisergebnisses, sofern dieses im Berufungsverfahren Bestand haben wird. Eine Rechtsfrage ist immer dann entscheidungserheblich, wenn der Rechtsstreit entscheidungsreif ist und wenn von der Beantwortung der Rechtsfrage das Urteilsergebnis abhängt. Dabei kommt es ausschließlich auf das Endergebnis an. Deshalb ist die Entscheidungserheblichkeit zu verneinen, wenn die Beantwortung der Rechtsfrage lediglich für die Begründung des Urteils von Bedeutung ist.

Eine Rechtsfrage ist auch dann entscheidungserheblich, wenn von ihrer Beantwortung die Durchführung einer Beweisaufnahme abhängt. Dies folgt aus dem allgemeinen Grundsatz, daß das Gericht nur über solche Tatsachen Beweis erheben darf, auf die es für die Entscheidung des Rechtsstreits ankommt. Dieser Grundsatz gilt auch im Rahmen des Artikel 3 des 3. MÄG. Das Rechtsentscheidverfahren ist kein Rechtsbehelf der – wie etwa das Verfahren vor dem Bundesverfassungsgericht – voraussetzt, daß die Instanzgerichte alle tatsächlichen Erkenntnismöglichkeiten ausgeschöpft haben. Vielmehr dient das Rechtsentscheidverfahren ausschließlich der Rechtsfortbildung. Dieses Ziel wird nicht tangiert, wenn der Vorlagebeschluß möglichst frühzeitig ergeht. Eine Klärung der Rechtsfrage vor Beweiserhebung dient im übrigen auch der Verfahrensbeschleunigung und den Interessen der Parteien. Führt die Beurteilung der Rechtsfrage nämlich zu dem Ergebnis, daß es auf eine bestimmte Tatsache nicht ankommt, so ist eine Beweiserhebung entbehrlich. Der Prozeß kann dann sofort entschieden werden, ohne daß durch eine, möglicherweise zeitraubende Beweisaufnahme, weitere Kosten entstehen (wie hier: BGH [RE] vom 1. 7. 1987 NJW 87, 2575 = DWW 87, 219 = WM 87, 306; OLG Hamm [RE] vom 10. 9. 1984 RES § 8a WobindG Nr. 3; OLG Karlsruhe [RE] vom 19. 8. 1983 WM 83, 314 a. A.: KG Beschl. vom 6. 4. 1983 WM 83, 228 [LS]). Die Entscheidungserheblichkeit entfällt, wenn beide Parteien die Hauptsache übereinstimmend für erledigt erklärt haben. In diesem Fall hat das Instanzgericht

1147

nicht mehr über den mit der Klage geltend gemachten Anspruch, sondern nur noch über die Kosten zu entscheiden; diese Kostenentscheidung ist unter Berücksichtigung des bisherigen Sach- und Streitstands nach billigem Ermessen zu treffen (§ 91a ZPO).
Auf die endgültige Klärung einer Rechtsfrage durch einen Rechtsentscheid kommt es dabei nicht an. Daraus folgt, daß der Erlaß eines Vorlagebeschlusses nach übereinstimmender Erledigungserklärung unzulässig ist. Wird die Hauptsache nach Vorlage an das Oberlandesgericht für erledigt erklärt, so muß der Vorlagebeschluß wieder aufgehoben werden. Wird er nicht aufgehoben, so muß das Oberlandesgericht den Erlaß eines Rechtsentscheids ablehnen. Das Bayerische ObLG vertritt allerdings die Ansicht, daß das Oberlandesgericht auch in jenen Fällen zum Erlaß eines Rechtsentscheids verpflichtet sei, weil hieran im Hinblick auf die Kostenentscheidung ein Rechtsschutzbedürfnis bestehe (BayObLG (RE) vom 21. 11. 1980 RES § 564b BGB Nr. 2). Dabei wird verkannt, daß der Rechtsstreit im Falle der beiderseitigen Erledigungserklärung entsprechend dem Grundsatz des § 91a ZPO nicht weitergeführt werden soll, sondern daß über die Kosten nach dem bisherigen Sach- und Streitstand zu entscheiden ist (für eine Kostenentscheidung, die das Landgericht nach Erledigung der Hauptsache in erster Instanz als Beschwerdegericht zu treffen hat s. Rdn G 12a E).

Der Umstand, daß die Parteien die Erledigung der Hauptsache lediglich in Aussicht gestellt und entsprechende Erklärungen angekündigt haben, steht der Zulässigkeit des Rechtsentscheids nicht entgegen (BayObLG a. a. O.). Gleiches gilt für die Fälle der einseitigen Erledigungserklärung, weil hier eine Sachentscheidung ergeht.

G 14 4. Die Ausführungen zu II 1 gelten entsprechend für das Verhältnis der Rechtsprechung der **OLG** untereinander sowie zu der des BGH; denn die OLG sind nach dieser Bestimmung zur Herbeiführung eines Rechtsentscheids des BGH verpflichtet, wenn sie von einer Entscheidung eines anderen OLG oder des BGH abweichen wollen.

III. Der Vorlagebeschluß

G 15 1. Der Beschluß, ob und über welche Rechtsfragen der Rechtsentscheid einzuholen ist, ist ohne mündliche Verhandlung zu erlassen. Die Parteien haben insoweit kein Antrags- oder Beschwerderecht; der Beschluß über die Nichteinholung des Rechtsentscheids braucht ihnen nur formlos im nächsten Verhandlungstermin mitgeteilt zu werden.

G 16 2. Im Beschluß auf Herbeiführung des Rechtsentscheids (**Vorlagebeschluß**) sind die entscheidungserheblichen Rechtsfragen genau formuliert anzugeben sowie ein kurz skizzierter, auf die Rechtsfragen bezogener Sachverhalt niederzulegen. Da die Rechtsentscheide über den Einzelfall hinaus wirken, muß die Rechtsfrage so formuliert werden, daß sie einer generell-abstrakten Beantwortung zugänglich ist. Fehlerhaft ist es

III. Der Vorlagebeschluß
G 16

deshalb, wenn die Fragestellung Sachverhalte umfaßt, die nur im Verhältnis zwischen den Parteien von Bedeutung sind. Andererseits muß die Rechtsfrage aber auch hinreichend präzisiert werden, weil sich die Rechtsentscheide trotz ihrer allgemeinen Bedeutung streng auf die Beantwortung derjenigen Fragen beschränken müssen, die im Ausgangsrechtsstreit von Bedeutung sind.

Deshalb ist es fehlerhaft, wenn die Vorlage zu viele Einzelheiten des Sachverhalts enthält, so daß die Antwort nicht mehr verallgemeinert gegeben werden könnte (OLG Karlsruhe (RE) vom 14. 1. 1982 RES § 564b BGB Nr. 14) oder wenn etwa ganz allgemein gefragt wird, welche Anforderungen an eine Kündigungserklärung zu stellen sind (OLG Hamm (RE) vom 3. 12. 1980 RES § 564b BGB Nr. 3). Außerdem muß die Rechtsfrage möglichst neutral formuliert werden. Dem Landgericht ist es untersagt, eine einheitliche Rechtsfrage durch eigene Wertung teilweise selbst zu beantworten und dadurch die Entscheidungsfindung des Oberlandesgerichts zu beeinflussen (OLG Karlsruhe (RE) vom 20. 7. 1982 RES § 2 MHG Nr. 29). Das OLG ist grundsätzlich berechtigt, die Vorlagefrage neu zu fassen, wenn diese dadurch nicht in ihrem rechtlichen Kern verändert wird (OLG Karlsruhe (RE) vom 20. 7. 1982 RES § 2 MHG Nr. 29; (RE) vom 14. 1. 1982 RES § 564b BGB Nr. 14; OLG Hamburg (RE) vom 25. 3. 1981 RES § 564b BGB Nr. 6); BayObLG (RE) vom 25. 3. 1986 DWW 86, 149 = WM 86, 205).

Der Vorlagebeschluß des Landgerichts muß begründet werden. Die Begründung muß mindestens so ausführlich sein, daß das Oberlandesgericht entnehmen kann, von welchen möglicherweise entscheidungserheblichen Tatsachen das Landgericht ausgehen will. Hängt die Entscheidungserheblichkeit von der Beantwortung gewisser Vorfragen ab, so genügt es, wenn das Landgericht kurz und apodiktisch darlegt, wie die Vorfragen im Ergebnis entschieden werden sollen. Eine Begründung dieser Vorentscheidungen ist entbehrlich, weil das Oberlandesgericht insoweit nicht zur Nachprüfung berechtigt ist (s. Rdn G 23–25). Die Bezugnahme auf das angefochtene Urteil und die mündlich verhandelten Stellungnahmen der Parteien vermögen die Begründung nicht zu ersetzen (OLG Zweibrücken (RE) vom 5. 10. 1981 ZMR 82, 115).

Im Fall des Abs. I 1, 2. Alt. (s. Rdn G 11) ist es nicht erforderlich, jedoch zweckmäßig, die eigene Rechtsansicht in den Beschluß aufzunehmen; im Fall des Abs. I 1, 1. Alt. (s. Rdn G 4ff) müssen die für die eigene abweichende Rechtsansicht sprechenden Gründe im Beschluß dargelegt sein. Eine Vorlage ohne Gründe ist unzulässig. In diesen Fällen kann nämlich nicht festgestellt werden, ob die Voraussetzungen des Artikel 3 des 3. MÄG vorliegen. Aus diesen Gründen darf auch kein Rechtsentscheid ergehen (OLG Koblenz (RE) vom 12. 1. 1983 DWW 83, 49; OLG Zweibrücken (RE) vom 5. 10. 1981 ZMR 82, 115; OLG Oldenburg (RE) vom 23. 12. 1980 RES § 2 MHG Nr. 4; (RE) vom 22. 1. 1981 WM 82, 100; a. A.: OLG Schleswig (RE) vom 24. 3. 1981 RES § 10 MHG Nr. 3).

Teil G. Rechtsentscheid in Wohnraummietsachen

Vielmehr ist der Vorlagebeschluß an das Landgericht zurückzugeben. Die gelegentlich anzutreffende Praxis, nach der die Oberlandesgerichte die Vorlagevoraussetzungen durch eigene Erhebungen aus den Akten feststellen (so z. B.: OLG Hamburg (RE) vom 6. 10. 1982 RES § 3 MHG Nr. 5; OLG Karlsruhe (RE) vom 27. 10. 1981 RES § 564 b BGB Nr. 11) steht mit dem Gesetz nicht in Einklang und benachteiligt die Parteien, weil diese wohl zu den (im Vorlagebeschluß niedergelegten) Feststellungen des Landgerichts, nicht aber zu den (regelmäßig erst aus dem Rechtsentscheid ersichtlichen) Feststellungen des Oberlandesgerichts Stellung nehmen können. Davon abgesehen wird der Akteninhalt in manchen Fällen durch mündliches Vorbringen ergänzt, konkretisiert und variiert. Deshalb kann der Tatsachenvortrag nur vom Landgericht, nicht aber vom Oberlandesgericht voll erfaßt werden.

Ein unklar formulierter oder lückenhafter Vorlagebeschluß ist aus den genannten Gründen ebenfalls unzulässig. Eine Ausnahme gilt dann, wenn die vorgelegte Frage mit Hilfe der vom Landgericht gegebenen Begründung und den aus den Akten zweifelsfrei zu entnehmenden Tatsachen eingegrenzt und auf mehrere allgemeine Rechtsfragen von grundsätzlicher Bedeutung zurückgeführt werden kann (OLG Oldenburg (RE) vom 19. 2. 1981 RES § 552 BGB Nr. 2; ähnlich OLG Schleswig (RE) vom 24. 3. 1981 RES § 10 MHG Nr. 3). Denn das Oberlandesgericht kann einen Vorlagebeschluß präzisieren und ggf. ergänzen (OLG Frankfurt (RE) vom 6. 3. 1981 RES § 564 b BGB Nr. 5; OLG Karlsruhe (RE) vom 20. 7. 1982 RES § 2 MHG Nr. 29; (RE) vom 14. 1. 1982 RES § 564 b BGB Nr. 14; OLG Hamburg (RE) vom 15. 3. 1981 RES § 564 b BGB Nr. 6).

G 17 3. Der unanfechtbare (§ 567 I ZPO), grundsätzlich vom Gericht nicht mehr zurücknehmbare Vorlagebeschluß ist den Parteien formlos mitzuteilen (§ 329 IV ZPO). Gleichzeitig ist den Parteien Gelegenheit zur Stellungnahme zu den aufgeworfenen Rechtsfragen zu geben (Art. III Abs. I 2). Die Parteien können dabei nicht nur zu den Rechtsfragen, sondern auch zu dem Vorlagebeschluß selbst Stellung nehmen.

Nach Ablauf einer angemessenen, den Parteien mitzuteilenden Frist ist der Beschluß mit den eingekommenen Stellungnahmen dem örtlich zuständigen OLG zur Entscheidung, vorzulegen. Eine Vorlage mit den Akten ist üblich, aber nicht zwingend vorgeschrieben. Eine Vorlage ohne **Stellungnahme der Parteien** ist zulässig, wenn den Parteien zur Abgabe ihrer Stellungnahme eine Frist gesetzt worden ist und innerhalb der Frist keine Stellungnahmen eingegangen sind. Anderenfalls ist eine Vorlage ohne Stellungnahme unzulässig; der Mangel kann jedoch dadurch geheilt werden, daß das OLG den Parteien eine Frist zur Stellungnahme einräumt. Die wohnungswirtschaftlichen Verbände und die Behörden haben kein Recht zur Stellungnahme. Dies ist bedauerlich, weil der Sachverstand dieser Organisationen weitgehend ungenutzt bleibt. Bis zur Entscheidung des OLG über den Vorlagebeschluß ist das LG nur

IV. Der Rechtsentscheid   G 18–21

an eine Entscheidung über die vorgelegten Rechtsfragen, nicht jedoch an der Fortführung des Verfahrens hinsichtlich weiterer selbständiger Klageanträge und insbesondere dem Erlaß von Teilurteilen gehindert (Schmidt-Futterer NJW 68, 919). Treten nach Erlaß des Vorlagebeschlusses neue Umstände auf (Vergleich, beiderseitige Erledigungserklärung) und wird dadurch die Beantwortung der Rechtsfrage entbehrlich, so ist das Landgericht verpflichtet, den Vorlagebeschluß wiederaufzuheben.

Anderenfalls muß das Oberlandesgericht den Erlaß eines Rechtsentscheids ablehnen. Die Zulässigkeitsvoraussetzungen des Art. 3 des 3. MÄG, zu denen auch die Entscheidungserheblichkeit gehört, müssen nämlich noch im Zeitpunkt des Erlaß des Rechtsentscheids vorliegen (OLG Braunschweig (RE) vom 15. 3. 1982 RES 3. MietRÄndG Nr. 14; OLG Hamburg (RE) vom 18. 12. 1981 WM 82, 290; OLG Karlsruhe (RE) vom 22. 9. 1981 RES 3. MietRÄndG Nr. 10).

4. Hat das LG die Vorlage etwa wegen Unkenntnis einer abweichenden Vorentscheidung oder Verkennung der eigenen Abweichung von der Vorentscheidung unterlassen, so ist sein Endurteil dennoch wirksam und kann wegen dieser Unterlassung nicht angefochten werden. In der **willkürlichen Verletzung der Vorlagepflicht** liegt jedoch zugleich ein Verfassungsverstoß, weil dadurch der benachteiligten Partei der gesetzliche Richter genommen wird (BVerfG WM 87, 16 = DWW 87, 212; WM 87, 207). Ein hierauf beruhendes landgerichtliches Urteil kann deshalb auf die Verfassungsbeschwerde der unterlegenen Partei aufgehoben werden.   G 18

IV. Der Rechtsentscheid

1. Zulässigkeitsprüfung

a) Das angerufene OLG muß nach allgemeinen Prozeßgrundsätzen seine sachliche Zuständigkeit in eigener Kompetenz von Amts wegen prüfen und eine Entscheidung über die vom LG gestellten Rechtsfragen ablehnen, wenn es sich dafür nicht als zuständig ansieht.   G 19

b) Die Zuständigkeitsprüfung erstreckt sich zunächst unzweifelhaft darauf, ob die vorgelegte **Rechtsfrage** überhaupt dem Anwendungsgebiet des Art. III des 3. MÄG zugehört. Die **Entscheidungskompetenz** des OLG ist dabei auf die im Vorlagebeschluß bezeichneten Fragen beschränkt. Denn der Gesetzgeber hat in Art. III dem OLG weder eine Funktion als Instanzgericht noch als Tatsacheninstanz eingeräumt; vielmehr hat er erkennbar die Entscheidungsbefugnis des OLG auf die gutachtliche Beantwortung der gestellten Rechtsfragen begrenzt und es im übrigen bei der zweistufigen Instanzregelung (Amts-, Landgericht) belassen.   G 20

c) Weiter ist das OLG im Rahmen der Zuständigkeitsprüfung zur Feststellung verpflichtet, ob entweder eine beabsichtigte **Abweichung** von einer obergerichtlichen Entscheidung (I S. 1, 1. Alternative) oder   G 21 eine noch nicht obergerichtlich entschiedene Rechtsfrage **grundsätzlicher Bedeutung** (I S. 1, 2. Alternative) vorliegt. (OLG Hamm ZMR 68, 323 = WM 68, 180 = NJW 68, 2339; OLG Köln ZMR 69, 17 = WM 68, 179 = NJW 68, 1834; OLG Hamburg (RE) vom 25. 3. 1981 RES § 564b BGB Nr. 6; OLG Zweibrücken (RE) vom 21. 4. 1981 RES § 1 MHG Nr. 1). Die Zulässigkeitsvoraussetzungen müssen noch zum Zeitpunkt des Erlaß des Rechtsentscheids vorliegen. Hat sich der Rechtsstreit vor diesem Zeitpunkt anderweitig erledigt (s. Rdn G 17) oder wurde die klärungsbedürftige Frage zwischenzeitlich durch Rechtsentscheid eines anderen Oberlandesgerichts entschieden (OLG Karlsruhe (RE) vom 22. 9. 1981 RES 3. MÄG Nr. 10; vgl. auch OLG Frankfurt (RE) vom 23. 12. 1982 WM 83, 73), so ist der Erlaß eines Rechtsentscheids unzulässig. Das Oberlandesgericht muß den Erlaß eines Rechtsentscheids ablehnen, falls nicht das Landgericht den Vorlagebeschluß aufhebt.

G 22 Bei der Prüfung der Zulässigkeitsvoraussetzungen ist das Oberlandesgericht nicht an die Ansicht des vorlegenden Landgerichts gebunden, da es seinerseits verpflichtet ist, die Zulässigkeitsvoraussetzungen des Rechtsentscheids zu beachten. Eine von der Rechtsmeinung des Landgerichts abweichende Entscheidung über die Zulässigkeit des Rechtsentscheids berührt zudem den sachlich-rechtlichen Erkenntnisgang des Berufungsverfahrens nicht; denn die Feststellung, daß keine grundsätzliche Rechtsfrage oder keine Abweichung von einer obergerichtlichen Vorentscheidung gegeben ist, hat im Unterschied zu der Erheblichkeit einer Rechtsfrage keinen Einfluß auf die sachlich-rechtliche Bewertung der Rechtsfrage durch das Landgericht. Dieses kann daher im Falle der Verweigerung eines Rechtsentscheids nach pflichtgemäßem Ermessen und unter Beachtung der prozessualen Regeln der Wahrheitsfindung im Urteil seine zur Vorlage gebrachte Rechtsansicht vertreten bzw. die für grundsätzlich gehaltene Rechtsfrage überzeugungsgemäß entscheiden.

G 23 d) Fraglich ist, ob und in welchem Umfang die Oberlandesgerichte die Entscheidungserheblichkeit der Rechtsfrage nachprüfen können. Da die Entscheidungserheblichkeit einer konkreten Rechtsfrage unter Umständen von der Beantwortung bestimmter Vorfragen abhängen kann, führt ein unbeschränktes Prüfungsrecht im Ergebnis zu einer umfassenden Nachprüfung des instanzgerichtlichen Verfahrens. So wird beispielsweise eine Frage zur Auslegung des § 568 BGB nur dann entscheidungserheblich sein, wenn das Mietverhältnis wirksam beendet worden ist. Demgemäß müßte das Oberlandesgericht auf der Grundlage der hier dargestellten Rechtsauffassung prüfen, ob etwa eine Kündigung formell wirksam ist und ob ausreichende Kündigungsgründe vorliegen. Ein derartig umfassendes Prüfungsrecht kommt dem Oberlandesgericht aber nicht zu. Denn das Rechtsentscheidverfahren eröffnet keine neue Instanz, sondern ermöglicht lediglich die obergerichtliche Klärung konkreter Rechtsfragen. Die Entscheidungskompetenz für alle nicht vom Vorlagebeschluß erfaßten Rechtsfragen verbleibt beim Landgericht; es ist nicht Sache des Oberlandesgerichts darüber zu befinden, ob die nicht

IV. Der Rechtsentscheid

vorgelegten Rechtsfragen richtig oder falsch entschieden sind (OLG Hamm [RE] vom 10. 9. 1984 RES § 8 a WoBindG Nr. 3). Aus diesem Grunde hat das Oberlandesgericht die Vorentscheidungen des Landgerichts hinzunehmen.

Nach wohl überwiegender Ansicht soll sich die Prüfung der Entscheidungserheblichkeit darauf beschränken, ob die Rechtsfrage auf der Grundlage der im Vorlagebeschluß niedergelegten Rechtsansichten, Tatsachen, Feststellungen und Würdigungen tatsächlicher Art des Landgerichts entscheidungserheblich ist (OLG Braunschweig (RE) vom 15. 3. 1982 RES 3. MÄG Nr. 14; ähnlich OLG Hamburg (RE) vom 27. 7. 1981 RES § 568 Nr. 1). Diese Ansicht bejaht eine Bindung an die Auffassung des vorlegenden Gerichts, soweit diese nicht eindeutig unhaltbar oder verfassungswidrig ist (so OLG Karlsruhe (RE) vom 25. 3. 1981 RES § 552 BGB Nr. 3; OLG Hamburg WM 86, 12; BayObLG NJW 87, 1950). Auch dieser Meinung ist indes entgegenzuhalten, daß die Prüfung von Vorfragen nicht Gegenstand des Rechtsentscheidverfahrens ist, sondern zu den Aufgaben der Instanzgerichte gehört. Auch auf der Grundlage dieser Ansicht wird nicht ausgeschlossen, daß sich das Oberlandesgericht mit Problemen befassen muß, welche die vorgelegte Rechtsfrage nicht unmittelbar betreffen. Bei Ablehnung des Rechtsentscheids mangels Entscheidungserheblichkeit ist das Landgericht im übrigen nicht gehindert, an seiner Auffassung festzuhalten, erhielte aber dann nicht den Rechtsentscheid, sondern müßte die Frage notgedrungenerweise selbst entscheiden. Auf diese Umstände hat das OLG Karlsruhe mit dem Rechtsentscheid vom 25. 3. 1981 (a. a. O.) zutreffend hingewiesen, ohne allerdings die richtigen Konsequenzen zu ziehen.

Nach der hier vertretenen Rechtsauffassung kann das Oberlandesgericht deshalb den Erlaß des Rechtsentscheids nur ablehnen, wenn die Rechtsfrage auch unter Zugrundelegung der vom Landgericht getroffenen Vorentscheidungen und Wertungen nicht entscheidungserheblich ist. Die Prüfung dieser Frage kann wertungsfrei allein nach logischen Gesichtspunkten erfolgen. Die Entscheidungsbefugnis der Instanzgerichte bleibt dabei unberührt.

Für die Begründung des Vorlagebeschlusses (s. Rdn G 16) bedeutet dies, daß das Landgericht nicht darzulegen braucht, nach welchen Kriterien eine bestimmte Vorfrage entschieden worden ist. Wird beispielsweise eine Rechtsfrage aus dem Bereich des § 568 BGB vorgelegt, so genügt die Darlegung, daß das Landgericht von einer wirksamen Beendigung des Mietverhältnisses ausgeht. An diese Feststellung ist das Oberlandesgericht gebunden; eine Befugnis zur Nachprüfung dieses Teilergebnisses besteht nicht.

2. Sachentscheidung

a) Sind die Zulässigkeitsvoraussetzungen gegeben, so hat das Oberlandesgericht über die vom Berufungsgericht im Vorlagebeschluß gestellte Rechtsfrage in der Sache zu entscheiden.

G 27 Aus dem **Rechtsentscheid** muß sich klar ergeben, wie das Oberlandesgericht die Rechtsfrage beurteilt. Das geschieht zweckmäßigerweise dadurch, daß die Grundsätze der Entscheidung leitsatzartig im Tenor zusammengefaßt werden; Tenor und Gründe der Rechtsentscheide müssen die Grenzen der Bindungswirkung eindeutig erkennen lassen (s. Rdn G 34). Der Tenor muß so gefaßt sein, daß der Rechtsentscheid auch zur Entscheidung anderer Sachverhalte herangezogen werden kann (falsch z. B.: OLG Bremen (RE) vom 7. 11. 1980 RES § 10 MHG Nr. 2 – ,,Der zwischen den Parteien ... abgeschlossene Mietvertrag über ein Einzelappartement in einem Studentenwohnheim ... stellt keine Vermietung von Wohnraum nur zum vorübergehenden Gebrauch ... dar" –). Ein Rechtsentscheid kann auch dann während der Gerichtsferien ergehen, wenn das Ausgangsverfahren keine Feriensache ist (OLG Karlsruhe (RE) vom 20. 7. 1982 RES § 2 MHG Nr. 29).

G 28 Zu den gestellten Rechtsfragen kann das Oberlandesgericht von den Parteien eine Ergänzung und Erläuterung des Vorlagebeschlusses fordern und gegebenenfalls die Verfahrensakten beiziehen. Außerhalb der Entscheidungskompetenz des Oberlandesgerichts liegt es aber, über Rechtsfragen zu entscheiden, die vom Berufungsgericht versehentlich oder bewußt nicht gestellt sind; dies hindert das OLG aber nicht an der Erteilung eines (unverbindlichen) Hinweises im Rechtsentscheid auf weitere möglicherweise entscheidungserhebliche Rechtsfragen.

G 29 Falls das Landgericht irrtümlich davon ausgeht, daß bei gestellten Rechtsfragen grundsätzlicher Bedeutung bisher keine Vorentscheidung vorliegt oder die zur Entscheidung gestellte Rechtsfrage schon abweichend geklärt ist, wird das Oberlandesgericht ohne Rechtsentscheid den Vorlagebeschluß an das Landgericht zur Prüfung, ob dieses an seinem Beschluß festhalten will, zurückzugeben haben.

G 30 b) Das Oberlandesgericht entscheidet im Beschlußweg **ohne mündliche Verhandlung** (Art. III Abs. I 4). Da es mit dem Rechtsentscheid der Sache nach nur eine gutachtliche Hilfestellung leistet (Roquette § 47 MSchG Anm. 4), entsteht zwischen ihm und den Parteien kein Prozeßrechtsverhältnis. Die Gerichtsferien haben auf das Verfahren keinen Einfluß (OLG Hamm [RE] vom 10. 9. 1984 RES § 8a WoBindG Nr. 3). Der Rechtsentscheid muß den Parteien nicht zugestellt, wohl aber zur Kenntnis- und Stellungnahme vor der letzten mündlichen Verhandlung vom Instanzgericht formlos im vollen Wortlaut übermittelt werden; die Sach- und Rechtslage ist nach § 139 I, II ZPO auf der Grundlage des Rechtsentscheids mit den Parteien zu erörtern.

G 31 Hält das Oberlandesgericht im Einklang mit der Rechtsansicht des Berufungsgerichts ein Abweichen von einer Entscheidung eines anderen Oberlandesgerichts oder des BGH für geboten, so hat es selbst einen Vorlagebeschluß zu fassen und den Rechtsentscheid des BGH herbeizuführen (Art. III Abs. I 3). Dies gilt nicht für das Abweichen von eigenen früheren Rechtsentscheiden. Das Oberlandesgericht ist nicht befugt, dem BGH eine andere Rechtsfrage vorzulegen, als ihm selbst vom Land-

V. Die Wirkungen des Rechtsentscheids

gericht gestellt worden ist. Will das Oberlandesgericht bei der Beantwortung der ihm vom Landgericht unterbreiteten Rechtsfrage nicht im Ergebnis, sondern nur in einer als erheblich angesehenen Vorfrage von einer Entscheidung des Bundesgerichtshofs oder eines anderen Oberlandesgerichts abweichen, so kann es keinen Rechtsentscheid des Bundesgerichtshofs herbeiführen, sondern muß ihn selbst erlassen (BGH (RE) vom 28. 1. 1981 RES 3. MietRÄndG Nr. 4).

c) Durch den Rechtsentscheid entstehen keine besonderen gerichtlichen oder außergerichtlichen **Kosten,** weil seine Einholung keine neue Instanz begründet und auch keine Beweisaufnahme i. S. der Kostenvorschriften darstellt, sondern ein gerichtsinterner Vorgang ist.

d) Gegen Rechtsentscheide sowohl des Oberlandesgerichts als auch des BGH sind keine **Rechtsmittel** gegeben. Da der Rechtsentscheid als lediglich intern bindender Gerichtsakt jedoch keine Rechtskraft entfaltet, ist das Oberlandesgericht befugt, auf Anregung einer Partei oder des Berufungsgerichts ein Versehen (z. B. hinsichtlich seiner eigenen Vorlagepflicht an den BGH) durch Aufhebung des ersten Rechtsentscheids auszuräumen, solange das Landgericht noch nicht in der Sache entschieden hat.

V. Die Wirkungen des Rechtsentscheids

1. Die Absicht des Gesetzgebers, durch das Rechtsentscheidverfahren möglichst schnell zu einer einheitlichen Rechtsprechung zu gelangen, wird nicht nur durch die Vorlagepflicht, sondern noch mehr durch die in Art. III Abs. I 5 ausdrücklich bestimmte **Bindungswirkung** erreicht. Diese besteht nicht nur hinsichtlich des Tenors im Rechtsentscheid, sondern auch hinsichtlich der tragenden Gründe der Entscheidung (OLG Frankfurt [RE] vom 4. 4. 1985 RES § 5 WiStG Nr. 11). Die tragenden Entscheidungsgründe sind allerdings nur im Zusammenhang mit dem Tenor von Bedeutung, indem sie zu dessen besserem Verständnis, zur Konkretisierung und zur Erläuterung herangezogen werden können (OLG Frankfurt RES 3. MietRÄndG Nr. 69).

a) Der Rechtsentscheid bindet unmittelbar nur das mit dem Fall befaßte Berufungsgericht. Mittelbar hat der Rechtsentscheid aber auch Auswirkungen für die Entscheidungspraxis der übrigen Landgerichte. Diese müssen ihrerseits einen Rechtsentscheid herbeiführen, wenn sie die bereits entschiedene Rechtsfrage abweichend beantworten wollen. Soweit der Rechtsentscheid unmittelbare Bindungswirkung entfaltet, muß dies im Berufungsurteil zum Ausdruck kommen. In den Entscheidungsgründen sind die Leitsätze des Rechtsentscheids möglichst unverändert wiederzugeben.

Bei einer Zurückverweisung der Sache an das Amtsgericht ebenso wie bei einer erneuten Berufung erstreckt sich die Bindungswirkung auf das Amtsgericht und wiederum das Landgericht.

G 37 b) Der Rechtsentscheid wirkt nur für das konkrete Ausgangsverfahren. Will das Landgericht in einem späteren gleichgelagerten Verfahren abweichen, so kann es erneut vorlegen (KG (RE) vom 28. 5. 1982 RES § 541a BGB Nr. 2). In demselben Verfahren einen abermaligen Rechtsentscheid zu derselben Rechtsfrage herbeizuführen, ist unzulässig, auch wenn neue, bisher nicht beachtete Gesichtspunkte in Erscheinung treten; im übrigen ist aber die Einholung eines weiteren Rechtsentscheids im selben Verfahren zulässig.

G 38 c) Die Bindungswirkung geht aber auch über den Einzelfall hinaus, weil sowohl das Berufungsgericht in allen weiteren Verfahren als auch alle anderen Landgerichte durch die Vorlagepflicht gemäß Art. III Abs. I 1, 1. Alt. an einer eigenen abweichenden Beurteilung der durch Rechtsentscheid obergerichtlich entschiedenen Rechtsfragen gehindert sind. Wird von einem Instanzgericht im Urteil entgegen den Rechtssätzen eines vorliegenden Rechtsentscheid entschieden, so hat das nach der derzeitigen Rechtslage aber auf den Bestand der Entscheidung keinen Einfluß. Eine Verstärkung der Bindungswirkung sollte in dieser Hinsicht vom Gesetzgeber erwogen werden, um die Effektivität des Rechtsentscheids zu erhöhen.

G 39 2. Die Amtsgerichte werden außerhalb des entschiedenen Einzelfalls von der Bindungswirkung nicht erfaßt. Trotzdem wird auch von ihnen im Interesse der Kostenersparnis für die Parteien und der Prozeßbeschleunigung eine durch Rechtsentscheide gefestigte Rechtsprechung zu beachten sein.

Anhang

Übersicht über bisher ergangene Rechtsentscheide[1]

(Die mit * gekennzeichneten Entscheidungen sind Beschlüsse, durch die der Erlaß eines Rechtsentscheids abgelehnt worden ist.)

Datum	Aktenzeichen	Fundstelle in RES	Sonstige Fundstellen
Bundesgerichtshof			
*28. 1. 1981	VIII ARZ 6/80	3. MietRÄndG Nr. 4	BGHZ 79. 288; NJW 1981, 1040; MDR 1981, 492; WM 1981, 123; ZMR 1981, 152; DWW 1982, 123; GE 1981, 337
21. 4. 1982	VIII ARZ 16/81	§ 556 BGB Nr. 2	BGHZ 84, 90; NJW 1982, 1696; MDR 1982, 747; WM 1982, 178; ZMR 1982, 274; DWW 1982, 211
21. 4. 1982	VIII ARZ 2/82	§ 2 MHG Nr. 26	BGHZ 83, 366; NJW 1982, 1701; MDR 1982, 748; WM 1982, 177; ZMR 1982, 340; DWW 1982, 212; GE 1982, 609
8. 7. 1982	VIII ARZ 3/82	§ 535 BGB Nr. 4	BGHZ 84, 345; NJW 1982, 2186; MDR 1982, 925; WM 1982, 240; ZMR 1982, 366; DWW 1982, 270; GE 1982, 797
20. 9. 1982	VIII ARZ 1/82	§ 2 MHG Nr. 31	BGHZ 84, 392; NJW 1982, 2867; MDR 1983, 126; ZMR 1983, 69; GE 1982, 1032
20. 9. 1982	VIII ARZ 5/82	§ 2 MHG Nr. 32	WM 1982, 324; DWW 1982, 301
20. 9. 1982	VIII ARZ 13/82	§ 2 MHG Nr. 33	
*21. 9. 1983	VIII ARZ 2/83	3. MietRÄndG Nr. 27	NJW 1984, 236; ZMR 1984, 174; WM 1984, 3; DWW 1983, 307; GE 1984, 33
*2. 11. 1983	VIII ARZ 9/83	3. MietRÄndG Nr. 32	NJW 1984, 237; MDR 1984, 484; WM 1984, 4; ZMR 1984, 286
11. 1. 1984	VIII ARZ 13/83	§ 5 WiStG Nr. 10	BGHZ 89, 316; NJW 1984, 722; MDR 1984, 570; WM 1984, 68; ZMR 1984, 121; DWW 1984, 46; GE 1984, 196

---

[1] Die in früherer Zeit ergangenen Rechtsentscheide zu § 556a BGB sind hier nicht aufgeführt; s. dazu Rdn. B 277–291.

Datum	Aktenzeichen	Fundstelle in RES	Sonstige Fundstellen
11. 1. 1984	VIII ARZ 10/83	§ 10 WoBindG Nr. 3	BGHZ 89, 284; NJW 1984, 1033; MDR 1984, 663; WM 1984, 70; ZMR 1984, 209; DWW 1984, 98
11. 1. 1984	VIII ARZ 6/83	§ 29a ZPO Nr. 1	BGHZ 89, 275; NJW 1984, 1615; MDR 1984, 574; WM 1984, 119; ZMR 1984, 174; GE 1984, 277
11. 4. 1984	VIII ARZ 16/83	§ 20 NMV Nr. 4	BGHZ 91, 62; NJW 1984, 2466; MDR 1984, 836; WM 1984, 185; DWW 1984, 165
3. 10. 1984	VIII ARZ 2/84	§ 549 BGB Nr. 3	BGHZ 92, 213; NJW 1985, 130; WM 1985, 7; ZMR 1985, 50; DWW 1985, 24; GE 1985, 85
30. 10. 1984	VIII ARZ 1/84	§ 536 BGB Nr. 13	BGHZ 92, 363; NJW 1985, 480; WM 1985, 46; ZMR 1985, 84; GE 1985, 87; DWW 85, 50
*8. 1. 1986	VIII ARZ 4/85	–	NJW 1986, 2102; WM 1986, 209; DWW 1986, 97
1. 7. 1987	VIII ARZ 2/87	–	WM 1987, 310; MDR 1987, 929; ZMR 1987, 412
1. 7. 1987	VIII ARZ 9/86	–	NJW 1987, 2575; WM 1987, 306; MDR 1987, 927; ZMR 1987, 415; DWW 1987, 219

Bayerisches Oberstes Landesgericht

21. 11. 1980	Allg. Reg. 83/80	§ 564b BGB Nr. 2	BayObLGZ 1980, 360; NJW 1981, 580; WM 1981, 32; MDR 1981, 318; ZMR 1981, 92
19. 1. 1981	Allg. Reg. 103/80	§ 536 BGB Nr. 1	BayObLGZ 1981, 1; NJW 1981, 1275; MDR 1981, 583; WM 1981, 80; ZMR 1982, 84; DWW 1982, 121; GE 1981, 533
9. 2. 1981	Allg. Reg. 126/80	§ 535 BGB Nr. 2	BayObLGZ 1981, 15; NJW 1981, 994; MDR 1981, 498; WM 1981, 82; ZMR 1982, 82; DWW 1982, 121; GE 1981, 629
19. 3. 1981	Allg. Reg. 7/81	§ 2 MHG Nr. 7	BayObLGZ 1981, 105; NJW 1981, 1219; MDR 1981, 674; WM 1981, 100; ZMR 1982, 213; DWW 1982, 120; GE 1981, 759
24. 6. 1981	Allg. Reg. 41/81	§ 2 MHG Nr. 11	BayObLGZ 1981, 214; NJW 1981, 2259; WM 1981, 208; ZMR 1982, 343; DWW 1982, 121; GE 1981, 811

Anhang. Rechtsprechungsübersicht **G 39a**

Datum	Aktenzeichen	Fundstelle in RES	Sonstige Fundstellen
14. 7. 1981	Allg. Reg. 32/81	§ 564b BGB Nr. 9	BayObLGZ 1981, 232; NJW 1981, 2197; MDR 1981, 1020; WM 1981, 200; ZMR 1981, 333; DWW 1981, 234
20. 8. 1981	Allg. Reg. 30/81	§ 2 MHG Nr. 13	BayObLGZ 1981, 283; NJW 1981, 2818; MDR 1982, 57; WM 1981, 255; ZMR 1982, 20; DWW 1982, 120; GE 1981, 959
1. 9. 1981	Allg. Reg. 58/81	§ 568 BGB Nr. 2	NJW 1981, 2759; MDR 1982, 56; WM 1981, 253; ZMR 1982, 16; GE 1981, 1017
24. 11. 1981	Allg. Reg. 64/81	§ 571 BGB Nr. 2	BayObLGZ 1982, 343; NJW 1982, 451; MDR 1982, 322; WM 1982, 46; ZMR 1982, 88; DWW 1982, 119
9. 2. 1982	Allg. Reg. 105/81	§ 2 MHG Nr. 20	BayObLGZ 1982, 78; WM 1982, 105; MDR 1982, 494; DWW 1982, 124
2. 3. 1982	Allg. Reg. 115/81	§ 564b BGB Nr. 15	BayObLGZ 1982, 135; NJW 1982, 1159; MDR 1982, 582; WM 1982, 125; ZMR 1982, 368; GE 1982, 517
1. 4. 1982	Allg. Reg. 68/81	§ 2 MHG Nr. 24	BayObLGZ 1982, 173; WM 1982, 154; MDR 1982, 672; ZMR 1982, 372; GE 1982, 521
25. 5. 1982	RE Miet 2/82	§ 564b BGB Nr. 17	BayObLGZ 1982, 217; NJW 1982, 2003; MDR 1982, 939; WM 1982, 203; ZMR 1982, 277
*21. 2. 1983	Allg. Reg. 112/81	3. MietRÄndG Nr. 20	BayObLGZ 1983, 30; WM 1983, 107; ZMR 1983, 247; DWW 1983, 71; GE 1983, 429
*25. 2. 1983	RE Miet 1/82	3. MietRÄndG Nr. 22	BayObLGZ 1983, 50; MDR 1983, 580; WM 1983, 129; ZMR 1983, 352; GE 1983, 431
20. 7. 1983	RE Miet 6/82	§ 2 MHG Nr. 44	BayObLGZ 1983, 195; MDR 1983, 1027; WM 1983, 254; ZMR 1984, 66; GE 1983, 865
14. 9. 1983	Re Miet 8/82	§ 553 BGB Nr. 2	BayObLGZ 1983, 228; NJW 1984, 60; MDR 1984, 55; ZMR 1984, 13; WM 1983, 309; GE 1983, 963

Datum	Aktenzeichen	Fundstelle in RES	Sonstige Fundstellen
17. 10. 1983	RE Miet 6/83	§ 564b BGB Nr. 26	BayObLGZ 1983, 245; MDR 1984, 146; WM 1984, 15; GE 1983, 1155; NJW 1984, 1560; DWW 1984, 22; ZMR 1984, 24
*21. 10. 1983	RE Miet 4/82	3. MietRÄndG Nr. 29	WM 1984, 10; ZMR 1984, 23; DWW 1984, 21; GE 1983, 1159
*4. 11. 1983	RE Miet 13/83	3. MietRÄndG Nr. 33	NJW 1984, 496; MDR 1984, 234; WM 1984, 12; ZMR 1984, 83; GE 1984, 227
17. 11. 1983	RE Miet 1/83	§ 564b BGB Nr. 27	BayObLGZ 1983, 271; NJW 1984, 372; MDR 1984, 234; WM 1984, 16; ZMR 1984, 59; GE 1984, 77
24. 11. 1983	RE Miet 5/82	§ 564b BGB Nr. 28	BayObLGZ 1983, 280; MDR 1984, 316; WM 1984, 14; ZMR 1984, 89; GE 1984, 431
*29. 11. 1983	RE Miet 3/82	3. MietRÄndG Nr. 36	WM 1984, 9; ZMR 1984, 99
29. 11. 1983	RE Miet 9/82	§ 549 BGB Nr. 2	BayObLGZ 1983, 285; MDR 1984, 316; WM 1984, 13; ZMR 1984, 87; GE 1984, 429
23. 1. 1984	RE MietR 14/83	§ 2 MHG Nr. 50	BayObLGZ 1984, 4; NJW 1984, 742; MDR 1984, 406; WM 1984, 48; ZMR 1984, 138; DWW 1984, 47; GE 1984, 281
26. 2. 1984	RE Miet 3/84	§ 4 MHG Nr. 5	BayObLGZ 1984, 38; NJW 1984, 1761; WM 1984, 104, 192; ZMR 1984, 203; DWW 1984, 73; GE 1984, 527
*22. 5. 1984	RE Miet 7/83	3. MietRÄndG Nr. 47	WM 1984, 192; ZMR 1984, 317
* 9. 7. 1984	RE Miet 7/82	3. MietRÄndG Nr. 49	WM 1984, 240
*19. 7. 1984	RE Miet 2/83	3. MietRÄndG Nr. 53	WM 1984, 278; ZMR 1985, 24
*19. 7. 1984	RE Miet 3/83	3. MietRÄndG Nr. 54	WM 1984, 275; ZMR 1984, 355
*19. 7. 1984	RE Miet 4/83	3. MietRÄndG Nr. 55	WM 1984, 276
*19. 7. 1984	RE Miet 5/83	3. MietRÄndG Nr. 56	WM 1984, 279
*19. 7. 1984	RE Miet 1/84	3. MietRÄndG Nr. 57	WM 1984, 276; ZMR 1985, 26
*16. 10. 1984	RE Miet 4/84	3. MietRÄndG Nr. 61	WM 1985, 18; GE 1985, 303

Anhang. Rechtsprechungsübersicht G 39a

Datum	Aktenzeichen	Fundstelle in RES	Sonstige Fundstellen
4. 12. 1984	RE Miet 2/84	§ 564b BGB Nr. 32	BayObLGZ 1984, 279; WM 1985, 52; ZMR 1985, 97; DWW 1985, 28; GE 1985, 297; MDR 1985, 324
*11. 12. 1984	RE Miet 10/83	3. MietRÄndG Nr. 63	WM 1985, 51; ZMR 1985, 98; GE 1985, 299; DWW 1985, 73
17. 12. 1984	RE Miet 8/83	§ 538 BGB Nr. 2	BayObLGZ 1984, 299; NJW 1985, 1716; MDR 1985, 500; WM 1985, 49; ZMR 1985, 92
*17. 12. 1984	RE Miet 9/83	3. MietRÄndG Nr. 64	WM 1985, 53; ZMR 1985, 100
17. 12. 1984	RE Miet 6/84	§ 564b BGB Nr. 33	WM 1985, 50; ZMR 1985, 96
12. 3. 1985	RE Miet 1/85	§ 570 BGB Nr. 1	BayObLGZ 1985, 88; WM 1985, 140; ZMR 1985, 198
23. 5. 1985	RE Miet 2/85	§ 8 WoBindG Nr. 1	BayObLGZ 1985, 201; MDR 1985, 767; WM 1985, 217; ZMR 1985, 272; GE 1985, 637
*23. 7. 1985	RE Miet 3/85	3. MietRÄndG Nr. 68	MDR 1985, 1030; WM 1985, 283; ZMR 1985, 335; DWW 1985, 285
25. 3. 1986	RE Miet 4/85	–	NJW-RR 1986, 892; WM 1986, 205; ZMR 1986, 193; MDR 1986, 676; DWW 1986, 149; GE 1986, 605
*12. 6. 1986	RE Miet 1/86	–	NJW-RR 1986, 1145; WM 1986, 271; GE 1986, 1165
4. 2. 1987	RE Miet 2/86	–	NJW-RR 1987, 971; WM 1987, 112; NJW 1987, 1950; ZMR 1987, 174; MDR 1987, 498
9. 7. 1987	RE Miet 1/87	–	NJW-RR 1987, 1298; WM 1987, 344
*21. 7. 1987	RE Miet 3/87	–	NJW-RR 1987, 1301; WM 1987, 348; ZMR 1987, 432; MDR 1987, 1026
23. 7. 1987	RE Miet 2/87	–	NJW-RR 1987, 1302; WM 1987, 312; ZMR 1987, 426; MDR 1987, 1027

Kammergericht

12. 1. 1981	8 WRE Miet 4154/80	§ 2 MHG Nr. 6	WM 1981, 54; ZMR 1981, 158; GE 1981, 133
25. 2. 1981	8 WRE Miet 5071/80	§ 564b BGB Nr. 4	NJW 1981, 1048; MDR 1981, 586; WM 1981, 81; DWW 1982, 118; ZMR 1981, 154; GE 1981, 287

G 39a Teil G. Rechtsentscheid in Wohnraummietsachen

Datum	Aktenzeichen	Fundstelle in RES	Sonstige Fundstellen
21. 4. 1981	8 WRE Miet 1397/81	§ 564b BGB Nr. 7	NJW 1981, 2470; MDR 1981, 760; WM 1981, 154; ZMR 1981, 243; DWW 1982, 119; GE 1981, 489
22. 6. 1981	8 WRE Miet 4340/80	§ 541a BGB Nr. 1	NJW 1981, 2307; WM 1981, 198; ZMR 1981, 309; DWW 1982, 123; GE 1981, 757
14. 8. 1981	8 WRE Miet 3471/81	§ 20 NMV Nr. 1	WM 1981, 270; ZMR 1982, 182; DWW 1982, 123; GE 1981, 865
29. 1. 1982	8 WRE Miet 4902/81	§ 16 WoBindG Nr. 1	NJW 1982, 2077; WM 1982, 102; ZMR 1982, 241; DWW 1982, 149; GE 1982, 425
3. 3. 1982	8 WRE Miet 2291/82	§ 10 WoBindG Nr. 1	NJW 1982, 1468; WM 1982, 148; ZMR 1982, 250; GE 1982, 421
*24. 5. 1982	8 WRE Miet 988/82	3. MietRÄndG Nr. 16	WM 1982, 289; ZMR 1982, 378; GE 1982, 743
28. 5. 1982	8 WRE Miet 4712/82	§ 541a BGB Nr. 2	WM 1982, 293; ZMR 1982, 318; GE 1982, 701
9. 8. 1982	8 WRE Miet 4905/81	§ 2 des 1. BMG Nr. 1	WM 1982, 262; GE 1982, 785; ZMR 1983, 140
3. 2. 1983	8 WRE Miet 5683/81	§ 8a WoBindG Nr. 1	NJW 1983, 2453; WM 1983, 81; ZMR 1983, 280; GE 1983, 321
28. 2. 1983	8 WRE Miet 2922/82	1. BMG Nr. 2	WM 1983, 135; GE 1983, 377; ZMR 1984, 384
*14. 3. 1983	8 WRE Miet 5384/82	3. MietRÄndG Nr. 23	WM 1983, 128; ZMR 1983, 351
* 6. 4. 1983	8 WRE Miet 1247/83	3. MietRÄndG Nr. 24	WM 1983, 228; ZMR 1983, 413; GE 1983, 569
*11. 5. 1983	8 WRE Miet 1734/83	3. MietRÄndG Nr. 25	WM 1983, 281; ZMR 1983, 413; GE 1983, 571
24. 6. 1983	8 WRE Miet 3712/82	1. BMG Nr. 3	WM 1983, 283; ZMR 1984, 239; GE 1983, 709
* 4. 7. 1983	8 WRE Miet 980/83	3. MietRÄndG Nr. 26	WM 1983, 282; ZMR 1984, 176; DWW 1984, 22; GE 1983, 909
*19. 12. 1983	8 WRE Miet 4298/83	3. MietRÄndG Nr. 39	WM 1984, 42; GE 1984, 81
22. 2. 1984	8 WRE Miet 194/84	§ 2 MHG Nr. 51	WM 1984, 101; ZMR 1984, 168; DWW 1984, 102; GE 1984, 325
*23. 2. 1984	8 WRE Miet 328/84	3. MietRÄndG Nr. 43	WM 1984, 100
5. 3. 1984	8 WRE Miet 97/84	§ 554 BGB Nr. 2	WM 1984, 93; ZMR 1985, 52; DWW 1984, 191; GE 1984, 435

Datum	Aktenzeichen	Fundstelle in RES	Sonstige Fundstellen
*26. 3. 1984	8 WRE Miet 6193/84	3. MietRÄndG Nr. 46	WM 1984, 279
*19. 7. 1984	8 RE Miet 1709/84	3. MietRÄndG Nr. 58	WM 1984, 277; ZMR 1985, 20; GE 1985, 517
20. 9. 1984	8 RE Miet 3390/84	§ 5a NMV Nr. 2	WM 1984, 319; DWW 1985, 26; GE 1984, 1069
25. 10. 1984	8 RE Miet 4148/84	§ 2 MHG Nr. 56	WM 1985, 12
*3. 1. 1985	8 WRE Miet 6148/83	3. MietRÄndG Nr. 65	WM 1985, 285
27. 6. 1985	8 RE Miet 874/85	§ 541b BGB Nr. 1	NJW 1985, 2031; WM 1985, 248; ZMR 1985, 262; DWW 1985, 204
19. 9. 1985	8 RE Miet 1661/85	§ 541b BGB Nr. 2	NJW 1986, 137; WM 1985, 335; ZMR 1985, 406; DWW 1985, 312; GE 1985, 1093
30. 9. 1985	8 RE Miet 2799/85	§ 85 des II. WoBauG Nr. 1	WM 1985, 387; ZMR 1985, 412; DWW 1985, 315; GE 1986, 181
* 7. 10. 1985	8 RE Miet 2800/85	–	WM 1986, 13
*14. 10. 1985	8 RE Miet 3920/85	3. MietRÄndG Nr. 71	WM 1985, 387; ZMR 1985, 411; DWW 1986, 15; GE 1986, 187
5. 12. 1985	8 RE Miet 5205/85	§ 2 MHG Nr. 58	WM 1986, 106; ZMR 1986, 117; DWW 1986, 70; GE 1986, 225
*12. 12. 1985	8 RE Miet 5626/85	3. MietRÄndG Nr. 73	WM 1986, 108; ZMR 1986, 119; GE 1986, 231
*12. 1. 1987	8 RE Miet 3505/86	–	WM 1987, 183; ZMR 1987, 222; DWW 1987, 153
*29. 1. 1987	8 RE Miet 6223/86	–	WM 1987, 181; ZMR 1987, 220; DWW 1987, 153
* 4. 3. 1987	8 RE Miet 244/87	–	WM 1987, 314; ZMR 1987, 218; DWW 1987, 156
26. 3. 1987	8 RE Miet 6750/86	–	NJW-RR 1987, 847; WM 1987, 138; ZMR 1987, 216; DWW 1987, 158
30. 4. 1987	8 RE Miet 6660/86	–	ZMR 1987, 306; DWW 1987, 228; MM 1987, 253

OLG Braunschweig

*15. 3. 1982	1 UH 1/82	3. MietRÄndG Nr. 14	WM 1982, 316
19. 4. 1982	1 UH 1/81	§ 2 MHG Nr. 25	WM 1982, 272; DWW 1982, 243
27. 6. 1984	1 W 15/84	§ 564c BGB Nr. 1	WM 1984, 237; ZMR 1985, 14; DWW 1984, 287; GE 1985, 517
29. 3. 1985	1 UH 1/85	§ 10 MHG Nr. 6	WM 1985, 213

Datum	Aktenzeichen	Fundstelle in RES	Sonstige Fundstellen
OLG Bremen			
7. 11. 1980	1 UH 1/80 (a)	§ 10 MHG Nr. 2	ZMR 1982, 238; WM 1981, 8
30. 8. 1982	1 UH 1/82 (a)	§ 536 BGB Nr. 9	WM 1982, 317; DWW 1982, 335; GE 1982, 1085; NJW 1983, 689
OLG Celle			
16. 3. 1981	2 UH 1/80	§ 3 MHG Nr. 1	NJW 1981, 1625; MDR 1981, 761; WM 1981, 151; ZMR 1981, 246; DWW 1981, 151; GE 1981, 575
*20. 1. 1982	2 UH 1/81	3. MietRÄndG Nr. 11	ZMR 1982, 245; WM 1982, 101
27. 4. 1982	2 UH 2/81	§ 2 MHG Nr. 27	MDR 1982, 762; WM 1982, 180; ZMR 1982, 341
*28. 9. 1982	2 UH 1/82	3. MietRÄndG Nr. 18	WM 1982, 317; DWW 1982, 362
* 8. 11. 1983	2 UH 1/83	3. MietRÄndG Nr. 34	WM 1984, 5; ZMR 1984, 318; DWW 1984, 22
*22. 3. 1984	2 UH 2/83	3. MietRÄndG Nr. 45	WM 1984, 193; ZMR 1985, 18; DWW 1984, 289
*19. 7. 1984	2 UH 1/84	3. MietRÄndG Nr. 52	ZMR 1985, 10; WM 1985, 9
*27. 7. 1984	2 UH 2/84	3. MietRÄndG Nr. 59	WM 1984, 274; ZMR 1984, 413; DWW 1984, 311
* 4. 2. 1985	2 UH 3/84	3. MietRÄndG Nr. 66	WM 1985, 142; ZMR 1985, 160
OLG Frankfurt			
6. 3. 1981	20 RE Miet 1/80	§ 564b BGB Nr. 5	NJW 1981, 1277; MDR 1981, 673; WM 1981, 126; DWW 1982, 118; GE 1981, 481
*12. 3. 1981	20 RE Miet 2/80	3. MietRÄndG Nr. 5	WM 1981, 123; DWW 1982, 121; GE 1981, 481
22. 9. 1981	20 RE Miet 1/81	§ 536 BGB Nr. 5	NJW 1982, 453; MDR 1982, 147; WM 1981, 272; ZMR 1982, 15; GE 1981, 1117
5. 10. 1981	20 RE Miet 2/81	§ 2 MHG Nr. 14	NJW 1981, 2820; MDR 1982, 147; WM 1981, 273; ZMR 1982, 22; DWW 1981, 294
2. 11. 1981	20 RE Miet 3/81	§ 564b BGB Nr. 12	NJW 1982, 188; MDR 1982, 235; WM 1982, 15; DWW 1982, 119; GE 1981, 1107
3. 3. 1982	20 RE Miet 1/82	§ 2 MHG Nr. 23	NJW 1982, 1822; MDR 1982, 672; WM 1982, 128; ZMR 1982, 342; GE 1982, 571

Anhang. Rechtsprechungsübersicht   G 39a

Datum	Aktenzeichen	Fundstelle in RES	Sonstige Fundstellen
23. 7. 1982	20 RE Miet 2/82	§ 20 NMV Nr. 2	WM 1982, 325; DWW 1982, 361; GE 1982, 1083; ZMR 1983, 139; NJW 1983, 2395
*23. 12. 1982	20 RE Miet 4/82	–	WM 1983, 73; DWW 1983, 48
28. 12. 1982	20 RE Miet 3/82	§ 23 der II. BV Nr. 1	GE 1983, 169; WM 1983, 83; DWW 1983, 48; NJW 1983, 1004
8. 12. 1983	20 RE Miet 1/83	§ 2 MHG Nr. 47	NJW 1984, 741; MDR 1984, 235; WM 1984, 26; GE 1984, 77; DWW 1984, 19; ZMR 1984, 48
*14. 12. 1983	20 RE Miet 2/83	3. MietRÄndG Nr. 38	WM 1984, 9; ZMR 1984, 173; DWW 1984, 21
*20. 12. 1983	20 RE Miet 3/83	3. MietRÄndG Nr. 40	WM 1984, 50; ZMR 1984, 95; DWW 1984, 73
19. 3. 1984	20 RE Miet 1/84	§ 2 MHG Nr. 52	NJW 1984, 1971; MDR 1984, 582; WM 1984, 124; ZMR 1984, 251; DWW 1984, 137; GE 1984, 437
20. 3. 1984	20 RE Miet 2/84	§ 2 MHG Nr. 53	MDR 1984, 582; WM 1984, 123; ZMR 1984, 250; DWW 1984, 138; GE 1984, 441
* 5. 11. 1984	20 RE MietR 3/84	3. MietRÄndG Nr. 62	WM 1985, 16; ZMR 1985, 59; GE 1985, 41
26. 3. 1985	20 RE Miet 1/85	§ 20 NMV Nr. 5	WM 1985, 180; ZMR 1985, 202; GE 1985, 531
4. 4. 1985	20 RE Miet 3/85	§ 5 WiStG Nr. 11	MDR 1985, 586; WM 1985, 139; ZMR 1985, 200
*15. 4. 1985	20 RE Miet 4/85	3. MietRÄndG Nr. 67	WM 1985, 216
19. 4. 1985	20 RE Miet 2/85	§ 20 NMV Nr. 6	WM 1985, 181
*29. 7. 1985	20 RE Miet 5/85	3. MietRÄndG Nr. 69	MDR 1985, 939; WM 1985, 285; ZMR 1985, 336; DWW 1985, 283
* 3. 12. 1985	20 RE Miet 6/85	3. MietRÄndG Nr. 72	WM 1986, 13; ZMR 1986, 89
14. 7. 1986	20 RE Miet 1/86	–	WM 1986, 273; ZMR 1986, 360; DWW 1986, 241; MDR 1986, 938; GE 1986, 1063

OLG Hamburg

25. 3. 1981	4 U 201/80	§ 564b BGB Nr. 6	NJW 1981, 2308; WM 1981, 155; ZMR 1982, 90; DWW 1982, 119; GE 1981, 477

Datum	Aktenzeichen	Fundstelle in RES	Sonstige Fundstellen
22. 4. 1981	4 U 200/80	§ 3 MHG Nr. 2	WM 1981, 127; ZMR 1981, 213; DWW 1982, 123; GE 1981, 483
14. 5. 1981	4 U 203/80	§ 3 MHG Nr. 4	NJW 1981, 2820; WM 1981, 152; ZMR 1981, 245; DWW 1982, 123; GE 1981, 761
27. 7. 1981	4 U 27/81	§ 568 BGB Nr. 1	NJW 1981, 2258; WM 1981, 205; ZMR 1981, 339; DWW 1982, 119; GE 1981, 905
17. 12. 1981	4 U 130/81	§ 553 BGB Nr. 1	NJW 1982, 1157; WM 1982, 41; ZMR 1982, 186; DWW 1982, 119; GE 1982, 26
18. 12. 1981	4 U 179/81	–	WM 1982, 290
7. 4. 1982	4 U 167/81	§ 564b BGB Nr. 16	NJW 1983, 182; WM 1982, 151; ZMR 1982, 282
* 3. 5. 1982	4 U 215/81	3. MietRÄndG Nr. 15	WM 1982, 177
6. 10. 1982	4 U 133/82	§ 3 MHG Nr. 4	WM 1983, 13; DWW 1982, 362; GE 1982, 1077; MDR 1983, 133
12. 11. 1982	4 U 174/82	§ 2 MHG Nr. 35	WM 1983, 11; NJW 1983, 1803; ZMR 1983, 136; MDR 1983, 230
15. 11. 1982	4 U 181/81	§ 5 WiStG Nr. 4	NJW 1983, 1004; MDR 1983, 230; WM 1983, 20; ZMR 1983, 100
20. 12. 1982	4 U 1/82	§ 5a NMV Nr. 1	WM 1983, 50; GE 1983, 171; NJW 1983, 828; DWW 1983, 47; ZMR 1983, 209
20. 12. 1982	4 U 25/82	§ 2 MHG Nr. 36	NJW 1983, 580; WM 1983, 49; DWW 1983, 47; MDR 1983, 405
16. 2. 1983	4 U 7/83	§ 2 MHG Nr. 39	NJW 1983, 1805; WM 1983, 80; ZMR 1983, 245; GE 1983, 483
3. 8. 1983	4 U 124/83	§ 5 WiStG Nr. 7	NJW 1983, 2455; WM 1983, 255; ZMR 1984, 65; DWW 1983, 173; GE 1983, 861
21. 9. 1983	4 U 42/83	§ 564b BGB Nr. 25	OLGZ 1983, 493; NJW 1984, 60; MDR 1984, 56; WM 1983, 310; ZMR 1984, 247; DWW 1983, 307; GE 1983, 1017
* 2. 11. 1983	4 U 79/83	3. MietRÄndG Nr. 31	WM 1984, 24; ZMR 1984, 317

Anhang. Rechtsprechungsübersicht   G 39 a

Datum	Aktenzeichen	Fundstelle in RES	Sonstige Fundstellen
30. 12. 1983	4 U 8/83	§ 2 MHG Nr. 49	NJW 1984, 930; MDR 1984, 317; WM 1984, 45; ZMR 1984, 91; DWW 1984, 20
10. 5. 1984	4 U 205/83	§ 5 MHG Nr. 6	NJW 1984, 2895; MDR 1984, 759; WM 1984, 190; ZMR 1984, 315; DWW 1984, 168
*26. 9. 1985	4 U 62/85	3. MietRÄndG Nr. 70	WM 1986, 12; ZMR 1985, 410; DWW 1985, 283
10. 12. 1985	4 U 88/85	§ 564b BGB Nr. 35	WM 1986, 51; ZMR 1986, 86; DWW 1986, 14; GE 1986, 185

OLG Hamm

Datum	Aktenzeichen	Fundstelle in RES	Sonstige Fundstellen
9. 10. 1980	4 ReMiet 2/80	§ 10 MHG Nr. 1	WM 1980, 262; NJW 1981, 234; ZMR 1981, 56; DWW 1980, 278; GE 1980, 1015
31. 10. 1980	4 ReMiet 1/80	§ 564b BGB Nr. 1	NJW 1981, 290; WM 1981, 5; ZMR 1982, 93; DWW 1980, 303
3. 12. 1980	4 ReMiet 3/80	§ 564b BGB Nr. 3	WM 1981, 35; ZMR 1981, 115; DWW 1981, 47; NJW 1981, 584; MDR 1981, 319
13. 1. 1981	4 ReMiet 5/80 und 6/80	§ 535 BGB Nr. 1	NJW 1981, 1626; MDR 1981, 406; WM 1981, 53; ZMR 1981, 153; DWW 1981, 48; GE 1981, 137
27. 2. 1981	4 ReMiet 4/80	§ 536 BGB Nr. 2	NJW 1981, 1049; MDR 1981, 584; WM 1981, 77; ZMR 1981, 179; DWW 1981, 149; GE 1981, 341
*31. 3. 1981	4 ReMiet 3/81	3. MietRÄndG Nr. 6	NJW 1981, 2585; WM 1981, 124; ZMR 1981, 219; DWW 1982, 123; GE 1981, 631
27. 4. 1981	4 ReMiet 2/81	§ 3 MHG Nr. 3	NJW 1981, 1622; MDR 1981, 671; WM 1981, 129; ZMR 1981, 216; DWW 1981, 126; GE 1981, 529
14. 7. 1981	4 ReMiet 1/81	§ 536 BGB Nr. 4	NJW 1981, 2362; MDR 1981, 1019; WM 1981, 196; ZMR 1981, 342; DWW 1981, 200; GE 1981, 857
14. 7. 1981	4 ReMiet 4/81	§ 2 MHG Nr. 12	NJW 1981, 2262; WM 1981, 226; ZMR 1981, 345; DWW 1982, 121; GE 1981, 861
1. 10. 1981	4 ReMiet 6/81	§ 554 BGB Nr. 1	NJW 1982, 341; MDR 1982, 147; WM 1981, 257; ZMR 1982, 13; DWW 1981, 293; GE 1981, 1105

Teil G. Rechtsentscheid in Wohnraummietsachen

Datum	Aktenzeichen	Fundstelle in RES	Sonstige Fundstellen
23. 11. 1981	4 ReMiet 8/81	§ 564a BGB Nr. 2	NJW 1982, 452; WM 1982, 44; DWW 1982, 118; GE 1982, 23
27. 12. 1981	4 ReMiet 5/81	§ 5 MHG Nr. 2	NJW 1982, 891; MDR 1982, 410; WM 1982, 47; ZMR 1982, 118; DWW 1982, 58; GE 1982, 183
* 1. 2. 1982	4 ReMiet 7/81	3. MietÄndG Nr. 12	NJW 1982, 1401; MDR 1982, 672; WM 1982, 121; ZMR 1982, 218
*24. 2. 1982	4 ReMiet 12/81	3. MietÄndG Nr. 13	NJW 1982, 1403; WM 1982, 150; ZMR 1982, 217; DWW 1982, 152; GE 1982, 569
19. 5. 1982	4 ReMiet 10/81	§ 536b BGB Nr. 7	NJW 1982, 2005; MDR 1982, 851; WM 1982, 201; ZMR 1982, 314; DWW 1982, 214; GE 1982, 695
28. 5. 1982	4 ReMiet 11/81	§ 2 MHG Nr. 28	NJW 1982, 2076; MDR 1982, 851; WM 1982, 204; DWW 1982, 213; GE 1982, 741
14. 7. 1982	4 ReMiet 4/82	§ 564b BGB Nr. 20	NJW 1982, 2563; MDR 1982, 1020; WM 1982, 244; DWW 1982, 243; GE 1982, 841; ZMR 1982, 369
*23. 7. 1982	4 ReMiet 3/82	3. MietRÄndG Nr. 17	WM 1982, 290; NJW 1982, 1403; ZMR 1983, 318
17. 8. 1982	4 ReMiet 1/82	§ 549 BGB Nr. 1	NJW 1982, 2876; MDR 1983, 56; WM 1982, 318; DWW 1982, 308; GE 1982, 985; ZMR 1983, 49
17. 8. 1982	4 ReMiet 2/82	§ 20 NMV Nr. 3	WM 1982, 326; ZMR 1983, 28; DWW 1982, 311; GE 1982, 933; NJW 1983, 2392; MDR 1983, 58
9. 9. 1982	4 ReMiet 8/82	§ 1 MHG Nr. 3	WM 1982, 294; ZMR 1983, 71; DWW 1982, 313; GE 1982, 943; NJW 1983, 829; MDR 83, 57
6. 10. 1982	4 ReMiet 13/81	§ 564b BGB Nr. 22	NJW 1983, 48; WM 1982, 323; ZMR 1983, 66; DWW 1982, 335; GE 1982, 1039; MDR 1983, 133
30. 10. 1982	4 ReMiet 6/82	§ 3 MHG Nr. 6	NJW 1983, 289; WM 1983, 17; ZMR 1983, 102; GE 1982, 1123
23. 11. 1982	4 ReMiet 10/82	§ 5 MHG Nr. 4	WM 1983, 18; DWW 1983, 17; GE 1983, 31; NJW 1983, 230; MDR 1983, 230; ZMR 1983, 314

Anhang. Rechtsprechungsübersicht **G 39a**

Datum	Aktenzeichen	Fundstelle in RES	Sonstige Fundstellen
9. 12. 1982	4 ReMiet 12/82	§ 568 BGB Nr. 4	WM 1983, 48; ZMR 1983, 97; NJW 1983, 826; DWW 1983, 19; GE 1983, 69; MDR 1983, 319
28. 12. 1982	4 ReMiet 5/82	§ 2 MHG Nr. 37	WM 1983, 78; DWW 1983, 49; ZMR 1983, 207; NJW 1983, 947; MDR 1983, 492
3. 2. 1983	4 REMiet 7/82	§ 536 BGB Nr. 11	OLGZ 1983, 246; NJW 1983, 1332; MDR 1983, 491; WM 1983, 76; ZMR 1983, 348; DWW 1983, 147; GE 1983, 271
*21. 2. 1983	4 REMiet 15/82	3. MietRÄndG Nr. 21	WM 1983, 107; ZMR 1983, 411; GE 1983, 483; DWW 1983, 100
3. 3. 1983	4 REMiet 9/82	§ 5 WiStG Nr. 6	OLGZ 1983, 223; NJW 1983, 1622; WM 1983, 108; ZMR 1983, 238; GE 1983, 477
6. 4. 1983	4 REMiet 13/82	§ 552 BGB Nr. 5	NJW 1983, 1564; MDR 1983, 842; WM 1983, 228; ZMR 1983, 277; DWW 1983, 148; GE 1983, 533
30. 5. 1983	4 REMiet 2/83	§ 3 MHG Nr. 7	NJW 1983, 2331; MDR 1983, 843; WM 1983, 287; ZMR 1983, 416; GE 1983, 619
27. 9. 1983	4 REMiet 14/82	§ 535 BGB Nr. 6	OLGZ 1984, 74; NJW 1984, 984; MDR 1984, 146; WM 1983, 315; ZMR 1984, 14; DWW 1983, 278; GE 1984, 223
* 3. 10. 1983	4 REMiet 3/83	3. MietRÄndG Nr. 28	WM 1983, 311; ZMR 1984, 97; DWW 1983, 279
*24. 11. 1983	4 REMiet 1/83	3. MietRÄndG Nr. 35	WM 1984, 20; ZMR 1984, 284
16. 1. 1984	4 REMiet 4/83	§ 8a WoBindG Nr. 2	NJW 1984, 1469; WM 1984, 51; ZMR 1984, 141; DWW 1984, 104; GE 1984, 431
31. 1. 1984	4 REMiet 7/83	§ 564b BGB Nr. 30	OLGZ 1984, 343; NJW 1984, 1044; WM 1984, 94; ZMR 1984, 129; DWW 1984, 133
4. 4. 1984	4 REMiet 2/84	§ 2 MHG Nr. 54	MDR 1984, 670; WM 1984, 121; ZMR 1984, 282
4. 4. 1984	4 REMiet 5/83	§ 10 WoBindG Nr. 4	NJW 1984, 2835; MDR 1984, 670; WM 1984, 148; ZMR 1984, 321; GE 1984, 485

Teil G. Rechtsentscheid in Wohnraummietsachen

Datum	Aktenzeichen	Fundstelle in RES	Sonstige Fundstellen
*11. 7. 1984	4 REMiet 11/82	3. MietRÄndG Nr. 50	WM 1984, 238; DWW 1984, 216
*18. 7. 1984	4 REMiet 8/83	3. MietRÄndG Nr. 51	NJW 1985, 1847; WM 1984, 239; ZMR 1985, 15; DWW 1984, 218
*31. 8. 1984	4 REMiet 3/84	3. MietRÄndG Nr. 60	ZMR 1985, 17; WM 1984, 330
*10. 9. 1984	4 REMiet 1/84	§ 8a WoBindG Nr. 3	WM 1984, 321; ZMR 1984, 414; DWW 1984, 287; GE 1984, 1073
28. 2. 1985	4 REMiet 5/84	§ 23 der II. BV Nr. 2	WM 1985, 178; ZMR 1985, 201
22. 4. 1985	4 REMiet 7/84	§ 570 BGB Nr. 2	MDR 1985, 767; WM 1985, 213; ZMR 1985, 267
13. 3. 1986	4 REMiet 1/85	–	NJW RR 1986, 812; WM 1986, 206; DWW 1986, 177; MDR 1986, 760; ZMR 1986, 282; GE 1986, 606
13. 3. 1986	4 REMiet 3/85	–	WM 1986, 202; ZMR 1986, 281; DWW 1986, 206; GE 1986, 649
14. 3. 1986	4 REMiet 2/85	–	NJW RR 1986, 808; WM 1986, 169; MDR 1986, 760; ZMR 1986, 287; DWW 1986, 208
2. 7. 1986	4 REMiet 4/85	–	NJW RR 1987, 8; WM 1986, 267; ZMR 1986, 436; MDR 1986, 1030; GE 1986, 851
24. 7. 1986	4 REMiet 1/86	–	NJW RR 1986, 1212; WM 1986, 269; ZMR 1986, 398; DWW 1986, 242; MDR 1986, 1030; GE 1986, 901
30. 12. 1986	4 REMiet 2/86	–	NJW RR 1987, 400; MDR 1987, 499; WM 1987, 114; DWW 1987, 160; ZMR 1987, 150
*25. 3. 1987	30 REMiet 1/86	–	NJW RR 1987, 968; WM 1987, 248; DWW 1987, 226; ZMR 1987, 267
26. 8. 1987	30 REMiet 1/87	–	NJW RR 1987, 1304; WM 1987, 346; MDR 1987, 1025; DWW 1987, 295; ZMR 1987, 462

OLG Karlsruhe

4. 11. 1980	10 W 47/80 (R)	§ 4 MHG Nr. 1	NJW 1981, 1051; WM 1981, 56; ZMR 1981, 59
* 4. 12. 1980	10 W 30/80 (R)	3. MietRÄndG Nr. 3	WM 1981, 270
10. 2. 1981	3 RE-Miet 1/81	§ 571 BGB Nr. 1	NJW 1981, 1278; WM 1981, 179; ZMR 1982, 190; DWW 1982, 122; GE 1981, 1013

Anhang. Rechtsprechungsübersicht   G 39 a

Datum	Aktenzeichen	Fundstelle in RES	Sonstige Fundstellen
25. 3. 1981	3 RE-Miet 2/81	§ 552 BGB Nr. 3	NJW 1981, 1741; WM 1981, 173; ZMR 1981, 269; DWW 1982, 122; GE 1981, 953
1. 7. 1981	9 RE-Miet 1/81	§ 536 BGB Nr. 3	NJW 1982, 2823; WM 1981, 195; ZMR 1982, 184; DWW 1982, 122; GE 1981, 959
* 7. 7. 1981	3 RE-Miet 3/81	3. MietRÄndG Nr. 8	WM 1981, 248; ZMR 1982, 344; DWW 1982, 123
* 7. 7. 1981	9 RE-Miet 2/81	3. MietRÄndG Nr. 9	WM 1981, 271; ZMR 1982, 184
24. 7. 1981	3 RE-Miet 4/81	§ 556 BGB Nr. 1	NJW 1982, 1290; WM 1981, 249; ZMR 1982, 208; DWW 1982, 118; GE 1981, 963
*22. 9. 1981	3 RE-Miet 5/81	3. MietRÄndG Nr. 10	NJW 1982, 344; WM 1982, 10; ZMR 1982, 345; DWW 1982, 123
7. 10. 1981	3 RE-Miet 6/81	§ 564 b BGB Nr. 10	NJW 1982, 54; WM 1982, 11; ZMR 1982, 50; DWW 1982, 119; GE 1981, 1109
27. 10. 1981	3 RE-Miet 10/81	§ 564 b BGB Nr. 11	NJW 1982, 391; DWW 1982, 54; GE 1982, 37; WM 1982, 14; ZMR 1983, 71
10. 11. 1981	3 RE-Miet 7/81	§ 2 MHG Nr. 15	NJW 1982, 242; WM 1982, 16; DWW 1981, 323; GE 1982, 39
23. 12. 1981	3 RE-Miet 8/81	§ 5 MHG Nr. 1	NJW 1982, 893; WM 1982, 68; ZMR 1983, 103; DWW 1982, 54; GE 1982, 225
23. 12. 1981	3 RE-Miet 9/81	§ 2 MHG Nr. 17	NJW 1982, 890; WM 1982, 67; GE 1982, 227
14. 1. 1982	9 RE-Miet 3/81	§ 564 b BGB Nr. 14	NJW 1982, 889; WM 1982, 151; DWW 1982, 271; GE 1982, 521
2. 2. 1982	3 RE-Miet 11/81	§ 5 WiStG Nr. 2	NJW 1982, 1161; WM 1982, 128; DWW 1982, 240; GE 1982, 565; ZMR 1983, 59
8. 6. 1982	3 RE-Miet 1/82	§ 564 b BGB Nr. 18	NJW 1982, 2004; WM 1982, 241; DWW 1982, 272; GE 1982, 937; ZMR 1983, 133
20. 7. 1982	3 RE-Miet 2/82	§ 2 MHG Nr. 29	NJW 1983, 2004; WM 1982, 269; DWW 1982, 305; GE 1982, 939; ZMR 1983, 243

G 39a Teil G. Rechtsentscheid in Wohnraummietsachen

Datum	Aktenzeichen	Fundstelle in RES	Sonstige Fundstellen
9. 8. 1982	9 RE-Miet 1/82	§ 5 MHG Nr. 3	WM 1982, 273; DWW 1982, 307; GE 1982, 897
24. 8. 1982	3 RE-Miet 3/82	§ 536 BGB Nr. 8	NJW 1983, 2829; WM 1982, 291; GE 1982, 1035
26. 10. 1982	3 RE-Miet 4/82	§ 564b BGB Nr. 23	WM 1983, 9; GE 1983, 29; NJW 1983, 579
29. 12. 1982	9 RE-Miet 2/82	§ 2 MHG Nr. 38	WM 1983, 133
30. 3. 1983	3 RE-Miet 1/83	§ 535 BGB Nr. 5	OLGZ 1983, 455; NJW 1983, 1499; WM 1983, 166; ZMR 1984, 273
10. 6. 1983	9 RE-Miet 1/83	§ 564b BGB Nr. 24	OLGZ 1983, 370; NJW 1984, 2953; WM 1983, 253; DWW 1983, 173; GE 1983, 863
4. 7. 1983	3 RE-Miet 3/82	§ 556 BGB Nr. 4	NJW 1984, 313; WM 1983, 251; ZMR 1984, 201; DWW 1983, 200; GE 1983, 911
19. 8. 1983	3 RE-Miet 3/83	§ 3 MHG Nr. 8	OLGZ 1983, 488; NJW 1984, 62; WM 1983, 314; ZMR 1984, 201; DWW 1983, 276; GE 1984, 33
*24. 10. 1983	3 RE-Miet 2/83	3. MietRÄndG Nr. 30	WM 1984, 7; ZMR 1984, 68
24. 10. 1983	3 RE-Miet 4/83	§ 5 WiStG Nr. 9	NJW 1984, 373; WM 1984, 10; ZMR 1984, 52; GE 1984, 225
*9. 12. 1983	9 RE-Miet 5/83	3. MietRÄndG Nr. 37	WM 1984, 7
15. 12. 1983	9 RE-Miet 2/83	§ 2 MHG Nr. 48	WM 1984, 21; DWW 1984, 71; GE 1984, 129
23. 12. 1983	9 RE-Miet 4/83	§ 564b BGB Nr. 29	NJW 1984, 2584; WM 1984, 43; GE 1984, 169
*23. 12. 1983	9 RE-Miet 3/83	3. MietRÄndG Nr. 41	WM 1984, 51; DWW 1984, 71; GE 1984, 221
7. 5. 1984	3 RE-Miet 1/84	§ 2 MHG Nr. 55	NJW 1984, 2167; WM 1984, 188; ZMR 1984, 311
9. 8. 1984	3 RE-Miet 6/84	§ 548 BGB Nr. 1	NJW 1985, 142; WM 1984, 267; ZMR 1984, 417; GE 1984, 971
20. 9. 1984	9 RE-Miet 6/83	§ 3 MHG Nr. 9	WM 1985, 17; ZMR 1984, 412; GE 1984, 1079
21. 1. 1985	3 RE-Miet 8/84	§ 571 BGB Nr. 3	WM 1985, 77; ZMR 1985, 122
18. 10. 1985	3 RE-Miet 1/85	§ 4 MHG Nr. 6	WM 1986, 9; ZMR 1986, 51; DWW 1986, 70; GE 1986, 231
26. 3. 1986	3 RE-Miet 1/86	–	NJW RR 1986, 887; WM 1986, 166; ZMR 1986, 239; DWW 1986, 150

Anhang. Rechtsprechungsübersicht G 39a

Datum	Aktenzeichen	Fundstelle in RES	Sonstige Fundstellen
23. 12. 1980	5 UH 3/80	§ 2 MHG Nr. 4	WM 1981, 83
2. 1. 1981	5 UH 4/80	§ 2 MHG Nr. 5	WM 1981, 150; DWW 1982, 120; GE 1981, 339
22. 1. 1981	5 UH 14/80	–	WM 1982, 100
19. 2. 1981	5 UH 12/80	§ 552 BGB Nr. 2	WM 1981, 125; DWW 1982, 122
23. 4. 1981	5 UH 1/81	§ 552 BGB Nr. 4	WM 1982, 124; ZMR 1982, 285; DWW 1982, 122; GE 1981, 957
*26. 5. 1981	5 UH 2/81	3. MietRÄndG Nr. 7	GE 1982, 895; WM 1982, 123
13. 7. 1981	5 UH 3/81	–	WM 1982, 101
4. 12. 1981	5 UH 4/81	§ 2 MHG Nr. 16	WM 1982, 105; ZMR 1983, 242; GE 1982, 563
25. 2. 1982	5 UH 1/82	§ 2 MHG Nr. 21	WM 1982, 126; NJW 1982, 1291; DWW 1982, 185; GE 1982, 185; ZMR 1983, 180
23. 11. 1983	5 UH 1/83	–	WM 1984, 274

OLG Schleswig

24. 3. 1981	6 RE-Miet 1/80	§ 10 MHG Nr. 3	NJW 1981, 1964; MDR 1981, 760; WM 1981, 149; ZMR 1981, 319; DWW 1982, 120; GE 1981, 965
1. 6. 1981	6 RE-Miet 1/81	§ 2 MHG Nr. 9	NJW 1981, 2261; MDR 1981, 936; WM 1981, 181; ZMR 1981, 374; DWW 1982, 120; GE 1981, 1015
23. 11. 1981	6 RE-Miet 2/82	§ 568 BGB Nr. 3	NJW 1982, 449; MDR 1982, 322; WM 1982, 65; ZMR 1982, 144; DWW 1982, 119
18. 6. 1982	6 RE-Miet 3/81	§ 564b BGB Nr. 19	NJW 1983, 49; MDR 1982, 1020; WM 1982, 266; DWW 1982, 302; GE 1982, 889; ZMR 1983, 17
25. 6. 1982	6 RE-Miet 1/82	§ 556 BGB Nr. 3	NJW 1982, 2672; MDR 1982, 1019; WM 1982, 264; ZMR 1983, 15; DWW 1982, 275
17. 1. 1983	6 RE-Miet 3/82	§ 536 BGB Nr. 10	NJW 1983, 1333; MDR 1983, 491; WM 1983, 75; ZMR 1983, 305; DWW 1983, 124; GE 1983, 275
22. 3. 1983	6 RE-Miet 4/82	§ 2 MHG Nr. 42	NJW 1983, 1862; MDR 1983, 670; WM 1983, 130; ZMR 1983, 249; GE 1983, 433
13. 8. 1983	6 RE-Miet 2/82	§ 10 WoBindG Nr. 2	WM 1983, 338; ZMR 1984, 242

G 39a Teil G. Rechtsentscheid in Wohnraummietsachen

Datum	Aktenzeichen	Fundstelle in RES	Sonstige Fundstellen
16. 4. 1987	3 RE-Miet 1/87	–	NJW RR 1987, 1043; ZMR 1987, 263; WM 1987, 180; DWW 1987, 192; NJW 1987, 1952

OLG Koblenz

Datum	Aktenzeichen	Fundstelle in RES	Sonstige Fundstellen
25. 5. 1981	4 W-RE 277/81	§ 564b BGB Nr. 8	WM 1981, 204; ZMR 1981, 371; DWW 1982, 119; GE 1981, 761
5. 6. 1981	4 W-RE 248/81	§ 10 MHG Nr. 4	WM 1981, 207; DWW 1982, 122; GE 1981, 763
8. 2. 1982	4 W-RE 10/82	§ 2 MHG Nr. 19	WM 1982, 127; ZMR 1982, 243; DWW 1982, 151; GE 1982, 567
*12. 1. 1983	4 W-RE 654/82	3. MietRÄndG Nr. 19	WM 1983, 73; DWW 1983, 49; ZMR 1983, 412; GE 1983, 271
11. 3. 1983	W-RE 69/83	§ 2 MHG Nr. 41	WM 1983, 132; NJW 1983, 1861; DWW 1983, 127; ZMR 1983, 246; GE 1983, 431
13. 10. 1983	4 W-RE 171/83	§ 2 MHG Nr. 45	NJW 1984, 244; WM 1983, 18; ZMR 1984, 30; DWW 1984, 19; GE 1984, 41
*6. 1. 1984	4 W-RE 608/83	3. MietRÄndG Nr. 42	WM 1984, 47; ZMR 1984, 140; GE 1984, 439
*24. 2. 1984	4 W-RE 668/83	3. MietRÄndG Nr. 44	WM 1984, 123; ZMR 1984, 208; DWW 1984, 192
26. 7. 1984	4 W-RE 386/84	§ 554 BGB Nr. 3	WM 1984, 269; ZMR 1984, 351; GE 1984, 817
8. 11. 1984	4 W-RE 571/84	§ 2 MHG Nr. 57	WM 1985, 15; ZMR 1985, 58; GE 1985, 519
7. 1. 1986	4 W-RE 720/85	–	NJW 1986, 995; WM 1986, 50; DWW 1986, 42; ZMR 1986, 87; GE 1986, 227
* 8. 4. 1987	4 W-RE 181/87	–	NJW RR 1987, 719; WM 1987, 141; DWW 1987, 160; ZMR 1987, 268
* 8. 5. 1987	4 W-RE 800/86	–	WM 1987, 208; DWW 1987, 194; ZMR 1987, 305

OLG Oldenburg

Datum	Aktenzeichen	Fundstelle in RES	Sonstige Fundstellen
*11. 9. 1980	5 UH 2/80	3 MietRÄndG Nr. 1	WM 1982, 121
*14. 10. 1980	5 UH 9/80	3. MietRÄndG Nr. 2	OLGZ 1981, 383; WM 1982, 100
10. 11. 1980	5 UH 11/80	§ 552 BGB Nr. 1	WM 1981, 177
19. 12. 1980	5 UH 13/80	§ 2 MHG Nr. 2	WM 1981, 150; DWW 1981, 72
22. 12. 1980	5 UH 1/80	§ 2 MHG Nr. 3	WM 1981, 55; ZMR 1981, 184

Anhang. Rechtsprechungsübersicht G 39a

Datum	Aktenzeichen	Fundstelle in RES	Sonstige Fundstellen
31. 10. 1983	6 RE-Miet 1/83	§ 2 MHG Nr. 46	OLGZ 1984, 95; NJW 1984, 245; MDR 1984, 234; WM 1984, 23; ZMR 1984, 28; GE 1983, 1153
*1. 6. 1984	6 RE-Miet 2/83	3. MietRÄndG Nr. 48	WM 1984, 327; ZMR 1985, 60; DWW 1984, 310; GE 1985, 573
*15. 1. 1986	6 RE Miet 1/85	–	WM 1986, 331; DWW 1986, 293; GE 1986, 1113
3. 10. 1986	6 RE Miet 1/86	–	WM 1987, 140

OLG Stuttgart

Datum	Aktenzeichen	Fundstelle in RES	Sonstige Fundstellen
7. 7. 1981	8 RE Miet 1/81	§ 5 WiStG Nr. 1	NJW 1981, 2365; MDR 1981, 936; WM 1981, 225; ZMR 1981, 318; DWW 1981, 235; GE 1981, 867
2. 2. 1982	8 RE Miet 4/81	§ 2 MHG Nr. 18	NJW 1982, 945; MDR 1982, 583; WM 1982, 108; ZMR 1982, 215; DWW 1982, 120; GE 1982, 561
26. 2. 1982	8 RE Miet 5/81	§ 5 WiStG Nr. 3	NJW 1982, 1160; MDR 1982, 495; WM 1982, 129; ZMR 1982, 176; DWW 1982, 241; GE 1982, 561
10. 3. 1982	8 RE Miet 3/81	§ 536 BGB Nr. 6	NJW 1982, 1294; MDR 1982, 672; WM 1982, 124; GE 1982, 517; ZMR 1983, 14
10. 8. 1982	8 RE Miet 6/81	§ 4 MHG Nr. 4	NJW 1982, 2506; MDR 1982, 1021; WM 1982, 272; ZMR 1982, 366; GE 1982, 895
20. 8. 1982	8 RE Miet 7/81	Art. 2 d. 2. WKSchG Nr. 1	NJW 1982, 2673; MDR 1983, 57; WM 1982, 269; ZMR 1983, 17; GE 1982, 897
13. 7. 1983	8 RE Miet 2/83	–	WM 1983, 285; MDR 1983, 938; NJW 1983, 2329; DWW 1983, 227; ZMR 1983, 389; GE 1983, 915
30. 12. 1983	8 RE Miet 3/83	§ 565 BGB Nr. 1	NJW 1984, 875; MDR 1984, 405; WM 1984, 45; ZMR 1984, 136; DWW 1984, 106; GE 1984, 221
11. 4. 1984	8 RE Miet 1/84	§ 538 BGB Nr. 1	OLGZ 1984, 466; NJW 1984, 2226; MDR 1984, 669; WM 1984, 187; ZMR 1984, 309; GE 1984, 525
26. 4. 1984	8 RE Miet 1/83	§ 5 MHG Nr. 5	NJW 1984, 1903; MDR 1984, 759; WM 1984, 191; ZMR 1984, 314

Datum	Aktenzeichen	Fundstelle in RES	Sonstige Fundstellen
28. 8. 1984	8 RE Miet 4/83	§ 536 BGB Nr. 12	NJW 1984, 2585; MDR 1984, 1027; WM 1984, 266; ZMR 1984, 406; GE 1985, 39
25. 10. 1984	8 RE Miet 2/84	§ 564b BGB Nr. 31	MDR 1985, 236; WM 1985, 80; ZMR 1985, 14; GE 1985, 43
7. 11. 1985	8 RE Miet 3/84	§ 5 WiStG Nr. 12	NJW 1986, 322; WM 1986, 10; ZMR 1986, 52; GE 1986, 441
22. 11. 1985	8 RE Miet 1/85	§ 565c BGB Nr. 1	WM 1986, 132
6. 3. 1986	8 RE Miet 4/85	–	NJW 1986, 2114; WM 1986, 210; DWW 1986, 96
9. 3. 1987	8 RE Miet 1/86	–	NJW RR 1987, 788; WM 1987, 114; ZMR 1987, 179; MDR 1987, 499

OLG Zweibrücken

17. 2. 1981	3 W 191/80	§ 564a BGB Nr. 1	MDR 1981, 585; WM 1981, 177; ZMR 1981, 112; DWW 1982, 119; GE 1981, 535
21. 4. 1981	3 W 29/81	§ 1 MHG Nr. 1	NJW 1981, 1622; WM 1981, 153; ZMR 1982, 116; DWW 1982, 121; GE 1981, 487
17. 8. 1981	3 W-RE-66/81	§ 1 MHG Nr. 2	WM 1981, 273; ZMR 1982, 115; DWW 1981, 238
★ 5. 10. 1981	3 W-RE-77/81	–	ZMR 1982, 115; WM 1982, 177

Sachverzeichnis

Hinweis zur Benutzung

Der Kommentar ist in 7 Hauptteile gegliedert, die mit Großbuchstaben gekennzeichnet sind (A: Einführung, B: Kündigungsschutz, C: Mieterhöhung, D: Mietwucher, E: Zweckentfremdung, F: Materialien, G: Rechtsentscheid). Innerhalb dieser Hauptteile ist die Kommentierung (neben der systematischen Gliederung) mit jeweils fortlaufenden Randnummern versehen, die arabische Zahlen tragen und somit im nachfolgenden Hauptteil wieder neu mit Ziffer 1 beginnen. Deshalb erfolgen im laufenden Text und im Sachregister die Verweisungen auf bestimmte andere Textstellen nur durch die Angabe eines Großbuchstabens und einer arabischen Ziffer (z. B. Rdn C 128)★.

Abänderungskündigung A 33, B 585, C 22, C 26, C 27
Abänderungsvertrag C 114, C 501
Abbaugesetz A 10, A 33, B 294
Abbruch des Hauses B 245, B 632, B 653, E 36, E 51
Abbruchsgebot E 58
Abbruchsgenehmigung B 252
Abbruchsverfügung B 684
Abitur B 323
Ablehnung des Ersatzmieters B 114
Ablehnungserklärung bei Mietverhältnissen mit Verlängerungsklausel B 872
Ablösesumme für Zweckentfremdung E 80, E 93
Abmahnung B 125ff, B 141, B 174, B 206, B 235, B 586, B 593
Abrechnung von Betriebskosten C 274ff
Abschreibung D 43c
Abstandszahlungen B 101, B 109
Abstellen von Fahrzeugen B 124
Abstellen von Kinderwagen B 214
Abtretung des Kündigungsrechts B 52, B 171
Abweichende Vereinbarungen, Begriff C 480
– bei Werkdienstwohnung B 924
– bei Werkwohnungen B 908

– bezügl. stillschweigender Verlängerung B 967
–, Gleitklausel C 33, C 488
–, Leistungsvorbehalt C 34, C 489
–, Mietanspassungsklausel C 479, C 412, C 504
–, Schiedsgerichtsklausel C 496
–, Schiedsgutachterklausel C 494
–, Spannungsklausel C 489
–, Staffelmiete C 479, C 492, C 504
– über den Bestandsschutz befristeter Mietverhältnisse B 825
– über Betriebskostenerhöhung C 245, C 281
– über Kündigungsfrist B 854
– über Kündigungsrecht B 726
– über Mieterhöhung C 47, C 225, C 227, C 477
– über Mieterschutzvorschriften C 477ff
– über Minderungsrechte C 167e
–, Wertsicherungsklausel B 48, C 489
Abwicklungsverhältnis B 631
Adäquanztheorie B 656
Allgemeine Geschäftsbedingungen A 4
Altbauwohnungen C 576, C 582,
Alter der Wohnung als Vergleichskriterium C 60, C 156, D 93
Alter des Mieters als Widerspruchsgrund B 315, B 437

★ Als Zitierweise empfiehlt sich dementsprechend z. B.: Schmidt-Futterer/Blank, WohnraumschutzG, 6. Aufl. Rdn C 128.

Sachverzeichnis

Buchstaben = Teile

Altersheim B 4, B 7, B 107, B 113, B 315, B 351, B 412, B 736
Amtsarzt B 315
Änderung von Fortsetzungsgründen B 381
Änderungskündigung s. Abänderungskündigung
Anderweitige wirtschaftliche Verwertung des Grundstücks B 653
Anerkenntnis B 467
Anerkenntnisurteil im Mieterhöhungsverfahren C 154
Anfechtung der Kündigungserklärung C 473
– des Mietvertrags B 86 ff, B 306
– des Mietaufhebungsvertrags B 731
– der Zustimmungserklärung zur Mieterhöhung C 507
Anfechtungsklage des Mieters gegen Zweckentfremdungsgenehmigung E 75, E 111
Anlage 3 zu § 27 der II. Berechnungs-VO C 285
Annuitätsdarlehen C 383, D 43 d
Anpassungsklauseln C 489
Anschlußberufung B 464
Anstaltsunterkunft B 4
Antenne B 124, C 368
Antragsfrist für Räumungsfrist B 447
Anwaltskosten bei Kündigung B 75 a
Anwärterlisten B 932
Arbeitslosigkeit B 317
Arbeitsplatzwechsel B 107, B 619
Arbeitsrecht, Rechtsentwicklung A 3
Arbeitsverhältnis, Begriff B 885
Arglistige Täuschung B 88, B 609
Arithmetisches Mittel C 156 o
Armut des Mieters als Widerspruchsgrund B 315, B 437
Arztpraxis B 12
Aufhebung der Räumungsfrist s. Verkürzung
Aufhebungsvertrag s. Mietaufhebungsvertrag
Auflage bei Zweckentfremdungsgenehmigung E 79, E 93, E 110
Auflösende Bedingung B 22, B 299, B 572, B 832, B 799, B 810
–, Zweckentfremdungsgenehmigung E 89
Aufnahme v. Ehegatten B 139

Aufrechnung B 181 ff, B 193
Aufrechnungsausschluß B 185
Aufrechnungsverbot B 270
Aufsichtspflicht B 601
Aufsichtspflichtverletzung B 592
Aufwendungen für die Wohnung als Härtegrund B 320, B 414, B 415, B 437
Aufwendungen, laufende D 43
Aufwendungsersatzanspruch des Mieters bei Modernisierung C 167 e
Aufwendungszuschuß C 533
Aufzugskosten C 334 ff
Ausbeutung D 124
Außerordentliche befristete Kündigung B 57, B 73, B 76, B 101, B 302, B 577, B 832, B 852
Außerordentliche fristlose Kündigung bei befristeten Mietverhältnissen B 769
Außerordentliche Kündigung B 55 ff, B 118 ff, B 576, B 834
Ausgleichszahlung E 80, E 93
Auskunft über dingliche Belastungen C 414
– über Widerspruchsgründe B 340
Ausländer B 98, B 111, C 156 i
Ausländerzuschlag C 12 c
Auslegung einer Vereinbarung über den Ausschluß der Mieterhöhung C 39
– der Heizkostenklausel C 10 f
– der Nebenkosten, Vereinbarung C 9 f
Ausschluß der Kündigung B 49, B 725
– des Kündigungsschutzes, Altersheime B 736
–, Ferienwohnung B 734
–, Ledigenheime B 736
–, Mietverhältnisse auf vorübergehende Zeit B 734
–, möblierter Wohnraum B 735, B 736
–, Studentenheime B 736
–, Zimmer B 734
– der Mieterhöhung B 49, C 31 ff, C 227, C 255, C 414, C 528
–, befristetes Mietverhältnis C 33, C 236
– nach § 4 MHG C 255
– nach § 5 MHG C 375

Zahlen = Randnummern **Sachverzeichnis**

– wegen Kapitalkostensteigerung C 414
– der Vertragsverlängerung durch Gebrauchsfortsetzung B 967
Ausschlußfrist B 49
– bei Verlängerung befristeter Mietverhältnisse B 778
Ausschlußklausel B 49
Ausschlußvereinbarung, Auslegung C 39
Ausstattung B 868
– der Wohnung als Vergleichskriterium C 64, C 156, C 156i, D 93
Austausch von Kündigungsgründen B 716
Auswahlrecht bei Kündigung B 601, B 624
– bei mehreren Ersatzmietern B 109

Baden u. Duschen B 212
Balkon C 63, C 156i
Bandbreite üblicher Mietpreise C 57, C 156, C 156p, D 42
Baracken B 7
Bauabsichten des Mieters B 432
Baufälligkeit B 654
Bauherrenmodell B 9
Baukostenzuschuß B 49, B 100, B 153, B 268, B 320, D 110, C 35
Baulärm, s. Lärm
Bauliche Änderungen, Duldungspflicht C 165
–, Hinweispflicht des Vermieters C 214
–, Höhe der Umlage C 202
–, Mieterhöhung C 50, C 158ff, C 168ff, s. auch Modernisierung
–, Mieterhöhungsverfahren C 216, C 226
Bauliche Veränderungen B 263, B 272, B 290, B 320, E 53; s. auch Modernisierung
Baupolizeiliche Abbruchsverfügung B 684
Beendigung eines Mietverhältnisses durch Anfechtung oder Rücktritt B 86ff
– durch Mietaufhebungsvertrag B 89ff
– durch Tod B 76
– durch Zeitablauf B 21, B 360

Beendigungserklärung des Vermieters B 853
– bei befristetem Mietverhältnis B 780
Bedienungskosten s. Heizkostenklausel
Bedingte Kündigung B 31
Bedingung bei Räumungsfrist B 450
– beim Widerspruch B 336
– bei Zweckentfremdungsgenehmigung E 78, E 110
Befristete Mietverhältnisse B 3, B 278, B 299, B 360, B 366, B 799, B 832, B 876, C 236, C 569
– abweichende Vereinbarung über den Bestandschutz B 825
–, Ausschluß der Mieterhöhung C 31, C 33, C 236
–, außerordentliche fristlose Kündigung B 769
–, Beendigungserklärung des Vermieters B 780
–, berechtigtes Interesse an der Vertragsbeendigung B 781
–, Bestandschutz B 765
–, Ein- und Zweifamilienhäuser B 784
–, Fortsetzungserklärung des Mieters B 773
–, gerichtliches Verfahren bei Verlängerung B 789
–, ordentliche Kündigung B 769
– mit Verlängerungsklausel s. Mietverträge mit Verlängerungsklausel
–, Räumungsklage B 794
–, Sozialklausel B 723
–, stillschweigende Verlängerung B 788
–, Widerspruch des Mieters gegen Gebrauchsfortsetzung B 770
Befristung der Zweckentfremdungsgenehmigung E 77, E 88, E 110
Begründung der Betriebskostenerhöhung C 259
– der Kapital-Kostenerhöhungserklärung C 404
– der Kündigung B 36, B 65, B 712
– des Kündigungswiderspruchs B 340
– der Mieterhöhung s. Erhöhungserklärung
Begründungspflicht bei fristloser Kündigung B 64f
Behelfsheim B 7

1179

Sachverzeichnis

Buchstaben = Teile

Behinderte s. Modernisierung
Behinderung B 315
Behördliche Anordnung zur baulichen Änderung B 684, C 188
Behördliche Aufhebung des Mietverhältnisses bei Fehlbelegung einer Sozialwohnung B 677
–, bei Sanierung nach dem StBauG B 684
– bei zweckwidriger Nutzung E 95
Belästigungen B 215 ff, B 331, B 601, B 688
Belegungsrecht B 633, B 673, B 842, B 910
Beleidigung B 215, B 601
Bilderflecken B 255
Billigkeitsgrundsätze B 558
Benutzungspflicht B 545
Benutzungsverbot E 58
Berechnungsverordnung C 250, C 285
Berechtigtes Interesse s. Kündigung
Berechtigungsschein B 677
Bereicherungsanspruch bei überzahlter Miete C 510 ff, D 18
Bergarbeiterwohnungen, Mieterhöhung C 432
Berlinregelung C 576 ff
Berufung gegen Mieterhöhungsurteil C 134
– gegen Räumungsurteil B 760
Beschädigung der Mietsache B 120, B 561
Beschaffenheit der Wohnung als Vergleichskriterium C 65, C 156, C 156 j, D 93
Beschwer B 403
Besichtigungsrecht B 543
Besitzaufgabe B 246, B 493
Bestreiten der Mieterhöhungsvoraussetzungen C 137
– der Richtigkeit des Mietspiegels C 151
Besucher B 121, B 138, B 530, B 601, B 605
Betriebsbedarf B 631, B 666, B 888, B 895, B 912
Betriebskosten, Abrechnung C 274 ff
–, Ausschluß des Erhöhungsrechts C 225
–, Begriff C 150, C 285
–, bei § 5 WiStG D 43 g

–, Einführung neuer öffentlichrechtlicher Gebühren C 253 a, C 265
–, Einsicht in Belege C 261, C 278
–, Erhöhung C 240 ff
–, Erhöhung nach Beendigung des Mietverhältnisses C 266
–, Erhöhungserklärung C 257
–, Erhöhungsvereinbarung C 245, C 281
–, Fälligkeit der Erhöhung C 264, C 277
–, Grundsatz der Wirtschaftlichkeit C 251 a, C 301 ff
–, Grundsteuervergünstigung C 253 b, C 265, C 289
–, Hauswart C 364
–, Heizung C 251 a, C 276, C 286, C 299 ff
–, Herabsetzung C 268
–, Pauschale C 283
–, rückwirkende Erhöhung C 265
–, Umlage nach Verbrauch C 243
–, Umlagemaßstab C 254
–, Vereinbarung C 288 a, C 5
–, Verjährung C 267, C 273
–, Versicherungsprämien C 362
–, Verteilungsschlüssel C 254, C 261
–, Verwirkung des Erhöhungsrechts C 255, C 267
–, Verwirkung des Rechts auf Nachforderung C 280
– Verzug m. Betriebskosten B 152
–, Vorauszahlung C 269
Betriebskostenberechnung C 260, C 276
Betriebsrat B 50, B 670, B 675, B 927 ff
Betriebssanierung B 654
Betriebsunterkünfte B 928
Betriebsvereinbarung B 932
Betriebsverfassungsgesetz B 927
Betriebswohnung 910
Bewegliche Sachen, Kündigungsfrist B 851
Beweiserhebung über ortsübliche Miete C 143
Beweislast bei Räumungsfrist B 460
– bei Verlängerung des Mietvertrags B 959
– bei verspäteter Räumung B 551
– bei Sonderkündigungsrecht von

Zahlen = Randnummern   **Sachverzeichnis**

Ein- und Zweifamilienhäusern B 705
- für Ausschluß des Kündigungsschutzes B 739
- für Ausschluß von Mieterhöhungen C 33, C 39
- für Eigenbedarf B 650
- für Erfüllung der Ersatzraumbeschaffungspflicht B 436
- für Höhe der Betriebskosten C 276
- für Kapitalkostensteigerung C 419
- für Kündigung wegen Mieterhöhung C 27
- für Kündigungsgründe B 142, B 149, B 199, B 236, B 607, B 663
- für Mieterhöhungsvoraussetzungen C 137, C 226 a
- für Mißbrauch des Kündigungsrechts B 708
- für Nebenkostenvereinbarung C 9
- für ortsübliche Vergleichsmiete C 75
- für vorgetäuschte Kündigung B 609
- für Zustandekommen einer Mieterhöhungsvereinbarung C 509
- für Zustandekommen eines Mietaufhebungsvertrags B 93, B 96, B 116

Beweissicherungsverfahren zur Feststellung der ortsüblichen Miete C 75, C 97
Breitbandnetz s. Kabelfernsehen
Brennstoffkosten C 301
Bußgeldbescheid D 63
Bußgeldverfahren bei Mietpreisüberhöhung D 54, D 73
- bei Zweckentfremdung E 113 ff
Bundesbedienstetenwohnung B 680
Bungalow B 700
Büro B 12

Clausula rebus sic stantibus B 57

Darlegungslast s. Beweislast
Darlehen für Modernisierung C 192 ff
Darlehenszinsen, Mieterhöhung bei Zinssteigerung C 373 ff
Dereliktion s. Besitzaufgabe
Deutscher Einheits-Mietvertrag A 36
Dienstbarkeit B 4

Dienstwohnungen B 4, B 240, B 575, B 867, B 886, B 915, E 33
Dingliches Wohnrecht B 4, B 241, B 839, B 868, C 17
Doppelvermietung B 609
Duldung der Modernisierung C 165, C 166, C 167 d
Durchschnittsmiete C 54, C 59, C 156 o

Eheähnliche Gemeinschaft B 44
Ehegatte als Rechtsnachfolger beim Tod des Mieters B 78, B 303
Eheleute als Mieter B 44, B 83, B 248, B 277
Eheschließung als Kündigungsgrund B 619
Ehewohnung B 248, B 422, C 45
Einfamilienhaus B 586
Eigenbedarf B 49, B 111, B 330, B 474, B 608 ff; s auch Kündigungsgründe
- bei Personenmehrheit B 635
- bei Sozialwohnung B 620
-, Beurteilungsmaßstab B 625
-, Beweislast B 650
-, Kündigungsausschluß B 634
-, mittelbarer B 620
-, selbstverschuldeter B 620, B 633
Eigenbedarfstheorie B 608
Eigenheim B 314
Eigeninteressentheorie B 608
Eigenkapitalkosten D 43 c
Eigenmacht des Vermieters B 524
Eigentum, Sozialpflichtigkeit A 5, A 35
Eigentumsrecht A 24
Eigentumswohnung B 636
-, Kündigung B 688
-, Betriebskosten C 251, C 276, C 278
Einkommensverhältnisse des Mieters als Härtegrund B 317
Einliegerwohnung B 694 ff, B 702
Einrichtungen B 101, B 262, B 272, B 290, B 536, C 176
- des Mieters, Berücksichtigung bei Mieterhöhung C 64 a
Einschreiben s. Kündigung B 43
Einspruch gegen Bußgeldbescheid D 64

1181

Sachverzeichnis

Buchstaben = Teile

Einstellung des Verfahrens bei Mietpreisüberhöhung D 61
– der Zwangsräumung B 462, B 477
Ein- und Zweifamilienhäuser, Kündigung B 694 ff, B 739, C 566
–, Beendigung befristeter Mietverhältnisse B 780
Empfangsbekenntnis B 274
Empfangsvollmacht, Kündigung B 44
–, Mieterhöhung C 81
Energieeinsparung C 186 a
Energieversorgung C 179
Entbindung s. Niederkunft
Enteignung A 30
Entgelt D 28
Entschädigungsanspruch bei Obdachloseneinweisung B 487
Entstehungsgeschichte der Wohnraumschutzgesetze A 11
Entwässerungskosten C 297
Erbbauzinsen C 386
Erbteilung B 503
Erheblichkeit d. Vertragsverletzung B 123, B 230
Erhöhungserklärung, Auslegung C 81
–, Begründung C 87 ff
–, Begründung auf sonstige Weise C 105
–, Begründung durch Mietspiegel C 91
–, Begründung durch Mietspiegel einer vergleichbaren Gemeinde C 93
–, Begründung mit Sachverständigengutachten C 96, C 144
–, Begründung mit Vergleichsobjekten C 101, C 143
–, Bestimmtheitsgrundsatz C 86
– durch Bevollmächtigte C 81
– durch Klagschrift C 83
– durch prozessualen Schriftsatz C 83
–, Inhalt C 81
–, Kosten des Sachverständigengutachtens C 100
–, materielle Anspruchsberechtigung C 110
–, mechanische Vervielfältigung C 440
–, Mehrheit von Mietern oder Vermietern C 81, C 129
–, Prozeßvoraussetzung C 112
–, Rücknahme C 85
–, Schriftform C 81
–, teilweise Zustimmung C 118

–, Wirkung C 85, C 109
–, Zustimmung des Mieters C 114, C 230
Erhöhungsklage, Zustimmung unter einer Bedingung C 118, C 232
Erklärungsfiktion B 44, C 81
Erklärungsvollmacht B 44
Erledigung d. Hauptsache im Mieterhöhungsverfahren C 155
Erinnerung B 482
Ermäßigung der Betriebskosten C 268
– der Darlehenszinsen C 411
Ersatzmieter B 96 ff
Ersatzraumbeschaffungspflicht B 312, B 373, B 428
Ersatzschlüssel s. Schlüssel
Ersatzvornahme E 94
Ersatzwohnraum B 311, B 353, B 412, B 552, B 684
Erschließungskosten C 169, C 188
Erziehungsheim B 7
Erzwingungshaft E 93
Etagenheizung C 328
Examen B 323
Existenzgefährdung B 654

Fabrikationsräume B 12
Fahrlässigkeit s. Verschulden
Fahrnis s bewegliche Sachen
Fälligkeit der Betriebskostenerhöhung C 264, C 277
– der Mieterhöhung C 120, C 221
Familienangehörige B 530
– als Rechtsnachfolger beim Tod des Mieters B 78
–, Eigenbedarf B 608 ff, B 628
–, Härtegründe B 326
–, vertragswidriges Verhalten B 121
Familienwohnung, Kündigung B 44
Fehlbelegung von Sozialwohnungen B 675
Fehlgeburt B 321
Feindschaft als Kündigungsgrund B 81
Ferienwohnung B 572, B 734, C 563
Fernsehgeräte B 212
Fernwärme C 300, C 326
Feststellungsklage auf Fortsetzung des Mietverhältnisses B 46, B 347, B 966, B 789
– auf Wirksamkeit der Kündigung B 46 f

Zahlen = Randnummern

Sachverzeichnis

- bezügl. Zahlung von Nebenkosten C 12
- über Wirksamkeit der Mieterhöhung C 132, C 224

Feuchtigkeitsschäden B 124, B 599
Finanzierungsbeitrag des Mieters B 49, C 35
Folgeschaden nach Kündigung, s. Kündigungsfolgeschaden
Formular-Verträge A 4f, A 36
Formularverträge, abweichende Vereinbarungen C 228
–, Empfangsvollmacht C 81
–, Rechtsentscheid G 7
Fortschreibungsfrist C 156r
Fortsetzung befristeter Mietverhältnisse B 767
- des Mietvertrags bei auflösend bedingten Mietverhältnissen B 878
- des Mietverhältnisses nach der Sozialklausel B 334, B 350f, B 385ff
Fortsetzungserklärung des Mieters, befristetes Mietverhältnis B 773
Fortsetzungsklage B 346f
Fortsetzungsurteil B 342, B 376, B 400
Fortsetzungsverlangen B 334, B 364
Freibauvereinbarung E 91
Freiwillige Räumung bei unwirksamer Kündigung B 74, B 92
Fremdenbeherbergung B 13, E 44
Fremdkapitalkosten D 43d
Frist für Fortsetzungsverlangen B 778
Fristberechnung bei Räumungsfrist B 454
Fristlose Kündigung B 60ff, B 118ff, B 305, B 576, B 913, B 942
–, Inhalt und Form des Kündigungsschreibens B 64
Funktionsgebundene Werkwohnung B 894, B 898

Garagen B 11, B 15, B 19, B 47, B 49, B 153, B 265, D 11
Gartenpflege C 296, C 350ff
Gastarbeiterheime B 7, D 116
Gebrauchsfortsetzung, nach Beendigung der Mietzeit B 490, B 949
Gebrauchswert der Wohnung B 311, C 178
Gebrauchswerterhöhung s. Modernisierung

Gebrechen B 315, B 316
Gefährdung der Mietsache B 143ff, B 591
- der Wohnraumversorgung E 15
Gefälligkeitsmiete B 4, C 4, C 3g
Geisteskranke Mieter B 205, B 688
Geldbuße s. Mietpreisüberhöhung
Gemeindeeigene Wohnung B 681
Gemeinden mit Zweckentfremdungsverbot E 120
Gemeinnütziges Wohnungsunternehmen, Mieterhöhung B 52, C 39, C 60, C 98, C 538
Gemeinschaftsantenne C 368
Gemeinschaft v. Mietern B 44
Gemeinschaftseinrichtungen B 214, B 527
Gemeinschaftsunterkünfte B 7
Genossenschaftswohnung B 4, B 22, B 84, B 680, B 867, B 876, C 39, C 538
Gerichtsvollzieher, Einstellung der Zwangsräumung B 481
Gerichtliches Verfahren bei Räumungsklage B 740
- bei Verlängerung befristeter Mietverhältnisse B 789
–, Sozialklausel B 385ff
Gerüche B 601
Geruchsbelästigung B 591
Gesamtschuld B 276
Geschäftsaufgabe B 625
Geschäftserweiterung B 654
Geschäftsraum Anwendbarkeit der Schutzgesetze B 5
–, Begriff B 11
–, Kündigungsfrist B 782
–, Mieterhöhung C 16
–, Mietpreisüberhöhung D 12, D 27, D 108
–, Mietwucher D 6, D 11, D 27
–, Regelung für Hamburg und München C 670
–, Sozialklausel B 299
Geschäftsrückgang B 67, B 107
Geschäftsverlegung E 66
Gesetzgebungsmaterialien, Beschlüsse des Rechtsausschusses zum 2. WKSchG F 45
–, Entwurf der Bundesregierung zum 2. WKSchG F 2

1183

Sachverzeichnis

Buchstaben = Teile

– Gesetz z. Erh. d. Angebots an Mietwohnungen F 98
gesetzliches Schuldverhältnis B 505
Gestaffelte Kündigung B 42
Gestaltungsklage B 347
Gewerbezuschlag C 12 b
Gewerbliche Nutzung B 605
Gewerbliche Vermietungsgesellschaft B 9
Gewerbliche Zimmervermietung s. Zweckentfremdung
Gewerbsmäßiger Mietwucher D 126
Gewerbsmäßige Zimmervermietung B 13
Gewerbsunzucht B 476
Gleitklausel C 33 f, C 120, C 281, C 488
Größe der Wohnung B 394
– als Vergleichskriterium C 63, C 156, C 156 i, D 93
Grundgesetz A 9, A 32
Grundmiete, Begriff C 55, C 156 c
Grundsteuer C 289
Grundsteuervergünstigung, Wegfall C 253 b, C 265
Grundstücke, Kündigungsfrist B 849

Hamburg-Regelung C 582
Hauptmieter B 275
Härtegründe bei Sozialklausel B 311 ff
Hauseingangstür B 214
Hausfrieden B 210 ff, B 601
Hausfriedensbruch B 215, B 250
Hausmeisterwohnung B 665
Hausordnung B 124, B 218 f
Hausratsverfahren, Mieterhöhung C 17, C 45
Hausratsverordnung B 944, G 8
Hausreinigung B 214, B 221
Hausreinigungskosten C 345
Hausstandsangehörige B 121, B 139, B 627
Hausverwalter C 364
Hausverwaltervollmacht B 44
Hauswart C 364
Heimarbeit B 7
Heimgedanke B 839
Heimgesetz B 7
Heimverträge, Kündigung B 4, B 686
–, Mieterhöhung C 44, C 545
Heizung s. Betriebskosten

Heizenergie, Einsparung s. Modernisierung
Heizkostenabrechnung C 323
Heizkostenklausel, Auslegung C 10 f
Heizkostenverordnung C 283 a, C 314 ff
Heizkostenverteiler C 314 ff, C 188
Heizungsumstellung C 180
Herabsetzung des Mietzinses bei Kapitalkostenermäßigung C 411
– von Betriebskosten C 268
Herausgabeanspruch B 239
–, Stundung B 63, B 243, B 943, B 952
Hinweispflicht des Vermieters auf Widerspruchsrecht B 339
Hohes Alter B 315
Hoheitliche Aufhebung des Mietverhältnisses B 684
Hypothekenzinserhöhung C 373

Immissionsmessung C 313
Individualwucher s. Mietwucher
Inkrafttreten des MHG C 14, C 565
Instandhaltung und Instandsetzung C 174
Instandhaltungskosten C 251, C 287, D 43 h
Instandhaltungspflicht B 255, B 268, B 533
Instandsetzungsarbeiten des Mieters als Härtegrund B 320
Instandsetzungsarbeiten nach vorzeitiger Rückgabe B 245
Instandsetzungsmaßnahmen als Kündigungsgrund B 656
Interessenabwägung bei Anwendung der Sozialklausel B 332
– bei Werkwohnung B 906
Irrtum über Mietpreis B 88
– über Nebenkosten C 6
– über Zustand der Mietsache B 274

Jugendwohnheim s. Studentenwohnheim

Kabelfernsehen C 166 h, C 182, C 370
Kaltmiete, Begriff C 156 c
Kanalgebühr C 297
Kapitalkosten, Begriff C 382, D 43 c + d

Zahlen = Randnummern

Kapitalkostenermäßigung, Herabsetzung des Mietzinses C 411
Kapitalkostensteigerung, Ausschluß der Mieterhöhung C 414
–, Einsicht in Belege C 407
–, Fälligkeit der Erhöhung C 410
–, Mieterhöhung C 51, C 373 ff
Kappungsgrenze C 80 a–m, C 203
Karenzzeit für Einlegung des Widerspruchs B 338
– für Räumung B 243
Kaution B 93, B 112, B 114, B 153, B 270, B 274, B 593, D 110
Kettenmietvertrag B 29 a
Kinder B 601, B 212, B 121, B 214
Kinderreichtum B 322
Kinderwagen B 214
Klage auf Abrechnung von Nebenkosten C 279
– auf erhöhte Betriebskosten C 267
– auf künftige Leistung, Mieterhöhung C 153
– auf künftige Räumung B 338, B 717, B 751
– auf Mieterhöhung C 226
– auf Räumung B 720, B 740
– auf Zahlung von Nebenkostenvorschuß C 282
Klagfrist s. Mieterhöhung; Zustimmungsklage
Kochmöglichkeit C 181
Kosten bei Räumungsfristentscheidung B 467
– bei sofortigem Anerkenntnis B 964
– bei verfrühter Räumungsklage B 724
– bei Vollstreckungsschutz B 483
– der Kündigung B 75 a
– des Räumungsprozesses B 293, B 329, B 345, B 348, B 758
– des Sachverständigengutachtens C 100
–, Rechtsentscheid G 32
Kostenmiete A 34, D 43
Krankheit B 315, B 316, B 437, B 553
Kündigung B 118 ff, B 570
–, abweichende Vereinbarung B 726
–, allgemeine Grundsätze B 31
– Angabe von Gründen B 36, B 706, B 711 ff

Sachverzeichnis

–, auflösend bedingtes Mietverhältnis B 877
–, außerordentliche B 55 ff, B 118 ff, B 576
–, außerordentliche befristete B 57, B 73, B 76, B 101, B 577
–, Austausch von Gründen B 716
–, Auswahlrecht des Vermieters B 601, B 624
– aus wichtigem Grund B 67, B 81, B 202 ff
–, Ausschluß B 49, B 725
– bei Ablehnung eines Ersatzmieters B 101
– bei mehreren Vermietern oder Mietern B 44, B 175
– beim Tod des Mieters B 81
– bei Veräußerung des Grundstücks (Vermieterwechsel) B 52
–, berechtigte Interessen B 583 ff
–, Betriebswohnung B 910
– durch Einschreiben B 43
– durch Erwerber einer Eigentumswohnung B 688
– durch Klagerhebung B 35
– durch prozessualen Schriftsatz B 35
– durch Prozeßbevollmächtigten B 35, B 44
–, Eigentumswohnung B 636
–, Ein- und Zweifamilienhäuser B 586, B 694
– einer mit Wohnungsfürsorgemitteln geförderten Wohnung B 680
– Einliegerwohnung B 694
–, Ferienwohnung B 572
–, fristlose B 60 ff, B 118 ff, B 305, B 576, B 913, B 942
– gegenüber Geschäftsunfähigen B 43
– gegenüber Ausländer B 43
–, gemeindeeigene Wohnung B 681
–, Genossenschaftswohnung B 680
–, Heimplatz B 686
–, Kosten B 75 a
–, LAG-Wohnung B 683
–, Mitbestimmung des Betriebsrats B 927, B 934
– mit unzureichenden Gründen B 609
– mit vorgetäuschten Gründen B 74, B 75 a, B 609, B 663
– möbliertes Zimmer B 656
–, mündlich mitgeteilte Gründe B 712

1185

Sachverzeichnis

Buchstaben = Teile

–, nachträglich entstandene Gründe B 712, B 714
–, nichtschuldfähige Mieter B 592, B 205
–, öffentlich geförderte Werkwohnung B 896
–, Rechtsmißbrauch B 37, B 578, B 585, B 609, B 708
–, Schriftform B 33, B 710
–, Sozialwohnung B 620, B 676
–, Stellvertretung B 44
–, Teilkündigung B 47
–, Umdeutung B 40
–, unechte B 872
– unter einer Bedingung B 31
–, Untermietverhältnis B 687
–, unzulässige Rechtsausübung B 37
– von Ein- und Zweifamilienhäusern B 586, B 694
– von Mietverträgen mit Verlängerungsklausel B 24, B 872
– vor Eigentumsübergang B 52
– vor Mietbeginn B 572, B 837
–, Verschulden des Mieters B 592, B 136, B 160, B 230
–, Vertragswidriger Gebrauch B 118 ff, B 599
– wegen Mieterhöhung C 448
–, Wegfall des Eigenbedarfs B 609
–, Wegfall der Kündigungsgründe B 38, B 66, B 716
–, Werkdienstwohnung B 672, B 915
–, werkgeförderte Wohnung B 673, B 910
–, Werkwohnung B 666, B 884
–, Widerruf B 48
–, Wochenendhaus B 625
–, Zugang B 43
– zum Quartalsende B 860
– Zurückweisung bei fehlender Vollmachtsurkunde B 44
–, Zustimmungsbedürfnis eines Dritten B 50, B 712
–, Zweckentfremdungsgenehmigung E 73
–, Zweitwohnung B 572, C 563
Kündigungsaufforderung durch Verwaltungsakt B 677
Kündigungsausschluß B 634, C 35
– bei vereinbartem Belegungsrecht B 911
– bei Werkwohnung B 888

Kündigungserklärung bei Kündigung einer Wohnung in einem Einfamilienhaus B 697
–, Inhalt B 31, B 329, B 710
–, Wirkung B 709
Kündigungsfrist B 32
–, abweichende Vereinbarung B 837, B 854
–, außerordentliche Kündigung B 118 ff, B 852
– bei Mischräumen B 16
– bei Werkwohnungen B 666
–, bewegliche Sachen B 851
–, Eigentümerwechsel B 840
–, Einliegerwohnung B 699
–, Fristbeginn B 836
–, Fristberechnung B 836, B 837
– für Kündigung wegen Mieterhöhung C 462
–, Geschäftsräume B 849
–, Grundstücke B 849
–, längere Mietdauer B 838
–, Mieterwechsel B 840
–, möblierter Wohnraum B 847
– nach Gebrauchsfortsetzung B 960
–, Pachtverhältnis
–, Schiffe B 849
–, Umzug innerhalb des Hauses B 852, B 867
–, Verkürzung B 857, B 909
–, Verlängerung B 856, B 909
–, Werkwohnung B 894
–, Wohnungstausch B 840, B 842
Kündigungsfolgeschaden B 70 ff
Kündigungsgründe, Abbruch des Gebäudes B 632, B 653
–, Abwendung von Zwangsvollstreckungsmaßnahmen B 654
–, anderweitige wirtschaftliche Verwertung des Grundstücks B 652 ff
–, Arbeitsplatzwechsel B 619
–, Aufnahme des Verlobten B 605, B 139
–, Aufnahme von Besuchern B 605, B 138
–, Aufnahme von Familienangehörigen B 628, B 139
–, Aufnahme von Hausstandsangehörigen B 627, B 139
–, Ausscheiden eines Mitglieds aus der Wohnungsbaugenossenschaft B 680

Zahlen = Randnummern Sachverzeichnis

–, Baufälligkeit des Wohnhauses B 654
–, baupolizeiliche Abbruchsverfügung B 684
–, Beendigung eines Arbeitsverhältnisses B 667
–, Befreiung von der Grunderwerbssteuer B 688
–, Behinderung B 625
–, Belästigungen B 601, B 215
–, Beleidigungen B 601, B 215
–, Betriebsbedarf B 631, B 666, B 888, B 895, B 912
–, Betriebssanierung B 654
–, eheliche Zerwürfnisse B 620
–, Eheschließung B 619, B 620
–, Eigenbedarf B 608 ff
–, Eintritt in den Ruhestand B 619
–, Erbteilung B 654, B 712
–, erhöhter Wohnraumbedarf wegen Familienzuwachs B 619 f
–, Erlangen eines höheren Mietzinses B 661, B 708, B 771, C 26, C 161
–, ertragloses Grundstück B 656
–, Existenzgefährdung B 654
–, Erweiterung von Geschäftsräumen B 620
–, fehlbelegte Sozialwohnung B 676
–, Feuchtigkeit B 599, B 124
–, Gefährdung der Mietsache B 143 ff, B 591, B 118, B 120 ff
–, geisteskranke Mieter B 688, B 205
–, Geruchsbelästigung B 591
–, Geschäftsaufgabe B 625
–, Geschäftserweiterung B 654, B 690
–, gewerbliche Nutzung B 124, B 605
–, Gewerbsunzucht B 605
–, günstiger Verkaufserlös B 656
–, Hauskauf B 619
–, hohes Alter des Vermieters B 625
–, Instandsetzungsmaßnahmen B 656, C 165, C 166
–, kleine Wohnung B 625
–, krankheitsbedingte Wohnungsveränderung B 619
–, Lärm B 212, B 601
–, Mietrückstand B 155 ff, B 591, C 476
–, Modernisierungsgebot der Behörde B 684
–, Modernisierungsmaßnahmen B 656, C 165, C 166

–, Obdachlosigkeit des Vermieters B 619
–, öffentliche Interessen B 654, B 676, B 677, B 681
–, Pflegebedürftigkeit von Angehörigen B 634
–, Pflichtwidrigkeiten B 589 ff, B 120 ff, B 210 ff
–, Prostitution B 605
–, Renovierungsabsicht B 632, B 653, C 165, C 166
–, rückständige Betriebskosten C 267, B 152, B 594
–, Sanierung B 656
–, Schmutz B 601
–, Sonstige berechtigte Interessen B 665
–, Spekulationsabsicht B 654, B 656
–, Stadtsanierung B 653
–, Steuervorteile B 688
–, Störung der Nachtruhe B 688, B 212
–, Störung des Hausfriedens B 118, B 210, B 601
–, Störungen durch Besucher B 601, B 233
–, Strafanzeige B 215
–, Straftaten B 209, B 215, B 601
–, Streit zwischen den Mietern B 601, B 665
–, Teilnahme an Mieterinitiative B 601
–, Tierhaltung B 124, B 129, B 223, B 132
–, Überbelegung B 689, B 605, B 139
–, Überschreitung des Gebrauchsrechts B 599, B 120
–, übertreuerte Wohnung B 619, B 625
–, Umbaumaßnahmen B 654, B 656, C 165, C 166
–, Umwandlung der Wohnung in Hobby- oder Gästeräume B 631
–, Umwandlung in Eigentumswohnung B 662
–, Umzug vom Land- in Stadtwohnung B 625
–, unberechtigte Minderung B 591, B 593, B 160
–, unberechtigte Untervermietung B 585, B 605, B 137
–, ungünstige Lage zum Arbeitsplatz B 619
–, unpünktliche Mietzahlung B 225

1187

Sachverzeichnis

–, Unterbringung einer Haushaltshilfe B 620
–, Unterbringung eines Arbeitnehmers B 631, B 666
–, Unterbringung eines Hausmeisters B 665
–, unterlassene Schönheitsreparaturen B 124, B 585
–, unzulängliche Wohnung B 619
–, unzureichende Rendite B 654
–, Veräußerung von Wohnungseigentum B 636
–, Vergabe eines Heimplatzes B 686
–, Verkauf der Wohnung B 620
–, Verkauf des Hauses B 653, B 656
–, Verletzung der Anzeigepflicht B 143 f
–, Verletzung der Aufsichtspflicht B 592
–, Verletzung der Obhutspflicht B 143 f, B 599
–, Verletzung der Reinigungspflicht B 124, B 221
–, Verletzung von Aufsichtspflichten B 592
–, Verspätete Zahlung B 593, B 225
–, Verschuldung B 136, B 232, B 654
–, Vertragswidriger Gebrauch B 118 ff, B 599
–, Verzug B 150 ff, B 591, C 476
–, Weitervermietung der Wohnung als Geschäftsraum B 631, B 653, B 661
–, Wohnsitzverlegung B 620
–, Zahlungsrückstände B 150 ff, B 225 ff, B 591, C 476
–, Zahlungsverzug mit Kaution B 153, B 593
–, Zahlungsverzug mit Nebenkosten B 152, B 593
–, Zerrüttung des Mietverhältnisses B 695
–, Zerrüttung des Vertrauensverhältnisses B 67 f
–, zweckwidrige Nutzung B 9, B 14
–, zweckwidrige Raumnutzung B 675, B 120
Kündigungsrecht, Abtretung B 52
–, Verwirkung B 67, B 305, B 591
Kündigungsrücknahme B 48
Kündigungsschreiben, s. Kündigungserklärung, Kündigung

Kündigungsschutz für Wehrpflichtige B 669
Kündigungstag B 32, B 835
Kündigungstermin B 32, B 835
Kündigungsverpflichtung des Vermieters B 912
Kündigungsvollmacht B 35
Kündigungswiderspruch B 304, B 334, B 723, B 921 s. auch Sozialklausel
Kündigungsschutz, Ausschluß B 733
–, Gesetzestext B 1 ff
– Verfassungsmäßigkeit A 33
Kurzarbeit B 317

Ladengeschäft B 12, B 264
LAG-Wohnung B 50, B 683, C 36, C 537
Lage der Wohnung als Vergleichskriterium C 66, C 156, C 156j, D 93
Lagerräume B 12
Landpacht B 833
Lärm B 118, B 124, B 129, B 133, B 212, B 601
Lasten des Grundstücks, Umlage C 286
Laufende Aufwendungen D 43
Lebensalter B 315
Lebenslanger Mietvertrag C 37
Lebenswandel des Mieters als Kündigungsgrund B 81
Ledigenheim B 4, B 736, C 546
Leerstehender Wohnraum E 36, E 46
Lehrlingsheime B 7, C 547
Leichtfertigkeit s. Mietpreisüberhöhung
Leiden B 315
Leihe B 868, C 3
Leistungsklage B 347
Leistungsverweigerungsrecht B 267
Leistungsvorbehalt C 34, C 489
Luxuseinrichtungen B 528, C 172

Makler B 97, D 13, D 27
Mängel B 274, B 514, B 656
– der Wohnung, bei Mieterhöhung C 65, C 167 e
Mängelanzeige B 143
Marktmiete C 59, s. auch ortsübliche Vergleichsmiete
Median C 156 o

Zahlen = Randnummern　　　　　　　　　　**Sachverzeichnis**

Mietanpassungsklausel B 18, C 479, C 489, C 504
Mietaufhebungsverfügung E 58
Mietaufhebungsvertrag B 44, B 47, B 72, B 89ff, B 245, B 278, B 297, B 731, B 859, B 942
Mietausfall B 71, B 250, B 548
Mietausfallgarantie B 910
Mietausfallwagnis D 43i
Mieterbenennungsrecht s. Belegungsrecht
Mieterdarlehen B 49, B 153, B 268, B 321, C 35, C 196, D 110
Mieterhöhung, abweichende Vereinbarungen C 47
–, Änderungsvertrag C 501
–, Anerkenntnisurteil C 154
–, Anfechtung der Zustimmungserklärung C 507
–, Ausschluß B 49
–, Ausschluß bei befristetem Mietverhältnis C 33, C 236
–, bauliche Änderungen C 50, C 158ff, C 168ff s. auch Modernisierung
–, Begründung C 87ff
–, Begründung auf sonstige Weise C 105
–, Begründung mit Mietspiegel C 91, C 145
–, Begründung mit Sachverständigengutachten C 96, C 144
–, Begründung mit Vergleichsobjekten C 100, C 143
– bei fortgesetztem Mietverhältnis B 358
–, bei Fortsetzung des Mietverhältnisses nach der Sozialklausel C 45
–, bei Mischräumen B 18
–, Bergarbeiterwohnungen C 432
–, Berücksichtigung der vom Mieter geschaffenen Einrichtungen C 64a
–, Berücksichtigung von Mängeln C 65, C 167e
–, Berufung gegen erstinstanzliches Urteil C 134
–, Betriebskosten C 49, C 240ff s. auch Betriebskosten
–, Bestreiten des Mieters C 137
–, Beweislast C 137
–, dingliches Wohnrecht C 17
–, durch einstweilige Verfügung C 132

–, Erhöhungerklärung C 81, C 139
–, Erhöhungserklärung bei Modernisierung C 216
–, Fälligkeit C 120, C 131
–, Fälligkeit der Mieterhöhung nach Betriebskostensteigerung C 264
–, Fälligkeit der Mieterhöhung nach Kapitalkostensteigerung C 410
–, Fälligkeit der Mieterhöhung nach Modernisierung C 221
–, Feststellungklage C 132
–, freiwillige Zustimmung des Mieters C 47, C 162, C 230
–, Geldentwertung C 41
–, Gemeinnütziges Wohnungsunternehmen C 39, C 538
–, Genossenschaftswohnung C 39, C 72, C 538
–, gerichtliches Erhöhungsverfahren C 122
–, Gleitklausel C 120
–, Grundmiete C 42ff
–, Hausratsverfahren C 17
–, Heimverträge C 44, C 545
–, Instandsetzungsaufwand C 174
–, Kapitalkostensteigerung C 51, C 373ff
–, Klagfrist C 124
–, Kosten des Sachverständigengutachtens C 100
–, LAG-Wohnung C 537
–, Mischräume C 44
–, Mitbestimmung des Betriebsrats B 938
–, möblierter Wohnraum C 19, C 72, C 529, C 548
–, Modernisierungsarbeiten C 50, C 158ff s. auch Modernisierung
– nach Beendigung des Mietverhältnisses C 18
– nach Kündigung des Mietverhältnisses C 46
– nach Beendigung der Preisbindung C 79
– nach Verkauf des Hauses C 81
–, Pauschalmiete C 49
–, preisgebundener Wohnraum C 19, C 44
–, Prozeßvoraussetzung C 112, C 123
–, räumlicher Geltungsbereich des MHG C 13

1189

Sachverzeichnis

Buchstaben = Teile

–, Rechtsentscheide C 134
–, renovierter Altbau C 60
–, Rückzahlung nicht geschuldeter Beträge C 510
–, sachlicher Geltungsbereich des MHG C 15, C 528
–, Schriftformklausel C 119, C 502
–, Schriftform bei langfristigem Mietverhältnis C 119
–, Sonderkündigungsrecht des Mieters C 30, C 51, C 448
–, Sozialklausel C 17
–, Sozialwohnungen im Saarland C 424
–, Sperrfrist C 126
–, Steuerbegünstigter Wohnraum C 424
–, Streitwert bei Mieterhöhung nach § 2 MHG C 155
–, Streitwert bei Mieterhöhung nach § 3 MHG C 226
–, teilweise Zustimmung C 118
–, Übergang v. Kostenmiete zur Vergleichsmiete C 80, C 801
–, Überlegungsfrist C 112, C 123
–, Umfinanzierung C 400
–, Untermietverhältnisse C 45, C 159, C 548
–, unwirksames Erhöhungsverlangen C 77, C 113
–, Unwirksamkeit der Erhöhungsvereinbarung C 25
–, Urteil C 128, 130
–, Verbesserungsarbeiten C 50, C 158 ff, C 177 ff s. auch Modernisierung
–, Verbindung von Zustimmungsklage und Zahlungsklage C 153
–, Vergleich C 154
–, Verhältnis der Erhöhungstatbestände C 160
–, Vermieterwechsel C 81
–, Versäumnisurteil C 154
–, Verstoß gegen Wuchervorschriften C 25
–, vertraglicher Ausschluß C 31 ff
–, vertragliche Beschränkung C 31
– vor Beginn des Mietverhältnisses C 18
–, Wartefrist C 76

– wegen behördlich angeordneter Baumaßnahmen C 188
–, Wegfall der Geschäftsgrundlage C 41
–, Werkwohnung B 938, C 45
–, Wohnraum zu vorübergehendem Gebrauch C 19, C 529, C 539
–, zeitlicher Geltungsbereich des MHG C 14
–, Zustimmung des Mieters C 40, C 114, C 162, C 230, C 497
–, Zustimmung eines Dritten C 36
–, Zustimmung nach Ablauf der Überlegungsfrist C 116
–, Zustimmung unter einer Bedingung C 118, C 232
–, Zustimmung unter Vorbehalt C 502
–, Zweitwohnung C 563
– s. auch ortsübliche Vergleichsmiete, Vergleichskriterien, Erhöhungserklärung, Nebenkostenerhöhung
Mieterhöhungsklage C 226
Mieterhöhungsvereinbarung C 497
Mieterinitiative B 215, B 601
Mieterschutzgesetz A 6 f, C 576
Mieterwechsel B 99, C 64
Mietnachfolgeklausel B 100
Mietnachfolger B 96
Mietnebenkosten s. Nebenkosten, Betriebskosten
Mietpreisanstieg A 34
Mietpreisbindung s. Preisbindung
Mietpreisspannen C 94
Mietpreiserhöhung, Abführung des Mehrerlöses D 52, D 76
–, Abnutzungszuschlag D 98
–, Ausnutzen der Marktlage D 46
–, Bußgeldbescheide D 63
–, Bußgeldverfahren D 54, D 73
–, dolus eventualis D 48, D 102
–, Einspruch gegen Bußgeldbescheid D 64
–, Einstellung des Verfahrens D 61, D 80, D 81
–, Fahrlässigkeit D 49, D 73, D 102
–, Feststellung durch Mietspiegel D 38, D 94
–, Feststellung durch Vergleich mit Einzelobjekten D 38, D 95
–, Geldbuße D 52, D 103
–, Gesetzgebungsmaterial F 72

Zahlen = Randnummern Sachverzeichnis

–, Leichtfertigkeit D 49, D 73, D 102
–, Mangellage D 44, D 88
–, Opportunitätsprinzip D 56, D 61
–, preisgebundener Wohnraum D 36, D 58
–, Rechtsmittel gegen behördliche und gerichtliche Entscheidungen D 64, D 66
–, Strafbarkeit D 22 ff
–, Toleranzzuschlag D 42
–, unangemessenes Entgeld D 28 ff
–, Untermietzuschlag D 99
–, Urteil D 65
–, Verfolgungszuständigkeit D 59, D 79
–, Verjährung D 77
–, Verwarnung D 62
–, Vorsatz D 48, D 102
–, Wesentlichkeitsgrenze D 42, D 101
–, zivilrechtliche Folgen C 25, C 206, C 510, D 17
Mietrecht, Rechtsentwicklung A 1 ff
Mietrückstände B 150 ff, B 225 ff, B 438, B 474, B 591
Mietspiegel
–, Anwendungsbereich C 95, C 156 b
–, Anwendung bei Mietpreisüberhöhung D 38, D 51
–, Begründung der Erhöhungserklärung C 91, C 145
–, Bericht der Bundesregierung über die Aufstellung von Mietspiegeln C 156
–, Bestreiten der Richtigkeit C 151
–, Beweislast C 96
–, Beweismittel C 96, C 145, C 151, C 156 g
–, Bindungswirkung C 95
–, Datenbeschaffung C 156, C 156 k
–, Einholung eines Rechtsentscheids G 6
–, Fortschreibung C 156, C 156 r
–, Geltungsdauer C 156 r
–, Gesetzgebungsmaterial F 96
–, Inhalt C 156, C 156 h
–, mangelhafter Mietspiegel C 93
–, vergleichbare Gemeinde C 93
–, Zweck C 156 b
Mietverhältnis auf Lebenszeit B 22, B 352, B 409, C 37

– auf vorübergehende Zeit B 734, B 765
–, Begriff B 2 ff
–, Begründung durch Hausratsrichter B 4, B 281
– mit Verlängerungsklausel, Ausschluß d. Mieterhöhung C 34
Mietverträge auf bestimmte Zeit s. Befristete Mietverhältnisse
– mit auflösender Bedingung B 22, B 299, B 572, B 832, B 866, B 876
– mit Optionsrecht B 29
– mit Verlängerungsklausel B 23, B 299, B 360, B 866, B 960, B 768
Mietvorauszahlung B 49, B 80, B 100, B 153, B 270, B 321, C 35, C 196
Mietvorvertrag B 4
Mietwerttabellen s. Mietspiegel
Mietwohnungsbau, Entwicklung A 41
Mietwucher, Ausbeutung D 124
–, Begriff des Wohnraums D 107
– bei unwirksamem Mietvertrag D 112
–, Berechnungsmethoden D 116
– durch Annahme von Wechseln D 126
–, Existenzgefährdung des Mieters D 125
–, Gastarbeiterwohnungen D 116
–, Geschäftsraum D 6, D 11, D 108
–, Gesetzgebungsmaterial F 72
–, Gewährenlassen D 113
–, Gewerbsmäßige Begehung D 126
–, Mangel an Urteilsvermögen D 123
–, Mischräume D 108
–, Mißverhältnis von Leistung und Gegenleistung D 116, D 119
–, Sozialwohnung D 120
–, Strafmaß D 130
–, Studentenwohnungen D 116
–, Unerfahrenheit D 122
–, Untermietverhältnis D 124
–, Vermögensvorteil D 110
–, Versprechen des Vermögensvorteils D 112
–, Versuch D 112
–, Vorsatz D 129
–, Willensschwäche D 123 a
–, Zivilrechtliche Folgen C 25, C 206, C 510, D 17

1191

# Sachverzeichnis
Buchstaben = Teile

–, Zuschlag für besondere Belastung D 118
–, Zwangslage D 121
Mietzins, Begriff B 151, C 1, C 156, D 28
–, Festsetzung durch das Gericht C 3
Mietzinsvereinbarung beim Abschluß des Mietvertrags C 21, C 46
Mietzuschlag C 12
Minderung B 514, B 591, B 593
–, abweichende Vereinbarung C 167 e
–, Beeinträchtigung durch Modernisierungsmaßnahmen C 167 e
–, Kündigung B 160
Mischräume B 14, B 265, B 420, B 574, B 834, D 108, E 31, E 42
–, Mieterhöhung C 16, C 44
Mißbilligte Klauseln A 36
Mißbrauch des Kündigungsrecht s. Rechtsmißbrauch
– der Sozialklausel B 898
Mitbestimmungsrecht des Betriebsrats B 927, B 934
Mittelbarer Eigenbedarf B 620
Mitmieter B 248
Mitverschulden bei Räumung nach unwirksamer Kündigung B 609
Möblierter Wohnraum B 735, B 847, B 859, B 869, C 19, C 72, C 529, C 548, C 566
Möblierungszuschlag B 153, C 12 c
Modernisierung, Aufwendungsersatzanspruch des Mieters C 167 e
–, Bauliche Maßnahmen C 168 ff
–, behördliches Gebot B 684, C 164, C 169
– bei Gesundheitsgefahr für den Mieter C 166, C 167 d
–, Berechnung der Mieterhöhung C 202
–, Bundesbaugesetz C 164
–, Diebstahlschutz C 182
–, Duldungspflicht des Mieters C 165, C 166, C 167 d
–, Duldungspflicht des Untermieters C 166
–, Einrichtung C 176
–, Einsparung von Heizenergie C 186 a
–, Erhöhungserklärung C 216
–, Erleichterung der Wohnungspflege C 179

–, Fälligkeit der Mieterhöhung C 221
–, Förderung durch Darlehen C 192 ff
–, Gebrauchswerterhöhung C 178
–, Heizungsumstellung C 180
–, Hinweispflicht des Vermieters C 214
– im Hausratsverfahren C 45
–, Instandhaltung und Instandsetzung C 174
–, Kündigung B 656
–, Maßnahmen zugunsten Behinderter C 182
–, Mieterhöhung C 50, C 158 ff
–, Mieterhöhungsklage C 226
–, Modernisierungsgesetz C 167
–, Sonderkündigungsrecht des Mieters C 172
–, Städtebauförderungsgesetz C 164
–, Umlagefähige Kosten C 190
–, Umlageschlüssel C 200
–, Unterrichtungspflicht des Vermieters C 166, C 167 d
–, Verbesserung allgemeiner Wohnverhältnisse C 183
–, Verbesserung der Energieversorgung C 179
–, Verbesserung der Kochmöglichkeit C 181
–, Verbesserung der Wasserversorgung C 179
–, Verbesserung hygienischer Verhältnisse C 179
–, Verbesserungsmaßnahmen C 177 ff
–, Zumutbarkeit C 166, C 167 d
–, Zweckentfremdung E 53, E 68
Modernisierungsgesetz C 158 a, C 199, C 239
Modernisierungsmaßnahme s. auch StädtebauförddG
Modernisierungszuschuß C 167, C 173
Müllabfuhrkosten C 343
München-Regelung C 582
Musikausübung B 212, B 222
Mustermietvertrag des BJM A 37

Nachfolgeklausel B 100
Nachschieben von Kündigungsgründen B 712 ff
Namensschilder B 252
Nebenkosten, Änderungsvereinbarung C 11

Zahlen = Randnummern

–, Auslegung der Vereinbarung C 9f
–, Begriff C 8
–, Erhöhung C 49, C 240ff
–, Erhöhung bei Werkwohnungen B 938
–, Festsetzung durch das Gericht C 3, C 7
–, Feststellungsklage C 12
–, Kalkulationsirrtum C 6
–, neue Kostenarten C 11
–, Pauschale C 9, C 283
–, stillschweigende Vereinbarung C 10
–, Umlage C 28
–, Vereinbarung beim Abschluß des Mietvertrags C 5, C 12
–, Verzug B 152
–, Vorauszahlung C 9
Nebenräume E 54
negatives Schuldanerkenntnis B 274
Nettomiete s. Mietzins
Neuabschluß nach Räumungsurteil B 762
Nichterfüllung der Rückgabepflicht B 271, B 491
Niederkunft B 321, B 437, B 474, B 554
Normenkontrollklage E 112
Notverordnung A 7f
Nutzungsentschädigung B 154, B 506, B 564, C 474
Nutzungsverträge B 4, B 22, B 84, B 239, B 800
–, Mieterhöhung C 39

Obdachlosenunterkunft B 4, B 241, B 433, B 472, B 487, B 774
Obhutspflicht B 114, B 123, B 143, B 239, B 270, B 540, B 599
Öffentliche Lastens C 289
Öffentlich geförderte Werkwohnung B 896
Öffentlich geförderter Wohnraum s. Sozialwohnungen
Öffentlich-rechtliche Pflichten als Härtegrund B 416, B 438
Ölzentralheizung C 308
Optionsrecht B 29, B 360
Ordnungswidrigkeit s. Mietpreisüberhöhung, Zweckentfremdung
Ortsübliche Vergleichsmiete C 53ff

Sachverzeichnis

–, Bandbreite der Mietpreise C 57, C 156, C 156p
–, Begriff C 54
–, Begriff der Üblichkeit C 56
–, Beweiserhebung C 143
–, Beweislast C 75
–, Beweissicherung C 97
–, Beweissicherungsverfahren C 75
–, Beweiswürdigung C 149
–, Durchschnittsmiete C 59, C 156o
–, Ermittlung C 75
–, Ermittlung der Grundmiete C 55
–, Ermittlung der Miete bei Genossenschaftswohnung C 72
–, Ermittlung durch Vergleich mit preisgebundenem Wohnraum C 62, C 70
–, Ermittlung durch Vergleich mit vermietereigenen Wohnungen C 70
–, hypothetische Vergleichsmiete C 58
–, Marktmiete C 59
–, Verfassungsmäßigkeit A 35, C 58
–, Vergleichbarkeit der Objekte C 68, C 156
–, überteuerte Wohnung als Vergleichsmaßstab C 58, C 73
–, Vergleichskriterien C 59, C 156, C 156i
–, Schätzung C 152
–, Werkwohnungen B 938
– s. auch Vergleichskriterien, Mieterhöhung, Erhöhungserklärung

Pacht B 649
pacta sunt servanda B 105
Pauschale Nebenkosten C 283
Pauschalmiete C 9, C 49, C 95, C 283b
Pensionierung des Mieters B 187
Personenvereinigung als Mieter B 44
Pfandrecht B 131, B 376, B 403
Pflegebedürftigkeit des Vermieters B 492
Pflegeheim s. auch Altersheim
Pflegeperson B 285
Pflichtwidrigkeiten des Mieters s. Kündigungsgründe
Pflichtverletzungen B 203
Plakate B 215
Podestativbedingungen B 31

1193

Sachverzeichnis

Buchstaben = Teile

Positive Vertragsverletzung B 72, B 75, B 114, B 263, B 547, B 609
Preisbindung B 512, C 576, C 582
Preisgebundener Wohnraum, Fehlbelegung als Kündigungsgrund B 676
–, Mieterhöhung C 19, C 284
–, Mietpreiserhöhung D 36, D 58
–, Nebenkostenerhöhung C 284
Preisüberhöhung s. Mietwucher; Mietpreisüberhöhung
Prostitution B 605
Prozeßkosten s. Kosten
Prozeßstandschaft im Räumungsprozeß B 53
Prozeßvoraussetzung der Mieterhöhungsklage C 112
Prüfungserschwerung B 323

Quittung B 274

Radiolärm B 212; s. auch Lärm
Räumung auf unwirksame Kündigung B 74, B 92
– zur Unzeit B 565
Räumungsanordnung bei Sozialwohnung B 678
Räumungsanspruch gegen Untermieter B 249, B 275
–, Verwirkung B 38, B 763
Räumungsaufschub s. Räumungsfrist
Räumungsfrist B 243, B 278, B 283, B 313, B 336, B 419, B 555, B 561, B 564, B 724, B 943, B 952
–, Antrag B 445
– bei fristloser Kündigung B 63, B 69
– bei Kündigung einer Wohnung im Zweifamilienhaus B 706
– bei Mischräumen B 16, B 117
–, Dauer B 451
– im Hausratsverteilungsverfahren B 422
Räumungsklage B 35, B 283, B 347, B 720, B 740
–, befristetes Mietverhältnis B 789
Räumungstitel, Umschreibung auf Erwerber B 54
Räumungsurteil B 759, B 945
–, Berufung B 760
Räumungsvergleich B 425, B 945
Reallast B 4
Rechtsbeschwerde D 66

Rechtsentscheid G 1 ff
–, abweichende Entscheidung G 10
–, Auslegung von Formularverträgen G 7
–, Begriff der Rechtsfrage G 5
– bei Mieterhöhung C 134
–, Bindungswirkung G 34
–, Entscheidungserhebliche Rechtsfrage G 13
–, Grundsätzliche Rechtsfrage G 11
–, Kosten G 32
–, Mietspiegel G 6
–, Rechtsmittel G 33
–, richterliche Überzeugungsbildung G 6
–, Tatsachenfeststellung G 6
– über Hausratsverordnung G 8
– über Prozeßrecht G 7
–, Vorlagebeschluß G 15
–, Zweckentfremdungsverordnung G 8
Rechtsentwicklung des sozialen Mietrechts A 1 ff
Rechtsmangel s. auch Mängel B 275
Rechtsmißbrauch bei Kündigung B 37, B 44, B 578, B 585, B 609, B 708
Rechtsmittel gegen Räumungsfristentscheidung B 463
– gegen Räumungsurteil B 401, B 759
– gegen Rechtsentscheid G 33
– im Bußgeldverfahren D 64, D 66
Rechtsschutzinteresse für Feststellungsklage B 46
– für Fortsetzungsklage B 347
Reformatio in peius B 464
Reichsmietengesetz A 6 f
Reihenhaus B 700
Reinigung d. Heizung C 311
Reinigungspflicht B 214, B 221
Renovierungsabsicht als Kündigungsgrund B 632, B 653
Renovierungsklausel B 253
Renovierungspflicht s. Schönheitsreparaturen
Reparaturen B 542
Rotationsprinzip B 330
Rückforderungsanspruch bezüglich nicht geschuldeter Erhöhungsbeiträge C 510
Rückforderungserklärung des Vermieters gegenüber Untermieter B 283

Zahlen = Randnummern

Rückgabe beweglicher Sachen B 251
–, Nichterfüllung B 271
–, Schlechterfüllung B 272, B 493
–, Teilleistung B 265, B 494
–, verspätete R. B 484
– vor Ablauf der Räumungsfrist B 567
– zur Unzeit B 565
Rückgabeklausel B 255
Rückgabetermin bei fristloser Kündigung B 63
Rückgabepflicht B 239, B 491, B 881
Rückgewähr – Schuldverhältnis B 239
Rücknahme des Erhöhungsverlangens C 85
– der Kündigung B 48
– der Zustimmungsklage C 133
Rücktritt vom Mietvertrag B 86 ff
Rückzahlung d. Mietzinses beim Aufhebungsvertrag B 96, B 114
Rückzahlungsanspruch bei überzahltem Mietzins C 25, C 510
Ruhestörungen B 535
Ruhezeiten B 212, B 222

Saarland, Mieterhöhung für Sozialwohnungen C 459
Sachmangel s. auch Mängel B 275
Sachverständigengutachten, Angabe von Einzelobjekten C 98, C 149
–, Bezugnahme auf Mietspiegel C 98
–, Inhalt C 98, C 146, C 148
–, Kosten C 100
–, Person des Sachverständigen C 97, C 147
–, statistische Erhebung C 98
–, Verwertung im Prozeß C 99a, C 144
Sanierung B 653, B 656, E 58 s. auch Städtebauförderungsgesetz
Sanitäre Anlagen s. Modernisierung
Schadensersatzanspruch bei Doppelvermietung B 609
– bei fristloser Kündigung B 70 ff
– bei Kündigung einer fehlbelegten Sozialwohnung B 677
– bei Kündigung mit unzureichendem Grund B 609
– bei ordentlicher Kündigung B 74
– bei Räumung zur Unzeit B 564
– bei Rücktritt und Anfechtung B 86

Sachverzeichnis

– bei Schlechterfüllung der Rückgabepflicht B 265, B 273
– bei unberechtigter Ablehnung eines Ersatzmieters B 114
– bei unberechtigter Kündigung B 38, B 74
– bei vorgetäuschtem Eigenbedarf B 111, B 609
– bei Weigerung zur Kündigung B 44
– des Untermieters bei Kündigung des Hauptmietverhältnisses B 275, B 286
– des Vermieters wegen Vorenthaltung der Mietsache B 348, B 400, B 486, B 547
– vor Ablauf der Räumungsfrist B 564
– wegen eigenmächtiger Räumung B 525
Schadensersatzvereinbarung beim Mietaufhebungsvertrag B 98
Schadensminderungspflicht B 93, B 550, B 609
Schäferkarren D 107
Schätzung der ortsüblichen Vergleichsmiete C 152
Schenkung C 3
Schiedsgerichtsklausel C 496
Schiedsgutachterklausel C 494
Schiffskajüten B 7, D 107
Schikaneverbot B 105
Schlafstellen E 43
Schlechterfüllung der Rückgabepflicht B 272, B 492
Schlüssel, Rückgabe B 250, B 272
Schlüssigkeit der Zustimmungsklage C 128, C 136
Schmutz B 601
Schonfrist B 187
Schönheitsreparaturen B 114, B 250, B 253 ff, B 272 f, B 289, B 348, B 355, B 493, B 542, B 550, B 585, B 124, C 156 e
Schriftform bei Beendigungserklärung des Vermieters B 785
– bei Fortsetzungserklärung B 776
– bei langfristigem Mietverhältnis C 119
– bei Mieterhöhungsvereinbarung C 502
– der Betriebskostenerhöhung C 257
– der Erhöhungserklärung C 216

1195

Sachverzeichnis

Buchstaben = Teile

- der Kapitalkostenerhöhungserklärung C 402
- der Kündigung B 33, B 710, C 461
- des Mietaufhebungsvertrags B 94
- der Rückforderungserklärung gegenüber Untermieter B 283
- des Verlängerungsvertrags B 48, B 345
- des Widerspruchs B 335, B 417
- der Zustimmungserklärung C 118

Schriftformklausel, Mieterhöhung C 119, C 502
Schuldanerkenntnis B 274
Schuldunfähiger Mieter B 688
Schwangerschaft B 321, B 437
Schweigen des Mieters auf Räumungsaufforderung B 720, B 751
Selbsthilfe des Vermieters B 271
Sonderkündigungsrecht bei Anfechtung B 88
- bei Mieterhöhung C 30, C 172, C 448
- bei Tod des Mieters B 303
- bei Zwangsversteigerung B 577
- für Ein- u. Zweifamilienhäuser B 49, B 694 ff
Sonderrechtsnachfolge B 77
Sonderschule B 323
Sonstiges berechtigtes Intersse B 665
Sozialbindung A 2, B 295
Soziale Marktwirtschaft A 28
Sozialeinrichtung B 930
Sozialer Rechtsstaat B 295
Sozialpflichtigkeit A 5, A 24, A 35, B 585
Soziales Wohnungsmietrecht A 1, B 295
Sozialklausel A 33, B 69, B 81, B 117, B 294 ff, B 578, B 723, B 961
-, befristete Mietverhältnisse B 772
- bei auflösend bedingten Mietverhältnissen B 878
- bei Kündigung einer Wohnung im Zweifamilienhaus B 706
- bei Werkdienstwohnung B 921
- bei werkgefördertem Wohnraum B 914
- bei Werkwohnungen B 671, B 898
-, gerichtliches Verfahren B 385 ff
-, Härtegründe des Mieters B 308 ff
-, Interessen des Vermieters B 328

-, Mieterhöhung C 17, C 45
-, Mißbrauch B 898
-, Rechtsentscheid s. Rechtsentscheid
Sozialstaatsprinzip A 24
Sozialwohnung B 85, B 317 f, B 512, C 531
-, Eigenbedarf B 620
-, Fehlbelegung B 676
-, Mietpreisüberhöhung D 36, D 58
-, Mieterhöhung C 19, C 284, C 531
-, Mieterhöhung zum Ende der Preisbindung C 284, C 536
-, Mietwucher D 120
-, Räumungsanordnung bei Fehlbelegung B 678
-, Zweckentfremdung E 34
Sozialwucher s. Mietpreisüberhöhung
Spannungen zwischen Mieter und Vermieter B 331
Spannungsklausel C 489
Spekulationsabsichten B 654
Sperrfrist s. Mieterhöhung; Zustimmungsklage
Spielplatz C 356
Städtebauförderungsgesetz B 580, B 654, B 684, B 764, E 58
Staffelmiete C 34, C 54, C 479, C 492, C 504, C 518–527
Stellvertretung B 44
Steuerbegünstigter Wohnraum, Mieterhöhung C 533
Stillschweigende Verlängerung B 939, B 770
- eines befristeten Mietverhältnisses B 788
Stoppmiete C 22
Störung des Hausfriedens B 118, B 210, B 601
Strafanzeige B 215
Strafbarkeit der Mietpreisüberhöhung D 22 ff
Straßenausbau C 169, C 188
Straßenreinigung C 340
Streit B 601, B 665
Streitigkeiten B 331
Streitigkeiten mit Mitmietern B 535
Streitwert bei Mieterhöhung nach § 2 MHG C 155
- bei Mieterhöhung nach § 3 MHG C 226 b
- bei Räumungsfrist B 467

1196

Zahlen = Randnummern

– bei Räumungsklage B 761
Streupflicht B 124, C 340
Studenten B 324
Studentenheim, Mieterhöhung C 547
 s. auch Heime, Heimverträge
Studentenwohnung C 60
Studentenwohnheim B 4, B 7, B 736, B 330, B 882, C 529
Stundung des Herausgabeanspruchs B 63, B 243, B 943, B 952

Tabellenmiete A 34
Teilkündigung B 18, B 47, B 916
Teilnichtigkeit B 88
Teilräumung B 265, B 272, B 449, B 494
Telegrafischer Widerspruch B 335, B 417
Terrassenwohnung B 700
Thermostatventile C 188
Tierhaltung B 538, B 124, B 129, B 223
Tod des Mieters B 76, B 303, B 487
Toleranzzuschlag D 42
Treppenreinigung s. Hausreinigung
Trockenraum B 214
Trockenheizen C 305

Überbelegung B 139, B 689, B 605
Übergangswohnheim B 7
Überlassung der Mietsache B 839
Überlegungsfrist s. Mieterhöhung
Übermaßverbot E 63
Übernahmevertrag B 103
Umbau eines Ladengeschäfts B 264
– des Hauses B 245
Umbaumaßnahmen B 544
Umdeutung der Kündigung B 40, B 871, B 875
– eines Fortsetzungsantrags B 779
Umgebungswechsel B 315
Umlage von Betriebskosten C 252 ff
– Modernisierungskosten C 200, C 377
– von Nebenkosten C 28, C 240
Umschulung B 317
Umschulungsschwierigkeiten B 323
Umwandlung in Eigentumswohnung B 636 ff
– in Geschäftsräume B 10

Sachverzeichnis

– von Wohnraum in Geschäftsraum E 41
Umzug innerhalb des Hauses B 843, B 846
Umzugsbelastung B 314
Umzugskosten B 609
Unabdingbarkeitsklausel B 384
Unberechtigte Untervermietung B 120, B 132, B 137 ff
Unbrauchbarmachen von Wohnraum E 36, E 50
Unechte Kündigung B 27, B 872
Unentgeltliche Raumüberlassung B 4
Unerfahrenheit D 122
ungerechtfertigte Härte B 295, B 308 ff
Ungezieferbekämpfung C 349
Unmöglichkeit der Rückgabe B 496
Unterlassungsklage B 586, B 591, B 599
Untermieter B 121, B 137, B 177, B 275, B 400, B 841
Untermietverhältnis, Bestandsschutz B 3, B 286, B 573, B 687, B 704
–, Duldung von Modernisierungsmaßnahmen durch den Untermieter C 166
–, Kostenmiete D 43i
–, Mieterhöhung C 45, C 159, C 548
–, Vertragverletzung B 120, B 137 ff
Untermietzimmer B 6, B 413
Untermietzuschlag B 153, C 12a
Untervermietung, Rückgabepflicht B 249, B 497
–, Vertragsverletzung B 585, B 605
Unverletzlichkeit der Wohnung B 276
Unzulässige Rechtsausübung B 37, B 54, B 100, B 268
Unzumutbarkeit der Vertragsfortsetzung s. Kündigung
, Urteilsergänzung B 448

Venire contra factum proprium B 67
Veräußerung der Eigentumswohnung B 636
– des Grundstücks B 52, B 414, B 619
– des Hauses, Mieterhöhung C 81
Verbesserungsarbeiten, Mieterhöhung C 50, C 158 ff, C 177 ff s. auch Modernisierung
verbotene Eigenmacht B 250, B 1271
Verbotsirrtum E 115

1197

Sachverzeichnis

Buchstaben = Teile

Verdachtskündigung B 607
Verfassungsmäßigkeit des Systems der ortsüblichen Vergleichsmiete A 35, C 58
– der Wohnraumschutzgesetze A 24, A 32 ff
Vergleich über Mieterhöhung C 154
Vergleichbarkeit von Wohnungen C 68, C 156
Vergleichskriterien bei Ermittlung der ortsüblichen Miete C 59, C 156, C 156i
–, Beschaffenheit C 65, C 156, C 156j, D 93
–, Finanzierungs- und Herstellungskosten C 61
–, Gebäudealter C 60, C 156, D 93
–, Genossenschaftswohnungen C 72
–, gleiche Art C 60, C 156, C 156i, D 93
–, möblierter Wohnraum C 72
–, preisgebundener Wohnraum C 62, C 71
– s. auch ortsübliche Vergleichsmiete, Erhöhungserklärung, Mieterhöhung
–, renovierter Altbau C 60
–, vom Mieter geschaffene Einrichtungen C 64a
–, Wohnungsausstattung C 64, C 156, C 156i, D 93
–, Wohnungsgröße C 63, C 156, C 156i, D 93
–, Wohnungslage C 66, C 156, C 156j, D 93
–, Wohnungsmängel C 65
Vergleichsmiete A 34f, B 485
– als Nutzungsentschädigung B 508
Vergleichsobjekte, Anzahl C 101, C 103e
–, Bezeichnung C 103
–, fehlende Vergleichbarkeit C 111
–, Feststellung einer Mietpreisüberhöhung D 38, D 95
–, Lage C 103d
–, Vergleichbarkeit C 103b
–, vermietereigene C 101
Vergleichswohnungen s. Mieterhöhung; Erhöhungserklärung; Vergleichsobjekte
Verhältnismäßigkeitsgrundsatz E 63

Verjährung der Mietpreisüberhöhung D 77
– der Nutzungsentschädigung B 506, B 520
– von Betriebskosten C 267, C 273, C 279
– von Ersatzansprüchen nach Beendigung des Mietverhältnisses B 270, B 273
– des Fortsetzungsanspruchs B 337
–, Zweckentfremdung E 119
Verkauf des Mietshauses B 649, B 653, B 656
– der Mietwohnung B 52
Verkehrssicherungspflicht B 268, B 534, B 922, C 340
Verkürzung der Kündigungsfrist B 857, B 909
– der Räumungsfrist B 424, B 442
Verlängerung befristeter Mietverhältnisse B 866
– des Mietverhältnisses B 315, B 365 ff
– des Mietvertrags durch Gebrauchsfortsetzung B 939
– eines Mietverhältnisses mit auflösender Bedingung B 866, B 876
– eines Mietverhältnisses mit Verlängerungsklausel B 866
– der Kündigungsfrist B 856, B 909
– der Räumungsfrist B 424, B 441
Verlängerungsgesuch B 374
Verlängerungsklausel B 23, B 864
Verlängerungsvertrag B 48, B 341
Verlobte B 326, B 605
Vermieterwechsel B 52, C 64, C 81, C 419
Vermietungsgesellschaft B 9, B 286
Versäumnisurteil im Mieterhöhungsverfahren C 154
Verschulden B 136, B 232, B 552, B 609
Verschuldung B 654
Versetzung des Mieters B 314
Verspäteter Widerspruch B 384
Verspätungsrüge B 389
Vertrag zugunsten Dritter B 289
Vertraglicher Ausschluß der Mieterhöhung C 31 ff
Vertragsfreiheit A 2, A 36 f
Vertragsstrafe B 98
Vertragswidriger Gebrauch B 599

Zahlen = Randnummern

Sachverzeichnis

Vertragszweck, Änderung B 10
Verwaltungskosten C 250ff, C 293, C 297, D 43f
Verwaltungszwang B 677, E 93
Verwarnung bei Mietpreisüberhöhung D 62
Verwendungen des Mieters s. Aufwendungen
Verwirkung des Kündigungsrechts B 67, B 173, B 305, B 591
– des Räumungsanspruchs B 38, B 763
– des Rückforderungsrechts B 285
– des Sonderkündigungsrechts bei Werkwohnungen B 897
– von Nebenkosten C 255, C 267, C 280
– von Schadensersatzansprüchen B 72
Verzicht des Mieters auf Angabe von Kündigungsgründen B 726
– auf Räumungsfrist B 439
Verzug des Mieters B 150ff, B 155, B 225, B 243, B 550, B 591
Vollmacht B 35, B 44
Vollmachtsklausel C 81
Vollstreckungsschutz B 69, B 286, B 315, B 471, B 556, B 562
Vorauszahlung von Betriebskosten C 269
Vorenthaltung der Mietsache B 348, B 485ff, B 949, C 474
Vorgetäuschte Kündigungsgründe s. Kündigung
Vorratskündigung B 620f
Vorsatz s. Mietpreisüberhöhung, Mietwucher, Zweckentfremdung
Vorteilsausgleichung B 71, B 114
Vorübergehender Gebrauch B 5, B 301, B 734, C 539
Vorverhandlungen über Mietaufhebungsvertrag B 90
Vorzeitige Rückgabe B 245

Wahlrecht bei Kündigung einer Werkdienstwohnung B 920
– bei Kündigung einer Werkwohnung B 889
– bei Kündigung einer Wohnung im Zweifamilienhaus B 698
Warmmiete, Begriff C 156c
Wärmezähler C 315, C 188

Wartefrist für Mieterhöhung C 76
Wartezeit bei Kündigung einer Eigentumswohnung B 636
Wartungskosten s. Heizkostenklausel
Wäsche B 124, B 214 C 371
Waschküche B 214, C 296
Wasseraufbereitung C 295
Wasserzähler C 292
Wassergeld, Mieterhöhung C 250, C 286, C 291
Wasserversorgung C 179, C 291, C 294
Wegfall von Härtegründen B 373
– der Geschäftsgrundlage, Mieterhöhung C 41
– der Kündigungsgründe B 38, B 66, B 716
– der Vertragsgrundlage B 57
Wehrdienst B 669
Werkdienstwohnungen B 4, B 240, B 672, B 832, B 884, B 915ff
Werkgeförderte Wohnungen B 50, B 673, B 841, B 910, C 36
Werkförderungsvertrag s. werkgeförderte Wohnung
Werkmietwohnungen s. Werkwohnungen
Werkwohnungen B 9, B 50, B 300, B 666, B 832, B 876, B 883ff, B 885, C 36, C 60
–, gerichtliche Zuständigkeit B 925
–, Kündigung B 888
–, Kündigungsfrist B 894
–, Mieterhöhung B 938, C 45
–, Mitbestimmungsrecht des Betriebsrats B 927, B 934
Wertsicherungsklausel B 48, C 33, C 489
Wesentlichkeitsgrenze D 42, D 101
Wettbewerbsfreiheit A 2
Widerklage gegen Fortsetzungsklage B 347
– gegen Räumungsklage B 347
Widerruf d. Kündigung B 48
– der Zweckentfremdungsgenehmigung E 90
Widerspruch des Mieters gegen Gebrauchsfortsetzung, bei befristeten Mietverhältnissen B 770
– des Vermieters gegen Gebrauchsfortsetzung durch den Mieter B 953

1199

Sachverzeichnis

Buchstaben = Teile

– gegen Kündigung B 304, B 334f
– gegen Räumungsanordnung B 678
– gegen Versagung der Zweckentfremdung E 107
Widerspruchsfrist B 300, B 337f
– bei Werkwohnungen B 671, B 900
Wiedereinsetzung in den vorigen Stand B 446
Willenserklärung B 31
Willensschwäche D 123a
Wirtschaftliche Verluste als Härtegrund B 320
Wochenendhaus B 484, B 473a, B 625, C 563
Wohndauer B 315
Wohnflächenberechnung C 63, C 156i, C 157
Wohngebäude, Begriff B 700, D 107
Wohngebrauch B 6
Wohngeld B 317, B 434
Wohngeldgesetz A 34
Wohngemeinschaft B 44, B 277, B 326, B 704, C 60, D 35
Wohnheim s. Heime
Wohnraum, Begriff B 6, B 701, D 107, E 29
– zu vorübergehendem Gebrauch B 5, B 167, B 301, B 859, C 19, C 442, C 452
Wohnraumbewirtschaftung A 6
Wohnraumschutzgesetze, Rechtsentwicklung A 1ff
–, Verfassungsmäßigkeit A 24ff
Wohnrecht, dingliches B 4
Wohnung, Begriff B 6, B 701, D 107
Wohnungsart als Vergleichskriterium C 60, C 156, D 93
Wohnungseigentum B 636; s. auch Eigentumswohnung
Wohnungsfehlbestand ... A 11, E 15
Wohnungsfürsorgemittel B 680, C 533
Wohnungsgenossenschaft B 4, B 22, B 119, B 867
Wohnungsgröße, Ermittlung C 63, C 156i, C 157
Wohnungsmangelgesetz A 6f
Wohnungsmietgesetzbuch A 39
Wohnungsmodernisierungsgesetz C 158a, C 199, C 238
Wohnungspflegegesetz C 169
Wohnungsschlüssel s. Schlüssel

Wohnungstausch B 281, B 840, B 842
Wohnungszwangswirtschaft A 10
Wohnwagen B 7, D 107
Wohnwert B 311
Wucher s. Mietwucher

Zählermiete C 292
Zahlungsklage, Verbindung mit Zustimmungklage C 153
Zahlungsrückstände s. Mietrückstände
Zahlungsunfähigkeit als Kündigungsgrund B 81
Zeitmietvertrag B 552, B 765ff
–, Eigennutzung B 797
–, Modernisierung B 801
–, Rechtsfolgen B 823
–, Vertragsende B 810
–, Vertragsschluß B 806
Zentralheizung C 299
Zerrüttung des Mietverhältnisses als Kündigungsgrund B 67f, B 695
Zimmervermietung s. Zweckentfremdung
Zinssteigerung s. Kapitalkostensteigerung
Zubehörräume B 6, B 272
Zugang d. Kündigung B 43, B 66
Zugangsfiktion B 44, C 81
Zumutbarkeit des Ersatzmieters B 109ff
– des Wohnungswechsels B 309
– von Modernisierungsmaßnahmen C 166, C 167d
Zurückbehaltungsrecht des Mieters gegenüber Räumungsanspruch B 267ff, B 515
– des Untermieters B 288
Zurücknahme des Erhöhungsverlangens C 85
– der Kündigung B 48
– der Zustimmungsklage C 133
Zurückweisung der Kündigung B 44
Zuständigkeit für Mieterhöhungsklage C 134
– für Räumungsfrist B 457
– für Räumungsklage B 759
– für Räumungsklage gegen Untermieter B 292
– für Streitigkeiten bezüglich Werkwohnungen B 925

Zahlen = Randnummern

- für Zweckentfremdungsgenehmigung s. Zweckentfremdung
Zustimmung eines Dritten zur Kündigung B 50, B 712
Zustimmung zur Mieterhöhung C 40, C 497
–, Form C 115
–, konkludent C 115, C 234
–, nach Ablauf der Überlegungsfrist C 116
–, teilweise C 118
– unter einer Bedingung C 118, C 232
– unter Vorbehalt C 118
Zustimmungsklage, Anerkenntnisurteil C 154
–, Ergänzung der Begründung im Prozeß C 138
–, Erledigung der Hauptsache C 154
–, Inhalt d. Klagschrift C 128, C 136
–, Klagänderung C 139
–, Klagantrag bei teilweiser Zustimmung C 118
–, Klagerhebung C 124a
–, Klagerhebung vor Beginn der Klagfrist C 127
–, Klagerhebung nach Ablauf der Klagfrist C 126
–, Klagrücknahme C 133
–, Leistungsklage C 128
–, Mehrere Mieter als Beklagte C 129
–, Rechtsentscheide C 134
–, Schlüssigkeit C 128, C 136
–, Streitwert C 155
–, Verbindung mit Zahlungsklage C 153
–, Versäumnisurteil C 154
–, Zuständigkeit C 134
Zuweisung der Ehewohnung im Hausratsverfahren B 281
Zwangsgelder B 677, E 93
Zwangslage D 121
Zwangsräumung B 471 f, B 474, B 531, E 95
Zwangsvermietung E 94
Zwangsversteigerung, Kündigung B 418
–, Räumungsfrist B 421
–, Vollstreckungsschutz B 472
Zweckänderung B 10
Zweckbestimmung B 12

Sachverzeichnis

Zweckentfremdung, Abbruch des Hauses E 36, E 51
–, Auslegungsgrundsätze E 36
–, Bauliche Veränderung E 36, E 41, E 53, E 68
–, Beendigung E 52
–, Beginn E 52
–, Begriff E 35
–, Beschränkung der Genehmigung E 72
–, Einrichtung von Schlafstellen E 43
–, Einweisung eines Mieters E 94
–, Errichtung eines Neubaus E 69, E 70
–, Ersatzvornahme E 94
–, Erzwingungshaft E 93
–, Existenzgefährdung E 67, E 77, E 83
–, Freibauvereinbarung E 91
–, Fremdenbeherbergung E 44
–, Geldbuße E 117
–, Genehmigung durch stillschweigende Duldung E 72
–, Genehmigungsverfahren E 63
–, Gesetzgebungsmaterial F 95
–, gewerbliche Zimmervermietung E 45
–, gewerbliche Mitbenutzung von Wohnraum E 42
–, Kontrollmaßnahmen E 19
–, Leerstehen von Wohnraum E 36, E 46
–, Modernisierung E 53, E 68
–, öffentliches Interesse E 83
–, Ordnungswidrigkeit E 113
–, Sanierungsmaßnahmen E 58
–, Steigerung der Rendite E 66, E 70
–, Umwandlung von Wohnraum in Geschäftsraum E 41
–, Umwandlung von Wohnraum in Nebenraum E 54
–, Unbrauchbarmachen von Wohnraum E 36, E 50
–, Verbotsirrtum E 115
–, Vergrößerung der Wohnung E 56
–, Verjährung E 119
–, Verkleinerung der Wohnung E 56
–, Verlegung von Geschäftsraum E 66
–, Verschulden E 53
–, Verwaltungszwang E 93
–, Verzeichnis der Gemeinden mit Zweckentfremdungsverbot E 120

1201

Sachverzeichnis

Buchstaben = Teile

–, Vorbereitungshandlung E 52
–, vorübergehende Unterbrechung des Wohnzwecks E 44, E 47
–, Wohnlager E 43
–, Zivilrechtliche Folgen bei fehlender Genehmigung E 61, E 73
–, Zwangsgeld E 93
–, Zwangsräumung E 95
Zweckentfremdungsgenehmigung, Anfechtungsklage des Mieters E 75, E 111
–, Antrag E 70
–, Auflage E 93, E 110
–, auflösende Bedingung E 89
–, Ausgleichszahlung E 80, E 93
–, Bedingung E 78, E 110
–, Befristung E 77, E 88, E 110
–, Berücksichtigung im Räumungsprozeß E 73
–, Ersatzwohnraum E 84
–, Gebühr E 106
–, Klage E 108
–, Kündigungsvoraussetzung B 633, B 654, B 661
–, Rechtsmittel E 107
–, Verfahren E 98
–, Widerruf E 90
–, Widerspruch E 107
–, Zuständigkeit E 98
Zweckentfremdungsgesetz B 10, E 1 ff
Zweckentfremdungsverbot, Angemessener Wohnraum E 18
–, Dienstwohnungen E 33
–, Ermächtigungsgesetz E 5, E 14
–, Gefährdung der Wohnraumversorgung E 15
–, Mangellage E 15
–, Mischräume E 31, E 42
–, Rechtsentwicklung E 2
–, Sozialwohnungen E 34
–, Verfassungsmäßigkeit A 32, E 6, E 10
–, Verwaltungsvorschriften E 23
–, Wohnheim E 33
–, Wohnraumbegriff E 29
–, Zeitliche Geltung E 26, E 88
Zweckentfremdungsverordnungen E 21
Zweifamilienhaus s. Einfamilienhaus
Zweitwiderspruch B 376
Zweitwohnung B 572, C 563
Zwischenumzug B 314, B 432, B 437, B 557
Zwischenzähler C 293